QUELLEN UND FORSCHUNGEN
ZUR HÖCHSTEN GERICHTSBARKEIT
IM ALTEN REICH

Band 82

böhlau

Der kaiserliche Reichshofrat

Interdisziplinäre Perspektiven auf Organisation und Funktion eines frühneuzeitlichen Zentralgerichts

herausgegeben von

ULRICH RASCHE UND TOBIAS SCHENK

Band 1

BÖHLAU

Veröffentlicht mit der freundlichen Unterstützung durch die
Niedersächsische Akademie der Wissenschaften zu Göttingen

Bibliografische Information der Deutschen Nationalbibliothek:
Die Deutsche Nationalbibliothek verzeichnet diese Publikation in der
Deutschen Nationalbibliografie; detaillierte bibliografische Daten sind
im Internet über http://dnb.d-nb.de abrufbar.

Umschlagabbildung: Sitzungsprotokolle des Reichshofrats, Haus-, Hof- und Staatsarchiv Wien (Foto: Tobias Schenk).

Einbandgestaltung: Michael Haderer, Wien
Satz: Michael Rauscher, Wien
Druck und Bindung: Hubert & Co, Ergolding
Gedruckt auf chlor- und säurefreiem Papier
Printed in the EU

Vandenhoeck & Ruprecht Verlage | www.vandenhoeck-ruprecht-verlage.com
E-Mail: info@boehlau-verlag.com

ISBN 978-3-412-53055-6 (Print)
ISBN 978-3-412-53056-3 (OpenAccess)

Inhalt

IV. Gnaden- und Privilegienvergabe

V. Wirkung in Reich und Region

Geleitwort Wolfgang Sellert

Der stattliche Doppelband gehört zu den besonderen Ereignissen meiner nun schon seit sechs Jahrzehnten währenden Beschäftigung mit der Rechtsgeschichte. Das wird sofort verständlich, wenn man bedenkt, dass die Vorgeschichte zur Entstehung dieses Werkes eng mit der von mir initiierten Aktenerschließung des Kaiserlichen Reichshofrats verbunden ist. Es begann um 1962, als ich zum ersten Mal das Wiener Haus-, Hof- und Staatsarchiv besuchte, um dort für mein Dissertationsthema „Über die Zuständigkeitsabgrenzung zwischen Reichshofrat und Reichskammergericht" einschlägiges Aktenmaterial zu finden. Wegen der enormen Masse der Akten wäre ich damals mit meinen Plänen fast gescheitert, zumal die Findbehelfe des Archivs nur selten Hinweise auf meine Fragen enthielten. Seitdem ließ mich der Gedanke nicht los, dass der Quellenschatz dieses Höchstgerichts von ca. 80.000 Judizialakten (ca. 1,5 Regalkilometer) gehoben und der Forschung zugänglich gemacht werden müsse. Dies galt umso mehr, als mit der Erschließung des ebenso umfangreichen Aktenbestandes des mit dem Reichshofrat teils konkurrierenden, teils kooperierenden Reichskammergerichts längst begonnen worden war.

Eine erste Versuchsgrabung gelang 1999 mit der Verzeichnung der Aktenserie „Alte Prager Akten", nachdem die Deutsche Volkswagen-Stiftung eine zeitlich begrenzte finanzielle Unterstützung dieses Projekts zugesagt hatte. Die Aktenerschließung war so erfolgreich, dass sie seit 2007 mit deutschen Bundes- und Landesmitteln unter dem Dach der Niedersächsischen Akademie der Wissenschaften zu Göttingen als Langzeitprojekt fortgesetzt werden konnte. Gegenstand der Erschließung war nunmehr auch die umfangreiche Aktenserie „Antiqua".

Inzwischen sind die Verzeichnungen von 11.208 Akten in zwölf Inventarbänden im Gesamtumfang von 8.579 Druckseiten veröffentlicht worden. Drei weitere Bände werden bis zum Projektende im Jahre 2025 folgen.

Das von der Fachwelt in zahlreichen Rezensionen und Projekt-Evaluationen stets vorzüglich beurteilte Erschließungswerk verdankt seinen Erfolg fast ausschließlich denjenigen, die im Wiener Staatsarchiv mit großem Engagement und Professionalität die entsagungsvolle Kärrnerarbeit leisten. Dazu gehörte Dr. Eva Ortlieb (Graz), die sich als erste den beschwerlichen Weg durch das Aktendickicht des Reichshofrats bahnte und den Grundstein für alle weiteren Verzeichnungsarbeiten legte. Davon konnte bereits die 2007 hinzugekommene Erschließungskraft Dr. Ursula Machoczek profitieren. Nachdem die beiden Mitarbeiterinnen anderweitige berufliche Chancen nutzten, traten an ihre Stelle Dr. Tobias Schenk und wenig später Dr. Ulrich Rasche. Sie arbeiteten sich schnell in die Materie ein und bereicherten die Erschließungsarbeit mit neuen Ideen. Seit rund 15 Jahren tragen sie die Hauptlast der Verzeichnung und haben sich außerdem, wie schon Dr. Ortlieb, mit zahlreichen Aufsätzen, Beiträgen und Vorträgen als national und international anerkannte Experten der Reichshofratsforschung einen Namen gemacht.

Angesichts des herannahenden Projektendes bot es sich an, mit der Durchführung eines wissenschaftlichen Symposions eine vorläufige Bilanz der Erschließungsarbeit zu ziehen. In Vorträgen und Diskussionen mit zahlreichen Fachreferenten sollte sichtbar werden, welche Früchte die Erschließungsarbeit bereits getragen hat und welche Wege für künftige Reichshofratsforschungen die besten wären. Leider fiel die für 2020 geplante Veranstaltung der Coronapandemie zum Opfer. Der vorliegende Sammelband enthält nicht nur die ursprünglich für das Symposion ausgearbeiteten Referate, sondern auch eine Reihe zusätzlich aufgenommener Beiträge. Damit ist es den Herausgebern gelungen, den von ihnen erhofften „ersten Gesamteindruck vom Stand und den vielfältigen Perspektiven der Reichshofratsforschung“ zu vermitteln. Davon werden zusammen mit den erschlossenen Akten alle künftigen Untersuchungen zum Alten Reich profitieren. Den beiden Herausgebern sei für ihre bereichernden und weiterführenden Arbeiten nachhaltig gedankt.

Prof. em. Dr. iur. Wolfgang Sellert
(Projektleiter)

Grußwort Thomas Just

Der vorliegende Band zählt zu den Abschlussarbeiten, die das 18jährige Erschließungsprojekt zur Inventarisierung eines Teils der im Wiener Haus-, Hof- und Staatsarchiv verwahrten Akten des kaiserlichen Reichshofrates begleiten. In der Gesamtüberlieferung des Archivs stellen die Akten des Reichshofrates immerhin ca. 20 Prozent seiner Bestände dar. Den Großteil dieses enormen Aktenbestands machen die aus rund 80.000 Prozessakten bestehenden Judicialia (Gerichtsakten) aus, die sich über elf Serien erstrecken. Die aus heutiger Sicht unzureichende Erschließung stellte lange Zeit ein Problem für die Forschung dar. Mein überaus geschätzter Vorgänger als Direktor des Archivs, Prof. Dr. Leopold Auer, investierte während seiner beruflichen Laufbahn viel Energie in die Verbesserung des Zugangs. Er initiierte die Projekte für die digitale Umschreibung des „Wolf'schen Repertoriums" und ebnete damit den Weg für das von Prof. Wolfgang Sellert geleitete Projekt der Niedersächsischen Akademie der Wissenschaften.

Als ich 2009 die Leitung des Haus-, Hof- und Staatsarchivs übernahm, war klar, dass die Förderung dieses Projekts eine der vordringlichsten Aufgaben sein würde. Heute, 15 Jahre später, kann ich behaupten, dass es gelungen ist, das Projekt innerhalb des Archivs gut einzubinden. Ein Meilenstein war sicher, dass die Erschließung durch die Projektmitarbeiter direkt in der Datenbank des Archivs erfolgt und die Daten dadurch immer tagesaktuell für die interne und nach Erscheinen der jeweiligen Inventarbände auch für die externe Recherche zur Verfügung stehen. Diese Form der qualitativen Erschließung erleichterte den Zugang zu den Akten enorm. Ein weiterer Mehrwert ist, dass projektbegleitend konservatorische Maßnahmen ergriffen wurden, um den Erhalt der Akten auf Dauer zu sichern. Auch innerhalb des Archivs gelangte das Thema Reichshofrat zu neuer Bedeutung, da durch die andauernde Beschäftigung damit und den Austausch zwischen den Bearbeitern und den Archivar*innen (man könnte von einem spannenden Ping-Pong Match zwischen den Beteiligten sprechen) eine neue Dynamik in der Auseinandersetzung mit den Reichsarchiven generell entstand. Seitens des Archivs wurden und werden verstärkt Ressourcen in die Erschließung der Bestände und wichtige bestandserhaltende konservatorische Maßnahmen investiert, die einen verbesserten Zugang zu den Akten bieten sollen. Darüber hinaus wurde mit Digitalisierungsarbeiten am Bestand begonnen, die in der Zukunft einen ortsunabhängigen Zugriff auf das Material ermöglichen werden. Wünschenswert wäre nun in weiterer Folge die Fortführung dieses Erschließungsprojektes, zeitgemäß angereichert um digitale Komponenten. Ich bin optimistisch, dass auch dieser Schritt gelingen wird. Mein Dank geht an alle Projektbeteiligten, die in den letzten 18 Jahren die Zusammenarbeit so gestalteten, dass wir auf eine erfolgreiche und ertragreiche Zeit zurückblicken können.

Thomas Just
Direktor des Haus-, Hof- und Staatsarchivs in Wien

Grußwort Thomas Olechovski

Im Juni 2004, vor nunmehr genau zwanzig Jahren, wurde an der Kommission für Rechtsgeschichte Österreichs der Österreichischen Akademie der Wissenschaften das Projekt „Die Formierung des Reichshofrates (Ferdinand I., Karl V.)" gestartet. Es widmete sich den Anfängen dieser schillernden Institution, und zahlreiche Publikationen (unter anderem der Band 53 der gegenständlichen Schriftenreihe, „Höchstgerichte in Europa", herausgegeben von Leopold Auer, Werner Ogris und Eva Ortlieb, Böhlau 2007) gingen aus diesem Projekt hervor. Sozusagen eine Spätfrucht der damals begonnenen Arbeiten ist die Habilitationsschrift von Eva Ortlieb, „Kaiserlicher Hofrat und kaiserliche Herrschaft unter Karl V." (Band 79 der gegenständlichen Schriftenreihe, Böhlau 2024). Es ist dies vielleicht der beste Beweis dafür, dass das Arbeiten mit frühneuzeitlichen Quellen zwar keine Rasterelektronenmikroskope oder ähnlich teure Geräte, wie sie in den Naturwissenschaften üblich sind, dafür jedoch eine noch viel wertvollere Ressource benötigt: Zeit. Leider ist diese Erkenntnis noch immer nicht überall durchgedrungen.

Als Wolfgang Sellert im Jahr 2007 mit Unterstützung der wissenschaftlichen Kommission der Union der deutschen Akademien das auf 18 Jahre angelegte Langzeitprojekt „Erschließung der Akten des kaiserlichen Reichshofrates" startete, erschien dies ein unermesslich langer Zeitraum, in dem in Ruhe geforscht und gearbeitet werden konnte. Doch auch diese Periode geht nun ihrem Ende entgegen. Die Kommission für Rechtsgeschichte Österreichs war in diesem Projekt bis 2012 Kooperationspartner, bis die ÖAW – aus Gründen, die sich mir bis heute nicht recht erschließen – diesen Part der Universität Wien abtrat, wo die Forschungsstelle für Rechtsquellenerschließung zwar nur einen kleinen, doch ehrenvollen Anteil an den Projektarbeiten hatte, insbesondere durch die Mitwirkung an den Registern, um die sich Catherine Feik, Daniel Luger, Thomas Schreiber, Sandra Weiss, Yasmin-Sibylle Rescher, Susanne Gmoser, Sonja Donabaum, Stefanie Preisl-Peters und Susanne Zenker verdient gemacht haben. Ihnen sei an dieser Stelle auf das Herzlichste gedankt!

Zwölf Editionsbände sind aus dem Erschließungsprojekt hervorgegangen, nicht gezählt die vielen Vorträge und Aufsätze des Projektleiters und seiner Mitarbeiter. Der vorliegende Sammelband stellt den krönenden Abschluss dieses Projekts dar – doch hoffentlich nicht den Abschluss der Reichshofratsforschungen insgesamt. Diesen ist vielmehr ein noch stärkerer Impetus für die Zukunft zu wünschen!

Prof. Dr. Thomas Olechowski
Obmann der Kommission für Rechtsgeschichte Österreichs der ÖAW
Leiter der Forschungsstelle für Rechtsquellenerschließung der Universität Wien

Ulrich Rasche · Tobias Schenk

Einführung

Reichshofratsprojekt und Reichshofratsforschung – Bilanz und Perspektiven

In Memoriam Leopold Auer, Archivar und Historiker (1944–2024)

Seit 2007 betreibt die Niedersächsische Akademie der Wissenschaften zu Göttingen in Kooperation mit dem Österreichischen Staatsarchiv und der Universität Wien (bis 2012: Österreichische Akademie der Wissenschaften) das Projekt zur Tiefenerschließung der im Wiener Haus-, Hof- und Staatsarchiv verwahrten Judizialakten des kaiserlichen Reichshofrats. Trotz der erforderlichen Fokussierung auf die Erschließungsarbeit hat das Projektteam stets im Auge behalten, dass sich Quellenerschließung letztlich an ihren Wirkungen auf Forschung messen lassen muss, und durch zahlreiche Auskünfte, Archivführungen, Vorträge und Publikationen dazu beigetragen, die Relevanz der Kernarbeit aufzuzeigen und die sich parallel dazu entfaltende Reichshofrats- und Justizforschung voranzutreiben. Der vorliegende Sammelband erscheint im gleichen Jahr, in dem das gegenwärtig größte Projekt zur Erschließung frühneuzeitlicher Akten im deutschen Sprachraum zu Ende geht. Mit ihm sollen in erster Linie jene Resultate und Effekte der Projektarbeit resümiert und Perspektiven für die als notwendig erachtete weitere Zusammenführung von Forschung und Erschließung von archivischer Überlieferung des Reichshofrats aufgezeigt werden. Doch bevor über all dieses näher zu handeln ist und die Beiträge dieses Bandes vorgestellt werden, empfiehlt es sich, zunächst das Projekt zu beschreiben und seine konkreten Erschließungsergebnisse zu bilanzieren.

1. Das Reichshofratsprojekt: Einrichtung, Konzeption und Erschließungsbilanz

Wesen und Wirken frühneuzeitlicher Institutionen und Organisationen bilden sich vor allem in ihrer archivalischen Überlieferung ab. Es gibt drei zentrale Institutionen des Alten Reiches, bei denen diese in jedem Fall erstrebenswerte Grundierung und Förderung von Forschung durch die Einrichtung von Großprojekten zur Erschließung der jeweiligen Archivalien gelungen ist: Erstens beim Reichstag, für dessen Überlieferung das schon 1858 an der Historischen

Kommission bei der Bayerischen Akademie der Wissenschaften angesiedelte Dauerprojekt ‚Deutsche Reichstagsakten' zuständig ist;[1] zweitens beim Reichskammergericht, dessen Aktenerschließung von 1978 bis zum ersten Jahrzehnt der 2000er Jahre von der Deutschen Forschungsgemeinschaft gefördert worden ist,[2] und schließlich drittens beim Reichshofrat, dessen Aktenerschließung von der Niedersächsischen Akademie der Wissenschaften zu Göttingen und der Union der Akademien der Wissenschaften finanziert wird.

Das Reichshofratsprojekt ist in zweifacher Hinsicht ein Kind des Reichskammergerichtsprojekts: es hat sich zumindest anfangs als dessen Fortsetzer begriffen und es wäre vermutlich ohne dieses nicht zustande gekommen. Je mehr nämlich Aktenerschließung und damit einhergehende Forschungen zum Reichskammergericht die Reichsjustiz in den rechts- und geschichtswissenschaftlichen Fokus der nicht zuletzt auch deshalb boomenden Reichsforschung gerückt haben, desto klarer zeichnete sich ab, dass eine Gesamtbewertung der Reichsjustiz und deren Wirken im Reich nicht ohne ebenmäßige Berücksichtigung des Reichshofrats gelingen würde, zumal der Reichshofrat bereits von den Zeitgenossen als das bedeutendere Gericht angesehen wurde.[3] Seine gerichtliche Inanspruchnahme hat schon im frühen 17. Jahrhundert die des Reichskammergerichts überflügelt.[4] Aufgrund

1 Eike WOLGAST, Deutsche Reichstagsakten, in: Lothar Gall (Hrsg.), „... für deutsche Geschichts- und Quellenforschung". 150 Jahre Historische Kommission bei der Bayerischen Akademie der Wissenschaften, München 2008, S. 79–120.

2 Vgl. Bernhard DIESTELKAMP, Rückblick auf das Projekt zur Inventarisierung der Reichskammergerichtsakten, in: Friedrich Battenberg/Bernd Schildt (Hrsg.), Das Reichskammergericht im Spiegel seiner Prozessakten. Bilanz und Perspektiven der Forschung (Quellen und Forschungen zur höchsten Gerichtsbarkeit im Alten Reich, künftig: QFHG, 57), Köln/Weimar/Wien 2010, S. 3–10; Anja AMEND-TRAUT, Reichskammergerichtsforschung – Was ist vollbracht, was bleibt zu tun?, in: Dies. (Hrsg.), Ein Leben für die Rechtsgeschichte – Bernhard Diestelkamp zum 90. Geburtstag (Schriftenreihe der Gesellschaft für Reichskammergerichtsforschung, 50), Wetzlar 2020, S. 69–96. Die vorhandenen Erschließungsergebnisse werden sukzessive zusammengeführt in der ‚Datenbank Höchstgerichtsbarkeit': https://gams.uni-graz.at/context:hgbk (abgerufen am 10. Juli 2024).

3 Vgl. Peter MORAW, Art. Reichshofrat, in: Handwörterbuch zur deutschen Rechtsgeschichte, (künftig HRG), Bd. 4, 1. Aufl., Berlin 1990, Sp. 630–638; Barbara STOLLBERG-RILINGER, Die Würde des Gerichts. Spielten symbolische Formen an den Höchsten Reichsgerichten eine Rolle?, in: Peter Oestmann (Hrsg.), Zwischen Formstrenge und Billigkeit. Forschungen zum vormodernen Zivilprozeß (QFHG, 56), Köln/Weimar/Wien 2009, S. 191–216.

4 Vgl. die auf der Auszählung von Akten beruhenden quantitativen Untersuchungen von Eva ORTLIEB/Gert POLSTER, Die Prozessfrequenz am Reichshofrat (1519–1806), in: Zeitschrift für Neuere Rechtsgeschichte 26 (2004), S. 189–216, hier S. 207 sowie die Grafik S. 215, dazu ferner die Statistik der Entscheidungen laut den reichshofrätlichen Resolutionsprotokollen bei Ulrich RASCHE, Urteil versus Vergleich? Entscheidungspraxis und Konfliktregulierung des Reichshofrats im 17. Jahrhundert im Spiegel neuerer Aktenerschließung, in: Albrecht Cordes (Hrsg.), Mit Freundschaft oder mit Recht? Inner- und außergerichtliche Alternativen zur kontroversen Streitentscheidung im

seiner zusätzlichen Funktion als Beratungsorgan für kaiserliche Reichsgeschäfte und seiner Zuständigkeit für Teile der Privilegien- und Gnadenerteilung[5] sowie der Verwaltung der Reichslehen[6] war sein Aufgabenspektrum zudem deutlich facettenreicher und größer.

In der retrospektiven Betrachtung erscheint die Einrichtung des Reichshofratsprojekts als folgerichtige Konsequenz dieser Zusammenhänge. In der Praxis bedurfte es aber nicht nur des theoretischen Erkennens, sondern vor allem auch dessen Umsetzung in die Tat. Beides mit Erfolg vereint zu haben, ist das bleibende Verdienst des Rechtshistorikers Wolfgang Sellert. Er hat das Reichshofratsprojekt auf den Weg gebracht und bis heute ebenso kollegial wie professionell geleitet. Bereits in den 1960er Jahren hatte er im Zuge der Anfertigung seiner Dissertation über die Zuständigkeitsabgrenzung zwischen Reichskammergericht und Reichshofrat mit den Wiener Reichshofratsakten gearbeitet.[7] Spätestens nachdem ihm seine grundlegende Habilitationsschrift über die Prozessgrundsätze des Reichshofrats[8] seinen Göttinger Lehrstuhl eingebracht hatte, begann Sellert, den Reichshofrat mit zahlreichen Fachpublikationen von historiografischen Fehlurteilen[9] zu befreien und ihn überhaupt als Forschungsgegenstand in

15.–19. Jahrhundert (QFHG, 65), Köln/Weimar/Wien 2014, S. 199–232, hier S. 231, sowie die Ausführungen von Tobias Schenk, Actum et judicium als analytisches Problem der Justizforschung. Interdisziplinäre Perspektiven auf kollegiale Entscheidungskulturen am Beispiel des kaiserlichen Reichshofrats (Schriftenreihe der Gesellschaft für Reichskammergerichtsforschung, 51), Wetzlar 2022, S. 84–90, und die ebd. gebotene Statistik der Eingänge auf der Grundlage der Exhibitenprotokolle (Posteingangsbücher).

5 Vgl. Eva Ortlieb, Gnadensachen vor dem Reichshofrat (1519–1564), in: Leopold Auer/Werner Ogris/Dies. (Hrsg.), Höchstgerichte in Europa. Bausteine frühneuzeitlicher Rechtsordnungen (QFHG, 53), Köln/Weimar/Wien 2007, S. 177–202; Dies., Lettere di intercessione imperiale presso il Consiglio aulico, in: Karl Härter/Cecilia Nubola (Hrsg.), Grazia e giustizia. Figure della clemenza fra tardo medioevo ed età contemporanea, Bologna 2011, S. 175–203, sowie den Beitrag von Ulrich Rasche in diesem Band.

6 Vgl. Tobias Schenk, Der Reichshofrat als oberster Lehnshof. Dynastie- und adelsgeschichtliche Implikationen am Beispiel Brandenburg-Preußens, in: Anette Baumann/Alexander Jendorff (Hrsg.), Adel, Recht und Gerichtsbarkeit im frühneuzeitlichen Europa (bibliothek Altes Reich, künftig: baR, 15), München 2014, S. 255–294.

7 Wolfgang Sellert, Über die Zuständigkeitsabgrenzung von Reichshofrat und Reichskammergericht (Untersuchungen zur deutschen Staats- und Rechtsgeschichte, Neue Folge, 4), Aalen 1965.

8 Wolfgang Sellert, Prozeßgrundsätze und Stilus Curiae am Reichshofrat im Vergleich mit den gesetzlichen Grundlagen des reichskammergerichtlichen Verfahrens (Untersuchungen zur deutschen Staats- und Rechtsgeschichte, NF 18), Aalen 1973.

9 Vgl. Edgar Liebmann, Reichskammergericht und Reichshofrat in der historischen Forschung von 1866 bis zur Gegenwart, in: Jahrbuch der juristischen Zeitgeschichte 6 (2004/2005), S. 81–103; Ders., Reichs- und Territorialgerichtsbarkeit im Spiegel der Forschung, in: Anja Amend/Anette Baumann/Stephan Wendehorst/Siegrid Westphal (Hrsg.), Gerichtslandschaft Altes Reich. Höchste Gerichtsbarkeit und territoriale Rechtsprechung (QFGH, 52), Köln/Weimar/Wien 2007, S. 151–172.

die rechtshistorischen und geschichtswissenschaftlichen Diskurse einzuführen, die bis dahin recht einseitig vom Blick auf das Reichskammergericht dominiert waren.[10] Maßgeblich dazu beigetragen hat auch seine vorzügliche zweibändige Edition der Reichshofratsordnungen von 1980/1990.[11] Parallel dazu verfolgte er mit der ihm eigenen Beharrlichkeit seinen seit langem gehegten Plan eines eigenen Aktenerschließungsprojekts. Die besondere Schwierigkeit, dass die Reichshofratsakten in einem ausländischen Archiv verwahrt werden und deshalb die Deutsche Forschungsgemeinschaft (DFG) anders als beim Reichskammergerichtsprojekt als Förderinstitution nicht in Frage kam, konnte ihn von der Umsetzung seiner Projektidee nicht abhalten. Verlässliche Partner dafür waren insbesondere der damalige Direktor des Haus-, Hof- und Staatsarchivs Leopold Auer, der zudem Sellerts wissenschaftspublizistische Offensive von Wien aus bereichert hat, und die Historikerin Eva Ortlieb, die 2001 eine vielbeachtete Dissertation über die Kommissionen des Reichshofrats vorgelegt[12] und später mit zahlreichen weiteren Publikationen der Reichshofratsforschung ebenfalls kräftige Impulse verliehen hat. Darüber hinaus hat sie als wissenschaftliche Mitarbeiterin bereits in einem von der Volkswagen-Stiftung finanzierten Vorprojekt erfolgreich die Relevanz reichshofrätlicher Aktenerschließung und die Tauglichkeit der gemeinsam entwickelten, vom Reichskammergerichtsprojekt inspirierten Methoden erprobt. Nachdem die Göttinger Akademie Sellerts wissenschaftsstrategisch mustergültig vorbereitetem Antrag auf Gewährung eines auf die Dauer von 18 Jahren konzipierten Erschließungsprojekts vorbehaltlos gebilligt hatte, fand er auch die entscheidende Zustimmung der Union der Akademien.[13] Die Projektarbeit begann im Jahr 2007, etwa zu der Zeit, als die Gesamtinventarisierung der Reichskammergerichtsakten als weitgehend erledigt galt.[14]

---

10 Z. B. Wolfgang Sellert, Der Reichshofrat, in: Bernhard Dieselkamp (Hrsg.), Oberste Gerichtsbarkeit und zentrale Gewalt im Europa der Frühen Neuzeit (QFGH, 29), Köln/Weimar/Wien 1996, S. 15–44. Für eine Bibliographie der zahlreichen Publikationen Sellerts zum Reichshofrat siehe dessen Schriftenverzeichnis unter https://reichshofratsakten.de/?page_id=229 (abgerufen am 10. Juli 2024).

11 Wolfgang Sellert (Hrsg.), Die Ordnungen des Reichshofrates 1550–1766, 1. Halbband bis 1626 (QFHG, 8/I), Köln/Wien 1980; 2. Halbband bis 1766 (QFHG, 8/II), Köln/Wien 1990.

12 Eva Ortlieb, Im Auftrag des Kaisers. Die kaiserlichen Kommissionen des Reichshofrats und die Regelung von Konflikten im Alten Reich (1637–1657) (QFHG, 38), Köln/Weimar/Wien 2001.

13 Vgl. für Details Leopold Auer, Wolfgang Sellert und das Projekt zur Erschließung der Prozessakten des Reichshofrats, in: Eva Schumann (Hrsg.), Justiz und Verfahren im Wandel der Zeit. Gelehrte Literatur, gerichtliche Praxis und bildliche Symbolik. Festgabe für Wolfgang Sellert zum 80. Geburtstag (Abhandlungen der Akademie der Wissenschaften zu Göttingen, NF 44), Berlin/Boston 2017, S. 21–30.

14 Vgl. die Bilanz von Bernd Schildt, Wandel in der Erschließung der Reichskammergerichtsakten. Vom gedruckten Inventar zur Online-Recherche in der Datenbank, in: Battenberg/Ders., Reichs-

Abb. 1: Österreichisches Staatsarchiv, Haus-, Hof- und Staatsarchiv, 10. Speichergeschoss, Judizialakten des Reichshofrats.

Eine solche Gesamterschließung, wie sie für das Reichskammergericht intendiert war, lag beim Reichshofratsprojekt allerdings von vornherein außerhalb des Möglichen. Es war mit substanziell ganz anderen Voraussetzungen konfrontiert. Die in Judizialakten sowie Lehens- und Gratialakten unterteilten Akten der reichshofrätlichen Registratur werden als Bestand der Bestandsgruppe ‚Reichsarchive' nahezu geschlossen im Wiener Haus-, Hof- und Staatsarchiv verwahrt.[15]

kammergericht im Spiegel seiner Prozessakten (wie Anm. 2), S. 35–60, hier S. 35–37. Abgesehen von Beständen, die bereits vor dem Start des Reichskammergerichtsprojekts 1978 auf einem akzeptablen Niveau erschlossen worden waren, wie etwa die Reichskammergerichtsakten des Staatsarchivs Münster, sind auch der sogenannte untrennbare Bestand im deutschen Bundesarchiv sowie die Reichskammergerichtsakten in ausländischen Archiven, z. B. der für Österreich einschlägige Bestand ÖStA HHStA, Reichskammergericht – Wetzlarer Akten, vom Reichskammergerichtsprojekt nicht erfasst worden.

15 Zur Bestandsgruppe ‚Reichsarchive' zählen neben dem Bestand ‚Reichshofrat' die Bestände ‚Reichskanzlei', ‚Reichshofrat und Reichskanzlei – Verfassungsakten', ‚Mainzer Erzkanzlerarchiv' und der im Übrigen vom Reichskammergerichtsprojekt nicht erfasste Bestand ‚Reichskammergericht – Wetzlarer Akten' (Reichskammergerichtsakten österreichischer Kläger), vgl. die noch immer maßgebliche Bestandsübersicht von Lothar Gross, Reichsarchive, in: Ludwig Bittner (Hrsg.), Gesamtinventar des Wiener Haus-, Hof- und Staatsarchivs (Inventare österreichischer staatlicher Archive, V; Inventare des Wiener Haus-, Hof- und Staatsarchivs, 4), Bd. 1, Wien 1936, S. 273–394, ferner Thomas Just, Das Haus-, Hof- und Staatsarchiv im Verbund des Österreichischen Staatsarchivs, in: Petr Elbel (Hrsg.), Österreichische Archive: Geschichte und Gegenwart, Brno 2019,

Mit deutlich über 100.000 Akten und ca. 900 Amtsbüchern bilden sie nicht nur den umfangreichsten Teil der im Wiener Haus-, Hof- und Staatsarchiv vorhandenen reichsarchivischen Bestände, sondern auch den größten zusammenhängenden Archivalienbestand, den das Alte Reich überhaupt hinterlassen hat (Abb. 1).

Die archivische Lagerung und Betreuung dieser Archivalien im Umfeld von ebenfalls sehr umfangreichen Beständen verwandter Provenienz unter einem Dach bringt zwar große logistische und forschungsstrategische Vorteile mit sich. Das bedeutet allerdings auch, dass ihre Erschließung im Unterschied zu den Akten des Reichskammergerichts, die nach der Gründung des Deutschen Bundes nach der Herkunft der Beklagten auf die Archive der deutschen Bundesstaaten verteilt worden sind und deshalb gleichzeitig in mehreren Archiven durch jeweils vor Ort tätige Mitarbeiter erschlossen werden konnten, nur in einem Archiv mit dementsprechend weitaus geringeren Personalmitteln erfolgen musste. Im Unterschied zum Reichskammergerichtsprojekt und auch zum ohnehin anders konzipierten Reichstagsprojekt war deshalb schon im Planungsstadium des vor Ort personell mit zwei wissenschaftlichen Mitarbeitern und zwei wissenschaftlichen Hilfskräften ausgestatteten Reichshofratsprojekts klar, dass sich die Erschließung trotz der vergleichsweise großzügig bemessenen Projektdauer selbst bei der von vornherein feststehenden Konzentration auf die umfangmäßig den Reichskammergerichtsakten in etwa entsprechenden reichshofrätlichen Judizialakten lediglich auf Teile derselben würde erstrecken können.

Die somit notwendige Auswahl der zu erschließenden Akten orientierte sich an der heutigen Gliederung des zum Bestand ‚Reichshofrat' zählenden Teilbestands ‚Judicialia' in elf Serien. Diese Gliederung ist im Wesentlichen das Ergebnis von unvollendeten Ordnungs- und Verzeichnungsarbeiten des Registrators der Reichshofkanzlei und späteren Archivars Nikolaus Wolf aus der Zeit um 1800. Wolf wollte die damals bestehenden Serien in zwei große Serien auflösen: in die Serie ‚Decisa' mit Akten über abgeschlossene Vorgänge und in die Serie ‚Obere Registratur' mit Akten über damals noch in irgendeiner Form für gegenwartsrelevant gehaltene Judizialakten. Er ist mit diesen umfassenden Ordnungs- und Verzeichnungsarbeiten der innerhalb der von ihm vorgefundenen Serien nach dem Alphabet der Kläger geordneten Akten jedoch nur bis zum Buchstaben G gelangt. Sein Verzeichnis, das sogenannte ‚Wolfsche Repertorium', enthält zwar lediglich rudimentäre Basisangaben (Kurzbezeichnung von Parteien und Peten-

S. 73–138, hier S. 76–90. Zum aktuellen Verzeichnungsstand siehe den Beitrag von Sonja Donabaum in diesem Band. Ca. 2.000–3.000 Reichshofratsakten sind im 19. Jahrhundert auf Antrag an deutsche Bundesstaaten abgetreten worden, vgl. Friedrich Battenberg, Reichshofratsakten in den deutschen Staatsarchiven. Eine vorläufige Bestandsaufnahme, in: Wolfgang Sellert (Hrsg.), Reichshofrat und Reichskammergericht. Ein Konkurrenzverhältnis (QFHG, 38), Köln/Weimar/Wien 1999, S. 221–240.

ten, schematische Titelstichwörter, Laufzeit, Signatur). Dennoch besitzt es für die große Masse der sonst gar nicht verzeichneten Judizialakten einen großen Wert. Ab 1999 ist es deshalb im Rahmen eines vom Jubiläumsfonds der Österreichischen Nationalbank geförderten Projekts in eine heute in elektronischer Form vorliegende Datenbank überführt worden,[16] die auf der Webseite des Österreichischen Staatsarchivs eingesehen werden kann.[17]

Die Wahl der im Reichshofratsprojekt zu erschließenden Akten fiel schließlich auf zwei Aktenserien, die in diesem ‚Wolfschen Repertorium' nicht berücksichtigt sind: zum einen auf die Serie ‚Alte Prager Akten', die schon Gegenstand des erwähnten Vorprojekts war[18] und deren Akten aus der zweiten Hälfte des 16. Jahrhunderts und dem frühen 17. Jahrhundert stammen, zum anderen auf die weitaus umfangreichere Serie ‚Antiqua', die die nicht von Wolf daraus in die Serie ‚Decisa' eingereihten Akten mit dem Klägerbuchstaben H–Z enthält. Sie reichen vom späten 16. bis ‚zum frühen 18. Jahrhundert. Der zeitliche Schwerpunkt der vom Projekt bearbeiteten Akten liegt somit in der zweiten Hälfte des 16. Jahrhunderts sowie vor allem im 17. Jahrhundert. Für diese Zeit bietet das Projekt die Erschließung einer vom Aktenbestand der beiden genannten Serien definierten Auswahl derjenigen Judizialakten, die für diesen Zeitraum insgesamt vorhandenen sind. Die Entscheidung über diese erforderliche Begrenzung des zu erschließenden Aktenbestands bedeutete auch, dass das reichshofrätliche Wirken im 18. Jahrhundert – abgesehen von vergleichsweise wenigen Akten der Serie ‚Antiqua', die im frühen 18. Jahrhundert entstanden sind oder deren Laufzeit in dieses Jahrhundert hineinreicht – von der Erschließungsarbeit des Projekts nicht erfasst wird.

Das folgende Diagramm vergleicht die jeweilige Zahl der Aktenkartons der elf Serien auf dem Stand vor Projektbeginn und markiert in blauer Farbe den gegenwärtigen Stand (Juni 2024) der im Projekt erfolgten Erschließung. Die damalige Gesamtzahl der Aktenkartons betrug 9.924. Die genaue Zahl der darin verwahr-

16 Vgl. Arthur Stögmann, Die Erschließung von Prozeßakten des Reichshofrats im Haus-, Hof- und Staatsarchiv Wien. Ein Projektzwischenbericht, in: Mitteilungen des Österreichischen Staatsarchivs (künftig: MÖStA) 47 (1999), S. 249–265; Wolfgang Sellert, Projekt einer Erschließung der Akten des Reichshofrats, in: Ders., Reichshofrat und Reichskammergericht (wie Anm. 15), S. 199–210; Leopold Auer, Such- und Erschließungsstrategien für die Prozeßakten des Reichshofrats, ebd., S. 211–219; Gert Polster, Die elektonische Erfassung des Wolfschen Repertoriums zu den Prozessakten des Reichshofrats im Wiener Haus-, Hof- und Staatsarchiv, in: MÖStA 51 (2004), S. 635–649.

17 Unter: https://www.oesta.gv.at/benutzung/Recherche-zu-Hause/forschungshinweise/hinweise-fur-forschungsarbeit-in-den-bestaenden-des-oesterreichischen-staatsarchivs.html (abgerufen am 10. Juli 2024).

18 Vgl. Eva Ortlieb, Die „Alten Prager Akten" im Rahmen der Neuerschließung der Akten des Reichshofrats im Haus-, Hof- und Staatsarchivs in Wien, in: MÖStA 51 (2004), S. 593–634.

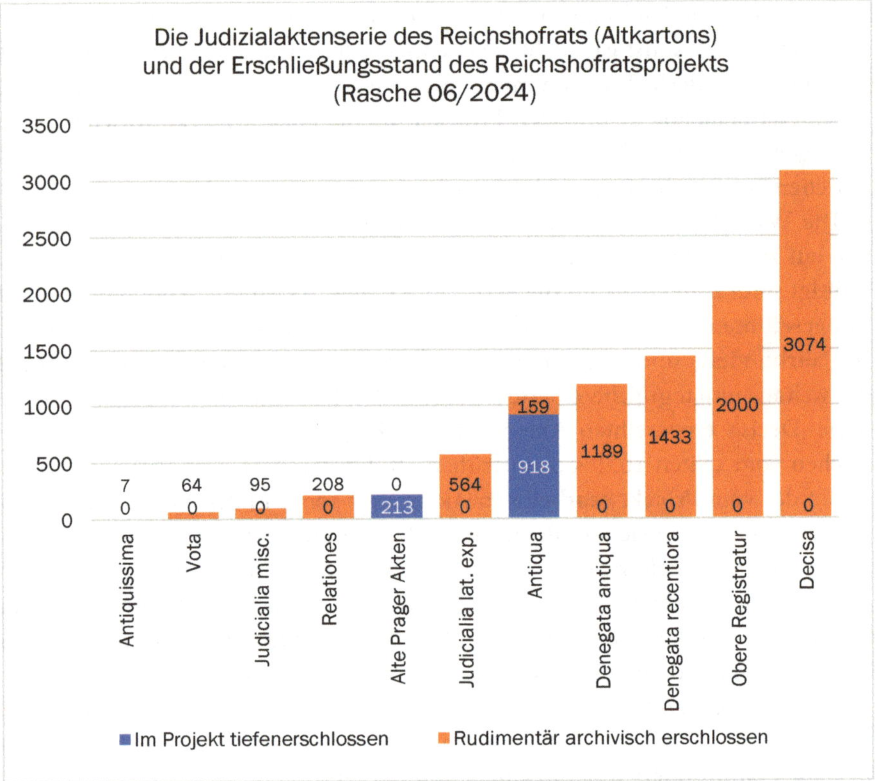

Diagramm 1

Akten ist unbekannt. Von den 9.924 Kartons (100 %) entfielen auf die Serie ‚Alte Prager Akten' 213 Kartons (2 %) und auf die Serie ‚Antiqua' 1077 Kartons (11 %). Da die Antiquakartons ein größeres Volumen haben als die Kartons der meisten anderen Serien, wird man vorsichtig geschätzt davon ausgehen können, dass die Altkartons beider Serien zusammen ca. 15 % der Judizialakten enthalten. Bislang hat das Projektteam 12.939 dieser Akten detailliert erschlossen. Davon sind bisher die Verzeichnungen von 11.208 Akten analog in Form von zwölf Inventarbänden im Gesamtumfang von 8.579 Druckseiten veröffentlicht worden (Abb. 2).[19] Diese Verzeichnungen sind darüber hinaus sowohl als PDF-Dateien

19 Wolfgang Sellert (Hrsg.), Die Akten des Kaiserlichen Reichshofrats, Serie I: Alte Prager Akten, Bd. 1: A–D, bearb. von Eva Ortlieb, Berlin 2009; Bd. 2: E–J, bearb. von Eva Ortlieb, Berlin 2011; Bd. 3: K–O, bearb. von Eva Ortlieb, Berlin 2012; Bd. 4: P–R (Mit Nachträgen A–O), bearb. von Tobias Schenk, Berlin 2014; Bd. 5: S–Z, bearb. von Tobias Schenk, Berlin 2014. Wolfgang Sellert (Hrsg.), Die Akten des Kaiserlichen Reichshofrats, Serie II: Antiqua, Bd. 1: Karton 1–43, bearb. von Ursula Machoczek, Berlin 2010; Bd. 2: Karton 44–135, bearb. von Ulrich Rasche, Berlin 2014;

Abb. 2: Acht der insgesamt zwölf bislang vorliegenden Inventarbände über die Verzeichnung der reichshofrätlichen Judizialaktenserien ‚Alte Prager Akten' und ‚Antiqua' im 10. Speichergeschoss des Österreichischen Staatsarchivs, Haus-, Hof- und Staatsarchiv.

der Inventarbände[20] als auch in digitaler Form über das Archivinformationssystem des Österreichischen Staatsarchivs nach dem Open Access Prinzip im Netz frei zugänglich.[21] Nimmt man diese Zahlen zur Grundlage, so ergibt sich bei Abschluss des auf 15 Inventarbände angelegten Projekts der Erschließung der

Bd. 3: Karton 135–277f, bearb. von Ulrich Rasche, Berlin 2016; Bd. 4: Karton 278–424, bearb. von Tobias Schenk, Berlin 2017; Bd. 5: Karton 425–516, bearb. von Ulrich Rasche, Berlin 2019; Bd. 6: Karton 516–616c, bearb. von Tobias Schenk, Berlin 2022; Bd. 7: Karton 617–724e, bearb. von Ulrich Rasche, Berlin 2023. Von den noch ausstehenden und die Serie und damit auch das Projekt abschließenden drei Bänden befindet sich Band 8 in Druckvorbereitung, die Bände 9 und 10 sind in Arbeit.

20 Über den Dokumentenserver der Niedersächsischen Akademie der Wissenschaften zu Göttingen („Res doctae"): https://rep.adw-goe.de/handle/11858/42 (abgerufen am 10. Juli 2024). Auch der Erich Schmidt Verlag bietet inzwischen einen Open Access Zugang zu den PDFs der von ihm gedruckten Erschließungsbände: https://esv.info/suche.html?query=sellert (abgerufen am 10. Juli 2024).

21 Sämtliche Erschließungsinformationen werden nach dem Erscheinen des jeweiligen Inventarbands im Archivinformationssystem für den Onlinezugriff freigeschaltet (https://www.archivinformationssystem.at). Suchweg für die Archivplansuche, also für die Navigation durch die Bestände bis zur Einzelakte: Österreichisches Staatsarchiv – Haus, Hof- und Staatsarchiv – Reichsarchive – Reichshofrat – Judicialia – Alte Prager Akten bzw. Antiqua – Kartonnummer – Aktennummer.

beiden Judizialaktenserien ‚Alte Prager Akten' und ‚Antiqua' im Jahr 2025 eine Gesamtbilanz von ca. 14.010 Akten und 10.724 Druckseiten. Ausgehend davon, dass damit 15 % der Judizialakten erfasst sind, würde sich im Übrigen die Gesamtzahl der Judizialakten, über die in der Forschung zwischen 70.000 und 100.000 schwankende Schätzungen kursieren, auf rund 93.400 Akten belaufen.

Was die grundsätzliche Art der Erschließung betrifft, so hat das Reichshofratsprojekt drei Umständen Rechnung zu tragen, die im Vergleich zum Reichskammergerichtsprojekt zu einer veränderten konzeptionellen Ausrichtung geführt haben. Erstens hat der Reichshofrat im Gegensatz zum Reichskammergericht zunächst eher Rats- und Verwaltungsfunktionen ausgeübt und ist erst in der ersten Hälfte des 17. Jahrhunderts allmählich in seine Gerichtsfunktionen hineingewachsen.[22] Diese bildeten im Laufe des 17. Jahrhunderts mehr und mehr den Schwerpunkt seiner Tätigkeiten, ohne dass jedoch seine beiden andere Funktionen verschwanden.[23] Dieser Umstand spiegelt sich auch in der vorgefundenen Überlieferung der Judizialakten des 16. und 17. Jahrhunderts wider, die im Unterschied zu der des Reichskammergerichts keineswegs nahezu ausschließlich aus Prozessakten besteht. Zwar hat sich die für das kaiserliche Reichsarchiv zuständige Registratur der Reichshofkanzlei prinzipiell bemüht, alle einkommenden reichsarchivischen Akten in die drei großen Pertinenzbestände Judizialsachen, Gratial- und Lehenssachen sowie Politica einzuordnen.[24] Das gelang jedoch längst nicht immer, zumal wenn Gratialsachen und Politica mit Streitsachen verknüpft waren. Aus diesem Grund befinden sich zahlreiche Akten solcher Pertinenzen auch im heutigen Bestand ‚Judicialia'. Zweitens unterlag das Prozessverfahren des Reichshofrats im Gegensatz zu dem des Reichskammergerichts keiner verbindlich normierten Prozessordnung.[25] Anders als die Prozessakten des Reichskammergerichts, die mit ihrem Quadrangelsystem und dem darauf bezogenen Spezialprotokoll relativ straff und homogen struk-

---

22 Darauf hat schon Johann Stephan PÜTTER, Patriotische Abbildung des heutigen Zustandes beyder höchsten Reichsgerichte, o. O. 1749, S. 63, hingewiesen.

23 Siehe ausführlich dazu den Beitrag von Eva ORTLIEB in diesem Band, ferner DIES., Kaiserlicher Hofrat und kaiserliche Herrschaft unter Karl V. (1520–1556). Ein Beitrag zur Geschichte des Reichshofrats (QFHG, 79), Köln/Weimar/Wien 2024.

24 Siehe dazu mit weiteren Hinweisen die Beiträge von Sonja DONABAUM und Ulrich RASCHE in diesem Band.

25 Wolfgang Sellert, dem die maßgeblichen Untersuchungen zum reichshofrätlichen Verfahren zu verdanken sind, spricht von „prozessualen Versatzstücken", die sich theoretisch zwar je nach Beschaffenheit der jeweiligen Vorgänge als „Berichtsprozess", „Kommunikationsprozess", „Reskriptprozess", oder „Mandatsprozess" usw. fassen ließen, aber eben wiederum je für sich nicht oder nur zu einem geringen Teil normiert gewesen seien, vgl. SELLERT, Prozeßgrundsätze (wie Anm. 8), S. 93–101, sowie die einschlägige Artikel im HRG, ferner Manfred UHLHORN, Der Mandatsprozess sine clausula des Reichshofrats (QFHG, 22), Köln/Wien 1990.

turiert sind,[26] weisen die eigentlichen reichshofrätlichen Prozessakten deshalb einen wesentlich niedrigeren Formalisierungsgrad auf. Drittens kommt hinzu, dass das Reichshofratsprojekt bereits in eine Zeit fiel, in der nicht mehr analoge Such- und Präsentationsmöglichkeiten, sondern das Internet und der damit einhergehende technologische Wandel die entscheidenden Denkkategorien für die Erschließungsarbeiten bilden mussten.[27] Anfänglich schwerpunktmäßig ebenfalls auf die analoge Publikation ausgerichtet erfolgte vor rund zehn Jahren die konsequente Umstellung der Verzeichnungsarbeit auf die Archivsoftware Scope als Verzeichnungsmedium und das Archivinformationssystem des Österreichischen Staatsarchivs als Leitmedium der Publikation.

Alles drei hat dazu geführt, dass sich das Reichshofratsprojekt von der anfänglichen programmatischen und konzeptionellen Abhängigkeit vom Reichskammergerichtsprojekt gelöst und als eigenständiges Projekt zur Erschließung reichsarchivischer Akten emanzipiert hat. Es begreift sich heute weniger als Fortsetzer des Reichskammergerichtsprojekts, sondern mehr als erstes Großprojekt zur Tiefenerschließung der Wiener Reichsarchive. Seine Erschließungsarbeit ist prinzipiell offener angelegt als die eher rechtsgeschichtlich konzipierte des Reichskammergerichtsprojekts. Sie folgt grundsätzlich den bewährten archivischen Methoden der Aktenerschließung.[28] Das bedeutet zunächst einmal, dass nicht etwa ‚Fälle', Prozesse oder gar Konflikte erschlossen bzw. verzeichnet werden, sondern Akten.[29] Streng genommen werden im Prinzip auch keine Quellen erschlossen, sondern historisches Material, das erst im Forschungsprozess zur jeweiligen Quelle wird.[30]

---

26 Vgl. Anette BAUMANN, Der Aufbau einer Reichskammergerichtsprozessakte, in: zeitenblicke 3 (2004), Nr. 3, http://www.zeitenblicke.de/2004/03/baumann1/index.html (abgerufen am 10. Juli 2024); Peter OESTMANN/Wilfried REININGHAUS, Die Akten des Reichskammergerichts. Schlüssel zur vormodernen Geschichte (Veröffentlichungen des Landesarchivs Nordrhein-Westfalen, 44), Düsseldorf 2012, S. 6–20 (Leitfaden zur Benutzung von Reichskammergerichtsakten).

27 Vgl. Tobias SCHENK, Das Projekt zur Erschließung der Reichshofratsakten. Eine Zwischenbilanz nach acht Jahren, in: Schumann, Justiz und Verfahren (wie Anm. 13), S. 31–51, hier S. 35–37; ferner zum diesbezüglichen Wandel im Archivwesen und zu den Konsequenzen mit umfangreicher Literatur Ulrich RASCHE, Aktenverzeichnung als Methode der Quellenerschließung. Plädoyer für eine Neujustierung der Erschließungspraxis in der Frühneuzeitforschung, in: Jens Klingner/Christian Schuffels (Hrsg.), Edition und Kommentar (Archiv für Diplomatik, Beiheft), Köln/Weimar/Wien 2025 (im Druck).

28 Grundlegend: Angelika MENNE-HARITZ, Erschließung, in: Marcel Lepper/Ulrich Raulff (Hrsg.), Handbuch Archiv. Geschichte, Aufgaben, Perspektiven, Stuttgart 2016, S. 207–217; vgl. zur Adaption der Methode für Erschließungsprojekte zu frühneuzeitlichen Akten RASCHE, Aktenverzeichnung als Methode der Quellenerschließung (wie Anm. 27).

29 Zur Unterscheidung von Prozess und Konflikt mit weiterer Literatur: RASCHE, Urteil versus Vergleich (wie Anm. 4), S. 210.

30 Grundlegend dazu: Otto Gerhard OEXLE, Was ist eine historische Quelle?, in: Rechtsgeschichte 4 (2004), S. 165–186.

Obwohl die Verzeichnungen schon eine Fülle von Informationen bieten, können und wollen sie in der Regel den Blick in die Akten selbst nicht ersetzen, der je nach Fragestellung ohnehin ganz unterschiedlich ausfallen wird. Allein die eine Akte mit ihren Fragen durchdringenden Forschenden entscheiden, ob aus ihr jeweils eine Quelle zur Rechts-, Wirtschafts-, Sozial-, Landes-, Reichs- oder etwa Kulturgeschichte wird, nicht aber die Akte oder gar deren Verzeichnung. Wenn auch die Akten einer obersten Behörde zur Regierungsberatung, einer Verwaltung und eines Gerichts – diese drei Funktionen hat der Reichshofrat bekanntlich innegehabt – naturgemäß über die Ausübung dieser Funktionen handeln und sich dieser Umstand auch in angemessener Weise in den Verzeichnungen abbildet, so ist doch die Perspektive, die die Akten und somit auch deren Verzeichnungen für jedwede Art von Forschung bieten, im Prinzip offen. Sie präjudiziert keinen wie auch immer gearteten disziplinorientierten Blick auf die Akteninhalte: der Wiener „Staub der Archive" soll nicht nur der „Dünger für die Rechtsgeschichte"[31], sondern für jedwede historische Wissenschaft sein.[32]

Konkret bestehen die reichshofrätlichen Judizialakten Akten aus den oftmals beilagenreichen Schriftsätzen der Parteien und Petenten und den Konzepten reichshofrätlicher Entscheidungen (Reskripten, Mandaten, Urteilen, Befehlen aller Art usw.). Sie können darüber hinaus reichshofrätliche Gutachten (Vota ad imperatorem) sowie sehr vereinzelt auch Aufzeichnungen der reichshofrätlichen Referenten (Relationes) enthalten.[33] Der Aktenumfang schwankt zwischen einem

31 Peter Oestmann, Geistliche und weltliche Gerichte im Alten Reich. Zuständigkeitsstreitigkeiten und Instanzenzüge (QFHG, 61), Köln/Weimar/Wien 2012, S. VI. Sehr lesenswert ist in diesem Kontext auch das Plädoyer für eine konsequente Ausrichtung historischer Forschung auf Archive und Akten von Michael Hochedlinger, Das Ende der empirischen Geschichte? Quellenarbeit, Editionen und die ‚Krise der Frühneuzeitforschung'. Eine Polemik, in: Grete Klingenstein/Fritz Fellner/Hans Peter Hye (Hrsg.), Umgang mit Quellen heute. Zur Problematik neuzeitlicher Quelleneditionen vom 16. Jahrhundert bis zur Gegenwart, Wien 2003, S. 91–104.

32 Dies gilt nicht zuletzt für die in der aktuellen Frühneuzeitforschung zu Recht eingeforderten praxeologischen Zugriffe auf die in den Akten vorgefundenen Phänomene, vgl. Marian Füssel, Praxeologische Perspektiven in der Frühneuzeitforschung, in: Arndt Brendecke (Hrsg.), Praktiken der Frühen Neuzeit. Akteure, Handlungen, Artefakte (Frühneuzeit-Impulse, 3), Köln/Weimar/Wien 2015, S. 21–33, sowie für die Justizforschung Tobias Schenk, Praktiken funktionaler Differenzierung am kaiserlichen Reichshofrat. Ein Beitrag zur Evolution des Aktenzeitalters in der Justiz, in: Franziska Neumann/Matthias Pohlig/Hannes Ziegler (Hrsg.), Vormoderne Organisationen. Anfänge, Funktionen, Folgen, Berlin 2025 (im Druck).

33 Für beide Schriftguttypen sind unter Josef II. jeweils eigene Selektbestände angelegt worden, die freilich insbesondere bei den Reichshofratsgutachten längst nicht alle in den Akten vorhandenen Stücke erfassen und heute die Serien ‚Vota ad imperatorem' und ‚Relationes' des Bestands ‚Reichshofrat' bilden. Vgl. zur Bedeutung dieser Aktenschriftstücke Tobias Schenk, Die Vota ad Imperatorem des kaiserlichen Reichshofrats. Zur Verfahrensautonomie an einem herrschernahen Höchstgericht der Frühen Neuzeit, in: Anja Amend-Traut/Ignacio Czeguhn/Peter Oestmann (Hrsg.),

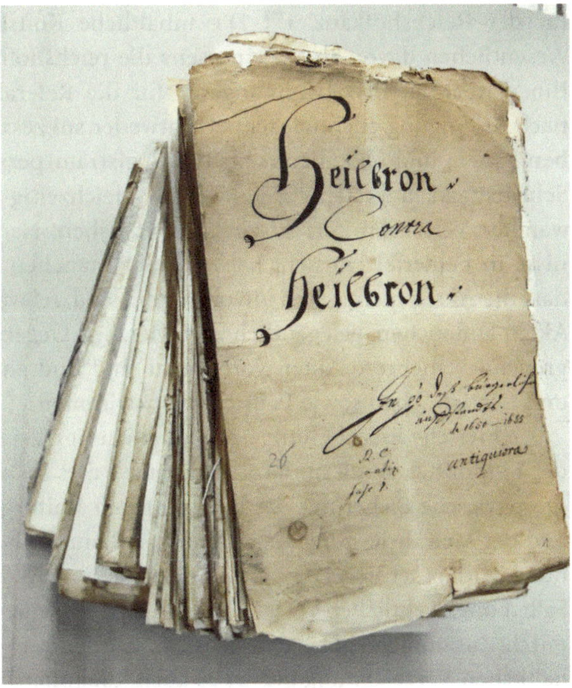

Abb. 3: Prozessakte über den Streit zwischen Bürgerschaft und Stadt Heilbronn um die Stadtverfassung, ÖStA HHStA RHR Antiqua 50-1, 1.145 Bl, 1650–1655, siehe https://www.archivinformationssystem.at/detail.aspx?id=3286747 (abgerufen am 10. Juli 2024) und analog: Sellert/Rasche, Antiqua, Bd. 2 (wie Anm. 19), Nr. 44 (S. 59–63).

Blatt und einer fünfstelligen Blattzahl, wobei sich der durchschnittliche Aktenumfang vom 16. zum späteren 17. Jahrhundert etwa vervierfacht hat.[34] Die Formierung der Schriftstücke zu einer Akte (Abb. 3) geschah in der Judizialregistra-

---

Urteiler, Richter, Spruchkörper. Entscheidungsfindung und Entscheidungsmechanismen in der Europäischen Rechtskultur (QFHG, 75), Köln/Weimar/Wien 2021, S. 239–348, hier S. 254; Eva Ortlieb, Schriftlichkeit im Entscheidungsprozess. Die Relationen des Reichshofrats, in: Josef Bongartz/Alexander Denzler/Carolin Katzer/Stefan Andreas Stodolkowitz (Hrsg.), Feder und Recht. Schriftlichkeit und Gerichtswesen in der Vormoderne (baR, 39), Berlin 2023, S. 345–364, ferner den Aufsatz von Peter Oestmann in diesem Band.

34 Die beiden umfangreichsten Akten der bisherigen Erschließung handeln über den Streit des Klosters Kaisheim mit Pfalz-Neuburg um die Reichsunmittelbarkeit des Klosters, 1596–1661, 12.050 Bl., ÖSTA HHStA, RHR, Antiqua, K. 140, Nr. 2 bis K. 152, Nr. 1, siehe https://www.archivinformationssystem.at/detail.aspx?id=3381844 (erster von insgesamt 13 Datensätzen, abgerufen am 10. Juli 2024) und analog: Sellert/Rasche, Antiqua, Bd. 3 (wie Anm. 19), Nr. 22 (S. 48–69), sowie über den mecklenburgischen Ständekonflikt, 1671–1711, 8.312 Bl., ÖStA HHStA, RHR, Antiqua, K. 338, Nr. 1 bis K. 346, Nr. 2, siehe https://www.archivinformationssystem.at/detail.aspx?id=3409452 (erster von insgesamt 8 Datensätzen, abgerufen am 10. Juli 2024) und analog: Sellert/Schenk, Antiqua, Bd. 4 (wie Anm. 19), Nr. 486 (S. 242–246). Von Sellert/Rasche, Antiqua, Bd. 2 (wie Anm. 19), an enthalten die Inventarbände Vorworte des Herausgebers, die über prominente Akten der mit dem jeweiligen Band erfassten Verzeichnungsstrecke informieren.

tur der Reichshofkanzlei.[35] Die inhaltliche Konsistenz einer Akte hängt im Wesentlichen davon ab, ob einerseits die reichshofrätlichen Referenten die von Ihnen in ihren Privatwohnungen[36] für die Referate verarbeiteten Schriftsätze nach Erledigung auch tatsächlich entweder sukzessive oder geschlossen abgegeben haben, und ob andererseits das Registraturpersonal selbst die eingehenden Schriftstücke angesichts der Vielzahl gleichzeitig laufender und oftmals verwandter Verfahren korrekt zugeordnet haben. Nachlässigkeiten und Versäumnisse in beiderlei Hinsicht haben außer manchen Zufälligkeiten dazu geführt, dass die Akten nicht selten unvollständig sind, relevante Schriftstücke in anderen Akten auftauchen, gelegentlich zum gleichen Gegenstand – teilweise serienübergreifend – mehrere Akten vorhanden sind und auch Grenzen zwischen Streit- und Gratialsachen sowie Politica verschwimmen.

Archivische Erschließung bedeutet nicht nur Verzeichnung und Bereitstellung der Findmittel, sondern darüber hinaus – dies sei ausdrücklich erwähnt – auch die physische Sicherung des hochrangigen Kulturguts; sie dient dessen Schutz und der Gewährleistung auch künftiger Benutzung (Abb. 4).[37] Bei der Verzeichnung wird in der Regel die vorgefundene äußere Aktenbildung respektiert. Nur in Fällen offensichtlicher Versehen werden Aktenschriftstücke umgelegt und Akten durch Zusammenlegung neu gebildet. Zu den notwendigen Vorarbeiten der inhaltlichen Verzeichnung gehört es auch, die innere Ordnung der Akten zu überprüfen, wobei die leider oftmals durcheinander geratene chronologische Reichenfolge der Schriftsätze wiederhergestellt und teilweise vagabundierende Beilagen korrekt zugewiesen werden müssen. Erst dann können die Akten foliiert werden, was bei einer Gesamtmenge von ca. einer Million Aktenblättern ebenfalls keinen im vorbereitenden Workflow vernachlässigbaren Arbeitsschritt darstellt.

Die inhaltliche Verzeichnung ist wesentlich tiefer, als es regionale deutsche oder internationale Richtlinien archivischer Aktenverzeichnung[38] vorsehen. Sie soll der Forschung nach einem speziell auf den disparaten Typus der Reichshofratsakten zugeschnittenen Erfassungsschema und unter Berücksichtigung von

35 Vgl. für Details die vorzügliche Analyse des Geschäftsgangs von Lothar Gross, Die Geschichte der deutschen Reichshofkanzlei von 1559 bis 1806 (Inventare österreichischer staatlicher Archive, V. Inventare des Wiener Haus-, Hof- und Staatsarchivs, 1), Wien 1933, S. 143–260, passim.

36 Siehe dazu den Beitrag von Tobias Schenk in diesem Band.

37 Vgl. etwa Winfried Reininghaus, Archivisches Erschließen in der Wissensgesellschaft, in: Frank. M. Bischoff (Hrsg.), Benutzerfreundlich – rationell – standardisiert. Aktuelle Anforderungen an archivische Erschließung und Findmittel (Veröffentlichungen der Archivschule Marburg, 46), Marburg 2007, S. 17–36.

38 Vgl. etwa Nils Brübach, Standardisierung im deutschen Archivwesen, in: Scrinium 68 (2014), S. 7–22; Silke Jagodzinski, Internationale Standards für die archivische Erschließung. Von ISAD(G) zu Records in Contexts, in: Archivar 73 (2020), S. 134–141.

Abb. 4a/4b: Aktenerschließung bedeutet auch konservatorische Bestandssicherung: Bei der Neuverzeichnung werden die Akten, die sich in alten, säurehaltigen, brüchigen und teilweise überfüllten Kartons befinden (oberes Bild) in Jurismappen verpackt und in neue säurefreie Kartons gelegt (unteres Bild).

arbeits- und zeitökonomischen Gesichtspunkten, die sich angesichts der oben angedeuteten logistischen Verhältnisse und der zu bewältigenden Aktenmasse zwingend ergeben, sowie unter Ausnutzung sämtlicher moderner Publikationsformen möglichst breite Zugänge zu den Akten legen.[39] Erreicht wird dieses außer durch einen prägnanten, den Entstehungszweck der Akte bzw. den Vorgang bezeichnenden Aktentitel sowie die notwendigen Basisangaben über Signatur, Umfang und Laufzeit insbesondere durch die umfassende Dokumentation von Akteninhalten. Damit soll das im Informationszeitalter eminent gestiegene Nutzerinteresse an historischer Information aus Akten bedient werden.[40] Dieser ausgesprochene Schwerpunkt der Verzeichnungsarbeit zielt vor allem auf die Aufnahme der wichtigsten Aktenschriftstücke, die die Parteien als Beilagen zu ihren Schriftsätzen in die Prozesse eingebracht haben. Dazu zählen etwa Karten und Pläne,[41] Rechnungen, Einkünfteverzeichnisse, Güterlisten, Personenlisten aller Art, Urfehden, Inventare, Vergleiche, Verträge, Rechtsgutachten, Erbeinigungen, Briefe, Gutachten, Testamente, Attestate, Berichte, insbesondere Kommissionsberichte, Protokolle, vor allem Zeugenverhörprotokolle, Tausende von Abschriften von mitunter bis in das hohe Mittelalter zurückreichenden Urkunden, zahllose Notariatsinstrumente z. B. über die Ableistung von Huldigungseiden, ferner Einblattdrucke, Plakatdrucke und sogar ganze Druckschriften, darunter insbesondere von den Parteien gedruckte Streitschriften (Deduktionen)[42] mit zumeist

39 Zu den konzeptionellen Grundsätzen: Schenk, Projekt zur Erschließung der Reichshofratsakten (wie Anm. 27), S. 35–38. Die detaillierten Verzeichnungsrichtlinien können den Benutzungshinweisen entnommen werden, die in Sellert/Rasche, Antiqua, Bd. 2 (wie Anm. 19), S. 13–20, und von da an in allen weiteren Inventarbänden abgedruckt sind.

40 Vgl. etwa Franziska Mücke/Susanne Brockfeld, Öffnung der Erschließung, in: Kompetent! Archive in der Wissensgesellschaft. 86. Deutscher Archivtag in Koblenz (Tagungsdokumentationen zum Deutschen Archivtag, 21), Fulda 2018, S. 209–220; Mario Glauert, Müssen wir anders verzeichnen? Erschließung zwischen analogen Archivgewohnheiten und digitalen Nutzererwartungen, in: Archivpflege in Westfalen-Lippe 91 (2019), S. 32–37; Karsten Uhde, Zwischen Tradition und Online-Mainstream – Archivische Erschließung im 21. Jahrhundert, in: Archivpflege in Westfalen-Lippe 90 (2019), S. 6–10; Georg Vogeler, Zum Verhältnis von klassischen Formen der Archiverschließung und den Zugängen der Digital Humanities zum Information Retrieval, in: Elisabeth Schöggl-Ernst/Thomas Stockinger/Jakob Wührer (Hrsg.), Die Zukunft der Vergangenheit in der Gegenwart. Archive als Leuchtfeuer im Informationszeitalter (Veröffentlichungen des Instituts für Österreichische Geschichtsforschung, 71), Wien 2019, S. 199–212; Rasche, Aktenverzeichnung als Methode der Quellenerschließung (wie Anm. 27).

41 Siehe dazu den mit vielen Abbildungen illustrierten Beitrag von Anette Baumann in diesem Band.

42 Außer in den Akten sind Tausende solcher Deduktionen in Bibliotheken und Archiven in separaten Sammlungen überliefert. Auch das Haus- Hof- und Staatsarchiv besitzt eine solche Sammlung von ca. 5.000 Stücken, die in der Mehrzahl aus dem 18. Jahrhundert stammen, ÖStA HHStA, RK, Deduktionen. Während schon im 18. Jahrhundert zahlreiche Bibliografien, gedruckte Textsammlungen etc. erschienen, hat sich die neuere Forschung bislang kaum dafür interessiert. Zur Rele-

Abb. 5: Gedruckte Streitschriften (Deduktionen) aus der umfangreichen Akte über den Streit um die Teilung von Hohenlohe-Neuenstein 1680–1690, ÖStA HHStA RHR Antiqua 90-1 bis 94-1 (3.569 Bl.), siehe https://www.archivinformationssystem.at/detail.aspx?id=3287129 (erster von insgesamt 5 Datensätzen, abgerufen am 10. Juli 2024) und analog: Sellert/Rasche, Antiqua, Bd. 2 (wie Anm. 19), S. 303–310, hier S. 309 f.

wiederum reichhaltigen urkundlichen Beigaben (Abb. 5). Die Erfassung dieser Aktenschriftstücke stellt hohe Anforderungen an die hilfs- bzw. grundwissenschaftlichen Kenntnisse der Bearbeiter:innen und bereichert zugleich die gegenwärtigen Bemühungen um eine Revitalisierung der Archivalienkunde[43] mit einer ungeheuren Menge oftmals noch gänzlich unbekannten Materials.

---

vanz für die Forschung vgl. exemplarisch Wolfgang Sellert, Der Recursus ad comitia im Rechtsstreit zwischen der Reichsritterschaft am Niederrhein und dem Kurfürsten von der Pfalz um die Herrschaft und Burg Ebernburg vor dem Kaiserlichen Reichshofrat, in: Ignacio Czeguhn (Hrsg.), Recht im Wandel – Wandel des Rechts. Festschrift für Jürgen Weitzel, Köln/Weimar/Wien 2014, S. 245–280. Zur funktionalen Bedeutung dieses Druckschriftentyps: Rasche, Urteil versus Vergleich (wie Anm. 4), S. 223 f.; Tobias Schenk, Schriftlichkeit und Mündlichkeit im frühneuzeitlichen Reichsprozess. Über ein pathologisiertes Komplementärverhältnis, in: Susanne Ehrich/Maria Selig (Hrsg.), Städtische Rechtskulturen in der Vormoderne (Forum Mittelalter-Studien, 21), Regensburg 2024, S. 165–190.

43 Vgl. Robert Kretzschmar, Akten- und Archivkunde im Tübinger Netzwerk Landesgeschichte. Ein Plädoyer für eine zeitgemäße Archivalienkunde, in: Dieter R. Bauer/Dieter Mertens/Wilfried Setzler/Susanne Borgards (Hrsg.), Netzwerk Landesgeschichte. Gedenkschrift für Sönke Lorenz, Ostfildern 2013, S. 91–109; Ders., Archivalische Quellenkunde im frühen 21. Jahrhundert. Ein „Kleines Fach" mit potentiell großer Wirkung, in: Schöggl-Ernst/Stockinger/Wührer, Archive als Leuchtfeuer (wie Anm. 40), S. 41–55.

Vor allem mit der Aufnahme solcher Aktenschriftstücke erzeugt die Verzeichnung eine enorme Fülle historischer Informationen über Orte, Personen und Sachen vom Mittelalter bis zur Zeit um 1700.[44] Für diesen Zeitraum, insbesondere natürlich für die zweite Hälfte des 16. und für das 17. Jahrhundert, spannt sie ein dichtes Netz von Informationen über das Alte Reich, seine Territorien wie Regionen, seine Institutionen und die auf allen Ebenen handelnden Akteure. Bis zu einem gewissen Grad messbar ist die Dimension dieser Erschließungsleistung anhand der für die Inventarbände in sehr aufwändigen Arbeitsschritten erstellten Orts- und Personen- sowie Sachregister. Die Register der bislang vorliegenden zwölf Inventarbände weisen ca. 207.000 aus den Akten erhobene und mit ebenfalls nicht geringem Aufwand recherchierte und verlässlich identifizierte Orte, Personen und Sachen nach. Bei Abschluss des Projekts werden es ca. eine Viertelmillion sein. Im Zuge einer ersten informationswissenschaftlichen Untersuchung sind die 3.182 Ortsangaben des dritten Inventarbands zur Antiquaserie mit der Verzeichnung von 1.153 Akten zu den Klägerbuchstaben K-Ma in eine Karte überführt worden (Abb. 6). Sie zeigt exemplarisch die geographische Relevanz der erzeugten Informationen für das gesamte Alte Reich und darüber hinaus. Erwartungsgemäß werden zwar schwerpunktmäßig die Kernregionen des Reichs in Franken, Bayern und Württemberg beleuchtet. Aber auch West-, Nord- und Mitteldeutschland sind relativ ausgewogen berührt, sogar Randregionen wie die Schweiz, das Elsass, die Beneluxländer werden in beachtlicher Häufigkeit erfasst.[45] Fast alle Registernennungen sind datiert und semantisch mit bestimmten Handlungen (Verkauf eines Grundstücks, Ableistung eines Eides, Befehl, eine Sache zu unterlassen, usw.) verknüpft. Die Zahl solcher datierten ‚Ereignisse' in den bislang vorhandenen zwölf Inventarbänden beläuft sich auf ca. 64.000. Sie wird am Ende bei rund 80.000 liegen.

Diese Erschließungsleistungen des Projekts, das aller Voraussicht nach im Jahr 2025 mit der vollständigen Erfassung der beiden reichshofrätlichen Judizialaktenserien ‚Alte Prager Akten' und ‚Antiqua' zielgenau zum Abschluss kommen wird, liegen in Form konkreter Daten vor. Sie werden in größtmöglicher medialer Transparenz kommuniziert. Man kann nicht zuletzt auch deshalb sicher sein, dass sie bleibende Effekte auf jedwede Art der Erforschung des Alten Reiches haben werden. Doch inwiefern hat die Kernarbeit des Projekts auch jene übergeordneten Ziele erreicht, mit der es 2007 angetreten ist, nämlich die Intensivierung der Forschung zur Justizgeschichte, zur Reichsgerichtsbarkeit und

44 Zum Folgenden ausführlicher: Rasche, Aktenverzeichnung als Methode der Quellenerschließung (wie Anm. 27).

45 Siehe zur räumlichen Reichweite des reichshofrätlichen Wirkens und ihren Veränderungen die grundlegenden Ausführungen von Leopold Auer in diesem Band.

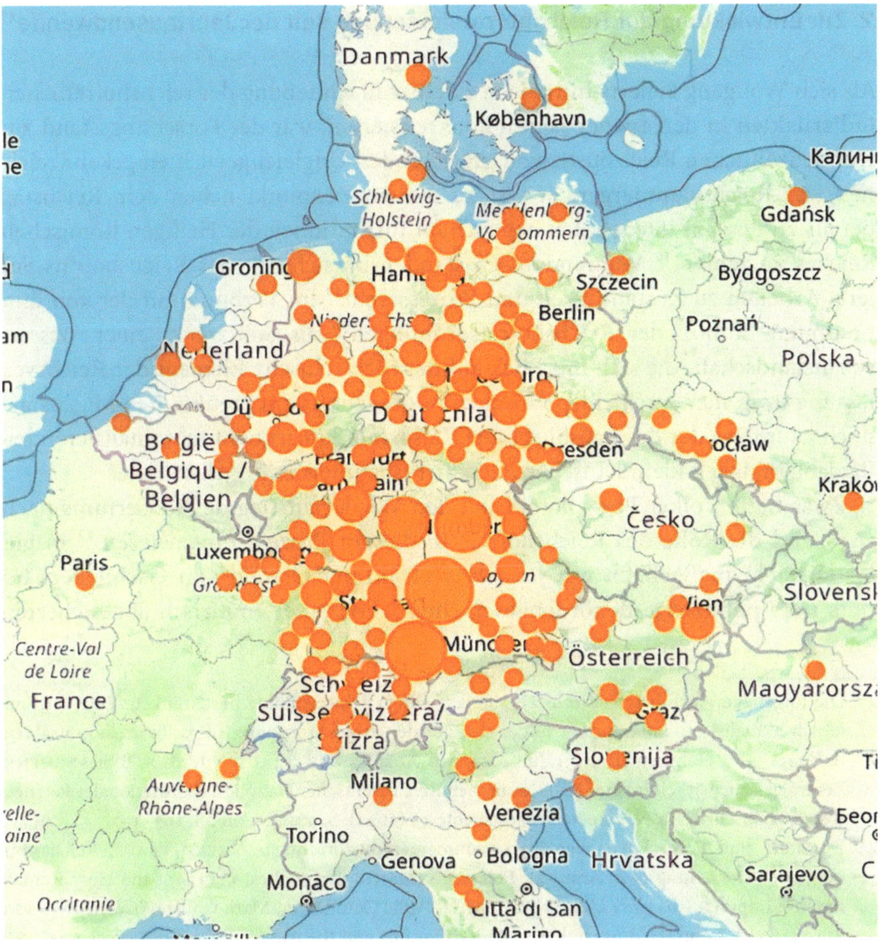

Abb. 6: Karte der Ortseinträge des Personen- und Ortregisters aus Sellert/Rasche, Antiqua, Bd. 3 (wie Anm. 19), S. 731–820. Entwurf: Stefanie Preisl-Peters, Ulrich Rasche, Georg Vogeler.

insbesondere zum Reichshofrat? Und gibt es jenseits der schon jetzt laufenden kurzfristigen Verzeichnungsprojekte kleineren Formats[46] eine wiederum längerfristige Erschließungsperspektive für die riesige Masse der noch vollkommen unzureichend erschlossenen reichshofrätlichen Überlieferung insbesondere des vom Reichshofratsprojekt nur marginal berührten 18. Jahrhunderts?

46 Siehe den Beitrag von Stephan Wendehorst in diesem Band.

2. Zur Entwicklung der Reichshofratsforschung seit der Jahrtausendwende[47]

Als sich Wolfgang Sellerts Initiativen zu einer Erschließung der reichshofrätlichen Judizialakten in den 1990er Jahren konkretisierten, war der Forschungsstand zur frühneuzeitlichen Reichsjustiz von gravierenden Ungleichgewichten gekennzeichnet. Das Reichskammergericht war zu diesem Zeitpunkt neben dem Reichstag bereits zu den am intensivsten beforschten Institutionen des Heiligen Römischen Reiches zu zählen.[48] Währenddessen standen hinsichtlich des Reichshofrats Sellerts Arbeiten zu Zuständigkeit und Prozessrecht[49] im Verbund mit der von ihm besorgten Edition der Reichshofratsordnungen[50] als Solitäre in einer Wissenschaftslandschaft, die sich mit Blick auf das hierarchische Element der Reichsverfassung trotz aller geschichtspolitischen Abgrenzung vom preußischen Machtstaat noch kaum aus der das habsburgische Kaisertum konsequent marginalisierenden Pfadabhängigkeit kleindeutscher „Geschichtsbaumeister“[51] gelöst hatte.

Zwar hatte Volker Press bereits auf den Wiederaufstieg des Kaisertums nach 1648 und die Rolle des Reichshofrats in diesem Prozess hingewiesen,[52] in vieler Hinsicht maßgeblich war jedoch noch immer Oswald von Gschließers bereits 1942 publizierte Behördengeschichte.[53] Von einer empirisch abgesicherten

---

47 Die folgenden Ausführungen müssen sich auf einige Schwerpunkte beschränken. Eine kontinuierlich aktualisierte Literaturliste findet sich auf der Projekhomepage: https://reichshofratsakten.de/?page_id=25 (abgerufen am 31. Juli 2024); vgl. Anja Amend-Traut/Nils Jörn/Tobias Schenk, Zentralgerichtsbarkeit im Heiligen Römischen Reich Deutscher Nation in transnationaler Perspektive, in: Zeitschrift für Neuere Rechtsgeschichte 45 (2023), S. 97–126, hier S. 103–107.

48 Zu Stand und Perspektiven der Reichskammergerichtsforschung: Amend-Traut, Reichskammergerichtsforschung (wie Anm. 2); Peter Oestmann, The highest courts of the Holy Roman Empire: Imperial Chamber Court and Imperial Aulic Council, in: Mark Godfrey/Cornelis H. van Rhee (Hrsg.), Central Courts in Early Modern Europe and the Americas, Berlin 2020, S. 225–286; Anette Baumann, Reichskammergericht und Reichshofrat, in: Wim Decock (Hrsg.), Konfliktlösung in der Frühen Neuzeit, Berlin 2021, S. 209–219.

49 Sellert, Zuständigkeitsabgrenzung (wie Anm. 7); Ders., Prozeßgrundsätze (wie Anm. 8).

50 Sellert, Ordnungen des Reichshofrates (wie Anm. 11).

51 Trotz der unverkennbaren Agenda des Autors noch immer lesenswert: Onno Klopp, Kleindeutsche Geschichtsbaumeister, Freiburg 1863.

52 Volker Press, Die kaiserliche Stellung im Reich zwischen 1648 und 1740. Versuch einer Neubewertung, in: Georg Schmidt (Hrsg.), Stände und Gesellschaft im Alten Reich (Veröffentlichungen des Instituts für Europäische Geschichte Mainz, Beiheft 29), Stuttgart 1989, S. 51–80; Ders., Der Reichshofrat im System des frühneuzeitlichen Reiches, in: Friedrich Battenberg/Filippo Ranieri (Hrsg.), Geschichte der Zentraljustiz in Mitteleuropa. Festschrift für Bernhard Diestelkamp zum 65. Geburtstag, Köln/Wien 1994, S. 349–365.

53 Oswald von Gschliesser, Der Reichshofrat. Bedeutung und Verfassung, Schicksal und Besetzung einer obersten Reichsbehörde von 1559 bis 1806 (Veröffentlichungen der Kommission für neuere Geschichte des ehemaligen Österreich, 33), Wien 1942.

Dekonstruktion der „Legende von der landesherrlichen Souveränität“[54] konnte demnach in den 1990er Jahren noch keine Rede sein. Selbst in der um die Jahrtausendwende geführten Debatte über die angebliche Irrelevanz des Lehnswesens für den „komplementären Reichsstaat“[55] spielte die mehrere hundert Kartons umfassende Überlieferung, welche die Tätigkeit des Reichshofrats als oberster Lehnshof[56] dokumentiert, kaum eine Rolle.

Gleichwohl fiel die 1999 einsetzende Verzeichnung der Serie ‚Alte Prager Akten‘ mit dem Beginn einer auch auf Forschungsebene hochproduktiven Phase zusammen, die unseren Kenntnisstand über den Reichshofrat bis heute prägt.[57] In der Drucklegung befanden sich die Dissertationsschriften Eva Ortliebs und Martin Fimpels zu den bis dahin in ihrer Bedeutung für die Konfliktregulierung im Alten Reich völlig unterschätzten kaiserlichen Kommissionen.[58] Barbara Staudinger machte durch mehrere Publikationen auf die überproportionale Nutzung des Reichshofrats durch Jüdinnen und Juden aufmerksam,[59] während sich Pe-

54 Johannes Burkhardt, Der Westfälische Friede und die Legende von der landesherrlichen Souveränität, in: Jörg Engelbrecht/Stephan Laux (Hrsg.), Landes- und Regionalgeschichte. Festschrift für Hansgeorg Molitor zum 65. Geburtstag (Studien zur Regionalgeschichte, 18), Bielefeld 2004, S. 197–220.

55 Von einem „imaginären Lehenreich“ sprach beispielsweise Georg Schmidt, Das frühneuzeitliche Reich – komplementärer Staat und föderative Nation, in: Historische Zeitschrift 273 (2001), S. 371–399, hier S. 377.

56 Neue Erkenntnisse verspricht die in Fertigstellung begriffene Dissertationsschrift von Clemens von der Heide mit dem Arbeitstitel: „Symbolische und instrumentelle Relevanz des Reichslehnswesens im 18. Jahrhundert“. Siehe vorerst Schenk, Reichshofrat als oberster Lehnshof (wie Anm. 6).

57 Vgl. hierzu den Beitrag von Eva Ortlieb im vorliegenden Band.

58 Ortlieb, Kommissionen des Reichshofrats (wie Anm. 12); Martin Fimpel, Reichsjustiz und Territorialstaat. Württemberg als Kommissar von Kaiser und Reich im Schwäbischen Kreis (1648–1806) (Frühneuzeit-Forschungen, 6), Tübingen 2000.

59 Barbara Staudinger, Juden am Reichshofrat. Jüdische Rechtsstellung und Judenfeindschaft am Beispiel der österreichischen, böhmischen und mährischen Juden 1559–1670, Wien 2001 (ungedr. phil. Diss.); Dies., Die Resolutionsprotokolle des Reichshofrats als Quelle zur jüdischen Geschichte, in: Anette Baumann/Siegrid Westphal/Stephan Wendehorst/Stefan Ehrenpreis (Hrsg.), Prozeßakten als Quelle. Neue Ansätze zur Erforschung der Höchsten Gerichtsbarkeit im Alten Reich (QFHG, 37), Köln/Weimar/Wien 2001, S. 119–140; Dies., „Gelangt an eur kayserliche Majestät mein allerunterthenigstes Bitten“. Handlungsstrategien der jüdischen Elite am Reichshofrat im 16. und 17. Jahrhundert, in: Sabine Hödl/Peter Rauscher/Dies. (Hrsg.), Hofjuden und Landjuden. Jüdisches Leben in der Frühen Neuzeit, Berlin/Wien 2004, S. 143–183; Dies., In puncto debiti – Prozesse jüdischer Geldleiherinnen am Reichshofrat, in: Siegrid Westphal (Hrsg.), In eigener Sache. Frauen vor den höchsten Gerichten des Alten Reiches, Köln/Weimar/Wien 2005, S. 153–180; Dies.: Ritualmord und Schuldklage. Prozesse fränkischer Juden vor dem Reichshofrat im 16. und 17. Jahrhundert, in: Gerhard Taddey (Hrsg.), … geschützt, geduldet, gleichberechtigt … Die Juden im baden-württembergischen Franken vom 17. Jahrhundert bis zum Ende des Kaiserreichs (1918) (Forschungen aus Württembergisch-Franken, 52), Ostfildern 2005, S. 47–59.

ter Rauscher mit der Tätigkeit des Reichshofrats im preußisch-österreichischen Dualismus[60] auseinandersetzte. Thomas Lau publizierte erste Ergebnisse seiner Forschungen zum Verhältnis zwischen dem Reichshofrat und den Reichsstädten,[61] die 2011 in eine gehaltvolle Monographie einflossen.[62] Stefan Ehrenpreis gewährte Einblicke in seine 2006 veröffentliche Dissertation zum Reichshofrat Kaiser Rudolfs II.,[63] während Hans-Joachim Koppitz zu kaiserlichen Druckprivilegien forschte und an einem 2008 erschienenen Inventar der 80 Kartons umfassenden Selektserie „Impressoria" arbeitete.[64]

In den Jahren um die Jahrtausendwende erlebte die Reichshofratsforschung also einen beachtlichen Take-off, der unterschiedliche Themenbereiche umfasste und mit den gewichtigen Studien von Sabine Ullmann und Siegrid Westphal zu den Kommissionen unter Kaiser Maximilian II. bzw. zur stabilisierenden Funktion des Reichshofrats in den thüringischen Territorialstaaten[65] innerhalb kurzer Zeit zwei Habilitationsschriften hervorbrachte.

---

60 Peter Rauscher, Recht und Politik. Reichsjustiz und oberstrichterliches Amt des Kaisers im Spannungsfeld des preußisch-österreichischen Dualismus (1740–1785), in: MÖStA 46 (1998), S. 269–309.

61 Thomas Lau, Die Reichsstädte und der Reichshofrat, in: Sellert, Reichshofrat und Reichskammergericht (wie Anm. 15), S. 129–153.

62 Thomas Lau, Unruhige Städte. Die Stadt, das Reich und die Reichsstadt (1648–1806) (baR, 10), München 2011; siehe auch Ders., Fehlsteuerung – Der Reichshofrat und die Mühlhäuser Unruhen in den Jahren 1731 bis 1733, in: Ders./Helge Wittmann (Hrsg.), Kaiser, Reich und Reichsstadt in der Interaktion. 3. Tagung des Mühlhäuser Arbeitskreises für Reichsstadtgeschichte, Mühlhausen 16. bis 18. Februar 2015 (Studien zur Reichsstadtgeschichte, 3), Petersberg 2016, S. 253–274.

63 Stefan Ehrenpreis, Der Reichshofrat im System der Hofbehörden Kaiser Rudolfs II. (1576–1612). Organisation, Arbeitsabläufe, Entscheidungsprozesse, in: MÖStA 45 (1997), S. 187–205; Ders., Die Tätigkeit des Reichshofrats um 1600 in der protestantischen Kritik, in: Sellert, Reichshofrat und Reichskammergericht (wie Anm. 15), S. 27–46; Ders., Kaiserliche Gerichtsbarkeit und Konfessionskonflikt. Der Reichshofrat unter Rudolf II. 1576–1612 (Schriftenreihe der Historischen Kommission bei der Bayerischen Akademie der Wissenschaften, 72), Göttingen 2006.

64 Hans-Joachim Koppitz, Die Privilegia impressoria des Haus-, Hof- und Staatsarchivs in Wien. Ein Überblick, in: Guttenberg-Jahrbuch 69 (1994), S. 187–207; Ders., Zur Form der Anträge auf Bewilligung kaiserlicher Druckprivilegien durch den Reichshofrat und zu den Gründen ihrer Ablehnung, in: Barbara Dölemeyer/Heinz Mohnhaupt (Hrsg.), Das Privileg im europäischen Vergleich, Bd. 1 (Ius Commune. Sonderhefte, 93), Frankfurt am Main 1997, S. 347–375; Ders. (Hrsg.), Die kaiserlichen Druckprivilegien. Verzeichnis der Akten vom Anfang des 16. Jahrhunderts bis zum Ende des Deutschen Reiches (1806) (Buchwissenschaftliche Beiträge aus dem Deutschen Bucharchiv München, 75), Wiesbaden 2008.

65 Siegrid Westphal, Kaiserliche Rechtsprechung und herrschaftliche Stabilisierung. Reichsgerichtsbarkeit in den thüringischen Territorialstaaten 1648–1806 (QFHG, 43), Köln/Weimar/Wien 2002; Sabine Ullmann, Geschichte auf der langen Bank. Die Kommissionen des Reichshofrats unter Kaiser Maximilian II. (1564–1576) (Veröffentlichungen des Instituts für Europäische Geschichte Mainz, 214), Mainz 2006.

Dass diese Dynamik von der einsetzenden Aktenverzeichnung weiter verstärkt wurde, ist insbesondere Eva Ortlieb zu verdanken, die aus ihrer Quellenkenntnis heraus nicht nur selbst grundlegende Studien zur Geschichte des Reichshofrats im 16. Jahrhundert veröffentlichte, sondern die Erschließungsergebnisse darüber hinaus in unterschiedliche Forschungskontexte einbrachte und auf diese Weise neue Projekte anstieß. Zu nennen sind an erster Stelle ihre Arbeiten zur Formierung des Reichshofrats aus den Hofräten Karls V. und Ferdinands I., die in ihrer 2024 publizierten Habilitationsschrift zu einem beeindruckenden Abschluss gelangten.[66] Große Resonanz entfalteten sodann ihre Arbeiten zur Supplikenforschung,[67] die 2012 in das von Gabriele Haug-Moritz und Sabine Ullmann betreute DFG/FWF-Projekt „Untertanensuppliken am Reichshofrat in der Regierungszeit Kaiser Rudolfs II. (1576–1612)" mündeten.[68]

Schließlich machte sie gemeinsam mit Leopold Auer auf die Bedeutung des Reichshofratsbestandes für Studien zur jüdischen Geschichte aufmerksam[69] und

66 Eva Ortlieb, Vom königlichen/kaiserlichen Hofrat zum Reichshofrat. Maximilian I., Karl V., Ferdinand I., in: Bernhard Diestelkamp (Hrsg.), Das Reichskammergericht. Der Weg zu seiner Gründung und die ersten Jahrzehnte seines Wirkens (1451–1527), Köln/Weimar/Wien 2003, S. 221–289; Dies., Das Prozeßverfahren in der Formierungsphase des Reichshofrats (1519–1564), in: Peter Oestmann (Hrsg.), Zwischen Formstrenge und Billigkeit. Forschungen zum vormodernen Zivilprozeß (QFHG, 56), Köln/Weimar/Wien 2009, S. 117–138; Dies., Kaiserlicher Hofrat (wie Anm. 23).

67 Ortlieb, Gnadensachen vor dem Reichshofrat (wie Anm. 5); Dies., Lettere di intercessione (wie Anm. 5).

68 Die reichhaltigen Ergebnisse des Projekts dokumentieren die Beiträge in: Gabriele Haug-Moritz/Sabine Ullmann (Hrsg.), Frühneuzeitliche Supplikationspraxis und monarchische Herrschaft in europäischer Perspektive (Beiträge zur Rechtsgeschichte Österreichs), Wien 2015; sowie: Florian Zeilinger, Wiederherstellbare Ehre. Konzept und Praxis der Ehrrestitution am Reichshofrat Kaiser Rudolfs II. (1576–1612) (Histoire, 202), Bielefeld 2022; Ulrich Hausmann, Sie gehorchen dem Kaiser, wenn es ihnen beliebt – Zum Verhältnis zwischen Reichsoberhaupt und Reichsstädten anhand von Untertanensuppliken am Reichshofrat im späten 16. Jahrhundert, in: Thomas Lau/Helge Wittmann (Hrsg.), Kaiser, Reich und Reichsstadt in der Interaktion. 3. Tagung des Mühlhäuser Arbeitskreises für Reichsstadtgeschichte, Mühlhausen 16. bis 18. Februar 2015 (Studien zur Reichsstadtgeschichte, 3), Petersberg 2016, S. 207–234; Thomas Schreiber, Das *Votum ad Imperatorem* für den Schneider Niklas Huber. Ein Fallbeispiel aus der Onlinedatenbank „Untertanensuppliken am Reichshofrat Kaiser Rudolfs II. (1576–1612)", in: Christian Lackner/Daniel Luger (Hrsg.), Modus supplicandi. Zwischen herrschaftlicher Gnade und importunitas petentium (Veröffentlichungen des Instituts für Österreichische Geschichtsforschung, 72), Wien 2019, S. 201–222; Ders., Hab ich ein schreiben an kayserliche Maystadt selbst übergeben lassen. Anmerkungen zur Mündlichkeit und Schriftlichkeit im Supplikationsverfahren des Reichshofrats um 1600, in: Bongartz/Denzler/Katzer/Stodolkowitz, Feder und Recht (wie Anm. 33), S. 365–382.

69 Leopold Auer/Eva Ortlieb, Die Akten des Reichshofrats und ihre Bedeutung für die Geschichte der Juden im Alten Reich, in: Andreas Gotzmann/Stephan Wendehorst (Hrsg.), Juden im Recht. Neue Zugänge zur Rechtsgeschichte der Juden im Alten Reich (Zeitschrift für Historische Forschung, Beiheft 39), Berlin 2007, S. 25–38.

trug auf diese Weise dazu bei, dass der von Staudingers Pionierstudien ausgehende Impuls durch die Beiträge und Dissertationsschriften Verena Kasper-Marienbergs,[70] André Griemerts[71] und Avraham Siluks[72] aufgegriffen und weiterentwickelt wurde.

Auch aus rechtshistorischer Perspektive hat sich seit Beginn der Aktenerschließung einiges getan. Zunächst ist auf die von Peter Oestmann besorgte Edition der Gemeinen Bescheide[73] zu verweisen, die in normativer Hinsicht eine wichtige Ergänzung der Reichshofratsordnungen darstellen. Darüber hinaus standen das Rechtsmittel der Appellation,[74] die Erteilung von Druck-[75] bzw. Gerichtsprivi-

---

70 Verena KASPER-MARIENBERG, „vor Euer Kayserlichen Mayestät Justiz-Thron". Die Frankfurter jüdische Gemeinde am Reichshofrat in josephinischer Zeit (1765–1790) (Schriften des Centrums für Jüdische Studien, 19), Innsbruck 2012; DIES.: Die Wiener Reichshofratsakten als Quelle zur jüdischen Sozial- und Alltagsgeschichte, in: Frühneuzeit-Info 22 (2011), S. 45–60; DIES.: Jewish Women at the Viennese Imperial Supreme Court: A Case Study from the Eighteenth Century, in: Jewish Studies Quarterly 21 (2014), S. 176–192; DIES./Edward FRAM, Jewish Law in Non-Jewish Courts. A Case from Eighteenth-Century Frankfurt at the Imperial Aulic Council of the Holy Roman Empire. Max Planck Institute for Legal History and Legal Theory Research Paper Series 2022-21, SSRN: https://ssrn.com/abstract=4245608.

71 André GRIEMERT, Jüdische Klagen gegen Reichsadelige. Prozesse am Reichshofrat in den Herrschaftsjahren Rudolfs II. und Franz I. Stephan (baR, 16), München 2014; DERS., Die Verhaftung David Mayer Judas. Ein kaiserlicher Hoffaktor und der Reichshofrat im Spannungsfeld zwischen innerjüdischem Konflikt und Reichspolitik, in: Hessisches Jahrbuch für Landesgeschichte 60 (2010), S. 69–101; DERS., Die Causa Säckel Fränkel. Ein Beispiel für die rechtssichernde Bedeutung des Reichshofrats für jüdisches Leben im lokalen Raum, in: Johannes Hartmann (Hrsg.), Ehemalige Synagoge Sulzbach. Festschrift zur Eröffnung am 31. Januar 2013, Sulzbach-Rosenberg 2013, S. 161–191.

72 Avraham SILUK, Die Juden im politischen System des Alten Reiches. Jüdische Politik und ihre Organisation im Zeitalter der Reichsreform (baR, 36), Berlin/Boston 2021.

73 Peter OESTMANN, Gemeine Bescheide, Teil 2: Reichshofrat 1613–1798 (QFHG, 63/2), Köln/Weimar/Wien 2017.

74 Ellen FRANKE, Bene appellatum et male iudicatum. Appellationen an den Reichshofrat in der Mitte des 17. Jahrhunderts an Beispielen aus dem Niederrheinisch-Westfälischen Reichskreis, in: Leopold Auer/Eva Ortlieb/Ellen Franke (Hrsg.), Appellation und Revision im Europa des Spätmittelalters und der Frühen Neuzeit (Beiträge zur Rechtsgeschichte Österreichs, 1/2013), Wien 2013, S. 121–145; Wolfgang SELLERT, Prozessrechtliche Aspekte zur Appellation an den Reichshofrat, ebd., S. 103–119.

75 Thomas GERGEN, Druck und Nachdruck von Büchern und Zeitungen im gegenreformatorischen Köln. Ein Beitrag zum Umbruch der Wissensgesellschaft in der Frühen Neuzeit, in: UFITA. Archiv für Urheber- und Medienrecht 2013, S. 87–151; DERS., Kriterien für die Privilegienerteilung gegen den Büchernachdruck: Kannte der Reichshofrat ein Prüfungsschema für privilegia impressoria et medica?, in: UFITA. Archiv für Urheber- und Medienrecht 2015, S. 487–515; DERS., Kaiserliche privilegia impressoria vor dem Reichshofrat. Zur Praxis des Nachdruckschutzes im Alten Reich anhand Kölner Fälle (16.–18. Jahrhundert), in: Ders. (Hrsg.), Vom Reichshofrat zur Reichsfilmkammer. Privilegienpraxis und Urheberrecht an Büchern und Filmen (16.–20. Jahrhundert) (Schriften zur Rechtsgeschichte, 186), Berlin 2019, S. 13–66; DERS., „Hat das Gesuch nicht

legien[76] sowie Besoldungs- und Honorarfragen[77] im Mittelpunkt juristischen Interesses. Derzeit arbeitet Anja Amend-Traut zu Fragen des Handelsrechts und der Gewährung von Moratorien,[78] während Wolfgang Sellert die strafrechtliche Zuständigkeit des Reichshofrats in den Fokus rückt.[79]

3. Erschließung und Forschung vor neuen Herausforderungen und Chancen

Im Laufe der vergangenen 25 Jahre hat sich unser Kenntnisstand über den Reichshofrat also zweifellos in vieler Hinsicht vertieft. Gleichwohl kann eine nüchterne Bestandsaufnahme nicht daran vorbeigehen, dass die Dynamik, die die Reichshofratsforschung in den Jahren um die Jahrtausendwende entwickelte und die sich durch die einsetzende Aktenerschließung zunächst weiter verstärkte, bereits seit geraumer Zeit abflacht. Mit Blick auf die Serie der Alten Prager Akten konnte der von der Reichsgerichtsforschung traditionell erhobene Anspruch einer konsequenten Verknüpfung archivischer Grundlagenarbeit und universitärer Forschung noch vorbildlich umgesetzt werden. Bei den mit ca. 135 Regalmetern

statt" – Kaiserliche privilegia impressoria für Kölner Kalender vor dem Reichshofrat (1731–1783), in: Stephan Meder (Hrsg.), Geschichte und Zukunft des Urheberrechts II (Beiträge zu Grundfragen des Rechts, 34), Göttingen 2020, S. 97–108; Ders., „und dem Magistrat zu Cöllen die ‚confiscationem exemplarium' zu befehlen allergnädigst geruhen wollen" – Kölner Druckprivilegien vor dem Reichshofrat im 18. Jahrhundert, in: Geschichte in Köln 69 (2022), S. 253–266.

76 Ulrich Eisenhardt, Kaiserliche Gerichtsprivilegien. Ihre Bedeutung für die Entwicklung der Rechtspflege im Alten Reich (QFHG, 78), Wien/Köln 2023; vgl. den Beitrag des Autors im vorliegenden Band.

77 Wolfgang Sellert, Besoldungen und Einkünfte der Richter am Kaiserlichen Reichshofrat, in: Anja Amend-Traut/Albrecht Cordes/Wolfgang Sellert (Hrsg.), Geld, Handel, Wirtschaft. Höchste Gerichte im Alten Reich als Spruchkörper und Institution (Abhandlungen der Akademie der Wissenschaften zu Göttingen. Neue Folge, 23), Berlin/New York 2013, S. 267–294; Peter Oestmann, Streit um Anwaltskosten in der frühen Neuzeit. Teil 1: Methodische Grundlegung, Anwaltsverträge und Bezahlungsarten, in: Zeitschrift der Savigny-Stiftung für Rechtsgeschichte. Germanistische Abteilung 132 (2015), S. 152–218; Ders., Streit um Anwaltskosten in der frühen Neuzeit. Teil 2: Gerichtszuständigkeit und Verfahrensarten, in: Zeitschrift der Savigny-Stiftung für Rechtsgeschichte. Germanistische Abteilung 133 (2016), S. 191–295.

78 Anja Amend-Traut, Der Reichshofrat und die Kapitalgesellschaften. Die Bemühungen um eine Handelskompanie zwischen den Hansestädten und Spanien, in: Amend-Traut/Cordes/Sellert (Hrsg.), Geld, Handel, Wirtschaft (wie Anm. 77), S. 61–89; Dies., Die Akten und Beilagen von Reichskammergericht und Reichshofrat als Quellen des Handelsrechts, in: Zeitschrift für Neuere Rechtsgeschichte 37 (2015), S. 177–205; siehe auch den Beitrag der Autorin im vorliegenden Band.

79 Wolfgang Sellert, Die Zuständigkeit des Kaiserlichen Reichshofrats für Verbrechen reichsunmittelbarer Adliger am Beispiel krimineller Reichsgrafen und Reichsritter, in: Anja Amend-Traut/Peter Oestmann (Hrsg.), Von Bußen und Strafen. Gerichtliche Verfolgung von Unrecht (QFGH, 80), Köln 2024, S. 159–185; siehe auch den Beitrag des Autors im vorliegenden Band.

rund zehnmal umfangreicheren ‚Antiqua', die bereits seit 2014 den alleinigen Gegenstand des Erschließungsprojekts bilden, ist dies bislang jedoch nicht in einem vergleichbaren Maß gelungen. Besonders augenfällig ist die schrumpfende Resonanz auf rechtshistorischem Gebiet, denn parallel zur fortschreitenden Erschließung der Reichshofratsakten verschob sich der Schwerpunkt juristischer Qualifikationsarbeiten zu frühneuzeitlicher Gerichtspraxis auf die Ebene der territorialen Obergerichte.[80] Dass eine verstärkte Berücksichtigung der Territorialjustiz für Analysen der Gerichtslandschaften[81] des Alten Reiches dringend erforderlich ist,[82] soll keineswegs bestritten werden. Dennoch kann die Tatsache nicht befriedigen, dass das derzeitige Erschließungsprojekt voraussichtlich nach 18 Jahren zu Ende gehen wird, ohne dass eine juristische Dissertationsschrift erschienen wäre, die von dem verzeichneten Material Gebrauch gemacht hätte.

Die unterbliebene Verjüngung hat mittlerweile dazu geführt, dass die Zahl der am Thema Interessierten selbst auf nationaler Ebene für die Diskussion aktueller rechtshistorischer Fragen nicht mehr ausreicht.[83] Erst recht findet schon seit Jahren keine Beteiligung an der internationalen rechtshistorischen Theoriediskussion mehr statt, obwohl aktuell erörterte Programme wie „Law as Culture",[84] „Multinormativität"[85] oder „Normativitätswissen"[86] in vieler Hinsicht auf eine

80 Zu verweisen ist insbesondere auf die gehaltvollen Studien von: Stefan Andreas STODOLKOWITZ, Das Oberappellationsgericht Celle und seine Rechtsprechung im 18. Jahrhundert (QFHG, 59), Köln/Weimar/Wien 2011; Thorsten SÜSS, Partikularer Zivilprozess und territoriale Gerichtsverfassung. Das weltliche Hofgericht in Paderborn und seine Ordnungen 1587–1720 (QFHG, 69), Köln/Weimar/Wien 2017; Josef BONGARTZ, Gericht und Verfahren in der Stadt und im Hochstift Würzburg. Die fürstliche Kanzlei als Zentrum der (Appellations-)Gerichtsbarkeit bis 1618 (QFHG, 74), Wien/Köln/Weimar 2020.

81 Begriff nach: Anja AMEND-TRAUT/Josef BONGARTZ/Alexander DENZLER/Ellen FRANKE/Stefan A. STODOLKOWITZ, Gerichtsvielfalt und Gerichtslandschaften. Annäherungen und Perspektiven, in: Dies. (Hrsg.), Unter der Linde und vor dem Kaiser. Neue Perspektiven auf Gerichtsvielfalt und Gerichtslandschaften im Heiligen Römischen Reich (QFHG, 73), Wien/Köln/Weimar 2020, S. 9–37; Josef BONGARTZ, Gerichtslandschaften, in: Käte Hamburger Kolleg „Einheit und Vielfalt im Recht" (Hrsg.), Münsteraner Glossar zu Einheit und Vielfalt im Recht, 4. Ausgabe, Münster 2024, S. 53–55.

82 Zu diesem Desiderat Andreas FLURSCHÜTZ DA CRUZ, Territorialgerichtsbarkeit, in: Decock, Konfliktlösung in der Frühen Neuzeit (wie Anm. 48), S. 199–207, hier S. 204.

83 Dies betonten unlängst: Anja AMEND-TRAUT/Peter OESTMANN, Einführung, in: Dies., Von Bußen und Strafen (wie Anm. 79), S. 7–14, hier S. 14.

84 Lawrence ROSEN, Law as Culture. An Invitation, Princeton/Oxford 2006; vgl. Andrea NICOLAS, Law as Culture (Recht als Kultur), in: Käte Hamburger Kolleg „Einheit und Vielfalt im Recht" (wie Anm. 81), S. 85–88.

85 Thomas DUVE, Multinormativität, in: Käte Hamburger Kolleg „Einheit und Vielfalt im Recht" (wie Anm. 81), S. 116–118.

86 Thomas DUVE, Rechtsgeschichte als Geschichte von Normativitätswissen?, in: Rechtsgeschichte – Legal History 29 (2021), S. 41–68.

Historisierung jener erkenntnisleitenden Prämissen hinauslaufen, die der Analyse frühneuzeitlicher Gerichtspraxis bislang zu Grunde lagen. Den kleinsten gemeinsamen Nenner dieser Bestrebungen bildet eine Grundsatzkritik an unterkomplexen Fortschrittserzählungen, die für zahlreiche Historiker:innen sehr plausibel klingen dürfte,[87] weil sie die Positionen einer Geschichtswissenschaft reflektiert, die seit dem *cultural turn* der 1990er Jahre einen ungemeinen Differenzierungsprozess durchlaufen hat.

Mit Stefan Ehrenpreis hat ein der Reichsgerichtsforschung eng verbundener Historiker bereits vor zehn Jahren davor gewarnt, gegenüber diesen Entwicklungen in Selbstreferenz zu verharren.[88] Diese Intervention hätte den geeigneten Ausgangspunkt dafür bilden können, Studien zum Reichshofrat aus der Pfadabhängigkeit einer Reichsgerichtsforschung herauszuführen, die seit den 1960er Jahren dazu neigte, ihren Gegenstand für den Traditionsbestand des modernen deutschen Rechtsstaates zu vereinnahmen und der deshalb ungeachtet aller erbrachten Leistungen eine affirmative Grundtendenz eingeschrieben war. Abgesehen von Thomas Dorfners innovativer, 2015 publizierter Dissertationsschrift über die Reichshofratsagenten[89] unterblieb jedoch eine Grundsatzkritik am ubiquitären und interdisziplinär nicht mehr anschlussfähigen Gebrauch makrosoziologischer Prozesskategorien wie Modernisierung, Professionalisierung und Rationalisierung.[90]

Auch zahlreichen neueren Studien liegt deshalb ein undeterminierter, durch Intellektualisierung und Entkörperlichung geprägter Praxisbegriff zu Grunde,[91]

87 Vgl. die Überlegungen bei Tobias Schenk, Knowledge of Production of Normativity at the Imperial Aulic Council. Towards a Procedural Perspective on Early Modern Legal Reasoning, in: Rechtsgeschichte – Legal History Rg 32 (2024), S. 108–143; Ders., Normativitätserzeugungswissen am kaiserlichen Reichshofrat. Überlegungen in interdisziplinärer Absicht, in: Thomas Duve/Peter Oestmann (Hrsg.), Normativitätswissen (EViR Working Papers), Münster 2025 (im Druck).

88 Stefan Ehrenpreis, Gerichtskollegien, Verfahren und juristische Parteien: Neue Forschungen zur Reichsgerichtsbarkeit (2000–2014), in: Zeitschrift für Neuere Rechtsgeschichte 37 (2015), S. 143–154, hier S. 153.

89 Thomas Dorfner, Mittler zwischen Haupt und Gliedern. Die Reichshofratsagenten und ihre Rolle im Verfahren (1658–1740) (Verhandeln / Verfahren / Entscheiden – Historische Perspektiven, 2), Münster 2015.

90 Hierzu aus soziologischer Perspektive: Hans Joas, Gefährliche Prozessbegriffe. Eine Warnung vor der Rede von Differenzierung, Rationalisierung und Modernisierung, in: Karl Gabriel/Christel Gärtner/Detlef Pollack (Hrsg.), Umstrittene Säkularisierung. Soziologische und historische Analysen zur Differenzierung von Religion und Politik, 2. Aufl., Berlin 2012, S. 603–622.

91 Der Hang zu Intellektualisierung und Entkörperlichung gerichtlicher Praxis bildet übrigens kein Alleinstellungsmerkmal der Reichshofratsforschung, sondern indiziert einen grundsätzlichen Mangel an geschichtswissenschaftlichen Zugängen zu kollegialen Entscheidungsprozessen. So lässt sich auch über territoriale Justizkollegien sprechen, ohne auch nur den Namen eines einzigen Beisitzers oder Präsidenten zu nennen: Patrick Berendonk, Diskursive Gerichtslandschaft. Die

mit dem man schwerlich auf jene Mikroebene gerichtlichen Entscheidens[92] vordringt, die man erreichen müsste, um das Rechtsstaatsnarrativ mit kritischen Fragen zu konfrontieren und Anschluss an aktuelle Debatten der Geschichtswissenschaft herzustellen.[93] Nichts illustriert diesen Mangel deutlicher als der völlig defizitäre Forschungsstand hinsichtlich der Präsidenten und Räte, für die man sich mit der einzigen Ausnahme eines Vizepräsidenten des 17. Jahrhunderts[94] noch immer auf Gschließers Arbeit aus dem Jahr 1942 verwiesen sieht. Einer wie auch immer gearteten Akteurszentrierung reichshofrätlicher Praxis und deren Einbindung in das Interaktions- und Patronagesystem des Kaiserhofes fehlt somit jede Grundlage.[95]

Nach alledem ist es kein Wunder, dass die Reichsgerichtsforschung jenseits des eigenen Tellerrandes bei zahlreichen Historikern „nicht unbedingt den Ruf eines methodisch sonderlich innovativen Arbeitsfeldes"[96] genießt und die meisten jener Debatten, über die sich die Frühneuzeitforschung fortentwickelt, derzeit anderswo stattfinden, obwohl die Verzeichnung der Reichshofratsakten über Jahre hinweg das größte der Vormoderne im deutschen Sprachraum gewidmete Erschließungsvorhaben bildete. Gewiss lässt sich die Nutzung von archivischer

---

jüdische Minderheit vor landesherrlichen Obergerichten im 18. Jahrhundert (Konflikte und Kultur – Historische Perspektiven, 36), Konstanz 2020; vgl. die Besprechung von Tobias SCHENK in: sehepunkte 21 (2021), Nr. 7/8.

92 Wenn hier und im Folgenden von gerichtlichem Entscheiden die Rede ist, zielt dies nicht auf „Urteilszentristik" (Peter Oestmann), sondern auf einen Verfahrensbegriff, der die Tatsache reflektiert, dass die Mehrzahl der Prozesse ohne Urteil zu Ende ging. Siehe hierzu RASCHE, Urteil versus Vergleich (wie Anm. 4), S. 199–232.

93 Zur „Mikrofundierung von Makroprozessen" siehe Birgit EMICH, Frühneuzeitliche Staatsbildung und politische Kultur. Für die Veralltäglichung eines Konzepts, in: Barbara Stollberg-Rilinger (Hrsg.), Was heißt Kulturgeschichte des Politischen?, Berlin 2005, S. 191–205, hier S. 196.

94 Kathrin RAST, Nutzung und Inanspruchnahme des Reichshofrats durch adlige Mitglieder der Herrenbank am Beispiel des Vizepräsidenten Johann Heinrich Notthafft Reichsgraf von Wernberg (1604–1665), in: Baumann/Jendorff, Adel, Recht und Gerichtsbarkeit im frühneuzeitlichen Europa (wie Anm. 6), S. 295–330; vgl. mit Blick auf die Personal- und Verlassenschaftsakten die Beiträge von Eva ORTLIEB, Richter an den Höchstgerichten des Reiches, in: Gerald Kohl/Ilse Reiter-Zatloukal (Hrsg.), RichterInnen in Geschichte, Gegenwart und Zukunft. Auswahl, Ausbildung, Fortbildung und Berufslaufbahn, Wien 2014, S. 31–50; Leopold AUER, Reichshofrätliche Testamente, Sperr- und Verlassenschaftsabhandlungen im Haus-, Hof- und Staatsarchiv, in: Beiträge zur Rechtsgeschichte Österreichs 2011, S. 9–22.

95 Kritik hieran bei Tobias SCHENK, Isomorphie und entgrenzte Informalität in der frühneuzeitlichen Reichsjustiz. Der Reichshofrat im Interaktionssystem des Kaiserhofes, in: Frühneuzeit-Info 33 (2022), S. 89–116; vgl. DERS., Reichshofbeamte, in: HRG, 2. Aufl., 31. Lieferung, Berlin 2024, Sp. 1536–1539.

96 Hannes ZIEGLER, Besprechung von: Tobias Schenk, Actum et judicium, Wetzlar 2022, in: Zeitschrift für Historische Forschung 50 (2023), S. 748–751, hier S. 748.

Grundlagenarbeit durch die *scientific community* nur sehr begrenzt steuern. Wenn sich jedoch bei der Diskussion über Praxeologie, Wissensgeschichte, Informalität und – besonders einschlägig – Kulturen des Entscheidens[97] an den Lehrstühlen deutscher Universitäten kaum noch die Erkenntnis bahnbricht, dass der Reichshofrat umfangreiches Material zur Bearbeitung dieser Fragen erzeugt hat, indiziert dies grundlegende Vermittlungsprobleme, mit denen sich ein Erschließungsvorhaben nicht abfinden sollte.

Erst recht gilt dies mit Blick auf die globalhistorischen und postkolonialen Debatten, die in den Sozialwissenschaften auf absehbare Zeit von großer Bedeutung sein werden.[98] Schließlich repräsentiert kollegiales Entscheiden eine Form der Rechtserzeugung, die sich im Zuge der europäischen Expansion im Laufe des 16. und 17. Jahrhunderts über weite Teile der Welt ausbreitete, so dass die Frühneuzeitforschung dieses Phänomen genauso in globalhistorische Zusammenhänge einbetten sollte wie dies die juristische Zeitgeschichte tut.[99] Hiervon ist die Reichshofratsforschung jedoch zum gegenwärtigen Zeitpunkt selbst auf europäischer Ebene noch weit entfernt. Während Matthias Schnettger und Leopold Auer über die Bedeutung des Reichshofrats für Reichsitalien grundlegende Arbeiten publiziert haben,[100] bewegt sich die Forschung insgesamt noch häufig in einer

97 Hierzu insbesondere: Philip Hoffmann-Rehnitz/André Krischer/Matthias Pohlig, Entscheiden als Problem der Geschichtswissenschaft, in: Zeitschrift für Historische Forschung 45 (2018), S. 217–281; Philip Hoffmann-Rehnitz/Matthias Pohlig/Tim Rojek/Susanne Spreckelmeier, Semantiken und Narrative des Entscheidens vom Mittelalter bis zur Gegenwart. Konzeptionelle Grundlagen und historische Entwicklungslinien, in: Dies. (Hrsg.), Semantiken und Narrative des Entscheidens vom Mittelalter bis zur Gegenwart, Göttingen 2021, S. 9–66.

98 Als Einführung: Sebastian Conrad, What is Global History?, Princeton 2016.

99 Verwiesen sei insbesondere auf die Beiträge in: Wolfgang Ernst/Birke Häcker (Hrsg.), Collective Judging in Comparative Perspective. Counting Votes and Weighing Opinions, Cambridge 2020; sowie auf: Gertrude Lübbe-Wolff, Beratungskulturen. Wie Verfassungsgerichte arbeiten, und wovon es abhängt, ob sie integrieren oder polarisieren, 2. Aufl., Berlin 2023.

100 Matthias Schnettger, „Principe sovrano" oder „civitas imperialis"? Die Republik Genua und das Alte Reich in der Frühen Neuzeit (1556–1797) (Veröffentlichungen des Instituts für Europäische Geschichte Mainz, 209; Beiträge zur Sozial- und Verfassungsgeschichte des Alten Reiches, 17), Mainz 2006; Ders., Kooperation und Konflikt. Der Reichshofrat und die kaiserliche Plenipotenz in Italien, in: Anja Amend/Anette Baumann/Stephan Wendehorst/Siegrid Westphal (Hrsg.), Gerichtslandschaft Altes Reich. Höchste Gerichtsbarkeit und territoriale Rechtsprechung (QFHG, 52), Köln/Weimar/Wien 2007, S. 127–149; Ders., Appellationen aus Reichsitalien. Ein Konfliktfeld zwischen Reichshofrat und Plenipotenz, in: Leopold Auer/Eva Ortlieb/Ellen Franke (Hrsg.), Appellation und Revision im Europa des Spätmittelalters und der Frühen Neuzeit (Beiträge zur Rechtsgeschichte Österreichs, 1/2013), Wien 2013, S. 175–188; Leopold Auer, Reichshofrat und Reichsitalien, in: Matthias Schnettger/Marcello Varga (Hrsg.), L'Impero e l'Italia nella prima età moderna / Das Reich und Italien in der Frühen Neuzeit (Jahrbuch des italienisch-deutschen historischen Instituts in Trient. Beiträge, 17), Bologna/Berlin 2006, S. 27–

von der Reichskammergerichtshistoriographie übernommenen Engführung auf den deutschen Rechtsstaat, die dazu beigetragen hat, dass der Reichshofrat selbst in Wien – also in jener Stadt, in der er die längste Zeit hindurch tätig war und in der sein Archivgut ruht – bis heute ein rechtshistorischer Fremdkörper geblieben ist.[101]

Die Glokalisierung[102] des Themas bleibt somit eine Aufgabe der Zukunft, der man sich umso energischer zuwenden sollte, als man der Herausforderung durch die *postcolonial studies* ohnehin nicht dauerhaft wird ausweichen können. Schließlich zielen letztere in methodischer Hinsicht auf die Entwicklung einer Archivarbeit, die nicht allein die Selbstbeschreibung des einstigen Bestandsbildners reproduziert, sondern subalterne Artikulationen beobachtbar macht.[103] Dieser *archival turn* ist nicht nur in der iberoamerikanischen Rechtsgeschichte längst angekommen,[104] sondern beeinflusst auch die Fortentwicklung archivischer Verzeichnungsstandards.[105] Es ist deshalb nur eine Frage der Zeit, bis auch die Reichsgerichtsforschung mit der Zumutung konfrontiert werden wird, es handele sich bei den Registraturen von Reichskammergericht und Reichshofrat, die in den vergangenen Jahrzehnten häufig für affirmative Fortschritts- und Emanzipationsgeschichten in Anspruch genommen wurden,[106] de facto um „Archive der Unterdrückung".[107] Man muss sich diese Ansicht nicht zu eigen machen,

40; Ders., Appellationen an den Reichshofrat aus Reichsitalien, in: Innsbrucker Historische Studien 31 (2017), S. 199–218.

101 Hierzu ausführlich: Tobias Schenk, Prozedurale Perspektiven auf kollegiales Entscheiden am Beispiel des kaiserlichen Reichshofrats. Zugleich ein Beitrag zur Rechtsgeschichte Österreichs, in: Beiträge zur Rechtsgeschichte Österreichs 15 (2025) (in Vorbereitung).

102 Zu rechtshistorischen Perspektiven von Glokalisierungen: Duve, Rechtsgeschichte als Geschichte von Normativitätswissen (wie Anm. 86), S. 61–62.

103 Gayatri Chakravorty Spivak, Can the subaltern speak? Postkolonialität und subalterne Artikulationen, Wien 2020; vgl. Dipesh Chakrabarty, Europa als Provinz. Perspektiven postkolonialer Geschichtsschreibung, Frankfurt am Main/New York 2010, S. 30–36; Ann Laura Stoler, Colonial Archives and the Arts of Governance: On the Content in the Form, in: Archival Science 2 (2002), S. 87–109.

104 Siehe beispielsweise mit Blick auf das Notariat im Vizekönigreich Peru: Kathryn Burns, Into the Archive. Writing and Power in Colonial Peru, Durham/London 2010; vgl. die einführenden Überlegungen von: Thomas Duve/José Luis Egío, Rechtsgeschichte des frühneuzeitlichen Hispanoamerika (Methodica, 6), Berlin/Boston 2023, S. 160–167.

105 Dies gilt insbesondere für die Debatte über „Records in Context". Siehe: Tobias Wildi, Die Erweiterung des Provenienzprinzips: der neue Records in Contexts-Standard, in: Archiv 76 (2023), S. 166–173; vgl. den Beitrag von Sonja Donabaum im vorliegenden Band.

106 Besonders dezidiert bei David Petry, Konfliktbewältigung als Medienereignis. Reichsstadt und Reichshofrat in der Frühen Neuzeit (Colloquia Augustana, 29), Berlin 2011.

107 Carlo Ginzburg, Der Käse und die Würmer. Die Welt eines Müllers des 16. Jahrhunderts, 9. Aufl., Berlin 2023, S. 17.

sollte jedoch mehr im Köcher haben als das von der Reichskammergerichtshistoriographie übernommene Paradigma „Frieden durch Recht",[108] in dem nicht nur eine unübersehbare Identifikation mit dem Gegenstand, sondern auch eine erhebliche Überschätzung der Steuerungsfähigkeit des Rechts und der Integrationsfähigkeit von Verfahren im Rahmen gesellschaftlicher, zumal höfischer Konfliktregulierung mitläuft.[109]

Will man sich künftig im Rahmen einer interdisziplinären Justizforschung Gehör verschaffen, setzt dies angesichts der skizzierten Entwicklungen in Rechtsgeschichte und Geschichtswissenschaft jedenfalls den Willen und die Fähigkeit voraus, empirische Arbeit in den Dienst avancierter, von legitimatorischen Aufgaben entlasteter Fremdbeschreibungen[110] gerichtlicher Praxis zu stellen. Fremdbeschreibungen sind nicht darauf aus, die Selbstbeschreibung des beobachteten Systems als Farce zu denunzieren.[111] Es geht vielmehr darum, die formale Aufgabenerledigung einer Organisation nicht von deren latenten Funktionen und informalen Strukturbildungen zu separieren, sondern Formalität und Informalität als aufeinander bezogene und prinzipiell strukturnotwendige Ebenen ein- und desselben Systems zu begreifen.[112] Wie auch immer diese Kontextualisierung im Einzelnen aussehen mag, stellt sie an die empirische Arbeit also insofern beson-

108 Ingrid SCHEURMANN (Hrsg.), Frieden durch Recht. Das Reichskammergericht von 1495 bis 1806, Mainz 1994.

109 Ebenso deutliche wie luzide Kritik an dieser Tendenz bereits bei Andreas KALIPKE, Verfahren im Konflikt. Konfessionelle Streitigkeiten und Corpus Evangelicorum im 18. Jahrhundert (Verhandeln – Verfahren – Entscheiden, 1), Münster 2015, S. 19–20. Im Übrigen sei verwiesen auf Hegel: „Die Jülich=Bergische Successions=Sache ist sowenig auf dem Wege Rechtens entschieden worden, daß sie vielmehr einen dreissigjährigen Krieg veranlaßt hat; so haben in der Bayerischen SuccessionsSache in neuern Zeiten nicht Reichsgerichte, sondern Kanonen und Politik gesprochen. Auch in Sachen, welche minder mächtige Stände betreffen, ist es nicht die Reichsjustiz die den entscheidenden Spruch thut, es ist bekannt, daß in den SuccessionsStreitigkeiten der Sächsischen Häuser wegen der Länder der erloschenen Linien von Koburg-Eisenberg und Römhild 206 Reichshofrathsconclusa ergangen sind, und die wichtigsten Punkte doch sich durch Vergleich entschieden haben." Zitiert nach: Georg Wilhelm Friedrich HEGEL, Über die Reichsverfassung (Philosophische Bibliothek, 557), Hamburg 2004, S. 44.

110 Zu Selbst- und Fremdbeschreibung sozialer Systeme: Niklas LUHMANN, Organisation und Entscheidung, 2. Aufl., Wiesbaden 2006, S. 417–443; André KIESERLING, Selbstbeschreibung und Fremdbeschreibung. Beiträge zu einer Soziologie des soziologischen Wissens, Frankfurt am Main 2004.

111 Und zwar entgegen einem weitverbreiteten Missverständnis selbst dann nicht, wenn von „organisierter Heuchelei" oder „brauchbarer Illegalität" die Rede ist. Begriffe nach: Nils BRUNSSON, The Organization of Hypocrisy. Talk, Decision and Actions in Organizations, 2. Aufl., Abingdon 2011; Niklas LUHMANN, Funktionen und Folgen formaler Organisation. Mit einem Epilog 1994, 4. Aufl., Berlin 1995, S. 304–314.

112 Hierzu ausführlich: SCHENK, Praktiken funktionaler Differenzierung (wie Anm. 32).

ders hohe Anforderungen, als es um die Integration von Faktoren geht, die dem Selbstbild der schriftgutbildenden Organisation widersprachen und deshalb in deren Akten und Protokollen marginalisiert oder gar invisibilisiert wurden.[113]

Bislang fehlt es mit Blick auf beide Reichsgerichte an den zur Bewältigung dieser Herausforderung notwendigen Grundlagen.[114] Nicht erst in der Analyse, sondern bereits auf Erschließungsebene dominiert ein selektiver, auf die Prozessakten reduzierter Blick auf die archivischen Bestände, der die unkritische Reproduktion gerichtlicher Fallgeschichten umso mehr begünstigt, als es auch an einer genetischen Aktenkunde mangelt, die es erlaubte, die Verfahrensakten prozedural einzuordnen.[115] Mit den in einer Selektserie vorliegenden Relationen der Referenten[116] gerieten selbst jene Texte aus dem Blick, in denen sich im Verbund mit den ebenfalls kaum erforschten Vota ad Imperatorem[117] und den Sitzungsprotokollen die rechtliche Argumentation des Kollegiums und seiner Mitglieder im Zeitalter vor der Urteilsbegründung rekonstruieren ließe.[118] Da dieses Defizit eine Leerstelle der Reichskammergerichtshistoriographie reproduziert, haben auch 50 Jahre Reichsgerichtsforschung nicht zur Entwicklung kritischer juristischer Perspektiven auf die richterliche Relationstechnik des *usus modernus* geführt.[119] Selbst aus einer genuin rechtswissenschaftlichen Perspektive herrscht

113 Dass Formalisierung nicht zu einem Versiegen informaler Kommunikation, sondern zu deren Abwandern in Kontaktsysteme jenseits von Akte und Protokoll führt, darf als soziologischer Allgemeinplatz gelten. Hierzu am Beispiel der preußischen Verwaltung in der Sattelzeit: Stephan Strunz, Lebenslauf und Bürokratie. Kleine Formen der preußischen Personalverwaltung, 1770–1848, Berlin/Boston 2022, S. 215–217.

114 Auf das Manko unzureichender Quellenkenntnis verwies bereits Baumann, Reichshofrat und Reichskammergericht (wie Anm. 48), S. 214.

115 Hierzu Tobias Schenk, Unbeobachtet vorübergegangen? Gerichtliches Entscheiden im Spiegel der genetischen Aktenkunde, in: Bongartz/Denzler/Katzer/Stodolkowitz, Feder und Recht (wie Anm. 33), S. 313–343; dass die isolierte Lektüre von Prozessakten für die Entwicklung prozeduraler Zugänge zu gerichtlichem Entscheiden nicht ausreicht, wusste im Übrigen schon Anselm von Feuerbach, Betrachtungen über die Oeffentlichkeit und Mündlichkeit der Gerechtigkeitspflege, Bd. 1, Gießen 1821, S. 100.

116 Siehe zur Überlieferungssituation bei den Relationen Ortlieb, Schriftlichkeit im Entscheidungsprozess (wie Anm. 33).

117 Die erste und bislang einzige rechtshistorische Monographie zu diesen Kollegialgutachten ist mittlerweile rund 50 Jahre alt: Peter Leyers, Reichshofratsgutachten an Kaiser Josef II., Bonn 1976; vgl. zur Überlieferungssituation Schenk, Vota ad Imperatorem (wie Anm. 33), S. 254.

118 Worauf bereits vor mehr als 100 Jahren von einem österreichischen Historiker hingewiesen wurde: Eugen Guglia, Der Reichshofrath in Wien, in: Österreichisch-Ungarische Revue 15 (1893/94), S. 98–108, hier S. 105.

119 Kritik hieran bereits bei: Jürgen Weitzel, Werte und Selbstwertung juristisch-forensischen Begründens heute, in: Albrecht Cordes (Hrsg.), Juristische Argumentation – Argumente der Juristen (QFHG, 49), Köln 2006, S. 11–28, hier S. 19; weitgehend theoretisch bleibt: Filippo

demnach ein eklatanter Mangel an prozeduralen Perspektiven auf Urteile als eine „der zentralen Handlungsformen des Rechts".[120]

Erst recht fehlt es an empirischen Grundlagen zur Entwicklung eines interdisziplinär anschlussfähigen und prozedural ausgerichteten Konzepts gerichtlichen, nicht in Endurteilen aufgehenden Entscheidens. Ganz gleich, ob es sich nun um die politische Steuerung des Entscheidungsprozesses durch Kaiser und Hof,[121] um informale Mündlichkeit im schriftlichen Verfahren des gemeinen Reichsprozesses,[122] um Gabentausch und Korruption[123] oder um statistisch erzeugten „Erledigungsdruck" bzw. die Abwesenheit desselben[124] handelt: Es fehlen Instrumente zur präzisen Beobachtung dieser Strukturen und zu deren systematischer Implementation in den Vorgang kollegialen Entscheidens bzw. Nichtentscheidens.[125] Dieses Defizit betrifft Organisations- und Gesellschaftsanalyse gleichermaßen, da sich ohne hinreichende Kenntnis der genannten Faktoren weder die Agency der Justiznutzer:innen noch die gesellschaftliche Diskursivierung juristischer Praktiken und deren hierdurch hervorgerufene Evolution[126] adäquat beschreiben lassen.

Ranieri, Entscheidungsfindung und Begründungstechnik im Kameralverfahren, in: Peter Oestmann (Hrsg.), Zwischen Formstrenge und Billigkeit. Forschungen zum vormodernen Zivilprozeß (QFHG, 56), Köln/Weimar/Wien 2009, S. 165–190. Welche Erkenntnisgewinne mit einer empirischen Auseinandersetzung mit der rechtlichen Kommunikation innerhalb der Richterkollegien verbunden wären, lässt die Studie von Peter Oestmann zur Argumentation von Anwälten erahnen. Siehe: Ders., Rechtsvielfalt vor Gericht. Rechtsanwendung und Partikularrecht im Alten Reich (Rechtsprechung. Materialien und Studien, 18), Frankfurt am Main 2002.

120 Sabine Müller-Mall, Verfassende Urteile. Eine Theorie des Rechts, Berlin 2023, S. 7.

121 Hierzu am Beispiel der Reichshofratsgutachten: Schenk, Vota ad Imperatorem (wie Anm. 33).

122 Tobias Schenk, Schriftlichkeit und Mündlichkeit im frühneuzeitlichen Reichsprozess. Über ein pathologisiertes Komplementärverhältnis, in: Susanne Ehrich/Maria Selig (Hrsg.), Städtische Rechtskulturen in der Vormoderne (Forum Mittelalter-Studien, 21), Regensburg 2024, S. 165–190.

123 Tobias Schenk, Der Reichshofrat im Spannungsfeld von Zweck-Mittel-Rationalität und Korruption. Praxeologische Betrachtungen zur Kommodifizierung des Rechts in der Frühen Neuzeit, in: Josef Bongartz/Alexander Denzler/Carolin Katzer/Stefan Andreas Stodolkowitz (Hrsg.), Beschleunigung und Effizienzbemühungen im Gerichtswesen der Vormoderne (im Druck).

124 Tobias Schenk, „Ökonomisierung der Zeit". Justizstatistiken als Medium preußisch-österreichischer Staatenkonkurrenz im 18. Jahrhundert, in: Franziska Neumann/Jorun Poettering/Hillard von Thiessen (Hrsg.), Konkurrenzen in der Frühen Neuzeit. Aufeinandertreffen – Übereinstimmung – Rivalität (Frühneuzeit-Impulse, 5), Köln/Wien 2023, S. 503–514.

125 Traditionell neigen rechtshistorische Studien zur Gerichtspraxis zu einer Externalisierung politischer, ökonomischer und sozialer Faktoren, die dem Gegenstand nicht gerecht wird. Kritik hieran bei Thomas Duve, How Is Law Produced?, in: Ders./Tamar Herzog (Hrsg.), The Cambridge History of Latin American Law in Global Perspective, Cambridge 2024, S. 54–73, hier S. 70.

126 Zur Wechselwirkung von Diskurs und Praxis: Michel Foucault, Archäologie des Wissens, 19. Aufl., Frankfurt am Main 2020, S. 74.

Nach alledem rühren die in jüngerer Zeit aufgetretenen Vermittlungsprobleme also nicht etwa daher, dass die Reichshofratsakten des 17. und 18. Jahrhunderts im Vergleich zu denjenigen des 16. Jahrhunderts über einen geringeren Quellenwert verfügten. Das Gegenteil ist richtig, denn aufgrund der bereits vor 1618 einsetzenden Juridifizierung des reichshofrätlichen Aufgabenspektrums besitzen die Antiqua und erst recht die großen Judizialserien des 18. Jahrhunderts mit den zahllosen in ihnen enthaltenen Beweismitteln einen wesentlich höheren Informationswert[127] als die Alten Prager Akten. Hunderttausende von Verträgen, Inventaren, Testamenten, Karten und Plänen, von denen ein erheblicher Teil auf staats- und kommunalarchivischer Ebene nicht überliefert sein dürfte,[128] bilden aus wirtschafts-, sozial- und landesgeschichtlicher Perspektive einen einzigartigen Datenpool und bestätigen die Erkenntnis Talcott Parsons', nach der das Recht einen „Kristallisationskern der Struktur aller Gesellschaften"[129] bildet.

Allerdings steht das durch Hillard von Thiessen unlängst zur Diskussion gestellte Paradigma der Ambiguitätstoleranz[130] stellvertretend für tiefgreifende Wandlungen in der Gesellschaftsanalyse, deren kleinster gemeinsamer Nenner in einem ausgeprägten Interesse an Prozeduralität, Praxeologie und Mikropolitik besteht und die längst klassische Bereiche wie die Wirtschafts- und Sozialgeschichte erreicht ha-

---

127 Zur archivwissenschaftlichen Differenzierung zwischen Informations- und Evidenzwert: Theodore R. SCHELLENBERG, Die Bewertung modernen Verwaltungsschriftguts, übersetzt aus dem Amerikanischen und hrsg. von Angelika Menne-Haritz (Veröffentlichungen der Archivschule Marburg/Institut für Archivwissenschaft, 17), Marburg 1990; vgl. mit Blick auf den Reichshofrat SCHENK, Isomorphie (wie Am. 95), S. 108; zu ersten informationswissenschaftlichen Analysen auf der Basis der Inventarbände zur Antiquaserie: RASCHE, Aktenverzeichnung als Methode der Quellenerschließung (wie Anm. 27).

128 Bei der virtuellen Rekonstruktion des im Dreißigjährigen Krieg und im Zweiten Weltkrieg schwer getroffenen Stadtarchivs Magdeburg konnte man deshalb auch auf Quellen aus dem Reichshofratsbestand zurückgreifen. Siehe https://www.magdeburger-spuren.de (abgerufen am 31. Juli 2024). Auch mit Blick auf die Entwicklung Herfords in der ersten Hälfte des 17. Jahrhunderts dürften zahlreiche Strukturen im Reichshofratsbestand besser dokumentiert sein als vor Ort. Deshalb laufen derzeit Gespräche mit dem Kommunalarchiv und dem Verein für Herforder Geschichte über eine Edition der einschlägigen Quellen. Siehe hierzu: Jennifer KRÖGER/Tobias SCHENK, Die Akten des kaiserlichen Reichshofrats im Wiener Haus-, Hof- und Staatsarchiv: Eine Fundgrube für die Herforder Stadtgeschichte des 16. und 17. Jahrhunderts, in: Historisches Jahrbuch für den Kreis Herford 2024, S. 42–58.

129 Talcott PARSONS, Wertgebundenheit und Objektivität in den Sozialwissenschaften. Eine Interpretation der Beiträge Max Webers, in: Otto Stammer (Hrsg.), Max Weber und die Soziologie heute. Verhandlungen des 15. Deutschen Soziologentages, Tübingen 1965, S. 39–64, hier S. 59–60.

130 Hillard von THIESSEN, Das Zeitalter der Ambiguität. Vom Umgang mit Werten und Normen in der Frühen Neuzeit, Köln/Weimar/Wien 2021.

ben.[131] Erschließungsprojekte sollten diesen Wandel des Nutzerinteresses reflektieren und eine Verwissenschaftlichung der Archivarbeit[132] anstreben, um den Entstehungskontext der verzeichneten Informationen sichtbar zu machen und diese somit aktuellen Forschungsschwerpunkten in Rechts- und Geschichtswissenschaft zugänglich zu machen.[133] Hierbei handelt es sich um ein Vorhaben, das nicht auf Kosten „klassischer" archiv- und hilfswissenschaftlicher Expertise geht, sondern diese unter gezieltem Rückgriff auf Instrumente der Digital Humanities im Dienste der scientific community bestmöglich zur Geltung zu bringen sucht.

4. Zu Konzept und Aufbau der vorliegenden Bände

Die beiden Bände enthalten Druckfassungen von Referaten, die auf einer Tagung gehalten werden sollten, welche im März 2020 unter dem Titel „Der kaiserliche Reichshofrat. Wirkungsbereiche und Wandlungsprozesse eines herrschernahen Ratskollegiums in der Frühen Neuzeit" in Wien geplant war, jedoch der Coronapandemie zum Opfer fiel.[134] Ergänzt wurde dieses Paneel um die Aufsätze von

131 Stellvertretend sei verwiesen auf: Maria WEBER, Schuldenmachen. Eine soziale Praxis in Augsburg (Verhandeln Verfahren Entscheiden. Historische Perspektiven, 7), Münster 2021.

132 Weiterführende Überlegungen hierzu bei RASCHE, Aktenverzeichnung als Methode der Quellenerschließung (wie Anm. 27).

133 Im Übrigen gilt auch für eine vergleichsweise wenig theorieaffine Disziplin wie die Landesgeschichte: Eine Akte ist noch keine Quelle. Vgl. hierzu mit Blick auf das Reichskammergericht die kritischen Überlegungen von Matthias KORDES, Eine Akte ist noch keine Quelle: Eine Standortbestimmung der Kölner Reichskammergerichtsforschung, in: Geschichte in Köln 53 (2006), S. 75–98. Auch die Erschließung der Reichshofratsakten stößt bislang in weiten Teilen der deutschen Landesgeschichte nur auf verhaltene Resonanz, weshalb man von einer systematischen Zusammenführung von Reichs- und Landesgeschichte heute kaum weniger weit entfernt ist als vor 25 Jahren. Zum landesgeschichtlichen Potential der bislang verzeichneten Reichshofratsakten siehe die Beiträge von Tobias SCHENK, Reichsgeschichte als Landesgeschichte. Eine Einführung in die Akten des kaiserlichen Reichshofrats, in: Westfalen 90 (2012), S. 107–161; DERS., Das Alte Reich in der Mark Brandenburg. Landesgeschichtliche Quellen aus den Akten des kaiserlichen Reichshofrats, in: Jahrbuch für Brandenburgische Landesgeschichte 63 (2012), S. 19–71; DERS., Quellen zur Geschichte der Grafschaft und des Hauses Mansfeld aus den Akten des kaiserlichen Reichshofrats, in: Harz-Zeitschrift 66 (2014), S. 124–159; DERS., Wiener Perspektiven für die mecklenburgische Landesgeschichte. Ein Werkstattbericht über die Erschließung der Reichshofratsakten, in: Mecklenburgische Jahrbücher 130 (2015), S. 73–104; DERS., Die Akten des kaiserlichen Reichshofrats im Haus-, Hof- und Staatsarchiv Wien als Quelle lippischer Landesgeschichte, in: Lippische Mitteilungen aus Geschichte und Landeskunde 85 (2016), S. 67–85.

134 Zum seinerzeit geplanten Tagungsprogramm siehe: https://www.hsozkult.de/searching/id/event-92059?title=abgesagt-der-kaiserliche-reichshofrat-wirkungsbereiche-und-wandlungsprozesse-eines-herrschernahen-ratskollegiums-in-der-fruehen-neuzeit&recno=39&q=reichshofrat&fq=&sort=newestPublished&page=2&total=218 (abgerufen am: 31. Juli 2024).

Autor:innen, die sich dankenswerter Weise auf unseren Wunsch einließen, ausgehend von ihren aktuellen Forschungen Bezüge zum Reichshofrat und seiner Überlieferung herzustellen. In personeller Hinsicht verkörpern die Beiträger:innen somit eine Mischung aus thematisch bereits bestens ausgewiesenen Autor:innen und Forschenden, die zum Teil erstmals in einer den Reichsgerichten gewidmeten Schriftenreihe publizieren und sich mit neuen Themen einbringen.

Unserem hierin zum Ausdruck kommenden Wunsch, einen Beitrag zur Neuorientierung der Reichshofratsforschung zu leisten, trägt auch der Aufbau der beiden Bände Rechnung. Es entspricht einem auf vielen Tagungen zu beobachtenden akademischen Procedere, empirische Fragen und Probleme erst dann zu verhandeln, wenn das Hochamt der Theorie bereits gefeiert wurde.[135] In der Überzeugung, dass die Erneuerung der Reichsgerichtsforschung im Archiv beginnen sollte, weil die erfolgreiche Bearbeitung aktueller und künftiger Fragestellungen der Frühneuzeitforschung bereits auf Erschließungs- und Vermittlungsebene wesentliche Komplexitätssteigerungen voraussetzt, haben wir bewusst gegen diese Gepflogenheit verstoßen und eine Sektion an den Anfang gerückt, in der es aus unterschiedlichen Blickwinkeln um den zeitgenössischen Entstehungs- und Verwertungskontext des reichshofrätlichen Schriftguts geht. Überschrieben haben wir diese Sektion nicht mit „Institution“ oder „Behörde“, sondern mit „Organisation.“ Damit möchten wir der Forschung keineswegs eine organisationssoziologische oder systemtheoretische Terminologie aufnötigen, jedoch den Wunsch zum Ausdruck bringen, das Potential beider Theoriegebäude einer kritischen Prüfung zu unterziehen.[136] Denn wie jüngst aus archivwissenschaftlicher Perspektive betont wurde, wird die Vermittlung frühneuzeitlichen Archivguts in der heutigen Forschungslandschaft schwerlich „beim klassischen Kanon der Hilfs- und Grundwissenschaften stehen bleiben“[137] können.

135 Erhellendes über die Praktiken geisteswissenschaftlichen Theoretisierens liest man bei: Steffen MARTUS/Carlos SPOERHASE, Geistesarbeit. Eine Praxeologie der Geisteswissenschaften, 2. Aufl., Berlin 2023, S. 163–172.

136 Vgl. die Überlegungen bei: SCHENK, Praktiken funktionaler Differenzierung (wie Anm. 32); DERS., „So sind Fürsten und Herren auch ihrer Diener und Räthe Sklaven…“ Frühneuzeitliche Privilegienerteilung aus organisationssoziologischer Perspektive, in: Gregor Albers/Peter Oestmann (Hrsg.), Ausnahme und Vielfalt im Recht der Vormoderne (in Vorbereitung).

137 Stefan PÄTZOLD/Wilfried REININGHAUS, Einführung, in: Dies. (Hrsg.), Quellenkunde zur westfälischen Geschichte vor 1800. Zwanzig Beiträge zu Auswertungsmöglichkeiten und Erkenntnispotentialen vormoderner Überlieferungen (Veröffentlichungen der Historischen Kommission für Westfalen. Neue Folge, 72), Münster 2023, S. 7–20, hier S. 11. Dass die Systemtheorie bei der Erschließung und Erforschung des Schriftguts frühneuzeitlicher Hofbehörden hilfreich sein könnte, wurde von archivarischer Seite bereits mehrfach betont. Siehe Robert MEIER, Niklas Luhmanns Systemtheorie und die Erschließung von Archivgut des Alten Reiches. Überlegungen und Konsequenzen für die Archivwissenschaft, in: Archivalische Zeitschrift 86 (2004), S. 131–

Den Auftakt der Sektion bildet der Beitrag *Eva Ortliebs* zur Entwicklung des Reichshofrats bis zur Mitte des 17. Jahrhunderts. Die Autorin betont die Bedeutung der Richtungsentscheidung Karls V., der seinen Hofrat nicht etwa als Staatsrat, sondern als Kollegium zur Bearbeitung von aus dem Heiligen Römischen Reich einkommenden Parteienangelegenheiten in Rechts-, Gnaden- und Privilegiensachen konzipierte. Während in den ersten Jahrzehnten noch die Bearbeitung von Untertanensuppliken in nichtstreitigen Angelegenheiten einen Tätigkeitsschwerpunkt bildete, gewannen seit den 1590er Jahren gerichtliche Aufgaben an Gewicht. Einher ging dies mit einer sukzessiven, in die Reichshofratsordnung von 1654 mündenden Formalisierung des Verfahrens und der Schriftgutbildung, die Ortlieb zufolge jedoch nicht allein technisch-rational motiviert war, sondern zugleich dazu diente, reichsständische Einflussversuche abzuwehren.

Diesen Faden greift *Bianca Stapf* mit ihrer Analyse des kurmainzischen Konzepts der formal nicht in Kraft getretenen Reichshofratsordnung von 1617 auf. Kaiser Matthias stand zu diesem Zeitpunkt unter Druck, auf die Kritik protestantischer Reichsstände zu reagieren, die bereits Eingang in die Wahlkapitulation gefunden hatte und auf die Einführung einer Prozessordnung, die Begrenzung der Zuständigkeit des Reichshofrats sowie auf dessen regelmäßige Visitation nach dem Vorbild des Reichskammergerichts zielte. Stapf kann aufzeigen, dass der kurmainzische Entwurf von einer Verfassungsvorstellung geprägt war, die zwar von einer geteilten Verantwortung von Reichsoberhaupt und Ständen für die Justiz ausging, kaiserliche Prärogativen jedoch nicht in jenem Ausmaß beschnitt, das am Vorabend des Dreißigjährigen Krieges notwendig gewesen wäre, um integrierend auf die protestantischen Stände zu wirken.

Sodann richtet *Tobias Schenk* den Blick auf die Tätigkeit des Reichshofrats nach 1648 und stellt die bislang nur unzureichend erforschte Amtsbuchüberlieferung des Reichshofrats vor, die vornehmlich aus Posteingangs-, Geschäftsverteilungs- und Sitzungsprotokollen besteht und für prozedural angelegte Studien von zentraler Bedeutung ist. Im Mittelpunkt des Beitrages steht die Frage, wie sich ausgehend von der hochformalisierten Quellengattung des Protokolls ein Begriff gerichtlichen Entscheidens entwickeln und empirisch fruchtbar machen ließe, der Formalität und Informalität konsequent aufeinander bezieht und die in den Prozessakten dokumentierte offiziöse Verfahrensgeschichte interdisziplinärer Justizforschung zugänglich macht. Zugleich soll verdeutlicht werden, dass die optimale Nutzung des mit den Amtsbüchern verbundenen Vernetzungs-

---

149; sowie zuletzt: Brage Bei der Wieden/Martin Fimpel/Isabelle Guerreau/Anton Pumpe/Silke Wagener-Fimpel, Einleitung, in: Dies. (Bearb.), Hof und Regierungspraxis im Fürstentum Braunschweig-Wolfenbüttel 1735. Quellenedition (Quellen und Forschungen zur Braunschweigischen Landesgeschichte, 54), Braunschweig 2020, S. 7–14, hier S. 13.

potentials die Erzeugung von Big Data voraussetzt. Die Ausführungen bilden deshalb zugleich ein Plädoyer für ein den Protokollen gewidmetes Digital-Humanities-Projekt, das nicht nur der Reichshofratsforschung den Weg in transnationale und globalhistorische Diskussionen ebnen, sondern auch der Reichskammergerichtshistoriographie methodische Impulse vermitteln könnte, da diese in Gestalt der im Bundesarchiv Berlin verwahrten Votenprotokolle über ähnlich hochkarätige, jedoch ebenfalls noch unerforschte Quellen verfügt.[138]

Hier wie dort wird es in der digitalen Erschließung dieser Bände schon deshalb eines über das Prozessrecht hinausgehenden Verfahrensbegriffs bedürfen, weil sich nur auf dieser Grundlage die für eine Vernetzung mit den Protokollen in Frage kommenden Quellenkorpora werden bestimmen lassen. Dies verdeutlicht auch der Beitrag von *Stefan Andreas Stodolkowitz*, der die Diskussion um den Entstehungskontext frühneuzeitlichen Prozessschriftguts um eine territorialgerichtliche Perspektive erweitert und diese zugleich in einen Epochenvergleich stellt. In seiner Doppelkompetenz als Richter und Rechtshistoriker vermisst er das Komplementärverhältnis zwischen Formalität und Informalität im Entscheidungsprozess des Oberappellationsgerichts Celle im 18. Jahrhundert sowie am Oberlandesgericht Celle in der Gegenwart. Dabei kann er mit Blick auf die Frühe Neuzeit nachweisen, dass es auch auf territorialgerichtlicher Ebene ungeachtet der Schriftlichkeitsmaxime des gemeinen Prozesses regelmäßig zu jenem mündlichen Tatsachenvortrag in den Privatwohnungen der Richter kam, der für Reichshofrat und Reichskammergericht umfangreich dokumentiert ist. Seine auch und gerade für Nichtjuristen reizvollen Einblicke in die heutige Gerichtspraxis bilden einen eindrucksvollen Beleg für die Erkenntnis der Organisationssoziologie, dass Informalität kein Alleinstellungsmerkmal

---

138 Bei Sitzungsprotokollen handelt es sich um ein Artefakt kollegialen Entscheidens, das in der Moderne vielerorts dem richterlichen Beratungsgeheimnis „zum Opfer fiel", jedoch für zahlreiche frühneuzeitliche Zentralgerichte überliefert ist und deshalb dazu geeignet wäre, die Reichsgerichtsforschung unter Rückgriff auf Instrumente der Digital Humanities in globalhistorische Diskussionen einzubringen. Beispielsweise hat das Schwedische Reichsarchiv in jüngerer Zeit die 160 Bände umfassende Serie der „Codices rationum" des *Svea hovrätt* aus dem Zeitraum von 1636 bis 1837 digitalisiert: https://sok.riksarkivet.se/fritext?Sokord=svea+hovr%c3%a4tt&EndastDigitaliserat=true&AvanceradSok=True&PageSize=1&page=1&postid=Arkis+e088e2b3-f080-4117-825f-fadd22f4a74f&tab=post&prependUrl=%2ffritext&vol=n&s=Balder (abgerufen am 31. Juli 2024, die Verfasser danken Mia Korpiola für den freundlichen Hinweis auf dieses Digitalisierungsvorhaben). Auf die mit den Votenprotokollen des Reichskammergerichts verbundenen Auswertungsmöglichkeiten machte jüngst am Beispiel des Extrajudizialverfahrens aufmerksam: Stefan Andreas Stodolkowitz, Auswirkungen der Aktenführung auf das gerichtliche Verfahren. Reichskammergericht und Oberappellationsgericht Celle im Vergleich, in: Bongartz/Denzler/Katzer/Stodolkowitz, Feder und Recht (wie Anm. 33), S. 267–287, hier S. 278–287.

der Vormoderne, sondern eine Folgeerscheinung von Formalisierungsprozessen bildet.

Beobachtete Informalität ist als solche also weder zu skandalisieren, noch mindert sie den Wert der Artefakte formaler rechtlicher Kommunikation. Sie erlaubt es vielmehr, an diese Artefakte mit komplexeren Fragestellungen heranzutreten. Dies gilt auch für den Reichshofrat, zumal sich die bereits im ausgehenden 16. Jahrhundert einsetzende Juridifizierung seines Tätigkeitsspektrums nach 1648 beschleunigt fortsetzte. Bei aller notwendigen Kritik an herkömmlichen Modernisierungs- und Professionalisierungsnarrativen[139] ist durch die Geschichtswissenschaft folglich nicht zu übersehen, dass man es mit einer *Rechts*organisation zu tun hat, deren Analyse ohne juristische Expertise defizitär bliebe.

Diese Expertise bringt der Beitrag von *Peter Oestmann* ein, der sich anhand von Stichproben erstmals mit der Quellengattung der Relationen auseinandersetzt und aufzeigt, wie verfehlt es wäre, von bereits zeitgenössisch publizierten Glanzlichtern formvollendeter Relationen direkte Rückschlüsse auf den Gerichtsalltag zu ziehen. Denn der Reichshofrat des 18. Jahrhunderts verfügte zwar durchaus über Personal, das in der Lage war, schulmäßig aufgebaute Relationen zu verfassen. Die große Mehrzahl der überlieferten Relationen scheint diesem Modell jedoch nicht zu entsprechen, enthält nicht einmal die Entscheidungsgründe des Referenten und beschränkt sich auf einen Bericht über den Sach- und Streitstand, so dass sich die Frage stellt, ob überhaupt von Relationen gesprochen werden sollte. Selbst in jenen Fällen, in denen ein Votum vorliegt, mussten kunstvoll wirkende Allegationen nicht zwangsläufig als tragende Urteilsgründe fungieren, da der Reichshofrat als Ratsgremium auch zahlreiche rechtspolitische Entscheidungen fällte. Mit Blick auf die Autorschaft drängt sich angesichts zahlreicher Indizien die Vermutung auf, dass viele Sachberichte nicht vom Referenten, sondern durch privat besoldete Hilfskräfte und unter mehr oder weniger weitreichendem Parteieneinfluss verfasst wurden. Wider Erwarten stößt man in den Voten auf Artefakte informaler Kommunikation des Referenten mit in Wien anwesenden Parteien oder mit Kollegen im Vorfeld der Beratung und Abstimmung im Plenum. Zugleich weckt die Analyse der Relationen Zweifel daran, ob die bloße Weiterleitung von Schriftsätzen weiterhin als „Kommunikationsprozess" (Wolfgang Sellert) beschrieben oder nicht eher als pragmatische Konsequenz des Schriftlichkeitsgrundsatzes bezeichnet werden sollte. Diese Befunde

139 Diese Kritik wird mittlerweile auch in der Rechtsgeschichte formuliert. Verwiesen sei etwa auf das Konzept der Legal Literacy, das dem Personal des Reichshofrats wesentlich besser gerecht werden dürfte als eine traditionelle Fixierung auf akademisch beglaubigte Professionalisierungsgrade. Siehe die Beiträge in: Mia Korpiola (Hrsg.), Legal Literacy in Premodern European Societies (World Histories of Crime, Culture and Violence), Cham 2019.

verdeutlichen, wie wichtig es auch aus rechtswissenschaftlicher Sicht ist, keine „Rosinenpickerei“ zu betreiben, sondern sich auf das nur vermeintlich spröde Alltagsgeschäft einzulassen.

Im Anschluss daran unterzieht *Ulrich Rasche* das in der neueren Literatur gezeichnete Bild von der Zuständigkeitsabgrenzung zwischen Reichshofrat und Reichshofkanzlei bei der Erteilung von Privilegien und Gnaden einer kritischen Evaluation. Zunächst weist er nach, dass die gegenwärtig für diesen Tätigkeitsbereich gemeinhin postulierte Allzuständigkeit des Reichshofrats in der zeitgenössischen staatsrechtlichen Literatur keinen Rückhalt findet. Sodann zeichnet er die Bestandsgeschichte der in Gnaden- und Privilegiensachen erwachsenen Akten nach, deren heutige archivtektonische Zuordnung zum Reichshofratsbestand als unechte Provenienz zu bezeichnen ist. Schließlich weist Rasche in kombiniertem Zugriff auf Akten- und Protokollüberlieferung empirisch nach, dass zahlreiche Gnaden und Privilegien, die bislang als Reichshofratsverfahren angesehen wurden, das Kollegium niemals passiert haben, sondern vom Reichsvizekanzler bewilligt wurden. Dies betrifft insbesondere Standeserhebungen, Erste Bitten, Laienherren- und Königspfründen, Schutzbriefe, Salvaguardien und Arzneiprivilegien. Selbst bei Druckprivilegien, die im 18. Jahrhundert im Regelfall durch den Reichshofrat bearbeitet wurden, spielten Bewilligungen durch den Vizekanzler im 16. und 17. Jahrhundert noch eine große Rolle. Die Befunde begründen nicht nur die Vermutung, dass von allen zwischen 1559 und 1806 gewährten kaiserlichen Privilegien und Gnaden nur etwa ein Drittel tatsächlich über den Reichshofrat gelaufen ist, sondern illustrieren zugleich die Unzulänglichkeit des vom Reichskammergericht übernommenen Rechtsstaatsnarrativs bei der Beschreibung höfischer Entscheidungsmechanismen, die nicht der Maxime „Jus, jus et nihil plus“ folgten.

Standen in der ersten Sektion die zeitgenössischen Entstehungsbedingungen von Schriftgut im Mittelpunkt, geht es in der zweiten um Stand und Perspektiven der Erschließung des Wiener Reichshofratsbestandes in seiner heutigen Form. Eröffnet wird die Sektion durch die für die rund 2.200 Amtsbücher und 18.500 Kartons umfassende Bestandsgruppe ‚Reichsarchive‘ im Haus-, Hof- und Staatsarchiv zuständige Referentin *Sonja Donabaum*, die zunächst die heutige Gliederung der Bestandsgruppe in die Bestände ‚Reichshofrat‘, ‚Reichskanzlei‘, ‚Reichshofrat und Reichskanzlei – Verfassungsakten‘, ‚Mainzer Erzkanzlerarchiv‘ und ‚Reichskammergericht – Wetzlarer Akten‘ erläutert und die Bestandsgeschichte nachzeichnet. Sodann präsentiert Donabaum eine auf Grundlage eines differenzierten Kategorienschemas erstellte Erhebung des Verzeichnungsstandes der einzelnen Teile der Bestandsgruppe. Neben den in den vergangenen Jahrzehnten erbrachten Leistungen werden auf diese Weise auch die noch zu bewältigenden Aufgaben deutlich, da rund ein Drittel der Gruppe nur auf Kartonebene erschlossen ist. Hiervon sind insbesondere die großen, das 17. und 18. Jahrhundert abdeckenden Judizialserien des Reichshofrats betroffen, für die das aus den Jahren um 1800 stammende und über die Homepage des Österreichischen Staatsarchivs im Excelformat zugängliche Wolfsche Repertorium noch immer das maßgebliche Findmittel darstellt.[140] Angesichts der Größe der Herausforderungen, die sich aus dem laufenden archivischen Dienstbetrieb heraus kurz- und mittelfristig nicht bewältigen lassen, schließt Donabaum mit einem Plädoyer für drittmittelfinanzierte Erschließungsprojekte und deren konzeptionelle Fortentwicklung durch gezielte Digitalisierungsmaßnahmen.

Wie dies aussehen könnte, erläutert *Georg Vogeler*, der das von ihm entwickelte Konzept einer konzentrischen Edition vorstellt, das eine kontext- und zielgruppenspezifische Kombination unterschiedlicher digitaler Repräsentationsformen vorsieht. Vogeler begreift die Kombination aus Tiefenerschließung und Digitalisierung als Proto-Edition, die der Forschung mit dem Digitalisat einen lesbaren Quelltext zur Verfügung stellt, dabei jedoch auf dessen Überführung in moderne Zeichensysteme verzichtet. Daneben tritt die künstliche Edition, die auf automatischer Texterkennung beruht und sich einer vollgültigen historischen Edition annähert, allerdings im Gegensatz zu digitalen Volleditionen nicht durch menschliche Expertise beglaubigt wird. Im Rahmen eines Projekts zu den Akten des Regensburger Reichstages von 1576 konnte bereits der Nachweis geführt werden, dass sich diese Repräsentationen zu einer konzentrischen Edition zusammenführen lassen, mit deren Hilfe sich der Forschung große Textmengen arbeitsökonomisch und zugleich methodenbewusst zugänglich machen lassen. Abschließend führt Vogeler aus, wie sich das Konzept der konzentrischen Edition auf die Protokollüberlieferung des Reichshofrats übertragen ließe, um nicht nur diese für zahlreiche prozedurale und statistische Fragestellungen maßgebliche Quelle zu erschließen, sondern diese zugleich über eine verfahrensbezogene Datenbank mit der Aktenüberlieferung zu verknüpfen. Auf diese Weise würde sich auch der Zugang zu den besonders umfangreichen, bislang jedoch nur flach verzeichneten Judizialaktenserien des 18. Jahrhunderts erheblich verbessern.

Im Anschluss berichtet *Stephan Wendehorst* von den zahlreichen auf den Reichshofrat bezogenen Aktivitäten seines am Institut für Rechts- und Verfassungsgeschichte der Rechtswissenschaftlichen Fakultät der Universität Wien angesiedelten Teams. Neben Workshops zählen dazu insbesondere sachthematisch ausgerichtete Erschließungsvorhaben, die auf die Verzeichnung von einzelne Reichsstände bzw. Regionen betreffenden Reichshofratsakten zielen und unlängst in die Publikation eines Regestenbandes zur vormaligen Reichsstadt Nordhausen mündeten. Im Rückblick auf die vergangenen 25 Jahre plädiert der

140 Siehe oben bei Anm. 16.

Autor für die gezielte Nutzung von Crowdfunding, um nicht nur zusätzliche Mittel für die Erschließung und Vermittlung von Archivgut zu lukrieren, sondern auch eine breitere Öffentlichkeit für den Reichshofrat zu interessieren.

Zumal im Verbund eröffnen die Beiträge der beiden den ersten Teilband füllenden Sektionen Perspektiven für die Verwissenschaftlichung der Archivarbeit, die unter gleichzeitiger Berücksichtigung aktueller wie mittelfristig absehbarer Interessen einer sich erneuernden Justizforschung nicht nur Quellenauswahl und Methode künftiger Drittmittelprojekte anleiten, sondern darüber hinaus in einer sich wandelnden Wissenschaftslandschaft gangbare Brücken zwischen den Lernorten Universität und Archiv schlagen könnten. Die gegenwärtigen Schwerpunkte der Forschung bilden sich in den drei Sektionen des zweiten Teilbandes ab, in denen Vertreterinnen und Vertreter von Rechtsgeschichte, Geschichtswissenschaft und Ökonomie zu Wort kommen.

Mit der „Rechtsprechung" ist die erste dieser Sektionen dem rechtshistorischen Thema par excellence gewidmet. Den Auftakt bildet der Beitrag von *Ellen Franke*, die eine Untersuchung der an den Reichshofrat im Zeitraum zwischen 1648 und 1740 herangetragenen Appellationen zu einer analytischen Verknüpfung von Reichs- und Landesgeschichte nutzt. Zunächst stellt sie statistische Erhebungen vor, die den hohen Stellenwert von Rechtsmittelverfahren im Tätigkeitsspektrum des Reichshofrats nach 1648 belegen. Sodann setzt sie sich empirisch mit der faktischen Wirkung von Appellationsbeschränkungen in Gestalt von Mindeststreitwerten, dem Appellationsverbot in Strafsachen und Appellationsprivilegien auseinander, um schließlich am Beispiel des Fürstentums Halberstadt und der Grafschaft Ostfriesland danach zu fragen, inwiefern die Nutzung des Reichshofrats vor Ort die Beziehungen zwischen Landesherr, Ständen und Untertanen beeinflusste. Deutlich wird dabei zweierlei: Einerseits bedürfen Analysen der Zugangsproblematik in der heterogenen Gerichtslandschaft des Alten Reiches territorial differenzierter Ansätze. Andererseits bildete die Justizaufsicht des Reiches selbst in Brandenburg-Preußen bei aller nicht zu übersehenden Ausdünnung einen Faktor, mit dem der Landesherr bis ins 18. Jahrhundert hinein zu rechnen hatte.

Sodann analysiert *Karl Härter* die Tätigkeit des Reichshofrats in den Bereichen Policey und Strafjustiz sowie bei der Bearbeitung von politischen Delikten, um die reichhaltige diesbezügliche Aktenüberlieferung für aktuelle Diskussionen auf dem Gebiet der Policey- und Kriminalitätsforschung fruchtbar zu machen. Zunächst führt Härter aus, dass die Reichsgerichte in Ermangelung einer genuinen Zuständigkeit in Policey- und Strafsachen zwar selten materiellrechtlich entschieden, jedoch durchaus mit Nichtigkeitsklagen und anderweitigen Beschwerden befasst waren, die auf die Überprüfung von Verfahren, Rechtsfolgen und Strafen zielten. Wie der Autor anhand zahlreicher Beispiele aufzeigen kann, erweisen sich die Reichsgerichtsakten deshalb als wichtige Quelle für den praktischen Umgang mit Policeynormen etwa aus den Bereichen Wirtschaft, Landwirtschaft, Forst- und Bodennutzung, Handwerk und Zunftwesen sowie Geld- und Kreditwesen. Dasselbe gilt für das Strafrecht, wie zahlreiche Verfahren verdeutlichen, in denen Inhaftierungen, Verhöre und Folter verhandelt wurden. Härter plädiert dafür, bei der Analyse dieser Auseinandersetzungen auf das Konzept der Infrajustiz zurückzugreifen, das gesellschaftlichen Konfliktaustrag im Komplementärverhältnis von gerichtlichen und außergerichtlichen Akteuren verortet und hierbei die Agency von Justiznutzern und Mediatoren konsequent einbezieht.

Im Anschluss setzt sich *Wolfgang Sellert* mit der bislang kaum erforschten Tätigkeit des Reichshofrats als Rechtsmittelgericht in Strafsachen auseinander. In normativer Hinsicht ist zu beachten, dass das Appellationsverbot in Strafsachen zwar bereits 1530 im Reichsrecht verankert wurde, Fälle von Rechtsverweigerung und -verzögerung hiervon jedoch ausdrücklich ausgenommen waren. Anhand zahlreicher Fallbeispiele verdeutlicht Sellert die inhaltliche und geographische Bandbreite der in diesem Zusammenhang an den Reichshofrat gelangten Auseinandersetzungen. Diesen Überblick vertieft der Autor durch die detaillierte Analyse eines erstinstanzlich vor dem Frankfurter Schöffengericht verhandelten Diebstahlsprozesses, der das Kollegium zwischen 1675 und 1692 beschäftigte, zeitgenössisch zu zahlreichen rechtspolitischen und verfassungsrechtlichen Friktionen führte und mit einem in Mainz vollstreckten Todesurteil endete, das in der Rückschau als „Justizmord“ erscheint. Ausgehend von diesen Befunden betont Sellert die Bedeutung der Reichshofratsakten als Quelle für die strafprozessuale Praxis im Alten Reich und dessen Territorien, da beide Ebenen (wie auch im Zivilprozess) unter anderem durch kaiserliche Kommissionen miteinander verknüpft waren.

Die anschließende Sektion versammelt Beiträge, die sich mit der Gnaden- und Privilegienvergabe auseinandersetzen. Den Auftakt bildet *Anja Amend-Traut* mit ihrer Untersuchung von Schuldenmoratorien als einem Instrument lenkender Wirtschaftspolitik, das in gewandelter Form noch heute im Rahmen der Krisenbewältigung zum Einsatz kommt und als gemeinwohlorientierter Eingriff in das Privatrecht epochenübergreifend vielfältige Anknüpfungspunkte für Analysen an der Nahtstelle von Rechts-, Verfassungs- und Wirtschaftsgeschichte bietet. Mit Blick auf die Frühe Neuzeit gilt dies etwa in Hinsicht auf das Spannungsfeld zwischen Moratorien als Ausdruck eines kaiserlichen Reservatrechts und der hierdurch unmittelbar berührten landes- und stadtherrlichen Gerichtshoheit. Im statistischen Rückgriff auf rund 8.000 Akten, die im Rahmen des aktuellen Erschließungsprojekts verzeichnet wurden, kann sich die Autorin bei ihren Analysen auf 183 Akten (= 2,26 %) stützen, die Bezüge zu Moratorien aufweisen. In chronologischer Hinsicht bildete die Zeit des Dreißigjährigen Krieges einen

Höhepunkt der Moratorienerteilung, die nach 1648 deutlich zurückging, da der Jüngste Reichsabschied von 1654 Moratorien für kriegsbedingte Schulden untersagte. Zu den Begünstigten zählten entgegen der reichsrechtlichen Regelungen nicht nur Reichsstände, sondern vor allem Reichsmittelbare, namentlich Kaufleute, aber auch geistliche Korporationen. In geographischer Hinsicht repräsentierten die Petenten weite Teile des Reiches mit einem deutlichen Schwerpunkt auf Handelsstädten wie Frankfurt am Main, Augsburg, Nürnberg und Köln.

Sodann setzt sich *Vincent Demont* am Beispiel der Nürnberger Drahtzieher mit Gewerbe-, Fabriks- und Handlungsprivilegien auseinander und betont den Quellenwert der Reichshofratsakten für Studien zum Alltag der Handwerke und Zünfte. Denn im Rahmen von Privilegierungsvorgängen und diesbezüglichen Prozessen kam es häufig zur umfangreichen Verschriftlichung von Lohnvereinbarungen zwischen Verlegern und Stückwerkern, Regelungen der Kinderbetreuung während der Arbeitszeit oder des allgemeinen Selbstverständnisses von Handwerkern. Wichtig ist jedoch auch hier die Kontextualisierung mit Komplementärquellen, um die involvierten Akteure und Handlungsebenen adäquat zu beschreiben. Die Reichweite kaiserlicher Privilegien beschäftigte nämlich nicht nur den Reichstag (etwa im Kontext der Reichshandwerksordnung von 1731) und das Kurkolleg (im Rahmen der Verhandlungen um die Wahlkapitulationen). In der Praxis kollidierten sie vielfach mit landesherrlichen Gnadenakten und Policeyordnungen, und selbst in Wien setzten sich erbländische Behörden zulasten der Empfänger über den Wortlaut kaiserlicher Privilegien hinweg. Demont präsentiert auf Grundlage der Selektserie der Gewerbe-, Fabriks- und Handlungsprivilegien angestellte statistische Erhebungen über die Gültigkeitsdauer, das Verhältnis zwischen erstmals gewährten und erneuerten Privilegien im Zeitverlauf, die geographische Herkunft der Begünstigten, die besonders häufig aus Nürnberg und Augsburg stammten, sowie über den Wert der Privilegien. Insgesamt entsteht auf diese Weise das Bild einer von zahlreichen Ambivalenzen gekennzeichneten Vergabepraxis, in der kaum Kohärenz erkennbar ist.

Markt- und Druckprivilegien stehen im Mittelpunkt des anschließenden Beitrages von *Ulrich Eisenhardt*, der betont, dass das Korpus frühneuzeitlicher Rechtsquellen durch ein Nebeneinander von Gesetzen und Privilegien gekennzeichnet war, welches trotz der sukzessive abnehmenden Bedeutung der Privilegien bis 1806 Bestand hatte. Der Autor nutzt das Beispiel der Markt- und Druckprivilegien dazu, neben der Gewährung dieser Gnadenakte auch die darüber am Reichshofrat geführten Prozesse zu untersuchen. Auf Grundlage der in den vergangenen Jahren publizierten Inventarbände kann Eisenhardt eine große Zahl von Gerichtsverfahren nachweisen, in denen es um die Verletzung der Privilegien ging und die zumeist als Mandatsprozesse geführt wurden, in denen der Reichshofrat dem Beklagten ohne dessen vorherige Anhörung ein bestimmtes

Tun oder Unterlassen befahl. Allerdings werden bei näherem Hinsehen auch in den Verfahren um Privilegienverletzungen Bemühungen um gütliche Einigungen erkennbar, die weite Bereiche reichshofrätlicher Tätigkeit kennzeichneten.

Den zweiten Teilband beschließt eine bewusst offen gestaltete Sektion mit unterschiedlichsten Gesellschaftsanalysen, die als Gegengewicht zu den im ersten Band versammelten Aufsätzen zu zeitgenössischer Organisation und Schriftgutbildung sowie aktuellen Erschließungsperspektiven fungieren. Intendiert ist ein keineswegs erschöpfender, aber weitreichender Einblick in die Breite derzeit betriebener Forschungen mit Reichshofratsbezug. Das Spektrum der Beiträge reicht in geographischer und sozialständischer Hinsicht vom Fürsten von Anhalt-Dessau bis zur Republik Genua und von protestantischen Domkapiteln bis zu den Landgrafen von Hessen. In methodischer Hinsicht treten neue Ansätze der Adels- und Stadtgeschichte neben innovative Studien zur visuellen Rechtskultur der Frühen Neuzeit. Zugleich bilden die Beiträge in vieler Hinsicht die gewandelten Erwartungen der Wissenschaftslandschaft an die Präsentation von Archivgut ab und erinnern somit – etwa hinsichtlich des noch weithin ungenutzten Potentials der Protokolle und deren konsequenter Vernetzung mit den Akten – an jene Fragen, die in den Aufsätzen des ersten Bandes diskutiert wurden.

Den Auftakt bildet der Beitrag von *Leopold Auer* über den Tätigkeitsbereich des Reichshofrats, der sich nach derzeitigem Kenntnisstand auf 16 heutige europäische Staaten erstreckte, jedoch im Zeitverlauf erhebliche Wandlungen durchlief, die nicht nur mit dem sukzessiven Schrumpfen des Reiches zusammenhingen. Auch innerhalb des Reiches variierte die Dichte der Tätigkeit erheblich, wobei zudem nach Aufgabenbereichen zu differenzieren ist. Bis 1806 betonte der Reichshofrat die konstitutive Bedeutung des Lehnswesens für den Reichsverband, was nicht nur in Italien zur Normenkonkurrenz zwischen Lehns- und Völkerrecht führte, sondern auch die Opposition großer Reichsstände wie Brandenburg-Preußen hervorrief. Dessen ungeachtet war der Reichshofrat in seiner Funktion als oberster Lehnshof bis ins 18. Jahrhundert hinein nicht nur mit Belehnungen beschäftigt, sondern spielte auch bei der Konfirmation von Regelungen eine Rolle, die sich wie Teilungen oder Primogeniturordnungen auf den Rechtsstatus von Reichslehen auswirkten. Mit Blick auf die Funktion als Zentralgericht wird zwar ein Schwerpunkt im Südwesten des Reiches, in Franken und am Mittelrhein deutlich. Zahlreiche Verfahren aus dem südlichen Ostseeraum zeigen jedoch, dass geographische Faktoren allein nicht genügen, um Nähe und Ferne zum Reichshofrat zu bestimmen. Wie Auer betont, bildet eine valide Justizstatistik auf Grundlage der Protokollüberlieferung zum gegenwärtigen Zeitpunkt noch ein Desiderat der Forschung.

Der anschließende Beitrag erinnert daran, dass der Reichshofrat nicht nur den deutschen Sprachraum beeinflusst hat. *Matthias Schnettger* fragt nach der

Wahrnehmung des Kollegiums und seines Personals durch die Gesandten der Republik Genua, die es im Rahmen zahlloser, sich zu einem Systemkonflikt auswachsender Auseinandersetzungen um die Jurisdiktionsgewalt über die genuesischen Reichslehen im 17. und 18. Jahrhundert häufig mit dem Reichshofrat zu tun bekam. Schnettger analysiert die Instruktionen für die Wiener Gesandten und die von diesen verfassten Finalrelationen, die eine zentrale Quelle für die Wissens- und Rezeptionsgeschichte kaiserlicher Justiz bilden, von personellen Netzwerken berichten und erkennen lassen, wie der höfische Einfluss einzelner Räte eingeschätzt wurde. Generell wird deutlich, dass die Kommunikation zwischen den Mitgliedern des Reichshofrats und den Parteien von einer ausgeprägten Normenkonkurrenz zwischen den Konventionen höfischer Courtoisie und dem formalen Prozessrecht geprägt blieb: Als der Reichshofratspräsident dem Gesandten 1654 unter Berufung auf den Schriftlichkeitsgrundsatz informalen mündlichen Tatsachenvortrag verweigerte, wurde dies geradezu als diplomatischer Affront wahrgenommen und galt als Beleg für einen personellen Fehlgriff des Kaisers. In methodischer Hinsicht akzentuiert der Beitrag das Potential der in zahlreichen Archiven Europas verwahrten Gesandtenkorrespondenz bei der Analyse jener mikropolitischen Verflechtungen, die für eine problembewusste Analyse frühneuzeitlicher Verfahren von zentraler Bedeutung sind.

Sodann analysiert *Anette Baumann* Augenscheinkarten, die als Beweismittel einen festen Bestandteil der Nutzung vormoderner Zentralgerichte bildeten und der medialen Fixierung kommissarisch vorgenommener Inaugenscheinnahmen dienten. Die Autorin schätzt die Gesamtzahl der im Reichshofratsbestand enthaltenen, größten Teils noch nicht erschlossenen Karten, deren Bandbreite vom farblosen Kupferstich bis zur kolorierten Federzeichnung reicht, auf rund 3.800. Baumann betont das analytische Potential der Karten, deren Darstellungsprinzipien Aufschluss über sich wandelnde gesellschaftliche Auffassungen von Evidenz bieten. Beispielsweise zielte die spezifisch vormoderne Bildsprache des wandernden Blicks auf eine performative Augenzeugenschaft ab, die es dem Richter erlauben sollte, an der Kommission imaginär teilzunehmen. Anhand zahlreicher Beispiele spürt Baumann zeitgenössischen Entstehungskontexten, kartographischen Praktiken und dem Verhältnis von Text und Bild in den Reichshofratsakten nach und verdeutlicht en passant den immensen Quellenwert der Karten für unterschiedlichste Fragestellungen. Beispielsweise entpuppen sich im 17. Jahrhundert entstandene Zeichnungen der Nürnberger Deutschordenskommende zugleich als aussagekräftige Quelle für die Geschichte der städtischen Renaissancegärten. Eine Liste der bislang bekannten Augenscheinkarten aus dem Reichshofratsbestand lädt dazu ein, dem Plädoyer der Autorin zu folgen und diese Artefakte vormoderner Justiznutzung zum Gegenstand interdisziplinärer Forschungen an der

Nahtstelle von Rechtsgeschichte, historischer Kartographie und Kunstgeschichte zu machen.

Die folgenden beiden Aufsätze rücken wirtschaftliche Zusammenhänge in den Fokus. Zunächst formuliert mit *Rainer Klump* ein Volkswirtschaftler eine polit-ökonomische Position zur Diskussion um die Staatlichkeit des Heiligen Römischen Reiches. Anknüpfend an die in jüngerer Zeit vor allem mit Blick auf die Europäische Union geführten Debatten um die vergemeinschaftende Funktion hoheitlicher Schulden erörtert er die Tragfähigkeit des Konzepts des Schuldenstaates für die Frühneuzeitforschung. Im Mittelpunkt steht die in europäisch-vergleichender Perspektive erörterte Frage nach den Folgewirkungen, die von der Existenz der beiden Reichsgerichte als komplementären Foren der Regulierung von Forderungen privater Gläubiger gegen reichsständische Schuldner ausgingen. Es wird deutlich, dass Überschuldung nach 1648 zwar weniger für geistliche Territorien, sehr wohl aber für zahlreiche Reichsstädte und kleinere weltliche Territorien ein Problem darstellte. Durch die Gewährung von Moratorien und die Einsetzung von Debitkommissionen bildete der Reichshofrat ein wichtiges, zwischen unterschiedlichen Herrschaftsebenen vermittelndes Forum der schuldenpolitischen Aktionen der Reichsstände und dürfte auf diese Weise auch zur Kapitalmarktintegration beigetragen haben. Gleichwohl stellt der Umgang mit hoheitlichen Schulden auf Ebene des Reiches zum gegenwärtigen Zeitpunkt noch ein Desiderat der politökonomischen Forschung dar, was nicht zuletzt mit einer im Vergleich zu Preußen und Österreich defizitären Datenerfassung zusammenhängt, die sich nach einer Digitalisierung der Reichshofratsprotokolle erheblich ausweiten ließe.

Wie sehr ökonomische Faktoren das Kaiserhaus und die reichsfürstlichen Geschlechter miteinander verbanden, wird auch im folgenden Beitrag deutlich, mit dem *Charlotte Backerra* ihr Forschungsprojekt zur Dynastiewirtschaft der Landgrafen von Hessen vorstellt. Gestützt auf die in den vergangenen Jahren erschlossenen Reichshofratsakten kann die Autorin zahlreiche Verfahren benennen, in denen der Reichshofrat von (häufig weiblichen) Mitgliedern des Hauses Hessen in ökonomischen Auseinandersetzungen als Vermittler angerufen wurde. Die inhaltliche Bandbreite reicht von der Schuldenregulierung über Wittümer, Deputats- und Apanagefragen bis hin zu Konflikten um Plünderungen durch kaiserliche Truppen. Welche Dichte die Kommunikation zwischen dem Haus Hessen und dem Kaiserhof zeitweise erreichte, verdeutlicht die Autorin anhand einer stichprobenartigen Erfassung der Register des reichshofrätlichen Sitzungsprotokolls, das allein im Jahr 1652 36 Beratungen über innerhessische Auseinandersetzungen verzeichnet. Hiervon ausgehend betont Backerra den Wert der Bände für quantifizierend angelegte Studien zur wirtschaftlichen und finanziellen Dimension dynastischer Herrschaft im Reich. Darüber hinaus lässt sich ihr Aufsatz auch als Plädoyer für jene konsequente empirische und theoretische Zusammenführung von Reichs- und Landesgeschichte lesen, die in weiten Teilen Deutschlands noch immer eine Aufgabe der Zukunft darstellt.

Im geographischen Umfeld der hessischen Landgrafen bewegt sich auch *Alexandra Schäfer-Griebel* mit ihren Forschungen zum spannungsreichen Verhältnis zwischen der Reichsstadt Frankfurt und Fürst Anselm Franz von Thurn und Taxis (1681–1739), der sich 1729 zur besseren Ausübung des Reichspostregals in ihren Mauern niedergelassen hatte. Am Beispiel eines Reichshofratsprozesses aus den 1730er Jahren erprobt die Autorin das der Sozialanthropologie entlehnte Konzept der Mehrfachzugehörigkeiten, das die analytische Verknüpfung infrajustizieller und gerichtlicher Mechanismen der Konfliktregulierung mit den horizontalen und vertikalen Verflechtungen der Akteure erlaubt. Mit Hilfe dieses Rüstzeugs untersucht Schäfer-Griebel unter anderem die Patron-Klient-Beziehungen, ohne die sich Nutzung und Entscheidungsprozess des Reichshofrats kaum erfassen lassen. Begleitet wurde der Prozess nämlich durch kontinuierliches Antichambrieren des fürstlichen Gesandten bei Reichsvizekanzler von Schönborn, Hofkriegsratspräsident Prinz Eugen und Reichshofratspräsident von Wurmbrand. Währenddessen arrangierte der fürstliche Reichshofratsagent – unter Verletzung der in der Gerichtsordnung enthaltenen Befangenheitsvorschriften – die Bestellung eines einflussreichen Berichterstatters, bei dem es sich noch dazu um seinen Schwager handelte. Die Autorin schließt mit dem Plädoyer für eine verstärkte Zusammenarbeit zwischen der Adels- und Stadtgeschichtsforschung und einer theorieaffinen Reichshofratsforschung.

An die Grenzen der „Rechtstaatlichkeit" des Alten Reiches begibt sich sodann *Andreas Pečar*, der sich kritisch mit der These auseinandersetzt, es habe die Tätigkeit der beiden Reichsgerichte in der Bevölkerung maßgeblich zur Ausprägung eines in die Moderne weisenden Rechtsstaatsbewusstseins beigetragen. Hierzu nimmt er die zahlreichen Konflikte unter die Lupe, in die Fürst Leopold von Anhalt-Dessau (1676–1747) am Reichshofrat verwickelt war. Einen zentralen Baustein der Prozessstrategie Leopolds bildete von Beginn an die Zahlung von Bestechungsgeldern an die Reichshofräte, zumal der Fürst davon ausging, dass sich auch die Gegenseite dieses Mittels bediene. Dass sich derartige Finanzströme im Gerichtswesen einer stratifizierten Gesellschaft nicht gegenseitig neutralisierten, verdeutlicht Pečar am Beispiel der Untertanen des Amtes Gröbzig, die gegen die Neuverteilung von Ackerland geklagt hatten, die Kosten des Verfahrens aber nicht langfristig tragen konnten und in die landlose Unterschicht absanken. Selbst den Fürsten von Anhalt-Köthen wurde gelegentlich unter der Hand durch den kaiserlichen Gesandten bedeutet, sie möchten mit Rücksicht auf die enge Verbindung Leopolds zu Preußenkönig Friedrich Wilhelm I. (1688–1740) von weiteren Klagen am Reichshofrat Abstand nehmen. Abschließend betont Pečar, dass der kaiserliche Einfluss im mitteldeutschen Raum in den 1720er Jahren bereits auf ein

Maß herabgesunken war, das eine wirkungsvolle Rechtspflege nicht mehr zuließ und Erfahrungen elementarer Rechtsunsicherheit evoziert haben dürfte.

Sodann analysiert *Paul Beckus* die Nutzung des Reichshofrats durch protestantische und gemischtkonfessionelle Domkapitel, die bis zur Mitte des 17. Jahrhunderts aufgrund ihrer umstrittenen kirchenrechtlichen Stellung nur selten am Reichshofrat auftraten. Um 1720 kam es jedoch im Rahmen von Auseinandersetzungen um die sogenannte Quart, die Allodifikation der Ritterlehen und die Residenzpflicht der Domherren zu einer regelrechten Klagewelle der Kapitel von Minden, Magdeburg und Halberstadt gegen den preußischen König. Beckus präsentiert die Ergebnisse einer statistischen Auswertung der Resolutionsprotokolle, die aufschlussreiche Einblicke in den kollegialen (Nicht-)Entscheidungsprozess vermittelt: Nachdem es zur Mitte der 1720er Jahre zu einer diplomatischen Annäherung zwischen Wien und Berlin gekommen war und die Hofburg diskret ihre Bereitschaft zur Prozessverzögerung bekundet hatte, verschwanden die seit 1721 eingegangenen Verfahren schlagartig von der Tagesordnung. Wie im Beitrag von Pečar entsteht somit das Bild einer Justiznutzung, die an den sich wandelnden machtpolitischen Realitäten im mittel- und norddeutschen Raum scheiterte. Beckus plädiert deshalb dafür, die um 1720 zu beobachtende Klagewelle nicht als Beweis für die Vitalität der Reichsverfassung, sondern als Krisensymptom zu betrachten, das auf die Blockade etablierter Konfliktregulierungsmechanismen auf territorialer Ebene verweise.

5. Danksagung

Abschließend danken wir allen Beitragenden für ihre Geduld angesichts des mehrjährigen Drucklegungsprozesses, unseren Kolleginnen Stefanie Preisl-Peters und Susanne Zenker für das Lektorat, den Herausgebern der Quellen und Forschungen zur höchsten Gerichtsbarkeit im Alten Reich für die Aufnahme in die Reihe und Dorothee Wunsch vom Böhlauverlag für die kompetente Betreuung des Manuskripts. Darüber hinaus möchten wir die Gelegenheit nutzen, um auch jenen Persönlichkeiten und Institutionen unsere Reverenz zu erweisen, ohne deren Engagement weder das Erschließungsprojekt noch dessen sich derzeit abzeichnende Fortentwicklung möglich gewesen wären.

An erster Stelle ist Wolfgang Sellert zu würdigen, der die Vision einer Reichshofratsaktenverzeichnung ebenso beharrlich wie erfolgreich umgesetzt und sich sodann über rund zwei Jahrzehnte hinweg den zahlreichen mit der Projektleitung verbundenen Aufgaben mit größtem Einsatz gewidmet hat. Nicht minder herzlich danken wir in diesem Zusammenhang Anja Amend-Traut, Albrecht Cordes, Thomas Just, Peter Oestmann, Thomas Olechowski und Eva Schumann für ihre langjährige Tätigkeit in der Leitungskommission. Die institutionellen Grundlagen schufen die Niedersächsische Akademie der Wissenschaften zu Göttingen, die das Projekt 2002 unter ihre Langzeitvorhaben aufnahm, die Volkswagenstiftung durch die Finanzierung eines 1999 gestarteten Pilotprojekts und insbesondere die Union der deutschen Akademien der Wissenschaften, die 2007 die Überführung des Vorhabens in das Unionsprogramm ermöglichte und durch die Gewährung einer Auslauffinanzierung dessen erfolgreichen Abschluss gewährleistete. Von unschätzbarem Wert war die stets vorbildliche Unterstützung durch die Kolleginnen und Kollegen des Haus-, Hof- und Staatsarchivs. Stellvertretend möchten wir an dieser Stelle Leopold Auer und Thomas Just als vormaligem und amtierendem Direktor sowie Michael Göbl als ehemaligem Referenten und Sonja Donabaum als derzeitiger Bestandsreferentin unseren herzlichen Dank für die langjährige enge Zusammenarbeit abstatten. Dabei gedenken wir zugleich Herrn Auer, dem es nicht vergönnt war, die Drucklegung des vorliegenden Bandes zu erleben. In unseren Dank schließen wir auch unsere Vorgängerinnen Ursula Machoczek sowie insbesondere Eva Ortlieb ein, ohne die nicht nur die Erschließung, sondern auch die Reichshofratsforschung nicht dort stünden, wo sie heute stehen. Auch die langjährigen wissenschaftlichen Hilfskräfte Thomas Schreiber, Sandra Weiss, Yasmin Sybille Rescher und Susanne Gmoser haben erheblich zum Erfolg des Projekts beigetragen.

Anja Amend-Traut, Thomas Just, Peter Oestmann, Sabine Ullmann, Georg Vogeler und Larissa Huber danken wir herzlich für ihr großes Engagement bei der Konzeption eines den Reichshofratsprotokollen gewidmeten Digital-Humanities-Projekts, mit dem die bewährte Verknüpfung archivischer Grundlagenarbeit und universitärer Reichsgerichtsforschung an die Bedürfnisse einer gewandelten Wissenschaftslandschaft angepasst werden soll. Helmut Wohnout, dem Generaldirektor des Österreichischen Staatsarchivs, sind wir für die großzügige Unterstützung dieses Vorhabens sehr verbunden.

Last but not least danken wir all jenen Kolleginnen und Kollegen, mit denen wir in den vergangenen Jahren im Rahmen der Gesellschaft für Reichskammergerichtsforschung, des Netzwerks Reichsgerichtsbarkeit, des Käte Hamburger Kollegs „Einheit und Vielfalt im Recht", der Vereinigung für Verfassungsgeschichte, der Wiener Rechtsgeschichtlichen Gesellschaft sowie zahlreicher Tagungen und Workshops über den Reichshofrat und die mit dessen Überlieferung verbundenen Perspektiven diskutieren durften. Wir hoffen, dass sie sich mit ihren Anregungen in jener Konzeption wiederfinden werden, die mit der angestrebten Digitalisierung der Reichshofratsprotokolle Gestalt annehmen soll.

To be continued.
Wien, im August 2024

I. ORGANISATION

Eva Ortlieb

Professionalisierung oder Funktionswandel?

Der Reichshofrat vom 16. Jahrhundert bis zur Mitte des 17. Jahrhunderts

1. Ausgangspunkt

Als die Neuverzeichnung der Reichshofratsakten 1999 in einem auf vier Jahre anberaumten, von der Volkswagen Stiftung finanzierten Projekt der Universität Göttingen begann,[1] war der Reichshofrat keine unbekannte Größe mehr. Die rechtlichen Grundlagen seiner Tätigkeit in Gestalt der Reichshofratsordnungen und zusätzlicher Dekrete zwischen 1550 und 1766 lagen in einer von Wolfgang Sellert veranstalteten Edition vor,[2] Standardwerke widmeten sich dem Personal des Rats,[3] seinem Verfahren und einzelnen Aspekten seiner Tätigkeit. In der juristischen Rechtsgeschichte lag der Schwerpunkt auf Zuständigkeit und Prozessrecht,[4] in der Geschichtswissenschaft auf Konflikten, die als politisch brisant galten, wobei vor allem das 18. Jahrhundert berücksichtigt wurde.[5] Mehrere Studien der schon

---

1 Eva Ortlieb, Die ‚Alten Prager Akten' im Rahmen der Neuerschließung der Akten des Reichshofrats im Haus-, Hof- und Staatsarchiv in Wien, in: Mitteilungen des Österreichischen Staatsarchivs 51 (2004), S. 593–634.

2 Wolfgang Sellert (Hrsg.), Die Ordnungen des Reichshofrates 1550–1766, 2 Bde. (Quellen und Forschungen zur höchsten Gerichtsbarkeit im Alten Reich, künftig: QFHG, 8), Köln/Wien 1980–1990.

3 Oswald von Gschliesser, Der Reichshofrat. Bedeutung und Verfassung, Schicksal und Besetzung einer obersten Reichsbehörde von 1559 bis 1806 (Veröffentlichungen der Kommission für neuere Geschichte des ehemaligen Österreich, 33), Wien 1942 (ND 1970).

4 Wolfgang Sellert, Über die Zuständigkeitsabgrenzung von Reichshofrat und Reichskammergericht insbesondere in Strafsachen und in Angelegenheiten der freiwilligen Gerichtsbarkeit (Untersuchungen zur deutschen Staats- und Rechtsgeschichte, künftig: USRG. Neue Folge, 4), Aalen 1965; Heinz-Christian Hafke, Zuständigkeit in geistlichen Streitigkeiten und konfessionelle Besetzung der höchsten Reichsgerichte nach dem Westfälischen Friedensschluß, jur. Diss. Univ. Frankfurt am Main 1972; Wolfgang Sellert, Prozeßgrundsätze und Stilus Curiae am Reichshofrat im Vergleich mit den gesetzlichen Grundlagen des reichskammergerichtlichen Verfahrens (USRG. Neue Folge, 18), Aalen 1973; Peter Leyers, Reichshofratsgutachten an Kaiser Josef II., jur. Diss. Univ. Bonn 1976; Manfred Uhlhorn, Der Mandatsprozeß sine clausula des Reichshofrats (QFHG, 22), Köln/Wien 1990.

5 Als politisch brisant galten etwa Auseinandersetzungen zwischen Landständen und ihren Landesherren sowie zwischen Bauerngemeinden und ihren Grundherren, exemplarisch Bernd Kappel-

einmal als „mittlere Reichshofratsgeneration“[6] apostrophierten Forscherinnen und Forscher zur Höchstgerichtsbarkeit im Heiligen Römischen Reich waren gerade abgeschlossen oder standen vor dem Abschluss, in denen auch das 16. Jahrhundert und die erste Hälfte des 17. Jahrhunderts zur Sprache kamen.[7] Dennoch schien der Vorsprung des Reichskammergerichts gegenüber dem als zweites Höchstgericht dieses Reichs wahrgenommenen Reichshofrat in der Aufmerksamkeit von Rechtsgeschichte und Geschichtswissenschaft nur schwer einholbar.

Die Neuverzeichnung sollte die Rahmenbedingungen für Arbeiten zum Reichshofrat und damit eine ausgewogene Sicht auf die Reichsgerichtsbarkeit verbessern, indem durch Akteninventare nach dem Muster der seit den 1970er Jahren erarbeiteten Findbücher zu den räumlich dislozierten reichskammergerichtlichen Verfahrensakten der Zugang zu den Quellen erleichtert werden sollte. Es sollte in Zukunft möglich sein, mit überschaubarem Aufwand Material für Studien zu finden, die quer zur Logik der bestehenden zeitgenössischen bzw. archivarischen Erschließung standen, für die also die in den bisherigen Inventaren gebotenen Angaben zu den Namen der Kläger bzw. Antragsteller, der Laufzeit sowie einem Stichwort zur Verfahrensart nicht ausreichten. Das Interesse richtete sich dabei – ebenso wie im Fall des Reichskammergerichts – auf die Ver-

---

HOFF, Absolutistisches Regiment oder Ständeherrschaft? Landesherr und Landstände in Ostfriesland im ersten Drittel des 18. Jahrhunderts (Veröffentlichungen der Historischen Kommission für Niedersachsen und Bremen, XXIV/4), Hildesheim 1982; Michael HUGHES, Law and Politics in Eighteenth Century Germany: the Imperial Aulic Council in the Reign of Charles VI, Woodbridge 1988; Werner TROSSBACH, Bauernbewegungen im Wetterau-Vogelsberg-Gebiet 1648–1806. Fallstudien zum bäuerlichen Widerstand im Alten Reich (Quellen und Forschungen zur hessischen Geschichte, 52), Darmstadt/Marburg 1985; DERS., Soziale Bewegung und politische Erfahrung. Bäuerlicher Protest in hessischen Territorien 1648–1806, Weingarten 1987; Gabriele HAUG-MORITZ, Württembergischer Ständekonflikt und deutscher Dualismus. Ein Beitrag zur Geschichte des Reichsverbands in der Mitte des 18. Jahrhunderts (Veröffentlichungen der Kommission für geschichtliche Landeskunde in Baden-Württemberg, Reihe B, 122), Stuttgart 1992.

6 Alexander DENZLER/Ellen FRANKE/Britta SCHNEIDER, Einleitung, in: dies. (Hrsg.), Prozessakten, Parteien und Partikularinteressen. Höchstgerichtsbarkeit in der Mitte Europas vom 15. bis zum 19. Jahrhundert (bibliothek altes Reich, künftig: baR, 17), Berlin/Boston 2015, S. 1–29, hier S. 22.

7 Stefan EHRENPREIS, Kaiserliche Gerichtsbarkeit und Konfessionskonflikt. Der Reichshofrat unter Rudolf II. 1576–1612 (Schriftenreihe der Historischen Kommission bei der Bayerischen Akademie der Wissenschaften, 72), Göttingen 2006; Eva ORTLIEB, Im Auftrag des Kaisers. Die kaiserlichen Kommissionen des Reichshofrats und die Regelung von Konflikten im Alten Reich (1637–1657) (QFHG, 38), Köln/Weimar/Wien 2001; Barbara STAUDINGER, Juden am Reichshofrat. Jüdische Rechtsstellung und Judenfeindschaft am Beispiel der österreichischen, böhmischen und mährischen Juden, phil. Diss. Univ. Wien 2001; Sabine ULLMANN, Geschichte auf der langen Bank. Die Kommissionen des Reichshofrats unter Kaiser Maximilian II. (1564–1576) (Veröffentlichungen des Instituts für Europäische Geschichte Mainz, Abt. Universalgeschichte, 214; Beiträge zur Sozial- und Verfassungsgeschichte des Alten Reiches, 18), Mainz 2006.

fahrensakten, nicht auf die protokollarische Überlieferung oder die Akten zur Organisation des Rats. Innerhalb der zahlreichen Serien, in denen diese Akten im Archiv des Reichshofrats im Haus-, Hof- und Staatsarchiv vorliegen,[8] fiel die Wahl zunächst auf die ‚Alten Prager Akten', eine vergleichsweise kleine Serie, die in dem seit 2007 laufenden Langzeitprojekt der Niedersächsischen Akademie der Wissenschaften zu Göttingen in Kooperation mit dem Österreichischen Staatsarchiv und der Universität Wien um die erheblich umfangreicheren ‚Antiqua' ergänzt wurde.[9] Neu erschlossen wurde damit Material, das in den ‚Judicialia' des Reichshofratsarchivs abgelegt worden war, hinter denen man die reichshofrätlichen Prozessakten vermutete.

Das Projekt geht 2025 mit der vollständigen Inventarisierung der beiden genannten Serien zu Ende. Voraussetzung dafür war eine Modifikation des Verzeichnungskonzepts nach 2009, der vor allem die ursprünglich vorgesehene recht ausführliche Inhaltsangabe zu den verzeichneten Verfahren im Feld *Verfahrensgegenstand – Beschreibung* zum Opfer fiel. Man muss dies nicht als Verabschiedung eines methodisch veralteten, auf Fortschreibung einer zeitgenössischen Verfahrenskonstruktion gerichteten Aktenverständnisses und damit Gewinn deuten,[10] sondern kann auch von einem Verlust an Information durch den Verzicht auf eine Regestierung sprechen, die auf der Lektüre zentraler Stücke beruhte und damit ein Mehr an Suchbegriffen im Zusammenhang produzieren konnte[11] – ein Verlust, der angesichts des im 17. Jahrhundert wachsenden Umfangs der Akten allerdings nicht zu vermeiden war.

Für die Neuverzeichnung waren zwei Aktenserien ausgewählt worden, deren chronologischer Schwerpunkt in der Regierungszeit Kaiser Rudolfs II. bzw. im 17. Jahrhundert liegt. Das hatte vorwiegend praktische Gründe, sollte aber auch dazu dienen, Arbeiten gerade zur ersten Hälfte der reichshofrätlichen Tätigkeit

8 Zur Bedeutung des Archivs Leopold Auer, Das Archiv des Reichshofrats und seine Bedeutung für die historische Forschung, in: Bernhard Diestelkamp/Ingrid Scheurmann (Hrsg.), Friedenssicherung und Rechtsgewährung. Sechs Beiträge zur Geschichte des Reichskammergerichts und der obersten Gerichtsbarkeit im alten Europa, Bonn/Wetzlar 1997, S. 117–130. Zu den Beständen des Archivs die Angaben im Archivinformationssystem des Österreichischen Staatsarchivs, https://www.archivinformationssystem.at/archivplansuche.aspx (abgerufen am 27. Februar 2024), Abt. Haus-, Hof- und Staatsarchiv, Reichsarchive, Reichshofrat.

9 Zum Projekt zuletzt Tobias Schenk, Das Projekt zur Erschließung der Reichshofratsakten. Eine Zwischenbilanz nach acht Jahren, in: Eva Schumann (Hrsg.), Justiz und Verfahren im Wandel der Zeit. Gelehrte Literatur, gerichtliche Praxis und bildliche Symbolik. Festgabe für Wolfgang Sellert zum 80. Geburtstag (Abhandlungen der Akademie der Wissenschaften zu Göttingen. Neue Folge, 44), Berlin 2017, S. 31–51.

10 So der Beitrag von Tobias Schenk im vorliegenden Band.

11 Erläuterungen bei Eva Ortlieb, Praktische Hinweise, in: Sellert (Hrsg.), Akten (wie Anm. 15), Serie I Bd. 1, S. 19–30, hier S. 25 f.

vom 16. Jahrhundert bis in die Mitte des 17. Jahrhunderts zu erleichtern, die bisher nicht im Zentrum der Forschung gestanden hatte. Ein Vierteljahrhundert später lässt sich fragen, welche Erkenntnisfortschritte gerade für diese Phase der reichshofrätlichen Geschichte erzielt werden konnten. Der vorliegende Beitrag zielt auf eine solche vorläufige Bilanz, wobei ich mich auf den Reichshofrat als Gremium statt auf seine Rolle in einzelnen Konflikten oder regionalen Kräftefeldern konzentrieren werde, die gleichermaßen ein interessantes und wichtiges Forschungsfeld darstellt. Der Beitrag versteht sich nicht als Forschungsbericht,[12] sondern als inhaltliche Reflexion auf der Basis des aktuellen Forschungsstands. Berücksichtigt werden mit den rechtlichen Grundlagen (Kapitel 2), der personellen Besetzung (Kapitel 3) und der Tätigkeit (Kapitel 4) drei zentrale Aspekte des Reichshofrats, wobei der Schwerpunkt aufgrund meiner eigenen Forschungen auf dem 16. Jahrhundert liegen wird. Am Ende steht ein knappes Plädoyer für die Einbindung des Reichshofrats nicht nur in die Rechts-, sondern auch in die Reichsgeschichte (Kapitel 5). Die Ausführungen sollen den Wert der Aktenverzeichnung für die Forschung würdigen, greifen aber darüber hinaus.

2. Rechtsgrundlagen: Die Ordnungen des Reichshofrats

Mit Rechtsgrundlagen der reichshofrätlichen Tätigkeit sind im vorliegenden Zusammenhang Regelwerke gemeint, die Organisation und Vorgehensweise des Rats betreffen. Welches materielle Recht der Reichshofrat in seiner Arbeit beachtete und seinen Entscheidungen zugrundlegte, ist eine andere Frage, für die sich – sieht man einmal von pauschalen Aufzählungen in den Reichshofratsordnungen ab[13] – am ehesten anhand von Einzelbeispielen Aussagen machen lassen, also anhand der konkreten Tätigkeit des Rats sowohl im Bereich der streitigen Gerichtsbarkeit als auch der Gnaden-, Lehens- und sonstigen Rechtssachen.[14] Bei der Suche nach ergiebigem Aktenmaterial für solche Studien kann die Aktenverzeichnung eine Hilfe sein. Im Hinblick auf die Organisation und das Verfahren des Rats liefert sie Einzelbeobachtungen,[15] aber keine

12 Zuletzt Anja Amend-Traut/Nils Jörn/Tobias Schenk, Zentralgerichtsbarkeit im Heiligen Römischen Reich Deutscher Nation in transnationaler Perspektive, in: Zeitschrift für Neuere Rechtsgeschichte 45 (2023), S. 97–126.

13 In der Ordnung vom 16. März 1654, Tit. I § 16, werden die ebenfalls vor allem in organisatorischer und prozessualer Hinsicht relevanten kaiserlichen Wahlkapitulationen, die Reichsabschiede, der Religions- und der Landfrieden sowie die Friedensverträge von Münster und Osnabrück genannt: Sellert (Hrsg.), Ordnungen (wie Anm. 2), Bd. 2, S. 86 f.

14 Dazu unten Kapitel 4.

15 Die Register der Verzeichnungsbände enthalten Schlagworte wie Reichshofrat, Reichshofratsagent,

grundsätzliche Erweiterung des zur Verfügung stehenden Quellenkorpus, wie sie von Peter Oestmann mit der Edition der Gemeinen Bescheide des Reichshofrats vorgelegt wurde.[16]

Die Ordnungen des Reichshofrats sind seit langem als herausragende Quellen für die Verwaltungs- und die Prozessrechtsgeschichte des Reichshofrats bekannt. In jüngster Zeit werden sie darüber hinaus im Rahmen organisationssoziologisch orientierter Ansätze als Rückgrat einer Formalstruktur des Rats interpretiert, die den Blick auf die dieser – aus soziologischer Sicht notwendigerweise – korrespondierende informelle Dimension des Reichshofrats lenkt und damit zugleich die reichshofrätliche Praxis stärker in die Analyse einbezieht.[17] Dass die Reichshofratsordnungen auch als Ergebnis von politischen Aushandlungsprozessen und Quellen für unterschiedliche Verfassungskonzeptionen gelesen werden können,[18] unterstreicht, dass es bei diesen Texten nicht nur auf ihren Inhalt, sondern auch auf ihre Entstehungsgeschichte, ihre Rechtsnatur und ihre Verbreitung ankommt.

Grundsätzlich weisen die Reichshofratsordnungen, die allesamt aus dem 16. und 17. Jahrhundert stammen, während man im späteren 17. und vor allem im 18. Jahrhundert auf die auf Einzelfragen gerichteten Gemeinen Bescheide zurückgriff, den Reichshofrat als Kollegialorgan aus, dessen Arbeit schriftlicher Regelung unterlag. Der Reichshofrat verwirklichte damit eine für die gesamte Frühe Neuzeit auch über das Reich hinaus prägende Organisationsform von Verwaltungsorganen einschließlich von Gerichten, wonach grundsätzlich speziell mit dieser Aufgabe betraute Mitglieder zu festen Sitzungszeiten in dafür vorgesehenen Räumlichkeiten zusammenkamen, um in Abwesenheit des Herrschers bzw. Gerichtsherrn kollektiv Entscheidungen zu treffen. Dies erfolgte nicht nach freier Diskussion, sondern nach der Abgabe der Voten der einzelnen Mitglieder in einer festgelegten Reihenfolge durch Abstimmung zumindest formal nach dem Mehrheitsprinzip.[19] Der Reichshofrat war damit,

---

Reichshofratsexpedition, Reichshofratsmitglieder, Reichshofratsordnung, Reichshofratspräsident, Reichshofratsprotokoll, Reichshofratsprozess, Votum ad imperatorem etc.: Wolfgang Sellert (Hrsg.), Die Akten des kaiserlichen Reichshofrats, Serie I: Alte Prager Akten, 5 Bde., Berlin 2009–2014; Serie II: Antiqua, bisher 7 Bde., Berlin 2010–2023.

16 Peter Oestmann (Hrsg.), Gemeine Bescheide, Bd. 2: Reichshofrat 1613–1798 (QFHG, 63), Köln/Weimar/Wien 2017.

17 Tobias Schenk, Isomorphie und entgrenzte Informalität in der frühneuzeitlichen Reichsjustiz. Der Reichshofrat im Interaktionssystem des Kaiserhofes, in: Elisabeth Lobenwein/Eva Ortlieb (Hrsg.), Informalität in der Frühen Neuzeit. Diplomatie und Rechtsprechung (Frühneuzeit-Info 33, Thema), Wien 2022, S. 88–116.

18 Dazu der Beitrag von Bianca Stapf im vorliegenden Band.

19 Dietmar Willoweit, Allgemeine Merkmale der Verwaltungsorganisation in den Territorien, in: Kurt G. A. Jeserich/Hans Pohl/Georg-Christoph von Unruh (Hrsg.), Deutsche Verwaltungsge-

bei aller Spekulation über den Beginn seiner Geschichte,[20] eine klar neuzeitliche Erscheinung.

Im Vergleich mit ähnlichen Texten, insbesondere den Ordnungen für das Reichskammergericht, haben schon immer zwei Besonderheiten der Reichshofratsordnungen das Interesse der Forschung geweckt. Zum einen fällt auf, dass diese bestimmte Aspekte von Organisation und Verfahren – etwa den Aktenlauf oder die Beschlussfassung – in zunehmender Ausführlichkeit regelten, manches aber auch übergingen oder nur sehr allgemein formulierten. So waren etwa die persönlichen und fachlichen Voraussetzungen für eine Berufung in den Reichshofrat bis zum Ende des Reichs nur sehr grob festgeschrieben,[21] während im Hinblick auf das Prozessrecht immer wieder auf eine nur allgemeine Bindung an Grundsätze des Kameralprozesses hingewiesen wird, die zu einem eigenen, nur in der Praxis greifbaren *stilus curiae* des Reichshofrats geführt habe.[22] Zum anderen geben die Ordnungen die enge Bindung des Rats an das Reichsoberhaupt zu erkennen. In diesem Zusammenhang ist nicht nur auf die Bestimmungen zu einem *votum ad imperatorem* zu verweisen, einen auch in anderen Gemeinwesen in- und außerhalb des Reichs nicht unüblichen monarchischen Genehmigungsvorbehalt,[23] sondern auch auf die kaiserliche Personalhoheit über den Reichshofrat und die zahlreichen Freiräume, die sich aus den gerade erwähnten Regelungslücken für das Reichsoberhaupt ergaben.

Obwohl sie sich nicht auf bisher unbekannte Quellen stützen konnten, haben die Forschungen der letzten 25 Jahre in der Auseinandersetzung mit seinem normativen Grundgerüst die Deutung der Entstehung und Entwicklung des Reichshofrats bis in das 17. Jahrhundert hinein erheblich präzisieren können. Vier Fragen scheinen mir dabei von Bedeutung zu sein.

---

schichte, Bd. 1: Vom Spätmittelalter bis zum Ende des Alten Reiches, Stuttgart 1983, S. 289–346. Nach Wolfgang Reinhard, Geschichte der Staatsgewalt. Eine vergleichende Verfassungsgeschichte Europas von den Anfängen bis zur Gegenwart, 2. Aufl., München 2000, S. 161, galten Kollegien im 16. und 17. Jahrhundert „offenbar als modernste administrative Errungenschaften".

20 Nach Peter Moraw, Art. Reichshofrat, in: Handwörterbuch zur deutschen Rechtsgeschichte, Bd. 4, Berlin 1990, Sp. 630–638, hier Sp. 630, ist der Beginn der Geschichte des Reichshofrats mit den Verwaltungsreformen König Maximilians als bloße „Forschungsvereinbarung" zu verstehen.

21 Eva Ortlieb, Richter an den Höchstgerichten des Reichs, in: Ilse Reiter-Zatloukal/Gerald Kohl (Hrsg.), RichterInnen in Geschichte, Gegenwart und Zukunft, Wien 2014, S. 31–50.

22 Sellert, Prozessgrundsätze (wie Anm. 4), S. 42 f.

23 Tobias Schenk, Die Vota ad Imperatorem des kaiserlichen Reichshofrats. Zur Verfahrensautonomie an einem herrschernahen Höchstgericht der Frühen Neuzeit, in: Anja Amend-Traut/Ignacio Czeguhn/Peter Oestmann (Hrsg.), Urteiler, Richter, Spruchkörper. Entscheidungsfindung und Entscheidungsmechanismen in der Europäischen Rechtskultur (QFHG, 75), Wien/Köln/Weimar 2021, S. 239–348.

Erstens geht es um den Anfang und die Frühzeit der Geschichte des Reichshofrats. Bereits Maximilian verfügte als König und als Kaiser über ein als „hofrat“ bezeichnetes Gremium; Regelwerke für diesen Rat, die strukturell den späteren Reichshofratsordnungen entsprechen und auch im Einzelnen die eine oder andere Bestimmung vorwegnehmen – etwa das *votum* an den Herrscher –, sind aus den Jahren 1497 und 1518 überliefert und bereits seit mehr als einem Jahrhundert ediert.[24] Beide Texte repräsentieren aber zwei völlig verschiedene Konzeptionen für einen solchen Rat: eine ‚allzuständige‘ Reichsregierung unter Beteiligung von Reichsfürsten der erste, einen mit Adeligen und Gelehrten aus den betroffenen Territorien besetzten Rat für Parteienangelegenheiten in Rechts- und Gnadensachen der zweite. Es war damit erst die Regierungszeit Karls V., in der sich der Reichshofrat konzeptionell ausbildete und mit der damit seine Geschichte im eigentlichen Sinn beginnt, ganz unabhängig von der umstrittenen Frage, ob der Hofrat Maximilians I. bereits eine institutionelle Kontinuität entwickelte.[25]

Dagegen gibt es zweitens starke Argumente dafür, dass die Regierungszeit Karls V. als integraler Bestandteil der Geschichte des Reichshofrats interpretiert werden muss, obwohl der Rückzug des Kaisers 1556 die Auflösung seines Hofrats bedeutete und damit einen Bruch zum späteren Reichshofrat, der sich in direkter Linie aus dem Hofrat von Karls Bruder und Nachfolger Ferdinand entwickelte. Der dem kaiserlichen Hofrat zuzuordnende *ordo consilii* von 1550 nimmt zwar eine Sonderstellung unter den Reichshofratsordnungen ein. Nicht nur, dass es sich um einen lateinischen Text handelt, er regelt darüber hinaus nur begrenzt systematisch einige spezifische Gegenstände aus der Praxis des Hofrats, in denen es anscheinend zu Unsicherheiten gekommen war. Grundsätzliche Bestimmungen, etwa zur personellen Besetzung oder Zuständigkeit des Rats, fehlen. Zudem ist der *ordo* nicht als kaiserlicher Erlass formuliert, von einer Publikation außerhalb des Rats nichts bekannt. Sehr wahrscheinlich ist, dass er vor den Hofräten

---

24 Hofordnung König Maximilians vom 13. Dezember 1497 sowie Libell Kaiser Maximilians I. [...], die Reform des Hofstaats- und Behördenwesens betreffend, vom 24. Mai 1518, in: Thomas FELLNER/Heinrich KRETSCHMAYR (Bearb.), Die österreichische Zentralverwaltung. Abt. I: Von Maximilian I. bis zur Vereinigung der österreichischen und böhmischen Hofkanzlei (1749), Bd. 2: Aktenstücke 1491–1681 (Veröffentlichungen der Kommission für neuere Geschichte Österreichs, 6), Wien 1907, Nr. 4, S. 6–16, sowie Nr. 10, S. 84–91.

25 Dass der Hofrat Maximilians zwischen 1510 und 1518 durchgehend gearbeitet habe, hat – gegen die ältere Forschung – insbesondere Hollegger betont: Manfred HOLLEGGER, Maximilian I. und die Entwicklung der Zentralverwaltung am Hof und in den österreichischen Erbländern von 1510 bis 1519, phil. Diss. Univ. Graz 1983, S. 115–122. Diskussion der Hofratskonzeptionen Maximilians als Vorbild für Karl V. bei Eva ORTLIEB, Kaiserlicher Hofrat und kaiserliche Herrschaft unter Karl V. (1520–1556). Ein Beitrag zur Geschichte des Reichshofrats (QFHG, 79), Wien/Köln 2024, S. 38–46.

verlesen wurde,[26] was dafür spricht, dass er sich jedenfalls und primär nach innen richtete. Dennoch führt der *ordo* mit dem Amt eines Präsidenten des Hofrats ein neues organisatorisches Element ein, das, 1559 von Kaiser Ferdinand I. in seine Reichshofratsordnung übernommen, den Reichshofrat bis 1806 prägte. Der *ordo* kennt die kollegiale Beschlussfassung und ein auf die spezifische Herrschaftssituation Karls V. zugeschnittenes *votum ad imperatorem.*[27]

Als noch wichtiger allerdings sollte sich erweisen, dass die Umgebung Karls V. den Hofrat in einer vor dem Hintergrund der Regelungsbemühungen Maximilians organisatorisch noch offenen Situation eindeutig und konsequent als Rat für Parteienangelegenheiten in Rechts-, Lehens- und Gnadensachen positionierte. Diese Grundsatzentscheidung, die sich allerdings nicht aus dem *ordo* ablesen lässt, sondern erst in einer Analyse der Tätigkeit des Hofrats sichtbar wird,[28] hatte bis 1806 Bestand. Der Reichshofrat war zu keinem Zeitpunkt seiner Geschichte ein kaiserlicher „Staatsrat",[29] selbst wenn er in einer für ihn charakteristischen Multifunktionalität gelegentlich für die Beratung des Kaisers herangezogen wurde.

Auch Kaiser Ferdinand hatte sich bereits in seiner Zeit als böhmischer und ungarischer König seit 1526 sowie später als römischer König für einen Hofrat als Rat für Parteienangelegenheiten statt als Gremium mit Regierungsfunktion entschieden.[30] Dies lässt sich aus der königlichen Hofratsordnung von 1541[31] ablesen, die als Vorlage für die Reichshofratsordnung von 1559 diente. Die neue Ordnung, die Ferdinand als Kaiser erließ und in der zum ersten Mal in einem solchen Text der Begriff ‚Reichshofrat' verwendet wird, eröffnete drittens bei allen Kontinuitäten zur königlichen Hofratsordnung und allen Anleihen beim Hofrat Karls V. eine neue Kontinuitätslinie, die für Karl – anders als für Maximi-

26 Gustav Winter, Der Ordo consilii von 1550. Ein Beitrag zur Geschichte des Reichshofrathes, in: Archiv für österreichische Geschichte 79 (1893), S. 101–126.

27 Ortlieb, Hofrat (wie Anm. 25), S. 60–69.

28 Ortlieb, Hofrat (wie Anm. 25), S. 289–338.

29 Sellert, Prozeßgrundsätze (wie Anm. 4), S. 45 mit Anm. 52; ablehnend bereits Gschliesser, Reichshofrat (wie Anm. 3), S. 6. Zur Klassifikation des Reichshofrats in der Forschung Ulrich Eisenhardt, Der Reichshofrat als kombiniertes Rechtsprechungs- und Regierungsorgan, in: Jost Hausmann/Thomas Krause (Hrsg.), „Zur Erhaltung guter Ordnung". Beiträge zur Geschichte von Recht und Justiz. Festschrift für Wolfgang Sellert, Köln/Weimar/Wien 2000, S. 245–267, hier S. 245–247.

30 Eva Ortlieb, Vom königlichen/kaiserlichen Hofrat zum Reichshofrat. Maximilian I., Karl V., Ferdinand I., in: Bernhard Diestelkamp (Hrsg.), Das Reichskammergericht. Der Weg zu seiner Gründung und die ersten Jahrzehnte seines Wirkens (1451–1527) (QFHG, 45), Köln/Weimar/Wien 2003, S. 221–289, hier S. 269–282.

31 Fellner/Kretschmayr (Bearb.), Zentralverwaltung (wie Anm. 24), Nr. 15, S. 272–275. In der Edition der Reichshofratsordnung von 1559 in diesem Werk sind die Übernahmen aus dem Text von 1541 drucktechnisch ausgewiesen: ebd. Nr. 17, S. 281–288.

lian 1518 – noch keine Rolle gespielt hatte. Mit der Überarbeitung der vorhandenen Hofratsordnung reagierte Ferdinand nicht nur auf die veränderte Position des Hofrats als nunmehr kaiserlichem, für das Reich zuständigen Rat, sondern offenbar auch auf Anliegen aus dem Kreis der Reichsstände.[32] Jedenfalls wurde die neue Ordnung während eines in Augsburg tagenden Reichstags fertiggestellt und verkündet und war als kaiserliche Urkunde formuliert.[33]

Was in den 1550er Jahren noch als zusätzliches Argument für eine ohnehin notwendige gesetzliche Neuregelung erschienen sein mag, entwickelte sich viertens mit der konfessionellen und verfassungspolitischen Polarisierung in der langen Vorgeschichte zum Dreißigjährigen Krieg seit den 1590er Jahren zu einem wiederkehrenden Muster. Instruktionen und Dekrete für den Reichshofrat sowie Entwürfe und Texte für Reichshofratsordnungen bis hin zum letzten und umfangreichsten dieser Regelwerke von 1654 wurden aus kaiserlicher Sicht zu einem Instrument, um den zunehmend erhobenen ständischen Forderungen nach einer Einschränkung bzw. gesetzlichen Bindung der reichshofrätlichen Arbeit zu begegnen, wobei es darum ging, in einer Mischung aus Nachgeben und Übergehen die kaiserliche Verfügungsgewalt über den Reichshofrat zu behaupten und formale ständische Mitbestimmungsansprüche abzuwehren.[34] Ungefähr im selben Zeitraum verschob sich, wie Stefan Ehrenpreis analysiert hat, auch das reichshofrätliche Tätigkeitsprofil, indem der Reichshofrat immer stärker intensiv und als Gericht in Auseinandersetzungen eingriff.[35] In dem sich verschärfenden politischen Klima machte dies den Rat zum Gegenstand auch publizistisch ausgetragener Kontroversen.[36] Damit ging möglicherweise auch ein Wandel im

32 So die Bemerkungen zur Entstehungsgeschichte bei SELLERT (Hrsg.), Ordnungen (wie Anm. 2), Bd. 1, S. 25–27.

33 SELLERT (Hrsg.), Ordnungen (wie Anm. 2), Bd. 1, S. 26, Edition S. 27–36. Die Edition der Reichstagsakten von 1559 enthält wegen eines sehr engen Verständnisses des Reichstags keine Informationen über Entstehung und Publikation der Ordnung: Josef LEEB, Einleitung, in: ders. (Bearb.), Der Kurfürstentag zu Frankfurt 1558 und der Reichstag zu Augsburg 1559 (Deutsche Reichstagsakten, Reichsversammlungen 1556–1662), Bd. 1, Göttingen 1999, S. 79–298, hier S. 104 mit Anm. 5. Die Ordnung scheint nicht unmittelbar als Druck verbreitet worden zu sein; die Edition von Sellert erwähnt keinen solchen, eine Abfrage im Verzeichnis der im deutschen Sprachbereich erschienenen Drucke des 16. Jahrhunderts (VD 16) blieb für 1559 ohne Ergebnis.

34 Das zeigen bereits die von SELLERT (Hrsg.), Ordnungen (wie Anm. 2), der Edition der einzelnen Texte vorangestellten Informationen zur Entstehungsgeschichte. Für die Ordnung von 1617 nun der Beitrag von Bianca STAPF im vorliegenden Band.

35 EHRENPREIS, Gerichtsbarkeit (wie Anm. 7), S. 29–32.

36 Stefan EHRENPREIS, Die Tätigkeit des Reichshofrats um 1600 in der protestantischen Kritik, in: Wolfgang SELLERT (Hrsg.), Reichshofrat und Reichskammergericht. Ein Konkurrenzverhältnis (QFHG, 34), Köln/Weimar/Wien 1999, S. 27–46.

Verständnis des Kaisertums einher, der den Reichshofrat massiv betraf.[37] Dass es dem Reichsoberhaupt gelang, dessen Umbau in ein zweites Höchstgericht nach dem Muster des von den Reichsständen mitbestimmten Reichskammergerichts – oder eine ganz neue Organisation der Reichsgerichtsbarkeit[38] – zu vermeiden, hängt wesentlich damit zusammen, dass der Reichshofrat unter Karl V. jenseits politischer und verfassungsrechtlicher Kontroversen als kaiserlicher, unter Berücksichtigung des Reichsherkommens vom Reichsoberhaupt weitgehend frei auszugestaltender Rat etabliert werden konnte.[39] Der Konservatismus des auf Tradition beruhenden Reichsverbands wirkte sich als struktureller Vorteil für die kaiserliche Seite aus. Die Forschung der letzten Jahrzehnte hat deutlicher werden lassen, dass der Reichshofrat in allen seinen Funktionen ungeachtet einer zunehmenden Reglementierung in Gestalt der an Umfang stetig wachsenden Reichshofratsordnungen – über deren Wirkung in der Praxis damit noch nicht entschieden ist – stets ein kaiserlicher Rat blieb. Das gilt jedenfalls für das 16. und 17. Jahrhundert.

3. Die Reichshofräte

Durch das noch immer unverzichtbare, aus den Präsenzlisten der reichshofrätlichen Beschlussprotokolle und den im Reichshofratsarchiv überlieferten Personalakten gearbeitete Werk von Oswald von Gschließer ist grundsätzlich bekannt, welche Persönlichkeiten zwischen 1559 und 1806 zu Reichshofräten ernannt wurden; Gschließer bietet auch knappe biographische Informationen zu den einzelnen Räten.[40] Zu eingehenden sozialgeschichtlichen und prosopographischen Studien, wie sie Sigrid Jahns für die Assessoren am Reichskammergericht vorgelegt hat,[41] oder Analysen des Wirkens der Reichshofräte im Rat und seinem Umfeld hat dies bisher kaum Anlass gegeben. Welche Erkenntnisgewinne dabei zu erzielen wären, zeigt ein Aufsatz von Kathrin Rast, dessen Thematik gerade noch in den hier behandelten Untersuchungszeitraum hinein-

---

37 Dazu unten Kapitel 4.

38 Sigrid Jahns, Das Ringen um die Reichsjustiz im Konfessionellen Zeitalter – ein Kampf um die Forma Reipublicae (1555–1648), in: Hartmut Boockmann u. a. (Hrsg.), Recht und Verfassung im Übergang vom Mittelalter zur Neuzeit, Teil 2: Bericht über Kolloquien der Kommission zur Erforschung der Kultur des Spätmittelalters 1996 bis 1997, Göttingen 2001, S. 407–472, hier S. 458–472.

39 Zu diesem Prozess Ortlieb, Hofrat (wie Anm. 25), S. 37–160.

40 Gschliesser, Reichshofrat (wie Anm. 3).

41 Sigrid Jahns, Das Reichskammergericht und seine Richter. Verfassung und Sozialstruktur eines höchsten Gerichts im Alten Reich, Teil I: Darstellung. Teil II: Biographien, Bd. 1–2 (QFHG, 26), Köln/Weimar/Wien 2003–2011.

reicht.[42] Die in anderen Feldern der Frühneuzeitforschung zu beobachtende Konjunktur akteurszentrierter Ansätze[43] hat die Reichshofratsforschung noch kaum erreicht.[44] Dies ist nicht nur deswegen als Defizit zu werten, als es, wie diese Forschung betont, immer Menschen waren, die in Strukturen agierten und diese damit genau so prägten wie sie von ihnen geprägt wurden. Im Fall des Reichshofrats fungierte die Personalauswahl vielmehr geradezu als Organisationsprinzip. Erst die Beschäftigung mit den Personen, die im und mit dem Rat arbeiteten – zu denen neben den Reichshofräten auch Kanzleipersonal sowie Fiskale und Anwälte zu rechnen wären – legt offen, welche Rolle sein gesellschaftliches Umfeld und die dort geltenden Normen und Verhaltenserwartungen für die Tätigkeit des keineswegs autonom im luftleeren Raum agierenden Reichshofrats spielten.

Immerhin haben mehrere der in den letzten 25 Jahren erschienenen Studien zum Reichshofrat auf ihrem jeweiligen Feld auch sozialgeschichtliche Fragen zur Besetzung des Rats gestellt. Das gilt insbesondere für die Arbeiten von Sabine Ullmann über die Zeit Kaiser Maximilians II. sowie von Stefan Ehrenpreis zum Reichshofrat Rudolfs II.[45] Meine eigene Studie zur Epoche Karls V. erfasst die in diesem Zeitraum tätigen, bei Gschließer nicht berücksichtigten Hofräte und widmet ihnen eigene Analysen.[46] Die Aktenverzeichnung kann bei der Suche nach geeigneten Quellen für solche Studien nützlich sein, indem sie beispielsweise darauf hinweist, dass Reichshofräte selbst als Parteien vor dem Rat auftraten.[47] Würden auch die Akten in Lehens- und Gnadensachen erschlossen, ließe sich zudem nachzeichnen, in welcher Weise Reichshofräte von entsprechenden Vergünstigungen profitierten, wobei über die Reichshofratsakten hinaus jeden-

42 Kathrin Rast, Nutzung und Inanspruchnahme des Reichshofrats durch adlige Mitglieder der Herrenbank am Beispiel des Vizepräsidenten Johann Heinrich Notthafft Graf von Wernberg (1604–1665), in: Anette Baumann/Alexander Jendorff (Hrsg.), Adel, Recht und Gerichtsbarkeit im frühneuzeitlichen Europa (baR, 15), München 2014, S. 295–330.

43 Für die Diplomatiegeschichte etwa Hillard von Thiessen/Christian Windler (Hrsg.), Akteure der Außenbeziehungen. Netzwerke und Interkulturalität im historischen Wandel (Externa, 1), Köln 2010.

44 Ausnahme: Tobias Schenk, Vom dominus referens zum Berichterstatter. Überlegungen zur Karriere eines umstrittenen juristischen Experten als Beitrag zu einer akteurszentrierten Fremdbeschreibung kollegialen Entscheidens, in: Anette Baumann (Hrsg.), Juristen als Experten? Eine Untersuchung zu Wissensbeständen und Diskursen der Juristen im 16. und 17. Jahrhundert (baR, 40), Berlin/Boston 2023, S. 15–101.

45 Ullmann, Geschichte (wie Anm. 7), S. 37–43; Ehrenpreis, Gerichtsbarkeit (wie Anm. 7), S. 105–121.

46 Ortlieb, Hofrat (wie Anm. 25), S. 161–287 und Anhang.

47 Systematisch analysiert bei Rast, Nutzung (wie Anm. 42). Rast berücksichtigt auch die Bewerbungen des von ihr behandelten Vizepräsidenten des Reichshofrats um Vergünstigungen und Lehen.

falls die Reichsregister und die Taxbücher der Reichskanzlei zu berücksichtigen wären, in die ein Teil der kaiserlichen Verleihungen eingetragen wurde.[48] Dennoch können die Quellen zur personellen Besetzung des Reichshofrats nur in begrenztem Rahmen dem Reichshofratsarchiv entnommen werden – auf die Bedeutung der Präsenzlisten der reichshofrätlichen Resolutionsprotokolle war eingangs bereits hingewiesen worden. Die Forschung hat dabei in den letzten Jahren insbesondere für das 16. Jahrhundert Fortschritte erzielen können.

Als ein besonders aussagekräftiger Indikator für die Bewertung des Reichshofrats und ähnlicher Gremien gilt der Anteil von universitär ausgebildeten Personen, insbesondere studierten Juristen, an den Mitgliedern des Rats. Anhand des Vordringens von Akademikern, von denen man annahm, dass sie aufgrund ihrer Ausbildung auch gelehrtes Denken und entsprechende Verfahren in die Praxis einbrachten, lassen sich nach klassischer Deutung ein Professionalisierungs- und Rationalisierungsprozess in Regierung und Verwaltung einschließlich von Gerichten und ein Aspekt der Rezeption römisch-kanonischen Rechts nachzeichnen.

Der Reichshofrat folgte seit der ersten Besetzung eines Hofrats durch Karl V. einem für hohe Ratsgremien der Frühen Neuzeit weit verbreiteten Modell, wonach die Mitglieder aus zwei verschiedenen sozialen Gruppen stammten. Als Räte wurden einerseits studierte Juristen, andererseits Adelige unabhängig von einem Universitätsstudium berufen. Was die Verantwortlichen im Umfeld Karls offenbar als dem Herkommen entstammende und als solche nicht weiter problematisierte Vorgabe ansahen, die sich aus einer fortschreitenden Rezeption in einer unverändert auf Standesgleichheit pochenden Adelsgesellschaft erklärt, entwickelte sich später zu einer auch formal festgeschriebenen Unterscheidung.[49] Am Reichshofrat arbeiteten einerseits Altadelige auf der Adels- und Herrenbank, andererseits kürzlich geadelte und bürgerliche Juristen auf der Ritter- und Gelehrtenbank. Zusammengenommen handelte es sich im 16. und 17. Jahrhundert um zwischen unter zehn und knapp 20 Reichshofräte. Angesichts der Praxis adeligen Universitätsstudiums ist die Frage nach Juristen unter den Reichshofräten damit aber noch nicht beantwortet.

Unter Karl V. hatten rund 60 Prozent der Hofräte eine oder mehrere Universitäten besucht, wobei die Mehrheit von ihnen auch über einen akademischen Grad verfügte. Der Universitätsbesuch kann mithin nicht als bürgerliches Privi-

---

48 Die Reichsregister Karls V. wurden durch Lothar Gross, Die Reichsregisterbücher Kaiser Karls V., Wien/Leipzig [1930], erschlossen, ausgewertet bei Ortlieb, Hofrat (wie Anm. 25), Anhang Kapitel 1. Für den Hinweis auf die Taxbücher danke ich Dr. Ulrich Rasche.

49 Formal wird diese Unterscheidung zum ersten Mal 1587 greifbar: Ehrenpreis, Gerichtsbarkeit (wie Anm. 7), S. 111.

leg gelten, selbst wenn von den altadeligen Räten nur eine mit 40 Prozent starke Minderheit ein Studium vorzuweisen hatte.[50] Für die Reichshofräte Kaiser Rudolfs II. ergibt sich im Hinblick auf das Universitätsstudium im Wesentlichen derselbe Wert.[51] Auch Sabine Ullmann spricht für die Zeit Maximilians II. davon, dass die „juristische Elite im Reich" im Reichshofrat vertreten gewesen sei.[52] Für einen Professionalisierungsprozess durch das Vordringen studierter Juristen gibt es für den Reichshofrat im 16. Jahrhundert mithin keine Anzeichen. Vielmehr stand dort von Anfang an viel juristisches Wissen, wie es an den Universitäten gelehrt wurde, zur Verfügung. Wenn das Verfahren des Reichshofrats in dieser Zeit eher von prozessualen Versatzstücken[53] als von einem konsistenten Prozessrecht geprägt war, so nicht deswegen, weil der Rat dazu mangels entsprechend gebildeter Mitglieder nicht in der Lage gewesen wäre – was gerade der Hofrat Karls V. in seinen später nicht mehr üblichen, Figuren des Kameralprozesses aufgreifenden mündlichen Verhandlungen unter Beweis stellt.[54] Vielmehr ist anzunehmen, dass die Räte solche Prozesse in der Regel nicht als ihre Aufgabe ansahen und auch kein Motiv hatten, solche durchzuführen.

Für die Regierungszeiten einzelner Kaiser und anhand von Einzelbeispielen lässt sich inzwischen als weiterer Indikator für die personelle Gestalt des Rats die Rekrutierung von Reichshofräten besser nachvollziehen, für die bereits Gschließer viele Anhaltspunkte geliefert hatte. Dabei ist zwischen adeligen und bürgerlichen, gelehrten Reichshofräten zu unterscheiden. Bei den Adeligen griff das Reichsoberhaupt stark auf die habsburgische Klientel in den kaisernahen Gebieten im Südwesten und Westen des Reichs sowie auf den erbländischen Adel zurück. Unter den Juristen im Reichshofrat fallen zum einen Assessoren des Reichskammergerichts auf, die – wenn auch unter verschiedenen Kaisern in unterschiedlichem Ausmaß – von Speyer an den Kaiserhof wechselten. Zum anderen wurden gelehrte Räte aus hohen Regierungs- und Verwaltungsorganen der dem Kaiser nahestehenden Reichsstände zu Reichshofräten ernannt. Auch in dieser Frage gab es, je nach Kaiser, Abweichungen im Detail; während Karl V. auffallend häufig auf Amtsträger aus den Niederlanden – auch Adelige – zurückgriff,[55] kamen unter

---

50 Ortlieb, Hofrat (wie Anm. 25), S. 221.

51 Das geht aus einer Auswertung der bei Ehrenpreis, Gerichtsbarkeit (wie Anm. 7), im Anhang zur Verfügung gestellten Angaben hervor.

52 Ullmann, Geschichte (wie Anm. 7), S. 42.

53 Wolfgang Sellert, Vollstreckung und Vollstreckungspraxis am Reichskammergericht und am Reichshofrat, in: Walter Gerhardt u.a. (Hrsg.), Festschrift für Wolfram Henckel, Berlin/New York 1995, S. 811–839, hier S. 830.

54 Ortlieb, Hofrat (wie Anm. 25), S. 75 f., 447–451.

55 Ortlieb, Hofrat (wie Anm. 25), S. 246–249.

Maximilian II. mehrere Reichshofräte aus dem Umkreis des bayerischen Hofs in München.[56]

Die Rekrutierungspraxis lässt also den Schluss zu, dass der Reichshofrat während des gesamten 16. Jahrhunderts nicht primär nach funktionalen Qualifikationskriterien besetzt wurde. Der Kreis möglicher Reichshofräte war von vornherein auf Persönlichkeiten beschränkt, bei denen eine teilweise auf Tradition beruhende kulturelle oder eine politische Nähe zum Kaiser und eine affirmative Haltung zu einer weiten Interpretation der Rechte des Reichsoberhaupts im Reich vorausgesetzt werden konnten. Dazu gehörten sowohl unter Maximilian II. als auch unter Rudolf II. auch Protestanten. Die Ernennung zum Reichshofrat konnte darüber hinaus der Pflege von Klientelbeziehungen mit Klienten des Kaisers im Reich und der Integration von erbländischen Adeligen in den kaiserlichen Hof dienen.

Für den Reichshofrat bedeutet dies, dass schon allein die Art der Personalrekrutierung auf struktureller Ebene sicherstellte, dass der Rat bei seiner Arbeit grundsätzlich die Position des Reichsoberhaupts im Reich und die kaiserlichen Interessen berücksichtigte. Diese Tendenz wurde durch die kaiserliche Personalhoheit und die Einbindung der Reichshofräte in den kaiserlichen Hof noch verstärkt. Der Reichshofrat war so konstruiert, dass er seine Arbeit selbständig erledigen und damit Funktionen des Kaisertums wahrnehmen konnte, dies aber nicht unkoordiniert mit der kaiserlichen Politik tat. Diese Konstruktion ließ die Möglichkeit offen, seitens des Reichsoberhaupts nicht nur Kontrolle und Koordination sicherzustellen,[57] sondern den Rat situativ auch zu steuern und damit zu instrumentalisieren, ohne dass dies der gesamten Arbeit des Reichshofrats unterstellt werden müsste. Wann und wie es zu einer solchen Steuerung kam, ist in entsprechenden Studien nachzuzeichnen. Wie der Vergleich mit dem Reichskammergericht deutlich macht, das von Beginn an ausschließlich mit gelehrten, von verschiedenen Herrschaftsträgern präsentierten und erst nach einer Prüfung aufgenommenen Juristen besetzt war, entsprach die Konstruktion des Reichshofrats nicht der eines Gerichts, sondern der eines herrscherlichen Rats, als der der Reichshofrat, wie im folgenden Kapitel noch auszuführen sein wird, entstanden ist und der er ungeachtet späterer Entwicklungen auch in seiner weiteren Geschichte blieb.

---

56 Ullmann, Geschichte (wie Anm. 7), S. 40.

57 Unter Karl V. erfolgte die Kontrolle des Hofrats und seine Einbindung in die kaiserliche Politik einerseits durch die Auswahl des Ratspräsidenten, andererseits durch die Installation der obersten Leiter der Kanzleien des nördlichen Teils des Herrschaftsraums Karls, Nicolas und, ihm nachfolgend, Antoine Perrenot de Granvelle, Bischof von Arras, im Rat: Ortlieb, Hofrat (wie Anm. 25), S. 180–192, 194–204. Von einer konkreten politischen Instrumentalisierung ist nach meinen Ergebnissen nicht auszugehen: ebd. S. 159 f.

Mit einer zunehmenden Dichte an biographischen und prosopographischen Daten lassen sich weitere Mechanismen im Bereich der personellen Besetzung nachzeichnen, die Folgen für die Bewertung des Reichshofrats haben – womit zugleich die Reichshofratsforschung in die aktuelle verwaltungs- und sozialgeschichtliche Frühneuzeit-Forschung integriert wird. Wenig überraschend standen die Reichshofräte in jeweils unterschiedlichen sozialen und mikropolitischen Beziehungen zu Persönlichkeiten am kaiserlichen Hof, gegebenenfalls auch zu früheren Dienstgebern oder sonstigen Dritten, und waren auch untereinander auf vielfältige Weise miteinander verflochten. Diese Verbindungen wirkten sich vor dem Hintergrund einer ständischen Gesellschaft, die den Einzelnen wirksamer als moderne, egalitäre Gesellschaften in ein Netz von Loyalitätsbeziehungen verstrickte und dabei funktionale Differenzierungen wie Amtsträgerschaft leicht in den Hintergrund treten ließ, auch auf die Praxis des Reichshofrats aus. Reichshofräte fungierten unter Umständen als Kommunikationskanal zwischen ihren Herkunftshöfen und dem Kaiserhof[58] oder waren mit Persönlichkeiten und Fraktionen am kaiserlichen Hof verbunden,[59] was sich in ihrem Verhalten im Rat niederschlagen konnte. Verflechtungen sind auch bei der Frage nach den Gewinnen zu berücksichtigen, die Reichshofräte aus ihrer Tätigkeit ziehen konnten. Sie bestanden nicht nur und wahrscheinlich nicht einmal in erster Linie in Zahlungen aus Besoldungen sowie Gerichtsgebühren, verbunden mit Bestechung.[60] Zu berücksichtigen sind vielmehr auch soziales, kulturelles und ökonomisches Kapital in Gestalt von Vergünstigungen und Privilegien, Informationsvorsprüngen und Einflussmöglichkeiten.[61]

Damit ist durchaus nicht gesagt, dass der Reichshofrat nicht Anteil an Prozessen sozialen Aufstiegs und der Aufwertung funktionaler gegenüber sozialen Eliten und Denkweisen gehabt hätte; schon die Regierungszeit Karls V. liefert in Gestalt von Nicolas und Antoine Perrenot de Granvelle dafür einen interessanten Fall.[62] Genauso wenig wird damit behauptet, dass rechtliche Motive in

58 Am Beispiel des Münchner Hofs Ullmann, Geschichte (wie Anm. 7), S. 40.

59 Ehrenpreis, Gerichtsbarkeit (wie Anm. 7), S. 115 f.

60 Wolfgang Sellert, Besoldungen und Einkünfte der Richter am Kaiserlichen Reichshofrat, in: Anja Amend-Traut/Albrecht Cordes/Wolfgang Sellert (Hrsg.), Geld, Handel, Wirtschaft. Höchste Gerichte im Alten Reich als Spruchkörper und Institution (Abhandlungen der Akademie der Wissenschaften zu Göttingen. Neue Folge, 23), Berlin 2013, S. 267–294; Stefan Ehrenpreis, Korruption im Verfahren. Bestechung an den höchsten Reichsgerichten zwischen Gerichtsfinanzierung und Rechtsbeugung, in: Nils Grüne/Simone Slanička (Hrsg.), Korruption. Historische Annäherungen an eine Grundfigur politischer Kommunikation, Göttingen 2010, S. 283–305.

61 Für die Hofräte Karls V. Ortlieb, Hofrat (wie Anm. 25), S. 256–276.

62 Niels Grüne/Tom Tölle, Corruption in the Ancien Régime: Systems-Theoretical Considerations on Normative Plurality, in: Journal of Modern European History 11 (2013), S. 31–51, hier S. 48, weisen darauf hin, dass Korruptionsvorwürfe auch als eine Art Ventil für die Verunsicherung die-

der Arbeit des Reichshofrats höchstens vordergründig eine Rolle gespielt hätten und daher auch nicht anhand des reichshofrätlichen Aktenmaterials untersucht werden könnten. Allerdings weisen die in den letzten Jahrzehnten erarbeiteten Einsichten in die personelle Besetzung des Reichshofrats und das Beziehungsgeflecht seiner Mitglieder auf eine auch nach zeitgenössischen Maßstäben erhebliche strukturelle Offenheit des Rats gegenüber Einflüssen der sozialen Umwelt hin, die als Kontext der reichshofrätlichen Praxis in der Forschung zu berücksichtigen ist.

4. Die Tätigkeit des Reichshofrats

Während die Aktenverzeichnung im Hinblick auf die organisatorischen und verfahrensrechtlichen Grundlagen sowie die personelle Besetzung des Reichshofrats die eine oder andere Einzelbeobachtung liefert, ohne grundlegende Neubewertungen in der Forschung zu begründen, lässt sich dies im Hinblick auf die Tätigkeit des Reichshofrats nicht behaupten. Erst die nicht nach Forschungsfragen auswählende, sondern schlicht Karton für Karton vorgehende Verzeichnung hat zweifelsfrei belegt, dass die bisherigen Annahmen über die Tätigkeit des Reichshofrats für das 16. und das beginnende 17. Jahrhundert deutlich korrigiert werden müssen – Korrekturen, die sich inzwischen in Forschungsprojekten haben erhärten lassen. Sie betreffen einerseits den Personenkreis, der den Reichshofrat in Anspruch nahm, andererseits die Art der Vorgänge, die dort behandelt wurden, sowie die reichshofrätliche Vorgehensweise. Beides hat Folgen für die Bewertung der Funktion des Rats und eine Differenzierung seiner Geschichte.

Die Forschung des 20. Jahrhunderts war unter großzügiger Extrapolation von Zuständigkeitsbestimmungen des 17. und 18. Jahrhunderts sowie der Zuständigkeit des Reichskammergerichts einerseits, von Annahmen über Stützen und Nutznießer des kaiserlichen Einflusses im Reich und Beispielen andererseits davon ausgegangen, dass es vor allem die sogenannten mindermächtigen Reichsglieder, viele davon aus den kaisernahen Zonen im Südwesten und Westen des Reichs, gewesen seien, die als Parteien vor dem Reichshofrat auftraten und deren Position durch dessen Tätigkeit stabilisiert worden sei.[63] Die Verzeichnung

nen konnten, die der Aufstieg funktionaler Eliten bei Angehörigen traditioneller, meist sozial definierter Eliten auslöste. Dies könnte ein Grund dafür sein, dass die beiden Perrenot de Granvelle, neuadelige Akademiker aus der Franche Comté mit außerordentlich großem Einfluss auf die kaiserliche Politik, in zeitgenössischen Berichten häufig als geradezu notorisch habgierig erscheinen.

63 Für die reichshofrätlichen Kommissionen unter Ferdinand III. Ortlieb, Auftrag (wie Anm. 7), S. 76 f.

der hauptsächlich aus der Regierungszeit Rudolfs II. stammenden ‚Alten Prager Akten' brachte demgegenüber zahlreiche Vorgänge ans Licht, in denen sich reichsmittelbare, nicht adelige Personen an den Kaiser gewandt hatten.[64] Dabei handelte es sich weder in nennenswertem Ausmaß um Bauerngemeinden, die Forderungen ihrer Grundherren abzuwehren versuchten, noch um Kläger in Appellationsprozessen – und damit um die Gruppen mittelbarer Personen, die die Reichshofratsforschung bereits als potentielle Kläger im Blick gehabt hatte. Unbeeindruckt von einer angeblichen Zuständigkeit des Reichshofrats nur für Forderungen gegen reichsunmittelbare Akteure und, im Gnadenbereich, den reichsunmittelbaren Adel brachten diese ‚Untertanen' eine große Zahl ganz verschieden gelagerter Bitten und Beschwerden vor, die vom Reichshofrat umstandslos bearbeitet wurden. Das große Potential reichsmittelbarer, nicht adeliger Antragsteller vor dem Reichshofrat ist inzwischen für die Regierungszeit Rudolfs II. in einem Forschungsprojekt herausgearbeitet und unter verschiedenen Gesichtspunkten analysiert worden.[65] Für die Regierungszeit Karls V. ist davon auszugehen, dass mehr als die Hälfte aller Antragsteller vor dem Hofrat nicht adelig waren,[66] und auch Sabine Ullmann kam auf eine beachtliche Zahl an dem Reich mittelbar unterworfenen Personen, deren Anliegen unter Maximilian II. vor kaiserlichen Kommissionen verhandelt wurden.[67]

Mit diesem unerwarteten Kreis von Antragstellern ging eine überraschende Verteilung der Gegenstände einher, mit denen sich die Reichshofräte im 16. Jahr-

64 Wolfgang Sellert, Vorwort, in: ders. (Hrsg.), Akten (wie Anm. 15), Serie I Bd. 1, S. 7–17, hier S. 13.

65 Untertanensuppliken am Reichshofrat, https://dh.uni-graz.at/suppliken/de/ (abgerufen am 21. November 2023). Auswertung und Kontextualisierung: Gabriele Haug-Moritz/Sabine Ullmann (Hrsg.), Frühneuzeitliche Supplikationspraxis und monarchische Herrschaft in europäischer Perspektive (Beiträge zur Rechtsgeschichte Österreichs, 5/2), Wien 2015, online: http://austriaca.at/BRGOE2015-2 (abgerufen am 21. November 2023); Ulrich Hausmann, „... sie gehorchen dem Kaiser, wenn es ihnen beliebt". Zum Verhältnis zwischen Reichsoberhaupt und Reichsstädten anhand von Untertanensuppliken am Reichshofrat im späten 16. Jahrhundert, in: Thomas Lau/Helge Wittmann (Hrsg.), Kaiser, Reich und Reichsstadt in der Interaktion (Studien zur Reichsstadtgeschichte, 3), Petersberg 2016, S. 207–234; Thomas Schreiber, Untertanen als Supplikantinnen und Supplikanten am Reichshofrat Kaiser Rudolfs II. (1576–1612). Eine systematische Analyse, phil. Diss. Univ. Graz 2018; ders., Das votum ad imperatorem für den Schneider Niklas Huber. Ein Fallbeispiel aus der Onlinedatenbank „Untertanensuppliken am Reichshofrat Kaiser Rudolfs II. (1576–1612)", in: Christian Lackner/Daniel Luger (Hrsg.), Modus supplicandi. Zwischen herrschaftlicher Gnade und importunitas petentium (Veröffentlichungen des Instituts für Österreichische Geschichtsforschung, künftig: VIÖG, 72), Wien/Köln/Weimar 2019, S. 201–230. Das Projekt legte ein weites Verständnis des Begriffs ‚Supplik' im Sinn von ‚Eingabe' zugrunde und erfasste damit alle reichsmittelbaren, nicht adeligen Antragsteller in den ‚Judicialia' sowie in den ‚Gratialia'.

66 Ortlieb, Hofrat (wie Anm. 25), S. 315 (Grafik).

67 Ullmann, Geschichte (wie Anm. 7), S. 69 (Grafik).

hundert beschäftigten. Ein großer Teil betraf die in der älteren Forschung wenig beachteten Gnadensachen.[68] Viele Verfahren drehten sich um die Vergabe diverser Privilegien und Vergünstigungen wie Schutz- und Geleitbriefe, Moratorien oder Laienherrenpfründen. Die Verzeichnung förderte Material zu kleinen Lehen und lehenrührigen Rechten zu Tage, die auch von mittelbaren Personen getragen werden konnten. Das Tätigkeitsprofil des Hofrats Karls V. entspricht diesem Bild.[69] Der noch kürzlich für eine neue Verwaltungsgeschichte des Reichshofrats erhobenen Forderung nach stärkerer Berücksichtigung der nicht streitigen Tätigkeit des Rats[70] wird inzwischen von der Reichshofratsforschung entsprochen. Das gilt, wie ein kürzlich erschienenes Buch von Ulrich Eisenhardt über Gerichtsprivilegien[71] oder Studien von Anja Amend-Traut zu den Moratorien[72] belegen, nicht nur für die Geschichtswissenschaft, sondern auch für die juristische Rechtsgeschichte.

Doch auch jenseits der Gnadensachen zeigen die vom Reichshofrat im 16. Jahrhundert behandelten Ansuchen Zielrichtungen, die vor dem Hintergrund der älteren Forschung nicht zu vermuten gewesen wären. Bei der großen Mehrheit von ihnen handelt es sich eher um Supplikationen im Sinn von Bitt- und Beschwerdeschriften als um Klagen, mit denen Rechtsansprüche geltend gemacht worden wären, über die in einem geregelten Verfahren unter Abwägung juristischer Argumente rechtlich entschieden werden oder für die wenigstens einstweiliger Rechtsschutz erreicht werden sollte. In der Regierungszeit Karls V., für die – anders als für Maximilian II. und Rudolf II. – eine entsprechende Analyse vorliegt, richteten sich die Beschwerden häufig darauf, Schwierigkeiten beim Beschreiten des Rechtswegs aus dem Weg zu schaffen. Sie wurden vom Hofrat meist mittels Verfügungen an den Verfahrensgegner, aber auch

68 Eva Ortlieb, Gnadensachen vor dem Reichshofrat (1519–1564), in: Leopold Auer/Werner Ogris/dies. (Hrsg.), Höchstgerichte in Europa. Bausteine frühneuzeitlicher Rechtsordnungen (QFHG, 53), Köln/Weimar/Wien 2007, S. 177–202.

69 Ortlieb, Hofrat (wie Anm. 25), S. 328 (Grafik).

70 Matthias Schnettger, Reichsgeschichte als Verfassungs-, Verwaltungs- und Behördengeschichte, in: Michael Hochedlinger/Thomas Winkelbauer (Hrsg.), Herrschaftsverdichtung, Staatsbildung, Bürokratisierung. Verfassungs-, Verwaltungs- und Behördengeschichte der Frühen Neuzeit (VIÖG, 57), Wien/München 2010, S. 229–242, hier S. 236; Tobias Schenk, Das frühneuzeitliche Kaisertum – ein Faktor der Alltagsgeschichte? Überlegungen auf Grundlage der Reichshofratsakten, in: Haug-Moritz/Ullmann (Hrsg.), Supplikationspraxis (wie Anm. 65), S. 245–261, hier S. 258.

71 Ulrich Eisenhardt, Kaiserliche Gerichtsprivilegien. Ihre Bedeutung für die Entwicklung der Rechtspflege im Alten Reich (QFHG, 78), Wien/Köln 2023.

72 Anja Amend-Traut, Reichsverband als Rechtsverband, in: Dieter Gosewinkel/Oliver Lepsius/Peter Oestmann (Hrsg.), Vom Reichsbewusstsein zum Verfassungspatriotismus. Zusammengehörigkeit durch Rechtsregeln (Der Staat. Beiheft, 27), Berlin 2021, S. 197–225, sowie vor allem der Beitrag der Autorin im vorliegenden Band.

an betroffene Obrigkeiten oder sonstige Dritte beantwortet,[73] neben Mandaten, Befehlen und Kommissionen auch mit Geleitbriefen und Fürbittschreiben.[74] Sie zielten häufig darauf, Prozesse durch gütliche Einigungen unnötig zu machen und unbillige Härten zu vermeiden, Gewalt vorzubeugen und Hindernisse auf dem ordentlichen Rechtsweg zu beseitigen. Als Gericht ist der Hofrat Karls V. nur sehr selten tätig geworden. Er verstand sich nicht als oberste Instanz auf dem ordentlichen Rechtsweg und sah sich nicht in einer Zuständigkeitskonkurrenz mit dem Reichskammergericht.

Diese Forschungsergebnisse, die nicht nur die Zeit Karls V., sondern das gesamte 16. Jahrhundert betreffen, werfen die Frage nach der Funktion des Reichshofrats für Kaiser und Reich auf. Für Karl lässt sich resümieren, dass sein Hofrat nicht als Gericht, schon gar nicht in Konkurrenz zum Reichskammergericht, positioniert wurde und gearbeitet hat, sondern als herrscherlicher Rat, der Anträge der Rechtsunterworfenen bearbeitete und damit die Zugänglichkeit des Herrschers für die seiner Herrschaft Unterworfenen – gerade die, die nicht zu den Spitzen der sozialen Hierarchie gehörten – sicherte. Darin bestand seine Funktion für die Ausübung kaiserlicher Herrschaft, womit zugleich der heute in der Geschichtswissenschaft bevorzugten Konzeption von Herrschaft als Kommunikation bzw. Wechselbeziehung Rechnung getragen wird.[75] Der Hofrat schuf eine Voraussetzung dafür, dass das Reichsoberhaupt einer seiner wichtigsten Aufgaben, der Erhaltung von Frieden und Recht im Inneren, nachkommen konnte und handhabte darüber hinaus die Instrumente des Kaisers, durch Förderung und Begünstigungen Loyalität gegenüber seiner Herrschaft zu erzeugen und zu erhalten. In welcher Weise genau dies seitens des Reichsoberhaupts organisiert wurde, unterlag nicht der Regelung durch das Herkommen, woraus sich für das Kaisertum Freiräume ergaben.[76] In der Regierungszeit Karls V. etablierte sich der Hofrat innerhalb dieser Freiräume, so dass er aus den konfessionellen und verfassungspolitischen Kontroversen seiner Zeit herausgehalten werden konnte. Die Rechts- und Friedenswahrung durch das Reichsoberhaupt schloss dabei eine punktuelle Tätigkeit seines Hofrats als Gericht ein, ohne ihn deswegen zum Gericht zu machen. Die wenigen Informationen, die zum Hofrat Kaiser

73 Ortlieb, Hofrat (wie Anm. 25), S. 333–335.

74 Ortlieb, Hofrat (wie Anm. 25), S. 438–511.

75 Horst Carl, Art. Herrschaft, in: Friedrich Jaeger (Hrsg.), Enzyklopädie der Neuzeit, Bd. 5, Stuttgart 2007, Sp. 399–416.

76 Ehrenpreis, Gerichtsbarkeit (wie Anm. 7), S. 33, spricht davon, das monarchische Herrschaftsprinzip der Zeit habe es verboten, „die kaiserliche Rechtsgewalt einer Einschränkung zu unterwerfen" – genau diese Verfassungsvorstellung sei in der Zeit Rudolfs II. Gegenstand der Auseinandersetzung geworden.

Ferdinands I. vorliegen,[77] die Ergebnisse von Sabine Ullmann zu Maximilian II. und des Projekts zu den Untertanen vor dem Reichshofrat Rudolfs II. legen den Schluss nahe, dass das Ende der Regierung Karls V. und die Auflösung seines Hofrats im Hinblick auf den Reichshofrat keinen konzeptionellen Bruch bedeuteten, sondern dieser Hofrat auch den Reichshofrat der Nachfolger Karls prägte.

Stefan Ehrenpreis hat argumentiert, dass sich das Tätigkeitsprofil des Reichshofrats um 1590 zu verschieben begann. Der Reichshofrat habe seither nicht nur eine größere Zahl an Fällen behandelt, sondern immer häufiger auch mehr als zwei Mal pro Kalenderjahr, was Ehrenpreis als Indiz dafür wertete, dass die Reichshofräte immer mehr konfliktträchtige Klagen bearbeiteten.[78] Darüber hinaus hat Ehrenpreis herausgearbeitet, dass der Reichshofrat um 1600 auch Gegenstand publizistisch erhobener Vorwürfe einer sich formierenden protestantischen Partei wurde, die an einer Beschränkung kaiserlicher Befugnisse interessiert war. Die Kritik richtete sich auf die als ‚Hofprozesse' bezeichneten Verfahren, in denen der Reichshofrat – nach Meinung der Protestanten unrechtmäßig und parteiisch – als Gericht eingreife.[79] Für eine Veränderung in der Tätigkeit des Reichshofrats spricht auch die Tatsache, dass am Kaiserhof in dieser Zeit an einer Neufassung der Reichshofratsordnung von 1559 gearbeitet wurde.[80] Die Chronologie dieses Wandels ist im Detail noch unklar. Das Potential an Bitten und Beschwerden reichsmittelbarer Personen blieb, wie die Forschungen zu den Untertanen gezeigt haben, unter Rudolf II. hoch, die von Ehrenpreis konstatierte Zunahme der Reichshofratsverfahren lässt sich, was die in den ‚Judicialia' überlieferten Akten betrifft, erst für die 1620er Jahre nachweisen.[81] Auch die Reform der Reichshofratsordnung erreichte erst unter den Kaisern Matthias[82] und Ferdinand II. ihren Höhepunkt.

Jedenfalls muss es in diesem Zeitraum zu einer markanten Verschiebung der Arbeit des Reichshofrats in die von Ehrenpreis beschriebene Richtung gekommen sein, die sich als dauerhaft erweisen sollte. Der Reichshofrat unter Ferdinand III. scheint bereits überwiegend als Gericht gearbeitet zu haben: Die Anzahl der Akten in den ‚Judicialia' blieb auf einem gegenüber dem 16. Jahrhundert erhöhten Niveau, ihr Umfang nahm zu – die Fälle ließen sich also immer weniger durch ‚Einmalverfügungen' erledigen – und es wurden bereits häufig Reichshofratsagenten, also spezialisierte, am Reichshofrat akkreditierte

77 Ortlieb, Vom königlichen/kaiserlichen Hofrat (wie Anm. 30), S. 269–282.

78 Ehrenpreis, Gerichtsbarkeit (wie Anm. 7), S. 29–32.

79 Ehrenpreis, Gerichtsbarkeit (wie Anm. 7), S. 265–280; ders., Tätigkeit (wie Anm. 36).

80 Sellert (Hrsg.), Ordnungen (wie Anm. 2), Bd. 1, S. 37–62.

81 Eva Ortlieb/Gert Polster, Die Prozessfrequenz am Reichshofrat, in: Zeitschrift für Neuere Rechtsgeschichte 26 (2004), S. 189–216, hier S. 196–199, 212–213 (Grafik 1).

82 Dazu der Beitrag von Bianca Stapf in diesem Band.

Anwälte eingesetzt. Die Reform der Reichshofratsordnungen kam mit dem umfangreichen, viele prozessuale Bestimmungen enthaltenden und auch das Reichskammergericht berücksichtigenden Regelwerk von 1654[83] zu einem gewissen Abschluss.

Weder die Hintergründe dieses Wandels, der so nachdrücklich war, dass er die frühere Gestalt des Reichshofrats zumindest in der Forschung über lange Zeit hinweg geradezu in Vergessenheit geraten ließ, noch seine Bedeutung sind bisher hinreichend aufgeklärt. Dabei ist zu berücksichtigen, dass der Reichshofrat dem Reichsoberhaupt zwar Eingriffsmöglichkeiten eröffnen konnte, die über ihn ausgeübte Herrschaft aber gerade im Bereich der Rechtsauseinandersetzungen sozusagen nachgefragt werden musste, also vom Eingang entsprechender Anträge abhängig war.[84] Politische Entscheidungen am Kaiserhof allein – etwa eine Vorgabe an die Reichshofräte, in den von ihnen behandelten Fällen katholische Standpunkte durchzusetzen – hätten einen solchen Wandel nicht bewirken können. Auch Parteien müssen sich in größerer Zahl entschieden haben, sich nicht mehr oder verstärkt und mit anderen Anliegen an das Reichsoberhaupt zu wenden. Es ist naheliegend, dass der sich um 1600 verschärfende Konfessionskonflikt, der auf das Engste mit einem Konflikt über die Ausgestaltung der Reichsverfassung verbunden war, in der Diskussion um die kaiserlichen Befugnisse das Verständnis des Kaisertums veränderte, und zwar auf allen Seiten. Aus einem durch das Herkommen vorgegebenen Ordnungsprinzip an der Spitze einer Hierarchie wurde verstärkt ein Akteur über anderen, der bestimmte, im Detail der Diskussion unterliegende Rechte beanspruchte. Zudem wurde die kaiserliche Herrschaft mit der zunehmenden Etablierung der Landesherrschaft immer weniger als Herrschaft über alle ihr Unterworfenen gleichermaßen verstanden, sondern verstärkt als Herrschaft über Obrigkeiten mit eigenen, seitens des Reichsoberhaupts anzuerkennenden obrigkeitlichen Befugnissen. Dieser Wandel betrifft das Verständnis des Kaisertums und damit die strukturelle, nicht nur die ereignisgeschichtliche Ebene. Natürlich kam es auch im 16. Jahrhundert zu einschneidenden Konflikten zwischen kaiserlichen und reichsständischen Politikkonzepten, sowohl die Regierungszeit Maximilians I. als auch die Karls V. liefern dafür eindrückliche Beispiele. Trotzdem spielte sich dies vor dem Hintergrund anderer Vorstellungen von der Funktion des Reichsoberhaupts ab als unter Ferdinand III. und seinen Nachfolgern.

83 Ediert bei SELLERT (Hrsg.), Ordnungen (wie Anm. 2), Bd. 2, S. 45–260.

84 Den Aspekt der Ausgestaltung von Reichshofrat und Reichskammergericht auch durch die Nachfrage nach ihrer Tätigkeit betont Siegrid WESTPHAL, Der Reichshofrat – kaiserliches Machtinstrument oder Mediator? In: Auer/Ogris/Ortlieb (Hrsg.), Höchstgerichte (wie Anm. 68), S. 115–137, hier S. 126–137

Für den Reichshofrat muss dieser Wandel mit dem weitgehenden Rückzug der reichsmittelbaren Antragsteller und den damit zusammenhängenden Veränderungen im Antragspotential einen massiven Einbruch bedeutet haben. Die Entwicklung zum Höchstgericht – unter Beibehaltung der Aufgaben im Bereich der Lehens- und Gnadensachen sowie der gelegentlichen Beratung des Herrschers – lässt sich als Antwort darauf werten.

5. Reichshofrat, Kaiser und Reich

Die Forschung zum Reichshofrat vom 16. Jahrhundert bis zur Mitte des 17. Jahrhunderts seit Beginn der Verzeichnung der Akten des Reichshofrats hat, so ist zu resümieren, zu deutlichen Korrekturen und Präzisierungen geführt, wobei teilweise bereits auf die durch die Verzeichnung zur Verfügung gestellten Informationen zurückgegriffen werden konnte. Danach ist der Reichshofrat nicht als Gericht entstanden, sondern als kaiserlicher Rat für Parteienansuchen in Rechts-, Gnaden- und Lehenssachen. Seine Etablierung hatte nichts damit zu tun, dass das Reichsoberhaupt seine Rolle als oberster Richter nach der Gründung des ständisch mitbestimmten Reichskammergerichts 1495 wieder stärker hätte zur Geltung bringen wollen; das gilt bereits für den Hofrat König Maximilians von 1497, der sich in seiner Konzeption als Reichsregierung unter Beteiligung von Reichsständen nicht gegen das Reichskammergericht, sondern gegen das geplante Reichsregiment richtete.[85] Vielmehr benötigte das Reichsoberhaupt einen Rat, um seine Zugänglichkeit als Herrscher sicherzustellen und die ihm übertragenen Aufgaben im Bereich der Rechts- und Friedenswahrung nach innen wahrnehmen zu können, die in mehr bestanden als in der Bereitstellung eines Forums zur gerichtlichen Bearbeitung von Konflikten. Im 16. Jahrhundert standen nicht zwei Höchstgerichte mit konkurrierender Zuständigkeit an der Spitze des ordentlichen Rechtswegs, Frucht einer dualistischen Struktur des Reichsverbands. Reichskammergericht und Reichshofrat hatten verschiedene Funktionen – Höchstgericht das eine, kaiserlicher Rat zur Sicherung von Recht und Billigkeit, zur Förderung und Belohnung kaiser- und reichstreuen Verhaltens sowie zur Administration des Privilegien- und Lehenswesens der andere. Staatsrat war der Reichshofrat nie; die Administration Karls V. hatte den Hofrat in einer konzeptionell noch offenen Situation als Parteienrat positioniert.

85 So – gegen die frühere und spätere Forschung – korrekt bereits Hermann Wiesflecker, Kaiser Maximilian I. Das Reich, Österreich und Europa an der Wende zur Neuzeit, Bd. 2: Reichsreform und Kaiserpolitik 1493–1500, Wien 1975, S. 281 f.

Gegen Ende des 16. Jahrhunderts muss allerdings ein Wandel eingesetzt haben. Der Reichshofrat entwickelte sich dabei zu einem Reichsgericht, so dass seine Tätigkeit auch im Hinblick auf das Reichskammergericht zunehmend formal geregelt werden musste. Dieser Prozess kam mit der Reichshofratsordnung von 1654 zu einem gewissen Abschluss. Trotzdem behielt der Reichshofrat nicht nur seine Aufgaben im Bereich der Lehens- und Gnadensachen, sondern auch seine Konstruktion als kaiserlicher Rat bei. Wenn reichshofrätliche Verfahren im späten 17. und im 18. Jahrhundert also geregelter abliefen als im 16. Jahrhundert, liegt das nicht an einem Professionalisierungsprozess, der sich in der ersten Hälfte der Geschichte des Rats erst hätte vollziehen müssen. Vielmehr kam es zu einem Funktionswandel, der aus einer Verschiebung des Verständnisses des Kaisertums resultierte. Das Kaisertum verlor seinen Bezug auf die reichsmittelbare Bevölkerung und die damit einhergehenden Eingriffsbefugnisse in die inneren Verhältnisse der Territorien weitgehend und unterlag zunehmend selbst rechtlicher Regelung. Als historisches Phänomen der Reichsgeschichte deutet die Entwicklung des Reichshofrats damit auf tiefgreifende Verwerfungen im Verständnis der Reichsverfassung im Vorfeld des Dreißigjährigen Kriegs hin, die das Reich stärker veränderten als das Ende dieses Kriegs 1648.

Das Resultat war, im Bereich der Rechtssachen, ein Zentralgericht, das strukturell auch für frühneuzeitliche Verhältnisse wenig gegen Einflüsse der es umgebenden Gesellschaft, insbesondere des kaiserlichen Hofs, abgesichert worden war. Dies verschaffte dem Reichshofrat auf der anderen Seite einen Autoritätsgewinn, der seine Möglichkeiten zur Regelung der an ihn herangetragenen Konflikte erhöhte. Davon profitierten nicht nur das Reichsoberhaupt als Verfassungsorgan und der kaiserliche Hof sowie in entsprechenden Konstellationen Reichsstände mit guten Verbindungen zur Zentralgewalt oder der Möglichkeit, Druck auf sie auszuüben. Profiteure dürften auch viele Rechtssuchende gewesen sein, die sich vom Reichshofrat eher Lösungen für ihre Konflikte erwarteten als vom Reichskammergericht; dafür spricht jedenfalls die durchgehend beachtliche Inanspruchnahme des kaiserlichen Rats, die seit den 1620er Jahren schon allein im Bereich der Rechtssachen höher gelegen haben dürfte als die der Speyerer bzw. Wetzlarer Richter.[86] Die Forschung ist sich weitgehend einig, dass die beschriebene Grundkonstruktion des Reichshofrats aus der Sicht von Kaiser und Reich im Allgemeinen funktionierte und zur Stabilisierung des Reichsverbands beitrug. Es ist nicht ausgeschlossen, dass sich auf diese Weise auch Traditionen des rechtlichen Konfliktaustrags und des juristischen Arguments entwickeln konnten. Allerdings darf dabei nicht vergessen werden, dass schon allein seine Konstruktion den Reichshofrat Einflüssen von außen, insbesondere des kaiserli-

86 Ortlieb/Polster, Prozessfrequenz (wie Anm. 81), S. 209, 215 (Grafik 3).

chen Hofs, öffnete, die sich auch zur Steuerung nutzen ließen. Der Reichshofrat war ein dezidiert frühneuzeitliches Gremium, hervorgebracht von einem ständisch organisierten Gemeinwesen, das Autorität und Legitimation stark personal und hierarchisch generierte.

Die vorgetragenen Überlegungen bedeuten nicht, dass es im Bereich der klassischen Themen der Reichsgerichtsforschung – Verfahrensrecht und juristische Argumentation, die Rolle des Gremiums und seiner Entscheidungen in bestimmten regionalen oder sozialen Konstellationen, personelle Besetzung, Organisation und, jüngst, die Entscheidungsfindung – nicht noch genügend offene Fragen für die Erforschung des Reichshofrats im 16. und 17. Jahrhundert gäbe, ganz im Gegenteil. Die Aktenverzeichnung hat die Voraussetzungen für solche und andere Studien verbessert. Dabei sollten auch strukturelle Konstellationen der Reichsgeschichte bedacht und historischer Wandel berücksichtigt werden.

Bianca Stapf

Verfassungskonzeptionen im Spiegel der Diskussionen um die Reichshofratsordnung von 1617

Überlegungen am Beispiel des Kurmainzer Konzepts

1. Einleitung

Bislang haben sowohl das Kurmainzer Konzept als auch die Reichshofratsordnung von 1617 im Forschungsdiskurs kaum Aufmerksamkeit erfahren.[1] Ungeachtet dessen, dass unter Kaiser Matthias keine rechtskräftige Ordnung eingeführt wurde und frühneuzeitliche Normgesetzgebung als verhandelbare Zielsetzung bewertet wird,[2] enthalten sie doch „[...] reichspolitische[n], über die rationale Regelung technischer Arbeitsabläufe weit hinausreichende[n] Implikationen [...]".[3] Der Blick auf die Norm kann folglich sowohl Aufschluss darüber geben, wie Verfahrensprozesse oder Arbeitsabläufe in idealtypischer Weise angelegt sein sollten, als auch darüber, welche Bedeutung der zu normierenden Instanz und deren Einbettung in ein machtpolitisches System von Zeitgenossen beigemessen wurde. Diese Entwürfe können naturgemäß in Abhängigkeit von der Position des Verfassers bzw. Auftraggebers unterschiedlich ausgestaltet worden sein.

Angesichts kontroverser Beurteilungen von Matthias' spannungsreicher Regentschaft, die den Reichshofrat bislang weitestgehend ausgeklammert haben, erscheint es angebracht, die konzeptionellen Entwicklungen des Reichshofrats in Bezug auf ihre politische Dimension hin zu untersuchen.[4] Dafür bieten sich die

---

1 Ich bedanke mich bei Herrn Matthias Schnettger für die Anregungen zu diesem Thema. Die beiden Konzepte sind abgedruckt bei Wolfgang Sellert (Hrsg.), Die Ordnungen des Reichshofrats. 1550–1766, Bd. 1: 1. Halbband bis 1626 (Quellen und Forschungen zur höchsten Gerichtsbarkeit im Alten Reich, künftig: QFHG, 8), Köln/Wien 1980.

2 Diese Bewertung ist vor allem in Bezug auf Policeygesetzgebung anzutreffen. Siehe hierzu beispielsweise Stefan Brakensiek, Herrschaft und Verwaltung in der Frühen Neuzeit. Einleitung, in: Ders./Corinna von Bredow/Birgit Näther (Hrsg.), Herrschaft und Verwaltung in der Frühen Neuzeit (Historische Forschungen, 101), Berlin 2014, S. 9–24.

3 Tobias Schenk, Isomorphie und entgrenzte Informalität in der frühneuzeitlichen Reichsjustiz. Der Reichshofrat im Interaktionssystem des Kaiserhofes, in: Frühneuzeit-Info 33 (2022), S. 88–116, hier S. 95. Vgl. Sellert, Ordnungen (wie Anm. 1), S. 5.

4 Für die Einordnung von Matthias' Regentschaft, die oft mit seinem ersten Minister Khlesl verbunden wird, siehe stellvertretend Heinz Angermeier, Politik, Religion und Reich bei Kardinal Melchior Khlesl in: Zeitschrift der Savigny-Stiftung für Rechtsgeschichte, Germanistische Abtei-

eingangs erwähnten Konzepte aufgrund ihrer Bedeutung für den Reichshofrat und die Entwicklung seiner Ordnungen an. Deshalb sollen im Folgenden die mit der Normsetzung verschränkten „Verfassungsvorstellung[en]“[5] herausgearbeitet werden. Über diese kann ein Einblick in den Umgang mit den zeitgenössischen Konfliktlinien bezüglich des Reichshofrats gegeben werden, da beide Konzepte der Reichshofratsordnung ein geeignetes Medium für die Repräsentation eigener „Verfassungsvorstellung[en]“ waren, sodass sich aus ihnen mögliche Lösungsansätze der Auftraggeber für politische Probleme herauslesen lassen.

Welche Verfassungskonzeptionen adressieren die beiden Konzepte jeweils? Inwieweit lassen sich diese als Beitrag zur Stabilisierung der Reichsverfassung einordnen? Verfassungskonzeptionen sind in verschiedenen Regelungen der Ordnung abgebildet. Der Fokus soll auf der inneren Verfasstheit des Rates sowie dem (wechselseitigen) Einfluss verschiedener Ämter und Instanzen liegen. Zudem werden offensichtliche Leerstellen aufgezeigt.

Dazu werden aussagekräftige Beispiele herangezogen; von einem Anspruch auf Vollständigkeit wird Abstand genommen. Entsprechend der aufgeworfenen Themenfelder werden zunächst die Funktionsträger am Reichshofrat in den Blick genommen. Anschließend werden diejenigen außenstehenden Akteure, welche den Geschäftsgang des Kollegiums beeinflussen konnten, ebenso wie der Einflussbereich des Reichshofrates betrachtet. Abschließend wird ausgehend von der zeitgenössischen Debatte auf die nicht adressierten Inhalte eingegangen.[6]

---

lung 123 (1993), S. 249–330 (hier S. 281); Johann RAINER, Kardinal Melchilor Klesl (1552–1630). Vom „Generalreformator" zum „Ausgleichspolitiker", in: Römische Quartalschrift für christliche Altertumskunde und Kirchengeschichte 59 (1964), S. 14–35; Volker PRESS, Matthias. 1612–1619, in: Anton Schindling/Walter Ziegler (Hrsg.), Die Kaiser der Neuzeit. 1519–1918. Heiliges Römisches Reich, Österreich, Deutschland, München 1990, S. 112–123; Matthias SCHNETTGER, Kaiser und Reich. Eine Verfassungsgeschichte (1500–1806), Stuttgart 2020, hier insbes. S. 107–113; Fabian SCHULZE, Die Reichskreise im Dreißigjährigen Krieg. Kriegsfinanzierung und Bündnispolitik im Heiligen Römischen Reich deutscher Nation (bibliothek altes Reich, 23), Oldenburg 2018, hier S. 77–91, 91–99. Zum RHR unter Matthias siehe Stefan EHRENPREIS, Die Rolle des Kaiserhofes in der Reichsverfassungskrise und im europäischen Machtesystem vor dem Dreißigjährigen Krieg, in: Winfried Schulze (Hrsg.), Friedliche Intentionen – Kriegerische Effekte. War der Ausbruch des Dreißigjährigen Krieges unvermeidbar? (Studien zur Neueren Geschichte, 1), St. Katharinen 2002, S. 71–106 (hier insbes. S. 74–85); Axel GOTTHARD, Strukturkonservativ oder aggressiv? Die geistlichen Kurfürsten und der Ausbruch des teutschen Konfessionskriegs, in: Schulze (Hrsg.), Friedliche Intentionen (wie vorangegangen), S. 140–168 (hier S. 141–147).

5 Stefan EHRENPREIS, Kaiserliche Gerichtsbarkeit und Konfessionskonflikt. Der Reichshofrat unter Rudolf II. 1576–1612 (Schriftenreihe der Historischen Kommission bei der Bayerischen Akademie der Wissenschaften, 72), Göttingen 2006, hier S. 33. Vgl. Sellert, Ordnungen, (wie Anm. 1), S. 5.

6 Ausgangspunkte hierfür bilden die Verhandlungen zur sowie die Wahlkapitulation Matthias' und zeitgenössische Reaktionen auf einen Entwurf der Ordnung von 1617. Siehe hierzu Sellert, Ordnungen (wie Anm. 1), S. 79–105; Leo WILZ, Die Wahl des Kaisers Matthias, Leipzig 1911.

Äußerungen hierzu liegen vorrangig aus kurfürstlicher und protestantischer Perspektive vor. Dabei wird keine Betrachtung der Normanwendung erfolgen; es soll die Normsetzung der Konzepte im Fokus stehen.[7]

2. Politische Rahmenbedingungen

„[...] Macht als das Vermögen, Interessen durchzusetzen, Ressourcen in Konkurrenz zu anderen zu gewinnen oder zu mehren, den eigenen Willen gegen den Widerstand anderer durchzusetzen und in Deutungskämpfen die Oberhand zu gewinnen, kommt nicht im normativ luftleeren Raum vor. Macht ist stets eingebettet in kulturelle Vorstellungswelten."[8] Definiert man die Reichshofratsordnung als eine Norm, in der neben diversen Rahmenbedingungen des Geschäftsgangs diese „kulturelle[n] Vorstellungswelten" zum Ausdruck kommen – in unserem Fall als Verfassungskonzeption – wird ihre Bedeutung für den Aushandlungsprozess gesellschaftlicher Konflikte deutlich.

Es stellt sich nun die Frage, weshalb und zu welchen Punkten unter Matthias in Bezug auf den Reichshofrat ein solcher Aushandlungsprozess stattfand. Matthias' Regentschaft sah sich mit der Verfassungskrise im Reich konfrontiert, die sich an der Handlungsunfähigkeit des Reichskammergerichts, dem Ende seiner Visitationen und dem Scheitern der Reichstage zeigte. Trotz seiner Bemühungen um Verständigung konnten in dieser spannungsgeladenen Zeit keine durchgreifenden Kompromisse erzielt werden. Die ausbleibende Auflösung der Konflikte mündete 1618 in den Dreißigjährigen Krieg.[9]

Zudem nahmen seit den 1590ern, also noch unter Rudolfs Herrschaft, die Beschwerden gegenüber dem Reichshofrat zu. Dies scheint mit dem gestiegenen Geschäftsvolumen am Reichshofrat zu korrespondieren. Dabei ist zu berücksichtigen, dass seit 1559 keine Erneuerung der Reichshofratsordnung vorgenommen

---

7 Hierbei sei auf ORTLIEB verwiesen, die festhält: „Während die [...] Reichshofratsordnungen und verwandte Texte den normativen Rahmen der Tätigkeit des Reichshofrats beleuchten, ist die tatsächliche Arbeit des Rats in erster Linie einerseits in den im Archiv des Reichshofrats erhaltenen protokollarischen Aufzeichnungen, andererseits in den dort verwahrten Verfahrensakten dokumentiert." Eva ORTLIEB, Der Reichshofrat als Institution der österreichischen Erbländer (16.–17. Jahrhundert), in: Thomas Olechowski/Dies./Christoph Schmetterer (Hrsg.), Gerichtsvielfalt in Wien. Forschungen zum modernen Gerichtsbegriff (Beiträge zur Rechtsgeschichte Österreichs, 2), Wien 2016, S. 239–255, hier S. 243.

8 Hillard von THIESSEN, Das Zeitalter der Ambiguität. Vom Umgang mit Werten und Normen in der Frühen Neuzeit, Köln/Weimar/Wien 2021, S. 166.

9 Vgl. ANGERMEIER, Politik, Religion und Reich (wie Anm. 4), S. 249–330; EHRENPREIS, Rolle (wie Anm. 4), S. 71–85; SCHNETTGER, Kaiser und Reich (wie Anm. 4), S. 104–113.

worden war, also von einer Diskrepanz zwischen Norm und Umsetzung ausgegangen werden kann. Infolgedessen wurde unter anderem die Intransparenz des reichshofrätlichen Verfahrens kritisiert, sodass Handlungsdruck bestand. Gegenstand der Kritik am Reichshofrat waren vor allem die Prozessführung, konfessionelle Parteilichkeit, seine Zusammensetzung sowie der Einfluss des Geheimen Rates auf ihn. Das Ende von Rudolfs Herrschaft markierte keine Entspannung, bot aber die Chance, sich der Herausforderungen neu anzunehmen, was in der Wahlkapitulation von Matthias festgeschrieben wurde.[10]

Hinsichtlich der Kritikgegenstände ist grundsätzlich festzuhalten, dass sich weder die vollständige Ablehnung der Hofprozesse noch der kaiserlichen Gerichtsbarkeit findet, wie auch Ehrenpreis festgestellt hat.[11] Für den vorliegenden Beitrag wurden exemplarische Forderungen ausgewählt, deren normseitige Ausgestaltungen sich in Bezug zur Frage nach der Verfassungskonzeption setzen lassen.[12] Einen Ausgangspunkt für erwünschte Änderungen am Reichshofrat stellte, wie bereits angedeutet, die Wahlkapitulation dar, in die die Visitation, die Konsultation der Kurfürsten in wichtigen Reichsangelegenheiten, die Ausarbeitung und Abstimmung einer neuen Ordnung mit den Kurfürsten sowie die Berücksichtigung der von den Ständen vorgelegten Nürnberger Vorschläge aufgenommen wurden.[13] Daneben nahm die Wahlkapitulation zwar allgemein Bezug auf die Besetzung des Rates, jedoch ließ sie die Frage nach dessen konfessioneller Zusammensetzung unbeantwortet. Zusätzlich zu den bereits aufgezählten Punkten führten die Nürnberger Vorschläge die Vertretung des Reichsvizekanzlers am Reichshofrat auf. Darüber hinaus sahen vornehmlich die protestantischen Stände Handlungsbedarf: Diese forderten beispielsweise eine Prozessordnung

---

10 Vgl. Ehrenpreis, Kaiserliche Gerichtsbarkeit (wie Anm. 5), S. 79 f., 94–98; Ders., Rolle (wie Anm. 4), S. 75–77, 83 f.

11 Siehe Ehrenpreis, Rolle (wie Anm. 4), S. 77–85; Winfried Schulze, Kaiserliches Amt, Reichsverfassung und protestantische Union, in: Heinz Durchhardt/Matthias Schnettger (Hrsg.), Reichsständische Libertät und Habsburgisches Kaisertum (Veröffentlichungen des Instituts für Europäische Geschichte Mainz, Abteilung für Universalgeschichte, Beiheft, 48), Mainz 1999, S. 195–209 (hier S. 200 f.); Wolfgang Sellert, Der Reichshofrat, in: Bernhard Diestelkamp (Hrsg.), Oberste Gerichtsbarkeit und zentrale Gewalt im Europa der frühen Neuzeit (QFHG, 29), Köln/Weimar/Wien 1996, S. 15–44 (hier S. 20); Ders., Ordnungen (wie Anm. 1), S. 175 f., Anm. 313.

12 Aus diesem Grund klammert die Untersuchung bestimmte Themenbereiche aus, die zwar durchaus im Zentrum der gegen den Reichshofrat gerichteten Kritik standen, wie beispielsweise die Beachtung der Privilegien oder Instanzen, aber nur bedingt Aussagekraft hinsichtlich der vorliegenden Fragestellung haben.

13 Art. XVIII, XXXIX, XL der Wahlkapitulation Matthias', Frankfurt am Main, 18. Juni 1612, abgedruckt bei Wolfgang Burgdorf (Bearb.), Die Wahlkapitulationen der römisch-deutschen Könige und Kaiser 1519–1792 (Quellen zur Geschichte des Heiligen Römischen Reiches, 1), Göttingen 2015, S. 107 f.; Sellert, Ordnungen (wie Anm. 1), S. 84 f., Anm. 98.

für den Reichshofrat, die Beschränkung seiner Zuständigkeit sowie ein Korrektiv in Form der Visitation. An erster Stelle stand dabei aber zumeist die Forderung nach einer konfessionell paritätischen Besetzung des Rates.

Wie bereits skizziert, bestanden diese Forderungen bereits geraume Zeit und erhielten, zumindest teilweise, durch ihre Verankerung in der Wahlkapitulation stärkeres Gewicht. Das neue Reichsoberhaupt stand demnach unter Druck, den Forderungen nachzukommen, um die Grundlage für Entspannung im Reich zu schaffen, wie auch die Kurmainzer Erinnerung zur Ausarbeitung einer neuen Ordnung zeigt. Dass der Reichserzkanzler es dabei aber nicht beließ, sondern selbst ein Konzept in Auftrag geben ließ und dessen Übermittlung an den Kaiserhof veranlasste, unterstreicht die Brisanz dieser Angelegenheit.[14] Der Reichshofrat setzte sich mit diesem Konzept, wenn auch nicht vollständig, auseinander und erarbeitete ein eigenes, das über den Kurfürsten von Mainz auch den übrigen Kurfürsten zur Verfügung gestellt wurde. 1617 – ein Jahr vor Kriegsausbruch – lag der am Kaiserhof ausgearbeitete Entwurf in seiner finalen Form vor, jedoch sollte er nie rechtskräftig werden.[15]

3. Die Reichshofratsordnung als Medium für Verfassungskonzeptionen?

Bereits am Beginn der Reichshofratsordnung von 1617 wurde der hohe Stellenwert des kaiserlichen Rates für die Reichsjustiz betont, der sich von *unterschiedliche*[n] *hof- und cammergerichtsmittel*[n][16] einerseits durch die explizite Nennung,

---

14 Das Konzept wurde von Dr. Schwindt ausgearbeitet. Ausgehend von Sellerts Einordnung, nach der das Konzept ein Dekret vom Oktober 1613 enthielt und ab März 1614 im RHR behandelt wurde, liegt die Vermutung nahe, es könnte zum Jahresende bzw. -wechsel 1613/14 verfasst worden sein. Bei Sellert findet sich zur Person Schwindts nur die Angabe, dass er nicht zum Rats- oder Kanzleipersonal gehörte. Für den fraglichen Zeitraum findet sich ein Adam Schwindt in den Diensten des Mainzer Kurfürsten, der in Mainz und Köln studierte, 1602 am RKG und in Erfurt als Kurmainzer Kommissar tätig war. Ob Beziehungen zum Reichshofrat bestanden und im Zuge der Ausarbeitungen ein Austausch mit diesem erfolgte, kann zu diesem Zeitpunkt nicht belegt werden. Allerdings war mindestens einer von Matthias' Räten, Dr. Thomas von Bentheim, 1602 auch am RKG aktiv, was einen Austausch zumindest möglich erscheinen lässt. Vgl. hierzu Martin Bauer, Art. 784 Schwindt, Adam, JULic., in: Martin Bauer, Erfurter Personalschriften 1540–1800. Beiträge zur Familien- und Landesgeschichte Mitteldeutschlands (Schriftenreihe der Stiftung Stoye, 30), Neustadt an der Aisch 1998, hier S. 420 f.; Oswald von Gschliesser, Der Reichshofrat. Bedeutung und Verfassung, Schicksal und Besetzung einer obersten Reichsbehörde von 1559–1806 (Veröffentlichungen der Kommission für Neuere Geschichte des Ehemaligen Österreich, 33), Wien 1942, hier S. 186; Sellert, Ordnungen (wie Anm. 1), S. 69–71.

15 Vgl. Sellert, Ordnungen (wie Anm. 1), S. 72–105.

16 Einleitung RHRO [Reichshofratsordnung] von 1617 Juli 3, abgedruckt bei Sellert, Ordnungen (wie Anm. 1), S. 158.

andererseits durch den Verdienst um Justiz und Erhalt der öffentlichen Ordnung absetzte. Die erste Bestimmung untermauerte den kaiserlichen Führungsanspruch am Reichshofrat zusätzlich. Ihr zufolge sollte ausschließlich der Kaiser *haubt und richter*[17] sein. Damit wurde zugleich seine Bedeutung als Ursprung der Jurisdiktion sowie die enge Bindung zwischen Kaiser und Rat betont. Dem Kurmainzer Konzept fehlte eine solche Präzisierung des kaiserlichen Führungsanspruchs am Reichshofrat. Zwar wurde der Kaiser eingangs *als ein grundtseule und ewigs licht der justitz und gerechtigkeit*[18] präsentiert, jedoch ohne Hervorhebung der engen Beziehung zwischen Rat und Kaiser.[19]

Auch die Beschreibung des Präsidentenamts im Konzept klammerte den kaiserlichen Führungsanspruch aus. Danach sei der *reichshoffrathspräsident* [...] *das haupt solches unsers raths.*[20] Die Bindung zwischen Rat und Kaiser greift das Konzept im Eid auf, in dem [...] *alles, das der erbarkeit und irer kayl. Mt. Ernewerter reichshofrathsordnung gemes ist, zue handlen und zue thuen als ain getrewer rath und richter seinem herrn und menigelich zu thun schuldig und pflichtig ist* [...],[21] als Handlungsleitlinien festgehalten wurden. Die enge Bindung zwischen Rat und Kaiser wird folglich im Kurmainzer Konzept nicht aufgehoben, erscheint aber schwächer als in der Reichshofratsordnung von 1617.[22]

Dies bedeutet jedoch nicht, dass das Kurmainzer Konzept dem Kaiser keine richterliche Kompetenz beimaß – das *votum ad imperatorem* ist ebenso wie in der Ordnung von 1617 enthalten. Die weitgehende Übereinstimmung der beiden Konzepte hinsichtlich der Rolle des Kaisers spricht dafür, dass dessen Hoheitsanspruch beiderseits anerkannt wurde.[23]

---

17 Einleitung RHRO von 1617, abgedruckt bei Sellert, Ordnungen (wie Anm. 1), S. 157. Vgl. Gschliesser, Reichshofrat (wie Anm. 14), S. 70 f.; Sellert, Der Reichshofrat (wie Anm. 11), S. 17 f., 26.

18 Einleitung Concept ernewerter kayserlichen reichshoffrathsordnung, abgedruckt bei Sellert, Ordnungen (wie Anm. 1), S. 105 f.

19 Stattdessen wurde hier vor allem auf die Bedeutung des Reichskammergerichts eingegangen.

20 Einleitung Concept, abgedruckt bei Sellert, Ordnungen (wie Anm. 1), S. 112. Ungeachtet dessen stand dem Kaiser in beiden Texten Handlungsgewalt bei Übertretungen der Reichshofratsordnung zu; er trat als Ordnungsgarant auf. Vgl. Tit. XX, §§ 1–3 Concept, abgedruckt bei Sellert, Ordnungen (wie Anm. 1), S. 153 f.; Tit. VI, § 1 RHRO von 1617, abgedruckt bei Ders., Ordnungen (wie Anm. 1), S. 227 f.; Ders., Der Reichshofrat (wie Anm. 11), S. 32.

21 Tit. XIX, Der reichshofräth ayd Concept, abgedruckt bei Sellert, Ordnungen (wie Anm. 1), S. 150 f. Vgl. hierzu auch Tit. IV, § 1 Concept, abgedruckt bei Ebd., S. 116 f.

22 Beide Konzepte betonen daneben die Einheit sowie die Verpflichtung des Rates auf Kaiser und Reich. Vgl. Tit. XIII, § 2 Concept, abgedruckt bei Sellert, Ordnungen (wie Anm. 1), S. 132 f.; Tit. I, § 11 RHRO von 1617, abgedruckt bei Sellert, Ordnungen (wie Anm. 1), S. 166.

23 Hierauf wird im Folgenden noch genauer eingegangen werden. Siehe hierzu Tit. XII, § 3, Tit. XIV, §§ 16-17 Concept, abgedruckt bei Sellert, Ordnungen (wie Anm. 1), S. 131, 139 f.; Tit. III, §§ 34, 35 RHRO von 1617, abgedruckt bei Ders., Ordnungen (wie Anm. 1), S. 198 f. Zur Funktion und

Beide Konzepte enthalten außerdem fast wortgleich den kaiserlichen Vorbehalt, die Ordnung [...] *jederzeit unserm gnedigsten ansehen willen und wolgefallen nach zu mindern und zu verändern.*[24] Bei dieser Befugnis handelt es sich zwar nicht um eine richterliche Kompetenz im engeren Sinne, sie kann allerdings als formale Stärkung der kaiserlichen Jurisdiktionsgewalt gedeutet werden. Zumindest auf dem Papier wurden somit die eigene *kayl. machtvollkommenhait*[25] sowie eine Möglichkeit der direkten Einflussnahme auf die Reichsgesetzgebung gewahrt.[26]

Obgleich das Kurmainzer Konzept eine distanziertere Beziehung zwischen dem Justizkollegium und Kaiser als die Reichshofratsordnung von 1617 vorsah, bestätigten beide den kaiserlichen Hoheitsanspruch über die Jurisdiktionsgewalt.[27] Diese kommt in der richterlichen Spruchkompetenz sowie in der Deutungshoheit über die für den Reichshofrat geltenden Rahmenbedingungen zum Ausdruck.

Entsprechend seiner Position *als das nachgesetzte haubt*[28] des Kaisers am Reichshofrat wurde der Präsident mit weitreichenden Befugnissen ausgestattet. Ausschließlich dem Präsidenten oblag in beiden Konzepten die Geschäftsverteilung und die Ernennung der Referenten. Insbesondere die letztgenannte Kompetenz ist in ihrer Bedeutung nicht zu unterschätzen, da der Referent meist als einziger mit der Akte vertraut war und somit eine Schlüsselfunktion in dem ihm vorliegenden Fall einnahm. Nach dem Kurmainzer Konzept sollte sich der Präsi-

---

Bedeutung der *vota ad imperatorem* siehe auch Tobias Schenk, Die Vota ad Imperatorem des kaiserlichen RHR. Zur Verfahrensautonomie an einem herrschernahen Höchstgericht der Frühen Neuzeit, in: Anja Amend-Traut/Ignacio Czeguhn/Peter Oestmann (Hrsg.), Urteiler, Richter, Spruchkörper. Entscheidungsfindung und Entscheidungsmechanismen in der Europäischen Rechtskultur (QFHG, 75), Köln/Weimar/Wien 2021, S. 239–348.

24 Tit. XX, § 9 Concept, abgedruckt bei Sellert, Ordnungen (wie Anm. 1), S. 155. In der Ordnung von 1617 heißt es statt *ansehen nachdenkhen*, zwischen *mindern* und *verändern* steht *zu mehren*. Tit. VI, § 6, abgedruckt bei Ders., Ordnungen (wie Anm. 1), S. 229. Siehe hierzu auch Tit. XX, § 4 Concept, abgedruckt bei Ders., Ordnungen (wie Anm. 1), S. 154 f.

25 Tit. XX, § 1 Concept, abgedruckt bei Sellert, Ordnungen (wie Anm. 1), S. 153.

26 Vgl. hierzu Wolfgang Sellert, Der Mainzer Reichserzkanzler und die Reichshofratsordnungen, in: www.regionalgeschichte.net, http://nbn-resolving.de/urn:nbn:de:0291-rzd-007702-20202312-3 (abgerufen am 20. Januar 2024). In der konkreten Anwendung dürfte dies, wie Sellert betont, anders ausgesehen haben.

27 Die Besetzung des Rates wurde in beiden Konzepten als kaiserliche Verantwortlichkeit dargestellt. Die Kurmainzer Unterstützung bei der Personalbesetzung war dabei nicht unüblich, zumal sich der Kaiser selbst Hilfe bei der Personalsuche erbat. Siehe Einleitung Concept, abgedruckt bei Sellert, Ordnungen (wie Anm. 1), S. 110; Einleitung RHRO von 1617, abgedruckt bei Ders., Ordnungen (wie Anm. 1), S. 158; Ders., Reichserzkanzler (wie Anm. 26).

28 Tit. I, § 3 RHRO von 1617, abgedruckt bei Sellert, Ordnungen (wie Anm. 1), S. 160. Zur sakralen Konnotation dieser Begrifflichkeit siehe Schenk, Isomorphie (wie Anm. 3), S. 97.

dent hierüber mit dem Vizekanzler beraten und in wichtigen Fällen dessen Gutachten einholen.[29] Durch die Beiordnung des Vizekanzlers als Stellvertreter des Mainzer Erzkanzlers erscheint es, als sei unter Wahrung der alleinigen Zuständigkeit des Präsidenten eine geteilte Verantwortung in der Geschäftsverteilung geschaffen worden.[30] Insbesondere hinsichtlich der Referentenzuteilung hätte dies einen gewichtigen Eingriff in die Steuerung des Geschäftsgangs und die Verfahren am Reichshofrat bedeutet.[31] Eine ähnliche Konstellation sah das Konzept sowohl für den Kommissionseinsatz der Räte[32] als auch für die Sicherstellung einer angemessenen Ratsbesetzung zugunsten seiner Geschäftsfähigkeit vor.[33] Diese drei Beispiele hätten eine gemeinsame Verantwortung von Reichshofratspräsident und Vizekanzler in der Steuerung des Rates bedeutet – bezeichnenderweise fanden sie in der Reichshofratsordnung von 1617 keine Entsprechung.[34]

---

29 Tit. II, § 3, Tit. XI, § 1 Concept, abgedruckt bei Sellert, Ordnungen (wie Anm. 1), S. 113, 128 f.; Tit. III, § 1 RHRO von 1617, abgedruckt bei Ders., Ordnungen (wie Anm. 1), S. 177 f. Zur Rolle des Referenten siehe Tobias Schenk, Vom dominus referens zum Berichterstatter. Überlegungen zur Karriere eines umstrittenen juristischen Experten als Beitrag zu einer akteurszentrierten Fremdbeschreibung kollegialen Entscheidens, in: Anette Baumann (Hrsg.), Juristen als Experten? Wissensbestände und Diskurse von Juristen im 16. und 17. Jahrhundert (bibliothek altes Reich, 40), Berlin/Boston 2023, S. 15–101.Neben diesen Akteuren erhielt ein weiteres Gremium, der Geheime Rat des Kaisers, Zugriff auf den Rat. Er wurde in beiden Konzepten an unterschiedlichen Stellen eingebunden, was auf die Anerkennung seiner Funktion als Steuerungsorgan hindeutet. Seine Einbindung war auch Gegenstand protestantischer Kritik. Aus Gründen des Umfangs kann jedoch eine eingehendere Betrachtung der Einbindung und des Einflusses dieses Gremiums nicht erfolgen. Vgl. hierzu Tit. IX, § 2 Concept, abgedruckt bei Sellert, Ordnungen (wie Anm. 1), S. 122; Tit. I, § 6, Tit. IV, §§ 3, 5 RHRO von 1617, abgedruckt bei Ders., Ordnungen (wie Anm. 1), S. 162, 210, 211 f.; Ehrenpreis, Rolle (wie Anm. 4), S. 83; Schenk, Isomorphie (wie Anm. 3), S. 93, 96, 98.

30 Der Begriff der geteilten Verantwortung zielt nicht auf die Beschreibung einer harmonischen Arbeitsteilung zwischen Präsidenten und Vizekanzler. Vielmehr geht es darum, auf den Umstand des geteilten Macht- bzw. Einflussbereichs hinzuweisen. Siehe hierzu Schenk, Isomorphie (wie Anm. 3), S. 96 f.; Sellert, Reichserzkanzler (wie Anm. 26).

31 Siehe hierzu Schenk, Vom dominus referens (wie Anm. 29), S. 31–50.

32 In diesem Kontext hatte auch der Oberste Hofmeister Verfügungsgewalt über die Räte. Vgl. Tit. IV, § 3 Concept, abgedruckt bei Sellert, Ordnungen (wie Anm. 1), S. 117.

33 Vgl. Tit. IV, § 4 Concept, abgedruckt bei ebd.

34 Die Ordnung von 1617 ging lediglich auf die Vertretung des (Vize-) Präsidenten ein, bei der der Vizekanzler nicht erwähnt wurde. Hinsichtlich der Kommissionseinsätze fand sich nur die Regelung, nach der die Räte hierzu eingesetzt werden konnten. Die Geschäftsverteilung durch den Präsidenten wurde uneingeschränkt bestätigt. Vgl. Tit. I, § 4, Tit. II, §§ 5, 6, Tit. III, § 1 RHRO von 1617, abgedruckt bei Sellert, Ordnungen (wie Anm. 1), S. 161, 174 f., 177 f. Dass ein Vizekanzler beispielsweise durch Ämterkumulation dennoch am RHR, wenn auch im Zuge einer anderen Amtsausübung, stärker eingebunden sein konnte, steht auf einem anderen Blatt. Dennoch verzeichnet Sellert, Reichserzkanzler (wie Anm. 26), einen Rückgang der Teilnahme des Vizekanzlers an Sitzungen seit der Einrichtung des Vizepräsidenten. Vgl. Gschliesser, Reichshofrat (wie Anm. 14), S. XVIII, 67 f.; Sellert, Ordnungen (wie Anm. 1), S. 96–98.

Durch eine solche Form der Steuerung wäre das Reich in Form eines Stellvertreters an den Geschäftsgang des Rates herangerückt, was somit eine stärkere Einflussnahme auf dessen Ablaufentscheidungen ermöglicht hätte.[35]

Als Stellvertreter der kaiserlichen Jurisdiktionsgewalt kam dem Präsidenten in Fällen, in denen eine direkte Beschlussfassung im Rat nicht möglich war, eine Schlüsselfunktion zu: Die Reichshofratsordnung von 1617 enthielt eine zusätzliche Bestimmung, nach der der Präsident bei Stimmengleichheit abschließend entscheiden konnte (*votum decisivum*[36]), woran die volle richterliche Kompetenz des *nachgesetzte*[n] *haubt*[s][37] deutlich wurde – sie fehlte im Kurmainzer Konzept. Ein weiteres Beispiel war die Übermittlung strittiger Fälle an den Kaiser.[38] Die Bestimmungen zu den *vota ad imperatorem* und deren Ablauf waren weitestgehend übereinstimmend, unterschieden sich jedoch in einem Detail: Das Kurmainzer Konzept forderte die Anwesenheit des Präsidenten und Vizekanzlers für die Termine ein, an denen sich der Kaiser mit solchen Angelegenheiten befasste; lediglich die der Räte, auch der Referenten, wurde als optional ausgewiesen.[39] Im Gegensatz dazu wies die Ordnung von 1617 auch die Anwesenheit des Präsidenten als optional aus – der Vizekanzler wurde an dieser Stelle nicht einmal erwähnt. Dies unterstreicht die Entscheidungshoheit des Kaisers; ihm allein stand es zu, ohne die Anwesenheit anderer seine Entscheidung zu treffen.[40]

Das Kurmainzer Konzept integrierte das Amt des Vizekanzlers also im Sinne einer geteilten Verantwortung. Der Vizekanzler als Teil der festen Besetzung des Kollegiums trug dazu ebenso bei wie zur Repräsentation des Reichs am Reichshofrat.[41] Die Integration in die Abläufe am Reichshofrat erfolgte über die Festlegung, dem *reichshofrath stätig und embsig bey*[zu]*wohnen, die sachen, so*

Eine Aufgabe, die in beiden Konzepten Präsident und Vizekanzler gemeinsam ausübten, stellte die Annahme der Parteienvertreter dar – die Sanktionsgewalt bei Zuwiderhandlungen gegen die Ordnung oblag jedoch in dem Konzept von 1617 dem Geheimen Rat. Vgl. Tit. XVII, §§ 7, 9 Concept, abgedruckt bei Sellert, Ordnungen (wie Anm. 1), S. 149 f.; Tit. V, §§ 6, 13 RHRO von 1617, abgedruckt bei Ders., Ordnungen (wie Anm. 1), S. 222 f., 226 f.; Gschliesser, Reichshofrat (wie Anm. 14), S. 87 f.

35 Ablaufentscheidungen sind hier beispielsweise Entscheidungen zur Referentenzuteilung und von einer gerichtlichen Fallentscheidung, einem reichshofrätlichen *conclusum*, zu unterscheiden.

36 Siehe hierzu auch den Beitrag von Tobias Schenk im vorliegenden Band.

37 Tit. I, § 3 RHRO von 1617, abgedruckt bei Sellert, Ordnungen (wie Anm. 1), S. 160. Vgl. auch Tit. III, § 34 (letzter Halbsatz) RHRO von 1617, abgedruckt bei Ebd., S. 198.

38 Vgl. Sellert, Der Reichshofrat (wie Anm. 11), S. 29.

39 Vgl. Tit. XIV, § 16 Concept, abgedruckt bei Sellert, Ordnungen (wie Anm. 1), S. 139 f.

40 Vgl. Tit. III, § 35 RHRO von 1617, abgedruckt bei Sellert, Ordnungen (wie Anm. 1), S. 198 f.; Gschliesser, Reichshofrat (wie Anm. 14), S. 42.

41 Vgl. Tit. I, § 1 Concept, abgedruckt bei Sellert, Ordnungen (wie Anm. 1), S. 111. Dies sah die Ordnung von 1617 nicht vor.

daselbst fürkommen, helffen dirigirn.[42] Das hiermit entworfene Modell enger Zusammenarbeit war keineswegs einseitig angelegt: Bedingt durch seine vielfältigen Aufgaben außerhalb des Rates konnte es dem Vizekanzler nicht möglich sein, durchgehend an den Sitzungen teilzunehmen, sodass *auß unsern gelerten reichshofräthen* [einer] [...] [den Vizekanzler] *in allen obgemelten vertrette und nach wichtigkeit der fürfallenden sachen mit unserem reichsvizekanzler vertrewlich communicieren soll*[te].[43] Zudem war der Vizekanzler auch fester Bestandteil der Sitzungen, in denen dem Kaiser strittige Angelegenheiten vorgetragen wurden.[44] Ein vergleichbares Modell der Zusammenarbeit fand sich in der Reichshofratsordnung von 1617 nicht; es scheint, als sei diese nicht vereinbar mit der Verfassungskonzeption des Kaiserhofs gewesen, weshalb er sich davon abgrenzte. Dennoch wies die Ordnung dem Vizekanzler als dem Stellvertreter des Reichserzkanzlers einen nicht unbedeutenden Platz im Geschäftsgang des Reichshofrats zu.[45]

Die Visitation des Rates dagegen oblag dem Reichserzkanzler allein. Während der entsprechende Paragraf im Kurmainzer Konzept Aufschluss über Häufigkeit und den weiteren Umgang mit den Erkenntnissen der Visitation gab, schwieg sich die Ordnung von 1617 diesbezüglich aus. Stattdessen wurde die Befugnis des Erzkanzlers, *mit unser* [des Kaisers] *vorwissen denselben* [den Reichshofrat] *sonst nach erheischung der notturfft zu visitieren,*[46] in einem Nebensatz zu den Verhaltenspflichten der Räte gegenüber dem Erzkanzler erwähnt. Diese geradezu beiläufige Erwähnung der Visitation, die nicht einmal einen eigenen Paragrafen erhielt, veranschaulicht den Stellenwert, der dieser beigemessen wurde – sie

---

42 Tit. III, § 2 Concept, abgedruckt bei Sellert, Ordnungen (wie Anm. 1), S. 111.

43 Tit. III, § 3 Concept, abgedruckt bei Sellert, Ordnungen (wie Anm. 1), S. 111. Hier scheint es, als orientierte sich das Kurmainzer Konzept an den Nürnberger Forderungen. Siehe Ders., Ordnungen (wie Anm. 1), S. 84 f., Anm. 98.

44 Vgl. Tit. XIV, § 16 Concept, abgedruckt bei Sellert, Ordnungen (wie Anm. 1), S. 139 f.; Gschliesser, Reichshofrat (wie Anm. 14), S. 41.

45 „Diese zeitgenössisch als Präsentationsrecht bezeichnete Befugnis verschaffte dem faktischen Leiter der Reichshofkanzlei, der zugleich über die Mitgliedschaft im Reichshofrat verfügte, nichts Geringeres als die Kompetenz-Kompetenz." Schenk, Isomorphie (wie Anm. 3), S. 96. Vgl. Tit. X, § 1 Concept, abgedruckt bei Sellert, Ordnungen (wie Anm. 1), S. 125; Tit. III, § 10, Tit. IV, § 8 RHRO von 1617, abgedruckt bei Ders., Ordnungen (wie Anm. 1), S. 184 f., 213 f. Auf den Umstand, dass Normen nicht zwangsweise eine vollständige Erfüllung in der Umsetzung finden, hat Schenk, Isomorphie (wie Anm. 3), S. 89 f., bereits hingewiesen. Die Beziehung zwischen Reichserz- und Vizekanzler, die man aufgrund des Machtgefälles zwischen diesen beiden als eng beschreiben würde, bietet ein weiteres Beispiel hierfür: Sellert, Reichserzkanzler (wie Anm. 26), verweist auf die von Kurmainz gelöste Haltung verschiedener Vizekanzler – die Stellvertreterfunktion dürfte in diesen Fällen eher nomineller Natur gewesen sein.

46 Tit. V, § 2 RHRO von 1617, abgedruckt bei Sellert, Ordnungen (wie Anm. 1), S. 219 f.

wurde aufgeführt, jedoch fehlte es an jeglichen Ablaufdetails. Die Einschränkung einer verpflichtenden Abstimmung mit dem Kaiser betonte den kaiserlichen Hoheitsanspruch und schirmte den Reichshofrat vor äußeren Eingriffen ab, da die Aufsicht über diesen (aus kaiserlicher Perspektive) allein dem Reichsoberhaupt zustand – die Rahmenbedingungen wurden auf die kaiserlichen Ansprüche zugeschnitten.[47] Gleichzeitig veranschaulicht dieses Beispiel die bisher aufgewiesenen Tendenzen beider Texte: Geteilte Verantwortung mittels eines Modells enger Zusammenarbeit zwischen Reich und Kaiserhof durch den Reichserzkanzler bzw. Vizekanzler im Kurmainzer Konzept, ein starkes Kaisertum und dessen ausschließliche Verantwortung für den Gesamtprozess dagegen in der Reichshofratsordnung von 1617.

Dabei verwies auch die Ordnung von 1617 auf die Bedeutung der Zusammenarbeit mit Kurmainz sowie den Kurfürsten, indem diese in bestimmten Fällen durch den Kaiser einbezogen wurden: So habe sich der Kaiser bezüglich geeigneten Personals an Kurmainz gewandt und gemeinsam mit den Kurfürsten eine neue Reichshofratsordnung erarbeitet.[48] Dieser Punkt wurde zwar in beiden Konzepten betont, das Kurmainzer Konzept ging insofern einen Schritt weiter, indem es, gemäß des traditionellen Selbstbildes der Kurfürsten, diese *alß unser aller geheimist und wirdi*[g]*sten auch anderer unsrer räth*[49] bezeichnete. Darüber hinaus sah die Ordnung von 1617 allerdings keine Zusammenarbeit mit den Kurfürsten vor, wodurch die Unabhängigkeit des Kaisers und des Rates hervorgehoben wurde. Demgegenüber verlangte das Kurmainzer Konzept eine Einbeziehung vor allem der Kurfürsten *in wichtigen sachen, so das reich betreffen.*[50] Die Bestimmung schrieb dem Kaiser außerdem vor, *mit chur- und fürsten nach gelegenhait zu communicieren.*[51] Die Entscheidung über eine Konsultation blieb zwar dem Kaiser

---

47 Vgl. Gschliesser, Reichshofrat (wie Anm. 14), S. 54; Sellert, Ordnungen (wie Anm. 1), S. 88–90; Ders., Prozeßgrundsätze und Stilus Curiae am Reichshofrat (Untersuchungen zur deutschen Staats- und Rechtsgeschichte, 18), Aalen 1973, hier S. 83 f.; Ders., Der Reichshofrat (wie Anm. 11), S. 26–29.

48 Vgl. Einleitung Concept, abgedruckt bei Sellert, Ordnungen (wie Anm. 1), S. 109 f.; Einleitung RHRO von 1617, abgedruckt bei Ders., Ordnungen (wie Anm. 1), S. 157 f. Siehe hierzu auch Ders., Reichserzkanzler (wie Anm. 26).

49 Einleitung Concept, abgedruckt bei Sellert, Ordnungen (wie Anm. 1), S. 110. Vgl. auch Axel Gotthard, Säulen des Reiches. Die Kurfürsten im frühneuzeitlichen Reichsverband. Teilband 2: Wahlen. Der Kampf um die kurfürstliche „Präeminenz", Husum 1999, hier S. 660–710.

50 Tit. XIV, § 18 Concept, abgedruckt bei Sellert, Ordnungen (wie Anm. 1), S. 140. Die Regelung sah vor, ein Gutachten der Kurfürsten einzufordern und bei Bedarf weitere Abstimmung mit den Kur- und Fürsten vorzunehmen.

51 Tit. XIV, § 18 Concept, abgedruckt bei Sellert, Ordnungen (wie Anm. 1), S. 140. Siehe auch Art. XXXVIII der Wahlkapitulation, abgedruckt bei Burgdorf, Wahlkapitulationen (wie Anm. 13), S. 107 f.; Sellert, Der Reichshofrat (wie Anm. 11), S. 26–28; Wilz, Wahl (wie Anm. 6), S. 84.

vorbehalten, die Norm setzte die Kooperation allerdings als Handlungsoption fest. Auch hier zeigte sich die Ausrichtung des Kurmainzer Konzepts auf eine geteilte Verantwortung bei gleichzeitiger Wahrung der kaiserlichen Entscheidungshoheit.

Nicht nur über die Beziehung einzelner Akteure zum Reichshofrat wurde einer bestimmten Verfassungskonzeption Ausdruck verliehen – auch in den Zuständigkeiten eines Gerichts manifestierte sich sein Einflussbereich.[52] Während die kaiserlichen Reservatrechte in beiden Konzepten in gleichem Umfang und an erster Stelle aufgeführt wurden,[53] wichen sie doch in einem nicht unbedeutenden Detail voneinander ab: Waren es im Kurmainzer Konzept *alle und iede sachen, unser kaiserthumb, des heilig reich, deßelben hoheit, recht* [etc. betreffend],[54] wurde in der Reichshofratsordnung von 1617 festgelegt, dass [i]*n unserm reichshofrath und desselben jurisdiction sollen alle und jede sachen, das heyllige römische reich, desselben hoheit* [...] *angenohmen, gerechtfertigt, darüber erkhandt und die nothdurfft expedirt werden.*[55] Das Kaisertum wurde 1617 ausgeklammert – durch die Nichterwähnung wurde es vom restlichen Zuständigkeitsbereich distanziert. Es liegt die Vermutung nahe, dass hiermit der alleinige Hoheitsanspruch des Amtsinhabers über das Kaisertum selbst herausgestellt wurde.[56]

Im Umfang der sachlichen Zuständigkeit divergierten die beiden Konzepte stärker: Die entsprechende Beschreibung von 1617 schließt keine sachlichen Rechtsgegenstände aus und ist durch Rechtsweg und -mittel gerahmt, nach der

> *alle und jede partheysachen, die rechtsgewohnheit, connexität und consequenz halber für unser kayserl. gericht gehören oder von den ersten instantien durch mittel der appellationen, supplicationen, dictionis nullitatis, invocationis officii oder in all andere weeg sich dahin wenden, fundirt und gehörig sein, die sollen* [...] *angenohmen, gerechtfertigt, darüber erkhandt und die nothdurfft expedirt werden.*[57]

---

52 Siehe hierzu Wolfgang Sellert, Über die Zuständigkeitsabgrenzung von Reichshofrat und Reichskammergericht: insbesondere in Strafsachen und Angelegenheiten der freiwilligen Gerichtsbarkeit (Untersuchungen zur deutschen Staats- und Rechtsgeschichte; 4), Aalen 1965.

53 Vgl. Tit. IX, § 1 Concept, abgedruckt bei Sellert, Ordnungen (wie Anm. 1), S. 121; Tit. II, § 1 RHRO von 1617, abgedruckt bei Ders., Ordnungen (wie Anm. 1), S. 171.

54 Tit. IX, § 1 Concept, abgedruckt bei Sellert, Ordnungen (wie Anm. 1), S. 121.

55 Tit. II, § 1 RHRO von 1617, abgedruckt bei Sellert, Ordnungen (wie Anm. 1), S. 171.

56 Es sollte dabei kein Zweifel bestehen, dass sich der Reichshofrat auch mit Angelegenheiten des Kaisers beschäftigte. Vgl. zudem Schenks Ausführungen, Isomorphie (wie Anm. 3), S. 97, zur sakralen Semantik des RHR, der den Kaiser im Wortsinn verkörpern sollte.

57 Tit. II, § 1 RHRO von 1617, abgedruckt bei Sellert, Ordnungen (wie Anm. 1), S. 171. Vgl. Sellert, Prozeßgrundsätze (wie Anm. 47), S. 79 f., 82; Ders., Der Reichshofrat (wie Anm. 11), S. 19.

Demgegenüber grenzte das Kurmainzer Konzept die kaiserliche Jurisdiktion am Reichshofrat stärker ein, indem *insonderheit alle und iede iustici- und partheyenhändel, außerhalb deren, so finanzsachen und cammergut belangen, ordentlicher, rechtlicher weit* [sic!] *zu erledigen remittiren und weisen und außer derselben rahts in iusticisachen ins reich gehörent, ainige proceß oder anders weder* [zu] *erkennen noch ab*[zu]*schlagen*[58] seien. Neben den Reservatrechten sollte der Rat nur Klagen in den Justizsachen des Reiches annehmen, die in seine Zuständigkeit fielen. Die *finanzsachen und* [das] *cammergut* waren von seiner Zuständigkeit ausgeschlossen und den Ständen vorbehalten.[59] Die Bestimmung, Fälle *ordentlicher, rechtlicher weit* [sic!] *zu erledigen*, kann als Verweis auf die Zuständigkeit gemäß Reichsgesetzen und Herkommen gedeutet werden. Darüber hinaus wurde festgehalten, dass die Streitsachen an eine andere Instanz zu übergeben und zu weisen waren, was eine Verpflichtung des Reichshofrates darstellte, nicht an ihn gehörige Fälle entsprechend nicht zu bearbeiten. Diese Verpflichtung kam einer Aufgabe des allumfassenden Hoheitsanspruchs in Bezug auf die Zuständigkeiten und dem damit verbundenen Einflussbereich gleich.[60]

Die Begrenzung der reichshofrätlichen Zuständigkeiten bedeutete gleichzeitig eine Anerkennung der Zuständigkeiten anderer Gerichte, wie beispielsweise des Reichskammergerichts, womit der Reichshofrat stärker in die Reichsgerichtsbarkeit eingebunden wurde: Indem er in seinen Zuständigkeiten stärker begrenzt wurde, wurde er ähnlichen Rahmenbedingungen wie andere Instanzen unterworfen und hob sich weniger von ihnen ab. Hingegen zeichnete sich in der Fassung von 1617 unter Wahrung der *rechtsgewohnheit* das Bild einer übergeordneten Justizinstanz ab, deren weitreichender Verantwortungsbereich dem kaiserlichen Hoheitsanspruch über die Jurisdiktion Rechnung trug.

Auch das Verhältnis der beiden Reichsgerichte ist in diesem Kontext in den Blick zu nehmen, da sich hieraus ebenso Rückschlüsse auf den zugeschriebenen

---

58 Tit. IX, § 1 Concept, abgedruckt bei Sellert, Ordnungen (wie Anm. 1), S. 121.

59 Der letzte Halbsatz wirkt auf den ersten Blick widersprüchlich. Es liegt jedoch nahe, dass bereits mit der Abweisung einer Klage Zuständigkeit ausgedrückt worden wäre. Dies erscheint plausibel, wenn man sich die zeitgenössischen Vorwürfe, der Reichshofrat hätte seine Zuständigkeit oftmals überschritten, vergegenwärtigt. Die vorgebrachte Auslegung, der Paragraf thematisierte eine Nichtzuständigkeit des RHR, wird zudem durch die Anmerkungen des reichshofrätlichen Gutachtens zu dieser Bestimmung des Konzepts gestützt: Dieses wies den Teil als zu streichen aus. Zudem urteilten die Gutachter zu Tit. IX, § 2 des Kurmainzer Konzepts, in dem neben dem Kammergut auch die Staats- und Regimentssachen in dieser reichshofrätlichen Zuständigkeit einbezogen wurden, ähnlich. Vgl. Tit. IX, § 2 Concept, abgedruckt bei Sellert, Ordnungen (wie Anm. 1), S. 122; Ders., Ordnungen (wie Anm. 1), S. 121, Anm. d, S. 122, Anm. f, h.

60 Auch hier bezieht der Rat eindeutig Stellung, indem sowohl der Weitergabe widersprochen als auch der letzte Teil des Paragrafen ab *außerhalb deren* gestrichen wird. Vgl. Sellert, Ordnungen (wie Anm. 1), S. 121, Anm. b, c.

Einflussbereich ziehen lassen. Als ein Beispiel sind die Bestimmungen zum Anwendungsgrad der Reichskammergerichtsordnung anzuführen. Die Einbindung der Reichskammergerichtsordnung am Reichshofrat war in beiden Konzepten grundsätzlich vorgesehen und auch hinsichtlich der Nichtbeachtung *andere*[r] *accidentalische*[r] *gerichtssolemnia*[61] bestand Einigkeit. Die Anerkennung der Reichskammergerichtsordnung kann einerseits als eine formale Festschreibung eines Prozessstandards gewertet werden.[62] Andererseits kann sie insofern als Zugeständnis an eine Eigenständigkeit der Arbeits- und Verfahrensweise des Rates gedeutet werden, als dass die Möglichkeit, in bestimmten Fällen von der Reichskammergerichtsordnung abzuweichen, auch im Kurmainzer Konzept zugestanden wurde und sich nahezu wörtlich in der Fassung von 1617 wiederfand. Dies bedeutete jedoch keine vollständige Emanzipation von der Reichskammergerichtsordnung, denn die vorangehende Bestimmung im Kurmainzer Konzept konstatierte, dass die Reichskammergerichtsordnung, *den gemainen rechten*[63] gleichrangig, maßgeblich für das Verfahren am Reichshofrat sein sollte. Diese Bestimmung wurde nochmals dadurch untermauert, dass *praesident*[*en*] *und räthe*[*n*] *bey ihren ayden* [an die Reichskammergerichtsordnung] *eingebunden*[64] sein sollten – die von Kaiser und Ständen gemeinsam auf dem Reichstag beschlossene Reichskammergerichtsordnung sollte dem Rat als Handlungsmaxime übergeordnet und außerdem durch einen Eid bekräftigt werden.[65] Konträr dazu stellte die Reichshofratsordnung von 1617 den Anwendungsgrad in den Ermessensspielraum des Rates selbst, wodurch die kaiserliche Souveränität über die Verfahrensweise am Reichshofrat gewahrt wurde: Die Reichskammergerichtsordnung, auf deren Anwendung die *reichshofräth ain sonders aufmerkhen haben*[66] sollten, war *soviel möglich und die praeeminents dieses unsers höchsten gerichts unseres reichshofraths von rechts wegen erleiden mag*[67] zu beachten. Hervorgehoben wurde in beiden Konzepten, dass ein Nichtbefolgen der Reichskam-

61 Tit. XIII, § 6 Concept, abgedruckt bei Sellert, Ordnungen (wie Anm. 1), S. 136. Siehe auch Tit. II, § 8 RHRO von 1617, abgedruckt bei Ders., Ordnungen (wie Anm. 1), S. 176.

62 Vgl. Ehrenpreis, Kaiserliche Gerichtsbarkeit (wie Anm. 5), S. 33.

63 Concept Tit. XIII, § 6, abgedruckt bei Sellert, Ordnungen (wie Anm. 1), S. 135.

64 Ebd.

65 Der Eid, den das Kurmainzer Konzept enthält, erwähnt die Reichskammergerichtsordnung nicht explizit – stattdessen wird auf die Vorgaben der neuen Reichshofratsordnung verwiesen. Siehe Tit. XIX, Der reichshofräth ayd Concept, abgedruckt bei Sellert, Ordnungen (wie Anm. 1), S. 150 f.; Ders., Prozeßgrundsätze (wie Anm. 47), S. 79 f.

66 Tit. II, § 7 RHRO von 1617, abgedruckt bei Sellert, Ordnungen (wie Anm. 1), S. 176.

67 Ebd. Siehe auch Peter Heinrich Stralendorfs Gutachten wegen Verbesserung des RHR [Reichshofrat], a. 1624, abgedruckt bei Sellert, Prozeßgrundsätze (wie Anm. 47), S. 413–417, insbes. S. 415; Ders., Der Reichshofrat (wie Anm. 11), S. 21.

mergerichtsordnung, *da ein unwiederbringlich praeiudiz zu befahren,*[68] nur aus gewichtigen Gründen möglich sei. Dabei sah das Kurmainzer Konzept allerdings weitere Einschränkungen vor, um die Ausrichtung des Rates an der Reichskammergerichtsordnung zu stärken: Es konkretisierte den Kontext, in dem eine solche Ausnahme möglich gewesen wäre – *besonders in wichtigen sachen und vornemblich, da auff die acht oder sonst solche puncten geclaget*[69] – und die Art der Begründung *als hochbewegende und in rechten wolgegründte ursach.*[70] Dergleichen sah das spätere Konzept nicht vor; es hielt nur *wohlbegründte ursachen*[71] fest.

Ausgangspunkt in der Frage nach der Zuständigkeitsabgrenzung war im Kurmainzer Konzept die Reichskammergerichtsordnung.[72] Anders dagegen in der Reichshofratsordnung von 1617: Die Deutungshoheit lag nicht nur beim Kaiser selbst, er als Quelle der Justiz hatte *unserm cammergericht concurrentem jurisdictionem zu mehrer befürderung der partheyen und unserer übertragung limitato modo mitgetheilt.*[73] Konsequenterweise gestand der Kaiser in solchen Angelegenheiten, in denen die übertragenen Spruchkompetenzen an das Reichskammergericht mit denen des Reichshofrates konkurrierten, dem Kammergericht die Ausübung der Justiz zu.[74] Dies lässt sich einerseits als Anerkennung der Zuständigkeit des Reichskammergerichts deuten, gleichzeitig betonte es den kaiserlichen Hoheitsanspruch über die Gerichtsbarkeit, da die Delegation von Rechtsprechungsaufgaben keinen Verzicht auf die kaiserliche Justizhoheit bedeutete. Insofern setzte sich das Bild eines kaiserlichen Jurisdiktionsanspruchs fort, der von äußeren Einflussnahmen stark abgegrenzt wurde.

Auf der anderen Seite ordnete das Kurmainzer Konzept den Rat in eine Verfassungskonzeption der geteilten Verantwortung ein, innerhalb derer der Handlungsspielraum des Rates anhand anderer reichsrechtlicher Bezugsgrößen, allen voran der Reichskammergerichtsordnung, definiert wurde. Externe Beteiligungen wurden als Korrektiv eingesetzt und öffneten dabei bis zu einem gewissen Grad den Reichshofrat der Mitwirkung der Reichsstände. Dabei behielt der Kaiser zwar die Justizhoheit als Reichsoberhaupt, hinsichtlich der Verfahrensweise am Reichshofrat oblag ihm jedoch nicht mehr die alleinige Verantwortung.[75]

---

68 Tit. II, § 7 RHRO von 1617, abgedruckt bei Sellert, Ordnungen (wie Anm. 1), S. 176.

69 Tit. XIII, § 6 Concept, abgedruckt bei Sellert, Ordnungen (wie Anm. 1), S. 135.

70 Ebd., S. 136.

71 Tit. II, § 7 RHRO von 1617, abgedruckt bei Sellert, Ordnungen (wie Anm. 1), S. 176.

72 Vgl. Tit. XIII, § 1 Concept, abgedruckt bei Sellert, Ordnungen (wie Anm. 1), S. 133; Ehrenpreis, Rolle (wie Anm. 4), S 79; Sellert, Zuständigkeitsabgrenzung (wie Anm. 52), S. 49, 64–67.

73 Tit. II, § 7 RHRO von 1617, abgedruckt bei Sellert, Ordnungen (wie Anm. 1), S. 175 f.

74 Vgl. Ebd., S. 176; Ders., Der Reichshofrat (wie Anm. 11), S. 19–21.

75 Hierfür spricht auch, dass die betreffenden Paragrafen der Ordnung von 1617 große Teile aus dem

Zusammenfassend kann festgehalten werden, dass beide Konzepte Verantwortlichkeiten unterschiedlich verteilten. Das Kurmainzer Konzept vertrat den Ansatz, Verantwortung stärker zu verteilen, sodass der Reichshofrat enger mit den Reichsinstanzen – Erzkanzler, Kurfürsten und Reichskammergericht – verzahnt wurde. Dass dieser Ansatz vom Kaiserhof insgesamt zurückgewiesen wurde, lässt sich mit der Ordnung von 1617 belegen – in ihr kam der kaiserliche Hoheitsanspruch eindeutig zum Ausdruck; die Reichsinstanzen wurden nur punktuell einbezogen. Vor dem Hintergrund der angespannten Situation im Reich stellt sich die Frage, ob diese unterschiedlichen Vorstellungen aber zur Stabilisierung der Reichsverfassung beitragen konnten.

4. Ständisch-konfessionelle Perspektiven auf Verfassungskonzeptionen

Zur eingehenden Betrachtung der oben gestellten Frage bedarf es einiger Referenzpunkte, die im Folgenden exemplarisch durch eine protestantische und kurfürstliche Perspektive dargestellt werden sollen. Die kurfürstlichen Beiträge sind in den Kontext der Verhandlungen um Matthias' Wahlkapitulation von 1612 einzuordnen. Die protestantische Sichtweise geht auf die Begutachtung eines Entwurfs der Reichshofratsordnung des Nürnberger Korrespondenztags 1615 zurück.[76] Ausgehend von den Stellungnahmen lassen sich auch Deutungsangebote für das Potential des Kurmainzer Konzepts ableiten.[77]

Die Zuständigkeit des Rates, wie sie sich in Titulus II, Paragraf 1 der Ordnung von 1617 darstellte, wurde 1615 von den in Nürnberg vertretenen protestantischen Ständen als ein noch zu verhandelnder Gegenstand ausgemacht. Das lässt darauf schließen, die Befugnisse könnten ihnen als zu weitreichend erschienen sein; die Darstellung im Kurmainzer Konzept dürfte zumindest näher an ihren Vorstellungen gelegen haben.[78] Zudem wiesen sie explizit die Zuständigkeit des

---

Kurmainzer Konzept übernommen wurden. Man kann demnach davon ausgehen, dass diese Passagen am Kaiserhof als angemessen empfunden wurden. Siehe hierzu Tit. XIII, § 6 Concept, abgedruckt bei Sellert, Ordnungen (wie Anm. 1), S. 135 f.; Tit. II, §§ 7, 8 RHRO von 1617, abgedruckt bei Ders., Ordnungen (wie Anm. 1), 175–177.

76 Für eine detaillierte Auflistung der Teilnehmer am Nürnberger Korrespondenztag siehe Schulze, Reichskreise (wie Anm. 4), S. 304. Dass die Forderungen der Unionsmitglieder, die sich neben anderen in Nürnburg einfanden, nicht stellvertretend für alle Protestanten im Reich galten, darauf hat Ehrenpreis verwiesen. Vgl. Stefan Ehrenpreis, Religionsprozesse vor dem Reichshofrat 1555–1620, in: Albrecht Cordes (Hrsg.), Juristische Argumentation, Argumente der Juristen (QFHG; 49), Köln/Weimar/Wien 2006, S. 97–126, hier S. 114 f.

77 Das Kurmainzer Konzept lag diesen Ständen nicht vor.

78 Vgl. Sellert, Ordnungen (wie Anm. 1), S. 171 f., Anm. 300.

Kollegiums in Religionssachen zurück.[79] Als eine Eingrenzung der kaiserlichen Jurisdiktion darf wohl auch die Zurückweisung der *praeeminents dieses unsers höchsten gerichts unseres reichshofraths*[80] verstanden werden, da sie den kaiserlichen Rat seiner Vorrangstellung enthob und ihn auf eine Ebene mit dem Reichskammergericht stellte.[81] Die Ausnahmeregelungen zum Gebrauch der Reichskammergerichtsordnung am Reichshofrat wurden von dieser Gruppe abgelehnt. Damit wurde die Reichskammergerichtsordnung als maßgebliche Prozessordnung festgeschrieben, der reichshofrätliche Handlungsspielraum begrenzt und das Verfahren der kaiserlichen Entscheidungshoheit entzogen.[82] Entsprechend gering dürfte die Akzeptanz an dieser Stelle für die Reichshofratsordnung von 1617 eingestuft werden, und auch das Kurmainzer Konzept dürfte von diesem Standpunkt aus betrachtet der kaiserlichen Willkür einen noch zu großen Auslegungsfreiraum eingeräumt haben. Konträr dazu stand die Auffassung der katholischen Stände, nach der *alle Jurisdiction von Ihro Majestät, als einem Brunnquellen aller Obrigkeiten herfliessen, sie auch cum Camera nicht allein concurrentem, sondern ampliorem jurisdictionem haben.*[83] Inwieweit von katholischer Seite zu dieser Zeit eine Eingrenzung des kaiserlichen Jurisdiktionsanspruchs gefordert wurde, ist durch die Forschung bislang nicht behandelt worden.[84]

Die Anmerkungen der protestantischen Stände von 1615 zeigen, dass ihre Verfassungskonzeption neben einem enger gefassten kaiserlichen Jurisdiktionsanspruch, auf eine erweiterte Beteiligung anderer Reichsglieder zielte – neben Kaiser und Kurfürsten sollten die übrigen Stände als dritte Säule der Reichsver-

---

79 Vgl. Friedrich Karl von Moser, Pragmatische Geschichte und Erläuterungen der kayserlichen Reichs-Hof-Raths-Ordnung, Frankfurt am Main/Leipzig 1752, Bd. 2, S. 16; Sellert, Ordnungen (wie Anm. 1), S. 167, Anm. 291.

80 Tit. II, § 7 RHRO von 1617, abgedruckt bei Sellert, Ordnungen (wie Anm. 1), S. 176.

81 Hierauf deutet auch die Forderung hin, an dieser Stelle neben dem RKG weitere Justizorgane aufzuführen. Vgl. Moser, Pragmatische Geschichte, Bd. 2 (wie Anm. 79), S. 180; Ehrenpreis, Rolle (wie Anm. 4), S. 83; Sellert, Ordnungen (wie Anm. 1), S. 175, Anm. 312.

82 Vgl. Gschliesser, Reichshofrat (wie Anm. 14), S. 192 f.; Moser, Pragmatische Geschichte, Bd. 2 (wie Anm. 79), S. 178–180; Sellert, Ordnungen (wie Anm. 1), S. 176, Anm. 315–317.

83 Moser, Pragmatische Geschichte, Bd. 2 (wie Anm. 79), S. 179. Vgl. auch Ehrenpreis, Rolle (wie Anm. 4), S. 78; Sellert, Prozeßgrundsätze (wie Anm. 47), S. 67 f.

84 Dass es Kritik gab, zeigt sich beispielsweise an einem Kurmainzer Bedenken, dass zu Missständen am Reichshofrat eindeutig Stellung bezog. Zudem deuten die territorialen Bestrebungen dieser Zeit auf eine zumindest vorsichtige Haltung dem Reichshofrat gegenüber hin, was auch dafürspricht, diese Haltung mit dem angestrebten Schutz der Territorialhoheit in Verbindung zu bringen. Vgl. Andreas Edel, Politik und Macht bei Erzherzog Maximilian von Bayern. Die Jahre vor dem Ausbruch des Dreißigjährigen Krieges, in: Schulze (Hrsg.), Friedliche Intentionen (wie Anm. 4), S. 107–139 (hier S. 114 f., 120); Ehrenpreis, Kaiserliche Gerichtsbarkeit (wie Anm. 5), S. 16; Sellert, Ordnungen (wie Anm. 1), S. 87–89; Ders., Prozeßgrundsätze (wie Anm. 47), S. 67 f.

fassung fungieren.[85] Beispielhaft ist die Forderung einer ständischen Mitwirkung an der vorliegenden Ordnung sowie an zukünftigen Ordnungen.[86] Wie oben ausgeführt, war in beiden Konzepten die Gestaltung der Ordnung ausschließlich dem Kaiser vorbehalten. Mit der Einbeziehung der Reichsfürsten im Rahmen des Titulus XIV, Paragraf 18 und den Bestimmungen zur Integration des Vizekanzlers machte das Kurmainzer Konzept zumindest einen kleinen Schritt in diese Richtung, wahrte dabei aber die kurfürstliche Vorrangstellung. Die in Nürnberg vertretenen Protestanten gingen hierüber hinaus, indem sie sich als gleichrangig präsentierten. Allerdings wurden diese in keinem der beiden untersuchten Konzepte berücksichtigt. Dementsprechend liegt die Einschätzung nahe, dass auch das Kurmainzer Konzept von diesen protestantischen Ständen als nicht hinreichend empfunden worden wäre.[87]

Daneben vertraten die Kurfürsten einen Ansatz, der die geteilte Verantwortung zwischen ihnen und dem Kaiser betonte. Paragraf 18 zur vornehmlichen Einbindung der Kurfürsten ging auf einen Vorschlag Kursachsens im Rahmen von Matthias' Wahlverhandlungen zurück, der Eingang in die Wahlkapitulation fand, wobei nur die Kurfürsten erwähnt wurden – das Fehlen des Paragrafen in der Reichshofratsordnung von 1617 markierte eine Absage an diese Vorstellung von geteilter Verantwortung in der Normsetzung.[88] Auch die fehlende Angabe eines Visitationstakts und die Voraussetzung ihrer Ankündigung dürften den Forderungen der Kurfürsten nicht Genüge getan haben.[89] Die in Nürnberg

---

85 Vgl. Schulze, Kaiserliches Amt (wie Anm. 11), S. 205.

86 Vgl. Friedrich Karl von Moser, Pragmatische Geschichte und Erläuterungen der kayserlichen Reichs-Hof-Raths-Ordnung, Frankfurt am Main/Leipzig 1752, Bd. 1, S. 383 f., 680; Sellert, Ordnungen (wie Anm. 1), S. 158, Anm. 268–270, S. 229, Anm. 374. Ein weiteres Beispiel, das allerdings bereits im Rahmen der Wahlverhandlungen von Kurpfalz und -brandenburg angeführt wurde, war die Vorstellung einer gemeinsamen Besoldung der Räte, womit die Stände starken Zugriff auf den Rat bekommen und ihn dem Reichskammergericht hätten angleichen können. Siehe hierzu Wilz, Wahl (wie Anm. 6), S. 82–85.

87 Vgl. Tit. XIV, § 18 Concept, abgedruckt bei Sellert, Ordnungen (wie Anm. 1), S. 140. Es liegen zur Zeit keine Belege zu den Reaktionen der Kurfürsten von Sachsen und Brandenburg vor; ausgehend davon, dass Kurpfalz den Korrespondenztag leitete, darf angenommen werden, dass zumindest Kurpfalz diese Forderung vertrat. Zu den unterschiedlichen Haltungen der Protestanten zur kaiserlichen Gerichtsbarkeit siehe auch Ehrenpreis, Religionsprozesse (wie Anm. 76), S. 144 f.; Ders., Rolle (wie Anm. 4), S. 77–80.

88 Siehe Art. XXXVIII der Wahlkapitulation, abgedruckt bei Burgdorf, Wahlkapitulationen (wie Anm. 13), S. 107; Wilz, Wahl (wie Anm. 6), hier S. 84.

89 Siehe Art. XXXIX der Wahlkapitulation, abgedruckt bei Burgdorf, Wahlkapitulationen (wie Anm. 13), S. 108; Wilz, Wahl (wie Anm. 6), hier S. 82–90. Es liegen aktuell keine Belege zu den Reaktionen der Kurfürsten auf die Ordnung von 1617 zu dieser Zeit vor, allerdings wurde die Visitationsthematik im Kolleg kontrovers diskutiert. Innerhalb des Kollegiums wurden unterschiedliche Auffassungen der Ausgestaltung eines Korrektivs bzw. einer Aufsicht über den RHR disku-

versammelten Protestanten wünschten sich auch hier eine Erweiterung des Beteiligtenkreises. Sie sahen die Visitation durch eine Kommission in paritätischer Besetzung vor und stellten somit nicht nur den ausschließlichen kaiserlichen Hoheitsanspruch, sondern auch das Ausmaß kurfürstlicher bzw. Kurmainzer Vorrangstellung in Frage.[90]

Die kaiserliche Kompetenz als oberster Richter wurde in Gestalt der *vota ad imperatorem* grundsätzlich sowohl im Kurmainzer Konzept als auch in der Reichshofratsordnung von 1617 bestätigt, jedoch mit unterschiedlicher Beteiligung des Rates. Nach Sellert richtete sich die Kritik der in Nürnberg versammelten Protestanten vor allem gegen die alleinige Entscheidung des Kaisers, also ohne Einbeziehung seines Kollegiums, weshalb das Kurmainzer Konzept in diesem Punkt als akzeptabler einzuschätzen sein dürfte.[91] Jedoch forderten diese Protestanten 1615 in ihrem Gutachten, die entsprechenden Paragrafen in dem ihnen vorliegenden Entwurf vollständig zu streichen – an anderen Stellen forderten sie Umformulierungen. Es erscheint deshalb plausibel, von einem schärferen Postulat der auf dem Korrespondenztag vertretenen Protestanten gegenüber den *vota ad imperatorem* in der vorliegenden Form auszugehen, sodass beide Konzepte vermutlich als unzureichend beurteilt worden wären.[92] Zudem wurde dem Präsidenten als kaiserlichem Stellvertreter das *votum decisivum* abgesprochen.[93]

Als große Leerstelle beider Konzepte kann die Abbildung der konfessionellen Verhältnisse im Reich gewertet werden. Dazu zählten die Rekrutierung der Räte aus beiden Konfessionen, die alternierende Besetzung von Vize- und Präsidentenstelle mit Vertretern beider Konfessionen sowie infolgedessen die entsprechende Besetzung der Referenten und Korreferenten in konfessionell geprägten

tiert. Hierzu zählte auch die Bestellung eines kurfürstlichen Beobachters am Kaiserhof, der über kurfürstliche Angelegenheiten und Mängel des Gerichts berichten sollte. Diese Maßnahme wurde von den geistlichen Kurfürsten und Kursachsen nicht unterstützt und findet sich dementsprechend auch nicht im Kurmainzer Konzept. Gleiches gilt für die von Kurpfalz vorgeschlagene Besetzung des Rats als Abstimmungsgegenstand zwischen Kaiser und Kurfürsten ebenso wie für die von Kurbrandenburg vorgeschlagene Visitation durch Kurmainz und einen der weltlichen Kurfürsten. Siehe auch Moser, Pragmatische Geschichte, Bd. 1 (wie Anm. 86), S. 407 f.; Ders., Pragmatische Geschichte, Bd. 2 (wie Anm. 79), S. 637–640; Sellert, Ordnungen (wie Anm. 1), S. 84 f., 88 f., 159, Anm. 273, S. 220, Anm. 358; Wilz, Wahl (wie Anm. 6), S. 82–85.

90 Vgl. Moser, Pragmatische Geschichte, Bd. 2 (wie Anm. 79), S. 637–640; Sellert, Ordnungen (wie Anm. 1), S. 220, Anm. 358.

91 Vgl. Sellert, Der Reichshofrat (wie Anm. 11), S. 29 f.

92 Vgl. Sellert, Ordnungen (wie Anm. 1), S. 198 f., Anm. 347, 348. Als Beispiel für geforderte Umformulierungen siehe ebd., S. 161, Anm. 281.

93 Vgl. Moser, Pragmatische Geschichte, Bd. 1 (wie Anm. 86), S. 609; Ders., Pragmatische Geschichte, Bd. 2 (wie Anm. 79), S. 473, 501–503; Schenk, Isomorphie (wie Anm. 3), S. 93; Sellert, Ordnungen (wie Anm. 1), S. 198, Anm. 347, 348, S. 160, Anm. 279.

Streitfällen, aber auch in Religionssachen insgesamt.[94] Indem beide Konzepte es versäumten, gesellschaftliche Verhältnisse abzubilden und somit einen zentralen Konfliktpunkt der Reichspolitik zu entschärfen, kann ihnen keine stabilisierende Wirkung zugeschrieben werden – auch wenn sie sich mit diesen Leerstellen auf einer Linie mit der Wahlkapitulation von 1612 befanden. Aus Sicht bestimmter (protestantischer) Reichsglieder wurden damit einige essenzielle Forderungen an die Normsetzung nicht erfüllt. Das kann für die auf dem Korrespondenztag vertretenen Protestanten, aber auch für die weltlichen Kurfürsten angenommen werden: Selbst Kursachsen, das im Zuge der Wahlverhandlungen die Besetzung dem Kaiser allein zugestand, setzte eine Besetzung mit Angehörigen beider Konfessionen voraus.[95]

Darüber hinaus sind für eine Einordnung des stabilisierenden Potentials der beiden Konzepte die jeweils eigene Perspektive und die unterschiedlichen Bedürfnisse der Gruppen im Reich zu berücksichtigen. Es darf angenommen werden, dass das Kurmainzer Konzept mit seiner ausgeprägten Konsolidierung der kurfürstlichen Stellung bzw. der des Erzkanzlers jene Reichsglieder ansprach, die ein zu starkes Kaisertum oder ein Auseinanderdriften des Reichsverbands fürchteten. Ein starkes Kaisertum, dass sich auch gegenüber den Kurfürsten behaupten konnte, dürfte andere Gruppierungen angesprochen haben. Diese Faktoren konnten kontextbezogen variieren, wie das oben angeführte Beispiel der katholischen Stände illustriert – wenn es auch zu keinem radikalen Wandel führte: Der Wunsch nach einer starken, auf den Kaiser bezogenen Gerichtsbarkeit dürfte auch bei katholischen Ständen nicht allzeit vertreten gewesen sein, insbesondere nicht angesichts des Ausbaus der eigenen Territorialgerichtsbarkeit.[96]

5. Fazit

Anhand der Einbettung der Verfassungskonzeptionen des Kaiserhofes und des Mainzer Kurfürsten in den zeitgenössischen Diskurs wurde deutlich gezeigt, dass es daneben noch andere Positionen gab. Festzuhalten ist, dass das Kurmainzer Konzept einen Ansatz zur geteilten Verantwortung anbot, in dem die Kurfürsten, vor allem aber der Reichserzkanzler als Partner des Kaisers konzipiert wurden.

94 Siehe Sellert, Ordnungen (wie Anm. 1), S. 160, Anm. 276, S. 178, Anm. 321.

95 Die Wahlkapitulation stellte einen Kompromiss dar, zugunsten dessen die Forderung nach paritätischer Besetzung des Kollegiums von den weltlichen Kurfürsten fallen gelassen wurde. Dies bedeutete jedoch nicht, dass diese Forderung grundsätzlich aufgegeben wurde. Vgl. Art. XXXVIII der Wahlkapitulation, abgedruckt bei Burgdorf, Wahlkapitulationen (wie Anm. 13), S. 107 f.; Schulze, Kaiserliches Amt (wie Anm. 11), S. 205; Wilz, Wahl (wie Anm. 6), S. 84.

96 Vgl. Edel, Erzherzog Maximilian (wie Anm. 84), S. 114 f., 120.

Neben dieser Partnerschaft sah es eine stärkere Verzahnung des Reichshofrates mit der Reichsgerichtsbarkeit vor, sodass der Rat durch die Aufgabe einer Präeminenz mehr denn zuvor als eine Reichsinstanz hätte auftreten können. Der Kern der Ordnung von 1617 dagegen war ein starker Kaiser, der seine Gerichtsbarkeit behauptete. Dabei erkannte er bestimmte reichsrechtliche Bezugsgrößen an, behielt jedoch stets die Deutungshoheit.

Anhand der angeführten Beispiele und Perspektiven kann der Beitrag dieser Verfassungskonzeptionen zur Stabilisierung der Reichsverfassung als unzureichend eingeordnet werden, wobei das Kurmainzer Konzept hinsichtlich bestimmter Forderungen näher an denen der Protestanten lag, die zur Einordnung herangezogen wurden. Es darf daher davon ausgegangen werden, dass bei einer Inkraftsetzung eines der beiden Konzepte die Situation weiter verschärft worden wäre, da die dargestellten Konzepte die dargelegten protestantischen Forderungen nicht berücksichtigten. Da, wie bereits ausgeführt, nur ein begrenzter Einblick ermöglicht wurde, sind weitere Untersuchungen wünschenswert, zum Beispiel hinsichtlich der Haltung anderer Gruppen im Reich zum kaiserlichen Jurisdiktionsanspruch und dem Reichshofrat: Hier wäre vor allem eine eingehendere Betrachtung zu katholischen Beschwerden der Zeit notwendig. Ebenso kann die Bewertung der Beziehung zwischen Geheimem Rat und Reichshofrat seitens der Reichsglieder weiteren Aufschluss über die Wahrnehmung des Reichshofrats in seiner Funktion als Reichsgericht geben. Des Weiteren stellt sich die Frage nach einer De-facto-Wirkung der Ordnung von 1617, denn es liegt nahe, dass sich die Erneuerung der Reichshofratsordnung an bereits gebräuchlichen Abläufen ausrichtete, wodurch der Stellenwert der Ordnung von 1617 besser eingeordnet werden könnte.[97] Es wäre auch denkbar, diesen Ansatz im Rahmen einer Entwicklungsgeschichte des Rates und seiner normativen Grundlagen auf weitere Reichshofratsordnungen zu übertragen und diese stärker als bisher in Bezug zueinander zu setzen, um sowohl zu einem besseren Verständnis des Reichshofrats als auch der mit ihm verbundenen Konfliktlinien zu gelangen.

---

97 Vgl. hierzu Ehrenpreis, Rolle (wie Anm. 4), S. 79 f.; Sellert, Ordnungen (wie Anm. 1), S. 95. Hier bietet sich auch der Blick auf die Gemeinen Bescheide an, vgl. Peter Oestmann (Hrsg.), Gemeine Bescheide. Teil 2: Reichshofrat 1613–1798 (QFHG, 63,2), Köln/Weimar/Wien 2017.

Tobias Schenk

Records in Context

Die Protokollüberlieferung des Haus-, Hof- und Staatsarchivs als Ausgangspunkt einer Fremdbeschreibung des Reichshofrats (ca. 1648–1806)

1. Echolot 1793

Am Montag, den 7. Januar, kommt der Reichshofrat unter dem Vorsitz seines Präsidenten Graf Wolfgang Christoph von Überacker im zweiten Stock des Reichskanzleitrakts der Wiener Hofburg[1] zur ersten Sitzung nach den Weihnachtsferien zusammen. Eine Tür weiter, in der sogenannten Kommissionsstube, warten auf dem Schreibtisch von Protonotar Franz Xaver von Bergauer 85 in der Sitzungspause eingegangene Schriftsätze auf ihren Eintrag ins Exhibitenprotokoll (Posteingangsbuch).[2] Zu den Absendern zählen der Kurfürst von Trier, der Markgraf von Brandenburg-Ansbach, der Herzog von Sachsen-Gotha, die Regierungen von Hessen-Darmstadt und Nassau-Weilburg, der Abt von Corvey, die

1 Zum Grundriss des Reichskanzleitraktes und späteren baulichen Änderungen: Lothar Gross, Der Plan des älteren Fischer von Erlach zum Reichskanzleitrakt der Wiener Hofburg, in: Monatsblatt des Vereines für Geschichte des Stadt Wien 36 (1919), S. 87–89; vgl. Österreichisches Staatsarchiv, Abteilung Haus-, Hof- und Staatsarchiv (im Folgenden: ÖStA HHStA), MEA, Reichskanzlei und Reichstaxamt, K. 49, Nr. 6; sowie: Franz Matsche, Caesar et Imperium. Die Fassadendekoration und das Deckenbild im Festsaal der ehemaligen Reichskanzlei in der Wiener Hofburg (Österreichische Akademie der Wissenschaften. Veröffentlichungen der Kommission für Kunstgeschichte, 10), Wien 2011, S. 26 f.

2 ÖStA HHStA, RHR, Exhibitenprotokolle, saec. XVIII, Bd. 93. Bergauer amtierte als Protonotar von Oktober 1789 bis August 1806. Siehe Lothar Gross, Die Geschichte der deutschen Reichshofkanzlei von 1559 bis 1806 (Inventare des Wiener Haus-, Hof- und Staatsarchivs, 5/1), Wien 1933, S. 471. Zur Kommissionsstube: Johann Christian Herchenhahn, Geschichte der Entstehung, Bildung und gegenwärtigen Verfassung des Kaiserlichen Reichshofraths nebst der Behandlungsart der bei demselben vorkommenden Geschäfte, Bd. 2, Mannheim 1792, S. 10.

Abb. 1: Innere Ansicht der K.K. Hofburg aus dem Jahr 1792. Die Reichshofratsstube befand sich oberhalb des linken Portals an der Ecke zur Amalienburg. Kupferstich von Sebastian Mansfeld, Wien Museum Inv.-Nr. 18965 (https://sammlung.wienmuseum.at/objekt/144489/).

Stadträte von Dillingen, Frankfurt am Main, Nürnberg, Pfullendorf und Passau, die Grafen von Salm-Reifferscheidt, die Johanniter und der Deutsche Orden, die Frankfurter Judenschaft, die Gemeinde Weißenbrunn, einige Reichsritter, Vasallen aus Reichsitalien und diverse bürgerliche Prozessführer.

Während die Feder Bergauers über das Papier gleitet, vergewissert sich das Kollegium nebenan seiner normativen Grundlagen durch Verlesung der Artikel 1, 2 und 3 der Reichshofratsordnung Kaiser Ferdinands III. von 1654.[3] Sobald das erledigt ist, werden zwölf Verfahren beraten. Die Deutsche Expedition, deren Beschlüsse durch Sekretär Johann Nikolaus Schwabenhausen[4] protokolliert werden, ist mit einigen von bürgerlichen Beschwerdeführern angestrengten Appellationsprozessen vertreten. Daneben geht es um Klagen des Grafen von Degenfeld-Schomburg gegen den rheinischen Ritterkreis, der Freiherren von Sickingen gegen die Grafen von Castell, des Landgrafen von Hessen-Darmstadt

3 Die jährliche Verlesung der Reichshofratsordnung folgte Tit. VII § 23 der Ordnung von 1654. Abgedruckt bei Wolfgang SELLERT (Hrsg.), Die Ordnungen des Reichshofrates, 2 Bde., Köln/Wien 1980/1990, hier Bd. 2, S. 253 f.

4 Im Amt von Januar 1787 bis August 1806: GROSS, Reichshofkanzlei (wie Anm. 2), S. 469.

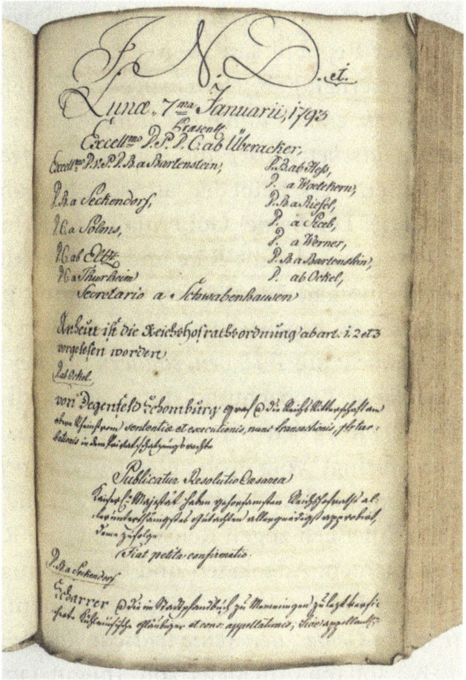

Abb. 2: Neues Jahr, neues Protokoll: Resolutionsprotokoll der deutschen Expedition vom 7. Januar 1793 (ÖStA HHStA, RHR, Resolutionsprotokolle, Bd. XVIII/223).

gegen den Kurfürsten von der Pfalz, des Johanniterordens gegen die Fürsten von Hohenlohe-Bartenstein und um einen Konflikt innerhalb des Grafenhauses von Leiningen.[5] Die lateinische Expedition, protokolliert durch Ignaz Hofmann,[6] hat traditionell weniger zu tun. Hier steht lediglich das Gesuch der zur schwäbischen Reichsritterschaft zählenden Brüder Karl und Eberhard von Kniestedt um Investitur mit dem Blutbann in Schaubeck und Kleinbottwar auf der Tagesordnung.[7]

Referiert, votiert, konkludiert und protokolliert wird am Reichshofrat auch 14 Tage später, während auf der Pariser Place de la Concorde ein Bürger namens Louis Capet die Guillotine besteigt. Ein Altersgenosse Capets, der Reichshofratsagent Johann Christian Herchenhahn (1754–1795), publiziert derweil in Mannheim den dritten Band seiner *Darstellung der reichshofrätlichen Verfahrensart*, der seinen Gegenstand als *Universum des Gerichtswesens* anpreist.[8] Einige Mei-

5 ÖStA HHStA, RHR, Resolutionsprotokolle, saec. XVIII, Bd. 221, Bl. 1–4.

6 Im Amt von Juli 1778 bis April 1806: Gross, Reichshofkanzlei (wie Anm. 4), S. 469.

7 ÖStA HHStA, RHR, Resolutionsprotokolle, saec. XVIII, Bd. 222, Bl. 191. Die Zuteilung von Privilegienbestätigungen aus dem deutschsprachigen Raum an die lateinische Expedition folgte einer Weisung des Mainzer Erzkanzlers vom 30. Juni 1748. Siehe Gross, Reichshofkanzlei (wie Anm. 4), S. 105.

8 Herchenhahn, Geschichte (wie Anm. 2), Bd. 3, Mannheim 1793, S. 44.

len rheinabwärts, in einem anderen Universum, schafft der Nationalkonvent der Mainzer Republik am 18. März *alle bisherigen angemaßten willkürlichen Gewalten* kurzerhand ab: *Der einzige rechtmäßige Souverän dieses Staats, nämlich das freie Volk, erklärt durch die Stimme seiner Stellvertreter allen Zusammenhang mit dem deutschen Kaiser und Reiche für aufgehoben.*[9]

In Berlin erscheint der satirische Roman *Georg Wallers Leben und Sitten* aus der Feder des Lemberger Gubernialrats und Josephiners Gottfried von Bretschneider (1739–1810), der die Räte und Agenten des Reichshofrats als eine korrupte Beutegemeinschaft öffentlicher Verachtung preisgibt.[10] Die Gothaer *Gelehrten Zeitungen* sind begeistert: ein *ächt deutscher Volksroman,*[11] dessen Autor *seine Gemälde nicht aus Büchern, sondern aus der Natur und eigner Beobachtung* schöpft. Auf eigene Beobachtung stützt sich auch Karl Friedrich Häberlin (1756–1808), der in Leipzig den dritten Band seines staats- und lehnsrechtlichen Repertoriums herausbringt. Vom drohenden *Umsturz gebauter Dinge*[12] ist darin die Rede – aber auch davon, dass die Kaiserkrone für die Habsburger weiterhin *äußerst wichtig* sei. Schließlich zögen Reichshofrat und Reichshofkanzlei zahlreiche Prozessführer, Agenten, Advokaten und Sollizitanten an den Hof, die alljährlich mehr als 300.000 Reichstaler in Wien verzehrten: *Ein großer Finanzgewinn und Zufluß fremden Geldes, den keine teutsche Residenz hat!*[13]

Bei Johann Amadeus von Thugut (1736–1818) scheint diese pragmatische Neubegründung der Reichsjustiz aus dem Geist des Fremdenverkehrs allerdings nicht zu verfangen. Nur wenige hundert Meter vom Sitzungssaal des Reichshofrats entfernt sitzt der österreichische Außenminister am Schreibtisch und bringt folgendes zu Papier:

> *Das Reich ist verloren und kann nur noch von Österreich und Preußen Rettung erhoffen. Deshalb sind diese Mächte berechtigt, eine dauerhafte Ordnung im Reich auch ohne Befragung der Reichsstände vorzunehmen.* [...] *Das Reich muß sich mithin alles gefallen*

---

9 *Dekret des zu Mainz versammelten rheinisch-deutschen Nationalkonvents vom 18. März 1793, wodurch in dem Striche des Landes von Landau bis Bingen am Rhein alle bisherigen angemaßten willkürlichen Gewalten abgeschafft werden*, Art. 2, zitiert nach: Heinrich Scheel (Hrsg.), Die Mainzer Republik, Bd. 2: Protokolle des Rheinisch-deutschen Nationalkonvents mit Quellen zu seiner Vorgeschichte (Schriften des Zentralinstituts für Geschichte, 43), Berlin 1981, S. 434.

10 Gottfried von Bretschneider, Georg Wallers Leben und Sitten, wahrhaft – oder doch wahrscheinlich – beschrieben von ihm selbst, Berlin 1793, S. 191–220.

11 Gothaische Gelehrte Zeitungen vom 9. November 1793, S. 799 f.

12 Dieses und das folgende Zitat: Karl Friedrich Häberlin, Österreich, in: Ders., Repertorium des teutschen Staats- und Lehnrechts, Bd. 3, Leipzig 1793, S. 695–708, hier S. 706.

13 Im Folgejahr wird auch Reichshofrat Joseph Josua von Riefel seine Leserschaft an den mit dem Reichshofrat verbundenen *Commerz* erinnern: Ders., Der Reichshofrath in Justiz-, Gnaden und andern Sachen mit Fällen, Präjudicien und Rechtsbemerkungen, Bd. 3, Augsburg 1794, S. 13.

lassen, was diese beiden Höfe Österreich und Preußen, wenn auch zum Nachteil eines oder des anderen individuellen Standes, über die Erhaltung des Ganzen bestimmen [...] werden und könnte allenfalls hierzu gezwungen werden.[14]

2. Mehr Theorie wagen! Plädoyer für einen judicial turn

2.1 Reichshofratsforschung als interdisziplinäre Organisationsforschung

Diese Collage konfligierender Vergangenheiten und „nicht realisierte[r] vergangene[r] Zukünfte",[15] die wenig mehr zusammenzuhalten scheint als die Jahreszahl 1793, macht einige jener Fallstricke sichtbar, die man bei der wissenschaftlichen Auseinandersetzung mit Prozessschriftgut im Blick behalten sollte. Die Erkenntnis, dass das Reich am Ende war, ließ sich vor dem obersten Gericht dieses Reiches nicht zum Ausdruck bringen. Während man im österreichischen Außenministerium an der großen Flurbereinigung arbeitete, belehnte der kaiserliche Reichshofrat Karl und Eberhard von Kniestedt mit dem Blutbann zu Kleinbottwar. Heinrich von Treitschke hätte sich beim Blick in das Resolutionsprotokoll zweifellos über dieses Justizkollegium mokiert, das bis zum Schluss so tat, als sei der Kaiser „wirklich noch der höchste Richter über Eigen und Lehen und über jeglichen Mannes Leib, wie einst in den Tagen des Sachsenspiegels".[16] Demgegenüber leiten zahlreiche neuere Studien aus der Beobachtung, dass sich der reichsgerichtliche Dienstbetrieb vom Umsturz gebauter Dinge kaum beirren ließ, die These ab, dass die Institutionen des Heiligen Römischen Reiches bis 1806 voll funktionstüchtig gewesen seien.[17]

Die eine Lesart vermag so wenig zu überzeugen wie die andere. Eine systemtheoretische Einordnung[18] der vermeintlichen Paradoxien des Jahres 1793 erlaubt es hingegen, die Pole von Verdammung und Affirmation hinter sich zu lassen und in der empirischen Arbeit wesentliche Komplexitätssteigerungen zu erreichen.

14 Zitiert nach Karl Otmar von Aretin, Die Reichsidee um 1800, in: Franz Bosbach/Hermann Hiery/Christoph Kampmann (Hrsg.), Imperium / Empire / Reich. Ein Konzept politischer Herrschaft im deutsch-britischen Vergleich (Prinz-Albert-Studien, 16), München 1999, S. 109–117, hier S. 112.

15 Achim Landwehr, Diesseits der Geschichte. Für eine andere Historiographie, Göttingen 2020, S. 165.

16 Heinrich von Treitschke, Deutsche Geschichte im Neunzehnten Jahrhundert, 5 Bde., Leipzig 1928 (erstmals 1879), hier Bd. 1, S. 9.

17 Auf dieser Linie argumentiert beispielsweise Wolfgang Scheffknecht, Kleinterritorium und Heiliges Römisches Reich. Der „Embsische Estat" und der Schwäbische Reichskreis im 17. und 18. Jahrhundert (Forschungen zur Geschichte Vorarlbergs. Neue Folge, 13), Konstanz 2018.

18 Zur Einführung: Niklas Luhmann, Soziale Systeme. Grundriß einer allgemeinen Theorie, 18. Aufl., Frankfurt am Main 2021.

Aus einer solchen Perspektive indizierte die offenkundige Diskrepanz zwischen Politik und Recht nämlich keinerlei Widerspruch, sondern das zu erwartende Folgeproblem der Ausdifferenzierung des Rechtssystems, die mit kommunikativer Schließung gegenüber der Umwelt einherging. Eine solche Schließung ist keineswegs mit Unabhängigkeit zu verwechseln, bedeutet jedoch, dass die rechtliche Kommunikation, durch die sich Reichshofrat und Reichskammergericht reproduzierten, das Rechtssystem und nicht etwa dessen Umwelt repräsentierte.[19]

Diese Selbstreferenz verbietet es, von der Lektüre reichsgerichtlicher Akten unbesehen zur Gesellschaftsanalyse zu schreiten und Konsensbehauptungen aufzustellen, die sich empirisch nicht absichern lassen. In der Umwelt stand das rechtliche Wissen juristischer Experten stets im Konflikt,[20] und zur „Generation 1806"[21] zählten nicht nur diejenigen, die das Reichsende als Katastrophe wahrnahmen, sondern auch jene, die andere Sorgen hatten oder gar mit Hass nach Wien und Wetzlar blickten und die dortigen Registraturen brennen sehen wollten, auf dass sich aus deren Asche ein neues Deutschland erhebe.[22] Im Rahmen einer theoriegeleiteten Rechts- und Verfassungsgeschichte[23] besteht die Aufgabe von Justizforschung gewiss nicht darin, solche Spannungen zuzudecken und die Evolution des neuzeitlichen Rechtssystems in die Form einer unterkomplexen, die Leerstellen juristischer Selbstbeschreibung reproduzierenden Modernisierungserzählung zu pressen.

Soll frühneuzeitliches Prozessschriftgut dazu genutzt werden, um fundierte Beiträge zu einer „multidisziplinären Gesellschaftstheorie"[24] zu leisten, kann

19 Vgl. Niklas LUHMANN, Das Recht der Gesellschaft, 8. Aufl., Frankfurt am Main 2020, S. 374 f.

20 Alexander SOMEK, Rechtliches Wissen, Frankfurt am Main 2006, S. 28–31.

21 Wolfgang BURGDORF, Ein Weltbild verliert seine Welt. Der Untergang des Alten Reiches und die Generation 1806 (bibliothek altes Reich, künftig: baR, 2), 2. Aufl., München 2009.

22 Zwei Beispiele: Johann Gottfried PAHL, Betrachtungen eines Teutschen, in: Ders. (Hrsg.), Chronik der Teutschen, Nr. 19, 13. Mai 1807, S. 147–149, hier S. 148; Hans Deutschmann [Hans von HELD], Patriotenspiegel für die Deutschen in Deutschland. Ein Angebinde für Bonaparte bey seiner Kaiserkrönung, Teutoburg 1804, S. 82; vgl. zu Helds Schrift: Anna JOISTEN, „Vor den Richterstuhl der Zeitgenossen und der öffentlichen Meynung". Der Fall des preußischen Staatsdieners und Spätaufklärers Hans von Held (Neue Forschungen zur schlesischen Geschichte, 32), Wien/Köln 2023, S. 428–434.

23 Anregungen bieten: Wim DECOCK, Einführung – Geschichte der Konfliktlösung im Europa der „Frühen Neuzeit", in: Ders. (Hrsg.), Konfliktlösung in der Frühen Neuzeit (Handbuch zur Geschichte der Konfliktlösung in Europa, 3), Berlin 2021, S. 1–23; Thomas DUVE, German legal history: national traditions and transnational perspectives, in: Rechtsgeschichte 22 (2014), S. 16–48; Tim NEU, Inszenierte, vielfältige und vielzeitige Gefüge – Bausteine einer Theorie der Verfassungsgeschichte, in: Ino Augsberg/Michael W. Müller (Hrsg.), Theorie der Verfassungsgeschichte. Geschichtswissenschaft – Philosophie – Rechtsdogmatik (Recht – Wissenschaft – Theorie. Standpunkte und Debatten, 17), Tübingen 2023, S. 53–77.

24 Marietta AUER, Zum Erkenntnisziel der Rechtstheorie. Philosophische Grundlagen multidisziplinärer Rechtswissenschaft, Baden-Baden 2018, S. 51.

man sich nicht länger darauf beschränken, den emanzipativen Gehalt und die befriedende Funktion gerichtlicher Praxis herauszustreichen. Man müsste vielmehr auf eine Rechtsgeschichte hinarbeiten, „die bereits in der Struktur ihrer narrativen Formen ihre eigenen repressiven Strategien und Praktiken bewusst sichtbar macht".[25] Dies gilt es zu betonen, weil die Reichsgerichtsforschung einer Historisierung ihrer aus den 1960er Jahren stammenden erkenntnisleitenden Prämissen, die auf die Inanspruchnahme des Heiligen Römischen Reiches für eine vermeintlich spezifisch deutsche Rechtsstaatstradition zielten, bislang weitgehend ausgewichen ist.[26] Während die von ähnlichen Traditionen geprägte Reichstagsforschung bereits vor zwei Jahrzehnten aus dem Prokrustesbett des Fortschrittsnarrativs ausgebrochen ist,[27] operieren Studien zu den Reichsgerichten häufig noch immer unreflektiert mit „gefährlichen"[28] Prozesskategorien und einem normativen Gesellschaftsbegriff.[29] Dieses Beharrungsvermögen ruft mittlerweile nicht nur in der Geschichtswissenschaft, sondern auch in der Rechtsgeschichte deutliche Absetzbewegungen hervor[30] und erschwert es der Reichsgerichtsfor-

25 Dipesh Chakrabarty, Europa als Provinz. Perspektiven postkolonialer Geschichtsschreibung, Frankfurt am Main/New York 2010, S. 65.

26 Zu den Ausnahmen zählt insbesondere: Thomas Dorfner, Mittler zwischen Haupt und Gliedern. Die Reichshofratsagenten und ihre Rolle im Verfahren (1658–1740) (Verhandeln/Verfahren/Entscheiden – Historische Perspektiven, 2), Münster 2015, S. 254. Zum insgesamt vorherrschenden Theorie- und Innovationsdefizit: Anette Baumann, Reichskammergericht und Reichshofrat, in: Decock, Konfliktlösung in der Frühen Neuzeit (wie Anm. 23), S. 209–219, hier S. 214; Martin P. Schennach, Habsburgermonarchie, ebd., S. 417–437, hier S. 421.

27 Für diesen Perspektivwechsel waren vor allem Studien zu symbolischer Kommunikation maßgeblich. Siehe Barbara Stollberg-Rilinger, Symbolische Kommunikation in der Vormoderne. Begriffe – Forschungsperspektiven – Thesen, in: Zeitschrift für Historische Forschung 31 (2004), S. 489–527. Auch unabhängig davon wurden die in der Reichsstaatsdebatte der Jahrtausendwende noch einmal revitalisierten geschichtspolitischen Vereinnahmungen luzide dekonstruiert: Christoph Kampmann, Der Immerwährende Reichstag als erstes stehendes Parlament? Aktuelle Forschungsfragen und ein deutsch-englischer Vergleich, in: Geschichte in Wissenschaft und Unterricht 55 (2004), S. 646–662.

28 Hans Joas, Gefährliche Prozessbegriffe. Eine Warnung vor der Rede von Differenzierung, Rationalisierung und Modernisierung, in: Karl Gabriel/Christel Gärtner/Detlef Pollack (Hrsg.), Umstrittene Säkularisierung. Soziologische und historische Analysen zur Differenzierung von Religion und Politik, 2. Aufl., Berlin 2012, S. 603–622.

29 Kritik an einem solchen Begriff bereits bei Niklas Luhmann, Interaktion, Organisation, Gesellschaft, in: Ders., Soziologische Aufklärung, Bd. 2, 3. Aufl., Opladen 1986, S. 9–20, hier S. 11 f.

30 Einen zunehmenden Abstand zwischen Reichsgerichts- und allgemeiner Frühneuzeitforschung konstatierte bereits: Stefan Ehrenpreis, Gerichtskollegien, Verfahren und juristische Parteien: Neue Forschungen zur Reichsgerichtsbarkeit (2000–2014), in: Zeitschrift für Neuere Rechtsgeschichte 37 (2015), S. 143–154, hier S. 153; vgl. Andreas Kalipke, Verfahren im Konflikt. Konfessionelle Streitigkeiten und Corpus Evangelicorum im 18. Jahrhundert (Verhandeln – Verfahren – Entscheiden, 1), Münster 2015, S. 19; Peter Oestmann, Heiliges Römisches Reich, in: Decock,

schung erheblich, sich mit der von ihr geleisteten archivischen Grundlagenarbeit in aktuellen Debatten Gehör zu verschaffen.

Der vorliegende Aufsatz zur Geschichte des Reichshofrats zwischen 1648 und 1806 versteht sich deshalb nicht als Handbuchartikel,[31] zumal sich an den gravierenden Forschungsdefiziten mit Blick auf den Zeitraum nach dem Westfälischen Friedensschluss in jüngerer Zeit nur wenig geändert hat. Ungeachtet der Fortschritte, die hinsichtlich der Reichshofratsagenten[32] und mit Blick auf die Edition der Gemeinen Bescheide[33] erzielt werden konnten, sind wir von einer aus den Quellen gearbeiteten Neuinterpretation der Behördengeschichte, wie sie Eva Ortlieb für den Hofrat Karls V. vorgelegt hat,[34] noch weit entfernt. Mehr noch: Angesichts offenkundiger Ermüdungserscheinungen ist zum gegenwärtigen Zeitpunkt nicht einmal klar, wie interdisziplinär anschlussfähige Zugänge zur Institutionengeschichte eines frühneuzeitlichen Justizkollegiums nach dem cultural turn überhaupt aussehen könnten und wie man in jenen globalhistorischen und postkolonialen Debatten bestehen will, denen man in den kommenden Jahren schwerlich wird ausweichen können.[35]

Die mit dem derzeit geplanten Übergang von einem klassischen Aktenverzeichnungsprojekt hin zu einem den Protokollen gewidmeten Digital-Humanities-Vorhaben verbundene Zäsur in der Archivarbeit sollte deshalb mit der Erarbeitung einer Forschungskonzeption einhergehen, die das niedrigschwellig aufzubereitende Material aktuellen Programmen in Geschichtswissenschaft, Rechtsgeschichte und Soziologie auch tatsächlich zugänglich macht. Denn die notwendige Historisierung großer Erzählungen muss bei der Mikrologik des Kollegiums ansetzen und auf einer konsequenten Hinwendung zu den archivalischen Quellen beruhen. Damit diese Hinwendung nicht auf positivistische Abwege führt, darf die hochformalisierte Protokollüberlieferung jedoch nicht für einen verengten juristischen Verfahrensbegriff in Anspruch genommen werden, von dem man längst weiß, dass ihm mit Blick auf frühneuzeitliche (zumal:

Konfliktlösung in der Frühen Neuzeit (wie Anm. 23), S. 390–405, hier S. 389; Thomas Duve, Rechtsgeschichte als Geschichte von Normativitätswissen?, in: Rechtsgeschichte – Legal History 29 (2021), S. 41–68, hier S. 49.

31 Einen vorzüglichen Überblick bietet: Eva Ortlieb, Der Reichshofrat, in: Michael Hochedlinger/Petr Mata/Thomas Winkelbauer (Hrsg.), Verwaltungsgeschichte der Habsburgermonarchie in der Frühen Neuzeit, Bd. 1, Wien 2019, S. 311–319.

32 Dorfner, Mittler (wie Anm. 26).

33 Peter Oestmann (Hrsg.), Gemeine Bescheide, Teil 2: Reichshofrat 1613–1798 (Quellen und Forschungen zur höchsten Gerichtsbarkeit im Alten Reich, künftig: QFHG, 63/2), Köln/Weimar/Wien 2017.

34 Eva Ortlieb, Kaiserlicher Hofrat und kaiserliche Herrschaft unter Karl V. (1520–1556). Ein Beitrag zur Geschichte des Reichshofrats (QFHG, 79), Köln/Weimar/Wien 2024.

35 Wolfgang Behringer, Der große Aufbruch. Globalgeschichte der Frühen Neuzeit, München 2023.

höfische) Konfliktregulierung in Europa eine erhebliche Überschätzung der Bindewirkung normierter schriftlicher Entscheidungsprozesse eingeschrieben wäre.[36] Will man die hochkarätige Wiener Überlieferung in die globalhistorische Forschung einbringen, hat man die Protokolle vielmehr konsequent mit jenen Quellen in Verbindung zu setzen, die es erlauben, diese Bände gegen den vielzitierten Strich zu lesen. Denn ob man sich nun für das Heilige Römische Reich, das spanische Vizekönigreich Peru oder für Niederländisch-Indien interessiert: Es bedarf einer Historisierung des Archivs, um jene Möglichkeitsbedingungen offenzulegen, „that shaped what could be written [...] what competencies were rewarded in archival writing, what stories could be told, and what could not be said."[37]

Ich werde die Entwicklung des Reichshofrats deshalb anhand problemorientierter Schwerpunktsetzungen schildern, um Theorie und Empirie miteinander ins Gespräch bringen. Zunächst erfolgt eine kritische Evaluation des Konzepts, das der Erschließung der Prozessakten von Reichskammergericht und Reichshofrat in den vergangenen Jahrzehnten zugrunde lag, heutigen Ansprüchen jedoch nur noch bedingt genügt. Sodann wird die Frage, was der Reichshofrat überhaupt war und wie ihm im interdisziplinären Zugriff analytisch beizukommen wäre, auf ausgewählte Stadien des kollegialen Entscheidungsprozesses (nämlich Posteingang, Geschäftsverteilung, Relationstechnik, Beratung und Abstimmung) zugespitzt und an die jeweils einschlägigen Quellen gekoppelt, um die Funktion von Akte und Protokoll im Rahmen gesellschaftlicher Konfliktregulierung zu bestimmen.

Bei alledem knüpfe ich an bereits publizierte Überlegungen an, mit denen ich für eine historische, auf einer pragmatischen Kombination von Angeboten der

36 Mark Hengerer, Kaiserhof und Adel in der Mitte des 17. Jahrhunderts. Eine Kommunikationsgeschichte der Macht in der Vormoderne (Historische Kulturwissenschaft, 3), Konstanz 2004, S. 369; vgl. Thomas Simon, Art. Gericht, in: Enzyklopädie der Neuzeit, Bd. 4, Stuttgart 2006, Sp. 514–524; Matthias Bähr, Schriftlichkeit und Öffentlichkeit, in: Decock, Konfliktlösung in der Frühen Neuzeit (wie Anm. 23), S. 73–82, hier S. 78 f.; vgl. mit Blick auf den spanischen Hof: Magdalena S. Sánchez, The Empress, the Queen, and the Nun. Women and Power at the Court of Philipp III of Spain, Baltimore/London 1998, S. 7–8; Arndt Brendecke, Writing from Abroad or Talking at Court. Colonial Politics in Early Modern Madrid, in: Jan Marco Sawilla/Rudolf Schlögl (Hrsg.), Medien der Macht und des Entscheidens. Schrift und Druck im politischen Raum der europäischen Vormoderne (14.–17. Jahrhundert) (Historische Formationen Europas, 5), Göttingen 2014, S. 123–144.

37 Ann Laura Stoler, Colonial Archives and the Arts of Governance: On the Content in the Form, in: Archival Science 2 (2002), S. 87–109, hier S. 91; vgl. mit Blick auf Niederländisch-Indien Dies., Along the Archival Grain: Epistemic Anxieties and Colonial Common Sense, Princeton 2009; sowie Kathryn Burns, Into the Archive. Writing and Power in Colonial Peru, Durham/London 2010, S. 4: „We need to go into the archive, deeply into the conditions of its making."

System- und Praxistheorie beruhende Organisationsforschung plädiert habe, deren Schwerpunkt auf den operativen Strukturen gerichtlichen Entscheidens eine enge Kooperation zwischen Geschichtswissenschaft, Jurisprudenz und Soziologie ermutigt.[38] Mit einem solchen, die dysfunktionale Trennung von Theorie und Praxis[39] überwindenden Konzept ließen sich Forschungsstränge bündeln, die derzeit in den genannten Fächern noch unverbunden nebeneinander herlaufen, mit ihrem Fokus auf Entscheidungsprozessen jedoch über offenkundige Schnittmengen verfügen. Während die Geschichtswissenschaft historische Entscheidungskulturen[40] als Desiderat ausmacht, wird sich auch die Rechtswissenschaft des eklatanten Mangels an prozedural angelegten Analysen kollegialer Rechtserzeugung[41] und der Unzulänglichkeit damit einhergehender „Urteilszentristik"[42] bewusst. Gleichzeitig hinterfragt die Organisationssoziologie[43] die Scheuklappen etablierter Epochenschranken und beginnt damit, ihre Sondierungen auf die

---

38 Tobias Schenk, Actum et judicium als analytisches Problem der Justizforschung. Interdisziplinäre Perspektiven auf kollegiale Entscheidungskulturen am Beispiel des kaiserlichen Reichshofrats (Schriftenreihe der Gesellschaft für Reichskammergerichtsforschung, 51), Wetzlar 2022; Ders., Isomorphie und entgrenzte Informalität in der frühneuzeitlichen Reichsjustiz. Der Reichshofrat im Interaktionssystem des Kaiserhofes, in: Frühneuzeit-Info 33 (2022), S. 89–116; Ders., Praktiken funktionaler Differenzierung am kaiserlichen Reichshofrat. Ein Beitrag zur Evolution des Aktenzeitalters in der Justiz, in: Franziska Neumann/Matthias Pohlig/Hannes Ziegler (Hrsg.), Vormoderne Organisationen. Anfänge, Funktionen, Folgen (Zeitschrift für Historische Forschung. Beihefte), Berlin 2025 (im Druck).

39 Vgl. die Kritik bei: Thomas Duve/José Luis Egío, Rechtsgeschichte des frühneuzeitlichen Hispanoamerika (Methodica. Einführungen in die rechtshistorische Forschung, 6), Berlin/Boston 2023, S. 162.

40 Philip Hoffmann-Rehnitz/André Krischer/Matthias Pohlig, Entscheiden als Problem der Geschichtswissenschaft, in: Zeitschrift für Historische Forschung (künftig: ZHF) 45 (2018), S. 217–281; Philip Hoffmann-Rehnitz/Matthias Pohlig/Tim Rojek/Susanne Spreckelmeier, Semantiken und Narrative des Entscheidens vom Mittelalter bis zur Gegenwart. Konzeptionelle Grundlagen und historische Entwicklungslinien, in: Dies. (Hrsg.), Semantiken und Narrative des Entscheidens vom Mittelalter bis zur Gegenwart, Göttingen 2021, S. 9–66.

41 Dieses Desiderat gilt epochenübergreifend. Siehe Wolfgang Ernst, Rechtserkenntnis durch Richtermehrheiten. „group choice" in europäischen Justiztraditionen, Tübingen 2016; Ders./Birke Häcker (Hrsg.), Collective Judging in Comparative Perspective. Counting Votes and Weighing Opinions, Cambridge 2020; Gertrude Lübbe-Wolff, Beratungskulturen. Wie Verfassungsgerichte arbeiten, und wovon es abhängt, ob sie integrieren oder polarisieren, 2. Aufl., Berlin 2023.

42 Peter Oestmann, Wege zur Rechtsgeschichte. Gerichtsbarkeit und Verfahren, Köln 2015, S. 323; vgl. die Überlegungen von Dems., Normengeschichte, Wissenschaftsgeschichte und Praxisgeschichte. Drei Blickwinkel auf das Recht der Vergangenheit, in: Max Planck Institute for European Legal History research paper series 2014-06, S. 1–10, http://papers.ssrn.com/sol3/papers.cfm?abstract_id=2526811 (aufgerufen am 12. Dezember 2023).

43 Grundlegend weiterhin: Niklas Luhmann, Funktionen und Folgen formaler Organisation. Mit einem Epilog 1994, 4. Aufl., Berlin 1995.

Vormoderne auszudehnen[44] – eine Entwicklung, die in der Frühneuzeitforschung gegenwärtig auf großes Interesse stößt.[45]

Mit Blick auf die bereits weit fortgeschrittene Ausdifferenzierung des frühneuzeitlichen Rechtssystems und die hiermit einhergehenden Formalisierungsprozesse wäre es dem Untersuchungsgegenstand vollauf angemessen, auch den Reichshofrat als vormoderne Organisation zu begreifen und deren Analyse in eine interdisziplinäre Entscheidungsforschung zu überführen. Auf diese Weise ließen sich nicht nur zwischen Geschichts- und Rechtswissenschaft abgerissene Gesprächsfäden neu spinnen, sondern auch jene europäischen Bezüge offenlegen, die in der Reichsgerichtsforschung zwar häufig betont, in jüngerer Zeit aber kaum noch fruchtbar gemacht wurden. Denn wer von kollegialisch organisierten Zentralgerichten der Vormoderne spricht,[46] nimmt einen geographischen Raum in den Blick, der von Stockholm (Schwedisches Appellationsgericht) über Rom (Rota Romana) und Paris (Parlement) bis nach Mexiko-Stadt (Audiencia der spanischen Krone) reicht.

Weil der Reichshofrat als höfische Organisation den „Normalfall" eines frühneuzeitlichen Zentralgerichts viel eher repräsentiert als das Reichskammergericht, ließe er sich plausibel als ein Modellsystem vormodernen Normativitätserzeugungswissens[47] in der globalhistorischen Diskussion platzieren. Bei einem organisationssoziologisch informierten Zugang zum Reichshofrat harmonierten theoretischer Anspruch und empirische Grundlagen auch insofern, als sich in den künftig in den Blick zu nehmenden Protokollbänden die Prozeduralität kollegialen Entscheidens viel stärker abbildet als in jenen Prozessakten, deren Erschließung in den vergangenen Jahrzehnten im Mittelpunkt stand. Durch die Digitalisierung dieser Bände würden der Forschung neben zahllosen Orten, Per-

---

44 Zu verweisen ist insbesondere auf die dem Reichskammergericht gewidmete Dissertation von Rena SCHWARTING, Organisationsbildung und gesellschaftliche Differenzierung. Empirische Einsichten und theoretische Perspektiven, Wiesbaden 2020; vgl. Philipp JAKOBS, Max Weber und die Organisationssoziologie. Überlegungen zu einem Begriff der vormodernen Organisation, Heidelberg 2021.

45 Siehe die Beiträge in: Neumann/Pohlig/Ziegler, Vormoderne Organisationen (wie Anm. 38).

46 Mark Godfrey/Cornelis H. van Rhee (Hrsg.), Central Courts in Early Modern Europe and the Americas (Comparative Studies in Continental and Anglo-American Legal History, 34), Berlin 2020; Anja AMEND-TRAUT/Nils JÖRN/Tobias SCHENK, Zentralgerichtsbarkeit im Heiligen Römischen Reich Deutscher Nation in transnationaler Perspektive, in: Zeitschrift für Neuere Rechtsgeschichte (künftig: ZNR) 45 (2023), S. 97–126.

47 Hierzu: Tobias SCHENK, Knowledge of Production of Normativity at the Imperial Aulic Council. Towards a Procedural Perspective on Early Modern Legal Reasoning, in: Rechtsgeschichte – Legal History Rg 32 (2024), S. 108–143; Ders., Normativitätserzeugungswissen am kaiserlichen Reichshofrat. Überlegungen in interdisziplinärer Absicht, in: Thomas Duve/Peter Oestmann (Hrsg.), Normativitätswissen (EViR Working Papers), Münster 2025 (im Druck).

sonen und Sachen auch die Logiken von Posteingang, Geschäftsverteilung, Sitzungsorganisation, personeller Besetzung und Zeitregime erstmals komfortabel zugänglich. Zudem wäre – um einem möglichen Einwand sogleich zu begegnen – mit Organisationsforschung weder ein konzeptioneller Monopolanspruch, noch gar eine Absage an Gesellschaftsanalysen verbunden, wie sie der vorliegende Band in großer Zahl versammelt. Ein organisationssoziologischer Zugang verstellt nicht etwa den Blick auf legitime andere Perspektiven, sondern böte in der empirischen Arbeit mit Prozessschriftgut analytische Hilfestellungen, aus diesem Quellenkorpus das Optimum herauszuholen. Der seit geraumer Zeit zu beobachtende Bedeutungsverlust der Reichsgerichtsforschung hängt nämlich auch damit zusammen, dass die überkommenen Konzepte archivischer Grundlagenarbeit nicht mehr den heutigen sozialwissenschaftlichen Komplexitätsansprüchen genügen.

2.2 Verwissenschaftlichung der Archivarbeit als Voraussetzung innovativer Justizforschung

Die 1978 zur Verzeichnung der Reichskammergerichtsakten verabschiedeten Frankfurter Grundsätze,[48] die auch den Rahmen für die Erschließung der beiden Serien „APA" und „Antiqua" aus dem Reichshofratsbestand bildeten, sind Teil einer Erfolgsgeschichte. Die auf dieser Grundlage verzeichneten Akten flossen in zahllose Studien ein, die ihrerseits wichtige Beiträge zu jenem Programm einer Sozial- und Verfassungsgeschichte des Heiligen Römischen Reiches[49] lieferten, das bei der Ausdifferenzierung des Fachs Frühneuzeitforschung als eigenständiger universitärer Disziplin eine wichtige Rolle gespielt hat. Allerdings bedürfen auch Erfolgsgeschichten der kontinuierlichen Evaluation, um fortgeschrieben werden zu können. Für die Frankfurter Grundsätze gilt dies nicht nur deshalb, weil sie noch analogen Recherchelogiken verpflichtet waren. Die Wechselwirkungen zwischen den überkommenen Erschließungspraktiken und dem nachlassenden Forschungsinteresse beschränken sich nämlich nicht auf technische Aspekte, sondern reichen wesentlich tiefer.

Dauerhaft zu verabschieden wäre insbesondere die im Laufe des Reichshofratsprojekts bereits revidierte Entscheidung, von wohlbegründeten archivwis-

---

48 Abgedruckt bei: Friedrich Battenberg/Bernd Schildt (Hrsg.), Das Reichskammergericht im Spiegel seiner Prozessakten. Bilanz und Perspektiven der Forschung (QFHG, 57), Köln/Weimar/Wien 2010, S. 411–413; Kritik an diesen Grundsätzen bei SCHENK, Actum et judicium (wie Anm. 38).

49 Peter MORAW/Volker PRESS, Probleme der Sozial- und Verfassungsgeschichte des Heiligen Römischen Reiches im späten Mittelalter und in der frühen Neuzeit (13.–18. Jahrhundert), in: ZHF 2 (1975), S. 95–108.

senschaftlichen Standards zur Erschließung von Akten[50] zu abstrahieren und stattdessen mit dem Regest eine aus der Diplomatik stammende Verzeichnungsmethode anzuwenden.[51] Denn in der regestförmigen „Sachverhaltserfassung" laufen einerseits positivistische Vorstellungen gerichtlicher Fallkonstruktion mit, die nicht nur aus soziologischer oder geschichtswissenschaftlicher Perspektive kritikwürdig erscheinen, sondern auch mit neueren rechtswissenschaftlichen Positionen zum Thema kaum noch übereinstimmen.[52] Andererseits stützten die Regesten die in Teilen der Forschung begegnende Ansicht, die Inventare würden Archivnutzung weitgehend überflüssig machen, da es sich bei Prozessakten um Steinbrüche empirisch unmittelbar vorfindlicher Evidenz handele, die man auch in Form von Inventaren zu sich nehmen könne.[53]

In diesem Glauben entstand bis in jüngere Zeit eine ganze Reihe juristischer Studien, die sich an den Regesten entlanghangeln und sich als Beiträge zur Gerichtspraxis ausgeben, ohne durch eigene empirische Arbeit hinreichend untermauert worden zu sein. Es passt in dieses Bild, dass auch nach all den Jahren noch immer keine genetische Aktenkunde der frühneuzeitlichen Reichsjustiz vorliegt.[54] Die Forschung verfügt folglich über keine hilfswissenschaftliche „Gebrauchsanweisung" für die Akten und konnte deshalb auch kein hinreichendes

---

50 Vgl. hierzu den Beitrag von Sonja DONABAUM in diesem Band.

51 Vgl. die Kritik bei: Ulrich RASCHE, Aktenverzeichnung als Methode der Quellenerschließung. Plädoyer für eine Neujustierung der Erschließungspraxis in der Frühneuzeitforschung, in: Jens Klingner/Christian Schuffels (Hrsg.), Edition und Kommentar (Beihefte zum Archiv für Diplomatik, Schriftgeschichte, Siegel- und Wappenkunde, 23), Köln/Weimar/Wien 2025 (im Druck).

52 Siehe die Beiträge in: Jeannette Schmid/Thomas Drosdeck/Detlef Koch (Hrsg.), Der Rechtsfall – ein richterliches Konstrukt, Baden-Baden 1997; sowie: Sabine MÜLLER-MALL, Verfassende Urteile. Eine Theorie des Rechts, Berlin 2023, S. 117–142; zur Sachverhaltskonstruktion am Reichshofrat: SCHENK, Actum et judicium (wie Anm. 38), S. 27–79.

53 Dass man kaum auf die Expertise und Erfahrungen der Bearbeiter:innen von Reichskammergerichtsakten zurückgriff, lässt der Hinweis eines Beteiligten erahnen, dass „die Kontaktaufnahme zwischen den einzelnen Projektmitarbeitern leider völlig ihrer Eigeninitiative vorbehalten" blieb: Manfred HÖRNER, Erfahrungen aus zweieinhalb Jahrzehnten Inventarisierung von Reichskammergerichtsakten, in: Josef Bongartz/Alexander Denzler/Carolin Katzer/Stefan Andreas Stodolkowitz (Hrsg.), Feder und Recht. Schriftlichkeit und Gerichtswesen in der Vormoderne (baR, 39), Berlin/Boston 2023, S. 383–400, hier S. 384.

54 Vgl. Tobias SCHENK, Unbeobachtet vorübergegangen? Gerichtliches Entscheiden im Spiegel der genetischen Aktenkunde, in: Bongartz u. a., Feder und Recht (wie Anm. 53), S. 313–343. Dass Fragen des archivischen Zugangs und der Überlieferung in der juristischen Zeitgeschichte ungleich intensiver diskutiert werden, verdeutlicht der Tagungsbericht von: Tim POTTHAST/Philip SCHOPEN, Zwischen Beratungsgeheimnis und Forschungsinteresse – zur analogen und digitalen Überlieferung der Obersten Gerichte des Bundes. Symposion des Bundesarchivs vom 24. bis 26. April 2023 in Koblenz, in: JuristenZeitung 78 (2023), S. 921–923 (den Hinweis auf den Bericht verdanke ich Stefan Stodolkowitz).

Bewusstsein für die tektonischen Bezüge zwischen dieser Quellengattung und den übrigen Bestandteilen der reichsgerichtlichen Archivbestände entwickeln.[55]

Nach alledem wird deutlich, warum es nicht nur der Medienwandel ist, der bereits auf archivischer Ebene grundlegende Neuerungen erforderlich macht. Die Erschließung frühneuzeitlichen Prozessschriftgutes muss einer umfassenden Verwissenschaftlichung unterzogen werden, um den Positivismus und die selektive Quellenauswahl zu überwinden, die die Vorhaben der Vergangenheit prägten und die unkritische Wiedergabe juristischer Fallgeschichten begünstigten. Denn was in dieser Forschungstradition als Gerichtspraxis präsentiert wird, ist dermaßen unpraktisch, dass es mit dem in den Sozialwissenschaften heute allgemein vorherrschenden Praxisverständnis so gut wie nichts mehr gemein hat. Man reproduziert vielmehr das durch Intellektualisierung und Entkörperlichung geprägte Verständnis gerichtlicher Praxis, das der Selbstbeschreibung des neuzeitlichen Rechtssystems zugrunde liegt.[56]

In diesem Fahrwasser trägt die Reichsgerichtsforschung auch zur konzeptionellen Fortentwicklung der Rechtsgeschichte nicht länger bei, weil sie sich mit ihren herkömmlichen Instrumenten außer Stande zeigt, etwas Substantielles zu aktuellen Schwerpunkten wie „Multinormativität",[57] „Law as Culture"[58] oder „Normativitätswissen"[59] beizusteuern. „Theorie und Empirie können und müssen sich wechselseitig überraschen,"[60] doch ist das Quellenverständnis der Reichsgerichtforschung offensichtlich nicht komplex genug, um ein solches Überraschungspotential freizusetzen. Alles in allem bestätigt die gegenwärtige Situation somit den Befund Cornelia Vismanns, wonach die Jurisprudenz jenseits gericht-

55 Ausnahmen bestätigen freilich auch hier die Regel: Peter Oestmann, Leitfaden zur Benutzung von Reichskammergerichtsakten, in: Ders./Wilfried Reininghaus (Hrsg.), Die Akten des Reichskammergerichts. Schlüssel zur vormodernen Geschichte (Veröffentlichungen des Landesarchivs Nordrhein-Westfalen, 44), Düsseldorf 2012, S. 6–20.

56 Hierzu: André Kieserling, Selbstbeschreibung und Fremdbeschreibung. Beiträge zu einer Soziologie des soziologischen Wissens, Frankfurt am Main 2004, S. 56 f.; vgl. Oliver Lepsius, La Cour, c'est moi. Zur Personalisierung der (Verfassungs-)Gerichtsbarkeit im Vergleich Deutschland – England – USA, in: Jahrbuch des öffentlichen Rechts der Gegenwart, Neue Folge 64 (2016), S. 123–182.

57 Thomas Duve, Multinormativität, in: Käte Hamburger Kolleg „Einheit und Vielfalt im Recht" (Hrsg.), Münsteraner Glossar zu Einheit und Vielfalt im Recht, 4. Ausgabe, Münster 2024, S. 116–118.

58 Lawrence Rosen, Law as Culture. An Invitation, Princeton/Oxford 2006; vgl. Andrea Nicolas, Law as Culture (Recht als Kultur), in: Käte Hamburger Kolleg, Münsteraner Glossar (wie Anm. 57), S. 85–88.

59 Duve, Rechtsgeschichte als Geschichte von Normativitätswissen (wie Anm. 30).

60 Rainer Forst/Klaus Günther, Normative Ordnungen. Ein Frankfurter Forschungsprogramm, in: Dies. (Hrsg.), Normative Ordnungen, 2. Aufl., Berlin 2021, S. 9–21, hier S. 10.

licher Beweis- und Verwertungsregelungen keine hinreichenden wissenschaftlichen Zugänge zu Prozessakten entwickelt habe.[61]

Einzusetzen hätte die Verwissenschaftlichung der Quellenarbeit also auf *hilfs*-wissenschaftlicher Ebene, doch bildet eine Aktenkunde nur die notwendige, jedoch keineswegs hinreichende Voraussetzung, um das Prozessschriftgut des Reichshofrats aktuellen Forschungen zugänglich zu machen. Sofern Reichsgerichtsforschung mit dem Anspruch auf Resonanz betrieben werden soll, wird sie sich – in welcher Form und mit welchem theoretischen Rüstzeug auch immer – mit Intertextualitäten und Translationsvorgängen zwischen unterschiedlichen Normativitätsregimen und Jurisdiktionskulturen auseinanderzusetzen haben.[62] Denn wie sonst sollte es möglich sein, „die normative Selbstbeschreibung einer Gemeinschaft beim Wort zu nehmen und zugleich die sie adressierende gesellschaftliche Praxis zu erfassen"?[63] Für sich genommen leistet eine aktenkundlich „korrekte" Reproduktion gerichtlicher Fallgeschichten hierfür kaum einen Beitrag, zumal sich derzeit auch im Archivwesen in der Diskussion um *records in context* die Einsicht durchsetzt, dass das herkömmliche Provenienzprinzip nicht ausreicht, um die gesellschaftliche Komplexität einer Unterlagenproduktion abzubilden, die selbst in der Gegenwart nicht einfach dem Geschäftsverteilungsplan folgt, sondern in ein „Netz von Entitäten und Beziehungen"[64] verwoben ist.

Wer reichshofrätliche Akten und Protokolle als *records in context* erschließen und erforschen will, kann sich demnach nicht länger mit der Erkenntnis Heinrich Otto Meisners begnügen, wonach der Weg zur behördlichen Entscheidung mit Aktenstücken gepflastert sei.[65] Akte und Protokoll sind vielmehr als epistemische Dinge[66] zu begreifen, deren Raison d'être *auch* darin besteht, die Nichtidentität von formaler Verfahrensgeschichte und Entscheidungsprozess zu invisibilisieren. Zwischen den Rationalitätsansprüchen der Aktenkunde und dem

61 Cornelia VISMANN, Akten. Medientechnik und Recht, 3. Aufl., Frankfurt am Main 2011, S. 27.

62 Wie weit auch die Geschichtswissenschaft hiervon zum gegenwärtigen Zeitpunkt noch entfernt ist, illustrieren naiv anmutende Einschätzungen, wonach man sich am Kaiserhof „offenbar alle Mühe [gegeben] habe, Streitigkeiten auf rechtlicher, nicht politischer Grundlage beizulegen." So Joachim WHALEY, Das Heilige Römische Reich Deutscher Nation und seine Territorien, 2 Bde., Darmstadt 2018, hier Bd. 2, S. 83. Wertvolle rechtshistorische Anregungen bieten hingegen: DUVE/EGÍO, Rechtsgeschichte (wie Anm. 39), S. 160–167.

63 Christoph MÖLLERS, Die Möglichkeit der Normen. Über eine Praxis von Moralität und Kausalität, Berlin 2015, S. 436.

64 Tobias WILDI, Die Erweiterung des Provenienzprinzips: der neue Records in Contexts-Standard, in: Archiv 76 (2023), S. 166–173, hier S. 170; vgl. den Beitrag von Sonja DONABAUM im vorliegenden Band.

65 Heinrich Otto MEISNER, Archivalienkunde vom 16. Jahrhundert bis 1918, Göttingen 1969, S. 44.

66 Zu epistemischen Dingen: Steffen MARTUS/Carlos SPOERHASE, Geistesarbeit. Eine Praxeologie der Geisteswissenschaften, 2. Aufl., Berlin 2023, S. 235–248.

erkenntnistheoretischen Niveau der Sozialwissenschaften klafft also ein Graben, der überwunden werden muss, sofern sich heute und in Zukunft das produktive Irritationspotential empirischer Grundlagenarbeit entfalten soll.

Überbrücken kann diesen Graben die Organisationssoziologie, die bei aller kritischen Distanz zu ihrem Gegenstand nicht verkennt, dass es sich bei der durch Formalisierung herbeigeführten Generalisierung von Verhaltenserwartungen um „eine sehr zentrale Ordnungserscheinung des menschlichen Zusammenlebens handelt, die zu sämtlichen Grundproblemen eines sozialen Systems in einer funktionalen Beziehung steht und deshalb kaum als spezielle Problemlösung durch andere Möglichkeiten ersetzbar ist".[67] Deshalb würde sich eine historische Organisationsforschung zwar von den durch Etatismus, Positivismus und Teleologie geprägten Prämissen älterer Studien distanzieren, jedoch keineswegs das Kind mit dem Bade ausschütten und die in Akte und Protokoll dokumentierte rechtliche Kommunikation geringschätzen.

Ganz im Gegenteil: Organisationsforschung müsste diese Kommunikation sogar erheblich ernster nehmen als eine Rechtsgeschichte, die der systematischen Auseinandersetzung mit den zu Tausenden überlieferten Relationen und Voten weitgehend ausgewichen ist[68] und deshalb kaum beurteilen kann, ob eine gerichtliche Entscheidung nach zeitgenössischen Maßstäben *lege artis* zustande kam oder nicht.[69] Organisationsforschung würde sich damit nicht länger abfinden und auch die von Wolfgang Sellert und Peter Oestmann edierten Reichshofratsordnungen und Gemeinen Bescheide[70] nicht etwa achtlos beiseitelegen, sondern einer sorgfältigen Lektüre unterziehen, um die Formalisierung sachbezogener Entscheidungsprozesse in einem höfischen Umfeld zu erfassen.

Sie würde all dies jedoch in dem Bewusstsein tun, dass informale Strukturbildungen zu den wichtigsten Folgen formaler Organisation zählen[71] und dass es sich hierbei nicht etwa um per se dysfunktionale, sondern um systemrationale Äquivalente handelt, da sich Verhaltenserwartungen nicht vollständig formali-

67 LUHMANN, Funktionen und Folgen formaler Organisation (wie Anm. 43), S. 55.

68 Noch heute gilt, dass „Untersuchungen zur Praxis der richterlichen Entscheidungsfindung nahezu völlig" fehlen: Jürgen WEITZEL, Werte und Selbstwertung juristisch-forensischen Begründens heute, in: Albrecht Cordes (Hrsg.), Juristische Argumentation – Argumente der Juristen (QFHG, 49), Köln/Weimar/Wien 2006, S. 11–28, hier S. 19. Bezeichnenderweise ist die bislang erste und einzige empirisch angelegte rechtswissenschaftliche Monographie über die Vota ad Imperatorem rund 50 Jahre alt: Peter LEYERS, Reichshofratsgutachten an Kaiser Josef II., Bonn 1976.

69 Dass es nur hierum und nicht etwa um eine Differenzierung zwischen „richtigen" und „falschen" Urteilen gehen kann, betont: Wolfgang ERNST, Vom Recht in der Weltgeschichte (Jacob Burckardt-Gespräche auf Castelen, 40), Basel 2023, S. 31.

70 SELLERT, Ordnungen des Reichshofrates, (wie Anm. 3); OESTMANN (Hrsg.), Gemeine Bescheide (wie Anm. 33).

71 SCHWARTING, Organisationsbildung (wie Anm. 44), S. 65–69.

sieren lassen und organisierte Sozialsysteme in den Fährnissen des Alltags ohne „organisierte Heuchelei“[72] und „brauchbare Illegalität“[73] überhaupt nicht bestehen könnten. Theoriegeleitete Zugänge zu den materialen Artefakten reichshofrätlicher Rechtserzeugung müssen deshalb den Fokus von Handlungs- auf Systemrationalität verschieben[74] und den formalen *stilus curiae*[75] konsequent mit jenen informalen Hinterbühnen jenseits von Akte und Protokoll verbinden, auf die bei fortschreitender Formalisierung wesentliche Teile der Kommunikation zwischen Organisationen und ihren Umwelten abwandern.[76] Denn es waren eben diese noch kaum erforschten Hinterbühnen, über die jene von ausgeprägten Normenkonkurrenzen[77] geprägten Translationsprozesse abliefen, deren Offenlegung Organisations- und Gesellschaftsanalyse miteinander verbindet und den Weg von der Selbst- zur Fremdbeschreibung des neuzeitlichen Rechtssystems bahnt.

Ein organisationssoziologisch informierter Zugang zu richterlichem Entscheiden schlägt also nicht nur Brücken zu zahlreichen aktuellen Forschungsprogrammen der Geschichtswissenschaft wie Praxeologie, Gender, Wissensgeschichte, Diskursanalyse und Akteur-Netzwerk-Theorie. Er ermöglicht auch der Rechtswissenschaft wesentliche Komplexitätssteigerungen in der empirischen Arbeit (bzw. genauer: er fordert sie ein), um in der Frühneuzeitforschung jenen judicial turn herbeizuführen, für den Dieter Grimm jüngst mit Blick auf die Zeit-

72 Begriff nach: Nils Brunsson, The Organization of Hypocrisy. Talk, Decision and Actions in Organizations, 2. Aufl., Abingdon 2011.

73 Luhmann, Funktionen und Folgen (wie Anm. 43), S. 304–314.

74 Hierzu grundsätzlich Niklas Luhmann, Zweckbegriff und Systemrationalität. Über die Funktion von Zwecken in sozialen Systemen, 7. Aufl., Frankfurt am Main 2016; Ders., Die Grenzen der Verwaltung, 2. Aufl., Berlin 2022, S. 24–36.

75 Wolfgang Sellert, Prozeßgrundsätze und Stilus Curiae am Reichshofrat im Vergleich mit den gesetzlichen Grundlagen des reichskammergerichtlichen Verfahrens (Untersuchungen zur deutschen Staats- und Rechtsgeschichte. Neue Folge, 18), Aalen 1973.

76 Hierzu instruktiv: Robert Meier, Niklas Luhmanns Systemtheorie und die Erschließung von Archivgut des Alten Reiches. Überlegungen und Konsequenzen für die Archivwissenschaft, in: Archivalische Zeitschrift 86 (2004), S. 131–149.

77 Hillard von Thiessen, Normenkonkurrenz. Handlungsspielräume, Rollen, normativer Wandel und normative Kontinuität vom späten Mittelalter bis zum Übergang zur Moderne, in: Arne Karsten/Ders. (Hrsg.), Normenkonkurrenz in historischer Perspektive (ZHF, Beihefte, 50), Berlin 2015, S. 241–286; Ders., Concurrence and Competition of Norms (*Normenkonkurrenz*) in the Age of Ambiguity. A Concept for the Analysis of Normative Orders in Early Modern Europe in an Inter-Epochal and Interdisciplinary Perspective, in: Ulrike Ludwig (Hrsg.), Konzeptforum Normenkonkurrenz und kulturelle Ambiguität (EViR Working Papers, 9), Münster 2024, S. 6–51; Peter Oestmann, Rechtshistorische Anmerkungen zum Konzept „Normenkonkurrenz“ von Hillard von Thiessen, ebd., S. 93–103.

geschichte plädiert hat.[78] Ein solcher Anspruch ist keineswegs überambitioniert, sondern trägt der immensen Quellenvielfalt Rechnung, die der Reichshofrat weit über Wien hinaus in Dutzenden von Archiven Europas hinterlassen hat.

3. Die *protocolla rerum exhibitarum* als erste Formalisierungsinstanz der Verfahrensgeschichte

3.1 Schriftliche Expertenkommunikation als analytische Herausforderung

François Rabelais beschrieb den Vorgang gerichtlicher Aktenbildung 1532 als einen Prozess der Verknüpfung einzelner Glieder: Jedes Schriftstück *zeugt ein neues Glied, dieß wieder eins, wie Masch für Masch das Panzerhemd gefertigt wird.*[79] Aus soziologischer Perspektive bildet das Panzerhemd eine Metapher für die prozessuale „Verfahrensgeschichte",[80] die Gericht und Parteien sukzessive verstrickt, Unsicherheiten absorbiert und Komplexität reduziert. Soll diese Komplexitätsreduktion in der historischen Analyse nicht reproduziert, sondern sichtbar gemacht werden, hat man sein Augenmerk auf jenen Zeitpunkt zu richten, an dem der verhandelte soziale Konflikt noch ein *wüste*[s] *G'schöpf*[81] war, das *unförmlich, roh und misgestalt* dalag, um schließlich von Juristen *brav* [...] *articulirt und formiret* zu werden. Theoriegeleitete Arbeit mit Prozessschriftgut beginnt deshalb weder mit der Akte noch mit dem Sitzungsprotokoll. Sie beginnt mit der Untersuchung von jenen der Verfahrensgeschichte vorgelagerten Filtern, die bislang kaum ins Bewusstsein der Forschung treten konnten, da sie bereits in der Aktenerschließung durch Verzeichnungsgrundsätze invisibilisiert wurden, denen ein vorsoziologisches Verständnis von „Sachverhaltserfassung" zugrunde lag.

Eine solche Analyse könnte bei der Tätigkeit von Protonotar Franz Xaver von Bergauer einsetzen, auf dessen Schreibtisch am 7. Januar 1793 ein Stapel von 85 Schriftsätzen lag, die auf ihren Eintrag in das *protocollum rerum exhibitarum* warteten. Das Protokoll des Jahres 1793 zählt zu einer Serie von 197 Bänden mit einer Gesamtlaufzeit von 1579 bis 1806, die von der Reichshofratsforschung bislang kaum zur Kenntnis genommen wurde, obwohl das Exhibitenprotokoll eine der wichtigsten Formalisierungsinstanzen des Kollegiums bildete. Denn Eingang

78 Dieter Grimm, Die Historiker und die Verfassung. Ein Beitrag zur Wirkungsgeschichte des Grundgesetzes, München 2022, S. 324.

79 François Rabelais, Gargantua und Pantagruel, Bd. 1, Leipzig 1832, S. 508–510.

80 Niklas Luhmann, Legitimation durch Verfahren, 11. Aufl., Frankfurt am Main 2019, S. 43–46.

81 Dieses und das folgende Zitat wie Anm. 79.

in die Verfahrensgeschichte fanden Schriftsätze nur über dieses Posteingangsbuch. Was dort nicht verzeichnet war, existierte für das Gericht schlicht und ergreifend nicht.

Wer dieses Protokoll als ein epistemisches Ding ernstnehmen will, muss sich jedoch vor dessen Betrachtung fragen, wer diese Schriftsätze überhaupt verfasst hatte und wie sie auf Bergauers Schreibtisch gelangt waren. Bei der Lektüre von Regesten, die auf Grundlage der Frankfurter Grundsätze verfasst wurden, drängt sich die Erkenntnis nicht unbedingt auf, dass es hier etwas zu erforschen geben könnte. Alles scheint ganz einfach zu sein: „Kläger führt aus… Darauf erwidert Beklagter… Reichshofrat entscheidet…" usw. usf. In komprimierter Form reproduziert eine solche Erschließung die Vertretungsfiktionen juristischer Selbstbeschreibung, die einen Großteil jener Probleme invisibilisieren, die bei der Translation zwischen sozialen und rechtlichen Normen anfallen und um deren Bearbeitung keine Fremdbeschreibung herumkommt – denn in aller Regel führten Kläger:innen und Beklagte vor dem Reichshofrat überhaupt nichts aus. Hören wir noch einmal den eingangs bereits zu Wort gekommenen Karl Friedrich Häberlin:

> *Die von den Partheyen oder Agenten überreichten Schriften trägt der Reichshofratstürhüter in die Rathsstube und übergiebt solche dem Präsidenten, welcher auf jedes Exemplar* […] *das verkürzte Wort praes. (praesentatum), sodann den Tag, den Monat und das Jahr der Ueberreichung schreibt. Die solchergestalt mit dem Präsentatum versehene Schriften trägt hierauf der Reichshofrathstürhüter in das an die Rathsstube anstoßende Zimmer des Protonotars.*[82]

Parteien *oder* Agenten: Ein formaler Anwaltszwang bestand am Reichshofrat also nicht,[83] und dass sich zahlreiche Prozessführer:innen zur Freude österreichischer Gastwirte über längere Zeiträume hinweg in Wien einquartierten, haben wir bereits gehört. Diese physische Anwesenheit von Laien am Gerichtsort, auf deren Gründe im Folgenden noch zurückzukommen sein wird, bedeutete jedoch keineswegs, dass sich auf dem Schreibtisch des Protonotars das pralle Leben *unförmlich, roh und misgestalt* ausgebreitet hätte. Was ihm der Türhüter auf den Tisch legte, war bereits „von den Schlacken der rohen Wirklichkeit gereinigt und in verständliche juristische Begriffe übersetzt"[84] worden. Gewiss, alle Jubeljahre hüpfte auch mal ein Knallfrosch zur Tür herein. 1776 zum Beispiel, lange vor Bergauers Zeit, war ein Mann namens Friedrich von der Trenck auf der Bild-

82 Häberlin, Repertorium (wie Anm. 12), Bd. 4, Leipzig 1795, S. 325.

83 Sellert, Prozeßgrundsätze (wie Anm. 75), S. 112–126.

84 Piero Calamandrei, Lob der Richter. Gesungen von einem Advokaten, München 1956, S. 243.

fläche erschienen und hatte erklärt, er pfeife auf alle Conclusa und zettele lieber ein *Blut Bad*[85] an, als sich zum *Schlachtopfer Reichshofräthlicher politick* machen zu lassen. Solche kleinen Aufreger belebten den Dienstbetrieb jedoch eher als dass sie ihn gestört hätten, denn in der überwältigenden Masse der Schriftsätze, die Tag für Tag an Bergauer vorbeirauschten, war der Kaiser 1793 noch genauso unüberwindlich, der Reichshofrat so allerhöchstpreißlich und der Untertan so alleruntertänigst wie 1693: *fiat stilus et pereat mundus.*[86]

So brav und artikuliert ging es in den Schriftsätzen zu, weil das Rechtssystem in ihnen ein Selbstgespräch führte und nicht etwa unvermittelt mit der Gesellschaft kommunizierte. Bereits die außergerichtlichen Bittschriften einfacher Untertanen, die im 16. Jahrhundert in großer Zahl an den Reichshofrat gelangten,[87] waren zumeist nicht von den Supplikanten selbst, sondern von Juristen oder sonstigen *legal literates* verfasst worden.[88] In der Folge kam es zu einer im 18. Jahrhundert bereits weitgehend abgeschlossenen „Verknappung [...] der sprechenden Subjekte“[89] durch eine die Laien „entmündigende Expertenherrschaft“.[90] Eines formalen Anwaltszwanges bedurfte es hierzu nicht. Die zu langfristig erfolgreicher Prozessführung notwendige Verwendung einer juristischen Fachsprache, die dem Gros der Bevölkerung unzugänglich blieb, genügte vollauf.[91] Für die überwältigende Mehrzahl jener Schriftsätze, aus denen sich die aktenmäßig überlieferten Verfahrensgeschichten von nach 1648 geführten Reichshofratsprozessen zusammensetzen, zeichneten deshalb studierte Juristen

---

85 Dieses und das folgende Zitat nach: Christopher FREY, Der Preuße von Zwerbach. Das ruhelose Leben des Friedrich von der Trenck im Spiegel der Familienkorrespondenz (Forschungen zur Landeskunde von Niederösterreich, 40), St. Pölten 2019, S. 256 f.

86 Franz Johann VILLIKUS, Der Hannswurst und der Frosch. Ein Kandidaten- und Berufsgespräch, o. O. 1789, S. 81.

87 Vgl. hierzu den Beitrag von Eva ORTLIEB in diesem Band.

88 Florian ZEILINGER, Wiederherstellbare Ehre. Konzept und Praxis der Ehrrestitution am Reichshofrat Kaiser Rudolfs II. (1576–1612) (Histoire, 202), Bielefeld 2022, S. 233 f. Zum Konzept der legal literacy: Mia Korpiola (Hrsg.), Legal Literacy in Premodern European Societies (World Histories of Crime, Culture and Violence), Cham 2019.

89 Michel FOUCAULT, Die Ordnung des Diskurses, 15. Aufl., Frankfurt am Main 2019, S. 26.

90 Ivan ILLICH, Entmündigende Expertenherrschaft, in: Ders. (Hrsg.), Entmündigung durch Experten. Zur Kritik der Dienstleistungsberufe, Reinbek bei Hamburg 1979, S. 7–35. 1584 erklärte der aus dem Friaul stammende Müller Menocchio vor dem Inquisitionsgericht: „Ich habe die Meinung, dass das Lateinischreden eine Betrügerei an den armen Leuten sei, dieweil in den Prozessen die armen Leut nicht wissen, was man sagt und werden unterdrückt, und wenn sie vier Worte sagen wollen, hat man einen Anwalt nötig.“ Zitiert nach: Carlo GINZBURG, Der Käse und die Würmer. Die Welt eines Müllers des 16. Jahrhunderts, 9. Aufl., Berlin 2023, S. 34.

91 Tobias SCHENK, Schriftlichkeit und Mündlichkeit im frühneuzeitlichen Reichsprozess. Über ein pathologisiertes Komplementärverhältnis, in: Susanne Ehrich/Maria Selig (Hrsg.), Städtische Rechtskulturen in der Vormoderne (Forum Mittelalter-Studien, 21), Regensburg 2024, S. 165–190.

verantwortlich. Ob man nun mit Max Weber von Entfremdung[92] oder mit Niklas Luhmann von kommunikativer Schließung[93] spricht: Man hat es bei den Schriftsätzen, die den Reichshofrat zwischen 1648 und 1806 erreichten, in aller Regel mit materialen Artefakten einer Expertenkommunikation zu tun.

Den Quellenwert der Akten mindert diese Feststellung in keiner Weise, denn die rechtliche Argumentation der Anwälte erschließt nicht nur das weite Feld frühneuzeitlicher Rechtsquellenvielfalt,[94] sondern bildete auch die formale Grundlage jener juristischen Entscheidungen, durch die sich der Reichshofrat als soziales System reproduzierte und die folglich im Zentrum historischer Organisationsforschung zu stehen haben. Darüber hinaus bietet sich die große Zahl der von den Anwälten beigebrachten Beweismittel, deren Bandbreite von Urkunden und Inventaren über Protokolle von Zeugenverhören bis hin zu farbenprächtigen Augenscheinkarten[95] reicht, für (rechts-)historische Analysen unterschiedlichsten Zuschnitts an, wie Anja Amend-Traut am Beispiel des Handelsrechts vorgeführt hat.[96]

Sofern jedoch Organisationsforschung betrieben oder die Justiznutzung als solche zum Ausgangspunkt reflektierter Gesellschaftsanalysen werden soll, kann man sich die erkenntnistheoretische Naivität, mit der die von den Frankfurter Grundsätzen bereits auf Erschließungsebene reproduzierte juristische Selbstbeschreibung auf die Unterschrift der Partei unter der Agentenvollmacht verweist, nicht länger leisten. Mit Blick auf prozessuale Stellvertretung hat man sich vielmehr vor Augen zu führen, „wie voraussetzungsvoll diese Einrichtung in Wahrheit ist und wieviel aus ihrer ‚Evolution' in theoretisch-soziologischer Hinsicht zu lernen wäre".[97] Keinesfalls kann eine theoriegeleitete Justizforschung die Schriftsätze, die am 7. Januar 1793 auf dem Schreibtisch des Protonotars landeten, dem Kurfürsten von Trier oder gar einer von zahlreichen internen Konflikten geprägten Korporation wie der Frankfurter Judenschaft zurechnen, sondern nur denjenigen konkreten Personen, die für sie handelten.[98]

---

92 Max Weber, Wirtschaft und Gesellschaft. Die Wirtschaft und die gesellschaftlichen Ordnungen und Mächte. Nachlaß, Teilband 3: Recht. Studienausgabe der Max-Weber-Gesamtausgabe, Tübingen 2014, S. 144.

93 Niklas Luhmann, Organisation und Entscheidung, 2. Aufl., Wiesbaden 2006, S. 39–80.

94 Hierzu: Peter Oestmann, Rechtsvielfalt vor Gericht. Rechtsanwendung und Partikularrecht im Alten Reich (Rechtsprechung, 18), Frankfurt am Main 2002.

95 Vgl. den Beitrag von Anette Baumann in diesem Band.

96 Anja Amend-Traut, Die Akten und Beilagen von Reichskammergericht und Reichshofrat als Quellen des Handelsrechts, in: ZNR 37 (2015), S. 177–205.

97 Johannes Weiss, Handeln und handeln lassen. Über Stellvertretung, Opladen/Wiesbaden 1998, S. 83; zum Desiderat von Forschungen zur Interaktion zwischen Prozessführern und Anwälten: Griet Vermeesch, Access to Justice, in: Decock, Konfliktlösung in der Frühen Neuzeit (wie Anm. 23), S. 27–35, hier S. 32.

98 Weiss, Handeln und handeln lassen (wie Anm. 97), S. 56. Dies gilt im Übrigen auch für die

Diese Prämisse, die Historiker:innen bei der Analyse von Justiznutzung vor einer unreflektierten Anlehnung an postmoderne Subjektivierungsdiskurse bewahrt[99] und die Yair Mintzker unlängst in überzeugender Weise auf den frühneuzeitlichen Strafprozess angewandt hat,[100] gilt nicht nur für die Geschichtswissenschaft. Sie gilt auch und gerade für eine methodenbewusste Rechtsgeschichte, die sich für juristische Translationsprozesse zwischen sozialen und rechtlichen Normen zu interessieren beginnt.[101] Die Rechtssoziologie weiß seit langem, dass in der Gegenwart ein Großteil dieser Übersetzungen nicht etwa durch Richter:innen, sondern bereits im Rahmen „vorprozessualer Streitaufbereitung"[102] durch die Anwaltschaft geleistet wird. In besonderem Maße gilt dies für das schriftliche Verfahren, mit dem sich das Reichshofratskollegium die Parteien buchstäblich vom Leibe hielt, denn die Translation politischer und sozialer Konflikte in Rechtsfälle hatte zum Zeitpunkt, als das Vorbringen Eingang in die aktenmäßige Verfahrensgeschichte fand, längst stattgefunden.

Die Tätigkeit von Anwälten ist also in der Tat etwas sehr Voraussetzungsvolles, so dass sich die Justizforschung nicht mit Stellvertretungsfiktionen begnügen darf. Man hat vielmehr „Stück für Stück das Tarnkleid der Selbstverständlichkeiten zu lüften, das die Macht-Wissen-Relation umgibt".[103] Am Beispiel Nürnberger Apotheker des frühen 18. Jahrhunderts hat Vincent Demont aufgezeigt, dass die anwaltliche Streitaufbereitung keineswegs in „unbezahlter zeremonieller Arbeit"[104] aufging, sondern auch die inhaltliche Ausrichtung des schriftlichen Vorbringens massiv beeinflusste.[105] Was schließlich auf dem Tisch des Protonotars landete, entsprach also keineswegs in jeder Hinsicht den ursprünglichen In-

Supplikenforschung. Wo sich die Arbeit professioneller Schreiber rekonstruieren lässt, werden häufig erhebliche Änderungen der ursprünglichen Argumentation der Bittsteller:innen sichtbar. Hierzu mit Beispielen aus dem 17. und 18. Jahrhundert: Andreas Würgler, Bitten und Begehren. Suppliken und Gravamina in der deutschsprachigen Frühneuzeitforschung, in: Cecilia Nubola/Ders. (Hrsg.), Bittschriften und Gravamina. Politik, Verwaltung und Justiz in Europa (14.–18. Jahrhundert) (Schriften des Italianisch-Deutschen Historischen Instituts in Trient, 19), Berlin 2005, S. 17–52, hier S. 42 f.

99 Treffende Kritik am „psychologisierenden Herumstochern in erspürter Intentionalität" bei Oestmann, Heiliges Römisches Reich (wie Anm. 30), S. 392.

100 Yair Mintzker, Die vielen Tode des Jud Süß. Justizmord an einem Hofjuden, Göttingen 2020.

101 Siehe Duve, Rechtsgeschichte als Geschichte von Normativitätswissen (wie Anm. 30).

102 Oskar Hartwieg, Sachverhaltsarbeit als Steuerungsinstrument im Zivilprozeß. Ein entscheidungstheoretischer Versuch (Beiträge zu Grundfragen des Rechts, 2), Göttingen 2010, S. 27 f.

103 Arndt Brendecke, Imperium und Empirie. Funktionen des Wissens in der spanischen Kolonialherrschaft, Köln/Weimar/Wien 2009, S. 16.

104 Luhmann, Legitimation durch Verfahren (wie Anm. 80), S. 114.

105 Vincent Demont, Gerichtsvielfalt im Gewerbealltag? Kayserlich-privilegierte Stümper und städtische Apotheker in und um Nürnberg zu Beginn des 18. Jahrhunderts, in: Anja Amend-Traut/Josef Bongartz/Alexander Denzler/Ellen Franke/Stefan A. Stodolkowitz (Hrsg.), Unter der Linde

Abb. 3: Im Rahmen interdisziplinärer Forschungen zu vorprozessualer Streitaufbereitung gerieten nicht nur Agenten und Advokaten, sondern auch Notare in den Blick. Deren Signets sind in den Reichshofratsakten zahlreich überliefert und gäben auch aus kunsthistorischer Perspektive einen reizvollen Forschungsgegenstand ab. Abgebildet ist das Signet des Bamberger Notars Johann Kaspar Hanbaum aus dem Jahr 1683 (ÖStA HHStA, RHR, Antiqua, K. 1008, Nr. 3, Bl. 14).

tentionen der Apotheker. Und wie hätte man sich erst einen Reichshofratsprozess vorzustellen, in dem die Hohenzollern als des deutschen Reiches Erzkämmerer und Kurfürsten das Geschäft der Translation nicht an juristische Großkaliber wie Johann Peter von Ludewig delegiert hätten? Einen Prozess, in dem ein Friedrich Wilhelm I., der erklärtermaßen stolz darauf war, kein *blackscheißender* Jurist zu sein, tatsächlich selbst zur Feder gegriffen hätte?[106]

Bei alledem lautet die Frage nicht etwa, wie die Akten in einer solchen Parallelwelt wohl ausgesehen hätten. Sie lautet vielmehr, ob es dem Reichshofrat ohne den Filter schriftlicher vorprozessualer Streitaufbereitung überhaupt hätte gelingen können, so etwas wie ein justizförmiges Verfahren gegenüber seinem von mündlicher Anwesenheitskommunikation geprägten höfischen

und vor dem Kaiser. Neue Perspektiven auf Gerichtsvielfalt und Gerichtslandschaften im Heiligen Römischen Reich (QFHG, 73), Wien/Köln/Weimar 2020, S. 279–300, hier S. 297.

106 Vgl. Tobias SCHENK, Reichspatriotismus? Friedrich Wilhelm I. im Spiegel der Reichshofratsakten, in: Frank Göse/Jürgen Kloosterhuis (Hrsg.), Mehr als nur Soldatenkönig. Neue Schlaglichter auf Lebenswelt und Regierungswerk Friedrich Wilhelms I. (Veröffentlichungen aus den Archiven Preußischer Kulturbesitz, 18), Berlin 2020, S. 113–145.

Umfeld auszudifferenzieren.[107] Es geht folglich keineswegs darum, das in der Akte dokumentierte schriftliche Vorbringen als Lüge zu denunzieren, hinter der sich die vollständige politische Determinierung der Entscheidung verberge. Es geht darum, juristisches Expertenwissen als ein Normativitätswissen zu beschreiben, das sich der Akte nicht allein als eines technischen Hilfsmittels, sondern als eines Instruments „symbolischer Informationsverarbeitung"[108] bediente, um Praktiken zu invisibilisieren, die einer stratifizierten Gesellschaft die vielfältigen Zumutungen organisierter Rechtserzeugung überhaupt erst erträglich machten.

Law as Culture, dies wird im Folgenden immer wieder deutlich werden, reproduzierte sich also in erheblichem Maße im Vorfeld des Exhibitenprotokolls als der ersten großen Formalisierungsinstanz der Verfahrensgeschichte. Will die Reichshofratsforschung fundierte Beiträge zu reflektierten Gesellschaftsanalysen leisten, hat sie sich also viel intensiver als in der Vergangenheit mit prozessualer Stellvertretung auseinanderzusetzen. Thomas Dorfners innovative Studie über die Reichshofratsagenten[109] bildet hierfür eine hervorragende Grundlage, weshalb ich mich an dieser Stelle auf einige grundsätzliche Bemerkungen zum Verhältnis von Theorie und Empirie beschränken kann.

Ansetzen ließe sich bei der Beobachtung, dass Anwälte im frühneuzeitlichen Korruptionsdiskurs die *pole position* einnahmen.[110] Als Gottfried von Bretschneider 1793 die Reichshofratsagenten publizistisch aufs Korn nahm,[111] erfand er also kein neues Sujet, sondern fügte einem bereits äußerst umfangreichen Genre ein weiteres Werk hinzu. Gegenüber jenen Teilen der Rechtsgeschichte, die in epochenübergreifender Standessolidarität dazu neigen, die Justiz des Ancien Régime gegen ihre Kritiker zu verteidigen, wird eine theoriegeleitete Justizforschung nicht ins andere Extrem verfallen und in der Korruptionskritik des 18. Jahrhunderts ein getreues Abbild juristischer Praxis erkennen. Sie hat stattdessen mit den Instrumenten historischer Diskursanalyse die Frage zu be-

---

107 Hierzu grundsätzlich: Rudolf Schlögl, Anwesende und Abwesende. Grundriss für eine Gesellschaftsgeschichte der Frühen Neuzeit, Konstanz 2014, S. 263–278.

108 André Krischer, Das Problem des Entscheidens in systematischer und historischer Perspektive, in: Ders./Barbara Stollberg-Rilinger (Hrsg.), Herstellung und Darstellung von Entscheidungen. Verfahren, Verwalten und Verhandeln in der Vormoderne (ZHF, Beihefte, 44), Berlin 2010, S. 35–64, hier S. 55.

109 Dorfner, Mittler zwischen Haupt und Gliedern (wie Anm. 26); vgl. für das Reichskammergericht: Anette Baumann, Advokaten und Prokuratoren. Anwälte am Reichskammergericht (1690–1806) (QFHG, 51), Köln/Weimar/Wien 2006.

110 Katharina Flechsig, Von Causenflickern und Rittern der Rechte. Juristenkritik und Juristenideal in der Frühen Neuzeit, Göttingen 2021, S. 131–249.

111 Bretschneider, Georg Wallers Leben und Sitten (wie Anm. 10).

arbeiten, wie es angesichts der Fülle dessen, was anno 1793 über das kaiserliche Kollegium hätte gesagt werden können, eigentlich kam, dass „eine bestimmte Aussage erschienen ist und keine andere an ihrer Stelle".[112]

Man kann Bretschneiders Roman, dem sein zeitgenössischer Rezensent innere Wahrhaftigkeit bescheinigte, also weder als topische Juristenschelte abtun, noch kann man sich mit der Bemerkung begnügen, es sei die Geschichte des Anwaltsstandes nun einmal eine Geschichte der Kommodifizierung des Rechts.[113] Letzteres ist natürlich nicht falsch, wie etwa jene Gemeinen Bescheide verdeutlichen, in denen die mit ihren Mandanten nach Bogenzahl abrechnenden Agenten dazu angehalten wurden, unnütze Allegationen zu unterlassen und kein allzu schamloses Spiel mit Schriftgröße und Zeilenabstand zu treiben.[114] Hätten sich die Adressaten daran gehalten, würde der Wiener Reichshofratsbestand heute vermutlich einige hundert Regalmeter weniger umfassen. Bourdieus Hinweis auf die „brutale Tatsache der universellen Reduzierbarkeit [aller sozialen Praxis] auf die Ökonomie"[115] nehmen wir mit Blick auf das juristische Schreibwerk also dankbar auf und werden diesen Nexus auch im Folgenden nicht aus den Augen verlieren. Ebenso weiterführend ist die soziologische Erkenntnis, dass Vertretungsmechanismen prinzipiell durch Undurchsichtigkeit und Anonymität gekennzeichnet sind und deshalb zu fortschreitender Entfremdung zwischen Vertretern und Vertretenen führen.[116] Allerdings besaßen Kommodifizierung, Intransparenz und Entfremdung in der Frühen Neuzeit ein epochenspezifisches Gepräge, dessen sich die Forschung noch nicht hinreichend bewusst geworden ist.

---

112 Michel Foucault, Archäologie des Wissens, 19. Aufl., Frankfurt am Main 2020, S. 42.

113 Hierzu jüngst: Katharina Pistor, Der Code des Kapitals. Wie das Recht Reichtum und Ungleichheit schafft, Berlin 2023.

114 Verwiesen sei lediglich auf den Gemeinen Bescheid des Reichshofrats vom 14. Mai 1763, abgedruckt bei Oestmann, Gemeine Bescheide (wie Anm. 33), S. 397–400; vgl. auch Ders., Streit um Anwaltskosten in der frühen Neuzeit, in: ZRG GA 132 (2015), S. 152–218, ZRG GA 133 (2016), S. 191–295. Übrigens hatte auch die Real Audiencia von Mexiko in der Frühen Neuzeit mit zu großen Zeilenabständen in den eingereichten Schriftsätzen zu kämpfen. Siehe Christian Hillebrand, Die Real Audiencia in Mexiko (Berliner Schriften zur Rechtsgeschichte, 4), Baden-Baden 2016, S. 122. Ich danke Ignacio Czeguhn für den freundlichen Hinweis auf diese Studie. Vgl. auch die auf peruanische Notare der Frühen Neuzeit bezogene Feststellung von Burns, Into the Archive (wie Anm. 37), S. 13: „The history of Spanish American archives is thus business history; that of men whose record-making activities were neither supervised nor funded by government in the modern sense, but undertaken (with royal rather than guild license) more in the spirit of a trade."

115 Pierre Bourdieu, Ökonomisches Kapital – Kulturelles Kapital – Soziales Kapital, in: Ders., Die verborgenen Mechanismen der Macht (Schriften zu Politik & Kultur, 1), Hamburg 2015, S. 49–79, hier S. 71.

116 Weiss, Handeln und handeln lassen (wie Anm. 97), S. 37.

Bedeutsam ist zunächst die Arbeitsteilung zwischen Advokaten, die die Parteien vor Ort berieten, und Prokuratoren bzw. Agenten, die die Schriftsätze bei Gericht einreichten. Diese Differenzierung des Anwaltsstandes blieb keineswegs auf das Heilige Römische Reich beschränkt, sondern begegnet zeitgleich auch in England in Gestalt der Barristers und Solicitors. Das in der Rechtsgeschichte bislang vorherrschende positivistische Verständnis gerichtlicher „Sachverhaltserfassung" verfehlt seinen Gegenstand also auch deshalb, weil die Kommunikation zwischen den Parteien und dem Reichshofratskollegium, das sich im schriftlichen Verfahren jeder Interaktion mit den Rechtssuchenden entzog, durch zwei juristische Experten vermittelt wurde. Prozessführer:innen bekamen nicht nur das Kollegium niemals zu Gesicht, sondern lernten auch den Agenten, der in ihrem Namen die Schriftsätze einreichte, niemals kennen, sofern sie nicht die Kosten und Mühen einer Reise nach Wien auf sich nahmen. Von vorneherein war der Kommunikation zwischen Gericht und Parteien also ein hohes Maß an Intransparenz und Anonymität eingeschrieben, das umso unwahrscheinlicher wirkt, als man es mit einer auf dem Primat von Anwesenheitskommunikation geprägten stratifizierten Gesellschaft zu tun hat und den Akteuren Systemvertrauen als Mechanismus zur Reduktion sozialer Komplexität kaum zu Gebote stand. Im Rahmen theoriegeleiteter Analysen jener Schriftsätze, die Jahr für Jahr über das *protocollum rerum exhibitarum* ihren Weg in die aktenmäßige Verfahrensgeschichte fanden, wäre deshalb auch eine Historisierung von Vertrauenspraktiken zu leisten.[117]

Bei alledem muss man sich die epochenspezifische Vermachtung rechtlichen Wissens durch die Anwälte vor Augen führen. Denn im Vergleich zum Rechtskreis des Common Law war die Tätigkeit der Anwälte auf dem Kontinent bis weit ins 19. Jahrhundert hinein durch eine ausgeprägte Staats- bzw. Herrschaftsnähe gekennzeichnet,[118] was insbesondere für die Prokuratoren bzw. Agenten gilt. Diese unterlagen im Verkehr mit dem Gericht nicht nur dem „Gesetz des Wiedersehens",[119] wie sie es noch heute tun, sondern waren selbst Mitglieder des Gerichts und unterstanden seiner Jurisdiktion.[120] Das gemeinsame Kartenspiel

---

117 Grundlegend: Niklas LUHMANN, Vertrauen. Ein Mechanismus der Reduktion sozialer Komplexität, 5. Aufl., Konstanz/München 2014; Martin HARTMANN, Die Praxis des Vertrauens, Berlin 2011.

118 Zu Frankreich: Lucien KARPIK, French Lawyers. A Study in Collective Action 1274–1991, Oxford 1999, S. 16; mit Blick auf Preußen: Dietrich RAUSCHEMEYER, State, Capitalism, and the Organization of Legal Counsel. Examining an Extreme Case – the Prussian Bar, 1700–1914, in: Terence C. Halliday/Lucien Karpik (Hrsg.), Lawyers and the Rise of Western Political Liberalism, Oxford 1997, S. 207–228.

119 Niklas LUHMANN, Der neue Chef, 2. Aufl., Berlin 2016, S. 61.

120 Was Kompetenzkonflikte zwischen Reichshofrat und Obersthofmarschall keineswegs ausschloss. Siehe DORFNER, Mittler (wie Anm. 26), S. 62–67.

von Richtern und Anwälten, das im Korruptionsdiskurs des 18. Jahrhunderts einen festen Platz einnahm,[121] bildete also nicht etwa einen von der Praxis abgelösten Topos, sondern ist als Metapher für eine epochenspezifisch besonders enge Verflechtung zwischen beiden Berufsgruppen zu betrachten.[122] Auch in Wien lebten zahlreiche Räte und Agenten vor aller Augen *in der genauesten Familiarität*[123] miteinander, wie Reichshofrat Johann Christoph Burkhardt von der Klee (1697–1761), von dem noch die Rede sein wird, 1740 betonte.

Die Schriftsätze, die die formale Erkenntnisgrundlage des reichshofrätlichen Entscheidungsprozesses bildeten, wurden in aller Regel also nicht allein von Mitgliedern ein- und desselben Rechts*systems* verfasst, sondern von Mitgliedern ein- und derselben Rechts*organisation* eingereicht. Die aktenmäßige Verfahrensgeschichte des Gerichts war deshalb gegenüber direkten Irritationen aus der Umwelt noch weitaus effektiver abgeschirmt als dies in der Gegenwart der Fall ist, denn die Disziplinargewalt des Gerichts über die Agenten erstreckte sich insbesondere auf deren Schreibpraktiken.[124] Beispielsweise war es den Parteien entgegen reichsrechtlicher Zusicherungen de facto unmöglich, gegen korrupte Reichshofräte im Wege einer Syndikatsklage vorzugehen, da das Gericht entsprechende Schriftsätze nicht zu den Akten nahm und Agenten bei wiederholter Einreichung ihre Zulassung riskiert hätten – wohlgemerkt auch und gerade dann, wenn die Vorwürfe nach interner Ansicht durchaus berechtigt waren.[125] Vor diesem Hintergrund wird deutlich, warum Studien zur Justiznutzung, die mit dem Anspruch

---

121 Mit Blick auf Preußen: Adolf Trendelenburg, Friederich der Große und sein Großkanzler Samuel von Cocceji. Beitrag zur Geschichte der ersten Justizreform und des Naturrechts, in: Philologische und historische Abhandlungen der Königlichen Akademie der Wissenschaften zu Berlin aus dem Jahre 1863 (1864), S. 1–74, hier S. 22 f.

122 Hierzu Dorfner, Mittler zwischen Haupt und Gliedern (wie Anm. 26), S. 115–123.

123 ÖStA HHStA, MEA, Reichshofrat, K. 10a, Nr. 1, unfol. Ich plane eine Edition dieses Gutachtens.

124 Die sich übrigens in der Parteienüberlieferung zumindest vereinzelt durchaus beobachten lassen. Konzepte aus der Feder des Reichshofratsagenten Matthias Ignaz Nipho enthält beispielsweise die Akte zu einem um 1680 geführten Mandatsprozess zwischen Philipp Kaspar von Bicken und Fürst Johann Franz Desideratus zu Nassau-Siegen: Landesarchiv Nordrhein-Westfalen Abteilung Westfalen, E 401, 928; vgl. zu den Schreibpraktiken der Agenten Dorfner, Mittler zwischen Haupt und Gliedern (wie Anm. 26), S. 157–164.

125 Hierzu ausführlich: Tobias Schenk, Der Reichshofrat im Spannungsfeld von Zweck-Mittel-Rationalität und Korruption. Praxeologische Betrachtungen zur Kommodifizierung des Rechts in der Frühen Neuzeit, in: Josef Bongartz/Alexander Denzler/Carolin Katzer/Stefan Andreas Stodolkowitz (Hrsg.), Beschleunigung und Effizienzbemühungen im Gerichtswesen der Vormoderne (im Druck). Im Übrigen wurde von klagenden Untertanen erwartet, nicht nur gegenüber Kaiser und Reichshofrat, sondern auch gegenüber beklagten Obrigkeiten „unbezahlte zeremonielle Arbeit" (Luhmann) zu leisten. Die Annahme von in dieser Hinsicht nicht hinreichend devoten Schriftsätzen wurde wiederholt verweigert. Ein Beispiel aus dem Jahr 1696 findet sich in ÖStA HHStA, RHR, Antiqua, K. 1039, Nr. 1, Bl. 372.

auf Akteurszentrierung antreten, die operativen Strukturen und das Personal des Gerichts jedoch nicht hinreichend berücksichtigen und noch dazu mit einem normativen Gesellschaftsbegriff operieren, aller Empirie zum Trotz regelmäßig im Prokrustesbett juristischer Selbstbeschreibung stecken bleiben.

Die reflektierte Verknüpfung von Organisations- und Gesellschaftsanalyse setzt folglich nicht bei der Lektüre der Prozessakte, sondern bei der Analyse vorprozessualer Streitaufbereitung an. Sie setzt nicht bei der mittelbaren Kommunikation zwischen Partei und Gericht, sondern bei der unmittelbaren Kommunikation der Vertretenen mit deren Vertretern an. Denn genau hier – in der Umwelt des Rechtssystems und nicht in diesem selbst – gilt es jenen Verwertungskontext rechtlichen Wissens offenzulegen, ohne den sich die Prozessakte als materiales Artefakt juristischer Expertise fundierter Kritik entzieht.[126] Der Weg zu *records in context* beginnt also nicht im Wiener Haus-, Hof- und Staatsarchiv,[127] sondern in all jenen über weite Teile Europas verteilten Staats-, Kommunal-, Kirchen- und Adelsarchiven, die das Schriftgut der zeitgenössisch am Kaiserhof Vertretenen verwahren. In ihrer noch nicht einmal ansatzweise ausgeschöpften Masse bildet diese Parteienüberlieferung die Voraussetzung dafür, die vielfach geglättete aktenmäßige Fallgeschichte sowohl mit dem weiten Feld der Infrajustiz[128] als auch mit der informalen Hinterbühne der Rechtsorganisation in Verbindung zu setzen und somit das Spannungsfeld von funktionaler Differenzierung und gesellschaftlicher Stratifikation zu entfalten, das anderenfalls weitgehend unsichtbar bleibt.[129]

Bekanntlich sehen sich praxeologisch ausgerichtete Studien häufig mit dem Fehlen von Archivbeständen konfrontiert, die die Beobachtung einschlägiger Praktiken erlauben.[130] Die Nutzung des Reichshofrats hat jedoch nicht nur in Wien, sondern auch in den Parteienarchiven einen Quellenreichtum hinterlassen, der mit Blick auf die frühneuzeitliche Justiz im deutschsprachigen Raum einzigartig sein dürfte. Die Überlieferungschance[131] auf Seiten der Vertretenen korrespondiert zwar mit deren ständischer Dignität und ist bei einem Kurfürs-

---

126 Somek, Rechtliches Wissen (wie Anm. 20), S. 14–16.

127 Hingewiesen sei jedoch auf die in der Serie „Reichshofratsagentenarchive" eingereihten Nachlassfragmente mit Korrespondenzen und Handakten der Agenten Johann Löw (1580–1620), Johann Wilhelm Hallmann (1661–1679) und Josef Adam Strauß (1717).

128 Hierzu: Karl Härter, Infrajustiz und außergerichtliche Formen der Konfliktregulierung, in: Decock, Konfliktlösung in der Frühen Neuzeit (wie Anm. 23), S. 37–47.

129 Vgl. Schenk, Praktiken funktionaler Differenzierung (wie Anm. 38).

130 Zu diesem Problem zuletzt Martus/Spoerhase, Geistesarbeit (wie Anm. 66), S. 28; sowie mit Blick auf die Justizforschung: Decock, Einleitung (wie Anm. 23), S. 17.

131 Vgl. Arnold Esch, Überlieferungs-Chance und Überlieferungs-Zufall als methodisches Problem des Historikers, in: HZ 240 (1985), S. 529–570.

ten wesentlich höher als bei einem landsässigen Adligen oder gar einem bürgerlichen Kaufmann. Eine theoriegeleitete Justizforschung wird dies jedoch umso eher verschmerzen können, als es ihr nicht um die farbige Ausschmückung einzelner Fallgeschichten, sondern um die Offenlegung informaler Strukturbildungen und um deren Einfluss auf die operativen Strukturen des Gerichts gehen müsste.

Eben dies ist am Beispiel des Reichshofrats empirisch möglich. Wer kreuz und quer durch Europa reist, um all jenen Vertretenen nachzuspüren, die die *protocolla rerum exhibitarum* verzeichnen, wird an zahllosen Orten auf Quellenbestände treffen, die Praktiken beobachtbar machen, durch die sich juristischer „Schriftalltag“[132] in der Frühen Neuzeit reproduzierte. Dies gilt nicht nur für Reichsstände, sondern auch für jüdische[133] und in gelegentlich geradezu überraschender Dichte auch für bäuerliche Gemeinden. Werner Troßbach hat am Beispiel hessischer Untertanenprozesse bereits in den 1980er Jahren in seitdem nicht wieder erreichter Prägnanz gezeigt, welchen Nektar eine Fremdbeschreibung des Reichshofrats aus der Parteienüberlieferung zu ziehen vermag.[134]

Festzuhalten bleibt, dass die *protocolla rerum exhibitarum* weit über die Wiener Prozessakten hinaus eine Verdichtungsüberlieferung bilden. Ihre Digitalisierung würde den Weg in die mitteleuropäische Archivlandschaft und damit zur Kontextualisierung gerichtlicher Verfahrensgeschichten ebnen, die die Reichshofratsforschung wird leisten müssen, um durch konsequente Verknüpfung von Empirie und Theorie die Komplexitätssteigerungen zu erreichen, die interdisziplinär von ihr erwartet werden dürfen.

---

132 Formulierung in Anlehnung an: Alexander Denzler, Über den Schriftalltag im 18. Jahrhundert. Die Visitation des Reichskammergerichts von 1767 bis 1776 (Norm und Struktur, 45), Köln/Weimar/Wien 2016.

133 Auf die in den Frankfurter Gemeindeprotokollbüchern enthaltenen Angaben zur Entsendung von Deputierten an den Wiener Kaiserhof im Rahmen von Reichshofratsprozessen verwies bereits: H. E. Ullmann, Mittheilungen zur Geschichte der israelitischen Gemeinde dahier. A) Die Tijurim und anderes, in: Mittheilungen an die Mitglieder des Vereins für Geschichte und Altertumskunde in Frankfurt a. M. 5 (1874–1879), S. 103–110, hier S. 107–109; vgl. Stefan Litt (Hrsg.), Jüdische Fürsprache. Quellen aus Gemeindeprotokollbüchern (pinkasim) des aschkenasischen Kulturraums 1586–1808 (Archiv jüdischer Geschichte und Kultur, 1), Göttingen 2021, S. 237, 243–246.

134 Werner Trossbach, Bauernbewegungen im Wetterau-Vogelsberg-Gebiet 1648–1806. Fallstudien zum bäuerlichen Widerstand im Alten Reich (Quellen und Forschungen zur hessischen Geschichte, 52), Darmstadt/Marburg 1985; Ders., Soziale Bewegung und politische Erfahrung. Bäuerlicher Protest in hessischen Territorien 1648–1806 (Sozialgeschichtliche Bibliothek), Weingarten 1987.

3.2 Vom Audienz- zum Exhibitenprotokoll

Während im vorangegangenen Kapitel von den Schriftsätzen die Rede war, die der Protonotar Sitzungstag für Sitzungstag im Exhibitenprotokoll verzeichnete, soll es nun um dieses Protokoll als solches gehen. Wie bereits erwähnt, sind 197 Bände mit einer Gesamtlaufzeit von 1579 bis 1806 überliefert. Für die ersten Jahrzehnte reichshofrätlicher Tätigkeit liegen Eingangsbücher also nicht vor, was nicht etwa mit Überlieferungsverlusten, sondern mit der zunächst nachgeordneten Stellung des Reichshofrats gegenüber der Reichshofkanzlei zusammenhängt.[135] Die Hofratsordnung von 1559[136] sah nämlich direkte schriftliche Parteienkommunikation mit dem Kollegium überhaupt nicht vor, sondern wies dem Reichsvizekanzler in Judizial- wie in Gratialsachen aus dem Reich das Präsentationsrecht und damit zugleich die Kompetenz-Kompetenz zu.

Dass man am Kaiserhof schließlich doch zu einer Registrierung des Eingangs am Reichshofrat überging, war keineswegs selbstverständlich. Die Neuerung hing vielmehr mit einer Reform des Geschäftsganges zusammen, die sich nicht auf technische Probleme beschränkte, sondern eine hochpolitische Angelegenheit war, weil die Hofburg mit ihr der ständischen Kritik an willkürlichen Hofprozessen den Wind aus den Segeln zu nehmen gedachte.[137] Das Präsentationsrecht, mit dem der Vizekanzler Judizialsachen relativ freihändig an den Reichshofrat, den Geheimen Rat oder an den Kaiser delegieren konnte, ging deshalb in der ersten Hälfte des 17. Jahrhunderts – begleitet von zahlreichen internen Konflikten – auf den Reichshofratspräsidenten über,[138] um der Umwelt eine gewachsene Autonomie des Kollegiums zu kommunizieren. Im Rahmen dieser spannungsreichen, erst mit der Ordnung von 1654 zu einem gewissen Abschluss kommenden Verschiebungen im höfischen Gefüge tastete sich der Kaiserhof schrittweise an die Führung eines Exhibitenprotokolls heran, wie es 1793 auf Bergauers Schreibtisch lag.

Mit der projektierten Reichshofratsordnung von 1617 hatte man nach dem Vorbild des Reichskammergerichts[139] eine Audienz einführen wollen, um den Parteien bzw. deren Sachwaltern die Möglichkeit zu eröffnen, ihre Schriftsätze unmittelbar bei einem Rumpfkollegium einzureichen, das sich aus dem Reichs-

---

135 Vgl. hierzu die Beiträge von Eva ORTLIEB und Ulrich RASCHE in diesem Band.

136 Der einschlägige Passus ist abgedruckt bei: SELLERT, Ordnungen des Reichshofrates (wie Anm. 3), Bd. 1, S. 30.

137 Vgl. den Beitrag von Bianca STAPF in diesem Band.

138 Schriftsätze, die den Kaiserhof auf dem Postweg erreichten oder dem Kaiser in Audienz überreicht wurden, gelangten jedoch auch weiterhin über den Vizekanzler an den Reichshofrat. Siehe als Beispiel unten Anm. 181.

139 Zur Audienz am Reichskammergericht zuletzt SCHWARTING, Organisationsbildung (wie Anm. 44), S. 186–190.

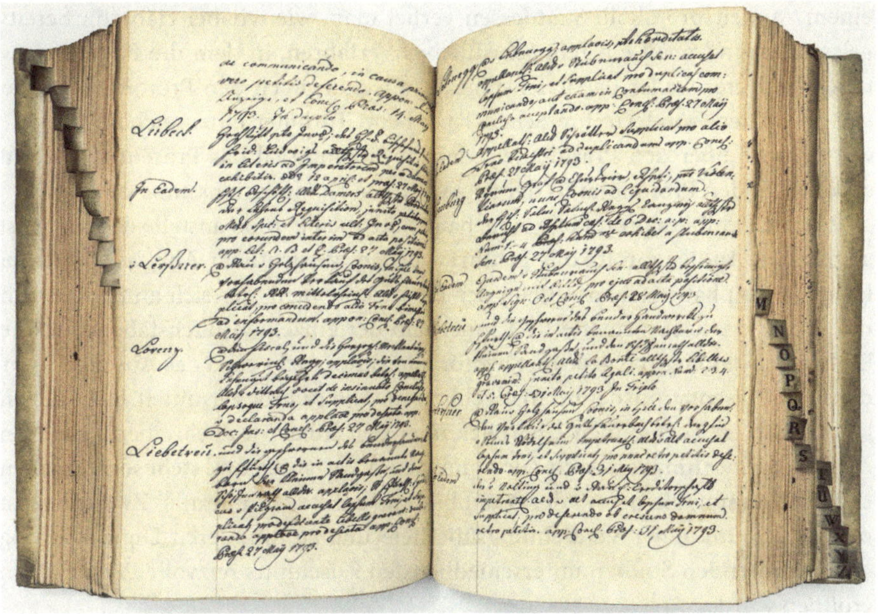

Abb. 4: Ein Blick ins Exhibitenprotokoll des Jahres 1793 (ÖStA HHStA, RHR, Exhibitenprotokolle, Bd. XVIII/93).

hofratspräsidenten und mindestens vier Räten zusammensetzen sollte.[140] Diese Reform zielte nicht nur auf eine Beschleunigung des Verfahrens, sondern auch auf eine Rationalisierung der Schriftgutverwaltung, wozu man das Amt des Protonotars einführte und diesem die Führung eines Audienzprotokolls übertrug, in dem *nit allein die uberschrifft und anzahl der beylagen dessen verzeichnet, so von yeder parthey schriftlich produciert, sondern was auch darbey mündtlich pro et contra fürgebracht worden, vleissig eingezeichnet werden* [sollte], *damit auß demselben zu ersehen seye, was und von weme, auch vor weme jedesmall etwas einkhomben und darbey mündtlich erinnert worden ist.*[141]

Das 1617 geplante Audienzprotokoll war also als Bestandteil eines Prozesses konzipiert worden, der keineswegs nach dem Prinzip *quod non est in actis non est in mundo* verfahren, sondern mündliches Vorbringen *pro et contra* ausdrücklich als eine der Erkenntnisgrundlagen der kollegialen Entscheidung anerkannt hätte. Aus Gründen, auf die im Kapitel über Relationstechnik als soziale Praxis noch zurückzukommen sein wird, verwarf der Kaiserhof diese Ansätze zu einer mündlichen Verhandlung jedoch rasch und hatte deshalb auch keinen Bedarf an

---

140 Sellert, Ordnungen des Reichshofrates (wie Anm. 3), Bd. 1, S. 205–219.

141 Dieses und das folgende Zitat ebd., S. 212.

einem Audienzprotokoll. Stattdessen verfiel man, wie wir bei Häberlin bereits gelesen haben,[142] auf ein rein schriftliches Verfahren, in dem die Parteien bzw. deren Vertreter weder das Reichshofratskollegium noch den Protonotar zu Gesicht bekamen, sondern ihre Schriftsätze beim Türhüter einzureichen hatten,[143] von dem sie über den Präsidenten, der im Sitzungssaal das Präsentationsrecht ausübte, an den Protonotar in der rückwärtigen Kommissionsstube gelangten.

Wie die Exhibitenprotokolle aufgebaut sind, die bis 1806 anstelle des zunächst anvisierten Audienzprotokolls geführt wurden, verdeutlicht Abb. 4. Die Reiter lassen den alphabetischen Aufbau der Bände erkennen, der sich an den Namen der Prozessparteien orientiert.[144] Innerhalb der einzelnen Buchstaben sind die Einträge chronologisch geordnet, wofür allerdings nicht etwa das Absende-, sondern das Präsentationsdatum maßgeblich ist. Die Rubrik vermittelt nicht nur in komprimierter Form einen Überblick über den Inhalt des Schreibens, sondern erlaubt darüber hinaus dessen Zuordnung zum Verfahren und steht somit auch in engem Zusammenhang mit der Aktenbildung am Reichshofrat.[145] Zweifellos hat man es also mit einer Verdichtungsüberlieferung zu tun, deren Digitalisierung quantifizierenden Studien unterschiedlichsten Zuschnitts reizvolle Perspektiven eröffnen würde.

3.3 Die Exhibitenprotokolle als Ausgangspunkt einer methodenbewussten Justizstatistik des Heiligen Römischen Reiches

Der bislang vorherrschende, selektiv auf die Prozessakten fokussierte Blick auf die reichsgerichtlichen Archivbestände steht einer interdisziplinär anschlussfähigen Verknüpfung von Organisations- und Gesellschaftsanalyse nicht nur deshalb im Wege, weil er bei der Analyse gerichtlichen Entscheidens die unkritische Reproduktion juristischer Fallgeschichten begünstigt. In Verbindung mit den affirmativen Tendenzen, die die Reichsgerichtsforschung über Jahrzehnte hin-

---

142 Siehe oben Anm. 82.

143 Vgl. Dorfner, Mittler zwischen Haupt und Gliedern (wie Anm. 26), S. 165–168. Dabei ist allerdings die Bemerkung des Reichshofrats Portner zu berücksichtigen, dass auch viele Schriftsätze zunächst *vel in audientia vel transitu zu Ihro Majestät eigenen Handen* und sodann über den Reichsvizekanzler an den Präsidenten gelangten. Zitiert nach: Johann Friedrich Cramer, Manuale prosessus imperialis, Frankfurt am Main 1730, Anhang, S. 50.

144 Dies gilt jedenfalls für die nach 1617 angelegten Exhibitenprotokolle und damit für den überwiegenden Teil der Serie. Auf die 24 Bände aus dem Zeitraum 1579–1616 gehe ich an dieser Stelle aus Platzgründen nicht näher ein.

145 Nämlich insofern, als die Rubrik mit dem Protonotat harmoniert, das der Protonotar auf dem hinteren äußeren Mantel eingehender Schriftsätze eintrug. Hierzu: Herchenhahn, Geschichte (wie Anm. 2), Bd. 2, S. 117–120.

weg prägten, führte die weitgehende Ausblendung der Protokollüberlieferung zu einem eklatanten Mangel an „harten Zahlen“, auf die sich valide Aussagen zur Reichweite der Reichsjustiz in sozialer und geographischer Hinsicht stützen ließen. Selbst mit Blick auf die reichshofrätlichen Sitzungsprotokolle, die noch am ehesten ins Bewusstsein der Forschung gerieten, besitzen quantifizierende Studien, wie sie Tobias Freitag, Nils Jörn und Ulrich Rasche vorgelegt haben,[146] noch immer Seltenheitswert, obwohl bereits Alfred von Arneth (1819–1897) auf das immense Potential dieser Bände hinwies.[147]

Dieses Desiderat begünstigte vielfach eine unreflektierte Inanspruchnahme der Prozessakten für Positionen, welche die Potenzen territorialer Staatsbildung wenn nicht negierten, so doch zumindest in einer Weise relativierten, die vor zwei Jahrzehnten in der wenig ergiebigen Debatte um das Reich als komplementären Staat[148] nur auf geringe Resonanz in der Geschichtswissenschaft stieß.[149] Nachvollziehbar ist diese Skepsis nicht nur in theoretischer sondern auch in empirischer Hinsicht. Wer nämlich das frühneuzeitliche „Reich der Schriftlichkeit“[150] überblickt, wird feststellen, dass allein die preußische Zentralverwaltung im 18. Jahrhundert mehr Papier produzierte als die Reichsjustiz in drei Jahrhunderten,[151] und dass das Fähnlein des aus ca. 70 Mann beste-

146 Tobias Freitag/Nils Jörn, Zur Inanspruchnahme der obersten Reichsgerichte im südlichen Ostseeraum 1495–1806, in: Dies. (Hrsg.), Die Integration des südlichen Ostseeraumes in das Alte Reich (QFHG, 35), Köln/Weimar/Wien 2000, S. 39–141; Ulrich Rasche, Urteil versus Vergleich? Entscheidungspraxis und Konfliktregulierung des Reichshofrats im 17. Jahrhundert im Spiegel neuerer Aktenerschließung, in: Albrecht Cordes (Hrsg.), Mit Freundschaft oder mit Recht? Inner- und außergerichtliche Alternativen zu kontroversen Streitentscheidungen im 15. – 19. Jahrhundert (QFHG, 65), Köln/Weimar/Wien 2015, S. 199–232, hier S. 232. Eine statistische Auswertung der Sitzungsprotokolle mit Blick auf die Vota ad Imperatorem findet sich bei Schenk, Actum et judicium (wie Anm. 38), S. 84 f.

147 Alfred von Arneth, Biographie des Fürsten Kaunitz. Ein Fragment, Wien 1899, S. 26 f.: „Die in grosser Vollständigkeit erhaltenen Beschlussprotokolle des Reichshofrathes gewähren die Möglichkeit, die Art und den Grad der Betheiligung jedes einzelnen Mitgliedes an dessen Arbeiten aufs Genaueste kennen zu lernen. Man erfährt aus diesen Protokollen, an welchen Sitzungen jeder Reichshofrath theilnahm, bei welchen er fehlte, ja sogar, wann er eine Sitzung vor deren Schlusse verliess. Man kann sich über die Rechtssachen unterrichten, deren amtliche Behandlung ihm anvertraut war, und feststellen, wann und wie oft er jede einzelne Angelegenheit vorbrachte.“

148 Das Konzept wurde entwickelt von: Georg Schmidt, Das frühneuzeitliche Reich – komplementärer Staat und föderative Nation, in: Historische Zeitschrift (künftig: HZ) 273 (2001), S. 371–399.

149 Siehe beispielsweise: Marc von Knorring, Der funktionsfähige Staat als Wille und Wunschvorstellung. Kritische Anmerkungen zu Joachim Whaleys „Das Heilige Römische Reich deutscher Nation und seine Territorien“, in: ZNR 37 (2015), S. 291–297.

150 Johannes Burkhardt, Vollendung und Neuorientierung des frühmodernen Reiches 1648–1763 (Gebhardt. Handbuch der deutschen Geschichte, 11), 10. Aufl., Stuttgart 2006, S. 442.

151 Die Bestandsgruppe Generaldirektorium im Geheimen Staatsarchiv Berlin umfasst selbst nach

henden „Reichspersonals“[152] zu gleicher Zeit in Wien im ungleich größeren Heer der erbländischen Behörden nahezu unterging, hat bereits Stephan Pütter notiert.[153]

Auch jenseits von Preußen und Österreich bilden territorialstaatliche Potenzen eine Tatsache, der gegenüber die Reichsgerichtsforschung mehr zu bieten haben sollte als eine gebetsmühlenartige Betonung reichsstaatlicher Funktionsfähigkeit. Dies gilt insbesondere für den Stellenwert der beiden Reichsgerichte innerhalb der polyzentrischen Gerichtslandschaft[154] des frühneuzeitlichen Rechtssystems. In welchem Maße von der reichsgerichtlichen Justizaufsicht tatsächlich jene rechtsvereinheitlichenden Wirkungen ausgingen, die ihr häufig pauschal unterstellt werden, ließe sich nur beurteilen, wenn man über fundierte Kenntnisse der Rechtserzeugung auf territorialer und (reichs-)städtischer Ebene verfügte. Wenngleich sich hier in jüngerer Zeit einiges getan hat,[155] ist man hiervon zum gegenwärtigen Zeitpunkt noch weit entfernt. Wir haben deshalb keinerlei Vorstellung davon, in wieviel Prozent der Zivilprozesse überhaupt an die Reichsgerichte appelliert wurde, und wir wissen dies selbst mit Blick auf jene (reichs-)

---

starken Kassationen im 19. Jahrhundert noch mehr als zwei Regalkilometer: Jürgen Kloosterhuis (Bearb.), Bestandsgruppen-Analyse Generaldirektorium (Veröffentlichungen aus den Archiven Preußischer Kulturbesitz. Arbeitsberichte, 9), Berlin 2008, S. XXVII.

152 Vgl. die Beiträge in: Anette Baumann/Peter Oestmann/Stephan Wendehorst (Hrsg.), Reichspersonal. Funktionsträger für Kaiser und Reich (QFHG, 46), Köln/Weimar/Wien 2003. Zahlenangabe nach: Tobias Schenk, Reichshofbeamte, in: Albrecht Cordes/Heiner Lück/Dieter Werkmüller u. a. (Hrsg.), Handwörterbuch zur deutschen Rechtsgeschichte, 2. Aufl., 31. Lieferung, Berlin 2024, Sp. 1536–1539.

153 Johann Stephan Pütter, Historische Entwickelung der heutigen Staatsverfassung des Teutschen Reichs, Bd. 3, Göttingen 1787, S. 217. Deutliche Kritik an den diesbezüglichen Leerstellen der Reichs(gerichts)forschung bei Angela Kulenkampff, Österreich und das Alte Reich. Die Reichspolitik des Staatskanzlers Kaunitz unter Maria Theresia und Joseph II., Köln/Weimar/Wien 2005, S. 1–4.

154 Begriff nach: Anja Amend-Traut/Josef Bongartz/Alexander Denzler/Ellen Franke/Stefan A. Stodolkowitz, Gerichtsvielfalt und Gerichtslandschaften. Annäherungen und Perspektiven, in: Dies., Unter der Linde und vor dem Kaiser (wie Anm. 105), S. 9–37; Josef Bongartz, Gerichtslandschaft, in: Käte Hamburger Kolleg, Münsteraner Glossar (wie Anm. 57), S. 53–55.

155 Hinzuweisen ist insbesondere auf die Studien von: Stefan Andreas Stodolkowitz, Das Oberappellationsgericht Celle und seine Rechtsprechung im 18. Jahrhundert (QFHG, 59), Köln/Weimar/Wien 2011; Thorsten Süss, Partikularer Zivilprozess und territoriale Gerichtsverfassung. Das weltliche Hofgericht in Paderborn und seine Ordnungen 1587–1720 (QFHG, 69), Köln/Weimar/Wien 2017; Josef Bongartz, Gericht und Verfahren in der Stadt und im Hochstift Würzburg. Die fürstliche Kanzlei als Zentrum der (Appellations-)Gerichtsbarkeit bis 1618 (QFHG, 74), Wien/Köln/Weimar 2020; wichtig der Hinweis von Andreas Flurschütz da Cruz, Territorialgerichtsbarkeit, in: Decock, Konfliktlösung in der Frühen Neuzeit (wie Anm. 23), S. 199–207, hier S. 204: „Das Gros der Verfahren, die bereits vor den Behörden der Landesfürsten endeten und daher vor den Reichsgerichten nicht einmal aktenkundig wurden, erfährt kaum Beachtung.“

städtischen Vorinstanzen nicht, für die sich dies anhand der Ratsprotokollüberlieferung vermutlich eruieren ließe.[156]

Diese Abwesenheit „harter Zahlen“ begünstigt nicht nur allerlei intellektuelle „Höhenkammwanderungen“,[157] sondern auch die unkritische Reproduktion der Selbstbeschreibung des „Reichspersonals“, nach der selbst *der geringste Mittelbare*[158] am Kaiserhof zu seinem Recht gelangt sei. Dabei würde bereits ein kursorischer Blick in die Exhibitenprotokolle eines beliebigen Jahres genügen, um zu erkennen, dass man es bei aller durchaus beeindruckenden Bandbreite weder in sozialer noch in geographischer Hinsicht mit einem auch nur annähernd repräsentativen Querschnitt durch die Reichsbevölkerung zu tun hat.[159] In diesem keineswegs überraschenden Befund schlagen sich nicht nur formale und informale Zugangshürden im Vorhof der Reichsgerichte nieder.[160] Vielmehr potenzierte sich in Wien und Wetzlar die höchst ungleiche Justizgewähr, die bereits die landesherrliche Gerichtsbarkeit kennzeichnete.[161] Zwei Schlaglichter mögen an dieser Stelle genügen: In Pommern überstieg die Zivilprozessaktivität des Adels noch

---

156 Zumal die Digitalisierung der Ratsprotokolle vielerorts bereits weit vorangeschritten ist. Ein mustergültiges Beispiel bildet das Stadtarchiv Münster. Siehe: Tilman Haug (Hrsg.), Städtische Verwaltung und Justiz in der Frühen Neuzeit. Eine Einführung in die seriellen Quellen des Stadtarchivs Münster (Stadtarchiv. Forschen und Lernen, 2), Münster 2022.

157 Vgl. die Kritik bei Peter Oestmann, Zur Typologie frühneuzeitlicher Gerichte – einige norddeutsche Schlaglichter, in: Amend-Traut/Bongartz/Denzler/Franke/Stodolkowitz, Unter der Linde und vor dem Kaiser (wie Anm. 105), S. 57–76, hier S. 76.

158 Herchenhahn, Geschichte der Entstehung (wie Anm. 2), Bd. 2, S. 2. Teile der neueren Historiographie überschätzen den Stellenwert von am Reichshofrat geführten Prozessen einfacher Untertanen gegen ihre Landesherren deutlich. Dies gilt etwa für Whaley, Das Heilige Römische Reich Deutscher Nation (wie Anm. 62), Bd. 2, S. 82 f.

159 Vgl. hierzu auch: Tobias Schenk, Das frühneuzeitliche Kaisertum – ein Faktor der Alltagsgeschichte? Überlegungen auf Grundlage der Reichshofratsakten, in: Gabriele Haug-Moritz/Sabine Ullmann (Hrsg.), Frühneuzeitliche Supplikationspraxis und monarchische Herrschaft in europäischer Perspektive (Beiträge zur Rechtsgeschichte Österreichs), Wien 2015, S. 245–261.

160 In formaler Hinsicht ist insbesondere an die Gerichtsstands- und Appellationsprivilegien der Reichsstände zu denken. Hierzu: Ulrich Eisenhardt, Die kaiserlichen Privilegia de non appellando (QFHG, 7), Köln/Wien 1980; Ders., Kaiserliche Gerichtsprivilegien. Ihre Bedeutung für die Entwicklung der Rechtspflege im Alten Reich (QFHG, 78), Wien/Köln 2023. Die Bandbreite informaler Zugangshürden war groß und umfasste auch physische Gewalt (sowohl gegenüber Parteien als auch gegenüber Advokaten und anderem juristischem Personal). Hierzu mit Blick auf das Reichskammergericht zahlreiche Beispiele bei: Jürgen Weitzel, Der Kampf um die Appellation ans Reichskammergericht. Zur politischen Geschichte der Rechtsmittel in Deutschland (QFHG, 4), Köln/Wien 1976.

161 Etatistische Prämissen führen die Justizforschung mit Blick auf die Frühe Neuzeit also schon deshalb auf Abwege, weil „der Staat“ für die Masse der ländlichen Bevölkerung auch im 18. Jahrhundert noch immer weit weg war. Hierzu treffend Gerrit Walther, Staatenkonkurrenz und Vernunft. Europa 1648–1789, München 2021, S. 16–20.

1750 diejenige der bäuerlichen Bevölkerung um einen Faktor von etwa 100,[162] und in Konflikten um die Allmendenutzung in der Oldendorfer Mark (Fürstbistum Osnabrück) verhandelte das mündlich prozedierende lokale Holzgericht in den 1740er Jahren rund 650 Delikte, während im gesamten 18. Jahrhundert nur 25 Streitfälle vor territorialstaatliche Instanzen gelangten.[163]

Nimmt man hinzu, dass gerade auf dem platten Land noch im 18. Jahrhundert viele Menschen in einer von physischer Gewalt geprägten Umwelt lebten, in der effektiver Zugang zu *legal literacy* nur schwer zu erlangen war,[164] wird deutlich, wie wenig die dekontextualisierte Lektüre von Reichshofratsakten dazu in der Lage ist, jenen normativen Gesellschaftsbegriff zu tragen, der die Reichsgerichtsforschung vielfach noch immer kennzeichnet. Wenn die häufig angemahnte Verknüpfung von Reichs- und Landesgeschichte[165] in weiten Teilen Deutschlands über Ansätze kaum hinausgekommen ist, hängt dies also nicht nur mit landesgeschichtlichem Desinteresse zusammen, sondern auch damit, dass die überkommenen Gesellschaftsanalysen der Reichsgerichtsforschung nicht recht überzeugen.

Wiederum gilt dies nicht nur für die Geschichtswissenschaft, sondern auch für die Jurisprudenz. In seiner systemtheoretisch argumentierenden Studie zur Evolution des Rechts machte Nils Jansen als zentrale frühneuzeitliche Anerkennungs- und Autorisierungsinstanzen nicht etwa die Reichsgerichte, sondern die Juristenfakultäten namhaft,[166] die über das Institut der Aktenversendung[167] eng mit der Territorialgerichtsbarkeit verwoben waren und von denen man in der Tat annehmen darf, dass sie für den Prozess der Rechtsvereinheitlichung von ungleich

162 Christian WOLLSCHLÄGER, Ungleiche Justizgewähr und Zivilprozeßhäufigkeit in der preußischen Ständegesellschaft um 1750, in: Norbert Horn (Hrsg.), Europäisches Rechtsdenken in Geschichte und Gegenwart. Festschrift für Helmut Coing zum 70. Geburtstag, Bd. 1, München 1982, S. 435–451, hier S. 446.

163 Annika SCHMITT, Naturnutzung und Nachhaltigkeit. Osnabrücker Markenwirtschaft im Wandel (1765–1820) (Westfalen in der Vormoderne, 23), Münster 2015, S. 191.

164 Hierzu eindrücklich: Sonja KÖNTGEN, Gräfin Gessler vor Gericht. Eine mikrohistorische Studie über Gewalt, Geschlecht und Gutsherrschaft im Königreich Preußen 1750 (Veröffentlichungen aus den Archiven Preußischer Kulturbesitz. Forschungen, 14), Berlin 2019.

165 Gabriele HAUG-MORITZ, Was heißt „Reichs- und Landesgeschichte verbinden"? Zur fortdauernden Aktualität eines alten Forschungspostulats, in: Dieter Bauer/Dieter Mertens/Wilfried Setzler (Hrsg), Netzwerk Landesgeschichte. Gedenkschrift für Sönke Lorenz (Tübinger Bausteine zur Landesgeschichte, 21), Ostfildern 2013, S. 17–30.

166 Nils JANSEN, Recht und gesellschaftliche Differenzierung. Fünf Studien zur Genese des Rechts und seiner Wissenschaft, Tübingen 2019, S. 239–244.

167 Zur Aktenversendung nunmehr: Ulrich FALK, Entscheidungsfindung durch Aktenversendung – ein besonders objektives Gerichtsverfahren?, in: Bongartz, Feder und Recht (wie Anm. 53), S. 87–133; zur Rechtsvereinheitlichung durch Aktenversendung auch OESTMANN, Heiliges Römisches Reich (wie Anm. 30), S. 399.

größerer Bedeutung waren als die Reichsgerichte. Denn die Professores Doctores bearbeiteten Jahr für Jahr nicht nur wesentlich mehr Akten als Reichskammergericht und Reichshofrat zusammengenommen, sondern hatten auch *rationes decidendi* zu verfassen, während ihre Kollegen in Wien und Wetzlar ohne Urteilsbegründung auskamen.[168] Als Historiker gehe ich davon aus, dass beispielsweise die Juristenfakultät Jena mit zur Mitte des 18. Jahrhunderts durchschnittlich 820 begründeten Entscheidungen pro Jahr[169] für die Rechtsvereinheitlichung in Deutschland wesentlich mehr leistete als der kaiserliche Reichshofrat, der es zu gleicher Zeit auf etwa ein Dutzend Endurteile per anno brachte.[170] Denn in Ermangelung einer Begründung waren selbst Juristen dazu gezwungen, *die bey solchen Erkenntnissen im Sinne gehabten Gründe allenfalls* [zu] *errathen*.[171]

Nach alledem wird deutlich, dass die Reichshofratsforschung zur Historisierung jener von Idealismus, Rationalitätsmythen und Überinterpretation gekennzeichneten Positionen, die der interdisziplinären Vermittlung des Wiener Prozessschriftguts nicht etwa nutzen, sondern schaden, eine gleichermaßen kritische wie methodenbewusste Justizstatistik benötigt, wie sie Christian Wollschläger und Peter Kottmann bereits in den 1980er Jahren betrieben haben[172] und

---

168 Hierzu: Wolfgang SELLERT, Zur Geschichte der rationalen Urteilsbegründung gegenüber den Parteien insbesondere am Beispiel des Reichshofrats und des Reichskammergerichts, in: Gerhard Dilcher/Bernhard Diestelkamp (Hrsg.), Recht, Gericht, Genossenschaft und Policey. Studien zu Grundbegriffen der germanistischen Rechtshistorie. Symposion für Adalbert Erler, Berlin 1986, S. 97–113; Clara GÜNZL, Eine andere Geschichte der Begründungspflicht. Sichtweisen des frühen 19. Jahrhunderts (Grundlagen der Rechtswissenschaft, 39), Tübingen 2021. Mit Blick auf den Reichshofrat wäre allerdings auf die Vota ad Imperatorem zu verweisen, die zwar keine funktionalen Äquivalente moderner Urteilsbegründungen darstellen, in denen das Kollegium als solches jedoch gleichwohl rechtlich begründete. In wissensgeschichtlicher Hinsicht kommt diesen Gutachten auch deshalb erhebliche Bedeutung zu, weil sie bereits im 18. Jahrhundert in großer Zahl publiziert wurden. Siehe: Friedrich Karl von MOSER, Sammlung von Reichs-Hof-Raths Gutachten, 3 Bde., Frankfurt am Main 1752–1769; Heinrich Wilhelm BERGSTRÄSSER, Merkwürdige Reichshofraths-Gutachten mit Gesichtspunkten für den Leser, 4 Bde., Frankfurt am Main 1792–1795.

169 Gerhard LINGELBACH, Vom Schöppenstuhl zum Oberlandesgericht – Zu vier Jahrhunderten Rechtsprechung in Jena –, in: Hans Joachim Bauer/Olaf Werner (Hrsg.), Festschrift zur Wiedererrichtung des Oberlandesgerichts in Jena, München 1994, S. 3–44, hier S. 16–19.

170 Nachweis bei: Tobias SCHENK, Vom Reichshofrat über Cocceji zu PEBB§Y. Epochenübergreifende Überlegungen zu gerichtlichen Urteils- und Vergleichsquoten aus institutionengeschichtlicher Perspektive, in: Zeitschrift der Savigny-Stiftung für Rechtsgeschichte. Germanistische Abteilung (künftig: ZRG GA) 137 (2020), S. 91–233, hier S. 151.

171 Stephan PÜTTER, Ueber die beste Art aus Acten zu referiren, auch über manches, was sonst noch Teutschen Geschäfftsmännern und Schriftstellern zu empfehlen seyn möchte, Göttingen 1797, S. 94.

172 Siehe neben der in Anm. 162 genannten Studie: Christian WOLLSCHLÄGER, Zivilprozeßstatistik und Wirtschaftsentwicklung in Preußen im 18. und 19. Jahrhundert, in: ZNR 3 (1981), S. 16–27;

wie sie in der internationalen Diskussion neuerdings wieder verstärkt angemahnt wird.[173] Das diesbezügliche Potential der Exhibitenprotokolle kann an dieser Stelle nicht annähernd ausgeschöpft, aber zumindest angedeutet werden. Dabei gilt es zu betonen, dass das Exhibiten- und nicht etwa das Sitzungsprotokoll die allein maßgebliche Quelle für die Erfassung des Geschäftsanfalls darstellt, sodass die Auswertung dieser Bände vor der in der Justizforschung verbreiteten, für das untersuchte Gericht höchst schmeichelhaften Verwechslung von Geschäftsanfall und tatsächlicher Erledigung[174] bewahrt.

Das folgende Diagramm,[175] dem ein Erhebungsintervall von fünf Jahren zugrunde liegt, verdeutlicht die Entwicklung des Geschäftsanfalls im Zeitraum zwischen 1616 und 1801:

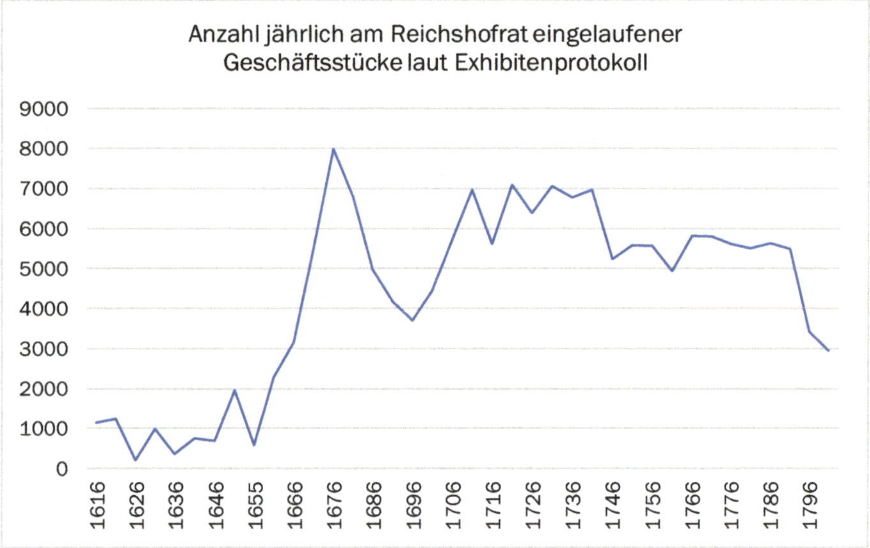

Diagramm 1: Geschäftsanfall des Reichshofrats zwischen 1616 und 1801

Peter Kottmann, Die Protokolle des Bremer Kämmereigerichts von 1600 bis 1800, in: Historical Social Research 40 (1986), S. 72–83; Ders., Die quantitative und qualitative Auswertung einer frühneuzeitlichen Protokollserie des Gogerichts Grönenberg im Hochstift Osnabrück, in: Vierteljahrschrift für Sozial- und Wirtschaftsgeschichte 77 (1990), S. 514–529.

173 Erheblichen „Bedarf an international und zeitlich vergleichbaren Auswertungen der sozialen Zusammensetzung der Klientel der Gerichte" diagnostiziert Vermeesch, Access to Justice (wie Anm. 97), S. 32; vgl. Baumann, Reichskammergericht und Reichshofrat (wie Anm. 26), S. 214.

174 Eine solche Verwechslung findet sich beispielsweise bei: Christian Neschwara, Die Oberste Justizstelle in Wien (1749–1848), in: Beiträge zur Rechtsgeschichte Österreichs 2016, S. 256–268, hier S. 264.

175 Herzlicher Dank für die mühevolle Datenerfassung geht an Sandra Weiss, Sonja Donabaum und Stefanie Preisl-Peters.

Hinsichtlich des Geschäftsanfalls, soviel wird auf den ersten Blick deutlich, hatte der Reichshofrat des ausgehenden 17. und des 18. Jahrhunderts mit dem Reichshofrat der Epoche vor 1648 nicht mehr viel gemein. Die Bände aus den ersten drei Nachkriegsjahrzehnten dokumentieren einen dynamischen Anstieg von etwa 1.000 Eingängen pro Jahr auf ein Allzeithoch von nahezu 8.000 Eingängen im Jahr 1676, an das sich wiederum ein markanter Rückgang um mehr als 50 % bis zum Jahr 1696 anschließt. Eine gewisse Stabilisierung tritt unter Karl VI. (1711–1740) mit rund 6.500 bis 7.000 jährlichen Eingängen in den 1720er und 1730er Jahren ein. Zwischen 1740 und 1761 ist ein erneuter Rückgang um annähernd 30 % erkennbar, dem eine Steigerung unter Joseph II. (1765–1790) um etwa 15 % und schließlich nach 1790 ein Rückgang um ca. 40 % folgt.

Ungeachtet dieser erheblichen Fluktuationen, die kein Alleinstellungsmerkmal des Reichshofrats bilden, sondern für weite Teile der frühneuzeitlichen Justiz typisch zu sein scheinen,[176] kann demnach kein Zweifel daran bestehen, dass der Geschäftsanfall nach dem Dreißigjährigen Krieg wesentlich höher war als vor 1648. Gleichwohl lassen es die Ausschläge problematisch erscheinen, in Anlehnung an Volker Press[177] weiterhin einen direkten Zusammenhang zwischen dieser Geschäftstätigkeit und dem Wiederaufstieg des Kaisertums nach 1648 herzustellen. Der starke Abfall in der zweiten Hälfte der Regierungszeit Leopolds I. scheint vielmehr im Gegensatz zur allgemeinen reichspolitischen Entwicklung zu stehen. Schließlich konnte die Hofburg im Anschluss an die Belagerung Wiens durch die Osmanen (1683) zahlreiche Erfolge verbuchen, die 1690 in der Wahl des elfjährigen Joseph zum römischen König *vivente imperatore* gipfelten.[178] Als unzutreffend erweist sich auch die bisherige Annahme, es habe sich die kriegsbedingte Schließung des Reichskammergerichts im Zeitraum von 1689 bis 1693 unmittelbar in einem steigenden Geschäftsanfall am Reichshofrat niedergeschlagen.[179]

---

176 Siehe beispielsweise Christian Wollschläger, Civil Litigation and Modernization: The Work of the Municipal Courts of Bremen, Germany, in Five Centuries, 1549–1984, in: Law & Society Review 24 (1990), S. 261–282.

177 Volker Press, Die kaiserliche Stellung im Reich zwischen 1648 und 1740. Versuch einer Neubewertung, in: Georg Schmidt (Hrsg.), Stände und Gesellschaft im Alten Reich (Veröffentlichungen des Instituts für Europäische Geschichte Mainz, Beiheft 29), Stuttgart 1989, S. 51–80, hier S. 69–75.

178 Hierzu Christoph Kampmann, Ein Neues Modell von Sicherheit. Traditionsbruch und Neuerung als Instrument kaiserlicher Reichspolitik 1688/89, in: Ders./Katharina Krause/Eva-Bettina Krems/Anuschka Tischer (Hrsg.), Neue Modelle im Alten Europa. Traditionsbruch und Innovation als Herausforderung in der Frühen Neuzeit, Köln/Weimar/Wien 2012, S. 213–233, hier S. 222–227.

179 Michael Hughes, Law and Politics in Eighteenth Century Germany. The Imperial Aulic Council in the Reign of Charles VI (Studies in History Series, 55), Woodbridge 1988, S. 34.

Diese Diskrepanzen, denen an dieser Stelle nicht nachgegangen werden kann, verweisen einmal mehr auf die analytischen Herausforderungen, mit denen man sich bei der Verknüpfung von Organisations- und Gesellschaftsanalyse konfrontiert sieht. Vorsicht ist selbst im Vergleich zum Reichskammergericht geboten. Valide Statistiken zur Entwicklung des Geschäftsanfalls liegen hier nämlich noch nicht vor, weil die Forschung das Extrajudizialverfahren, in dem das Gericht noch keine Akten anlegte, bislang kaum zur Kenntnis genommen hat.[180] Die Annahme, es habe sich die bereits vor 1618 einsetzende Gewichtsverlagerung vom Reichskammergericht hin zum Reichshofrat nach 1648 fortgesetzt, dürfte zwar nicht grundsätzlich falsch sein,[181] bedarf jedoch der Validierung anhand der noch kaum erforschten reichskammergerichtlichen Protokollüberlieferung im Bundesarchiv Berlin. Bereits heute lässt sich jedoch sagen, dass der starke Abfall, den die Exhibitenprotokolle ab etwa 1790 dokumentieren, mit der Entwicklung am Reichskammergericht kontrastiert, wo die Eingänge – sofern man auch die Extrajudizialverfahren berücksichtigt – nach 1788 noch einmal anstiegen.[182]

Zudem käme eine komparatistisch angelegte Justizstatistik des Heiligen Römischen Reiches vermutlich zu dem Ergebnis, dass der Geschäftsanfall an den

---

180 Auf dieses gravierende Desiderat verweist: Stefan Andreas Stodolkowitz, Auswirkungen der Aktenführung auf das gerichtliche Verfahren. Reichskammergericht und Oberappellationsgericht Celle im Vergleich, in: Bongartz, Feder und Recht (wie Anm. 53), S. 267–287, hier S. 286 f.

181 Verwiesen sei auf die Ergebnisse von: Anette Baumann, Die Gesellschaft der Frühen Neuzeit im Spiegel der Reichskammergerichtsprozesse. Eine sozialgeschichtliche Untersuchung zum 17. und 18. Jahrhundert (QFHG, 36), Köln/Weimar/Wien 2001. Insbesondere Verfahren mit reichsständischer Beteiligung scheinen sich nach 1648 tendenziell an den Kaiserhof verlagert zu haben. Hierzu ein interessantes Schlaglicht aus den Reichshofratsakten: In einem undatierten, in den 1730er Jahren verfassten und dem Kaiser in einer Audienz überreichten Schriftsatz erklärte Christina Sophia von Strombeck, die dem Herzog von Braunschweig-Wolfenbüttel in einem Erbstreit Justizverweigerung vorwarf, sie habe zunächst das Reichskammergericht angerufen. Ihr dortiger Sollicitant, *der fast täglich in gesellschaft bey einigen H. Reichs-Assesser ist,* habe ihr jedoch erklärt, *wie sie in Wetzlar nicht gern mit den Reichs-Fürsten zu thun hätten, warum ich nicht wäre nach Wienn gegangen.* Strombeck berichtete weiter, es würden am Reichskammergericht *manche leuthe 8 jahr auffgehalten werden, ehe sie einen referenten bekommen, und wen*[n] *es gegen Reichs-Fürsten, Reichs-Graffen, Reichs-Städe oder andere reiche leuthen gehet, werden die leuthe zu bettler gemacht und solte nur 100 partyen abgehöhrt werden, die würden noch ein mehrers aussagen als ich hier schreibe.* Der Schriftsatz trägt kein Präsentatum, gelangte am Reichshofrat also nicht in den regulären Geschäftsgang und belegt, dass derartige Beschwerden über das reichsgerichtliche Personal normalerweise nicht zu den Akten genommen wurden. Zitate: ÖStA HHStA, RHR, APA, K. 192, Bl. 646 f.

182 Karl Härter, Soziale Unruhen und Revolutionsabwehr: Auswirkungen der Französischen Revolution auf die Rechtsprechung des Reichskammergerichts, in: Bernhard Diestelkamp (Hrsg.), Das Reichskammergericht am Ende des Alten Reiches und sein Fortwirken im 19. Jahrhundert (QFHG, 41), Köln/Weimar/Wien 2002, S. 43–104, hier S. 47–48.

Zentralgerichten Österreichs und Preußens denjenigen am Reichshofrat im ausgehenden 18. Jahrhundert, als Herchenhahn das kaiserliche Kollegium noch als *Universum des Gerichtswesens*[183] pries, deutlich übertraf. Während das reichshofrätliche Exhibitenprotoll für das Jahr 1801 2.950 eingehende Geschäftsstücke verzeichnet, erledigten die Senate der Obersten Justizstelle im gleichen Jahr 3.381 Stücke.[184] Für die Justizstelle war dies ein geringer Wert. Statistiken für die Jahre 1800 bzw. 1802 weisen 4.342 bzw. 5.133 Erledigungen auf, wobei die zu vermutende Diskrepanz zwischen Eingangs- und Erledigungszahlen noch gar nicht berücksichtigt ist. Währenddessen wurden am Berliner Obertribunal im Zeitraum zwischen dem 1. Dezember 1801 und dem 30. November 1802 1.478 Verfahren eröffnet.[185] Selbst wenn man pro Reichshofratsverfahren lediglich einen Durchschnitt von fünf Geschäftsstücken per anno ansetzt, übertraf der Geschäftsanfall des Obertribunals denjenigen des Reichshofrats also um mehr als das Doppelte.

Vordergründig spiegeln sich in diesen Zahlenverhältnissen die drastischen territorialen Verschiebungen der Sattelzeit. Während der Sprengel des Obertribunals durch die zweite und dritte Teilung Polens eine erhebliche Vergrößerung erfahren hatte, war der Zuständigkeitsbereich des Reichshofrats durch den Verlust der linksrheinischen Gebiete und Reichsitaliens zusammengeschmolzen,[186] sodass spitze Federn die Frage aufwarfen, wie die Reichshofräte nun wohl die Zeit totschlügen.[187] Die Forschung kann sich allerdings nicht damit begnügen, dies als Verfallserscheinungen unmittelbar vor Toresschluss zu deuten.

1806 liest man etwa bei Joachim Perinet (1763–1816), einem Schauspieler am Theater in der Leopoldstadt, die Nachricht von der Auflösung des Reichshofrats habe *mich wahrlich weniger* [ge]*schmerzt als g'freut. Weil in dem bewußten Apfel in der linken Hand* [gemeint ist der Reichsapfel, T. S.] *ohnehin sich schon lang ein Wurm befand. Er war der Zankapfel, aus dem viel Unheil entstand.* [...] *Und so glaub' ich, red' ich nicht unbesonnen, wenn ich sag' es ist viel verlohr'n, aber mehr g'wonnen.*[188] Derartige Stellungnahmen bilden ein Indiz für einen auch in Preu-

183 Siehe oben Anm. 8.

184 Zahlenangaben nach: Michael Friedrich von Maasburg, Geschichte der obersten Justizstelle in Wien (1749–1848), Prag 1879, S. 66.

185 Nämlich 335 aus der Kurmark, 91 aus Ostpreußen, 29 aus Magdeburg, 11 aus Halberstadt, 59 aus Pommern, 90 aus Westfalen, 97 aus der Neumark, 32 aus der Altmark, 32 aus Ostfriesland, 113 aus Schlesien, 161 aus Westpreußen, 338 aus Südpreußen, 64 aus Neuostpreußen und 26 aus Franken: Geheimes Staatsarchiv Preußischer Kulturbesitz Berlin, I. HA Rep. 97 A, Nr. 436, Bl. 36.

186 Vgl. die Beiträge von Leopold Auer und Matthias Schnettger in diesem Band.

187 Anonym, Die vierte Stunde im Reichshofrath, in: Johann Friedrich Eusebius Lotz (Hrsg.), Staatswissenschaftliche und juristische Nachrichten, Bd. 1, Hildburghausen 1799, Sp. 420–422, hier Sp. 422.

188 Joachim Perinet, Die unterirdische Assemblee oder vierter [!] Heft des Gespräches im Reiche der Todten [...], In der Unterwelt 1806, S. 9 f.

ßen zu beobachtenden mentalitätsgeschichtlichen Ablösungsprozess, auf den weit zurückreichende rechts- und verfassungsgeschichtliche Entwicklungen einwirkten, die von einer interdisziplinär anschlussfähigen Reichsgerichtsforschung nicht länger marginalisiert oder gar geleugnet werden sollten.[189]

An dieser Stelle bleibt festzuhalten, dass die Exhibitenprotokolle eine der wichtigsten empirischen Grundlagen für eine methodenbewusste Justizstatistik des Heiligen Römischen Reiches bilden. Ihre digitale Aufbereitung würde der Forschung Auswertungspotentiale eröffnen, die weit über die hier präsentierte Statistik hinausreichen. Es rückte dann in den Bereich des arbeitsökonomisch Möglichen, die Eingänge nicht nur global auszuzählen, sondern Differenzierungen in sozial-ständischer, geschlechtlicher, geographischer und konfessioneller Hinsicht vorzunehmen und noch dazu die Bedeutung einzelner Verfahrensarten exakt zu bemessen. Mehr noch: In Kombination mit den im Folgenden vorzustellenden Referenten- und Resolutionsprotokollen ließen sich potenziell hochbrisante Zusammenhänge zwischen Klägern und Beklagten, gerichtlichen Finanzierungsmechanismen, der Person des Berichterstatters, der Zusammensetzung des Spruchkörpers, dem prozessualen Zeitregime und der Entscheidung bzw. Nichtentscheidung herstellen. Was von der zeitgenössischen gerichtlichen Selbstbeschreibung fein säuberlich auseinandergehalten wurde, ließe sich KI-gestützt miteinander kombinieren, und zwar für einen Zeitraum von etwa 200 Jahren. Die Türen zu einer Fremdbeschreibung frühneuzeitlicher kollegialer Rechtserzeugung stünden sperrangelweit offen.

4. Die *protocolla referentium*: zur Verknüpfung von Geschäftsverteilung und Relationstechnik

4.1 Zur Ex-Ante-Logik kollegialen Entscheidens im Rechtskreis des *civil law*

Überblickt man die rechts- und politikwissenschaftliche Diskussion über gerichtliche Rechtserzeugung in der Gegenwart, wird deutlich, dass prozedural angelegte Analysen von vorneherein zum Scheitern verurteilt sind, sofern der Einfluss der Berichterstatter unberücksichtigt bleibt. Gegenüber dem Rechtskreis des *common law* bildet es nämlich ein Alleinstellungsmerkmal der Gerichte des *civil*

---

189 Aus österreichischer Perspektive war Reichspolitik schon im 18. Jahrhundert Außenpolitik: Barbara Stollberg-Rilinger, Des Kaisers alte Kleider. Verfassungsgeschichte und Symbolsprache des Alten Reiches, München 2008, S. 281; vgl. zum sattelzeitlichen Patriotismus in den habsburgischen Ländern: Franz Leander Fillafer, Aufklärung habsburgisch. Staatsbildung, Wissenskultur und Geschichtspolitik in Zentraleuropa 1750–1850, Göttingen 2020, S. 23–66; Pieter M. Judson, Habsburg. Geschichte eines Imperiums 1740–1918, 3. Aufl., München 2019, S. 71–75.

law, dass der kollegialen Beratung eine Kontingenzreduktion regulär vorgelagert ist, die einem einzelnen Mitglied, eben dem Berichterstatter, übertragen wird.[190] Auf dem Kontinent sind kollegiale Beratungskulturen deshalb durch eine Ex-Ante-Logik geprägt, die sich in der Verfassungsgerichtsbarkeit weniger stark bemerkbar machen dürfte als in der unter wesentlich größerem Erledigungsdruck stehenden ordentlichen Gerichtsbarkeit.[191] Dennoch wird man nicht einmal den besonders deliberativ ausgestalteten Entscheidungsprozess des Bundesverfassungsgerichts analytisch durchdringen können, wenn man sich nicht mit den Berichterstattern auseinandersetzt, deren Voten den „Referenzrahmen"[192] für die Beratungen im Spruchkörper bilden.

Juristinnen und Juristen des geltenden Rechts haben wiederholt darauf hingewiesen, dass diese Ex-Ante-Logik über eine historische Tiefendimension verfügt, da europäische Zentralgerichte wie die Rota Romana oder das Pariser Parlement bereits im Mittelalter zur Bestellung von Referenten übergingen.[193] Währenddessen bringt die Reichsgerichtsforschung das Kunststück fertig, seit einem halben Jahrhundert über kollegiale Rechtserzeugung zu schreiben und dabei die Referenten in aller Regel links liegen zu lassen, so dass völlig im Dunkeln bleibt, auf welcher Grundlage jene Entscheidung getroffen wurde, die man „dem" Reichshofrat bzw. „dem" Reichskammergericht zuschreibt.[194]

Selbst mit Blick auf den gerichtlichen Entscheidungsprozess im engsten Sinne hat sich die Rechtsgeschichte also die der juristischen Selbstbeschreibung inhärente Tendenz zur Anonymisierung, Entkörperlichung und Intellektualisierung zu Eigen gemacht. Dabei hat Erich Döhring bereits vor einem Dreivierteljahrhundert darauf aufmerksam gemacht, dass die sozial und fachlich heterogen besetzten Kollegien der Vormoderne häufig von schweren, gelegentlich sogar

---

190 Mathilde Cohen, Ex Ante Versus Ex Post Deliberations: Two Models of Judicial Deliberations in Courts of Last Resort, in: American Journal of Comparative Law 62 (2014), S. 401–458.

191 Thomas Fischer, Der Einfluss des Berichterstatters auf die Ergebnisse strafrechtlicher Revisionsverfahren. Eine empirische Untersuchung über Zusammenhänge zwischen gesetzlichem Richter, personeller Zuständigkeit und Erledigungsart in den Entscheidungen der Strafsenate des BGH, in: Neue Zeitschrift für Strafrecht (2013), S. 425–432.

192 Lübbe-Wolff, Beratungskulturen (wie Anm. 41), S. 83; vgl. Uwe Kranenpohl, Herr des Verfahrens oder nur Einer unter Acht? Der Einfluss des Berichterstatters in der Rechtsprechungspraxis des Bundesverfassungsgerichts, in: Zeitschrift für Rechtssoziologie 30 (2009), S. 135–163.

193 Lübbe-Wolff, Beratungskulturen (wie Anm. 41), S. 81; Cohen, Ex Ante (wie Anm. 190), S. 416.

194 Ausführliche Kritik hieran bei Tobias Schenk, Vom *dominus referens* zum Berichterstatter. Überlegungen zur Karriere eines umstrittenen juristischen Experten als Beitrag zu einer akteurszentrierten Fremdbeschreibung kollegialen Entscheidens, in: Anette Baumann (Hrsg.), Juristen als Experten? Wissensbestände und Diskurse von Juristen im 16. und 17. Jahrhundert (baR, 40), Berlin/Boston 2023, S. 15–101.

die Schwelle zu physischer Gewalt überschreitenden Auseinandersetzungen erschüttert wurden.[195] Indem die Rechtsgeschichte die Referenten und damit den unmittelbaren Verwertungskontext richterlichen Expertenwissens nahezu völlig ausblendete, kapselte sie sich nicht nur gegenüber interdisziplinärer Kritik weitgehend ab, sondern verlor mit den Relationen der Berichterstatter sogar jene Quellengattung aus dem Blick, die im Zeitalter vor der Urteilsbegründung zu den wichtigsten materialen Artefakten juristischer Argumentation zu rechnen ist.[196]

Die rechtswissenschaftliche Auseinandersetzung mit den Relationen des Reichshofrats, die Peter Oestmann mit seinem Beitrag zum vorliegenden Band eröffnet, könnte indes den Auftakt zu einer interdisziplinären Erforschung juristischer Relationstechnik unter Einbeziehung praxeologischer und wissensgeschichtlicher Perspektiven bilden. Denn die Kontingenzreduktion, die die Referenten in der Phase zwischen dem Eingang eines Parteivorbringens und dessen Beratung im Spruchkörper leisteten, strukturierte den kollegialen Entscheidungsprozess in einem Maße vor, das im Rahmen prozeduraler Analysen keinesfalls aus dem Blick geraten darf. Kehren wir also noch einmal zum Schreibtisch des Protonotars zurück, um zu beobachten, was mit den eingegangenen Schriftsätzen nach deren Registrierung im Exhibitenprotokoll geschah.

4.2 Geschäftsverteilung ohne Geschäftsverteilungsplan

> *Wann dieses* [die Eintragung ins Exhibitenprotokoll] *geschehen, so werden die Exhibita auf die nächstkünftige Seßion ad Consilium remittiret, wo der Reichshofrathspräsident vor der angefangenen Seßion in novis Causis einen Referenten, und so es vonnöthen, einen Correferenten benennet* [...] *und besorgt ist, daß deren Namen alsbald in das Referentenbuch inserirt werden; in den übrigen Causis aber werden die Exhibita an den Ort eines jeden schon vorhero benennten Referenten beyseite gelegt, welche nach der Seßion die Räthe mit sich nach Hause tragen.*[197]

---

195 Erich Döhring, Geschichte der deutschen Rechtspflege seit 1500, Berlin 1953, S. 270–276.

196 Zu den Ausnahmen zählt: Thomas Gergen, Kriterien für die Privilegienerteilung gegen den Büchernachdruck: Kannte der Reichshofrat ein Prüfungsschema für privilegia impressoria et medica? In: UFITA. Archiv für Urheber- und Medienrecht 2015, S. 487–515. Insgesamt bildet das verhaltene juristische Interesse an den archivalisch überlieferten Relationen beider Reichsgerichte jedoch einen bemerkenswerten Befund. Zur Quellensituation: Anette Baumann, Die Gutachten der Richter – Ungedruckte Quellen zum Entscheidungsprozess am Reichskammergericht (1524–1627) (Schriftenreihe der Gesellschaft für Reichskammergerichtsforschung, 43), Wetzlar 2015; Eva Ortlieb, Schriftlichkeit im Entscheidungsprozess. Die Relationen des Reichshofrats, in: Bongartz, Feder und Recht (wie Anm. 53), S. 345–364.

197 Christoph Heinrich Schweser, Des klugen Beamten auserlesenes und nach dem heutigen Curial-Stylo wohl-eingerichtetes Formular-Buch, Nürnberg 1764, S. 684.

Anhand dieser Beschreibung wird deutlich, dass Forschungen zu reichshofrätlicher Relationstechnik als einer sozialen Praxis bei einer Geschäftsverteilung anzusetzen hätten, die in zeittypischer Weise nicht etwa einem abstrakt vorherbestimmten Geschäftsverteilungsplan folgte, sondern ad hoc und ad hominem durch den Präsidenten ausgeübt wurde. Die Reichshofratsordnung von 1654 beschränkte diese monokratische Prärogative nur unwesentlich, indem sie den Präsidenten dazu verpflichtete, auf eine gleichmäßige Arbeitsbelastung der Räte zu achten,[198] nur unbefangene Mitglieder auszuwählen[199] und vor Endurteilen in gemischtkonfessionellen Verfahren Referenten beider Konfessionen zu bestellen.[200] Die mit spruchkörperinterner Geschäftsverteilung zwangsläufig einhergehende Ex-Ante-Logik verband sich demnach mit der „diskretionären Gewalt"[201] einer normativ kaum eingehegten fallbezogenen Auswahl des Berichterstatters. Man wundert sich, dass die Forschung einer kritischen Analyse dieser brisanten Kombination bislang aus dem Weg gegangen ist.[202] Schließlich sind mit Blick auf die Moderne sowohl die Bedeutung von Geschäftsverteilungsplänen für den grundgesetzlich verankerten Anspruch auf den gesetzlichen Richter als auch die darüber seit der Diskussion um das Gerichtsverfassungsgesetz von 1877 geführten Auseinandersetzungen sattsam bekannt,[203] und schon Zeitgenossen beobachteten, dass der Präsident die Eingänge *in causis arduis*[204] nicht sogleich zuschrieb, sondern erst einmal *mit sich nach Hause und erst den andern Tag wieder in Rath* mitnahm.

Dennoch vermittelt die Reichsgerichtsforschung mit ihren affirmativen Zugängen zu gerichtlichen Entscheidungsprozessen ihrer Leserschaft keinerlei Eindruck, warum die liberale Bewegung dem Geschäftsverteilungsplan einst so große Bedeutung beimaß. Dabei musste einer ad hoc ausgeübten Geschäftsverteilung am Reichshofrat als potentielles Steuerungsinstrument umso größere Bedeutung zukommen, als man es nach 1648 mit einem formal rein schriftlichen Verfahren zu tun hat, in dem der Spruchkörper nicht auf eine mündliche Ver-

198 Tit. IV § 2, abgedruckt bei: Sellert, Ordnungen des Reichshofrates (wie Anm. 3), Bd. 2, S. 158 f.

199 Tit. I § 18, abgedruckt ebd., S. 91.

200 Vgl. Herchenhahn, Geschichte der Entstehung (wie Anm. 2), Bd. 2, S. 31.

201 So mit Blick auf den Kammerrichter: Rudolf Smend, Das Reichskammergericht. Erster Teil: Geschichte und Verfassung (Quellen und Studien zur Verfassungsgeschichte des Deutschen Reiches in Mittelalter und Neuzeit, 4), Weimar 1911, S. 256.

202 Rein deskriptiv bleibt: Carola Hartmann-Polomski, Die Regelung der gerichtsinternen Organisation und des Geschäftsgangs der Akten als Maßnahmen der Prozeßbeschleunigung am Reichshofrat, Göttingen 2000, S. 61–66.

203 Ulrike Müssig, Der Kampf um die gerichtliche Selbstverwaltung in der Entstehungsgeschichte des GVG, in: Rechtskultur 1 (2012), S. 4–11.

204 So Reichshofrat Portner, siehe Cramer, Manuale (wie Anm. 143), Anhang, S. 59 f.

handlung als Korrektiv gegenüber dem Referentenvotum zurückgreifen konnte. Noch dazu liefen im Vorfeld der Sitzung regulär weder Akte noch Relation unter den Beisitzern um, sodass zumindest bis in josephinische Zeit hinein *aus dem Stegreif*[205] abgestimmt werden musste. In wissenssoziologischer Hinsicht war der Prozess des Reichshofrats also nicht unmittelbar, sondern mittelbar schriftlich und durch ein starkes informationelles Ungleichgewicht zugunsten der Referenten geprägt.

Eine Forschung, die sich bislang weder mit der Relationstechnik noch mit der Geschäftsverteilung auseinandergesetzt hat,[206] trägt diesen Bedingungen nicht hinreichend Rechnung und neigt deshalb dazu, die Autonomie des Rechts im Rahmen höfischer Konfliktregulierung erheblich zu überschätzen, was insbesondere bei der Analyse der Vota ad Imperatorem wiederholt zu fragwürdigen Interpretationen geführt hat.[207] Aus der Tatsache, dass der Kaiser diesen im Laufe des 17. und 18. Jahrhunderts in großer Zahl an ihn gerichteten Kollegialgutachten[208] nur sehr selten grundsätzlich widersprochen hat, kann nämlich nicht unbesehen auf eine hohe Verfahrensautonomie des Reichshofrats geschlossen werden.

Schon Hugo Hantsch konnte nachweisen, dass dem Kaiser im Regelfall überhaupt nichts vorgelegt wurde, was noch strittig gewesen wäre.[209] Die Praktiken, derer sich die Hofburg bediente, um eine Sukzession der Berliner Kurlinie der Hohenzollern in den Fürstentümern Ansbach und Bayreuth zu verhindern, verdeutlichen allerdings, dass Politik und Recht auf der informalen Hinterbühne des Verfahrens umso intensiver miteinander kommunizierten.[210] Jenseits von

205 So in einem 1767 verfassten Votum ad Imperatorem: ÖStA HHStA, RK, Verfassungsakten, RHR, K. 8, Konv. 3, Nr. 2, unfol.

206 Diese Leerstellen reproduzieren die Defizite der Reichskammergerichtsforschung. Auch die jüngste Studie zu den Kammerrichtern blendet die Geschäftsverteilung weitgehend aus. Siehe Maria von Loewenich, Amt und Prestige. Die Kammerrichter in der ständischen Gesellschaft (1711–1806) (QFHG, 72), Köln/Weimar/Wien 2019, S. 93–95.

207 Hierzu ausführlich: Tobias Schenk, Die Vota ad Imperatorem des kaiserlichen Reichshofrats. Zur Verfahrensautonomie an einem herrschernahen Höchstgericht der Frühen Neuzeit, in: Anja Amend-Traut/Ignacio Czeguhn/Peter Oestmann (Hrsg.), Urteiler, Richter, Spruchkörper. Entscheidungsfindung und Entscheidungsmechanismen in der Europäischen Rechtskultur (QFHG, 75), Köln/Weimar/Wien 2021, S. 239–348.

208 Mehr als 1.200 Gutachten umfasst allein die 1766 angelegte Selektserie „Vota ad Imperatorem", die ausgewertet wurde von Leyers, Reichshofratsgutachten (wie Anm. 68). Die Gutachten aus älterer Zeit liegen zumeist noch den Verfahrensakten bei. Quantifizierende Erhebungen zur Gutachtenerstellung auf Grundlage der Resolutionsprotokolle bei: Schenk, Actum et judicium (wie Anm. 38), S. 84–91.

209 Hugo Hantsch, Reichsvizekanzler Friedrich Karl von Schönborn (1674–1746). Einige Kapitel zur politischen Geschichte Kaiser Josefs I. und Karls VI. (Salzburger Abhandlungen und Texte aus Wissenschaft und Kunst, 2), Augsburg 1929, S. 380.

210 Hierzu bereits: Rudolf Endres, Die Erbabreden zwischen Preußen und den fränkischen Mark-

Prozessakte und Protokoll beschlossen die Präsidenten von Reichshofrat, Hofkriegsrat und Hofkammer sowie der Obersthofmeister und der Reichsvizekanzler 1715,

> *mit solcher manier behuetsamb darinnen fürzugehen, daß eusserlich nichts anderst als der alleinige Weeg der Kläger, des Richters und der rechten vorscheine, innerlich und unter der Handt aber mit Rath und That aller Vorschub gegeben, jedoch von seithen Ewer Kay. Mt. hierunter insonderheit dermassen fürsichtig gehandlet werde, damit man dieselbe keiner parteylichkeit beschuldigen, folglich darob von dem König in Preussen kein begründeter anlaß hergenommen werden könnte, gegen Ew. Kay. Mt. in Dero Kayserl. Obristlehenherr- und höchstrichterlichem Ambt, alß welches endtlich der sache die rechte gestalt und das gewicht geben müste,* [...] *befuegte Klage zu führen.*[211]

Schonungslos deckt diese Quelle die Leerstellen einer Forschung auf, die bislang kaum reflektierte und prozedural angelegte Zugänge zu frühneuzeitlichem Prozessschriftgut entwickelt, politische Einflüsse auf die Rechtserzeugung durch anachronistische Schlagworte wie „Machtsprüche" oder „Kabinettspolitik" externalisiert[212] und die Mitglieder frühneuzeitlicher Justizkollegien zu Vorkämpfern richterlicher Unabhängigkeit stilisiert hat. In bewusster Abkehr von diesen quellenfernen Prämissen müsste es künftig darum gehen, die erheblich komplexeren Zugänge zu rechtlichem Wissen, die derzeit am Max-Planck-Institut für Rechtsgeschichte und Rechtstheorie diskutiert werden,[213] für den Prozess kollegialer Rechtserzeugung fruchtbar zu machen. Denn „political, economic, and social circumstances cannot simply be seen as ‚external' influences. They need to be integrated into a legal historical analysis and analyzed as part of the knowledge of normativity people had at their disposal when they were producing law".[214]

---

grafen im 18. Jahrhundert, in: Jahrbuch für Fränkische Landesforschung 25 (1965), S. 43–87, hier S. 63; vgl. Quinten Somsen, Prussia's Franconian undertaking. Dynasty, law, and politics in the Holy Roman Empire (1703–1726), in: Virtus 24 (2017), S. 75–104.

211 Referat von Reichsvizekanzler Friedrich Karl von Schönborn in ÖStA HHStA, RK, Vorträge, K. 6b, Bl. 618–627, Zitat Bl. 619 f.

212 Von rechtshistorischer Seite wurde zu Recht darauf hingewiesen, dass die Aufmerksamkeit, die die Forschung dem Institut des Machtspruches widmet, in einem umgekehrten Verhältnis zu dessen Bedeutung für die frühneuzeitliche Gerichtspraxis steht: Dietmar Willoweit, Selbständigkeit und Abhängigkeit der Gerichtsbarkeit im Alten Reich, in: Volker Friedrich Drecktrah/Ders. (Hrsg.), Rechtsprechung und Justizhoheit. Festschrift für Götz Landwehr zum 80. Geburtstag, Köln/Weimar/Wien 2016, S. 177–196, hier S. 177 f.

213 Duve, Rechtsgeschichte als Geschichte von Normativitätswissen (wie Anm. 30); Ders./Egío, Rechtsgeschichte (wie Anm. 39).

214 Thomas Duve, How Is Law Produced?, in: Ders./Tamar Herzog (Hrsg.), The Cambridge History of Latin American Law in Global Perspective, Cambridge 2024, S. 54–73, hier S. 70.

Hierzu wäre das „Normativitätserzeugungswissen" der Reichshofräte als ein spezifisch frühneuzeitliches Expertenwissen zu konzipieren, das zwischen höfischen Kompromisserwartungen und juristischen Rationalitätsansprüchen vermittelte und sodann die brauchbar illegalen Bestandteile dieser Vermittlungstätigkeit in den Formalisierungsinstanzen von Akte und Protokoll invisibilisierte.[215] Eine solche Forschung wird sich nicht mit der Reproduktion gerichtlicher Fallgeschichten und textimmanenten Analysen kollegialer Entscheidungen begnügen, sondern bei der Vorstrukturierung von Fallgeschichte und Entscheidung durch die Geschäftsverteilung des Präsidenten und die Relationstechnik der Referenten ansetzen.

Den empirischen Dreh- und Angelpunkt eines solchen Vorhabens müssten die von den Sekretären geführten Referentenprotokolle bilden, die in 13 Bänden mit einer Gesamtlaufzeit von ca. 1690 bis 1806 überliefert sind.[216] Den Aufbau dieser Protokolle, der von 1714 bis 1806 weitgehend unverändert blieb,[217] illustriert Abb. 5. Ebenso wie das Exhibiten- ist auch das Referentenprotokoll alphabetisch nach den Namen der Parteien und innerhalb der Buchstaben chronologisch aufgebaut. Die einzelnen Einträge bestehen aus dem Datum der Zuteilung, einem Kurzbetreff und dem Namen des Referenten bzw. Korreferenten. Anhand der Bände ließe sich also die Praxis der Geschäftsverteilung für das gesamte 18. Jahrhundert präzise beschreiben.[218] Soll diese Beschreibung das Niveau einer reflektierten Fremdbeschreibung erreichen, muss die Analyse jedoch Verwertungskontexte einbeziehen, über die sich das Protokoll selbst ausschweigt.

---

215 Schenk, Normativitätserzeugungswissen (wie Anm. 47).

216 Eine Laufzeitlücke besteht für die Jahre 1739–1744. Zur Entstehungsgeschichte der Bände siehe die Anmerkung von Reichshofrat Portner bei Cramer, Manuale (wie Anm. 143), Anhang, S. 29. Danach seien in früheren Zeiten *auch die Nomina Referentium in Protocoll ad latus cujusque literis initialibus beygezeichnet worden, solches ist nunmehro per commune conclusum de A. 1676 mense Novembr eingestellet und wird derentwegen ein absonderliches Buch cum Indice Alphabetico Causarum & Referentium durch die Secretarios gehalten.* Anders als es Portner nahelegt, hielt man jedoch an der Nennung der Referenten im Resolutionsprotokoll auch in der Folgezeit fest. Die Erklärung liefert: Johann Christoph von Uffenbach, Tractatus singularis et methodicus de excelsissimo Consilio Caesareo-Imperiali Aulico, Wien/Prag 1700, S. 67: *Weil aber dieses Referenten-Buch sehr beschwerlich, in deme in einer Sach absente ordinario Referente andere successive interloquendo referiren und man also hernacher nicht weiß, wer dieses oder jenes Conclusum referiret hat, dahingegen, wanns ut olim ad marginem Conclusi gesetzt wird, man solches in continenti wissen kan, als haben viele der Hn. Hn. Räthe bißher vor besser gehalten, daß der alte Brauch wieder introducirt werden möchte.*

217 Bei den Eintragungen vor 1714 fehlt in der Regel das Präsentationsdatum.

218 Allein anhand der Resolutionsprotokolle ist dies nur bedingt möglich, da diese Bände lediglich die tatsächlich beratenen Eingänge verzeichnen und darüber hinaus nur die Referenten, nicht aber eventuell ernannte Korreferenten nachweisen. Letztere finden sich allein in den Referentenprotokollen.

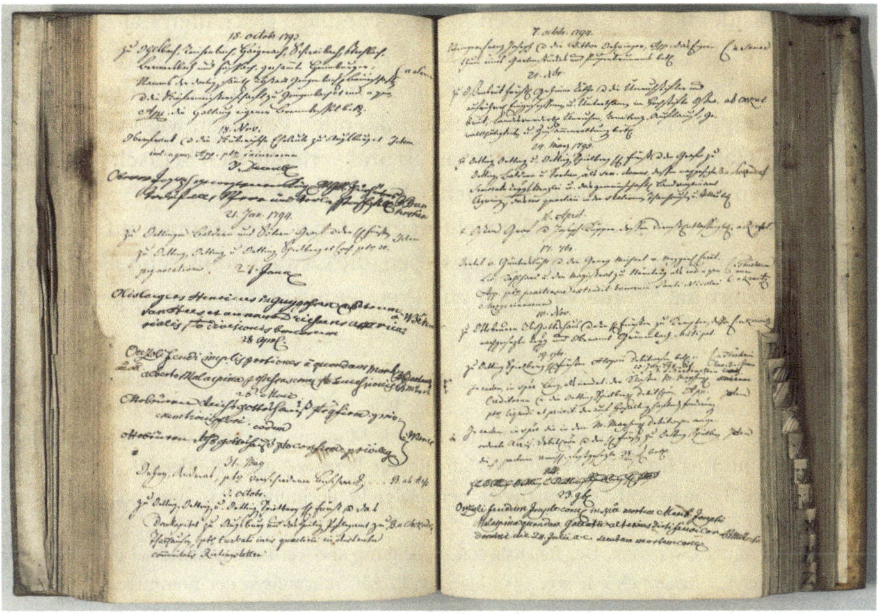

Abb. 5: Ein Blick ins Referentenprotokoll der Jahre 1793/94 (ÖStA HHStA, RHR, Referentenprotokolle, Bd. 12).

Dies gilt zunächst für das Personal des Reichshofrats, aus dem der Präsident die Referenten auswählte.

4.3 Das Personal des Reichshofrats als Entscheidungsprämisse

Neben Programmen und Kommunikationswegen zählt das Personal epochenübergreifend zu den wichtigsten Entscheidungen, durch die Organisationen „Entscheidungsprämissen für eine noch unbestimmte Vielzahl anderer Entscheidungen festlegen".[219] Wo immer mit Blick auf Prozesse der Rechtserzeugung von „dem" Bundesgerichtshof, „dem" Berliner Kammergericht oder gar in alttestamentarischer Anmutung von „dem Gesetzgeber" die Rede ist, wird man sich daran zu erinnern haben, dass es nicht Organisationen, sondern Individuen sind, die handeln.[220] Die Reichsgerichtsforschung hat diese Erkenntnis bislang jedoch nicht einmal für das Reichskammergericht fruchtbar gemacht, obwohl Sigrid Jahns durch ihr beeindruckendes Lebenswerk zur Sozialgeschichte der Kammer-

219 Zum Begriff der Entscheidungsprämisse: LUHMANN, Organisation und Entscheidung (wie Anm. 93), S. 222–255, Zitat ebd., S. 223.

220 Karl E. WEICK, Der Prozeß des Organisierens, 7. Aufl., Frankfurt am Main 2018, S. 53.

richter, Präsidenten und Assessoren[221] die Grundlage geschaffen hat, um Personal und Entscheidungsprozess konsequent zueinander in Beziehung zu setzen. Indem man dieser Aufgabe auswich, schirmte man das Fortschritts- und Professionalisierungsnarrativ gegenüber strukturbildenden Potenzen wie Verflechtung, Patronage, Gabentausch und Korruption ab und verbaute sich kritische Zugänge zu Prozessen frühneuzeitlicher staatlicher Verdichtung.[222]

Mit Blick auf die Reichshofräte sieht man sich gar noch immer auf die knappen prosopographischen Angaben verwiesen, die Oswald von Gschließer bereits 1942 publiziert hat.[223] Im Vergleich zur Preußenhistoriographie, gegen die die

---

221 Sigrid JAHNS, Das Reichskammergericht und seine Richter. Verfassung und Sozialstruktur eines höchsten Gerichts im Alten Reich (QFHG, 26), 2 Bde., Köln/Weimar/Wien 2003/2011.

222 Vgl. Birgit EMICH, Kulturform und Karrieretechnik. Moderne Patronage im Spiegel der Frühen Neuzeit, in: Jens Ivo Engels/Volkhard Huth/Robert Bernsee/Volker Köhler (Hrsg.), Moderne Patronage. Formen und Legitimationen personaler Verflechtung im 19. und 20. Jahrhundert, Frankfurt am Main 2020, S. 139–164.

223 Oswald von GSCHLIESSER, Der Reichshofrat. Bedeutung und Verfassung, Schicksal und Besetzung einer obersten Reichsbehörde von 1559 bis 1806 (Veröffentlichungen der Kommission für neuere Geschichte des ehemaligen Österreich, 33), Wien 1942. Neben den in den Anm. 225 und 226 genannten Studien sind mir folgende Arbeiten zu einzelnen Räten und Präsidenten bekannt: Ember GYŐZŐ, Egy katolikus államérfi a XVIII. században. Báró Borié Egyed, in: Regnum (1936), S. 327–345; Helmut PRÖSSLER, Friedrich Ludwig Christian Graf zu Solms-Laubach 1769 bis 1822. Sein Lebensweg von 1769 bis 1806 (Quellen und Forschungen zur hessischen Geschichte, 18), Darmstadt 1957; Norbert CONRADS, Johann Albrecht Portner von Theuren (1628–1687). Der Bildungsgang eines evangelischen Reichshofrates, in: Heinrich Fichtenau/Erich Zöllner (Hrsg.), Beiträge zur neueren Geschichte Österreichs, Wien/Köln/Graz 1974, S. 115–129; Volker v. VOLCKAMER, Graf Wolfgang IV. zu Oettingen-Wallerstein (1629–1708), in: Peter W. Schienerl (Hrsg.), Diplomaten und Wesire. Krieg und Frieden im Spiegel türkischen Kunsthandwerks, München 1988, S. 9–34; Barbara DÖLEMEYER, Heinrich Christian von Senckenberg – Frankfurter Jurist und Reichshofrat, in: Hessische Landeszentrale für Politische Bildung (Hrsg.), Fürstenhof und Gelehrtenrepublik. Hessische Lebensläufe des 18. Jahrhunderts, Wiesbaden 1996, S. 103–111; Johannes NAUMANN, Die Freiherren von Hagen zur Motten. Ihr Leben und Wirken in der Saar-Mosel-Region, Blieskastel 2000 (S. 305–319 zu Präsident Johann Hugo II. von Hagen); Peter Muzik, Staatsmann, Aufklärer, Katholik: Egid von Borié Reichsfreiherr zu Neuhaus, Salzburg und Dürrnhof (Beiträge zur Geschichte von Bad Neustadt, IIIA), Bad Neustadt 2010; Jana PERUTKOVÁ, Der glorreiche Nahmen Adami. Johann Adam Graf von Questenberg (1678–1752) als Förderer der italienischen Oper in Mähren (Specula Spectacula, 4), Wien 2015; Elisabeth GARMS-CORNIDES, Dalla protezione familiare al patronage politico: gli anni viennesi di Carlo Firmian, in: Stefano Ferrari (Hrsg.), Il conte Carlo Firmian (1718–1782). Nuovi itineri di ricerca, Trento/ Rovereto 2023, S. 17–43; siehe darüber hinaus: Leopold AUER, Reichshofrätliche Testamente, Sperr- und Verlassenschaftsabhandlungen im Haus-, Hof- und Staatsarchiv, in: Beiträge zur Rechtsgeschichte Österreichs 2011, S. 9–22; Marian BERTZ, Thomas von Fritsch (1700–1775). Ein sächsischer Reformpolitiker im Ancien Régime (Schriften zur sächsischen Geschichte und Volkskunde, 71), Leipzig 2023; Florian ZWIESSLER, Geistliche Fürsten und der Reichstag. Die Hochstifte Bamberg und Würzburg als Akteure der Reichspolitik Mitte des 18. Jahrhunderts (baR, 41), Berlin/Boston 2023, S. 133–139 (zu Egid von Borié).

Abb. 6: Reichshofratspräsident Graf Wolfgang von Oettingen-Wallerstein als kaiserlicher Großbotschafter an der Hohen Pforte, 1700. (ÖNB/Wien, PORT_00064136_01.)

Reichsgerichtsforschung vor mehr als einem halben Jahrhundert mit Verve antrat, wirkt dies mittlerweile völlig unbefriedrigend.[224] Gerade mit Blick auf die zur Digitalisierung anstehenden Protokolle zählt es deshalb zu den dringendsten Aufgaben, jenen Faden aufzunehmen, den die analysestarken Pionierstudien Kathrin Rasts über Vizepräsident Graf Johann Heinrich Notthafft von Wernberg (1604–1665)[225] und Verena Kasper-Marienbergs über die Referententätigkeit der Reichshofräte Johann Jakob (1718–1781) und Johann Baptist von Steeb (1742–1800) in Prozessen mit Beteiligung der Frankfurter jüdischen Gemeinde[226] ausgelegt haben. Empirisch dürften hierfür vor allem die noch weithin unerforsch-

224 Verwiesen sei insbesondere auf: Rolf Straubel, Beamte und Personalpolitik im altpreußischen Staat. Soziale Rekrutierung, Karriereverläufe, Entscheidungsprozesse (1763/86–1806) (Bibliothek der Brandenburgischen und Preußischen Geschichte, 2), Potsdam 1998.

225 Kathrin Rast, Nutzung und Inanspruchnahme des Reichshofrats durch adlige Mitglieder der Herrenbank am Beispiel des Vizepräsidenten Johann Heinrich Notthafft Reichsgraf von Wernberg (1604–1665), in: Anette Baumann/Alexander Jendorff (Hrsg.), Adel, Recht und Gerichtsbarkeit im frühneuzeitlichen Europa (bAR, 15), München 2014, S. 295–330.

226 Verena Kasper-Marienberg, „vor Euer Kayserlichen Mayestät Justiz-Thron". Die Frankfurter jüdische Gemeinde am Reichshofrat in josephinischer Zeit (1765–1790) (Schriften des Centrums für Jüdische Studien, 19), Innsbruck 2012, S. 74–113.

ten Archive der zeitgenössisch im Reichshofrat vertretenen Adelsgeschlechter zahlreiche Anknüpfungspunkte bieten.[227] An dieser Stelle kann es lediglich darum gehen, das sozial, fachlich und konfessionell überaus heterogene Personal von Präsident und Räten einer funktionsspezifischen Analyse zu unterziehen, die die Leerstellen des anachronistischen Professionalisierungsnarrativs offenlegt.[228] Beginnen wir beim Chef.

4.4 Der Präsident als nachgesetztes Haupt des Kaisers

Unter den zwölf Präsidenten, die dem Reichshofrat zwischen 1648 und 1806 vorstanden, stößt man auf einen Fürsten, neun Grafen und zwei Freiherren, jedoch auf keinen einzigen bürgerlichen Juristen.[229] Angesichts der Tatsache, dass die Gerichtspräsidenten auf Reichsebene wie in den Territorien den abwesenden Fürsten als Träger der Justizhoheit zu repräsentieren (und das hieß lange: im Wortsinn zu verkörpern) hatten,[230] ist dieser Befund keineswegs überraschend. Er verdeutlicht jedoch, welche Komplexitätsreduktion im Spiel ist, wenn in der Rechtsgeschichte von höchstrichterlicher Spruchtätigkeit durch juristische Funktionseliten die Rede ist.[231] Wenngleich der Präsident bei der Abstimmung nur über ein *votum decisivum* verfügte,[232] können prozedural angelegte Analysen

---

227 Bereits 1894 wurde auf das Fürstlich Oettingen-Wallersteinsche Archiv Harburg aufmerksam gemacht – „speziell auf grund des reichen schriftlichen Nachlasses des Reichshofratspräsidenten Grafen Wolfgang IV. zu Oettingen-Wallerstein: der Verhandlungen in der pfälzischen Successionssache, der Korrespondenzen mit Agenten und Reichshofräten, mit den Kurfürsten Philipp Wilhelm, Johann Wilhelm v. d. Pfalz u. a. m. und last but not least mit Kaiser Leopold selbst". Siehe: J. W., Rezension zu: Fester, R., Die Augsburger Allianz von 1686, München 1893, in: Historisches Jahrbuch 15 (1894), S. 447. Dass auch für Präsident Johann Wilhelm von Wurmbrand reichhaltiges Material vorliegt, verdeutlicht das Inventar von: Hans von Zwiedineck, Das Reichsgräflich Wurmbrandsche Haus- und Familien-Archiv zu Steyersberg (Veröffentlichungen der Historischen Landes-Commission für Steiermark, 2), Graz 1896.

228 Vgl. Michael Stolleis, Professionalisierung der Akteure, in: Decock, Konfliktlösung in der Frühen Neuzeit (wie Anm. 23), S. 65–72, hier S. 66; Marianne Vasara-Aaltonen, From Well-travelled ‚Jacks-of-all-trades' to Domestic Lawyers: The Educational and Career Backgrounds of Svea Court of Appeal Judges 1614–1809, in: Mia Korpiola (Hrsg.), The Svea Court of Appeal in the Early Modern Period: Historical Reinterpretations and New Perspectives (Rättshistorika studier, 26), Stockholm 2014, S. 301–354, hier S. 343.

229 Siehe die Liste bei: Gschliesser, Reichshofrat (wie Anm. 223), S. 528 f.

230 Vgl. mit Blick auf den Kammerrichter: Loewenich, Amt und Prestige (wie Anm. 206), S. 83.

231 Z. B. bei Bernd Schildt, Wandel in der Erschließung der Reichskammergerichtsakten. Vom gedruckten Inventar zur Online-Recherche in der Datenbank, in: Battenberg/Ders., Reichskammergericht (wie Anm. 48), S. 35–60, hier S. 60.

232 In der Praxis spielte diese Befugnis, bei Stimmengleichstand eine Entscheidung herbeizuführen, kaum eine Rolle. Aus langjähriger eigener Erfahrung betonte dies 1740 Johann Christoph Burk-

die Tatsache nicht ignorieren, dass Disziplinaraufsicht, Geschäftsverteilung und Sitzungsleitung in Händen einer Standesperson lagen, von der man annehmen darf, dass sie sich auch als solche verstand und dieses Selbstverständnis in die Wahrnehmung prozessbezogener Aufgaben einfließen ließ.

Bei alledem hat man sich die Präsidenten keineswegs als juristisch ahnungslose Höflinge vorzustellen. Bereits von den Amtsinhabern des ausgehenden 17. Jahrhunderts wurde die Fähigkeit erwartet, eine juristische Deliberation tatsächlich leiten zu können. Dem von 1683 bis zu seinem Tod amtierenden Grafen Wolfgang IV. von Oettingen-Wallerstein (1626–1708) schrieb der als juristische Koryphäe geltende Reichshofrat Nikolaus Christoph von Lyncker (1643–1726) ausdrücklich ein gutes Judiz und die Befähigung zu selbständiger Aktenarbeit zu.[233] Dennoch ist nicht ersichtlich, warum sich Graf Wolfgang in erster Linie als Jurist begriffen haben sollte. Der Stich (siehe Abb. 6), der ihn in orientalisch anmutendem Habit als kaiserlichen Großbotschafter in Konstantinopel zeigt, stellt den Portraitierten als *deß H. Röm. Reichs Graff von Oettingen, Kaiserl. Majestät geheimbder Raht, Camerer und Reichshoff Raths Praesident* vor. Zeitgenossen hatten hier also keinen Juristen als solchen, sondern einen regierenden Landesherrn und Staatsmann in kaiserlichen Diensten vor sich.

Am Kaiserhof agierte Wolfgang ebenso wie seine Vorgänger und Nachfolger in einem Umfeld, in dem der persönliche Zugang zum Herrscher mehr zählte als formalisierte Kommunikationswege und Zuständigkeiten.[234] Die Reichshofratsordnungen von 1617 und 1654 transportierten dieses zeitgenössische Wissen, indem sie den Präsidenten in gegenreformatorischer Semantik als *nachgesetztes Haupt* des Kaisers bezeichneten und kunstvoll komponierte Bezüge zwischen dem Amtsinhaber und dem Apostel Petrus als weltlichem Statthalter Jesu Christi

---

hardt von der Klee: ÖStA HHStA, MEA, Reichshofrat, K. 10a, Nr. 1 (Tit. 5 § 16). Noch 1789 ist davon die Rede, der damalige Reichshofratspräsident Johann Hugo von Hagen habe sein Votum seit seinem Amtsantritt (1778) noch gar nicht und dessen Vorgänger Ferdinand von Harrach (im Amt von 1751 bis 1778) nur einmal gebraucht: Rudolf Hommel, Von einigen Vorzügen des reichshofräthlichen Prozesses vor dem reichskammergerichtlichen, Leipzig 1789, S. 26.

233 Nämlich im Rückblick in seinen 1712 verfassten *Facies iudicii imperialis aulici*. Abschrift in: ÖStA HHStA, RK, Verfassungsakten, RHR, K. 3, Konv. 2, Nr. 2. Ich plane eine Edition dieses Gutachtens. Weitere zeitgenössische Stimmen zu Graf Wolfgang bei Volckamer, Graf Wolfgang (wie Anm. 223), S. 12.

234 Zahlreiche Belege ließen sich anführen. Beispielsweise nahmen unter Leopold I. Sekretäre der Reichshofkanzlei an Geheimratssitzungen teil, von denen ihr Chef, der Vizekanzler, ausgeschlossen blieb: Gross, Reichshofkanzlei (wie Anm. 4), S. 101; vgl. mit Blick auf den Berliner Hof: Marianne Taatz-Jacobi/Andreas Pečar, Die Universität Halle und der Berliner Hof (1691–1740). Eine höfisch-akademische Beziehungsgeschichte (Pallas Athene, 55), Stuttgart 2021, S. 90 f.; sowie für die Hochstifte Würzburg und Bamberg: Zwiessler, Geistliche Fürsten (wie Anm. 223, S. 106.

herstellten.[235] Dieser Akzentuierung entsprach die Tatsache, dass die Präsidenten unter Ferdinand II. in den Geheimen Rat aufstiegen, dem sie vor dem Dreißigjährigen Krieg noch nicht angehört hatten.[236] Allerdings durchlief dieses Kollegium, das im 16. Jahrhundert noch „die Regierungszentrale schlechthin"[237] gebildet hatte, im gleichen Zeitraum einen tiefgreifenden Wandlungsprozess, der nicht zuletzt deshalb besondere Aufmerksamkeit verdient, als er in ähnlicher Weise auch an zahlreichen anderen Höfen Europas zu beobachten ist.[238] Zwischen dem Regierungsantritt Ferdinands II. (1619) und dem Tod Leopolds I. (1705) stieg die Zahl der Geheimen Räte von 20 bis auf 164.[239] Als Instrument effektiver Politikberatung wurde das Plenum hierdurch dysfunktional,[240] so dass sich die eigentliche Gremienarbeit in exklusivere, meist drei- oder vierköpfige Deputationen verlagerte, aus denen 1669 die Geheime Konferenz als neues oberstes Gremium der Politikberatung hervorging.[241]

---

235 Schenk, Vota ad Imperatorem (wie Anm. 207), S. 275 f. Den Kontext bildete die frühneuzeitliche Staatskörpermetaphorik, die dem Herrscher die Position des Kopfes zuwies. Hierzu am spanischen Beispiel: Brendecke, Imperium und Empirie (wie Anm. 103), S. 42–45.

236 Der apostolische Nuntius Carlo Carafa zählte Reichshofratspräsident Wratislaw I. von Fürstenberg 1628 zu den Geheimen Räten. Siehe: Joseph Godehard Müller, Carlo Caraffa Vescovo d'Aversa: Relatione dello stato dell'imperio e della Germania fatta dopo il ritorno della sua nuntiatura appresso l'imperatore 1628, in: Archiv für Kunde österreichischer Geschichts-Quellen 23 (1860), S. 101–450, hier S. 296; zum Geheimen Rat: Eva Ortlieb, Der Geheime Rat (bis 1612), in: Hochedlinger/Mata/Winkelbauer, Verwaltungsgeschichte (wie Anm. 31), Bd. 1, S. 423–430; Michael Hochedlinger, Der Geheime Rat und seine Nachfolger, ebd., S. 430–441.

237 Maximilian Lanzinner, Geheime Räte und Berater Maximilians II. (1564–1576), in: Mitteilungen des Instituts für Österreichische Geschichtsforschung (künftig: MIÖG) 102 (1994), S. 296–315, hier S. 309.

238 Sachsen: Christian Heinker, Die Bürde des Amtes – die Würde des Titels. Der kursächsische Geheime Rat im 17. Jahrhundert (Schriften zur sächsischen Geschichte und Volkskunde, 48), Leipzig 2015, S. 85; Frankreich: Albert N. Hamscher, The Conseil Privé and the Parlements in the Age of Louis XIV: A Study in French Absolutism (Transactions of the American Philosophical Society, 77), Philadelphia 1987, S. 19; Spanien: Nicole Reinhardt, Voices of Conscience. Royal Confessors and Political Counsel in Seventeenth Century Spain and France, Oxford 2006, S. 29–31.

239 Henry Frederick Schwarz, The Imperial Privy Council in the Seventeenth Century (Harvard Historical Studies, 53), Cambridge 1943, S. 111, 114 f.; Stefan Sienell, Die Geheime Konferenz unter Kaiser Leopold I. Personelle Strukturen und Methoden zur politischen Entscheidungsfindung am Wiener Hof (Beiträge zur neueren Geschichte Österreichs, 17), Frankfurt am Main 2001, S. 52.

240 Was nicht bedeutet, dass die Geheimratswürde als solche dysfunktional geworden wäre. Sie durchlief vielmehr einen Bedeutungswandel und prägte im Verein mit der Anciennität im Kämmereramt weite Bereiche der Rangordnung am Kaiserhof. Hierzu: Hengerer, Kaiserhof und Adel (wie Anm. 36), S. 191.

241 Hierzu grundlegend Sienell, Geheime Konferenz (wie Anm. 239).

Die Masse der Vota ad Imperatorem wurde dem Kaiser jedoch nicht in dieser Konferenz, sondern weiterhin im Geheimen Rat vorgetragen, der sich im Schnitt mindestens einmal pro Monat mit Vorlagen aus dem Reichshofrat beschäftigte.[242] Neben dem über das Vortragsrecht verfügenden Reichsvizekanzler, dem Reichshofratspräsidenten und einigen Räten von der Herrenbank des Reichshofrats tauchen in den noch nicht systematisch ausgewerteten Präsenzlisten auch die Spitzen von Hof und Verwaltung regelmäßig auf.[243] Ob an diesen Sitzungstagen auch Gutachten erbländischer Behörden zum Vortrag kamen,[244] ist derzeit noch unklar. Keinesfalls waren diese Sitzungen jedoch dazu bestimmt, Grundsatzentscheidungen über politisch brisante Rechtsfragen herbeizuführen.[245]

Hiergegen spricht bereits die Größe des Geheimen Rates: Während die Habsburger Wert darauf legten, diffizile Fragen mit höchstens vier bis fünf Vertrauten zu beraten,[246] listen die Präsenzlisten der Sitzungen regelmäßig rund ein Dutzend Teilnehmer auf. Hiergegen sprechen ferner die Vota ad Imperatorem selbst, die dem Kaiser in aller Regel nicht etwa – wie man auf Grundlage der Reichshofratsordnung eigentlich vermuten würde – zwei noch strittige Rechtsmeinungen, sondern ein einmütiges Kollegialvotum präsentierten.[247] Und hiergegen spricht schließlich die Beobachtung, dass mit dem berichterstattenden Reichshofrat ausgerechnet jener Rat, der über die bei Grundsatzdebatten abzurufende Aktenkenntnis verfügte, zumeist gar nicht an den Beratungen teilnahm. Von Reichsvizekanzler Friedrich Karl von Schönborn bekommt man es schwarz auf weiß: Die *geheimbe ratsfunction*[248] bestand in erster Linie in der Generierung *eußere*[r]

---

242 Gelegentlich war damit jedoch auch die Geheime Konferenz befasst – wo Josef I. die Zeit beim Vortrag der Vota offenbar so lang wurde, dass er sie sich mit der Zeichnung erigierter Penisse und Galgenszenen vertrieb. Einschlägiges Material präsentiert: Michael HOCHEDLINGER, Fadesse oblige oder: die Macht der Triebe. Die Handzeichnungen Josephs I. Aktenkundliche Beobachtungen an allerhöchstem Memorialschreibwerk, in: Mitteilungen des Österreichischen Staatsarchivs 55 (2011), S. 785–814.

243 Diese Präsenzlisten sind Teil der Beschlussvermerke auf den Vota ad Imperatorem jener Jahrzehnte, die sich zumeist noch bei den Verfahrensakten befinden. Ein Beispiel aus dem Jahr 1674 ist wiedergegeben bei SCHENK, Vota ad Imperatorem (wie Anm. 207), S. 268; vgl. die quantifizierenden Angaben bei HENGERER, Kaiserhof und Adel (wie Anm. 36), S. 122–127.

244 Zu denken wäre insbesondere an die Österreichische und die Böhmische Hofkanzlei sowie an den Hofkriegsrat. Siehe HOCHEDLINGER, Der Geheime Rat (wie Anm. 236), S. 433.

245 Zu diesem Ergebnis kam auch HENGERER, Kaiserhof und Adel (wie Anm. 36), S. 294.

246 So prägnant im erstmals 1632 publizierten Fürstenratgeber: ANONYM, Princeps in Compendio. Das ist: Etliche kurtze zusammengefaste Puncte oder Reguln, welche ein Regent bey seiner Regierung zu beobachten nöthig hat […], o. O. 1701, S. 13–15.

247 Ausnahmen bestätigen die Regel. Einige Beispiele bei SCHENK, Actum et judicium (wie Anm. 38), S. 91 f.

248 Äußerung von 1706. Dies und das folgende zitiert nach HANTSCH, Schönborn (wie Anm. 209), S. 380.

hochachtung. Das Vorgetragene war in aller Regel bereits *abgeurteilt*, was natürlich keineswegs ausschloss, dass im Geheimen Rat noch Änderungen im Detail vorgenommen wurden.

Diese Vorgehensweise entsprach zwar keineswegs dem Wortlaut der Reichshofratsordnung, war jedoch in hohem Maße systemrational. Schließlich waren sich die Akteure bewusst, unter permanenter reichsständischer Beobachtung zu stehen, so dass jeder schriftlich dokumentierte Dissens zwischen Kaiser und Reichshofrat unweigerlich zu politischen Weiterungen geführt hätte.[249] Der Hofburg musste es deshalb darum gehen, interne Differenzen bereits ex ante zu moderieren und sodann gegenüber der Umwelt hinter Konsensfassaden zu verbergen.[250] Die schwerwiegenden Verwerfungen, zu denen es in den 1690er Jahren aufgrund der Verleihung der neunten Kurwürde an Braunschweig-Lüneburg zwischen dem Reichshofrat und Kaiser Leopold kam,[251] verdeutlichen, dass dies nicht immer funktioniert hat. Im Regelfall herrschte zwischen Reichshofrat und Geheimem Rat nach 1648 jedoch Konsens, was für sich genommen nicht als Ausweis hoher juristischer Entscheidungsautonomie interpretiert werden darf,[252]

---

249 Die gelegentlich auch eingetreten sind, wenn Dissens innerhalb des Reichshofrats und/oder zwischen Reichshofrat und Kaiser aktenkundig wurde. Ein Beispiel bei SCHENK, Actum et judicium (wie Anm. 38), S. 97 f. Dass zumindest die großen Reichsstände über Meinungsverschiedenheiten im Plenum sehr genau im Bilde waren, belegt etwa ein hannoverscher Gesandtenbericht vom 25. September 1734, in dem davon die Rede ist, *daß in denen meisten Sachen, die zeithero der v. Knörr und der v. Hildebrand im RHRath miteinander vorgetragen, diverse vota ad Imperatorem sind erstattet worden*: Niedersächsisches Landesarchiv, Abteilung Hannover, Hann. 9g, Nr. 979, Bl. 4 f.

250 Zu ganz ähnlichen Ergebnissen kam mit Blick auf die in den Geheimen Rat eingebrachten Vota von Hofkammer und Hofkriegsrat: HENGERER, Kaiserhof und Adel (wie Anm. 36), S. 293 f. Sehr aufschlussreich sind in diesem Zusammenhang auch die Erinnerungen Johann Jacob Mosers an seine Zeit als Stuttgarter Regierungsrat: *Ich brachte es auch einmal dahin, daß mein Votum mit in das Regierungsraths-Gutachten gebracht wurde: Es erfolgte aber die Resolution darauf: Man sollte künftig in dem Gutachten nur melden, wohin die mehrere Stimmen gegangen seyen. Als nun ein solcher Fall wieder kame, wollte ich das Gutachten nicht mit unterschreiben. Es hiesse: Ich müsse es; es stehe nur dabey: Praesentibus, und ich wäre bey Resolvierung des Gutachtens praesens gewesen. Ich replicirte: Die Nachwelt bekomme das darüber geführte Protocoll und meinen darinn bezeugten Widerspruch nicht zu Gesicht, beurtheile mich also nach der Unterschrift des Gutachtens, darinn ebenfalls keiner anderen Meinung gedacht seye; und dises incommodire mich: weil es aber doch beharret wurde, ein- vor allemal müsse ich das Gutachten unterschreiben; so thate ich es also: Moser, dissentit.* Siehe Jacob MOSER, Lebensgeschichte, Bd. 1, Frankfurt am Main/Leipzig 1777, S. 73 f.

251 Christoph KAMPMANN, Ein Bruch mit der Tradition und eine Gefahr für den Reichsfrieden? Die Errichtung der Neunten Kur im Urteil des Reichshofratsconclusums vom April 1693, in: ZRG GA 140 (2023), S. 422–435.

252 So hingegen: David PETRY, Konfliktbewältigung als Medienereignis. Reichsstadt und Reichshofrat in der Frühen Neuzeit (Colloquia Augustana, 29), Berlin 2011, S. 40.

sondern auf die im Vorfeld bereits geleistete Translation politischer in rechtliche Normen zurückzuführen ist, auf die im Folgenden noch zurückzukommen sein wird. Im höfischen Interaktionssystem diente das „typische" Votum ad Imperatorem somit nicht etwa der Klärung strittiger Rechtsfragen. Es war ein Instrument zur Formalisierung informell ausgehandelter Ergebnisse[253] und zur zeitlichen Synchronisation zwischen Reichshofrat und Reichshofkanzlei.[254]

Dabei blieb es auch, als die starke höfische Position der Präsidenten unter den Nachfolgern Leopolds I. zerfiel. Im Rahmen seines Rückzuges aus höfischen Ratsgremien in das Kabinett ging Karl VI. nämlich in den 1720er Jahren dazu über, sich die Vota unter Ausschluss des Präsidenten durch den Vizekanzler und die Referendare der Reichshofkanzlei vortragen zu lassen, was einen dauerhaften Verstoß gegen die Wahlkapitulation von 1711 darstellte und einmal mehr illustriert, dass sich höfische Kommunikationsbeziehungen einer wirksamen Formalisierung entzogen.[255] Erst Joseph II. richtete 1766 mit der *Septimanalrelation*[256] wiederum ein Forum regulären Austausches zwischen Kaiser und Präsident ein. Die

253 Hierzu grundsätzlich: Birgit Emich, Die Formalisierung des Informellen. Ein Beitrag zur Verwaltungsgeschichte der Frühen Neuzeit, in: Peter Eich/Sebastian Schmidt-Hofner/Christian Wieland (Hrsg.), Der wiederkehrende Leviathan. Staatlichkeit und Staatswerdung in Spätantike und Früher Neuzeit (Akademiekonferenzen, 4), Heidelberg 2011, S. 81–95.

254 Das Vortragsrecht im Geheimen Rat erlaubte es dem Vizekanzler nämlich, den Zeitpunkt der kaiserlichen Entschließung zu bestimmen und diese präzise mit eventuell zu ergreifenden diplomatischen Begleitinitiativen oder (vor allem im Privilegienbereich) mit Verhandlungen mit begünstigten Parteien über die Taxgebühr abzustimmen. Hierzu aufschlussreich ein Gutachten des Vizekanzlers von 1766, auszugsweise wiedergegeben bei Schenk, Vota ad Imperatorem (wie Anm. 207), S. 330 f. Hatte sich hingegen die politische Situation nach Beschluss eines Votums im Reichshofrats geändert, blieb dieses vielfach in der Schublade des Vizekanzlers liegen. Stichproben ergaben, dass ein beträchtlicher Teil der vom Reichshofrat beschlossenen Vota dem Kaiser gar nicht vorgetragen wurde. Siehe Schenk, Actum et judicium (wie Anm. 38), S. 115; vgl. auch Stefan Seitschek, Die Tagebücher Kaiser Karls VI. Zwischen Arbeitseifer und Melancholie, Horn 2018, S. 259.

255 Schenk, Vota ad Imperatorem (wie Anm. 207), S. 315–338. Der für die Vota einschlägige Passus der Wahlkapitulation von 1711 ist abgedruckt bei: Wolfgang Burgdorf (Bearb.), Die Wahlkapitulationen der römisch-deutschen Könige und Kaiser 1519–1792 (Quellen zur Geschichte des Heiligen Römischen Reiches, 1), Göttingen 2015, S. 344.

256 Dekret vom 5. April 1766 abgedruckt bei Sellert, Ordnungen (wie Anm. 3), Bd. 2, S. 325. In der Folge bürgerte sich für diese Audienz aufgrund der wöchentlichen Taktung die Bezeichnung *Septimanalrelation* ein. Siehe: Vincenz Hanzely, Anleitung zur neuesten Reichshofrathspraxis, Bd. 1, Frankfurt am Main/Leipzig 1784, S. 37 f., 67. Ob in der Septimanalrelation auch über die Vota ad Imperatorem diskutiert wurde, ist unklar. Fest steht, dass Kurmainz erst durch einen 1790 mit Leopold II. abgeschlossenen Kanzleivertrag die Beiziehung des Vizekanzlers bei der Beratung der Gutachten zumindest formal durchsetzen konnte. Inwiefern die Praxis dieser Regelung in den letzten Jahren des Alten Reiches folgte, wurde noch nicht erforscht. Siehe: Gross, Reichshofkanzlei (wie Anm. 4), S. 93 f.

Tatsache, dass das *nachgesetzte Haupt* den Zugang zum „Vorraum“[257] zur Macht und damit zur „Seele des Machthabers“ über Jahrzehnte hinweg einbüßte,[258] ließ die präsidiale Autorität erodieren,[259] führte jedoch mitnichten zur Bildung von Residuen richterlicher Unabhängigkeit im Windschatten der großen Politik. In das Machtvakuum, das der Niedergang der Präsidenten hinterließ, stießen, wie wir noch sehen werden, Andere.

An dieser Stelle bleibt festzuhalten, dass die gelegentlich geäußerte Hoffnung, man könne durch textimmenente Lektüre der Vota ad Imperatorem zu validen Erkenntnissen über die Autonomie des Rechts im Rahmen höfischer Konfliktregulierung gelangen,[260] trügt. Stattdessen ist danach zu fragen, in welchem Maße der Kaiser bzw. die am Hof jeweils maßgeblichen Strömungen die Ex-ante-Logik des reichshofrätlichen Entscheidungsprozesses dazu nutzten, um bereits im Vorfeld der Plenarsitzung – nämlich durch Geschäftsverteilung und informale Interaktion mit den Referenten – politische Normen in das Verfahren einzuschreiben und jenen Konsens zu gewährleisten, den die Gutachten in ihrer großen Mehrzahl suggerieren.

Dass sich diese Frage allein anhand von Akte und Protokoll nicht beantworten lässt, ist kein Beinbruch. Schließlich entstünde auch von der kollegialisch organisierten preußischen Verwaltung des 18. Jahrhunderts ein völlig schiefes Bild, wenn man die unzähligen Handschreiben außer Acht ließe, mit denen die Monarchen an den Kollegien vorbei direkt mit den Ministern des Generaldirektoriums und den Präsidenten der Kriegs- und Domänenkammern kommunizierten.[261] Die Existenz informaler Kommunikationswege bildete keine Ausnahme, sondern ein Kennzeichen frühneuzeitlicher Verwaltung.[262] Auch mit Blick auf den Kaiserhof wäre Aktengläubigkeit fehl am Platz, denn insbesondere in heiklen

257 Dieses und das folgende Zitat: Carl Schmitt, Gespräch über die Macht und den Zugang zum Machthaber, 3. Aufl., Stuttgart 2017, S. 22 f.

258 Ablesbar ist dies auch an den sehr seltenen Erwähnungen der Präsidenten in den Tagebüchern Karl VI. Siehe: Seitschek, Tagebücher (wie Anm. 254), S. 246. Auch die nachgewiesene Beiziehung des Präsidenten zu den Reichskonferenzen der Geheimen Konferenz scheint den Bedeutungsverlust der Amtshinhaber nicht kompensiert zu haben. Zu diesen Konferenzen: Hochedlinger, Der Geheime Rat (wie Anm. 236), S. 436.

259 Hierzu unten Kap. 4.8.

260 Wolfgang Sellert, Richterliche Unabhängigkeit am Reichskammergericht und am Reichshofrat, in: Okko Behrends (Hrsg.), Gerechtigkeit und Geschichte. Beiträge eines Symposions zum 65. Geburtstag von Malte Dießelhorst, Göttingen 1996, S. 118–132, hier S. 128.

261 Edith Ruppel-Kuhfuss, Das Generaldirektorium unter der Regierung Friedrich Wilhelms II. mit Berücksichtigung der interimistischen Instruktion von 1798 (Berliner Studien zur neueren Geschichte, 2), Würzburg-Aumühle 1937, S. 3.

262 So unlängst mit Blick auf die Hochstifte Würzburg und Bamberg auch Zwiessler, Geistliche Fürsten (wie Anm. 223), S. 110.

Angelegenheiten liefen die kaiserlichen Befehle an den Reichshofrat in Form von persönlich an den Präsidenten adressierten Schreiben *brevi manu*.[263] In einem Kontext, der im Gegensatz zur preußischen Kabinettsregierung[264] durch große physische Nähe aller Beteiligten gekennzeichnet war, bildeten solche Handschreiben jedoch nur die zweite Wahl. Das Gros der Kommunikation lief noch im 18. Jahrhundert *gewöhnlicher Maaßen mündlich*[265] und war keineswegs dazu bestimmt, in Akte und Protokoll verewigt zu werden, *weilen Ihro Kayserlichen Mayestät allerhöchstem Interesse gemäß ist, ohne Noth nicht authoritative in dem Reich zu erscheinen und sich solches* [gemeint ist schriftliche Kommunikation] *villmehr auf Fälle vorzubehalten, wo es an anderen Mitteln gebricht*.[266]

Nach alledem wird deutlich, dass prozedural angelegte Analysen die verfahrensbezogenen Aufgaben des Präsidenten konsequent mit dessen formaler wie informaler Stellung im höfischen Gefüge verknüpfen müssen, sofern Translationsprozesse zwischen sozialen Normen und kollegialer Rechtserzeugung nicht aus dem Blick geraten sollen. Dass ein solches Vorhaben wesentlich höhere empirische Anforderungen stellt als die simple Reproduktion prozessualer Verfahrensgeschichten, soll nicht verschwiegen werden. Das Entscheidende und keineswegs Selbstverständliche ist jedoch, dass in Gestalt der Adelsarchive involvierter Geschlechter perspektivreiche Ausgangspunkte vorhanden sind, um Formalität und Informalität konsequent aufeinander zu beziehen. Auf zahlreichen Feldern der Frühneuzeitforschung wäre man froh, über vergleichbare empirische Grundlagen zu verfügen. Ließe man sich auf diese Quellen ein, würde deutlich, dass die Besetzung des Präsidentenamtes mit höfisch vernetzten Standespersonen eine diskretionäre Entscheidungsprämisse bildete, die bislang völlig unterschätzt wurde. Nichts anderes gilt für die Zusammensetzung des Kollegiums, aus dem der Präsident die Referenten auswählte.

---

263 Zitiert nach: Adolf Beer (Hrsg.), Joseph II., Leopold II. und Kaunitz. Ihr Briefwechsel, Wien 1873, S. 253; vgl.: Wolfgang Neugebauer, Entscheidung und Geheimnis. Zur monarchischen Herrschaftspraxis des Kabinetts in Österreich und Preußen im 18. Jahrhundert, in: Bettina Braun (Hrsg.), Konkurrenz und Transfer. Das preußisch-österreichische Verhältnis im 18. Jahrhundert (Mainzer Studien zur Frühen Neuzeit, 3), Bielefeld 2023, S. 21–58, hier S. 41, mit Hinweis auf Reichshofratsangelegenheiten in: ÖStA HHStA, Kabinettskanzlei, Handbilletenprotokolle, 1 a (ab Januar 1770).

264 Wolfgang Neugebauer, Das preußische Kabinett in Potsdam. Eine verfassungsgeschichtliche Studie zur fürstlichen Zentralsphäre in der Zeit des Absolutismus, in: Ders. (Hrsg.), Potsdam – Brandenburg – Preußen. Beiträge der landesgeschichtlichen Vereinigung zur Tausendjahrfeier der Stadt Potsdam, Berlin 1993, S. 69–115.

265 So Reichsvizekanzler Colloredo im Februar 1767: ÖStA HHStA, RK, Reichsakten in specie, K. 55, Konv. 2, unfol.

266 So der frühere Reichshofrat Egid von Borié gegenüber Reichsvizekanzler Colloredo im Februar 1767: ÖStA HHStA, RK, Reichsakten in specie, K. 55, Konv. 2, unfol.

4.5 Zur Rearistokratisierung der Beisitzerebene

Als Justizkollegium verfügte der Reichshofrat zu jedem beliebigen Zeitpunkt nach 1648 über juristisch versierte Beisitzer, die ohne Weiteres dazu in der Lage waren, nach allen Regeln der zeitgenössischen Kunst Voten und Relationen zu verfassen. Ohne Rückgriff auf eine solche Expertise hätte der Reichshofrat seine Aufgaben nicht wahrnehmen können. Dennoch wäre es gänzlich verfehlt, Bürokratisierung und Professionalisierung als Leitlinien der Besetzungspolitik auszumachen, wie dies eine im Banne des Modernisierungsnarrativs stehende Forschung bis heute vielfach tut. Eine solche Deutung verkehrt die tatsächliche Entwicklung in ihr Gegenteil, denn wie viele andere höfische Kollegien in Europa durchlief der Reichshofrat im 17. Jahrhundert eine Rearistokratisierung,[267] die juristische Expertise keineswegs überflüssig machte, deren Verwertungskontext jedoch massiv veränderte.

Zwischen der Mitte des 17. und dem Beginn des 18. Jahrhunderts stieg die Zahl der Beisitzer von etwa einem bis anderthalb Dutzend auf 35, was vor allem mit dem Wachstum der Herrenbank zusammenhing, der unter Joseph I. 27 Räte angehörten.[268] Hierdurch verstärkte sich die Integration des Kollegiums in die Wiener Hofgesellschaft erheblich, denn die berufenen Herren zählten mehrheitlich zu erbländischen Grafenhäusern, die seit Generationen zur habsburgischen Klientel zählten.[269] Wenngleich auch auf der Herrenbank eine Reihe ausgewiesener Juristen diente,[270] verfügten die Reichshofräte Karls VI. unter Zugrunde-

267 Ronald G. Asch, Rearistokratisierung statt Krise der Aristokratie? Neuere Forschungen zur Geschichte des Adels im 16. und 17. Jahrhundert, in: Geschichte und Gesellschaft 30 (2004), S. 144–154. Zahlreiche Beispiele ließen sich anführen. Zur Rearistokratisierung der kaiserlichen Hofkammerräte Hengerer, Kaiserhof und Adel (wie Anm. 36), S. 65. Verwiesen sei ferner auf den spanischen Indienrat, dessen Aufgabenprofil dem des Reichshofrats ähnlich war: Brendecke, Imperium und Empirie (wie Anm. 103), S. 166. Mit Blick auf Portugal wurde festgestellt: „One seventheenth-century observer stated that a mixture of *letrados* [Gelehrten] and titled nobles would produce the best conciliar decisions. He felt that *letrados* knew too much and intellectualized things so far as to make action possible; the aristocrats or ‚*idiotas*' could act with speed but usually did so without wisdom. Thus the best solution was a mix of the two. The crown apparently agreed with this approach and a combination of professional bureaucrats and titled nobility continued to fill the seats of the king's councils." Siehe: Stuart B. Schwartz, Sovereignty and Society in Colonial Brazil. The High Court of Bahia and its Judges, 1609–1751, Los Angeles/London 1973, S. 69.

268 Gschliesser, Reichshofrat (wie Anm. 223), S. 69.

269 Statistische Angaben bei: Andreas Pečar, Die Ökonomie der Ehre. Der höfische Adel am Kaiserhof Karls VI. (1711–1740), Darmstadt 2003, S. 36–38.

270 Bereits früh gilt dies insbesondere für die Vizepräsidenten, die der Herrenbank vorsaßen und in Abwesenheit des Präsidenten in der Lage sein mussten, die Sitzungsleitung zu übernehmen. Um 1700 fiel es Zeitgenossen bereits auf, wenn ein Vizepräsident hiermit fachlich überfordert

legung gängiger sozialgeschichtlicher Parameter im Durchschnitt über einen geringeren Professionalisierungsgrad als die Reichskammergerichtsassessoren zur Zeit Karls V. Selbst an zahlreichen territorialen Obergerichten war die Graduiertenquote unter den Beisitzern im 18. Jahrhundert höher als am Kaiserhof.[271] Dies sind empirische Tatsachen, denen die Forschung nicht länger mit unreflektiertem Gerede vom Aufstieg juristischer Funktionseliten begegnen sollte. Vielmehr gilt es, das dominante aristokratische Element als Entscheidungsprämisse ernst zu nehmen.

Für eine vergleichende Justizforschung ist dies auch deshalb von großer Bedeutung, weil die Gliederung der Beisitzer in eine Herren- und eine Gelehrtenbank keineswegs ein Alleinstellungsmerkmal des Reichshofrats bildete, sondern bis in die Sattelzeit hinein die Sessionsordnung zahlreicher Justizkollegien prägte, da sie jene typisch frühneuzeitliche „Synthese des herrschaftlichen und des genossenschaftlichen Prinzips“[272] verkörperte, von der bereits Otto Hintze gesprochen hat. Schließlich war das Vordringen studierter Juristen zu Beginn der Neuzeit vielerorts auf den Widerstand der Stände gestoßen, die in den Doktoren – nicht zu Unrecht – Agenten der fürstlichen Zentralmacht erblickten.[273] Was die neuere Forschung unter dem Begriff der konsensualen Herrschaft fasst, fußte deshalb auf Praktiken politischer Partizipation, die stets über „eine instrumentelle *und* eine symbolisch-expressive Dimension [verfügten]. D.h. die versammelten Akteure taten nicht nur etwas – z.B. beraten und beschließen –, sondern sie vermittelten einander dabei immer zugleich auch eine Fülle symbolischer Botschaften, darunter vor allem die zentrale Botschaft über die Struktur

---

war, wie dies bei Karl Ludwig von Sinzendorf der Fall gewesen zu sein scheint. Kollege Nikolaus Christoph von Lyncker unterzog Sinzendorfs juristische Expertise 1712 einer vernichtenden Analyse. Siehe: ÖStA, HHStA, RK, Verfassungsakten, RHR, K. 3, Konv. 2, Nr. 2, unfol.

271 In Detmold beispielsweise führten von 34 Assessoren, die sich zwischen 1593 und 1743 am Hofgericht nachweisen lassen, 20 den Doktortitel und vier den eines Licentiaten: Jürgen Miele, Das Lippische Hofgericht 1593–1743. Ein Beitrag zu Entstehungsgeschichte, Gerichtsverfassung und Prozessverfahren des zivilen Obergerichts der Grafschaft Lippe unter Berücksichtigung reichsgesetzlicher Bestimmungen, Diss., Göttingen 1984, S. 82.

272 Otto Hintze, Weltgeschichtliche Bedingungen der Repräsentativverfassung, in: Historische Zeitschrift 143 (1931), S. 1–47, hier S. 47; luzide Tim Neu, Sitzen, Sprechen und Votieren. Symbolische und instrumentelle Dimensionen landständischer Handlungssequenzen in Hessen-Kassel (17./18. Jahrhundert), in: Ders./Michael Sikora/Thomas Weller (Hrsg.), Zelebrieren und Verhandeln. Zur Praxis ständischer Institutionen im frühneuzeitlichen Europa (Symbolische Kommunikation und gesellschaftliche Wertesysteme, 27), Münster 2009, S. 119–143.

273 So beispielsweise in Württemberg und Brandenburg: Siegfried Frey, Das württembergische Hofgericht (1460–1680) (Veröffentlichungen der Kommission für geschichtliche Landeskunde in Baden-Württemberg. B, 113), Stuttgart 1989, S. 29, 33, 38; Friedrich Holtze, Geschichte des Kammergerichts in Brandenburg-Preußen, 4 Bde., Berlin 1890–1904, hier Bd. 1, S. 201 f.

der politisch-sozialen Ordnung als Ganze, für die die Ständeversammlungen pars pro toto standen."[274] Diese symbolisch-expressive Dimension bestimmte auch die personelle Zusammensetzung höfischer Justizkollegien wie des Reichshofrats. Partizipation durch Repräsentation war „kein normativer Vorgang, kein Verfahren und keine Prozedur, sondern etwas *Existenzielles*. Repräsentieren heißt, ein unsichtbares Sein durch ein öffentlich anwesendes Sein sichtbar machen und vergegenwärtigen. Die Dialektik des Begriffes liegt darin, daß das Unsichtbare als abwesend vorausgesetzt und doch gleichzeitig anwesend gemacht wird."[275]

Die Mitglieder der Herrenbank repräsentierten die stratifizierte Gesellschaft und beeinflussten den richterlichen Entscheidungsprozess bereits durch ihre körperliche Anwesenheit. Adlige Räte saßen jedoch nicht bloß herum, sondern erhöhten durch Oberschichtenkommunikation die soziale und geographische Reichweite höfischer Rechtsorganisationen erheblich, wie Armand Maruhn am Beispiel des hessischen Hofgerichts zu Marburg aufgezeigt hat.[276] Das Itinerar von Reichshofrat Wolfgang IV. von Oettingen-Wallerstein liest sich vor dessen Aufstieg ins Präsidentenamt folgendermaßen: „Abgeordnet zur Augsburger Bischofswahl von 1665, zum Erzbischof von Salzburg 1668, zur Bischofswahl in Passau 1673, im gleichen Jahr nach Warschau, wo König Michael, ein Schwager des Kaisers, gestorben war. In der zweiten Hälfte der 70er Jahre mehrfach nach Bamberg und Würzburg, zum Fränkischen Kreis in Sachen der Reichsarmee, wegen des Friedensschlusses von Nymwegen nach München und nach Neuburg, in den 80er Jahren, vor allem im Zusammenhang mit dem Pfälzischen Erbfolgekrieg und mit der Königswahl Josephs I. an Neckar und Rhein, in Heidelberg, in Mainz, in Köln und in Düsseldorf."[277]

Gegenüber den Reichsständen hätten gelehrte Räte diese Repräsentationsfunktion, die im Vergleich zum Reichskammergericht zugleich eine Entdifferen-

274 Barbara Stollberg-Rilinger, Politische Partizipation als Inszenierung. Zur symbolisch-rituellen Dimension frühneuzeitlicher Ständeversammlungen am Beispiel des Reichstags von 1653/54, in: Werner Daum/Kathrin S. Hartmann/Simon Palaoro/Bärbel Sunderbrink (Hrsg.), Kommunikation und Konfliktaustragung. Verfassungskultur als Faktor politischer und gesellschaftlicher Machtverhältnisse (Veröffentlichungen des Instituts für Europäische Verfassungswissenschaften, 7), Berlin 2010, S. 201–221, hier S. 201.

275 Carl Schmitt, Verfassungslehre, 11. Aufl., Berlin 2017, S. 209 f.

276 Armand Maruhn, Prozesse niederadeliger Grundherren gegen Dorfgemeinden vor dem hessischen Hofgericht 1500–1620. Ein Beitrag zum Konzept der „Verrechtlichung sozialer Konflikte" in der Frühen Neuzeit, in: Werner Conze/Alexander Jendorff/Heide Wunder (Hrsg.), Adel in Hessen, Herrschaft, Selbstverständnis und Lebensführung vom 15. bis ins 20. Jahrhundert (Veröffentlichungen der Historischen Kommission für Hessen, 70), Marburg 2010, S. 269–291, hier S. 290.

277 Volckamer, Graf Wolfgang IV. (wie Anm. 223), S. 10.

zierung von politischer und rechtlicher Sphäre indiziert, unmöglich wahrnehmen können.[278] Selbst am Kaiserhof verloren sie deshalb im Laufe des 17. Jahrhunderts jenen Zugang zum Geheimen Rat nahezu völlig, den sie im 16. Jahrhundert noch besessen hatten.[279] Die personelle Verklammerung zwischen Reichshofrat und Geheimem Rat erfolgte seitdem ausschließlich über den Präsidenten und einzelne Räte der Herrenbank, die als Geheime Räte ab 1617 formell Weisungsbefugnis gegenüber einfachen Reichshofräten besaßen und diese offenbar weit über 1648 hinaus auch ausübten.[280] Noch im Rahmen einer Audienz, die Joseph II. dem Kollegium im April 1764 gewährte, stellte der Präsident nur die Mitglieder der Herrenbank namentlich vor.[281] Rearistokratisierung prägte jedoch nicht nur die Kommunikationsbeziehungen am Kaiserhof, sondern diente zugleich der informalen Einbindung zahlreicher Reichsstände.[282] Beispielsweise berief der Kaiser 1697 Christoph Heinrich von Galen in Hinblick auf dessen exzellente Kontakte zum Domkapitel und zum Bischof von Münster.[283] Die Ernennung Friedrich

278 Grundlegend weiterhin: Klaus MÜLLER, Das kaiserliche Gesandtschaftswesen im Jahrhundert nach dem Westfälischen Frieden (1648–1740), Bonn 1976.

279 Zum Auftreten gelehrter Reichshofräte im Geheimen Rat des 16. Jahrhunderts: GROSS, Reichshofkanzlei (wie Anm. 4), S. 171. 1742 konstatierte Johann Jacob Moser zutreffend, es hätten einfache Reichshofräte *die Entrée nicht in die Kayserliche Geheime Raths-Stube*. Zitiert nach SELLERT, Prozeßgrundsätze (wie Anm. 75), S. 420. Der Zugang einfacher Reichshofräte reichte bis zur zweiten Antecamera, also ins Vorzimmer der Geheimratsstube: HENGERER, Kaiserhof und Adel (wie Anm. 36), S. 239.

280 Reichshofratsordnung von 1617, Tit. I: Sellert, Ordnungen des Reichshofrates (wie Anm. 3), Bd. 1, S. 162. Vgl. mit Blick auf die Zeit Leopolds I. die wichtige Bemerkung von Reichshofrat Portner bei CRAMER, Manuale (wie Anm. 143), Anhang, S. 28: Es werde *nicht leicht eine relatio oder votum ad Caesarem resolviret, wann nicht zum wenigsten acht Räthe und sonderlich die älteste auf der Herren-Banck bey der Stelle, weilen dieselbe gemeiniglich dem geheimen Rath, in welchem die Gutachten vorgetragen werden, beywohnen und es, wann in ipsorum absentia dergleichen vota resolviret werden, leicht zur Contradiction kommt.*

281 Siehe den Bericht in ÖStA HHStA, RK, Reichsakten in specie, K. 30, unfol.

282 Dass derartige Erwägungen auch bei Berufungen auf die Gelehrtenbank eine Rolle spielten, verdeutlicht KASPER-MARIENBERG, Justiz-Thron (wie Anm. 226), S. 80. Ähnliches wurde übrigens schon für die personelle Zusammensetzung des Hofrats Karls V. beobachtet: Eva ORTLIEB, Reichshofrat und Reichstage, in: *Thomas Olechowski/Christian Neschwara/Alina Lengauer (Hrsg.)*, Grundlagen der österreichischen Rechtskultur. Festschrift für Werner Ogris zum 75. Geburtstag, Wien/Köln/Weimar 2010, S. 343–363, hier S. 358. Die ebd., S. 359 formulierte These, wonach solche Verflechtungspraktiken nach 1654 „schließlich aufgegeben“ worden seien, wäre zu diskutieren.

283 Lyncker schreibt 1712: *Diesen* [Galen] *hat man seinem Vetter, dem damaligen Bischofen zu Münster, zu Gefallen in Rath genommen, auch ihn, weil er in Westphalen sich schon helffen können, dahin einiger Zeit verschickt gehabt.* Zitat wie Anm. 233. Allerdings datiert Christoph Heinrich von Galens Expektanz auf eine Reichshofratsstelle von 1688, während sein Vetter bereits 1678 starb.

Karls von Danckelmann (1703) bildete wiederum ein Zugeständnis an Preußenkönig Friedrich I., der (noch als Kurfürst) die Rückgabe des Kreises Schwiebus an Österreich von der Berufung eines Reformierten abhängig gemacht hatte.

Wie Rudolfine von Oer in ihrer Arbeit über den münsterischen Erbmännerstreit gezeigt hat, bildeten diese der höfischen „Außenverflechtung“[284] dienenden Arrangements eine Entscheidungsprämisse, über die sich ständische Kompromisserwartungen diskret in das Verfahren einschreiben ließen, ohne dass man in Akte und Protokoll etwas davon erführe. Über Jahre hinweg kommunizierte das Domkapitel am Reichshofratskollegium vorbei direkt mit seinem ehemaligen Mitglied Christoph Heinrich, der durch Audienzen bei Kaiser und Vizekanzler Fürbittschreiben an den Papst und Instruktionen an den kaiserlichen Gesandten in Rom erwirkte und das Domkapitel über die Stimmungslage im Reichhofratsplenum in Kenntnis setzte. 1695 erhielt er vom Bischof die Weisung, es auf *keine decision oder gutachten des Reichshoff Raths* [...] *ankommen* [zu] *laßen, angesehen die Austriaci und new creirte Cavaliers in specie die nobilitirte Gelährte Reichshoff Räthe dem alten Reichsadel sehr gehäßig und mit hoechstem Verdruß ansehen thäten, daß man im Reich bey denen Ertz und Stifftern in p*[unct]*o probationis sich so difficil bezeigte.*[285]

Teilen der Rechtsgeschichte sind solche brauchbaren Illegalitäten bis heute peinlich. Zeitgenössisch musste jedoch selbst der von seiner fachlichen Überlegenheit überzeugte Nikolaus Christoph von Lyncker zugeben, dass Galen dem Reichshofrat mit seinen exzellenten Verbindungen auf diplomatischem Parkett *schon helffen*[286] konnte. Lynckers Dilemma verdeutlicht, dass die Interaktionskom-

284 Begriff in Anlehnung an: Hillard von THIESSEN, Diplomatie und Patronage. Die spanisch-römischen Beziehungen 1605–1621 in akteurszentrierter Perspektive (Frühneuzeit-Forschungen, 16), Epfendorf 2010, S. 22. Eine systematische Erforschung dieser Verflechtungen würde weit über den Kreis der üblichen Verdächtigen hinaus zu zahlreichen bemerkenswerten Ergebnissen führen. Wer hätte beispielsweise gedacht, dass die Reichs- und Justizsachen im Berliner Auswärtigen Departement seit 1747 durch einen Schwiegersohn des amtierenden Reichshofratsvizepräsidenten bearbeitet wurden? Zu Ernst Wilhelm von Bredow: Rolf STRAUBEL, Biographisches Handbuch der preußischen Verwaltungs- und Justizbeamten 1740–1806/15 (Einzelveröffentlichungen der Historischen Kommission zu Berlin, 85), München 2009, S. 132 f. Dass sich der vormoderne kollegiale Entscheidungsprozesse ohne Kenntnis der Verflechtungen zwischen Räten und Gesellschaft nicht adäquat beschreiben lassen, verdeutlicht am Beispiel der Real Audiencia Quito: Tamar HERZOG, Upholding Justice. Society, State, and the Penal System in Quito (1650–1750), Ann Arbor 2007, S. 127–160. Die Autorin kommt ebd., S. 153 zu dem Fazit, dass „social networks constructed the administration, influenced its work, and then determined the degree of obedience“.

285 Zitiert nach: Rudolfine Freiin von OER, Der münsterische „Erbmännerstreit“. Zur Problematik von Revisionen reichskammergerichtlicher Urteile (QFHG, 32), Köln/Weimar/Wien 1998, S. 72.

286 Zitat wie Anm. 233.

petenz der Herrenbank für das kaiserliche Kollegium ebenso wichtig war wie die Fachkompetenz der Gelehrtenbank. Beide Wissenskomplexe waren symbiotisch miteinander verflochten, und wenn ein Rat der Herrenbank auch noch über juristische Expertise verfügte wie der von 1663 bis 1665 als Vizepräsident amtierende Graf Notthafft, übernahm er sogar die Advokatur für befreundete Parteien,[287] verfasste also jene Schriftsätze, über die er sodann im Plenum beriet und abstimmte. Diese auf den ersten Blick kafkaesk anmutenden Praktiken verstießen gegen die Gerichtsordnung, waren aber – jedenfalls in einem gewissen Umfang – durchaus systemrational, da sie bei jenen, auf die es in einer stratifizierten Gesellschaft ankam, die soziale Akzeptanz rechtlicher Kommunikation erhöhten.

Um Reichweite anderer Art ging es bei den bereits angesprochenen Berufungen erbländischer Adliger. Die Heranziehung dieser *Austriaci* wurde zwar nicht nur in Münster argwöhnisch beäugt, diente jedoch indirekt sehr wohl der kommunikativen Implementation des Reichsrechts. Dies erkannte der spätere preußische Großkanzler Maximilian von Fürst, der den Reichshofrat in den 1750er Jahren als eine *Pflanzschule*[288] der habsburgischen Diplomatie bezeichnete. Weil sich das *ius publicum* im Curriculum der österreichischen Universitäten erst ab dem zweiten Viertel des 18. Jahrhunderts etablierte,[289] kam der zeitweiligen Verwendung zukünftiger Diplomaten im Reichshofrat eine Ausbildungsfunktion zu, die in protestantischen Territorien die Universitäten wahrnahmen. In der polemischen Auseinandersetzung hiermit verarbeiteten zeitgenössische Reichspublizisten wie Johann Jakob Moser nicht zuletzt eigene gescheiterte Karriereambitionen.[290] Allerdings dürfte der Reichshofrat als Ausbildungsanstalt der habsburgischen Diplomatie für die Verbreitung des Reichsrechts mehr geleistet haben als durch seine höchst bescheidene Urteilsquote. In diese Richtung weisen etwa die von Eva Ortlieb untersuchten Relationen Georg Adams von Starhemberg (1724–1807), die dieser 1749/50 verfasste, bevor er über Jahre hinweg als österreichischer Gesandter in Paris wirkte.[291] In ähnlicher Weise

287 Rast, Notthafft (wie Anm. 225), S. 316.

288 Zitiert nach: Leopold von Ranke, Zur Geschichte von Oesterreich und Preußen zwischen den Friedensschlüssen zu Aachen und Hubertusburg, Leipzig 1875, S. 14.

289 Martin P. Schennach, Austria inventa? Zu den Anfängen der österreichischen Staatsrechtslehre (Studien zur europäischen Rechtsgeschichte, 324), Frankfurt am Main 2020, S. 359.

290 Moser, Lebensgeschichte (wie Anm. 250), Bd. 4, S. 21 f.

291 Ich danke Frau Ortlieb für die vorzeitige Einsichtnahme in ihre Forschungsergebnisse, die in der Schriftenreihe der Gesellschaft für Reichskammergerichtsforschung publiziert werden sollen. Zum hohen Stellenwert des Reichshofrats für die kaiserliche Diplomatie auch: Michael Hochedlinger, Krise und Wiederherstellung. Österreichische Großmachtpolitik zwischen Türkenkrieg und „Zweiter Diplomatischer Revolution" 1787–1791 (Historische Forschungen, 65), Berlin 2000, S. 71.

wurde der Kaiserhof im 17. und 18. Jahrhundert vielerorts in Europa durch adlige Diplomaten vertreten, die ihre reichsrechtlichen Kenntnisse im Reichshofrat erworben hatten.

Parallel dazu nahm seit der Mitte des 18. Jahrhunderts auch auf der Herrenbank der Professionalisierungsgrad sukzessive zu,[292] wie das Beispiel Johann Hugos von Hagen (1707–1791) verdeutlicht, der nach einem Studium in Leipzig über die Herrenbank bis ins Präsidentenamt aufrückte (1778), am Verfassungsentwurf für das Großherzogtum Toskana beteiligt war[293] und bei seinem Tod eine umfangreiche juristische Bibliothek hinterließ.[294] Mit Wenzel Anton von Kaunitz (1711–1794) verdiente sich selbst der bedeutendste österreichische Staatsmann des 18. Jahrhunderts seine Sporen auf der Herrenbank.[295] Nach alledem wird deutlich, dass eine sich einseitig auf die juristische Expertise der Gelehrtenbank konzentrierende Reichshofratsforschung ihren Gegenstand provinzialisieren und gerade jene europäischen Bezüge ausblenden würde, die der Tätigkeit des Kollegiums zeitgenössisch eingeschrieben waren.

Ambiguitätstoleranter Zugänge bedarf es jedoch auch mit Blick auf die Praktiken der gelehrten Räte. Anhand überlieferter Personalakten hat Eva Ortlieb aufgezeigt, wie penibel der Kaiserhof die Persönlichkeit, die Vorkarriere und den familiären Hintergrund von Kandidaten sezierte.[296] An Stubengelehrten hatte man in Wien keinerlei Interesse. Beispielsweise bemerkte Reichshofratspräsident Ferdinand von Harrach 1769 zur Bewerbung des Tübinger Professors Gottfried

---

292 Beispielsweise zeigte sich der Reichsvizekanzler 1791 überzeugt, dass *würklich auch unter denen jüngeren Reichshofräthen, welche auf solcher* [Herrenbank] *zu sitzen die Ehre haben, Männer sind, die sowohl im Fleiße als in der Fähigkeit mit einem jeden von der gelehrten Banck es aufnehmen können.* Siehe das Gutachten Colloredo-Mansfelds für Kaiser Leopold II. über die Besetzung des Vizepräsidentenamtes vom 31. Dezember 1791 in ÖStA HHStA, RK, Verfassungsakten, RHR, K. 26, Konv. 2, Bl. 24–32, Zitat Bl. 31.

293 Naumann, Freiherren von Hagen (wie Anm. 223), S. 307; zu diesem Projekt: Gerda Graf, Der Verfassungsentwurf aus dem Jahr 1787 des Granduca Pietro Leopoldo di Toscana. Edition & Übersetzung – Das Verfassungsprojekt (Schriften zur Verfassungsgeschichte, 54), Berlin 1998.

294 Catalogus Bibliothecae Hagenianae quae auctioni publicae exponetur Viennae XX. Augusti et seqq. diebus MDCCXCII, Wien 1792. Siehe zur Versteigerung auch die Verlassenschaftsakte: ÖStA HHStA, RHR, RK, Verfassungsakten, K. 91, Nr. 8.

295 Grete Klingenstein, Der Aufstieg des Hauses Kaunitz. Studien zur Herkunft und Bildung des Staatskanzlers Wenzel Anton (Schriftenreihe der Historischen Kommission bei der Bayerischen Akademie der Wissenschaften, 12), Göttingen 1975, S. 258–267. Die Vorkarriere im Reichshofrat sollte allerdings nicht zu dem Schluss verleiten, es habe sich seine spätere Politik als Staatskanzler in den Bahnen des Reichsrechts bewegt. Wichtige Befunde bei Kulenkampff, Österreich und das Alte Reich (wie Anm. 153).

296 Eva Ortlieb, Richter an den Höchstgerichten des Reiches, in: Gerald Kohl/Ilse Reiter-Zatloukal (Hrsg.), RichterInnen in Geschichte, Gegenwart und Zukunft. Auswahl, Ausbildung, Fortbildung und Berufslaufbahn, Wien 2014, S. 31–50, hier insb. S. 44 f.

Daniel Hoffmann (1719–1780), dieser sei *ein Professor bis in das 50. Jahr geblieben, und Leute, welche solche Profession viele Jahr getrieben, haben selten die erforderliche Prudenz in juridicis, viel weniger in politicis.*[297] Derartige Befunde vermögen mit Blick auf einen frühneuzeitlichen Hof nicht zu überraschen, werfen jedoch die Frage auf, mit welchen juristischen Instrumenten die gelehrten Räte die von ihnen erwartete Übersetzung politischer in rechtliche Normen bewerkstelligten. Es handelt sich um eine Frage, die die Forschung in Ermangelung praxeologischer und wissenssoziologischer Zugänge zur Relationstechnik bislang kaum beantworten kann, der man jedoch nicht länger mit vagen Hinweisen auf stets positiv konnotierte Aushandlungsprozesse aus dem Weg gehen sollte.

Auch unabhängig von der Frage nach der Interaktion von Politik und Recht sind affirmative Zugänge zu juristischen Expertenpraktiken fehl am Platze. Pütters Erledigungsstärke als Mitglied der Göttinger Juristenfakultät soll nicht berühmt gewesen sein,[298] und ob die Reichsjustiz davon profitiert hätte, wenn die zeitweilig ventilierte Berufung von Gottfried Wilhelm von Leibniz in den Reichshofrat tatsächlich realisiert worden wäre, sei dahingestellt. Margot Faak liegt vermutlich nicht falsch, wenn sie feststellt: „Leibniz als Präsident der Berliner Sozietät und angehender Präsident der von ihm geplanten Wiener Akademie der Wissenschaften hat sicher nie die Absicht gehabt, als ein referierender Rat vier- bis fünfmal wöchentlich in den Sitzungen zu erscheinen und über anfallende Streitfragen aus dem Reich zu beraten [...]. Er wollte zur gleichen Zeit die Welfengeschichte zu Ende bringen, als russischer Geheimer Justizrat das Rechtswesen Rußlands reformieren, in Petersburg und Wien eine Akademie der Wissenschaften gründen und schließlich in Wien Reichshofrat und in London englischer Hofhistoriograph werden; ganz zu schweigen von dem Plan, [...] nach Paris übersiedeln zu wollen."[299] Das prominente Beispiel verdeutlicht, dass es auch und gerade mit Blick auf studierte Juristen von der Gelehrtenbank einer unvoreingenommenen, epochenspezifische Konfliktlagen nicht von vorneherein ausblendenden Analyse der Mitgliedermotivation[300] bedarf, denn auch gelehrte Räte gingen nicht in ihrer richterlichen Funktion auf, sondern waren bei Hof und in der Gelehrtenrepublik noch mit anderen Dingen beschäftigt.

Mit Blick auf die Entscheidungsprämisse des Personals bleibt jedenfalls nachdrücklich festzuhalten, dass der Reichshofrat keine Angehörigen einer sozial und fachlich weitgehend nivellierten Mittelschichtenjurisprudenz versammelte.

---

297 ÖStA HHStA, RK, Reichsakten in specie, K. 30, unfol.

298 Sagt jedenfalls sein Kollege: Gustav Hugo, Über Facultätsarbeiten, in: Civilistisches Magazin 3 (1812), S. 102–110, hier S. 167.

299 Margot Faak, Leibniz als Reichshofrat, Heidelberg 2016, S. 11.

300 Hierzu Luhmann, Funktionen und Folgen (wie Anm. 43), S. 89–108.

Reichshofrat Lyncker schrieb 1712, er sei Teil eines äußerst heterogen besetzten Kollegiums, wie es *sonsten nirgends anzutreffen*[301] sei. Dies war nicht als Kompliment gemeint. Der aus Thüringen stammende Staatsrechtler erlebte das Kollegium als ein Haifischbecken, in dem ein Mangel an politischer Prudenz fatale Folgen haben konnte. Umso größeres Interesse können die Referentenprotokolle beanspruchen, die uns bei kontextualisierender Lektüre mitten hinein in jene erbitterten Parteienkämpfe führen, von denen der Reichshofrat über Generationen hinweg geprägt war.

4.6 Zur Praxis der Geschäftsverteilung: eine Stichprobe aus dem Jahr 1730

Den Ausgangspunkt unserer Probebohrung soll der fünfte, die Jahre von 1725 bis 1731 abdeckende Band der Referentenprotokolle bilden. Fragt man danach, welche Räte der seit 1728 amtierende Präsident Graf Johann Wilhelm von Wurmbrand-Stuppach (1670–1750)[302] im Jahr 1730 zu Referenten (R) und Korreferenten (K) bestellte,[303] ergibt sich folgendes Ergebnis:

Tab. 1: Geschäftsverteilung unter Präsident Johann Wilhelm von Wurmbrand im Jahr 1730

Herrenbank			Gelehrtenbank		
Name	**R**	**K**	**Name**	**R**	**K**
Friedrich Karl von Danckelmann	14	2	Anton Esaias von Hartig	35	9
Christoph Heinrich von Stein	24	13	Johann Heinrich Berger	19	14
Johann Gottfried von Beck	24	1	Karl Ludwig Hilleprand von Prandau	32	2
Johann Adam von Questenberg	10	-	Josef Anton von Stockhammer	47	3
Johann von Bartholotti	31	4	Johann von Binder	21	3
Franz Wenzel von Nostitz	2	-	Johann Jordan von Albrechtsburg	59	2
Johann Ferdinand von Kuefstein	7	-	Johann Christoph Burkhardt v. der Klee	48	13
Karl Anton von Serenyi	5	-	Heinrich Bernhard Wucherer	95	12
Julius Franz von Hamilton	11	-	Johann Balthasar von Wernherr	69	64
Johann Friedrich von Roth	14	7			
Korfix Anton von Ulfeld	15	-			
Leopold Ignaz von Heuwel	12	-			
Heinrich Karl von Ostein	14	2			
Josef von Dernath	30	-			
Wolf Siegmund von Jaxtheim	34	6			
Summe	247	35	Summe	425	122

301 Zitat wie Anm. 233.

302 Biographische Angaben bei: Gschliesser, Reichshofrat (wie Anm. 223), S. 335–337.

303 Ich danke Sonja Donabaum für die mühevolle Auszählung.

Es wird deutlich, dass die Räte der Herrenbank mit Ausnahme des Vizepräsidenten Johann Adolf von Metsch zwar durchaus mit Aktenarbeit betraut,[304] die meisten Verfahren jedoch den Mitgliedern der Gelehrtenbank zugeschrieben wurden. Während ein Rat der Herrenbank von Wurmbrand im Durchschnitt 16 Verfahren als Referent und zwei als Korreferent zugewiesen bekam, waren es bei einem Kollegen der Gelehrtenbank im Durchschnitt 47 als Referent und 14 als Korreferent. Dieses drastische Ungleichgewicht zwischen den Bänken[305] ist übrigens keine Momentaufnahme, sondern prägte die Geschäftsverteilung zumindest bis zu der auf Erledigungsstärke zielenden josephinischen Reichshofratsreform.[306] Darüber hinaus akzentuieren die Zahlen noch einmal die überragende Bedeutung des Berichterstatters im Entscheidungsprozess, denn nur in 157 von 672 Verfahren[307] wurde

304 Was im zeitgenössischen Vergleich keineswegs selbstverständlich war. Am sächsischen Hofgericht zu Jena beispielsweise waren die Mitglieder der adeligen Bank noch im späten 18. Jahrhundert von der Aktenarbeit dispensiert: Bernhard Gottlieb Huldreich HELLFELD, Versuch einer Geschichte der landesherrlichen höchsten Gerichtsbarkeit und derer Hofgerichte in Sachsen besonders des gesammten Hofgerichts zu Jena, Jena 1782, S. 176.

305 In den Resolutionsprotokollen machte sich dieses Ungleichgewicht noch stärker bemerkbar, da Räte der Herrenbank häufig in diplomatischen Missionen abwesend waren und den Räten der Gelehrtenbank tendenziell nicht nur mehr, sondern auch komplexere Verfahren zugewiesen wurden, die zu häufigeren Beratungen Anlass gaben. Auf Grundlage der Resolutionsprotokolle für die Jahre 1735 bis 1740 zählte ARNETH, Kaunitz (wie Anm. 147), S. 27 für die Räte der Herrenbank Kaunitz, Cobenzl und Sinzendorff 90, 241 und 64 Referate, für die Räte der Gelehrtenbank Wernher und Wucherer jedoch 1.920 und 1.416 Referate.

306 Zeitgenössischen Erhebungen zufolge führte die Reform zwischen 1767 und 1780 zu einer Steigerung der Gesamtzahl im Plenum gehaltener Referate um 48 % (von 2.088 auf 3.099). Bei näherem Hinsehen wird deutlich, dass diese Steigerung vor allem durch eine stärkere Einbeziehung der Herrenbank erreicht wurde. Waren 1767 bei insgesamt 2.088 Referaten auf die Herrenbank noch 457 und auf die Gelehrtenbank 1.631 Vorträge entfallen, bestritten Mitglieder der Herrenbank 1780 1.294 und ihre Kollegen von der Gelehrtenbank 1.805 Referate. In einem Zeitraum von 13 Jahren stieg die Zahl der Referate auf der Gelehrtenbank also um etwa elf, auf der Herrenbank hingegen um 280 %. Angaben nach ÖStA HHStA, RK, Verfassungsakten, RHR, K. 9/10, unfol. Zur bislang nur unzureichend erforschten josephinischen Reform: Karl Otmar von ARETIN, Reichshofrat und Reichskammergericht in den Reichsreformplänen Kaiser Josephs II., in: Bernhard Diestelkamp/Ingrid Scheurmann (Hrsg.), Friedenssicherung und Rechtsgewährung. Sechs Beiträge zur Geschichte des Reichskammergerichts und der obersten Gerichtsbarkeit im alten Europa, Bonn/Wetzlar 1997, S. 51–81.

307 Nebenbei sei bemerkt, dass die Referentenprotokolle die einzige mir bekannte serielle Quelle darstellen, die zuverlässige Auskunft über die jährlich vom Reichshofrat eröffneten Verfahren gewähren. In Kombination mit den Exhibitenprotokollen, die einzelne Geschäftsstücke verzeichnen, eröffnen die Bände also die Möglichkeit einer weiteren Präzisierung statistischer Erhebungen zum Geschäftsanfall. Darüber hinaus enthalten die Referentenprotokolle ab Bd. 8 (also ab 1751) gesonderte Kategorien für die Verfahrensarten „Legitimationes generales“, „Investiturae et Praestationes Homagii“, „Privilegia Impressoria“ und „Revisiones“. Siehe hierzu auch den Beitrag von Ulrich RASCHE in diesem Band.

dem Referenten ein Korreferent zur Seite gestellt. In 77 % aller im Jahr 1730 eröffneten Verfahren verfügte also nur ein einziger Rat regulär über Aktenkenntnis.

Eine digitale Aufbereitung der Protokolle würde es ermöglichen, den statistischen Zugriff auf vielerlei Weise zu verfeinern. So ließe sich bei der Zuteilung nach Verfahrensarten und involvierten Parteien differenzieren, um sowohl mögliche Professionalisierungsschwerpunkte als auch personale oder konfessionelle Netzwerke der Räte offenzulegen. Auch ließe sich fragen, ob es wiederkehrende Gespanne zwischen Referent und Korreferent gab, und ob Korreferenten von der Gelehrtenbank womöglich als Ausbilder von Referenten der Herrenbank fungierten. Da die Protokolle für einen Zeitraum von mehr als einem Jahrhundert vorliegen und Indizien für eine spätestens unter Joseph II. erheblich steigende Arbeitsbelastung der Herrenbank sprechen,[308] ließen sich schließlich quantifizierende Beiträge zum Wandel des Rollenmodells adeliger Reichshofräte leisten.

Über all diesen und zahlreichen weiteren reizvollen Fragen, die sich an die Bände richten lassen, sollte man das Hauptproblem allerdings nicht aus dem Blick verlieren. Geschäftsverteilungspläne wurden im 19. Jahrhundert eingeführt, um politisch motivierten Ad-hoc-Eingriffen der Exekutive einen Riegel vorzuschieben. In Gestalt der Referentenprotokolle verfügt die Reichshofratsforschung über eine serielle Quelle, die die Praxis einer Geschäftsverteilung ohne Geschäftsverteilungsplan an einem höfischen Justizkollegium dokumentiert. Analysen dieser Bände sollten also bei der Frage ansetzen, wie bei der Zuschreibung die Gewichte zwischen juristischer und politischer Prudenz verteilt waren. Schließlich fällt auf, dass 1730 nicht nur zwischen beiden Bänken erhebliche Unterschiede bestanden, sondern dass auch die Räte der Gelehrtenbank höchst ungleich belastet wurden. Heinrich Bernhard Wucherer bekam von Wurmbrand mit 95 Verfahren mehr als fünfmal so viel zugewiesen wie sein Kollege Johann Heinrich Berger mit 19 Zuschreibungen. Wie soll man sich diese Diskrepanzen, die auch an anderen frühneuzeitlichen Kollegien zu beobachten sind,[309] erklären? Handelte es sich bei den von Berger zu bearbeitenden Akten um besonders arbeitsintensive „Umfangsverfahren“? War er nicht belastbar? Besaß er kein gutes Judiz? Oder verfügte er nach Ansicht Wurmbrands zwar über Judiz, aber nicht über politische Prudenz? Eines ist jedenfalls sicher: Die extremen Diskrepanzen bei der Zuteilung bilden kein eindeutiges Korrelat der Teilnahmefrequenz an den Sitzungen, lassen sich also nicht allein mit An- oder Abwesenheit der einzelnen Räte erklären.[310] Was

---

308 Siehe Anm. 306.

309 An dem mit sieben Räten besetzten badischen Revisionskollegium übernahmen beispielsweise im Jahr 1801 zwei Räte 90 von insgesamt 142 Relationen: Paul Lenel, Badens Rechtsverwaltung und Rechtsverfassung unter Markgraf Karl Friedrich 1738–1803 (Freiburger Abhandlungen aus dem Gebiete des öffentlichen Rechts, 23), Karlsruhe 1913, S. 160.

310 Vgl. Tab. 2 unten.

ist also mit den Räten der Gelehrtenbank, die auffallend wenig zugeschrieben bekamen: Konnten sie nicht, wollten sie nicht, oder durften sie nicht mehr leisten? Im Protokoll werden wir die Antwort nicht finden.

4.7 Ein *totus brandenburgicus* an der Spitze des Reichshofrats? Über den Preis der Pragmatischen Sanktion

Beginnen wir stattdessen mit dem Mann, der 1730 die Geschäftsverteilung vornahm. Johann Wilhelm von Wurmbrand war ein ausgewiesener Jurist, der in Leipzig und Utrecht studiert hatte. Ebenso wie alle Präsidenten vor und nach ihm war er aber zugleich Diplomat. 1727, noch als Vizepräsident, war er beispielsweise am Oberrhein unterwegs gewesen, um eine gegen Frankreich gerichtete Assoziation der vorderen Reichskreise auszuhandeln.[311] Im Juni wurde er in Berlin von Soldatenkönig Friedrich Wilhelm I. empfangen,[312] dem die Hofburg in den Jahren zuvor gehörig vors Schienbein getreten hatte, indem sie die Sukzession in den Fürstentümern Ansbach und Bayreuth durchkreuzt[313] und die magdeburgische Adelsopposition insgeheim zu Klagen vor dem Reichshofrat ermuntert hatte.[314]

Wurmbrand, der 1697 ausgerechnet von Kurbrandenburg für den Reichshofrat vorgeschlagen, 1722 jedoch für das Vizepräsidentenamt „in den Schoos der katholischen Kirche"[315] zurückgekehrt war, hatte bei alledem eine große Rolle gespielt. Und deshalb stand er nun in seiner über erhebliches Synergiepotential verfügenden juristisch-politischen Doppelrolle vor einem König, der ihn noch kurz zuvor als seinen *offenbahre*[n] *Feind*[316] betrachtet hatte. Doch wie heißt es

---

311 Notker Hammerstein, Johann Wilhelm Graf Wurmbrand und die Association der vorderen Reichs-Kreise im Jahre 1727, in: Zeitschrift für die Geschichte des Oberrheins 119 (1971), S. 323–386.

312 Zu Wurmbrands Berlinmission: Renate Wieland, Protestantischer König im Heiligen Reich. Brandenburg-preußische Reichs- und Konfessionspolitik im frühen 18. Jahrhundert (Quellen und Forschungen zur Brandenburgischen und Preußischen Geschichte, 51), Berlin 2020, S. 429–435.

313 Siehe hierzu oben bei Anm. 211.

314 Hierzu ausführlich: Tobias Schenk, Reichsjustiz im Spannungsverhältnis von oberstrichterlichem Amt und österreichischen Hausmachtinteressen. Der Reichshofrat und der Konflikt um die Allodifikation der Lehen in Brandenburg-Preußen (1717–1728), in: Anja Amend-Traut/Albrecht Cordes/Wolfgang Sellert (Hrsg.), Geld, Handel, Wirtschaft. Höchste Gerichte im Alten Reich als Spruchkörper und Institution (Abhandlungen der Akademie der Wissenschaften zu Göttingen. Neue Folge, 23), Berlin/New York 2013, S. 103–219.

315 Constantin von Wurzbach, Wurmbrand-Stuppach, Johann Wilhelm Graf, in: Biographisches Lexikon des Kaiserthums Oesterreich, Bd. 58, Wien 1889, S. 306–309, hier S. 307.

316 So 1716 gegenüber seinem Wiener Gesandten Graf von Metternich, Zitat nach Schenk, Reichsjustiz (wie Anm. 314), S. 142.

so schön: Tempora mutantur et nos mutamur in illis. 1727 stand die preußische Rückendeckung bei der diplomatischen Anerkennung der Pragmatischen Sanktion auf der Tagesordnung. Obwohl sich der Hohenzoller in der bierseligen Atmosphäre des Tabackskollegiums als kaisertreuer Reichspatriot gerierte, hatte diese Unterstützung nach den diversen Missverständnissen der Vergangenheit natürlich ihren Preis, und weil der Reichshofratsvizepräsident *die genaueste Allianz mit Preussen*[317] für das einzige Mittel hielt, *pro pace in Imperio tuenda et conservatione der gemachten Successionsordnung,* fand er *bei denen Conditionibus keine Bedenken.*

Friedrich Wilhelm ging es jedoch nicht nur um Unterstützung seiner Sukzessionsansprüche in den Herzogtümern Jülich und Berg. Nur zwei Wochen nach der Audienz Wurmbrands beim König ging der in *Advocatenstreichen*[318] erfahrene preußische Justizrat Ludwig Otto von Plotho mit einer Geheimmission an den Kaiserhof ab, wo die preußische Gesandtschaft bereits eine lange Liste jener Prozesse angefertigt hatte, bei denen Berlin Gesprächsbedarf anmeldete.[319] Diese Gespräche fanden in ergebnisorientierter Atmosphäre auch statt. Man einigte sich darauf, dass der Reichshofrat gegen den König gerichtete Klagen künftig dilatorisch behandeln und jene Beschwerdeführer:innen, die nicht von sich aus aufgaben, an Gütekommissionen verweisen werde, deren Ergebnis zuvor mit Berlin abgesprochen war.[320] Dieses Procedere musste Wurmbrand nicht erfin-

---

317 So am 8. Juni 1728 in einem Brief an den Berliner Sondergesandten des Prinzen Eugen, Friedrich Heinrich von Seckendorff. Zitiert nach: Hans von Zwiedineck-Südenhorst, Die Anerkennung der pragmatischen Sanction Karls VI. durch das deutsche Reich, in: MIÖG 16 (1895), S. 276–341, hier S. 287. Ebd. übrigens ein Hinweis auf die im gräflich wurmbrandschen Archiv zu Steyersberg verwahrte „umfangreiche" Korrespondenz Wurmbrands mit Seckendorff und die darin zahlreich enthaltenen „sehr bemerkenswerten Aeusserungen Wurmbrands".

318 So in einer Instruktion für das Kabinettsministerium vom 8. Dezember 1728, zitiert nach: Friedrich Förster, Friedrich Wilhelm I. König von Preußen, Bd. 2, Potsdam 1835, S. 260.

319 Schenk, Reichsjustiz (wie Anm. 314), S. 202.

320 Indem man sich über die Köpfe der Kläger hinweg mit Berlin einigte, folgte man einem Plan, den der Preußenkönig bereits mehr als zehn Jahre zuvor offeriert hatte, als er mit Schreiben vom 9. Februar 1715 bei König Georg I. von Großbritannien vorfühlte, ob dieser wohl *gefällig wäre, folgenden Vorschlag von Ihro Kayserlichen May. approbiren zu machen, daß nehmlich der Kayser Seinen bey dem Convent zu Braunschweig habenden Plenipotentiariis samt und sonders Befehl ertheilete, in Gegenwart eines von Eurer May. zu Hanover habenden Ministris mit Jemandt von Meinen Rähten, welchen Ich darzu authorisiren würde, von allen Meinen bey dem Reichs-Hoff-Raht rechtshängigen Processen eine kurtze, doch gründliche information einzunehmen, auch, wann solche Processe in der Güte hinzulegen wären, sich gewisser Conditionen, welcher Gestalt solches geschehen könne, mit einander vergleichen oder auch, wann sothane Rechts-Streitigkeiten per Processum nohtwendig abgethan werden müssen, wegen desselben einen sicheren Schluss zu fassen. Es ist solches ein Mittel, wordurch man in der Kürtze aus allen diesen Verdrieslichkeiten* herauskommen könne: Niedersächsisches Landesarchiv, Abteilung Hannover, Hann. 92, Nr. 2217, Bl. 1 f.

den, da die Hofburg mit dem Kurfürsten von Hannover bereits einen ähnlichen Deal abgeschlossen hatte, von dem man an Leine und Themse *fruchtbahrlichst*[321] Gebrauch zu machen verstand.

Allerdings hatte sich Wurmbrand, der im Reich bald als *totus Brandenburgicus*[322] galt und 1728 zum Präsidenten avancierte, mit der preußischen Karte nicht erst aus der Perspektive des Jahres 1740 verzockt. Das Tauwetter zwischen Wien und Berlin endete bereits 1732, nachdem deutlich geworden war, dass die Hofburg keineswegs gewillt war, die preußischen Aspirationen auf Jülich und Berg zu unterstützen. In diesem Zusammenhang fiel der höfische Einfluss des Reichshofratspräsidenten offenbar ins Bodenlose.[323] Für kritische Analysen der Referentenprotokolle sind diese oben bereits angedeuteten Verschiebungen im höfischen Kommunikationsgefüge[324] von unmittelbarer Bedeutung, da sie hinter den Kulissen zu schärfsten Auseinandersetzungen führten, in denen aufeinander bezogene Praktiken der Geschäftsverteilung und Relationstechnik thematisiert wurden, von denen man in keinem Referentenprotokoll und keiner Prozessakte lesen wird. Diese Praktiken sind umso genauer unter die Lupe zu nehmen, als ihre Analyse nicht nur Beiträge zur Herrschaftspraxis Karls VI.[325] liefert, sondern Strukturen sichtbar macht, die die Tätigkeit des Reichshofrats bis 1806 prägten.

4.8 Wie die Reichshofratspräsidenten unter die Räder kamen. Über Pedanten, Staatsmänner und Dr. utr. jur. Johann Christoph von Bartenstein

In einem undatierten, ca. 1734/35 verfassten Promemoria klagte Wurmbrand bitterlich darüber, dass die Reichshofkanzlei unter Friedrich Karl von Schönborn seit 1728 dazu übergegangen sei, ihm ad hoc Befehle zur Einrichtung von dem Reichshofratsplenum vorgeschalteten Deputationen zu erteilen, und zwar *mit benennung aller der Herren Reichshoff-Räthe, so dabey seyn sollen.*[326] Der Präsident kritisierte nicht etwa die Aushöhlung des Plenarprinzips als solche, denn es

---

321 Bericht des preußischen Gesandten vom 19. November 1727, Zitat: SCHENK, Reichsjustiz (wie Anm. 314), S. 203.

322 Zitat ebd., S. 203.

323 Auf diesen Zusammenhang verwies auf Grundlage hervorragender Quellenkenntnis bereits: Hans von ZWIEDINECK-SÜDENHORST, Wurmbrand, Johann Wilhelm Graf von, in: Allgemeine Deutsche Biographie, Bd. 44, München/Leipzig 1898, S. 335–338, hier S. 337.

324 Siehe oben bei Anm. 255.

325 Zu den diesbezüglichen Forschungsdefiziten: Leopold AUER, Regierung und Persönlichkeit Karls VI. Umrisse einer Forschungsaufgabe, in: Stefan Seitschek/Sandra Hertel (Hrsg.), Herrschaft und Repräsentation in der Habsburgermonarchie (1700–1740) (baR, 31), Berlin/München/Boston 2020, S. 39–56.

326 ÖStA HHStA, RK, Verfassungsakten, RHR, K. 9/10, unfol.

bestehe *kein einziger Zweyfel, daß Ihr. Kay. May. zu denen Reichs-Hoff-Raths-Deputationen diejenigen Reichs-Hoff-Räthe benennen können, welche Allerhöchst Dieselbe allergnädigst belieben. Daher de Summa Principis Potestate nulla quaestio.* Bereits Ferdinand III. hatte 1637 auf den Antrag des Kurkollegs, die *Deputationes abzustellen,*[327] lediglich mit einem Befehl an den Reichshofrat reagiert, künftig darauf zu achten, *bey ein- oder der andern Verordnung, ob es auff den gesambten Reichs-Hoffrath oder gewisse Deputirte kommen thut,* keiner Partei Grund zu Klagen zu geben. Diese vom Kaiser beanspruchte Prärogative zur Einrichtung von Deputationen tastete auch Wurmbrand ein Jahrhundert später nicht an. Woran er sich stieß, war allein die Tatsache, dass ihm die Befehle zur Einrichtung und personellen Zusammensetzung der Deputationen nicht mehr – wie noch seinen Vorgängern – direkt vom Kaiser, sondern vom Vizekanzler erteilt wurden, dem er formal gar nicht unterstellt war.

Wurmbrands Intervention wirft ein Schlaglicht auf eine informale Strukturbildung, die im gesamten Untersuchungszeitraum eine wichtige Hinterbühne des reichshofrätlichen Entscheidungsprozesses bildete. Schon unter Ferdinand II. hatte es nämlich Fälle gegeben, die *in völligem Reichshoffrhatt* […] *ad ordinarias deliberationes nicht gehörig und mit deren Hindansetzung vermög erclerten Allergnedigsten Kayserlichen Willen in Berathschlagung zu ziehen*[328] waren. An die Stelle des Plenums traten ad hoc informale Deputationen, in denen ein kleiner Kreis handverlesener Reichshofräte[329] unter optionaler Zuziehung des Vizekanzlers sowie von Funktionsträgern des Hofkriegsrats, der Hofkammer oder erbländischer Behörden wie der Österreichischen und Böhmischen Hofkanzlei darüber berieten, wie in der Sache zu entscheiden sei. Die Parallelen zur Entwicklung des Geheimen Rats, der im 17. Jahrhundert ebenfalls in Deputationen zerfiel, sind offenkundig. Aus organisationssoziologischer Sicht bildeten die Reichshofratsdeputationen ein funktionales Äquivalent des „alten" Geheimen Rats vor 1618, der mit dem Übergang des Präsentationsrechts vom Vizekanzler auf den Reichshofratspräsidenten[330] im Geschäftsgang zurückgetreten war, um reichsständischer Kritik an höfischer Willkür den Wind aus den Segeln zu nehmen.[331]

---

327 Zitiert nach Uffenbach, Tractatus (wie Anm. 216), S. 77.

328 So im Rückblick auf die Regierungszeit Ferdinands II. in einem undatierten Schreiben des zwischen 1637 und 1647 amtierenden Reichshofratspräsidenten Johann von der Reck an Kaiser Ferdinand III. in: ÖStA HHStA, RK, Verfassungsakten, RHR, K. 26, Bl. 262 f.

329 1734 nennt Wurmbrand in seinem in Anm. 326 zitierten Promemoria als deputierte Reichshofräte zur Zeit Leopolds I.: Dr. Franz Friedrich von Andlern (Dienstzeit: 1661–1703), Johann Hermann Maystetter (1683–1703) und Andreas von Schellerer (1677–1701). Biographische Angaben bei Gschliesser, Reichshofrat (wie Anm. 223), S. 284 f., 302 f., 311 f.

330 Siehe oben bei Anm. 138.

331 Schenk, Isomorphie (wie Anm. 38).

1658 hatte Leopold I. den Ständen in seiner Wahlkapitulation zugesichert, niemals zu gestatten, *daß Unser Geheimben Rhats Collegium sambtlich oder sonderlich der Reichs Sachen, welche vor den Reichshoffrhat gehören, sich anmasße, darin sich einmische oder auf einigerley Weis dem Reichshoffrhat eingreiffe.*[332] Die hierdurch formal eingebüßten politischen Steuerungsinstrumente gewann der Hof jedoch informal durch Deputationen zurück, die zumeist den Berichterstatter einbanden, so dass die von diesem im Reichshofrat vorgetragene Relation bereits mit dem Hof abgestimmt war. Dasselbe gilt im Regelfall auch für die Vota ad Imperatorem, wie Stichproben belegen, nach denen jene Verfahren, in denen ein solches Gutachten erstellt wurde, überdurchschnittlich oft durch Referenten bearbeitet wurden, die zum exklusiven Kreis deputierter Räte zählten.[333]

Aus Sicht des Hofes waren solche dem Plenum vorgelagerten Kontingenzreduktionen, die die Ex-Ante-Logik des Entscheidungsprozesses mit den Rationalitätsdefiziten der zeitgenössischen Relationstechnik[334] kombinierten, notwendig, weil man sehr wohl darum wusste, dass reichsständische Patronagenetzwerke bis in den Reichshofrat hineinreichten. Beispielsweise befasste sich der Geheime Rat im März 1668 unter Vorsitz Kaiser Leopolds mit einem Prozess, den Graf Lamoral Claudius von Thurn und Taxis mit Unterstützung des Kurfürsten von Mainz gegen Landgräfin Hedwig Sophie von Hessen-Kassel führte, um dieser die Bestellung von Postmeistern in Frankfurt am Main zu untersagen. Zur Beratung gelangte jedoch nicht etwa ein Votum ad Imperatorem des Reichshofrats, sondern das Gutachten einer dreiköpfigen Deputation, die aus Reichshofrat Emmerich Friedrich von Walderdorff, Hofkanzleipräsident Johann Paul Hocher und Reichshofratsvizepräsident Leopold Wilhelm von Königsegg bestand. Auf Grundlage dieses Gutachtens wurde beschlossen, dem Reichshofratspräsidenten die Bestellung eines Korreferenten zu befehlen, da der Berichterstatter *nit allein der Augspurgischen Confession, sondern auch der gegen Parthey in dieser sachen particulariter zuegethan*[335] sei und das Verfahren deshalb dilatorisch behandele.

332 Art. XLII, zitiert nach: Burgdorf, Wahlkapitulationen (wie Anm. 255), S. 225.

333 Schenk, Actum et Judicium (wie Anm. 38), S. 116. Mit Blick auf die im Siebenjährigen Krieg durch den am Kaiserhof bestens vernetzten Reichshofrat Egid von Borié als Berichterstatter bearbeiteten Prozesse heißt es naiv bei Muzik, Borié (wie Anm. 223), S. 42: „Seine Voten decken sich in sämtlichen Fällen genau mit den Reichshofratsgutachten, da sich niemand unter den anderen Räten so genau mit der Materie auseinandersetzte." Vgl. zur Rolle des Reichshofrats im Siebenjährigen Krieg: Peter Rauscher, Recht und Politik. Reichsjustiz und oberstrichterliches Amt des Kaisers im Spannungsfeld des preußisch-österreichischen Dualismus (1740–1785), in: MÖStA 46 (1998), S. 269–309, hier S. 290–296, zu Borié ebd., S. 301.

334 Hierzu luzide Ernst, Rechtserkenntnis durch Richtermehrheiten (wie Anm. 41), S. 113.

335 ÖStA HHStA, RHR, Antiqua, K. 599, Nr. 23, Bl. 8. In der Tatsache, dass dieser Befehl nach seiner Ausführung nicht in den Kamin wanderte, sondern in der Akte verblieb, hat man einen Fauxpas der zeitgenössischen Schriftgutverwaltung zu erblicken.

Verbunden war diese Anordnung mit einer inhaltlichen Instruktion über den im Plenum zu fällenden Beschluss, der sodann in Form eines Votums ad Imperatorem erneut in den Geheimen Rat eingebracht und dort abgesegnet werden sollte.

Auf solche und ähnliche Weise ließ man das Reichshofratsplenum über Generationen hinweg in politisch heiklen Verfahren „Ergebnisse besiegeln, die ganz woanders zustande gebracht worden“[336] waren. Als Beispiel aus Wurmbrands Zeiten sei auf die Auseinandersetzung um die Vertreibung der Salzburger Protestanten verwiesen, die Karl VI. eigentlich in der Geheimen Konferenz hatte beraten lassen wollen. Da Protestanten in diesem Gremium jedoch nicht vertreten waren, entschloss man sich, der Form halber den Reichshofrat einzubeziehen. Durch kaiserliches Handschreiben erhielt Wurmbrand den Befehl zur Einrichtung einer Deputation, die im Vorfeld der Reichshofratssitzung in seiner Wohnung zusammentrat und die Relation erarbeitete, auf deren Grundlage das Plenum ein Votum ad Imperatorem beschloss, in dem von alledem keine Rede ist.[337]

Eine historische Organisationsforschung wird mit Blick auf diese informalen Strukturbildungen weder finstere Machenschaften anprangern noch in das in der Geschichtswissenschaft gern gesungene Hohe Lied auf das emanzipative Potential vormoderner Aushandlungsprozesse einstimmen.[338] Stattdessen ist nüchtern die Rationalität zu beschreiben, der diese Systeme (und um Systeme handelt es sich) ihre Reproduktion verdankten. Dabei gilt es zu betonen, dass es sich bei den Deputationen nicht etwa um Instrumente einer machtvoll auftrumpfenden kaiserlichen Reichspolitik handelte, sondern um Verlegenheitslösungen, mit denen sich die zeitgenössisch bereits deutlich ausgeprägten Rationalitätsansprüche eines juristischen Verfahrens mit den begrenzten Machtmitteln des kaiserlichen Amtes in Einklang bringen ließen.

---

336 Otto KIRCHHEIMER, Politische Justiz. Verwendung juristischer Verfahrensmöglichkeiten zu politischen Zwecken, Neuwied/Berlin 1965, S. 22.

337 Giovanni Battista de GASPARI, Aktenmäßige Geschichte der berühmten salzburgischen Emigration, Salzburg 1790, S. 204. Als deputierte Räte nennt Gaspari Anton Esaias von Hartig, Karl Ludwig Hilleprand von Prandau, Friedrich Karl von Danckelman und Johann Heinrich Berger. Hartig ist im Resolutionsprotokoll als Berichterstatter nachgewiesen: ÖStA HHStA, RHR, Resolutionsprotokolle, Bd. XVIII/79, Bl. 13. Das Votum ad Imperatorem vom 18. Juli 1732 findet sich in: ÖStA HHStA, RHR, Vota, K. 56, unfol. Zur Vertreibung der Salzburger Protestanten: Gabriele EMRICH, Die Emigration der Salzburger Protestanten 1731–1732. Reichsrechtliche und konfessionspolitische Aspekte (Historia profana et ecclesiastica, 7), 2. Aufl., Münster 2018; zu den politischen und diplomatischen Hintergründen weiterhin Josef Karl MAYR, Die Emigration der Salzburger Protestanten von 1731/1732. Das Spiel der politischen Kräfte, in: Mitteilungen der Gesellschaft für Salzburgische Landeskunde 69 (1929), S. 1–64; 70 (1930), S. 65–128; 71 (1931), S. 129–192.

338 Letzteres dominiert z. B. bei WHALEY, Das Heilige Römische Reich (wie Anm. 62), Bd. 2, S. 498.

Insofern dienten die Deputationen ebenso wie die personalpolitischen Absprachen bei der Besetzung des Reichshofratskollegiums der Integration wohlgelittener und anderer nicht zu ignorierender Parteien im Reich. Dies beginnt bereits damit, dass für solche Parteien die in der Reichshofratsordnung vorgesehene Geheimhaltung der Referenten[339] nur auf dem Papier stand. Mehr noch: Parteien mit hinreichendem höfischem Zugang konnten sogar insgeheim beim Präsidenten oder einzelnen Räten um Bestellung eines Referenten ihrer Wahl bitten, um die eigenen Prozesse von Beginn an *in gute und solche Hände*[340] zu bringen, *welche gewohnt sind, keine Hitzigkeiten zu gebrauchen*, oder die – je nach Prozessstrategie – die Gewähr boten, dass ein Verfahren zügig zur Beratung ins Plenum gelangte.[341] Noch in den 1750er Jahren wurden Prozesse mit Beteiligung des Bischofs von Würzburg häufig Reichshofrat Egid von Borié zugeteilt, der zuvor in würzburgischen Diensten gestanden hatte und die ihm übertragenen Verfahren „stets sehr gewissenhaft und rasch zur Erledigung brachte".[342] Dass man es hier nicht etwa mit pathologischen Einzelfällen, sondern informalen Kontaktsystemen zu tun hat, verdeutlicht im vorliegenden Band auch der Beitrag Alexandra Schäfer-Griebels zur Reichshofratsnutzung der Fürsten von Thurn und Taxis.

---

339 Reichshofratsordnung von 1654, Tit. IV § 2: Siehe: Sellert, Ordnungen des Reichshofrates (wie Anm. 3), Bd. 2, S. 159.

340 Preußischer Gesandtenbericht von 1717, zitiert nach: Schenk, Reichsjustiz (wie Anm. 314), S. 136. Was Preußen konnte, konnte Hannover ebenso. Ich zitiere aus der Instruktion für den hannoverschen Gesandten vom 1. Oktober 1734: Es sei *lieb zu vernehmen gewesen, daß der R.Hofraht v. Knörre eben nicht dazu incliniret, im Fall der von Hartig zum R.Hofrahts-Vice-Praesidenten ernennet werden solte, den von Hildebrand zum Correferenten in der Mecklenburgischen Sache* [gemeint ist der dortige Ständekonflikt] *zu haben. Wir haben gleichfals Uhrsache zu wünschen, daß solches nicht geschehen möge, welches sich der Herr Abgesandter zur Direction wird dienen lassen*: Niedersächsisches Landesarchiv, Abteilung Hannover, Hann. 9g Nr. 979, Bl. 3. Bereits 1730 hatte der hannoversche Gesandte bei Präsident von Wurmbrand interveniert, um im Prozess um das Herzogtum Lauenburg eine Ernennung Hilleprands zum Referenten zu verhindern. Hierzu Dorfner, Mittler zwischen Haupt und Gliedern (wie Anm. 26), S. 177 f. Durch mich nicht eingesehen, aber thematisch offenbar ebenfalls einschlägig: Landesarchiv Baden-Württemberg, Abt. Generallandesarchiv Karlsruhe, 125 Nr. 2339 (Ritterkanton Kraichgau): Referenten beim Reichshofrat in kraichgauischen Angelegenheiten, deren Bestellung, Veränderungen und Ableben (1768–1788). Dass der Präsident bei der Bestellung der Referenten auf die Wünsche einflussreicher Parteien Rücksicht nahm, betont 1740 auch Reichshofrat Burkhardt: ÖStA HHStA, MEA, Reichshofrat, K. 10a, Nr. 1, unfol.

341 Für den „Marktwert" der Reichshofratsagenten war deren Zugang zu Präsident und Räten deshalb von großer Bedeutung. Hierzu Dorfner, Mittler zwischen Haupt und Gliedern (wie Anm. 26), S. 87–96.

342 So die naive Deutung bei Muzik, Borié (wie Anm. 223), S. 43. Offenbar bezog Borié während seiner Amtszeit als Reichshofrat vom Würzburger Bischof eine jährliche Pension von 800 Gulden. Siehe Zwiessler, Geistliche Fürsten (wie Anm. 223), S. 137.

Individuell oder im Rahmen einer Deputation führten die Berichterstatter sodann informale mündliche Verhandlungen. In seinem bereits zitierten Pro-memoria erwähnt Wurmbrand beispielsweise Konsultationen mit Gesandten der Generalstaaten, die Reichshofratsprozesse zwischen dem Herzogtum Limburg und den Ständen des Bistums Lüttich flankierten.[343] Indem die Deputationen am Kaiserhof Foren informaler Mündlichkeit in einem formal schriftlichen Verfahren boten, übernahmen sie eine ähnliche Flexibilisierungsfunktion wie die Kommissionen, die im Auftrag des Kaisers im Reich tätig wurden.[344] Bei alledem muss man jedoch berücksichtigen, dass man es bei letzteren mit formalen, bei ersteren hingegen mit informalen Strukturbildungen zu tun hat, deren Aktivierung in keinem Resolutionsprotokoll vermerkt wurde, obwohl mit den Hofkommissionen durchaus ein Instrument zur Verfügung gestanden hätte, einzelne Reichshofräte regulär mit der Führung mündlicher Vergleichsverhandlungen zu betrauen.[345] Dass man hierauf verzichtete, führte zwangsläufig zu einer besonders ausgeprägten Vermachtung reichshofrätlichen Normativitätserzeugungswissens durch Aushöhlung formalisierter Kommunikationswege.

Deutlich wird dies beispielsweise in der Korrespondenz zwischen dem Nürnberger Magistrat und dessen Reichshofratsagenten in den 1720er Jahren. Der mit den Verhältnissen am Kaiserhof bestens vertraute Agent riet seinen Prinzipalen, sich nicht auf die Kommunikation mit dem für den innerstädtischen Verfassungskonflikt formal zuständigen und die Akten führenden Reichshofrat zu kaprizieren, sondern stattdessen bei den Chefs von Reichshofkanzlei, Hofkriegsrat, Hofkanzlei und Hofkammer zu antichambrieren – dies seien die wirklichen Entscheidungsträger.[346] Dass der Reichshofratspräsident in dieser Liste nicht auf-

343 Siehe Anm. 326.

344 Vgl. Selchows Einschätzung unten bei Anm. 423. Zu den Kommissionen grundlegend: Eva Ortlieb, Im Auftrag des Kaisers. Die kaiserlichen Kommissionen des Reichshofrats und die Regelung von Konflikten im Alten Reich (1637–1657) (Quellen und Forschungen zur höchsten Gerichtsbarkeit im Alten Reich, 38), Köln/Weimar/Wien 2001; Sabine Ullmann, Geschichte auf der langen Bank. Die Kommissionen des Reichshofrats unter Kaiser Maximilian II. (1564–1576) (Veröffentlichungen des Instituts für Europäische Geschichte Mainz, 214), Mainz 2006.

345 Die in Wien tätigen Hofkommissionen bilden ein Desiderat, das sich nach Digitalisierung der Resolutionsprotokolle bearbeiten ließe. Beispielsweise erfolgte am 12. Februar 1731 die Einsetzung einer Hofkommission in einem Prozess der Reichsstadt Nürnberg. Zu Kommissaren wurden neben Vizekanzler Metsch die Räte Danckelmann, Hartig, Berger, Hilleprand und Wucherer ernannt. Alle genannten Räte tauchen in den 1730er Jahren wiederholt als Mitglieder der Reichsdeputation auf. Siehe den Beschluss in ÖStA HHStA, RHR, Resolutionsprotokolle, Bd. XVIII/76, Bl. 65.

346 David Petry, Demokratischer Aufbruch oder folgenloses Strohfeuer? Patronage, Spionage und Kolportage im Reichshofratsprozess Dr. Sörgel contra Nürnberg (1722–1730), in: Jahrbuch für fränkische Landesforschung 65 (2005), S. 135–161, hier S. 155.

taucht, lässt tief blicken und indiziert die schwerwiegenden Verwerfungen, die in Wurmbrands ein Jahrzehnt später verfasstem Promemoria sichtbar werden.

Schönborn, mit dem sich der Präsident wegen der von ihm forcierten Annäherung an Preußen zerstritten hatte,[347] meldete sich 1734 ebenfalls zu Wort und berichtete dem Kaiser, dass Wurmbrand *alle authorität und der gehorsamb der Direction* [...] *fast gantz entfallen seye.*[348] Es lägen Beweise dafür vor,

> *daß einige Räthe seinen befehl oder weisung nicht folgen wolten, ja es so weith gekommen seye, daß sie ihme glat in das Gesicht resistirten, so gar mit impetuoser arth auf den Tisch öffentlich seye geschlagen und in etlichen Vorfallenheithen platt erklähret worden, dasienige, was Er, Reichs-Hoff-Raths-Praesident, von Ambts und gebühr wegen vorgeschlagen oder befohlen, nicht zu thuen.*

Trat der scheidende Vizekanzler gegen den Präsidenten nach, oder steckte mehr dahinter?

Es steckte mehr dahinter. Sechs Jahre später setzte der bereits erwähnte Reichshofrat Burkhardt von der Klee den Mainzer Erzkanzler Philipp Karl von Eltz anonym darüber in Kenntnis, es hätten sich die Deputationen zur sogenannten *Reichs-Deputation*[349] verfestigt, in der mittlerweile *die meisten Reichs-Hoff-Raths-Sachen* [bearbeitet würden], *welche nur im geringsten einem respectui politico unterworffen* seien. Mit *zuziehung frembder, zum Reichs-Hoff-Rath nicht gehöriger Persohnen* werde in dieser Deputation nicht nur darüber entschieden, ob die Verfahren *in Reichs-Hoff-Rath ad Relationem gebracht werden sollen oder nicht.* Darüber hinaus seien in diesem Zirkel Beschlüsse gefasst worden, die sodann, ohne jemals ins Plenum gelangt zu sein, *unter dem Nahmen des Reichs-Hoff-Raths zur Expedition gebracht worden* seien.

Burkhardt rückte die Tätigkeit dieser ominösen Reichsdeputation in die Nähe massenhaft betriebener Justizverzögerung und berichtete von scharfen Auseinandersetzungen innerhalb des Plenums. Danach hätten einzelne Räte, die die von zahlreichen Parteien mündlich und schriftlich vorgetragenen Beschwerden

> *super protracta Justitia zarthen gewissens halber länger nicht erdulten mögen, so lange Instanz gemacht, bis mann ihnen die Acta gar abgenohmen und anderen zugetheilet, die sich wenigern Scrupel gemacht, selbige ohnerlediget liegen zu lassen. Wer sich in Beför-*

---

347 Hierzu HANTSCH, Schönborn (wie Anm. 209), S. 328–342; vgl. Max BRAUBACH, Friedrich Karl von Schönborn und Prinz Eugen, in: Ders., Diplomatie und geistiges Leben im 17. und 18. Jahrhundert. Gesammelte Abhandlungen (Bonner Historische Forschungen, 33), Bonn 1969, S. 301–320, hier S. 311.

348 Dies und das folgende Zitat in: ÖStA HHStA, RK, Verfassungsakten, RHR, K. 19, Nr. 5, unfol.

349 Dieses und das Folgende wie Anm. 123.

derung deren Justiz-Sachen und circa modum expediendi negotia in die politische umbstände schicken können, der ist bishero vor einen klugen und tieffsinnigen Staatsmann gehalten worden, jene hingegen, welche diese absichten vor unzulässig erachtet, haben den Titl eines Pedanten oder legulei davon getragen.[350]

Balancierend auf dem schmalen Grad zwischen sorgfältiger Quellenanalyse und Kaffeesatzleserei[351] wird sich die Reichshofratsforschung der ominösen Reichsdeputation annähern müssen, sofern sie kollegiale Rechtserzeugung in höfischem Kontext adäquat beschreiben will. Beginnen wir bei dem von Wurmbrand 1734/35 an die Adresse des scheidenden Schönborn gerichteten Vorwurf, es gingen ihm neuerdings aus der Reichshofkanzlei Instruktionen zur Einrichtung und personellen Zusammensetzung von Deputationen zu. Diese Aussage ist korrekt, wie ein vom 27. März 1733 datierendes Reichskanzleidekret[352] belegt, das Wurmbrand anwies, zur Beratung einer Beschwerde der zu diesem Zeitpunkt mit Wien verbündeten Könige von England und Preußen über die Besetzung einer Assessorstelle am Reichskammergericht eine Deputation einzurichten. Das Dekret beließ es jedoch nicht dabei, sondern schrieb dem Präsidenten die Beiziehung der *wohlgesinnte*[n] *Reichs-Hoff-Räthe* Johann Adolf von Metsch, Friedrich Karl von Dankelmann, Anton Esaias von Hartig, Karl Ludwig Hilleprand von Prandau, Heinrich Bernhard von Wucherer und Georg Christian von Knorr vor.[353]

Das Dekret scheint die Aussage Burkhardts zu stützen, wonach die Einrichtung der Deputationen zu Auseinandersetzungen innerhalb des Reichshofratskollegiums geführt habe, denn wo es Wohlgesinnte[354] gibt, muss es auch weniger wohl Gesinnte geben. Letzteren kommen wir auf die Spur, indem wir uns die Abweichungen zwischen der personellen Zusammensetzung der Deputation und der dem Anciennitätsprinzip folgenden Sessionsordnung im Reichshofratsplenum vor Augen führen. Dort nahmen die Deputierten auf der Herrenbank die Positionen 1 (Metsch) und 2 (Danckelmann) sowie auf der Gelehrtenbank

---

350 Dieses und das folgende Zitat wie Anm. 123.

351 Auf dem ich vermutlich bereits ausgeglitten bin. Die Interpretation bei Schenk, Vota ad Imperatorem (wie Anm. 207), S. 318, es sei die Reichsdeputation ein Instrument Schönborns gewesen, halte ich mittlerweile für falsch.

352 ÖStA HHStA, RK, Reichsakten in specie, K. 54, Konv. 1, unfol.

353 Knappe biographische Angaben zu den Deputierten bei Schenk, Vota ad Imperatorem (wie Anm. 207), S. 309–311.

354 Die politisierende Etikettierung als wohlgesinnte Räte ähnelt bezeichnenderweise den Begriffen, mit denen Österreich seine Anhängerschaft auf dem Reichstag bezeichnete. Siehe Michael Rohrschneider, Die österreichische und preußische Reichstagspolitik um 1750. Wahrnehmungen – Verflechtungen – Methoden, in: Bettina Braun (Hrsg.), Konkurrenz und Transfer. Das preußisch-österreichische Verhältnis im 18. Jahrhundert (Mainzer Studien zur Frühen Neuzeit, 3), Bielefeld 2023, S. 201–231, hier S. 212.

die Positionen 1 (Hartig), 2 (Hilleprand), 6 (Wucherer) und 8 (Knorr) ein. Mit Metsch und Hartig band man also den Vizepräsidenten und den das erste Votum auf der Gelehrtenbank führenden Rat ein, schloss jedoch die gelehrten Räte 3 (Stockhammer), 4 (Albrechtsburg), 5 (Burkhardt) und 7 (Wernher) aus.

Der Vorgang verdeutlicht die Grenzen des Professionalisierungsnarrativs: Burkhardt hatte in Wien und in den Niederlanden die Rechte studiert und vor seiner Berufung in den Reichshofrat als Beisitzer am mainzischen Oberappellationsgericht gewirkt,[355] während sich Hartig[356] und Knorr ihre Rechtskenntnisse weitgehend autodidaktisch erworben hatten. Letzterer, auf den wir noch zurückkommen werden, war sogar von Haus aus lutherischer Theologe. Was aber ist von Burkhardts Vorwurf zu halten, es betrieben diese Deputierten in großem Umfang eine nahtlos in Justizverweigerung übergehende Justizverzögerung, während opponierenden Räten die Berichterstattung gegen deren Willen entzogen würde? In seinen nicht hinreichend rezipierten Studien zu hessischen Untertanenkonflikten konnte Werner Troßbach mit Blick auf das zweite Jahrzehnt des 18. Jahrhunderts nachweisen, dass der damalige Präsident Ernst Friedrich von Windisch-Graetz dem weithin als unbestechlich bekannten Nikolaus Christoph von Lyncker die Berichterstattung in Prozessen gegen den Landgrafen von Hessen-Darmstadt entzog und in die Hände eines willfährigen Referenten legte, der die Verfahren sodann versanden ließ und hierfür vom Landgrafen mit Bestechungsgeldern in erheblicher Höhe belohnt wurde.[357] Der Name dieses Rats lautete: Anton Esaias von Hartig.[358]

Mit Blick auf die bereits angesprochene Erosion der präsidialen Autorität unter Windisch-Graetz' Nachfolger Wurmbrand gewinnt Burkhardts Bemerkung an Gewicht, es seien die nichtdeputierten Räte bei Hof als juristische Pedanten lächerlich gemacht worden, denn genau dieses Etikett bekam zeitgenössisch auch Wurmbrand verpasst.[359] Kommen wir also von Burkhardt zu Wurmbrand oder

355 GSCHLIESSER, Reichshofrat (wie Anm. 223), S. 401.

356 Ebd., S. 370 f.

357 TROSSBACH, Bauernbewegungen (wie Anm. 134), S. 484.

358 Zu Hartig und dem von diesem und seiner Frau praktizierten Gabentausch SCHENK, Zweck-Mittel-Rationalität und Korruption (wie Anm. 125).

359 Als *pedant joué* begegnet Wurmbrand bei: Max BRAUBACH, Eine Satire auf den Wiener Hof aus den letzten Jahren Kaiser Karls VI., in: Ders., Diplomatie und geistiges Leben (wie Anm. 347), S. 385–436, hier S. 387; den Eindruck von Pedanterie vermitteln von Wurmbrand mehrere Zeitgenossen, so etwa: Christoph Ludwig von SECKENDORFF, Journal Secret du Baron de Seckendorff, Tübingen 1811, S. 254. Montesquieu, der Wurmbrand 1728 kennenlernte, beschrieb ihn als *un homme savant; mais il le paroît un peu trop*. Zitiert nach: Albert de MONTESQUIEU, Voyages de Montesquieu, Bd. 1, Bordeaux 1844, S. 14. Pütter besuchte Wurmbrand 1747 und beschrieb den Präsidenten im Rückblick folgendermaßen: *ein alter etwas moröser Mann, der sich selbst als Schriftsteller in einem gelehrten Werke von den Oesterreichischen Erblandhofämtern bekannt*

noch besser: zu dessen Ehefrauen, denn der Weg zur Reichsdeputation führt über die Gender Studies, mit denen die Reichshofratsforschung bislang zum eigenen Schaden kaum etwas zu tun hat.

1734 starb Wurmbrands zweite Ehefrau Juliana von Limpurg-Gaildorf, worauf sich ihr 64jähriger Witwer in Windeseile mit der 40 Jahre jüngeren Gräfin Maria Dominika von Starhemberg verlobte. Der greise Bräutigam überlebte auch sie und heiratete nach deren Tod im Februar 1736 – wiederum in Windeseile – deren Stiefschwester Maria Bonaventura.[360] Eine nähere Analyse dieser Verbindung zwischen dem Reichshofratspräsidenten und der Familie des Präsidenten der Ministerialbancodeputation Gundaker Thomas von Starhemberg (1663–1745)[361] führt nicht nur zur Reichsdeputation, sondern wirft Schlaglichter auf jene Universen der Praxis, die einer Justizforschung entgehen, welche den „Hof" in „Reichshofrat" nicht ernst nimmt. Ein Schlüsseldokument stammt aus der hannoverschen Gesandtschaft, in der angesichts der Verbindung zwischen den Häusern Wurmbrand und Starhemberg die Alarmglocken schrillten: *Aus dieser Alliance vermuthet man sich hier allerhand Folgerungen.*[362] Burkhardt habe *gantz öffentlich* erklärt, es werde

> *diese Veränderung dem Grafen von Hartig und dessen partie gewaltige Schrancken setzen* [...] *und werde sich künfftig zeigen, ob, wie in der Ostfriesischen Sache geschehen, der von Bartenstein und Knörre die Macht behalten würden, die per unanimia ausgefallene RHRaths Conclusa durch ihr einseitiges bey Kay. Mt. vorgekehrtes Anrathen über den Hauffen zu schmeissen.*

---

gemacht hatte [...] *Hier hatte ich den großen Fehler begangen, daß ich sein eignes Buch, das mir zwar nicht unbekannt war, nicht vorher gelesen hatte, um von dessen Inhalte nähere Rede und Antwort geben zu können. Darüber hatte unsere Unterredung bald ein Ende.* Siehe: Johann Stephan PÜTTER, Selbstbiographie zur dankbaren Jubelfeier seiner 50jährigen Professorsstelle zu Göttingen, Göttingen 1798, S. 157. Vgl. zu Wurmbrands umfangreicher Privatbibliothek auch unten Anm. 370.

360 Johann SCHWERDLING, Geschichte des uralten und seit Jahrhunderten um Landesfürst und Vaterland höchst verdienten, theils fürstlich, theils gräflichen Hauses Starhemberg, Linz 1830, S. 317.

361 Vgl. Brigitte HOLL, Hofkammerpräsident Gundaker Thomas Graf Starhemberg und die österreichische Finanzpolitik der Barockzeit (1703–1715) (Archiv für österreichische Geschichte, 132), Wien 1976.

362 Gesandtenbericht vom 10. November 1734: Niedersächsisches Landesarchiv, Abteilung Hannover, Hann. 9g Nr. 979, Bl. 10 f. Als unzertrennliches Trio nahm Hartig, Bartenstein und Knorr auch Seckendorff war, der im Oktober 1738 in seinem Tagebuch notierte: *13me. Je dine chés Knorr avec Bartenstein, qui est extrèmement amiable. 14me. A l'assemblée chés Hartig. Bartenstein und Knorr erschrecklich freundlich.* Zitiert nach SECKENDORFF, Journal Secret (wie Anm. 359), S. 276.

Der Bericht wirft ein grelles Schlaglicht auf informale höfische Kommunikationsstrukturen, die selbst Verfahren vom Stellenwert des ostfriesischen Ständekonflikts[363] prägten, bei dekontextualisierter Lektüre von Prozessschriftgut jedoch zwangsläufig unsichtbar bleiben. Die Quelle bietet sich deshalb dazu an, exemplarisch durchzuspielen, zu welchen Ergebnissen die Reichshofratsforschung gelangen könnte, wenn mit Akteurszentrierung tatsächlich Ernst gemacht würde. Anton Esaias von Hartig haben wir als (nach zeitgenössischen Maßstäben) korrupten Rat bereits kennengelernt. Ausweislich der Referentenbücher gingen im Laufe der Jahre hunderte von Verfahren durch seine Hände.[364] Just 1734 verlieh Karl VI. Hartig die Reichsgrafenwürde,[365] um ihn auf die Herrenbank versetzen und zum Vizepräsidenten ernennen zu können.

Noch kometenhafter verlief der Aufstieg von Georg Christian (von) Knorr (1691–1762).[366] Geboren in Oettingen als Sohn eines lutherischen Bortenwirkers, hatte er die örtliche Lateinschule besucht, mit einem landesherrlichen Stipendium in Jena Theologie studiert und mit einer gegen Leibniz' Theodizee gerichteten Studie über den Ursprung des Bösen dissertiert.[367] Zurück in seiner Heimat hatte Knorr zunächst als Hausprediger und von 1716 bis 1723 als Rektor der Lateinschule gewirkt, bevor ihn die musisch interessierte Christine Luise von Oettingen-Oettingen (1671–1747),[368] die mit Herzog Ludwig Rudolf von Braunschweig-Wolfenbüttel verheiratet war, bei welchem es sich wiederum um den

363 Vgl. Bernd KAPPELHOFF, Absolutistisches Regiment oder Ständeherrschaft? Landesherr und Landstände in Ostfriesland im ersten Drittel des 18. Jahrhunderts (Untersuchungen zur Ständegeschichte Niedersachsens, 4), Hildesheim 1982.

364 Als Referent 1725: 67, 1726: 41, 1727: 37, 1728: 50, 1729: 36, 1730: 35, 1731: 38. Als Korreferent 1725: 16, 1726: 9, 1727: 7, 1728: 4, 1729: 0, 1730: 9, 1731: 6. Siehe ÖStA HHStA, RHR, Protocolla referentium, Bd. 5.

365 ÖStA AVA, Adel, RAA, K. 170, Nr. 40.

366 Biographische Angaben bei: Johann J. STRELIN, Entwurf einer Geschichte des Evangelischen Seminariums zu Oettingen, Oettingen 1770, 100 f.; Johann Friedrich CAMERER, Waren Bartenstein und Knorr in Wien gelehrte Ebentheuer?, in: Teutsches Gemeinnütziges Magazin (1793), S. 134–164; Heinrich DOERING, Die gelehrten Theologen Deutschlands im achtzehnten und neunzehnten Jahrhundert. Nach ihrem Leben dargestellt, Bd. 2, Neustadt an der Dorla 1832, S. 145 f.; GSCHLIESSER, Reichshofrat (wie Anm. 223), S. 405 f.

367 Georg Christian KNORR, Doctrinae Orthodoxae De Origine Mali Contra Recentiorum Quorundam Hypotheses Modesta Assertio, Jena 1712. Der eigentliche Verfasser dürfte indes der Praeses Johann Franz Buddeus gewesen sein; vgl. zeitgenössisch zur Dissertation: Georg Adam MICHEL, Oettingische Bibliothek, Ansbach 1758, S. 185. Ich danke meinem Kollegen Ulrich Rasche für zahlreiche wertvolle Hinweise zum universitätsgeschichtlichen Hintergrund.

368 Hartmut WEGNER, Christine Luise, Prinzessin von Oettingen, Herzogin von Braunschweig-Lüneburg-Wolfenbüttel und „heimliche" Regentin in Blankenburg und Wolfenbüttel, in: Thomas Weiss (Hrsg.), Frauen im 18. Jahrhundert. Entdeckungen zu Lebensbildern in Museen und Archiven in Sachsen-Anhalt, Halle 2009, S. 303–314.

Schwiegervater des Kaisers handelte, in den Harz nach Blankenburg lockte, das ihrem Mann als Paragium zugewiesen war.[369] Ebendort wirkte Knorr als Hofrat und Bibliothekar und spann erste Fäden nach Wien.[370] Karl VI. erhob den bibliophilen Theologen, der 1726 von Ludwig Rudolf zum Hofrat bei der Justizkanzlei ernannt worden war,[371] 1728 in den Freiherrenstand[372] und verlieh ihm im Folgejahr in Rücksicht auf *die gute Vernunft und Fähigkeit, auch in Reichs- und Rechts-Sachen besitzende Erfahrenheit, nicht weniger das eyffrige Verlangen, Ihro und dem gemeinen weesen bey dero höchsten Kayserlichen Reichs-Gericht seine alleruntertänigste Dienstbegierde bezeigen zu können,*[373] eine Expektanz auf eine evangelische Stelle auf der Gelehrtenbank des Reichshofrats.

---

369 Unter den zahlreichen Gelehrten, die Christine Luise aus ihrer schwäbischen Heimat nach Blankenburg zog, befand sich übrigens 1727 auch der Bibliothekar und Numismatiker Georg Septimus Andreas von Praun (1701–1786), ein Sohn des Reichshofratsagenten Tobias Sebastian von Praun. Biographische Angaben bei: Walter Hagena, Praun, Georg Septimus Andreas von, in: Horst-Rüdiger Jarck/Günter Scheel (Hrsg.), Braunschweigisches Biographisches Lexikon – 19. und 20. Jahrhundert, Hannover 1996, S. 565 f.

370 Eine erste Reise nach Wien unternahm Knorr 1723, noch von Oettingen aus, in Begleitung des oettingischen Gesandten Wolf Siegmund von Jaxtheim, der durch seine 1715 erfolgte Heirat mit einer Tochter des kaiserlichen Generals Eberhard Friedrich von Neipperg über gute Kontakte zur Hofburg verfügte und eine Audienz bei der Kaiserin erhielt. Zu dieser Mission: Katrin Keller, Die Kaiserin. Reich, Ritual und Dynastie, Wien/Köln/Weimar 2021, S. 264; vgl. Sieglinde Buchner/Irmgard Prommersberger, Ein markgräflicher Beamtenclan im 17. und 18. Jahrhundert, in: Alt-Gunzenhausen 55 (2000), S. 17–36, hier S. 28 f. Knorrs Reise diente u. a. der Recherche nach Manuskripten zur Geschichte des Welfenhauses in der Wiener Hofbibliothek. Siehe hierzu die Edition der Korrespondenz zwischen Knorr und Herzog Ludwig Rudolf bei Werner Arnold, Eine norddeutsche Fürstenbibliothek des frühen 18. Jahrhunderts. Herzog Ludwig Rudolph von Braunschweig-Lüneburg (1671–1735) und seine Büchersammlung (Arbeiten zur Geschichte des Buchwesens in Deutschland, 3), Göttingen 1980, S. 134–155. Danach absolvierte Knorr Hausbesuche bei mehreren Reichshofräten und konnte die umfangreiche Privatbibliothek des damaligen Vizepräsidenten von Wurmbrand nutzen, *welches mir desto besser zu Stand kom(m)t, alß dieser geschickte Mann das meiste, was in praxi nuzen kan, mit eigner Hand unterstreich(et) oder wohl gar Anmerckungen darzu gemacht.* (ebd., S. 145). Eine zweite Reise Knorrs erfolgte 1727. Siehe ebd., S. 27. Jaxtheim wurde übrigens ebenfalls 1727 auf der Herrenbank des Reichshofrats introduziert: Gschliesser, Reichshofrat (wie Anm. 223), S. 403. 1742 bemühte sich der braunschweig-lüneburgische Gesandte in Frankfurt um eine Aufnahme Jaxtheims in den Reichshofrat Karls VII., da Jaxtheim *ein rechtschaffener und ehrlicher justitiarius* sei. Zitiert nach Sébastien Schick/Hannes Ziegler (Hrsg.), Publicum und Secretum. Die Diarien Gerlach Adolph von Münchhausens vom Frankfurter Wahltag 1741/1742 (Quellen zur Geschichte des Heiligen Römischen Reiches, 2), Göttingen 2024, S. 259.

371 Arnold, Fürstenbibliothek (wie Anm. 370), S. 27.

372 ÖStA AVA, Adel, RAA, K. 225, Nr. 58.

373 Im Expektanzdekret vom 28. Juni 1729 wird Knorr als Geheimer braunschweigisch-blankenburgischer Justizrat tituliert: ÖStA HHStA, RK, Verfassungsakten, RHR, K. 36, Bl. 321. Die Akte enthält ebd. ein vom 26. Juli 1729 datierendes Dankschreiben Knorrs, aus dem hervorgeht, dass ihm die Expektanz durch Reichshofrat Galen übermittelt wurde.

1731 – im Jahr, in dem Kurhannover/England und Österreich eine Allianz abschlossen und Ludwig Rudolf zum regierenden Fürsten von Braunschweig-Wolfenbüttel aufstieg – schickte man Knorr als Legationsrat nach Wien, wo er Zugang zu Kaiserin Elisabeth Christine fand[374] und auf der Gelehrtenbank introduziert wurde.[375] Schon im Jahr seiner Ernennung wurden Knorr 31 Verfahren als Referent und weitere sechs als Korreferent zugeschrieben.[376] Unter klarer Missachtung einschlägiger Befangenheitsregelungen[377] bearbeitete der Senkrechtstarter in stetem Austausch mit Hannover und Wolfenbüttel[378] auch Prozesse, in die das Welfenhaus direkt oder indirekt involviert war.[379]

Betroffen war hiervon sogar der Mecklenburgische Ständekonflikt, in dem es 1739 zum Eklat kam, als Herzog Christian Ludwig II. von Mecklenburg-Schwerin eine gegen Knorr und dessen welfische Verbindungen gerichtete Druckschrift publizierte[380] und seinem Reichshofratsagenten befahl, einen Termin zur Able-

---

374 Moser berichtet, er sei oft viele Stunden bei ihr gewesen, so dass ihr Gatte *darüber scherzte, was Sie mit diesem Ketzer für einen genauen Umgang habe*: Moser, Lebensgeschichte (wie Anm. 250), Bd. 4, S. 23. Der politische Einfluss Elisabeth Christines harrt noch der Erforschung. Siehe zu diesem Desiderat: Charlotte Backerra, Wien und London, 1727–1735. Internationale Beziehungen im frühen 18. Jahrhundert (Veröffentlichungen des Instituts für Europäsche Geschichte Mainz, 253), Göttingen 2018, S. 186; Dies., For Empire or Dynasty? Empress Elisabeth Christine and the Brunswicks, in: Caroline Dunn/Elizabeth Carney (Hrsg.), Royal Women and Dynastic Loyalty, Cham 2018, S. 165–180; vgl. Braubach, Satire (wie Anm. 359), S. 399 f.; zu den an die Kaiserinnen herangetragenen Bitten um Intervention in Rechtsangelegenheiten: Keller, Die Kaiserin (wie Anm. 370), S. 281 f.

375 Knorrs Personalakte enthält lediglich den von ihm am 22. November 1731 geleisteten Diensteid und den Vorgang zu seiner 1745 erfolgten Ernennung zum Reichshofrat Kaiser Franz I. Siehe ÖStA HHStA, RK, Verfassungsakten, RHR, K. 28/29, Konv. 29/1, Bl. 200–204.

376 ÖStA HHStA, RHR, Protocolla referentium, Bd. 5.

377 Siehe Tit. I § 18 der Reichshofratsordnung von 1654, abgedruckt bei Sellert, Ordnungen (wie Anm. 3), Bd. 2, S. 91.

378 Siehe Anm. 249. Die engen Beziehungen Knorrs zum hannoverschen Gesandten registrierte auch Seckendorff, Journal Secret (wie Anm. 359), S. 224, 239, 253 f., 257. Vgl. auch die Instruktion Herzog Karls I. von Braunschweig-Wolfenbüttel für seinen an den Kaiserhof abzuschickenden Generaladjutanten vom 9. Oktober 1735, in dem diesem anbefohlen wurde, sich in Wien an Knorr zu halten: Brage Bei der Wieden/Martin Fimpel/Isabelle Guerreau/Anton Pumpe/Silke Wagener-Fimpel (Hrsg.), Hof und Regierungspraxis im Fürstentum Braunschweig-Wolfenbüttel 1735. Quellenedition, Braunschweig 2020, S. 397.

379 Offenbar mit Blick auf Knorr schrieb Burkhardt 1740 in seinem bereits mehrfach zitierten Gutachten für den Mainzer Erzkanzler, es fänden *sich in denen neueren Zeithen Exempla, wo ein Rath, der vorhero viele Jahr bey einem sicheren Fürstlichen Haus in Diensten gestanden, fast in allen dasselbe betreffenden Activ- und Passiv-Processen das Officium Referentis versehen, welches fürwahr gegen alle Ordnung lauffet und grosses auffsehen verursachet, auch nothwendigerweiß unter denen Partheyen Mißtrauen und den Verdacht einer Partheylichkeit erwecken muß.* Zitat wie Anm. 123.

380 N., Rechts-gegründete Exceptiones Welche Sr. Hoch-Fürstl. Durchl. Herrn Herzogen Chris-

gung eines Befangenheitseides (*juramentum perhorrescentiae*)[381] zu beantragen. Die Hofburg unterband jedoch eine offene kollegiale Deliberation über dieses Gesuch, das einige Reichshofräte vermutlich für berechtigt hielten.[382] Stattdessen setzte man eine Deputation ein,[383] die zu dem Ergebnis kam, das Vorbringen verletzte die Ehre des gesamten Kollegiums[384] und müsse entschieden zurückgewiesen werden, um übelgesinnte Reichsfürsten nicht auf die Idee zu bringen, am Reichstag eine Reichshofratsvisitation zu fordern. Das ausnahmsweise überlieferte Konzept des Votums ad Imperatorem, mit dem das Kollegium dem Kaiser am 1. Juni 1739 empfahl, den mecklenburgischen Agenten Johann Niklas Vogel seines Amtes zu entheben, kann als aktenkundliches Filetstück gelten (siehe Abb. 7): Auf ein nachträglich an den linken Seitenrang gequetschtes *RHRaths* folgt: *Votum Secretioris Deputationis ad Imperatorem.*[385] Fertig (*collationiert*) war der Text bereits am 9. Mai. Auch dem Kaiser hatte das Gutachten in jenem Monat bereits vorgelegen (*placet in toto*). Allerdings hatten sich Majestät der Ansicht der Deputation angeschlossen, wonach es aus Formgründen angezeigt sei, die Angelegenheit in den Reichshofrat zu geben.

Beim Blick ins Resolutionsprotokoll lässt sich also mit Kafka feststellen: „Wie? Ein Protokoll? [...] nachträglich aufgesetzt von jemandem, der gar nicht

---

tian Ludewig zu Mecklenburg bewogen gegen des Kayserl. Reichs-Hoff- Raths von Knörren Person in Causis Mecklenburgicis Sich zum Juramento Perhorrescentae zu offeriren, o. O. 1739.

381 In der Reichshofratsordnung war dieses außerordentliche Rechtsmittel nicht explizit enthalten. Der Herzog berief sich deshalb auf die Reichskammergerichtsordnung und auf juristische Literatur wie z. B. Wolfgang Adam Lauterbach, De perhorrescentiae juramento, Tübingen 1659.

382 Dies gilt sicherlich für Burkhardt, der im Folgejahr offenbar in Anspielung auf die mecklenburgische Affaire schrieb, es habe die Tätigkeit deputierter Räte *bekantlich ein und andere fürnehme Reichs-Fürsten bewogen, in offentlichen Schrifften sehr starck dargegen zu eyfferen und mit nicht geringen exponirung der Kayserlichen Obrist-Richterlichen Gewalt und Ansehens ihren Recurs an den Reichstag zu nehmen. Welchen beschwerdten aber leicht abzuhelffen wäre, wann künfftig die vor den Reichs-Hoff-Rath eygentlich gehörige Justiz-Sachen der Ordnung nach bey selbigem gelassen, darinnen untersuchet und denen Rechten, auch der Billigkeit nach erörteret werden solten.* Zitat wie Anm. 123.

383 Der Deputation gehörten die Reichshofräte Ernst Wilhelm von Bredow, Heinrich Bernhard von Wucherer sowie Reichshoffiskal Dominik Joseph Hayek von Waldstätten an. Siehe ÖStA HHStA, RHR, Obere Registratur, K. 647, Nr. 1.

384 Dies war über Generationen hinweg das Standardargument gegenüber Befangenheits- und Korruptionsvorwürfen. Schon Nikolaus Christoph von Lyncker hatte sich 1712 darüber empört, dass man *solche Beschwerden in den* [Reichshof-]*Rath gegeben, und weil man daselbst dieses Thun als dem ganzen Collegio verkleinerlich vorzustellen gewust und* [...] *darunter bey guten Freunden leicht Beyfall gefunden, hat mann denen Supplicanten wichtige Geldstrafen dictirt oder ihnen gar die Stadt zu räumen auferlegt und hat sich darauf niemand weiter regen dürfen.* Zitat wie Anm. 233.

385 ÖStA HHStA, RHR, Vota ad Imperatorem, K. 38, Nr. 17, unfol.

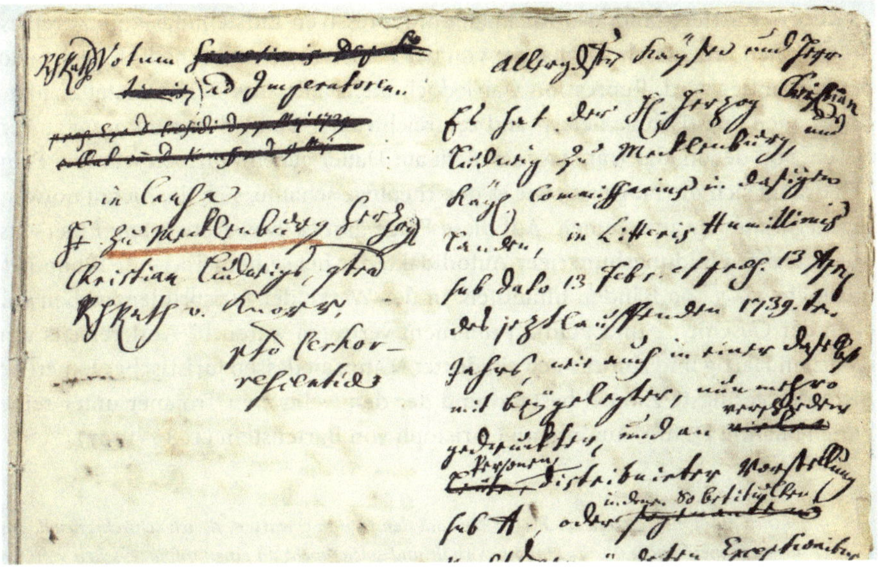

Abb. 7: Konzept des Votums ad Imperatorem vom 1. Juni 1739, mit dem der Reichshofrat die Vorwürfe des Herzogs von Mecklenburg gegen Reichshofrat von Knorr energisch zurückwies (ÖStA HHStA, RHR, Vota ad Imperatorem, K. 38, Nr. 17).

bei der Besprechung war. Das ist nicht übel.‘“[386] Vogel wurde (kurzzeitig) suspendiert,[387] und ansonsten geschah gar nichts. Beschwerten sich in jenen Jahren einfache Untertanen über die offenkundige Befangenheit Knorrs, nahm man die Schriftsätze nicht einmal zu den Akten.[388]

386 Franz Kafka, Das Schloß, 2. Aufl., Frankfurt am Main 2017, S. 102 f.

387 Der kaiserliche Befehl zur Kassation Vogels datiert vom 1. Juni 1739 befindet sich in ÖStA HHStA, RK, Verfassungsakten, RHR, K. 52, Fasz. 1, unfol. Auf Grundlage eines weiteren Reichshofratsgutachtens vom 3. August wurde das Gesuch Vogels um Rücknahme der Kassation bewilligt. Hierzu bereits Johann Jacob Moser, Von der teuschen Justiz-Verfassung […], Bd. 1, Frankfurt am Main/Leipzig 1774, S. 542 f.; sowie Dorfner, Mittler zwischen Haupt und Gliedern (wie Anm. 26), S. 202, 222. Zu Auseinandersetzungen zwischen Vogel und Burkhardt: Schenk, Reichshofrat im Spannungsfeld von Zweck-Mittel-Rationalität und Korruption (wie Anm. 125).

388 Aufschlussreich ist eine undatierte, offenbar um 1735 verfasste Beschwerde von Christina Sophia von Strombeck, die dem Herzog von Braunschweig-Wolfenbüttel in einem Erbstreit Justizverweigerung vorwarf und sich darüber beschwerte, dass *der Reichs-Hoffrath v. Knorr meine Acten in Händen hat, da nun bekand, daß dieser v. Knorr etl. Jahr in Brunswigischen diensten gestanden und von dem Durchl. Hertzoge von Brunswig zu einem Reichs-Hoffrath hierher recomantirt worden, so leufft es wieder aller vernunfft und billigkeit, daß dieser v. Knorr meine Sache und beschwehrten kan unparteysch einsehen und referiren, ja es wäre unbesonnen und unanständig, wen er diesen Hochfürstl. Hause wolte abstelten, es mögen die Sachen auch so praejudicirlich sein als sie wollen und könte man ihm einer großen undanckbahrkeit imputiren, also will ich Ihm hiermit*

Knorrs Karriere fand also Rückhalt am repressiven Entstehungskontext reichshofrätlichen Prozessschriftguts, der von der Forschung zumeist nicht hinreichend berücksichtigt wird. Repression war jedoch nicht alles. Als Berichterstatter hatte Knorr auch juristisch zu liefern und zahlreiche jener Vota ad Imperatorem zu verfassen, von denen klar war, dass sie nicht auf Dauer geheim bleiben würden. Folglich drängt sich die Frage auf, wie es der Theologe schaffte, sich die hierzu notwendige *legal literacy* anzueignen. Auf diese Frage gibt es zwei Antworten: Einerseits war Knorr ein bildungshungriger Autodidakt, der bei seinem Tod eine Bibliothek mit mehr als 5.200 Bänden hinterließ, in der Werke der Jurisprudenz neben solchen der Geschichte und Politik prominent vertreten waren.[389] Andererseits war da neben Hartig und Knorr noch ein dritter Mann, an dessen juristischer Expertise nicht der geringste Zweifel bestand und der den welfischen Trojaner unter seine Fittiche nahm: Dr. utr. iur. Johann Christoph von Bartenstein (1689–1767).[390]

---

ordentlich zu perhorresciren mich offeriren und den termin erwarten, da ich schwehren soll, das er aber mir meine acta über 3 monath vorhält und solche nicht an einen unparteyschen von den Herrn Reichs-Hoffräthen gegeben, dafür verlange meine unkosten, denn Wien ist ein theurer orth und man kan nicht alhier so umsonst leben, weil ich nicht vor plasir mich hier auffhalte, sondern meine große noth mich hierher zu wenden obligirt hat, und da der Herr Reichs-Hoffrath v. Knorr ein kluger Mann, nicht einmahl hätte sollen die acta annehmen, weil ich alles vor parteysches ursach zu declariren habe, so ist er umso mehr verbunden und Ew. Kayserl. Majest. ihn anzuhalten, das er mir ohne den allergeringsten einwenden meine unkosten ersetzt. [...] *die gesetze seind über die Richter, die Richter seind nicht über die gesetze, und ich kann es nicht länger so zu leben aushalten, geschieht mir nicht balt hülffe, muß* [ich] *ein desperates ding thun.* Zitate: ÖStA HHStA, RHR, APA, K. 192, Bl. 647 f., 653. Der Schriftsatz wurde dem Kaiser in einer Audienz überreicht, weist kein Präsentatum auf, gelangte am Reichshofrat also nicht in den ordentlichen Geschäftsgang und ist folglich nur zufällig überliefert. Die dazugehörige Prozessakte (Altsignatur: Denegata recentioria S 78) wurde ausgeliefert und wird heute im Staatsarchiv Wolfenbüttel verwahrt. Dass der Reichshofrat Schriftsätze, die Beschwerden gegen die Berichterstatter enthielten, zumeist nicht zu den Akten nahm, habe ich an anderer Stelle ausgeführt. Siehe Schenk, Reichshofrat im Spannungsfeld von Zweck-Mittel-Rationalität und Korruption (wie Anm. 125). Eine weitere an den Reichshofrat gerichtete Selbstmorddrohung einer klagenden Untertanin dokumentiert Schenk, Schriftlichkeit und Mündlichkeit (wie Anm. 91), S. 186.

389 Der Auktionskatalog umfasst drei Bände: N., Bibliotheca Knoerriana pro auctione publicabitur. In dem sogenannten Cöllner-Hof, zweyten Stocks, Wien 1762. Friedrich Heinrich von Seckendorff schrieb im Oktober 1749 an Johann Christoph Gottsched, in Wien sei Knorr *ohne streit derjenige, der am meisten wißenschafft von büchern und gelehrsamkeit hatt, denn Er war Rector in Ottingen hernach Bibliothecarius zu Wolfenbüttel.* Zitiert nach Detlef Döring/Manfred Rudersdorf (Hrsg.), Johann Christoph Gottscheds Briefwechsel. Historisch-kritische Ausgabe, Bd. 15, Berlin/Boston 2021, S. 56.

390 Biographische Angaben bei: Alfred von Arneth, Johann Christoph Bartenstein und seine Zeit, in: Archiv für österreichische Geschichte 46 (1871), S. 1–210; Max Braubach, Johann Christoph Bartensteins Herkunft und Anfänge, in: Ders., Diplomatie und geistiges Leben (wie Anm. 347), S. 337–384; Joseph Hrazky, Johann Christoph Bartenstein, der Staatsmann und Erzieher, in:

Geboren als Sohn eines Straßburger Gymnasialrektors, war Bartenstein nach dem Besuch der Universität seiner Heimatstadt 1717 in die niederösterreichische Regierung eingetreten. Als Schützling von Gundaker Thomas von Starhemberg wechselte er 1726 an die Österreichische Hofkanzlei und avancierte bereits im Folgejahr zum Protokollführer der Geheimen Konferenz, wo der Aufsteiger aus bürgerlichen Verhältnissen durch sein forsches Auftreten auffiel und gegen Schönborn Front machte, der ihn belehren wollte, *seines Amtes sei es zu schreiben und nicht zu reden.*[391] Doch Schönborn, dessen Stern bereits sank, zog gegen Bartenstein den Kürzeren, weil dieser als Protokollführer in eine Mittlerposition zwischen den Konferenzministern und dem Kaiser hineinwuchs und Karl VI. ein inniges Vertrauensverhältnis zu dem neuen Mann entwickelte. Rund 20 Jahre hindurch, bis zur Ausbootung durch Staatskanzler Kaunitz,[392] war Bartenstein der starke Mann der österreichischen Außenpolitik und als solcher in den 1720er und 1730er davon überzeugt, auf das Wohlwollen Preußens bei der Absicherung der Pragmatischen Sanktion angewiesen zu sein. Knorr, der 1738 seine Stieftochter heiratete und zum Katholizismus konvertierte, war sein Protegé.

Um die Position des Reichshofrats im Interaktionssystem des Kaiserhofes nach 1728/1734 zu verstehen, muss man begreifen, was in jenen Jahren hinter den Kulissen geschehen ist. In chronologischer Reihenfolge bietet sich folgendes Bild: 1727: Bartenstein wird Protokollführer der Geheimen Konferenz und gerät in Konflikt mit Schönborn. Derweil besucht Wurmbrand, der im Einklang mit Bartenstein und gegen den Widerstand Schönborns Fühler zu Preußen ausstreckt, Berlin und vereinbart Justizverweigerung in gegen den König gerichteten Prozessen. 1728: Aus der Reichshofkanzlei ergehen erstmals Dekrete an den Präsidenten bezüglich der personellen Zusammensetzung von Deputationen. Von Anfang an dabei ist Hartig, der enge Beziehungen zu Bartenstein unterhält. 1729: Knorr erhält eine Expektanz auf eine Reichshofratsstelle. 1731: Knorr wird auf der Gelehrtenbank introduziert. 1734: Schönborn tritt als Reichsvizekanzler zurück und berichtet von lautstarken Auseinandersetzungen im Plenum, während sich Wurmbrand über Einmischungen Schönborns beschwert und klagt, er habe den Kontakt zum Kaiser verloren. 1740:

Mitteilungen des Österreichischen Staatsarchivs 11 (1958), S. 221–251; Ines PEPER/Thomas WALLNIG, Ex nihilo nihil fit. Johann Bendikt Gentilotti und Johann Christoph Bartenstein am Beginn ihrer Karrieren, in: Gabriele Haug-Moritz u. a. (Hrsg.), Adel im „langen" 18. Jahrhundert, Wien 2009, S. 167–185; zu Bartensteins Konversion zum Katholizismus: Ines PEPER, Konversionen im Umkreis des Wiener Hofes um 1700 (Veröffentlichungen des Instituts für Österreichische Geschichtsforschung, 55), Wien 2010, S. 101 f.; vgl. zur Patronage durch Starhemberg BACKERRA, Wien und London (wie Anm. 374), S. 127 f.

391 Zitiert nach: ARNETH, Bartenstein (wie Anm. 390), S. 26.

392 Zum „Favoritenwechsel": Barbara STOLLBERG-RILINGER, Maria Theresia. Die Kaiserin in ihrer Zeit, 5. Aufl., München 2018, S. 222–237.

Burkhardt, der zu Zeiten von Lothar Franz von Schönborn, dem Onkel Friedrich Karls, in kurmainzischen Diensten stand, rechnet anonym mit der sogenannten Reichsdeputation ab, der Knorr seit Jahren angehört.

Ein Indiz scheint nicht in diese Datenreihe zu passen, und dies ist die Behauptung Wurmbrands, es gingen die seit 1728 an ihn gerichteten Reichshofkanzleidekrete auf die Initiative Schönborns zurück. Denn während sich Schönborn seit seiner Wahl zum Bischof von Bamberg und Würzburg (1729) immer seltener in Wien aufhielt und schließlich 1734 resignierte, gewann die von Philipp Ludwig von Sinzendorff (1671–1742) geleitete Hofkanzleiabteilung für auswärtige Angelegenheiten, aus der sich die Staatskanzlei entwickelte und in der der durch Starhemberg protegierte Bartenstein seit 1727 als Staatssekretär wirkte, gegenüber der Reichshofkanzlei massiv und dauerhaft an Boden.[393] Selbst wenn Schönborn in den ersten Jahren nach 1728 tatsächlich versucht haben sollte, über die Deputationen Einfluss auf die Reichspolitik zu gewinnen, dürfte um 1734 längst klar gewesen sein, dass in diesen informellen Zirkeln mit Rückendeckung des Kaisers kein anderer als Bartenstein die Fäden zog.[394]

Als sich Wurmbrand 1734/35 gegen den ohnehin von der Bildfläche verschwundenen Schönborn positionierte, dürfte es ihm vor allem darum gegangen sein, sich als österreichischer Funktionsträger zu profilieren[395] und den einige Jahre zuvor verlorenen Zugang zum Kaiser zurückzugewinnen. Eben deshalb jubilierte Burkhardt 1734 gegenüber Schönborns Nachfolger Metsch anlässlich der bevorstehenden Vermählung des Präsidenten, denn Wurmbrand stand kurz davor, sich mit der Tochter des Patrons Bartensteins zu verbinden, der wiederum der Patron von Hartig und Knorr war. Beachtung verdienen in diesem Kontext auch die ehelichen Verbindungen zweier weiterer Damen aus dem Haus Starhemberg. Bereits 1727 hatte Maria Gabriela, eine Schwester Maria Dominikas, den Reichshofrat und späteren Vizekanzler Rudolph von Colloredo (1706–1788) geheiratet. 1736 folgte die seit 1734 durch Wurmbrand mitarrangierte Eheschließung zwischen Reichshofrat Wenzel Anton von Kaunitz und Starhembergs Enkeltochter Maria Ernestine.[396] Doch was auch immer sich Wurmbrand und Burkhardt von alledem versprochen haben mögen: Es hat nicht funktioniert.

---

393 Grete Klingenstein, Institutionelle Aspekte der österreichischen Außenpolitik im 18. Jahrhundert, in: Erich Zöllner (Hrsg.), Diplomatie und Außenpolitik Österreichs. 11 Beiträge zu ihrer Geschichte, Wien 1977, S. 74–93, hier S. 83 f.; Backerra, Wien und London (wie Anm. 374), S. 30 f.

394 Es ist deshalb unzutreffend, wenn es bei Walther, Staatenkonkurrenz und Vernunft (wie Anm. 161), S. 190, heißt, es habe sich Karl VI. in der zweiten Hälfte seiner Regierungszeit nicht mehr „um die provinziellen Querelen entlegener Zwergherrschaften [gekümmert], die in seinem Namen an den beiden Reichsgerichten entschieden wurden."

395 So auch Hantsch, Schönborn (wie Anm. 209), S. 339.

396 Klingenstein, Aufstieg des Hauses Kaunitz (wie Anm. 295), S. 263–266.

Welches Ausmaß die Fremdsteuerung des Reichshofrats durch Deputationen in den folgenden Jahren erreichte und wer hier – ganz buchstäblich – federführend wirkte, verdeutlichen die präzisen Analysen Matthias Schnettgers zu Reichsitalien. Bologna korrespondierte 1736 hinter den Kulissen mit Bartenstein, Hartig, Knorr und dem kaiserlichen Beichtvater Vitus Georg Tönnemann SJ,[397] der mit Bartenstein und Hartig in Wiener jansenistischen Zirkeln verkehrte[398] und von dem es im Nachruf heißt, er habe die zur informalen Beeinflussung von Reichshofratsverfahren notwendigen Rechtskenntnisse autodidaktisch erworben.[399] Auch die Kommunikation zwischen der Republik Genua und dem Reichshofrat lief vier Jahre später fast vollständig über Bartenstein und den zum Berichterstatter ernannten Knorr. Dieser ließ Genua unter der Hand wissen, welche Schriftsätze er benötigte, um zunächst eine der Stadt günstige Relation und sodann ein favorables Votum ad Imperatorem zu verfassen. Bevor Knorr die Relation im Reichshofratsplenum vortrug, hatte sie eine Revision durch Bartenstein erfahren und war in der Reichsdeputation abgesegnet worden.[400] Derweil notierte der brandenburg-ansbachische Hofrat Christoph Ludwig von Seckendorff (1709–1781) am 14. Dezember 1737 in seinem Tagebuch: *Visite à Burkhard von der Klee, qui me fait le portrait le plus juste et en même tems le plus triste von der gegenwärtigen Reichshofrathsverfassung und der übrigen Situation des hiesigen Hofs etc.*[401] Auch aus der Reichshofratsvisitation, der Burkhardt mit seinem 1740 verfassten Gutachten vorzuarbeiten hoffte, wurde nichts.

4.9 Kanzleideputationen nach 1740

Zwischen dem Tod Karls VI. und dem Ende der Mitregentschaft Josephs II. lagen vier Jahrzehnte, in denen der Kaiser kaum über eigene Hausmacht verfügte.[402]

---

397 Matthias Schnettger, „Principe sovrano“ oder „civitas imperialis“? Die Republik Genua und das Alte Reich in der Frühen Neuzeit (1556–1797) (Veröffentlichungen des Instituts für Europäische Geschichte Mainz, 209; Beiträge zur Sozial- und Verfassungsgeschichte des Alten Reiches, 17), Mainz 2006, S. 534.

398 Eleonore Zlabinger, Ludovico Antonio Muratori und Österreich, Innsbruck 1970, S. 94–102; Harm Klueting, Muratori und Salzburg, in: Das Achtzehnte Jahrhundert 47 (2023), S. 167–180, hier S. 172.

399 Georg Korting, Vitus Georg Tönnemann (1659–1740). Ein Paderborner Jesuit am Kaiserhof in Wien. Mit Übersetzungen von Georg Kneißler und einem Beitrag von Jochen Hermann Vennebusch (Paderborner Theologische Studien, 54), Paderborn 2011, S. 192 f.

400 Schnettger, „Principe sovrano“ (wie Anm. 397), S. 539 f., 545.

401 Seckendorff, Journal Secret (wie Anm. 359), S. 202.

402 Die Geschichte des Reichshofrats Karls VII. bildet – wie so vieles – ein Desiderat. Knappe Darstellung bei Peter Claus Hartmann, Karl Albrecht – Karl VII. Glücklicher Kurfürst. Unglücklicher Kaiser, Regensburg 1985, S. 251–254; zu den Machtverhältnissen am Kaiserhof zwischen 1745

Zahlreiche kaiserliche Positionen in den Territorien erodierten, und auch in finanzpolitischer Hinsicht konstatieren neuere Studien bereits für die erste Hälfte des 18. Jahrhunderts eine sich beschleunigende Entflechtung von Heiligem Römischem Reich und Habsburgermonarchie.[403] Vor diesem Hintergrund bedurfte es zur sukzessiven Marginalisierung der Reichsbehörden am Wiener Hof keiner Obstruktion durch eine festgefügte „österreichische" Partei.[404] Es waren die makropolitischen Entwicklungen, die sich ihre Personen suchten und fanden. Die Vizekanzler Johann Adolf von Metsch und Rudolph Joseph von Colloredo galten bei Hof als schwach.[405] Patron des Letzteren war Bartenstein, der nachweislich auf die Abfassung seiner schriftlichen Vorträge Einfluss nahm.[406] Als Pütter 1747 Wien besuchte, zählte er Bartensteins Schwiegersohn Knorr, der im Plenum als rechte Hand Colloredos galt,[407] zu den *wichtigsten Reichshofräthen.*[408] Und die

---

und 1780: Bettina Braun, Eine Kaiserin und zwei Kaiser. Maria Theresia und ihre Mitregenten Franz Stephan und Joseph II., Bielefeld 2018. Dass man von keiner eigenständigen Reichspolitik Franz I. sprechen kann, betont Stollberg-Rilinger, Maria Theresia (wie Anm. 392), S. 164.

403 Hierzu kenntnisreich: Peter Rauscher, Das Reichssteuerwesen, in: Hochedlinger/Mata/Winkelbauer, Verwaltungsgeschichte (wie Anm. 31), Bd. 1, S. 338–346, hier S. 342; Thomas Winkelbauer, Grundzüge des habsburgischen Finanz- und Steuerwesens, in: ebd., Bd. 2, S. 767–824, hier S. 815–817.

404 Ohnehin ist mit Blick auf den Hof eher von volatilen Strömungen als von Parteien mit kohärenten Programmen auszugehen. Dies betont mit Blick auf die Zeit Karls VI.: Pečar, Ökonomie der Ehre (wie Anm. 269), S. 70–92.

405 Karl Otmar von Aretin, Das Alte Reich 1648–1806, 4 Bde., 2. Aufl., Stuttgart 1997–2005, hier Bd. 1, S. 126–130.

406 Stollberg-Rilinger, Maria Theresia (wie Anm. 392), S. 165. Über Metsch heißt es bereits 1737 in einer Relation des französischen Gesandten, dieser sei ein *homme avare, flatteur et bas courtisan du baron de Bartenstein qui, sans l'estimer, tire avantage de sa dépendance pour le conduire dans ses fonctions suivant les intérêts personnels et les volontés de l'Empereur.* Zitiert nach Albert Sorel, Recueil des Instructions données aux Ambassadeurs et Ministres de France depuis les Traités de Westphalie jusqua la Révolution Française, Bd. 1, Paris 1884, S. 265.

407 Der preußische Gesandte berichtete 1747: *Le peu de connoissance que le comte de Colloredo a des affaires de l'Empire, et son peu d'application l'obligent à s'en décharger également sur le baron de Bartenstein qui les dirige conjointement avec sond gendre le baron de Knorr.* Zitiert nach: Adam Wolf, Der Wiener Hof in den Jahren 1746, 1747 und 1748. Diplomatische Relationen des Grafen von Podewils, bevollmächtigten Minister in Wien an Friedrich II. König von Preussen, Cabinetsschreiben des Königs, Wien 1850, S. 57. Der Empfänger formulierte es für die Nachwelt folgendermaßen: *Sous Bartenstein travaillaient deux hommes plus obscurs que lui encore, l'un se nommait Knorr et l'autre Weber, ce triumvirat gouverna l'état.* Zitiert nach: Frédéric II., Histoire de mon temps (Redaction von 1746), hrsg. v. Max Posner, Leipzig 1879, S. 164.

408 Und weiter: *In dem Landhause, wo er seinen Sommer-Aufenthalt hatte, war oft Gesellschaft, wo ich hernach den Zutritt bekam. Unter andern wurde ich da auch seinem Schwiegervater Joh. Christoph von Bartenstein bekannt gemacht, der als geheimer Staatssecretär damals eine der wichtigsten Stellen im kaiserlichen Reichsministerio bekleidete*: Pütter, Selbstbiographie (wie Anm. 359), S. 158.

Deputationen? Die Stände schrieben Karl VII. 1742 in die Wahlkapitulation, dass sämtliche Reichshofratssachen *allezeith in Pleno abgehandlet* [werden müssten] *und weder zuvor noch hernach, vor einige Deputationen*[409] gezogen werden dürften. Allerdings berichtete Reichshofrat Heinrich Christian von Senckenberg Kaiser Joseph II. 1766, es würden weiterhin *alle Deputationes über Reichssachen bey der Chur-Maynzischen Reichs-Canzley gehalten,*[410] so dass der *Praesident selbsten öfters denen Canzley-Deputationen beyzuwohnen sich gemüßiget gesehen und dorten unter einem anderen Praesidio mit votiret* habe. Eben hierauf spielte Friedrich Karl von Moser an, als er den damaligen Präsidenten Ferdinand von Harrach, unter dem er selbst rund zwei Jahre hindurch im Reichshofrat gesessen hatte, als einen stets nickenden Idioten öffentlich lächerlich machte.[411] In die Rechtsgeschichte ist Harrach durch sein Diktum eingegangen, *daß die Regenten in puris judicialibus die Entscheidung der Rechtsstritten dem Gewissen der Gerichtsstellen zu überlassen haben.*[412] Die andere Seite der Medaille bildet seine Feststellung, wonach es *bedenklich seyn* [dürfte], *schriftlich anzuführen, aus was für politischen Betrachtungen ein- und andere Causa erligen bleibe, zudeme ist es auch umso unnothwendiger, als ohnedeme ein solche Zurückhaltung lediglich auf allerhöchsten Befehl geschiehet.*[413]

Während die neuere Forschung dazu neigt, dem Reichshofrat des 18. Jahrhunderts große Entscheidungsautonomie zu attestieren,[414] schrieb Moser 1788 an den

---

409 Art. XXIV § 13, zitiert nach Burgdorf, Wahlkapitulationen (wie Anm. 255), S. 448; vgl. zu den vorangegangenen Verhandlungen im Kurkolleg die Diarien des kurhannoverschen Gesandten Gerlach Adolph von Münchhausen: Schick/Ziegler, Publicum und Secretum (wie Anm. 370), S. 208.

410 ÖStA HHStA, RK, Verfassungsakten, RHR, K. 19, Bl. 678–686.

411 Mit Blick auf das Porzellankabinett im Schloss Schönbrunn heißt es bei Friedrich Karl von Moser, Herzens-Erleichterung eines nun seeligen Reichs-Hof-Raths an K. Joseph II. vom Jahr 1768, in: Patriotisches Archiv für Deutschland 10 (1789), S. 365–377, hier S. 369 f.: *In dem Cabinet des Chinesischen Hof-Staats zu Schönbrunn sizt ein freundliches stets nickendes altes Gesicht, vermuthlich ist es der Reichs-Hof-Raths-Präsident zu Pecking, dann der hiesige sizt eben so und nickt eben so.* Der preußische Sondergesandte Maximilian von Fürst notierte um 1750 über Harrach: *Er hat so gut wie gar keinen Einfluß.* Zitiert nach Ranke, Preußen und Österreich (wie Anm. 288), S. 15. Auch Senckenberg erklärte 1766 gegenüber Joseph II., dass *der Praesident seine gehörige Autoritaet nicht habe.* Zitat wie Anm. 410.

412 ÖStA HHStA, RHR, Vota, K. 66, Nr. 9, unfol. (Zumbroch contra de la Tour). Eine dekontextualisierte Auseinandersetzung hiermit bei: Leyers, Reichshofratsgutachten (wie Anm. 68), S. 230–232; Holger Erwin, Machtsprüche. Das herrscherliche Gestaltungsrecht „ex plenitudine potestatis" in der Frühen Neuzeit (Forschungen zur Deutschen Rechtsgeschichte, 25), Köln/Weimar/Wien 2009, S. 200.

413 ÖStA, HHStA, RK, Reichsakten in specie, K. 31, unfol.

414 Etwa: Siegrid Westphal, Kaiserliche Rechtsprechung und herrschaftliche Stabilisierung. Reichsgerichtsbarkeit in den thüringischen Territorialstaaten 1648–1806 (QFHG, 43) Köln/Wei-

Staatsrechtler Benjamin Ferdinand Mohl, es sei *in Wien der Unterschied zwischen jus und justitia weit größer als in Wetzlar*, weil *der Hofwind mit der berühmten Binde der Frau Justitia wie mit einer Wetterfahne*[415] spiele. Wie dieses Spiel vor sich ging, hat Jacek Kordel am Beispiel des Konflikts um die schönburgischen Herrschaften in den 1770er Jahren minutiös rekonstruiert.[416] Unter Leitung Colloredos konferierten in einer dem Plenum vorgelagerten Deputation Präsident Harrach und einige weitere Reichshofräte mit Vertretern der Österreichischen Hofkanzlei. Alle Beteiligten waren peinlich darauf bedacht, die politischen Hintergründe des Prozesses im Schriftgut des Reichshofrats zu verschleiern. Selbst die Einhaltung der üblichen Bearbeitungsfristen wurde vorab besprochen, um ein verdächtiges Hauruckverfahren zu vermeiden. Als deputierter Reichshofrat mit von der Partie war bei alledem Bartensteins Sohn Joseph, der 1750 auf der Gelehrtenbank introduziert worden war, als *primus votans* die Deliberation im Reichshofratsplenum über viele Jahre entscheidend prägte[417] und 1792 zum Vizepräsidenten aufstieg.[418]

Bei alledem muss man davon ausgehen, dass sich Colloredo bei der Leitung der Deputationen innerhalb jener Grenzen hielt, die die Staatskanzlei ihm zog[419] und die Kurmainz immer noch zahlreiche Gelegenheiten boten, *auf verdiente*

---

mar/Wien 2002, S. 434 f.; Matthias Schnettger, Kaiser und Reich. Eine Verfassungsgeschichte (1500–1806), Stuttgart 2020, S. 217.

415 Zitiert nach Robert von Mohl, Die beiden Moser in ihrem Verhältnisse zu deutschem Leben und Wissen. Mit Benützung ungedruckter Quellen, in: Monatsblätter zur Ergänzung der Allgemeinen Zeitung 1846, S. 357–381, hier S. 375.

416 Jacek Kordel, Sachsen, Preußen und der Kaiserhof im Streit um die Schönburgischen Herrschaften (1774–1779) (Bausteine aus dem Institut für Sächsische Geschichte und Volkskunde, 42), Leipzig 2021, S. 61–63.

417 Zur Schlüsselfunktion des *primus votans* bei der kollegialen Deliberation siehe unten Kap. 5.5. Welches Gewicht Bartensteins Stimme im Reichshofratsplenum besaß, verdeutlicht ein kaiserliches Handschreiben an Präsident von Harrach vom Februar 1778. Joseph II. erteilte darin Überlegungen, Bartenstein auf die Herrenbank zu versetzen, um ihn mit dem vakanten Vizepräsidentenamt betrauen zu können, eine Absage, da *Ich der Führung des so wichtigen ersten Voti auf der gelehrten Banck, so Baron Bartenstein so wohl und verläßlich verführet, höchst bedarf*. Im selben Atemzug befreite er Bartenstein, der bislang auch selbst in größerem Umfang Verfahren bearbeitet hatte, von weiterem Referieren, behielt sich jedoch ausdrücklich vor, ihn persönlich mit *weitern Ausarbeitungen in wichtigeren Gelegenheiten* zu betrauen. Siehe ÖStA HHStA, RK, Verfassungsakten, RHR, K. 26, Konv. 2, Bl. 240

418 Angaben zur Person bei Gschliesser, Reichshofrat (wie Anm. 223), S. 447 f.

419 Zumal Kaunitz in der Reichshofkanzlei gezielt Männer seines Vertrauens unterbrachte: Michael Rohrschneider, Österreich und der Immerwährende Reichstag. Studien zu Klientelpolitik und Parteibildung (1745–1763) (Schriftenreihe der Historischen Kommission bei der Bayerischen Akademie der Wissenschaften, 89), Göttingen 2014, S. 64–66; vgl. Kulenkampff, Österreich und das Alte Reich (wie Anm. 153).

Reichs-Stände Bedacht[420] zu nehmen. Die Deputationen, in denen der Reichshofratspräsident seit den späten 1720er Jahren nur noch eine Nebenrolle spielte, bildeten jedenfalls bis 1806 einen festen, im Prozessschriftgut invisibilisierten Bestandteil reichshofrätlichen Entscheidens, denn wie sonst hätte sich jene Justizverweigerung *auf den Antrag bedeutender Höfe*[421] bewerkstelligen lassen, um die selbst dem Reichshofrat wohlgesonnene Beobachter wussten? Welchen Grad die dem Machtverfall des Kaisers geschuldete organisierte Heuchelei im ausgehenden 18. Jahrhundert erreicht hatte, verdeutlichen die Stellungnahmen zweier Juristen in Diensten jener Reichsfürsten, die über Jahrzehnte hinweg zu den Hauptnutznießern der Deputationen zählten.[422]

1778 unterschied der kurhannoversche Hofrat Johann Heinrich von Selchow Reichshofratskommissionen *in loco Iudicii*[423] von solchen *in loco Partium*. Erstere gliederten sich wiederum in:

> *a) vel Commissiones, da 2, 3, 4 Reichshofräthe die Partheyen per amicabilem compositionem aus einander zu setzen suchen, acta inrotuliren lassen, Expensen taxiren, und diese Commissionen werden insgemein bey den Referenten im Hause gehalten* [also nicht in der eigentlich hierfür vorgesehenen Kommissionsstube des Reichskanzleitrakts]*; zuweilen hält aber auch der Herr Präsident dergleichen Commissionen im Hause, worinn Partheysachen tractiret werden;*
> *b) vel deputationes, diese werden allezeit beym Herrn Präsidenten im Hause gehalten und geschehen auf Befehl des Kaysers, wenn er von ein oder anderer Sache recht informiret seyn will oder wenn er befiehlt, man soll diese oder jene Sache, welche pressirt, kurz überlegen und ausmachen.*

1790 rechtfertigte der preußische Legationsrat Johann Friedrich Ganz[424] unter bayerisch-katholisch anmutendem Pseudonym die zur Zeit Karls VI. eingerichteten Deputationen, in denen *keine zum Reichshofrath gehörige Justizsachen,*

---

420 So in einem Bericht des Reichsvizekanzlers an den Kurfürsten von Mainz vom 19. Mai 1766 in: ÖStA HHStA, RK, Verfassungsakten, RHR, K. 9/10, Konv. 1, Nr. 1, unfol.

421 Ernst Brandes, Betrachtungen über den Zeitgeist in Deutschland in den letzten Decennien des vorigen Jahrhunderts, Hannover 1808, S. 41.

422 Schon Zeitgenossen bemerkten, dass mit Blick auf die Deputationen Talk und Action der Kurfürsten weit auseinanderklafften. Siehe Renatus Karl von Senckenberg, Abhandlung über die Fragen, ob und in wiefern jemals Senate im Reichshofrath gewesen, ob sie darinn seyn können und wie sie allenfalls am nützlichsten einzurichten wären? Zum bessern Verstand einiger Stellen des Osnabrückischen Friedens und der neuesten Reichshofraths-Ordnung, Rastatt/Basel 1799, S. 25 f.

423 Dies und die folgenden Zitate: Johann Heinrich Christian von Selchow, Einleitung in den Reichshofrathsproceß, Bd. 1, Lemgo 1778, S. 289 f.

424 Biographische Angaben bei: Johann Georg Meusel, Lexikon der vom Jahr 1750 bis 1800 verstorbenen teutschen Schriftsteller, Bd. 4, Leipzig 1804, S. 20 f.

sondern nur solche Objecta vorgekommen [seien], *welche zwar in das Kaiserliche Amt einschlagen, aber vor den Reichshofrath nicht haben gezogen werden können.*[425] Hiervon sei insbesondere *das prudentiale betroffen, wie nämlich Dinge, die, wenn sie zu dem Weg Rechtens gelassen würden, gefährliche Weiterungen im Reich verursachen würden, auf andere Art zu tractiren und in bessere Wege zu leiten.*

Beispielsweise lasse sich bei Rekursen an den Reichstag[426]

> *unmöglich* [...] *in vollem Reichshofrath überlegen, durch welche Mittel etwa der recurrirende Theil von dem genommenen Recurs wieder abzubringen, oder wie es anzufangen sey, daß die Reichsversammlung demselben desto weniger Gehör gebe, als welches eigentlich kein Objectum Justitiae, sondern prudentiae regnatricis ist.* [...] *Verlangen ja öfters Stände des Reichs selbst nicht, daß, was sie anbringen, zum vollen Reichshofrath gezogen werde, wie es zum Exempel geschehen, wann beyde Theile nicht alle Umstände ihrer Differenzien haben bekannt werden lassen wollen und daher gebeten, sie mit mehrerer Geheime zu tractiren und durch gütliche Wege abzuthun.*

Dies war die Perspektive der Mächtigen im Reich, und sie entsprach nicht den Tatsachen, denn die Reichsdeputation war nachweislich auch in Prozessen tätig geworden, um Parteien fallen zu lassen, die teils über Jahrhunderte hinweg zur kaiserlichen Klientel gehört hatten, der österreichischen Reichstagspolitik[427] im Ringen um die Pragmatische Sanktion aber nichts mehr zu bieten hatten. Wenn man hiervon in der Reichshofratsforschung kaum etwas liest, so einzig und allein

---

425 Dies und die folgenden Zitate: Ignatius ZANG, Sammlung reichshofräthlicher Gutachten an Kaiserliche Majestät bey Gelegenheit der Abfassung der neuesten Wahlkapitulationen zum Gebrauch der gegenwärtigen Zeiten, Regensburg 1790, S. 126 f.

426 Eine Verbindung zwischen der Reichsdeputation und den Rekursen an den Reichstag stellte 1740 auch Reichshofrat Burkhardt in seinem in Anm. 123 zitierten Gutachten her. Danach hätten sich mehrere durch die Deputation benachteiligte Parteien mit Rekursen an den Reichstag gewandt. Empirische Studien zu den unzureichend erforschten Rekursen wären deshalb auch für die Aufhellung der informalen Hinterbühnen des Reichshofrats von großer Bedeutung. Vgl. Karl HÄRTER, Der Rekurs des Fürsten Friedrich Karl von Wied-Neuwied. Zum Verhältnis von Reichskammergericht und Reichstag am Ende des Alten Reiches, in: Heinz Mohnhaupt/Dieter Simon (Hrsg.), Vorträge zur Justizforschung. Geschichte und Theorie, Bd. 2, Frankfurt am Main 1993, S. 245–284; Gernot SYDOW, Recursus ad Comitia. Ein Beitrag zur Justizverfassung des Heiligen Römischen Reiches im 18. Jahrhundert, in: Rechtsgeschichte 2 (2003), S. 104–122; zum hohen Stellenwert informaler Absprachen bei der Verhinderung von Rekursen an den Reichstag nunmehr auch ZWIESSLER, Geistliche Fürsten (wie Anm. 223), S. 196 f.

427 Auch für die Reichshofratsforschung bildet es deshalb ein schwerwiegendes Defizit, dass die Reichstagspolitik erst für die Folgezeit detailliert untersucht wurde. Siehe: ZWIESSLER, Geistliche Fürsten (wie Anm. 223); ROHRSCHNEIDER, Österreich und der Immerwährende Reichstag (wie Anm. 419).

deshalb, weil die bisherigen Instrumentarien in aller Regel nicht ausreichen, um die hierbei zur Anwendung kommenden Praktiken zu beobachten.[428]

Welches Erkenntnispotential eine Forschung verschenkt, die sich für Geschäftsverteilung nicht interessiert, verdeutlicht ein letztes Beispiel aus der Spätzeit des Alten Reiches: 1786 ging am Reichshofrat ein Gesuch der Stadt Bruchsal um Mandat gegen den Bischof von Speyer ein, der in der Stadt 1777 ein Hospital der Barmherzigen Brüder gegründet und hierfür eigenmächtig auf Mittel der vom Magistrat verwalteten milden Stiftungen zurückgegriffen hatte. Ausweislich des Referentenprotokolls schrieb Präsident Johann Hugo von Hagen das Verfahren dem protestantischen Rat Konrad Friedrich von Pufendorf von der Gelehrtenbank zu.[429] Während dieser zwischen 1786 und 1788 mehrfach im Plenum vortrug,[430] wuchs die Akte auf mehrere hundert Seiten an, um 1798 *unbeendigt* in der Registratur versenkt zu werden, obwohl die Stadt (wie so viele andere Prozessführer:innen) mehrfach darum gebeten hatte, *die Obristrichterliche Resolution zu beförderen*. Wer nun vermutet, es sei der Neffe des großen Samuel von Pufendorf ein kluger und tiefsinniger Staatsmann gewesen, tut dem Mann womöglich unrecht. Im Mai 1792 schrieb der erst im Vorjahr auf der Herrenbank introduzierte Graf Christian Ludwig zu Solms-Laubach seinem früheren Erzieher, er habe den Fall übernehmen müssen,[431] weil Pufendorf dem beklagten Bischof *nicht genehm*[432] gewesen sei. Welche Prozessmaxime seine Kollegen von

---

428 Um beispielsweise zu erkennen, dass und warum eine Deputation in einem in den 1730er Jahren geführten Prozess zwischen der Abtei Ettenheimmünster und dem Bischof von Straßburg um die Kastenvogtei hinter den Kulissen tätig wurde, muss man erstens die Vorträge des Reichsvizekanzlers gelesen haben und zweitens mit der habsburgischen Reichstagspolitik jener Jahre vertraut sein. Anderenfalls könnte es leicht passieren, dass man das politisch motivierte Urteil, das 1739 zugunsten des Bischofs erging, obwohl die Abtei zur kaiserlichen Klientel gezählt hatte, als Dokument richterlicher Unabhängigkeit missdeutet. Prozessakte: ÖStA HHStA, RHR, Badische Akten, K. 50–52, sowie RHR, Decisa, K. 1406; Vortrag des Vizekanzlers: ÖStA HHStA, RK, Vorträge des Reichsvizekanzlers, K. 66, Bl. 20.

429 ÖStA HHStA, RHR, Protocolla referentium, Bd. 10, unfol. Biographische Angaben zu Pufendorf, der dem Kollegium bereits seit 1770 angehörte, bei Gschliesser, Reichshofrat (wie Anm. 223), S. 485.

430 Die erste Beratung erfolgte am 1. Juli 1786: ÖStA HHStA, RHR, Resolutionsprotokolle, Bd. XVIII/209, unfol. Die letzte am 14. Januar 1788: Resolutionsprotokolle, Bd. XVIII/213, Bl. 20.

431 Die Tatsache, dass diese Rochade im Referentenprotokoll (siehe Anm. 429) nicht vermerkt wurde, wirft die hier nicht zu diskutierende Frage auf, ob es sich um ein Versäumnis des Sekretärs handelt, oder ob politisch motivierte Referentenwechsel in der Spätzeit aus Geheimhaltungsgründen nicht im Protokoll nachgewiesen wurden.

432 Prössler, Solms-Laubach (wie Anm. 223), S. 25. Ebd. auch der Hinweis auf eine Reise nach Bruchsal und mündliche Konsultationen mit dem Bürgermeister, von denen sich in der Prozessakte keine Spur findet. Übrigens verfügte auch der Würzburger Bischof augenscheinlich über die Möglichkeit, „bei einem ungünstig ausgefallenen Gutachten die Absetzung des Referenten zu

ihm erwarteten, hatte Solms-Laubach zu diesem Zeitpunkt längst gelernt: *in dubio semper pro domino.*[433]

Was aber folgt aus alledem für eine interdisziplinäre Reichshofratsforschung? Die Geschichtswissenschaft bedarf dringend kritischer Perspektiven auf Prozesse frühneuzeitlicher Aushandlung. Man braucht den Begriff nicht zu verabschieden, sollte aber nicht länger in einer hinter zeitgenössisches Wissen zurückfallenden Weise die sozialen Kosten marginalisieren, die mit dem Verzicht auf autoritative Gerichtsentscheidungen verbunden sind.[434] Die Rechtsgeschichte steht in der empirischen Auseinandersetzung mit Voten und Relationen vor dem Abschied von lang tradierten Rationalitätsmythen und wird juristische Perspektiven auf jene Translationsprozesse zu entwickeln haben, die in den vorangegangenen Kapiteln deutlich wurden. Schließlich stehen die Deputationen nicht etwa für eine Substitution von Recht durch Politik. Wie anderen Orts auch griff Informalität „auf denselben Mechanismus zurück, mit dem sie bekämpft werden sollte, nämlich auf die ostentative, verfahrensförmig betriebene Hervorbringung von Sachlichkeit. Sie half, eine papierene Wirklichkeit zu erschaffen, die Handlungen als logische Konsequenz dieser Wirklichkeit erscheinen ließ und somit von dem Verdacht freihielt, auf Interessen zu beruhen."[435]

Im Falle des Reichshofrats war dieser Mechanismus ein juristischer. Zu sprechen ist vor allem über die Vota ad Imperatorem,[436] die ihnen zugrundeliegen-

---

verlangen": Harald SSYMANK, Fürstbischof Adam Friedrich von Seinsheims Regierung in Würzburg und Bamberg (1755–1779), Würzburg 1939, S. 14.

433 Brief vom 29. Mai 1792, zitiert nach PRÖSSLER, Solms-Laubach (wie Anm. 223), S. 25.

434 Dies forderte aus mediävistischer Perspektive bereits: Hermann KAMP, Soziologie der Mediation aus historischer Perspektive, in: Zeitschrift für Rechtssoziologie 36 (2016), S. 139–153, hier S. 151. Moser warnte 1737 vor den reichshofrätlichen Gütekommissionen, die häufig dazu genutzt würden, eine schwache Partei *unter dem Vorwand einer amicabilis compositionis* [zu] *nöthigen* [...], *ihrem Gegentheil durch einen Vergleich, und also dem Ansehen nach mit gutem Willen, mehr nachzugeben, als der Richter sich getrauete, ihr durch Urthel und Recht ordentlich abzusprechen*: Johann Jacob MOSER, Einleitung zu dem Reichs-Hof-Raths-Process, Bd. 4, Frankfurt am Main 1737, S. 811.

435 BRENDECKE, Imperium und Empirie (wie Anm. 103), S. 207.

436 Bereits Franz Xaver BERGAUER, Von dem deutschen Staate, den Archiven und Registraturen, Wien 1790, S. 120, schrieb mit Blick auf die Vota ad Imperatorem: *Zu den entschiedenen Vorzügen derselben tritt auch das Verdienst einer mit Gründen belegten und vollständigen Ausführung. In dieser Rücksicht ersetzen sie, zum Theil, den Mangel älterer Relazionen, die uns die Gerichtspraxis voriger Zeiten* [...] *nicht gegönnet hat.* Dass die Vota ad Imperatorem für gewöhnlich von den Referenten verfasst wurden, bemerkte bereits Reichshofrat Portner: CRAMER, Manuale (wie Anm. 143), Anhang, S. 97. Einen zeitgenössischen Verriss der Studie Bergauers findet man in der Allgemeinen Literaturzeitung Nr. 88 vom 25. März 1795, Sp. 700 f. Exakt 100 Jahre später fiel Bergauer auch an der Universität Marburg durch. Siehe: Johannes BURKARDT, Karl Gustav Könnecke: Archivlehre. Vorlesung, gehalten an der Universität Marburg im Wintersemester

den Relationen der Berichterstatter und die beide Textgattungen prägende Vermachtung juristischen Normativitätserzeugungswissens. Schließlich dürfte ein Johann Christoph von Bartenstein das Reichsrecht genauso gut gekannt haben wie ein Johann Christoph Burkhardt von der Klee. Ersterer stellte seine Expertise im Gegensatz zu Letzterem jedoch rücksichtslos in den Dienst des Hauses Habsburg. Im Rückblick auf die Bemühungen um die reichsweite Anerkennung der Pragmatischen Sanktion bekannte Bartenstein 1762: *Beschehen ist also von denen, so hieran gearbeitet, was von treuen und eyffrigst beflissenen Dieneren zu deren Handhabung nur immer hat beschehen können.*[437] Was damals von juristischer Seite *beschehen* ist, hat die Rechtsgeschichte folglich nicht zu pathologisieren, sondern mit juristischen Instrumenten sichtbar zu machen. Vielleicht wird man dann eines Tages auch wissen, wie viele jener Vota ad Imperatorem, die bislang als Ausweis richterlicher Unabhängigkeit galten, de facto in der Staatskanzlei von Dr. Bartenstein sen. verfasst wurden. Und wenn man bei alledem auch noch analysierte, wie die Staatskanzlei auf die interne Geschäftsverteilung am Reichshofrat Einfluss nahm, entstünden Beiträge zur Erforschung historischer Normativitätsregime, mit denen man sich in der internationalen rechtshistorischen Diskussion gewiss nicht zu verstecken brauchte.

4.10 Relationstechnik als häusliche Praxis

„Nur von ihren Extremen her kann die Wirklichkeit erschlossen werden."[438] Wir sind dieser Erkenntnis Siegfried Kracauers in den vorangegangenen Kapiteln gefolgt, indem wir mit den Deputationen informale Instrumente einer dem Plenum vorgelagerten Kontingenzreduktion beobachtet haben, die auf der Schlüsselposition der Berichterstatter in der Ex-Ante-Logik des Entscheidungsprozesses beruhte und politische Kompromisserwartungen diskret in das Verfahren einschrieb. Jahrhunderte später verfügt die Forschung über keine empirischen Anhaltspunkte, um verlässlich jene Verfahren zu identifizieren, die zeitgenössisch als „politisch" betrachtet und einer Vorberatung auf informalen Hinterbühnen unterzogen wurden. Doch selbst wenn man eine Liste sämtlicher jemals eingesetzten Deputationen besäße, wäre es verfehlt, einem hiervon unberührten „Normalfall" auf die Spur kommen zu wollen. Ein Präsident, dessen Autorität vor versammelter Mannschaft demontiert worden war, kam aus dem Sitzungssaal

1894/95. Nach einer Mitschrift von Felix Rosenfeld herausgegeben und mit einer Einleitung versehen, in: Archivalische Zeitschrift 82 (1999), S. 41–80, hier S. 55: „Diese [Studie] ist nichts wert".

437 Zitiert nach ARNETH, Bartenstein (wie Anm. 390), S. 123.

438 Siegfried KRACAUER, Die Angestellten. Aus dem neuesten Deutschland, 16. Aufl., Frankfurt am Main 2021, S. 11.

nicht als derjenige heraus, als der er ihn betreten hatte. Auch Beisitzer waren nach ihrer erstmaligen Berufung in die Reichsdeputation nicht mehr dieselben wie noch am Tag zuvor.

Informalität ließ nicht nur formale Hierarchien innerhalb des Gerichtspersonals erodieren,[439] sondern prägte auch die Justiznutzung durch die Parteien. Dutzende von Gesandten schauten zu, als sich Karl VI. 1732 von Wien nach Prag begab und den Reichshofrat mitsamt seinem Präsidenten zur Abwicklung des Tagesgeschäfts an der Donau zurückließ, während Knorr die Ehre widerfuhr, Majestät an die Moldau begleiten zu dürfen.[440] Die Berichte, mit denen die Höfe hiervon in Kenntnis gesetzt wurden, formten die beschriebene Reichshofratspraxis auch in jenen Fällen, für die sich Bartenstein und die Reichsdeputation nicht interessierten. Denn in einer Epoche, in der Prozessführung in eine „Kultur der Fürbitte“[441] eingebettet blieb, war nunmehr klar, an wen man sich zu halten, wessen Gunst man zu erwerben und wen man links liegen zu lassen hatte. In einem intransparenten höfischen Umfeld, in dem sich Entscheidungen kaum präzise einzelnen Personen zurechnen ließen, besaßen deputierte Räte Einfluss also schon deshalb, weil er ihnen zugeschrieben wurde.[442]

---

439 Vgl. mit Blick auf das Reichskammergericht SCHWARTING, Organisationsbildung (wie Anm. 44), S. 192–197.

440 Neben Knorr begleitete den Kaiser als Stellvertreter Schönborns Vizepräsident Metsch. Siehe SELCHOW, Einleitung in den Reichshofrathsprozeß (wie Anm. 423), Bd. 1, S. 27.

441 Eva ORTLIEB, Informalität im Verfahren vor dem Hofrat Karls V.? Das Selbstzeugnis des Grafen Wolrad von Waldeck, in: Frühneuzeit-Info 33 (2022), S. 67–87, hier S. 74. Im Nachlass von Obersthofmeister Maximilian von Trauttmansdorff (1584–1650) finden sich beispielsweise zahlreiche Gesuche um Einflussnahme auf Reichshofratsprozesse. Siehe HENGERER, Kaiserhof und Adel (wie Anm. 36), S. 450–454. Dass solche Netzwerke einen wichtigen Bestandteil von Reichshofratsnutzung als sozialer Praxis bildeten, verdeutlicht auch ein Schreiben von Graf Simon August zur Lippe an seinen Vetter, Reichshofrat Karl Christian zur Lippe-Weißenfeld, vom 18. Juni 1777, in dem es heißt: *Es ist mir auf eine sehr zuverlässige Art versichert worden, daß das Ministerium zu Hannover dem dasigen* [also dem Wiener] *churhannoverschen Gesannten aufgetragen habe, sich in allen meinen Rechts-Angelegenheiten beim Reichshofrath gegen den jezzigen Herrn Grafen zu Bückeburg für diesen aufs möglichste zu verwenden. Ich begreife nicht, wie ich dem hannoverschen Ministerio zu einem so unfreundschaftlichen Schritt gegen mich hätte Anlaß geben können…* Siehe Landesarchiv Nordrhein-Westfalen, Abteilung Ostwestfalen-Lippe (künftig: LAV NRW OWL), L 7, Nr. 795, unfol.

442 Dasselbe gilt übrigens für die kaiserlichen Beichtväter, die von katholischen Prozessparteien bis ins 18. Jahrhundert hinein mit großer Selbstverständlichkeit um Fürsprache in Reichshofratsprozessen gebeten wurden. Einige Beispiele aus der Literatur: Ernst Friedrich KELLER, Fürst Wilhelm Hyazinth von Nassau-Siegen, Prätendent der oranischen Erbschaft, seine Regierung und Zeitgenossen, in: Annalen des Vereins für Nassauische Alterthumskunde 9 (1868), S. 49–122, hier S. 119 f.; SEITSCHEK, Tagebücher (wie Anm. 254), S. 211 f.; Ursula GOLDENBAUM, Appell an das Publikum. Die öffentliche Debatte in der deutschen Aufklärung 1687–1796, 2 Bde., Berlin 2004, hier Bd. 1, S. 329; und eines aus den Akten: ÖStA HHStA, RHR, Antiqua, K. 755, Nr. 1,

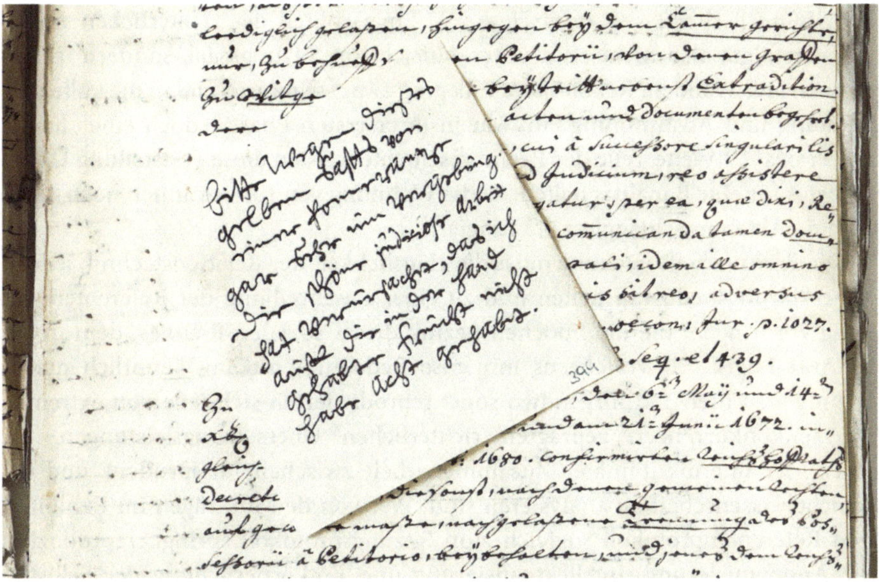

Abb. 8: Auch dies ist ein materiales Artefakt von Relationstechnik als häuslicher Praxis: Die Prozessakte zu einer Auseinandersetzung um Alimente innerhalb des Hauses Sayn-Wittgenstein versetzte Berichterstatter Dr. Johann Heinrich Berger 1718 in eine derart entrückte Stimmung, dass es zu einem Malheur kam. *Bitte wegen dieses gelben Safts von einer Pomerantze gar sehr um Vergebung. Die schöne judicische Arbeit hat verursacht, das ich auff die in der Hand gehabte Frucht nicht habe Acht gehabt* (ÖStA HHStA, RHR, Antiqua, K. 726, Nr. 1, Bl. 394).

Wenngleich Geschäftsverteilung, Relationstechnik und kollegiale Abstimmung als Routinen in den beschriebenen Deputationspraktiken keineswegs aufgingen, können sie also nicht losgelöst von diesen Praktiken analysiert werden. Allerdings stehen prozedural angelegte Studien vor der Aufgabe, auch in mutmaßlichen Routineverfahren unterhalb des höfischen Radars jene Kontingenzreduktion zu beschreiben, der ein Prozess zwischen den Einträgen im Referenten- und im Resolutionsprotokoll unterzogen wurde. Um die hierfür notwendigen wissens- und raumsoziologischen Grundlagen zu schaffen, müssen wir noch einmal ins Sitzungszimmer zurückkehren, um zu beobachten, wie es mit den eingegangenen Schriftsätzen nach deren Eintrag im Exhibiten- und Referentenprotokoll weiterging. Wir haben es bereits gelesen: Die Berichterstatter nahmen sie *nach*

Bl. 130. Vgl. Birgit Emich, Jesuitische Beichtväter am Fürstenhof der Frühen Neuzeit. Geistliche Begleitung im Zentrum der Macht, in: Dorothea Greiner/Berndt Hamm u. a. (Hrsg.), Geistliche Begleitung in evangelischer Perspektive. Modelle und Personen der Kirchengeschichte, Leipzig 2013, S. 216–223

der Seßion [...] *mit sich nach Hause.*[443] Ein Großteil der richterlichen Aktenarbeit erfolgte also nicht etwa unter Aufsicht im Sitzungssaal, sondern in den eigenen vier Wänden. Relationstechnik ging zwar strukturierend in die kollegiale Beratung und Abstimmung ein, war in ihrer ersten Phase jedoch eine „häusliche Praxis".[444] Weite Teile der Rechtsgeschichte werden diese Feststellung Ulrike Ludwigs für eine Banalität halten, da die Wohnung von Richter:innen noch heute als ein „Aktenumschlagplatz"[445] fungiert.

Die Frühneuzeitforschung muss die Häuslichkeit der Relationstechnik jedoch für erklärungsbedürftig halten und zu einer Beschreibung der Referentenwohnung vordringen, die die Epochenspezifik dieses sozialen Raumes, dem in der Ex-Ante-Logik des Verfahrens immense Bedeutung zukam, kenntlich macht. Denn genau hier und nirgendwo sonst reproduzierten sich jene von extremen Normenkonkurrenzen geprägten richterlichen Übersetzungsleistungen, die in engster interdisziplinärer Zusammenarbeit zwischen Jurisprudenz und Geschichtswissenschaft zu analysieren sind. Wer von den Einträgen im Exhibiten- und Referentenprotokoll sogleich zum Sitzungsprotokoll springt, reproduziert die Anonymisierung, Intellektualisierung und Entkörperlichung der Selbstbeschreibung und begibt sich mit Blick auf den Entscheidungsprozess von vorneherein der Chance, etwas Substantielles zu aktuellen Forschungsschwerpunkten in Rechtsgeschichte und Geschichtswissenschaft beizutragen.

Wie immer stellt sich zunächst die Frage nach den Quellen. In formaler Hinsicht ist in erster Linie an die Relationen zu denken, die Peter Oestmann im vorliegenden Band einer vergleichenden rechtswissenschaftlichen Analyse unterzieht. Das Haus-, Hof- und Staatsarchiv verwahrt nach Schätzungen Eva Ortliebs zwischen 10.000 und 12.000 Relationen, die sich je zur Hälfte auf die 211 Kartons umfassende Selektserie „Relationes" und die Verfahrensakten verteilen.[446] Das klingt nach viel, ist es aber nicht. Relationen liegen nämlich nur für einen Bruchteil aller Verfahren vor und konzentrieren sich in chronologischer Hinsicht vor allem auf die beiden letzten Drittel des 18. Jahrhunderts. Dieser Befund ist jedoch nicht auf Überlieferungsverluste zurückzuführen, sondern hängt damit zusammen, dass der Reichshofrat zeitgenössische Dokumentationspflichten über Generationen hinweg systematisch verletzt hat. Nach der Reichshofratsordnung

---

443 SCHWESER, Formular-Buch (wie Anm. 197), S. 684.

444 Ulrike LUDWIG, Verwaltung als häusliche Praxis, in: Arndt Brendecke (Hrsg.), Praktiken der Frühen Neuzeit. Akteure – Handlungen – Artefakte (Frühneuzeit-Impulse, 3), Köln/Weimar/Wien 2015, S. 188–198; vgl. mit Blick auf das Oberappellationsgericht Celle den Beitrag von Stefan Andreas STODOLKOWITZ in diesem Band.

445 Gertrude LÜBBE-WOLFF, Wie funktioniert das Bundesverfassungsgericht (Osnabrücker Universitätsreden, 9), Osnabrück 2015, S. 15.

446 ORTLIEB, Relationen (wie Anm. 196), S. 351–353.

von 1654 sollten *die ganze re- und correlationis wohl verpetschiert jederzeit bey den actis oder sonsten wohl verwahrt*[447] werden. Allerdings heißt es im Dekret Karls VI. an den Reichshofrat von 1714, es sei *dem vernehmen nach solches nicht allemahl geschehen,*[448] weshalb Majestät *alles ernsts* anordneten, *daß hinführo auf das allerstrengste darauf gehalten werde.* Was daraus wurde, kann man 1740 bei Burkhardt nachlesen: *Exceptis definitivis* [gemeint sind in erster Linie End- und Paritionsurteile] *pfleget kein Referens seine Relation ad Acta zu geben und bey jenen geschiehet es nicht allezeith, obgleich der Reichs-Hoff-Rath dessen per Decreta Caesarea recentioria erinneret worden.*[449] Dem kritischen Kommentar zur Reichshofratsordnung, den Friedrich Karl von Moser 1751 publizierte, lässt sich entnehmen, dass das Kollegium die Dokumentationspflichten weitgehend ignorierte, weil anderenfalls *die Agenten quasi per portam apertam hinter die Relationes & causas decidendi kommen, die Motiva widerlegen und wohl gar in Druck mit ihren Glossen ausgehen lassen könnten.*[450]

Die mit dem Nichtvorliegen der Relation in zahlreichen Verfahren verbundene juristische Intransparenz berechtigt deshalb nicht zur Klage ex post, sondern ist als Strukturmerkmal eines Systems zu begreifen, das sich einer Kritik seiner Entscheidungsfindung in zeittypischer Weise nicht aussetzen wollte.[451] An dieser Intransparenz ändert auch die Tatsache nichts, dass eine systematische Recherche in den Nachlässen von Reichshofräten die Zahl von 10.000 bis 12.000 Relationen noch etwas erhöhen würde. Erst unlängst stieß man beispielsweise in den Hinterlassenschaften Georg Adams von Starhemberg auf 34 Relationen aus den Jahren 1749/50.[452] Allerdings ist die Überlieferungschance bei jenen Räten der Gelehrtenbank, die das Gros der Verfahren als Berichterstatter bearbeiteten, ungleich geringer, so dass man sich damit wird abfinden müssen, dass in vorjosephinischer Zeit zumeist nicht einmal in den durch Endurteil abgeschlossenen Verfahren eine Relation vorliegt.[453] Und weil der Reichshofrat im Gegensatz zum Reichskammergericht kein Verlaufs-, sondern ein Ergebnisprotokoll führte, ist deshalb zumeist nicht erkennbar, worauf der Berichterstatter angetragen und wie er sein Votum begründet hatte.

---

447 Tit. IV § 18, zitiert nach Sellert, Ordnungen (wie Anm. 3), S. 176.

448 Dies und das Folgende ebd., S. 277.

449 Zitat wie Anm. 123.

450 Friedrich Karl von Moser, Pragmatische Geschichte und Erläuterungen der kayserlichen Reichs-Hof-Raths-Ordnung, Frankfurt am Main/Leipzig 1752, Bd. 2, S. 411.

451 Vgl. Günzl, Begründungspflicht (wie Anm. 168), S. 23.

452 Siehe Anm. 291.

453 Bei der großen Masse jener prozessleitenden Verfügungen, die der Reichshofrat Sitzungstag für Sitzungstag beschloss, wurde ohnehin keine Relation verfasst. Hierzu zeitgenössisch: Johann Jacob Moser, Einleitung zu dem Reichs-Hof-Raths-Prozeß, Bd. 2, Nürnberg 1738, S. 4 f.

Aus diesem Befund ergeben sich für prozedural angelegte Forschungsprojekte zwei Aufgaben. Zum einen müssen die tatsächlich vorliegenden Relationen einer präzisen rechtswissenschaftlichen Analyse unterzogen werden. Die Auseinandersetzung mit diesen Artefakten juristischer Kommunikation bildet im interdisziplinären Gespräch die einzufordernde Bringschuld einer Rechtsgeschichte, die den Kontakt zu ihren Quellen nicht verlieren will. Zum anderen obliegt es der Geschichtswissenschaft, sich von dieser juristischen Analyse irritieren zu lassen und diese ihrerseits durch wissenssoziologische und praxeologische Beiträge zu irritieren, um gemeinsam zu einer Fremdbeschreibung frühneuzeitlicher Begründungspraktiken vorzudringen. Dies setzt die Sichtbarmachung von Übersetzungsvorgängen zwischen sozialen und rechtlichen Normen voraus, was wiederum nur gelingen kann, wenn die in der Rede von richterlicher Kognition mitlaufende „Mystifikation von Entscheidung als innerpsychisches Geschehen“[454] zugunsten einer Beschreibung empirisch beobachtbarer Praktiken aufgegeben wird.

Es stellt sich die Frage, auf welcher Grundlage dies umgesetzt werden soll, wo es doch an Relationen häufig fehlt und auch Handakten der Berichterstatter nur vereinzelt vorliegen.[455] Die Antwort ist in der Umwelt der Rechtsorganisation zu suchen. Weit über den Kreis der Prozessparteien hinaus zählte der Reichshofrat im 17. und 18. Jahrhundert zu den am sorgfältigsten beobachteten Justizkollegien Europas, da er nicht nur den Gerichtsstand der Reichsstände bildete, sondern an einem Hof angesiedelt war, der zu den Knotenpunkten des sich nach 1648 verdichtenden Gesandtennetzes zählte. Allein im Archivportal-D führt der Suchbegriff „Reichshofrat“ zum gegenwärtigen Zeitpunkt zu 8.392 Treffern, zu denen hunderte Korrespondenzen von Fürsten, Städten, Domkapiteln und Ritterschaften mit Gesandten, Agenten und Sollicitanten am Kaiserhof zählen.

In diesen Korrespondenzen lässt sich Relationstechnik als eine häusliche Praxis beobachten, weil es ein „wirklich“ schriftliches Verfahren in dem Sinne, dass die Akte die alleinige Erkenntnisgrundlage des Referenten gebildet hätte, am Reichshofrat auch in Routineangelegenheiten ebenso wenig gegeben hat wie an anderen frühneuzeitlichen Justizkollegien.[456] Intern bekannten zur Mitte des

454 LUHMANN, Organisation und Entscheidung (wie Anm. 93), S. 245.

455 Eine systematische Recherche in den in Frage kommenden Archiven war mir nicht möglich, deshalb an dieser Stelle nur folgende Hinweise: Das HHStA verwahrt fünf Kartons mit Handaktenfragmenten aus dem Nachlass von Heinrich Christian von Senckenberg: ÖStA HHStA, RK, Verfassungsakten, RHR, Senkenbergiana. Das Staatsarchiv Detmold verfügt über neun Handakten des Grafen Karl Christian zur Lippe-Weißenfeld aus den Jahren 1773–1790: Landesarchiv Nordrhein-Westfalen Abteilung Ostwestfalen-Lippe, L 7, Nr. 489–497. Handakten des Reichshofrats von Sternberg liegen vor im Landesarchiv Baden-Württemberg, Hohenlohe-Zentralarchiv Neuenstein, Oe 215 Bü 129 (Laufzeit: 1766–1770).

456 Hierzu und zum Folgenden ausführlich mit zahlreichen Quellenbelegen SCHENK, Dominus refe-

18. Jahrhunderts selbst die Reichshofräte, dass man die Namen der Referenten den Parteien unter Verletzung einschlägiger Geheimhaltungsvorschriften *in allen causis*[457] bekannt mache. Der Regelbruch war systematisch, und er erfolgte mit stillschweigender Billigung von oben. Die Türhüter, denen unter der Hand von den Präsidenten Einblick in die Referentenprotokolle gewährt wurde, verkauften die Information im Vorzimmer gegen eine in keiner Reichstaxordnung auftauchende *Ordinari Tax*[458] in Höhe von einem Dukaten, und an vielen Territorialgerichten machte man es ganz genauso.[459] Die Adresse des Berichterstatters musste nicht einmal erfragt werden, da sie in jedem Hof- und Staatsschematismus nachzuschlagen war.

Dieser Befund führt geradewegs zu der Erkenntnis, dass die Hofburg in den 1620er Jahren von den Plänen zur Formalisierung einer Audienz nicht etwa deshalb Abstand genommen hatte, um das Verfahren zu beschleunigen und die Sachverhaltserfassung zu rationalisieren.[460] Es war vielmehr darum gegangen, die Tätigkeit des Kollegiums, in dem sich die kaiserliche Majestät verkörperte, durch räumliche Distanzierung von Agenten und Parteien zu sakralisieren und vor den mit Interaktion verbundenen Unwägbarkeiten abzuschirmen.[461] Zugleich erfolgte die Abschaffung der Audienz jedoch im Wissen, dass ein „wirklich" schriftliches Verfahren den sozialen Normen frühneuzeitlicher Präsenzkultur[462] grundlegend widersprochen hätte und sich deshalb überhaupt nicht durchsetzen ließ. Die Hofburg stand folglich vor der Herausforderung, zwischen dem eigenen

---

rens (wie Anm. 194); Ders., Actum et judicium (wie Anm. 38), S. 27–79; siehe für das Oberappellationsgericht Celle die eindrücklichen Befunde von Stefan Andreas Stodolkowitz in diesem Band.

457 So Reichshofrat Gärtner 1766 in einem Gutachten für Joseph II.: ÖStA HHStA, RK, Reichsakten in specie, K. 29, unfol.

458 So Reichshofrat Burkhardt 1740, Zitat wie Anm. 123.

459 Dies betonte zeitgenössisch der Direktor des Bambergischen Hofgerichts: Georg Michael Weber, Ueber die Justizverfassung in den kurfürstl. fränkischen Fürstenthümern, in: Argus. Eine Zeitschrift für Franken 2/2 (1803), S. 1–126, hier S. 27.

460 Dass kritische Perspektiven auf schriftliche Verfahren auch mit Blick auf die Juristenfakultäten notwendig sind, verdeutlicht: Ulrich Falk, Entscheidungsfindung durch Aktenversendung – ein besonders objektives Gerichtsverfahren?, in: Bongartz u. a., Feder und Recht (wie Anm. 53), S. 87–133.

461 Um das mit der Audienz verbundene Problem zu erfassen, genügt es, sich Christian Thomasius vorzustellen, wie er dem *nachgesetzten Haupt* des Kaisers in dessen Burg haarklein auseinandersetzte, wie er das eigentlich gemeint hatte mit der *Kebsehe*. Vgl. zu Thomasius' Ladung vor den Kaiser: Wolfgang Sellert, Die Zuständigkeit des kaiserlichen Reichshofrats in Reichspolizeisachen und die Ladung des Hallenser Rechtsgelehrten Christian Thomasius vor den Reichshofrat, in: Georg Steinberg (Hrsg.), Recht und Macht. Festschrift für Hinrich Rüping zum 65. Geburtstag, München 2008, S. 295–308.

462 Vgl. Stollberg-Rilinger, Des Kaisers alte Kleider (wie Anm. 189), S. 299–305.

Distinktionsanspruch und dem Anspruch der Parteien auf rechtliches Gehör (im Wortsinne) zu vermitteln, und sie tat dies auf eine Weise, die sich in ähnlicher Weise vielerorts in Europa beobachten lässt: An die Stelle formalisierter Mündlichkeit vor dem Kollegium in der Audienzstube trat eine informale Mündlichkeit in den Privatwohnungen der einzelnen Gerichtsmitglieder.[463]

Ebendort (re)produzierten sich Kontaktsysteme zwischen Räten, Agenten, Lobbyisten und an den Kaiserhof gereisten Parteien, die im Entscheidungsprozess sowohl manifeste als auch latente Funktionen[464] übernahmen. Erstere wurden zeitgenössisch unter dem Begriff der *Sollicitatur* subsummiert[465] und beeinflussten die Reihenfolge der Bearbeitung. Die Tatsache, dass es ungeachtet durchaus vorhandener formaler Regelungen zur Erledigungsreihenfolge[466] informaler Steuerungsinstrumente bedurfte, wird von der Forschung gemeinhin mit unzureichender gerichtlicher Personalausstattung in Verbindung gebracht.[467] Eine solche Interpretation folgt zeitgenössischen juristischen Selbstbildern und lässt außer Acht, dass der Reichshofrat erst in josephinischer Zeit ein periodisches Berichtswesen nach preußischem Vorbild einführte,[468] die längste Zeit hindurch also kaum einen vom Einzelfall abstrahierenden Erledigungsdruck auf die einzelnen Räte ausübte, weil daran schlicht und ergreifend kein hinreichendes Interesse bestand.

---

463 Ähnliches beobachtete mit Blick auf den spanischen Indienrat: Brendecke, Writing from Abroad (wie Anm. 36), S. 139; vgl. mit Blick auf die fürstlichen Kollegien zu Wolfenbüttel: Brage Bei der Wieden/Martin Fimpel/Isabelle Guerreau/Anton Pumpe/Silke Wagener-Fimpel (Hrsg.), Hof und Regierungspraxis im Fürstentum Braunschweig-Wolfenbüttel 1735. Quellenedition, Braunschweig 2020, S. 16.

464 Zu manifesten und latenten Funktionen: Robert K. Merton, Manifest and Latent Functions, in: Ders., Social Theory and Social Structure, Glencoe 1957, S. 19–84.

465 Hierzu am Beispiel des Reichskammergerichts: Bengt Christian Fuchs, Die Sollicitatur am Reichskammergericht (QFHG, 40), Köln 2002; Schwarting, Organisationsbildung (wie Anm. 44), S. 202–208.

466 Hierzu unten bei Anm. 553.

467 Kritik hieran bei Schenk, Dominus referens (wie Anm. 194), S. 80–85.

468 Hierzu Tobias Schenk, „Ökonomisierung der Zeit". Justizstatistiken als Medium preußisch-österreichischer Staatenkonkurrenz im 18. Jahrhundert, in: Franziska Neumann/Jorun Poettering/Hillard von Thiessen (Hrsg.), Konkurrenzen in der Frühen Neuzeit. Aufeinandertreffen – Übereinstimmung – Rivalität (Frühneuzeit-Impulse, 5), Köln/Wien 2023, S. 503–514. In Form von *Elenchen* und *Septimanalien* liegen die Erledigungsberichte verstreut vor in ÖStA HHStA, RK, Verfassungsakten, RHR, K. 9/10; RK, Miscellanea, K. 3; RK, Reichsakten in specie, K. 29; sowie Kabinettsarchiv, Kabinettskanzlei, Protokolle und Indizes, Bd. 82b (1790–1791), 106b (1792–1793), 130b (1796–1797), 140b (1798–1799), 149a (1800–1801), 157b (1802).

4.11 Sachverhaltskonstruktion unter dem Einfluss von Gabentausch und systemischer Korruption

Stattdessen verließ sich die Hofburg darauf, es würden die Parteien die Räte mit Hilfe von Macht und Geld als symbolisch generalisierten Erfolgsmedien ad hoc selbst zur Aktenarbeit motivieren.[469] Für sich genommen war dies in einer Epoche, in der Gerichte und Juristenfakultäten allerorten durch Sporteln am Laufen gehalten wurden, nichts Besonderes.[470] Beim Reichshofrat kam jedoch hinzu, dass die Kaiser aus politischen Gründen auf jede Formalisierung des Sportelwesens verzichteten und auch alle diesbezüglichen reichsständischen Initiativen abblockten, um vor der Öffentlichkeit nicht eingestehen zu müssen, zur alleinigen Finanzierung des Gerichtspersonals nicht in der Lage zu sein.[471]

Sowohl für Forschungen zur Organisation als auch zur Nutzung des Reichshofrats ist es von zentraler Bedeutung, die dieser Konstellation geschuldeten ökonomischen Grundlagen richterlicher Existenz offenzulegen. Wie anderen Orts auch bildeten die regulären, häufig nur teilweise und/oder mit Verzögerung ausbezahlten Gehälter und geldwerten Privilegien (z. B. Zollbefreiungen) nur einen Teil der Leistungen von Seiten des Gerichtsherrn.[472] Hinzu traten teils beträchtliche Gnadengelder und sonstige Vergünstigungen wie etwa die Verleihung von Anwartschaften auf Reichslehen oder Standeserhebungen.[473] Dies war keine planlose Flickschusterei, sondern fügte sich nahtlos in die kaiserliche Nutzung des Reichshofrats ein, die in wichtigen Angelegenheiten stets auf ad hoc zu be-

---

469 Zu diesem Ergebnis gelangte mit Blick auf andere Hofbehörden auch HENGERER, Kaiserhof und Adel (wie Anm. 36), S. 314 f. Zum Begriff der symbolisch generalisierten Erfolgsmedien: Niklas LUHMANN, Die Gesellschaft der Gesellschaft, 11. Aufl., Frankfurt am Main 2021, S. 316–396.

470 Die Rechtsgeschichte steht deshalb vor der Aufgabe, juristische Perspektiven auf diese epochenspezifische Kommodifizierung rechtlichen Wissens zu entwickeln. Mit Blick auf die Privatgutachten der Juristenfakultäten sei nachdrücklich verwiesen auf: Ulrich FALK, Consilia. Studien zur Praxis der Rechtsgutachten in der frühen Neuzeit (Rechtsprechung. Materialien und Studien, 22), Frankfurt am Main 2006.

471 Material hierzu bei MOSER, Pragmatische Geschichte (wie Anm. 450), Bd. 2, S. 42 f; vgl. auch die Anmerkungen zu den Vorschlägen des Kurkollegs von 1711 in ÖStA HHStA, RK, Verfassungsakten, RHR, K. 19, Nr. 5, unfol. Dass der kaiserliche Widerstand gegen eine Sportelordnung politisch motiviert war, erkannte bereits Renatus Karl von SENCKENBERG, Versuch einer Geschichte des Teutschen Reichs im siebenzehnten Jahrhundert, Bd. 6, Frankfurt am Main 1798, S. 221.

472 Zu den regulären Bezügen der Reichshofräte: Wolfgang SELLERT, Besoldungen und Einkünfte der Richter am Kaiserlichen Reichshofrat, in: Amend-Traut/Cordes/Ders., Geld, Handel, Wirtschaft (wie Anm. 314), S. 267–294; den Stellenwert von Ad-hoc-Zuwendungen verdeutlicht am Beispiel Brandenburg-Preußens: Peter BAHL, Der Hof des Großen Kurfürsten. Studien zur höheren Amtsträgerschaft Brandenburg-Preußens (Veröffentlichungen aus den Archiven Preußischer Kulturbesitz, Beiheft 8), Köln/Weimar/Wien 2001, S. 252 f.

473 Hierzu die aufschlussreiche Fallstudie von RAST, Notthafft (wie Anm. 225), S. 320–329.

lohnende einzelne Räte und nicht etwa auf das Kollegium als solches setzte, weil dort niemand *absonderlichen Dankh oder meritum zugewarten*[474] hatte und *man nichts wais, welcher under ihnen es befürdert habe.*

Diese mikropolitische Logik geht auch aus einem 1709 verfassten Brief Lynckers an einen Freund hervor, in dem der Reichshofrat von erheblichen Besoldungsrückständen und seiner Hoffnung berichtet, nunmehr *vor allen andern* ausgezahlt zu werden, *weil Ihro Majestät mich in allen Dero wichtigen Angelegenheiten mit meinem Bedenken außer dem Reichs-Hofrath vernehmen.*[475] Lyncker nahm seinem Freund auch jede Illusion darüber, wie man es in der Praxis mit dem in der Reichshofratsordnung enthaltenen Verbot hielt, in Ausübung des Richteramtes *verehr- oder schankhung*[476] anzunehmen: *Ob von den Partheyen und welcher gestalt etwas zu hoffen, muß ein jeder wißen und weßen er sich resolviren wolle.*[477]

Neuere Forschungen zu reichshofrätlichen Geschenkpraktiken haben Lynckers Einschätzung, nach der es den einzelnen Räten innerhalb sehr weit gezogener Grenzen informal freigestellt war, gegen das Verbot der Geschenkannahme zu verstoßen, bestätigt.[478] Toleriert wurden nicht nur sogenannte *Remunerationen* im Lehns- und Privilegienbereich,[479] sondern auch Aufwandsentschädigungen für geleistete Aktenarbeit nach Abschluss eines Prozesses, also Zahlungen, die anderen Orts durch Sportelordnungen formalisiert wurden. Die Beobachtung, dass zahlreiche Richter ihr Amt mit privatunternehmerischem Kalkül ausübten (und hierzu von ihren Vorgesetzten auch angehalten wurden),[480] darf jedoch nicht

474 So mit Blick auf höfische Kollegien der Obersthofmeister Ferdinands II. Zitiert nach Wenzel Eymer, Gutachten des Fürsten Gundacker von Liechtenstein über Education eines jungen Fürsten und gute Bestellung des Geheimen Rates, in: 51. Jahresbericht des k. k. Staats-Obergymnasiums zu Leitmeritz, Leitmeritz 1905, S. 3–28, hier S. 19.

475 Zitiert nach: Friedrich Karl von Moser, Schreiben des ehemaligen Kays. Reichs-Hofraths Fhr. v. Lyncker an Herz. Sachsen-Weimar. Geh. Rath und Vice-Canzlar Heydenreich dd. Wien den 12. Oct. 1709, in: Patriotisches Archiv für Deutschland 11 (1790), S. 550–556, hier S. 553.

476 Reichshofratsordnung von 1654, Tit. I § 16, zitiert nach Sellert, Ordnungen des Reichshofrates (wie Anm. 3), Bd. 2, S. 86.

477 Moser, Schreiben (wie Anm. 475), S. 553.

478 Dorfner, Mittler zwischen Haupt und Gliedern (wie Anm. 26), S. 182–202; Stefan Ehrenpreis, Korruption im Verfahren. Bestechung an den höchsten Reichsgerichten zwischen Gerichtsfinanzierung und Rechtsbeugung, in: Niels Grüne/Simona Slanicka (Hrsg.), Korruption. Historische Annäherungen an eine Grundfigur politischer Kommunikation, Göttingen 2010, S. 283–305.

479 Hierzu demnächst ausführlich: Tobias Schenk, „So sind Fürsten und Herren auch ihrer Diener und Räthe Sklaven…“ Frühneuzeitliche Privilegienerteilung aus organisationssoziologischer Perspektive, in: Gregor Albers/Peter Oestmann (Hrsg.), Ausnahme und Vielfalt im Recht der Vormoderne (in Vorbereitung).

480 Dies lässt sich in zahlreichen frühneuzeitlichen Amtsstuben beobachten. Siehe: Stefan Brakensiek, Verwaltungsgeschichte als Alltagsgeschichte. Zum Finanzgebaren frühneuzeitlicher

zu dem Trugschluss verleiten, es habe keinen epochenspezifischen Korruptionsbegriff gegeben. Die geheime, auf die inhaltliche Beeinflussung der Entscheidung gerichtete Annahme von Bargeld durch den Richter in einem laufenden Verfahren wurde schon zeitgenössisch als Korruption betrachtet[481] und ist deshalb von der Forschung auch als solche zu behandeln.[482] Diese Feststellung ist wichtig, weil ausweislich zahlreicher Quellen nicht der geringste Zweifel daran bestehen kann, dass in vorjosephinischer Zeit ein beträchtlicher Teil der Räte von der Gelehrtenbank in laufenden Prozessen Geldzahlungen nicht nur annahm, sondern zum Teil von sich aus mit der Drohung einforderte, das Vorbringen im Weigerungsfall nicht im Plenum vorzutragen. Darüber hinaus verbanden Parteien mit der Zahlung größerer Beträge sehr wohl die Erwartung konkreter Einflussnahme, und in Verfahren unterhalb des höfischen Radars waren sie damit entgegen manch idealistischer Positionen in der Rechtsgeschichte auch erfolgreich,[483] zumal es sowohl auf den Suspensiveffekt spekulierenden Appellanten als auch mächtigen Beklagten häufig gar nicht um ein Urteil, sondern um Justizverweigerung ging. In seiner Zeit am Reichshofrat konnte Friedrich Karl von Moser noch in den 1760er Jahren beobachten, dass einige seiner Kollegen die größten Summen schlicht und ergreifend *vors liegen laßen*[484] einstrichen, indem sie sich die Verschleppungsmacht zu Nutze machten, über die sie in einer Organisation ohne periodisches Berichtswesen verfügten.

Praktiken der Invisibilisierung, die von der Abwicklung über Strohmänner über die Tarnung als Verluste beim Glücksspiel bis hin zur Involvierung der Ehefrauen[485] reichten, verdeutlichen, dass die Akteure in dem Bewusstsein han-

Amtsträger im Spannungsfeld zwischen Stabsdisziplinierung und Mitunternehmerschaft, in: Michael Hochedlinger/Thomas Winkelbauer (Hrsg.), Herrschaftsverdichtung, Staatsbildung, Bürokratisierung. Verfassungs-, Verwaltungs- und Behördengeschichte der Frühen Neuzeit (Veröffentlichungen des Instituts für Österreichische Geschichtsforschung, 57), Köln/Weimar/Wien 2010, S. 271–290, hier S. 290. Ein einschlägiges Beispiel aus der Zeit um 1750 findet sich bei: Paul Gerlach, Die Carmerschen Justizreformen im Herzogtum Schlesien und im Königreich Preußen unter Friedrich dem Großen (Rechtsgeschichtliche Forschungen, 2), Baden-Baden 2023, S. 61.

481 Und zwar nicht nur im Heiligen Römischen Reich. Vgl. Christoph Rosenmüller, Corruption and Justice in Colonial Mexico, 1650–1755 (Cambridge Latin America Studies, 113), Cambridge 2019, S. 255.

482 Dies im Einklang mit der neueren Korruptionsforschung, der kein überzeitlicher, sondern ein konstruktivistischer Begriff ihres Gegenstandes zugrunde liegt. Hierzu im Überblick: Jens Ivo Engels, Die Geschichte der Korruption. Von der Frühen Neuzeit bis ins 20. Jahrhundert, Frankfurt am Main 2014.

483 Dies betont quellennah auch Kappelhoff, Absolutistisches Regiment (wie Anm. 363), S. 215.

484 Moser, Herzens-Erleichterung (wie Anm. 411), S. 375.

485 Ein Beispiel hierfür bei Schenk, Zweck-Mittel-Rationalität (wie Anm. 125). Nicht nur in praxeologischer, sondern auch in diskursanalytischer Hinsicht wären die Frauen der Reichshofräte

delten, sich in Zonen jenseits zeitgenössischer Ambiguitätstoleranz zu bewegen. Warum es benachteiligten Parteien die längste Zeit hindurch kaum möglich war, sich gegen Korruption zur Wehr zu setzen, kann man 1712 bei Lyncker nachlesen: Die Akteure schützten einander, fanden Rückhalt beim Präsidenten und sorgten gegebenenfalls dafür, dass renitente Parteien durch den Obersthofmarschall aus der Stadt geschafft wurden.[486] Ebenso wie nach ihm auch Burkhardt machte Lyncker die Erfahrung, dass er gegen die korrupten Räte nicht ankam, weil es sich häufig um deputierte Räte handelte, die bei Hof bestens vernetzt waren und die großen Fische zugewiesen bekamen.[487] Dass in dieser Hinsicht ein tiefer Riss durchs Kollegium ging, zeigt auch die Tatsache, dass Joseph II. nach seiner Thronbesteigung von einer Minderheitsfraktion aus ehemaligen und amtierenden Reichshofräten dazu aufgefordert wurde, der im Kollegium herrschenden Bestechlichkeit *mit Nachdruck zu begegnen.*[488]

Unabhängig von der hier nicht zu beantwortenden Frage nach Erfolg oder Misserfolg der josephinischen Reformen bleibt Folgendes festzuhalten: Durch die mit stillschweigender Billigung von ganz oben erfolgende informale Preisgabe des Referentengeheimnisses mutierten die Wohnungen der Berichterstatter zu Grenzstellen,[489] über die das Kollegium einen beträchtlichen Teil seiner Kommunikation mit Agenten, Sollicitanten und Parteien abwickelte. Als soziale Räume waren nicht alle aber viele dieser Wohnungen nach den Maßstäben des 18. Jahrhunderts durch eine systemische Korruption geprägt, gegenüber der weder benachteiligten Parteien noch dissentierenden Räten[490] wirksame Mittel zu

---

ein interessanter Forschungsgegenstand, da deren Rolle bereits zeitgenössisch diskursiviert wurde. Siehe FLECHSIG, Von Causenflickern (wie Anm. 110), S. 92.

486 So in seinem in Anm. 233 zitierten Gutachten.

487 Hierzu ausführlich SCHENK, Zweck-Mittel-Rationalität (wie Anm. 125). Dass es in vorjosephinischer Zeit praktisch keinerlei Sanktionen gegen korrupte Agenten und Räte gab, beobachtete bereits DORFNER, Mittler zwischen Haupt und Gliedern (wie Anm. 26), S. 202–207.

488 So Reichshofrat Gärtner 1766. Zitat wie Anm. 457. Folglich trügt der in der rechtshistorischen Literatur, etwa bei SELLERT, Besoldungen (wie Anm. 472), S. 290–294, vermittelte Eindruck, es hätten die Räte mehr oder weniger geschlossen gegen den Kaiser gestanden und dessen Korruptionskritik als ungerecht empfunden.

489 Zum Begriff LUHMANN, Funktionen und Folgen (wie Anm. 43), S. 220–239; mit Blick auf das Reichskammergericht SCHWARTING, Organisationsbildung (wie Anm. 44), S. 214–222, 234–239; Martin WEISSMANN, Grenzrollen und Grenzsysteme: Funktionen und Strukturmerkmale des Handelns an den Grenzen sozialer Systeme, in: André Kieserling/Ders. (Hrsg.), Organisierte Grenzrollen. Außendienst und Publikumskontakte in soziologischer Perspektive, Wiesbaden 2023, S. 39–103.

490 Auch reichsfürstliche Gesandte registrierten, dass eine Minderheit im Kollegium der Annahme von Bargeld in laufenden Prozessen ablehnend gegenüberstand. So berichtete der ostfriesische Gesandte 1720, es seien zwei Reichshofräte *in diesem Punct etwas delicat. Wann sie jedoch auch davor halten solten, daß pro promovenda justitia ein Honorarium nicht verbotten sey*, solle man

Gebote standen, weil die Hofburg weder über den Willen noch über die Möglichkeit verfügte, diese Form der monetären Außenverflechtung zu zerschlagen. In einer Rechtsorganisation, in der die Entscheidung in Ermangelung hinreichender Machtmittel des Gerichtsherrn oftmals nicht im Verfahren selbst getroffen werden konnte, bedurfte es einer „balance of power produced by corruption",[491] um potenten Parteien auch über die durch Verwandtschaft und Konfession vermittelten Netzwerke hinaus diskrete Interventionen zu ermöglichen.

Ohnehin waren die Bande des Blutes und des Geldes häufig unentwirrbar miteinander verflochten, wie man beispielsweise im Staatsarchiv Detmold nachlesen kann. 1774, während Joseph II. gegen die Windmühlen der Korruption anrannte, ließ Reichshofrat Karl Christian zur Lippe-Weißenfeld seinen Vetter Graf Simon August zur Lippe-Detmold wissen, die Tätigkeit als Reichshofrat biete *Gelegenheit* [...], *viel verborgener, als es nur immer ein Sachwalter vermag, zu operiren*.[492] Erst kürzlich habe er zugunsten des Grafen von Isenburg dafür gesorgt, dass *eine traurige Administrations-Commission* nicht zu Stande gekommen sei. Und weiter:

> *Wollen Sie diese Beweise und solches Vertrauen redend machen und mir Beweise Ihrer Danckbarkeit geben, so werde ich itzo hirzu Ewer Liebden die Bahn zu weisen mir die Erlaubnis nehmen. Bestimmen dieselbe eine sichere anständige Pension dazu, die Sie meinem hiesigen Aufenthalt widmen, so verbinde ich mich als ehrlicher Mann und Freund dazu, hiesigen Reichs-Agenten von Fabrice nicht eine Schrift ohne Beistand, gemeinsame Bearbeitung und sorgfältigste Minirung, wo und wie es nöthig ist, thun zu lassen.* [...] *Die meisten altgrävlichen Reichshäuser sind durch Uneinigkeiten und Schulden erschöpft, gantz wenige, die noch in ihrem Wesen bestehen und unter denen so eben Lippe noch mit begriffen ist, behaupten noch das Wahre der Würde, und sollten nicht da die Häupter derer Häuser alles das anwenden, was dienen kann, Ruin und nachbahrliche Störung in dem Erbvaterland abzuwenden! Nicht umsonst machten es ehedem die Stände aus, daß nur unmittelbare Graven und Herren derer Reichshäuser in den Kayserlichen Reichshofrath, wo über ihre Rechte gerichtet wird, sitzen sollten. Mich daran in Behuf Lippe näher Theil nehmen zu lassen, dazu habe ich heute Ewer Liebden aus vaterländischem Eifer Mittel und Weege gezeigt.* [...] *Soll ich aber unter vorgedachtem Beding mit Ewer Liebden künftig über das Interesse des Hauses in allen ankommenden Fällen communiciren, so*

---

ihnen ein Geldgeschenk zukommen lassen. Zitiert nach Kappelhoff, Absolutistisches Regiment (wie Anm. 363), S. 208.

491 Jean Claude Waquet, Corruption. Ethics and Power in Florence, 1600–1700, Cambridge 1991, S. 72.

492 Dieses und das folgende Zitat: Schreiben Karl Christians zur Lippe-Weißenfeld an Simon August zur Lippe-Detmold, Wien, 13. Februar 1774, LAV NRW OWL, L 7, Nr. 795, unfol. Hierzu auch L 92 P, Nr. 1359. Ich danke Patrick Henn ganz herzlich für die großzügige Hilfe bei der Recherche.

bitte ich mir zur Güte aus, sämtliche meine Briefschaften jedesmahl Ordnungs und möglicher Sterbfälle halben zu cassiren und daraus nur, wenn es nöthig, Extracte beyzulegen. Die genaueste Verschwiegenheit würden wir dabei uns gegenseitig unter altgrävlichen Worten und Ehren angeloben.

Ab 1776 floss eine jährliche Pension von zunächst 500, später 1.000 Gulden aus der Detmolder *Affairencasse* nach Wien. Im Gegenzug vermittelte Lippe-Weißenfeld seinem regierenden Vetter Zugang zu Funktionsträgern am Wiener Hof,[493] wirkte hinter den Kulissen auf die Berichterstatter lippischer Prozesse ein,[494] berichtete über die kaiserliche Beschlussfassung über Vota ad Imperatorem[495] und führte vertrauliche Gespräche mit dem Präsidenten, um Einfluss auf die Tagesordnung zu nehmen und den Vortrag der Relation in einschlägigen Prozessen

493 Beispielsweise wurde Graf Simon August mit Schreiben vom 14. August 1776 darüber informiert, es sei *der Geheime Reichshof-Referendarius* [der deutschen Expedition] *Baron* [Franz Georg] *von Leykamm in diesen Tagen über Prag nach Dresden von hier theils in eignen Geschäften, theils in Aufträgen des Hofes nach Westphalen verreiset* [...] [und werde] *auch im Lippischen und in Detmold* [...], *wie er mir sagte, einkehren* [...], *weil er in eignen Sachen unterschiednes zu besorgen hat. Ewr. Liebden wissen zur Genüge, daß bemeldter Baron von Leykamm hieselbst ein Mann von Bedeutung ist, der viel schaden und viel nutzen kann; würden dieselben dahero Gelegenheit finden, demselben dorten einige Höflichkeit zu erweisen, auch allenfalls auf dem Schloss ihm Quartier offeriren, so könnte solches auf bequeme Art immer wider zu Nutzen kommen, welches ich aus Freundschaft habe wollen zu erkennen geben, indem er ein Mann ist, dem an äusserer Ehre gelegen ist und der es wider in Anrechnung bringen kann.* Simon August antwortete am 10. September 1776, er werde sich *äußerst bemühen, diesem allerdings von vieler Bedeutung seyenden Mann seinen hiesigen Aufenthalt so angenehm zu machen als möglich ist.* Siehe LAV NRW OWL, L 7, Nr. 795, unfol.

494 Beispielsweise riet Lippe-Weißenfeld mit Schreiben vom 28. Juni 1777 davon ab, eine in einem Rechtsstreit mit der Nebenlinie Lippe-Alverdissen eingelegte Revision weiter zu verfolgen. Nach einem Gespräch mit Berichterstatter Gottfried Rudolf von Dietmar sei er davon überzeigt, es sei *gerade zu unmöglich, in Revisorio zu gewinnen.* Die Revisionssporteln in Höhe von mindestens 1.000 Gulden solle man sich lieber sparen, als sie *um nichts und wider nichts dem collegio hinn zu geben.* Am 21. März 1778 heißt es: *Herr Baron Braun, welcher die Testaments-Sache referirt, kommt noch immer nicht zu Rathe; sobald er herauf kommt, werde ich die relation zu betreiben suchen.* Am 7. Januar 1783 schrieb Lippe-Weißenfeld mit Blick auf einen Prozess gegen den Grafen von Bückeburg: *der vorige Referent, Herr Reichshofrath von Hess, ist in der Sache gut gefüttert. Meine gantze genaue Aufmerksamkeit werde ich auch hier anstrengen ...* Siehe ebd.

495 Mit Schreiben vom 6. August 1789 machte er sich gegenüber Leopold I. zur Lippe *das Fest, der Erste zu seyn, der auf Ihre der Sache mir gemachte Empfehlung andurch Ewr. Liebden benachrichtiget, wie Sr. Mayt. durch ein eigenhändiges Placet die dero wegen eingerathene Venia Aetatis allergnädigst placidiret haben. Ich gratulire dazu Ewr. Liebden als Freund und als Blutsverwandter auf das allerfeierlichste und bitte Gott, daß er Ihre Regierung die glücklichste, froheste und gesegnetste für Ihr Haus und Land wolle seyn lassen, kurtz, Sie müssen bis in das späteste Alter die Ehre und Zirde Ihres Nahmens seyn!* Siehe ebd.

zu verzögern oder zu beschleunigen.[496] Bei alledem hielt der notorisch klamme Reichshofrat mit seiner Agency nicht hinter dem Berg, sondern erklärte im Mai 1776 freimütig: *Mein Betragen gegen Ewr. Liebden wird lediglich in Zukunft davon abhängen, wie dieselben sich gegen mich werden benehmen.*[497]

Korruption war nach alledem also keine Verletzung des Reichssystems, Korruption war das Reichssystem. Räten, die die Fähigkeit mitbrachten, sich in die *Circumstantias Temporum* [...] *zu schicken*[498] und ihre *Jurisprudenz mit der Politique zu combiniren*, bot dieses System immense Bereicherungs- und Karrieremöglichkeiten, wie der Aufstieg von Michael Achatius von Kirchner[499] zum Konkommissar auf dem Reichstag, von Anton Esaias von Hartig zum Reichshofratsvizepräsidenten und von Johann Adolf von Metsch zum Reichsvizekanzler zeigt. Auf ihrem Weg nach oben bearbeiteten allein diese drei im Laufe der Jahre hunderte von Verfahren als Berichterstatter, und man möge sich nicht der Illusion hingeben, es hätten diese Räte ihr rechtliches Wissen nur im Verkehr mit Reichsständen monetarisiert. Auch gegenüber bäuerlichen Klägern überschritten die im Arkanbereich der eigenen Wohnung robust formulierten Forderungen „mühelos die Grenze von 1000 Gulden".[500]

Zahlreiche Ratswohnungen waren folglich durch eine extreme Kommodifizierung des Rechts[501] gekennzeichnet, die innerhalb der von der Hofburg gezo-

---

496 Schreiben vom 18. März 1775 ebd.

497 Ebd. 1788 beschwerte sich Friedrich Wilhelm zur Lippe-Biesterfeld bei Ludwig Heinrich Adolf zu Lippe über den Wiener Verwandten, der ihn in die Rolle eines *Familien-Advocaten* dränge und sich *größtentheils an*[maße], *der Anstifter und Rathgeber in Vorfallenheiten zu sein, ohne jedoch genannt sein zu wollen, und* [ich] *muß denn manchmal seinen despotischen Anschlägen so wol aus politischen Rücksichten als zur Vermeidung mancherlei Mißverstands mich fügen.* So habe Lippe-Weißenfeld ihn kürzlich in der Frage der lippischen Fürstenerhebung beinahe *zu Schritten schier verleitet, die auch als widrige Gesinnungen vielleicht ausgelegt werden mögen, welchen ich aber vor der Hand ausgewichen, da es nicht schwer zu bemercken war, daß er andern das Odium überlassen, selbst aber am wenigsten dabei figuriren wolte.* Siehe ebd.

498 So Burkhardt ohne Nennung von Namen 1740. Dieses und das folgende Zitat wie Anm. 123.

499 Biographische Angaben bei Gschliesser, Reichshofrat (wie Anm. 223), S. 332–334.

500 Werner Trossbach, Frühstück im „Blauen Mondschein". Lern- und Kommunikationsprozesse im Spannungsfeld zwischen Dorfgemeinden und Reichsgerichten (1550–1790), in: Constanze Engel u. a. (Hrsg.), Development – Organization – Interculturalism. Essays in Honor of Prof. Dr. Michael Fremerey (Journal of Agriculture and Rural Development in the Tropics and Subtropics. Supplement 91), Kassel 2009, S. 85–99, hier S. 93.

501 Kommodifizierung des Rechts bedeutet auch, dass es nicht etwa um dessen Substitution durch eine Herrschaft des Geldes ging. Dass rechtliche Kommunikation durch Korruption nicht gegenstandslos wurde, verdeutlicht etwa ein Bericht des ostfriesischen Gesandten von 1720, in dem eine Bestechung des Referenten vorgeschlagen wurde, um diesen dazu zu bewegen, *die Sache gründlich aus den actis heraus zu holen.* Zitiert nach Kappelhoff, Absolutistisches Regiment (wie Anm. 363), S. 206.

genen politischen Grenzen einer privatunternehmerischen Logik folgte und die Reihenfolge der Bearbeitung wesentlich beeinflusste, wie wir mit Blick auf die Resolutionsprotokolle noch sehen werden. Diese Feststellung ist mit Blick auf die Relationstechnik als eine soziale Praxis auch insofern von größter Bedeutung, als sich die informale Mündlichkeit, der in den Wohnungen der Räte ein Forum geboten wurde, keineswegs nur auf *Sollicitatur* beschränkte. Unabhängig von Hofkommissionen leiteten die Berichterstatter auch Vergleichsverhandlungen, über die man in den Prozessakten in aller Regel nichts erfährt.[502]

Vor allem aber kam es in den Wohnungen ausweislich zahlreicher Quellen zu informalem mündlichen und schriftlichen Tatsachenvortrag, der auf völlig intransparente Weise in die Sachverhaltskonstruktion des Berichterstatters und sodann über dessen Relation in die kollegiale Deliberation einfloss.[503] Face to face mit dem Referenten war den Parteien und Sachwaltern oft an *information mehr als an der sollicitation gelegen.*[504] In der Wohnung wurden deshalb nicht nur mündliche Vorträge gehalten, sondern in großer Zahl auch jene gedruckten Präokkupationslibelle überreicht, deren Annahme eigentlich verboten war,[505] und mit denen nicht nur die Berichterstatter beeinflusst, sondern auch die übrigen Räte erreicht werden sollten, um das nicht praktizierte Umlaufverfahren zu ersetzen und sich gegen tendenziöse Referentenvoten abzusichern. Burkhardt berichtete 1740, man habe im Plenum bereits *ettlichmahl mit Verwunderung be-*

502 Als Beispiel verweise ich auf die Vollmacht von Alois von Oettingen-Spielberg für seinen Hofrat Johann Georg Kornberger für eine Mediation mit seinem Bruder Anton vor Reichshofrat Burkhardt vom 14. November 1746: ÖStA HHStA, RK, Miscellanea, K. 5, unfol.; vgl. auch Kasper-Marienberg, „vor Euer Kayserlichen Mayestät Justiz-Thron" (wie Anm. 226), S. 108.

503 Hierzu ausführlich: Schenk, Schriftlichkeit und Mündlichkeit (wie Anm. 91); Ders., Actum et judicium (wie Anm. 38), S. 56–63; Ders., Dominus referens (wie Anm. 194), S. 80–85. Aufgrund der zeitgenössisch besonders engen Verflechtung zwischen Richtern und Advokaten/Prokuratoren begegnet informaler mündlicher Tatsachenvortrag im schriftlichen Verfahren vielerorts. Zur zeitgenössischen Kritik hieran mit Blick auf Preußen: Gerlach, Die Carmerschen Justizreformen (wie Anm. 480), S. 69.

504 Zitiert nach: Thomas Winkelbauer, Fürst und Fürstendiener. Gundaker von Liechtenstein, ein österreichischer Aristokrat des konfessionellen Zeitalters (MIÖG, Ergänzungsband 34), Wien/München 1999, S. 269.

505 Nämlich durch Gemeine Bescheide von 1723 und 1746. Abgedruckt und kommentiert bei Oestmann, Gemeine Bescheide (wie Anm. 33), S. 347–349, 359–375. Tatsächlich wurde jedoch *kaum eine wichtige Sache, sonderlich durch einen ordentlichen Process, abgethan, da nicht eine oder beede Parthien dergleichen Extrajudicial-Schrifften distribuirten*: Moser, Einleitung (wie Anm. 453), Bd. 2, S. 43. Ein Reichshofrat erklärte 1798, man beachte das Verbot einer Bezugnahme auf Präokkupationslibelle lediglich in Appellationsverfahren, nicht aber in Mandatsprozessen, in denen sich das Gericht zunächst ohnehin einseitig auf klägerisches Vorbringen stützte. Siehe: Joseph Josua von Riefel, Der Reichshofrath in Justiz-, Gnaden und andern Sachen mit Fällen, Präjudicien und Rechtsbemerkungen, Bd. 4, Augsburg 1798, S. 13–16.

mercken müssen, daß die Votanten auff einen ihnen von der Parthey extrajudicialiter beygebrachten umbstandt ihr gantzes fundamentum decidendi gebauet, auch davon nicht abzubringen gewesen,[506] obwohl davon in den Akten *nichts vorkomme.* Die Justizforschung hat sich mit informalem, in der Parteienüberlieferung en masse belegten Tatsachenvortrag in den Wohnungen der Räte jedoch noch nicht auseinandergesetzt.[507] Dasselbe gilt für die Aktenarbeit der Referenten, obwohl eine Fülle von Indizien darauf hinweist, dass zahlreiche Berichterstatter bis weit ins 18. Jahrhundert hinein die Erstellung der im Plenum vorzutragenden Aktenextrakte an privat besoldete Sekretäre und Praktikanten delegierten.[508] Burkhardt schrieb 1740, man bekomme in der Ratsstube immer wieder Extrakte zu Gesicht, *welche von einer anderen als des Referenten Hand geschrieben zu seyn befunden werden,*[509] und die laufenden Forschungen Eva Ortliebs zu den Relationen Georg Adams von Starhemberg[510] führen zu demselben Ergebnis. Vom anhand des Referentenprotokolls gewonnenen Befund, wonach in 77 % der 1730 eröffneten Verfahren nur von einem einzigen Rat Aktenkenntnis erwartet wurde, sind wir damit bei der Frage angelangt, in wieviel Prozent der Verfahren Entscheidungen getroffen wurden, ohne dass auch nur ein einziger Richter die Akte durchgearbeitet hatte.

Rechtshistorische Studien, die den Hinweis Peter Oestmanns aufgriffen, wonach die Sachverhaltskonstruktion im schriftlichen Verfahren des gemeinen Reichsprozesses „eine riesige Grauzone"[511] bilde, kämen womöglich zu dem Ergebnis, dass so mancher Aktenextrakt auf einseitigem Parteivorbringen beruhte. Denn mit der Abschaffung der Audienz und der stillschweigenden Preisgabe des Referentengeheimnisses verlagerte sich ein erheblicher Teil der gesamten Zugangsproblematik vom formalen schriftlichen Verfahren in informale Interaktionssysteme, in denen die gleichzeitige Anwesenheit beider Parteien zwar nicht ausgeschlossen, aber völlig ins Belieben der Richtermacht gestellt war. Die Wohnungstür des dominus referens bildete eine informale Grenzstelle der Gerichts-

---

506 Zitat wie Anm. 123.

507 Dies betont: Saskia LIMBACH, Medien und Medialität, in: Decock, Konfliktlösung in der Frühen Neuzeit (wie Anm. 23), S. 83–90, hier S. 85; vgl. jedoch nunmehr: Verena KASPER-MARIENBERG, Jüdische Rechtspraxis und Justiznutzung in der deutschsprachigen Medienöffentlichkeit des 18. Jahrhunderts, in: Frühneuzeit-Info 34 (2023), S. 99–113.

508 Ein Beispiel für Letzteres noch aus dem Jahr 1790 bei PRÖSSLER, Solms-Laubach (wie Anm. 223), S. 20.

509 Zitat wie Anm. 123.

510 Wie Anm. 291.

511 Peter OESTMANN, Entscheidungsfindung und Entscheidungsdarstellung am Reichskammergericht, in: Amend-Traut/Czeguhn/Ders., Urteiler, Richter, Spruchkörper (wie Anm. 207), S. 371–386, hier S. 378.

organisation, hinter der juristische Expertise in hohem Maße durch Macht und Geld mikropolitisch kontaminiert wurde. Wenn bei alledem auch das Wiener Gastgewerbe auf seine Kosten kam, so schlicht und ergreifend deshalb, weil die Verfahrensgeschichte für viele Prozessführer:innen vor allem eines war: eine Geschichte des Wartens.[512]

Fazit: Die in der Literatur noch immer tradierten Rationalitätsmythen über frühneuzeitliche Relationstechnik halten dem „Vetorecht der Quellen"[513] nicht stand. Prozedural angelegte Studien zum Reichshofratsprozess können das durch Intransparenz gekennzeichnete epistemische Setting[514] der Ratswohnungen nicht länger ignorieren, da ebendort unter Rückgriff auf juristische Expertise und unter direktem Einfluss von Macht und Geld soziale in rechtliche Normen übersetzt wurden, was die kollegiale Deliberation zwar nicht notwendigerweise vorwegnahm, aber in vieler Hinsicht vorstrukturierte.

5. Die *protocolla rerum resolutarum* als Quelle zur Erforschung von Praktiken kollegialer Deliberation

5.1 Das Ergebnisprotokoll – eine black box?

Im Mai 1796 besuchte Reichshofrat Christian Ludwig zu Solms-Laubach Venedig und besichtigte wie unzählige Touristen vor und nach ihm den Dogenpalast. Ludivico Manin (1726–1802) war als letzter Doge noch in Amt und Würden, der Bau also noch kein Museum. Solms-Laubach bot sich deshalb Gelegenheit, einer Sitzung des obersten Zivilgerichts der Serenissima beizuwohnen. Direkt vor der Tür priesen jüdische Händler lautstark ihre Waren an und forderten Bettler kaum weniger energisch einen Obolus ein. Im Sitzungssaal ging es ebenfalls bunt zu. Advokaten ließen sich während der Verhandlung frisieren, gingen im Saal spazieren, schlugen auf Tisch und Stühle, schimpften und lärmten, plädierten bei alledem jedoch *sehr gut und sehr gelehrt.*[515]

---

512 Auch zu diesem aktuellen Forschungsfeld ließen sich folglich am Beispiel des Reichshofrats innovative Beiträge leisten. Siehe: Helmut PUFF, The Antechamber. Toward a History of Waiting, Stanford 2023.

513 Reinhart KOSELLECK, Standortbindung und Zeitlichkeit. Ein Beitrag zur historiographischen Erschließung der geschichtlichen Welt (1977), in: Ders., Vergangene Zukunft. Zur Semantik geschichtlicher Zeiten, Frankfurt am Main 1989, S. 176–207, hier S. 206.

514 Zum Begriff des epistemischen Settings: BRENDECKE, Imperium und Empirie (wie Anm. 103), S. 19.

515 So in einem Brief an die Mutter vom 11. Mai 1796, zitiert nach PRÖSSLER, Solms-Laubach (wie Anm. 223), S. 29.

Die Eindrücke des Grafen wirken irritierend, weil sie den Saal eines europäischen Zentralgerichts als einen sozialen Raum beschreiben, in dem Expertenwissen von Akteuren mit (jedenfalls aus heutiger Perspektive) äußerst geringer Affektkontrolle angewandt wurde. Wie wir spätestens seit Norbert Elias wissen, hing dies weniger mit dem mediterranen Temperament venezianischer Juristen als mit zeittypischen Dispositionen zusammen.[516] Selbst an den mit Professores Doctores besetzten Juristenfakultäten kam es noch im 18. Jahrhundert gelegentlich zu Schlägereien unter den Beisitzern.[517] Welche Universen der Praxis allerorts ins Schwarze Loch des Sitzungsprotokolls fielen, verdeutlicht die Autobiographie Karl Heinrichs von Lang, der in den 1780er Jahren als Sekretär der Regierung von Oettingen-Wallerstein ein ums andere Mal chaotisch verlaufene Sitzungen ins Reine zu schreiben hatte, während Präsident und Räte längst im Wirtshaus saßen.[518] Die Fähigkeit, das Leben „dem Protokoll gefügig zu machen",[519] war auch bei Reichshofratssekretären Einstellungsvoraussetzung. Der Griff an den Degen, durch den Reichshofrat Wolfgang IV. von Oettingen-Wallerstein 1670 dem Vizepräsidenten Leopold Wilhelm von Königsegg vor versammelter Mannschaft die Grenzen aufzeigte,[520] war ebenso wenig für die Augen der Nachwelt bestimmt wie das von wechselseitiger Verachtung geprägte Geschrei zwischen Pedanten und Staatsmännern Jahrzehnte später.[521]

Aber gerade weil es sich bei den Resolutionsprotokollen um eine hochformalisierte Quellengattung handelt,[522] geht von ihnen die reizvolle Herausforderung aus, invisibilisierte informale Praktiken sichtbar zu machen. Im Verbund einer interdisziplinären Justizforschung stehen organisationssoziologisch ausgerichtete Studien auch deshalb in einer gleichsam hilfswissenschaftlichen Bringschuld, weil absehbar ist, dass es sich bei den *protocolla rerum resolutarum*, von denen

516 Norbert Elias, Über den Prozeß der Zivilisation. Soziogenetische und psychogenetische Untersuchungen, 2 Bde., Frankfurt am Main 2021.

517 Döhring, Geschichte (wie Anm. 195), S. 270–276.

518 Karl Heinrich von Lang, Memoiren. Skizzen aus meinem Leben und Wirken, meinen Reisen und meiner Zeit, Bd. 1, Braunschweig 1842, S. 104

519 Franz Kafka, Das Schloß, 2. Aufl., Frankfurt am Main 2017, S. 133.

520 Einschlägig hierfür sind die Berichte des Reichsvizekanzlers an den Kaiser vom 20. Mai bzw. an den Kurfürsten von Mainz vom 25. Mai 1670 in: ÖStA HHStA, MEA, Reichshofrat, K. 7, Nr. 1; vgl. auch das diesbezügliche kaiserliche Dekret an Reichshofrat Crane in: RK, Verfassungsakten, RHR, K. 5, Konv. 2, Nr. 6. Die Auseinandersetzung entzündete sich an einem Verfahren um Alimente zwischen Maria Magdalena von Baden und Margareta Anna von Thun sowie Wilhelm und Wolfgang von Oettingen-Baldern. Protokoll und Akte: ÖStA HHStA, RHR, Resolutionsprotokolle, Bd. XVII/231, Bl. 72 bzw. RHR, Antiqua, K. 481, Nr. 20.

521 Siehe hierzu Kap. 4.8.

522 Gross, Reichshofkanzlei (wie Anm. 4), S. 247–256.

zwischen 1544 und 1805 688 Volumina zusammenkamen,[523] nach deren Digitalisierung um die am intensivsten genutzte Protokollserie handeln wird. Denn hier sind jene formalen Entscheidungen dokumentiert, durch die sich das nach 1648 in der Regel viermal wöchentlich tagende Kollegium als soziales System reproduzierte. In 250 Jahren summierte sich das zu rund 30.000 Sitzungstagen und etwa 500.000 *Conclusa*.[524] Auf diese Entscheidungen, ihre Herbeiführung, Verzögerung oder Verhinderung blieben auch sämtliche informalen Hinterbühnen des Reichshofrats bezogen. Und hier findet die Forschung zu Hunderttausenden jene Namen und Orte, die die Brücke zwischen Organisations- und Gesellschaftsanalyse schlagen. Wie Paul Beckus im vorliegenden Band am Beispiel der Domkapitel verdeutlicht, wird bereits die Zugänglichmachung der zeitgenössischen Protokollregister der allgemeinen Frühneuzeitforschung die geographische und soziale Reichweite reichshofrätlicher Tätigkeit vor Augen führen und den Weg zu den Akten ebnen. Die Forschenden, die diesen Wegen in Zukunft folgen werden, haben Anspruch auf die Bereitstellung methodischer Grundlagen, um das Optimum aus den vermeintlich spröden Protokollen herauszuholen und sie kritischer Gesellschaftsanalyse gefügig zu machen. Aus geschichtswissenschaftlicher wie aus rechtsgeschichtlicher Perspektive setzt dies die Sichtbarmachung jener Translationsprozesse voraus, die dem Sitzungsprotokoll zeitgenössisch eingeschrieben waren, und eben dies vermag eine empirische Organisationsforschung zu leisten.

Beginnen wir mit dem formalen Aufbau der Bände, den Abb. 2 illustriert. Im Anschluss an das Sitzungsdatum folgt zunächst eine Präsenzliste, die, beginnend mit dem Präsidenten über die Räte der Herrenbank links und jene der Gelehrtenbank rechts bis hin zu den beiden Sekretären der deutschen bzw. lateinischen Expedition unten die physische Sessionsordnung visualisiert, die der Forschung aus dem bereits vielfach publizierten „Uffenbachstich" (Abb. 9) wohlbekannt ist. Sodann folgen die behandelten Materien, denen jeweils ein Kürzel vorangestellt

523 Womit man wohlgemerkt die im Nachgang angefertigten und zum Jahresende gebundenen Reinschriften in Händen hält. Konzepte (*Rapularia*) liegen für den Zeitraum 1520–1806 im Umfang von 87 Kartons vor und wären im Rahmen von Studien zu Protokollierungspraktiken einzubeziehen. Auf eine nähere Analyse verzichte ich an dieser Stelle allein aus Platzgründen.

524 So die Schätzungen von Rasche, Urteil versus Vergleich (wie Anm. 146), S. 232. Zu den Sitzungen und deren Terminierung Gschliesser, Reichshofrat (wie Anm. 223), S. 78 f. Aus Platzgründen kann ich an dieser Stelle nicht näher auf die Frage der „Vollständigkeit" der Eintragungen eingehen. Hingewiesen sei jedoch darauf, dass zumindest zeitweise die Entscheidungen, die der Reichshofrat im 16. und 17. Jahrhundert als erbländische Revisionsinstanz traf, keinen Eingang in die Resolutionsprotokolle fanden. Siehe Eva Ortlieb, Der Reichshofrat als Revisionsgericht für Österreich, in: Leopold Auer/Eva Ortlieb/Ellen Franke (Hrsg.), Appellation und Revision im Europa des Spätmittelalters und der Frühen Neuzeit (Beiträge zur Rechtsgeschichte Österreichs, 1/2013), Wien 2013, S. 189–210, hier S. 194 f.

ist, das sich anhand der Präsenzliste auflösen lässt und den Referenten bezeichnet. Ganzbrüchig verzeichnet das Protokoll die vom Referenten vorgetragenen Exhibita, halbbrüchig den daraufhin gefällten Kollegialbeschluss.

5.2 Warum der Reichshofrat kein Votenprotokoll führte

Ein kritische Analyse dieser Bände könnte bei dem Befund ansetzen, dass der Reichshofrat im Gegensatz zum Reichskammergericht und zahlreichen frühneuzeitlichen Ständeversammlungen kein Verlaufs-, sondern nur ein Ergebnisprotokoll führte, obwohl ihm durch kaiserliche Dekrete von 1637 und 1766 anbefohlen wurde, die *rationes* der einzelnen Beisitzer in einem Votenprotokoll festzuhalten.[525] Erneut stoßen wir also auf jene massive und dauerhafte Verletzung von Dokumentationspflichten, die uns bereits bei den Relationen begegnet ist. Dabei wurde die Einführung eines Votenprotokolls 1766 im Kollegium von einer Minderheit vehement unterstützt. Reichshofrat Karl Friedrich Gärtner erklärte gegenüber Joseph II., ein solches Protokoll werde eine erhebliche Zeitersparnis mit sich bringen, *da die Erfahrung lehrt, wie offt über den Verstand eines Conclusi und den mentem collegii bey diser oder jener Resolution langwührige Deliberationes entstehen, die durch Einsicht der rationum decidendi in der Kürze gehoben werden könnten.*[526]

Mit Blick auf ein Kollegium, das seine Urteile nicht begründete, Relationen die längste Zeit hinweg nicht zu den Akten nahm und sich deshalb zur Sicherung einer im Zeitverlauf auch nur halbwegs kohärenten Entscheidungsfindung weitgehend auf die Erinnerung und die Notizen seiner Mitglieder verlassen musste, wirkt Gärtners Einschätzung völlig plausibel. Allerdings zog die Mehrzahl seiner Kollegen die Rationalitätsdefizite des überkommenen Procederes einem Verlaufsprotokoll vor, was vor allem damit zusammengehangen haben dürfte, dass die Dokumentation der einzelnen Voten die Anonymisierung des Entscheidungsprozesses aufgebrochen, fachliche Defizite offengelegt und es darüber hinaus ermöglicht hätte, einzelne Räte für ihr Abstimmungsverhalten ex post zur Verantwortung zu ziehen.[527]

---

525 Zahlreiche Gutachten hierzu in ÖStA HHStA, RK, Verfassungsakten, RHR, K. 8, Konv. 3, Nr. 2.

526 So in Gärtners *Wohlmeynung de anno 1766, wie einigen Mängeln des Reichshofraths abzuhelfen wäre*: ÖStA HHStA, RK, Reichsakten in specie, K. 29, unfol. Auch Gärtners Kollege von der Herrenbank Wolfgang Christoph von Überacker sprach sich 1766 für ein Votenprotokoll aus. Siehe ebd.

527 Die Überprüfung eines Votenprotokolls im Rahmen einer Visitation der Audiencia von Mexiko-Stadt im Jahr 1717 beschreibt ROSENMÜLLER, Corruption and Justice (wie Anm. 481), S. 198 f.

Abb. 9: Idealisierte Darstellung einer Reichshofratssitzung unter Kaiser Leopold I. Abbildung aus: Johann Christoph von Uffenbach, Tractatus singularis et methodicus de excelsissimo consilio caesareo-imperiali aulico, Frankfurt am Main 1700 (Foto: Manfred Huber).

Vor allem Letzteres musste Präsident und Räten bedenklich erscheinen, da sie es 1766 mit einem Kaiser zu tun hatten, der sie mit massiven Korruptionsvorwürfen konfrontierte. Das Kollegium verlegte sich deshalb auf Obstruktion und betonte, es sei unter Zeitdruck kaum möglich, die Entscheidungsgründe so vieler Räte zu erfassen und zu verschriftlichen. Diese einem juristischen Offenbarungseid nahekommende Erklärung verweist auf eine Tatsache, mit der sich die Forschung bislang kaum auseinandergesetzt hat, obwohl man bei Betrachtung des sattsam bekannten „Uffenbachstichs" förmlich darauf gestoßen wird: Der Reichshofrat war als Spruchkörper sehr groß. Eine statistische Auswertung der Präsenzlisten führt zu dem Befund, dass sich die durchschnittliche Zahl der teilnehmenden Räte zwischen 1610 und 1730 von sieben auf 16 erhöhte, wobei sieben Räten der Gelehrten- neun Mitglieder der Herrenbank gegenübersaßen.[528]

Aus der Perspektive einer Selbstbeschreibung ist diese Beobachtung viel zu konkret, um wissenschaftliches Interesse beanspruchen zu können. Eine Fremdbeschreibung darf die bemerkenswert hohe Teilnehmerzahl jedoch keinesfalls ignorieren, da den höfischen Politprofis des 17. und 18. Jahrhunderts wohlbe-

528 ÖStA HHStA, RHR, Resolutionsprotokolle, Bde. XVII/18; XVIII/74 u. 75. Herzlicher Dank an Stefanie Preisl-Peters für die Datenerfassung!

wusst war, dass die Erhöhung der Mittgliederzahl ein hocheffektives Mittel darstellte, um den Einfluss eines Kollegiums durch Ineffizienz zu verringern.[529] Die bereits mehrfach berührte Geschichte des Geheimen Rats und der Geheimen Konferenz ist die Geschichte von Kollegien, die im Zuge ihrer Expansion zu *Parlamenten*[530] herabsanken, die – wenn nicht grundsätzlich, so doch ad hoc – als Formalisierungsinstanzen für die Entscheidungen informaler, wesentlich exklusiverer Zirkel fungierten. Die oben beschriebenen Deputationen, die sich unter Karl VI. zur Reichsdeputation verdichteten, belegen, dass diese epochenspezifische Ex-Ante-Logik höfisch-kollegialen Entscheidens auch zahlreiche Reichshofratsverfahren prägte. Die heutigen Vorstellungen nicht entsprechende Größe des Kollegiums hatte also nichts damit zu tun, dass die Zeitgenossen nicht um die optimalen Bedingungen effektiven Entscheidens gewusst hätten. Wenn es vor 300 Jahren allein oder auch nur vorrangig um Prozessökonomie gegangen wäre, hätten die Kaiser ihren Reichshofrat in fünfköpfige Senate gegliedert. Das haben sie aber nicht getan.

5.3 *Allezeit in pleno*? Von Senaten und funktionalen Äquivalenten

Stattdessen schrieben sie in die Reichshofratsordnung von 1617, es solle der Präsident, *es were dan in gar geringen sachen, sy, unsere räth, in kheine absonderliche collegia abtheilen.*[531] Indem die Ordnung von 1654 diesen Passus wiederholte, fiel sie hinter ein 1637 erlassenes Dekret Ferdinands III. zurück, in dem es geheißen hatte,

> *weil die Sachen sich über die Maßen sehr häufen, daß fast alle Wochen fünfzig und mehr neue Sachen einkommen, so sollen zu Zeiten, nach Befinden des Präsidenten oder Vice-Präsidenten zwey Consilia gehalten (und) in deren einem die geringere, was communicationes, assignationes terminorum u. d. g. anlangen thut, erörtert, die schwerere aber in dem andern consultirt (werden), jedoch so, daß zu ein oder anderem ohne Unterschied der Räthe die Umwechselung geschehe; was aber gar wichtige Sachen, dieselbe in pleno, wie gebräuchig, berathschlagt werden sollen.*[532]

---

529 So mit Blick auf den Geheimen Rat des 17. Jahrhunderts Hengerer, Kaiserhof und Adel (wie Anm. 36), S. 290.

530 So der böhmische Hofkanzler Graf Johann Wenzel Wratislaw von Mitrowitz mit Blick auf Bestrebungen unter Josef I., die Geheime Konferenz zu vergrößern. Zitiert nach Hantsch, Schönborn (wie Anm. 209), S. 143.

531 Reichshofratsordnung von 1617 Tit. I, zitiert nach: Sellert, Ordnungen (wie Anm. 3), Bd. 1, S. 166, analog: Reichshofratsordnung von 1654 Tit. I § 15, abgedruckt ebd., Bd. 2, S. 84, mit Anm. 427 zur Diskussion um diesen Passus.

532 Zitiert nach: Senckenberg, Abhandlung (wie Anm. 422), S. 11 f.

Normativ wurde Senatsbildung somit zwischen 1637 und 1654 von der Regel zu einer Ausnahme. Allerdings setzte man 1654 die Bildung von Senaten bei Prozessen zwischen katholischen und protestantischen Parteien, bei Streitigkeiten um die Auslegung der Reichsgesetze[533] und im Revisionsverfahren stillschweigend voraus.[534]

Warum es trotz allem niemals zu einer regulären Einrichtung von Senaten gekommen ist,[535] erläuterte 1799 Renatus Karl von Senckenberg, der durch seinen über viele Jahre hinweg im Reichshofrat tätigen Vater über Informationen aus erster Hand verfügte. Die Ursache habe *in dem großen Haß der Reichsstände gegen die sogenannte Deputationen* [bestanden], *da manchmal wichtige Sachen nur durch etliche dazu nach Gunst und gewissen Absichten bestellte Räthe entschieden wurden.* [...] *Deputationen und Senate sind verwandt.*[536] Die Hofburg habe diese Kritik an einer politisch motivierten Geschäftsverteilung instrumentalisiert, um die in Religionskonflikten eigentlich vorgeschriebene Bildung konfessionsparitätisch besetzter Senate zu vermeiden – und damit es *nicht hieße, daß man allein diese unterlasse, so machte man auch keine für die geringe Sachen.*[537] Bereits Zeitgenossen haben demnach erkannt, dass das juristisch irrationale Plenarprinzip rationale politische Hintergründe hatte.

In praxeologischer Hinsicht drängt sich die Frage auf, was es eigentlich hieß, dass sich anno 1730 in der Reichshofratstube[538] 16 und mehr Beisitzer nebst Präsident und zwei Sekretären drängten. Reichshofrat Lyncker notierte 1712, es könnten sich die Räte *an der allzulangen Tafel,* [...] *in ihren ex scripto hergelesenen Vorbringen, referiren und votiren nicht völlig und durchgehends verstehen* [...] *wann sie nicht starck rufen und* [...] *in genauer Aufmerksamkeit und Stille* [sich] *die Müh dazu geben.*[539] Dennoch expandierte das Kollegium munter weiter, wäh-

533 Hierzu Senckenberg, Abhandlung (wie Anm. 422), S. 18–23.

534 Nämlich durch die Verordnung, es sollten die Akten durch Räte bearbeitet werden, *welche bey fellung deß ersten urthels nit gewesen oder doch deß re- unnd correferenten stell nit vertreten.* Reichshofratsordnung von 1654 Tit. V § 7, zitiert nach: Sellert, Ordnungen (wie Anm. 3), Bd. 2, S. 190; vgl. Senckenberg, Abhandlung (wie Anm. 422), S. 20 f. Anhand der Referenten- und Resolutionsprotokolle ließe sich die Praxis der Geschäftsverteilung bei Revisionen prüfen, für die erstere zum Teil eigene Rubriken enthalten.

535 Ein Reichskammergerichtsprokurator schlug 1767 vor, den Reichshofrat mit 24 Räten zu besetzen und vier Senate mit jeweils zwei protestantischen Beisitzern einzurichten, um den Reichshofrat in den Stand zu setzen, *das dreifache von demjenigen zu leisten, was er gegenwärtig an Geschäften bestreitet*: Christian Jacob von Zwierlein, Vermischte Briefe und Abhandlungen über die Verbesserung des Justizwesens am Kammergerichte mit patriotischer Freimütigkeit entworfen, Bd. 1, Berlin 1767, S. 80.

536 Senckenberg, Abhandlung (wie Anm. 422), S. 24.

537 Ebd., S. 25.

538 Vgl. Anm. 1.

539 Zitat wie Anm. 233.

rend der rechteckige Tisch länger und länger wurde. 1740 lesen wir bei Burkhardt, es habe sich *der Numerus auff der Herren-Banck in denen letzteren Jahren so gehäuffet, daß die Räthe keinen genugsamen raumb zu sitzen gehabt und dahero der Rath-Tisch an selbiger seithen mit einem sehr ungestalten zusatz in formb eines halben Monds erweiteret werden müssen.*[540]

Obwohl die Zahl durchschnittlich teilnehmender Beisitzer über 14 im Jahr 1780 bis auf elf im Jahr 1800 sank,[541] liegen noch aus dem ausgehenden 18. Jahrhundert Aussagen von Zeitzeugen vor, die die Sitzordnung als diskussionsfeindlich wahrnahmen. So bemerkte der Mainzer Erzkanzler Friedrich Karl von Erthal anlässlich der Eröffnung des Reichshofrats Leopolds II. im Oktober 1790, *daß ein runder Tisch wegen des Votirens besser und bequemer seyn möchte als die beim Reichshofrathe herkömmliche lange Tafel, wo man zu weit voneinander entfernt wäre.*[542] Dieser Vorschlag wurde nicht aufgegriffen, weil man bis 1806 an der überkommenen Gliederung in Herren- und Gelehrtenbank festhielt, die seit den 1780er Jahren an zahlreichen anderen Kollegien aufgegeben wurde.[543] Zumal angesichts des fortgeschrittenen Alters vieler Räte, deren Dienstzeitende vor allem auf der Gelehrtenbank der conditio humana unterlag, können Studien zu reichshofrätlicher Rechtserzeugung den Befund nicht außer Acht lassen, dass das raumsoziologische Setting in starkem Maße der darstellenden Praxis verpflichtet blieb und die deliberative Herstellung der Entscheidung zwar keineswegs ausschloss, jedoch sehr wohl entmutigte.

Nach der Digitalisierung der Resolutionsprotokolle könnte eine KI-gestützte Analyse kollegialer Deliberation mit einer statistischen Auswertung der Präsenzlisten beginnen, um zunächst die Sitzungsteilnahme zu erfassen und sodann nach Koinzidenzen zwischen der personellen Zusammensetzung des Spruchkörpers und den jeweils behandelten Materien und involvierten Parteien bzw. Agenten zu fahnden. Auf diese Weise ließen sich nicht nur Freundschaftsdienste einzelner Reichshofräte aufdecken,[544] sondern auch der Wahrheitsgehalt zeitge-

---

540 Zitat wie Anm. 123.

541 So nach den Präsenzlisten in ÖStA HHStA, RHR, Resolutionsprotokolle, Bde. XVIII/193 u. 194; XIX/1 u. 2. Dabei verschob sich auch das Verhältnis zwischen Herren- und Gelehrtenbank von 6:8 auf 5:6. Erstere büßte also ihr Übergewicht, über das sie unter Karl VI. verfügt hatte, nach 1750 ein.

542 ÖStA HHStA, RHR, Resolutionsprotokolle, Bd. XVIII/219, Bl. 3 f.

543 Im habsburgischen Machtbereich beispielsweise 1782 am niederösterreichischen Appellationsgericht und 1789 an der Niederösterreichischen Regierung: Alfred Waldstätten, Staatliche Gerichte in Wien seit Maria Theresia. Beiträge zu ihrer Geschichte. Ein Handbuch, Innsbruck 2011, S. 55.

544 Beispielsweise erklärte Reichshofrat Gottlieb von Windisch-Graetz 1665 gegenüber dem Grafen von Harrach, er reise nur ungern von seinem Gut Trauttmansdorf zurück an den Hof, *weill es aber einen so guten freind alls den Graf von Hohenloe betrifft, dessen Prozeß referirt wirdt, muß ichs gleich verschmertzen.* Zitiert nach: Hengerer, Kaiserhof und Adel (wie Anm. 36), S. 201.

nössischer Behauptungen untersuchen, man habe protestantische Räte gezielt mit auswärtigen Kommissionen betraut, um in deren Abwesenheit konfessionspolitisch heikle Entscheidungen durchs Plenum zu bringen.[545] An dieser Stelle kann dank der Arbeit von Sonja Donabaum zumindest eine Stichprobe für das Jahr 1730 geboten werden, in dem das Reichshofratsplenum zu 191 Sitzungen zusammenkam.

Tab. 2: Präsenz von Präsident, Räten und Sekretären in den Sitzungen des Jahres 1730

Johann Wilhelm von Wurmbrand (Präsident)			**161**
Herrenbank		**Gelehrtenbank**	
Johann Adolf von Metsch (Vizepräsident)	149	Anton Esaias von Hartig	135
Friedrich Karl von Danckelmann	167	Johann Heinrich Berger	114
Christoph Heinrich von Stein	124	Karl Ludwig Hilleprand von Prandau	181
Johann Gottfried von Beck	132	Josef Anton von Stockhammer	145
Johann Adam von Questenberg	86	Johann von Binder	162
Johann von Bartholotti	156	Johann Jordan von Albrechtsburg	166
Franz Wenzel von Nostitz	72	Johann Christoph Burkhardt v. der Klee	151
Johann Ferdinand von Kuefstein	-	Heinrich Bernhard Wucherer	181
Karl Anton von Serényi	65	Johann Balthasar von Wernher	191
Julius Franz von Hamilton	88		
Johann Friedrich von Roth	135		
Korfix Anton von Ulfeld	84		
Leopold Ignaz von Heuwel	25		
Heinrich Karl von Ostein	110		
Josef von Dernath	175		
Wolf Siegmund von Jaxtheim	160		
Johann Hayek von Waldstätten (Sekretär der lateinischen Expedition)	173	Glandorf (Sekretär der deutschen Expedition)	188

545 Sellert, Prozeßgrundsätze (wie Anm. 75), S. 342; Ders., Zur Parteilichkeit und religionsparitätischen Besetzung des Reichshofrats, in: Inge Kroppenberg/Martin Löhnig/Dieter Schwab (Hrsg.), Recht – Religion – Verfassung. Festschrift für Hans-Jürgen Becker zum 70. Geburtstag, Bielefeld 2009, S. 225–238, hier S. 234.

Eine Analyse der Präsenzlisten führt zu dem Ergebnis, dass lediglich der Benjamin des Kollegiums, nämlich der im September 1729 auf der Gelehrtenbank introduzierte Johann Balthasar von Wernher, an allen Sitzungen teilnahm. Im Durchschnitt war ein Rat der Herrenbank in 108 und ein Kollege von der Gelehrtenbank in 158 Sitzungen präsent. Diese Diskrepanz verweist noch einmal auf die standesspezifischen Funktionen der teils in diplomatischen Missionen abwesenden Mitglieder der Herrenbank. Zumal in Kombination mit Exhibiten- und Referentenprotokoll würde es die massenhafte Erfassung der Präsenzlisten erlauben, das prozessuale Zeitmanagement zum Gegenstand einer Fremdbeschreibung zu machen. So ließe sich etwa fragen, ob mit der Zuschreibung von immerhin sieben Verfahren an den dauerhaft abwesenden Grafen von Kuefstein[546] ein Verschleppungskalkül einherging. Das analytische Potential der Sitzungsprotokolle lässt sich jedoch nur dann voll ausschöpfen, wenn man sich den Bänden nicht positivistisch, sondern nach dem Sapere-Aude-Prinzip annähert, denn bei der Kombination zwischen Präsenz und Entscheidung ist Vorsicht geboten.

Die Suche nach Wegen hinter die protokollierte Schaufassade des Reichshofrat könnte bei dem zitierten kaiserlichen Dekret von 1637 beginnen, das zur Erledigung der *geringeren* Sachen die Bildung von Senaten vorsah. Dieser Befehl illustriert das Dilemma, das sich der Reichshofrat durch den politisch motivierten Verzicht auf die 1617 geplante Audienz[547] eingehandelt hatte. Indem man sich von den Agenten distanzierte, schirmte man sich zwar vor den Unwägbarkeiten formaler Interaktion ab, beraubte sich jedoch zugleich eines Forums, auf dem die Parteienvertreter ihr schriftliches Vorbringen untereinander hätten austauschen können. Stattdessen stellte der Reichshofrat die Annahme der Schriftsätze unter einen diskreten präsidialen Genehmigungsvorbehalt (denn nichts anderes war das Präsentationsrecht), disziplinierte die Schreibpraktiken der Agenten und stärkte die Richtermacht über die aktenmäßige Verfahrensgeschichte. Zumal mit Blick auf den Kommunikationsprozess, auf dessen große Bedeutung bereits Wolfgang Sellert hingewiesen hat,[548] war der hierfür zu zahlende Preis erheblich. All die Kommunikationen, mit denen die Prozesse am Laufen gehalten wurden, mussten vom Plenum in Ermangelung einer Audienz förmlich als Kollegialakt beschlossen und protokolliert werden, und für die den Parteien großzügig gewährten Fristverlängerungen galt dasselbe.

Aufgrund dieser Rahmenbedingungen fiel das Verhältnis zwischen prozessleitenden Verfügungen (*currentia*) und Endurteilen am Reichshofrat besonders

546 Siehe oben Tab. 1.

547 Siehe hierzu Kap. 3.2.

548 Sellert, Prozeßgrundsätze (wie Anm. 75), S. 191–194; vgl. zum Kommunikationsprozess die Neuinterpretation, die Peter Oestmann in seinem Beitrag zu diesem Band liefert.

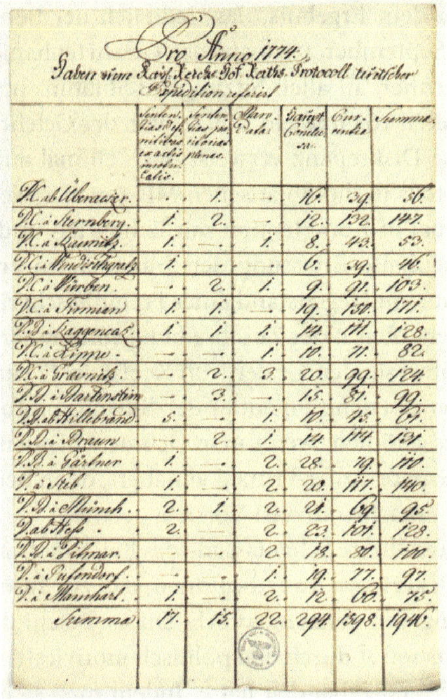

Pro Anno 1774.
Haben vom Kays. Reichs Hof Raths Protocoll teutscher Expedition referirt

	Sententias def. ex actis inrotulatis	Sententias pro victoriae planae	Parere Vota	Haupt Conclusa	Currentia	Summa
H. ab Ubermaier	—	1.	—	16.	39.	56.
V.C. à Sternberg	1.	2.	—	12.	132.	147.
V.C. à Kaunitz	1.	—	1.	8.	43.	53.
V.C. à Windischgrätz	1.	—	—	6.	39.	46.
V.C. à Wurben	—	2.	1.	9.	91.	103.
V.C. à Firmian	1.	1.	—	19.	150.	171.
V.B. à Raggenerz	1.	1.	1.	14.	111.	128.
V.C. à Lippe	—	—	1.	10.	71.	82.
V.C. à Grawnitz	—	2.	3.	20.	99.	124.
V.B. à Bartenstein	—	3.	—	15.	81.	99.
V.B. ab Hillebrand	5.	—	1.	10.	45.	61.
V.B. à Braun	—	2.	1.	14.	114.	131.
V.B. à Gärtner	1.	—	2.	28.	79.	110.
V. à Steb.	1.	—	2.	20.	117.	140.
V.B. à Meinch	2.	1.	2.	21.	69.	95.
V. ab Hess	2.	—	2.	23.	101.	128.
V.B. à Pihmar	—	—	2.	18.	80.	100.
V. à Pufendorf	—	—	1.	19.	77.	97.
V. à Mannhart	1.	—	2.	12.	60.	75.
Summa	17.	15.	22.	294.	1598.	1946.

Abb. 10: Ausweislich einer zeitgenössischen Erledigungsstatistik entfielen 82 % aller 1774 in der deutschen Expedition gehaltenen Referate auf prozessleitende Verfügungen (ÖStA HHStA, RK, Verfassungsakten, RHR, K. 9/10, Bl. 63).

krass aus. Zeitgenössischen Erhebungen zufolge entfielen 1757 in der deutschen Expedition bei 1.771 Referaten 1.616 auf *currentia* und 12 auf Endurteile, 1767 bei 1.460 Referaten 1.161 auf *currentia* und 6 auf Endurteile und 1775 bei 1.946 Referaten 1.522 auf *currentia* und 12 auf Endurteile.[549] Nun ist allerdings der Zeitpunkt erreicht, sich seines eigenen Verstandes ohne Anleitung eines protokollführenden Sekretärs zu bedienen. Kann all das wirklich stimmen? Haben im Reichshofratsplenum des Jahres 1730 15 Räte der Reihe nach *placet* gesagt, nachdem der Berichterstatter auf die Kommunikation eines Schriftsatzes angetragen hatte, zu dessen Referat weder die nötige Zeit vorhanden war noch die prozessuale Notwendigkeit bestand – und dies über das Jahr verteilt etwa tausendmal? Lag es angesichts der Tatsache, dass das Resolutionsprotokoll die Grundlage für das Anschlagsprotokoll[550] bildete, mit dessen Hilfe sich die

549 ÖStA HHStA, RK, Verfassungsakten, RHR, K. 9/10, Bl. 39, 47, 69. Es kann folglich keine Rede davon sein, es seien, wie in der Literatur gelegentlich behauptet, auf einer durchschnittlichen Reichshofratssitzung „bis zu zwölf Fälle zur Erledigung" gekommen. So hingegen: Friedrich Hertz, Die Rechtsprechung der höchsten Reichsgerichte im römisch-deutschen Reich und ihre politische Bedeutung, in: MIÖG 69 (1961), S. 331–358, hier S. 356; Aretin, Das Alte Reich (wie Anm. 405), Bd. 1, S. 89.

550 Das Anschlagsprotokoll fertigten die Sekretäre der beiden Expeditionen im Nachgang der Sit-

Agenten über die Beschlüsse jedes Sitzungstages informierten, nicht nahe, vor der Umwelt qua Protokoll eine Schaufassade aus Plenarbeschlüssen zu errichten, dahinter jedoch auf funktionale Äquivalente jener Senate zurückzugreifen, die es aus konfessionspolitischen Gründen nicht geben durfte?

Mit Blick auf den Reichshofrat Leopolds I. lesen wir beim teilnehmenden Beobachter Portner, dass,

> *wann nur ausser dem Praesidenten drey Räthe vorhanden sind, daß der Anfang von kleinerern Sachen, ex prorogationibus Terminorum, Decretis Communicatoriis, in Sachen, welche schon in processu begriffen, Transcriptionibus Commissionum, decernendis Actorum Publicationibus vel Inrotulationibus oder in Resolvirung solcher Memoralien, die bloß ad Acta gehören, gemacht wird, biß mehr Räthe herbey kommen.*[551]

Portners Bericht belegt eine informale, in den Resolutionsprotokollen verschleierte Bildung von Sitzgruppen zur Bearbeitung der *currentia*. An dieser Praxis, die vor 1654 zurückzureicht,[552] hielt man offenbar über Jahrzehnte hinweg fest und scheint kurzzeitig sogar daran gedacht zu haben, sie zu formalisieren. Jedenfalls erklärte der Reichsvizekanzler dem hannoverschen Gesandten 1722, dass im geplanten Reichskanzleitrakt

---

zungen an. Es umfasste neben den Namen der Parteien eine schlagwortartige Benennung der Prozessart bzw. des Streitgegenstandes. Anhand dieses Protokolls, das zu Beginn des 18. Jahrhunderts an der Tür der Privatwohnungen der Sekretäre, später in einen Kasten im zur Reichshofratsstube führenden Stiegenhaus angebracht wurde, erfuhren die Agenten von Beschlüssen in Verfahren ihrer Mandanten. Sodann konnten sie beim Sekretär einen Auszug aus dem Resolutionsprotokoll und ein sogenanntes Expediendum beantragen, mit dem im Taxamt gegen Entrichtung der Kanzleigebühr die Ausfertigung zu erwirken war. Hierzu zeitgenössisch etwa: Häberlin, Repertorium (wie Anm. 12), Bd. 4, S. 325. Darüber hinaus erweckte das Anschlagsprotokoll auch das Interesse einer breiteren Öffentlichkeit, die auf diese Weise einen Überblick über die am Reichshofrat verhandelten Verfahren erlangte. Das Regensburgische Diarium veröffentlichte in den 1760er Jahren reichshofrätliche Anschlagsprotokolle (etwa in der Ausgabe vom 28. September 1762). 1789 plante die Wetzlarische Zeitung ein wöchentliches Extrablatt, in dem unter anderem das Anschlagsprotokoll publiziert werden sollte. Siehe hierzu das Intelligenzblatt der Allgemeinen Literatur-Zeitung, No. 121 vom 17. Oktober 1789, Sp. 1007; vgl. zum Anschlagsprotokoll auch Dorfner, Mittler zwischen Haupt und Gliedern (wie Anm. 26), S. 169. In zahlreichen Archiven wird man auf Abschriften der Anschlagsprotokolle stoßen. So etwa aus den 1720er Jahren in: NLA OS, Rep 100, Abschnitt 6, Nr. 1.

551 So in Portners *Notae perpetuae ad ordinationem judicii imperii aulici novissimam.* Zitiert nach: Cramer, Manuale (wie Anm. 143), S. 22.

552 Bereits in einem kurmainzischen Gutachten zur Ordnung von 1654 wird gefordert, es sollten *vor der ordinarirathsstundt keine sachen furgenommen werden.* Zitiert nach Sellert, Ordnungen des Reichshofrates (wie Anm. 3), S. 198.

> *auch vor den RHRath noch ein paar Zimmer mehr angebauet werden könten, damit in den currentibus wie beym Cammer-Gericht der RhRath sich in etliche kleinere senatus auf einige Zeit separiren und die communicationes, terminos und was sonst zu beforderung des processus nöthig ist, expediren und dann wieder in pleno zusammen kommen und pro decisione decidendorum deliberiren könnte.*[553]

Hiervon ging man jedoch wiederum ab, weil man nicht auf die Schaufassade verzichten wollte, nach der am Reichshofrat jede Entscheidung *in pleno* getroffen werde. Was Burkhardt 1740 schreibt, gleicht der Schilderung Portners aus dem 17. Jahrhundert wie ein Ei dem anderen. Denn noch immer war es so, *daß mann ex parte Praesidii denenjenigen, welche etwa ene halbe stund früher in Rath gekommen, allen Vorschub gegeben, ihre Sachen ahnzubringen, wann auch nur zwey Räthe beysammen gewesen.*[554] Informale Sitzgruppen als funktionale Äquivalente von Senaten waren demnach über lange Jahre hinweg ein fester, im Resolutionsprotokoll jedoch invisibilisierter Bestandteil kollegialen Entscheidens. In methodischer Hinsicht relativiert dieser Befund zumindest mit Blick auf die zahlreichen *currentia* die Aussagekraft der Präsenzlisten erheblich, da nicht vorausgesetzt werden kann, dass die verzeichneten Räte bei allen protokollierten Entscheidungen tatsächlich anwesend waren. Dieses auch bei anderen Spruchkörpern der Vormoderne begegnende Problem[555] ist alles andere als eine Lappalie, denn die am Kaiserhof so verbreitete Verzögerung bzw. Verweigerung von Justiz bedurfte keiner *definitiva*, sondern bediente sich mit Fristverlängerungen und Kommunikationen gerade jener *currentia*, von denen ein nicht unerheblicher Teil in informalen Sitzgruppen unter maximalem Zeitdruck durchgepeitscht worden sein dürfte. Eben deshalb kritisierte Burkhardt diese *extra horam legalem*[556] laufende Praxis, die bereits *verschiedene ungleiche reden verursachet* habe.

5.4 Vom *ordo causarum* zum *ordo pecuniarum*: zur Kommodifizierung der Tagesordnung

Die Beobachtung, dass der Reichshofrat das Plenarprinzip zumindest zeit- und teilweise aufgab, um die Masse der prozessleitenden Verfügungen bewältigen zu können, leitet über zur Frage, wie überhaupt die Tagesordnung zustande kam.

---

553 Niedersächsisches Landesarchiv Abteilung Osnabrück, Rep. 100, Abschnitt 6, Nr. 2, Bl. 3.

554 Zitat wie Anm. 123.

555 Beispielsweise stimmten im 18. Jahrhundert auch an der Göttinger Juristenfakultät verspätet zur Sitzung erschienene Beisitzer nachweislich über Urteile ab, deren Vortrag sie gar nicht mit angehört hatten: Engelbert Klugkist, Die Göttinger Juristenfakultät als Spruchkollegium (Göttinger rechtswissenschaftliche Studien, 5), Göttingen 1952, S. 69.

556 Dies und das folgende Zitat wie Anm. 123.

Die Forschung hat dieses Problem bislang unbearbeitet liegen lassen, obwohl an allen frühneuzeitlichen Justizkollegien von einer mehr oder weniger ausgeprägten Diskrepanz zwischen Geschäftsanfall und Erledigung auszugehen ist, so dass die Entscheidung zur Entscheidung des einen Verfahrens stets mit der Entscheidung zur Nichtentscheidung zahlreicher anderer Verfahren identisch war. Allemal gilt hier also die Devise Max Webers: „Herrschaft ist im Alltag primär: Verwaltung."[557]

Beginnen wir mit den Formalien. In zeittypischer Weise enthielt die Reichshofratsordnung mit dem *ordo personarum* und dem *ordo causarum* zwei ineinandergreifende Steuerungsmechanismen zur Regelung der Bearbeitungsreihenfolge.[558] Der *ordo personarum* lag dem als *Turnus* bezeichneten Rotationssystem zugrunde, das festlegte, welcher Berichterstatter mit dem Vortrag seiner Referate an der Reihe war. Der *ordo causarum* enthielt Richtlinien für die Reihenfolge, in der jeder einzelne Rat die ihm zugeteilten Sachen zu referieren hatte. Bevorzugt zu bearbeiten waren demnach Verfahren, deren Beschleunigung durch kaiserlichen Befehl angeordnet wurde, oder die Klöster, Inhaftierte, Arme, Witwen und Waisen betrafen. Auch fiskalische Prozesse zählten zur Gruppe *privilegierter* Verfahren.[559]

Am Reichshofrat hat dieses System allerdings ebenso wenig funktioniert wie am Reichskammergericht.[560] Im Dekret, das Karl VI. 1714 an Präsident und Räte richtete, heißt es, es sei *eine zeithero mit referirung der processen langsamb hergegangen und darinnen keine rechte ordnung gehalten, sondern nach willkühr und gelegenheit der referenten dieser oder jener proceß vorgenohmen und referiret worden und dahero animositeten unter denen räthen, klagen und üble nachreden unter denen partheyen und vielleicht gar eine verzöger- und hemmung der justitz entstanden.*[561] Dass an die Stelle des Turnus vielfach die Willkür der Referenten trat, bedeutete jedoch keineswegs, dass aus dem Reichshofrat eine *Zahlen-Lotterie* geworden wäre, bei der *es von dem Zufall abhängt, welche fünf Nummern herauskommen und welche fünf und achtzig im Glücksrade stecken bleiben.*[562] Die informalen Strukturbildungen, auf die das Dekret von 1714 reagierte, waren nicht

557 Max Weber, Wirtschaft und Gesellschaft, 4. Aufl., Tübingen 1956, S. 545.

558 Schenk, Unbeobachtet vorübergegangen (wie Anm. 54), S. 335.

559 Siehe Reichshofratsordnung von 1654 Tit. IV §§ 7–10, abgedruckt bei Sellert, Ordnungen des Reichshofrates (wie Anm. 3), Bd. 2, S. 164–166.

560 Hierzu zeitgenössisch: Wilhelm August Rudloff, Unpartheiischer Bericht von dem Turnus oder der persönlichen Reihe im Referiren an Kaiserlichen und Reichs-Cammergericht, o. O. 1771, S. 38 f.

561 Zitiert nach Sellert, Ordnungen des Reichshofrates (wie Anm. 3), Bd. 2, S. 282.

562 Dieses und das folgende Zitat nach Rudloff, Bericht von dem Turnus (wie Anm. 560), S. 11.

weniger rational als jene formalen Normen, die sie unterwanderten. Es ging nicht um Zufall, sondern um Ursache und Wirkung.

Im Grunde war es ganz einfach: Wenn beispielsweise ein Michael Achatius Kirchner 1.000 Reichstaler vom hannoverschen Gesandten angenommen hatte, um *in den Sachen auf was rechtschaffenes zu arbeiten*[563] und zumindest *ein favorables interlocut* herbeizuführen, musste er liefern. Hätte er nicht geliefert, wäre er kaum in der Lage gewesen, 150.000 Gulden in den Erwerb böhmischer Latifundien zu investieren.[564] Um aber zu liefern, brauchte Kirchner Redezeit im Plenum, und diese Zeit hat er sich – wovon das in den Protokollen omnipräsente Kürzel „Ki" zeugt – genommen. Die Präsidenten spielten bei alledem entweder als Patronagemanager mit, oder es waren ihnen die Hände gebunden, weil es sich bei jenen Referenten, die ihre Relationstechnik wie Kirchner am stärksten kommerzialisiert hatten, regelmäßig um deputierte Räte mit privilegiertem Zugang zum Kaiser handelte. Schon Lyncker identifizierte 1712 genau diese Räte als jene Kollegen, *welche fort und fort referiren und die meiste Zeit im Rath wegnehmen*,[565] und rund 20 Jahre später berichtete auch Vizekanzler Schönborn, Präsident Wurmbrand getraue sich nicht, den Turnus gegen den Widerstand solcher Räte wiederherzustellen, sondern lasse die Dinge laufen.[566]

Wie Matthias Schnettger am Beispiel eines in den 1730er Jahren geführten Prozesses zwischen der Republik Genua und dem ligurischen Reichslehen Finale aufgezeigt hat, bestimmten informale Geldströme aber nicht nur darüber, was beschleunigt ins Plenum gelangte, sondern auch darüber, was überhaupt nicht vorgetragen wurde. In dem Verfahren hatten nämlich beide Parteien mit Bestechungsgeldern nicht gespart, so dass das Kollegium einschließlich Referent und Korreferent in zwei Lager zerfiel, der Referent seine Relation zurückhielt und das Verfahren in der Schwebe blieb.[567] Der oben bereits geschilderten massiven Einwirkung symbolisch generalisierter Erfolgsmedien auf die häusliche Praxis der Relationstechnik folgte also die Kommodifizierung der Redezeit im Plenum auf dem Fuße. In aller Deutlichkeit lässt sich dies 1740 bei Burkhardt nachlesen, von dem wir erfahren, dass das Kollegium die Klagen armer Parteien entgegen der Reichshofratsordnung schon längst nicht mehr als grundsätzlich privilegiert

563 Hannoverscher Gesandtenbericht von 1704, zitiert nach: Hans-Joachim BALLSCHMIETER, Andreas Gottlieb von Bernstorff und der mecklenburgische Ständekampf (1680–1720) (Mitteldeutsche Forschungen, 26), Köln/Graz 1962, S. 89.

564 Friedrich UHLHORN, Die böhmische Linie des Hauses Solms-Lich, in: Hessisches Jahrbuch für Landesgeschichte 9 (1959), S. 86–119, hier S. 118. Schon Lyncker brachte die Transaktion mit den durch Korruption generierten Einkünften Kirchners in Verbindung. Siehe Anm. 233.

565 Zitat wie Anm. 233.

566 Siehe Anm. 575.

567 SCHNETTGER, „Principe sovrano" (wie Anm. 397), S. 332.

betrachtete,[568] sondern dies nur noch an den beiden letzten Sitzungstagen vor Ostern und Weihnachten tat, sofern nichts anderes dazwischenkam. Während die flehenden Klagen der Mühseligen und Beladenen *durch die Wolcken*[569] drangen, erinnerte Burkhardt den Erzbischof des heiligen Stuhls zu Mainz an das Wort Gottes: *Quod uni ex minimis meis facitis, hoc mihi facitis.*

Verknüpfte man die statistische Analyse der Resolutionsprotokolle sowohl mit den Exhibiten- und Referentenprotokollen als auch mit der Parteienüberlieferung, generierte man folglich Big Data zur Beschreibung frühneuzeitlicher „Jurisdiktionsökonomie"[570] und wäre dazu in der Lage, die Rolle von Macht und Geld bei der Mobilisierung und Demobilisierung von Recht mit einer Präzision zu beschreiben, die mit Blick auf die Frühe Neuzeit ihresgleichen suchte. Auf dieser Grundlage könnte eine akteurszentrierte Fremdbeschreibung die Relationstechnik als eine soziale Praxis analysieren, die nicht nur den Weg zum Recht, sondern auch eine Barriere vor dem Recht darstellte.

5.5 Die Reichshofratsstube als Ort juristischer Deliberation

Eine Fremdbeschreibung kollegialen Entscheidens verfehlte ihren Gegenstand, wenn sie es bei dem Hinweis auf Macht und Geld beließe und darüber das Rechtsgespräch selbst aus den Augen verlöre. Die Betonung liegt auf Gespräch, denn bei den uns überlieferten Schriftquellen handelt es sich um materiale Artefakte einer juristischen Rhetorik,[571] die ihre Primärwirkung im Sitzungssaal nicht als geschriebener Text, sondern als mündliche Face-to-Face-Kommunikation entfaltete. Mit Blick auf diese Interaktion kann man sich nicht mit der vagen Feststellung begnügen, dass in der Hofburg die Sprechakte von Präsident und Räten in keiner herrschaftsfreien Situation[572] aufeinandertrafen. Vielmehr gilt es, das Spannungsverhältnis zwischen dem „zwanglosen Zwang des besseren

568 Zur Privilegierung von *miserabiles personae* vor den Gerichten der Frühen Neuzeit: Thomas Duve, Sonderrecht in der Frühen Neuzeit. Studien zum ius singulare und den privilegia miserabilum personarum, senum und indorum in Alter und Neuer Welt (Studien zur europäischen Rechtsgeschichte, 231), Frankfurt am Main 2008, S. 102–137.

569 Dies und das folgende Zitat wie Anm. 123.

570 Begriff nach: Michael Ströhmer, Jurisdiktionsökonomie im Fürstbistum Paderborn. Institutionen – Ressourcen – Transaktionen (1650–1800) (Westfalen in der Vormoderne, 17), Münster 2013.

571 Hierzu: Ulrich Falk, Rhetorik in: Albrecht Cordes/Heiner Lück/Dieter Werkmüller (Hrsg.), Handwörterbuch zur deutschen Rechtsgeschichte, 2. Aufl., 32. Lieferung, Berlin 2024, Sp. 1963–1967.

572 Vgl. Jürgen Habermas, Wahrheitstheorien, in: Helmut Fahrenbach (Hrsg.), Wirklichkeit und Reflexion. Walter Schulz zum 60. Geburtstag, Pfullingen 1973, S. 211–265, hier S. 255 f.

Arguments"[573] und der faktischen Motivation der Sprechenden in seiner Epochenspezifik zu vermessen, was aus geschichtswissenschaftlicher wie aus rechtshistorischer Perspektive voraussetzt, rechtliche Argumentation genauso ernst zu nehmen wie jene sozialen Normen, die auf sie einwirkten. Diese Forderung ist um so nachdrücklicher zu stellen, als wir mit Blick auf den Reichshofrat im Gegensatz zu vielen anderen frühneuzeitlichen Justizkollegien durchaus über Quellen verfügen, die es erlauben, Praktiken kollegialer Deliberation zu beobachten.

Hinzuweisen wäre zunächst auf die bereits mehrfach zitierten Gutachten Lynckers (1712) und Burkhardts (1740), in denen unabhängig voneinander von einem ad hoc erzeugten, oftmals die Schwelle zur Einschüchterung überschreitenden und keineswegs immer vom Präsidenten ausgehenden Konsensdruck im Plenum die Rede ist.[574] In Anspielung auf deputierte Beisitzer wie Hartig und Knorr schrieb Schönborn im April 1734, nur wenige Wochen nach seinem Rücktritt als Reichsvizekanzler,

> *dass einige Räthe sich einer solchen Obermacht, sonderlich in Sachen, welche in das Publicum einschlagen, ahnmaßen, dass sie sich factis et verbis hier und dar rühmen, auch vorgeben, sie wüsseten Ewer Kaysrerlichen Mayestät und des Hoffs Intention, dahero dan gleichsamb auch Betrohungen blicken lassen, sodass dardurch vieles beschwehrlich gemachet und dem Vernehmen nach andere Räthe eingeschrecket werden und nach solchem Vorgang hernach das freye Votiren in Ahnstandt gerathe und in vielen, obschon offt sehr wichtigen Dingen zu des gemeinen Raths, des Publici, deren Rechten und der Gefahr vieler armen Partheyen zuweilen gar still schweigeten.*[575]

Noch 1766 beklagte sich Heinrich Christian von Senckenberg bei Kaiser Joseph II. darüber, dass Vizepräsident von Hagen *wegen der Freundschaft mit dem Reichs-Vice-Canzlar* [versuche], *alles zu einer Reichs-Canzley-Deputation zu bringen und* [...] *dorten auch vieles nach seinem Willen zu lencken.* Im Plenum stütze sich Hagen auf vorab instruierte Gefolgsleute und falle den übrigen Räten *mit hitzigen Worten und Einfellen in die Vota* [...] *wormit er dann einige, insonderheit den von Blum, dergestalt furchtsam gemacht, dass er beynahe verstummet wäre.*[576]

---

573 Jürgen Habermas, Vorbereitende Bemerkungen zu einer Theorie der kommunikativen Kompetenz, in: Jürgen Habermas/Niklas Luhmann (Hrsg.), Theorie der Gesellschaft oder Sozialtechnologie – Was leistet die Systemforschung?, Frankfurt am Main 1971, S. 101–141, hier S. 137.

574 Siehe Anm. 123 und 233.

575 *Gehorsambstes Guthachten wegen einiger Reichshoffraths-Defecten und derer zu ersetzen seyenden Reichs-Hoff-Raths-Stellen auf der Herrn-Banck* vom 23. April 1734 in ÖStA HHStA, RK, Verfassungsakten, RHR, K. 19, Bl. 564–570.

576 Gutachten in: ÖStA HHStA, RK, Verfassungsakten, RHR, K. 19, Bl. 678–686. In der Nachbearbeitung heißt es dann, Heinrich Balthasar Blum, der 1761 auf der Gelehrtenbank introdu-

Diese von teilnehmenden Beobachtern beschriebenen Praktiken gleichen den Auswirkungen der Geheimratsdeputationen auf die Deliberation im Geheimratsplenum, das sich im 17. Jahrhundert zu einem Gremium entwickelte, „das in den für wichtig erachteten Fällen Partizipation ohne unmittelbare Einflußmöglichkeit gewährleistete"[577] und der Hofburg somit den Aufbau von Konsensfassaden ermöglichte. Auch das Reichshofratsplenum wurde durch vorgeschaltete Deputationen keineswegs überflüssig. Es machte Entscheidungen als solche kenntlich und formalisierte sie durch Eintrag ins Resolutionsprotokoll. In der kritischen Auseinandersetzung mit diesem nicht einmal das Abstimmungsergebnis dokumentierenden Ergebnisprotokoll lautet die erste Frage deshalb nicht, wie sich die juristischen Diskussionen im Sitzungssaal gestalteten, sondern ob es solche Diskussionen überhaupt gegeben hat. Letzteres kann die Forschung um so weniger unbesehen voraussetzen, als weitgehend diskussionsfreie Kollegien in der Frühen Neuzeit durchaus bekannt sind[578] und der formal rein schriftliche Reichshofratsprozess in Ermangelung eines Umlaufverfahrens und aufgrund des damit einhergehenden informationellen Übergewichts der Referenten ohnehin durch eine ausgeprägte Ex-Ante-Logik gekennzeichnet war.

Der systematische Abgleich der vorliegenden Relationen mit den im Resolutionsprotokoll verzeichneten Entscheidungen bietet einen empirischen Ansatzpunkt, um kollegialer Deliberation am Reichshofrat auf die Spur zu kommen. Eugen Guglia hat dies im Rahmen seiner 1893 publizierten Forschungen zur Geschichte der Reichsstädte um 1800[579] getan und kam zu dem Ergebnis, „dass bisweilen Relation und Conclusum sehr verschieden sind". Man finde „häufig, dass der Referent der Bürgerschaft Recht gibt, das Conclusum dagegen, das Resultat also der Abstimmung des ganzen Hofrathes stellt sich entweder ganz

---

ziert worden war und bereits im Dezember 1766 starb, habe „nicht viel Lust" auf Arbeit gehabt: Gschliesser, Reichshofrat (wie Anm. 223), S. 464.

577 Hengerer, Kaiserhof und Adel (wie Anm. 36), S. 295 f.

578 In Hannover kam eine landesherrliche Kommission 1749 zu dem Ergebnis, es habe die Kollegialität des Magistrats über Jahre hinweg nur auf dem Papier gestanden, da die uninformierten und eingeschüchterten Ratsherren lediglich die Vorlagen des autokratisch agierenden Bürgermeisters durchgewunken hätten: Oskar Ulrich, Die Anlage der Aegidienneustadt zu Hannover, in: Zeitschrift des Historischen Vereins für Niedersachsen 58 (1893), S. 165–200, hier S. 191. Das schwach besetzte Ravensbergische Appellationsgericht in Berlin ersetzte die kollegiale Deliberation im 18. Jahrhundert über längere Zeiträume durch ein schriftliches Umlaufverfahren: Tobias Schenk, Das Ravensbergische Appellationsgericht zu Cölln an der Spree (1653–1750). Ein frühneuzeitliches Justizkollegium im Spannungsfeld von Reichs- und Territorialgerichtsbarkeit, in: Ulrich Andermann/Michael Zozmann (Hrsg.), Die Grafschaft Ravensberg im 17. Jahrhundert. Verfassung – Recht – Wirtschaft – Kultur. Beiträge des zweiten Ravensberger Kolloquiums, Bielefeld 2023, S. 51–130, hier S. 84–86.

579 Eugen Guglia, Zur Geschichte einiger Reichsstädte in den letzten Zeiten des Reiches, Wien 1893.

auf die Seite des Magistrates, oder wenn es gegen diesen entscheidet, so thut es dies in der glimpflichsten Form. Es ist also wohl kein Zweifel, dass im Plenum öfters politische Erwägungen das auf rein juristischer Grundlage ruhende referat modificiert haben."[580] Die Digitalisierung der Resolutionsprotokolle böte der Rechtsgeschichte im Rückgriff auf die vornehmlich für die zweite Hälfte des 18. Jahrhunderts überlieferten Relationen die Gelegenheit, an diese methodisch noch immer anregenden Forschungen Guglias anzuknüpfen, um dem Sitzungsprotokoll mehr zu entlocken als das bloße Ergebnis.

Darüber hinaus finden sich in den Akten der Reichshofkanzlei einige Quellen, in denen kollegiale Deliberation sichtbar wird. Dazu zählt ein 1768 durch einen der Sekretäre erstelltes Votenprotokoll zu einem Appellationsprozess, das zum Teil ausführliche Stellungnahmen der Beisitzer zur Zuständigkeit von Austrägalinstanzen bei bestrittener Reichsunmittelbarkeit enthält.[581] Ferner ist auf Bemerkungen über einige *vorgefallene merkwürdige Deliberationen* aus der Feder des Reichshofrats Karl Ludwig Hilleprand von Prandau hinzuweisen. Danach wurde beispielsweise 1753 im Rahmen eines Prozesses um eine strittige Königspräbende darüber diskutiert, ob der Kaiser, wie vom Berichterstatter Hagen vorgeschlagen, als *weltliches Oberhaupt der teutschen Kirchen*[582] zu bezeichnen sei. Die Räte Firmian und Senckenberg hätten dagegen vorgeschlagen, lediglich von einem *Schutz- und Schirmherr*[n] zu sprechen, da Hagens Formulierung *uns auch sowohl bey denen Catholischen allerhand Anstössen als auch bey denen Protestanten einem Gelächter exponiren* würde. Derartige Quellensplitter, von denen sich sicherlich noch weitere finden ließen,[583] ersetzen der juristischen Rechts-

580 Eugen GUGLIA, Der Reichshofrath in Wien, in: Österreichisch-Ungarische Revue 15 (1893/94), S. 98–108, hier S. 105; vgl. mit ähnlichem Befund den Beitrag von Peter OESTMANN in diesem Band.

581 ÖStA HHStA, RK, Reichsakten in specie, K. 54, Konv. 2, unfol. Akte und Relation dieses Prozesses, den der Freiherr von Knebel zu Katzenelnbogen von 1766 bis 1783 gegen den Markgrafen von Baden-Baden führte, liegen vor: ÖStA HHStA, RHR, Denegata recentioria, K. 510 f. Darüber hinaus finden sich im Bestand der Reichshofkanzlei vereinzelt Belege dafür, dass der Reichshofrat zumindest in nichtprozessualen Angelegenheiten ein schriftliches Umlaufverfahren praktizierte. Auf diese Weise äußerten sich beispielsweise unter der Präsidentschaft von Johann Wilhelm von Wurmbrand acht Reichshofräte zur Höhe der Laudemien für die Belehnung des Herzogs von Württemberg mit Mömpelgard. Siehe ÖStA HHStA, RK, Reichsakten in specie, K. 29, unfol.

582 Dies und die folgenden Zitate: ÖStA HHStA, RK, Reichsakten in specie, K. 54, Konv. 1, unfol. Worauf man sich schließlich einigte, lässt sich nachlesen in: ÖStA HHStA, RHR, Vota, K. 31, Nr. 9 (Loe zu Wissen contra Bolte), unfol. Danach sei es dem Kaiser um *Dero höchstes Regale des Schirms und Schutze über die teutsche Kirche, nicht minder umb die Aufrechthaltung deren Concordatorum zu thun.*

583 Zu denken wäre dabei auch an die Korrespondenzen innerhalb der Patronagenetze, in die die Reichshofräte eingebunden waren. So schrieb Reichshofrat Karl Christian zur Lippe-Weißenfeld an den Grafen zu Lippe-Detmold am 21. November 1775, er habe *gewünscht, daß die Kay. Confirmation dero Testaments hätte mögen durchgehen! Ich habe bei dem Vortrag der Sache gar nicht*

geschichte gewiss kein Votenprotokoll, besitzen jedoch angesichts der Tatsache, dass zeitgenössisch selbst in den Vota ad Imperatorem teils massivster gremieninterner Dissens hinter Konsensfassaden verborgen wurde, beträchtlichen analytischen Wert. Kollegiale Deliberation fand jedenfalls ungeachtet der ausgeprägten Ex-Ante-Logik des Entscheidungsprozesses und dem von der höfischen Umwelt durch Deputationen in das Plenum hineingetragenen Konsensdruck statt und bedarf der Beschreibung.

Fassen wir noch einmal kurz zusammen, was wir bereits wissen: Das Plenum war über lange Zeiträume hinweg mit durchschnittlich rund 15 Mitgliedern sehr groß und kam in einem Raum zusammen, der es den Räten erschwerte, einander visuell und akustisch wahrzunehmen. Eine formale Hierarchisierung der Mitgliederrollen erfolgte durch die hervorgehobenen Positionen von Präsident und Vizepräsident sowie die Gliederung in eine Herren- und Gelehrtenbank, deren Sessionsordnung wiederum dem Anciennitätsprinzip folgte. Diese vermeintlich klare Hierarchie wurde bereits durch die mit Weisungsrecht gegenüber anderen Reichshofräten verbundene Berufung einzelner Mitglieder der Herrenbank in den Geheimen Rat partiell unterlaufen.[584] Noch ungleich größere Fliehkräfte gingen von der durch Deputationen, Freund- und Verwandtschaften vermittelten Einbindung einzelner Räte in die höfische Umwelt aus,[585] mit deren Hilfe die organisationsinterne Hierarchie jenseits von Akte und Protokoll vielfach überspielt wurde, wie der kometenhafte Aufstieg Knorrs in den 1730er Jahren verdeutlicht. Ein Übriges taten Standesunterschiede, die Diskrepanz zwischen gelehrtem und adeligem Habitus, der maßgeblich auf geheime Geldzuwendungen gestützte Einfluss konkurrierender reichsständischer Patronagenetzwerke sowie zeitgenössisch deutlich wahrgenommene landsmannschaftliche und konfessionelle Gräben.[586]

---

versäumt, widerhohlt und nachdrücklich die fürtrefflichen, zu einer Vormünderin geschickten Eigenschaften dero Fr. Gemahlin Durchl. dem hohen Collegio, dem ich verpflichtet binn, anzupreisen; aber bei aller besten Ueberzeugung glaubte man doch, der Kayser, der die Gesetze handhaben solle, könne nicht ohne dringender Noth davon abgehen, und man erachtete die gewünschte Vormundschaft vor illegal. Siehe LAV NRW OWL, L 7, Nr. 795, unfol.

584 Siehe oben bei Anm. 280.

585 Hier ein weiteres von zahlreichen Beispielen, die eine als Hofforschung konzipierte Reichshofratsforschung unter die Lupe zu nehmen hätte: Der zwischen 1716 und 1735 auf der Herrenbank sitzende Graf Johann Ferdinand I. von Kuefstein (1688–1755) war ein Enkelsohn des österreichischen Hofkanzlers Johann Paul Hocher (1616–1683), der in der kuefsteinischen Familiengruft bestattet wurde. Johann Ferdinand war unter Karl VI. in zahlreichen diplomatischen Missionen zur Anerkennung der Pragmatischen Sanktion unterwegs und wechselte 1735 als Vizekanzler vom Reichshofrat zur Hofkanzlei. Siehe: Karl Graf Kuefstein, Studien zur Familiengeschichte in Verbindung mit der Landes- und Kulturgeschichte, Bd. 4, Wien/Leipzig 1928, S. 51–140.

586 Hierzu mit Blick auf die Reichshofratsagenten Dorfner, Mittler zwischen Haupt und Gliedern (wie Anm. 26), S. 96–105; zu Konversionen protestantischer Reichshofräte Peper, Konversionen

Nimmt man schließlich die im Vergleich zur Gegenwart geringere Affektkontrolle der Akteure hinzu, wird deutlich, warum juristische Deliberation in einem derartigen „Pulverfass" der Stabilisierung durch ein starres, vom Präsidenten zu dirigierendes Umfragesystem bedurfte, durch das die Sprechakte der einzelnen Votanten voneinander separiert und aus dem Ruder laufende Konfrontationen bereits im Ansatz unterbunden werden sollten.[587] Die Ordnung von 1654 sah vor, dass der Präsident die Umfrage im Anschluss an das Referentenvotum in Prozessangelegenheiten im Regelfall auf der Gelehrten-, in Staatsangelegenheiten auf der Herrenbank zu beginnen hatte, sofern es angesichts von Spezialkenntnissen einzelner Räte nicht nahelag, ad hoc hiervon abzuweichen.[588]

Ausweislich zahlreicher Quellen spielte sich im Laufe des 17. Jahrhunderts jedoch der Usus ein, die Umfrage stets mit dem dienstältesten, auf diese Weise in die semioffizielle Funktion eines *primus votans* hineinwachsenden Rats der Gelehrtenbank zu beginnen und sodann im Wechsel zwischen den Bänken und unter Beachtung des Anciennitätsprinzips die einzelnen Räte aufzurufen. Da der Präsident selbst über kein reguläres Votum verfügte,[589] entfielen bei den im Resolutionsprotokoll verzeichneten Definitiventscheidungen die ersten drei bzw. vier Stellungnahmen im Regelfall also auf den Referenten, den gegebenenfalls bestellten Korreferenten, den *primus votans* und den Vizepräsidenten als ersten Rat der Herrenbank. Da alle diese Räte über Jahrzehnte hinweg zum „Stammpersonal" der Deputationen zählten, dürfte diese Abstimmungsreihenfolge zumindest in informal vorberatenen Verfahren Widerspruch gegen das Referentenvotum zusätzlich entmutigt haben. Doch auch in Fällen, in denen im Hintergrund keine Deputation tätig wurde, erzeugte die herausgehobene Position des ersten Rats der Gelehrtenbank Konsensdruck, da nur vom *primus votans* in jedem Fall eine ausführliche Stellungnahme zum Referentenvotum erwartet wurde. Lyncker be-

---

(wie Anm. 390), S. 90–99; zum Konversionsdruck: Matthias SCHNETTGER, Ist Wien eine Messe wert? Protestantische Funktionseliten am Kaiserhof im 17. und 18. Jahrhundert, in: Christine Roll/Frank Pohle/Matthias Myrczek (Hrsg.), Grenzen und Grenzüberschreitungen. Bilanz und Perspektiven der Frühneuzeitforschung (Frühneuzeit-Impulse, 1), Köln 2010, S. 599–633, hier S. 627–632. Nicht nur deshalb wirkt es wenig überzeugend, wenn sich Teile der neueren Reichs(-gerichts)forschung berufen fühlen, in die Rolle von Verteidigern des Reichshofrats gegen zeitgenössische Vorwürfe konfessioneller Parteilichkeit zu schlüpfen, wie dies etwa ARETIN, Das Alte Reich (wie Anm. 405), Bd. 1, S. 86 f. tut.

587 Vgl. mit Blick auf das Reichskammergericht SCHWARTING, Organisationsbildung (wie Anm. 44), S. 114–116; sowie zur Verknüpfung von Sessionsordnung und Umfrage am Reichstag: Barbara STOLLBERG-RILINGER, Zeremoniell als politisches Verfahren. Rangordnung und Rangstreit als Strukturmerkmale des frühneuzeitlichen Reichstages, in: Johannes Kunisch (Hrsg.), Neue Studien zur frühneuzeitlichen Reichsgeschichte, Berlin 1997, S. 91–132, hier S. 99.

588 Zur Umfrage ausführlich SCHENK, Vota ad Imperatorem (wie Anm. 207), S. 295–305.

589 Zum *votum decisivum* und dessen geringer Bedeutung in der Praxis siehe Anm. 232.

hauptete 1712, die Deliberation beschränke sich häufig auf das *Ober-Reich*[590] jener Räte, die um den Präsidenten herum säßen, während Gärtner 1766 explizit das in der Reichshofratsordnung nicht enthaltene Konzept eines *primus votans* kritisierte, das die freie Stimmabgabe der übrigen Beisitzer erschwere.[591] Bei alledem muss man berücksichtigen, dass die Abstimmung nach Mehrheitsprinzip zwar in der Reichshofratsordnung stand,[592] jedoch in ein Spannungsverhältnis zu den sozialen Normen frühneuzeitlicher Präsenzkultur trat, die darauf gerichtet waren, die verbale Artikulation von Dissens gerade zu vermeiden. Dass die Vota ad Imperatorem entgegen der Reichshofratsordnung nur in den seltensten Fällen Minderheitsmeinungen dokumentieren, haben wir bereits gesehen.[593] Aber auch in jenen Fällen, in denen das Kollegium kein Gutachten an den Kaiser erstattete, unterlag der Präsident der informalen Verhaltenserwartung, die Umfrage notfalls so oft zu wiederholen, bis jeder Rat zugestimmt hatte. In einer Rechtsorganisation, in der Meinungsdifferenzen zwischen den Beisitzern nur in den seltensten Fällen geheim blieben, waren Mehrheitsabstimmungen nämlich stets problematisch.[594]

Zudem war mit der Deliberation im Plenum für den Präsidenten in komplexen Verfahren, in denen die Entscheidung nicht auf ein simples ja oder nein hinauslief, die große Herausforderung verbunden, aus 15 bis 20 Voten eine Mehrheitsmeinung festzustellen und daraus unter Zeitdruck ein Conclusum zu formulieren. Mit Blick auf die Grenzen geistiger Aufnahmefähigkeit musste es für den Präsidenten naheliegen, sich unter den Beisitzern auf einige *ohnfehlbahre Oracula*[595] an den oberen Enden der beiden Bänke zu stützen, mit denen er über die Deputationen ohnehin in besonders engem Austausch stand. Glaubt man Lyncker, wurde vor 1712 unter dem Vorsitz von Wolfgang von Oettingen und Friedrich Karl von Schönborn eine ganze Reihe von Beschlüssen gefasst, die dem Ergebnis der Umfrage zuwiderliefen. Mit Blick auf die heterogene Zusammensetzung des Plenums betrachtete Lyncker diese Praxis übrigens als durchaus angemessen, da *in diesem aus so gar ungleichen Personen*[596] bestehenden Kollegium *per rerum naturam auf die majora nicht gesehen werden soll.*

---

590 Zitat wie Anm. 233.

591 So in dem in Anm. 457 zitierten Gutachten.

592 Reichshofratsordnung von 1654 Tit. V § 15, abgedruckt bei Sellert, Ordnungen des Reichshofrates (wie Anm. 3), Bd. 2, S. 197 f.

593 Siehe oben bei Anm. 247.

594 Als Wurmbrand die Fäden in den 1730er Jahren zunehmend entglitten, wurde bei Hof rasch bekannt, dass selbst das mehrmalige Umfragen, *umb die Stimmen zu vergleichen, fast nichts mehr helffen wolle, woraus dan die bisherige viele Vota per Majora at Minora herzufließen scheineten.* So Schönborn 1734 in seinem in Anm. 575 zitierten Gutachten.

595 So die Kritik von Burkhardt 1740, Zitat wie Anm. 123.

596 Dies und das folgende Zitat wie Anm. 233.

Die Stellungnahme wirft nicht nur ein Schlaglicht auf den faktischen Dissens, der am Reichshofrat hinter der Konsensfassade eines Ergebnisprotokolls verborgen wurde,[597] sondern legt auch die Leerstellen einer Forschung offen, die über kollegiales Entscheiden schreibt, ohne sich für epochenspezifische Praktiken kollegialer Abstimmungen zu interessieren. Ein organisationssoziologisch informierter Zugriff auf die Protokolle müsste die Bearbeitung der skizzierten Probleme konsequent mit der Analyse der Relationstechnik als einer sozialen Praxis verknüpfen, da sich diese von jener *Referierkunst*, die zeitgenössisch an Universitäten vermittelt wurde, nicht nur in den Wohnungen der Berichterstatter, sondern auch im Sitzungszimmer erheblich unterschied.

Auf jene Rationalitätsmythen, die die rechtshistorische Nachbearbeitung gelegentlich prägen, wird man bei zeitgenössischen Akteuren nicht stoßen. Präsident und Räte waren sich vollauf bewusst, dass juristische Begründungstechniken keine Rationalitätsgarantie gegenüber Patronage, Gabentausch und Korruption bildeten, sondern gerade das Vehikel abgaben, mit dem außerrechtliche Einflüsse in das Verfahren Eingang finden konnten. Zudem war jedermann klar, dass die Sachverhaltskontruktion der Referenten auf einer intransparenten Medienkonstellation beruhte, in die informaler schriftlicher wie mündlicher Parteienvortrag ebenso einfloss wie die Akte. Dieses Praxiswissen prägte nicht nur eine häufig von Misstrauen gekennzeichnete Deliberation, sondern zeitigte gravierende Auswirkungen auf die gerichtliche „Erledigungsstärke", die in aktuellen Debatten um den Stellenwert von Urteil und Vergleich in der Vormoderne nicht hinreichend berücksichtigt werden.[598]

Die Rede ist von der auffallenden Länge, die Relationen in Definitivsachen erreichten. Peter Oestmann hat vor einiger Zeit die Edition einer Reichskammergerichtsakte und des dazugehörigen Senatsprotokolls vorgelegt, aus dem hervorgeht, dass die Verlesung einer 104seitigen Relation 1756 mehr als drei Sitzungstage in Anspruch nahm.[599] Eine systematische Erfassung der Resolutionsprotokolle des Reichshofrats würde zahlreiche noch wesentlich länger dauernde Verlesungen zu Tage fördern. Beispielsweise erstreckte sich 1715 der Vortrag einer Finalrelation im Prozess zwischen dem Kloster Arnsburg und den Grafen

597 Was keineswegs ein Alleinstellungsmerkmal des Reichshofrats bildete. Beispielsweise berichtet Johann Jakob Moser aus seiner Zeit als Stuttgarter Regierungsrat, dass der Präsident versucht habe, die Aufnahme seiner Minderheitsmeinung ins Sitzungsprotokoll zu verhindern. Siehe Anm. 250.

598 Vgl. die Kritik bei Schenk, Vom Reichshofrat über Cocceji zu PEBB§Y (wie Anm. 170), S. 163–169.

599 Relation und Senatsprotokoll von 1756 ediert bei Peter Oestmann, Ein Zivilprozeß am Reichskammergericht. Edition einer Gerichtsakte aus dem 18. Jahrhundert (QFHG, 55), Köln 2009, S. 521–576.

zu Solms über die Gerichtsbarkeit in Eberstadt über 16 Sitzungstage zwischen dem 28. November und dem 24. Dezember.[600] Bei alledem wurden die Referate immer wieder durch Beratungen über andere dringliche Entscheidungen unterbrochen, so dass die Räte oft aus der Erinnerung bzw. auf Grundlage von Notizen abstimmen mussten[601] und manche Beisitzer gar nicht alle Teile der Relation mit angehört hatten, über die sie schließlich votierten.

Was uns sowohl aus kognitiver als auch aus prozessökonomischer Hinsicht geradezu irrsinnig erscheint, war für die zeitgenössischen Akteure durchaus rational. Den eigentlichen Knackpunkt bildete dabei weniger die rechtliche Würdigung als vielmehr der Aktenextrakt, der häufig sehr lang ausfiel und sich gelegentlich sogar zu einem Verlesen der gesamten Akte auswuchs. Wie immer gilt jedoch auch hier: Was aus der zeitlichen Distanz zunächst chaotisch wirkt, war eine Frage von Ursache und Wirkung. Zunächst ist an jene Referenten zu erinnern, die die Akte nicht selbst durchgearbeitet, sondern die Erstellung des Extrakts an Privatsekretäre und Praktikanten delegiert hatten.[602] Solche Berichterstatter beherrschten den Streitstoff also nicht mit der Souveränität, die für kurze und bündige Vorträge, wie sie die zeitgenössische Methodenlehre forderte, notwendig gewesen wäre.

Noch wichtiger war indes ein Umstand, der alle Räte berührte, ganz gleich, ob sie nun die Akte gelesen hatten oder nicht. In einer Epoche, in der man als Berichterstatter an einem Justizkollegium noch befürchten musste, vom Gerichtsherrn oder von einflussreichen Parteien im Nachgang missliebiger Entscheidungen persönlich zur Rechenschaft gezogen zu werden, boten sich exzessive Aktenextrakte als Mittel zur Flucht aus der Verantwortung an.[603] Denn wenn das Kollegium alles, was die Parteien schriftlich vorgetragen hatten, mit eigenen Ohren gehört hatte, konnte am Ende niemand sagen, er habe von nichts gewusst. Andererseits bildete die Verlesung großer Teile der Akte ein funktionales Äquivalent des nicht praktizierten Umlaufverfahrens und insofern eines der wenigen Sicherungsinstrumente, über das ein nicht über Aktenkenntnis verfügender Spruchkörper gegenüber einem fehlerhaften oder gar tendenziösen Referentenvotum verfügte. Der Reichshofrat widersetzte sich deshalb bis zum

600 ÖStA HHStA, RHR, Resolutionsprotokolle, Bd. XVIII/38, Bl. 445, 451, 457, 464, 466, 471, 474, 480, 486, 492, 495, 499, 502, 504, 506, 509 f. Aufschlussreich auch der Bericht Gärtners vom 31. Dezember 1767 in ÖStA HHStA, RK, Reichsakten in specie, K. 31, unfol. Danach hatte Gärtner 1767 insgesamt elf Definitivsachen referiert, von denen lediglich drei an einem Tag abgeschlossen werden konnten. Zwei Referate erstreckten sich über zwei Tage, zwei über drei und je eines sogar über vier, fünf, sieben und neun Tage.

601 Siehe den Bericht Gärtners von 1766 in ÖStA HHStA, RK, Reichsakten in specie, K. 29, unfol.

602 Siehe oben Kap. 4.10.

603 So bereits Döhring, Geschichte (wie Anm. 195), S. 92 f.

Schluss prozessökonomisch motivierten Erwägungen, die Aktenextrakte drastisch zu kürzen.[604] Sobald es also um *definitiva* (Endurteile und Mandate) ging, zog das Kollegium gegenüber den Referenten jene Zügel an, die es bei den *currentia* notgedrungen schleifen ließ. Nach alledem würde die digitale Aufbereitung der Resolutionsprotokolle auch wesentlich komplexere Antworten auf die Frage erlauben, warum der Reichshofrat eine Gerichtsorganisation war, in der der Gedanke an den Gedanken eines Urteils häufig *ein blosses Gedankending*[605] blieb. Es spricht nämlich einiges für die Vermutung, dass hierfür sich wechselseitig verstärkende Misstrauens- und Relationspraktiken von mindestens ebenso großer Bedeutung waren wie abstrakte Überlegungen hinsichtlich etwaiger Vollstreckungsprobleme.

Auch ins Reine geschriebene Ergebnisprotokolle lassen sich also einer Fremdbeschreibung gefügig machen, sofern man die „richtigen" Fragen stellt und die im Protokoll dokumentierte Selbstbeschreibung der Rechtsorganisation mit gegenläufigen Befunden aus der reichhaltig sprudelnden Komplementärüberlieferung konfrontiert.

6. Bilanz und Ausblick

Nach 15jähriger Arbeit im Projekt zur Erschließung der Akten des kaiserlichen Reichshofrats sage ich mit Kafka: „Bedenke doch nur, dort oben ist die Behörde in ihrer unentwirrbaren Größe – ich glaubte annähernde Vorstellungen von ihr zu haben, ehe ich hierherkam, wie kindlich war das alles [...]".[606] Es war nicht mein Ziel, die unentwirrbare Größe des Reichshofrats auf das Maß einer Selbstbeschreibung herunter zu brechen. Mir ging es vielmehr um eine Komplexitätssteigerung in der empirischen Arbeit, die meines Erachtens die Grundlage für jene analytische Komplexitätssteigerung bildet, derer die Reichshofratsforschung bedarf, um sich in aktuelle Debatten der Geschichtswissenschaft und der Rechtsgeschichte einzubringen. In empirischer Hinsicht sind hierfür die denkbar besten Voraussetzungen vorhanden, denn die weitgespannte Tätigkeit des Reichshofrats hat in unzähligen Archiven Mitteleuropas materiale Artefakte hinterlassen, zu denen eine digitalisierte Protokollüberlieferung den Weg ebnen könnte. Um das Überraschungs- und Irritationspotential dieser Quellen auch tatsächlich freizu-

604 Zur hierüber unter Joseph II. geführten Diskussion: Bergsträsser, Merkwürdige Reichshofraths-Gutachten (wie Anm. 168), Bd. 2, S. 214–221.

605 Georg Wilhelm Friedrich Hegel, Über die Reichsverfassung (Philosophische Bibliothek, 557), Hamburg 2004, S. 41.

606 Kafka, Das Schloß (wie Anm. 519), S. 205.

setzen, bedarf es in der Archivarbeit theoriegeleiteter Zugänge, deren Ehrgeiz sich nicht in der Reproduktion gerichtlicher Schaufassaden erschöpft, sondern die auf eine Fremdbeschreibung frühneuzeitlicher Rechtserzeugung und der dieser zugrundeliegenden Translationsprozesse zielen.

Der sich mit der Digitalisierung der Protokolle abzeichnende Wandel in der Archivarbeit böte die Gelegenheit, unter dem Dach Historischer Organisationsforschung aktuelle Diskussionen in Geschichtswissenschaft und Rechtsgeschichte zusammenzuführen, um gemeinsam jene prozeduralen Analysen kollegialen Entscheidens zu entwickeln, an denen bislang fächer- und epochenübergreifend ein eklatanter Mangel herrscht. Dass hierbei manch große Erzählung mitsamt der sie tragenden idealistischen Annahmen dem Vetorecht der Quellen unterfallen würde, dürfte dabei ebenso deutlich geworden sein wie die Tatsache, dass das fachliche Proprium der Jurisprudenz hiervon gänzlich unberührt bliebe. Denn um zu funktionieren, benötigt Organisationsforschung nicht weniger, sondern mehr rechtswissenschaftliche Expertise als die Forschung der Vergangenheit, in der Interdisziplinarität nicht immer mit jener Intensität praktiziert wurde, mit der man sie im Munde führte.

Wer antritt, brüchig gewordene Fortschrittsnarrative zu historisieren, wird freilich erklären müssen, was danach kommen soll. Wäre ich ungeachtet der gravierenden Forschungsdefizite gezwungen, schon heute eine Geschichte des Reichshofrats zwischen 1648 und 1806 vorzulegen, wäre meine Marschroute in etwa diese: Um der Evolution des kaiserlichen Kollegiums nicht länger anachronistische Prozesskategorien wie Modernisierung oder Professionalisierung überzustülpen, würde ich die Gewichtsverlagerungen, zu denen es innerhalb der Reichsjustiz im 17. Jahrhundert kam, in Anlehnung an Luhmann als Rückentwicklung von Strukturen und Prozessen interpretieren, die sich aus gesellschaftlicher Perspektive als zu risikoreich entpuppt hatten.[607] Innerhalb der das Reich tragenden hochadeligen Konsensgemeinschaft bedurfte Rechtserzeugung der Stabilisierung durch Oberschichtenkommunikation in Interaktionssystemen, um Kompromisserwartungen gegenüber der Eigengesetzlichkeit rechtlicher Kommunikation, „die Recht und Unrecht mit aller Härte auseinanderlegt und den Beteiligten zuordnet,“[608] diskret Geltung zu verschaffen. Meines Erachtens speiste sich die Attraktivität des Reichshofrats vorrangig also nicht etwa aus der

607 Niklas LUHMANN, Evolution des Rechts, in: Ders.: Ausdifferenzierung des Rechts. Beiträge zur Rechtssoziologie und Rechtstheorie, 2. Aufl., Frankfurt am Main 2015, S. 11–34, hier S. 27; vgl. zur „Brutalität“ rechtlicher Kommunikation aus zeitgenössisch höfischer Sicht: Maximiliane BERGER, Der opake Herrscher. Politisches Entscheiden am Hof Friedrichs III. (1440–1486) (Mittelalter-Forschungen, 66), Ostfildern 2020, S. 43 f.

608 Niklas LUHMANN, Kommunikation über Recht in Interaktionssystemen, in: Ders.: Ausdifferenzierung des Rechts (wie Anm. 607), S. 53–72, hier S. 71.

juristischen Professionalität einer rearistokratisierten Beisitzerebene, sondern aus den Mechanismen höfischer Konfliktregulierung, die in Wien zur Verfügung standen und die es im Idealfall auch schwächeren Parteien erlaubten, aus Prozessführung ein Medienereignis zu machen und somit politisch-sozialen Druck auf ihre Gegner auszuüben. Die Räte der Regierung von Oettingen-Wallerstein trieb jedenfalls im späten 18. Jahrhundert weniger die Sorge vor juristischer Aufhebung ihrer Entscheidungen durch den Reichshofrat als Rechtsmittelinstanz als vielmehr die Furcht vor dem *Geschrei*[609] an, das Prozesse am Kaiserhof erzeugten.

Indem zahlreiche Reichsgerichtsprozesse im 17. und 18. Jahrhundert in jenem höfischen Interaktionssystem geführt wurden, aus dem die Stände die Reichsjustiz mit der Gründung des Reichskammergerichts eigentlich hatten herauslösen wollen, verlor rechtliches Expertenwissen keineswegs an Bedeutung. Die Evolution des mit seinen Organisationen nicht identischen Rechtssystems hatte Rationalitätserwartungen an einen Gerichtsprozess institutionalisiert, denen der Kaiserhof auch und gerade dort Rechnung zu tragen hatte, wo er gegen sie verstieß, um Kompromisserwartungen in die Verfahrensgeschichte einzuschreiben. Juristische Expertise wurde hierdurch ebenso wenig dysfunktional wie die Schrift, auf die sie sich stützte.[610] Soziale und politische Normen fanden schließlich nicht in Form kaiserlicher Machtsprüche, sondern vermittelt durch die Relationstechnik der Berichterstatter Eingang in das Verfahrens. Auch die mit den Vota ad Imperatorem errichteten Konsensfassaden werden durch die Erkenntnis, dass man es mit Artefakten der Entscheidungsdarstellung zu tun hat, nicht zu einer Farce. Ganz im Gegenteil: Der hier mit geschichtswissenschaftlichen Mitteln erbrachte Nachweis, dass die Übersetzung sozialer in rechtliche Normen dieser juristischen Kommunikation bereits eingeschrieben war, dem Kollegium also nicht etwa von außen aufoktroyiert wurde, macht die Voten und Relationen des Reichshofrats der internationalen rechtshistorischen Diskussion über Normativitätsregime überhaupt erst zugänglich.

Analytisch wird man dem Reichshofrat jedenfalls nur gerecht werden, wenn man die Leistungen höfischer Konfliktregulierung in Rechnung stellt, die das Alleinstellungsmerkmal dieses Justizkollegiums gegenüber dem vom Hof räumlich (keineswegs auch sozial) dislozierten Reichskammergericht bildeten. Isomorphie[611] und organisierte Heuchelei bildeten in den Jahrzehnten nach 1648 also kein Modernisierungsdefizit, sondern gerade das Erfolgsrezept des Reichshofrats. Eine von legitimatorischen Aufgaben entlastete Justizforschung kann es bei dieser Feststellung jedoch nicht belassen, sondern muss sich auch mit den

---

609 Lang, Memoiren (wie Anm. 512), Bd. 1, S. 105.

610 Dies im Gegensatz zu Bähr, Schriftlichkeit und Öffentlichkeit (wie Anm. 36), S. 80.

611 Schenk, Isomorphie (wie Anm. 38).

zahlreichen Indizien auseinandersetzen, die es nahelegen, von einer bereits im frühen 18. Jahrhundert einsetzenden Überforderung der hochgradig ambiguen Praktiken funktionaler Differenzierung[612] auszugehen, die sich im 17. Jahrhundert eingespielt hatten.

In einer Epoche, die mit Ambiguitätstoleranz zunehmend auf Kriegsfuß stand,[613] kam es zur Diskursivierung reichshofrätlichen Normativitätserzeugungswissens, und angesichts der Ex-Ante-Logik des Entscheidungsprozesses war es durchaus folgerichtig, dass die Erosion des gemeinen Reichsprozesses als eines epistemischen Settings mit Korruptionskritik an die Adresse der Referenten einsetzte, deren Relationstechnik in häuslichem Kontext durch symbolisch generalisierte Erfolgsmedien tagtäglich mikropolitisch kontaminiert wurde.[614] Denn die *Gewalt und das Ansehen des Reichsoberhaupts*,[615] auf die Reichspublizisten bis zum Schluss hofften, reichte nicht aus, um die Außenverflechtung der Reichshofräte zu zerschlagen und die Entscheidung im Verfahren selbst zu finden. Für eine relativ hohe gerichtliche Entscheidungsautonomie, die in der neueren Forschung häufig suggeriert wird, fehlten im Kommunikationssystem des Heiligen Römischen Reiches alle Voraussetzungen. Dieses zeitgenössische Wissen um das auf Reichsebene unaufhebbare Spannungsverhältnis zwischen Konsens und Recht motivierte beispielsweise in der Debatte um eine Reform der Reichsverfassung den Vorschlag, den Reichsgerichten die Zuständigkeit für Prozesse zwischen reichsmittelbaren Parteien zu entziehen und an deren Stelle neue Tribunale auf Ebene der Reichskreise zu errichten.[616]

In den geschilderten Auseinandersetzungen zwischen Pedanten und Staatsmännern innerhalb des Reichshofrats spiegeln sich deshalb nicht nur persönliche Animositäten, sondern die Dilemmata einer Rechtsorganisation, die auf die Evolution des Rechtssystems je länger je weniger zu reagieren vermochte. Indem Lyncker 1712 behauptete, es träten in der kollegialen Deliberation die *cerebrinischen Einfälle*[617] korrupter Räte zunehmend an die Stelle juristischer Begründung, griff der Staatsrechtler die naturrechtliche Kritik an hirnloser Billigkeit auf, die zeitgleich auch von Thomasius formuliert wurde und unter anderem auf die

612 Vgl. Schenk, Praktiken funktionaler Differenzierung (wie Anm. 38).

613 Hierzu grundsätzlich: Hillard von Thiessen, Das Zeitalter der Ambiguität. Vom Umgang mit Werten und Normen in der Frühen Neuzeit, Köln/Weimar/Wien 2021.

614 Hierzu ausführlich Schenk, Actum et judicium (wie Anm. 38), S. 40–49; Ders., Dominus referens (wie Anm. 194), S. 92–101.

615 Anonym, Betrachtungen über die Freiheit und Wolfarth des deutschen Reichs und über die Mittel zu deren Erhaltung von einem Patrioten, o. O. 1789, S. 25.

616 So der Oldenburger Jurist und Spätaufklärer Gerhard Anton von Halem (Pseudonym: Virsurgin), Ein dringendes Wort an das Heilige Römische Reich, 2. Aufl., Altona 1797, S. 53–58.

617 Zitat wie Anm. 233.

Publikation der *rationes decidendi* zielte.[618] Karriere gemacht haben in Wien jedoch nicht die Pedanten, sondern die Staatsmänner. Ersteren blieb häufig nur der Rückzug in Melancholie, die Burkhardts Gutachten von 1740 kennzeichnet, oder in Spott und Verachtung, die Lyncker und Friedrich Karl von Moser[619] über ihre Kollegen ausgossen. Mit Luhmann im Gepäck müsste es in der Analyse dieser Auseinandersetzungen nicht um die „Persönlichkeit des ‚Organisationsmenschen'",[620] sondern um den Reichshofrat als organisiertes soziales System gehen. Folglich wären weder Burkhardt und Lyncker als Bannerträger des Fortschritts zu idealisieren noch die Mitglieder der Reichsdeputation als verworfene Subjekte zu pathologisieren.

Auch viele der Staatsmänner im Reichshofrat hatten die Rechte studiert wie Graf Friedrich zu Solms-Laubach, der uns als Venedigtourist und Entschleuniger der Causa Bruchsal contra Speyer bereits begegnet ist. 1796 bilanzierte der Graf seine Eindrücke aus fünfjähriger Tätigkeit im Reichshofrat folgendermaßen: *Wer in einem großen Justizkollegio täglich sitzt und den Einfluß kennt, den Menschlichkeiten aller Art selbst auf die redlichsten Männer haben, der wird nimmermehr auf den Ausgang eines Prozesses, wenn er auch noch so vorteilhaft scheint, sichere Rechnung machen.* [...] *Je älter ich werde, je mehr bemerke ich, daß wir jus incertum haben.*[621] Aus der Einschätzung spricht ein epistemischer Skeptizismus, der die Reichsgerichtsforschung dazu anregen sollte, historische Prozessverfahren nicht länger als Geschichten mit einem rationalen Ausgang, sondern als Foren kultureller Interaktion zu begreifen.[622]

---

618 Christian Thomasius, Unvorgreiffliches Bedencken über den gegenwärtigen Zustand des Justitien-Wesens und dessen künfftigen Verbesserung, in: Ders., Ernsthaffte, aber doch muntere und vernünfftige Thomasische Gedancken und Errinnerungen über allerhand außerlesene juristische Händel, Bd. 2, Halle 1720, S. 1–34, hier S. 7; vgl. Anna-Lena Otzen, Aequitas und aequitas cerebrina bei Christian Thomasius. Eine Einordnung in sein Naturrecht (Schriften der Albrecht Mendelssohn Bartholdy Graduate School of Law, 9), Baden-Baden 2023; sowie: Frauke A. Kurbacher, Zur Kritik der gedankenlosen Billigkeit (aequitas cerebrina), in: Matthias Armgardt/ Hubertus Busche (Hrsg.), Recht und Billigkeit. Zur Geschichte der Beurteilung ihres Verhältnisses, Tübingen 2021, S. 455–479.

619 Aus dessen zahlreichen einschlägigen Publikationen sei hier genannt: Friedrich Karl von Moser, Zweyter Actenmäßiger Beytrag zur Geschichte des Kays. Reichs-Hof-Raths unter der Regierung Kayser Josephs des Zweyten. Aus glaubhaften Handschriften, in: Patriotisches Archiv für Deutschland 10 (1789), S. 347–418.

620 Luhmann, Funktionen und Folgen (wie Anm. 43), S. 25.

621 Zitiert nach: Prössler, Solms-Laubach (wie Anm. 223), S. 29 f.

622 Vgl. Cynthia B. Herrup, A House in Gross Disorder: Sex, Law, and the 2nd Earl of Castlehaven, Oxford 1999, S. 6.

Stefan Andreas Stodolkowitz

Jenseits des Protokolls

Überlegungen zur Bedeutung informeller Strukturen an frühneuzeitlichen Gerichten für den Quellenwert ihrer Protokolle und Akten

Als im Jahre 1954 das Parteiverbotsverfahren gegen die Kommunistische Partei Deutschlands (KPD) am Bundesverfassungsgericht anhängig war, suchte der Gerichtspräsident Josef Wintrich Bundeskanzler Konrad Adenauer zu einem Gespräch auf. Offenbar wollte er ihn, weil es unter den Richtern Vorbehalte gegen ein Verbot der KPD gab, dazu bewegen, den Verbotsantrag zurückzunehmen.[1] Dazu kam es nicht. Mit Urteil vom 17. August 1956[2] sprach das Bundesverfassungsgericht das Parteiverbot aus, das das zweite und bis heute letzte Verbot einer politischen Partei in der Bundesrepublik Deutschland war.

Gut zwei Jahrhunderte zuvor: Die Kurfürsten von Braunschweig-Lüneburg (Kurhannover) waren seit 1714 in Personalunion Könige von Großbritannien und residierten damit, von gelegentlichen Besuchen auf dem Festland abgesehen, weit entfernt in London. Die Regierung des Kurfürstentums lag in den gemeinsamen Händen des Landesherrn sowie seiner zu diesem Zwecke eingerichteten Deutschen Kanzlei in London und der Geheimen Räte in Hannover. Diese Regierungsarbeit setzte ständige Kommunikation zwischen London und Hannover voraus. Dabei trat neben den formellen Austausch durch Reskripte, Berichte und Relationen eine unablässige informelle Kommunikation durch – nur vordergründig private – Briefwechsel einzelner Regierungsangehöriger.[3] Wie Benjamin Bühring feststellt, war die zusammengesetzte Herrschaft im Rahmen der Personalunion nur durch das Zusammenspiel dieser informellen Korrespondenzen mit den formalen Kommunikationswegen der Reskripte und Relationen möglich.[4] Dabei trat die schriftliche informelle Kommunikation durch Brief-

---

1 Thomas JANSEN, in: Frankfurter Allgemeine Zeitung (FAZ) vom 6. Februar 2024, S. 8. Die näheren Hintergründe sind im Zusammenhang dieses Beitrags nicht relevant; auf Nachweise aus der umfangreichen Literatur zum kontrovers diskutierten Parteiverbot gegen die KPD wird daher verzichtet.

2 Amtliche Sammlung der Entscheidungen des Bundesverfassungsgerichts (BVerfGE), Bd. 5, S. 85–393.

3 Ausführliche Darstellung bei Benjamin BÜHRING, Die Deutsche Kanzlei in London. Kommunikation und Verwaltung in der Personalunion Großbritannien – Kurhannover 1714–1760 (Göttinger Schriften zur Landesgeschichte, 1), Göttingen 2021, S. 242–261.

4 Ebd., S. 242.

wechsel gleichsam an die Stelle eines unmittelbaren mündlichen Austauschs, der auf Grund der Entfernung zwischen Hannover und London überwiegend nicht mehr möglich war.[5]

Das Parteiverbotsverfahren gegen die KPD hat mit den Kommunikationswegen zwischen Hannover und London mehr als zweihundert Jahre davor auf den ersten Blick nichts gemeinsam. Aber die beiden Schlaglichter weisen in ähnlicher Art auf die Bedeutung informeller Kommunikation in förmlichen Gerichts- und Verwaltungsverfahren hin. Ein Gespräch des Gerichtspräsidenten mit dem Bundeskanzler bleibt ebenso hinter der „Schauseite" förmlicher Gerichtsakten und Protokolle verborgen wie scheinbar private Korrespondenzen zwischen einzelnen Regierungsangehörigen in Hannover und London. Formale Organisationen neigen dazu, informelle Strukturen hervorzubringen.[6] Das gilt für Gerichte nicht anders als für andere Organisationen. Die förmliche Überlieferung von Gerichten und Behörden bildet deren Tätigkeit daher nur unvollständig ab, nämlich beschränkt auf Formalstruktur und die offizielle „Schauseite", während die Einflüsse informeller Strukturen auf der „Hinterbühne" unerwähnt bleiben. Dieser Grenzen des Quellenwerts förmlicher Akten und Protokolle muss sich bewusst sein, wer die Tätigkeit von Gerichten und Behörden auf der Grundlage derartiger offizieller Quellen untersucht.[7] Im Folgenden soll daher aufgezeigt werden, wie sich Elemente informeller Kommunikation in der Praxis frühneuzeitlicher Gerichte niederschlagen konnten. Dabei soll die Überlegung leitend sein, dass informelle Strukturen zwar den unmittelbaren Quellenwert der formellen schriftlichen Überlieferung nicht begrenzen, ihre Kenntnis aber erforderlich ist, um ihn richtig einzuschätzen. Eine Herangehensweise, die sich auf Akten, Protokolle und Relationen stützt und dabei gezielt auch die längst nicht immer unsichtbaren Einflüsse informeller Strukturen in den Blick nimmt, verspricht daher einen Erkenntnisgewinn, der über die Möglichkeiten einer auf die formelle Überlieferung eines Gerichts gestützten Untersuchung weit hinausgeht. Um zu unterstreichen, dass diese Überlegungen nicht nur für den Reichshofrat gelten, beziehen sich die nachfolgenden Ausführungen schwerpunktmäßig auf das 1711 gegründete Oberappellationsgericht Celle als hohes Territorialgericht. Darüber hinaus soll durch einen Epochenvergleich mit der Gegenwart die nicht auf die Vormoderne begrenzte, sondern überzeitliche Bedeutung informeller Elemente im gerichtlichen Verfahren hervorgehoben werden.

---

5 Ebd., S. 261.

6 Tobias SCHENK, Isomorphie und entgrenzte Informalität in der frühneuzeitlichen Reichsjustiz. Der Reichshofrat im Interaktionssystem des Kaiserhofes, in: Frühneuzeit-Info 33 (2022), S. 89–116, hier S. 89.

7 Vgl. ebd., S. 107.

1. Überlieferung und Quellenwert des Schriftguts frühneuzeitlicher Gerichte

Betrachtet man die beeindruckende Aktenüberlieferung der beiden höchsten Reichsgerichte und ihre – für das Reichskammergericht sehr, für den Reichshofrat ziemlich weit – vorangeschrittene Erschließung,[8] könnte man meinen, die Verfahrenswirklichkeit dieser Gerichte läge vor den Augen des Forschers wie ein aufgeschlagenes Buch, in dem es nur noch – mit viel Fleiß und großer Ausdauer – zu lesen gälte. Das jedoch wäre ein schwerwiegender Irrtum. Wer sich mit den Akten eines Gerichts beschäftigt, muss wissen, was uns die Akten sagen können, aber auch, was sie auf Grund ihres spezifischen Quellenwerts notwendig verschweigen.[9] Denn entgegen einer vermutlich verbreiteten Fehlvorstellung dokumentieren Akten nicht das gesamte Verfahren eines Gerichts, sondern nur bestimmte Aspekte desselben.

Neben den Akten sind zunächst andere Formen gerichtlichen Schriftguts[10] in den Blick zu nehmen, nämlich vor allem Protokoll- und Urteilsbücher sowie Relationen. Während in der Aktenführung moderner Gerichte Protokolle ebenso wie gerichtliche Entscheidungen – Urteile und Beschlüsse – Bestandteil der Akten werden, gilt dies für Gerichte der Frühen Neuzeit nur teilweise. So wurden etwa am Oberappellationsgericht Celle gerichtliche Entscheidungen zu den Akten genommen und sind mit denselben überliefert.[11] Überwiegend hingegen führten die Gerichte der Vormoderne von den Akten gesonderte Protokoll- und Urteilsbücher.[12] Die Akten enthalten vor allem die meist von Anwälten

---

8 Zur Erschließung der Reichshofratsakten kann auf die Einleitung in diesem Band verwiesen werden. Zu den Erschließungsprojekten siehe im übrigen die Nachweise bei Josef BONGARTZ/Alexander DENZLER/Ellen FRANKE/Britta SCHNEIDER/Stefan Andreas STODOLKOWITZ, Einleitung, in: dies. (Hrsg.), Was das Reich zusammenhielt. Deutungsansätze und integrative Elemente (Quellen und Forschungen zur höchsten Gerichtsbarkeit im Alten Reich, künftig: QFHG, 71), Köln/Weimar/Wien 2017, S. 9–20, hier S. 18, Anm. 27–29.

9 Zum Quellenwert frühneuzeitlicher Gerichtsakten Tobias SCHENK, Actum et judicium als analytisches Problem der Justizforschung. Interdisziplinäre Perspektiven auf kollegiale Entscheidungskulturen am Beispiel des kaiserlichen Reichshofrats (Schriftenreihe der Gesellschaft für Reichskammergerichtsforschung, 51), Wetzlar 2022, S. 16–22.

10 Zur Bedeutung von Schriftlichkeit im Gerichtswesen der Frühen Neuzeit vgl. Josef BONGARTZ/Alexander DENZLER/Carolin KATZER/Stefan Andreas STODOLKOWITZ, Feder und Recht. Zum Verhältnis von Schrift, Recht und Gericht – eine Annäherung, in: dies. (Hrsg.), Feder und Recht. Schriftlichkeit und Gerichtswesen in der Vormoderne (bibliothek altes Reich, künftig: baR, 39), Berlin/Boston 2023, S. 1–31, sowie die weiteren Beiträge in dem genannten Band.

11 Stefan Andreas STODOLKOWITZ, Auswirkungen der Aktenführung auf das gerichtliche Verfahren. Reichskammergericht und Oberappellationsgericht Celle im Vergleich, in: Bongartz/Denzler/Katzer/Stodolkowitz (Hrsg.), Feder und Recht (wie Anm. 10), S. 267–287, hier S. 274.

12 Die Urteilsbücher des Reichskammergerichts sind erhalten im sogenannten Untrennbaren Bestand im Bundesarchiv unter der Bestandssignatur AR 1-III. Vgl. zum königlichen Kammergericht des

verfassten Schriftsätze der Parteien sowie nicht selten umfangreiche Anlagen. Sie dokumentieren damit den Streitgegenstand, das verfahrensrechtlich relevante Substrat einer Auseinandersetzung zwischen den Parteien, über die das Gericht zu entscheiden hatte. Daneben können sich verfahrensleitende Verfügungen in den Akten befinden sowie im Rechtsmittelverfahren die Akten der Vorinstanz. Wie das Gericht aber über den Streitgegenstand entschied, ist den Akten nicht immer zu entnehmen; hierfür sind dann, sofern überliefert, Protokolle und Urteilsbücher heranzuziehen. Im Einzelnen bestehen Unterschiede, weil Aktenführung und Registratur an vormodernen Gerichten nicht einheitlich geregelt waren, sondern jedes Gericht seine eigene Systematik hatte und auch diese teilweise nicht einheitlich handhabte.

Am Reichskammergericht wurde in jeder Audienz ein Sitzungsprotokoll erstellt, das die Verfahrensabläufe aller Verfahren wiedergab, die Gegenstand der jeweiligen Audienz waren. Die Inhalte dieser Sitzungsprotokolle wurden sodann für jedes Verfahren in ein Spezialprotokoll übertragen, das den Akten vorangestellt wurde. Dadurch fanden die Protokolle der Audienzen Eingang in die Verfahrensakten.[13] Diese Protokolle geben aber nur Auskunft über die formellen Abläufe in der Audienz, insbesondere die Überreichung von Schriftsätzen durch die Prokuratoren. Wie das Gericht zu seiner Entscheidung kam, ist ihnen nicht zu entnehmen. Auch geben sie keine Auskunft über das dem Judizialverfahren vorgelagerte sogenannte Extrajudizialverfahren, in dem das Gericht prüfte, ob ein förmliches Verfahren einzuleiten war, und in dem es noch keine Audienzen gab. Die Bedeutung dieses Extrajudizialverfahrens scheint gerade im 18. Jahrhundert erheblich zugenommen zu haben.[14] Doch führte das Reichskammergericht neben dem Sitzungsprotokoll Protokollbücher über die Beratungen der einzelnen Senate, durch die das Gericht seine Entscheidungen traf. Diese Protokollbücher sind als Extrajudizialsenats- und Judizialsenatsprotokolle teilweise für den Zeitraum von 1681 bis 1687 und vollständig für die Zeit von 1711 bis

---

15. Jahrhunderts und zur Frühzeit des Reichskammergerichts folgende Editionen: Friedrich Battenberg/Bernhard Diestelkamp (Hrsg.), Die Protokoll- und Urteilsbücher des Königlichen Kammergerichts aus den Jahren 1465 bis 1480. Mit Vaganten und Ergänzungen, 3 Bde. (QFHG, 44), Köln/Weimar/Wien 2004; Daniel Luger, Das ‚Königliche Gerichtsbuch‘ des Michael von Pfullendorf aus den Jahren 1442 bis 1451 – Zu den Anfängen des Kammergerichts am römisch-deutschen Königshof (QFHG, 77), Wien/Köln 2022; Steffen Wunderlich, Das Protokollbuch von Mathias Alber. Zur Praxis des Reichskammergerichts im frühen 16. Jahrhundert (QFHG, 58), Köln/Weimar/Wien 2011.

13 Peter Oestmann, Leitfaden zur Benutzung von Reichskammergerichtsakten, in: ders./Wilfried Reininghaus (Hrsg.), Die Akten des Reichskammergerichts. Schlüssel zur vormodernen Geschichte (Veröffentlichungen des Landesarchivs Nordrhein-Westfalen, 44), Düsseldorf 2012, S. 7 f.; Stodolkowitz, Auswirkungen der Aktenführung (wie Anm. 11), S. 270.

14 Stodolkowitz, Auswirkungen der Aktenführung (wie Anm. 11), S. 278 f.

1806 überliefert; sie befinden sich im sogenannten Untrennbaren Bestand des Reichskammergerichts im Bundesarchiv in Berlin-Lichterfelde.[15] Sie dokumentieren die Abläufe der Senatsberatungen und enthalten insbesondere auch die Voten der an den Beratungen beteiligten Assessoren, so dass sich nicht nur das Entscheidungsergebnis, sondern auch der Prozess der Entscheidungsfindung nachvollziehen lässt.

Für den Reichshofrat[16] sind die Exhibitenprotokolle, die Posteingangsbücher, erhalten, in denen alle eingereichten und vom Reichshofratspräsidenten mit dem Eingangsvermerk *(praesentatum)* versehenen Schriftstücke verzeichnet sind. Daneben sind die schon seit der Mitte des 16. Jahrhunderts geführten Resolutionsprotokolle überliefert. Diese sind, im Gegensatz zum Reichskammergericht, keine Verlaufs- oder Votenprotokolle, sondern Ergebnisprotokolle, und dokumentieren damit nicht den Weg der Entscheidungsfindung. Jedenfalls aber sind durch die Resolutionsprotokolle die Entscheidungen überliefert, die der Reichshofrat in seinen Sitzungen traf.[17]

Die Protokolle enthalten nicht nur die Entscheidungen und am Reichskammergericht die Voten der Beisitzer, sondern auch Angaben zu den an den Beratungen beteiligten Gerichtspersonen. Auch ist ihnen zu entnehmen, welche Sachen an einem Beratungstag behandelt wurden und ob sich, was nicht selten vorkam, die Beratungen zu einzelnen Sachen über mehr als einen Tag erstreckten. Schließlich lässt sich anhand der Referentenbücher nachvollziehen, welche Beisitzer die Entscheidung als Referenten vorbereiteten. Für den Reichshofrat ist das Referentenbuch seit ca. 1690 erhalten.[18] Referentenbücher des Reichskammergerichts befinden sich wiederum in dessen Untrennbarem Bestand.[19] Unter Einbeziehung der Referentenbücher können die Protokolle die institutionellen Kulturen kollegialgerichtlichen Entscheidens ans Licht bringen, die den Prozess

---

15 Bestand AR 1-I (Reichskammergericht, Judizialsenatsprotokolle) und AR 1-II (Reichskammergericht, Extrajudizialsenatsprotokolle). Vgl. Anja AMEND-TRAUT/Nils JÖRN/Tobias SCHENK, Zentralgerichtsbarkeit im Heiligen Römischen Reich Deutscher Nation in transnationaler Perspektive, in: Zeitschrift für Neuere Rechtsgeschichte (ZNR) 45 (2023), S. 97–126, hier S. 112 f.; STODOLKOWITZ, Auswirkungen der Aktenführung (wie Anm. 11), S. 272.

16 Zur Protokollüberlieferung des Reichshofrats siehe den Beitrag von Tobias Schenk in diesem Band. Ich danke dem Autor für die Möglichkeit, vorab Einsicht in das Manuskript nehmen zu dürfen.

17 Vgl. Eva ORTLIEB, Schriftlichkeit im Entscheidungsprozess. Die Relationen des Reichshofrats, in: Bongartz/Denzler/Katzer/Stodolkowitz (Hrsg.), Feder und Recht (wie Anm. 10), S. 345–364, hier S. 348.

18 Ebd., S. 350; Tobias SCHENK, Unbeobachtet vorübergegangen? Gerichtliches Entscheiden im Spiegel der genetischen Aktenkunde, in: Bongartz/Denzler/Katzer/Stodolkowitz (Hrsg.), Feder und Recht (wie Anm. 10), S. 313–343, hier S. 329.

19 Bundesarchiv, AR 1-Misc. (Reichskammergericht, Miscellanea), unter der Klassifikation 3.4 – Protokolle.

der Entscheidungsfindung und auch deren Ergebnis wesentlich mitbestimmten.[20]

Als weitere schriftliche Quelle für den Entscheidungsprozess sind die Relationen zu nennen, durch die der zum Referenten bestimmte Beisitzer die Beratung und Entscheidung des gesamten Spruchkörpers vorbereitete. Für das Reichskammergericht gibt es insofern durch ein modernes Findbuch erschlossene zeitgenössische gedruckte Sammlungen.[21] Am Reichshofrat sind schriftliche Relationen vor allem für das 18. Jahrhundert erhalten, teilweise in den Verfahrensakten und darüber hinaus in einer gesonderten Aktenserie.[22] Insgesamt ist davon auszugehen, dass zu ungefähr 10.000 bis 12.000 Reichshofratsverfahren schriftliche Relationen überliefert sind.[23]

Dass für die beiden Reichsgerichte neben den Verfahrensakten in großem Umfang, vor allem aus dem 18. Jahrhundert, auch Protokollserien und Relationen vorliegen, ist für die Forschung ein Glücksfall. Für viele Verfahren ist es damit möglich, alle drei Quellengattungen heranzuziehen, so dass sich ihr jeweiliger Quellenwert ergänzt und neben dem in den Akten dokumentierten Lebenssachverhalt, der Gegenstand einer rechtlichen Auseinandersetzung war, auch der Weg der Entscheidungsfindung sowie dessen Ergebnis beurteilt werden können. Eine solche Vorgehensweise ist zwar mit erheblichem Aufwand verbunden, zumal zunächst ermittelt werden muss, ob zu einem Verfahren neben den Akten auch Protokolle und Relationen erhalten sind. Dieser Aufwand lohnt aber, weil die parallele Auswertung dieser drei Quellengattungen differenziertere und aussagekräftigere Ergebnisse erwarten lässt als nur das Studium der Akten. Die Relationen bieten die Möglichkeit zu untersuchen, wie im Hinblick auf den den Akten zu entnehmenden Streitgegenstand juristisch argumentiert wurde und auf welche Weise sich die Referenten mit den Quellen des römischen Rechts, weite-

---

20 Schenk, Unbeobachtet vorübergegangen (wie Anm. 18), S. 322.

21 Anette Baumann (Bearb.), Gedruckte Relationen und Voten des Reichskammergerichts vom 16. bis 18. Jahrhundert. Ein Findbuch (QFHG, 48), Köln/Weimar/Wien 2004; Filippo Ranieri, Entscheidungsfindung und Technik der Urteilsredaktion in der Tradition des deutschen Usus modernus: das Beispiel der Aktenrelationen am Reichskammergericht, in: Alain Wijffels (Hrsg.), Case Law in the Making. The Techniques and Methods of Judicial Records and Law Reports, 2 Bde. (Comparative Studies in Continental and Anglo-American Legal History, 17), Berlin 1997, S. 277–297; Tobias Schenk, Die Vota ad Imperatorem des kaiserlichen Reichshofrats. Zur Verfahrensautonomie an einem herrschernahen Höchstgericht der Frühen Neuzeit, in: Anja Amend-Traut/Ignacio Czeguhn/Peter Oestmann (Hrsg.), Urteiler, Richter, Spruchkörper. Entscheidungsfindung und Entscheidungsmechanismen in der Europäischen Rechtskultur (QFHG, 75), Wien/Köln/Weimar 2021, S. 239–348, hier S. 286.

22 Ortlieb, Schriftlichkeit im Entscheidungsprozess (wie Anm. 17), S. 351 f. Zu den Relationen des Reichshofrats siehe den Beitrag von Peter Oestmann in diesem Band.

23 Ebd., S. 353.

ren normativen Rechtstexten wie landesherrlichen Verordnungen und Werken der juristischen Fachliteratur auseinandersetzten. Anhand der Beratungsprotokolle kann weitergehend nachvollzogen werden, wie der Spruchkörper auf der Grundlage der Relation zu einer Entscheidung gelangte, die sicher oftmals, aber nicht immer mit dem Vorschlag des Referenten übereingestimmt haben wird. Hier könnte eine dezidiert rechtshistorische Analyse ansetzen und den für die Entscheidung relevanten Lebenssachverhalt, der sich aus den Akten ergibt, mit der rechtlichen Durchdringung desselben in der Relation des Referenten, dem Weg der Entscheidungsfindung in den Beratungsprotokollen und der schließlich getroffenen Entscheidung in Verbindung setzen. Ergänzend könnte auf der Grundlage der Referentenbücher untersucht werden, inwiefern der biographische Hintergrund der Person des Referenten für die Bearbeitung eines konkreten Rechtsstreits von Bedeutung gewesen sein kann, bis hin zu möglichen persönlichen Verbindungen zu den streitenden Parteien.

Doch setzt auch eine solche umfassende Quellenanalyse die Kenntnis der Grenzen des jeweiligen Quellenwerts voraus und muss sich der Bedeutung informeller Einflüsse auf Verfahren und Entscheidung des gerichtlichen Spruchkörpers bewusst sein.[24] In jedem gerichtlichen Verfahren gibt es die Möglichkeit informeller Kommunikation zwischen verschiedenen Verfahrensbeteiligten, die keinen Niederschlag in Akten, Protokollen, Relationen und Entscheidungen findet, sondern allenfalls – und auch dies nur bruchstückhaft – auf der Grundlage anderer Quellen wie Parallelüberlieferung der Parteien und biographischer Quellen nachvollzogen werden kann. Für die Gesellschaft der Frühen Neuzeit, die von Ambiguität geprägt war und in der verschiedene Ebenen sozialen Handelns nicht streng voneinander getrennt waren, kann in besonderem Maße von einem hohen Stellenwert informellen Handelns ausgegangen werden.

Im Hinblick auf den Reichshofrat lässt sich anhand konkreter Beispiele nachweisen, dass informelle Kommunikation zwischen den Parteien und ihren Anwälten einerseits und den Gerichtspersonen andererseits, zwischen Gericht und territorialen Herrschaftsträgern und nicht zuletzt zwischen den Reichshofräten und anderen, nicht formell dem Reichshofrat angehörenden Personen des Kaiserhofes aus dem Agieren dieses Gerichts nicht hinwegzudenken ist.[25] Zugleich sind nicht nur in Einzelfällen Handlungsweisen nachweisbar, die auch von den Zeitgenossen der Frühen Neuzeit, die einen im Vergleich zur Gegenwart weit

24 Vgl. Schenk, Isomorphie und entgrenzte Informalität (wie Anm. 6), S. 107.

25 Schenk, Actum et judicium (wie Anm. 9), S. 50–79; ders., Isomorphie und entgrenzte Informalität (wie Anm. 6); vgl. auch die instruktive Studie von Thomas Dorfner, Mittler zwischen Haupt und Gliedern. Die Reichshofratsagenten und ihre Rolle im Verfahren 1658–1740 (Verhandeln, Verfahren, Entscheiden – Historische Perspektiven, 2), Münster 2015.

großzügigeren Begriff von sozialadäquatem Gabentausch hatten, als nicht hinnehmbare Korruption angesehen wurden.[26] Dass das Problemfeld der Korruption nicht auf den Reichshofrat beschränkt war, belegen die bekannten Bestechungsskandale des Reichskammergerichts wie insbesondere die sogenannte Affäre Papius.[27] Macht man sich bewusst, dass der Leitungsebene des Reichskammergerichts als Kammerrichter und Präsidenten nahezu während des gesamten 18. Jahrhunderts Personen angehörten, die zuvor als Reichshofräte tätig gewesen waren und ihre Erfahrungen aus Wien nach Wetzlar mitgebracht haben werden,[28] liegt nahe, dass der am Reichshofrat nachweisbare Einfluss informeller Elemente in ähnlicher Weise, wenn auch losgelöst von den spezifischen Strukturen des Kaiserhofes, in Wetzlar ebenfalls prägend gewesen sein dürfte. Damit drängt sich die Frage auf, welche Bedeutung informeller Kommunikation an anderen Gerichten der Frühen Neuzeit zukam.

Vor diesem Hintergrund soll nachfolgend zunächst ein Blick auf einige Elemente informeller Kommunikation in der Praxis moderner Gerichte geworfen

---

26 Tobias SCHENK, Der Reichshofrat im Spannungsfeld von Zweck-Mittel-Rationalität und Korruption. Praxeologische Betrachtungen zur Kommodifizierung des Rechts in der Frühen Neuzeit, in: Josef Bongartz/Lena Frewer/Rhonda-Marie Lechner/Stefan Andreas Stodolkowitz/Maria Weber (Hrsg.), Beschleunigung und Effizienzbemühungen im Gerichtswesen der Vormoderne (Veröffentlichung geplant für 2025).

27 Zur sogenannten Affäre Papius siehe Anette BAUMANN, Korruption und Visitation am Reichskammergericht im 18. Jahrhundert: eine vorläufige Bilanz (Schriftenreihe der Gesellschaft für Reichskammergerichtsforschung, 41), Wetzlar 2012, S. 15–24; Alexander DENZLER, Über den Schriftalltag im 18. Jahrhundert. Die Visitation des Reichskammergerichts von 1767 bis 1776 (Norm und Struktur. Studien zum sozialen Wandel in Mittelalter und Früher Neuzeit, 45), Köln/Weimar/Wien 2016, S. 437–464; Anette Baumann/Anja Eichler (Hrsg.), Die Affäre Papius. Korruption am Reichskammergericht, Katalog zur gleichnamigen Ausstellung im Reichskammergerichtsmuseum Wetzlar, 2. Juni bis 30. September 2012.

28 Zu den Kammerrichtern Froben Ferdinand von Fürstenberg-Meßkirch, Philipp Karl von Hohenlohe-Bartenstein, Franz Adolf Dietrich von Ingelheim und Karl Philipp von Hohenlohe-Bartenstein die Angaben bei Maria VON LOEWENICH, Amt und Prestige. Die Kammerrichter in der ständischen Gesellschaft 1711–1806 (QFHG, 72), Wien/Köln/Weimar 2019, S. 121, 125 f., 131. Zu den Präsidenten Friedrich Ernst Graf von Solms-Laubach, Christian Albert Kasimir Burggraf von Kirchberg und Johann Siegmund Karl Freiherr von Thüngen siehe Oswald VON GSCHLIESSER, Der Reichshofrat. Bedeutung und Verfassung, Schicksal und Besetzung einer obersten Reichsbehörde von 1559 bis 1806 (Veröffentlichungen der Kommission für neuere Geschichte des ehemaligen Österreich, 33), Wien 1942, ND Nendeln 1970, S. 324, 438 f., 475; Sigrid JAHNS, Das Reichskammergericht und seine Richter. Verfassung und Sozialstruktur eines höchsten Gerichts im Alten Reich, Teil I: Darstellung (QFHG, 26/I), Köln/Weimar/Wien 2011, S. 679 f. Von den Reichskammergerichtsassessoren des 18. Jahrhunderts hatte Johann Ulrich von Cramer vor seiner Tätigkeit in Wetzlar dem Reichshofrat angehört; Sigrid JAHNS, Das Reichskammergericht und seine Richter. Verfassung und Sozialstruktur eines höchsten Gerichts im Alten Reich, Teil II: Biographien, 2 Bde. (QFHG, 26/II, 1–2), Köln/Weimar/Wien 2003, Bd. 1, S. 661 f.

werden. Damit kann gezeigt werden, dass die Grenzen des Quellenwerts des überlieferten Schriftguts eines Gerichts und die Bedeutung informeller Kommunikation epochenübergreifende Gesichtspunkte sind, die für die Frühe Neuzeit zwar besonders bedeutsam, auf diese aber nicht beschränkt sind (nachfolgend unter 2.). Sodann sollen die Bedingungen, unter denen mündliche Kommunikation stattfinden und das gerichtliche Verfahren beeinflussen konnte, anhand einiger Schlaglichter für das Oberappellationsgericht Celle beleuchtet werden, dessen Verfahren ebenso wie dasjenige des Reichshofrats in der Theorie von strenger Schriftlichkeit geprägt war (nachfolgend unter 3). Am Beispiel des Oberappellationsgerichts Celle soll zudem die Bedeutung verwandtschaftlicher Zusammenhänge angesprochen werden, über die nicht zuletzt Verbindungen zwischen den höchsten Reichsgerichten und der Gerichtsbarkeit in den Territorien entstehen konnten (nachfolgend unter 4).

2. Jenseits der Akten – Informalität im modernen Gerichtsverfahren

Nicht anders als in der Frühen Neuzeit kann auch an heutigen Kollegialgerichten der Prozess der Entscheidungsfindung innerhalb des Spruchkörpers nicht anhand der Akten nachvollzogen werden. Darüber hinaus werden keine Protokolle über die Beratung gefertigt, die, auch wenn sie durch Voten und Entscheidungsentwürfe schriftlich vorbereitet wird, mündlich ist. Weder gibt es, wie am Reichskammergericht, ein Inhaltsprotokoll über die von den einzelnen Richtern geäußerten Ansichten und Argumente, noch, wie am Reichshofrat, ein Ergebnisprotokoll. Wann, wie oft und wie lange der Spruchkörper zu Beratungen zusammengekommen ist, wird ebenso wenig dokumentiert wie der Inhalt der Beratungen. Dieser ist zudem durch das in § 43 des Deutschen Richtergesetzes (DRiG) geregelte Beratungsgeheimnis geschützt, das jedem Angehörigen des Spruchkörpers Stillschweigen über die Inhalte und Abläufe der Beratung auferlegt.

Aber nicht nur der eigentliche Entscheidungsfindungsprozess bleibt dem Leser der Akten notwendig verborgen. Auch in der modernen Gerichtspraxis gibt es Elemente informeller Kommunikation, über die die Akten schweigen. Hierzu sollen zwei Beispiele aus der Sicht des heutigen Justizpraktikers geschildert werden.

Der Verfasser dieses Beitrags ist Richter am Oberlandesgericht Celle und dort in einem Zivilsenat tätig, der, ebenso wie zwei weitere Senate, für „Kraftfahrzeugsachen“ zuständig ist. Nach der abstrakten Regelung im Geschäftsverteilungsplan ist diese Materie definiert als „Rechtsstreitigkeiten aus Kauf und Tausch von Kraftfahrzeugen einschließlich Kraftfahrzeuganhängern und selbstfahrenden

Maschinen und Geräten."[29] Faktisch hat die weit überwiegende Mehrheit der „Kraftfahrzeugsachen" seit einigen Jahren Klagen im Zusammenhang mit dem sogenannten Dieselabgasskandal zum Gegenstand. Eigentümer eines Fahrzeugs mit Dieselmotor klagen gegen den Hersteller auf Schadensersatz, weil sie – ob mit Recht oder nicht – meinen, ihr Fahrzeug weise eine unzulässige Abschalteinrichtung auf, durch die die Schadstoffemissionen auf dem Prüfstand „geschönt" würden, während das Fahrzeug im realen Einsatz auf der Straße die zulässigen Emissionsgrenzwerte bei weitem überschreite. Diese Klagen bilden ein Massenphänomen;[30] allein das Oberlandesgericht Celle ist in den vergangenen Jahren mit über 6.000 derartiger Verfahren befasst gewesen. Ob sich irgendwann in ferner Zukunft Historiker mit dem Phänomen der „Dieselklagen" beschäftigen werden, ist nicht vorhersehbar. Dass jemand die diesbezüglichen Akten des Oberlandesgerichts Celle einmal systematisch auswerten wird, ist ganz unwahrscheinlich, schon deshalb, weil heutige Gerichte ihre Akten nicht, wie es am Reichskammergericht, am Reichshofrat und anderen Gerichten der Vormoderne üblich war, dauerhaft archivieren. Vielmehr werden die Akten nach einer festgelegten Frist vernichtet, soweit nicht die staatlichen Archive sie für archivierungswürdig halten und nach Ablauf der gerichtlichen Aufbewahrungsfrist übernehmen.

Aber nehmen wir an, es geschähe doch, und ein Historiker einer fernen Zukunft läse die Celler Dieselakten: Ihm würde auffallen, dass die Entscheidungspraxis der drei mit dieser Materie befassten Senate außerordentlich homogen ist und die Entscheidungen zu gleichgelagerten Sachverhalten zwar nicht immer, aber doch ziemlich oft, nicht nur inhaltlich und argumentativ ähnlich, sondern teilweise wortlautgleich sind. Jener Historiker würde wohl Mutmaßungen darüber anstellen, dass sich die Richter an den Entscheidungen der anderen Senate orientiert haben und, wo die Sachverhalte übereinstimmen, voneinander abgeschrieben haben müssen. Aber ein die Rechtsprechung der drei Senate prägendes informelles Gremium bliebe ihm, wenn er nicht zufällig diesen primär rechtshistorischen Beitrag läse, vollständig verborgen, weil es weder in den Verfahrensakten noch in den Verwaltungsakten des Gerichts und den Geschäftsverteilungsplänen erwähnt wird: Der „Große Senat in Abgassachen". In diesem formlosen Gremium kommen in nicht festgelegten Abständen, durchschnittlich etwa einmal im Monat, alle Richter der drei mit Dieselverfahren befassten Senate

---

29 Abschnitt I. E. 1. b) des Geschäftsverteilungsplans des Oberlandesgerichts Celle für das Geschäftsjahr 2024, verfügbar unter https://oberlandesgericht-celle.niedersachsen.de/startseite/wir_uber_uns/geschaftsverteilung/geschaeftsverteilung-201410.html (abgerufen am 25. Januar 2024).

30 Vgl. Peter Jacob, Dieselskandal und Hilfsspruchkörper – die Justiz zwischen Kollaps und Verfassungsverstoß, in: Neue Juristische Wochenschrift (NJW) 2021, S. 2708–2714; Stefan Thönissen, Die juristische Aufarbeitung des VW-Dieselskandals in Deutschland und den USA – Gab es ein zivilprozessuales Rechtsschutzdefizit?, in: Zeitschrift für Zivilprozess (ZZP) 220, S. 69–102.

zusammen, um sich über aktuelle Entwicklungen auszutauschen, den Umgang mit tatsächlichen und rechtlichen Problemen zu erörtern und nach Möglichkeit eine gemeinsame Rechtsprechungslinie zu finden.

Einen – ganz formellen – Großen Senat gibt es am Bundesgerichtshof ebenso in Zivil- wie in Strafsachen und auch an den anderen obersten Gerichten des Bundes.[31] Diese Großen Senate sind senatsübergreifend zusammengesetzt und haben die Aufgabe, Divergenzen zwischen den einzelnen Senaten zu verhindern und damit die Einheitlichkeit der höchstrichterlichen Rechtsprechung zu gewährleisten. Oberlandesgerichte haben keinen Großen Senat. Sie brauchen ihn formell auch nicht, weil über ihnen der Bundesgerichtshof steht, der als Revisionsinstanz die Einheitlichkeit der Rechtsprechung sichert.

Gleichwohl kann es an einem Oberlandesgericht, an dem mehrere Spruchkörper mit derselben Spezialmaterie befasst sind, sinnvoll sein, wenn sich die Senate für wesentliche Rechts- und Verfahrensfragen untereinander abstimmen, um eine uneinheitliche Rechtsprechung innerhalb desselben Gerichts nach Möglichkeit zu vermeiden. Das liegt auch im Interesse der Rechtsuchenden. Denn wenn verschiedene Senate desselben Gerichts gleichgelagerte Fälle unterschiedlich entscheiden, ist der Ausgang eines Rechtsstreits aus Sicht der Parteien letztlich vom Zufall abhängig, der über die Zuweisung zu einem bestimmten Senat entscheidet.[32] Das wäre der Verlässlichkeit des Rechts abträglich und für die Rechtsuchenden schwer zu verstehen. Da es ein formelles Gremium für eine senatsübergreifende Abstimmung nicht gibt, kommen hierfür nur informelle Strukturen infrage. Das können Kaffeerunden und formlose Gespräche zwischen einzelnen Kollegen sein, aber auch ein regelmäßig zusammentretendes Diskussionsforum wie der genannte „Große Senat". Problematisch ist dies aus rechtlicher Sicht nicht, weil kein Richter verpflichtet ist, an einem solchen Forum teilzunehmen, und erst recht kein Senat gezwungen ist, sich dem Ergebnis einer solchen senatsübergreifenden Besprechung unterzuordnen. Jeder Senat kann von den Ansichten, die im „Großen Senat" mehrheitlich vertreten werden, abweichen. Gelegentlich geschieht das auch. Aber unabhängig davon beeinflusst ein solches informelles Gremium die Rechtsprechung in den einzelnen Senaten. Dieses Einflusses, den

31 Bundesgerichtshof: § 132 Gerichtsverfassungsgesetz (GVG); Bundesarbeitsgericht: § 45 Arbeitsgerichtsgesetz (ArbGG); Bundessozialgericht: § 41 Sozialgerichtsgesetz (SGG); Bundesverwaltungsgericht: § 11 Verwaltungsgerichtordnung (VwGO); Bundesfinanzhof: § 11 Finanzgerichtsordnung (FGO).

32 Streng genommen entscheidet natürlich nie der Zufall über die Zuständigkeit des Spruchkörpers, sondern die abstrakt vorgegebene Geschäftsverteilung. Bei mehreren Spruchkörpern mit gleicher Zuständigkeit entscheidet dabei meist die Reihenfolge des Eingangs über die Zuweisung zu einem bestimmten Spruchkörper. Für die Rechtsuchenden ist das letztlich ein – aus gutem Grund nicht zu beeinflussendes – zufälliges Kriterium.

informelle Gremien haben können, von denen sich in Akten und Protokollen keine Spur findet, muss sich bewusst sein, wer aus der Perspektive des Historikers die Tätigkeit eines Gerichts untersucht.

Ein weiteres Element informeller Mündlichkeit in der Gerichtspraxis der Gegenwart und der jüngsten Vergangenheit ist die Verständigung in Strafsachen, die zwar inzwischen aus rechtsstaatlichen Gründen überwiegend formalisiert wurde, aber gleichwohl aufschlussreich ist für die Bedeutung informeller Strukturen im gerichtlichen Verfahren.[33] Während die Parteien im Zivilprozess weitgehend frei über den Streitgegenstand disponieren und damit das Verfahren, etwa im Hinblick auf den Umfang einer Beweisaufnahme, beeinflussen und durch Abschluss eines Vergleichs beenden können, ist der Strafprozess der Gegenwart vom Amtsermittlungsgrundsatz geprägt, der eine einvernehmliche Streitbeilegung im Grundsatz ausschließt. Gleichwohl entwickelte sich ungefähr ab den 1980er Jahren die Praxis sogenannter Urteilsabsprachen, pejorativ oft als „Deal" bezeichnet. Hintergrund dieser Entwicklung war nicht zuletzt die zunehmende Belastung der Strafjustiz. Sie spiegelt aber auch „eine Neubestimmung des Verhältnisses von Staat und Bürger wider, das – anstelle früherer Über- und Unterordnung – zunehmend auch durch Aushandlungsprozesse und Übereinkünfte bestimmt wird".[34] Dieser Aushandlungsgedanke mutet fast frühneuzeitlich an.

Absprachen im Strafverfahren können ganz unterschiedlich ausgestaltet sein. Ein typisches Beispiel ist die Zusage einer vergleichsweise milden Strafe durch das Gericht für den Fall, dass der Angeklagte ein Geständnis ablegt und das Urteil akzeptiert, ohne Rechtsmittel einzulegen. Stimmen alle Verfahrensbeteiligten, also Gericht, Staatsanwaltschaft sowie der Angeklagte und sein Verteidiger, einer solchen Verfahrensweise zu und verzichten auf die Einlegung eines Rechtsmittels, ermöglicht dies oft den Verzicht auf eine umfangreiche Beweisaufnahme und führt damit zu einer zügigen Beendigung des Verfahrens. Diese Absprachen entstanden zunächst als informelle Praxis und fanden häufig nicht Eingang in Akten und Protokolle. Der Bundesgerichtshof sah sie grundsätzlich als zulässig an, verlangte aber ihre Offenlegung in der Hauptverhandlung und die Aufnahme ihres Ergebnisses in das Verhandlungsprotokoll, damit Absprachen „nicht gleichsam als eigenständiges, informelles Verfahren neben der eigentlichen Hauptver-

33 Auf Nachweise aus dem umfangreichen Schrifttum zur Verständigung im Strafverfahren wird hier verzichtet. Beispielhaft wird verwiesen auf Werner Schmidt-Hieber, Vereinbarungen im Strafverfahren, in: Neue Juristische Wochenschrift (NJW) 1982, S. 1017–1021, sowie die Kommentierung von Alexander Ignor zu § 257c StPO, in: Helmut Satzger/Wilhelm Schluckebier/Gunter Widmaier (Hrsg.), Strafprozessordnung, 3. Aufl, Köln 2018 mit umfangreichen Nachweisen aus Rechtsprechung und Literatur.

34 Ignor (wie Anm. 33), § 257c Rn. 3.

handlung geführt werden" und „nicht unter dem Deckmantel der Heimlichkeit und Unkontrollierbarkeit stattfinden."[35]

Durch eine gesetzliche Neuregelung aus dem Jahre 2009 wurde diese Absprachepraxis schließlich normativ formalisiert. Verständigungen der Verfahrensbeteiligten sind nunmehr, so die Regelung des neu eingefügten § 257c der Strafprozessordnung, unter bestimmten Voraussetzungen und insbesondere, wie es vorher schon die Rechtsprechung verlangte, nur dann zulässig, wenn sie in der Hauptverhandlung offengelegt und protokolliert werden. Dadurch sollten die Gefahren einer durch fehlende formale Vorgaben intransparenten und kaum effektiv kontrollierbaren Praxis beseitigt werden. Allerdings schließt diese Regelung nicht protokollierte und damit weiterhin informelle Absprachen zwar normativ, aber nicht tatsächlich aus. In welchem Umfang es trotz der Pflicht zu Offenlegung und Protokollierung Absprachen gibt, bei denen diese Vorgaben im Einvernehmen aller Beteiligten nicht beachtet werden, ist gerade wegen ihres informellen Charakters kaum feststellbar.[36] Festzuhalten bleibt, dass auch das moderne gerichtliche Verfahren Raum für Strukturen informeller Kommunikation bietet, deren Einfluss sich in Akten und Protokollen nicht zuverlässig widerspiegelt. Denn auch wenn die Protokollierung gesetzlich vorgeschrieben sein mag, verrät das Protokoll nicht, ob hinter seinem formalen Inhalt informelle Strukturen wirksam geworden sind, die, aus welchen Gründen auch immer, nicht in das Protokoll aufgenommen worden sind.

3. Informelle Mündlichkeit am Oberappellationsgericht Celle – Eine Spurensuche

Nach diesem Exkurs in die Justiz der Gegenwart soll der Blick wieder auf die Frühe Neuzeit gerichtet werden, und zwar auf das Verfahren des Oberappellationsgerichts Celle, das im Jahre 1711 als oberstes Gericht für das Kurfürstentum Braunschweig-Lüneburg (Kurhannover) gegründet wurde. Dieses war, da ist sich die Forschung ebenso sicher wie im Hinblick auf den Reichshofratsprozess,[37] vom Grundsatz strenger Schriftlichkeit geprägt.[38] Nach der Oberappel-

35 Bundesgerichtshof, Urteil vom 28. August 1997 – 4 StR 240/97, in: Entscheidungen des Bundesgerichtshofs in Strafsachen (BGHSt), Bd. 43, S. 195–212, hier S. 206.

36 Vgl. Thomas Fischer, Ein Jahr Absprache-Regelung. Praktische Erfahrungen und gesetzlicher Ergänzungsbedarf, in: Zeitschrift für Rechtspolitik (ZRP) 2010, S. 249–251, hier S. 250.

37 Vgl. Peter Oestmann (Hrsg.), Gemeine Bescheide, Bd. 2: Reichshofrat 1613–1798 (QFHG, 63/2), Köln/Weimar/Wien 2017, S. 34; Ortlieb, Schriftlichkeit im Entscheidungsprozess (wie Anm. 17), S. 345.

38 Peter Jessen, Der Einfluß von Reichshofrat und Reichskammergericht auf die Entstehung und

lationsgerichtsordnung von 1713, die die normative Grundlage für Verfassung und Verfahren des Gerichts bildete, kommunizierten die Parteien mit dem Gericht nur schriftlich durch ihre Anwälte. Die Schriftsätze verfasste zumeist ein für die Partei tätiger Advokat. Ein am Oberappellationsgericht zugelassener Prokurator als für die unmittelbare Vertretung gegenüber dem Gericht zuständiger Anwalt reichte sie sodann beim Registrator, dem für die Verwaltung des Schriftguts zuständigen Kanzleibediensteten des Gerichts, ein.[39] Dieses Verfahren schloss, jedenfalls formell, nicht nur jeden Kontakt zwischen den Parteien und ihren Advokaten einerseits und den Richtern andererseits, die über den Rechtsstreit zu entscheiden hatten, aus. Auch ein unmittelbarer persönlicher Kontakt zwischen den Prokuratoren und den Richtern war nicht vorgesehen. Förmliche Audienzen, wie es sie am Reichskammergericht, aber auch an den Hofgerichten der braunschweig-lüneburgischen Territorialjustiz in Celle und Hannover gab, kannte das Verfahren des Oberappellationsgerichts nicht.[40] Peter Jessen hat daraus den Schluss gezogen: „Auch im weiteren Verlauf eines Verfahrens begegneten sich am OAG die Parteien und ihre Vertreter auf der einen und das Gericht auf der anderen Seite grundsätzlich nicht."[41] Mündliche Termine gab es nur für Vergleichsbemühungen, zur Vernehmung von Zeugen und zur Abnahme von Eiden. Aber auch diese mündlichen Termine wurden meist dem Referenten oder einer auswärtigen Kommission übertragen,[42] deren Protokoll sodann wiederum schriftlich in das Verfahren eingeführt wurde. Mit dem Grundsatz strenger Schriftlichkeit folgte das Oberappellationsgericht Celle dem Vorbild des Reichshofrats.[43]

Entwicklung des Oberappellationsgerichts Celle unter besonderer Berücksichtigung des Kampfes um das kurhannoversche Privilegium De Non Appellando Illimitatum (Untersuchungen zur deutschen Staats- und Rechtsgeschichte, Neue Folge, 27), Aalen 1986, S. 157–162; Stefan Andreas Stodolkowitz, Das Oberappellationsgericht Celle und seine Rechtsprechung im 18. Jahrhundert (QFHG, 59), Köln/Weimar/Wien 2011, S. 147.

39 Teil I Tit. 3 § 11 der Oberappellationsgerichtsordnung von 1713, Chur-Braunschweig-Lüneburgische Landes-Ordnungen und Gesetze. Zum Gebrauch der Fürstenthümer, Graf- und Herrschaften Calenbergischen Theils, Bd. 2, Göttingen 1740, S. 22.

40 Stefan Andreas Stodolkowitz, Das Rechtsmittel der Appellation am Oberappellationsgericht Celle, in: Leopold Auer/Eva Ortlieb (Hrsg.), Appellation und Revision im Europa des Spätmittelalters und der Frühen Neuzeit (Beiträge zur Rechtsgeschichte Österreichs, Jg. 3, 1), Wien 2013, verfügbar unter http://hw.oeaw.ac.at/7432-5inhalt?frames=yes (abgerufen am 31. Januar 2024), S. 269–290, hier S. 276.

41 Jessen, Der Einfluß von Reichshofrat und Reichskammergericht (wie Anm. 38), S. 158; dem folgend Stodolkowitz, Das Oberappellationsgericht Celle (wie Anm. 38), S. 147 f.

42 Jessen, Der Einfluß von Reichshofrat und Reichskammergericht (wie Anm. 38), S. 158; Stodolkowitz, Das Oberappellationsgericht Celle (wie Anm. 38), S. 147 f.

43 Jessen, Der Einfluß von Reichshofrat und Reichskammergericht (wie Anm. 38), S. 158.

Gerade der Vergleich mit dem Reichshofrat sollte aber zur Vorsicht mahnen. Zwar war dessen Verfahren formell fast ausschließlich schriftlich.[44] Die Forschung konnte aber in jüngerer Zeit anhand von Quellen belegen, dass sich hinter der Fassade formeller Schriftlichkeit ausgeprägte Strukturen informeller Mündlichkeit verbargen.[45] In diesen Strukturen war die von Gabentausch bis hin zur Korruption begleitete mündliche Kommunikation zwischen den Parteien und ihren Anwälten einerseits und den Reichshofräten andererseits vermutlich keine Ausnahme, sondern die Regel, die dem Blick der Forschung nur deshalb lange Zeit verborgen geblieben ist, weil sie sich jenseits von Akten und Protokollen vollzog und sich deshalb in der formellen Schriftgutüberlieferung des Reichshofrats nicht widerspiegelt. In diese undurchsichtigen Strukturen informeller Kommunikation waren überdies nicht nur Parteien, Anwälte und Reichshofräte eingebunden, sondern nicht zuletzt auch Angehörige des Kaiserhofes, die nicht dem Reichshofrat angehörten, bis hinauf zum Kaiser selbst.

Wenn sich das Oberappellationsgericht Celle in den Abläufen eines formell schriftlichen Verfahrens am Reichshofrat orientierte, liegt es nahe, dass sich dessen Vorbild auch in informellen Strukturen mündlicher Kommunikation niedergeschlagen haben könnte. Schließlich kannte man in Celle das Verfahren des Reichshofrats nicht nur aus schriftlichen Quellen der Literatur und der Reichshofratsordnungen, sondern aus eigener persönlicher Anschauung. Denn Weipart Ludwig von Fabrice (1640–1724; ursprünglicher Name: Fabricius), der als Geheimer Rat und Vizekanzler des Landesherrn, des Kurfürsten Georg Ludwig von Braunschweig-Lüneburg, maßgeblich an der Gründung des Oberappellationsgerichts und der Ausarbeitung seiner Gerichtsordnung beteiligt gewesen und von 1711 bis 1724 der erste Präsident des Gerichts war, hatte sich nach Beendigung seines Studiums von 1666 bis 1668 in Wien aufgehalten, um die Praxis des Reichshofrats kennenzulernen.[46] Er konnte hierfür an familiäre Beziehun-

---

44 Oestmann (Hrsg.), Gemeine Bescheide, Bd. 2 (wie Anm. 37), S. 34; Ortlieb, Schriftlichkeit im Entscheidungsprozess (wie Anm. 17), S. 345.

45 Schenk, Actum et judicium (wie Anm. 9), S. 50–79; ders., Isomorphie und entgrenzte Informalität (wie Anm. 6).

46 Friedrich Samuel Ernst Vogell, Geheimer-Rath und erster Oberappellations-Gerichts-Präsident Weipart Ludewig von Fabrice in Zelle, in: Neues vaterländisches Archiv oder Beiträge zur allseitigen Kenntniß des Königreichs Hannover wie es war und ist, Bd. 4, Lüneburg 1823, S. 216–233, hier S. 219. Nach Rudolf Grieser, Art. Weipart Ludwig von Fabrice, in: Neue Deutsche Biographie, Bd. 4, Berlin 1959, S. 731, soll Fabrice in seiner Zeit in Wien Reichshofratsagent gewesen sein. In der Aufstellung der Reichshofratsagenten dieser Zeit bei Dorfner, Mittler zwischen Haupt und Gliedern (wie Anm. 25), S. 256, wird er aber nicht genannt, und nach den Schilderungen ebd., S. 45–57 erscheint es ausgeschlossen, dass er im Alter von nur 26 Jahren ohne längeren Aufenthalt am Kaiserhof und ohne vorherige juristische Praxiserfahrung Reichshofratsagent geworden sein könnte. Anzunehmen ist vielmehr, dass er nicht Agent im eigentlichen Sinne war, sondern in

gen anknüpfen, weil sein Schwager Johann Helwig Sinold genannt von Schütz (1623–1677) von 1655 bis 1670 dem Reichshofrat angehörte,[47] bevor Herzog Georg Wilhelm ihn als Kanzler nach Celle berief.[48] Nachdem Sinold 1677 gestorben war, wurde sein Nachfolger als Celler Kanzler sein Schwiegersohn Andreas Gottlieb von Bernstorff, der später als Premierminister zusammen mit Fabrice an der Gründung des Oberappellationsgerichts prägend beteiligt war.[49] Man wird also annehmen können, dass die maßgeblichen Akteure in Celle wussten, wie es in Wien zuging.

Vor diesem Hintergrund sollte die bisherige Annahme, das Verfahren des Oberappellationsgerichts sei entsprechend dem in der Gerichtsordnung geregelten Grundsatz strenger Schriftlichkeit weitgehend frei von mündlichen Elementen gewesen, kritisch hinterfragt werden, zumal ein ausschließlich auf schriftlicher Kommunikation beruhendes Verfahren für die von mündlicher Kommunikation unter Anwesenden geprägte Gesellschaft der Vormoderne ganz atypisch gewesen wäre.[50] Die Recherche nach Strukturen informeller Mündlichkeit ist naturgemäß nicht einfach, weil solche Strukturen in der formellen Überlieferung durch Akten und Protokolle in aller Regel keine Spuren hinterlassen haben. Für Celle wird die Forschungssituation überdies durch die umfangreichen Kriegsverluste der Überlieferung im Hauptstaatsarchiv Hannover erschwert.[51] Die Spurensuche lohnt trotzdem. Nachfolgend soll anhand einiger Schlaglichter gezeigt werden, dass auch in Celle der formale Grundsatz der Schriftlichkeit informelle mündliche Kommunikation keineswegs ausgeschlossen hat.

---

anderer Funktion im Umfeld des Reichshofrats und insbesondere bei seinem Schwager tätig war, um die Praxis des Reichshofrats kennenzulernen. Weipart Ludwig von Fabrice entstammte einer hessischen Gelehrtenfamilie. Eine verwandtschaftliche Beziehung zu dem aus Nürnberg stammenden Reichshofratsagenten Georg Fabricius (Dorfner, ebd., S. 73, 256) und dem Agenten Andreas Gottlieb Fabricius/von Fabrice (ebd., S. 78, 104, 239, 258) besteht offenbar nicht.

47 Von Gschliesser, Der Reichshofrat (wie Anm. 28), S. 272 f.

48 Köcher, Art. Johann Helwig Sinold (gen. Schütz), in: Allgemeine Deutsche Biographie, Bd. 34, Leipzig 1892, S. 397–399.

49 Zu von Bernstorff siehe die biographischen Angaben bei Hermann Kellenbenz, Art. Andreas Gottlieb v. Bernstorff, in: Neue Deutsche Biographie, Bd. 2, Berlin 1955, S. 137 f. Zu seinem Einfluss auf die Gründung des Oberappellationsgerichts Celle und die Entstehung der Oberappellationsgerichtsordnung Jessen, Der Einfluß von Reichshofrat und Reichskammergericht (wie Anm. 38), S. 127 f. Vgl. auch Hans-Joachim Ballschmieter, Andreas Gottlieb von Bernstorff und der Mecklenburgische Ständekampf 1680–1720 (Mitteldeutsche Forschungen, 26), Köln/Graz 1962.

50 Vgl. Schenk, Actum et judicium (wie Anm. 9), S. 50.

51 Zur Überlieferungsgeschichte vgl. Stodolkowitz, Das Oberappellationsgericht Celle (wie Anm. 38), S. 4, sowie die Angaben im Niedersächsischen Jahrbuch für Landesgeschichte 20 (1947), S. 195 f.

3.1 Kommunikation im Gerichtsgebäude

Einen ersten Anhalt für informelle Kommunikation bietet der räumliche Rahmen, in dem das Gericht agierte. Als das Oberappellationsgericht Celle im Jahre 1711 gegründet wurde, nahm es seine Tätigkeit in einem heute nicht mehr bestehenden Gebäude in der Kanzleistraße auf, in dem auch das Hofgericht und die Justizkanzlei untergebracht waren.[52] Die räumlichen Gegebenheiten sind durch einen Grundriss aus dem Jahre 1709 mit detaillierten Bezeichnungen und Abmessungen der Räume nachvollziehbar.[53] Am Ende einer langen Zimmerflucht befand sich ein schmales Zimmer für die Sekretäre, das von einem Vestibül aus zu betreten war. Aus diesem Zimmer gelangte man durch eine Tür in den Raum der Kanzlisten sowie der Boten und Pedellen. Von hier aus führte eine weitere Tür in die Plenarratsstube, in der das Gericht seine Sitzungen abhielt. Jenseits derselben lag der Raum des Protonotars und des Registrators. Von diesen Räumen getrennt befanden sich auf der anderen Seite des Vestibüls die Registratur und ein Zimmer für die Prokuratoren. Im Raum der Sekretäre fanden die Termine zur sogenannten Inrotulation der Akten statt, denen die Prokuratoren beizuwohnen hatten; dabei wurden die Akten nach dem Abschluss des schriftlichen Verfahrens auf Vollständigkeit überprüft und bis zur Bearbeitung durch den Referenten versiegelt.[54]

In welchem Maße diese Inrotulationstermine zu informeller mündlicher Kommunikation genutzt wurden, ist naturgemäß nicht nachzuvollziehen. Für die preußische Justiz etwa ist aber eine Verordnung aus dem Jahre 1718 überliefert, die den Anwälten bei Strafe untersagte, den Inrotulationstermin zu mündlichem Sachvortrag zu nutzen.[55] Solche mündliche Kommunikation im Rahmen der Inrotulation war also offenbar nicht unüblich. Auch für Celle ist kaum vor-

---

52 Friedrich von Bülow, Über die Verfassung, die Geschäfte und den Geschäftsgang des Königlichen und Churfürstlich Braunschweig-Lüneburgischen Ober-Appellations-Gerichts zu Zelle, 2 Bde., Göttingen 1801/1804, Bd. 1, S. 32–34.

53 Karl Gunkel, Zweihundert Jahre Rechtsleben in Hannover. Festschrift zur Erinnerung an die Gründung des kurhannoverschen Oberappellationsgerichts in Celle am 14. Oktober 1711, Hannover 1911, nach S. 511.

54 Teil II Tit. 12 § 1 der Oberappellationsgerichtsordnung von 1713, Landes-Ordnungen und Gesetze, Bd. 2 (wie Anm. 39), S. 135; von Bülow, Über die Verfassung (wie Anm. 52), Bd. 1, S. 204, Bd. 2, S. 285 f.; Jessen, Der Einfluß von Reichshofrat und Reichskammergericht (wie Anm. 38), S. 203; Stodolkowitz, Das Oberappellationsgericht Celle (wie Anm. 38), S. 176; ders., Auswirkungen der Aktenführung (wie Anm. 11), S. 276.

55 Nachweis bei Tobias Schenk, Das Ravensbergische Appellationsgericht zu Cölln an der Spree (1653–1750). Ein frühneuzeitliches Justizkollegium im Spannungsfeld von Reichs- und Territorialgerichtsbarkeit, in: Ulrich Andermann/Michael Zozmann (Hrsg.), Die Grafschaft Ravensberg im 17. Jahrhundert. Verfassung – Recht – Wirtschaft – Kultur. Beiträge des zweiten Ravensberger Kolloquiums, Bielefeld 2023, S. 51–130, hier S. 73, Anm. 102.

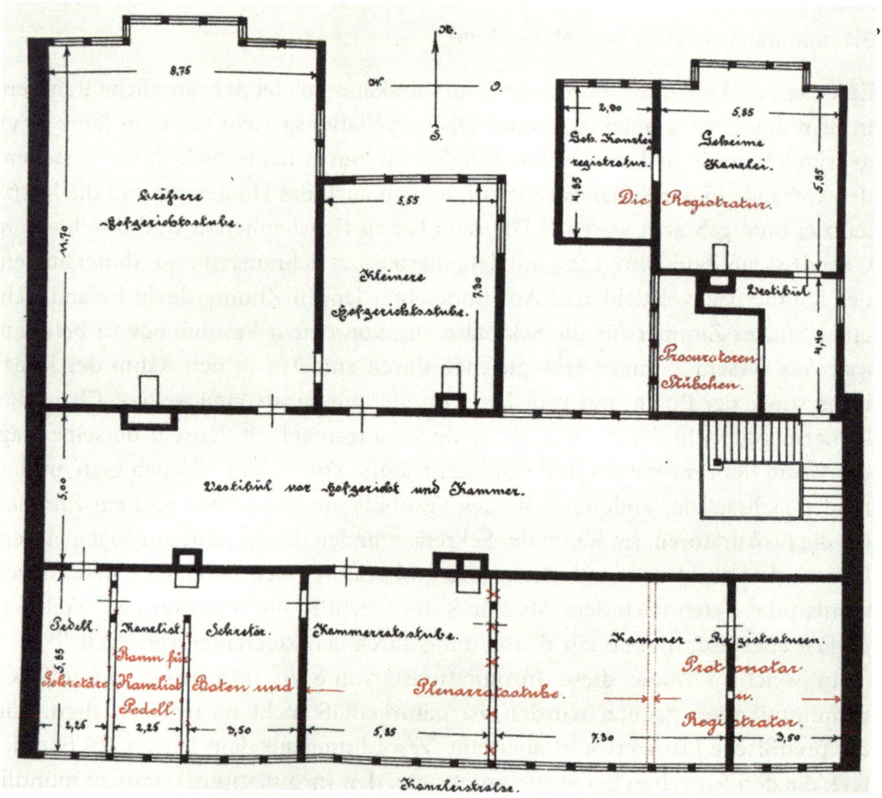

Abb. 1: Grundriss der vom Oberappellationsgericht Celle ab 1711 genutzten Räumlichkeiten aus dem Jahre 1709. Die Eintragungen in schwarzer Schrift bezeichnen die Nutzung vor 1711; bauliche Veränderungen und die neue Nutzung durch das Oberappellationsgericht sind in roter Schrift vermerkt. Wiedergabe nach Gunkel (wie Anm. 53).

dass die Sekretäre und die Prokuratoren die Akten durchsahen, ohne ein Wort zu sprechen. Zudem hielten sich die Prokuratoren offenbar nicht nur im Rahmen dieser förmlichen Termine im Gerichtsgebäude auf; andernfalls wäre nicht zu erklären, weshalb ihnen in einer insgesamt eher beengt erscheinenden räumlichen Situation ein, wenn auch kleiner, eigener Raum zugewiesen war.

Dass sich offenbar nicht nur die Prokuratoren, sondern auch Parteien und Advokaten, die formell nur schriftlich vermittelt durch die Prokuratoren mit dem Gericht kommunizieren durften, regelmäßig im Gerichtsgebäude aufhielten, geht aus einem Gemeinen Bescheid des Oberappellationsgerichts vom 17. Juli 1716[56] hervor. Darin prangerte das Gericht den Missstand an,

56 Landes-Ordnungen und Gesetze, Bd. 2 (wie Anm. 39), S. 202 f.

daß einige Partheyen, auch deren Advocati, oder bey diesem Gerichte bestellete Procuratores, wann selbe etwas beym Ober-Appellations-Gericht und dessen Cantzley zu verrichten haben, oder auch ein oder andern zu sprechen verlangen, nicht allemahl, wie sich doch allerdings gebühret, durch die dazu geordnete, respective Gerichts-Diener und Botten melden lassen, oder dero Behuff gehörigen Orths anklopffen, sondern vielmehr vor sich selbst, ohne Erfordern und ohne Ursach, nach eigenem Gefallen, nicht allein in das vor der Cantzley-Stube befindliche Vorgemach, allwo die Ober-Appellations-Secretarii die Inrotulationes Actorum vorzunehmen pflegen, eintreten, sondern auch wohl die allda befindliche und zu mehrgedachter Cantzley-Stube führende Thür, nach eigenem Willen öffnen, und diejenige, so sie zu sprechen verlangen, selbst ab- und heraus ruffen, ja wohl gar, sonderlich, wenn die gewöhnliche Gerichts-Zeit geendiget, unter allerley Vorwandt, darinnen ein- und auszugehen pflegen.

Diesem Missstand begegnete das Gericht aber nicht etwa dadurch, dass es die Parteien und Advokaten angewiesen hätte, das Gericht nicht mehr in Person aufzusuchen, sondern ihre Anliegen nur schriftlich zu kommunizieren. Die persönliche Kommunikation im Gerichtsgebäude als solche war demnach nicht kritikwürdig, sollte aber in geordneten Bahnen ablaufen. Daher wies das Gericht die Parteien, Advokaten und Prokuratoren an, *forthin daferne sie etwas bey diesem Tribunal an- oder einzubringen haben, solches gehörigen Orts anzuzeigen und zu melden, keines Weges aber, vorbedeuteter massen, die zu dem Gerichts-Zimmer führende Thüren, vor sich selbst aufzuthun, am wenigsten in mehrgedachte Cantzley-Stube ein- oder auszugehen.*

Ähnliche Gemeine Bescheide erließ im Übrigen auch der Reichshofrat, der erstmals 1668 und später wiederholt in den Jahren 1679, 1681, 1712, 1714 und 1766 Anordnungen traf, mit denen er das eigenmächtige Betreten der Kanzlei durch Agenten und Sollizitanten zu verhindern suchte.[57]

Der Gemeine Bescheid des Oberappellationsgerichts von 1716 wurde offenbar nicht befolgt. Durch einen weiteren Gemeinen Bescheid vom 30. Dezember 1727[58] wiederholte das Gericht die Regelung unter Androhung einer Strafe von einem Reichstaler. Dem Gemeinen Bescheid zuwider hätten Parteien, Advokaten und Prokuratoren weiterhin *nicht allein die zu der Ober-Appellations-Gerichts-Cantzley-Stube führende Thür selbst eröffnet, sondern* [seien] *auch so gar hinein getreten,* [hätten] *sich darinn aufgehalten, und die unter Händen seyende*

57 Gemeiner Bescheid vom 23. September 1668, Oestmann (Hrsg.), Gemeine Bescheide, Bd. 2 (wie Anm. 37), S. 115, vom 11. Januar 1679, ebd., S. 156, vom 17. Juli 1681, ebd., S. 184, vom 28. Juli 1681, ebd., S. 189, von 1712 (ohne Datum), ebd., S. 295, von 1714 (ohne Datum), ebd., S. 324 und vom 7. April 1766, ebd., S. 403.

58 Landes-Ordnungen und Gesetze, Bd. 2 (wie Anm. 39), S. 220 f.

Exhibita und Expedienda einzusehen, und vor der Zeit in Erfahrung zu bringen, sich angemasset.

Auf welche Weise die Verfahrensbeteiligten die persönliche Anwesenheit im Gerichtsgebäude nutzten, um Einfluss auf die Arbeit des Gerichts auszuüben, das Referentengeheimnis zu lüften und in der Folge auch mit dem Referenten in Kontakt zu treten, lässt sich nicht aufklären. Regelmäßig schrieben die Gerichtsordnungen der Frühen Neuzeit zwar vor, dass die Parteien unter keinen Umständen erfahren durften, welcher Beisitzer des Gerichts zum Referenten in ihrer Sache bestimmt worden und damit mit der Vorbereitung der Entscheidung durch eine Relation betraut war.[59] In der Praxis wurde das Referentengeheimnis aber kaum jemals streng befolgt; für die Parteien war es in der Regel ohne Schwierigkeiten möglich, die Person des Referenten in Erfahrung zu bringen.[60] Wenn aus Bayern noch für das Jahr 1803 überliefert ist, es sei *ein bekannter Gewerbszweig der Registratoren, den Referenten den Parteyen gegen ein gewisser Massen taxmäsiges Douceur oder das Höhere pro lubito bekannt zu machen,*[61] kann es in Celle natürlich ganz anders gewesen sein, aber wahrscheinlich ist das nicht. Von ernsthafter Geheimhaltung ist jedenfalls nicht auszugehen, wenn Verfahrensbeteiligte die Möglichkeit hatten, in der Kanzleistube des Oberappellationsgerichts selbst Schriftstücke durchzusehen. Dass die Parteien und ihre Anwälte das Gericht persönlich aufsuchten, galt ganz offensichtlich nicht als unvereinbar mit dem formell schriftlichen Verfahren, sondern als selbstverständlicher Bestandteil der Kommunikation mit dem Gericht, den auch dieses selbst nicht zu unterbinden, sondern nur einigermaßen geordnet zu regeln suchte.

---

59 Zum Reichskammergericht Teil I Tit. 13 § 16 der Reichskammergerichtsordnung von 1555, Adolf Laufs (Hrsg.), Die Reichskammergerichtsordnung von 1555 (QFHG, 3), Köln/Wien 1976, S. 153; ebenso zum Oberappellationsgericht Celle der Eid der Oberappellationsräte in Teil I Tit. 9 der Oberappellationsgerichtsordnung von 1713, Landes-Ordnungen und Gesetze, Bd. 2 (wie Anm. 39), S. 51 f.

60 Zum Reichskammergericht Bengt Christian Fuchs, Die Sollicitatur am Reichskammergericht (QFHG, 40), Köln/Weimar/Wien 2002, S. 145–152; zum Reichshofrat Dorfner, Mittler zwischen Haupt und Gliedern (wie Anm. 25), S. 174–176; Eva Ortlieb, Gerichtsakten und Parteiakten. Zur Überlieferung der kaiserlichen Kommissionen des Reichshofrats, in: Anette Baumann/Siegrid Westphal/Stephan Wendehorst/Stefan Ehrenpreis (Hrsg.), Prozeßakten als Quelle. Neue Ansätze zur Erforschung der Höchsten Gerichtsbarkeit im Alten Reich (QFHG, 37), Köln/Weimar/Wien 2001, S. 101–118, hier S. 117; Schenk, Actum et judicium (wie Anm. 9), S. 63; ders., Vom Reichshofrat über Cocceji zu PEBB§Y: Epochenübergreifende Überlegungen zu gerichtlichen Urteils- und Vergleichsquoten aus institutionengeschichtlicher Perspektive, in: Zeitschrift der Savigny-Stiftung für Rechtsgeschichte, Germanistische Abteilung (künftig: ZRG GA), S. 91–233, hier S. 177 f.

61 Zitat nach Schenk, Actum et judicium (wie Anm. 9), S. 63.

3.2 Kommunikation in den Wohnungen der Richter

Die Richter, die über einen Rechtsstreit zu entscheiden hatten, bearbeiteten die Akten zumeist nicht im Gerichtsgebäude. Die Richter der Vormoderne hatten, anders als es heute üblich ist, regelmäßig kein von der Justizverwaltung zur Verfügung gestelltes Dienstzimmer. Das Gerichtsgebäude war der Ort der Aktenverwaltung und der Beratungen der Spruchkörper. Im Übrigen übten die Richter ihre Dienstgeschäfte in ihrer Privatwohnung aus. Dort arbeiteten insbesondere die Referenten die Relationen aus, die in der Folge die Grundlage für die Beratung und Entscheidung des Kollegialgerichts bildeten.[62] Damit ließ „ein mehrheitlich nicht über unmittelbare Aktenkenntnis verfügender Spruchkörper seine Beschlussvorlagen durch eine Einzelperson in einem Rahmen erarbeiten [...], der direkter kollegialer Kontrolle ebenso entzogen war wie einer wirksamen Disziplinaraufsicht durch Behördenvorstand und Gerichtsherrn."[63] Wie sich dies auf das Verfahren und insbesondere auf die Möglichkeiten informeller Kommunikation auswirkte, musste sich am Referentengeheimnis entscheiden. Dass dieses, wie bereits erwähnt, in der Praxis kaum befolgt wurde, eröffnete den Parteien die Möglichkeit, informellen Kontakt zum Referenten aufzunehmen. Dass sich die Beisitzer frühneuzeitlicher Gerichte solchen Kontaktversuchen konsequent verschlossen hätten, kann man nicht annehmen. Kam es zur persönlichen Begegnung zwischen den Verfahrensbeteiligten und dem Referenten – oder auch dem Vorsitzenden des Spruchkörpers –, hing es vom Berufsethos des jeweiligen Richters ab, ob es bei einer sachlichen Erörterung blieb. Faktisch war bis hin zur Korruption alles möglich, ohne dass dies durch andere Personen – die Beisitzerkollegen, den Gerichtspräsidenten, den Gerichtsherrn, aber auch die gegnerische Partei und ihren Anwalt – hätte kontrolliert werden können.

Für das Oberappellationsgericht Celle lässt sich ganz konkret belegen, dass der unmittelbare persönliche Kontakt zwischen Richter und Parteien in den Richterwohnungen nicht nur üblich war, sondern auch als sachgerecht – und keineswegs als anstößig – galt. Im Jahre 1740 starb Georg Friedrich von Marquart, der dem Gericht seit seiner Gründung im Jahre 1711 angehört hatte und von 1732 bis 1740 Vizepräsident war.[64] Die gedruckte Leichenpredigt[65] enthält unter der Ru-

62 Schenk, Unbeobachtet vorübergegangen (wie Anm. 18), S. 330.

63 Ebd.

64 Gunkel, Zweihundert Jahre Rechtsleben in Hannover (wie Anm. 53), S. 464, 473. Von Marquart war ein Sohn des Reichskammergerichtsprokurators Gotthard Johann Marquardt; Friedrich Wilhelm Boldewin Ferdinand von dem Knesebeck, Historisches Taschenbuch des Adels im Königreich Hannover, Hannover 1840, S. 203; vgl. Anette Baumann, Advokaten und Prokuratoren. Anwälte am Reichskammergericht, 1690–1806 (QFHG, 51), Köln/Weimar/Wien 2006, S. 34, 190.

65 Ehren Gedächtniß Des Weyland Hoch-Wohlgebohrnen Herrn, Herrn Georg Friderich von Mar-

brik „Trauer- und Ehren-Gedichte" ein umfangreiches Gedicht auf den Verstorbenen, dessen Verfasser der Celler Landsyndikus Christoph Lorenz Bilderbeck war.[66] Dieser gehörte einer Celler Juristenfamilie an. Sein Vater Christoph Bilderbeck war von 1711 bis 1715 Beisitzer des Oberappellationsgerichts, und sein Bruder Joachim Heinrich Bilderbeck gehörte dem Gericht von 1716 bis 1727 als Beisitzer an.[67] Christoph Lorenz Bilderbeck war mit dem Vizepräsidenten von Marquart, wie das Gedicht an verschiedenen Stellen erkennen lässt, gut bekannt. Über das richterliche Berufsethos des Verstorbenen enthält das Gedicht folgende dem Pathos des Barock entsprechende Verse:

Erfordert, daß man stets von Haß und Liebe frey,
Ein Feind der Freunde selbst, ein Freund der Feinde sey:
Lehrt, daß ein gleicher Ernst so Hoh als Niedre höre,
Und den Bedrängten nie den milden Zutrit wehre:
Entwerft die Redlichkeit, die, was sie sagt, auch denckt,
Und den, der zu ihr flieht, durch falschen Rath nicht kränckt:
Sucht alle Tugenden in eines zu verbinden,
Und schaut auf unsern Held; sie sind bei Ihm zu finden.[68]

Zur Zeile *Und den Bedrängten nie den milden Zutrit wehre* findet sich eine Anmerkung, in der Bilderbeck die Erinnerung an eine Äußerung des Verstorbenen wiedergibt. Zwar werde teilweise, wie Bilderbeck äußert, die Ansicht vertreten, *daß ein Richter besser und vorsichtiger thue, keine Parthey im Hause zu sprechen, indeme man dadurch sich leichtlich preveniren lassen könnte, und wenn sich die vorgetragene Umstände in actis fänden, sie bey der Relation ohnedem vorkommen, im wiedrigen aber extra acta keine attention finden müsten.*

Von Marquart sei demgegenüber, wie Bilderbeck von ihm persönlich erfahren habe, anderer Auffassung und sei der Meinung gewesen, *Es müsse ein Richter sich*

quart, Königl. Groß-Britannisch- Wie auch Chur-Fürst. Braunschweig-Lüneburgischen Hochverordneten Vice-Praesidenten Beym Königl. Ober-Appellations-Gericht zu Celle, 1741.

66 Ebd., S. 72.

67 Gunkel, Zweihundert Jahre Rechtsleben in Hannover (wie Anm. 53), S. 473; Ernst Ludwig von Lenthe, Archiv für Geschichte und Verfassung des Fürstenthums Lüneburg, Bd. 9, Celle 1763, S. 109. Vgl. Johann Gottlob Wilhelm Dunkel, Historisch-Critische Nachrichten von verstorbenen Gelehrten und deren Schriften, Bd. 1, Teil 2, Köthen 1753, S. 169–172; Heinrich Wilhelm Rotermund, Das gelehrte Hannover, Bd. 1, Bremen 1823, S. 181 f.; Joachim Rückert/Jürgen Vortmann (Hrsg.), 600 Jahre Niedersächsische Juristen. Ein biographisches Lexikon mit einer landesgeschichtlichen Einführung und einer Bibliographie zur niedersächsischen Rechtsgeschichte, 2. Aufl., Halle (Saale) 2021, S. 396 f.

68 Ehren-Gedächtniß (wie Anm. 65), S. 62.

nicht verdriessen lassen, allen und jeden Partheyen in seinem Hause gerne und willig Gehör zu verstatten. Es diene ein solches nicht nur zu grosser Consolation derer Partheyen, sondern auch dazu, daß man offtmahls wegen ein und anderen mündlich vorgebrachten Umstandes bewogen würde, diese oder jene Sache, der bey dem Verzug eintretenden Gefährde halber, mehrers zu maturiren, bey der Relation nach denen im Discours vorgetragenen Momentis, ob sie in Actis Grund haben? sich zu erkundigen, auch wenn die Litigirenden ohne Ursach Quereles führeten, sie desto besser bedeuten zu können.[69]

Diese Äußerung, von der anzunehmen ist, dass Bilderbeck als langjähriger Bekannter sie im Wesentlichen zutreffend wiedergibt, ist in verschiedener Hinsicht aufschlussreich. Zunächst zeigt sie ein richterliches Selbstverständnis, das einem formell schriftlichen Verfahren ohne Bedenken eine informelle Ebene mündlicher Kommunikation zur Seite stellte, die sich außerhalb des Gerichtsgebäudes in der Privatwohnung des Richters entfaltete und damit der Kontrolle durch die Kollegen des Spruchkörpers entzogen war. Die gegnerische Partei war nur einbezogen, wenn beide Parteien gemeinsam empfangen und angehört wurden. Das mag es, etwa für Erörterungen mit dem Ziel einer gütlichen Einigung, gegeben haben, war aber jedenfalls nicht zwingend. Letztlich lag es in der Hand der Richter, ob sie mündliche Audienzen nur einer Partei oder aber beiden gewährten.[70]

Die Praxis des Richters, eine Partei zu Hause zu empfangen und anzuhören, wird dabei ausdrücklich als sinnvoll geschildert, weil sie dem Richter die Gelegenheit gebe, eilbedürftige Sachen als solche zu erkennen und zu beschleunigen, auf wichtige Gesichtspunkte aufmerksam zu werden und Parteien besser zurechtweisen zu können, die *ohne Ursach Quereles führeten*. Das kann nur in dem Sinne verstanden werden, dass mündliche Äußerungen der Partei außerhalb von Akten und Protokoll den weiteren Verfahrensgang selbstverständlich beeinflussen konnten und dies für eine sachgerechte Bearbeitung des Verfahrens auch als förderlich galt. Ein von informeller mündlicher Kommunikation begleitetes Verfahren war nach Auffassung Marquarts vorzugswürdig gegenüber einer ausschließlich auf die Seite der formellen Schriftlichkeit beschränkten Verfahrensweise.

Nicht nur die Referenten gewährten solche häusliche Audienzen. Denn diese sollten den Richter in die Lage versetzen, *bey der Relation nach denen im Discours vorgetragenen Momentis, ob sie in Actis Grund haben? sich zu erkundigen.* Offenbar empfingen auch nicht referierende Angehörige des Spruchkörpers, andere Beisitzer oder aber der Vorsitzende, Parteien in ihrem Hause. Das Wissen,

69 Ebd., S. 62 f.

70 Vgl. Schenk, Actum et judicium (wie Anm. 9), S. 60, sowie den Beitrag von Tobias Schenk in diesem Band, unter 4.11.

das sie daraus zogen, ermöglichte ihnen, beim Vortrag der Relation durch den Referenten in der Beratung gezielt nachzufragen. Darin liegt ein gewisses Korrektiv für die fehlende Aktenkenntnis. Denn die Akten hatten nur der Referent und der Korreferent sowie möglicherweise der Vorsitzende gelesen. Die anderen Beisitzer kannten die Akten regelmäßig nicht und waren auf die Darstellung des Referenten angewiesen.[71] Sie konnten deren Richtigkeit aber hinterfragen, wenn ihnen die Partei die wesentlichen Gesichtspunkte, auf die es ankommen sollte, auf informellem Wege mündlich schilderte.[72]

Aufschlussreich ist weiters, aus welcher Position heraus Marquart diese Praxis bezeugt. Er war, wie schon erwähnt, ein Richter der ersten Stunde, der dem Oberappellationsgericht seit dessen Gründung im Jahre 1711 angehört hatte, und von 1732 bis zu seinem Tode im Jahre 1740 dessen Vizepräsident. In der internen Hierarchie[73] des Celler Richterkollegiums stand er damit auf einem der vordersten Plätze. Wenn er die Praxis informeller Mündlichkeit durch häusliche Audienzen für die Verfahrensbeteiligten guthieß, wird er damit nicht alleingestanden haben. Zwar mag es, der von Bilderbeck angesprochenen Gegenansicht entsprechend, auch am Oberappellationsgericht Beisitzer gegeben haben, die es ablehnten, vom formellen Pfad des schriftlichen Verfahrens abzuweichen. Widerlegen lässt sich dies, vorbehaltlich künftiger Quellenfunde, ebenso wenig wie nachweisen. Aber dass der Vizepräsident nicht nur für sich, sondern für die Mehrheit der Richterschaft sprechen konnte, liegt nahe.

Schließlich ist die Erwähnung dieser Äußerung Marquarts in der Leichenpredigt für die zeitgenössische Wahrnehmung einer solchen richterlichen Praxis aussagekräftig. Wenn Bilderbeck die Ansicht Marquarts aus dessen eigenen Äußerungen kannte, spricht das dafür, dass Marquart die Audienzen in seinem Hause nicht nur unter der Hand gab, sondern offen darüber sprach und sie demgemäß nicht für problematisch hielt, sondern als legitime Verfahrensweise ansah. Auch Bilderbeck, der zwar nicht selbst Richter war, als Landsyndikus aber der führenden Celler Juristenschicht angehörte und damit wusste, worüber er sprach, empfand diese Praxis offenbar nicht als bedenklich. Im Gegenteil: Die epischen Verse in der Leichenpredigt, in deren Zusammenhang die Anmerkung steht, dienten

---

71 Siehe hierzu grundlegend Tobias Schenk, Vom dominus referens zum Berichterstatter. Überlegungen zur Karriere eines umstrittenen juristischen Experten als Beitrag zu einer akteurszentrierten Fremdbeschreibung kollegialen Entscheidens, in: Anette Baumann (Hrsg.), Juristen als Experten? Eine Untersuchung zu Wissensbeständen und Diskursen der Juristen im 16. und 17. Jahrhundert (bibliothek altes Reich, 40), Berlin/Boston 2023, S. 15–101.

72 Vgl. zum Reichskammergericht Fuchs, Die Sollicitatur am Reichskammergericht (wie Anm. 60), S. 60 f., unter Hinweis auf ein Gutachten des Assessors von Neurath aus dem Jahre 1790.

73 Zur Binnenhierarchie frühneuzeitlicher Gerichte vgl. Schenk, Unbeobachtet vorübergegangen (wie Anm. 18), S. 320.

durch pathetische Überhöhung dem Zweck, das Andenken des Verstorbenen in einem positiven Licht zu bewahren und sein Wirken im Richteramt als vorbildhaft darzustellen. Eine als problematisch wahrgenommene Amtsausübung hätte darin gewiss keine Erwähnung gefunden. Im Gegenteil wird ausdrücklich als Tugend hervorgehoben, dass der Richter *den Bedrängten nie den milden Zutrit wehre*, und als diesem Ideal dienlich wird die Gepflogenheit informeller häuslicher Audienzen angesprochen. Das kann nicht anders verstanden werden als in dem Sinne, dass Marquart gerade durch diese informelle Praxis dem Ideal des Richters, der allen Rechtsuchenden gleichermaßen Gehör schenkt, entsprach.

Bedenkt man, dass am Reichshofrat der informelle Kontakt zwischen den einzelnen Reichshofräten und den Parteien und ihren Vertretern, auch und gerade durch Besuche in den Privatwohnungen der Referenten,[74] an der Tagesordnung war und dass die Praxis des Reichshofrats vermittelt durch die geschilderten personellen Verbindungslinien in Celle nicht unbekannt gewesen sein kann, belegt die Äußerung des Vizepräsidenten Marquart mit großer Sicherheit, dass auch in Celle informelle Begegnungen zwischen Gericht und Parteien zur alltäglichen Verfahrenswirklichkeit gehörten. Wie am Reichshofrat erscheint dabei diese informelle Form mündlicher Kommunikation gewissermaßen als Korrektiv für das Fehlen einer formellen Mündlichkeit in Gestalt gerichtlicher Audienzen,[75] wie es sie am Reichskammergericht, aber auch an den Hofgerichten in Hannover und Celle gab. Ob es bei den Audienzen in den Richterwohnungen nur darum ging, dass sich der jeweilige Richter vor dem Hintergrund sachlicher Erwägungen mündliche Schilderungen von Verfahrensbeteiligten anhörte, oder darüber hinaus auch Gabentausch und Korruption eine Rolle spielten, mag dahingestellt bleiben; Hinweise darauf waren in den Quellen bislang nicht aufzufinden. Von der Annahme, die Akten zeigten das gerichtliche Verfahren so, wie es gewesen ist, muss sich die Forschung jedenfalls verabschieden, weil sich wesentliche kommunikative Elemente außerhalb der Akten vollzogen.

3.3 Supplikationen an den Landesherrn – Das „Lauffen nach Engelland“

Wenn Parteien selbst – und nicht nur ihre Anwälte – sich zu Audienzen in den Privatwohnungen der Richter einfanden, setzte das ihre persönliche Anwesenheit am Gerichtsort in Celle voraus. Mit dem Idealbild eines schriftlichen Verfahrens, in dem die Parteien mit dem Gericht formell ausschließlich durch Schriftsätze

---

74 Schenk, Actum et judicium (wie Anm. 9), S. 57; ders., Unbeobachtet vorübergegangen (wie Anm. 18), S. 331; vgl. zum Reichskammergericht Fuchs, Die Sollicitatur am Reichskammergericht (wie Anm. 60), S. 65 f.

75 Vgl. den Beitrag von Tobias Schenk in diesem Band, unter 4.10.

ihrer Anwälte kommunizierten, lässt sich das auf den ersten Blick schwer vereinbaren. Doch ist beispielhaft für die Reichsgerichte überliefert, dass sich zahllose Parteien durch die formale Schriftlichkeitsmaxime nicht davon abhalten ließen, an den Gerichtsort zu reisen, um dort persönlich im Wege der sogenannten Sollicitatur auf das Verfahren Einfluss zu nehmen.[76] Dass dies an den Territorialgerichten grundlegend anders gewesen sein sollte, wird man nicht annehmen können,[77] zumal diese für die Parteien zumeist räumlich näher lagen und damit leichter zu erreichen waren als die Reichsgerichte.

Einen Eindruck davon, welche Mühen frühneuzeitliche Prozessparteien auf sich nahmen, um nicht nur schriftlich, sondern durch persönliche Anwesenheit vor Ort auf den Gang eines Gerichtsverfahrens Einfluss zu nehmen, vermitteln die Verordnungen gegen das sogenannte „Lauffen nach Engelland".[78] Anders als der unmittelbar am Kaiserhof angesiedelte Reichshofrat war das Oberappellationsgericht Celle von seinem Gerichtsherrn, dem braunschweig-lüneburgischen Kurfürsten, räumlich weit getrennt. Denn wegen der Personalunion mit Großbritannien residierte dieser seit 1714 nicht mehr etwa 40 Kilometer von Celle entfernt in Hannover, sondern in London. Das hielt die Untertanen jedoch nicht davon ab, an den Herrscherhof zu reisen, um sich in Rechtssachen persönlich an den Landesherrn zu wenden. Dessen Regierung in Hannover wandte sich durch ein Ausschreiben vom 25. Juni 1718[79] gegen die Praxis, *daß Leute von allerhand Art und Condition aus hiesigen Chur- und Fürstlichen Landen nach London sich verfügeten, um Sachen anzubringen und zu sollicitiren, so gemeiniglich entweder Processe, die vor Sr. Majestät Teutsche Gerichte gehöreten, oder andere Dinge beträffen, welche in hiesigen Landen abgethan werden müsten.* Das müsse schon deshalb als Missstand gelten, *weil die meisten von solchen Leuten durch die Kosten ihrer nach London unternehmenden Reise sich dergestalt erschöpffeten, daß sie Sr. Majest. und denen Ihrigen alldorten zur Last würden, und zu ihrer Subsistentz an dem Kostbahren Orte, wie auch zu ihrer zurück-Reise Geld zu erbetteln ihnen angewehneten.*

Das Ausschreiben untersagte den Rechtsuchenden, sich schriftlich, persönlich oder durch Bevollmächtigte an den in London residierenden Landesherrn zu wenden. Vielmehr solle jeder *seine Sache bey dem Gericht, vor welches sie gehöret, in hiesigen Landen anbringen und verfolgen, und wann er über den Ausspruch selbigen Gerichts, oder über selbiges Gericht, wegen denegirter oder protrahirter*

---

76 Schenk, Actum et judicium (wie Anm. 9), S. 57. Zum Reichskammergericht Fuchs, Die Sollicitatur am Reichskammergericht (wie Anm. 60), S. 90–100 mit Hinweisen auf einschlägige Berichte in der zeitgenössischen Literatur.

77 Vgl. Fuchs, Die Sollicitatur am Reichskammergericht (wie Anm. 60), S. 222 f.

78 Siehe hierzu ausführlich Bühring, Die Deutsche Kanzlei in London (wie Anm. 3), S. 59–64.

79 Landes-Ordnungen und Gesetze, Bd. 2 (wie Anm. 39), S. 584–587.

Justitz sich zu beschweren zu haben vermeinete, desfals an das Judicium immediate superius sich wenden, und bey selbigem sei[ne] *Gravamina, Sr. Majestät Gerichts Ordnungen gemäs, einbringen; dafern er aber auch mit dem Verfahren, oder mit dem Ausspruch selbigen Gerichts nicht zufrieden seyn wolte, alsdann endlich seine Nohtdurfft an das Ober-Appellations-Gericht gehörig gelangen lassen, und mit demjenigen ohne weitere Ausflucht oder Klage sich begnügen solte, was dasselbe in der Sache ordnen und statuiren würde.*

Die Rechtsuchenden sollten sich also im dafür vorgesehenen Rechtsweg an die Gerichte wenden. Etliche weitere Verordnungen wiederholten das Verbot des persönlichen Supplizierens in London, das offenbar viele Personen von der äußerst zeit- und kostenintensiven Reise an den Herrscherhof nicht abhielt.[80] Möglicherweise rieten auch Anwälte ihren Mandanten dazu, persönlich nach London zu reisen, um ihrem Rechtsschutzbegehren größtmögliches Gewicht zu verleihen. So wandte sich die Verordnung vom 21. September 1726 dagegen, dass *auch mehrentheils einfältige Leute von bösen gewinnsichtigen Advokaten zu dem Lauffen nach Engelland und dortigen Suppliciren verführet werden, unter der Versicherung, daß sie alldort gute Bescheide erlangen würden.*[81] Allerdings ist nicht klar, inwiefern ein solcher Rat einem Anwalt materiellen Gewinn gebracht haben soll. Gut denkbar ist auch, dass die angebliche Gewinnsucht der Anwaltschaft nur vorgeschoben wurde, um ihnen die Verantwortung für das strukturelle Problem zuzuschieben. Dabei ist nicht auszuschließen, dass trotz der wiederholten Verbote manche Partei mit dem Versuch, durch die Aktivierung höfischer Netzwerke in London mehr zu erreichen als mit dem gerichtlichen Verfahren als solchem, durchaus erfolgreich gewesen sein mag.

Im Verbot, sich in Rechtssachen persönlich an den Landesherrn zu wenden, einen Ausdruck der Unabhängigkeit der Gerichte von landesherrlichen Einflüssen zu sehen,[82] greift zu kurz; eher ging es um die funktionale Ausdifferenzierung innerhalb der landesherrlichen Zentralverwaltung.[83] Unabhängig davon aber zeigen die Verbote – und ihre schleppende Durchsetzung, die mehrfache Wiederholungen notwendig machte – eines ganz deutlich: Die Rechtsuchenden

80 Ausschreiben der Regierung vom 12. Februar 1725, Landes-Ordnungen und Gesetze, Bd. 2 (wie Anm. 39), S. 593; Renovatio Mandati vom 21. September 1726, ebd., S. 595 f.; Verordnung vom 14./25. Mai 1734, ebd., S. 604 f.; Verordnung vom 30. September 1763, in: Friedrich Christoph Willich, Churfürstliche Braunschweig-Lüneburgische Landes-Gesetze und Verordnungen Calenbergischen und Grubenhagenschen Theils, Bd. 3, Göttingen/Dessau 1782, S. 230–233.

81 Landes-Ordnungen und Gesetze, Bd. 2 (wie Anm. 39), S. 596.

82 Torsten Landwehr, Im Namen des …, in: Peter Götz von Olenhusen (Hrsg.), 300 Jahre Oberlandesgericht Celle. Festschrift zum 300jährigen Jubiläum am 14. Oktober 2011, Göttingen 2011, S. 21–39, hier S. 27 f.

83 Bühring, Die Deutsche Kanzlei in London (wie Anm. 3), S. 60 f.

suchten ihr Recht nicht nur mit Schriftsätzen, sondern in Person. Wenn sie angewiesen wurden, sich nicht persönlich an den Landes- und Gerichtsherrn in London zu wenden, sondern an die jeweils zuständigen Gerichte, so kann man nicht erwarten, dass sie sich in der Folge allein auf die schriftliche Kommunikation beschränkten. Viel naheliegender ist es, dass sie sich wiederum persönlich an die Gerichte wandten und hierfür nach Celle reisten, um die Kanzleistube im Gerichtsgebäude aufzusuchen und sich vielleicht um eine Audienz im Hause des Referenten zu bemühen.

3.4 Kommunikation der Richter untereinander und mit dem Geheimen Rat

Die bisher geschilderten Schlaglichter der Spurensuche betrafen Strukturen informeller Mündlichkeit im Verhältnis zwischen den Gerichtspersonen einerseits und den Parteien und ihren Anwälten andererseits. Informelle mündliche Kommunikation wird es aber auch innerhalb der Richterschaft und im Verhältnis zu den Geheimen Räten des Landesherrn und anderen einflussreichen Personen der Landesverwaltung sowie möglicherweise auch der Landstände gegeben haben. Vor näheren Überlegungen hierzu soll ein vergleichender Blick auf die schon eingangs erwähnte Deutsche Kanzlei des Landesherrn in London geworfen werden. In deren Administrationsprozessen wurde, wie bereits angesprochen, die formelle Kommunikation mit den Geheimen Räten in Hannover auf der Grundlage von Reskripten, Berichten und Relationen durch eine rege informelle Kommunikation mittels vordergründig privater Briefwechsel ergänzt. Diese traten dabei an die Stelle informeller mündlicher Kommunikation, die auf Grund der räumlichen Entfernung zwischen Hannover und London kaum noch möglich war.[84] So wurden etwa die Inhalte formeller Relationen auf der Ebene des informellen Austauschs vorbesprochen, ausgehandelt und mit zusätzlichen inhaltlichen Kommentaren und Informationen versehen.[85] Wenn dies zwischen London und Hannover durch informelle Briefwechsel geschah, kann daraus nur geschlossen werden, dass in administrativen Prozessen ohne diese räumliche Distanz das formelle Schriftgut ebenfalls durch informelle Kommunikation ergänzt wurde, diese dann aber nicht schriftlich durch Briefwechsel, sondern mündlich stattfand. Solche mündliche Kommunikation, die sich neben der formellen Bearbeitung von Verfahren und der Ausarbeitung schriftlicher Relationen vollzog, wird es auch am Oberappellationsgericht gegeben haben. Alles andere wäre lebensfremd. Da die Richter einander regelmäßig persönlich begegneten, wenn sie zu den Beratungen im Plenum und in den Senaten zusammenkamen, und

84 Siehe oben Anm. 3 bis 5.

85 Bühring, Die Deutsche Kanzlei in London (wie Anm. 3), S. 257.

zwischen vielen von ihnen überdies gesellschaftliche Kontakte bestanden haben werden, ist als sicher anzunehmen, dass sie sich über laufende Verfahren vor und während der Ausarbeitung der Relationen sowie vor der formellen Beratung und Abstimmung formlos mündlich austauschten.

Mündliche Kommunikation liegt weiters im Verhältnis zwischen dem Präsidenten auf der einen und dem zum Referenten bestimmten Beisitzer auf der anderen Seite sehr nahe, auch wenn sie sich nicht im Detail nachweisen lässt. Aufgabe des Präsidenten war es, die zur Bearbeitung anstehenden Verfahren einem Beisitzer als Referenten und einem weiteren als Korreferenten zuzuweisen.[86] Anders als am Reichskammergericht war ein Korreferent nach der Oberappellationsgerichtsordnung nicht nur in bedeutsamen oder schwierigen Sachen, sondern immer zu bestellen.[87] Ob die Praxis dem stets entsprach, ist allerdings, da Referentenbücher nicht erhalten sind, nicht festzustellen. Welche Beisitzer der Präsident als Referenten und Korreferenten auswählte, war, wie an fast allen Gerichten der Vormoderne,[88] nicht durch abstrakte Vorgaben der Geschäftsverteilung geregelt, sondern lag in seinem Ermessen. Gerade bei wichtigen Sachen wird man nicht annehmen können, der Präsident hätte sie dem Referenten kommentarlos zukommen lassen, ohne eine eigene Meinung anzudeuten oder vielleicht ihm bekannte Hintergründe zu schildern, die aus den Akten nicht hervorgingen. Das bleibt zwar alles im Dunkeln, weil solche Kommunikation nicht dokumentiert ist und daher in den Quellen nicht auftaucht. Dass es solche mündlichen Elemente gegeben haben wird, muss aber mitbedenken, wer die formelle schriftliche Überlieferung des Gerichts auswertet.

Über den Kreis der Richterschaft hinaus sind Strukturen informeller Kommunikation im Verhältnis zwischen dem Gericht und dem Geheimen Rat des Landesherrn sowie den Behörden der landesherrlichen Zentralverwaltung denkbar. Als kommunikatives Bindeglied zwischen dem Gericht und den Geheimen Räten kamen in erster Linie die Präsidenten in Betracht. Sie entstammten regelmäßig altadligen Familien, die in den maßgeblichen Regierungskreisen gut vernetzt waren. Zudem verfügten sie oft über diplomatische Erfahrungen aus der Zeit vor der Übernahme des Präsidentenamts. So war der erste Präsident, Weipart Ludwig von Fabrice, Reichstagsgesandter in Regensburg gewesen und hatte seinem Landesherrn darüber hinaus in verschiedenen diplomatischen Missionen gedient.[89] Sein

86 Teil II Tit. 12 § 2 der Oberappellationsgerichtsordnung von 1713, Landes-Ordnungen und Gesetze, Bd. 2 (wie Anm. 39), S. 135 f.; von Bülow, Über die Verfassung (wie Anm. 52), Bd. 1, S. 96.

87 Stodolkowitz, Das Oberappellationsgericht Celle (wie Anm. 38), S. 172 f.; zum Reichskammergericht Baumann (Bearb.), Gedruckte Relationen (wie Anm. 21), S. 3.

88 Vgl. Schenk, Unbeobachtet vorübergegangen (wie Anm. 18), S. 329.

89 Vogell, Geheimer-Rath und erster Oberappellations-Gerichts-Präsident (wie Anm. 46), S. 221–228; Grieser, Art. Weipart Ludwig von Fabrice (wie Anm. 46).

Nachfolger Rudolf Johann von Wrisberg war ebenfalls Reichstagsgesandter, bevor er in das Präsidentenamt berufen wurde.[90] Von Wrisbergs Nachfolger Albrecht Friedrich von Lenthe konnte nicht nur lange richterliche Erfahrung als Beisitzer des Oberappellationsgerichts vorweisen,[91] sondern hatte auch im Rahmen einer heiklen diplomatischen Mission wegen der Bischofswahl im Hochstift Osnabrück die Interessen des Landesherrn – offenbar zu dessen Zufriedenheit – vertreten.[92] Schließlich gehörten die Präsidenten im 18. Jahrhundert zumeist – von zwei Ausnahmen abgesehen – zugleich dem Geheimen Rat des Landesherrn an, auch wenn sie an dessen Beratungen wegen der räumlichen Distanz zwischen Celle und Hannover nur eingeschränkt teilnehmen konnten.[93] Von Wrisberg hatte sogar einmal beabsichtigt, eine Wohnung in Hannover zu nehmen, um im Geheimen Rat regelmäßig präsent sein zu können. Er war allerdings vom Landesherrn angewiesen worden, von diesem Vorhaben Abstand zu nehmen und in Celle zu bleiben, um sein Präsidentenamt nicht zu vernachlässigen.[94] Jedenfalls hatten die Präsidenten gute Kontakte zu den Regierungsgremien in Hannover und genossen das Vertrauen des Landesherrn. Dies kann für die Wahrnehmung ihrer Funktion als Gerichtspräsidenten kaum bedeutungslos gewesen sein, weil gerade in der Frühen Neuzeit persönliches Vertrauen und kommunikative Vernetzung für die Ausübung hoher öffentlicher Ämter unabdingbar waren.[95]

---

90 Joachim Lampe, Aristokratie, Hofadel und Staatspatriziat in Kurhannover. Die Lebenskreise der höheren Beamten an den kurhannoverschen Zentral- und Hofbehörden 1714–1760, Bd. 2: Beamtenlisten und Ahnentafeln (Veröffentlichungen der Historischen Kommission für Niedersachsen, XXIV, Untersuchungen zur Ständegeschichte Niedersachsens, 2), Göttingen 1963, S. 49.

91 Albrecht Friedrich von Lenthe (1707–1779) hatte dem Oberappellationsgericht bereits seit 1734 als Beisitzer auf der adligen Bank angehört, bevor er von 1764 bis 1769 dessen Präsident war. Gunkel, Zweihundert Jahre Rechtsleben in Hannover (wie Anm. 53), S. 463, 468.

92 Schreiben der Geheimen Räte in Hannover an den Landesherrn vom 5. Mai 1761, Niedersächsisches Landesarchiv (NLA) Hannover, Hann. 92 (Deutsche Kanzlei in London), Nr. 2116/1, fol. 29r/v; Instruktion für Albrecht Friedrich von Lenthe, ebd., fol. 65r–68v. Vgl. Ernst von Meier, Hannoversche Verfassungs- und Verwaltungsgeschichte 1680–1866, Bd. 1: Die Verfassungsgeschichte, Leipzig 1898/1899, ND Hildesheim 1973, S. 105; Christof Römer, Niedersachsen im 18. Jahrhundert (1714–1803), in: Christine van den Heuvel/Manfred von Boetticher (Hrsg.), Geschichte Niedersachsens, begründet von Hans Patze, Bd. 3, Teil 1: Politik, Wirtschaft und Gesellschaft von der Reformation bis zum Beginn des 19. Jahrhunderts (Veröffentlichungen der Historischen Kommission für Niedersachsen und Bremen, XXXVI), Hannover 1998, S. 221–346, hier S. 298.

93 Gunkel, Zweihundert Jahre Rechtsleben in Hannover (wie Anm. 53), S. 44. Die Präsidenten Ernst August von Schlepegrell (1771–1782) und Thedel Friedrich von Wallmoden (1783–1788) gehörten als einzige im 18. Jahrhundert nicht dem Geheimen Rat an.

94 Ebd.

95 Vgl. Hillard von Thiessen, Das Zeitalter der Ambiguität. Vom Umgang mit Werten und Normen in der Frühen Neuzeit, Köln/Weimar/Wien 2021, S. 218–220.

Unabhängig von möglichen informellen Kommunikationsbeziehungen soll zunächst ein Blick auf formelle Kommunikation in bestimmten Situationen geworfen werden, nämlich solchen, in denen nicht sicher zu beurteilen war, ob eine von den Gerichten zu entscheidende Justizsache oder aber eine das öffentliche Interesse berührende Policey-, Regierungs- oder Kammersache vorlag. Denn vor die Gerichte bis hinauf zum Oberappellationsgericht gehörte eine Streitigkeit nur, wenn diese als Justizsache galt. Waren nicht Rechte einzelner Privatpersonen, sondern öffentliche Belange berührt, handelte es sich um Policey-, Regierungs- oder Kammersachen, die den Gerichten entzogen waren.[96] Über Streitigkeiten in solchen Sachen hatten andere Behörden der landesherrlichen Zentralverwaltung zu entscheiden, insbesondere der Geheime Rat des Landesherrn und die Kammer. Wenn die Einordnung einer Sache nicht eindeutig war und die Behörden der Landesverwaltung auf der einen und die Gerichte auf der anderen Seite sie unterschiedlich beurteilten, entschied in letzter Konsequenz der Landesherr, ob die Sache vor den Gerichten oder im Verwaltungswege behandelt werden sollte.[97] Wiederholt wiesen die Landesherren das Oberappellationsgericht an, in solchen Fällen nicht eigenmächtig ein gerichtliches Verfahren einzuleiten und durchzuführen, sondern sich mit den anderen Behörden ins Benehmen zu setzen und, falls es nicht zu einer Einigung kommen sollte, an den Landesherrn zu berichten.[98] Die Praxis entsprach dieser Vorgabe im Wesentlichen auch. So ist für eine Auseinandersetzung zwischen zwei Bäckergilden aus dem Jahre 1713, also der Anfangszeit des Oberappellationsgerichts, belegt, dass dieses den Fall

---

96 Ulrike Müssig, Recht und Justizhoheit. Der gesetzliche Richter im historischen Vergleich von der Kanonistik bis zur Europäischen Menschenrechtskonvention, unter besonderer Berücksichtigung der Rechtsentwicklung in Deutschland, England und Frankreich (Schriften zur europäischen Rechts- und Verfassungsgeschichte, 44), 2. Aufl., Berlin 2009, S. 223–225; Louis Pahlow, Justiz und Verwaltung. Zur Theorie der Gewaltenteilung im 18. und 19. Jahrhundert (Naturrecht und Rechtsphilosophie in der Neuzeit. Studien und Materialien, 7), Goldbach 2000, S. 37–39, 76–80; Rita Sailer, Richterliches Selbstverständnis und juristische Ordnungsvorstellungen in der policeyrechtlichen Judikatur des Reichskammergerichts, in: Bernhard Diestelkamp (Hrsg.), Das Reichskammergericht am Ende des Alten Reiches und sein Fortwirken im 19. Jahrhundert (QFHG, 41), Köln/Weimar/Wien 2002, S. 1–41, hier S. 15 f. Zur Abgrenzung der Zuständigkeitssphären der Gerichte und der landesherrlichen Kammer in Braunschweig-Lüneburg siehe Stefan Andreas Stodolkowitz, Herrschaftsverdichtung und Institutionalisierung der Justiz. Frühneuzeitliche Gerichtsvielfalt in Braunschweig-Lüneburg, in: Anja Amend-Traut/Josef Bongartz/Alexander Denzler/Ellen Franke/Stefan Andreas Stodolkowitz (Hrsg.), Unter der Linde und vor dem Kaiser. Neue Perspektiven auf Gerichtsvielfalt und Gerichtslandschaften im Heiligen Römischen Reich (QFHG, 73), Wien/Köln/Weimar 2020, S. 163–181, hier S. 179–181.

97 von Bülow, Über die Verfassung (wie Anm. 52), Bd. 1, S. 333 f., 336, Bd. 2, S. 252–254.

98 Reskripte vom 4. Juli 1735, 22. Februar 1738, 24. Februar 1775 und vom 23. Mai 1775, abgedruckt bei von Bülow, Über die Verfassung (wie Anm. 52), Bd. 1, S. 334 f., Anm. 44, Bd. 2, S. 253 f., Anm. 47.

dem Landesherrn vortrug und um eine Erklärung bat, ob die Appellation zulässig oder aber im Hinblick auf den policeyrechtlichen Charakter eines solchen Handwerksstreits ausgeschlossen sei.[99] Der Landesherr entschied,[100] dass der Streit einem Verfahren vor dem Oberappellationsgericht zugänglich und die Appellation zulässig sei, weil der eigentliche Streitgegenstand nicht eine *Verordnung im Policeywesen* sei, sondern *iura privatorum* [...] *einzelner personen und Communen gegen einander* betreffe.

Aus den gerichtlichen Akten geht solche Kommunikation zwischen dem Gericht, den obersten Behörden der Landesverwaltung und dem Landesherrn, auch wenn sie nicht im eigentlichen Sinne informell war, nicht hervor, weil sie sich nicht innerhalb des gerichtlichen Verfahrens zutrug. Ob jenseits der Akten geführte Protokolle einschlägige Hinweise enthalten haben könnten, lässt sich nicht mehr überprüfen, weil Protokollbücher für das Oberappellationsgericht Celle infolge der großen Kriegsverluste im Hauptstaatsarchiv Hannover nicht erhalten sind. Aber auch das Schweigen der Akten kann aufschlussreich sein. So ist den Akten des Oberappellationsgerichts in einer Zunftstreitigkeit zwischen dem Schneideramt (der Schneidergilde) zu Mölln und dem dortigen Hack- und Kramamt (der Krämergilde) aus den Jahren 1778/1779[101] zu entnehmen, dass das Gericht nach dem Eingang der Appellationsbegründungsschrift anderthalb Jahre lang keine verfahrensfördernden Maßnahmen traf. Das war ganz ungewöhnlich. Meistens traf das Gericht innerhalb weniger Tage oder Wochen eine Entscheidung, ob das Rechtsmittel sogleich abzuschlagen, ob ein Reskript an das Gericht der Vorinstanz zu erlassen oder aber das förmliche Appellationsverfahren einzuleiten war.[102] In dem genannten Fall entschied es hingegen erst nach anderthalb Jahren, dass die Appellation abzuschlagen sei, weil der Fall als

99 Vorstellung des Oberappellationsgerichts vom 6. September 1713, NLA Hannover, Hann. 26a (Justizministerium), Nr. 4772, fol. 3r–8v.

100 Reskript vom 28. September 1713, ebd., fol. 1/2; siehe auch Friedrich von Bülow/Theodor Hagemann, Practische Erörterungen aus allen Theilen der Rechtsgelehrsamkeit, hin und wieder mit Urtheils-Sprüchen des Zelleschen Tribunals und der übrigen Justizhöfe bestärkt, Bd. 4, Hannover 1804, S. 137 Anm. r.

101 Landesarchiv Schleswig, Abt. 216 (Lauenburgische Gerichte), Nr. 640. Zu diesem Fall siehe Stefan Andreas Stodolkowitz, Vom Handel mit Ellen, Stahl- und Eisenwaren. Eine Zunftstreitigkeit vor dem Oberappellationsgericht Celle (Schriftenreihe der Gesellschaft für Reichskammergerichtsforschung, 44), Wetzlar 2015.

102 Vgl. Stodolkowitz, Das Oberappellationsgericht Celle (wie Anm. 38), S. 194 f. Die dort angegebenen Zahlen beziehen sich auf die Dauer zwischen der Einlegung eines Rechtsmittels und der Entscheidung. Da die Parteien das Rechtsmittel meistens nicht sogleich mit der Einlegung, sondern erst nach Fristverlängerung begründeten, ist die Dauer zwischen der Rechtsmittelbegründung und der Entscheidung noch deutlich kürzer.

Policeysache nicht vor die Gerichte gehöre.[103] Dass das Gericht in dem langen Zeitraum von anderthalb Jahren nicht untätig war, sondern wegen der Einordnung als Policey- oder Justizsache mit den Geheimen Räten und vielleicht auch dem Landesherrn kommunizierte, lässt sich zwar in diesem Fall nicht belegen, liegt aber sehr nahe.[104]

Wenn es – durch landesherrliche Reskripte formell angeordnete – Kommunikationsbeziehungen zwischen dem Oberappellationsgericht und den landesherrlichen Regierungs- und Verwaltungsbehörden in Fällen gab, in denen die Einordnung als Justizsache problematisch war, ist auch in anderen politisch brisanten Fällen vergleichbare Kommunikation grundsätzlich denkbar, sei es formell im Berichts- und Reskriptswege oder informell durch Briefwechsel und mündliche Gespräche. Allerdings wird der Anteil politisch brisanter Fälle, in denen ein Bedürfnis nach Beschreiten solcher Kommunikationswege bestand, am Oberappellationsgericht geringer gewesen sein als gerade am Reichshofrat, schon deshalb, weil mit den Policey-, Regierungs- und Kammersachen weite Bereiche politisch bedeutsamer Streitigkeiten den Gerichten der braunschweig-lüneburgischen Territorialjustiz von vornherein entzogen waren. Insofern wird man annehmen können, dass die Ausdifferenzierung zwischen Justiz und Verwaltung auf territorialer Ebene zu einer gewissen Selbständigkeit der Rechtsprechung, wenn auch nicht im Sinne rechtsstaatlicher Unabhängigkeit, beitrug.[105]

4. Verwandtschaftliche Beziehungen der Richter als Grundlage informeller Kommunikation

Für die Beurteilung möglicher Strukturen informeller Kommunikation, die für Arbeit und Entscheidungstätigkeit des Gerichts von Bedeutung gewesen sein können, ist schließlich ein Blick auf die vielfältigen verwandtschaftlichen Beziehungen zwischen verschiedenen Akteuren einzugehen. Da das 18. Jahrhundert eine von einem hohen Maß an Ambiguitätstoleranz geprägte Zeit war, in der die Ebene von dienstlichen Verpflichtungen und Amtsausübung nicht streng von persönlichen und verwandtschaftlichen Beziehungen getrennt war und dies aus gesellschaftlicher Sicht auch nicht erwartet wurde,[106] können solche persönlichen

103 Die Appellationsschrift ging am 11. Mai 1778 beim Oberappellationsgericht ein, das am 11. November 1779 seine abschlägige Entscheidung traf. Vgl. Stodolkowitz, Vom Handel mit Ellen, Stahl- und Eisenwaren (wie Anm. 101), S. 23 f.

104 Ebd., S. 25 f.

105 Vgl. Müssig, Recht und Justizhoheit (wie Anm. 96), S. 223 f.; Schenk, Actum et judicium (wie Anm. 9), S. 109.

106 Vgl. von Thiessen, Das Zeitalter der Ambiguität (wie Anm. 95), S. 218–220.

Beziehungen kaum ohne Einfluss auf die richterliche Tätigkeit geblieben sein.[107] Überdies waren die gesellschaftlichen Kreise, aus denen sich die Angehörigen der obersten Landesverwaltung zusammensetzten und denen auch zu großen Teilen die Richter des Oberappellationsgerichts angehörten, in sich weitestgehend geschlossen. Die Funktionsträger entstammten oft denselben Familien, die durch Heiraten vielfach miteinander verwoben waren. Verwandtschaftliche und schwägerschaftliche Verbindungen zwischen verschiedenen Funktionsträgern waren daher alles andere als ein Ausnahmephänomen.

Dass der erste Präsident des Oberappellationsgerichts, Weipart Ludwig von Fabrice, ein Schwager des Johann Helwig Sinold genannt von Schütz war, wurde bereits erwähnt. Letzterer hatte von 1655 bis 1670 dem Reichshofrat angehört und war von 1670 bis zu seinem Tode 1677 Kanzler in Celle. Sinolds Schwiegersohn Andreas Gottlieb von Bernstorff war nicht nur sein Nachfolger als Kanzler, sondern bestimmte in den nachfolgenden Jahrzehnten als erster Minister die hannoversche Politik und war auch maßgeblich an der Gründung des Oberappellationsgerichts beteiligt.[108] Von Bernstorff kannte überdies die Praxis des Reichskammergerichts aus eigener Anschauung, weil er in Speyer ein Praktikum absolviert hatte, um, wie er später selbst schrieb, *den modum procedendi bei solchem iudicio etwas mihr bekandt zu machen.*[109] Überdies war sein Vetter Joachim Andreas von Bernstorff Assessor am Reichskammergericht. Er war 1663 von Sachsen-Altenburg-Coburg für den Obersächsischen Reichskreis präsentiert worden und gehörte dem Reichskammergericht von 1664 bis zu seinem Tode 1710 an.[110] Fabrice hatte ebenfalls persönliche Beziehungen nicht nur zum Reichshofrat, sondern auch zum Reichskammergericht. Denn seine Tochter Luise Barbara heiratete 1693 den Celler Hof- und Regierungsrat Christian Wilhelm von Eyben. Dieser war ein Sohn Huldrich von Eybens, der von 1678 bis 1699 als Präsentatus des Niedersächsischen Reichskreises Assessor am Reichskammergericht war[111] und dort in hohem Ansehen stand; seine Relationen sollen von seinen Beisitzerkollegen *gleich einem Orakel angehöret und gebilliget* worden sein.[112] Ein Sohn aus der Ehe Christian Wilhelm von Eybens mit Luise Barbara von Fabrice war der spätere Reichskammergerichtsassessor Friedrich von Eyben.[113]

---

107 Vgl. SCHENK, Isomorphie und entgrenzte Informalität (wie Anm. 6), S. 90.

108 Vgl. JESSEN, Der Einfluß von Reichshofrat und Reichskammergericht (wie Anm. 38), S. 127 f.

109 Zitiert nach Adolf KÖCHER, Die Selbstbiographie des Ministers Andreas Gottlieb von Bernstorff, in: 2. Jahresbericht des Kaiser-Wilhelm-Gymnasiums zu Hannover, Hannover 1877, S. 5.

110 JAHNS, Das Reichskammergericht und seine Richter, Teil II (wie Anm. 28), Bd. 1, S. 380 f.

111 Ebd., S. 417; LAMPE, Aristokratie, Hofadel und Staatspatriziat, Bd. 2 (wie Anm. 90), S. 196.

112 Zitiert nach JAHNS, Das Reichskammergericht und seine Richter, Teil II (wie Anm. 28), Bd. 1, S. 420.

113 Umfangreiche biographische Angaben ebd., S. 417–424.

Nicht nur der erste Präsident von Fabrice, sondern auch einige Beisitzer der „Gründungsgeneration“ hatten persönliche Beziehungen zu Funktionsträgern der obersten Landesverwaltung. Rudolf Johann von Wrisberg, der dem Oberappellationsgericht seit seiner Gründung 1711 als Beisitzer angehörte und von 1724 bis 1764 dessen zweiter Präsident war, war zuvor Hofrat in Hannover gewesen und als kurbraunschweig-lüneburgisches Mitglied der Visitationskommission an der Reichskammergerichtsvisitation der Jahre 1707 bis 1713 beteiligt.[114] Wie oben bereits angesprochen,[115] gehörte er als Präsident zugleich dem Geheimen Rat des Landesherrn an. Schon deshalb wird man annehmen können, dass er mit den maßgeblichen Verantwortlichen der Regierung in Hannover bestens vernetzt war. Darüber hinaus war er mit einer Tochter des Geheimrats und Kammerpräsidenten Friedrich Wilhelm von Schlitz genannt von Goertz verheiratet.[116] Sein Vetter Johann Wilhelm Dietrich Diede zum Fürstenstein[117] war von 1719 bis 1733 Beisitzer des Oberappellationsgerichts.

Georg Ludwig von Bülow, der ebenfalls Beisitzer seit 1711 war und dem Oberappellationsgericht bis 1735 angehörte,[118] war nicht nur etwas entfernter mit dem Geheimen Rat Joachim Heinrich von Bülow verwandt.[119] Überdies war er ein Enkel des einflussreichen Geheimrats Johann von Hattorf und Neffe von dessen Sohn Johann Philipp von Hattorf.[120] Johann von Hattorf hatte in der obersten Landesverwaltung eine herausgehobene Stellung, weil er wegen seiner ständigen Präsenz beim Kurfürsten Georg Ludwig als Mittler zwischen dem Landesherrn und den Geheimen Räten galt.[121] Johann Philipp von Hattorf wirkte als Gehilfe seines Vaters an der Regierungsarbeit mit und war später, nachdem Kurfürst Georg Ludwig 1714 in Personalunion König von Großbritannien geworden war, Minister der Deutschen Kanzlei in London. Ihm kam dort eine ähnlich einflussreiche Stellung beim Landesherrn zu wie vormals seinem Vater in Hannover.[122]

Wie sich derartige Verbindungslinien konkret auf die Tätigkeit der maßgeblichen Personen in der Landesverwaltung und auch am Oberappellationsgericht als oberstem Gericht des Kurfürstentums auswirkten, lässt sich nur sehr schwer belegen. Im Umfeld der Deutschen Kanzlei in London, in dem Strukturen infor-

---

114 JESSEN, Der Einfluß von Reichshofrat und Reichskammergericht (wie Anm. 38), S. 218.

115 Siehe oben bei Anm. 94.

116 LAMPE, Aristokratie, Hofadel und Staatspatriziat, Bd. 2 (wie Anm. 90), S. 486 f.

117 Ebd., S. 168, 486: Die Mutter Rudolf Johann von Wrisbergs war die Schwester des Vaters von Johann Wilhelm Dietrich von Diede zum Fürstenstein.

118 GUNKEL, Zweihundert Jahre Rechtsleben in Hannover (wie Anm. 53), S. 467.

119 LAMPE, Aristokratie, Hofadel und Staatspatriziat, Bd. 2 (wie Anm. 90), S. 140, 142.

120 Ebd., S. 142.

121 BÜHRING, Die Deutsche Kanzlei in London (wie Anm. 3), S. 45.

122 Ebd., S. 169.

meller Kommunikation durch vordergründig private Briefwechsel die formelle Kommunikation durch Berichte und Reskripte ganz selbstverständlich ergänzten und von den Beteiligten gezielt genutzt wurden, waren derartige informelle Strukturen nicht auf Personen mit verwandtschaftlichen Beziehungen beschränkt.[123] Das legt nahe, dass es im Verhältnis zwischen dem Oberappellationsgericht und anderen Funktionsträgern der Landesverwaltung, insbesondere den Geheimen Räten in Hannover, ähnlich gewesen sein könnte. Wie sich informelle Kommunikation jedoch gerade im Rahmen persönlicher und insbesondere auch verwandtschaftlicher Beziehungen auswirken und wie sie gezielt genutzt werden konnte, lässt sich schlaglichtartig am Beispiel des Celler Beisitzers Albrecht Werner von Lenthe nachvollziehen.

Albrecht Werner von Lenthe[124] (1681–1727) entstammte einer seit dem Mittelalter im Fürstentum Calenberg, einem der Teilfürstentümer Braunschweig-Lüneburgs, begüterten altadligen Familie. Er war Gutsherr des westlich von Hannover gelegenen Oberguts Lenthe. Nach dem Studium der Rechtswissenschaften in Rinteln und Helmstedt war er zunächst Assessor am Hofgericht in Hannover. Seine erste Ehefrau war Dorothea Sophie von Münchhausen, eine Tochter des Land- und Schatzrats Otto von Münchhausen. Sie starb 1708.[125] Drei Jahre später, 1711, wurde von Lenthe auf Vorschlag der calenbergischen Landstände zum Beisitzer auf der adligen Bank des Oberappellationsgerichts in Celle berufen. Am 14. Oktober 1711, dem Tag der Eröffnung des Gerichts, wurde er durch den Minister Andreas Gottlieb von Bernstorff vereidigt.[126] Im folgenden Jahr heiratete von Lenthe erneut, und zwar Louise von Bernstorff, die Tochter des Ministers.

Im Jahre 1717 erwarb von Lenthe ein großes Anwesen in äußerst repräsentativer Lage in Celle, direkt gegenüber dem Oberappellationsgericht und unmittelbar angrenzend an das Haus, das sein Schwiegervater von Bernstorff bereits seit 1682 bewohnt hatte. 1714 hatte von Bernstorff Celle verlassen, um dem Landesherrn nach London zu folgen. Gleichwohl erwarb er 1717, im selben Jahr also, in dem von Lenthe das Nachbarhaus bezog, das von ihm lange Zeit bewohnte Hausgrundstück zu Eigentum. Er schenkte es seiner Tochter Louise, der Ehefrau von Lenthes, die das alte Haus abreißen und einen Neubau errichten ließ. Von Lenthe veräußerte daraufhin 1720 das von ihm zuvor erworbene benachbarte Anwesen

123 Ebd., S. 242 f.

124 Biographische Angaben: Horst Kruse, Stände und Regierung – Antipoden? Die calenbergisch-göttingschen Landesstände 1715–1802 (Quellen und Darstellungen zur Geschichte Niedersachsens, 121), Hannover 2000, S. 262 f.; Lampe, Aristokratie, Hofadel und Staatspatriziat, Bd. 2 (wie Anm. 90), S. 36.

125 Gedruckte Leichenpredigt: Johann Heinrich Grupe, Die Gekröhnte Beständigkeit. Hannover 1708.

126 Von Bülow, Über die Verfassung (wie Anm. 52), Bd. 1, S. 17 f.

wiederum, und zwar an Hermann Conrad Hugo, Beisitzer und später Vizepräsident des Oberappellationsgerichts.[127] Er bewohnte fortan mit seiner Frau das auf dem früheren Grundstück seines Schwiegervaters erbaute neue Haus. Nach seinem Tode veräußerte seine Witwe das Anwesen an die lüneburgischen Landstände, die später auch das ältere Nachbarhaus, das von Lenthe zuvor besessen hatte, erwarben;[128] der gesamte Gebäudekomplex gehört bis heute der Landschaft des vormaligen Fürstentums Lüneburg.[129]

Als Gutsherr des Oberguts Lenthe gehörte Albrecht Werner von Lenthe der Landschaft des Fürstentums Calenberg an. Ein Briefwechsel mit dem Landsyndikus Johann Peter Tappe gibt einen Eindruck davon, wie die persönliche Verbindung zu von Bernstorff, der sich in diesen Jahren mit dem Landesherrn in London aufhielt, im Sinne informeller Kommunikation genutzt werden konnte. So erwähnte von Lenthe in einem Brief an Tappe aus dem Jahre 1718, dass er die Beziehung zu seinem Schwiegervater dazu nutze, sich für bestimmte Anliegen der Landschaft einzusetzen.[130] Kurz darauf bat Tappe ihn, in politischen Angelegenheiten zu Fragen des Meierrechts und der Branntweinakzise *diese dem Lande so angelegene capita des H. von Bernstorffs Excell. nochmahls de meliori zu recommendiren,*[131] dem bei Hofe einflussreichen Minister gegenüber also den Standpunkt der Landschaft zu vertreten. Außerdem wandte sich Tappe an ihn wegen eines Prozesses. Er war an einer Erbschaftsstreitigkeit beteiligt, die am Oberappellationsgericht anhängig war, und äußerte die Hoffnung auf ein baldiges Urteil.[132] Von Lenthe versprach ihm in seiner Antwort, er werde *nicht ermangeln, auff alles dasjenige, so Ew. Hochedl. mir disfals eröffnet haben, gehörige reflexion zu machen, und auch meine übrige Collegen dazu zu vermögen.* Auch sagte er zu, sich beim Präsidenten für die Beschleunigung des Verfahrens einzusetzen.[133] Wie sich solche Einflussnahme konkret ausgewirkt haben mag, lässt sich nicht nachweisen. Aber der Briefwechsel zwischen Albrecht Werner von Lenthe und dem Landsyndikus Tappe belegt, dass persönliche Bezie-

127 Carla Meyer-Rasch, Alte Häuser erzählen. Von Menschen und Schicksalen in der Stadt Celle, Bd. 2, Celle 1962, S. 87–89, 99.

128 Ebd., S. 90, 100 f.

129 Vgl. die Angaben zum Haus der Landschaft auf der Netzseite der lüneburgischen Landschaft unter https://lg.landschaften.de/ueber-unsere-landschaft/#landschaft (abgerufen am 28. Februar 2024).

130 Entwurf eines Briefs Albrecht Werner von Lenthes an Johann Peter Tappe vom 14. Dezember 1718, NLA Hannover, Dep. 144 (Obergut Lenthe), Acc. 2012/085, Nr. 29 (unfol.).

131 Brief Johann Peter Tappes an Albrecht Werner von Lenthe vom 3. Januar 1719, NLA Hannover, Dep. 144 (Obergut Lenthe), Acc. 2012/085, Nr. 29 (unfol.).

132 Brief Johann Peter Tappes an Albrecht Werner von Lenthe vom 6. Dezember 1718, NLA Hannover, Dep. 144 (Obergut Lenthe), Acc. 2012/085, Nr. 29 (unfol.).

133 Entwurf eines Briefs Albrecht Werner von Lenthes an Johann Peter Tappe vom 14. Dezember 1718, NLA Hannover, Dep. 144 (Obergut Lenthe), Acc. 2012/085, Nr. 29 (unfol.).

hungen, auf denen informelle Kommunikation aufbauen konnte, für das Handeln der verantwortlichen Akteure in politischen und gerichtlichen Verfahren jenseits der formellen Bahnen von Bedeutung waren.

Auch die Landschaft des Fürstentums Lüneburg nutzte die persönliche Beziehung von Lenthes zum Minister von Bernstorff ganz gezielt, um politischen Zielen Gewicht zu verleihen. Sie war bestrebt, in Celle wieder eine landesherrliche Kirchenbehörde anzusiedeln, nachdem das Celler Konsistorium 1705 infolge der Vereinigung des Fürstentums Lüneburg mit dem Fürstentum Calenberg aufgelöst worden war. Im Zuge dieser Bemühungen schlug der Landsyndikus und Hofgerichtsassessor Christoph Lorenz Bilderbeck, der gut zwei Jahrzehnte später das Gedicht auf den verstorbenen Vizepräsidenten von Marquart schreiben sollte,[134] vor, sich mit einer entsprechenden Vorstellung an von Bernstorff zu wenden und diesem die Schrift *durch einen guten Canal, etwa des Hrn. von Lenthe,* zukommen zu lassen.[135] Von Lenthe zeigte sich, als er die Vorstellung erhalten hatte, sofort aufgeschlossen, sich bei seinem Schwiegervater für das Anliegen der Landschaft einzusetzen. Er hielt sich gerade auf dem von Bernstorffschen Gut Gartow auf, als er dem Landsyndikus am 11. Oktober 1719 antwortete:

> *Hoch Edler und Hochgeehrter Hr. Raht und HoffgerichtsAssessor, auch LandSyndicus. Deßen geehrtes Schreiben nebst dem Einschluß, ist mir woll gelieffert, ich werde nicht ermangeln dem Hrn. von Bernstorff bey deßen ersten Wiederanherokunfft besagten Einschluß zu überlieffern, und daneben deßen Inhalt mündlich vorzutragen, und soll mir ein besonderes Vergnügen seyn, wenn die löbliche Lüneb. Landsch. in diesem auff Recht- und Billigkeit zu der Unterthanen ungezweyffelten besten abzielenden petito reussiren werde, der Hr. von Bernstorff wird solches unfehlbar secundiren, und Unserm allergnädigsten König, so viel thunlich, dahin zu vermögen suchen, ich glaube aber, daß beßer Regem in Engeland, alß zur Göhre, davon zu entreteniren, und zwar daß, umb derjenige Leuthe willen, so mehr auff ihr privat- alß des publici interesse bedacht seyn, der Hr. v. Bernst. wird hoffentlich die Zeit zum Vorbringen am besten wißen, ich werde inzwischen, auch ohne die geringste Absicht, an fleißiger Erinnerunge es nicht ermangeln laßen, und zeigen, wie ich mich ein besonders Vergnügen darauß mache dem Publico gute Dienste zu erweißen, wie ich dan auch en particulair verbunden bin, Ew. HochEdl. angenehme Gefälligkeit zu leisten, worunter auch mit wißen- und willen nimmer manquiren- sondern alstets auffrichtig zeigen werden, daß ich bin Ew. HochEdl. Wohlg. Rahts und HoffgerichtsAssessoris dienstwilligster ergebener Diener A. W. von Lenthe.*[136]

---

134 Siehe oben unter 3.2.

135 Ernst Ludwig von Lenthe, Archiv für Geschichte und Verfassung des Fürstenthums Lüneburg, Bd. 8, Celle 1860, S. 126.

136 Abgedruckt ebd., S. 126 f.

Von Lenthe stellte seine Beziehung zu Andreas Gottlieb von Bernstorff somit bereitwillig in den Dienst des landständischen Anliegens. Dabei war es für ihn selbstverständlich, die schriftliche Vorstellung der Landschaft dem Minister nicht nur zu übergeben, sondern auch den *Inhalt mündlich vorzutragen* und *an fleißiger Erinnerunge es nicht ermangeln* [zu] *laßen*. Darüber hinaus stellte er taktische Erwägungen an, wann von Bernstorff die Angelegenheit dem Landesherrn mit der größten Aussicht auf Erfolg vortragen könne. Am 11. Oktober 1719, als von Lenthe dem Landsyndikus antwortete, stand sowohl die Ankunft von Bernstorffs aus London unmittelbar bevor als auch die Anreise des Landesherrn selbst, der sich wenig später am 19. Oktober 1719 auf seinem Jagdschloss Göhrde aufhielt.[137] Von Lenthe meinte, von Bernstorff solle die Angelegenheit dem Landesherrn besser in London vortragen als während seines Aufenthalts in der Göhrde, weil er hier mit der Anwesenheit von Personen im Umfeld des Landesherrn rechnete, die ihre Privatinteressen über diejenigen des Landes stellten.

Schließlich soll noch auf einen Fall eingegangen werden, der eine Verbindung zwischen Celle und dem Reichshofrat herstellt und zeigt, wie sich verwandtschaftliche Beziehungen in gerichtlichen Verfahren und bei der Besetzung hoher Richterämter auswirken konnten. In einem am Reichshofrat anhängigen Prozess buhlten die beiden Streitparteien, Kurfürst Georg II. von Hannover auf der einen und der Fürst von Anhalt auf der anderen Seite, um die Gunst des Referenten und des Korreferenten.[138] Dass deren Personen den Parteien namentlich bekannt waren, hatte das formell existierende Referentengeheimnis[139] in diesem wie in vielen anderen Fällen nicht verhindern können. Der Fürst von Anhalt wusste den Referenten Heinrich Christian von Braillard auf seiner Seite, der allerdings etwas später starb und durch den der hannoverschen Seite offenbar gewogenen Reichshofrat Karl Ludwig Hillebrand von Prandau als neuen Referenten ersetzt wurde.[140] Solange aber von Braillard Referent war, bemühte sich der Kurfürst von

---

137 Der Aufenthalt Georgs I. auf dem Jagdschloss Göhrde am 19. Oktober 1719 wird belegt durch die unter dem Datum „Göhrde den 19. Octobris 1719" erlassene Verordnung zur Zuständigkeit der landesherrlichen Kammer, in: Landes-Ordnungen und Gesetze, Bd. 2 (wie Anm. 39), S. 588–591; siehe hierzu Stefan Andreas Stodolkowitz, Rechtsverweigerung und Territorialjustiz. Verfahren wegen iustitia denegata vel protracta am Oberappellationsgericht Celle, in: ZRG GA 121 (2014), S. 128–181, hier S. 154. Zu den Aufenthalten des Landesherrn in der Göhrde vgl. Bühring, Die Deutsche Kanzlei in London (wie Anm. 3), S. 326.

138 Zu diesem Fall siehe Schenk, Der Reichshofrat im Spannungsfeld (wie Anm. 26), unter Hinweis auf Anonym, Das agnatische Erbfolgerecht des Durchlauchtigsten Herzoglichen Gesamthauses Anhalt auf das Herzogthum Sachsen-Lauenburg und das Land Hadeln, O. O., o. J., S. 7.

139 Siehe oben unter 3.1 bei Anm. 59 und 60.

140 Dorfner, Mittler zwischen Haupt und Gliedern (wie Anm. 25), S. 178

Hannover um die Gunst des Korreferenten Johann Heinrich Berger.[141] Dieser bat im Gegenzug den Kurfürsten, seinen Sohn Friedrich Ludwig Edlen von Berger, der fürstlich württembergischer Regierungsrat zu Stuttgart war,[142] zum Beisitzer am Oberappellationsgericht Celle zu ernennen.

Die Bergers waren in Celle keine Unbekannten. Der Reichshofrat von Berger hatte einen weiteren Sohn, Johann Samuel von Berger (1691–1757), der Mediziner war. 1717 hatte man in Preußen überlegt, ihn zum Hofmedikus zu ernennen, um sich den Vater gewogen zu machen.[143] Seit 1719 war Johann Samuel von Berger Hofmedikus in Celle.[144] Er war in erster Ehe mit einer Tochter des Hofrats und Celler Hofgerichtsassessors Johann Justus von Speyrmann verheiratet; nach deren Tod heiratete er 1726 eine Tochter des Geheimen Kammerrats Albrecht Andreas von Ramdohr. Mit dem Vorschlag, den Bruder des Hofmedikus an das Oberappellationsgericht zu berufen, war der Landesherr einverstanden, weil, wie er seinen Geheimen Räten schrieb, der Reichshofrat von Berger *aus euch bekandten Uhrsachen zu menagiren ist.*[145] Allerdings sollte dieser Sohn, wie der Gesandte Huldenberg aus Wien mitteilte,[146] für eine Assessorenstelle am Reichskammergericht präsentiert werden[147] und fiel damit für das Oberappellationsgericht aus. Reichshofrat von Berger empfahl daraufhin durch Vermittlung des Gesandten Wolfenbüttels seinen jüngsten Sohn Johann August von Berger,[148] der Gesandter Hessen-Darmstadts war, für das Oberappellationsgericht Celle. Dessen Präsident von Wrisberg zog Erkundigungen beim Burggrafen von Riedesel ein, der sich für den Sohn Bergers aussprach. Im Geheimen Rat äußerte der Kammerpräsident von dem Busche indes Bedenken gegen die Ernennung Bergers, weil dieser

141 Biographische Angaben: Theodor MUTHER, Art. Berger, Johann Heinrich von, in: Allgemeine Deutsche Biographie, Bd. 2, Leipzig 1875, S. 374 f.

142 Vgl. Theodor MUTHER, Art. Berger, Friedrich Ludwig von, in: Allgemeine Deutsche Biographie, Bd. 2, Leipzig 1875, S. 374.

143 Nachweise bei Tobias SCHENK, Reichsjustiz im Spannungsverhältnis von oberstrichterlichem Amt und österreichischen Hausmachtinteressen. Geld, Handel, Wirtschaft. Höchste Gerichte im Alten Reich als Spruchkörper und Institution (Abhandlungen der Akademie der Wissenschaften zu Göttingen, Neue Folge, 23), Berlin/New York 2013, S. 103–219, hier S. 137.

144 Biographische Angaben nach LAMPE, Aristokratie, Hofadel und Staatspatriziat, Bd. 2 (wie Anm. 90), S. 50.

145 Reskript Georgs II. an die Geheimen Räte in Hannover vom 27. Februar/9. März 1728, NLA Hannover, Hann. 26a (Justizministerium), Nr. 4661, fol. 2 r/v.

146 Schreiben Huldenbergs an Georg II. vom 25. Dezember 1728, ebd., fol. 4r–5r.

147 Friedrich Ludwig Edler von Berger wurde 1729 für das Reichskammergericht präsentiert und legte seine Proberelation ab. Er wechselte dann aber in Braunschweig-Wolfenbüttelsche Dienste und verstarb 1735 vor der Zensur seiner Proberelation. JAHNS, Das Reichskammergericht und seine Richter, Teil II (wie Anm. 28), Bd. 2, S. 1099.

148 Zu ihm siehe Theodor MUTHER, Art. Berger, Johann August von, in: Allgemeine Deutsche Biographie, Bd. 2, Leipzig 1875, S. 376.

noch keinem Justizkollegium angehört hatte und der Prozess am Reichshofrat auch so weit gediehen sei, *daß der Reichshoffraht sein Vatter nicht im stande wäre, darunter sonderliche Dienste zu thun.*[149] Von dem Busche schlug vor, von Berger die Ernennung seines Sohnes vor der Hand, also offenbar nur zum Schein, zu versprechen und ihn hinzuhalten, bis sich die Angelegenheiten am Reichshofrat weiter zugunsten Kurhannovers entwickelt haben würden. Der Landesherr folgte diesen Bedenken nicht, sondern entschied zugunsten der Berufung des Sohnes von Bergers,[150] was diesen allerdings nicht von der Ablegung einer Proberelation und eines Examens vor dem Oberappellationsgericht entband.[151] Beisitzer am Oberappellationsgericht wurde Johann August von Berger gleichwohl nicht; die Gründe hierfür gehen aus den erhaltenen Akten nicht hervor. Er wurde 1729 aber – immerhin – Hof- und Kanzleirat in Celle.

5. Schluss

Strukturen informeller Kommunikation sind aus der gerichtlichen Praxis nicht hinwegzudenken. Das gilt, wie am Beispiel des informellen „Großen Senats" der Celler „Dieselsenate" und der Absprachen im Strafprozess gezeigt wurde, für heutige Gerichte, und in der Frühen Neuzeit, in der der persönlichen Kommunikation unter Anwesenden sowie persönlichen Beziehungsnetzwerken eine weitaus größere Bedeutung zukam als heute, kann und muss davon erst recht ausgegangen werden. Wie sich informelle Kommunikation konkret in einem gerichtlichen Verfahren ausgewirkt hat, ist regelmäßig schwer nachzuvollziehen, weil sie im formellen Schriftgut des Gerichts – Akten, Protokolle, Relationen – in aller Regel keinen Niederschlag gefunden hat. Jedenfalls schlaglichtartig lässt sich aber belegen, dass es am Oberappellationsgericht Celle jenseits des formal fast ausschließlich schriftlichen Verfahrens Strukturen informeller Mündlichkeit gegeben haben muss. Das betrifft zum einen die Kommunikation zwischen den Parteien sowie ihren Anwälten und dem Gericht. Wenn die Richter Parteien in ihren Privatwohnungen empfingen, Parteien und ihre Anwälte persönlich die

149 Protokoll der Geheimen Räte vom 25. Januar 1729, NLA Hannover, Hann. 26a (Justizministerium), Nr. 4661, fol. 7r–9r.

150 Reskript Georgs II. an die Geheimen Räte in Hannover vom 28. Januar/8. Februar 1729, ebd., fol. 16 r/v.

151 Vgl. Reskript der Geheimen Räte an das Oberappellationsgericht Celle vom 16. Februar 1729, ebd., fol. 17 r/v. Darin wurde dem Oberappellationsgericht aufgegeben, Johann August von Berger zur Proberelation und zur Ablegung eines Examens zu laden. Zur Prüfung der Kandidaten durch das Gericht vgl. Stodolkowitz, Das Oberappellationsgericht Celle (wie Anm. 38), S. 55–59.

Kanzleiräume im Gerichtsgebäude aufsuchten und manche Parteien sogar an den Herrscherhof nach London reisten, um ihrem Rechtsschutzbegehren Nachdruck zu verleihen, dann kann die rechtshistorische Forschung nicht annehmen, ein zutreffendes und umfassendes Bild von der Verfahrenswirklichkeit allein auf der Grundlage normativer Quellen und gerichtlicher Akten gewinnen zu können. Zum anderen sind Strukturen informeller Mündlichkeit im Verhältnis der Richter untereinander und insbesondere zum Gerichtspräsidenten sowie möglicherweise auch zu den Geheimen Räten des Landesherrn und anderen einflussreichen Funktionsträgern der Landesverwaltung anzunehmen. Dabei ist der Vergleich mit der Deutschen Kanzlei des Landesherrn in London aufschlussreich, für die belegt werden kann, dass formelle Relationen auf der Ebene des informellen Austauschs, der nur wegen der räumlichen Distanz zwischen Hannover und London schriftlich durch Briefwechsel und nicht mündlich ablief, vorbesprochen, ausgehandelt und erläutert wurden. Das legt nahe, dass an anderen hohen Kollegialorganen, an denen die Hürde der räumlichen Distanz nicht bestand, die formelle Sachbearbeitung durch Relationen von einem informellen mündlichen Austausch begleitet wurde. Einer Auswertung der formellen Quellenüberlieferung darf daher nicht die Annahme zugrunde gelegt werden, diese bilde den Administrationsprozess lückenlos in seiner Gesamtheit ab. Das gilt nicht nur für die administrativen Prozesse in Kurhannover, sondern entspricht den neueren Erkenntnissen zu den internen Kommunikationsstrukturen am Reichshofrat. Dass es an anderen Gerichten wie dem Oberappellationsgericht Celle, aber etwa auch dem Reichskammergericht, grundlegend anders gewesen sein sollte, ist vor dem Hintergrund dieser Beobachtungen fernliegend.

Damit verlieren freilich die Akten frühneuzeitlicher Gerichte nicht ihre herausragende Bedeutung als Quelle. Neben ihrem immensen Informationswert für Fragen jenseits der eigentlichen gerichtlichen Tätigkeit belegen sie, mit welchen Streitigkeiten ein Gericht befasst war. Zwar enthalten die Akten ganz überwiegend nicht Schilderungen der Parteien selbst, sondern Schriftsätze von Anwälten, so dass die Darstellung des Sachverhalts den Filter der juristischen Expertenkommunikation durchlaufen hat. Deshalb wäre es ein Irrtum, den Sachverhalt, der sich aus den Akten ergibt, ohne weiteres gleichzusetzen mit den Begebenheiten und sozialen Konflikten, die sich in der Lebenswirklichkeit der streitenden Parteien tatsächlich zugetragen haben.[152] Jedenfalls aber dokumentieren die Akten die Argumentation der Anwälte sowie die rechtlich relevante Tatsachengrundlage für das Verfahren und die Entscheidungen des Gerichts. Wie das Gericht mit dieser Tatsachengrundlage umging, wie es sie rechtlich-argumentativ bewertete und schließlich zu einer Entscheidung gelangte, kann für den Reichshofrat

152 Vgl. hierzu den Beitrag von Tobias Schenk in diesem Band unter 3.1.

ebenso wie für das Reichskammergericht auf Grund der umfangreichen Quellenüberlieferung analysiert werden, wenn zusätzlich zu den Akten auch die weiteren Quellen gerichtlichen Schriftguts in die Untersuchung einbezogen werden, nämlich die Protokolle sowie die Relationen. Eine Vielzahl von Rechtsstreitigkeiten, mit denen die höchsten Reichsgerichte befasst waren, ist nicht nur durch Akten, sondern auch durch die weiteren genannten Quellen dokumentiert. Größtmögliche Tiefenschärfe gewinnt das Bild, das eine rechtshistorische Analyse zeichnen kann, wenn nicht nur die formellen und normativ geprägten Verfahrensabläufe Berücksichtigung finden, sondern auch die längst nicht immer unsichtbaren Strukturen informeller Kommunikation, die für Verfahren und Entscheidung von Gerichten von nicht zu unterschätzender Bedeutung waren und auch heute noch sind. Dabei ist gerade für die Vormoderne von einem besonders hohen Stellenwert der persönlichen Kommunikation unter Anwesenden auszugehen, die Strukturen informeller Kommunikation begünstigte. Quellen, die diesen informellen Bereich beleuchten können, sind nicht in Serie überliefert wie Akten und Protokolle. Eine insofern sensibilisierte Forschung kann aber Hinweise in unterschiedlichsten Quellengattungen finden, selbst, wie für das Oberappellationsgericht Celle gezeigt, in primär normativen Texten wie landesherrlichen Verordnungen und Gemeinen Bescheiden. Weiteren Erkenntnisgewinn verspricht es, „das Gericht“ nicht als eine unpersönlich-gesichtslos handelnde Institution zu begreifen, sondern sich mit den Personen auseinanderzusetzen, in deren Händen das gerichtliche Verfahren lag. Denn dass, wie es heute ganz überwiegend selbstverständlich ist, die Amtsausübung von persönlichen und verwandtschaftlichen Beziehungen streng getrennt ist, kann für die Frühe Neuzeit nicht vorausgesetzt werden und wurde gesellschaftlich auch nicht erwartet.

Akten, Protokolle, Relationen, Strukturen informeller Kommunikation und persönliche Verflechtungen – der Erkenntnisgewinn, den eine rechtshistorische Forschung verspricht, die alle diese Gesichtspunkte unter Berücksichtigung der verschiedenen Quellengattungen in ihre Analyse einbezieht, ist immens. Wenn die Forschung dieses Potential wahrnimmt, wird sich ein Bild ergeben, das die Praxis eines Gerichts weitaus wirklichkeitsnäher wiedergibt als jede allein auf Akten gestützte Untersuchung.

Peter Oestmann

Zur Relationstechnik am Reichshofrat

Die folgenden Schlaglichter auf Relationen am Reichshofrat beleuchten einen auf den ersten Blick eher handwerklichen Aspekt der Entscheidungsfindung. Es geht um den Aufbau der Relationen, um den dargestellten Weg der Argumentation vom Sachverhalt bis zum Ergebnis und um etwaige Besonderheiten der reichshofrätlichen Praxis im Vergleich zur schulmäßigen Relationsform des Usus modernus. Das Thema ist damit sehr eng gefasst. Nach einem allgemeinen Überblick über frühneuzeitliche Relationen und einem kurzen Hinweis auf den Forschungsstand zum Reichshofrat und zum normengeschichtlichen Ausgangspunkt stehen einige Dutzend eher zufällig ausgewählte Einzelfunde im Mittelpunkt des Interesses. Angesichts der in dieser Beziehung noch unzureichenden Quellenaufarbeitung können diese Schlaglichter zumindest Beispiele bieten, um die juristische Arbeit der Reichshofräte näher unter die Lupe zu nehmen. Im Ergebnis zeigen sich deutliche Unterschiede zwischen den vom Reichshofrat so bezeichneten Relationen im Vergleich zum gemeinrechtlichen Modell ebenso wie zur Praxis des Reichskammergerichts. Die juristische Handwerklichkeit ist insgesamt deutlich schwächer ausgeprägt, auf der anderen Seite erkennt man mehrfach Pragmatismus und politische Überlegungen. Genau diese Besonderheiten entsprechen der nicht ausdifferenzierten Rolle des Reichshofrats als Gericht, Beratungsgremium und Regierungsorgan. Form und Inhalt der Quellenüberlieferung passen auf diese Weise ganz bezeichnend zum verfassungsrechtlichen Rahmen. Die Darstellung behandelt im Einklang mit der Masse der erhaltenen Quellen schwerpunktmäßig Relationen aus dem 18. Jahrhundert. Eine systematisierende Gliederung bietet sich angesichts der bunten Überlieferung kaum an. Dafür können einige weiterführende Überlegungen am Ende hoffentlich Anstöße für weitere Vertiefungen geben.

1. Der frühneuzeitliche Relationsstil

Im ungelehrten mittelalterlichen Recht gab es keine feste schulmäßige Technik, Entscheidungen herzuleiten. Das Verfahren fand weitgehend mündlich statt. Am Ende des Wortwechsels stand oft ein Urteilsvorschlag, über den die Gerichtsgemeinde einen Konsens zu finden hatte. Gerichtsbriefe bzw. Urteilsausfertigungen mochten einer bestimmten Form folgen. Sie enthielten aber zumeist keine

Entscheidungsbegründungen[1] und überhaupt kaum Rechtsausführungen des Gerichts selbst.[2]

In der Rezeptionszeit änderte sich dies. Die studierten Richter, Konsiliatoren, später Juristenfakultäten und andere Gelehrte sollten ihre Entscheidungen aufgrund des Aktenstudiums in einer ganz bestimmten Art ausarbeiten. Das Ergebnis war die Relation.[3] Sprachlich ist der Begriff mit dem Referenten verwandt, beides geht auf das lateinischer Verb „referre“ zurück. Der Referent ist bei wörtlicher Übersetzung derjenige, der etwas von sich gibt.[4] Die Relation ist dann das Zurückgebrachte, schon in der Antike oft verengt auf einen Vortrag oder einen Bericht.[5] Die Verbindung zwischen einer Relation und einem Kollegialgericht[6] ist also bereits sprachlich gegeben. Das lateinisch-deutsche Rechtslexikon von Samuel Oberländer aus dem 18. Jahrhundert versteht unter einem Referenten neben einem Berichterstatter bei Regierungen oder Schöffenstühlen allgemein denjenigen, *welcher aus den Gerichtlichen eingegebenen Acten etwas vorträgt.*[7] Aus heutiger Rückschau erstaunlich steht bei Oberländer das münd-

1 Gunter GUDIAN, Die Begründung in Schöffensprüchen des 14. und 15. Jahrhunderts. Ein Leitprinzip der Abfassung spätmittelalterlicher Schöffensprüche, Darmstadt 1960, S. 10: „nur manchmal mit Begründungen“.

2 Die Verknappung von Einzelfallentscheidungen und ihre Umwandlung in abstrakt-generelle Normen beschreibt Dirk HEIRBAUT, The spokesmen in medieval courts: The unknown leading judges of the customary law and makers of the first Continental law reports, in: Paul Brand/Joshua Getzler (Hrsg.), Judges and judging in the history of the common law and civil law: from antiquity to modern times, Cambridge 2012, S. 192–208, hier S. 206.

3 Knapper Überblick bei Werner HÜLLE/Wolfgang SELLERT, Art. Relation, in: Handwörterbuch zur deutschen Rechtsgeschichte, (künftig: HRG), Bd. 4, Berlin 1990, Sp. 859–862; zu den damit verwandten spätmittelalterlichen Konsilien und ihrer Form Eberhard ISENMANN, „Ich ziehe in Betracht, stimme aber nicht zu“. Aufgaben und Arbeitsweise spätmittelalterlicher Juristen, in: Josef Bongartz/Alexander Denzler/Carolin Katzer/Stefan Andreas Stodolkowitz (Hrsg.), Feder und Recht. Schriftlichkeit und Gerichtswesen in der Vormoderne (bibliothek altes Reich, 39), Berlin/Boston 2023, S. 33–85, hier S. 59; knapp zugespitzt von Tobias SCHENK, Unbeobachtet vorübergegangen? Gerichtliches Entscheiden im Spiegel der genetischen Aktenkunde, ebd. S. 313–343, hier S. 329: Professionalisierung der juristischen Methodenlehre.

4 Karl Ernst GEORGES, Ausführliches lateinisch-deutsches Handwörterbuch, ND der 8. Aufl., 1913, bearb. v. Heinrich Georges, Hannover und Darmstadt 1992, Bd. II, Sp. 2261: Refero I. 1. c).

5 GEORGES, Handwörterbuch (wie Anm. 4), Bd. II, Sp. 2289: Relatio I. 3. b).

6 Beispiel für ein Kollegialgericht ohne Bestellung von Referenten bei Thorsten Süss, Partikularer Zivilprozess und territoriale Gerichtsverfassung. Das weltliche Hofgericht in Paderborn und seine Ordnungen 1587–1720 (Quellen und Forschungen zur höchsten Gerichtsbarkeit im Alten Reich: künftig: QFHG, 69), Köln/Weimar/Wien 2017, S. 139; zur Diskussion um Relationen bei Einzelrichtern im frühen 19. Jahrhundert Clara GÜNZL, Eine andere Geschichte der Begründungspflicht. Sichtweisen des frühen 19. Jahrhunderts (Grundlagen der Rechtswissenschaft, 39), Tübingen 2021, S. 99 f.

7 Samuel OBERLÄNDER, Lexicon Juridicum Romano-Teutonicum, ND der 4. Aufl., Nürnberg 1753, hrsg. v. Rainer Polley, Köln/Weimar/Wien 2000, S. 598.

liche Referat im Vordergrund. Es fehlt dagegen die naheliegende Begriffsklärung für die schriftliche Relation. Das Lexikon bringt hierfür unter dem Stichwort *Relatio* mehrere denkbare Bedeutungen. Zunächst geht es um Sekretäre oder Referendare der antiken römischen Kaiser, dann um die Vorlage einer zweifelhaften Rechtssache vom Richter an den Herrscher, um die Zurückschiebung eines zugeschobenen Eides, schließlich als *Relatio actorum* um die *Erzehlung des facti* einer Akte mitsamt der *Appellation des Rechts zu demselben facto*.[8] Genauso freilich verhält es sich mit dem Rechtsbegriff Votum. Das Lexikon von Oberländer kennt neun verschiedene Bedeutungen, verschweigt aber die allgegenwärtige Bezeichnung bestimmter Ausarbeitungen von Urteilsvorschlägen.[9] Angesichts der heute leichthin unterstellten zentralen Bedeutung frühneuzeitlicher Relationen als typischer Arbeitsweise juristischer Entscheidungsvorbereitung fällt das Schweigen des zeitgenössischen Begriffswörterbuchs besonders ins Auge. Die Begriffsdefinition von Oberländer ist jedenfalls so gedankenlos vom Kameralschriftsteller Jacob Blum[10] übernommen, dass Oberländer sogar die in der Vorlage genannte Applikation, also die Anwendung von Recht auf den Sachverhalt, zu einer ganz unsinnigen Appellation verfälscht.

Fündig wird man dagegen in der größten Enzyklopädie deutscher Sprache überhaupt. Das Universallexikon von Zedler bietet im 31. Band von 1742 unter dem Lemma *Relation* eine ganz knappe Definition einer Relation, nämlich die *Erstattung des Berichtes, welche ein Mitglied eines Collegii oder ein Beysitzer eines Gerichts aus denen Acten heraus zühet und dem Collegio ertheilet, den Bescheid oder den Rechts-Spruch darnach einzurichten*.[11] Im Vergleich zu diesen ganz knappen Zeilen fällt der Eintrag im 30. Band zum Lemma *Referiren* mit fünf vollständigen Spalten erheblich ausführlicher aus. Hier erfährt man zunächst abermals, dass es sich um eine *kurtze Erzählung* der *streitigen Sache* handelt, *nebst beygefügtem Urtheil, und Ursachen, warum so oder so gesprochen, (cum rationibus dubitandi & decidendi)*.[12] Der Artikel unterscheidet mündliches und schriftliches Referieren und betont, an den höchsten Reichsgerichten müsse die Relation *allezeit schrifftlich abgefasset* werden, wenn es um eine Definitiventscheidung gehe. Der Eintrag versteht unter diesen höchsten Reichsgerichten recht groß-

8 OBERLÄNDER, Lexicon (wie Anm. 7), S. 606, mit Verweis auf BLUM (unten Anm. 10).

9 OBERLÄNDER, Lexicon (wie Anm. 7), S. 723.

10 Jacob BLUM, Processus Cameralis, Editio Novissima, Köln 1738, Tit. 75 *De sententia*, Rn. 15, S. 584 f: *Relatio strictè dicta nihil aliud est quàm enarratio Facti in Actis deducti & ad illud juris applicando. Votum, quod Latini soffragium appellant, dicitur vox, qua quis suam voluntatem declarat, quid & quomodo in causa jam decidenda pronunciandum sit.*

11 Johann Heinrich ZEDLER (Verleger), Art. Relation, in: Grosses vollständiges Universal-Lexicon Aller Wissenschafften und Künste, Bd. 31, Leipzig/Halle 1742, Sp. 426.

12 ZEDLER, Universal-Lexicon (wie Anm. 11), Bd. 30 (1741), Sp. 1664.

zügig *den Kayserlichen Reichs-Hof-Rath, das Cammer-Gerichte zu Wetzlar, das Tribunal zu Celle, und andere Ober-Appellations-Gerichte in Deutschland.*[13] Die allgemeinen Aufbauregeln einer Relation fasst das Zedlersche Lexikon auf der Grundlage des kammergerichtlichen Werkes von Jacob Blum sodann zusammen. *Nach der Meynung derer meisten Rechtsgelehrten erfordert* eine Relation demnach, *daß man (...) 1) eine kurtze speciem facti voraus setzet, damit das Collegium, worinn man referiret, den Zustand der Sache zuförderst erkennen kann; 2) muß die competenz des Richters untersuchet werden; 3) die Legitimation derer Partheyen und ihrer Procuratoren; 4) was vor eine Art der Klage und des Processes angestellet worden; 5) ob die Klage gnugsam erwiesen, 6) oder durch erhobene Ausflüchte entkräfftet worden; 7) muß man den eigentlichen Grund des gantzen Streites neben denen vor und wider die Sache streitenden Gründen anführen; 8) in Ansehung derer genossenen Früchte und Nutzungen, wie auch derer aufgelauffenen Zinsen und Unkosten seine Meynung eröffnen, und endlich 9) die Formel des darauf zu ertheilenden Urtheils beygefüget werden.*[14] Hier ist das klassische Modell mitsamt den Stationen An probata und An elisa und auch den Rationes dubitandi und Rationes decidendi ganz klar und vollständig erkennbar. Das Zedlersche Lexikon geht sodann auf Besonderheiten des Appellationsprozesses sowie des Lehensprozesses und des Konkursverfahrens ein und gelangt schließlich zu den Relationen bei den höchsten Reichsgerichten und den Oberappellationsgerichten. Für sie soll gelten, *daß man 1) den Extract aus denen Acten vorher schicket; 2) nach Maßgebung derer Acten gewisse Puncte auszühet, welche man in der Relation abhandeln will, und dannenhero zu Anfang der Relation meldet, daß über nachfolgende Puncte zu referiren nöthig sey; a)*[15] *die eigentliche Beschaffenheit der Sache; b) den Verfolg und Zusammenhang des Processes; c) was vor eine Klage und ob sie gehörig angebracht worden; d) was vor eine Art des Processes angestellet worden, und ob er nach seinen Formalien zu Recht beständig; e) ob die Gerichtsbarkeit des Richters in dem vorseyenden Falle gegründet; f) die Legitimation derer Partheyen und ihrer Procuratoren; g) ob die Klage genugsam erwiesen; h) oder ob sie durch eingewandte Ausflüchte entkräftet worden; i) worauf der gantze Streit beruhet; k) was von denen erhobenen Früchten und Nutzungen, oder dagegen aufgelauffenen Zinsen und Unkosten zu urtheilen; l) und was endlich in der gantzen Sache vor ein Ausspruch zu thun. Diese Puncte muß nun der Referent 3) in seiner Relation so wohl denen Rechten nach, als in der That ausführen, dergestalt, daß er zuvörderst*

---

13 Zedler, Universal-Lexicon (wie Anm. 11), Bd. 30 (1741), Sp. 1666 mit Verweis auf die Reichshofratsordnung Ferdinands III., also auf die Ordnung von 1654.

14 Zedler, Universal-Lexicon (wie Anm. 11), Bd. 30 (1741), Sp. 1666 f., mit Verweis auf Blum, Processus Cameralis (wie Anm. 10), Tit. 75 Rn. 17, S. 585.

15 Der Lexikonartikel bei Zedler beginnt hier eine neue Gliederungsebene mit den nochmaligen Ebenen 1-11, zur besseren Erkennbarkeit im Zitat als a)-l) wiedergegeben.

bey jedem Puncte anführet, was dabey Rechtens ist, und hernach auf den in denen Acten befindlichen Vorfall die Application machet.[16] Ob die Besonderheiten der Reichsgerichte die allgemeinen Regeln für Relationen ergänzen oder ersetzen sollten, bleibt in dem Artikel offen, aber darauf kam es offenbar auch nicht an. Denn *nach dem Unterschiede derer Acten* sollte es *offt gantz besondere Puncte in der Relation* geben, so dass es *auf des Referentens Urtheil ankommt, was er in der Relation abhandeln muß.*[17] Die Einzelheiten der Relation standen nach dieser Sichtweise im Ermessen des Referenten. Das überkommene Aufbaumodell diente weiterhin als Maßstab, sollte aber flexibel gehandhabt werden.

Der Lexikonartikel bei Zedler ist augenscheinlich und nahezu wörtlich übernommen von einem Buch Johann Friedrich Seyfarts von 1738 über den deutschen Reichsprozess. In der Vorlage gibt es jedoch einige allgemeine Anmerkungen am Ende. Diese Schlussbemerkung über die Freiheit des Referenten in der Darstellung ist bei Seyfart geradezu ins Pathetische gesteigert. Er meinte, dass *mithin es gröstentheils auf des Referentens iudicium ankommt, was er in der Relation abhandeln muß, wannenhero es sehr pedantisch und gekünstelt heraus kommt, wenn man in jeder Relation eynerley requisita beobachten will, und man muß sich demnach sowohl hierbey, als auch in allen andern Wissenschafften vor der Pedanterei hüten, gestalt denn eben dadurch, daß Menschen nicht bloß nach dem Hertzen und nach guter Erkändtniß fromm geblieben, sondern die Theologie und Religion in formam artis und in gewisse Regeln gebracht haben, alle Ketzereyen entstanden sind. Die Rechts-Gelehrtheit hat gleiche fata, und so lange die Menschen zänckisch sind; so nehmen auch die Process kein ENDE.*[18] Das Verhältnis zwischen strenger und freier Relationsform erscheint hier als prinzipieller Kampf gegen die Pedanterie. Der Formalismus ist zugleich Urquell nicht nur juristischer, sondern auch religiöser Abwege bis hin zur Ketzerei. Bei Seyfart endet mit genau diesen Sätzen sein gesamtes Buch. Gerade die überkommene, auf den ersten Blick unspektakuläre und hölzerne Relationsform ist nach den Andeutungen dieser Schlussworte verknüpft mit allem juristischen Übel, mit Zank und Prozessflut. Der Verfasser, offenbar Doktor an der Hallenser Juristenfakultät,[19] stellt damit am Ende seines umfassenden Werkes das gemeinrechtliche Vorbild der gelehrten Entscheidungs-

---

16 Zedler, Universal-Lexicon (wie Anm. 11), Bd. 30 (1741), Sp. 1668 f.

17 Ebd., Sp. 1669.

18 Johann Friedrich Seyfart, Teutscher Reichs-Proceß, Wie er bey dem Kayserlichen Reichs-Hof-Rathe, dem Kayserlichen Cammer-Gerichte zu Wetzlar, in denen Königl. Preußl. Churfürstl. Sächsischen, Churfürstl. Hannöverschen und allen übrigen Provintzien von Teutschland gebräuchlich ist, Halle 1738, S. 659. Der von Zedler übernommene Abschnitt beginnt S. 652. Mit dem hervorgehobenen Wort *Ende* endet zugleich das gesamte Werk.

19 Dies besagt die Unterschrift unter seinem Porträt zu Beginn des Buches: *Doctor Juris in Academia Fridericiana Halensi.*

vorbereitung in der überkommenen Relationsform sehr grundsätzlich in Frage. Angesichts derartiger zeitgenössischer Rundumschläge lohnt die Relationspraxis am Reichshofrat zweifellos einen genaueren Blick.

Jenseits der Begriffsgeschichte aus dem 18. Jahrhundert mit ihren unvorhergesehenen Untiefen ist die Tradition des Relationsstils vor allem für die ältere Zeit klar. So jedenfalls lautet die Auskunft der rechtshistorischen Literatur. Die Grundstruktur der gemeinrechtlichen Relation lässt sich aus zahlreichen gedruckten Entscheidungssammlungen unschwer ersehen.[20] Vor allem Filippo Ranieri wies mehrfach auf die gemeinrechtlich überlieferte Relationstechnik hin.[21] Angesichts der umfangreich überkommenen Kameralliteratur und der Ausstrahlungswirkung des Kameralprozesses in die Territorien steht bei ihm das Reichskammergericht ganz im Mittelpunkt des Interesses. Zeitgenössische Autoren wie Hermann Esaias Rosacorb betonten ausdrücklich die Vorbildfunktion des Reichskammergerichts auch in dieser praktischen Frage.[22] Nach dem gemeinrechtlichen Ideal begannen die Relationen mit den sog. Species facti, der Darstellung des Sachverhalts. An diese Fallerzählung schloss sich die Prozessgeschichte an, die sog. Historia processus. Ranieri bezeichnet sie als „kurze Aufzählung der verschiedenen Verfahrensstationen".[23] Demgegenüber sollte der nachfolgende Abschnitt, der Extractus actorum, den Inhalt der Parteischriftsätze „in größter Ausführlichkeit" wörtlich wiedergeben oder zumindest nacherzählen.[24] Ein Beispiel von 1756 zeigt, wie ernst die Zeitgenossen diese Ausführlichkeit nahmen. Bei Senatsberatungen am Reichskammergericht begann der Referent am 19. Mai 1756 mit der Zusammenfassung der erstinstanzlichen Akte *usque ad Numerum 15*. Einen Tag später beendete er den Überblick über die erstinstanzlichen Schriftsätze und setzte seinen Vortrag mit der Schilderung der Kammergerichtsakte fort. Erst am 21. Mai beendete er den Überblick über die kammergerichtlichen Verhandlungen und

20 Überblick über die gedruckten Sammlungen bei Heinrich Gehrke, Die privatrechtliche Entscheidungsliteratur Deutschlands (Ius Commune. Sonderhefte 3), Frankfurt am Main 1974, mit Hinweisen auf den Aufbau der Relationen S. 46 f.

21 Zusammenfassender Überblick: Filippo Ranieri, Entscheidungsfindung und Begründungstechnik im Kameralverfahren, in: Peter Oestmann (Hrsg.), Zwischen Formstrenge und Billigkeit. Forschungen zum vormodernen Zivilprozeß (QGHG, 56), Köln/Weimar/Wien 2009, S. 165–190, hier S. 167 Anm. 6 mit Hinweis auf seine eigenen und einige fremde Arbeiten.

22 Hermann Esaias Rosacorb, Syntagma observationum practicarum recentiorum, in supremis Germaniae tribunalibus (…) receptarum, & (…) accomodatarum, Frankfurt am Main 1646, S. 3: *Nulla est vtilior & commodior referendi, sive vota concipiendi, methodus, quàm ea, qua Camerae Imperialis Assessores vtuntur*; als Autorität zitiert bei Ranieri, Entscheidungsfindung (wie Anm. 21), S. 171.

23 Ranieri, Entscheidungsfindung (wie Anm. 21), S. 172.

24 Ebd., S. 173.

begann mit seinem eigenen Votum.[25] Bei einem solchen Abschnitt zum Extractus actorum scheint die mündliche Vorstellung des Akteninhalts oftmals noch weit ausführlicher gewesen zu sein als die schriftliche Fassung der Relation.[26] Erst im Anschluss an diesen eher zusammenfassenden Teil folgte das Votum des Referenten, die eigentliche Ausarbeitung des Entscheidungsvorschlags. Das Votum begann, modern gesprochen, mit der Suche nach einer Anspruchsgrundlage. Gemeinrechtlich war dieser Punkt immer noch in das überkommene Aktionendenken in bestimmten Klagearten eingebunden und lautet daher quae sit actio bzw. substantia actionis.[27] Hieran schlossen sich zwei gemeinrechtliche Beweisstationen an, einmal die Klägerstation (an probata), zum anderen die Beklagtenstation (an elisa).[28] Nach Ranieri sollte der Referent danach seinen eigenen Urteilsvorschlag formulieren, jedoch ohne ausdrückliche und förmliche Entscheidungsbegründung.[29] Das trifft zu, jedoch enthält Ranieris Überblick genau an dieser Stelle einen blinden Fleck. Der Urteilsvorschlag enthielt zwar keine Entscheidungsgründe,[30] war jedoch üblicherweise durch zwei gegenläufige Ausarbeitungen vorbereitet. Die Referenten entschieden die Rechtsprobleme nämlich einmal im Rahmen von Rationes dubitandi, einmal in Form von Rationes decidendi. Die Zweifelsgründe lösten die Rechtsfragen auf der Grundlage von Literatur und Auslegungsergebnissen, die vertretbar erschienen, denen der Referent im Ergebnis aber gerade nicht folgte. Mit den Rationes decidendi präsentierte er im Anschluss diejenige Rechtauffassung, die er selbst für zutreffend hielt.[31]

Wie lange das gemeinrechtliche Relationsschema als praktisches Vorbild diente, ist nicht ganz klar. Zumindest für das 16. und 17. Jahrhundert hat man es mit dem herrschenden Stil zu tun.[32] Wie streng er befolgt wurde, beurteilten einige Zeitgenossen bereits im 17. Jahrhundert unterschiedlich.[33] Die spätere

25 Peter Oestmann, Ein Zivilprozeß am Reichskammergericht. Edition einer Gerichtsakte aus dem 18. Jahrhundert (QFHG, 55), Köln/Weimar/Wien 2009, S. 572–573.

26 In dem Beispiel von 1756 umfassen die gesamten Species facti bis zum Beginn des eigentlichen Votums nur drei Bögen, hierzu Oestmann, Ein Zivilprozeß (wie Anm. 25), S. 519 f.

27 Ranieri, Entscheidungsfindung (wie Anm. 21), S. 173.

28 Ebd., S. 175 f.

29 Ebd., S. 177.

30 Zur Diskussion um förmliche Urteilsbegründungen in der Spätzeit des Reichskammergerichts Günzl, Eine andere Geschichte der Begründungspflicht (wie Anm. 6), S. 66–81.

31 Ulrich Falk, Consilia. Studien zur Praxis der Rechtsgutachten in der frühen Neuzeit (Rechtsprechung. Materialien und Studien 22), Frankfurt am Main 2006, S. 170 f.; zum 15. Jahrhundert Isenmann, Ich ziehe in Betracht (wie Anm. 3), S. 59.

32 Ranieri, Entscheidungsfindung (wie Anm. 21), S. 171.

33 Rosacorb, Syntagma observationum (wie Anm. 22), S. 3 Rn. 3: *quòd ex consuetudine Germaniae, non omnia quae sunt de solennitatibus iudicij, plenariè serventur*, dies allerdings mit Betonung auf den *solennitates & observationes iuris* und nicht speziell mit Blick auf die Relationstechnik.

Zeit ist nicht so gut erforscht, größere richterliche Freiheiten im Umgang mit den strengen Formen sind hier gut denkbar. Die oben angeführten Schlaglichter deuten genau in diese Richtung. Tatsächlich werden im Fortgang der Untersuchung einige Unterschiede der reichshofrätlichen Praxis zum gemeinrechtlichen Vorbild zu Tage treten. Diese Abweichungen der reichshofrätlichen Quellen von dem überkommenen Modell mögen sich zumindest teilweise aus dem zeitlichen Wandel im 18. Jahrhundert erklären.[34] Doch bleiben hier einige Unklarheiten. Für das Reichskammergericht gibt es einen Bestand an Proberelationen präsentierter Assessoren mit den dazugehörigen Benotungen durch die Gerichtsmitglieder. Auf diese Weise lässt sich erkennen, welche Anforderungen das Kameralkollegium an den Relationsstil stellte.[35] Für den Reichshofrat scheinen solche Quellen nicht vorhanden zu sein.

2. Relationen des Reichshofrats als Forschungsdesiderat

Die Relationen des Reichshofrats sind insgesamt nur schwach erforscht. In einem Aufsatz von 2023 machte Eva Ortlieb zu Recht auf diese Lücke aufmerksam.[36] Der Quellenbestand selbst ist umfangreich. Im Wiener Haus-, Hof- und Staatsarchiv besteht eine eigene Serie mit reichshofrätlichen Relationen. In 211 Kartons dürften sich schätzungsweise Relationen zu etwa 6.000 Reichshofratsfällen befinden,[37] hinzu kommen Relationen, die bei den Akten liegen. Den Gesamt-

34 Knapper Hinweis auf die Überwindung der strengen Aufbauregeln im frühen 18. Jahrhundert bei Hülle/Sellert, Relation (wie Anm. 3), Sp. 861. Hinweis auf die feste Befolgung von Rationes dubitandi/Rationes decidendi im 18. Jahrhundert dagegen bei Heiner Lück, Die Spruchtätigkeit der Wittenberger Juristenfakultät. Organisation – Verfahren – Ausstrahlung, Köln/Weimar/Wien 1998, S. 194.

35 Rita Sailer, Richterliches Selbstverständnis und juristische Ordnungsvorstellungen in der policeyrechtlichen Judikatur des Reichskammergerichts, in: Bernhard Diestelkamp (Hrsg.), Das Reichskammergericht am Ende des Alten Reiches und sein Fortwirken im 19. Jahrhundert (QFHG, 41), Köln/Weimar/Wien 2002, S. 1–41, hier S. 4–14. Gedruckte Proberelationen befinden sich im Werk von Caspar Klock, Liber singularis Relationum pro Adsessoratu habitarum nec non insigniorum votorum, Decisionum &rerum in Camera Imperiali ab Anno MDC. & quod excurrit, ad hanc usque aetatem judicatarum, Frankfurt am Main 1653.

36 Eva Ortlieb, Schriftlichkeit im Entscheidungsprozess. Die Relationen des Reichshofrats, in: Bongartz/Denzler/Katzer/Stodolkowitz, Feder und Recht (wie Anm. 3), S. 345–364, hier S. 348.

37 Ebd., S. 351; deutlich zurückhaltender Tobias Schenk, Die Vota ad Imperatorem des kaiserlichen Reichshofrats. Zur Verfahrensautonomie an einem herrschernahen Höchstgericht der Frühen Neuzeit, in: Anja Amend-Traut/Ignacio Czeguhn/Peter Oestmann (Hrsg.), Urteiler, Richter, Spruchkörper. Entscheidungsfindung und Entscheidungsmechanismen in der Europäischen Rechtskultur (QFHG, 75), Wien/Köln/Weimar 2021, S. 239–348, hier S. 286, Anm. 193: 3.000 bis 4.000 Relationen.

bestand an Relationen schätzt Ortlieb aufgrund ungefährer Hochrechnungen auf über 10.000.[38] Ortlieb selbst befasst sich mit der schriftlichen Ausarbeitung des Votums als Vorstufe für die mündlichen Beratungen am Reichshofrat und interessiert sich im Kern damit nicht für die Relationstechnik als solche. Dennoch gibt sie einen knappen Hinweis auf den Aufbau der von ihr durchgesehenen Quellen. Die Relationen beginnen danach mit einer chronologischen Schilderung des Verfahrensablaufs mitsamt dem Inhalt des Parteivortrags und den bisherigen gerichtlichen Verfügungen. Im Anschluss folgen die rechtlichen Erwägungen des Referenten mit der Bezeichnung „Votum", am Ende teilweise ein Entscheidungsvorschlag.[39] Diese Einschätzung lässt sich anhand der hier verfolgten Fragestellung in einigen Punkten verfeinern.

In ihrer bereits 2000 erschienenen Dissertation zum Geschäftsgang am Reichshofrat geht Carola Hartmann-Polomski ebenfalls kurz auf Relationen ein. Die rein normengeschichtliche Arbeit, in diesem Abschnitt angereichert vor allem durch einige Seitenblicke auf das zeitgenössische Werk des Reichshofratsagenten Herchenhahn[40] von 1792/93, stellt einige Vorschriften der Reichshofratsordnungen zusammen, trennt aber teilweise nicht entschieden genug zwischen dem mündlichen Referieren und der schriftlich ausgearbeiteten Relation.[41] Die Autorin verweist auf förmliche und minder-förmliche schriftliche Relationen, betont jedoch, der zuständige Referent habe zwischen beiden Modellen wählen können.[42] Den von Herchenhahn mitgeteilten Aufbau von Relationen fasst sie knapp zusammen.[43] Über die Verfahrenswirklichkeit am Reichshofrat erfährt der Leser kein Wort.

Die normativen Vorgaben der Reichshofratsordnungen sind durch die Edition von Sellert und durch Hinweise in der bisherigen Literatur im Wesentlichen bekannt. Sie erweisen sich für praktische Fragen des Relationenwesens schnell als wenig ergiebig. Dennoch mag ein kurzer Hinweis hilfreich sein. In der Mitte des 17. Jahrhunderts gab es Diskussionen, weil angeblich zahlreiche reichshofrätli-

---

38 Ortlieb, Schriftlichkeit (wie Anm. 36), S. 353.

39 Knappe Zusammenstellung ebd., S. 358.

40 Johann Christian Herchenhahn (1754–1795). Sein Werk über den Reichshofrat galt ein volles Jahrhundert später als „noch immer die einzige maßgebende Monographie" zum Thema, so Franz Krones, Art. Herchenhahn, in: Allgemeine Deutsche Biographie, künftig: ADB, Bd. 12 (1880), S. 51.

41 Carola Hartmann-Polomski, Die Regelung der gerichtsinternen Organisation und des Geschäftsgangs der Akten als Maßnahmen der Prozessbeschleunigung am Reichshofrat, Diss. jur. Göttingen 2000, S. 123: „Eine Relation war nun ‚der Vortrag aus geschlossenen gerichtlichen Akten'" (mit Verweis auf Herchenhahn).

42 Ebd., S. 123 f., in Anm. 619 mit Verweis auf ein unpassendes Dekret von 1649, das jedoch lediglich Schriftlichkeit allgemein anordnete.

43 Ebd., S. 128–130.

che Referenten überhaupt keine schriftlichen Relationen ausarbeiteten, sondern sich ganz auf mündliche Berichte bei den Kollegiumsberatungen beschränkten. Bereits die Reichshofratsordnung von 1559 bestimmte, dass die *räth, bevorab die gelerten*, zur Vorbereitung der Beratungen *die principalpuncten und motiven derselben zu pesserer irer gedechtnus alsbaldt im rath in ire memorial aufzuzaichnen gefasst sein.*[44] Die Voten, hieß es später, sollten *in ain sonderbare truhen verwarlich zusammengelegt* werden.[45] Die Ordnung von 1617 sprach dann ausdrücklich von einer *beschriebenen relation und anhegengten voto.*[46] Die praktische Handhabung bot jedoch Anlass zu Beschwerden auf der Reichsebene. So monierte Bayern im Reichsfürstenrat 1641, dass am Reichshofrat *keine Relation in scriptis* geschehe. Zumindest, so die Forderung, sollten *die Relationes ad definitivas in Scriptis geschehen.*[47] Ein Memorial sowie ein Reichsgutachten ebenfalls von 1641 verlangten deswegen eine *jedermalen* schriftlich ausgearbeitete Relation, *sonderlich* in Definitivsachen.[48] Ein kaiserliches Dekret von 1649 verpflichtete sodann alle Reichshofräte, ihre Relationen schriftlich zu verfassen, jedenfalls soweit es *grosse und sonderlich Definitiv-Sachen* betraf.[49] Die Reichshofratsordnung von 1654 formulierte in Anlehnung an solch ältere Vorbilder, die Referenten sollten die Prinzipalpunkte aufzeichnen sowie in Definitivsachen ihre Voten der schriftlichen Relation anheften.[50] Angesichts der mehrfachen Diskussionen blieben die genauen Amtspflichten der Reichshofräte ersichtlich in der Schwebe. Schriftliche Relationen sollte es geben, zumindest in großen Sachen und vor der Vorberei-

44 RHRO 1559 § 13, bei Wolfgang SELLERT (Hrsg.), Die Ordnungen des Reichshofrats 1550–1766 (QFHG, 8/I-II), Köln/Wien 1980/90, 1. Halbband, S. 32; knapper Hinweis auf normative Quellen auch bei ORTLIEB, Schriftlichkeit (wie Anm. 36), S. 349 f.

45 Mainzer Konzept Tit. 14 § 4, bei SELLERT, Ordnungen I (wie Anm. 44), S. 137; DERS., Prozeßgrundsätze und Stilus Curiae am Reichshofrat im Vergleich mit den gesetzlichen Grundlagen des reichskammergerichtlichen Verfahrens (Untersuchungen zur deutschen Staats- und Rechtsgeschichte NF. 18), Aalen 1973, S. 361.

46 RHRO 1617 Tit. III § 22, bei SELLERT, Ordnungen I (wie Anm. 44), S. 191; fast gleichlautend RHRO 1654 Tit. IV § 18: *mit ihrer schrifftlichen relation und angehefften voto*, bei SELLERT, Ordnungen II (wie Anm. 44), S. 175.

47 Ebd., S. 176 Anm. 619, mit Verweis auf Friderich Carl MOSER, Pragmatische Geschichte und Erläuterungen Der Kayserlichen Reichs-Hof-Raths-Ordnung, Zweyter Band, Frankfurt/Leipzig 1752, S. 365.

48 Ebd., S. 406; SELLERT, Ordnungen II (wie Anm. 44), S. 176 Anm. 619.

49 Kaysers Ferdinands des III. Decret an die Reichshofräte, daß sie nicht allein ihre Relationes schriftlich abfassen, sondern auch solche bey denen Actis lassen, weniger, nit verschwiegen seyn, und einander im votiren nicht, vorgreiffen sollen, de dato Wien 16. Jun. 1649, bei: Renatus Karl Frhr. v. SENKENBERG, Sammlung der den kaiserl. Reichshofrath betreffenden Ordnungen und Verordnungen, Giessen 1800, S. 128–130; SELLERT, Ordnungen II (wie Anm. 44), S. 35 Anm. 262, S. 177 Anm. 619.

50 RHRO 1654 Tit. IV §§ 16 und 18, bei SELLERT, Ordnungen II (wie Anm. 44), S. 174 f.

tung von Endurteilen.[51] Was eine Relation genau war, sagte die Reichshofratsordnung nicht.

Der insoweit dürre Befund der normativen Quellen überrascht jedoch kaum. Die Art und Weise, wie Richter ihre Entscheidungen stilistisch bzw. darstellerisch vorbereiten, ja selbst wie sie hinterher die Begründung verfassen, entspricht einem jeweils in der Praxis herrschenden Stil, ist aber bis ins moderne Recht hinein nicht gesetzlich vorgeschrieben.[52] Die preußische Allgemeine Gerichtsordnung von 1793 erklärte: *Bestimmtere Vorschriften über die Abfassung der Relationen, und die dabey zu beobachtende Methode und Ordnung, können nach der Natur der Sache hier nicht ertheilt werden.*[53] Vielmehr sollte jeder Referent die für die jeweilige Sache zweckmäßigste Art der Relation von sich aus finden. Die Methode würde sich dem Referenten praktisch *von selbst an die Hand geben.*[54] Feste und verpflichtende Aufbauregeln sollte es also nicht geben. Maßgeblich war in Preußen das Ermessen, ja geradezu das Fingerspitzengefühl der jeweiligen Referenten. Es ist ein wenig ungerecht und auch inkonsequent, wenn Historiker einerseits den Rechtspositivismus für tot erklären und andererseits die Freiräume des Richters bedauern, dem das Gesetz keine zwingende Darstellungsweise oder Argumentationsform vorschreibt.[55]

In zahlreichen frühneuzeitlichen Quellen zum Reichshofrat ist mit einem substantivierten Verb vom Referieren die Rede. Hierbei handelt es sich regelmäßig um die mündlichen Beratungen im Reichshofratskollegium. Johann Jacob Moser definierte: *Acta referiren, heißt (beym Reichs-Hof-Rath) wann ein Reichs-Hof-Rath in dem Reichs-Hof-Raths-Collegio (…) mündlich (…) aus dem Gedächtnus,*

51 *Sententz (Definitiv-) endliche, oder entscheidende Sententz, Decisiv-Sententz, ein End-Urtheil*: ZEDLER, Universal-Lexicon (wie Anm. 11), Bd. 37 (1743), S. 158.

52 § 313 der geltenden Zivilprozessordnung lautet: „(Absatz 1) Das Urteil enthält: 1. die Bezeichnung der Parteien, ihrer gesetzlichen Vertreter und der Prozessbevollmächtigten; 2. die Bezeichnung des Gerichts und die Namen der Richter, die bei der Entscheidung mitgewirkt haben; 3. den Tag, an dem die mündliche Verhandlung geschlossen worden ist; 4. die Urteilsformel; 5. den Tatbestand; 6. die Entscheidungsgründe. (Absatz 2) Im Tatbestand sollen die erhobenen Ansprüche und die dazu vorgebrachten Angriffs- und Verteidigungsmittel unter Hervorhebung der gestellten Anträge nur ihrem wesentlichen Inhalt nach knapp dargestellt werden. Wegen der Einzelheiten des Sach- und Streitstandes soll auf Schriftsätze, Protokolle und andere Unterlagen verwiesen werden. (Absatz 3) Die Entscheidungsgründe enthalten eine kurze Zusammenfassung der Erwägungen, auf denen die Entscheidung in tatsächlicher und rechtlicher Hinsicht beruht.

53 Allgemeine Gerichtsordnung für die Preußischen Staaten. Erster Theil: Prozeßordnung, Berlin 1795, Titel 13 § 7, S. 352.

54 AGO I, Tit. 13 § 7 (wie Anm. 53), S. 352.

55 Tobias SCHENK, Actum et judicium als analytisches Problem der Justizforschung. Interdisziplinäre Perspektiven auf kollegiale Entscheidungskulturen am Beispiel des kaiserlichen Reichshofrats (Schriftenreihe der Gesellschaft für Reichskammergerichtsforschung 51), Wetzlar 2022, S. 45 f.; Seitenhieb auf den Positivismus ebd. S. 8.

oder dem zu solchem Ende gemachten Auffsatz, vorträgt, und seine Meinung beyfüget, wie er die Sache ansehe, was darauf zu resolviren seyn möchte.[56] So hielt der Reichshofratspräsident Graf Ferdinand Bonaventura von Harrach[57] Ende November 1761 *im Rath* eine aus zwölf Punkten bestehende Rede, *was für eine Ordnung im Referiren gehalten werden solle.*[58] Hier ging es um die Pflicht der Reichshofräte, die ihnen gewährten Erholungszeiten nicht zu überdehnen, sowie um die Reihenfolge verschiedener Rechtssachen, die zu bestimmten Uhrzeiten vorzutragen waren. Andere Quellen zum Referieren betreffen ebenfalls die Kollegiumssitzungen. Diese Form des Referierens, also die gesamte Mündlichkeit, bleibt bei den folgenden Ausführungen ausgeklammert.[59] Damit grenzt man zugleich wesentliche zeitgenössische Probleme aus der Betrachtung aus. So weist etwa Sellert auf normative Quellen hin, die sich gegen überlange Relationen und langatmiges Referieren wandten.[60] Solche zeitgenössische Kritik richtete sich jedoch immer gegen die Zeitverschwendung bei den Beratungen des gesamten Kollegiums, nicht jedoch gegen die schriftlichen Ausarbeitungen selbst. Inwieweit das mündliche Referieren auf einer „zeitgenössisch unausgereiften Referiermethode" beruhte,[61] könnte man anhand zeitgenössischer Maßstäbe vielleicht prüfen. Hier geht es dagegen um die Schriftlichkeit, ohne damit einem schlichten Quod non est in actis non est in mundo das Wort zu reden. Die Welt außerhalb der schriftlichen Ausarbeitungen spielte nicht nur auf der Hinterbühne eine Rolle, sondern war für die Entscheidungsfindung von hoher Bedeutung. Die Selbstbeschränkung auf den näheren Blick in die schriftlichen Relationen hat dagegen einen handfesten Vorteil. Sie kann den im Wiener Archiv vorhandenen Quellenbestand zum Untersuchungsgegenstand als eigenständige Überlieferung ernst nehmen und gerade die formalen wie inhaltlichen Besonderheiten dieser Quellengruppe näher beleuchten.[62]

---

56 So auch Johann Jacob Moser, Einleitung zu dem Reichshofraths-Proceß, Zweyter Theil, Nürnberg 1733, S. 4 f.; zu diesem Werk David Petry, Konfliktbewältigung als Medienereignis. Reichsstadt und Reichshofrat in der Frühen Neuzeit (Colloquia Augustana, 29), Berlin 2011, S. 128 f.

57 Zu ihm Oswald von Gschliesser, Der Reichshofrat. Bedeutung und Verfassung, Schicksal und Besetzung einer obersten Reichsbehörde von 1559 bis 1806 (Veröffentlichungen der Kommission für neuere Geschichte des ehemaligen Österreich, 33), Wien 1942, S. 449.

58 Haus-, Hof- und Staatsarchiv Wien (künftig: HHStA), Reichsakten in specie, K. 31, unfol.

59 Zur Mischung von Mündlichkeit und Schriftlichkeit Ortlieb, Schriftlichkeit (wie Anm. 36), S. 358–364; dazu aus rechtshistorischer Sicht Peter Oestmann, Das tintenklecksende Säkulum, in: Rechtsgeschichte 32 (2024), im Erscheinen.

60 Sellert, Prozeßgrundsätze (wie Anm. 45), S. 340 f.

61 Vielleicht etwas überspitzt Tobias Schenk, Vom Reichshofrat über Cocceji zu PEBB§Y: Epochenübergreifende Überlegungen zu gerichtlichen Urteils- und Vergleichsquoten aus institutionengeschichtlicher Perspektiven, in: ZRG Germ. Abt. 137 (2020), S. 91–233, hier S. 174.

62 Skeptisch gegenüber einer textimmanenten Analyse von Relationen und Voten Schenk, Actum et

Neben der formalen Beschränkung auf schriftliche Relationen bleiben im Fortgang auch inhaltliche Fragen ausgeklammert, nämlich die Falllösung als solche. Deswegen verzichtet die Untersuchung auf einen dogmenhistorischen Nachvollzug der jeweiligen juristischen Argumentationen. Wenn die Referenten in ihren Ausarbeitungen eigene Erwägungen anstellen, geht es also nicht darum zu prüfen, inwieweit sie einer herrschenden Meinung (Communis opinio) folgten oder ob sie Streitstände verzerrt wiedergaben. Angesichts der in jüngerer Zeit vielfach diskutierten bedenklichen Näheverhältnisse zwischen Parteivertretern und einzelnen Reichshofratsmitgliedern,[63] oftmals schmackhaft gemacht durch handfeste Geldzahlungen,[64] wäre es in der Tat reizvoll, gekaufte Gefälligkeitsrelationen von unabhängig und eigenständig erarbeiteten Urteilsvorschlägen zu unterscheiden. Solch ein Ansatz, so attraktiv er erscheint, verlangt bei der Quellenauswahl und in der methodischen Durchführung aber mehrere Vorentscheidungen, die späteren Vertiefungen vorbehalten bleiben müssen.[65] Es sind Beispiele bekannt, in denen Reichshofratsmitglieder untereinander über rechtsfehlerhafte, ja sogar rechtswidrige Relationen stritten. So gab es 1610 Vorwürfe gegen den Reichshofrat Johann Matthäus Wacker,[66] der angeblich in Auseinandersetzungen zwischen den Hansestädten und den englischen Merchant Adventurers über Jahre hinweg zum Schaden der Hanse und des Reichshofrats falsch referiert haben sollte.[67] Auch solche Streitigkeiten fallen aus der hier verfolgten Themenbegrenzung heraus. Dasselbe gilt von Querelen um angebliche oder wirkliche Korruption, die dazu führen konnte, dass fertiggestellte Relationen nicht vorgelegt oder nicht mündlich vorgestellt wurden.[68]

---

judicium (wie Anm. 55), S. 69. Allerdings geht in der vorliegenden Studie keineswegs darum, eine angeblich rein schriftliche Verfahrenspraxis zu behaupten.

63 Drastische Quelle von 1740 bei SCHENK, Vota ad Imperatorem (wie Anm. 37), S. 286 Anm. 194: Tägliches gemeinsames Essen, Trinken, Spielen zwischen Reichshofräten, Parteien und ihren Agenten; drastisches Beispiel auch bei DEMS., Actum et judicium (wie Anm. 55), S. 72.

64 Thomas DORFNER, Mittler zwischen Haupt und Gliedern. Die Reichshofratsagenten und ihre Rolle im Verfahren (1658–1740) (Verhandeln – Verfahren – Entscheiden. Historische Perspektiven, 2), Münster 2015, S. 182–184; SCHENK, Actum et judicium (wie Anm. 55), S. 9, 65–67.

65 Im Ergebnis ähnlich Anja AMEND-TRAUT/Nils JÖRN/Tobias SCHENK, Zentralgerichtsbarkeit im Heiligen Römischen Reich Deutscher Nation in transnationaler Perspektive, in: Zeitschrift für Neuere Rechtsgeschichte, künftig: ZNR 45 (2023), S. 97–126, hier S. 106: Wegen Defiziten bei der Erforschung der beteiligten Personen sind die Möglichkeiten zur „kritischen Rekonstruktion des Entscheidungsprozesses" am Reichshofrat begrenzt.

66 Zu ihm GSCHLIESSER, Reichshofrat (wie Anm. 57), S. 167–169.

67 Nachgewiesen bei Wolfgang SELLERT (Hrsg.), Die Akten des Kaiserlichen Reichshofrats. Serie II: Antiqua, Bd. 1: K. 1–43, bearb. v. Ursula MACHOCZEK, Berlin 2010, S. 374 f. lfd. Nr. 410.

68 Beispiel bei Matthias SCHNETTGER, „Principe sovrano" oder „Civitas imperialis"? Die Republik Genua und das Alte Reich in der frühen Neuzeit (1556–1797) (Veröffentlichungen des Instituts für Europäische Geschichte Mainz, Abteilung für Universalgeschichte, 209), Mainz 2006, S. 332,

Gedruckte reichshofrätliche Relationen in der zeitgenössischen Entscheidungsliteratur sind vergleichsweise selten überliefert, ganz im Gegensatz zu den umfangreichen Sammlungen zum Reichskammergericht. Dies bemerkte bereits Johann Jacob Moser in den 1730er Jahren: *So seynd dannoch bißhero kaum einige Reichs-Hof-Räthliche Relationes und Gutachten im Druck zum Vorschein gekommen, auch gewisser Umstände wegen nicht zu vermuthen, daß künftighin, wenigstens mit Willen dises hohen Collegii, mehrere an das Licht tretten werden.*[69] Einige veröffentlichte Beispiele lassen sich allerdings finden und sind in der folgenden Untersuchung berücksichtigt.

3. Anzahl der Relationen

Die Anzahl der reichshofrätlichen Relationen ist nicht genau bekannt, vermutlich aber höher als bisher vermutet. Schlaglichter aus dem Verfahrensalltag wecken begründete Zweifel an den bisherigen Schätzungen zur Gesamtzahl der Relationen. In den dickleibigen Kartons im Wiener Haus-, Hof- und Staatsarchiv sind nämlich zu zahlreichen komplexeren und langdauernden Reichshofratsfällen Dutzende von Relationen vorhanden. Dies liegt daran, dass offenbar selbst für kleine Zwischenverfügungen innerhalb der einzelnen Rechtssachen eigenständige Relationen erstellt wurden. Dieser erste Befund markiert bereits ein wichtiges Ergebnis. Eine Relation bedeutete in der reichshofrätlichen Praxis keineswegs die Ausarbeitung von Entscheidungsvorschlägen für Endurteile oder zumindest für Zwischenurteile. Vielmehr scheinen häufig jegliche Maßnahmen des Reichshofrats durch Relationen vorbereitet worden zu sein. Je nachdem, wie oft dies innerhalb eines einzelnen Verfahrens vorkam, hat man es mit einer zahlenmäßig sehr erheblichen Diskrepanz zwischen der Zahl von Verfahren und der Zahl von Relationen zu tun. Die Anzahl derjenigen Causen, zu denen sich Relationen erhalten haben, dürfte deutlich geringer sein als die Zahl der auf diese Weise erhaltenen Relationen. Wie stark diese Unterschiede ausfallen können, ist unklar. Mit erheblichen Abweichungen ist aber zu rechnen. Dies veranschaulicht ein bei der Quellenarbeit zutage getretener Zufallsfund.

---

erwähnt bei Tobias Schenk, Vom dominus referens zum Berichterstatter. Überlegungen zur Karriere eines umstrittenen juristischen Experten als Beitrag zu einer akteurszentrierten Fremdbeschreibung kollegialen Entscheidens, in: Anette Baumann (Hrsg.), Juristen als Experten? Eine Untersuchung zu Wissensbeständen und Diskursen der Juristen im 16. und 17. Jahrhundert, (bibliothek altes Reich, 40), Berlin/Boston 2023, S. 15–101, hier S. 91.

69 Moser, Einleitung II (wie Anm. 56), S. 156; dazu Sellert, Prozeßgrundsätze (wie Anm. 45), S. 363; ähnlich Karl Siegfried Bader, Die Rechtsprechung des Reichshofrats und die Anfänge des territorialen Beamtenrechts, in: ZRG Germ. Abt. 65 (1947), S. 363–379, hier S. 364.

Dieses besonders anschauliche Beispiel betrifft die Causa Acholshausen gegen das Rezeptoratamt der Julius-Universität Würzburg. Das Findbuch ordnet die Streitsache in den Zeitraum 1669–1679 ein.[70] In der Tat ging es um eine Auseinandersetzung der Parteien im Zusammenhang mit einem Kreditgeschäft und einer Güterübertragung von 1668. Die in einem insgesamt ziemlich ungeordneten Konvolut zusammengebundenen Relationen stammen jedoch überwiegend aus den 1750er und 1760er Jahren, greifen teilweise aber ihrerseits auf ältere Entscheidungen des Reichshofrats zurück. Der Fall scheint ein Wiedergänger gewesen zu sein, und der Referent ließ seinem Ärger über den querulatorisch veranlagten Kläger mehrfach freien Lauf. Wegen der wiederholten Befassung des Reichshofrats verschoben sich teilweise die Streitgegenstände, es gab Referentenwechsel, vor allem aber explodierte die Zahl der Relationen. Die Referenten selbst scheinen ihre Relationen durchnummeriert zu haben, kamen hierbei aber selbst durcheinander. Eine strenge Chronologie lässt sich in der Rückschau nicht ausmachen. In dieser Causa Acholshausen sind beispielsweise folgende Relationen erhalten: 3. Relation vom 24. Dezember 1751, 15. Relation vom 23. Juli 1756, 16. Relation vom 3. Dezember 1756, 24. Relation (verbessert aus *Relatio 9na*) vom 1. Dezember 1755, 27. Relation ohne Datum, 28. Relation vom 14. Mai 1762, 30. Relation vom 17. April 1764, *Relatio ulterior* vom 17. März 1765[71]. Innerhalb von etwa 15 Jahren häuften sich in diesem Rechtsstreit also über 30 Relationen an. Hierbei ging es in keinem Fall um ein Endurteil, sondern teilweise um winzigste Verfügungen des Reichshofrats zum Fortgang des Verfahrens. Besonders anschaulich wird dies an den Relationen 15 und 16 vom Juli und Dezember 1756. Sie umfassen jeweils nur knapp eine halbe Seite und befinden sich sogar auf demselben Blatt. Wörtlich lauten sie:

v. Ackoltzhausen contra das Julius-Receptoratamt zu Würtzburg
Relatio 15.ta
In dieser sache ist Partis Impetratae Vorstellung dem Impetranti loci Exceptionum ad Replicandum[72] *comunicirt worden.*
Pars Impetrata accusirt nunmehro lapsum termini.
Ackoltzhausen hingegen übergibt Replicas.
D:
Comunicentur Replicae ad Duplicandum cum termino duorum Mensium.
Rel: et Resol: 29ta July 1756.

---

70 https://www.archivinformationssystem.at/archivplansuche.aspx, abgerufen am 10. Mai 2024.

71 HHStA, RHR, Judicialia Relationes, K. 1, Nr. 8, unfol.

72 Einige Abkürzungen sind in der Transkription stillschweigend aufgelöst.

Relatio 16:ta
Sub praesentato 24. Septembris
Recenseatur obig leztes Conclusum.
Jetzo werden die in wenig worthen und Einer bloßen recapitulatione priorum generali bestehende Duplicae übergeben.
D:
Communicentur Duplicae ad notitiam, quo facto reservantur Exhibita.
Dann ad Inrotulationem dirigirt zu werden verdienen die wenig und gantz kleine handlungen nicht.
Rel: et Resol: 3.ia Decembris 1756.[73]

Diese beiden winzigen Vermerke, zeitgenössisch ausdrücklich als Relation bezeichnet und gezählt, legen den Schluss nahe, dass sämtliche Handlungen des Reichshofrats auf diese Weise eingekleidet waren oder zumindest gerahmt werden konnten. Im ersten Fall war ein Schriftsatz zugestellt worden. Es ging um eine mögliche Verspätung mit einer Antwort, die dann aber noch einkam. Im zweiten Fall war ein Schriftsatz, den der Reichshofrat selbst als „wenig" und „klein" einschätzte, eingetroffen, so unbedeutend, dass eine Inrotulation[74] der Akte nicht erfolgen sollte. Lediglich die Weitergabe wurde deswegen verfügt. Ortlieb vermutet, dass für kleinteilige Beschlüsse wie Fristen, Berichte, Kommissionseinsetzungen oder bestimmte Aufforderungen keine schriftlichen Relationen angefertigt worden seien.[75] Zumindest die Rechtssache Acholshausen gegen das Rezeptoratamt der Würzburger Universität zeigt das genaue Gegenteil. Wo hier die Regel und wo die Ausnahme liegt, lässt sich beim jetzigen Forschungsstand nicht sagen. Es mag sein, dass derartige Fragen teilweise rein mündlich besprochen wurden und sich dann nicht in der Prozessakte oder in einer Relationensammlung finden. Trieb man die Schriftlichkeit dagegen bis zum Exzess, benötigte jeder noch so kleine Verfahrensschritt des Reichshofrats die Grundlage einer Relation, selbst die bloße Weiterleitung eines Schriftsatzes, bei der es sich wohl kaum um eine spezielle Verfahrensart gehandelt haben dürfte.[76] Das führt zu einem überraschenden Befund. Es gab zwar zeitgenössische Beschwerden über den Mangel an schriftlichen Relationen und über zuviel und zu ungenaue Mündlichkeit. Auf der anderen Seite steht man aber geradezu vor einem Überfluss an Schriftlichkeit, es gab eine Unmasse kleinster Relationen zu winzigsten Fragen. Ob und wie beides zusammenpasst, ist

73 HHStA, RHR, Judicialia Relationes, K. 1, Nr. 8, Relationen 15 und 16.
74 Sellert, Prozeßgrundsätze (wie Anm. 45), S. 327–331; Ortlieb, Schriftlichkeit (wie Anm. 36), S. 361 Anm. 67.
75 Ebd., S. 361.
76 So aber Sellert, Prozeßgrundsätze (wie Anm. 45), S. 191–194; hierzu unten bei Anm. 301–317.

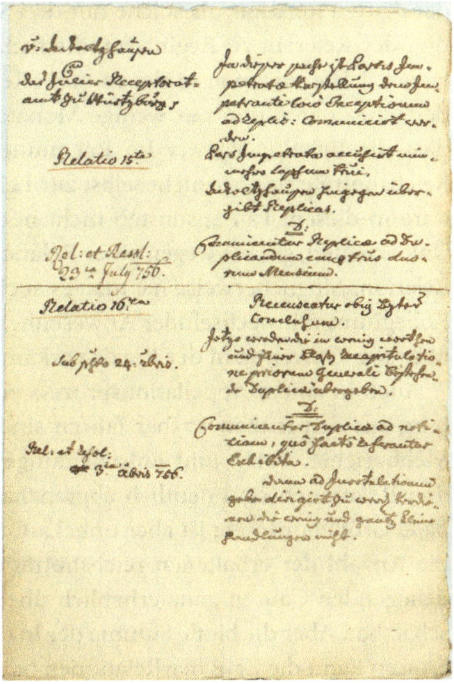
Relatio 15ta
Rel: et Resol: 29. July 756.
Relatio 16ta

Abb. 1: Relationen in der Causa Acholshausen gegen das Rezeptoratamt der Julius-Universität Würzburg (1756). HHStA, RHR, Judicialia Relationes, K. 1, Nr. 8.

unklar. Möglicherweise bezog sich die rechtspolitische Diskussion immer nur auf die teilweise genannten großen Sachen oder auf die Vorbereitung von Endurteilen.[77] Der Sprachgebrauch allerdings war einheitlich. Die schriftlichen Ausarbeitungen hießen am Reichshofrat immer Relationen, egal wie umfangreich sie waren und auf welche Verfahrensabschnitte sie sich bezogen.

Es gibt sogar Fälle, in denen eine Relation lediglich dazu diente, den Inhalt älterer Relationen zusammenzufassen. In einer Causa des adligen Leopold Maria von Alt- und Neufrauenhofen benötigte der Antragsteller einen *Oberstreichslehensherrlichen Consens* zu einer Veräußerung von 29 Untertanen im Innviertel, weil er diesen Teil seines Reichslehens in ein *Lehenssurrogat* aus dem *zu erhaltenden Kaufschilling* umwandeln wollte.[78] Diesem Verfahren von 1795 waren drei ältere Relationen beigelegt, verfasst im Februar, April und Juni 1766. Es ging um einen Vergleichsschluss zwischen den Brüdern derer von Alt- und Neufrauenhofen. Die Relationen sind zwischen einer halben Seite und knapp vier Seiten lang und enden jeweils mit dem Vermerk einer reichshofrätlichen Entscheidung. In

77 Dazu oben bei Anm. 47 und 49.

78 HHStA, RHR, Vota, K. 13 – F 1, Sententia vom 27. September 1795 mit Publikation vom 3. November 1795.

der dritten Relation, als solche nur drei Seiten zuzüglich der Entscheidung, kündigt der Referent zu Beginn an, die frühen Relationen nochmals zusammenzufassen.[79] Hier hat man es also mit drei Relationen zu tun. Die Zusammenfassung der sehr kurzen und nur wenige Monate älteren Relationen spricht stark dafür, dass die Relationen zwar im Rat mündlich vorgetragen wurden, die übrigen Reichshofräte sie aber nicht selbst zur Lektüre erhielten. Eine Zusammenfassung wäre in diesem Fall ansonsten nicht nötig gewesen. Aber auch hier verbleiben Unklarheiten, gerade wegen einer Relation zur Zusammenfassung einer anderen Relation. Möglicherweise hat man es auch mit einer verkleinerten Besetzung des Kollegiums mit wechselnder Anwesenheit zu tun, wie es offenbar bei Beratungen über sog. Currentia in der Praxis vorkam.

Auch in einem Appellationsprozess eines Handelsmanns Bidehorn aus Hamburg aus den frühen 1730er Jahren sind auf gerade einmal 16 Seiten mehrere Sachberichte, Voten und Entscheidungen miteinander verbunden. Mindestens drei Relationen sind deutlich abgrenzbar.[80] Solche Fälle gibt es zuhauf, die genaue Größenordnung ist aber unbekannt. Angesichts derartiger Beispiele dürfte die Anzahl der erhaltenen reichshofrätlichen Relationen die Zahl der zugrundeliegenden Causen ganz erheblich übersteigen. Das Ausmaß ist nicht klar abschätzbar. Aber die bloße Summe der in den Relationenbestand aufgenommenen Causen kann die Zahl der Relationen bei weitem nicht wiedergeben.

4. Bestandteile der Relationen: Sachbericht und Votum

Der Aufbau der Relationen, also der Relationsstil im engeren Sinne, war in normativen Quellen nie geregelt. Hier gab es einen unterschiedlichen Gerichtsgebrauch. Wie der Blick auf Zedler und Seyfart bereits gezeigt hat,[81] kam es für die Feinheiten nach Auskunft der zeitgenössischen Anleitungen auf verschiedene Prozessarten sowie Gerichtstypen an. Die reichshofrätliche Literatur aus dem 18. Jahrhundert überliefert vor allem zwei zusätzliche Gesichtspunkte. Zum einen soll es förmliche und minderförmliche Relationen gegeben haben, zum anderen lassen sich bis in die Spätzeit des Alten Reiches Hinweise auf die übliche Gliederung nachweisen.

Umfassende Ausführungen finden sich 1733 im Werk von Johann Jacob Moser.[82] Auf über 150 Seiten beleuchtete er alle Feinheiten der Urteilsfindung, die

---

79 Ebd., *Relatio 3tia* mit Entscheidung vom 16. Juni 1766.

80 HHStA, RHR, Vota, K. 11–16, Beginn einzelner Voten jeweils auf S. 5 „*V.*“, S. 7 „*V.*“, S. 15 „*Votum*“.

81 Hierzu oben bei Anm. 11–19.

82 1701–1785, knapper Überblick von Heinz Mohnhaupt, Art. Moser, Johann Jacob, in: HRG III (2. Aufl., 2016) Sp. 1650–1652.

hier aber keine Rolle spielen. Immer dann jedenfalls, wenn der Kläger ein umfassendes Libell vorgelegt hatte, empfahl Moser, lieber *schrifft- als bloß mündlich* zu referieren.[83] Auch der Reichshofratspräsident Graf Windischgrätz,[84] so Moser aus eigener Erinnerung, habe *denen jungen Herren Reichs-Hof-Räthen auf der Gelehrten-Banck nachdrücklich eingeschärffet, der Memorie nicht zu vil zu trauen, sondern fein die Relationes zu Papier zu bringen.*[85] Bezogen auf den einheitlichen Aufbau einer Relation hielt Moser es für eine *zimlicher massen vergebene Arbeit, wann man ein gewisses Muster verlanget, um sich in Verfertigung seiner Relationen darnach richten zu können.* Die Prozesse seien unterschiedlich, und daher solle ein Referent *nicht mit Gewalt alle Sachen nach seinem Modell* abspulen, sondern die Besonderheiten des Einzelfalls in den Aufbau einfließen lassen.[86] Da aber *angehende Räthe*, also junge Richter, eine Anleitung wünschten, druckte Moser im Anhang zum zweiten Teil seines Werkes auf über 180 Seiten eine vollständige Reichshofratsakte zusammen mit dem Extractus actorum und der Definitivrelation ab.[87] Er bot damit ausdrücklich kein Aufbauschema, aber zumindest wenige musterhafte Beispiele.

Der Erlanger Professor Julius Friedrich Malblanc[88] wies 1792 auf die weiterhin übliche Unterscheidung schriftlicher und mündlicher Relationen hin und betonte zugleich für den Reichshofrat den Unterschied zwischen *eigentlich förmlichen und minder förmlichen schriftlichen Relationen.*[89] Die eigentlich förmlichen Relationen waren danach auf *Abfassung der Definitiverkenntnisse oder denselben gleichkommender Interlokutorien* beschränkt. Diese Relationen sollten aus dem Aktenextrakt bestehen, den Species facti mitsamt Prozessgeschichte und dem Votum. Zum Votum zählte die Weichenstellung, ob die Klage *bewiesen, oder*

83 Moser, Einleitung II (wie Anm. 56), S. 6, ebenso für Aktenextrakte ebd. S. 9.

84 Zu ihm Gschliesser, Reichshofrat (wie Anm. 57), S. 326.

85 Moser, Einleitung II (wie Anm. 56), S. 10.

86 Ebd., S. 27 f.

87 *Anhang zu der Einleitung zum Reichs-Hoff-Raths-Proceß Zweytem Theil Und dem darinn enthaltenen Tractat von der Relatione Actorum und Abfassung einer Urtheil. Bestehende in denen Actis Judicialibus der Moserischen Intervention ad causam Oettingen-Wallerstein-Spielberg contra von Ziegesar, Samt einer Prob eines Extractus Actorum und Definitiv-Relation daraus*, in: Moser, Einleitung II (wie Anm. 56), eigene Paginierung: S. 1–128 (Prozessakte), S. 130–158 (Extractus actorum), S. 160–184 (Relation).

88 1752–1828. Malblanc wechselte ein Jahr später bereits nach Tübingen; zu ihm Johann August von Eisenhart, Malblanc, Julius Friedrich von, in: ADB 20 (1884), S. 129–131; Hans-Michael Körner, Große Bayerische Biographische Enzyklopädie, Berlin/New York 2005, S. 1243.

89 Julius Friedrich Malblanc [auf dem Buchtitel: Malblank], Anleitung zur Kenntniß der deutschen Reichs- und Provinzial- Gerichts- und Kanzleyverfassung und Praxis, Teil 3, Nürnberg/Altdorf 1792, § 97 S. 219; Hinweis hierauf bei Hartmann-Polomski, Regelung (wie Anm. 41), S. 123.

durch die Einreden elidirt war. Außerdem sollten *überal die etwa vorkommenden Zweifels- und Entscheidungsgründe ausgeführet werden*. Für Malblanc entsprach dies *durchgehends* dem Vorbild des Reichskammergerichts.[90] Die minderförmlichen Relationen sollten sich dagegen auf die *Hauptmomente der Exhibiten* beschränken, wobei das Votum selbst lediglich eine *ganz kurze Anzeige der Gründe und Gegengründe* enthalten musste. Für diese einfachere Art der Relation nannte Malblanc sieben Anwendungsfälle: *1) Bey Suppliken um Erkennung der Citationen, Mandate, Rescripte, Appellationsprocesse u.s.w. 2) Bey Verträgen über wichtige Einreden, die vorläufig zu erörtern sind, z. B. exceptiones fori declinatorias, sub- et obreptionis. 3) Bey wichtigen Communikationen, z. B. zur Replik oder Duplik, wo solche nicht in der Regel statt finden. 4) Bey Erkenntnissen über Berichte und Gegenberichte im Appellationsprocesse. 5) Bey Paritionsanzeigen über die Frage, ob solche als hinlänglich anzunehmen, oder nicht? 6) Bey wichtigen Contumacial- oder präclusorischen Erkenntnissen oder vorkommenden Restitutionen, und noch bey mehrern andern Zwischenhandlungen der Processe, die hier im allgemeinen nicht bemerkt werden können, auch 7) in Staats- Regierungs- Lehensachen, worin der R. H. R. Erkenntnisse oder Gutachten resolvirt.*[91] Trotz der Siebenteilung hat man es nur mit einer Annäherung zu tun, denn diese Leitlinie sollte nur *vornehmlich* gelten. Es erstaunt, dass die minderförmlichen Relationen in den Punkten drei und sechs gerade in wichtigen Sachen angefertigt werden sollten, doch auf diese Spannung ging Malblanc nicht ein.

Das gemeinrechtliche Modell der schulmäßig aufgebauten Relation findet sich im Wiener Relationenbestand des Reichshofrats kaum. In keinem einzigen hier ausgewerteten Fall lässt sich eine Relation mit sämtlichen oben dargestellten Bestandteilen nachweisen. Dieser Eindruck steht freilich auf möglicherweise tönernen Füßen. Es mag durchaus Gegenbeispiele geben, die bei verbesserter Quellenerschließung später bekannt werden. Das kann vor allem für die durch Endurteil entschiedenen Sachen gelten. Angeblich gab es in der Mitte des 18. Jahrhunderts im Schnitt jeden Monat lediglich ein Endurteil.[92] Angesichts der riesigen Masse an Relationen handelt es sich hierbei um klare Ausnahmen. Die Normalfälle betrafen andere Sachen, aber unter anderem deswegen sind verallgemeinernde Aussagen leichtsinnig. Der hier ausgebreitete Befund beruht auf der Erschließung von etwa 30 Verfahren (nach Zählung des Findbuchs). Hierbei handelt es sich zum einen um Relationen aus dem Teilbestand „Relationes" der Reichshofrat-Judicialia. Teilweise sind wie angedeutet in diesen nur grob erschlossenen

---

90 Malblanc, Anleitung III (wie Anm. 89), § 97 S. 220.

91 Ebd., § 97 S. 221; praktisch wörtlich übernommen von Wilhelm August Friedrich Danz, Grundsätze des Reichsgerichts-Prozesses, Stuttgart 1795, § 164 S. 268.

92 Schenk, Vom Reichshofrat (wie Anm. 61), S. 151.

Konvoluten zahlreiche Relationen zum selben Verfahren zusammengebunden, werden in den Findmitteln aber jeweils nur als eine Causa aufgeführt.[93] Einige hier ausgewertete Relationen stammen aus anderen Teilbeständen des Reichshofrats.[94] Der Befund ist aber jeweils derselbe: Schulmäßige Relationen sind nicht zu erkennen. Der Grund hierfür kann in der im Vergleich zu anderen Gerichten nochmals erheblich geringeren Urteilsquote am Reichshofrat liegen.[95] Denkbar ist es aber auch, dass der im Vergleich zum Kameralverfahren erheblich freiere Prozess am Reichshofrat[96] zugleich eine erheblich freiere Gestaltungsart von Relationen mit sich brachte. Zudem stammt das typische gemeinrechtliche Relationsschema aus dem 16. und 17. Jahrhundert,[97] während die einschlägigen Quellen des Reichshofrats dem 18. Jahrhundert angehören.

Sehr häufig umfassen die mit Relation betitelten Ausarbeitungen nicht mehr als eine Zusammenfassung des Sach- und Streitstandes.[98] Es bietet sich an, sie bewusst unscharf als Sachberichte zu bezeichnen. Ob es sich hierbei um die im gelehrtrechtlichen Modell vorgesehenen Species facti handelte, um die Prozessgeschichte, um den Extractus actorum oder eher um eine Mischung dieser drei Elemente, stand in den hier erschlossenen Quellen nie zur Frage. Solche Unterscheidungen spielten offenbar keine große Rolle. Wenn Wolfgang Sellert meint, die Relationen „enthielten nicht nur den Akteninhalt, sondern auch die Entscheidungsgründe des Referenten",[99] geht das am Quellenbefund jedoch deutlich vorbei. Gerade die Entscheidungsgründe, das Votum im engeren Sinne, sind vielfach nicht vorhanden. Typisch ist insofern eine Relation zu

93 Zum oben erwähnten Streit zwischen dem adligen Acholshausen und dem Rezeptoratamt der Universität Würzburg (HHStA, RHR, Relationes, K. 1, Nr. 8) sind mehr als 30 Relationen erhalten. Das Findbuch lautet aber schlicht: „1-8 Ackolshausen, von contra Würzburg, Julius-Universität, Rezeptorat (1669–1679)": https://www.archivinformationssystem.at/archivplansuche.aspx, abgerufen am 4. August 2024.

94 Ich danke Ulrich Rasche und Tobias Schenk für freundliche Hinweise auf einschlägige Quellen sowie für die jederzeit vorbildliche Betreuung bei der Archivarbeit.

95 Urteilsquote wohl ungefähr 2 %, bezogen auf ein Dutzend Endurteile pro Jahr, hierzu Schenk, Vom Reichshofrat (wie Anm. 61), S. 151, und stichprobenhaft nachgewiesenen 672 neuen Verfahren (für 1730), dazu der Beitrag von Tobias Schenk in diesem Band. Der Neuzugang von deutlich über 5.000 Neuzugängen pro Jahr, dazu Schenk, Actum et judicium (wie Anm. 55), S. 88, bezieht sich dagegen auf eingehende Schriftsätze, nicht auf die Zahl der Verfahren als solche.

96 Zuletzt Wolfgang Sellert, Art. Prozess des Reichshofrats, in: HRG (2. Aufl., 28. Lieferung 2020), Sp. 885–891, hier S. 885: „weitgehend ungebundene Verfahrensweise."

97 Ranieri, Entscheidungsfindung (wie Anm. 21), S. 171.

98 Weiteres Beispiel für einen bloßen Sachbericht neben den im Text genannten: HHStA, RHR, Relationes, K. 11, Nr. 7 (Bibra./.Heißlein, um 1769).

99 Sellert, Prozeßgrundsätze (wie Anm. 45), S. 362 Anm. 1946; abgeschwächt Ortlieb, Schriftlichkeit (wie Anm. 36), S. 358, die darauf hinweist, dass in der Regel das Votum vorhanden ist, aber deutlich kürzer als der Sachbericht ausfällt.

einem Verfahren zwischen Graf Ernst von Oettingen-Wallerstein und Graf Martin Franz von Oettingen-Baldern. Es ging um den Ausgleich von Zahlungen an das Reichshofratsmitglied und den späteren Reichshofratspräsidenten Ernst von Oettingen.[100] In der Relation erscheint er noch als Reichshofrat[101]. Also dürfte die Relation aus dem Zeitraum zwischen 1637–1648[102] stammen und gehört damit zu den eher frühen Reichshofratsrelationen. Die Ausarbeitung ist etwa 20 Seiten lang, gibt die zwischen den Parteien geschlossenen Verträge[103] wieder, schildert eine erfolglose reichshofrätliche Kommission und gelangt zu einem vom Reichshofrat an den Grafen Martin Franz ergangenen Mandatum sine clausula.[104] Am Ende geht es um den Antrag des Klägers, *ihn bey den rebus jucidatis zu manuteniren* und *seinen petitis zu deferiren.*[105] Damit endet die Relation. Ein Entscheidungsvorschlag über diesen letzten Antrag ist jedenfalls ausweislich der Archivüberlieferung nicht vorhanden. Ebenfalls relativ früh, nämlich in den Jahren um 1672/74, entstand die Relation im Mandatsverfahren eines Lorenz von Münster gegen Georg von Bibra. Auch hier hat man es lediglich mit einem Sach- und Streitstandsbericht zu tun, der den Eingang einiger Schriftsätze vermerkt, reichshofrätliche Konklusa nachweist, dann aber ohne Entscheidung abbricht.[106]

Eine ebenfalls umfangreiche Relation mit knapp 20 Seiten zeigt denselben Befund. Sie stammt von 1630 aus der Appellationssache eines Daniel Merckel gegen die Stadt Worms,[107] gehört also wie das vorige Beispiel zu den eher frühen Relationen. Es ging um die angebliche Konfiskation von Merckels Gütern, um seine Absetzung als Ratsherr sowie um eine Beschwerde wegen einer *übellen procedur (...) in d*[er] *fürgangenen Jüdißen Rebellion.*[108] Angeblich hatte der Ap-

---

100 Zu ihm Gschliesser, Reichshofrat (wie Anm. 57), S. 237, 257 (mit Abb. zwischen S. 256–257); Stefan Sienell, Die Geheime Konferenz unter Kaiser Leopold I. Personelle Strukturen und Methoden zur politischen Entscheidungsfindung am Wiener Hof (Beiträge zur neueren Geschichte Österreichs, 17), Frankfurt am Main 2001, S. 84–85.

101 HHStA, RHR, Antiqua, K. 466, Nr. 2, fol. 3r.

102 Ernst von Oettingen wurde am 27. Februar 1648 als Reichshofratspräsident vereidigt: Gschliesser, Reichshofrat (wie Anm. 57), S. 237.

103 Allerdings hatte einer der Verwandten den *Wallersteinischen Vertrag, ob enormissimam laesionem in rechtlichen streitt gezogen*, wo er immer noch schwebte: HHStA, RHR, Antiqua, K. 466, Nr. 2, fol. 3r.

104 Ebd., fol. 8r.

105 Ebd., fol. 13r.

106 HHStA, RHR, Relationes, K. 117-12: In der letzten Bemerkung ist der Antrag des Mandatsgegners vermerkt, ihn von der Klage zu entbinden.

107 Umfangreiche Inhaltsangabe im Repertorium von Sellert, Akten (wie Anm. 67), Serie II: Antiqua, Bd. 4: K. 278–424, bearb. v. Tobias Schenk, Berlin 2017, lfd. Nr. 571, S. 278 f.

108 HHStA, RHR, Antiqua, K. 357, Nr. 4, fol. 293r.

pellant sich an der Vertreibung der Juden aus Worms beteiligt.[109] Die Relation trägt zwei verschiedene Titel, nämlich einmal *Relatio Actorum Appellationis*,[110] zum anderen *Relatio causae*.[111] Beide Bezeichnungen treffen den Inhalt gut. Die Relation der Appellationsakten bezieht sich auf die Chronologie der Aktenstücke sowie der Prozesshandlungen. Die Relation zur Sache (causa) verweist gleich im Titel auf den Sachverhalt und die Auseinandersetzungen. Der Sachverhalt im engeren Sinne und die Prozessgeschichte sind im Gegensatz zum gemeinrechtlichen Vorbild jedoch nicht erkennbar getrennt. Die Ausarbeitung ist chronologisch gegliedert, aber mit gleichmäßiger Handschrift offenbar in einem Guss 1630 nach achtjähriger Prozessdauer entstanden. Rechtliche Erwägungsgründe des Referenten sind nicht vorhanden. Ganz am Ende berichtet die Ausarbeitung von einem Antrag des Appellanten, den Rechtsstreit *ad referendum zu geben*, zur Hauptsache *definitive zu sprechen* und ihm selbst außerdem einen *Schutzbrieff auff Herrn Bischoffen zu Wormbs* zu gewähren. Das letzte Wort der Relation lautet schlicht *Fiat* – es geschehe.[112] Was der Reichshofrat genau beschloss, ist nicht angegeben. Der Tenor eines Dezisums oder eines Konklusums findet sich nicht.

Die Beschränkung der Relation auf den bloßen Sachverhalt und die Prozessgeschichte ist teilweise nicht leicht erkennbar. Irreführende zeitgenössische Überschriften erschweren insofern die Orientierung. Dies zeigt sich etwa in der Causa des Reichshoffiskals gegen Maxlrain wegen sog. sattelbergischer oder berlichingischer Lehen. Das Aktenstück umfasst zum einen ein ca. 50-seitiges Konvolut mit vielen Einzelheiten zur Rechtsnatur dieses Lehens und zur richtigen Formulierung des Rubrums angesichts sehr zahlreicher Beteiligter. Diese gesamte Ausarbeitung war die Vorlage eines Votums ad Imperatorem, das letztlich 1772 folgte. Zwei Jahre später, nämlich im August 1774, erarbeitete ein Reichshofrat eine *Relatio III* zu dieser Sache. Es handelt sich um zwei Bögen mit zusammen etwa sieben Seiten Text. Tatsächlich fasst diese Relation jedoch lediglich die Rechtsauffassung eines beteiligten Kurfürsten zusammen. Es gibt keine einzige eigene Äußerung des Referenten und wie in sehr vielen Fällen auch keinerlei Verweis auf eine Rechtsquelle.[113] Im zeitgenössischen Sprachgebrauch des

109 Zur sog. „Ausmusterung" der Juden im Jahre 1615: Fritz Reuter, Warmaisa, Das jüdische Worms, Von den Anfängen bis zum jüdischen Museum des Isidor Kiefer (1924), in: Gerold Bönnen (Hrsg.), Geschichte der Stadt Worms, Stuttgart 2005, S. 664–690, hier S. 677 f.; ders., Warmaisa. 1000 Jahre Juden in Worms, 2. Aufl., Frankfurt am Main 1987, S. 84–88 (2011 unverändert als Taschenbuch erschienen, Books on Demand).

110 HHStA, RHR, Antiqua, K. 357, Nr. 4, fol. 298v.

111 Ebd., fol. 297v.

112 Ebd., fol. 293v.

113 HHStA, RHR, Vota, K. 13 Fiskal./.Maxlrain, unfol.

Reichshofrats handelte es sich dennoch um eine Relation, sogar um die dritte in dieser Angelegenheit.

Diese starke Zurückhaltung der Referenten und die eher zusammenfassende Funktion der Relationen ist teilweise zudem wegen mehrdeutiger Titulierungen nicht leicht erkennbar. In einem Streit zwischen dem Vermögensverwalter (curator bonorum) eines dompröpstlich-bambergischen Schutzjuden gegen die Ehefrau des Gemeinschuldners aus den späten 1730er Jahren ist die einschlägige Ausarbeitung des Referenten mit *Factum ex libello* überschrieben.[114] Dies ist aber nicht der Titel des gesamten Aktenstücks. Nur vier Seiten später folgt nämlich ein *Bericht.*[115] Das *Factum ex libello* ist hier offenbar eine Zusammenfassung des Sachverhalts, wie er sich im Appellationslibell des reichshofrätlichen Appellanten darstellt, also weniger als ein vollständiger Extractus actorum. Der *Bericht* dagegen bietet die Rechtsauffassungen der Parteien, in erster Linie wohl des Appellanten. Es folgt daraufhin ein *Gegenbericht,*[116] eng angelehnt an die Rechtsauffassungen der Appellatin. Hier finden sich mehrfach Quadrangelangaben am Rand. Der Gegenbericht fasst also auf diese Weise die Argumentation der Appellatin knapp zusammen. Danach gibt es ohne eigene Überschrift die eigentliche Ausarbeitung des Referenten zum Reichshofratsverfahren, etwa mit dem Hinweis *decernuntur pleni Appellationis processus.*[117] Hierbei handelt es sich aber lediglich um die Prozessgeschichte. Der Reichshofrat, so erfährt man, hatte das vorinstanzliche Gericht aufgefordert, einen für den Appellanten beschwerlichen Bescheid wieder einzuziehen. Dies alles ist sprachlich im Imperfekt formuliert (*Rescribatur Judici à quo*[118]), blickt also im Nachhinein auf die Prozessgeschichte zurück. Es ging demnach nicht um die Vorbereitung einer reichshofrätlichen Entscheidung, sondern nur um die Zusammenfassung des bisherigen Geschehens. Deswegen passt es gut ins Bild, wenn anschließend der sog. weitere Bericht des kaiserlichen Landgerichts Nürnberg zum Reskript des Reichshofrats vom Mai 1738 geschildert wird.[119] Solche knappen Ausarbeitungen wie in diesem Fall bestimmen den Eindruck, den die Quellen vermitteln. Die in der zeitgenössischen Literatur maßgeblichen Namen der jeweiligen Relationsteile tauchen lediglich teilweise in den Akten auf. Unabhängig davon ist das Votum selbst, also die rechtliche Auseinandersetzung mit den Problemen des Falles durch den zuständigen Referenten, nicht überliefert. Ob es überhaupt irgendwann schriftlich vorlag, lässt sich anhand des Relationenbestandes nicht klären.

---

114 HHStA, RHR, Relationes, K. 36, Nr. 21, S. 10.

115 Ebd., S. 14.

116 Ebd., S. 17.

117 Ebd., S. 22.

118 Ebd., S. 22.

119 Ebd., S. 26

Inwiefern man diese Quellen aus heutiger Sicht überhaupt Relationen nennen kann oder nicht viel eher von Sachberichten die Rede sein sollte, sei als Frage hier ausdrücklich aufgeworfen. Falls es sinnvoll ist, zwischen einem Forschungskonzept und der zeitgenössischen Begrifflichkeit[120] zu unterscheiden, gilt es zunächst festzuhalten, dass der Reichshofrat selbst, zumindest bei der Lagerung der unterschiedlichen Arten von Akten, die hier untersuchten Dokumente als Relationen bezeichnete. Den Idealtyp[121] einer gemeinrechtlichen Relation kann man dagegen kaum entdecken. Es handelt sich hierbei keineswegs um ein bloßes Benennungsproblem. Die unscharfe und wenig greifbare Terminologie bildet nämlich ein genaues Spiegelbild zu der ebenfalls unscharfen und wenig greifbaren Zuordnung des Reichshofrats zur zeitgenössischen Gerichtsbarkeit oder zur zeitgenössischen Regierungstätigkeit. Hier stand der Reichshofrat in einer Zeit vor der institutionellen Gewaltentrennung einfach für ein älteres, noch nicht funktional ausdifferenziertes Modell, ganz im Gegensatz zum Reichskammergericht oder zu landesherrlichen Obergerichten, die nicht zugleich eine herrscherliche Behörde waren.[122] Dieselbe Unschärfe zeigt sich bei der Suche nach Entscheidungen des Reichshofrats. Auf der einen Seite soll es kaum Endurteile gegeben haben,[123] ja es herrschte eine regelrechte „Kultur der Entscheidungsvermeidung".[124] Auf der

---

120 Klassische Stellungnahme von Otto BRUNNER, Land und Herrschaft. Grundfragen der territorialen Verfassungsgeschichte Österreichs im Mittelalter, 5. Aufl., Wien 1965 (ND Darmstadt 1984), S. 163 f.; sehr kritisch zu Brunner Gadi ALGAZI, Herrengewalt und Gewalt der Herren im späten Mittelalter. Herrschaft, Gegenseitigkeit und Sprachgebrauch (Historische Studien, 17), Frankfurt/New York 1996; zur Verwendung moderner Begriffe beim Blick in die Rechtsgeschichte Dietmar WILLOWEIT, Rechtsdenken. Zwischen innergesellschaftlicher Rechtsbildung und hoheitlicher Rechtssetzung, Baden-Baden 2024, S. 22; pointiert zum Problem Ralf PRÖVE, Forschungsbegriff vs. Quellenbegriff (2012), in: http://ralf-proeve.de/forschungsbegriff/, abgerufen am 5. August 2024.

121 Definition bei Max WEBER, Wirtschaft und Gesellschaft. Grundriß der verstehenden Soziologie, Studienausgabe, hrsg. v. Johannes Winckelmann, 5. Aufl., Tübingen 1972/80, S. 4, Ziff. 6, S. 9–10, Ziff. 11.

122 Barbara STOLLBERG-RILINGER, Die Würde des Gerichts. Spielten symbolische Formen an den Höchsten Reichsgerichten eine Rolle?, in: Oestmann, Zwischen Formstrenge und Billigkeit (wie Anm. 21), S. 191–216, hier S. 214 f.; DORFNER, Mittler (wie Anm. 64), S. 35–40; SELLERT, Prozess des Reichshofrats (wie Anm. 96), Sp. 885, beschränkt diesen Befund auf die Anfangszeit des Reichshofrats.

123 Es gab in der Mitte des 18. Jahrhunderts etwa ein Dutzend Endurteile pro Jahr, hierzu SCHENK, Vom Reichshofrat (wie Anm. 61), S. 151. Die Zahl der Exhibiten lag in dieser Zeit bei deutlich über 5.000 Sachen pro Jahr, dazu DERS., Actum et judicium (wie Anm. 55), S. 88. Für 1730 sind 672 neue Verfahren bekannt (dazu der Beitrag von Tobias SCHENK in diesem Band). Falls die Zahlen stimmen, läge die Urteilsquote bei 2 %.

124 Barbara STOLLBERG-RILINGER, Einleitung, in: dies./André Krischer (Hrsg.), Herstellung und Darstellung von Entscheidungen. Verfahren, Verwalten und Verhandeln in der Vormoderne (Zeitschrift für Historische Forschung, Beiheft, 44), Berlin 2010, S. 1–31, hier S. 19.

anderen Seite ist eine riesige Fülle verschiedenster Entscheidungen überliefert, doch handelte es sich dabei eben nicht um Endurteile im prozessrechtlichen Sinne. Folgt man wie Ulrich Rasche einem solchen weiten Entscheidungsbegriff, lassen sich deutlich mehr als 500.000 reichshofrätliche Erkenntnisse nachweisen.[125] Der diffuse Quellenbefund geht mit der diffusen Rechtsnatur des Reichshofrats also zwanglos Hand in Hand.

5. Die Frage nach dem Verfasser

Nicht nur die Abgrenzung von Sachberichten und Voten, die Zahl überlieferter Entscheidungen und die geringe funktionale Ausdifferenzierung des Reichshofrats sind bei der Einschätzung der reichshofrätlichen Relationen zu bedenken. Es ist außerdem möglich, dass die Sachberichte ohne einen richterlichen Entscheidungsvorschlag gar nicht vom Referenten persönlich, sondern von einem Hilfsarbeiter oder von Dritten erstellt wurden. Das lässt sich im Einzelfall schwer beweisen, zumal die Ausarbeitungen oftmals keinen Verfassernamen zeigen. Wenn allerdings juristische Erwägungsgründe im engeren Sinne vorhanden sind und in der Akte genau hiermit ein vom Sachbericht getrennter neuer Bogen beginnt oder ein Handschriftenwechsel ins Auge fällt, drängen sich solche Vermutungen geradezu auf. Möglicherweise nahmen die unbekannten Verfasser mit ihren Sachberichten und der Zusammenfassung der Prozessgeschichte den Referenten zugleich die Arbeit ab, dickleibige Prozessakten vollständig lesen zu müssen. Die Randverweise auf einzelne Dokumente eröffneten den Zugang zu den zentralen Stellen und ersparten dem Referenten auf diese Weise viel Lesezeit. Die Erstellung der Sachverhalte war und ist nicht nur eine Konstruktion im rechtstheoretischen Sinne,[126] sondern auch viel handwerkliche Fleißarbeit. Diese Mühe konnte der Referent möglicherweise vermeiden.

Ein Beispiel hierfür dürfte der Appellationsprozess in Sachen Müncking gegen Schult, inzwischen dessen Erben, und gegen die Gläubiger eines Cord Ratjens bieten. In dieser Sache gibt es eine sehr kurze Relation, lediglich ein einzelnes Blatt mit Vorder- und Rückseite. Dieses Blatt ist aber in zwei Spalten geschrieben. Die rechte Spalte bildet den Sachbericht, der Verfasser spricht selbst von einer

125 Ulrich Rasche, Urteil versus Vergleich? Entscheidungspraxis und Konfliktregulierung des Reichshofrats im 17. Jahrhundert im Spiegel neuerer Aktenerschließung, in: Albrecht Cordes (Hrsg.), Mit Freundschaft oder mit Recht? Inner- und außergerichtliche Alternativen zur kontroversen Streitentscheidung im 15.–19. Jahrhundert (QFHG, 65), Köln/Weimar/Wien 2015, S. 199–232.

126 Sehr pointiert Schenk, Actum et judicium (wie Anm. 55), S. 27–29.

etwas verwirten appellations sache von Hamburg.[127] Hier ist der Sachverhalt, ein kompliziertes Geschehen um Immobilien und Insolvenzen, zusammengefasst, dann folgt die Prozessgeschichte ab 1742 bis 1752/55.[128] Für den 14. September 1752 vermerkt der Sachbericht, dass an diesem Tag eine von den Appellaten eingereichte Anzeige über einen außergerichtlichen Vergleichsschluss eingekommen sei. Genau hierzu gibt es auf der linken Spalte, indes weiter oben, eine Eintragung mit anderer Tinte, vielleicht von anderer Hand geschrieben. Dort sagt der Referent, angeblich *Brandau*,[129] dass zwar die Vergleichsmitteilung nur von den Appellaten stamme, der Appellant aber schon seit fünf Jahren den Rechtsstreit nicht mehr betrieben hatte. Daher gebe sich *die richtigkeit der getroffenen güte tacite zu erkennen.* Jedenfalls, so der Referent im Hinblick auf die Beendigungserklärung, *hätte ich keinen anstand meines orths, solche von nun an gleich anzunehmen und ad acta zu legen sofort zu sagen: Ponatur die sowohl vom appellaten als coappellaten geschehene anzeige erfolgten gütlichen Vergleichs una cum renuntiatione litis et causae de praesentato 14.ta Sept*[embris] [17]*52. ad acta.*[130] In der äußerst knappen Relation, die nur wenige Zeilen umfasst, befinden sich keinerlei Informationen, die in der rechten Spalte im Sachbericht nicht bereits enthalten waren. Die Relation bereitete in diesem Fall gar keine Entscheidung des Reichshofrats vor, sondern stellte lediglich das Ende eines Verfahrens fest, das die Parteien nicht mehr betrieben und soeben durch Vergleich beendet hatten.[131] Erstaunlicherweise erging dennoch ein Konklusum des Reichshofrats, das genau dasselbe verfügte, dies allerdings über vier Jahre später: *conclusum ita 18.va Jan.* [1]*757.* Ein Blick in die rechte Spalte, also in den Sachbericht, zeigt, dass hier die Chronologie durcheinandergeraten war. Noch fast drei Jahre nach Anfertigung der Relation erließ der Reichshofrat nämlich ein prozessleitendes Konklusum und gewährte Fristen für Duplikschriften. Offenbar wurden Teile des Sachberichts also nachträglich vervollständigt, weil anders die Verstöße gegen die Chronologie des Protokolls nicht verständlich wären. Das genaue Verhältnis zwischen

---

127 HHStA, RHR, Relationes, K. 117, Nr. 10, Vorderseite, rechte Kolumne.

128 Das Verhältnis der Eintragungen zu 1752 und 1755 ist nicht eindeutig chronologisch zu bestimmen.

129 Name in Bleistift hinzugefügt und unklar; Gschliesser, Reichshofrat (wie Anm. 57), S. 389 f., erwähnt Karl Ludwig Hillebrand von Prandau.

130 HHStA, RHR, Relationes, K. 117, Nr. 10, Vorderseite, linke Kolumne.

131 Zur gütlichen Einigung als Ziel des Verfahrens Sabine Ullmann, Geschichte auf der langen Bank. Die Kommissionen des Reichshofrats unter Kaiser Maximilian II. (1564–1576) (Veröffentlichungen des Instituts für Europäische Geschichte Mainz, Abteilung für Universalgeschichte, 214), Mainz 2006, S. 250; ganz knapper Hinweis auf außergerichtliche Vergleiche bei Sellert, Prozeßgrundsätze (wie Anm. 45), S. 212 Anm. 856. Die außergerichtliche Einigung spielt in der Forschung eine eher geringe Rolle, weil die Gütevermittlung durch Kommissionen ganz im Mittelpunkt steht.

Sachbericht und Relation bleibt angesichts solcher Unklarheiten sehr ungewiss. Von zwei verschiedenen Verfassern und verschiedenen Bearbeitungszeitpunkten ist auszugehen.

Genau über derartige Fragen gab es seit der Mitte des 17. Jahrhunderts Diskussionen am Reichshofrat. Eine sog. Braunschweigische Instruktion von 1643 kritisierte, *daß ein Referent zu Bespahrung der Muehe die Acta des einen Theils Anwalden und Agenten, zu extrahiren antrauen dörfen.* Angeblich lasen einige Referenten die Akten gar nicht durch und fertigten auch die Extrakte nicht selbst an. Deswegen verlangte die Instruktion von 1643, *daß die Reichs-Hofraethe ihre Relationes und Vota selbst verfertigen und niemand die Extracte aus den Acten machen lassen sollen.*[132] Die Reichshofratsordnung von 1654 griff diesen Punkt auf und bestimmte: *Es sollen auch sowohl die referenten alß correferenten die ihnen vertraute sachen nit obenhin oder nur zum theil, viel weniger dieselbige durch ihre oder andere ihnen selbst fürgenohmene leuth oder diener durchlesen unnd extract darauß machen lassen (…), sondern (…) alles selbsten ganz unnd mit solchem fleiß lesen.*[133] Einige Jahrzehnte später besagten die sog. Puncta Communia von 1711 dasselbe speziell im Hinblick auf die Aktenauszüge.[134] Die Verordnung wegen des Reichshofrats von 1714, auch Dekret genannt, sprach diesen Missstand ebenfalls ausdrücklich an. Es seien *einige in den wahn geraten und* [hätten] *ausgestreuet, als ob zuweylen die referenten die extractus actorum und relationes von andern verfertigen lassen, und dadurch einige Partheyen weren gefährdet worden.*[135] Kaiser Karl VI. betonte zwar, die angeblichen Vorwürfe seien bisher *nicht erwiesen*, die schuldigen Reichshofräte nicht *benahmbset*. Doch verpflichtete er zugleich jedermann, *sofern er einen weiß oder hinführo siehet*, derartige Machenschaften *künfftig heimlich anzuzeigen.*[136]

Der Quellenbefund im Archiv und die Diskussion des 17. und 18. Jahrhunderts mitsamt ihrem normativen Niederschlag passen problemlos zueinander. Im Einzelfall lässt sich durchaus schwer klären, ob ein bloßer Sachbericht vom Referenten

---

132 Moser, Pragmatische Geschichte II (wie Anm. 47), S. 398; auch bei Sellert, Ordnungen II (wie Anm. 44), S. 173 Anm. 605.

133 RHRO 1654 Tit. IV § 14, bei Sellert, Ordnungen II (wie Anm. 44), S. 172.

134 Johann Friedrich Pfeffinger, Vitriarii institutionum Juris Publici novis notis (…) tomus IV, Gotha 1731, S. 648 f.: *Puncta Communia, so zu Verbesserung der Reichs-Hof-Raths-Ordnung, dienlich seyn moechten. (…) (5) Würden die Reichs-Hof-Räthe die Acta, so Sie zu referiren haben, selbst fideliter extrahiren, und die Relationes, nach Ihren eigenen Extracten, ablegen, also niemahln das Extrahiren durch andere Leute thun lassen; Wer hierwieder handelt, der würde, als indignus Officio, so Ihm anvertrauet, ab Officio removiret werden*; Moser, Pragmatische Geschichte II (wie Anm. 47), S. 398 § 4; Sellert, Ordnungen II (wie Anm. 44), S. 173 Anm. 605.

135 Dekret 1714 § 8, bei Sellert, Ordnungen II (wie Anm. 44), S. 278.

136 Dekret 1714 § 8, bei Sellert, Ordnungen II (wie Anm. 44), S. 278.

oder einer anderen Person stammt. Ebenfalls haben möglicherweise die Referenten sich auf das Votum im engeren Sinne konzentriert und den Sachbericht jemand anderem übertragen. Ob die Reichshofräte ihre eigenen Leute oder Diener, wie es die Ordnung von 1654 andeutet, oder sogar Anwälte und Agenten der Parteien mit solchen Ausarbeitungen betrauten, lässt sich anhand der bloßen Relationen nicht näher klären.[137] Eine besondere Variante dieser Gepflogenheit, nämlich sog. Präokkupationslibelle, war am Reichshofrat im Gegensatz zum Reichskammergericht ausdrücklich verboten, kam aber ebenfalls vor. Hierbei handelt es sich um die von Anwälten ausgearbeiteten Zusammenfassungen des Sach- und Streitstandes, die sich leicht als Teil einer Relation verwenden ließen.[138] Die teilweise in den Akten erkennbare gesonderte Paginierung von Sachbericht und Votum, die auffälligen Handschriftenwechsel[139] sowie das sehr häufige völlige Fehlen von Rechtsausführungen bzw. Voten deutet allerdings stark auf eine Praxis hin, die in den zeitgenössischen normativen Quellen immer als rechtswidrig erscheint.

Die zeitgenössische Literatur aus der Spätzeit des Alten Reiches hatte Schwierigkeiten, sich mit der rechtlichen Bewertung hier klar festzulegen. Julius Friedrich Malblanc betonte, *die Referenten sollen die ihnen anvertrauten Akten selbst lesen, und extrahiren, nicht aber durch andere Extrakte machen lassen. (…) Dieses erfordert die Strenge der Gesetze.*[140] Unmittelbar nach dem Hinweis auf die Rechtslage schränkte Malblanc genau diese Auffassung aber sofort ein: *Wenn jedoch ein Rath einen Auszug durch einen andern wegen Menge der Geschäfte*

137 Hinweis zur eng damit verwandten Übertragung von Rechtsgutachten von Professoren auf ihre Schüler oder andere Mitarbeiter bei Ulrich Falk, Entscheidungsfindung durch Aktenversendung – ein besonders objektives Gerichtsverfahren?, in: Bongartz/Denzler/Katzer/Stodolkowitz, Feder und Recht (wie Anm. 3), S. 87–133, hier S. 112. Zeitgenössische satirische Darstellung zur Übertragung von Relationen von einem Reichshofratsmitglied auf einen ehemaligen Konsulenten einer Reichsstadt bei Gottfried von Bretschneider (anonym), Georg Wallers Leben und Sitten, wahrhaft – oder doch wahrscheinlich – beschrieben von ihm selbst, Kölln (Berlin) 1793, S. 198: Dem Schreiber *wurden die gesammten Restanzien in zwey ungeheuern Stössen Akten* übertragen. Hinterher erhielt er eine sehr magere Bezahlung. Ich danke Tobias Schenk für den Hinweis auf dieses Buch. Die Namen der von den Reichshofräten beschäftigten Privatsekretäre sind zumindest für 1772 bekannt: HHStA, RK, Verfassungsakten, RHR, K. 9/10, Konvolut 2, Nr. 6.

138 Hierzu Gemeiner Bescheid vom 13. April 1723, bei Peter Oestmann, Gemeine Bescheide. Teil 2: Reichshofrat 1613–1798 (QFHG, 63/II), Köln/Weimar/Wien 2017, S. 347–349, Nr. 88; zur unklaren Situation am Reichskammergericht Peter Oestmann, Entscheidungsfindung und Entscheidungsdarstellung am Reichskammergericht, in: Amend-Traut/Czeguhn/Oestmann, Urteiler, Richter, Spruchkörper (wie Anm. 37), S. 371–386, hier S. 378 f.; Schenk, Dominus referens (wie Anm. 68), S. 75.

139 Ähnliches Beispiel in HHStA, RHR, Relationes, K. 11, Nr. 8: fünf Bögen mit Votum von Wenzel Anton Graf Kaunitz-Rietberg als Referenten, dazu als Anlage B eine chronologische Übersicht über den Streit von 1731–1731.

140 Malblanc, Anleitung III (wie Anm. 89), § 98 S. 222.

verfertigen läßt, so muß er wenigstens in allen Fällen die Akten selbst lesen, und den von einem andern gefertigten Extrakt auf das genaueste gegen die Akten halten, und die entdeckten Gebrechen beseitigen, auch das übrige selbst ausarbeiten. Geradezu scheinheilig fügte Malblanc sogar hinzu, die Parteien selbst, wenn sie *die Zeit des Vortrages voraussehen*, könnten ihrerseits die Species facti verfassen, *an die sämtlichen Räthe austheilen*, um im Ergebnis *dadurch die Relation zu erleichtern.*[141] Die Grenze zwischen Recht und rechtswidriger Praxis tritt hier ganz offen zutage. Nach dem ersten Hinweis auf die strengen Gesetze folgen immerhin noch Leitlinien für eine Kontrolltätigkeit des Referenten, wenn er sich Aktenextrakte durch Dritte anfertigen ließ. Doch selbst dieser Maßstab spielte für Malblanc keine Rolle mehr, wenn die Parteien gleich selbst diese Berichte anfertigten und dem Reichshofrat damit die Arbeit erleichterten. Diese Dreispurigkeit mit unterschiedlich dichter Anbindung an sich widersprechende normative Erwartungen ist möglicherweise ein Beispiel für die in den vergangenen Jahren auch in der Frühneuzeitforschung mehrfach thematisierte sog. organisierte Heuchelei.[142]

Mit seiner Sichtweise war Malblanc keineswegs allein. Er lehnte sich mit dieser Ansicht an Vinzenz Hanzely an, der in seinem Anleitungsbuch von 1784 genau dieselbe Linie verfolgt hatte. Hanzely hielt sich als Interessenvertreter des Fürstentums Oettingen-Wallerstein sowie des Reichsstifts Petershausen in Wien[143] auf. Er fand nichts dabei, wenn die Parteien durch ihre schriftlich zusammengefassten *Gründe, und Gerechtsame enthaltende Promemorien, species facti, oder*

---

141 Ebd., § 99 S. 224.

142 Barbara Stollberg-Rilinger, Organisierte Heuchelei. Vom Machtverfall des Römisch deutschen Reiches im 18. Jahrhundert, in: Peter Hoeres/Armin Owzar/Christina Schröer (Hrsg.), Herrschaftsverlust und Machtverfall, München 2013, S. 97–110; die Pionierstudie zur Verknüpfung organisationssoziologischer Modelle mit der höchsten Gerichtsbarkeit im Alten Reich stammt von Rena Schwarting, Organisationsbildung und gesellschaftliche Differenzierung. Empirische Einsichten und theoretische Perspektiven (Organisation und Gesellschaft – Forschung), 2021 (Open Access: https://link.springer.com/book/10.1007/978-3-658-32872-6, abgerufen am 7. August 2024), S. 253 f. mit einem treffenden Beispiel: Anwesenheit von Assessoren in der Audienz; speziell für den Reichshofrat Schenk, Actum et judicium (wie Anm. 55), S. 50–54 (Abschaffung der Audienzen).

143 Etwas kuriose Vereinnahmung als Autor des Beck-Verlages bei Barbara Dölemeyer, Rechtsgeschichte, in: Dietmar Willoweit (Hrsg.), Rechtswissenschaft und Rechtsliteratur im 20. Jahrhundert. Mit Beiträgen zur Entwicklung des Verlages C. H. Beck, München 2007, S. 1147–1163, hier S. 1148; zur ansonsten unbekannten Biographie Hanzelys Verena Kasper-Marienberg, Daß in erster Instanz übel und widerrechtlich gesprochen (…). Zur Rechtspraxis und Funktionsweise von Appellationen am Reichshofrat im Kontext jüdisch-nichtjüdischer Konflikte in Frankfurt am Main im 18. Jahrhundert, in: Leopold Auer/Eva Ortlieb (Hrsg.), Appellation und Revision im Europa des Spätmittelalters und der Frühen Neuzeit (Beiträge zur Rechtsgeschichte Österreichs 3/1 (2013)), Wien 2013, S. 147–161, hier S. 150 f.

status causae den Reichshofräten in der Sache *ein Licht* gaben.[144] Einschränkend fügte er hinzu, diese Schriftstücke der Parteien dürften jedoch *in Ansehung der Thatumstände oder des Faktums* [nicht] *attendirt werden.*[145] Zu der gesetzlichen Verpflichtung, die Aktenextrakte selbst anzufertigen, meinte Hanzely lapidar, *verschiedene Räthe* würden *diese Verordnungen auch auf das pünktlichste* beachten.[146] Damit stand im Umkehrschluss zugleich fest, dass die Gesetzestreue in diesem Punkt sehr unterschiedlich ausgeprägt war.

Derartige Stimmen sind nicht auf die letzten Jahrzehnte des Alten Reiches beschränkt. Bereits ein halbes Jahrhundert früher hatte Johann Jacob Moser genau eine solche Praxis ebenfalls beschrieben. Zwar sollte man seiner Meinung nach Privatgutachten grundsätzlich nicht beachten.[147] Jedoch stand es den Parteien ausdrücklich offen, *mit einer extrajudicialen Deduction, so auch mit einer solchen, welche in Form einer Relation verfasset ist*, beim Reichshofrat einzukommen. Damit könnte man den Reichshofräten *allerdings gute Dienste thun*. Moser bezog seine Sichtweise zumindest ausdrücklich lediglich auf die jeweiligen Kollegen des Referenten, die sich auf diese Weise *informiert* auf die Sitzungen vorbereiten konnten. Den Gerichtsgebrauch beschrieb er folgendermaßen: *Wenigstens wird, was die Praxin betrifft, kaum eine wichtige Sache (...) abgethan, da nicht eine oder beede Parthien dergleichen Extrajudicial-Schrifften distribuirten, welche sie gemeiniglich so lange cachiren, biß sie vernehmen, daß die Relation angegangen seye.*[148] Genau diese *Cachirung* sah Moser *öfters* als ein *Indicium malae causae* an. Nach seiner Einschätzung war es also an der Tagesordnung, dass Parteivertreter eigene Relationen anfertigten und an die Reichshofratsmitglieder verteilten. Dies geschah heimlich und sprach für eine schlechte Sache, vermutlich also für geringe Erfolgsaussichten. Dennoch empfahl Moser *allen Parthien* ausdrücklich, sie sollten in einem sog. geschlossenen Prozess[149] einen *Extractum Actorum drucken* lassen und dabei das *zu erinneren vermeinende, unten in Notis beyfügen*. Dieses Druckwerk sollten sie an alle Reichshofräte verteilen.[150]

---

144 Vinzenz HANZELY, Anleitung zur neuesten Reichshofrathspraxis, II. Bd., Frankfurt/Leipzig 1784, § 1427 S. 710.

145 Ebd., § 1438 S. 710, hier mit Verweis auf den § 96 des Jüngsten Reichsabschieds.

146 Vinzenz HANZELY, Grundlinien der heutigen Reichshofrathspraxis im Allgemeinen mit erläuternden Anmerkungen und Beyspielen, Frankfurt/Leipzig 1785, § 199 S. 99.

147 Allgemein zu diesem Diskussionspunkt FALK, Consilia (wie Anm. 31), S. 179–181.

148 MOSER, Einleitung II (wie Anm. 56), S. 43 f.

149 Zum Beschluss der Sache Peter OESTMANN (Hrsg.), Gemeine Bescheide. Teil 1: Reichskammergericht 1497–1805 (QFHG, 63/I), Köln/Weimar/Wien 2013, S. 49, 53; Bettina DICK, Die Entwicklung des Kameralprozesses nach den Ordnungen von 1495 bis 1555 (QFHG, 10), Köln/Wien 1981, S. 173.

150 MOSER, Einleitung II (wie Anm. 56), S. 44; erwähnt auch bei SCHENK, Actum et judicium (wie Anm. 55), S. 69; Hinweis auf gedruckte Parteischriftsätze bei PETRY, Konfliktbewältigung (wie Anm. 56), S. 166–169.

Mosers Schilderung fügt sich zu anderen zeitgenössischen Literaturstimmen. Der Befund ist eindeutig. Unabhängig vor normativen Quellen waren in der Praxis die Parteien in vielfacher Weise an der Ausarbeitung der Relation oder zumindest an den nachfolgenden Beratungen beteiligt. Ob sich ihre eigenen Relationen lediglich auf die Zusammenfassung der Schriftsätze beschränkten, bleibt ebenso diffus wie die Frage, ob solche Parteirelationen immer erst entstanden, wenn der Referent seine eigene Ausarbeitung bereits abgeschlossen hatte. In einem unbekannten Ausmaß könnten die Referenten oder ihre Hilfsleute derartige Parteirelationen einfach übernommen haben. Ein handfester Anreiz in Form erheblicher Arbeitsersparnis bestand jedenfalls. Ob die Ausarbeitungen von Parteivertretern mit den in der zeitgenössischen Literatur kontrovers diskutierten sog. Präokkupationslibellen deckungsgleich waren[151] oder wo sich hier Unterschiede feststellen ließen, erörtern die hier erfassten Stimmen nicht. Der Hinweis einerseits auf die Strenge der Gesetze, verbunden mit Ratschlägen zur bequemen Umgehung der Vorschriften, liefert ein bezeichnendes Beispiel für die seit einiger Zeit diskutierte Normenkonkurrenz in der frühen Neuzeit.[152] Strenge Rechtsnormen einerseits sowie ein sozial nützlicher Verhaltenskodex andererseits standen hier gegeneinander, der Vorrang des Rechts war im Gegensatz zum modernen Rechtsstaat keineswegs ausgemacht. Hier hat man es tatsächlich mit Multinormativität[153] zu tun, ohne dass eine klare Hierarchie zwischen den verschiedenen normativen Ebenen greifbar wäre.

Aus derartigen Befunden sollte die Forschung am besten sogar terminologische Konsequenzen ziehen. Wenn von Referenten die Rede ist, wird damit jedenfalls nicht klar, ob man es tatsächlich mit den Verfassern der überlieferten Relationen bzw. der Sachberichte und Voten zu tun hat. Inwieweit die Verfasser der im Relationenbestand des Wiener Archivs vorhandenen Quellen wirklich diejenigen Reichshofratsmitglieder waren, denen die entsprechende Akte als zuständi-

---

151 Davon geht Schenk, Actum et judicium (wie Anm. 55), S. 70, ohne weiteres aus. Präokkupationslibelle sollen allerdings vor allem im extrajudizialen Anfangsstadium der Prozesse eine Rolle gespielt haben, zumindest am Reichskammergericht liegen sie wohl auch nicht in den Akten: Oestmann, Entscheidungsfindung (wie Anm. 138), S. 378 f. Deswegen gibt es Unklarheiten, wie eng oder weit die Beteiligten die Präokkupationslibelle definierten.

152 Überblick bei Arne Karsten/Hillard von Thiessen (Hrsg.), Normenkonkurrenz in historischer Perspektive (ZHF. Beiheft 50), Berlin 2015, allerdings ohne Beteiligung von Rechtshistorikern; Hillard von Thiessen, Das Zeitalter der Ambiguität. Vom Umgang mit Werten und Normen in der Frühen Neuzeit, Köln/Weimar/Wien 2021; zu v. Thiessens Ansatz Peter Oestmann, Rechtshistorische Anmerkungen zum Konzept „Normenkonkurrenz“ von Hillard von Thiessen, in: Ulrike Ludwig (Hrsg.), Konzeptforum Normenkonkurrenz und kulturelle Ambiguität (EViR Working Papers, 9), Münster 2024, S. 93–103.

153 Überblick bei Thomas Duve, Was ist „Multinormativität“? – Einführende Bemerkungen, in: Rechtsgeschichte 25 (2017), S. 88–101.

gen Berichterstattern zum Referieren anvertraut wurde, ist kaum feststellbar und lässt sich nur durch detektivische Kleinarbeit im Einzelfall überhaupt klären.[154] Der Referent und der Verfasser einer Relation brauchen also keineswegs personengleich zu sein. Selbst Unterschriften unter einzelnen Schriftstücken oder Handschriftenvergleiche können dieses Problem nicht befriedigend aufhellen. Diese Unklarheit folgt nicht aus übertrieben strenger Quellenkritik, sondern ist gerade dann unvermeidbar, wenn man die zeitgenössischen Anleitungsbücher beim Wort nimmt. Eine Gleichsetzung von Referenten im formalen Sinne und Relationsverfassern im materiellen Sinne ist deswegen voreilig und naiv. Solche Schwierigkeiten sollte die Literatur in Zukunft deutlich benennen.

Dieser Befund dürfte bis in die letzten Jahre des Alten Reiches gelten. In einem späten Appellationsprozess vom Juni 1801 zeigt sich die ganz unterschiedliche Entstehungsweise des Sachberichts und des Votums besonders deutlich. In diesem Streit zwischen dem Stift St. Blasien und der Pfarrei Kleinkems sowie dem markgräflich badischen Kirchenrat ging es um eine sog. Weinkompetenz aus den nächstgelegenen Orten um Kleinkems herum.[155] Der regionalhistorische Hintergrund spielt hier keine Rolle.[156] Das einschlägige Aktenstück im Relationenbestand vermerkt den Reichshofrat Johann Balthasar Ockel[157] als Korreferenten in dieser Sache. Es gibt fünf nummerierte Bögen, ganz am Ende befindet sich ein Votum des Reichshofratsvizepräsidenten Josef Freiherr von Bartenstein bei den Akten.[158] Bartenstein betont: *Auch ich komme, so viel den Schluß betrift, mit der von dem Berichtsverfaßer geäußerten Meinung überein, daß in dem unterrichterlichen Verfahren keine gegründete Beschwerde liege, daher die Appellationsprozeße abzuschlagen seien.*[159] Im klaren Urteilsstil steht das Ergebnis hier zu Beginn des Votums. Aufschlussreich ist der ausdrückliche Hinweis auf den *Berichtsverfaßer*. Wenn es sich hierbei um den Referenten oder den Korreferenten gehandelt hätte, wäre es leicht gewesen, genau den Referenten oder Korreferenten im Votum kurz hervorzuheben. Das geschah indes nicht. Offenbar ging der Vizepräsident Barten-

154 Zur geistigen Urheberschaft von Quelleninhalten als Forschungsproblem Schenk, Vota ad Imperatorem (wie Anm. 37), S. 245.

155 HHStA, RHR, Relationes, K. 11, Nr. 38, Bogen 1, S. 1.

156 Offenbar gibt es eine Ergänzungsüberlieferung im Generallandesarchiv Karlsruhe, Findbuch 229 Nr. 53984 I-V: https://www2.landesarchiv-bw.de/ofs21/olf/struktur.php?bestand=11158&sprungId=11347698&letztesLimit=suchen, abgerufen am 7. August 2024.

157 Bei Gschliesser, Reichshofrat (wie Anm. 57), S. 504 f.; Susanne Gmoser, Chronologische Liste der Reichshofräte nach Oswald von Gschließer, Wien 2014, nur online: https://reichshofratsakten.de/wp-content/uploads/2016/11/Reichshofr %C3 %A4tePdf_ %C3 %9Cberschriften.pdfListe, abgerufen am 11. August 2024, S. 206.

158 Bei Gschliesser, Reichshofrat (wie Anm. 57), S. 447 f.; Gmoser, Liste (wie Anm. 157), S. 188.

159 HHStA, RHR, Relationes, K. 11, Nr. 38, Bogen 4, S. 2.

stein wie selbstverständlich davon aus, dass der Bericht von einem anderen Verfasser stammte. Das Verhältnis zwischen dem Verfasser des Sach- und Streitstands sowie den beiden Referenten bleibt damit dunkel. Dass die Aufgaben allerdings zumindest in diesem Fall auf unterschiedliche Schultern verteilt waren, scheint allen Beteiligten klar gewesen zu sein. Ein Hinweis auf die formal verbotene Praxis findet sich nicht, auch nicht in der Bemerkung des Vizepräsidenten Bartenstein, obwohl alle Beteiligten die normativen Quellen gekannt haben dürften.

Unsicher ist das Verhältnis zwischen Sachbericht und dem eigentlichen Votum auch dann, wenn die Ausarbeitung offensichtlich zu unterschiedlichen Zeitpunkten von verschiedenen Schreibern fortgesetzt wurde. In einem späten Appellationsverfahren von 1803 zwischen einem Christian von Münch[160] und einem Carl Friedrich von Lausberg[161] wegen einer Entschädigung von Nutzungsvorteilen eines Hauses meinte ein Referent, *die Sache selbst betreffend finde ich mich aus mehreren Gründen bewogen auf ein s*[chreiben] *um bericht anzutragen*. Es fehlten offenbar Sachverhaltsinformationen, und die sollte das vorinstanzliche Gericht, der Augsburger Rat, beibringen.[162] Genau dieser Entscheidungsvorschlag ist aber von einer anderen Hand gestrichen, die stattdessen den Eingang weiterer Schriftsätze vermerkte. Am Ende der insgesamt ca. 15-seitigen Relation befindet sich ein weiterer Entscheidungsvorschlag. Hier wollte der Referent *ohne Bedenken auf Abschlagung* der Appellation antragen, weil sie *kein gesetzliches fundamentum agendi* hatte.[163] Eine Entscheidung des Reichshofrats in dieser Sache ist darunter nicht vermerkt. Hier hatten offenbar mehrere Bearbeiter mit unterschiedlichen Entscheidungsvorschlägen zusammengewirkt bzw. nacheinander die Sache bearbeitet.

Es gibt daneben Beispiele, in denen eine Relation gleich auf der ersten Seite mit dem Votum anfängt, so in einem Appellationsprozess des Freiherrn von Bibra[164] gegen die Domprobstei und das Hofgericht zu Bamberg aus den Jahren um 1780. Die Relation beginnt unten auf einer ansonsten leeren Seite. Zugleich enthält das Konvolut getrennt davon einen etwa 50-seitigen *Extractus et Specificatio Actorum* sowie am Anfang eine Prozessgeschichte mit vielfachen Randbemerkungen *legatur* bzw. *legantur*.[165]

---

160 1752–1821, Bankier in Augsburg, zu ihm Friedrich CAST, Historisches und genealogisches Adelsbuch des Königsreichs Württemberg, Stuttgart 1839, S. 274 f.

161 1752–1827, Bankier in Augsburg: https://data.cerl.org/thesaurus/cnp01153546, abgerufen am 7. August 2024.

162 HHStA, RHR, Relationes, K. 117, Nr. 5, Bogen 3 a.

163 Ebd., Bogen 5 a.

164 Überblick über die Familie bei Gerhard Fridrich ALBRECHT, Genealogisches Handbuch, Frankfurt am Main 1776, Teil 1, S. 15–25.

165 HHStA, RHR, Relationes, K. 11, Nr. 10, unfol.

Schwer zu deuten sind Fälle, in denen die Akten verschiedene Reichshofräte als Verfasser der einzelnen Teile einer Relation angeben. In einem Appellationsverfahren von 1777 zwischen dem fränkischen Adligen Johann Philipp Freiherr von Bibra gegen Maria Anna von Künsperg vermerkt die Akte den frisch aufgenommenen Reichshofrat Josef Johann Freiherrn von Kinsky[166] als Korreferenten.[167] Vermutlich von ihm oder einem seiner Zuarbeiter stammt ein umfassender gebundener Sachbericht. Getrennt davon auf vier Bögen folgt das viel kürzere und ungebundene Votum, am Ende mit einem Endurteil (*Sententia confirmatoria*). Darunter befindet sich allerdings die Unterschrift des Reichshofrats Konrad Friedrich von Pufendorf.[168] Hier hat es den Anschein, dass der Sachbericht von einem anderen Reichshofrat oder von einem sonstigen Verfasser stammt als das Votum selbst. Ob ein zweites Votum oder eine zweite Relation ursprünglich vorlag, aber nicht erhalten ist, lässt sich nicht erkennen. Ob der Sachbericht oder das Votum von demjenigen Verfasser stammen, dessen Name angegeben ist, erscheint ebenfalls unsicher. Überdeutlich sichtbar ist dagegen die zeitgenössisch klare Unterscheidung von Sachbericht und Votum.

Gelegentlich hat es den Anschein, dass die Sachberichte jeden einzelnen Zwischenschritt des Reichshofrats mit einer eigenen Schilderung einleiten. Diese knappen Bemerkungen heißen ausdrücklich Relationen. In einem Mandatsprozess zwischen einer Witwe von Münchroda und einer Witwe von Degenfeld enthält der chronologisch aufgebaute Sachbericht mehrfach eingeschobene Reichshofratskonklusa. Vor einem Konklusum vom 5. November 1750 heißt es im Sachbericht nur ganz knapp *Ulter*[ior] *Relat*[io].[169] Zu diesem Hinweis findet sich keine Erläuterung irgendwelcher Entscheidungsgründe. Es folgt lediglich ein Verfahrensvorschlag, nämlich eine zweimonatige Frist *ad parendum paritoriae*, danach kommt der kurze Vermerk *Ita concl*[usum]. Hier erwähnt der Sachbericht lediglich äußerst kursorisch eine Relation, gibt ihren Wortlaut aber nicht wieder. Ein Jahr später setzte der Reichshofrat in demselben Streit eine Kommission ein. Hierzu gibt es zumindest einen vom Referenten vorgeschlagenen Tenor, allerdings folgt sofort der schlichte Zusatz *Ita Conclusum 18. Jun*[ii] *1751*.[170]

In einem städtischen Verfassungskonflikt zwischen den *Nobiles et graduati co*[ntra] *Plebejos* der Reichsstadt Biberach[171] aus dem Jahr 1739 fasst der Sach-

166 Erwähnt bei Gschliesser, Reichshofrat (wie Anm. 57), S. 491.

167 HHStA, RHR, Relationes, K. 11, Nr. 9, unfol.

168 Zu ihm Gschliesser, Reichshofrat (wie Anm. 57), S. 485.

169 HHStA, RHR, Relationes, K. 117, Nr. 11, unfol.

170 Ebd.

171 Hinweis auf die ständische Gliederung innerhalb der Stadt mitsamt sog. Graduität und plebejischen Honoratioren bei Andrea Riotte, Die paritätische Stadt: Biberach 1649–1806, in: Dieter Stievermann/Volker Press/Kurt Diemer (Hrsg.), Geschichte der Stadt Biberach, Stuttgart 1991,

bericht den Sachverhalt und die über 30-jährige Prozessgeschichte auf vier Seiten zusammen.[172] In großer Ausführlichkeit ist vor allem ein Reskript an den Magistrat der Stadt wiedergegeben.[173] Eine Relation des Referenten zur Vorbereitung des umfangreichen Dezisums ist nicht ersichtlich. In der Akte befinden sich zwei weitere Ausarbeitungen, offenbar ebenfalls Relationen im Sinne des Reichshofrats. So teilten etwa die Streitparteien dem Reichshofrat im April 1740 einen Vergleichsschluss mit. Hierzu gibt es dann ein sehr kurzes Votum, lediglich mit *V.* überschrieben, lediglich im Umfang von zwei Sätzen: *Der Vergleich enthaltet nicht allein den punctum Expensarum, sondern gehet in vielle bedenkliche particularia, welche leicht die emovirte K*[aiserliche] *Verordnung oder den Statum publicum alteriren könnte. Der schlus des Magistrats in seinem bericht kombt mir auch wunderlich vor.* Deswegen erließ der Reichshofrat einen Beschluss, *D.*, also Dezisum oder Dezision genannt, und forderte vom Rat der Stadt Biberach einen Bericht zu der Frage, ob der außergerichtliche Vergleich *gegen die bisherige Verfassung der Stadt* oder auch *wider die Von Zeit zu Zeit erlassene Key*[serliche] *Verordnung einiger massen anstossen könnte.*[174] An dieser Stelle zeigt sich, dass sowohl das sehr kurze Votum als auch die Dezision des Reichshofrats in den Kategorien des zeitgenössischen Prozessrechts nicht greifbar sind. Der Vergleich als solcher hatte den Streit der Parteien nämlich beendet. Entscheidungsbedarf des Reichshofrats bestand also gar nicht. Sowohl mit dem Votum als auch mit der nachfolgenden Entscheidung trat der Reichshofrat nicht mehr als Gericht, sondern als kaiserlicher Stadtherr auf. Als Herrschaftsorgan unterzog er das Verfassungsrecht der süddeutschen Reichsstadt einer Rechtmäßigkeitskontrolle. Vor allem war der Reichshofrat darauf bedacht, dass kaiserliche Verordnungen angemessene Beachtung fanden. Wie an mehreren Stellen so zeigt sich auch in dieser Causa überdeutlich, dass der Reichshofrat nicht einfach ein zweites Reichsgericht war, sondern qualitativ ganz anders auftrat. Es ist daher wenig zeitgerecht, alle Handlungen des Reichshofrats an ein angeblich zeitgenössisches Prozessrecht zurückzubinden.

Die kürzestmögliche Fassung einer reichshofrätlichen Relation bestand aus lediglich einem einzigen Satz. In einem ebenfalls aus Biberach stammenden innerstädtischen Streit um die Besetzung einer Ratsherrenstelle ging es um die Frage, ob die Wählbarkeit eines Steinschneiders Schlaup wegen zu enger Verwandtschaft mit dem Ratsherren Hiller[175] ausgeschlossen war. Hillers Bruder

---

S. 309–366, hier S. 341, ebd. 348–350 zum Reichshofratsprozess mitsamt Entscheidung von 1707, S. 352 zum Vergleichsschluss, jeweils mit Hinweis auf die Wiener Reichshofratsbestände.

172 HHStA, RHR, Relationes, K. 11, Nr. 2, Zitat S. 770 (nachträgliche Bleistiftpaginierung).

173 Ebd., S. 774–776.

174 HHStA, RHR, Relationes, K. 11, Nr. 2, beide Zitate auf S. 801.

175 Umfassende Nachweise zur Familie Hiller, besonders zu Daniel Hiller, bei Andrea Riotte, Diese

war mit einer Frau verheiratet, die ihrerseits die Schwester von Schlaups Ehefrau war. Der Sachbericht, das Votum und die Entscheidung umfassen insgesamt nur eine Seite. Der Referent bzw. Votenverfasser vermerkte sein Votum ganz knapp am Seitenrand: *non credo quod intentio Collegii fuerit diese affinitatem in V gradu pohibitis zu rechnen.*[176] Er meinte also, die fragliche Schwägerschaft im fünften Grad werde das Reichshofratskollegium nicht für unzulässig halten. In der Tat erging daraufhin ein Reskript im Charakter eines Endurteils. Der Reichshofrat teilte dem Magistrat der Stadt Biberach mit, dass der Kaiser den *Supplicanten bey sich ereygnenden gelegenheit pro eligibili in den Innern Rath hiermit allerd*[nädi] *gst erklährt haben*, gewährte aber einen Notfrist von zwei Monaten für etwaige Gegenvorstellungen.[177] Offenbar handelte es sich in den Augen der Reichshofratsmitglieder um eine klare Sache, wenn auch der Sachbericht zur Verdeutlichung eine Skizze der Verwandtschaftsverhältnisse wiedergibt. Die extrem kurze Relation lässt sich insofern als Zeichen von Pragmatismus deuten. Hier war eine sofortige Entscheidung möglich, ohne dass man viele Worte darüber verlieren musste. Handwerklichkeit und juristische Argumentation blieben demgegenüber auf der Strecke, waren aber vielleicht auch nicht erforderlich. Derartige Beispiele scheint es zuhauf gegeben zu haben.[178] Zugleich wies bereits Johann Jacob Moser auf die Angst der Reichshofräte hin, durch Verknappung die Verantwortung für ein zügig angesteuertes Ergebnis zu übernehmen.[179] Der Befund ist also vielschichtig, die Frage nach dem Verfasser regelmäßig kaum eindeutig zu beantworten.

---

so oft beseufzte Parität. Biberach 1649–1825. Politik – Konfession – Alltag (Veröffentlichungen der Kommission für geschichtliche Landeskunde in Baden-Württemberg, B 213), Stuttgart 2017, S. 771.

176 HHStA, RHR, Relationes, K. 11, Nr. 4, unfol.

177 Ebd., Entscheidung am Ende.

178 Unklar ist eine veröffentlichte Relation bei Wolfgang Sellert, Über die Zuständigkeitsabgrenzung von Reichshofrat und Reichskammergericht insbesondere in Strafsachen und Angelegenheiten der freiwilligen Gerichtsbarkeit (Untersuchungen zur deutschen Staats- und Rechtsgeschichte, NF. 4), Aalen 1965, S. 129 Anhang I. Es handelt sich lediglich um einen Auszug aus einer Relation, ohne dass deutlich wird, an welchen Stellen und wie umfangreich sich Kürzungen befinden; wörtlich übernommen von Hartmann-Polomski, Regelung (wie Anm. 41), S. 165, hier aber ganz ohne den Hinweis auf Kürzungen.

179 Moser, Einleitung II (wie Anm. 56) S. 6, 9, hier bezogen auf den Vortrag bei den Beratungen; hierzu auch Erich Döhring, Geschichte der deutschen Rechtspflege seit 1500, Berlin 1953, S. 92 f.

6. Anlehnung an die gemeinrechtlichen Aufbauregeln

Schulmäßige Relationen, die dem überkommenen gelehrten Modell mit seinen verschiedenen vorgegebenen Gliederungspunkten entsprechen, finden sich im Bestand des Reichshofrats kaum. Dieser Befund ist wichtig, zugleich aber einzuschränken. Das gemeinrechtliche Relationsschema weist deutlich zurück ins Spätmittelalter bzw. ins 16./17. Jahrhundert,[180] doch der Relationenbestand des Reichshofrats gehört vornehmlich dem 18. Jahrhundert an. Zumindest teilweise dürfte der größere zeitliche Abstand der reichshofrätlichen Quellen von den Vorlagen sich hier auswirken. So sind etwa aus der Kameralliteratur umfangreiche Relationensammlungen aus der Zeit um 1600 bekannt,[181] also aus einer Epoche, für die praktisch noch gar keine reichshofrätlichen Relationen vorliegen. In einem frühen Fall von 1606 legte der zuständige Referent eine lateinische Relation vor, die ausdrücklich einen zweiten Teil mit rechtlichen Erwägungen enthielt (*Sequitur Votum*). Hier finden sich zahlreiche Allegationen mit Hinweisen auf das römische Recht und auf gelehrte Autoren wie Menochio, Petrus Heigius und Ulrich Zasius. Das gemeinrechtliche Modell einer Stufenfolge mit den verschiedenen Stationen der Relation findet sich aber nicht.[182]

Die deutlichste Anlehnung an das gelehrte Vorbild vermitteln gedruckte Relationen, so etwa einige beispielhafte Ausarbeitungen aus den Jahren ab 1671. Sie finden sich in dem umfangreichen Werk von Johann Christoph von Uffenbach.[183] Auf insgesamt 200 Seiten gibt der Verfasser am Ende etwa zehn[184] Relationen im Wortlaut wieder. Gleich die erste ist über 50 Seiten lang. Allein der große Um-

---

180 Ranieri, Entscheidungsfindung (wie Anm. 21), S. 171.

181 Das gilt vor allem für die mehrbändigen, aber unübersichtlichen Werke von Adrian Gylmann und Johann Meichsner: Adrian Gylmann, Symphorema supplicationum, pro processibus, super omnibus ac singulis Imperii Romani constitutionibus, in supremo Camerae Imperialis Auditorio impetrandis, je nach Zählweise 5–6 Bände, mehrere Ausgaben Frankfurt am Main zwischen 1601 und 1633, zwei weitere Bände unter dem Titel Decisionum sive rerum in Camera Imperiali iudicatarum Liber Primus/Secundus, Frankfurt am Main 1602/03; Johann Meichsner, Decisionum diversarum causarum in Camera Imperiali judicatarum, adjunctis votis et Relationibus, Tomus I/IV, Frankfurt am Main 1603/06; nachgewiesen bei Gehrke, Entscheidungsliteratur (wie Anm. 20), S. 100–102 Nr. 48–49, S. 150 Nr. 159, S. 153 f Nr. 157.

182 HHStA, RHR, Antiqua, K. 484, Nr. 1, fol. 1056r –1059r.

183 Johann Christoph von Uffenbach, Tractatus singularis et methodicus de excelsissimo Consilio Caesareo-Impericali Aulico. Vom Kayserl. Reichs-Hoff-Rath, Frankfurt am Main 1700, hier Anhang IV: Re- et correlationes. Nec non vota aulica ad cognoscendum modum re- et correferendi aulicum Maximè facientia; zu seinem Werk Petry, Konfliktbewältigung (wie Anm. 56), S. 123–125; kurz als „tüchtiger Jurist" erwähnt von Rudolf Jung, Art. Uffenbach, Johann Friedrich, in: ADB 39 (1895), S. 132–134, hier S. 132.

184 Die Zählweise ist erschwert, weil teilweise auch Korrelationen und ein Votum ad Imperatorem dokumentiert sind.

fang der einzelnen Ausarbeitungen belegt, dass es sich um ungewöhnliche Fälle handelte und nicht um die kurz gehaltene Massenware der späteren Zeit. Wie es im Titel dieses Abschnitts heißt, dienten diese Relationen *ad cognoscendum modum re- et correferendi*, also zur Kenntnis des reichshofrätlichen Relationsstils. Hier findet der Leser nicht nur lange Allegationspassagen, im Druckbild deutlich durch Kursivschrift hervorgehoben, sondern auch Überschriften, die einzelne Elemente des gemeinrechtlichen Modells aufgreifen. Eine Relation von 1674 enthält ausdrückliche *facti species.*[185] Die Rechtsfragen selbst sind durchnummeriert (*Quaestio Prima*[186]), es gibt sogar Anlehnungen an die übliche Beweisstation, nämlich in einer *Quaestio Itaque Tertia, An non Elisa?*[187] In einer Korrelation fragt der Verfasser zunächst *Quid Pronunciandum?* und gelangt dann zu seinen *Rationes Decidendi.*[188] Eine weitere Relation fragt *Quaestio I. Quae Actio Instituta?* und kommt dann zur *Quaestio II. An Actio probata?*[189] Eine spätere Relation in derselben Sache stellt zunächst *Causae Status talis est* fest.[190] Nach den *Rationes decidendi* gibt es gesonderte *Responsiones ad Contraria.*[191] Das entsprach einem erweiterten dreigliedrigen Relationsaufbau.[192] Diese Andeutungen mögen genügen. Die wenigen bei Uffenbach veröffentlichten Relationen zeigen insgesamt eine deutlich größere Nähe zum zeitgenössischen Vorbild als die durchschnittlichen Ausarbeitungen der Reichshofratsmitglieder bzw. der sonstigen Verfasser. Gerade damit fallen die gedruckten Quellen aus dem üblichen Befund heraus. In der Rückschau lässt sich die Quellenlage damit schwer bewerten. Zudem ist auch das zeitgenössische Ansehen Uffenbachs im 18. Jahrhundert schwer abzuschätzen. Johann Jacob Moser jedenfalls urteilte über seinen älteren Kollegen mit großer Härte. Gerade Uffenbachs Kapitel über Referenten und Relationen fand er *zu schlecht, daß ich mich mit dessen Anführung aufhalten mag.*[193]

In der Observationensammlung des Reichshofrats Johann Balthasar Freiherr von Wernher[194] befinden sich im nachgelassenen dritten Band von 1749 im Anhang 21[195] *selectae actorum relationes et causis arduis et dubiis ad publicum Im-*

---

185 Uffenbach, Tractatus (wie Anm. 183), Anhang IV, S. 53.

186 Ebd., Anhang IV, S. 60.

187 Ebd., Anhang IV, S. 62; ähnlich in einer anderen Relation ebd. S. 75: *Quaestio Secunda. An Actio probata.*

188 Ebd., S. 97 und 100; Rationes decidendi auch ebd. S. 118, 163.

189 Ebd., S. 133 und 136.

190 Ebd., S. 155.

191 Ebd., S. 169.

192 Hierzu Falk, Consilia (wie Anm. 31), S. 171.

193 Moser, Einleitung II (wie Anm. 56), S. 17.

194 Zu ihm Gschliesser, Reichshofrat (wie Anm. 57), S. 404 f.

195 Die *Series Relationum* nach dem Zwischentitel listet lediglich 20 Relationen auf

perii ius pertinentibus.[196] Es handelt sich also um öffentlichrechtliche Fälle mit Schwerpunkt im Reichsrecht, inhaltlich mit einigen Schwerpunkten auf Ostfriesland. Die von Wernher abgedruckten Relationen sind wie bei Uffenbach umfangreich und umfassen zusammen 240 Seiten. An mehreren Stellen zeigen sich zumindest teilweise Anlehnungen an das gemeinrechtliche Relationsmodell. In einer Korrelation fasst etwa der Verfasser zunächst den Sachverhalt zusammen, geht dann auf die *Formalia Appellationis* ein, anschließend auf die *Materialia oder Merita Causae.* Punkt für Punkt setzt er sich mit den Beschwerden eines Appellanten auseinander.[197] In einem anderen Beispiel zeigen sich ebenfalls deutliche Ähnlichkeiten mit dem gemeinrechtlichen Vorbild. Der Referent bzw. Verfasser meint hier: *Posito, aber, der Kläger hätte das Fundamentum actionis plene erwiesen, da doch nichts weniger, als dieses, zu sagen, so wäre annoch zu untersuchen, ob nicht die angestellte actio per exceptiones elidiret worden.*[198] Solche Einkleidungen greifen den traditionellen Aufbau mit seinen Beweisstationen An probata und An elisa auf.

Die aussagekräftigste Fundstelle für die Anbindung an das gemeinrechtliche Modell findet sich allerdings in einer Korrelation zu einem Streit zwischen der Reichsritterschaft in Franken und dem Grafen von Giech. Hier schildert der Referent bzw. der Verfasser zu Beginn ganz knapp den Sachverhalt und die Prozessgeschichte bis einschließlich 1721. Dann heißt es: *Nach der gewöhnlichen Methode läst sich alles in 10. Fragen eintheilen; 1.) Ob Jurisdictio fundata? 2.) Ob die Vollmachten richtig? 3.) In quo Processus genere man versire? 4.) Ob die Except*[io] *fori declin*[atoria] *zu attendiren? 5.) Quae Actio instituta? 6.) An sit probata? 7.) An per Exceptiones elisa? 8.) Quomodo pronunc*[iandum] *in Causa Princip*[alis]*? 9.) Quomodi in Access R. Expens*[arum]*? 10.) Qua formula, in sentention. utendum?*[199] Mit dieser vorangestellten Gliederung und vor allem dem ausdrücklichen Hinweis auf die gewöhnliche Methode stellte sich der Korreferent ganz klar in die Tradition der überkommenen Relationstechnik. Die Rationes dubitandi und die Rationes decidendi tauchen in seiner Übersicht zwar nicht auf. Fast alle anderen Bestandteile gemeinrechtlicher Relationen jedoch sind mit ihrem üblichen Schlagwort und in der üblichen Reihenfolge aufgeführt. In der ersten Hälfte des 18. Jahrhunderts war die gelehrte Relationstechnik am Reichshofrat also weiterhin bekannt und zumindest teilweise auch praktizierte Übung. Die

196 Johann Balthasar Frhr. v. Wernher, Selectarum observationum forensium, tomus III una cum Relationibus Actorum, Jena 1749; Hinweis auf diese Sammlung bei Gehrke, Entscheidungsliteratur (wie Anm. 20), Nr. 133, S. 142 f.

197 Wernher, Observationes III (wie Anm. 196), *Conrelatio actorum VII*, S. 82–87.

198 Ebd., *Relatio actorum VIII*, S. 96 Rn. 69.

199 Ebd., *Conrelatio actorum VII*, S. 99. Die Nummerierung der Relationen erschließt sich nicht. Die Auflösung einiger Abkürzungen ist unklar.

Hauptfülle der Quellen folgt diesem Modell allerdings gerade nicht. Der Blick auf die gedruckten Relationen verzerrt in der Rückschau, vielleicht auch bereits für die interessierten Zeitgenossen das Bild des reichshofrätlichen Prozessalltags. Besonders handwerklich ausgereifte, besonders umfangreiche und vermutlich juristisch besonders hochstehende Relationen zu vermutlich besonders wichtigen Streitsachen finden sich durchaus in der zeitgenössischen Reichshofratsliteratur, wenn auch in begrenzter Zahl. Aber sie werfen wie gesagt ein schiefes Licht auf die deutliche schlichtere gewöhnliche Aktenbearbeitung.

Immerhin finden sich auch bei Tiefbohrungen im Archiv einige Beispiele umfangreicher Relationen von Reichshofräten bzw. ihren Zuarbeitern. Sie vermitteln eine Vorstellung davon, wie die Langfassung von Relationen am Reichshofrat abseits der herausragenden gedruckten Ausarbeitungen aussehen konnte. Ein Beispiel stammt aus den letzten Jahren des Alten Reiches, nämlich aus dem Winter 1800/01. Es handelt sich um drei Relationen angeblich aus der Feder des Reichshofrats Maximilian Christoph zu Degenfeld.[200] Sie betreffen einen Streit um Zunftgerechtigkeiten in der Reichsstadt Biberach.[201] Es ging um die Frage, ob der Rat jemanden als Handwerksmeister annehmen durfte, der keine Lehr- und Wanderjahre vorzuweisen hatte. Damit verbunden war die zweite Frage, ob die Seifensiederzunft einigen Spezereihändlern, Konditoren und Metzgern den Handel mit Seife und Lichtern untersagen durfte.[202] Das klingt nach typischem Kleinkram aus dem sprichwörtlich tintenklecksenden Säkulum. Juristisch berührten solche Einzelprobleme in den Augen der Beteiligten aber immer zugleich Grundfragen der Verfassungsordnung. Die erste Relation besteht aus einem Sachbericht im Umfang von elf durchnummerierten Bögen, hat also über 40 Textseiten. Der Sachbericht ist zweispaltig angelegt und grundsätzlich nur in der rechten Spalte beschrieben. Links ausgerückt finden sich jedoch Hinweise auf unterinstanzliche Entscheidungen und einschlägige Schriftsätze. Der Referent bzw. Verfasser vermerkte hier ausdrücklich *leg.*, also wohl *legatur*.[203] Offenbar wollte er einige Einzelheiten bei der Kollegiumsberatung wörtlich verlesen. Der Sachbericht schließt mit einem Konklusum des Reichshofrats vom 23. Dezember 1800. Darin gewährte der Reichshofrat einer Partei eine Frist zur Vorlage eines Gravaminalibells. Hieran schließt sich das Votum an, jetzt auf vier Bögen, neu gezählt von A bis D. Ohne förmliche Zwischenüberschriften finden sich hier zumindest teilweise Anlehnungen an das gelehrte Modell. Das Votum beginnt mit

200 Gschliesser, Reichshofrat (wie Anm. 57), S. 509; bei Gmoser, Chronologische Liste der Reichshofräte (wie Anm. 157), S. 208.

201 Die Eigenständigkeit Biberachs endete politisch im September 1802, hierzu Riotte, Die paritätische Stadt (wie Anm. 171), S. 364; dies., Parität (wie Anm. 175), S. 697–701.

202 HHStA, RHR, Relationes, K. 11, Nr. 5.

203 Ebd., Bogen 1 zu Lit. A, B und C.

den *formalia A*[ppe]*llationis*, dies allerdings im Urteilsstil. Degenfeld, der Referent, bzw. der Verfasser betont sofort, die Appellanten hätten die Formalitäten *genau beobachtet*. Es gehe zwar um die Abgrenzung von *Polizey und Justizsachen.*[204] In diesem Fall, so heißt es, *leidet* das Appellationsverbot aber *aus weiter unten zu deduzierenden Gründen seine Ausnahme.*[205] Ebenfalls im Urteilsstil folgt der Hinweis: *Auch der Appellationssumme bedürfen wir nicht*, weil es vielmehr qualitativ darum gehe, ob den Appellanten *ein Bürger zum Meister aufgedrungen werden könne, welcher die festgesezte Lehr und Wanderjahre nicht beobachtet habe*. An diese beiden ersten Absätze schließen sich, modern gesprochen, Ausführungen zur Begründetheit an, zeitgenössisch mit dem Hinweis *was nun die Hauptsache betrift* eingeleitet.[206] Sehr systematisch trennt Degenfeld als Referent bzw. der für ihn tätige Verfasser die Hauptsache in *zwey ganz verschiedene Gegenstände*, aus denen danach Gliederungsebenen folgen.

In der Argumentation zeigen sich erkennbare Überbleibsel der früheren Rationes dubitandi und der Rationes decidendi, ohne dass diese Schlagworte oder einschlägige Überschriften auftauchen. So meint der Referent, die Appellanten hätten die vom Biberacher Rat bestätigten Handwerksartikel nicht *in forma legali* beigebracht, aber dies wäre *natürlich* zu erwarten gewesen. Daher *scheint es an der erforderlichen Bescheinigung dieses wesentlichen (…) Umstandes zu gebrechen.*[207] Auch *andere und zum Theil erhebliche data* seien *dermalen aber so wenig belegt*. Vor allem hätten sich die Appellanten in ihren Rechtsausführungen auf die noch versiegelten Akten der ersten Instanz berufen, und dies könne *wohl nicht als eine hinlängliche Bescheinigung angenommen werden*. Genau an dieser Stelle kippt die Argumentation, und der Referent geht der Sache nach zu den Rationes decidendi über: *So erheblich indeßen diese Anstände seyn mögen, so scheinen sie mir doch durch entgegenstehende Gründe überwogen zu werden*. Damit steht das Ergebnis am Anfang dieses Abschnitts, und der Referent folgt, modern gesprochen, dem Urteils- und nicht mehr dem Relationsstil. Dass hier

204 Klassisches Rechtsproblem im frühneuzeitlichen Policeyrecht, dazu Thomas SIMON, „Gute Policey". Ordnungsleitbilder und Zielvorstellungen politischen Handelns in der frühen Neuzeit (Studien zur europäischen Rechtsgeschichte 170), Frankfurt am Main 2004, S. 355–368; Siegrid WESTPHAL, Gerichtliche Verwaltungskontrolle im Alten Reich, in: Karl-Peter Sommermann/Bert Schaffarzik (Hrsg.), Handbuch der Geschichte der Verwaltungsgerichtsbarkeit in Deutschland und Europa, Berlin 2019, S. 3–29, hier S. 23–25; Philipp NORDLOH, Kölner Zunftprozesse vor dem Reichskammergericht (Rechtshistorische Reihe 370), Frankfurt am Main 2008, S. 218 f.; Karl HÄRTER, Das Reichskammergericht als „Reichspoliceygericht", in: Friedrich Battenberg/Filippo Ranieri (Hrsg.), Geschichte der Zentraljustiz in Mitteleuropa. Festschrift für Bernhard Diestelkamp zum 65. Geburtstag, Weimar/Köln/Wien 1994, S. 237–252.

205 HHStA, RHR, Relationes, K. 11, Nr. 5, Bogen A.

206 Ebd., Bogen A, Zeichensetzung angepasst.

207 Ebd., Bogen A, 2. Seite (ohne Zählung).

alles nicht so eindeutig war, zeigen aber mehrere Streichungen im Text. Rechtlich taucht im Gedankengang ein vergleichsweise fortschrittliches Argument auf. Degenfeld meint nämlich, wenn auch die entscheidungserheblichen Handwerksartikel *nicht beygebracht* worden seien, so *ergiebt sich doch schon ex decreto a quo (...) daß nicht nur solche bestätigte Artikel existiren sondern daß sich der Magistrat auch über den Inhalt derselben müße hinausgesezt haben.* Wenn in der Entscheidung des Biberacher Rates von *einer Ausnahme die Rede ist*, dann werde *dadurch mittelbar und stillschweigend gegeben (...), daß nach vorhandenen gültigen Handwerksartikeln bestimmte Lehr und Wanderjahre erforderlich sind, um als Seifensiedermeister aufgenommen werden zu können.*[208]

Der Rechtsstreit zwischen den Parteien betraf zumindest teilweise Fragen des Partikularrechts, nämlich den genauen Inhalt von Zunftordnungen, hier Handwerksartikel genannt. In den noch erkennbaren Rationes dubitandi führt der Referent Gesichtspunkte aus der klassischen Rechtsanwendungslehre ins Feld und spricht die Allegations- und Beweisbedürftigkeit des Statutarrechts[209] an. Diese Bedenken zerstreut derselbe Reichshofrat Degenfeld oder sein Zuarbeiter dann sogleich mit dem Hinweis, die Existenz und der Inhalt der zunftrechtlichen Normen seien aus anderen Quellen bekannt, nämlich aus der erstinstanzlichen Entscheidung. Auf diese Weise machte sich der Referent in seiner Entscheidungsfindung unabhängig von den Rechtsbeibringungen der Parteien. Der klassische Gliederungspunkt An probata, also eine förmliche Beweisstation, war damit nicht erforderlich. Für die Ermittlung der Rechtslage war nach dieser Ansicht der Reichshofrat selbst zuständig, jedenfalls, wenn sich die erforderlichen Hinweise aus dem unstreitigen Tatsachenvortrag ergaben. Diese Auffassung war innerhalb des juristischen Meinungsspektrums in der Zeit um 1800 eine eher fortschrittliche Position.[210]

Zugleich bezeichnete der Referent die von ihm sog. Handwerksartikel als Teil der *wesentlichen Tatumstände.* Diese aber seien *hinlänglich belegt worden.*[211] An dieser Stelle trennte der Referent Tatsachen- und Rechtsfragen und fragte sofort, ob in dem Vortrag der Appellanten *eine würkliche Beschwerde enthalten sey.* Ge-

---

208 Ebd., Bogen A, Seite 2–3. Satzzeichen ergänzt.

209 Hierzu umfassend Peter Oestmann, Rechtsvielfalt vor Gericht. Rechtsanwendung und Partikularrecht im Alten Reich (Rechtsprechung. Materialien und Studien, 18), Frankfurt am Main 2002.

210 Die vollständige richterliche Pflicht zur Ermittlung von Partikularrecht lässt sich erst bei Puchta nachweisen Peter Oestmann, Der Beweis von Rechtsnormen im Zivilprozeß – § 293 ZPO im Spiegel der wissenschaftlichen Diskussion des 19. Jahrhunderts, in: Jost Hausmann/Thomas Krause (Hrsg.), „Zur Erhaltung guter Ordnung". Beiträge zur Geschichte von Recht und Justiz. Festschrift für Wolfgang Sellert zum 65. Geburtstag, Köln/Weimar/Wien 2000, S. 467–512, hier S. 486–489.

211 HHStA, RHR, Relationes, K. 11, Nr. 5, Bogen A, Seite 3.

nau nach dieser Weichenstellung beginnt der Schwerpunkt der juristischen Darlegungen. Mit großem Aufwand und enormer Fülle an älterer und vor allem auch sehr moderner Literatur[212] drehte der Referent die einzelnen Rechtsfragen ausführlich hin und her. Die Relation ging auf mehrere Punkte ein und formulierte jeweils Entscheidungsvorschläge. Mit insgesamt über 50 Seiten zählt diese Relation zu den ausführlichsten Ausarbeitungen der hier angestellten nicht-repräsentativen Schlaglichtsuche. Der Abstand zu den gewöhnlichen Kurzvoten sowohl im Hinblick auf den Umfang als auch auf das juristische Niveau der Ausarbeitung fällt sofort ins Auge. Ob es einen besonderen Grund gab, warum in diesem Fall eine so grundsätzliche Relation erforderlich war, in anderen Fällen aber ganz kursorische Stellungnahmen ausreichten, ergibt sich zumindest aus der Relation selbst nicht. Derselbe Referent, also abermals Degenfeld oder ein für ihn tätiger Verfasser, verfasste 1803 in dieser Sache noch zwei weitere Relationen.[213] Auch in diesem Fall sind also trotz einer sorgsamen Relation an unterschiedlichen Stationen des Rechtsstreits mehrere weitere Relationen erforderlich gewesen. Dies spricht erneut dafür, die Zahl der Relationen bei Schätzungen nicht zu niedrig anzusetzen.

7. Allegation von Rechtsquellen und Literatur

Die Auseinandersetzung des Referenten bzw. des Verfassers mit der zu lösenden Rechtsfrage findet sich in den reichshofrätlichen Relationen eher selten. Der überwiegende Charakter der Relationen als bloßer Bericht über den Sach- und Streitstand bzw. als Zusammenfassung der Prozessgeschichte führte dazu, dass ausführlichere juristische Erörterungen ohnehin nicht oft vorkamen. Sofern freilich inhaltliche Stellungnahmen des Referenten zu Rechtsproblemen erfolgten, waren sie oft sehr eng auf einen einzelnen Punkt zugespitzt. Umfangreiche Ausarbeitungen zu Rechtsquellen oder zur zeitgenössischen Literatur waren vermutlich bereits aus diesem Grund nicht erforderlich. Dies folgte augenscheinlich aus der Praxis, zu jedem noch so kleinen Verfahrensschritt, der mit einer gerichtlichen Verfügung einherging, eine eigene Relation anzufertigen. Negativbefunde als solche, also das weitgehende Fehlen von Allegationen, lassen sich allerdings methodisch schwer beweisen[214] und auch nicht umfassend an Quellen

---

212 Hierzu sogleich im Abschnitt über die Allegationen.

213 HHStA, RHR, Relationes, K. 11, Nr. 5, *Votum 2dum* (ein Bogen), *Votum 3tium* (mit drei Bögen).

214 Zum rechtshistorischen Problem, dem Beweis vom Nichtvorhandensein von Tatsachen Tilman Repgen, Qui dicit probare debet. Studien zur Beweis(führungs)last im Zeitalter des Usus modernus, in: ZRG Germ. Abt. 129 (2012), S. 76–108, hier S. 99–102.

näher entfalten.[215] Aber wenn etwa Susanne Lepsius mit Blick auf gemeinrechtliche Konsilien sehr anschaulich von Bleiwüsten redet, die sich in den gedruckten Sammlungen über viele Seiten erstrecken,[216] so fällt deren Abwesenheit am Reichshofrat besonders in Auge. Im Folgenden geht es um die Ausnahmefälle, also um die eher wenigen Beispiele, in denen reichshofrätliche Referenten bzw. Verfasser ihre Ausarbeitungen mit Allegationen versahen und auf diese Weise mit juristischen Autoritäten untermauerten. Insgesamt fällt auch hier der sparsame Einsatz der ansonsten zeittypischen[217] Arbeitstechnik ins Auge.

Den Beginn macht eine Relation von 1780, wirklich oder angeblich verfasst vom Reichshofrat Franz Josef Frh. von Münch[218] als Korreferent in einem Streit in einer norddeutschen Sache. Es ging um eine Auseinandersetzung zwischen den Einwohnern des lübeckischen Teil des Dorfes Curau[219] gegen die Eingesessenen des Dorfes Dissau, speziell um eine Appellation zwischen zwei Männern namens Jürgens und Blattsailer wegen nicht verrechneter Gelder. Erhalten ist ein knappes, lediglich zweiseitiges Votum des Korreferenten vom Dezember 1780. Ganz kurz heißt es zu Beginn, es sei in dieser Sache bereits ein Konklusum am 26. September ergangen. Ebenfalls lagen zudem schon seit dem 17. November Exekutoriales an das kaiserliche Obristhofmarschallamt vor. An dieser Stelle folgt der sehr kurze Hinweis: *und ist also weder appellabel noch revisibel.* Am Rand findet sich als Marginalie der Hinweis *R*[ecessus] *I*[mperialis] *N*[ovissimus] *§ 112–*

---

215 Weiteres Beispiel für Relationen mit Stellungnahmen des Referenten ganz ohne Allegationen: HHStA, RHR, Relationes, K. 117, Nr. 19.

216 Susanne Lepsius, Das Sitzen des Richters als Rechtsproblem, in: Barbara Stollberg Rilinger/Tim Neu/Christina Brauner (Hrsg.), Alles nur symbolisch? Bilanz und Perspektiven der Erforschung symbolischer Kommunikation (Symbolische Kommunikation in der Vormoderne), Köln/Weimar/Wien 2013, S. 109–130, hier S. 117.

217 Auch hier sind allerdings verzerrte Wahrnehmungen möglich, falls etwa Juristenfakultäten auch nur besonders wichtige Entscheidungen in ihren gedruckten Sammlungen veröffentlichten. Hinweis auf eine Auswahl besonderer Beispiele ganz deutlich schon im Buchtitel bei Christian Friedrich Immanuel Schorch, Nova collectio responsorum et sententiarum selectiorum Facultatis iuridicae Erfordiensis. Neue Sammlung auserlesener Gutachten und Urtheilssprüche der Erfurtischen Juristischen Fakultät, Erfurt 1798.

218 Gschliesser, Reichshofrat (wie Anm. 57), S. 467 f.; Constant von Wurzbach, Biographisches Lexikon des Kaiserthums Oesterreich, 19. Theil, Wien 1868, S. 419; erwähnt auch bei Ralf Zerback, Art. Münch-Bellinghausen, Joachim Eduard Graf von, in: Neue Deutsche Biographie 18 (1997), S. 520 f.

219 Curau, teilweise Kurau geschrieben, war geteilt in einen Lübecker und einen Oldenburger Teil, Überblick bei Günter Meyer, Art. Landgebiet, in: Antjekathrin Graßmann (Hrsg.), Das neue Lübeck-Lexikon. Die Hansestadt von A bis Z, Lübeck 2011, S. 229 f.; Franklin Kopitzsch, Das 18. Jahrhundert: Vielseitigkeit und Leben, in: Antjekathrin Graßmann (Hrsg.), Lübeckische Geschichte, 4. Aufl., Lübeck 2008, S. 501–537, hier S. 515.

114 et § 126.[220] Mehr als diesen bloßen Verweis auf den Jüngsten Reichsabschied gibt es nicht. Dass die zitierten Vorschriften sich ihrem Wortlaut nach nur auf das Reichskammergericht bezogen,[221] spielt mit keinem Wort eine Rolle.[222] In einem Nachsatz heißt es noch, das Reichshofratskollegium habe dem Appellaten Blattsailer *mit gutem Vorbedacht* [...] *all weiteres advociren in denen bey Kayserl*[ichem] *ReichsHofRath anhaengigen Sachen untersaget.*

Gelegentlich finden sich Allegationen auch in den Sachberichten. Dann allerdings handelt es sich um Verweise, die bereits die Parteien vorgetragen hatten, also nicht um eigenständige juristische Arbeit von Reichshofratsmitgliedern. In ausführlichen Sachberichten konnte dies durchaus ins Detail gehen. In dem oben bereits angesprochenen eher frühen Appellationsstreit zwischen einem Daniel Merckel und der Stadt Worms von 1630 gibt der Sachbericht die Rechtsauffassung des Appellanten zur Vermögenskonfiskation abstrakt-generell wieder. Es sei *unverneinlichen Rechtens, das khein Stadt des heilligen Röm*[ischen] *Reiches, bevorab* [...] *Reichsstadt, sich des Juris confiscandi, ausserhalb Khey*[serlicher] *special concession und begnadigung oder aber von der Statt hergebrachter unvordenkhlicher und veriahrter praescription, anzumassen und zugebrauchen.*[223] Diese Rechtsbehauptung stammt nicht vom Referenten, sondern gibt lediglich die Ansicht des Appellanten wieder, doch zitiert der Referent bzw. der Verfasser zusätzlich die im Schriftsatz genannten Belegstellen aus dem römischen Recht.[224] Im weiteren Verlauf taucht zudem ein Streit um die Wormser Reformation auf, die angeblich nie kaiserlich *confirmiert worden* sei.[225] Stellungnahmen des Referenten oder seines Zuarbeiters zu derartigen Rechtsfragen finden sich in dem gesamten Sachbericht nicht.

Teilweise erfolgten Allegationen in sehr oberflächlicher und ungenauer Weise. Im Rechtsstreit um die Jagdgerechtigkeiten des Johannisklosters in Lübeck gab

---

220 HHStA, RHR, Relationes, K. 96, Nr. 3, zeitgenössisch Nr. 45, unfol.

221 JRA 1654 §§ 112–114, 126 bei Johann Jacob SCHMAUSS/Heinrich Christian von SENCKENBERG, Neue und vollständigere Sammlung der Reichs-Abschiede, Frankfurt am Main 1747 (ND Osnabrück 1967), Teil III, S. 661, 663 f.

222 Zur Chronologie zwischen den Reichstagsverhandlungen und dem Erlass der Reichshofratsordnung von 1654 SELLERT, Ordnungen II (wie Anm. 44), S. 35.

223 HHStA, RHR, Antiqua, K. 357, Nr. 4, fol. 287v.

224 Zitiert wird u. a. *L. Eum qui Vectigalia/16 ff. de publ*[icanis] *et Vectigal*[ibus et commissis], gemeint ist vermutlich D. 50, 16, 16 bzw. pauschal D. 39, 4. Eine andere Allegation konnte ich nicht auflösen.

225 HHStA, RHR, Antiqua, K. 357, Nr. 4, fol. 289v; Ausführungen zum Stadtrecht auch ebd., fol. 286r. Tatsächlich hatte Friedrich III. die Befugnis, Ordnungen, Statuten und Gesetze zu erlassen, durch ein Privileg von 1488 auf die Stadt übertragen, dazu J. Friedrich BATTENBERG, Die Wormser Reformation von 1498/99, in: Andreas Deutsch (Hrsg.), Stadtrechte und Stadtrechtsreformationen (Akademiekonferenzen 32. Schriftenreihe des Deutschen Rechtswörterbuchs), Heidelberg 2021, S. 333–356, hier S. 343.

der Sachbericht 1784 die Rechtsauffassung des Klosters mit den Worten wieder, *billige Rechtslehrer gestatteten auch die Appellationes in Summariissimo.*[226] Im Votum selbst kam der Referent bzw. der Verfasser auf diesen Punkt zurück und meinte, dass *am wenigsten die Meinung einiger Rechtsgelehrten* zu beachten sei, wonach in Kostenfragen die Zulässigkeitsvoraussetzungen anders zu beurteilen seien als im Normalfall von Besitzschutzsachen.[227] Neben dem pauschalen Verweis auf einige Rechtsgelehrte berief sich der Referent außerdem auf die *Regul der gemeinen kayserl*[ichen] *Rechte,*[228] dass Appellationen gegen Eilentscheidungen im Summariissimum unzulässig seien. Am Rand des Votums befindet sich die genaue Belegstelle *L. un C. si de moment. possess.*[229]

In einem lehnrechtlichen Streit zwischen Otto Wilke von Münchhausen[230] und der Regierung von Anhalt-Zerbst fasst der Sachbericht 1747 die Rechtsauffassung der anhaltinischen Kammer zusammen. Hier geht es um drei Typen von *Mitbelehnschafft* in Deutschland und um damit zusammenhängende Rechtslagen bei der Nachfolge von Lehensnehmern. Ganz pauschal heißt es: *Schilter, Berlich, Beyer, Struv, Andler, Horn, Wernher, Moser, Senckenberg, Carpzov, Cothmann, besonders aber Stryk: de Investitura abusiva u. Koch de expectativa et investitura eventuali, wären alle dieser Meynung.*[231] Hier geht es ersichtlich nur um eine Ansammlung möglichst vieler Autoritäten, wenn auch in zwei Fällen durch pauschale Hinweise auf Buchtitel ergänzt. Diese bloße Auflistung spricht in keiner Weise dafür, dass hier eine ernsthafte Auseinandersetzung mit der gemeinrechtlichen Literatur stattfand, zumindest nicht beim Verfasser des Sachberichts. Im Votum selbst führte der Referent bzw. der Verfasser sodann *die Longobardischen Lehn Rechte* an, berief sich auf Einzelfallentscheidungen der *Dicasteria* und gelangte letztlich zu einer stark rhetorisch aufgeladenen und etwas verschachtelten Schlussbemerkung: Er lasse einen jeden urteilen, ob ein Lehensherr, der wisse, dass die Vorfahren des Vasallen ihr Lehen *mit schwehrem Gelde erkaufft* hatten,

---

226 HHStA, RHR, Relationes, K. 94, Nr. 4, Bogen 2 c; zum Summariissimum, dem beschleunigten Besitzschutzverfahren des gemeinen Rechts: Helmut Coing, Europäisches Privatrecht, Band I: Älteres Gemeines Recht (1500 bis 1800), München 1985, S. 286 f.; speziell zum Kameralprozess, aber ohne Blick auf die Praxis Jessica Jacobi, Besitzschutz vor dem Reichskammergericht. Die friedenssichernde Funktion der Besitzschutzklagen am Reichskammergericht im 16. Jahrhundert, dargestellt anhand von Kameralisten (Rechtshistorische Reihe, 170), Frankfurt am Main 1998.

227 HHStA, RHR, Relationes, K. 94, Nr. 4, Bogen 6 b.

228 Ebd.

229 Ebd.; gemeint ist Codex Justinianus 7, 69: *Si de momentaria possessione fuerit appellatum.*

230 Territoriale Überlieferung zu angeblichen Exzessen Münchhausens wegen Abholzungen und Pfändungen im Landesarchiv Sachsen-Anhalt Z 87, CLXI Nr. 49–51, nachgewiesen in: https://recherche.lha.sachsen-anhalt.de/Query/detail.aspx?ID=953988, abgerufen am 8. August 2024.

231 HHStA, RHR, Relationes, K. 117, Nr. 8, erstes Konvolut, unfol., Gliederungspunkt *ad 1.*

und der dennoch das Lehen nur deswegen einziehe und konfisziere, weil der Vasall angeblich die erneute *Lehns Suchung* unterlasen habe, für seine Rechtsauffassung *bonam fidem allegiren könne*. Ganz am Ende ging es damit um die Redlichkeit der anhaltinischen Lehenskammer und nicht um die strenge Auslegung von Rechtsnormen. Dieses Votum stand übrigens nicht am Schluss des Rechtsstreits, sondern an seinem Anfang. Im Ergebnis entschied der Reichshofrat *Decernuntur pleni appellat*[ionis] *Processus*.[232] Auf der Grundlage des Votums kam der gerichtsförmige Prozess also überhaupt erst in Gang.

In einem Verfahren von 1784/85 ging es um die Frage, ob der Lübecker Rat die Bewohner des städtischen Armen- und Werkhauses[233] selbst auswählen durfte oder ob die zwölf bürgerlichen Kollegien hierbei bestimmte Mitspracherechte hatten. Der Referent bzw. der Verfasser verwies in seinem ersten Votum, vermutlich vom Januar 1784, mehrfach auf die Hausordnung der Anstalt. Zugleich ging es um den Lübecker Bürgerrezess von 1669, den der *Magistrat*, also der städtische Rat, *ziemlich verstümmelt* angeführt hatte.[234] Hier war augenscheinlich Partikularrecht einschlägig, und der Referent bzw. sein Zuarbeiter überprüfte sogar die in den Schriftsätzen enthaltenen Zitate.

Eine besonders umfassende Auseinandersetzung mit Rechtsquellen und Literatur findet sich in der Relation zu dem bereits erwähnten zunftrechtlichen Streit aus der Reichsstadt Biberach aus dem Jahr 1800. Es ging um die Aufnahme von Handwerksmeistern, die keine Lehr- und Wanderjahre verbracht hatten, sowie um das Recht von Spezereihändlern, Konditoren und Metzgern zum Verkauf von Seife und Licht. Der reichshofrätliche Referent Maximilian Christoph Graf Degenfeld bzw. der Verfasser sprach viele Rechtsprobleme des Falles sehr grundsätzlich an. Dabei zeigt sich, dass der Verfasser sich in der Spätzeit des Alten Reiches durchaus bewusst war, in einer politischen Umbruchssituation zu leben und zugleich über sehr vormoderne Rechtsfragen entscheiden zu müssen. Sofort zum Einstieg in die rechtlichen Erwägungen betont der Referent bzw. Verfasser nämlich, es scheine sich *aus der Natur der Sache zu ergeben, daß so lange noch überhaupt Zünfte für zuträglich gehalten werden, jene Ordnung und Vorschrift auch muß beobachtet werden*.[235] In der Tat hatte das revolutionäre Frankreich

232 Ebd., Ende des ersten Konvoluts.

233 Es handelt sich um das zweitälteste deutsche Zuchthaus: Thomas KRAUSE, Geschichte des Strafvollzuges. Von den Kerkern des Altertums bis zur Gegenwart, Darmstadt 1999, S. 39.

234 HHStA, RHR, Relationes, K. 96, Nr. 5, Bogen 4 b; Abdruck bei Johann Christian LÜNIG, Des Teutschen Reichs-Archivs partis specialis IV. und letzte Continuation, Leipzig 1714, Nr. XXXVIII, S. 1404–1414; allgemeinpolitischer Hintergrund bei Jürgen ASCH, Rat und Bürgerschaft in Lübeck 1598–1669 (Veröffentlichungen zur Geschichte der Hansestadt Lübeck, 17), Lübeck 1961.

235 HHStA, RHR, Relationes, K. 11, Nr. 5, 1. Relation, Bogen A, S. 4.

die überkommene Zunftordnung 1791 bereits beseitigt,[236] und unausgesprochen schimmert dieser Hintergrund in der Relation durch. Der Zunftzwang, so der Referent, sei *in so ferne (...) vernünftig und heilsam*, als er nach dem *Reichsschluß von 1731* festlege, welche Personen zu Ausübung eines Handwerks zugelassen seien und welche nicht. Damit spielte der Referent bzw. Verfasser auf die durch Reichsschluss erlassene Reichshandwerksordnung an.[237] Hierfür berief er sich auf die privatrechtlichen Handbücher von Runde und Danz.[238] Mit dem oben zitierten Hinweis auf die Natur der Sache hatte sich der Referent Degenfeld bzw. der Verfasser auch zugleich mit einem wesentlichen Leitbegriff an die spätestens seit Runde beliebte Formulierung angeschlossen.[239]

Von hier aus schlug der Referent bzw. Verfasser den Bogen zur Abgrenzung von Justiz- und Policeysachen.[240] Wenn eine Obrigkeit ihren Handwerkern *die Zumuthung, einen unzünftigen in ein zünftiges Handwerk aufzunehmen*, anbefehle, so überschreite sie deswegen *die Gränzen der Polizeygewalt*. Daher handele es sich um einen *Gegenstand der Justiz (...), bey welchem den Intereßenten alle an sich zuläsigen Rechtsmittel gestattet werden müßten*. Dies behaupteten zumindest

---

236 Hierzu Philippe MINARD, Die Zünfte in Frankreich am Ende des 18. Jahrhunderts: Analyse ihrer Abschaffung, in: Heinz-Gerhard Haupt (Hrsg.), Das Ende der Zünfte. Ein europäischer Vergleich (Kritische Studien zur Geschichtswissenschaft, 151), Göttingen 2002, S. 181–195.

237 Abgedruckt bei SCHMAUSS/SENCKENBERG, Neue und vollständigere Sammlung (wie Anm. 221), Teil IV, S. 376–385; nachgewiesen auch bei Karl HÄRTER/Michael STOLLEIS (Hrsg.), Repertorium der Policeyordnungen der Frühen Neuzeit, Band 1: Deutsches Rech und geistliche Kurfürstentümer (Kurmainz, Kurköln, Kurtrier), hrsg. v. Karl Härter (Ius Commune. Sonderheft 84), Frankfurt am Main 1996, S. 98 Nr. DTR 222.

238 Zitiert sind Justus Friedrich RUNDE, Grundsätze des allgemeinen deutschen Privatrechts, 2. Buch, 2. Abschnitt, § 467, S. 326 f. (zum Zunftzwang mit Hinweisen auf mehrere Reichsgesetze); Wilhelm August Friederich DANZ, Handbuch des heutigen deutschen Privatrechts. Nach dem Systeme des Herrn Hofraths Runde, 5. Bd., Stuttgart 1799, § 467, S. 23–37 (Zunftzwang, Reichsschluss von 1731 mehrfach in den Anmerkungen nachgewiesen). Hinweis: Die hier und später in den Fußnoten nachgewiesenen Allegationen sind in den Schriftsätzen immer abgekürzt und oft auch nur ungenau zitiert.

239 Joachim RÜCKERT, Handelsrechtsbildung und Modernisierung des Handelsrechts durch Wissenschaft zwischen ca. 1800 und 1900, in: Karl Otto Scherner (Hrsg.), Modernisierung des Handelsrechts im 19. Jahrhundert (Abhandlungen aus dem gesamten Bürgerlichen Recht, Handelsrecht und Wirtschaftsrecht, 66), Heidelberg 1993, S. 19–66, hier S. 43–46; Hans-Peter HAFERKAMP, Art. Natur der Sache, in: HRG III (2. Aufl., 2016), Sp. 1844–1847; Jan SCHRÖDER, Recht als Wissenschaft. Geschichte der juristischen Methodenlehre in der Neuzeit (1500–1990), Band 1: 1500–1933, 3. Aufl., München 2020, S. 270 Anm. 422; John Karl-Heinz MONTAG, Die Lehrdarstellung des Handelsrechts von Georg Friedrich von Martens bis Meno Pöhls. Die Wissenschaft des Handelsrechts im ersten Drittel des 19. Jahrhunderts (Rechtshistorische Reihe, 48), Frankfurt am Main 1986, S. 87–136.

240 SIMON, „Gute Policey" (wie Anm. 204), S. 355–368; WESTPHAL, Gerichtliche Verwaltungskontrolle im Alten Reich (wie Anm. 204), S. 23–25.

sehr vorzügliche Schriftsteller über den Reichsgerichtlichen Proceß.[241] Im Einklang mit einer starken zeitgenössischen Strömung unterschied der Referent hier nicht zwischen Reichskammergericht und Reichshofrat, sondern sprach übergreifend vom Reichsprozess.[242] Dafür zitierte er Werke der Kameralliteratur[243] sowie als außenstehenden, aber sehr sachkundigen Beobachter den Tübinger Rechtsgelehrten Julius Friedrich Malblanc.[244] Die Relation ist ersichtlich darum bemüht, die entscheidungserheblichen Rechtsfragen von verschiedenen Seiten zu beleuchten. Die Abhängigkeit der Zünfte und Gilden von ihren Landesobrigkeiten, so der Referent Degenfeld bzw. sein Zuarbeiter, bereite dem *Gesuch der A*[ppe]*llanten sehr grose Schwierigkeiten*. Hierzu führte er *besonders aber die dispositionen des Reichsschlußes von 1731* ins Feld. Geradezu begriffsjuristisch heißt es, aus *dem Begriff der Landeshoheit und der damit verknüpften Ober-Polizeyaufsicht* folge das Recht, bestehende Statuten ändern zu dürfen, ohne dass sich Untertanen auf wohlhergebrachte *Rechte und Gerechtigkeit* berufen könnten.[245] Hierfür berief sich der Referent bzw. Verfasser auf § 13 des Reichsschlusses bzw. der Handwerksordnung von 1731, wonach *einem jeden Stand ohnedas ohnbenommen* blieb, einen guten Handwerker *auch wider der Zunfft Willen (...) anzunehmen, und zur Meisterschafft kommen zu lassen*.[246] Auch für diesen Grundsatz bot der Referent einschlägige Literaturstimmen auf.[247] Methodisch folgt an dieser Stelle eine Art teleologische

---

241 HHStA, RHR, Relationes, K. 11, Nr. 5. Bogen B, S. 1.

242 Seit 1738 auch im Buchtitel von Seyfart, Teutscher Reichs-Proceß (wie Anm. 18).

243 Zitiert sind Johann Friedrich Albrecht Constantin von Neurath, Dissertatio (...) Observationes nonnullas de cognitione et potestate iudiciaria in causis quae politiae nomine veniunt, Erlangen 1780 (zitiert in der späteren Auflage Wetzlar 1791); Christian Jacob von Zwierlein, Vermischte Briefe und Abhandlungen über die Verbesserung des Justizwesens am Kammergerichte, Berlin 1767, S. 145 (unklar, ob Teil 1 oder 2 gemeint ist); dazu am Rand Hinweis auf Johann Ulrich von Cramer, Systema processus imperii seu supremorum augustissimorum tribunalium, pars secunda, Frankfurt/Ulm 1764, § 1067, S. 303.

244 Zitiert ist: Julius Friedrich Malblanc, Anleitung zur Kenntniß (wie Anm. 89), Teil IV, Nürnberg/Altdorf 1795, §§ 66–67 S. 265–275, hier S. 268 mit Verweis auf die *scharfsinnigen Bemerkungen* im soeben genannten Werk von Neurath.; zu Malblanc oben bei Anm. 88–91, 140–142.

245 HHStA, RHR, Relationes, K. 11, Nr. 5, Bogen B, S. 2, belegt mit Runde, Grundsätze des Privatrechts (wie Anm. 238), § 473 S. 331: Die Landesregierung *ist auch berechtigt, wenn es die Umstände erfordern, alte Statuten nach Gutfinden zu ändern; und den in schädlichen Mißbrauch ausgearteten Handwerksbrauch abzuschaffen; ohne daß dagegen eine Berufung auf wohlgewonnene oder wohlhergebrachte Rechte statt findet* (mit Verweis auf den Reichsschluss von 1731).

246 Reichsschluss/Reichshandwerksordnung 1731 § 13 am Ende, in: Schmauss/Senckenberg, Neue und vollständigere Sammlung IV (wie Anm. 221), S. 384; Normzitat in HHStA, RHR Relationes, K. 11, Nr. 5, Bogen B, S. 2.

247 Zitiert werden ziemlich pauschal Danz, Handbuch des Privatrechts V (wie Anm. 238), §§ 466–467, S. 1–37; Johann Jacob Moser, Von der Landes-Hoheit in Policey-Sachen, Frankfurt/Leipzig 1773, Cap IX § 19, S. 190 f.; Wiguläus Xaverius Aloysius Kreittmayr, Anmer-

Interpretation. Die Gesetzgebung, so der Referent, sei nämlich bisher nur darauf bedacht gewesen, *den seit so vielen Jahrhundertten von den Zünften getriebenen Unfug* einzuschränken. Wenn nunmehr im Gegenzug die Zünfte Rechtsschutz gegen ihre Obrigkeiten benötigten, dann sei die Zuständigkeit der Reichsgerichte allerdings eröffnet. Die Befugnis der Reichsstände, Zunftverfassungen abzuändern, bedeute nämlich nicht gleichermaßen das Recht, den eigenen Gesetzen *entgegen zu handeln*, so lange die Zunftartikel nicht förmlich abgeändert oder aufgehoben würden.[248] Dennoch könnten sich die Zünfte juristisch nicht auf wohlerworbene Rechte (jura quaesita),[249] sondern lediglich auf Privilegien berufen.[250] Da der Referent bzw. der Verfasser immer um umfassende Nachweise bemüht ist, führt er sofort im Anschluss die Gegenmeinung an, nach der Zunftstatuten überhaupt keine Privilegien, sondern spezielle Gesetze bildeten.[251] In der Abwägung gelangt Referent Degenfeld bzw. sein Zuarbeiter zu dem Ergebnis, dass jedenfalls Abänderungen und die vollständige Aufhebung von Zunftordnungen *nicht absque plenaria causae cognitione vorgenommen werden könne* und dies in Reichsstädten, *wo nicht selten die Zünfte einen wesentlichen Theil der städtischen Verfaßung ausmachen, einseitig von den Magistraten und ohne Beizug Bürgerschaft oder ihrer Repräsentanten gar nicht denkbar sey.*[252]

Die Relation schwankt erkennbar zwischen grundlegenden Ausführungen zum Rechtscharakter von Zunftordnungen, zwischen allgemeinem Verfassungsrecht und den speziellen Besonderheiten des Einzelfalls. Was den Kern des Rechtsproblems, das im Reichschluss von 1731 gewährte sog. Dispensationsrecht der Reichsstände betraf, hielt sich der Referent bzw. der Verfasser gerade mit Verweis auf dieses Reichsgesetz bedeckt. Er wolle nicht *in Abrede stellen*, dass die Beschwerde der Biberacher Zünfte *sehr zweifelhaft sey*. Vielmehr gehe es ihm nur darum, *meine Meinung zu vertheidigen, daß der vorliegende Gegenstand zur Berichtsabforderung, folglich zur Cognition dieses höchsten Reichsgerichts geeignet*

kungen über den Codicem Maximilianeum Bavaricum Civilem, 5. Teil, München 1768, Cap 27 § 3, S. 2385 f.

248 HHStA, RHR, Relationes, K. 11, Nr. 5, Bogen B, S. 4.

249 Nordloh, Kölner Zunftprozesse (wie Anm. 204), S. 74–77.

250 An dieser Stelle finden sich Verweise auf Johann Ulrich von Cramer, Wetzlarische Nebenstunden, 112. Teil, Ulm 1771, §. 22, S. 587 f: *daß die Handwerks-Articul ihrem ersten Anfang nach keine von der GesetzgebendenGewalt ertheilte Policey-Gesetze, sondern in so weit sie unter den Zunftgenossen verabredet, und von der Obrigkeit bestättiget worden (…) Privilegia sind*; Runde, Grundsätze des Privatrechts (wie Anm. 238), § 473, S. 330 f.

251 HHStA, RHR, Relationes, K. 11, Nr. 5, Bogen C, S. 1, mit Verweis auf Danz, Handbuch des Privatrechts V (wie Anm. 238), § 473 S. 62: *So bald aber Handwerksartikel von der Landesherrschaft ordnungsmäßig genehmigt, und so lange sie von dieser nicht wieder aufgehoben sind, nehmen solche die Natur wirklicher specieller Geseze an.*

252 HHStA, RHR, Relationes, K. 11, Nr. 5, Bogen C. S. 1.

sey.[253] Damit blieb der Referent prozessual im Rahmen dessen, was der Reichshofrat zunächst zu entscheiden hatte, und nahm nicht das Gesamtergebnis vorweg, für das die Aufbereitung der Sache noch nicht reif war. Ganz klar erscheint hier der Reichshofrat auch sprachlich in der Selbstbezeichnung als Reichsgericht. Darin liegt vermutlich zugleich einer der Gründe dafür, warum diese Relation von Degenfeld im Gegensatz zu den meisten Ausarbeitungen anderer Referenten bzw. ihrer Zuarbeiter ausnahmsweise eng an das gemeinrechtliche Vorbild angelehnt ist. Hier kam es offenbar gerade darauf an, den gerichtlichen Charakter des Streites herauszustellen und nicht in politische Allgemeinplätze abzugleiten.

Dennoch zeigt sich die Grauzone zwischen Recht und Politik in dieser Relation mehrfach, so auch bei einigen grundsätzlichen Bemerkungen über Reichsstädte. Der Referent bzw. der Verfasser betonte, er sei in keiner Weise gewillt, den Reichsstädten *die Landeshoheit abzusprechen, welche ihnen per Art. V § 29 et Art. VIII § 4 I*[nstrumentum] *P*[acis] *O*[snabrugense][254] *zugesichert worden ist.* Aber es bestehe *ein sehr groser Unterschied* zwischen Reichsstädten *und den übrigen höhern Reichsständen.*[255] Der Westfälische Frieden, der hier auftaucht, war für Grundfragen der Verfassungsordnung in den Augen des Referenten also auch um 1800 immer noch maßgeblich. Zwischen den Zeilen scheint die Frage auf, ob Reichsstädte ganz normale Reichsstände wie die größeren Territorien waren oder ob sie eine Sonderrolle spielten. *Selbst Pütter*, so der Referent, gebe dies zu.[256] Deswegen dürften die Reichsgerichte *solche Beschwerden* wie im Fall aus Biberach *nicht gerade zu abweisen*, sondern sie dürften sich für *berechtigt halten, vorerst zu erheben, ob ein Grund vorhanden sey, Zunftartikel abzuändern oder ob das Publikum durch die ertheilte Dispensation würklichen Vortheil zu erwarten habe.* Unausgesprochen stellte der Referent damit klar, dass die Kontrolldichte des Reichshofrats gegenüber reichsstädtischen Obrigkeiten erheblich höher war als gegenüber fürstlichen Landesherren. Zugleich schloss diese reichsgerichtliche Kontrolle neben reinen Rechtsfragen auch Zweckmäßigkeitsgesichtspunkte

---

253 Ebd.

254 Deutsche Übersetzung bei Arno Buschmann, Kaiser und Reich. Verfassungsgeschichte des Heiligen Römischen Reiches Deutscher Nation vom Beginn des 12. Jahrhunderts bis zum Jahre 1806 in Dokumenten. Teil II: Vom Westfälischen Frieden 1648 bis zum Ende des Reiches im Jahre 1806, Baden-Baden 1994, S. 47 f, 66.

255 HHStA, RHR, Relationes, K. 11, Nr. 5, Bogen C, S. 3.

256 Zitiert ist Johann Stephan Pütter, Institutiones Iuris Publici Germanici, Göttingen 1782, liber V caput 5 § 210, S. 205 mit der Marginalie *hodie superioritatem territorialem habent*; ebenfalls erwähnt wird Johann Jacob Moser, Von der Reichs-Stättischen Regiments-Verfassung, Frankfurt/Leipzig 1772, 1. Buch, 1. Kap § 3, S. 4 f.: *Daß denen Reichsstätten die Landeshoheit eben so wohl, als denen Churfürsten, Fürsten, Prälaten, Grafen und Herrn in ihrer Statt und in ihrem Gebiete zukomme, ist nunmehro, nach der analogie des Osn*[abrücker]. *Fri*[e]*d*[ens]. *Art. 5. § 29. unstreitig.*

ein, nämlich die Suche nach den erwähnten Vorteilen für das Publikum. Jedenfalls nahm der Referent bzw. der Verfasser für den Reichshofrat das Recht in Anspruch, als Stadtherr den Rat *zur Erfüllung seiner ihm als Administratorem obliegenden Pflichten* anzuhalten.[257] Damit gelangten die Ausführungen trotz ihrer auf den ersten Blick streng juristischen Einkleidung doch zu einem eher politischen Ergebnis.

Die hier sehr ausführlich wiedergegebene umfassende Relation des Reichshofrats Degenfeld bzw. seines Zuarbeiters zählt innerhalb der reichshofrätlichen Überlieferung zu den Ausnahmen, die mit großem Aufwand an Rechtsquellen und Literatur die entscheidungserheblichen Rechtsfragen gerichtsmäßig aufbereiteten und klärten. Freilich ging es auch hier nur um die Frage, ob ein Schreiben um Bericht an den Rat der Stadt Biberach ergehen sollte.[258] Ein Endurteil stand zu keiner Zeit im Raum. Trotz der starken Anlehnung an die juristisch-handwerkliche Relationstechnik fallen politische Andeutungen nach dem Sinn des Zunftzwanges und nach der Rechtsnatur von Reichsstädten ins Auge. An einer Stelle geht es sogar um die Frage, ob Kaufleute die Freiheit besäßen, mit fremden Waren zu handeln.[259] Das wirkt zukunftsweisend, ebenso wie die eigenständige Erschließung des Partikularrechts durch den zuständigen Referenten bzw. den Verfasser ohne förmliche Allegation und Beweisführung durch die Parteien. Auf der anderen Seite spielte die Handwerksordnung von 1731 eine tragende Rolle ebenso wie die Auslegung des Westfälischen Friedensvertrages von 1648. Die juristische Rahmung war jedenfalls deutlich vorhanden.

Die Grauzone zwischen Recht und Zweckmäßigkeit schimmert auch in einem Appellationsprozess aus Hamburg aus der Zeit um 1730/32 durch. Es ging um mehrere miteinander verwickelte Streitigkeiten, aber dem zuständigen Referenten bzw. Verfasser war klar, dass es für den Reichshofrat ein unüberwindliches Problem gab: *Waß aber haubstsächlich im weeg stehet, ist das opponirte privilegium de non appellando Hamburgense in Sachen, welche Commercia, Factorey, Macopey* betrafen.[260] Der Referent bzw. der Verfasser hatte sich hier eigenständig

257 HHStA, RHR, Relationes, K. 11, Nr. 5, Bogen D, S. 1, mit langem Zitat von Moser.

258 Ausdrücklicher Hinweis des Referenten zur Behandlung von Haupt- und Nebenpunkten: HHStA, RHR, Relationes, K. 11, Nr. 5, Bogen D, S. 3.

259 Ebd.; zu ähnlichen Diskussionen am Reichskammergericht Peter Oestmann, Zunftzwang und Handelsfreiheit im frühen 19. Jahrhundert, in: ZNR 26 (2004), S. 246–261.

260 HHStA, RHR, Relationes, K. 11, Nr. 16, S. 16; Hamburger Appellationsprivilegien bei Ulrich Eisenhardt (Hrsg.), Die kaiserlichen privilegia de non appellando (QFHG, 7), Köln/Wien 1980, Nr. 19–20 S. 209–219; ders., Kaiserliche Gerichtsprivilegien. Ihre Bedeutung für die Entwicklung der Rechtspflege im Alten Reich (QFHG, 78), Wien/Köln 2023, S. 114; ebenfalls hierzu Robert Riemer, Frankfurt und Hamburg vor dem Reichskammergericht. Zwei Handels- und Handwerkszentren im Vergleich (QFHG, 60), Köln/Weimar/Wien 2012, S. 32 f.

sachkundig gemacht und zitierte einen *Catalogus* von Georg Melchior Ludolff sowie das vielbändige „Reichsarchiv" von Lünig *sub rubro Hamburg*. Im Ergebnis war die *causa für non devoluta zu halten*. Damit war die gerichtliche Aufgabe des Reichshofrats beendet, weil die Appellation unzulässig war. Im Votum folgt jetzt aber ein weiterer Hinweis. Weil nämlich *die gravamina erheblich* seien, *so stellet Referent dem hohen Collegio anheimb ob nicht (...) dem Appellanten das beneficium*[261] *transmissionis zu gute kommen könne.*[262] Obwohl der Rechtsweg verschlossen war, sah der Referent bzw. Verfasser die Notwendigkeit wie auch die Möglichkeit, dem Appellanten zu helfen. Dafür schlug er eine Aktenversendung vor. In der Tat folgte das Reichshofratskollegium dieser Ansicht und traf eine zweigliedrige Entscheidung: *1) Denegantur petiti Appellationis processus. 2) Rescribatur dem Magistrat zu Hamburg nach beschaffenheit deren er sich gebrauch*[enden] *Umständen dem Appellanten daß beneficium transmissionis actorum ad impartiales zu verstatten.*[263] Obwohl der Appellationsprozess wegen des entgegenstehenden Privilegs abgeschlagen wurde, nahm der Reichshofrat sich das Recht heraus, dem Senat der Hansestadt Hamburg die Aktenversendung an eine Juristenfakultät vorzuschreiben. Diese Anordnung war in keiner Weise vom gemeinrechtlichen Prozessrecht gedeckt und belegt abermals, dass der Reichshofrat nicht als gewöhnliches Gericht auftrat, sondern als Obrigkeit, die sich allgemein für Recht und Gerechtigkeit einsetzte. Ob hierbei im Hintergrund die Überzeugung stand, gegenüber einer Reichsstadt könne eine kaiserliche Behörde als Stadtherr auftreten, lässt sich nicht klären. Im knapp gehaltenen Votum taucht dieser Gedanke jedenfalls nicht ausdrücklich auf. Aus moderner Perspektive wäre es vermessen, einen Verstoß des Reichshofrats gegen seine eigene Reichshofratsordnung festzustellen. Solche Nachsubsumtionen sind historisch unangebracht.[264] Interessanter ist vielmehr der Befund, dass die Referenten bzw. ihre Zuarbeiter in ihren Relationen einerseits die Rechtslage feinsäuberlich

261 Sprachgebrauch bei CRAMER, Wetzlarische Nebenstunden, 37. Teil, Ulm 1763, Nr. II, S. 18: *Ob das in vim Revisionis ergriffene Beneficium Transmissionis Actorum aus dem Grunde abgeschlagen werden könne, weil summa appellabilis vorhanden seye?*; ebd.: § 5, S. 21: *remedium Transmissionis Actorum.*

262 HHStA, RHR, Relationes, K. 11, Nr. 16, S. 16.

263 Ebd., S. 16 am Ende. In der Literatur ist bisher nur der entgegengesetzte Fall bekannt, dass nämlich ein Untergericht eine Aktenversendung ablehnte, wenn die Appellationssumme erreicht war, dazu Jürgen WEITZEL, Der Kampf um die Appellation ans Reichskammergericht. Zur politischen Geschichte der Rechtsmittel in Deutschland (QFHG, 4), Köln/Wien 1976, S. 293.

264 Peter OESTMANN, Referat zu Franz-Stefan Meissel, in: Michele Luminati/Ulrich Falk/Mathias Schmoeckel (Hrsg.), Mit den Augen der Rechtsgeschichte: Rechtsfälle – selbstkritisch kommentiert, Zürich/Berlin 2008, S. 452–456, mit Antwort von Meissel ebd. S. 457–459; ergänzend Gerhard DETER, Allodifikation, Grundablösung und das Entschädigungsproblem, in: ZRG Germ. Abt. 130 (2013), S. 205–237, hier S. 229 f. Anm. 93).

ermittelten und dann ganz pragmatisch einen Ausweg aus den zwingenden Vorschriften vorschlugen. Rein normengeschichtliche Annäherungen können solche Verfahrensweisen nie erkennen. Die Allegationen, so kunstvoll sie teilweise aussahen, waren auf diese Weise überhaupt keine tragenden Urteilsgründe, wenn im Ergebnis keine prozessrechtliche, sondern eine rechtspolitisch-herrscherliche Entscheidung erging.

8. Äußerungen über aufdringliche Parteien

In mehreren Relationen bzw. Voten äußerten sich die Verfasser nicht nur zum Sachverhalt und den aufgeworfenen Rechtsfragen, sondern auch zu den Parteien, die ihre Anliegen am kaiserlichen Hof betrieben. Die zumeist kurzen, aber nicht selten anzutreffenden Hinweise belegen und bestätigen abermals private Kontakte zwischen Reichshofratsmitgliedern und einigen Parteien oder Parteivertretern. Zugleich deuteten die Verfasser der Relationen an, welche Parteien ihnen sympathisch waren und welche nicht. Ob und ggf. welchen Einfluss diese Bemerkungen auf die Entscheidungsfindung bzw. auf die Darstellung des Lösungsweges entfalteten, ist unklar. Jedenfalls sahen die Verfasser augenscheinlich keinen Anlass, solche Gesichtspunkte zu verheimlichen. Derartige Äußerungen waren damit Teil der Argumentation, genauso wie der Sachverhalt und die Rechtsausführungen.

In dem bereits oben angesprochenen Rechtsstreit zwischen der Adelsfamilie von Acholshausen und dem Rezeptoratamt der Universität Würzburg gab es nach langer Verfahrensdauer in den 1760er Jahren noch Auseinandersetzungen um die genaue Höhe einer Ersatzforderung, deren exakte Berechnung der Reichshofrat dem Münzwardein[265] des fränkischen Reichskreises übertragen hatte.[266] Einige der zu diesem Streit überlieferten Relationen stammen offenbar von Heinrich Christian von Senckenberg,[267] dem in dieser Sache bestellten Korreferenten. Vor seiner Einschätzung der Rechtslage äußerte sich Senckenberg bzw. sein Zuarbeiter zur Person des Appellanten. Hierbei ging es sowohl um den In-

---

265 Deutsches Rechtswörterbuch, Bd. 9, bearb. v. Heino Speer, Weimar 1992/96, Sp. 1047: „Beamter an einer Münze, der die Münzherstellung, insbesondere die Einhaltung der gesetzlichen Vorschriften über Gehalt und Wert der verschiedenen Münzsorten beaufsichtigt und überprüft."

266 HHStA, RHR, Relationes, K. 1, Nr. 8, darin Conclusum vom 21. Januar 1765.

267 Zu ihm zuletzt Thomas Bauer/Sabine Hock, Senckenberg, Heinrich Christian (von), in: Frankfurter Personenlexikon (Onlineausgabe), https://frankfurter-personenlexikon.de/node/5963 (Stand vom 8. Juni 2022, abgerufen am 11. August 2024); zu seinen Rechtsbücherstudien zuletzt Peter Oestmann, Der Schwabenspiegel als norddeutsches Kaiserrecht, in: ZRG Germ. Abt. 141 (2024), S. 88–155, hier S. 148–151.

halt von Schriftsätzen als auch besonders um das Verhalten des Appellanten am Kaiserhof in Wien. Vor dem Auge des Lesers und damit damals vermutlich vor den Ohren derjenigen Reichshofräte, die den Vortrag des Referenten mündlich anhörten, entsteht das Bild eines aufdringlichen Querulanten und Intriganten. Senckenberg bzw. der Verfasser beginnt mit der Bemerkung, er sei sich sicher, *daß wir von dieses Mannes außschweifenden Petitis nicht werden los werden, wann wir ihme den weg nicht verlegen, wodurch er unsere bißherige Verfügungen zu eludieren weiß, und gleichsam dadurch des hohen Collegij nur spottet.*[268] Gemeint waren damit offenbar ständige Änderungswünsche des adligen Appellanten an der letzten noch offenen Zahlungsforderung. Vom Korreferenten Senckenberg bzw. seinem Zuarbeiter erfährt man hierzu: *Wir haben befohlen daß der thürhüter nichtes, so nicht von seinem ex officio bestellten Agenten unterschrieben, von ihme annehmen solle.*[269] Der Appellant von Acholshausen hielt sich augenscheinlich persönlich in Wien auf und betrieb den Rechtsstreit teilweise auf eigene Faust, obwohl er zugleich einen Agenten zum Prozessbevollmächtigten bestellt hatte. Der Türhüter[270] erfüllte hier nach Weisung des Reichshofrats ganz handfest seine Aufgabe, erwünschte bzw. zulässige Schriftsätze von unzulässigen Schreiben zu trennen. Schriftsätze des Agenten durfte er weiterleiten, persönliche Schreiben des Appellanten selbst dagegen musste er zurückweisen. Mit dieser sehr formalen Weichenstellung zeigte der Reichshofrat unausgesprochen zugleich, dass man von einem Anwaltsschriftsatz des Agenten ein Mindestmaß an juristischer Ernsthaftigkeit erwartete, die bei einer Privatperson, zumindest bei diesem Appellanten, dagegen nicht vorhanden war.[271] In großer Ehrlichkeit gab der Korreferent Senckenberg im nächsten Satz aber sofort zu: *Dieses zu eludiren übergibt Er seine Bittschriften directe an Kayserliche Mayestät.*[272] Der Türhüter als Schutz und Nadelöhr des Reichshofrats gegen unerwünschte Belästigungen ließ sich also leicht umgehen. Der Kaiser selbst, der oberste Gerichtsherr des Reiches, nahm, so jedenfalls Senckenberg bzw. der Verfasser, Schriftsätze an, die der Reichshofrat selbst für unziemlich hielt. Damit hatte der Appellant sogar Erfolg: *Dadurch kommen sie zu Ihrer Excellenz des Herrn Reichs-Vize Canzlers Handen, und dieser schicket sie sodan (...) hieher, wie Es in derley fällen gewöhnlich.*[273] Findige Ap-

268 HHStA, RHR, Relationes, K. 1, Nr. 8, Relation 24 (verbessert aus Relation 9).

269 Ebd.; diese Praxis bezeugt Johann Christian HERCHENHAHN, Geschichte der Entstehung, Bildung und gegenwärtigen Verfassung des Kaiserlichen Reichshofraths, 2. Theil, Mannheim 1792, S. 136.

270 Überblick über seine Aufgaben ebd., S. 123–133.

271 Allgemeiner Hinweis auf Meinungsverschiedenheiten zwischen Parteien und Agenten über die Intensität der Prozessführung bei DORFNER, Mittler (wie Anm. 64), S. 138–141.

272 HHStA, RHR, Relationes, K. 1, Nr. 8, Relation 24 (verbessert aus Relation 9).

273 Ebd.

pellanten, so darf man wohl schlussfolgern, kannten also die Möglichkeit, die Hürden beim Zugang zum Reichshofrat leicht zu umgehen. Der Weg zum Kaiser, also die Weiterleitung von Schriftsätzen über den Reichsvizekanzler an den Reichshofrat, war *gewöhnlich*. Ohne dass dies in der Korrelation weiter aufscheint, war damit zugleich klargestellt, dass der Reichshofrat die über den Reichsvizekanzler weitergesendeten Schriftsätze zur Kenntnis zu nehmen hatte. Die eigenen Abwehrmaßnahmen des Reichshofrats gegenüber Querulanten standen also unter ständigem Vorbehalt, sofern die politische Ebene bereit war, solche Schriftsätze weiterzureichen. Selbst kleinste Schritte in Richtung einer institutionellen Unabhängigkeit des Reichshofrats vom Hof waren damit nicht möglich. Auch die scheinbar banale Frage, ob man bei bestimmten Parteien einen Anwaltszwang durchsetzen konnte, hat man in der Praxis politisch beantwortet und nicht juristisch. Und dies bezog sich nicht auf die bedeutenden Fürsten des Reiches, sondern auf einen kleinen fränkischen Ritter.

Aus dieser Sackgasse schlug der Reichshofrat Senckenberg bzw. der Verfasser in seiner Korrelation folgenden Ausweg vor: *Solchem abzuhelfen weiß ich nun kein anderes Mitel, alß die vorwaltende umstände Kayserlicher Mayestät per Votum vorzustellen, und dahin den antrag zu machen, daß dem Ackoltzhausen per resolutionem Caesaream dergleichen Exhibierung, bey sonst zu gewarten habender schärfster ahndung und allentfalsiger hinweck schafung, und mit dem weiteren anhang verboten werden solle, daß auf derley Exhibita künftig nicht mehr resolvirt, sondern dieselbe (…) dem ex officio bestallten Agenten zur Cassierung zurückgegeben werden sollen.*[274] Senckenberg als Berichterstatter wusste also keinen besseren Ausweg als ein Votum ad Imperatorem.[275] Damit legte der Reichshofrat dem Kaiser die Sache nun seinerseits vor, nachdem zuvor ja bereits der Appellant diesen Weg gegangen war. Die angedrohten scharfen Strafen, von denen im Votum die Rede war, bezogen sich auf die Verwerfung der privaten Schriftsätze, waren also genau die Sanktion, die der Reichshofrat zuvor selbst beschlossen hatte. In der Tat entschied das Reichshofratskollegium am 1. Dezember 1755: *Fiat Votum ad Suam Caesaream Majestatem.*[276] An dieser Stelle ist eine kurze Erinnerung an die Quellengattung angebracht: Die dargestellte Debatte findet sich in den Relationen des Reichshofrats aus der Mitte des 18. Jahrhunderts. Es geht hierbei weder um Sachverhaltsfragen noch um Rechtsprobleme der Entscheidung, sondern um den Umgang des Gerichts mit einem aufdringlichen Appellanten. Solche Fragen

---

274 Ebd.

275 Umfassend jetzt SCHENK, Vota ad Imperatorem (wie Anm. 37); traditionell rechtshistorisch SELLERT, Prozeßgrundsätze (wie Anm. 45), S. 346–353.

276 HHStA, RHR, Relationes, K. 1, Nr. 8, Relation 24 (verbessert aus Relation 9), Abkürzungen aufgelöst.

und Diskussionen haben mit den schulmäßigen Stationen einer gemeinrechtlichen Relation nicht das Geringste gemeinsam. Die Relationen des Reichshofrats unterscheiden sich also nicht nur in ihrem Aufbau von den zeittypischen Relationen anderer Gerichte. Durch ihre inhaltlichen Verschiebungen zeigen sie zugleich die besondere Rolle des Reichshofrats im Spannungsfeld zwischen Gericht, Regierung und Beratungsorgan an. Dem hybriden Sachtyp des Reichshofrats als Reichsgericht entspricht vollauf der hybride Quellentyp der Reichshofratsrelationen als Entscheidungsvorschlag.

In dem oben bereits angesprochenen Appellationsprozess zwischen den Einwohnern von Curau gegen die Einwohner von Dissau finden sich ebenfalls abfällige Worte des Referenten bzw. des Verfassers gegen den nunmehrigen Appellaten Blattsailer. Offenbar hatte eine Partei, nämlich Jürgens, Appellation eingelegt, der Appellat Blattsailer dagegen zugleich Revision. Diesem Blattsailer hatte der Reichshofrat nach Mitteilung des Korreferenten *all weiteres advociren in denen bey Kayserl*[ichem] *ReichsHoffRath anhaengigen Sachen untersaget.*[277] Der Korreferent bzw. der Verfasser scheint dennoch ein gewisses Verständnis für Blattsailer gehabt zu haben. Der Entscheidungsvorschlag, den er in seiner *wenigen Einsicht* [...] *lediglich* unterbreitete, lautete, dass *die ordnungswidrig gebettene Revision nicht statt* habe. Doch fügte der Korreferent Freiherr von Münch bzw. der Verfasser hinzu, Blattsailer habe die Revision nur aus Mangel an Zahlungsmitteln ergriffen. Hier schimmerte also Mitleid durch. Deswegen überlegte der Korreferent bzw. der Verfasser, ob man diesem Mann einen Fristaufschub bis nach den Ferien, offenbar bis nach den Weihnachtsferien 1780, gewähren könnte. Der Reichshofrat als Gremium blieb hier aber hart und entschied, es werde *dem Revidenten Blattsailer ernst verwiesen, daß er sich unterstanden,* [...] *die Revision zu ergreifen.* Es gab eine *verstattung*, besser wohl eine Ermahnung, *dergleichen Unfug nicht mehr zu Schulden kommen zu lassen, damit nicht noethig seye mit schärfferer Kayserl*[icher] *Ahndung herfür zu gehen.*[278]

Die Seitenhiebe der Referenten auf Parteien, die sie als aufdringlich ansahen und deren Machenschaften sie unterbinden wollten, beruhen augenscheinlich auf persönlichen Erfahrungen der Beteiligten, wie sie ein bloßes Aktenstudium nicht geboten hätte. Im Fall Acholshausen geht aus der Relation hervor, dass der Appellant persönlich in Wien anwesend war und am Kaiserhof sein Anliegen auf eigene Faust betrieb — an seinem eigenen Anwalt vorbei und auch am Reichshofratstürhüter vorbei. Im Fall Blattseiler wusste der Referent etwas über die finanziellen Nöte des Revisionsklägers (*aus Mangel der ZahlungsMittel*[279])

277 HHStA, RHR, Relationes, K. 96, Nr. 3, zeitgenössisch Nr. 45, unfol.

278 Ebd.

279 Ebd.

und wollte ihm deswegen aus Mitleid eine Fristverlängerung gewähren, obwohl er das ergriffene Rechtsmittel selbst als prozessual unzulässig einschätzte. Die neuere Forschung hat vielfältige persönliche Kontakte zwischen Parteien bzw. ihren Sollizitanten oder Agenten und Reichhofratsmitgliedern nachgewiesen oder zumindest plausibel gemacht.[280] Die verstreuten Andeutungen in den Relationen bestätigen genau diesen Befund aus einer anderen Perspektive.

Daneben tauchen in den Voten der Reichshofräte bzw. ihrer Zuarbeiter abfällige Bemerkungen über Parteien auf, die augenscheinlich lediglich auf dem Aktenstudium beruhen und nicht auf persönliche Kontakte hindeuten. In dem späten Appellationsprozess zwischen Christian von Münch und Carl Friedrich von Lausberg meinte der Referent, dass *die Sache von einer gesunden Streitsucht des Appellanten zeüget, und dieser überhaupt keinen ernstlichen behelf zur begründung seiner vermeindlichen Schadloshaltungsklage anführen kann.*[281] Dieser Seitenhieb war eines der Argumente für den Referenten, um die Zulässigkeit der Appellation zu verneinen und ihre Abschlagung zu empfehlen. Die Streitsucht schien hier aus dem erfolglosen Rechtsmittel zu entspringen, nicht aus einer persönlichen Begegnung mit der Partei selbst. Solche Bemerkungen bewegen sich also innerhalb des gemeinrechtlichen Relationsmodells und seinem rein schriftlichen Verfahren.

9. Erfolg des Referenten

Die Relationen hatten die Aufgabe, eine Entscheidung vorzubereiten. Es ist daher reizvoll, die jeweiligen Vorschläge der Referenten bzw. ihrer Zuarbeiter mit dem Ergebnis, also mit dem Beschluss des Reichshofrats, zu vergleichen. Je nach Arbeitsaufwand sind an diesem Punkt erhebliche Ausweitungen der Quellengrundlage denkbar. Verschiedene Serien von Protokollbüchern lassen sich mit den Akten und Relationen verknüpfen und auf diese Weise zumindest die schriftlich dargestellte Entscheidungsfindung so genau wie möglich nachvollziehen.[282] Diese schriftlich dokumentierten Beratungsvorgänge bleiben hier nach

---

280 Schenk, Actum et judicium (wie Anm. 55), S. 64; bereits Herchenhahn, Geschichte II (wie Anm. 269), S. 137, meinte: *Die Parteien sind bei einem Gerichte Hauptpersonen, sie gehören zum Gericht. Die Parteien, welche beim Reichshofrathe sich aufhalten, gehören also auch zum Reichshofrath.*

281 HHStA, RHR, Relationes, K. 117, Nr. 5, Bogen 5 a.

282 Hierzu befindet sich zur Zeit ein Erschließungsvorhaben in Vorbereitung, daher vorerst zur Sache: Schenk, Actum et judicium (wie Anm. 55), S. 116–127; ergänzend Barbara Staudinger, Die Resolutionsprotokolle des Reichshofrats als Quelle zur jüdischen Geschichte, in: Anette Baumann/Siegrid Westphal/Stephan Wendehorst/Stefan Ehrenpreis (Hrsg.), Prozeßakten als Quelle.

der selbstgesetzten Themenbegrenzung weiterhin ausgespart. Es geht viel bescheidener darum, inwiefern die Relationen selbst Aussagen zum Fortgang der Sachen ermöglichen. Teilweise äußerten sich die Verfasser der Relationen in ihren Ausarbeitungen selbst zu ihren Erfolgsaussichten, teilweise ist es auch möglich, die vorgeschlagenen Entscheidungen mit den ergangenen Entscheidungen abzugleichen. Deswegen fehlt es im Folgenden einerseits an der bestmöglichen Verfeinerung. Dafür gerät andererseits eine größere Zahl an Beispielen in den Blick, so dass die Schlaglichter auf einer etwas breiteren Grundlage beruhen.

Den Beginn macht ein norddeutscher Fall. In einem Streit des Johannisklosters aus Lübeck gegen den Stadtjägermeister hatte der Referent bzw. sein Zuarbeiter eine umfangreiche Relation von knapp 60 Seiten ausgearbeitet.[283] Es ging um eine angeblich unerlaubte Jagdtätigkeit im Grenzland des Klostergutes. Ein älterer Reichskammergerichtsprozess um Geflügeljagd hatte bereits 1766 mit einem Vergleichsschluss sein Ende gefunden.[284] Jetzt stritt man am Reichshofrat nur noch um *Schrepfen, Ramms-Vögel, Droßel als Zug-Vögel,*[285] wie der Referent bzw. der Verfasser meinte, also um Sachen von *so geringem Belang.*[286] Der Referent betonte, es handele sich um eine Appellation in einem Verfahren des einstweiligen Rechtsschutzes *in possessorio summariissimo*, und deswegen hielt er das Rechtsmittel für unzulässig. Die Vorinstanz habe keine Entscheidung in der Hauptsache gefällt, der Besitz selbst sei als solcher nicht geschwächt, und auch die Kostenentscheidung als solche habe keine weitere Rechtsverletzung verursacht. Daher meinte der Verfasser leicht paternalistisch, dass der Reichshofrat dem Johanniskloster *eine würckliche Wolthat erweisen* könne, *wann wir ihm die Kosten eines Appellations-Processes in Summariissimo*[287] *ersparen, und dadurch desto ehr zu Ausführung des Petitorii behülflich sind.* Sein Entscheidungsvorschlag lautete daher: *1. Werden die gebethenen Appellations-Processe hiemit abgeschlagen*[288]. Genau dies sahen die übrigen Reichshofräte anders. Am 26. Januar 1784

Neue Ansätze zur Erforschung der Höchsten Gerichtsbarkeit im Alten Reich (QFHG, 37), Köln/Weimar/Wien 2001, S. 119–140; DIES., Art. Die Resolutionsprotokolle des Reichshofrats (RHR), in: zeitenblicke 3 (1004), Nr. 3 = https://www.zeitenblicke.de/2004/03/staudinger/staudinger.pdf, abgerufen am 9. August 2024.

283 HHStA, RHR, Relationes, K. 94, Nr. 4, 15 Bögen mit jeweils vier Seiten.

284 Ebd., Bogen 1; kein Hinweis auf diesen Prozess bei Hans-Konrad STEIN-STEGEMANN, Findbuch der Reichskammergerichtsakten im Archiv der Hansestadt Lübeck (Veröffentlichungen des Schleswig-Holsteinischen Landesarchivs, 18), Schleswig 1987, Bd. 1, S. 310–314.

285 HHStA, RHR, Relationes, K. 94, Nr. 4, Bogen 1.

286 Ebd., Bogen 6.

287 Zum sog. Summariissimum oben bei Anm. 226–229. FALK, Consilia (wie Anm. 31), S. 141–146, bringt einen Abschnitt zum Summariissimum und beschäftigt sich auch oft mit Kostenfragen, nicht jedoch mit den Kosten des Appellationsverfahrens im Eilrechtsschutz.

288 HHStA, RHR, Relationes, K. 94, Nr. 4, Bogen 6.

verfügten sie, an den Rat der Reichsstadt Lübeck zu schreiben und einen Bericht über den genauen Sprachgebrauch der *Clösterlichen Felder* einzuholen. In der Tat kam dieser Bericht später ein, wobei die Stadt Lübeck wie der beklagte Jägermeister die Abweisung der Appellation beantragte. Der Referent bzw. sein Zuarbeiter schlug daraufhin erneut die Abweisung der Appellation vor.[289] *Ita conclusum*, entschieden die Reichshofräte daraufhin am 18. März 1785.[290] Im Ergebnis schloss sich der Reichshofrat damit dem Referenten an, dies aber erst nach einer weiteren Verfahrensverzögerung und Aufblähung der Akte. Möglicherweise stand im Hintergrund der scheinbaren Banalität ein Grundsatzstreit um die Reichsunmittelbarkeit des Johannisklosters. Noch im 16. Jahrhundert hatte das Kloster seine Freiheit mit kaiserlicher Unterstützung verteidigt. Möglicherweise fühlte sich der Reichshofrat zunächst an dieses Herkommen gebunden, ließ sich dann aber von der Rechtsauffassung des Lübecker Rates überzeugen.[291] Das Schreiben um Bericht war in Untertanenprozessen für Reichskammergerichtsprozesse seit 1654 zwingend vorgeschrieben,[292] bei einer unzulässigen Appellation aber gar nicht notwendig. Das Reichshofratskollegium hatte hier die Entscheidung verzögert, obwohl das wesentliche Argument des Referenten nicht zu widerlegen war. Der Ausgang des Verfahrens selbst änderte sich indes nicht. Nur die Arbeit aller Beteiligten erhöhte sich.

In dem oben bereits erwähnten Streit zwischen der Adelsfamilie Acholshausen und dem Rezeptoratamt der Universität Würzburg zeigt sich in vielen Relationen der Unmut beider Referenten bzw. ihrer Zuarbeiter über den in ihren Augen querulatorisch veranlagten Appellanten. Offenbar hatte der Appellant sogar beantragt, der Reichshofrat möge gegen seinen ihm von Amts wegen zugeordneten Agenten ermitteln.[293] Die Entscheidungen des Reichshofrats fielen im Gegensatz zu den scharfen Relationen aber immer halbherzig aus. Am 1. Dezember 1755 hieß es in einer Resolution, der Appellant sei wegen *höchststräflicher Verunglimpfung* einiger Reichshofratsmitglieder aufgefallen und in kaiserliche Ungnade *verwiesen*. Die Konsequenz war aber lediglich, dass der Appellant sich solcher *unternehmungen so gewiß vor das künftige zu enthalten* habe. Sonst nämlich werde man *mit der von nun an verdienten schärfesten ahndung, ohne alle weitere nachsicht* gegen ihn vorgehen.[294] Außerdem beschloss man, dass der Appellant mit

289 Ebd., Bogen 15.

290 Ebd.

291 Zur Rechtsstellung des Johannisklosters Wolf-Dieter Hauschild, Kirchengeschichte Lübecks. Christentum und Bürgertum in neun Jahrhunderten, Lübeck 1981, S. 227, 297, 371.

292 JRA 1654 § 105 am Ende, in: Schmauss/Senckenberg, Neue und vollständigere Sammlung II (wie Anm. 221), S. 660.

293 HHStA, RHR, Relationes, K. 1, Nr. 8, Relation 24 (verbessert als Relation 9).

294 Ebd.

einer sog. Alimentationsforderung *den Kayserlichen Reichshofrath so gewiß (...) nicht mehr behelligen solle,* weil ansonsten *seinem ungestimmen anlaufen (...) ein ende gemachet werden wirdt.*[295]

Bei diesen Drohungen hatte es augenscheinlich sein Bewenden. Sieben Jahre später, am 14. Mai 1762, inzwischen bei der 28. Relation in dieser Sache angelangt, hieß es zu einem weiteren Antrag des Appellanten fast gleichlautend, *falß er den Kayserlichen Reichshofrath damit ferner zu behelligen sich anmaßen sollte,* werde *mit schärferer Verordnung unfählbar fürgeschritten.*[296] Die zuständigen zwei Referenten bzw. die Verfasser scheinen die Entscheidungsschwäche des Reichshofrats nur schwer ertragen zu haben, so schimmert es jedenfalls zwischen den Zeilen durch. Der Referent Gärtner bzw. sein Zuarbeiter meinte, der Rechtsstreit betreffe *eine solche kleinigkeit, die mann sich kaum vorstellen kann.* Bereits 1739 sei die Sache im Kern geklärt gewesen, 1759 habe man das zwanzig Jahre alte Konklusum nochmals bestätigt, jetzt gehe es am Ende nur noch um winzige Berechnungsmodalitäten bestimmter Geldforderungen.[297] Der Reichshofrat Heinrich Christian von Senckenberg bzw. sein Zuarbeiter zeigte in einer undatierten Relation ebenfalls seinen Unmut. Er merkte an: Als der Appellant wahrgenommen habe, dass er in der Hauptsache *wenig oder gar nichts mehr zu hofen haben werde,* sei er *auf einen andern gedancken verfallen* und habe versucht, ein von seinen Vorfahren vergebenes Haus wieder einzulösen.[298] Durch solche kleinen Verschiebungen des Streitgegenstandes zog sich der Rechtsstreit über Jahre in die Länge. Senckenberg bzw. der Verfasser meinte: *Ich könnte dieses Exhibitum, wenigst so viel den punctum Monetae betrift, gantz leicht als eine Vernehmlaßung mithin gleichsam pro Exceptionibus aufnehmen, folglich es in so weit mit einem Communicetur abfertigen.*[299] Geradezu rhetorisch malte Senckenberg bzw. sein Zuarbeiter hier das übliche kraftlose Vorgehen des Reichshofrats an die Wand, distanzierte sich aber sofort davon: *Nachdeme ich es aber mit einer parthey zu thun habe, der ich gern den weg zu allen weiteren angewohnten außschweifungen, so viel immer thunlich, verlegen wollte, so gedencke auch darmahlen eine hiezu dienliche resolution ergehen zu laßen.*[300] Senckenberg, in dieser Sache Korreferent, bzw. der Verfasser stellte in der Relation zwei Verfahrensweisen gegenüber. Zum einen beschrieb er fast schon süffisant einen schwerfälligen Stilus Curiae, der selbst freche und nicht sachdienliche Schriftsätze in Vernehmlassun-

---

295 Ebd., Abkürzungen aufgelöst.

296 HHStA, RHR, Relationes, K. 1, Nr. 8, Relation 28 *Corref. D. B. à Senckenberg nunc D: à Gärtner,* Abkürzungen aufgelöst.

297 Ebd., Relation 30.

298 Ebd., Relation 27 (ohne Datum).

299 Ebd.

300 Ebd.

gen und Exzeptionen, also förmliche Erwiderungen und Einwendungen, umdeutete. Das hatte den Vorteil, dass der Reichshofrat sich mit der bloßen Weiterleitung des Schriftsatzes hätte begnügen können. Die Reichshofräte hätten die Sache mit einem schlichten *Communicetur* abfertigen können. Eine inhaltliche Stellungnahme ließ sich auf diese Weise lange hinauszögern. Demgegenüber sprach sich Senckenberg bzw. der Verfasser selbst dafür aus, dem Appellanten seinen ausschweifenden Vortrag zu versperren. Dies ging aber nicht im Wege der sog. Kommunikation, sondern setzte eine Entscheidung des Reichshofrats voraus, nämlich eine *dienliche resolution*, die genau den unendlichen Fortgang der Streitigkeit verhinderte. Die juristische Frage, wann und ob eine Causa entscheidungsreif war oder nicht, tauchte an dieser Stelle nicht auf. Wie in den meisten Relationen gibt es auch in dieser Ausarbeitung kaum Rechtsausführungen oder Allegationen. In der Gegenüberstellung zweier Verfahrensweisen zeigte Senckenberg bzw. der Verfasser indes, dass sich an zahlreichen Weichenstellungen des Verfahrens die Möglichkeit bot, eher zügig auf ein Ende des Streits hinzuarbeiten oder die Auseinandersetzung durch die schlichte Weiterleitung von Schriftsätzen vor sich hin plätschern zu lassen.

An dieser Stelle bietet sich ein rechtshistorischer Hinweis an. Wolfgang Sellert betont in Anlehnung an zeitgenössische Autoren des 18. Jahrhunderts, es habe am Reichshofrat eine besondere Prozessart, nämlich einen Kommunikationsprozess gegeben.[301] Die bloße Weiterleitung von Schriftsätzen sei zwar eine „weniger bedeutende“ Maßnahme gewesen. Die eigenständige Prozessart zeige sich allerdings in der Verfahrenseinleitung. Am Anfang habe der Reichshofrat nicht die Ladung des Beklagten verfügt, sondern dem jeweiligen Gegner lediglich die erste Schrift zugestellt und ihn zur etwaigen Antwort aufgefordert.[302] Nur wegen dieses ersten *Communicetur*, der Schriftsatzzustellung am Beginn des Verfahrens, soll es sich um eine eigenständige Prozessart des Reichshofrats handeln. Diese Sichtweise, soweit sie über die bloße Beschreibung zeitgenössischer Sichtweisen hinausgeht, erscheint problematisch. Ein Blick auf das Oberappellationsgericht Lübeck in der ersten Hälfte des 19. Jahrhunderts zeigt nämlich genau dasselbe Verfahren wie am Reichshofrat. Auch hier erließ das Gericht sog. Kommunikativdekrete, stellte dem jeweiligen Verfahrensgegner die Appellationsschriften zu und forderte ihn *bei Vermeidung des Ausschlusses* auf, sich vernehmen zu lassen.[303] Das war genau dasselbe Verfahren wie am Reichshofrat und mit der sog.

301 Wolfgang SELLERT, Art. Kommunikationsprozess, in: HRG II (2. Aufl., 2012), Sp. 1998 f.; DERS., Prozeßgrundsätze (wie Anm. 45), S. 192 f., mit Hinweisen auf HERCHENHAHN, Geschichte III (wie Anm. 269), S. 410–424; Benjamin Ferdinand MOHL, Historisch-politische Vergleichung der beyden höchsten Reichsgerichte in ihren wichtigsten Verhältnissen, Ulm 1789, S. 239 f.

302 SELLERT, Prozeßgrundsätze (wie Anm. 45), S. 193.

303 Beispiele bei Peter OESTMANN, Zur Gerichtspraxis im 19. Jahrhundert. Ein Schmuggeleiprozess

Vernehmlassung sogar sprachlich genau so formuliert. In beiden Fällen hat man es mit einem Rechtsstreit ohne jede förmliche Mündlichkeit zu tun. Eine Ladung zu einer Verhandlung erübrigte sich deshalb, weil es diese Verhandlung gar nicht gab. Vermutlich handelt es sich bei der Kommunikation daher um eine ganz schlichte und pragmatische Konsequenz aus dem Schriftlichkeitsgrundsatz. Für das gemeine Prozessrecht des 19. Jahrhunderts bestätigte Wetzell genau diese Sichtweise.[304] Versteht man dagegen wie Sellert den Kommunikationsprozess als eigenen Verfahrenstyp, der im Vergleich zum Ladungsverfahren, also dem Zitationsprozess, besonders frei gewesen sei, stellt sich sofort die Gefahr von Rückschauverzerrungen.[305] Sellert meint etwa, der Kommunikationsprozess habe wegen seines weitgehenden Verzichts auf Förmlichkeiten dem Reichshofrat die Möglichkeit geboten, Fälle zu entscheiden, noch bevor der Beklagte überhaupt auf eine Klage reagiert habe.[306] Darin soll der Grund gelegen haben, weshalb der Reichshofrat seine Verfahren „oft" viel zügiger als das Reichskammergericht abschließen konnte.[307]

Die Relationen aus der Causa Acholshausen gegen die Universität Würzburg sprechen genau die entgegengesetzte Sprache. Der Korreferent Senckenberg bzw. sein Zuarbeiter stellte das Kommunikationsverfahren vielmehr als Möglichkeit dar, eine Streitsache durch bloßes Hin- und Hersenden von Schriftsätzen endlos auszudehnen,[308] ohne eine Entscheidung treffen zu müssen. Kaum erstaunlich meinte Senckenberg bzw. der Verfasser: *Ich gedächte also wir thäten am besten, wann wir deßen*, also Acholshausens, *vollständiges abweisungs gesuch alß ordnungs- und Sententz widrig abweisen.*[309] In diesem Fall hätte sich der Reichshofrat dann nicht mit einer Kommunikation begnügt, sondern hätte eine eigene Entscheidung getroffen. Aber Senckenberg kannte als Korreferent offenbar die Stimmung unter seinen Kollegen und meinte, dass er *die approbation dieses Vorschlags*

---

am Oberappellationsgericht Lübeck, Teil 1: Einführung und Edition, Wien/Köln/Weimar 2019, S. 193 (vom 18. Dezember 1821) und S. 515 (vom 12. September 1829).

304 Georg Wilhelm Wetzell, System des ordentlichen Civilprocesses, 3. Aufl., Leipzig 1878, S. 548, hier aber beschränkt auf Verfügungen im schriftlichen Verfahren, wenn nicht zugleich ein Befehl des Gerichts ergehen musste.

305 Ulrich Falk, Urteilsverzerrungen: hindsight bias und anchoring. Einleitende Fragen zu einem interdisziplinären Problem, in: Kai Brodersen (Hrsg.), Vincere scis, victoria uti nescis: Aspekte der Rückschauverzerrung in der alten Geschichte (Antike Kultur und Geschichte, 11), Berlin 2008, S. 9–17.

306 Sellert, Prozeßgrundsätze (wie Anm. 45), S. 193.

307 Ebd., S. 194.

308 Noch stärkere Verzögerung, weil die Kommunikation offenbar nicht gegenüber allen Streitgenossen erfolgt war, in HHStA, RHR, Antiqua, K. 481 Baden-Baden ./. Oettingen-Katzenstein, fol. 136r.

309 HHStA, RHR, Relationes, K. 1, Nr. 8, Relation 27 (ohne Datum).

um so weniger mir sicher versprechen kann. Am Ende blieb nichts anderes übrig, als den unliebsamen Appellanten *zu näherer vernehmlaßung (...) zu verweisen.*[310] Hier schlug der Korreferent bzw. sein Zuarbeiter also eine Verfahrensweise vor, die er selbst für falsch hielt. Auf dieser Weise erhielt er zwar die Zustimmung zu seinem Vorschlag, aber das Ergebnis war nur zweite Wahl.

Ein Beispiel aus Biberach von 1737/38 bestärkt die Zweifel am Kommunikationsprozess als eigener Verfahrensart des Reichshofrats. In einem Konfessionskonflikt über das Besetzungsrecht von Apothekerstellen mit Katholiken und Protestanten[311] hatten die Reichshofratskläger, die katholischen Vertreter des Magistrats, den Erlass eines Inhibitionsmandats *de non contraveniendo I*[nstrumento] *P*[acis] *W*[estphalicae] gegen die sog. augsburgischen Konfessionsverwandten beantragt.[312] Dieses Mandat lehnte der Referent bzw. Verfasser in seiner äußerst knappen Relation in nur zwei kurzen Absätzen ab. Für den einstweiligen Rechtsschutz hielt er die Sache nicht für geeignet, weil sie *eine ordentliche und gründliche Untersuchung* erfordere.[313] Nach einem bis zur Replik fortgesetzten Schriftsatzwechsel wiederholten die Impetranten ihren Antrag auf Erlass des gewünschten Mandats. Der Referent bemerkte an dieser Stelle, *man hat (...) die Causa zu keinem Mandato qualificiret angesehen, folglich ein simples Communicatur erkandt.*[314] Wegen der Bestellung eines städtischen Physikus bzw. Apothekers hatte der Reichshofrat bereits 1709 und 1727 Reskripte an die evangelischen Ratsherrn erlassen. Mit jedem neuen Antrag änderte sich allerdings der Streitgegenstand. Der Antrag auf Erlass des Inhibitionsmandats eröffnete damit zumindest in der Sichtweise des zeitgenössischen Prozessrechts einen neuen Rechtsstreit. Wenn der Referent bzw. der Verfasser und danach auch das Reichshofratskollegium das Mandat ablehnten und nur ein *simples Communicetur* beschlossen, blieben sie damit hinter dem Antrag der katholischen Ratsverwandten zurück. Es wäre jetzt eine übersubtile und wenig zeitgerechte dogmatische Verzerrung, wenn man die Ablehnung des Mandats zusammen mit dem Erlass des Kommunikationsschreibens als Änderung der Prozessart deuten wollte. Funktional war die Weiterleitung des Schriftsatzes bzw. die Bitte, sich *allerunterth*[änigst] *vernehmen zu laßen,*[315] in diesem Fall nur die reichshofrätliche Variante eines sog. Schreibens um Bericht, wie es am Reichskammergericht ebenfalls praktiziert wurde und auch in reichsrechtlichen Quellen für

310 Ebd.

311 Überblick über die städtischen Verfassungsunruhen der 1730er Jahre bei RIOTTE, Die paritätische Stadt (wie Anm. 171), S. 354–358.

312 HHStA, RHR, Relationes, K. 11, Nr. 3, S. 802 (Bleistiftpaginierung).

313 Ebd., S. 804. Es sind mehrere Kurzrelationen von 1737 und 1738 überliefert.

314 Ebd., S. 811, direkt danach folgt die Entscheidung mit dem Kommunikationsvermerk.

315 Ebd., S. 804, Ziff. 1 des Beschlusses von 1737.

einige Fälle vorgesehen war.[316] Der Kommunikationsprozess erscheint damit in seiner bloßen Eröffnungsvariante als Minus gegenüber der jeweils beantragten Maßnahme des Gerichts, kaum aber als Aliud im Sinne einer geänderten Prozessart. Benjamin Ferdinand Mohl brachte diesen Befund mit subtilem Spott 1789 auf den Punkt. Für ihn handelte es sich, wenn der Reichshofrat, *ohne eine der gewöhnlichen Proceßgattungen zu erkennen*, lediglich beschloss, die Sache *zu communiciren*, um keinen eigenen Verfahrenstyp. Vielmehr waren *diese Abweichungen blos Modificationen (...) die sich der Reichshofrath nach dem freieren bei ihm einmal angenommenen Geschäftsgang erlaubt*. In Wirklichkeit ging aber alles *in dem ordentlichen Proceßschlendrian* weiter.[317] Diese Einschätzung war nicht etwa die Übertreibung eines jugendlichen Heißsporns.[318] Vielmehr lagen die Stellungnahmen der Reichshofratsmitglieder bzw. ihrer Zuarbeiter in den Relationen ganz auf derselben Linie.

Das Verfahren um die Jagdgerechtigkeiten des Johannisklosters in Lübeck und um die Zahlungsstreitigkeiten zwischen Acholzhausen und dem Rezeptoratamt der Würzburger Universität zeigen mehrere Gemeinsamkeiten, auch wenn es sich nur um zwei zufällig entdeckte Einzelfälle handelt. In beiden Verfahren hatten die Referenten den Eindruck, dass es sich um eine völlig unbedeutende Streitigkeit handelte, die ein langwieriges Verfahren nicht rechtfertigte. Beide Referenten bzw. Verfasser setzten sich jeweils dafür ein, den Streit durch eine schnelle Entscheidung zu beenden, um das in ihren Augen zu langwierige Verfahren abzukürzen. Aber in beiden Fällen konnten sich die Referenten nicht durchsetzen. Das Schreiben um Bericht im Falle Lübeck und die ständige Kommunikation von Schriftsätzen im Fall Acholshausen führten jeweils zu Verzögerungen im Rechtsstreit. Im Ergebnis folgte der Reichshofrat teilweise durchaus den Vorschlägen der Referenten bzw. ihrer Zuarbeiter, dies aber erst nach weiteren Zwischenschritten, deren Notwendigkeit umstritten war. Verallgemeinerungen sind angesichts der eher dünnen Quellengrundlage und des bescheidenen Forschungsstandes kaum möglich. Allerdings lässt sich mit Blick auf die Relationen kaum sagen, dass der Referent bzw. Verfasser in jedem Fall die Stimmung und damit die Entscheidungen im Reichshofratskollegium steuern konnte. Vielmehr scheinen die Referenten schon vor den Beratungen über ihre Relationen durch Hintergrundgespräche die Mehrheitsmeinung gekannt zu haben oder zumindest Erfahrung genug besessen zu haben, um die Sichtweise der Mehrheit abzuschät-

---

316 JRA 1654 § 105 für Klagen gegen reichsunmittelbare Obrigkeiten, bei SCHMAUSS/SENCKENBERG, Neue und vollständigere Sammlung III (wie Anm. 221), S. 660.

317 MOHL, Historisch-politische Vergleichung (wie Anm. 301), S. 239 f.

318 Mohl war 23 Jahre alt, als er sein Werk verfasst, Lebensabriss bei Robert von MOHL, Art. Mohl, Benjamin Ferdinand, in: ADB 22 (1885), S. 54 f.

zen. Soweit sich Meinungsgegensätze zwischen den Referenten und der Kollegiumsmehrheit zeigen, sprach sich die Mehrheit jeweils für ein bedachtsames und langsames Vorgehen und gleichzeitig für eine Entscheidungsvermeidung aus.[319] Diejenigen Referenten, die aufgrund ihres Aktenstudiums bzw. einer hilfreichen Zuarbeit die schneidigere Auffassung vertraten, ein einfach gelagerter Fall sei entscheidungsreif, hatten es jedenfalls schwer, damit Gehör zu finden.

Ausnahmen bestätigen auch hier die Regel. In dem oben erwähnten Streit um die Aufnahme eines Geisteskranken in das Armenhaus zu Lübeck hatte der Lübecker Rat ein Mandat des Reichshofrats gegen die sog. zwölf bürgerlichen Kollegien beantragt. Der Rat hatte eigenmächtig einen Johann Sundermann durch das Militär in das Armen- und Werkhaus verbringen lassen. Die Bürgerschaft jedoch hatte diesen Mann eigenmächtig in den sog. Pesthof verlegt. Der Referent am Reichshofrat bzw. der Verfasser der Relation lehnte den Erlass eines Mandats ab. Er meinte, es könne vorerst nur ein Vorbescheid ergehen. Die zeitgenössische Rechtsqualität von Vorbescheiden ist unklar und schwankte offenbar im Partikularrecht erheblich.[320] Für den Reichshofrat meinte Benjamin Ferdinand Mohl, der Vorbescheid sei eine Möglichkeit, *den Proceß, aber nicht so, wie gebeten worden* ist, zu *erkennen*,[321] also ein Minus gegenüber dem Antrag des Klägers. Genauso war es in diesem Fall. Der Reichshofratsreferent meinte 1784 in seinem Votum, dass der Lübecker Rat vor dem Erlass des Mandats seine Behauptungen noch *gebührlich bescheinigen* müsse. *In beglaubter form* sollte der Rat Beilagen einsenden, zugleich seine Quasi-Possessio[322] nachweisen und auch die Verlegung von Sundermann in das Pesthaus besser belegen.[323] In der Terminologie des Kameralprozesses hätte man hier von einem Schreiben um Bericht gesprochen.[324] Der Reichshofrat folgte diesem Vorschlag allerdings nicht und erließ sofort das

319 Ähnlich zum Verhältnis vom Vorschlag des Referenten zur Mehrheitsmeinung des Kollegiums am Beispiel von Reichsstädten Eugen Guglia, Der Reichshofrath in Wien, in: Österreichisch-Ungarische Revue. Monatsschrift für die gesammten Culturinteressen Österreich-Ungarns 15 (1893/94), S. 98–108, hier S. 105; dort auch sehr klar zum Verhältnis der juristischen zur politischen Diskussion. Ich danke Tobias Schenk für den Hinweis auf diesen Aufsatz.

320 Astrid Thomsch, David Mevius und der (Prozess-)Vergleich im Usus modernus pandectarum. Eine Analyse von Gerichtsordnung, Decisionen und Akten (Schriftenreihe der David-Mevius-Gesellschaft, 8), Hamburg 2014, S. 34–41, 346–387; Peter Oestmann (Hrsg.), Der Landrechtsentwurf von David Mevius. Mecklenburgisches Partikularrecht im 17. Jahrhundert. Einführung und Edition (Einheit und Vielfalt im Recht, 1), Wien/Köln 2021, S. 56, 133 f., 209, 318 f.

321 Mohl, Historisch-politische Vergleichung (wie Anm. 301), S. 239.

322 Überblick bei Coing, Europäisches Privatrecht I (wie Anm. 226), S. 343–346.

323 HHStA, RHR, Relationes, K. 96, Nr. 5, Bogen 4 d–5 a.

324 Zu Bedeutung am Reichshofrat Sellert, Prozeßgrundsätze (wie Anm. 45), S. 181–191; Nikolaus Thaddäus Gönner, Handbuch des deutschen gemeinen Prozesses, 4. Band, 2. Aufl., Erlangen 1805, Kap. LXXXII § 3, S. 50–52.

vom Lübecker Rat beantragte Mandatum sine clausula.[325] Interessant ist jetzt der Fortgang des Verfahrens. Wie im Mandatsprozess nicht unübblich, übergaben die Antragsgegner, also die zwölf bürgerlichen Kollegien, daraufhin ihre Exzeptionsschrift.[326] In dieser Phase des Rechtsstreits fertigte der Referent bzw. sein Zuarbeiter ein weiteres Votum an, um speziell die Erfolgsaussichten der Exzeptionsschrift zu bewerten. Hier finden sich ganz zu Beginn die aus der Sicht des Referenten formulierten Entscheidungsgründe zum Erlass des reichshofrätlichen Mandats: *Der Grund des erkannten Mandati beruhte darinnen; daß, wann auch Magistratus in der militarischen Einführung eines Wahnsinnigen in das Armenhauß zu weit gegangen wäre, dennoch Provisores und Bürgerschaft durch ihre Wiedersetzung und factische Entfernung des Recipiendi eine unzuläßige Selbst-Hülfe und ein factum injustificabile begangen haben. Wenn nun nach diesem Grund-Satz gegen das erkannte Mandatum erhebliche Exceptiones sub- et obreptionis aufgestellet werden wolten, so konnten sie nur darin bestehen daß Impetratischer Seits der vom Magistrat angeordneten Reception factisch und selbstrichterlich nicht entgegen gehandelt* worden sei.[327] Hier standen also gegenseitige Vorwürfe unzulässiger Selbsthilfe im Raum, und der Reichshofrat versuchte, die Grenze zwischen rechtmäßigem und rechtswidrigem Verhalten zu bestimmen.

In grundsätzlicher Hinsicht interessant sind die Ausführungen deswegen, weil auf diese Weise die Entscheidungsbegründung in die nachfolgende zweite Relation verlagert war. In einer Zeit ohne förmliche richterliche Urteilsgründe gegenüber den Parteien[328] war dieses Zusammenspiel zwischen dem verkündeten Entscheidungstenor und den internen Entscheidungsgründen weithin üblich. Ungewöhnlich erscheint es allerdings, dass der Referent zunächst eine andere Entscheidung vorgeschlagen hatte und erst nachträglich und rückblickend das ergangene Mandat rechtlich näher einordnete. In diesem zweiten Abschnitt des Verfahrens schlug der Referent im Ergebnis eine Verwerfung der Exzeptionen vor, setzte sich also für ein Obsiegen des Lübecker Rates ein. Die bürgerlichen Kollegien mussten nach seinem Vorschlag vielmehr eine Pari-

---

325 HHStA, RHR, Relationes, K. 96, Nr. 5, Bogen 5 a, Conclusum vom 27. Januar 1784; zum Verhältnis von Mandat und Schreiben um Bericht Manfred Uhlhorn, Der Mandatsprozeß sine clausula des Reichshofrats (QFHG, 22), Köln/Wien 1990, S. 124–131.

326 Allgemeiner Hinweis ebd., S. 135.

327 HHStA, RHR, Relationes, K. 96, Nr. 5, Bogen 14 a.

328 Zur frühneuzeitlichen Reichsgerichtsbarkeit Wolfgang Sellert, Zur Geschichte der rationalen Urteilsbegründung gegenüber den Parteien insbesondere am Beispiel des Reichshofrats und des Reichskammergerichts, in: Gerhard Dilcher/Bernhard Diestelkamp (Hrsg.), Recht, Gericht, Genossenschaft und Policey. Studien zu Grundbegriffen der germanistischen Rechtsgeschichte. Symposion für Adalbert Erler, Berlin 1986, S. 97–113; allgemein Günzl, Eine andere Geschichte der Begründungspflicht (wie Anm. 6).

tionserklärung[329] abgeben. Genau dies beschloss das Reichshofratskollegium am 26. Oktober 1785. Ebenso, gleichfalls auf Vorschlag des Referenten, erhielt der *Schrift-Steller* der Stadt Lübeck, ein Agent oder sonstiger Gesandter namens Dr. Sievers,[330] für seine *ungeziemende und aufwieglerische Schreib-Art* einen Verweis. Für die Zukunft drohte man ihm bei weiteren Verstößen gegen den Anstand den *Verlust der Advocatur und Entfernung aus dem Stadt-Gebieth ernstlich* an.[331] Im Ergebnis hatte sich der Referent also auch in diesem Mandatsverfahren durchgesetzt, dies aber erst, nachdem er seine ursprünglich eigene Argumentation an die Mehrheitsmeinung des Reichshofrats angepasst hatte. Ganz zum Schluss des Verfahrens gaben die verklagten Ämter wie auch der Vorsteher des Armenhauses tatsächlich die geforderte Paritionserklärung ab. Der Lübecker Rat nahm diese *Submissions- und Paritions-Erklärungen* an und betonte, damit *zufrieden zu seyn.*[332]

10. Entscheidungsvermeidung

Die Ausarbeitungen des Referenten bzw. seines Zuarbeiters konnten durchaus auf die für den Reichshofrat viel diskutierten Entscheidungsvermeidungen hinauslaufen. Das führt zu einem kuriosen Befund: In einem entscheidungsförmigen Verfahren entschied der Reichshofrat, nicht entscheiden zu wollen. Solche Beispiele lohnen einen näheren Blick.

Im lehensrechtlichen Streit zwischen Otto Wilke von Münchhausen und der Lehenskammer von Anhalt-Zerbst wies der Referent bzw. der Verfasser 1745 in seinem Votum darauf hin, dass in der Sache *ohne gegenbericht nicht fort zu kommen* sei.[333] Der Landesherr, der *H*[err] *Fürst*, hatte sich, so der Referent bzw. Verfasser, auf die *k*[aiserliche] *privilegia, Landes Statuta gewohnheit, gerichtliche Observantz u. was dergleichen mehr ist* bezogen, aber bisher noch keinen förmlichen Schriftsatz an den Reichshofrat eingereicht. Deswegen schien es dem Re-

329 Auch Paritionsanzeige genannt: Uhlhorn, Mandatsprozeß (wie Anm. 325), S. 153.

330 Bei Dorfner, Mittler (wie Anm. 64), S. 255–258, sind nur Agenten bis 1740 nachgewiesen; der Name fehlt ebenfalls bei Susanne Gmoser, Liste der Reichshofratsagenten (https://reichshofratsakten.de/wp-content/uploads/2016/11/RHR-AgentenPdf_Nov2016.pdf, abgerufen am 14. August 2024).

331 HHStA, RHR, Relationes, K. 96, Nr. 5, Bogen 16 a.

332 Ebd., letztes Conclusum vom 17./18. Januar 1785.

333 HHStA, RHR, Relationes, K. 117, Nr. 8, zweites Konvolut, unfol. Es gab offenbar mehrere, eng miteinander verbundene Appellationen. Die Akte enthält drei Relationen aus dem Zeitraum 1745/47. Mit Bleistift ist auf der Rückseite des Votums *Burckard* vermerkt, vermutlich Johann Christoph Burckard Frh. von der Klee, bei Gschliesser, Reichshofrat (wie Anm. 57), S. 401.

ferenten *bedencklich*, in der Sache *brevi brachio*[334] *(...) darauf zu sprechen*. Auch der Appellant selbst hatte offenbar *kein Exhibitum*, also keinen Schriftsatz, sondern lediglich dem *Ex*[celsissi]*mo D*[omino] *praesidi nur ein Monitori Zettel ad manus* übergeben.[335] Also hatte der Appellant, möglicherweise persönlich und möglicherweise in Wien, den Reichshofratspräsidenten aufgesucht und ihm diesen Zettel zugesteckt. Die Andeutung in der Relation lässt sich kaum anders verstehen. In der zeitgenössischen Literatur taucht der Begriff Monitorizettel teilweise ebenfalls auf. Nach Hanzely handelte es sich um kleine Briefe *mit der Rubrik der in Frage befangenen Sache, und der Bitte um Beförderung der Relation*.[336] Diese Zettel sollten üblicherweise die Agenten dem Referenten oder *allenfalls, wo nöthig, dem Präsidenten* übergeben, wenn *die Entscheidung (...) etwa zu lange ausbleibt*.[337] In einem zweiten Schritt, *alsdann*, war es anschließend möglich, den *Weg der außergerichtlichen und mündlichen Betreibung (Sollicitatur)* einzuschlagen.[338] Der Reichshofrat kannte hierfür in seinen normativen Quellen eine geradezu aberwitzige Normierung. Nach einem Gemeinen Bescheid von 1684 durften die Agenten maximal alle zwei Wochen einen solchen Monitorizettel übergeben.[339] Die Bittschreiben zur Prozessbeschleunigung waren damit ihrerseits Teil des Verfahrensrechts.

In dem Streit zwischen Münchhausen und Anhalt-Zerbst von 1745 hatte der Reichshofratspräsident, so der Referent, *mir aber solches ad Refer*[endum] *zugestellet*.[340] Es gab allerdings nicht einmal einen ordnungsgemäßen Appellationslibell. Nach den Grundsätzen des Kameralprozesses wäre damit überhaupt kein Rechtsstreit anhängig gewesen.[341] Das Reichshofratsverfahren war aber nicht so streng ausgestaltet. Hier scheint sich vielmehr der Reichshofratspräsident für den

---

334 Wörtlich „kurzerarm", besser: kurzerhand.

335 HHStA, RHR, Relationes, K. 117, Nr. 8, zweites Konvolut, unfol.

336 Hanzely, Anleitung II (wie Anm. 144), § 1423 S. 707.

337 Ebd., § 1423 S. 706 f.

338 Ebd., § 1423 S. 707; zur Sollizitatur auch Schenk, Actum et judicium (wie Anm. 55), S. 56–63; ausführlich, allerdings zum anderen Reichsgericht: Bengt Christian Fuchs, Die Sollicitatur am Reichskammergericht, Köln/Weimar/Wien 2002.

339 Bei Oestmann, Gemeine Bescheide II (wie Anm. 138), Nr. 53 S. 228–231; zitiert auch bei Hanzely, Anleitung II (wie Anm. 144), § 1423 S. 707.

340 HHStA, RHR, Relationes, K. 117, Nr. 8, zweites Konvolut, unfol.

341 Erforderlich hierfür war die sog. Reproduktion, dazu Dick, Entwicklung (wie Anm. 149), S. 138; Oestmann, Ein Zivilprozeß (wie Anm. 25), S. 26–28; die Litiskontestation in der Appellationsinstanz erscheint dagegen unklar, einerseits Steffen Schlinker, Litis Contestatio. Eine Untersuchung über die Grundlagen des gelehrten Zivilprozesses in der Zeit vom 12. bis zum 19. Jahrhundert (Studien zur europäischen Rechtsgeschichte, 233), Frankfurt am Main 2008, S. 369; andererseits und im Gegensatz dazu ders., Die Litis Contestatio im Kameralprozess, in: Oestmann, Zwischen Formstrenge und Billigkeit (wie Anm. 21), S. 139–164, hier S. 161.

Lehensnehmer Münchhausen eingesetzt zu haben. Der Fürst von Anhalt betonte dagegen informell und kaum verwunderlich *auf das stärckste* die sog. Desertion der Appellation,[342] also die verschuldete Untätigkeit des Appellanten. Hier scheint es über den Rechtsstreit interne Diskussionen am Reichshofrat gegeben zu haben, die im Votum selbst nur mit sparsamen Worten angedeutet sind. Jedenfalls meinte der Referent bzw. der Verfasser, dass *nach Einlangung* des noch ausstehenden fürstlichen Gegenberichts *man diesen so langwürigen und weitläuffigen process so gleich* entscheiden können werde. Deswegen erging, wie vom Referenten vorgeschlagen, das Konklusum, *die Sache lig*[en] *zu lassen bis Impetrat ordentlich einkommen wird*. Das Liegenlassen des Verfahrens, also das Nichtstun des Reichshofrats, war gleichzeitig die Entscheidung in der Sache, und genau damit hatte der Referent Erfolg. Ob man also den Reichshofrat für eine Behörde hält, die viele Entscheidungen oder praktisch gar keine Entscheidung traf, hängt ganz davon ab, worauf das jeweilige Augenmerk fällt.[343] Die Entscheidung zur Entscheidungsvermeidung passt jedenfalls zur schwer auf den Punkt zu bringenden Rechtsnatur des Reichshofrats insgesamt.

Ein weiteres schlagkräftiges Beispiel für eine vom Referenten betriebene Entscheidungsvermeidung bietet ein Appellationsstreit zwischen der Stadt Biberach und dem Kloster Wiblingen von 1736. Im Hintergrund standen Jurisdiktionsstreitigkeiten und damit verfassungsrechtliche Fragen. Biberach war eine Reichstadt,[344] das Kloster Wiblingen gehörte seit dem frühen 18. Jahrhundert politisch zu Vorderösterreich.[345] Der Streit betraf eine Veräußerung des Dorfes Bühl.[346] Ursprünglich stritten die Parteien vor dem geistlichen Gericht in Konstanz, dann im Appellationsprozess vor dem Reichshofrat. Hier schaltete sich die österreichische Kanzlei ein und behauptete, wegen der österreichischen Herrschaft über das Kloster gehöre die Sache nicht vor ein Reichsgericht, sondern vor die österreichische Gerichtsbarkeit. Der Rat der Stadt Biberach, der angeblich *in so lang Jahren (...) kein Decisum erhalten mögen*, sah sich, so jedenfalls der Sprachgebrauch, *endlich gezwungen (...), den Process bey Rhr zu renuntiiren*,

---

342 HHStA, RHR, Relationes, K. 117, Nr. 8, zweites Konvolut, unfol.; zur Desertion Dick, Entwicklung (wie Anm. 149), S. 201; Oestmann, Ein Zivilprozeß (wie Anm. 25), S. 30 Anm. 91.

343 Dazu bereits oben bei Anm. 123–125; allgemein Rasche, Urteil versus Vergleich? (wie Anm. 125).

344 Volker Press, Biberach – Reichsstadt im späten Mittelalter und in der frühen Neuzeit, in: Stievermann/Press/Diemer, Geschichte der Stadt Biberach (wie Anm. 171), S. 21–64.

345 Martina Oberndörfer, Wiblingen. Vom Ende eines Klosters – Die Vorderösterreichische Abtei Wiblingen und ihr Umland im Zeitalter des Barock und der Aufklärung, Stuttgart 2006; Gerhard Köbler, Historisches Lexikon der deutschen Länder. Die deutschen Territorien vom Mittelalter bis zur Gegenwart, 7. Aufl., München 2007, S. 787.

346 Hinweis bei Riotte, Parität (wie Anm. 175), S. 378.

also das Rechtsmittel zurückzunehmen.[347] Die Relation des zuständigen Barons von Wucherer[348] umfasst insgesamt nur etwas mehr als eine Seite. Lediglich zwei knappe Absätze davon enthalten das eigentliche Votum. Der Referent bzw. der Verfasser betont im Ausgangspunkt, *es ist keine geringe Keckheit, daß Magistrat einen bey R*[eichs]*h*[of]*r*[at] *in Appellatorio hangenden, und mit Ö*[sterreich] *in conflicto jurisdicionis stehenden Process vor sich eygenmächtig renuntijrt, ist dahero nie zu approbiren*. Hier ging es augenscheinlich um die politische Macht des Reiches im Konflikt mit österreichischen Territorialinteressen. Der Referent bzw. Verfasser räumte offen ein, *das man mit Ö*[sterreich] *nichts ausrichten, hoc modo das Hospital*[349] *niemahls zu seinem recht gelangen wird*. Daher sei es *das sicherste man (...) saget gar nicht darauf damit man wenigstens nicht zeige als ob man dieses factum approbire*.[350] Hier gestand der Referent bzw. sein Zuarbeiter die begrenzte Macht des Reichshofrats in einer Auseinandersetzung mit Österreich unumwunden zu. Das fügt sich in den geschichtswissenschaftlichen Befund, wonach die Reichsinstitutionen und die Reichspolitik seit etwa 1730 gegenüber der österreichischen Hofkanzlei und der „Wiener Großmachtpolitik" das Nachsehen hatten.[351] Der Referent bzw. der Verfasser wollte hier aber unbedingt einen Präzedenzfall vermeiden. Daher war die Untätigkeit des Reichshofrats kein Zeichen für Bequemlichkeit, sondern augenscheinlich die einzige Möglichkeit zu verhindern, dass die Reichsgerichtsbarkeit sich förmlich selbst der österreichischen Territorialjustiz unterordnete. Die Rücknahme der Appellation stand eigentlich jedem Appellanten frei, aber der Reichshofrat scheute aus politischen Gründen davor zurück, dies offiziell zu bestätigen. Die Vermeidung selbst der kleinsten gerichtlichen Verfügung konnte auf diese Weise zugleich eine für das Selbstverständnis des Reichshofrats wichtige Entscheidung sein, die aber

347 HHStA, RHR, Relationes, K. 11, Nr. 1, unfol.

348 Name in der Quelle schlecht lesbar, gemeint ist vermutlich Heinrich Bernhard Wucherer von Huldenfeld, bei GSCHLIESSER, Reichshofrat (wie Anm. 57), S. 401–403.

349 Das Spital Biberach übte die Landesherrschaft über die 27 Dörfer im reichsstädtischen Gebiet aus, Hinweis bei KÖBLER, Lexikon (wie Anm. 345), S. 67; Überblick zum Jahr 1792 bei Georg LUZ, Beiträge zur Geschichte der ehemaligen Reichsstadt Biberach, Biberach 1876, Nachdruck Oggelshausen 1989 (Sammlung schwäbischer Städte-Chroniken, 3), S. 477–481.

350 HHStA, RHR, Relationes, K. 11, Nr. 1, unfol.

351 Karl Otmar von ARETIN, Das Alte Reich 1648–1806. Bd. 2: Kaisertradition und österreichische Großmachtpolitik (1684–1745), Stuttgart 1997, S. 328 (dort das Zitat); Tobias SCHENK, Reichsjustiz im Spannungsverhältnis von oberstrichterlichem Amt und österreichischen Hausmachtsinteressen: Der Reichshofrat und der Konflikt um die Allodifikation der Lehen in Brandenburg-Preußen (1717–1728), in: Anja Amend-Traut/Albrecht Cordes/Wolfgang Sellert (Hrsg.), Geld, Handel, Wirtschaft. Höchste Gerichte im Alten Reich als Spruchkörper und Institution (Abhandlungen der Akademie der Wissenschaften zu Göttingen. Neue Folge 23), Berlin/Boston 2013, S. 103–219, hier S. 209.

nie in Form eines Urteils erging. Zugleich wirft das Beispiel aus der Spätzeit Kaiser Karls VI. ein bezeichnendes Licht auf die tatsächlich begrenzte Macht des kaiserlichen Reichsgerichts im Zusammenspiel mit den österreichischen Behörden. Dieser Befund passt zu einer Äußerung von Benjamin Ferdinand Mohl. Er hatte als junger Mann in den 1780er Jahren Reichskammergericht und Reichshofrat vor Ort selbst kennengelernt und meinte 1789, es komme unter anderem darauf an, dass für den Hof *unangenehme* Sachen nicht förmlich zu einem Ende kämen.[352] Dieser Fall warnt zugleich davor, in einem eher naiven Rückblick von einer banalen Kleinigkeit zu sprechen. Der Verkauf irgendeines Dorfes im Umkreis des Klosters Wiblingen klingt lediglich nach einer Provinzposse. An solchen Einzelheiten konnten sich aber prinzipielle Fragen entzünden, hier etwa nach dem Verhältnis von Reichsgewalt und österreichischer Hausmacht. Der zeitgenössische Bedeutungsmaßstab mag oftmals anders gewesen sein, als es sich aus heutiger Rückschau ausnimmt.[353] Solche Fehlbeurteilungen von wichtigen und unwichtigen Sachen sind historisch genauso unangemessen wie methodisch halbseriöse Nachsubsumtionen.

Übertriebene Zuspitzungen können allerdings den historischen Befund verzerren. Entscheidungsvermeidungen darf man also nicht übergewichten, auch wenn sie eine große Rolle spielten. Es gibt durchaus Fälle, in denen sich die Referenten bzw. Verfasser schnörkellos und sehr knapp für eine sofortige Entscheidung in der Hauptsache einsetzten. In dem bereits oben erwähnten Fall zur Wählbarkeit von Ratsherren in der Reichsstadt Biberach beschränkte sich der der Referent bzw. sein Zuarbeiter 1740 auf einen einzigen Satz. Er glaube, so heißt es in der Quelle, das Reichshofratskollegium werde die Wählbarkeit des fraglichen Ratsherrn nicht an einer Schwägerschaft fünften Grades scheitern lassen.[354] Genau diese Einschätzung traf zu. Der Reichshofrat beschloss, *rescribatur dem Magistrat der Stadt Biberach*. Der Sache nach war das ein Endurteil, auch wenn man nur von einem Reskript sprach, allerdings verbunden mit einem gewährten Schriftsatznachlass. Einschränkend ist freilich darauf hinzuweisen, dass dieser Rechtsstreit zu einer ganzen Serie kommunalverfassungsrechtlicher Auseinandersetzungen aus Biberach zählt und den Mitgliedern des Reichshofrats die

352 MOHL, Historisch-politische Vergleichung (wie Anm. 301), S. 9; dazu SCHENK, Vom Reichshofrat (wie Anm. 61), S. 158.

353 Zu Rückschauverzerrungen übersichtlich und leicht zugänglich (neben dem in Anm. 305 genannten Titel) Ulrich FALK, Wahrnehmungsverzerrungen: ein Problemfeld (auch) der Rechtsgeschichte. Beobachtungen am Beispiel des Konkursrechts und seiner Praxis um 1900, in: Alfred Krupp Fellows 2010/11 = https://www.wiko-greifswald.de/storages/wiko-greifswald/Mediathek/Dokumente/Fellowbericht_Korrektur_Zimmermann.pdf, abgerufen am 10. August 2024, S. 57–64; speziell zum Reichshofrat SCHENK, Vom Reichshofrat (wie Anm. 61), S. 173.

354 HHStA, RHR, Relationes, K. 11, Nr. 4, unfol.

äußeren Rahmenbedingungen möglicherweise durch zeitlich und sachlich eng verbundene andere Sachen in den Grundzügen vertraut waren. In solchen Situationen fielen Entscheidung vermutlich leichter als in unklaren Machtgefügen.

Nicht nur der Aufschub, sondern auch die sofortige Entscheidung eines Streits konnte dem Reichshofrat möglicherweise juristische Arbeit ersparen. Wie häufig diese Situation vorkam, lässt sich schwer abschätzen. Eine Äußerung des Reichshofratsvizepräsidenten Freiherr von Bartenstein vom Juni 1801 lässt aber aufhorchen und deutet genau in diese Richtung. Bartenstein schloss sich in seinem Votum in einem etwas undurchsichtigen Streit um Weinbesoldungsabgaben dem Votum des Korreferenten an und wollte die eingelegte Appellation sofort abweisen. Er unterstützte den Korreferenten dabei, *sich mit diesem eben so geringfügig als schmutzigen Handel weiter* [nicht] *zu befaßen*. Diese Abweisung würde dem Reichshofrat nämlich die Gelegenheit verschaffen, einer ausführlicheren Erörterung der zwischen den Parteien streitigen Gravamina *über die Gerichtsbarkeit der Heiligen Reichs gerichte in solchen Sachen auszuweichen*.[355] Hier scheint es im Kern um die Vermeidung von argumentativem Aufwand gegangen zu sein. Die Abweisung einer Appellation konnte dem Reichshofrat im Vergleich zu einem sich langatmig dahinschleppenden Verfahren viel Aufwand ersparen. Die Entscheidungsvermeidung und die Arbeitsvermeidung erscheinen aus einer prozessökonomischen Richtersicht auf diese Weise eng miteinander verwandt. Zugleich schimmert die prinzipielle Ebene durch, wenn es darum ging, Ausführungen zur Gerichtsgewalt der Reichsgerichte insgesamt zu vermeiden. Die Entscheidung einer kleinlichen Appellationssache ging damit einher mit der Entscheidungsvermeidung eines grundsätzlichen verfassungsrechtlichen Problems. Das Auftreten des Reichshofrats als Gericht ersparte die politisch heikle Stellungnahme des Reichshofrats als Regierungsbehörde.

11. Zusammenfassung und Ausblick

Die Relationen des Reichshofrats ergeben einen widersprüchlichen Befund, unabhängig davon, aus welcher Fragerichtung man sich ihnen nähert. Im Gegensatz zum gemeinrechtlichen Ideal mit seinen überkommenen strengen Aufbauregeln hatte die zeitgenössische Verwendung[356] des Wortes Relation am Reichshofrat

355 HHStA, RHR, Relationes, K. 11, Nr. 38, Bogen 5, S. 3, Abkürzungen aufgelöst.

356 Zur Wortverwendung als Erkenntnismittel der Bedeutung Ludwig Wittgenstein, Philosophische Untersuchungen, in: ders., Tractatus logico-philosophicus – Tagebücher 1914–1916 – Philosophische Untersuchungen (Ludwig Wittgenstein Werkausgabe, 1), Frankfurt am Main 1984, § 43, S. 262

eine erhebliche weitere Bedeutung. Deswegen lehnt die Studie sich an die zeitgenössische Terminologie an[357] und beschränkt sich nicht auf die wenigen Glanzlichter formvollendeter Relationen in der reichshofrätlichen Literatur. Die Selbstbezeichnung ganz unterschiedlicher schriftlicher Entscheidungsvorbereitungen als Relation zeigt sich am Reichshofrat bereits relativ früh, nämlich um 1630.[358] Später differenzierte man etwas stärker zwischen dem Bericht[359] und dem Votum im engeren Sinne. Jedenfalls ist das Ergebnis nicht leicht greifbar. Rein normengeschichtliche Annäherungen mit ihren strengen Zuspitzungen können die Buntheit der Überlieferung nicht im Ansatz erfassen. Es wäre durchaus möglich, mit einem modernen Forschungsbegriff die Wortverwendung Relation auf die vollständig juristisch durchdrungenen und streng gegliederten Ausarbeitungen zu beschränken. Dann würde aber gerade die Masse der erhaltenen Quellen aus dem Untersuchungsergebnis wieder herausfallen. Ob es am Reichshofrat viele oder wenige Relationen gab, hängt also ganz von der Vorfrage ab, wie die Rechtsgeschichte bzw. Geschichtswissenschaft den Gegenstand, nach dem sie sucht, definiert. Dieser Befund fügt sich nahtlos in die seit Jahren geführte Debatte, ob der Reichshofrat eine Kultur der Entscheidungsvermeidung verfolgte oder ob andererseits über eine halbe Million Entscheidungen das genaue Gegenteil nahelegen. Auch hier hängt von der Antwort auf die Frage, inwieweit man justizförmige Maßstäbe an den Reichshofrat legt, das Ergebnis und damit der Umfang der Quellenlage ab. Der geschichtliche Blick tut gut daran, wenn er die vorschnelle Festlegung vermeidet und die fehlende Eindeutigkeit als typisches Merkmal der reichshofrätlichen Tätigkeit erkennt und immer wieder unterstreicht.

Die Unterscheidung förmlicher und minderförmlicher Relationen des Reichshofrats findet eine ganz überraschende Parallele am Oberappellationsgericht der vier Freien Städte Deutschlands im 19. Jahrhundert. Hier verfassten die einzelnen Räte an bestimmten Punkten des Prozesses im Vorfeld von Urteilen ihre Relationen nach dem damals üblichen förmlichen Relationsstil, teilweise in der überkommenen Rollenverteilung zwischen Referenten und Korreferenten. Der Gerichtspräsident Arnold Heise hingegen fertigte zu jedem Verfahren eigene Ausarbeitungen an, die genau der Mischung von Prozessgeschichte, Sachbericht und Votum entsprechen, wie sie auch am Reichshofrat anzutreffen sind.[360] Si-

---

357 Dazu die klassische Weichenstellung von Brunner, Land und Herrschaft (wie Anm. 120), S. 163 f.

358 HHStA, RHR, Antiqua, K. 357, Nr. 4, fol. 298v (*Relatio Actorum Appellationis*) und fol. 297v (*Relatio causae*).

359 So der Reichshofratsvizepräsident Bartenstein 1800: HHStA, RHR, Relationes, K. 11, Nr. 38, Bogen 4, S. 2.

360 Oestmann, Gerichtspraxis (wie Anm. 303), S. 387–411, 584–588, 676–683, 1015–1018; Hinweis auch bei Ulrich Falk, Vorläufige Beobachtungen zu einem Mammutverfahren am Oberappellationsgericht Lübeck (1819–1835), in: ZRG Germ. Abt. 139 (2022), S. 284–294, hier S. 287.

cherlich gibt es hier keinen Traditionsstrang, der das Lübecker Gericht mit der altständischen Gesellschaft verknüpft. Dafür waren die äußeren Umstände und die strenge Professionalität in Lübeck zu verschieden. Der Vergleich ist vielmehr in einem anderen Punkt wichtig. Zweifellos war Heise, der Gerichtspräsident in Lübeck, nämlich ein berühmter Rechtsgelehrter und eine der wichtigsten Richterpersönlichkeiten seiner Zeit.[361] Deswegen wäre es unangebracht, aus einer bloß minderförmlichen Relation auf den fehlenden Fleiß oder mangelnde Rechtskenntnis des Verfassers zu schließen. Ein solcher Vorwurf gegenüber dem Reichshofrat wäre also nicht zeitgerecht.

Die Zeitgenossen am Reichshofrat behalfen sich angesichts der ganz verschiedenartigen Relationen mit Systematisierungsversuchen. Sie gingen daran, förmliche von minderförmlichen sowie mündliche von schriftlichen Relationen zu unterscheiden. Gerade dieser vielschichtige Befund entspricht dem zeitgenössischen Selbstverständnis des Reichshofrats auf besonders gute Weise. Es handelte sich nicht um einen reinen Gerichtshof, sondern zugleich um ein politisches Beratungs- und Regierungsorgan. Auf diese Weise lagen einige Prozesshandlungen näher an den Grundsätzen eines Gerichtsverfahrens, andere eher im politischen Bereich. Äußerungen über die Zweckmäßigkeit der Zunftverfassung, Anleitungen zur untergerichtlichen Aktenversendung, Andeutungen zum Machtverhältnis zwischen Österreich und der Reichsgewalt sowie anderes mehr zeigen, dass die Reichshofräte bzw. ihre Zuarbeiter sich bei der Ausarbeitung ihrer Relationen nicht auf eine reine Richterrolle beschränkt sahen. Welche Rechtsfragen zeitgenössisch als politisch überlagert galten, lässt sich in der Rückschau oft nicht abschätzen.[362] Deswegen sind moderne Bemerkungen zur Kleinkariertheit frühneuzeitlicher Streitigkeiten oftmals durch Rückschauverzerrungen und Nachsubsumtionen geprägt. Solche Wertungen sind wenig hilfreich und sollten unterbleiben.

Die Rede von den Reichshofräten und ihren Relationen ist ungenau und inhaltlich missverständlich. Wer die überlieferten Relationen verfasste, ist im Einzelfall nämlich nicht bekannt. Die Zuordnung einzelner Sachen zu bestimmten Referenten und die Unterschrift unter den Ausarbeitungen bilden insofern nur schwache Indizien. Zumindest die Sachberichte wurden nach zeitgenössischen Äußerungen häufig auf Zuarbeiter delegiert. Zeitgenössische Anleitungsbücher verfolgten ganz offen verschiedene Wegleitungen. Sie schilderten die strenge Rechtslage und gaben zugleich Hinweise, wie man zweckmäßigerweise solche

361 Schlaglichter auf die Biographie u. a. von Wilhelm von Bippen, Georg Arnold Heise. Mittheilungen aus dessen Leben, Halle 1852 (maßgeblich); ergänzend Katalin Polgar, Das Oberappellationsgericht der vier freien Städte Deutschlands (1820–1879) und seine Richterpersönlichkeiten (Rechtshistorische Reihe, 330), Frankfurt am Main 2007, S. 166–179.

362 Schenk, Vom Reichshofrat (wie Anm. 61), S. 173.

Vorgaben praktisch abschwächen oder umgehen konnte. Echte Diskussionen gab es dagegen um die Frage, inwieweit gleich die Parteivertreter die Sachberichte schreiben durften. Ob diese Praxis mit den ebenfalls umstrittenen Präokkupationslibellen identisch war, bleibt offen. Inwiefern die Voten selbst, also die juristischen Erwägungen, jeweils vom zuständigen Referenten oder auch von einem anderen Verfasser stammen, erscheint angesichts derartiger Gepflogenheiten ebenfalls zweifelhaft.

Die Relationspraxis am Reichshofrat war in keiner Weise auf die Vorbereitung förmlicher Gerichtsurteile beschränkt. In der Praxis ließen sich nahezu alle Handlungen des Reichshofrats durch mehr oder minder umfangreiche Relationen vorbereiten. Selbst der interne Beschluss, in einer politisch heiklen Situation untätig zu bleiben, um nicht offen an Autorität zu verlieren, war deswegen durch eine vorangehende Relation vorbereitet und abgesichert. Sogar eine echte Entscheidungsvermeidung hat man auf diese Weise entscheidungsförmig eingekleidet. Dieser Gerichtsgebrauch ließ die Zahl der Relationen stark anwachsen. In längeren und größeren Verfahren gab es nicht nur je eine Relation und Korrelation, sondern für jeden kleinen Zwischenschritt je eigene Relationen, teilweise auch Korrelationen. Die Zahl der angefertigten wie auch der heute noch überlieferten Relationen liegt damit erheblich höher als die Zahl derjenigen Causen, zu denen überhaupt Relationen ergangen sind. Jedenfalls sind Fälle bekannt, in denen deutlich mehr als 20 Relationen anzufertigen waren. Falls insgesamt zu 10.000 bis 12.000 Akten Relationen erstellt wurden,[363] kann die Gesamtzahl der Relationen also durchaus um ein Vielfaches höher liegen.[364] Zugleich waren viele Relationen deutlich kürzer, als es die wenigen zeitgenössisch gedruckten, aber untypischen Vorzeigerelationen vermuten lassen. Der jüngst geschätzte Wert von 20 bis 30 Blatt pro Relation[365] könnte bei besserer Quellenkenntnis also deutlich nach unten zu korrigieren sein.

Der Vergleich des Reichshofrats mit dem Reichskammergericht ist im Hinblick auf das Relationenwesen nur begrenzt sinnvoll. Der Schwerpunkt der reichshofrätlichen Quellenüberlieferung gehört dem 18. Jahrhundert an und damit einer Epoche, in der die Glanzzeit des Reichskammergerichts schon ein volles Jahrhundert zurücklag.[366] Das überlieferte gemeinrechtliche Modell der gelehr-

363 So die Schätzung von Ortlieb, Schriftlichkeit (wie Anm. 36), S. 353.

364 Etwas zu defensiv ebd., S. 352: Gesamtzahl „noch etwas größer als die Zahl der Verfahren".

365 Ebd., S. 360.

366 Zum Geschäftsanfall Filippo Ranieri, Recht und Gesellschaft im Zeitalter der Rezeption. Eine rechts- und sozialgeschichtliche Analyse der Tätigkeit des Reichskammergerichts im 16. Jahrhundert (QFHG, 17), Köln/Wien 1985, Teilband 2, S. 295 f.; Anette Baumann, Die Gesellschaft der frühen Neuzeit im Spiegel der Reichskammergerichtsprozesse. Eine sozialgeschichtliche Untersuchung zum 17. und 18. Jahrhundert (QFHG, 36), Köln/Weimar/Wien 2001, S. 136.

ten Relation war in der Kameralliteratur mit ihren umfangreichen gedruckten Sammlungen seit spätestens 1600 allgegenwärtig, also ebenfalls ein volles Jahrhundert, bevor die Reichshofratsliteratur in nennenswertem Umfang überhaupt einsetzte. Verschiebungen innerhalb des Relationsstils in der Zeit nach 1700 sind nur wenig erforscht, doch genau dieser Zeit gehörten die meisten reichshofrätlichen Quellen an. Der gemeinrechtliche Stil war ausweislich der zeitgenössischen Literatur am Reichshofrat durchaus bekannt, wurde aber nur selten praktiziert. Im Vergleich der beiden obersten Reichsgerichte gab es am Reichskammergericht augenscheinlich eine deutlich höhere Urteilsquote als am Reichshofrat.[367] Auch dieser Unterschied dürfte den schulmäßigen ausführlichen Relationen am Reichskammergericht eine höhere Bedeutung verschafft haben als am Reichshofrat. Vielleicht war die zeitliche Verschiebung vom Reichskammergericht zum Reichshofrat, die zugleich eine Entdifferenzierung im Bereich der Staatsgewalt bedeutete, tatsächlich eine „Rückentwicklung", die auf ihre Weise die nur wenig erfolgreiche Staatsbildung auf der Reichsebene spiegelte.[368] Bei dieser Sichtweise lassen sich die Fallstricke einer ohnehin hoch umstrittenen Modernisierungsgeschichte elegant vermeiden.

Ausgeklammert aus der hier verfolgten Fragerichtung bleiben mehrere praktisch wichtige Bereiche. Die mündlichen Beratungen innerhalb des Reichshofratskollegiums, zeitgenössisch ebenfalls Referieren oder Relation genannt, sind für die Erhellung der Entscheidungsfindung mindestens genau so wichtig, haben mit der hier interessierenden Darstellung der schriftlichen Ausarbeitung aber nichts zu tun. Die geplante verfeinerte Erschließung von Protokollbänden wird solche Verzahnungen in Zukunft allerdings erheblich erleichtern. Offen bleibt weiterhin der Austausch zwischen den zuständigen Referenten und den Interessenvertretern der Parteien. Die Grauzone im Übergang von gesellschaftlichen Kontakten zu handfester Korruption ist schwer in hell und dunkel zu trennen, dürfte damals für die Ausarbeitung der Relationen und vor allem für das vorgeschlagene Ergebnis aber eine erhebliche Rolle gespielt haben. Mit dieser Blickausweitung würden sich sozialhistorische Erkenntnisse zwanglos mit dogmenhistorischen Rekonstruktionen verknüpfen lassen. Auch dies gehört aber nicht zum hier selbst gestellten Forschungsziel. Es wäre zudem möglich, die rechtlich maßgeblichen Weichenstellungen der Relationen mit dem zeitgenössischen Stand

367 Zum Reichskammergericht Manfred HÖRNER, Anmerkungen zur statistischen Erschließung von Reichskammergerichtsprozessen, in: Baumann/Westphal/Wendehorst/Ehrenpreis, Prozeßakten als Quelle (wie Anm. 282), S. 69–81 (79: Urteilsquote 23,8 %); zum Reichshofrat SCHENK, Vom Reichshofrat (wie Anm. 61), S. 151; DERS., Actum et judicium (wie Anm. 55), S. 88. Möglicherweise verschiebt sich der Befund je nachdem, inwieweit man Extrajudizialverfahren mit einbezieht, Hinweis hierauf im Beitrag von Stefan STODOLKOWITZ in diesem Band.

368 Sehr pointiert AMEND-TRAUT/JÖRN/SCHENK, Zentralgerichtsbarkeit (wie Anm. 65), S. 119.

der gelehrten Literatur zu vergleichen, um auf diese Weise die Einbindung der Voten in eine mögliche Communis opinio nachzuweisen. Quellenmäßig belegt sind ebenfalls Diskussionen, wonach Referenten teilweise ihre Fälle rechtswidrig entschieden hatten. Dieser Vorwurf ist aus heutiger Sicht mit den Untiefen der Nachsubsumtion verknüpft und daher riskant. Auch hier sind künftige Forschungen aber möglich, vielleicht gerade zu Verzerrungen und Einseitigkeiten. Diese wenigen weiterführenden Punkte mögen immerhin eines andeuten: Auch wenn der vorliegende Aufsatz sehr umfangreich geraten ist – viele Fragen zu den reichshofrätlichen Relationen sind immer noch unbeantwortet, ja nicht einmal gestellt. Und die große Masse der Quellen ist weiterhin unbekannt.

Ulrich Rasche

Zur Zuständigkeitsabgrenzung von Reichshofrat und Reichshofkanzlei bei der Erteilung von Privilegien und Gnaden am frühneuzeitlichen Kaiserhof

Eine evaluierende Kritik moderner Forschungsansichten

Wir können nicht arbeiten, ohne zu hoffen,
daß andere weiter kommen werden als wir.[1]

1. Forschungskritik, Problemstellung Gliederung

In dem 1751 von Christian Gottlieb Buder herausgegebenen ‚Repertorium reale pragmaticum juris publici et feudalis Imperii Romano-Germanici' wird unter den drei Kanzleien des Reiches außer der Kanzlei des Reichstags und der des Reichskammergerichts auch die *Canzley des Reichs-Hofraths* genannt, *so öfter auch den Namen Reichs-Canzley führet.*[2] Johann Gottfried Scheidemantel, der 1782/1783 die ersten beiden Bände dieses nunmehr in erweiterter Form unter dem Titel ‚Repertorium des teutschen Staats- und Lehnrechts' firmierenden Werks veröffentlichte, hatte offenbar an dieser ziemlich unbedarften Charakterisierung der Reichshofkanzlei als einer Art Schreibstube des Reichshofrats nichts auszusetzen. Er hat sie wörtlich übernommen.[3] Erst Karl Friedrich Häberlin, der Autor des 1792/1795 erschienen dritten und vierten Bandes, hat sie korrigiert: Es sei *nicht ganz, wenn daselbst gesagt* werde, dass die Reichshofkanzlei *die Canzley des Reichshofraths sey.* Es würden in dieser Kanzlei zwar *die zum Reichshofrath gehörigen Gnaden und Justizsachen ausgefertigt, allein im allgemeinen* verstehe man *unter der Reichshofcanzley dasjenige Departement, in welchem die Reichsstaatssachen oder diejenigen Staatsgeschäfte, welche den Kaiser als Kaiser*

1 Max Weber, Wissenschaft als Beruf 1917/1919. Politik als Beruf 1919. Studienausgabe der Max-Weber-Gesamtausgabe, Band I/7, hrsg. von Wolfgang J. Mommsen und Wolfgang Schluchter in Zusammenarbeit mit Birgitt Morgenbrod, Tübingen 1994, S. 8.

2 Johann Gottlieb Buder, Repertorium reale pragmaticum juris publici et feudalis Imperii Romano-Germanici, Bd. 1, Jena 1751, S. 191.

3 Johann Gottfried Scheidemantel, Repertorium des teutschen Staats- und Lehnrechts, 1. Teil, Leipzig 1782, S. 510.

und Oberhaupt des Reichs betreffen, ingleichen die zum Reichshofrath nicht gehörige Gnadensachen expedirt und erörtert würden.[4]

Diese kurze Exegese einer einschlägigen Passage eines Standardwerks der späten Reichspublizistik ist einleitend vorangestellt, weil es gelegentlich den Anschein hat, dass in nicht unwesentlichen Teilen der modernen Forschung Häberlins sehr berechtigte Korrektur aus dem Jahr 1795 noch nicht wirklich angekommen ist. Diese Kritik betrifft zum einen die funktionale Bedeutung der 1559 neuformierten Reichshofkanzlei[5] innerhalb des auf der institutionellen Ebene vom Kaiser, dem Geheimen Rat, dem Reichshofrat und eben der Reichshofkanzlei gebildeten frühneuzeitlichen Kommunikations- und Handlungssystems zur Bearbeitung und Entscheidung von Reichssachen am frühneuzeitlichen Kaiserhof insgesamt.[6] Schon die Reichspublizistik des 18. Jahrhunderts unterschied zwischen der Reichshofkanzlei als Expeditionsstelle der im Namen des Kaisers in Reichssachen produzierten schriftlichen Erzeugnisse und ihrer Funktion als ein innerhalb dieses Systems beratend wie selbständig agierendes *kaiserliches Ministerium.* Dieses *Reichsministerium* sah sie in personeller Hinsicht verkörpert durch den Reichsvizekanzler und die beiden Geheimen Sekretäre, die sich seit dem frühen 18. Jahrhundert Geheime Reichsreferendare nannten.[7] Je stärker

4 Karl Friedrich HÄBERLIN, Repertorium des Teutschen Staats und Lehnrechts, 4. Teil, Leipzig 1795, S. 471.

5 Vgl. Lothar GROSS, Die Geschichte der deutschen Reichshofkanzlei von 1559 bis 1806 (Inventare österreichischer staatlicher Archive, V. Inventare des Wiener Haus-, Hof- und Staatsarchivs, 1), Wien 1933; Karl Otmar von ARETIN, Das Alte Reich, Bd. 1: Förderalistische oder hierarchische Ordnung (1648–1684), 2. Aufl., Stuttgart 1997, S. 122–130; Matthias SCHNETTGER, Das Alte Reich und Italien in der Frühen Neuzeit. Ein institutionengeschichtlicher Überblick, in: Quellen und Forschungen aus italienischen Archiven und Bibliotheken 79 (1999), S. 344–420, hier S. 377–381; Leopold AUER, Art. Reichshofkanzlei, in: Enzyklopädie der Neuzeit 19 (2009), Sp. 911–914; Michael HOCHEDLINGER, Die Reichshofkanzlei, in: Ders./Petr Mata/Thomas Winkelbauer (Hrsg.), Verwaltungsgeschichte der Habsburgermonarchie in der Frühen Neuzeit, Bd. 1/1: Hof und Dynastie, Kaiser und Reich, Zentralverwaltungen, Kriegswesen und landesfürstliche Finanzen (Mitteilungen des Instituts für Österreichische Geschichtsforschung, Ergänzungsband, 61/1), Wien 2019, S. 323–332; Friedrich BATTENBERG, Art. Reichshofkanzlei, in: HRG, 31. Lieferung 2. Aufl., Berlin 2024, Sp. 1545–1548.

6 Unverzichtbare Basisorientierung für interne Abläufe bei der Behandlung von Reichssachen: GROSS, Reichshofkanzlei (wie Anm. 5), der von einem „System der kaiserlichen Behördenorganisation" spricht (ebd., S. 246). Siehe auch unten Anm. 21.

7 Laut Vincenz HANZELY, Anleitung zur neuesten Reichshofrathspraxis, Bd. 1, Frankfurt/Leipzig 1784, S. 110, bildeten *der Reichsvicekanzler* [...] *und die beeden Referendare* [...] *die kaiserl. geheime Reichshofkanzley oder das kaiserliche Ministerium.* Karl Friedrich GERSTLACHER, Corpus juris Germanici publici et privati, Bd. 4., Stuttgart 1789, S. 122 f., führte darauf fußend über das Personal der Reichshofkanzlei aus: *Es theilet sich aber dieses Personale wiederum in die kaiserliche geheime Reichshofcanzley oder das kaiserliche oder vielmehr Reichs-Ministerium, welches der*

sich die Forschung seit den letzten Jahrzehnten des 20. Jahrhunderts auf den Reichshofrat konzentrierte, ihn sogar zum „eigentliche[n] Regierungskollegium des Heiligen Römischen Reiches“[8] erhob, desto mehr geriet die Reichshofkanzlei aus dem Fokus. Desto mehr verlor sich insbesondere das eigentlich bereits vorhandene Wissen um jene zweite Teilfunktion der Reichshofkanzlei, die oftmals nur noch als eine Art Anhängsel des Reichshofrats, als dessen institutioneller Wurmfortsatz zur Erledigung der nun einmal notwendigen Schreibarbeiten oder gar nicht mehr[9] wahrgenommen wird.

Meine Kritik betrifft zum anderen und insbesondere die von Häberlin am Schluss berührte administrative Behandlung von Privilegien- und Gnadensachen innerhalb jenes Hofsystems, um die es im vorliegenden Beitrag gehen wird. In deren bis heute maßgeblichen Bewertung tritt die immer noch herrschende Verkennung der Reichshofkanzlei als komplementär wie auch autonom handelnde Funktionsstelle des Hofsystems ‚Reichssachen‘ vielleicht am Deutlichsten hervor. Dass die Reichshofkanzlei „relativ gut erforscht“[10] sei, wird man gerade, aber gewiss nicht nur in dieser Hinsicht mit einem großen Fragezeichen versehen müssen.[11] Die moderne Forschung weiß jedenfalls nichts (mehr) über die

---

Reichsvicecanzler und die beyde Referendare vorstellen [...]. *Die geheime Reichshofcanzley hat so gar nicht blos und allein mit Ausfertigungen zu thun, daß sie vielmehr eines der wichtigsten Departments im teutschen Reich ist.* So auch Wilhelm August Friedrich Danz, Grundsätze des Reichsgerichts-Prozesses, Stuttgart 1795, S. 283: *Im engeren Sinne aber machen der Reichshofvicekanzler und die beiden Reichshofreferendäre die kaiserliche geheime Reichshofkanzlei oder das kaiserliche Ministerium, die übrigen Personen hingegen die Reichshofkanzlei, Reichskanzlei aus.* Julius Friedrich Malblank, Anleitung zur Kenntniß der deutschen Reichs- und Provinzial- Gerichts- und Kanzleyverfassung, 3. Teil, Nürnberg/Augsburg 1792, S. 344–351, rechnete noch den Reichshofratspräsidenten zum *Reichsministerium* hinzu.

8 Adolf Laufs, Die Verfassung und Verwaltung der Stadt Rottweil 1650–1806, Stuttgart 1963, S. 31 Anm. 5, zitiert nach Karl Otmar von Aretin, Das Alte Reich, Bd. 1: Föderalistische oder hierarchische Ordnung (1648–1684), Stuttgart 1997, S. 85; so schon Heinrich Zoepfl, Grundsätze des allgemeinen und deutschen Staatsrechts, 1. Teil, Heidelberg/Leipzig 1855, S. 195. Laut Barbara Stollberg-Rilinger, Des Kaisers alte Kleider. Verfassungsgeschichte und Symbolsprache des Alten Reiches, München 2008, S. 282, war der Reichhofrat „das Organ, mittels dessen der Kaiser sein Amt ausübte.“

9 Bei Joachim Whaley, Das Heilige Römische Reich deutscher Nation und seine Territorien. 2 Bde., Darmstadt 2014, kommt laut der Register der Reichshofrat auf 97 Seiten vor, die Reichshofkanzlei auf keiner (!).

10 Siegrid Westphal/Stefan Ehrenpreis, Stand und Tendenzen der Reichsgerichtsforschung, in: Anette Baumann/Stefan Ehrenpreis/Siegrid Westphal/Stephan Wendehorst (Hrsg.), Prozessakten als Quelle. Neue Ansätze zur Erforschung der Höchsten Gerichtsbarkeit im Alten Reich (Quellen und Forschungen zur Höchsten Gerichtsbarkeit im Alten Reich, künftig: QFHG, 37), Köln/Weimar/Wien 2001, S. 1–13, hier S. 4.

11 So auch Matthias Schnettger, Reichsgeschichte als Verfassungs-Verwaltungs- und Behördengeschichte, in: Michael Hochedlinger/Thomas Winkelbauer (Hrsg.), Herrschaftsverdichtung, Staats-

von Häberlin angedeutete Aufteilung der administrativen Zuständigkeit zwischen den Funktionsstellen Reichshofrat und Reichshofkanzlei mit dem Reichsvizekanzler als ihrer in dieser Hinsicht prägenden Figur.[12] Sie sieht hier unisono einzig und allein den Reichshofrat am Werk: „Im Alten Reich [...] lag das P[rivilegierungs]recht allein beim Kaiser [...], das durch den Reichshofrat [...] ausgeübt wurde."[13] Ganz in diesem Sinne wurde unlängst resümiert, dass der Reichshofrat „alle Gratial- und Gnadensachen" bearbeitet habe. „Das schloss das Privilegienwesen ein [...]."[14] Dem entsprechend ist auch bei Wikipedia zu lesen: „Der Reichshofrat war [...] für die kaiserlichen Reservatrechte im Reich sowie alle [...] Gnaden- und Privilegienangelegenheiten alleinig zuständig."[15] Derartige Urteile können sich auf die neuere Reichshofratsforschung stützen, in der seit ihren Anfängen im letzten Drittel des 20. Jahrhunderts die alleinige administrative Zuständigkeit des Reichshofrats für die Erteilung kaiserlicher Privilegien und Gnaden stets betont wird: „Unbestritten besaß der Reichshofrat die ausschließliche Zuständigkeit für die Erteilung von Privilegien [...]."[16] Er sei zuständig gewesen für „tous les actes relevant de la grâce impériale"[17] und habe

---

bildung, Bürokratisierung. Verfassungs, Verwaltungs- und Behördengeschichte der Frühen Neuzeit (Veröffentlichungen des Instituts für Österreichische Geschichtsforschung, 57), Wien/München 2010, S. 229–242, hier S. 236.

12 Vgl. ergänzend zu der oben Anm. 5 genannten Literatur (vor allem: Gross, Reichshofkanzlei) neben der klassischen Studie von Heinrich Kretschmayr, Das deutsche Reichsvicekanzleramt, in: Archiv für österreichische Geschichte 84 (1898), S. 381–502, etwa Wolfgang Sellert, Der Mainzer Reichserzkanzler und die Reichshofratsordnungen, in: Peter Claus Hartmann (Hrsg.), Kurmainz, das Reichserzkanzleramt und das Reich am Ende des Mittelalters und im 16. und 17. Jahrhundert (Geschichtliche Landeskunde, 47), Stuttgart 1998, S. 153–171; Anette Baumann, Die Reichsvizekanzler im 16. Jahrhundert – eine erste Annäherung, in: Jahrbuch des öffentlichen Rechts der Gegenwart NF 64 (2016), S. 261–279.

13 Heinz Mohnhaupt, Art. Privileg, neuzeitlich, in: Handwörterbuch zur deutschen Rechtsgeschichte (künftig: HRG), 28. Lieferung 2. Aufl., Berlin 2020, Sp. 821–828, hier Sp. 824; ebenso Ders., Art. Privileg, neuzeitlich, in: HRG, Bd. 3 1. Aufl., Berlin 1984, Sp. 2005–2011, hier Sp. 2009.

14 Matthias Schnettger, Kaiser und Reich. Eine Verfassungsgeschichte (1500–1806), Stuttgart 2020, S. 217; zuletzt etwa auch Marian Bertz, Thomas von Fritsch (1700–1775). Ein sächsischer Reformpolitiker im Acien Régime (Schriften zur sächsischen Geschichte und Volkskunde, 71), Leipzig 2023, S. 62: „ausschließlich zuständig war er [sc. der Reichshofrat] bei kaiserlichen Gnadensachen [...]."

15 https://de.wikipedia.org/wiki/Reichshofrat (abgerufen am 27. Oktober 2023).

16 Siegrid Westphal, Kaiserliche Rechtsprechung und herrschaftliche Stabilisierung. Reichsgerichtsbarkeit in den thüringischen Territorialstaaten 1648–1806 (QFHG, 43), Köln/Weimar/Wien 2002, S. 91.

17 Thomas Dorfner, Du bon usage de l'illégalité dans un procès. Réflexions sur la procédure au Conseil impérial aulique (1658–1740), in: Falk Bretschneider/Christophe Duhamelle (Hrsg.), Le Saint Empire. Histoire sociale (XVIe–XVIIIe siècle) (Bibliothèque allemande), Paris 2018, S. 77–91, hier S. 79.

die „ausschließliche Entscheidungskompetenz über ksl. Reservatrechte" besessen.[18] Das war und ist die communis opinio.[19]

Zwar galten derartige Feststellungen oftmals der Zuständigkeitsabgrenzung des Reichshofrats vom Reichskammergericht, das kaiserliche Privilegien und Gnaden nicht erteilen konnte, oder der Kompetenz in strittigen Privilegien- und Gnadensachen, die dem Reichskammergericht nur bei Verletzungen, nicht aber bei Auseinandersetzungen über den Inhalt der gewährten Begünstigungen zukam.[20] Die einhellige Antwort der Reichshofratsforschung auf das Zuständigkeitsproblem zielte also nicht immer, oder jedenfalls nicht primär oder nicht punktgenau auf die in diesem Beitrag zu behandelnde Frage, welche Funktionsstellen des Systems ‚Reichssachen' am frühneuzeitlichen Kaiserhof administrativ für die Erteilung zuständig waren. Sie konnte es schon deshalb nicht, weil nicht nur die funktionale Rolle der Reichshofkanzlei sowie im Übrigen auch des Kaisers und seiner engeren Regierungszirkel, sondern auch die des Reichshofrats innerhalb dieses Systems lange Zeit zu wenig reflektiert wurde und infolgedessen erst in Ansätzen erforscht ist.[21] Indem sich ferner die Antwort der Reichshofratsforschung mehr und mehr von dem Problem der Zuständigkeitsabgrenzung

---

18 Wolfgang Sellert, Art. Reichshofrat, in: HRG, 31. Lieferung 2. Aufl., Berlin 2024, Sp. 1548–1554, hier Sp. 1549. So etwa auch Florian Zeilinger, Wiederherstellbare Ehre. Konzept und Praxis der Ehrrestitution am Reichshofrat Kaiser Rudolfs II. (1576–1612) (Histoire, 202), Bielefeld 2022, S. 47.

19 Vgl. ferner etwa Peter Moraw, Art. Reichshofrat, in: HRG, Bd. 4 1. Aufl., Berlin 1990, Sp. 630–638, hier Sp. 635; Wolfgang Sellert, Der Reichshofrat: Begriff, Quellen und Erschließung, Forschung, institutionelle Rahmenbedingungen und die wichtigste Literatur, in: zeitenblicke 3 (2004), Nr. 3, [13.12.2004], https://www.zeitenblicke.de/2004/03/sellert/sellert.pdf (abgerufen am 10. November 2023); Stefan Ehrenpreis, Kaiserliche Gerichtsbarkeit und Konfessionskonflikt. Der Reichshofrat unter Rudolf II. 1576–1612 (Schriftenreihe der Historischen Kommission bei der Bayerischen Akademie der Wissenschaften, 72), Göttingen 2006, S. 63; Anja Amend-Traut, Sich der Concurrenz erwehren ...". Kaufmännischer Wettbewerb unter höchstgerichtlicher Kontrolle (16.–18. Jh.), in: Eva Schumann (Hrsg.), Justiz und Verfahren im Wandel der Zeit. Gelehrte Literatur, gerichtliche Praxis und bildliche Symbolik. Festgabe für Wolfgang Sellert zum 80. Geburtstag (Abhandlungen der Akademie der Wissenschaften zu Göttingen, NF 44), Berlin/Boston 2017, S. 55–82, hier S. 69–71.

20 Vgl. Wolfgang Sellert, Über die Zuständigkeitsabgrenzung von Reichshofrat und Reichskammergericht (Untersuchungen zur deutschen Staats- und Rechtsgeschichte, Neue Folge 4), Aalen 1965, S. 98–111.

21 Vgl. Stefan Ehrenpreis, Der Reichshofrat im System der Hofbehörden Rudolfs II. Organisation, Arbeitsabläufe, Entscheidungsprozesse, in: Mitteilungen des Österreichischen Staatsarchivs 45 (1997), S. 187–205; Patrick Milton, Imperial Law versus Geopolitical Interest: The Reichshofrat and the Protection of Smaller Territorial States in the Holy Roman Empire under Charles VI (1711–1740), in: English Historical Review 130 (2015), S. 831–864, hier S. 834–839; zuletzt Tobias Schenk, Isomorphie und entgrenzte Informalität in der frühneuzeitlichen Reichsjustiz. Der Reichshofrat im Interaktionssystem des Kaiserhofes, in: Frühneuzeit-Info 33 (2022), S. 89–116.

zum Reichskammergericht löste und dadurch zur allgemeinen Antwort auf die Frage der administrativen Zuständigkeit für die Erteilung am Kaiserhof wurde (und oftmals wohl auch als solche intendiert war), ergibt sich zunächst einmal der seltsame Befund, dass in der neueren Forschungsliteratur eine Frage als quasi unumstößlich beantwortet gilt, die in derselben eigentlich noch gar nicht gestellt worden ist.

Auch Eva Ortlieb ging in ihrem Aufsatz über Gnadensachen vor dem Reichshofrat aus dem Jahr 2007 a priori von der administrativen Zuständigkeit des Reichshofrats aus.[22] Für alle über die Zuständigkeitsfrage hinausgehenden Probleme sei ausdrücklich auf diesen wegweisenden Beitrag verwiesen, dem zu verdanken ist, dass das wichtige Phänomen der Erteilung kaiserlicher Gnaden (wieder) stärker in den Fokus der Forschung gerückt ist. Zu diesem Zeitpunkt hatte sich allerdings in der Forschung insgesamt die Ansicht über die alleinige administrative Zuständigkeit des Reichshofrats für die Erteilung von kaiserlichen Privilegien und Gnaden schon so stark verfestigt, dass die für alternative Überlegungen nötigen Denkräume bereits verschlossen waren. Dabei haben nicht nur sämtliche Reichspublizisten des 18. Jahrhunderts,[23] sondern auch die zu Recht immer noch viel zitierten Klassiker der Reichshofratsforschung – vor allem die fundamentale Untersuchung von Lothar Groß über die Geschichte der Reichshofkanzlei von 1933, ferner die wertvolle prosopographische Studie von Oswald von Gschließer zum Reichshofrat von 1942 sowie Jürgen Pratjes materialreiche Abhandlung über die kaiserlichen Reservatrechte von 1957 – eine gegenteilige oder jedenfalls differenziertere Ansicht vertreten.[24] Beides wird bis heute in

22 Eva Ortlieb, Gnadensachen vor dem Reichshofrat (1519–1564), in: Leopold Auer/Werner Ogris/Dies. (Hrsg.), Höchstgerichte in Europa. Bausteine frühneuzeitlicher Rechtsordnungen (QFHG, 53), Köln/Weimar/Wien 2007, S. 177–202. Dass der Einwand bestehe, „Gnadensachen hätten den kaiserlichen Hofrat bzw. Reichshofrat vielfach überhaupt nicht passiert," wird zwar ebd., S. 183 f. mit Fußnote 25, u. a. mit dem eigentlich schlagkräftigen Verweis auf den bekannten Traktat von Johann Christoph Uffenbach aus dem Jahr 1683/1700 (siehe unten Anm. 59) in Betracht gezogen, bleibt aber ohne erkenntnisleitende Konsequenzen. Dies., Lettere di intercessione imperiale presso il Consiglio aulico, in: Karl Härter/Cecilia Nubola (Hrsg.), Grazia e giustizia. Figure della clemenza fra tardo medioevo ed età contemporanea (Annali dell'Istituto storico italo-germanico in Trento, 81), Bologna 2011, S. 175–203, hier S. 181, Fußnote 21, referiert kurz Uffenbachs (unten bei Anm. 62 besprochene) Aussagen zur Zuständigkeitsproblematik, bleibt aber insgesamt bei ihrer Ansicht, dass der Reichshofrat das Organ am kaiserlichen Hof gewesen sei, „que normalmente pùo essere identificato come quello competente in materia di concessione di grazie da parte dell'imperatore."

23 Siehe Abschnitt 3 dieses Beitrags.

24 Vgl. Gross, Reichshofkanzlei (wie Anm. 5), S. 190–192; Oswald von Gschliesser, Der Reichshofrat. Bedeutung und Verfassung, Schicksal und Besetzung einer obersten Reichsbehörde von 1559 bis 1806 (Veröffentlichungen der Kommission für neuere Geschichte des ehemaligen Österreich, 33), Wien 1942, S. 22; Jürgen Pratje, Die kaiserlichen Reservatrechte. Jura caesarea reser-

der Forschung nicht mehr wahrgenommen oder auf eine merkwürdige und fast unerklärliche Weise verdrängt. Auch in dem unlängst mit einigen beachtlichen Ergebnissen abgeschlossenen Kooperationsprojekt zwischen den Universitäten Graz und Eichstätt-Ingolstadt über ‚Untertanensuppliken am Reichshofrat Kaiser Rudolfs II. (1576–1608)' wurde die alleinige Zuständigkeit des Reichshofrats zur Bearbeitung von Gesuchen um ‚Gratialia' nicht mehr angezweifelt, obwohl viele der im Projekt erschlossenen Akten eindeutig anderslautende Vermerke aufweisen;[25] alle einschlägigen Akten firmieren als ‚Reichshofratsakten' und befinden sich im ‚Reichshofratsarchiv'.[26]

Im Folgenden sollen jene Denkräume wieder geöffnet werden. Zu diesem Zweck muss (2.) zunächst auf die archivische Bestandsbildung und die Einordnung der zu den Gnaden und Privilegiensachen im Wiener Haus-, Hof- und Staatsarchiv vorhandenen Akten in den Bestand ‚Reichshofrat' eingegangen werden, die gewiss zur Verstarrung der Forschungsansicht beigetragen hat. Das

---

vata, Diss. jur. Erlangen 1957, S. 236 und 293, so auch Peter Leyers, Reichshofratsgutachten an Kaiser Josef II., Diss. Bonn 1976, S. 29; Gerd Kleinheyer, Privileg gegen Privileg. Der Kampf um die sechste Apotheke in der Reichsstadt Frankfurt (1690–1732), in: Karl Kroeschell (Hrsg.), Festschrift für Hans Thieme zu seinem 80. Geburtstag, Sigmaringen 1986, S. 235–252, hier S. 243.

25 Ulrich Hausmann/Thomas Schreiber, *Euer Kaiserlichen Majestät in untertänigster Demut zu Füßen*. Das Kooperationsprojekt „Untertanensuppliken am Reichshofrat in der Regierungszeit Kaiser Rudolfs II. (1576–1612), in: Alexander Denzler/Ellen Franke/Britta Schneider (Hrsg.), Prozessakten, Parteien, Partikularinteressen. Höchstgerichtsbarkeit in der Mitte Europas vom 15. bis 19. Jahrhundert (bibliothek altes Reich, künftig: baR, 17), Berlin/Boston 2015, S. 71–96, bebildern eine ihrer Hauptthesen, wonach sich „in der Verfahrenspraxis des Reichshofrats" die kaiserliche Gnadengewalt „konkretisierte", mit Fotos einer Supplik eines Kammerdieners um ein Fürbittschreiben von 1586. Auf der abgebildeten Rückseite der Supplik ist eindeutig der Bewilligungsvermerk (*Fiat*) des Reichsvizekanzlers Siegmund Vieheuser zu erkennen, der sich namentlich nannte (ebd., S. 93). Die abgebildete Supplik hat den Reichshofrat also gar nicht durchlaufen. Es handelt sich nicht um eine ‚Reichshofratsakte'. Dass eine ganze Reihe der in die Projektdatenbank aufgenommenen Suppliken solche Vermerke des Reichsvizekanzlers tragen, fiel später zwar Thomas Schreiber, Untertanen als Supplikantinnen und Supplikanten am Reichshofrat Kaiser Rudolfs II. (1576–1612). Eine systematische Analyse, Diss. Graz (masch.) 2018, S. 103–105, auf. Diese wichtige Beobachtung hatte aber keinen Einfluss auf diesbezügliche Ergebnisse des Projekts.

26 https://dh.uni-graz.at/suppliken/de/ (abgerufen am 9. Januar 2024). Vgl. den dort verlinkten Projektantrag sowie die Aufsätze einer 2014 durchgeführten Grazer Tagung über ‚Frühneuzeitliche Supplikationspraxis und monarchische Herrschaft in europäischer Perspektive', in: Beiträge zur Rechtsgeschichte Österreichs 2/2015, online: http://austriaca.at/7867-5inhalt?frames=yes (abgerufen am 9. Januar 2024), zuletzt etwa Zeilinger, Wiederherstellbare Ehre (wie Anm. 18), S. 257–260; Thomas Schreiber, *Hab ich ein schreiben an kayserliche Maystadt selbst übergeben lassen*. Anmerkungen zur Mündlichkeit und Schriftlichkeit im Supplikationsverfahren des Reichshofrats um 1600, in: Josef Bongartz/Alexander Denzler/Carolin Katzer/Stefan Andreas Stodolkowitz (Hrsg.), Feder und Recht. Schriftlichkeit und Gerichtswesen in der Vormoderne (baR, 39), Berlin 2023, S. 365–382.

gilt (3.) auch für die Zuständigkeitsregelung der Reichshofratsordnung von 1654. Sie kann nur im Kontext von zeitgenössischen Kommentaren und einschlägigen Ausführungen der Reichspublizisten verstanden werden, die weitgehend in Vergessenheit geraten sind, gleichwohl verdienen, wieder Teil des Forschungsdiskurses zu werden. Anschließend wird (4.) das methodische Problem erörtert, wie der Zuständigkeitsnachweis anhand der archivalischen Quellen überhaupt erfolgen kann. Auf dieser Grundlage soll sodann (5.) bei ausgewählten Gnaden- und Privilegiensachen die Probe aufs Exempel erfolgen. Den Schluss bildet (6.) eine thesenhafte Zusammenfassung.

2. Das kaiserliche Reichsarchiv, die archivische Bestandsbildung und die Einordung der Gnaden- und Privilegiensachen in den Bestand ‚Reichshofrat'

Alle zum K. R. Hofrathe gelangende gerichtliche Acten werden zum gemeinen Reichsbesten [...] in das Reichsarchiv abgegeben. Dieses ist durch besondere Zimmer in Judizial-, Lehn-, Gnaden- und Staatsregistraturen abgetheilet.[27] Diese Bemerkung des Marburger Juristen Johann Andreas Hofmann aus dem Jahr 1765 enthält zwei wichtige Hinweise. Der erste besteht in einer Mahnung, nämlich den Begriff ‚Reichshofratsarchiv' oder die Formulierung ‚Archiv des Reichshofrats' insbesondere dann nicht zu verwenden, wenn von Verhältnissen aus der Zeit bis 1806 die Rede ist.[28] Solange der Reichshofrat existierte, gab es am Kaiserhof nur ein Archiv für alle im Zuge der Behandlung von Reichssachen entstandenen Akten und Amtsbücher, ganz gleich ob die Vorgänge durch den Reichhofrat, den Reichsvizekanzler, durch den Geheimen Rat und seine Nachfolgegremien, unmittelbar durch den Kaiser oder in irgendwelchen Formen des Zusammenwirkens bearbeitet und entschieden worden sind.[29] Dieses Archiv wurde von

27 Johann Andreas Hofmann, Teutsche Reichs-Praxis, 3. Teil, Frankfurt am Main 1765, S. 384.

28 Der eher leise Hinweis darauf von Eva Ortlieb, Reichshofrat und Reichskammergericht im Spiegel ihrer Überlieferung und deren Verzeichnung, in: Friedrich Battenberg/Bernd Schildt (Hrsg.), Das Reichskammergericht im Spiegel seiner Prozessakten. Bilanz und Perspektiven der Forschung (QFHG, 57), Köln/Weimar/Wien 2010, S. 205–224, hier S. 209, hat bislang keinerlei Konsequenzen in der Forschung gehabt.

29 Ergänzend sei hinzugefügt, dass auch Hofstellen wie der Hofkriegsrat und die Hofkammer gelegentlich und ebenfalls in Abstimmung mit dem Kaiser und dem Geheimen Rat in ihre Ressorts fallende Vorgänge bearbeitet haben, die Reichsangelegenheiten betreffen konnten. Da diese Hofstellen eigene Kanzleien und Registraturen (Archive) besaßen, gelangten die entsprechenden Akten nicht in das Reichsarchiv. In der Registratur der Hofkammer wurde später sogar ein eigener Selektbestand ‚Reichsakten' gebildet, der heute im Österreichischen Staatsarchiv als Teilbestand der Abteilung ‚Finanz- und Hofkammerarchiv' verwahrt wird, vgl. Publikationen des Österreichischen

Rutger Roland schon 1597 in Abgrenzung zu anderen ‚Reichsarchiven', etwa dem Archiv des Mainzer Erzkanzlers oder dem Archiv des Reichskammergerichts, als *Archivum imperatoris* und von späteren Zeitgenossen wie Johann Jakob Moser dementsprechend als das *Kayserliche Reichs-Archiv* bezeichnet.[30] Es wurde von der Reichshofkanzlei geführt und verwaltet und unterstand wie diese dem Mainzer Erzkanzler, der am Kaiserhof durch den Reichsvizekanzler vertreten wurde.[31]

Das insbesondere der Reichshofrat kein eigenes Archiv besaß und auch nicht das Recht hatte, eine eigene Aktenregistratur zu führen oder gar ein Archiv zu gründen, wird sehr deutlich, als Joseph II. im Jahr 1765 anordnete, die Vota ad imperatorem und Relationen den Judizialakten des Reichsarchivs zu entnehmen und daraus jeweils eigene Selektbestände zu bilden. Im Zuge der Ausführung dieses Befehls, dem die heute im Wiener Haus- Hof- und Staatsarchiv befindlichen Serien ‚Relationen' und ‚Vota ad imperatorem' ihre Entstehung verdanken, protestierte die Reichshofkanzlei vehement dagegen, dass der Reichshofrat den neuen Bestand in der Reichshofratsstube des Reichskanzleigebäudes, also außerhalb des ebenfalls in diesem Gebäude in anderen Räumen befindlichen Reichsarchivs lagern wollte. Der Kaiser stimmte diesem Protest zu und ordnete am 30. Dezember 1766 an, dass mit seinem Befehl keinesfalls die Bildung einer eigenständigen reichshofrätlichen Registratur beabsichtigt war und die beiden neu geschaffenen Selekte in die Registratur der Reichshofkanzlei verbracht, also den Beständen des Reichsarchivs eingereiht werden müssten.[32]

Der zweite und im gegebenen Zusammenhang noch wichtigere Hinweis Hofmanns betrifft die prinzipielle Ordnung der Bestände. Augenscheinlich war dies

---

Staatsarchivs, II. Serie: Inventare österreichischer Archive, VII. Inventar des Wiener Hofkammerarchivs, Wien 1951, S. 56–67.

30 Vgl. Markus Friedrich, Das Alte Reich und seine Archive im Spiegel reichspublizistischer und reichsrechtlicher Literatur: Ius archivi, gerichtliche Beweiskraft und konfessionspolitische Indienstnahme, in: Harriet Rudolph/Astrid von Schlachta (Hrsg.), Reichsstadt – Reich – Europa. Neue Perspektiven auf den Immerwährenden Reichstag zu Regensburg (1663–1806), Regensburg 2015, S. 411–429, hier S. 419–422; zu Moser siehe die folgende Anm.

31 Johann Jakob Moser, Teutsches Staats-Recht, 6. Teil, Leipzig/Ebersdorf 1742, S. 465: *Das Kayserliche Reichs-Archiv oder das am Kayserlichen Hofe befindliche Reichs-Archiv ist ein Teil der Reichs-Cantzley* (…).

32 ÖStA HHStA MEA, Reichshofrat 11, unfol. Vgl. Tobias Schenk, Die Vota ad Imperatorem des kaiserlichen Reichshofrats. Zur Verfahrensautonomie an einem herrschernahen Höchstgericht der Frühen Neuzeit, in: Anja Amend-Traut/Ignacio Czeguhn/Peter Oestmann (Hrsg.), Urteiler, Richter, Spruchkörper. Entscheidungsfindung und Entscheidungsmechanismen in der Europäischen Rechtskultur (QFHG, 75), Köln/Weimar/Wien 2021, S. 239–348, hier S. 254; zu den Relationen: Eva Ortlieb, Schriftlichkeit im Entscheidungsprozess. Die Relationen des Reichshofrats, in: Bongartz/Denzler/Katzer/Stodolkowitz, Feder und Recht (wie Anm. 26), S. 345–364, ferner den Aufsatz von Peter Oestmann in diesem Band

eine rein sachliche Ordnung, archivisch gesprochen: eine Ordnung gemäß dem damals sinnvoller Weise in allen Herrscherarchiven üblichen Pertinenzprinzip.[33] Weder besaßen also die einzelnen Funktionsstellen des Hofsystems ‚Reichssachen' eigene Archive noch wurden die Akten, die sie dem einzigen für sie zuständigen Archiv, dem kaiserlichen Reichsarchiv, abzuliefern hatten, so sortiert, dass sie diesen Funktionsstellen zugeordnet werden konnten. Die archivische Ordnung des kaiserlichen Reichsarchivs spiegelte also nicht die ‚Behördenstruktur' des Hofsystems ‚Reichssachen' wider.

Die Entwicklung der Binnenordnung dieses Archivs im 17. und insbesondere im 18. Jahrhundert ist überaus kompliziert und trotz der kenntnisreichen Ausführungen von Lothar Groß dazu immer noch in einigen Punkten unklar.[34] Sie verlief grundsätzlich so, dass aus der ursprünglichen, noch bei Hofmann und anderen Reichspublizisten aufscheinenden Dreigliederung in Staatssachen, Gnaden- und Lehenssachen sowie Judizialsachen, bei denen jeweils noch eine Unterteilung in eine deutsche und lateinische Expedition bestand,[35] eine Zweigliederung wurde. Während der Mainzer Erzkanzler 1687 zunächst anordnete, die Judizialakten von den Staatssachen und den Lehens- und Gnadensachen zu separieren,[36] fand im 18. Jahrhundert eine Trennung der übrigen Bestände von den Staatssachen statt, die den Geheimen Sekretären der Reichshofkanzlei unterstellt wurden.[37] Vermutlich geschah das im Zuge der Übersiedelung des Archivs in das 1730 fertiggestellte Reichskanzleigebäude der Wiener Hofburg.[38] Auch

---

33 Vgl. Peter MÜLLER, Vollregest, Findbuch oder Informationssystem – Anmerkungen zu Geschichte und Perspektiven der archivischen Erschließung, in: Der Archivar 58 (2005), S. 6–15, hier S. 7 f.

34 GROSS, Reichshofkanzlei (wie Anm. 5), S. 293–306; DERS., Reichsarchive, in: Ludwig Bittner (Hrsg.), Gesamtinventar des Wiener Haus-, Hof- und Staatsarchivs (Inventare österreichischer staatlicher Archive V, Inventare des Wiener Haus-, Hof- und Staatsarchivs 4), Bd. 1, Wien 1936, S. 273–394, hier S. 275–295; vgl. ferner auch Martin KRENN, Die Überlieferung der Reichstagsakten im Haus-, Hof- und Staatsarchiv unter besonderer Berücksichtigung der Bestandsgruppe in der Reichshofkanzlei, Magisterarbeit Wien 2012 (maschschr.), S. 32–51.

35 HANZELY, Reichshofrathspraxis, Bd. 1 (wie Anm. 7), S. 128; MALBLANK, Reichs- und Provinzial-Gerichts- und Kanzleyverfassung, 3. Teil (wie Anm. 7), S. 404.

36 GROSS, Reichshofkanzlei (wie Anm. 5), S. 293. Diesen Zustand beschreibt auch MOSER, Teutsches Staats-Recht, 6. Teil (wie Anm. 6), S. 466: *Das Reichs-Archiv an dem Kayserlichen Hof aber bestehet in der Geheimen Reichs-Hof-Registratur und in der Reichs-Hof-Raths-Registratur. In diese kommen die gerichtlich verhandelte Parthie- und andere Sachen, in jene aber die Staats-, Gnaden- und andere aussergerichtliche Materien betreffende Schrifften.* Siehe auch unten Anm. 285.

37 GROSS, Reichshofkanzlei (wie Anm. 5), S. 294.

38 Die aus dieser Zeit vorliegenden Grundrisse des neuen Gebäudes zeigen, dass die *Geheime Registratur* nun im 2. Stock des neuen Gebäudes im räumlichen Zusammenhang mit den Dienstzimmern der Geheimen Sekretäre und der für den Reichsvizekanzler bestimmten Zimmern untergebracht war bzw. werden sollte, während für den übrigen Teil des Reichsarchivs andere Räume des 1. und 2. Stocks vorgesehen waren; die Grundrisse befinden sich in: ÖStA HHStA, MEA, Reichskanzlei

diese nunmehr dauerhaft wirkende organisatorische Binnenteilung der Bestände erfolgte nicht aufgrund von archivischen Zuständigkeitserwägungen im Sinne einer provenienzmäßigen Ordnung der Bestände, sondern außer aus praktischen Erwägungen vermutlich, weil die reinen Staatssachen, also quasi die ‚politischen' Akten des Reichsarchivs, als besonders wichtig, geheimhaltungs- und schutzwürdig betrachtet wurden. Mehr und mehr gerieten diese auch in den Fokus österreichischer Hausmachtsinteressen.

Das zeigte sich unter anderem sehr deutlich, als im Zuge der Gründung des österreichischen Staatsarchivs ab 1755 zahlreiche Akten dieser Abteilung des Reichsarchivs in die Bestände des Staatsarchivs eingegliedert und in der Folge auch an die Österreichische Hofkanzlei abgegeben werden mussten.[39] Gewiss aufgrund ähnlicher Motive wurden nach dem Ende des Alten Reiches die Staatssachen des Reichsarchivs vollständig dem Staatsarchiv zugewiesen. Der gesamte, wohl schon in der ersten Hälfte des 18. Jahrhunderts davon räumlich und verwaltungsmäßig abgetrennte Block der Judizial- sowie der Lehens- und Gratialakten ging hingegen in die Verantwortung einer 1807 eingerichteten Hofkommission über, die weiterhin Auskunftsdienste leisten und die Auslieferung von Akten an die deutschen Bundesstaaten als diesbezügliche Rechtsnachfolger des Reiches organisieren sollte.[40] Mit der Einrichtung dieser fast die gesamt erste Hälfte des 19. Jahrhunderts wirkendenden Kommission wurde die schon im kaiserlichen Reichsarchiv des

---

und Taxamt, 49,6, vgl. dazu Lothar Gross, Der Plan des älteren Fischer von Erlach zum Reichskanzleitrakt der Wiener Hofburg, in: Monatsblatt des Vereines für Geschichte der Stadt Wien 36 (1919), S. 87–89; David Petry, Reichsstädtische Reichshofratsprozesse als mediale Ereignisse, in: Anja Amend-Traut/Anette Baumann/Stephan Wendehorst/Steffen Wunderlich (Hrsg.), Die höchsten Reichsgerichte als mediales Ereignis (baR, 11), S. 113–132, hier S. 117–120, ferner zu weiteren Plänen des Reichskanzleitrakts und dessen baulicher Entwicklung Franz Matsche, Zur Planungs- und Baugeschichte des Reichskanzleitraktes der Wiener Hofburg, in: Hermann Fillitz/Martina Pippal (Hrsg.), Wien und der europäische Barock (Akten des XXV. internationalen Kongresses für Kunstgeschichte Wien 1983, Bd. 7), Wien/Köln/Graz 1986, S. 31–49; Hellmut Lorenz/Johann Lucas von Hildebrandt, Die Reichskanzlei und der „General-Plan" zur Erweiterung der Wiener Hofburg, in: Ders./Anna Mader-Kratky (Hrsg.), Die Wiener Hofburg 1705–1835. Die kaiserliche Residenz vom Barock bis zum Klassizismus (Österreichische Akademie der Wissenschaften, Veröffentlichungen zur Kunstgeschichte, 14), Wien 2016, S. 77–91, hier S. 77–82; Manuel Weinberger, Die Vollendung der Reichskanzlei durch Joseph Emanuel Fischer von Erlach, ebd. S. 88–97; Ders., Reichskanzleitrakt – Bauliche Entwicklung 1722–1835, ebd., S. 284–288. Die genannte Akte enthält weitere Angaben zur Verteilung der reichsarchivischen Bestände auf Räume im Reichskanzleitrakt 1737.

39 Gross, Reichshofkanzlei (wie Anm. 5), S. 298–301.

40 Gross, Reichsarchive (wie Anm. 34), S. 275–295, passim. Zum Ergebnis der Auslieferung von Judizialakten an Archive deutscher Bundesstaaten vgl. Friedrich Battenberg, Reichshofratsakten in den deutschen Staatsarchiven. Eine vorläufige Bestandsaufnahme, in: Wolfgang Sellert (Hrsg.), Reichshofrat und Reichskammergericht. Ein Konkurrenzverhältnis (QFHG, 34), Köln/Weimar/Wien 1999, S. 221–240.

18. Jahrhunderts bestehende archivische Verbindung zwischen den Judizialakten und den Akten über Lehens- und Gnadensachen endgültig manifestiert.[41]

Bereits gegen Ende des 18. Jahrhunderts galten diese von den Staatssachen abgesonderten Akten im Sprachgebrauch der Kanzlei als *Reichshofregistraturen*.[42] Auch der Archivoffizial Andreas von Meiller, der nach deren Übernahme durch das Staatsarchiv mit Ordnungsarbeiten beauftragt war, bezeichnete in seinem umfassenden Bericht von 1851 die Gesamtheit dieser ehedem von der genannten Hofkommission verwalteten reichsarchivischen Akten bereits verkürzend als *Actenkörper der Reichshofregistratur* bzw. sogar als *reichshofrätliche Registratur*.[43] Auf diese Weise wurden allmählich auch die Gratialakten zu Reichshofratsakten, ohne dass deren Provenienz jemals geprüft worden ist. Weder die weiteren Ordnungsarbeiten im 19. Jahrhundert, in deren Folge erneut Umlegungen von Akten der Staatssachen des ehemaligen Reichsarchivs in andere, gänzlich neu gebildete Bestände erfolgten,[44] die Einführung des Provenienzprinzips im Österreichischen Staatsarchiv im frühen 20. Jahrhundert,[45] durch die die heutige Ordnung der Bestandsgruppe ‚Reichsarchive' ihre mehr oder weniger bereits im Gesamtverzeichnis von 1936 publizierte Systematik bekam,[46] noch schließlich

41 Auch die Unterbrechung der Kommissionsarbeit durch die Wegführung der reichsarchivischen Akten nach Paris hat diese Verbindung nicht gelöst, vgl. Leopold Auer, Die Verschleppung der Akten des Reichshofrats durch Napoleon, in: Thomas Olechowski/Christian Neschwara/Alina Lengauer (Hrsg.), Grundlagen der österreichischen Rechtskultur. Festschrift für Werner Ogris zum 75. Geburtstag, Wien/Köln/Weimar 2010, S. 1–13.

42 Franz Xaver Bergauer, Von dem teutschen Staate, den Archiven und Registraturen, Wien 1792, S. 108. Bergauer trat 1774 als Kanzleischreiber und Registrant in die Dienste der Reichshofkanzlei und war von 1789 bis zur Auflösung der Kanzlei 1806 Protonotar, vgl. Gross, Reichshofkanzlei (wie Anm. 4), S. 471, 474.

43 ÖStA HHStA Kurrentakte 1851, unfol. Vgl. zu dieser Ordnungsarbeit Meillers Gross, Reichsarchive (wie Anm. 34). S. 293 f.; Franz Huter, Biographien der Archivbeamten seit 1749, in: Bittner, Gesamtinventar (wie Anm. 34), S. 1–166, hier S. 89.

44 Ein großer Teil der vor 1800 datierten Akten der drei der heutigen Bestandsgruppe ‚Diplomatie und Außenpolitik vor 1848' zugeordneten Bestände „Staatenabteilungen', ‚Große Korrespondenz' und ‚Kriegsakten' stammt aus den Beständen der Staatssachen des kaiserlichen Reichsarchivs, vgl. Bittner, Gesamtinventar (wie Anm. 34), S. 511, 587, 596–599, detaillierter: Krenn, Überlieferung der Reichstagsakten (wie Anm. 34), S. 35 f.; Thomas Just, Das Haus-, Hof- und Staatsarchiv im Verbund des Österreichischen Staatsarchivs, in: Petr Elbel (Hrsg.), Österreichische Archive: Geschichte und Gegenwart, Brno 2019, S. 73–138, hier S. 84–87.

45 Vgl. Ludwig Bittner, Die geschichtliche Entwicklung des archivalischen Besitzstandes und der Einrichtungen des Hau-, Hof- und Staatsarchivs, in: Ders., Gesamtinventar (wie Anm. 33), S. 9*–202*, hier S. 138*–168*; Michael Hochedlinger, Österreichische Archivgeschichte, Wien/Köln/Weimar 2013, S. 378–381.

46 Gross, Reichsarchive (wie Anm. 33). Für eine Übersicht über die heutige Bestandsgruppe ‚Reichsarchive' vgl. auch Just, Haus-, Hof- und Staatsarchiv (wie Anm. 44), S. 76–91. Zum Verzeichnungsstand siehe den Beitrag von Sonja Donabaum in diesem Band; vgl. demnächst auch Ulrich Rasche,

die Umsiedlung der verstreut gelagerten Bestände in das 1902 fertig gestellte Archivgebäude am Minoritenplatz,[47] in dem die ‚Gratialia et Feudalia' bis heute im 11. Magazingeschoß als eine Art Anhängsel zu den Judizialakten des Reichshofrats aufgestellt sind, haben an der Verbindung zwischen Judizialakten und Gratialakten und deren provenienzmäßigen Etikettierung etwas geändert.

In dem heute für die Bestandsordnung (Tektonik) maßgeblichen Archivinformationssystem des Österreichischen Staatsarchivs verteilen sich die Gratialakten hauptsächlich auf mehrere Serien des Teilbestands ‚Gratiala et Feudalia', der wiederum einen von acht Teilbeständen des Bestands ‚Reichshofrat' in der Bestandsgruppe ‚Reichsarchive' der Abteilung ‚Haus-, Hof- und Staatsarchiv' bildet.[48] Der bei weitem umfangreichste der acht Teilbestände des Bestands ‚Reichshofrat' ist klarerweise der Teilbestand ‚Judicialia'. Die Staatssachen des alten Reichsarchivs, also dessen zweiter großer Pertinenzbestand, bekamen ebenfalls eine den Erfordernissen des Provenienzprinzips entsprechende Zuordnung zu einer ‚Behörde'. Sie firmieren nun innerhalb der Bestandsgruppe ‚Reichsarchive' als Bestand ‚Reichskanzlei'. Die sehr bedeutenden Funktionsstellen im Hofsystem Reichssachen – der Geheime Rat und seine Nachfolgegremien – bilden sich in der heutigen Provenienzordnung der Bestände hingegen überhaupt nicht ab. Der Geheime Rat hat zwar von einigen wenigen Protokollen abgesehen, die vor allem in der Serie der Reichshofratsprotokolle zu finden sind,[49] keine als Bestände identifizierbare Archivalien erzeugt. Er hat aber ebenso wie der Kaiser selbst viele der durch Akten in den Beständen ‚Reichshofrat' und ‚Reichskanzlei' bezeugten Vorgänge in Gang gesetzt oder in Vorgänge dieser Funktionsstellen entscheidend eingegriffen.[50] Vielleicht zeigt diese Beobachtung am besten, dass der im Ganzen

---

Aktenverzeichnung als Methode der Quellenerschließung. Pladoyer für eine Neujustierung der Erschließungspraxis in der Frühneuzeitforschung, in: Jens Klingner/Christian Schuffels (Hrsg.), Edition und Kommentar (Archiv für Diplomatik, Beiheft), Köln/Weimar/Wien 2025 (im Druck).

47 Vgl. Thomas Just, Der Neubau des Wiener Haus-, Hof- und Staatsarchivs und der Besuch Kaiser Franz Josephs I. im Jahr 1904. Mitteilungen des Österreichischen Staatsarchivs 55 (2011), S. 187–206.

48 https://www.archivinformationssystem.at/suchinfo.aspx (abgerufen am 15. November 2023). Zu den Adelsakten und den Akten über Ratstitel, die diesem Bestand nicht mehr angehören, siehe unten Abschnitt 5.1.

49 ÖStA HHStA RHR Resolutionsprotokolle. Siehe unten Anm. 96.

50 Zu Funktion des Geheimem Rat und seiner Nachfolgeorgane vgl. Stefan Sienell, Die Geheime Konferenz unter Kaiser Leopold I. Personelle Strukturen und Methoden zur politischen Entscheidungsfindung am Wiener Hof (Beiträge zur Neueren Geschichte Österreichs, 17), Frankfurt am Main u. a. 2001; Mark Hengerer, Kaiserhof und Adel in der Mitte des 17. Jahrhunderts (Historische Kulturwissenschaft, 3), Konstanz 2004, S. 59–63, 116–127; Eva Ortlieb, Der Geheime Rat (bis 1612), in: Hochedlinger/Mata/Winkelbauer, Verwaltungsgeschichte der Habsburgermonarchie, Bd. 1/1 (wie Anm. 5), S. 423–430; Michael Hochedlinger, Der Geheime Rat nach 1612 und seine Nachfolger, ebd., S. 430–441.

auch nicht mit letzter Konsequenz unternommene Versuch, das ursprünglich nach dem Pertinenzprinzip geordnete kaiserlicher Reichsarchiv im Nachhinein nach dem Provenienzprinzip zu strukturieren, mit dem üblicherweise eine Art erkenntnisleitende Kongruenz zwischen archivischer Ordnung auf der einen und Verwaltungsstrukturen und -handeln auf der anderen Seite hergestellt werden soll,[51] nicht wirklich gelingen konnte.[52] Im Ergebnis wurden zahlreiche quasi unechte Provenienzen erzeugt, die eine solche erkenntnisleitende Funktion nicht besitzen. Die, auf die es hier ankommt, ist die Provenienz der Gratialsachen. Kurz gesagt, es ist aufgrund der geschilderten Entwicklung der archivischen Bestandsordnung, in der die ‚Gratialia' der behördlichen Provenienz ‚Reichshofrat' zugewiesen sind, nicht möglich, belastbare Rückschlüsse auf die administrative Zuständigkeit des Reichshofrats für die Erteilung derselben zu ziehen.[53]

3. Die Reichshofratsordnung von 1654 und die Ansichten der Reichspublizistik über die Zuständigkeitsfrage

Schon eher kommt dafür die wichtigste normative Quelle zum Reichshofrat in Frage, nämlich die Reichshofratsordnung von 1654, genauer gesagt Tit. 2 § 1, von dem Michael Hughes gemeint hat, er sei so etwas wie eine „basic charter" des

51 Vgl. Bodo Uhl, Die Bedeutung des Provenienzprinzips für Archivwissenschaft und Geschichtsforschung, in: Zeitschrift für bayerische Landesgeschichte 61 (1998), S. 97–121; sowie zuletzt etwa Sina Steglich, Zeitort Archiv. Etablierung und Vermittlung geschichtlicher Zeitlichkeit im 19. Jahrhundert (Campus Historische Studien, 79), Frankfurt am Main/New York 2020, S. 198–213; Philipp Haas, „Organisches Wachstum" und Provenienzprinzip. Grundlage oder Altlast der Archivwissenschaft?, in: Archivalische Zeitschrift 98 (2022), S. 353–397.

52 In dieser Hinsicht verwirrend wirkt auch die offenbar aus pragmatischen Gründen getroffene Entscheidung, die noch vorhandenen Teile des ehemaligen kaiserlichen Reichsarchivs, also die Bestände ‚Reichshofrat', ‚Reichskanzlei' und ‚Reichshofrat und Reichskanzlei – Verfassungsakten', zusammen mit den Beständen ‚Reichskammergericht – Wetzlarer Akten' und ‚Mainzer Erzkanzlerarchiv' auf der gleichen Hierarchieebene (Bestände der Bestandsgruppe ‚Reichsarchive') anzuordnen, weil es sich bei dem erst Mitte des 19. Jahrhunderts in das Staatsarchiv gelangte Mainzer Erzkanzlerarchiv um einen geschlossenen Archivkörper handelt, während das alte „archivum imperatoris" in drei Bestände aufgespaltet und somit als ehedem ebenfalls eigenständiger Archivkörper nicht mehr kenntlich ist.

53 Unechte Provenienzen können die Forschung in die Irre führen und haben das in gegebener Hinsicht auch getan. So argumentiert etwa Sabine Ullmann, *vm der Barmherzigkait Gottes Willen*: Gnadengesuche an den Kaiser in der zweiten Hälfte des 16. Jahrhunderts, in: Wolf Kießling/Dies. (Hrsg.), Das Reich in der Region während des Mittelalters und in der Frühen Neuzeit (Forum Suevicum. Beiträge zur Geschichte Ostschwaben und der benachbarten Regionen, 6), Konstanz 2005, S. 161–184, hier S. 178, dass die Bearbeitung der Gnadengesuche im 16. Jahrhundert am Reichhofrat erfolgte, weil das auch die Ordnung der Wiener Bestände so vorgebe.

Reichshofrats.[54] Er lautet: *In unßerem reichshoffrath sollen alle unnd iede sachen, das heylige römische reich, desselben hoheit, recht, herrligkeit, gerechtigkeit, pfandschafft, lößung, regalien, hohe und nider lehen, privilegien, indult, confirmation und anders, wie solches nahmen haben mag und in summa, waß nach den unfehlbaren justitien dirigirt und decidirt werden solle, insonderheit alle und iede partheysachen, die rechts, gewonheit, connexitet und consequenz halber für unßer kayserl. gericht gehören oder von den ersten instantien durch mittel der appellationen, supplicationen, dictionis nullitatis, implorationis officii oder in dere alle weeg sich dahin wenden, fundirt und gehörig sein, die sollen alda angenohmen, gerechtfertiget, darüber erkhennet und die notthurfft außgefertiget werden.*[55] Tatsächlich hat man sich seit jeher auf diesen Paragraphen berufen, um die alleinige Zuständigkeit des Reichshofrats für Privilegien und Gnadensachen zu belegen.[56] Die Formulierung, dass Reichssachen wie *regalien* [...] *privilegien, indult* [...] *in unßerem reichshoffrath fundirt und gehörig sein* sollen, scheint eindeutig zu sein.

Allerdings bemängelte schon Johann Jakob Moser, dass dieser Paragraph *fast allzugeneral abgefaßt* worden sei.[57] Wenn man ihn genauer liest, fällt zudem auf, dass nach dem Passus über Regalien, Gnaden und Privilegiensachen und vor der mit *insonderheit alle* eigens betonten Zuständigkeit des Reichshofrats in Justizsachen eingefügt worden ist: *in summa, waß nach den unfehlbaren justitien dirigirt und decidirt werden solle*. Man hat diesem Einschub bislang entweder keine Beachtung geschenkt oder ihn offenbar stillschweigend als Bekräftigung der reichshofrätlichen Zuständigkeit für Gnaden- und Privilegiensachen gedeutet. Es kann aber auch als Einschränkung verstanden werden, nämlich in dem Sinn, dass nur diejenigen Privilegien- und Gnadensachen in die Erteilungszuständigkeit des Reichshofrats fallen, die *nach den unfehlbaren justitien dirigirt und decidirt werden* sollen, dass es also noch andere Gnaden- und Privilegiensachen gab, die nicht durch die Justiz *dirigirt und decidirt* werden müssen und für deren Erteilung der Reichshofrat dann eben auch nicht zuständig sein soll.[58]

---

54 Michael HUGHES, Law and Politics in eighteenth Century Germany. The Imperial Council in the Reign of Charles VI, Woodbridge 1988, S. 36.

55 Wolfgang Sellert (Hrsg.), Die Ordnungen des Reichshofrates 1550–1766. 2. Halbband bis 1766 (QFHG, 8/II), Köln/Wien 1990, S. 99–101.

56 So beispielsweise schon Johann Jakob MOSER, Teutsches Staats-Recht, 4. Teil, Frankfurt/Leipzig 1748, S. 261; Johann Christian HERCHENHAHN, Geschichte der Entstehung, Bildung und gegenwärtigen Verfassung des kaiserliches Reichshofrathes, nebst einer Behandlung der bei demselben vorkommenden Geschäfte, Bd. 2, Mannheim 1792, S. 225 f. Vgl. ferner SELLERT, Zuständigkeitsabgrenzung (wie Anm. 20), S. 98; Hermann CONRAD, Deutsche Rechtsgeschichte, Bd. 2: Neuzeit bis 1806, Karlsruhe 1966, S. 166, sowie etwa den Beitrag von Ulrich EISENHARDT in diesem Band.

57 Johann Jakob MOSER, Von der Teutschen Justizverfassung, 1. Teil, Frankfurt/Leipzig 1774, S. 1071.

58 Die „basic charter“ der Reichshofratsordnung von 1654 stammt fast wörtlich aus der Reichshofratsordnung von 1617, siehe Wolfgang Sellert (Hrsg.), Die Ordnungen des Reichshofrates 1550–

Dass diese zunächst etwas spitzfindig klingende Neuinterpretation einer Schlüsselquelle der Reichshofratsgeschichte einiges für sich hat und somit die Reichshofratsordnungen von 1617 und 1654 – die einzigen normativen Quellen, die überhaupt die Zuständigkeit des Reichshofrats für Privilegien- und Gnadensachen behandeln – nicht länger als Beleg für die ausschließliche Zuständigkeit des Reichshofrats gelten sollten, wird sehr unterstützt, wenn wir nun schauen, was die Reichspublizisten sowie zeitgenössische Kommentare zur Reichshofratsordnung von 1654 über die Zuständigkeitsfrage mitteilen.

Johann Christoph Uffenbachs 1683 in Wien erschienener und 1700 in Frankfurt neu aufgelegter Traktat über den Reichshofrat zählt wohl vor allem wegen des darin befindlichen Stichs über eine idealisierte Reichshofratssitzung[59] zu den am meisten zitierten Altwerken der Reichshofratsforschung.[60] Hingegen sind Uffenbachs Ausführungen selbst bislang offensichtlich wenig bis gar nicht wahrgenommen worden[61] – in gegebener Hinsicht gewiss zu Unrecht. Zur Zuständigkeitsfrage äußert sich Uffenbach nämlich gleich eingangs seines Kapitels *De jurisdictione aulica circa causas gratiae* sehr klar (Abb. 1): Gnadensachen würden entweder auf eigenen Antrieb des Kaisers oder auf Bitte von Personen (Petenten)

1766. 1. Halbband bis 1626 (QFHG, 8/I), Köln/Wien 1980, S. 171. Zu dieser Ordnung gibt es mehrere Konzepte, unter anderem eine vom Mainzer Kurfürsten auf dem Korrespondenztag zu Nürnberg am 10. Februar 1615 vorgelegte Version, vgl. ebd., S. 68 f. (Konzept B'), ferner S. 92–94. In dieser von Johannes Limnäus, Tomus tertius juris publici imperii Romano-Germanici, Straßburg 1699 [Erstausgabe Straßburg 1634], Lib. IX, Cap. 4, 54, abgedruckten Version kommt der einschränkende Charakter des Einschubs klarer zum Ausdruck: *In unserem Reichshofrath und desselben Jurisdiction sollen alle und jede Sachen unser Kaiserthum, das H. Römische Reich, derselben Hoheit, Recht, Herrlig- und Gerechtigkeiten, Pfandschafft, Lösung, Regalien, Hohe und Nieder Lehen, Privilegien, Indult, Confirmation und anders, wie solches Namen haben mag, so viel solche die Justici belanget,* […] *fundirt und gehörig seyn* […].

59 Johann Christoph Uffenbach, Tractatus singularis et methodicus de excelsissimo consilio caesareo-imperiali aulico. Vom Kayserl. Reichs-Hoff-Rath, Wien 1683 (Frankfurt am Main 1700). Siehe zum Stich und dessen Deutung zuletzt etwa Thomas Dorfner, Mittler zwischen Haupt und Gliedern. Die Reichshofratsagenten und ihre Rolle im Verfahren (1658–1740) (Verhandeln, Verfahren Entscheiden. Historische Perspektiven, 2), Münster 2015, S. 38–40, sowie demnächst Tobias Schenk, Praktiken funktionaler Differenzierung am kaiserlichen Reichshofrat. Ein Beitrag zur Evolution des Aktenzeitalters in der Justiz, in: Franziska Neumann/Matthais Pohlig/Hannes Ziegler (Hrsg.), Vormoderne Organisationen. Anfänge, Funktionen, Folgen (in Vorbereitung).

60 Vgl. David Petry, Konfliktbewältigung als Medienereignis. Reichstadt und Reichshofrat in der Frühen Neuzeit (Colloquia Augustana, 29), Berlin 2011, S. 123–125, der Uffenbach allerdings unzutreffend als Reichshofrat bezeichnet. Uffenbach taucht in der Wiener Überlieferung weder als Titular- noch als ordentlicher Reichshofrat auf; auch Gschliesser, Reichshofrat (wie Anm. 24), erwähnt ihn nicht. Dem Titelblatt beider Ausgaben seines Werkes zufolge war er lediglich ein an den Kaiserhof entsandter isenburg-büdingischer Rat.

61 Siehe oben Anm. 22.

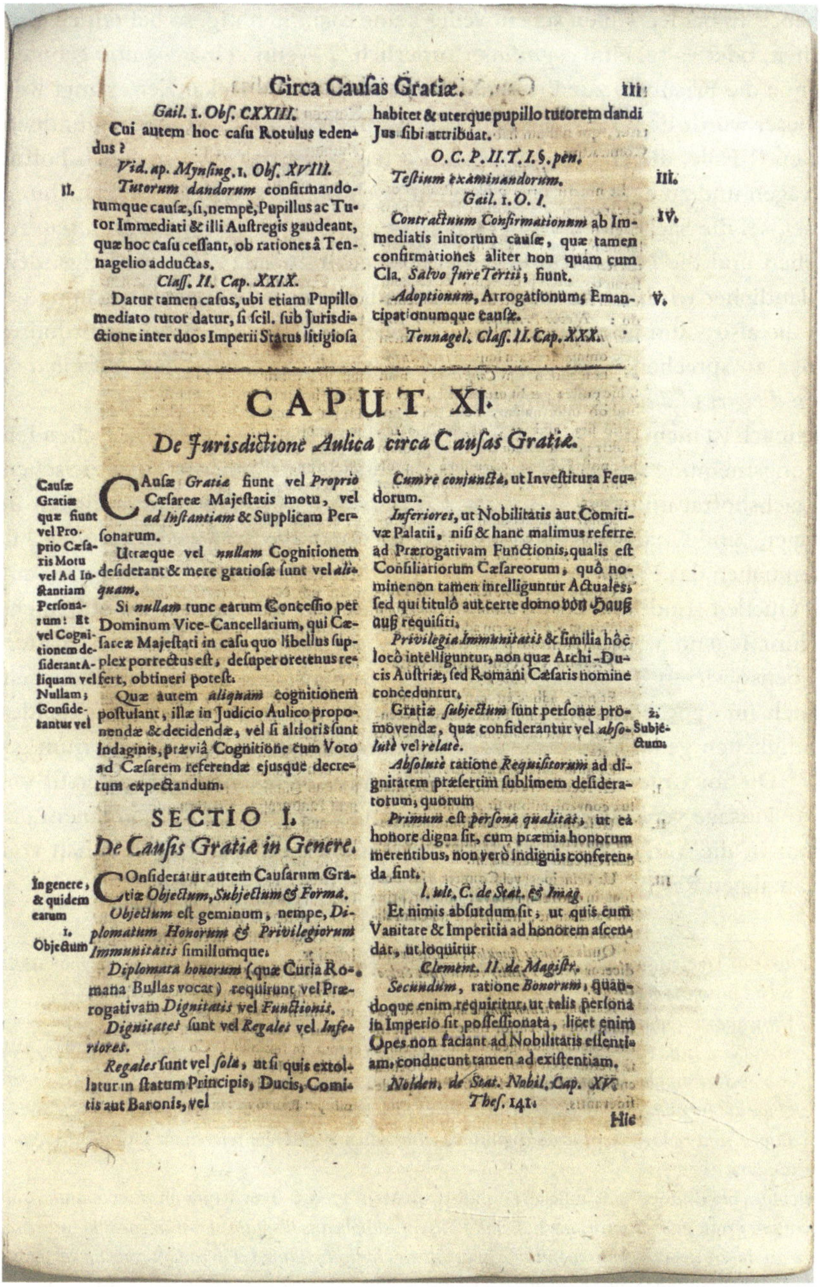

Circa Cauſas Gratiæ. 111

Gail. 1. Obſ. CXXIII.

Cui autem hoc caſu Rotulus edendus?

Vid. ap. Mynſing. 1. Obſ. XVIII.

II. *Tutorum dandorum* confirmandorumque cauſæ, ſi, nempè, Pupillus ac Tutor Immediati & illi Auſtregis gaudeant, quæ hoc caſu ceſſant, ob rationes â Tenagelio adductas.

Claſſ. II. Cap. XXIX.

Datur tamen caſus, ubi etiam Pupillo mediato tutor datur, ſi ſcil. ſub Juriſdictione inter duos Imperii Status litigioſa habitet & uterque pupillo tutorem dandi Jus ſibi attribuat.

O. C. P. II. T. I. §. pen.

Teſtium examinandorum. III.

Gail. 1. O. I.

Contractuum Confirmationum ab Immediatis initorum cauſæ, quæ tamen confirmationes aliter non quam cum Cla. *Salvo Jure Tertii*; fiunt. IV.

Adoptionum, Arrogationum; Emancipationumque cauſæ. V.

Tennagel. Claſſ. II. Cap. XXX.

CAPUT XI.

De Juriſdictione Aulica circa Cauſas Gratiæ.

Cauſæ Gratiæ quæ fiunt vel Proprio Cæſaris Motu vel Ad Inſtantiam Perſonarum: Et vel Cognitionem deſiderant Aliquam vel Nullam; Conſidetantur vel

CAuſæ *Gratiæ* fiunt vel *Proprio* Cæſareæ Majeſtatis motu, vel *ad Inſtantiam* & Supplicam Perſonarum.

Utræque vel *nullam* Cognitionem deſiderant & mere gratioſæ ſunt vel *aliquam*.

Si *nullam* tunc earum Conceſſio per Dominum Vice-Cancellarium, qui Cæſareæ Majeſtati in caſu quo libellus ſupplex porrectus eſt, deſuper oretenus refert, obtineri poteſt.

Quæ autem *aliquam* cognitionem poſtulant, illæ in Judicio Aulico proponendæ & decidendæ, vel ſi altioris ſunt Indaginis, præviâ Cognitione cum Voto ad Cæſarem referendæ ejusque decretum expectandum.

SECTIO I.

De Cauſis Gratiæ in Genere.

In genere, & quidem earum

COnſideratur autem Cauſarum Gratiæ *Objectum, Subjectum & Forma.*

1. Objectum *Objectum* eſt geminum, nempe, *Diplomatum Honorum & Privilegiorum Immunitatis* ſimillumque.

Diplomata honorum (quæ Curia Romana Bullas vocat) requirunt vel Prærogativam *Dignitatis* vel *Functionis*.

Dignitates ſunt vel *Regales* vel *Inferiores*.

Regales ſunt vel *ſolæ*, ut ſi quis extollatur in ſtatum Principis, Ducis, Comitis aut Baronis, vel *Cum re conjunctæ*, ut Inveſtitura Feudorum.

Inferiores, ut Nobilitatis aut Comitivæ Palatii, niſi & hanc malimus referre ad Prærogativam Functionis, qualis eſt Conſiliariorum Cæſareorum, quô nomine non tamen intelliguntur Actuales, ſed qui titulô aut certe domo von Hauß auß requiſiti.

Privilegia Immunitatis & ſimilia hôc locô intelliguntur, non quæ Archi-Ducis Auſtriæ, ſed Romani Cæſaris nomine conceduntur.

Gratiæ *ſubjectum* ſunt perſonæ promovendæ, quæ conſiderantur vel *abſolutè* vel *relatè*. 2. Subjectum.

Abſolutè ratione *Requiſitorum* ad dignitatem præſertim ſublimem deſideratorum, quorum

Primum eſt *perſonæ qualitas*, ut ea honore digna ſit, cum præmia honorum merentibus, non verò indignis conferenda ſint.

l. ult. C. de Stat. & Imag.

Et nimis abſurdum ſit, ut quis cum Vanitate & Imperitia ad honorem aſcendat, ut loquitur

Clement. II. de Magiſtr.

Secundum, ratione *Bonorum*, quandoque enim requiritur, ut talis perſona in Imperio ſit poſſeſſionata, licet enim Opes non faciant ad Nobilitatis eſſentiam, conducunt tamen ad exiſtentiam.

Nolden. de Stat. Nobil. Cap. XV. Theſ. 141.

Hic

Abb. 1: Johann Christoph Uffenbach, Tractatus singularis et methodicus de excelsissimo consilio caesareo-imperiali aulico. Vom Kayserl. Reichs-Hoff-Rath, Frankfurt am Main 1700, S. 111, grundsätzliche Erläuterung der Zuständigkeiten für Gnadensachen am Kaiserhof.

verliehen.[62] In beiden Fällen sei entweder keine *cognitio* nötig, so bei reinen Gratialsachen, oder es sei eine *cognitio* erforderlich.[63] Wenn keine *cognitio* geboten sei, könne die Erlaubnis zur Erteilung durch den Reichsvizekanzler erlangt werden. Dieser würde dem Kaiser in dem Fall, wenn eine Supplik vorliege, mündlich berichten.[64] Fälle, die eine *cognitio* erforderten, seien dagegen im Reichshofrat vorzutragen und zu entscheiden; wenn ein noch höheres Maß an Untersuchung nötig sei, sei die Sache nach vorhergehender *cognitio per votum ad caesarem* zu übergeben und die kaiserliche Entscheidung abzuwarten.[65] Wie im Folgenden noch deutlicher wird, ist mit *cognitio* die prüfende rechtliche Untersuchung gemeint, die also – um noch einmal mit der oben zitierten Reichshofratsordnung von 1654 zu sprechen – bei allem anzuwenden ist, *waß nach den unfehlbaren justitien dirigirt und decidirt werden* muss.

Uffenbach ist nicht der einzige Reichspublizist, der entgegen der herrschenden Forschungsmeinung schon vor mehr als dreihundert Jahren von einer zwischen dem Reichshofrat und dem Reichsvizekanzler/Kaiser geteilten Zuständigkeit in Privilegien- und Gnadensachen berichtet hat. Auch die ihm nachfolgenden Publizisten haben das Problem bereits recht tief durchdrungen oder zumindest auf einem Quellen- und Faktenniveau erörtert, das in der neueren Literatur nicht mehr hinreichend wahrgenommen und deshalb leider oftmals unterschritten wird. Ebenso wie im ‚Tractatus' des isenburg-büdingischen Gesandten Uffenbach wird auch im 1709 erschienenen ‚Breviculum praxis imperialis aulicae' beider Zuständigkeiten gedacht und die *cognitio judicialis* als Scheidungskriterium genannt.[66] Die im Unterschied zu Uffenbachs Ausführungen im Ratgeberstil formulierte Passage verdient umso größere Aufmerksamkeit, als sie von einem unmittelbar in die Verfahrenspraktiken involvierten Autor stammt, nämlich von dem damaligen Reichshofratssekretär Franz Winand von Bertram.[67]

62 Uffenbach, Tractatus (wie Anm. 59), S. 111: *Causae gratiae fiunt vel proprio caesareae majestatis motu vel ad instantiam & supplicam personarum.*

63 Ebd.: *Utraeque vel nullam cognitionem desiderant & mere gratiosae sunt vel aliquam.*

64 Ebd.: *Si nullam, tunc earum concessio per dominum vice-cancellarium, qui caesareae majestati in casu, quo libellus supplex porrectus est, desuper oretenus refert, obtineri potest.*

65 Ebd.: *Quae autem aliquam cognitionem postulant, illae in judicio aulico proponendae & decidendae, vel si altioris sunt indaginis, praevia cognitione cum voto ad caesarem referendae ejusque decretum expectandum.*

66 Breviculum praxis imperialis aulicae, Frankfurt am Main 1709, S. 256: *Si quis gratiam quandam ab imperatore petat, quae discussione judiciali indigeat, supplicans libellum suum in consilio imperiali aulico producere debet, si vero cognitione judiciali non indigeat, illum vel in eodem consilio vel potius seorsum vice-cancellario imperii exhibere potest, qui illum suae caesareae majestati una cum meritis vel ipsemet seorsim explicabit vel per secretarium referri ac deinde secundum clementissimam ejus resolutionem in cancellaria expediri curabit.*

67 Vgl. zur Autorschaft Bertrams Petry, Medienereignis und Konfliktbewältigung (wie Anm. 60),

In der Reichspublizistik des späteren 18. Jahrhunderts war die Unterscheidung der Zuständigkeiten gemäß dem von Uffenbach und Bertram benannten Kriterium völlig geläufig. Johann Christian Herchenhahn, der in einem ‚Citation Index' der Reichshofratsforschung gewiss ebenfalls ein ‚High-Scorer' wäre, schrieb, dass der Reichshofrat zuständig sei für *Gnadensachen, welche einer Untersuchung bedürfen, und alle iene Gnadensachen, worüber ein Streit entsteht.*[68] Darüber hinaus gebe es Gnadensachen, *worüber dem Reichshofrathe bei der Verleihung keine Erkenntniß zusteht, welche allein durch das kaiserliche Ministerium gehen,*[69] womit – wie schon eingangs erläutert – die aus dem Reichsvizekanzler und den geheimen Sekretären bestehende Führungsebene der Reichshofkanzlei gemeint ist.[70] Laut Julius Friedrich Malblank war der Reichshofrat *ein Kaiserliches Regierungscollegium, dessen sich der Kaiser bey Ausübung derienigen Reservat- und Regierungsrechte, welche irgend eine Art Untersuchung oder Cognition erfordern, bedienen* müsse.[71] Dagegen sei das *Reichsministerium* zuständig für *alle und jede pure Kaiserliche Gnadensachen, die keine rechtliche Cognition nöthig haben, und auch ausser dem R. H. R. verhandelt werden können.*[72] Auch Vincenz Hanzely nannte die Reichshofkanzlei *ein Department*, in dem unter anderem *die zum Reichshofrathe nicht gehörige kaiserl. Gnaden Sachen* […] *erörtert* […] werden.[73] Karl Friedrich Häberlin zufolge wurden *alle bloße kaiserliche Gnadensachen, sobald sie keiner rechlichen Cognition bedürfen* […], *blos durch den Reichsvicekanzler besorgt.*[74] In der Reichshofkanzlei seien deshalb – wie schon einleitend zitiert – sowohl die *zum Reichshofrath gehörigen Gnaden und Justizsachen* ausgefertigt, als auch *die zum Reichshofrath nicht gehörige Gnadensachen erörtert und expedirt* worden.[75] Schließlich wusste auch schon Wilhelm August Friedrich Danz: *Gnadensachen, bei welchen eine vorgängige Untersuchung nicht erfordert wird, gehören nicht vor den Reichshofrath, sondern gehen allein durch die Reichshofkanzlei.*[76]

S. 126 f., sowie zu Bertrams Person und Tätigkeit Gross, Reichshofkanzlei (wie Anm. 5), S. 426 f.

68 Herchenhahn, Geschichte, Bd. 2 (wie Anm. 56), S. 227. Siehe auch ebd., S. 229: *Die kaiserlichen Gnadensachen, welche einer Untersuchung bedürfen, sind ganz allein der Gerichtsbarkeit des Reichshofraths zugetheilt. Sie werden beim Reichshofrathe angebracht, und es wird darüber referirt. Nach vorhergegangener Untersuchung geht von diesem ein Gutachten an den Kaiser hinauf, und von diesem in Person hängt es nun ab, die gebetene Gnade zu ertheilen oder abzuschlagen.*

69 Ebd., S. 230.

70 Siehe oben Anm. 7.

71 Malblank, Reichs- und Provinzial- Gerichts- und Kanzleyverfassung, 3. Teil (wie Anm. 7), S. 5.

72 Ebd., S. 354.

73 Hanzely, Reichshofrathspraxis, Bd. 1 (wie Anm. 7), S. 108.

74 Karl Friedrich Häberlin, Handbuch des Teutschen Staatsrechts, Bd. 1, Berlin 1797, S. 438.

75 Ders., Repertorium (wie Anm. 4), S. 471.

76 Danz, Grundsätze des Reichsgerichts-Prozesses (wie Anm. 7), S. 98. In diesem Sinne ferner: Nütz-

Zeitgenössische Äußerungen aus der Reichshofkanzlei selbst gehen in die gleiche Richtung. So berichtete etwa der ehemalige Protonotar der Reichshofkanzlei Nikolaus Deuring in einem Schreiben an den Mainzer Kanzler Kuru vom 16. August 1653 zu *wahrer Information*, dass *ain Reichs Vice Canzler die Gratialia, Promotoriales und dergleichen Sachen auf der Röm. Kay. Mtt. allergnädigste Ratification ex officio wohl verwilligen* dürfe.[77] Rund hundert Jahre später führte der Reichsvizekanzler Rudolph Joseph von Colloredo in einem Schreiben vom 30. Dezember 1766 an den Mainzer Erzkanzler aus, dass *sowohl alle Reichs-Staats und Gnadensachen, die keiner Reichs-Hof-Räthlichen gerichtlichen Behandlung bedarfen, durch des Reichs Vice Canzlers Vortrag und hernach durch der Reichs-Canzley Ausfertigung besorget* würden.[78]

Stimmen aus dem Reichshofrat äußern sich zunehmend kritisch über diese Zuständigkeit des Reichsvizekanzlers, beklagen Kompetenzüberschreitungen und berichten von darüber entstandenen Streitereien. Vor allem ist hier auf einen erstmals 1709, dann mindestens noch 1730, 1747 und 1751 veröffentlichten ‚Masterkommentar' zur Reichshofratsordnung von 1654 zu verweisen, der auf den Reichshofrat Johann Albrecht von Portner (gest. 1687) zurückgeht. Zu Tit. 3 § 1 über den Schrifteneingang beim Reichsvizekanzler heißt es darin: Auf Bitten der Parteien würden *bey der Cantzley Privilegia erkennet* und *Rescripta ertheilet, welche causa cognita nicht subsistiren* könnten, also ohne juristische Prüfung ergangen seien; *wann denn nachmals die Sache vom Reichs-Hof-Rath entweder executive prosequiret werden* oder *ex parte exceptiones eingewendet* würden, so stünden *dergleichen Extrajudicial-Verordnungen, als welche unvernommen des Gegentheils ergangen, in periculo cassationis, weil es das Ansehen* habe, *daß sie sub- et obreptitie ausgewircket* […] worden seien.[79] In die gleiche

licher und nothwendiger Unterricht für Deutsche 1) Uiber die wahre Beschaffenheit der Reichskanzlei und ihrer Verrichtungen, Augsburg 1791, S. 5 f.; Andreas Joseph Schnaubert, Lehrbuch des deutschen Staatsrechts, Bd. 1, Jena 1806, S. 116.

77 ÖStA HHStA MEA, Reichskanzlei und Taxamt, 14-3, unfol.

78 ÖStA HHStA MEA Reichshofrat, 11, unfol. Siehe auch Colloredos oben bei Anm. 241 zitierte Äußerung.

79 Notae perpetuae ad ordinationem Jud. Imp. Aulici, novissimam hujus dicasterii praxin indicantes, o. O. 1709, S. 50. Die Autorschaft Portners ergibt sich aus der Praefatio ad lectorem: *Portnerus, gravissimus hujus judicii consiliarius & assessor, tot annorum experientia edoctus, ante triginta & quod excurrit annos, illas* [sc. notae] *collegit, & omnes, qui manuscriptam hanc collectionem hactenus nacti sunt, thesaurum invenisse crediderunt; explicat enim novissimam judicii imperialis aulici praxin, demonstrat agendi modum, & patefaciat judicandi ordinem*; siehe auch Johann Jakob Moser, Von der Teutschen Justiz-Verfassung, 2. Teil, Frankfurt am Main/Leipzig 1774, S. 4. Gelegentlich hat ein Unbekannter, der ebenfalls sehr tiefe Einblicke in die Reichshofratspraxis hatte, die Kommentare Portners ergänzt und auf Vorgänge nach 1687 hingewiesen. Dabei dürfte es sich um den anonymen bzw. sich am Ende der Praefatio lediglich mit *E.* bezeichnenden Herausgeber

Kerbe schlug der Reichshofrat Heinrich Christian von Senckenberg. In seinen Gutachten vom 18. Februar 1766 für Joseph II. über Missstände im Reichshofrat monierte er, dass sich die Reichshofkanzlei vom Reichshofrat *losmachen* wolle. Diese Entwicklung habe in den 1730er Jahren begonnen, als sogar Rechtsstreitigkeiten (Sulzbach contra Kurpfalz) nicht vor dem Reichshofrat, sondern in der Kanzlei behandelt worden seien. Zuletzt sei etwa die königliche dänische Venia aetatis vom 4. Februar 1766, *eine unstreitige Reichshofratssache, pur durch die Reichshofcanzley* gegangen;[80] ferner habe diese eigenmächtig Druckprivilegien erteilt.[81] Publizistischer Wortführer dieser Art Kritik war zweifellos Johann Jakob Moser. In seinem wohl im Zuge der Wahlkapitulation von Karl. VII. um 1742 entstandenen Gutachten ist die Rede von der *mit dem Reichs-Hof-Rath so genau connectirenden und so stark mit Justiz-Sachen beschäftigten Reichs-Canzley*; des Weiteren monierte er *die neuerliche und unerträgliche Steigerung und Expantionen* [!] *des Reichs-Hof-Canzley-Clag-Amts in Judicialibus und Extrajudicialibus*, worüber sich sogar viele Stände in Mainz selbst vergeblich beschwert hätten.[82]

der Notae handeln. Wegen der sächsischen Bezüge in Widmung und Praefatio kommt dafür etwa der aus Sachsen stammende Reichshofrat Johann Heinrich von Obernitz (1646–1709) in Frage. Renatus Karl von SENCKENBERG, Sammlung der den kaiserl. Reichshofrath betreffenden Ordnungen und Verordnungen [...], Gießen 1800, S. XIV f., vermutet ohne weitere Nachweise, dass auch der 1703 als erster Reformierter in den Reichshofrat eingetretene Friedrich Karl von Danckelmann einige Kommentare beigesteuert hat. – Weitere Veröffentlichungen der Notae: Johann Friedrich CRAMER, Manuale processus imperialis, Frankfurt am Main 1730 (Anhang); Heinrich Christian von SENCKENBERG, Neue und vollständige Sammlung der Reichs-Abschiede, 4. Teil, Frankfurt am Main 1747, Anhang S. 44–75; Friedrich Carl MOSER, Pragmatische Geschichte und Erläuterungen der kayserlichen Reichs-Hof-Raths-Ordnung, Bd. 1, Frankfurt am Main/Leipzig 1751, S. 285–376. Auf der Grundlage von Senckenberg 1747 und Moser 1751 hat auch Sellert, Ordnungen, 2. Halbband (wie Anm. 55), S. 45–260, die Notae in den Kommentaren seiner Edition der Reichshofratsordnung von 1654 berücksichtigt (obiges Zitat ebd., S. 132 Anm. 512).

80 In der Tat enthält die Akte zu dieser Erteilung ein vom Reichsvizekanzler Rudolph Joseph von Colloredo unterzeichnetes kaiserliches Dekret an den Reichshofrat vom 3. Februar 1766, dass die Vergabe der Venia (für König Christian VII. von Dänemark) am 27. Januar 1766 beschlossen worden sei und der Reichshofrat sich danach zu richten habe, ÖStA HHStA RHR Veniae aetatis et consensus matrimonii 3-12. Das von Senckenberg genannte Datum ist das Datum der Präsentation dieses Befehls am Reichshofrat. Siehe auch unten Anm. 274.

81 ÖStA HHStA, RHR RK Verfassungsakten, RK 19, fol. 680r–686v, hier fol. 681r, 683r.

82 Wolfgang SELLERT, Prozeßgrundsätze und Stilus Curiae am Reichshofrat im Vergleich mit den gesetzlichen Grundlagen des reichskammergerichtlichen Verfahrens (Untersuchungen zur deutschen Staats- und Rechtsgeschichte, NF 18), Aalen 1973, S. 420 f. Mosers Kritik zielte wohl hauptsächlich gegen die im 18. Jahrhundert zumeist aus den Kanzleivorständen (Reichshofkanzlei, Österreichische Hofkanzlei bzw. Staatskanzlei) sowie führenden Reichshofräten gebildeten ‚Deputationen' (‚Reichsdeputationen', ‚Kanzleideputationen'), die die politischen bzw. für den Hof und das Haus Österreich relevanten Prozesse des Reichshofrats in informeller Weise steuerten, vgl. dazu den Aufsatz von Tobias SCHENK in diesem Band.

Hat also die Reichshofkanzlei, wie Moser 1781 meinte, *nach und nach viles an sich gezogen, so vormals beim Reichshofrath verhandelt worden ist und vil besser bey demselbigen verblieben wäre?*[83]

Zumindest was die Frage der Zuständigkeit für Privilegien- und Gnadensachen betrifft, gibt es dazu eine gewichtige Gegenstimme. Gemeint ist ein weiterer Kommentar zur Reichshofratsordnung von 1654, den ein unbekannter, gleichwohl gut unterrichteter Autor 1686 dem Reichshofrat übergeben hatte (*Ohnmassgeblichen Puncten*).[84] Darin wird der zwischen dem Reichshofrat und der Reichshofkanzlei offenbar seit dem Ende des 17. Jahrhunderts entstandene Streit in der Zuständigkeitsfrage nicht etwa auf die Vereinnahmung von reichshofrätlicher Zuständigkeit durch die Reichshofkanzlei, sondern umgekehrt auf Kompetenzüberschreitungen des Reichshofrats zurückgeführt. Zur oben zitierten „basic charter" über die sich auf Gnaden und Privilegien erstreckende sachliche Zuständigkeit des Reichshofrats schreibt der Autor: *Sonsten ist auch zu diesem §pho wohl zu merken, daß die visitation den streit zwischen dem reichshofrath und reichsvicevancler ausmachen wolle, weil reichshofrath alle minutissima, sogar schlechte* [gemeint ist wohl: schlichte] *zeitungsdruck und dergleichen minoris gentium privilegia impressoria, indulten und confirmationes nobilitatum ac insignium* [...], *worüber doch keine cognitio causae zu haben oder genohmen werden kann und bishero durch vortrag reichsvicecanclars an ihro kayserl. majestät immediate dergleichen gnadenregalien erhalten, von reichshofrath, um den reichsvicecanzlar wehe zu thun, infringiret und zu despect der kay. may. vor erschlichen erkennet, auch demjenigen, so würklich die taxgebühr abgetragen, zu seinem grossen schaden der erhaltenene freyheit, cassirt und andere ob specialem favorem ohne billige und rechtsordentliche vernehmung der interessenten in die possession gedrungen, wodurch böse consequentien zu besorgen.*[85]

In der Reichspublizistik sind diese Kommentare, auf die unten bei der Besprechung von Druckprivilegien noch einmal zurückzukommen sein wird, wiederholt aufgegriffen worden. Johann Jakob Moser gestand zwar dem Reichsvizekanzler nach Absprache mit dem Kaiser oder dem Geheimen Rat die Erteilung von Privilegien in Sachen zu, bei denen *eigentlich nur der Kayser interessiert ist oder welche doch niemand zum Nachtheil gereichen, folglich auch unvonnöthen ist, andere darüber zu vernehmen.*[86] Kassationen der von der Reichshofkanzlei ohne

---

83 Johann Jakob Moser, Zusäze zu seinem neuen Teutschen Staatsrecht, Bd. 1, Frankfurt/Leipzig 1781, S. 883.

84 Vgl. Sellert, Ordnungen, 2. Halbband (wie Anm. 55), S. 44 f. Akten zu der im Kommentar erwähnten Visitation, in denen dieser Streit behandelt wird, haben sich vermutlich nicht erhalten. Jedenfalls konnten keine aufgefunden werden.

85 Sellert, Ordnungen, 2. Halbband (wie Anm. 55), S. 102 (Fortsetzung von Anm. 459).

86 Moser, Staats-Recht, 4. Teil (wie Anm. 56), S. 262. Vgl. auch Ders., Grund-Sätze der Reichs-Hof-

rechtliche Prüfung durch den Reichshofrat ausgestellten Privilegien in Fällen, in denen diese später zum Gegenstand eines Rechtsstreits wurden, hielt er aber für gerechtfertigt.[87] Wegen dieses schon im Kommentar von Portner berührten *periculum cassationis* plädiert er dafür, dass es füglicher sei, wenn die Erteilungszuständigkeit selbst für die darin genannten Gratialsachen geringerer Bedeutung beim Reichshofrat läge.[88] Er rät deshalb den Petenten, ihre Gesuche um Privilegien prinzipiell beim Reichshofrat vorzubringen.[89] Er folgte hierin Uffenbach, der diesen Rat schon gegen Ende des 17. Jahrhundert erteilt hatte.[90] Im gleichen Sinne äußerte sich am Ende des 18. Jahrhunderts auch Karl Friedrich Gerstlacher, der die grundsätzlichen Ansichten der Reichspublizistik zur Praxis der Erteilung von Privilegien und Gnaden am frühneuzeitlichen Kaiserhof folgendermaßen zusammenfasste: Der Kaiser übe dieses Recht aus

> 1) *entweder selbst und zwar bald unmittelbar ohne Concurrenz des Reichshofraths; so werden oft wichtige Privilegien, z. E. de non appellando, ohne des Reichshofraths Vorwissen ertheilt und ihm hernach blos durch ein kaiserliches Dekret insinuirt, um sich in seinen Erkenntnissen hernach zu richten,*[91] *bald mit Concurrenz des Reichshofraths nach vorgängig von diesem erstatteten Gutachten an den Kaiser, oder*

Raths-Praxis, Frankfurt am Main 1743, S. 219: *Privilegia in Sachen, welche niemand zum Nachtheil gereichen können, kann man wohl bey der Reichs-Canzley suchen. Um die andere aber solle man sich billig bey dem Reichs-Hof-Rath melden.*

87 Moser, Justizverfassung, 1. Teil (wie Anm. 57), S. 1072: *Ferner masset sich auch die Reichs-Hofraths-Canzley an, allerley Privilegien zu ertheilen. Wann es nun zu einem Widerspruch darüber kommt und eines Dritten Gerechtsamen dadurch gekräcket worden sey, bindet sich der Reichs-Hofrath nicht daran oder cassirt sie wohl gar.* Ders., Von dem Römischen Kayser, Römischen König und denen Reichs-Vikarien, Frankfurt am Main 1767, S. 516: *Der Reichs-Hof-Rath kommt auch zuweilen her, und cassiret, wann es bey ihme angebracht wird, dergleichen ungebührlich von der Reichs-Canzley ertheilte Freyheiten, worüber sich zwar die Reichs-Canzley sehr zu beschweren pflegt. Es geschiehet ihr aber damit gar nicht unrecht.*

88 Ders., Justizverfassung, 1. Teil (wie Anm. 57), S. 1072: *Es wurde zwar in einem Bedecken von 1686 dafür gehalten, es gereiche dem Kayser zum Despect und geschehe nur, um den Reichs-Vice-Kanzler wehe zu thun, daß der Reichs-Hofrath so gar schlechte Zeitungs-Druck und dergleichen minoris gentium Privilegia impressoria, worüber doch keine cognition causae zu haben oder genommen werden könne, an sich ziehe: Da aber gar wohl auch über dergleichen Streitigkeiten entstehen oder andere Bedencklichkeiten dabey obwalten können, so ist es besser, es werde bey dem Reichs-Hofrath gelassen.*

89 Ders., Staats-Recht, 4. Teil (wie Anm. 56), S. 261.

90 Uffenbach, Tractatus (wie Anm. 59), S. 167: *Ob nun wohl bißher hergebracht, daß alle ietzterzehlte Stands-Erhöhungen und Privilegia durch den H. Reichs-Vice-Cantzlern gehen, als der hievon die Subscriptiones, Regalia und Emolumenta in vicem laborum publicorum zugeniessen hat, so ist iedoch zuweilen rathsamer und sichrer, sich solcher Privilegiorum wegen an den Reichs-Hoffrath zu addressieren.*

91 An dieser Stelle verweist Gerstlacher auf Moser, Justizverfassung, 1. Teil (wie Anm. 57), S. 1071,

2) *durch den Reichshofrath allein, indem derselbe geringere Gattungen von Privilegien für sich ertheilen kann, z. E. über Bücher, neue Erfindungen u. dergl.*[92], *oder*
3) *durch die Reichshofcanzley, in so fern es nemlich nur um geringere Privilegien zu thun ist, wo aber nicht außer Acht zu lassen, daß, da dergleichen aus der Reichshofcanzlei erhaltene Privilegien nur aussergerichtlich und ohne Vernehmung des Gegentheils ertheilt werden, dieselbe, wann es zum Wiederspruch hierüber kommt, des Reichshofraths gerichtlicher Cognition unterworfen sind, und dieser nach Befinden sich nicht daran bindet, ja sie wohl gar cassirt. In einem Bedenken von 1686 ward zwar dafür gehalten, ‚es geschehe nur, um dem Reichsvicecanzler wehe zu thun, daß der Reichshofrath so gar schlechte Zeitungs-Druk und dergleichen minorum gentium privilegia impressoria, worüber doch keine cognitio causae zu haben oder genommen werden könne, an sich ziehe.' Da aber gar wohl auch über dergleichen Privilegien Streitigkeiten entstehen oder andere Bedenklichkeiten dabey obwalten können, so ist es immer sicherer und der Ordnung gemäßer, wann sie vom Reichshofrath ertheilet werden.*[93]

Zieht man an dieser Stelle ein Fazit über das, was die Publizisten und andere zeitgenössische Quellen über das Zuständigkeitsproblem aussagen, so muss die erste Feststellung lauten, dass die administrative Zuständigkeit für die Erteilung kaiserlicher Gnaden und Privilegien zwischen dem Reichshofrat und der Reichshofkanzlei bzw. dem Reichsvizekanzler geteilt war und somit die herrschende Forschungsmeinung, wonach diese Zuständigkeit allein beim Reichshofrat gelegen habe, ganz gewiss irrig ist. Einige dieser Quellen betonen, dass die jeweils getroffenen Beschlüsse auf der Grundlage von Gutachten (Reichshofrat) oder eines unmittelbaren Vortrags (Reichsvizekanzler) durch den Kaiser approbiert werden mussten, wobei der Vortragspflicht des Reichsvizekanzlers, nicht zuletzt durch diesen selbst, häufiger gedacht wird als der Pflicht zur Vorlage eines Gutachtens durch den Reichshofrat. Die Möglichkeit autonomer Entscheidungen beider Funktionsstellen wird nicht ausgeschlossen. Berücksichtigt wird auch, dass eine Erteilung allein vom Kaiser ausgehen kann. Der Geheime Rat und seine Nachfolgeorgane spielen hingegen keine Rolle, weder als selbständig handelnde Privilegien- und Gnadengeber noch als überprüfende Gremien zur letzten Entscheidung von Vorlagen des Reichshofrats oder des Reichsvizekanz-

---

wo es heißt: *Hingegen ist auch gewiß, daß offt wichtige Privilegien, z. E. de plane non appellando, ohne dessen* [des Reichshofrats] *Vorwissen ertheilt und ihme hernach bloß durch ein Kayserliches Decret insinuiret werden, um sich in seinen Erkenntnissen darnach zu achten.*

92 Zu dieser Aussage folgt wiederum ein Hinweis auf Moser, ebd.

93 Gerstlacher, Corpus juris Germanici, Bd. 4 (wie Anm. 7), S. 371 f. Der Passus über die Kassation von Privilegien ist ebenfalls abhängig von Moser, verwiesen wird auf dessen Werke: Staats-Recht, 4. Teil (wie Anm. 5), S. 297; Justizverfassung, 1. Teil (wie Anm. 57), S. 1072; Von denen Kayserlichen Regierungs-Rechten und Pflichten, 2. Teil, Frankfurt am Main 1773, S. 556.

lers. Mindestens seit der zweiten Hälfte des 17. Jahrhunderts gab es ein theoretisches Scheidungskriterium. Diesem zufolge sollten Gesuche um Privilegien- und Gnadensachen, die einer juristischen Überprüfung bedurften, dem Reichshofrat zugewiesen werden, während alle anderen Gesuche vom Reichsvizekanzler behandelt werden konnten, der sie freilich dem Kaiser zur endgültigen Beschlussfassung vortragen musste. Allerdings herrschte zwischen dem Reichshofrat und der Reichshofkanzlei ein Streit über die praktische Anwendung dieses Kriteriums vor allem bei den Druckprivilegien, in dem jeweils die eine der anderen Seite Verletzung der jeweiligen Zuständigkeit vorwarf. Übereinstimmend raten die Publizisten den Petenten, ihre Gesuche um Privilegien und Gnaden im Zweifelsfall beim Reichshofrat vorzubringen.

Gerade Letzteres warnt davor, die zeitgebundenen und gelegentlich wohl auch parteiischen Ansichten der Reichspublizisten[94] über die Zuständigkeit für jeweils einzelne Gnaden- und Privilegiensachen mit der sozialen Praxis gleichzusetzen, um die es in im weiteren Verlauf der Untersuchung gehen soll. Auf eine weitere Exegese der in den zitierten Passagen schon angeklungenen und darüber hinaus durchaus reichlich vorhandenen Ausführungen der Reichspublizistik zur Zuständigkeit für einzelne Gnaden und Privilegien kann deshalb an dieser Stelle verzichtet werden. Gewiss schwingt in diesen oftmals voneinander abhängigen, aber gelegentlich auch abweichenden Äußerungen stets ein mehr oder weniger großes, aber eben weder aufgrund der Äußerungen selbst noch durch kumulative Vergleiche sicher zu verifizierendes Stück der jeweiligen sozialen Wirklichkeit mit. Bei der im Weiteren anstehenden konkreten Untersuchung der Zuständigkeit für die Erteilung ausgewählter Gnaden und Privilegien werden die Reichspublizisten zwar weiterhin gehört. Aber das letzte Wort sollen die archivalischen Befunde haben, welche die einzige verlässliche Erkenntnisquelle für eine belastbare realhistorische Beurteilung dieser Problematik sind. Dafür müssen zunächst die in Frage kommenden Archivalien selbst vorgestellt und die methodischen Bedingungen und Möglichkeiten ihrer Verwertung für die gegebene Fragestellung geklärt werden.

4. Methoden zur Überprüfung der Erteilungszuständigkeit anhand der archivalischen Quellen

Die bislang herangezogenen Quellen stammen aus der zweiten Hälfte des 17. Jahrhunderts und vor allem aus dem 18. Jahrhundert. Wie wir gesehen haben, wird in ihnen das Zuständigkeitsproblem auf den Dualismus von Reichshofkanz-

94 Siehe dazu auch unten bei Anm. 282.

lei und Reichshofrat zugespitzt. Der Kaiser kommt vor allem als approbierende Instanz bei den vom Reichsvizekanzler bearbeiteten Gnadensachen vor, der Geheime Rat und seine Nachfolgeorgane spielen gar keine Rolle. Dieser Befund stimmt mit den Beobachtungen von Lothar Groß überein, dem zweifellos besten Kenner der archivalischen Überlieferung des kaiserlichen Reichsarchivs und des Geschäftsgangs in dem von ihm so bezeichneten „System der kaiserlichen Behördenorganisation".[95] Die Zuständigkeitsproblematik war ihm natürlich vollständig bewusst. Seine Ansichten darüber finden sich in seinem grundlegenden Werk zur Geschichte der frühneuzeitlichen Reichshofkanzlei von 1933 allerdings eher verstreut. Er formulierte sie fast beiläufig und wenig prätentiös. Zu diese Zeit gab es eben die kollektive Fehlmeinung von der alleinigen Zuständigkeit des Reichshofrats noch nicht, gegen die er hätte anschreiben müssen. Seine Beobachtungen beruhen außer auf einer umfassenden Kenntnis der Akten, des Geschäftsgangs und der ihn prägenden Akteure insbesondere auch auf der Analyse der Protokolle des Geheimen Rats, von denen sich nur wenige und zwar im Wesentlichen aus der der zweiten Hälfte des 16. und dem frühen 17. Jahrhundert erhalten haben.[96] Groß ist nun zwar der Ansicht, dass es diesen Dualismus auch schon zu dieser Zeit gegeben hat. Die Verfahrenswege seien aber noch sehr viel offener, Kaiser und Geheimer Rat selbständig agierender, enger und häufiger an der Erteilung von Privilegien und Gnaden beteiligt gewesen.[97] „Der weitere Verlauf der Entwicklung" – so Groß in Übereinstimmung mit den obigen Ergebnissen – habe sich dann „im 17. Jahrhundert in zwei Richtungen" bewegt: einerseits seien „die Gratialia in immer steigendem Maße dem Reichshofrat zugewiesen", andererseits „die noch verbleibenden Gnadensachen immer häufiger im Wege eines unmittelbaren Vortrages des Reichsvizekanzlers [beim Kaiser] oder in dessen eigener Verantwortung erledigt" worden.[98]

Für die folgenden Untersuchungen der tatsächlichen Zuständigkeit wird diesen konformen Befunden, die sich, soviel sei vorweggenommen, dabei grosso modo auch so bestätigt haben, auf zweierlei Weise Rechnung getragen. Zum einen werden die von Groß auf einem sehr hohen methodischen und materialreichen Niveau für die zweite Hälfte des 16. und frühen 17. Jahrhunderts vorgetragenen Ansichten, die von den bisher zu Rate gezogenen Quellen ja zumindest indirekt auch bestätigt werden, als hinreichend abgesicherter Forschungsstand

95 Siehe oben Anm. 6.

96 Vgl. Gross, Reichshofkanzlei (wie Anm. 5), S. 237–247; Hochedlinger, Der Geheime Rat (nach 1612) (wie Anm. 50), S. 439 f.

97 Vgl. Gross, Reichshofkanzlei (wie Anm. 5), S. 187–192.

98 Ebd., S. 189. Den Untersuchungen von Sienell, Geheime Konferenz (wie Anm. 50), S. 302–360, zufolge sind Gratial- und Privilegiensachen in diesem unter Leopold I. etablierten Gremien offenbar nicht verhandelt worden.

anerkannt. Um über die schon hochgradig differenzierten Ergebnisse von Groß hinauszugelangen, müssten insbesondere die Quellen, nicht nur die Akten, sondern auch die Protokolle des Geheimen Rates, die Groß zufolge oftmals lediglich Teilprotokolle einzelner Sekretäre über Gegenstände sind, welche zunächst beim Reichshofrat oder in der Reichshofkanzlei bearbeitet worden sind, sowie durchaus vorhandene weitere einschlägige Amtsbücher[99] noch eingehender analysiert werden. Solche Analysen und erst recht die daran anzuschließenden Untersuchungen würden den Rahmen dieses Beitrags vollkommen sprengen.[100] Zum anderen wird der Fokus der nachstehenden Untersuchungen auf den schon für die Frühzeit gegebenen und sich danach allen Quellen zufolge mehr und mehr Bahn brechenden Dualismus von Reichshofrat und Reichshofkanzlei gerichtet. Es ist an dieser Stelle also bloß zu erörtern, welche Quellen die administrierende Tätigkeit des Reichshofrats und welche die der Reichshofkanzlei bzw. des Reichsvizekanzlers in Gnaden- und Privilegiensachen bezeugen und wie diese Quellen für die gegebene Fragestellung verwertet werden können.

Was zunächst den Reichshofrat betrifft, so verhält sich die Sache vergleichsweise einfach. Denn die 1559 einsetzenden und vor allem für das 17. und 18. Jahrhundert nahezu lückenlos überlieferten reichshofrätlichen Resolutionsprotokolle bilden noch vor den Akten eine sehr verlässliche Quelle der reichshofrätlichen Tätigkeit.[101] Nach gegenwärtigem Kenntnisstand sind sämtliche Gegenstände, die der Reichshofrat im Plenum behandelt hat, nicht nur Judizial-, sondern eben auch Gratialangelegenheiten (Abb. 2), in diesen Protokollen dokumentiert, während bei den Akten von Verlusten auszugehen ist und nicht alle

99 Vor allem die wohl von den Reichsvizekanzlern geführten frühen Exhibitenprotokolle, siehe unten Anm. 249, sowie vier in die Serie der reichshofrätlichen Resolutionsprotokolle eingeordnete Amtsbücher, die vermutlich in der Reichshofkanzlei im Zusammenhang mit Expeditionshandlungen entstanden sind; ÖStA HHStA RHR Resolutionsprotokolle saec. XVII, 76 (1626–1628), 87 (1629), 149b (1650–1659) und 174 (1650–1669).

100 Detaillierte Aufschlüsse zur Funktion des Hofrats/Reichshofrats für die Beratung von Gnaden- und Privilegiensachen im 16. Jahrhundert, der schon laut Johann Stephan Pütter, Patriotische Abbildung des heutigen Zustandes beyder höchsten Reichsgerichte, o. O. 1749, S. 63, hauptsächlich aus diesem Grund gebildet wurde und erst im Laufe des 17. Jahrhunderts in seine Gerichtsfunktion hineinwuchs, sind in Kürze von Eva Ortlieb, Kaiserlicher Hofrat und kaiserliche Herrschaft unter Karl V. (1520–1556) (QFHG, 79) zu erwarten. Siehe dazu auch deren Beitrag in diesem Band.

101 Vgl. Gross, Reichshofkanzlei (wie Anm. 5), S. 247–256; Barbara Staudinger, Die Resolutionsprotokolle des Reichshofrates (RHR), in: zeitenblicke 3 (2004), Nr. 3, [13.12.2004], URL: https://www.zeitenblicke.de/2004/03/staudinger/index.html (abgerufen am 8. November 2023); Tobias Schenk, Die Protokollüberlieferung des kaiserlichen Reichshofrats im Haus-, Hof- und Staatsarchiv Wien, in: Wilfried Reininghaus, Marcus Stumpf (Hrsg.), Amtsbücher als Quellen der landesgeschichtlichen Forschung (Westfälische Quellen und Archivpublikationen, 27), Münster 2012, S. 125–145, sowie dessen Beitrag in diesem Band.

vorhandenen Akten die für die Beurteilung der Zuständigkeitsproblematik nötigen Schriftstücke enthalten (dazu später mehr). Der enorme Quellenwert der Resolutionsprotokolle hat sich im Übrigen schon in zahlreichen neueren Forschungen gezeigt.[102] Die Digitalisierung und Erschließung dieser Protokolle, die natürlich nicht nur für die gegebene Problematik, sondern für die Beurteilung des gesamten reichshofrätlichen Wirkens in Raum und Zeit die zentrale Verdichtungsüberlieferung darstellen, gehört zu den vordringlichsten Erschließungsaufgaben der Frühneuzeitforschung und ist in Planung.[103]

Bei der Benutzung der Resolutionsprotokolle ist zu beachten, dass aufgrund einer Verfügung des Mainzer Reichserzkanzlers vom 30. Juli 1748 die Kompetenz für die in diesem Beitrag an späterer Stelle zu besprechenden Bestätigungen von Privilegien und für Druckprivilegien (ferner für Volljährigkeitserklärungen, mindere Reichslehen und Ritterschaftssachen) von der deutschen Expedition auf die lateinische Expedition übergehen sollte.[104] Zumindest die Expedition der Druckprivilegien ist freilich schon in der Zeit davor sehr häufig vom Reichshofratssekretär der lateinischen Expedition übernommen worden, zu dessen Aufgaben zumeist auch die Behandlung von Pfründensachen gehörte. Da die Zuweisung der reichshofrätlichen Agenden zu den beiden Expeditionen also nicht nur nach dem territorialen oder einem rein sprachlichen Prinzip erfolgte, sondern auch sachliche Kriterien galten, die sich aufgrund von Streitereien der Sekretäre oft geändert haben,[105] ist es ratsam, bei der Suche nach den vom Reichshofrat bearbeiteten Gratialsachen insgesamt stets die Resolutionsprotokolle beider Expeditionen durchzusehen.[106] Der Vollständigkeit halber sei erwähnt, dass zwar

102 Vgl. etwa Eva Ortlieb, Im Auftrag des Kaisers. Die kaiserlichen Kommissionen des Reichshofrats und die Regelung von Konflikten im Alten Reich (1637–1657) (QFHG, 38), Köln/Weimar/Wien 2001, S. 51–123; Barbara Staudinger, Die Resolutionsprotokolle des Reichshofrats als Quelle zur jüdischen Geschichte, in: Baumann/Ehrenpreis/Westphal/Wendehorst, Prozessakten als Quelle (wie Anm. 10), S. 119–140; Sabine Ullmann, Geschichte auf der langen Bank. Die Kommissionen des Reichshofrats unter Kaiser Maximilian II. (1564–1576) (Veröffentlichungen des Instituts für Europäische Geschichte Mainz, 214), Mainz 2006, S. 44–110; Verena Kasper-Marienberg, „vor Euer Kayserlichen Mayestät Justiz-Thron." Die Frankfurter jüdische Gemeinde am Reichshofrat in Josephinischer Zeit (1765–1790) (Schriften des Centrums für Jüdische Studien, 19), Innsbruck 2012, S. 28–58.

103 Vgl. die Einführung zu diesem Band.

104 Diese Verfügung sollte die ungleiche Verteilung der Arbeitslast und des damit verbundenen Einkommens zwischen dem deutschen und lateinischen Reichshofratssekretär ausgleichen, vgl. Gross, Reichshofkanzlei (wie Anm. 5), S. 105 f.

105 Vgl. ebd., S. 14 f., ferner Herchenhahn, Geschichte, Bd. 2 (wie Anm. 56), S. 112–114.

106 Für Zeiten, insbesondere im 17. Jahrhundert, für die keine speziellen Bände der lateinischen Expedition vorliegen, sind oftmals die Einträge über Causen der lateinischen Expedition zusammen mit denen der deutschen Expedition in einem Band vereint worden. Z. B. liegen für das Jahr 1656 vier Bände vor: ÖStA HHStA RHR Resolutionsprotokolle saec. XVII, 168–171. Davon enthalten

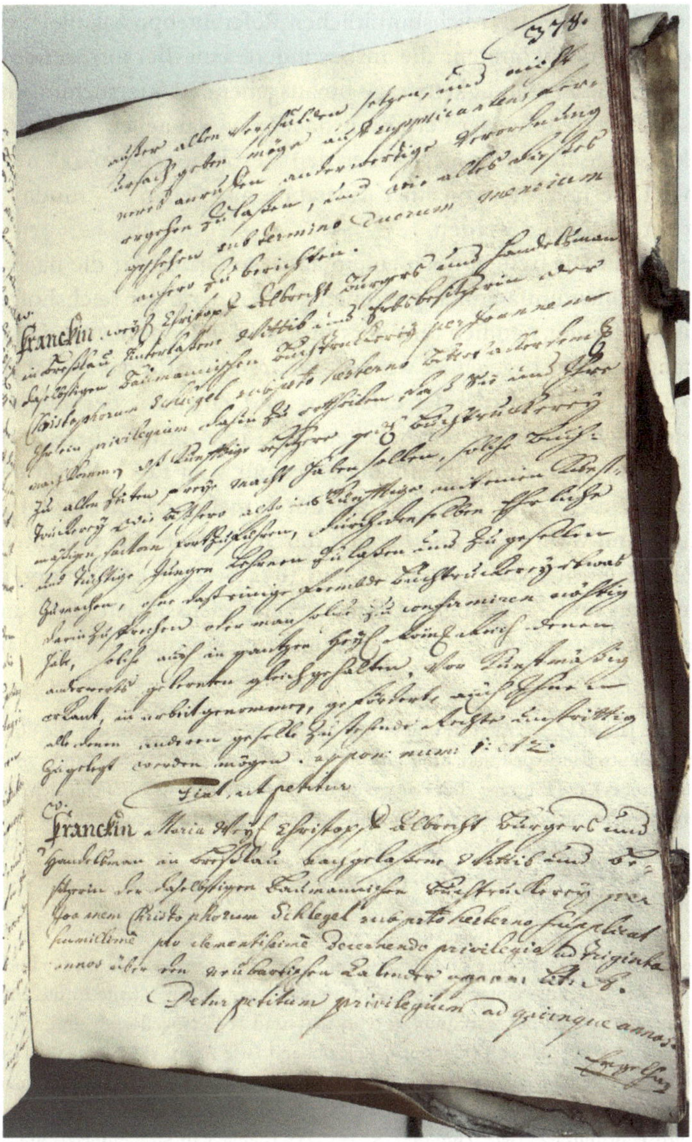

Abb. 2: Resolutionsprotokoll des Reichshofrats über die Sitzung vom 20. Juni 1713, unten Eintrag über das Gesuch der Witwe Maria Franke, Erbin der baumannischen Buchdruckerei zu Breslau, um ein Druckprivileg für den Schreibkalender des Johannes Neubarth; „w." links oberhalb des Eintrags ist das Kürzel für den zuständigen reichshofrätlichen Referenten, es bezeichnet in diesem Fall den Reichshofrat und späteren Reichshofratspräsidenten Johann Wilhelm von Wurmbrand; am Schluss des Eintrags steht eingerückt die in der Sitzung gefällte zustimmenden Entscheidung („Fiat, ut petitur", siehe Abb. 3); ÖStA HHStA RHR Resolutionsprotokolle saec. XVIII, 31, fol. 378r.

auch die 1689 beginnenden reichshofrätlichen Referentenprotokolle[107] dafür zu Rate gezogen werden könnten, die insbesondere eine hervorragende serielle Quelle für über die Zuständigkeitsfrage hinausgehende Untersuchungen der internen Geschäftsverteilung, der Verfahrensdauer usw. darstellen.[108] Für die bloße Zuständigkeitsfrage bieten sie gegenüber den Resolutionsprotokollen aber keinen Mehrwert, weshalb sie – von einer Ausnahme abgesehen[109] – für das Weitere auch nicht berücksichtigt werden.

Das gleiche gilt aus freilich noch einem anderen Grund für die nach den Resolutionsprotokollen umfangmäßig zweiten großen Serie der reichshofrätlichen Protokollüberlieferung, nämlich für die 1579 einsetzenden Einlaufprotokolle, die als Exhibitenprotokolle bezeichnet werden. Während die für das 16. Jahrhundert erhaltenen Bände in der Regel der Erfassung und Zuteilung des gesamten Einlaufs in Reichssachen dienten, entwickelten sich diese Amtsbücher seit dem frühen 17. Jahrhundert zu Einlaufprotokollen der nur vom Reichshofrat bearbeiteten Sachen.[110] Dieser Entwicklung lag eine durch mehrere Dekrete von 1613 bis 1626 verfügte und wohl nicht unerheblich durch ein Gutachten des Reichsvizekanzlers Peter Heinrich von Stralendorf von 1624 beeinflusste Neuorganisation von Präsentation und Zuteilung des Eingangs in Reichssachen zu Grunde, die mit der Reichshofratsordnung von 1654 endgültig legitimiert wurde.[111] In deren

XVII, 169 (7. Januar bis 31. August) und 171 (1. September bis 24. November), die Einträge über Causen der deutschen Expedition, hingegen XVII, 168 (7. Januar bis 31. Juli) und 170 (1. August bis 22. Dezember), die Einträge über Causen beider Expeditionen. Es empfiehlt sich, bei laufzeitabhängigen Suchen stets alle in Frage kommende Bände zu durchsuchen.

107 Vgl. Gross, Reichshofkanzlei (wie Anm. 5), S. 259.

108 Vgl. den Beitrag von Tobias Schenk in diesem Band.

109 Siehe unten bei Anm. 246.

110 Vgl. Gross, Reichshofkanzlei (wie Anm. 5), S. 256–258.

111 Maßgeblich für die Normierung sind Dekrete vom 15. Oktober 1613, 20. Juni 1617 und 15. April 1626 sowie das erwähnte Gutachten Stralendorfs von 1624, deren Inhalte in die entsprechenden Passagen der Reichshofratsordnungen von 1617 und 1654 eingeflossen sind, vgl. die Texte und Kommentare bei Sellert, Ordnungen, 1. Halbband (wie Anm. 58), S. 75–78 (Dekrete von 1613 und 1617), S. 205–219 (Reichshofratsordnung 1617), S. 230–249 (Dekret 1626), sowie Ders., Ordnungen, 2. Halbband (wie Anm. 55), S. 131–154 (Reichshofratsordnung 1654), ferner Ders., Prozeßgrundsätze (wie Anm. 82), S. 413–417 (Gutachten Stralendorfs). Vgl. dazu und zum Folgenden Gross, Reichshofkanzlei (wie Anm. 5), S. 144–153; ferner Carola Hartmann Polonski, Die Regelung der gerichtsinternen Organisation und des Geschäftsgangs der Akten als Maßnahme der Prozessbeschleunigung am Reichshofrat, Göttingen 2001, S. 6–16, sowie zur damit endgültig implementierten formalen Schriftlichkeitsmaxime der Reichshofratsprozesse und der Verlagerung mündlicher Verhandlungen auf informelle „Hinterbühnen" Tobias Schenk, Actum et judicium als analytisches Problem der Justizforschung. Interdisziplinäre Perspektiven auf kollegiale Entscheidungskulturen am Beispiel des kaiserlichen Reichshofrats (Schriftenreihe der Gesellschaft für Reichskammergerichtsforschung, 51), Wetzlar 2022, S. 50–63; Ders., Unbe-

Folge verlor der Reichsvizekanzler seine bis dahin bestehende alleinige Befugnis, sämtliche eingehende Schriftsätze der Petenten und Parteien mit einem Präsentationsdatum zu versehen und diejenigen Eingänge, die nicht in seine Kompetenz fielen, den jeweils zuständigen Instanzen zuzuteilen. Für die Geschichte der Emanzipation des Reichshofrats von der Reichshofkanzlei und überhaupt der Stellung des Reichshofrats innerhalb des ‚Behördensystems' Reichssachen war dieses ein hochbedeutsamer Vorgang. Dadurch erhielt der Reichshofrat die Kontrolle über den ihn betreffenden Einlauf. Er konnte somit einen für jedwede behördliche Ausformung unverzichtbaren eigenen Geschäftsgang ausbilden.

Die Parteien und Petenten hatten nun ihre Schriftsätze in Judizialsachen entweder selbst oder durch ihre Prozessvertreter beim Reichshofratstürhüter einzureichen. Von diesem gingen die Schriftsätze am Reichsvizekanzler vorbei direkt an den Reichshofratspräsidenten, der das Präsentationsdatum anbrachte und sie an den Protonotar weiterleitete. Dieser formulierte auf der Rückseite der Parteiengesuche das sogenannte Protonotat (eine kurze konzise Inhaltsbeschreibung) und vermerkte den Eingang derselben in den nun von ihm geführten Exhibitenprotokollen. Anschließend landeten die Eingänge wieder beim Reichshofratspräsident, der sie einzelnen Reichshofräten zum Referat zuteilte.[112] Während auf diesem Weg zahlreiche im Reichshofrat bearbeitete Gratialsachen direkt an den Reichshofratspräsidenten und somit in die Exhibitenprotokolle gelangten, liefen nach wie vor die auf dem gewöhnlichen Postweg an den Kaiser oder eben auch den Reichsvizekanzler selbst gerichteten Schreiben beim Reichsvizekanzler ein oder wurden diesem vor Ort übergeben oder zugestellt, darunter ganz gewiss auch zahlreiche Gesuche um Gratialia. Auch die meisten derjenigen Gesuche, die etwa bei Audienzen und anderen Gelegenheiten dem Kaiser persönlich überreicht wurden,[113] scheint dieser für gewöhnlich dem Reichsvizekanzler zur weiteren Behandlung überstellt zu haben.[114]

Es hat also im Gegensatz zu den Judizialsachen, die nach der Reorganisation des Einlaufs fast ausnahmslos direkt an den Reichshofrat gelangt sein dürften, und im Übrigen natürlich auch im Unterschied zu den politischen Angelegen-

---

obachtet vorübergegangen? Gerichtliches Entscheiden im Spiegel der genetischen Aktenkunde, in: Bongartz/Denzler/Katzer/Stodolkowitz (Hrsg.), Feder und Recht (wie Anm. 26), S. 313–343, hier S. 323–328, sowie dessen Beitrag in diesem Band.

112 Vgl. zu diesem Verfahren zuletzt etwa Dorfner, Reichshofratsagenten (wie Anm. 59), S. 165–168.

113 Vgl. ebd., S. 166–168.

114 So die Kommentare von Friedrich Karl von Moser und Portner (siehe oben Anm. 79) zur Reichshofratsordnung von 1654, vgl. Sellert, Ordnungen, 2. Halbband (wie Anm. 55), S. 132 Anm. 512. Siehe auch die gleichlautende Bemerkung von Johann Jakob Moser unten Anm. 156. Siehe auch unten Anm. 116.

heiten, die alle entweder direkt, über den Kaiser oder noch anderen Wegen auf dem Schreibtisch des Reichsvizekanzlers landeten, für die Gratialsachen keine einheitliche Praxis des Eingangs bestanden. Das Problem der Zuständigkeitsabgrenzung zwischen Reichshofrat und Reichshofkanzlei beginnt also im Grunde schon beim Eingang der Gesuche, die infolge jener Neuorganisation des Eingangs sowohl beim Reichshofrat als auch beim Reichsvizekanzler einlaufen konnten. Bis zu einem gewissen Grad hatten es die Petenten somit selbst in der Hand, welche Instanz ihre Gesuche behandeln würde. Davon zeugen auch die nicht wenigen Bemerkungen in der Reichspublizistik, mit denen den Petenten auf den Eingang bezogene und zumeist zugunsten des Reichshofrats ausfallende Ratsschläge hinsichtlich der Einreichung ihrer Gesuche um Gnaden und Privilegien erteilt worden sind.[115] Allerdings weisen die Reichspublizisten auch oftmals darauf hin, dass innerhalb des System selbst dafür gesorgt wurde, dass die wo auch immer eingereichten Gesuche der Petenten an die jeweils zuständigen Stellen gelangten.[116]

Wenn nun eine stichprobenhafte Überprüfung der Exhibitenprotokolle ergeben hat, dass darin für die im Reichshofrat verhandelten Gratialsachen nicht selten entsprechende Einträge fehlen,[117] dann liegt das sehr wahrscheinlich an diesen hier nur in grober Kurzform erörterten Fallstricken des Posteingangs. Es scheint zum Beispiel oft vorgekommen zu sein, dass der Reichsvizekanzler auch diejenigen Gnadengesuche, für die er sich nicht zuständig hielt, mit einem Präsentationsdatum versah und erst dann den Reichshofratspräsidenten weitergeleitet hat.[118] Dieser hat dann möglicherweise einen Teil solcher bereits präsentierten Gesuche nicht mehr an den Protonotar gereicht, sondern sie direkt den Referenten zugeteilt, so dass es in solchen Fällen eben auch nicht zu einem Eintrag in das Exhibitenprotokoll gekommen ist. Aber das ist nur eine Vermutung, der an dieser Stelle nicht nachgegangen werden kann. Die Beobachtung, dass einzelne im Reichshofrat bearbeitete Gratialsachen in den Exhibitenprotokollen keine Spuren

---

115 Zum Beispiel von Uffenbach, Moser und Gerstlacher, siehe oben bei Anm. 88 ff.

116 Siehe oben Anm. 113 sowie unten Anm. 206. Vgl. ferner Malblank, Reichs- und Provinzial-Gerichts- und Kanzleyverfassung, 3. Teil (wie Anm. 7), S. 354 f.: 354: *In allen [...] Sachen, welche an den Kaiser unmittelbar, und nicht an den R. H. R. gehören, werden die Suppliken oder Exhibita, litterae ad Imperatorem u.s.w. entweder dem Kaiser unmittelbar oder dem Reichsvicekanzler zugestellt, und wenn sich die Partheyen hierin aus Irrthum an den R. H. R. wenden, sie von da ab und an die Behörde verwiesen.*

117 Zum Beispiel lassen sich von 14 der laut den Resolutionsprotokollen des Jahres 1662 vom Reichshofrat bearbeiteten Gesuche um Druckprivilegien nur sechs im Exhibitenprotokoll dieses Jahres nachweisen. Über ebenfalls nicht in den Exhibitenprotokollen vermerkte Eingänge über nachweislich vom Reichshofrat behandelten Gesuche um Schuldenmoratorien siehe den Beitrag von Anja Amend-Traut in diesem Band.

118 Vgl. Gross, Reichshofkanzlei (wie Anm. 5), S. 151 f.

hinterlassen haben, genügt schon, um auch diese Protokolle, die für Forschungen etwa über den Geschäftsanfall, die Verfahrensdauer oder – sehr wichtig – die Bearbeitungsquote von Eingängen überhaupt einen großen Wert haben,[119] als zusätzliche Quelle für den Nachweis der Zuständigkeit beiseite zu lassen.

Da es hier nur auf diesen Nachweis ankommt, sind somit die für den gesamten Untersuchungszeitraum vorliegenden Resolutionsprotokolle die sowohl für Einzelfälle also auch für kollektive Betrachtungen verlässlichste Quelle über die Bearbeitung von Privilegien- und Gnadensachen durch den Reichshofrat. Indem sie dessen Aktivitäten vollständig erfassen, können die Resolutionsprotokolle freilich auf eine indirekte Weise auch als Quelle für die Bearbeitung von Gnaden- und Privilegiensachen durch andere Funktionsstellen des Systems Reichssachen genutzt werden. Denn alle etwa aus Akten oder sonst wie bekannten Gnaden- und Privilegiensachen, die nicht in den Resolutionsprotokollen aufscheinen, müssen von anderen Funktionsstellen bearbeitet worden sein. Nimmt man nun hinzu, dass der Anteil der direkt vom Kaiser oder vom Geheimen Rat entschiedenen Gnadensachen – zumindest der massenhaft erteilten, um die es im Folgenden gehen wird – im Allgemeinen bereits seit dem frühen 17. Jahrhundert zurückging, dann deutet für die Zeit nach dem frühen 17. Jahrhundert ein hoher Anteil von jeweils nicht in den Resolutionsprotokollen verzeichneter Gnaden- und Privilegiensachen in der Regel auf eine hohe Bearbeitungsquote des Reichsvizekanzlers hin. Da im Unterschied zum Reichshofrat für die Reichshofkanzlei keine vollständigen Protokolle oder Listen über die ausschließlich von dieser behandelten Sachen existieren, sind wir vor allem im Hinblick auf erste kollektive Eindrücke für die Reichshofkanzlei auf diese quasi negative Beweismethode angewiesen.

Es gibt aber darüber hinaus für beide Instanzen auch eine positive Nachweismethode. Diese ist besonders für die Reichshofkanzlei von Bedeutung, weil für den Reichshofrat in Form der Analyse der Resolutionsprotokolle bereits eine solche positive Methode existiert. Diese für die Zuständigkeit des Reichshofrats also zusätzliche und damit für die gegebene Fragestellung eigentlich verzichtbare, für die der Reichshofkanzlei jedoch einzige positive und damit unverzichtbare Nachweismethode besteht in der Analyse der vorhandenen Akten. Akten sind prozessgenerierte Quellen über die Bearbeitung behördlicher Vorgänge. Sie dienten den Zeitgenossen nicht nur der späteren Nachvollziehbarkeit, sondern auch als Werkzeuge dieser Bearbeitungsprozesse. Im Idealfall weisen sie Bearbeitungsspuren in Form der auf den Aktenschriftstücken angebrachten Vermerke des an diesem Prozess beteiligten und ihn steuernden Personals auf.[120] In unserem Fall

119 Vgl. SCHENK, Actum et judicium (wie Anm. 111), S. 85–90, ferner dessen Beitrag in diesem Band.

120 Vorzügliche Basisorientierung dazu bieten etwa Jürgen KLOOSTERHUIS, Aktenkunde. Ein Hilfs-

sind nur die Vermerke auf der Rückseite der Gesuche der Petenten relevant, von denen mit dem Präsentationsdatum und dem Protonotat (Rubrum) schon zwei erwähnt worden sind. Gesuche, die den Reichshofrat durchlaufen haben, sind relativ leicht daran zu erkennen, dass auf ihnen sehr regelmäßig in vielen Abkürzungsvarianten der aus der Zeit der Zuteilung des Einlaufs durch den Reichsvizekanzler stammende und später beibehaltene Vermerk ‚Hofrat' oder später eben ‚Reichshofrat' zugefügt worden ist (Abb. 3).[121] Fehlt dieser Vermerk, so ist damit schon ein erster Hinweis auf eine Behandlung des Gesuchs außerhalb des Reichshofrats gegeben.

Der wichtigste und glücklicherweise in der Regel auch sehr aussagekräftige Vermerk zur Unterscheidung der Bearbeitungsinstanzen ist aber die zumeist knappe Notiz über die Entscheidung, welche entweder ablehnend oder bewilligend ausfallen kann und in diesem Fall in der von Groß sogenannten „Weisung zur Erledigung" besteht, die in der Diplomatik Beurkundungsbefehl heißt.[122] Solche Befehle können der Kaiser, der Geheime Rat, der Reichsvizekanzler oder der Reichshofrat auslösen. Mit ihnen wurde der Kanzlei die Herstellung einer Ausfertigung des erbetenen und bewilligten Privilegs oder der Gnadenurkunde aufgetragen. Dieser Prozess begann mit der Formulierung eines Konzeptes – in der Regel durch den jeweils zuständigen Sekretär – und endete mit der Besiegelung der von den Petenten oder deren Vertretern gegen Bezahlung der fälligen Taxgebühren in der Kanzlei abzuholenden Ausfertigung.[123] Die Vermerke über getroffene Entscheidungen bzw. die Erledigungsbefehle wurden im Falle des Kaisers, des Geheimen Rates und des Reichshofrats zumeist von den vom Kaiser einbestellten bzw. bei den Sitzungen anwesenden Sekretären auf den Rückseiten der Petentengesuche notiert. Während sie im Fall einer reichshofrätlichen Entscheidung stets anonym gehalten sind (aber in der Kombination mit dem oben genannten Vermerk ‚Reichshofrat' leicht diesem zugeordnet werden können), wurden andere Entscheidungsinstanzen in diesen Vermerken zumeist bezeichnet. Vor allem der Reichsvizekanzler wurde regelmäßig namentlich genannt oder nannte sich selbst, wenn er ihn persönlich anbrachte (Abb. 4).[124]

Oft fügte der Reichsvizekanzler dann auch hinzu, dass die Bewilligung eines Gesuchs nach vorhergehendem Vortrag aufgrund einer kaiserlichen Approbation

---

wissenschaftliches Kompendium, in: Archiv für Diplomatik 45 (1999), S. 465–563, und – auch mit vielen Hinweisen zur Praxis der Reichshofkanzlei – Michael HOCHEDLINGER, Aktenkunde. Urkunden- und Aktenlehre der Neuzeit, Wien/Köln/Weimar 2009.

121 Vgl. GROSS, Reichshofkanzlei (wie Anm. 5), S. 149.

122 Ebd., S. 154.

123 Ausführliche Analyse dieses Prozesses: ebd., S. 194–231.

124 Ebd., S. 172.

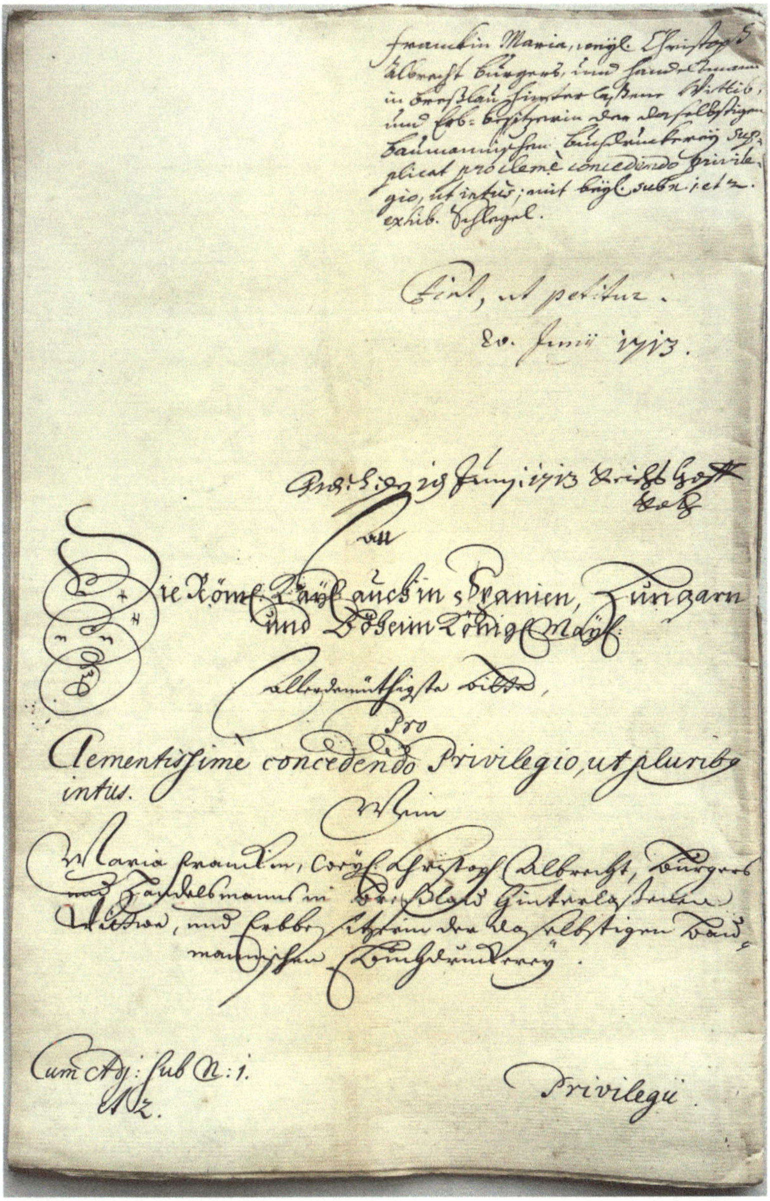

Fiat, ut petitur.
20. Junii 1713.

Die Röm. Kayl. auch in Spanien, Hungarn und Böheim Königl. Mayt.

Allerdemüthigste bitte,

Pro

Clementissime concedendo Privilegio, ut pluribus intus.

Cum Adj: sub N:1. et 2.

Privilegii.

Abb. 3: Gesuch der Witwe Maria Franke, Erbin der baumannischen Buchdruckerei zu Breslau, um ein Druckprivileg für den Schreibkalender des Johannes Neubarth, Rückseite mit ausführlichem Protonotat, Präsentationsdatum, Zuständigkeitsvermerk („Reichs Hoff Rath") und einem Vermerk des Reichshofratssekretärs über die in der Reichshofratssitzung vom 20. Juni 1713 gefällte zustimmende Entscheidung („Fiat, ut petitur", siehe Abb. 2); ÖStA HHStA RHR Impressoria, 20-28.

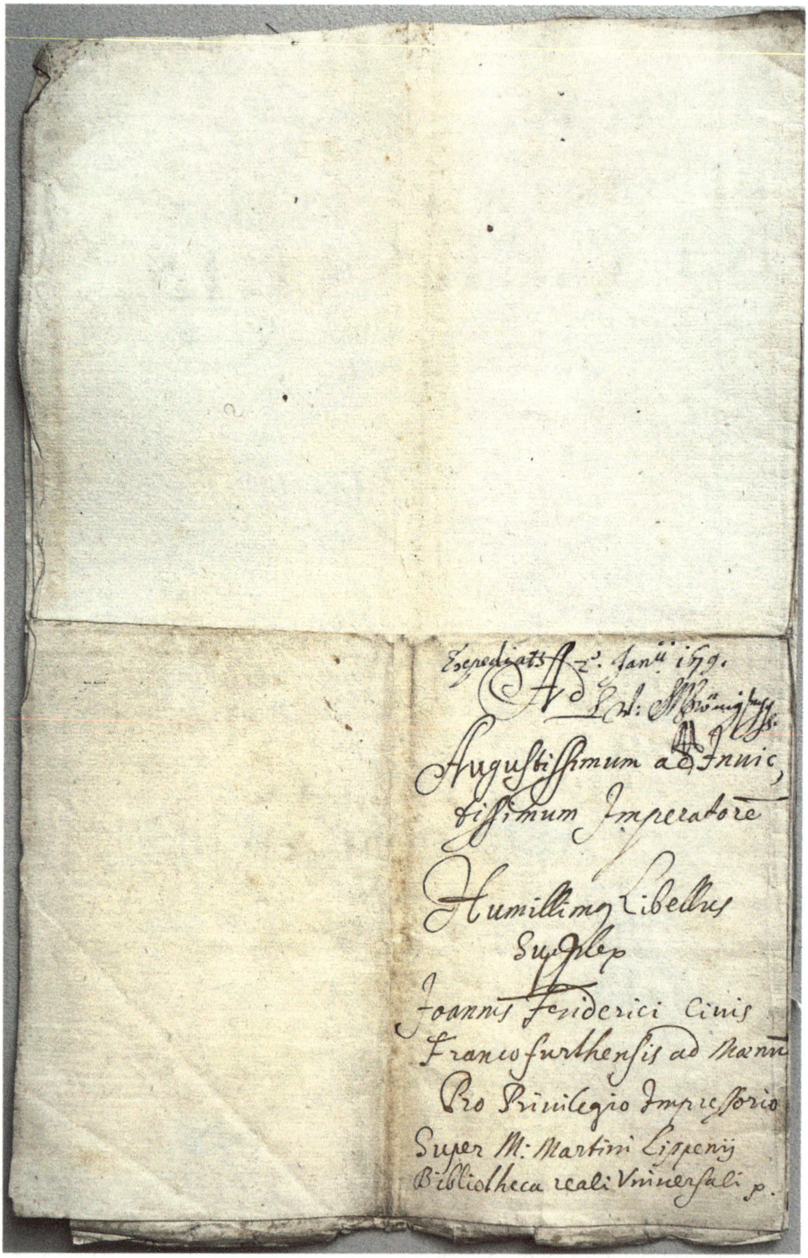
Augustissimum ac Invic,
tissimum Imperatore
Humillimus Libellus
Supplex
Joannis Friderici Civis
Francofurthensis ad Moenum
Pro Privilegio Impressorio
Super M: Martini Lipenij
Bibliotheca reali Universali p.

Abb. 4: Gesuch des Frankfurter Buchhändlers Johann Friderici um ein Druckprivileg für Martin Lipen, Bibliotheca realis universalis, Rückseite mit eigenhändigem Erledigungsbefehl des Reichsvizekanzler Leopold Wilhelm von Königsegg vom 2. Januar 1679 („Expediatur"), Präsentationsdatum und Rubrum fehlen; ÖStA HHStA RHR Impressoria, 20–43.

erfolgte.[125] Es ist aber nicht klar, ob alle Vermerke, die eine solche zusätzliche Information nicht enthalten, im Sinne einer autonomen Entscheidung des Reichsvizekanzlers selbst zu interpretieren sind. Während diese Vorträge laut Uffenbach mündlich stattfanden,[126] berichtete der Geheime Sekretär (Reichsreferendar) Christian Teuber in einem Schreiben vom 26. Oktober 1740, dass der Reichsvizekanzler aufgrund neuerer Anordnungen bei allen Gratialsachen *von irgendeiniger Erheblichkeit* ein schriftliches Referat an den Kaiser erstatten müsse.[127] Mündliche Vorträge sowie selbständige Entscheidungen des Reichsvizekanzlers dürften jedoch weiterhin vorgekommen sein. Insgesamt ist die Quellenlage für diesbezügliche Unterscheidungen sehr dünn.[128] Das ist zwar bedauerlich, für die gegebene Fragestellung letztlich aber unerheblich, da in allen diesen Fällen die administrative Zuständigkeit beim Reichsvizekanzler lag.

Voraussetzung für die Verwertung dieser Vermerke für die Lösung der Zuständigkeitsfrage ist natürlich, dass den Akten überhaupt Gesuche der Petenten beiliegen. Das ist aber gerade bei den Akten im schon genannten Wiener Teilbestand ‚Gratialia et Feudalia', auf den sich die Untersuchungen hauptsächlich stützen werden, längst nicht immer der Fall. Oftmals bestehen diese Akten nur aus den Konzepten der den Petenten erteilten Urkunden. Das kann einerseits nachlässiger Aktenführung oder auch späterer Bereinigung von Akten geschuldet sein, indem nur das Resultat der Bearbeitung eines Vorgangs eben in Form des Konzeptes als überlieferungswert betrachtet worden ist.[129] Ein wesentlicher Grund für das Fehlen derartiger Aktenschriftstücke dürfte andererseits aber sein,

---

125 Siehe für ein Beispiel unten Anm. 195.

126 Siehe oben Anm. 64.

127 ÖStA HHStA MEA Wahl- und Krönungsakten 57, fol. 27r. Vgl. Gross, Reichshofkanzlei (wie Anm. 5), S. 289.

128 Der Teilbestand ‚Vorträge des Reichsvizekanzlers' des Bestands ‚Reichskanzlei' (ÖStA HHStA RK Vorträge) ist leider, von einem Karton abgesehen, noch nicht verzeichnet. In diesem sehr detailliert verzeichneten Karton (ÖStA HHStA RK Vorträge 1a) befinden sich 30 Vorträge aus dem Jahr 1636, in denen 157 Themen erörtert wurden. Lediglich in sechs davon geht es um Gratialsachen, nämlich um Schutz-, Pass- und Geleitbriefe. Alle anderen Vorträge und Gutachten handeln über politische und rechtliche Angelegenheiten. Es ist anzunehmen, dass das Gros der Vorträge des Reichsvizekanzlers in Gnadensachen, zumal zu solchen von geringerer Bedeutung, mündlich erfolgte, vgl. Gross, Reichhofkanzlei (wie Anm. 5), S. 189 f. Schriftliche Gutachten des Reichsvizekanzlers in Gnadensachen, z. B. über die Vergabe von Primae preces, Laienherrenpfründen und Königspfründen, sind vor allem von dem Reichsvizekanzler Rudolph Joseph von Colloredo (1744–1788) erhalten und befinden sich zumeist in den betreffenden Beständen. Die von Gross, Reicharchive (wie Anm. 34), S. 329, und bei Bittner, Gesamtinventar (wie Anm. 34), S. 194, erwähnten Protokolle reichsvizekanzlerischer Vorträge 1766–1805 (AB 129/1 und AB 129/2) sind zurzeit leider nicht auffindbar.

129 Diesen Aspekt betont Schreiber, Untertanen als Supplikantinnen und Supplikanten (wie Anm. 25), S. 48–51.

dass überhaupt keine schriftlichen Gesuche vorgelegen haben, sondern diese nur mündlich oder in Formen vorgebracht worden sind, zum Beispiel als Teil von Korrespondenzen, die nicht oder jedenfalls nicht zusammen mit dem Konzept aktenkundig geworden sind. In diesen Fällen dürften auch die Entscheidungen und Erledigungsweisungen bloß mündlich weitergegeben oder so flüchtig notiert worden sein, dass sich darüber in der Regel keine schriftliche Überlieferung erhalten hat.[130] Sowohl Geschäftsabläufe und Entscheidungsprozesse als auch der Parteien- und Petentenverkehr beruhten am frühneuzeitlichen Kaiserhof oftmals auf diffizilen Formen von Anwesenheitskommunikation, die sich nicht schriftlich niedergeschlagen hat.[131]

Ebenso wie die ‚Protokollmethode' setzt also auch die ‚Aktenmethode' der Zuständigkeitsprüfung für die nicht vom Reichshofrat bearbeiteten Privilegien- und Gnadensachen gewisse Grenzen. Es ist keinesfalls ausgeschlossen, dass sich diese Grenzen noch erweitern lassen. Doch führen konzisere Überlegungen etwa zum Quellenwert von Vermerken auf Aktenschriftstücken, beispielsweise zu den Revisionsvermerken auf den Konzepten,[132] in Sphären noch nicht hinreichend erforschter oder sehr weitläufig zu beachtender Aspekte des Geschäftsgangs, die im Rahmen dieses Beitrags nicht betreten werden können. Ohnehin kann für manche Gratialsachen auf ältere Forschungen zurückgegriffen werden, die bereits auf Aktenanalysen basieren, aber offenbar übersehen, vergessen oder ignoriert worden sind. In allen anderen Fällen müssen wir uns damit begnügen, die

130 Schon Uffenbach unterschied bei den durch den Reichsvizekanzler zu behandelnden Gnadensachen zwischen mündlich und schriftlich vorgebrachten Gesuchen, siehe oben Anm. 64.

131 Vgl. künftig Tobias Schenk, Schriftlichkeit und Mündlichkeit im frühneuzeitlichen Reichsprozess. Über ein pathologisiertes Komplementärverhältnis, in: Susanne Ehrich/Maria Selig (Hrsg.): Städtische Rechtskulturen in der Vormoderne (Forum Mittelalter-Studien, 21), Regensburg 2024 (im Druck), ferner etwa Robert Meier, Niklas Luhmanns Systemtheorie und die Erschließung von Archivgut des Alten Reichs, in: Archivalische Zeitschrift 86 (2004), S. 131–149, hier S. 143–145.

132 Vgl. Gross, Reichshofkanzlei (wie Anm. 5), S. 194–209. Ders., ebd., S. 217, meint übrigens, dass die in der Endphase der Herstellung der Ausfertigung einzuholende und oft schon in den Konzepten notierte Unterschrift des Sekretärs keine Auskunft über die administrierende und entscheidende Instanz gibt, da alle Urkunden über Gnaden und Privilegien, unabhängig davon, von welcher Instanz der Erledigungsbefehl ausging und welcher Sekretär für die Konzipierung des Textes verantwortlich war, stets von dem jeweiligen Geheimen Sekretär der deutschen oder lateinischen Expedition unterschrieben worden seien; so auch Herchenhahn, Geschichte, Bd. 2 (wie Anm. 56), S. 201. Dieses Prinzip war allerdings wegen der an der Unterschrift haftenden Subskriptionsgelder des Öfteren Gegenstand eines Streits zwischen den Reichshofratssekretären und den Geheimen Sekretären, die ersteren oftmals das Recht zur Unterschrift auf den vom Reichshofrat administrierten Privilegien- und Gnadenurkunden überlassen mussten, vgl. dazu die Ausführungen des Geheimen Sekretärs Kaspar Florentin Consbruch in: ÖStA HHStA MEA Reichshofrat, 7-9 (1689).

Analyse der reichshofrätlichen Resolutionsprotokolle mit der der Akten in der beschriebenen Weise so zu kombinieren, dass die jeweiligen administrativen Zuständigkeiten und gegebenenfalls auch Veränderungen und Entwicklungstrends hinreichend klar hervortreten. Die Verfeinerung dieser Methode muss künftiger Forschung überlassen werden. Da es im Interesse solcher Forschungen liegen sollte, auch Einsichten über Zahl und Art der vom Kaiser auf sämtlichen Wegen erteilten Privilegien und Gnaden insgesamt zu gewinnen, sei abschließend noch auf zwei große Amtsbücherserien des Wiener Haus-, Hof- und Staatsarchivs verwiesen, die zwar für die Zuständigkeitsfrage keine unmittelbare Relevanz haben, aber für eine Gesamterfassung der vergebenen kaiserlichen Privilegien und Gnaden von großer Bedeutung sind. Gemeint sind die sogenannten Reichsregisterbücher und die Taxbücher der Reichshofkanzlei.

Die schon im beginnenden 15. Jahrhundert serienmäßig einsetzenden Reichsregisterbücher[133] enthalten vom Registrator der Reichshofkanzlei oder dessen Gehilfen zumeist auf der Basis der Konzepte verfertigte Abschriften der wichtigsten im Namen des Kaisers ausgestellten Urkunden und anderer ausgehender Dokumente. Die durch ältere, teilweise noch in der Reichshofkanzlei angelegte Findmittel vergleichsweise gut erschlossenen Bände werden sukzessive digitalisiert und online zur Verfügung gestellt. Gratialsachen, vor allem Standeserhöhungen, kommen zwar massenhaft vor. Zu beachten ist allerdings, dass die ‚Register' bisweilen recht nachlässig geführt worden sind. Zudem ist längst nicht klar, ob sämtliche Arten derselben zu allen Zeiten als registrierungswürdig betrachtet worden sind.[134]

Die etwa ab der Mitte des 16. Jahrhunderts serienmäßig vorliegenden Taxbücher der Reichshofkanzlei,[135] genauer gesagt, des der Kanzlei angeschlossenen Taxamts, bieten zwar nicht die Urkundentexte, dürften aber in dieser Hinsicht bei weitem zuverlässiger sein. Sie sind deshalb für eine Gesamterfassung der kaiserlichen Privilegien- und Gnadenurkunden wesentlich besser geeignet als die Reichsregisterbücher (Abb. 5). Ihrem Inhalt nach handelt es sich um Rechnungsbücher der Taxatoren und Taxgegenschreiber über die Abrechnung der von den Empfängern eingezogenen Gebühren für taxpflichtige Urkunden.[136] Eine quellentypologische Untersuchung dieser noch sehr wenig beachteten, jedoch nicht nur im gegebenen Kontext sehr wertvollen und mit ca. 800 Bänden ebenfalls

---

133 ÖStA HHStA RK Reichsregisterbücher. Vgl. Gross, Reichsarchive (wie Anm. 34), S. 316–323.

134 Vgl. Gross, Reichshofkanzlei (wie Anm. 5), S. 221–228.

135 ÖStA HHStA RK Reichstaxbücher. Vgl. Gross, Reichshofkanzlei (wie Anm. 5), S. 372 f.

136 Sehr viel verwandtes Material dazu, teilweise sogar Abschriften ganzer Taxbücher, befindet sich im Teilbestand ‚Reichstaxamt' des Bestands ‚Reichshofkanzlei' (ÖStA HHStA RK Reichstaxamt) sowie im Teilbestand ‚Reichskanzlei und Reichstaxamt' des Bestands ‚Mainzer Erzkanzlerarchiv' (ÖStA HHStA MEA Reichskanzlei und Reichstaxamt).

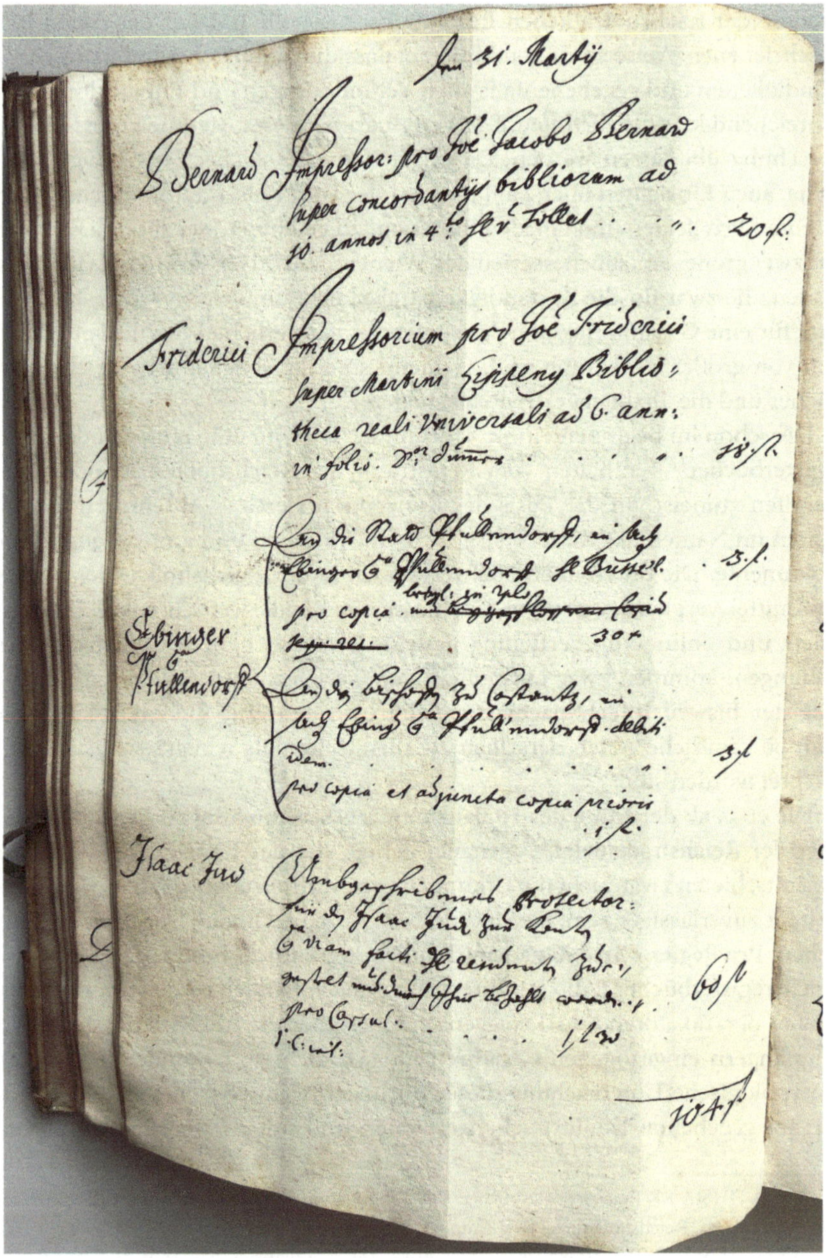

Abb. 5: Taxbuch der Reichshofkanzlei, Eintrag über die Bezahlung der Kanzleigebühren von 18 Gulden für das am 2. Januar 1679 vom Reichsvizekanzler bewilligte Druckprivileg für Johann Friderici (Abb. 4), entrichtet am 31. März 1679 vom Reichshofratsagenten Johann Dummer; ÖStA HHStA RK Taxbücher, 268, fol. 33v.

recht umfangreichen Amtsbuchserie steht noch aus; auf Karteikarten erschlossen sind lediglich die wichtigsten Angaben der Rechnungseinträge über Pergamenturkunden bis zum frühen 17. Jahrhundert.[137]

Die jeweils für einzelne Ausfertigungen zu entrichtenden Taxgebühren sind in einer ursprünglich am 6. Januar 1659 erlassenen Taxrolle des Mainzer Erzkanzlers festgelegt worden.[138] Für die tatsächlich geleisteten Zahlungen im Einzelfall sind freilich stets die Taxbücher heranzuziehen. Sporadische Einblicke zeigen, dass der Löwenanteil der jährlichen Taxeinkünfte auf die Taxen für Privilegien- und Gnadenurkunden fiel, während die Taxen für die in Justizsachen ausgestellten Urkunden vergleichsweise wenig einbrachten.[139] Innerhalb der Reichshofkanzlei herrschte deshalb ein reges Interesse an der Erteilung möglichst vieler Privilegien und Gnaden.[140] In der Forschung kursiert die Ansicht, dass auch der Reichshofrat von den Taxgebühren für Privilegien- und Gnadensachen profitiert habe.[141] Diese Gebühren flossen aber – ganz gleich welche Instanz im jeweiligen Fall die administrative Bearbeitung geleistet hat – in Gänze der Reichshofkanzlei zu. Sie dienten in der Hauptsache dem Unterhalt der Kanzlei und der Besoldung des Kanzleipersonals, wobei der Mainzer Erzkanzler gelegentlich größere Be-

137 Siehe unten Anm. 163.

138 Die Ausfertigung dieser Ordnung ist bislang nicht aufgetaucht; zur Entstehungsgeschichte vgl. Gross, Reichshofkanzlei (wie Anm. 5), S. 269 f. Der Text dieser Taxrolle ist in Form von Abschriften in den Akten überliefert, z. B. in ÖStA HHStA RHR RK Verfassungsakten RK 15-1 (zwei Exemplare). Er ist vergleichsweise häufig auch und in der Reichspublizistik abgedruckt worden, zuerst wohl bei Uffenbach, Tractatus (wie Anm. 59), Anhang III, S. 41–45, worauf die meisten der späteren Abdrucke zurückgehen, oder in: Neue und vollständigere Sammlung der Reichs-Abschiede, 4. Teil, Frankfurt am Main 1747, Zugabe, S. 87–90. Die Texte dieser beiden Drucke unterscheiden sich leicht, ebenso die der in Akten kursierenden Versionen. Die Textgeschichte konnte noch nicht geklärt werden. Aus dem 18. Jahrhundert sind zwei offenbar aus der Praxis geschöpfte und erheblich erweiterte Taxrollen in handschriftlicher Form überliefert, und zwar die am 16. März 1750 dem Erzkanzler übergebene Taxrolle des Taxgegenschreibers Georg Ignaz Rudolf von Montfort (ÖStA HHStA MEA RHR RK Taxamt 62-4) sowie eine nach 1770 entstandene Taxrolle (ÖStA HHStA RHR RK Taxamt 19-1). Ergiebige Überlieferungen enthält auch ÖStA AVA Adel RAA 480.

139 Zum Beispiel hat 1739 eine von insgesamt nur vier Ausfertigungen in der Rubrik ‚Lateinische Pergamentbriefe', nämlich die Verleihung der Reichsgrafenwürde an den niederländischen Obristleutnant Heinrich von Larrey, mit 4.000 Gulden etwa so viel eingebracht wie die gesamten Taxgebühren aller 753 deutschen Papierbriefe dieses Jahres, also der Ausfertigungen in Justizsachen (3.979 Gulden); ÖStA HHStA RK Taxbücher 477, fol. 47r.

140 Dieses Interesse bildet auch den Hintergrund für den Dauerkonflikt der Reichshofkanzlei mit der Österreichischen Hofkanzlei um die Ausstellung von kaiserlichen Adelsprivilegien für erbländische Petenten, vgl. dazu Gross, Reichshofkanzlei (wie Anm. 5), S. 41–95, passim.

141 So Dorfner, Reichshofratsagenten, (wie Anm. 59), S. 77; Schnettger, Kaiser und Reich (wie Anm. 14), S. 219.

träge entnahm.[142] Nach allem, was insbesondere die jüngeren Forschungen von Tobias Schenk über „systemische Korruption" am Reichshofrat aufgedeckt haben, dürfte es freilich außer Frage stehen, dass die jeweils mitwirkenden Akteure und somit auch Reichshofräte regelmäßig in Form von Geschenken und direkten Geldzahlungen von der Vergabe von Privilegien und Gnaden, insbesondere der höherwertigen, profitiert haben.[143] Auch und vermutlich gerade in Privilegien- und Gnadensachen konnte am frühneuzeitlichen Kaiserhof wenig bis nichts erreicht werden, „without walking along Gold and Silver Street."[144]

5. Zur tatsächlichen Zuständigkeit für die Erteilung von Gnaden und Privilegien

Lothar Groß war der Ansicht, dass „eine strenge Abgrenzung der Kompetenz des Reichshofrats hinsichtlich der Gnadensachen nicht bestand, so daß auch eine taxative Aufzählung der in seine Kompetenz fallenden Angelegenheiten dieser Art unmöglich" sei.[145] Im Zuge der folgenden Untersuchungen hat sich jedoch gezeigt, dass zumindest bei den am häufigsten erteilen Gnaden und Privilegien relativ klare Zuschreibungen der Zuständigkeiten vorgenommen werden können und sich auch in Fällen und Zeiten, in denen tatsächlich eine „große Elastizität der Kompetenzen"[146] zu beobachten ist, durch eine Kombination des durchaus bereits vorhandenen, aber oftmals nicht mehr präsenten Wissens mit der eben beschriebenen ‚Archivalienmethode' ein hinreichend klares Bild über die Zu-

142 Zur Entwicklung der Taxamtskasse vgl. Gross, Reichshofkanzlei (wie Anm. 5), S. 264–280, ferner dazu und zum Taxwesen der Reichshofkanzlei Gerhard Benecke, Enoblement and Privilege in Early Modern Germany, in: History 56 (1971), S. 360–370.

143 Vgl. demnächst Tobias Schenk, Der Reichshofrat im Spannungsfeld von Zweck-Mittel-Rationalität und Korruption. Praxeologische Betrachtungen zur Kommodofizierung des Rechts in der Frühen Neuzeit, in: Josef Bogartz/Alexander Denzler/Carolin Katzer/Stefan Andreas Stodolkowitz (Hrsg.), Beschleunigung und Effizienzbemühungen im Gerichtswesen der Vormoderne (im Druck). Ders., „So sind Fürsten und Herren auch ihrer Diener und Räthe Sklaven…" Frühneuzeitliche Privilegienerteilung aus organisationssoziologischer Perspektive, in: Gregor Albers/Peter Oestmann (Hrsg.), Ausnahme und Vielfalt im Recht der Vormoderne (im Druck), weist darauf hin, dass die Geschenk- und Geldannahme bei Privilegien- und Gnadensachen anders als bei Justizsachen aus zeitgenössischer Sicht nicht als Bestechung galt.

144 So Hughes, Law and Politics (wie Anm. 54), S. 52, in Übersetzung eines Zitats aus einem Schreiben des Agenten Paulsen an Herzog Karl Leopold von Mecklenburg aus dem Jahr 1725.

145 Gross, Reichshofkanzlei (wie Anm. 5), S. 191.

146 So Friedrich Lehne, Zur Rechtsgeschichte der kaiserlichen Druckprivilegien. Ihre Bedeutung für die Geschichte des Urheberrechts, in: Mitteilungen des Österreichischen Instituts für Geschichtsforschung 53 (1939), S. 323–409, hier S. 349.

ständigkeiten und Entwicklungen zeichnen lässt. Angesichts der ungeheuren, deutlich im fünfstelligen Bereich liegenden Zahl nachweisbarer Vorgänge kann die ‚Archivalienmethode' freilich nur sehr stichprobenhaft angewandt werden. Eingehendere und detailscharfe Untersuchungen wird die jeweilige Spezialforschung leisten müssen. Aus den gleichen Gründen kann die Untersuchung nicht auf sämtliche[147], sondern nur auf die am häufigsten gewährten Arten von Gnaden und Privilegien zielen. Dazu zählen passender Weise auch die, über deren Zuständigkeit in der Forschung die größten Fehldeutungen herrschen.

Die Suche nach den massenhaft erteilten Gnaden und Privilegien führt unweigerlich wieder zurück in das schon vorgestellte kaiserliche Reichsarchiv, in dem bereits für die sehr häufig behandelten Gnaden- und Privilegiensachen jeweils eigene Bestände gebildet wurden. Diese Bestände haben sich grosso modo auch so erhalten und werden von zwei an Ort und Stelle zu besprechenden Ausnahmen abgesehen heute als Serien des mehrfach erwähnten reichshofrätlichen Teilbestands ‚Gratialia et Feudalia' im Haus- Hof- und Staatsarchiv bewahrt.[148] Zwar hat insbesondere die seit 2007 im Rahmen eines Akademieprojekts laufende Erschließung der reichshofrätlichen Judizialaktenserien ‚Alte Prager Akten' und ‚Antiqua'[149] gezeigt, dass sich in den reichshofrätlichen Judizialserien viele Akten befinden, die ihrer Pertinenz nach in den Teilbestand ‚Gratialia et Feudalia' gehörten. Dieser bildet somit die Überlieferung der jeweils vorhandenen Gratialakten keineswegs vollständig ab. Dennoch lässt sich aufgrund der Zahl der in den Serien dieses Teilbestands enthaltenen Akten mit Einbeziehung der beiden erwähnten Ausnahmen eine Rangfolge der am häufigsten erteilten Gnaden und Privilegien erstellen.

In der folgenden Untersuchung werden alle Arten von Privilegien und Gnaden berücksichtigt, für die mehr als 3.000 in eigenen Serien erfasste Akten vorliegen, wobei gelegentlich auch ähnliche Arten von Gnadensachen zu einem Block zu-

147 Die beste Übersicht bietet immer noch Pratje, Reservatrechte (wie Anm. 24). Vgl. darüber hinaus Rudolf Hoke, Art. Jura reservata, in: HRG, Bd. 2 1. Aufl., Berlin 1978, Sp. 476–481, sowie Ortlieb, Gnadensachen (wie Anm. 22).

148 Siehe oben bei Anm. 48.

149 Wolfgang Sellert (Hrsg.), Die Akten des Kaiserlichen Reichshofrats, Serie I: Alte Prager Akten, Bd. 1: A–D, bearb. von Eva Ortlieb, Berlin 2009; Bd. 2: E–J, bearb. von Eva Ortlieb, Berlin 2011; Bd. 3: K–O, bearb. von Eva Ortlieb, Berlin 2012; Bd. 4: P–R (Mit Nachträgen A–O), bearb. von Tobias Schenk, Berlin 2014; Bd. 5: S–Z, bearb. von Tobias Schenk, Berlin 2014. Wolfgang Sellert (Hrsg.), Die Akten des Kaiserlichen Reichshofrats, Serie II: Antiqua, Bd. 1: Karton 1–43, bearb. von Ursula Machoczek, Berlin 2010; Bd. 2: Karton 44–135, bearb. von Ulrich Rasche, Berlin 2014; Bd. 3: Karton 135–277f, bearb. von Ulrich Rasche, Berlin 2016; Bd. 4: Karton 278–424, bearb. von Tobias Schenk, Berlin 2017; Bd. 5: Karton 425–516, bearb. von Ulrich Rasche, Berlin 2019; Bd. 6: Karton 516–616c, bearb. von Tobias Schenk, Berlin 2022; Bd. 7: Karton 617–724e, bearb. von Ulrich Rasche, Berlin 2023. Siehe dazu auch die Einleitung zu diesem Band.

sammengeführt worden sind. Diese werden in der Reihenfolge ihrer Häufigkeit besprochen. Dementsprechend erstreckt sich die anschließende Untersuchung auf: (5.1) Standeserhebungen, kaiserliche Rats- und Geheimratstitel, (5.2) die Bestätigung von Privilegien (*Confirmatio privilegiorum*), (5.3) Erste Bitten (*Primae preces*), Laienherrenpfründen (Panisbriefe) und Königspfründen (*Praebendae regiae*), (5.4) Schutz-, Geleit- und Passbriefe, Salvaguardien sowie schließlich auf (5.5) Druck-, Fabrik- und Arzneiprivilegien. Ein besonderes Augenmerk wird dabei auch auf der bisweilen leider nicht exakt ermittelbaren Aktenzahl sowie auf der noch viel schwerer zu bestimmenden Zahl der tatsächlichen Vorgänge liegen. Die Zahlenangaben, insbesondere die erschlossenen, dürfen keineswegs als exakte statistisch verwertbare Größen verstanden werden. Sie sollen der auch in dieser Hinsicht noch wenig orientierten Forschung lediglich ungefähre Vorstellungen über die Quantitäten verschaffen und helfen, den Dualismus zwischen Reichshofrat und Reichshofkanzlei in der Zuständigkeitsfrage auch in quantitativer Hinsicht einschätzen zu können.

5.1 Standeserhebungen, kaiserliche Rats- und Geheimratstitel

Eine der beiden eben erwähnten Ausnahmen von Gratialaktenbeständen, die heute nicht mehr dem reichshofrätlichen Bestand ‚Gratialia et feudalia' angehören, stellen die Akten über die im Namen des Kaisers erteilten Standeserhebungen dar, wozu auch Titelerweiterungen, Wappenverleihungen, -verbesserungen und dergleichen mehr gerechnet wird, auf das hier nicht eingegangen werden kann.[150] Zwar führte der Weg dieser Akten aus dem kaiserlichen Reichsarchiv ebenso wie der der anderen Gratialia zunächst in die Obhut der reichshofrätlichen Aktenkommission. Aus deren Beständen sind sie aber 1841 in das 1828 eingerichtete Adelsarchiv der Vereinigten (Böhmisch-Österreichischen) Hofkanzlei abgegeben worden. Von dort gelangten sie über weitere Stationen schließlich in die Abteilung ‚Allgemeines Verwaltungsarchiv' des Österreichischen Staatsarchivs, in dem sie heute in der Bestandsgruppe ‚Adelsarchiv' den Bestand ‚Reichsadelsakten' bilden.[151]

150 Für Details vgl. Karl Friedrich von Frank, Standeserhebungen und Gnadenakte für das Deutsche Reich und die Österreichischen Erblande bis 1806, 5 Bde., Schloss Senftenegg 1967–1974, zuletzt etwa auch Philipp Haas, Der Adelsbrief. Eine diplomatisch-quellenkundliche Annäherung an eine frühneuzeitliche Urkundengattung aus territorialgeschichtlicher Perspektive, in: Archiv für Diplomatik 68 (2022), S. 285–326.

151 ÖStA AVA RAA. Vgl. Walter Goldinger, Das ehemalige Adelsarchiv, in: Mitteilungen des Österreichischen Staatsarchiv 13 (1960), S. 486–502; Andreas Cornaro, Versuch einer Zentraladelsmatrik im Vormärz, in Mitteilungen des Österreichischen Staatsarchivs 25 (1972), S. 295–305, hier S. 301 f.; Herbert Hutterer/Stefan Seitschek, Die zivile Zentralverwaltung

Dass es der Reichshofrat gewesen sein soll, der den Ständen *Titul und Praedicata* verlieh,[152] ist eine offenbar schon sehr alte Fehlansicht, die sich äußerst hartnäckig in der Reichshofratsforschung bis in die allerjüngste Zeit fortgepflanzt hat.[153] Dabei haben schon die Reichspublizisten gewusst, dass Standeserhebungen als Staatsache galten, deren Erteilung deshalb in den Geschäftsbereich der Reichshofkanzlei fiel.[154] Selbst Moser, der gewiss nicht die Neigung hatte, der Reichshofkanzlei Zuständigkeiten zuzuschreiben, die diese nicht besessen hat, konstatierte, dass Standeserhöhungen *heutiges Tages ohne des Reichs-Hofraths Vorwissen und Zuthun* erteilt würden.[155] Standeserhöhungen sind auch so ziemlich die einzige Gnadensache, für die Moser die Petenten nicht an den Reichshofrat, sondern an den Reichsvizekanzler verwies. Wer eine solche Gnade erbitten wolle, könne dies zwar *auch immediate bey dem Kayser thun; alleine da diser doch*

---

der Habsburgermonarchie: Das Allgemeine Verwaltungs-, Finanz- und Hofkammerarchiv, in: Elbel, Österreichische Archive (wie Anm. 44), S. 139–196, hier S. 147–151.

152 Johann Basilius KÜCHELBECKER, Allerneueste Nachricht vom Roemisch-Kayserlich. Hofe nebst einer ausführlichen historischen Beschreibung der Kayserlichen Residentz-Stadt Wien und der umliegenden Oerter, Hannover 1730, S. 301.

153 So etwa schon bei SELLERT, Zuständigkeitsabgrenzung (wie Anm. 20), S. 109. Ferner: DERS., Der Reichshofrat: Begriff, Quellen und Erschließung, Forschung, institutionelle Rahmenbedingungen und die wichtigste Literatur, in: zeitenblicke 3 (2004), Nr. 3, [13.12.2004]: https://www.zeitenblicke.de/2004/03/sellert/sellert.pdf (abgerufen am 10. Dezember 2023); DERS., Art. Reichshofrat, in: HRG, 31. Lieferung 2. Aufl., Berlin 2024, Sp. 1548–1554, hier Sp. 1550; ULLMANN, Kommissionen des Reichshofrats (wie Anm. 102), S. 29; WESTPHAL, Kaiserliche Rechtsprechung (wie Anm. 16), S. 91; DIES., Gerichtliche Verwaltungskontrolle im Alten Reich, in: Karl-Peter Sommermann/Bert Schaffarzik (Hrsg.), Handbuch der Geschichte der Verwaltungsgerichtsbarkeit in Deutschland und Europa, Berlin/Heidelberg 2019, S. 3–29, hier S. 12; Tobias SCHENK, Der Reichshofrat als oberster Lehnshof. Dynastie- und adelsgeschichtliche Implikationen am Beispiel Brandenburg-Preußens, in: Anette Baumann/Alexander Jendorf (Hrsg.), Adel, Recht und Gerichtsbarkeit im frühneuzeitlichen Europa (baR, 15), München 2014, S. 255–294, hier S. 258; PETRY, Konfliktbewältigung als Medienereignis (wie Anm. 60), S. 37, Anm. 1; Ulrich RASCHE, Urteil versus Vergleich? Entscheidungspraxis und Konfliktregulierung des Reichshofrats im 17. Jahrhundert im Spiegel neuerer Aktenerschließung, in: Albrecht Cordes (Hrsg.), Mit Freundschaft oder mit Recht? Inner- und außergerichtliche Alternativen zur kontroversen Streitentscheidung im 15.–19. Jahrhundert (QFHG, 65), Köln/Weimar/Wien 2014, S. 199–232, hier S. 215; DENZLER/FRANKE/SCHNEIDER, Einleitung, in: Dies., Prozessakten (wie Anm. 25), S. 1–29, hier S. 26; DORFNER, Reichshofratsagenten (wie Anm. 59), S. 43, 77; SCHNETTGER, Kaiser und Reich (wie Anm. 14), S. 218; ZEILINGER, Wiederherstellbare Ehre (wie Anm. 18), S. 247.

154 Zum Beispiel UFFENBACH, Tractatus (wie Anm. 59), S. 165; HERCHENHAHN, Geschichte, Bd. 2 (wie Anm. 56), S. 230; MALBLANK, Reichs- und Provinzial- Gerichts- und Kanzleyverfassung, 3. Teil (wie Anm. 7), S. 353 f.; Vincenz HANZELY, Anleitung zur neuesten Reichshofrathspraxis, Bd. 2, Frankfurt/Leipzig 1784, S. 715; HÄBERLIN, Handbuch des Teutschen Staatsrechts, Bd. 1 (wie Anm. 74), S. 438; Nützlicher und notwendiger Unterricht (wie Anm. 76), S. 5.

155 MOSER, Justizverfassung, 1. Teil (wie Anm. 57), S. 414.

es hernach dem Reichs-Vice-Canzlar zum Vortrag übergibet, so ist am besten, man addressire sich gleichbalden an selbigen.[156]

Die archivalischen Quellen zeigen Stichproben zufolge und vor allem auch laut Groß in die gleiche Richtung. Zwar ließen sich Fälle von Standeserhebungen in den frühen Reichshofratsprotokollen des 16. Jahrhunderts nachweisen. Die Mehrzahl sei aber schon zu dieser Zeit im engeren Zirkel von Kaiser, Geheimer Rat und Reichsvizekanzler entschieden worden, der viele derartige Vorgänge mit dem Vorbehalt der kaiserlichen Genehmigung erledigt habe. Diese Praxis habe sich schon im frühen 17. Jahrhundert durchgesetzt. Seit der Zeit Karls VI. habe der Reichsvizekanzler vor allem bei höherwertigen Verleihungen seine ehedem mündlichen Vorträge in schriftlicher Form vorlegen müssen.[157] Moser meinte, dass noch im 17. Jahrhundert einzelne Standeserhöhungen auch über den Reichshofrat gelaufen seien. Er kann dafür aber nur ein einziges, nicht wirklich einschlägiges Beispiel anführen.[158] Zwar hat die bisherige Neuverzeichnung der Judizialserie ‚Antiqua' einige Erhebungen aus der ersten Hälfte des 17. Jahrhunderts ans Licht gebracht. Allerdings zeigt die Analyse der Aktenvermerke in den meisten dieser Fälle, dass der Reichshofrat in der Regel gar nicht beteiligt war; die jeweiligen Akten sind also, obwohl sie in die Judizialregistratur geraten sind, ihrer Provenienz nach keine Reichshofratsakten.[159] Wenn der Reichshofrat im 17. Jahrhundert tatsächlich noch Gesuche um Standeserhebungen behandelt haben sollte, dann dürfte sich die Zahl solcher Fälle gemessen an der gewaltigen Masse der Standeserhebungen insgesamt höchstens im Promillebereich bewegen.

---

156 Ders., Teutsches Staats-Recht, 4. Teil (wie Anm. 56), S. 106.

157 Vgl. Gross, Reichshofkanzlei (wie Anm. 5), S. 162–165, 188–190.

158 Vgl. Moser, Teutsches Staats-Recht, 4. Teil (wie Anm. 56), S. 106 f.; ferner Ders., Justizverfassung, 1. Teil (wie Anm. 57), S. 1128. Beide Male verweist er lediglich auf den Eintrag im reichshofrätlichen Resolutionsprotokoll vom 17. September 1638 zum Gesuch des Freiherrn Kaspar Bernhard von Rechberg über die Erhebung der Herrschaft Hohenrechberg zur freien Reichsgrafschaft; ÖStA HHStA RHR Resolutionsprotokolle saec. XVII 114, fol. 513rv; die zugehörige Akte ist ÖStA AVA Adel RAA 336.49.

159 Das gilt etwa für Sellert/Rasche, Antiqua, Bd. 2 (wie Anm. 149), Nr. 139 (Titel „Hochwohlgebohren" für Graf Rudolf von Helfenstein, 1624–1626), die nur über den Geheimen Rat lief, oder ebd., Nr. 523 (Erhebung von Johann Wilhelm Vogt von Hunoltstein in den Freiherrenstand, 1655), die in der Reichshofkanzlei entstand, ebenso wie Sellert/Rasche, Antiqua, Bd. 7 (wie Anm. 149), Nr. 844 (Erweiterung des Adelsdiploms, Wappenverbesserung u. a. für Nikolaus Ruland) nicht etwa Bearbeitungsvermerke des Reichshofrats, sondern des Reichsvizekanzlers aufweist. Bei Sellert/Rasche, Antiqua, Bd. 3 (wie Anm. 149), Nr. 952 (Erhebung von Kurt von Lützow in den Freiherrenstand, 1643–1644), war der Reichshofrat beteiligt. Das dürfte aber damit zusammenhängen, dass der Begünstigte ein Reichshofrat war; die Entscheidung holte der Reichshofrat beim Kaiser ein. Standeserhebungsakten, die sich einst in der Judizialserie ‚Alte Prager Akten' befanden, sind zumeist zu einem unbekannten Zeitpunkt in den Bestand ‚Reichsadelsakten' umgelegt worden.

Aus einem Schlussbericht der damaligen Archivdirektion der Vereinigten Hofkanzlei von 1846 geht hervor, dass 20.562 Akten über das Reich betreffende Standeserhebungen aus dem Bestand der reichshofrätlichen Aktenkommission in das Adelsarchiv übernommen worden waren.[160] Der heutige Bestand der ‚Reichsadelsakten' zählt laut Archivinformationssystem des Österreichischen Staatsarchivs sogar 24.280 solcher Akten. Möglicherweise wurden 1846 die heute dem Bestand eingereihten Akten über die sogenannten ‚Reichsadelsverhandlungen' – das sind Akten über abgewiesene Gesuche – noch nicht dem Bestand zugerechnet.[161] Sonst ist die Differenz wohl hauptsächlich dem Umstand zuzuschreiben, dass man im Adelsarchiv dem ursprünglichen Bestand zahlreiche Dossiers etwa mit Abschriften entsprechender Urkunden vor allem wohl aus den Reichsregistern des 15. und 16. Jahrhundert hinzugefügt, also quasi künstliche Akten geschaffen hat.[162] Ergiebige Quellen dafür, dieses Bemühen fortzusetzen, also aus dem ursprünglichen Aktenbestand eine Art Dokumentation über die auch außerhalb des echten Aktenbestandes bezeugten Erteilungsvorgänge zu machen, wären außer den Reichsregistern vor allem die Taxbücher der Reichshofkanzlei, in denen sich zahlreiche Einträge über Verleihungen befinden, für die keine Akten vorliegen.[163] Auch die drei in der Reichshofkanzlei geführten Wappenbücher[164] weisen auf solche nicht aktenkundigen Verleihungen hin.[165] Ferner ist noch zu berücksichtigen, dass die frühneuzeitliche Reichshofkanzlei von ihrer Neuformierung im Jahr 1559 bis zur Wiedererrichtung einer eigenständigen Österreichischen Hofkanzlei um 1620 auch für erbländische Angelegenheiten zuständig war, mithin die ca.

160 Vgl. Goldinger, Adelsarchiv (wie Anm. 151), S. 498.

161 Vgl. Stefan Seitschek, Die sogenannten Reichsadelsverhandlungen im „Adelsarchiv" des Allgemeinen Verwaltungs-, Finanz- und Hofkammerarchivs, in: Adler. Zeitschrift für Genealogie und Heraldik 28 (2016), Beiheft 1, S. 1–72, hier S. 2 f.

162 Vgl. Goldinger, Adelsarchiv (wie Anm. 150), S. 498; Stefan Seitschek, Ein digitales „Wappenbuch des Reichsadels. Nutzen und Grenzen von Digitalisierung im archivischen Arbeitsalltag, in: Scrinium 73 (2019), S. 48–54, hier S. 50.

163 Das wusste man auch schon im Adelsarchiv, in dem sich die Reichstaxbücher zwischen 1850 und 1906 befanden. Um 1900 hat deshalb ein gewisser Kirnbauer, über den sich sonst keine Nachrichten fanden, sämtliche Einträge der Taxbücher über die Verrechnung der Taxgebühren für Pergamenturkunden bis zum Jahr 1608 auf Zetteln erfasst. Auf diese Weise entstand ein in 25 Kästen erhaltener Zettelkatalog mit ca. 7.000 Zetteln und geschätzten 20.000 Einträgen, der heute im Haus-, Hof- und Staatsarchiv unter der Signatur AB II/26 (Altsignatur AB 245) bewahrt wird, vgl. Bittner, Gesamtinventar (wie Anm. 34), S. 210.

164 ÖStA AVA Adel RAA WB.

165 Vgl. Seitschek, Reichsadelsverhandlungen (wie Anm. 161), Fußnote 4. Zur Bearbeitung von Gesuchen um Wappenverleihungen und -verbesserungen in der Reichshofkanzlei, deren Prüfung durch den Reichsvizekanzler und die Führung der Wappenbücher vgl. Michael Göbl, Die Entwicklung heraldische Normen im Heiligen Römischen Reich und in der Habsburgermonarchie, in: Herold-Jahrbuch NF 19 (2014), S. 53–85.

4.000 Standeserhebungsakten dieser Zeit, die sich heute im Bestand der Hofadelsakten[166] befinden, ebenfalls als Reichskanzleiakten angesehen werden können.

Alles in allem wird man vermutlich nicht allzu weit danebenliegen, wenn man für die Zeit ab 1559, also von der Einrichtung der Reichshofkanzlei in seiner für die Frühe Neuzeit maßgeblichen Gestalt an, von mindestens 23.000 aktenmäßig belegbaren und ebenfalls niedrig gerechneten 3.000 auf andere Weise bezeugten Vorgängen dieser Art ausgeht. Darüber hinaus ist anzunehmen, dass für zahlreiche Erteilungsvorgänge keine reichsarchivalischen Quellen mehr vorliegen.[167] Ganz ohne Zweifel sind die Standeserhebungen, auch -erhöhungen, Titelerweiterungen, Wappenverleihungen sowie -verbesserungen u. a., die am frühneuzeitlichen Kaiserhof mit Abstand am meisten vergebenen und mit persönlichen Privilegien verbundenen Gnaden gewesen.[168] Entgegen der herrschenden Ansicht der Reichshofratsforschung wurde deren Vergabe nicht im Reichshofrat verhandelt, sondern im Geschäftsbereich der Reichshofkanzlei bearbeitet.

Das gilt auch für die mit der Standeserhebung verwandte Erteilung der zumeist ehrenhalber vergebenen kaiserlichen Ratstitel bzw. Geheimratstitel. Die dazu überlieferten 1.800 Akten bilden die zweite der beiden oben erwähnten Ausnahmen von Gratialakten, die sich heute nicht im reichshofrätlichen Teilbestand der ‚Gratialia et Feudalia' befinden. Wie die Akten dieses Bestandes stammen auch sie aus dem Erbe der reichshofrätlichen Aktenkommission. Sie gelangten teilweise über Umwege (Adelsarchiv, Außenministerium) in das Haus-, Hof- und Staatsarchiv.[169] Dort sind sie zu einem unbekannten Zeitpunkt dem Bestand ‚Reichskanzlei' zugewiesen worden und firmieren heute als dessen Teilbestände ‚Geheime Räte' und ‚Kaiserliche Räte'.[170] Die Bearbeitungsvermerke auf den Akten selbst und die zahlreich beiliegenden Gutachten des Reichsvizekanzlers lassen keinen Zweifel daran, dass diese provenienzmässige Einordnung kor-

---

166 ÖStA AVA Adel HAA. Zu diesem Bestand zuletzt: Isabella Riedel, Die Erschließung der „Hofadelsakten" im Allgemeinen Verwaltungsarchiv. Projektbericht und Ausblick, in: Scrinium 75 (2021), S. 47–55.

167 Vgl. Frank, Standeserhebungen und Gnadenakte, Bd. 1 (wie Anm. 150), Vorwort; Erwin Riedenauer, Kaiserliche Standeserhebungen für reichsstädtische Bürger 1519–1740, in: Helmut Rössler (Hrsg.), Deutsches Patriziat (Büdinger Vorträge, 1965), Limburg/Lahn 1968, S. 27–98, hier S. 30–36; Georg Fröhlichsthal, Nobilitierungen im Heiligen Römischen Reich, in: Sigismund Freiherr von Elverfeldt-Ulm (Hrsg.), Adelsrecht, Limburg an der Lahn 2001, S. 67–119, hier S. 111.

168 Zur Nobilitierungspraxis vgl. mit weiterer Literatur etwa Hengerer, Kaiserhof und Adel (wie Anm. 50), S. 565–572, sowie insbesondere den profunden Beitrag von Petr Mata, Der Adel in der Habsburgermonarchie: Standeserhebungen und adelsrechtliche Regelungen, in: Hochedlinger/Mata/Winkelbauer, Verwaltungsgeschichte der Habsburgermonarchie, Bd. 1/1 (wie Anm. 5), S. 117–148.

169 Vgl. Gross, Reichsarchive (wie Anm. 34), S. 369 f.

170 ÖStA HHStA RK Geheime Räte, 1139 Akten, und ÖStA HHStA RK Kaiserliche Räte, 661 Akten.

rekt ist.[171] Wenn sich die Reichspublizisten überhaupt zur Zuständigkeitsfrage in diesem Fall äußern, dann in diesem Sinne.[172] Bei den ganz gelegentlich in den Judizialserien auftauchenden Akten über die Vergabe von Ratstiteln dürfte es sich wie im Falle der darin ebenfalls nur sehr selten überlieferten Akten über Standeserhebungen in der Regel nicht um Akten handeln, die im Zuge eines reichshofrätlichen Verfahrens angelegt worden sind.[173]

5.2 Bestätigung von Privilegien (*Confirmatio privilegiorum*)

Im Gegensatz dazu fiel die die Bestätigung von Privilegien eindeutig in die Zuständigkeit des Reichshofrats. Sie werde – so Moser – *nirgend anders gesucht als bey dem Reichs-Hof-Rath, deme sie auch, gleichwie die Ertheilung selbst, von Rechtswegen gebühret.*[174] Der dazu bereits im alten Reichsarchiv gebildete Aktenbestand des heutigen reichshofrätlichen Teilbestands ‚Gratialia et Feudalia' ist unterteilt in die Serien ‚Confirmationes privilegiorum (deutsche Expedition)' (246 Kartons) und ‚Confirmationes privilegiorum (lateinische Expedition)' (10 Kartons).[175]

171 Bei ihrer Ankunft im Staatsarchiv waren Akten über die Ernennung von Geheimen Räten aus der ehemaligen Staatskanzlei mit solchen aus der Reichshofkanzlei vermischt. Lothar Groß hat 1913 auf der Grundlage der Aktenvermerke diese Vermischung wieder aufgehoben und den heute dem Bestand Reichskanzlei zugeordneten Teilbestand ‚Geheime Räte' geschaffen, dessen Provenienzbestimmung somit bereits auf einer sehr kundigen archivarischen Analyse beruht, vgl. Gross, Reichsarchive (wie Anm. 34), S. 369. Die zahlreichen von Groß dem Reichskanzleibestand zugewiesenen Listen enthalten oftmals Titelvergaben beider Provenienzstellen. Die Akten über die von der Österreichischen Hofkanzlei und der Staatskanzlei bis ca. 1800 vorgenommenen Ernennungen befinden sich in der Serie ÖStA HHStA StK Interiora Geheime Räte, vgl. Bittner, Gesamtinventar (wie Anm. 34), S. 434 f.

172 Zum Beispiel Malblank, Reichs- und Provinzial- Gerichts- und Kanzleyverfassung, 3. Teil (wie Anm. 7), S. 353.

173 Sellert/Rasche, Antiqua, Bd. 2 (wie Anm. 149). Nr. 191 (kaiserlicher Ratstitel für Kaspar Georg von Hegnenberg), besteht nur aus einem undatierten Gesuch, auf dem sich keine Bearbeitungsvermerke befinden; für ebd., Nr. 337 (kaiserlicher Ratstitel für Johann Jakob Holzapfel, 1630), und Sellert/Schenk, Antiqua, Bd. 6 (wie Anm. 149), Nr. 553 (kaiserlicher Ratstitel für Valentin Purgold, 1640), lassen die Vermerke keine eindeutige Zuordnung zum Reichshofrat erkennen; in den Resolutionsprotokollen haben diese Vorgänge keine Spuren hinterlassen.

174 Moser, Teutsches Staats-Recht, 4. Teil (wie Anm. 56), S. 309 f. In diesem Sinne auch: Ders., Grund-Sätze (wie Anm. 86), S. 222; Ders., Von denen Kayserlichen Regierungs-Rechten, 2. Teil (wie Anm. 93), S. 544–552; Hanzely, Reichshofrathspraxis, Bd. 2 (wie Anm. 154), S. 743 f., oder etwa Thomas Haymen, Allgemeines teutsches juristisches Lexicon, Leipzig 1738, S. 900. Zur Sache vgl. Heinz Mohnhaupt, Confirmatio privilegiorum, in: Babara Dölemeyer/Ders. (Hrsg.), Das Privileg im europäischen Vergleich, Bd. 2 (Ius Commune. Veröffentlichungen des Max-Planck-Instituts für Europäische Rechtsgeschichte Frankfurt am Main, Sonderhefte. Studien zur Europäischen Rechtsgeschichte, 125), S. 45–63.

175 ÖStA HHStA RHR Gratialia et Feudalia Confirmationes Privilegiorum (deutsche Expedition),

Eine dritte kleinere Serie mit Akten über Privilegienbestätigungen, die vermutlich um 1840 der Serie der deutschen Expedition entnommen worden sind, befindet sich unter der Bezeichnung ‚Confirmatio privilegiorum' im reichshofrätlichen Teilbestand ‚Badische Akten' (6 Kartons).[176] Auch die Stichprobenanalyse der Bearbeitungsvermerke auf den Akten erweist die *confirmatio privilegiorum* als Geschäft des Reichshofrats.[177]

Mengenmäßige Angaben sind gegenwärtig schwer bis gar nicht oder jedenfalls nur höchst spekulativ möglich, selbst wenn man sich zunächst nur auf diese drei Serien konzentriert, also erst einmal außer Acht lässt, dass darüber hinaus in den Judizialaktenserien des Reichshofrats ebenfalls zahlreiche Vorgänge über Privilegienbestätigungen dokumentiert sind. Selbst für die Ermittlung der in den genannten drei Serien vorhandenen Zahl der Akten muss man schon hochrechnen. Denn von den in den 246 Kartons der deutschen Expedition enthaltenen Schriftstücken liegt bislang nur für 130 Kartons eine Verzeichnung auf Aktenebene vor. In den ersten 100 Kartons befinden sich 1.872 Akten, auf sämtliche 246 Kartons hochgerechnet käme man auf 4.605 Akten. Die vollständig auf Aktenebene verzeichneten 10 Kartons der lateinischen Expedition enthalten 376 Akten, die sechs Kartons aus dem Bestand ‚Badische Akten' 125. Während sich die Zahl der in diesen drei Serien vorhandenen Akten mit ca. 5.000 noch relativ verlässlich schätzen lässt, ist es bei derzeitigem Verzeichnungsstand nicht möglich, die in diesen Akten bezeugten Vorgänge zu beziffern. Denn oftmals sind Konfirmationen, die ein und dieselbe Person oder Institution betreffen, aber aus verschiedenen Zeiten stammen, in einer Akte zusammengefasst worden.[178] Auch über die Zahl der darüber hinaus in den Judizialakten überlieferten

---

ÖStA HHStA RHR Gratialia et Feudalia Confirmationes Privilegiorum (lateinische Expedition), vgl. Gross, Reichsarchive (wie Anm. 34), S. 306.

176 ÖStA HHStA RHR Badische Akten Confirmatio privilegiorum. Vgl. Gross, Reichsarchive (wie Anm. 34), S. 296–298.

177 Viele Akten bestehen bloß aus Konzepten oder Abschriften von Privilegien und Privilegienbestätigungen. Soweit relevante Bearbeitungsvermerke vorhanden sind, bezeugen die der 82 Akten in den Kartons ÖStA HHStA RHR Gratialia et Feudalia Confirmationes Privilegiorum (deutsche Expedition), 10 und 39, sowie ÖStA HHStA RHR Gratialia et Feudalia Confirmationes Privilegiorum (lateinische Expedition). 4-5, von einer Ausnahme abgesehen stets eine Bearbeitung durch den Reichshofrat. Die Ausnahme ist das Gesuch des Dominikanerordens um Bestätigung der Privilegien, das mit *Expediatur petita confirmatio* am 31. März 1742 durch den *R.V.C.* entschieden worden ist, womit der Reichsvizekanzler gemeint ist, ÖStA HHStA RHR Gratialia et Feudalia Confirmationes Privilegiorum (deutsche Expedition), 39-2-1 (unfol.). Möglicherweise hängt diese Ausnahme damit zusammen, dass nach Ausweis des Resolutionsprotokolls für 1742, ÖStA HHStA RHR Resolutionsprotokolle saec. XVIII, 102, bei sonst mehrmaliger Sitzung pro Woche zwischen dem 20. März und dem 2. April 1742 keine Reichshofratssitzung stattfand.

178 Zum Beispiel enthält die Akte über die Bestätigung der Privilegien der Stadt Kempten, ÖStA

Privilegienbestätigungen lassen sich nur höchst spekulative Berechnungen auf der Grundlage der Neuverzeichnung der Serie ‚Antiqua' anstellen. Laut diesen würden noch einmal ca. 700–1.000 Akten über Privilegienbestätigungen in den Judizialakten des Reichshofrats hinzukommen.[179] Insgesamt wird man für die Zeit nach 1559, die für die Berechnung der Vorgänge über Standeserhebungen angelegt war, zwar mit deutlich weniger als für diese, aber doch ebenfalls mit einer fünfstelligen Zahl von Vorgängen rechnen müssen. Gewissheit über die Zahlen würde nur eine diesbezügliche Auszählung der reichshofrätlichen Resolutionsprotokolle verschaffen, die freilich im Rahmen dieses Beitrags nicht geleistet werden kann. Schon jetzt lässt sich aber sagen, dass die *confirmatio privilegiorum* von allen Privilegien- und Gnadensachen, deren Bearbeitung in den Zuständigkeitsbereich des Reichshofrats fiel, diejenige war, die den Reichshofrat am meisten beschäftigt hat.[180]

5.3 Erste Bitten (*Primae preces*), Laienherrenpfründen (Panisbriefe) und Königspfründen (*Praebendae regiae*)

Die Zuständigkeit für die Ausübung des kaiserlichen Rechts der ‚Ersten Bitte' in Form einer Art Nomination für die erste nach dem jeweiligen Regierungsantritt frei werdende Pfründe in kirchlichen Institutionen des Reichs[181] wird von der neueren Forschung ebenfalls allein dem Reichshofrat zugeschrieben.[182] Die

HHStA RHR Gratialia et Feudalia Confirmationes Privilegiorum (deutsche Expedition), 102-1-10, Vorgänge aus den Jahren 1566, 1613, 1621, 1638, 1707, 1714, 1746, 1766 und 1791.

179 Akten über die Bestätigung von Privilegien, die sich einst in der Judizialaktenserie ‚Alte Prager Akten' befanden, sind nach Ausweis der entsprechenden Inventarbände (siehe Anm. 148) zumeist in die Serie ‚Confirmationis privilegiorum' der deutschen Expedition umgelegt worden, weshalb diese Judizialaktenserie für eine Schätzung/Hochrechnung nicht in Frage kommt. Bei den bislang sieben vorliegenden Inventarbänden der Serie ‚Antiqua' (siehe Anm. 148) lautet das Verhältnis von der jeweils verzeichneten Aktenzahl zu Akten über die Bestätigung von Privilegien bei Antiqua 1: 730/13, Antiqua 2: 938/7, Antiqua 3: 1153/16, Antiqua 4: 1160/10, Antiqua 5: 616/5, Antiqua 6: 1169/8 und Antiqua 7: 1003/10. Insgesamt fallen auf 6.769 Akten 69 Akten über die Bestätigung von Privilegien, also im Durchschnitt rund 10 Bestätigungsakten auf 1.000 Judizialakten. Die Schätzungen der bislang unbekannten Gesamtzahl der Judizialakten (abzüglich der vergleichsweise kleinen Serie ‚Alte Pager Akten') reichen von 70.000 bis 100.000, woraus sich die genannte Zahl von 700–1.000 Akten über Privilegienbestätigungen in den Judizialakten ergibt.

180 Zu einer ähnlichen Einschätzung gelangt Ortlieb, Gnadensachen (wie Anm. 22), S. 184.

181 Vgl. zuletzt mit weiterer Literatur Susanne Gmoser/Ulrich Rasche, Archivalische Quellen zur Praxis des kaiserlichen Rechts der ‚Ersten Bitten' (Jus primarium precum) im Haus-, Hof- und Staatsarchiv Wien, in: Zwischen Archiv und Heraldik. Festschrift für Michael Göbl (Sonderschrift der Heraldisch-Genealogischen Gesellschaft "Adler"), Wien 2019, S. 165–190.

182 Eva Ortlieb, Art. Reichshofrat, in: Enzyklopädie der Neuzeit 10 (2009), Sp. 914–921, hier

Reichspublizisten sind sich in diesem Punkt nicht einig.[183] Allerdings hat bereits Anna Hedwig Benna 1952 auf der Grundlage von Aktenanalysen klar erwiesen, dass der Reichshofrat zu keiner Zeit an der Erteilung der Preces mitgewirkt hat. Neben dem üblichen Verfahrensweg der Entscheidung nach Vortrag des Reichsvizekanzlers seien Bewilligungen direkt durch den Kaiser oder den Geheimen Rat bzw. die Geheime Konferenz noch bis ins frühere 18. Jahrhundert häufig vorgekommen. Der Reichsvizekanzler Friedrich Karl von Schönborn habe viele Gesuche selbständig entschieden. Seit der Mitte des 18. Jahrhunderts seien die Reichsvizekanzler zu einem Vortrag verpflichtet gewesen; schriftliche Referate lägen den Akten seit Joseph II. bei.[184]

Der Großteil der umfangreichen Überlieferung an Akten und Amtsbüchern bildet heute im Teilbestand ‚Gratialia et Feudalia' die Serie ‚Primae preces'.[185] Es sind ca. 3.650 Akten und 31 Amtsbücher bzw. Verzeichnisse über die Vergabe entsprechender Preces-Urkunden; zusammen mit Archivalien über Precesverleihungen aus anderen Beständen des Haus-, Hof- und Staatsarchivs liegen insgesamt rund 4.000 Akten und 42 Amtsbücher vor.[186] Im Zuge der Bilanzierung der in den Jahren 2014 bis 2020 unternommenen Neuverzeichnung von ca. einem Drittel der Akten sowie der Amtsbücher der Serie „Primae preces' haben sich die von der Reichshofratsforschung ignorierten Beobachtungen Bennas vollauf bestätigt.[187] Was die Zahl der Vorgänge betrifft, so dokumentieren die Wiener Archivalien rund 13.000 Preces-Vergaben mit allerdings deutlichem Schwerpunkt auf der ersten Hälfte des 16. Jahrhunderts.[188] Für die Zeit ab 1559 wird man – sehr vorsichtig geschätzt – mit mindestens 5.000 Vorgängen rechnen müssen.

Sp. 917; https://de.wikipedia.org/wiki/Reichshofrat (abgerufen am 27. Oktober 2023); Tobias Schenk, Quellen zur Geschichte der Grafschaft und des Hauses Mansfeld aus den Akten des kaiserlichen Reichshofrats, in: Harz-Zeitschrift 66 (2014), S. 124–159, hier S. 126; Ders., Aus den Akten des kaiserlichen Reichshofrats: das Recht der Ersten Bitte, in: Die Warte 166 (2015), S. 10–11; Wolfgang Sellert, Art. Reichshofrat, in: HRG, 31. Lieferung 2. Aufl., Berlin 2024, Sp. 1548–1554, hier Sp. 1551.

183 Während Uffenbach, Tractatus (wie Anm. 59), S. 139 f., und Malblank, Reichs- und Provinzial- Gerichts- und Kanzleyverfassung, 3. Teil (wie Anm. 7), S. 310, die Bearbeitung derartiger Gesuche dem Reichshofrat zuweisen, fiel diese laut Moser, Grund-Sätze (wie Anm. 86), S. 216; Herchenhahn, Geschichte, Bd. 2 (wie Anm. 56), S. 230, und Hanzely, Reichshofrathspraxis, Bd. 2 (wie Anm. 154), S. 715, in die Zuständigkeit der Reichshofkanzlei.

184 Anna Hedwig Benna, Preces Primariae und Reichshofkanzlei (1559–1806), in: Mitteilungen des Österreichischen Staatsarchivs 5 (1952), S. 87–102, hier S. 98; siehe auch Gross, Reichshofkanzlei (wie Anm. 5), S. 191.

185 ÖStA HHStA RHR Grat Feud Primae preces, vgl. Gross, Reichsarchive (wie Anm. 34), S. 314.

186 Vgl. für Details und Nachweise Gmoser/Rasche, Praxis des kaiserlichen Rechts der ‚Ersten Bitten' (wie Anm. 181).

187 Ebd., S. 177.

188 Ebd., S. 179 f.

Differenzierter verhält es sich mit den etwa seit Karl V. im Wesentlichen für kaiserliche Hofbedienstete und später vermehrt auch für das Kanzleipersonal ausgestellten Begünstigungen für pfründenähnliche Versorgungen in Klöstern und Stiften der Reichskirche, die als Laienherrenpfründen bezeichnet werden. Günther Dickels Befund, dass es eine „scharfe Zuständigkeitsabgrenzung" zwischen den Hofstellen nicht gegeben und die Behandlung der Gesuche „keinem starren Geschäftsgang" unterlegen habe,[189] kann insofern bestätigt werden, als die Aktenvermerke Bearbeitungs- und Entscheidungsvorgänge sowohl des Reichshofrats als auch des Reichsvizekanzlers sowie im Übrigen natürlich auch des Geheimen Rats und des Kaisers bezeugen. Vermutlich hat die Nähe der meisten Petenten zum Kaiserhof zu einer stärkeren Individualisierung der Verfahrenswege geführt. Ausweislich der Akten, die leider Gesuche und Vorgänge des späteren 17. und des 18. Jahrhunderts nur sehr spärlich dokumentieren, scheint die Zuständigkeit allerdings seit dem früheren 17. Jahrhundert allmählich auf den Reichsvizekanzler übergegangen zu sein. Nachdem auf Initiative des Reichsvizekanzlers die Ausübung dieses nach der Mitte des 18. Jahrhunderts nicht mehr sehr häufig ausgeübten Reservatrechts unter Joseph II. und dessen Nachfolgern wiederbelebt wurde, setzte sich auch hier das Verfahren der Entscheidung nach Vortrag des Reichsvizekanzlers durch.[190] Die 376 für Einzelvorgänge vorhandenen Akten werden als Serie ‚Laienherrenpfründen' des Teilbestands ‚Gratialia et Feudalia' verwahrt.[191] Von den 1.330 zu einem großen Teil nur durch Listen nachweisbaren Panisbriefen fallen 1.033 in die Zeit ab 1559.[192]

Einen direkten und unbestrittenen Zugriff auf Pfründen der Reichskirche besaß der Kaiser nur in Form des jeweiligen Präsentationsrechts für die eben erwähnten Königspfründen, die entweder auf hochmittelalterliche Königskanonikate oder auf königlich bzw. kaiserliche Stiftungen des späten Mittelalters und der Frühen Neuzeit zurückgehen. Im Gegensatz zu den Ersten Bitten und den Laienherrenpfründen sind übergreifende Untersuchungen zu den rund 20 Königspfründen im 18. Jahrhundert stecken geblieben. Die Königspfründen sind

189 Günter DICKEL, Das kaiserliche Reservatrecht der Panisbriefe auf Laienherrenpfründen (Untersuchungen zur deutschen Staats- und Rechtsgeschichte, NF 25), Aalen 1985, S. 122–124.

190 Vgl. ebd., S. 123. Auch laut Christoph GNANT, Die Panisbriefe Josephs II. Studien und Quellen, Diplomarbeit, Wien 2000, S. 49, war die Reichshofkanzlei zu dieser Zeit die in dieser Sache „administrierende Institution". Vgl. zum Phänomen mit weiterer Literatur auch DERS., Art. Panisbriefe, in: HRG, 26. Lieferung 2. Aufl., Berlin 2017, Sp. 331.

191 ÖStA HHStA RHR Gratialia et Feudalia Laienherrenpfründen; vgl. GROSS, Reichsarchive (wie Anm. 34), S. 308.

192 Berechnung auf der Grundlage der von DICKEL, Reservatrecht der Panisbriefe (wie Anm. 189), S. 309–346, erstellten Liste.

also in der Geschichte der Reichskirche noch eine Art blinder Fleck.[193] Der vergleichsweise kleine Aktenbestand der Serie ‚Prebendae regiae' (417 Akten)[194] ist im Zuge einer Revision der Verzeichnung 2019 vollständig durchgesehen worden. Die Bearbeitung der Gesuche um die kaiserliche Präsentation auf eine Königspfründe lief am Reichhofrat vorbei. Die Entscheidungen fielen in den allermeisten Fällen nach Vortrag des Reichsvizekanzlers beim Kaiser.[195]

---

193 Einzelne Königspfründen werden in monographischen Untersuchungen zu den jeweiligen kirchlichen Institutionen zumeist knapp berührt, nur wenige sind eingehend erforscht, vgl. etwa Claudia MODDELMOG, Königliche Stiftungen des Mittelalters im historischen Wandel (StiftungsGeschichten, 8) Berlin 2012, S. 223–269, zur 1475 von Friedrich III. gestifteten Königspfründe an der Pfarrkirche in Andernach. Den Forschungsstand für das Phänomen insgesamt repräsentiert immer noch die auf Johann Gottlieb BUDER zurückgehende Jenaer Dissertation ‚Historia canonicatuum Impp. regumque Germaniae sive praebendae regiae' aus dem Jahr 1738. Diese Dissertation ist später in zwei Sammlungen jeweils mit Auslassungen, Korrekturen sowie insbesondere Ergänzungen unter dem Titel ‚(Dissertatio) de canonicatibus imperatorum Augustorum Germaniaeque regum ac praebenda regia, die Königs-Pfründe' nochmals veröffentlicht und dadurch weiter verbreitet worden, und zwar von BUDER selbst in seinen ‚Opuscula quibus selectiora juris publici feudalis ecclesiastici Germanici et historiae patriae ac literariae argumenta exhibentur, Jena 1745, S. 425–454, sowie von Andreas Mayer, Thesaurus novus juris ecclesiastici potissimum Germaniae seu codex statutorum ineditorum ecclesiarum cathedralium et collegiatarum in Germania, notis illustratus atque dissertationibus selectis iuris publici ecclesiatici adiectisque animadversionibus adactus et editus, Bd. 4, Regensburg 1794, S. 39–61. Davon abhängig sind auch die spärlichen Ausführungen in der Reichspublizistik, etwa bei MOSER, Von dem Römischen Kayser (wie Anm. 87), S. 414 f.; DERS., Von denen Kayserlichen Regierungs-Rechten, 2. Teil (wie Anm. 93), S. 511–515; Heinrich Gottfried SCHEIDEMANTEL, Repertorium des Teutschen Staats und Lehnrechts, 2. Teil, Leipzig 1783, S. 664, ferner: Repertorium des gesammten positiven Rechts der Deutschen, besonders für practische Rechtsgelehrte, 9. Teil, Leipzig 1801, S. 196.

194 ÖStA HHStA RHR Grat Feud Praebendae regiae, vgl. GROSS, Reicharchive (wie Anm. 34), S. 309 f. Eine wertvolle Ergänzung zu den Akten bildet ein unter Ferdinand I. angelegte Reichsregisterbuch über die Präsentationen für Pfründen, für die der jeweilige Erzherzog von Österreich entweder als solcher oder als Kaiser das Patronatsrecht (Präsentationsrecht) besaß (130 Volltexte, 10 Regesten), ÖStA HHStA RK, Reichsregister Ferdinand I./II. 1. Gelegentlich findet man darin auch Panisbriefe oder Primae Preces. Die Urkundenabschriften setzen 1558 ein und reichen bis 1627 (mit Nachträgen bis 1634).

195 Typisches Beispiel dafür ist das Gesuch des Grafen Sigmund Christoph von Herberstein um die Erteilung der Exspektanz auf die kaiserliche Kaplanei am Domstift Regensburg, zu dem der Reichsvizekanzler Leopold Wilhelm von Königsegg 1671 vermerkte: *Ist Ihro kay. M. deß Supplikanten Bitte allerunderthänigst vorgetragen und von dero Selben allergnädigst, wie gebeten, bewilliget worden*; ÖStA HHStA Grat Feud Praebendae regiae 1/2-17. Natürlich sind laut den Erledigungsvermerken Präsentationen auf Königspfründen auch auf direkten Befehl des Kaisers erfolgt, etwa im Falle des Gesuchs von Dr. Johann Alexander Volusius um Präsentation auf die Königspfründe im Mainzer Domstift 1667: *Expediatur de mandato speciali S. Caes. Mtis.*; ÖStA HHStA Grat Feud Praebendae regiae 3/2-28. Ganz gelegentlich ist auch der Reichshofrat eingeschaltet worden, vermutlich in heiklen Fällen wie anlässlich des Gesuchs des Otto von der Veldt um die Scholasterie am Stift St. Simon und Judas in Goslar 1652, die damals offenbar schon

5.4 Schutz-, Geleit- und Passbriefe, Salvaguardien

Die Erteilung des kaiserlichen Schutzes für Person, Besitz und Mobilität hat sich im Wesentlichen in vier Serien des reichshofrätlichen Teilbestands ‚Gratialia' et Feudalia' niedergeschlagen, und zwar in den Serien ‚Schutzbriefe' mit 1.416 Akten,[196] ‚Salva guardia' mit 353 Akten,[197] ‚Geleitbriefe' mit 1.154 Akten[198] und ‚Passbriefe' mit 3.528 Akten.[199] Die Erteilungskompetenz für sämtliche kaiserliche Gnaden dieser Art wird in der Forschung unisono dem Reichshofrat zugeschrieben.[200] Wie in anderen Fällen auch bilden vor allem die ersten drei der genannten Aktenserien keinesfalls die vollständige Überlieferung ab. Nicht wenige Erteilungsvorgänge für Schutzbriefe, Salvaguardien und Geleitbriefe sind auch in Judizialakten des späten 16. und 17. Jahrhunderts dokumentiert. Eher selten hingegen trifft man in diesen Akten auf die Erteilung von Passbriefen, obwohl diese die mit Abstand größte der vier genannten Selektserien hervorgebracht hat.[201]

Dieser zunächst noch recht vage Befund weckt Zweifel an der von der Forschung behaupteten Zuständigkeit des Reichshofrats für Passbriefe – zu Recht,

---

längere Zeit nicht mehr besetzt worden war; ÖStA HHStA Grat Feud Praebendae regiae 3/2-21 (mit Notiz über ein Votum ad imperatorem). Akten der zweiten Hälfte des 18. Jahrhunderts enthalten oftmals Gutachten des Reichsvizekanzlers über die Petenten.

196 ÖStA HHStA RHR Grat Feud Schutzbriefe, vgl. Gross, Reichsarchive (wie Anm. 34), S. 313.

197 ÖStA HHStA RHR Grat Feud Salva guardia, vgl. Gross, Reicharchive (wie Anm. 34), S. 313.

198 ÖStA HHStA RHR Grat Feud Geleitbriefe, vgl. Gross, Reicharchive (wie Anm. 34), S. 307.

199 ÖStA HHStA RHR Grat Feud Passbriefe, vgl. Gross, Reicharchive (wie Anm. 34), S. 309.

200 Sellert, Zuständigkeitsabgrenzung (wie Anm. 20), S. 109 („Schutz- und Schirmbriefe"); Ders., Art. Reichshofrat, in: HRG, 2. 31. Lieferung 2. Aufl., Berlin 2024, Sp. 1548–1554, hier Sp. 1551 („Pass- und Geleitwesen"); Hughes, Law and Politics (wie Anm. 54), S. 34 (Schutz- und Passbriefe); Ortlieb, Art. Reichshofrat (wie Anm. 182), Sp. 917 („Geleit-, Pass- und Schutzbriefe"); Dies., Der Reichshofrat, in: Hochedlinger/Mata/Winkelbauer, Verwaltungsgeschichte der Habsburgermonarchien, Bd. 1 (wie Anm. 5), S. 311–319, hier S. 313 („Geleit-, Pass- und Schutzbriefe"); Tobias Schenk, Das frühneuzeitliche Kaisertum – ein Faktor der Alltagsgeschichte? Überlegungen auf der Grundlage der Reichshofratsakten, in: Beiträge zur Rechtsgeschichte Österreichs 2/2015, S. 245–261, hier S. 254 f. („Geleitbriefe, Passbriefe und Salva guardia"); https://de.wikipedia.org/wiki/Reichshofrat (abgerufen am 27. Oktober 2023) („Geleit-, Pass- und Schutzbriefe"); Schreiber, Untertanen als Supplikantinnen und Supplikanten (wie Anm. 25), S. 18 (Geleit-, Pass- und Schutzbriefe); Luca Scholz, Borders and freedom of movement in the Holy Roman Empire, Oxford 2020, S. 141 f. (Passbriefe).

201 In den bislang vom Akademieprojekt veröffentlichten sieben Inventarbänden zu den Akten der Judizialserie ‚Antiqua' mit insgesamt 6.769 Verzeichnungsdatensätzen fallen über 300 Registertreffer auf die Stichworte Protectorium, Schutzbrief, Schirmbrief, Salvaguardia, Geleitbrief, Salvus conductus aber nur rund 50 auf das Lemma Pass oder Passbrief. Nur 17 der dazu verzeichneten Akten bestehen aus Gesuchen um die Erteilung eines Passbriefes; oftmals ist das Gesuch um einen Passbrief dabei nur Bestandteil eines umfangreicheren Gesuchs oder steht im Zusammenhang mit einem Prozess.

wie die Analyse der Aktenvermerke zeigt. Überprüft wurden die 195 Akten des Kartons 7 der Serie ‚Passbriefe.[202] Ergebnis: Für etwa 40 % der Akten liegen Gesuche um Passbriefe vor, sämtliche dieser Gesuche weisen Bearbeitungs- bzw. Bewilligungsvermerke des Reichsvizekanzlers auf. Die Gegenprobe anhand der reichshofrätlichen Resolutionsprotokolle zeigt in die gleiche Richtung. Wäre der Reichshofrat zuständig gewesen, müssten sich massenhaft Einträge über die Erteilung von Passbriefen in diesen Protokollen finden. Das ist aber nicht der Fall. Laut der intern möglichen Sortierung des alphabetisch geordneten Bestands ‚Passbriefe' nach Aktenlaufzeiten fielen beispielsweise auf das Jahr 1634 insgesamt zwölf Akten; in den Reichshofratsprotokollen dieses Jahres ist kein einziger Eintrag über die Vergabe eines Passbriefes verzeichnet.[203] Gleiches gilt für die dreizehn für das Jahr 1750 vorhandenen Akten; die darin dokumentierten Vorgänge haben keinerlei Spuren in den Reichshofratsprotokollen hinterlassen.[204]

Übereinstimmend mit diesem eigentlich schon hinreichend klaren Ergebnis der archivalischen Analysen bezeugen auch einige Reichspublizisten, dass es – so Uffenbach – *dem Herrn ReichsViceCantzlern* zukam, *Glait und Paßbrieffe zuertheilen* [...].[205] Differenzierter und präziser äußerte sich dazu etwas später der damalige Reichshofratssekretär Franz Winand von Bertram. In seinem ‚Breviculum' von 1709 unterschied er zwischen einem *salvus-conductus judicialis* und einem *salvus-conductus extrajudialibus*: Dieser werde Reisenden erteilt, für gewöhnlich *liber passus & quidem vel simplex* genannt und könne *extrajudicialiter ex cancellaria* erlangt werden.[206] Der *salvus-conductus judicialis* hingegen werde im Kon-

202 ÖStA HHStA RHR Grat Feud Passbriefe, 7.

203 Akten Passbriefe 1640: 1) ÖStA HHStA RHR Passbriefe, 13-3-1 (Hillinger), 2) 10-1-92 (Linden), 3) 10-2-5 (Lohn), 4) 11-2-16 (Meyer), 5) 11-2-42 (Meininga), 6) 13-3-1 (Krakau), 7) 15-2-8 (Schleubinger), 8) 15-2-54 (Schranckenmüller), 9) 16-3-19 (Stensmann), 10) 17-3-21 (Veit von Veithoven), 11) 17-3-32 (Veneur), 12) 18-2-27 (Wirt). Durchgesehenes Protokoll: ÖStA HHStA RHR Resolutionsprotokolle saec. XVII, 103, keine Nachweise (der ebenfalls einschlägige Band ÖStA HHStA RHR Resolutionsprotokolle saec. XVII, 104, ist nicht benutzt worden, weil das darin befindliche Register fragmentarisch ist).

204 Akten Passbriefe 1750: 1) ÖStA HHStA RHR Passbriefe, 2-1-3 (Braun), 2) 2-2-89 (Braitenbach), 3) 2-2-4 (Colloredo), 4) 4-2-76 (Esterhazy), 5) 4-2-80 (Esterhazy), 6) 6-3-9 (Gritti), 7) 7-2-91 (Hübner), 8) 9-1-20 (Kaunitz-Rittberg), 9) 13-1-9 (Pälm), 10) 13-3-48 (Pretlack), 11) 15-2-28 (Schmid), 12) 16-2-49 (Starhemberg), 13) 17-1-74 (Trautson). Durchgesehene Protokolle: ÖStA HHStA RHR Resolutionsprotokolle saec. XVIII, 117–119, keine Nachweise.

205 Uffenbach, Tractatus (wie Anm. 59), S. 166.

206 Breviculum (wie Anm. 66), S. 64: *Salvus-conductus alius est judicialis, alius extrajudicialis: hic datur personis intinerantibus & vulgariter vocatur liber passus & quidem vel simplex, id est, ut solummodo cum famulis & sarcinis liberi & tuti itinerari valeant vel cum armis, ut nimirum etiam una cum sclopetis & bombardis ad defensionem libere proficiscantur, & uterque extrajudicialiter ex cancellaria impetratur, hic vero ad Italis potissimum desideratur.* Die inhaltlich gleichen Ausführungen von Moser, Staats-Recht, 4. Teil (wie Anm. 56), S. 478 f., sind davon abhän-

text von Rechtsstreitigkeiten und deshalb *non sine causae cognitione* vergeben.[207] Allein die Erteilung des *salvus-conductus judicialis* fiel also, so ist zu vermuten, in die Zuständigkeit des Reichshofrats. Denn mit einem solchen Geleitbrief seien – so Vincenz Hanzely 1784 – allerdings *die sogenannte*[n] *Pässe oder Paßporte nicht zu vermengen, denn diese werden nur den Reisenden, damit sie nirgends als verdächtige oder ungesunde Personen aufgehalten werden, ertheilt.* [...] *Personen, die aus dem deutschen Reiche sind und beym Reichshofrathe Angelegenheiten gehabt haben, können selbe* [...] *zwar nicht beym Reichshofrathe, sondern in der Reichshofkanzley allenfalls nur mündlich nachsuchen und erhalten.*[208]

Dass im Übrigen die Akten über Passbriefe oder überhaupt zu Gnadensachen zu einem bisweilen erheblichen Teil nur aus den Konzepten der ausgehändigten Urkunden bestehen, ist nicht nur Überlieferungsverlusten geschuldet, sondern hängt besonders in diesem Fall wohl auch damit zusammen, dass die Gesuche lediglich mündlich vorgebracht worden sind, also schriftliche Gesuche niemals existierten.[209] Die durch die einschlägigen Quellen eindeutig erwiesene Zuständigkeit der Reichshofkanzlei bzw. des Reichsvizekanzlers für die Bewilligung von einfachen, *extrajudicialiter* erteilten Passbriefen hat sich sogar in deren zeitgenössischer Bezeichnung niedergeschlagen. In den Akten der zweiten Hälfte des 18. Jahrhunderts firmieren sie oftmals als *Kanzleipass* oder *Passus cancellariae.* Nur in Ausnahmefällen, die angesichts der archivalischen Befunde auf die Gesamtmasse der Erteilungen berechnet vermutlich im niedrigen Prozent- oder gar im Promillebereich liegen, hat sich auch der Reichshofrat mit der Vergabe von Passbriefen befasst. In diesen Fällen dürften zumeist besondere Umstände vorgelegen haben, bei denen eine nähere Begutachtung des Gesuchs für erforderlich gehalten wurde.[210]

---

gig. Johann Heinrich Christian von Selchow, Einleitung in den Reichshofrathsproceß, Bd. 1, Lemgo 1778, S. 180, zitiert diesen Passus und kommentiert ihn ebd. S. 181: *Wo die Partheyen um Freypässe beym Reichshofrat einkommen, werden sie an die Reichskanzley gewiesen.*

207 Breviculum (wie Anm. 66), S. 64 f.: *Salvus-conductus judicialis vero ille est, qui debitoris aut criminosis datur vel ad judicium, zum Rechten, vel ad & abs judicio, zum und vom Rechten, qui unterque judicialiter & non sine causae cognitione datur.*

208 Hanzely, Reichshofrathspraxis, Bd. 2 (wie Anm. 154), S. 731.

209 Siehe dazu oben bei Anm. 131.

210 Auf eine solche Ausnahme hat kürzlich Leopold Auer, Ein Passbrief Kaiser Ferdinands III. für Lübecker Kaufleute, in: Mitteilungen des Instituts für österreichische Geschichtsforschung 130 (2022), S. 333–339 (zu einem Passbrief für Lübecker Kaufleute vom 19. September 1656 über die Entsendung eines Handelsschiffes nach Afrika und Amerika) aufmerksam gemacht. Dessen Ansichten – „Die Erteilung von Passbriefen gehörte, wenn auch nicht ausschließlich, zu den Aufgaben des Reichshofrats und entsprang seiner Zuständigkeit für die Behandlung von Gnadensachen" (ebd., S. 336), die Erteilung von Passbriefen durch die Reichshofkanzlei erfolgte unter „Umgehung des Reichshofrats" (ebd. S. 336 Anm. 16) – entsprechen nicht den Quellenbefunden,

Im Hinblick auf die Gesuche um Schutz- und Geleitbriefe sowie Salvaguardien stimmt die Forschungsmeinung mit der Ansicht der Reichspublizisten des späteren 18. Jahrhunderts überein, die die Bearbeitung derartiger Gesuche dem Geschäftsbereich des Reichshofrats zuweisen.[211] Gegen diese Ansicht legen allerdings die archivalischen Quellen zumindest in zwei Fällen ihr Veto ein. Zwar lässt die vergleichsweise geringe Quote von Akten mit Gesuchen statistische Berechnungen über Zuständigkeiten anhand von Vermerken nicht oder jedenfalls nicht mit einem für diesen Beitrag vertretbaren Aufwand zu. Die vorhandenen Vermerke können aber einen Eindruck verschaffen, der dann gemäß der beschriebenen ‚Archivalienmethode' jeweils mittels der Protokolle stichprobenhaft überprüft werden soll.

Was zunächst die Serie ‚Schutzbriefe' betrifft, so ist vorab zu bemerken, dass 41 % der Akten in die Zeit bis 1570, insgesamt 52 % auf das 16., 42 % auf das 17. und nur 6 % auf das 18. Jahrhundert fallen. Ob diese Verteilung die Häufigkeit der Sache selbst oder Besonderheiten der archivischen Bestandsbildung widerspiegelt, muss dahingestellt bleiben. Die Vermerke zeigen jedenfalls, dass neben dem Reichshofrat regelmäßig und zu allen Zeiten auch der Reichsvizekanzler Expeditionsentscheidungen ausgelöst hat.[212] Dem kursorischen Eindruck nach war dabei zwar der Anteil des Reichshofrats vor allem im 17. Jahrhundert etwas höher als der des Reichsvizekanzlers. Schaut man freilich, zu wie vielen Aktenvorgängen Einträge in den reichshofrätlichen Resolutionsprotokollen vorliegen, kehrt sich dieser Eindruck ins Gegenteil um: Für die 15 Aktenvorgänge der Jahre 1581–1584 lässt sich nur in einem Fall ein Eintrag im Reichshofratsprotokoll

denen zufolge die generelle Zuständigkeit für die Erteilung von Passbriefen bei der Reichshofkanzlei lag.

211 Etwa Moser, Staats-Recht, 4. Teil (wie Anm. 56), S. 425–480; Ders., Grund-Sätze (wie Anm. 86), S. 232–238; Malblank, Reichs- und Provinzial- Gerichts- und Kanzleyverfassung, 3. Teil (wie Anm. 7), S. 307; Hanzely, Reichshofrathspraxis, Bd. 2 (wie Anm. 154), S. 728–731; Selchow, Reichshofrathsproceß, Bd. 1 (wie Anm. 206), S. 175–183.

212 Etwa: Philipp von Bicken, Erledigungsbefehl des Reichsvizekanzlers Siegmund Vieheuser von 1581, ÖStA HHStA RHR Grat Feud Schutzbriefe, 2-1-39; Issak Buirette von Öhlefeld, Erledigungsbefehl des Reichsvizekanzlers Leopold Wilhelm von Königsegg vom 18. Dezember 1691, ÖStA HHStA RHR Grat Feud Schutzbriefe, 2-3-14; Ruprecht Meuß, undatierter Vorgang mit Vermerk über die Bewilligung durch den Reichsvizekanzler Peter Heinrich von Stralendorf (1627–1637), ÖStA HHStA RHR Grat Feud Schutzbriefe, 10-1-26; Peter Miegen, Erledigungsbefehl des Reichsvizekanzlers Johann Ulrich Zasius von 1567, ÖStA HHStA RHR Grat Feud Schutzbriefe, 10-2-5; Hieronymus von Münchhausen, Erledigungsbefehl des Reichsvizekanzlers Friedrich Karl von Schönborn von 1729, ÖStA HHStA RHR Grat Feud Schutzbriefe, 10-2-20. Bisweilen scheint der Reichsvizekanzler das letzte Wort gehabt zu haben. Zum Gesuch des Klosters Marienstuhl in Egeln von 1571 wurde vermerkt: *Fiat, doch prius ad dominum Weberum*, womit der damalige Reichsvizekanzler Johann Baptist Weber gemeint war, ÖStA HHStA RHR Grat Feud Schutzbriefe, 10-1-2.

nachweisen, für 1605 sind es 2 von 6, für 1640 immerhin 4 von 10, für 1689 dagegen 0 von 6 und für 1717 sind es ebenfalls nur 2 von 7.[213] Das spricht für einen sehr hohen Anteil des Reichsvizekanzlers an der Bewilligung von Schutzbriefen vor allem ab dem späteren 17. Jahrhundert, an deren Vergabe der Reichshofrat spätestens ab dieser Zeit, anders als in der Forschung behauptet, wohl fast gar nicht mehr beteiligt war.

Die mit den Schutzbriefen eng verwandten Salvaguardien, die vor Einquartierungen und Kriegskontributionen schützen sollten, weisen den Laufzeiten der in der Serie ‚Salva guardia' enthaltenen Akten zufolge auch eine ähnliche zeitliche Verteilung wie die Schutzbriefe auf. Aus naheliegenden Gründen sind die meisten Salvaguardien in der Dekade 1621–1630 erbeten und gewährt worden. Nach dem ersten Drittel des 18. Jahrhunderts scheinen sie dem Aktenbestand zufolge fast gar nicht mehr erteilt worden zu sein.[214] Die Aktenvermerke weisen sowohl den Reichshofrat als auch den Reichsvizekanzler als bearbeitende und entscheidende Instanzen aus.[215] Eine klare Entwicklung der jeweiligen Anteile wird beim

---

213 Akten Schutzbriefe 1581–1584: 1) ÖStA HHStA RHR Schutzbriefe, 8-2-14 (Keller), 2) 7-2-15 (Johanniter), 3) 12-3-17 (Roßbeck), 4) 1-1-3 (Aachen), 5) 5-1-37 (Güstrow), 6) 15-3-33 (Wurm), 7) 6-3-33 (Hohenzollern), 8) 15-3-58 (Hohenzollern), 9) 11-2-27 (Öttinger), 10) 6-3-10 (Hildesheim), 11) 5-2-2 (Gotthard), 12) 7-3-11 (Aaron), 13) 5-2-9 (Greve), 14) 7-4-31 (Joseph), 15) 8-2-18 (König). Durchgesehene Protokolle: ÖStA HHStA RHR Resolutionsprotokolle saec. XVI, 48a, 50, 51, 52a, 53, Nachweise: Nr. 10 (Hildesheim) in 48a, S. 454, und 50, fol. 155r. – Akten Schutzbriefe 1605: 1) ÖStA HHStA RHR Schutzbriefe, 6-3-6 (Hessen), 2) 10-2-8 (Mülen), 3) 6-3-29 (Hohenenms), 4) 10-1-11 (Meden), 5) 3-2-13 (Eisen), 6) 8-1-8 (Levi). Durchgesehenes Protokoll: ÖStA HHStA RHR Resolutionsprotokolle saec. XVII, 9, Nachweise: Nr. 1 (Hessen) in 9, fol. 8rv; Nr. 4 (Meden) in 9, fol. 145r. – Akten Schutzbriefe 1640: 1) ÖStA HHStA RHR Schutzbriefe, 8-1-20 (Fröschel), 2) 8-3-5 (Kleinhans), 3) 6-2-18 (Heugl), 4) 4-2-9 (Frauenalb), 5) 3-1-16 (Dionys), 6) 15-1-17 (Weidlin), 7) 14-2-40 (Vulteius), 8) 10-1-31 (Möller), 9) 8-2-30 (Kindweiler), 10) 8-3-11 (Kniphausen). Durchgesehene Protokolle: ÖStA HHStA RHR Resolutionsprotokolle saec. XVII, 119–121, Nachweise: Nr. 2 (Kleinhans) in 119, fol. 17rv; Nr. 4 (Frauenalb) in 119, fol. 165rv; Nr. 6) (Weidlin) in 119, fol. 244r, und 121, fol. 57v; Nr. 7 (Vulteius) in 119, fol. 255v, und 121, fol. 67v. – Akten Schutzbriefe 1689: 1) ÖStA HHStA RHR Schutzbriefe, 6-3-11 (Hildesheim), 2) 11-1-32 (Nuppen), 3) 4-2-5 (Frankfurt), 4) 15-3-61 (Zweiffel), 5) 13-2-12 (Schmidt), 6) 8-1-4 (Lazarus). Durchgesehene Protokolle: ÖStA HHStA RHR Resolutionsprotokolle saec. XVII, 284–286, keine Nachweise. – Akten Schutzbriefe 1717: 1) ÖStA HHStA RHR Schutzbriefe, 1-1-16 (Alius), 2) 4-2-2 (Frank), 3) 8-1-7 (Löw), 4) 8-1-30 (Salomon), 5) 7-2-1 (Jacob), 6) 12-3-29 (Rothmaler), 7) 11-3-39 (Pfinzing). Durchgesehene Protokolle: ÖStA HHStA RHR Resolutionsprotokolle saec. XVII, 41–42. Nachweise: Nr. 4 (Salomon) in 41, fol. 472r; Nr. 7) (Pfinzing) in 41, fol. 85r.

214 Moser, Staats-Recht, 4. Teil (wie Anm. 56), S. 478, meinte (1748), dass *dergleichen Salvegarden nicht offt in praxi* vorkämen. Die Suche nach der Vergabe von Salvaguardien im Wolfschen Repertoriums führt ebenfalls nur zu einigen Vorgängen aus der Zeit vor der Mitte des 17. Jahrhunderts.

215 Beispiele betr. den Reichsvizekanzler: Gräfin Sybilla Christina von Leiningen-Westerburg, Er-

Abgleich der Aktenvorgänge mit den Resolutionsprotokollen des Reichshofrats erkennbar. Und zwar spiegeln sich 5 der 9 aktenmäßig belegbaren Vorgänge des Jahres 1625 auch im betreffenden Protokoll, aber kein einziger der 8 Vorgänge von 1689, der 13 Vorgänge von 1702 und der 7 Vorgänge der Jahre 1728–1743.[216] Die faktische Zuständigkeit dürfte also wohl in der ersten Hälfte des 17. Jahrhunderts noch zwischen beiden Instanzen geteilt gewesen, jedoch spätestens gegen Ende des 17. Jahrhunderts ganz auf den Reichsvizekanzler übergegangen sein.[217] Konform zu diesem Befund, aber im Gegensatz zur späteren Reichspublizistik und zur herrschenden Forschungsmeinung führte 1683 auch Uffenbach die Sal-

---

ledigungsbefehl des Reichsvizekanzlers Dominik Andreas I. von Kaunitz vom 10. Dezember 1701, ÖStA HHStA RHR Grat et Feud Salva guardia, 2-15; Alexander von Lilien, Gutachten des Reichsvizekanzlers Franz de Paula Gundaker von Colloredo-Mannsfeld vom 11. Dezember 1790, ÖStA HHStA RHR Grat et Feud Salva guardia, 2-18; Goswin Merkelbach, Bearbeitungsvermerk des Reichsvizekanzlers Peter Heinrich von Stralendorf von 1623, ÖStA HHStA RHR Grat et Feud Salva guardia, 2-41; Gundaker Rombald von Nicoletti, Erledigungsbefehl des Reichsvizekanzlers Karl Friedrich von Schönborn vom 10. Februar 1711, ÖStA HHStA RHR Grat et Feud Salva guardia, 2-51; Stadt Spa, Erledigungsbefehl des Reichsvizekanzlers Johann Adolf von Metsch vom 13. März 1737, ÖStA HHStA RHR Grat et Feud Salva guardia, 2-108. Auf dem Gesuch des Grafen Hans Veit von Maxlrain um eine Salvaguardia hat der zuständige Sekretär vermerkt: *den 9 May 1703 haben ihre Excell. H. Reichvicecantzler mir dieses Schreiben zugestellet und die gebettene Salvaguardia außzufertigen befohlen*, ÖStA HHStA RHR Grat Feud Schutzbriefe, 10-1-5.

216 Akten Salvaguardien 1625: 1) ÖStA HHStA RHR Grat et Feud Salva guardia, 1-35 (Braunschweig), 2) 1-86 (Funckh zu Senftenau), 3) 1-134 (Hohenfeld), 4) 2-11 (Laminger), 5) 2-34 (Marienbaum), 6) 2-43 (Meyer), 7) 2-53 (Nostitz), 8) 2-64 (Pfannkuch), 9) 2-117 (Stralendorff). Durchgesehene Protokolle: ÖStA HHStA RHR Resolutionsprotokolle saec. XVII, 72–73, Nachweise: Nr. 1 (Braunschweig) in 73, fol. 198v-199r; Nr. 2 (Funckh von Senftenau) in 72, fol. 88v; Nr. 4 (Laminger) in 73, fol. 47r; Nr. 5 (Marienbaum) in 72, fol. 41r; Nr. 7 (Nostitz) in 73, fol. 47r. – Akten Salvaguardien 1689: 1) ÖStA HHStA RHR Grat et Feud Salva guardia, 1-24 (Bettendorf), 2) 1-59 (Dalberg), 3) 1-65 (Eberbach), 4) 1-66 (Echternach), 5) 1-101 (Greiffenklau), 6) 1-169 (Königstein), 7) 2-121 (Tautphäus), 8) 2-150 (Weissenberg). Durchgesehene Protokolle: ÖStA HHStA RHR Resolutionsprotokolle saec. XVII, 284–286, keine Nachweise. – Akten Salvaguardien 1702: 1) ÖStA HHStA RHR Grat et Feud Salva guardia, 1-9 (Alt-Oetting), 2) 1-80 (Freising), 3) 1-87 (Fürstenberg), 4) 1-94 (Gischet), 5) 1-156 (Kaunitz), 6) 1-157 (Keck), 7) 1-163 (Klebanck), 8) 2-44 (Meyer), 9) 2-100 (Schwarzenreindorf), 10) 2-105 (Solemacher), 11) 2-122 (Thurn und Taxis), 12) 2-129 (Tollet und Rückel), 13) 2-148 (Weinols). Durchgesehene Protokolle: ÖStA HHStA RHR Resolutionsprotokolle saec. XVIII, 5–6, keine Nachweise. – Akten 1728–1743: 1) ÖStA HHStA RHR Resolutionsprotokolle saec. XVIII, 2-62 (Petzel), 2) 2-63 (Petzel), 3) 2-17 (Leyen), 4) 2-85 (Schade), 5) 2-108 (Spa), 6) 1-145 (Imhoff), 7) 2-74 (Reichsritterschaft). Durchgesehene Protokolle entsprechend der Jahre, auf die die Vorgänge fallen: ÖStA HHStA RHR Resolutionsprotokolle saec. XVIII, 69–70, 84–84, 91–92, 104–105, keine Nachweise.

217 Die Vermutung von Pratje, Reservatrechte (wie Anm. 24), S. 169, dass Salvaguardien ursprünglich von der Reichshofkanzlei erteilt worden und erst später zu einer Angelegenheit des Reichshofrats geworden seien, trifft demnach nicht zu.

vaguardien kommentarlos unten den Gratialsachen auf, bei denen *nulla cognitio* nötig sei und die deshalb *per Dn. Vicecancellarium* vergeben werden könnten.[218] Auch Bertrams ‚Breviculum' von 1709 zufolge konnten Salvaguardien zumeist *extrajudicialiter* aus der Reichshofkanzlei erlangt werden.[219]

Was schließlich die Geleitbriefe angeht, die oftmals im Zusammenhang mit gerichtlichen Auseinandersetzungen erbeten und deshalb von Bertram 1709 als *salvus conductus judicialis* bezeichnet wurden,[220] so muss wiederum vorausgeschickt werden, dass es sich – jedenfalls der zeitlichen Verteilung der Akten in der namensgleichen Serie nach – schwerpunkmäßig um ein Phänomen des 16. Jahrhunderts handelt. Auf dieses Jahrhundert fallen 78 % der Akten, 83 % davon wiederum (64 % total) sogar auf die Zeit bis 1570. Lediglich 18 % der Akten dokumentieren Erteilungsgesuche aus dem 17., ganze 4 % solche aus dem 18. Jahrhundert. Bei einer kursorischen Durchsicht der Akten ab 1570 stößt man nur ganz gelegentlich auf Vermerke des Reichsvizekanzlers, und zwar in solchen aus dem noch verbleibenden Rest des 17. Jahrhunderts.[221] In den Reichshofratsprotokollen scheinen 15 von 17 Aktenvorgänge der Jahre 1582–1583 auf, 8 von 10 des Jahres 1614, 5 von 7 des Jahres 1653 und 6 von 9 der Jahre 1716–1717.[222]

---

218 Uffenbach, Tractatus (wie Anm. 59), S. 164.

219 Breviculum (wie Anm. 66), S. 64: *Salva guardia datur plerumque praediis pro immunitate ab hospitationibus & exactionibus militaribus & quandoque protectorio annectitur & plerumque extrajudicialiter ex cancellaria obtinetur.* Die Stelle wird noch 1778 wörtlich zitiert von Selchow, Reichshofratsproceß, Bd. 1 (wie Anm. 206), S. 180. Auch Moser, Staats-Recht, 4. Teil (wie Anm. 56), S. 471, bezieht sich auf sie: *Der Autor des Breviculi Praxeos Imperialis aulicae* [Bertram] *sagt, daß die Salvegarden meistens extrajudicialiter aus der Reichs-Cantzley erlangt würden* [...].

220 Siehe oben Anm. 207.

221 Zum Beispiel: Paul Dinsbeck, Gesuch um *literas passus sive salvum conductum* für eine Reise durch die Oberpfalz, Erledigungsbefehl des Reichsvizekanzlers Siegmund Vieheuser von 1585, ÖStA HHStA RHR Grat Feud Geleitbriefe, 2-22; Georg Steinle, Gesuch um einen Geleitbrief, Erledigungsbefehl Vieheusers vom 16. Mai 1581, ÖStA HHStA RHR Grat Feud Geleitbriefe, 7-113.

222 Akten Geleitbriefe 1582–1583: 1) ÖStA HHStA RHR Grat Feud Geleitbriefe, 1-28 (Aschmann), 2) 1-53 (Bell), 3) 1-96 (Braunger), 4) 1-136 (Cohnlin), 5) 3-157 (Holtzhaimer), 6) 4-4 (Jäger), 7) 4-56 (Käpler von Sollewitz), 8) 8-2 (Tangel), 9) 8-52 (Wagner), 10) 8-70 (Weidenhan), 11) 8-82 (Wörle), 12) 9-129 (Zeumer), 13) 2-23 (Dobitschen), 14) 5-46 (Merckl), 15) 5-91 (Mutschler), 16) 7-45 (Schliebner), 17) 8-89 (Wiedemann). Durchgesehene Protokolle: ÖStA HHStA RHR Resolutionsprotokolle saec. XVI, 48a, 50–51, 52a, 53, Nachweise: Nr. 1 (Aschmann) in 48a, S. 383, und 51, fol. 2r; Nr. 2 (Bell) in 51, fol. 14r; Nr. 3. (Braunger) in 48a, S. 549; Nr. 4 (Cohnlin) in 50, fol. 93r; Nr. 5 (Holtzhaimer) in 48a, S. 451, und 51, fol. 21v, 31r; Nr. 6 (Jäger) in 50, fol. 159v; Nr. 7 (Käpler von Sollewitz) in 48a, S. 377, und 10, fol. 102r; Nr. 8 (Tangel) in 50, fol. 116v, und 51, fol. 31r; Nr. 9 (Wagner) in 50, fol. 125r; Nr. 11 (Wörle) in 50, fol. 123v; Nr. 12 (Zeumer) in 48a, S. 499, und 51, fol. 64v; Nr. 13 (Dobitschen) in 50, fol. 202r, und 52a, S. 80; Nr. 14 (Merckl) in 50, fol. 228r, und 52a, S. 221; Nr. 15 (Mutschler) in 50, fol. 208v, und 52a, S. 123; Nr. 16 (Schliebner) in 50, fol. 206v, und 52a, S. 117. – Akten Geleitbriefe 1614: 1) ÖStA HHStA RHR Grat

Die Spiegelung der Aktenvorgänge mit den Reichshofratsprotokollen bekräftigt somit die Ansicht Bertrams, dass ein *salvus conductus judicialis* in der Regel nicht *sine cognitione* erteilt werden würde, und bestätigt die aus diesem Grund schon vermutete, in diesem Fall von der Forschung zutreffend angenommenen und nun eben auch tatsächlich nachgewiesene Zuständigkeit des Reichshofrats für die Erteilung von Geleitbriefen.

5.5 Druck-, Fabrik- und Arzneiprivilegien

Kaum eine Serie des Bestands ‚Gratialia et Feudalia' wurde und wird so intensiv beforscht wie die ‚Impressorien (Druckprivilegien)'.[223] Laut der neuere Reichshofratsforschung fiel die Erteilungszuständigkeit in den Geschäftsbereich des Reichshofrats.[224] Auch die reichlich vorhandene Fachforschung ist sich darin einig, „dass das privilegium impressorium [...] beim Reichshofrat in Wien beantragt werden"[225] musste, dass Druckprivilegien „vom Reichshofrat beschlos-

Feud Geleitbriefe, 2-7 (Daupowetz), 2) 2-83 (Fürstenberg), 3) 3-133 (Hilpert), 4) 4-19 (Juden Worms); 5) 4-64 (König), 6) 4-102 (Kueckhoven), 7) 4-136 (Liven), 8) 7-138 (Soeckelandt), 9) 8-58 (Walther), 10) 8-139 (Zinzendorff). Durchgesehene Protokolle: ÖStA HHStA RHR Resolutionsprotokolle saec. XVII, 27–30, Nachweise: Nr. 1 (Daupowetz) in 29, fol. 18v, und 30, fol. 18v; Nr. 3 (Hilpert) in 27, fol. 125v; Nr. 4 (Juden Worms) in 27, fol. 111v, und 30, fol. 38v; Nr. 5 (König) in 30, fol. 107v; Nr. 6 (Kueckhoven) in 27, fol. 15r; Nr. 7 (Liven) in 27, fol. 104r; Nr. 8 (Soeckelandt) in 27, fol. 84v–85r, und 30, fol. 40v; Nr. 9 (Walther) in 30, fol. 60r. – Akten Geleitbriefe 1653: 1) ÖStA HHStA RHR Grat Feud Geleitbriefe, 1-101 (Bremen), 2) 2-32 (Ducher), 3) 3-50 (Gundtlach), 4) 3-142 (Hoffmann), 5) 5-14 (Martini), 6) 5-23 (Meyer), 7) 6-83 (Illereichen). Durchgesehene Protokolle: ÖStA HHStA RHR Resolutionsprotokolle saec. XVII, 157–159, Nachweise: Nr. 1 (Bremen) in 159, fol. 322rv; Nr. 2 (Ducher) in 158, fol. 496v; Nr. 3 (Gundtlach) in 158, fol. 248v; Nr. 5 (Martini) in 158, fol. 108r; Nr. 7 (Illereichen) in 159, 53v-54r. – Akten Geleitbriefe 1716–1717: 1) ÖStA HHStA RHR Grat Feud Geleitbriefe, 1-62 (Bescheidel), 2) 3-30 (Gleichen), 3) 4-128 (Lentz), 4) 1-89 (Bose), 5) 2-66 (Essken), 6) 3-48 (Griensseyssen), 7) 3-106 (Hengelmann), 8) 4-125 (Leiningen-Westerburg), 9) 6-111 (Richter). Durchgesehene Protokolle: ÖStA HHStA RHR Resolutionsprotokolle saec. XVIII, 39–42, Nachweise: Nr. 1 (Bescheidel) in 39, fol. 174v; Nr. 2 (Gleichen) in 40, 398r-390v; Nr. 3 (Lentz) in 39, fol. 37v–38r; Nr. 5. (Essken) in 41, fol. 161v–162r; Nr. 6 (Griesseyssen) in 42, fol. 509rv; Nr. 7 (Hengelmann) in 41, fol. 497v.

223 ÖStA HHStA RHR Grat Feud Impr.

224 Vgl. etwa Ehrenpreis, Kaiserliche Gerichtsbarkeit (wie Anm. 19), S. 61–66; Schenk, Das frühneuzeitliche Kaisertum (wie Anm. 200), S. 254; https://de.wikipedia.org/wiki/Reichshofrat (abgerufen am 27. Oktober 2023).

225 Ulrich Eisenhardt, Die kaiserliche Aufsicht über Buchdruck, Buchhandel und Presse im Heiligen Römischen Reich Deutscher Nation (1496–1806) (Studien und Quellen zur Geschichte des deutschen Verfassungsrechts, A3), Karlsruhe 1970, S. 13. Ders., Der Reichshofrat als kombiniertes Rechtsprechungs- und Regierungsorgan, in: Jost Hausmann/Thomas Krause (Hrsg.), Zur Erhaltung guter Ordnung. Beiträge zur Geschichte von Recht und Justiz. Festschrift für Wolfgang Sellert zum 65. Geburtstag, Köln/Weimar/Wien 2000, S. 245–267, hier S. 253, führt aus: „Der

sen“[226] sowie „seit dem 16. Jahrhundert vom Reichshofrat verwaltet“[227] worden seien, dass dem Reichshofrat also „die Erteilung [...] der Impressorien unterstellt war,“[228] der – noch prägnanter – „für die Erteilung kaiserliche Impressorien allein zuständig“[229] gewesen sei.

Dass freilich bereits Friedrich Lehne 1939 aus archivalischen Quellen nachgewiesen hat, dass der Reichsvizekanzler in zahlreichen Fällen um 1600 entscheidend auf die Vergabe eingewirkt hat,[230] wurde wenig bis gar nicht wahrgenommen.[231] Übersehen wurde ferner, dass schon in einer der ältesten reichspublizistischen Schriften zum Reichshofrat, nämlich in dem bereits mehrfach herangezogenen

---

Antrag auf Erteilung eines privilegium impressorium war beim Reichshofrat in Wien zu stellen, der die entsprechenden rechtlichen Voraussetzungen prüfte.“ Vgl. auch Ders., Zur Bedeutung der Druckprivilegien für die Entwicklung des Geistigen Eigentums, in: Malte Köllner (Hrsg.), Festschrift aus Anlass des 50-jährigen Bestehens der Patentanwaltsordnung am 1. Januar 2017, Köln 2017, S. 27–45, hier S. 30: „Kaiserliche Druckprivilegien [...] erteilte der Reichshofrat bis zum Ende des Reiches im Jahre 1806.“ Siehe ferner dessen Beitrag in diesem Band.

226 Hans-Joachim Koppitz, Zur Form der Anträge auf Bewilligung kaiserlicher Druckprivilegien durch den Reichshofrat und zu den Gründen ihrer Ablehnung, in: Barbara Dölemeyer/Heinz Mohnhaupt (Hrsg.), Das Privileg im europäischen Vergleich, 2 Bde., Frankfurt am Main 1997, Bd. 1, S. 347–375, hier S. 351; vgl. auch Ders., Die Privilegia impressoria des Haus-, Hof- und Staatsarchivs in Wien. Ein Überblick, in: Gutenberg Jahrbuch 1994, S. 187–207, hier S. 188–190. Ders., Die kaiserlichen Druckprivilegien im Haus-, Hof- und Staatsarchiv Wien (Buchwissenschaftliche Beiträge aus dem Deutschen Bucharchiv München,75), Wiesbaden 2008, S. IX, meint: „Der Reichshofrat (RHR) blieb bis zum Ende des Alten Reiches das Organ, das für den kaiserlichen Schutz vor Nachdruck zuständig war.“

227 Elmar Wadle, Privilegia Impressoria vor dem Reichshofrat, in: Auer/Ogris/Ortlieb (Hrsg.), Höchstgerichte in Europa (wie Anm. 22), S. 203–213, S. 204. So auch bei Ludwig Gieseke, Vom Privileg zum Urheberrecht. Die Entwicklung des Urheberrechts in Deutschland bis 1845, Baden-Baden 1995, S. 74. In diesem Sinne auch: Thomas Gergen, Druck und Nachdruck von Büchern und Zeitungen im gegenreformatorischen Köln. Ein Beitrag zum Umbruch der Wissensgesellschaft in der Frühen Neuzeit, in: UFITA. Archiv für Urheberrecht 2013 I, S. 87–151, hier S. 89.

228 Simon Portmann, Zwischen Wissensverbreitung und wirtschaftlichem Profit: Eine ‚Nachdrucker Gesellschaft‘ in der zweiten Hälfte des 18. Jahrhunderts (Buchwissenschaftliche Beiträge, 102), Wiesbaden 2022, S. 25.

229 Thomas Eichacker, Die rechtliche Behandlung des Büchernachdrucks im Nürnberg des 17. Jahrhunderts. Ein Beitrag zur Frühgeschichte des Urheberrechts in Deutschland (Schriften zur Rechtsgeschichte, 162), Berlin 2013, S. 56. Heinz Mohnhaupt, Art. Druckprivileg, in: Enzyklopädie der Neuzeit 2 (2005), Sp. 1160–1162, hier Sp. 1160: „Für das Alte Reich wurden D. vom Kaiser durch den Reichshofrat [...] erteilt.“

230 Lehne, Rechtsgeschichte der kaiserlichen Druckprivilegien (wie Anm. 146), S. 349 f.

231 Ulrike Andersch, Die Diskussion über den Büchernachdruck in Deutschland um 1700 bis 1815 (Geistiges Eigentum und Wettbewerbsrecht, 138), Tübingen 2018, S. 34, nimmt immerhin Lehnes Befunde zur Kenntnis und erwähnt die Mitwirkung des Geheimen Rats und des Reichskanzlers (sic) an einzelnen Erteilungsverfahren.

‚Breviculum praxis imperialis aulicae' von 1709, die Möglichkeit erörtert wurde, dass Petenten ihre Gesuche um Druckprivilegien sowohl beim Reichshofrat als auch bei der Reichshofkanzlei einreichen konnten.[232] Ebenfalls keinen Einfluss auf die herrschende Forschungsmeinung hatte der Umstand, dass Uffenbach die Behandlung der Gesuche um Druckprivilegien der Zuständigkeit des Reichsvizekanzlers zuschrieb[233] und dass diese alte Ansicht 1743 von Moser mit der Bemerkung kommentiert worden ist, dass Druckprivilegien *auch bey der Reichs-Canzley gegeben* würden, obwohl sie *eigentlich vor den Reichs-Hof-Rath* gehörten.[234] 1773 wiederholte Moser diese Bemerkung und fügte auch eine Begründung hinzu: *Privilegia impressoria werden so wohl von dem Reichs-Hof-Rath als der Reichs-Canzley ertheilt, wiewohl sie eigentlich vor jenen gehören, indeme allerdings eine gerichtliche Erkenntniß darzu erfordert wird, ob nicht das Gesuch denen Reichs-Gesezen oder eines Dritten Rechte zuwider seye.*[235] Laut dem Göttinger Juristen Johann Heinrich Christian von Selchow würden sich die Buchführer an die Reichshofkanzlei wenden, weil sie von dieser die *Privilegien geschwinder* erhielten; auch er plädierte aber für die Zuständigkeit des Reichshofrats, weil *unterweilen auch causae cognitio erfordert* werde, *ob das Privilegium zu ertheilen oder nicht, welches der der Reichskanzley* nicht zukomme.[236]

Dieser letzte Punkt war Gegenstand eines für die Zuständigkeitsfrage aufschlussreichen Dissenses zwischen dem Reichshofrat auf der einen und Joseph II. und dem Reichsvizekanzler Rudolph Joseph von Colloredo auf der anderen Seite. Der Kaiser wollte mit einem Befehl vom 3. Februar 1767 dem Reichshofrat auferlegen, ihm vor jeder Erteilung eines Druck- oder Arzneiprivilegs jene *gerichtliche Erkenntniß* (Moser) bzw. *causae cognitio* (Selchow) tatsächlich auch in Form eines entsprechenden Gutachtens darzulegen, was zu dieser Zeit offenbar ganz

---

232 Wenn sie ihre Gesuche bei beiden Stellen zugleich vorbrachten, sollten sie ein möglicherweise von einer der beiden Stellen schon erlangtes Privileg nicht nutzen dürfen, vgl. Breviculum (wie Anm. 66), S. 60: *Si quis semel in Consilio Imperiali aulico libellum supplicem pro privilegio impressorio exhibuerit & postea in Cancellaria desuper supplicet & vice versa, privilegio forte impetrato non gaudeat.* In diesem Sinne äußerte sich später auch Selchow, siehe unten Anm. 237.

233 Uffenbach, Tractatus (wie Anm. 59), S. 165 f.

234 Moser, Grund-Sätze (wie Anm. 183), S. 222. Auf diese Bemerkung hat schon Gross, Reichshofkanzlei (wie Anm. 5), S. 191 f., aufmerksam gemacht. Auch Hanzely, Reichshofrathspraxis, Bd. 2 (wie Anm. 154), S. 747–756, rechnet die Druckprivilegien zum Geschäftsbereich des Reichshofrats.

235 Moser, Von denen Kayserlichen Regierungs-Rechten, 2. Teil (wie Anm. 93), S. 588.

236 Selchow, Reichshofrathsproceß, Bd. 1, (wie Anm. 206), S. 170. Wie im Breviculum von 1709 (siehe oben Anm. 232) sei es auch laut Selchow *unter dem Verlust des vielleicht schon erlangten Privilegiums* untersagt, *sich an beyden Orten einzulassen, da entweder dem Reichshofrath oder der Kanzley hiedurch vergebliche Mühe gemacht würde, indem der Verleger schwerlich 2 Privilegien über ein Buch wird haben wollen.*

unüblich war.[237] Der Reichshofrat wehrte sich erfolgreich gegen diese Änderung seiner wenig elaborierten Begutachtungspraxis. Ausweislich der in der Akte befindlichen Gutachten bestand diese lediglich darin zu prüfen, ob die Petenten ihren Gesuchen die erforderlichen Attestate der Zensurbehörden bzw. medizinischen Kollegien beilegten. Der Rat folgte darin einem kaiserlichen Befehl von 1753, der die Bewilligung derartiger Privilegien an die Vorlage solcher Attestate wie im Übrigen auch an die Einlieferung von Belegexemplaren gebunden hatte.[238] Die entscheidenden Argumente gegen die nun von Joseph II. verlangte darüberhinausgehende gutachterliche Prüfung formulierten der Reichshofrat Karl Adolf von Braun und der Reichshofratspräsident Ferdinand von Harrach. Braun hob in seinem Gutachten vom 11. Februar 1767 hervor, dass es bei einem jährlichen Aufkommen von 70–80 Gesuchen um Druckprivilegien den Reichshofrat gänzlich überlasten würde, nicht nur die Bücher selbst zu lesen, sondern auch ebenso viele Gutachten zu verfassen.[239] Harrach verwies in seinem Vortrag gegenüber dem Kaiser vom 10. Juli 1768 darauf, dass die vom Reichshofrat angewandte Methode auch in anderen Ländern üblich sei. Den nachhaltigsten Eindruck hinterließ gewiss sein Argument, dass *mit der Zeit das ganze jus dandi privilegia universalia in Imperio, welches noch eines von denen wenig uberblibenen Reservatis Caesaris* sei, *nach und nach verschwinden* würde, wenn *die Privilegia impressoria bey Reichs Hofrath einigemale difficultiret oder gar verweigert* würden; die Parteien würden in diesem Fall nämlich dazu übergehen, sich solche Privilegien *von denen Reichs Ständen* erteilen zu lassen.[240]

Offenbar bestand also die von Moser dem Reichshofrat als genuine Aufgabe zugeschriebene *gerichtliche Erkenntniß* bzw. die von den Reichspublizisten als Kriterium für die Zuständigkeit des Reichshofrats für eine Privilegien- oder Gnadensache benannte juristische *causae cognitio* im Falle der Druck-, Fabrik- und Arzneiprivilegien mindestens seit der zweiten Hälfte des 18. Jahrhunderts lediglich aus einer Prüfung der Vollständigkeit eines Gesuchs im Hinblick auf

237 ÖStA HHStA RHR Judicialia Vota, 7-29, unfol. Vgl. zu diesem Dissens, der anlässlich eines umstrittenen Druckprivilegs für ein Kemptener Brevier und der Privilegierung eines Stahlpulvers 1775 erneut ausbrach, Thomas Gergen, Kriterien für die Privilegienerteilung gegen den Büchernachdruck: Kannte der Reichshofrat ein Prüfungsschema für privilegia impressoria?, in: UFITA. Archiv für Urheber- und Medienrecht, 2015 II, S. 487–515, der wesentliche Partien aus der angegebenen Akte abdruckt und kommentiert, ferner Leyers, Reichshofratsgutachten (wie Anm. 24), S. 127–133.

238 ÖStA HHStA RK Reichsakten in specie 32, fol. 298v–299r (Eintrag im roten Buch, einer Art Statutenbuch, des Reichshofrats). Vgl. Gergen, Kriterien für die Privilegienerteilung (wie Anm. 237), S. 498.

239 Ebd., S. 498–500, hier S. 499.

240 Ebd., S. 501–504. hier S. 502.

die erforderlichen Gutachten. Auf diesen Umstand ist später auch der Reichsvizekanzler Rudolph Joseph von Colloredo anlässlich eines Streits um die Privilegierung eines Stahlpulvers in einem Schreiben an den Kaiser vom 4. Februar 1775 eingegangen. Colloredo monierte, dass er dergleichen Fälle regelmäßig dem Kaiser vortrage, während der Reichshofrat *stets hin fortfahret, ohne Anfrage bey Eürer Kayserlichen Majestät und ohne Gutachtenserstattung Privilegien über Bücher, Zeitungen, Medicinen glatterdings gleich anderen Judicial Sachen zu erkennen und ausfertigen zu lassen, da doch dergleichen Privilegia hauptsächlich als Gratialia und Politica zu betrachten* seien. Abgesehen davon, dass der Reichsvizekanzler mit seiner letzten Bemerkung die administrative Zuständigkeit für *Gratialia* generell für sich reklamierte, führte er auch das Kriterium der *cognitio*, so wie es die Reichspublizisten seit Uffenbach propagieren, ad absurdum: Bei den von ihm administrierten Privilegien- und Gratialsachen, bei denen sie eigentlich entbehrlich sein sollte, finde eine höhere Form von *cognitio* statt als im Reichshofrat, wo sie der reichspublizistischen Theorie zufolge entscheidender Teil des Vergabevorgangs sein sollte, jedoch auf eine formale Überprüfung der Gesuche herabgesunken war. Der Hauptvorwurf an den Reichshofrat lautet auch bei Colloredo, dass Gesuche um derartige Privilegien nicht wie Justizsachen behandelt werden dürften, sondern gemäß *dem hergebrachten beständigen Herkommen entweder durch die Reichskanzley oder durch Reichshofrath zu allerhöchster Kaiserlicher Verleihung vorgelegt* werden müssten.[241] Damit ist eine zentrale Problematik der kaiserlichen Privilegien- und Gnadenverwaltung berührt, die in der abschließenden Zusammenfassung dieses Beitrags wieder aufzugreifen ist.

Nimmt man an dieser Stelle erst einmal die erwähnten Hinweise der Reichspublizisten auf die Vergabe solcher Privilegien durch die Reichshofkanzlei sowie weiter hinzu, dass schon in dem oben zitierten und in der Reichspublizist mehrfach aufgegriffenen Kommentar von 1686 zur Reichshofratsordnung von 1654 von *minoris gentium privilegia impressoria* die Rede war, *worüber doch keine cognitio causae zu haben oder genohmen werden kann und* die *bishero durch vortrag reichsvicecanclars an ihro kayserl. majestät immediate den Petenten* erteilt worden seien,[242] dann kann es wohl gar keinem Zweifel mehr unterliegen, dass die herrschende Forschungsmeinung, die die zahlreichen anderslautenden Hinweise dazu in der Reichspublizist nicht wahrgenommen und die administrative Zuständigkeit für die Vergabe von Druckprivilegien allein beim Reichshofrat sieht, auch in diesem Fall irrig oder jedenfalls zu wenig differenziert ist. Dass der Reichshofrat, wie es in diesem Kommentar von 1686 weiter heißt, *solche Privilegien, um den reichsvicecanzlar wehe zu thun, infringiret und zu despect der kay.*

241 Ebd. S. 504 f.

242 Siehe oben bei Anm. 85.

may. vor erschlichen erkennet habe, dass Uffenbach gegen Ende des 17. Jahrhunderts die Druckprivilegien noch dem Geschäftsbereich der Reichshofkanzlei zurechnete, dass nach ihm Bertram, Moser, Gerstlacher und Selchow[243] immerhin noch die Möglichkeit einer Erteilung durch die Reichshofkanzlei erörterten, aber letztere drei im späteren 18. Jahrhundert vehement für die Zuständigkeit des Reichshofrats plädierten, lässt sich vielleicht im Sinne einer Entwicklung deuten, in deren Verlauf die Verwaltung zumindest der Gesuche um einfache Druckprivilegien, bei deren Erteilung eine *cognitio* nicht für erforderlich gehalten wurde und die der Theorie nach deshalb eigentlich durch den Reichsvizekanzler bearbeitet werden konnten, erst im Laufe des 18. Jahrhunderts in die Zuständigkeit des Reichshofrats gelangt ist.

Um diese These zu überprüfen und überhaupt konkrete Vorstellungen über den Anteil des Reichsvizekanzlers an der Administration der Gesuche um Druckprivilegien zu gewinnen, müssen wir nun schauen, was die einschlägigen Archivalien selbst darüber verraten. Zunächst aber zur Zahl der Akten bzw. der Erteilungsvorgänge: Die schon im frühneuzeitlichen Reichsarchiv gebildete Serie der ‚Impressorien (Druckprivilegien)'[244] enthält 4.574 Akten ganz überwiegend aus der Zeit nach 1559. Die meisten betreffen Gesuche um die Erteilung von Privilegien oder um die Erweiterung von deren Geltungsdauer bzw. deren Erneuerung. Allerdings befinden sich darunter auch Akten über den Streit um die Geltung oder Wirkung von Druckprivilegien oder verwandte Materien. Koppitz hat den Bestand recht detailliert beschrieben, worauf an dieser Stelle verwiesen werden kann.[245]

Es ist klar, dass nicht sämtliche Erteilungsvorgänge in diesem Bestand erfasst sind. Denn auch unter den Judizialakten des Reichshofrats befinden sich zahlreiche Druckprivilegien betreffende Akten, die wohl in der Mehrzahl Streitfälle, aber eben auch vom Reichshofrat behandelte Erteilungsvorgänge dokumentieren. Einen gewissen Anhaltspunkt für die Zahl solcher Akten bieten die Register der bislang im Rahmen der Erschließung der Judizialaktenserien ‚Alte Prager Akten' und ‚Antiqua' erschienen 12 Inventarbände, in denen ca. 12 % der Judizialakten verzeichnet sind. Laut den Registern dieser Bände handeln 136 dieser Akten über Druckprivilegien, wobei auf der Basis dieser bloßen Registerauszählung nicht unterschieden werden kann, ob in diesen Akten Erteilungsvorgänge oder Streitfälle um Druckprivilegien bezeugt werden. Jedenfalls wird man wohl mit deutlich über 1.000 Akten zu Druckprivilegien rechnen müssen, die außerhalb der Serie ‚Impressorien (Druckprivilegien)' überliefert sind. Wie in ähnlich

243 Siehe oben bei Anm. 232–236.

244 Vgl. GROSS, Reichsarchive (wie Anm. 34), S. 307 f.

245 Vgl. dessen oben Anm. 226 genannten Beiträge.

gelagerten Fällen gilt hier ebenfalls, dass sich auch angesichts möglicher Aktenverluste die genaue Zahl der vom Reichshofrat behandelten Causen zu Druckprivilegien nur über eine hier nicht zu leistende Auszählung der reichshofrätlichen Resolutionsprotokolle ermitteln lässt.

Für die vom Reichshofrat behandelten Gesuche um Druckprivilegien gibt es freilich noch eine weitere Überlieferung, nämlich die für die Zeit ab 1690 in 13 Bänden vorliegenden und im vorangegangenen Abschnitt bereits kurz vorgestellten Referentenprotokolle.[246] Ab Band acht (1751–1763) sind darin die Einträge über die Zuweisung von Referenten bei der Erteilung von Druckprivilegien in gesonderten Listen vorgenommen worden, die für die sechs Dekaden von 1751 bis 1810 eine vergleichsweise bequeme Auszählung erlauben.[247] Das Ergebnis dieser Erhebung kann mit der Zahl der Akten der Serie ‚Impressorien (Druckprivilegien)' verglichen werden, denn der interne Zugriff auf das Archivinformationssystem des österreichischen Staatsarchivs ermöglicht es auch in diesem Fall, die nach dem Alphabet der Petenten geordneten Akten chronologische sortieren zu lassen und somit deren Zahl für diese sechs Dekaden zu ermitteln. Demnach wurden laut den Referentenprotokollen in der Dekade 1751–1760 für 313 Vorgänge Referenten zugeteilt, während für diese Dekade in der Aktenserie ‚Impressorien (Druckprivilegien)' 306 Akten vorhanden sind, deren Laufzeitbeginn in diese Dekade fällt. Für die anderen Dekaden lautet das Verhältnis folgendermaßen: 1761–1770: (A)kten 199, (R)eferentenprotokolle 243; 1771–1780: A 192, R 207; 1781–1790: A 162, R 159; 1791–1800: A 71, R 116; 1801–1810 (1806): A 37, R 39. Insgesamt fallen auf die sechs bzw. fünfeinhalb Dekaden 967 Akten, während durch die Referentenprotokolle 1.077 Erteilungsvorgänge bezeugt sind.

Aus diesen Zahlen folgt erstens, dass der Reichshofrat Karl Adolf von Braun 1767 mit seiner Behauptung, der Reichshofrat habe jährlich 70 bis 80 Gesuche um Druckprivilegien zu bearbeiten, arg übertrieben hat – gewiss um das Gewicht seines Arguments einer Überlastung des Reichshofrats im Falle der vom Kaiser verlangten Gutachten für Druckprivilegien zu erhöhen. Die meisten Akten fallen in die Dekade 1731–1740, nämlich 447, also 47 pro Jahr. In der Dekade 1761–1770 waren es den Aktenzahlen zufolge im Durchschnitt bloß ca. 20 und laut den Referentenprotokollen ca. 24 Gesuche jährlich.[248] Zweitens: Die Diffe-

246 Siehe oben bei Anm. 107.

247 ÖStA HHStA RHR Protocolla referentium 8-13, passim.

248 ÖStA HHStA RHR Resolutionsprotokolle saec. XVII 174, fol. 122r–133r, enthält eine Liste der von März 1758 bis November 1669 expedierten Druckprivilegien, deren Zahl 182 beträgt. Für die mit allen Monaten erfassten Jahre 1659 bis 1668 sind 168 Privilegien aufgeführt. Im Durchschnitt dieser zehn Jahre sind also laut dieser Liste lediglich 17 Privilegien expediert worden. Für eine weitere, aber wohl unvollständige Liste über Druckprivilegien von 1755–1759 siehe ÖStA HHStA RHR Resolutionsprotokolle saec. XVII 149b, fol. 242r–243r. Ferner nennt die 1936 in: Bittner,

renz zwischen der Aktenzahl (967) und den Protokolleinträgen (1.077) zugunsten letzterer ist nicht sehr groß und ergibt sich im Wesentlichen aus den Werten für die Dekaden 1761–1770 und 1791–1800. Ob sie darauf zurückzuführen ist, dass die in der Serie ‚Impressorien (Druckprivilegien)' nicht vorhandenen Akten in diesen Zeitabschnitten öfter in der Judizialaktenregistratur abgelegt worden sind als in den Dekaden, in denen die Zahl der Referenteneinträge mit der der Akten weitgehend übereinstimmt, oder Akten verloren gegangen sind, muss an dieser Stelle offenbleiben. Noch wichtiger aber ist im gegebenen Zusammenhang, dass der geringe Überhang der durch die reichshofrätlichen Referenteneinträge bezeugten Vorgänge gegenüber den in den Akten dokumentierten Vorgängen bzw. auch die Übereinstimmung der Zahlen die Vermutung erhärten, dass es in der zweiten Hälfte des 18. Jahrhunderts bereits nahezu ausschließlich der Reichshofrat war, der die Gesuche um Druckprivilegien bearbeitet hat.

Dem entsprechend ist bei der sporadischen Durchsicht des Aktenbestands keine einzige Akte dieser Zeit aufgetaucht, die Bearbeitungsspuren des Reichsvizekanzlers trägt. Für das 16. und frühe 17. Jahrhundert verhält sich die Sache freilich ganz anders. Zwar hat der Reichsvizekanzler entsprechende Gesuche in seiner bis in die 1620er Jahre allein ausgeübten Funktion als Verwalter des Geschäftseingangs der Reichssachen auch damals schon mehrheitlich dem Reichshofrat zugewiesen.[249] Das geschah aber hauptsächlich, um sie prüfen zu lassen. Wie schon Friedrich Lehne nachgewiesen hat, behielt er sich zu dieser Zeit in vielen Fällen die Entscheidung über die Erteilung selbst vor.[250] Lehnes Vermutung, dass die Reichsvizekanzler dieser Zeit darüber hinaus auch selbstständig Druckprivilegien bewilligt haben, wird durch zahlreiche ihrer Erledigungsbefehle auf

Gesamtinventar (wie Anm. 34), S. 167–272, veröffentlichte ‚Übersicht der Archivbehelfe (Repertorien)' ebd. S. 187 f. zwei offenbar in der Reichshofkanzlei angefertigte, teil protokollarisch geführte Listen über Druckprivilegien der Jahre 1670–1699 (AB 70) und 1670–1725 (AB 71) sowie ein „zirka 1765" entstandenes alphabetisches Verzeichnis (AB 72). Diese drei Stücke waren in der Zeit der Arbeit an diesem Beitrag nicht auffindbar.

249 Darüber informieren acht von Gross, Reichshofkanzlei (wie Anm. 5), S. 257 f., im Bestand der reichshofrätlichen Exhibitenprotokolle als Geschäftsbücher der Reichsvizekanzler über die Verteilung der eingehenden Gesuche identifizierte Amtsbücher, nämlich: ÖStA HHStA RHR Exhibitenprotokolle saec. XVI, 3 (1598), 10 (1596) und 11 (1597), sowie ÖStA HHStA RHR Exhibitenprotokolle saec. XVII, 1 (1600), 2 (1601), 3 (1604), 4 (1605) und 5 (1606).

250 Lehne, Rechtsgeschichte der kaiserlichen Druckprivilegien (wie Anm. 146), S. 349 f., vgl. dazu auch Gross, Reichshofkanzlei (wie Anm. 5), S. 171. Ergänzend sei etwa auf das Gesuch des Jakob von Ramingen um ein Privileg für seine Schwabengeschichte hingewiesen. Im reichshofrätlichen Resolutionsprotokoll des Jahres 1570 heißt es dazu: *Fiat impressorium, doch ad dominum Weberum*, womit der damalige Reichvizekanzler Johann Baptist Weber gemeint ist, ÖStA HHStA RHR Resolutionsprotokolle saec. XVI 33, fol. 23v. Siehe auch unten Anm. 252.

den Gesuchen der Petenten bestätigt.[251] Im Übrigen scheinen damals noch sowohl der Reichshofrat als auch die Reichsvizekanzler die ihnen vorliegenden Gesuche einer echten Prüfung (*cognitio*) unterzogen zu haben.[252]

Wie aber stellt sich die Zuständigkeitsfrage im Lichte der Aktenvermerke für das weitere 17. Jahrhundert und die erste Hälfte des 18. Jahrhunderts dar? Um dieser Entwicklung zumindest ansatzweise auf die Spur zu kommen, sind die Bearbeitungsvermerke bzw. Erledigungsbefehle derjenigen Akten der Kartons 19–21 des Impressorienbestands analysiert worden, die zwischen 1631 und 1750 die Erteilung oder Erneuerung bzw. auch Erweiterung von Druckprivilegien dokumentieren. Das sind 113 Akten. In den wenigen (8) Fällen in denen Akten lediglich aus dem Konzept des gewährten Privilegs bestehen, ist geprüft worden, ob sich der Vorgang in den Reichshofratsprotokollen niedergeschlagen hat. Falls das nicht der Fall war, wurde die administrative Zuständigkeit dem Reichsvizekanzler zugeschrieben.[253] Ergebnis: Von den 113 in den Akten dokumentierten Erteilungsvorgängen lassen sich 75 (67 %) dem Reichshofrat und 37 (33 %) dem Reichsvizekanzler zuordnen.[254] Das Verhältnis von ca. 1:2 Erledigungen zugunsten des Reichshofrats ist freilich nicht über den ganzen Untersuchungszeitraum konstant. Von den 37 vom Reichsvizekanzler entschiedenen Vorgängen fallen 31 auf die Zeit von 1630 bis 1700 (84 %). In diesem Zeitraum betrug der Anteil

---

251 Beispiele: ÖStA HHStA RHR Impressoria 19-15 (Sigismund Feierabend, Erledigungsbefehl des Reichsvizekanzlers Siegmund Vieheuser vom 19. Juni 1585); ÖStA HHStA RHR Impressoria 19-23 (Karl Siegmund Feierabend u. a., Erledigungsbefehl des Reichsvizekanzlers Johann Wolfgang Freymann vom 5. August 1594). Siehe auch die folgende Anm.

252 Vgl. ausführlicher dazu Lehne, Rechtsgeschichte der kaiserlichen Druckprivilegien (wie Anm. 146), S. 376–378. Einschlägig dafür ist etwa das Gesuch des Helmstedter Juraprofessors Dethard Horst, der 1583 ein Privileg für sein Büchlein „de ratione interpretandi juris er synopsin juris" erbat, das er dem Kaiser widmen wollte. Für seine Entscheidung hat der unbekannte reichshofrätliche Referent offenbar das mitgeschickte Manuskript des Buches tatsächlich auch gelesen. Denn die Entscheidung lautet: *Quia statim in praefatione incipit theologica imminiscere, sol ime dasselbige untersagt werden, sonsten, quia dedicat caesari unnd ist allein Juristerey fiat cum scitu D. cancellarii*; ÖStA HHStA RHR Resolutionsprotokolle saec. XVI 50, fol. 219v. Auf dem Gesuch befindet sich der Vermerk: *Fiat cum scitu d. vicecancellarii*; ÖStA HHStA RHR Impressoria 32-6. Der Reichsvizekanzler Hans Ludwig von Ulm notierte 1613 auf das Gesuch der Erben des Jakob Fischer um Privilegien für vier Werke: *Fiat, weyl es gaar nützliche Bücher und nichts wider die catholische Religion darinn tractirt wirdt*; ÖStA HHStA RHR Impressoria 19-50.

253 Denkbar wäre natürlich auch eine Bewilligung durch den Kaiser selbst oder den Geheimen Rat, welches beides aber im gegebenen Fall im gewählten Zeitabschnitt vergleichsweise selten vorkommt.

254 In einem Fall, nämlich bei der Erteilung eines Generaldruckprivilegs für den Franziskanerorden 1636, ging das Gesuch *Ad s[erenissimam] Caesaream Maiestatem* und wurde offenbar auch vom Kaiser bewilligt; ÖStA HHStA RHR Impressoria 20-18, vgl. Koppitz, Druckprivilegien im Haus-, Hof- und Staatsarchiv (wie Anm. 226), S. 155.

des Reichsvizekanzlers 44 % (31 von 70).[255] Lediglich 6 der 37 dem Reichsvizekanzler zuweisbaren Erledigungen (16 %) fielen auf die Zeit von 1701–1750, und zwar fast ausschließlich auf die erste Hälfte dieses Zeitabschnitts (nämlich auf die Jahre 1703, 1705, 1718, 1719, 1721, 1746). Der Anteil des Reichsvizekanzlers stürzt gegenüber der genannten Periode des 17. Jahrhunderts von 44 % auf 14 % ab (6 von 43). Die Stichprobe bestätigt also die oben formulierte These, wonach der Reichsvizekanzler erst im Laufe des 18. Jahrhunderts, vermutlich schon des früheren 18. Jahrhunderts, allmählich aus der Vergabe von Druckprivilegien ausgeschieden ist.[256] Dass sich der Reichshofrat Heinrich Christian von Senckenberg in seinem oben zitierten Gutachten für Joseph II. von 1766 heftig darüber beschwerte, dass der Reichsvizekanzler Druckprivilegien ausstelle,[257] passt zu diesem Befund. Zu dieser Zeit war eine Beteiligung des Reichsvizekanzlers an der Vergabe von Druckprivilegien, anders als in den beiden Jahrhunderten zuvor, gewiss nicht mehr üblich. Weitere Untersuchungen dazu, etwa welche Rolle die Art des zu privilegierenden Druckwerks (z. B. Zeitungsdruck) für die Zuständigkeit gespielt hat, müssen der Spezialforschung überlassen werden.

Das gilt letztlich auch für die sehr viel geringere Zahl der Gewerbe- und Fabrikprivilegien sowie für die Arzneimittelprivilegien, deren Erteilungsvorgänge sich außer in Judizialakten vor allem in den beiden Gratialaktenserien ‚Gewerbe-, Fabriks- und Handlungsprivilegien' mit 547 Akten sowie ‚Ärzte- und Arzneiprivilegien' mit 328 Akten niedergeschlagen haben.[258] Während die Akten zu den Medizinalprivilegien in der Forschung bislang weitgehend unbeachtet geblieben sind, obwohl sie die Medizin- und Pharmaziegeschichte wie auch Forschungen zum Gewerberecht und Handel auf vielfältige Weise befruchten könnten, haben

---

255 Eine Stichprobe mit der negativen Nachweismethode anhand der reichshofrätlichen Resolutionsprotokolle deutet in die gleiche Richtung: für 1662 sind 24 Erteilungsvorgänge durch Akten bezeugt, davon erscheinen 14 (42 %) nicht in den reichshofrätlichen Resolutionsprotokollen.

256 Gemeine Bescheide zur Abgabe der Pflichtexemplare nach Erlangung von Druckprivilegien liegen für 1684, 1714, 1716 und 1746 vor, siehe Peter Oestmann (Hrsg.), Gemeine Bescheide, Teil 2: Reichshofrat 1613–1798 (QFHG, 63/2), Köln/Weimar/Wien 2917, Nr. 57, 78, 84 und 93. Während sich der Bescheid von 1684 noch allgemein an die Buchdrucker wandte, richteten sich die Bescheide von 1714, 1716 und 1746 an die Reichshofratsagenten, die die Privilegien als Vertreter der Petenten erwirkt haben; die Bescheide des 18. Jahrhunderts gingen also von einer Erteilung durch den Reichshofrat aus.

257 Siehe oben bei Anm. 81.

258 ÖStA HHStA RHR Gratialia et Feudalia Gewerbe-, Fabriks- und Handlungsprivilegien; ÖStA HHStA RHR Gratialia et Feudalia Ärzte- und Arzneiprivilegien, zu den Beständen siehe Gross, Reicharchive (wie Anm. 34), S. 305 und 307, zu den Fabrikprivilegien Ders., Die Reichshofratsakten zur Geschichte der deutschen Untersuchung [!], in: Carl Brinkmann (Hrsg.), Zur Wirtschaftsgeschichte der deutschen Unternehmung (Schriften der Akademie für Deutsches Recht, Gruppe Wirtschaftswissenschaften, Heft 5), Berlin 1942, S. 65–97, hier S. 95–97.

die ‚Gewerbe-, Fabriks- und Handlungsprivilegien' etwas stärkeres Interesse in der Forschung gefunden. Die Erteilungszuständigkeit wurde dabei in der Forschung unisono ausschließlich mit dem Reichshofrat in Verbindung gebracht.[259] Machen wir also auch hier die Probe aufs Exempel mittels der gleichen Methode, die bei den Druckprivilegien angewandt wurde.

Bei den Arzneiprivilegien sollen dafür die 59 Akten der beiden ersten Kartons dieser Serie die Untersuchungsgrundlage bilden, also die in dieser Serie überlieferten Akten zu den Petentennamen mit den Anfangsbuchstaben A–D.[260] Von den in diesen 59 Akten dokumentierten Privilegierungsfällen, die den Zeitraum von 1536 bis 1790 abdecken, lässt sich einer aus dem Jahr 1536 nicht zuordnen,[261] zwei von 1626 und 1633 wurden vom Kaiser entschieden,[262] und in zwei Fällen, die sich über einen längeren Zeitraum hinziehen bzw. mehrere Vorgänge umfassen war sowohl der Reichsvizekanzler als auch der Reichshofrat entscheidend beteiligt;[263] in diesem Fall wurde auch beide Instanzen als entscheidend gerechnet. Es bleiben somit 58 Fälle, in denen sich die Zuständigkeit zwischen dem Reichshofrat und dem Reichsvizekanzler aufgeteilt hat. Davon fallen 37 (64 %) auf den Reichsvizekanzler und 21 (36 %) auf den Reichshofrat. Besonders hoch ist die Quote für den Reichsvizekanzler für die Jahre von 1670 bis 1750, in denen in 29 der 34 Fälle (85 %) dem Reichsvizekanzler zuge-

---

259 Robert Donath, Ärzte-Privilegien. Regesten aus dem Wiener Staatsarchiv, in: Archiv für Geschichte der Medizin, Bd. 7 (1913/1914), S. 144–148, 297–302 und 355–359, hier S. 145; Ehrenpreis, Kaiserliche Gerichtsbarkeit (wie Anm. 19), S. 61–66; Anja Amend-Traut, The files and exhibits of the imperial chamber court and aulic council as sources of commercial law, in: Heikki Pihlajamäki/Albrecht Cordes/Serge Dauchy/Dave De ruysscher (Hrsg.), Understanding the Sources of Early Modern and Modern Commercial Law. Courts, Statutes, Contracts, and Legal Scholarship (Legal History Library, 25; Studies in the History of Private Law, 14), Leiden/Boston 2018, S. 185–220, hier S. 215; Alexander Jürgen Flechsig, Frühneuzeitlicher Erfindungsschutz. Eine Untersuchung unter besonderer Berücksichtigung der Reichsstadt Augsburg (Augsburger Schriften zur Rechtsgeschichte, 23), Berlin 2013, S. 111; Vincent Demont, ‚Bourgeois d'Empire' et ‚plénitude du pouvoir impérial'. Fabricants privilégiés de Nuremberg entre histoire sociale et histoire de l'Empire, in: Bretschneider/Duhamelle, Le Saint Empire (wie Anm. 16), S. 115–130, hier S. 119; Ders., Gerichtsvielfalt im Gewerbealltag? Kayserlich-privilegierte Stümper und städtische Apotheker in und um Nürnberg zu Beginn des 18. Jahrhunderts, in: Anja Amend-Traut/Josef Bongartz/Alexander Denzler/Ellen Franke/Stefan Andreas Stodolkowitz (Hrsg.), Unter der Linde und vor dem Kaiser. Neue Perspektiven auf Gerichtsvielfalt und Gerichtslandschaften im Heiligen Römischen Reich (QFHG, 73), Wien/Köln/Weimar 2020, S. 279–300. Siehe auch dessen Beitrag in diesem Band.

260 ÖStA HHStA RHR Gratialia et Feudalia Ärzte- und Arzneiprivilegien, 1 und 2.

261 ÖStA HHStA RHR Gratialia et Feudalia Ärzte- und Arzneiprivilegien, 2-4.

262 ÖStA HHStA RHR Gratialia et Feudalia Ärzte- und Arzneiprivilegien, 1-5 und 1-18.

263 ÖStA HHStA RHR Gratialia et Feudalia Ärzte- und Arzneiprivilegien, 2-6 (1718–1778), und 2-14 (1722–1726).

ordnet werden müssen.[264] Ausweislich dieser Stichprobe war also dessen tatsächliche Zuständigkeit für die Erteilung von Ärzte- und Arzneiprivilegien in diesem Zeitraum noch weitaus größer als die für die Druckprivilegien, während in Übereinstimmung mit den Befunden zu den Druckprivilegien sämtliche Gesuche nach 1750 (8) vom Reichshofrat bearbeitet worden sind.

Bei den ‚Gewerbe-, Fabriks- und Handlungsprivilegien' schließlich dienen die 79 Akten des zweiten Kartons dieser Serie, also die Akten mit den Petentenanfangsbuchstaben Bo–F, als Untersuchungsmenge. Sie erfassen den Zeitraum von 1547 bis 1794.[265] Zahlreiche Akten betreffen die sogenannten Hoffreiheiten für Wiener Handwerker, obgleich deren Privilegien nach der Einrichtung der Österreichischen Hofkanzlei mehrheitlich von dieser ausgestellt worden sind.[266] Die Bewilligungen solcher Hofhandwerkerprivilegien wurden oftmals unter Einbeziehung des Oberhofmarschalls durch den Kaiser oder den Geheimen Rat erteilt. Bei den auf das Reich zielenden Gesuchen sieht man zwar mehrheitlich den Reichshofrat, aber eben auch den Reichsvizekanzler am Werk. Allerdings scheint dessen Anteil an deren Bearbeitung und Entscheidung etwas geringer gewesen sein, als im Falle der Druck- oder gar der Ärzte- und Arzneiprivilegien. Direkt nachweisen lässt er sich nur in vier Akten des ausgewählten Samples, und zwar in den Jahren 1677, 1714, 1716 und 1744.[267]

---

264 Dazu passt, dass auch Uffenbach, Tractatus (wie Anm. 59), S. 165, die Vergabe von Ärzteprivilegien noch der Zuständigkeit des Reichsvizekanzlers zurechnete. Beispiele: Bartholomäus Algarotti, Gesuch um ein ärztliches Privileg (Erledigungsbefehl des Reichsvizekanzlers Leopold Wilhelm von Königsegg vom 17. Juli 1673), ÖStA HHStA RHR Gratialia et Feudalia Ärzte- und Arzneiprivilegien, 1-2; Johann Christoph Amersin, Gesuch um ein ärztliches Privileg, Erledigungsbefehl des Reichsvizekanzlers Johann Adolf von Metsch vom 1. Dezember 1739, ÖStA HHStA RHR Gratialia et Feudalia Ärzte- und Arzneiprivilegien, 1-4; Johann Baptist Baumgarten, Gesuch um ein ärztliches Privileg, Erledigungsbefehl des Reichsvizekanzlers Friedrich Karl von Schönborn vom 8. Januar 1725, ÖStA HHStA RHR Gratialia et Feudalia Ärzte- und Arzneiprivilegien, 1-13; Johann Michael Baumgarten, Gesuch um ein ärztliches Privileg, Erledigungsbefehl des Reichsvizekanzlers Dominik Andreas I. von Kaunitz vom 17. Dezember 1703; Michael Anton Belloste, Gesuch um ein Privileg für seine merkurialischen Pillen, Erledigungsbefehl des Reichsvizekanzlers Rudolph Joseph von Colloredo vom 13. Oktober 1746, ÖStA HHStA RHR Gratialia et Feudalia Ärzte- und Arzneiprivilegien, 1-13.

265 ÖStA HHStA RHR Grat Feud Gewerbe-, Fabriks- und Handlungsprivilegien, 2.

266 Vgl. Herbert Haupt, Das Hof- und hofbefreite Handwerk im barocken Wien 1620 bis 1770. Ein Handbuch (Forschungen und Beiträge zur Wiener Stadtgeschichte, 46), Innsbruck 2007, S. 16–26.

267 Johann Corduba, Gesuch um ein Hofmalerprivileg, Erledigungsbefehl des Reichsvizekanzlers Leopold Wilhelm von Königsegg vom 10. November 1677, ÖStA HHStA RHR Grat Feud Gewerbe-, Fabriks- und Handlungsprivilegien, 2-2-11; Michael Erhard, Gesuch betr. die Herstellung und den Handel mit Salpeter, Erledigungsbefehl des Reichsvizekanzlers Friedrich Karl von Schönborn vom 26. November 1714, ÖStA HHStA RHR Grat Feud Gewerbe-, Fabriks- und

6. Jus, jus et nihil plus? Ergebnisse und Thesen

Die in zahlreichen Einzelpublikationen, Überblicksdarstellungen bis hin zu Lexikonartikeln kolportierte Ansicht von der alleinigen oder ausschließlichen administrativen Zuständigkeit des Reichshofrats für die Vergabe der kaiserlichen Privilegien und Gnaden ist falsch. Der forschungsgeschichtliche Ursprung dieser Fehlansicht liegt in terminologischen Unschärfen bzw. ungenügend reflektierten Untersuchungen über die Zuständigkeitsdifferenzen zwischen Reichskammergericht und Reichshofrat in der Take-Off-Phase der modernen Reichshofratsforschung im letzten Drittel des 20. Jahrhunderts. Indem diese Fehlmeinung ein Alleinstellungsmerkmal des Reichshofrats definierte, verhalf sie jenem jüngeren Zweig der Reichsgerichtsforschung, aus dem übermächtigen Schatten der Reichskammergerichtsforschung herauszutreten.[268] Je mehr es sich forschungsstrategisch als gleichermaßen notwendig wie nützlich erwies, den Reichshofrat auch auf diese Weise stärker zu profilieren, desto mehr verfestigte sie sich. Die vermeintlich eindeutige normative Regelung der Reichshofratsordnung von 1654 sicherte sie ab. Aufgrund der in der Reichshofratsforschung bis heute bestehenden Defizite im Zusammendenken von Vorgang, Geschäftsgang, Aktengenese und archivischer Überlieferungsbildung[269] blieben Denkräume für alternative Überlegungen versperrt.

Dass der Reichshofrat nicht nur kontradiktorische Fälle, sondern auch sämtliche Privilegien- und Gnadensachen durch formalisierte Verfahren bearbeitet und weitgehend auch entschieden haben soll, ließ sich überdies auf willkommene Weise in disziplinenübergreifende Argumentationsmuster der allgemeinen Reichshofratsforschung einpassen, die lange Zeit die Tendenz hatte, den Siegeszug des Prinzips von gesellschaftlicher Befriedung durch Recht in Praktiken des Reichshofrats nachzuweisen und diesen gar zum Vorreiter derartiger Mo-

---

Handlungsprivilegien, 2-5-11; Johann Leonhard Brebis, Gesuch um ein Privileg zur Führung eines Landapotheke, Erledigungsbefehl des Reichsvizekanzlers Friedrich Karl von Schönborn vom 18. September 1716, ÖStA HHStA RHR Grat Feud Gewerbe-, Fabriks- und Handlungsprivilegien, 2-1-8; Tobias Fetscher, Gesuch um Bestätigung eines Privilegs über die Produktion von französischen Karten, Erledigungsbefehl des Reichsvizekanzlers [Johann Georg von Königsfeld] vom 18. Juli 1744, ÖStA HHStA RHR Grat Feud Gewerbe-, Fabriks- und Handlungsprivilegien, 2-5-7.

268 Jüngere Bilanzen, auch mit Spiegelungen zur Reichskammergerichts- und Justizforschung: DENZLER/FRANKE/SCHNEIDER, Einleitung, in: Dies., Prozessakten (wie Anm. 25), S. 1–29, sowie zuletzt Anja AMEND-TRAUT, Nils JÖRN, Tobias SCHENK, Zentralgerichtsbarkeit im Heiligen Römischen Reich Deutscher Nation in transnationaler Perspektive, In: Zeitschrift für Neuere Rechtsgeschichte 45 (2023), S. 97–126. Siehe auch die Einleitung zu diesem Band.

269 Vgl. dazu etwa die Überlegungen von SCHENK, Unbeobachtet vorübergegangen (wie Anm. 111).

dernisierungsvorgänge zu erheben.[270] Aus der sich mehr und mehr entfaltenden Reichshofratsforschung, der mit der Etablierung eines längerfristigen Aktenerschließungsprojekts zu Beginn des 21. Jahrhunderts der entscheidende emanzipatorischen Schritt gegenüber der Reichskammergerichtsforschung gelang,[271] transportierte sich jene Fehlansicht allen gegenteiligen Hinweisen der in anderen Hinsichten durchaus rezipierten Reichspublizistik wie der älteren Forschung (vor allem Groß) zum Trotz ungebrochen in die frühneuzeitliche Reichsforschung. Sie war inzwischen so wirkmächtig geworden, dass Erteilungen über den Reichsvizekanzler als Ausnahmefälle, als Umgehung vermeintlich reichshofrätlicher Befugnisse galten.[272] Sogar in Spezialforschungen wurde sie nicht mehr angezweifelt, selbst dort nicht, wo dezidiert mit Akten gearbeitet worden ist (z. B. Forschungen zu Druckprivilegien, Supplikenforschung), die sie auf eigentlich kaum zu übersehne Weise widerlegen.

Dazu hätte es freilich keiner einzigen Akte gebraucht; die Kombination zahlreicher seit mehreren Hundert Jahren in gedruckter Form zugänglicher Aussagen der Reichspublizistik mit Ergebnissen der älteren Forschungsliteratur (Groß) hätte dafür schon genügt. Insofern bestehen weite Teile des vorliegenden Beitrags lediglich aus der Rekapitulation eines eigentlich schon erreichten, aber aus den angedeuteten Ursachen in der neueren Forschung nicht mehr präsenten und von ihr zugedeckten Erkenntnisstandes. Nimmt man die archivalischen Quellen hinzu, vor allem auch das, was sie über Quantitäten verraten, so ergibt sich, dass von den massenhaft erteilten kaiserlichen Privilegien und Gnaden in den ca. 250 Jahren von 1559 bis 1806 deutlich weniger als die Hälfte, vermutlich eher rund ein Drittel, über den Reichshofrat erteilt worden sind.

An diesem Generalbefund, der nur mit einem Aufwand, der diesen Beitrag bei weitem überlastet hätte, präziser gefasst werden könnte, zumindest an seinem ersten Teil, würde sich kaum etwas ändern, wenn weitere Arten von Privilegien und Gnaden einbezogen worden wären. Zu denken ist hier etwa an die zumeist hierzu gezählten Volljährigkeitserklärungen und Erteilungen von Vormundschaften, die relativ häufig, vor allem auch in Zusammenhang mit gerichtlichen Auseinandersetzungen ausgestellt worden sind. Für diese finden sich deshalb außer in den entsprechenden Selektserien des Teilbestands ‚Gratialia

270 Siehe auch unten bei Anm. 282.

271 Vgl. Wolfgang Sellert, Projekt einer Erschließung der Akten des Reichshofrats, in: Ders. (Hrsg.), Reichshofrat und Reichskammergericht. Ein Konkurrenzverhältnis (QFHG, 34), Köln/Weimar/Wien 1999, S. 199–210; Ders., Vorwort, in: Ders./Ortlieb, Alte Prager Akten, Bd. 1 (wie Anm. 149), S. 7–17; Leopold Auer, Wolfgang Sellert und das Projekt zur Erschließung der Prozessakten des Reichshofrats, in: Schumann, Justiz und Verfahren (wie Anm. 19), S. 21–30.

272 Siehe oben Anm. 210.

et Feudalia'[273] auch viele Beispiele in den Judizialakten. Nach gegenwärtigem Kenntnisstand sind sie wohl zum allergrößten Teil auf das Konto des Reichshofrats zu verbuchen, zumindest im 18. Jahrhundert.[274] Das gilt auch für die in diesem Band von Anja Amend-Traut gründlich analysierten Schuldenmoratorien und die von Ulrich Eisenhardt behandelten Marktprivilegien. In diesen Fällen ergab sich die administrative Zuständigkeit des Reichshofrats in der Tat aufgrund der sachlichen Notwendigkeit einer rechtlichen Vorprüfung, wobei Beteiligungen anderer Hofstellen keinesfalls ausgeschlossen waren. Bei den sehr hochwertigen Privilegien, zum Beispiel bei Appellationsprivilegien, Universitätsprivilegien oder Zollprivilegien (bei deren Vergabe sogar die Kurfürsten hinzugezogen werden mussten), bestand diese Notwenigkeit zwar auch. Allerdings hatten derartige Privilegien in der Regel so weitreichende gesellschaftliche und politische Konsequenzen, dass entsprechende Vorgänge – ähnlich wie bei politisch relevanten Justizfällen[275] – in letzter Konsequenz stets in herrschernahen Zirkeln beraten und entschieden worden sind.[276] Anders als bei den massenhaft erteilten Gnaden und Privilegien entziehen sich diese Privilegierungsvorgänge einer simplen Reduktion der Zuständigkeitsfrage auf einzelne Funktionsstellen des Hofsystems für Reichssachen. Das agierte in solchen Fällen in aller Regel komplementär, jedoch mit deutlicher Zurichtung auf dessen Spitze.

Es muss jedoch nochmals betont werden, dass alle diese hier nicht näher behandelten Privilegien, so bedeutend sie im Einzelnen waren, gegenüber den in diesem Beitrag untersuchten massenhaft erteilten Gnaden und Privilegien zahlenmäßig kaum ins Gewicht fallen. Sie können das Gesamtbild der Zuständig-

---

273 Die beiden Selektserien sind ÖStA HHStA RHR Gratialia et Feudalia Veniae aetatis et consensus matrimonii mit 411 und ÖStA HHStA RHR Grat Feud Tutoria et curatoria mit 586 Akten.

274 Noch gegen Ende des 17. Jahrhunderts scheinen Gesuche um Volljährigkeitserklärungen gelegentlich vom Reichsvizekanzler beschieden worden zu sein, so etwa die Venia aetatis für Joseph von Coswarem et Nielle durch den Reichvizekanzler Gottlieb Amadeus von Windisch-Graetz laut dessen Erledigungsbefehl vom 1. August 1695, ÖStA HHStA RHR Grat Feud Veniae aetatis et consensus matrimonii 3-7, oder die Venia aetatis für Graf Christoph Franz Eusebius von Friedberg und Trauchburg durch den Reichsvizekanzler Leopold Wilhelm von Königsegg laut dessen Vermerk vom 20. Januar 1690, ÖStA HHStA RHR Grat Feud Veniae aetatis et consensus matrimonii 3-27. Im 18. Jahrhundert dürfte das zur Seltenheit geworden sein, siehe die Beschwerde von Senckenberg 1766, oben bei Anm. 80.

275 Siehe oben Anm. 82.

276 Ulrich Eisenhardt, Kaiserliche Gerichtsprivilegien. Ihre Bedeutung für die Entwicklung der Rechtspflege im Alten Reich (QFHG, 78), Wien/Köln 2023, S. 273–296 („Die Erteilung von Gerichtsprivilegien durch den Reichshofrat"), bietet dezidierte Analysen reichshofrätlicher Gutachten bei Gesuchen um Appellationsprivilegien (S. 275–296: „Die Erteilungspraxis des Reichshofrats"). Der Einfluss anderer Systemstellen auf die Entscheidungen als auch Hinweise der Reichspublizistik, wonach derartige Privilegien auch ohne Beteiligung des Reichshofrats vergeben worden seien (siehe oben Anm. 91), bleiben freilich außer Betracht.

keiten und Verfahrenswege in Privilegien und Gnadensachen zwar schärfen und abrunden. Sie sollten es aber nicht bestimmen. Seit dem frühen 17. Jahrhundert ist die große Masse der Privilegien und Gnaden vielmehr im Verhältnis von etwa 1:2 entweder über den Reichshofrat oder über den Reichsvizekanzler vergeben worden. Die Untersuchung hat zeigen können, wie sich aus einer durch komplementäre Vielfalt und Herrschernähe geprägten Gemengelage des 16. Jahrhunderts die administrativen Zuständigkeiten für die massenhaft erteilten Privilegien und Gnaden im 17. und 18. Jahrhundert auf diese beiden Hauptwege verteilten. Dabei sind relativ konstante, aber auch sich wandelnde Zuständigkeiten sichtbar geworden. Sieht man einmal von dem schwer einzuschätzenden Einfluss der Petenten selbst ab,[277] war die jeweilige Zuständigkeit verknüpft mit einer jeweils unterschiedlichen Form des Verfahrens, die wiederum Zuständigkeiten legitimierte.[278]

Der Weg über den Reichsvizekanzler steht für ein recht persistentes Verfahren, welches dem Prinzip folgt, dass kaiserliche Gnaden möglichst unmittelbar vom Kaiser selbst stammen sollten. Da es in der Tat in jedem Fall der Kaiser war, der auf der Grundlage seiner Reservatrechte die Privilegien vergab und die Gnaden erteilte, könnte man sagen, dass dem Verfahren des Reichsvizekanzlers eine Art archaisch-genuines, also eine Art ursprüngliches, der Sache selbst innewohnendes Prinzip zugrunde lag, wonach Beratung und Entscheidung über Privilegien und Gnaden entweder vom Kaiser selbst oder unter Mitwirkung seines unmittelbaren ‚geheimen' Umfelds erfolgen sollten. Der Reichsvizekanzler war in diesem Umfeld – gewiss nicht in jeder Phase der Geschichte seiner Tätigkeit, aber doch gemäß dem institutionellen Zuschnitt seines Amtes – die prägendste Figur und der wichtigste Berater des Kaisers in Reichssachen auch und gerade in Privilegien- und Gnadenangelegenheiten. Manches davon dürfte er selbst auf kurzem Weg erledigt haben. Fälle *von irgendeiniger Erheblichkeit*[279] musste er zur letzten Entscheidung unmittelbar dem Kaiser vortragen, zunächst wohl mündlich und seit dem früheren 18. Jahrhundert sogar schriftlich. Dieses Verfahren war schwer durchschaubar und wenig formalisiert. Aber es war eben herrschernah. Das legitimierte Zuständigkeiten, Verfahren und die dabei gefällten Entscheidungen, selbst wenn sie der Reichsvizekanzler ohne Herrscherbeteiligung traf.

277 Siehe oben Anm. 115 f.

278 Die Verwendung der Begriffe Verfahren und Legitimation orientiert sich an Barbara Stollberg-Rilinger (Hrsg.), Vormoderne politische Verfahren (Zeitschrift für historische Forschung, Beiheft 25), Berlin 2001; Dies./André Krischer (Hrsg.), Herstellung und Darstellung von Entscheidungen. Verfahren, Verwalten und Verhandeln in der Vormoderne (Zeitschrift für historische Forschung, Beiheft 44), Berlin 2010.

279 Siehe oben Anm. 127.

Den Weg über den Reichshofrat kennzeichnete ein stärker formalisiertes kollegiales Verfahren, dass allmählich die unmittelbare Herrschernähe verlor und in dem andere, moderne Formen seiner Legitimation an deren Stelle traten. Kern dieses Verfahrens und Motor dieser Entwicklung war der Sachzwang einer nur von einem Justizkollegium zu leistende rechtliche Prüfung. Formen struktureller Autonomie, die aus diesem Grund dem Reichshofrat in Justizfällen eingeräumt werden mussten, sind diesem auch bei den Privilegien- und Gnadensachen zugestanden worden, bei denen die Notwendigkeit einer solchen Prüfung a priori bestand, also etwa bei den Privilegienbestätigungen oder bei den zumeist in gerichtlichen Kontexten vergebenen Geleitbriefen. In diesen Fällen erfolgten zumeist autonome Entscheidungen des Reichshofrats selbst. Diese waren zunehmend nicht mehr durch Herrschernähe, sondern durch Verfahren und juristische Expertise legitimiert. Bei den in der sozialen Praxis aber immer wichtiger werdenden gewerblichen Privilegien, die im 18. Jahrhundert allmählich ganz in den Zuständigkeitsbereich des Reichshofrats gerieten, war das Prinzip der Legitimation von herrscherfernen Entscheidungen durch ein formalisiertes Verfahren aber hochumstritten.

Das gilt ganz besonders für die Druckprivilegien, die nach den Standesprivilegien und den Privilegienbestätigungen schon im Laufe des 17. Jahrhunderts zu den am meisten vergebenen Privilegien avancierten. Im 16. und frühen 17. Jahrhundert sind entsprechende Gesuche, die der Reichsvizekanzler ohnehin nicht selbst entschied, dem Reichshofrat oftmals lediglich zur Prüfung überwiesen worden. Die Entscheidungen selbst fielen in der Regel herrschernah, zumeist mit Wiedereinbeziehung des Reichsvizekanzlers.[280] Nachdem dieser die Kontrolle über den reichshofrätlichen Posteingang verlor, begann der Reichshofrat zunehmend, die nunmehr direkt an ihn gelangten Gesuche autonom zu entscheiden. Aus der Reichspublizistik erfahren wir sodann von einem nach der nach der Mitte des 17. Jahrhundert entbrannten Streit zwischen dem Reichsvizekanzler und dem Reichshofrat um die Verfahrenswege. In diesem Streit soll der Reichshofrat in kontradiktorischen Fällen vom Reichsvizekanzler gewährte Druckprivilegien mit dem Argument kassiert haben, sie seien ohne Rechtsprüfung erteilt worden. Die Reichspublizisten des 18. Jahrhunderts, allen voran Johann Jakob Moser, haben diese radikale Methode, die Petenten auf das Verfahren des Reichshofrats einzuschwören, mehrheitlich gutgeheißen und selbst die Petenten aufgefordert, den Weg über den Reichshofrat zu wählen. Sie mussten zwar das alte herrschernahe Verfahren, etwa bei der Erteilung von Standesprivilegien, anerkennen, weil sie den Anspruch hatten, ihr Publikum umfassend zu informieren. Aber dort, wo die Situation offen schien, wo sich Chancen für die Durchsetzung des Prinzips der Entscheidungsfindung durch ein formalisiertes Rechtsverfahren ergaben, haben

280 Siehe oben bei Anm. 250.

sie nicht nur über dieses Verfahren informiert, sondern sich sehr häufig auch als dessen Propagatoren betätigt.[281]

Die Reichspublizistik steht in der Frühneuzeitforschung seit langem und zu Recht sehr hoch im Kurs.[282] Auch für diese Untersuchung haben die Reichspublizisten viele wichtige Hinweise gegeben; sie haben Spuren gelegt, die in der archivalischen Überlieferung weiterverfolgt werden konnten (mussten). Allmählich sollte aber auch einmal kritisch hinterfragt werden, ob deren publizistischer Wille zur Verrechtlichung von staatlichen und obrigkeitlichen Strukturen, nicht vielleicht auch ein Forschungsklima erzeugt hat, in dem eine erhöhte Empfänglichkeit für daraus ableitbare Modernisierungsnarrative die Sensibilität für Mechanismen der Macht nachhaltig gestört oder zumindest fallweise den Blick darauf getrübt hat. Jedenfalls dürfte eine in der Reichshofratsforschung noch zu wenig reflektierte Neigung, vermachtete Strukturen als verrechtlichte zu deuten, ebenfalls dazu beigetragen haben, dass sich die Ansicht über die alleinige Zuständigkeit des Reichshofrats für die Erteilung kaiserlicher Privilegien und Gnaden so stark verfestigen konnte und die Perspektive der Gegenseite bis heute marginalisiert oder vollständig ausgeblendet ist.

Diese äußerte sich aber auch, und zwar vehement und deutlich gewiss nicht zufällig gleich zu Beginn der Regierungszeit Josephs II., der den Anspruch hatte, den Reichshofrat umfassend zu reformieren.[283] Bislang nicht beachteter Teil dieser Reformpläne war es offenbar auch, die inzwischen quasi schleichend gelun-

---

281 Vgl. etwa Erwin Schömbs, Das Staatsrecht Johann Jakob Mosers (1701–1785) (Schriften zur Verfassungsgeschichte, 8), Berlin 1968, S. 276–280.

282 Vgl. zuletzt etwa Wolfgang Burgdorf, Der Einfluss Johann Jacob Mosers (1701–1785) und Johann Stephan Pütters (1725–1807) auf die Ausbildung deutscher Staatsmänner, 1740–1806, in: Georg Eckert/Carola Groppe/Ulrike Höroldt (Hrsg.), Preußische Staatsmänner. Herkunft, Erziehung und Ausbildung, Karrieren, Dienstalltag und Weltbilder zwischen 1740 und 1806 (Veröffentlichungen aus den Archiven Preußischer Kulturbesitz. Forschungen, 21/1), Berlin 2023, S. 203–228; Ders., Wie aus Teutschland Deutschland wurde. Die Bedeutung der Reichspublizistik für die Entwicklung der deutschen Hochsprachen, in: Historische Zeitschrift 316 (2023), S. 535–563. Georg Schmidt, Vaterlandsliebe und Verfassungspatriotismus im frühneuzeitlichen Deutschland, in: Dieter Gosewinkel/Oliver Lepsius/Peter Oestmann (Hrsg.), Vom Reichsbewusstsein zum Verfassungspatriotismus. Zusammengehörigkeit durch Rechtsregeln (Der Staat, Beiheft 27), Berlin 2021, S. 165–187, Diskussion S. 188–196, hier S. 192, meinte kürzlich sogar: „Unser Wissen über das Alte Reich stammt vor allem von der Reichspublizistik." Vgl. kritisch dazu mit dem sehr berechtigten Verweis auf die reichhaltige archivalische Überlieferung und die darauf basierende Forschung die Rezension von Martin Fimpel, in: Zeitschrift für historische Forschung 50 (2023), S. 306 f., hier S. 306.

283 Vgl. Karl Otmar von Aretin, Reichshofrat und Reichskammergericht in den Reichsreformplänen Kaiser Josephs II., in: Bernhard Diestelkamp/Ingrid Scheurmann (Hrsg.), Friedenssicherung und Rechtsgewährung. Sechs Beiträge zur Geschichte des Reichskammergerichts und der obersten Gerichtsbarkeit im alten Europa, Bonn/Wetzlar 1997, S. 51–81.

gene Etablierung der strukturellen reichshofrätlichen Autonomie im Bereich der Gewerbeprivilegien wieder aufzuheben. Joseph II. verlangte, dass der Reichshofrat, der überdies zugeben musste, anstelle der einst tatsächlichen erfolgten rechtlichen Begutachtung lediglich eine formale Überprüfung der Gesuche auf beizulegende Attestate vorzunehmen, erstens überhaupt wieder schriftliche Gutachten anfertigen und insbesondere zweitens diese wieder ihm zur letzten Entscheidung vorlegen sollte. Der Reichsvizekanzler Rudolph Joseph von Colloredo ging wenig später sogar noch einen Schritt weiter. Sein Kernvorwurf lautete ebenfalls, dass der Reichshofrat *ohne Gutachtenserstattung Privilegien über Bücher, Zeitungen, Medicinen glatterdings gleich anderen Judicial Sachen* [...] *erkennen und ausfertigen* ließe. Er fügte aber hinzu, dass *dergleichen Privilegia hauptsächlich als Gratialia und Politica zu betrachten* seien.[284] Er forderte also nicht nur die Begrenzung der strukturellen Autonomie der Reichshofrats für diese Art der Privilegienvergabe, sondern auch die generelle Zuständigkeit der Reichshofkanzlei.

Diese letzte Forderung war keinesfalls völlig aus der Luft gegriffen. Auch auf den stets vom Kaiser, vom Reichsvizekanzler und von einem Sekretär unterschriebenen Privilegien- und Gnadenurkunden manifestierte sich die essentielle Kompetenz der Reichshofkanzlei für Privilegien- und Gnadensachen tausendfach und bis zuletzt auf basale Weise. Während kaiserlichen Urkunden für gewöhnlich von demjenigen Sekretär unterzeichnet worden sind, der für die Konzipierung des Textes verantwortlich war, herrschte im Falle der Privilegien- und Gnadenurkunden das Prinzip, dass diese stets von dem jeweiligen Geheimen Sekretär unterschrieben werden sollten. Das galt sogar, wenn die Bearbeitung und Entscheidung der Sache im Reichshofrat erfolgte und das Konzept von einem Reichshofratssekretär angefertigt worden war.[285] Aus der Perspektive der Kanzleipraxis und des Geschäftsganges zählten also Privilegien- und Gnadensachen per se und grundsätzlich zu den geheimen Reichssachen.[286]

Zwar konnten sich weder Joseph II. noch der Reichsvizekanzler mit ihren Forderungen durchsetzen. Die Wiederherstellung des alten herrschernahen Verfahrens gelang nicht, ebenso wie Joseph II. etwa zur gleichen Zeit in Form seines Verzichts auf Vota ad imperatorem in reinen Justizangelegenheiten die reichshofrätliche Verfahrens- und Entscheidungsautonomie anerkennen musste.[287] Aber das, was mit den Gewerbeprivilegien geschah, ist erst eine schleichende Entwicklung aus der Spätphase der kaiserlichen Privilegien- und Gnadenverwaltung, ein

284 Siehe oben bei Anm. 241.

285 Siehe oben Anm. 132.

286 Diese alte Anschauung spiegelt sich auch in der oben bei Anm. 36 erwähnten Anordnung des Reichserzkanzlers von 1687, innerhalb des kaiserlichen Reichsarchivs die Politica und die Gnadensachen zusammen und getrennt von den Justizsachen aufzubewahren.

287 Vgl. Leyers, Reichshofratsgutachten (wie Anm. 24), S. 230–235.

neuer Weg, der zwar in die Zukunft wies, aber nur den kleineren Teil der zeitgenössischen Gegenwart für sich hatte. Ebenso wie Nikolaus Thaddäus Gönner sollte sich auch die Forschung den Blick auf den größeren nicht vernebeln lassen: *Privilegien können in der Regel 1) nur vom Kaiser ertheilt werden und es gehört 2) zur Ausnahme, dass der Reichshofrath Druckprivilegien* [...] *ohne Anzeige an den Kaiser verleihet.*[288] Es waren nicht die nach struktureller Autonomie strebenden Verfahrenspraktiken des Reichshofrats, in denen sich „die kaiserliche Gnadengewalt konkretisierte",[289] sondern herrschernahe Verfahrens- und Entscheidungspraktiken, die die kaiserliche Privilegien- und Gnadenvergabe von ihren Anfängen an prägten und die sich bis zum Schluss im Verfahren des Reichsvizekanzlers konserviert haben. Wer sich – auf welchem Weg auch immer – beim Kaiser um ein Privileg oder dessen Gnade bemühte, der stellte deshalb auch keine ‚Anträge' und sollte auch nicht als ‚Antragsteller' bezeichnet werden, wie es in der Forschung nahezu durchweg üblich ist. Denn der Kaiser war keine Behörde, und es bestand kein Recht auf Erledigung. Kaiserliche Gnaden wurden nicht ‚beantragt', sie wurden erbeten. Diejenigen, die das taten, traten nicht als ‚Antragsteller' auf, sondern stets als Bittsteller, Petenten oder Supplikanten. Ihre diesbezüglichen schriftlichen oder mündlichen Eingaben waren keine ‚Anträge', sondern Bitten, Gesuche oder Suppliken. Aus der Perspektive dieses Beitrags ergibt sich wohl auch der Auftrag, die in der Forschung gelegentlich schon kritisierte These, wonach der Reichshofrat „das eigentliche Regierungskollegium des Heiligen Römischen Reiches" gewesen sei,[290] gründlich zu überdenken.[291]

---

288 Nikolaus Thäddäus GÖNNER, Teutsches Staatsrecht, Landshut 1804, S. 465. Privilegien- und Gnadensachen, die der Reichshofrat autonom entscheiden durfte, galten ohnehin als weniger wichtig, vgl. die oben bei Anm. 92 zitierte Ansicht von Gerstlacher, sowie insbesondere Karl Friedrich HÄBERLIN, Handbuch des Teutschen Staatsrechts, Bd. 2, Berlin 1794, S. 488: *Geringfügigere Privilegien ertheilt der R.H.R. kraft seines dazu habenden Auftrags ohne Anfrage bey dem Kaiser, wichtigere werden indessen entweder unmittelbar bey dem Kaiser oder dem Reichsministerio nachgesucht, oder es muß doch wenigstens deshalb ein R.H.R. Gutachten erstattet werden.*

289 Siehe oben Anm. 25.

290 Siehe oben Anm. 8.

291 Vgl. dazu die Überlegungen von Eva ORTLIEB in diesem Band.

II. ERSCHLIESSUNG: STAND UND PERSPEKTIVEN

Sonja Donabaum

Der Erschließungsstand der Reichsarchive im Wiener Haus-, Hof- und Staatsarchiv (HHStA)

Bilanz und Ausblick

Der Ordnungs- und Erschließungszustand der aus Archivalien der obersten Behörden des Heiligen Römischen Reichs bestehenden sogenannten Reichsarchive war bereits in zeitgenössischen Korrespondenzen der Kanzleiangehörigen ein häufiger Gegenstand von Diskussionen. Während in einer Note zu den Mängeln in der Reichskanzleiregistratur vom 23. Februar 1750 darauf hingewiesen wird, *daß des Reichs-archiv Unordnung stets hinfürdauert, und wo nicht zeitlichen Rath geschaffet wird, die Unordnung unheilbar werden dürfte,*[1] wird in einem Schreiben vom Oktober 1765 gar davon berichtet, dass *aus Abgang des hinlänglichen Raums die älteren wichtigsten Schrifften in bemelter Unordnung auf der Erde im Staub*[2] liegen würden. Heute ist man von dieser dramatisch beschriebenen prekären Lagerung der Archivalien im Staub des Speicherbodens zum Glück weit entfernt, da die Reichsarchive seit jeher zu den am gründlichsten geordneten und tiefsten erschlossenen Bestandsgruppen des HHStA gehören.

In Anbetracht der *unvergleichlich beträchtlichen, bey der Reichs Canzley kein Beyspiel findende*[n] *Anzahl der zeitherigen Vorfallenheiten, Geschäfften, und somit sich täglich mehr und mehr häuffenden Schrifften*[3] wurden 1764/65 in der Reichskanzlei Forderungen zur Anstellung eines Archivars mit ausreichend Hilfspersonal zur Ordnung des Reichsschriftguts laut.[4] Die Bestellung eines eigenen Reichsarchivars scheiterte zwar an fehlenden Geldmitteln, dennoch besserte sich der Ordnungs- und Erschließungsstand der Registraturen in den letzten 40 Jahren des Alten Reichs erheblich, denn es wurden zahlreiche Findbehelfe und Amtsbücher von den zuständigen Registratoren geschaffen.[5] Auch heute binden

1 Österreichisches Staatsarchiv, Haus-, Hof- und Staatsarchiv (künftig: ÖStA HHStA) RHR RK Verfassungsakten RK, K. 43, Konv. 4: Note betreffend die Ergänzung des Reichsarchivs, 23. Februar 1750, unfol.

2 ÖStA HHStA RHR RK Verfassungsakten RK, K. 43, Konv. 4: Gebrechen des Reichsarchivs und deren Abstellung sowie bessere Einrichtung durch mehr Personal, Oktober 1765, unfol.

3 Ebd.

4 ÖStA HHStA MEA Reichskanzlei und Taxamt, K. 76a, Konv. 2: Reichsvizekanzler Colloredo an Mainzer Erzkanzler betreffend Gebrechen der Reichskanzlei, 5. Mai 1764, unfol.

5 Lothar GROSS, Die Geschichte der deutschen Reichshofkanzlei von 1559 bis 1806 (Inventare

die Reichsarchive einiges an Arbeitskraft im HHStA: Die für die Bestandsgruppe Reichsarchive zuständige Referentin erhält dabei bei der Verzeichnung der Aktenserien des kaiserlichen Reichshofrats wertvolle Unterstützung von zwei Mitarbeitern eines von der Niedersächsischen Akademie der Wissenschaften zu Göttingen in Kooperation mit dem ÖStA und der Universität Wien laufenden Projekts.[6]

Die in der internen Aufstellung mit den Ordnungszahlen I bis III gekennzeichneten Reichsarchive zählen mit ihren rund 22.000 Objekteinheiten zu den größten und am meisten beforschten Beständen des HHStA. Die Reichsarchive sind eine von elf Bestandsgruppen des HHStA und setzen sich aus den Registraturen der obersten Wiener Reichsbehörden, nämlich dem Bestand ‚Reichshofrat' und dem Bestand ‚Reichskanzlei', sowie dem Bestand ‚Reichshofrats und Reichskanzlei – Verfassungsakten' zusammen. Weiters umfassen die Reichsarchive den Bestand des aus der Geschäftstätigkeit der Kurfürsten von Mainz als Reichserzkanzler erwachsenen ‚Mainzer Erzkanzlerarchivs' und den Bestand ‚Reichskammergerichtsakten – Wetzlarer Akten', der Schriftgut zu den ehemaligen österreichischen Territorien des Alten Reichs (Salzburg und Trient) enthält.[7]

1. Bestandsgeschichte

Die in der Archivtektonik suggerierte Trennung von Reichshofrat und Reichskanzlei entspricht nicht der zeitgenössischen Kanzleirealität der Registratur, da die Reichskanzlei auch als Expeditions- und Kanzleibehörde für den Reichshofrat fungierte und somit alle Aktenstücke durch die Reichskanzlei liefen. Die heute aufrechte Tektonik lässt sich auf die Teilung der Verwaltungskompetenzen für die Registraturen der nach dem Ende des Reichs obsolet gewordenen Reichsbehörden zurückführen: Im Jahr 1807 wurden die politischen Akten (Registratura actorum publicorum, Publica) dem bereits im HHStA verwahrten Hausarchiv zugeschlagen, während die Judizial-, sowie die Gratial- und Lehensregistratur von einer eigenständigen Aktenkommission (1807–1840) verwaltet wurde.[8] Die Dreiteilung der Reichsregistraturen in Publica, Judizialakten sowie Gratial- und Lehenssachen hatte der Mainzer Erzkanzler als nomineller Behördenchef

österreichischer staatlicher Archive, V. Inventare des Wiener Haus-, Hof- und Staatsarchivs, 1), Wien 1933, S. 236 f., 301.

6 http://reichshofratsakten.de (abgerufen am 18. September 2023).

7 https://www.archivinformationssystem.at/detail.aspx?id=17 (abgerufen am 18. September 2023).

8 Gross, Die Geschichte der deutschen Reichshofkanzlei (wie Anm. 5), S. 305. Vgl. hierzu Ulrich Rasches Beitrag in diesem Band.

1687 angeordnet.[9] Tatsächlich wurden jedoch nur die Publica separiert und die Judizial- mit der Gratial- und Lehensregistratur zusammengefasst;[10] eine Ordnung, die sich bis heute in der Trennung der Bestände der Reichskanzlei (ehemalige Publica) und des Reichshofrats (Judizial-, Gratial- und Lehensregistratur) widerspiegelt.

Nach dem Erlöschen des Heiligen Römischen Reichs kam das Schriftgut der ehemaligen Reichsbehörden 1807 an das Hausarchiv bzw. die eigens durch Patent Franz II. eingerichtete Hofkommission zur Verwaltung der reichshofrätlichen Akten. Es verblieb zunächst aber nur kurz in deren Obhut: In den Wirren der napoleonischen Ära wurden die Reichsarchive 1809 von französischen Truppen nach Paris verschleppt.[11] In den Jahren 1815/16 kehrten die Reichsarchivalien teilweise in grober Unordnung wieder zurück nach Wien, wo sie erneut den beiden zuständigen Institutionen, der Aktenkommission und dem Staatsarchiv, übergeben und in einen annehmbaren Ordnungszustand gebracht wurden.[12] Die Kommission wurde mit kaiserlicher Entschließung vom 9. August 1836 aufgelöst und beendete ihre Tätigkeit schließlich 1840. Zunächst war die Hof- und Staatskanzlei für die von der Kommission betreuten Akten zuständig, bevor die ehemalige Reichshofratsregistratur vom k. k. Ministerium des Äußern am 11. Februar 1849 zu einer Filiale des Staatsarchivs erklärt wurde. Die endgültige Wiedervereinigung mit dem übrigen Reichsarchiv im HHStA geschah nach der Genehmigung Kaiser Franz Josephs am 6. Mai 1851.[13] Zur gleichen Zeit erhielt das Reichsarchiv Zuwachs durch den Bestand der Reichskammergerichtsakten, deren Aufteilung an die Nachfolgestaaten 1845 beschlossen wurde. 1852 trafen die Österreich zugesprochenen Akten in Wien ein und wurden dem Staatsarchiv

9 ÖStA HHStA RHR RK Verfassungsakten RK, K. 36, Konv. 3: Erzkanzler Anselm Franz von Mainz an Reichsvizekanzler Graf Leopold Wilhelm von Königsfeld betreffend die Trennung der Judizialsachen von den Lehens- und Gnadensachen etc., 21. Februar 1687, unfol.

10 ÖStA HHStA RHR RK Verfassungsakten RK, K. 36, Konv. 9: Rechtfertigung des Kanzleipersonals betreffend Mängel und Gebrechen in der Judizial-, Gratial- und Lehensregistratur, 6. Oktober 1732, unfol.

11 Vgl. dazu Leopold Auer, Die Verschleppung der Akten des Reichshofrats durch Napoleon, in: Thomas Olechowski u. a. (Hrsg.), Grundlagen der österreichischen Rechtskultur. Festschrift für Werner Ogris zum 75. Geburtstag, Wien/Köln/Weimar 2010, S. 1–13.

12 Mit der Ordnung der Bestände waren Nikolaus Wolf, Registrator der Aktenkommission, und später Mathias Nowotny betraut, während für die politischen Akten, die ins Staatsarchiv überführt wurden, der Hausarchivar und spätere Archivdirektor Josef Knechtl zuständig war. Vgl. Gross, Die Geschichte der deutschen Reichshofkanzlei (wie Anm. 5), S. 306.

13 Ludwig Bittner (Hrsg.), Gesamtinventar des Wiener Haus-, Hof- und Staatsarchivs. Aufgebaut auf der Geschichte des Archivs und seiner Bestände, Bd. 1 (Inventare österreichischer staatlicher Archive, V. Inventare des Wiener Haus-, Hof- und Staatsarchivs, 4), Wien 1936, S. 278–280; Gross, Die Geschichte der deutschen Reichshofkanzlei (wie Anm. 5), S. 306.

angegliedert.[14] Ebenfalls im Jahr 1852 gelangte auf Initiative des Staatsarchivars Joseph Chmel das Archiv des Erzbischofs von Mainz, das auf seine Funktion als Reichserzkanzler zurückzuführen ist, an das Staatsarchiv.[15] Seit der Errichtung des Archivgebäudes am Minoritenplatz (1899–1901) befinden sich die reichsarchivischen Bestände, abgesehen von kurzen kriegsbedingten Auslagerungen, auch räumlich vereinigt im Speicher des HHStA.

2. Definitionen archivischer Erschließung

Wenn man einen Beitrag zum Erschließungsstand der Reichsarchive verfasst, tut man gut daran, sich zuerst mit dem Erschließungsbegriff generell auseinanderzusetzen. Dabei stellt man recht bald fest, dass diesbezügliche Definitionen recht mager ausfallen. Hoffnungen auf entsprechende Definitionen in den deutschsprachigen Bundesarchivgesetzen wurden rasch zerstreut; so erwähnt das deutsche Bundesarchivgesetz[16] Erschließung mit keinem Wort. Das österreichische Bundesarchivgesetz nennt „Erschließen" immerhin im Rahmen einer Definition des „Archivierens"[17] und impliziert das Erschließen damit als einen zentralen Aufgabenbereich eines Archivs, ebenso wie das Archivierungsgesetz der Schweiz, das „Erschliessung" zu den „weitere[n] Aufgaben des Bundesarchivs" zählt.[18]

Wendet man sich den Veröffentlichungen in den deutschen Archivwissenschaften zu, ist im Zusammenhang mit Erschließung vor allem das Begriffspaar „Ordnung und Verzeichnung" präsent. Johannes Papritz und Angelika Menne-Haritz arbeiten in ihren Abhandlungen zur Erschließung weitgehend mit diesem Begriffspaar, wobei Papritz unter Erschließung eine über die inhaltliche Verzeichnung hinausgehende Aufbereitung von Archivgut wie z. B. die Herstel-

14 Bittner, Gesamtinventar des Wiener HHStA (wie Anm. 13), S. 374 f.

15 1845 wurde der Archivoffizial Franz Baumgartner beauftragt, das zu diesem Zeitpunkt in Frankfurt am Main befindliche Mainzer Erzkanzlerarchiv einzusehen, und legte über dessen Ausmaß, Erhaltungs- und Erschließungszustand einen ausführlichen Bericht vor. ÖStA HHStA SB KA, K. 30, Nr. 36 ex 1845: Bericht des Franz Baumgartner über seine Untersuchung des Mainzer Erzkanzlerarchivs, 1845, unfol.; Bittner, Gesamtinventar des Wiener HHStA (wie Anm. 13), S. 385 f.

16 Gesetz über die Nutzung und Sicherung von Archivgut des Bundes (Bundesarchivgesetz – BArchG), https://www.bundesarchiv.de/DE/Content/Artikel/Ueber-uns/Rechtsgrundlagen/rechtsgrundlagen_bundesarchivgesetz.html (abgerufen am 21. September 2023).

17 Bundesgesetz über die Sicherung, Aufbewahrung und Nutzung von Archivgut des Bundes (Bundesarchivgesetz) § 2, 5, https://www.ris.bka.gv.at/GeltendeFassung.wxe?Abfrage=Bundesnormen&Gesetzesnummer=10010143 (abgerufen am 21. September 2023).

18 Bundesgesetz über die Archivierung (Archivierungsgesetz, BGA) 4. Abschnitt, Art. 17, 3, https://www.fedlex.admin.ch/eli/cc/1999/354/de (abgerufen am 21. September 2023).

lung der physischen Benützbarkeit subsumiert.[19] Hier ähnelt sein Erschließungsbegriff jenem der ehemaligen DDR, wo Erschließung als umfangreicherer Prozess verstanden wurde, der folgende fünf Kategorien umfasste: die territoriale und institutionelle Zuständigkeit des Archivs, die Tektonik, die Bestandsbildung gemäß Provenienzprinzips, die innere Ordnung der Bestände und letztendlich die Verzeichnung der Archivalieneinheiten.[20] Eine umfangreiche Definition des Erschließungsbegriffs findet sich schließlich in Angelika Menne-Haritz' Glossar zur Archivterminologie: „Sie [Erschließung] besteht aus den beiden Tätigkeiten der Verzeichnung und Ordnung von Archivgut als Einheit bei der Vorbereitung zu Bereitstellung der Bestände. Dazu gehören die Analyse der Entstehungszusammenhänge und Strukturtypen, die Titelbildung für die einzelnen Verzeichnungseinheiten, der Aufbau der Gliederung und die Eingliederung der einzelnen Verzeichnungseinheiten in die Gesamtstruktur sowie die Darstellung der Geschichte des Bestandes und seiner Entstehungsbehörde in den Zusatzinformationen etwa für die Findbucheinleitung. Ergebnis der Erschließung ist der auswertbare Bestand, repräsentiert im Findbuch."[21]

Bei all den genannten Erschließungsbegriffen steht das Ordnen und Verzeichnen im Vordergrund, um das Archivmaterial für die interessierte Öffentlichkeit zugänglich zu machen. Die Erschließung darf wohl als die Conditio sine qua non für die Bereitstellung des Archivguts bezeichnet werden: „Erschließung liefert die bestmögliche Hilfestellung für die Erarbeitung von Antworten aus dem Archivgut, nicht jedoch die Antworten selbst. Erschließung schließt es also im wörtlichen Sinn für die Auswertung auf und öffnet es für die Suche nach Antworten auf jede beliebige Fragestellung."[22]

Eine nachvollziehbare Erschließung mit dem größtmöglichen Interpretationsspielraum für die Benützenden zu gewährleisten, stellt eine der Herausforderungen für jedes Archiv dar, determiniert die Art der Erschließung doch ganz deutlich, in welchem Ausmaß die einzelnen Bestände beforscht werden. Den

---

19 Johannes Papritz, Die archivische Titelaufnahme bei Sachakten (Veröffentlichungen der Archivschule Marburg, 4), 2. überarb. Aufl., Marburg 1971, S. 57–59.

20 Bodo Uhl, Aufgabenänderungen und Bestandsbildung. Erhaltung von Abgabegemeinschaften oder Provenienzbereinigung?, in: Angelika Menne-Haritz (Hrsg.), Archivische Erschließung – Methodische Aspekte einer Fachkompetenz: Beiträge des 3. Archivwissenschaftlichen Kolloquiums der Archivschule Marburg (Veröffentlichungen der Archivschule Marburg, 30), Marburg 1999, S. 197 f.

21 Angelika Menne-Haritz, Schlüsselbegriffe der Archivterminologie. Lehrmaterialien für das Fach Archivwissenschaft (Veröffentlichungen der Archivschule Marburg, 20), 2. überarb. Aufl., Marburg 1999, S. 64.

22 Dies., Erschließung, in: Marcel Lepper/Ulrich Raulff (Hrsg.), Handbuch Archiv. Geschichte, Aufgaben, Perspektiven, Stuttgart 2016, S. 207–217, hier S. 207.

Reichsarchivalien wurde aufgrund der großen Bedeutung, die ihnen traditionell beigemessen wurde, stets hohe Aufmerksamkeit zuteil. Daher ist mit der Ordnungsarbeit der eine Teil der Erschließungsarbeit auf Aktenebene bereits weitgehend geschehen,[23] während es bei der Verzeichnung noch Desiderate gibt. Aus diesem Grund wird sich dieser Beitrag auf den Stand der Verzeichnung in den Reichsarchiven fokussieren.

Die Erschließung im ÖStA basiert auf dem internationalen Erschließungsstandard ISAD(G),[24] der in einer zweiten, überarbeiteten Version am internationalen Archivkongress in Sevilla im August 2000 etabliert wurde. Archivische Verzeichnung (archival description) wird darin wie folgt definiert: „Titelbildung für eine Verzeichnungseinheit und ihre Bestandteile, bei der jede beim Prozeß der Erfassung, Zusammenstellung, Analyse und Ordnung gewonnene Information zur Identifizierung des Archivguts, zur Erklärung des Entstehungskontextes und über die Provenienzstelle von Bedeutung ist."[25]

Die Verzeichnungseinheit soll bestmöglich durch die Verzeichnung repräsentiert werden, wobei jedoch nicht nur inhaltliche Informationen, sondern auch Aspekte des Entstehungszusammenhangs und eine eindeutige Identifizierung relevant sind.

Luciana Duranti versteht die archivische Verzeichnung als ein immanentes Mittel, um mit „preservation" und „communication of archival documents" zwei zentrale Aufgabengebiete eines Archivs abzudecken. Ihre sehr einfach gehaltene Definition nimmt die später in der Erschließungsnorm ISAD(G) aufgestellten Verzeichnungskriterien vorweg: „Thus, the term ‚archival description' literally means writing about archival material, and embraces the ideas of representation, identification and organization."[26] Das Dreigestirn „representation", „identifi-

---

23 Nur innerhalb der einzelnen Judizialakten herrscht teilweise noch eine – vor allem durch die intensive Benützung verursachte – Unordnung. Neuordnungsarbeiten, die über die Einheit des Kartons hinaus- und mit Umsignierungen einhergehen, sind nur mit großer Sorgfalt durchzuführen, da die ausgedehnte Beforschung der Bestände eine Vielzahl an Publikationen hervorgebracht hat und darin veröffentlichte Quellenzitate andernfalls ihre Gültigkeit verlieren würden, was unweigerlich zu Auffindungsproblemen bei der zukünftigen Benützung des Materials führt.

24 Leopold Auer u. a., Richtlinien für die Verzeichnung von Archivgut im Österreichischen Staatsarchiv, S. 2, https://www.oesta.gv.at/dam/jcr:658e6da7-f34e-41d4-aca1-8e4eea901fb1/AIS-Verzeichnungsrichtlinien.pdf (abgerufen am 21. September 2023).

25 Rainer Brüning u. a., ISAD(G) – Internationale Grundsätze für die archivische Verzeichnung (Veröffentlichungen der Archivschule Marburg, 23), 2. überarb. Aufl., Marburg 2002, S. 22, https://www.ica.org/sites/default/files/CBPS_2000_Guidelines_ISAD %28G %29_Second-edition_DE.pdf (abgerufen am 22. September 2023).

26 Luciana Duranti, Origin and Development of the Concept of Archival Description, in: Archivaria 35 (1992), S. 47–54, hier S. 47, 52. Darin findet sich auch eine Zusammenschau über die Entwicklung des Begriffs der „archival description" seit den 1970er Jahren in den USA.

cation“ und „organization“ bildet auch die Essenz der Definition der „archival description“ im englischsprachigen Erschließungsstandard ISAD(G), die in der deutschen Übertragung bereits oben zitiert wurde.[27] In Unterscheidung zur deutschen wird in der englischen Definition explizit auf die Ergebnisse des Erschließungsprozesses (Findmittel) hingewiesen, wie sich in der Definition von „archival description“ im ISAD(G)-Glossar zeigt: „The creation of an accurate representation of a unit of description and its component parts, if any, by capturing, analyzing, organizing and recording information that serves to identify, manage, locate and explain archival materials and the context and records systems which produced it. This term also describes the products of the process.“[28]

3. Erschließung in den Reichsarchiven

Die Produktion von Findmitteln zählte seit jeher zu den zentralen Aufgaben bei der Betreuung der Reichsarchive, vorgegeben durch das Ordnungsprinzip der zeitgenössischen Registraturen. Diese wurden traditionell nach Pertinenzen (Sachbetreffen) abgelegt, die in die heute gültige Archivtektonik übernommen wurden.[29] Entgegen dem Usus einer gut geführten Zahlenregistratur verfügt das Schriftgut der Reichsarchive über keine Aktenzahlen und kaum zeitgenössische Amtsbücher, die die Akten erschließen würden. Die Anfertigung von Findbüchern war also essentiell, um die Archivalien überhaupt benützen zu können. Von den Beständen der Reichskanzlei und des Mainzer Erzkanzlerarchivs zu unterscheiden sind die Judizial-, Gratial- und Lehensregistraturen, die heute unter dem Bestand des Reichshofrats subsumiert werden. Die Ablage der sogenannten Gratialia und Feudalia erfolgte ebenfalls nach dem Pertinenzprinzip und zwar in Form der gewährten Gnade (z. B. Reichslehen deutscher Expedition, Passbrief, Druckprivileg etc.),[30] wurde aber innerhalb der einzelnen Serien alphabetisch nach Antragsteller/in ge-

27 Vgl. Anm. 25.

28 International Council on Archives, ISAD(G): General International Standard Archival Description. Adopted by the Committee on Descriptive Standards, Stockholm, Sweden, 19-22 September 1999, 2. Aufl., Ottawa 2000, S. 10, https://www.ica.org/sites/default/files/CBPS_2000_Guidelines_ISAD %28G %29_Second-edition_EN.pdf (abgerufen am 25. September 2023).

29 Eine Übersicht über die einzelnen Pertinenzen, die heute die verschiedenen Serien bilden, gibt die Archivplansuche des Archivinformationssystems des ÖStA: https://www.archivinformationssystem.at/archivplansuche.aspx (abgerufen am 25. September 2023).

30 Einen Überblick über die 1851 existierenden 71 Unterabteilungen der Reichshofratsregistratur bietet die Aufzählung des Staatsarchivars Andreas Meiller. Vgl. ÖStA HHStA SB KA, K. 34, Nr. 18 ex 1851: Gutachten Meillers über die bisher in der Reichshofratsregistratur durchgeführten Arbeiten, Vorschlag über zukünftige Ordnung des Archivs, Beilage: Übersicht der damaligen Ordnung des Bestands, 12. Februar 1851, fol. 1–37.

ordnet. Bei der etwa 75.000 Prozessakten umfassenden Judizialregistratur (rund 8.600 Archivkartons) wurden die anfallenden Akten ebenso nach dem Namen der Kläger abgelegt. Die elf verschiedenen Judizialserien, die heute in der Archivtektonik abgebildet sind, entstanden einerseits durch die Ablage der Prozessakten in zu Faszikeln geschnürten Rubriken in einzelnen Zimmern (z. B. Serie Obere Registratur) und andererseits durch den leider nicht vollendeten Ordnungsversuch, den Nikolaus Wolf, Registrator der deutschen Expedition der Reichskanzlei, Ende des 18. Jahrhunderts in Angriff nahm. Wolf plante, die Zahl der damals bestehenden neun Judizialserien auf zwei zu reduzieren: erstens auf die Acta currentia, also die noch unentschiedenen Prozesse, die es streng alphabetisch zu ordnen galt, und zweitens auf die Acta decisa, die Akten der erledigten oder seit 1745 nicht behandelten Prozesse.[31] Wolfs Vorhaben konnte aufgrund der Auflösung des Alten Reichs nicht zu Ende geführt werden, sein bei den Ordnungsarbeiten erstellter Findbehelf („Index actorum judicialium" oder populär „Wolfsches Repertorium"), ist jedoch auch heute noch für die Benützung einzelner Judizialserien[32] wesentlich. Im Rahmen eines rund um das Jahr 2000 laufenden Forschungsprojekts wurde das „Wolfsche Repertorium" in einer Excel-Datei erfasst[33] und ist dadurch digital auf der Website des ÖStA einseh- und benützbar.[34]

Nikolaus Wolf, der ab 1807 in den Beamtenstab der reichshofrätlichen Aktenkommission übernommen wurde, zeichnete außerdem für die Ordnung der Archivalien verantwortlich, die 1815/16 nach ihrer Verschleppung nach Paris im Oktober 1809 in einem desolaten Ordnungszustand wieder an das Staatsarchiv kamen. Die Archivare Josef Knechtl und Josef Rosner befassten sich mit der Ordnung und Anlegung von Repertorien zu dem zurückgekehrten Teil der Reichsregistratur, der heute den Bestand der Reichskanzlei umfasst. Weitere Bearbeiter der Reichsarchive waren in Folge Andreas Meiller und unter dessen Leitung Josef Thomayr, Matthias Nowotny sowie Wilhelm Klemm. Ab den 1870er Jahren

31 ÖStA HHStA RHR RK Verfassungsakten RK, K. 40, Konv. 2: Versuch und Plan zu einer Umarbeitung der reichshofrätlichen deutschen Judizialregistratur von dem deutschen Judizialregistranten Nikolaus Wolf, 1792, unfol.

32 Dabei handelt es sich um die Serien Decisa, Obere Registratur, Denegata antiqua und Denegata recentiora.

33 Vgl. Arthur Stögmann, Die Erschliessung von Prozessakten des Reichshofrats im Haus-, Hof- und Staatsarchiv Wien. Ein Projektzwischenbericht, in: Mitteilungen des Österreichischen Staatsarchivs (künftig: MÖSTA) 47 (1999), S. 249–265; Gert Polster, Die elektronische Erfassung des Wolfschen Repertoriums zu den Prozessakten des Reichshofrats im Wiener Haus-, Hof- und Staatsarchiv, in: MÖSTA 51 (2004), S. 635–649.

34 Website des ÖStA/Benutzung/Forschungshinweise/Forschungstipps allgemein/Wolfsches Repertorium (AB I/1) zu den Judicialia des Reichshofrats, https://www.oesta.gv.at/dam/jcr:3b213d4d-fefd-4cfa-b15e-581d4ff05d8b/Wolfsches %20Repertorium %20(AB %20I_1) %20zu %20den %20 Judicialia %20des %20Reichshofrats_ %202.xlsx (abgerufen am 25. September 2023).

arbeitete Gustav Winter mit Unterstützung von Johann Paukert an der Neuordnung und Repertorisierung zahlreicher Serien.[35] Lothar Groß führte nach seinem Archiveintritt 1912 ebenfalls Ordnungs-, Repertorisierungs- und Rekonstruierungsarbeiten in den Reichsarchiven durch, ist aber vor allem durch seine Publikationen in Erinnerung geblieben.[36] So verfasste er nicht nur den Abschnitt über die Reichsarchive im Gesamtinventar des HHStA,[37] sondern legte 1933 eine nach wie vor grundlegende Studie zur Reichskanzlei vor.[38]

Trotz des ambitionierten Ordnungsprojekts von Nikolaus Wolf und den Bemühungen der nachfolgenden Bearbeiter herrschte bei der Erschließung der Bestände des Reichshofrats noch einiger Nachholbedarf, wie in den hauseigenen Akten des HHStA 1934 lamentiert wird: *Der unwürdige Zustand, in dem sich die Akten des Archivs des Reichshofrates seit ihrer Einlieferung in das H. H. u. St. A.* [Haus-, Hof- und Staatsarchiv] *noch immer befinden, und die unzureichenden Fundbehelfe, welche zeitraubendes Nachsuchen in verschiedenen Faszikeln verursachen, wo Auffindung auf den ersten Griff von nöten wäre, haben seit langem den Plan erwägen lassen, die einzelnen Abteilungen einer Neuordnung zu unterziehen* [...].[39]

Die bereits seit Beginn der 1930er Jahre andauernden Ordnungsarbeiten, die in der Erstellung von Zettelkatalogen mündeten, wurden daraufhin intensiviert und nach der Rückkehr der Judizialakten aus ihren kriegsbedingten Auslagerungsquartieren[40] fortgesetzt sowie schließlich 1950 durch Otto Friedrich Winter zum Abschluss gebracht.[41] Winter machte sich während seiner Amtszeit als Refe-

---

35 Bittner, Gesamtinventar des Wiener HHStA (wie Anm. 13), S. 278–283. Genauere Auskunft über die Verdienste der genannten Archivare bietet: Franz Huter, Biographien der Archivbeamten seit 1749, S. 1–166.

36 Groß zeichnete sich 1930 für die Herausgabe eines Regestenwerks zu den Reichsregistern Karls V. verantwortlich, das unter der Mitarbeit von Ludwig Bittner, Karl Hönel, Ivo Luntz, Josef Karl Mayr und Oskar Mitis verwirklicht wurde: Lothar Gross (Hrsg.), Die Reichregisterbücher Kaiser Karls V. Lieferung I: Wien/Leipzig 1913, Lieferung II-VII: Wien/Leipzig 1930. Genaueres zu Groß' Tätigkeiten in den Reichsarchiven findet sich bei: Michael Hochedlinger, Lothar Groß (1887–1944). Zur Geschichte des österreichischen Archivwesens in der ersten Hälfte des 20. Jahrhunderts, in: Archivalische Zeitschrift 89 (2007), S. 45–118, besonders S. 90–94.

37 Lothar Gross, Die Reichsarchive, in: Bittner, Gesamtinventar des Wiener HHStA (wie Anm. 13), S. 275–394.

38 Gross, Die Geschichte der deutschen Reichshofkanzlei (wie Anm. 5).

39 ÖStA HHStA SB KA, K. 234, Nr. 1880 ex 1934: Amtserinnerung zur Neuordnung und Verzettelung der Abteilungen Antiqua und Denegata recentiora, 15. Juni 1934, unfol.

40 Auslagerungsorte der Reichsarchive waren unter anderem die Bankgasse 1 und 8 im ersten Wiener Gemeindebezirk. ÖStA HHStA SB KA, K. 270, Nr. 1778 ex 1940: Unterbringung einzelner Abteilungen während des Kriegs, 1940, unfol.

41 Dabei handelte es sich um die Archivbehelfe (künftig: AB) 236b und 236d für die Judizialserien Antiqua und Denegata recentiora. Beteiligt waren die Archivare Oskar Schmid, Wilhelm Kraus, Lothar Groß und Franz Huter. Die Arbeiten an AB 236b der Antiqua wurden ab 1947 von Jakob

rent für die Reichsarchive 1949–1961 zudem durch die Ordnung der Judizialserie Obere Registratur,[42] die aus ihren niederösterreichischen Auslagerungsorten Markhof und Haitzendorf in großer Unordnung wieder ins HHStA gelangte,[43] und der Ordnung und Anlegung von Stückverzeichnissen für eine Vielzahl der kleineren Gratial- und Feudalserien[44] verdient, die auch heute noch zum größten Teil Gültigkeit besitzen. Zusätzlich wurden zahlreiche andere Serien unter seiner Anleitung von Faszikeln in Kartons umgelegt. Zur Nachverfolgung der neuen Signaturen wurden Konkordanzen erstellt bzw. die sich dabei ergebenen Änderungen in den existieren Findbehelfen nachgetragen,[45] sodass sich beinahe in jedem

---

Seidl und Hanns Leo Mikoletzky fortgesetzt. ÖStA HHStA SB KA, K. 284, Nr. 860 ex 1947; K. 294, Nr. 2427 ex 1950: Berichte zu Arbeiten am Zettelkatalog der Antiqua, unfol.

42 Die rückgeführten Akten der Oberen Registratur wurden 1952–1954 geordnet und in insgesamt 1.996 Kartons umgelegt. ÖStA HHStA SB KA, K. 313, Nr. 3380 ex 1954: Ordnungs- und Sichtungsarbeiten bei der Oberen Registratur 1952–1954, 13. Dezember 1954, unfol.

43 Otto Friedrich Winter, Die ‚Obere Registratur' des Reichshofrates 1938-1954, in: MÖStA 8 (1955), S. 307–321, hier S. 312.

44 Folgende Arbeiten führte Winter bei den genannten Serien durch: Citationes (Neufaszikulierung 1951, AB 66a 1955/56), Commissiones (Neufaszikulierung 1951, AB 66a 1955/56), Confirmationes privilegiorum deutsche Expedition (nach Vorarbeiten von Meiller, Weyda und Paukert vollendet, AB 64/2 1952), Confirmationes privilegiorum lateinische Expedition (Neufaszikulierung 1952), Consensus ad alienandum (Neufaszikulierung 1951), Dispensationes (Neufaszikulierung 1951), Exspektanzen (AB 66a 1955/56), Geleitbriefe (AB 66a 1955/56), Gewerbeprivilegien (Neufaszikulierung 1951), Laienherrenpfründen (Neufaszikulierung, AB 236e 1951), Mandate (AB 66a 1955/56), Moratorien (AB 66a 1955/56), Passbriefe (AB 66a 1955/56), Praebendae regiae (Neufaszikulierung 1951, AB 66a 1956), Privilegia de non appellando (Neufaszikulierung 1951), Privilegia de varii generis und Promotoriales (AB 66c 1956), Mindere Reichslehen (Neufaszikulierung 1951), Fürstliche Thronbelehnungen (Neufaszikulierung 1951), Thronbelehnungen (Neufaszikulierung 1951), Restitutiones (Neufaszikulierung 1951), Salva guardia (Neufaszikulierung 1951, AB 66a 1956), Schutzbriefe (Neufaszikulierung 1951), Tutoria et curatoria (Neufaszikulierung 1951), Veniae aetatis (Neufaszikulierung 1951), Pardon und Aussöhnung (AB 66c 1956), Patentes (Neufaszikulierung 1951, AB 66c 1956), Bücherkommission (Neufaszikulierung 1951), Polizeiwesen (Neufaszikulierung 1951), Postwesen (Neufaszikulierung 1951), Revisiones (AB 66d 1957), Fiskalarchiv (Neufaszikulierung, AB 53a 1957), ÖStA HHStA SB KA HHStA Direktionsakten 8: Sammlung der Tätigkeitsberichte des Haus-, Hof- und Staatsarchivs, 1948–1970.

45 Im Bestand des Reichshofrats waren dies folgende Serien: Badische Akten (Einkartonierung, Korrektur AB 31/4 1955), Antiqua (Einkartonierung 1958/1959), Denegata antiqua (Konkordanz AB 45a, Korrektur AB 45/1 1951), Denegata recentiora (Einkartonierung, Korrektur AB 47/1-2 und AB 48 1957), Judicialia latina (Einkartonierung, Korrektur AB 42 1956), Relationes (Einkartonierung 1959), Vota (Einkartonierung 1959), Reichslehensakten deutsche Expedition (Einkartonierung, Korrektur AB 82/1-7 1953), Protocolla particularia (Einkartonierung 1959), Protocolla rapularia (Einkartonierung 1959), im Bestand der Reichskanzlei: Reichsakten unter Karl VII. (Neufaszikulierung, Korrektur AB 104 1951) und im Bestand des Reichskammergerichts: Wetzlarer Akten (Einkartonierung, Korrektur AB 160 1953), ÖStA HHStA SB KA HHStA Direktionsakten 8: Sammlung der Tätigkeitsberichte des Haus-, Hof- und Staatsarchivs, 1948–1970.

analogen Findmittel des Reichshofrats die Handschrift Winters oder seiner Mitarbeiter finden lässt. Winter beschäftigte sich außerdem mit den Reichsregistern und legte für einen Zeitschriftenbeitrag[46] in den Jahren 1954/55 Regesten zu den Eintragungen im Register Kaiser Ferdinands I. an.[47]

Nach Winters Versetzung in die Abteilung Kriegsarchiv des ÖStA 1961 wurde das Referat der Reichsarchive einerseits in die Bestände Reichskanzlei und Mainzer Erzkanzlerarchiv und andererseits Reichshofrat aufgeteilt; ersteres in die Zuständigkeit von Anna Coreth und zweiteres Hans Wagner übergeben. Während sich Coreth vor allem mit der Anlegung von Kurzregesten zum Maximiliana-Selekt[48] befasste, arbeitete Wagner am Stückverzeichnis der Judizialserie Antiquissima weiter. Nach dem Ausscheiden Wagners aus dem HHStA 1966 bekam Coreth ab 1968 Unterstützung von Leopold Auer bei der Verwaltung der Reichsarchive. Auer widmete sich in seiner Amtszeit vor allem einem Stückverzeichnis für die Fridericiana,[49] führte aber unter anderem auch Ordnungsarbeiten an den Wahl- und Krönungsakten der Reichskanzlei und des Mainzer Erzkanzlerarchivs durch. Nach Coreths Ernennung zur Leiterin des HHStA 1976 allein für die Reichsarchive verantwortlich, stand in den folgenden Jahren bis zu Auers eigener Berufung zum Direktor des HHStA im Jahr 1999 konservatorische Erschließung im Vordergrund, was in der Umlegung von zahlreichen Serien in Kartons resultierte.[50] Von Jänner 2000 bis Oktober 2003 war Michael Hochedlinger der zuständige Bestandsreferent. Er befasste sich vor allem mit einer Revision der gültigen Findbehelfe und infolgedessen mit der elektronischen Erfassung dieser Findmittel. Sein Nachfolger Michael Göbl ging diesen Weg weiter und sorgte

---

46 Otto Friedrich WINTER, Die Register Ferdinands I. als Quelle zu seiner ungarischen Politik, in: MÖSTA 7 (1954), S. 551–582.

47 Helmut FEIGL, Otto Friedrich Winter zum 75. Geburtstag, in: Jahrbuch für Landeskunde von Niederösterreich, Neue Folge, 59 (1993), S. 1–6, hier S. 4. Trotz eingängiger Recherche konnten diese maschinenschriftlich verfassten Regesten nicht in den Beständen des HHStA aufgefunden werden.

48 Die sogenannten Maximiliana sind eine künstlich gebildete Aktenserie, die Schriftstücke aus der Zeit Maximilians I. beinhalten, die aus Beständen der Reichskanzlei, der Kanzlei Erzherzog Sigismunds von Tirol, der Miscellanea der Reichshofratsregistratur, der Abteilung der österreichischen Akten der Reichsregistratur und Nachlässen wie beispielsweise von Maximilians Kanzler Zyprian Sernteiner stammen. Vgl. David FLIRI, Die Maximiliana des Haus-, Hof- und Staatsarchivs in Wien. Der Bestand und seine Verzeichnung in Zeiten der COVID19-Pandemie, in: Mitteilungen des Instituts für Österreichische Geschichtsforschung, (künftig: MIÖG) 131/1 (2023), S. 96–112.

49 Ähnlich wie bei den Maximiliana handelt es sich bei den Fridericiana um ein künstlich angelegtes Selekt, das durch Ausscheiden von Aktenstücken aus der Zeit Friedrichs III. aus den Miscellanea der Reichshofratsregistratur entstanden ist. Vgl. Leopold AUER, Die undatierten Fridericiana des Haus-, Hof- und Staatsarchivs. Erster Teil, in: MÖStA 27 (1974), S. 405–430, zweiter Teil, in: MÖStA 29 (1976), S. 411–435.

50 ÖStA HHStA SB KA HHStA Direktionsakten 8: Sammlung der Tätigkeitsberichte des Haus-, Hof- und Staatsarchivs, 1948–1970; ÖStA HHStA SB KA: Tätigkeitsberichte der Jahre 1971–1997.

nach Einführung des Archivinformationssystems Scope im ÖStA im Jahr 2004 für die Übertragung der elektronisch erfassten Findmittel in das Archivinformationssystem. Die seit 2020 für die Reichsarchive zuständige Referentin und Verfasserin dieses Beitrags ist bemüht, die Erschließungsdesiderate aufzuarbeiten und widmet sich vermehrt den noch nicht im Archivinformationssystem repräsentierten Serien.[51] Die dabei entstandenen Verzeichnungsdaten sind durch das Archivinformationssystem gesammelt an einem Ort für die interessierte Öffentlichkeit einsehbar und durchsuchbar.

4. Quantitative Auswertung der Erschließungsleistung

Das Archivinformationssystem ist heute das zentrale Erschließungs- und Recherchetool des ÖStA und somit prädestiniert für eine quantitative Ermittlung des Erschließungsstands der Reichsarchive. Da die Verzeichnung direkt in der Archivinformationssoftware Scope durchgeführt wird, bildet das Archivinformationssystem immer den tagesaktuellen Verzeichnungsstand ab. Für die interessierte Öffentlichkeit steht eine Außensicht des Archivinformationssystems auf der Website des ÖStA mit verschiedenen Recherchemöglichkeiten (Volltextsuche, Archivplansuche, Feldsuche) zur Verfügung,[52] welche die im internen System aufgenommenen Verzeichnungseinheiten nach der Freischaltung spiegelt.

Für diesen Beitrag wurde der im Archivinformationssystem abgebildete Verzeichnungsstand aller Bestände der Bestandsgruppe Reichsarchive mittels Kategorien bewertet, um eine statistische Auswertung der Verzeichnungstiefe der Reichsarchive zu ermöglichen. Zu Beginn fand insofern eine Einschränkung des drei Speichergeschoße umfassenden Datenkorpus statt, als die rund 2.200 Amtsbücher (Reichsregister, reichshofrätliche Geschäftsbücher, Taxbücher, Kanzleibehelfe) von der Untersuchung ausgenommen wurden. Die Verzeichnung von Amtsbüchern, die in den seltensten Fällen die Tiefe einer aktenmäßigen Erschließung aufweist, lässt sich schwer mit der Verzeichnung von Aktenmaterial vergleichen und hätte eine empfindliche Verzerrung der Ergebnisse nach sich gezogen. Das Datenkorpus besteht somit aus den rund 18.500 Kartons, die das Aktenmaterial der Reichsarchive enthalten. Der Karton wurde als die Einheit ausgewählt, auf der die Quantifizierung basiert, auch wenn man hier aufgrund von unterschiedlicher Größe und Befüllung der Kartons mit einer Schwankungsbreite zwischen 500 und 1.000 Folien konfrontiert ist. In Ermangelung anderer adäquater Einheiten (Anzahl von Aktenkonvoluten bzw. Einzelstücke fallen

51 Dazu zählen u. a. die Serien Münzwesen und Postwesen im Reich, die Judizialserien Relationes und Judicialia latinae expeditionis oder die Reichskammergerichtsakten.

52 https://www.archivinformationssystem.at/suchinfo.aspx (abgerufen am 28. September 2023).

aufgrund fehlender Daten weg) muss auf die Kartoneinheit zurückgegriffen werden. Diese Ausformung ist eine Spezialität des ÖStA und meint lediglich eine Aufbewahrungseinheit im Gegensatz zu einer logischen archivalischen Einheit und fasst eine Anzahl von Verzeichnungseinheiten zusammen.

Grundsätzlich sind alle Bestände der Reichsarchive auf Kartonebene bzw. im Fall der Amtsbücher auf Einzelstückebene im Archivinformationssystem erfasst, in den allermeisten Fällen geht die Verzeichnung sogar darüber hinaus. Dementsprechend wurden zur Auswertung des Datenkorpus folgende Kategorien erstellt, die hier mithilfe eines Beispiels aus der reichshofrätlichen Judizialserie Antiqua veranschaulicht werden:

Tab. 1: Verzeichnungskategorien der quantitativen Untersuchung

Verzeichnungskategorie	Verzeichnungsstand	Beispiel[53]	Signaturbeispiel
0	auf Kartonebene mit Titel der übergeordneten Serie	Antiqua	Antiqua 25
1	auf Kartonebene mit eigenem Titel	Hanau-Lichtenberg	Antiqua 25
2	auf Aktenebene mit eigenem Titel	Hanau-Lichtenberg contra Hanau; Bitte um kaiserliche Verfügungen in Auseinandersetzung um obrigkeitliche Rechte	Antiqua 25-1
3	auf Aktenebene mit eigenem Titel und zusätzlich ausgefüllten Formularfeldern (z. B. Darin, Enthält)	Beilagen zum ersten Antrag Graf Friedrich Kasimirs [von Hanau-Lichtenberg] 1653–1663	Antiqua 25-1
4	auf Aktenebene mit eigenem Titel und Befüllung aller in Frage kommender Formularfelder	Graf Friedrich Kasimir von Hanau-Lichtenberg hat für seine Festung in Hanau eine Verfassung erlassen. Bürgermeister und Rat der Hanauer Alt- und die der Neustadt sind nicht bereit, diese zu akzeptieren, sondern beantragen gegen ihn am Reichskammergericht ein Mandat sine clausula. [...] Graf Friedrich Kasimir bittet den Kaiser, sowohl die Festungsverfassung als auch den Entwurf zur Verteilung der Unterhaltskosten für die Festung auf seine Untertanen zu bestätigen.	Antiqua 25-1

53 ÖStA HHStA RHR Judicialia Antiqua, K. 25, Konv. 1, Hanau-Lichtenberg contra Hanau, 1664–

Verzeichnungskategorie	Verzeichnungsstand	Beispiel[53]	Signaturbeispiel
5	auf Einzelstückebene	Mandat Kaiser Ferdinands III. gegen Bürgermeister, Rat und Bürgerschaft der Neustadt Hanau 1653 02 20	Antiqua 25-1-1

Ausschlaggebend für die Kategorisierung ist einerseits die Tiefe der Erschließung innerhalb des Kartons, veranschaulicht durch die Verzeichnungsstufen (Archivtektonik), andererseits der Titel der jeweiligen Verzeichnungseinheit. Während Akten eine meist bereits beim Registraturbildner entstandene organisatorische Zusammenfassung von Schriftstücken zum selben Gegenstand bilden, handelt es sich beim Einzelstück um die „kleinste, nicht mehr teilbare Einheit", wie z. B. Aktenschriftstück, Urkunde, Plan, Karte oder Bild. Die archivalische Erschließung auf Einzelstückebene ist daher an Tiefe nicht mehr zu übertreffen. Neben der Verzeichnungsstufe ist ein aussagekräftiger Titel essentiell für die Beurteilung des Erschließungsgrads. Der Titel erfasst laut den Verzeichnungsrichtlinien des ÖStA „möglichst präzise die Bezeichnung oder den Betreff einer Verzeichnungseinheit und gibt zusammenfassend Auskunft über deren Inhalt."[54] Basierend auf Erschließungstiefe bzw. Verzeichnungsstufe, Titelbildung und Inhalt der zusätzlich ausgefüllten Formularfelder der Verzeichnungseinheiten wurde der Erschließungsstand des Datenkorpus beurteilt und in eine der sechs genannten Kategorien eingeteilt.

Grundsätzlich bleibt man trotz der Validität suggerierenden Kategorisierung in dieser Untersuchung nicht vor Verzerrungen gefeit, da die Erschließungsqualität trotz gleicher Kategorie recht unterschiedlich sein kann. Das liegt sowohl an den unterschiedlichen Bearbeitern und Bearbeiterinnen als auch an dem herausfordernden Registraturgut, das die Reichsarchive offerieren. Gute paläographische Kenntnisse, ausreichende Fremdsprachenkenntnisse (v. a. Latein, Italienisch, Französisch) und Verständnis der zeitgenössischen Kanzleitradition und -sprache sowie der gängigen Rechtsterminologie sind unverzichtbare Anforderungen bei der Erschließung von Reichsarchivalien. Zusätzlich erschwert der durch Schimmelschäden bedenkliche konservatorische Zustand besonders bei einzelnen Judizialserien (Obere Registratur, Denegata antiqua)[55] die Verzeich-

1666, fol. 1–943, https://www.archivinformationssystem.at/detail.aspx?ID=4211668 (abgerufen am 28. September 2023).

54 Auer, Richtlinien für die Verzeichnung im ÖStA (wie Anm. 24), S. 4 f., 10 f.

55 Aktuell werden die durch Schimmelschäden stark in Mitleidenschaft gezogenen Kartons der Ju-

nung. Aspekte der Bestandserhaltung spielen dementsprechend bei der Auswahl von zu erschließenden Serien eine signifikante Rolle; dazu zählen neben dem Erhaltungszustand der Archivalien auch der Zustand und die Art des Verpackungsmaterials. Die Bemühungen der Einkartonierung der 1950er Jahre entsprechen durch die säurehaltigen Kartons und Umschläge nicht mehr den heutigen Lagerungsstandards für das wertvolle Archivmaterial[56] und werden sukzessive ausgetauscht. Außerdem wird die Entscheidung für oder gegen eine Erschließung dadurch beeinflusst, ob bereits Daten (z. B. einschlägige Findmittel, Digitalisate) existieren, die auf diese Weise im Archivinformationssystem zusammengeführt werden können. Die Schließung des Archivs für den Publikumsverkehr während der Corona-Pandemie führte zu gesteigerten Verzeichnungsarbeiten, da die obligatorischen Homeoffice-Arbeitstage für die Anfertigung von Einzelstückverzeichnissen auf Basis von bereits vorhandenen Digitalisaten genutzt werden konnten.[57] Zudem wurden bis dahin nur analog nutzbare Findbehelfe in das Archivinformationssystem übertragen, die Daten anschließend anhand des Archivguts überprüft und die Archivalien schlussendlich neu in säurefreie Materialien verpackt.[58] Durch diese Bemühungen konnten Verzeichnungsinformationen zu rund 900 Kartons im Archivinformationssystem zur Recherche bereitgestellt werden.

Von diesem Exkurs zu den Auswahlkriterien bei der Erschließung der Reichsarchive nun zurück zum aktuellen Verzeichnungsstand dieser Bestände; das nachfolgende Diagramm veranschaulicht basierend auf Kartoneinheiten den aktuellen Erschließungsgrad mittels der oben erläuterten sechs Kategorien:

Wie das Diagramm eindrücklich illustriert, ist ein Drittel der rund 18.500 Kartons der Reichsarchive nur auf Kartonebene und ohne eigenständigen, also sich vom Serientitel unterscheidenden, Titel (Kategorie 0) im Archivinformationssystem erschlossen. Grundsätzlich betrifft diese große Lücke der Erschließung die Judizialakten des Reichshofrats, insbesondere die Serien De-

---

dizialserie Obere Registratur großflächigen Entschimmelungen mittels Ozonverfahren unterzogen.

56 Vgl. Thorsten Allscher/Anna Haberditzl, Bestandserhaltung in Archiven und Bibliotheken, 7. überarb. und erw. Aufl., Berlin/Wien/Zürich 2021; Maria Kobold/Jana Moczarski, Bestandserhaltung. Ein Ratgeber für Verwaltungen, Archive und Bibliotheken, 3. überarb. und erw. Aufl., Darmstadt 2020.

57 Serie Maximiliana, vgl. Fliri, Die Maximiliana des HHStA (wie Anm. 48).

58 Dabei handelt es sich um die reichshofrätlichen Serien Relationes und Judicialia latinae expeditionis sowie den Bestand der Reichskammergerichtsakten: ÖStA HHStA RHR Judicialia Relationes, https://www.archivinformationssystem.at/detail.aspx?ID=94 (abgerufen am 4. Oktober 2023); ÖStA HHStA RHR Judicialia latinae expeditionis, https://www.archivinformationssystem.at/detail.aspx?ID=86 (abgerufen am 4. Oktober 2023); ÖStA HHStA RKG Wetzlarer Akten, https://www.archivinformationssystem.at/detail.aspx?ID=253 (abgerufen am 4. Oktober 2023).

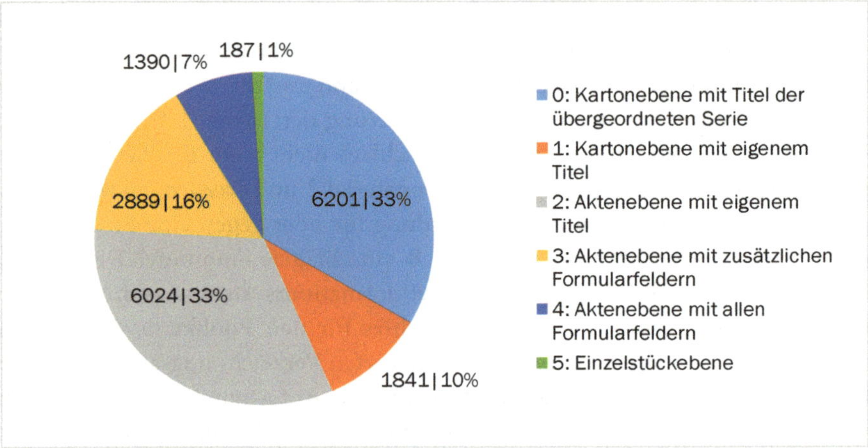

Diagramm 1: Verzeichnungsstand der Reichsarchive im September 2023 (quantifiziert nach Kartoneinheiten)

negata antiqua,[59] Denegata recentiora[60] und große Teile der Decisa[61] sowie der Oberen Registratur,[62] die alleine 6.175 der nur marginal erschlossenen Kartons ausmachen. Das bereits genannte und auf der Website des ÖStA zugängliche Wolfsche Repertorium[63] schafft hierbei jedoch eine gewisse Abhilfe. Die Natur der Verzeichnung innerhalb des Wolfschen Repertoriums erlaubt im Gegensatz zu anderen Findmitteln keine direkte Übernahme in das Archivinformationssystem, sodass dieser große Datenpool nur sukzessive und mit simultan durchgeführter Revisionsarbeit direkt an den Archivalien in die Datenbank integriert werden kann. Unreflektierte Übernahmen von analogen Findmitteln haben leider in der Vergangenheit aufgrund fehlender Evaluierung vereinzelt zur Veröffentlichung von Fehlinformationen in der Datenbank geführt, sodass von diesem Vorgehen Abstand zu nehmen war.

Rund die Hälfte der 1.841 auf Kartonebene mit jeweils individuellem Titel oder Laufzeit (Kategorie 1) erschlossenen Kartons besteht aus der grosso modo in Weisungen und Berichte untergliederten Korrespondenz mit den kaiserlichen

59 ÖStA HHStA RHR Judicialia Denegata antiqua, https://www.archivinformationssystem.at/detail.aspx?ID=89 (abgerufen am 4. Oktober 2023).

60 ÖStA HHStA RHR Judicialia Denegata recentiora, https://www.archivinformationssystem.at/detail.aspx?ID=90 (abgerufen am 4. Oktober 2023).

61 ÖStA HHStA RHR Judicialia Decisa, https://www.archivinformationssystem.at/detail.aspx?ID=91 (abgerufen am 4. Oktober 2023).

62 ÖStA HHStA RHR Judicialia OR, https://www.archivinformationssystem.at/detail.aspx?ID=92 (abgerufen am 4. Oktober 2023).

63 Siehe Anm. 34.

Gesandten aus den deutschen Reichsstädten (Serie Diplomatische Akten[64]) oder auf dem Immerwährenden Reichstag in Regensburg (Serie Prinzipalkommission im Reich[65]) im Bestand der Reichskanzlei. Diese chronologisch gelegten Akten genauer zu verzeichnen, würde einen von einem einzelnen Archivmitarbeitenden nicht zu leistenden Arbeitsaufwand erfordern, wäre doch ein Einzelstückverzeichnis mit regestenartiger Inhaltsangabe die einzig sinnvolle Verzeichnungsart. Hierbei wäre die interessierte Forschung gefragt, auf deren Beitrag man bei einer potentiellen Verzeichnung setzen sollte.

Der zweitgrößte Sektor des Diagramms, das einen Verzeichnungsgrad auf Aktenebene anzeigt (Kategorie 2), wird einerseits durch die Übertragung bereits existierender analoger Findmittel in das Archivinformationssystem während der Amtszeit von Michael Göbl als Referent für die Reichsarchive, andererseits durch die Erschließungsbemühungen der Forschung gespeist. Bis auf wenige Ausnahmen[66] sind nun bereits alle noch gültigen analogen Findmittel der Bestände I Reichshofrat und II Reichskanzlei ins Archivinformationssystem integriert und damit auch außerhalb des HHStA-Lesesaals benützbar. Für den ebenfalls zu den Reichsarchiven zählenden Bestand III Mainzer Erzkanzlerarchiv wurde das auf einem vom Archivar Wilhelm Klemm 1879/1880 angelegten Zettelkatalog (AB III/1)[67] basierende Inventar von Editha Bucher in das Archivinformationssystem eingearbeitet. Dieses Inventar verzeichnet den rund 2.700 Kartons umfassenden Bestand im Wesentlichen bis auf Aktenebene, reicht daher für Bestellungen in den Lesesaal aus und macht eine Integration der weiteren vorhanden Findmittel des Mainzer Erzkanzlerarchivs momentan nachrangig. Somit fußt die im Archivinformationssystem einsehbare Erschließung des Mainzer Erzkanzlerarchivs auf durch die Forschung zur Verfügung gestellten Erschließungsdaten. Projektbestrebungen zur „Inventarisierung des zerstreuten Archivgutes von Kurmainz“ gab es bereits 1973. 1975 wurden die Pläne unter der Federführung des

64 ÖStA HHStA RK Diplomatische Akten, https://www.archivinformationssystem.at/detail.aspx?ID=196 (abgerufen am 4. Oktober 2023).

65 ÖStA HHStA RK Akten der Prinzipalkommission, https://www.archivinformationssystem.at/detail.aspx?ID=217 (abgerufen am 4. Oktober 2023). Eine rudimentäre Verzeichnung bietet Leopold Kammerhofer, Die kaiserliche Prinzipalkommission und der Immerwährende Reichstag in Regensburg 1663 bis 1806, in: Österreichisches Staatsarchiv, Wien, Haus-, Hof- und Staatsarchiv, Reichskanzlei, Akten der Prinzipalkommission des Immerwährenden Reichstages zu Regensburg 1663 bis 1806. Berichte – Weisungen – Instruktionen. Begleitband zur Mikrofiche-Edition mit chronologischem Inhaltsverzeichnis zu den Fiches 1-508, München u. a. 1993.

66 Dabei handelt es sich um folgende Findbehelfe: AB I/1: Wolfsches Repertorium, AB I/23: Repertorium über die Denegata antiqua, AB I/25: Repertorium über die Denegata recentoria, AB I/36 und I/37: Repertorien zu den Reichslehensakten deutscher Expedition, AB II/2 und II/3: Namensindizes zu den Reichsregisterbänden, AB II/26: Generalindex der Reichstaxbücher bis 1606.

67 Bittner, Gesamtinventar des Wiener HHStA (wie Anm. 13), S. 210.

Bundeslands Rheinland-Pfalz bzw. dessen Landesarchivverwaltung konkretisiert und schließlich 1976 bewilligt. Die Inventarisierung erfolgte auf Basis von im HHStA angefertigten Mikrofilmen des AB III/1. Die redaktionelle Überarbeitung leistete anschließend Editha Bucher, wobei abschließend eine Endüberprüfung durch die Archivare Leopold Auer und Leopold Kammerhofer im HHStA stattfand.[68] Ein weiteres Inventar, das aufgrund einer Forschungsleistung in das Archivinformationssystem integriert werden konnte, ist das von Hans-Joachim Koppitz erstellte Verzeichnis der 80 Kartons umfassenden Serie der reichshofrätlichen Druckprivilegien (Serie Impressorien).[69] Zusätzliche Verzeichnungsarbeit bei den kleineren Reichshofrats-Serien Reichslehensakten deutscher Expedition und Primae Preces wurde von den wissenschaftlichen Hilfskräften des Projekts zur Erschließung der Reichshofratsakten geleistet.[70]

Bei der Übernahme von nicht für das Formular des Archivinformationssystems konzipierter Erschließungsdaten ist grundsätzlich aus Kompatibilitätsgründen zumeist nur die Integration von Titel auf Aktenebene und Laufzeit in die Datenbank vertretbar. Zusätzlich ist gerade bei Veröffentlichung von externen Erschließungsdaten ein Augenmerk auf urheberrechtliche Aspekte zu legen und die Publikationsbedingungen sind im Vorfeld abzuklären.

Anders sind die Voraussetzungen, wenn die Verzeichnung archivintern direkt im Archivinformationssystem stattfindet, da sie hier genau auf alle Formularfelder zugeschnitten werden kann. Angestrebt wird hier die im Diagramm als Kategorie 3 geführte Verzeichnung auf Aktenebene, die über die obligatorische Minimalforderung der Verzeichnungsrichtlinien des ÖStA (Signatur, Titel, Zeitraum) hinausgeht.[71] Dabei wird eine Befüllung von zusätzlichen Formularfel-

---

68 Editha Bucher (Hrsg.), Inventar des Mainzer Reichserzkanzler-Archivs im Haus-, Hof- und Staatsarchiv Wien. Aufgrund des Verzeichnisses von Wilhelm Klemm, mit einer Einleitung zur Geschichte des Archivs von Leopold Auer (Veröffentlichungen der Landesarchivverwaltung Rheinland-Pfalz, 54), Koblenz 1990, S. VII, XIII f., XXII.

69 Hans-Joachim Koppitz (Hrsg.), Die kaiserlichen Druckprivilegien im Haus-, Hof- und Staatsarchiv Wien. Verzeichnis der Akten vom Anfang des 16. Jahrhunderts bis zum Ende des Deutschen Reichs (1806) (Buchwissenschaftliche Beiträge aus dem Deutschen Bucharchiv München, 75), Wiesbaden 2008; ÖStA HHStA RHR Grat Feud Impressorien, https://www.archivinformationssystem.at/detail.aspx?ID=112 (abgerufen am 4. Oktober 2023).

70 ÖStA HHStA RHR Grat Feud RLA deutsche Exp., https://www.archivinformationssystem.at/detail.aspx?ID=135; ÖStA HHStA RHR Grat Feud Primae Preces, https://www.archivinformationssystem.at/detail.aspx?ID=151; (abgerufen am 4. Oktober 2023). Vgl. Susanne Gmoser/Ulrich Rasche, Archivalische Quellen zur Praxis des kaiserlichen Rechts der ‚Ersten Bitten' (Jus primarium precum) im Haus-, Hof- und Staatsarchiv Wien, in: Zwischen Archiv und Heraldik. Festschrift für Michael Göbl (Sonderschrift der Heraldisch-Genealogischen Gesellschaft „Adler"), Wien 2019, S. 165–190.

71 Auer, Richtlinien für die Verzeichnung im ÖStA (wie Anm. 24), S. 6.

dern anvisiert, wie z. B. des Felds „Unterteilung/Enthält", das laut ISAD(G) eine Konkretisierung des Betreffs darstellt, oder des Felds „Darin", in das darüber hinaus gehende Beschreibungen von Inhalten oder Formmerkmalen eingetragen werden können.[72] Diese Art der Erschließungsarbeit wurde vor allem von den seit der Einführung des Archivinformationssystems tätigen Archivarinnen und Archivaren geleistet und hauptsächlich bei Beständen umgesetzt, für deren Benutzung keine adäquaten analogen Findmittel zur Verfügung stehen, wie z. B. den Serien Münzwesen[73] oder Postwesen im Reich.[74]

Die Auswahl des passenden Formulars für das jeweilige Archivgut ist ein signifikantes Element bei der Erschließungsarbeit. Im archivinternen Archivinformationssystem Scope stehen für jede Verzeichnungsstufe und jeden Archivalientypus verschiedene Formulare zur Verfügung. Der größten Beliebtheit auf Aktenebene erfreut sich das Formular „Konvolute", da dessen Felder einerseits allgemein gehalten und somit auf alle Archivalientypen anwendbar sind, andererseits mit den Feldern „Enthält", „Darin" oder „Bemerkung" genügend Spielraum für zusätzliche Informationen gewähren.

Für die meisten Serien der Reichsarchive erfüllt das Formular „Konvolute" für die Verzeichnung auf Aktenebene seinen Zweck. Für die Judizialakten des Reichshofrats bietet sich hingegen aufgrund ihres formalisierten Aufbaus[75] die Verwendung des Formulars „Prozessakten des RHR" an, das in Kategorie 3 zur Verzeichnung von rund 2.400 Kartons der Judizialserien[76] Judicialia miscellanea, Judicialia latinae expeditionis, Denegata antiqua, Decisa, Obere Registratur und Relationes verwendet wurde, sich aber ebenso zur Verzeichnung der 83 Kartons des Reichskammergerichtsselekts der Wetzlarer Akten[77] eignete. Basierend auf den zur Erschließung der Reichskammergerichtsbestände 1978 erstellten

72 Brüning, ISAD(G) – Internationale Grundsätze für die archivische Verzeichnung (wie Anm. 25), S. 52.

73 ÖStA HHStA RHR Miscellanea Münzwesen, https://www.archivinformationssystem.at/detail.aspx?ID=154 (abgerufen am 4. Oktober 2023).

74 ÖStA HHStA RHR Miscellanea Postwesen, https://www.archivinformationssystem.at/detail.aspx?ID=157 (abgerufen am 4. Oktober 2023).

75 Die Eingaben an den Reichshofrat hatten bestimmten Formalkriterien zu entsprechen und sind gut an den zeitgenössischen Rubren zu erkennen. Diese Rubren wurden entweder vom Antragsteller oder später in der Behörde angebracht und geben kurz Kläger bzw. Antragsteller, Beklagten und Inhalt (Streitgegenstand) wieder. Vgl. Gross, Die Geschichte der deutschen Reichshofkanzlei (wie Anm. 5), S. 147.

76 ÖStA HHStA RHR Judicialia, https://www.archivinformationssystem.at/detail.aspx?ID=83 (abgerufen am 4. Oktober 2023).

77 ÖStA HHStA RKG Wetzlarer Akten, https://www.archivinformationssystem.at/detail.aspx?ID=253 (abgerufen am 4. Oktober 2023).

„Frankfurter Grundsätzen",[78] enthält das Formular „Prozessakten des RHR" neben den üblichen Angaben zur Identifikation und Kontext auch auf Prozessakten zugeschnittene Felder, wie z. B. Antragsteller, Gegenpartei, Streitgegenstand, Vorinstanz oder Entscheidungen.[79]

Entwickelt wurde dieses Formular für das Projekt zur Erschließung und Erforschung der Aktenbestände des kaiserlichen Reichshofrats, nachdem eine 2010 getroffene Zusatzvereinbarung dem ÖStA erlaubte, die Verzeichnungsdaten im Archivinformationssystem zu veröffentlichen. Nach gesammelten Erfahrungen durch ein 1999 von der Volkswagenstiftung gefördertes Drittmittelprojekt wurde das Projekt „Reichshofratsakten" 2006 als Kooperation zwischen der Akademie der Wissenschaften zu Göttingen, der Österreichischen Akademie der Wissenschaften und dem ÖStA unter der Leitung von Wolfgang Sellert bewilligt und widmet sich seitdem der Erschließung zweier reichshofrätlicher Judizialserien (Alte Prager Akten, Antiqua) in gedruckten Inventarbänden.[80] Mit diesen Mitteln werden zwei wissenschaftliche Mitarbeiter und zwei wissenschaftliche Hilfskräfte für eine Laufzeit von 18 Jahren finanziert. Die Vollzeittätigkeit, ausschließliche Beschäftigung mit den jeweiligen Beständen und jahrelange Erfahrung der beiden wissenschaftlichen Mitarbeiter erlauben eine tiefgehende Erschließung, die mit einer ausführlichen Befüllung der verfügbaren Felder im Scope-Formular „Prozessakten des RHR" einhergeht und daher im Diagramm unter dem Verzeichnungsstand der Kategorie 4 subsumiert wird. Sieben Prozent der erschlossenen Kartons in den Reichsarchiven, die sich auf die Judizialserien Alte Prager

---

78 Die Frankfurter Grundsätze sind abgedruckt bei Martin Ewald, Inventarisierung von norddeutschen Beständen des Reichskammergerichts, in: Der Archivar 33/4 (1980), Sp. 481–482, hier Sp. 482; Peter Oestmann/Wilfried Reininghaus, Die Akten des Reichskammergerichts. Schlüssel zur vormodernen Geschichte (Veröffentlichungen des Landesarchivs Nordrhein-Westfalen, 44), Düsseldorf 2013, S. 19.

79 Eine Auflistung der Erschließungskategorien findet sich bei Tobias Schenk, Präsentation archivischer Erschließungsergebnisse analog und digital. Das deutsch-österreichische Kooperationsprojekt „Die Akten des Kaiserlichen Reichshofrats", in: Thomas Aigner/Stefanie Hohenbruck/Thomas Just/Joachim Kemper (Hrsg.), Archive im Web. Erfahrungen, Herausforderungen, Visionen/Archives on the Web. Experiences, Challenges, Visions, St. Pölten 2011, S. 187–202, hier S. 193.

80 Leopold Auer, Wolfgang Sellert und das Projekt zur Erschließung der Prozessakten des Reichshofrats, in: Eva Schumann (Hrsg.): Justiz und Verfahren im Wandel der Zeit. Gelehrte Literatur, gerichtliche Praxis und bildliche Symbolik. Festgabe für Wolfgang Sellert zum 80. Geburtstag (Abhandlungen der Akademie der Wissenschaften zu Göttingen, Neue Folge, 44), Berlin 2017, S. 21–30; Tobias Schenk, Ein Erschließungsprojekt für die Akten des kaiserlichen Reichshofrats, in: Der Archivar 63/3 (2010), S. 285–290, hier S. 288 f; Wolfgang Sellert (Hrsg.)/Eva Ortlieb (Bearb.), Die Akten des Kaiserlichen Reichshofrats. Serie I: Alte Prager Akten, Bd. 1: A–D, Berlin 2009, S. 15–17. Die bislang vorliegenden zwölf Inventarbände sind in Form von PDF-Dateien online frei zugänglich: https://rep.adw-goe.de/handle/11858/42 (abgerufen am 5. Oktober 2023).

Akten[81] und Antiqua[82] verteilen, sind damit den Mitarbeitenden des Reichshofratsakten-Projekts zu verdanken.[83] Da sich deren Arbeitsplätze im HHStA befinden und die Verzeichnung somit direkt im Archivinformationssystem passiert, bleiben hier auch die üblichen Kompatibilitätsprobleme aus, die sich sonst häufig bei der Übernahme von Erschließungsdaten externer Forschender ergeben.

Erschließungsprojekte, die wie das Reichshofratsakten-Projekt in enger Zusammenarbeit mit den Archiven abgewickelt werden, unterstützen die Archivarinnen und Archivare wesentlich in ihrer Erschließungsarbeit, die zwar einen wichtigen Teil des Aufgabenspektrums eines Archivs bildet, aufgrund der Fülle der weiteren Tätigkeiten und des häufigen Personalmangels aber nicht immer im angestrebten Umfang geleistet werden kann. Ein vermehrter Fokus der Forschungslandschaft auf Erschließungsprojekte wäre in der Zukunft wünschenswert, wovon auch die Forschenden profitieren könnten. Die Veröffentlichung in der Onlineversion des Archivinformationssystems, das im Volltext mit der vielerorts zur Recherche omnipräsenten Suchmaschine Google durchsuchbar ist, erhöht die Reichweite und den Zugriff auf die erhobenen Daten um ein Vielfaches.

Wenn einzelne Bestände der Reichsarchive bis dato in größerem Ausmaß von der Forschung konsultiert wurden, dann erfolgte dies meist unter geographischen[84] oder thematischen[85] Gesichtspunkten. Eine Verwendung der von der Forschung

81 ÖStA HHStA RHR APA, https://www.archivinformationssystem.at/detail.aspx?ID=84 (abgerufen am 5. Oktober 2023).

82 ÖStA HHStA RHR Antiqua, https://www.archivinformationssystem.at/detail.aspx?ID=87 (abgerufen am 5. Oktober 2023).

83 In der Untersuchung unter Kategorie 4 wurden auch jene Kartons der Serie Antiqua miteinbezogen, die aktuell noch nicht bearbeitet wurden, da sich das Projekt bis zum Laufzeitende 2025 die Erschließung der gesamten Antiqua-Serie zum Ziel gesetzt hat.

84 Z. B.: Barbara Staudinger, Die Reichshofratsakten als Quelle zur Geschichte der österreichischen und böhmischen Länder im 16. und 17. Jahrhundert, in: Josef Pauser/Martin Scheutz/Thomas Winkelbauer (Hrsg.), Quellenkunde der Habsburgermonarchie (16.–18. Jahrhundert). Ein exemplarisches Handbuch (MIÖG, Ergänzungsband 44), Wien/München 2003, S. 327–336; Tobias Schenk, Das Alte Reich in der Mark Brandenburg. Landesgeschichtliche Quellen aus den Akten des kaiserlichen Reichshofrats, in: Jahrbuch für Brandenburgische Landesgeschichte 63 (2012), S. 19–71.

85 Z. B.: Anette Baumann, Visitationen am Reichskammergericht. Speyer als politischer und juristischer Aktionsraum des Reiches (1529–1588) (bibliothek altes Reich, 24), Berlin/Boston 2018; Günther Dickel, Das kaiserliche Reservatrecht der Panisbriefe auf Laienherrenpfründen. Eine Untersuchung zur Verfassungsgeschichte des Alten Reichs und zur kirchlichen Rechtsgeschichte nach Wiener Akten, Aalen 1985, besonders S. 309–346; Historische Kommission bei der Bayerischen Akademie der Wissenschaften (Hrsg.), Deutsche Reichstagsakten, https://www.degruyter.com/serial/rta-b/html#overview (abgerufen am 5. Oktober 2023); Martin Krenn, Die Überlieferung der Reichstagsakten im Haus-, Hof- und Staatsarchiv unter besonderer Berücksichtigung der Bestandsgruppe in der Reichshofkanzlei, Masterarbeit Universität Wien 2012; Gernot Peter

produzierten Daten als Erschließungsinformationen gestaltet sich zumeist sehr aufwendig, denn diese müssen erst mühsam für die Verwendung im Archivinformationssystem aufbereitet werden, da sie von den Forschenden natürlich nicht für die im Archivinformationssystem vorgesehenen Formulare konzipiert wurden. Zudem ist im Vorfeld die Zustimmung der jeweiligen Datenproduzierenden einzuholen und rechtliche Aspekte der Veröffentlichung sind zu klären. Grundsätzlich haben die Erfahrungen der letzten Jahre gezeigt, dass die Bereitschaft der Forschenden, ihre Daten dem ÖStA zur Verfügung zu stellen, recht ausgeprägt ist.[86]

Das Ausmaß der Verzeichnung auf Einzelstückebene, die in Diagramm mit Kategorie 5 und gerade einmal einem Prozent dargestellt wird, wirkt auf den ersten Blick gering. Wenn man hier anstatt der Kartons jedoch die Anzahl der Verzeichnungseinheiten betrachtet, bietet sich ein weniger ernüchterndes Bild, denn alleine die Einzelstückverzeichnung der 46 Kartons zählenden Serie Maximiliana[87] enthält rund 13.500 Verzeichnungseinheiten. Das vor allem durch vermehrte Homeoffice-Arbeitstage vorangetriebene archivinterne Verzeichnungsprojekt zu den Maximiliana markiert den Goldstandard einer im Archivinformationssystem möglichen Erschließung, da mit jedem verzeichneten Einzelstück das passende Digitalisat verknüpft ist.[88] Der Bestand kann so direkt in der öffentlich zugänglichen Außensicht des Archivinformationssystems benützt und muss nicht mehr in den Lesesaal ausgegeben werden, was einerseits eine große Serviceleistung für die vermehrt ausschließlich mit Digitalisaten arbeitenden Forschenden darstellt und andererseits essentiell zur Bestandserhaltung der aus dem 15. und 16. Jahrhundert stammenden Archivalien beiträgt. Dieses Vorgehen wurde auch bei der vergleichbaren Serie der Fridericiana[89] angestrebt und wird im Laufe des kommenden Jahres vollendet werden. Derartige Projekte, die einen Lesesaal-

---

Obersteiner, Das Reichshoffiskalat 1596 bis 1806. Bausteine zu seiner Geschichte aus Wiener Archiven, Staatsprüfungsarbeit am Institut für Österreichische Geschichtsforschung, Wien 1992.

86 Dazu zählen z.B. Anette Baumann mit ihrer Datenbank zu den Reichskammergerichtsvisitationsakten (siehe Anm. 84), Vincent Demont mit seiner Verzeichnung der reichshofrätlichen Serie der Gewerbe-, Fabriks- und Handlungsprivilegien (in Vorbereitung) oder Stephan Wendehorst mit dem Forschungscluster zu den jüdischen Betreffen des Reichshofrats: https://jhrr.univie.ac.at/grundlagenforschung/die-juedischen-betreffe-des-kaiserlichen-reichshofrats/ (abgerufen am 5. Oktober 2023). Hingegen noch nicht in das Archivinformationssystem integriert werden konnte z.B. die Arbeit von Susanne Schlösser, Wahl- und Krönungsakten des Mainzer Erzkanzlerarchivs 1486–1711. Inventar (= Geschichtliche Landeskunde. Veröffentlichungen des Instituts für Geschichtliche Landeskunde an der Universität Mainz, 39), Stuttgart 1993.

87 ÖStA HHStA RK Maximiliana, https://www.archivinformationssystem.at/detail.aspx?ID=227 (abgerufen am 7. Oktober 2023).

88 Fliri, Die Maximiliana des HHStA (wie Anm. 48).

89 ÖStA HHStA RK Fridericiana, https://www.archivinformationssystem.at/detail.aspx?ID=226 (abgerufen am 7. Oktober 2023).

besuch der Forschenden obsolet werden lassen, binden eine große Menge an Arbeitskraft, da sie zahlreiche Mitarbeitende und zeitraubende Arbeitsschritte (u. a. Verzeichnung, Digitalisierung, Verknüpfung der Digitalisate mit den Verzeichnungseinheiten) erfordern. Sie können daher nur bei ausgewählten Serien durchgeführt werden.

Für eine Einzelstückverzeichnung (mit oder ohne Verknüpfung von Digitalisaten) eignet sich nicht jeder Bestand, eine entsprechende kleinteilige Aufgliederung muss gegeben sein. Dieses Kriterium erfüllen zahlreiche Serien der reichshofrätlichen Gratial- und Lehensregistratur[90] mit ihrer bereits zeitgenössisch praktizierten Ablage nach Sachbetreffen (Pertinenzen) und darüber hinaus gehenden alphabetischen Ordnung nach Antragstellern, weshalb sie bereits in den 1950er Jahren durch Winter eine Einzelstückverzeichnung erfahren haben. Eben jene Serien, für die die von Winter angefertigten Stückverzeichnisse[91] bereits ins Archivinformationssystem importiert wurden, bilden im Diagramm mit rund 110 Kartons den Hauptbestandteil der Kategorie 5.

5. Fazit

Abschließend lässt sich aus der Untersuchung ableiten, dass mit 57 Prozent immerhin mehr als die Hälfte der Archivalien der Reichsarchive auf Aktenebene erschlossen sind und damit mit einem guten bis sehr guten Verzeichnungsstand für die Benützung aufwarten können. Aufholbedarf besteht hingegen bei den 33 Prozent der nur auf Kartonebene erschlossenen Judizialakten der Kategorie 0, der sich aber aufgrund der schieren Masse an Archivmaterial (rund 6.200 Kartons) nicht ohne weiteres beheben lässt. Die Erschließung dieser Prozessakten erfordert erfahrene Mitarbeitende sowie ausreichend Zeit, sodass das Wolfsche Repertorium, das dieses Desiderat abfedert, wohl noch für längere Zeit unabkömmlich für die Benützung der reichshofrätlichen Judizialakten bleiben wird. Dieser Umstand birgt aber gleichzeitig auch Gefahren, da die Nutzerinnen und Nutzer vermehrt die Volltextsuche des Online-Archivinformationssystems als singuläres Recherchetool verwenden und sonstigen Findmitteln kaum mehr Beachtung schenken. Das HHStA fokussiert sich bei der internen Digitalisierungsstrategie auf die digitale Bereitstellung von Findmitteln wie z. B. zeitgenössischen Protokollen. So beteiligt sich das HHStA aktuell an einem Projektantrag bei der DFG, der die Digitalisierung der umfangreichen Serie der reichshofrätlichen

90 ÖStA HHStA RHR Gratialia et Feudalia, https://www.archivinformationssystem.at/detail.aspx?ID=101 (abgerufen am 9. Oktober 2023).

91 Siehe Anm. 44.

Protokollbände[92] zum Ziel hat, die bislang nur rudimentär über zeitgenössische Indizes erschlossen sind.

Eine adäquate Erschließung mit aussagekräftigem Titel ist essentiell, da sie für den allergrößten Teil der Nutzergruppe den Zugang zu den Archivalien eröffnet. Aufgrund der breiten geographischen Relevanz der Reichsarchivalien, u. a. für das heutige Deutschland, Italien und die Benelux-Staaten, werden die Bestände vor allem durch internationales Publikum beforscht. Hierbei spielt selbstverständlich ebenfalls die fortschreitende Digitalisierung von Archivalien eine elementare Rolle, was aber eine ausreichende Erschließung des jeweiligen Archivguts zwingend bedingt, da Digitalisate ohne die passenden Metadaten nur eingeschränkt auffind- und benützbar sind. An diese Entwicklung schließt auch der neueste archivische Verzeichnungsstandard „Records in Context" (RiC) an, der 2016 vorgestellt wurde und die bisher gängigen Standards (ISAD(G) etc.) ablösen soll. RiC reagiert auf die fortschreitende Digitalisierung der archivalischen Verzeichnung und ermöglicht die Repräsentation von Verzeichnungsdaten in Form eines offenen Netzes, worin Datensätze in Beziehung zueinander gesetzt werden können. So kann einerseits durch die vertikale Verknüpfung der Daten die Einhaltung des Provenienzprinzips gewährleistet, andererseits durch horizontale Verknüpfung darüberhinausgehende plurale Beziehungen dargestellt werden.[93] Durch Etablierung des RiCs wird zukünftig die starre hierarchische Repräsentationsform der Archivtektonik zunehmend aufgebrochen werden. Die Qualität der Verzeichnungsdaten ist in diesem durch Linked Data determinierten Setting, bei dem auch künstliche Intelligenz (KI) eine bedeutende Rolle spielen wird, nicht minder relevant.

Letztendlich herrscht über den hohen Wert der mit den Reichsarchiven an einem Ort zentralisierten Quellen zum Heiligen Römischen Reich wohl kein Zweifel. Für eine signifikante Verbesserung des Erschließungsgrads kann das Archiv aufgrund der vielfältigen Herausforderungen des Dienstbetriebs jedoch nicht allein aufkommen. Hierbei wären externe Mittel hinsichtlich Finanzierung oder Bereitstellung von Arbeitskräften vonnöten, um eine dem Zeitalter der Digitalisierung angemessene Erschließung und Präsentation der Daten zu ermöglichen.

---

92 ÖStA HHStA RHR Protokolle https://www.archivinformationssystem.at/detail.aspx?ID=63 (abgerufen am 16. Oktober 2023).

93 International Council on Archives Expert Group on Archival Description, Records in Context. Conceptual Model. Consultation Draft v0.2, 2021, S. 1–3, https://www.ica.org/sites/default/files/ric-cm-02_july2021_0.pdf (abgerufen am 16. Oktober 2023).

Georg Vogeler

Die konzentrische Edition

Auswertungspotentiale von digitaler Tiefenerschließung, Proto-Editionen, künstlichen Editionen und digitalen Volleditionen der Reichshofratsprotokolle

1. Einleitung

Der Reichshofrat ist eine Einrichtung des Heiligen Römischen Reiches in der frühen Neuzeit. Die archivalische Überlieferung seiner Tätigkeit ist umfangreich. Die Akten und Amtsbücher, die aus seiner Arbeit entstanden sind, sind zwar anders als im Falle des Reichskammergerichts zentral im Haus-, Hof- und Staatsarchiv in Wien überliefert, aber sie stehen dennoch der Forschung nur eingeschränkt zur Verfügung, denn es bedarf hohen Arbeitseinsatzes, sie angemessenen zu erschließen. Die Protokollserien der Sitzungen des Reichshofrats in den Beschlussprotokollen und der Geschäftsläufe in den Exhibiten- und Referentenprotokollen umfassen alleine über 900 Bände. Die zwölf Bände der Erschließung der Reichshofratsakten aus den Serien „Alte Prager Akten“ und „Antiqua“ des Wiener Haus-, Hof- und Staatsarchivs (HHStA), die von Wolfgang Sellert, Eva Ortlieb, Ursula Machoczek, Ulrich Rasche und Tobias Schenk in den Jahren 2009–2023 publiziert worden sind,[1] sind ein weiteres Zeugnis davon. Jüngst hat Ulrich Rasche versucht zu messen, welchen Informationsreichtum man damit erzeugt hat. Dieser erweitert seinen Nutzen noch, wenn man die Erschließungen auch als digitale Daten zur Verfügung hat. So konnte ich mich gemeinsam mit ihm und Stefanie Preisl-Peters im Jahr 2023 an eine erste geographische und statistische Auswertung machen, die auf einer digitalen Tiefenerschließung beruht. Die im Projekt entstandene MS

1 Wolfgang Sellert (Hrsg.), Die Akten des Kaiserlichen Reichshofrats, Serie I: Alte Prager Akten, Bd. 1: A–D, bearb. von Eva Ortlieb, Berlin 2009; Bd. 2: E–J, bearb. von Eva Ortlieb, Berlin 2011; Bd. 3: K–O, bearb. von Eva Ortlieb, Berlin 2012; Bd. 4: P–R (Mit Nachträgen A–O), bearb. von Tobias Schenk, Berlin 2014; Bd. 5: S–Z, bearb. von Tobias Schenk, Berlin 2014. Wolfgang Sellert (Hrsg.), Die Akten Des Kaiserlichen Reichshofrats, Serie II: Antiqua, Bd. 1: Karton 1–43, bearb. von Ursula Machoczek, Berlin 2010; Bd. 2: Karton 44–135, bearb. von Ulrich Rasche, Berlin 2014; Bd. 3: Karton 135–277f, bearb. von Ulrich Rasche, Berlin 2016; Bd. 4: Karton 278–424, bearb. von Tobias Schenk, Berlin 2017; Bd. 5: Karton 425–516, bearb. von Ulrich Rasche, Berlin 2019; Bd. 6: Karton 516–616c, bearb. von Tobias Schenk, Berlin 2022; Bd. 7: Karton 617–724e, bearb. von Ulrich Rasche, Berlin 2023. Siehe dazu auch die Einleitung zu diesem Band.

Access-Datenbank musste noch mit Hilfe von Musteranalysen weiter strukturiert werden, um schließlich zu den Approximationen von über 7.000 Einzeldokumenten zu kommen, die aus den Feldern ‚Enthält' und ‚Entscheidungen' mit Hilfe von regulären Ausdrücken abtrennbar sind. Darunter sind mittelalterliche Urkunden als Evidenzen ebenso wie Schriftsätze und Bescheide zum laufenden Verfahren. Zu diesen Dokumenten sind Datumsangaben und Orts- und Personenregistereinträge ermittelbar, die mit Hilfe von Normdaten um z. B. geographische Koordinaten angereichert werden können. Ulrich Rasche dokumentiert eindrucksvoll, was man aus diesen Daten für die Reichshofratsüberlieferung lernen kann.[2] Andere Verfahren, die Akten mit digitalen Mitteln der Forschung besser zugänglich zu machen, beruhen auf ihrer Digitalisierung oder könnten als digitales Äquivalent zur klassischen Edition verstanden werden. Ich möchte im Folgenden zunächst diese Verfahren und damit verwandte Begriffe näher bestimmen, dann das Konzept einer ‚konzentrischen Edition' einführen und schließlich am Beispiel der Reichshofratsprotokolle ein Szenario eröffnen, wie diese abstrakten Begriffe für die Reichshofratsforschung konkretisiert werden könnten.

2. Begrifflichkeit

2.1 Digitalisierung

Als erstes möchte ich den Begriff der ‚Digitalisierung' auf den Kern der heute üblichen Tätigkeiten reduzieren, mit denen digitale visuelle Surrogate der originalen Unterlagen erstellt werden. Digitale visuelle Surrogate sind digitale Bilder gemeinsam mit ausreichend Metadaten, die auf die nicht-digitalen Vorlagen verweisen. Sie ermöglichen es also, begründete Annahmen aus dem digitalen Surrogat über die Papiervorlage zu machen. Mit der Beschreibung nach den Standards des Metadata Encoding and Transmission Standard (METS) werden dabei die einzelnen Dateien mit den Bildern des Archivales zusammengefasst, in ihrer originalen Reihenfolge aufgelistet und mit Beschreibungen des Objekts in den üblichen archivischen oder bibliothekarischen Metadatenstandards (EAD, MODS, TEI etc.) verbunden.[3] Zusätzlich können optional strukturelle Informa-

---

2 Ulrich Rasche, Aktenverzeichnung als Methode der Quellenerschließung. Plädoyer für eine Neujustierung der Erschließungspraxis in der Frühneuzeitforschung, in: Jens Klingner/Christian Schuffels (Hrsg.), Edition und Kommentar (Archiv für Diplomatik, Beiheft), Köln/Weimar/Wien 2025 (im Druck).

3 https://www.loc.gov/standards/mets (abgerufen am 5. April 2024). Die jüngste Spezifikation ist Jerome McDonough, Michael Alexander, Joachim Bauer, Rick Beaubien, Susan Dahl, Richard Gartner, Nancy Hoebelheinrich, Mark Kornbluh, Clay Redding, Mackenzie Smith, Taylor Surface, Robert Wolfe, Terry Catapano, Morgan Cundiff, Markus Enders,

tionen über Abschnitte, Kapitel oder ähnliches eingefügt werden. Mit solchen METS-Daten kann z. B. das von der DFG geförderte Softwarepaket ‚DFG-Viewer' eine sinnvolle Anzeige des Objekts im Web organisieren.[4]

2.2 Digitale Tiefenerschließung

Diese Metadatenstandards sind die digitale Form der archivischen (und bibliothekarischen) Erschließung, d. h. sie folgen inhaltlich meistens Regelwerken, die unabhängig von ihrer digitalen Form sind. Digitale Metadaten werden sie jedoch dadurch, dass die Informationskategorien, mit denen das Objekt beschrieben wird, strikter und maschinenlesbar sind. Die Encoded Archiv Description (EAD) fordert z. B. ein, dass ein Objekt ein eigenes Feld für den Aktentitel und eines für die Laufzeit besitzt. Diese Anforderung geht konform mit den Standards der internationalen Archivgesellschaften – ISAD(G) – und ergänzt deren Kategorien um ein technisch eindeutiges Format, im Fall von EAD ist das XML mit von der EAD vorgegebenen Elementnamen.

Digitale Erschließung ist darüber hinaus zunächst nicht anders als die analoge, d. h. es ist Entscheidung der Bearbeiter, wie detailliert sie das Archivale formal und inhaltlich beschreiben wollen. Eine digitale Komponente der Tiefenerschließung entsteht mit den Prinzipien von Linked Open Data.[5] Unter Linked Open Data wird verstanden, dass die digitale Beschreibung nicht nur öffentlich zugänglich ist, sondern auch die Inhalte der Erschließungskategorien mit anderen digitalen Ressourcen verknüpft sind. Dabei geht es nicht alleine um den Verweis (‚Link'), sondern insbesondere um die Erklärung, dass bestimmte Inhalte semantisch identisch mit anderen Vorkommen sind, also z. B., dass eine an der Entstehung eines Akts beteiligte Person identisch ist mit der Person, die an einem anderen Akt mitgearbeitet hat, wobei dieser Akt auch in einem anderen Archiv

---

Thomas Habing, Arwen Hutt, Cecilia Preston, Merrilee Proffitt, Jenn Riley, Richard Rinehart, Tobias Steinke, Brian Tingle, Robin Wendler, und Patrick Yott, METS Schema documentation – Version 1.12.1, 2019, https://mets.github.io/METS_Docs/mets.html (abgerufen am 5. April 2024). Zur Einführung in den Standard steht (METS Editorial Board, METS Primern Version 1.6., 2010 (https://www.loc.gov/standards/mets/METSPrimer.pdf) zur Verfügung.

4 https://dfg-viewer.de/ (abgerufen am 5. April 2024); Ralf Goebel, und Sebastian Meyer, The DFG Viewer for Interoperability in Germany, in: LIBER Quarterly. The Journal of the Association of European Research Libraries 19 (3–4) (2010), S. 227–238.

5 Tim Berners-Lee, Linked Data, 2006, online unter: W3C: Design Issues, https://www.w3.org/DesignIssues/LinkedData.html (abgerufen am 7. April 2024); Marilena Daquino, Linked Open Data native cataloguing and archival description, in: Italian Journal of Library, Archives and Information Science 3 (2021), DOI: 10.4403/jlis.it-12703; Karen F. Gracy, Archival Description and Linked Data: A Preliminary Study of Opportunities and Implementation Challenges, in: Archival Science 15/3 (2015), S. 239–294, DOI: 10.1007/s10502-014-9216-2.

verwahrt sein kann, wo ihn vielleicht anderssprachige Kollegen beschrieben haben. Diese Identität wird mit sogenannten ‚Normdatenidentifikatoren', wie z. B. der GND-Nummer oder der VIAF-URI erklärt. Digitale Tiefenerschließung ist damit nicht mehr nur detailliertere inhaltliche Beschreibung – bei Akten z. B. auf Stückebene, bei Amtsbüchern vielleicht sogar auf der Ebene der einzelnen Einträge –, sondern auch ein technisches System, mit dem Erschließung an verschiedenen Stellen zusammengeführt werden kann. Digitale Tiefenerschließung führt zusätzlich genauere Kategorien der Beschreibung ein, die sich im Datenmodell der Erschließungssoftware niederschlagen. Auch diese Erschließungsmodelle können von verschiedenen Systemen in sogenannte ‚Ontologien' geteilt werden. In der Archivwelt ist die ‚Records in Context'-Ontologie des International Council of Archives das vermutlich bekannteste Beispiel.[6] Unter Historiker:innen hat die abstrahierte Ontologie des CIDOC-CRM in letzter Zeit besondere Bekanntheit errungen.[7] Damit wird digitale Tiefenerschließung in Form von Linked Open Data und Ontologien ein Bestandteil des sogenannten ‚Semantic Web'.[8]

2.3 Proto-Edition

In der Tradition von verschiedenen Diplomatikern des frühen 21. Jahrhunderts[9] habe ich nun vorgeschlagen, die Kombination aus Tiefenerschließung und Digi-

---

6 International Council on Archives Expert Group on Archival Descriptio (Hrsg.), Records in Context – Conceptual Model 1.0, 2023, online unter: https://www.ica.org/app/uploads/2023/12/RiC-CM-1.0.pdf (abgerufen am 7. April 2024).

7 Francesco Beretta, A challenge for historical research: Making data FAIR using a collaborative ontology management environment (OntoME), in: Antonis Bikakis u. a., (Hrsg.), Semantic Web 12/2 (2021), S. 279–294, DOI: 10.3233/SW-200416; George Bruseker u. a., On the Way to Semantic Interoperability for Historical Data: The Data for History Consortium, in: EADH 2018 abstracts, Galway 2018, http://dataforhistory.org/sites/default/files/eadh2018_abstracts.pdf (abgerufen am 5. April 2024); Dora Melo/Irene Pimenta Rodrigues/Davide Varagnolo, A Strategy for Archives Metadata Representation on CIDOC-CRM and Knowledge Discovery, in: Eero Hyvönen (Hrsg)., Semantic Web 14/3 (2023), S. 553–584, DOI: 10.3233/SW-222798; Dora Melo/Irene Pimenta Rodrigues/Inês Koch, Knowledge Discovery from ISAD, Digital Archive Data, into ArchOnto, a CIDOC-CRM based Linked Model, [o. O.] 2024, S. 197–204, DOI: 10.5220/0010134101970204 (07.04.2024).

8 Tim Berners-Lee/James Hendler/Ora Lassila, The Semantic Web. A new form of Web content that is meaningful to computers will unleash a revolution of new possibilities, in: Scientific American (2001) https://pages.jh.edu/rrynasi1/okr/Literature/Berners-Lee+Hendler+Lassila 2001TheSemanticWeb.pdf (abgerufen am 5. April 2024); W3C Aktivitäten zum Semantic Web: https://www.w3.org/2001/sw/wiki/Main_Page (abgerufen am 5. April 2024).

9 Olivier Guyotjeannin, Éditions diplomatiques et recherche historique: Quelque remarques sur le cas français (XIXe-XXe siècles), in: Brigitte Merta/Andrea Sommerlechner/Herwig Weigl (Hrsg.), Vom Nutzen des Edierens (Mitteilungen des Instituts für Österreichische Geschichte, Ergänzungs-

talisierung als eine Vorform der Edition zu betrachten und deshalb als ‚Proto-Edition' zu bezeichnen.[10] Es geht dabei darum, dass die eigentliche Editionsarbeit noch unerledigt bleibt, weil die Texte der Quellen nicht in moderne Zeichensysteme übertragen werden, geschweige denn in maschinenlesbare. Während in der Proto-Edition das Digitalisat schon einen – zumindest für den paläographischen Experten – lesbaren Text bereitstellt, fehlt zur Edition noch die Transkription und Erschließung der Texte. Das Digitalisat ist jedoch ohne Tiefenerschließung für die meisten Historiker:innen noch ohne größeren Wert. Erst eine inhaltliche Erschließung auf einer detaillierteren Ebene als dem Aktenbüschel, dem Protokollband oder dem Faszikel dokumentiert den historischen Sachverhalt, der eine historische Auswertung möglich macht. Im Begriff der Proto-Edition bleibt aber bewusst offen, welche Genauigkeit eine solche Tiefenerschließung haben muss, denn sie ist, wie bei Editionen, Konsequenz der historischen Situation, aus der heraus eine Archivale Forschungsinteresse gewinnt.

2.4 Künstliche Edition

In den letzten zehn Jahren sind digitale Technologien entstanden, die einen anderen digitalen Zugang zur archivalischen Überlieferung vorschlagen, nämlich mit Hilfe sogenannter ‚künstlicher Intelligenz' automatische Transkriptionen zu erzeugen. Die ‚Handwritten Text Recognition' hat inzwischen ein Niveau erreicht, das sie zu einer etablierten Variante der Arbeit mit Archivmaterial macht.[11] Dominique Stutzmann hat das 2019 in einem Vortrag auf dem International Medieval Congress in Leeds als ‚Artificial edition' bezeichnet und sich dabei auf einen von

---

band, 47), Wien 2005, S. 303–312; Ivan Hlaváček, Das Problem der Masse: Das Spätmittelalter, in: Archiv für Diplomatik, Schriftgeschichte, Siegel- und Wappenkunde 52 (2006), S. 371–93; Marek Słoń, Zur Edition der Grundbücher einer mittelalterlichen Großstadt. Die Breslauer Schöffenbücher, in: Matthias Thumser/Janusz Tandecki (Hrsg.), Editionswissenschaftliche Kolloquien 2003–2004, Toruń 2005, S. 309–322.

10 Georg Vogeler, Edition – Protoedition – Reproduktion: Der digitale Wandel, in: Geschichte in Wissenschaft und Unterricht 73/9/10 (2022), S. 498–511; ders., Proto-Editions: Historians and the „Something between Digital Image and Digital Scholarly Edition", in: DH2023, Graz 2023, DOI: 10.5281/zenodo.8107922.

11 Günter Mühlberger u. a., Transforming Scholarship in the Archives through Handwritten Text Recognition: Transkribus as a Case Study, in: Journal of Documentation 75/5 (2019), S. 954–976, DOI: 10.1108/JD-07-2018-0114; Dirk Alvermann, Handwritten Text Recognition als Schlüsseltechnologie für integrierte Digitalisierungs- und Erschließungsprozesse, in: Irmgard Christa Becker u. a. (Hrsg.), Nutzung 3.0 – Zwischen Hermeneutik und Technologie?, Marburg 2022, S. 183–198; Tobias Hodel, Konsequenzen der Handschriftenerkennung und des maschinellen Lernens für die Geschichtswissenschaft. Anwendung, Einordnung und Methodenkritik, in: Historische Zeitschrift 316/1 (2023), S. 151–180, DOI: 10.1515/hzhz-2023-0006.

ihm gemeinsam mit Mike Kestemont und Vincent Christlein formulierten Vorschlag für die Bezeichnung von paläographischen Einschätzungen mit ähnlichen Methoden als ‚Artificial Palaeography' bezogen.[12] Diese künstliche Edition hat damit ähnliche Erschließungseigenschaften wie eine vollgültige historische Edition, d. h. sie bietet eine Transkription, die Identifikation von Namen oder Zitaten in den Texten. Diese Angaben haben aber einen anderen epistemologischen Status, weil sie nicht von der Expertise und dem Verantwortungsbewusstsein eines:r menschlichen Bearbeiters:in gerechtfertigt sind, sondern von an ausreichend Beispielen erlernten Wahrscheinlichkeiten. Die automatische Transkription ist also nur bedingt verlässlich. Jede:r, der:die schon einmal mit dem Platzhirsch des HTR, Transkribus, gespielt hat, kann vermutlich viele Beispiele von nicht richtig transkribierten Orts- und Personennamen oder Fachvokabular berichten.[13]

2.5 Digitale Volledition

Dem gegenüber stehen die ‚Digitalen Editionen' (Digital scholarly editions), die sich zur Aufgabe gestellt haben, Forschungsergebnisse kritischer Beurteilung von Überlieferung, Textgestalt, Textgenese, Inhalt und historischem Kontext von Archivalien in ein digitales Informationssystem zu bringen, das der Komplexität dieser Forschungen angemessen ist. Diese digitalen Editionen repräsentieren z. B. viele Facetten, unter denen ein Text betrachtet werden kann, als pluralistisches Textmodell.[14] Sie sind häufig mit den Kodierungsstandards der Text Encoding Initiative (TEI) in XML beschrieben.[15] Der von Patrick Sahle geführte Katalog solcher Editionen kann in seiner Rubrik ‚Geschichte' viele Bespiele dafür liefern.[16]

---

12 Mike Kestemont/Vincent Christlein/Dominique Stutzmann, Artificial Paleography: Computational Approaches to Identifying Script Types in Medieval Manuscripts, in: Speculum 92/S1 (2017), S. 86–109, DOI: 10.1086/694112.

13 Zu den formalen Verfahren der Evaluierung vgl. Gundram Leifert u. a., Evaluating State of the Art Handwritten Text Recognition (HTR) Engines; with Large Language Models (LLMs) for Historical Document Digitisation, [o. O.] 2023, DOI: 10.5281/ZENODO.8102666; Joan Andreu Sánchez u. a., A set of benchmarks for Handwritten Text Recognition on historical documents, in: Pattern Recognition 94 (2019), S. 122–134, DOI: 10.1016/j.patcog.2019.05.025; Enrique Vidal u. a., End-to-End page-Level assessment of handwritten text recognition, in: Pattern Recognition 142 (2023), DOI: 10.1016/j.patcog.2023.109695.

14 Patrick Sahle, Digitale Editionsformen: zum Umgang mit der Überlieferung unter den Bedingungen des Medienwandels, 3 Bände (Schriften des Instituts für Dokumentologie und Editorik, 7-9), Norderstedt 2013, Bd. 3, S. 1–98.

15 TEI Consortium (ed.): TEI P5: Guidelines for Electronic Text Encoding and Interchange, Version 4.7., Nov. 2023, https://www.tei-c.org/release/doc/tei-p5-doc/en/html/index.html (abgerufen am 5. April 2024).

16 https://www.digitale-edition.de, hier https://www.digitale-edition.de/exist/apps/editions-browser/

3. Die ‚konzentrische Edition'

Die Editionstheorie kennt schon lange die Unterscheidung zwischen ‚Befund' und ‚Deutung'[17] und die daraus abgeleiteten Ansprüche an eine ‚dokumentarische Edition', wie sie insbesondere im anglo-amerikanischen Raum von G. Thomas Tanselle propagiert[18] und unter Historiker:innen zur ‚documentary edition' als Form verfestigt wurden.[19] Als Beitrag zur Diskussion über die digitale Edition hat Patrick Sahle ein Skalenmodell der Editionsarbeit vorgestellt. Er beschreibt epistemologische Prozesse, in dem die Edition als fortschreitende Transformation des originalen Dokuments für Benutzerbedürfnisse verstanden wird: Eine dokumentnahe Abbildung wird durch diplomatische Abschrift, Normalisierung, Textkritik, Übersetzung bis hin zur inhaltlichen Zusammenfassung weiter entwickelt.[20] Patrick Sahle hat selbst darauf hingewiesen, dass das Textverständnis in der Editionsarbeit besser pluralistisch aufzufassen und mehrdimensional zu konzipieren ist.[21] Aus der Pragmatik der Editionsarbeit ergibt sich m.E. nämlich ein anderer Zugang, den ich als ‚konzentrische Edition' bezeichnen will. Diese ordnet die verschiedenen digitalen Repräsentationsformen, die ich eingangs aufgelistet habe, ineinander. Die Beziehungen zwischen den ‚Kreisen' sind bestimmt vom Gleichgewicht zwischen Arbeitsaufwand und Relevanz für das historische Problem, zu dem die Edition beitragen will: Je höher die Relevanz für das historische Problem ist, desto mehr Arbeitsaufwand ist gerechtfertigt. Die konzentrische Edition hat damit wie alle Editionen Teil an der Standortgebundenheit wissenschaftlicher Arbeit: Die Auswahl der zu edierenden Quelle, die Art und Weise ihrer editorischen Bearbeitung und ihrer Publikation sind alle davon abhängig, wie die Editor:innen sie in den wissenschaftlichen Diskurs einordnen.[22] Relevanz leitet sich von dieser Selbsteinordnung ab.

---

index.html?facet-subject=history (abgerufen am 2. April 2024 mit 398 Einträgen).

17 Hans Zeller, Befund und Deutung. Interpretation und Dokumentation als Ziel und Methode der Edition, in: Gunter Martens/Hans Zeller (Hrsg.), Texte und Varianten. Probleme ihrer Edition und Interpretation, München 1971, S. 45–90.

18 Georg Thomas Tanselle, The Editing of Historical Documents, in: Studies in Bibliography 31 (1978), S. 1–56.

19 Mary-Jo Kline/Susan Holbrook Perdue, A Guide to Documentary Editing, online edition, Association for Documentary Editing (Hrsg.), 3. Aufl., Charlottesville (VI) 2013, online unter: https://gde.upress.virginia.edu/00C-gde.html (abgerufen am 18. Mai 2020).

20 Sahle, Digitale Editionsformen (wie Anm. 14), Bd. 2, S. 178–181.

21 Sahle, Digitale Editionsformen (wie Anm. 14), Bd. 3, S. 1–64.

22 Vgl. Georg Vogeler/Christopher Pollin/Roman Bleier, „Ich glaube, Fakt ist …": Der geschichtswissenschaftliche Zugang zum digitalen Edieren, in: Karoline Dominika Döring u. a. (Hrsg.), Digital History, Berlin u. a. 2022 (Studies in Digital History and Hermeneutics, 6), S. 171–190, DOI: 10.1515/9783110757101 010.

Ich möchte diese Überlegungen an der digitalen Edition der Akten des Regensburger Reichstagstags von 1576 erläutern. Ich durfte gemeinsam mit Gabriele Haug-Moritz ein Team anleiten, das dieses Projekt jüngst vollendet hat:[23] an führender Stelle Roman Bleier, Josef Leeb, Eva Ortlieb und Florian Zeilinger unterstützt von Christiane Neerfeld, Elisabeth Brantner, Constanze Rammer, Thomas Schreiber und Lukas Lang. Diese Reichstagsaktenedition ist nicht als konzentrische Edition konzipiert gewesen, hat aber einige ihrer Merkmale entwickelt. Die Motive des Projektes sind alt: Die Versammlungen der Reichsstände gelten als vormoderne Vorformen parlamentarischer Beratung. Die Reichstage sind weit reichend wahrgenommene politische Ereignisse gewesen, und sie entwickelten Verfahren höchster politischer Entscheidung, die zur Konstituierung der politischen Entität ‚Heiliges Römisches Reich' gehören.[24] Die Edition steht damit in der Tradition der Reichstagsakten, wie sie die Historische Kommission bei der bayerischen Akademie der Wissenschaften seit 1867 ediert, und hat auch viele ihrer Eigenheiten übernommen.[25] Gleichzeitig ist die Edition aber auch ein Prototyp gewesen, der die etablierten Editionsverfahren unter den Bedingungen eines digitalen Paradigmas überprüft hat. Eine Konsequenz daraus ist die Möglichkeit, das Projekt als konzentrische Edition zu bezeichnen.

Verschiedene der oben eingeführten Begriffe ließen sich auf das Projekt anwenden: In der ‚Archivdokumentation' sind alle im Laufe der Arbeiten eingesehenen Archivalien dokumentiert.[26] Die Dokumentation geht über ein ‚Archivalienverzeichnis' im Anhang einer gedruckten Edition hinaus: Viele Archivalien sind nur mit ihrem Aktentitel beschrieben, der, wie wir alle wissen, häufig mehr verspricht, als eine schnelle Autopsie dann enthüllt. 6.387 der insgesamt 11.516 Verzeichnungseinheiten der Archivdokumentation kann man guten Gewissens als Tiefe-

---

23 Der Reichstag zu Regensburg 1576. Digitale Edition, bearbeitet von Josef Leeb, Christiane Neerfeld, Eva Ortlieb, Florian Zeilinger, Roman Bleier; hrsg. v. d. Historischen Kommission bei der Bayerischen Akademie der Wissenschaften durch Gabriele Haug-Moritz und Georg Vogeler, 2023 (= Deutsche Reichstagsakten, Reichsversammlungen 1556–1662), https://gams.uni-graz.at/context:rta1576 (abgerufen am 5. April 2024).

24 Gabriele Haug-Moritz, Historische Einführung: Der Reichstag des 16. Jahrhunderts als europäische Ständeversammlung. Zugleich eine Einführung in Schlüsselbegriffe der Reichstagsgeschichte, in: Haug-Moritz/Vogeler (Hrsg.), Der Reichstag zu Regensburg 1576 (wie Anm. 23), https://gams.uni-graz.at/o:rta1576.bt3564p3 (abgerufen am 7. April 2024).

25 Zu den editorischen Problemen und Lösungen vgl. Axel Gotthard, „Gut so", aber nicht 'weiter so'! Die Edition der neuzeitlichen Reichstagsakten – ein Zwischenresümee aus gegebenem Anlass, in: Zeitschrift der Savigny-Stiftung für Rechtsgeschichte. Kanonistische Abteilung 88 (2002), S. 461–469; Maximilian Lanzinner, Der authentische Text und das editorisch Mögliche. Deutsche Reichstagsakten. Reichsversammlungen (1556–1662), in: Merta/Sommerlechner/Weigl (Hrsg.),-Vom Nutzen des Edierens (wie Anm. 9), S. 101–107.

26 https://gams.uni-graz.at/context:rta1576.ad (abgerufen am 5. April 2024).

nerschließung betrachten: Sie enthalten Stücktitel und zu den einzelnen Stücken auch die essentiellen Angaben des Kommunikationsaktes: Verfasser, Adressat, Informationen zum Geschäftsgang (praesentatum, lectum). Diese Angaben sind mit dem Personenregister der Edition verknüpft, das weiterführende Informationen über die Personen enthält, so auch, wenn vorhanden, Normdatenreferenzen. In der Tat sind die ‚Registerdaten' selbst Normdaten, zumindest sind sie nach den Regeln des Semantic Web beschrieben und können so als abstrakte Entität mit einer URI referenziert werden, z. B. <https://gams.uni-graz.at/o:rta1576.listperson#p26134112p101n110> für den außerordentlichen Reichshofrat Hans von Rechberg oder <http://kaiserhof.geschichte.lmu.de/13663> für den Reichshofrat Wolfgang Unverzagt, der zusätzlich die URI <https://gams.uni-graz.at/o:rta1576.listperson#p28805112p97g103> in den Registern der Edition besitzt. Für beide gibt es keine Einträge in der Gemeinsamen Normdatei (GND), so dass diese beiden Datenressourcen die kanonische Referenz für die Existenz der Personen sind. Von den in der Archivdokumentation erschlossenen Stücken sind nur 314 im Volltext ediert, die Stücke, die dem Kern der Editionstradition der Reichstagsakten entsprechen: Vorakten wie die Ausschreibung, die Proposition, Protokolle, Berichte und Weisungen, proponierte Themen, Nebenverhandlungen und der Reichsabschied.[27] Diese gestaffelte Edition ist ein Kompromiss zwischen der etablierten Praxis der Reichstagsakteneditionen und den Ergebnissen der Reichstagsforschung, in denen die Bedeutung der Kommunikation zwischen den Vertretern auf dem Reichstag und ihren heimatlichen Höfen und Kanzleien ebenso hervorgehoben worden ist wie die Bedeutung der Interaktionen zwischen Herrscher und Untertanen zum Anlass des Reichstags. So war es nicht Auftrag des Reichstags, die Vielzahl an Supplikationen, die den Kaiser zu diesem Anlass erreichten, zu behandeln, aber sie fallen mit dem Reichstag in Raum, Zeit und vielen Beteiligten zusammen.[28] Schließlich gehören zur Edition des Reichstags von 1576 noch Digitalisate einiger nicht im Volltext edierter Akten: 46 Archivalieneinheiten aus dem HHStA Wien, dem Sächsischen Hauptstaatsarchiv in Dresden, dem Bayerischen Hauptstaatsarchiv in München und Württembergischen Hauptstaatsarchiv in Stuttgart mit insgesamt 25.788 Bildern.[29] Hier sind die Libri supplicationum aus dem HHStA[30] ebenso zu finden wie Korrespon-

27 https://gams.uni-graz.at/context:rta1576.ed (abgerufen am 5. April 2024).

28 Vgl. dazu Eva Ortlieb, Supplikationen, in: Haug-Moritz/Vogeler (Hrsg.), Der Reichstag zu Regensburg 1576. (wie Anm. 23), http://gams.uni-graz.at/context:gams (abgerufen am 5. April 2024).

29 https://gams.uni-graz.at/context:rta1576.facs (abgerufen am 5. April 2024).

30 https://gams.uni-graz.at/o:rta1576.imgw1107b83 (abgerufen am 5. April 2024); https://gams.uni-graz.at/o:rta1576.imgw1108b104 (abgerufen am 5. April 2024); https://gams.uni-graz.at/o:rta1576.imgw1109b103 (abgerufen am 5. April 2024).

denz zwischen den Fürsten im Sächsischen Hauptstaatsarchiv Dresden[31] oder im Hauptstaatsarchiv Stuttgart.[32]

Die Edition ist damit sowohl eine Proto-Edition, wo sie die Archivalien in Bildern mit der Archivdokumentation verbindet, als auch eine volle digitale Edition und eine digitale Tiefenerschließung. Verfahren der automatischen Texterkennung sind noch nicht zum Einsatz gekommen, und Experimente mit automatischer Erkennung von Orts- und Personennamen waren nicht erfolgreich.[33]

Das Projekt der Edition der Akten des Reichstags von 1576 zeigt nun, wie die verschiedenen digitalen Repräsentationsformen von historischen Quellen zueinander in Beziehung stehen könnten: Ein äußerer Kreis der tiefen Aktenerschließung umfasst einen engeren Kreis der bildlichen Repräsentation, der sich um die kritische Edition schließt. Die Edition kann also in konzentrische Ringe eingeteilt werden, die die Dichte der Repräsentation von Eigenschaften der Quelle in jedem Ring erhöhen. Konsequent zu Ende gedacht ist die Edition der Reichstagsakten von 1576 jedoch keine konzentrische Edition, denn die inneren Ringe schließen eigentlich die Repräsentationsformen der äußeren Ringe mit ein. Im Falle unserer Reichstagsaktenedition ist das aber auch gut erkennbar an der Wiederverwendung der Archivdokumentation: Die Stückköpfe der Edition und die Beschreibungen der Archivalien in Bildern sind mit Programmen aus der Archivdokumentation extrahiert. Dennoch fehlen Bilder zu den kritisch edierten Texten und ist keine künstliche Edition zwischen die Protoedition der tief erschlossenen Archivalienbilder und der kritischen Edition gelegt worden.

Bleiben wir jedoch erst einmal bei einigen Eigenschaften der konzentrischen Edition: In der konzentrischen Edition ist die Digitalität implizit, denn Proto-Editionen und künstliche Editionen setzten konzeptuelle Digitalität voraus: ohne die kosteneffiziente visuelle Reproduktion in der Digitalisierung und ohne maschinelles Lernen sind beide nicht vorstellbar. Digitale Tiefenerschließung und

---

31 https://gams.uni-graz.at/o:rta1576.imgd2414b3 (abgerufen am 5. April 2024); https://gams.uni-graz.at/o:rta1576.imgd2410b1 (abgerufen am 5. April 2024); https://gams.uni-graz.at/o:rta1576.imgd2412b1 (abgerufen am 5. April 2024); https://gams.uni-graz.at/o:rta1576.imgd2415b2 (abgerufen 5. April 2024); https://gams.uni-graz.at/o:rta1576.imgd2422b2(abgerufen am 5. April 2024); https://gams.uni-graz.at/o:rta1576.imgd2423b29(abgerufen am 5. April 2024); https://gams.uni-graz.at/o:rta1576.imgd2430b12 (abgerufen am 5. April 2024).

32 https://gams.uni-graz.at/o:rta1576.imgs6122b68 (abgerufen am 5. April 2024); https://gams.uni-graz.at/o:rta1576.imgs6121b8 (abgerufen am 5. April 2024).

33 Ein Ausschnitt der Vorarbeiten zu diesem Versuch ist in das Projekt „NERDpool" von Peter Andorfer, Roman Bleier, Matthias Schlögl und Michael Span 2021 (https://dha.acdh.oeaw.ac.at/de/nerdpool-datenpool-fuer-named-entity-recognition, abgerufen am 5. April 2024) eingeflossen, in dem unter https://nerdpool-api.acdh-dev.oeaw.ac.at/api/ner-sample/?ner_source__title=RTA (abgerufen am 5. April 2024) die Annotationen von Personen- und Ortsnamen abrufbar sind.

digitale Edition sind in das digitale Paradigma überführte Formen von älteren Repräsentationsformen, die aber eine digitale Transformation durchlaufen haben.

Die Bezeichnung ‚konzentrische Edition' will darauf verweisen, dass die verschiedenen Formen der digitalen Repräsentation als unterschiedliche Grade des editorischen Anspruchs interpretiert werden können: Im Zentrum steht eine von einem:r Wissenschaftler:in verantwortete kritische Edition, die die notwendige textkritische und inhaltliche Präzision walten lässt und die Texte dicht in ihrer Überlieferung und ihrem Inhalt erschließt. Dieser Form ähnlich ist eine künstliche Edition, die jedoch essentielle Bestandteile einem automatischen Prozess überlässt: die Transkription und die inhaltliche Erschließung. Einen noch weiteren Kreis zieht die Proto-Edition, die sich damit begnügt, Digitalisate der Bilder zur Verfügung zu stellen und die editierten Texte tief genug für eine historische Basisauswertung zu erschließen. Diese Basiserschließung, die über die archivische Kurzerschließung hinausgeht, ist der äußerste Kreis der konzentrischen Edition. Die Kreise der konzentrischen Edition wachsen nicht nur auf Grund der Metaphorik, sondern können auch als Visualisierung der Mengen, die mit jedem Verfahren in realistischen Forschungskontexten zu bewältigen sind, verstanden werden: Die systematische Aufnahme von Stückbeschreibungen kann pro Arbeitskraft bei deutlich mehr Archivalien durchgeführt werden, als wenn man diese Erschließung mit einem Scanprozess verbindet. Dass heutzutage viele Archive, Scanprozesse mit geringerem Erschließungsgrad machen, eröffnet eine neue Dimension im Bild der konzentrischen Edition , die der begrifflichen Aussagekraft der Bezeichnung ‚konzentrische Edition' insofern keinen Abbruch tut, als auch hier klar ist, dass eine flache Erschließung von Digitalisaten ein Mehr gegenüber einer einfachen Erschließung ist, aber ein Weniger als eine künstliche Edition, in der durchsuchbare Texte mit ersten inhaltlichen Erschließungen verfügbar sind. Diese automatischen Verfahren sind immer noch aufwändiger, das Digitalisat aber ebenso einfacher zu erstellen als eine konsequente kritische Edition. Künstliche Editionen lassen sich mit weitaus größeren Mengen an archivalischen Quellen vorstellen als kritisch verantwortete Editionen.[34] Es ist deshalb vertretbar, die konzentrische Edition auch als Vorgehensmodell für jegliches digital konzipiertes Editionsverfahren zu verstehen: Eine jede Edition benötigt die Auswahl der für die editorische Aufgabe relevanten Archivquellen und ihre Beschreibung. Sie wird sich von den relevanten Stücken digitale Bilder beschaffen, um in geeigneten Umgebungen – seien es Bibliotheken, universitäre Arbeitsplätze, aber auch virtuelle Forschungsumgebungen, die z. B. die Transkription durch Parallelisierung von Transkription und Bild erleichtern – damit

34 Ausführlicher dazu Hodel, Konsequenzen der Handschriftenerkennung (wie Anm. 11).

weiterarbeiten zu können. Diese Bilder können dann einer künstlichen Edition übergeben werden, aus deren Rohtranskription und Erschließungsvorschlägen kritische Editionen werden können.

Projekte wie Himanis zeigen den Nutzen auch rein automatischer Verfahren: Die Scans der Auslaufregister der französischen Königskanzlei (JJ ANF, http://himanis.huma-num.fr/) sind ganz ohne weitere Erschließung digitalisiert durchsuchbar. Für eine historische Auswertung dieser Akten fehlt jedoch der Informationswert, den Ulrich Rasche für die Tiefenerschließung der Akten des Reichshofrats hat namhaft machen können.[35] Wann sind die Rechtsfälle zu datieren, in denen die gefundenen Stichwörter vorkommen? Welchen geographischen Bezug haben die jeweiligen Akte? Wer sind die Parteien? Erst eine Erschließung auf Eintragsebene würde aus diesen online durchsuchbaren Texten eine Edition machen, auch wenn sie aus Sicht der Diplomatik sicherlich oberflächlich wäre. Aus Kostensicht ist aber durchaus auch argumentierbar, dass die künstliche Edition einen weiter gefassten Kreis als die Proto-Edition beschreibt. Ich möchte mich hier nicht festlegen, denn die Entwicklungen automatischer Texterkennung und semantischer Textinterpretation sind schnell.

4. RHR-Protokolle als Beispiel

Im Folgenden möchte ich nun skizzieren, wie eine konzentrische Edition für die Überlieferung des Reichshofrats aussehen könnte. Dabei möchte ich mich auf die Protokollserien des HHStA beschränken.[36] Diese Protokollserien sind eine zentrale Quelle für die Erforschung der Geschichte des Reichshofrats und aller von seinen Entscheidungen betroffenen Reichsglieder. Sie werden ergänzt durch die umfangreichen Aktenserien, die aber nicht alle protokollierten Fälle abdecken, da nicht alle Akten erhalten sind und manche Akten auch nicht sämtliche einst vorhandene Schriftstücke aufweisen. Drei verschiedene Serien (1–3) sind von vorrangiger Bedeutung:

(1) 107 Bände Exhibitenprotokolle (1579 bis 1806), in denen die Schriftsätze in einem Alphabet der einreichenden Parteien chronologisch nach Präsentationsdatum in einer kurzen Rubrik beschrieben werden. (2) In der Session verteilt der Präsident des Reichshofrats die Schriftsätze an Referenten (und Korreferen-

35 Rasche, Aktenverzeichnung (wie Anm. 2).

36 Mein Wissen darüber beruht vorwiegend auf dem Beitrag von Tobias Schenks zu diesem Band ‚Records in Context. Die Protokollüberlieferung des Haus-, Hof- und Staatsarchivs als Ausgangspunkt einer Organisationsgeschichte des Reichshofrats (ca. 1648–1806)', den er mir freundlicherweise vorab zur Verfügung gestellt hat.

ten). Dieser Vorgang ist in den 13 Bänden der Referentenprotokolle (ca. 1690 bis 1806) dokumentiert. Auch hier ist ein Alphabet der Parteien das erste Ordnungskriterium, bevor die Einträge chronologisch nach dem Datum der Zuteilung sortiert sind. Die Einträge bestehen aus einem Kurzbetreff und den Namen des Referenten bzw. Korreferenten. Sie enthalten damit andere Informationen als die Resolutionsprotokolle, die nur die tatsächlich beratenen Eingänge und nur die Referenten, nicht aber eventuell ernannte Korreferenten nachweisen. (3) Diese 688 Bände *Protocolla rerum resolutarum* (1544 bis 1805) dokumentieren nun rein chronologisch die Präsenz und die jeweils getroffenen Entscheidungen. Diese Entscheidungen wurden als Deliberation im Umfrageverfahren getroffen. Das Protokoll verzeichnet jedoch nur das Ergebnis, nicht das Abstimmungsverhältnis oder gar die einzelnen (womöglich vom Mehrheitsentscheid abweichenden) Voten.

Tobias Schenk weist aber richtig darauf hin, dass Akten und Protokoll auch medientechnisch und soziologisch besondere Eigenschaften besitzen, die es zu erforschen gälte. Sie erlauben eine Organisationsforschung, die gemeinsam mit den Reichshofratsordnungen und den gemeinen Bescheiden das Verhältnis von formaler Verfahrensgeschichte und Entscheidungsprozess sichtbar machen könnte.[37]

4.1 Datenbank avant la lettre?

Zuvor ist jedoch eine Bemerkung zu machen, die mit den Überlegungen zur konzentrischen Edition verwandt ist, aber eine Antwort auf eine andere Frage zu geben versucht: Ist kritisches Edieren für die Geschichtswissenschaft etwas anderes als kritisches Edieren für Philologien? Aktenüberlieferung hat epistemologisch eine besondere Funktion: Akten dienten der Dokumentation von Handlungen und Tatsachen, die für die Verwaltung der Vergangenheit von Relevanz waren. Sie waren also Werkzeuge einer Datenverwaltung – und werden so als Vorläufer moderner Informationssysteme zum „Big data of the Past".[38] Geschichtswissenschaftliche Edition war sich schon immer dieser besonderen Bedeutung von schriftlicher Überlieferung als „Überreste"[39] bewusst und versuchte, in Editionen

37 Ebd., vgl. auch Tobias Schenk, Unbeobachtet vorübergegangen? Gerichtliches Entscheiden im Spiegel der genetischen Aktenkunde, in: Josef Bongartz u. a. (Hrsg.), Feder und Recht. Schriftlichkeit und Gerichtswesen in der Vormoderne, München u. a. 2023, S. 313–344, DOI: 10.1515/9783111077406-013.

38 Frédéric Kaplan, Big Data of the Past, from Venice to Europe, in: Proceedings of the Twenty-Fifth International Conference on Architectural Support for Programming Languages and Operating Systems, New York 2020, 1, DOI: 10.1145/3373376.3380611.

39 Ernst Bernheim, Einleitung in die Geschichtswissenschaft. 3. Aufl., Berlin/Leipzig 1926, S. 104–

die historischen Sachverhalte hervorzuheben: Regesten und Register sind hier die entscheidenden Werkzeuge, aber auch der in historischen Editionen übliche geringere textkritische Aufwand gehört mit dazu. Ich selbst habe deshalb vorgeschlagen, historische Editionen in der digitalen Welt als „assertive Editionen" zu konzipieren, um diese Eigenschaften technisch leichter abrufbar zu machen.[40] Die Amtsbuchserien des Reichshofrats zeigen nun einige Eigenschaften, die auf diese Funktion als ‚Informationssysteme' hinweisen: Sie besitzen, meist einleitend gebundene, Indizes. Sie gliedern ihre Einträge in sich wiederholenden Formen. Sie ordnen sie nach gleichen Kriterien, meist pragmatisch nach der zeitlichen Abfolge. Sie sind gute Bespiele für die Wissensorganisation, die Johannes Papritz für Amtsbücher als Form des Archivguts stark gemacht hat, nämlich eine Komposition von Einträgen.[41] Sie sind gewissermaßen Datenbanken avant-la-lettre. Jede geschichtswissenschaftlich orientierte editorische Behandlung muss versuchen, diese Eigenschaften nutzbar zu machen.

4.2 Relevanz der Tiefenerschließung

Archivische Erschließung dieser Protokollserien muss also von einer Tiefenerschließung ausgehen. Ulrich Rasches Analysen der Tiefenerschließung der Reichshofratsakten des 16. bis 17. Jahrhunderts haben den Nutzen solcher Erschließungsformen gut dokumentiert: In umfangreichen „Enthält"-Vermerken wird z. B. die historische Tiefe der Akten sichtbar.[42]

Die Tiefenerschließung der Protokollserien ergänzt nun die Aktenüberlieferung: sie verzeichnet Verfahren am Reichshofrat die aufgrund von Aktenverlusten in der reichshofrätlichen Überlieferung sonst nicht dokumentiert sind. Überdies berücksichtigt sie auch die vom Reichshofrat bearbeiteten Lehens- und Gratialsachen, die in der bisherigen, auf die Judizialsachen beschränkten Erschließung ausgeklammert waren. Die Erschließung sollte nun ermöglichen, eine kritische wie methodenbewusste Justizstatistik nach dem Vorbild von Christian Wollschläger und Peter Kottmann[43] zu erstellen. Aus den Indizes der Akten lassen sich

132.

40 Georg VOGELER, The ‚Assertive Edition', in: International Journal of Digital Humanities 1/2 (2019), S. 309–322, DOI: 10.1007/s42803-019-00025-5.

41 Johannes PAPRITZ, Archivwissenschaft, 4 Bde., 2. Aufl. Marburg 1983, Teil II.1, S. 212–218, Teil II.2, S. 93–108.

42 RASCHE, Aktenverzeichnung (wie Anm. 2).

43 So bereits seit den 1980er Jahren: z. B. Christian WOLLSCHLÄGER, Die historische Entwicklung der Zivilprozeßhäufigkeit in Japan und Europa seit dem 19. Jahrhundert. Kawashimas These im internationalen Vergleich, in: Revue de Droit Comparé/Comparative Law Review 27 (1993), S. 1–3; 248–273; DERS., Landarmut und Zivilprozeßraten in Württemberg während des 19. Jahrhunderts, in:

Parteien und ein juristischer Kern des Rechtsproblems ermitteln, die zusammen den Fall beschreiben. Eine Tiefenerschließung unter den digitalen Bedingungen würde auch für die Parteien Normdaten ermitteln. Wahrscheinlicher ist, dass neue Normdaten anzulegen wären, da die meisten Akteure in den eher bibliothekarisch angelegten Normdatenverzeichnissen nicht dokumentiert sind – und für den deutschsprachigen Bereich von den Archiven gepflegte Normdaten wie die US amerikanische SNAC Cooperative noch nicht existieren.[44] Es erscheint auch vorstellbar, die eher kurzen Rubren der Register, wie z. B. die eher häufigen Angaben *in puncto debiti/confirmationis regalium/consensus*, in eine einfache Taxonomie der Rechtssachverhalte einzuordnen. Damit bietet die Tiefenerschließung der Protokolle rechtshistorischer, landes- und regionalhistorischer, prosopographischer oder ganz allgemein historischer Forschung einen Zugriff auf einzelne, aber über die Normdaten auch auf personell und sachlich verwandte Fälle. Mit diesen Angaben sollte es auch möglich sein, die jeweiligen Prozessakten zu identifizieren, wenn sie in Zukunft erschlossen werden. Schließlich entsteht so aber auch schon ein erster Zugriff auf die innere Organisationsstruktur des Reichshofrats, da in den Registern die jeweiligen Referenten genannt sind. Fachliche und geographische

Okko Behrends, Malte Dießelhorst (Hrsg.), Libertas. Grundrechtliche und rechtsstaatliche Gewährungen in Antike und Gegenwart. Symposion aus Anlaß des 80. Geburtstages von Franz Wieacker, Ebelsbach 1991, S. 263–278; DERS., Civil Litigation in 64 County Courts of Württemberg, Germany, from 1821 to 1915. Agrarian Poverty and Urbanization in Micro-Regional and Longitudinal Analysis, in: Erhard Blankenburg u. a. (Hrsg.), Disputes and Litigation (Oñati Proceedings, 12), Oñati 1991, S. 39–49; DERS., Civil Litigation and Modernization: The Work of the Municipal Courts of Bremen, Germany, in Five Centuries, 1549–1984, in: Law and Society Review 24 (1990) S. 261–283; DERS., Die Arbeit der europäischen Zivilgerichte im historischen und internationalen Vergleich. Zeitreihen der europäischen Zivilprozeßstatistik seit dem 19. Jahrhundert, in: Erhard Blankenburg (Hrsg.), Prozeßflut? Studien zur Prozeßtätigkeit europäischer Gerichte in historischen Zeitreihen und im Rechtsvergleich, Köln 1989, S. 253–266; DERS., Ungleiche Justizgewähr und Zivilprozeßhäufigkeit in der preußischen Ständegesellschaft um 1750, in: Norbert Horn (Hrsg.), Europäisches Rechtsdenken in Geschichte und Gegenwart, Festschrift für Helmut Coing, Bd. 1, München 1982, S. 435–451; DERS., Zivilprozeßstatistik und Wirtschaftsentwicklung in Preußen im 18. und 19. Jahrhundert, in: Zeitschrift für Neuere Rechtsgeschichte 2 (1981) S. 16–27; DERS., Zivilprozeßstatistik und Wirtschaftswachstum im Rheinland von 1822 bis 1915, in: Klaus Luig und Detlef Liebs (Hrsg.), Das Profil des Juristen in der europäischen Tradition. Symposion aus Anlaß des 70. Geburtstages von Franz Wieacker, Ebelsbach 1980, S. 371–397; Peter KOTTMANN, Proceedings of the city treasury courts in Bremen between 1600 and 1800. Die Protokolle des Bremer Kämmereigerichts von 1600 bis 1800, in: Historical Social Research 11 (1986), S. 72–83.

44 https://snaccooperative.org/ (abgerufen am 5. April 2024); vgl. auch Daniel PITTI, Rachael HU, Ray LARSON, Brian TINGLE und Adrian TURNER, Social Networks and Archival Context: From Project to Cooperative Archival Program, in: Journal of Archival Organization 12 (1–2) (2014), S. 77–97. Es ist zu hoffen, dass die Nationale Forschungsdateninitiative der historischen Wissenschaften und Institutionen „NFDI for Memory" dazu beiträgt, dass die Archivwelt in diesem Feld aufholt.

Zuordnungen erlauben erste Aussagen über Professionalisierungsschwerpunkte, personale oder konfessionelle Netzwerke der Räte. Eine Tiefenerschließung des Personals in den eigentlichen Sessionsprotokollen oder anderen Protokollserien wie den Exhibiten- und Referentenprotokollen, kann das noch vertiefen. Über die Prosopographie hinaus entstehen in einer solchen Tiefenerschließung aber auch Daten über Verfahrensläufe. Tiefenerschließung rekonstruiert also aus den chronologischen Protokollen die Datenbank der Vorgänge.

4.3 Archivalienbilder

Die Tiefenerschließung wird aber in Kombination mit Bildern der Protokolle zu einem noch wichtigeren Forschungsinstrument. Die Indizes der Protokollserien verweisen auf die Folien der entsprechenden Sitzungen. Eine Digitalisierung der Bilder, die die historischen Folio-Bezeichnungen aufnimmt, ist also direkt mit der auf den Indizes aufbauenden Tiefenerschließung verknüpft. Diese Angaben aufzunehmen ist ein übliches Verfahren in der Bibliothekswelt, wo die Erfahrungen mit unterschiedlichen Seitenzählungen und Aufnahmen von Deckel und Rücken ebenso wie die Kapitelstrukturen dazu geführt haben, im METS-Standard die Bildsequenz in Beziehung zu solchen strukturellen Merkmalen zu setzen.[45] Eine Tiefenerschließung könnte über die Erschließung der originalen Indizes hinaus auch noch zusätzlich die Datumsangaben der einzelnen Sitzungen als Strukturdaten mit aufnehmen. Eine solche Aufbereitung entspricht einer Protoedition wie oben beschrieben, da zentrale erschließende Informationen (Datum, Fall, Parteien, Referent) strukturiert vorhanden sind und weitere Informationen (andere in der Sitzung anwesende Räte, Wortlaut der Beschlüsse) am Bild nachvollzogen werden können.

Mit den digitalisierten Archivalien wird dann auch eine künstliche Edition möglich. Sie beruht auf einer automatischen Transkription. Um einen Eindruck einer solchen künstlichen Edition zu bekommen, soll ein Beispiel aus dem Resolutionsprotokoll des Jahres 1566 näher untersucht werden. Die Textzonen und Zeilen von fol. 14v-16r aus ÖStA HHStA RHR ResProt XVI 27a (zu 1566) wurden mit dem „Universal Lines" Modell von Transkribus erkannt.[46] Dabei waren einleitende Zahlen von Zwischenüberschriften, Seitenzahlen, aber auch größerer Weißraum in einer Zeile ein Problem.

Mit dem Schrifterkennungsmodell „The German Giant I", das das Transkribus-Team aus überwiegend deutsch-sprachigen Texten in Kurrent und lateinischer Schreibschrift aus dem 16. bis 21. Jahrhunderts zusammengestellt hat,[47] kann

45 Siehe Anm. 3.

46 https://app.transkribus.org/training/layout/51962 (abgerufen am 5. April 2024).

47 https://readcoop.eu/model/the-german-giant-i/ (abgerufen am 5. April 2024).

man aus einem Beispiel aus dem Resolutionsprotokoll des Jahres 1566 eine künstliche Edition erstellen. Die Handwritten Text Recognition habe ich an drei Blättern (fol. 14v-16r) gegengeprüft. Die Fehlerquote liegt bei ca. 9 % fehlerhafter Zeichen, ohne dass diese Prüfung für den gesamten Protokollband gelten darf.[48] Dabei fallen unsauber aufgelöste Abkürzungen nicht immer ins Gewicht. Auffälliger sind die Fehler bei der Erkennung der wiederkehrenden „Kay(serlichen) M(ajestät)" und andere Schwierigkeiten mit den für die Textgattung typischen Kürzungen für „contra" oder „Confirmation". Diese Schwierigkeiten zeugen davon, dass es sich lohnt, für die Textgattung angepasste Modelle zu erzeugen. Das allgemeine Modell benötigt auch Anpassung, um weniger geläufige Wörter mit der hier bogenlosen Minuskel *u* erkennen zu können. Gleichzeitig zeugen sie und andere Fehler wie insbesondere bei Eigennamen auch davon, dass eine künstliche Edition ohne menschlichen Eingriff unzureichend ist, denn die Fachterminologie und Eigennamen sind genau die Eigenschaften der Texte, die für eine fachliche Interpretation von Relevanz sein dürften.

Experimente mit den weniger regelmäßig geschriebenen Referentenprotokollen, die für eine organisationstheoretische Auswertung von besonderer Bedeutung wären, und den Indizes der Bände, die auch der modernen Forschung als Schlüssel zu den einzelnen Einträgen in den Protokollbänden dienen, machen die Tragweite der Befunde deutlich: Je konventionalisierter das Wissen war, das Personen hatten, die die Einträge gemacht haben, desto schlechter wird die generalisierte automatische Texterkennung. Für ein editorisches Herangehen an die Texte ist eine künstliche Edition also unzureichend. Es braucht hier Forscher:innen, die die Quellen lesen und deuten können.

4.4 Die eigentliche Edition

Es stellt sich nun die Frage, wie im Falle der Protokollserien eine eigentliche Edition aussehen müsste. Die Beobachtungen zur künstlichen Edition zeigen hier entsprechende Wege auf: Es ist offensichtlich, dass die Tiefenerschließung der Protokolle, auch schon ohne die eigentlichen Entscheidungen in den Sitzungen des Reichshofrats zu berücksichtigen, interessante organisationsgeschichtliche

48 Diese Prüfung ist im MS-Word-Trackchange Modus auf https://github.com/GVogeler/Reichshofratsprotokolle/blob/main/RHR_ResProt_XVI_27a_corr.docx (abgerufen am 05. April 2024) verfügbar. Es sind dabei keine systematischen Transkriptionsregeln angewendet worden, sondern der Fokus ist auf die Markierung von Verbesserungen gelegt worden, die inhaltliche Konsequenzen haben, d. h. unverständliche Wörter oder fehlerhafte Bezüge durch ungenaue Auflösung von Abkürzungen von syntaktisch relevanten Wortendungen. Die Berücksichtigung aller Abkürzungen, die Worttrennung am Zeilenende, Zusammen- oder Getrenntschreibung von Wörtern („Kriegsvolckh" oder „Kriegs Volckh"?) würden die Fehlerrate eher erhöhen.

Forschungen ermöglichen. Man könnte also argumentieren, dass gar keine Edition der Einträge über die eigentlichen Entscheidungen nötig wäre, sondern eine Edition der Referentenprotokolle, der Präsenzlisten und der Indizes ausreichend wäre. Damit würde ein wichtiger Teil der ‚Datenbank' der Protokollserien mit einem editorischen Anspruch repräsentiert: Präzise Transkriptionen wären mit einschlägigen Sacherläuterungen zu versehen, d.h. insbesondere wären Personen, Orte und der Kern der jeweiligen Rechtsfälle von den Bearbeiter:innen zu identifizieren und in die digitale Edition einzuspeisen. Forscher:innen können dann schon die Beziehungen zwischen den Parteien, den verhandelten Fällen und den Mitgliedern des Reichshofrats auswerten.

Aus einer solchen Sicht stellt sich die editorische Aufgabe ganz anders als aus einer rechts-, lokal- oder landeshistorischen Sicht dar: Wie der Reichshofrat in einem individuellen Rechtsstreit jeweils entschieden hat, ist für lokal- und landeshistorische Fragen von hoher Relevanz. Im Archivportal-D ließen sich unter dem Suchbegriff „Reichshofrat" am 02. April 2024 7.976 als einzelne Archivalien verzeichnete Treffer finden, in der Vielzahl von einzelnen Prozessakten auch das Verfahren der verwitweten Gräfin Luise Juliane von Sayn und ihrer Tochter, der verwitweten Landgräfin Johannette von Hessen, gegen Graf Christian von Sayn-Wittgenstein (1649–1660)[49] als ein vielleicht gender-historisch interessanter Fall oder die Korrespondenz über den von der Gemeinde Rückershausen gegen Nassau-Idstein beim Reichshofrat anhängigen Prozess (1709–1711)[50] als Quelle für eine lokalhistorische Fragestellung. Die Reichshofratsprotokolle wären also auch Quelle für solche Fragestellungen. Für eine dogmatisch interessierte rechtshistorische Forschung mag das Interesse eher darauf gerichtet sein, welche Zwischenentscheidungen gefällt worden sind, welche Argumente dabei angeführt wurden und welche Rechtsbegriffe dabei entwickelt wurden. Diese Beispiele zeigen, dass informierte Fachleute jeweils mit kaum vorhersagbaren Forschungsinteressen an die Protokolle herangehen. Hier kann die konzentrische Edition ansetzen: Für alle diese Problemstellungen steht je eine eigene Edition im Zentrum der konzentrischen Edition. Eine Auswahledition der Entscheidungen mit einem spezifischen geographischen Betreff oder unter Heranziehung eines speziellen Rechtsbegriffes macht prinzipiell Sinn – und kann auf Tiefenerschließung, Bildern und künstlicher Edition aufbauen. Dass solche ‚Teileditionen' im Sinne der digitalen Edition Bausteine einer Gesamtedition werden können, erhöht ihren Wert.

---

49 https://www.archivportal-d.de/item/YJRCSAMSFRHBGDWU63U5XB5KJL4XWCIE (abgerufen am 5. April 2024).

50 https://www.archivportal-d.de/item/3AD42XHCVQE5CP7HAVQ5LN2OWHYNVI4W (abgerufen am 5. April 2024).

5. Schluss

Dieser Beitrag schlägt eine Vorgehensweise für das Edieren im digitalen Raum vor, das bei einer Arbeit beginnt, die eigentlich keine Edition ist: archivische Tiefenerschließung. Sie kann sich als erster Schritt einer konzentrischen Edition verstehen, die auf eine Edition im eigentlichen Sinne zielend immer engere Kreise zieht: aus einer archivischen Tiefenerschließung gemeinsam mit Digitalisaten von Archivalien wird eine Proto-Edition. Automatische Texterkennung der Digitalisate macht daraus eine künstliche Edition, aus der eine Auswahl von Archivalien in eine kritische Edition überführt wird, in der all der fachliche Aufwand gemacht wird, der für eine umfassende Auswertung durch die Forschung nötig ist. Diese konzentrische Edition lässt sich gut auf die umfangreichen Quellenbestände des frühneuzeitlichen Reichs anwenden: Die Reichstagsakten oder die Überlieferung des Reichshofrats. Stichproben in den Reichshofratsprotokollen deuten an, welche Tätigkeiten notwendig sind und welche Gewinne daraus zu erwarten sind: Die Protokollserien werden von langen, mühsam auszuwertenden Textsammlungen zu einer Datenbank von Rechtsfällen, die in fachlich relevanten Zusammenhängen auch vollständig ediert und damit zu einem wichtigen Instrument der historischen Forschung werden kann, die von lokalhistorischen Fragestellungen über dogmatische Rechtsgeschichte bis zur organisationtheoretischen Interpretation einer der wichtigsten obersten Reichsbehörden der frühen Neuzeit reichen kann.

Stephan Wendehorst

Vom Grand Design zum Crowdfunding (und retour?)

Die Erschließung der archivalischen Überlieferung des kaiserlichen Reichshofrats aus der „Nebennische“[1]

Im Jahr 2024, parallel zur Drucklegung dieses Bandes, finden die Winterschule „Quellenkompetenz in jüdischer, allgemeiner & Rechtsgeschichte/Palaeography Skills in Jewish, general and legal history“, die „15. Sommerakademie zur Geschichte der Juden im Hl. Röm. Reich und seinen Nachfolgestaaten/History of the Jews in the Holy Roman Empire and its successor states“, „Paläographie & Rechtsgeschichtskliniken/Palaeography & Legal History Clinics“[2] sowie Workshops zu „Reich, Recht und Schulden/Empire, Law & Debts. Lessons from the Holy Roman Empire“ (in Kooperation mit Professor Rainer Klump, Frankfurt) und zu den Hessen gewidmeten Teil- und Pilotprojekten der Erschließung der archivalischen Überlieferung des kaiserlichen Reichshofrats statt. Zur gleichen Zeit schreitet neben diesen Forum-Aktivitäten die regestenmäßige Erschließung der archivalischen Überlieferung des kaiserlichen Reichshofrats zu Mühlhausen, Fulda, Rhön-Werra, Hanau, Hessen-Homburg, Frankfurt am Main, Mantua und Mailand fort, besorgt durch das dem Institut für Rechts- und Verfassungsge-

1 Bei diesem Beitrag handelt es sich um den überarbeiteten Vortrag, den ich am 22. Oktober 2023 auf der Abschlusstagung zu den Teilprojekten Mühlhausen und Nordhausen der Erschließung der Akten des kaiserlichen Reichshofrats im Puschkinhaus in Mühlhausen in Thüringen gehalten habe, https://rechtsgeschichte.univie.ac.at/news-events/detailansicht/news/abschlusstagung-zu-den-teilprojekten-muehlhausen-und-nordhausen-der-erschliessung-der-akten-des-kaiser/?no_cache=1&cHash=098b46cd1edc8c151350ddb423ab4ab4 (abgerufen am 20. November 2023). Die Kenntnis der Literatur zum kaiserlichen Reichshofrat kann beim Adressatenkreis dieses Bandes vorausgesetzt werden. Die angeführte Literatur ist daher bewusst schmal gehalten. Verwiesen wird nur auf weniger bekannte oder unmittelbar für das Verständnis der Erschließung der archivalischen Überlieferung des kaiserlichen Reichshofrats aus der „Nebennische“ erforderliche Arbeiten, häufig sogenannte „graue“ Literatur oder auch nur Einträge im Tätigkeitsbericht oder auf der Homepage des Instituts für Rechts- und Verfassungsgeschichte der Rechtswissenschaftlichen Fakultät der Universität Wien.

2 Mehr zu den Lehrformaten „Winterschule Quellenkompetenz in jüdischer, allgemeiner und Rechtsgeschichte“, „Sommerakademie zur Geschichte der Juden im Hl. Röm. Reich und seinen Nachfolgestaaten“ und „Paläographie & Rechtsgeschichtskliniken“ unter https://jhrr.univie.ac.at/lehre/ (abgerufen am 20. November 2023).

schichte der Rechtswissenschaftlichen Fakultät der Universität Wien zugeordnete Team Wendehorst.[3]

Am 14. August 2024 wird mit der Vorstellung eines Regestenbandes das Teilprojekt Nordhausen formell abgeschlossen.[4] 2023 wurden die Teilprojekte Fulda und Rhön-Werra verlängert, 2024 die Teilprojekte Nordhausen und Mühlhausen auf Thüringen insgesamt erweitert und die Teilprojekte Buchhorn, Brandenburg-Ansbach, Braunschweig, Livland, Mansfeld und Weißenburg neu bewilligt. Darüber hinaus wurden seit Herbst 2023 erste Schritte gesetzt, um mit den Decisa auf der Basis der bereits im ‚Urprojekt' (siehe unten Abschnitt 1) eruierten und den laufenden Teilprojekten verzeichneten Fälle eine der großen Reichshofratsserien in Regestenform zu erschließen.[5] Die Anschubfinanzierung dazu haben die bereits bisher an der Finanzierung von Teilprojekten beteiligten Zuwendungsgeber 2023 zur Verfügung gestellt. Um eine langfristige Finanzierung zu gewährleisten, wird zum einen darauf vertraut, dass die bisherigen (und zukünftigen) Förderer, ob Kommunen, Stiftungen oder Universitäten, aus Solidarität im Rahmen ihrer finanziellen Möglichkeiten auch weiterhin zusätzliche Zuschüsse zur Erschließung der Serie Decisa zur Verfügung stellen, zum anderen auf Crowdfunding.

Durch Crowdfunding soll abgesehen von der Lukrierung zusätzlicher Mittel für die Erschließung der archivalischen Überlieferung des kaiserlichen Reichshofrats auf die chronische wie unverständliche Unterfinanzierung der Erschließung dieses für die Rechtsgeschichte wie die allgemeine Geschichte Mitteleuropas (und darüber hinaus) zentralen Aktenbestandes aufmerksam gemacht, aber der interessierten Öffentlichkeit auch ein Anknüpfungspunkt gegeben werden, deren Fortschreiten zu begleiten und sich direkt an der Finanzierung zu beteiligen. Die Resonanz, die die Präsentation von Pilot- und Teilprojekten vor Ort oder in Wien hervorrief, changierte zwischen unerwarteter Euphorie und erwarteter geschäftsmäßiger, interessierter Zurkenntnisnahme. „Doch erstaunlich, wieviel Aufmerksamkeit ein derart abseitiges Thema generieren kann", so einer der Kommentare nach einem der mit mehr als 40 Gästen vergleichsweise hoch frequentierten, von einem Kooperationspartner 2023 organisierten Workshop im Forschungskolleg Humanwissenschaften in Bad Homburg, dessen Tenor einerseits die anfänglich vielfach vorhandene Reserve gegenüber dem Gegenstand

---

3 Mehr zu den Forumaktivitäten im Event-Archiv des Instituts für Rechts- und Verfassungsgeschichte der Universität Wien unter https://rechtsgeschichte.univie.ac.at/news-events/archiv/ (abgerufen am 20. November 2023).

4 Stephan Wendehorst (Hrsg.), Nordhausen am Reichshofrat. Regesten, bearbeitet von Kevin Hecken (Beiträge zur Geschichte aus Stadt und Kreis Nordhausen, 50), Nordhausen 2024.

5 https://rechtsgeschichte.univie.ac.at/forschung/taetigkeitsberichte/ (abgerufen am 20. November 2023).

umreißt, aber auch das Potential zur Generierung von Neugier bei entsprechender Vermittlung zum Ausdruck bringt. Im Idealfall kann Crowdfunding dazu beitragen, aus dem Reichshofrat einen Gegenstand vielleicht nicht von Bürgerwissenschaft mit unmittelbarer Bürgerbeteiligung im Sinn von citizen science, aber doch der Öffentlichen Geschichte im Sinn von Public History zu machen und die Diskussion über die Finanzierung von Grundlagenforschung in den Geistes- und Rechtswissenschaften um Momente zu ergänzen, die m.E. derzeit fehlen bzw. abgelehnt werden: Öffentlichkeit jenseits der unmittelbar betroffenen Fachöffentlichkeit(en), Leidenschaft, Drama und praktisches Anpacken.[6]

Die mit Crowdfunding verbunden Hoffnungen werden sich schlussendlich vielleicht als illusorisch herausstellen. Umgekehrt ist nicht auszuschließen, dass gerade im Zusammenspiel von Historikern, Rechtshistorikern, Archivaren, lokalen und regionalen Stakeholdern mit einer interessierten Öffentlichkeit ein passender Zugang für diesen Gegenstand liegt, der sich vielleicht schon aufgrund seines Umfangs und seiner inhärenten disziplinären wie nationalen Grenzüberschreitungen dem Arsenal klassischer Förderinstrumente entzieht. Vielleicht ist es einfach an der Zeit, etwas Neues auszuprobieren, kleinteilig, patchworkartig, mit notwendig offenen Enden, aber reell, auf der Grundlage und nach dem Muster dessen, was sich in erprobter Zusammenarbeit mit lokalen und regionalen Partnern institutionell, personell und finanziell Schritt für Schritt als machbar erwiesen hat. Die noch halböffentliche erste Phase der Crowdfunding-Initiative endet mit der Buchvorstellung des Nordhäuser Regestenbandes im August 2024. Sollten sich die damit verbunden Hoffnungen nicht erfüllt haben, bleibt zumindest kein Datenfriedhof. Wie die Ergebnisse der anderen Teil- und Pilotprojekte der Erschließung der archivalischen Überlieferung des kaiserlichen Reichshofrats, die durch das Team Wendehorst verantwortet werden, wandern auch die verzeichneten Decisa in das Archivinformationssystem des Österreichischen Staatsarchivs und stehen damit der interessierten Öffentlichkeit langfristig zur Verfügung. Vielleicht wird sich Crowdfunding aber auch als brauchbares Instrument erweisen, um ein über die Fachöffentlichkeit(en) hinausgehendes öffentliches Interesse wie auch eine öffentliche Beteiligung an der Erschließung der archivalischen Überlieferung des kaiserlichen Reichshofrats zu wecken, einer

6 Stellvertretend für Plädoyers für thinking out of the box wie für Spiel, Emotion, Zufall und Pragmatismus in der Wissenschaft von Johan Huizinga bis hin zu dem vorliegende Beitrag sei hier verwiesen auf Samuel Moyn, A Letter to Hans Kelsen on the Use of Force, Vortrag gehalten am 6. Juni 2024 im Juridicum, Universität Wien, https://rechtsgeschichte.univie.ac.at/news-events/detailansicht/news/vortrag-a-letter-to-hans-kelsen-on-the-use-of-force/?no_cache=1&cHash=bed1a165d8720335194e481f08db2617 (abgerufen am 8. Juni 2024), und Naz K. Modirzadeh, Cut These Words: Passion and International Law of War Scholarship, in: Harvard International Law Journal 61:1 (2020), http://dx.doi.org/10.2139/ssrn.3485822 (abgerufen am 8. Juni 2024).

Institution, deren Tätigkeit sich von Ostfriesland bis nach Wien und von Korsika bis nach Livland erstreckte.

Die Breite und Dichte von Lehrangeboten, Workshops, Projektpräsentationen, Publikationen und Drittmitteleinwerbungen des Teams Wendehorst – teils unmittelbar zum Thema Reichshofrat, teils mittelbar in anderen Kontexten – verzeichnen Homepage und Tätigkeitsberichte des Instituts für Rechts- und Verfassungsgeschichte der Rechtwissenschaftlichen Fakultät der Universität Wien erst seit 2022.[7] Ihre Ursprünge liegen jedoch mehr als zwei Jahrzehnte zurück. Zeit, aus der „Nebennische", wie ein Kollege die institutionelle Verankerung des Teams Wendehorst am Institut für Rechts- und Verfassungsgeschichte apostrophiert hat,[8] Bilanz zu ziehen. Wie hat sich die Auseinandersetzung mit dem kaiserlichen Reichshofrat in Lehre und Forschung und vor allem hinsichtlich seiner Erschließung seit dem „Urprojekt" entwickelt? Was ist aus den großen Plänen damals vergleichsweiser junger, heute in die Jahre gekommener Forscher und Forscherinnen geworden? Was ist geblieben? Was wurde angepasst und verändert? Wo und warum wurden neue Wege beschritten? Diesen Fragen geht dieser Beitrag in drei chronologisch gegliederten Teilen aus jeweils vier Perspektiven nach: Erstens, Projektsäulen und Experimentierfelder mit den Komponenten Quellenerschließung sowie Forschung und Lehre, zweitens Gegenstand, Theorie und Methode, drittens institutionelle, personelle und finanzielle Rahmenbedingungen und viertens Resultate.

Am Anfang, noch während der Arbeit an meiner Dissertation an der Universität Oxford, standen die Lektüre der Arbeiten von Michael Hughes, Volker Press, Mack Walker und Cecil Roth[9] sowie drei ganz einfache Überlegungen. Das Heilige Römische Reich deutscher Nation war nicht bedeutungslos, sondern ein Faktor, der die politik-, rechts-, wirtschafts-, sozial-, religions- und kulturgeschichtlichen Prozesse in Mitteleuropa im Allgemeinen und die historische Ent-

---

7 https://rechtsgeschichte.univie.ac.at/forschung/taetigkeitsberichte/ (abgerufen am 20. November 2023).

8 Ulrich Rasche, Aktenverzeichnung als Methode der Quellenerschließung. Plädoyer für eine Neujustierung der Erschließungspraxis in der Frühneuzeitforschung, in: Jens Klingner/Christian Schuffels (Hrsg.), Edition und Kommentar (Archiv für Diplomatik, Beiheft), Köln/Weimar/Wien 2025 (im Druck).

9 Michael Hughes, Law and politics in eighteenth century Germany. The Imperial Aulic Council in the reign of Charles VI (Studies in history series, 55), Woodbridge 1988; Cecil Roth, The History of the Jews of Italy, Philadelphia, PA 1946; Volker Press, Kaiser Rudolf II. und der Zusammenschluß der deutschen Judenheit. Die sogenannte Frankfurter Rabbinerverschwörung von 1603 und ihre Folgen, in: Alfred Haverkamp (Hrsg.), Zur Geschichte der Juden im Deutschland des späten Mittelalters und derfrühen Neuzeit (Monographien zur Geschichte des Mittelalters, 24), Stuttgart 1981, S. 243–293, insb. S. 245; Mack Walker, Johann Jakob Moser and the Holy Roman Empire of the German nation, Chapel Hill, NC 1981.

wicklung des Verhältnisses der Juden zu ihrer nicht-jüdischen Umwelt im Besonderen mitbestimmte. Für die Erforschung der Schnittstelle zwischen jüdischer und Reichsgeschichte sind Rechtsprechung und Verwaltungshandeln als empirische Grundlagen vielversprechender als theoretische Schriften und gesetztes Recht (law in action vs. law in the books). Die umfassende Verbreiterung der empirischen Quellenbasis durch Grundlagenforschung bildet die Voraussetzung einer eventuellen Neubewertung des Verhältnisses von jüdischer und Reichsgeschichte – so der Tenor eines 1996 in München gehaltenen Vortrags „Jewish Cases before the Reichskammergericht and the Reichshofrat, 1648–1806".[10] Was wurde daraus?

1. Das ‚Urprojekt' (2000 bis 2006)

Mit meiner Übernahme der Direktorstellvertreterstelle des Simon-Dubnow-Instituts für jüdische Geschichte und Kultur – damals ein An-Institut der Universität Leipzig, seit 2018 ein Institut der Leibniz-Gemeinschaft – im Jahr 2000 wurde aus den drei Ursprungsüberlegungen ein Projekt mit fester institutioneller Basis. Dieses ‚Urprojekt' firmierte unter dem Titel „Von den Rechtsnormen zur Rechtspraxis. Ein neuer Zugang zur Rechtsgeschichte der Juden im Alten Reich?/From Legal Norms to their Application by the Courts: A New Approach to the Legal History of the Jews in the Holy Roman Empire?"

1.1 Das ‚Urprojekt': Projektsäule(n) und Experimentierfelder

Die tragende Säule dieser Phase war die Erschließung der jüdischen Betreffe des kaiserlichen Reichshofrats als Beitrag zur Grundlagenforschung. Als eines der beiden obersten Gerichte des Römisch-Deutschen Reichs sowie als Beratungs-, Exekutiv- und Verwaltungsorgan des Kaisers in allen das Reich betreffenden Fragen war der Reichshofrat vielfach auch mit dessen jüdischer Bevölkerung befasst. Seine archivalische Überlieferung, die Aufschluss über jurisdiktionelle, exekutive und administrative Belange erlaubt, schien die ideale Quellengrundlage zu den beiden ersten Ausgangsthesen zu sein, dass das Reich, was immer es auch war, erstens Bedeutung auch für dessen jüdische Bevölkerung besaß und zweitens, dass ein differenzierteres Verständnis des Verhältnisses der Juden zu ihrer nichtjüdischen

10 Stephan WENDEHORST, From Legal Norms to their Application by the Courts: A New Approach to the Legal History of the Jews in the Holy Roman Empire? Some Preliminary Observations, in: Bulletin des Simon-Dubnow-Instituts für jüdische Geschichte und Kultur e.V. an der Universität Leipzig 2 (2000), S. 67–69, hier S. 67, Fußnote *.

Umwelt vor allem von der Erforschung der Rechtsanwendung durch Gerichte und Verwaltung zu erwarten ist. Unter ‚jüdischen Betreffen' werden drei unterschiedliche Verfahrensgruppen verstanden: 1. Verfahren, an denen zumindest eine jüdische Partei als Kläger, Beklagter oder als Adressat oder Initiator von Verwaltungshandeln beteiligt war, 2. Verfahren zwischen nicht-jüdischen Parteien, die Juden betreffende Angelegenheiten zum Gegenstand hatten, z. B. das Recht, Juden in Schutz zu nehmen, und 3. Verfahren, in denen das jüdische Recht als personal radiziertes Partikularrecht als Entscheidungsgrundlage herangezogen wurde.

Auf der Grundlage der Durchsicht der Resolutionsprotokolle des kaiserlichen Reichshofrats in der Abteilung Haus-, Hof und Staatsarchiv des Österreichischen Staatsarchives durch Magdalena Drexl, Stefan Ehrenpreis und mich konnten mehrere Hundert Verfahren mit jüdischem Bezug aus dem gesamten Römisch-Deutschen Reich von Ostfriesland bis Wien und von Mecklenburg bis Mantua identifiziert und die entsprechenden Akten verfilmt werden. Daneben wurde mit der Erschließung der archivalischen Überlieferung des Rabbinatsgerichts der sogenannten ‚Drei-Gemeinde' Altona-Hamburg-Wandsbek und der Erschließung der jüdischen Betreffe des Fränkischen Reichskreises experimentiert. Jenseits der jüdischen Geschichte bildeten – zunächst zufällig bedingt – die kaiserlichen Notare, als Teilzeit-Reichspersonal an zahllosen Reichshofratsverfahren beteiligt, ein weiteres Experimentierfeld.[11]

1.2 Das ‚Urprojekt': Gegenstand (Theorie und Methode)

Weder eine vollständige Rekonstruktion der Tätigkeit des kaiserlichen Reichshofrats in Bezug auf die jüdische Bevölkerung des Reichs noch eine Tiefenerschließung des grob gesichteten Aktenmaterials oder eine ambitionierte theoretisch-methodische Diskussion waren zu diesem Zeitpunkt das Ziel, sondern die Herstellung eines fundierten Überblicks auf möglichst breiter archivalischer Grundlage. Auch wenn das Vorgehen nicht systematisch war, zeichneten sich die Konturen von Ausmaß, Modalität, geographischer Reichweite und chronologischen Schwerpunkten des jurisdiktionellen, exekutiven und administrativen Handelns des kaiserlichen Reichshofrats in jüdischen Angelegenheiten ab. Die Befunde dieser Sondierungen bestätigten zum Teil das bekannte bzw. erwartbare

11 Steffen HELD, Geschichte des Notariats im Mittelalter und der Frühen Neuzeit: Fragen und Perspektiven der Forschung, Workshop des Schwerpunkts Rechtsgeschichte des Simon-Dubnow-Instituts für jüdische Geschichte und Kultur und des Lehrstuhls für Bürgerliches Recht, Römisches Recht/Gemeines Recht und kirchliche Rechtsgeschichte der Leipziger Juristenfakultät in Verbindung mit der Arbeitsgruppe Notariatsgeschichte der Bundesnotarkammer, Leipzig, 24.–25. Oktober 2002, in: Bulletin des Simon-Dubnow-Instituts für jüdische Geschichte und Kultur an der Universität Leipzig 4 (2002), S. 92–93.

Bild, etwa für Frankfurt am Main oder Friedberg, vermaßen aber auch neues Terrain, geographisch etwa für Ostfriesland, Waldeck, Anhalt und Mühlhausen, chronologisch für das 18. Jahrhundert. Die Ergebnisse knüpften zum Teil nahtlos an von jüdischen Historikern und Juristen in der Zwischenkriegszeit begründete Zugänge, die nach 1945 in Vergessenheit gerieten. Die jüdischen Kaiserhuldigungen zeigen dies exemplarisch. In diesen hatte bereits Isidor Krakauer, dem die bis heute als Gesamtdarstellung unübertroffene Geschichte der Frankfurter Juden zu verdanken ist, einen Schlüssel zum Verständnis der rechtlichen Lage wie auch der rechtlichen Aspirationen der Frankfurter Juden im 18. Jahrhundert gesehen, die vor allem auf kollektive Rechte und auf paritas mit dem christlichen Bürgerverband abzielten.[12] Im Unterschied zu den kaiserlichen Privilegien für die Juden in der Reichsgeschichte blieb die Kenntnis der Bedeutung der königlichen Privilegen für die Juden als Grundgesetze jüdischer Existenz in der polnisch-litauischen Geschichte präsent, erfuhr in der Zwischenkriegszeit in den Illustrationen und Ausstellungen des Statuts von Kalisch von Arthur Szyk sogar eine Popularisierung.[13] Vittore Colorni hat als erster nachgewiesen, dass das jüdische Recht als eines der unzähligen Partikularrechte der Vormoderne ein ‚wirkliches' Recht war.[14] Auf einem dreitägigen Workshop in Leipzig 2003 wurde dieser in dem Projekt verfolgte Ansatz in einem breiten Kreis diskutiert. Der von Michael Stolleis vorgeschlagene Titel für den aus dem Workshop hervorgegangenen Tagungsband „Juden im Recht" brachte Gegenstand wie Fazit der Veranstaltung und der Projektarbeit auf den Punkt.[15] Zum Teil harsche Kritik blieb nicht aus.

---

12 Isidor Kracauer, Geschichte der Juden in Frankfurt a.M., Bd. 2, Frankfurt a.M. 1927, S. 114–165, hier insbes. S. 129. Der Eid der Juden bei der Huldigung für Karl VI. ist, als einzige Anlage zu Krakauers Werk, vollständig wiedergegeben auf S. 523; ausführlicher, zwischen den Zeilen: ders, Wie die Frankfurter Juden Karl VII. huldigten, in: Zeitschrift für die Geschichte der Juden in Deutschland 3:1 (1889), S. 86–91, insbes. S. 87; der Text wurde vom Autor dieses Beitrags für einen Workshop der Lucy G. Moses-Professur für jüdische Geschichte an der Universität Yale 2018 ins Englische übersetzt und kommentiert und wird als Beispiel für Verfassungsrecht als Völkerrecht im 2023 initiierten Pilot der DeGruyter Brill Online Platform „Early modern law of nations" erscheinen. Zu der DeGruyter Brill Online Plattform „Early modern law of nations" siehe Tätigkeitsbericht des Instituts für Rechts- und Verfassungsgeschichte, Wien 2023, S. 113.

13 Jacob Goldberg (Hrsg.), Jewish privileges in the Polish Commonwealth. Charters of rights granted to Jewish communities in Poland-Lithuania in the sixteenth to eighteenth centuries, Jerusalem 1985; Le Statut de Kalisz. Droits accordés aux Juifs par Boleslas le Pieux, Grand-duc de Pologne en 1264 […] calligraphie, enluminé et orné de nombreux hors-texte par Arthur Szyk, Paris s. d. [1932].

14 Vittore Colorni, Legge ebraica e leggi locali: ricerche sull'Ambito d'applicazione del diritto ebraico in Italia dall'epoca romana al secolo XIX (Pubblicazioni dell'Istituto di Diritto Romano dei Diritti dell'Oriente Mediterraneo e di Storia del Diritto, 23), Mailand 1945.

15 Stephan Wendehorst/Andreas Gotzmann (Hrsg.) Juden im Recht. Neue Zugänge zur Rechtsgeschichte der Juden im Alten Reich (Beihefte der Zeitschrift für Historische Forschung, 39), Berlin 2007.

Andreas Gotzmann, Stefan Ehrenpreis und mir wurde zum Vorwurf gemacht, mit unseren Thesen in Kombination mit einem Plädoyer für die massive Verbreiterung der Quellenbasis, Jacob Katz, lange die kanonische Autorität für die frühneuzeitliche Geschichte der Juden, in der Manier der indigenen Bevölkerung Grönlands aufs Altenteil befördern zu wollen, ironischerweise mit dem Verweis auf die vermeintlich dünne Quellenbasis, auf die wir uns stützten.[16]

1.3 Das ‚Urprojekt': institutionelle, personelle und finanzielle Rahmenbedingungen

Das ‚Urprojekt' war einerseits ein klassisches Institutsprojekt, klar durch die Arbeitspläne des Simon-Dubnow-Instituts für jüdische Geschichte und Kultur an der Universität Leipzig konturiert. Gleichzeitig war es auch ein Kooperationsprojekt, auf mehreren Ebenen, von Anfang an interdisziplinär – an der Schnittstelle von jüdischer, allgemeiner und Rechtsgeschichte – angelegt und mit zum Teil bewusst offenen Rändern. Institutionell waren das Max-Planck-Institut für Europäische Rechtsgeschichte mit Michael Stolleis als Direktor, Sigrid Amedick als Leiterin der Bibliothek und Karl Härter als dem fachlich nächststehenden Mitarbeiter sowie das Österreichische Staatsarchiv, Abteilung Haus-, Hof- und Staatsarchiv, mit Leopold Auer als Direktor die wichtigsten Stützen. Inhaltlich waren Andreas Gotzmann von der Universität Erfurt und Stefan Ehrenpreis, damals noch an der Humboldt-Universität zu Berlin, jetzt an der Leopold-Franzens-Universität Innsbruck, die wichtigsten Kooperationspartner der ersten Stunde.[17] Die Finanzierung erfolgte zum weitaus größten Teil durch das Dubnow-Institut und zum kleineren Teil durch das Max-Plack-Institut für Europäische Rechtsgeschichte in Frankfurt am Main, heute Max-Planck-Institut für Rechtsgeschichte und Rechtstheorie. Vor allem ersteres, mit Dan Diner als Direktor, Karina Pfützner als Verwaltungsleiterin und Grit Scheffer als Bibliothekarin, sorgte zunächst für eine institutionelle Basis des Projekts. Eine Mitarbeiterstelle vor Ort in Wien konnte mit Magdalena Drexel besetzt werden.

1.4 Das ‚Urprojekt': Resultate

Als konkrete Ergebnisse des ‚Urprojekts' können an erster Stelle das Gewinnen eines umfassenden Überblicks, Vorarbeiten für eine systematische regestenmä-

---

16 Stephan Wendehorst, Rechtspraxis und jüdische Lebenswelten im Alten Reich, oder: Jacob Katz auf der Eisscholle, in: Bulletin des Simon-Dubnow-Instituts für jüdische Geschichte und Kultur an der Universität Leipzig 5 (2003), S. 89–95.

17 Stefan Ehrenpreis/Andreas Gotzmann/Stephan Wendehorst, Probing the Legal History of the Jews in the Holy Roma Empire – Norms and their Application, in: Jahrbuch des Simon-Dubnow-Instituts/Simon-Dubnow-Institute Yearbook 2 (2003), S. 409–487.

ßige Erschließung und die anschließende Verfilmung von Archivalien des kaiserlichen Reichshofrats zu jüdischen Betreffen festgehalten werden. Je ein vollständiges Set der inzwischen technisch überholten Filme standen und stehen der interessierten Öffentlichkeit in den Bibliotheken des Simon-Dubnow-Instituts in Leipzig und des Max-Planck-Instituts in Frankfurt am Main zur Verfügung. Neben der Bereitstellung von ansonsten nur im Haus-, Hof- und Staatsarchiv zugänglichen Originalakten in Kopie für die Forschung hat die erste Projektphase in Publikationen bzw. der Mitwirkung an einer Ausstellung konkreten Niederschlag gefunden, nämlich in dem bereits erwähnten Tagungsband „Juden im Recht", der Kuratierung des Frühneuzeitteils des Abschnitts zur jüdischen Geschichte in der Ausstellung „Die Kaisermacher" (2006–2007) in Frankfurt am Main sowie dazugehörigen Veröffentlichungen.[18]

2. Die Übergangsphase (2007 bis 2020)

Auf das ‚Urprojekt', Eltern- und Elternteilzeit folgte eine ca. vierzehnjährige Übergangsphase, gekennzeichnet durch partielle Konsolidierung und teilweise Neuausrichtung, aber auch durch Rückschläge und Ungewissheit.

2.1 Die Übergangsphase: Projektsäulen und Experimentierfelder

In der ersten Phase hatte der Schwerpunkt der einzigen Projektsäule „Erschließung der jüdischen Betreffe des kaiserlichen Reichshofrats" auf der Identifikation und Verfilmung einer möglichst großen wie nach Reichshofratsserien und Geographie möglichst weitgefächerten Zahl von Archivalien des Reichshofrats mit jüdischem Bezug mit dem Ziel gelegen, die Voraussetzung für näher definierte Erschließungs- und Forschungsprojekte zumindest annäherungsweise be-

18 Stephan Wendehorst, Karl VI. 1712: Huldigung, in: Evelyn Brockhoff/Jan Gerchow/Raphael Gross/August Heuser (Hrsg.), Die Kaisermacher. Frankfurt am Main und die Goldene Bulle 1356–1806, Frankfurt 2006, S. 434–457; ders., Leopold II. 1790: Illumination und Aufklärung, in: Evelyn Brockhoff/Jan Gerchow/Raphael Gross/August Heuser (Hrsg.), Die Kaisermacher. Frankfurt am Main und die Goldene Bulle 1356–1806, Frankfurt 2006, S. 458–475; ders, Das gescheiterte Projekt der jüdischen Kaiserhuldigung in Worms: Symbolische imperiale Herrschaftspraxis und jüdische Teilhabe im Römisch-Deutschen Reich, in: Andreas Gotzmann/Ders. (Hrsg.), Juden im Recht. Neue Zugänge zur Rechtsgeschichte der Juden im Alten Reich (Beihefte der Zeitschrift für Historische Forschung, 39), Berlin 2007, S. 245–272; ders, Die Kaiserhuldigungen der Frankfurter jüdischen Gemeinde im 18. Jahrhundert, in: Fritz Backhaus/Gisela Engel/Robert Liberles/Margarete Schlüter (Hrsg.), Die Frankfurter Judengasse: Jüdisches Leben in der Frühen Neuzeit, 2. Aufl., Frankfurt 2006, S. 213–235, 339–345.

stimmen zu können. Mit Teilprojekten zu Fürth, Fulda und Frankfurt starteten die ersten solcher Erschließungsprojekte. Die Festlegung der zu verzeichnenden Akten changierte zwischen persongeographisch-politisch bestimmt. In Fürth, keiner Stadt, sondern einer Marktgemeinde, lebten die Juden in einem geradezu idealtypischen Territorium non-clausum, in dem das Hochstift Bamberg, genauer das Bamberger Domkapitel, die Markgrafschaft Brandenburg-Ansbach und die Reichsstadt Nürnberg Herrschaftsrechte ausübten. Auch wenn die Fürther Juden nach zeitgenössischer Wahrnehmung im Kern dem Bamberger Domkapitel zugehörten,[19] wurde bei der Auswahl der Fürther Verfahren von der politischen Zugehörigkeit abstrahiert. In Frankfurt am Main ließen sich die zu erschließenden Akten mit jüdischem Bezug sowohl politisch-territorial durch die Reichsstadt als auch personal-korporativ durch die jüdische Gemeinde definieren. Bei Fulda war der Ausgangspunkt das Fuldaer Land, d. h. geographisch. Zwischen fürstäbtlichen bzw. fürstbischöflichen Juden und Juden der buchischen Ritterschaft wurde bei der Verzeichnung zunächst nicht unterschieden. Erst im späteren Projektverlauf wurde ein eigenes Teilprojekt zu den jüdischen Betreffen aus dem Ritterkanton Rhön-Werra, in dem sich die buchische Ritterschaft organisiert hatte ausgegliedert, sodass inzwischen für einen geographischen Raum, das Fuldaer Land oder Osthessen, zwei Teilprojekte differenziert nach dem Fürstabt bzw. -bischof von Fulda als Reichsstand und den im Ritterkanton Rhön-Werra immatrikulierten Reichsrittern als Reichsgliedern bestehen.[20] Verzeichnet wurden die Fürther, Fuldaer und Frankfurter Akten des kaiserlichen Reichshofrats mit jüdischem Bezug zunächst grundsätzlich nach den vom Göttinger Akademieprojekt zur Erschließung der Reichshofratsakten entwickelten Richtlinien.[21] Mitberücksichtigt wurden darüber hinaus auch die beteiligten kaiserlichen Notare.

Neben die Erschließung der jüdischen Betreffe des kaiserlichen Reichshofrats als weiterhin wichtigster Projektsäule traten im Zeitraum von 2007 bis 2020 weitere Projekte sowohl der Grundlagen- als auch der Einzelforschung zunächst als Experimentierfelder, bei entsprechender Entwicklung als eigenständige Projektsäulen. Zu den Laboratorien der Forschung gehörten die Erschließung der Rechtsprechung des Rabbinatsgerichtes Prag sowie die Erforschung der juristischen Literatur und des Rechtsquellenhaushalts der Frühen Neuzeit, insbeson-

19 Christian Wilhelm von Dohm, Über die bürgerliche Verbesserung der Juden, Berlin/Stettin 1781, S. 128 f. Fußnote.

20 Mehr zu den Teil- und Pilotprojekten unter https://jhrr.univie.ac.at/grundlagenforschung/ (abgerufen am 20. November 2023).

21 Ulrich Rasche/Tobias Schenk, Benutzungshinweise, in: Wolfgang Sellert (Hrsg.), Die Akten des Kaiserlichen Reichshofrats, Serie II: Antiqua, Bd. 2: Karton 44–135, bearbeitet von Ulrich Rasche, Berlin 2019, S. 13–20.

dere in ihren jüdischen Bezügen, sowie die Stellung der Juden im vormodernen Völkerrecht. Die kritische Auseinandersetzung mit Christian Wilhelm von Dohms Schrift „Über die bürgerliche Verbesserung der Juden" im Kontext der juristischen Diskussion in der Endphase des Hl. Röm. Reiches deutscher Nation nahm in diesem Zeitraum konkrete Projektform an.[22]

Hatten in der ersten Phase Erschließungsarbeit bzw. Grundlagenforschung dominiert, begannen in der Übergangsphase die spezifische Projektarbeit und die Lehre eine größere Rolle zu spielen. Letztere übernahm stellenweise eine für die Weiterentwicklung wichtige Schrittmacherfunktion. In der Lehre konnten in der Übergangsphase folgende zu einem großen Teil inhaltlich unmittelbar aus den frontiers of research der Erschließungs- und Forschungsarbeit gespeisten Formate dauerhaft im Angebot der Rechtswissenschaftlichen Fakultät der Universität Wien, zum Teil auch an der Historisch-Kulturwissenschaftlichen Fakultät der Universität Wien sowie von kooperierenden Universitäten, verankert werden: die Sommerakademie zur Geschichte der Juden im Hl. Röm. Reich und seinen Nachfolgestaaten, der Ius Commune Moot Court, der Jewish Law Moot Court sowie mehrere reguläre Lehrveranstaltungen im Wahlfachbereich.

Die Sommerakademie zur Geschichte der Juden im Hl. Röm. Reich und seinen Nachfolgestaaten findet seit 2009 zu einem jährlich wechselnden Schwerpunkthema statt, kombiniert mit einem breiten Angebot an Kursen zum Erwerb bzw. zur Verbesserung von Kenntnissen im Umgang mit Originalquellen in deutscher, lateinischer und tschechischer Sprache sowie in jüdischen Sprachen (Hebräisch, Jiddisch, Judendeutsch) auf unterschiedlichen Niveaustufen. Auch der Besuch von einschlägigen Forschungseinrichtungen, Museen, Bibliotheken, Archiven und weiteren Kultur- und Erinnerungsstätten, bei denen es sich häufig um Kooperationspartner handelt, zählten zum Standardprogramm.[23]

Die Fallgestaltung des erstmals 2016 im Rahmen der Sommerakademie zur Geschichte der Juden im Hl. Röm. Reich als Experiment durchgeführten Ius Commune Moot Court orientierte sich jeweils an einem Verfahren, das vom kaiserlichen Reichshofrat verhandelt wurde. Mindestens eine der Prozessparteien war jüdisch. Vereinzelt wurde jüdisches Recht als eines der zahlreichen im Hl. Röm. Reich geltenden Partikularrechte als Rechtsquelle herangezogen. Bei der

22 Christian Wilhelm Dohm, On the Civil Improvement of the Jews, originally published in German under the title Über die bürgerliche Verbesserung der Juden, Berlin/Stettin: Friedrich Nicolai, 1781, critically edited and translated from the German and the French by Stephan E.C. Wendehorst, together with students from the Law Faculty of the University of Vienna, Wien 2019; Stephan Wendehorst, Christian Wilhelm von Dohm as a Lawyer (Braun-Lecture in the History of the Jews of Germany, 21), Ramat-Gan 2020.

23 Mehr zu den Programmen der Sommerakademien in der Vergangenheit unter: https://jhrr.univie.ac.at/lehre/univiesummerschool/archiv (abgerufen am 20. November 2023).

Fallgestaltung des ebenfalls 2016 begründeten Jewish Law Moot Court wurde auf die Rechtsprechung des Rabbinatsgerichtes Prag zurückgegriffen.[24] Für die Teilnehmer, ob als Studenten, als Dozenten oder als ‚Richter' boten die beiden historischen Moot Courts eine Gelegenheit, sich intensiv mit dem jurisdiktionellen und normativen Rechtspluralismus auseinanderzusetzen, der für die vormodernen, vorkodifikatorischen Mischrechte in Europa im Allgemeinen und das Ius Romano-Germanicum im Hl. Römischen Reich im Besonderen charakteristisch war.[25]

Weitere Lehrformate an der Schnittstelle zu frontiers of research, zum Teil mit über die Jahre leicht abweichenden Titeln, sind:[26] „The Jews in Modern Times. A Legal History" (seit Wintersemester 2012), „Theory and Practice of Humanitarian Interventions in Historcial Perspective: From the Protection of Persecuted Co-Religionists to the Protection of Universal Human Rights" (seit Wintersemester 2012), „Law & Empire" (seit Sommersemester 2015), „Juden und Judenheiten in Österreich" (gemeinsam mit Ilse Reiter-Zatloukal seit Wintersemester 2018), „Introduction to Jewish Law in Context" (gemeinsam mit den Dozenten und Dozentinnen des Jewish Law Moot Courts seit Wintersemester 2019).

Im Verlauf der Übergangsphase (2007–2020) entwickelten sich die Experimentierfelder „Römisch-Deutsches Recht (Ius Romano-Germanicum): Rechtsquellenhaushalt, Verfahren & juristische Literatur", insbesondere in seinen jüdischen Bezügen sowie die Stellung der Juden im vormodernen Völkerrecht[27] zu Projektsäulen, letzteres vor allem angestoßen durch das ursprünglich Gießener Projekt „Die Geschichte des Hl. Röm. Reichs deutscher Nation als Völkerrechtsgeschichte". Die Auseinandersetzung mit der Rabbinatsgerichtsbarkeit und dem kaiserlichen Notariat blieben Experimentierfelder. Motor für die Entwicklung des Experimentierfelds „Rabbinatsgerichtsbarkeit" und der Säule „Römisch-Deutsches Recht (Ius Romano-Germanicum): Rechtsquellenhaushalt, Verfahren & juristische Literatur" war die Lehre, konkret die beiden historischen Moot Courts.

---

24 Mehr zum Ius Commune Moot Court unter https://jhrr.univie.ac.at/lehre/ius-commune-moot-court/archiv/, mehr zum Jewish Law Moot Court unter https://jhrr.univie.ac.at/lehre/jewish-law-moot-court/ (abgerufen am 20. November 2023).

25 Welches Recht hat Recht? https://medienportal.univie.ac.at/uniview/studium-lehre/detailansicht/artikel/back-to-the-future-vormoderner-rechtspluralismus-als-denkmodell-fuer-die-gegenwart/ (abgerufen am 15. Dezember 2023).

26 Mehr zu den einzelnen Lehrveranstaltungen unter https://ufind.univie.ac.at/de/person.html?id=43544 (abgerufen am 15. Dezember 2023).

27 Zu Juden als Subjekten und Objekten des frühneuzeitlichen Völkerrechts vgl. das Programm der Tagung Leipziger Judentümer: Stadt, Hof und Universität; Martin Winter, Tagungsbericht https://www.hsozkult.de/searching/id/event-62963?language=en (abgerufen am 2. Juni 2024).

2.2 Die Übergangsphase: Gegenstand, Theorie und Methode

Methodisch-theoretisch wurde ursprünglich mit recht einfachen Gegenüberstellungen von Recht und Rechtspraxis bzw. Norm und Normanwendung gearbeitet. Ambitionierter war der Versuch, die Geschichte der Juden im Reich als Geschichte von Zwischenräumen eines polyzentrischen Politik-, Rechts- und Sozialsystems zu fassen. Nachhaltiger diskutiert und genutzt wurde die Unterscheidung zwischen law in action und law in the books sowie die methodisch-theoretischen Angebote der modernen Imperienforschung.[28] Aus diesen Diskussionen ist ein Tagungsband hervorgegangen.[29] Bereits zuvor war ein Versuch unternommen worden, das Reichspersonal, d. h. die Funktionsträger, die dieses Reich zusammenhielten, als Personengruppe näher zu bestimmen.[30] Als methodisch-theoretisch besonders produktiv erwies sich eine rechtshistorische Frage, deren Beantwortung allerdings auch allgemeinhistorische Konsequenzen nach sich zieht, und auf die hier beispielhaft in Form eines Exkurses näher eingegangen wird: Die Frage nach der Rechtsautonomie der Juden im vormodernen Europa.

Traditionell hat die Forschung jüdisches Recht und jüdische Gerichtsbarkeit scharf vom nicht-jüdischen Recht getrennt. Der empirische Befund legt hingegen eine enge Verschränkung sowie eine gerade in der frühen Neuzeit ausgeprägte Pluralität des jüdischen Rechts selbst nah. Johann Beck spricht von den „Juribus Judaeorum", von Rechten der Juden.[31] Dohm betrachtet jüdische Foren

---

28 Siehe exemplarisch das Programm der Tagung Die Anatomie frühneuzeitlicher Imperien. Herrschaftsmanagement jenseits von Staat und Nation: Institutionen, Personal und Techniken https://jhrr.univie.ac.at/veranstaltungen/tagungen/konferenzen/die-anatomie-fruehneuzeitlicher-imperien/ (abgerufen am 2. Juni 2024), und André Griemert, Jüdisches Heiliges Römisches Reich, Tagungsbericht, https://www.hsozkult.de/conferencereport/id/fdkn-120546 (abgerufen am 2. Juni 2024); Stephan Wendehorst, Reich, in: Enzyklopädie der Neuzeit 10 (2009), Sp. 873–888; ders., Einleitung: Altes Reich, Alte Reiche und der imperial turn in der Geschichtswissenschaft, in: Ders. (Hrsg.), Die Anatomie frühneuzeitlicher Imperien. Herrschaftsmanagement jenseits von Staat und Nation: Institutionen, Personal und Techniken (bibliothek altes Reich, künftig: baR, 5), München 2015, S. 17–58; ders., Der Imperial Turn in Geschichte, Rechtsgeschichte und geltendem Recht, in: Gerald Kohl/Christian Neschwara/Thomas Olechowski/Josef Pauser/Ilse Reiter-Zatloukal/Miloš Vec (Hrsg.), Land, Policey, Verfassung. Festschrift Thomas Simon, Wien 2020, S. 437–457.

29 Wendehorst, Anatomie frühneuzeitlicher Imperien (wie Anm. 28).

30 Anette Baumann/Peter Oestmann/Siegrid Westphal/Stephan Wendehorst (Hrsg.), Reichspersonal. Funktionsträger für Kaiser und Reich (Quellen und Forschungen zur Höchsten Gerichtsbarkeit im Alten Reich, 46), Köln/Weimar/Wien 2003.

31 Johann Beck, Tractatus de iuribus Iudaeorum, Von Recht der Juden: Worinnen von denen Gesetzen, denen sie unterworffen, deren Heyrathen, Contracten, Wucher, Testamenten, Successionen oder Erbfolgen, Verbrechen und deren Bestraffungen […] gehandelt wird. Aus denen Göttlichen und allgemeinen Reichs- und andern Special-Rechten und Gewohnheiten zusammen getragen,

als Gerichte erster Instanz für jüdische Parteien und verteidigt die Durchsetzung ihrer Entscheidungen durch die christliche Obrigkeit[32] Die Takkanot, Gemeindestatuten, waren eine jüdische Variante der Polizeiordnungen und eine Form der Fortbildung des jüdischen Rechts. Die Stellung der Juden und ihres Rechts in der vormodernen Rechtsordnung sind ein Beispiel für den normativen und jurisdiktionellen Rechtspluralismus der Vormoderne, der mit Kollisionsrecht, Rechtsvergleichung, Rechtstransfer, aber auch mit ganz traditionellen Rechtsmaximen wie „jura novit curia“ oder „da mihi facta, dabo tibi ius“ zu fassen ist.[33]

2.3 Die Übergangsphase: Institutionelle, personelle und finanzielle Rahmenbedingungen

Hinsichtlich der institutionellen, personellen und finanziellen Rahmenbedingungen war die Übergangsphase (2007–2020), vorsichtig ausgedrückt, volatil. Auf das Simon-Dubnow-Institut für jüdische Geschichte an der Universität Leipzig folgte zunächst die Historische Kommission der Österreichischen Akademie der Wissenschaften, finanziell unterfüttert durch ein Feodor Lynen-Forschungsstipendium der Alexander von Humboldt-Stiftung, als institutionelle Basis. Nachdem Bemühungen um die Integration des Heiligen Römischen Reiches in das auf das Habsburger-, Russländische und Osmanische Reich ausgerichtete Projekt der Österreichischen Akademie der Wissenschaften „Kontinentale europäische Imperien im Vergleich, 1700–1920“ erfolglos blieben, bildeten das Historische Institut der Justus-Liebig-Universität Gießen, auf der Grundlage eines Rückkehrstipendiums und einer befristeten Anstellung, sowie das Institut für Rechts- und Verfassungsgeschichte der Universität Wien, auf der Grundlage einer Zuordnung durch den Rektor der Universität und den Dekan der Rechtswissenschaftlichen Fakultät im Jahr 2010, Rückzugsorte. Der Rückhalt, den Horst Carl als Inhaber des Lehrstuhls für die Geschichte der Frühen Neuzeit in Gießen und Thomas Simon als Vorstand des Instituts für Rechts- und Verfassungsgeschichte in dieser kritischen Phase gewährten, hatte umso mehr Gewicht als der 2012 im D-A(-CH)-Modus gestellte Antrag auf Etablierung einer „Forschergruppe: Jüdisches Heiliges Römisches Reich – Jüdische Geschichte als Geschichte von ‚Zwischenräumen‘ eines polyzentrischen Herrschafts-, Rechts-

---

und mit Praejudiciis, Decisionibus und Responsis, überall bestärket / Denen Richtern, Amtleuten, und sonsten jedermänniglich zum Besten, mit einem hierzu dienlichen Register versehen, Nürnberg 1741.

32 Dohm, On the Civil Improvement of the Jews (wie Anm. 22), S. 124, 126.

33 Stephan Wendehorst, Kommentar zu Hannes Ludyga, Die Rechtsstellung von Juden im 18. Jahrhundert, in: Matthias Armgardt/Ursula Goldenbaum/Stephan Meder (Hrsg.), Die Rechtsphilosophie von Moses Mendelssohn, Hannover 2021, S. 29–40.

und Sozialsystems" von der Deutschen Forschungsgemeinschaft 2013 abgelehnt wurde. Auch wenn der Antrag, der die Bemühungen um eine nachhaltige, quellenbasierte Erforschung der Schnittstelle von Reichs- und jüdischer Geschichte im Grand Design auf eine solide finanzielle Grundlage gestellt hätte, erfolglos war, blieben Teile der im Zuge der Antragsvorbereitung entstandenen personellen Netzwerke und Kooperationsstrukturen erhalten. Dies galt insbesondere für die im Antrag als „Forum-Aktivität" vorgesehene und prospektiv eingerichtete „Sommerakademie zur Geschichte der Juden im Hl. Röm. Reich und seinen Nachfolgestaaten". Stefan Ehrenpreis, Andreas Gotzmann, Karl Härter, Dieter Hecht, Louise Hecht, Thomas Lau und Michael Silber, die bereits an der Antragstellung beteiligt waren, garantierten durch ihre fortgesetzte Mitwirkung an der Sommerakademie, dass sich einige der mit dem Antrag verknüpften Vorhaben, wenn auch nicht mit der Verdrängungskraft und dem Tempo eines Containerschiffs weiterbewegten, so doch zumindest im Schlepptau eines notdürftig über Wasser gehaltenen Rettungsbootes weiterschipperten. Als ein solches Rettungsboot diente der Forschungscluster „Jüdisches Hl. Röm. Reich", der den genannten Projekten der Grundlagen- und Einzelforschung, den Forum-Aktivitäten und Lehrformaten ein informelles Dach bot.

Mit den sehr begrenzten materiellen Ressourcen – Zuwendungen der Justus-Liebig-Universität Gießen, der Friedrich-Alexander-Universität Erlangen-Nürnberg, der Universität Leipzig und der Universität Wien sowie der Gerda Henkel Stiftung, der Stadt Fulda und der Österreichischen Freunde der Hebräischen Universität Jerusalem – wurden finanziert: die „Sommerakademie zur Geschichte der Juden im Hl. Röm. Reich und seinen Nachfolgestaaten", der „Jewish Law Moot Court – The Rabbinic Tribunal of Prague", der „Ius Commune Moot Court –The Imperial Aulic Council", Lehraufträge für Kurse an der Schnittstelle von Rechtsgeschichte und Paläographie an der Rechtswissenschaftlichen Fakultät der Universität Wien, die Mitarbeit von Abraham David und Anke Költsch an der Ausstellung „Leipziger Judentümer in Stadt und Universität", die Veröffentlichung der ersten Auflage des Readers „Quellen zur jüdischen Geschichte im Heiligen Römischen Reich und seinen Nachfolgestaaten. Jüdische Sprachen 16. bis 20. Jahrhundert" mit Kerstin Mayerhofer als Redakteurin und die Verzeichnung der jüdischen Betreffe des kaiserlichen Reichshofrats mit Ellen Franke als Bearbeiterin für das Teilprojekt Fulda sowie Ulrich Hausmann als Bearbeiter für die Teilprojekte Fürth und Frankfurt auf Werkvertragsbasis bzw. in Teilzeitbeschäftigung.

3. Neustart (seit 2021)

Mit dem Jahr 2021 begann ein veritabler Neustart. Erstmals seit dem ‚Urprojekt' standen Ziele und finanzielle wie personelle Ausstattung nicht mehr in einem völligen Missverhältnis zueinander. Voraussetzung waren eine grundlegende Verbesserung der finanziellen Rahmenbedingungen, eine partielle Neuausrichtung der Zielvorgaben sowie Änderungen in der Umsetzung. Die Formierung von Projektsäulen, die sich aus bereits bestehenden Experimentierfeldern entwickelt hatten oder durch Kooperationen entstanden waren, Anpassungen im Verhältnis von Gegenstand, Methode und Quellen sowie eine generelle Verschiebung hin zur Rechtsgeschichte, ohne die mit der ursprünglich stärkeren Verankerung in den Geschichtswissenschaften und der Judaistik bzw. den Jüdische Studien verbundene Interdisziplinarität aufzugeben: Drei Prozesse, die sich bereits in der Übergangsphase abgezeichnet hatten, trugen zum erfolgreichen Projektneustart im Jahre 2021 bei.

3.1 Neustart: Projektsäulen und Experimentierfelder

Seit Ende 2021/Anfang 2022 kann von vier Projektsäulen gesprochen werden: 1. Reichs-, Rechts- und jüdische Geschichte, 2. Römisch-Deutsches Recht (Ius Romano-Germanicum): Rechtsquellenhaushalt, Verfahren & juristische Literatur, 3. Reichs- und Völkerrechtsgeschichte, 4. Reich, Recht und Schulden, sowie von zwei Experimentierfeldern: Reichspersonal/Notariat sowie Anwendung und Fortbildung des jüdischen Rechts in Mitteleuropa. Die archivalische Überlieferung des kaiserlichen Reichshofrats ist für sämtliche Projektsäulen und Experimentierfelder eine, für die meisten die entscheidende Quellengrundlage. Flankierend wurden Dank des Einsatzes insbesondere von Kevin Hecken und Paula Somogyi die univie: winterschool „Quellenkompetenz in jüdischer, allgemeiner und Rechtsgeschichte" sowie die „Palaeography & Legal History Clinics" als zusätzliche experimentelle Lehrformarte entwickelt.

3.2 Neustart: Gegenstand, Theorie & Methode

Was ist von den Anfangsüberlegungen zu Gegenstand, methodischem Zugang und empirischer Quellenbasis geblieben? Was hat sich seit dem ‚Urprojekt' (2000–2006) und der Übergangsphase (2007–2020) geändert? Die drei simplen wie grundlegenden Ausgangshypothesen haben sich bewährt. Erstens: Das Heilige Römische Reich deutscher Nation, was immer es war (System sui generis, Friedens- und Rechtsordnung, deutscher Proto-Nationalstaat, regionale Völkerrechtsordnung) und wie immer es am besten zu fassen ist (via politischer

Kulturgeschichte, via methodisch-theoretischem Arsenal der Imperienforschung oder via Fraktalität) war ein Faktor, der historische Prozesse mitbestimmte. Auch wenn die Reichsgeschichte inzwischen nicht nur an Umfang, sondern auch an Differenziertheit gewonnen hat, bleibt das Heilige Römische Reich deutscher Nation außerhalb einer eng umrissenen Fachöffentlichkeit nach wie vor vielfach unnahbares Rätsel oder schlicht im toten Winkel.[34] Die Forschung zum Recht des Reichs, dem Römisch-Deutschen Recht in seiner Gesamtheit – im Unterschied zu insbesondere territorial bestimmten Ausschnitten – ist im Vergleich zum Römisch-Holländischen oder schottischen Recht dünn.[35] Ausnahmen bestätigen die Regel.[36] Zweitens: Für die Erforschung dieser historischen Prozesse sind Rechtsprechung und Verwaltungshandeln als empirische Grundlagen vielversprechender als theoretische Schriften und gesetztes Recht (law in action vs law in the books). Drittens, massive und systematische Verbreiterung der Quellenbasis durch Grundlagenforschung sind unverzichtbare Voraussetzung einer eventuellen Neubewertung.

Während die Ausgangsüberlegungen unverändert geblieben sind, wurde das Objekt dieser Überlegungen erweitert. Zu dem ursprünglichen Fokus auf die jüdische Geschichte sind weitere, sich in unterschiedlichem Ausmaß überlagernde thematische Schwerpunkte hinzugekommen: Die Rechtsquellen des Römisch-Deutschen Rechts (Ius Romano-Germanicum), jüdisches Recht als Partikularrecht des rechtlichen Pluriversums der Vormoderne sowie das Völkerrecht bereits in der Übergangsphase und schließlich das Schuldenwesen (in Kooperation mit Rainer Klump) als Teil des Neustarts. Etwas zeitversetzt zu dieser thematischen Erweiterung erfolgte die Umstellung von der Erschließung der jüdischen Betreffe auf die etappenweise Erschließung weiterer Teile der archivalischen Überlieferung des kaiserlichen Reichshofrats. 2021 war mit dem Teilprojekt Nordhausen das erste auf eine Gesamterfassung der archivalischen

34 Die stark divergierende Präsenz des Heiligen Römischen Reichs in unterschiedlichen Wissenschaftsdisziplinen, historischen Teildisziplinen sowie sprachlichen und nationalen Wissenschaftsgemeinschaften und die entsprechend unterschiedlichen Auswirkungen neuer Forschungen zum Reich in denselben illustriert z. B. die Arbeit von Patrick Milton: Stephan WENDEHORST, Intervention and state sovereignty in Central Europe, 1500-1780, by Patrick Milton, Oxford 2022, Comparativ Legal History 2024 https://doi.org/10.1080/2049677X.2024.2349846 (abgerufen am 2. Juni 2024); Blog der European Society for Comparative Legal History (ESCLH), https://legalhistory blog.blogspot.com/2024/06/cschs-review-springsummer-2024.htmlbzw (abgerufen am 11. Juni 2024).

35 Siehe beispielweise Reinhard ZIMMERMANN, Das römisch-holländische Recht – Fortschritte des Zivilrechts im 17. und 18. Jahrhundert (Schriften zur Europäischen Rechts- und Verfassungsgeschichte, 7), Berlin 1992; Hylkje de JONG/Gijs van DIJCK, Network analysis in legal history: an example from the Court of Friesland, in: Tijdschrift voor Rechtsgeschiedenis 90 (2022), S. 250–262.

36 Siehe die Arbeiten von Peter Oestmann, Tilman Repgen, Heiner Lück oder Susanne Lepsius.

Überlieferung des kaiserlichen Reichshofrats zu einer Reichsstadt ausgerichtete Teilprojekt gestartet. Die bereits zuvor begonnenen auf die jüdischen Betreffe begrenzten Teilprojekte zu Fürstabtei bzw. Fürstbistum Fulda und zur Reichsstadt Mühlhausen wurden sukzessive auf eine möglichst umfassende Erschließung der jeweiligen Reichshofratsüberlieferung umgestellt, wobei Tiefe und Breite zunächst durch die Rahmenbedingungen des jeweiligen Teilprojekts bestimmt und beschränkt sind. Die 2023 und 2024 begonnenen Teil- und Pilotprojekte zur Landgrafschaft Hessen-Homburg, dem Ritterkanton Rhön-Werra, den Ernestinischen Herzogtümern, den Reichsgrafschaften bzw. Reichsfürstentümern Schwarzburg und Reuß, zum Kurfürstentum Mainz, zur Markgrafschaft Brandenburg-Ansbach, zur Reichsstadt Biberach, zu den Fürstabteien Kempten und Essen sowie zur Stadt Braunschweig sind von Beginn an auf eine möglichst umfassende Erfassung der jeweiligen Reichshofratsüberlieferung ausgerichtet. Das Gleiche gilt für das Pilotprojekt Livland, während die Pilotprojekte zu Ostfriesland, Hamburg, Friedberg, Hanau, Leipzig, Mantua und Mailand noch auf die Akten mit jüdischem Bezug beschränkt sind. Für diesen strategischen Richtungswechsel waren vier Gründe ausschlaggebend. Erstens war mit den thematischen Erweiterungen zwangsläufig ohnehin eine zwar jeweils segmentäre, aber insgesamt gesehen erhebliche Ausweitung der Erschließung der archivalischen Überlieferung des kaiserlichen Reichshofrats notwendig geworden. Die Kumulation von Querschnittserschließungen führte notwendig zu immer größeren Schnittmengen. Zweitens: das sich abzeichnende Ende der archivischen Tiefenerschließung von Reichshofratsakten durch den Abschluss des Göttinger Akademieprojekts im Jahr 2025. Drittens waren die Zuwendungsgeber, die bereits die Erschließung der jüdischen Betreffe des kaiserlichen Reichshofrats finanziert hatten, ausnahmslos auch zu einer Finanzierung der Erschließung des jeweiligen Gesamtbestandes bereit. Viertens zeichnen sich mit der im Rahmen der Teilprojekte Nordhausen und Mühlhausen begonnen Erschließung der gesamten archivalischen Überlieferung des kaiserlichen Reichshofrats aus Thüringen in den Grenzen des heutigen Freistaats die Konturen einer regional umfassenden Erschließung der archivalischen Überlieferung des kaiserlichen Reichshofrats ab. Die strategische Neuausrichtung war auch Anlass für die Modifikation der Göttinger Verzeichnungskategorien.[37] Nach den nunmehr modifizierten ‚Wiener' Verzeichnungskategorien werden generell nicht nur die Reichshofratsagenten erfasst, sondern auch Funktionsträger, deren Tätigkeit durch das Reich bestimmt ist, das Reichspersonal, weiters Rechtsquellen, Parömien, Juden, Notare und Frauen. Teilprojektspezifisch können in Abstimmung mit den Kooperationspartnern vor Ort noch weitere Personengruppen berücksichtigt werden, in Fall von

37 Siehe oben Anm. 21.

Nordhausen beispielsweise reichsstädtische Herrschafts- und Funktionsträger sowie Funktionsträger des Stifts. Nach den ‚Wiener' Verzeichnungskategorien des Teams Wendehorst wird auch an der Erstellung eines Regests für jedes Verfahren festgehalten. So unbefriedigend diese im Einzelfall sein mögen, erleichtern sie doch den Einstieg, gerade für die mit der Materie weniger Vertrauten.

In methodisch-theoretischer Hinsicht verspricht bzw. fordert die thematische Ausdifferenzierung in Kombination mit der Erweiterung der Quellenbasis einerseits die Diskussion in unterschiedlichen Disziplinen und Subdisziplinen, zu spezifischen Fragen und für unterschiedlichste Adressatenkreise mit ihren jeweils besonderen Fragestellungen, Zugängen und Erwartungen. Die Wirtschafts- und Finanzgeschichte kann von der Erforschung der kaiserlichen Debitkommissionen profitieren, die Völkerrechtsgeschichte von der Rolle des kaiserlichen Reichshofrats als Mediator und Depositar, die Lokal- und Regionalgeschichte von den Auswirkungen der Tätigkeit des kaiserlichen Reichshofrats vor Ort.

Andererseits zwingt die Bündelung mehrerer Themen mit ihrem jeweils unterschiedlichen methodisch-theoretischen Arsenal gleichzeitig zur Auseinandersetzung mit übergreifenden Fragen nach dem Reich, der Rolle des Reichshofrats in diesem Reich und nach dem Recht dieses Reichs. Macht die Summe mehr aus, stellt sie andere Fragen als die einzelnen Teile? Und wenn sich solche teilübergreifenden Zusammenhänge feststellen lassen, welche Rolle spielte der Reichshofrat in diesen und welche Rückwirkungen übten jene auf ihn aus? Synchrone und diachrone Vergleiche liefern noch keine Antworten, aber Hypothesen. Wie bereits von verschiedenen Seiten vorgeschlagen, liefert der „imperial turn" Angebote zur Analyse des Hl. Röm. Reiches und des Reichshofrats als zentraler imperialer Institution. Was war die personale Basis des Reiches? Wie ging der kaiserliche Reichshofrat mit Mehrsprachigkeit um, etwa in Form seiner Deutschen und Lateinischen Expeditionen? Letztere war zuständig für die Reichsromagna vom Hochstift Lüttich bis zu den Feudi Imperiali in Reichsitalien, aber auch für Universitäten und Orden. Vielleicht vergleichbar dem „Judicial Committee of the Privy Council" als höchstem Gericht des britischen Weltreiches (mit Ausnahme der Metropole), sozusagen als die Rechtsabteilung der kaiserlichen Herrschaft im Reich, ist der Reichshofrat nur im Zusammenspiel mit dem Herrschafts- und Verwaltungsappart des kaiserlichen Hofes, der, vom Wittelsbachischen Intermezzo abgesehen, mit dem des Erzherzogs von Österreich ident war, adäquat zu verstehen.

Ein Beispiel für die theoretisch-methodischen Implikationen neuer thematischer Schwerpunktsetzungen in Kombination mit der Erweiterung der empirischen Grundlage liefern die nach den ‚Wiener' Erschließungskriterien mitverzeichneten Rechtsquellen. Auch wenn die in den Akten allegierten Rechtsquellen nicht notwendig die Entscheidungsgrundlage des kaiserlichen

Reichshofrats bildeten, spiegeln sie die immense Rechtsvielfalt im Heiligen Römischen Reich deutscher Nation wider. Das Römisch-Deutsche Recht (Ius Romano-Germanicum) hatte wenig mit der nicht nur von der Historischen Rechtsschule anachronistisch in die Vergangenheit zurückprojizierten Fiktion eines ‚Deutschen Rechts' zu tun. Vielmehr stellte es eine besonders ausgeprägte Variante der Mischrechte dar, wie sie für das vormoderne Kontinentaleuropa vor der Kodifikation charakteristisch waren und in „mixed jurisdictions" bis heute sind.[38]

3.3 Neustart: Institutionelle, personelle und finanzielle Rahmenbedingungen

Den notwendigen finanziellen Rückhalt stellten neben der Universität Wien, der Friedrich-Alexander-Universität Erlangen-Nürnberg, der Gerda Henkel-Stiftung und anderen bereits aus der Übergangsphase bekannten Zuwendungsgebern vor allem lokale und regionale Stakeholder, darunter die Christian-Friedrich-Lesser-Stiftung, die Kommunen und Geschichtsvereine von Friedberg, Fulda, Hanau, Mühlhausen und Nordhausen, die jüdische Gemeinde von Hanau und das Institut für die Geschichte der deutschen Juden in Hamburg, wobei das außergewöhnliche Engagement der Christian-Friderich-Lesser-Stiftung in Mühlhausen, der Stadt Fulda und der Friedrich-Alexander-Universität Erlangen-Nürnberg besonders hervorzuheben ist. Der Personalstand wuchs auf fünf Mitarbeiter an, von denen zwei in Vollzeit und drei in Teilzeit beschäftigt sind.

3.4 Neustart: Resultate

Die wichtigsten Ergebnisse seit dem Neustart 2021 waren neben der fortgesetzten Einspeisung der erschlossenen Verzeichnungseinheiten in das Archivinformationssystem Scope des Österreichischen Staatsarchivs die Drucklegung eines Regestenbandes zu den Reichshofratsverfahren aus Nordhausen,[39] die Vorbereitung eines Tagungsbandes zur Schnittstelle der Geschichte Nordhausens und Mühlhausens, der Reichs-, Rechts- und jüdischen Geschichte sowie eines Tagungsbandes, der die Ergebnisse der ersten fünf Workshops zu „Reich, Recht & Schulden. Das Beispiel des Hl. Römischen Reichs/Empire, Law & Debts. Lessons from the Holy Roman Empire" vereinigt.[40] Für den Druck vorbereitet wurden

---

38 Reinhard ZIMMERMANN, Mixed Legal Systems in Comparative Perspective, Oxford 2004; Kenneth REID/Reinhard ZIMMERMANN, The Development of Legal Doctrine in a Mixed System, in: Dies. (Hrsg.), A History in Private Law in Scotland, Bd. 1, Oxford 2000, S. 1–13.

39 Siehe oben Anm. 4.

40 Rainer Klump/Stephan Wendehorst (Hrsg.), Empire, Law & Debts. Lessons from the Holy Roman Empire (baR), Berlin 2025 (in Vorbereitung); Stephan Wendehorst (Hrsg.), Schnittstellen der

weiters mehrere Quellen bzw. Lehrmittel, die bislang allenfalls als Kopien bzw. Skripten für den studentischen Gebrauch zur Verfügung standen: Eine Übersetzung des epochemachenden Werkes „Über die bürgerliche Verbesserung der Juden" von Christian Wilhelm von Dohm ins Englische,[41] der Pinkas der jüdischen Gemeinde Fulda,[42] Lehrmittel für die Lehrformate Quellenkompetenz in jüdischer, allgemeiner und Rechtsgeschichte,[43] sowie Rechtsquellensammlungen als Begleithefte zum Ius Commune und zum Jewish Law Moot Court.[44] Der ursprünglich für die Sommerakademie entwickelte ‚Quellenreader' erschien 2023 in zweiter Auflage.[45] Der als Nebenprodukt meiner Arbeiten zum praktischen Völkerrecht (Yves de Saint Prest, Jean Dumont, Mathias Dogiel, Johann Jacob Moser) 2023 initiierte Pilot der DeGruyter Brill Online Platform Early modern law of nations, deren Freischaltung für den Herbst 2024 vorgesehen ist, erlaubt die Präsentation von Beispielen, die den kaiserlichen Reichshofrat auch als Institution des Völkerrechts zeigen.[46]

Zum Abschluss der Versuch einer Bilanz aus der Nebennische: Thematisch hat sich der Schwerpunkt von der jüdischen zur allgemeinen Geschichte, disziplinär von der Geschichts- zur Rechtswissenschaft verschoben. Theoretisch-methodisch

---

Reichs-, Rechts-, thüringischen und jüdischen Geschichte [Arbeitstitel] (Schriftenreihe der Friedrich-Christian-Lesser-Stiftung), Petersberg 2025 (in Vorbereitung).

41 Vgl. Anm. 22; demnächst nicht mehr als Skriptum, sondern als Aufmacher der Reihe Quellen zur jüdischen Geschichte im Heiligen Römischen Reich und seinen Nachfolgestaaten – Sources and textbooks on the Jewish history of the Holy Roman Empire and its successor states bei DeGruyter Brill.

42 Paula Somogyi (Hrsg.), Protokollbuch der jüdischen Gemeinde Fulda, 1731–1786 (Quellen und Lehrmittel zur jüdischen Geschichte des Heiligen Römischen Reichs und seiner Nachfolgestaaten, 2), Leiden/Wien 2024.

43 Ulrich Hausmann/Kevin Hecken, Quellen zur jüdischen Geschichte im Heiligen Römischen Reich und seinen Nachfolgestaaten. Deutsch, 16.-20. Jahrhundert (Quellen und Lehrmittel zur jüdischen Geschichte des Heiligen Römischen Reichs und seiner Nachfolgestaaten, 4), Leiden/Wien 2025 (in Vorbereitung); Georg Donabauer/Ulrich Hausmann/Kevin Hecken/Stephan Wendehorst, Quellen zur jüdischen Geschichte im Heiligen Römischen Reichs und seinen Nachfolgestaaten. Latein, 16.-20. Jahrhundert (Quellen und Lehrmittel zur jüdischen Geschichte des Heiligen Römischen Reichs und seiner Nachfolgestaaten, 5), Leiden/Wien 2025 (in Vorbereitung).

44 Rechtsquellensammlungen als Begleithefte zum Ius Commune und zum Jewish Law Moot Court werden von den an den Moot Courts beteiligten Dozenten und Coaches sowie den an den entsprechenden Forschungsprojekten zum kaiserlichen Reichshofrat, zur Rabbinatsgerichtsbarkeit und zur jüdischen Polizey arbeitenden Mitarbeitern zusammengestellt. Siehe beispielsweise 6. Ius Commune Moot Court – Kaiserlicher Reichshofrat 2022 Ensisheim, Bd. 2: Aus den Akten des Reichshofratsverfahrens Löw Beer Isaak contra Lemle Löw Bamberger, zusammengestellt und transkribiert von Ulrich Hausmann, Wien 2022.

45 Dieter Hecht/Louise Hecht/Kerstin Mayerhofer/Avraham Siluk/Stephan Wendehorst, Quellen zur jüdischen Geschichte im Heiligen Römischen Reich und seinen Nachfolgestaaten. Judendeutsch, Jiddisch, Hebräisch, Judenspanisch, 16. –20. Jahrhundert, 2. Aufl., Wien 2023.

46 Siehe oben Anm. 12.

ist zwischen allgemeiner und jüdischer Geschichte auf der einen und der Rechtsgeschichte auf der anderen Seite zu unterscheiden. In allgemeinhistorischer Hinsicht wurde am Arsenal der Imperienforschung festgehalten. Rechtshistorisch und rechtstheoretisch waren dem Rechtspluralismus neue Impulse zu verdanken. Institutionell hat sich die Nebennische insofern bewährt, als die vielfach vermisste Interdisziplinarität durch die Verankerung am Institut für Rechts- und Verfassungsgeschichte zwangsläufig gegeben war. Wenn auch weit entfernt von einem der Law & history Programme im anglo-amerikanischen Raum,[47] bot die Nebennische einen außergewöhnlichen Freiraum für Experimente. Innovative Lehrformate wie die beiden historischen Moot Courts oder die univie: winterschool „Quellenkompetenz in jüdischer, allgemeiner und Rechtsgeschichte" oder die „Palaeography & Legal History Clinics" an der Schnittstelle von Rechtsgeschichte und Hilfswissenschaften wären ohne die Einbettung in die Rechtswissenschaftliche Fakultät der Universität Wien nicht denkbar gewesen. Eine ganz entscheidende Voraussetzung für die Funktionsfähigkeit der Nebennische ist der Umstand, dass Rechtsgeschichte an der Rechtswissenschaftlichen Fakultät der Universität Wien (noch) zu den Pflichtfächern zählt, im Unterschied etwa zu den deutschen oder den übrigen österreichischen Rechtswissenschaftlichen Fakultäten. Ohne diesen Faktor wäre es schwer möglich, Studierende der Rechtswissenschaften zu einem relativ frühen Zeitpunkt an die frontiers of research in Kombination mit Arbeit im Archiv heranzuführen und für Qualifikationsarbeiten unter Einbeziehung von Originalquellen zu begeistern.[48]

Die Erschließung der archivalischen Überlieferung des kaiserlichen Reichshofrats aus der Nebennische wird von der Unterstützung lokaler und regionaler Partner getragen. Sie ist durch praktische und überschaubare Schritte gekennzeichnet, verläuft mitunter holprig und in Schlangenlinien. Der Ausgang ist jenseits der für jedes Teilprojekt mit den beteiligten Stakeholdern konkret definierten Ziele ungewiss. Von Grand Design ist dieser Zugang weit entfernt, jedoch nicht notwendig von großen wie kleinen Fragen von nicht vernachlässigbarem Interesse.

---

47 Vgl. den Abschnitt Programmes auf der Webseite der European Society for Comparative Legal History (ESCLH), https://esclh.blogspot.com/ (abgerufen am 20. März 2024).

48 Zur Integration von Lehrformaten in die Forschung und umgekehrt vgl. das vom Team Wendehorst bestrittene Panel „A legal pluriverse of multiple canons and authorities: Jewish law(s) in the mixed jurisdictions of early modern Europe" auf der Konferenz der Jewish Law Association an der Law School der Universität Harvard, 21. August 2024, https://jewishlawassociation.org/2024-harvard-conference (abgerufen am 5. Juni 2024).

QUELLEN UND FORSCHUNGEN
ZUR HÖCHSTEN GERICHTSBARKEIT
IM ALTEN REICH

HERAUSGEGEBEN
VON
ANJA AMEND-TRAUT,
FRIEDRICH BATTENBERG, ALBRECHT CORDES,
IGNACIO CZEGUHN, PETER OESTMANN
UND WOLFGANG SELLERT

Band 82

Der kaiserliche Reichshofrat

Interdisziplinäre Perspektiven auf Organisation und Funktion eines frühneuzeitlichen Zentralgerichts

herausgegeben von

ULRICH RASCHE UND TOBIAS SCHENK

Band 2

Veröffentlicht mit der freundlichen Unterstützung durch die
Niedersächsische Akademie der Wissenschaften zu Göttingen

https://doi.org/10.7788/9783412530563

Bibliografische Information der Deutschen Nationalbibliothek:
Die Deutsche Nationalbibliothek verzeichnet diese Publikation in der
Deutschen Nationalbibliografie; detaillierte bibliografische Daten sind
im Internet über http://dnb.d-nb.de abrufbar.

Umschlagabbildung: Sitzungsprotokolle des Reichshofrats, Haus-, Hof- und Staatsarchiv Wien
(Foto: Tobias Schenk).

Einbandgestaltung: Michael Haderer, Wien
Satz: Michael Rauscher, Wien
Druck und Bindung: Hubert & Co, Ergolding
Gedruckt auf chlor- und säurefreiem Papier
Printed in the EU

Vandenhoeck & Ruprecht Verlage | www.vandenhoeck-ruprecht-verlage.com
E-Mail: info@boehlau-verlag.com

ISBN 978-3-412-53055-6 (Print)
ISBN 978-3-412-53056-3 (OpenAccess)

QUELLEN UND FORSCHUNGEN
ZUR HÖCHSTEN GERICHTSBARKEIT
IM ALTEN REICH

Band 82

Der kaiserliche Reichshofrat

Interdisziplinäre Perspektiven auf Organisation und Funktion eines frühneuzeitlichen Zentralgerichts

herausgegeben von

ULRICH RASCHE UND TOBIAS SCHENK

Band 2

Veröffentlicht mit der freundlichen Unterstützung durch die
Niedersächsische Akademie der Wissenschaften zu Göttingen

https://doi.org/10.7788/9783412530563

Bibliografische Information der Deutschen Nationalbibliothek:
Die Deutsche Nationalbibliothek verzeichnet diese Publikation in der Deutschen Nationalbibliografie; detaillierte bibliografische Daten sind im Internet über http://dnb.d-nb.de abrufbar.

Umschlagabbildung: Sitzungsprotokolle des Reichshofrats, Haus-, Hof- und Staatsarchiv Wien (Foto: Tobias Schenk).

Einbandgestaltung: Michael Haderer, Wien
Satz: Michael Rauscher, Wien
Druck und Bindung: Hubert & Co, Ergolding
Gedruckt auf chlor- und säurefreiem Papier
Printed in the EU

Vandenhoeck & Ruprecht Verlage | www.vandenhoeck-ruprecht-verlage.com
E-Mail: info@boehlau-verlag.com

ISBN 978-3-412-53055-6 (Print)
ISBN 978-3-412-53056-3 (OpenAccess)

III. RECHTSPRECHUNG

Ellen Franke

Eine Tür zum Kaiser

Appellationen an den Reichshofrat (1648 bis 1740)[1]

1. Einleitung

Appellationen öffneten höheren Gerichten die Tür, die Entscheidungen unterer Gerichte zu überprüfen. Damit war das Rechtsmittel geeignet, unliebsame Entscheidungen der Landesherren (insbesondere auch politisch intendierte) durch die Untertanen vor den Reichsgerichten anzufechten. Indem sich beispielsweise opponierende Adlige als Vertreter der Landstände gegen ihre Landesherren an den Reichshofrat wenden konnten, erschwerten oder blockierten sie landesherrliche Maßnahmen zur Herrschaftsverdichtung – exemplarisch sei hier auf das bekannte brandenburgische Beispiel der Lehnsallodifikation unter dem preußischen König Friedrich Wilhelm I. hingewiesen.[2] Vor diesem Hintergrund versprechen die reichshofrätlichen Appellationsakten in vielen Fällen Auskünfte darüber, wie sich der Staatsbildungsprozess in verschiedenen Territorien in der alltäglichen Praxis in Abhängigkeit von innen- und außenpolitischen Konjunkturen gestaltete – in einem Zeitalter, in dem sich (die Reichsstädte ausgenommen) reichsständische Territorialherren nach 1648 anschickten, ihre Flächenterritorien zu verdichten, um sie im 18. Jahrhundert sukzessive zu Staaten zu formen.

---

1 Für die nachfolgenden Ausführungen greife ich auf Quellen- und Forschungsarbeiten zurück, die ich von 2009 bis 2013 in einem vom österreichischen Fonds zur Förderung der wissenschaftlichen Forschung (FWF) drittmittelfinanzierten und an der Kommission für Rechtsgeschichte Österreichs angesiedelten Projekt ‚Appellationen an den Reichshofrat (1519–1740)' leistete. Die Projektleitung und -betreuung lag in den Händen von Hofrat Hon.-Prof. Dr. Leopold Auer sowie Dr. Eva Ortlieb. Besonders danke ich meinem Kollegen Dr. Tobias Schenk, der ab 2009 meine reichshofrätlichen Forschungen mit zahlreichen Impulsen bereicherte.

2 Tobias SCHENK, Reichsjustiz im Spannungsverhältnis von oberstrichterlichem Amt und österreichischen Hausmachtinteressen. Der Reichshofrat und der Konflikt um die Allodifikation der Lehen in Brandenburg-Preußen (1717–1728), in: Anja Amend-Traut/Albrecht Cordes/Wolfgang Sellert (Hrsg.), Geld, Handel, Wirtschaft. Höchste Gerichte im Alten Reich als Spruchkörper und Institution (Abhandlungen der Akademie der Wissenschaften zu Göttingen, Neue Folge 23), Berlin/Boston 2013, S. 103–219; DERS., Das Alte Reich in der Mark Brandenburg. Landesgeschichtliche Quellen aus den Akten des kaiserlichen Reichshofrats, in: Jahrbuch für brandenburgische Landesgeschichte 63 (2012), S. 19–71, hier kurz auf S. 56–58; siehe ferner den Beitrag von Paul BECKUS in diesem Band.

Dieser Zusammenhang ist der Forschung seit Langem bekannt,[3] doch offen ist nach wie vor, *wie* sich derartige Vorgänge in der Gerichts- (und damit Herrschafts-)praxis manifestierten. Wie muss man sich den Kampf der Landstände einerseits sowie rangniedrigerer Untertanen andererseits gegen landesherrliche Entscheidungen im ständischen Alltag der Frühen Neuzeit vorstellen? Wie funktionierten die Türen zum Kaiser (oder auch nicht)? Antworten darauf geben Einblicke in das systemische Funktionieren verschiedener Territorien im Alten Reich im Wechselspiel zwischen Reichs- und Landesebene nach 1648. Es sind große Fragen, für deren Beantwortung das in den Reichshofratsakten liegende Potential nachfolgend nur angedeutet werden kann.

Nach einem kurzen Überblick zum Reichshofrat als Appellationsinstanz (1) werden in zwei empirischen Kapiteln die Türen zum Reichshofrat vermessen (2–3). Dabei wird zunächst auf die praktische Wirkung der Appellationsbeschränkungen fokussiert (2), die die Schaltzentralen zur Strukturierung der Gerichtsverfassungen im Alten Reich bildeten; sie stellten die Regeln im Wechselspiel zwischen Reichs- und Territorialebene auf. Der Beitrag geht anhand der reichshofrätlichen Appellationsakten, die im Wiener Haus-, Hof- und Staatsarchiv verwahrt werden,[4] der Frage nach, welchen Untertanen in Rechtsmittelverfahren aufgrund zu beachtender formaler beziehungsweise struktureller Voraussetzungen die Türen zum Reichshofrat offenstanden und für welche sie verschlossen blieben. Öffneten sich die Türen, so interessiert (3), wie es den Untertanen gelang, sich auf der Reichsebene Verhör zu verschaffen. Mit den Fürstentümern Halberstadt und Ostfriesland werden dazu zwei frühneuzeitliche Territorien untersucht, die hinsichtlich der durch den Landesherrn wahrgenommenen Territorialhoheit unterschiedlicher nicht sein konnten. Sie stehen paradigmatisch für die verschiedenartigen Entwürfe innenpolitischer Herrschaftspraktiken im Alten Reich. Während der Fürst von Halberstadt (in Personalunion zugleich brandenburgischer Kurfürst) nach 1648 darauf bedacht war, die kaiserlichen Gerichtsrechte zu schmälern und bestenfalls gänzlich auszuschließen, lässt sich in Ostfriesland aufgrund der dort gewachsenen Verfassungsstruk-

---

3 Jürgen WEITZEL, Der Kampf um die Appellation ans Reichskammergericht. Zur politischen Geschichte der Rechtsmittel in Deutschland (Quellen und Forschungen zur höchsten Gerichtsbarkeit im Alten Reich, künftig: QFHG, 4), Köln/Wien 1976; Volker PRESS, Der Reichshofrat im System des frühneuzeitlichen Reiches, in: Friedrich Battenberg/Filippo Ranieri (Hrsg.), Geschichte der Zentraljustiz in Mitteleuropa. Festschrift für Bernhard Diestelkamp zum 65. Geburtstag, Weimar/Köln/Wien 1994, S. 349-363, hier S. 357; DERS., Die kaiserliche Stellung im Reich zwischen 1648 und 1740 - Versuch einer Neubewertung, in: ders., Das Alte Reich. Ausgewählte Aufsätze, hrsg. von Johannes Kunisch u. a. (Historische Forschungen, 59), Berlin 1997, S. 189–222, hier S. 213-215. Anders gelagert sind Appellationen, die sich gegen Urteile reichsstädtischer Vorinstanzen richteten. Diese sollen nachfolgend außer Betracht bleiben.

4 Zum Erschließungsprojekt der Reichshofratsakten siehe die Einleitung der Herausgeber in diesem Band.

turen eine bemerkenswerte Inanspruchnahme des Kaisers als höchstem Richter durch den ostfriesischen Fürsten selbst feststellen. In einem Fazit werden (4) die empirischen Ergebnisse und gewonnenen Erkenntnisse zusammengefasst.

2. Der Reichshofrat als Appellationsinstanz

Infolge der Rezeption des römischen Rechts hatte sich die Gerichtsgewalt (*iurisdictio*) zum wichtigsten Instrument der Herrschaftsverdichtung in den sich konsolidierenden Territorien entwickelt; sie galt – insbesondere im Zeitalter der fehlenden Gewaltenteilung – „als Inbegriff aller Herrschaftsrechte"[5] – von der untersten Ebene bis hinauf zum Kaiser als höchstem Richter an der Spitze. Zur Wahrnehmung seiner Gerichtsrechte bediente sich der Kaiser zweier Gremien, die in konkurrierender Gerichtsbarkeit parallel agierten: des Reichshofrats und des Reichskammergerichts. Es existierte – wie in den Reichsterritorien auch – ein *Doppelangebot* an Gerichten. Einerseits wirkte das reichsständisch dominierte, fernab vom kaiserlichen Hof agierende Hofgericht neueren Typs[6] namens Reichskammergericht[7] und andererseits kam ein Rekurs an den am Kaiserhof installierten, kaisernahen Reichshofrat in Frage.[8]

---

5 Barbara STOLLBERG-RILINGER, Des Kaisers alte Kleider. Verfassungsgeschichte und Symbolsprache des Alten Reiches, München 2008, S. 28; Dietmar WILLOWEIT, Rechtsgrundlagen der Territorialgewalt. Landesobrigkeit, Herrschaftsrechte und Territorium in der Rechtswissenschaft der Neuzeit (Forschungen zur deutschen Rechtsgeschichte, 11), Köln/Wien 1975, S. 24, 34–47, 189.

6 Heiner LÜCK, Die kursächsische Gerichtsverfassung 1423-1550 (Forschungen zur Deutschen Rechtsgeschichte, 17), Köln/Weimar/Wien 1997, S. 275.

7 Das Reichskammergericht gilt in der Frühneuzeitforschung als „mittlerweile sehr gut erforschter Gegenstand der deutschen Frühneuzeitgeschichte", so Barbara STOLLBERG-RILINGER, Die Frühe Neuzeit - eine Epoche der Formalisierung?, in: Andreas Höfele/Jan-Dirk Müller/Wulf Oesterreicher (Hrsg.), Die Frühe Neuzeit. Revisionen einer Epoche (Pluralisierung & Autorität, 40), Berlin/Boston 2013, S. 3-27, hier S. 11. Einen chronologischen Überblick und guten Einstieg in die Säulen der umfangreichen und nahezu unüberschaubaren Literatur zum Reichskammergericht bietet Peter OESTMANN, Wege zur Rechtsgeschichte: Gerichtsbarkeit und Verfahren (UTB, 4295), Wien/Köln/Weimar 2015, S. 322-324.

8 Zum aktuellen Forschungsstand siehe die Einleitung der Herausgeber; zum Reichshofrat als Rechtsmittelgericht sei verwiesen auf Leopold AUER/Eva ORTLIEB/Ellen FRANKE (Hrsg.), Appellation und Revision im Europa des Spätmittelalters und der Frühen Neuzeit (Beiträge zur Rechtsgeschichte Österreichs, 1/2013), Wien 2013. Die Forschungen zum Reichshofrat stehen – was der Bedeutung dieses zentralen kaisernahen Gerichts in keiner Weise angemessen ist – nach wie vor im Schatten der Forschungen zum Reichskammergericht. Einen stets aktuellen Überblick zur Reichshofratsforschung gibt die vorzügliche, von Tobias Schenk zusammengestellte und betreute Bibliografie unter https://reichshofratsakten.de/?page_id=25. Die Erforschung des Reichshofrats war in ihren Anfängen stark von Einzelpersonen (Oswald von Gschießer und Wolfgang Sellert) geprägt und erfuhr erst 2006 mit der Erschließung der Reichshofratsakten eine Institutionalisierung

Der Reichshofrat, wie er sich während des 16. Jahrhunderts herausgebildet hatte,[9] fungierte als am kaiserlichen Hof ständig präsentes Gremium nicht nur als ein höchstes Gericht im Alten Reich, sondern in multifunktionaler Weise auch als oberster Lehnshof, Hüter der kaiserlichen Reservatrechte und kaiserliches Beratungsgremium; modern gesprochen war er Gericht und Verwaltungsbehörde in einem - in der Vormoderne mit fehlender Gewaltenteilung stellte diese Institutionalisierung eine gängige Praxis dar. Nachfolgend allerdings interessiert der Reichshofrat in erster Linie als höchste Appellationsinstanz. Als solche war er für die Überprüfung von Entscheidungen unterer Gerichte zuständig, wenn die beschwerte Partei ihn deswegen anrief. Derjenige also, der sich als Untertan durch eine landesherrliche oder reichsstädtische Entscheidung in irgendeiner Form beschwert fühlte, konnte sich an den Reichshofrat wenden. Immer jedoch vorausgesetzt, die Appellationsbeschränkungen wurden beachtet (dazu gleich mehr).

Die Appellation (im engeren Sinn[10]) kann als Rechtsmittel zur Überprüfung einer vorinstanzlichen Entscheidung durch einen höheren Richter beschrieben

---

(Näheres dazu in der Einleitung dieses Bandes). Eine innovative und verdienstvolle Studie legte Thomas Dorfner zu den Reichshofratsagenten vor, DERS., Mittler zwischen Haupt und Gliedern. Die Reichshofratsagenten und ihre Rolle im Verfahren (1658-1740) (Verhandeln I Verfahren I Entscheiden. Historische Perspektiven, 2), Münster 2015. Eine der jüngsten Monografien zum Reichshofrat stammt aus der Feder von Florian ZEILINGER, Wiederherstellbare Ehre. Konzept und Praxis der Ehrrestitution am Reichshofrat Kaiser Rudolfs II. (1576-1612) (Histoire, 202), Bielefeld 2022. Wertvoll für die aktuelle Reichshofratsforschung sind die laufenden Arbeiten und Impulse von Tobias Schenk (siehe dazu sein Publikationsverzeichnis unter https://reichshofratsakten.de/?page_id=211) sowie Eva Ortlieb (https://geschichte.uni-graz.at/de/geschichte-der-fruehen-neuzeit/mitarbeiterinnen/eva-ortlieb/) (alle abgerufen am 14. Januar 2024). Zur Quellenlage und zum Forschungsstand 2019 Eva ORTLIEB, Der Reichshofrat, in: Michael Hochedlinger/Petr Maťa/Thomas Winkelbauer (Hrsg.), Verwaltungsgeschichte der Habsburgermonarchie in der Frühen Neuzeit, Bd. 1: Hof und Dynastie, Kaiser und Reich, Zentralverwaltungen, Kriegswesen und landesfürstliches Finanzwesen, Teilband 1 (Mitteilungen des Instituts für Österreichische Geschichtsforschung, Ergänzungsband 62/1), Wien 2019, S. 301-319, hier S. 316-319.

9 Eva ORTLIEB, Die Formierung des Reichshofrats im 16. Jahrhundert, in: Verband Österreichischer Historiker und Geschichtsvereine in Zusammenarbeit mit dem Tiroler Landesarchiv (Hrsg.), 24. Österreichischer Historikertag 2005. Tagungsbericht (Veröffentlichungen des Verbandes Österreichischer Historiker und Geschichtsvereine, 33), Innsbruck 2006, S. 257-264; DIES., Das Prozeßverfahren in der Formierungsphase des Reichshofrats (1519-1564), in: Peter Oestmann (Hrsg.), Zwischen Formstrenge und Billigkeit. Forschungen zum vormodernen Zivilprozeß (QFHG, 56), Köln/Weimar/Wien 2009, S. 117-138; siehe ferner ihren Beitrag im vorliegenden Band.

10 Siehe dazu Peter OESTMANN, Hexenprozesse am Reichskammergericht (QFHG, 31), Köln/Weimar/Wien 1997, S. 54 und Anja AMEND-TRAUT, Wechselverbindlichkeiten vor dem Reichskammergericht. Praktiziertes Zivilrecht in der Frühen Neuzeit (QFHG, 54), Köln/Weimar/Wien 2009, S. 145, die beide einen engen Appellationsbegriff verwenden, der auch hier zur Anwendung kommen soll. Bei Wechselsachen beispielsweise trat der Suspensiveffekt nicht automatisch und nicht in jedem Fall ein. Zur allgemeinen Definition: Adolf Laufs (HRSG.), Die Reichskammergerichtsord-

werden. Das angefochtene Urteil wurde tatsächlich und rechtlich überprüft und in der Sache wurde gegebenenfalls neu entschieden (Devolutiveffekt). Ferner wurden die Rechtskraft der angefochtenen Entscheidung und damit die Urteilsvollstreckung bis zur neuen Entscheidung der höheren Instanz in der Regel hinausgeschoben (Suspensivwirkung).[11] Infolgedessen verzögerten sich die Gerichtsverfahren nicht nur, vielmehr konnte auch der Rechtsfrieden im jeweiligen Territorium empfindlich in Gefahr geraten. Um Letzteren zwischen den Landständen, aber auch anderen (rangniedrigeren) Untertanen zu bewahren und dessen Einhaltung in den eigenen Händen zu halten, bemühten sich die Territorialherren, die kaiserlichen Gerichtsrechte einzuschränken und Appellationen zu verhindern.

Diesen Appellationsbeschränkungen soll nun im nachfolgenden empirischen Teil mithilfe quantitativer und qualitativer Methoden nachgegangen werden. Es wird die am Reichshofrat gewachsene Gerichtspraxis in Bezug auf Appellationsbeschränkungen beleuchtet, um die Türen zum Reichshofrat zu vermessen. Mithilfe der Vorinstanzen von 728 Appellationen, die in drei Zeitschnitten im Zeitraum von 1648 bis 1740 ermittelt wurden,[12] kann verdeutlicht werden, in welchen Territorien die Untertanen am stärksten den Zugang zum Kaiser suchten (Abb. 1).

---

nung von 1555 (QFHG, 3), Köln/Wien 1976, S. 292 f.; Jürgen Weitzel, Appellation, in: Handwörterbuch zur deutschen Rechtsgeschichte, Bd. 1, 2. Aufl., Berlin 2008, Sp. 267–271, hier: Sp. 268.

11 Zum Suspensiveffekt siehe Peter Oestmann, Ein Zivilprozeß am Reichskammergericht. Edition einer Gerichtsakte aus dem 18. Jahrhundert (QFHG, 55), Köln/Weimar/Wien 2009, S. 53, Anm. 296.

12 Es handelt sich um drei Hauptzeitschnitte: 1648 bis 1657 (1648 Beginn des sogenannten „Wiederaufstiegs des habsburgischen Kaisertums" nach 1648 [siehe dazu Press, Der Reichshofrat [wie Anm. 3], S. 355 f; ders., Die kaiserliche Stellung [wie Anm. 3], S. 217, 219, Erlass der Reichshofratsordnung von 1654 sowie des Jüngsten Reichsabschieds von 1654 [künftig: JRA], Tod des Kaisers Ferdinand III. 1657); 1689 bis 1693 (Schließung des Reichskammergerichts); 1739 bis 1740 (Ende des habsburgischen Kaisertums 1740). Während im ersten Zeitschnitt mit zehn Jahren rund 230 Appellationen zu verzeichnen sind, umfasst der Zeitschnitt 2 (auch aufgrund des Ausfalls des Reichskammergerichts) circa 380 Fälle, und allein in den beiden Jahren 1739 und 1740 gelangten circa 190 Appellationen an den Reichshofrat. Für den gesamten Untersuchungszeitraum 1648 bis 1740 geben die Findhilfsmittel im Haus-, Hof- und Staatsarchiv Wien kurze Informationen zu circa 7.000 Appellationsakten; es finden sich darin die Namen der Parteien, mitunter Hinweise zur Vorinstanz, Angaben zum Prozesszeitraum und Informationen zum Streitgegenstand, die meist über die Kurzformel *in puncto appellationis* nicht hinausgehen. Um diese Appellationsmasse forschungsstrategisch bewältigen zu können, wurden die genannten Zeitschnitte gesetzt. Neben den Appellationsakten kommen als Quellen die Resolutionsprotokolle des Reichshofrats hinzu, die die Entscheidungen des Reichshofrats für jeden Sitzungstag enthalten. Neben dem Datum verzeichnen sie insbesondere die Parteinamen, die Referenten und die „wichtigen, den Prozeß leitenden Verfügungen" (Wolfgang Sellert, Prozeßgrundsätze und Stilus Curiae am Reichshofrat [Untersuchungen zur deutschen Staats- und Rechtsgeschichte, Neue Folge, 18], Aalen 1973, S. 55). Für die betreffenden Zeitschnitte wurden die entsprechenden Resolutionsprotokolle auf Appellationsverfahren hin durchgesehen und es konnten jene Verfahren ermittelt werden, für die keine Akten existieren. Insgesamt ergeben sich circa 750 Appellationen, von denen zum gegenwärtigen Zeitpunkt 728 Vorinstanzen sicher zu ermitteln waren (siehe Abb. 1).

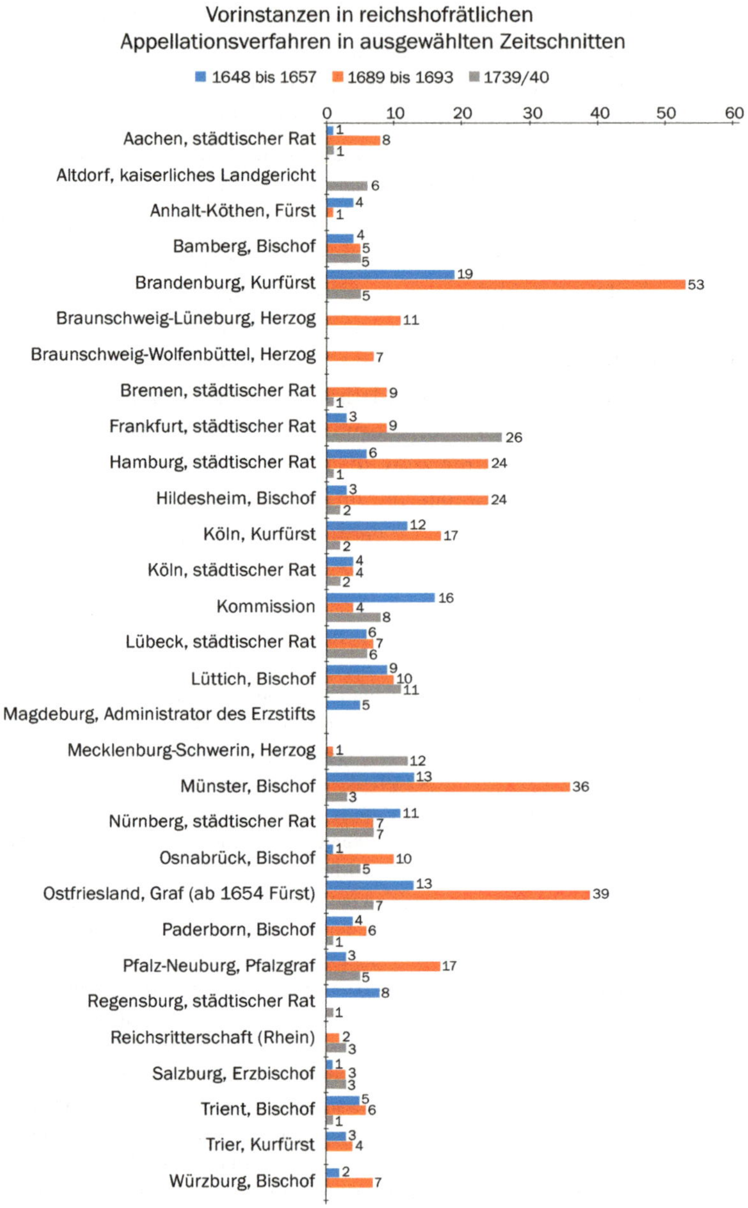

Diagramm 1: Herrschaftsträger, von deren Gerichten in den Zeitschnitten 1648–1657, 1689–1693, 1739/40 an den Reichshofrat appelliert wurde.[13]

13 Vorinstanzen, von denen in den genannten Zeiträumen insgesamt weniger als fünf Appellationen an den Reichshofrat gelangten, wurden für diesen Beitrag ausgeblendet.

Von Interesse sind hierbei zunächst diejenigen Untertanen, denen die Türen des Kaisers aufgrund von Appellationsbeschränkungen verschlossen blieben, die aber gleichwohl versuchten, die durch Privilegien geschaffene Gerichtsverfassung zu durchbrechen.

3. Die verschlossenen Türen des Kaisers – die Appellationsbeschränkungen

Der Begriff ‚Appellationsbeschränkungen' ist ein sehr offener und kann weit gefasst werden. Es werden darunter sowohl die gesetzlichen als auch die sonderrechtlichen Behinderungen verstanden. Zu den gesetzlichen Hindernissen zählen die reichsrechtlich normierten Mindestappellationssummen,[14] die Appellationsverbote für hoheitlich-fiskalische Rechtsmaterien, wie für Straf-[15] und Policeysachen[16] oder die Exemtionen für die österreichischen Erb- und Kronländer.[17] Appellabel waren in der Regel nur Zivilrechtssachen, woraus der

---

14 Die Appellationssumme wurde 1521 in Höhe von 50 Gulden eingeführt und in der Folgezeit sukzessive erhöht; letztmals im JRA von 1654 von 300 Gulden auf 400 Reichstaler (= 600 Gulden), siehe § 112 JRA, abgedruckt bei Adolf Laufs (Bearb.), Der jüngste Reichsabschied von 1654 (Quellen zur neueren Geschichte, 32), Bern 1975, S. 56.

15 Das frühneuzeitliche Verbot von Appellationen in Strafsachen ist in § 95 des Augsburger Reichsabschiedes vom 19. November 1530 normiert, Neue und vollständigere Sammlung der Reichsabschiede […] in vier Teilen […], Frankfurt am Main 1747, S. 321.

16 Das Appellationsverbot in Policeysachen war gesetzlich nicht eindeutig festgelegt. Es wurde von den Reichsständen aus ihrer Landeshoheit gemäß Artikel VIII des Westfälischen Friedens sowie aus Wahlkapitulationen hergeleitet. Siehe Arno Buschmann (Hrsg.), Kaiser und Reich. Klassische Texte und Dokumente zur Verfassungsgeschichte des Hl. Römischen Reichs Deutscher Nation, München 1984, S. 338–341. Andererseits waren die Untertanen aber nicht gänzlich schutzlos. Zur Anfechtung eines – modern gesprochen – Verwaltungsvorganges oder einer obrigkeitlichen Verordnung stand die außergerichtliche Berufung reichsrechtlich zur Verfügung, das heißt, es konnte eine sogenannte Extrajudizialappellation eingelegt werden; dazu Tilmann Seeger, Die Extrajudizialappellation (QFHG, 25), Köln/Weimar/Wien 1992, S. 31–33. War es aber in Policey-, Zunft- und Handwerkssachen vor Ort bereits zu einem Gerichtsverfahren gekommen, in dem eine Entscheidung getroffen worden war, ging § 106 JRA davon aus, dass Untertanen unter bestimmten Voraussetzungen gegen derartige Urteile der Obrigkeit appellieren dürften und normierte für diese Fälle das Verhalten der Reichsrichter; § 106 JRA, abgedruckt bei Laufs (Bearb.), Der jüngste Reichsabschied von 1654 (wie Anm. 14), S. 53 f.

17 Einschlägig ist hier Kapitel VIII der Goldenen Bulle, abgedruckt bei Buschmann (Hrsg.), Kaiser und Reich (wie Anm. 16), S. 128 f. In Kapitel VIII wurde dem König von Böhmen garantiert, dass niemand von seinen Untertanen wegen einer Strafsache oder einer Zivilrechtsstreitigkeit wirksam vor ein Gericht außerhalb der Grenzen Böhmens geladen werden konnte. Für die Einwohner Böhmens waren demnach nur die Gerichte des Königreichs zuständig. Auch über Berufungen oder Appellationen gegen die Urteile böhmischer Gerichte durfte kein Gericht außerhalb Böhmens entscheiden. Zu dieser Exemtion siehe Ulrich Eisenhardt (Hrsg.), Die kaiserlichen Privilegia de non

gewonnene Kampf der Landesherren gegenüber dem Kaiser bereits ersichtlich wird. Zu den Sonderrechten, die in Form von Privilegien gewährt wurden, gehörten beschränkte[18] sowie unbeschränkte Appellationsprivilegien.[19] Ferner behinderten Landesherren Appellanten auch tatkräftig, beispielsweise durch Zustellungsverweigerungen.

Die größte Reichweite erzielten die unbeschränkten Appellationsprivilegien. Sie schlossen in der Regel jegliche Appellation gegen eine Entscheidung des Obergerichts des betreffenden Territoriums aus und standen nur den Kurfürsten des Heiligen Römischen Reiches zu. Zur Erlangung eines entsprechenden Privilegs allerdings mussten bestimmte Voraussetzungen erfüllt sein, von denen die Einigkeit mit den eigenen Ständen und ein geordneter und funktionierender Instanzenzug wohl die beiden wichtigsten Kriterien waren. Dies mag das Beispiel von Kurköln in der Mitte des 17. Jahrhunderts verdeutlichen.

Der Erzbischof von Köln war als Kurfürst in den Jahren 1648 bis 1657, 1689 bis 1693 und 1739/40 von 31 Appellationen betroffen (Abb. 1), die aus seinem Kurfürstentum heraus am Reichshofrat eingereicht wurden, obwohl ihm 1653 ein unbeschränktes Appellationsprivileg gewährt worden war.

Zwar lässt sich dem am 23. April 1653 ausgefertigten reichshofrätlichen Gutachten zur Gewährung des unbeschränkten Appellationsprivilegs für Kurköln entnehmen, dass *die process im Ertzstifft Cöllen zu Zeiten schlecht geführet werden* und der Reichshofrat Bedenken trage, das begehrte Vorrecht zu verleihen. Doch würde man dem Kurfürsten den Antrag abschlagen, könne es dazu kommen, *daß ihre churfürstliche Durchlaucht sich der guldenen Bull für sich selbst bedinen und ihren Landständen und Unterthanen die […] appellationes […] an den kayserlichen Hoff- und Cammergericht fortan inhibiren* werde.[20] Folglich wurde am 29. April 1653 ein unbeschränktes Appellationsprivileg ausgefertigt. Gleichwohl gelangten in der Folgezeit Appellationen aus dem Kurfürstentum an die Reichs-

---

Appellando (QFHG, 7) Köln/Wien 1980, S. 9; ferner WEITZEL, Der Kampf um die Appellation (wie Anm. 3), S. 43 f.

18 Meist auf eine bestimmte Appellationssumme limitierte oder besondere Arten von Rechtsfällen, wie Possessionsklagen, ausschließende Befreiungen.

19 Siehe hierzu Ellen FRANKE, Die Macht des Faktischen. Prozessuale Wirkung von unbeschränkten Appellationsprivilegien in der reichshofrätlichen Gerichtspraxis der Frühen Neuzeit, in: Kamila Staudigl-Ciechowicz/Philipp Klausberger/Roman Pilz u. a. (Hrsg.), recht [durch] setzen/ Making Things Legal. Gesetzgebung und prozessuale Wirklichkeit in den europäischen Rechtstraditionen (Beiträge zur Rechtsgeschichte Österreichs, 3/2), Wien 2013, S. 386–394.

20 Zitiert nach: Eisenhardt (Hrsg.), Die kaiserlichen Privilegia (wie Anm. 17), S. 237; zuletzt DERS., Kaiserliche Gerichtsprivilegien. Ihre Bedeutung für die Entwicklung der Rechtspflege im Alten Reich (QFHG, 78), Wien/Köln 2023, S. 103–105; ferner DERS., Die Rechtswirkungen der in der Goldenen Bulle genannten privilegia de non evocando et appellando, in: Zeitschrift der Savigny-Stiftung für Rechtsgeschichte. Germanistische Abteilung 86 (1969), S. 75–96, hier S. 87–89.

gerichte, weil es dem Erzbischof von Köln nicht gelang, sich gegenüber seinen eigenen Landständen durchzusetzen. Er musste 1655 in einem Landtagsrezess den Ständen gegenüber erklären, dass er das vom Kaiser gewährte Appellationsprivileg nicht zur vollen Geltung gelangen lasse.[21] Vielmehr wolle er Appellationen an die Reichsgerichte unter ausdrücklichem Vorbehalt seiner Zustimmung billigen. Mit dieser Konzession war den Ständen ein Kompromiss gelungen, der ihnen mit kurfürstlichem Einverständnis einen Rekurs an den Reichshofrat beziehungsweise das Reichskammergericht ermöglichte. Dass sie davon Gebrauch machten, verdeutlichen die an den Reichshofrat nach 1653 gelangten Appellationen. Dass sie sogar ohne Einverständnis des Kölner Kurfürsten appellierten, zeigt ein in den sechziger Jahren des 17. Jahrhunderts an den Reichshofrat gelangter Prozess, in dem der Erzbischof festzustellen begehrte, dass in einem vor dem Reichskammergericht anhängigen Appellationsprozess das kurkölnische Appellationsprivileg vom Reichskammergericht missachtet worden war.[22] Im Rahmen dessen befahl Kaiser Leopold I. dem Kammerrichter, in dieser Appellationssache nichts weiter vorzunehmen. Mit reichshofrätlichem Urteil wurde der Appellat schließlich 1661 von der reichskammergerichtlichen Klage befreit.

Das Beispiel Kurköln illustriert, wie komplex und vielfältig – ja mitunter sogar widersprüchlich – die Rechtsverhältnisse im Alten Reich sein konnten.[23] Die alleinig durch den Kaiser verliehenen Appellationsprivilegien schufen eine komplexe Gerichtsverfassung, die zuvor zwischen den Landständen und dem Landesherrn ausgehandelt werden musste und die steten landständischen Angriffen ausgesetzt war. Auf der anderen Seite wirkten die Appellationsprivilegien sowohl als Motor als auch als Bremse im Rechtsleben der einzelnen Territorien. Sie waren der Motor für den Aufbau eines geordneten Instanzenzuges in den nach Machtausbau strebenden Landesherrschaften und Bremse für die einzelnen Untertanen, sich mit *Beschwerden unter dero kayserl. Schutz und adlers flügel*[24] begeben zu wollen.

Doch war aus den Kurfürstentümern – jenseits von Appellationen – wirklich jeglicher Rekurs ausgeschlossen? Normativ und theoretisch nein, mit Blick auf

---

21 Siehe dazu Eisenhardt, Die Rechtswirkungen (wie Anm. 20), S. 95.

22 Österreichisches Staatsarchiv, Haus-, Hof- und Staatsarchiv, Reichshofrat (künftig: ÖStA HHStA, RHR), Denegata recentioria, K. 470/2.

23 Zur Rechtsvielfalt Peter Oestmann, Rechtsvielfalt vor Gericht. Rechtsanwendung und Partikularrecht im Alten Reich (Rechtsprechung, 18), Frankfurt am Main 2002.

24 ÖStA HHStA, RHR, Antiqua, K. 9/8, Bl. 7r. Siehe dazu Wolfgang Sellert (Hrsg.)/Ursula Machoczek (Bearb.), Die Akten des Kaiserlichen Reichshofrats, Serie II: Antiqua, Bd. 1: Karton 1–43, Berlin 2010, S. 133, Nr. 159: Stift St. Peter und Paul zu Halberstadt gegen die kurbrandenburgische Regierung zu Halberstadt wegen Kassierung einer Dekanwahl, 1650.

die Erfolgschancen vor dem Reichshofrat faktisch ja.[25] Kapitel XI der Goldenen Bulle von 1356 bestimmte, bei Rechtsverweigerung (*iusticia denegata*) solle es den Untertanen erlaubt sein, am kaiserlichen Hof und Hofgericht Berufung einzulegen.[26] Diese von alters her geltende Möglichkeit, das Reichsoberhaupt anzurufen, war geeignet, die unbeschränkten Appellationsprivilegien zu umgehen. Darüber hinaus stand die prinzipaliter eingelegte Nichtigkeitsklage zur Verfügung. Während beide Rechtsmittel dazu dienten, den Rechtsstreit zur Neuverhandlung an das jeweilige Reichsgericht zu ziehen, zielten Promotorialien, Mandate, Reskripte und Suppliken auf ein Tun oder Unterlassen des angegriffenen Richters beziehungsweise Gerichtsherrn ab. Auf die genannten Klagemöglichkeiten hat die Forschung bereits hingewiesen,[27] und dieses normative Faktum soll anhand der reichshofrätlichen Gerichtsakten aus gerichtspraktischer Perspektive beleuchtet werden.

Beliebt war es, die Nichtigkeitsbeschwerde mit der Klage wegen Rechtsverweigerung zu verknüpfen. So weist ein Kläger aus der Kurpfalz 1726 in seinem Klageantrag darauf hin, gleichwohl eine Provinz mit einem unbeschränkten Appellationsprivileg ausgestattet sei, könne er wegen Nichtigkeit und Rechtsverweigerung den Reichshofrat anrufen:

> *nullitates in judicando sonderlich aber wie in praesenti denegationes et protractiones justitiae begangen werden deme auf solche weise gravirten theil in alle wege frey stehet das heylsame remedium querelae Nullitatum zu ergreiffen und vermittelst diesem seine rechtliche Nothdurft bey denen höchsten Reichsgerichten vorzustellen als bekantermaßen in causa denegatae vel administratae justitae sothanes forum imediate und in alle wege fundiret ist, ohne daß hinwieder einige Exceptiones declinatoriae Platz greiffen mögen.*[28]

---

25 Siehe hierzu und zum Folgenden FRANKE, Die Macht des Faktischen (wie Anm. 19), S. 386–394.

26 Kapitel XI ist die zentrale Gesetzesnorm, die es allen Untertanen des Reiches unter bestimmten Voraussetzungen ermöglichte, die Reichsgerichte anzurufen. Im Falle einer sogenannten iustitia denegata, das heißt dann, wenn die lokalen Gerichte sich weigerten, Recht zu sprechen, war es den Betroffenen gestattet, sich an das kaiserliche Hofgericht zu wenden. Siehe dazu EISENHARDT, Die Rechtswirkungen (wie Anm. 20), S. 75; WEITZEL, Der Kampf um die Appellation (wie Anm. 3), S. 44–46; Kapitel XI der Goldenen Bulle abgedruckt bei Buschmann (Hrsg.), Kaiser und Reich (wie Anm. 16), S. 131–133.

27 Zuletzt Peter OESTMANN, Rechtsverweigerung im Alten Reich, in: Zeitschrift der Savigny-Stiftung für Rechtsgeschichte. Germanistische Abteilung 127 (2010), S. 51–141, hier S. 53 f.; ferner Gernot SYDOW, Das Verhältnis von Landes- und Reichsgerichtsbarkeit im Heiligen Römischen Reich. Eine Neubewertung der ‚privilegia de non appellando', in: Der Staat 41 (2002), S. 263–284, hier S. 272.

28 ÖStA HHStA, RHR, Denegata recentiora, K. 1270/6, unfoliiert: Württembergischer Geheimer Rat und Kammerpräsident Maximilian Ferdinand von Schütz gegen das Kurpfälzische Hofgericht zu Mannheim und die Nassau-Usingische Regierung, 1726.

Schaut man die im Haus-, Hof- und Staatsarchiv Wien für die reichshofrätlichen Akten nach wie vor maßgeblichen, überwiegend aus dem späten 18. und dem 19. Jahrhundert stammenden Findbücher mit Blick auf diese genannten prozessualen Werkzeuge stichprobenartig für kurfürstliche Territorien durch, wird deutlich, dass jeder Kurfürst mit derartigen Konflikten konfrontiert war. Allerdings bilden derartige Umgehungsversuche innerhalb der Gesamttätigkeit des Reichshofrats als Höchstgericht die Ausnahmen. Sehr vorsichtigen Schätzungen zufolge dürfte die Aktenzahl im dreistelligen Bereich liegen. Doch kann beim gegenwärtigen Erschließungsstand der Reichshofratsakten das wahre Ausmaß nicht mit abschließender Gewissheit quantifiziert werden. Das gegenwärtig anzunehmende geringe Aufkommen würde jedoch mit den Forschungen Peter Oestmanns zum Reichskammergericht korrespondieren.[29] Ob sich dieser Eindruck bestätigt, wird sich mit fortschreitender Erschließung der Reichshofratsakten und Erforschung des Reichshofrates erweisen.[30]

Deutlich wird zunächst, dass eine scharfe Trennung der Rechtsmittel nicht erfolgte. Wie bereits im Antrag des kurpfälzischen Klägers deutlich wurde, gelangten die Anträge nicht selten kumulativ beim Reichshofrat ein oder aber sie flossen im Laufe des Verfahrens ineinander, wenn beispielsweise innerhalb eines anhängig gemachten Rechtsmittelverfahrens parallel Rechtsverweigerung und Nichtigkeit vorgebracht wurden oder aber darüber hinaus auch noch ein Mandat beantragt wurde.

In dieser Weise ging Hans Heinrich Weinland aus Neustadt an der Orla[31] in Sachsen 1664/65 vor. Er beantragte beim Kaiser gegen Herzog Moritz von Sach-

---

29 Oestmann, Rechtsverweigerung im Alten Reich (wie Anm. 27).

30 Siehe oben Anm. 4. Jenseits der Reichshofratsakten wären zu diesem Aspekt auch die Resolutionsprotokolle des Reichshofrats heranzuziehen (siehe dazu Anm. 12), die die im Gremium getroffenen, verschriftlichten Entscheidungen beziehungsweise Verfügungen des Reichshofrats widerspiegeln. Würden die reichshofrätlichen Beschlussprotokolle der Forschung als digitale Forschungsdaten oder zumindest in digitalisierter Form zur Verfügung gestellt, ließe sich die empirische Datenbasis zum Reichshofrat signifikant verbessern. Mithilfe eines solchen komfortablen Zugang zu diesem bedeutenden Quellenbestand wäre es sowohl der allgemeinen Frühneuzeitforschung als auch der Justizforschung möglich, aktuellen und innovativen Forschungsfragen (beispielsweise zur Sozial-, Wirtschafts- und Rechtsgeschichte; zu Akteursbeziehungen und Netzwerken; zur Institutionsgeschichte und Funktionsweise eines Höchstgerichts etc.) am Beispiel des Reichshofrats als kaisernahem Gericht sowie zentraler Verwaltungsbehörde nachzugehen, woraus sich zahlreiche neue Perspektiven ergeben würden.

31 Die in der Frühen Neuzeit wettinische Stadt Neustadt an der Orla im heutigen Thüringen gehörte ab 1567 zum albertinischen Herrschaftsbereich; 1657 bis 1718 war die Stadt Bestandteil des Sekundogeniturfürstentums Sachsen-Zeitz unter Herzog Moritz: Stephanie Eißing/Franz Jäger u. a. (Bearb.), Thüringen (Georg Dehio. Handbuch der Deutschen Kunstdenkmäler), München 2003, S. 879; Karlheinz Blaschke/Uwe Ulrich Jäschke, Kursächsischer Ämteratlas 1790, Chemnitz 2009, S. 78; siehe dazu auch den Freundbrüderlichen Hauptvergleich vom 22. April 1657, transkribiert

sen-Zeitz ein Mandat zur Einstellung eines gegen ihn geführten Inquisitionsverfahrens sowie zur Wiederherstellung seiner standesgemäßen, früheren Rechte. Ferner erbat er Kompulsorialschreiben zur Herausgabe der Akten. Was war geschehen? Weinland war mit seinem Nachbarn, Hans Hartmann, in einen Streit geraten, in dem er ihm ankündigte, er wolle ihm *einen rothen hahn*[32] aufs Dach stecken, das heißt, er drohte damit, das Haus Hartmanns anzuzünden. Dieses Unterfangen hätte leicht einen Stadtbrand und das Verderben des gesamten Gemeinwesens nach sich ziehen können. Derartig befehdet, wandte sich Hartmann an den Neustädter Magistrat und verklagte Weinland wegen dieser Drohworte. Der Rat reagierte äußerst empfindlich, stellten doch Fehden Nichtadliger für die Obrigkeit bis in das 17. Jahrhundert hinein „ein Phänomen von großer Ernsthaftigkeit" dar,[33] obgleich sie „mit fortschreitender Ausdifferenzierung des frühmodernen Staates und seines Herrschaftsapparates zunehmend dysfunktional werden musste[n],"[34] was sich auch in dieser Akte widerspiegelt. Das Material lässt erkennen, wie die obrigkeitlichen, rigide anmutenden Strafmechanismen wirkten, um derartigen Fehden zu begegnen. Äußerst gefährliche Befehder hatten gemäß Artikel 129 der Peinlichen Gerichtsordnung Kaiser Karls V. (Carolina)[35] ihr Leben verwirkt und konnten mit dem Schwert gerichtet werden. In dem gegen Weinland eröffneten Inquisitionsprozess versuchte Weinland nun zu beweisen, dass er keineswegs mit Brandstiftung gedroht hatte, sondern Hartmann *den bloßen degen über den Kopf hawen und Ihme einen blutigen Kopf machen wollte.* Zeugen widersprachen dem, sodass Weinland angeboten wurde, ein Geständnis abzulegen, seine Drohungen zurückzunehmen und Abbitte zu leisten, um mittels Urfehdeeides sowie Zahlung einer Kaution von 200 Reichstalern aus dem

---

von Manfred Wilde, in: Martina Schattkowsky/ders. (Hrsg.), Sachsen und seine Sekundogenituren. Die Nebenlinien Weißenfels, Merseburg und Zeitz (1657–1746) (Schriften zur Sächsischen Geschichte und Volkskunde, 33), Leipzig 2010, S. 303–323, hier S. 308.

32 Dieses und alle weiteren Zitate in ÖStA HHStA, RHR, Judicialia miscellanea, K. 92/4, unfoliiert.

33 Jan Peters, Leute-Fehde. Ein ritualisiertes Konfliktmuster des 16. Jahrhunderts, in: Historische Anthropologie 8 (2000), S. 62–97, hier S. 69; ders., Märkische Lebenswelten. Gesellschaftsgeschichte der Herrschaft Plattenburg-Wilsnack, Prignitz 1550–1800 (Veröffentlichungen des Brandenburgischen Landeshauptarchivs, 53), Berlin 2007, S. 313; ferner Gerd Schwerhoff, Insel des Friedens oder Brennpunkt der Gewalt? Die Reichsstadt Köln (ca. 1470–1620), in: Martin Dinges/Fritz Sack, Unsichere Großstädte? Vom Mittelalter bis zur Postmoderne (Konflikte und Kultur – Historische Perspektiven, 3), Konstanz 2000, S. 139–156, hier S. 142.

34 Christine Reinle, Fehdeführung und Fehdebekämpfung am Ende des Mittelalters, in: Joachim Emig (Hrsg.), Der Altenburger Prinzenraub 1455. Strukturen und Mentalitäten eines spätmittelalterlichen Konflikts (Veröffentlichungen des Thüringischen Staatsarchives Altenburg), Beucha 2007, S. 83–124, hier S. 87.

35 Friedrich Christian Schröder (Hrsg.), Die Peinliche Gerichtsordnung Kaiser Karls V. und des Heiligen Römischen Reichs von 1532 (Carolina), Stuttgart 2000, S. 81.

Gefängnis entlassen zu werden. Weinland allerdings verweigerte mit Verweis auf seine Unschuld und seine Ehre das Geständnis und forderte vielmehr einen unparteiischen Richter. Sein Abwehrkampf führte schließlich dazu, dass er sich an den kaiserlichen Reichshofrat in Wien wandte.

Nach der Lektüre des Antrages verzichtete der Reichshofrat auf die gemäß § 105 des Jüngsten Reichsabschieds von 1654[36] übliche Stellungnahme der verklagten Obrigkeit, die er sonst in der Regel verlangte. Vielmehr ermahnte er den Herzog. Zwar könne er nicht genau wissen, wie die Sache eigentlich beschaffen sei, doch müsse man Moritz aufgrund der geschilderten Umstände auffordern, Weinland zu seinem Recht kommen zu lassen. Warum der Reichshofrat hier auf einen Bericht verzichtete, lässt sich nicht sagen. Gewiss ist dies keine singuläre Abweichung von der Norm. Es sind auch andere Fälle bekannt, in denen er sofort verfügte und beispielsweise ein Mandat erließ, ohne den Landesherrn zu hören.[37] Allerdings reagierten diese angesichts einer derartigen reichshofrätlichen Vorgehensweise zumeist entrüstet, und auch Moritz von Sachsen-Zeitz ließ in seinem (nunmehr unaufgefordert vorgelegten) Bericht seinem Ärger freien Lauf. Sichtlich konsterniert führte er aus, er sei angesichts der zu Tage tretenden Dreistigkeit seines Untertanen, der seine kaiserliche Majestät zu Unrecht behellige, fassungslos. Die Klage des Weinland verstieße gegen das dem *ganzen Chur- und Fürstenhause Sachsen* [...] *ertheilte und confirmirte Privilegio de non provocando,* vermöge dessen *nicht allein keine Appellation sondern auch keine Supplication* an den Reichsgerichten angenommen werden dürfe. Damit bezog sich der Herzog auf das 1559 der albertinischen und ernestinischen Linie des Hauses Sachsen gewährte unbeschränkte Appellationsprivileg,[38] das – bezogen auf den Fall – letztmalig am 10. Juni 1660 für die kurfürstliche Linie der Albertiner bestätigt worden war.[39] Die 1657 erfolgte Abspaltung der Fürstentümer Sachsen-Merseburg, Sachsen-Weißenfels und Sachsen-Zeitz von den Kurlanden wirkte sich auf den

36 Laufs (Hrsg.), Der jüngste Reichsabschied von 1654 (wie Anm. 14), S. 53.

37 Wie beispielsweise in einem gegen den König von Preußen anhängig gemachten Rechtsverweigerungsverfahren aus dem Jahr 1723 (von Olmissen genannt Mülstroh contra Schlabrendorf): ÖStA HHStA, RHR, Denegata antiqua, K. 540, unfoliiert. Auf den Umstand, dass der Reichshofrat ohne „Berichtsanforderung Prozesse erkenne“ wies bereits Kurt Perels hin, DERS., Die allgemeinen Appellationsprivilegien für Brandenburg-Preußen (Quellen und Studien zur Verfassungsgeschichte des Deutschen Reiches in Mittelalter und Neuzeit, III/1), Weimar 1908, S. 81 f.

38 Johann Christian Lünig, Des Teutschen Reichs-Archivs Partis Specialis Continuatio II [Bd. 8], Leipzig 1712, S. 309–312, online unter https://www.digitale-sammlungen.de/de/view/bsb10492179?page=404,405 (abgerufen am 14. Januar 2024); zur Fortgeltung der kaiserlichen Privilegien in allen albertinischen Landen und zu den ungeteilten Rechten der vier wettinischen Linien siehe den Freundbrüderlichen Hauptvergleich vom 22. April 1657 (wie Anm. 31), S. 312.

39 Eisenhardt (Hrsg.), Die kaiserlichen Privilegia (wie Anm. 17), S. 115. Von 1566 bis 1715 ließen sich die Albertiner das Appellationsprivileg mehrmals bestätigen, ebd., S. 116.

Geltungsbereich des unbeschränkten Appellationsprivilegs, das territorial bezogen war, nicht aus, daran ließ der frisch ernannte Herzog selbstredend keinen Zweifel. Folglich solle der Kaiser Weinland wegen der böswillig eingereichten Klage bestrafen. Er, Moritz, sei mitnichten geneigt, sich in Wien diesbezüglich einzulassen. Vielmehr möge der Kaiser Sorge dafür tragen, Weinland – sollte er in der Residenzstadt Wien oder anderswo angetroffen werden[40] – dingfest zu machen, um ihn in einem rechtmäßigen Inquisitionsprozess bestrafen zu lassen. Diesen Bericht nahm der Reichshofrat zu den Akten, folgte dem Herzog in seiner Argumentation und ließ den Supplikanten in der Folgezeit ungehört.

Alle Anträge, die Weinland im Anschluss an den scharfzüngigen Bericht des Herzogs noch beim Kaiser vorbrachte, blieben erfolglos – weder der Antrag auf Stellung eines Agenten *ex officio* noch das Gesuch um sicheres Geleit fanden Gehör. Zudem wird deutlich, dass Weinland vor Ort aufgrund des Verlusts seiner Ehre[41] seinen Handwerksberuf nicht mehr ausüben durfte und von Armut bedroht war, zumal – so Weinland – ein Prozess vor dem Reichshofrat ein kostspieliges Geschäft sei. Wie gefangen Weinland in seiner ständischen Welt als sächsischer Untertan war, offenbart sein wiederholter Antrag auf Wiederherstellung seiner Ehre sowie um Erlaubnis, sein *hantwerckh aller orthen undt Enden im Reich frey ohne menigliches hindernuß treiben*[42] zu dürfen. Allerdings gelang es Weinland nicht mehr, den Reichshofrat auf seine Seite zu ziehen; die Tür zum Kaiser hatte sich wieder geschlossen.

Ähnlich erging es auch dem Kläger Hans Joachim von Röbel aus der brandenburgischen Kurmark, der ebenso wie Weinland mehrere Register gleichzeitig zog.[43]

---

40 Ein treffender Hinweis auf die Anwesenheit von Parteien vor Ort und darauf, dass die Schriftlichkeitsmaxime zwar formal galt, aber durchaus damit zu rechnen ist, dass mündliche Elemente in die Reichshofratsprozesse eingeflossen sind; dazu zuletzt Tobias Schenk, Vom dominus referens zum Berichterstatter. Überlegungen zur Karriere eines umstrittenen juristischen Experten als Beitrag zu einer akteurszentrierten Fremdbeschreibung kollegialen Entscheidens, in: Anette Baumann (Hrsg.), Juristen als Experten? Eine Untersuchung zu Wissensbeständen und Diskursen der Juristen im 16. und 17. Jahrhundert (bibliothek altes Reich, 40), Berlin/München/Boston 2023, S. 15–101, hier S. 77.

41 Die Ehre galt als höchstes Gut in der Frühen Neuzeit. Siehe dazu Gerd Schwerhoff, Köln im Kreuzverhör. Kriminalität, Herrschaft und Gesellschaft in einer frühneuzeitlichen Stadt, Bonn/Berlin 1991, S. 271; Richard van Dülmen, Der ehrlose Mensch. Unehrlichkeit und soziale Ausgrenzung in der Frühen Neuzeit, Köln/Weimar/Wien 1999, S. 3 f. Vgl. zum Begriff Ralf-Peter Fuchs, Um die Ehre. Westfälische Beleidigungsprozesse vor dem Reichskammergericht 1525–1805, Paderborn 1999, S. 12 f. Sehr umfangreich zuletzt Zeilinger, Wiederherstellbare Ehre (wie Anm. 8). War die Ehre gänzlich verloren, so konnten Armut und Verstoß aus der Gemeinschaft folgen.

42 ÖStA HHStA, RHR, Judicialia miscellanea, K. 92/4, unfoliiert.

43 Siehe zu diesem Fall auch Schenk, Das Alte Reich in der Mark Brandenburg (wie Anm. 2), S. 62–64.

Anfang Mai des Jahres 1715 beantragte er gegen den Kurfürsten von Brandenburg und König in Preußen, Friedrich Wilhelm I., mehrere Verfügungen. Zunächst zielte der Kläger mit einer Nichtigkeitsklage auf die Feststellung, dass das kurbrandenburgische Dekret, aufgrund dessen er das Gut Altfriedland verloren hatte, nichtig sei. Innerhalb des dazu geführten Lehnsprozesses sei ihm die Justiz verweigert worden. Zur Wiederherstellung seines Besitzes beantragte er ein Mandat und darüber hinaus kaiserlichen Schutz zur Rückkehr in die Kurmark.

Der preußische König reagierte darauf erwartungsgemäß ungehalten. Der Querulant möge seiner kaiserlichen Majestät erklären, wieso er ihn als Kurfürsten, der aufgrund der Goldenen Bulle *ein Privilegium illimitatum de non appellando* besäße, gerichtlich belange. Er könne weder *vom Reichshofrath*, [noch von] *anderen Judiciis Imperij durch keine Mandata, avocationes, noch auf andere Weise, beunruhiget oder beschwehret werden.* Lediglich im Falle einer Rechtsverweigerung sei eine Klage vor den Reichsgerichten zulässig. Folglich könne *von denen Urtheilen, Decreten, Erkäntnußen, abschieden, so von Sr. König. May. in Preußen als Churfürsten zu brandenburg* [...] *gesprochen, und ausgangen, weder an Ihro Kayser. May. noch an die Reichs Judicia appellirt, supplicirt oder reduciret werden noch sonsten eine beruffung geschehen.*[44] Insbesondere sei die vom Kläger geltend gemachte Nichtigkeitsklage ihrem Wesen nach eine Appellation. Zwar sei es in der Wissenschaft wohl gebräuchlich, eine Nichtigkeitsklage ungeachtet bestehender unbeschränkter Appellationsprivilegien zuzulassen, doch läge mit Bezug auf die Gelehrtenliteratur und einem Auszug aus dem beschränkten Appellationsprivileg für Hessen-Darmstadt von 1630[45] doch klar zu Tage, dass auch die Nichtigkeitsklage bei Vorhandensein eines unbeschränkten Appellationsprivilegs nicht statthabe. Die Allegationen verdeutlichen das Bemühen, die Lücke, die die mangelnde Einbeziehung der Nichtigkeitsklage in das unbeschränkte Appellationsprivileg Brandenburgs erzeugte, zugunsten des Kurfürsten zu schließen. Der Argumentation des brandenburgischen Anwalts scheint der Reichshofrat gefolgt zu sein, zumindest verwies er den Kläger nach Berlin zurück.

Auf die nach der Abweisung des Prozesses vom Kläger weiterhin eingereichten Anträge reagierte der Reichshofrat nicht mehr – so wie er es im Fall des Neustädter Bürgers Weinland sowie in einer Mehrzahl der im Zusammenhang mit den unbeschränkten Appellationsprivilegien untersuchten Sachverhalte tat. Keinem in diesem Rahmen eingesehenen Antrag auf Appellation oder Umgehung des unbeschränkten Appellationsprivilegs war Erfolg beschieden. Entweder ließ der Reichshofrat die Anträge unentschieden oder aber er wies die Kläger

44 ÖStA HHStA, RHR, Denegata antiqua, K. 644, unfoliiert (1716).

45 Vom 28. Dezember 1630, Eisenhardt (Hrsg.), Die kaiserlichen Privilegia (wie Anm. 17), S. 88.

beispielsweise mit dem Hinweis ab, da *die sache alda in allen Instanzien ordentlich verhandelt worden* sei, sei beispielsweise die gegen Kurmainz angestrengte Nichtigkeitsklage *als nichtig und dem diesseitigen Privilegio de n*[on] *ap*[p]*ellando nachtheilig anzusehen.*[46]

Was zeigen diese Beispiele? Sie verdeutlichen, dass vorhandene unbeschränkte Appellationsprivilegien in der Gerichtspraxis hielten, was sie versprachen, nämlich die Schaffung und Durchsetzung eines *territorium clausum* für den Landesherrn, vorausgesetzt, er konnte sich gegen die Landstände durchsetzen und eine funktionstüchtige Gerichtsbarkeit gewährleisten. Auf der anderen Seite jedoch befanden sich die Untertanen in einer ausweglosen Situation. Bei fehlendem Rückhalt im eigenen sozialen Umfeld und bei schlechten außenpolitischen Konjunkturen war beim Vorliegen eines unbeschränkten Appellationsprivilegs ein Rekurs an den Reichshofrat ein hoffnungsloses Unterfangen.

Als Zwischenfazit lässt sich festhalten: Von Kurköln einmal abgesehen, wo der Kurfürst das unbeschränkte Appellationsprivileg gegenüber seinen Ständen nicht durchzusetzen vermochte, verfehlten die unbeschränkten Appellationsprivilegien vor dem Reichshofrat ihre Wirkung nicht.[47]

Bleiben wir noch kurz bei Kurbrandenburg. Vor dem Hintergrund des eben Gesagten scheint der Befund, dass in den ausgewählten Zeitschnitten 77 reichshofrätliche Appellationsverfahren kurbrandenburgischer Untertanen – angesichts des 1586 erworbenen unbeschränkten Appellationsprivilegs – im Bestand des Reichshofrats in Wien lagern (siehe Abb. 1), widersprüchlich. Allerdings ist er dies nur auf den ersten Blick, denn hinter diesen Zahlen verbergen sich ausnahmslos Appellationen aus jenen Gebieten, die nach 1648 aufgrund des Westfälischen Friedens neu an Brandenburg gelangt waren. Unbeschränkte Appellationsprivilegien waren (wie soeben im sächsischen Beispiel gesehen) territorial- und nicht herrscherbezogen.[48] Das heißt, das kurbrandenburgische Privileg galt lediglich für die 1586 zur Kur- und Neumark gehörenden Landesteile und nicht für die im 17. und 18. Jahrhundert hinzugewonnenen Reichsterritorien (wie beispielsweise für Kleve, Mark, Ostfriesland etc. sowie für die ehemaligen Hochstifte Halberstadt und Minden oder das Erzstift Magdeburg). In diesen Landesteilen galten die jeweiligen, landesspezifischen Appellationsbeschränkungen. Der Rekurs an die Reichsgerichte mittels Appellation stand den neuen Unterta-

---

46 ÖStA HHStA, RHR, Decisa, K. 924 (alte Nr. K. 1271, Chiochetti contra Thonet und Kurmainz, 1769).

47 Dieser Befund reiht sich ein in die von Filippo Ranieri für das 16. Jahrhundert vorgelegten Daten zum Reichskammergericht, Ders., Recht und Gesellschaft im Zeitalter der Rezeption. Eine rechts- und sozialgeschichtliche Analyse der Tätigkeit des Reichskammergerichts im 16. Jahrhundert (QFHG, 17/I), Köln/Wien 1985, S. 189 f.

48 Siehe hierzu Eisenhardt, Die Rechtswirkungen (wie Anm. 20), S. 80.

nen also wie von Alters her weiterhin offen – unabhängig davon, ob ihr neuer Landesherr mit seinen Kurgebieten bereits befreit war oder nicht. Deshalb sah sich der brandenburgische Kurfürst nach 1648 mit zahlreichen Appellationen aus den neuen Territorien konfrontiert. Für diese Gebiete erlangte Brandenburg-Preußen erst 1746 ein unbeschränktes Privileg;[49] für Ostfriesland 1750.[50] So lange sah der eine oder andere neue brandenburgische Untertan also noch nicht den Kurfürsten als seinen höchsten Richter an, sondern für ihn galt weiterhin Seine *kayserl. Maytt alß der brunquell der gerechtigkeit.*[51] Folglich war der brandenburgische Kurfürst in diesen Territorien der kaiserlichen Justizaufsicht stärker unterworfen als in den Kurlanden. Brandenburg wuchs mit der Gewinnung der genannten Reichsterritorien wieder in das Reich hinein. Diese Tatsache ist der Forschung seit Langem bekannt, bereits Kurt Perels wies vor mehr als 100 Jahren darauf hin,[52] und Tobias Schenk[53] hat in mehreren Aufsätzen die „Appellationsfreudigkeit"[54] der neuen Untertanen beleuchtet.

Solchen appellationsfreudigen Untertanen soll nachfolgend Aufmerksamkeit geschenkt werden, um die offenen Türen des Reichshofrats zu vermessen und Einblicke in das Wechselspiel von Reichs- und Landesebene im Kampf um gerichtliche Autorität im Alten Reich nach 1648 zu erhalten. Zugleich gelangen damit durchaus konfliktreiche Territorien in den Blick, in denen davon ausgegangen werden kann, dass es zumindest phasenweise besonders starke Verteilungskämpfe gab.

49 Perels, Die allgemeinen Appellationsprivilegien (wie Anm. 37), S. 143–149.

50 Ebd., S. 150–153.

51 ÖStA HHStA, RHR, Denegata antiqua, K. 66, unfoliiert: Domkapitel von Halberstadt und die Brüder von Stedern gegen von der Asseburg, 1679.

52 Perels, Die allgemeinen Appellationsprivilegien (wie Anm. 37), S. 33–98.

53 Schenk, Das Alte Reich in der Mark Brandenburg (wie Anm. 2), S. 56–58.; Ders., Reichsjustiz im Spannungsverhältnis (wie Anm. 2), S. 103–219; Ders., Reichspatriotismus? Friedrich Wilhelm I. im Spiegel der Reichshofratsakten, in: Frank Göse/Jürgen Kloosterhuis (Hrsg.), Mehr als nur Soldatenkönig. Neue Schlaglichter auf Lebenswelt und Regierungswerk Friedrich Wilhelms I. (Veröffentlichungen aus den Archiven Preußischer Kulturbesitz, Forschungen, 18), Berlin 2020, S. 113–145.

54 Schenk, Das Alte Reich in der Mark Brandenburg (wie Anm. 2), S. 21 mit Verweis auf Wolfgang Neugebauer, Die Stände in Magdeburg, Halberstadt und Minden im 17. und 18. Jahrhundert, in: Peter Baumgart (Hrsg.), Ständetum und Staatsbildung in Brandenburg-Preußen. Ergebnisse einer internationalen Fachtagung (Veröffentlichungen der Historischen Kommission zu Berlin, 55), Berlin/New York 1983, S. 171–207, hier S. 183–186 zu Appellationen.

4. Die offenen Türen des Kaisers – appellationsfreudige Untertanen als Kennzeichen von innerterritorialen Spannungen

4.1 Das ehemalige Hochstift Halberstadt

Im Zuge des Westfälischen Friedens wurde das Hochstift Halberstadt[55] 1648 säkularisiert und als erbliches Fürstentum dem brandenburgischen Kurfürsten Friedrich Wilhelm (dem ‚Großen Kurfürsten') zugesprochen. Fortan verfügte also kein Bischof mehr als weltlicher und geistlicher Landesherr über Halberstädter Untertanen, sondern der ‚Große Kurfürst' sicherte als Fürst von Halberstadt[56] im Homagialrezess von 1650 den Landständen die alten Rechte und Gewohnheiten zu – vorbehaltlich kurfürstlicher Gerechtsame.[57] Zu den alten Halberstädter Rechten gehörte auch die Möglichkeit, weiter an die Reichsgerichte appellieren zu dürfen, denn für Halberstadt wurde erst 1746[58] ein unbeschränktes Appellationsprivileg erteilt. Dass die Halberstädter von ihrem Appellationsrecht rege Gebrauch machten, lässt sich an den nach Wien gelangten Appellationen ablesen. Von den 77 Appellanten, die unter kurbrandenburgischer Herrschaft standen (siehe Abb. 1), stechen die Halberstädter mit 30 Appellationen[59] besonders hervor; in den Jahren 1739/40 wurden (nach gegenwärtigem Forschungsstand) aus Halberstadt keine Appellationen mehr beim Reichshofrat eingereicht.

---

55 Die frühneuzeitliche Geschichte des Bistums (ab 1648 Fürstentum) Halberstadt stellt ein absolutes Forschungsdesiderat dar. Für das späte 16. Jahrhundert siehe Dörthe GUTTMANN, Die Grenzen lutherischer Konfessionalisierung. Das Hochstift Halberstadt unter dem postulierten Bischof Heinrich Julius von Braunschweig-Wolfenbüttel (1566–1613), in: Jahrbuch für die Geschichte Mittel- und Ostdeutschlands 57 (2011), S. 1–35. Ferner Berndt STROBACH, Der Hofjude Berend Lehmann (1661–1730). Eine Biografie (bibliothek altes Reich, 26), Berlin/Bosten 2018; Strobach stützt sich bei seinen Ausführungen zur Geschichte Halberstadts (S. 78–83) auf zeitgenössische Beschreibungen sowie auf Literatur der 1930er-Jahre. Einen kurzen Einblick gibt NEUGEBAUER, Die Stände in Magdeburg, Halberstadt und Minden (wie Anm. 54), S. 174–177; vgl. SCHENK, Reichsjustiz im Spannungsverhältnis (wie Anm. 2).

56 Zum Konzept der Mehrfachherrschaft siehe Michael ROHRSCHNEIDER, Der Große Kurfürst Friedrich Wilhelm von Brandenburg (1620–1688). Studien zu einem frühneuzeitlichen Mehrfachherrscher (Historische Forschungen, 119), Berlin 2019, S. 21–43.

57 NEUGEBAUER, Die Stände in Magdeburg, Halberstadt und Minden (wie Anm. 54), S. 175. Siehe hierzu auch Tobias SCHENK, Die Akten des kaiserlichen Reichshofrats als Quelle mitteldeutscher Adelsgeschichte, in: Enno Bünz/Ulrike Höroldt/Christoph Volkmar (Hrsg.), Adelslandschaft Mitteldeutschland. Die Rolle des landsässigen Adels in der mitteldeutschen Geschichte (15.–18. Jahrhundert) (Schriften zur Sächsischen Geschichte und Volkskunde, 49/Veröffentlichungen der Staatlichen Archivverwaltung des Landes Sachsen-Anhalt, Reihe A: Quellen zur Geschichte Sachsen-Anhalts, 22), Leipzig 2016, S. 415–458, hier S. 431.

58 Eisenhardt (Hrsg.), Die kaiserlichen Privilegia (wie Anm. 17), S. 74.

59 Zwölf Appellationen gelangten in der Zeit von 1648 bis 1657 an den Reichshofrat; 18 von 1689 bis 1693.

Knapp 90 Jahre zuvor jedoch sah dies freilich noch ganz anders aus; in den zwölf für die Zeit von 1648 bis 1657 überlieferten Appellationen begegnet beispielsweise ein Franziskanerkloster[60] als Appellant, oder die Halberstädter Kollegiatstifte stritten mit der kurbrandenburgischen Regierung wegen der Wahl des Dekans.[61] Die Beispiele ließen sich vermehren, und es bleibt hervorzuheben, dass sich im bikonfessionell geprägten (ehemaligen Bistum) Halberstadt in einem beachtenswerten Umfang die alten geistlichen Gemeinschaften katholischen[62] Glaubens mit der Bitte um Überprüfung der durch die kurbrandenburgische Regierung erlassenen Bescheide an den Reichshofrat wandten. Damit wurden in Wien Maßnahmen der neuen Regierung aktenkundig, die im Zeitalter des konfessionellen Gegensatzes geeignet waren, die politische und soziale Stellung der Alteingesessenen zu schwächen. In einer Art Politik der gegenseitigen Nadelstiche wurde vor Ort der Umfang der Rechte, Privilegien und Besitztümer neu austariert. Dieser Eindruck verstärkt sich auch jenseits der Appellationen. Werden die in der reichshofrätlichen Judizialserie Antiqua bereits neu verzeichneten Anträge und Suppliken, die aus Halberstadt an den Reichshofrat gelangten, einbezogen, wird deutlich, dass nach 1650 Klagen geistlicher Gemeinschaften in Restitutionsangelegenheiten, um die Einhaltung von Gerichtsrechten und Privilegien, um die Abwehr von Eingriffen in Besitzrechte oder um Mandate zur Zahlung ausstehender Besoldungen an den Reichshofrat gelangten, wobei auch das Domkapitel als einer der Player anzusehen ist.[63]

Das Domkapitel bildete mit seinen anteilig katholischen sowie evangelischen Mitgliedern nicht nur den ersten Stand im ehemaligen geistlichen Territorium, vielmehr nahmen die Kleriker in der Ständehierarchie die führende Position

60 ÖStA HHStA, RHR, Prot. Rer. Res. XVII/154 (1652), Bl. 292v, 295r, 298r; XVII/158 (1653), Bl. 468r; XVII/159 (1653), Bl. 35r, 142r (die dazugehörige Akte fehlt).

61 ÖStA HHStA, RHR, Antiqua, K. 9, Nr. 8; siehe dazu auch die Verzeichnung der Akte in: Sellert (Hrsg.)/Machoczek (Bearb.), Die Akten des Kaiserlichen Reichshofrats, Serie II: Antiqua, Bd. 1 (wie Anm. 24), S. 133, Nr. 159.

62 Das Domkapitel bestand zur Hälfte aus katholischen Klerikern; auch die Klöster und Stifte blieben bei der alten Konfession, GUTTMANN, Die Grenzen lutherischer Konfessionalisierung (wie Anm. 55), S. 4, 11; ferner STROBACH, Der Hofjude Berend Lehmann (wie Anm. 55), S. 78. Zur Bikonfessionalität Michael KAISER, Dynastie und Konfession. Christian Wilhelm von Brandenburg und die Anwartschaft auf das Hochstift Halberstadt, in: Andreas Pečar/Andreas Erb (Hrsg.), Der Dreißigjährige Krieg und die mitteldeutschen Reichsfürsten. Politische Handlungsstrategien und Überlebensmuster (Quellen und Forschungen zur Geschichte Sachsen-Anhalts, 20), Halle (Saale) 2020, S. 38-63, hier S. 54-60.

63 Sellert (Hrsg.)/Machoczek (Bearb.), Die Akten des Kaiserlichen Reichshofrats, Serie II: Antiqua, Bd. 1 (wie Anm. 24), S. 133-151, Nr. 159-184. Vgl. zudem den Beitrag von Paul BECKUS in diesem Band.

ein.[64] Als solche begegnen sie vor dem Reichshofrat mehrmals als klagende Gemeinschaft; es stechen verschiedene Appellationen des Domkapitels gegen die Familie von der Asseburg ins Auge. Mit einer Appellation, die 1651 vor den Reichshofrat gelangte,[65] entspinnt sich ein nahezu undurchschaubares, aus verschiedenen Forderungen resultierendes Streitgeflecht zwischen diesen beiden Kontrahenten.

Als in den Wirren des Dreißigjährigen Krieges der Niedersächsische Reichskreis zum Truppenrückzugsgebiet wurde und als Kriegsschauplatz fungierte, plagten auch das Halberstädter Domkapitel arge Kriegslasten. Zudem hatte 1623 der ‚tolle Christian', Herzog von Braunschweig-Lüneburg, der an der Seite des erfolglosen ‚Winterkönigs' im Böhmisch-Pfälzischen Krieg gekämpft hatte,[66] das Hochstift als zeitweiliger Administrator in einen Sukzessionsstreit um das Administratorenamt verwickelt, den benachbarte und einflusssuchende Dynastien austrugen.[67] Um die vom braunschweig-lüneburgischen Herzog verursachten Kosten schultern zu können, war das Domkapitel gezwungen, Kredite aufzunehmen. Hätte das Geld nicht aufgebracht werden können, wäre – so die Ausführungen der Kapitulare –

> *daß landt der combustion* [Brandschatzung] *freygeben* [...] [worden und] *mit unß hett man dem anfang gemachet, unsere curias undt unß selbsten bis auffs hembde ausgeplündert,* [so seien sie] *auch endlich manu militaris darhin genötiget* [worden], *viel tausent thaler von frembden zuerborgen,* [um] *hiedurch die gentzliche gefahr undt einäscherunge des Landes abzuwenden.*[68]

Zu den Kreditgebern gehörte auch Christoph Johann von der Asseburg, der über eine Schuldabtretung zum Gläubiger des Domkapitels geworden war; die Schuldsumme betrug 8.000 Reichstaler, was das Domkapitel aber bestritt. Deshalb kam es vor der kurbrandenburgischen Regierung zu einem Schuldprozess, in dem von der Asseburg 1650 ein seine Sicht stützendes Urteil erwirken konnte. Die Regierung entschied, das Domkapitel solle die Forderung innerhalb von 14 Tagen anerkennen oder diese Obligation unter Eid leugnen. Gegen diese Entscheidung ap-

---

64 Strobach, Der Hofjude Berend Lehmann (wie Anm. 55), S. 79.

65 ÖStA HHStA, RHR, Antiqua, K. 10, Nr. 1a; dazu auch die knappe Verzeichnung in Sellert (Hrsg.)/Machoczek (Bearb.), Die Akten des Kaiserlichen Reichshofrats, Serie II: Antiqua, Bd. 1 (wie Anm. 24), S. 143, Nr. 173.

66 Christoph Kampmann, Europa und das Reich im Dreißigjährigen Krieg. Geschichte eines europäischen Konflikts, Stuttgart 2008, S. 50–54, insbesondere S. 53; ferner Kaiser, Dynastie und Konfession (wie Anm. 62), S. 39–42, 55 f.

67 Kaiser, Dynastie und Konfession (wie Anm. 62).

68 ÖStA HHStA, RHR, Antiqua, K. 10, Nr. 1a, Bl. 7r.

pellierte das Domkapitel an den Reichshofrat in Wien. Die Kapitulare führten aus, sie würden, wenn sie diese Schuld anerkennen müssten, merklich beschwert, ja es würden *unsere Capitular gueter gantzlich darauff gehen.*[69] Am 13. März 1651 beriet der Reichshofrat über diesen Antrag und entschied, den Appellationsprozess in der üblichen Weise anzuerkennen und von der Asseburg zu laden (Zitation) sowie Kompulsorialschreiben zur Herausgabe der vorinstanzlichen Akten ergehen zu lassen.[70] Die kurbrandenburgische Regierung wurde angewiesen, in dieser Sache nichts weiter vorzunehmen. Nach einigen gewährten Fristverlängerungen wurde diese Appellation im September 1651 in Wien nicht weiter betrieben. Es darf angenommen werden, dass der Tod von Christoph Johann von der Asseburg im April 1651[71] mit dafür ursächlich gewesen sein dürfte.

1669 jedoch gingen die Auseinandersetzungen derer von der Asseburg mit dem Domkapitel vor dem Reichshofrat in eine neue Runde, auch nahmen sie größere Dimensionen an. Man stritt nun um die stolze Summe von 35.000 Reichstalern.[72] 1606 hatte Johann Christoph von der Asseburg seinem Schwiegervater Matz von Münchhausen 43.000 Reichstaler geliehen, wofür Letzterer die im Harz gelegene Stapelburg als Hypothek einsetzte. Ausweislich der reichshofrätlichen Appellationen war das Gut bis in das 18. Jahrhundert rechtlich stark umkämpft. 1618 wurde die verbleibende Schuldsumme auf 35.000 Reichstaler taxiert, für die weiterhin die Stapelburg haftete. 1625 erwarb das Domkapitel das Gut und veräußerte selbiges 1650 an den Domkapitular Jobst Ludolph von Stedern, der die Schulden übernahm und den von der Asseburg wohl auch als Gläubiger anerkannte, zumindest behaupteten dies die Asseburgischen Erben. Als selbige in den 1660er-Jahren zur Befriedigung ihrer Schuld die Immission in das Gut verlangten, erging im August 1663 bei der kurbrandenburgischen Regierung zu ihren Gunsten ein Urteil[73] dahingehend, dass von Stedern verpflichtet sei, die Schuldsumme in Höhe von 35.000 Reichstalern samt der aufgelaufenen Zinsen zu zahlen, soweit – und jetzt folgt eine den Streit in den weiteren Jahren bestimmende Klausel – diese nicht anhand echter Quittungen zu mindern sei.

Gegen dieses Urteil liefen sowohl das Domkapitel als auch von Stedern Sturm, sie fochten das Urteil an, und es kam schließlich im Juni 1669 zu einem Antrag auf Gewährung einer Appellation vor dem Reichshofrat. Auch dieser Appella-

---

69 Ebd., Bl. 3v.

70 ÖStA HHStA, RHR, Prot. Rer. Res. XVII/150a (1650), Bl. 136r.

71 https://martius-familie.de/getperson.php?personID=I4591&tree=martius (abgerufen am 14. Januar 2024).

72 Diese Vorgänge befinden sich in verschiedenen Serien der Judizialakten. Die Hauptakten sind in drei Kartons der Serie Denegata antiqua, K. 64 bis 66 verwahrt; versprengte Schriftstücke liegen auch in ÖStA HHStA, RHR, Judicialia Miscellanea, K. 3/2.

73 Das Urteil basierte auf einem Urteilsspruch der Leipziger Juristenfakultät.

tionsprozess wurde vom Reichshofrat erkannt, die drohende Exekution war damit ausgesetzt. In einem der seltenen Definitivurteile entschied der Reichshofrat am 26. November 1678, dass das 1663 gefällte Halberstädter Urteil zu Recht ergangen sei.[74] Die Halberstädter Regierung wurde angewiesen, die Exekution dieses Urteils durchzuführen. Bevor die Regierung jedoch zur Exekution schreiten konnte, gelang es von Stedern, die Exekutionskommissare von vorhandenen Zahlungsquittungen zu überzeugen und die Exekution auszusetzen. Drei kaiserliche Exekutionsmandate der Jahre 1679 und 1680 liefen zwischenzeitlich ins Leere. Die Sache wurde nunmehr von der Regierung zur Überprüfung an den Geheimen Rat nach Berlin delegiert, wo eine kurfürstliche Kommission die Echtheit der Zahlungsnachweise feststellte und entschied, die Exekution weiterhin zu unterlassen. Dies ließ der Kurfürst dem Reichshofrat 1680 mitteilen. Anstatt eines Paritionsschreiben, mit dem der Vollzug der Exekution eigentlich hätte nachgewiesen werden sollen, ließ der Große Kurfürst ausführen, dass er nicht als bloßer Exekutor zu betrachten sei. Vielmehr sei nach dem reichshofrätlichen Endurteil die bis dahin suspendierte Jurisdiktion nun wieder an ihn zurückgefallen. Damit obläge es seiner Regierung, darüber zu entscheiden, ob und wie die Exekution durchzuführen sei.[75]

Diese, die höchstrichterliche Stellung des Kaisers angreifende Rechtsauslegung sorgte beim Reichshofrat für einige Verärgerung. So läge doch offen zu Tage, dass

> *mithin unßern kay*[serlichen] *Verordnung schnurstrackhs zuwider gelebt, und contraveniret, im übrig*[en] *auch handtgreifflich seye, d*[aß] *nichts anders intendirt werde, alß sie Asseburgische Erben mit unverandtworttlicher Verschleppung d*[er] *sachen so lang zu fatigir*[en] [zu ermüden] *und von dem genuß deß Ihrig*[en] *und Ihres rechts, welches sie so sehr lange zeith entbehr*[en] *und noch darzu mit grosßen unkosten ein gantzes seculum her durch so viel instantien suchen müsse*[n], *abzuhalte*[n], *biß sie endlichen nichts bekom*[m]*eten.*[76]

Man sei umso mehr erzürnt, da die Asseburgischen Erben in allen Instanzen bestätigende Urteile erhalten hätten. Die von der kurbrandenburgischen Regierung

74 Es sei wohl geurteilt und übel davon appelliert worden, lautete der Wiener Tenor, ÖStA HHStA, RHR, Denegata antiqua, K. 66, unfoliiert [Quadrangel 51].

75 *Ich aber bin gleichwoll hier nicht alß ein bloßer executor zu consideriren, sondern nachdem der processus appellationis durch die erfolgte urtheil abgethan, ist die biß dahin suspendiret gewesene Jurisdictio in dieser sache ipso jure wieder zurück an mich erwachsen und stehet demnach die erkentnüß bey meiner Regierung, was für exceptiones und wie weit dieselbe contra executionem sententiae, welche in meinem Judicio gesprochen*, ÖStA HHStA, RHR, Denegata antiqua, K. 66, unfoliiert [Quadrangel 70].

76 ÖStA HHStA, RHR, Denegata antiqua, K. 65, unfoliiert.

zu Halberstadt publizierte Entscheidung sei vom Reichshofrat bestätigt worden, sodass die Verweigerungshaltung nicht nachzuvollziehen sei.[77] Es *würde ein immerwehrender circulus und confusion darauß erwachs*[en], *wan die bey unserm Reichshoffraht zu wiederhohlt*[en] *mahl*[*en*] *ergangen*[e] *judicata anderwerts widerumb in cognition gezogen, und dan abermahl*[*en*] *an unß recurriret werd*[en] *solte.*[78]

Es half alles nichts. In der Folgezeit wehrte sich von der Asseburg mit allen Kräften – auch weiterhin beim Reichshofrat – gegen die Einrede der erfolgten Zahlung, doch es kam zu keinem Einlenken, die Sache lag nunmehr in Berlin. Dort war man – so lässt sich einem Schreiben des Berliner Residenten Freiherr von Fridag vom April 1693 nach Wien entnehmen – nicht bereit, zugunsten Asseburgs vorzugehen. Dieses Werk sei vor geraumer Zeit stark intrigiert worden und den kurfürstlichen Kommissaren sei eingeschärft worden, den obsiegenden Asseburg nicht zu seinem Recht kommen zu lassen.[79] Friedrich III. war zu diesem Zeitpunkt weder willens, die Stapelburg als lehnbares Rittergut der Familie von der Asseburg zuzuschlagen noch den kaiserlichen Mandaten Folge zu leisten – selbst am Vorabend der geplanten Königsberger Standeserhöhung nicht.[80] Sämtliche nachfolgenden reichshofrätlichen Mandate (1693, 1697, 1700 und 1702)[81] blieben folgenlos.[82]

Der weitere, äußerst verworrene Verfahrensverlauf kann hier nicht in extenso ausgeführt werden. Vielmehr soll – bezogen auf die Tür zum kaiserlichen Reichshofrat – mithilfe der Wiener Überlieferung der Kampf um die Gerichtsrechte im Wechselspiel zwischen Landes- und Reichsebene weiter erhellt werden. Von beiden Seiten – sowohl von von der Asseburg als auch von Stedern beziehungsweise vom Domkapitel – waren zwischenzeitlich erneute Appellationen beim

---

77 Mehr als einmal wies man darauf hin, es sei schwerwiegend und unverantwortlich, wenn die Asseburgischen Erben nicht zu ihrem Recht kämen, dass *sie fast ein gantzes Seculum her beschwehrlich gesuchet und endlich in allen instantien durch mehr alß zwey mahl drey conformes sententias et decreta erhalten* haben, zumal das Urteil in des *Churfürst.* [...] *eigener regierung zu Halberstatt publicirt und in der appellations instantz nur confirmirt* wurde, ÖStA HHStA, RHR, Judicialia miscellanea, K. 3/2, unfoliiert.

78 Ebd.

79 ÖStA HHStA, RHR, Denegata antiqua, K. 65, unfoliiert.

80 Zur Vorgeschichte und zum Krontraktat vom 16. November 1700 (auch in der Beziehung zur Wiener Hofburg) Frank Göse, Friedrich I. (1657–1713). Ein König in Preußen, Regensburg 2012, S. 215–235; darin auch die wichtigste (der umfangreichen) Literatur zur Königserhebung.

81 19. November 1693, 12. März 1697, 27. August 1700, 21. Juni 1702.

82 Auf die aktive und passive Abwehr der Appellationen durch brandenburg-preußische Regierungen sowie Gerichte wies bereits Perels, Die allgemeinen Appellationsprivilegien (wie Anm. 37), S. 80–89, hin; daran direkt anknüpfend Weitzel, Der Kampf um die Appellation (wie Anm. 3), S. 142–147.

Reichshofrat eingelangt. In diesen wird deutlich, dass der preußische König versuchte, beide Parteien zum weiteren (und wohl endgültigen) Streitaustrag vor das 1703 neu eingerichtete Oberappellationsgericht in Berlin zu ziehen. Von der Asseburg, der zur Feststellung eines rechtmäßigen Liquidums vorgeladen wurde, weigerte sich jedoch, zu erscheinen, da seine Einlassung in Berlin ihm jegliche weitere Appellationsmöglichkeit vor dem Reichshofrat abgeschnitten hätte. Als der Reichshofrat in diesem Zusammenhang von dem neuen Oberappellationsgericht (offiziell) erfuhr, resümierte er folgerichtig, *dass damit aller recurs an uns den Partheyen benohm*[en] *ist* und dergleichen zum *höchste*[n] *praeiudiz unserer key*[serlichen] *iurisdiction*[83] gereiche, was *wir nicht geschehen lassen könn*[en]. Das neue Berliner Oberappellationsgericht war offensichtlich ohne seine Kenntnis und noch weniger mit seiner Zustimmung (die eigentlich hätte erfolgen müssen) errichtet worden. Dieses – so der Reichshofrat – könne keinesfalls ungeahndet gelassen werden. Kaiser Joseph I. ließ König Friedrich I. 1706 wissen, dass er *kraft seines allerhöchsten richterlichen Amtes* wegen *des bishero unbekante*[n] *sogenante*[n] *Oberappellations gerichtß zu Berlin einigen Anstoß* nehme. Doch in Berlin hatte man argumentativ vorgesorgt. Dem Wiener Residenten am Berliner Hof wurde zu verstehen gegeben, *daß der König in seinen reichslanden so viel Gerichte oder Trib*[unal] *alß ihme gefällig auffzurichten berechtigt seye, wann nur dadurch Ew:* [Kaiserlicher Majestät i]*uribus und reservatis nicht praejudiciret und eingegriffen wirdt.* Man habe in Ansehung des auf 2.500 Gulden limitierten Appellationsprivilegs für die hinzuerworbenen Gebiete, das am 16. Dezember 1702 gewährt worden war,[84] das Oberappellationsgericht eingerichtet. Zudem solle sich der Kaiser nicht bekümmern, in dieser Causa sei das Oberappellationsgericht angewiesen, in der Hauptsache nichts weiter vorzunehmen. Der Wiener Resident am Berliner Hof schloss seinen Bericht mit der Versicherung, er werde *ein wachtsames auge haben, damit* [...] *zu praejudiz dero kay:*[serlichen] *jurisdiction in den zum hey*[ligen] *röm*[ischen] *reich gehörigen Preuss* [...] *nichts weitter vorgehen möge.*

Was zeigt dieser Fall? Der alltägliche ‚Kampf' um die Gerichtsgewalt gehörte in der Frühen Neuzeit nicht nur in den Werkzeugkasten der Herrschaftswahrnehmung und -verdichtung, sondern vielmehr zum wichtigsten Hebel. Die Autorität eines Gerichts (und damit des herrschenden Machtinhabers) wurde durch die Missachtung seiner Gerichtsentscheidungen massiv in Frage gestellt. Dies wussten auch die Hohenzollern, als sie die kaiserlichen Mandate ignorierten oder ihnen sogar diametral zuwider agierten. Sie zielten darauf, die reichsrecht-

83 ÖStA HHStA, RHR, Denegata antiqua, K. 64, unfoliiert; auch für die nachfolgenden Zitate.

84 Abgedruckt in: Perels, Die allgemeinen Appellationsprivilegien (wie Anm. 37), S. 137–142; siehe auch Eisenhardt (Hrsg.), Die kaiserlichen Privilegia (wie Anm. 17), S. 74.

lich garantierte Verfassungsordnung (soweit es ging) zu ihrem Vorteil zu beugen, indem sie – aus der Perspektive des Reichshofrats – rechtswidrig parallel eigene Strukturen schufen.[85] Letztere stellten die Weichen zur weitestgehenden Herauslösung aus der Reichsjustiz, was allerdings formal erst 1746/50 erreicht werden konnte. Doch bis dahin bedienten sich die brandenburgischen Kurfürsten/ preußischen Könige tagtäglich eines vielfältigen, auf ihre Interessen zugeschnittenen rechtlichen Waffenarsenals. Dass sie sich gegenüber dem kaiserlichen Reichshofrat nicht scheuten, rechtswidrig und zulasten ihrer Untertanen deren legitime Ansprüche zu torpedieren, zeugt von einer gewissen Kaltschnäuzigkeit, die dem brandenburg-preußischen Regierungsstil innewohnte.

Mit diesem Verhalten konnte nach innen zugleich ein Signal an andere potentielle Streitgegner ausgehen, sich des Rekurses an die Reichsgerichte zu enthalten und den Kurfürst/König als alleinigen Richter zu akzeptieren – für den von den Hohenzollern angestrebten Verdichtungsprozess, der schließlich in den Staat des 18. Jahrhunderts mündete, war dies eine wichtige Voraussetzung. Doch auf dem Weg dorthin verweigerten sich dieser Zentralisierungspolitik nicht nur große und regional einflussreiche Adelsfamilien, wie die von der Asseburg oder von Alvensleben,[86] sondern auch Halberstädter Domkapitulare.[87] Der staatsbildende Verdichtungsprozess verlief – insbesondere in einem wie Halberstadt bikonfessionell geprägten Fürstentum (die Appellationen zeigen dies) – weder geradlinig noch reibungslos.

Weitere Beweggründe, die ebenfalls hinter dieser Weigerung, von der Asseburg zu seinem Recht kommen zu lassen, gestanden haben dürften, können beim gegenwärtigen Forschungsstand nur angedeutet werden. So darf das über den Lehnsnexus begründete Vasallenverhältnis, das eine Übertragung eines Rittergutes wie die Stapelburg (zumal im Grenzgebiet) bewirkte, sicherlich nicht unterschätzt werden. Ein Rittergut „als zentrales unanfechtbares Symbol adliger Herrschaft und politischer Teilhabe“[88] war für den brandenburgischen Kurfürsten/ preußischen König im neuerworbenen Fürstentum Halberstadt ein wesentliches

85 Zu diesem „Systemkonflikt zwischen preußischer Staatsbildung und imperialer Rechtsordnung“ siehe Schenk, Reichspatriotismus? (wie Anm. 53), S. 113–145.

86 ÖStA HHStA, RHR, Decisa, K. 69 und 70.

87 So gingen 1724–1726 drei Domkapitulare beispielsweise gegen die vom preußischen König geforderte halbjährige Residenzpflicht vor, ÖStA HHStA, RHR, Antiqua, K. 10, Nr. 9; dazu auch Sellert (Hrsg.)/Machoczek (Bearb.), Die Akten des Kaiserlichen Reichshofrats, Serie II: Antiqua, Bd. 1 (wie Anm. 24), S. 150 f., Nr. 183. Vgl. dazu auch ausführlich den Beitrag von Paul Beckus in diesem Band.

88 Peter-Michael Hahn, Neuzeitliche Adelskultur in der Provinz Brandenburg, in: ders./Hellmut Lorenz (Hrsg.), Herrenhäuser in Brandenburg und der Niederlausitz. Kommentierte Neuausgabe des Ansichtenwerks von Alexander Duncker (1857–1883), Bd. 1, Berlin 2000, S. 19–56, hier S. 21.

Instrument sowohl zur Manifestation als auch zur Verdichtung der landesherrlichen Gewalt. Es bot die Chance, opponierenden Adligen das Lehen zu verweigern. Inwieweit sich diese Hypothese belegen lassen wird, muss zukünftigen Forschungen vorbehalten bleiben. Hier wären die von Berent Schwineköper bereits in den 1950er-Jahren und von Wolfgang Neugebauer 1983[89] wiederholt eingeforderten prosopografischen und lehnsgeschichtlichen Forschungen zu Halberstadt wünschenswert, um die anhand der Wiener Akten zutage tretenden Konflikte überhaupt im regional-politischen und sozialen Netzwerk verorten zu können.

4.2 Trotz *der Weite des Weges*[90] – ostfriesische Appellationen

Ein gänzlich anderes Bild zeichnen die aus dem Fürstentum Ostfriesland an den Reichshofrat gelangten Appellationen. Beide Fürsten (den Halberstädter[91] und den ostfriesischen) eint, dass ihre Untertanen in signifikanter Menge an den Reichshofrat appellierten, aber die strukturellen Hintergründe sowie die Umgangsweisen mit diesen Appellationen könnten unterschiedlicher kaum sein. Zunächst ist festzuhalten, dass aus dem Fürstentum Ostfriesland über die drei Zeitschnitte verteilt 59 Appellationen beim Reichshofrat eingereicht wurden (Abb. 1), wobei allein 39 Appellationen auf den Zeitraum von 1689 bis 1693 entfallen.[92] Diese beachtliche Zahl an Appellationen in nur vier Jahren darf sicherlich mit der Schließung des Reichskammergerichts vom Oktober 1688 bis Mai 1693[93] in Zusammenhang gebracht werden, die bewirkte, dass nur noch

---

89 Neugebauer, Die Stände in Magdeburg, Halberstadt und Minden (wie Anm. 54), S. 196, Anm. 45.

90 Die ‚Weite des Weges' war eine beliebte Formel, um die Fristen zur Einreichung von Schriftsätzen länger als gewöhnlich zu strecken oder aber leichterhand Fristverlängerungen zu begründen. Diese Redewendung wurde von den Parteien, deren Wohnsitz weit von Wien entfernt lag, gern benutzt. Bezogen auf Ostfriesland mögen zwei Belegstellen genügen: ÖStA HHStA, RHR, Decisa, K. 1956 (neue Nr.), unfoliiert; ebd., Denegata antiqua, K. 73, unfoliiert.

91 Freilich ab 1648 in Person des brandenburgischen Kurfürsten, ab 1701 des preußischen Königs.

92 Der Ständeforschung ist die hohe „Konfliktanfälligkeit" Ostfrieslands, die sich in den Appellationen niederschlägt, bekannt, siehe Gabriele Haug-Moritz, Württembergischer Ständekonflikt und deutscher Dualismus. Ein Beitrag zur Geschichte des Reichsverbands in der Mitte des 18. Jahrhunderts (Veröffentlichungen der Kommission für Geschichtliche Landeskunde in Baden-Württemberg. Reihe B: Forschungen, 122), Stuttgart 1992, S. 17, 26. Enno Eimers zitiert Enno-Rudolph Brenneysen, der schrieb, „es gab keine Provinz in Deutschland, aus der mehr Appellationen an die kaiserlichen Gerichte ergingen als aus Ostfriesland." Enno Eimers, Das Ständewesen in Ostfriesland, in: Baumgart (Hrsg.), Ständetum und Staatsbildung (wie Anm. 54), S. 409–423, hier S. 411.

93 Zuletzt Benjamin Lahusen, De justitio. Vom Stillstand der Rechtspflege in der Neuzeit, in: Anja Amend-Traut/Ignacio Czeguhn/Peter Oestmann (Hrsg.), Urteiler, Richter, Spruchkörper. Entscheidungsfindung und Entscheidungsmechanismen in der Europäischen Rechtskultur (QFHG, 75), Wien/Köln/Weimar 2021, S. 53–65, hier S. 55–57.

ein Reichsgericht zur Verfügung stand. Gleichwohl wirft diese hohe Fallzahl Fragen auf: Wer appellierte hier gegen wen? In welchen Streitgegenständen büßten das Ostfriesische Hofgericht[94] sowie die fürstliche Kanzlei als Vorinstanzen[95] ihre Autorität ein? Mit einer Mischung aus qualitativer und quantitativer Analyse der Parteien und Streitgegenstände werden Antworten gesucht.

Zunächst zu den Appellanten: Es waren (anders als im Halberstädter Fall) insbesondere nichtadlige Untertanen, die sich gegen die Entscheidungen der ostfriesischen Obergerichte wehrten. Weniger traten der Adel oder Gemeinschaften städtischer, dörflicher oder ständischer Herkunft als Appellanten auf.[96] Auf der Seite der Appellaten zeigt sich ein ähnliches Bild. Auch hier dominieren die nichtadligen Untertanen, wohingegen der landsässige Adel sowie Korporationen in der Minderzahl bleiben. Auffallend ist allerdings, dass sowohl bei den Appellanten als auch bei den Appellaten der Landesherr als Partei auftrat. Wie erklärt sich dieser Umstand, der für den brandenburgischen Kurfürsten als Fürst von Halberstadt undenkbar gewesen wäre? Es ist – und darauf hat Bernd Kappelhoff hingewiesen – ein ostfriesisches Spezifikum, dass der Landesherr vor seinem eigenen Hofgericht zu Recht stand. 1599[97] hatten es die Stände vermocht, Graf Enno III.[98] zu zwingen, sich in Konflikten mit den Untertanen vor dem Hofgericht selbst zu verantworten. Während das Hofgericht im Namen des Landes-

---

94 „[D]as Hofgericht sprach zwar im Namen des Landesherrn Recht – etwas anderes war auch nicht möglich –, aber [es war] von diesem weitgehend unabhängig." Bernd Kappelhoff, Absolutistisches Regiment oder Ständeherrschaft? Landesherr und Landstände in Ostfriesland im ersten Drittel des 18. Jahrhunderts (Veröffentlichungen der Historischen Kommission für Niedersachsen und Bremen, 24/Untersuchungen zur Ständegeschichte Niedersachsens, 4), Hildesheim 1982, S. 90.

95 In dieser Hinsicht unterschieden sich die ostfriesischen Verhältnisse nicht von der Reichsverfassung; auch in Ostfriesland existierte ein Doppelangebot. Vgl. dazu Reemda Tieben, Politik von unten. Landstände, Bauern und unterbäuerliche Schicht im Ostfriesland der frühen Neuzeit (1594–1744) (Wissenschaftliche Schriften der WWU Münster. Reihe X, 11), Münster 2012, S. 168–171.

96 Der hohe Anteil der Nichtadligen in ostfriesischen Appellationen erklärt sich aus den besonderen Verfassungsgegebenheiten, insbesondere aus der Zusammensetzung des dritten Standes. In Ostfriesland wurde die dritte Kurie – der sogenannte Hausmannsstand – „von den begüterten Bauern aus den acht Ämtern des Landes Aurich, Berum, Emden, Friedeburg, Greetsiel, Leer, Norden und Stickhausen gebildet." Ferner zählten dazu die Einwohner der Flecken Leer, Greetsiel, Jemgum und Weener. „Ostfriesland gehörte also zu der kleinen Gruppe von Territorien innerhalb des Reichsverbandes, in denen Bauern überhaupt Landstandschaft besaßen." So Sabine Heissler, Die ‚ostfriesische Singularität'. Die politische und soziale Stellung der ostfriesischen Landstände im beginnenden Absolutismus 1660 bis 1690 (Edition Wissenschaft. Reihe Geschichte, 2), Marburg 1995, S. 81 f.

97 Siehe hierzu Kappelhoff, Absolutistisches Regiment oder Ständeherrschaft? (wie Anm. 94), S. 94 f.

98 Erst ab 1654 nannten sich die ostfriesischen Landesherren Fürst, Eimers, Das Ständewesen in Ostfriesland (wie Anm. 92), S. 410.

herrn Recht sprach, sollte der Landesherr in ihn betreffenden Prozessen wie ein Privatmann behandelt werden. Zu diesem Zweck hatte Graf Enno einen *Procurator generalis et fiscalis* bestellt, der vor dem Hofgericht als sein Prozessvertreter fungierte.[99] Da das ostfriesische Hofgericht sehr stark ständedominiert war und „vom Landesherrn weitgehend unabhängig“[100] arbeitete, kam es zwangsläufig zu zahlreichen Friktionen. Das Hofgericht nahm seine Kompetenzen konkurrierend zur landesherrlichen Kanzlei wahr; die Kläger waren frei in ihrer Wahl des Gerichts.[101] Darüber hinaus fungierte es als oberste Instanz im Fürstentum, sodass bei Beschwerden als nächste Instanz nur die Reichsgerichte zur Verfügung standen. Daraus erklärt sich die Tatsache, dass der Landesherr in Person seines Generalprokurators selbst als Prozesspartei vor dem Reichshofrat auftrat.

Ähnlich wie im Halberstädter Befund sind auch im ostfriesischen Material Prozesse der Landstände anzutreffen. So wurden unter anderem Prozesse gegen Entscheidungen des ostfriesischen Hofgerichts in Aurich, die von Ständemitgliedern geführt worden waren, – dies war gängige Praxis – vonseiten der Stände als Korporation und auf Landeskosten in Wien fortgeführt.[102] Die Übernahme der hohen Prozesskosten sowie der von den Ständen in dieser Zeit hauptsächlich beanspruchte Agent Matthias Ignatius Nipho[103] garantierten die Prozessführung in Wien.[104]

Mit Blick auf die Streitgegenstände, die in Anlehnung an die von Filippo Ranieri für Verfahren vor dem Reichskammergericht im 16. Jahrhundert entwickelten Kategorien klassifiziert worden sind,[105] wird deutlich, dass die Geldwirtschaft und innerhalb dieser Kategorie die Schulden dominieren, gefolgt vom weiten Feld Familienverband, wobei hier Erbangelegenheiten die größte Rolle spielen. Die hoheitlichen Rechte, um die in den Auseinandersetzungen zwischen

99 Kappelhoff, Absolutistisches Regiment oder Ständeherrschaft? (wie Anm. 94), S. 94.

100 Ebd., S. 90.

101 Siehe oben Anm. 95.

102 Was Bernd Kappelhoff für das 18. Jahrhundert beobachtete, findet sich auch in den Quellen des 17. Jahrhunderts, vgl. Kappelhoff, Absolutistisches Regiment oder Ständeherrschaft? (wie Anm. 94), S. 108.

103 Zu Matthias Ignatius Nipho siehe Dorfner, Mittler zwischen Haupt und Gliedern (wie Anm. 8), S. 108–110. Nipho muss in den hier betreffenden ostfriesischen Appellationen bereits in fortgeschrittenem Alter gewesen sein, denn er begegnet bei Thomas Dorfner schon 1667. Von den 39 Appellationen des Zeitraums 1689 bis 1693, die aus Ostfriesland an den Reichshofrat nach Wien gelangten, war Nipho an 21 Rechtsstreitigkeiten als Agent beteiligt.

104 Niphos Gegenspieler war Jonas Schrimpf, ein „angesehener“ und wohl auch erfolgreicher Agent, der ein hohes Lebensalter erreichte, zu ihm Dorfner, Mittler zwischen Haupt und Gliedern (wie Anm. 8), S. 70, 72; zum Tod Niphos 1696 ebd., S. 101.

105 Filippo Ranieri, Recht und Gesellschaft im Zeitalter der Rezeption. Eine rechts- und sozialgeschichtliche Analyse der Tätigkeit des Reichskammergerichts im 16. Jahrhundert (QFHG, 17/II), Köln/Wien 1985, S. 282–284.

dem Landesherrn und den Landständen am intensivsten gestritten wurde, nehmen einen vergleichsweise geringen Teil ein. Doch werden die Streitgegenstände mit den Parteien in Relation gesetzt, so wird deutlich, dass auch der Landesherr um Schulden stritt und in Konflikte aus dem Bereich Grund- und Bodenwirtschaft involviert war. Ähnlich verhält es sich bei den prozessführenden Ständen, auch sie stritten um Grund und Boden. Während sich einerseits offenbart, wie methodisch schwierig es ist, Prozesse einer bestimmten Kategorie eindeutig zuzuordnen, zeigt sich andererseits die allgemein bekannte Tatsache, dass die Hauptressourcen Geld und Boden als Verteilungsmassen eng mit der Herrschaftswahrung sowie -verdichtung verknüpft waren.

Mit Blick auf die Frage, wie sich das Wechselspiel zwischen Reichs- und Landesebene in der alltäglichen Gerichts- und Herrschaftspraxis gestaltete, versprechen die klassischen Hoheitskonflikte vorderhand den größten Erkenntnisgewinn. Wird darauf fokussiert, dominieren Konflikte um Regalien, wobei in Ostfriesland zumeist Konflikte um den Deichbau entbrannten, sowie Konflikte um die Kriminaljurisdiktion. Ungeachtet des existierenden Appellationsverbots in Strafsachen[106] sticht in dieser Kategorie vor allem die Stadt Norden ins Auge, die als zweites Mitglied der Städtekurie[107] innerhalb von vier Jahren vom ostfriesischen Generalprokurator dreimal vor dem Reichshofrat verklagt wurde. Die Fälle betreffen sowohl die innerstädtische Kriminaljurisdiktion als auch zweimal die Neubesetzung von Ämtern, bei denen sich die Landesherrschaft ein Mitspracherecht erkämpfen wollte.[108]

4.3 Die ostfriesische Stadt Norden im Visier der Landesherrschaft

Am 6. Juni 1691 reichte der ostfriesische Generalprokurator beim Reichshofrat mittels seines Agenten Jonas Schrimpf, der zugleich Resident des ostfriesischen Fürsten in Wien war, folgende Appellation ein: Da die Stadt Norden in einem Kriminalfall die Herausgabe eines gefangenen Webers an die Landesherrschaft verweigere und einen Prozess vor dem Hofgericht in Aurich betreibe, fühle man sich beschwert.[109] Im Rahmen des vor dem Hofgericht laufenden Prozesses sei

106 Siehe oben Anm. 15. Siehe ferner den Beitrag von Karl Härter in diesem Band.

107 Näheres zu der mindermächtigen Stadt, die sich im Schatten Emdens, des wichtigen Stands Ostfrieslands, befand, siehe Kappelhoff, Absolutistisches Regiment oder Ständeherrschaft? (wie Anm. 94), S. 28–30; Heissler, Die ‚ostfriesische Singularität' (wie Anm. 96), S. 61–73.

108 Siehe zu Konflikten bei der Besetzung der Stadtregierung auch Heissler, Die ‚ostfriesische Singularität' (wie Anm. 96), S. 65, 68, 71–73.

109 ÖStA HHStA, RHR, Antiqua, K. 498, Nr. 1; die Neuverzeichnung in: Wolfgang Sellert (Hrsg.)/ Ulrich Rasche (Bearb.), Die Akten des Kaiserlichen Reichshofrats, Serie II: Antiqua, Bd. 5: Karton 425–516, Berlin 2018, S. 353, Nr. 539.

die Zitation des Generalprokurators erfolgt, gegen die dieser habe appellieren müssen. Diese Appellationseinreichung beim Reichshofrat ruft mehrere Fragen – sowohl rechtshistorischer als auch allgemeinhistorischer Art – hervor.

Zunächst: Zitationen stellten reine Prozessverfügungen dar, von denen – strenggenommen – nicht appelliert werden konnte, da es sich nicht um Endurteile oder Beiurteile mit Kraft eines Endurteils handelte. Zwar kamen Versuche, vorinstanzliche Zitationen mittels Appellation beim Reichshofrat aus dem Weg zu räumen, durchaus vor,[110] doch keiner der bislang untersuchten Appellationen dieser Art war Erfolg beschieden. Wusste der Prokurator also, was er tat?

Damit gelangen wir zum allgemeinhistorischen Problemkreis, der eng mit dem rechtshistorischen verwoben ist. Wie eingangs erwähnt, dominierten die Stände das ostfriesische Hofgericht in Aurich. Gegen dessen Entscheidungen konnte sich der Landesherr nur auf dem Wege der Appellation an eines der Reichsgerichte (hier den Reichshofrat) wehren. Die Jurisdiktion des Hofgerichts bezog sich sowohl auf Zivilrechtssachen, kleinere Vergehen als auch auf Angelegenheiten der Guten Policey. Ausdrücklich ausgenommen waren – so Titel 19 der ostfriesischen Hofgerichtsordnung[111] – die peinlichen Strafverfahren (sogenannte Malefiz- oder Kriminalsachen). Peinliche Strafverfahren kamen dann zum Einsatz, wenn der Beklagte aufgrund des begangenen schweren Deliktes körperlich empfindlich bestraft oder zum Tode verurteilt werden sollte.[112] Ein solches Verfahren durchzuführen und die Befugnis, derart zu richten, stand als hohe Gerichtsbarkeit dem Landesherrn zu und lag demnach in Ostfriesland (eigentlich) nicht beim ständisch dominierten Hofgericht. Doch war dieses Recht – wie nicht anders zu erwarten war – stark umkämpft, und in der Vergangenheit übten augenscheinlich beide Obergerichte die hohe Strafgerichtsbarkeit aus; Titel 19 der Hofgerichtsordnung war also bereits aufgeweicht. Nicht zuletzt zeugt ein kaiserlich bestätigter Accord von 1688 davon, dass in jüngster Vergangenheit Aushandlungsprozesse um dieses Gerichtsrecht stattgefunden hatten, an deren Ende vereinbart wurde, dass sich der Landesherr bei der Wahrnehmung der hohen Gerichtsbarkeit durch das Hofgericht das letzte Wort vorbehalte.[113] Die Ahndung derartiger Delikte sollte also (eigentlich) in der Hand der landes-

110 Vgl. Kappelhoff, Absolutistisches Regiment oder Ständeherrschaft? (wie Anm. 94), S. 108.

111 ÖStA HHStA, RHR, Antiqua, K. 498, Nr. 1 (Auszug aus der ostfriesischen Hofgerichtsordnung).

112 Dazu Gerd Schwerhoff, Aktenkundig und gerichtsnotorisch. Einführung in die Historische Kriminalitätsforschung (Historische Einführungen, 3), Tübingen 1999, S. 11.

113 ÖStA HHStA, RHR, Antiqua, K. 498/1 (Auszug aus dem Provinzialdekret vom 1. Oktober 1688, Artikel 6): *sonderlich in Criminal- und malefitz-Sachen* [...] *so wohl die Hoff Cantzley alß Hoff-gerichts-Räthe vor Gott und der Welt gehörigen Ohrts zuverantworten getrawen, dahero auch der Landes-Fürst selbsten das beneficium remissorialium in peinlichen Sachen an das hoffgericht* [...] *auß friedliebendem gemuth nachgegeben.*

herrlichen Kanzlei liegen, es sei denn der Landesherr hatte dem Hofgericht die Durchführung peinlicher Strafverfahren erlaubt. Und hier liegt ein Schlüssel zum Verständnis dieser Appellation. Diese Bastion wollte der Generalprokurator keinesfalls beschädigt wissen. Denn die Stadt Norden (also deren Bürgermeister und Ratsherren) verfügte weder über die hohe Gerichtsbarkeit (sondern nur über die niedere[114]) noch besaß sie das Recht, das Hofgericht als alleinigen Strafrichter festzulegen.

Während die Norder Seite, dies lässt sich der Auricher Überlieferung entnehmen, argumentierte, es habe sich bei dem inhaftierten Weber lediglich um einen Schuldner gehandelt, der wegen Zahlungsschwierigkeiten arretiert worden sei, witterte der Generalprokurator einen Angriff auf seine Gerichtsrechte und die Landeshoheit. Die Stadt unterstrich, der Weber sei nicht *wegen Mordts, Ehebruchs oder sonstens eines das leben concernirenden delicti eingezogen* worden.[115] Weder müssten die Untersuchungsakten übermittelt werden noch der Bürger an die landesherrliche Kanzlei ausgeliefert werden. Vielmehr intendiere die Kanzlei (in Person des Kanzlers und der Räte) die Stadt wie *auch in andern sachen testantibus exemplis unß zu zeiten nicht alß Magistrats persohnen in einem freyen lande, sondern verkleinerlich zu tractiren.*[116] Mittels Remissorialgesuch[117] an das Hofgericht, den Fall von der Kanzlei abzuziehen, widersetzte sich die Stadt offen den landesherrlichen Auflagen. Das ständefreundliche Hofgericht wiederum folgte dem Antrag und zitierte – wie eingangs erwähnt – den Landesherrn/Generalprokurator.

Um diese Zitation auf rechtlichem Weg aus der Welt zu schaffen, blieb dem Generalprokurator nur der Rechtszug an eines der Reichsgerichte – und er entschied sich für den Reichshofrat; aufgrund der Schließung des Reichskammergerichts blieb ihm auch nichts anderes übrig. Er wusste also genau, was er tat. Mit der Appellation hatte er den Suspensiveffekt ausgelöst, die Sache in einen Schwebezustand versetzt und Zeit gewonnen. Dass der Reichshofrat auf diesen Appellationsantrag gar nicht reagierte und im gesamten Verfahren schwieg, kam dem Generalprokurator letztlich zugute. Der Schwebezustand wurde aufrechterhalten und der Fall versandete. Vermutlich war der Weber zwischenzeitlich längst aus dem Schuldenarrest entlassen worden, die Stadt hatte ihrer städtischen Jurisdiktion Genüge getan, und sie war ohne Gesichtsverlust aus dieser Konfron-

114 Heissler, Die ‚ostfriesische Singularität' (wie Anm. 96), S. 62.

115 Niedersächsisches Landesarchiv, Abteilung Aurich (künftig: NLA), Rep. 4 B IV i, Nr. 170, Bl. 27v.

116 Ebd., Bl. 28r.

117 Bei Remissorialschreiben handelt es sich um Anträge, einen Fall an ein anderes Gericht zu ziehen; ihn zumeist wieder an den Richter der vorigen Instanz zurück zu verweisen, Samuel Oberländer (Hrsg.), Lexicon Juridicum Romano-Teutonicum, unveränd. ND der 4. Aufl. Nürnberg 1753, hrsg. und eingel. von Rainer Polley, Köln/Weimar/Wien 2000, S. 608.

tation mit der landesherrlichen Kanzlei hervorgegangen. Der Landesherr auf der anderen Seite hatte seinen Anspruch auf ausschließliche Wahrnehmung der Kriminaljustiz unterstrichen. Er betonte seine Rolle als Inhaber der hohen Gerichtsbarkeit (und nebenbei auch als Stadtherr), indem er unterstrich, kein Präjudiz zuzulassen. Mit der Einbeziehung des Reichshofrats bekundete er seinen Willen, in jedem Fall Schaden von seiner Landeshoheit abwenden zu wollen (und zu müssen).

Dass der Reichshofrat hier gar nicht reagierte, bedeutet nicht, dass er sich mit dem Fall nicht befasste. Auch das Ausbleiben jeglicher Entscheidung kann eine bewusste Entscheidung des Reichshofrats gewesen sein;[118] nur wir wissen es nicht. Dazu wären weitere – außergerichtliche – Quellen heranzuziehen. Allerdings lässt uns die Gegenüberlieferung in Aurich hier leider ebenfalls im Stich.

Was für den Fürsten von Halberstadt, den brandenburgischen Kurfürsten (späteren preußischen König) undenkbar erschien, sich nämlich gerichtlichen Beistand vom Kaiser in innerterritorialen Machtkämpfen zu holen, stellte für den Fürsten von Ostfriesland alltägliche Herrschaftspraxis dar. Dies zeigen die Appellationen, die aus dem hohen Norden nach Wien gelangten. Während der brandenburgische Kurfürst als Halberstädter Fürst keine Anstrengungen unterließ, um die kaiserlichen Gerichtsrechte zurückzudrängen, nutzte sie der ostfriesische Fürst selbst aktiv beim Reichshofrat. Anders scheint es ihm kaum möglich gewesen zu sein, seine eigene Gerichtshoheit zu bewahren. Unterschiedlicher konnte – auch in der Frühen Neuzeit – Herrschaftsausübung nicht sein.

5. Fazit

Die Tür zum Kaiser als höchstem Richter war ein komplizierter Mechanismus. Durch Appellationsprivilegien strukturiert, spiegelt sie die ganze Bandbreite und Vielfalt der frühneuzeitlichen Gerichtsverfassungen sowie die daraus resultierende (ständisch beeinflusste und rückgebundene) hierarchische Mehrstufigkeit des Alten Reiches wider. Für kurfürstliche Untertanen, die gegen Entscheidun-

118 Zu diesem Aspekt siehe die neueren Forschungen von Peter Oestmann und Tobias Schenk. Sie betonen, dass auf den „Arbeitsprozess" des Gerichts und auf die „Entscheidungssituationen" zu schauen ist, soll die Effizienz richterlichen Handelns ermessen werden. Die Forschung habe sich zu Recht von der alten „Urteilszentristik" gelöst, Peter Oestmann, Entscheidungsfindung und Entscheidungsdarstellung am Reichskammergericht, in: Amend-Traut/Czeguhn/ders. (Hrsg.), Urteiler, Richter, Spruchkörper (wie Anm. 93), S. 371–386, hier S. 371; Tobias Schenk, Vom Reichshofrat über Cocceji zu PEBB§Y: Epochenübergreifende Überlegungen zu gerichtlichen Urteils- und Vergleichsquoten aus institutionengeschichtlicher Perspektive, in: Zeitschrift der Savigny-Stiftung für Rechtsgeschichte, Germanistische Abteilung 137 (2020), S. 91–233, hier S. 100.

gen kurfürstlicher Obergerichte in einem mit einem unbeschränkten Appellationsprivileg privilegierten Territorium appellieren wollten, war die Tür faktisch verschlossen; es sei denn das Gerichtswesen im betreffenden Territorium war in einem solch schlechten Zustand, dass keine ordnungsgemäße Justiz angeboten werden konnte. Zwar versuchten die Kurfürsten einer solchen Fehlleistung vorzubeugen, doch nicht jeder Kaiserwähler war erfolgreich, wie das Kurkölner Beispiel zeigt. Der Kurfürst von Köln vermochte es gegenüber seinen Landständen nicht, das unbeschränkte Appellationsprivileg durchzusetzen.

Für Untertanen in Territorien mit kurfürstlichen Dynastien wiederum galten die einmal territorial verliehenen unbeschränkten Appellationsprivilegien fort, wenn es den reichsständischen Nebenlinien gelang, ihren Landständen gegenüber das Privileg zu behaupten.

In den anderen reichsständischen Territorien hingegen wirkten die beschränkten Appellationsprivilegien, die territorial sehr divers ausgestaltet sein konnten – abhängig von der Appellationssumme oder den Rechtsmaterien. Hinzu kamen die reichsweit und generell geltenden gesetzlichen Verbote, wie beispielsweise in Straf- oder Polizeisachen oder in Bezug auf die Appellationssumme (ab 1654 400 Reichstaler).

Die Appellationsprivilegien sorgten als normativ-gesetzliche Pfeiler für ungleiche Verfassungsstrukturen, die (mit)ursächlich dafür waren, wie sich Macht- und Verteilungskämpfe (und damit Verdichtungsprozesse) in den jeweiligen Territorien gestalteten. Das Beispiel Halberstadt zeigt, dass dem brandenburgischen Kurfürsten/preußischen König die „Appellationsfreudigkeit" seiner neuen Untertanen und damit die Eingriffe des kaiserlichen Reichshofrats (oder des Reichskammergerichts) nicht nur ein Dorn, sondern vielmehr ein Pfahl im Auge waren. Schließlich bremste die landständische Opposition seine Zentralisierungspolitik empfindlich aus und verzögerte so den Herrschaftsaufbau im neuen brandenburgischen Territorium. Ein *territorium clausum*, geschaffen durch ein unbeschränktes Appellationsprivileg, konnten die Halberstädter Landstände zwar bis 1746 rechtlich (und damit fast 100 Jahre lang) abwehren, faktisch allerdings hatten sie den Kampf bereits früher verloren – auch, weil sich der Brandenburger rechtswidrig verhielt.

Ganz anders gestalteten sich die Verhältnisse in Ostfriesland. Die zwischen der Landesherrschaft sowie den Landständen geschaffenen Strukturen zwangen die Kontrahenten fortwährend dazu, ihre Verteilungskämpfe vor dem Reichshofrat beziehungsweise dem Kaiser rechtlich auszufechten. Das hat auch der Norder Fall gezeigt. Für ostfriesische Konfliktparteien war die offene Tür zum Reichshofrat selbstverständlicher Bestandteil ihrer Innenpolitik. Allerdings änderte sich dies rasch, nachdem der preußische König 1744 die Landesherrschaft in Ostfriesland angetreten hatte. Binnen sechs Jahren wurde das unbeschränkte

Appellationsprivileg für Ostfriesland ausgehandelt. Damit hatte sich 1750 auch für Ostfriesen die Tür zum Kaiser geschlossen.

Karl Härter

Policey, Strafjustiz, politische Delikte, Infrajustiz und Justiznutzung in der frühneuzeitlichen Reichsgerichtsbarkeit

Erträge, Fallbeispiele und Perspektiven

1. Einleitung

Im Kontext der Rechts- und Verfassungsgeschichte des frühneuzeitlichen Heiligen Römischen Reiches deutscher Nation hat die Erforschung der beiden Reichsgerichte – Reichskammergericht und Reichshofrat – in den letzten Jahrzehnten eine deutliche Intensivierung zu verzeichnen. Dies belegen die neueren Überblicksdarstellungen zur Reichsgerichtsbarkeit und zum Stand der reichsgerichtlichen Forschungen insgesamt[1] sowie speziell zum Reichskammergericht[2] und zum Reichshofrat[3]. Über bereits intensiver erforschte Themen wie Prozessrecht, Verfahrensformen und das Personal des Reichskammergerichts, behandeln neuere monografische Studien – meist auf der Basis der Gerichtsakten – zentrale Bereiche der reichsgerichtlichen Prozesspraxis, charakteristische Streitgegenstände und Fallkonstellatio-

1 Anette BAUMANN, Reichskammergericht und Reichshofrat, in: Wim Decock (Hrsg.), Handbuch zur Geschichte der Konfliktlösung in Europa, Bd. 3: Konfliktlösung in der Frühen Neuzeit, Berlin 2021, S. 209–219; Eva ORTLIEB/Siegrid WESTPHAL, Die Höchstgerichtsbarkeit im Alten Reich: Bedeutung, Forschungsentwicklung und neue Perspektiven, in: Zeitschrift der Savigny-Stiftung für Rechtsgeschichte, Germanistische Abteilung 123 (2006), S. 291–304; Reichsgerichtsbarkeit, in: zeitenblicke 3 (2004), Nr. 3, hrsg. von Siegrid WESTPHAL/Eva ORTLIEB/Anette BAUMANN in Verbindung mit dem Netzwerk Reichsgerichtsbarkeit, online: https://www.zeitenblicke.de/2004/03/index.htm (abgerufen am 8. Januar 2024); Siegried WESTPHAL/Stefan EHRENPREIS, Stand und Tendenzen der Reichsgerichtsforschung, in: Anette Baumann/Siegrid Westphal/Stephan Wendehorst/Stefan Ehrenpreis (Hrsg.), Prozessakten als Quelle. Neue Ansätze zur Erforschung der Höchsten Gerichtsbarkeit im Alten Reich (Quellen und Forschungen zur höchsten Gerichtsbarkeit im Alten Reich, künftig: QFHG, 37), Köln u. a. 2001, S. 1–13.

2 Anja AMEND-TRAUT, Reichskammergerichtsforschung – was ist vollbracht, was bleibt zu tun, in: Dies. (Hrsg.), Ein Leben für die Rechtsgeschichte – Bernhard Diestelkamp zum 90. Geburtstag. Ergänzte und erweiterte Fassung der akademischen Jubiläumsfeier vom 12. Juli 2019 (Schriftenreihe der Gesellschaft für Reichskammergerichtsforschung, 50), Wetzlar 2020, S. 69–96.

3 Wolfgang SELLERT, Der Reichshofrat: Begriff, Quellen und Erschließung, Forschung, institutionelle Rahmenbedingungen und die wichtigste Literatur, in: zeitenblicke 3 (wie Anm. 1); Eva ORTLIEB, Der Reichshofrat als Institution der österreichischen Erbländer (16.–17. Jahrhundert), in: Beiträge zur Rechtsgeschichte Österreichs 6/2 (2016), S. 239–255.

nen, wobei die klassischen Perspektiven auf privatrechtliche Konflikte, gerichtliche Verfahren und Justizpersonal (noch) überwiegen. Zunahme und Differenzierung der reichsgerichtlichen Forschung verdanken sich nicht zuletzt auch der Verzeichnung der Akten des Reichskammergerichts und des Reichshofrats, die der Forschung ein enormes Quellenmaterial erschlossen haben, das für vielfältige Themen, Projekte und Fragestellungen nutzbar ist.[4] Damit einher geht auch die Digitalisierung der gedruckten Inventare und weiterer Quellen, die meist in Form von Datenbanken online zugänglich sind.[5] Thematisch ausgerichtete Sammelbände ordnen die vielfältigen Forschungsergebnisse vergleichend ein und beleuchten die Verflechtungen und Funktionen der beiden Reichsgerichte in dem durch Gerichtsvielfalt und Gerichtslandschaften gekennzeichneten Alten Reich.[6] Überdies hat die reichsgerichtliche Forschung die beiden Reichsgerichte auch international in die europäische Höchstgerichtbarkeit eingeordnet[7] und die Internationalisierung durch Überblicksbeiträge in Englischer Sprache vorangebracht.[8]

---

4 Zum Stand der Publikation von Inventaren und Erschließung siehe: Die Akten des kaiserlichen Reichshofrats, online: https://reichshofratsakten.de/?page_id=10 (abgerufen am 8. Januar 2024); sowie Eva Ortlieb Reichshofrat und Reichskammergericht im Spiegel ihrer Überlieferung und deren Verzeichnung, in: Friedrich Battenberg/Bernd Schildt (Hrsg.), Das Reichskammergericht im Spiegel seiner Prozessakten. Bilanz und Perspektiven der Forschung, Köln u.a. 2010 (QFHG, 57), S. 205–224; Tobias Schenk, Das Projekt zur Erschließung der Reichshofratsakten. Eine Zwischenbilanz nach acht Jahren, in: Eva Schumann (Hrsg.), Justiz und Verfahren im Wandel der Zeit. Gelehrte Literatur, gerichtliche Praxis und bildliche Symbolik. Festgabe für Wolfgang Sellert zum 80. Geburtstag, Berlin 2017, S. 31–51.

5 Bernd Schildt, Wandel in der Erschließung der Reichskammergerichtsakten. Vom gedruckten Inventar zur Online-Recherche in der Datenbank, in: Battenberg/Schildt (Hrsg.), Reichskammergericht im Spiegel seiner Prozessakten (wie Anm. 4), S. 35–60; ders., Die Nutzung von digitalisiertem Archivgut zur Höchstgerichtsbarkeit, in: Josef Bongartz/Alexander Denzler/Carolin Katzer/Stefan Andreas Stodolkowitz (Hrsg.), Feder und Recht. Schriftlichkeit und Gerichtswesen in der Vormoderne (bibliothek altes Reich, künftig baR, 39), Berlin 2023, S. 401–420; Tobias Schenk, Präsentation archivischer Erschließungsergebnisse analog und digital. Das deutsch-österreichische Kooperationsprojekt „Die Akten des Kaiserlichen Reichshofrats", in: Thomas Aigner/Stefanie Hohenbruck/Thomas Just/Joachim Kemper (Hrsg.), Archive im Web – Erfahrungen, Herausforderungen, Visionen, St. Pölten 2011, S. 187–202.

6 Anja Amend/Anette Baumann/Stephan Wendehorst/Siegrid Westphal (Hrsg.), Gerichtslandschaft Altes Reich. Höchste Gerichtsbarkeit und territoriale Rechtsprechung (QFHG, 52), Köln u.a. 2007; Anja Amend-Traut/Josef Bongartz/Alexander Denzler/Ellen Franke/Stefan A. Stodolkowitz (Hrsg.), Unter der Linde und vor dem Kaiser. Neue Perspektiven auf Gerichtsvielfalt und Gerichtslandschaften im Heiligen Römischen Reich (QFHG, 73), Köln u.a. 2020.

7 Leopold Auer/Werner Ogris/Eva Ortlieb (Hrsg.), Höchstgerichte in Europa. Bausteine frühneuzeitlicher Rechtsordnungen (QFHG, 53), Köln u.a. 2007; Ignacio Czeguhn/José Antonio López Nevot/Antonio Sánchez Aranda/Jürgen Weitzel (Hrsg.), Die Höchstgerichtsbarkeit im Zeitalter Karls V. Eine vergleichende Betrachtung, Baden-Baden 2011.

8 Peter Oestmann, The highest courts of the Holy Roman Empire: Imperial Chamber Court and

Dennoch sind die Forschungen zur frühneuzeitlichen Reichsgerichtsbarkeit in aktuell prosperierenden Forschungsfeldern der ‚global legal history', der historischen Kriminalitätsgeschichte oder zum Rechts- und Justizpluralismus in Imperien[9] eher unterrepräsentiert und könnten Rezeption und Wechselwirkungen intensiviert werden. Obwohl das Heilige Römische Reich deutscher Nation als ein imperiales Rechts- und Verfassungssystem durch einen hohen Grad an rechtlich-justiziellem Pluralismus gekennzeichnet war, der geradezu als prototypisch für die genannten Forschungen gelten kann, fließen die diesbezüglichen Ergebnisse und Erkenntnisse der reichsgerichtlichen Forschungen nur allmählich in diese Forschungsfelder ein.[10] Zutreffend haben Eva Ortlieb und Siegrid Westphal festgestellt, dass „Forschungen zur Reichsgerichtsbarkeit im Gegensatz zur kulturgeschichtlich orientierten Kriminalitätsgeschichte über den Kreis der Spezialisten hinaus bisher kaum rezipiert wurden. Kriminalitätsgeschichte und die Erforschung zivilgerichtlicher Verfahren, speziell an den Reichsgerichten, stehen heute quasi unverbunden nebeneinander, obwohl dadurch jeweils nur ein sehr einseitiger Blick auf die frühneuzeitliche Gesellschaft und deren Rechtsverständnis vermittelt wird."[11]

Hiervon ausgehend möchte dieser Beitrag unter Einbeziehungen eigener Forschungen Möglichkeiten aufzeigen, die empirische Reichhaltigkeit wie theoretische Kompatibilität der reichsgerichtlichen Forschung für Studien zu Policey, Kriminalität/Strafjustiz und politischen Delikten/Konflikten zu nutzen und die Anschlussfähigkeit an theoretische Forschungskonzepte wie Infrajustiz und Justiznutzung zu erkunden. Diese haben sich auch für die Erforschung historischer Rechtspraxis als fruchtbar erwiesen und den Austausch zwischen Rechts- und allgemeiner Geschichte befruchtet. Anhand neuerer Forschungen zur Reichsgerichtsbarkeit und ausgewählter Fallbeispiele aus den Akten von Reichshofrat und Reichskammergericht werden zunächst reichsgerichtliche Tätigkeit und Konflikte behandelt, die einen Bezug zu den Themenfeldern gute Ordnung und Policey, Kriminalität und Strafjustiz und politischen Delikten aufweisen.[12]

Imperial Aulic Council, in: A. M. Godfrey/C. H. van Rhee (eds.), Central Courts in Early Modern Europe and the Americas, Berlin 2020, S. 225–286; zum Reichskammergericht bereits Ralf-Peter Fuchs, The Supreme Court of the Holy Roman Empire: The State of Research and the Outlook, in: The Sixteenth Century Journal 34 (2003), S. 9–27.

9 Vgl. z.B. Lauren Benton/Richard J. Ross (eds.), Legal pluralism and empires, 1500 – 1850, New York 2013.

10 Vgl. als Beispiel Karl Härter, The Early Modern Holy Roman Empire of the German Nation (1495–1806): A Multi-layered Legal System, in: Jeroen Duindam/Jill Harries/Caroline Humfress/Nimrod Hurvitz (eds.), Law and Empire. Ideas, Practices, Actors, Leiden/Boston 2013, S. 111–131.

11 So Ortlieb/Westphal, Höchstgerichtsbarkeit im Alten Reich (wie Anm. 1), S. 300.

12 Die Fallbeispiele werden vorwiegend den Akten des Reichshofrates entnommen, basierend auf:

In einem zweiten Schwerpunkt werden die theoretischen Konzepte Infrajustiz und Justiznutzung zu den Forschungen zu Akteuren, Funktionsträgern und Verfahrensweisen der Reichsgerichte in Bezug gesetzt, die sich dem infrajustiziellen Interaktionsraum zuordnen lassen oder Untertanen, Juden und Frauen als spezifische Gruppen von Justiznutzern behandelt haben.[13] Dabei ist es ein besonderes Anliegen, aus der Verbindung des ausdifferenzierten reichsgerichtlichen Forschungsstandes mit den empirischen Forschungsmöglichkeiten der erschlossenen Akten der Reichsgerichte und neueren theoretischen Konzepten Forschungsperspektiven aufzuzeigen.

2. Policey, Strafjustiz und politische Delikte

Beide Reichsgerichte besaßen keine genuine Zuständigkeit in Policey- und Kriminalsachen, und – von Ausnahmen abgesehen – konnten sie weder bei Verstößen gegen Policeyordnungen oder das Strafrecht entscheiden noch konnte in solchen Fällen an sie appelliert werden. In Strafsachen war die Appellation im Reichsrecht sogar ausdrücklich untersagt worden.[14] Verstöße gegen strafrechtliche Normen und obrigkeitliche Policeyordnungen wurden in der Regel von den zentralen Verwaltungsorganen der Reichsstände/Obrigkeiten und/oder lokalen Niedergerichten verfolgt und sanktioniert und waren nicht appellabel. Lediglich auf dem Weg von Supplikationen, Gnadengesuchen oder Beschwerden konnten Verfahren, Rechtsfolgen oder Strafen, nicht aber die materiellen Entscheidungen überprüft und modifiziert werden.

In Fällen, die primär als Policey- und Kriminalsachen klassifiziert werden können, entschieden die Reichsgerichte daher eher selten materiellrechtlich und

---

Wolfgang Sellert (Hrsg.), Die Akten des Kaiserlichen Reichshofrats, Serie I, Alte Prager Akten, Bd. 1–5, Berlin 2009–2014 und Serie II: Antiqua, Bd. 1–7, Berlin 2010–2023, online verfügbar unter: https://rep.adw-goe.de/handle/11858/42; recherchiert über: Österreichisches Staatsarchiv, Archivinformationssystem, Haus-, Hof- und Staatsarchiv, Reichshofrat, 15. Jh.–19. Jh. (künftig: ÖStA HHStA RHR), online: https://www.archivinformationssystem.at/detail.aspx?ID=62 (zuletzt abgerufen am 8. Januar 2024). Weiterhin Fälle des Reichskammergerichts, basierend auf der Datenbank Höchstgerichtsbarkeit (ältere Version): https://www.jura.uni-wuerzburg.de/lehrstuehle/amend-traut/forschung/forschungsprojektdatenbankhoechstgerichtsbarkeit/datenbank/ (zuletzt abgerufen am 8. Januar 2024), sowie ausgewählte Bände aus den Inventaren der Akten des Reichskammergerichts.

13 Zu den Konzepten Infrajustiz und Justiznutzung mit Angabe der Forschungsliteratur ausführlicher unten.

14 Christian Szidzek, Das frühneuzeitliche Verbot der Appellation in Strafsachen. Zum Einfluß von Rezeption und Politik auf die Zuständigkeit insbesondere des Reichskammergerichts (Konflikt, Verbrechen und Sanktion in der Gesellschaft Alteuropas, Fallstudien 4), Köln 2002.

verhängten auch keine Strafen auf der normativen Basis reichsständischer Halsgerichts- und Policeyordnungen. Davon gab es jedoch Ausnahmen, die sowohl in der reichsgerichtlichen Forschung Relevanz erlangten als auch für die Policey- und Kriminalitätsforschung[15] Bedeutung besitzen. So konnte der Reichsfiskal bzw. Reichshoffiskal bei Verstößen gegen das Reichsrecht und damit auch die Policeynormen des Reiches beim Reichskammergericht bzw. Reichshofrat ein Verfahren einleiten. Solche fiskalischen Sachen betrafen Bereiche der allgemeinen Ordnung und Sicherheit im Reich, worunter z. B. Zensur, Münzwesen, Reichspost, Monopole und weitere Bestimmungen der Reichspoliceyordnungen zu Handwerk und Handel fielen, sowie politische Delikte wie Majestätsverbrechen, Verrat und Landfriedensbruch, für die das Reichskammergericht und auch der Reichshofrat erstinstanzlich zuständig sein konnten, wenn Reichsunmittelbare oder Interessen des Reiches und des Kaisers betroffen waren. Über die erstinstanzliche Zuständigkeit hinaus konnten sich Obrigkeiten wie Untertanen auch in Policey- und Strafsachen per Appellation oder im Extrajudizialverfahren an die Reichsgerichte wenden, wenn Policeygesetze, Verwaltungsmaßnahmen oder Strafverfahren gegen reichsrechtliche Normen verstießen oder ihre wohlerworbenen Rechte verletzten. Nichtigkeitsklagen bzw. Normen- und Verfahrenskontrolle durch Reichskammergericht und Reichshofrat waren damit auch in Policey- und Strafsachen möglich.[16]

Legt man ein weites Konzept von Policey- und Kriminalsachen zugrunde, dann lassen sich in der Praxis von Reichskammergericht und Reichshofrat vielfältige Bezüge zu Themen der historischen Policey- und Kriminalitätsforschung entdecken. Verhandelten die Reichsgerichte doch nicht nur Appellationsklagen in Justizsachen, sondern ein großes Spektrum an Streitgegenständen, die sich den Bereichen und spezifischen Konfliktfeldern der Policey- und Kriminalsachen und der politischen Delikte zuordnen lassen. Zum weiteren Bereich von Policey

---

15 Überblick zu diesen Forschungsfeldern: Gerd Schwerhoff, Historische Kriminalitätsforschung, Frankfurt/New York 2013; Karl Härter, Strafrechts- und Kriminalitätsgeschichte der Frühen Neuzeit (methodica – Einführungen in die rechtshistorische Forschung 5), Berlin/Boston 2018.

16 Dazu grundsätzlich Wolfgang Sellert, Über die Zuständigkeitsabgrenzung von Reichshofrat und Reichskammergericht, insbesondere in Strafsachen und Angelegenheiten der freiwilligen Gerichtsbarkeit, Aalen 1965; weiterhin: Björn Alexander Rautenberg, Der Fiskal am Reichskammergericht. Überblick und exemplarische Untersuchungen vorwiegend zum 16. Jahrhundert (Rechtshistorische Reihe, 368), Frankfurt a. M. 2008, S. 10–13, 51–65, 118–129; Karl Härter, Das Reichskammergericht als „Reichspoliceygericht", in: Friedrich Battenberg/Filippo Ranieri (Hrsg.), Geschichte der Zentraljustiz in Mitteleuropa. Festschrift für Bernhard Diestelkamp zum 65. Geburtstag, Weimar u. a. 1994, S. 237–252; Wolfgang Sellert, Die Zuständigkeit des kaiserlichen Reichshofrats in Reichspolizeisachen und die Ladung des Hallenser Rechtsgelehrten Christian Thomasius vor den Reichshofrat, in: Georg Steinberg (Hrsg.), Recht und Macht. Zur Theorie und Praxis von Strafe. Festschrift für Hinrich Rüping zum 65. Geburtstag, München 2009, S. 295–308.

und Strafjustiz zählten auch Streitigkeiten über Festnahmen und Untersuchungshaft, Strafen/Strafvollzug, Konfiskationen und Beschlagnahme, die Gewährung von sicherem Geleit (*salvus conductus*), Asyl oder Gnade für Verbrecher oder Jurisdiktionskonflikte, mit denen sich die Reichsgerichte ebenfalls beschäftigten. Eine vorläufige quantitative Auswertung der Inventare der Gerichtsakten von Reichskammergericht und Reichshofrat zeigt, dass zahlreiche Streitgegenstände Policey- und Kriminalsachen sowie politische Delikte/Konflikte betrafen oder zumindest enge Bezüge aufweisen.

Die Datenbank des Inventars der Akten des Reichskammergerichts liefert zu den Themenfeldern Obrigkeit/Staat – Policey 964 und zu Kriminalität (inkl. strafrechtliche Bezüge) 6.908 Treffer bzw. Fälle, darunter z. B. Gotteslästerung, Religionsvergehen, Injurien, Aufwand/Luxus, Verschwendung, Sittlichkeit, Wucher/Zinsnahme, Forst- und Flurfrevel, Betrug, Münzverbrechen, Freiheitsberaubung, Eigentumsdelikte/Eigentumsstörung, Gewaltdelikte (Totschlag, Körperverletzung, Schlägereien, Entführung), Handwerksvergehen und Zunftstreitigkeiten, Handel und Fürkauf oder Bauwesen/Bauordnung.[17] Für das Reichskammergericht hat Anette Baumann den im Laufe der Frühen Neuzeit abnehmenden Anteil des Streitgegenstandes „Kriminalität" auf durchschnittlich 3,8 bis 7,1 Prozent berechnet.[18] Darunter fallen auch kriminelle Handlungen und Konflikte im Bereich der Ehrverletzungen sowie Nichtigkeitsklagen, die Hexerei- und Zaubereiverfahren betrafen. Zum Reichshofrat lassen sich ebenfalls einschlägige Fälle ermitteln zu: Polizei (35), Polizeiordnung (11) und Reichspolizeiordnung (19); Landfriedensbruch (161), Kriminalsachen/Kriminalprozess (37), Strafsache/Strafverfahren (49) und peinliche(r) Prozess/Strafe (69), wozu weitere spezifischere Fälle mit Bezügen zu Policey und Strafjustiz kommen wie z. B. Folter/Tortur, Hexe/Hexenprozess, Raub/Straßenräuber, Rebellion, Verrat, Münzverbrechen, Wucher, Betrug, Diebstahl, Handwerksverstöße, Ehebruch und Unzucht, devianter Lebenswandel und anderes mehr.[19] Bereits diese begrenzten quantitativen Einblicke zeigen, dass die Akten von Reichskammergericht und Reichshofrat zahlreiche Fälle mit Bezügen zu Policey- und Kriminalsachen enthalten, die weitere Forschungen zur Praxis der

17 Datenbank Höchstgerichtsbarkeit (wie Anm. 12).

18 Anette Baumann, Die Gesellschaft der Frühen Neuzeit im Spiegel der Reichskammergerichtsprozesse. Eine sozialgeschichtliche Untersuchung zum 17. und 18. Jahrhundert (QFHG, 36), Köln u. a. 2001, S. 99–101.

19 Die Auswertung basiert auf Sellert (Hrsg.), Akten des Kaiserlichen Reichshofrats (wie Anm. 12), online recherchiert über: https://www.archivinformationssystem.at/detail.aspx?ID=62 (zuletzt abgerufen am 8. Januar 2024). Es ist davon auszugehen, dass zahlreiche Treffer/Fälle doppelt gezählt sind, da unterschiedliche Begriffe/Klassifizierungen in einem Fall vorkommen.

Reichsgerichte erlauben. Dies soll im Folgenden unter Einbeziehung exemplarischer Einzelfälle näher ausgeführt werden.

2.1 Policeysachen und Konflikte im Kontext guter Ordnung und Policey

Im frühneuzeitlichen Alten Reich fungierte Policey als normative und diskursive Leitkategorie der guten Ordnung eines Gemeinwesen, die einen kaum abgegrenzten Bereich der Ordnungsgesetzgebung und der inneren Regierungs- und Verwaltungstätigkeit einer Obrigkeit oder eines Territorialstaates umfasste.[20] Aus der Vielzahl der durch Policeyordnungen bzw. Ordnungsgesetze geregelten Gegenstände kommen zwar nur vergleichsweise wenige in den von den Reichsgerichten bearbeiteten Fällen vor, aber dennoch finden sich insgesamt zahlreiche Bezüge auf Normen und Materien der Policeygesetzgebung, die sich auch anhand eines quantitativen Vergleichs der Sachindizes des Repertoriums der Policeyordnungen und der Inventare der Akten des Reichskammergerichts und des Reichshofrats demonstrieren lassen.[21]

Tab. 1: Vergleich ausgewählte Regelungsmaterien/Gegenstände im Repertorium der Policeyordnungen und in den Akten der Reichgerichte

Regelungsmaterie Index Repertorium der Policeyordnungen	Anzahl Policeynormen	Anzahl Fälle RKG	Anzahl Fälle RHR
Gotteslästerung	665	14	5
Luxus/Verschwendung/Lebenswandel	880	29	44
Kleiderordnung	570	1	2
Unzucht	647	24	26
Ehebruch	297	33	51

20 Karl HÄRTER, Polizei, in: Enzyklopädie der Neuzeit, Bd. 10, Stuttgart 2009, S. 170–180; DERS., ‚Policey' und ‚Policeyordnungen', in: Handwörterbuch zur deutschen Rechtsgeschichte (künftig: HRG), 2. Aufl., 27. Lieferung, Berlin 2018, Sp. 645–646 und 646–652.

21 Karl Härter/Michael Stolleis (Hrsg.), Repertorium der Policeyordnungen der Frühen Neuzeit, 12 Bde., Frankfurt a. M. 1996–2017, online als Datenbank https://policey.lhlt.mpg.de/web/ (zuletzt abgerufen am 8. Januar 2024), gezählt sind für acht Reichsstädte und 21 Territorialstaaten nicht Gesetze, sondern die jeweiligen Regelungsmaterien. Reichskammergericht: Datenbank Höchstgerichtsbarkeit (ältere Version zum download): https://www.jura.uni-wuerzburg.de/lehrstuehle/amend-traut/forschung/forschungsprojektdatenbankhoechstgerichtsbarkeit/datenbank/ (zuletzt abgerufen am 8. Januar 2024), gezählt sind die Verfahrensgegenstände nach dem Index; Reichshofrat: ÖStA HHStA RHR, https://www.archivinformationssystem.at/detail.aspx?ID=62 (zuletzt abgerufen am 8. Januar 2024); gezählt sind die Anzahl der Fälle, in denen der jeweiligen Begriff des Sachindexes vorkommt.

Regelungsmaterie Index Repertorium der Policeyordnungen	Anzahl Policeynormen	Anzahl Fälle RKG	Anzahl Fälle RHR
Bigamie / Konkubinat	87	3	5
Ehrverletzung/Injurien	342	1566	201
Eigentumsschutz/Diebstahl/Raub	657	214/119	383
Münzwesen/Münzdelikte	4341	41	25
Gewalttaten (Schlägerei, Körperverletzung, Tötungsdelikte)	553	407	206
Landfriedensbruch	165	1795	154
Aufstände/Unruhen/Rebellionen	291	118	188
Apotheken/Apotheker	377		71
Bader/Barbiere/Wundärzte	389		121
Grundherrschaft/Leibeigenschaft	487	1752	25
Frondienste	887	558	43
Weide/Weiderecht/Viehwirtschaft	487	926	190
Forst	2076	78	227
Jagd	1863	593	260
Frevel (Forst, Jagd)	670		26
Wein (Anbau, Zehnt, Handel)	292		246
Handwerk/Zunftwesen	12606	317	286
Mühlen	664	107	229
Monopole	333		13
Konkurs	271	521	120
Wucher/Judenwucher	753	99	25

Auch wenn der quantitative Vergleich methodische Probleme aufwirft, weil die Anzahl der Normen (mit ca. 150.000) deutlich höher als die Zahl der Fälle von Reichskammergericht und Reichshofrat ausfällt, bislang nur ca. 12 Prozent der Judizialakten des Reichshofrats erfasst, die drei Datenbanken und Sachindizes verschieden strukturiert und die Gesetze bzw. Fälle unterschiedlich verschlagwortet sind, so zeigen sich doch Schwerpunkte und Bezüge. Klar erkennbar dominieren Policeynormen und reichsgerichtliche Verfahren, die den Bereichen der Wirtschaft – Landwirtschaft, Forst- und Bodennutzung, Handwerk und Zunftwesen, Geld- und Kreditwesen – zugeordnet werden können. Der umfangreiche und aufgrund der Gemengelage von Policeynormen und Privatrecht schwierig zu fassende Bereich von Handel und Dienstleistungen ist in diesem Vergleich zwar ausgeklammert,[22] aber mit Monopolen, Konkurs und Wucher lassen sich

22 Vgl. hierzu aus der einschlägigen Forschung, die freilich keine Bezüge zwischen Policey und

immerhin drei Regelungsbereiche der Policeyordnungen vergleichen, die auch in der Policeygesetzgebung des Reiches Bedeutung besaßen und ebenfalls Bezüge zur Tätigkeit der Reichsgerichte aufweisen.

Im Bereich Landwirtschaft, Forst- und Bodennutzung bilden Weide/Weiderecht/Viehwirtschaft, Forst, Jagd, Frevel und Wein (Anbau, Zehnt, Handel) Regelungsschwerpunkte der Policeygesetzgebung, die auch in Fällen der Reichsgerichte zumindest mit bearbeitet wurden oder sogar den Schwerpunkt eines Konfliktes bildeten. Vergleichsweise intensiver bearbeitete das Reichskammergericht Streitigkeiten, die Weide/Weiderecht/Viehwirtschaft und auch die Jagd betrafen, was auf Konflikte um Rechte, Nutzung und Jurisdiktion zwischen Untertanen und Inhabern von Herrschaftsrechten oder auch zwischen Obrigkeiten hindeutet. Eng damit verzahnt (aber letztlich rechtlich unterschiedlich gelagert) sind die Normen und Fälle zum Bereich Grundherrschaft, Leibeigenschaft und Frondienste, wobei hier im proportionalen Vergleich die Tätigkeit des Reichskammergerichts deutlicher intensiver als die Regulierung durch die Policeygesetzgebung ausfällt. Die entsprechenden Frevel bzw. Verstöße gegen Policeynormen (wie z. B. Forstordnungen) spielen in der Reichsgerichtsbarkeit allerdings keine Rolle, denn sie wurden in der Regel von lokalen Untergerichten (Frevel- und Rügegerichten) verfolgt, deren Entscheidungen die Reichsgerichte nicht überprüften. Meist handelte es sich um Streitigkeiten, in welche Obrigkeiten und Adel involviert waren, gelegentlich aber auch Untertanen bzw. Gemeinden gegen ihre Obrigkeiten klagten. Dabei ging es um Wildbann und Jagdrecht, Ausübung der Jagd sowie Rechte/Jurisdiktion und Nutzung von Forsten, illegalen Holzeinschlag, Holzverkauf, Erfüllung von Holzverträgen, Konflikte des Forstpersonals und anderes mehr. Die normative Grundlage der reichsgerichtlichen Auseinandersetzungen bildeten häufig partikulare Rechte und das Feudalrecht. Direkte Bezüge zur Policey bzw. obrigkeitlichen Policeygesetzen wurden – soweit das die Verzeichnung der Akten in den Inventaren erkennen lässt – eher selten hergestellt. Einige Verfahren zeigen allerdings die charakteristische Konfliktlage von Eingriffen der Landesherrschaft mittels entsprechender Policeygesetzgebung und Verwaltungsmaßnahmen in traditionelle Rechte und Bereiche der feudalen Gesellschaft und Reaktionen der betroffenen Untertanen zwischen Protest und Anrufung der Reichsgerichte.[23]

Reichsgerichten herstellt: Thomas Dehesselles, Policey, Handel und Kredit im Herzogtum Braunschweig-Wolfenbüttel in der Frühen Neuzeit (Studien zu Policey und Policeywissenschaft), Frankfurt a. M. 1999; Anja Amend-Traut, Brentano, Fugger und Konsorten – Handelsgesellschaften vor dem Reichskammergericht (Schriftenreihe der Gesellschaft für Reichskammergerichtsforschung, 37), Wetzlar 2009; Anja Amend-Traut/Albrecht Cordes/Wolfgang Sellert (Hrsg.), Geld, Handel, Wirtschaft. Höchste Gerichte im Alten Reich als Spruchkörper und Institution (Abhandlungen der Akademie der Wissenschaften zu Göttingen, NF 23), Berlin 2013.

23 Siehe hierzu die Fallstudie: Karl Härter, Police Ordinances, Customary Statutes and Normativity

So bearbeitete der Reichshofrat 1783 bis 1786 einen Konflikt zwischen der Gemeinde Pfullendorf und dem Oberamt der Grafschaft Heiligenberg der Fürsten von Fürstenberg, der die Publikation einer neuen Forstordnung, die gewaltsame Zusammenrufung der Untertanen in Pfullendorf sowie die von der Obrigkeit daraufhin ergangene Strafe zum Gegenstand hatte.[24] ‚Verpoliceylichung' und ‚Verstaatlichung' des Forstes und damit einhergehende Konflikte hat die reichsgerichtliche Forschung ebenfalls untersucht, so am Fallbeispiel des Konfliktes zwischen mehreren bayerischen Gemeinden und der Landesherrschaft um den Ebersberger Wald, der zu einer Klage gegen den bayerischen Herzog vor dem Reichskammergericht führte.[25] Die Inventare der Akten von Reichskammergericht und Reichshofrat verweisen auf zahlreiche Fälle, die gerade unter der Perspektive der guten Policey weitere Studien zu Konflikten Grundherrschaft, Leibeigenschaft, Frondienste, Weide, Forst und Jagd ermöglichen.

Am intensivsten regulierte die Policeygesetzgebung den Bereich Handwerk/Zunftwesen/Gewerbe, und Konflikte mit Bezug zu Handwerk und Zünften haben mit über 600 Fällen in den bisher verzeichneten Akten von Reichskammergericht und Reichshofrat einen erheblichen Anteil und können häufig dem Bereich der guten Policey zugeordnet bzw. als Policeysache qualifiziert werden. Die neuere reichsgerichtliche Forschung hat ebenfalls bestätigt, dass Verfahren um Handwerks- und Zunftkonflikte den Kernbereich der an den Reichsgerichten bearbeiteten Policeysachen bildeten.[26] Meist ging es um Streitigkeiten innerhalb der Zünfte wie insbesondere die Zulassung einzelner Handwerker, Konflikte zwischen den Zünften oder mit der jeweiligen Obrigkeit um die jeweiligen Arbeitsbereiche oder auch um die Anwendung obrigkeitlicher Policeynormen und Maßnahmen, wobei häufiger strittig war, ob es sich um eine Policey- oder Justizsache handelte. Dabei konnten die Handwerk und Zünfte betreffenden Normen

Regimes: Regulating Agriculture and Forest in a Rural District of the Electorate of Mainz between the late Middle Ages and the Early Modern Period, in: Journal for Digital Legal History 2(1) (2023), Special Edition: ‚Gute Policey' and police ordinances: local regimes and digital methods, doi: https://doi.org/10.21825/dlh.87299 (zuletzt abgerufen am 8. Januar 2024).

24 ÖStA HHStA RHR Judicialia, Relationes, K. 138-18.

25 Stefan von Below/Stefan Breit, Wald – von der Gottesgabe zum Privateigentum. Gerichtliche Konflikte zwischen Landesherren und Untertanen um den Wald in der frühen Neuzeit (Quellen und Forschungen zur Agrargeschichte, 43), Stuttgart 1998.

26 Bernhard Diestelkamp, Zunftprozesse des 18. Jahrhunderts aus der Reichsstadt Wetzlar vor dem Reichskammergericht, in: Stephan Buchholz/Paul Mikat/Dieter Werkmüller (Hrsg.), Überlieferung, Bewahrung und Gestaltung in der rechtsgeschichtlichen Forschung (Rechts- und Staatswissenschaftliche Veröffentlichungen der Görres-Gesellschaft, 69), Paderborn u. a. 1993, S. 69–89; Härter, Reichskammergericht als „Reichspoliceygericht" (wie Anm. 16); Wilfried Reininghaus, Zünfte vor dem Reichskammergericht. Beispiele aus Westfalen, in: Amend-Traut/Cordes/Sellert (Hrsg.), Geld, Handel, Wirtschaft, S. 43–60.

der Reichspoliceygesetzgebung für einzelne Parteien als Referenz in ihrer rechtlichen Argumentation oder auch als allgemeine Rechtsgrundlage des Verfahrens fungieren. So betrafen die zwischen 1515 und 1794 an das Reichskammergericht gebrachten Fälle der Kölner Zünfte meist Konflikte um Konkurrenz oder Zunftaufnahmen (z. B. von unehelich geborenen Prätendenten), weisen Bezugnahmen auf die Bestimmungen der Reichspoliceygesetzgebung auf und sind im Hinblick auf die justizielle Bearbeitung durch die Frage der Abgrenzung von Policey- und Justizsachen gekennzeichnet.[27]

Typische Fälle aus der Praxis des Reichshofrats zeigen übereinstimmende Grundzüge: Im Fürstentum Halberstadt klagten 1654 die Leinenweber gegen Kurfürst Friedrich Wilhelm von Brandenburg und beschwerten sich, dass die ausgestellten Geburtsbriefe sie oder ihre Kinder als unehrlich und nicht zunftfähig bezeichnen würden. Dies, argumentierten sie, widerspreche den Reichspoliceyordnungen von 1548 und 1577. Sie baten daher um ein kaiserliches Mandat, das die Aufnahme einer Unehrlichkeitsklausel in die Geburtsbriefe der Leinenweber untersage. Der Reichshofrat ließ am 9. Juni 1654 die Klage mit der Aufforderung zustellen, solche Missbräuche abzustellen, wandte insofern die Normen der Reichspoliceygesetzgebung an und gewährte auf dieser Basis Rechtsschutz.[28] Unter Berufung auf die Reichspoliceyordnung baten auch die Leinenweber und die städtische Obrigkeit von Braunschweig den Reichshofrat 1645 um Rechtsschutz. Die dortigen Zünfte würden sich geringschätzig über die Leinenweber äußern und nur solche Geburtsbriefe ausstellen bzw. anerkennen, in denen die Leinenweberei zu den unehrlichen, nicht zunftfähigen Berufen gezählt würde. Das Policeygesetz bzw. Dekret der Stadt Braunschweig von 1636, das dies untersage und die Leinenweber gleichstelle, werde nicht beachtet. Der Reichshofrat bestätigte nicht nur das Ratsdekret, sondern folgte 1650 auch dem Antrag, dass alle Reichs-, Hanse- und andere Städte auf die gleichberechtigte Aufnahme der Leinenweber in die Handwerkerkollegien zu achten hätten und der kaiserliche Fiskal Verfahren wegen Verstößen gegen des kaiserliche Dekret (bzw. die Reichs-

27 Philipp Nordloh, Kölner Zunftprozesse vor dem Reichskammergericht (Rechtshistorische Reihe, 370), Frankfurt a. M. u. a. 2008. Zu einem ähnlichen Ergebnis für Frankfurt und Hamburg kommt auch: Robert Riemer, Frankfurt und Hamburg vor dem Reichskammergericht. Zwei Handels- und Handwerkszentren im Vergleich (QFHG, 60), Köln u. a. 2012, S. 313–347; weitere Beispiele bei Diestelkamp, Zunftprozesse des 18. Jahrhunderts (wie Anm. 26), S. 71–87; Härter, Reichskammergericht als „Reichspoliceygericht" (wie Anm. 16), S. 247–251; Reininghaus, Zünfte vor dem Reichskammergericht (wie Anm. 26), S. 46–55.

28 ÖStA HHStA, RHR Judicialia APA, 83-53. Vgl. zu den entsprechenden Regelungen der Reichspoliceygesetzgebung Karl Härter, Entwicklung und Funktion der Policeygesetzgebung des Heiligen Römischen Reiches Deutscher Nation im 16. Jahrhundert, in: Ius Commune 20 (1993), S. 61–141, hier S. 120 f.

policeyordnung) vorgehen solle.[29] Auch in diesem Fall gewährte der Reichshofrat folglich Rechtsschutz auf der Basis der Reichspoliceygesetzgebung, mit deren Durchsetzung der Reichshoffiskal beauftragt wurde.

Ab 1626 bearbeitete der Reichshofrat einen langdauernden Konflikt zwischen den Nürnberger Badern und Barbieren um das Haarschneiden außerhalb der Badehäuser, in dem die Stadt Nürnberg gegen die Bader wegen des Trockenhaarschneidens, das den Barbieren vorbehalten sein sollte, Strafen verhängt hatte.[30] Der Reichshofrat entschied jedoch zugunsten der Bader und erließ 1627 einen Befehl an die Stadt Nürnberg, „die Bader und Wundärzte gemäß der Reichspolizeiordnung in ihren Rechten zu schützen". Der Konflikt betraf folglich auch die Strafpraxis der Stadt Nürnberg und hatte zudem eine konfessionelle Komponente, denn 1631 erließ der Reichshofrat einen weiteren Befehl an die Stadt Nürnberg, „den Badern das Trockenhaarschneiden nicht zu verbieten, die dafür eingezogenen Strafgelder zu erstatten sowie dem katholischen Gesinde der Bader und Wundärzte den Besuch des katholischen Gottesdienstes im Deutschordenshaus nicht zu verbieten".[31] 1637 folgte ein Mandat sine clausula, die verhafteten Bader freizulassen, neue Gesetze, denen zufolge den Badern das Trockenhaarschneiden verboten sei, zu kassieren, die Bader von entsprechenden Eiden zu entbinden und den Befehl von 1631 zu befolgen. In dem Fall ging es folglich auch um die Strafkompetenzen des Nürnberger Rates in Policeysachen und die Frage der Normgebungskompetenz. Während das Reichskammergericht dem Rat bestätigt hatte, dass er Handwerksordnungen jederzeit ändern dürfe, bestand der Reichshofrat darauf, dass die Ordnungsgesetze des Rates mit den Normen der Reichspoliceygesetzgebung in Einklang stehen müssten, denen er den Vorrang zuerkannte.

Auch in anderen Regelungsbereichen der guten Policey setzten die Reichsgerichte teils mithilfe des Reichsfiskals die Reichspoliceygesetzgebung um und hielten an ihrer erstinstanzlichen Zuständigkeit fest. In einem Zensurfall von 1715 bekräftigte der Kaiser, dass die Reichsgerichte weiterhin für Policeysachen zuständig seien, insofern sie als reichsfiskalische Sachen qualifiziert werden konnten und Policeynormen des Reiches betroffen waren.[32] Eine Bezugnahme auf die Policeygesetze und entsprechende Verstöße findet sich auch für weitere typische Delikte der (Reichs-)Policeygesetzgebung wie Gotteslästerung, Verschwendung,

29 ÖStA HHStA RHR Judicialia APA, 26-83.

30 ÖStA HHStA RHR Judicialia Antiqua, 430-1 und Sellert (Hrsg.), Akten des Kaiserlichen Reichshofrats (wie Anm. 12), Serie II: Antiqua, Bd. 5: Karton 425-516, bearb. von Ulrich Rasche, Berlin 2018, Nr. 19, S. 43–47.

31 ÖStA HHStA RHR Judicialia Antiqua, 430-1, zit. nach Rasche, Serie II: Antiqua, Bd. 5 (wie Anm. 30), S. 44.

32 Sellert, Zuständigkeit des kaiserlichen Reichshofrats in Reichspolizeisachen (wie Anm. 16), S. 307.

Unzucht, Ehebruch oder gotteslästerlicher/unsittlicher Lebenswandel.[33] In dem 1685 bis 1688 durchgeführten Verfahren des Reichshofrats, die Sequestration der Grafschaft Oettingen-Baldern und die Inhaftierung des Grafen Ferdinand Maximilian betreffend, ermittelte der kommissarisch beauftragte Herzog Philipp Wilhelm von Pfalz-Neuburg gegen Ferdinand Maximilian wegen devianter Lebensführung, Überschuldung und Konspiration und ließ zahlreiche Verhöre durchführen, in denen dem Angeklagten auch Vergewaltigung, Nötigung, sexuelle Ausschweifungen, Ehebruch, versuchter Mord an der Ehefrau, Beauftragung von Mördern und Hochverrat vorgeworfen wurden. Das Votum ad Imperatorem fasste die Verhörprotokolle und Kommissionsberichte wie folgt zusammen: der Graf habe *solche Schandt- und argerliche Sachen getrieben, daß selbige vor Euer Kays. May. nicht wohl zu exprimiren, und wie wohlen sie keine vera et propria sodomia, iedoch gleichwohl inter sodomiae species zu referiren seindt.*[34] Solche Kumulationen von Verstößen gegen Policeynormen und Strafrecht wurden auch in der territorialen Strafjustiz als ‚gotteslästerlicher Lebenswandel' verfolgt.[35] Freilich sind Fälle, in denen die Reichsgerichte solche Delikte bearbeiteten, selten und weisen häufig einen strafrechtlich-politischen Kontext auf.[36]

Vorwürfe des kriminellen Verhaltens und Verstoßens gegen Policeynormen dienten betroffenen Parteien auch dazu, ihre auf andere Forderungen zielenden Klagen zu untermauern, wobei sie in einigen Fällen auf Policeynormen des Reiches rekurrierten. Im 1671–1679 vom Reichshofrat verhandelten Verfahren Hanau-Lichtenberg contra Hessen-Homburg um die Kassierung einer Schuldurkunde führten Gräfin Anna Magdalena von Hanau-Lichtenberg und Pfalzgraf Christian II. von Pfalz-Birkenfeld-Bischweiler im Namen ihrer Mündel aus, „eine wesentliche Ursache für ihre Konflikte mit Graf Friedrich Kasimir von Hanau-Lichtenberg sei die Schuldurkunde, die Landgraf Georg Christian von Hessen-Homburg ihm abgenötigt habe. Die darin enthaltene Verpfändungserklärung verstoße gegen die Hanauer Erbverbrüderung und aufgrund ihrer blasphemischen Formulierung auch gegen die Reichspolizeiordnung."[37] Auch in Reichskammer-

33 Vgl. insgesamt Härter, Entwicklung und Funktion der Policeygesetzgebung (wie Anm. 28).

34 ÖStA HHStA RHR Judicialia Antiqua, 472-1 und Rasche, Serie II: Antiqua, Bd. 5 (wie Anm. 30), Nr. 341, S. 226–229, Zitat S. 227.

35 Vgl. Karl Härter, Policey und Strafjustiz in Kurmainz. Gesetzgebung, Normdurchsetzung und Sozialkontrolle im frühneuzeitlichen Territorialstaat (Studien zur Europäischen Rechtsgeschichte, 190), Frankfurt a. M. 2005, S. 563–565.

36 Vgl. die Fallstudie zu einem vom Reichshofrat verhandelten Fall, in dem Diebstahl, gotteslästerliche Handlungen und abergläubisches Schatzgraben eine Rolle spielten, von Tobias Schenk, Aus den Akten des kaiserlichen Reichshofrats: Geisterbeschwörung in Bökendorf?, in: Die Warte 161 (2014), S. 5–7.

37 ÖStA HHStA Judicialia Antiqua, 26-3a, und Sellert (Hrsg.), Akten des Kaiserlichen Reichshofrats

gerichtsprozessen argumentierten Kläger mit der Reichspoliceygesetzgebung, wie in der 1586 bis 1594 anhängigen Appellation von Johann Ottmar, der die Zurückweisung der Darlehensforderung des Frankfurter Schutzjuden Lew zum Hasen mit dem Vorwurf des Zinswuchers begründete, denn die Reichspoliceyordnung habe den Juden die Zinsnahme auf fünf Prozent beschränkt und der Reichsabschied von 1551 ihnen Verschreibungen und Obligation nur für spezifische Fälle gestattet.[38]

Kennzeichnend ist folglich, dass sich ein Bezug zu den Policeygesetzen des Reiches herstellen ließ und Verstöße gegen Policeynormen bzw. entsprechendes abweichendes/kriminelles Verhalten als zusätzliches Argument im Rahmen der Justiznutzung eingebracht werden konnten, um eigene Forderungen zu stützen und den Beklagten zu diskreditieren, aber kaum eine tatsächliche Verfolgung und Bestrafung durch die Reichsgerichte beabsichtigt war. Typische Regelungsbereiche der Policeygesetzgebung wie z. B. Kleiderordnungen, Arme/Bettler/soziale Randgruppen oder das Gesundheits- und Schulwesen spielten daher in der Tätigkeit der Reichsgerichte keine Rolle, da sich daraus weder eine stützende Argumentation für die Justiznutzung ableiten ließ noch sich eine direkte Zuständigkeit von Reichsfiskal und Reichsgerichten ergab.

Die exemplarischen Beispiele aus der reichsgerichtlichen Praxis zeigen folglich, dass Policeygesetze des Reiches als Rechtsgrundlage von Klagen und Entscheidungen dienten und die Reichspoliceygesetze wie allgemein ‚gute Policey' als Referenz in den Argumentationen der Parteien und ihrer Vertreter fungierten und insofern auch der Justiznutzung dienen konnten.[39] Im Konfliktfall überprüften Reichshofrat und Reichskammergericht auf dieser Grundlage, ob die reichsständische Ordnungsgesetzgebung die entsprechenden Normen der Reichsgesetzgebung oder wohlerworbene Rechte (*iura quaesitia*) verletzte. Im Rahmen einer solchen Rechtmäßigkeitskontrolle in Policeysachen konnten auch weitere Rechtsverletzungen durch obrigkeitliches Handeln (Verfahren, Strafen, fehlendes Gehör) von den Reichsgerichten überprüft und z. B. ‚Policeystrafen'

(wie Anm. 12), Serie II: Antiqua, Bd. 1: Karton 1-43, bearb. von Ursula Machozek, Berlin 2010, Nr. 374, S. 328–330, Zitat S. 328.

38 Inventar der Akten des Reichskammergerichts 1495–1806, Frankfurter Bestand, bearb. von Inge Kaltwasser (Veröffentlichungen der Frankfurter Historischen Kommission, 21), Frankfurt a. M. 2000, Nr. 1153. Zu den entsprechenden Bestimmungen der Reichspoliceygesetzgebung vgl. Härter, Entwicklung und Funktion der Policeygesetzgebung (wie Anm. 28), S. 61–141, hier S. 81–83 und 124–126.

39 Zu letzterem insbesondere auch Bernhard Diestelkamp, Anwaltliche Argumentation mit den Wendungen „Gute Policey" (1557) und „natürliche Freiheit" (1653) am Reichskammergericht, in: Rechtsgeschichte 19 (2011), S. 52–57. Künftige Forschungen könnten durch eine eingehendere Analyse der Akten die Bezugnahmen auf Policeygesetze präziser aufarbeiten und insofern die Interdependenzen von Reichsgerichtsbarkeit und guter Policey weiter aufhellen.

kassiert werden. In dieser Hinsicht gewährten die Reichsgerichte in Policeysachen – insbesondere im Bereich von Handwerk/Gewerbe – begrenzten Rechtsschutz, regulierten Konflikte und wandten die Policeygesetze des Reiches an oder ordneten deren Durchsetzung mithilfe des Reichsfiskals an. Die Verfahren wurden als Klage und Appellation, häufig aber auch auf dem Weg von Beschwerde, Supplikation und Extrajudizialappellation eingebracht. Insofern können sie als Normenkontroll- und Nichtigkeitsverfahren charakterisiert werden, die infrajustizielle Elemente aufweisen, wie sie auch bei Kriminalsachen vorkamen, die inhaltlich eng mit den Policeysachen verwoben sind.

2.2 Strafjustiz und Kriminalität

Wie erwähnt, waren Appellationen in Strafsachen zwar reichsrechtlich untersagt worden, aber die Reichsgerichte konnten für Beschuldigte als Rechtsmittelinstanzen fungieren und im Rahmen von Nullitätsklagen oder Mandatsprozessen die rechtmäßige Durchführung von Strafverfahren partikularer Gerichte und einzelne Verfahrensabschnitte wie insbesondere Haftbedingungen, Verhör, Anwendung der Folter oder Verteidigungsmöglichkeiten überprüfen.[40] Diesbezüglich hat die reichsgerichtliche Forschung vor allem die am Reichskammergericht geführten Zauberei- und Hexenprozesse untersucht.[41] Weiterhin wurden einzelne Fallbeispiele der Anwendung der peinlichen Frage in einem Regensburger Anklageprozess vor dem Reichshofrat oder in einem Schadenersatzprozess vor dem Reichskammergericht das peinliche Verhör in einem Ehebruchsprozess behandelt.[42]

---

40 Sellert, Zuständigkeitsabgrenzung von Reichshofrat und Reichskammergericht (wie Anm. 16), S. 73–89.

41 Ralf-Peter Fuchs, Hexerei und Zauberei vor dem Reichskammergericht. Nichtigkeiten und Injurien. Erweiterte Fassung des Vortrags vom 22. Oktober 1993 im Stadthaus am Dom zu Wetzlar (Schriftenreihe der Gesellschaft für Reichskammergerichtsforschung, 16), Wetzlar 1994; Peter Oestmann, Hexenprozesse am Reichskammergericht (QFHG, 31), Köln u. a. 1997; Gerhard Schormann, Die Haltung des Reichskammergerichts in Hexenprozessen, in: Hartmut Lehrmann/Otto Ulbricht (Hrsg.), Vom Unfug des Hexen-Processes. Gegner der Hexenverfolgung von Johann Weyer bis Friedrich Spee, Wiesbaden 1992, S. 269–280; Britta Gehm, Die Hexenverfolgung im Hochstift Bamberg und das Eingreifen des Reichshofrates zu ihrer Beendigung (Rechtsgeschichte und Zivilisationsprozeß. Quellen und Studien, 3), 2., verb. Aufl. Hildesheim u. a. 2012.

42 Gerd Kleinheyer, Zur Rechtsgestalt von Akkusationsprozeß und peinlicher Frage im frühen 17. Jahrhundert. Ein Regensburger Anklageprozeß vor dem Reichshofrat. Anhang: Der Statt Regenspurg Peinliche Gerichtsordnung (Wissenschaftliche Abhandlungen der rheinisch-westfälischen Akademie der Wissenschaften, 45), Opladen 1971; Stefan Breit, Das peinliche Verhör der Katharina Widmann, in: Anette Baumann/Peter Oestmann/Stephan Wendehorst/Siegrid Westphal (Hrsg.), Prozesspraxis im Alten Reich. Annäherungen, Fallstudien, Statistiken (QFHG, 50), Köln 2005, S. 137–180.

Andere Delikte, Konflikte oder Verfahrenselemente der Strafjustiz, die in der Praxis der Reichsgerichte auftauchen, wurden seltener thematisiert.[43]

Bereits die Forschungen zu Hexenprozessen und Folter zeigen, dass die reichsgerichtliche Tätigkeit ein darüber hinaus gehendes Spektrum an devianten/kriminellen Verhaltensweisen, Verfahrenselementen der Strafjustiz – insbesondere auch infrajustizieller Verfahrensweisen wie Gnadengesuche und Verbrecherasyl – Strafen, Rechtsfolgen und strafrechtlichen Normen aufweist. So konnten beispielsweise die Bearbeitung von Zauberei- und Hexereidelikten am Reichskammergericht von Ehrkonflikten und Injurienverfahren begleitet sein (bzw. solche Verfahren Hexerei- und Zaubereivorwürfe betreffen) oder auch Streitigkeiten um Kriminaljurisdiktion, Asyl und Auslieferung von Verbrechern zum Gegenstand haben.[44]

Die am Beispiel der Hexenprozesse herausgearbeitete „überwachende Funktion hinsichtlich des allgemeinen Prozessrechts in Strafsachen"[45] erstreckte sich ebenfalls auf Verfahren bei anderen Delikten, die auch Bezugspunkte zum Reichsrecht aufweisen und/oder infrajustizielle Verfahrensweisen wie Bitten um Gnade, sicheres Geleit, kaiserliche Vermittlung, Interzessions- und Fürbittschreiben beinhalten konnten. Zahlreiche Klagen und Beschwerden bei Strafsachen betrafen Verfahrensfehler (Inhaftierung, Verhör, Folter), verhängte Strafen und Rechtsfolgen wie insbesondere Stadt- und Landesverweise, um deren Rücknahme und freies Geleit zwecks Rückkehr zahlreiche Delinquenten baten. In akkusatorischen Strafverfahren konnten sich durch Verbrechen Geschädigte bzw. Strafkläger zudem auch bei Rechtsverweigerung oder Rechtsverzögerung mit einer Beschwerde an die Reichsgerichte wenden.[46] Die folgenden exemplarischen Fälle aus der Praxis des Reichshofrats demonstrieren diese Funktionen:

In einem zwischen 1587 bis 1611 am Reichshofrat verhandelten Verfahren klagte der nach Speyer geflohene Coburger Bürger Wolfgang Resch gegen Herzog

---

43 So bei Manfred Hörner, Brudermord und Ehezwist. Die Reichskammergerichtsprozesse der Brüder Gregor und Augustin Einkürn, in: Baumann/Oestmann/Wendehorst/Westphal (Hrsg.), Prozesspraxis im Alten Reich (wie Anm. 42), S. 181–211.

44 Ralf-Peter Fuchs, Der Vorwurf der Zauberei in der Rechtspraxis des Injurienverfahrens. Einige Reichskammergerichtsprozesse westfälischer Herkunft im Vergleich, in: Zeitschrift für Neuere Rechtsgeschichte 17 (1995), S. 1–29; Ralf-Peter Fuchs, Ius oder iniuria? Hexenprozesse des Rates von Kaysersberg im Spiegel eines juristischen Diskurses um Ehre und Wahrheit, in: Battenberg/Schildt, Reichskammergericht im Spiegel seiner Prozessakten (wie Anm. 4), S. 157–178; Peter Oestmann, Das Reichskammergericht und die Hexenprozesse – das Beispiel der Reichsstadt Offenburg, in: Zeitschrift für Neuere Rechtsgeschichte 17 (1995), S. 30–49.

45 Fuchs, Hexerei und Zauberei vor dem Reichskammergericht (wie Anm. 40), S. 64.

46 Fallbeispiele bei Sellert, Zuständigkeitsabgrenzung von Reichshofrat und Reichskammergericht (wie Anm. 16), S. 75 f.; Gehm, Hexenverfolgung im Hochstift Bamberg (wie Anm. 41), S. 14 und passim.

Johann Casimir von Sachsen-Coburg und forderte Restitution und Schmerzensgeld nach einem peinlichem Verhör und einer Verurteilung zu Landesverweis als Folge einer falschen Beschuldigung wegen Ehebruchs, Brandstiftung, Sodomie (Unzucht mit Tieren) und Zauberei durch seine von ihm geschiedene zweite Ehefrau und bat um Einsetzung einer Kommission sowie um ein kaiserliches Fürbittschreiben.[47] Johann Rukmeier, Auditor des Hamburger Magistrats, klagte 1686 gegen die Reichsstadt, weil er unrechtmäßig inhaftiert und gegen die Bestimmungen der Carolina die Folter gegen ihn angewendet worden sei.[48] Ebenso führte der Tuchscherergeselle Daniel Behaim 1583/84 gegen die Stadt Hof an der Saale eine Auseinandersetzung um unrechtmäßige Verhaftung und Folter. Unter Berufung auf das Reichsrecht forderte die Judenschaft Schwaben 1583 die Freilassung mehrerer Juden, die Graf Anton Fugger unter der Beschuldigung des Ritualmordes unrechtmäßig hatte inhaftieren lassen.[49] Die Reichsstadt Nürnberg klagte 1760–1771 gegen den Deutschen Orden wegen unrechtmäßig gewährten Asyls und Auslieferung eines Diebes.[50] Die von der als Asyl fungierenden Reichsstadt Reutlingen verweigerte Auslieferung eines Totschlägers bildete dagegen 1544 für Österreich den Anlass einer Klage.[51] Ebenfalls am Reichshofrat klagten 1550 Johann von Rodemack und Ulrich Trobin wegen Verzögerung der Justiz in einem Fall von Straßenraub.[52] Der Tuchhändler Georg Mayr, Bürger der Stadt Dinkelsbühl, klagte 1615 gegen die Reichstadt, die ihn ohne Anhörung wegen Ehebruchs zu einer Geldstrafe von 400 Gulden und lebenslangem Hausarrest verurteilt hatte.[53] Auch das Reichskammergericht bearbeitete in 1.024 Fällen Streitigkeiten und Beschwerden um Strafen und Strafvollzug und verhandelte in 158 den Verfahrensgegenstand Kriminalität betreffenden Fällen wegen Rechtsverweigerung und Reichsverzögerung, von denen sieben Körperverletzung, fünf Tötungsdelikte, neun Diebstahl und zwei Raub betrafen.[54] Die von den Reichsgerichten bearbeiteten Strafsachen weisen folglich einen Bezug zum Reichsrecht bzw. gemeinen Strafrecht und zu infrajustiziellen Verfahrensweisen wie Supplikationen, freies

47 ÖStA HHStA RHR Judicialia APA, 155-1 und APA, 156-1.

48 ÖStA HHStA Judicialia Antiqua, 17-21.

49 ÖStA HHStA RHR Judicialia APA, 86-9.

50 ÖStA HHStA RHR Judicialia Relationes, 124-24.

51 ÖStA HHStA RHR Judicialia miscellanea, 95-13. Zum Totschlags- bzw. Verbrecherasyl vgl. Karl Härter, Vom Kirchenasyl zum politischen Asyl: Asylrecht und Asylpolitik im frühneuzeitlichen Alten Reich, in: Martin Dreher (Hrsg.), Das antike Asyl. Kultische Grundlagen, rechtliche Ausgestaltung und politische Funktion (Akten der Gesellschaft für griechische und hellenistische Rechtsgeschichte, 15), Köln u. a. 2003, S. 301–336.

52 ÖStA HHStA RHR Judicialia miscellanea, 69-40.

53 ÖStA HHStA RHR Judicialia APA, 119-23.

54 Datenbank Höchstgerichtsbarkeit (wie Anm. 12)

Geleit, Fürbitten, Gnade, Asyl und Auslieferung auf, und sie demonstrieren die reichsgerichtliche Justiznutzung, um Rechtsschutz in Strafsachen zu erhalten.

Insgesamt enthalten die Inventare bzw. Datenbanken der Akten von Reichskammergericht und Reichshofrat zahlreiche Strafsachen betreffende Fälle, die in der historischen Kriminalitätsforschung und der Strafrechtsgeschichte den Kriminalitätsfeldern Eigentumsdelikte (Diebstahl, Raub), Sexualität (Unzucht, Ehebruch) und Gewalt (Körperverletzung, Mord/Totschlag) zugeordnet werden können.[55] Diebstahl und Raub betrafen 333 (214, 119) Fälle am Reichskammergericht und 383 (58, 325) am Reichshofrat; Sexualdelikte (Unzucht, Ehebruch) 57 (24, 33) am Reichskammergericht und 77 (26, 51) Fälle am Reichshofrat und Gewaltdelikte (Schlägerei/Körperverletzung, Mord/Totschlag) 407 Fälle am Reichskammergericht und 206 am Reichshofrat.[56] In den reichsgerichtlichen Verfahren ging es freilich – mit Ausnahme fiskalischer Verfahren und der erstinstanzlichen Zuständigkeit für kriminelle Handlungen von Reichsunmittelbaren[57] – nicht um die strafrechtliche Verfolgung und Bestrafung der jeweiligen Verbrechen, sondern um damit verknüpfte Konflikte, Verfahren, Strafen, Rechtsfolgen, Jurisdiktionsstreitigkeiten oder kaiserliche Hilfe und Vermittlung.

Der einen Frankfurter und Mainzer Diebstahlsprozess betreffende Fall, der den Reichshofrat 1675 bis 1692 beschäftigte, zeigt dies exemplarisch.[58] Täter und Kläger waren der Frankfurter Kaufmann Dietrich Heiler (und dessen Erben), Opfer und Beklagter der Mainzer Handelsmann, Kammerrat und Rentmeister Edmund Rokoch. Letzterer hatte 1670 eine große Summe Geldes beim Frankfurter Kaufmann Philipp Mangoldt deponiert und beschuldigte 1675 Philipp Mangoldts Schwiegersohn Heiler, davon 20.000 Mainzer Dukaten entwendet zu haben. Trotz eher schwacher Indizien ließ das Frankfurter Stadtgericht eine Klage zu, inhaftierte Heiler und stellte dessen Vermögen unter Arrest. Nachdem Heilers Antrag auf Verfahrenseinstellung gescheitert war, wandte sich dieser an das Reichskammergericht[59] und danach an den Reichshofrat. Letzterer ordnete

---

55 Vgl. Schwerhoff, Historische Kriminalitätsforschung (wie Anm. 15), S. 113–164.

56 Wie Anm. 21. Beim Reichshofrat sind hier nur die Fälle aus dem Bestand Judicialia gezählt.

57 Sellert, Zuständigkeitsabgrenzung von Reichshofrat und Reichskammergericht (wie Anm. 16), S. 90–97.

58 ÖStA HHStA RHR Judicialia Antiqua, 68-1, und Antiqua, 69-1, sowie Sellert (Hrsg.), Akten des Kaiserlichen Reichshofrats (wie Anm. 12), Serie II: Antiqua, Bd. 2: Karton 44-135, bearb. von Ulrich Rasche, Berlin 2014, Nr. 283, S. 225–232. In den Kurmainzer Kriminalakten fand sich keine Überlieferung, vgl. zu diesen Härter, Policey und Strafjustiz (wie Anm. 34), S. 17–23. Für den Hinweis auf diesen Fall danke ich Ulrich Rasche, dessen Darstellung ich hier folge; vgl. dazu auch den Beitrag von Wolfgang Sellert in diesem Band.

59 Der Fall ist in der Datenbank Höchstgerichtsbarkeit (wie Anm. 12), Inventar Nr. 15/M 100 und Nr. 27/0814, nachgewiesen, die Akten sind aber nicht überliefert.

Hausarrest anstatt Untersuchungshaft an und setzte 1677 dem Stadtgericht wegen vermuteter Parteilichkeit eines Frankfurter Richters den Landgrafen von Hessen kommissarisch als Richter bei. Der Kläger Rokoch mobilisierte daraufhin seinen Dienstherren, den Kurfürsten von Mainz, als Fürsprecher, der beim Kaiser über Behinderung der Frankfurter Justiz in einem Diebstahlsdelikt, das *fast im ganzen reich notorisch* sei, Beschwerde führte.[60] Der Reichshofrat folgte jedoch Heilers Vorschlag, die Akten einer evangelischen Juristenfakultät vorzulegen und beauftragte die Tübinger Fakultät. Deren Rechtsgutachten sah keine Beweise für das *corpus delicti* und den gestohlenen Betrag oder ausreichende Indizien für ein Strafverfahren und schlug dessen Einstellung vor. Der Reichshofrat übernahm das Consilium, und 1680 verkündete die Kommission den Vertretern beider Parteien ein entsprechendes Urteil. Der Frankfurter Stadtrat legte zwar Rechtsmittel ein, verhandelte aber mit Heiler einen Vergleich, der auf die Erstattung der Prozesskosten und Fortführung des Prozesses verzichtete, wofür der Rat die Beschlagnahmung seiner Güter, Kapitalien und Handelsbücher aufhob. Bei einer Reise durch Kurmainzisches Territorium wurde Heiler dann aber 1681 verhaftet und gegen ihn in Mainz wegen schweren Diebstahls ein inquisitorisches Strafverfahren mit Anwendung der Folter durchgeführt, das mit seiner Hinrichtung am Galgen im Oktober 1681 endete. Die Anfang November 1681 erlassenen Befehle und Kommissionsaufträge des Reichshofrats, die gemäß der Carolina nicht gerechtfertigte Anwendung der Folter zu unterlassen, Heiler freizulassen und seinen Frankfurter Besitz zu schützen, kamen zu spät. Die Erben Heilers setzten das Verfahren am Reichshofrat jedoch weiter fort und argumentierten, Heiler habe sein unter der Folter erpresstes Geständnis öffentlich vor der Hinrichtung auf dem Weg zum Galgen widerrufen. Sie forderten, den gemäß der frühneuzeitlichen Hinrichtungspraxis am Galgen bis zum Herunterfallen *iederman zum spott und uns zu höchster schand*[61] hängenden Leichnam des Delinquenten abzuhängen und nach Frankfurt zu überführen und das Frankfurter Vermögen gegen den Zugriff der Stadt Frankfurt und des Mainzer Kurfürsten zu schützen, der gemäß gemeinem Strafrecht eine Erstattung der Verfahrens- und Hinrichtungskosten aus dem Vermögen des Delinquenten forderte. Der Reichshofrat gab nicht nur den Bitten der Erben statt, sondern erweiterte den Fall zu einer grundsätzlichen Diskussion um Jurisdiktion und Gerichtsstand. Das Votum ad imperatorem vom 12. November 1681 negierte Zuständigkeit und Gerichtsstand des Mainzer Kurfürsten, warf diesem ein unzulässiges Kriminalverfahren und

60 ÖStA HHStA RHR Judicialia Antiqua, 68-1, fol. 792r, zitiert nach Rasche, Serie II: Antiqua, Bd. 2 (wie Anm. 57), S. 226.

61 ÖStA HHStA RHR Judicialia Antiqua, 69-1 fol. 961v, zitiert nach Rasche, Serie II: Antiqua, Bd. 2 (wie Anm. 57), S. 227.

Missachtung strafbewährter kaiserlicher Mandate vor und forderte die Einschaltung des Reichsfiskals. Der Mainzer Kurfürst ließ diese Vorwürfe jedoch durch seinen Wiener Gesandten Johann Christoph Gudenus bei einer persönlichen Audienz zurückweisen, der dem Reichshofrat einen unzulässigen Eingriff in die im Westfälischen Frieden verankerte Kriminaljurisdiktion des Kurfürsten vorwarf und die Kassierung aller gegen Kurmainz gerichteten Mandate und Schutzbriefe sowie den Zugriff auf Heilers Vermögen zwecks Begleichung der Verfahrenskosten forderte. Diese Beschwerde übermittelte Kurmainz auch den beiden Mitgliedern der kaiserlichen Kommission (Kurtrier und Hessen-Darmstadt), die daraufhin um ihre Demission baten. Der Mainzer Kurfürst konnte folglich mit seiner Argumentation des im gemeinen Strafrecht anerkannten Gerichtsstands der Ergreifung (*forum deprehensionis*) und einer grenzübergreifenden Jurisdiktion durchdringen. Zudem unterstützen die Verhörprotokolle und Aussagen des Scharfrichters, dass Heiler gemäß der Peinlichen Halsgerichtsordnung von 1532 (Carolina) auch ohne Zwang sein Geständnis wiederholt habe, die Mainzer Position. Der Reichshofrat betrieb die Sache nicht weiter, und die Klagen der Heilerschen Erben und der Erben des verstorbenen Rokoch um Entschädigung für die Verfahrenskosten bzw. des gestohlenen Geldes verliefen im Sand.

Das Verfahren weist damit interessante rechts- und kriminalitätshistorisch Aspekte auf, die auch in anderen vergleichbaren Kriminalfällen und z.T. in der reichsgerichtlichen Judikatur zu finden sind: Justiznutzung und ‚Forum Shopping' durch den Täter/Kläger, die Beschwerde gegen die inquisitorische Untersuchungshaft und deren Umwandlung in einen Hausarrest, die Mobilisierung infrajustizieller Verfahrensweisen wie Fürsprache und Vergleich, Aktenversendung an und Consilium einer juristischen Fakultät, das Problem des *corpus delicti* und des Beweises des durch einen Diebstahl entstandenen Schadens, Verhaftung, Prozess und Hinrichtung durch eine andere territoriale Obrigkeit, gestützt auf die im gemeinen Strafrecht enthaltene Möglichkeit der grenzübergreifenden Strafjustiz, die Frage des Gerichtsstandes, der Rechtsschutz gegen eine der Carolina widersprechende Inhaftierung und Folter, die im gemeinen Strafrecht erforderliche Wiederholung des Geständnisses ohne Zwang und die abschreckende Hinrichtungspraxis durch Hängenlassen am Galgen und Verweigerung einer christlichen Beerdigung.[62]

62 Vgl. zu diesen Aspekten für Kurmainz Härter, Policey und Strafjustiz (wie Anm. 35), insbesondere Kapitel 4.3, 6.5 und 9.3; Karl Härter, Grenzübergreifende Kriminalität von Vaganten und Räuberbanden – interterritoriale Strafverfolgung und Landessicherheit im Alten Reich (1648–1806), in: Historische Kriminalitätsforschung in landesgeschichtlicher Perspektive. Fallstudien aus Bayern und seinen Nachbarländern 1500–1800. Referate der Tagung vom 14. bis 16. Oktober 2015 in Wildbad Kreuth, hrsg. von Wolfgang Wüst unter Mitarbeit von Martina Heller (Jahrbuch für fränkische Landesforschung, Beiheft 9), Erlangen 2017, S. 19–46.

Dass der Reichshofrat bei seinen Entscheidungen weder in diesem noch anderen Fällen der Idee einer ‚humanitären' Strafjustiz folgte, sondern sich am Reichsrecht und kaiserlichen Ansprüchen gegenüber einer unbeschränkten Landeshoheit orientierte, zeigt der folgende Fall aus den Jahren 1608 bis 1612: Hans Dösinger klagte als „arme Partei" beim Reichskammergericht gegen Vergantung und Landesverweisung aufgrund einer Verurteilung wegen eines schweren Pferdediebstahls. Nach seinem Geständnis war er an den Pranger gestellt, mit Ruten geschlagen und unter Abschwörung der Urfehde der Herrschaft verwiesen worden. Auf seine Gnadenbitte an den Kaiser hin wurde er zu sechs Jahren Kriegsdienst in Ungarn im Kampf gegen die Türken begnadigt, erhob aber trotz beschworener Urfehde im Mai 1605 beim Reichshofrat in der gleichen Sache eine Klage. In diesem Fall wies Wien aber die Klage ab und forderte den Delinquenten unter Androhung von Leib- und Lebensstrafen auf, sich unverzüglich nach Ungarn zu begeben.[63] Auch in anderen Fällen unterstützte der Reichshofrat die grenzübergreifende Strafjustiz, so z. B. 1560–1566 die Bitte des Rates von Nürnberg, gegen zwei in Zweibrücken und Fulda inhaftierte Straßenräuber vorzugehen, an deren Befragung und Verurteilung die Reichsstadt großes Interesse hatte.[64]

Das Reichskammergericht bearbeitete ebenfalls einige Fälle mit Eigentumsdelikten, bei denen es meist um Jurisdiktionsstreitigkeiten und obrigkeitliche Rechte sowie Diebstahlsanschuldigungen und daraus resultierende Injurienverfahren ging; einige Prozesse betrafen auch Rechtsverweigerung/Rechtsverzögerung[65], Verfahrensfehler[66] oder Rückerstattung gestohlenen Gutes.[67] Insbesondere die Jurisdiktionskonflikte im Kontext von Diebstahlsdelikten, die öfters die Zuständigkeitsabgrenzungen zwischen niederen und höheren Strafgerichten betrafen, könnten künftigen Forschungen als Ansatz dienen, um anhand einer genaueren Analyse der Akten (vor allem der Gutachten, Relationen, Voten und Protokolle) die juridische Bewertung von Eigentumsdelikten und die Abgrenzung von Policey- und Strafsachen weiter aufzuhellen.

Im Kontext von Konflikten, die Ehen/Ehescheidungen, Alimente, Erbschaften oder Injurien betrafen, lassen sich in den verzeichneten Akten beider Reichs-

63 Bayerisches Hauptstaatsarchiv, Reichskammergericht, Bd. 7: D – Nr. 2.130–2.676, bearb. von Margit Ksoll-Marcon und Manfred Hörner, München 2001, Nr. 2623.

64 ÖStA HHStA RHR Judicialia APA, 87-1.

65 Bayerisches Hauptstaatsarchiv, Reichskammergericht, Bd. 9: F – Nr. 3.228–3.883, bearb. von Margit Ksoll-Marcon und Manfred Hörner, München 2002, Nr. 3303 und 3322.

66 Bayerisches Hauptstaatsarchiv, Reichskammergericht: Bd. 3: B, 2 – Nr. 869–1.406 (Bd. 50/3), bearb. von Barbara Gebhardt und Manfred Hörner, München 1997, Nr. 1402; Bd. 6: C – Nr. 1.840–2.129, bearb. Manfred Hörner, München 1995, Nr. 1971; Bd. 9 (wie Anm. 63), Nr. 3715.

67 Kaltwasser, Frankfurter Bestand (wie Anm. 38), Nr. 702, 1341 und 1604; Bayern Bd. 4: B, 3 – Nr. 1.407–1.839, bearb. von Barbara Gebhardt und Manfred Hörner, München 1998, Nr. 1710.

gerichte auch Delikte wie Ehebruch oder häusliche Gewalt nachweisen; davon 51 Fälle am Reichshofrat.[68] Dabei traten auch Frauen als aktive, strategisch handelnde Justiznutzerinnen auf. So brachte Barbara Rheauer 1550 in einer Supplik vor, dass sie gezwungen worden sei, Sixt Mulutz zu heiraten, der sie misshandelt und des Ehebruchs bezichtigt habe, wofür sie zu Unrecht inhaftiert und mit Landesverweisung bestraft worden sei. Rheauer bat um einen kaiserlichen Schutzbrief, um nach Brandenburg-Ansbach zurückkehren und ihre Kinder versorgen zu können, was die dortige Regierung aber unter Berufung auf die Halsgerichtsordnung zurückwies. Der Reichshofrat entschied, dem Gesuch der Klägerin statt zu geben, falls sich deren Ausführungen als zutreffend erweisen würden.[69] Weitere Fälle betreffen ebenfalls Landesverweise aufgrund von Ehebruchsdelikten und Bitten um Aufhebung der Strafe, freies Geleit bzw. Geleitbriefe und Rückkehr. Andere Kläger bzw. Supplikanten baten nach Strafverfahren oder Verurteilungen wegen Ehebruchs um Restitution von Stand und Ehre, Schmerzensgeld oder um kaiserliche Vermittlung. Bei Verfahren, die adlige Klägerinnen/Kläger bzw. Täterinnen/Täter betrafen, verhandelte der Reichshofrat auch den Vorwurf des Ehebruchs anhand von Zeugenaussagen, wie in dem von einer kaiserlichen Kommission 1595–1597 durchgeführten Verfahren, die Auseinandersetzung der Herzoginnen von Jülich-Kleve-Berg wegen Ehebruchs betreffend.[70] In Kammergerichtsprozessen spielten ebenfalls Ehebruch und häusliche Gewalt in Konflikten um Ehescheidungen oder Erbschaftstreitigkeiten eine Rolle, da ein bestrafter Ehebruch zur Aberkennung der Erbfähigkeit führen konnte oder Ehebruch, böswilliges Verlassen und Misshandlungen von Ehefrauen in Scheidungsfällen vorgebracht und vom Reichskammergericht beurteilt wurden.[71] Die Beschäftigung der Reichsgerichte mit dem Delikt des Ehebruchs eröffnet folglich Perspektiven auf eine große Bandbreite an devianten/kriminellen Verhaltensweisen und Konflikten im Bereich von Ehe und Sexualität sowie auf unterschiedliche Formen der Nutzung der Reichsgerichte auch im Hinblick auf infrajustizielle Verfahrensweisen wie Supplikationen, Geleitbriefe oder kaiserliche Vermittlung.

Weiterhin enthalten die Akten der Reichsgerichte zahlreiche Fälle, in denen Gewaltdelikte wie Schlägerei, Körperverletzung und Tötungsverbrechen (Totschlag/Mord) vorkamen, zumal bei Reichsunmittelbaren eine erstinstanzliche Zuständigkeit gegeben war.[72] Während das Reichskammergericht Gewaltdelikte

---

68 Vgl. auch die Fallstudie von Eva Ortlieb, Eine Fürstin verteidigt sich vor dem Kaiser. Die Anzeige wegen Ehebruchs gegen Jakobe Herzogin von Jülich-Kleve-Berg, in: Siegrid Westphal (Hrsg.), In eigener Sache. Frauen vor den höchsten Gerichten des Alten Reiches, Köln u. a. 2005, S. 183–217.

69 ÖStA HHStA RHR Judicialia APA, 143-12.

70 ÖStA HHStA RHR Judicialia APA, 69-1, und APA, 68-11.

71 Kaltwasser, Frankfurter Bestand (wie Anm. 38), Nr. 898, 1419 und 1578.

72 Vgl. Christian Wieland, Nach der Fehde, Studien zur Interaktion von Adel und Rechtssystem am

häufiger im Kontext des Land- oder Religionsfriedensbruchs oder von Jurisdiktionsstreitigkeiten bearbeitete, findet sich in den Akten des Reichshofrats ein größeres Spektrum an Gewaltdelikten und damit verbundenen infrajustiziellen Praktiken. Die Reichshofratsbestände der Judicialia und Gratialia enthalten nach gegenwärtigem Kenntnisstand über 450 Totschlagsfälle, in denen die betroffenen Täter häufig um sicheres Geleit, Interzessions- und Fürbittschreiben oder um Gnade baten. In einigen der 137 Fälle, die in den Judicialia überliefert sind, ging es auch in der Sache um Totschlag oder Mord, die der Reichshofrat im 16. Jahrhundert offenbar noch bearbeitete und Mandate erließ.[73] Ein Beispiel für ein Tötungsdelikt mit Beteiligung Reichsunmittelbarer ist das 1656 bis 1660 durchgeführte Verfahren, den Totschlag oder Mord an Hans Otto von Jahrsdorf (Mitglied der Schwäbischen Reichsritterschaft) betreffend.[74] Die Witwe des Getöteten klagte primär wegen eines Erbschaftstreits und angemessener Versorgung, wollte aber auch eine der Carolina gemäße strafrechtliche Verfolgung des Täters Friedrich Adam von Stein wegen Mordes an ihrem Ehemann erreichen. Sie erwirkte beim Reichshofrat „einen Kommissionsbefehl an die Schwäbische Reichsritterschaft, den Täter zu verhaften, einen Kriminalprozess nach den Grundsätzen der Carolina einzuleiten" und Akten und Urteil einzuschicken. Diese lagen 1659 dem Reichshofrat vor und zeigen eine für die Bewertung von Tötungsdelikten typische rechtliche Kontroverse. Der Täter war erst 1656 verhaftet und unter Hausarrest gestellt und der Prozess gegen ihn 1657 begonnen worden, obwohl das Tötungsdelikt 1650 begangen worden war. Laut Anklage hatte Stein sein Opfer Jahrsdorf *ohne einige Ursach ganz freventlich und hochsträfflich hinderwerts und ohnführsehener weiß angegriffen und jämmerlich erstochen und entleibet*, und folglich seine Tat geplant und vorsätzlich ausgeführt, die als *homicidium voluntarium praemeditatum* bzw. Mord mit der Todesstrafe (*poena ordinaria*) zu strafen sei.[75] Der Angeklagte wies jedoch den Vorsatz zurück und behauptete, auf Beleidigungen mit dem flachen Degen reagiert und Jahrsdorf den tödlichen Stoß erst versetzt zu haben, nachdem dieser eine Pistole gezogen habe. Folglich plädierte er auf Totschlag in der Folge der Verteidigung von Ehre und Leben, wie es ihm als adligem *Cavallier* zustehe. Weiterhin brachte er vor, er sei angetrunken gewesen, bereue und habe sich mit der Witwe Jahrsdorf verglichen, d. h. eine Ent-

Beginn der Neuzeit: Bayern 1500 bis 1600, Epfendorf/Neckar 2014, insbesondere S. 434–458 mit einem Beispiel des Reichskammergerichts.

73 Vgl. z. B. vier Fälle von 1551: ÖStA HHStA RHR Judicialia miscellanea, 1-7, ÖStA HHStA RHR Judicialia miscellanea, 38-25, ÖStA HHStA RHR Judicialia miscellanea, 129-24, ÖStA HHStA RHR Judicialia miscellanea, 139-2.

74 ÖStA HHStA RHR Judicialia Antiqua, 111-12, sowie Rasche, Serie II: Antiqua, Bd. 2 (wie Anm. 58), Nr. 688, S. 494–498, danach die Darstellung und alle Zitate.

75 Zitiert nach Rasche, Serie II: Antiqua, Bd. 2 (wie Anm. 58), Nr. 688, S. 495.

schädigung gezahlt. Insoweit verwendete er die in Totschlagfällen charakteristischen Verteidigungsargumente einschließlich des außergerichtlichen Vergleichs. Das reichsritterschaftliche Gericht versandte die Akten zum Gutachten an die Tübinger Juristenfakultät, die zwar der Argumentation der Anklage folgte, aber mit Bezugnahme auf die Nichteinhaltung der Bestimmungen der Carolina die genaue Untersuchung des Leichnams betreffend von der Todesstrafe abrückte und unter Berücksichtigung der erfolgten Entschädigung als außerordentliche Strafe (*poena extraordinaria*) unbefristeten Kriegsdienst in der kaiserlichen Armee *biß auff anderwertige kayserliche Begnadigung* vorschlug.[76] Ein weiteres Rechtsgutachten der Ingolstädter Juristenfakultät beurteilte die Tat dagegen als vorsätzlichen Mord und schlug die Todesstrafe (Enthauptung) vor. Während sich das ritterschaftliche Gericht in seiner Entscheidung 1659 dem milden Tübinger Gutachten anschloss, folgte Wien dem Ingolstädter Gutachten und lehnte die vorgebrachten Milderungsgründe ab. Hinsichtlich der Strafe präferierte der Reichshofrat allerdings utilitaristische Strafzwecke, wie sie gerade bei Totschlagsdelikten üblich waren: Der Täter wurde zu einjährigem Militärdienst verurteilt und die Versorgung der Witwe und die Kommissionskosten von 3.000 Gulden aus seinem zu konfiszierenden Vermögen gezahlt. Im Strafvollzug bat Stein um vorzeitige Entlassung, erneut mit dem Verweis auf die Entschädigung der Witwe und seine dreijährige Untersuchungshaft. Der Fall weist folglich charakteristische Merkmale der Bearbeitung von Tötungsdelikten durch die frühneuzeitliche Strafjustiz auf: die schwierige und umstrittene Frage der Bewertung als Totschlag oder vorsätzlichen Mord, typische Verteidigungsargumente, die außergerichtliche Kompensation und die pragmatische Lösung durch eine außerordentliche arbiträre Strafe, von der letztlich der Staat bzw. der Kaiser profitierte.[77]

Im Fall des von Konstantin Graf von Liechtenstein an Hans Veit Megetzer in Reutlingen begangenen Totschlags setzte der Reichshofrat 1580/81 eine kaiserliche Kommission ein, die mit der Vermittlung eines Vergleichs zwischen den Beteiligten beauftragt wurde. Handelte es sich doch um einen Fall mit einem adligen bzw. reichsunmittelbaren Täter, der in der Stadt Reutlingen (die ein Totschlägerasyl unterhielt) ein Gewaltverbrechen begangen hatte.[78] In den Bereich der grenzübergreifenden Strafverfolgung gehören auch die Konflikte um die Gewährung von Asyl (insbesondere Totschlägerasyl), die den Reichshofrat mehrfach beschäftigten.[79] So klagte die Stadt Wimpfen 1573 gegen das Wimpfe-

---

76 Zitiert nach Rasche, Serie II: Antiqua, Bd. 2 (wie Anm. 58), Nr. 688, S. 496.

77 Vgl. Susanne Pohl-Zucker, Making manslaughter. Process, punishment, and restitution in Wurttemberg and Zurich, 1376–1700, Leiden 2017; Härter, Policey und Strafjustiz (wie Anm. 35), S. 469–495 und 565–575.

78 ÖStA HHStA RHR Judicialia APA, 115-13.

79 Vgl. den oben bereits angeführten Reutlinger Fall sowie grundsätzlich Karl Härter, Frühneuzeit-

ner Dominikanerkloster, das Konrad von Helmstatt nach einem begangenen Totschlag Asyl gewährt hatte.[80] Umgekehrt gewährte aber auch der Kaiser wie im Fall des Totschlägers Georg Röck Schutzbriefe für den Aufenthalt im Totschlägerasyl Reutlingen.[81] In wenigen Fällen unterstützte der Reichshofrat auch die grenzübergreifende Fahndung bzw. Strafverfolgung von Gewalttätern, wie 1572 die Ergreifung von Otto Uchsel aus Livland wegen eines zwischen Bergedorf und dem Kloster Reinbek begangenen Totschlags durch Erlass eines offenen Mandats an die Reichsstände.[82]

In den meisten Fällen betrafen die Bittgesuche allerdings die Gewährung eines freien Geleits, um aus dem Asyl oder nach einer Landesverweisung wieder zurückkehren zu können, kaiserliche Empfehlungs-/Fürbittschreiben zur Aufhebung von Urteilen oder Strafen oder die Gewährung von Gnade. Sie wurden häufig damit begründet, dass der Totschlag im Affekt und unabsichtlich begangen worden war und der Täter zur außergerichtlichen Aussöhnung und Kompensation bereit sei bzw. diese geleistet habe. Im 18. Jahrhundert behandelte der Reichshofrat – soweit der diesbezüglich noch niedrige Stand der Aktenerschliessung dies erkennen lässt – allerdings kaum noch Totschlagsfälle. Ein Grund hierfür könnte auch sein, dass sich die territoriale Praxis der Strafjustiz geändert hatte und bei Tötungsdelikten an die Stelle von Akkusationsverfahren, Kompensation und Vergleich die strafrechtliche Verfolgung im Rahmen des Inquisitionsprozesses und staatliche Strafe getreten waren.[83]

2.3 Politische Delikte und Konflikte

Von den Reichsgerichten behandelte Gewaltverbrechen betrafen auch kriminelle Handlungen, die dem Bereich der politischen Delikte und Konflikte zugeordnet werden können und meist als Landfriedensbruch oder Majestätsverbrechen verhandelt wurden.[84] Die Zuständigkeit der Reichgerichte war mehrfach

liche Asylkonflikte vor dem Reichshofrat und anderen europäischen Höchstgerichten, in: Auer/Ogris/Ortlieb (Hrsg.), Höchstgerichte in Europa (wie Anm. 7), S. 139–162.

80 ÖStA HHStA RHR Judicialia Antiqua, 418-10.

81 ÖStA HHStA RHR Judicialia APA, 154-25

82 ÖStA HHStA RHR Judicialia APA, 173-5.

83 Vgl. allgemein zum Wandel von infrajustiziellen Praktiken zum staatlichen Strafen Karl Härter, Infrajudicial Modes of Conflict Regulation through Negotiation, Mediation and Arbitration in Early Modern European Criminal Justice, in: Karl Härter/Carolin Hillemanns/Günther Schlee (eds.), On Mediation: Historical, Legal, Anthropological and International Perspectives, New York/Oxford 2020, S. 15–41.

84 Vgl. allgemein: Karl Härter/Beatrice de Graaf (Hrsg.), Vom Majestätsverbrechen zum Terrorismus: Politische Kriminalität, Recht, Justiz und Polizei zwischen Früher Neuzeit und 20. Jahrhundert (Studien zur europäischen Rechtsgeschichte, 268), Frankfurt a. M. 2012; Angela De Benedictis/

begründet: Mit dem Ewigen Landfrieden hatte zunächst das Reichskammergericht die erstinstanzliche Zuständigkeit für den Landfriedensbruch inklusive Fehden und Revolten erhalten, die später um den Religionsfriedensbruch erweitert wurde.[85] Ebenso übte der Reichshofrat eine Zuständigkeit bei Land- und Religionsfriedensbruch oder bei Aufständen/Revolten aus.[86] Als zentrale Justizinstitution, die den Kaiser als obersten Gerichtsherr repräsentierte, war der Reichshofrat für alle Formen des *crimen laesae maiestatis* und alle mit Reichsacht bedrohten politischen Handlungen zuständig, die sich gegen Kaiser und Reich richteten. Diesbezüglich hat sich die Forschung insbesondere auf Achtverfahren und einzelne Fälle der Verhängung der Reichsacht wie z. B. gegen Wallenstein konzentriert.[87]

Hinzu kam die erstinstanzliche Zuständigkeit der Reichsgerichte für Reichsunmittelbare und damit deren kriminelle Handlungen, die von deviantem Lebenswandel und Gewalttaten bis zum Missbrauch der Herrschergewalt reichen konnten und insofern Bezüge zu den Themenfeldern gute Policey und Kriminalität/Strafjustiz aufweisen.[88] Diesbezüglich hat die Forschung z. B. Fürstenabsetzungen durch das Reichskammergericht untersucht, und am Beispiel der Absetzung des Fürsten Friedrich Karl von Wied-Neuwied über den Untertanenkonflikt hinaus auch den Zusammenhang zu verbotenen geheimen Gesellschaf-

---

Karl Härter (Hrsg.), Revolten und politische Verbrechen zwischen dem 12. und 19. Jahrhundert. Rechtliche Reaktionen und juristisch-politische Diskurse / Revolts and Political Crime from the 12th to the 19th Century. Legal Responses and Juridical-Political Discourses (Studien zur europäischen Rechtsgeschichte, 285), Frankfurt a. M. 2013; Andreas Roth, Landfriedensbruch, in: HRG, Bd. 3, 2. Aufl., Berlin 2016, Sp. 505–509.

85 Grundlegend Anette Baumann, Die Tatbestände Land- und Religionsfriedensbruch am Reichskammergericht im 16. Jahrhundert, in: Hendrik Baumbach/Horst Carl (Hrsg.), Landfrieden – epochenübergreifend. Neue Perspektiven der Landfriedensforschung auf Verfassung, Recht, Konflikt (Zeitschrift für Historische Forschung, Beiheft 54), Berlin 2018, S. 240–261; Siegrid Westphal, Reichskammergericht, Reichshofrat und Landfrieden als Schutzinstitute der Reichsverfassung, in: Thomas Simon/Johannes Kalwoda (Hrsg.), Schutz der Verfassung: Normen, Institutionen, Höchst- und Verfassungsgerichte Tagung der Vereinigung für Verfassungsgeschichte in Hofgeismar vom 12. bis 14. März 2012, Berlin 2014, S. 13–37.

86 Vgl. Sellert, Zuständigkeitsabgrenzung von Reichshofrat und Reichskammergericht (wie Anm. 16), S. 77–81.

87 Vgl. Dietrich Landes, Achtverfahren vor dem Reichshofrat, Diss. Frankfurt a. M. 1964; Christoph Kampmann, Reichsrebellion und kaiserliche Acht. Politische Strafjustiz im Dreißigjährigen Krieg und das Verfahren gegen Wallenstein 1634, Münster 1992; ders., „Der Leib des Römischen Reichs ist der Stände Eigentum und nicht des Kaisers". Zur Entstehung der Konkurrenz zwischen Kaiserhof und Reichstag beim Achtverfahren, in: Wolfgang Sellert (Hrsg.), Reichshofrat und Reichskammergericht. Ein Konkurrenzverhältnis (QFGH, 34), Köln u. a. 1999, S. 169–198.

88 Sellert, Zuständigkeitsabgrenzung von Reichshofrat und Reichskammergericht (wie Anm. 16), S. 90–97.

ten im Zeitalter der Französischen Revolution diskutiert.[89] Zum Reichshofrat liegt ebenfalls eine neuere Studie vor, die am Beispiel von Territorien des Schwäbischen Reichskreises die Aberkennung der Herrschergewalt behandelt.[90]

Politische Verbrechen der Reichsunmittelbaren, die damit verbundenen politischen Konflikte sowie allgemein die Kriminalität des Adels machen folglich einen wichtigen Teil der Jurisdiktion und Tätigkeit der Reichsgerichte aus. Politische Delikte betrafen sowohl Konflikte zwischen Reichsunmittelbaren und damit Inhabern von Herrschaftsrechten als auch Handlungen von Untertanen gegen die Obrigkeit, die als Verstoß gegen die politische Ordnung und das Straf- bzw. Reichsrecht kriminalisiert und von den Reichsgerichten auch erstinstanzlich bearbeitet wurden. Die Bandbreite reicht von Fürstenabsetzungen über Fehde und Landfriedensbruch, Majestätsverbrechen und Verrat bis zu Aufständen und Revolten der Untertanen und konnte Achtverfahren bzw. die Erklärung der Reichsacht, Todesstrafen oder Fürstenabsetzungen beinhalten. Zwar fehlt bislang eine zusammenfassende monographische Darstellung zu dem Themenbereich der politischen Delikte und Konflikte, aber vor allem zu Landfriedensbruch und Aufständen/Revolten liegen neuere Forschungen zur diesbezüglichen Tätigkeit der Reichsgerichte vor.

So wurden die reichsgerichtliche Verfolgung von Fehden bzw. entsprechenden Gewalthandlungen von Reichsunmittelbaren als Landfriedensbruch untersucht, die auch den Kontext der jeweiligen politischen Konflikte und die rechtlichen Reaktionen der Reichsgerichte auf Bedrohungen der Sicherheit im Reich durch politische und religiöse Devianz thematisieren.[91] Die Forschung hat gewaltsame Übergriffe auch im Kontext der Religionskonflikte behandelt, die von den

---

89 Werner TROSSBACH, Fürstenabsetzungen im 18. Jahrhundert, in: Zeitschrift für historische Forschung 13 (1986), S. 425–454; Monika NEUGEBAUER-WÖLK, Reichsjustiz und Aufklärung. Das Reichskammergericht im Netzwerk der Illuminaten (Schriftenreihe der Gesellschaft für Reichskammergerichtsforschung, Heft 14), Wetzlar 1993; Karl HÄRTER, Der Rekurs des Fürsten Friedrich Karl von Wied-Neuwied. Zum Verhältnis von Reichskammergericht und Reichstag am Ende des Alten Reiches, in: Heinz Mohnhaupt/Dieter Simon (Hrsg.), Vorträge zur Justizforschung. Geschichte und Theorie, Bd. 2 (Rechtsprechung, Materialien und Studien, 7), Frankfurt a. M. 1993, S. 245–284.

90 Bernd MARQUARDT, Zur reichsgerichtlichen Aberkennung der Herrschergewalt wegen Missbrauchs: Tyrannenprozesse vor dem Reichshofrat am Beispiel des südöstlichen schwäbischen Reichskreises, in: Baumann/Oestmann/Wendehorst/Westphal (Hrsg.), Prozesspraxis im Alten Reich (wie Anm. 42), S. 53–89.

91 Karl HÄRTER, Gewalt, Landfriedensbruch, Sekten und Revolten: Das Reichskammergericht und die öffentliche Sicherheit (Schriftenreihe der Gesellschaft für Reichskammergerichtsforschung, 45), Wetzlar 2017; zu Gewalttaten im Kontext der Fehde vgl. insbesondere WIELAND, Nach der Fehde (wie Anm. 72), S. 434–458.

Reichsgerichten als Religionsfriedensbruch verfolgt wurden.[92] Auf der Basis der bisher erschlossenen Akten sind für das Reichskammergericht insgesamt 1795 und für den Reichshofrat immerhin 161 (davon 154 im Bestand Judicialia) Fälle mit Bezug zu Land- und Religionsfriedensbruch feststellbar.[93] Tobias Branz hat für das Reichskammergericht zwischen 1495 und 1555 871 Verfahren zu Landfriedensbruch ermittelt, in denen insbesondere Fehden eine große, aber letztlich abnehmende Rolle spielten (der Anteil sank von 1495–1520 25,7 % auf 2,8 % in den Jahren 1548–1555). Die anderen Fälle betrafen Raub, Überfall/Einfall, Gefangennahme, Brandstiftung, Sachbeschädigung, Tötungsdelikte, Nötigung, Misshandlung und andere unterschiedliche öffentliche Gewalthandlungen und Sicherheitsgefährdungen, die als Landfriedensbruch eingestuft wurden.[94] Hinzu kommen weitere Verfahren im Zusammenhang mit der Pfändungskonstitution, die eigenmächtige gewaltsame Pfändungen als Landfriedensbruch kriminalisiert hatte.[95] Insofern bildeten Fehdehandlungen zwar einen Kerntatbestand der vom Reichskammergericht bearbeiteten Landfriedenssachen, diese weisen jedoch hinsichtlich politischer Gewalt und Kriminalität ein deutlich größeres Spektrum an kriminellen Handlungen auf. Folglich kommt den Landfriedensbruchfällen ein noch nicht ausgeschöpftes Potential zu, um die Bearbeitung bzw. Kriminalisierung von politischen Konflikten und Delikten durch die Reichsgerichte weiter zu erforschen. Die folgenden Beispiele aus der diesbezüglich noch wenig untersuchten Tätigkeit des Reichshofrats mögen dies demonstrieren.

Bereits 1530 erklärte der Reichshofrat den Freiherren Hans Thomas von Rosenberg auf Klage/Antrag des Truchsessen von Waldburg wegen Landfriedensbruchs in die Reichsacht und erließ im gleichen Jahr ein Mandat an alle Reichsstände, Dietrich von Doytzen und Asmus von Bonnissen wegen Landfriedensbruches festzusetzen.[96] Im 16. Jahrhundert folgten weitere Verfahren, die meist gewaltsame Übergriffe und Fehdehandlungen von Adligen betrafen, in denen aber auch Religionsstreitigkeiten, Hoheitsrechte, Übergriffe auf Untertanen

---

92 Vgl. dazu Tobias Branz, Reformationsprozesse am Reichskammergericht. Zum Verhältnis von Religionsfriedens- und Landfriedensbruchtatbeständen und zur Anwendung der Tatbestände in reichskammergerichtlichen Reformationsprozessen, Aachen 2014; Tobias Branz, Von Religionsfriedenstatbeständen, Landfriedensbruch und Reformationsprozessen am Reichskammergericht, in: Anja Amend-Traut/Anette Baumann/Stephan Wendehorst/Steffen Wunderlich (Hrsg.), Die höchsten Reichsgerichte als mediales Ereignis (baR, 11), München 2012, S. 151–177; Baumann, Tatbestände Land- und Religionsfriedensbruch (wie Anm. 85).

93 Wie Anm. 12.

94 Branz, Reformationsprozesse am Reichskammergericht (wie Anm. 92), S. 16–53, hier die Zahlen nach den Tabellen I und IV, S. 17 und 22.

95 Miriam Katharina Dahm, Die Pfändungskonstitution gemäß RKGO 1555, Teil 2, Tit. XXII und ihr Verhältnis zum Landfrieden (Bochumer Forschungen zur Rechtsgeschichte, 4), Aachen 2008.

96 ÖStA HHStA RHR Judicialia APA, 193-7; ÖStA HHStA RHR Judicialia APA, 140-2.

oder die Restitution von Gütern eine Rolle spielten. Die vom Reichshofrat als Landfriedensbruch verhandelten Fälle konnten eine große Bandbreite an kriminellen Tatbeständen und Konflikten einschließen, darunter kriegerische Aktivitäten, gewaltsame Forderungen, Übergriffe und Pfändungen, Totschlag, Überfälle auf Dörfer, Güter oder der Landstraße, Aufruhr und Rebellion, rechtswidrige Verhaftungen/Inhaftierungen, gewaltsame Verletzung von Hoheits-, Jagd- oder Nutzungsrechten, Jurisdiktionskonflikte, Entschädigungs- und Restitutionsforderungen, Streitigkeiten zwischen Angehörigen adliger Häuser um Erbe oder Güter und anderes mehr. Ein ähnlich differenziertes Bild der Tatbestände zeigen auch die am Reichskammergericht bearbeiteten Fälle.[97] Offenbar nutzten zahlreiche Kläger den Vorwurf des Landfriedensbruchs, um im weitesten Sinn politische Streitigkeiten an den Reichshofrat zu bringen und eine günstige Entscheidung zu erreichen.

Der Reichshofrat erließ Haftbriefe und Mandate und verhängte Strafen, setzte aber auch Kommissionen ein, die gütlich verhandeln und schlichten sollten. In dem 1554 bis 1571 durchgeführten Verfahren gegen Albrecht von Rosenberg wegen Felonie, Majestätsbeleidigung und Landfriedensbruchs – er hatte angeblich den Kurfürsten von Sachsen beleidigt, einen Aufruhr unter der Reichsritterschaft geplant und in die Reichsacht erklärte Adlige unterstützt – kam es auch zu Haft und Verhören und drohten Reichsacht und Todesstrafen. Aufgrund von Gnadenbitten des Angeklagten, zahlreichen Fürbitten und kaiserlicher Vermittlung und Bitte um Aussöhnung stimmten die Kläger jedoch einer Strafmilderung zu.[98] In anderen Fällen verhängte der Reichshofrat allerdings auch Strafen und verurteilte beispielsweise 1630 auf Klage des Landgrafen von Hessen-Darmstadt und Anklage des Reichshoffiskals die Grafen von Isenburg-Büdingen wegen Hochverrats und mehrerer landfriedensbrüchiger Handlungen zu einer Strafe von 1.000 Mark lötigen Goldes und Schadenersatz.[99] Soweit aus den Inventaren der Akten erkennbar, setzte der Reichshofrat allerdings weniger auf harte Strafen, sondern bevorzugte Vermittlung, Schlichtung und Schadenersatz, um die Konflikte zu regulieren.

Zwar verfolgten die Reichsgerichte auch Aufstände und Revolten als Landfriedensbruch, die reichsgerichtliche Beschäftigung mit sozialen Unruhen wurde von der Forschung allerdings meist im Kontext von Untertanenprozessen am Reichskammergericht und entsprechenden Fallstudien zu städtischen und länd-

97 Vgl. Baumann, Tatbestände Land- und Religionsfriedensbruch am Reichskammergericht (wie Anm. 85), S. 238–242.

98 ÖStA HHStA RHR Judicialia APA, 145-23, ÖStA HHStA RHR Judicialia APA, 146-1, und ÖStA HHStA RHR Judicialia APA, 147-1.

99 ÖStA HHStA RHR Judicialia Antiqua, 131-1.

lichen Konflikten und Protesten gegen die Obrigkeit thematisiert.[100] Hinsichtlich der Funktionen und Wirkungen der reichsgerichtlichen Tätigkeit überwiegen die Deutungsmuster Verrechtlichung, Rechtsschutz und Konfliktschlichtung. Zweifellos nutzten Untertanen in Konflikten mit der Obrigkeit die Reichsgerichte, die insofern zur Verrechtlichung von Aufständen, sozialen Unruhen und Protest beitrugen. Daneben stellten jedoch Kriminalisierung, strafrechtliche Verfolgung und militärische Niederschlagung von Aufständen und Revolten weitere Reaktionen[101] der Reichsgerichte dar, wie sich am Beispiel der Reaktion des Reichskammergerichts auf soziale Unruhen während der Französischen Revolution und des Aufstandes in Lüttich zeigen lässt.[102] Obwohl sich 118 am Reichskammergericht und 188 am Reichshofrat verhandelte einschlägige Fälle ermitteln lassen,[103] hat die Forschung die Kriminalisierung von Aufständen, Revolten und Rebellionen – und zwar von Untertanen wie von Reichsunmittelbaren – als politische Delikte und die Strafverfolgung durch die Reichsgerichte eher selten thematisiert und insofern auch auf dem Feld der reichsgerichtlichen Forschung die Möglichkeit der Verknüpfung mit der historischen Kriminalitätsforschung kaum genutzt.

Dass der Reichshofrat ebenfalls Aufstände sogar als Majestätsverbrechen verfolgte, zeigt das Beispiel des sogenannten Fettmilch-Aufstands in der Reichsstadt Frankfurt. Der 1612 nach der Wahl von Matthias zum Kaiser einsetzende Protest von Teilen der Bürgerschaft richtete sich zunächst gegen den Rat der Stadt, entwickelte aber schon bald eine antijüdische Dimension. Der Protest gipfelte 1614 in der gewaltsamen Absetzung des Rates und dem von Vinzenz Fettmilch angeführten Pogrom gegen die Frankfurter jüdische Gemeinde. Die Aufrührer hatten damit nicht nur das bereits 1612 vom Reichshofrat erlassene

---

100 Stefan Xenakis, Untertanenprozesse an Reichsgerichten. Ein systematisch-bibliographischer Überblick (Rechtshistorische Reihe, 476), Berlin u. a. 2018, der allerdings den Aspekt der Kriminalisierung als politische Delikte nicht systematisch behandelt. Als exemplarische Fallstudien vgl. weiterhin Julia Maurer, Der „Lahrer Prozess" 1773–1806. Ein Untertanenprozeß vor dem Reichskammergericht (QFHG, 30), Köln u. a. 1996; Rita Sailer, Untertanenprozesse vor dem Reichskammergericht. Rechtsschutz gegen die Obrigkeit in der zweiten Hälfte des 18. Jahrhunderts (QFHG, 33), Köln u. a. 1999.

101 Hierzu Karl Härter, Revolten, politische Verbrechen, rechtliche Reaktionen und juristisch-politische Diskurse: einleitende Bemerkungen, in: De Benedictis/Härter (Hrsg.), Revolten und politische Verbrechen (wie Anm. 84), S. 1–13.

102 Karl Härter, Soziale Unruhen und Revolutionsabwehr: Auswirkungen der Französischen Revolution auf die Rechtsprechung des Reichskammergerichts, in: Bernhard Diestelkamp (Hrsg.), Das Reichskammergericht am Ende des Alten Reiches und sein Fortwirken im 19. Jahrhundert, Köln u. a. 2002, S. 43–104; Simon Reuter, Revolution und Reaktion im Reich. Die Intervention im Hochstift Lüttich 1789–1791 (Verhandeln, Verfahren, Entscheiden. Historische Perspektiven, 5), Münster 2019.

103 Wie Anm. 12.

Friedensgebot, sondern auch den von der kaiserlichen Kommission (Kurmainz und Hessen-Darmstadt) ausgehandelten Bürgervertrag und mehrere Mandate des Reichshofrats gebrochen. Aufgrund des eskalierenden Konflikts und auch weil die jüdische Gemeinde den Kaiser mehrmals per Supplikation um Schutz bat, erließ der Reichshofrat am 30. Mai 1614 ein Mandat zum Schutz der Juden und am 26. Juli ein mit Inquisition (bzw. Strafverfahren) und Reichsacht drohendes Paritionsmandat, das die Kommission in Frankfurt verkündete. Die Plünderung der Judengasse und die gewaltsame Vertreibung der Juden aus der Stadt am 22./23. August 1614 beantwortete der Reichshofrat umgehend im September und Oktober mit Mandaten, die die Rebellen wegen feindseligen und friedensbrüchigen Gewalttaten und Übergriffen gegen die jüdische Gemeinde in die Reichsacht erklärten. Der Reichshofrat wies die Kommission an, den Aufstand militärisch niederzuschlagen und die Rädelsführer zu inhaftieren, und beauftragte sie am 18. März 1615 mit der Durchführung eines inquisitorischen Strafverfahrens. Die Kommission führte dann gegen die Hauptbeteiligten der Revolte ein Untersuchungsverfahren mit zahlreichen Verhören durch und sandte die Akten zur Entscheidung nach Wien. Am 28. Februar 1616 wurden die kaiserlichen Urteile publiziert, die sechs Rädelsführer in Vollzug der gegen sie als „Reichsfeinde“ erklärten Reichsacht und wegen *der angefangenen Sedition vnd Eludirung der Keyserlichen Befelchen*, gewaltsamen, bewaffneten Aufruhrs und des Vorgehens gegen die unter kaiserlichem Schutz stehenden Juden zum Tod verurteilten. Die Tatbestände bewaffneter Aufruhr, gewaltsamer Übergriff gegen die jüdische Gemeinde, Widerstand gegen die Kommission und Bruch der kaiserlichen Mandate bewertete der Reichshofrat insgesamt als Verletzung der kaiserlichen Hoheit – d.h. als Majestätsverbrechen.[104] Entsprechend wurde der Strafvollzug (sieben Todesurteile und 31 weitere Strafen wie Ausweisung) in einem imperialen Rahmen als Bestrafung von politischen Verbrechern inszeniert, wozu das Abhauen des Schwurfingers vor Ausführung der Todesstrafe, die Vierteilung und das Aufhängen der Körperteile an den Stadttoren, das Aufspießen und Ausstellen der abgetrennten Köpfe von vier Rädelsführern, die Konfiskation ihres Vermögens, die Auslöschung ihres Namens, die Zerstörung ihrer Häuser

104 Peinlich Urtheil wider die Franckfurtische Rebellen Vincenz Fettmilchen, Conrad Gerngroß, Conrad Schoppen und Consorten ergangen, exequirt und vollstreckt, Frankfurt a. M. 1616; Copia Der Kays. Achts-Erklärung/ so in deß heiligen Reichs Statt Franckfurt am Mayn/ Mittwochs den 28. Septembr. Anno 1614. Durch einen Kays. Herolden/ wider darin benandte Personen publicirt worden, Frankfurt a. M. 1615; sowie die Dokumente zu Tätigkeit von Kommission und Reichshofrat in: Diarium Historicum: Darinnen Deß Heyligen Reichs Statt Franckfort an dem Meyn gefährlicher auffstandt/ und das schwürige Unwesen [...] ordentlich verzeichnet ist [...], Frankfurt a. M. 1615 und 1617; die Akten des Reichshofrats in: ÖStA HHStA RHR Decisa, 2120 und 2121.

und die Errichtung einer Schandsäule sowie die Bestrafung von Mitläufern und Familienangehörigen mit entehrenden Prügel- und Ausweisungsstrafen gehörten. Strafen und Verfahren riefen ein enormes Medienecho hervor, das sich in zahlreichen illustrierten Einblattdrucken und in der Publikation kaiserlicher Dokumente (wie Mandaten und Urteilen) niederschlug. Das Verfahren zeigt folglich, dass der Reichshofrat den in der Strafjustiz typischen dualen Inquisitionsprozess mit lokalem Untersuchungs- und zentralem Entscheidungsverfahren durchführte, eine differenzierte Bewertung der Tatbestände mit den ebenfalls charakteristischen strafrechtlichen Konzepten des Landfriedensbruchs und des *crimen laesae maiestatis* vornahm, die Strafen imperial-symbolisch inszenierte und es auch ermöglichte, die wichtigsten Dokumente öffentlich im Druck zu publizieren, um so seine politisch-juridische Deutung des Konflikts als politisches Verbrechen im Diskurs zu etablieren.[105]

Das Verfahren mag zwar als ein Ausnahmefall erscheinen, der Reichshofrat verhandelte jedoch noch weitere prominente Aufstände und Revolten wie die sogenannte Emder Revolution (1601–1607) oder die Rebellion in Aachen. Insgesamt lassen sich in den verzeichneten Akten 139 Fälle mit Bezug zu Rebellion und Aufständen nachweisen, darunter auch Konflikte, die das Reichskammergericht bearbeitet hatte, oder Appellationen gegen Urteile landständischer Gerichte.[106] Die Forschung hat ebenfalls einige Verfahren wie das gegen den in die Acht erklärten Anführer Nikolaus Gülich der Revolte in Köln (1680–1683) oder die Mühlhäuser Unruhen der Jahre 1731 bis 1733 behandelt.[107] Die von beiden Reichsgerichten behandelten Fälle von sozialen Unruhen bzw. Aufständen, Revolten und Rebellionen betreffen folglich sehr unterschiedliche politische, städtische und ländliche Konflikte zwischen Untertanen und Obrigkeiten, aber auch zwischen Reichsunmittelbaren und dem Kaiser und zeigen eine große Bandbreite an reichsgerichtlichen Reaktionen, von der Kriminalisierung als Landfriedens-

105 Dazu Karl Härter, Early Modern Revolts as Political Crimes in the Popular Media of Illustrated Broadsheets, in: Malte Griesse (ed.), From Mutual Observation to Propaganda War. Premodern Revolts in Their Transnational Representations, Bielefeld 2014, S. 309–350, hier S. 324–335; Karl Härter, Images of Dishonoured Rebels and Infamous Revolts: Political Crime, Shaming Punishments and Defamation in the Early Modern Pictorial Media, in: Carolin Behrmann (ed.), Images of Shame. Infamy, Defamation and the Ethics of oeconomia, Berlin/Boston 2016, S. 75–101, hier S. 92–97.

106 Wie Anm. 12.

107 Thomas Lau, Fehlsteuerung – Der Reichshofrat und die Mühlhäuser Unruhen in den Jahren 1731 bis 1733, in: Ders./Helge Wittmann (Hrsg.), Kaiser, Reich und Reichsstadt in der Interaktion. 3. Tagung des Mühlhäuser Arbeitskreises für Reichsstadtgeschichte, Mühlhausen 16. bis 18. Februar 2015 (Studien zur Reichsstadtgeschichte, 3), Petersberg 2016, S. 253–274; Daniel Bellingradt, Organizing public opinion in a resonating box: the Gülich rebellion in early modern Cologne, 1680–1686, in: Urban History 39/4 (2012), S. 553–570.

bruch und Majestätsverbrechen über inquisitorische Strafverfahren, Reichsacht und abschreckende Strafen bis zu infrajustiziellen Verfahrensweisen der Vermittlung, Schlichtung und Gnade. Dies zeigt ebenfalls, dass sich die von der neueren Rechts- und Kriminalitätsgeschichte verwendeten, bereits mehrfach erwähnten Konzepte der Infrajustiz und Justiznutzung als fruchtbar erweisen könnten.

3. Infrajustiz und Justiznutzung in der Reichsgerichtsbarkeit

Die bisherigen Ausführungen haben gezeigt, dass sich Aktivitäten und Funktionen der Reichsgerichte nicht allein mit Kategorien der ordentlichen (Zivil-) Gerichtsbarkeit und gerichtlichen Klageverfahren erfassen lassen. Die für beide Reichsgerichte kennzeichnende Vielfalt der Akteure, Verfahrensmodi und bearbeiteten Konflikte scheinen daher besonders geeignet, die Konzepte der Infrajustiz und Justiznutzung einzubeziehen, die in der historischen Kriminalitäts-, Konflikt- und Justizforschung Bedeutung gewonnen haben.[108] Das Konzept der Infrajustiz wird verwendet, um die Bearbeitung und Regulierung von Konflikten und Devianz/Kriminalität außerhalb von Gerichten oder im Zusammenspiel zwischen gerichtlichen und außergerichtlichen Akteuren methodisch zu erfassen. Es beschreibt einen Interaktionsraum zwischen obrigkeitlich-staatlicher Justiz und informeller außergerichtlicher Konfliktlösung und bezieht außergerichtliche Praktiken der Konfliktregulierung sowie Alternativen zur formalen Rechtsprechung als konstitutiv mit ein, behält aber das obrigkeitlich-staatliche Rechtssystem als Bezugsrahmen bei. Das Forschungsinteresse gilt insbesondere sozialen Konfliktparteien und ‚dritten' Akteuren, ihren vielfältigen Rollen und Funktionen und den Interaktions- und Verfahrensweisen außerhalb der engeren gerichtlichen Sphäre.[109] Das Konzept Justiznutzung richtet ebenfalls die Perspektive auf die vielfältigen Handlungsmöglichkeiten sozialer Akteure und Konfliktparteien, die justizielle Institutionen aktiv nutzten, um Konflikte zu regulieren, kriminelles Verhalten sanktionieren zu lassen und eigene Interessen durchzusetzen. Im Mittelpunkt stehen die Bedürfnisse und Interessen der Konfliktparteien und Justiznutzer, die Nachfrage nach Justiz ‚von unten', die Rechts- und Justizpraxis

108 Überblick: Karl HÄRTER, Infrajustiz und außergerichtliche Formen der Konfliktregulierung, in: Decock (Hrsg.), Handbuch zur Geschichte der Konfliktlösung (wie Anm. 1), Bd. 3, S. 37–47.

109 Francisca LOETZ, L'infrajudiciaire. Facetten und Bedeutung eines Konzepts, in: Andreas Blauert/Gerd Schwerhoff (Hrsg.), Kriminalitätsgeschichte. Beiträge zur Sozial- und Kulturgeschichte der Vormoderne, Konstanz 2000, S. 545–562; Karl HÄRTER, Konfliktregulierung im Umfeld frühneuzeitlicher Strafgerichte: Das Konzept der Infrajustiz in der historischen Kriminalitätsforschung, in: Kritische Vierteljahresschrift für Gesetzgebung und Rechtsprechung 95 (2012), S. 130–144.

und die unterschiedlichen gerichtlichen, infrajustiziellen und außergerichtlichen Verfahrensweisen. Justiznutzung schließt dabei auch Prozesse der Aneignung und Veränderung durch die Nutzer mit ein.[110]

Die Einbeziehung der Konzepte Infrajustiz und Justiznutzung erscheint zunächst, als ob man Eulen nach Athen tragen wolle. War doch die Tätigkeit beider Reichsgerichte wesentlich dadurch bestimmt, dass unterschiedliche Parteien sie nutzten, um Konflikte zu regulieren. Neuere Forschungen haben diesbezüglich anhand der Prozessakten die Verfahrenspraxis in Zivilsachen, die Appellation oder die Argumentationsstrategien von Zeugen untersucht[111] sowie das Adjudizieren, die Entscheidungsfindung und die darin erkennbaren miteinander verwobenen juridischen und nicht-juridischen (politischen, sozialen, wirtschaftlichen) Logiken und Bewertungsprozesse anhand der Relationen, Protokollbücher, Richternotizen oder Vota ad Imperatorem des Reichshofrats aufgehellt.[112] Freilich führten die meisten Verfahren nicht zu Endurteilen, denn die Praxis von Reichskammergericht und des Reichshofrats insbesondere war stark durch vermittelnde, schiedliche Konfliktregulierung, alternative Verfahrensweisen außerhalb des ordentlichen Prozesses, spezifische Strategien der unterschiedlichen Justiznutzer und die Tätigkeit vermittelnder Funktionsträger gekennzeichnet, die sich den Konzepten Infrajustiz und Justiznutzung zuordnen lassen.

In dem Interaktionsraum der Infrajustiz kommt ‚dritten' Akteuren eine wichtige Bedeutung zu, die über spezifische Kommunikationsfähigkeiten und rechtliche Kenntnisse verfügten und als Kommunikatoren, Mediatoren, Schlichter,

---

110 Martin Dinges, Justiznutzungen als soziale Kontrolle, in: Blauert/Schwerhoff (Hrsg.), Kriminalitätsgeschichte (wie Anm. 109), S. 503–544; Griet Vermeesch/Manon van der Heijden/Jaco Zuijderduijn (eds.), The Uses of Justice in Global Perspective, 1600–1900, London/New York 2019.

111 Vgl. die Beiträge in: Battenberg/Schildt (Hrsg.), Reichskammergericht im Spiegel seiner Prozessakten (wie Anm. 4); Leopold Auer/Eva Ortlieb (Hrsg.), Appellation und Revision in Europa des Spätmittelalters und der Frühen Neuzeit, Beiträge zur Rechtsgeschichte Österreichs 3 (2013); Alexander Denzler/Ellen Franke/Britta Schneider (Hrsg.), Prozessakten, Parteien, Partikularinteressen. Höchstgerichtsbarkeit in der Mitte Europas vom 15. bis 19. Jahrhundert (baR, 17), Berlin 2014.

112 Aus der neueren Literatur vgl. beispielsweise Maria von Loewenich, Herstellung und Darstellung von Entscheidungen im Verfahren des Reichskammergerichts, in: Barbara Stollberg-Rilinger/André Krischer (Hrsg.), Herstellung und Darstellung von Entscheidungen. Verfahren, Verwalten und Verhandeln in der Vormoderne, Berlin 2010, S. 157–187; Matthias Bähr, Die Sprache der Zeugen. Argumentationsstrategien bäuerlicher Gemeinden vor dem Reichskammergericht (1693–1806), Konstanz/München 2012; Tobias Schenk, Die Vota ad Imperatorem des kaiserlichen Reichshofrats Zur Verfahrensautonomie an einem herrschernahen Höchstgericht der Frühen Neuzeit, in: Anja Amend-Traut/Ignacio Czeguhn/Peter Oestmann (Hrsg.), Urteiler, Richter, Spruchkörper. Entscheidungsfindung und Entscheidungsmechanismen in der Europäischen Rechtskultur (QFHG, 75), S. 239–348; Peter Oestmann, Entscheidungsfindung und Entscheidungsdarstellung am Reichskammergericht, in: ebd., S. 371–386.

Schiedsleute, Interzedierende, Supplikanten oder Unterstützer zwischen Parteien tätig waren und mit obrigkeitlich-staatlichen Gerichten interagierten. Die neueren reichsgerichtlichen Forschungen zu Advokaten, Prokuratoren, Sollizitatoren, Agenten, Untertanendeputierten, Reichshofratsagenten und den Kommissionen des Reichshofrats belegen eindrücklich, dass über Richter, Assessoren, Reichshofräte und Reichsfiskale hinaus zahlreiche dieser dritten Funktionsträger an und im Umfeld von Reichskammergericht und Reichshofrat tätig waren. Sie waren lediglich teilweise in die Organisation der Reichsgerichte eingebunden und durch Gerichtsordnungen rechtlich normiert, agierten aber auch im Überschneidungsbereich von gerichtlicher und außergerichtlicher Sphäre als infrajustizielle Funktionsträger mit Kommunikations- und Vermittlerfunktionen zwischen Parteien und Gerichten.[113] Insbesondere die Reichshofratsagenten gewannen eine Funktion als Mittler und Kommunikatoren zwischen Kaiser und Justiznutzern, vertraten sowohl die Interessen der Parteien als auch von Kaiser und Reich, bedienten sich informeller Praktiken und ermöglichten so eine flexible Justiznutzung.[114] Die kaiserlichen Kommissionen übten ebenfalls infrajustizielle Funktionen aus, verhandelten, vermittelten und schlichteten vor Ort zwischen den Parteien, regulierten als „eigenständiger Mechanismus“ auch selbständig Konflikte, und ihre Verfahrensmodi zeichneten sich durch „strukturelle Offenheit der Verhandlungsführung“ aus, die „eine eigene Handlungslogik mit einem experimentellen Verfahrensstil ermöglichte“ – was als ein wesentliches Merkmal infrajustizieller Modi und Praktiken gelten kann.[115]

---

113 Bengt Christian Fuchs, Die Sollicitatur am Reichskammergericht (QFHG, 40), Köln u. a. 2002; Anette Baumann, Advokaten und Prokuratoren. Anwälte am Reichskammergericht (1690–1806) (QFHG, 51), Köln u. a. 2006.

114 Thomas Dorfner, Mittler zwischen Haupt und Gliedern. Die Reichshofratsagenten und ihre Rolle im Verfahren (1658–1740) (Verhandeln, Verfahren, Entscheiden. Historische Perspektiven, 2), Münster 2015; ders., „Es kommet mit einem Reichs=Agenten haubtsächlich darauf an“. Die Reichshofratsagenten und ihre Bedeutung für die Kommunikation mit dem und über den Reichshofrat (1658–1740), in: Amend-Traut/Baumann/Wendehorst/Wunderlich (Hrsg.), Reichsgerichte als mediales Ereignis (wie Anm. 92), S. 97–111

115 Eva Ortlieb, Im Auftrag des Kaisers. Die kaiserlichen Kommissionen des Reichshofrats und die Regelung von Konflikten im Alten Reich (1637–1657) (QFHG, 38), Köln u. a. 2001, hier S. 346 (erstes Zitat); Sabine Ullmann, Geschichte auf der langen Bank. Die Kommissionen des Reichshofrats unter Kaiser Maximilian II. (1564–1576) (Beiträge zur Sozial- und Verfassungsgeschichte des Alten Reiches, 18), Mainz 2006, hier S. 298 (zweites Zitat); Sabine Ullmann, Schiedlichkeit und gute Nachbarschaft. Die Verfahrenspraxis der Kommissionen des Reichshofrats in den territorialen Hoheitskonflikten des 16. Jahrhunderts, in: Stollberg-Rilinger/Krischer (Hrsg.), Herstellung und Darstellung von Entscheidungen (wie Anm. 112), S. 129–155. Zu den infrajustiziellen Modi und Praktiken vgl. Härter, Konfliktregulierung im Umfeld frühneuzeitlicher Strafgerichte (wie Anm. 109), S. 137–139; Härter, Infrajustiz und außergerichtliche Formen der Konfliktregulierung (wie Anm. 108), S. 39–42.

Die reichsgerichtliche Forschung hat in zahlreichen Studien demonstriert, dass die Tätigkeit von Reichskammergericht und Reichshofrat nicht nur durch Appellationsprozesse und gerichtliche Entscheidungen, sondern auch durch auf Vermittlung und Vergleich zielende Verfahrensweisen bestimmt waren.[116] Sie können zwar kaum als völlig außergerichtlich klassifiziert werden, lassen sich aber als infrajustizielle Interaktions- und Verfahrensweisen beschreiben, denen gemeinsam ist, dass Konflikte oder Devianz/Kriminalität nicht nur auf der Basis von obrigkeitlichen Rechtsnormen in formalen Gerichtsverfahren entschieden, sondern unter Beteiligung Dritter gütlich und nach Billigkeit und Ermessen auf der Basis von sozialen oder religiösen Ordnungsvorstellungen ausgehandelt, reguliert oder sanktioniert wurden. Die Ergebnisse dieser Praktiken lassen sich allerdings nicht in jedem Fall in den Gerichtsakten nachweisen, da außergerichtliche Einigungen zum Abbruch des Verfahrens führen konnten. Infrajustizielle Funktionsträger und die Reichsgerichte nutzten eine Vielfalt von Verfahrensweisen wie Vermittlung, Schlichtung, Schiedsverfahren und Vergleichsverhandlungen, die gütliche Einigung, Versöhnung, Vergleich, Wiedergutmachung oder Kompensation zum Ziel hatten, aber auch teilweise formalisierte Praktiken wie Buße, Sühne, Abbitte, Versöhnung oder Gnadengewährung einschlossen. Ebenfalls dem Bereich der Infrajustiz zuordnen lassen sich teils stärker formalisierte Verfahren wie Bittschriften/Supplikationen, Fürbitten/Interzessionen und Gnadenbitten, die entweder Betroffene (Angeklagte, Täter, Opfer) oder Dritte an die Reichsgerichte richteten oder um die sie Kaiser und Reichshofrat baten. Sie konnten dazu dienen, ein juridisches Verfahren zu initiieren (oder damit zu drohen), auf dieses informell Einfluss zu nehmen oder eine formale Entscheidung abzuändern, um Rechtsfolgen abzumildern oder aufzuheben. Letzteres war das Ziel der Gnadenbitten mittels Gnadensuppliken an den Kaiser, die bis ins 18. Jahrhundert hinein insbesondere am Reichshofrat eine große Rolle spielten, um in inquisitorischen Strafverfahren fehlende Rechtsmittel zu substituieren,

---

116 Siegrid Westphal, Stabilisierung durch Recht. Reichsgerichte als Schiedsstelle territorialer Konflikte, in: Ronald G. Asch/Dagmar Freist (Hrsg.), Staatsbildung als kultureller Prozess. Strukturwandel und Legitimation von Herrschaft in der Frühen Neuzeit, Köln u. a. 2005, S. 235–253; Bernhard Diestelkamp, Landgraf, Reichskammergericht, Kaiser, Reichshofrat (als privilegienerteilende Instanz) und Vergleichsverhandlungen als konkurrierende (alternative) Handlungsoptionen vom 16. Jahrhundert bis zum Ende des Alten Reiches, in: Albrecht Cordes (Hrsg.) Mit Freundschaft oder mit Recht? Inner- und außergerichtliche Alternativen zur kontroversen Streitentscheidung im 15.–19. Jahrhundert (QFHG, 65), Köln/Weimar/Wien 2014, S. 175–198; Ulrich Rasche, Urteil versus Vergleich? Entscheidungspraxis und Konfliktregulierung des Reichshofrats im 17. Jahrhundert im Spiegel neuerer Aktenerschließung, in: ebd., S. 199–233; Anja Amend-Traut, Wie Prozesse enden können – alternative Formen der Beendigung reichskammergerichtlicher Zivilverfahren im 17. und 18. Jahrhundert, in: ebd., S. 233–260.

Rechtshilfe bei Inhaftierung und Folter zu erlangen oder außergerichtlich ausgehandelte Vergleiche, Schadenersatz und Kompensationen einzubringen, um Strafen abzumildern.[117] Supplikationen mit Bitten um kaiserlichen Schutz und Hilfe im Kontext strafrechtlicher Verfolgung und von Delikten wie Totschlag und Ehebruch machen ca. 16 Prozent der Untertanensuppliken am Reichshofrat Kaiser Rudolfs II. aus.[118] Die bisherigen Forschungsergebnisse zeigen die vielfältige Kommunikationspraxis des Supplizierens und Gnadenbittens durch spezifische Nutzergruppen der Reichsgerichte wie Untertanen und die religiöse Minderheit der Juden, die damit vielfältige Anliegen an die Reichsgerichte brachten.

Infrajustizielle Praktiken konnten folglich einen informellen Zugang zum formalen Justizsystem des Reiches eröffnen. In der Sphäre der reichsgerichtlichen Infrajustiz verschränkten sich Formalität und Informalität, die von der Forschung als wesentliche Merkmale des Reichshofrates diskutiert werden.[119] Aus der Perspektive der Forschungen zu infrajustiziellen Modi wie Suppliken und Gnade könnten zudem auch für die Reichsgerichte die miteinander verschränkten sozialen, politischen und rechtlichen Argumentationen, Motive und Interessen der an der Entstehung, Vermittlung und Bearbeitung von Suppliken beteiligten Akteure sowie deren Umsetzung und Wirkung noch genauer untersucht werden. Dies gilt insbesondere für die bereits dargestellten Themenfelder von Policey, Kriminalität/Strafjustiz und politischen Delikten und die damit verbundenen vielfältigen Konflikte.

---

117 Vgl. Ulrich Hausmann, Sich ahn höhern Orten beclagen unnd das kayserliche Recht darüber ahnrueffen. Herkunft, Zielsetzung und Handlungsstrategie supplizierender Untertanen am Reichshofrat Kaiser Rudolfs II. (1576–1612) unter Einbeziehung der Überlieferung süddeutscher Archive, in: Gabriele Haug-Moritz/Sabine Ullmann (Hrsg.), Frühneuzeitliche Supplikationspraxis und monarchische Herrschaft in europäischer Perspektive, Beiträge zur Rechtsgeschichte Österreichs 5 (2015), S. 191–213; Thomas Schreiber, Die Ausübung kaiserlicher Gnadengewalt durch den Reichshofrat. Untertanensuppliken am Reichshofrat Kaiser Rudolfs II. (1576–1612), in: ebd, S. 215–230; Eva Ortlieb, Untertanensuppliken am Reichshofrat Kaiser Karls V., in: ebd., S. 263–282: dies., Gnadensachen vor dem Reichshofrat (1519–1564), in: Auer/Ogris/Ortlieb (Hrsg.), Höchstgerichte in Europa (wie Anm. 7), S. 177–202; dies., Lettere di intercessione imperiale presso il Consiglio aulico, in: Karl Härter/Cecilia Nubola (Hrsg.), Grazia e giustizia. Figure della clemenza fra tardo medioevo ed etá contemporanea (Annali dell'Istituto storico italo-germanico in Trento, Quaderni 81), Bologna 2011, S. 175–203; Thomas Schreiber, Hab ich ein schreiben an kayserliche Maystadt selbst übergeben lassen. Anmerkungen zur Mündlichkeit und Schriftlichkeit im Supplikationsverfahren des Reichshofrats um 1600, in: Bongartz/Denzler/Katzer/Stodolkowitz (Hrsg.), Feder und Recht (wie Anm. 5), S. 365–382.

118 Schreiber, Ausübung kaiserlicher Gnadengewalt (wie Anm. 118), S. 221.

119 Tobias Schenk, Isomorphie und entgrenzte Informalität in der frühneuzeitlichen Reichsjustiz. Der Reichshofrat im Interaktionssystem des Kaiserhofes, in: Frühneuzeit-Info 33 (2022), S. 89–116.

Infrajustizielle Funktionsträger und Verfahrensweisen spielten insbesondere bei Verfahren eine Rolle, die sich mit dem Konzept der Justiznutzung beschreiben lassen. Die reichsgerichtliche Forschung hat dieses auf einzelne Akteure und soziale Gruppen wie Juden, Untertanen und Frauen angewandt, die die Reichsjustiz bei spezifischen Konflikten z. B. mit Obrigkeiten, in Ehekonflikten/Scheidungsfällen oder Erbe/Versorgung von Witwen betreffend strategisch nutzten.[120] Wie oben gezeigt wurde, wandten sich beispielsweise Ehefrauen und Witwen an die Reichsgerichte, um gegen deviante Ehemänner vorzugehen, Erbansprüche gegen männliche Verwandte durchzusetzen oder ihre Ehre zu verteidigen.[121]

Gut erforscht sind auch Juden bzw. jüdische Gemeinden als Nutzer der Reichsgerichte, die ihnen als eine in einer spezifischen Rechtsbeziehung zum Kaiser stehende religiöse Minderheit Möglichkeiten der gezielten Justiznutzung eröffneten, um unterschiedliche Konflikte zu regulieren und „unter Übergehung der landesherrlichen oder städtischen Obrigkeiten eine Stabilisierung ihrer rechtlichen Situation zu erreichen".[122] Allerdings hat erst die jüngere Forschung das Konzept der Justiznutzung in Fallstudien verwendet, die die gezielte Nutzung des Reichshofrats durch jüdische Kläger in der Herrschaftszeit Rudolfs II., durch die Frankfurter Jüdinnen und Juden oder im Fall der Vertreibung aus der Mark Brandenburg untersucht haben.[123] Die Studien belegen, dass Juden „im Ver-

---

120 Vgl. beispielhaft Jörg Seiler, Justiznutzung durch Einzelne oder Korporationen. Die Reichshofratsprozesse des Deutschen Ordens gegen die Stadt Frankfurt, in: Anja Amend/Anette Baumann/Stephan Wendehorst/Steffen Wunderlich (Hrsg.), Die Reichsstadt Frankfurt als Rechts- und Gerichtslandschaft im Römisch-Deutschen Reich (baR, 3), München 2008, S. 139; Verena Kasper-Marienberg, Jewish Women at the Viennese Imperial Supreme Court: A Case Study from the Eighteenth Century, in: Jewish Studies Quarterly 21/2 (2014), S. 176–192; Irene Jung, „Ihrem Herzen und Charakter Ehre machen". Frauen wenden sich an das Reichskammergericht. Erweiterte und veränderte Fassung des Vortrags vom 13. November 1997 im Stadthaus am Dom zu Wetzlar (Schriftenreihe der Gesellschaft für Reichskammergerichtsforschung, 21), Wetzlar 1998; Westphal (Hrsg.), In eigener Sache (wie Anm. 68); Siegrid Westphal, Ehen vor Gericht. Scheidungen und ihre Folgen am Reichskammergericht (Schriftenreihe der Gesellschaft für Reichskammergerichtsforschung, 35), Wetzlar 2008; Anette Baumann, Frauen vor dem Reichskammergericht, in: Battenberg/Schildt (Hrsg.), Reichskammergericht im Spiegel seiner Prozessakten (wie Anm. 4), S. 93–115.

121 Vgl. dazu auch Ralf-Peter Fuchs, Der lange Kampf der Catharina von Dahlhausen um ihre Ehre: Eine Fallstudie zur Justiznutzung von Frauen im 16. Jahrhundert, in: Westphal (Hrsg.), In eigener Sache (wie Anm. 68), S. 43–60.

122 Friedrich Battenberg, Das Reichskammergericht und die Juden des Heiligen Römischen Reiches. Geistliche Herrschaft und korporative Verfassung der Judenschaft in Fürth im Widerspruch (Schriftenreihe der Gesellschaft für Reichskammergerichtsforschung, 13), Wetzlar 1992, S. 6.

123 Verena Kasper-Marienberg, „vor Euer Kayserlichen Mayestät Justiz-Thron". Die Frankfurter jüdische Gemeinde am Reichshofrat in josephinischer Zeit (1765–1790) (Schriften des Centrums

gleich zur christlichen Mehrheitsgesellschaft überproportional häufig [versuchten], ihre Konflikte und Anliegen vor das kaiserliche Gericht zu bringen", was mit Abstrichen auch für das Reichskammergericht gilt.[124] Diese intensive Nutzung der Reichsgerichtbarkeit und des Reichshofrats insbesondere, hängt mit der spezifischen rechtlichen Beziehung zum Kaiser zusammen, weist aber auch darauf hin, dass justizielle Praxis und rechtliches Wissen von Juden und jüdischen Gemeinden mit den Verfahrensweisen der Reichsgerichte besonders kompatibel waren. Entsprechend hat die Forschung „das enorme Selbstbewusstsein jüdischer Kläger" hervorgehoben, „die offensiv unter Verwendung aller ihnen am RHR zur Verfügung stehenden rechtspraktischen Möglichkeiten ihre Rechte vor dem RHR" geltend machten.[125] Klagen gegen Reichsunmittelbare und Obrigkeiten betrafen Handels- und Kreditgeschäfte und Forderungen, aber auch antijüdische Beschuldigungen wie Ritualmord,[126] die Kennzeichnung durch die Kleidung, Judenordnungen, den Synagogenbau, Geleitsschutz, die Wucherbestimmungen der Reichspoliceygesetzgebung sowie insbesondere die Überprüfung von Gesetzen und Urteilen obrigkeitlicher Institutionen bzw. Gerichte.[127] Einen geringeren Anteil hatten dagegen innerjüdische und privatrechtliche Streitigkeiten zwischen

---

für Jüdische Studien, 19), Innsbruck u. a. 2012; DIES., Daß in erster Instanz übel und widerrechtlich gesprochen [...]. Zur Rechtspraxis und Funktionsweise von Appellationen am Reichshofrat im Kontext jüdisch-nichtjüdischer Konflikte in Frankfurt am Main im 18. Jahrhundert, in: Beiträge zur Rechtsgeschichte Österreichs 3/1 (2013), S. 147–161; André GRIEMERT, Der Reichshofrat in der Justiznutzung von Juden in der Herrschaftszeit Rudolfs II. – Die Causa Israel von Lübbecke contra Hilmar von Quernheim, in: Christoph Kampmann/Ulrich Niggemann (Hrsg.), Sicherheit in der Frühen Neuzeit. Norm, Praxis, Repräsentation, Köln u. a. 2013, S. 548–568; DERS., Zwischen Krieg und Frieden – Jüdische Prozesse am Reichshofrat unter Ferdinand III., in: Stefan Ehrenpreis/Andreas Gotzmann/Stephan Wendehorst (Hrsg.), Kaiser und Reich in der jüdischen Lokalgeschichte (baR, 7), München 2013, S. 197–238; Tobias SCHENK, „... domit Ich solchs bösenn ungetzieffers endlich loß würde". Der Reichshofrat und die Vertreibung der Juden aus Berlin und der Mark Brandenburg (1573–1574), in: MEDAON 12 (2013), S. 1–13.

124 KASPER-MARIENBERG, Frankfurter jüdische Gemeinde am Reichshofrat (wie Anm. 123), S. 279. Zum Kammergericht vgl. Anette BAUMANN, Jüdische Reichskammergerichtsprozesse aus den Reichsstädten Frankfurt und Hamburg. Eine quantitative Annäherung, in: Andreas Gotzmann/Stephan Wendehorst (Hrsg.), Juden im Recht. Neue Zugänge zur Rechtsgeschichte der Juden im Alten Reich (Zeitschrift für Historische Forschung, Beiheft 39), Berlin 2007, S. 297–316.

125 GRIEMERT, Reichshofrat in der Justiznutzung (wie Anm. 123), S. 550.

126 ÖStA HHStA RHR Judicialia APA, 86-9: Gesuch der Judenschaft Schwaben um Mandat zur Freilassung aufgrund eines Ritualmordvorwurfs inhaftierter Juden und zur Leistung von Schadensersatz für Haft und Folter.

127 Vgl. dazu auch die Ergebnisse von KASPER-MARIENBERG, Frankfurter jüdische Gemeinde am Reichshofrat (wie Anm. 123), S. 280 f.; BAUMANN, Jüdische Reichskammergerichtsprozesse (wie Anm. 123); Karl HÄRTER, Jüdische Migrationen im frühneuzeitlichen Alten Reich: Rechtliche Rahmenbedingungen, Geleit und Rechtsnutzung, in: Ehrenpreis/Gotzmann/Wendehorst (Hrsg.), Kaiser und Reich (wie Anm. 123), S. 67-92, hier S. 88-91.

Juden und Christen oder Prozesse von Obrigkeiten gegen Juden. Die Justiznutzung erfolgte zwar oft auf dem Weg von Appellationsklagen, die bei der Frankfurter jüdischen Gemeinde rund 40 Prozent ausmachten,[128] schloss aber auch die intensive Nutzung infrajustizieller Funktionsträger wie z. B. ständiger Deputierter und Verfahrensweisen wie Supplizieren, Gnadenbitten, Bitten um kaiserliche Vermittlung, Extrajudizialverfahren, „informatorische Vorverfahren" oder das ‚Forum Shopping' zwischen Reichskammergericht und Reichshofrat mit ein. Dabei ging es den jüdischen Nutzern nicht nur um definitive Entscheidungen für ihre Anliegen, die sie häufiger auch gar nicht erreichten, sondern die Nutzung der Reichsgerichte zielte auf Vergleich und Vermittlung oder sollte politischen Druck und Öffentlichkeit erzeugen, soweit es sich um Konflikte mit Obrigkeiten handelte.[129] Der Reichshofrat kam dem nach durch Erteilung von Schutzbriefen und der Korrektur obrigkeitlicher Justiz und Normgebung, z. B. durch das Aushandeln neuer Judenordnungen zur *Errichtung guter Policey*,[130] sowie in Einzelfällen auch durch strafrechtliches Vorgehen, wie am Beispiel des Fettmilch-Pogroms gezeigt werden konnte.

Für Justiznutzung insgesamt charakteristische Ziele und Funktionen bestanden folglich darin, rechtliche Situation, Autonomie, Religionsausübung und den Schutz ganzer Gemeinden und einzelner Juden insbesondere gegen Obrigkeiten mithilfe der Reichsgerichtsbarkeit zu verteidigen bzw. zu erhalten: Rechtsschutz war folglich ein wichtiges Ziel reichsgerichtlicher Justiznutzung, die damit auch – so könnte man als Hypothese formulieren – die Judikatur und Funktion der Reichsgerichtsbarkeit langfristig veränderte. Ähnliche Muster lassen sich auch für die Justiznutzung durch Untertanen, Genossenschaften und Korporationen feststellen, die in vielfältigen Konflikten mit der Obrigkeit die Reichsgerichtsbarkeit nutzten, um Rechte, Autonomie oder Ansprüche zu verteidigen. Über die vor allem für das Reichskammergericht gut erforschten Untertanenprozesse hinaus leistete die Reichsgerichtsbarkeit damit nicht nur Rechtsschutz für einzelne oder korporative Nutzer und trug zur Verrechtlichung von Konflikten zwischen Untertanen und Obrigkeit bei, sondern insgesamt einen Beitrag zur Erhaltung von Frieden und guter Policey im Reich.

Wie gezeigt, setzten die Nutzerinnen und Nutzer auch infrajustizielle Verfahrensweisen wie Supplikationen, Gnadenbitten, Fürbitten/Interzessionen oder Vermittlung/Schlichtung ein, um ihre Interessen durchzusetzen, Schadenersatz

128 Kasper-Marienberg, Rechtspraxis und Funktionsweise von Appellationen (wie Anm. 123), S. 148.

129 Kasper-Marienberg, Frankfurter jüdische Gemeinde am Reichshofrat (wie Anm. 123), S. 285–288.

130 Battenberg, Reichskammergericht und die Juden (wie Anm. 122), S. 23.

zu erlangen oder Vergleiche auszuhandeln und Konflikte auf gütliche, infrajustizielle Weise zu regulieren. Die Forschungen zur Reichsgerichtsbarkeit bestätigen damit die generelle Beobachtung, dass Justiznutzung keineswegs nur auf gerichtliche Entscheidungen zielte. Klagen konnten vielmehr als Druckmittel dienen, um eine außergerichtliche bzw. infrajustizielle Streitschlichtung zu erzielen. Insofern integrierte Justiznutzung infrajustizielle Praktiken wie Mediation, Schlichtung oder Begnadigung, die neben formellen Gerichtsverfahren eingesetzt wurden, um Konflikte zu regulieren oder Kriminalität und Strafen auszuhandeln. Dabei kam den Justiznutzern als aktiv Handelnden eine wesentliche Rolle zu, die die justizielle wie infrajustizielle Vielfalt der reichsgerichtlichen Verfahrensweisen strategisch nutzten. Mit den Konzepten Infrajustiz und Justiznutzung kann folglich eine Erweiterung der Perspektive erfolgen, die weitere Bezüge zu Forschungen und Themen der guten Policey/Ordnungsgesetzgebung, Kriminalität/Strafjustiz und politischen Delikten/Konflikten eröffnet.

4. Schlussbemerkung

Der erreichte Stand der Erschließung der Akten von Reichskammergericht und Reichshofrat und die ausdifferenzierte reichsgerichtliche Forschung ermöglichen sowohl eine breitere Erforschung von Themen im Bereich von guter Policey/Policeyordnungen, Kriminalität/Strafjustiz und politischen Delikten/Konflikten als auch eine erweiterte theoretische Perspektivierung durch die Einbeziehung von Konzepten wie Infrajustiz und Justiznutzung. Die Forschung zur frühneuzeitlichen Reichsgerichtsbarkeit kann so Anschlussfähigkeit und Austausch mit der neueren Rechts-, Kriminalitäts- und Konfliktgeschichte intensivieren und sich in einem breiteren, über die frühneuzeitliche Reichsgeschichte hinausgehenden, internationalen Forschungskontext etablieren. Dies betrifft insbesondere eine politische Geschichte von Konflikt, Devianz und Ordnung, denn gerade die komplexe Gemengelage der durch Reichshofrat und Reichskammergericht bearbeiteten Konflikte und die Verbindung der lokalen/territorialen Ebenen mit der übergeordneten rechtlich-politischen Ebene der Reichsgerichtsbarkeit ermöglichen neue Perspektiven und Erkenntnisse.

Im Hinblick auf gute Ordnung und Policeygesetzgebung zeigen die von den Reichsgerichten bearbeiteten Fälle, dass über die eigentlichen lokalen/sozialen Konflikte hinaus auch Normen und Justiziabilität der ‚guten Policey' ausgehandelt und begrenzter Rechtsschutz gewährt wurde. Dabei bildeten die reichsrechtlichen Normen wie insbesondere die Reichspoliceygesetzgebung oder die Peinliche Halsgerichtsordnung einen wichtigen Referenzrahmen, um Gesetzgebung und Justiz von Obrigkeiten zu überprüfen. Diese Erkenntnisse stützen neuere

Deutungskonzepte, dass frühneuzeitliche Gesetzgebung, Verwaltung und Justiz nicht ausschließlich als zentrale Momente moderner Staatsbildung, sondern auch als Prozesse des wechselseitigen Aushandelns von sozialer, politischer und rechtlicher Ordnung interpretiert werden können. Dabei stellten die Reichsgerichte den Justiznutzern nicht nur gerichtliche Entscheidungen, sondern auch differenzierte infrajustizielle Modi wie Vermittlung, Schlichtung und Vergleich zur Verfügung.

Dies gilt wie gezeigt, auch für den Bereich von Kriminalität und Strafjustiz. Gerade weil die Reichsgerichte diesbezüglich kaum materiell-rechtliche Entscheidungen trafen, ergeben sich neue Perspektiven auf das Aushandeln von Devianz und Kriminalität, dahinter erkennbare soziale und politische Konflikte oder die Funktionsweise frühneuzeitlicher Strafjustiz, die nicht nur in einem repressiven strafenden Modus operierte, sondern auch unter den Bedingungen des Inquisitionsprozesses über die Reichsgerichtsbarkeit Justiznutzung, Fürbitten, Gnade, Asyl oder Rechtschutz beinhaltete. Darüber hinaus erlauben Reichshofrat und Reichskammergericht durch die erstinstanzliche Zuständigkeit für politische Delikte und kriminelle Handlungen der Reichsunmittelbaren einen differenzierten Blick auf die komplexen Zusammenhänge von Devianz und Konflikt in der politischen Elite des Alten Reiches und bei Inhabern von Herrschaftsrechten. Insofern kann die weitere reichsgerichtliche Forschung einen innovativen Beitrag zu einer noch zu schreibenden Kriminalitätsgeschichte des frühneuzeitlichen Adels bzw. der frühneuzeitlichen Funktions- und Herrschaftseliten leisten. Die Vielfalt und Differenziertheit der Bearbeitung von politischen Delikten und Konflikten durch die Reichsgerichte bietet folglich ein erhebliches Forschungspotential, das über einzelne Fallstudien hinaus vergleichende Perspektiven für eine weitere Erforschung der politischen Funktionen beider Reichsgerichte[131] im Kontext einer politischen Konflikt- und Kriminalitätsgeschichte des Alten Reiches erlaubt.

Umgekehrt ermöglicht die reichsgerichtliche Forschung eine erweiterte Perspektive auf Justiznutzung und infrajustizielle Praktiken sozialer Akteure, die am Reichskammergericht und womöglich noch stärker am Reichshofrat besonders ausgeprägt und ausdifferenziert waren. Dies gilt sowohl für die Vielfalt der dritten Funktionsträger und Akteure als auch für die unterschiedlichen Modi und Praktiken und die soziale Vielfalt der Gruppen und ihrer Nutzungsstrategien. Kaum ein lokales/territoriales Gericht kann eine solche Differenziertheit und Vielfalt aufweisen, und insofern könnten reichsgerichtliche Forschungen einen wesentlichen Beitrag zu einer Justiz- und Verfahrensgeschichte der Frühen Neuzeit leisten, die ältere auf eine einheitliche staatliche Justizorganisationen und

131 Vgl. dazu bereits Bernhard Diestelkamp (Hrsg.), Die politische Funktion des Reichskammergerichts (QFHG, 24), Köln u. a. 1993.

formale gerichtliche Entscheidungsverfahren fixierte Konzepte hinter sich lässt und die unterschiedlichen miteinander verwobenen rechtlichen, politischen und sozialen Logiken justizieller, extrajustizieller und infrajustizieller Verfahrensweisen aufhellt. Die durch die fortgeschrittene Erschließung erst im vollen Umfang erkennbare Diversität der Gerichtsakten der Reichsgerichte ermöglich folglich eine Diversifizierung und Erweiterung der reichsgerichtlichen Forschung, von der auch andere Forschungsrichtungen, die entweder als lokale/territoriale Fallstudien oder globale Imperiengeschichte ausgelegt sind, analytisch und methodisch profitieren können. Für die historische Forschung könnte die Reichsgerichtsbarkeit damit ein neue Erkenntnisse generierendes Laboratorium einer stärker integrativ, vergleichend und international ausgerichteten frühneuzeitlichen Rechts-, Kriminalitäts-, und Konfliktgeschichte bilden.

Wolfgang Sellert

Der Kaiserliche Reichshofrat als Rechtsmittelgericht in Strafsachen und ein aufsehenerregender Inquisitionsprozess mit tragischem Ausgang

1. Forschungsstand

Die Geschichte des Strafrechts ist bisher überwiegend auf der Grundlage von normativen Quellen und gelehrter Literatur geschrieben worden.[1] Dementsprechend spielt die Rechtspraxis in den Standardwerken der Strafrechtsgeschichte nur eine Nebenrolle.[2] Die folgenden Ausführungen widmen sich daher ausschließlich der Rechtsprechung, nämlich zweitinstanzlichen Strafverfahren vor dem Reichshofrat, der nach Karl Härter allerdings für die Kriminaljustiz im Heiligen römischen Reich von „geringer Bedeutung" gewesen sei. Denn Appellationen oder Rechtsmittel in Strafsachen an das Reichskammergericht und den Reichshofrat seien „faktisch abgeschafft" worden und die Zuständigkeit der Reichsgerichte „auf den Landfriedensbruch und Gewaltverbrechen [...] begrenzt" gewesen. Ausnahmen habe es nur „bei Verfahrensmängeln oder der Verletzung überkommener Rechte und Privilegien" gegeben.[3]

Forschungen zur Strafjustiz der Reichsgerichte sind zweifelsohne rar. Für das Reichskammergericht ist die Dissertation von Peter Oestmann über Hexenprozesse zu nennen.[4] Für den Reichshofrat bahnbrechend ist noch immer der Beitrag Gerd Kleinheyers über einen Regensburger Akkusationsprozess.[5] Diese

1 Karl HÄRTER, Strafrechts- und Kriminalitätsgeschichte der Frühen Neuzeit (methodica – Einführung in die rechtshistorische Forschung, 5), Berlin 2018, S. 4–7.

2 Typisches Beispiel ist insoweit das bekannte Werk von Eberhard SCHMIDT, Einführung in die Geschichte der deutschen Strafrechtspflege, 3. Aufl., Göttingen 1965, ND 1995.

3 HÄRTER, Strafrechts- und Kriminalitätsgeschichte (wie Anm. 1), S. 21.

4 Peter OESTMANN, Hexenprozesse am Reichskammergericht (Quellen und Forschungen zur höchsten Gerichtsbarkeit im Alten Reich, künftig: QFHG, 31), Köln/Wien 1997.

5 Gerd KLEINHEYER, Zur Rechtsgestalt von Akkusationsprozeß und peinlicher Frage im frühen 17. Jahrhundert. Ein Regensburger Anklageprozeß vor dem Reichshofrat (Wissenschaftliche Abhandlungen der rheinisch-westfälischen Akademie der Wissenschaft, 45), Opladen 1971; Ders., Zwischen Macht und Recht – Ein Ehebruchsprozess beim Reichshofrat, in: Franz Dorn/Mathias Schmoeckel/Jan Schröder (Hrsg.), Gerd Kleinheyer. Beiträge zur Strafrechtsgeschichte (Rechtshistorische Reihe, 424), Frankfurt am Main u. a. 2011, S. 183-191. Zu nennen sind ferner Wolfgang SELLERT, Über die Zuständigkeitsabgrenzung von Reichshofrat und Reichskammergericht (Unter-

Forschungslage ist insoweit unbefriedigend, als die strafrechtliche Judikatur des Reichshofrats eine Vielzahl von Fällen enthält, die nicht nur wegen ihrer Menge, sondern auch inhaltlich mehr Beachtung verdienen. Das zeigen einerseits die einschlägigen von Johann Jakob Moser herausgegebenen und noch nicht ausgewerteten Reichshofrats-Conclusa[6] sowie andererseits die seit 1999 zunächst mit finanzieller Unterstützung der VW-Stiftung und seit 2007 im Rahmen eines Langzeitprojekts der Niedersächsischen Akademie der Wissenschaften zu Göttingen erschlossenen Reichshofratsakten.[7] In den dort verzeichneten Strafrechtsfällen geht es nicht nur um schwere Gewaltverbrechen, Landfriedensbrüche, Zauberei- und Hexereidelikte, sondern auch um die üblichen Straftaten wie Diebstahl, Raub, Bestechung, Betrug, Untreue, Urkundenfälschung, Körperverletzungen, Sittlichkeitsdelikte, Freiheitsberaubung, Schmähungen, üble Nachrede, Beleidigungen u. a. m.

Dieser Befund ist überraschend, weil es in der Tat nach dem Verfahrensrecht unzulässig war, die Reichsgerichte in Strafsachen anzurufen. Dementsprechend waren bereits im Augsburger Reichsabschied von 1530[8] und danach in der Reichskammergerichtsordnung von 1555[9] Rechtsmittelverbote verfügt wor-

suchungen zur deutschen Staats- und Rechtsgeschichte, N. f. 4), Aalen 1965, S. 73–89; Eva SCHUMANN, Christian Thomasius' juristische Disputation „Von der Kebs-Ehe" 1714, in: Heiner Lück (Hrsg.), Christian Thomasius (1655–1728) – Wegbereiter moderner Rechtskultur und Juristenausbildung. Rechtswissenschaftliches Symposium zu seinem 350. Geburtstag an der Juristischen Fakultät der Martin-Luther-Universität Halle-Wittenberg vom 20. bis 23. Januar 2005. Hildesheim/Zürich/New York 2006, S. 267–296; vgl. dazu Wolfgang SELLERT, Die Zuständigkeit des kaiserlichen Reichshofrats in Reichspolizeisachen und die Ladung des Hallenser Rechtsgelehrten Christian Thomasius vor den Reichshofrat, in: Georg Steinberg (Hrsg.), Recht und Macht. Festschrift für Hinrich Rüping zum 65. Geburtstag, München 2008, S. 295–308; ferner DERS., Die Zuständigkeit des Kaiserlichen Reichshofrats für Verbrechen reichsunmittelbarer Adliger am Beispiel krimineller Rechtsgrafen und Reichsritter, in: Anja Amend-Traut/Peter Oestmann (Hrsg.), Von Bußen und Strafen. Gerichtliche Verfolgung von Unrecht zwischen Mittelalter und Neuzeit (QFHG, 80), Köln 2024, S. 159–185.

6 Johann Jakob MOSER, Merckwürdige Reichs-Hof-Raths Conclusa, Bd. 1–8, Frankfurt am Main 1776–1732.

7 Tobias SCHENK, Das Projekt zur Erschließung der Reichshofratsakten. Eine Zwischenbilanz nach acht Jahren, in: Eva Schumann (Hrsg.), Justiz und Verfahren im Wandel der Zeit. Festgabe für Wolfgang Sellert zum 80. Geburtstag (Abhandlungen der Akademie der Wissenschaften zu Göttingen, N.F. 44), Berlin/Boston 2017, S. 31–51.

8 § 95, abgedruckt in: Johann Jakob SCHMAUSS, Corpus Juris Publici, Leipzig 1745, S. 92; Christian SZIDZEK, Das frühneuzeitliche Verbot der Appellation in Strafsachen. Zum Einfluss von Rezeption und Politik auf die Zuständigkeit insbesondere des Reichskammergerichts (Konflikt, Verbrechen und Sanktion in der Gesellschaft Alteuropas, Fallstudien 4), Köln 2002.

9 Teil II. Tit. 28, § 5 = Adolf Laufs (HRSG)., Die Reichskammergerichtsordnung von 1555 (QFHG, 3), Köln/Wien 1976, S. 206 f.; ferner Teil II, Tit. 31, § 14 des Konzepts der […] Cammergerichtsordnung von 1613 = Johann Jacob ZWIRLEIN, Concept der auf kayselichen und des Reichs Befehl im Jahr 1613 verbesserten Cammergerichts-Ordnung, Frankfurt a. M. 1783, S. 259 f.

den,[10] die spätestens mit dem Westfälischen Friedensvertrag auch für den Reichshofrat verbindlich sein sollten.[11] Noch am Ende des 18. Jahrhunderts war der seit 1786 in Helmstedt tätige Rechtsprofessor Carl Friedrich Häberlin (1756–1808)[12] ein Befürworter des Rechtsmittelverbots in Strafsachen und schrieb: „Was sollte dabei herauskommen, wenn auch von peinlichen Urteln an die Reichsgerichte appelliert werden könnte? Dann würden nur selten Verbrechen bestraft werden können [...].“[13]

Vom Rechtsmittelverbot nicht betroffen waren jedoch Fälle der Rechtsverweigerung und Rechtsverzögerung (*iustitia denegata et protracta*),[14] d.h. Fälle, in denen die untere Strafinstanz die Verfolgung eines Verbrechens weder mit einem Inquisitionsverfahren *ex officio* noch mit einem Akkusationsverfahren[15] auf Antrag eines Klägers eingeleitet hatte.[16] Eine weitere Ausnahme sah die Reichskammergerichtsordnung von 1555 vor. Danach sollte die Anrufung der Reichs-

10 Vgl. auch Wilhelm August Friedrich DANZ, Grundsätze des Reichsgerichtsprozesses, Stuttgart 1795, S. 83.

11 Instrumentum pacis Osnabrugense, Art. V § 55: *Quoad Processum iudiciarium Ordinatio Camerae Imperialis etiam in Judicio Aulico servabitur per omnia* = Karl Zeumer (Hrsg.), Quellensammlung zur Geschichte der Deutschen Reichsverfassung in Mittelalter und Neuzeit, 2. Aufl., Tübingen 1913, S. 414.

12 Marta ASCHE, Art. Häberlin, in: Neue Deutsche Biographie (künftig: NDB), Bd. 7, Berlin 1966, S. 420 f.

13 Carl Friedrich HÄBERLIN, Handbuch des Teutschen Staatsrechts nach dem System des Herrn Geheimen Justizrath Pütter, 2. Bd., Berlin 1794–1797, S. 428 f. Rechtsmittel gegen Strafurteile wurden auch deswegen für überflüssig gehalten, weil die meisten Entscheidungen auf einem in der Regel erfolterten Geständnis beruhten; vgl. dazu SELLERT, Zuständigkeitsabgrenzung (wie Anm. 5), S. 73 f.

14 Adalbert ERLER, Art. Rechtsverweigerung, in: Handwörterbuch zur deutschen Rechtsgeschichte (künftig: HRG), Bd. 4, 1. Aufl., Berlin 1990, Sp. 415–417; KLEINHEYER, Rechtsgestalt (wie Anm. 5), S. 14.

15 Zum Verhältnis von Inquisitions- und Akkusationsverfahren vgl. Karl HÄRTER, Policey und Strafjustiz in Kurmainz. Gesetzgebung, Normendurchsetzung und Sozialkontrolle im frühneuzeitlichen Territorialstaat (Studien zur europäischen Rechtsgeschichte. Veröffentlichungen des Max-Planck-Instituts für europäische Rechtsgeschichte, 190), Frankfurt am Main 2005, 1. Halbbd., S. 418–423, der beide Verfahren unter den Begriff des „dualen Inquisitionsprozeß“ subsumiert.

16 Es handelt sich um den in den Reichshofratsordnungen von 1617 und 1654 vorgesehenen Rechtsbehelf der *imploratio* oder *invocatio officii judicis*, also um eine an den Kaiser gerichtete Rechtsverweigerungs- und Rechtsverzögerungsbeschwerde: Reichshofratsordnung von 1617 Tit II § 1 und Reichshofratsordnung von 1654, Tit. II, § 1 = Wolfgang Sellert (Hrsg.), Die Ordnungen des Reichshofrates 1550–1766. 1. Halbband bis 1626 (QFHG, 8/1), Köln/Wien 1980, S. 171, und Ders. (Hrsg.), Die Ordnungen des Reichshofrates 1550–1766. 2. Halbbd 1626–1766 (QFHG, 8/2), Köln/Wien 1990, S. 99–101; vgl. ferner KLEINHEYER, Rechtsgestalt (wie Anm. 5), S. 14, 16, und SELLERT, Zuständigkeitsabgrenzung (wie Anm. 5), S. 75 f.

gerichte mit einer Nichtigkeitsbeschwerde/Nichtigkeitsklage[17] im Falle schwerer Verfahrensfehler zulässig sein, d. h., wenn *in peinlichen sachen* gegen einen Täter *unerfordert und unverhört und also nichtiglich oder sunst wider natürlich vernunft und billigkeyt* [...] *procedirt, gehandelt und geurtheylt* worden war.[18] Zu den Verfahrensfehlern gehörten nach dem Jüngsten Reichsabschied von 1654 die *defecta insanabiles*, d. h. unheilbare Mängel *aus der Person des Richters oder der Parthey oder aus den Substantialibus des Processus.*[19] War die Nichtigkeitsklage zulässig und begründet, sollte das Reichskammergericht die Strafsache an die Vorinstanz mit der Maßgabe zurückverweisen, *formlich und rechtmessiglich darin zu han-*

---

17 Wolfgang Sellert, Art. Nichtigkeitsklage, Nichtigkeitsbeschwerde, in: HRG, Bd. 3. 2. Aufl., Berlin 2016, Sp. 1903–1908.

18 Teil II. Tit. 28, § 5 der Reichskammergerichtsordnung von 1555 = Laufs, Reichskammergerichtsordnung (wie Anm. 9), S. 206 f. Die Nichtigkeitsklage richtete sich gegen den vorinstanzlichen Richter und setzte nach der Reichskammergerichtsordnung voraus, dass dieser dem *camergericht ohne mittel underworfen* war; vgl. Teil 2 Tit. XXVIII § 5 = Laufs, Reichskammergerichtsordnung (wie Anm. 9), S. 206 f.; Sellert, Zuständigkeitsabgrenzung (wie Anm. 5), S. 75. Da die Landesherren zu den unmittelbaren Reichsangehörigen zählten, gehörten auch deren Gerichte dazu; so Oestmann, Hexenprozesse (wie Anm. 4), S. 64 f. Gleiches galt für die Gerichte der dem Kaiser unmittelbar unterworfen reichsfreien Städte. Nicht betroffen waren Straftaten der Reichsunmittelbaren selbst. Für diese war der Reichshofrat in erster Instanz zuständig; vgl. dazu Sellert, Zuständigkeitsabgrenzung (wie Anm. 5), S. 90–97; ferner Ders., Zuständigkeit des Reichshofrats für Verbrechen (wie Anm. 5). Die Nichtigkeitsklagen gegen vorinstanzliche Urteile sind von denjenigen abzugrenzen, die sich gegen die Entscheidungen des Reichshofrats und des Reichskammergerichts richteten; vgl. dazu Wolfgang Sellert, Prozeßgrundsätze und Stilus Curiae am Reichshofrat (Untersuchungen zur deutschen Staats- und Rechtsgeschichte, N. f. 18), Aalen 1973, S. 395–398. Von der strafrechtlichen ist die in der Reichskammergerichtsordnung von 1555, Teil III, Tit. 24, § 1–4 = Laufs, Reichskammergerichtsordnung (wie Anm. 9), S. 253 f., ebenfalls geregelte zivilrechtliche Nichtigkeitsklage im Rahmen eines Appellationsverfahrens zu unterscheiden. Diese konnte entweder *incidenter* mit der Appellation oder *principaliter*, also selbständig, geltend gemacht werden. Der Unterschied zwischen Appellation und Nichtigkeitsklage besteht darin, dass sich die Appellation gegen eine *sententia iniqua*, d. h. gegen ein materiell unrichtiges und wegen falscher Gesetzesanwendung ungerechtes Urteil richtete. Die Anfechtung einer *sententia nulla* setzte demgegenüber schwere Verfahrensmängel voraus; vgl. Wolfgang Sellert, Kontrolle gerichtlicher Entscheidungen durch Nichtigkeitsklagen und Nichtigkeitsbeschwerden – ihre Geschichte und ihr Missbrauch im Nationalsozialismus, in: Ignacio Czeguhn/José Antonio López Nevot/Antonio Sánches Aranda (Hrsg.), Control of Supreme Courts in Early Modern Europe (Schriftenreihe zur Rechtsgeschichte, 181), Berlin 2018, S. 267–283; Karin Nehlsen von Stryk, Appellation und Nichtigkeitsklage aus der Sicht der frühen Kameralistik, in: Leopold Auer/Eva Ortlieb (Hrsg.), Appellation und Revision im Europa des Spätmittelalters und der Frühen Neuzeit (Beiträge zur Rechtsgeschichte Österreichs, 3,1), Wien 2013, S. 87–102.

19 § 122, in: Arno Buschmann, Kaiser und Reich, München 1984, S. 507; vgl. im Einzelnen dazu Sellert, Kontrolle (wie Anm. 18), S. 274 f.; ferner Nehlsen von Stryck, Appellation (wie Anm. 18), S. 95.

delen, zu procediren und zu urtheylen.[20] Schließlich gab es noch die Möglichkeit, den Reichshofrat im Falle eines von Amts wegen geführten Inquisitionsprozesses (Fiskalprozess) mit einer Extrajudizialappellation anzurufen, wenn nämlich die Obrigkeit einen verdächtigten Straftäter ohne Gerichtsverfahren *mit beschwerlichen bescheiden, gebott unnd verbott oder geldstraffen graviert* hatte.[21]

2. Die strafrechtliche Praxis

2.1 Rechtsverweigerung und Rechtsverzögerung

2.1.1 Diebstahlsprozess

Ein Rechtsverweigerungsfall ist der bereits erwähnte und von Kleynheyer bearbeitete Regensburger Akkusationsprozess aus den Jahren 1636–1639.[22] Dort hatte der Obrist Adam Jaroslav Schafmann die Köchin Anna Lachermayer beschuldigt, aus seiner Truhe 560 Dukaten und 240 Reichstaler gestohlen zu haben. Auf seine Initiative war die Köchin verhaftet und hart mit dem „Stein", d. h. durch Aufzug mit einem Gewicht an den Beinen, und mit dem Daumenstock gefoltert worden. Gleichwohl legte sie kein Geständnis ab und war deswegen wieder freigelassen worden. Der Obrist verlangte daraufhin unter Vorlage eines Katalogs von Frageartikeln eine erneute und schärfere Tortur, die das Stadtgericht verweigerte. Nunmehr rief der Obrist den Reichshofrat wegen Rechtsverweigerung an. Dieser verlangte mit einem Reskript[23] von der Stadt Regensburg Berichterstattung, worauf diese erwiderte, dass der Kläger keine Kaution geleistet[24] sowie

20 Reichskammergerichtsordnung von 1555, Teil II, Tit. 28, § 5 = Laufs, Reichskammergerichtsordnung (wie Anm. 9), S. 206 f. Zu Details des Nichtigkeitsverfahren am Reichskammergericht vgl. Oestmann, Hexenprozesse (wie Anm. 4), S. 64 f.

21 Tit. II, § 2 der Reichshofratsordnung von 1654 = Sellert, Ordnungen, Halbbd. 2 (wie Anm. 15), S. 107; Ders., Prozessrechtliche Aspekte zur Appellation an den Reichshofrat, in: Auer/Ortlieb, Appellation (wie Anm. 18), S. 103–119, insbes. S. 105. Zur Extrajudizialappellation am Reichskammergericht vgl. § 94 des Reichsabschieds von 1594, abgedruckt in: Friedrich Bergmann, Corpus iuris iudiciarii civilis germanici academicum, Hannover 1819, S. 318 f; ferner 2. Teil, Tit. XXXI, § 16 = Zwirlein, Concept (wie Anm. 9), S. 260. Zur Abgrenzung zwischen Nichtigkeitsklage und Extrajudizialappellation vgl. Tilman Seeger, Die Extrajudizialappellation (QFHG, 25), Köln/Weimar/Wien 1992, S. 228–231.

22 Kleinheyer, Rechtsgestalt (wie Anm. 5). Die Akte dieses Falles ist jetzt verzeichnet worden in: Wolfgang Sellert (Hrsg.), Die Akten des Kaiserlichen Reichshofrats, Serie I, Alte Prager Akten (künftig: APA), Bd. 5, bearb. von Tobias Schenk, Berlin 2014, Nr. 4759.

23 Wolfgang Sellert, Art. Reskript, Reskriptprozess, in: HRG, Bd. 4, 2. Aufl., Berlin 2024, Sp. 1868–1871.

24 Zur Bedeutung der Kaution vgl. Kleinheyer, Rechtsgestalt (wie Anm. 5), S. 16 f.; ferner Wolfgang Sellert, Art. Sicherheitsleistung (Kaution), in: HRG, Bd. 4. 1. Aufl., Berlin 1990, Sp. 1659

keine neuen Beweise und Indizien für eine schärfere Tortur erbracht hätte. Der Ausgang des Verfahrens ist unbekannt.

2.1.2 Verweigerter Antrag zur Erweiterung einer Inquisitionsklage

Einschlägig ist ferner ein Fall aus dem Jahre 1559 des Leutnants Christian Höver, der in Diensten des Grafen Johann Ludwig von Isenburg-Büdingen stand.[25] Höver war im Februar 1559 vor dem Frankfurter Schöffengericht wegen einer *tödlichen verwundung* des Kapitäns Christian Würth aus Altenburg *ex officio* angeklagt worden. Im Verlauf dieses Verfahrens beantragten die drei jüngeren Brüder des Grafen mit einer *interventions-klage* beim Schöffengericht, den Inquisitionsprozess gegen Höver wegen weiterer Delikte zu ergänzen. Dazu legten sie dem Gericht eine Liste mit 70 *fragstück* vor, zu denen der Angeklagte peinlich befragt werden sollte. Zusätzlich sollten zwei Frankfurter Bürger zu den angeblichen Straftaten Hövels als Zeugen eidlich vernommen werden. Als das Gericht diesen Anträgen nicht nachkam, erwirkten die drei Brüder beim Reichshofrat ein Reskript vom 19. Mai 1559[26]: *de non protrahenda nec denegata justitia*. Dazu nahm das Schöffengericht am 14. Juni 1559 gegenüber dem Reichshofrat Stellung und erklärte, dass es für diese auf dem Hoheitsgebiet der Stadt Frankfurt begangenen Verbrechen unzuständig sei. Weil das Schöffengericht dem Begehren der drei Brüder nicht nachkam, beantragten sie Ende Juni 1559 beim Reichshofrat ein *scharfes mandatum poenale de administranda iustitia* [...] *s.c.* gegen die Stadt Frankfurt, was ihnen nicht gewährt wurde.[27]

---

25 Wolfgang Sellert (Hrsg.), Die Akten des Kaiserlichen Reichshofrats, Serie II, Antiqua, Bd. 2, bearb. von Ulrich Rasche, Berlin 2014, Nr. 931.

26 Vgl. Sellert, Reskript (wie Anm. 23).

27 Hintergrund der Interventionsklage war eine weitläufige am Reichshofrat schwebende Erbschaftsstreitigkeit zwischen den drei jüngeren Brüdern mit ihrem ältesten Bruder Johann Ludwig; vgl. Sellert/Rasche, Antiqua, Bd. 2 (wie Anm. 25), Nr. 899. Die drei Brüder behaupteten, Hövel sei ein *meuchel-mörder*, weil er sie als Erbberechtigte habe töten sollen. Demgegenüber beschuldigte Johann Ludwig seine Brüder, ihm nach dem Leben zu trachten. In diese Auseinandersetzungen wollte das Schöffengericht mit einer Zulassung der Interventionsklage nicht hineingezogen werden und das Verfahren gegen Hövel nicht verzögern. Erwähnenswert ist ferner ein Rechtsverweigerungsverfahren aus dem Jahre 1547, in: Wolfgang Sellert (Hrsg.), Die Akten des Kaiserlichen Reichshofrats, Serie I, APA, Bd. 1, bearb. von Eva Ortlieb, Berlin 2019, Nr. 636. Es geht um die Klage eines Wilhelm von Brandt, die dieser wegen Beleidigung vor den Statthaltern und Räten des Fürstentums Neuburg erhoben hatte, ohne dass diese tätig geworden waren. Auf die Rechtsverweigerungsbeschwerde erließ der Reichshofrat ein Reskript mit der Aufforderung an die Statthalter, das beantragte Verfahren einzuleiten. Der Ausgang des Verfahrens ist aus der unvollständigen Akte nicht ersichtlich.

2.2 Nichtigkeitsverfahren

2.2.1 Verurteilte Bürger aus Worms

In einem Inquisitionsprozess, dessen Sachverhalt nicht näher bekannt ist, hatten sich drei verurteilte Bürger der Stadt Worms an den Reichshofrat mit einer Nichtigkeitsbeschwerde gewandt. Daraufhin entschied das Höchstgericht am 7. September 1719, indem es das Ergebnis einer von ihm eingesetzten Untersuchungskommission[28] übernahm: *Es wird der wieder Conrad Scheibe, Gottfried Schreiner und Andres Gail, sambtliche Burger der Kayserlichen Reichs Stadt Worms, unternohmener und verführte Inquisitions-Process, nebst der darauf erfolgten Sentenz und deren Execution, vor widerrechtlich, null und nichtig hiemit erklärt,* [...].[29] In der Entscheidung heißt es weiter, dass die den Klägern *injuste angethane Gefangenschafft, Folterung und Straff ihnen an ihren Ehren und Bürgerlichen Rechten im geringsten nichts* hätten *nehmen können.* Es werde daher *aus Kayserlicher Autorität und Machts-Vollkommenheit alles dergestallt vernichtet,* dass es den Klägern *auf keine Weiß an ihren Ehren, guten Leymuth, als auch Burger- und Handwercks-Stand und allen andern sonst ihnen gehörigen Gerechtigkeiten im geringsten nachtheilig seyn könne oder möge.* Sie seien weiterhin *vor ehrliche Bürger allerseits zu halten* und das alles *bey Vermeidung schwerer Kayserlicher Ungnade und einer Straffe von 10 Marck löthigen Goldes* [...].[30]

Außerdem ließ es der Reichshofrat bei einer Geldstrafe nicht bewenden und befahl, dass *das peinliche Gericht* in Worms *stets mit redlich-verständigen Leuten und insonderheit mit einem der Criminal-Rechten wohl kundigen Syndico* besetzt *und in dergleichen kommenden Fälle die Kayserliche Hals-Gerichts-Ordnung wohl* beobachtet werden müsse. In *specie* dürfe *künfftig kein Inquisitions-Process* ohne einen nach den Regeln der Constitutio Criminalis Carolina (künftig: Carolina) qualifizierten und beeidigten *Actuarius* (Gerichtsschreiber) durchgeführt werden.[31] Niemand dürfe zudem *mit peinlicher Frage angegriffen, noch viel weniger am Leib und Leben* bestraffte werden, bevor ihm nicht ein *tauglicher und*

---

28 Zu den reichshofrätlichen Untersuchungskommissionen vgl. SELLERT, Prozeßgrundsätze (wie Anm. 18), S. 194–216; Sabine ULLMANN, Art. Kommission, in: HRG, Bd. 3. 2. Aufl. Berlin 2016, Sp. 1987 f.

29 Conclusum des Reichshofrats vom 7. September 1719: Österreichisches Staatsarchiv, Haus-, Hof- und Staatsarchiv (künftig: ÖStA HHStA) RHR Resolutionsprotokolle saec. XVIII 47, fol. 137v; auch abgedruckt bei MOSER, Conclusa (wie Anm. 6), Bd. 3, Frankfurt am Main 1727, Nr. 435, S. 644–648.

30 Conclusum vom 7. September 1718 (wie Anm. 29).

31 Art. 5 Carolina = Gustav Radbruch (Hrsg.), Die Peinliche Gerichtsordnung Karls V. von 1532, Stuttgart 1960, S. 31, regelt des *Schreibers Eyde*. Letztlich geht es um die Beachtung des in der Carolina vorgeschriebenen Schriftlichkeitsprinzips; vgl. dazu Art. 181–189 Carolina, ebd., S. 109–112.

Rechts-gelehrter Defensor verstattet sowie mit seiner Verteidigung angehört und bevor nach Verschickung der Originalakten *ein rechtliches Consilium* (Fakultätsgutachten) *eingehohlet* worden ist.[32] Im Falle der Nichtbeachtung drohte der Reichshofrat der Stadt Worms mit einer *Privirung derer Jurisdictionalium* und wies die Kommission an, für die Ausführung der reichshofrätlichen Befehle ohne *Verstattung einiger aufenthaltiger Ausreden* der Stadt zu sorgen.[33]

2.2.2 Gemeinschaftliche Kindstötung

Nicht wesentlich anders gelagert war eine Entscheidung des Reichshofrats vom 10. Februar 1716 in Sachen *Müßig contra Manderscheid.*[34] Es ging um einen vor einer kaiserlichen Untersuchungskommission verhandelten Fall, den der Reichshofrat mit folgendem Tenor entschied: *Fiat Sententia, daß bey voriger Instantz gantz nulliter verfahren und gesprochen, derowegen Anna Elisabeth von Schreck, ingleichen deren Tochter Joanna Elisabeth Mußigin* [...] *in puncto Infanticidii* [Kindestötung], *bey so gehäufften kundbahren nullitäten und vorgekommenen Beschwerden allerseits für unschuldig zu achten, demnach von der wider dieselbe zur Ungebühr an- und fortgestelten Inquisition volständig zu absolviren, wie nicht weniger mit Entrichtung derer hierauff verwendeten Unkösten gäntzlich zu verschonen* [...].[35] Ferner verfügte der Reichshofrat, dass das den Klägerinnen *abgenommene Gut, an Baarschafft, Silber-Geschirr und Geschmuck*, zurückgegeben werden müsse und die Verurteilten *in vorigen Stand zu setzen* seien. Weitere Schäden und Unkosten, die möglicherweise durch den Personal- und Real-Arrest entstanden sind, seien zu erstatten, wenn diese von den Klägerinnen nachgewiesen werden.[36] Sodann wurden u. a. folgende Nichtigkeitsgründe genannt: der Vorderrichter sei unter Missachtung des in der Carolina *fürgeschriebenen Richter-Eides zu dieser Inquisition geschritten, das Protocoll eigenhändig ohne Actuario geführet* und *das dißfalls gehaltene Original-Protocoll zerissen* worden.[37]

32 Conclusum vom 7. September 1719 (wie Anm. 29).

33 Ebd.

34 Conclusum des Reichshofrats vom 10. Februar 1716: ÖStA HHStA RHR Resolutionsprotokolle saec XVIII 39, fol. 125rv; auch abgedruckt bei Moser, Conclusa (wie Anm. 6), Bd. 2, Frankfurt am Main 1726, Nr. 413, S. 672–674.

35 Ebd.; vgl. auch Sellert, Zuständigkeitsabgrenzung (wie Anm. 5), S. 76.

36 Ebd.

37 Conclusum vom 10. Februar 1716 (wie Anm. 34). Gerügt wird in der Entscheidung außerdem, dass die *Commissarii und Actuarii-Stelle* gleichzeitig *vertreten worden* sei und sich der Vorderrichter *ungebührlich* gegen die *Kayserliche Subdelegation* verhalten habe. Deswegen solle er ein halbes Jahr von seiner *Licentiatus-Würde* enthoben sowie von der Ausübung seines Amtes *suspendieret* und *mit leiblicher Gefängnuß bestrafft* werden. Außerdem soll ein nicht näher bezeichneter *Johann Abraham Wolff* wegen seiner in dieser Angelegenheit begangenen *Verbrechen* vier Wochen ins Ge-

2.2.3 Diebstahl

In einem weiteren Fall vom 26. November 1714 in der Sache *Kuhlmann contra Schönen Erben* ging es um ein Inquisitionsverfahren *in puncto furti.*[38] Heinrich Kuhlmann war vorinstanzlich nach einer Denunzierung durch Christian Schoene und Einholung eines *Urtheils* [...] *bey der fürstlichen holsteinischen Universität zu Kiell* in einem Inquisitionsprozess wegen Diebstahls verurteilt worden. Nachdem Kuhlmann den Reichshofrat angerufen hatte, entschied dieser, dass der Inquisitionsprozess einschließlich des Kieler Urteils *als nichtig zu cassiren* sei. Erwartungsgemäß hieß es weiter, dass Kuhlmann hinsichtlich der *erlittenen Kosten, Schmach und Schäden* zu rehabilitieren sei und ihm der entstandene Schaden ersetzt werden müsse. Das gelte auch für die widerrechtliche *gefängliche Verwahrung.*[39] Schwere Verfahrensfehler sah der Reichshofrat darin, dass *Raths-Glieder und Inquisitores* [...] *um eigen Interesse willen* die Anklage betrieben hätten sowie *ohne Darthuung des Corporis delicti imputati und Anzeigung eines redlichen Argwohns und Verdachts* [...] *oder einer von Ambts wegen angestellten General-Untersuchung* [...],[40] *sondern auch nach erfolgter gefänglichen Einlegung des Denunciatens und seiner Magdt* [...] *gleich mit Androhung der scharffen Frage* begonnen worden sei. Damit seien *beyde in Verwirr- und Bestürtzung* gebracht worden. Auch hätten sich die Ratsmitglieder *noch in andere Weise straffmäßiger Affecten* [...] *verdächtig gemacht.*[41]

---

fängnis geworfen und nur *mit Wasser und Brod gespeiset* werden.

38 Conclusum des Reichshofrats vom 26. November 1714: ÖStA HHStA RHR Resolutionsprotokolle saec. XVIII 35, fol. 378r-379r, auch abgedruckt bei Moser, Conclusa (wie Anm. 6), Bd. 2, Frankfurt am Main 1726, Nr. 414, S. 674–675.

39 Ebd.

40 Es geht um die von Benedict Carpzov, Practica nova imperialis Saxonica rerum criminalium, Wittenberg 1670, pars 3, quaestio 107, Nr. 1–14, getroffene Unterscheidung zwischen General- und Spezialinquisition. „Generalinquisition" so Carpzov, „nenne ich diejenige, die, wenn das Delikt oder der Schuldige noch nicht feststeht, durch den Richter vorgenommen wird. Sie dient der generellen Untersuchung, ob wirklich und von wem ein Delikt begangen worden ist, indem allgemeine Informationen darüber gesammelt werden [...]." – „Spezialinquisition aber ist die Inquisition, die durch den Richter gegen eine bestimmte Person vorgenommen wird, von deren Verbrechen das Gericht schon Kenntnis hat, oder durch die der Richter wegen der Begehungsweise und des Täters eines Verbrechens oder gegen eine bestimmte Person, gegen die sich in der Generalinquisition Verbrechensmomente ergeben haben, in besonderem ermittelt [...]"; vgl. im Einzelnen dazu Wolfgang Sellert/Hinrich Rüping (Hrsg.), Studien- und Quellenbuch zur Geschichte der deutschen Rechtspflege, Bd. 1: Von den Anfängen bis zur Aufklärung, Aalen 1989, S. 264–268, 315 f.; ferner Härter, Policey (wie Anm. 15), 1. Halbbd., S. 423 f., der zu Recht die unscharfen Grenzen zwischen General- und Spezialinquisitin hervorhebt.

41 Conclusum vom 26. November 1714 (wie Anm. 38). In zwei weiteren erwähnenswerten Nichtigkeitsverfahren geht es um Zauberei- und Hexereidelikte. Der erste Fall spielte sich in den Jahren

3. Ein spektakulärer mit einem „Justizmord" endender Sonderfall

Die erörterten Nichtigkeitsfälle haben die gängige Verfahrensweise und die allgemeine Entscheidungspraxis des Reichshofrats mit ihren wesentlichen Konsequenzen offengelegt. Die Bedeutung dieser Fälle waren jedoch eher gering im Vergleich zu einem Nichtigkeitsverfahren aus den Jahren 1675–1692, das zu schweren rechtpolitischen und verfassungsrechtlichen Konflikten führte und die Aufmerksamkeit des gesamten Heiligen Römischen Reiches auf sich zog. Es ging um einen Prozess wegen schweren Diebstahls, der vor dem Schöffengericht zu

---

1602–1609 ab, siehe Wolfgang Sellert (Hrsg.), Die Akten des Kaiserlichen Reichshofrats, Serie I, APA, Bd. 2, bearbeitet von Eva Ortlieb, Berlin 2011, Nr. 2160. Die Beschwerdeführer – es handelt sich um ein Ehepaar – riefen den Reichshofrat an, weil die Ehefrau durch das Oppenheimer Stadtgericht unter dem Verdacht der Hexerei verhaftet, gefoltert und zweimal der Stadt verwiesen worden war. Die Ehefrau sei unschuldig, weil sie nur harmlose Segensprüche über kranke Mitbürger gesprochen habe. Die Beschwerdeführer hätten von dem Gericht verlangt, ihnen offen zu legen, wer die Ehefrau beschuldigt habe. Diesen Antrag habe das Stadtgericht abgewiesenen. Insgesamt sei das Verfahren nicht nach den Grundsätzen der Carolina geführt worden. Die Beschwerdeführer bitten daher nicht nur um eine Aufhebung der Ausweisungen und um Ersatz des ihnen zugefügten Schadens, sondern zur Überprüfung der strafrechtlichen Vorwürfe auch um die Einsetzung einer Kaiserlichen Kommission. Der Reichshofrat entscheidet daraufhin, dass ihm das Oppenheimer Gericht über die Angelegenheit berichten soll. Aus der unvollständigen Akte geht nicht hervor, wie es mit dem Verfahren weitergegangen ist. Der zweite Fall stammt aus den Jahren 1597/1598, siehe Wolfgang Sellert (Hrsg.), Die Akten des Kaiserlichen Reichshofrats, Serie I APA, Bd. 3, bearbeitet von Eva Ortlieb, Berlin 2012, Nr. 2348: Der Beschwerdeführer Friedrich Koller erklärte, dass er auf Anschuldigung seiner inzwischen hingerichteten Kusine Margaretha Koller durch ein Gericht seines Landesherrn Friedrich Herzog von Pommern wegen des Verdachts der Zauberei inhaftiert und gefoltert worden sei. Später sei er wegen Totschlags an Martin Ewald des Herzogtums verwiesen worden. Er rügte, dass das Verfahren bezüglich der Inhaftierung und Folter sowie dasjenige wegen Totschlags nicht ordnungsgemäß durchgeführt worden sei. Dementsprechend sei nicht berücksichtigt worden, dass er bei dem Totschlag in Notwehr gehandelt habe. Seine Beschwerde an den Herzog sei erfolglos geblieben, so dass er seine Unschuld nicht habe beweisen können. Seinem Antrag, ein kaiserliches Reskript zu erlassen, mit dem der Herzog verpflichtet wird, die Akten offen zu legen und dem Reichshofrat über den Fall zu berichten, entspricht der Reichshofrat. Der Herzog erwidert daraufhin, dass der Beschwerdeführer sich des Inzests schuldig gemacht habe. Außerdem hätten Indizien für ein Zauberdelikt des Koller vorgelegen. Die Verhaftung und Folter seien in Übereinstimmung mit einem Rechtsgutachten erfolgt. Auch habe der Beschwerdeführer ausreichend Gelegenheit für seine Verteidigung gehabt. Die Ausweisung wegen Totschlags und anderen Gewalttaten sei nach einem ordnungsgemäßen Strafverfahren erfolgt. Die Akte ist unvollständig, so dass unbekannt ist, wie das Verfahren geendet hat. Für das Reichskammergericht ist Oestmann, Hexenprozesse (wie Anm. 4), S. 70, 72 f. 75, zu dem Ergebnis gekommen, dass dort in Hexenprozessen nur „wenige Entscheidungen [...] in Nichtigkeitssachen" ergangen sind. Stattdessen würden strafrechtliche Mandatsprozesses, die in der Kameralliteratur seit dem 18. Jahrhundert allerdings als Nichtigkeitsprozesse bezeichnet werden, überwiegen, so dass der Unterschied dieser beiden Verfahrensarten unkenntlich wurde.

Frankfurt am Main begann, in zweiter Instanz an den Reichshofrat ging und in Mainz mit einem exekutierten Todesurteil – man könnte auch von einem „Justizmord" sprechen – vorläufig endete.[42] Eine weitere Besonderheit dieses Falles bestand darin, dass sich die angeblich in den Diebstahl verstrickten Personen mit einem ebenfalls vor dem Frankfurter Stadtgericht begonnen Diffamationsprozess wehrten und schließlich sogar das Reichskammergericht anriefen.[43] Insgesamt ging es um folgenden Sachverhalt, der zu keinem Zeitpunkt amtlich festgestellt wurde und daher weitgehend auf den Aussagen der Prozessbeteiligten und Zeugen beruht.

Der vermögende Großkaufmann, kurmainzische Kammerrat, Rentmeister (Stadtkämmerer) und Mäzen der Stadt Mainz Edmund Rokoch (†18. Dezember

42 Heinrich SCHROHE hat in seiner Abhandlung, Edmund Rokoch. Ein Mainzer Kaufmann und Beamter des XVII. Jahrhunderts, 1. Teil, Mainz 1907, den Inquisitionsprozess auf S. 22–24 unvollständig und zum Teil fehlerhaft dargestellt. Seine Ausführungen beruhen fast ausschließlich auf den von ihm ausgewerteten und damals im Staatsarchiv Würzburg unter der Sig. „Vice Dominats Akten. Mainz. 1675–82: G-Akten 13372, Rokoch contra Heyler" aufbewahrten Akten. Diese sind nach Auskunft des Staatsarchivs 1945 leider durch Kriegseinwirkungen vernichtet worden.

43 Die einzelnen Verfahren sind erfreulich gut und fast vollständig durch Akten dokumentiert. Im Zentrum steht die Akte ÖStA HHStA RHR Judicialia Antiqua 68-1 und 69-1, 1675–1692: „Auseinandersetzungen um einen Frankfurter und einen peinlichen, mit der Todesstrafe endenden Mainzer Kriminalprozess um schweren Diebstahl". Einen ersten Zugriff auf diese aus ca. 2000 Blätter bestehende Akte hat Ulrich Rasche durch seine gründliche Erschließung dieses Falles ermöglicht, vgl. Sellert/Rasche, Antiqua Bd. 2 (wie Anm. 25), Nr. 283. Glücklicherweise sind die vorinstanzlichen Akten und zwei weitere Akten des Verfahrens erhalten geblieben. Es handelt sich erstens um eine ca. 500 Blätter umfassende Akte, die sich im Institut für Stadtgeschichte Frankfurt am Main (künftig: ISG) befindet: ISG FFM Bestand H.15.33 Nr. 1428, 1675–1676: „Verfahren gegen Dietrich Heiler und Philipp Mangolt wegen des im Jahr 1670 begangenen Diebstahls von 4.000 [sic!] Reichstalern." Zweitens: ISG FFM Bestand H.07.01 Nr. 665, 1681–1716, unfol.: „Rechtsstreit zwischen den Vormündern der Kinder des Bürgers Dietrich Heiler, vertreten vom Lüneburger Hauptpastor Christian Heiler, wegen eines Kapitals von 8.000 Gulden, das von den Erben Rokoch angefochten wird, unter Beteiligung des Kaisers und des Königs von Preußen." Eine dritte ca. 100 Blätter umfassende Akte befindet sich im bayerischen Staatsarchiv Würzburg (künftig: StAWü) unter der Signatur: Mainzer Polizeiakten 1460, 1674–1675: „Diebstahl von 42.000 Reichstalern, die durch Kurmainz (Kammer-Rat und Rentmeister Edmund Rokoch) in Frankfurt deponiert waren" („*Heylerische Verhaftung zu F[rank]fort gegen denselben ahngestellte Process* […] *betreff.*). Die teils unfoliierten und teils in falscher Zahlenfolge folierten Schriftstücke befinden sich in einem mit Schnüren verschließbaren zeitgenössischen Pappordner. Es handelt sich hauptsächlich um Korrespondenzen zwischen dem Frankfurter Schöffengericht und dem Mainzer Erzbischof, ferner um Schriftsätze von Heiler und Mangold sowie um zahlreiche Verhöhrprotokolle. Unklar ist, nach welchen Verteilungsprinzipien die Akte in der ersten Hälfte des 19. Jahrhunderts nach Würzburg gekommen ist. Von der im Prozess gegen Heiler eingesetzten kaiserlichen Kommission (vgl. unten Anm. 222) sind keine Akten erhalten geblieben. Jedenfalls ist im Darmstädter Pertinenzbestand der Justizakten (E 9), in dem sich die Akten kaiserlicher Kommissionen befinden, keine einschlägige Akte enthalten. Diese Auskunft verdanke ich meinem Kollegen Friedrich Battenberg (Darmstadt).

1675)[44] hatte angeblich ca. 21.000 fast alle unter dem Mainzer Kurfürsten Johann Philippus von Schönborn (1605–1673) *geschlagene* Golddukaten in einem verschlossenen *eysernen* [...] *stock*[45] deponiert[46] und diesen, in *einem höltzernen faß* verpackt, 1670 zur Zeit der Frankfurter Herbstmesse von Mainz in die Messestadt transportiert. Das Fass mit dem Stock sei so schwer gewesen, dass man es *uff die kuttsch kaum heben* konnte.[47] In Frankfurt habe Rokoch das Fass in Begleitung seines *gewesten buchhalter*[s] Georg Gundelach[48] und der Hilfe eines Lastenträgers in das Haus Fürsteneck[49] des Tuchhändler Philipp Mangol(d)t bringen lassen.[50] Dieser habe das *fäßgen* in einem mit *eyßerner thür, schloß und banden* gesicherten Kellergewölbe deponiert, wo auch andere Sachen eingelagert gewesen seien.[51] Später habe Mangold das Fass *in einen verschlossenen schran-*

---

44 Rokoch war ein vermögender Mainzer Großkaufmann und prominenter Bürger der Stadt Mainz. Er hatte sich durch die Finanzierung zur Wiederherstellung der im 30jährigen Krieg zerstörten Kirche St. Quintin und die Stiftung eines Altars verdient gemacht; vgl. dazu SCHROHE, Rokoch (wie Anm. 42), S. 24.

45 Gemeint ist ein „Geldstock", vgl. dazu Deutsches Wörterbuch von Jacob Grimm und Wilhelm Grimm, Erstbearbeitung (1854–1960), digitalisierte Version im Digitalen Wörterbuch der deutschen Sprache, https://www.dwds.de/wb/dwb/geldstock (abgerufen am 13. Oktober 2023).

46 ISG FFM Bestand H.15.33 Nr. 1428 (wie Anm. 43), fol.1r, ist von 40.000 Reichstalern die Rede. Diese Summe dürfte in etwa den Wert von 20.000 Golddukaten entsprochen haben. Folglich heißt es in den von dem Ankläger Trinckhaus zusammengetragenen *Indicia, so sich gegen Dietrich Heilern herfür thun*, dass Rokoch vor seiner Fahrt nach Frankfurt 50.000 Reichstaler in 20.000 Dukaten bei einem Juden eingewechselt habe: ÖStA HHStA RHR Judicialia Antiqua 69-1, fol. 286r–287v, hier fol. 286v. Rokoch selbst hatte in einer am 22. Juli 1675 im Rahmen einer eidlichen vor Mainzer *deputierten hoffräthen* erfolgten Vernehmung, die vorzeitig *wegen seines hohen alters nunmehr auch schwachen leibs und bettlegerich*[keit] durchgeführt worden war, als Beilage eine detaillierte Liste vorgelegt, wonach sich in dem Stock eine auf elf Säckchen verteilte Geldsumme von 42.666 Reichstalern befunden haben soll, StAWü Mainzer Polizeiakten 1460, unfol. In der späteren Anklageschrift gegen Heiler, ISG FFM Bestand H.15.33 Nr. 1428, fol. 25r–34v, hier fol. 25v, wird diese Summe ebenfalls angegeben. Sie entspricht wiederum derjenigen, die Heiler als Kaution für seine Entlassung in den Hausarrest dem Schöffengericht angeboten hatte (vgl. unten Anm. 209).

47 *Indicia* (wie Anm. 46), fol. 287r.

48 Notariatsinstrument über die Zeugenbefragung des Schlossers Hans Jakob Schumann, 18. Januar 1676, ÖStA HHStA RHR Judicialia Antiqua 68-01, fol. 127r–131v, hier fol. 127r; SCHROHE, Rokoch (wie Anm. 42), S. 18, 22 F.

49 SCHROHE, Rokoch (wie Anm. 42), S. 22. Das Haus Fürsteneck, in der Fahrgasse an der *sachsenheußer brücken* gelegen, soll erst 1674 für 6.000 Gulden an den Tuchhändler Philipp Mangold aus Mainz verkauft worden sein; vgl. https://de.wikipedia.org/wiki/Haus Fürsteneck (abgerufen am 13. Oktober 2023). Da der Geldstock schon 1670 in das Haus Fürsteneck gebracht wurde, ist zu vermuten, dass Mangold zu dieser Zeit nur Mieter des Hauses war.

50 *Indicia* (wie Anm. 46), fol. 287r.; SCHROHE, Rokoch (wie Anm. 42), S. 22 F.; vgl. auch Rokochs eidliche Aussage (wie Anm. 46).

51 *Indicia* (wie Anm. 46), fol. 287v; Notariatsinstrument vom 18. Januar 1676 (wie Anm. 48), fol. 127r.

cken in selbigem gewölb gethan.[52] Rokoch erhielt über den hinterlegten Stock eine von Mangold unterzeichnete Empfangsbescheinigung, in der mit keinem Wort der Inhalt des Stocks erwähnt wurde. Sie lautete: *Daß mir endts benannten von herrn Edmund Rockoch ein stock in einem fäßlein wohl gelieffert worden, in verwahrung biß zu seiner ferneren disposition, thue hiemit krafft dieses bescheinen. In franckfurter herbstmeß 1670, Philipp Mangold*[*t*].[53]

Als Rokoch fünf Jahre später, am 30. März, in der Zeit der Frankfurter Ostermesse das Geld abholen wollte, habe Mangold den Schrank im Gewölbe seines Hauses aufgeschlossen und das Fass, das ursprünglich nur *zwey mann* hätten heben können, *mit einer handt heraußgezogen.*[54] Als Rokoch den Stock öffnen wollte, hätte der Schlüssel nicht gepasst.[55] Er habe daher das Schloss in Anwesenheit von Zeugen und des kaiserlichen Notars Philipp Werner Hoeglein durch den Frankfurter Schlosser Hans Jakob Schumann gewaltsam öffnen lassen und wollte bemerkt haben, dass sich in dem Stock von den ursprünglich elf nur noch ein mit der *Nr. 9 signiertes säcklein* mit *1004 stück goldguldten* befunden habe.[56]

Rokoch hatte auf einen Hinweis Mangolds zunächst seinen ehemaligen Buchhalter Gundelach der *Untreu* beschuldigt und ihn *arrestieren lassen.*[57] Als dem Bestohlenen klar geworden sei, dass sein ehemaliger Buchhalter eine *so starcke Summa Geldtes* nicht ersetzten könne,[58] habe er den Frankfurter Kaufmann Dietrich Heiler/Hailer/Heyler, Schwiegersohn Philipp Mahngoldts, verdächtigt, weil Heiler plötzlich zu einem außerordentlichen Reichtum gekommen sei. Heiler habe, so lautete der Verdacht Rokochs, als sein Schwiegervater Mangold 1672 für 6 Wochen mit seiner Ehefrau nach Nürnberg verreist war, den Stock heimlich an

52 *Indicia* (wie Anm. 46), fol. 287r.

53 Kopie der Empfangsbescheinigung: ÖStA HHStA RHR Judicialia Antiqua 69-01, fol. 488r.

54 *Indicia* (wie Anm. 46), fol. 287r.; vgl. auch Rokochs eidliche Aussage (wie Anm. 46).

55 *Indicia* (wie Anm. 46), fol. 287r; Notariatsinstrument vom 18. Januar 1676 (wie Anm. 48).

56 Vgl. Auflistung der Gelder durch Rokoch (wie Anm. 46); Notariatsinstrument vom 18. Januar 1676 (wie Anm. 48), fol. 127r; Schrohe, Rokoch (wie Anm. 42), S. 22; vgl. auch die Sachverhaltsschilderung in: Fakultätsgutachten der Universität Basel vom 20. August 1679, ÖStA HHStA RHR Judicialia Antiqua 69-01, fol. 324r–326v; ferner Schreiben an *die kayserl. Plenipotentiarios zu dem frankfurthischen congreß in sachen Heyler c/a Rockochischer Erben* [...] vom 25. November 1681, ebd., fol. 982r–988v.

57 Notariatsinstrument vom 18. Januar 1676 (wie Anm. 48), fol. 127r; Reskript des Reichshofrats vom 5. Dezember 1675, abgedruckt in der bei den Akten befindlichen Deduktion „Iniquè Offensa sed Augusti Caesaris Clementissimis Rescriptis Justè defensa Innocentia Heileriana" (Übersetzung: Die Unschuld des Heiler, die zu Unrecht angegriffen war und durch die allergnädigsten Kaiserlichen Reskripte mit Recht verteidigt wurde): ÖStA HHStA RHR Judicialia Antiqua 69-01, fol. 159r–162v, hier fol. 159v, 160r. Heiler beschwerte sich, dass ihm die Akten über den Prozess gegen den in Hannover sesshaften Gundelach nicht *communiciert* worden seien, ISG FFM Bestand H.15.33 Nr. 1428, fol. 90r.

58 Reskript des Reichshofrats vom 5. Dezember 1675 (wie Anm. 57), fol. 159v, 160r.

sich gebracht, diesen in seinem Haus in der Alten Mainzer Gasse (Sachsenhausen) durch den Frankfurter Schlosser Schumann, einen *gevatter* (Taufpaten) von Heiler, im Keller öffnen, danach fachmännisch verschließen und an einem Dienstagvormittag – das Datum wird nicht genannt – zwischen sieben und acht Uhr wieder in Mangolds Depot bringen lassen.[59] Diese Aktion sei möglich gewesen, weil Mangold sein Haus für die Zeit seiner Reise seinem Schwiegersohn *anvertrauet* habe.[60] Rokoch bezichtigte Heiler daher vor dem Frankfurter Schöffengericht des schweren Diebstahls.[61] Die denunziatorischen Anschuldigungen Rokochs verbreiteten sich, vermutlich von ihm geschürt, wie ein Lauffeuer nicht nur in Mainz und der Stadt Frankfurt, sondern alsbald auch im gesamten Reich. Sie waren für die beiden Handelsleute im höchsten Maße geschäftsschädigend.

3.1 Diffamationsprozess und Appellation gegen ein Zwischenurteil

Mangold und Heiler gingen daher zum Gegenangriff über, denn sie waren der Ansicht, dass es nicht nur nach Gemeinem Recht und den Reichskonstitutionen, sondern auch nach den *gesetzten der natur und den heiligen zehn gebotten gottes* unerlaubt sei, dass jemand einen anderen grundlos diffamieren dürfe.[62] Heiler erklärte, dass er *lieber das leben verlieren* als sich von Rokoch derart verleumden lassen würde.[63] Die beiden Betroffenen ließen im April 1675 durch ihren Anwalt Johann Casimir Rieß vor dem Frankfurter Schöffengericht eine Widerklage (*querela recusationis*) gegen den Mainzer Rentmeister *ex lege diffamari C. de ingenuis*, also

59 ISG FFM Bestand H.15.33 Nr. 1428, fol. 28v-29r.

60 *Indicia* (wie Anm. 46), fol. 287v.

61 Notariatsinstrument vom 18. Januar 1676 (wie Anm. 48), fol. 127r.

62 Implorationsschrift pro decernenda citatione ex l. diffamari vom 26. April 1675: ISG FFM Bestand H.15.33 Nr. 1428, fol. 421v-429v. Diese enthält eine umfassende Definition des Verleumdungstatbestandes (fol. 422v–423v): Es ist *gebotten, daß niemand, er seye wes standes, würdten und weßen, der auch wolle, eines andern entweder selbsten per directum oder indirectum durch andere hinterwertlich oder offentlich hin- und wieder bößlich außtragens übel nachreden, diffamiren, an ehr- existimation und wohlhergebrachte guten leumunth schmählig antasten und zuvor begangener schwerer halßbrüchiger verbrechen insinuiren oder in ander verbottene wege zu beschweren, zu verschimpfen und in bößen ehr-credit und haab abschneidenden ruff und nachteil diffamanto* [sic!] *et injuriando zu bringen, sich unterstehen und gelüsten laßen, sondern, wenn er, es seye nun in civil- oder criminalsachen, einigen spruch oder clag an den anderen zu haben vermeynt und sich deßhalben nicht erlaßen wollte, ein solches durch den ordentlich rechtensweg suchen, in competenti judicio bescheidentlich proponiren, der gebühr beweißen, mit recht competenter und legitimè austragen, des rechtlichen außschlags mit gedult erwartten und sich davon ersättigen laßen, dar benebens deßelben männiglichen wohl gehörte existimation, ehr- und credit in discrimen und ungleichen vedacht und rumor zu setzen, sich gäntzlich enthalten solle.*

63 ISG FFM Bestand H.15.33 Nr. 1428, fol. 464v.

eine Injurienklage wegen Verleumdung erheben.[64] Sie beantragten, gegen den Beschuldigten eine *citatio ad probandum, sub poena perpetuij silentij,*[65] weil sie Rokoch schmählich und ohne das Vorliegen eines *corpus delicti* des Diebstahls beschuldigt habe. Diese üble Nachrede habe er überall verbreitet und sie damit als angesehene Bürger ihrer Stadt Frankfurt in ihrer Ehre tief verletzt.[66] Damit sei ihnen ein schwerer Schaden zugefügt worden, für den sie von Rokoch eine Sicherheitsleistung in Höhe von 10.000 Dukaten verlangten. Diese *Caution* könne durch Beschlagnahme der von Rokoch im Hause Mangold deponierten *effecten* geleistet werden.[67]

Das Schöffengericht ließ am 12. April 1675 die Klageschrift durch den Gerichtsboten Jeremias Gantz dem Diener des Beschuldigten im Frankfurter Gasthof Wilder Mann[68] zustellen und bat um Stellungnahme.[69] In seinem kurzen Gegenbericht vom 27. April 1675[70] wehrte sich Rokoch gegen die beiden Kläger, nannte sie *streitliebende quaerulanten,* die ihm eine *diffamation* andichten wollten und alle nur möglichen Mittel in Bewegung setzten, um die vor allem in Art. 188 der Carolina[71] *ausdrücklich gebottene und löblich eingeführte inquisition*

64 Die *provocatio ex lege diffamari* leitet sich aus dem röm. Recht ab: Corpus Iuris Civilis, Codex VII, Kap. 14 De ingenuis manumissis, cap. 5; vgl. auch Art. 110 Carolina „Straff schrifftlicher vnrechtlicher peinlicher schmehung" = Radbruch, Peinliche Gerichtsordnung (wie Anm. 31), S. 76; ferner Teil II, Tit. 25 der Reichskammergerichtsordnung von 1555 = Laufs, Reichskammergerichtsordnung (wie Anm. 9), S. 202: „Welchergestalt am cammergericht ex l. diffamari gehandelt werden mög"; Rolf Lieberwirth, Art. Verleumdung, in: HRG, Bd. 5. 1. Aufl., Berlin 1998, Sp. 762–764; Johann Jakob Moser, Von der Teutschen Justiz-Verfassung, 1. Teil, Frankfurt/Leipzig 1774, S. 715–720, mit Beispielsfällen; Andreas Christian Johannes Schmid, Handbuch des gemeinen deutschen Civilprocesses, 3. Teil, Kiel 1845, S. 81 und Georg Wilhelm Wetzell, System des ordentlichen Civilprocesses, 3. Aufl., Leipzig 1878, S. 104–110.

65 Gemeint ist ein unter Strafe gestelltes dauerndes Verbot, die Anschuldigungen weiter zu verbreiten; vgl. Implorationsschrift (wie Anm. 62); ferner Notariatsinstrument vom 18. Januar 1676 (wie Anm. 48), fol. 127v.

66 ISG FFM Bestand H.15.33 Nr. 1428, fol. 453r–465r. Der Fall erhielt im Laufe der Zeit einen großen Bekanntheitsgrad im Reich und erhitzte die Gemüter derart, dass sich der Kaiser in Vorbereitung eines Fürstenkongresses in Frankfurt veranlasst sah, seine dorthin beorderten Gesandten mit einem Bericht vom 25. November 1681 über das Verfahren gegen Heiler und das Verhalten des Mainzer Erzbischofs eingehend zu informieren; vgl. Schreiben an die *kayserl. Plenipotentiarios* (wie Anm. 56), fol. 982r–988v.

67 ISG FFM Bestand H.15.33 Nr. 1428, fol. 458rv.

68 Das Gasthaus Wilder Mann wurde im 16. Jh. als gotisches Haus erbaut und befand sich in der Häuserzeile auf der Ostseite des Römerplatzes (Samstagsberg), die nach ihrer Zerstörung im 2. Weltkrieg in den 1980er Jahren rekonstruiert wurde, https://de.wikipedia.org/wiki/R %C3 %B6merberg_(Frankfurt_am_Main) (abgerufen am 13. Oktober 2023).

69 ISG FFM Bestand H.15.33 Nr. 1428, fol. 468v.

70 Ebd., fol. 430r–432r.

71 Art. 188 CCC = Radbruch, Peinliche Gerichtsordnung (wie Anm. 31), S. 111, lautet: *Ob aber die*

zu hintertreiben.[72] Etwas ausführlicher äußerte er sich in einem anderen Schreiben[73] und betonte, dass er lediglich die *obrigkeit* gebeten habe, *ex officio* wegen *eines solchen grausamen diebstahls* zu *inquirieren unndt waas dazu von rechts wegen gehörig anhand* zu nehmen.[74] Denn ein solches Verbrechen müsse im öffentlichem Interesse zur Anzeige gebracht und *nach Anleitung Caroli V. art. 43 mit einer inquisition ex officio* aufgeklärt[75] und der Schuldige ermittelt werden.[76] Er habe daher mit einer Diffamation nicht das Geringste zu tun und beantrage folglich, die *ungereimbde* und völlig *unbegründete* Klage abzuweisen und gegen Heiler *aufs das schärfste* mit der Inquisition fortzufahren.[77]

Weil das Schöffengericht trotz mehrfacher Aufforderungen der Kläger *pro maturanda* bzw. *administranda justitia*[78] keine Zitation gegen Rokoch verfügt hatte, wandten sich die Kläger noch im April 1675 *ob evidentissimum mora periculum*[79] an das Reichskammergericht zu Speyer mit einer *supplicatio pro promotialibus gratiose decenendis* gegen *Bürgermeister und Rath wie auch Schultheiß unnd Schöffen zu Franckfurt.*[80] Das Reichskammergericht entschied überraschend schnell und wies mit Dekret vom 26. April 1675 den Antrag der Kläger mangels Entscheidungsreife ab.[81] Da der Diffamationsprozess vor dem Frankfurter Stadtgericht nicht zügig voranging, riefen die Kläger erneut das Reichs-

---

klag vonn ampts wegen herkeme, vnd nit von sonderlichen anklägern geschehe, wie dann die klag an die Richter kommen, auch was der beklagt darzu antwurt, vnd was fürther inn allen stücken nach laut dieser vnserer ordnung deßhalb gehandelt würdt, soll wie oben inn anderm fall, des anklägers halben gemelt ist, beschriben werden.

72 ISG FFM Bestand H.15.33 Nr. 1428, fol. 430r–432r.

73 Beilage Lit. A. vom 14. April 1675: ISG FFM Bestand H.15.33 Nr. 1428, fol. 483v–488r.

74 Ebd., fol. 485r.

75 Art. 43 CCC = Radbruch, Peinliche Gerichtsordnung (wie Anm. 31), S. 49 f.: *Von genugsam verdacht der dieberey.* Man konnte in der Tat aus Abs. 3 dieser Vorschrift eine solche Anzeigepflicht herleiten. Denn es heißt dort: *Item so eyn mercklich grosser diebstahl geschicht vnd jemant des verdacht wirdet, der nach der thatt mit seinem außgeben reichlich erfunden wirdet, dann sunst ausserhalb des diebstahls sein vermögen sein kan, vnd der verdacht nit ander gut vrsachen anzeygen kann, wo jm das angezeygt argwonig gut herkommen, Ist dann eyn solche person zu der man sich der missetat versicht, so ist redlich anzeygung der missetat wider sie vorhanden.*

76 ISG FFM Bestand H.15.33 Nr. 1428, fol. 401v, 487r.

77 Ebd., fol. 487rv.

78 Ebd., fol. 466r, 468v.

79 Ebd., fol. 472r.

80 Ebd., fol. 451r. Über die in Sachen Heiler und Mangold gegen Rokoch am Reichskammergericht in der Zeit vom 26. April bis 19. November 1675 verlaufenden Verfahren gibt das *Documentum litis pendentiae, die zu Frankfurt entkommenen Rokochischen gelder betreffend*, detailliert Auskunft, ÖStA HHStA RHR Judicialia Antiqua 69-01, fol. 88r–103v.

81 Wenn die Antragsteller allerdings, so das Reichskammergericht, die Verzögerung der Justiz besser bescheinigen würden, solle ergehen, was Recht ist; *Documentum* (wie Anm. 80), fol. 89r–90r.

kammergericht mit zahlreichen Supplikationen und Memorialien an.[82] Immerhin forderte das Reichskammergericht jetzt mit Dekret vom 13. August 1675 das Stadtgericht auf, ihm einen Bericht über das von den Klägern betriebene Verfahren zu erstatten.[83]

Unterdessen erwirkte Rokoch beim Schöffengericht eine Entscheidung, wonach er berechtigt sei, seine von Mangold gewaltsam als *Caution* (Pfand) für den durch die Diffamation entstanden Schaden zurückgehaltenen Sachen[84] – dazu gehörten *kisten, fäßer und in commission habende waren*[85] – herauszuverlangen. Dementsprechend dekretierte das Gericht am 12. Mai 1675, dass *besagter Mangolt das depositum* […] *ungehindert zu extradieren schuldig seyn solle*.[86] Gegen diese Zwischenentscheidung, durch die sich die Kläger *zum höchsten graviert* sahen, appellierten sie am 18. Mai 1675 beim Reichskammergericht durch den Frankfurter Notar Caspar Engelhardt.[87] Über die Schwierigkeit, dass Appellationen grundsätzlich nur gegen Endurteile und daher nicht, wie im vorliegenden Fall, gegen ein Interlokut zulässig waren,[88] ging der Notar großzügig hinweg. Zum einen stützte er die Zulässigkeit der Appellation pauschal auf die Statuten der Stadt[89] und zum andern darauf, dass *das heylsame beneficium appellationis allen geistlichen undt weldlichen, auch aller völker und natürlichen rechten nach, allen und jeden durch urtheil, decret oder bescheidt gravierten partheyen zum guten verordnet* sei. Die Rechtsmittelfrist sei gewahrt, weil das *fatale decendium interponendae* noch nicht abgelaufen sei.[90] Begründet wurde die Appellation erwartungsgemäß damit, dass Rokoch *die ehrlichen, in gutem ruf undt leumunth stehenden* Appellanten *ohne redlich undt rechtschaffende indizien oder anzeig* des

---

82 *Documentum* (wie Anm. 80), fol. 92r.

83 *Documentum* (wie Anm. 80), fol. 94r; ISG FFM Bestand H.15.33 Nr. 1428, fol. 471r.

84 Rokoch hatte vergeblich versucht, durch seinen Diener Wolff die von Mangold zurückgehaltenen Gegenstände herauszubekommen; vgl. Schreiben Rokochs vom 26. April 1675 in: ISG FFM Bestand H.15.33 Nr. 1428, fol. 414r–418r, bes. 415v.

85 ISG FFM Bestand H.15.33 Nr. 1428, fol. 501v.

86 ISG FFM Bestand H.15.33 Nr. 1428, fol. 488v. Von dem Inventar *in dem gewölbe* wurde nach einer *inspectio ocularis* ein Verzeichnis durch einen Notar Ziegler protokolliert. Mangold verlangte später das entsprechende Protokoll heraus, blieb jedoch mit seiner Bitte an das Schöffengericht trotz wiederholter Mahnungen erfolglos; vgl. Bittschriften vom 7., 14. und 16. Juli 1675: ISG FFM Bestand H.15.33 Nr. 1428, fol. 531r–533r, 536r–537r, 537r–538r.

87 Ebd., fol. 498v–504v.

88 Vgl. dazu Sellert, Prozessrechtliche Aspekte (wie Anm. 21), S. 104.

89 Gemeint ist vermutlich Teil 1, Tit. 42 von „Der Statt Franckenfurt erneuwerte Reformation" (1578): „Von der Appellation/wie die geschehen vnd es damit soll gehalten werden"; https://digi.ub.uni-heidelberg.de/diglit/drwFrankfurtErnRef1578/0160/image (abgerufen am 13. Oktober 2023).

90 ISG FFM Bestand H.15.33 Nr. 1428, fol. 503r.

Diebstahls bezichtigt und diffamiert habe.[91] Daher sei die Zurückhaltung der dem Appellaten gehörenden Gegenstände in Mangolds Gewölbe zur Sicherung von Schadensersatzansprüchen rechtens.[92] Das Reichskammergericht wies nach einer Stellungnahme des Schöffengerichts[93] nicht nur die Appellation, sondern auch alle anderen in der Zeit von April bis Oktober 1675 eingegangenen Beschwerden der Kläger wegen Unbegründetheit, Unzuständigkeit, unzureichender Bescheinigung[94] und verfrühter Geltendmachung zurück.[95] Insgesamt vertrat das Reichskammergericht die Auffassung, dass die Appellanten erst einmal das Ergebnis des Inquisitionsprozesses abwarten müssten.

Das hinderte die erfolglosen Appellanten nicht, beim Schöffengericht weiterhin die Zitation Rokochs *ex lege diffamari* mit zahlreichen Memorialen anzumahnen. Nach langem Hin- und Her gab das Schöffengericht am 31. Mai 1675 dem Antrag des Prokurators der Kläger, Johann Casimir Rieß, statt und beschloss *per sententiam* die beantragte *citatio.*[96] Das am 5. Juni 1675 verfasste Ladungsdokument sollte dem Mainzer Domkapitel mit der Bitte zugestellt werden, es dem *herrn Rokochen unbeschwehrt zu insinuieren.*[97] Als Gerichtstermin wurde der 5. Juli 1675 *alten calenders, morgens umb 9 uhr* bestimmt, zu dem Rokoch persönlich kommen oder sich durch einen bevollmächtigten Anwalt vertreten lassen und zur Klage Stellung nehmen sollte. Im Falle *etwaigen stillschweigens* werde das Gericht nach den Erfordernissen der *hiesigen Reformation* und *Rechten* prozedieren.[98]

---

91 Ebd., fol. 498v–500r.

92 Vermutlich hatte Rokoch die von ihm im Gewölbe von Mangold befindlichen Sachen arrestieren lassen. Näheres dazu enthielt vermutlich die Reichskammergerichtsakte „Mangoldt Philipp und Dietrich Heiler Frankfurt ./. Erzbischof Damian Hartard zu Mainz (Mand.): Rechtsverhinderung in Sachen des Klägers [sic!] gegen den Rentmeister Rokoch zu Mainz und Aufhebung des auf ein Fuhrwerk der Kläger angelegten Arrests“: Sig. Gef. 491 M 692 (1). Die Akte befand sich einstmals im Staatsarchiv Darmstadt und wurde auf Veranlassung des Archivdirektors Ludwig Baur vernichtet. Diesen Hinweis verdanke ich meinem Kollegen Friedrich Battenberg (Darmstadt).

93 Bericht der Stadt Frankfurt vom 2. Juni 1675, in: ISG FFM Bestand H.15.33 Nr. 1428, fol. 515v–519v.

94 An die Stelle des Kalumnieneids trat die „Bescheinigung“, mit welcher der Kläger sein Begehren glaubhaft zu machen hatte, *damit der Referent in Erkennung der Processen nicht malitiose hintergangen und vervortheilt werden möchte*: Jüngster Reichsabschied von 1654 § 79 = Buschmann, Kaiser und Reich (wie Anm. 19), S. 489 f.; vgl. dazu Wolfgang Sellert, Art. Prozess des Reichshofrats, in: HRG, 2. Aufl., 28. Lieferung, Berlin 2020, Sp. 885–891.

95 *Documentum* (wie Anm. 80), fol. 88r–97v.

96 ISG FFM Bestand H.15.33 Nr. 1428, fol. 376r, 520v, 534r.

97 Ebd., fol. 520r–521r.

98 Vgl. dazu das an *Dechant und Capittul des Domstiffts zu Mayntz* adressierte Ladungsdokument mit der *citatio in communi forma: in causa Mangolt und Heylers ./. Edmund Rokochen*: ISG FFM Bestand H.15.33 Nr. 1428, fol. 521r–522v.

Die Zustellung der Ladung wurde *per notarium et testes* mit einem *verschlossenen obrigkeitlichen ersuchschreiben* am 7. Juni 1675 *in Mayntz legitime insinuiert.*[99] Diese nach Ansicht des Mainzer Erzbischofs auf fremdem Gebiet verbotene Zustellung blieb nicht ohne Folgen. So wurden die Zeugen und der Notar samt seinem Pferd im *wirtshauß zum Clemon* festgesetzt. Während die *gezeugen gegen einen Revers wieder ledig gegeben* wurden,[100] blieb der Notar auch noch drei Wochen nach der Zustellung in militärischer Haft.[101] Zu dem vom Schöffengericht angesetzten Gerichtstermin erschien, auch nach dem *gewöhnlichen ruffen,*[102] von der *Rokochischen seithen niemand.*[103] Auf mehrfaches *inständiges* Bitten Heilers und Mangolds, das Verfahren *ex lege diffamari* ohne Rokoch fortzusetzten,[104] reagierte das Frankfurter Gericht nicht. Weil Heiler sich deswegen, wie das Reichskammergericht bemerkte, *entblödete,* das Höchstgericht wiederum zu *behelligen,* bestrafte es ihn am 19. Oktober 1675 mit einer Mark Silbers und drohte ihm eine *schärffere* Strafe für den Fall weiterer Belästigungen an.[105] Als Rokoch am 18. Dezember 1675 verstarb, endete das Diffamationsverfahren.

3.2 Inquisitionsprozess vor dem Frankfurter Schöffengericht

Ungeachtet des Diffamationsverfahrens hatte das Frankfurter Schöffengericht den Inquisitionsprozess gegen Heiler fortgesetzt, allerdings nicht in der Geschwin-

---

99 *Memoriale pro maturanda iustitia* von Mangold und Heiler; ISG FFM Bestand H.15.33 Nr. 1428, fol. 534r.

100 Für die Freilassung hatten sich von zwei Zeugen deren *eheweiber* und für den dritten Zeugen dessen *mutter* an den Mainzer Erzbischof mit einem Bittschreiben gewandt, ISG FFM Bestand H.15.33 Nr. 1428, fol. 524v–528r. Sie erklärten dort, dass die Zeugen unschuldig seien, weil sie nur die Anordnung des Frankfurter Schöffengerichts exekutieren wollten. Es sei ihnen unbekannt gewesen, dass nach Mainzer *privilegien* […] *in gewissen rechtssachen churmaintzische unterthanen* nicht *citiert* werden dürften, und dass es keinem Fremden erlaubt sei, das *kundbarliche* Mainzer Recht zu *ignorieren*. Weil das Bittschreiben zunächst erfolglos war, baten die *weiber* das Frankfurter Schöffengericht *umb gottes und des jüngsten gerichts willen flehentlich* um ein *Intercessionschreiben* an den Mainzer Kurfürsten zur Freilassung der Zeugen, was das Gericht am 26. Juni 1675 ohne Begründung negativ beschied, ebd., fol. 528v–530v.

101 Zur Freilassung des Notars verlangte Mainz von Heiler und Mangold eine Strafe und *kostgelder* in Höhe von 160 Reichstalern. In einem Schreiben baten die beiden Schuldner den Mainzer Erzbischof, er möge ihnen die Forderung *aus gnaden* erlassen oder wenigsten mildern; vgl. Schreiben von Heiler und Mangold an den Mainzer Kurfürsten vom 27. August 1675, in: StAWü Mainzer Polizeiakten 1460, fol. 76r–77r.

102 Zum „Rufen" vgl. WETZELL, System (wie Anm. 64), S. 983; ferner Tit. VI, § 11 der Reichshofratsordnung von 1654, Anm. 724 = Sellert, Ordnungen, 2. Halbbd. (wie Anm. 16), S. 230 f.

103 ISG FFM Bestand H.15.33 Nr. 1428, fol. 534r.

104 Ebd., fol. 535r–536r.

105 *Documentum* (wie Anm. 80), fol. 97v.

digkeit, die Rokoch und der Mainzer Erzbischof erwartet hatten. Letzterer hatte sich daher auf Betreiben Rokochs in mehreren Schreiben an das Frankfurter Schöffengericht nicht nur nach dem Stand des Verfahrens erkundigt, sondern mit Nachdruck auch eine sofortige Verurteilung Heilers verlangt. Schließlich wurde der Mainzer Hofrat Dr. Johann Peter Benzel als ständiger Prozessbeobachter nach Frankfurt beordert, den das Schöffengericht über den Fortgang des Verfahrens kontinuierlich unterrichten sollte.[106] Letzteres wehrte sich in mehreren Schreiben an den Mainzer Erzbischof vehement gegen diese Einflussnahme und den Vorwurf, es gehe gegen Heiler nicht zügig vor.[107] Es erklärte, dass man zur Feststellung der Schuld oder Unschuld Heilers alles *menschlich möglichste* bewerkstellige.[108] Die Ermittlungen seien dadurch vorgegeben, dass das Gericht streng nach den Artikeln 6[109] und 218[110] der Carolina verfahre,[111] weil sich Rokoch nicht *getraut* habe, das Anklageverfahren zu wählen, sondern – angeblich aus öffentlichem Interesse – *umb die official-inquisition angesucht* habe.[112] Insoweit stehe es nicht *im freyen willen* [...] *und gewalt* des Gerichts *in dergleichen criminalfällen* den Angeklagten *ihr defensionem* [...] *oder den ordentlich weg rechtens* [...] *zu benehmen, abzuscheiden oder* [...] *zu verkürtzen.*[113] Man werde sich hüten, dem Ansinnen Rokochs zu folgen und den Heiler *neglecte iuris ordine in constitutionibus imperii et iure nostro statuario praescripto* in *schleuniger zeit* zu verurteilen.[114] Anderenfalls hätte der Angeklagte gute Gründe, um die

106 Schreiben des Schöffengerichts an den Mainzer Erzbischof vom 12. August 1675, in: StAWü Mainzer Polizeiakten 1460, fol. 41r–42r.

107 Besonders erhellend und die Argumente zusammenfassend sind die Schreiben von Bürgermeister und Rat der Stadt Frankfurt vom 29. Juli und 30. Oktober 1675, in: StAWü Mainzer Polizeiakten 1460, unfol.

108 Schreiben vom 30. Oktober 1675 (wie Anm. 107).

109 Art. 6 CCC= Radbruch, Peinliche Gerichtsordnung (wie Anm. 31), S. 31 f.: *Item so jemandt eyner übelthat durch gemeynen leumunt, berüchtiget, oder andere glaubwirdige anzeygung, verdacht vnd argwonig, vnd derhalb durch die oberkeyt vonn ampts halben angenommen würde, der soll doch mit peinlicher frage, nit angegriffen werden, es sei dann zuvor redlich, vnd derhalb genugsame anzeygung vnd vermutung von wegen derselben missentat auff jnen glaubwirdig gemacht.*

110 Art. 218 Carolina = Radbruch, Peinliche Gerichtsordnung (wie Anm. 31): *Von mißbreuchen vnd bösen vnvernünfftigen gewohnheyten, so an etlichen orten vnd enden gehalten werden.*

111 Schreiben vom 29. Juli 1675 (wie Anm. 107).

112 Schreiben vom 30. Oktober 1675 (wie Anm. 107).

113 Ebd.

114 Ebd. Wurde das Anklageverfahren gewählt, musste der private Ankläger entweder mit dem Angeklagten in das Gefängnis gehen oder Kaution leisten. Letztere diente nicht nur dazu, leichtfertige Anklagen und Denunziationen zu verhindern, sondern auch als Entschädigung des Angeklagten für den Fall, dass er freizusprechen war. Dementsprechend heißt es in Art. 12 Carolina = Radbruch, Peinliche Gerichtsordnung (wie Anm. 31), S. 33 f.: *Item sobald der angeklagt zu gefengnuß angenommen ist, soll der anklager oder sein gewalthaber mit seinem leib verwahrt wer-*

Entscheidungen des Gerichts vor dem Kaiser oder *dero höchsten tribunalen* mit Erfolg anzufechten.[115] Der Erzbischof möge daher Rokoch *bedeuten*, dass er den *rechtlichen außgang* des Verfahrens *mit etwas gedult* abwarten und *unsere exercitio iurisdictionis criminalis ohnbeinträchtigt lassen* sowie *uns mit verunglimpffung verschonen* solle.[116] Denn das Verfahren brauche seine Zeit, weil *Heyler des verbrechens directo nicht zu convinciren* und das *corpus delicti* bisher nicht erwiesen sei.[117] Nachdenklich stimme das Gericht auch, dass Rokoch die von Heiler angebotene *real-caution* nicht akzeptiert habe.[118] Außerdem könne das Gericht nicht glauben, dass Rokoch eine so große Summe hinterlegt habe, ohne dass diese auf dem Depositenschein vermerkt worden sei.[119] Letztlich müsse man in einem derart *zweiffelhafften fall* [...] *ohne uns geleistete caution de refundendis in eventum repertae innocentiae expensis de damno praestando inquisitorie*, besonders sorgfältig verfahren.[120] Immerhin habe man den Angeklagten *würcklich incarzerieren* lassen,[121] obwohl er bis dato ein *unbeleumdeter* freier Bürger Frankfurts gewesen und dort begütert sei.[122] Tatsächlich war Heiler schon kurz nach der Anzeige Rokochs beim Frankfurter Schöffengericht verhaftet und für ein halbes Jahr im Frankfurter Römer unter militärische Bewachung gestellt worden. Anschließend wurde er in ein *ohngesundtes, schwehres gefängnuß auff dem Bornheimer thurm* gebracht.[123] Sein Vermögen und dasjenige seiner Ehefrau Catharina wurden beschlagnahmt,[124] sodass der Unterhalt für seine *ohnschuldigen weib und kindter* gefährdet war.[125]

Inzwischen hatten Bürgermeister und Rat der Stadt Frankfurt im Zusammenwirken mit dem zum öffentlichen Ankläger (Fiskal) bestellten Johann Adolf

---

den biß er mit bürgen Caution, bestandt und sicherung, die der richter sampt vier schöpfen nach gelegenheyt der sachen vnnd achtung beyder personen für gnugsam erkennt, gethan hat.

115 Schreiben vom 30. Oktober 1675 (wie Anm. 107).

116 Ebd.

117 Ebd.

118 Schreiben vom 29. Juli 1675 (wie Anm. 107).

119 Ebd.

120 Ebd. Gemeint ist hier die durch einen Ankläger nach Art. 12 Carolina zu leistende Kaution; vgl. dazu oben Anm. 114.

121 Schreiben vom 30. Oktober 1675 (wie Anm. 107).

122 Schreiben vom 29. Juli 1675 (wie Anm. 107).

123 Vgl. Bittschreiben der Ehefrau Heilers an den Frankfurter Magistrat: ISG FFM Bestand H.15.33 Nr. 1428, fol. 83rv. Vermutlich ist die Friedberger Warte in Frankfurt-Bornheim gemeint; vgl. ferner Notariatsinstrument vom 18. Januar 1676 (wie Anm. 48), wo sich Heiler als ein *im elende uffm Bornheimer thurn in Franckfurth* befindender unschuldiger Angeklagter bezeichnet: ÖStA HHStA RHR Judicialia Antiqua 69-01, fol. 127r–131v, hier: fol. 129v.

124 Reskript vom 28. Februar 1676, in: Iniquè Offensa (wie Anm. 57), fol. 161r.

125 ISG FFM Bestand H.15.33 Nr. 1428, fol. 39v.

Trinckhaus versucht, die Tat aufzuklären.[126] Zur Vorbereitung einer Anklage hatte der Fiskal eine Liste von 52 Indizien zusammengestellt, mit denen der Diebstahlsverdacht erhärtet werden sollte.[127] Sie bezogen sich zunächst auf die Herkunft und die Persönlichkeit Heilers. Dieser, so hieß es dort, stamme aus einer notleidenden Familie und sei *von jugendt auff arm und dürfftig* gewesen. Vor dem *deposito* – gemeint ist der Zeitpunkt der Verwahrung des Geldstocks im Hause Mangolds – habe er einen kleinen Krämerladen mit dem Verkauf von *strümpffen und handschuhen* betrieben sowie in einem *kleinen zinß-häußgen* gewohnt, dessen Miete er *nicht* habe *bezahlen* können. Seine Schwiegermutter habe ihm wegen seiner *armuth* häufig den Lebensunterhalt finanziert. Wegen Nichtzahlung von 100 Reichstalern sei er im Frankfurter Römer arrestiert worden. Bei Frankfurter Juden habe er sich Kredit in Höhe von 50 Reichstalern zu einem überhöhten Zins zwischen acht und zwölf Prozent verschaffen und bei kleinsten Schuldbeträgen um Stundung bitten müssen. Auch habe er eingegangene Wechselverbindlichkeiten nicht erfüllen können[128] und andere Menschen durch Betrug *umb etliche tausendt* Gelder gebracht.[129] Wenige *monate post depositum* habe Heiler ein Luxusleben begonnen. So habe er *häußer gekaufft zu Franckfurt und Leipzig, auch güter, kutsche und pferd gehalten und prächtige haußhaltung geführet.*[130] Er habe sich *mit ganzen säcken geldt* gebrüstet und seine Verbindlichkeiten meist mit Mainzer Golddukaten in bar beglichen. Seine Ehefrau habe er mit teuren *juwelen undt pretiosa* beschenkt.[131]

Heiler erklärte demgegenüber, dass er sich als gottesfürchtiger, ehrlicher und erfolgreicher Frankfurter Handelsmann seinen Wohlstand durch *fleiß, mühe undt arbeit* sowie *mit hülff undt beystandt gottes* geschaffen habe.[132] Insoweit sei der Verdacht, er betreibe unseriöse Geschäfte unwahr und ehrverletzend. Schon vor dem Diebstahl habe er über ein ansehnliches Vermögen verfügt. Dazu

---

126 In den Akten wird Trinckhauss als *obristen Richters ex officio constituierter Fiscalis und peinlicher ancläger* bezeichnet, ISG FFM Bestand H.15.33 Nr. 1428, fol. 25r.

127 Vgl. *Indicia* (wie Anm. 46), fol. 286r–287v.

128 *Indicia* (wie Anm. 46), fol. 286r. Heiler war in einen bis zum Reichskammergericht gediehenen Wechselprozess verstrickt; vgl. dazu die Akte ISG FFM RKG Prozesse 814, 1672–1675: „Löw Schuch zum Salmen, Schutzjude zu Frankfurt, Appellant, gegen Dietrich Heiler, Handelsmann in Frankfurt, Appellat: Anspruch auf Aufhebung eines zu Unrecht auf Wechselgelder des Klägers angelegten Arrestes in Leipzig."

129 *Indicia* (wie Anm. 46), fol. 286rv, 287v: Heiler habe sich darüber hinaus durch die *gesuchte communication der indiciorum* – gemeint ist vermutlich eine gezielte Verbreitung von Anzeichen seiner Unschuld – verdächtig gemacht. Denn, so Trinckhaus, wäre er guten Gewissens, hätte er das Verfahren abgewartet und nicht *gegen das Wetter leuten sollen.*

130 *Indicia* (wie Anm. 46), fol. 286v; ISG FFM Bestand H.15.33 Nr. 1428, fol. 29v, 30r.

131 Ebd.

132 Ebd., fol. 49r.

gehörten auch *Kutschen undt pferdten*, die in Frankfurt auch *geringere leuthe* als er hielten.[133] Im Rahmen seiner kaufmännischen Geschäfte habe er mit verschiedenen Geldsorten zu tun gehabt, darunter auch mit Mainzer Golddukaten, die er *ausgegeben undt eingenommen* habe.[134] Zum Beweis seiner Behauptungen berief er sich auf seine jederzeit überprüfbare Buchführung,[135] die von dem Fiskal zu Unrecht als gefälscht verdächtigt werde.[136]

Trinckhaus wiederum wies die Einlassungen Heilers als unwahr, erdichtet, unglaubwürdig, unbegründet, nicht zur Sache gehörend, *impertinent, capritiös, zweiffelhafftig und obscur* sowie als Erklärungen *wider besseres wissen undt gewissen* zurück.[137] Sie dienten ausschließlich der *verfinsterung* des wahren Sachverhalts und bezweckten eine Prozessverschleppung.[138] Davon abgesehen sei Heiler eine Person, der man auf Grund seiner Vergangenheit eine solche Missetat zutrauen könne.[139] Es entspreche außerdem der menschlichen Erfahrung, dass sich Diebe nach der Tat für unschuldig erklärten und alles abstreiten würden.[140] Statt sich mit Tatsachen zu befassen ließ sich Trinckhaus zu Beschimpfungen und persönlichen Anfeindungen des Beschuldigten hinreißen. Demgegenüber bemühte sich das Schöffengericht um den Nachweis, ob Heiler tatsächlich nach dem Diebstahl über eine so große Menge Golddukaten verfügt hatte. Deswegen hatte der *ältere*, d.h. der regierende *bürgermeister* der Stadt Frankfurt im April 1675 eine Umfrage bei sieben Handels*macklern* durchführen lassen.[141] Sie sollten wahrheitsgemäß *anzeigen*, ob und von wem sie seit 1670 größere Summen Mainzer Dukaten empfangen hätten, ob sie wüssten, wer solche Dukaten angeboten oder gewechselt habe, ob sie in einem der *häußer oder contoren ducaten liegen gesehen* hätten und wenn ja, wie *groß die quantität und summa* gewesen sei.[142] Das Umfrageergebnis hatte jedoch keinen hinreichenden Tatverdacht gegen Heiler erbracht. Keinem der Befragten war etwas Ungewöhnliches oder Verdächtiges aufgefallen. Das galt auch für die Aussage eines Hermann Koch, der bei Heiler zwar große Summen Geldes, aber keine besondere Zahl an Dukaten gesehen haben wollte. Koch räumte lediglich ein, dass einige Leute sich *vielmahl verwundert* hätten, *daß der man das geld so of-*

133 Ebd., fol. 48r, 49r.
134 Ebd., fol. 49r, 96v–99r.
135 Ebd., fol. 50r, 97v.
136 Ebd., fol. 31r, 108v.
137 Ebd., fol. 55rv, 70r, 108r.
138 Ebd., fol. 55r.
139 Ebd., fol. 32v.
140 Ebd., fol. 105v.
141 Ebd., fol. 381r–385r.
142 Ebd., fol. 381rv.

fentlich sehen ließe und gleichsam damit prangete, was bei anderen Handelsleuten nicht üblich sei.[143]

Das Schöffengericht war außerdem der Frage nachgegangen, wer in den letzten Jahren in Frankfurt einen *eysernen geldstock* geöffnet hatte.[144] Dazu ließ der regierende Bürgermeister der Stadt im April 1675 eine weitere Umfrage bei 22 Schlossern und deren Gesellen sowie bei 13 Schmieden, einschließlich deren *knechten* und *wittiben* durchführen.[145] Der wichtigste Zeuge, Schlossermeister Schumann, gab zu, dass er im Hause Heilers öfter handwerklich tätig gewesen sei.[146] Einmal habe er auch im Keller Heilers, wo dieser *etzliche eygne stock zu verwahrung seiner geldter gehabt*, einen von diesen geöffnet und einen neuen Schlüssel angefertigt. Was in dem Stock gewesen sei, wisse er nicht. Nach Heiler enthielt er keine Gold-, sondern Silbermünzen.[147]

Diese Ergebnisse bestärkten Heiler in seiner schon zuvor mehrfach geäußerten Ansicht, dass das Schöffengericht ohne Vorliegen eines *corpus delicti* mit der Spezialinquisition, d. h. lediglich aufgrund der Verdächtigungen Rokochs *uhrplötzlich* gegen ihn vorgegangen sei.[148] Nach einhelliger Ansicht der *rechtsgelährten* und Art. 6 Carolina dürfe aber *aus mangel eines corpus delicti* weder mit einer *inquisitio* noch *accusatio* begonnen werden.[149] Durch diese Vorgehensweise habe man ihm die Möglichkeit seiner Verteidigung genommen, obwohl es doch das *ampt* einer *jeden obrigkeit* sei, *die inquisition also zu fassen, damit auch eine defension undt dasjenige, waas zur rettung der unschuldt erforderlich* sei, geltend gemacht werden könne.[150] Heiler fühlte sich in seiner Rechtsposition durch ein

---

143 Ebd., fol. 383r.

144 Ebd., fol. 377v–381v.

145 Ebd., fol. 381rv.

146 In der Akte befindet sich das von Schumann am 4. Februar 1675 unterschriebene *Verzeichnuß, waas ich herrn Heylern gemacht habe.* Daraus gehen die von Schumann erledigten Arbeiten, einschließlich der von Heiler gezahlten Löhne, hervor. Darunter befindet sich auch ein Posten, der die Öffnung eines nicht näher bezeichneten eisernen Stocks und die Anfertigung eines *newen schlüßels* für *16 batzen* betrifft, ebd, fol. 57r–59r.

147 Ebd., fol. 46v, 92v, 93 r.

148 Ebd., fol. 36v, 37r, 39v, 70r, 73v, 39r, 64r–65v, 70r, 74v, 75r, 83r.

149 Ebd., fol. 37r; vgl. auch oben Anm. 109.

150 ISG FFM Bestand H.15.33 Nr. 1428, fol. 66r. Darüber hinaus hatte Heiler zahlreiche weitere Verfahrensmängel gerügt. Folglich sei gegen ihn *ein fiscalischer process, welcher sonsten nondum existente,* und nicht das sonst übliche Anklageverfahren eingeleitet worden (fol. 38v). Als persönlicher Ankläger wäre Rokoch nämlich verpflichtet gewesen gem. Art. 12 Carolina *einige caution* leisten zu müssen (fol. 37v, 38r, 158r; vgl. dazu oben Anm. 114). Außerdem hätte Rokoch, *wo nicht accusator, dennoch* als *instigator zur beytrettung* im Prozess *angehalten* werden müssen (fol. 66v, 68r). Außerdem hätte Rokoch seinen Anspruch auf Rückzahlung des ihm abhandengekommenen Geldes *civiliter* einklagen sollen, so dass Heiler die grausamen Folgen des Inquisitionsprozesses erspart geblieben wären (fol. 40r.). Des Weiteren rügte er die für seine Verteidigung

von ihm in Auftrag gegebenes Gutachten der Juristischen Fakultät der Universität Leipzig vom 3. April 1675 bestätigt.[151] Diese war zu dem Ergebnis gekommen, dass der Diebstahlsverdacht gegen Heiler unbegründet sei, weil *nicht genugsam dargethan*, wieviel Golddukaten in dem Eisenstock waren und folglich *zue zeit* das *corpus delicti* noch fehle.

Angesichts der insgesamt unbefriedigenden Beweislage ermittelte das Schöffengericht weiter und ließ den Schlossermeister Schumann nochmals befragen, ob der von ihm im Gewölbe Mangolds geöffnete Geldstock derjenige gewesen sei, dessen Schloss er zuvor angeblich im Keller Heilers aufgebrochen und für das er einen neuen Schlüssel angefertigt hätte. Schumann sagte aus, er habe lediglich vor sieben Jahren, also vor der Deposition der angeblich abhanden gekommenen Golddukaten, in Heilers Keller einen Stock geöffnet.[152] Weil diese Aussage ins Leere führte, folgten weitere Vernehmungen des Schlossers am 31. Juli sowie am 2. und 3. August 1675 durch die *deputierten* des Schöffengerichts in Anwesenheit geschworener Frankfurter Schlossermeister.[153] Dabei ging es um die Frage, ob man an der handwerklichen Arbeitsweise denjenigen erkennen könne, der den Eisenstock manipuliert hatte. Erst bei der letzten Vernehmung, als man Schumann den *deckel* des Eisenstocks zeigte, gab er überraschend unter Eid zu, dass die an dem Stock mit *2 niedtnägelln* und *feyllstößen* vorgenommenen Arbeiten von ihm stammten und es sich daher um den Stock handeln müsse, den er sowohl im Hause Mangolds als auch in Heilers Keller geöffnet hätte.[154] Heiler hielt die Aussage des Schlossermeisters für erzwungen und unwahr. Letzterer habe

---

notwendige und mehrfach vom Fiskal abgelehnte oder verzögerte *communicatio* der Inquistitions- und anderer Akten. Und schließlich beschwerte er sich über die für ihn viel zu kurzfristig angesetzten Gerichtstermine und die schleppende Arbeitsweise des Schöffengerichts mit zahlreichen *memorialia ad maturanda* bzw. *ad administranda justitia*.

151 Gutachten der juristischen Fakultät der Universität Leipzig vom 3. April 1675; ÖStA HHStA RHR Judicialia Antiqua 69-01, fol. 531r–533v. Diesen Auftrag zur Expertise hatte Heiler durch seinen Anwalt erteilt, nachdem sich das Schöffengericht wiederholt geweigert hatte, den Fall mit einem *ohnpartheyischen* amtlichen Fakultätsgutachten untersuchen zu lassen; ISG FFM Bestand H.15.33 Nr. 1428, fol. 43r, 66v, 111r–116vr. Heiler war im Übrigen der Ansicht, dass die Frage der Aktenversendung nicht im Belieben des Schöffengerichts stehe. Diese sei viel mehr nach den Vorschriften der Carolina – genannt werden die Artikel 7, 29, 131, 81, 91, 151, 219, 105, 146 und 160 – obligatorisch. Da das Gericht die Aktenversendung abgelehnt hatte, wurden schon zu diesem Zeitpunkt Überlegungen von Heiler über die Möglichkeit angestellt, diese Entscheidung mit einer Appellation anzugreifen. Zwar seien nach der Reichskammergerichtsordnung von 1555 Appellationen in Strafsachen grundsätzlich verboten. Eine Ausnahme gelte aber nach der Reichskammergerichtsordnung *part. 2, tit. 28* § 5 in Nichtigkeitssachen (vgl. dazu oben Anm. 18).

152 ISG FFM Bestand H.15.33 Nr. 1428, fol. 379r; vgl. dazu auch Gutachten der Juristenfakultät der Universität Basel (wie Anm. 56), fol. 324r–326v, hier fol. 325v.

153 Hinweis im Notariatsinstrument vom 18. Januar 1676 (wie Anm. 48), fol. 127v.

154 Ebd. Das Protokoll über das Zeugenverhör befindet sich nicht in den Akten.

sich nämlich, obwohl zum Schweigen verpflichtet,[155] kurz nach der Vernehmung ihm und drei Frankfurter Bürgern offenbart, nämlich dem Diener Heilers Michael Ernst Graudeln, dem Maurermeister Hanß Jakob Kettlinger und dem Glaser Christoff Bonne. Er habe diesen berichtet, dass er erst, nachdem man ihm mit *tortur*, *anseitstellung* seines *handwercks* sowie mit Verbannung seiner Familie aus der Stadt gedroht hatte, *auß eingejagter angst, forcht und schrecken* das ausgesagt, was man von ihm *begehret*.[156]

Insgesamt hatten die Umfragen, Beweiserhebungen und das anfechtbare Geständnis des Schlossermeisters den Tatverdacht gegen Heiler nicht hinreichend bestätigt, so dass das Schöffengericht nicht zu dem an sich erwarteten Mittel einer peinlichen Befragung des Beschuldigten griff. Stattdessen legte Trinckhaus, vermutlich auf Betreiben des Mainzer Erzbischofs, am 29. Oktober 1675 eine auf zahlreiche Zitate aus der Rechtsliteratur, den Statuten der Stadt Frankfurt sowie aus der Carolina und der Reichskammergerichtsordnung gestützte Anklageschrift mit 97 Beweisartikeln vor.[157] Heilers Anwälte[158] erwiderten am 19. November 1675 mit einer Verteidigungsschrift,[159] zu der sich wiederum am 3. Dezember 1675 der Fiskal äußerte.[160] Es folgten eine weitere Einlassungsschrift Heilers[161] und entsprechende Entgegnung des Fiskals.[162] In den Auseinandersetzungen ging es weniger um materielle Rechtsfragen, sondern zentral um die schon zuvor erörterten Beweis- und Verfahrensfragen. Eines der Hauptpunkte der Auseinandersetzung war und blieb das *corpus delicti*. Trinckhaus hatte dazu

---

155 Zur Verschwiegenheitspflicht der Zeugen im Gemeinen Prozess vgl. Sellert, Prozeßgrundsätze (wie Anm. 18), S. 313.

156 Notariatsinstrument vom 18. Januar 1676 (wie Anm. 48), fol. 127v; ISG FFM Bestand H.15.33 Nr. 1428, fol. 93v–94r.

157 Ebd., fol. 25r–34v. Zu den ohne Angabe des Druckorts und Jahrs meist zitierten Werken gehören: Andreas Gail, Practicarum observationum tam ad processum iudiciarium, praesertim imperialis camerae; Benedict Carpzov, Practica nova imperialis saxonica rerum criminalium; Robert Maranta, Aurea praxis vulgo speculum aureum et lumen advocatorum inscripta; Caspar Klock, Liber singularis relationeum pro adssessoratu habitarum, nec non insigniorum votorum, decisionum et rerum Imperiali; Jacob Blume, Processus cameralis ex ordinationibus cameralibus recessibus imperii und David Mevius, Deciones super causis praecipuis ad summum Tribunal Regium Vismarense delatis.

158 Dazu gehörten: Johann Wilhelm Breidenbach als *ex officio verordneter procurator* und *defensor*, bzw. dessen amtlich bestellte Vertreter Johann Casimir Rieß und Johann Christoph Limbach; ISG FFM Bestand H.15.33 Nr. 1428 (wie Anm. 43), fol. 2v, 6v, 8rv, 12r, 41v, 42r, 127r u. a.

159 ISG FFM Bestand H.15.33 Nr. 1428, fol. 44r–54r.

160 Ebd., fol. 54v–57r, insbes. 55r.

161 Es handelt sich um eine 174 *articuli defensionales reprobatoriales* umfassende Verteidigungsschrift; ebd., fol. 86r–102r.

162 Ebd., fol. 103r–111r: Schriftsatz vom 10. Dezember 1675: *Responsa auff des peinlich beclagten unbegründte defensionales* [...].

erklärt, der Sohn Rokochs habe die *ducaten, ehe sie in den stock eingepackt worden* seien, *auff dem tisch* liegen sehen und beobachtet, wie sie sein Vater gezählt habe.[163] Ob sie auch in dessen Anwesenheit in den Stock gebracht und dort verschlossen worden waren, blieb offen. Heiler behauptete demgegenüber, dass er im Hinblick auf das schwere Goldgewicht der Diebesbeute von *ohngefehr 2,2 centner,*[164] den Stock nicht ohne Hilfe und unbemerkt vom Hauspersonal oder den Nachbarn aus dem Gewölbe seines Schwiegervaters hätte wegeschaffen und wieder zurückbringen können.[165] Außerdem sei der Stock in einem besonderen verschlossenen Raum (Schrank) des Gewölbes aufbewahrt worden, zu dem nur Mangold die Schlüssel gehabt hätte.[166]

Da außer Rokoch keiner der am Geldtransport Beteiligten etwas Genaues zum Inhalt des Geldstocks sagen konnte oder wollte, blieb die Frage nach dem *corpus delicti* ungeklärt, zumal dazu auch in der von Mangold ausgestellten Empfangsbescheinigung jede Angabe fehlte.[167] Die Ansicht des Fiskals, für den Nachweis des *corpus delicti* genüge die *bloße aussag* Rokochs *unndt ahngeben* seines *eigenthumbbs*[168] sowie die öffentliche *communis vox* und *fama,*[169] hielt Heiler zu Recht für verfehlt. Insgesamt blieb die Situation für Heiler höchst angespannt, zumal auch eine anrührende Bittschrift seiner Ehefrau Catharina an den Frankfurter Magistrat, man möge ihren Ehemann aus der Haft entlassen, erfolglos geblieben war.[170] Ebenso hatte ein Empfehlungsschreiben des Kurfürsten Johann Georg zu Sachsen[171] zugunsten Heilers[172] nicht die gewünschte Wirkung.

---

163 Indicia (wie Anm. 46), fol. 287r. StAWü Mainzer Polizeiakten 1460, unfol., enthält die Abschrift einer gesiegelten Urkunde vom 4. April 1675, worin der Sohn Rokochs erklärt, dass sein Vater 1670 eine ansehnliche Summe *geldts an gold, meistentheils newgemünzter* Mainzer Dukaten, in einen eisernen Stock verpackt und diesen durch seinen damaligen Handelsmann Georg Gundelacher nach Frankfurt zur Verwahrung im *gewölb* von Philipp Mangold versendet habe.

164 ISG FFM Bestand H.15.33 Nr. 1428, fol. 89rv. Die Golddukaten hatten vom 13. bis zum 19. Jahrhundert etwa ein Gewicht von ca. 3,5 Gramm: https://www.google.com/search?client=firefox-b-d&q=Gewicht+eines+Golddukaten %3F (abgerufen am 13. Oktober 2023). 21.00 Dukaten hatten daher ein Gewicht von 1,5 Zentnern.

165 ISG FFM Bestand H.15.33 Nr. 1428 (wie Anm. 43), fol. 90v, 91rv.

166 Ebd., fol. 91v.

167 Vgl. oben Anm. 53.

168 ISG FFM Bestand H.15.33 Nr. 1428, fol. 70v.

169 Ebd., fol. 33v, 35v.

170 Ebd., fol. 82v–84v.

171 Es handelt sich um Johann Georg II. (1613–1680). Er war seit 1656 Kurfürst von Sachsen sowie Erzmarschall des Heiligen Römischen Reiches Deutscher Nation und kümmerte sich um den wirtschaftlichen Wiederaufbau seines Landes nach dem Dreißigjährigen Krieg; https://de.wikipedia.org/wiki/Johann_Georg_II._(Sachsen) (abgerufen am 13. Oktober 2023).

172 ISG FFM Bestand H.15.33 Nr. 1428 (wie Anm. 43), fol. 80v–81v. Das Empfehlungsschreiben ist auf den 18. November 1675 datiert. Dort wird Heiler von dem Kurfürsten als *einer unserer agen-*

3.3 Nichtigkeitsklage vor dem Reichshofrat

In seiner Verzweiflung hatte Heiler eine Nichtigkeitsklage beim Reichshofrat wegen elementarer Verfahrensverletzungen des Schöffengerichts erhoben. Er verlangte die Avokation des Verfahrens und die Übertragung des Falles an eine kaiserliche Kommission.[173] Der Reichshofrat lehnte diese Bitten zwar ab, forderte das Frankfurter Schöffengericht aber mit Reskript vom 5. Dezember 1675[174] auf, zu folgenden Fragen Stellung zu nehmen: Ob es richtig sei, dass die Stadt *ohne gründliche Erkundigung deß facti mit Fürbeygehung nothwendig erforderter General-Inquisition alsobald ad inquisitionem specialem wider* Heiler *geschritten* sei?[175] Ob Heiler *nulla causa cognitione praeviâ de facto,* d.h. ohne vorherige Untersuchung der Angelegenheit, *auff ein halbes Jahr im Römer* [...] *mit acht Soldaten gefänglich angehalten und alle* seine *effecten Baarschafft und Schulden, non attentâ oblatâ reali cautione, mit Arrest* belegt worden seien? Diese Maßnahmen hätten, so der Reichshofrat, für Heiler den gänzlichen *Ruin* bedeutet, zumal auch *alle seine Kauffmanns-Bücher und secreta negotij mit unwiederbringlichem Schaden* durchsucht worden seien. Ob es ferner zutreffe, dass man Heiler d*ie Acta zu seiner defension* nicht *communiciert* und keine *beständige Anzeig* (gemeint ist kein hinreichender Tatverdacht) *für den Diebstahl der praetendirten Gelder auff ihme gebracht* habe.[176] Der Stadt wurde bis zur Klärung der Angelegenheit untersagt, in der Sache weiter zu verfahren. Die Erwiderung der Stadt Frankfurt vom 4. Januar 1676 bestand in einer kurzen Darstellung des von ihr betrieben Verfahrens und der Bitte, dem bei ihr anhängigen Prozess seinen *ungehinderten Fortgang* zu lassen und die an sie ergangene *inhibition* [...] *zu cassiren.*

---

ten bezeichnet, der sich treu und zuverlässig *bey unseren ihme dahmals anvertrauten wechselgelder für unßer regiment* verhalten habe. Es wird daher gebeten, Heiler solle nicht *durch gegentheils verfahren denen reichssatzungen zuwider graviert noch ahn seinen rechten verkürtzet oder übereilet, sondern mit seiner rechtlichen nothurfft zur genüge gehöret undt gäntzlich restituiert werden.* Das Empfehlungsschreiben lag auch dem Reichskammergericht vor; vgl. *Documentum* (wie Anm. 80), fol. 96v.

173 Das ergibt sich aus dem *Votum ad imperatorem* vom 12. November 1681; ÖStA HHStA RHR Judicialia Antiqua 69-01, fol. 928r–936v; vgl. auch Reskript des Reichshofrats vom 28. Februar 1676, in: Iniquè Offensa (wie Anm. 57); ÖStA HHStA RHR Judicialia Antiqua 69-01, fol. 160v. Zu den für Heiler tätigen Reichshofratsagenten vgl. oben Anm. 158 und generell zu den Anwaltsvertretungen am Reichshofrat Wolfgang Sellert, Agenten und Prokuratoren am Reichshofrat, in: Anwälte und ihre Geschichte hrsg. vom Deutschen Anwaltsverein, Tübingen 2011, S. 41–64.

174 Vgl. oben Anm. 57; ferner Schreiben an die *kayserl. Plenipotentiarios* (wie Anm. 56), fol. 982r–988v.

175 Zur General- und Spezialinquisition vgl. oben Anm. 40.

176 Reskript des Reichshofrats vom 5. Dezember 1675 (wie Anm. 57), fol. 160r.

Heiler versuchte unterdessen, die ihn belastende Aussage des Schlossers Schumann zu entkräften. Durch seinen Anwalt Johann Christoph Limbach, des *kayserlichen cammergerichts procuratoris und advocati*,[177] leitete er in die Wege, dass am 11. Januar 1676 in Nördlingen die Schlosser Matthäus Wörlen, dessen Sohn Balthasar sowie Johann Abraham Beckhelen und Hanß Frühewein vernommen wurden und eidlich bekundeten, dass zwar an einem Geldstock die *haubtarbeit* [...] *von seinem meister erkannt werden* könne, nicht aber *ohne merckzeichen* die zu dessen Schließung verwendeten Nieten, Nägel und Feilarbeiten.[178] Außerdem veranlasste er, dass am 18. Januar 1676 im Haus *Kleiner braunenfelß*[179] die Zeugen Kettlinger und Graudeln,[180] denen Schumann von seinem letzten Verhör erzählt hatte,[181] vor dem kaiserlichen Notar Johannes Melchior Dauernheim in Anwesenheit des *studiosus juris* Philip Jacob Bader und des *buchdruckers* Hanß Peter Eßig eidlich vernommen wurden.[182] Die ihnen vorgelegten 25 Frageartikel beantworteten die Zeugen in *summarisch rechtlicher* Weise[183] und bekundeten übereinstimmend, dass ihnen Schumann gestanden habe, seine Aussage nur aus großer Angst vor den ihm angedrohten schweren Übeln *wider beßer gewißen* gemacht zu haben.[184] Die Frage, ob sich die finanziellen Verhältnisse Schumanns nach Beginn der *streithändell* entscheidend verbessert hätten, weil er möglicherweise von Rokoch mit Geld bestochen worden sei,[185] konnten die Zeugen nur vom Hörensagen beantworten.[186]

---

177 Vgl. oben Anm. 158.

178 Befragung der Nördlinger Stadtschlosser, 11. Januar 1676, ÖStA HHStA RHR Judicialia Antiqua 68-01, fol. 133r–134r.

179 Es könnte sich um das Haus „Braunfels“ auf dem Frankfurter Liebfrauenberg gehandelt haben.

180 Von den ursprünglich drei Zeugen war inzwischen der Glaser Bonne *mit todt abgangen*. Der Versuch Heilers, angesichts dieses Todesfalles die Aussagen der übrigen Zeugen durch eine gerichtliche *examinatio testium ad perpetuam rei memoram* zu sichern, war gescheitert; Notariatsinstrument (wie Anm. 48), fol. 128r. Zur Zeugenvernehmung zum ewigen Gedächtnis Alexander Schunka, Verbrechen, Strafe, Obrigkeit: Zeugenaussagen aus dem Nürnberger Landgebiet, in: Zeitschrift für Historische Forschung 26 (1999), S. 323–348.

181 Vgl. oben Anm. 156.

182 Notariatsinstrument vom 18. Januar 1676 (wie Anm. 48), fol. 129v, 131v.

183 „*Summarisch*“ heißt in diesem Falle, dass auf die Frageartikel nicht mit „ja“ oder „nein“, sondern in einer zusammenhängenden Erzählung geantwortet werden sollte.

184 Notariatsinstrument vom 18. Januar 1676 (wie Anm. 48), fol. 130r–131v; ISG FFM Bestand H.15.33 Nr. 1428, fol. 52rv.

185 Dieser Verdacht war von Heiler geäußert worden; ISG FFM Bestand H.15.33 Nr. 1428, fol. 94r.

186 Die Zeugen bejahten zwar, dass Schumann *vorhero ein armer dürfftiger mann gewesen sei und nicht viel zum leben gehabt* habe, hätten aber gehört, dass er mit Geld geprahlt, häufig Wirtshäuser frequentiert und dort Gäste zum Zechen – sogar sonntags – eingeladen und die Zeche jeweils bar bezahlt habe. Verneint wurde vom ersten Zeugen, dass sich Schumann mit silbernen Knöpfen geschmückt habe. Der zweite Zeuge wollte allerdings bemerkt haben, dass die Ehefrau des Schlossers *sammette uffschläge und holländische halßtücher* getragen habe. Beide Zeugen

Weil es mit dem Frankfurter Verfahren weiterhin nur schleppend voranging, meldete sich Heiler erneut beim Reichshofrat. Dieser verfügte daraufhin am 28. Februar, 21. April und 20. Juli 1676 drei weitere Reskripte gegen das Schöffengericht.[187] Darin kassierte er zwar die *inhibition*, erlaubte also den *Fortgang* des Frankfurter Verfahrens, erteilte aber dem Schöffengericht einige Rügen und Befehle. Er ordnete an, dass der Prozess nach den Vorschriften der Carolina geführt werden müsse.[188] Weil der Beweis für das *corpus delicti* bisher noch fehle, müsse Heiler innerhalb von 24 Stunden *auß der Thurm Gefängnis* in einen Raum des Römers gebracht werden, wo seine Gesundheit nicht gefährdet sei.[189] Auch dürfe das Vermögen von Heilers *Ehewürthin* nicht beschlagnahmt werden.[190] Schließlich müsse das Gericht Heilers *offerirte Caution* als *pro sufficienti* annehmen, ihn danach *ad domum sub Custodia militari* entlassen und ihm ausreichend Zeit zu seiner Verteidigung geben. Die Stadt Frankfurt solle binnen Monatsfrist den Vollzug dieser Entscheidungen melden.[191] Nachdem die Stadt ihre Erwiderung lediglich auf die Bitte beschränkte, der Reichshofrat möge dem *obschwebenden Criminal-Process* seinen *ungehinderten Lauff* lassen,[192] wiederholte ersterer seine Befehle mit dem Reskript vom 20. Juli 1677.[193]

Um die Wirkungen der ihm günstigen Reskripte des Reichshofrats zu verstärken, ließ sie Heiler drucken, nicht etwa, wie er betonte, um das Frankfurter Schöffengericht bloß zustellen,[194] sondern um der breiten Öffentlichkeit zu

---

erklärten übereinstimmend, dass Schumann die ihm angeblich zur Verfügung stehenden Geldmittel mit seinem Handwerk nicht hätte verdienen können; Notariatsinstrument vom 18. Januar 1676 (wie Anm. 48), fol. 128v–131v.

187 Abgedruckt in: Iniquè Offensa (wie Anm. 57).

188 Reskript vom 28. Februar 1676, in: Iniquè Offensa (wie Anm. 57), fol. 161r.

189 Reskript vom 21. April 1676, in: Iniquè Offensa (wie Anm. 57), fol. 162r.

190 Reskript vom 28. Februar 1676, in: Iniquè Offensa (wie Anm. 57), fol. 161r.

191 Reskript vom 21. April 1676 (wie Anm. 189).

192 Reskript vom 20. Juli 1676, in: Iniquè Offensa (wie Anm. 57), fol. 162rv.

193 Ebd. Heiler sollte, so heißt es in dem Reskript, vor allem nicht an seiner Verteidigung gehindert und endlich nach Stellung der Kaution *nach Hauß zu den Seinen* entlassen und dort unter Bewachung gestellt werden. Auch solle das Gericht *auff* Heilers *Waaren und sachen so pendente lite schaden leiden möchten, gebührende Obacht* geben, *damit daran nichts verwahrloset werde.*

194 Deswegen, so Heiler, habe er in der Druckschrift auch dem Frankfurter Schöffengericht mit keinem Wort gedacht; ISG FFM Bestand H.15.33 Nr. 1428, fol. 289r. Die Bedeutung, Funktion und Wirkung solcher in vielen Fällen für ein breiteres Publikum gedachten und in den Akten häufiger zu findenden Deduktionen ist noch nicht genügend untersucht worden; vgl. Härter, Strafrechts- und Kriminalitätsgeschichte (wie Anm. 1), S. 150 f.; David Petry, Konfliktbewältigung als Medienereignis. Reichstadt und Reichshofrat in der Frühen Neuzeit (Colloquia Augustana, 29), Berlin 2011, S. 137–173; Daniel Bellingradt, Flugpublizistik und Öffentlichkeit um 1700. Dynamiken, Akteure und Strukturen im urbanen Raum des Alten Reiches (Beiträge zur Kommunikationsgeschichte, 26), Stuttgart 2011.

zeigen, dass er *für einen ohnschuldigen Mann* zu halten sei.[195] Wie nicht anders zu erwarten, nahm der Fiskal Trinckhaus dem Schöffengericht gegenüber Stellung zu den für die Frankfurter Justiz höchst unrühmlichen Reskripten in einem weitläufigen mit Rechtszitaten gespickten Schriftsatz vom 15. Dezember 1676.[196] Er behauptete, dass sich Heiler die reichshofrätlichen Reskripte durch ein vom Schöffengericht widerlegtes *unwahrhaftes anbringen* von *scheingründten* erschlichen habe.[197] Die Nichtigkeitsklage sei zwar *in causis criminalibus einzig und allein super nullitate modi procedendi apud superiorem judicem* zulässig.[198] Weil aber der *iudex a quo*, also das Schöffengericht, keine Nullitäten begangen habe, müsse die *querela nullitatis* abgewiesen werden.[199] Denn angesichts des schweren Diebstahls seien die Vermögensbeschlagnahme und Inhaftierung Heilers für das Gericht alternativlos gewesen. Es habe sonst die Gefahr einer Spurenbeseitigung durch *verschickung der gelder* und *vertuschung der effecten* bestanden. Die Sicherheitsmaßnahmen hätten folglich *nicht ohne violation der natürlichen Vernunfft und billigkeitt* [...] *unterlaßen werden können.*[200] Das Turmgefängnis sei ein *sehr leidtliches und zu* Heilers *bequemlichkeitt zugerichtetes gefangnuß* [...],[201] so dass er dort *ohne einig gefahr seiner gesundtheit gar wohl darinnen sein möge.*[202] Was das *corpus delicti* angehe, so sei *ex iure* [...] *bekannt, daß* dieses *in facto genugsam erwiesen* sei, wenn der Bestohlene den Diebstahl der Obrigkeit angezeigt habe.[203] Außerdem habe man, wie aus den Akten ersichtlich, *ein solches corpus delicti* genügend *inquiriert.*[204] Heilers Behauptung, ihm sei die für seine Verteidigung erforderliche *communicatio actorum* vorenthalten worden, sei falsch.

---

195 ISG FFM Bestand H.15.33 Nr. 1428, 289r.

196 Ebd., fol. 339r–368v.

197 Ebd., fol. 345r, 350r, 363rv. In diesem Sinne hatte sich der Mainzer Erzbischof Damian Hartard von der Leyen (1624–1678), der, wie sein Nachfolger, seine schützenden Hände über die Erben des verstorbenen Mainzer Rentmeisters Rokoch hielt, schon am 26. April 1676 geäußert und an das Schöffengericht geschrieben, dass sich Heiler die Reskripte aufgrund von *mera facta narrata sub- et obreptitie* verschafft habe. Die *falschheit der Heilerischen narratorum* habe er dem Kaiser bereits mitgeteilt. Damian Hartard, Erzbischof von 1675–1778, soll ein treuer Anhänger des Kaisers gewesen sein. Den Kurstaat versuchte er mit zahlreichen Ordnungen, darunter mit 37 alle Lebensbereiche umfassende „Policeyordnungen" zu regieren; https://de.wikipedia.org/wiki/Damian_Hartard_von_der_Leyen (abgerufen am 13. Oktober 2023); Anton Ph. Brück, Damian Hartard von der Leyen, in: Neue Deutsche Biographie (künftig: NDB), Bd. 3, 1957, S. 499 f.

198 ISG FFM Bestand H.15.33 Nr. 1428 (wie Anm. 43), fol. 357r–357v.

199 Ebd., fol. 357v, 358r, 351r.

200 Ebd., fol. 360r–362r.

201 Ebd., fol. 352r.

202 Ebd., fol. 132v.

203 Hierfür berief sich Trinckhaus auf Carpzov, Practica (wie Anm. 40), part 2, quaest. 8, Nr. 15; ISG FFM Bestand H.15.33 Nr. 1428 (wie Anm. 43), fol. 357rv.

204 Ebd., fol. 357rv; vgl. die Liste der *Indicia* (wie Anm. 46).

Vielmehr habe ihm ein *hocherleuchteter richter* [...] *aus einigen in rechten bekannten ursachen* die Überlassung der Akten nur zeitweise *denegiert.*[205] Auch sei ihm der *weeg zu seiner defension* nicht *abgeschnitten* worden.[206] Um der *verdienten straff* zu entgehen, schrecke Heiler nicht davor zurück, mit seiner *querela frivola* beim Reichshofrat die *von Gott gesetzte obrigkeit* zu verkleinern und die *liebe Justiz* zu untergraben, die durch die kraft ihres Eides unparteiischen Schöffen streng nach den allgemeinen Grundsätzen des Prozessrechts ausgeübt würde.[207]

3.3.1 *Kaution*

Erwartungsgemäß setzte sich Trinckhaus auch mit der vom Reichshofrat erörterten Kautionsfrage auseinander, um die sich zeitweise der gesamte Prozess zu drehen schien.[208] Dabei richtete sich die Höhe der Kaution nach dem Wert des Diebesgutes von ca. 42.000 Reichstalern. Heiler hatte wiederholt eine Sicherheitsleistung in der entsprechenden Höhe zur treuhänderischen Verwaltung angeboten.[209] Trinckhaus hatte im August 1676 eine amtliche Begehung von dessen Haus angeordnet und die dort befindlichen Güter und Wertgegenstände protokollarisch registrieren lassen.[210] Im Ergebnis waren Heilers Kautionsanträge jedoch von Trinckhaus in Absprache mit den Erben Rokochs immer wieder zurückgewiesen worden,[211] zumal man die Sicherheitsleistung wegen Wertverfalls der angebotenen Vermögensgegenstände sowie der entstandenen Unkosten

---

205 ISG FFM Bestand H.15.33 Nr. 1428, fol. 354v. In seinem Gegenbericht zur Diffamationsklage (vgl. oben Anm. 77) hatte sich auch Rokoch zu dem Problem der *communicatio* von Inquisitionsakten geäußert und unter Berufung auf Carpzov, Practica (wie Anm. 40), pars. 3, quaest. 115, Nr. 99, behauptet, dass es einen Grundsatz gäbe, wonach diese Akten vor Abschluss der Spezialinquisition an niemanden herausgegeben werden dürften; gemeint sind offenbar die Ausführungen Carpzovs zur Frage: *An inquisito defensionem suam deducenti danda sit Copia Actorum inquisitonialium?*

206 ISG FFM Bestand H.15.33 Nr. 1428 (wie Anm. 43), fol. 354rv.

207 Ebd., fol. 340r, 342v, 350r, 351r, 361r, 368r. Trinckhaus räumt immerhin ein, dass ebenso wie der *iudex superior* auch der *iudex inferior* aufgrund eines unwahren Sachverhalts etwas entscheiden könne, *so den rechten nicht gemäß wehre.* In einem solchen Falle könne er aber *propter deficiente dolum nicht pro iniquo gehalten werdten,* sondern müsse seine Entscheidung mit Erkenntnis der Wahrheit reformieren (ebd., fol. 356 rv).

208 Heiler hatte mit zahlreichen *flehentlichen bitten* und *memorialien ad aministranda iustitia* an das Schöffengericht, an Trinckhaus und an den regierenden Bürgermeister seine Freilassung gegen Kaution gefordert; ISG FFM Bestand H.15.33 Nr. 1428, fol. 151v, 154v, 163r, 165r, 169r, 175r, 179r, 181r, 185r, 194r, 219r, 221r, 275r, 230v, 232r, 233v, 237r, 238v, 304r–306v.

209 Ebd., fol. 151v, 154v, 163r, 165r, 169r, 175r, 179r, 181r, 185r, 194r, 219r, 221r, 275r, 230v, 232r, 233v, 237r, 238v, 291rv, 304r–306v.

210 Ebd., fol. 240r–246v.

211 Ebd., fol. 130v, 136r, 151r, 157rv, 162r, 193v, 205r.

und Zinsen jetzt auf 68.000 Reichstaler bezifferte.[212] Deswegen vertrat Trinckhaus in seiner oben erwähnten Schrift an das Schöffengericht vom 15. Dezember 1676 die Ansicht,[213] dass die Frage der Kaution durchaus nach den in den kaiserlichen Reskripten vorgegebenen Wünschen gehandhabt worden sei.[214] Davon abgesehen dürfe sich das Schöffengericht nicht mit Kautionsfragen aufhalten, sondern müsse *schleunig* den Inquisitionsprozess fortsetzen,[215] damit die Hauptsache *endlich erlediget und geendiget werden* könne.[216] Mit diesem Verfahren kam das Schöffengericht aber weiterhin nicht voran. So weigerte sich Heiler beispielsweise, einer Ladung des Schöffengerichts zu einer persönlichen Befragung zu folgen, weil ihm dies *krafft der kayserl. rescripta* ohne seinen Verteidiger nicht zuzumuten sei. Auch wüsste er nicht, *worumb* er überhaupt *vorgefordert wordten.*[217] Die entsprechenden Gründe hätten in der *Citatio* angegeben werden müssen.[218]

3.3.2 Einsetzung einer kaiserlichen Kommission

Obwohl der Reichshofrat den Antrag Heilers auf Einsetzung einer kaiserlichen Kommission zunächst negativ beschieden hatte,[219] wurde er vermutlich wegen des resistenten Verhaltens des Schöffengerichts anderen Sinnes.[220] Er verfügt daher im August 1677, dass das Verfahren an den Landgrafen Ludwig VII. von

---

212 Ebd., fol. 205r–209v, 290v.

213 Vgl. oben Anm. 215.

214 Gemeint sind die kaiserlichen Reskripte vom 21. April 1676 und 20. Juli 1676 (wie Anm. 189, 192). Dort hatte der Reichshofrat angeordnet, dass Heiler *gegen genugsambe Caution* frei gelassen werden müsse.

215 ISG FFM Bestand II.15.33 Nr. 1428 (wie Anm. 43), fol. 358r.

216 Ebd., fol. 368r.

217 Ebd., fol. 287r. Möglicherweise fürchtete Heiler eine peinliche Befragung.

218 Ebd., fol. 287v.

219 Reskript des Reichshofrats vom 5. Dezember 1675 (vgl. oben Anm. 57).

220 Möglicherweise spielte für den Reichshofrat auch das Gerücht eine Rolle, dass Mitglieder des Frankfurter Schöffengerichts – genannt werden der Syndikus und Lizentiat Schuster sowie der Ratsschreiber Dr. Reinhard Pistor – dem Ankläger Trinckhaus, der *sein lebtag nichts studiert* habe, sondern ein Barbier sei, die Anklageschriften und Dekrete formuliere, vgl. Abschrift eines Schreibens an die Stadt Frankfurt am Main vom 4. Februar 1677, ÖStA HHStA RHR Judicialia Antiqua 68-01, fol. 406r–407r. In dem Werk von August von Lersner, Nachgehohlte, vermehrte und continuierte Chronica der weitberühmten freyen Reichs-Wahl- und Handels-Stadt Franckfurth am Mayn, 2. Teil, 2. Buch, Frankfurt am Main 1734, S. 40 f., ist ein Befehl der Stadt Frankfurt vom 28. Januar 1667 abgedruckt, in dem es u. a. heißt, dass die „Herren Deputierten der Sanitaet" sowie die „Geschworenen und übrigen Mit-Collegen [...] schriftlich bezeugen sollen, was ein jeder vor Patienten von solcher Contagion [es handelt sich um eine ansteckende Krankheit] in Cur habe". Unter den Zeugen wird auch der Name „Johann Adolph Trinckhaussen" genannt

Hessen-Darmstadt (1630–1678) – an dessen Stelle trat 1678 Ernst Ludwig (1678–1739)[221] – als Kommissar übertragen werden solle.[222] Darüber wurde die Stadt Frankfurt informiert und ihr außerdem befohlen, dass die Akten – sofern es Heiler wünsche – an eine unparteiische Juristenfakultät zu versenden seien. Erst nach deren Begutachtung des Falles dürfe ein Endurteil erfolgen.[223]

Jetzt meldete sich erneut der Mainzer Erzbischof Damian Hartard von der Leyen als „Schutzherr" der Erben seines Rentmeisters Rokoch und beschwerte sich am Reichshofrat durch seinen dortigen Gesandten Johann Christoph Gudenus[224] über den Eingriff des kaiserlichen Gerichts in die Frankfurter Justiz.[225] Heiler habe sich mit dem gestohlenen Geld Anhänger geschaffen. Es sei ihm sogar gelungen, mit Beziehungen über seinen Bruder Günter den Landgrafen von Hessen-Darmstadt in den Fall hineinzuziehen. Nachdem der Diebstahl *fast im ganzen reich notorisch* sei, müsse die Stadt Frankfurt als *Judex ordinarius* in der Sache zuständig bleiben.[226] Außerdem müsse, weil die Parteien verschiedener Konfession seien, nämlich lutherisch und katholisch, eine konfessionsparitätisch besetzte Kommission eingesetzt werden.[227] Der Erzbischof schlug daher vor, die Kommission durch den Bamberger oder Würzburger Bischof zu ergänzen.[228] Der Reichshofrat ging später auf diesen Einwand ein und bestimmte den Kurfürsten von Trier, Johann Hugo von Orsbeck (1676–1711) zum weiteren Kommissions-

---

221 ÖStA HHStA RHR Judicialia Antiqua 68-01, fol. 774rv.

222 Kommissionsbefehl an Landgraf Ludwig VII. von Hessen-Darmstadt vom 16. Juli 1677, ÖStA HHStA RHR Judicialia Antiqua 68-01, fol. 563r–566v; ferner Schreiben an die *kayserl. Plenipotentiarios* (wie Anm. 56), fol. 982r–988v. Zu den kaiserlichen Kommissionen vgl. Ullmann, Kommission (wie Anm. 28), Sp. 1987 f.

223 ÖStA HHStA RHR Judicialia Antiqua 69-01, fol. 561r–562v.

224 Schrohe, Rokoch, (wie Anm. 42), S. 23; Johann Christoph Freiherr von Gudenus (1632–1705) war promovierter Jurist, wurde Reichshofkanzleitaxator, Kurmainzer Geheimer Rat und Ministerresident in Wien sowie Hofpfalzgraf; https://de.wikipedia.org/wiki/Gudenus (abgerufen am 13. Oktober 2023). Nach der Reichshofratsordnung von 1654 hatten die Reichsstände, darunter in erster Linie die Kurfürsten und Fürsten, das Privileg, sich ihrer *eigenen advokaten, prokuratoren oder agenten zu gerichtlicher ein- und außführung* ihrer *rechtlichen prozessen* zu bedienen; vgl. dazu Sellert, Agenten (wie Anm. 173), S. 41–64, insb. S. 47.

225 Kurfürstliche Bitte um Audienz für Gudenus vom 12. Dezember 1681, ÖStA HHStA RHR Judicialia Antiqua, 69-01, fol. 1018r–1018v, 1021r–1025v.

226 Schreiben des Kürfürsten Damian Hartard von Mainz vom 5. August 1678, ÖStA HHStA RHR Judicialia Antiqua 68-01, fol. 791r–793v, hier 792r.

227 Zu Fragen der Religionsparität am Reichshofrat vgl. Sellert, Prozeßgrundsätze (wie Anm. 18), S. 200 f.; ders., Zur Parteilichkeit und religionsparitätischen Besetzung des Reichshofrats, in: Inge Kroppenberg/Martin Löhnig/Dieter Schwab (Hrsg.), Recht – Religion – Verfassung, Festschrift für Hans-Jürgen Becker zum 70. Geburtstag, Bielefeld 2009, S. 225–238; Ullmann, Kommission (wie Anm. 28), Sp. 1987 f.

228 Schreiben des Kurfürsten Damian Hartard von Mainz (wie Anm. 226), fol. 791r–793v.

mitglied.[229] Mangels Akten ist unbekannt, wann die Kommission ihre Arbeit aufgenommen und wie sie im Einzelnen vorgegangen ist.[230] Tatsache ist, dass seit ihrer Einsetzung Fakultätsgutachten der Universitäten Basel vom 20. August 1679 und der Universität Heidelberg vom 22. Oktober 1679 erstellt wurden.[231] Beide, vermutlich auf Betreiben Heilers erstatteten Expertisen[232] kamen zu dem übereinstimmenden Resultat, dass Heiler Mangels Vorliegen eines *corpus delicti* freigesprochen werden müsse.[233]

---

229 Das ergibt sich aus dem *Votum ad imperatorem* vom 7. November 1681, ÖStA HHStA RHR Judicialia Antiqua 69-01, fol. 928r–935v, insbesondere fol. 933r.

230 Vgl. oben Anm. 43.

231 Zur Tätigkeit der Rechtsfakultäten HÄRTER, Strafrechts- und Kriminalitätsgeschichte (wie Anm. 1), S. 45 f.; Peter OESTMANN, Art. Aktenversendung, in: HRG, Bd. 1, 2. Aufl., Berlin 2008, Sp. 128–132.

232 Heiler hatte ein Privatgutachten der Universität Leipzig zu seinem Fall bereits im April 1675 einholen lassen (vgl. Anm. 151).

233 Die Baseler Fakultät stützte ihr Gutachten (wie Anm. 56) u. a. auf die Art. 43 (*Von genugsam Verdacht der dieberey*), Art. 30 (*Gemeyn anzeygung der jetliche alleyn, zu peinlicher frag genugsam ist*) und Art. 42 (*Von genugsam verdacht der dieberey*) der Carolina sowie auf das Werk von Benedikt CARPZOV, Practica (wie Anm. 40). In dem Baseler Gutachten heißt es u. a., dass: 1. Gegen Heiler kein hinreichender Tatverdacht gem. Art. 43 Abs. 3 Carolina bestanden habe, weil kein *mercklicher grosser diebstahl* (*corpus delicti*) nachgewiesen worden sei (fol. 324r), denn es sei nicht erwiesen, dass der Geldstock die von Rokoch behauptete und angeblich gestohlene hohe Summe von 20.000 Dukaten enthalten habe. 2. Nicht überzeugend sei, dass Heiler erst nach dem angeblichen Diebstahl über ein hohes Vermögen verfügt habe, denn es sei nicht ausgeschlossen, dass die *grosse baarschafft, die man etwa bei ihme gesehen,* sein *eigen guth* gewesen und es um Gelder gegangen sei, die *ihme für die reichsarmee* zugeschickt worden seien (fol. 324v). 3. Die nach der Carolina erforderliche Voraussetzung, dass es sich um eine Person handeln müsse, die zu solchen Missetaten neigt, sei nicht gegeben; denn der Vorwurf, er habe schon früher Betrügereien begangen, sei nicht erwiesen (fol. 324v). Eingehend befasste sich das Gutachten auch mit der Aussage des Zeugen Hans Jakob Schumann (Schlosser). An sich, so lautete das Gutachten, reiche die Aussage nur eines Zeugen nach dem Grundsatz *ein zeug ist kein zeug* für die die Einleitung eines Inquisitionsverfahrens nicht aus. Allerdings genüge nach Art. 30 Carolina auch ein einziger Zeuge, *wann er von der hauptsache oder Missethat selbsten und daß dießelbige begangen worden directe deponirt vnd außsaget.* Nach CARPZOV, Practica (wie Anm. 40), pars. 3, quaest. 121, Nr. 10 (*Num semiplena probatio per unicum testem sufficiens faciat indicium ad torturam?*), handele es sich um eine *semiplena probatio* (fol. 324v). Voraussetzung nach Art. 30 Carolina sei dann aber, dass der Zeuge „gut" und „tugendlich" sei, d. h. er müsse glaubwürdig, beständig und nicht *wanckelmüthig* sein. Diese Voraussetzungen seien hier nicht gegeben. So habe der Schlosser zunächst Zweifel gehabt, ob es sich bei dem ihm vorgelegten Deckel um denjenigen handele, den er auf Geheiß Heilers in dessen Haus geöffnet haben soll. Erst als man ihn mit der Folter bedrohte, sei er von seiner ursprünglichen Aussage abgerückt (fol. 325v). Das habe er laut der übersandten Akten auch einigen *mittbürgern gestanden.* Darüber hinaus sei es, wie sich ebenfalls aus den Akten ergäbe, nach Bekundung sachverständiger Schlossermeister aus Nördlingen und Leipzig nicht möglich gewesen, dass der Zeuge seine an dem Deckel mit Nägeln und *feilstück*

Diese Gutachten und die Einsetzung der kaiserlichen Kommission mögen den Ausschlag gegeben haben, dass Heiler nach 5 Jahren ohne Kaution am 13. Juli 1680 – seine Ehefrau war inzwischen verstorben[234] – nach *hauß zu den seinen* entlassen wurde. Nachdem Heiler sein *in etlichen jahren sehr verfallenes wohnhauß wieder gebeßert und nützlicher reparien laßen*, erschienen ein *corporal* mit vier bewaffneten Soldaten sowie *zwey stattschlosser*, die auf Befehl des regierenden Bürgermeisters das Haus gründlich verbarrikadieren sollten.[235] Der Protest Heilers und sein Hinweis gegenüber dem Bürgermeister, dass diese Aktion nicht ohne Vorwissen der kaiserlichen Kommission erfolgen dürfe, fanden keine Beachtung. Stattdessen wurden die Ausgänge und Fenster des Hauses, vor dem sich *eine große menge volks in etliche hundert persohnen bestehend* versammelt hatte, mit schweren eisernen Haken (*eyserne Gerämße*) verriegelt.[236] Dabei wurden große Löcher in die *steinerne mauer* geschlagen und innerhalb des Hauses der *palcken in der mitten, worauff das hauß stehet*, beschädigt, so dass *große riß* entstanden. Insgesamt hatte der Magistrat, wie Heiler bemerkt, sein Haus *de novo in ein neues gefängnuß* umbauen lassen, so dass er sich mit seiner Familie *wie in einem Kefich eingesperrt* fühlte.[237]

Nunmehr machte Heiler von der in der letzten reichshofrätlichen Verfügung ihm freigestellten Möglichkeit Gebrauch, durch die Kommission ein amtliches Gutachten von einer *ohnpartheyischen* Rechtsfakultät einholen zu lassen. Dazu gehörten, so meinte Heiler, weder die katholischen noch die sächsischen Fakul-

---

verrichteten Arbeiten hätte wiedererkennen können (fol. 325r). Und schließlich habe Schumann 1675 unter Eid ausgesagt, dass er *vor 7 Jahren einen Stock bey Heilern* aufgebrochen habe, und dies sei der im Hause Mangolds deponierte Stock von Rokoch gewesen. Diese Aussage sei offensichtlich falsch, weil der Stock erst 1670, also *nur 5 Jahre zuvor deponiert worden* sei (fol. 325v). 4. Deswegen könne auch die Aussage nicht stimmen, dass der Geldstock 1672 aufgebrochen worden sei, zu einer Zeit also, als Mangold mit seiner Ehefrau nach Nürnberg verreist war. Nach alledem handele es sich um eine *ungereimte und verdächtige* Aussage, so dass Heiler von der gegen ihn *angestelten klaag absolvirt* werden müsse (fol. 325v). Die Rechtsfakultät der Universität Heidelberg, ÖStA HHStA RHR Judicialia Antiqua 68-01, fol. 322r–323r, verneinte ebenfalls das Vorliegen eines *corpus delicti* und kam zu dem Schluss, dass Heiler *des beschuldigten diebstahls für unschuldig zu halten* […] *und davon gäntzlich zu absolviren* sei. Auch seien ihm alle erlittenen *schädten* und die *proceß-kosten zu restituiren*. Ferner sei er *ex crimini falsi zum wenigsten pro infami zu halten* und dürfe deswegen zum Beispiel nicht des Landes verwiesen werden.

234 Das ergibt sich aus dem Notariatsinstrument vom 14. Juli 1680, in dem Heiler seine Aussage über die Verbarrikadierung seines Hauses protokollieren ließ. Dort erklärte er, dass er in sein Haus zu seinen *armen mutterloßen kindern* zurückgekehrt sei, ÖStA HHStA RHR Judicialia Antiqua 68-01, fol. 738r–744v, hier fol. 739r.

235 Notariatsinstrument vom 14. Juli 1680 (wie Anm. 234), fol. 738v. Das Haus Heilers war schon 1676 einmal verbarrikadiert worden, vgl. dazu oben Anm. 65.

236 Notariatsinstrument vom 14. Juli 1680 (wie Anm. 234), fol. 742r.

237 Ebd., fol. 739v. Über die großen Verriegelungshaken hat Heiler eine Zeichnung anfertigen lassen, die als Beilage in das notarielle Dokument (fol. 744r) aufgenommen wurde.

täten. Diese hätten nämlich *speciales consuetudines*, so *in dem Reichs-Recht nicht gebräuchlich.*[238] Daraufhin betraute die Kommission unter strenger Geheimhaltung die Tübinger Juristenfakultät mit dem Fall,[239] deren Entscheidung für den weiteren Prozess rechtsverbindlich sein sollte. Die Fakultät kam ebenso wie alle vorangegangenen Rechtsfakultäten zu dem Ergebnis, dass Heiler mangels des Vorliegens eines *corpus delicti* frei zulassen und zu entschädigen sei.[240]

Diese vom Reichshofrat ausdrücklich gebilligte Entscheidung verkündete am 23. Oktober 1680 der Landgraf Ernst Ludwig VIII. von Hessen-Darmstadt[241] als Vorsitzender der Untersuchungskommission. Sie lautete: *In sachen* [...] *zwischen Diterich Heylern, burger und handelsmann zu Franckfurt in p. nullitatum klägern eins, sodann des stadt-magistrats daselbsten verordneten fiscaln, beklagten andern Theils, wird* nach *allem fürbringen* [...] *und eingeholtem rath auswertiger rechtsgelärten hiemit zu Recht erkannt, daß besagter magistrat mit vorgenommener specialinquisition wieder den Heylern nichtig procedirt und verfahren. Dannehero dieselbe und was sonsten hierüber ferner quocumque modo gegen ihne Heylern verhengt worden, hinwider zu cassieren und aufzuheben, derselbe auch auf freyen fuß zu stellen, alßdann gemelte specialinquisition und was sonsten darüber verhengt worden, hirmit würcklich cassirt und aufgehoben* [...]. *Ermelter magistrat aber demselben die verursachte kosten und schäden nach richterlicher ermäßigung zu erstatten schuldig sein solle.*[242]

3.3.3 Vergleich

Das Strafverfahren nahm nun eine verblüffende Wendung. Als sich Heiler anschickte, die Exekution aus dem Urteil gegen den Frankfurter Magistrat zu betreiben, drohte dieser zwar einerseits damit, die noch nicht rechtskräftige Entscheidung mit der Appellation anzufechten, war andererseits aber auch daran interessiert, dass die kaiserliche Majestät *mit dieser beschwerlichen sache ferner nicht* mehr *behelliget werden* sollte. Daraufhin kam es zu Verhandlungen, in deren Verlauf sich Heiler nach Vermittlungen seines Bruders, des Hanauischen Superintendenten und Konsistorialrats Günther Heiler, am 18. November 1680

238 ÖStA HHStA RHR Judicialia Antiqua 69-01, fol. 415r; ferner Schreiben an die *kayserl. Plenipotentiarios* (wie Anm. 56), fol. 982r–988v.

239 Gutachten der Tübinger Juristenfakultät vom 10. Mai 1680, ÖStA HHStA RHR Judicialia Antiqua 69-01, fol. 568r–727v.

240 Vgl. auch Darstellung in: Sellert/Rasche, Antiqua, Bd. 2 (wie Anm. 25), S. 227.

241 Vgl. oben Anm. 221.

242 ÖStA HHStA RHR Judicialia Antiqua 69-01, fol. 571v; vgl. auch die Nachricht an die Kommission vom 13. September 1680, ebd., fol. 752rv, und Gutachten der Tübinger Juristenfakultät (wie Anm. 239), fol. 788r, 797v.

auf einen Vergleich mit dem Magistrat der Stadt Frankfurt einließ.[243] Heiler versprach dort, dass er *auff alle und jede* aus dem Urteil *praetendirende ansprüche und forderungen in specie der unkosten und schäden* [...] – wozu vor allem die sich auf ca. 36.000 Reichstaler belaufenden Prozesskosten gehörten[244] – *für sich, seine kinder, erbnehmer undt interssierte würcklich* verzichtet *undt am* Reichshofrat *den process gegen den magistrat zu Franckfurth* [...] *ebenmäßig renunciert*. Als Gegenleistung erhielt er *zur ergötzlichkeit der erlittenen kosten und schäden einige erlassungen*. Dazu gehörten in erster Linie die auf die Zeit des Prozessverlaufs begrenzte Befreiung von Abgaben und Steuerlasten.[245] Darüber hinaus versprach die Stadt die völlige Rehabilitation Heilers, d.h. die *relaxation seiner person und güther* sowie die Aufhebung aller gegen Heiler im Inquisitionsprozess *verhengten* Maßnahmen, wohingegen dieser alle in den Akten befindlichen Anzüglichkeiten gegen den Magistrat oder dessen Angehörige widerrief. Mit diesem von Dietrich Heiler, seinem Bruder Günther und dem Verwahrer des Geldstocks Philipp Mangold eigenhändig unterschriebenen und mit ihren Petschaften versehenen Vergleichsdokument, das die Stadt Frankfurt mit ihrem *größern insigel bekräfftigte*, schien der Inquisitionsprozess endlich zum Abschluss gekommen zu sein.

3.4 Inquisitionsprozess in Mainz

Doch sollte die Freude Heilers über seine Rehabilitation nur von kurzer Dauer sein. Als er nämlich 1681 bei Schwalbach/Ts. arglos mainzisches Gebiet betrat, wurde er auf *offentlicher strassen* verhaftet, zunächst nach Höchst und dann nach Mainz gebracht,[246] wo gegen ihn mit Billigung des Mainzer Erzbischofs Anselm Franz von Ingelheim (1634–1695)[247] ein Inquisitionsprozess eingeleitet wurde. Als der Reichshofrat davon erfuhr, befahl er am 18. September 1681 dem Mainzer Kurfürsten mit einem Reskript, Heiler frei zu lassen und ihn an die kaiserliche Kommission zu überstellen.[248] Weil das Reskript wirkungslos blieb, wiederholte der

---

243 Vergleich vom 18. November 1680, ÖStA HHStA RHR Judicialia Antiqua 69-01, fol. 829r–832r. Zur allgemeinen Bedeutung außergerichtlicher Konfliktregelungen Härter, Strafrechts- und Kriminalitätsgeschichte (wie Anm. 1), S. 51 f.

244 ÖStA HHStA RHR Judicialia Antiqua 69-01, fol. 500r–522r.

245 Das ergibt sich aus einem vom Vergleich separaten notariellen Dokument vom 18. November 1680; ISG FFM Bestand H.07.01 Nr. 665, unfol.

246 *Votum ad imperatorem* vom 7. November 1681 (wie Anm. 229), fol. 928r–935v; insbes. fol. 930r.

247 Anselm Franz war von 1679–1695 Mainzer Erzbischof. Er regierte den Kurstaat vor allem mit zahlreichen Verordnungen, darunter 48 „Policeyordnungen In den Jahren 1675 bis 1679 amtierte Anselm Franz als Kurmainzer Statthalter in Erfurt; vgl. https://de.wikipedia.org/wiki/Anselm_Franz_von_Ingelheim_(1634 %E2 %80 %931695) (abgerufen am 13. Oktober 2023).

248 Befehl an den Kurfürsten von Mainz vom 18. September 1681, Heiler frei zu lassen, ÖStA HHStA RHR Judicialia Antiqua 69-01, fol. 855rv.

Reichshofrat seine Forderung unter Androhung eines hohen Strafgeldes mit einem *mandatum s.c.* vom 30. September1681, das er am 29. Oktober 1681 erneuerte.[249]

3.4.1 Prozessverlauf, peinliche Befragung und Hinrichtung

Ungeachtet dessen wurde der Mainzer Inquisitionsprozess fortgesetzt und Heiler durch den Scharfrichter Hans Nicol[aus] Messing aus Mühlhausen/Th. gefoltert.[250] Daraufhin wandte sich der Reichshofrat am 7. November 1681 mit einem *Votum ad imperatorem* an den Geheimen Rat und beschrieb dort in allen Einzelheiten die unmenschliche Folter, mit der Heiler durch den Scharfrichter mehrfach traktiert worden sei.[251] Der Bericht liest sich wie ein Stück aus dem Horrorkabinett.[252] Es sind zwölf Folterarten, darunter nicht nur die Anlegung

249 Mandat sine clausula vom 30. September 1681, ÖStA HHStA RHR Judicialia Antiqua 69-01, fol. 874r–878v; erneuert am 29. Oktober 1681, ebd., fol. 902r–904v. Für die gerichtsverfassungsrechtlichen Verhältnisse zwischen Kaiser und Reich aufschlussreich ist der Kommissionsbericht des hessen-darmstädtischen Subdelegierten Philipp Martin Fabricius vom 6. Oktober 1681, der vergeblich den kaiserlichen Auftrag auszuführen versuchte, *wegen des zu Maintz captivirten bürgers und handelsmans von Franckfurth Ditrich Heylers, ein kayserl. mandatum de extrahendo captivo ihrer churfürstl. gnad*[*en*] *zu Maintz* zu *insinuiren, den* [...] *Heyler zu Maintz abholen zu lassen und selbigen biß auf dero weitere kayserl. verordnung allhier zu Darmstatt zu behalten*; ÖStA HHStA RHR Judicialia Antiqua 69-01, fol. 886r–935v.

250 Härter, Policey (wie Anm. 14), hat in seinem umfänglichen Werk diesen Fall nicht berücksichtigt, der von Schrohe, Rokoch (wie Anm. 42), nur kurz und lückenhaft erwähnt wird.

251 *Votum ad imperatorem* vom 7. November 1681 (wie Anm. 229), fol. 928r–935v.

252 Ebd., fol. 931rv; fol. 932r heißt es u. a.: *Bey der ersten tortur seyen alle nägel an den fingern geöffnet und daraufhin die schrauben angesetzt worden; bey der 2ten tortur seye der Heyler durch vierzehenmalige wiederholung der spanischen stieffel bey dritthalb stunden lang dermaßen gequelet worden, daß man sein jammerliches geschrey über den rheinstrohm gehört; bey der dritten tortur seyen 12 gradus adhibirt: 1. Die streckung auff der leiter, davon er 4 stunden lang gehangen 2. die auffsetzung einer eisernen stachlichen cron, die man in sein haubt getrunket, daß die augen in den koepff herfürgangen 3. die aufschneidung der fueßsohlen 4. Inustio sulphurea* [?] *5. hette man ihm auf einen bock gesetzet, so ein gantz newe und grausame art der marter sein solle und weilen 6. der torquierte an seinem leibe etliche leberflecken, seyen ihme solche durch ein lancet geöffnet, in meinung er hette den stummen* [?] *teuffel 7. seye ihm ein besonderer tranck, darin der scharffrichter etwas verdächtiges geworffen, gewalttätig eingeschüttet, welchen er zweymahl von sich geben, das dritte mahl aber bey sich behalten 8. seien ihme die daumen an die zehen geschnüret worden, daß er in solcher elenden und schmerzenvoller positur dritthalb stunden lang zu boden gelegen 9. hette nun ihme das* [...] *gefängnuß dermaßen eingetrüwet, daß er keinen athem holen können und seye ihme ein maß warmen weins eingeschüttet worden und were solche marter nudatio corpore geschehen. Das gefängnuß were gantz new auff die so genannte Gauforte erbawet und von der statt gantz abgesondert* [Das Gautor war Teil der in den 1650er Jahren errichteten Festungsmauer der die Stadt], *damit sein erbarmliches geschrey in der tortur von den einwohnern nicht gehöret und zum mitleiden bewogen werden möchten; in solchem sitze er 100 ellen hoch und seye in dem kerker nur ein einziges luftloch gelaßen worden, darauß er nichts alß den galgen sehen könnte* [...]. In

der Daumenschrauben, sondern auch die Streckung auf einer Leiter, die gewaltsame Aufsetzung einer eisernen Dornenkrone bis ihm die Augen aus dem Kopfe quollen, das Aufschneiden der Fußsohlen und das Sitzen auf einem „spanischen Bock".[253] Als er noch immer nicht gestehen wollte, habe man auf seinem *leibe etliche leberflecken* entdeckt und angenommen, er stehe mit dem Teufel in Verbindung. Folglich habe man die Leberflecken mit einer Lancet geöffnet und ihm schließlich noch mehrmals einen präparierten *tranck* gewaltsam verabreicht, wonach er sich erbrechen musste.[254]

Daraufhin griff der Reichshofrat noch am 7. November 1681 zu seinem schärfsten Mittel und erließ ein *mandatum arctium s.c.*, womit dem Kurfürsten unter Androhung einer Strafe von 100 Mark lötigen Goldes befohlen wurde, die exzessive Folter sofort zu beenden und den Angeklagten an die kaiserliche Kommission zu überstellen.[255] Außerdem wurde er aufgefordert, innerhalb einer bestimmten Frist in Person oder durch einen anwaltlichen Vertreter vor dem Reichshofrat zu erscheinen und den Vollzug des Mandats zu melden. Sollte er, so hieß es dort weiter, für seinen *ungehorsamb* keine überzeugenden Gründe vorbringen, werde die Strafe fällig. In dem Mandat hieß es, dass die Folterungen Heilers gegen das Völkerrecht und Art. 20 Carolina verstießen.[256] Der ihm verabreichte Trank und die Öffnung der Leberflecke sei mit der gesunden Vernunft und der einhelligen Meinung aller Mediziner und Chirurgen unvereinbar, sodass selbst dann, wenn

Kurmainz kümmerte man sich offenbar nicht um eine vorschriftsmäßige Anwendung der Folter nach Graden, sondern versuchte bedenkenlos, auf jede Weise von dem Angeklagten ein Geständnis zu erlangen; vgl. auch Härter, Policey (wie Anm. 15), 1. Halbbd., S. 440.

253 Das Gerät bestand aus einem keilförmigen Holzbock, oft auch mit Metallzacken versehen. Auf den spitz zulaufenden Teil wurden die Folteropfer mit gespreizten Beinen gesetzt und gefesselt, wobei deren Füße den Boden nicht berühren konnten und daher das gesamte Körpergewicht zwischen den Beinen getragen werden musste. In manchen Fällen wurden demnach auch Gewichte an die Füße gehängt. Eine Variante stellt der Strafesel dar, der unter anderem vom 17. bis ins 19. Jahrhundert auch als Bestrafungsmethode für Soldaten angewendet wurde": https://de.wikipedia.org/wiki/Esel_(Strafmittel) (abgerufen am 13 Oktober 2023).

254 *Votum ad imperatorem* vom 7. November 1681 (wie Anm. 229), fol. 928r–935v; vgl. auch Protokoll über die Zeugenaussage des Scharfrichters von Mühlhausen Hans Nicolaus Messing vom 6. November 1681, ÖStA HHStA RHR Judicialia Antiqua 69-01, fol. 1009r–1013v; ferner Schreiben an die *kayserl. Plenipotentiarios* (wie Anm. 56).

255 Befehl an den Kurfürsten von Mainz vom 7. November 1681, die Folter sofort zu beenden, ÖStA HHStA RHR Judicialia Antiqua 69-01, fol. 936r–940v; Abschrift des Mandats in: ISG FFM Bestand H.07.01 Nr. 665, unfol.

256 Art. 20 CCC = Radbruch, Peinliche Gerichtsordnung (wie Anm. 31), S. 38: *Item wo nit zuvor redlich anzeygen der mißthat darnach man fragen wolt vorhanden, vnnd beweist wurde, soll niemants gefragt werden, vnd ob auch gleich doch der nit geglaubt noch jemants darauff verurtheilt werden.*

mit diesen Mitteln *auf der marter eine mißetat bekannt würdte*, diesem Geständnis weder geglaubt noch *iemandts darauff verurtheilt* werden dürfe.[257]

Am 10. November 1681 ging am Reichshofrat das dringende Gesuch von Heilers Anwalt ein, seinen Mandanten wegen Lebensgefährdung (*extremum in mora vitae periculum*) zu schützen.[258] Das war alles zu spät, denn Heiler war inzwischen zum Tode durch den Strang verurteilt und schon am 31. Oktober 1681 in Mainz hingerichtet worden.[259] Über die vollzogene Hinrichtung wurde in der Mainzischen „wöchentliche ordinari Reichs Post Zeitung Nr. 87" vom 31. Oktober 1681 berichtet.[260] Das Vorgehen der Mainzer Justiz gegen Heiler ist 1682 in einem umfänglichen Rechtsgutachten der juristischen Fakultät der Prager Universität untersucht worden.[261] Es sei unzulässig gewesen, so heißt es dort, *Heyler auf freyer straßen anzugreiffen undt zu captiviren.*[262] Denn für die im Frankfurter Verfahren abgeurteilte Tat seien nach dem Grundsatz *quod res judicata pro veritate habeatur alle indicia erloschen* gewesen und neue hätten für eine strafrechtliche Verfolgung Heilers nicht vorgelegen.[263] Deswegen sei die Mainzer Strafjustiz

257 Befehl an den Kurfürsten vom 7. November 1681 (wie Anm. 255).

258 Anwaltliches Schreiben vom 10. November 1681, ÖStA HHStA RHR Judicialia Antiqua 69-01, fol. 954r–955v.

259 In den leider vernichteten und von SCHROHE, Rokoch (wie Anm. 42), benutzten Mainzer Vicedominatsakten (vgl. Anm. 42) heißt es, dass Heiler *scharp examinirt* und *vor das Peinliche Halsgericht uf die Renth gepracht*, sodann *zum galgen condemniert* und *auch würckhlich daran gehenckhet, ohnerachtet Er bey dem Peinlich Urtheil alles widerrufen, aber vermög prothocolls von denen H*[erren] *commissarijs offentlich uberwiessen worden*; SCHROHE, Rokoch (wie Anm. 42), S. 23 f.

260 Darin heißt es: *Heut ist alhier der so lang berüchtigt gewesene große dieb von Franckfurt Dietrich Heiler, welcher mit dem diebstahl so lange zeit einen großem kauffman agiert gehabt, in gegenwart vieler anwesendt menschen aufgehenkt worden; und solle nun auch, wie man glaublich vernimbt, gegen seine mitgehilffen und complices der behörige proceß angestelt werden, welches neben den corruptelen, wodurch er so lange geschützt, gar selzam heraus kommen dürfte*; ÖStA HHStA RHR Judicialia Antiqua 69-01, fol. 972r. Als die Reichshofräte von den Erben Heilers *krafft eines beygebrachten imstrumenti publici* nicht nur von der schimpflichen Hinrichtung ihres Vaters, sondern auch von einer seinem *söhnlein* Johann in Mainz nicht gewährten letzten Begegnung mit seinem Vater sowie einer verweigerten Begnadigung erfuhren, waren sie entsetzt, zumal ein *Canonicus* des Erzbischofs erklärt haben soll, dass das Kind die Hinrichtung des Vaters mitansehen müsse, wenn es nicht samt seines als Vertreter mitgereisten Notars sofort aus Mainz verschwinde; *Votum ad imperatorem* vom 12. November 1681 (wie Anm. 173), fol. 974v, 976v; ferner Notariatsinstrument über den Verlauf von Heilers Hinrichtung vom 20. Oktober 1681, ÖStA HHStA RHR Judicialia Antiqua 69-01, fol. 962r–965r.

261 Fakultätsgutachten der Universität Prag vom 13. Februar 1682, ÖStA HHStA RHR Judicialia Antiqua 69-01, fol. 1065r–1073r.

262 Ebd., fol. 1065rv.

263 Vgl. auch Wolfgang SELLERT, Art. Ne bis in idem, in: HRG, Bd. 3, 2. Aufl., Berlin 2016, Sp. 1872–1875.

quoad istum actum pro incompetente et jurisdictionem non habente und *alle folgende actus* [...] *null undt nichtig.* Abgesehen davon hätte man Heiler gemäß der Art. 46 und 47 Carolina *vor der peinlichen Frage die indicia* [...] *der angegebenen übelthat* [...] *zu außführung seiner unschuldt* kommunizieren müssen. Ferner sei es unzulässig, das Geständnis mit dem *eingegossenen trunck,* d. h. durch *artibus magicis* und *hexenwerck* zu erforschen.[264] Und schließlich hätte das von Heiler auf der Folter abgegebene Geständnis gemäß Art. 20, 56, 58 Carolina nur verwertet werden dürfen, wenn es von ihm nach der *marter* frei wiederholt worden wäre;[265] stattdessen habe er es nach der *dritten tortur* [...] *wiederruffen.* Insgesamt sei Heiler *nec convicto, neque confesso contra priorem sententiam absolutoriam undt wieder außtrückliche kayserl. befehlen das leben mit einem so schmählichen todt genommen worden.*[266]

Die heikle Frage, ob *dem judici Moguntiensi wegen dieses ohnschuldig undt contra rescripta imperatoris vergossenen bluths die criminal jurisdiction zu entziehen* sowie *die Rockochische Erben undt ihrer complices poena capitali oder corporis afflictiva zu bestrafen* seien, wurde von den Gutachtern bejaht und auf Art. 61 letzter Absatz Carolina gestützt, wonach solche Richter *nach gestalt vnd gelegenheit der überfahrung straff und abtrag leiden* müssen. Da in Art. 61 Carolina für eine solche Tat keine feste Strafe bestimmt sei, kämme nur eine *poena arbitraria* in Betracht, die in vorliegendem Fall *30 marck löttiges goldes* betrage.[267] Sollte es noch Zeitungsexemplare geben, in denen die Nachricht vom Tode Heilers veröffentlicht worden sei, müssten diese konfisziert und kassiert werden. Pressefreundlich hieß es, dass der *zeitungs-schreiber* auch dann nicht *seines dienstes zu entsetzten* sei, wenn er den Artikel nicht *ex mandato superioris,* sondern *von sich selbsten aufgesetzt* habe. In diesem Fall *schütze ihn ebenfalls* die *bona fides,* weil *communis rumor et fama praestant justam causam et excusant a dolo et poena etiam in his, quae sunt de genere prohibitorum.*[268]

3.4.2 Herausgabe des Leichnams

Nach der Hinrichtung Heilers ging es seinen sieben Kindern um die Herausgabe des *iederman zum spott undt uns zu höchster schand aufgehängten leichnams* ihres Vaters sowie um Ersatz des Schadens, der ihnen durch die Verfolgung und Hinrichtung entstanden war.[269] Um das für die Exekution maßgebende Geständnis Heilers

264 Fakultätsgutachten (wie Anm. 261), fol. 1068v.

265 Ebd., fol. 1069r.

266 Ebd., fol. 1070v.

267 Ebd.

268 Ebd.

269 Vgl. dazu Sellert/Rasche, Antiqua, Bd. 2 (wie Anm. 25), S. 228. Den Erben ging es um ein „ehrli-

zu erschüttern, hatten sie dem Reichshofrat notariell beurkundete Zeugenaussagen vorgelegt, aus denen sich ergab, dass ihr Vater *auß denen grausamen schmerzen, die man ihme so unverschuldt angethan* [...] *etwas* hätte *gestehen müßen, damit er deren entlediget* werde.[270] Der Reichshofrat gab sich mit diesen Aussagen nicht zufrieden, sondern befahl der Stadt Mühlhausen/Th., den dortigen Scharfrichter Messing über die in Mainz erfolgte *Examination* Heilers zu verhören. In dem entsprechenden Protokoll vom 6. November 1681 schilderte Messing die Tortur bei weitem nicht so drastisch, wie man es im *Votum ad imperatorem* vom 7. November 1681 lesen konnte.[271] Entscheidend war jedoch, dass er die Frage, ob Heiler nach der dritten Tortur *in güthe,* also aus freien Stücken, *bekandt* habe, nicht beantworten konnte, weil dieses Geständnis *ohne sein Beysein* stattgefunden habe.[272]

Nach einem dem Geheimen Rat vorgelegten und von diesem am 12. November 1681 gebilligten *Votum ad imperatorem* gab der Reichshofrat dem Begehren von Heilers Erben statt und befahl dem Erzbischof Anselm mit einem *mandatum S. c. sub poena 100 mark löthigen goldes* die Herausgabe des Leichnams.[273] Erwartungsgemäß befolgte der Erzbischof das Mandat nicht.[274] Stattdessen ließ er

---

ches" d. h. christliches Begräbnis des hingerichteten Heilers; vgl. Andreas Wacke, Art. Begräbnis, in: HRG, Bd. 1. 2. Aufl., Berlin 2008, Sp. 498–500; Anika M. Auer, Art. Leichenbestrafung, in: HRG, Bd. 3. 2. Aufl., Berlin 2016, Sp. 804 f.

270 Vgl. *Votum ad imperatorem* vom 12. November 1681 (wie Anm. 173), fol. 975v; Notariatsinstrument vom 20. Oktober 1681 (wie Anm. 260), fol. 962r–965r, insb. fol. 964r. Zeugenaussagen über Heilers Worte bei der Hinrichtung: Notariatsinstrument vom 22. Oktober 1681: ÖStA HHStA RHR Judicialia Antiqua 69-01, fol. 966r–968r. Im Einzelnen hieß es dort: Als Heiler auf die *Leiter des Galgens* gebracht worden sei, habe er seine Unschuld erneut beteuert und gegen das Verfahren protestiert. Daraufhin habe *ihme der geistliche mit diesen wortten zugesprochen: Mich armes ohnschuldiges lämblein wolltest erbarm*[en] *dich o mein Gott! wegen meiner begangenen sünden.* Alle *umbstehende hetten* wegen der Rede des Geistlichen *die standhafftigkeit und unschuldt* [...] *Heylers nicht genug* wahrnehmen können.

271 Vgl. oben Anm. 175.

272 Protokoll (wie Anm. 254).

273 Vgl. *Votum ad imperatorem* vom 12. November 1681 (wie Anm. 173), fol. 978v. Seine Entscheidung begründete der Reichshofrat damit, dass der Mainzer Erzbischof Anselm für die Strafverfolgung *weder bezüglich der person des hingerichteten Heylers noch ratione loci delicti* [...] *judex competenz* gewesen sei, ganz abgesehen davon, dass nach dem Tübinger Fakultätsgutachten *keine redliche indicia ad specialem inquisitionem, ja sogar kein corpus delicti vorhanden* und deswegen auch der ganze Prozess vom Reichshofrat durch Urteil für *null und nichtig erklärt* worden sei. Auch das Prager Fakultätsgutachten (vgl. Anm. 261) war der Meinung, dass sich aufgrund des nichtigen Mainzer Inquisitionsverfahrens *von selbsten* ergäbe, dass sein (sc. Heilers) *cörper ex patibulu* hätte *herunter genommen und ehrlich begraben werden* müssen.

274 Ein weiteres Mandat erging daher am 25. November 1681, ÖStA HHStA RHR Judicialia Antiqua 69-01, fol. 994rv; Abschrift in: ISG FFM Bestand H.07.01 Nr. 665, unfol. Gleichzeitig erging an den Kurfürsten von Trier der Befehl, den Mainzer Erzbischof zur Herausgabe des Leichnams anzuhalten, ÖStA HHStA RHR Judicialia Antiqua 69-01, fol. 996r–1002v. 1689 baten die Erben

durch seinen Gesandten am Wiener Hof Johann Christoph Gudenus[275] erklären, dass das Reich noch nie in einer derartigen Weise in die souveräne Strafgerichtsbarkeit eines Kurfürsten eingegriffen habe.[276] Er verlangte die Kassation aller gegen ihn gerichteten Mandate, die seine im Westfälischen Friedensvertrag garantierte Gerichtshoheit in Strafsachen beeinträchtigten sowie eine Anweisung der Stadt Frankfurt, ihn bei der Durchsetzung seiner Forderungen auf den Nachlass Heilers zu unterstützen.[277]

3.4.3 Nachlass Heilers und die Alimentation seiner Kinder

Am Ende des Strafrechtsfalls ging es noch um die Alimentation von Heilers Kindern. Hier war das Prager Fakultätsgutachten zu dem Ergebnis gekommen, dass nach Art. 20, 21, 61 Carolina *denen Heylerischen kindern, waß ihnen wegen ihres vatters abgehet, nemblich die education ad solitos annos allen schaden, die jetzige process und alle unkosten die Rockochschiche erben zu refundiren schuldig.*[278] Ver-

Heilers nochmals um die Überführung der Leiche ihres Vaters, vgl. dazu Sellert/Rasche, Antiqua, Bd. 2 (wie Anm. 25), S. 228.

275 Zu Gudenus siehe oben Anm. 224.

276 Gemeint war offenbar Art. VIII § 1 des Westfälischen Friedensvertrages, der den Fürsten das *ius territorii et superioritatis* (Landeshoheit) garantierte; vgl. dazu Steffen Schlinker, Art. Landeshoheit, in: HRG, Bd. 3. 2. Aufl., Berlin 2016, Sp. 438–445; ferner Härter, Strafrechts- und Kriminalitätsgeschichte (wie Anm. 1), S. 22.

277 Kurfürstliche Bitte um Audienz für Gudenus (wie Anm. 225).

278 Prager Fakultätsgutachten (wie Anm. 261). Die Gutachter setzten sich sogar mit der hypothetischen und zivilrechtlich interessanten Frage auseinander, wie der Fall zu lösen wäre, wenn *das furtum justificiret undt erwiesen werden sollte,* was jedoch, so fügten sie hinzu, *nimmermehr geschehen wirdt.* Dabei ging es ihnen um die Fragen, ob dann die *Heylerischen effecten* [...] *eingezogen werden* dürften und dessen Erben *die entwendtete gelder entweder in natura, da selbige bei ihnen existieren, oder aber aequivalenti, dafern selbige schon verzehret oder sonsten quocunque modo verlohren gangen wären, zu restituiren und gutt zu machen schuldig seyn.* Wenn, so die Gutachter, das Geld noch *in natura* vorhanden sei, müsse es an den Eigentümern, d. h. den Erben Rokochs, zurückgegeben werden. Denn durch den Diebstahl sei das Eigentum (*dominium*) an der Diebessbeute nicht verloren gegangen. Sind die Gelder *verzehret oder sonsten verloren gangen,* hätten der Eigentümer gegen den Erben des Diebes (*heredem furis*) einen Anspruch (*condictio furtiva*) auf Ausgleich, wobei als Ersatz an die *Heylerischen effecten* gedacht wird. Denn es gäbe die Regel, wonach die aus dem Diebstahl Bereicherten (*locupletores*) Erben den schändlichen Gewinn (*turpia lucra*) herausgeben und nicht behalten dürften. Würde man das Gegenteil annehmen, würde sogar *die justitia commutativa verletzt* werden. Obwohl der wegen Diebstahls zum Tode Verurteilte dem *bono publico genug thut, so muß er dannoch ohne dem parti laesae auch satisfaction leisten.* Dem Landesfürsten sei es daher nicht erlaubt, *partem laesem damit abzuweisen,* daß *der delinquenz von dem leben zum todt gebracht worden.* Die Gutachter berufen sich für ihre Ansicht auf römisches und kanonisches Recht, räumen aber ein, dass der *hochberühmte Carpzovius* für das sächsische Recht eine andere Meinung *observiret* (fol. 1071v–1073r).

sorgungsgrundlage war zunächst der von den Erben Rokochs als Entschädigung für den Diebstahl beanspruchte Nachlass des Exekutierten. Der Mainzer Erzbischof hatte sich noch kurz vor Heilers Tod an das Frankfurter Schöffengericht mit der Bitte gewandt, die *effecten des zu Mayntz inhafftierten Dietrich Heiler zu obsignieren*, d. h. gerichtlich zu „versiegeln".[279] Dieser Bitte war das Schöffengericht mit dem *Conclusum* vom 15. Oktober 1681unter der Bedingung nachgekommen, dass der Kaiser nicht *ein anders verordnen* würde.[280] Der Antrag des Erzbischofs vom 22. Oktober 1681, eine Entscheidung ohne diesen Vorbehalt zur Sicherung der durch den *ungemein großen diebstal zum höchsten laedirten* Rokochischen Erben zu treffen,[281] blieb unbeantwortet. Stattdessen erging auf Bitten der Kinder am 25. November 1681 ein von Kaiser Leopold I. (1640–1705) eigenhändig unterzeichneter Mandatsbefehl, dass die Stadt Frankfurt für die *hinterlassenen sieben waisen* von Amts wegen einen Vormund bestellen und dafür sorgen müsse, dass *in dem sterbhauß und dessen vermögen nichts innoviert* und weder dem *Churfürsten zu Maintz* noch *iemands andern* [...] *das geringste davon* herausgegeben werde. Im Übrigen seien die *imploranten, fals sich deren einige angeben würdten, zu unserm Kays. Hoff* zu verweisen.[282]

Als Vormund wurde 1681 zunächst der Bruder des Hingerichteten, Christian Heiler, eingesetzt. Als dieser im Februar 1685 von seinem Amt zurücktrat, weil er sich damit zu *viel unverhoffte große mühen und ungemach auf den halß geladen* habe, folgte ihm Nicolai Conrad Hupka als *obrigkeitl. constituierter* Nachfolger.[283] Bald stellte sich heraus, dass wegen der zahlreichen Gläubiger des Verstorbenen und geringer Mieteinnahmen die Unterhaltskosten nur noch notdürftig bestritten werden konnten.[284] Hupka folgte daher dem Vorschlag eines kaiserlichen Reskripts vom 22. März 1685[285] und begann die drei Häuser als einzige *noch überbliebene effecten* des Verstorbenen zu veräußern und den Kaufpreis jährlich zu verzinsen, *um die pupillen zu erhalten undt die vorhandene verschiedene creditores zu satisfacieren.* Als letztes verkaufte er im Sommer 1687 das *elterliche, an dem Roßmarckt gelegende* Haus an den Frankfurter Kaufmann

279 ISG FFM Bestand H.07.01 Nr. 665, unfol.

280 Ebd.

281 Ebd.

282 ÖStA HHStA RHR Judicialia Antiqua 69-01, fol. 1004rv; ferner ISG FFM Bestand H.07.01 Nr. 665, unfol.

283 Ebd.

284 Vgl. das Schreiben Hupkas vom 6. Februar 1686 an die Stadt Frankfurt nebst einer Einnahme- und Ausgabenliste; ebd.

285 Das Reskript findet sich in ISG FFM Bestand H.07.01 Nr. 665, unfol., und in ÖStA HHStA RHR Judicialia Antiqua 69-01, fol. 1106rv; vgl. auch Befehl an die Stadt Frankfurt vom 26. März 1692 in Sachen Hausverkauf, ebd., fol. 1140rv.

Johann Maximilian Pauli für 8.500 Gulden und legte den Erlös mit einer Verzinsung von 4 % an.[286]

Im Oktober 1696 meldeten sich beim Frankfurter Magistrat vier Kinder Heilers (Maria Magdalena, Anna Elisabeth, Jacobus und Domenicus), die sich in Hinterpommern niedergelassen hatten. Sie baten darum, das „Konto" in Frankfurt aufzulösen und das noch übrig gebliebene Kapital und die Zinsen zu ihren Gunsten an einen Vertreter der pommerschen Regierung *abzuführen,* denn sie könnten sich wegen des weiten Wegs von 100 Meilen nach Frankfurt nicht um das dortige Konto kümmern. Da sie keine Antwort erhielt, wandte sich Anna Elisabeth Coellin, geb. Heiler, an den preußischen König Friedrich Wilhelm I. (1688–1740) mit der Bitte, sie in ihrem Anliegen auf Überweisung von *zinslaßt stehenden capitals a. 525 fl.* zu unterstützen. Daraufhin forderte der König mit Schreiben vom 3. August 1716 den Magistrat auf, dafür zu sorgen, *daß des Königs untertanin zu ihrer rechtmäßigen forderung kommt.* Am 14. September 1716 entsprach der der Bitte des Königs und zahlte das Geld am 19. Januar 1717 an den preußischen Hofrat und Residenten Hecht aus.[287] Damit war der Fall Heiler/Rokoch nach 42 Jahren abgeschlossen.

4. Ergebnisse

Am Reichshofrat sind mehr Strafrechtsfälle anhängig gewesen, als bisher angenommen wurde. Sie waren keineswegs begrenzt auf Landfriedensbrüche, Gewaltverbrechen, die Verletzung überkommener Rechte und Privilegien. Die Fälle vermitteln nicht nur grundlegende Erkenntnisse für die strafprozessuale Praxis des Reichshofrats, sondern geben auch weiterführende Einblicke in die territoriale Strafrechtspraxis und deren angespanntes Verhältnis zur Reichsgerichtsbarkeit. Sichtbar wurden zudem die Bemühungen um eine Begrenzung der Folter sowie die unterschiedlichen Folgen eines in der Praxis geführten Inquisitions- oder Akkusationsverfahren. Im Einzelnen:

1. Die Wege für eine Anrufung des Reichshofrats in Sachen vorinstanzlicher Strafverfahren waren die Rechtsverweigerungs- und Rechtsverzögerungsklage, die Extrajudizialappellation sowie die am häufigsten von den Angeklagten und Verurteilten gewählte Nichtigkeitsbeschwerde. Dabei ging es – modern gesprochen – in erster Linie nicht um die Überprüfung materiellen Strafrechts, sondern um die Durchsetzung des in der Carolina vorgeschriebenen Verfahrensrechts.

---

286 ISG FFM Bestand H.07.01 Nr. 665, unfol.

287 Ebd.

2. Als oberste Rechtsverweigerungs- und Nichtigkeitsinstanz sah sich der Reichshofrat wie eine Justizaufsichtsbehörde dazu berufen, die zum Teil notleidende Strafgerichtsbarkeit im Reich zu bessern.[288] Denn nach der Carolina waren *die meysten peinlich gericht mit personen* besetzt, *die vnsere Keyserliche recht nit gelert, erfarn, oder übung haben.* Aus diesem Grunde werde *an viel orten offter mals wider recht vnd gute vernunfft gehandelt vnd entweder die vnschuldigen gepeinigt vnd getödt, oder aber* es werden die Schuldigen zum großen Nachteil des gemeinen Nutzens laufen gelassen.[289] Ähnlich hatte schon das Reichskammergericht 1521 beklagt, dass von den *vndern gerichten* immer wieder *auß ainfeltigkait, vnfleiß oder* [...] *geübten mißbreuchen* nichtige Urteile gefällt würden.[290] Folglich schrieb die Carolina vor, dass die *oberkeyten alle peinlich gericht mit Richtern, vrtheylern vnd gerichtßschreibern* besetzen müssen, die *fromm, erbar, verstendig, erfarn* und *gelert* sind. Wer diese Regel missachte, müsse mit Bestrafung rechnen.[291] Der Reichshofrat ließ sich daher mit Reskripten über die Verfahrensweisen der Untergerichte berichten und fordert sie im Ernstfalle mit strafbewehrten Mandaten auf, die Maximen der Carolina zu beachten.[292] Im Falle Heiler belegte

---

288 Wolfgang SELLERT, Der Reichshofrat, in: Bernd DIESTELKAMP (Hrsg.), Oberste Gerichtsbarkeit und Zentralgewalt (QFHG, 29), Köln/Weimar/Wien 1996, S. 15–44, hier S. 32 f. Dabei nahm der Reichshofrat offensichtlich keine Rücksicht auf die Frage, ob die Carolina infolge der sog. „Salvatorischen Klausel" in dem jeweiligen Herrschaftsgebiet der Vorinstanz überhaupt Geltung hatte, vgl. Rolf LIEBERWIRTH, Art. Constitutio Criminalis Carolina, in: HRG, Bd. 1. 2. Aufl., Berlin 2008, Sp. 885–890; Sellert/Rüping, Studien- und Quellenbuch, Bd. 1 (wie Anm. 40), S. 91–211; HÄRTER, Strafrechts- und Kriminalitätsgeschichte (wie Anm. 1), S. 69 f., 74.

289 Vorrede der Carolina= Radbruch, Peinliche Gerichtsordnung (wie Anm. 31), 27 f.; ferner Art. 218 Carolina (wie Anm. 110). In diesem Sinne hatte sich auch die Prager Juristenfakultät zur Arbeitsweise des Frankfurter Schöffengerichts geäußert und erklärt, es herrsche dort eine *böse unvernünfftige gewohnheit*, so dass von der Obrigkeit *erbare personen* ohne *gnugsam anzeygung* ins Gefängnis gebracht würden, *absonderlich, da kein corpus delicti vorhanden*; Fakultätsgutachten (wie Anm. 261), fol. 1065rv.

290 Tit. XXI, § 1 = BERGMANN, Corpus (wie Anm. 21), S. 73 f. Anschaulich beschreibt diesen Zustand die Bambergische Peinliche Halsgerichtsordnung von 1507 (*Constitutio Criminalis Bambergensis*), die Vorläuferin der Carolina, mit einem Bild, das die Richter mit Narrenkappen darstellt und als Leitmotiv die Verse enthält: *Auff böß gewonheit urteyl geben/Die dem rechten widerstreben/Ist dieser blinden narren leben*; vgl. Wolfgang SELLERT, Recht und Gerechtigkeit in der Kunst, Göttingen 1993, S. 109–113.

291 § 1 Carolina = Radbruch, Peinliche Gerichtsordnung (wie Anm. 31), S. 29.

292 Dem Reichshofrat fehlte zwar die rechtliche Kompetenz, um von Amts wegen in die Strafjustiz der Territorialgerichte einzugreifen zu können. Insoweit war er auf die Rechtsverweigerungs- und Nichtigkeitsbeschwerden der Parteien angewiesen. Der Einfluss des Reichshofrats auf die strafrechtliche Jurisdiktion der Territorialgerichte wäre vermutlich weitaus größer gewesen, wenn deren Fehlurteile im Interesse der Allgemeinheit mit einer Popularklage hätten gerügt werden können, wenn also nicht nur unmittelbar betroffene Beschwerdeführer, sondern jedermann strafrechtliche Fehlurteile der Unterinstanzen hätten rügen können. Eine amtliche Vorgehens-

er den Mainzer Erzbischof wegen schwerer Verfahrensfehler mit einer Strafe; in einem anderen Verfahren verfügt er sogar die Haftung der Erben des für das Fehlurteil zuständigen Richters.[293]

Auf welche Weise der Reichshofrat überregional als oberste Aufsichtsbehörde in strafrechtlichen Angelegenheiten verstanden und in Anspruch genommen wurde, zeigen auch andere dort verhandelte Fälle. Das gilt beispielsweise für die Anordnung an einen Landesherrn einen Verbrecher wegen Mordes zu verfolgen und bestrafen zu lassen[294] oder für das Verbot in ein Strafverfahren einzugreifen,[295] für Entscheidungen zur strafrechtlichen Zuständigkeit der Reichsritterschaft,[296] für Anträge zur Ausstellung von Steckbriefen[297], für Begehren zur Aussetzung oder gnadenweisen Nichtvollstreckung von Todesurteilen,[298] für Bitten auf Haftentlassungen[299] und für Gesuche zur Aufhebung von Landesverweisungen.[300]

3. Die Rechtsprechung des Reichshofrats zielte darauf ab, den Beschuldigten und Angeklagten die ihnen in der Carolina gewährten Schutzrechte zu sichern. Das galt insbesondere für eine durch General- und Spezialinquisition kontrollierte Verfolgung von Straftaten, das Recht auf Haftentlassung gegen eine angemessene Kaution, die Verteidigung des Angeklagten und die Vermeidung exzessiver Folterungen, weil sie mit der gesunden Vernunft und der einhelligen Meinung aller Mediziner und Chirurgen unvereinbar waren. Damit wies der Reichshofrat den Weg für eine gerechte und humane Strafgerichtsbarkeit im Reich.

4. Strafrechtsfälle hat der Reichshofrat meist Kommissionen übertragen, die er entweder *ex officio* oder auf Antrag der Parteien einsetzte. Die Kommissionen führten das Strafrechtsverfahren, bewerteten Beweise und Indizien, holten

---

weise des Reichshofrat war allerdings in Fiskalangelegenheiten üblich. Zu diesen gehörten auch die nach der Reichspolizeiordnung zu ahnenden Straftaten; vgl. dazu Sellert, Zuständigkeit in Reichspolizeisachen (wie Anm. 5), S. 295–308.

293 Moser, Conclusa (wie Anm. 6), Bd. 3, S. 644–648.

294 Wolfgang Sellert (Hrsg.), Die Akten des Kaiserlichen Reichshofrats, Serie II, Antiqua Bd. 3, bearbeitet von Ulrich Rasche, Berlin 2016, Nr. 920.

295 Wolfgang Sellert (Hrsg.), Die Akten des Kaiserlichen Reichshofrats, Serie II Antiqua Bd. 4, bearbeitet von Tobias Schenk, Berlin 2017, Nr. 520.

296 Sellert/Ortlieb, APA, Bd. 3, (wie Anm. 41), Nr. 2011, Nr. 2138.

297 Sellert/Schenk, Antiqua, Bd. 4 (wie Anm. 295), Nr. 106, Nr. 355; Wolfgang Sellert (Hrsg.), Die Akten des Kaiserlichen Reichshofrats, Serie II Antiqua, Bd. 5, bearbeitet von Ulrich Rasche, Berlin 2019, Nr. 436.

298 Sellert/Schenk, Antiqua, Bd. 4 (wie Anm. 295), Nr. 508; Nr. 379.

299 Sellert/Rasche, Antiqua, Bd. 3 (wie Anm. 294), Nr. 3172.

300 Sellert/Rasche, Antiqua, Bd. 3 (wie Anm. 294), Nr. 940, und Sellert/Schenk, Antiqua, Bd. 4 (wie Anm. 295), Nr. 622.

entweder selbst oder auf Anraten des Reichshofrats Fakultätsgutachten ein und erarbeiten einen Entscheidungsvorschlag, den sie anschließend samt Akten dem Reichshofrat vorlegten. War sich der Reichshofrat über die richtige Beurteilung des Falles nicht sicher, legt er diesen mit einem *Votum ad imperatorem* dem Geheimen Rat vor.[301] Das Ergebnis verkündete er entweder selbst oder ließ es durch die Kommission als seine Entscheidung den Beteiligten bekannt machen.[302]

5. Der Reichshofrat hat sich für das zweitinstanzliche Strafverfahren, obwohl nach dem Westfälischen Friedensvertrags dazu verpflichtet,[303] nicht streng an die Reichskammergerichtsordnung gehalten. Dieser Eindruck entsteht bereits, wenn man im Falle Heiler die Verfahrensweise des Reichskammergerichts (Diffamationsklage) mit derjenigen des Reichshofrats vergleicht. Der Reichshofrat pflegte einen freieren *stilus curiae*[304] und hat sich bei begründeten Rechtsverwei-

---

301 Zum *Votum ad imperatorem* vgl. Wolfgang Sellert, Imperial Control of the Aulic Council and the Imperial Chamber Court, Law and Realty, in: Kjell Å Modéer/Martin Sunnqvist (Hrsg.), Suum Cuique Tribuere (Rättshistorika Studier, Bd. 27), Stockholm 2018, S. 57–73, insb. S. 62–67; Tobias Schenk, Die Vota ad Imperatorem des kaiserlichen Reichshofrats. Zur Verfahrensautonomie an einem herrschernahen Höchstgericht der Frühen Neuzeit: in: Anja Amend-Traut/Ignacio Czeguhn/Peter Oestmann (Hrsg.), Urteiler, Richter, Spruchkörper. Entscheidungsfindung und Entscheidungsmechanismen in der Europäischen Rechtskultur (QFHG, 75), Köln/Weimar/Wien 2021, S. 239–348.

302 Vgl. dazu auch den instruktiven Fall in Sellert/Rasche, Antiqua, Bd. 2 (wie Anm. 25), Nr. 688. Dort wandte sich eine Witwe an den Reichshofrat, weil ihr Unterhalt durch die Ermordung ihres Ehemannes nicht mehr gewährleistet war. Sie beantragte, den der Reichsritterschaft angehörigen flüchtigen Täter zu verhaften, ihn zu bestrafen und zur Zahlung eines Unterhalts zu verurteilen. Der Reichshofrat befahl daraufhin der schwäbischen Reichsritterschaft, den Täter festzunehmen und gegen ihn ein Strafverfahren nach den Grundsätzen der Carolina einzuleiten. Urteil und Akten sollten anschließend dem Reichshofrat vorgelegt werden. Nach Anhörung des Täters und des Anwalts des Getöteten holte das Rittergericht Rechtsgutachten der Universitäten Ingolstadt und Tübingen ein. Während Ingolstadt die Hinrichtung des Täters empfahl, entschied sich Tübingen für ein milderes Urteil, das sich das Rittergericht zu eigen machte, zumal sich die Witwe inzwischen mit dem Täter zu ihrer Zufriedenheit verglichen hatte. Der Reichshofrat folgte hingegen in seinem *Votum ad imperatorem* dem strengen Urteil. Der Geheime Rat sah demgegenüber von der Todesstrafe mit der Maßgabe ab, dass die Versorgung der Witwe sowie die Verfahrenskosten von 3000 Gulden aus dem konfiszierten Vermögen des Täters zu sichern sind. Den Täter verurteilte er zu mehrjährigen einfachen Soldatendiensten zunächst für die Republik Venedig und später in der Festung Raab.

303 Art. V § 55 = Zeumer, Quellensammlung (wie Anm. 11), S. 414: *Quoad Processum iudiciarium Ordinatio Camerae Imperialis etiam in Judicio Aulico servabitur per omnia.*

304 Nach Auffassung des Reichshofrats hätten es die Reichsstände mit ihren anderslautenden Forderungen nur darauf angesehen, das höchste Reichsgericht unter ihre Direktion zu bringen oder ihn doch in allem dem Reichskammergericht *zu conformieren, et sublate Principis auctoritate, in eine regul zu bringen;* vgl. dazu Sellert, Reichshofrat (wie Anm. 288), S. 41. Außerdem sah die Reichshofratsordnung von 1654 vor, dass der Reichshofrat die Reichskammergerichtsordnung lediglich *in substantialibus* zu beachten habe und in erster Linie nur dem *gemeinen nuzen und der*

gerungs- oder Nichtigkeitsbeschwerden nicht, wie es die RGKO vorsah, darauf beschränkt, den angefochtenen Fall mit der Maßgabe an die untere Instanz zurückzuverweisen, *formlich und rechtmessiglich* [...] *zu procediren und zu urtheylen.*[305] Stattdessen hat er, wie es in einer oben zitierten Entscheidungen heißt, aus *aus Kayserlicher Autorität und Macht-Vollkommenheit*[306] in der Sache selbst entschieden und, wenn die Beschwerde begründet war, die vollständige Rehabilitation des Beschwerdeführers angeordnet sowie ihm Ersatz für die durch das nichtige Urteil entstandenen Schäden zugesprochen.[307] Davon abgesehen stand es den Kommissionen frei, Strafverfahren auch durch Abschluss von Vergleichen zu beenden.[308]

---

förderung der hailsamben justiz [...] verpflichtet sein solle, vgl. die Reichshofratsordnung von 1654 Tit. II § 9 = Sellert, Ordnungen, 2. Halbbd. (wie Anm. 159), S. 128; DERS., Art. Prozess des Reichshofrats, in: HRG, 28. Lieferung, 2. Aufl., Berlin 2020, Sp. 885–891. Nach alledem ist es nicht überraschend, dass der Reichshofrat Nichtigkeitsbeschwerden auch dann annahm, wenn es in dem erstinstanzlichen Urteil lediglich um Geld- oder Haftstrafen und nicht, wie in der Reichskammergerichtsordnung von 1555 vorgesehen, Teil II. Tit. 28, § 5 = Laufs, Reichskammergerichtsordnung (wie Anm. 9), S. 206 f., um Leibstrafen ging. Einschlägig ist insoweit ein Verfahren aus den Jahren 1572/73, Sellert/Ortlieb, APA, Bd. 2 (wie Anm. 41), Nr. 1051. Hier hatte das Stadtgericht Augsburg Hans von Egen wegen einer Ehrverletzung zu 850 Gulden verurteilt. Weil dieser die Summe nicht zahlen konnte, war er inhaftiert worden. Mit seiner Beschwerde rügte Egen erfolgreich, dass das Verfahren gegen die Grundsätze der Carolina verstoßen habe und daher nichtig sei. Im Übrigen hatte er sich berechnend an den Reichshofrat und nicht an das Reichskammergericht gewandt, weil er fürchtete, dort wegen des Appellationsverbots abgewiesen zu werden.

305 Vgl. oben Anm. 20.

306 Vgl. Conclusum vom 7. September 1719 (wie Anm. 29).

307 Erwähnenswert ist auch der Fall in Sellert/Schenk, Antiqua, Bd. 4 (wie Anm. 295), Nr. 572 (1630–1641). Darin verlangte eine Witwe Schadensersatz und volle Rehabilitation wegen einer angeblich gegen die Carolina verstoßenden Hinrichtung ihres Ehemannes. Offenbar war der Reichshofrat von der Nichtigkeit des Strafverfahrens überzeugt, denn er verfügt nicht nur eine Zitation der Beklagten, sondern u. a. auch ein Mandat zur Restitution der Klägerin. Einschlägig ist ferner die Klage eines Bürgers aus Regensburg auf Entschädigung und Wiederherstellung der bürgerlichen Ehre für erlittene Injurien, Untersuchungshaft sowie für einen Landesverweis wegen des unberechtigten Vorwurfs eines Kirchenraubs. Der Reichshofrat gab der Klage statt und verurteilte die Stadt Regensburg antragsgemäß. Vgl. auch Gerd KLEINHEYER, Untersuchungsrecht und Entschädigungspflicht in der Geschichte des Strafverfahrens, in: Dorn/Schmoeckel/Schröder, Beiträge (wie Anm. 5), S. 159-181.

308 Zu rechtlichen Kompromissen vgl. das oben Anm. 304 erwähnte Verfahren gegen Hans von Egen. Dieser bat den Reichshofrat um die Überprüfung durch eine kaiserliche Kommission. Der Reichshofrat folgt der Bitte mit der Maßgabe, dass die Kommission einen gütlichen Vergleich zwischen den Parteien anstreben solle. Zugleich erging eine Ermahnung an die Stadt Augsburg, den Kläger gegen Kaution bzw. einen Urfehdeeid aus der Haft zu entlassen. Wie der Fall ausgegangen ist, ergibt sich ebenso wenig wie der Nichtigkeitsgrund aus den Akten. Ein weiteres Beispiel ist der Fall in Sellert/Rasche, Antiqua, Bd. 3 (wie Anm. 294), Nr. 989. Dort sollte die kaiserliche Kommission 1548 im Rahmen der Untersuchung eines Mordfalles einen Kompromiss

6. Auffallend ist, wie schnell der Reichshofrat im Fall Heiler tätig wurde. Im Gegensatz dazu hatte das Frankfurter Schöffengericht keine Eile mit dem Inquisitionsverfahren, so dass es sich mit einer Fülle von Bitten um Prozessbeschleunigung konfrontiert sah. Das mag damit zusammenhängen, dass das Gericht zur Durchführung eines gerechten Verfahrens im Spannungsfeld kaiserlicher Direktionskompetenz und kurfürstlicher Gerichtshoheit besonders sorgfältig verfuhr. So wehrte es sich gegen die versuchten und von Rokoch geschürten Einflussnahmen des Mainzer Erzbischofs mit dem Hinweis, dass es streng nach den Grundsätzen der Carolina verfahren müsse. Damit bewahrte es sich seine Unabhängigkeit. Die Frage, welche Wirkung in diesem Zusammenhang die parteiischen Strategien des Anklägers Trinckhaus hatten, wäre eine vertiefte Untersuchung wert. Wegen fehlender Verpflichtung der Gerichte zur rechtlichen Begründung ihrer Entscheidungen,[309] bleiben Bedeutung und Wirkung der in großer Zahl von Ankläger und Beschuldigtem angeführten Zitate aus der gelehrten Literatur ungewiss.

7. Wie der Fall Heiler zeigt, waren die Durchsetzungsmöglichkeiten reichshofrätlicher Entscheidungen beschränkt.[310] Während der Reichshofrat gegenüber dem Frankfurter Schöffengericht verhältnismäßig erfolgreich war und wesentlich dazu beitrug, dass Heiler in Frankfurt nicht gefoltert wurde und schließlich mit einem Vergleich freikam, konnte sich das Höchstgericht mit seinen Strafmandaten gegen den mächtigen Erzbischof und Kurfürsten zu Mainz nicht durchsetzen. Dieser verwahrte sich als Souverän seines Landes und Schutzherr seiner Untertanen gegen jegliche Eingriffe des Reiches und seiner Organe. Insoweit bedurfte es fast bei jeder wichtigen Entscheidung des Reichshofrats aus machtpolitischen Gründen einer Rückversicherung durch den Kaiser bzw. durch den Geheimen Rat mit dem *Votum ad imperatorem*.

8. Was die erörterten Fälle nur eingeschränkt erzählen, sind ihre gesellschaftlichen, wirtschaftlichen sowie politischen Zusammenhänge und Beweggründe. So könnte man in der Strafsache Heiler fragen: Warum ging Rokoch derart schonungslos gegen Heiler vor? Immerhin hatte letzterer nach eigener Einlassung

---

„zu Güte und Recht" versuchen. Kompromisse über Entschädigungen bewirkten nicht selten für den Täter eine mildere Strafe; vgl. hierzu den Fall in Sellert/Rasche, Antiqua, Bd. 2 (wie Anm. 25) Nr. 688.

309 Wolfgang Sellert, Zur Geschichte der rationalen Urteilsbegründung gegenüber den Parteien insbesondere am Beispiel des Reichshofrats und des Reichskammergerichts, in: Gerhard Dilcher/ Bernd Diestelkamp (Hrsg.), Recht, Gericht, Genossenschaft und Policey, Berlin 1986, S. 97–113.

310 Damit ist die allgemeine Frage verbunden, welche Wirkungen von der Rechtsprechung der Reichsgerichte ausgegangen sind; vgl. dazu Anja Amend-Traut, Die Akten und Beilagen von Reichskammergericht und Reichshofrat als Quellen des Handelsrechts, in: Zeitschrift für Neuere Rechtsgeschichte 37 (2015), S. 177–205, insbes. S. 181, 204.

20 Jahre in den Diensten Rokochs gestanden, ihm treulich, aufrichtig und redlich gedient und ihn im Handel beim Erwerb von vielen *tausend gulden* unterstützt.[311] War aus Freundschaft Feindschaft geworden?[312] Ging es möglicherweise um die Beseitigung eines Konkurrenten, nachdem sich Heiler in Frankfurt selbständig gemacht hatte? Was veranlasste den Mainzer Erzbischof, Rokoch und dessen Erben rückhaltlos zu unterstützen und Heiler schließlich hinrichten zu lassen? War es nur das obligatorische Eintreten eines Landesfürsten für seine Beamten und Bürger, war es dessen Überzeugung von der Schuld Heilers, die zur Durchsetzung der Gerechtigkeit schonungslos gesühnt werden musste oder fühlte sich der Erzbischof der Familie Rokoch zur Hilfe verpflichtet, weil deren Mäzenatentum für Mainz bedeutend war? Worauf beruhten Rokochs Einflussmöglichkeiten auf den ihm hörigen Ankläger Trinckhaus und das Frankfurter Schöffengericht?[313] Welche Rolle spielten in diesem Zusammenhang die politischen Machtverhältnisse zwischen Erzbischof, kaiserlichem Hof und der freien Reichstadt Frankfurt? Welche Konkurrenzen und Intrigen haben die Verfahren im Hintergrund beeinflusst? Welche familiären Abhängigkeiten und Vernetzungen der Akteure bestimmten das Geschehen? Hier öffnen sich weite Forschungsfelder für die Zusammenarbeit von Rechts- und Allgemeinhistorikern.[314]

---

311 Schreiben Mangolds vom 9. April 1675 an das Frankfurter Schöffengericht: ISG FFM Bestand H.15.33 Nr. 1428 (wie Anm. 43), fol. 460r.

312 Demgemäß ließ Heiler durch seinen Anwalt erklären, dass *Rokoch deß peinlich beclagten ärgster feindt* geworden sei und jetzt *heimlich* nur auf die Durchführung der Inquisition *laure*; ISG FFM Bestand H.15.33 Nr. 1428, fol. 78r.

313 Heiler behauptete beispielsweise, dass Rokoch mit den Schöffen gesellschaftlichen Kontakt gepflegt habe; vgl. ISG FFM Bestand H.15.33 Nr. 1428, fol. 73r. Vermutlich war es auch der Einfluss Rokochs, dass das Schöffengericht relativ rasch mit *Fürbeygehung* der Generalinquisition gegen Heiler die Spezialinquistition einleitete (vgl. Anm. 174).

314 Vgl. Härter, Strafrechts- und Kriminalitätsgeschichte (wie Anm. 1), S. 10 f.

IV. GNADEN- UND PRIVILEGIENVERGABE

Anja Amend-Traut

Schuldenmoratorien

Lenkende Wirtschaftspolitik im Spiegel reichshofrätlicher Quellen

Da bringt der Teuffel auß der Hell
Ein Schutzbrieff mit der Quinquernell [...]
Biß alle mit zu grunde giengen
Die ihm ihr geld und gutt aufhiegen.[1]

1. Einleitung

Schuldenmoratorien sind ein Instrument der Krisenbewältigung. Nicht zufällig rekurrierte die Politik noch in jüngster Vergangenheit im Angesicht der Corona-Pandemie und der Hochwasserschäden neben vielen anderen Stützungsmaßnahmen auch auf die Einführung schuldnerbegünstigender Stundungen bzw. Schuldennachlässe oder anderer hoheitlicher Maßnahmen zum Schutz Betroffener.[2] Eine durch höhere Gewalt verursachte wirtschaftliche Notlage, die

1 Georg ROLLENHAGEN, Froschmeuseler. Das Von Bestallung des Geystlichen und Weltlichen Regimentes. In der Frösche Rathschlägen vorgebildet, 1595, 1. Buch, 2. Teil, 14. Cap. Der Spottvers wurde von der späteren Dissertationen-Literatur des 17. Jahrhunderts in leicht abgewandelter Form rezipiert, Nachweise bei Heinz MOHNHAUPT, Moratorien als Schuldnerschutz in kriegsbedingter Wirtschaftsnot, in: Nils Jörn (Hrsg.), Anpassung, Unterordnung, Widerstand?! Das Verhältnis zwischen Ur- und Neuadel im schwedischen Konglomeratstaat (Schriftenreihe der David-Mevius-Gesellschaft, 11), Hamburg 2017, S. 279–299, hier S. 287.

2 So sieht das Gesetz zur Abmilderung der Folgen der COVID-19-Pandemie im Zivil-, Insolvenz- und Strafverfahrensrecht vom 27. März 2020 eine Stundungsmöglichkeit von Krediten vor, BGBl. I, 2020, Nr. 14, S. 569, hier Art. 5 zur Änderung des Art. 240 EGBGB § 3. Der dort enthaltene § 1 ist mit „Moratorium" betitelt und regelt ein Verweigerungsrecht u. a. für vertragliche Leistungen aus Dauerschuldverhältnissen. Auf internationaler Ebene hatten Mitte Oktober 2020 die G20-Staaten den G20-Aktionsplan zur Bewältigung der wirtschaftlichen Krise aktualisiert, der u. a. umfassende Maßnahmen zur wirtschaftlichen Stabilisierung enthält, um der veränderten Pandemiesituation Rechnung zu tragen. Zudem wurde das Schuldenmoratorium für die ärmsten Länder der Welt bis 30. Juni 2021 verlängert. Siehe dazu den Jahreswirtschaftsbericht 2021 des BMWi, Berlin 2021, S. 102, 154, auch unter https://www.bmwi.de/Redaktion/DE/Publikationen/Wirtschaft/jahreswirtschaftsbericht-2021.pdf?__blob=publicationFile&v=12 (abgerufen am 23. März 2024). – Nach § 49 I Nr. 1 des „Gesetzes über den Stabilisierungs- und Restrukturierungsrahmen für Unternehmen", kurz StaRUG, das am 1. Januar 2021 in Kraft getreten ist, ist Gläubigern

gerichtliche Überprüfung, dass diese selbst bei äußerster Sorgfalt nicht hätte abgewendet werden können, die zeitlich befristete Prolongation der Vollstreckung, der darin begründete hoheitliche Eingriff in das Privatrecht, und zwar ohne Anhörung der betroffenen Gläubiger: all das findet sich auch schon in frühneuzeitlichen Quellen – Geschichte wiederholt sich. Vor dem Hintergrund dieser Maßnahmen war der Bundesgesetzgeber jedenfalls nicht dem erst vor kurzer Zeit in anderem Kontext erneut lautgewordenen Vorwurf ausgesetzt, Energie darauf zu verschwenden, „aufwändig das neu [zu] denken, [zu] erfinden, vor [zu] schlagen, was man durch einen Blick in das Buch der Geschichte bereits entfaltet und in seinen Folgen beschrieben finden könnte.“[3]

Viele Stimmen halten heute wie damals ungeachtet der Verschiedenartigkeit der politischen Systeme die Orientierung am Gemeinwohl als entscheidend für den Erfolg eines Krisenmanagements,[4] und es darf vermutet werden, dass sich

---

von Unternehmen die Einleitung der Zwangsvollstreckung wegen eines Anspruchs untersagt bzw. Zwangsvollstreckungsmaßnahmen sind einstweilen einzustellen, soweit dies zur Wahrung der Aussichten auf die Verwirklichung des Restrukturierungsziels erforderlich ist, Unternehmensstabilisierungs- und -restrukturierungsgesetz vom 22. Dezember 2020, BGBl. I, S. 3256. In der Gesetzesbegründung heißt es dazu, die wirtschaftlichen Folgen der COVID-19-Pandemie erforderten vorübergehende Anpassungen des Sanierungs- und Insolvenzrechts an die durch die Krisenfolgen geprägte Sondersituation, BT-Drucks. 19/25303, S. 2. Es sollen die rechtlichen Grundbedingungen für einen präventiven Restrukturierungsrahmen geschaffen werden, der Unternehmen die Möglichkeit bietet, sich auf der Grundlage eines Restrukturierungsplans zu sanieren und damit die Insolvenz abzuwenden, BT-Drucks. 19/24181, S. 86. Die notwendigen Voraussetzungen für die Anordnung einer Vollstreckungssperre regelt § 50 StaRUG, wozu u. a. auch die Vorlage eines Restrukturierungsplans zählt, BT-Drucks. 19/24181, S. 154. Die gerichtlich angeordnete Stabilisierungsanordnung ist zeitlich befristet und kann unter bestimmten Voraussetzungen verlängert werden. Zwar ist im Rahmen der gerichtlichen Prüfung eines solchen Antrags die Anhörung eines davon betroffenen Gläubigers nicht vorgesehen, doch kann er jederzeit die Aufhebung der Anordnung beantragen, sofern er einen Aufhebungsgrund glaubhaft machen kann, BT-Drucks. 19/24181, S. 154. Außerdem ist mit Rücksicht auf die Gläubigerinteressen die Verjährung solcher Ansprüche gemäß dem neu eingeführten § 204 I Nr. 10a BGB gehemmt. – In der Begründung zum Gesetz zur Errichtung eines Sondervermögens „Aufbauhilfe 2021“ und zur vorübergehenden Aussetzung der Insolvenzantragspflicht wegen Starkregenfällen und Hochwassern im Juli 2021 sowie zur Änderung weiterer Gesetze (Aufbauhilfegesetz 2021 – AufbhG 2021) heißt es, „eine temporäre Aussetzung der Insolvenzantragspflicht soll den geschädigten Unternehmen und ihren organschaftlichen Vertreterinnen und Vertretern Zeit geben, um die notwendigen Finanzierungs- oder Sanierungsverhandlungen zu führen, wenn die Insolvenz durch mögliche öffentliche Hilfen, Entschädigungsleistungen, Versicherungsleistungen, Zins- und Tilgungsmoratorien oder auf andere Weise abgewendet werden kann“, BT-Drucks. 19/32039, S. 2.

3 Volker Ladenthin, Nice to have, but useless? Warum wir die historischen Fächer brauchen, in: Forschung & Lehre 4/2021, S. 274 f., hier 275.

4 Zur gegenwärtigen Diskussion etwa Karl-Rudolf Korte, Demokratische Zukunft. Gestaltungsmacht für das Gemeinwohl, in: Forschung & Lehre 28 (2021), S. 96–98.

sowohl in der Geschichte wie auch in der Moderne die Zukunftsfähigkeit eines Systems an dessen Bereitschaft festmachen lässt, resilienzbildende Maßnahmen zu ergreifen.[5] Viele dieser Maßnahmen hängen entscheidend von der bestehenden verfassungsmäßigen Struktur ab. Doch obrigkeitlich bzw. staatlich dirigiertes Schuldenmanagement scheint systemunabhängig durch den Lauf der Zeiten als Resilienzmaßnahme eingesetzt worden zu sein. Deren frühneuzeitlichen Erscheinungsform und ihrer Genese wird im Folgenden nachgegangen.

2. Quellenauswahl

Die vorliegende Studie basiert im Wesentlichen auf der Auswertung der reichshofrätlichen Judizialaktenserie ‚Antiqua', welche schwerpunktmäßig Akten des späten 16. bis frühen 18. Jahrhunderts enthält. Dank des Erschließungsprojekts der Niedersächsischen Akademie der Wissenschaften zu Göttingen in Zusammenarbeit mit dem Österreichischen Staatsarchiv und der Universität Wien konnten in dieser Untersuchung insgesamt 8.079 Akten berücksichtigt werden: Die Verzeichnung ist auf zehn Bände angelegt, von denen derzeit sieben erschienen sind (6.769 Akten).[6] Doch sowohl der im Druck befindliche achte Band

5 Der Umgang mit krisenhaften Situationen wird jüngeren Datums von den vielfältigen Ansätzen der Resilienzforschung aufgegriffen, nicht zuletzt auch von der Wirtschaftsgeschichte, hier v. a. freilich aus der Unternehmensperspektive, insbesondere von Markus Denzel im Rahmen seines Fellowships am Alfried Krupp Wissenschaftskolleg Greifswald. Ausweislich seiner Projektvorstellung vom 19. November 2020 „Kommerzialisierung und Resilienz-Management. Eine kollektive Unternehmensgeschichte des ‚Langen' 16. Jahrhunderts." Er geht u. a. der Frage nach, wie es einem „Unternehmer gelang, sein Unternehmen durch Zeiten von Veränderungen und wachsender Konkurrenz, ja von Krisen zu steuern, auf diese zu reagieren, letztlich ein bestehendes Unternehmen am Leben zu erhalten. Neben den vier klassischen Komponenten unternehmerischen Handelns – dem Entdecken von Chancen, der Durchsetzung von Innovationen, der Erschließung von Ressourcen und der Übernahme von Risiken – wird dieser Aspekt der langfristigen Unternehmenserhaltung im Gefolge der aktuellen globalen Veränderungen von immer größerer Relevanz für eine verantwortliche Nachhaltigkeit der Unternehmensführung." (Die Projektbeschreibung unter https://www.wiko-greifswald.de/programm/allgemeines/veranstaltungskalender/veranstaltung/n/kommerzialisierung-und-resilienz-management-eine-kollektive-unternehmensgeschichte-des-langen-16/ wurde zwischenzeitlich aus dem Netz entfernt). – Das Gesuch um Erteilung eines Moratoriums dürfte sich auch als Instrument unternehmerischen Handelns in der Krise fruchtbar machen lassen, doch kann dieser Ansatz hier nicht weiterverfolgt werden und muss der weiteren Forschung überlassen bleiben.

6 Wolfgang Sellert (Hrsg.), Die Akten des kaiserlichen Reichshofrats. Serie II: Antiqua, Bd. 1–7, Berlin 2010–2023. Zu dem Verzeichnungsprojekt Tobias Schenk, Das Projekt zur Erschließung der Reichshofratsakten. Eine Zwischenbilanz nach acht Jahren, in: Eva Schumann (Hrsg.), Justiz und Verfahren im Wandel der Zeit. Gelehrte Literatur, gerichtliche Praxis und bildliche Symbolik. Fest-

(739 Akten) als auch die bereits verzeichneten ersten 571 Akten des neunten Bandes konnten ebenfalls bereits in diese Untersuchung einfließen.[7]

Auf der Grundlage dieser Tiefenerschließungen können erstmals detaillierte Auswertungen von Verfahren erfolgen, bei denen der Reichshofrat als eines der beiden höchsten Gerichte im Alten Reich fungierte, als auch von Aktengruppen, die aus der Tätigkeit des Reichshofrats als Verwaltungsbehörde und aus seiner Funktion als politisches Instrument des Kaisers hervorgegangen sind.[8] In diesen letztgenannten Funktionen trat das Gremium auch in Erscheinung, wenn im Namen des Kaisers Moratorien verliehen oder Zusagen sicheren Geleits für Kaufleute gewährt wurden. Da die Moratorien grundsätzlich nur nach einer gerichtlichen Untersuchung erteilt wurden, fielen sie nicht in das Ressort der Reichskanzlei.[9] Auf die Bedeutung dieser verwaltenden Tätigkeit des Reichshofrats für die Wirtschaftsgeschichte wurde in der Vergangenheit bereits hingewiesen.[10]

Ihr soll im Folgenden anhand der so genannten Schuldenmoratorien nachgespürt werden. Dabei beschränkt sich die Untersuchung nicht auf exemplarische Einzelfälle, sondern erfasst sämtliche 183 Akten aus dem Sample der 8.079 neu

gabe für Wolfgang Sellert zum 80. Geburtstag (Abhandlungen der Akademie der Wissenschaften zu Göttingen, Neue Folge, 44), Berlin 2017, S. 31–51, und insgesamt zum Forschungsprojekt http://www.reichshofratsakten.uni-goettingen.de/ (abgerufen am 16. Februar 2024).

7 An dieser Stelle gilt mein besonderer Dank Dr. Tobias Schenk und Dr. Ulrich Rasche für die Zurverfügungstellung der Verzeichnungen! Weitere Verfahren, die Moratorien zum Gegenstand haben, sind bei Eva Ortlieb, Kaiserlicher Hofrat und kaiserliche Herrschaft unter Karl V. (1520–1556). Ein Beitrag zur Geschichte des Reichshofrats (Quellen und Forschungen zur höchsten Gerichtsbarkeit im Alten Reich, künftig: QFHG, 79), 2024, berücksichtigt, S. 498 f., 510; die Arbeit stützt sich u. a. auf die im Haus-, Hof- und Staatsarchiv überlieferten Reichstagsakten des Bestands ‚Reichskanzlei' sowie den Bestand ‚Reichshofrat', vor allem auf die Protokollüberlieferung der Serie ‚Protocolla rerum resolutarum' sowie auf andere, noch nicht detailliert verzeichnete Judicialia. Hier nicht berücksichtigt wurden die in der Datenbank „Untertanensuppliken am Reichshofrat Kaiser Rudolfs II." insgesamt 20 nachweisbaren Gesuche um Moratorien, die mit der Angabe als Gegenstand „Moratorium" aufzufinden sind, https://dh.uni-graz.at/suppliken/de/verfahren/suche (abgerufen am 27. März 2024).

8 Die alten reichshofrätlichen Repertorien ordnen die Verfahren allein nach dem Namen der Kläger, Angaben zum Gegenstand des Verfahrens bestehen lediglich aus einem sehr allgemein gehaltenen Titelstichwort. Ein vollständiges Bild konnte man sich in der Vergangenheit von thematisch zusammenhängenden Vorgängen demnach nur machen, wenn man zuvor viele hunderte, verstreut geführte Akten systematisch durchforstet hatte.

9 Johann Jacob Moser, Von denen Kayserlichen Regierungs-Rechten und Pflichten, 1. Theil, Frankfurt am Main 1772, Cap. 15, § 93, S. 394.

10 Lothar Gross, Die Reichshofratsakten zur Geschichte der deutschen Untersuchung [!], in: Carl Brinkmann (Hrsg.), Zur Wirtschaftsgeschichte der deutschen Unternehmung (Schriften der Akademie für Deutsches Recht, Gruppe Wirtschaftswissenschaften, Heft 5), Berlin 1942, S. 65–97.

verzeichneten Antiqua-Akten, die im Zusammenhang mit Moratorien stehen;[11] dies entspricht 2,26 %. Außerdem wurden die insgesamt zehn Suppliken berücksichtigt, die sich gesondert in der eigens angelegten, aber offensichtlich später aufgelösten Serie ‚Moratorien' befinden, und ein zwar in den genannten reichshofrätlichen Beständen nicht enthaltenes, doch durch eine Publikation verbreitetes Moratorium zugunsten des Kurfürsten von der Pfalz.[12] Flankierend hierzu wurden die reichshofrätlichen Resolutions- und Exhibitenprotokolle sowie die Taxbücher der Reichshofkanzlei konsultiert.[13]

Trotz der vollständigen Berücksichtigung der Moratorien der bislang erschlossenen Serie ‚Antiqua' muss darauf hingewiesen werden, dass sich auf absehbare Zeit keine verbindliche Aussage darüber treffen lässt, wie viele solcher Gesuche um Moratorien insgesamt an den Reichshofrat gelangten. Denn zum einen enthält die hier herangezogene Antiqua-Serie vornehmlich Akten des späteren 16. bis frühen 18. Jahrhunderts. Zum anderen dürften auch Akten der noch nicht erschlossenen Judizialserien Verfahren zu Moratorien enthalten, welche in den genannten Zeitraum fallen, so dass sich selbst für diesen keine abschließenden Rückschlüsse über Quantitäten ziehen lassen. Trotzdem dürften die Ergebnisse für die fragliche Zeitspanne repräsentativ sein, da sich die hier gefundenen Ergebnisse statistisch kaum verändern, berücksichtigt man etwa nur Verfahren eines Verzeichnungsbandes der Serie ‚Antiqua'.

Außer Betracht bleiben in dieser Untersuchung eine quellengestützte Auseinandersetzung mit Moratorien, welche durch landesherrliche Gnade verliehen

11 Dabei wurden sowohl Anträge ohne Rücksicht auf deren Ausgang als auch streitige Verfahren um Moratorien berücksichtigt.

12 Österreichisches Staatsarchiv, Haus-, Hof- und Staatsarchiv (künftig: ÖStA HHStA) RHR Gratialia et Feudalia Moratorien (1543–1594). Diese Serie scheint nach Einschätzung von Lothar Gross, Reichsarchive, in: Ludwig Bittner (Hrsg.), Gesamtinventar des Wiener Haus-, Hof- und Staatsarchivs (Inventare österreichischer staatlicher Archive V, Inventare des Wiener Haus-, Hof- und Staatsarchivs 4), Bd. 1, Wien 1936, S. 273–394, hier S. 309, in die Serie ‚Judicialia miscellanea' eingeteilt worden zu sein. – Wir Carl Ludwig von Gottes gnaden Pfaltzgraff bey Rhein deß Heyl. Römischen Reichs ErtzSchatzmeister und Churfürst [...] Fügen hiemit zu wissen Nach deme die Röm: Kays: Mayest. mit vorbedächtlichem einrathen [...] ein Kayserliches Indult und Privilegium uff und unsere Landen und Unterthanen in ansehung deren durch daß leidige Kriegswesen uffs eussertste verderbten zustandes allergnädigst ertheilet Inmassen solches [...] hernach folget. Wir Ferdinand der dritte von Gottes gnaden Erwöhlter Römischer Kayser [...] thun kund allermänniglich [...] daß Sr. deß Churfürsten Lbd. von allen verfallenen [...] Zinsen gäntzlich befreyet sein und bleiben [...] daß Ihr. Lbd. unterdessen denen gantz dürfftigen und nohtleidenden Creditoren, als Wittiben Waysen und miserablen Persohnen auch was ad causas pias verschafft Christlich begegnen [...] geben in [...] Regenspurg den Funffzehenden May Anno Sechszehenhundert funfftzig vier [...], Heidelberg 1654.

13 Für den Hinweis hierauf und auf die Hilfe bei der Durchsicht sei an dieser Stelle Herrn Dr. Ulrich Rasche ganz herzlich gedankt!

wurden. Das Konkurrenzverhältnis zwischen kaiserlichen und landesherrlichen Begünstigungen firmiert in der Reichspublizistik als *jura caesarea reservata cumulativa*. Zwar galten Letztere nur landes- und nicht reichsweit.[14] Doch wird der Frage nachzugehen sein, ob das bestehende Konkurrenzverhältnis die mit den kaiserlichen Moratorien verfolgten Lenkungsmöglichkeiten bzw. -interessen schwächte.[15]

3. Dogmatische Einordnung

Dogmatisch handelt es sich bei einem Moratorium um einen hoheitlichen Eingriff in das privatrechtliche Vertragsrecht und dessen verfahrensrechtliche Durchsetzung. Die zivilrechtliche Verpflichtung, nach Fälligkeit der Leistung diese erbringen zu müssen, wird mit dem Moratorium prolongiert. Im Gegensatz zur Stundung, bei der Schuldner und Gläubiger *inter partes* übereinkommen, dass die Zahlung hinausgeschoben wird, ist das Moratorium ein obrigkeitlicher Eingriff.[16]

4. Rechtsgrundlagen und wissenschaftlicher Diskurs

Die historischen Wurzeln des Instituts liegen im antiken,[17] v.a. römischen, und kanonischen Recht. Das römische Recht kennt das *moratorium sc. rescriptum*, einen durch kaiserlichen Erlass gewährten Zahlungsaufschub, das kanonische Recht gebrauchte für jede Form des Gnadenakts den in den hier konsultierten Quellen häufig synonym verwendeten Begriff „Indult" (lat. *indultum*, Gnade, Nachsicht). Man unterscheidet zwischen dem einem einzelnen Schuldner gewährten Spezial-

---

14 Ulrich Rasche, Art. Reservatrecht, in: Handwörterbuch zur deutschen Rechtsgeschichte (künftig: HRG), Bd. 4. 2. Aufl. Berlin 2024, Sp. ###.

15 Siehe dazu näher die Ausführungen unter Punkt 12.

16 Zur Herkunft, Etymologie und dogmatischen Einordnung des Instituts siehe zusammenfassend Adolf Mayer, Zur Geschichte und Theorie des Moratoriums, in: Schmollers Jahrbuch für Gesetzgebung, Verwaltung und Volkswirtschaft im Deutschen Reiche 39 (1915), 3. Heft, München/Leipzig, S. 181–227, hier S. 182–184 m. w. N.; Hansherbert Eberle, Der Begriff des Moratoriums im Wandel der Gesetzgebung von 1914 bis 1935, Weimar 1936, § 1, S. 9 f. m. w. N. Zum kanonischen Recht siehe einen Hinweis in: Historiae patriae monumenta edita iussu Regis Karoli Alberti, Bd. XVI/2, Turin 1876, Sp. 1459 f.

17 Zu weiteren antiken Wurzeln näher Mayer, Geschichte und Theorie (wie Anm. 16), S. 183 f.; zur älteren Geschichte des Instituts insgesamt siehe auch ders., Studien über das Moratorium des Altertums und Mittelalters im Rahmen der gleichzeitigen Kreditwirtschaft, in: Jahrbücher für Nationalökonomie und Statistik 108 (1917), S. 417–477.

moratorium und einem Generalmoratorium, das landesweit verhängt oder aber jedenfalls einer unbestimmten Zahl von Schuldnern gewährt wurde.[18] Auf diese Rechtsgrundlagen lassen sich auch die für das Mittelalter nachgewiesenen Moratorien zurückführen: Isenmann berichten über die Sieneser Bonsignori-Gesellschaft, die 1298 an das *consilium generale* der Kommune supplizierte. Um der Zahlungsunfähigkeit zu entgehen, baten die Gesellschafter nicht allein um eine Haftungsbeschränkung *pro rata* statt der unbeschränkten Solidarhaftung. Darüber hinaus ersuchten sie um ein Zahlungsmoratorium, um zunächst Außenstände bei ihren Schuldnern eintreiben zu können, die dann zur Befriedigung ihrer Gläubiger verwendet werden sollten. Die Antragsteller stützten ihr Gesuch um *dilatio* auf den *guten Brauch der Mercanzia* und auf kaiserliche Gesetze.[19]

Was die Spezialmoratorien betrifft, spielten sie noch bis in das 20. Jahrhundert – unter dem Eindruck der wirtschaftlich schlechten Lage nach dem 1. Weltkrieg bis in die 1930er Jahre – eine Rolle.[20]

Im Heiligen Römischen Reich beruhten die hier interessierenden Spezialmoratorien, auch als Eiserne Briefe oder Quinquinelle bezeichnet,[21] nicht auf legislativen Regelungen, die an einen unbestimmten Adressatenkreis gerichtet waren. Stattdessen erteilte man diese Zahlungsaufschübe als Gnadenerweis.[22] In der zeitgenössischen Literatur wie auch modernen rechtshistorischen Forschung werden sie funktional auch den Schuldnerschutz-Privilegien zugeordnet.[23]

---

18 Zu dessen historischer Entwicklung näher Mayer, Geschichte und Theorie (wie Anm. 16), S. 184 f., 187 f.

19 Mechthild Isenmann/Eberhard Isenmann, Das Innenverhältnis einer spätmittelalterlichen Handelsgesellschaft und die Ausweitung interner Konflikte – Hans Arzt und Gesellschaft, Anton Paumgartner und die Reichsstadt Nürnberg (1447–1471), in: Vierteljahrschrift für Sozial- und Wirtschaftsgeschichte, 101 (2014), S. 432–487, hier S. 436 f.

20 Einen Überblick über legislative Maßnahmen gibt zuletzt Eberle, Begriff (wie Anm. 16).

21 In ÖStA HHStA RHR Judicialia Antiqua, K. 626, Nr. 14, fol. 3v, 4r als *Eysern brief* bezeichnet, als *Qinquenell* in ÖStA HHStA RHR Judicialia Antiqua, K. 2, Nr. 4, kaiserlicher Befehl vom 17. März 1628, fol. 19r, erwähnt. Die Bezeichnung geht auf die zumeist fünfjährige Laufzeit eines Moratoriums zurück. Zu den Bezeichnungen siehe auch Moser, Regierungs-Rechte (wie Anm. 9), Cap. 15, § 33, S. 358. Zur Etymologie und Synonymen siehe auch Wilhelm Anton Freundeberg, De rescriptis moratoriis seu induciis quinquennalibus &c. vulgo, Quinquennell Anstandsbrieffen etc. in conclusiones methodice digesta, analecta utcunque politico-iuridica, Marburg 1629, Tit. III., S. 20–33.

22 So auch Moser, Regierungs-Rechte (wie Anm. 9), Cap. 15, § 33, S. 358. Zu den Moratorien als kaiserliches Reservatrecht auch Freundeberg, De rescriptis (wie Anm. 21) Tit. VI, S. 82 ff.; Jürgen Pratje, Die kaiserlichen Reservatrechte. Jura caesarea reservata, Diss iur. Erlangen 1958, S. 158–161.

23 Heinz Mohnhaupt, Privilegien als Sonderrechte in europäischen Rechtsordnungen vom Mittelalter bis heute (Studien zur europäischen Rechtsgeschichte, 343), Frankfurt 2024, S. 902 m. w. N. in zeitgenössischen Abhandlungen; ders., Schuldnerschutz (wie Anm. 1), S. 285–288 m. w. N.

Das Gnadenrecht war Reservatrecht des Kaisers. Hinweise hierauf finden sich auch in den Moratorienurkunden selbst, wo es etwa heißt, dass der Kaiser *umb ertheilung* einer *Begnadigung* angesucht worden sei.[24] Diese besondere Ausformung des Gnadenrechts wurde von mehreren Passagen des *Codex Iustinianus* abgeleitet, wo es um die Stundung von Abgaben an den Staat und den Zwangsvergleich im Konkurs geht,[25] und im Verlauf des Mittelalters im Sinne einer pauschalen obrigkeitlichen Berechtigung zum Eingriff in private Rechte interpretiert. Wenngleich Juristen wie Gothofredus, Cujacius und später Pufendorf diese Auslegung kritisierten,[26] konnte sich der kaiserlich gewährte Zahlungsaufschub aufgrund der zunehmenden fürstlichen Macht manifestieren – dies ungeachtet zeitgenössischer Missbilligung, wie sie etwa in jener des eingangs bereits erwähnten Rollenhagen oder auch bereits in einer Schrift zu Beginn des 16. Jahrhunderts zum Ausdruck kommt. Dort heißt es, betrügerische *kaufleute, dy man billicher lauffleute heissen sal,* seien durch Privilegien geschützt, die Fürsten und Städte unter Missachtung des göttlichen Rechts *solchen eyßeren kauffleuten* erteilten, die während des eingeräumten Zahlungsaufschubs durch diverse Manipulationen ihre Gläubiger um ihr Geld brächten.[27] Als unentschuldbaren Verstoß sowohl gegen das Sakrament der christlichen Nächstenliebe und damit göttliches Recht als auch das Naturrecht beurteilte Pflaumer den kaiserlichen Schutz von Schuldnern.[28]

---

24 Moratorium zugunsten des Pfälzer Kurfürsten Karl Ludwig (siehe Anm. 12).

25 10,16,13 und 7,71, insbesondere 71,8, wo der Aufschub für einen Zeitraum von fünf Jahren Erwähnung findet. Unkritisch dazu Wolfgang Forster, Konkurs als Verfahren. Francisco Salgado de Somoza in der Geschichte des Insolvenzrechts (Norm und Struktur. Studien zum sozialen Wandel in Mittelalter und Früher Neuzeit, 32), Köln/Weimar/Wien 2009, S. 211, der im Übrigen die Moratorien fälschlicherweise dem Kompetenzbereich der Landesherren zuweist, S. 212.

26 Für Gothofredus und Cujas siehe die Nachweise bei Mayer, Geschichte und Theorie (wie Anm. 16), S: 183, Fn. 2; Friedrich Esaias Pufendorf, Obervationes juris universi, Potent. M. Brit. Regis In Supremo Appellationum Tribunali Electoratus Brunsvico-Luneburgici A Consiliis Observationes Juris Universi, Bd. 2, Frankfurt/Leipzig 1748, Obs. XXII., S. 107–111, hier S. 108. Eine umfassende juristische Einordnung unter Berücksichtigung der einschlägigen weiterführenden Literatur und zahlreicher Einzelbeispiele Moratorien unternimmt Freundberg, De rescriptis (wie Anm. 21).

27 Christoph Cuppener, Ein schons Buchlein czu deutsch, doraus ein itzlicher mensche [...] lerne[n] mag. was wucher und wucherische he[n]del sein, Leipzig 1508, ohne Seitenangabe.

28 Johann Heinrich von Pflaumer, Veritas invicta, das ist: Gründliche, wahrhaffte und außführliche, beständige, unuberwündtliche und keines wegs hindertreibliche Anzeig, Motiven und Ursachen, warumb darvor zu halten, das ein Debitor [...] seinem Creditori nicht par (sic!) nichts zu bezahlen verbunden, obgleich im Reich Teutscher Nation die Kriegs onera noch so herb und schwer weren [...], Augsburg 1645, fol. 4[v], 5[r]. In seiner Schrift spricht sich Pflaumer allerdings nicht gänzlich gegen einen Schuldnerschutz aus, sondern für eine mäßige Reduzierung der gegen ihn bestehenden Forderungen.

Immerhin waren in der Reichsgesetzgebung für die Spezialmoratorien seit Mitte des 16. Jahrhunderts Mindestvoraussetzungen festgelegt.[29] Denn ihre Auswirkungen auf bereits laufende Gerichtsverfahren bzw. bereits in Gang gesetzte Vollstreckungsmaßnahmen waren weitreichend, sie griffen in erheblichem Maße in die reichskammergerichtliche wie auch landesherrliche Judikatur ein und waren damit auch geeignet, mit grundsätzlich bestehenden Komitialrechten der Reichsstände zu kollidieren. Hinsichtlich Letzterer war für den Bereich der Rechtsprechung dem Kaiser prinzipiell aufgegeben, weder dem Reichshofrat noch dem Reichskammergericht *Einhalt* zu *thun*, d. h. den Justizlauf nicht zu hindern.[30] Außerdem war er verpflichtet, etwaige Gerichtsprivilegien und Immunitäten der Reichsstände zu beachten und *keinen mit Commißionen, Mandaten, und anderen Verordnungen, darwider* zu *beschweren*, [...] *noch auch durch den Reichs-Hof-Rath und das Cammer-Gericht, oder sonsten, eingreiffen* zu *lassen*.[31]

Schon vor Einführung der reichsrechtlichen Vorschriften begegnen in den untersuchten Quellen vereinzelt Gesuche um Moratorien, die Beleg für eine zuvor schon praktizierte Übung sind. Als Beispiel soll hier die *causa* Schurlin dienen; dem Überlinger Bürger wurde 1481 ein Zahlungsaufschub von zwei Jahren gewährt, allerdings ohne dass er sein Gesuch auf einen unverschuldeten Unglücksfall gestützt hatte.[32]

Die Frage, welche Voraussetzungen erfüllt sein mussten, damit ein Moratorium gewährt werden durfte, beantwortete für das Heilige Römische Reich in legislativer Form erstmals die Reichs-Policeyordnung von 1548, die bestimmte, dass die Petenten *auß unversehenen zugestandenen Unfällen*, d. h. unverschuldet durch einen Unglücksfall in die behauptete Zahlungsunfähigkeit geraten waren, und dass ein Nachweis über die unverschuldete Krise in Form eines Berichts der zuständigen Obrigkeit oder einer sonstigen glaubwürdigen Bescheinigung zu er-

---

29 Sie standen also keineswegs im „freien Belieben" des Kaisers, so aber PRATJE, Kaiserliche Reservatrechte (wie Anm. 22), S. 158.

30 MOSER, Regierungs-Rechte (wie Anm. 9), Cap. 15, § 7, S. 336. Dazu näher Anja AMEND-TRAUT, Reichsverband als Rechtsverband, in: Dieter Gosewinkel/Oliver Lepsius/Peter Oestmann (Hrsg.), Vom Reichsbewusstsein zum Verfassungspatriotismus. Zusammengehörigkeit durch Rechtsregeln (Beihefte zu „der Staat". Zeitschrift für Staatslehre und Verfassungsgeschichte, deutsches und europäisches öffentliches Recht, 27), Berlin 2021, S. 197–241, hier S. 219, 224. Zusammenfassend zu den kaiserlichen Reservatrechten MOSER, ebd.; Johann Ulrich VON CRAMER, Systema Processus Imperii, 4. Teil, Ulm 1767, Sect. VII, §§ 2191–2252, S. 29–45.

31 MOSER, Regierungs-Rechte (wie Anm. 9), Cap. 15, § 13, S. 337 f., zu den Ausnahmen, bei denen der Kaiser als oberster Richter in die reichskammergerichtliche wie landesherrliche Judikatur befugt war, einzugreifen, ebd., § 91, S. 386 f.

32 ÖStA HHStA RHR Judicialia Antiqua, K. 867, Nr. 14, fol. 1r.

bringen war.[33] Die Regelung stellt einen Kompromiss dar, gestand der große Ausschuss des Reichstages in seinem Gutachten zum § 2 des Art. 34 des Entwurfs der Reichspoliceyordnung dem Kaiser doch prinzipiell unter den genannten Voraussetzungen das Recht zu, Moratorien erteilen zu dürfen;[34] und auch Fürstenrat, Kurfürstenrat und Städterat billigten den Vorschlag in ihren Stellungnahmen und Gutachten.[35]

Dass diese Regelung am kaiserlichen Hof zeitnah in die Praxis umgesetzt wurde, belegt ein von Ortlieb beobachteter Umschwung in der Behandlung von Anträgen auf Moratorium: Wurden sie 1544 noch „weitgehend unmittelbar" beschieden, bat der Hofrat 1551 fast durchgängig die Obrigkeiten um Bericht oder band sie anderweitig in das Verfahren ein.[36]

Unter ausdrücklicher Bezugnahme auf diese Regelung subsumierte die Stadt Frankfurt in der Folgezeit Krieg *oder andere unglückhafftige Zufell* unter einen solchen Unglücksfall,[37] ebenso ein Nürnberger Kaufmann seine wirtschaftliche Misere, in die er geraten war, nachdem er Luxusartikel auf Kredit an Standesherren verkauft und dies glaubwürdig vorgebracht hatte.[38] In der Literatur werden einschlägige Unglücksfälle mit *Brand, Krieg, Diebstahl, u.s.w.* beschrieben, d.h. generell musste es sich um Umstände handeln, *welche nach allen Rechten und der Billigkeit gleiche Barmherzigkeit und Einsehen verdienen.*[39]

Eine nahezu wortgleiche Wiederholung der Regelung von 1548 findet sich in der Reichs-Policeyordnung von 1577.[40] Obgleich bereits dieses Reichsgesetz die Moratorien dem Zuständigkeitsbereich der *Römischen Kayser*[n] *und Könige*[n] zuwies, war dieses Ergebnis offensichtlich in der Folgezeit unbefriedigend.

---

33 In: Neue und vollständigere Sammlung der Reichs-Abschiede, 4 Theile, Frankfurt am Mayn 1747, hier Teil II, S. 587–606, dort XXII., § 2, S. 600.

34 Entwurf vom 20. Februar 1545, in: Rosemarie Aulinger (Bearb.), Der Reichstag zu Worms 1545 (Deutsche Reichstagsakten, Jüngere Reihe (künftig: RTA JR), 16,2), München 2003, hier Nr. 90, S. 980–982. Die Policeyordnung von 1548 geht auf die Fassung aus dem Jahr 1530 zurück. In dieser war der Passus über die *verdorbenen Kaufleute* noch nicht enthalten. Vorschläge, Gutachten und Entwurf des großen Ausschusses finden sich ebd., Nr. 93, 94 und 95, hier S. 989, 1016, 1032 f.

35 Die Stellungnahme des Fürstenrats griff nur strittige Punkte auf, dazu zählte jedoch nicht Art. 34 § 2, RTA JR 2 (wie Anm. 34), Nr. 98, S. 1037–1043; in der Stellungnahme des Kurfürstenrats wurde der Passus explizit abgesegnet, ebd., Nr. 99, S. 1043–1046, hier S. 1045; in dem Gutachten des Städterats heißt es, der Vorschlag sei *der erbarn stett* [...] *nit zuwider*, ebd., Nr. 102, S. 1055–1057, hier S. 1056.

36 Ortlieb, Kaiserlicher Hofrat (wie Anm. 7), S. 499.

37 ÖStA HHStA RHR Judicialia Antiqua, K. 102, Nr. 3, fol. 10r.

38 ÖStA HHStA RHR Judicialia Antiqua, K. 548, Nr. 15, fol. 11r.

39 Moser, Regierungs-Rechte (wie Anm. 9), Cap. 15, § 93, S. 393.

40 In: Neue Sammlung (wie Anm. 33), Teil III, S. 379–398, hier XXIII., § 4, S. 392. Dazu auch Moser, Regierungs-Rechte (wie Anm. 9), Cap. 15, § 93, S. 389.

Der Osnabrücker Friedensvertrag (*Instrumentum Pacis Osnabrugensis*, IPO) griff die Moratorien wohl auch deshalb erneut auf, bestätigte das kaiserliche Reservatrecht, indem die Frage, *wie die Schuldleut jhren Gläubigern begegnen sollen*, in den Zuständigkeitsbereich des Kaisers und seines Reichshofrats verwiesen wurde, und kündigte zugleich an, das Nähere in einer *Satzung* zu regeln.[41]

Nachdem die Reichsstände bei den Verhandlungen in Osnabrück zunächst eine gesonderte Verordnung hierzu verlangt hatten, gaben sie in diesem Punkt nach, als kaiserliche Gesandte mahnten, der durch den Krieg hervorgerufene desolate wirtschaftliche Zustand des Reiches erfordere auch außerordentliche Maßnahmen.[42] Dieses so verstanden gemeinsame Ziel des Kaisers und der Stände kommt auch im Osnabrücker Friedensvertrag zum Ausdruck:

> *Demnach dem gemeinen Wesen darann gelegen ist / daß nach gemachtem Frieden der Kauffhandel widerumb blühen möge / So ist verglichen* [Hervorhebung durch Verf.]/ *daß was demselben zu Nachtheil / vnd wider gemeinen Nutzen hin vnd wider im Rö-*

---

41 So dann die Sache vnter den Augspurger Confessions-Ständen versirt, sollen allein derselben Religions-Verwandten deputirt werden / so vnter Catholischen / allein Catholische so vnter Catholischen vnd Augspurgischer Confessions-Ständen / beyder Religion in gleicher Zahl Commissarii ernennt vnd ordinirt werden, in: Friedens-Schluß/ Wie solcher Von der Römischen Käyserlichen/ Auch Königl. Schwedischen Mayst. Mayst. So dann Deß Heyl. Römischen Reichs Extraordinari-Deputirten vnd [und] anderer Chur: Fürsten vnd [und] Ständ Gevollmächtigten vnd [und] Hochansehenlichen Herren Abgesandten zu Oßnabrück den 27ten. Julij vnd [Julii und] 6ten Augusti/ Im Jahr 1648. auffgericht vnd [und] verglichen/ vnd [und] daselbsten 24/14. Octobris in offentlicher Versamblung vnderschrieben vnd [underschrieben und] bekräfftiget/ auch den 25/15. eiusdem solenniter publicirt worden/ &c. Auß dem wahren Original, wie es bey dem Cur-Mäyntzis. Reichs-Directorio deponirt worden/ ins Teutsche versetzt, Franſkfurt 1649, hier Art. VIII Nr. 5, S. 54: *Was für billichmässige Mittel vnd Wege den Gläubigern wider jhre Schuldtleuthe / so bey diesen Kriegszeiten von jhrer Nahrung kommen / oder durch grosse vffschwellung der Zinß allzusehr gravirt worden seyn / bescheydentlich begegnet / vnd dannenhero besorgenden grösserm / auch der gemeinen Ruhe schädlichem Vngemach vorzukommen seyn möchte / wollen die Röm. Käys. May. so wol dero Hoff-Raths / als Cammergerichts-Meynung vnd Bedencken / welche vff künfftigem Reichs-Tag proponirt, vnd vff eine gewisse Satzung gerichtet werden möge / erfordern vnd einnehmen lassen / vnterdessen aber sollen in dergleichen Sachen / was bey Gericht vorkommen / darann deß Reichs Wolfahrt / wie auch der Ständen particular-Anligen stehet / die von den Partheyen eingeführte Vmbstände fleissig erwogen / vnd niemands mit vnzeitiger Execution beschweret werden.* Auf den *Jüngsten Friedenschluß* verweisen ein am 13. Februar 1653 gewährtes Moratorium, ÖStA HHStA RHR Judicialia Antiqua, K. 610, Nr. 13, fol. 2r, und ein am 21. Mai 1653 erteiltes, wonach sich der Supplikant *erholen möge* und von der Vollstreckung von Schuldtiteln gegen ihn vorerst verschont werden solle, ÖStA HHStA RHR Judicialia Antiqua, K. 556, Nr. 5, fol. 2r.

42 Moser, Regierungs-Rechte (wie Anm. 9), Cap. 15, § 34, S. 358, der allerdings die beiden bereits zuvor erlassenen Reichs-Policeyordnungen nicht erwähnt und annahm, das kaiserliche Reservatrecht zum Erlass von Moratorien sei *bey denen Westphälischen Fridens=Tractaten auf die Bahn gebracht* worden seien.

mischen Reiche / durch verursachen deß Kriegs newlich auß eigenem Gewalt / wider die Rechte / vnd Privilegia ohne der Röm. Käys. Mayst. vnd Reichs-Verwilligung [...] von welchen die Handlungen vnd Schiffarthen geschwächt worden / gäntzlich vffgehoben / vnd jeden Provincien Hafen vnd Ströhmen jhre alte Sicherheit / Bottmässigkeit vnnd Gebräuche / wie sie vor diesen Kriegen von vielen Jahren hero gewesen / wider gegeben / vnd vnverbrechlich erhalten werden.[43]

Ebenfalls im Osnabrücker Friedensvertrag wurden auch die beiden höchsten Gerichte des Reichs aufgefordert, Vorschläge zur künftigen Regelung des Schuldenwesens zu unterbreiten. 1653 kam der Reichshofrat dem in Form eines Gutachtens nach, das inhaltlich in leicht modifizierter Form Eingang in den kurz darauf erlassenen Jüngsten Reichsabschied von 1654 (JRA) fand.[44] Dieser versicherte schließlich, dass der Kaiser keine Moratorien zugunsten von Schuldnern mehr erteilen werde, deren Insolvenz sich auf den 30jährigen Krieg zurückführen ließ; für diese Fälle waren künftig kaiserliche Debitkommissionen vorgesehen bzw. für etwaige Moratorienvergaben die Landesherren zuständig.[45] In der Folgezeit legten die Gesandten der Kurfürsten und Reichsstände ihre *vernünfftige*[n] *Gedancken in Materia Commerciorum* in Form von fünf Reichsgutachten dem Kaiser vor. Es ging um nicht weniger als die *Restabilirung* der Wirtschaft im Reich *zu Beförderung des allgemeinen Nutzens*. In den fraglichen Punkten gelang es, sich *fast durchgehends* [zu] *vergleichen.*[46] Was die Moratorien betraf, setzten sich die

43 Art. IX, 1 IPO (wie Anm. 41), *Wie der Kauffhandel wider auffzurichten.*

44 Art. VIII, 5 IPO (wie Anm. 41); zu dem Gutachten siehe auch Leopold Auer, Zwangsverwaltungen in den Territorien des Alten Reiches: Zu den reichshofrätlichen Debitkommissionen im 18. Jahrhundert, in: Fabian Frommelt (Hrsg.), Zwangsadministrationen. Legitimierte Fremdverwaltung im historischen Vergleich (17. bis 21. Jahrhundert) (Historische Forschungen, 100), Berlin 2014, S. 45–62, hier S. 49.

45 Obgleich nach Art. VIII, 3 IPO (wie Anm. 41) angekündigt war, innerhalb von sechs Monaten nach dem ratifizierten Frieden einen Reichstag abzuhalten, auf dem u. a. die *reformation deß Policey; vnnd Iustici-Wesens* erörtert werden sollte. JRA in: Neue Sammlung (wie Anm. 33), Teil III, S. 640–692, hier §§ 171 und 175, S. 672 f. Im Einzelnen zu den Regelungen des JRA von 1654 siehe Anm. 80.

46 Allein bezüglich der Appellation in Wechselsachen und der Monopolbildung folgte man den Ansichten des Städterats nicht. Dazu und zu dem geschilderten Hergang: Kayserliches Commissions=Decret, Wodurch die im Commercien= Wesen erstattete Reichs=Gutachten/biß auf etwelche wenige Puncta durchgehendes allergnädigst approbirt werden, Dictatum Ratisbonae 10. Octob. 1668, vom Prinzipalcommissarius unterzeichnet, in: Neue Sammlung (wie Anm. 33), Teil IV, Nr. 29, S. 59 f. Dazu und zu den Reichsgutachten siehe auch Moser, Regierungs-Rechte (wie Anm. 9), Cap. 15, § 93, S. 389–392. Zur Appellation in Wechselsachen näher Johann Ulrich von Cramer, Wetzlarische Nebenstunden, worinnen auserlesene beym höchstpreislichen Cammergericht entschiedene Rechts-Händel zur Erweiter- und Erläuterung der teutschen in Gerichten üblichen Rechts-Gelehrsamkeit angewendet werden, 125. Theil, Ulm 1773, Nr. 2, § 8, S. 96 f., Anja Amend-

Stände demnach erfolgreich mit ihren Bedenken durch, den Kreis der kaiserlich Begünstigten auf solche Schuldner zu begrenzen, die nicht *durch den Krieg, oder auch allzugrosse Aufschwellung der Zinsen und Interesse, ins Verderben kommen.* Hintergrund für diese Reform war nicht allein die durch den 30jährigen Krieg unmittelbar verursachte finanzielle Krise insbesondere kleinerer Reichsstände, sondern verstärkt wurde sie auch durch die steigenden Kosten von Hof und Verwaltung sowie v.a. durch die in der zweiten Hälfte des 17. Jahrhundert einsetzende Agrardepression.[47]

Auf dem Immerwährenden Reichstag musste der Kaiser 1668 durch den ihn vertretenden Prinzipalkommissar[48] versichern, die kaiserliche Gewalt nicht auf andere Petenten auszuweiten, und hatte sich zu einem entsprechenden Dekret *bewegen lassen*, das er versprach, *strictissime zu verstehen.* Damit war freilich das kaiserliche Reservatrecht auf andere Fälle höherer Gewalt beschränkt, zugleich aber ein Ausgleich geschaffen, damit *die Creditores weiters nicht gravirt werden.* Insoweit konnte also Konsens darüber hergestellt werden, dass in diesem begrenzten Rahmen die Moratorien *denen Commerciis gar nicht hinderlich*, sondern mithilfe der Regelung *sowohl der Creditor, als der Debitor*, [...] *erhalten werden können.*[49]

Auf einen erneuten Vorstoß des Kollegiums der Reichsstädte nur knapp ein Jahr darauf, in dem besorgt wurde, dass das *Beneficium von* [...] *verdorbenen, und in Abfall gerathenen Kauf- und Handelsleuten* missbraucht werden könnte, versicherte man, dass der Reichshofrat – durch die Policeyordnung von 1577 angehalten, sich mithilfe von Berichten der städtischen Obrigkeiten ein Bild über die tatsächlichen Verhältnisse zu machen – *solche Verordnung Seiner Seits zu beobachten nicht ermangeln wird.*[50] Damit fielen sämtliche Fragen hinsichtlich der

---

TRAUT, Wechselverbindlichkeiten vor dem Reichskammergericht. Praktiziertes Zivilrecht in der Frühen Neuzeit (QFHG, 54), Köln/Wien 2009, S. 117 f., 201.

47 Volker PRESS, Die aufgeschobene Mediatisierung. Finanzkrise der Kleinstaaten und kaiserlichen Stabilisierungspolitik, in: Bericht über die 32. Versammlung deutscher Historiker in Hamburg, 4.–8. Oktober 1978, Stuttgart 1979, S. 139–141, hier S. 139.

48 Der Prinzipalkommissar vertrat den Kaiser nicht nur beim Immerwährenden Reichstag, sondern ratifizierte auch dessen Beschlüsse in Form kaiserlicher Kommissions-Dekrete, Deutsches Rechtswörterbuch, künftig: DRW, Bd. X, Sp. 1283. Dies war hier David Ungnad von Weißenwolf. Zu dessen Person, der nur 1668 und das Folgejahr das Amt des Prinzipalcommissarius wahrnahm, siehe Franz VON KRONES, Ungnad von Weißenwolf, David, in: Allgemeine Deutsche Biographie, Bd. 39, Leipzig 1895, S. 305 f.

49 Kayserliches Commissions=Decret, in: Neue Sammlung (wie Anm. 33), Teil IV, Nr. 29, S. 60.

50 KayserlichesCommissions=Decret. Allergnädigste Approbation des erstatteten Reichs-Gutachtens im Commercien= Wesen, Dictatum Ratisbonae 5. April 1669, Neue Sammlung (wie Anm. 33), Teil IV, Nr. 33, S. 64 f. Nach der Publikation dieser Resolution forderten Einzelne der Reichskollegien dessen Erläuterung an und machten Kurmainz zu ihrem Sprachrohr, das eine entsprechende

nicht durch den 30jährigen Krieg veranlassten Moratorien, d.h. ihrer Erteilung, Gültigkeit, Wirkung und Vollstreckung, auch weiterhin in den Zuständigkeitsbereich des Reichshofrats als kaiserliche Behörde.[51] Das Reichskammergericht erkannte auch in der Folge diese ausschließliche Zuständigkeit konsequent an, indem es einschlägige Anträge abwies.[52]

Der verfassungspolitisch durchaus heiklen Frage, inwieweit kaiserliche Reservatrechte in landes- bzw. stadtherrliche Gerichtshoheiten eingreifen konnten, war sich die Kameralliteratur durchaus bewusst und bewertete sie unterschiedlich. Spener etwa war der Auffassung, nicht der Kaiser, sondern vielmehr der Landesherr, *der die beste Gelegenheit darzu hat*, solle allein prüfen können, *welche Unterthanen ihrer Schulden wegen Anstand* […] *bedürfften*, und kritisierte, dass es *ein Landes-Herr müsse geschehen lassen, daß sein Unterthan, da dessen Schulden allein im Land gemacht* würden, am kaiserlichen Hof um ein Moratorium ansuchen könne.[53] Diese aus dem 18. Jahrhundert stammende Auffassung deckt sich mit den von den Reichsständen für die durch den 30jährigen Krieg veranlassten Moratorien erreichten und im JRA von 1654 umgesetzten Neuerungen. Moser hingegen warnte generell vor solcherlei Überlegungen und mahnte Reichstreue an: *Wo Reichs-Gesetze und Reichs-Tags-Acta* […] *dem Kayser etwas überhaupt einräumen, da ist es uns nicht erlaubt, es zu limitiren.* Auch rechtfertigte er die kaiserlichen Moratorien damit, dass ihre Erteilung doch mehr *eine Art der Justiz-Administration* sei als *eine Gnaden=Bezeugung*, und der Kaiser sei *Krafft seines obrist-Richterlichen Amtes im Reich, gewisser massen verbunden, einem solchen* [Supplikanten] *zu Hülff zu kommen.*[54]

Die intensiven, auf Reichsebene geführten Diskussionen, etwa um die Komitialrechte der Reichsstände sowie um das Berichtswesen, mit dem Obrigkeiten in die Verfahren eingebunden werden sollten, aber auch die in den Verhandlungen und Normtexten der Policeyordnungen wortwörtliche und ausschließliche Nennung von *Unterthanen* oder *Kauf- und Handelsleuten* zeugen davon, dass es jedenfalls anfangs vornehmlich diese waren, die den Reichsständen und dem Kaiser als Supplikanten vor Augen standen. Dass jedoch tatsächlich auch und

---

Forderung aufgesetzt hatte. Doch mehrheitlich war man der Auffassung, in der Resolution selbst sei *das Werk genugsam erläutert*, dazu Moser, Regierungs-Rechte (wie Anm. 9), Cap. 15, § 93, S. 392.

51 Moser, Regierungs-Rechte (wie Anm. 9), Cap. 15, § 35, S. 359.

52 Zu dieser Entwicklung zusammenfassend auch Moser, Regierungs-Rechte (wie Anm. 9), Cap. 15, § 34, S. 358.

53 Jacob Carl Spener, Teutsches Ius Publicum oder des Heil. Römisch-Teutschen Reichs vollständiger Staats-Rechts-Lehre, 5. Theil, Frankfurt u.a. 1726, IV. Buch, § 8, S. 173.

54 Moser, Regierungs-Rechte (wie Anm. 9), Cap. 15, § 35, S. 359. Zu dem hierin begründeten verfassungsrechtlichen Konfliktpotential näher Amend-Traut, Reichsverband (wie Anm. 30), S. 219 ff.

gerade Reichsstände, zumal infolge des 30jährigen Krieges, selbst um Moratorien ansuchten, spiegelt sich jedenfalls in den gesetzlichen Regelungen nicht explizit wider.

Obgleich sich die obrigkeitliche Verleihung von Spezialmoratorien in Deutschland bis zu deren Verbot durch das Inkrafttreten der Zivilprozessordnung und der Konkursordnung im Jahre 1877 halten konnte,[55] distanzierten sich die meisten Landesrechte schon früher hiervon, leistete dieser Eingriff doch „der Kabinettsjustiz nur allzu willig Vorschub" bzw. hemme das „System kommunizierender Röhren" der freien Wirtschaft.[56]

Die praktische Relevanz der Moratorien wie auch ihre nicht unumstrittene Legitimität spiegelt sich auch in der juristischen Literatur wider. Dass das Moratorium jedenfalls bis weit in die 1650er Jahre ein intensiv beanspruchtes Instrument war, verdeutlichen nicht nur die Überlegungen von Staatsrechtlern wie etwa jene des bereits erwähnten Moser oder des Rechtslehrers Caspar Manz,[57] sondern auch die Zahl der thematisch einschlägigen Dissertationen als rechtswissenschaftlicher „Reflex auf höchst aktuelle Probleme der Wirtschaft und des Kreditwesens"; nicht weniger als 33, die allein in der Zeit zwischen 1620 und 1675 erschienen, befassten sich damit, bevor die Popularität dieses Themas allmählich schwand.[58]

---

55 § 14 EGZPO, RGBl. 1877, I, S. 244, § 4 EGKO, RGBl. 1877, I, S. 390.

56 MAYER, Geschichte und Theorie (wie Anm. 16), S. 181, 183. In Frankreich war das Recht, Schuldnern einen Zahlungsaufschub zu gewähren, erstmals bereits im 16. Jahrhundert von der Exekutive auf die Judikative übergegangen, näher dazu MAYER, Geschichte und Theorie, ebd. S. 186 f. Zu den Auffassungen über Moratorien seit dem frühen 19. Jahrhundert im Sinne eines liberalen Staats- und Wirtschaftsverständnisses siehe zusammenfassend MOHNHAUPT, Schuldnerschutz (wie Anm. 1), S. 297 f.

57 Caspar MANZ, Patrocinium debitorum calamitate belli depauperatorum: quo per varias quaestiones in utramque partem disputatas & […] illud potissimum examinatur, Ed. 2., Nürnberg 1640.

58 Einen abschließenden Überblick über insgesamt 56 Dissertationen zum Thema *moratoria* liefert MOHNHAUPT, Privilegien (wie Anm. 23), S. 903–910; zusammenfassend DERS., Schuldnerschutz (wie Anm. 1), S. 280 f. Zu dem wissenschaftlichen Diskurs hierüber seit dem 17. Jahrhundert siehe auch DERS., Schuldnerschutz durch Moratorien im 17. und 18. Jahrhundert bei David Mevius und anderen Autoren, in: Danuta Janicka (Hrsg.), Judiciary and Society between Privacy and Publicity (8th Conference on Legal History in the Baltic Sea Area, 3rd-6th September 2015, Toruń), Toruń 2016, S. 369–392. Jüngere Arbeiten, v. a. aus dem 18. und 19. Jahrhundert, legten ihren Fokus auch und v. a. auf die Handhabung des Instruments in Einzelstaaten, wie etwa Karl Wilhelm Friedrich GRATTENAUER, Über General-Indult und Spezialmoratorien, besonders in Preußischen Staaten, Breslau 1807, 2. Aufl. 1809.

5. Verwandte Institute

Privilegierungen von Schuldnern bildeten sich seit dem Mittelalter auch im Rahmen der entstehenden Konkursrechte mit ihren verschiedenen Gläubiger- bzw. Schuldnerklassen und durch ein Geleitrecht aus.[59] Vor diesem Hintergrund dürfte es kein Zufall sein, dass einzelne der hier untersuchten Moratorien im Zusammenhang mit einem Konkursverfahren[60] oder der Bitte um Geleitschutz stehen. Insbesondere Geleitbriefe weisen eine gewisse Nähe zu Spezialmoratorien auf. In beiden Fällen suchte der Petent um eine Freiheit an, die es ihm ermöglichte, innerhalb eines bestimmten Zeitraums geschützt vor Zugriffen seiner Schuldner seine Vermögensverhältnisse aufzubessern. Die Grenzen zwischen beiden sind fließend und wohl auch deshalb in einzelnen *causae* gar verwischt. Manche der Suppliken beziehen sich sogar explizit auch auf Erteilung eines *salvus conductus*.[61] Auch dort geht es in den Schilderungen darum, Zeit zu gewinnen, um mit den verbliebenen Waren und ihrem Handel wirtschaftlich wieder zu Kräften zu kommen. Der Lübecker Peter Schinckel führte dazu aus, er bitte um *gelait* und Geduld, *damit ich meine gläubiger auch* [...] *zu frieden halten* [kann].[62] Der Regensburger Kaufmann Georg Schwab bat neben einem fünfjährigen Moratorium auch um freies Geleit zur Leipziger Messe, um dort seine Waren verkaufen zu können und hierdurch wieder Liquidität zu erlangen. In dieser Zeit könne er jedoch nicht in Regensburg der Stadt für deren Erstellung des für das erbetene Moratorium angeforderten Berichts Auskunft geben, weshalb er zudem ein Moratorium *ad interim* erbat.[63] In anderen Verfahren wird vor der eigenen

---

59 Einzelne Nachweise bei Mayer, Geschichte und Theorie (wie Anm. 16), S. 185.

60 ÖStA HHStA RHR Judicialia Antiqua, K. 4, Nr. 44; ebd. K. 196, Nr. 1. In der *causa* Ruprecht war vor dem Gesuch um ein Moratorium ein Urteil im Konkursverfahren ergangen, ÖStA HHStA RHR Judicialia Antiqua, K. 634, Nr. 10, fol. 20^{r}–23^{r}.

61 ÖStA HHStA RHR Judicialia Antiqua, K. 196, Nr. 1, ebd., K. 626, Nr. 14, fol. 3^{v}, 4^{r}; ÖStA HHStA RHR Judicialia Antiqua, K. 780, Nr. 12, fol. 13^{v}. Moser, Regierungs-Rechte (wie Anm. 9), unterscheidet verschiedene Formen der *salvi conductus*, wobei nach seiner Ansicht die hier wohl einschlägigen nur an Reichsunmittelbare in Form eines Privilegs erteilt würden, Cap. 15, § 86, S. 382 f. An anderer Stelle führt Moser indessen ein weiteres Beispiel auf, bei dem ein Regensburger Handelsmann um einen *salvus conductus* ansuchte, den der Kaiser für ein Jahr gewährte, ebd., § 93, S. 394.

62 ÖStA HHStA RHR Grat et Feud Moratoria, 1-3, ebenso: Sigmund Lemblein (Lemlein, Lämlein), Bürger und Handelsmann zu Frankfurt/Main, ÖStA HHStA RHR Grat et Feud Moratoria, 1-4, Matthias Lew, Bürger zu Regensburg, ebd. 1-7, Peter Schinckel, Bürger zu Lübeck 8. Juni 1578.

63 ÖStA HHStA RHR Judicialia Antiqua, K. 780, Nr. 12, fol. 1^{v}, 2^{r}, durch Anordnung an den Kurfürsten zu Sachsen, Schwab ungehinderten Zugang zur Messe zu gestatten, bewilligt, ebd., fol. 22^{r}–23^{v}. Ursache hierfür dürften die Bestätigungen etlicher Gläubiger Schwabs gewesen sein, welche die Arrestaufhebung und freies Geleit für ihn befürworteten, ebd., fol. 3^{rv}, 32^{r}–33^{v}. Gesuch um Moratorium *ad interim* vom 28. September 1678, ebd. fol. 20^{r}–21^{v}.

Obrigkeit um Geleit angesucht und gleichzeitig beim Reichshofrat um ein Moratorium gebeten.[64] Da für das reichshofrätliche Verfahren allein letztgenannter Umstand ausschlaggebend war, ist es klar, dass auch diese mehrgleisigen Anträge den Moratorien archivalisch zugeordnet worden sind. Ähnliches gilt für das Gesuch, einen bereits angelegten Arrest aufzuheben,[65] oder die bloße Bitte um Aussetzung der Vollstreckung.[66]

Große Ähnlichkeit zum Moratorium wies auch das so genannte *Protectorium* auf, das ebenfalls kaiserlichen Schutz bot, für eine bestimmte Laufzeit beantragt werden musste und hinsichtlich der Schilderungen des Supplikanten eine Prüfung durch dessen Obrigkeit vorsah. Im Gegensatz zum Moratorium scheint es inhaltlich jedoch auf eine konkrete, nicht prozesshemmende Sicherungsmaßnahme beschränkt gewesen zu sein.[67] Um einen solchen zweijährigen Schutzbrief supplizierte etwa der Nürnberger Kaufmann Jakob Pütz, der darum bat, aus der Schuldhaft entlassen zu werden, ohne dabei *caution zu laisten schuldig zu seyn.*[68]

Es kam auch vereinzelt vor, dass zwar das beantragte Moratorium nicht bewilligt wurde, der Kaiser dem Supplikanten aber dennoch *convention gönnen*, d. h. helfen wollte und der städtischen Obrigkeit aufgab, den Antragsteller zu schützen. Denkbar ist, dass hier zwar an sich die Voraussetzungen für den Erlass eines Moratoriums nicht vorlagen. Doch da gegen den Supplikanten noch keine Vollstreckungsmaßnahmen verhängt worden waren, griff der Kaiser zu dem verhältnismäßig geringeren Mittel und minimierte den Eingriff in die städtische Gerichtsbarkeit, indem er der Obrigkeit befahl, den Petenten zu unterstützen.[69]

---

64 Dem Handelsmann Johann Phillip Hofstetter gewährte der Frankfurter Rat 1629 dessen Gesuch um freies Geleit zum Schutz vor den Nachstellungen der Gläubiger für vier oder fünf Wochen, ÖStA HHStA RHR Judicialia Antiqua, K. 104, Nr. 5, fol. 4r–6v; Bewilligung durch den Rat, abschriftlicher Vermerk vom 16. Dezember 1629, ebd. fol. 6v.

65 ÖStA HHStA RHR Grat et Feud Moratoria, 1-5, Georg Liebenauer mit Schreiben vom 25. Juni 1568; Georg Schwab in seinem Gesuch vom September 1678, ÖStA HHStA RHR Judicialia Antiqua, K. 780, Nr. 12, fol. 2r. Zu dem kaiserlichen Privileg, gegen den Inhaber keinen Arrest anlegen zu dürfen, siehe Moser, Regierungs-Rechte (wie Anm. 9), Cap. 15, § 87, S. 383 m. w. N.

66 ÖStA HHStA RHR Judicialia Antiqua, K. 616a, Nr. 3, fol. 5r, 11v, entsprechender Befehl an die städtische Obrigkeit vom 24. Juli 1681, fol. 12.

67 Zum Protectorium als *Schutzbrief, welchen Namen insgemein die kaiserlichen Schirmbriefe* tragen, siehe Samuel Oberländer (Hrsg.), Lexicon juridicum romano-teutonicum, unveränderter Nachdruck der 4. Aufl., Nürnberg 1753, hrsg. und eingeleitet von Rainer Polley, Köln/Weimar/Wien 2000, S. 576.

68 ÖStA HHStA RHR Judicialia Antiqua, K. 551, Nr. 8, fol. 2v. Die zweijährige Laufzeit ergibt sich aus dem Vermerk auf fol. 3v, Abschrift des Berichts der Nürnberger Stadtgerichtsbarkeit fol. 259r–261v.

69 ÖStA HHStA RHR Judicialia Antiqua, K. 210, Nr. 5, fol 1r, Befehl an die Stadt Nürnberg, den Schutzverwandten Felix Lang zu unterstützen, vom 20. Oktober 1695.

Hinweise auf solche *indulta gratiae* finden sich vereinzelt auch in der Literatur, wenngleich mit Rücksicht auf die Interessen der Reichsstände an ihrer eigenen Gerichtshoheit Zurückhaltung bei der Gewährung solcher Gnadenakte zugunsten reichsunmittelbarer Untertanen angemahnt wurde. Auch einem der bei Moser genannten Beispiele wurde dem Schuldner ein *salvus conductus* erteilt.[70]

Daneben sei an dieser Stelle auch auf die Debitkommissionen hingewiesen, die der Reichshofrat einsetzte, um überschuldete Reichsstände aus einer finanziellen Krise zu führen. Der Frage, in welchem Verhältnis diese beiden Institute zueinander standen, ist die Forschung bislang nicht vertieft nachgegangen, und sie kann auch hier nur kurz gestreift werden. Schon Moser erwähnt wenige Fälle, in denen es zu Überschneidungen kam.[71] In jüngeren Arbeiten heißt es dazu, man habe die Moratorien wegen ihrer „Wirkungslosigkeit […] in der zweiten Hälfte des 17. und besonders im 18. Jahrhundert vermehrt durch Debitkommissionen ersetzt" bzw. sie seien „nicht mehr ausreichend" gewesen.[72]

Bei näherer Betrachtung gilt es zu differenzieren: Weil die Moratorien ausweislich der reichsrechtlichen Regelungen an sich an Reichsmittelbare adressiert waren,[73] hätten diese beiden Instrumente zusammengenommen ein Schuldenmanagement im Reich ermöglicht, das sämtliche seiner Glieder erfassen konnte. Doch hatten auch die Reichsstände schon die Vorteile der Schuldenmoratorien für sich erkannt und versuchten eher, ein solches zu erlangen. Dies belegen etliche der im Rahmen dieser Untersuchung aufgefundenen Fälle. Denn durch ein Schuldenmoratorium war der Schuldner einerseits vor Zugriffen der Gläubiger geschützt, andererseits war er noch immer handlungsfähig und konnte vermögensrechtlich relevante Transaktionen vornehmen. Die Errichtung einer Debitkommission dagegen bedeutete, dass der Schuldner fortan unter *einer Oesterreichischen Vormundschaft*,[74] d.h. einer vom Kaiser eingesetzten

---

70 Moser, Regierungs-Rechte (wie Anm. 9), Cap. 15, § 42, S. 365 f. m. w. N.

71 Johann Jacob Moser, Von dem Reichs-Ständischen Schuldenwesen, 2 Bände, Frankfurt/Leipzig 1774, hier 1. Bd., 2. Buch, Cap. 4, § 20, S. 749 f., 2. Bd., 2. Buch, Cap. 4, § 20, S. 336.

72 Fabian Frommelt, Ex suprema potestate cæsarea. Die kaiserliche Administration der Reichsgrafschaft Vaduz und der Reichsherrschaft Schellenberg (1684–1699/1712), (in Vorbereitung), Kapitel E.II.2.b); siehe dazu auch Press, Mediatisierung (wie Anm. 47), S. 139; Auer, Zwangsverwaltungen (wie Anm. 44), S. 49.

73 Siehe dazu oben nach Anm. 54.

74 Aus dem Brief von Friedrich Karl von Moser an Landgraf Ludwig IX. von Hessen-Darmstadt vom 28. September 1763. Der Kammerpräsident und Kanzler war mit den Reformplänen in der Grafschaft befasst, StaatsA Darmstadt, D4, Konv. 538, Fasz. 5, fol. 1^{v}. Für den wertvollen Hinweis sei Herrn Ulrich Hausmann herzlich gedankt! Zur Landgrafschaft Hessen-Darmstadt und der Bewältigung ihrer Schuldenkrise siehe näher Rainer Klump, Von Seckendorff zu Moser: Finanz- und wirtschaftspolitische Herausforderungen und Reformprojekte in Hessen-Darmstadt 1660–1790, in: Volker Caspari (Hrsg.), Kameralismus und Merkantilismus. Studien zur Entwicklung der öko-

Sequestralverwaltung stand, und hatte zur Folge, dass der Debitor weniger Freiheiten genoss – allein die Regierungsgewalt und die Justiz verblieben ihm[75] – und die Verwaltung der Debitmasse vollständig in den Händen der Kommission lag. Dies betraf etwa auch die sensible und für großen Unmut sorgende Frage, ob bzw. welche Mittel für eine standesgemäße Hofhaltung verausgabt werden durften.[76] Es verwundert deshalb nicht, dass die kaiserlichen Schuldenmoratorien gegenüber den Debitkommissionen auch und gerade von den Reichsständen bevorzugt wurden. Dies ist umso bemerkenswerter, als dem Kaiser ursprünglich nur mit Konzessionen und nach zähen Verhandlungen mit denselben Reichsständen erst die Kompetenz zu ihrer Erteilung zugewiesen worden war.

Auf den ersten Blick scheinen die Bemühungen um eine Sanierung bzw. Abwicklung mithilfe von Schuldenkommissionen üblicherweise zuvor gewährten Moratorien zeitlich nachzufolgen, wenn also mit deren Hilfe zuvor keine Entschuldung umgesetzt werden konnte.[77] Ein Beispiel für diese Chronologie stellt die Grafschaft Nassau-Saarbrücken dar, der erstmals im Jahre 1666 ein Moratorium mit einer Laufzeit von zunächst zwölf Jahren gewährt und für deren Sanierung rund 100 Jahre später eine kaiserliche Debitkommission eingesetzt wurde.[78] Ein weiteres Indiz für diese Annahme stellen die jüngst umfassend

---

nomischen Theorie XXXIX (Schriften des Vereins für Socialpolitik, 115/XXXIX), Berlin 2022, S. 73–111.

75 PRESS, Mediatisierung (wie Anm. 47), S. 139.

76 Dass die Hofhaltung im Jahreshaushalt eines frühneuzeitlichen Herrschers einen beträchtlichen Anteil ausmachte, gegenüber dem die Schuldentilgung sich nur marginal niederschlägt, zeigt das von Thomas Heiler vorgestellte Beispiel der „Schulden des Kurfürstentums Bayern 1648–1803", Vortrag gehalten am 21. Mai 2022 im Rahmen des Workshops „Reich, Recht & Schulden – Das Beispiel des Heiligen Römischen Reichs" in Wien. Danach verwendete das Hofzahlamt in dem Zeitraum zwischen 1765 und 1800 für die Hofhaltung durchschnittlich 21 %, dagegen zur Tilgung von Schuldzinsen nur ein Prozent.

77 Dafür spricht auch die Schilderung bei Johann Jacob Moser, der für das Fürstentum Solms-Braunfels berichtet, dass dessen Ersuchen um ein weiteres Moratorium vom Reichshofrat für *unthunlich* gehalten wurde, MOSER, Schuldenwesen (wie Anm. 71), S. 336.

78 Zu den Debitkommissionen im Überblick siehe AUER, Zwangsverwaltungen (wie Anm. 44). Im Übrigen gibt es keine weiteren umfassenden Studien, sondern lediglich Einzeluntersuchungen, siehe etwa Ernst SCHILLY, Die Tätigkeit der kaiserlichen Schuldentilgungskommission und der Manutenenzkommission des Markgrafen Karl Friedrich von Baden-Durlach in der nassau-saarbrückischen Schuldensache 1770, in: Zeitschrift für Geschichte der Saargegend 20 (1972), S. 84–120; Susanne HERRMANN, Die Durchführung von Schuldenverfahren im Rahmen kaiserlicher Debitkommissionen im 18. Jahrhundert am Beispiel des Debitwesens der Grafen von Montfort, in: Wolfgang Sellert (Hrsg.), Reichshofrat und Reichskammergericht. Ein Konkurrenzverhältnis (QFHG, 34), Köln/Weimar/Wien 1999, S. 111–127, die ebenfalls die erwähnte Chronologie annimmt, ebd., S. 114; zu der Debitkommission in Sachsen-Hildburghausen Siegrid WESTPHAL, Der politische Einfluß von Reichsgerichtsbarkeit am Beispiel der thüringischen Kleinstaaten (1648–

untersuchten Geschehnisse rund um die Grafschaft Vaduz und die Herrschaft Schellenberg dar; auch hier suchten die reichsständischen Schuldner zunächst um Moratorien an, bevor eine Debitkommission eingesetzt wurde.[79]

Tatsächlich jedoch löste der Jüngste Reichsabschied von 1654 die überkommene Praxis ab; er fiel in den genannten Fällen in die Zeit zwischen den jeweils erteilten Moratorien und den anschließend eingesetzten Debitkommissionen. Dessen Regelung galt ausdrücklich allein für solche Schuldner, und zwar ungeachtet ihres Standes, die durch den 30jährigen *Krieg oder auch durch allzugrosse Auffschwellung der Zinßen und Interesse, ins Verderben* [ge]*kommen* waren, und zwar, damit *aus denen zwischen ihnen und den Gläubigern einkommenen Klagen und Strittigkeiten nicht neue gefährliche Unruhe und Weiterung im Reich entstehen möchten*. Explizit sollte diesen Schuldnern kein kaiserliches Moratorium mehr erteilt werden.[80]

Vor dem Hintergrund dieser reichsrechtlichen Regelung lässt sich auch die Auffassung des Wiener Reichshofratsagenten Johann Graas in der *causa* der Gebrüder Stralendorf aus dem Jahr 1663 einordnen, die ihn gebeten hatten, in ihrem Namen ein Gesuch um ein Schuldenmoratorium für acht Jahre einzureichen. Sie verwiesen dabei auf ein ihrem Vorfahr im Jahr 1635 schon einmal für vier Jahre wegen des kriegsbedingten *ruins* erteiltes Moratorium[81] und ihre für das Haus Österreich geleisteten Dienste. In seinem Schreiben an den Reichshofrat referierte Graas zunächst das an ihn gerichtete Schreiben der Brüder und merkte dann an, dass zwar mit Rücksicht auf den Jüngsten Reichsabschied Moratorien nur noch in dessen Rahmen erteilt werden sollten, den Petenten jedoch mit einer Kommission geholfen werden könnte.[82] Graas verfügte, nicht überraschend, über größere Kenntnisse der reichsrechtlichen Verhältnisse als seine Klienten, denen die neuen

---

1806). Eine Projektskizze, in: ebd., S. 83–109; Klump, Hessen-Darmstadt (wie Anm. 74), S. 73–111. Eine Auswahl von insgesamt 58 eingerichteten Debitkommissionen liefert Moser, Schuldenwesen (wie Anm. 71).

79 Zur Einsetzung der Debitkommission bzgl. Grafschaft Vaduz und der Herrschaft Schellenberg näher Frommelt, Kaiserliche Administration (wie Anm. 72), Kapitel DIV.2.

80 JRA von 1654, §§ 170, 175, Neue Sammlung (wie Anm. 33), Teil III, S. 671 ff. Darüber hinaus war geregelt, dass Schulden grundsätzlich innerhalb von sieben Jahren zu begleichen waren, § 172. Bis auf das Jahr 1654 aufgelaufene Zinsen sollten nur zu einem Viertel geschuldet sein, § 173 (1), das wiederum innerhalb von zehn Jahren nach dem JRA abzutragen war, § 173 (2). Seit 1654 angefallene Zinsen sollten vollständig bezahlt werden, § 174. Privativ geschlossene Vergleiche anderen Inhalts genossen Vorrang, § 174 (1).

81 ÖStA HHStA RHR Judicialia Antiqua, K. 881, Nr. 20.

82 ÖStA HHStA RHR Judicialia Antiqua, K. 881, Nr. 21, fol. 1r. Das Gesuch wird dementsprechend im Protonotat auch *pro commissione ad tractandum* und nicht *pro moratorio* bezeichnet. Für den Hinweis auf dieses Verfahren, das außerhalb des beschriebenen Untersuchungsrahmens liegt, sei Herrn Dr. Ulrich Rasche gedankt!

Regelungen des Jüngsten Reichsabschieds offensichtlich unbekannt, welche aber für sie – wegen des von den Gebrüdern selbst vorgebrachten Zusammenhangs zwischen ihrer finanziellen Schieflage und dem 30jährigen Krieg – einschlägig waren. Der Reichshofrat entschied hierauf, dass die Petenten die Gläubiger benennen sollten.[83] Da die Akte mit dieser Entscheidung endet, steht zu vermuten, dass die Gebrüder Stralendorf dieser Aufforderung nicht nachkamen.

6. Ursachen

So unterschiedlich die Einzelfälle insgesamt gelagert sind, ging es den Bittstellern stets darum, verlorengegangene Liquidität mithilfe der durch ein Moratorium erreichten Prolongation der Zahlungsverpflichtungen wiederherzustellen, um die Gläubiger zu einem späteren Zeitpunkt befriedigen zu können.

Zu den Ursachen, warum die Supplikanten um ein Moratorium ansuchten, gaben diese am häufigsten Auswirkungen von kriegerischen Auseinandersetzungen, namentlich des 30jährigen Kriegs, an.[84]

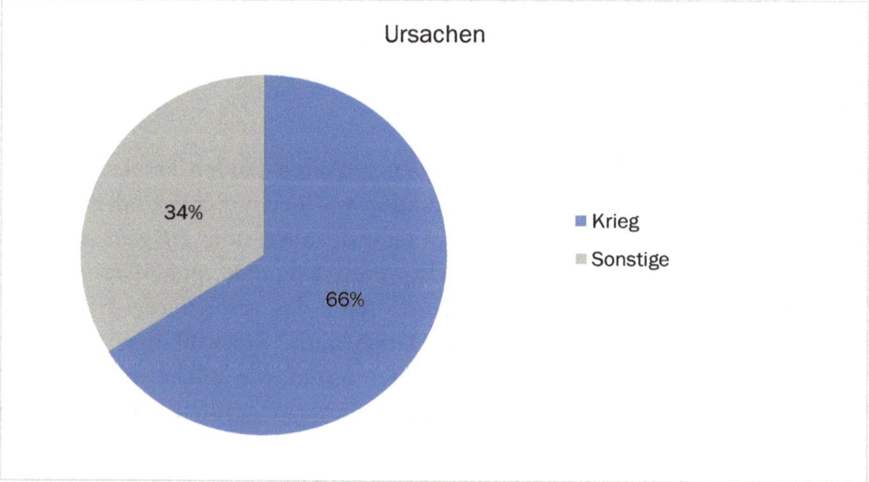

Diagramm 1: Ursachen[85]

83 ÖStA HHStA RHR Judicialia Antiqua, K. 881, Nr. 21, fol. 3r.

84 ÖStA HHStA RHR Judicialia Antiqua, K. 1, Nr. 7b; K. 6, Nr. 1b; K. 6, Nr. 8; K. 6, Nr. 16; K. 10, Nr. 3; K. 26, Nr. 4a; K. 26, Nr. 4b; K. 26, Nr. 4g; K. 73, Nr. 6; K. 81, Nr. 2; K. 96, Nr. 3; K. 104, Nr. 14; K. 104, Nr. 19; K. 108, Nr. 6; K. 113, Nr. 17; K. 119, Nr. 5; K. 134, Nr. 6.

85 Für diese und die nachfolgenden Diagramme ist darauf hinzuweisen, dass gelegentlich mehrere Anträge nacheinander von derselben Person gestellt wurden. In diesen Fällen wurde die Anzahl der Anträge, um die es ungeachtet der Person ging, in den Diagrammen berücksichtigt. Für die

Die Eingaben stiegen bereits unmittelbar nach Kriegsausbruch signifikant an, erreichten nach Kriegsende noch einmal einen Höhepunkt und flauten dann rapide ab. Ähnliches gilt für andere kriegerische Auseinandersetzungen.

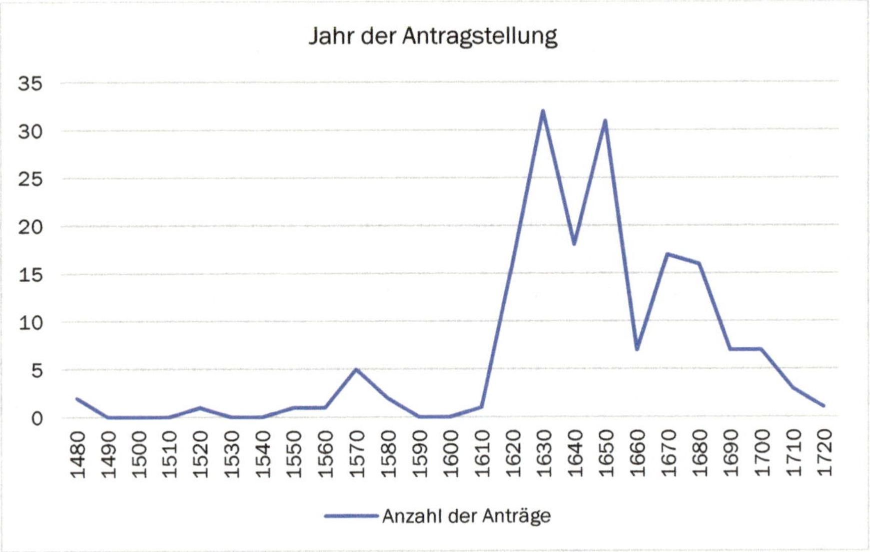

Diagramm 2: Jahr der Antragstellung[86]

Entweder die hergestellten bzw. vertriebenen Waren fanden keinen oder nur noch eingeschränkten Absatz, die Produktion war beeinträchtigt oder gänzlich lahmgelegt worden oder das *Kriegswesen* habe die *Steigerung deß gelts* nach sich gezogen.[87] Andere waren von der *lange*[n] *Münz Valuation undd darauf geringe Valuta* betroffen[88] oder argumentierten, es habe das *verberbliche Münzwesen* dazu geführt, dass die aufgenommenen Darlehen und Zinszahlungen *doppelt so hoch erwachsen* seien.[89] Letztere Supplikanten waren, wie etliche andere mehr,[90] Opfer, welche die sog. Kipper- und Wipperzeit hervorgerufen hatte,[91] die zwi-

---

Hilfe bei der Erstellung der Diagramme sei meinem wiss. Mitarbeiter Herrn Johannes Romanski herzlich gedankt!

86 Hilfsweise wurde auf das Jahr der Erteilung abgestellt, sofern Angaben zur Antragstellung fehlen.

87 ÖStA HHStA RHR Judicialia Antiqua, K. 2, Nr. 4, fol. 3^{r}.

88 So das Vorbringen des Nürnberger Kaufmanns Siegmund Braun, ÖStA HHStA RHR Judicialia Antiqua, K. 36, Nr. 4a, Moratorium vom 27. November 1628, fol. 9^{r}–12^{v}, fol. 26^{r}–29^{v}, hier 9^{r}.

89 ÖStA HHStA RHR Judicialia Antiqua, K. 38, Nr. 8, fol. 1^{v}.

90 Halle an der Saale, ÖStA HHStA RHR Judicialia Antiqua, K. 38, Nr. 8; Georg Lederer, Bürger und Handelsmann zu Augsburg, ÖStA HHStA RHR Judicialia Antiqua, K. 199, Nr. 4, fol. 1^{v}.

91 Dazu näher Anja Amend-Traut, Monetary and Currency Problems in the Light of Early Modern

schen 1620 und 1622 ihren Höhepunkt fand und die sich in dem rasanten Anstieg der Moratoriumsgesuche ab 1610 auffällig in den untersuchten Verfahren widerspiegelt.

Es kam auch vor, dass es sich bei den gehandelten Waren um *Kriegs Armatur* handelte, die *Kriegsoffizire* erworben hatten, der Supplikant jedoch gegen diese *noch ahnsehnliche geldt Posten außstehen habe.*[92] Andere gaben an, in der *Kayserlichen Armada* gedient zu haben und mehrere Monate in türkischer Gefangenschaft gewesen zu sein, währenddessen die heimischen Güter verfallen seien und Außenstände nicht hätten beglichen werden können.[93] Der Abt des Klosters Irsee legte dar, der schwedische *Einbruch* habe den Seinigen alles *Hab und gut, Bibliothekh, in so klein undt groß* genommen, bei der überstürzten Flucht habe man nichts retten können und nach der Rückkehr den gesamten Konvent *desolat und verwüstet befunden.* Ein beigefügtes Verzeichnis gibt Auskunft über 68 Bauernhöfe und 240 *Söldt Hofstaetten* der Herrschaft Irsee, die infolge des Krieges zugrunde gegangen bzw. verlassen worden waren.[94] Ähnliches wird aus Eiblfing[95] und von Nassau-Saarbrücken berichtet, das *biß zum End dieses Kriegs vor allen andern am härtesten mitgenommen und ruinirt, in dehme ganze 14 Jahr* die Herren *in* [...] *Exilio* hätten leben müssen.[96] Graf Philipp Reinhard II. von Solms-Hohensolms beklagte, er habe *wegen notorischer zwölffjähriger Landtsbraubung undt meines derentwegen höchst bekhümmerlich außgestandenen Exily* finanzielle Nöte, und um dem *total ruin entgehen* zu können, benötige er ein Moratorium, um sich sanieren zu können.[97] Der Wolfenbütteler Oberstleutnant Gedeon Rothe gab an, seit 1641 die kaiserliche Garnison in Wolfenbüttel verköstigt zu haben und hierdurch *totaliter ruiniret* worden zu sein: Mit der Einquartierung und den mit der schwedischen Belagerung verbundenen Kämpfen lägen seine *gütter gentzlich öde*, es würden weder *Wohnhäuser, Ställe, noch Scheünen mehr stehen* und dementsprechend keine Erträge mehr bringen.[98] Vor al-

---

Litigation, in: David Fox/Wolfgang Ernst (Hrsg.), Money in the Western Legal Tradition. Middle Ages to Bretton Woods, Oxford 2016, S. 295–316.

92 ÖStA HHStA RHR Judicialia Antiqua, K. 104, Nr. 5, Johann Phillip Hofstetter in seinem Gesuch vom 14. Januar 1630, fol. 1^{v}.

93 ÖStA HHStA RHR Judicialia Antiqua, K. 108, Nr. 6, Schuldenmoratorium vom 8. April 1631 (Konz.), fol. 1^{r}–3^{v}.

94 ÖStA HHStA RHR Judicialia Antiqua, K. 113, Nr. 14, Schreiben des Abts vom 11. Juni 1653, fol. 1–4, hier fol. 1^{rv}. Summarisches Verzeichnis in ebd., 113, Nr. 17, fol. 3^{r}–4^{v} und 8^{r}–9^{v}.

95 ÖStA HHStA RHR Judicialia Antiqua, K. 199, Nr. 5, fol. 1^{r}.

96 ÖStA HHStA RHR Judicialia Antiqua, K. 413, Nr. 9, fol. 1^{v}.

97 Gesuch aus dem Jahr 1655 in ÖStA HHStA RHR Judicialia Antiqua, K. 861, Nr. 10, fol. 1^{r}, 2^{r}. Bereits zwei Jahre zuvor, am 11. August 1653, hatte der Petent um ein Moratorium angesucht, ebd., K. 861, Nr. 13, fol. 1^{r}–2^{v}.

98 ÖStA HHStA RHR Judicialia Antiqua, K. 616b, Nr. 2, fol. 1^{r}.

lem jedoch habe er eigenes und auf Kommission gekauftes Korn im Umfang von 11.400 Metzen eingebracht,[99] ohne dass er dafür eine Gegenleistung bekommen habe. Georg Friedrich von Schwarzenberg führte aus, es sei *weltkündig, das des ganzen Römischen reichs Äckher der Graf von Manßfeldt mit seiner Armada* [...] *mit gewalt sein Quartier* nehme. Bei ihm – in Friesland – hätten sie *fünf viertel Jahr gelegen*, alles sei *verdorret und verzehret* und sie hätten *so Barbarisch darinnen gehauset*, dass das *schöne Landt* vermutlich über Jahre keine Erträge bringen werde.[100] Bürgerliche[101] wie Adelige beklagten den Verlust von Dörfern bzw. *liegenden Stätten*, die nunmehr als Einnahmequelle nicht mehr zur Verfügung stünden,[102] oder gaben an, man habe *zu rettung der Catholischen Religion* nach der *Leipziger schlacht* einem Regiment Quartier geboten.[103] Die Stadt Speyer bezifferte ihre Kriegskosten mit 2.827.370 Gulden.[104]

Wohl am eindrücklichsten schildert Kurfürst Karl I. Ludwig von der Pfalz den zerrütteten Zustand seines Landes und die dramatischen Folgen des 30jährigen Krieges: *Ob nun wohl fast alle Stände den effect des 30Jährigen Kriegs genugsamb erfahren*, habe er doch besondere Einbußen zu verschmerzen. Ihm seien *vermög des Friedenschlußes, die Oberpfaltz, Bergstraßische Ämbter, und die im Friedenschluß vorbehaltene Lehen abgangen, welche viel ertragen, daß zu Nürnberg I. Kays. Maytt. neben den Ständen selbst, billig befunden, daß ich bey repartirung der Schwedischen Satisfactions gelder nur uff die helfft des alten Anschlags belegt würde.* Kaum die Hälfte seines Landes sei ihm verblieben.[105] Zudem seien viele seiner Untertanen wegen des desolaten Zustands geflüchtet, Dörfer leer, ganze Landstriche unbewohnt, ehemals bewirtschaftetes Land nun Brache. Nur jeder

---

99 ÖStA HHStA RHR Judicialia Antiqua, K. 616b, Nr. 2, fol. 5r. Das Getreidemaß entsprach nach der für Wolfenbüttel vermutlich einschlägigen Einheit des Braunschweiger Metzens etwa 8,25 Litern, August Blind, Maß-, Münz- und Gewichtswesen, Berlin/Leipzig 1923, S. 22.

100 Gesuch vom 6. Dezember 1624, ÖStA HHStA RHR Judicialia Antiqua, K. 834, Nr. 8, fol. 1r, 3r. Von Schwarzenberg reichte im Januar 1627 erneut ein Gesuch ein, ebd., K 834, Nr. 17. Ähnliches berichtete Peter von Schwarzenberg in seinem Gesuch vom Mai 1642, ÖStA HHStA RHR Judicialia Antiqua, K. 832, Nr. 8, fol. 2r.

101 *Gefährlicher Kriegslauf* habe die Gebrüder Schulte ruiniert, die meisten ihrer *Gütter und Höff* seien *abgebranndt worden*, ÖStA HHStA RHR Judicialia Antiqua, K. 734, Nr. 3, fol. 3r; Kaspar Schmidt, Hofrat des Markgrafen von Baden-Baden beklagte, seine Güter hätten geraume Zeit *öde undt wüste* gelegen, ÖStA HHStA RHR Judicialia Antiqua, K. 790, Nr. 4, fol. 1r.

102 ÖStA HHStA RHR Judicialia Antiqua, K. 104, Nr. 14, Johann Phillip Hofstetter in seinem Gesuch vom 14. Januar 1630, fol. 1r, Leopold Fritz von Launay, dessen *liegende Stätten gänzlich im Abgange* seien, ebd. K. 199, Nr. 6, fol. 5r; Johann Friedrich von Schleiz brachte vor, wegen der fehlenden Erträge aus seinem Acker könne er die Hypothek nicht zurückzahlen, die er für dessen Erwerb habe aufnehmen müssen, ÖStA HHStA RHR Judicialia Antiqua, K. 784, Nr. 5, fol. 1r.

103 ÖStA HHStA RHR Judicialia Antiqua, K. 532, Nr. 20, fol. 1.

104 Aufstellung im Einzelnen in ÖStA HHStA RHR Judicialia Antiqua, K. 865, Nr. 2, fol. 24rv.

105 ÖStA HHStA RHR Judicialia Antiqua, K. 558, Nr. 17, fol. 1r, 4r.

Zwanzigste sei übrig, seine Untertanen *blut arm* und kaum in der Lage, sich selbst zu versorgen, geschweige denn Abgaben zu leisten. Stattdessen halte er diese aus, damit sie bloß blieben und nicht wegen der *annoch wehrenden ausländischen Kriege /: welche meine Landen wegen der nachbarschafft mit empfinden :/ in neue unsicherheit gesetzet werden.* Schließlich lägen wegen des großen Mangels an Untertanen *die Commercien, und dardurch die zöll /: welche doch sonsten der Chur Pfaltz vornehmbstes einkommen :/ fast darnieder.*[106]

Doch nicht nur die Folgen des 30jährigen Kriegs spiegeln sich in den Akten wider. Im Moratorium zugunsten eines Nürnberger Händlers findet der *Rebellische Bauer* Erwähnung.[107] Der Lübecker Peter Schinckel gab an, von seiner Heimatstadt in *dienst gemeiner Hansestette* verschickt worden zu sein. Dieser Umstand und weitere *Irrung und kriegsläuffe* – gemeint war offensichtlich der Dreikronenkrieg zwischen Dänemark und Schweden (1563–1570), bei dem die Hansestädte den dänischen König unterstützten – seien wegen seiner Abwesenheit und der kriegsbedingten Geldnot seiner eigenen Schuldner verantwortlich für seine eigene Zahlungsunfähigkeit.[108] Der Augsburger Bürger Hans Rosser führte im Jahr 1570 seine Zahlungsunfähigkeit darauf zurück, dass er Geld für *Kriegsläuffen begeben* habe.[109] Damit spielte er vermutlich auf den sogenannten zweiten Österreichischen Türkenkrieg an, für den die Reichstage in Regensburg (1556/57) und Augsburg (1559) die Leistung vergleichsweiser hoher Hilfsgelder beschlossen hatten.[110]

Josef Cattaneo aus Pressa bat 1595 um einen Zahlungsaufschub wegen des Verlusts seiner Handelsgüter bei der Einnahme der Festung Raab (heutiges Györ/Ungarn) durch die Türken.[111] Andere Petenten gaben an, sie seien durch Einquartierung und Durchzug kaiserlicher und kurbrandenburgischer Truppen wie auch durch den Durchzug französischer Truppen im Elsass wirtschaftlich stark belastet worden. Hintergrund war hier der Holländische Krieg (1672–1678).[112] Der Salzburger Handelsfaktor Ferdinand Hueber teilte mit, seine 26 Fässer *Spica*

106 ÖStA HHStA RHR Judicialia Antiqua, K. 558, Nr. 17, fol. 4^v, 5^r.

107 ÖStA HHStA RHR Judicialia Antiqua, K. 36, Nr. 4a, Moratorium vom 27. November 1628, fol. 9^r–12^v, fol. 26^r–29^v, hier fol. 9^r.

108 ÖStA HHStA RHR Grat et Feud Moratoria, 1-7, Peter Schinckel, in seiner Supplik vom 12. September 1578.

109 ÖStA HHStA RHR Judicialia Antiqua, K. 686, Nr. 10, fol. 3^r.

110 Horst Rabe, Reich und Glaubensspaltung. Deutschland 1500–1600 (Neue Deutsche Geschichte, 4), München 1989, S. 309.

111 ÖstA HHStA RHR Grat et Feud Moratoria, 1-1.

112 ÖStA HHStA RHR Judicialia Antiqua, K. 26, Nr. 4a. Im Holländischen Krieg (1672–1678) war das Elsass einer der Hauptschauplätze. 1674 und 1675 drangen kaiserliche Truppen in das unter französischer Kontrolle stehende Elsass ein, um sich heftige Gefechte mit den französischen Streitkräften zu liefern.

Celtica[113] seien verloren gegangen, als das sie von Cadiz nach Genua transportierende Schiff *Prinzessin von Dänemark* während des Pfälzischen Erbfolgekrieges (1688–1697) von drei französischen Kriegsschiffen aufgebracht worden sei.[114] Die Stadt Worms[115] wie auch andere[116] beklagten, durch französische Kriegskontributionen erheblich belastet zu sein. Auch diese kriegerische Auseinandersetzung, in die das Heilige Römische Reich involviert war,[117] schlägt sich in der Zahl der begehrten Moratorien besonders nieder, vermutlich weil die Petenten mit etlichen Kaufleuten Geschäftsverbindungen pflegten, welche in den in Mitleidenschaft gezogenen Niederlanden ihren Sitz hatten. Andere schließlich beklagten, durch die *bayrisch und französischen troublen ohnerhört starck mitgenommen* worden zu sein,[118] Hinweis auf den Beginn des Spanischen Erbfolgekrieges (1701–1714), bei dem sich der bayerische Kurfürst Maximilian II. Emanuel mit Ludwig XIV. verbündete hatte, worauf letztlich 1706 sogar die Reichsacht über ihn verhängt worden war.[119]

---

113 Dabei handelt es sich um ein Baldriangewächs (lat. spica = Ähre, celtica = keltisch), das heute als sog. Echter Speik bekannt ist und zu Seife, Räucherwerk, zum Würzen von Wein und Salben sowie zum Vertreiben von Motten verarbeitet wurde und wird.

114 ÖStA HHStA RHR Judicialia Antiqua, K. 4, Nr. 4, fol. 44[rv], Antrag aus dem Jahr 1698.

115 ÖStA HHStA RHR Judicialia Antiqua, K. 122, Nr. 7.

116 So etwa die Familie von Plotho, die Güter in Frankreich und Flandern hatte, ÖStA HHStA RHR Judicialia Antiqua, K. 574, Nr. 3, fol. 1[v]; auch nach Württemberg drangen die Franzosen vor, verwüsteten das Land wie zuvor schon die Pfalz. Beide Länder mussten erhebliche Kriegskontributionen leisten, in diesen Kontext ist das Gesuch derer zu Syrgenstein einzuordnen, die geplünderte Güter im Schwäbischen Ritterkreis, Kanton Kocher, hatten, ÖStA HHStA RHR Judicialia Antiqua, K. 852, Nr. 10, fol. 3[rv], 4[r].

117 Zu diesem Kriegsereignis, v. a. unter militärischen Gesichtspunkten, siehe etwa John A. Lynn, The Wars of Louis XIV 1667–1714, London u. a. 1999, S. 191–265. Zwar war die französische Mittelmeerflotte jener der Alliierten, zu denen auch das Habsburger Reich zählte, unterlegen, doch schadeten französische Freibeuter dem Handel der Gegner ganz erheblich, weshalb der Handelskrieg die bevorzugt maritime Strategie für Frankreich werden sollte. So brachten die französischen Kaperschiffe allein im Jahr 1696 rund 4.000 alliierte Handelsschiffe auf, ebd., S. 83, 85, 99–104, 239 f., 247, 252, 256 f., 261 (in: Georg von Alten [Hrsg.], Handbuch für Heer und Flotte, 9. Bd., Berlin u. a. 1912, S. 396, ist dagegen die Rede davon, dass diese Zahl der gekaperten Schiffe in einem weitaus längeren Zeitraum, d. h. zwischen 1691 und 1697 aufgebracht worden seien). Die Verluste zogen etliche Konkurse nach sich und die Aktienwerte großer Kompanien, wie etwa die der der Ostindien-Kompanie und der Hudson's Bay Company, fielen rapide; die Aktien der Ostindischen Kompanie fielen von 220 auf 37 Franken, die der Hudson-Bai Kompanie von 260 auf 80, die der Brandenburgisch-Afrikanischen Compagnie (BAC) von 53 auf 13 Reichstaler, Pierre Gaxotte, Ludwig XIV. Frankreichs Aufstieg in Europa, Frankfurt/Berlin 1988, S. 284 f.

118 ÖStA HHStA RHR Judicialia Antiqua, K. 634, Nr. 10, fol. 5[r].

119 Dazu zuletzt Johannes Arndt, Max Emanuel, Kurfürst von Bayern – oder Graf von Wittelsbach? Exil und Ächtung eines Barockfürsten in der bayerischen Historiographie, in: Martin Wrede/Horst Carl (Hrsg.), Zwischen Schande und Ehre. Erinnerungsbrüche und die Kontinuität des

Andere teilten mit, man habe wegen des Ausbruchs *contagiosn ubel*[s], d. h. der Pest, die Geschäfte einstellen müssen.[120] Der Erlanger Papiermühlenbetreiber Felix Lange gab an, durch *winterquartirende Züg ... an seinem vermögen gänzlich erschöpfet* zu sein.[121]

Neben diesen Fällen höherer Gewalt gaben betriebswirtschaftliche Gründe, auf die der Supplikant keinen Einfluss hatte, häufig Anlass, um ein Moratorium anzusuchen. Eingedenk der bereits erwähnten engen Voraussetzung der unverschuldeten höheren Gewalt, welche die Reichsgesetzgebung festlegte und bei der insbesondere an kriegerische Auseinandersetzungen gedacht war, war dies ein schwieriges Unterfangen, das ungeachtet dessen trotzdem gelegentlich zum Erfolg führte.[122] Thematisch einschlägige Dissertationen zählen zu den unverschuldeten Unglücksfällen neben dem vorrangig genannten Krieg denn auch Feuersnot, Schiffbruch, Ruin, Überschwemmung und Räuberei.[123] Supplikanten zeigten an, eigene Gläubiger nicht mehr bedienen zu können, weil der Warenbestand unverschuldet verloren gegangen sei, etwa weil durch die Unachtsamkeit des Schiffsführers ein Floß mit eigenen Weinstecken und fremden Waren untergegangen sei,[124] oder durch die Wegnahme von Schiffswaren durch Seeräuber[125]

Hauses. Legitimationsmuster und Traditionsverständnis des frühneuzeitlichen Adels in Umbruch und Krise (Veröffentlichungen des Instituts für Europäische Geschichte Mainz, Abt. Universalgeschichte, Beiheft 73), Mainz 2007, S. 65–80.

120 ÖStA HHStA RHR Judicialia Antiqua, K. 103, Nr. 7, ebd. K. 196, Nr. 1, hier fol. 3^{v}. Als Nachweis hierüber lieferte der Petent einen Brief an ihn aus Leipzig über die dort grassierende Pest vom 21. November 1680 ein, ebd., fol. 17^{r}.

121 ÖStA HHStA RHR Judicialia Antiqua, K. 210, Nr. 5, fol. 1^{r}. Dies bezog sich vermutlich auf den Widerruf des Edikts von Nantes im Jahre 1685 durch den französischen König Ludwig XIV. Das Edikt hatte den calvinistischen Untertanen seit 1598 Glaubensfreiheit gewährt. Der Widerruf löste eine Flüchtlingswelle von ca. 180.000 Hugenotten aus, die sich nicht nur v. a. in den Niederlanden, England und der Schweiz, sondern auch in mehreren Territorien des Heiligen Römischen Reichs, darunter die Pfalz und Brandenburg-Preußen, niederließen. Dazu Guido BRAUN/ Susanne LACHENICHT, Einleitung, in: Dies. (Hrsg.), Hugenotten und deutsche Territorialstaaten. Immigrationspolitik und Integrationsprozess/Les États allemands et les huguenots. Politique d'immigration et processus d'intégration (Pariser Historische Studien, 82), München 2007, S. 7–14, hier insbes. S. 9; LYNN, The Wars of Louis XIV (wie Anm. 121), S. 177–179, 363.

122 Dem Schuldner Schnetter wurde ein Moratorium für fünf Jahre gewährt, nach dem seine Waren auf dem Transportweg geraubt worden waren und er hierdurch zahlungsunfähig wurde, ÖStA HHStA RHR Judicialia Antiqua, K. 867, Nr. 15, fol. 2^{r}.

123 Zusammenfassend dazu die Analyse dieser Dissertationen von MOHNHAUPT, Schuldnerschutz (wie Anm. 1), S. 281 m. w. N.

124 Diese Erklärung gab der sich für den Schuldner Stadler verwendende Pfleger der Herrschaft Persenbeug, Jakob Diether, ab, ÖStA HHStA RHR Judicialia Antiqua, K. 708, Nr. 2, vom 17. Mai 1581 (Abschr.), fol. 3^{r}.

125 ÖStA HHStA RHR Judicialia Antiqua, K. 705, Nr. 8.

bzw. durch einen Angriff von *bösen Leuthen* bei einer *Reise zwischen Franckreich und Hispania.*[126] Oder der *vorsetzlich und boßhafft gemachte banquerotte*[127] bzw. die Zahlungsunfähigkeit der eigenen Schuldner habe auch zur persönlichen geführt[128] – ein Petent wies sogar darauf hin, einer seiner größeren Außenstände könne wegen eines Moratoriums zugunsten seines Schuldners nicht beigetrieben werden.[129] Auch kam es vor, dass die Petenten angaben, zwar über einen werthaltigen Warenbestand zu verfügen, diesen jedoch zurzeit nicht ohne großen Schaden flüssig machen zu können;[130] Agatha Hauck führte die Weinhandlung ihres verstorbenen Mannes fort, doch die Weinpreise, auch für *den herrlichen Mosel*, waren, so bestätigte es später auch die berichterstattende Stadt Frankfurt, erheblich gefallen.[131] Andere brachten vor, die Misswirtschaft des mittlerweile verstorbenen Kompagnons sei für die finanzielle Schieflage verantwortlich,[132] oder Geld für sehr hohe Zinsen aufgenommen zu haben,[133] oder zwar über kein bares Geld zu verfügen, um die Schulden zu begleichen, doch Inhaber etlicher Wechsel zu sein, die freilich noch nicht fällig seien.[134] Überhaupt waren misslungene Wechselgeschäfte häufiger Ursache für eine wirtschaftliche Schieflage.[135] Der Frankfurter Stadthauptmann Moritz Petri beklagte, *ohne einige schuld* [...] *mit schweren Schuldenlasten so beladen* worden zu sein, dass er drohe, *vollends zu grundt* gerichtet zu sein. Er habe den Reichshofratsagenten Georg Alberti und

---

126 ÖStA HHStA RHR Judicialia Antiqua, K. 867, Nr. 15, fol. 2^{r}.

127 ÖStA HHStA RHR Judicialia Antiqua, K. 790, Nr. 6, fol. 1^{r}.

128 Hans Fröhlich aus Fritzlar brachte vor, er sei von seinem Schuldner betrogen worden, der vorgegeben habe, liquide zu sein, dann jedoch zahlungsunfähig war, ÖStA HHStA RHR Grat et Feud Moratoria, 1-2. Größere Außenstände hatten auch die Petenten Perlein und Trüb offensichtlich dazu veranlasst, die Erteilung eines Moratoriums zu erbitten, denn neben der Bewilligung ergingen gleich zwei Befehle an den Kurfürsten von Sachsen und den Bischof zu Naumburg, bei den Schuldnern der Petenten deren Forderungen einzutreiben, ÖStA HHStA RHR Judicialia Antiqua, K. 552, Nr. 19, fol. 1^{v}–2^{r}. Der Frankfurter Kaufmann Johann Porst gab an, seine Verbindlichkeiten nicht begleichen zu können, da sein Schuldner ausgefallen sei, ÖStA HHStA RHR Judicialia Antiqua, K. 576, Nr. 13, fol. 1^{r}–2^{v}.

129 ÖStA HHStA RHR Judicialia Antiqua, K. 663, Nr. 9, fol. 9^{r}.

130 Der Straßburger Buchhändler Pauli brachte vor, in Erwartung einer üppigen Erbschaft zu sein und dass die zum Warenbestand zählenden Bücher unter Wert inventarisiert worden seien, weshalb die Bilanz letztendlich einen weitaus geringeren Schuldenstand ausweise, ÖStA HHStA RHR Judicialia Antiqua, K. 522, Nr. 14, fol. 4^{r}.

131 ÖStA HHStA RHR Judicialia Antiqua, K. 108, Nr. 1, fol. 3^{rv}, fol. 15^{r}, Bilanz inliegend fol. 4^{v}–5^{r}, Bericht der Stadt Frankfurt fol. 18^{r}–22^{v}.

132 ÖStA HHStA RHR Judicialia Antiqua, K. 626, Nr. 13, fol. 1^{r}.

133 ÖStA HHStA RHR Judicialia Antiqua, K. 102, Nr. 3.

134 ÖStA HHStA RHR Judicialia Antiqua, K. 210, Nr. 3, fol. 1^{v}.

135 Der Frankfurter Handelsmann Peter Repmacher gab an, sein Faktor sei Opfer eines Wechselbetrugs geworden, ÖStA HHStA RHR Judicialia Antiqua, K. 663, Nr. 9, fol. 2^{v}–3^{r}.

dessen Begleitperson auf kaiserlichen Befehl über Monate ausgehalten, nach deren Abreise allerdings keine Bezahlung der Außenstände für Kost und Logis bekommen.[136] Der mit feinem Englischen Tuch handelnde Nürnberger Kaufmann Proceller hatte seinen Angaben zufolge Waren an *Stands Persohnen* [...] *auf guten glauben und trauen außgeborget*, aber keine Zahlung erhalten.[137] Graf Johann August von Solms-Rödelheim brachte vor, seine Gläubiger nicht mehr befriedigen zu können, nachdem er sich von den *Solms Laubächischen Linien* habe *abtheilen müssen*.[138] Auguste Dorothea Fürstin zu Schwarzburg-Sondershausen gab schließlich an, sie benötige das Moratorium, um ihr Wittum zu regeln; vor Klärung *strittiger puncta mit des Herrn Fürsten zu Sondershausen* könne sie ihre Gläubiger nicht befriedigen.[139]

Der drastische Rückgang der Moratoriengesuche nach 1650 ist ein Resultat des Jüngsten Reichsabschieds von 1654, der den Einsatz des Instruments der Schuldenmoratorien für durch den 30jährigen Krieg bedingte Schulden untersagte. Dass im untersuchten Quellenmaterial auch nach dem Jüngsten Reichsabschied kaiserliche Moratorien nachgewiesen sind, erklärt sich zum einen daraus, dass andere Kriegsereignisse hiervon nicht tangiert waren. Zum anderen erfasste die im Jüngsten Reichsabschied außerdem für Schuldenmoratorien geregelte vorrangige Geltung territorialen Rechts nicht Anträge der Reichsstände selbst.[140]

Außerdem lassen sich die nach 1654 sinkenden Zahlen der Gesuche um ein kaiserliches Moratorium darauf zurückführen, dass es weniger auf die Wirtschaft derart durchschlagende Kriege und andere außerordentliche Anlässe für Moratoriumsgesuche gab. Der Infektionsschutz war bereits im 18. Jahrhundert ein vieldiskutiertes und in policeyrechtlichen Maßnahmen umgesetztes Thema, das zum Rückgang pandemischer Entwicklungen führte.[141] Zudem waren zwar v.a. Preußen und Österreich am Österreichischen Erbfolgekrieg (1740–1748) beteiligt und im Siebenjährigen Krieg (1756–1763) v.a. Preußen und Sachsen. Allerdings dürften gerade Letztere in dieser Phase kaiserliche Moratorien nicht mehr

136 ÖStA HHStA RHR Judicialia Antiqua, K. 548, Nr. 10, fol. 1r, 5r. In den Akten ist nur die Rede vom *Kaiserlichen Reichshofrat* Alberti, den es jedoch – im Gegensatz zum Reichshofratsagenten gleichen Namens – nicht gab.

137 ÖStA HHStA RHR Judicialia Antiqua, K. 548, Nr. 15, fol. 10r.

138 ÖStA HHStA RHR Judicialia Antiqua, K. 861, Nr. 29, fol. 1r.

139 Gesuch vom 13. Februar 1720 ÖStA HHStA RHR Judicialia Antiqua, K. 808, Nr. 23, fol. 29r.

140 Vgl. §§ 170 ff., hier insbes. § 171. Siehe dazu auch bereits die Ausführungen vor Anm. 44 und nach Anm. 72.

141 Siehe dazu näher Anja Amend-Traut/Erik Schlereth, Einführung A Historie des Infektionsschutzes, in: André Sangs/Henrik Eibenstein (Hrsg.), Infektionsschutzgesetz. Kommentar, München 2022, S. 1–10.

anerkannt bzw. umgesetzt haben.[142] Moratorien aus diesen Territorien wurden deshalb letztlich auch nicht mehr nachgefragt. Es bleibt jedoch festzuhalten, dass die Verzeichnung der Reichshofratsakten nur bis zum Anfang des 18. Jahrhunderts reicht und die großen Aktenserien des 18. Jahrhunderts gar nicht erfasst, so dass konkrete Aussagen über die weitere Entwicklung der kaiserlichen Moratorien bzw. empirische Erhebungen über diesen Zeitraum künftigen Studien vorbehalten bleiben müssen.

7. Die Supplikanten

Wer waren die Supplikanten? Den größten Anteil stellen Reichsmittelbare, darunter vor allem Kaufleute, unter ihnen vereinzelt auch Frauen,[143] jedoch auch andere Einzelpersonen, die sich um ein Moratorium bemühten. Reichsmittelbare Einzelpersonen waren in der Reichspoliceyordnung von 1577 auch ausdrücklich erwähnt. Damit bestätigt sich die erst in jüngerer Zeit dank der Supplikenforschung gewonnene Erkenntnis, dass Reichsmittelbare „die gesamte Spanne der Reichshierarchie überwanden und mit ihren Nöten und Anliegen direkt" an das Reichsoberhaupt herantraten.[144]

Daneben baten gelegentlich auch ganze Personengruppen[145] um Erteilung eines Moratoriums, und fast genau so häufig wie Reichsmittelbare suchten auch Reichsunmittelbare, unter ihnen wiederum auch einige wenige Frauen,[146] v. a. Repräsentanten des Hochadels,[147] darunter selbst Kurfürst Karl I. Ludwig von

142 Siehe dazu die Ausführungen vor Anm. 155.

143 ÖStA HHStA RHR Grat et Feud Moratoria, 1-6, Catharina de Lochan, geb. Hoffmann, aus Antwerpen, stellte 1580 einen Antrag; ebd. 1-11, Magdalena von Eyb, Witwe des Thomas Vogel in einer Supplik vom 20. Juli 1543; ebd. K. 108, Nr. 1, Agatha Hauck, Witwe des Bürgers und Handelsmanns Jakob Haug zu Frankfurt am Main; ebd. K. 36, Nr. 4a, Maria Kling, Witwe des Nürnberger Bürgers; Barbara Schmidt, Bürgerin zu Nürnberg, ebd. K. 790, Nr. 5.

144 Thomas Schreiber, Die Ausübung kaiserlicher Gnadengewalt durch den Reichshofrat. Untertanensuppliken am Reichshofrat Kaiser Rudolfs II. (1576–1612), in: Gabriele Haug-Moritz/Sabine Ullmann (Hrsg.), Frühneuzeitliche Supplikationspraxis und monarchische Herrschaft in europäischer Perspektive (Beiträge zur Rechtsgeschichte Österreichs, 5/2), Wien 2015, S. 215–230, hier S. 216.

145 Moser, Regierungs-Rechte (wie Anm. 9), Cap. 15, § 93, S. 395, erwähnt die Mecklenburgische Ritterschaft, Cramer, Nebenstunden (wie Anm. 46), 26. Theil, Ulm 1761, Nr. 10, die Landschaft des Herzogtums Zweibrücken, bestehend aus der *Stadt, deren Ämtern, sowie Hornbach und dazugehörige Schultheissereyen*, S. 145–155.

146 Gräfin Anna Magdalena von, geb. Pfalzgräfin bei Rhein als Vormundschaftsregierung des Grafenhauses Hanau-Lichtenberg, ÖStA HHStA RHR Judicialia Antiqua, K. 26, Nr. 4a; Gräfin Margaretha Katharina von Schönburg, ÖStA HHStA RHR Judicialia Antiqua, K. 800, Nr. 9.

147 ÖStA HHStA RHR Judicialia Antiqua, K. 104, Nr. 14, Balthasar Ferdinand von Hornstein,

der Pfalz,[148] aber auch Städte[149] und Geistliche[150] wegen eines Moratoriums den Kaiser an.

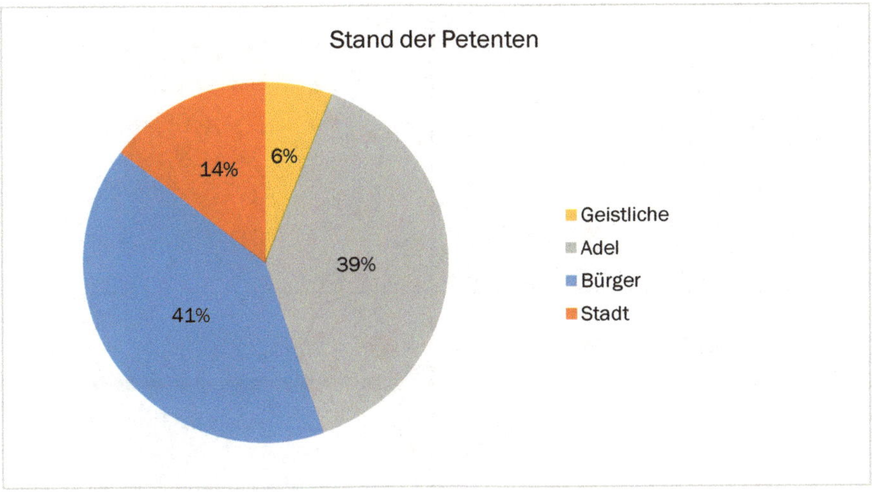

Diagramm 3: Stand der Petenten

Die Zulässigkeit solcher Moratorien rechtfertigte Moser damit, dass die Beweggründe für ein solches Ersuchen bei den Reichsständen *um so vil stärcker, als bey Privat-Persohnen* seien, da ihre Schuldenlast üblicherweise noch größer als bei Privaten sei. Für Erstere gälten jedoch für die Darlegung berechtigender Gründe besonders hohe Anforderungen, da die Zahl Dritter größer sei, welche unter ei-

---

Supplik vom 6. September 1653, ebd. K. 26, Nr. 4a; Gräfin Anna Magdalena von, geb. Pfalzgräfin bei Rhein als Vormundschaftsregierung des Grafenhauses Hanau-Lichtenberg, ebd. K. 26, Nr. 4a; Moratorium für die Grafen Johann, Johann Ludwig, Gustav Adolph, Walrad von Nassau-Saarbrücken und Fürst Friedrich von Nassau-Weilburg vom 26. Mai 1666, ebd. K. 199, Nr. 5, fol. 73^{r}–74^{v}; Paul Christoph Freiherr von Leiblfing, ebd. K. 199, Nr. 6; Moratorien für die Grafen von Nassau-Saarbrücken, ebd. K. 413, Nr. 2 und K. 413, Nr. 9; Moratorium für den Kurfürsten Carl Ludwig Pfalzgraf bei Rhein (siehe Anm. 12); Moratorium für Wolfgang Adam von Pappenheim, ebd., K. 532, Nr. 20; Moratorium für Graf Wilhelm I. von Solms-Braunfels, ebd., K. 859, Nr. 30.

148 ÖStA HHStA RHR Judicialia Antiqua, K. 558, Nr. 17 und Nr. 19.

149 Goslar, ÖStA HHStA RHR Judicialia Antiqua, K. 9, Nr. 3 und Nr. 4; Worms, ÖStA HHStA RHR Judicialia Antiqua, K. 122, Nr. 7, Halle an der Saale, ebd. K. 38, Nr. 8; Magdeburg, ebd. K. 10, Nr. 3, Pfullendorf, ebd., K. 542, Nr. 6; Rottweil, ebd., K. 703, Nr. 2 und Nr. 3; Rosheim, ebd., K. 628, Nr. 3.

150 Das Kloster Irsee, ÖStA HHStA RHR Judicialia Antiqua K. 113, Nr. 14; das Kloster Schwarzach, ebd., K. 854, Nr. 5; das Stift Kempten, ebd., K. 166, Nr. 1.

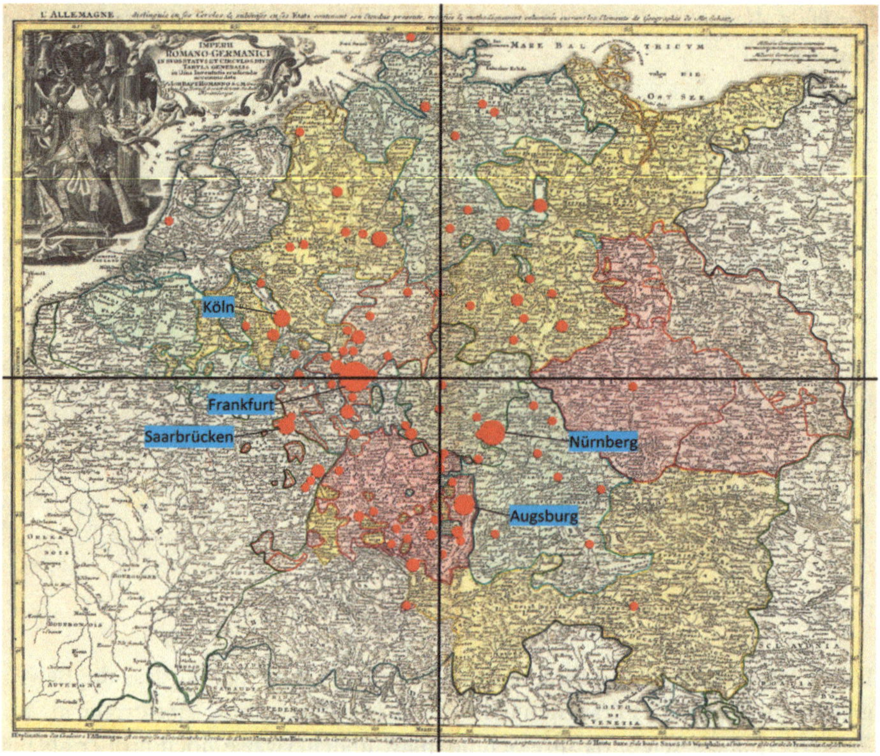

Abb. 1: Räumliche Verteilung der Moratoriengesuche im Reich, s. Anm. 156

nem solchem Moratorium zu leiden hätten.[151] Auch zugunsten anderer Petenten als Kaufleuten gestand Moser dem Kaiser – entgegen den eindeutigen reichsrechtlichen Regelungen – das Recht zu, Moratorien zu erteilen. Denn sie verdienten durch Umstände höherer Gewalt, wie etwa Brand oder Diebstahl, die *gleiche Barmherzigkeit und Einsehen.*[152] Die Existenz solcher Moratorien zugunsten von Nichtkaufleuten und Reichsständen belegt, dass die Rechtspraxis von den reichsrechtlichen Vorgaben für einen restriktiven Einsatz dieses Gnadenerweises, für die sich die Reichsstände so stark gemacht hatten, erheblich abwich.

Obgleich jüdische Kaufleute im Handelsverkehr eine bedeutende Rolle spielten, begegnen sie in den hier untersuchten Quellen allein als Gläubiger insolventer Schuldner, die um die Erteilung eines Moratoriums angesucht bzw. ein solches bereits erteilt bekommen hatten.[153]

151 Moser, Regierungs-Rechte (wie Anm. 9), Cap. 15, § 35, S. 359.

152 Moser, Regierungs-Rechte (wie Anm. 9), Cap. 15, § 93, S. 393.

153 Siehe dazu Anm. 324 und 329.

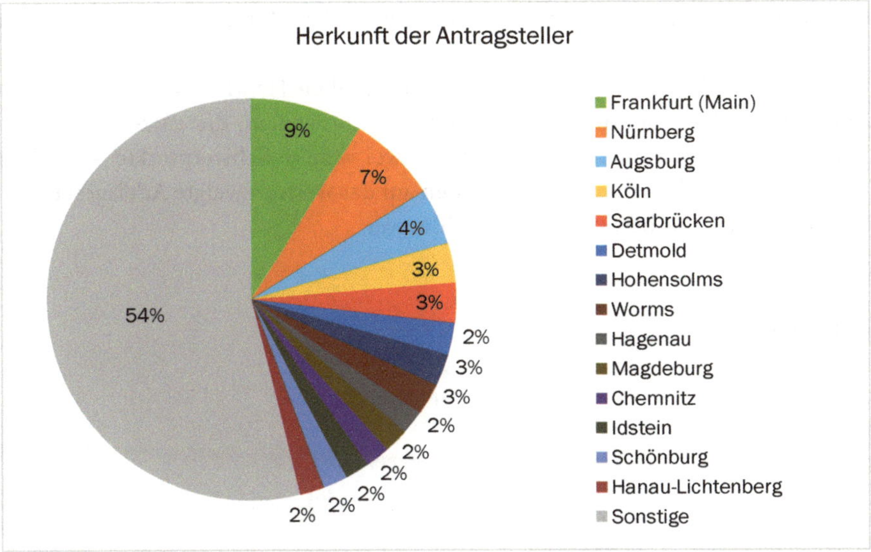

Diagramm 4: Herkunft der Antragsteller[154]

Für die Herkunft der Petenten lassen sich keine auffälligen geografischen Konzentrationen ausmachen. Sie verteilen sich über weite Teile des inneren Reichs ohne Peripherien, wobei jedoch insgesamt mehr aus dem südlichen als dem nördlichen Teil stammen, was v. a. der Lage größerer Handelsstädte geschuldet war. Die damit einhergehende größere räumliche Nähe der Supplikanten zum Reichshofrat in Wien dürfte allerdings – entgegen der in der Forschung für andere Angelegenheiten überwiegend vertretenen und jüngst für die Regierungszeit Karls V. bestätigten Auffassung, wonach „die kaiserliche Herrschaft im Südwesten und Westen des Reichs die größte Intensität aufwies"[155]–, kein entscheidendes Kriterium für die Moratoriengesuche gebildet haben. Denn für den Erlass eines kaiserlichen Moratoriums gab es keine alternative Zuständigkeit, wie das bei den beiden höchsten Gerichten in Justizsachen der Fall war. Allerdings wird vorliegend zu berücksichtigen sein, dass mächtige Reichsstände, wie insbesondere Preußen, sich selbst das Recht vorbehielten, Moratorien zu erteilen,[156] so dass schon deshalb von hier kaum Gesuche zu erwarten waren; die Territorialisierung des Reichs und die dadurch bedingte Schwächung des Kaisertums lässt

154 Herkunftsorte, die in weniger als drei Anträgen benannt waren, sind unter „Sonstige" zusammengefasst.

155 Ortlieb, Kaiserlicher Hofrat (wie Anm. 7), S. 536.

156 Zu den landesherrlichen Moratorien siehe näher die Ausführungen vor Anm. 204 und nach Anm. 409.

sich demnach auch der räumlichen Verteilung der Moratoriengesuche entnehmen (Abb. 1).[157]

Häufungen lassen sich allerdings für die großen Handelsstädte, namentlich Augsburg, Köln, Frankfurt/M. und Nürnberg, feststellen, die etliche der reichsmittelbaren Supplikanten beheimateten. Zwei weitere Schwerpunkte – Saarbrücken und Idstein bzw. Dillenburg – gehen auf das weitverzweigte Adelsgeschlecht Nassau zurück, das besonders verschuldet war.

8. Laufzeiten

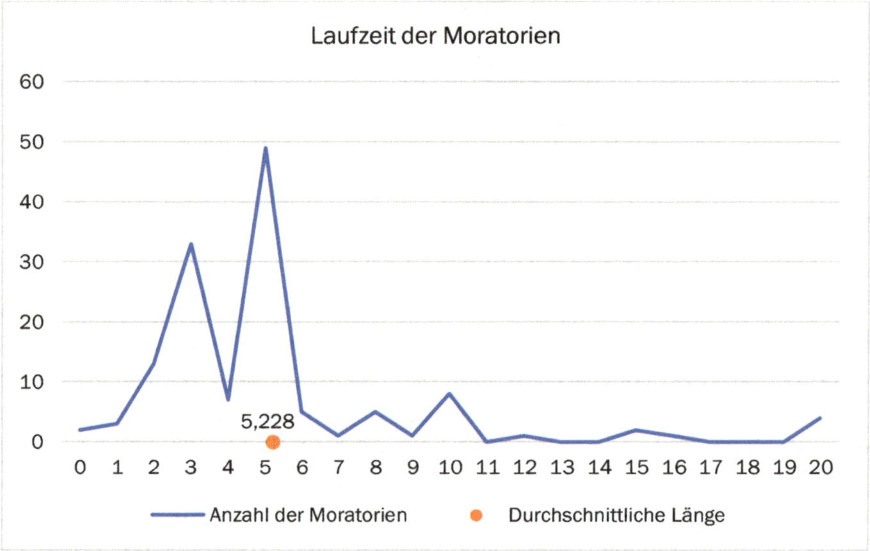

Diagramm 5: Laufzeiten der Moratorien[158]

Die Moratorien wurden am häufigsten über drei bzw. fünf Jahre erteilt. Nur ausnahmsweise sind die Laufzeiten kürzer oder länger. Die fünfjährige Begünsti-

157 Die Karte mit dem Titel *Imperii Romano-Germanici in suos Status et Circulos Divisi Tabula Generalis in Ustus Iuventutis Erudiendae* […] stammt von Johann Homann, ist vermutlich um 1720 entstanden und in Johann Baptist Homann/Johann Hübner, Maior Atlas Scholasticus, Nürnberg 1752, enthalten, online verfügbar unter https://commons.wikimedia.org/wiki/File:1740_Homann_Map_of_the_Holy_Roman_Empire_(_Germanic_Empire_)_-_Geographicus_-_ImperiiRomanoGerman-homann-1740.jpg (abgerufen am 29. März 2024). Das Kreuz ist nach den Grenzen des Reichs skaliert.

158 Hilfsweise wurde die beantragte Länge berücksichtigt, sofern sich die Erteilung des Moratoriums nicht ermitteln lässt.

gung entspricht dem antiken Vorbild und spiegelt sich auch in der Bezeichnung *Quinquenell* wider.[159]

9. Erfolgsquote

Nur etwa jedes vierte Gesuch um Erteilung eines Moratoriums bzw. dessen Verlängerung[160] war erfolgreich.[161] Und auch in diesen Fällen war es keineswegs selbstverständlich, dass der beantragte Zeitraum zugestanden wurde. Johann Balthasar von Hornstein bat um die Gewährung eines fünfjährigen Moratoriums, der Reichshofrat gestand ihm drei Jahre zu.[162] Gleiches gilt für die Grafschaft Hanau-Lichtenberg.[163] Der Frankfurter Wollhändler Klaus Haber hatte fünf Jahre beantragt, dagegen nur drei Monate gewährt bekommen.[164] Kurfürst Karl I. Ludwig von der Pfalz hatte 20 Jahre beantragt, wobei ihm für zehn Jahre ein uneingeschränktes Moratorium bewilligt wurde. Für die weiteren zehn Jahre dagegen wurde ihm eingeräumt, *mehrers nicht alß ein halben lauffenden zinß jährlich* abzutragen. Erst nach Ablauf der gesamten Laufzeit sollte er *die allschon jährlich fallenden zinß völlig zu bezahlen schuldig sein.*[165]

---

159 Siehe dazu bereits die Ausführungen nach Anm. 20 und in Anm. 26.

160 ÖStA HHStA RHR Judicialia Antiqua, K. 38, Nr. 8, der Bürgermeister und Rat von Halle an der Saale baten erfolgreich um Verlängerung des ihnen am 10. Juli 1626 gewährten fünfjährigen kaiserlichen Moratoriums, kaiserlicher Befehl an Obrigkeiten und Gläubiger, ihre Forderungen an die Stadt Halle für weitere drei Jahre ruhen zu lassen vom 5. Mai 1631 (Konz.), fol. 1r–2v, ebd. K. 413, Nr. 11, die Grafen von Nassau-Saarbrücken. Dagegen suchte das Kloster Irsee um die Verlängerung eines bereits bewilligten Moratoriums während dessen Laufzeit vergeblich an. Der Reichshofrat dekretierte, bei Problemen mit der Rückzahlung neuer Verbindlichkeiten, namentlich neu aufgelaufener Zinsen, solle der Abt gesonderte Gesuche stellen, ÖStA HHStA RHR Judicialia Antiqua K. 113, Nr. 17, Schreiben vom 19. Juni 1656 (Verm.), fol. 10v.

161 ÖStA HHStA RHR Judicialia Antiqua, K. 104, Nr. 14, Balthasar Ferdinand von Hornstein, fol. 3r–4r; ebd. K. 26, Nr. 4a, Grafen Johann, Johann Ludwig, Gustav Adolph, Walrad von Nassau-Saarbrücken und Fürst Friedrich von Nassau-Weilburg; zugunsten des Klosters Irsee vom 25. Juni 1653, ebd. K. 113, Nr. 9, fol. 1–2, und K. 113, Nr. 14, fol. 4v; ebd. K. 199, Nr. 5, Schuldenmoratorium für drei Jahre vom 10. Dezember 1635 (Konz.), fol. 1r–2r, ebd. K. 199, Nr. 6, Schuldenmoratorium für drei Jahre vom 14. Mai 1646 (Konz.), fol. 5r–6r.

162 ÖStA HHStA RHR Judicialia Antiqua, K. 104, Nr. 14, Balthasar Ferdinand von Hornsteins Supplik vom 6. September 1653, fol. 1r, Bewilligung vom 12. September 1653 (Konz.) für drei Jahre, fol. 3v.

163 ÖStA HHStA RHR Judicialia Antiqua, K. 26, Nr. 4a.

164 ÖStA HHStA RHR Judicialia Antiqua, K. 102, Nr. 3, Supplikation vom 17. Juni 1562, fol. 1r, Moratorium vom 27. August 1562, fol. 4v.

165 ÖStA HHStA RHR Judicialia Antiqua, K. 558, Nr. 19, fol. 2r.

Förmliche Ablehnungen, die in nur 16 der untersuchten Verfahren ergingen, wurden mit dem Vermerk *hat das Begehren nit statt*[166] oder schlicht mit *abgeschlagen* beschieden; aus den Akten sind vereinzelt auch entsprechende Hinweise an die Obrigkeiten reichsmittelbarer Petenten ersichtlich.[167]

In einigen Fällen baten die Supplikanten um keine konkrete Schutzzeit, sondern beantragten ein Moratorium für die Zeit, *um rechtliche Processe zu ende führen* zu können,[168] oder ein *etlich jährig doch ohnnachgebiges Moratorium.*[169] Womöglich war diese Unbestimmtheit einer der Gründe dafür, warum über etliche Gesuche offensichtlich nicht entschieden wurde bzw. sie abgelehnt wurden. In 52 % der untersuchten Akten erging keine Entscheidung über die Erteilung eines Moratoriums; entweder war in diesen Verfahren kein Moratorium beantragt, sondern es ging um Einwendungen hiergegen,[170] oder der Reichshofrat traf nur eine Zwischenentscheidung.[171] In anderen Verfahren geben die Akten gar keine Auskunft darüber, ob überhaupt bzw. in welcher Form der Reichshofrat tätig wurde, denn sie bestehen lediglich aus dem Antrag selbst.[172]

Der Regensburger Kaufmann Georg Schwab bat zunächst neben einem fünfjährigen Moratorium auch um freies Geleit zur Leipziger Messe, was ihm bewilligt wurde. Da er in dieser Zeit jedoch nicht in Regensburg sein und der Stadt für den angeforderten Bericht Auskunft geben könne, ersuchte er zudem ein Moratorium *ad interim*;[173] wie der Reichshofrat sich zu diesem nicht ungeschickten Vorgehen, um Zeit zu gewinnen, verhielt, ist den Akten leider nicht zu entnehmen.

Auch ist weder aus dem untersuchten Quellenmaterial ersichtlich, welche Erwägungen bei der Entscheidung über die gewährte Laufzeit eine Rolle spielten, noch lassen sich sämtliche Gesuche eindeutig in die Kategorien „bewilligt“ und

166 ÖStA HHStA RHR Judicialia Antiqua, K.96, Nr. 2, fol. 4ᵛ; ebd., K. 861, Nr. 29, fol. 4ᵛ.

167 So etwa ÖStA HHStA RHR Judicialia Antiqua, K. 705, Nr. 8, Gesuch um Moratorium *abgeschlagen*, vom 26. November 1574 (Verm.), fol. 3ʳ; es soll eine *Vorschrifft* an Hamburg ergehen, 3. Juni 1575 (Verm.), fol. 5ᵛ; Ablehnung auch in ÖStA HHStA RHR Judicialia Antiqua, K. 832, Nr. 88, fol. 4ᵛ.

168 ÖStA HHStA RHR Judicialia Antiqua, K. 532, Nr. 20, fol. 5ᵛ.

169 ÖStA HHStA RHR Judicialia Antiqua, K. 861, Nr. 10, fol. 2ʳ.

170 Siehe dazu die Ausführungen unter Punkt 11.

171 Siehe dazu die Ausführungen unter Punkt 10.2.

172 Wie etwa in der Sache des Hans Jakob Raiger, ÖStA HHStA RHR Judicialia Antiqua, K. 610, Nr. 12, oder das Gesuch von Gedeon Rothe, ÖStA HHStA RHR Judicialia Antiqua, K. 616b, Nr. 2.

173 ÖStA HHStA RHR Judicialia Antiqua, K. 780, Nr. 12, fol. 1ᵛ, 2ʳ, durch Anordnung an den Kurfürsten zu Sachsen, Schwab ungehinderten Zugang zur Messe zu gestatten, bewilligt, ebd., fol. 22ʳ–23ᵛ. Ursache hierfür dürften die Bestätigungen etlicher Gläubiger Schwabs gewesen sein, welche die Arrestaufhebung und freies Geleit für ihn befürworteten, ebd., fol. 3ʳᵛ, 32ʳ–33ᵛ. Gesuch um Moratorium *ad interim* vom 28. September 1678, ebd. fol. 20ʳ–21ᵛ.

„abgelehnt" einordnen. Das Gesuch des Passauer Handelsmanns Stadler etwa wurde nicht rundweg abgelehnt. Stattdessen adressierte der Reichshofrat ein Interventionsschreiben an den Bischof von Passau, mit seinem Untertanen Stadler Mitleid zu haben und mit dessen Gläubigern so zu verhandeln, dass Stadler *noch lenger bey heuslichen Ehren bleiben und seine Gläubiger zufriden stellen möge.*[174] Mit dieser Entscheidungspraxis folgte der Reichshofrat einer Tradition, die sich bereits für die Regierungszeit Karls V. beobachten lässt. Häufiger beschloss der Hofrat Karls V. Fürbittschreiben anstelle der beantragten Anordnungen in der Sache, darunter auch Moratorien.[175] Sie stellen eine zwischen den Petenten und ihren Obrigkeiten vermittelnde Kommunikation dar und hatten dementsprechend gütlichen Charakter. Zusätzliche Erkenntnisse hierzu könnten aus den bislang noch nicht erschlossenen Protokollbüchern gewonnen werden, die hier jedoch weitgehend unberücksichtigt bleiben mussten.

Zudem sind auch im Rahmen dieses Bereichs des Gnadenwesens die erst jüngst von Schenk getroffenen Feststellungen zur Justiznutzung aus der Perspektive des Kaiserhofs zu berücksichtigen; sowohl in der Zivilrechtspflege als auch und umso mehr im Gnadenwesen als kaiserliches Reservat dürfte für einige Entscheidungen auch maßgeblich gewesen sein, ob die vom Reichshofrat zu entscheidenden Angelegenheiten für den Kaiserhof oder doch zumindest für einzelne Hofräte zweckmäßig waren.[176] Vor diesem Hintergrund ist es nicht verwunderlich, dass die Erfolgsquote bei Reichsmittelbaren weitaus geringer war als bei adligen Supplikanten, zumal Vertretern des Hochadels.[177] Auch bei dem Gesuch des jungen Grafen von Raitenau dürfte es politisches Kalkül gewesen sein, das den Ausschlag für die Bewilligung eines Moratoriums gab: Er war das Mündel des Salzburger Erzbischofs Wolf Dietrich von Raitenau, einem wichtigen Verbündeten in der katholischen Sache. Dessen Bruder Jakob Hannibal hatte weit über seine Verhältnisse gelebt und hinterließ einen immensen Schuldenberg,[178] der letztlich auf den noch minderjährigen Neffen der beiden, Rudolf Hannibal, überging. In der Begründung für den Gnadenerweis werden freilich *Kriegsläufte* als Ursache für die Misere angegeben. Denn allein die eben-

---

174 ÖStA HHStA RHR Judicialia Antiqua, K. 708, Nr. 2, 24. Juli 1561 (Konz.), fol. 6[rv].

175 Ortlieb, Kaiserlicher Hofrat (wie Anm. 7), S. 510.

176 Tobias Schenk, Vom Reichshofrat über Cocceji zu PEBB§Y: Epochenübergreifende Überlegungen zu gerichtlichen Urteils- und Vergleichsquoten aus institutionengeschichtlicher Perspektive. in: Zeitschrift der Savigny-Stiftung für Rechtsgeschichte, Germanistische Abteilung 137 (2020), S. 91–233, hier S. 144, 173 f.

177 Siehe dazu auch die Ausführungen vor Anm. 392.

178 Zu dem Ersuchen Jakob Hannibals III. und Franz Wilhelm II. auf Erteilung eines Moratoriums im Juli 1691 für fünf oder sechs Jahre, das letztlich abgelehnt wurde, siehe näher Frommelt, Kaiserliche Administration (wie Anm. 72).

falls mit dem *Kays*[erlichen] *Gemüth* ins Feld geführte *bewegende Ursach* genügte nach den Anforderungen der Reichsvorschriften jedenfalls nicht für die Erteilung eines Moratoriums.[179]

Zudem dürften bei Reichsständen Moratorien und Debitkommissionen durchaus ein Instrument höfischer Klientel- bzw. Sanktionspolitik gewesen sein. Bei einfachen Untertanen spielten vermutlich die finanziellen Interessen der Räte eine nicht unmaßgebliche Rolle. Dies gilt nicht nur für eventuelle Rekompense bei positiven Entscheidungen, sondern auch für eventuell in Rechnung zu stellende Machinationen von Gläubigern, die ein Moratorium hintertreiben wollten.[180] Andererseits, dies wird in den noch folgenden Ausführungen deutlich, sind auch bei Kaufleuten Verbindungen zum Hof und die Unterstützung einflussreicher Fürsprecher in Rechnung zu stellen. Zahlreiche der im Folgenden erwähnten Fürbittschreiben dürften persönlich übergeben worden sein, z. B. durch reichsständische Gesandte. Ob und, wenn ja, ab wann es am Reichshofrat eine bürokratische Routine gegeben hat, die ein Untertan gänzlich ohne Anwesenheitskommunikation aus der Ferne mit Aussicht auf Erfolg nutzen konnte, müssen erst künftige Forschungen zeigen. Zumindest dürfte die Erfolgsquote bei rein schriftlicher Nutzung des Reichshofrats deutlich geringer gewesen sein.

Wurde Reichsmittelbaren ein Moratorium gewährt, gab es häufig nicht nur Verbindungen zum Adel bzw. kaiserlichen Hof, sondern die Erfolgsaussichten für eine Sanierung wurden von vornherein höher eingeschätzt als die Gefahr, etliche Gläubiger mit in den Ruin zu ziehen. In der *causa* des Nürnberger Kaufmanns Proceller trafen beide Aspekte zu: Er hatte Waren auf Kredit an *Stands Persohnen* gegeben, einen Schuldbrief gegen den Kaiser auf der Habenseite, und die meisten seiner Gläubiger hatten sich bereits zuvor ihm gegenüber vertraglich für fünf Jahre verpflichtet, ihre Forderungen nicht geltend zu machen.[181] Dem Frankfurter Kaufmann Porst bescheinigte das ihn begünstigende Moratorium, in die Gnade um *dem publico und gemeinen Werten zum besten außgestellter gelder willen* gekommen zu sein.[182]

179 ÖStA HHStA RHR Judicialia Antiqua, K. 610, Nr. 13, fol. 1^{r}.

180 Siehe dazu die Ausführungen unter Punkt 11. – Zum Gabentausch bei Privilegien Tobias Schenk, „So sind Fürsten und Herren auch ihrer Diener und Räthe Sklaven …“ Frühneuzeitliche Privilegienerteilung aus organisationssoziologischer Perspektive, in: Gregor Albers/Peter Oestmann (Hrsg.), Ausnahme und Vielfalt im Recht der Vormoderne (in Vorbereitung).

181 ÖStA HHStA RHR Judicialia Antiqua, K. 548, Nr. 15, Hinweis auf Standespersonen, fol. 10^{r}, Schuldbrief gegen den Kaiser in Höhe von 3.000 Gulden vom 4. Februar 1620, fol. 3^{r}, Vertrag mit Gläubigern, fol. 3^{r}–4^{r}.

182 ÖStA HHStA RHR Judicialia Antiqua, K. 576, Nr. 13, Moratorium vom 16. Januar 1643, fol. 9^{r}.

10. Verfahrensgang

10.1 Begehrender Antrag

Äußere Erkennungsmerkmale dafür, dass es sich bei einem Moratorium um einen kaiserlichen Akt handelte, waren die zu wählende Adressatenform und der Aussteller der Entscheidung. Die Gesuche waren an den Kaiser selbst und nicht etwa an den Reichshofrat zu richten, der das kaiserliche Recht praktisch ausübte.[183] Der Kaiser war es letztlich, der – abgesichert durch die institutionelle Konzeption des Behördenlaufs – die Macht hatte, über die Köpfe der von ihm selbst ins Amt gehobenen Reichshofräte hinweg, eine Supplikation abzuweisen, ihr stattzugeben oder sie versanden zu lassen. Ungeachtet dessen fiel die Prüfung der Voraussetzungen für die Erteilung eines Moratoriums behördenintern in den Zuständigkeitsbereich des Reichshofrats und nicht der Reichshofkanzlei; allein Ersterer war zu richterlichen Untersuchungen berufen, die dem Gnadenerweis zwingend vorgeschaltet sein sollten,[184] und zudem wurde er als kaiserliche Verwaltungsbehörde für sämtliche Indulte, worunter auch die Moratorien fielen, als *die rechte und ordentliche Instanz* angesehen.[185] Bedeutendere Petenten setzten sich freilich vereinzelt über diesen einzuhaltenden Weg hinweg und wandten sich direkt an das *Kayserliche Ministerium*, d.h. an die Reichhofkanzlei, und fanden dort angeblich auch Gehör.[186]

Grob, aber freilich nicht durchgängig sind die hier vorgefundenen Gesuche ihrer äußeren Form nach mit den für das Supplikenwesen konstatierten formularmäßigen Bestandteilen vergleichbar; der *intitulatio* folgten *exordium*, *narratio*, *petitio* und *sanctio*.[187]

Nicht selten kam es vor, dass Antragsteller mehrere Gesuche gleichzeitig oder wiederholt stellten – Zeichen dafür, dass allseits bekannt und keinesfalls selbstverständlich war, dass ein bei der Behörde eingegangenes Gesuch ohne „unterstützende" Maßnahmen wie die Zahlung von Gratifikationen oder eindringliche

---

183 Vincenz Hanzely, Anleitung zur neuesten Reichshofrathspraxis, II. Bd., Frankfurt/Leipzig 1784, § 1534, S. 756; siehe auch Schenk, Vom Reichshofrat (wie Anm. 176), S. 173 f.

184 So erklärt sich auch, dass in einem Gesuch der Stadt Rottweil dem Reichshofrat durch den Reichsvizekanzler befohlen wurde, ein Gutachten anzufertigen, ÖStA HHStA RHR Judicialia Antiqua, K. 703, Nr. 3, 4. September 1677 (Ausf.), fol. 3^r–4^v. – Ausführlich zur Frage der Zuständigkeit siehe den Beitrag von Ulrich Rasche in diesem Band.

185 Moser, Regierungs-Rechte (wie Anm. 9), Cap. 15, § 35, S. 359 mit Verweis auf die Reichshofratsordnung Tit. 2, § 1, und § 93, S. 394.

186 Über diese Einzelfälle berichtet Moser, Regierungs-Rechte (wie Anm. 9), Cap. 15, § 35, S. 359. Diese Vorgehensweise wurde allerdings nicht in den hier untersuchten Verfahren vorgefunden.

187 Schreiber, Kaiserliche Gnadengewalt (wie Anm. 144), S. 218.

Sollizitaturen auch wirklich bearbeitet wurde.[188] Manche wandten sich in ihrer Verzweiflung nach mehreren erfolglosen Bittgesuchen direkt an den Reichshofratspräsidenten, er möge die Sache *in der Audiens gnedigst vortragen laßen.*[189] Ausnahmsweise ließen sich die Petenten vertreten, wie etwa der Abt des Klosters Schwarzach, für den der Markgraf Wilhelm von Baden-Baden das Gesuch erneut einreichte, nachdem zwei Monate nach der eigens gemachten Eingabe nichts geschehen war.[190]

Nur selten finden sich in den Gesuchen ausdrückliche Bezugnahmen auf die bereits erwähnten reichsrechtlichen Vorschriften, welche die Voraussetzungen zur Erteilung eines Moratoriums festlegten. Graf Philipp Reinhard II. von Solms-Hohensolms verwies in seinem Gesuch auf die Reichspoliceyordnung von 1548 und den Jüngsten Reichsabschied, in denen vor Missbrauch der Moratorien durch verdorbene Kaufleute gewarnt werde. Doch im Gegensatz dazu sei er *ein armer, verdorbener, elender, und mit vielen Schulden, behaffter Cavaglier* [...] der *non sua culpa* in diese Lage geraten sei. Vielmehr sei das *langwärige gefährliche Kriegswesen* ursächlich für seine finanzielle Misere.[191] Der Reichshofrat hielt den Hinweis offensichtlich für beachtlich, denn er vermerkte diesen explizit bei seiner Entscheidung.[192]

In ihren Gesuchen baten die Petenten um vielfältige Formen kaiserlichen Schutzes, und zwar üblicherweise neben der Bitte um Erteilung eines Moratoriums. Diese Gesuche betonten entweder nur die mit einem erteilten Moratorium ohnehin einhergehende Rechtsfolge oder sie hatten ausnahmsweise eigenständigen Charakter: So begehrten sie die Aufhebung einer bereits erfolgten Anlegung eines Arrests,[193] *stilstandt* gerichtlicher Exekution,[194] explizit

188 ÖStA HHStA RHR Judicialia Antiqua, K. 548, Nr. 10; bereits vor seiner ersten in der Akte als eingegangen vermerkten Supplikation vom 18. Februar 1705 hatte Moritz Petri seinen Rechtsbeistand schon am 12. September 1703 gebeten, *die sollicitirung fortzuführen und um triftiger ursach willen bitte solche affair* [...] *nachtrücklich* vorzubringen, fol. 24^{r}, dessen Bemühungen sind in dem ebenfalls enthaltenen Schreiben dokumentiert, fol. 23^{r}. Etliche weitere Gesuche waren eingereicht worden, bevor der Reichshofrat am 9. November 1708 tätig wurde, fol. 14^{v}. Siehe zu Gratifikationen und Sollizitaturen auch die Ausführungen nach Anm. 369. – Zu Gratifikationen im Gratialbereich siehe Schenk, Privilegienerteilung (wie Anm. 180).

189 ÖStA HHStA RHR Judicialia Antiqua, K. 616b, Nr. 2, fol. 13^{r}.

190 ÖStA HHStA RHR Judicialia Antiqua, K. 852, Nr. 10, fol. 3^{r}–4^{v}, 5^{r}.

191 ÖStA HHStA RHR Judicialia Antiqua, K. 861, Nr. 13, fol. 9^{v}–10^{r}.

192 ÖStA HHStA RHR Judicialia Antiqua, K. 861, Nr. 13, fol. 11^{v}.

193 ÖStA HHStA RHR Grat et Feud Moratoria, 1-5, Georg Liebenauer mit Schreiben vom 25. Juni 1568.

194 ÖStA HHStA RHR Grat et Feud Moratoria, 1-9, Thomas Strigl aus Augsburg mit Schreiben vom 14. Januar 1564. Ebenso Ulrich Heuring in seinem Schreiben vom 4. Januar 1571, ÖStA HHStA RHR Judicialia Antiqua, K. 104, Nr. 4.

auch gegen Exekutionsmandate des Reichskammergerichts,[195] die Befreiung aus dessen Gerichtsbarkeit, d.h. die ausschließliche gerichtliche Zuständigkeit des Reichshofrats,[196] freies Geleit,[197] eine Freistellung von der *taxation*,[198] aber auch finanzielle Beihilfen aus der Reichsschatulle.[199] Der Nürnberger Handelsmann Krauß bat um Streichung von der *schwarzen Taffel*, d.h. einem öffentlichen Anschlag seiner Insolvenz, da er hierdurch *so sehr gestürzet und umb meinen Credit gebracht, daß ich fast nirgent Trawen und glauben mehr finde.*[200] Die Fallitentafel stand *unter allhiesigen Rathauß vor- und in dem Bancho Publico* und ging auf eine Verordnung der Stadt Nürnberg gegen Verschwendungssucht und Schuldenmachen zurück, wonach die Namen derer, die dagegen verstießen, u.a. *zu immerwehrender Schand an die unter dem Rathauß vor und in dem Bancho publico angeheffte schwartze Taffel zu andern ihres gleichen boßhafft und muthwilligen Falliten geschrieben* werden sollten.[201] In einem Fall aus dem Jahr 1717 ging es um das Gesuch eines Petenten um ein Promotorialschreiben an die Stadt Augsburg, ihm eine *respiration auf etliche Jahre*,[202] d.h. ein Moratorium, zu gewähren. Interessant ist, dass hier gestuft um ein kaiserliches Moratorium, aber *mindestens* um ein kaiserliches Promotorialschreiben an ein reichsstädtisches Gericht gebeten wird, das *auf des Supplikanten Begehren billigen Dingen nach* reflektieren solle.[203] Hier könnte sich ein gewandeltes Verständnis von Macht- und damit Zuständigkeitsbereichen abzeichnen. Immerhin wurde dieses kaiserliche Reservatrecht, wie bereits erwähnt, von Reichsständen bzw. Reichsstädten ursprünglich als Eingriff in ihre Gerichtshoheit verstanden, musste ausgehandelt werden und blieb doch nie unumstritten, bis schließlich

---

195 ÖStA HHStA RHR Judicialia Antiqua, K. 522, Nr. 14, das Mandat ist als Abschrift in der Akte enthalten, fol. 8^{v}–9^{r}.

196 ÖStA HHStA RHR Judicialia Antiqua, K. 861, Nr. 10, fol. 1^{v}.

197 ÖStA HHStA RHR Judicialia Antiqua, K. 196, Nr. 1; ebd., K. 626, Nr. 14; ebd., K. 780, Nr. 12, fol. 2^{v}.

198 ÖStA HHStA RHR Judicialia Antiqua, K. 616b, Nr. 2, fol. 1^{v}.

199 ÖStA HHStA RHR Judicialia Antiqua, K. 26, Nr. 4a, vom Reichshofrat mit Hinweis darauf abgelehnt, keinen Präzedenzfall schaffen zu wollen, fol. 36^{r}!

200 ÖStA HHStA RHR Judicialia Antiqua, K. 196, Nr. 1, fol. 3^{v}.

201 ÖStA HHStA RHR Judicialia Antiqua, K. 196, Nr. 1, fol. 25^{r}, die Ordnung vom 18. Februar 1669 ist der Akte als Einblattdruck beigefügt, fol. 190^{r}, außerdem ein Auszug aus dem Nürnberger Ratsprotokoll vom 8. November 1675, wo der Vorschlag unterbreitet wird, die Tafel mit den Namen der *Falliten* zur besseren Beachtung und größeren Abschreckung dort anzubringen, *wo der Pranger sey*, fol. 191^{r}; sechs Gläubiger Krauses stimmten übrigens zu, ihren Schuldner für zwei Jahre freizulassen und dessen Namen von der schwarzen Tafel zu entfernen, Schreiben vom 8. Juli 1687 (Ausf.), fol. 216^{rv}.

202 ÖStA HHStA RHR Judicialia Antiqua, K. 624, Nr. 12, fol. 4^{r}.

203 ÖStA HHStA RHR Judicialia Antiqua, K. 624, Nr. 12, fol. 5^{v}.

im Verlauf des 18. Jahrhunderts landesherrliche Moratorien jene des Kaisers weitgehend verdrängt haben mögen.[204]

10.2 Überprüfung der geschilderten Notsituation, vorläufige Anordnungen

Der Vortrag der Bittsteller wurde üblicherweise nicht ungeprüft hingenommen, sondern es folgte eine nach ständischer Herkunft der Petenten differenzierte Form der Untersuchung der vorgebrachten Ursachen ihrer Finanzkrise. Wurde schließlich um die Verlängerung eines bereits zuvor erteilten Moratoriums gebeten, sollten die Petenten zudem den Nachweis erbringen, dass ein nicht unerheblicher Teil der Schulden bereits abgetragen worden war.[205]

10.2.1 Reichsmittelbare

Obgleich der Reichshofrat gelegentlich versicherte, *keinen Zweifel* an den *vorgebrachten ursachen unnd angezogene rationes erzehlter maßen* zu haben,[206] hatten reichsmittelbare Petenten dem ausschreibenden Fürsten des Kreises, in dem sie ansässig waren bzw. ihrer zuständigen Stadtobrigkeit grundsätzlich ein kaiserliches Schreiben vorzulegen. In diesem wurden sie zum Nachweis der von den Bittstellern behaupteten Notsituation, und zwar um der *interessirten Creditoren Sicherheit unnd assecuration willen*, um einen Bericht – meist innerhalb einer Frist von zwei Monaten[207] – entsprechend den bereits erwähnten Regelungen in den Reichspolicey-Ordnungen von 1548 und 1577[208] – gebeten.[209] Etliche Akten enden bereits in diesem Stadium. Denn so mancher Bittsteller legte seiner Obrigkeit dieses Schreiben schon gar nicht vor, vermutlich voraussehend, dass deren Auskunft die eigenen Angaben nicht bestätigen würde.[210]

---

204 Siehe dazu bereits die Ausführungen nach Anm. 13, 28, 52 und 407.

205 Hanzely, Reichshofrathspraxis (wie Anm. 183), § 1544, S. 761.

206 ÖStA HHStA RHR Judicialia Antiqua, K. 2, Nr. 4.

207 So etwa in ÖStA HHStA RHR Judicialia Antiqua, K. 210, Nr. 3, fol. 22r.

208 Siehe dazu die Ausführungen nach Anm. 41.

209 So z. B. in der *causa* Georg Schwab, ÖStA HHStA RHR Judicialia Antiqua, K. 780, Nr. 12, fol. 20r. Es war auch möglich, dass dem Supplikanten zuvor aufgegeben wurde, weitere Angaben zu seinem Gesuch zu machen. Zu den einzelnen Verfahrensschritten siehe auch Moser, Regierungs-Rechte (wie Anm. 9), Cap. 15, § 35, 360 f., § 93, S. 394. Zu den einzelnen formalen Voraussetzungen siehe auch Hanzely, Reichshofrathspraxis (wie Anm. 183), § 1535, S. 757.

210 In der *causa* Lange hatte dieser ein erstes Reskript nicht insinuiert, vom 15. Februar 1672 (Verm.), ÖStA HHStA RHR Judicialia Antiqua, K. 210, Nr. 3, fol. 4v. Erst das zweite erreichte die Stadt Frankfurt, Reskript erneuert am 22. Oktober 1674 (Konz.), fol. 21r–22r.

Auch kam es vor, dass der Reichshofrat von sich aus den fraglichen Bericht anforderte.[211] Ursache hierfür dürften besondere Interessen des kaiserlichen Hofes bzw. der Behörde an der Aufklärung gewesen sein, wie dies bei dem Antrag des Frankfurter Stadthauptmanns Petri der Fall war. Dieser hatte angegeben, wegen der nicht beglichenen Beherbergung eines vom kaiserlichen Hof entsandten Reichshofratsagenten in finanzielle Schieflage geraten zu sein.[212] In der *causa* Pauli erbat dieser mit seinem Moratorium insbesondere um Stillstand bei der Vollstreckung eines Exekutionsmandats, welches das Reichskammergericht erlassen hatte.[213] Hier galt es vermutlich mit Rücksicht auf das Verhältnis zum zweiten höchsten Reichsgericht besondere Sorgsamkeit walten zu lassen.[214]

Hatte der Petent dagegen den reichshofrätlichen Befehl um Bericht bei seiner Obrigkeit eingereicht, bestätigte diese zunächst den Eingang des kaiserlichen Schreibens. Hierauf wurde dieser häufig auferlegt, vorerst keine weiteren Vollstreckungsmaßnahmen aus bereits rechtskräftigen Entscheidungen gegen den Bittsteller zu ergreifen, weil ansonsten ein endgültiger Verlust von Gütern oder Rechten drohte. Das hieß etwa: Vollstreckungsmaßnahmen vorläufig einzustellen,[215] vorerst keine fahrende oder liegende Habe des Supplikanten zu veräußern[216] bzw. sorgsam mit beschlagnahmten Waren umzugehen,[217] dem Petenten Zugang zu seinen Geschäftsunterlagen zu verschaffen bzw. ihn vorläufig mit einem *salvus conductus* zu schützen,[218] einen Vergleich zwischen den Parteien zu vermitteln[219] bzw. diesen nicht zu hindern,[220] mit den Gläubigern Rückzahlungsmodalitäten auszuhandeln,[221] den Petenten anzuhören und nicht zu hart

211 ÖStA HHStA RHR Judicialia Antiqua, K. 865, Nr. 2, für das Gesuch der Stadt Speyer, fol. 5^{v}; ebd., K. 646, Nr. 10, an die Stadt Hamburg für das Gesuch des Kaufmanns Ritser, Befehl vom 21. Oktober 1672 (Konz.), fol. 10^{rv}.

212 ÖStA HHStA RHR Judicialia Antiqua, K. 548, Nr. 10, Anforderung des Berichts vom 9. November 1708, fol. 14^{v}. Siehe dazu auch die Ausführungen vor Anm. 136.

213 ÖStA HHStA RHR Judicialia Antiqua, K. 522, Nr. 14, Bericht der Stadt Straßburg fol. 16^{r}–17^{r}, Exekutionsmandat des Reichskammergerichts fol. 8^{v}–9^{r}.

214 Siehe dazu auch die Ausführungen vor Anm. 294.

215 ÖStA HHStA RHR Judicialia Antiqua, K. 2, Nr. 4 ; ebd., K. 210, Nr. 3, fol. 22^{r}.

216 ÖStA HHStA RHR Judicialia Antiqua, K. 4, Nr. 44, fol. 94^{r}.

217 ÖStA HHStA RHR Judicialia Antiqua, K. 196, Nr. 1, Befehl vom 5. November 1686, fol. 135^{r}–136^{r}, ferner (Abschr.), fol. 147^{r}–148^{r}, Befehl vom 23. Januar 1687 (Konz.), fol. 150^{r}–151^{v}, ferner (Abschr.), fol. 197^{rv}.

218 ÖStA HHStA RHR Judicialia Antiqua, K. 663, Nr. 9, fol. 11^{v}, 50^{r}–51^{v}.

219 ÖStA HHStA RHR Judicialia Antiqua, K. 108, Nr. 1; ebd., K. 663, Nr. 9, fol. 11^{v}.

220 ÖStA HHStA RHR Judicialia Antiqua, K. 196, Nr. 1, Befehl vom 5. November 1686, fol. 135^{r}–136^{r}, ferner (Abschr.), fol. 147^{r}–148^{r}, Befehl vom 23. Januar 1687 (Konz.), fol. 150^{r}–151^{v}, ferner (Abschr.), fol. 197^{rv}.

221 ÖStA HHStA RHR Judicialia Antiqua, K. 852, Nr. 10. fol. 34^{r}.

anzugehen[222] oder ganz pauschal bis zur reichshofrätlichen Entscheidung nichts weiter gegen den Supplikanten *wegen seiner Creditorn* zu unternehmen.[223] Allerdings sprach der Reichshofrat keine hemmenden Schutzmaßnahmen im Hinblick auf noch anhängige gerichtliche Verfahren in Schuldsachen aus. Denn das Gesuch selbst hatte insoweit keinen Suspensiveffekt.[224]

Vor Ort setzte die Obrigkeit zur Untersuchung üblicherweise *verordnete Deputirte* ein,[225] bestehend aus zumeist drei Personen, d. h. etwa *zween Schöffen und einem Syndico*,[226] oder, wie im Fall der Freiherren Syrgenstein, eine Kommission.[227]

Zur Anfertigung des Berichts ließen sich die zur Berichterstattung Verpflichteten v. a. aussagekräftige Unterlagen der Petenten selbst, also etwa Handelsbücher, Bilanzen oder Schuldenverzeichnisse,[228] oder von anderen geeigneten Stellen vorlegen: Dem Salzburger Handelsfaktor Hueber bestätigte der Hamburger Bürgermeister und Rat die Kaperung des Schiffes bei Port Louis, das seine Waren im Wert von 11.000 Gulden geladen hatte, und dass diese konfisziert worden waren.[229] Angaben über eine Kriegsgefangenschaft wurden vom regierenden Kriegsobristen bestätigt.[230] Die grassierende Pest wurde mit einem Bericht der betroffenen Stadt selbst belegt,[231] der gute Wille betroffener Gläubiger wurde durch deren Bestätigungsschreiben dokumentiert, ihren Schuldner für zwei Jahre unbehelligt lassen zu wollen und dafür zu sorgen, dass dessen Name von der Fallitentafel entfernt werde.[232] Gelegentlich bemühten sich die Supplikanten, ihrem Begehren durch weitere Schreiben an die Obrigkeit Nachdruck zu ver-

---

222 ÖStA HHStA RHR Judicialia Antiqua, K. 196, Nr. 1, Befehl vom 5. November 1686, fol. 135^{r}–136^{r}, ferner (Abschr.), fol. 147^{r}–148^{r}, Befehl vom 23. Januar 1687 (Konz.), fol. 150^{r}–151^{v}, ferner (Abschr.), fol. 197^{rv}, Befehl, den Petenten *nicht zu hart* anzugehen, vom 26. November 1688 (Konz.), fol. 220^{rv}.

223 Befehl an die Stadt Frankfurt um Bericht vom 2. Januar 1630 (Konz.), ÖStA HHStA RHR Judicialia Antiqua, K. 104, Nr. 5, fol. 7^{rv}.

224 Dazu auch der bei Cramer, Nebenstunden (wie Anm. 46), 92. Theil, Ulm 1769, Nr. 2, S. 40–44, geschilderte Fall.

225 Moser, Regierungs-Rechte (wie Anm. 9), Cap. 15, § 93, S. 394.

226 So etwa in Frankfurt, ÖStA HHStA RHR Judicialia Antiqua, K. 108, Nr. 1, fol. 18^{v}–19^{v}.

227 ÖStA HHStA RHR Judicialia Antiqua, K. 852, Nr. 10, fol. 53^{r}.

228 ÖStA HHStA RHR Judicialia Antiqua, K. 199, Nr. 6, Schuldenverzeichnis Peter von Launays, des verstorbenen Vaters des Supplikanten (17.000 Gulden), fol. 4^{r}. Agatha Hauck legte eine Aufstellung vor, aus der sich ihre Aktiva und Passiva ergaben, ÖStA HHStA RHR Judicialia Antiqua, K. 108, Nr. 1, fol. 4^{v}–5^{r}, ferner fol. 26^{v}–27^{r}.

229 ÖStA HHStA RHR Judicialia Antiqua, K. 4, Nr. 44.

230 ÖStA HHStA RHR Judicialia Antiqua, K. 108, Nr. 6, Schuldenmoratorium vom 8. April 1631 (Konz.), fol. 1^{v}.

231 Brief an den Petenten aus Leipzig über die dort grassierende Pest vom 21. November 1680 (Abschr.), ÖStA HHStA RHR Judicialia Antiqua, K. 196, Nr. 1, fol. 17^{r}.

232 ÖStA HHStA RHR Judicialia Antiqua, K. 196, Nr. 1, Schreiben vom 8. Juli 1687 (Ausf.), fol. 216^{rv}.

leihen und sie dadurch zu einem positiven Bericht zu bewegen. Der Supplikant Hammel etwa berief sich auf *die Rechtsgelehrten* und zog einige Vergleichsfälle aus der Literatur heran.[233] Andere versuchten, mit beigelegten Fürbittschreiben namhafter Vertreter aus dem Hochadel[234] oder gar eines Reichshofratspräsidenten[235] oder mit Leumundszeugnissen geistlicher und städtischer Obrigkeiten[236] zu beindrucken. Oberstleutnant Rothe ließ sich von Feldmarschall, kaiserlichem Rat und Diplomat Johann von Reuschenberg, der das Kommando über die Festungsstadt Wolfenbüttel hatte und für seine Dienste in den Reichsfreiherrenstand erhoben worden war, bezeugen, dass er die ihn ruinierenden Kornankäufe für die dort stationierte kaiserliche Garnison getätigt hatte.[237]

Als Beispiel für einen Bericht sei der in der *causa* Hammel angeführt: Nachdem der Petent einen *Extract, was ich schuldig bin* und einen Auszug *auß dem Alten Schuldtbuch* vorgelegt hatte,[238] versicherten die Frankfurter in ihrem Bericht zunächst, dass sich Hammel *keines Prachts, Verthunlichen Lebens,* [...] *unziemlicher Pertiten*[239] *oder Betragens, sondern guten Wandelß, nachsetzung seines Berufs, und haltung gebührenden glaubens in zahlung seiner Creditoren, biß dahero beflissen* gezeigt habe. Allerdings habe man *zur Zeit keine fernere gewißheit* über

---

233 ÖStA HHStA RHR Judicialia Antiqua, K. 2, Nr. 4, fol. 33^rv^.

234 ÖStA HHStA RHR Judicialia Antiqua, K. 413, Nr. 11, Fürbittschreiben von Herzog Karl V. von Lothringen für die Grafen von Nassau vom 22. November 1677, fol. 6^r^–12^r^; desgleichen durch den Kurfürsten von Mainz vom 3. Juni 1678, fol. 13^r^–19^v^, wiederholt am 10. Juni 1678, fol. 20^r^–27^v^, und am 11. Juli 1678, fol. 40^r^–47^v^; desgleichen von Kurfürst Johann Wilhelm von der Pfalz für seinen Kämmerer Franz Johann Ferdinand von Syrgenstein, ÖStA HHStA RHR Judicialia Antiqua, K. 852, Nr. 10, fol. 4^rv^; desgleichen vom Kurfürsten zu Mainz zugunsten des Mainzer Kaufmanns Wolf Bernhard Schmidt, ebd., K. 792, Nr. 1, fol. 2^r^–3^v^.

235 Zwei Fürbittschreiben des Reichshofratspräsidenten und Großbotschafters des Reiches Wolfgang IV. von Oettingen-Wallerstein für Johann Georg Rehe, Schutzverwandter zu Wallerstein, ÖStA HHStA RHR Judicialia Antiqua, K. 626, Nr. 14, fol. 49^r^–54^v^ und fol. 60^r^–64^r^. – Das Beispiel verdeutlicht die bislang kaum reflektierte Tatsache, dass einige Reichshofratspräsidenten gleichzeitig regierende Landesherren waren.

236 Der Frankfurter Handelsmann Egidius von Lange legte Leumundszeugnisse des Paters Paulus, des Priors der deutschen Provinz der Unbeschuhten Karmeliten, des Fraters Aloysius, des Subpriors des Wiener Karmeliterklosters und der Stadt Frankfurt vor, ÖStA HHStA RHR Judicialia Antiqua, K. 210, Nr. 3, Erstere vom 13. Februar 1672 (Ausf.), fol. 5^rv^, Zeugnis der Stadt Frankfurt vom 30. März 1672 (Ausf.), fol. 15^rv^.

237 ÖStA HHStA RHR Judicialia Antiqua, K. 616b, Nr. 2, fol. 6^r^–7^r^. Zu dieser *causa* siehe auch die Ausführungen vor Anm. 98.

238 ÖStA HHStA RHR Judicialia Antiqua, K. 2, Nr. 4, kaiserlicher Befehl vom 17. März 1628, fol. 19^r^, persönliche Schuldenaufstellung fol. 29^r^, Auszug aus dem städtischen Schuldbuch fol. 31^r^.

239 Gemeint ist wohl eine Partite, d. h. ein betrügerisches oder unlauteres Geschäft. Nachweise im DRW, Bd. X, Sp. 535 f., online unter https://drw-www.adw.uni-heidelberg.de/drw-cgi/zeige?index=lemmata&term=Partite&bd10_535-F (abgerufen am 31. März 2024).

die Angaben zur finanziellen Situation. Da Hammel keine *genugsame Caution* stellen könne, um dem erbetenen Moratorium stattgeben zu können, und *damit nicht die Creditores, unndt auf ihr ansuchen auch ferners* [...] *die Justitia auffgehalten* werde, *zumahl auch bei dergleichen fällen eine den Obrigkeiten und ordentlichen Richtern, sowol alß der Creditoren, beschwerliche Consequenz, abbruch undt mißbrauch veranlaßt, undt die schuldgläubiger darumb umb das Ihrige gebracht werden*, unterstützte Frankfurt das Moratorium nicht.[240]

An die reichsrechtlich abgesicherte Verpflichtung, wonach ein Moratorium zugunsten eines Reichsmittelbaren nur nach Vorlage eines befürwortenden obrigkeitlichen Berichts erteilt werden durfte, hielt sich der Reichshofrat, soweit derzeit ersichtlich, nur in einem einzigen, eher kuriosen Fall nicht: Einem Nürnberger Kunstgießer, der von der kaiserlichen Hofkammer beauftragt worden war, wurde ohne jegliche Überprüfung, ob dessen finanzieller Engpass einer unverschuldeten Notsituation geschuldet war, erlaubt, *zum Besten* seiner Gläubiger sein Kunstwerk *in aller Ruhe* [d .h. ohne weitere Vollstreckungsmaßnahmen gegen ihn] *zu Ende bringen* zu können. Nach dessen Fertigstellung sollte die Hofkammer berichten.[241] Hier galt die Glaubwürdigkeit des Petenten durch dessen Auftragswerk für den Hof offensichtlich als erwiesen.

Einigen Petenten gelang es, mit Hilfe des obrigkeitlichen Berichts den *Unglücksfall*, d.h. die unverschuldete Situation, mit Rücksicht auf allgemeinwirtschaftliche Ereignisse, etwa die Kipper- und Wipperzeit mit ihren verheerenden Folgen, nachzuweisen.[242] Doch häufiger empfahlen die Obrigkeiten, den Gesuchen ortsansässiger Handelsleute nicht stattzugeben. Ihre Darstellung divergierte vielfach von jenen der Supplikanten.[243] In der *causa* Hueber hatte sich zwar der Untergang der Schiffsladung bestätigt, der als Ursache der finanziellen Schieflage angeführt worden war. Wie sich dann allerdings herausstellte, hatte sich dies bereits 1693 ereignet, Hueber hatte seine Zahlungsunfähigkeit aber erst drei Jahre später damit in Verbindung gebracht. Einen kausalen Zusammenhang sah Salzburg deshalb nicht.[244]

---

240 ÖStA HHStA RHR Judicialia Antiqua, K. 2, Nr. 4, Bericht des Frankfurter Rats vom 8. Januar 1629, fol. 26–28^{v}.

241 Den Fall schildert Moser, Regierungs-Rechte (wie Anm. 9), Cap. 15, § 93, S. 395.

242 Georg Lederer, Bürger und Handelsmann zu Augsburg, erlangte ein Schuldenmoratorium für drei Jahre, 22. März 1627 (Konz.), ÖStA HHStA RHR Judicialia Antiqua, K. 199, Nr. 4, fol. 1^{r}–6^{v}.

243 ÖStA HHStA RHR Judicialia Antiqua, K. 102, Nr. 3, Supplikation vom 17. Juni 1562, fol. 1^{r}–2^{v}, ablehnender Bericht der Stadt Frankfurt vom 21. Juli 1562, fol. 10–11. Ebenso erging in der *causa* des Nürnberger Handelsmanns Krauß ein Bericht der Stadt Nürnberg, wonach sich Krauß nicht an den Vergleich von 1675 gehalten habe und seine Not nicht Folge eines Unglücks sei, sondern seines verschwenderischen Lebenswandels, ÖStA HHStA RHR Judicialia Antiqua, K. 196, Nr. 1, fol. 25–26, hier 25^{r}, 152^{r}–191^{v}.

244 ÖStA HHStA RHR Judicialia Antiqua, K. 4, Nr. 44, Bericht des Erzbischofs von Salzburg vom 7. Oktober 1698, fol. 102^{r}–123^{v}, hier 106^{r}.

Doch nicht nur dann, wenn die Überprüfung der Angaben des Bittstellers eindeutig negativ ausgefallen war, verhielten sich die städtischen Obrigkeiten zögerlich bei der Unterstützung kaiserlicher Moratorien. Immerhin verfolgten sie ihr eigenes Interesse am Erhalt des innerstädtischen bzw. innerterritorialen Wohlstands und wiesen häufiger darauf hin, ein Moratorium führe zu *alhießiger Bürger Merklichen Schadens.*[245] Im Übrigen konnten sie mit einem abschlagenden Bericht dem als Eingriff in den eigenen justiziellen Hoheitsbereich empfundenen kaiserlichen Gnadenrecht wirksam begegnen.

Obgleich die Moratorien, wie soeben angedeutet, unmittelbar zum Nachteil der Gläubiger der Petenten gereichten, fand deren Anhörung im reichshofrätlichen Verfahren, d. h. von Amts wegen, praktisch nicht statt, wenngleich sie in der zeitgenössischen Literatur angedacht wurde. Tatsächlich konnte sie jedoch vor Ort, und zwar im Rahmen der Untersuchung des erwähnten Deputiertenausschusses, erfolgen. Darüber hinaus bestand die Möglichkeit, dass Gläubiger während des Antragsverfahrens oder nach Erteilung eines Moratoriums eine etwaige *exceptio sub- & obreptionis* vorbringen konnten.[246]

10.2.2 Reichsunmittelbare

Wenn Reichsunmittelbare supplizierten, erging üblicherweise zunächst ein Inhibitionsbefehl an die ausschreibenden Fürsten, die für die Vollstreckung wegen der Außenstände zuständig waren.[247]

Statt des Berichts der zuständigen Obrigkeit wurde zur Überprüfung der supplikantischen Angaben sodann entweder ein Bericht von den kreisausschreibenden Fürsten[248] bzw. nahegelegenen Reichsständen[249] eingeholt oder eine kaiserliche Kommission eingesetzt.[250] Selten forderte der Reichshofrat direkt

245 ÖStA HHStA RHR Judicialia Antiqua, K. 196, Nr. 1, fol. 26^{r}.

246 Moser, Regierungs-Rechte (wie Anm. 9), Cap. 15, § 35, S. 360. Zum Vorkommen dieser Einrede gegen einen hoheitlichen Befehl in den hier untersuchten *causae* siehe die Ausführungen unter Punkt 11. Zur Einrede m. w. N. auch Oberländer, Lexicon (Anm. 67), S. 285 f.

247 Hinsichtlich der Supplik der Grafen von Nassau-Saarbrücken erging der Inhibitionsbefehl an die ausschreibenden Fürsten des Oberrheinischen Reichskreises vom 14. August 1679 (Konz.), ÖStA HHStA RHR Judicialia Antiqua, K. 413, Nr. 11, fol. 62^{r}–63^{r}.

248 ÖStA HHStA RHR Judicialia Antiqua, K. 703, Nr. 3, fol. 12^{r}–13^{v}.

249 Die Stadt Frankfurt bekam einen Kommissionsauftrag zur Durchführung einer Schuldenkommission für Graf Philipp Reinhard II. von Solms-Hohensolms, ÖStA HHStA RHR Judicialia Antiqua, K. 861, Nr. 13, fol. 5^{r}–6^{r}.

250 Dazu auch Moser, Regierungs-Rechte (wie Anm. 9), Cap. 15, § 35, S. 360. Hinsichtlich der Supplikation des Werner von Plotho etwa wies der Reichshofrat dem Fürsten von Anhalt-Köthen die Kommissionsleitung und die Aufgabe zu, sich von *des Supplicanten zustandt* zu überzeugen und

von dem Petenten selbst weitere Nachweise ein.[251] Für die Kommissionen galt wie auch für andere Einrichtungen auf Reichsebene, dass mit Rücksicht auf den Osnabrücker Friedensvertrag bei deren Besetzung gegebenenfalls konfessionelle Interessen besondere Berücksichtigung finden sollten, jedenfalls beide Konfessionen paritätisch repräsentiert sein mussten.[252] Die von ihnen begutachteten Sachen sollten die Kommissare nur *referiren, vnd jhre Meynung darbey anzeigen / aber nichts schliessen noch entscheyden.*[253] Hier kam es vor, dass sich einzelne Kurfürsten gegenüber der Kommission für den Schuldner verwendeten.[254] In der *causa* des zur fränkischen Reichsritterschaft gehörenden Moritz Wilhelm von Pölnitz wurde dem Kurfürsten von Mainz als Bischof zu Bamberg befohlen, eine Kommission zu leiten, die nicht nur den *statum activorum et passivorum* des Imploranten untersuchen und *sämtliche Creditores* vernehmen, sondern darüber hinaus auch darauf hinwirken sollte, dass *zwischen diesem und Jenen ein gütliches abkommen* zustande komme.[255]

Statt sich zunächst einen Überblick über die vorgebrachten Verhältnisse mithilfe von Berichten bzw. Kommissionen zu verschaffen, beschloss der Reichshofrat bei offensichtlich bedeutsamen Gesuchen ausnahmsweise vorab ein *votum ad imperatorem* anzufertigen.[256] Die besonderen Umstände lagen hier in der Person des Petenten oder sind in politischen Zusammenhängen zu sehen. Beide Aspekte erklären sich durch den Zweck der Voten, dem Kaiser als oberstem Gerichtsherrn die Erwägungsgründe in einer Sache nachvollziehbar vorzulegen, hatte dieser doch ein persönliches Entscheidungsrecht, von dem er aber nur bei reichspolitisch bedeutsamen Fällen Gebrauch machte. So ist aus dem umfangreichen Votum zum Gesuch um ein Moratorium von Graf Philipp Reinhard II. von Solms-Hohensolms zu erfahren, dass es erhebliche Bedenken gab, ihm ein Moratorium zu gewähren. Kein geringerer als der Reichshofratspräsident Freiherr Johann von der Reck wandte zum einen persönliche Gründe ein; er wies auf einen Rechtsstreit mit verwandten Vorfahren des Petenten hin, in den auch Recks Frau

mitzuteilen, ob etwas gegen das *gesuch* einzuwenden sei, ÖStA HHStA RHR Judicialia Antiqua, K. 574, Nr. 3, fol. 7r.

251 ÖStA HHStA RHR Judicialia Antiqua, K. 784, Nr. 5, fol. 2v, Anweisung an den Petenten Johann Friedrich von Schleiz, die vorgebrachten Plünderungen und Außenstände zu bescheinigen, 18. Mai 1652.

252 IPO (wie Anm. 41), Art. V, Nr. 18, S. 47.

253 Ebd.

254 Fürbittschreiben Kurfürst Daniels von Mainz für die Gewährung des Moratoriums des Frankfurter Wollhändlers Klaus Haber vom 23. Juli 1562, ÖStA HHStA RHR Judicialia Antiqua, K. 102, Nr. 3, fol. 3r–4v, ebenso zugunsten der Grafen von Nassau-Saarbrücken, ebd., K. 413, Nr. 11.

255 ÖStA HHStA RHR Judicialia Antiqua, K. 576, Nr. 7, Befehl vom 6. Juli 1714, fol. 13r, 17r.

256 So in der *causa* des Grafen Philipp Reinhard II. von Solms-Hohensolms, ÖStA HHStA RHR Judicialia Antiqua, K. 861, Nr. 34, fol. 2v.

involviert war und der mit einem Vergleich endete.[257] Zum anderen erinnerte von der Reck daran, dass Philipp Reinhard Senior *vielfältig rebellirt* und *sich im Pfältzsisch und denmärckischen Kriege* gegen den seinerzeitigen Kaiser habe *gebrauchen laßen.* Nachdem ihm dies verziehen worden sei, habe er sich erneut *in der Schwedischen Rebellion* [...] *höchlich vergriffen*, indem er zum *höchsten nachtheil* des Kaisers gehandelt habe.[258] Tatsächlich war Graf Philipp Reinhard der Ältere, Offizier und Diplomat im 30jährigen Krieg, 1623 zum Calvinismus übergetreten, in der Folge zunächst im Dienst des dänischen und seit 1628 des schwedischen Königs. 1626 hatte der Kaiser sein Land eingezogen und es Hessen-Darmstadt übertragen.[259] Erschwerend hinzu kam, dass auch der Petent selbst gegen die Interessen des Reichs verstoßen habe, indem er *nach publicirtem friedensschluß beim feindt geblieben und sich erst bei jüngstem Collegial Tag* [...] *um perdon angemeldet* habe. Allerdings habe sich Landgraf Georg II. von Hessen-Darmstadt *ansehnlich* für ihn eingesetzt, ihm den *gebottenen perdon widerfahren* zu lassen.[260] Nach Abwägung dieser Aspekte empfahl der Reichshofrat, dem Fürsprecher Georg aufzuerlegen, eine *Specification der schulden wie bißhero in dergleichen Fällen observiret worden, zu übergeben, alßdan solle weiter dießfalß ergehen was recht ist.*[261] Damit hatte sich der Reichshofrat erhaben über alte Verletzungen und treuwidriges, ja verfassungsfeindliches, Verhalten gezeigt und zugleich politisch geschickt den Ball an Georg von Hessen-Darmstadt zurückgespielt, den man mit dieser Entscheidung nicht düpierte. Über den Fortgang dieser Geschichte ist aus den reichshofrätlichen Akten nichts zu erfahren.

10.3 Weiteres Verfahren

Die schließlich in Form des Berichts erfolgte Einschätzung der geschäftsmäßigen wie auch privaten[262] (!) Verhältnisse wurde sodann im weiteren Verfahren an den Reichshofrat zurückgesandt. Im Falle einer abschlägigen Beurteilung durch

---

257 ÖStA HHStA RHR Resolutionsprotokolle saec. XVII 114, fol. 443r.

258 ÖStA HHStA RHR Resolutionsprotokolle saec. XVII 114, fol. 443v–444r.

259 Zu Philipp Reinhard dem Älteren siehe Rudolph zu Solms-Laubach, Geschichte des Grafen- und Fürstenhauses Solms, Frankfurt am Main 1865, S. 213–219; zur Verhängung der Reichsacht und ihren Hintergründen siehe Friedrich Uhlhorn, Geschichte der Grafen von Solms zwischen Reformation und Westfälischem Frieden (Quellen und Forschungen zur hessischen Geschichte, 161), Darmstadt/Marburg 2011, S. 381 f.

260 ÖStA HHStA RHR Resolutionsprotokolle saec. XVII 114, fol. 445r.

261 ÖStA HHStA RHR Resolutionsprotokolle saec. XVII 114, fol. 446r.

262 Der Regensburger Kaufmann Georg Schwab beteuerte, er habe *von Jugent auf, und zwar zu ieder Zeit ... ein friedsamb, Ehrlich, und aufrichtiges leben und wandel gehalten, nachmahls auch in meinen Ehestandt gleichermassen, also continuirt,* Gott habe ihn mit zwei Ehefrauen *mit zwanzig Kindern, deren zwölff im Leben, erfreuet,* ÖStA HHStA RHR Judicialia Antiqua, K. 780, Nr. 12, fol. 1r.

die Herrschaft wurde das Gesuch vom Reichshofrat entweder sogleich abgelehnt, oder er räumte dem Supplikanten die Möglichkeit eines Gegenberichts ein.[263] Sofern der Bericht die Angaben des Petenten bestätigte, fertigte der Reichshofrat auf dieser Grundlage gegebenenfalls ein Gutachten an, das er an den Kaiser weiterleitete. Eine Entscheidung sollte je nach Bedeutung des Falles nach erneuter Beratung mit dem Reichshofrat[264] oder nach Aktenlage erfolgen.[265]

Reichshofrätliche Gutachten sind den Akten der untersuchten *causae* nur teilweise beigefügt. Das Gesuch der Grafschaft Hanau-Lichtenberg beurteilte der Reichshofrat gleich zweimal, zunächst ablehnend, sodann befürwortend. Die Abweisung erfolgte zunächst, weil der Reichshofrat keine Informationen über die dortigen Begebenheiten besaß.[266] Doch schon zu diesem Zeitpunkt müssen erste Zweifel an der Entscheidung bestanden haben, denn fast zeitgleich erging ein Schreiben an den Reichskammerrichter, keine übereilten Schritte gegen die Supplikanten vorzunehmen, sondern sie eine Zeit lang mit Vollstreckungsprozessen zu verschonen.[267] Die entscheidende Wendung trat ein, nachdem den Reichshofrat ein Fürbittschreiben des Reichstags erreichte, in dem sich dieser in einem Reichsgutachten für die Erteilung eines Moratoriums aussprach.[268] Für das Gesuch der Grafen von Nassau-Saarbrücken um Verlängerung eines zuvor bereits schon einmal gewährten Moratoriums waren gleich drei Gutachten erstellt

---

263 Moser, Regierungs-Rechte (wie Anm. 9), Cap. 15, § 93, S. 394; zu den im weiteren Verfahren verwendeten Formeln siehe Hanzely, Reichshofrathspraxis (wie Anm. 183), § 1537, S. 758.

264 Johann Jacob Moser, Von der Teutschen Justiz-Verfassung. Nach denen Reichs-Gesezen und dem Reichs-Herkommen, wie auch aus denen Teutschen Staats-Rechts-Lehrern, und eigener Erfahrung; Mit beygefügter Nachricht von allen dahin einschlagenden öffentlichen und wichtigen neuesten Staats-Geschäfften, so dann denen besten, oder doch neuesten, und in ihrer Art einzigen, Schrifften, davon, 8. Theil, Von der Teutschen Justiz-Verfassung, 1. Theil, Frankfurt und Leipzig 1774, 2. Theil, Cap. 5, § 16, S. 398.

265 Moser, Regierungs-Rechte (wie Anm. 9), Cap. 15, § 35, 360, § 93, S. 395. Beispiele für hierauf erfolgte Erteilung bzw. Abweisung abgedruckt bei Moser, Teutsche Justiz-Verfassung (wie Anm. 264), S. 1025 f.

266 ÖStA HHStA RHR Judicialia Antiqua, K. 26, Nr. 4a, Vermerk vom 13. Juli 1673, fol. 29^{v}, Extrakt aus dem Protokoll des Reichshofrats, fol. 39^{r}–40^{v}.

267 ÖStA HHStA RHR Judicialia Antiqua, K. 26, Nr. 4a, vom 4. Juli 1673, fol. 35^{r}–37^{v}, und vom 21. Juli 1673, fol. 41^{r}–42^{v}.

268 ÖStA HHStA RHR Judicialia Antiqua, K. 26, Nr. 4a, Grafschaft Hanau-Lichtenberg vom 15. Januar 1674 (Orig.), fol. 75^{r}–76^{v}, das Reichsgutachten vom 11. Dezember 1673 ist auf fol. 55^{r}–69^{v}, 72^{rv}; ebenso bezüglich des Gesuchs des Kurfürsten bei Rhein (wie Anm. 12), des Antrags der Grafen von Nassau-Saarbrücken, ÖStA HHStA RHR Judicialia Antiqua, K. 413, Nr. 11, Reichsgutachten vom 15. Mai 1680 (Abschr.), fol. 125^{rv}, vom 15. Januar 1680 (Abschr.) fol. 130^{r}–175^{v}, und in der *causa* Schweitzer, in der Erzherzogin Eleonore von Österreich zugunsten ihrer Kinder intervenierte, ebd., K. 808, Nr. 4, Gutachten vom 12. Februar 1693, das im Geheimen Rat gebilligt wurde, fol. 93^{r}–101^{v}.

worden, die jeweils im Geheimen Rat beraten wurden.[269] Aus den überlieferten Archivalien erfahren wir Näheres zum gremieninternen Verfahren: Das erste reichshofrätliche Gutachten verwies die Supplikanten lediglich an den Reichstag, ohne in der Sache zu einer Entscheidung gekommen zu sein, damit dieser seinerseits – zuständigkeitshalber – ein Gutachten erstelle. Wenn ein Reichsstand um ein Moratorium ansuchte, erwies es sich als strategisch günstig, aus einer bloßen Schuldensache einen politischen Gegenstand zu machen und ihn dafür von Standesgenossen auch auf politischer Ebene, d. h. auf Augenhöhe, beratschlagen zu lassen. Ein vom Reichstag derart erstelltes Beratungsergebnis wurde sodann an den Reichshofrat adressiert, dem es letztlich überlassen blieb, in seinem anzufertigenden Gutachten die Stellungnahme des Reichstags zu berücksichtigen. Der Reichshofrat fungierte demnach bei Moratoriumsgesuchen von Reichsständen mehr als ein politisches denn als juristisches Sprachrohr, welches dem Kaiser die „richtige" Entscheidung einflüstern sollte. Moser kommt in diesem Zusammenhang denn auch zu dem Schluss, solche reichshofrätlichen Gutachten belehrten, *daß dieser Weg schon eine gute Wirkung* zeitige.[270] Solcherlei Wirkung konnten offensichtlich auch die Bedeutung der politischen Hintergründe oder der Rang des Petenten entfalten. Denn es kam vereinzelt vor, dass ein Moratorium sogar völlig ohne ersichtliche Überprüfung des behaupteten Unglücksfalls oder nur mit Hinweis auf eine nicht näher bezeichnete *glaubwürdige Abschrifft* gewährt wurde. In diesen Fällen verging zwischen Gesuch und Gestattung nur kurze Zeit. So musste Kurfürst Karl I. Ludwig von der Pfalz nur rund drei Monate bis zur – positiven – Entscheidung warten,[271] ausnahmsweise verging gar nur ein Tag bis zur Bewilligung.[272] Balthasar Ferdinand von Hornstein (1614–1685), Direktor der Reichsritterschaft des Kantons Hegau, Allgäu und Bodensee, bat unter Verweis auf Kriegsschäden in Höhe von 300.000 Gulden und Schulden von 60.000 Gulden um ein Moratorium, das ihm sechs Tage später mit Hinweis auf den infolge des Krieges *erlittenen großen schadens* gewährt wurde, ohne dass die Angaben

269 ÖStA HHStA RHR Judicialia Antiqua, K. 413, Nr. 11, Reichshofratsgutachten vom 15. Mai 1679, im Geheimen Rat beraten am 27. Mai 1679, fol. 50r–55v, Reichshofratsgutachten vom 9. Januar 1680, gebilligt am 22. Januar 1680, fol. 90r–93v; Reichshofratsgutachten vom 7. März 1680, im Geheimen Rat gebilligt am 16. März 1680, fol. 177r–180v.

270 Moser, Regierungs-Rechte (wie Anm. 9), Cap. 15, § 36, S. 361, der auch über weitere Reichsstände berichtet, die sich ebenfalls an den Reichstag gewandt hatten Ein Beispiel aus dem untersuchten Aktenmaterial dafür ist Nassau-Saarbrücken, ÖStA HHStA RHR Judicialia Antiqua, K. 413, Nr. 11.

271 Sein Gesuch ist auf den 10. Februar 1654 datiert, ÖStA HHStA RHR Judicialia Antiqua, K. 558, Nr. 17, die Gewährung des Moratoriums auf den 15. Mai 1654, ebd., K. 558, Nr. 19.

272 ÖStA HHStA RHR Judicialia Antiqua, K. 199, Nr. 6, Eingang der Supplik am 13. Mai 1646, Erteilung des Moratoriums mit *Detur*-Vermerk vom 14. Mai 1646, fol. 2v, 5–6.

des Petenten zuvor erkennbar überprüft worden wären.[273] Erklärlich wird diese Vorgehensweise durch die besonders enge finanzielle Verflechtung zwischen der Reichsritterschaft und Teilen des Reichshofratskollegiums; über Generationen hinweg erhielten mehrere Räte Zuwendungen bis hin zu fixen jährlichen Pensionen von den Ritterschaften.[274]

10.4 Entscheidung – Inhalt und Wirkung

Wie schon oben bei der Erörterung der Laufzeiten ersichtlich wurde, sind die Inhalte der einzelnen Moratorien sehr unterschiedlich ausgestaltet und auf den Antrag des Petenten abgestimmt, der wiederum den jeweiligen tatsächlichen Bedürfnissen entsprechen sollte.[275] Der Inhalt eines Moratoriums bedingte wiederum dessen Wirkung.[276] Die in den untersuchten Quellen vorgefundenen Moratorien folgen jedenfalls nicht streng dem Aufbau von Privilegien-Urkunden.[277]

Wurde ein Moratorium bewilligt, bestimmten die Indulte für die Dauer des verhängten Moratoriums üblicherweise einen vollständigen Stillstand der Vollstreckung, etwa, dass die Begünstigten innerhalb der *nächsten von dato dißes brieffs ohnlauffenden Zwölff Jahren von keinen Unßeren Kayserlichen, auch andere*[n] *gerichten im Heyl. Römischen Reich mit einigen processen, mandaten und Executionen in schuldsachen weiter nicht angefocht noch beschwert* werden, *sondern biß nach jetzt bestimbten Zwölff Jahren mit sothanen Schulden Processen wieder sie allerdings eingehalten, und stillgestanden werden* müsse (siehe Abb. 2).[278]

273 Zum Geschlecht der Hornsteins siehe Genealogisches Handbuch des Adels, Bd. F A V, Limburg 1963, S. 148 f. ÖStA HHStA RHR Judicialia Antiqua, K. 104, Nr. 14, Balthasar Ferdinand von Hornsteins Supplik vom 6. September 1653, fol. 1^r^, Bewilligung vom 12. September 1653 (Konz.), fol. 3^r^.

274 Dazu näher Tobias Schenk, Der Reichshofrat im Spannungsfeld von Zweck-Mittel-Rationalität und Korruption. Praxeologische Betrachtungen zur Kommodifizierung des Rechts in der Frühen Neuzeit, in: Josef Bongartz/Lena Frewer/Rhonda-Marie Lechner/Stefan Andreas Stodolkowitz/Maria Weber/Alexander Denzler/Carolin Katzer (Hrsg.), Beschleunigung und Effizienzbemühungen im Gerichtswesen der Vormoderne, nach Anm. 90 und 160 (in Vorbereitung).

275 Zu den unterschiedlichen Ausgestaltungen m. w. N. Moser, Regierungs-Rechte (wie Anm. 9), Cap. 15, § 38, 361 f.; zu einzelnen Bewilligungsformeln siehe Hanzely, Reichshofrathspraxis (wie Anm. 183), § 1539, S. 759.

276 Moser, Regierungs-Rechte (wie Anm. 9), Cap. 15, § 39, S. 363; Johann Ulrich von Cramer, Observationes iuris universi, 3. Teil, Wetzlar 1763, Obs. 815, S. 132.

277 So aber Mohnhaupt, Schuldnerschutz (wie Anm. 1), der sich für diese Annahme auf zwei in der zeitgenössischen Literatur wiedergegebene Moratorien zugunsten der Stadt Goslar und der Mecklenburgischen Ritterschaft stützt, S. 291 f.

278 ÖStA HHStA RHR Judicialia Antiqua, K. 413, Nr. 2, fol. 3^r^. Die Ausfertigungen wurden den Petenten zugesandt und befinden sich demzufolge nicht in den Akten.

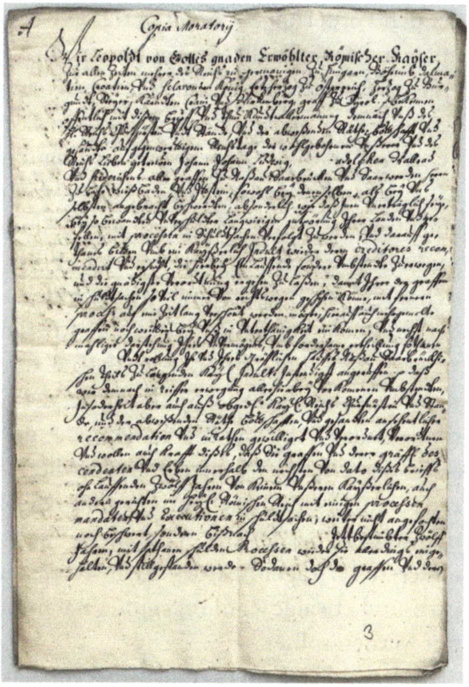

Copia Moratorij

Wir Leopold von Gottes gnaden Erwöhlter Römischer Kayser,

Abb. 2: Abschrift des Moratoriums zugunsten der Grafen von Nassau-Saarbrücken vom 26. Mai 1636, s. Anm. 278.

Für den Zeitraum ihrer Geltungskraft entfalteten die Moratorien für und gegen jedermann Wirkung. So heißt es etwa in dem publizierten Moratorium zugunsten des Kurfürsten von der Pfalz, dass *allen und jeden Obrigkeiten und insonderheit mehrged. Churfürsten in der Pfaltz habenden Creditoren*, aber auch *unserm Hoff-Gericht* [d.h. dem Reichshofrat], *Auch Allen und Jeden unsern Ober: und Unter Ambt-Leuthen und Gerichten gnädigst befehlendt*, bei Strafandrohung auferlegt war, die Anordnung einzuhalten, nicht weiter zu vollstrecken und Zinsen einzutreiben.[279]

Auch einige andere Moratorien befreiten die Supplikanten explizit von Zinszahlungen für die Laufzeit des Moratoriums.[280] In anderen Fällen wurde die Freilassung des Schuldners aus der Haft angeordnet.[281] Darüber hinaus ordneten vereinzelte Moratorien an, dass Gläubiger des Petenten ihre gegen diesen beste-

279 Anm. 12.

280 ÖStA HHStA RHR Judicialia Antiqua, K. 26, Nr. 4a, Gutachten des Reichshofrats vom 4. Juli 1673, fol. 36^{r}.

281 ÖStA HHStA RHR Judicialia Antiqua, K. 867, Nr. 14, fol. 1^{v} Befehl an den Bischof von Konstanz, bei seinem geistlichen Gericht die Freilassung des wegen seiner Schulden inhaftierten Martin Schurlin zu veranlassen.

henden Forderungen weder abtreten noch anderweitig überlassen durften.[282] Damit war sichergestellt, dass es hinsichtlich der Schulden, die von dem Moratorium erfasst waren, zu keinen neuen Klagen bzw. Vollstreckungsversuchen gegen den Schuldner in neuem Gewand, d.h. in Form eines neuen Gläubigers, kam. In einer *causa* ergingen neben der Bewilligung des Moratoriums selbst auch zwei Befehle an landesherrliche Obrigkeiten, Außenstände von Schuldnern der Petenten einzutreiben, wodurch deren Liquidität und damit die Erfolgsaussichten für eine Sanierung verbessert wurden.[283] Der Erhaltungs- und Sanierungsgedanke lässt sich auch der Entscheidung hinsichtlich eines Gesuchs der Memminger Gebrüder Ruprecht entnehmen, die eine Messingfabrik führten; statt ein Moratorium zu gewähren, befahl der Reichshofrat der Stadt, die Gläubiger dazu zu bringen, dass einer der Brüder *administrative*, d.h. als Verwalter, eingesetzt werde, worauf dieser sodann die *fabrique* unter der Aufsicht des städtischen Rats leiten sollte.[284]

In der Literatur umstritten war die Rechtmäßigkeit solcher Moratorien, deren Geltungskraft auch Erben und Nachkommen des Begünstigten erfasste,[285] und solcher, bei denen der Schuldner zuvor, etwa in Schuldverschreibungen oder anderen Verträgen, ausdrücklich versichert hatte, dass Forderungen von Gläubigern und etwaige Zahlungsmodalitäten nicht durch ein Moratorium beeinträchtigt werden sollten.

Gelegentlich kam es schließlich vor, dass in den Moratorien einzelne Personen bzw. Personengruppen von der hemmenden Wirkung insgesamt, zumeist aber lediglich im Hinblick auf die Aussetzung der Zinszahlungen, ausgenommen waren. In der *causa* Syrgenstein ließ der Reichshofrat die mit der Durchsetzung eines Moratoriums betraute Reichsritterschaft Schwaben wissen, dass persönliche und privilegierte Schulden vorrangig abzutragen seien.[286] Ungeachtet der ausdrücklichen Benennung in vereinzelten Moratorien waren geistliche Institutionen, Witwen und Waisen generell privilegiert und wurden von den Wirkungen der Indulte verschont, sei es, indem die Moratorien sie bereits explizit aufführten, sei es, indem sich diese Bevorrechtigten in Form der sogleich noch näher beleuchteten Einwendungen darauf beriefen.[287]

---

282 Moser, Teutsche Justiz-Verfassung (wie Anm. 264), 2. Theil, Cap. 5, § 33, S. 1024.

283 Anweisungen an den Kurfürsten zu Sachsen und den Bischof zu Naumburg, ÖStA HHStA RHR Judicialia Antiqua, K. 522, Nr. 19, fol. 1^{v}, 2^{r}.

284 ÖStA HHStA RHR Judicialia Antiqua, K. 634, Nr. 10, fol. 34^{r}.

285 Ein Beispiel hierfür findet sich bei Johann Burckard Rosler, Tractatus Juris Publici De Protectoriis Caesareis: In Quo Natura, Constitutio Et Effectus Eorum Ex Practicis Observationibvs Tabulis Actisque Imperii Publicis Solide Explicantur; Ipsaeque Huc Facientes Chartae Illustriores Subnectuntur, Frankfurt am Main 1705, S. 262–264.

286 ÖStA HHStA RHR Judicialia Antiqua, K. 852, Nr. 10, fol. 55^{r}.

287 Näher dazu unter Punkt 11.

Von den in den bereits zugestandenen Moratorien explizit angeordneten Ausnahmen zugunsten privilegierter Personen sind die Gründe zu unterscheiden, die von vornherein zur Ablehnung eines Gesuchs um ein Moratorium führen sollten. In der zeitgenössischen Literatur werden neben dem betrügerischen Bankrott v. a. besondere Schulden genannt, wie etwa rückständige öffentliche Abgaben, welche der Sicherung des gemeinen Wohls dienen sollten, eidlich zugesicherte Zahlungen oder solche an Gesinde bzw. Tagelöhner, die im Dienst des Schuldners standen.[288] Doch ebenso wie zu den Erwägungen bei der Entscheidung über die Verkürzung der beantragten Laufzeit gibt das untersuchte Quellenmaterial einschließlich der eingegangenen obrigkeitlichen Berichte hierüber keine Auskunft. Ob demnach die theoretisch diskutierten Ablehnungsgründe praktische Relevanz hatten, bleibt weitgehend unklar. Nur in einem einzigen Verfahren gegen ein bereits erteiltes Moratorium wird auf geschuldete Lohnzahlungen hingewiesen, doch einen entsprechenden Vorbehalt enthielt das fragliche Moratorium nicht.[289]

Für den allgemeinen Rechtsverkehr war es zur Wirksamkeit der Moratorien notwendig, diese breitenwirksam zu publizieren. Dies wurde häufig dadurch erreicht, dass hierüber und über *alle proclamata, discussiones und moratoria, welche sonst nicht allemal zu jedermanns Wissenschaft kommen*, in „Intelligenzblättern“ oder „Wöchentlichen Anzeigen“ berichtet wurde.[290] Und auch mit der vom Begünstigten zu betreibenden Insinuation gewährter Moratorien bei anderen Gerichten, namentlich dem Reichskammergericht, wurde die Privilegierung gerichtsöffentlich. Hierdurch wurde nicht allein die in einem nichtöffentlichen Verfahren verliehene Position publiziert und die zunächst v. a. in den Händen des Rechtsinhabers liegende Urkunde administrativ hinterlegt, sondern auch jederzeit einsehbar und damit ihr Inhalt besser durchsetzbar.[291]

Der Reichshofrat selbst befahl im Hinblick auf die notwendige Publizität städtischen und geistlichen Gerichten, den Schuldnern Aufschub bei der Erfül-

---

288 Näher dazu m. w. N. Mohnhaupt, Schuldnerschutz (wie Anm. 1), S. 290.

289 ÖStA HHStA RHR Judicialia Antiqua, K. 26, Nr. 4c. Zu den Konsequenzen näher siehe die Ausführungen unter Punkt 11.

290 Nach: Lothar Schilling, Gute Ordnung und patriotischer Diskurs als Inszenierung. Justus Möser als Herausgeber der Wöchentlichen Osnabrückischen Anzeigen, in: Martin Siemsen (Hrsg.), Justus Möser im Kontext – Beiträge aus zwei Jahrzehnten, Bramsche 2015, S. 47–66, hier S. 55.

291 Zur Insinuation als öffentlichkeitswirksames Instrument siehe Hartmut Bock, Die Insinuation von Privilegien an Reichskammergericht, Reichshofrat und Kaiserlichem Hofgericht zu Rottweil, um sie „zue schützen und handt zu haben“, in: Anja Amend/Anette Baumann/Stephan Wendehorst/Steffen Wunderlich (Hrsg.), Die Reichsstadt Frankfurt als Rechts- und Gerichtslandschaft im Römisch-Deutschen Reich (bibliothek altes Reich, künftig: baR, 3), München 2008, S. 39–55, hier S. 46, 55.

lung von Gläubigerforderungen zu gewähren;[292] ob dies aus eigenem Antrieb geschah oder solche Reskripte auf Gesuch des Begünstigten ergingen, lässt sich den Quellen nicht entnehmen. Wurde ein Gesuch eines Reichsmittelbaren um ein Moratorium abgeschlagen, erging – jedenfalls in einzelnen Fällen – entsprechende Mitteilung an dessen Obrigkeit.[293]

Selbst das Reichskammergericht war an den Inhalt der Moratorien gebunden, es bekam mitunter sogar gesonderte Schreiben über zu beobachtende Umstände,[294] zumal, wenn es sich bei den Beteiligten um Reichsunmittelbare handelte, für die das Reichskammergericht an sich erstinstanzlich zuständig war.[295] Nicht überraschend kam es deshalb wegen der Moratorien auch zu vereinzelten Kompetenzkonflikten zwischen den beiden höchsten Gerichten im Reich. Dies ging sogar so weit, dass das Thema zum Gegenstand der Zweiten Wetzlarer Visitation (1767–1776) gemacht werden sollte, die ja einen Teil eines größeren, von Joseph II. initiierten Reformprogramms darstellte, zu dem auch die zukunftsfähige Ausgestaltung der Reichsinstitutionen zählte.[296] Böhmen votierte bei Beratungen des Reichskonvents 1773 dafür, dass am Reichskammergericht anhängige Prozesse bis zur Entscheidung und Vollstreckbarkeit fortgeführt und durch ein Moratorium nicht abgeändert werden sollten. Doch wirke das Moratorium auf sämtliche am Reichskammergericht eingeklagten Schuldklagen gegen denselben Petenten hemmend und binde demzufolge nicht nur sämtliche Gerichte, sondern nicht zuletzt auch die Gläubiger des Begünstigten für den Geltungszeitraum des Indults.[297] Zwar war das bereits seit einem Jahrhundert gängige Praxis. Doch ging es hierbei darum, ein Verfahren zu formalisieren, das eine Ausnahme von dem Grundsatz bildete, wonach das Gericht der Hauptsache auch für Neben- bzw. Folgefragen zuständig ist. So musste das in der Hauptsache letztinstanzlich

---

292 ÖStA HHStA RHR Judicialia Antiqua, K. 867, Nr. 14, fol. 1^{r} Befehl an die Stadt Überlingen, fol. 1^{v} Befehl an den Bischof von Konstanz, bei seinem geistlichen Gericht schuldnerschützende Maßnahmen zu ergreifen.

293 ÖStA HHStA RHR Judicialia Antiqua, K. 705, Nr. 8, *Vorschrifft* an Hamburg vom 3. Juni 1575, fol. 5^{v}.

294 ÖStA HHStA RHR Judicialia Antiqua, K. 859, Nr. 30, fol. 2^{v}, 3^{rv}: *Es werde die Sache in gebührende obacht zu nehmen* sein.

295 In der *causa* Nassau-Saarbrücken erhielt das Reichskammergericht ein Schreiben des Reichshofrats, wonach Forderungen des Markgrafen von Baden-Durlach gegen die Grafen von Nassau-Saarbrücken von der Verlängerung des Moratoriums nicht betroffen seien, vom 16. März 1680 (Konz.), ÖStA HHStA RHR Judicialia Antiqua, K. 413, Nr. 11, fol. 181^{r}–182^{r}.

296 Siehe dazu näher Karl Otmar von Aretin, Reichshofrat und Reichskammergericht in den Reichsreformplänen Kaiser Josephs II., in: Bernhard Diestelkamp/Ingrid Scheurmann (Hrsg.), Friedenssicherung und Rechtsgewährung. Sechs Beiträge zur Geschichte des Reichskammergerichts und der obersten Gerichtsbarkeit im alten Europa, Bonn/Wetzlar 1997, S. 51–81.

297 Moser, Teutsche Justiz-Verfassung (wie Anm. 264), 2. Theil, Cap. 8, § 31, S. 489 f.

im Regelfall ebenfalls für die Anordnung und Aufsicht über die Durchführung der Vollstreckung zuständige Reichskammergericht anerkennen, dass die das Moratorium berührenden Punkte, namentlich die in Entscheidungen ausgesprochenen Zinszahlungen und Vollstreckungen eingeklagter Schuldforderungen, vom Hauptsacheverfahren zu trennen waren und allein in den Zuständigkeitsbereich des kaiserlichen Reichshofrats fielen.[298] Diese Bindungswirkung wurde in der Regel durch die von dem Begünstigten zu betreibende Insinuation der Moratorien am Reichskammergericht erreicht.[299] Vermutlich, um anderen Gerichtsherrschaften genau diese Bindungswirkung ins Gedächtnis zu rufen, finden sich in den Moratorienurkunden vereinzelt ausdrückliche Bezugnahmen auf die Reichsrechte bzw. die *Policey Ordnung*.[300]

Dass sogar Entscheidungen des als Spruchkörper fungierenden Reichshofrats selbst von einem im Namen des Kaisers verhängten Stillstand erfasst sein konnten, lässt sich beispielhaft der *causa* Paar entnehmen: 1673 hatte Graf Peter Ernst von Paar den Reichshofrat erfolgreich um einen Befehl zur Zahlung einer Forderung gegen seinen Schuldner Graf Simon Heinrich zur Lippe angesucht. Ein Jahr darauf erteilte der Reichshofrat Letzterem jedoch ein Moratorium, welches er der Forderung Paars nun entgegenhalten konnte.[301]

10.5 Aufsicht und Kontrolle

Der Reichshofrat kontrollierte auf Antrag des Moratorieninhabers auch die Befolgung der mit einem Moratorium getroffenen Anordnungen.[302] Bei Verstößen hiergegen erging auf entsprechende Anzeige ein kaiserlicher Befehl, während der Dauer des Moratoriums weiteres Vorgehen gegen Bevorrechtigten einzustellen und die Befolgung des Befehls innerhalb einer Frist zu beweisen.[303] So wurde

---

298 Über einen weiteren Fall berichtet Moser, Regierungs-Rechte (wie Anm. 9), Cap. 15, § 9, S. 363 f. Dort wandte Baden-Durlach gegen das zugunsten von Nassau-Saarbrücken gewährte Moratorium erfolglos ein, die zuvor bereits am Reichskammergericht anhängig gemachten Schuldklagen stellten den Hauptstreitgegenstand dar und dieser ziehe für nachfolgenden *Incident-Punkte*, zu denen auch das erteilte Moratorium zähle, die Zuständigkeit des erstbefassten Reichskammergerichts nach sich.

299 Zu diesem speziellen Verfahren siehe Bock, Insinuation (wie Anm. 291), S. 40–43.

300 ÖStA HHStA RHR Judicialia Antiqua, K. 790, Nr. 2, fol. 4r.

301 ÖStA HHStA RHR Judicialia Antiqua, K. 517, Nr. 7, das Gesuch stammt vom Januar 1672, das Moratorium datiert auf den 4. November 1674, fol. 50r–51rv.

302 Seine Zuständigkeit leitete sich vom alleinigen Jurisdiktionsrecht des Kaisers über sämtliche Streitigkeiten ab, die im Zusammenhang mit seinen Reservatrechten stand, vgl. dazu im Einzelnen auch Pratje, Kaiserliche Reservatrechte (wie Anm. 22) m. w. N. in zeitgenössischer Literatur, S. 296.

303 ÖStA HHStA RHR Judicialia Antiqua, K. 113, Nr. 16, Befehl an den Gläubiger des Klosters Irsee,

etwa das zugunsten des Mainzer Kaufmanns Schmidt erteilte Moratorium von dem Hofgericht Köln missachtet, indem es ein Weinlager des Begünstigten für die Zwangsvollstreckung freigab, nachdem einer der Gläubiger diese beantragt hatte. Letzterem sowie der Stadt Köln als auch dem dortigen Hofgericht befahl der Reichshofrat hierauf, *alles weiteren Verfahrens sich zu enthalten*, es gelte den Begünstigten und das kaiserliche Moratorium *kräftiglich zu schützen*. Zudem wurde den Adressaten aufgegeben, innerhalb von einem Monat bzw. zwei Monaten glaubhaft nachzuweisen, dass sie den Befehl befolgt hatten.[304] In dem Duktus der Befehle wird deutlich, dass es dem Reichshofrat nicht allein um die Durchsetzung des Moratoriums ging, sondern auch die Missachtung einer kaiserlichen Anordnung getadelt wurde.

Bei missbräuchlichem Verhalten der Begünstigten war es anerkannt, dass diesbezügliche Beschwerden sowohl vor dem Reichshofrat als auch vor dem Reichskammergericht geltend gemacht werden konnten.[305] In zwei der hier untersuchten Verfahren wurde die Verletzung der Moratorien wegen Missbrauchs gerügt. Ein Gläubiger der Grafen von Nassau-Saarbrücken setzte sich 1687 gegen die Verlängerung des Moratoriums ein, das Letzteren zunächst über zwölf, dann 1680 über weitere zehn Jahre eingeräumt worden war. *Zu nicht geringem nachtheil der armen*, zumal *ehrliche*[n] *bonâ fide negotiirende*[n] *Creditor*[en], sei die Prolongation zu Unrecht gewährt worden, da der Schuldner *gantz hinterlistig* seine Zahlungsunfähigkeit vorgegeben habe, tatsächlich jedoch verdeckt lukrativ wirtschafte.[306] Warum der Reichshofrat nicht gegen die Begünstigten einschritt, ob also für diese Behauptung kein hinreichender Beweis erhoben worden war oder andere Gründe den Ausschlag gaben, lässt sich den Akten nicht entnehmen.

Im Fall der Nürnberger Witwe Maria Kling behauptete diese, das Moratorium, das ihrem Schuldner 1628 für drei Jahre gewährt worden war, sei unter Vortäuschung falscher Tatsachen erwirkt worden. Da der Schuldner jedoch wei-

---

Geist von Wildegg vom 6. März 1654 (Konz.), fol. 9rv. Dieser hatte trotz eines Moratoriums zugunsten des Klosters ein Urteil der Kanzlei der Landgrafschaft Turgau erwirkt, das Geist die Inbesitznahme der klösterlichen Weingüter gestattete, falls der Abt ihn nicht innerhalb von 14 Tagen befriedige, 2. Dezember 1653, fol. 4r. Zusammenfassend berichtet auch Moser, Regierungs-Rechte (wie Anm. 9) darüber, dass die Beachtung der Moratorien durch den Reichshofrat überwacht wurde, Cap. 15, § 93, S. 395 f.

304 ÖStA HHStA RHR Judicialia Antiqua, K. 792, Nr. 1, Gewährung des Moratoriums, Vermerk vom 13. Juni 1678, fol. 18v, es findet sich auch in ebd., K. 790, Nr. 6, fol. 1r–2v; Befehl an Gläubiger de Grote vom 27. März 1679, ebd., K. 792, Nr. 1, fol. 81r–82r; Befehl an die Stadt Köln vom gleichen Tag, ebd., fol. 83r–84r; Befehl an das Hofgericht Köln vom gleichen Tag, ebd., fol. 85r–86r.

305 Moser, Regierungs-Rechte (wie Anm. 9), 15. Cap. § 40, S. 364 f. Ein solches Verfahren vor dem Reichskammergericht gibt vollständig Rosler, Tractatvs Juris Pvblici (wie Anm. 285), S. 167–216, wieder.

306 ÖStA HHStA RHR Judicialia Antiqua, K. 413, Nr. 2, fol. 1–2.

terhin einen verschwenderischen Lebensstil pflege und seinen Gläubigern seinen verbliebenen Besitz betrügerisch zu entziehen versuche, sei nicht mit seiner wirtschaftlichen Erholung zu rechnen, die ihn zur Begleichung seiner Schulden nach Ablauf des Moratoriums befähigen würde. Obwohl sie als seine Gläubigerin deshalb eigentlich berechtigt sei, um die Kassierung des Moratoriums zu bitten, beschränkte sie sich darauf, den Kaiser um ein persönliches Patent gegen den Schuldner zu bitten.[307] Dem erhobenen Vorwurf ging der Reichshofrat zwar nicht weiter nach, gab dem Begehren der Klägerin jedoch im Ergebnis statt und begründete dies mit ihrer privilegierten Stellung.[308]

10.6 Behördenlauf

Ein zugestandenes Moratorium wurde in der Reichshofkanzlei ausgefertigt und konnte dort von den Begünstigten oder ihren Vertretern abgeholt werden.[309] Weitere Ausfertigungen des Diploms ergingen bei reichsmittelbaren Petenten – vermutlich auf deren Ersuchen – an ihre Obrigkeiten. Bekannt ist zwar ein vor einigen Jahren wiederentdecktes Formularbuch, in dem sich allerdings keine Vorlage zur Erteilung eines Moratoriums findet.[310] Mit Rücksicht auf die bereits beschriebenen sehr individuell zugeschnittenen Inhalte der einzelnen Indulte ist dieser Befund allerdings nicht überraschend.

Mit Hilfe weiterer im Haus-, Hof- und Staatsarchiv Wien befindlicher Aktenbestände wurde stichprobenartig versucht, anhand einzelner *causae* den geschilderten Verfahrensgang innerhalb der reichshofrätlichen Behörde nachzuverfolgen. Dafür in Frage kamen die sog. Exhibitenprotokolle, in denen der Posteingang des Reichshofrats vermerkt wurde,[311] die Resolutionsprotokolle, in denen Sitzungen des Reichshofrats aufgezeichnet und dessen Entscheidungen notiert,[312] und die zum Bestand der Reichskanzlei zählenden Reichstaxbücher,

---

307 Es sollte sie berechtigen, überall seine Verhaftung und die Beschlagnahme seiner Güter zu verlangen, bis er entweder ihre Forderungen begleiche oder bis durch in Nürnberg ansässige Bürger ausreichende Kaution gestellt werde. ÖStA HHStA RHR Judicialia Antiqua, K. 36, Nr. 4a, undatiert, fol. 1–5, Moratorium vom 27. November 1628, fol. 9^r–12^v, fol. 26^r–29^v.

308 Siehe dazu unter Punkt 11.2.

309 Zum Geschäftsgang siehe Lothar Gross, Die Geschichte der deutschen Reichshofkanzlei von 1559 bis 1806 (Inventare des Wiener Haus-, Hof- Und Staatsarchivs), Wien 1933.

310 ÖStA HHStA Reichsarchive, Reichshofrat und Reichskanzlei – Verfassungsakten, Kanzleibücher 6. Allerdings dürfte das Buch wohl nicht sämtliche früher zirkulierende Vorlagen enthalten. Zu dem Formularbuch siehe Hansjörg Pohlmann, Ein unbekanntes „Reichskanzlei-Formularbuch" im Wiener Archiv, Rechtshistorisches Journal 2 (1983), S. 130–141.

311 ÖStA HHStA RHR Exhibitenprotokolle.

312 ÖStA HHStA RHR Resolutionsprotokolle.

in denen die Kanzleigebühren für die Ausfertigungen eingetragen wurden.[313] Dabei zeigte sich, dass in den Exhibitenprotokollen und in den Reichstaxbüchern oftmals entsprechende Einträge fehlen. Wir wissen noch nicht genug über die Führung dieser Amtsbücher, um diesen Umstand zu erklären. Jedenfalls sind zwar die Verhandlungen hinsichtlich des Gesuchs von Hanns Ipser in den Resolutionsprotokollen verzeichnet.[314] Doch ist weder der Eingang seiner Bittschrift in den Exhibitenprotokollen noch die angefallene Gebühr im Taxbuch vermerkt, obgleich dem Petenten das Moratorium erteilt wurde. Gleiches gilt für Klaus Haber[315] und Balthasar Ferdinand von Hornstein.[316] Für das Kloster Irsee findet sich neben dem Vermerk in den Resolutionsprotokollen auch ein Eintrag im Reichstaxbuch, nicht jedoch in den Exhibitenprotokollen.[317]

Die Taxordnung der Hofkanzlei von 1545 setzte für die Erteilung eines Moratoriums noch keine Gebühr fest, sondern verwies in Art. 2 lediglich darauf, dass für andere, in der Ordnung nicht näher bestimmte Briefe eine mäßige Taxierung vorzunehmen sei.[318] Erst in der Taxrolle von 1659 findet sich eine konkrete Angabe über die Taxierung von Moratorien, die vermutlich auf die bis dahin geübte Praxis zurückgeht.[319] Es steht zu vermuten, dass es hier eine geübte Praxis gab, an der man sich orientierte und welche die Grundlage für die Festlegung der Ordnung von 1659 bildete. In den hier stichprobenartig konsultierten Taxierungen wurden vor 1659 üblicherweise 15 Gulden für ein Moratorium per anno fällig; das Kloster Irsee hatte für ein dreijähriges Moratorium dementsprechend die dreifache Gebühr, d.h. 45 Gulden, zu entrichten.[320] Die erneuerte Ordnung

313 ÖStA HHStA RK Reichstaxbücher.

314 ÖStA HHStA RHR Resolutionsprotokolle saec. XVII, 95, fol. 76v, 77r.

315 ÖStA HHStA RHR Resolutionsprotokolle saec. XVII, 20a.

316 ÖStA HHStA RHR Resolutionsprotokolle saec. XVII, 159.

317 ÖStA HHStA RHR Resolutionsprotokolle saec. XVII, 158, fol. 407r, ÖStA HHStA RK Taxbücher, Taxbuch 113/9.

318 Ordnung für den Taxator seiner Hofkanzlei vom 17. September 1545, erlassen zu Prag von Ferdinand I., abgedruckt bei Thomas Fellner/Heinrich Kretschmayr, Die österreichische Zentralverwaltung. I. Abt. Von Maximilian I. bis zur Vereinigung der österreichischen und böhmischen Hofkanzlei (1749), 2. Bd., Aktenstücke 1491–1681 (Veröffentlichungen der Kommission für Neuere Geschichte Österreichs, 6), Nachdr. d. Ausg. Wien 1907, Nendeln/Liechtenstein 1970, Nr. 11, S. 97–100.

319 Erneuerte Chur-Mayntzische Reichs-Hof-Cantzley-Tax-Ordnung vom 6. Januar 1659, abgedruckt bei Johann Christian Lünig, Das Teutsche Reichs-Archiv in welchem zu finden I. Desselben Grund-Gesetze und Ordnungen […], 1. Bd., Leipzig 1710, S. 358–334, hier S. 332. Zur Taxierung und der diesbezüglichen Buchführung insgesamt siehe Gross, Reichshofkanzlei (wie Anm. 309), S. 219–221, 261–280.

320 ÖStA HHStA RHR Resolutionsprotokolle saec. XVII, 158, fol. 407r, ÖStA HHStA RK Taxbücher, Taxbuch 113/9.

legte fest, dass sich die Gebühr für ein Moratorium nach dessen Laufzeit bemaß, wobei für jedes Jahr 20 Gulden veranschlagt wurden.[321]

Neben den eigentlichen Taxgebühren, welche vollständig der Kanzlei zufielen, finden sich in den Taxordnungen nur vereinzelt Hinweise auf die von den Parteien bzw. Petenten darüber hinaus zu leistenden Bibalgelder für das Schreibpersonal und die Subskriptionsgelder für den Vizekanzler und den jeweiligen Geheimen Sekretär (entweder der deutschen oder der lateinischen Expedition der Reichshofkanzlei), wie dies bei der Taxordnung von 1659 der Fall ist, in der diese Gelder aufgeführt sind.[322]

Schließlich muss damit gerechnet werden, dass darüberhinausgehende Zahlungen auch häufiger „ausgehandelt" wurden. Denn die Reichshofräte profitierten von den bereits genannten Abgaben nicht und ließen sich für das Referieren und die Beförderung der Angelegenheiten, wie das schon aus anderen Zusammenhängen bekannt ist,[323] vermutlich auch bei Gnaden- und Streitsachen finanziell „unterstützen".

11. Einwendungen – Privilegierte Gläubiger

11.1 Laufendes Verfahren

Während laufender Moratorienverfahren wandten sich öfter Gläubiger an den Reichshofrat, die von der Supplikation Kenntnis erlangt hatten, um gegen die Erteilung eines Moratoriums zu protestieren.[324] Die Einwände bezogen sich da-

---

321 Siehe auch Moser, Regierungs-Rechte (wie Anm. 9), Cap. 15, § 43, S. 366.

322 Zu den Bibalgeldern siehe auch die Ausführungen nach Anm. 373.

323 So etwa hinsichtlich der Reichshofratsagenten, denen die Kommunikation zwischen dem Reichshofrat und den Prozessparteien oblag und anhand derer sich die ausgeprägte Kultur des materiellen wie immateriellen Gabentausches ablesen lässt, Thomas Dorfner, Mittler zwischen Haupt und Gliedern. Die Reichshofratsagenten und ihre Rolle im Verfahren (1658–1740) (Verhandeln, Verfahren, Entscheiden, 2), Diss., Münster 2015.

324 So auch in der *causa* Hager, ÖStA HHStA RHR Judicialia Antiqua, K. 102, Nr. 3, im Interesse der Gläubiger solle das Schuldenmoratorium nicht gewährt werden, Schreiben vom 12. August 1562 (Ausf.), fol. 13r–15r, dergl. Bitte der jüdischen Gläubiger Joseph zum goldenen Schwan, Calman an der Pforte, Abraham zur Taube, Gottschalk zum Fisch, Mosche zur Leiter, Mosche zum Hahn, Beyfus zum Schwert, undat. [1562], fol. 16r–19v. Ebenso der kurpfälzische Regierungsrat Lemmen, der am 29. Oktober 1711 um Promotorialschreiben an die Städte Frankfurt am Main und Friedberg im Streit um eine Wechselschuld ansuchte und bat, den Beklagten keine Schuldenmoratorien zu gewähren, ÖStA HHStA RHR Judicialia Antiqua, K. 224, Nr. 1, fol. 1v. Zu den formalen Gesichtspunkten der Gegenvorstellungen siehe auch Hanzely, Reichshofrathspraxis (wie Anm. 183), § 1541, 759 f.

rauf, dass der Supplikant *genugsamb solvendo* sei[325] bzw. auf unbestritten vorhandene Aktiva, die jedoch mit Rücksicht auf ihren marktbedingten Preisverfall vorerst nicht liquidiert werden sollten. Gegen die Bitte Agatha Haucks etwa, die unstreitig über einen werthaltigen Warenbestand verfügte, diesen jedoch derzeit nicht zum Marktpreis veräußern könne, monierten Haucks Gläubiger, der Warenbestand sei groß genug, um unbestrittene Verbindlichkeiten zu befriedigen, ein Gesuch um ein Moratorium sei generell abzulehnen, selbst wenn die Handelsgegenstände dafür unter Wert veräußert werden müssten.[326] Wie sich der Reichshofrat zu dieser Argumentation positioniert hätte, bleibt unbekannt. Zwar war der Bericht der Stadt Frankfurt zugunsten der Supplikantin ausgefallen, doch war sie im weiteren Verlauf des Verfahrens verstorben.[327] Auch kommt in den vorgetragenen Gegenvorstellungen häufiger die generelle Kritik zum Ausdruck, dass bei der Abwägung der sich widerstreitenden Interessen von Gläubigern und ihrem Schuldner Letzterer das Nachsehen haben müsse, könne doch der Schutz eines Einzelnen gleich mehrere Gläubiger ins Verderben ziehen, weshalb Moratorien für Letztere *zum höchsten nachtheilig und viel verderblich* seien.[328]

Gegen das Gesuch um ein Moratorium für Otto Ludwig von Schönburg wandte sich der Vormund und Bevollmächtigte der Ehefrau und Schwester des Petenten. Letzterer sei Alleinerbe von drei Herrschaften und habe sich mit den beiden Damen verglichen, doch diese seien noch nicht abgefunden. Die Abfindung wie auch andere Schulden könnten mit dem Erbe ohne Weiteres abgegolten werden. Schließlich verglich der Vormund den Petenten noch mit den in der *Policey Ordnung zu Augspurg de anno 1548* genannten *verdorbenen Khauffleüthen*, zu deren Gunsten kein Moratorium gewährt werden dürfe.[329] Die behauptete Zahlungsfähigkeit eines Petenten barg freilich den Vorwurf des Betruges. War dieser erweislich oder zumindest der Verdacht nicht ausgeräumt, dürften die erbetenen Moratorien abgelehnt worden sein. Die Akte über das Gesuch Schönburgs endete jedenfalls mit der Einwendung des Vormunds.

Gegen das Gesuch des Frankfurter Kaufmanns Johannes Schilling wandte sich der Hofkriegsrat. Dieser war zuvor von dem Hoffaktor Samuel Oppenheimer darüber unterrichtet worden, dass der Petent bei ihm Schulden in Höhe von 6.000 Reichstalern habe. Oppenheimer bat, von den Wirkungen eines ge-

---

325 ÖStA HHStA RHR Judicialia Antiqua, K. 808, Nr. 4, fol. 3^r^.

326 ÖStA HHStA RHR Judicialia Antiqua, K. 108, Nr. 1, fol. 40.

327 ÖStA HHStA RHR Judicialia Antiqua, K. 108, Nr. 1, Bericht der Stadt Frankfurt vom 18. Mai 1684, fol. 71^r^.

328 ÖStA HHStA RHR Judicialia Antiqua, K. 102, Nr. 3, Bitte der jüdischen Gläubiger Joseph zum goldenen Schwan, Calman an der Pforte, Abraham zur Taube, Gottschalk zum Fisch, Mosche zur Leiter, Mosche zum Hahn, Beyfus zum Schwert, undat. [1562], fol. 18^v^.

329 ÖStA HHStA RHR Judicialia Antiqua, K. 793, Nr. 15, fol. 1^rv^.

gebenenfalls erteilten Moratoriums eximiert zu werden, da er *zur Proviandtierung Eurer Kaysl. May. Armee auch beschaffung allerhandt Munition, also dem gemeinen wesen zum besten, hochbedürfftig* sei.[330] Diese Begründung schien dem Reichshofrat offensichtlich beachtlich, weshalb dem Petenten zunächst aufgetragen wurde, Oppenheimer innerhalb von 14 Tagen zu befriedigen und *fernere Verordnung* abzuwarten.[331] Diese Bedingung erfüllte Schilling jedoch nicht, weshalb der Befehl an die Stadt Frankfurt ging, Schillings Güter bis zur Klaglosstellung Oppenheimers mit Arrest zu belegen.[332] Letzten Endes wurde das Gesuch insgesamt abgeschlagen, nachdem der Bericht der Stadt Frankfurt über den Schuldner Schilling negativ ausgefallen war,[333] und beschlossen, *dem Oppenheimer auf andere weiß Satisfaction* zuteilwerden zu lassen.[334] Wie diese aussah, bleibt offen.

Johann Esaias Fabricius stützte sein Gesuch um Exemtion im Hinblick auf das von Graf Friedrich Kasimir von Hanau-Lichtenberg beantragte Moratorium auf eine besondere vertragliche Abrede.[335]

Gegen das Gesuch um ein Moratorium des Frankfurter Kaufmanns Sebastian Schweitzer schließlich intervenierte die Erzherzogin Eleonore von Österreich, die Schwester des amtierenden Kaisers Leopold I., für ihre Kinder. Nach dem Tod ihres Mannes Herzog Karl V. von Lothringen bestand gegen die Kinder als dessen Erben eine Forderung in Höhe von 20.000 Reichstalern. Deren Anwalt ließ dazu wissen, diese Verbindlichkeit sei Bestandteil einer *cessio bonorum*, ebenso wie auch Schweitzer darin als Schuldner verhaftet war.[336] Diese Abrede zwischen Gläubiger und Schuldner schützte Letzteren, konnte er damit die ihm sonst drohende Personalexekution verhindern, indem er versprach, sein gesamtes Vermögen, d. h. Aktiva und Passiva, an seinen Gläubiger zu übertragen. Damit waren die Schuldner, Schweitzer und die Rechtsnachfolger Herzog Karls, einem neuen Gläubiger ausgesetzt. Zu der dogmatisch spannenden Frage, wie sich die durch die *cessio bonorum* entstandene solidarische Verpflichtung der Schuldner gegen-

---

330 ÖStA HHStA RHR Judicialia Antiqua, K. 781, Nr. 3, Schreiben des Hofkriegsrates, fol. 20^{r}; Schreiben Oppenheimers, fol. 21^{rv}.

331 ÖStA HHStA RHR Judicialia Antiqua, K. 781, Nr. 3, Vermerk vom 25. Mai 1684, fol. 33^{v}.

332 ÖStA HHStA RHR Judicialia Antiqua, K. 781, Nr. 3, Vermerk vom 5. Oktober 1684, fol. 68^{rv}.

333 ÖStA HHStA RHR Judicialia Antiqua, K. 781, Nr. 3, Schreiben vom 20. September 1684, fol. 66^{rv}.

334 ÖStA HHStA RHR Judicialia Antiqua, K. 781, Nr. 3, Vermerk vom 20. Juli 1687, fol. 63^{v}.

335 ÖStA HHStA RHR Judicialia Antiqua, K. 26, Nr. 4b. Eine Entscheidung des Reichshofrats erging in dieser Sache nicht, denn Fabricius unterrichtete den Kaiser später von der gütlichen Einigung zwischen ihm und dem Grafen.

336 ÖStA HHStA RHR Judicialia Antiqua, K. 808, Nr. 4, fol. 2^{v}, 3^{r}. Nähere Informationen zu den Hintergründen dieser Forderung gehen aus dem Promotorialschreiben an die Stadt Frankfurt hervor, das Erzherzogin Eleonore erwirkt hatte, Konz. vom 20. Juni 1690, ebd., fol. 4^{rv}.

über dem neuen Gläubiger einerseits zu einer individuellen Begünstigung einer der Schuldner durch ein Moratorium andererseits verhielt, vertrat der Rechtsbeistand Eleonores die Auffassung, *Bekandten Rechtens* schließe die durch die *cessio bonorum* entstandene Beziehung mehrerer Schuldner untereinander individuelle Begünstigungen aus; ansonsten würden dadurch die verbliebenen Schuldner quotal mehrbelastet.[337] Seine Rechtsansicht belegte er ausführlich mit Literaturverweisen.[338] Auf das von Leonore hierauf erwirkte Promotorialschreiben an die Stadt Frankfurt erstellte der Reichshofrat ein Gutachten, das zwei Wochen später im Geheimen Rat gebilligt wurde.[339]

Proteste wurden jedenfalls zurückgewiesen, wenn der Petent sein Gesuch um Ausnahme lediglich damit begründete, in dem vom ihm angestrengten Schuldverfahren seien bereits Urteile ergangen oder Submissionen vorgenommen worden,[340] oder bei den Schuldforderungen handele es sich um ausstehende Lohnzahlungen bzw. für den Schuldner aufgenommene Kredite.[341]

Der Reichshofrat berücksichtigte solche von privater Seite stammende Einwendungen – im Gegensatz zu den angeforderten obrigkeitlichen Berichten – üblicherweise nur dann, wenn ein bereits erteiltes Moratorium selbst einen Vorbehalt zugunsten einzelner Gläubiger bzw. Gläubigergruppen enthielt, die Gläubiger eine dispensierende Vereinbarung mit dem Schuldner nachweisen konnten oder aber generell als privilegiert angesehen wurden. Letzteres galt vor allem für geistliche Einrichtungen, Witwen, Waisen[342] und *miserable Persohnen*.[343] Erfolgreich mit ihren Bitten waren dementsprechend der Speyerer Bischof Lothar Friedrich, der auf die umfangreichen Geldanlagen des Speyerer Domkapitels bei der hoch verschuldeten Stadt Worms hinwies, die zuvor ein Ge-

---

337 Schweitzer versuchte, sich durch sämtliche Instanzen, zuletzt vor dem Reichskammergericht, dem Schuldnerverbund zu Lasten der anderen zu entziehen.

338 ÖStA HHStA RHR Judicialia Antiqua, K. 808, Nr. 4, fol. 2^{v}, 3^{r}. Nähere Informationen zu den Hintergründen dieser Forderung gehen aus dem Promotorialschreiben an die Stadt Frankfurt hervor, das Erzherzogin Eleonore erwirkt hatte, Konz. vom 20. Juni 1690, ebd., fol. 4^{rv}.

339 ÖStA HHStA RHR Judicialia Antiqua, K. 808, Nr. 4, Reichshofratsgutachten vom 12. Februar 1693, und Billigung im Geheimen Rat am 28. Februar 1693, fol. 93^{r}–101^{v}.

340 ÖStA HHStA RHR Judicialia Antiqua, K. 26, Nr. 4 f.

341 ÖStA HHStA RHR Judicialia Antiqua, K. 26, Nr. 4c.

342 Auf Letztere wird häufiger bei der Erteilung eines Moratoriums hingewiesen, so etwa in ÖStA HHStA RHR Judicialia Antiqua, K. 199, Nr. 6, fol. 1^{v}, 5; ebd. K. 542, Nr. 6, fol. 1^{v}; ebd. K. 556, Nr. 5, fol. 1^{v}; ebd. K. 610, Nr. 13, fol. 1^{v}.

343 Darauf wird in dem Moratorium zugunsten des Kurfürsten Karl Ludwig von der Pfal hingewiesen (wie Anm. 12). Zur Privilegierung der *personae miserabiles* vor den Reichsgerichten siehe näher Thomas Duve, Sonderrecht in der Frühen Neuzeit. Studien zum *ius singulare* und den *privilegia miserabilium personarum*, *senum* und *indorum* in Alter und Neuer Welt (Studien zur europäischen Rechtsgeschichte, 231), Frankfurt am Main 2008, S. 111–116.

such um ein Moratorium gestellt hatte; dem bischöflichen Protest schlossen sich das Speyerer Stift St. German und Moritz und das Koblenzer Jesuitenkolleg an.[344] Und auch der Großprior des Johanniterordens in Deutschland bat – letztlich mit Erfolg – um Exemtion von den Regelungen eines möglichen Moratoriums für die die Stadt Speyer.[345]

Diese Bevorrechtigungen waren allerdings weder in den bereits erwähnten Regelungen über die Moratorien in den Reichspoliceyordnungen noch im Jüngsten Reichsabschied von 1654 erwähnt,[346] kommen aber genereller Art im *ordo causarum* der Reichshofratsordnung von 1654 zum Ausdruck. Danach waren die referierenden Reichshofräte für die ihnen zugewiesenen Verfahren angehalten, *gotteshäuser, item gefangene, so vornehmblich deren pfändung oder übel verfahrung in deren peinlichen processen und sonsten belanget*, aber auch die *armen leuth* sowie Witwen und Waisen vorzuziehen, um wegen ihres ohnehin schon bestehenden Elends ihrer Sache möglichst schnell abzuhelfen.[347] Zum Schutz von Ehe und Familie sahen auch einzelne Konkursrechte entsprechende Vorzugsrechte vor.[348] Mit diesen setzte sich freilich auch die juristische Literatur auseinander und befürwortete privilegierte Gläubigerklassen. Vereinzelt

344 Die Bitten des Speyerer Bischofs um Ablehnung des Gesuchs: ÖStA HHStA RHR Judicialia Antiqua, K. 864, Nr. 5, fol. 3^{r}, und des Stifts, ebd., fol. 5^{r}.; Antrag des Jesuitenkollegs Koblenz ÖStA HHStA RHR Judicialia Antiqua, K. 119, Nr. 3, wo die Wormser Eingabe von 1670 ebenfalls berücksichtigt wurde. Offensichtlich war die Prüfung des Wormser Gesuchs um ein Moratorium zu dieser Zeit noch nicht abgeschlossen gewesen, da am 23.07.1670 *ad acta und zu seiner Zeit eingedenkt zu sein* vermerkt wurde, ebd., fol. 2^{v}.

345 ÖStA HHStA RHR Judicialia Antiqua, K. 865, Nr. 2, Gesuch fol. 44^{rv}, Vermerk, bis zur Entscheidung abzuwarten, vom 5. März 1686, fol. 47^{v}; im Moratorium werden die Johanniter explizit von dessen Rechtswirkungen ausgenommen, fol. 104^{v}.

346 Siehe vor Anm. 43 und Anm. 45.

347 Reichshofratsordnung vom 16. März 1654, zitiert nach Wolfgang Sellert, Die Ordnungen des Reichshofrats 1550–1766 (QFHG, 8/II), 2. Halbband bis 1766, Köln/Wien 1999, S. 45–260, hier Tit. IV, §§ 8 und 9, S. 165 f. Zum *ordo causarum* näher Tobias Schenk, Die *Vota ad Imperatorem* des kaiserlichen Reichshofrats. Zur Verfahrensautonomie an einem herrschernahen Höchstgericht der Frühen Neuzeit, in: Anja Amend-Traut/Ignacio Czeguhn/Peter Oestmann (Hrsg.), Urteiler, Richter, Spruchkörper. Entscheidungsfindung und Entscheidungsmechanismen in der Europäischen Rechtskultur (QFHG, 75), Köln/Weimar/Wien 2021, S. 239–348, hier S. 290 f.; zu der Privilegierung armer Parteien durch den *ordo personarum* sowie auf Kritik von 1740, wonach sich der Reichshofrat immer öfter nicht mehr daran halte, um stattdessen Verfahren vorzuziehen, die den Räten mehr Geld einbrächten, ders., in diesem Band unter Abschn. 5.4.

348 §§ 5 und 6 der Frankfurter Fallitenordnung räumte der Ehefrau und den *Pupillen oder Pflegkinder* des Schuldners ein Vorzugsrecht ein, Christian O. Schmitt, Säuberlich banquerott gemachet. Konkursverfahren aus Frankfurt am Main vor dem Reichskammergericht (QFHG, 66), Köln/Weimar/Wien 2016, S. 223. Landesherrliche und städtische Regelungen wie diese gehen auf römischrechtliche Wurzeln zurück, siehe dazu Forster, Konkurs (wie Anm. 25), S. 131 f.

stützten sich einwendende Gläubiger auf dieses Schrifttum, um ihrem Begehren Nachdruck zu verleihen.[349]

Obwohl sich das Reichskammergericht prinzipiell an die reichshofrätlichen Anordnungen bei Moratorien gebunden fühlte,[350] intervenierten der Kammerrichter und die Assessoren auch im Namen *anderer Cameralen* sowie deren *Wittwen und Waisen* anlässlich des Gesuchs der Stadt Speyer und baten darum, von den Wirkungen ausgenommen zu werden; zunächst wurde das Gesuch *ad acta* gelegt, um *in gedenckh zu seyn*, doch am Ende blieb es fruchtlos, denn in dem letztlich für fünf Jahre erteilten Moratorium für die Stadt waren zwar die üblichen privilegierten Personen nebst ausdrücklicher Benennung der Johanniter, die zuvor ebenfalls interveniert hatten, aufgezählt. Doch das Reichskammergericht erhielt lediglich das übliche Notifikationsschreiben über das Moratorium, in dem dessen Beachtung eingefordert wurde.[351] Die Gründe, warum der Reichshofrat dem Anliegen nicht stattgab, sind den Quellen nicht zu entnehmen.[352] Motiviert war diese Eingabe von der Befürchtung, dass die Kameralpersonen selbst in ihrer Daseinsvorsorge beeinträchtigt werden könnten. Sitz des Reichskammergerichts war zu dieser Zeit noch Speyer. Deshalb forderte man, *wenigstens eximirt* zu werden, um *in salus bleiben* zu können.[353]

11.2 Selbständige Verfahren

Auch in eigenständigen Verfahren gegen bereits erteilte Moratorien baten Gläubiger unter Berufung auf ihre privilegierte Stellung um kaiserlichen Schutz gegen die Vollstreckungshemmung. In einem der hier untersuchten Verfahren gewährte der Reichshofrat der Klägerin, die Nürnberger Witwe Maria Kling und Gläubigerin ihres Schuldners, der ein Moratorium zu seinen Gunsten erwirkt hatte, nachträglich eine gesonderte Gläubigerstellung und damit ungeachtet der generell sperrenden Wirkung des Moratoriums eine Befriedungsmöglichkeit für die Sup-

---

349 Wie etwa das Franziskanerkloster in Halberstadt, das Giacomo Antonio Marta, Tractatus de iurisdictione, Teil 4, Mainz 1609, Cas. 171, numero 7, S. 279 f., hier S. 279, benannte, um die privilegierte Stellung von geistlichen Institutionen zu untermauern, ÖStA HHStA RHR Judicialia Antiqua, K. 10, Nr. 3, fol. 3r.

350 Siehe dazu bereits die Ausführungen vor Anm. 52.

351 ÖStA HHStA RHR Judicialia Antiqua, K. 865, Nr. 2, Entscheidung des Reichshofrats vom 8. Januar 1686, fol. 11v; Moratorium vom 6. November 1686 fol. 101r–105r; Notifikationsschreiben vom 27. Oktober 1687, fol. 110r–111v.

352 Auch das für den Zeitraum einschlägige Ratsprotokoll gibt hierüber keinen Aufschluss, ÖStA HHStA RHR Resolutionsprotokolle saec. XVII 267.

353 ÖStA HHStA RHR Judicialia Antiqua, K. 865, Nr. 2, Bitte der Kameralen vom 15. Mai 1685, fol. 10rv.

plikantin, weil es dem *Kayserlichen Ambts* obliege, *sonderlich aber den Wittib und waißen die rechtliche Hilff zu ertheilen.*[354] Die Witwe Rehlingen erreichte einen Befehl an die Stadt Worms, noch während eines zu deren Gunsten laufenden Moratoriums die Hälfte und nach dessen Auslaufen die restlichen Schuldzinsen zu erhalten.[355] Da Worms offensichtlich dieser Anordnung nicht Folge geleistet hatte, erging wenige Jahre später erneut ein gleichlautender Befehl.[356]

Das Liebfrauenstift in Halberstadt und das Benediktinerkloster St. Maria in Huysburg wandten sich ebenso erfolgreich an den Reichshofrat; die Stadt Goslar hatte sich bei ihnen Geld geliehen, die Rückzahlung des Kapitals und die Zahlung ausstehender Zinsen aber unter Hinweis u. a. auf verschiedene Moratorien verweigert. Da diese Gelder aber dem Unterhalt des Klerus und wohltätigen Zwecken dienten, seien sie von den Moratorien ausgenommen.[357]

Und auch das Wormser Jesuitenkolleg machte im Jahr 1708 im Rahmen eines weiteren Moratoriumsgesuchs der Stadt Worms auf seine privilegierte Stellung aufmerksam. Hintergrund war die Bezahlung von Zinsen aus einer Schuldverschreibung der Stadt über 2.500 Gulden aus dem Jahr 1618. Die Jesuiten führten aus, die Stadt zahle die jährlichen Zinsen in Höhe von 125 Gulden, die für ihren Unterhalt bestimmt seien, nur noch sporadisch. Die Stadt bat u. a. unter Hinweis auf ein kaiserliches Schuldenmoratorium von 1701 um Aufschub. Die Jesuiten erwiderten, ihre Forderung falle nicht unter das Moratorium, welches die Wormser Gläubiger ausgenommen habe. Sie hätten sich lange Zeit mit Abschlagszahlungen begnügt und verlangten lediglich die vollen Zinsen von 1706 an. Insofern hätten sie schon hinreichend Rücksicht auf die Stadt genommen. Hierauf erließ der Reichshofrat gleich zweimal, einmal unter Androhung der Exekution im Übertretungsfall, einen Zahlungsbefehl an die Stadt Worms.[358]

---

354 ÖStA HHStA RHR Judicialia Antiqua, K. 36, Nr. 4a, kaiserliches Promotorialschreiben für Maria Kling, Haas und die Erben Johann Klings an die Stadt Nürnberg vom 18. April 1630 (Konz.), fol. 31r–33r, hier fol. 32v. In diesem Verfahren wurde ebenfalls der Vorwurf der missbräuchlichen Erwirkung eines Moratoriums erhoben, siehe dazu die Ausführungen unter Punkt 10.5. Einen weiteren Fall schildert Cramer, Observationes (wie Anm. 276).

355 ÖStA HHStA RHR Judicialia Antiqua, K. 659, Nr. 1, fol. 376rv, datiert auf den 8. Februar 1672 (Konz.).

356 ÖStA HHStA RHR Judicialia Antiqua, K. 660, Nr. 3, Befehl an die Stadt Worms, während des noch laufenden Schuldenmoratoriums die Hälfte und nach dessen Auslaufen die gesamten Schuldzinsen zu entrichten, 2. Mai 1681 (Konz.), fol. 21r–22v.

357 ÖStA HHStA RHR Judicialia Antiqua, K. 9, Nr. 3, kaiserlicher Befehl an die Stadt Goslar, die Forderungen des Liebfrauenstifts innerhalb von zwei Monaten zu erfüllen unter Androhung der Vollstreckung, 20. Dezember 1703 (Konz.), fol. 17r; ÖStA HHStA RHR Judicialia Antiqua, K. 9, Nr. 4, kaiserlicher Befehl an die Stadt Goslar, innerhalb einer Frist von zwei Monaten die Forderungen der Gläubiger zu erfüllen oder relevante Einwände vorzubringen, 27. Mai 1687 (Konz.) fol. 29rv.

358 ÖStA HHStA RHR Judicialia Antiqua, K. 122, Nr. 7, Darlegung der bevorzugten Gläubigerstel-

Wie in weiteren, ähnlich gelagerten Fällen[359] berief sich auch das Mainzer Domkapitel auf einen vertraglich vereinbarten Dispens und bat darum, der Reichshofrat möge das Reichskammergericht darüber informieren, dass das Domkapitel *per expressum* von dem den Grafen von Nassau erteilten Moratorium ausgenommen worden sei.[360] Maria Magdalena von Lindau sollte von der generellen Vollstreckungshemmung eines gewährten Moratoriums ausgenommen werden, weil es sich bei ihr um eine bedürftige Person handele.[361] Das Franziskanerkloster Halberstadt bat erfolgreich um ein Mandat *sine clausula* zur Anerkennung seiner privilegierten Gläubigerstellung.[362]

Auch aus anderen Beschwerdeverfahren erfahren wir, welche Maßnahmen der Reichshofrat ergriff, um privilegierte Gläubiger zu schützen. Auf das Gesuch eines Gläubigers hin ergingen zwei kaiserliche Befehle an den Schuldner, wonach die Verbindlichkeit nebst angefallenen Zinsen zurückzuzahlen sei und zudem innerhalb einer Frist von zwei Monaten nach Zustellung des Mandats der Gehorsamsnachweis zu erbringen war. Widrigenfalls wurde zugleich zu der im Mandat vorgesehenen Strafe verurteilt, sofern nicht rechtlich relevante Gründe für den Ungehorsam vorgebracht worden waren. Im Fall des Nichterscheinens werde das Verfahren fortgesetzt.[363]

12. Reichspolitische Einordnung

Die Schuldenmoratorien sind zunächst ein Beispiel für die generelle Skepsis gegenüber hoheitlichen Eingriffen in den Lauf der Justiz, wie sie nicht nur im

lung fol. 11^{r}, Abschrift des Moratoriums fol. 17^{r}–19^{v}, Entscheidungen vom 11. Oktober 1708 (Konz.), fol. 4^{r}, ferner (Abschr.), fol. 13^{rv} und vom 5. August 1709 (Konz.), fol. 21^{r}.

359 Auch in ÖStA HHStA RHR Judicialia Antiqua, K. 26, Nr. 4b, brachte ein Gläubiger vor, er habe eine schriftliche Zusage des Schuldners über eine privilegierte Befriedigung. Zu einer Entscheidung hierüber kam es nicht, da der Gläubiger später den Kaiser von der gütlichen Einigung zwischen ihm und dem Schuldner unterrichtete, fol. 9^{r}.

360 ÖStA HHStA RHR Judicialia Antiqua, K. 413, Nr. 3, Bewilligung des Antrages vom 29. April 1672 (Verm.), fol. 2^{v}.

361 ÖStA HHStA RHR Judicialia Antiqua, K. 26, Nr. 4d. Allerdings sollte die Gläubigerin namentlich im Moratorium nicht genannt werden, sondern ein mündlicher Hinweis an den zuständigen Rat erfolgen, dass ihre Schuldforderung vom Moratorium ausgenommen sei, ÖStA HHStA RHR Judicialia Antiqua, K. 26, Nr. 4a, Schreiben vom 24. Januar 1674, fol. 77^{r}–84^{v}.

362 ÖStA HHStA RHR Judicialia Antiqua, K. 10, Nr. 3, fol. 2^{v}, unter Hinweis auf eine nicht näher bezeichnete Stelle im JRA, wonach Schulden von Moratorien nicht erfasst würden, die für wohltätige Zwecke bestimmt seien.

363 ÖStA HHStA RHR Judicialia Antiqua, K. 10, Nr. 3, kaiserlicher Befehl vom 25. Mai 1662, (Konz.) fol. 12^{rv}, Mandatum poenale vom 25. Mai 1625, (Konz.) fol. 14^{r}–16^{v}.

Hinblick auf den Umgang des Kaisers mit den ihm zugestandenen Reservatrechten, sondern auch auf die landesfürstliche wie reichsstädtische Autorität in der Literatur seit dem 16. Jahrhundert bis in die jüngste Zeit diskutiert wurden.[364] Hier wie dort ging es um die Abgrenzung von Recht und Willkür oder zumindest Willkürverdacht. Einzelne Reichsstände brachten ihre Kritik offen zum Ausdruck; die kaiserferne Stadt Hamburg erlaubte sich in ihrem Bericht an den Reichshofrat darauf hinzuweisen, dass *in dieser bekandlichen Kauff und Handelstatt dergleichen Moratoria* [...] *ganz ungewohnt* seien.[365]

Immerhin bringt die Ausübung dieses Reservatrechts den Machtanspruch des Kaisers deutlich zum Ausdruck. Dem Argwohn gegenüber eigennütziger Machtpolitik stand der Respekt vor den überkommenen Rechten und deren stabilisierender Wirkung für die Legitimation des Kaisertums gegenüber, wie dies etwa bei Moser zum Ausdruck kommt.[366] Die politische Stabilität des Reichs und seiner Glieder wurde mit den Moratorien auf den Prüfstein gestellt, indem um ihre reichsrechtliche Ausformung als kaiserliches Reservatrecht zwischen dem Kaiser und den Reichsständen zäh und andauernd gerungen wurde. Das Ringen um die Wahrung der Komitialrechte insgesamt illustriert auch die Sorge, einen Präzedenzfall zu schaffen und so weitreichende Folgen für die althergebrachte Ordnung heraufzubeschwören, die so drohte, dauerhaft durch die Perpetuierung einer Rechtshandlung erschüttert zu werden. Denn immerhin war mit der policeyrechtlichen Verankerung der Moratorien als kaiserliches Reservatrecht letztlich auch neues Verfassungsrecht geschöpft oder doch zumindest durch die Fehlinterpretation als Reichsherkommen verstetigt, das jedenfalls die Grenzen der kaiserlichen Reservatrechte neu festlegte.[367] Die Brisanz des Gegenstands belegen besonders anschaulich die Gesuche von Reichsständen, über die nicht der an sich behördenmäßig zuständige Reichshofrat des Kaisers entschied, sondern die dem Reichstag zur Begutachtung vorgelegt wurden. Die Grenzen zwischen einer bloßen Schuldensache und einer reichspolitischen Angelegenheit, für welche die Reichsstände ihr Recht auf Mitwirkung für sich reklamieren konnten, drohten ansonsten zugunsten des Kaisers zu verwischen.

---

364 So etwa in den Werken des bayerischen Hofmarksrichters und späteren Syndikus der schwäbischen Reichsritterschaft Anton Wilhelm Ertl, welcher verfassungsrechtliche Probleme in der Zeit des Hochabsolutismus erörterte. Eine kritische Auseinandersetzung damit findet sich bei Dietmar Willoweit, Rechtsprobleme der absoluten Monarchie, in: Karl-Hermann Kästner/Knut Wolfgang Nörr/Klaus Schlaich (Hrsg.), Festschrift für Martin Heckel zum siebzigsten Geburtstag, Tübingen 1999, S. 641–657, hier S. 646–655.

365 ÖStA HHStA RHR Judicialia Antiqua, K. 646, Nr. 10, fol. 12ʳ.

366 Siehe dazu die Ausführungen zu Anm. 54.

367 In diesem Zusammenhang zu den Moratorien als Untersuchungsgegenstand siehe Amend-Traut, Rechtsverband (wie Anm. 30).

Welche Motive waren nun also für den Kaiser wie auch die Reichsstände ausschlaggebend, sich für das Institut der Moratorien stark zu machen bzw. es zu billigen? War es eigennütziges Interesse des Kaisers oder sein übergeordnetes Bestreben, die politische Stabilität bzw. die ökonomischen Verhältnisse im Reich zu verbessern?

Eingriffe in den Justizlauf bzw. private Vermögensrechte – beides gilt für die Moratorien gleichermaßen – durften bestenfalls aus Gründen des gemeinen Wohls erfolgen, um von den Zeitgenossen nicht als Ergebnis der kritisch bewerteten Souveränitätsidee[368] oder gar als unentschuldbarer Verstoß gegen göttliches Recht bzw. das Naturrecht beurteilt zu werden.[369] Und eben diese Orientierung am gemeinen Wohl lässt sich – ebenso wie übrigens auch bei Privilegienerteilungen[370] – bei den Schuldenmoratorien ausmachen. Für die bereits erwähnten Kritiker seit dem frühen 16. Jahrhundert wie auch einzelne Reichsstände – Hamburg wies den Reichshofrat im Jahr 1672 darauf hin, Moratorien seien mit dem *commercio incompatibel*[371] –, aber auch noch für Vertreter der Nationalökonomie des frühen 20. Jahrhunderts stand zwar fest, „die staatliche Gewaltmaßregel" sei „aus mehr oder minder egoistischem Interesse" bzw. „meist ohne eigentliche wirtschaftliche Ursache erfolgt."[372] Doch lukrativ war die Erteilung von Moratorien wohl kaum. Die Erträge aus den zu erhebenden Gebühren sind jedenfalls, wie bereits dargelegt,[373] kaum erwähnenswert. Freilich legen insbesondere die in kürzester Zeit bzw. ohne nähere Überprüfung gewährten Moratorien den Verdacht nahe, dass bei Gesuchen jeglicher Art an den Kaiser bzw. dessen Reichshofrat die Supplikanten eine überzeugende Summe an Remunerationen zu leisten hatten, obgleich seit der Kanzleiordnung von 1566 diese zu fordern ausdrücklich untersagt war.[374] Auch auf die Bedeutung der informellen Kontakte zum Kaiser oder zu einzelnen Gremienmitgliedern des Reichshofrats und deren Geldwert wurde in der Forschung jüngst bereits hingewiesen.[375] Allerdings gilt es dabei zu bedenken, dass die hier fragliche Klientel für die Erlangung eines Moratoriums ja gerade ihre Zahlungsunfähigkeit darlegen musste und sich wohl

---

368 Willoweit, Rechtsprobleme (wie Anm. 364), S. 651, der in diesem Zusammenhang ein landesherrliches Moratorium erwähnt.

369 Siehe dazu die bereits unter Punkt 4. erwähnten Autoren, wie etwa Pflaumer (wie Anm. 28).

370 Ortlieb, Kaiserlicher Hofrat (wie Anm. 7), S. 489, 511.

371 ÖStA HHStA RHR Judicialia Antiqua, K. 646, Nr. 10, Bericht der Stadt Hamburg vom 21. Dezember 1672, fol. 12r–13v, hier fol. 12r.

372 Mayer, Geschichte und Theorie (wie Anm. 16), S. 183, 186.

373 Nach Anm. 319.

374 Reichshofkanzleiordnung Kaiser Maximilians II. vom 20. April 1566, abgedruckt bei Fellner/Kretschmayr (wie Anm. 318), Nr. 20, S. 313–318, hier Art. 22 f., S. 316.

375 Schenk, Vota (wie Anm. 347), S. 40.

auch tatsächlich selbst kaum nennenswerte finanzielle Darreichungen bzw. die Unterhaltung eines Sollizitanten vor Ort, jedenfalls wenn es sich um eine Privatperson handelte, leisten konnte. Der Frage, was am Kaiserhof passierte bzw. gerade nicht passierte, wenn Bittgesuche ohne jegliche begleitende Lobbyarbeit eingingen, wurde bislang noch nicht weiter nachgegangen und sie dürfte auch schwer zu beantworten sein. Ungeachtet dessen könnten zukünftige Forschungen zur Geschäftsverteilung am Reichshofrat, die in den Händen des Präsidenten lag, zu dem Ergebnis kommen, dass „die politischen Interessen des Kaiserhofes […] bereits im Vorfeld der Sitzung", und zwar „ohne dass darüber im Plenum noch hätte diskutiert werden müssen", berücksichtigt wurden.[376]

Anhand der Moratorien zeigt sich vielmehr, dass die Interessen der einzelnen Reichsglieder durchaus nicht allein defensiv, d. h. besitzstandswahrend, auf die Erhaltung ihrer überkommenen Rechte bzw. auf ihr wirtschaftliches Überleben ausgerichtet waren.[377] Denn der für die Moratorien ausgehandelte Kompromiss orientierte sich vorrangig am wirtschaftlichen Wohl als gemeinsames reichspolitisches Ziel; dieses passte sich inhaltlich den wirtschaftlichen Anforderungen der Zeit an, die viele Reichsstände erkannten und anerkannten. Insoweit kam der Kaiser auch mittels der Moratorien seiner Aufgabe nach, „nicht nur die Rechte einzelner Reichsglieder zu mehren, sondern das Reich als Ganzes zu fördern."[378] Dieses Motiv sollte übrigens bei den seit 1654 vermehrt zum Einsatz kommenden Debitkommissionen ebenso gelten, die für Gläubiger eher ungünstig waren, da deren Interessen häufig hinter dem kaiserlichen Interesse „an der Fortexistenz der Kleinterritorien zurücktreten" mussten.[379]

Als eigennützig ließe sich die Ausübung des kaiserlichen Gnadenrechts durch die Gewährung eines Moratoriums bestenfalls insofern bezeichnen, als sich der Kaiser des Danks der Begünstigten versichert sein konnte und sich hierdurch sein Ansehen stärkte. Umgekehrt konnte der Kaiser – etwa in der Wendung, der Petent habe sich *auf sein aigenen Unkosten zu deß reichs bestem* eingesetzt[380] –

376 Die weitgehend überlieferten Protokollbücher, aus welchen die Geschäftsverteilung am Reichshofrat entnommen werden kann, sind derzeit noch nicht erschlossen. Zu den interessegeleiteten Hintergründen eines formalisierten Verfahrens Tobias Schenk, Isomorphie und entgrenzte Informalität in der frühneuzeitlichen Reichsjustiz. Der Reichshofrat im Interaktionssystem des Kaiserhofes, in: Frühneuzeit-Info 33 (2022), S. 69–116, hier S. 100.

377 Zum „defensiven Rechtsverband" siehe Bernd Roeck, Reichssystem und Reichsherkommen. Die Diskussion über die Staatlichkeit des Reiches in der politischen Publizistik des 17. und 18. Jahrhunderts (Veröffentlichungen des Instituts für europäische Geschichte Mainz, Abt. Universalgeschichte, 112, Beiträge zur Sozial- und Verfassungsgeschichte des Alten Reiches, 4), Stuttgart 1984, S. 75–81 und bes. S. 78.

378 Ortlieb, Kaiserlicher Hofrat (wie Anm. 7), S. 540.

379 Press, Mediatisierung (wie Anm. 47), S. 139 f.

380 ÖStA HHStA RHR Judicialia Antiqua, K. 517, Nr. 7, fol. 50r.

seine Anerkennung für Verdienste um das Reich zum Ausdruck bringen und versicherte sich gleichzeitig eines treuen Genossen für die Zukunft; dies galt für Soldaten in Kriegsgefangenschaft[381] und Familien, welche seit mehreren Generationen *dem Hauß Österreich lange Zeit gedienet, auch sich wider den Erzfeindt gebrauchen laßen,*[382] ebenso wie für Herrscherhäuser, die durch Belagerungen kaiserlicher Heere gelitten[383] oder gar infolge des 30jährigen Krieges große Teile ihres Landes als Kontributionsleistungen verloren hatten,[384] bzw. deren Güter ihnen durch andere kriegerische Belagerungen entzogen worden waren.[385] Dieses Motiv lässt sich ebenso aus dem Verweis auf zusätzliche Ausgaben für Reparaturen an den Festungsbauten eines Supplikanten und der Verstärkung seiner Garnisonen, die zum Schutz des Reichs notwendig seien, ableiten. Selbst nicht durch Kriegsnöte in Verlegenheit gekommene Reichsstände setzten sich für ihnen und dem Reich treu Ergebene ein, die Kriegsschäden erlitten hatten, wie etwa Kurfürst Johann Wilhelm von der Pfalz zugunsten seines Kämmerers Syrgenstein, der u. a. französische Kontributionen geleistet und Plünderungen und Brandschäden an seinen Immobilien zu verschmerzen hatte.[386] Die hinter der Anerkennung für geleistete Dienste und der Versicherung der Kaisertreue stehende Herrschaftskonzeption ist übrigens schon für die Formierungsphase des Hofrats beobachtet worden.[387] Und wie einzelne Gesuche nahelegen, stand dies auch reichsmittelbaren Untertanen durchaus vor Augen, wenn sie etwa auf Verdienste beim Feldzug Maximilians I. nach Venedig und bei der Schlacht Karls V. bei Pavia verwiesen.[388]

Die als Dienst am Reich verstandene Pflicht und der dafür eingeforderte kaiserliche Beistand in Form eines Moratoriums wurde offensichtlich unter den

---

381 ÖStA HHStA RHR Judicialia Antiqua, K. 108, Nr. 6, Schuldenmoratorium vom 8. April 1631 (Konz.), fol. 1r–3v.

382 ÖStA HHStA RHR Judicialia Antiqua, K. 610, Nr. 12, fol. 1v, 2r. Entsprechendes bringt auch Werner von Plotho vor, dessen Bruder als Generalmajor und Obrist im Reichsregiment *zu Roß gestanden* und auch bei der Belagerung Wiens durch die Türken *beigestanden* habe, ÖStA HHStA RHR Judicialia Antiqua, K. 574, Nr. 3, fol. 1r.

383 Paul Christoph Freiherr von Leiblfing hatte sich auf die *Schwedische Eroberung, als hernach langwärige belagerung und recuperation* berufen, ÖStA HHStA RHR Judicialia Antiqua, K. 199, Nr. 5, fol. 1r. Wolfgang Adam von Pappenheim berief sich hinsichtlich der Einquartierung eines Regiments auf seine *treuergebendste*[n] *dienste*, ÖStA HHStA RHR Judicialia Antiqua, K. 532, Nr. 20, fol. 5v.

384 Wie etwa der Kurfürst Karl I. Ludwig von der Pfalz, ÖStA HHStA RHR Judicialia Antiqua, K. 558, Nr. 17 und Nr. 19.

385 ÖStA HHStA RHR Judicialia Antiqua, K. 574, Nr. 3, von Plothos Familie hatte Güter in Frankreich und Flandern, welche von den Franzosen konfisziert worden waren, fol. 1v.

386 ÖStA HHStA RHR Judicialia Antiqua, K. 852, Nr. 10, fol. 4rv, 24v.

387 Ortlieb, Kaiserlicher Hofrat (wie Anm. 7), S. 370, 386, 427 f., 416, 468, 480, 513, 523.

388 ÖStA HHStA RHR Judicialia Antiqua, K. 626, Nr. 13, fol. 2v.

Reichsständen auch kommuniziert. Wolfgang Adam von Pappenheim etwa, ein Spross des fränkisch-schwäbischen Adelsgeschlechts des Hochadels, das von etwa 1100 bis 1806 das Amt des Reichserbmarschalls ausübte, berief sich bei seinem Gesuch *comparativè* auf Moratorien für den Grafen von Waldheim und *etliche stätte im heiligen reich.*[389] Diese Ausprägung des *do ut des*-Prinzips als Form des Zusammenwirkens stärkte jedoch eher den Reichsverband, als dass es einseitig zugunsten kaiserlicher Interessen gewirkt hätte. Eine besondere Bedeutung kommt hierbei den Gesuchen von Reichsständen zu. Nicht allein für den Kaiser, sondern insgesamt zur Erhaltung des Reichs war es notwendig, auf die finanzielle Situation der Stände Rücksicht zu nehmen. Sie waren es, die die Römermonate und andere Abgaben zu leisten hatten, und sie waren es, welche die regionale Bewirtschaftung ländlicher Güter und damit auch die Versorgung der dortigen Bevölkerung verantworteten – es sei hier an die eindrücklichen Schilderungen von Kurfürst Karl I. Ludwig von der Pfalz hingewiesen.[390] Besonders in Erinnerung zu rufen ist an dieser Stelle die sich herausbildende Praxis, dass die erhoffte Rettung vor dem wirtschaftlichen Ruin bei den reichsständischen Gesuchen auf Gutachten des Reichstages beruhte, d. h. es entschieden Standesgenossen zumindest mittelfristig über Wohl und Wehe eines Ihresgleichen. Sie wurden – übrigens im Gegensatz zu privaten Moratoriengesuchen – größtenteils bewilligt.[391] Dieser Befund lässt sich nicht bloß darauf zurückführen, dass sowohl Vertreter des Hochadels und reichsunmittelbare Klöster wie auch Reichsstädte vermutlich größere Kenntnis über die höfische Kommunikationskultur sowie bessere Fürsprecher vor Ort in Wien und damit größeren Einfluss auf den formalen Fortgang der Supplikationen hatten.[392] Vor allem dürften es die genannten gesamt-

---

389 ÖStA HHStA RHR Judicialia Antiqua, K. 532, Nr. 20, fol. 5^{v}.

390 Siehe dazu die Ausführungen nach Anm. 103.

391 Abgelehnt wurden nur Gesuche folgender reichsunmittelbarer Petenten: Graf Georg Friedrich von Hohenlohe-Neuenstein-Weikersheim, ÖStA HHStA RHR Judicialia Antiqua, K. 96, Nr. 2, fol. 4^{v}; Graf Wolfgang Heinrich von Isenburg-Büdingen, ebd., K. 139, Nr. 18, fol. 4^{v}; Stift Kempten, ebd., K. 158, Nr. 1, fol. 8^{v}; Peter Freiherr von Schwarzenberg, ebd., K. 832, Nr. 8, fol. 2^{v}; Graf Johann August von Solms-Rödelheim, ebd., K. 861, Nr. 29, fol. 4^{v}.

392 Insgesamt zu diesem Thema unter verschiedenen Gesichtspunkten siehe die versammelten Beiträge in Anja Amend-Traut/Anette Baumann/Stephan Wendehorst/Steffen Wunderlich (Hrsg.), Die höchsten Reichsgerichte als mediales Ereignis (baR, 11), München 2012. Insbesondere zu den informellen Interaktionen zwischen Reichshofrat und Reichshofratsagenten und Prozessparteien siehe Thomas Dorfner, Empfehlungen, die man nicht ablehnen kann. Empfehlungsschreiben und Patronage am Reichshofrat (1658–1740), in: Alexander Denzler/Ellen Franke/Britta Schneider (Hrsg.), Prozessakten, Parteien und Partikularinteressen. Höchstgerichtsbarkeit in der Mitte Europas vom 15. bis zum 19. Jahrhundert (baR, 17), Berlin/Boston 2015, S. 137–153, ders., Mittler zwischen Haupt und Gliedern. Die Reichshofratsagenten und ihre Rolle im Verfahren (1658–1740) (Verhandeln, Verfahren, Entscheiden. Historische Perspektiven, 2), Münster 2015,

wirtschaftlichen wie auch politischen Gründe gewesen sein, warum man anderen Reichsgliedern im Falle ihrer finanziellen Schieflage gewogen war. Immerhin stellten sie doch auch eine Stimme im Reichstag, die man womöglich zu anderer Gelegenheit noch benötigen sollte.[393] Vor diesem Hintergrund dürfte hier die Erhaltung der überschuldeten Reichsstände im Vordergrund gestanden haben und weniger der langfristige Schutz etwaiger Gläubiger.[394]

Die derart von den Gliedern des Reichs getragene Entscheidung war so geeignet, ganz erheblich zur Stärkung des Reichsverbands beizutragen. Dies gilt eingedenk der engen Verbindung zu kriegerischen Ereignissen umso mehr: Zum überwiegenden Teil lassen sich die hier untersuchten Moratoriengesuche auf Kriege zurückführen, in denen das Reich nach außen geschlossen auftrat. So gewendet, könnte sich freilich der Vorwurf egoistischen Handelns bestätigen, für welches der verfassungsmäßige wie justizielle Aufbau instrumentalisiert wurde: Denn es ist zu vermuten, dass über den Erfolg oder Misserfolg eines Gesuchs um Zahlungsaufschub entschied, ob das Anliegen für den Kaiserhof zweckmäßig war. Die Entscheidungsprozesse des Reichshofrats waren nur sehr begrenzt gegenüber diskreten politischen Interventionen abgeschirmt und diese liefen im höfischen Umfeld des Kollegiums über informale Kanäle, welche in der Verfahrensakte deshalb üblicherweise keine Spuren hinterlassen haben. Zu diesen Verbindungen zählen neben einer interessegeleiteten Geschäftsverteilung auch die ad hoc jederzeit mögliche Aushöhlung der Deliberation im Plenum durch vorgelagerte Deputationen.[395] Vor diesem Hintergrund können Entscheidungen über die Moratoriengesuche durchaus politisch motiviert gewesen sein, sei es haus-, sei es reichspolitisch.[396] Verstärkt wird dieser Eindruck durch den Umstand, dass der Präsident des Reichshofrats grundsätzlich[397] entschied, ob eine Sache vor den Reichshofrat gelangte oder auf den Ministerialweg umgeleitet wurde, um auf diese Weise politisch missliebige Diskussionen

---

m. w. N. zu den wegweisenden Vorarbeiten von Barbara Stollberg-Rilinger: Alexander DENZLER, Über den Schriftalltag im 18. Jahrhundert. Die Visitation des Reichskammergerichts von 1767 bis 1776 (Norm und Struktur. Studien zum sozialen Wandel in Mittelalter und Früher Neuzeit, 45), Köln/Wien 2016. Zur Bedeutung der personalen Beziehungen zwischen kaiserlichem Hof und Reichsstadt am Beispiel Augsburgs siehe David PETRY, Konfliktbewältigung als Medienereignis. Reichsstadt und Reichshofrat in der Frühen Neuzeit (Colloquia Augustana, 29), Berlin 2011.

393 Zu Zusammenhängen zwischen der reichshofrätlichen Judikatur und der Wiener Reichstagspolitik siehe auch den Beitrag von Tobias Schenk in diesem Band, insb. Abschn. 4.9.

394 So auch FROMMELT, Kaiserliche Administration (wie Anm. 72), vor Fn. 150.

395 Dazu näher der Beitrag von Tobias Schenk in diesem Band.

396 SCHENK, Vom Reichshofrat (wie Anm. 176), S. 148, stellt im Kontext der Zivilverfahren dafür fest: „Ohne Gewaltenteilung gibt es auch kein unpolitisches Verfahren."

397 Formal galt der präsidiale Genehmigungsvorbehalt allerdings nur für sogenannte Definitivsachen.

in pleno zu vermeiden. Umgekehrt konnte dies bedeuten, dass der Reichshofrat ohne eine explizite Anordnung durch dessen Präsident in der Sache nicht beriet – ein wichtiges wie gleichermaßen wirksames „Instrument der Prozessverschleppung“,[398] das unbotmäßige Anträge herausfilterte, die so erst gar nicht zur Entscheidung gelangten. Auf diese noch immer justizförmige Weise war, wenn politische Gründe es erforderten, auch die Umgehung von Reichsgesetzen oder Wahlkapitulationen möglich, die den Kaiser an das Vorliegen bestimmter Voraussetzungen für die Einräumung eines Moratoriums banden.[399] Womöglich erklären diese Mechanismen sowohl die unterschiedliche Bearbeitungszeit der Gesuche wie deren Ausgang als auch die aufgezeigten Unregelmäßigkeiten bzw. Lücken im Behördenlauf.

Doch sollte man sich bei der Bewertung vor statischen wie eindimensionalen Betrachtungen hüten. Denn einerseits liegt der Schwerpunkt der Moratorienverfahren in dem Zeitraum zwischen 1610 und 1670. Auch und gerade in dieser Phase waren die Reichsstände und der Kaiserhof in fiskalischer Beziehung durchaus auf Konfrontationskurs; zu den Türkenkriegen etwa trugen die Reichsglieder in Form der sog. Reichstürkenhilfe schon bis zu Beginn des 17. Jahrhunderts zunehmend weniger bei,[400] wie überhaupt die Bereitschaft der Stände, Reichssteuern zu bezahlen, und damit ihren Beitrag zum fiskalischen Reichsverband zu leisten, immer weiter sank.[401]

Andererseits dokumentiert die Billigung der reichsständischen Anträge im Rahmen der bereits geschilderten reichsgesetzgebenden Verfahren als auch die hierauf gründende reichshofrätliche Praxis aus wirtschaftspolitischer Sicht eine durchaus friedensstiftende, innenpolitisch konsolidierende Haltung. Sie war für die friedenswahrende Konstruktion des Reichs mitverantwortlich, die ihm die Forschung als besonderes Verdienst zuschreibt. Dass sich die Reichsglieder über-

398 Für Zivilverfahren siehe SCHENK, Vom Reichshofrat (wie Anm. 176), S. 146, 157 ff.

399 Grundlegend zu den Mechanismen SCHENK, Vom Reichshofrat (wie Anm. 176), S. 146 f.

400 Thomas HEILER (HRSG.), Das Türkensteuerregister der Fürstabtei Fulda von 1605 (Veröffentlichungen des Fuldaer Geschichtsvereins, 64), Fulda 2004, S. 14–19, hier insbes. am Beispiel Fuldas. Zur sukzessiven finanziellen Entflechtung von Heiligem Römischem Reich und Habsburgerreich auch Peter RAUSCHER, Das Reichssteuerwesen, in: Michael Hochedlinger/Petr Mata/Thomas Winkelbauer (Hrsg.), Verwaltungsgeschichte der Habsburgermonarchie in der Frühen Neuzeit, Bd. 1, Wien 2019, S. 338–346, hier S. 342; Thomas Winkelbauer, Grundzüge des habsburgischen Finanz- und Steuerwesens, in: ebd., Bd. 2, S. 767–824, hier S. 815–817.

401 Dies lässt sich deutlich an den am Reichskammergericht geführten fiskalischen Prozessen und an den Eingriffen des Kaisers in dieselben ablesen. Dazu näher Winfried SCHULZE, Reich und Türkengefahr im späten 16. Jahrhundert. Studien zu den politischen und gesellschaftlichen Auswirkungen einer äußeren Bedrohung, München 1978; zusammenfassend DERS., Reichskammergericht und Reichsfinanzverfassung im 16. und 17. Jahrhundert (Schriftenreihe der Gesellschaft für Reichskammergerichtsforschung, 6), Wetzlar 1989.

haupt auf die Etablierung von Moratorien verständigen konnten, gibt vielmehr Anlass, das in der Vergangenheit wie auch von der zeitgenössischen Forschung recht negativ gezeichnete Bild des Reichs und seiner Herrschaftsträger als Protagonisten eines kompromisslos geführten Ringens um die Durchsetzung allein eigener Interessen zu korrigieren: Denn zum einen wurden die Moratorien zur Wiederaufrichtung bzw. Erhaltung des wirtschaftlichen Wohls Einzelner eingesetzt, um damit zwar auch im jeweils eigenen Interesse antragstellender Privatpersonen wie Reichsstände, aber seitens des Kaiserhofs eben doch desgleichen im gemeinsamen Interesse, die wirtschaftlichen Verhältnisse für das gesamte Reich zu verbessern. Wie auch schon bei den fiskalisch beklagten Reichsständen ist in der Vorgehensweise des kaiserlichen Hofes dessen Bemühen zu beobachten, „die Stände existenzfähig zu erhalten“.[402] Das im Titel dieses Beitrags angesprochene Lenkungsmoment gab den Ausschlag in Form eines übergeordneten Gerechtigkeits- und Billigkeitsdenkens zulasten des Vertragsrechts; auch Zeitzeugen des 30jährigen Krieges, wie etwa David Mevius, erkannten die Anpassungsfähigkeit und -bedürftigkeit des Rechts als „Lenkungsinstrument“ in Kriegszeiten.[403]

Zum anderen trugen zur Stärkung des Reichsverbandes in wirtschaftlichem Kontext auch die beiden Höchstgerichte in erheblichem Maße bei. So findet sich etwa auch die Behandlung der Münzkrise zwischen 1618 und 1623 im Zusammenhang mit den Moratorien, aber auch in anderen Kontexten, in den beiden höchstgerichtlichen Archivbeständen und weist auf die, freilich qualitativ unterschiedliche, juristische Bewältigung dieser das gesamte Reich erfassenden Wirtschaftskrise hin. Entgegen des in der jüngeren Forschung in diesem Zusammenhang konstatierten Versagens der Reichsgerichte[404] versuchten der Reichshofrat in seiner Funktion als kaiserliche Behörde wie auch die reichskammergerichtliche Rechtsprechung,[405] deren oberster Richter der Kaiser war, derart bedingten Krisensituationen zugunsten Betroffener zu begegnen. Hinsichtlich der Moratorien lässt sich den Verhandlungen über die Reichspoliceyordnung von 1545 entneh-

---

402 Schulze, Reichskammergericht (wie Anm. 401), S. 30.

403 David Mevius, Discussio levaminum inopiae debitorum, prout ea cum iusto&aequo moderamine in terris bello deperditis inter obrutos aeris alieni mole debitores et suum exigentes creditores temperari et applicari per iustitiae aequitatisque rationem convenit, Frankfurt/Leipzig 1678, S. 13–15, insbes. Rdnr. 5, 15 ff.; eine detaillierte Analyse dieser Ausführungen von Mevius nimmt Mohnhaupt, Schuldnerschutz (wie Anm. 1), vor, S. 281–283.

404 Fabian Schulze, Die Rolle der oberdeutschen Reichskreise und der Reichsgerichte bei der Bekämpfung der Kipper- und Wipperkrise 1618–1626, in: Alexander Denzler/Ellen Franke/Britta Schneider (Hrsg.), Prozessakten, Parteien und Partikularinteressen. Höchstgerichtsbarkeit in der Mitte Europas vom 15. bis 19. Jahrhundert (baR, 17), Berlin 2015, S. 97–116, hier S. 108 f., 115.

405 Amend-Traut, Wechselverbindlichkeiten (wie Anm. 46); dies., Monetary and Currency Problems (wie Anm. 91), S. 295–316.

men, dass die Reichsglieder zum Erreichen dieses eben erwähnten vereinten Ziels zwischen verschiedenen Belangen der Betroffenen zu vermitteln hatten: Man bedachte durchaus auch die Interessen der Gläubiger,[406] denen man Rücksichtnahme bzw. Solidarität abverlangte und denen drohte, in den Sog der finanziellen Schieflage ihres Schuldners hineingezogen zu werden. Und es war ebenfalls klar, dass bei den Antragstellern stets auch der Verdacht im Raum stand, es handele sich bei ihnen um betrügerische *gewerbsleut* bzw. *verdorbne kaufleut*, deren Vorgehen im Gegensatz zum eigentlich angestrebten Zweck dem *gemainen nucz zu nachtail* gereichen würde.[407] Doch diese Aspekte vermochten sich nicht gegenüber dem Schutz eines einzelnen Schuldners im Sinne des modern aus dem Bereich des Insolvenzwesens gesprochenen „Sanierens statt Liquidierens" durchzusetzen.

Anhand der von reichsmittelbaren Petenten an den Kaiser adressierten Gesuchen um ein Moratorium lässt sich noch ein weiteres friedensstiftendes Moment in der Praxis des Reichshofrats ablesen. Sein wenig formalistischer Umgang mit ihnen verdeutlicht, dass sich das Gremium wie auch schon in seiner früheren Geschichte einer vermittelnden Rolle verpflichtet sah.[408] Das sich in der in jüngeren Forschungen abzeichnende Bild einer auf gütliche Regelung von Konflikten ausgerichteten Behörde – übrigens gilt dieser Befund auch für andere Gerichte der Frühen Neuzeit und war damit kein Alleinstellungsmerkmal des Reichshofrats – findet sich auch hier: Statt Petenten abschlägig zu bescheiden und dadurch ihren finanziellen Ruin ohne Weiteres zu besiegeln oder das Moratorium zu gewähren und damit die reichsständischen Obrigkeiten zu verdrießen, reagierte der Reichshofrat durchaus häufiger flexibel und kam den widerstreitenden Interessen vermittelnd nach, indem er qua kaiserlicher Autorität mittels ergänzender Befehle oder alternativer Anordnungen auf die Akteure einwirkte, um etwa eine erst- oder nochmalige Prüfung des dargelegten Sachverhaltes oder einen schonenden Umgang mit den Schuldnern zu erreichen.

Wenn sich denn vor dem Hintergrund dieser Überlegungen die Moratorien als verfassungspolitisch durchaus positiv zu bewertendes Instrument darstellten, drängt sich freilich die Frage auf, warum hiervon nicht häufiger Gebrauch gemacht wurde; immerhin entfallen noch nicht einmal drei Prozent der insgesamt dieser Untersuchung zugrunde liegenden Verfahren auf Moratorien. Die Gründe hierfür sind vielschichtig: Zum einen standen sie Schuldnern, deren Krise vom 30jährigen Krieg herrührte, durch den Jüngsten Reichsabschied von

406 Aus den Vorschlägen des großen Ausschusses geht hervor, dass die Moratorien den *glaubigern zu merglichem Nachteil und schaden* gereichten, RTA JR 2 (wie Anm. 34), Nr. 95, 1033.

407 Ebd., Nr. 94, 1015 f., Nr. 95, 1032.

408 Vgl. dazu Ortlieb, Kaiserlicher Hofrat (wie Anm. 7), insbes. S. 507, 511, 534, 541–544, und die hiesigen Ausführungen vor Anm. 175.

1654 generell, d. h. ungeachtet ihres Standes, nicht mehr offen.[409] Zum anderen war dort explizit geregelt, dass künftig in *Credit-Sachen* reichsständischen Regelungen *nachgelebt werden* werden sollte, da den Kurfürsten und Ständen *in ihren Territoriis* die erlittenen Kriegsschäden und *wie es in Credit-Sachen unter ihren Unterthanen und Bürgern zu halten* [...] *am besten bekandten* sei.[410] Zudem dürften aber auch reichsmittelbare Untertanen, die an sich nicht in diesen sachlichen Anwendungsbereich fielen, jedoch mächtigen Territorialherrschern unterstanden, diese und eben nicht den Kaiser um ein Moratorium angesucht haben. Zwar dürften die landesherrlichen Moratorien geringeres Ansehen genossen haben, entfalteten sie doch nicht reichsweit, sondern grundsätzlich nur innerhalb der Landesgrenzen ihre Wirksamkeit; war demnach der Schuldner auch noch in einem anderen Territorium verschuldet, war er insoweit ungeschützt.[411] Doch der landesherrliche Anspruch auf uneingeschränkte territoriale Justizhoheit ließ die Konsultation des Kaisers bzw. einer seiner Einrichtungen wenig erfolgreich erscheinen. Schon insoweit stellten die landesherrlichen Moratorien eine echte Konkurrenz dar und schwächten den kaiserlichen Lenkungsanspruch.[412]

Darüber hinaus reklamierten Reichsstände vereinzelt den Geltungsanspruch ihres Rechts, das gar keine Moratorien vorsah: Die Reichsstadt Hamburg wies den Reichshofrat auf seinen Befehl um Bericht über einen Kaufmann, der um ein Moratorium angesucht hatte, in einem gesonderten Schreiben darauf hin, man möge das Hamburger Recht respektieren, das mit den Rechtsinstituten der *cessio bonorum* und des Vergleichs wie auch seiner Fallitenordnung Schuldnern hinreichend entgegenkomme und die Gläubigerinteressen besser berücksichtige.[413] Tatsächlich endet das Verfahren mit dieser Nachricht.

Schließlich dürften Gläubiger reichsmittelbarer Schuldner häufig versucht haben, ein Konkursverfahren einzuleiten, um zumindest eine gewisse Quote ihrer Forderung kurzfristig zu erhalten, statt jahrelang mit diesem fehlenden Kapital nicht wirtschaften zu können, zumal sie keine Gewähr hatten, dass ihnen der Au-

409 Siehe dazu die Ausführungen unter Punkt 5.

410 JRA § 171, Neue Sammlung (wie Anm. 33), Teil III, S. 671 f.

411 So auch PRATJE, Kaiserliche Reservatrechte (wie Anm. 22), S. 160, Fn. 1. Weil allerdings der persönliche Gerichtsstand das *forum domicilii* war und deshalb Schuldner grundsätzlich dort verklagt werden mussten, entfaltete auch jedes landesherrliche Moratorium nicht nur in dem betreffenden Territorium seine Wirkung, sondern darüber hinaus im gesamten Reich. Etwas anderes galt jedoch etwa für einen zuvor vertraglich vereinbarten Gerichtsstand oder für Arrestanlegungen, ebd., S. 161, Fn. 2.

412 Alain WIJFFELS, The ‚Reduction' of Money in the Low Countries c. 1489–1515, in: Fox/ Ernst (Hrsg.), Western Legal Tradition (wie Anm. 91), S. 167–199, hier S. 199, macht als Konsequenz der Reform einen institutionellen Wettbewerb zwischen einzelnen Territorien aus, die untereinander um Einwanderer und Handelsströme konkurriert hätten.

413 ÖStA HHStA RHR Judicialia Antiqua, K. 646, Nr. 10, fol. 12^r–13^v.

ßenstand nach Ablauf des Moratoriums zufloss. Es könnte also der Wettlauf zwischen den Gläubigern um ein Konkursverfahren und ihrem Schuldner um ein Moratorium zugunsten der Ersteren entschieden worden sein – ein Aspekt, dem durch Konsultation einschlägiger Archivalien am Sitz des Schuldners nachgegangen werden könnte und der weiteren Forschung vorbehalten bleibt. Gleiches gilt auch für die vermutlich große Dunkelziffer zuvor abgeschlossener Vergleiche.[414] Denn ein einmal erteiltes Moratorium dürfte ähnlich verheerend auf den Leumund eines Kaufmanns gewirkt haben wie auch Klageverfahren,[415] weshalb sich ein Schuldner vor diesem letzten Ausweg um eine gütliche Einigung in Form eines Vergleichs bemüht haben dürfte.

Zu guter Letzt sei in diesem Zusammenhang daran erinnert, dass der Kaiser oder doch zumindest ein einzelner Reichshofrat ein Interesse an der Erteilung eines Moratoriums haben konnte. Im Hinblick auf die Reichsstände darf hiervon aus den dargelegten Gründen ausgegangen werden. Bei Reichsmittelbaren jedoch war das allgemeine politische Interessen wohl kaum so ausgeprägt, sieht man von Einzelfällen, wie etwa der des erwähnten Nürnberger Kunstgießers ab, der seinen von der Hofkammer erteilten Auftrag noch erfüllen sollte.[416] Deshalb schlugen bei diesen Entscheidungen die Gläubigerinteressen stärker durch.

Generell jedoch dürften die Entscheidungen zugunsten der in Not geratenen Schuldner den ethischen Handlungsgeboten der humanitas, aequitas und caritas christiana geschuldet gewesen sein, die als Basis der weltlichen Gnadengewalt verstanden wurden und von denen in der Reichspublizistik auch die Pflicht des Kaisers abgeleitet wurde, *Land und Leute, ja einzelne Reichsbürger und Unterthanen, welche durch Unglücksfälle in Schulden gerathen, und ohne Nachtheil der Gläubiger durch Aufschub der Zahlung noch können gerettet werden, zu erhalten.*[417]

414 Dass der Vergleich ein zunächst bemühter Versuch war, eine Debitkommission zu umgehen, konnte Kevin Hecken in seinem Vortrag über „die Ysenburgischen Schuldenkommissionen im Spiegel des kaiserlichen Reichshofrats“ zeigen, gehalten am 20. Mai 2022 im Rahmen des Workshops „Reich, Recht & Schulden – Das Beispiel des Heiligen Römischen Reichs“ in Wien.

415 Dazu näher Anja Amend-Traut, Wie Prozesse enden können – alternative Formen der Beendigung reichskammergerichtlicher Zivilverfahren im 17. und 18. Jahrhundert, in: Albrecht Cordes (Hrsg.), Mit Freundschaft oder mit Recht? Inner- und außergerichtliche Alternativen zur kontroversen Streitentscheidung im 15.–19. Jahrhundert (QFHG, 65), Köln/Weimar/Wien 2015, S. 233–260, hier insbes. S. 239 f.

416 Siehe dazu die Ausführungen vor Anm. 241.

417 Christian Gottlob Biener, Bestimmung der kaiserlichen Macht-Vollkommenheit in der Teutschen Reichs-Regierung […], Leipzig 1780, darin: 2. Theil: Von der Bestimmung der Kaiserlichen Machtvollkommenheit in der geistlichen teutschen Reichsregierung und kaiserlichen Reservaten:V Abschnitt, § 83, S. 109; zur christlichen Nächstenliebe als Grundlage der weltlichen Gnadengewalt Johann Georg Weinmann, Inauguralis Dissertatio Theoretico-Practia De Rescriptis Seu Literis Dilatoriis Sive Moratoriis, quas vulgo Quinquennales appellant, Von

Diesen außer- bzw. überrechtlichen Gründen trugen auch die hier untersuchten Gnadenakte Rechnung. Mittels der gerade nicht in positives Recht gegossenen ethischen Maßstäbe konnte ein Ausgleich zwischen der „Rigorosität der Gläubiger" und missbräuchlich handelnden Schuldnern geschaffen werden.[418] Damit sind die Moratorien ein weiterer Beleg dafür, dass wesentliche Elemente der „Einbindung der absoluten Monarchie in das überkommene Rechtssystem" auf das Naturrecht und die von ihm ableitbaren HandlungsmaximUen zurückzuführen sind.[419]

Quinquenell oder Anstandtbrieff auff gewisse zeit zu zahlen, Basileae 1625, S. 9, Nr. XIIX.

418 Zu den ethischen Handlungsgeboten näher MOHNHAUPT, Schuldnerschutz (wie Anm. 1), S. 292–296.

419 WILLOWEIT, Rechtsprobleme (wie Anm. 364), der in diesem Zusammenhang freilich ein landesherrliches Moratorium erwähnt, S. 651, 656 f.

Vincent Demont

Aus Altem Neues?

Kaiserliche Gewerbe-, Fabriks- und Handlungsprivilegien in der Frühen Neuzeit

1. Kaiserliche Gewerbe-, Fabriks- und Handlungsprivilegien aus lokaler Perspektive: das Beispiel Nürnbergs

Wir haben mit dem kayserlichen Hoff nichts zu thun, viel weniger uns dafür zu fürchten:[1] Aus dieser Passage einer Supplik der Nürnberger Drahtzieher spricht eine deutlich empfundene Distanz zwischen handwerklichem Alltag und kaiserlicher Verwaltung. Dennoch musste den Stückwerkern des Drahtzieherhandwerks bewusst gewesen sein, dass über ihr Schicksal letztendlich nicht in der Metropole ihrer fränkischen Heimat, sondern im fernen Wien entschieden wurde: Denn genau in ihrer Branche spielten Kaiserhof und Reichshofrat eine zentrale Rolle. Zunächst von der Stadt genehmigt (1592), wurde die Leonische Drahtzieherei nämlich vom Reichshofrat privilegiert (1608), bevor sie gar zum Reichslehen wurde (1622).[2] Um sich gegen diese durch kaiserliche Gnaden geschaffenen bzw. bestätigten Herrschaftsverhältnisse zu behaupten, verpflichteten sich alle Meister und Stückwerker des Nürnberger Handwerks dazu, für jeden erwirtschafteten Gulden einen Kreuzer in eine Gemeinschaftskasse abzugeben. Die Abhängigkeit vom Kaiser erklärt auch, warum die Drahtzieher die ersten Handwerker der Stadt waren, die vor dem Reichshofrat prozessierten.[3] Generell handelt es sich bei der Drahtzieherei um ein Gewerk, für dessen Entwicklung die Privilegierung eine wichtige Rolle spielte. Auch für die Leonische Drahtzieherei in Brandenburg-Ansbach ist ein kaiserliches Privileg überliefert (das jedoch auf Begehren Nürnbergs durch den Reichshofrat 1695

1 Stadtarchiv Nürnberg (künftig: StadtAN), B12 Rugamt Nr. 505, S. 89–91, 18. Oktober 1677.

2 Österreichisches Staatsarchiv, Haus-, Hof- und Staatsarchiv (künftig: ÖStA HHStA), RHR, Grat Feud, Gewerbe-, Fabriks- und Handlungsprivilegien, K. 3, Konv. 3, fol. 388–761.

3 StadtAN B12 Rugamt Nr. 505, S. 106–107, 27. Januar 1639; Ekkehard Wiest, Die Entwicklung des Nürnberger Gewerbes zwischen 1648 und 1806 (Forschungen zur Sozial- und Wirtschaftsgeschichte, 12), Stuttgart 1968, S. 60.

wieder kassiert wurde),[4] ebenso wie für jene in Leipzig,[5] Berlin, Wien und anderen Orts.[6]

Konkret ging es den Stückwerkern in ihrer eingangs zitierten Supplik darum, ihre Kinder selbst unterrichten zu dürfen, deren Ausbildungszeit kurz zu halten und sie gegen die Abwerbungsversuche der lokalen Verleger als qualifizierte Arbeitskraft an sich zu binden – also um klassische Forderungen der Handwerker in der zweiten Hälfte des 17. Jahrhunderts. Zünftige Organisationsformen einerseits, Wirtschaftskraft der Verleger anderseits: Die Machtverhältnisse, um die es in dieser Supplik geht, wurden keineswegs ausschließlich vor Gericht verhandelt, und ihre Geschichte kann – und ist auch – geschrieben worden, ohne den jeweiligen Rechtsverhältnissen eine besondere Aufmerksamkeit beizumessen. Die Prozessakten des kaiserlichen Reichshofrats und die darin dokumentierten juristischen Kontroversen bieten jedoch einzigartige Einblicke in die Zunftwirklichkeit vor Ort.[7] Denn eine der Folgen der langwierigen und aufwendigen Verfahrensweisen des kaiserlichen Gerichts war die Produktion von Schriftstücken verschiedenster Art, die entweder vom Gericht angefordert oder von den Prozessparteien eingereicht wurden und die Themen zum Gegenstand haben, die sonst jeder Verschriftlichung entgangen wären. Im Rahmen der bereits erwähnten Auseinandersetzungen ist dies beispielsweise für Lohnvereinbarungen zwischen Verlegern und Stückwerkern der Fall sowie für Fragen der Kinderbetreuung während der Arbeitszeit;[8] ebenso gilt dies für Berichte, die bei der kaiserlichen Verwaltung eingereicht wurden und aus denen das Selbstverständnis der Stückwerker mit Blick auf ihr Handwerk und dessen Stellung im Reich und in Europa spricht.[9] So ist die

4 Staatsarchiv Nürnberg (künftig STAN), Ansb. Reichstagsakten 185 Nr. 60, 16. April 1695.

5 Gerhard Fischer, Aus zwei Jahrhunderten Leipziger Handelsgeschichte, 1470–1650, Leipzig 1929, S. 267–273.

6 Friedrich Lütge, Beiträge zur Geschichte des Edeldrahtgewerbes in Nürnberg und Wien, in: Otto Brunner/Hermann Kellenbenz/Erich Maschke/Wolfgang Zorn (Hrsg.), Festschrift Hermann Aubin zum 80. Geburtstag, Wiesbaden 1966, S. 336–357; Helmut Braun/Patrick Burger, Wissens-, Techniktransfers und Wettbewerbsprozesse am Beispiel der Herstellung leonischer Drähte in der Region Nürnberg im 16. und 17. Jahrhundert, in: Vierteljahrschrift für Sozial- und Wirtschaftsgeschichte 95 (2008), S. 157–174, insb. S. 164, 168, 170, 172 f. über die (gelungenen wie gescheiterten) Versuche, Privilegien zu erhalten.

7 Für einschlägige Akten zum Nürnberger Drahtziehergewerbe sowie zu Nürnberger Handwerkern überhaupt siehe Wolfgang Sellert (Hrsg.), Die Akten des kaiserlichen Reichshofrats, Serie II: Antiqua, Bd. 5: K. 425–516, bearb. von Ulrich Rasche, Berlin 2019, einsehbar als PDF unter: https://rep.adw-goe.de/bitstream/handle/11858/00-001S-0000-002D-B66C-0/978-3-503-18838-3_RHR-II-Antiqua-Band-5.pdf?sequence=1&isAllowed=y (abgerufen am 10. Oktober 2023).

8 StadtAN B12 Rugamt Nr. 505, S. 85–86, 16. März 1693 (Vergleich zwischen Verleger und Stückwerker).

9 ÖStA HHStA, RHR, Grat Feud, Gewerbe-, Fabriks- und Handlungsprivilegien, K. 3, Konv. 1, fol. 38–47, 26. Januar 1695.

Versuchung groß, die von Wilfried Reinighaus hinsichtlich der Reichskammergerichtsakten formulierte Feststellung pauschal zu übernehmen, diese Quellen gewährten „Einblicke in wirtschaftsgeschichtliche Zusammenhänge der Frühneuzeit, die aus anderen Quellengruppen kaum zu gewinnen sind".[10]

Allerdings sind die jeweils spezifischen Rechtsverhältnisse, die durch die Erteilung eines Privilegs geschaffen wurden, meist alles andere als eindeutig. Dies zeigen beispielsweise die Privilegien für das Leonische Drahtziehen. Nach dem Tod des ursprünglich privilegierten Unternehmers versuchten die Nürnberger Stückwerker, eine eigene zunftartige Vereinigung zu schaffen. Offiziell zielten diese Bemühungen darauf ab, sich vor fremder Konkurrenz zu schützen, während sie sich eigentlich gegen die Verleger richteten. Unterdessen gelang es der Familie des Unternehmers, das Privileg in ein Lehen umwandeln zu lassen. Nach dem Dreißigjährigen Krieg wurden dann einerseits – ohne Wissen des Reichshofrats, aber unter impliziter Ermutigung der städtischen Obrigkeit – die vom Kaiser vergebenen Privilegien von den Meistern und Stückwerkern des Handwerks zurückgekauft. Anderseits bestätigte der Reichshofrat das Privileg für Nachkommen des ursprünglich privilegierten Unternehmers. Später stellte der Reichshofrat für dieselbe Tätigkeit sogar weitere Privilegien für andere Unternehmer aus.[11] Daraus resultierte ein Chaos, das noch Ende des 18. Jahrhunderts in Traktaten zur Rechtsprechung thematisiert wurde.[12] Die Kollision kaiserlicher Privilegien mit landesherrlichen Gnaden oder Polizeiordnungen verkomplizierte die Lage weiter. So wurde den Nürnberger Privilegien zum Leonischen Drahtziehen im Jahr 1727 ein österreichisches Privileg für eine Wiener Fabrik entgegengestellt. Als die Nürnberger sich beschwerten, dass ihnen die alten Privilegien *die freie Ausfuhr nach Österreich garantierten*, hielt eine österreichische Hofkommission dagegen, dass dabei *stets nur von Nürnberg und dem Nürnberger Gebiet die Rede gewesen sei*.[13] Diese Replik der Hofkommission steht jedoch in offenkundi-

10 Wilfried Reinighaus, Zünfte vor dem Reichskammergericht. Beispiele aus Westfalen, in: Anja Amend-Traut/Albrecht Cordes/Wolfgang Sellert (Hrsg.), Geld, Handel, Wirtschaft. Höchste Gerichte im Alten Reich als Spruchkörper und Institution (Abhandlungen der Akademie der Wissenschaften zu Göttingen, NF 23), Berlin/New York 2013, S. 43–60, hier S. 60.

11 Max Beckh, Die Nürnberger echte und leonische Gold- und Silberdrahtindustrie (Statistische und nationalökonomische Abhandlungen, 9), München 1917, S. 33, 40–41, 42 f., 88.

12 Johann Jakob Moser, Abhandlung verschiedener besonderer Rechts-Materien, Bd. 3, Frankfurt am Main/Leipzig 1774, S. 289–296.

13 ÖStA FHKA NHK Kommerz OÖ + NÖ Akten 376 Fasz. 123/1, 1749–1767, S. 103–142, hier S. 105v. Über diese Hofkommission Lütge, Beiträge zur Geschichte des Edeldrahtgewerbes (wie Anm. 6), S. 336–357. Die Behauptung gilt logischerweise für die ursprüngliche städtische Privilegierung des Gewerbes (1592), dagegen nicht mehr für die daraus entstandenen kaiserlichen Privilegien und Lehen, deren Geltungsraum meist unerwähnt bleibt (1607 werden bloß *unsere Gebiete* erwähnt). Es gibt aber ein anderes Drahtzieher-Privileg, das 1644 an den Nürnberger Göz für eine

gen Widerspruch zum Wortlaut einiger kaiserlichen Privilegien zugunsten der Nürnberger Drahtzieher, in denen mitnichten von einer Begrenzung der zollfreien Ausfuhr auf die Nürnberger Region die Rede war. Solche Fälle sind keine Seltenheit und im Bereich der Druckprivilegien gut dokumentiert.[14] Bei Auseinandersetzungen um Privilegien konnten also aus rechtlichen schnell politische Fragen werden.

Das Haupthindernis, das einer im Sinne von Reinighaus gebildeten Klassifizierung der verschiedenen Rechtsfälle, die aus den Privilegierungen resultieren, entgegensteht, ist jedoch, dass es sich lediglich um Einzelfälle handelt. Die von Reininghaus erwähnten Prozesse zeugen von Konflikten. Die hier angesprochenen Privilegierungen betreffen dagegen Einzelfälle, seien es Personen, Familien oder (selten) Gruppen. Sicher werden im Hintergrund mancher Privilegierungsgesuche Spannungen stehen – ob die kaiserliche Verwaltung darüber wissen sollte und tatsächlich wusste, ist aber von Fall zu Fall unterschiedlich. Die Empfänger der Privilegien bildeten weder eine beruflich noch eine sozial homogene Gruppe[15] – manche näherten sich eigentlich den Hofhandwerkern an, einige waren Verleger, andere aber *desperate Leuthe*;[16] manche wurden von der städtischen Obrigkeit unterstützt, andere setzten sich dank des Privilegs gerade gegen diese Obrigkeit durch (Abb. 1).[17]

Handlung gegeben wurde und sich *in und außer des Heil. Röm. Reich* erstreckte, und ein weiteres, das 1720 auch Nürnbergern erteilt wurde und explizit für das Reich Geltung hatte; ÖStA HHStA, RHR, Grat Feud, Gewerbe-, Fabrik- und Handlungsprivilegien, K. 3, Konv. 2, fol. 314–320 (24. November 1644); K. 4, Konv. 1, fol. 858–869 (6. August 1720).

14 Johann GOLDFRIEDRICH, Geschichte des deutschen Buchhandels vom Westfälischen Frieden bis zum Beginn der klassischen Literaturperiode (1648–1740), Leipzig 1908, Bd. 2, S. 439 f.; Friedrich LEHNE, Zur Rechtsgeschichte der kaiserlichen Druckprivilegien, in: *Mitteilungen des Instituts für Österreichische Geschichtsforschung* 53 (1939), S. 323–409, hier S. 392–401.

15 Vincent DEMONT, ‚Bourgeois d'Empire' et ‚plénitude du pouvoir impérial'. Fabricants privilégiés de Nuremberg entre histoire sociale et histoire de l'Empire, in : Falk Bretschneider/Christophe Duhamelle (Hrsg.), Le Saint Empire, une histoire sociale (Bibliothèque allemande), Paris 2018, S. 123–138.

16 So in einem Austausch zwischen dem Banco-Amt und der Vorgeher des Specerey-Handels Nürnbergs über ein mögliches Gesuch um ein Privileg. Die reichstädtische Verwaltung hebt hervor, dass zu befürchten sei, *daß dieser fast desperate mann nicht weiteren verdruss erregen und wohl gar unter dem Hand mit einem kayserl. Privilegio aufgezogen kommen dürffte*. Das Gewerbe hat diese Befürchtung geteilt: *Sollte dieser böse* [Mann] *seinen point d'honneur so weit treiben, daß er sich an kaÿserl. Hoff wenden würde, wie es ein paar solcher andere bösen und desperaten leuthen* [...] *vor einiger Zeit auch gethan haben, so müssen die Vorgeher* [des Spezerey-Amtes] *leider! vorgehen lassen*. StadtAN E8 Handelsvorstand 4097, Nr. 8 (30. August 1738), Nr. 10 (10. September 1738).

17 Hier ist auch die Tatsache zu erwähnen, dass die Nürnberger Kaufmannschaft ab 1716 permanent gegen das lokale Patriziat am Reichshofrat prozessierte; Eugen FRANZ, Nürnberg, Kaiser und Reich. Studien zur reichsstädtischen Außenpolitik, München 1930, S. 396. Die Auseinandersetzungen des privilegierten Nürnberger Medaillisten und Falschmünzers Georg Wilhelm Vestner mit dem Kreis-Münzwardein liefern ein weiteres Beispiel dieser Konfiguration, die dieses mal so-

Abb. 1: Das Zeichen des Privilegs als Argument der „Kayserlich-privilegierte[n] Stümper" (StadtAN E1/976 Familie Liebel Nr. 5, Andreas Jakob Liebels Lebens- oder Liebelspillen, ohne Datum).

Das Privileg konnte anerkannte Positionen innerhalb der städtischen Gesellschaft bestätigen (Abb. 2). Es konnte aber auch zum Sprungbrett für grenzüberschreitende Laufbahnen benutzt werden. Georg Schnürstab, 1653 als Granatschneider privilegiert, benutzte zwar die kaiserliche Gnade, um Konkurrenten auszuschalten.[18] Gestützt auf die Namensgleichheit mit einer verstorbenen Patrizierlinie nutzte er aber sein Privileg vor allem dazu, um am kaiserlichen Hof eine Patrizierwürde zu erwirken – ein Vorgang, der von dem Nürnberger Abgesandten in Wien argwöhnisch verfolgt wurde.[19] Privilegien bieten also einzigartige Einblicke in die alltägliche

gar über die Stadtverwaltung hinausging; ÖStA HHStA, RHR, Grat Feud, Gewerbe-, Fabrik- und Handlungsprivilegien, K. 11, Konv. 2, fol. 223–226, 21. März 1728, ÖStA HHStA, RK, Kleinere Reichsstände, K. 380, fol. 462–467, 21. November 1728.

18 ÖStA HHStA, RHR, Grat Feud, Gewerbe-, Fabrik- und Handlungsprivilegien, K. 9, Konv. 2 Fol. 355–358 (1. Oktober 1653), Konv. 2, fol. 290–296 (14. Januar 1654).

19 StadtAN E 20 Scheurlarchiv Schwarzenbruck Nr. B13, „Originalrelation und Gutachten des J.H.C. von Hochmann sowie Abschriften von Verlässen, Bedenken und Berichten in der Schürstabschen Patriziatsache", unfol. In dieser Beschreibung bezeugt Hochmann die Praxis, dass Patrizierwürden am Reichshofrat durch *Geld-Summen*, *Intrigen* und den Kauf von *Patronen* erwirkt würden, und schlägt ein direktes finanzielles Abkommen mit Schnürstab als einfachstes Mittel vor, die Verleihung der Würde durch die kaiserliche Verwaltung zu verhindern.

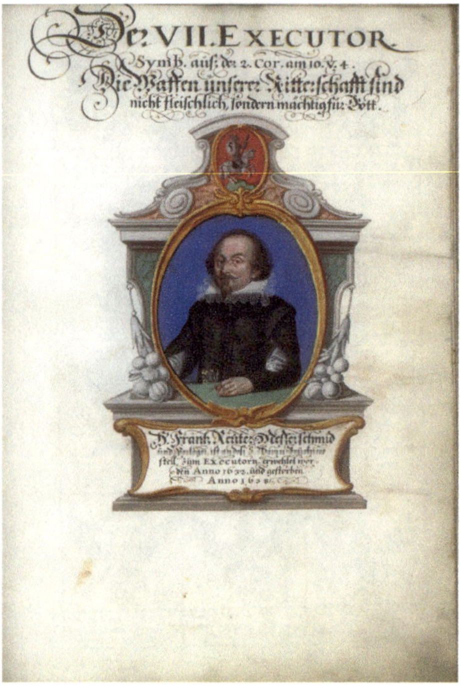

Abb. 2: Das Privileg als Krönung der städtischen Notabeln (StadtAN D15 Wohltätigkeitsstiftungen ältere Spezialregistratur F8 Nr. D 4, S 42). Franz Reutter, 1624 und 1630 Geschworener des Messerer-Handwerks, danach Schützenmeister, 1625 durch den Kaiser mit dem Recht privilegiert, „den Numarum 5" auf seine Messer zu schlagen. Sein Privileg benutzte Reutter, um den Gebrauch ähnlicher Messerzeichen (z. B. „das lateinische S") verbieten zu lassen. Die kaiserlich privilegierte Nummer 5 schmückt den Schild des Ritters, der sein Porträt als Verwalter der Fenitzer-Stiftung in den Büchern derselben krönt (ÖStA HHStA, RHR, Grat Feud, Gewerbe-, Fabriks- und Handlungsprivilegien, K. 8, Konv. 2, fol. 465 (28. Dezember 1625); StadtAN E5/45 Messerer (Messerschmiede) Nr. 1, S. 168–169, 215 (7. Februar 1726, 20. Februar 1627, 11 Juli 1630, 28. März 1637).

Lebenswirklichkeit vieler Handwerke. Als alleinige Quellen für eine historische Untersuchung der Rechtswirklichkeit taugen sie jedoch nur bedingt.

Dies liegt daran, dass sich die Bedeutung einzelner Privilegien erst dann erschließt, wenn diese in der Zusammenschau mit anderen Quellengruppen kontextualisiert werden. Denn jenseits der in einem Privileg verbrieften Rechte geht es bei der historischen Beurteilung von Privilegien auch um deren Umsetzung. So gesehen liegt die Bedeutung der Privilegien vor allen darin, was jeder einzelne Privilegierte damit beabsichtigt zu tun und dann tatsächlich vor Ort damit erreichte. Damit wäre der Erkenntniswert der Privilegien an die Aussagekraft der vorhandenen Komplementärquellen gekoppelt. Die dafür erforderlichen Untersuchungen würden allerdings den Rahmen dieses Beitrags sprengen. Stattdessen soll im Folgenden das Problem der Intention und Effekte dieser Privilegien aus der Perspektive des Reiches sowie des Reichshofrats diskutiert werden.

2. Kaiserliche Privilegien aus der Perspektive des Reiches

Angesichts der Fülle von Einzelfällen erscheinen die kaiserlichen Reservatrechte innerhalb der im Heiligen Römischen Reich geführten wirtschaftspolitischen

Debatten als ein Politikum ersten Ranges. Wie Fritz Blaich herausstellte, standen bei den im Reichstag geführten Diskussionen regelmäßig nicht nur kaiserliche Münzprivilegien im Mittelpunkt, sondern generell „kaiserliche Privilegien, die wirtschaftliche Macht begründen“[20]. So wurde in den Debatten um die Behebung der Missstände im Handwerkswesen, die 1731 zur sogenannten „Reichshandwerksordnung“ führten, die kaiserliche Privilegierung einiger Handwerke explizit hervorgehoben.[21] Dass diese Gnadenakte oft nur *en passant* besprochen wurden, ohne genauer auf sie einzugehen, sollte dabei nicht als Indiz für ihre untergeordnete Rolle verstanden werden. Plausibler erscheint es, diese auf den ersten Blick oberflächlichen, aber immer wieder aufflammenden Debatten als Zeichen der Schwierigkeit zu sehen, sich auf einer ständischen Versammlung mit der *kaiserlichen Machtvollkommenheit*, ihrer konkreten Bedeutung und ihrer Begrenzung öffentlich auseinanderzusetzen. Dieses Unbehagen spricht aus der Feder Johann Jakob Mosers, der 1768 über die Bedeutung der Privilegien auf den Reichstagen schrieb: *Es mag seyn, daß in vorigen und alten Zeiten auch wegen ein oder anderer Gnadensache* [...] *zwischen dem Kayser und denen Reichsständen einige Communication vorgegangen ist; wenigstens sollte man es aus einigen Urkunden schließen* [...]*; so ist doch heutiges Tages eine ausgemachte Sache, daß alles solches unter die Kayserliche Vorrechte gehöre, mithin ordentlicher Weise nichts davon bey Reichsversammlungen vorkomme.*[22]

Wahlkapitulationen sind in dieser Hinsicht ergiebiger, da eine ihrer Funktionen in der Begrenzung eben dieser kaiserlichen Reservatrechte bestand.[23] Freilich sind Debatten um bestimmte Privilegien auch in diesem Rahmen nicht zu erwarten.[24] Mit Blick auf die Wahlkapitulation Karls V. hebt Bernd Mertens zu

20 Fritz Blaich, Die Wirtschaftspolitik des Reichstags im Heiligen Römischen Reich. Ein Beitrag zur Problemgeschichte wirtschaftlichen Gestaltens, Stuttgart 1970, S. 12, 37, 42, 149.

21 Kristina Winzen, Handwerk – Städte – Reich. Die städtische Kurie des Immerwährenden Reichstags und die Anfänge des Reichshandwerksordnung (Vierteljahrschrift für Sozial- und Wirtschaftsgeschichte, Beihefte 160), Stuttgart 2002, S. 83, 86–87. Wie im Falle der Beschwerden über die Kessler dürften oftmals Probleme der Privilegierung den eigentlichen Kern von Debatten gebildet haben, ohne dass die allen Teilnehmern gewiss bewußte Privilegierung explizit erwähnt wurde. Zur Privilegierung von Kesslern: ÖStA HHStA, RHR, Conf. Priv., Dt. Exp., K. 103, Konv. 1, Nr. 1 bis 6 (Kesslerhandwerk); K. 109, Konv. 2, Nr. 1 (Kupferschmiede); RHR Badische Akten, Conf. Priv., K. 3, Nr. 19 und 20 (Kesslerhandwerk).

22 Johann Jakob Moser, Von denen Teutschen ReichsTagsGeschäfften, nach denen Reichsgesetzen und dem Reichsherkommen, wie auch aus denen Teutschen Staats-Rechts-Lehren, und eigener Erfahrung, Frankfurt am Main 1768, S. 588.

23 Wolfgang Burgdorf, Protokonstitutionalismus. Die Reichsverfassung in den Wahlkapitulationen der römisch-deutschen Könige und Kaiser 1519–1792 (Schriftenreihe der Historischen Kommission bei der Bayerischen Akademie der Wissenschaften, 94), Göttingen 2015, S. 87.

24 Als bei der Wahl Karls VII. Brandenburg nach der Aufhebung eines Nürnberger Privilegs fragte,

Recht hervor, dass Anfang des 16. Jahrhunderts die These einer kaiserlichen Machtvollkommenheit im Bereich der Gesetzgebung „der [damaligen] Rechtswirklichkeit nicht entsprach", und dass es trotz der „Selbstverständlichkeit und Alltäglichkeit" des Anspruches Karls V., durch „Privilegien personenbezogene Sonderrechte zu schaffen", „jene positivrechtliche Festlegung [des] Rechts zur Erteilung von Privilegien" noch nicht gab.[25] Versuche einer solchen Definition tauchen erst ab der Mitte des 17. Jahrhunderts auf. Ab diesem Zeitpunkt waren die Privilegien immer wieder Teil der Diskussionen um den Inhalt der verschiedenen Wahlkapitulationen. In der Wahlkapitulation von 1653 beispielsweise mündeten diese Diskussionen in das Verbot, Privilegien auf Monopole zu erteilen oder bestehen zu lassen (während in der Kapitulation von 1711 die Erneuerung solcher Privilegien aber wieder erlaubt wurde), und in der Kapitulation von 1765 wurde die Möglichkeit gewährt, Erfindungen zu privilegieren.[26]

Die Beschäftigung mit wirtschaftlichen Privilegien weist in der Forschung ein zwiegespaltenes Bild auf. In der landesgeschichtlichen Forschungsliteratur sind landesherrlichen Privilegien bereits seit längerem fester Bestandteil der ausgewerteten Quellengruppen. In den Arbeiten Gerhard Slawingers zu Kurbayern etwa stellen Privilegien zwar nicht die Hauptquellengrundlage dar, doch spielen sie eine wichtige Rolle in seiner Untersuchung vor allem der Zeit nach 1648.[27]

---

ließen die anderen Kurfürsten das Thema als „Spezial-Sache" beiseite; Johann Jakob MOSER, Ihre römisch-kaiserlichen Majestät Carl des Siebenden Wahl-Capitulation mit Beylag und Anmerckungen, Bd. 3, Frankfurt am Main 1741, S. 97.

25 Bernd MERTENS, Im Kampf gegen die Monopole. Reichstagsverhandlungen und Monopolprozesse im frühen 16. Jahrhundert (Tübinger Rechtswissenschaftliche Abhandlungen, 81), Tübingen 1996, S. 84–85.

26 MOSER, Ihro Römisch-Kayserlichen Majestät Carls des Siebenden Wahl-Capitulation (wie Anm. 24), Bd. 1, S. 25. Alexander Jürgen FLECHSIG, Frühneuzeitlicher Erfindungsschutz. Eine Untersuchung unter besonderer Berücksichtigung der Reichsstadt Augsburg (Augsburger Schriften zur Rechtsgeschichte, 23), Münster 2013, S. 103–106, Joseph HÖFFNER, Wirtschaftsethik und Monopole im 15. und 16. Jahrhundert, 2. Aufl., Darmstadt 1969; MERTENS, Im Kampf gegen die Monopole (wie Anm. 25), S. 116.

27 Gerhard SLAWINGER, Die Manufaktur in Kurbayern. Die Anfänge der großgewerblichen Entwicklung in der Übergangsepoche vom Merkantilismus zum Liberalismus 1740–1833 (Forschungen zur Sozial- und Wirtschaftsgeschichte, 8), Stuttgart 1966; ferner Rudolf FORBERGER, Die Manufaktur in Sachsen. Vom Ende des 16. bis zum Anfang des 19. Jahrhunderts (Schriften des Instituts für Geschichte, Reihe 1: Allgemeine und Deutsche Geschichte, 3), Berlin 1958, S. 236–239; Horst KRÜGER, Zur Geschichte der Manufakturen und der Manufakturarbeiter in Preußen. Die mittleren Provinzen in der zweiten Hälfte des 18. Jahrhunderts (Schriftenreihe des Instituts für allgemeine Geschichte an der Humboldt-Universität, 3), Berlin 1958, S. 77–86; Ortulf REUTER, Die Manufaktur im Fränkischen Raum. Eine Untersuchung großbetrieblicher Anfänge in den Fürstentümer Ansbach und Bayreuth als Beitrag zur Gewerbegeschichte des 18. und beginnenden 19. Jahrhunderts (Forschungen zur Sozial- und Wirtschaftsgeschichte, 3), Stuttgart 1961.

Auch auf europäischer Ebene sind die Betriebsprivilegien zu einer inzwischen klassischen Quelle zur Erforschung der Technik- und Erfindungsgeschichte geworden.[28] Dies gilt bisweilen auch für Untersuchungen zur frühneuzeitlichen, insbesondere „absolutistischen" Wirtschaftspolitik.[29] Im Vergleich dazu weist die Erforschung kaiserlicher Betriebsprivilegien erhebliche Lücken auf. Zwar sind einige Privilegien des 16. Jahrhunderts durch die Arbeiten Robert Meldaus bekannt. Jedoch wurde ihre Interpretation von dem zeittypischen Erkenntnisinteresse überlagert, ein spezifisch deutsches Erfindungsrecht herauszuarbeiten, das für die Infragestellung internationaler Standards zum Schutz geistigen Eigentums instrumentalisiert werden konnte.[30]

Aus diesem Überblick zum Forschungsstand ergibt sich also, dass vor allem für die Zeit nach 1648 die Gnadentätigkeit verschiedener Landesherren gerade im wirtschaftlichen Bereich gut dokumentiert ist. Ebenso bekannt sind die wirtschaftspolitischen Debatten, die von Vertretern ebendieser Landesherren geführt wurden und die regelmäßig kaiserliche Privilegierungsrechte zum Gegenstand hatten – auch wenn man es nur selten wagte, das Prinzip der kaiserlichen Reservatrechte direkt zur Diskussion zu stellen. Die kaiserlichen Wahlkapitulationen legen dagegen unmissverständlich Zeugnis davon ab, dass die Thematik der kaiserlichen Vorrechte zumindest nach 1648 eine gewisse Brisanz besaß. Kaiserliche Betriebsprivilegien selbst – wie generell Privilegien oder Lehen, „die wirtschaftliche Macht begründen" – sind jedoch nur in einem sehr begrenzten Ausmaß bekannt, geschweige denn erforscht.

3. Methodische Überlegungen zur Benutzung des Archivbestands ‚Gewerbe-, Fabriks- und Handlungsprivilegien'

Bei der Erforschung kaiserlicher Privilegien stellt sich zunächst die Frage des Umgangs mit den verschiedenen Serien, die den Archivbestand des Reichshofrats strukturieren. Schwierigkeiten ergeben sich hier aus der strukturellen Lückenhaftigkeit des Bestands, die aus den zahlreichen Thronvakanzen und Reichsvikariatszeiten resultiert,[31] aber auch und vor allem aus der noch immer

28 Christine MacLeod, Inventing the industrial Revolution. The English patent system, 1660–1800, Cambridge 1988; Carlo Marco Belfanti, Guilds, Patents, and the Circulation of Technical Knowledge. Northern Italy during the Early Modern Age, in: Technology and culture 45 (2004), S. 569–589.

29 Marcel Silberstein, Erfindungsschutz und merkantilistische Gewerbeprivilegien, Zürich 1961.

30 Robert Meldau, Hauptwurzeln des deutschen Patentrechts, in: Technikgeschichte. Beiträge zur Geschichte der Technik und der Industrie 26 (1937), S. 107–114.

31 Hans Joachim Koppitz, Die kaiserlichen Druckprivilegien im Haus, Hof und Staatsarchiv Wien

unzureichend erforschten Geschichte des Reichshofrats als Institution, insbesondere der Entstehung und Entwicklung seiner verschiedenen Archivbestände.[32] Letztere ist etwas klarer als die Rolle, die die Gnadensachen in der Entwicklung des Reichshofrats gespielt haben.[33] Allerdings lassen sich die Umstände, die zu der Unterteilung oder Zusammenlegung der *Gratialia et Feudalia* in verschiedenen Serien geführt haben, nur noch teilweise rekonstruieren. Es ist dennoch erwiesen, dass der Bestand eine frühneuzeitliche Konstruktion ist.[34] Ebenso zweifelsfrei lässt sich behaupten, dass diese Privilegien von der Funktion des Reichshofrats als „politisches Instrument des Kaisers" auf wirtschaftlicher Ebene zeugen.[35] Wann der Bestand aufgebaut worden ist, in welcher Absicht, und wie er sich entwickelt hat, bleibt aber genauso unklar wie die Geschichte seiner Binnenordnung. Daher muss auch die Frage nach der Vollständigkeit des Bestands offen bleiben. Bieten die ‚Gewerbe- Fabriks- und Handlungsprivilegien' lediglich stichprobenartige Einblicke in die kaiserliche Gnadentätigkeit, ähnlich wie dies der Fall für Bestände sein könnte, die andere kaiserliche Tätigkeitsfelder zum Gegenstand haben?[36] Recherchen in Nürnberger Archiven vermitteln den Ein-

---

(Buchwissenschaftliche Beiträge aus dem Deutschen Bucharchiv München, 75), Wiesbaden 2008, S. X; hinzu kommt, dass manche hier als Betriebsprivilegien bezeichneten Gnaden schon vor der Gründung des Reichshofrats ausgeübt wurden; LEHNE, Zur Rechtsgeschichte der kaiserlichen Druckprivilegien (wie Anm. 14), S. 328.

32 Obwohl sich das durch die Geschichtsschreibung vermittelte Bild des Reichshofrats erheblich verändert hat, ist unsere Kenntnis über die Archivbestände der Institution noch viel zu vage, um ein stabiles Bild zu vermitteln; Michael HUGUES, Law and Politics in 18th Century Germany. The Imperial Aulic Council in the Reign of Charles VI (Royal Historical Society Studies in History, 55), London 1988, S. 31; BURGDORF, Protokonstitutionalismus (wie Anm. 23), S. 91; zur Bestandsgeschichte Lothar GROSS, Reichsarchive, in: Ludwig Bittner (Hrsg.), Gesamtinventar des Wiener Haus-, Hof- und Staatsarchivs (Inventare österreichischer staatlicher Archive V, Inventare des Wiener Haus-, Hof- und Staatsarchivs 4), Bd. 1, Wien 1936, S. 273–394.

33 Eva ORTLIEB, Gnadensachen vor dem Reichshofrat (1519–1564), in: Leopold Auer/Werner Ogris/Dies. (Hrsg.), Höchstgerichte in Europa. Bausteine frühneuzeitlicher Rechtsordnungen (QFHG, 53), Köln/Weimar/Wien 2007, S. 177–202, Lothar GROSS, Die Geschichte der deutschen Reichshofkanzlei von 1559 bis 1806 (Inventare Österreichischer Staatlicher Archive V, Inventare des Wiener Haus-, Hof- und Staatsarchivs 1), Wien 1933, S. 236–237, 292–293, 303–305. Siehe auch den Beitrag von Ulrich RASCHE in diesem Band.

34 Ludwig BITTNER (Hrsg.), Gesamtinventar des Wiener Haus-, Hof- und Staatsarchiv (Inventare Österreichischer Staatlicher Archive 5-4), Bd. 1, Wien 1936, S. 307.

35 Anja AMEND-TRAUT, Der Reichshofrat und die Kapitalgesellschaften. Die Bemühungen um eine Handelskompanie zwischen den Hansestädten und Spanien, in: Dies./Cordes/Sellert, Geld, Handel, Wirtschaft (wie Anm. 10), S. 61–89, hier S. 64.

36 Stephan WENDEHORST, Zwischen Kaiser und Reichsständen. Das öffentliche Notariat in der Frühen Neuzeit, in: Anette Baumann/Peter Oestmann/Ders./Siegrid Westphal (Hrsg.), Reichspersonal. Funktionsträger für Kaiser und Reich (QFHG, 46), Köln/Weimar/Wien, S. 343–352.

druck, dass der Bestand relativ vollständig ist – ein vorläufiger Befund, der einstweilen auf die nürnbergische Überlieferung beschränkt bleiben muss.

Unabhängig von der Frage der Vollständigkeit des Bestandes lässt sich doch feststellen, dass die Zahl der darin enthaltenen kaiserlichen Gnaden relativ gering erscheint.[37] Dies mag damit zusammenhängen, dass Betriebsprivilegien auch in den Judizialakten des Reichshofrats zu finden sind. Jedoch ist bereits zum Bestand der Druckprivilegien festgestellt worden, dass die Zahl der sachfremden Akten darin sehr gering ist.[38] Dieser Befund scheint sich hinsichtlich der ‚Gewerbe- Fabriks- und Handlungsprivilegien' zu bestätigen.[39] Die insgesamt geringe Zahl der Gewerbeprivilegien in den Archiven des Reichshofrats kann also vor allem mit der politischen Struktur des Reiches erklärt werden: Auch Landesherren und Städte konnten Privilegien erteilen, so dass sich Händlern, Verlegern und Handwerkern gleich mehrere Wege boten, Sonderrechte zu erwerben. Privilegien sind Ausdruck der Geschichte der Beziehungen zwischen Untertanen und Herrscher. Dies gilt für das Reich genauso wie für andere Territorien in Europa. Im Fall des Alten Reichs jedoch macht dessen komplexe Staatlichkeit die Darstellung dieser Beziehungen – und sei sie auch noch so vereinfachend – in einer einheitlichen, umfassenden Perspektive sehr schwierig. Dies gilt auch für eine Darstellung, die sich auf den Bereich der Gewerberechte beschränkte – und dies umso mehr, als die Vergabe solcher Gnaden von allen Seiten (Kurfürsten, Fürsten und Reichsstädte) explizit gefördert wurde, wie dies zum Beispiel im Reichsgutachten des 19. April 1667 zum Ausdruck kommt .[40] Kaiserliche Privilegien sind also Teil einer viel umfassenderen Geschichte, deren quantitative Dimension bisher nur in Umrissen bekannt ist und möglicherweise aufgrund der komplexen Quellenlage auch nie vollständig erforscht werden kann.

37 Vgl. demnächst Dominique Margairaz/Anne Conchon/Vincent Demont/Guillaume Garner,/Pauline Lemaigre-Gaffier/Corine Maitte, L'économie des grâces. Les privilèges d'entreprise dans l'Europe moderne, xve-xviiie siècles, Paris 2025 (im Druck).

38 Koppitz, Die kaiserlichen Druckprivilegien (wie Anm. 31), S. XI: „nicht immer sind von den Druckprivilegien Gewerbeprivilegien oder Schutzbriefe sowie Patente zu trennen. Mitunter befinden sich daher solche Schutzbriefe unter den Privilegia impressoria, wenn auch in sehr geringer Zahl."

39 Als Ausnahmen können zum Beispiel ein Privileg über den Holzhandel für die Stadt Speyer (18. Oktober 1576) gelten, ÖStA HHStA, RHR, Grat Feud, Gewerbe-, Fabrik- und Handlungsprivilegien, K. 10, Konv. 2, fol. 373–374, oder das Privileg, eine Apotheke zu eröffnen, das dem ehemaligen Feldapotheker des kaiserlichen Heers Bansa am 15. Juni 1690 erteilt worden ist, ÖStA HHStA, RHR, Grat Feud, Gewerbe-, Fabrik- und Handlungsprivilegien, K. 1, Konv. 2, fol. 28.

40 *Churfürsten und Stände sollen sich befleissen, in ihren Landen solche Meister und Arbeiter zu halten, welche die im Reich nothwendige Manufacturen, auch Teutsche-Waaren und Materialien, als Wolle, Leder, Kupfer u. d. selbsten verfertigen und verarbeiten, denen sie dann gewisse Privilegien und Freiheiten in ihrem Lande ertheilen könnten*, Johann Jakob Moser, Von denen Teutschen Reichs-TagsGeschäfften (wie Anm. 22), S. 1451 f.

Trotz der Überlieferungslage erlauben es die vorhandenen Daten, Tendenzen in der kaiserlichen Privilegierungstätigkeit im Gewerbebereich zu erkennen. Mit Ausnahme der Entwicklung in den letzten Jahrzehnten des 18. Jahrhunderts weisen diese Tendenzen ganz klar Parallelen zu der Entwicklung in anderen Staaten in Europa auf: Wachstum im 16. Jahrhundert, Rückgang im Zeitalter des Dreißigjährigen Krieges, relativer Aufschwung an der Wende des 17. zum 18. Jahrhundert. Nicht nur wegen des deutlichen Rückgangs der Zahl der Privilegierungen, sondern auch weil alte Privilegien kaum mehr erneuert wurden und ihre Gültigkeit verloren, erscheint die Zäsur des Dreißigjährigen Krieges bedeutsam. Bis zur Mitte des 18. Jahrhunderts unterscheidet sich die Entwicklung der kaiserlichen Privilegierungen nicht von der in anderen europäischen Staaten. Der Rückgang der Verleihungen am Ende des 18. Jahrhunderts (siehe die Diagramme 1 und 2) – zu einer Zeit, in der zum Beispiel die *patents for invention* in England rasant zunehmen[41] – hebt sich dann jedoch von der Entwicklung in anderen Staaten in Europa deutlich ab.

Die Heterogenität des Bestandes, der in der Hauptsache aus Hoffreiheiten und Privilegien besteht, erschwert seine systematische Erfassung zusätzlich. Diplomatisch lassen sich Hoffreiheiten und kaiserliche Privilegien relativ problemlos voneinander unterscheiden.[42] Da die kaiserlichen Betriebsprivilegien, die Gegenstand dieser Studie sind, formal den Druckprivilegien ähneln, kann an dieser Stelle auf deren Beschreibung verzichtet und auf die Studie von Hans-Joachim Koppitz verwiesen werden.[43] Die diplomatische Form der Privilegien wurde während des gesamten Untersuchungszeitraums konsequent beibehalten. Diese formale Stabilität kontrastiert mit der Varietät der Betreffe. Kein besonderer Wirtschaftsbereich, keine besondere Gruppe sticht in den Betriebsprivilegien besonders hervor – selbst die europaweit festgestellte Dominanz der Textilherstellung und -vermarktung spiegelt sich in den Wiener Beständen nicht wider.[44] Relativ oft privilegierte Bereiche waren vielmehr die metallverarbeitenden Gewerke,

41 MacLeod, Inventing (wie Anm. 28), S. 144–157, insbesondere S. 150, 152. Laut Karel Davids, The Rise and Decline of Dutch Technological Leadership. Technology, Economy and Culture in the Netherlands, 1350–1800 (Knowledge Infrastructure and Knowledge Economy, 1), Leiden 2008, Bd. 2, S. 402, 478–480, sei mit Ausnahme der letzten Jahrzehnten des Jahrhunderts, wo ein „minor revival" festzustellen ist, ein Rückgang der Erfindungsprivilegien auch in den Vereinigten Provinzen des 18. Jahrhunderts zu beobachten.

42 Als „rein österreichische Frage" sind die Hoffreiheiten hier nicht in Betracht genommen; Herbert Haupt, Das Hof- und hofbefreite Handwerk im barocken Wien 1620 bis 1770. Ein Handbuch (Forschungen und Beiträge zur Wiener Stadtgeschichte, 46), Innsbruck 2007, S. 53–59.

43 Koppitz, Die kaiserlichen Druckprivilegien (wie Anm. 31), S. XV.

44 Dabei wurde die Klassifizierung benutzt, die für das französische Forschungsprogramm „Accounting privileges in Europe, XVth–XIXth c.: a quantitative and comparative study" ausgearbeitet worden ist, https://anr.fr/Project-ANR-11-BSH3-0006 (abgerufen am 06. Februar 2024).

das Transportgewerbe, das Buchgewerbe[45] oder die im 16. Jahrhundert aufkommende „Holzsparungkunst". Privilegien wurden jedoch für ganz verschiedene Tätigkeiten vergeben, so dass das Spektrum der privilegierten Unternehmungen so breit ist, dass sich viele einer Klassifizierung entziehen: Glücksspiele und Lotterien, Handel mit Austern aus Hamburg – genau diese Vielfalt ist es, die sowohl Zeitgenossen als auch Historikern zufolge das Merkmal des Privilegs ausmacht: *Der Sachen, worüber die Kaysere ehedessen Privilegien zu ertheilen gewohnt gewesen, oder noch zu ertheilen gewohnt sind, ist eine sehr grosse Menge, und es würde nicht nur ein curiose, sondern auch auf vilfältige Weise nützliche Sache seyn, wann sich jemand darüber machte, alle Gattungen dere jemalen von denen Kayser gegebene Privilegien zu sammeln.*[46] Und Heinz Mohnhaupt betont, dass „kein Rechtsbegriff [...] durch eine so große, verwirrende und uneinheitliche Terminologie sowie inhaltliche Bedeutungsvielfalt geprägt [ist], wie das Privileg".[47] Selbst über den relativ homogenen Bestand der Druckprivilegien urteilt Friedrich Lehne, dass das „in seinen Bestimmungen einheitliche Privilegium Impressorium, je nachdem wem es verliehen wird und auf welche Werke es sich bezieht, sehr verschiedene Funktionen erfüllt, die heute teils durch das literarische und künstlerische Urheberrecht, teils wohl auch durch den Musterschutz und die Wettbewerbsregelung erfüllt werden mögen."[48] Nicht trotz, sondern wegen ihrer Vielfalt handelt es sich deshalb bei den Betriebsprivilegien um Privilegien. Um eben dieser Vielfalt gerecht zu werden, wird hier bewusst die allgemeine Bezeichnung ‚Betriebsprivilegien' verwendet und nicht zum Beispiel ‚Erfindungsprivilegien' oder ‚Zeichenprivilegien', wie dies in anderen Arbeiten der Fall ist. Nur dadurch erscheint es möglich, einen Überblick über den gesamten Bestand der ‚Gewerbe-, Fabriks- und Handlungsprivilegien' zu bekommen.

Die Vielfalt der privilegierten Betreffe bedeutet aber nicht, dass dahinter keine Logik zu erkennen wäre. Es fällt auf, dass viele kaiserliche Betriebsprivilegien mit der grenzüberschreitenden Vermarktung verschiedener Produkte zu tun haben. Dieser gemeinsame Hintergrund verbindet viele Privilegien mit unterschiedlichen Betreffen. Studentengut etwa war aufgrund von Privilegien im Heiligen Römischen Reich zollfrei,[49] und in manchen Heilmittelprivilegien

45 Nur ausnahmsweise handelt es sich hier um ‚klassische' Druckprivilegien; vielmehr geht es um Privilegien für Schriftgießereien oder für besondere mit Metall geschmückte Papiere.

46 Johann Jakob Moser, Von denen kayserlichen Regierungsrechten und Pflichten, Bd. 1, Frankfurt am Main 1772, S. 530.

47 Heinz Mohnhaupt, Art. Privileg, in: Enzyklopädie der Neuzeit 10, Stuttgart/Weimar 2009, Sp. 391–401, hier Sp. 391 f.

48 Lehne, Zur Rechtsgeschichte der kaiserlichen Druckprivilegien (wie Anm. 14), S. 363.

49 Johann Lassenius, Bürgerliche Reiß- und Tischreden, in zwölff nützliche und anmuthige Gespräch abgetheilet. Darinnen nebenst denen zur Kaufmannschafft gehörigen Sachen und Eigen-

wurde „das freie Reiserecht" des Begünstigten betont.[50] Gesichtspunkte, die die internationale Vermarktung und damit den Fernhandel betreffen, sind auch Gegenstand der Privilegien der exportorientierten Nürnberger Metallgewerbe;[51] eine Verwendung mancher Privilegien im Hausierhandel ist ebenfalls nicht auszuschließen.[52] Der Gedanke ist nicht ganz neu: Schon 1939 unterstrich Lehne, dass „das Privileg des Kaisers oder eines Fürsten für den einzelnen Handwerker so vor allem die Aufgabe [hatte], den Schutz des Zeichens interlokal, unabhängig von der einzelnen örtlichen Norm herzustellen."[53] Der Versuch, der Konkurrenz der Zünfte zu entgehen, ist also keineswegs als einziger Grund für Unternehmer und Handel- und Gewerbetreibende anzusehen, um ein Privileg nachzusuchen, wie für landesherrliche Privilegien bereits gezeigt worden ist[54].

Bei der methodischen Untersuchung kaiserlicher Privilegien ist deren durch die Jahrhunderte bemerkenswert unverändert gebliebene Diplomatik hilfreich.[55]

---

schafften derer ein Kauff- und Handelsmann so wol in seinem Handel als Bürgerlichem Leben nicht wol entrathen kann, Nürnberg 1664, S. 321 f. Als „Studentengut" werden zumindest Bücher bezeichnet: so ließ sich der Amsterdamer Benedictus Bahnsen Bücher, die er für die Bibliothek des Herzoges von Braunschweig-Wolfenbüttel eingekauft hatte, mit dem Inschrift „Studentengut" nach Deutschland schicken; Paul Raabe, Die niederländischen Büchererwerbungen in der fürstlichen Bibliothek Wolfenbüttel im 17. und frühen 18. Jahrhundert, in: Hans Bots/Christiane Berkvens-Stevelinck (Hrsg.), Le magasin de l'univers: the Dutch Republic as the Centre of European Book Trade (Brill's Studies in Intellectual History, 31), Leiden 1992, S. 223–235, hier S. 229.

50 Flechsig, Frühneuzeitlicher Erfindungsschutz (wie Anm. 26), S. 139 f.

51 Davon zeugt zeitgenössisch Gerard de Malynes, Consuetudo, vel Lex Mercatoria or the Ancient law-merchant, London 1636, S. 152. Im Text der Privilegien wird mehrmals erwähnt, dass Nürnberger privilegierte Messer auf Jahrmärkten, Messen, aber auch in den Niederlanden, *Hispanien* und in den *indianischen Ländern* verkauft würden; von den Nürnberger Gürtlern, die 1715 als Handwerk privilegiert worden sind, wird während der durch die städtische Obrigkeit organisierten Kommerzien-Konferenzen gesagt, dass sie *einen grossen Verschleiss mit Nägel nach Pohlen und Schlesien* hatten; ÖStA HHStA, RHR, Grat Feud, Gewerbe-, Fabrik- und Handlungsprivilegien, K. 1, Konv. 3, fol. 416–419; StadtAN E8 Handelsvorstand 3902 Nr. 28, 23. Juni 1716.

52 Vincent Demont, Gerichtsvielfalt im Gewerbealltag? Kayserlich-privilegierte Stümper und städtische Apotheker in und um Nürnberg zu Beginn des 18. Jahrhunderts, in: Anja Amend-Traut/Josef Bongartz/Alexander Denzler/Ellen Franke/Stefan Andreas Stodolkowitz (Hrsg.), Unter der Linde und vor dem Kaiser. Neue Perspektiven auf Gerichtsvielfalt und Gerichtslandschaften im Heiligen Römischen Reich (Quellen und Forschungen zur Höchsten Gerichtsbarkeit im Alten Reich, künftig: QFHG, 73), Wien/Köln/Weimar 2020, S. 279–300.

53 Lehne, Zur Rechtsgeschichte der kaiserlichen Druckprivilegien (wie Anm. 14), S. 329.

54 Reinhold Reith, Zünfte im Süden des Alten Reiches: politische, wirtschaftliche und soziale Aspekte, in: Heinz Gerhard Haupt (Hrsg.), Das Ende der Zünfte. Ein Europäischer Vergleich (Kritische Studien zur Geschichtswissenschaft, 151), Göttingen 2002, S. 39–69, hier S. 52 f.

55 Ebd., S. 345: „die Haupttypen der Privilegiengestaltung blieben bis zum Ende in Übung." Übrigens gilt die Beobachtung auch für Hoffreiheiten, bei der die „der Urkundensprache entnommene For-

Egal, ob es sich um Flößerei auf dem Lech, Siegellackproduktion in Nürnberg oder Textilproduktion in Mühlhausen handelte: Die vom Kaiser vergebenen Rechte sind durch ihren charakteristischen sprachlichen Aufbau unverkennbar. Dies war von den Zeitgenossen auch intendiert. So waren in der Reichshofkanzlei Formulare in Gebrauch, die Sprachmodelle für die Ausstellung von Privilegien boten.[56] Vielleicht hatten die Reichshofräte auch ein Interesse daran, an alten Modellen festzuhalten, denn die Gewährung von Vorrechten, die mit der Erteilung von Privilegien verbunden waren, konnte auf diese Weise dadurch gerechtfertigt werden, dass sie *auf einem von fast undencklichen jahren obwaltenden allen aller-höchst dero glorreichsten regierungs-vorfahren und euer kays. Mayt. selbst nicht unbekannt geblieben herkommen beruhen.*[57] Diese formale Stabilität, ja scheinbare Unveränderlichkeit, ermöglicht es, die Privilegien nicht einzeln und als in sich geschlossene Einheiten, sondern serienmäßig zu untersuchen. Denn weil sich die in Privilegien enthaltenen Bestimmungen und verbrieften Rechte gleichen, ähneln und wiederholen, sind sie klassifizier- und quantifizierbar und lassen sich über mehrere Jahrhunderte hinweg untersuchen. Auf diese Weise sind Routinen und Veränderungen in der Formulierung von Privilegien erkennbar. Gleichzeitig erlaubt es die serielle Untersuchung auf der Grundlage von formalen Gesichtspunkten, die beiden methodischen Schwierigkeiten, die sich bei der Bearbeitung der Serie ‚Gewerbe-, Fabriks- und Handlungsprivilegien' stellen, zu überwinden: einerseits die Heterogenität der Privilegien, die sich aus der Vielfalt der Betreffe ergibt, und andererseits die wahrscheinliche Unvollständigkeit der Serie.

4. Absolute Rechte und Verwaltungspraxis

Die theoretische Begrenzung der Reservatrechte war ein politisch heikles Thema, das vor dem Hintergrund des kaiserlichen Machtanspruchs kaum Gegenstand öffentlicher Diskussion sein konnte. Jedoch bedurften diese Rechte im jeweiligen Privileg einer konkreten Definition, die übrigens durch die beiden immer wiederkehrenden Vorwürfe der Monopolbildung und der *falsa narrata* (also des

---

melhaftigkeit [...] sich über die Jahrhunderte unverändert erhalten hat" und die einem „im Wesentlichen unverändert gebliebenen Grundformular" treu geblieben sind; Haupt, Das Hof- und hofbefreite Handwerk (wie Anm. 42), S. 20.

56 Hansjörg Pohlmann, Ein unbekanntes „Reichskanzlei-Formularbuch" im Wiener Archiv, in: Rechtshistorisches Journal 2 (1983), S. 130–141.

57 Zitiert nach: Wolfgang Sellert, Besoldungen und Einkünfte der Richter am Kaiserlichen Reichshofrat, in: Anja Amend-Traut/Albrecht Cordes/Ders., Geld, Handel, Wirtschaft (wie Anm. 10), S. 293. Das Zitat stammt aus einem Conclusum des Reichshofrats aus dem Jahr 1767.

Betrugs beim Privilegienantrag) durchaus anfechtbar war.[58] So gehörte die Vergabe von Privilegien zwar zu den absoluten Vorrechten des Kaisers als oberstem Lehnsherrn, aber auch zur alltäglichen Verwaltungspraxis, die die in den Privilegien verbrieften Rechte definierte und diese in mehrfacher Hinsicht begrenzte oder einschränkte. Im Folgenden geht es darum, diese praktische Begrenzung der durch den kaiserlichen Reichshofrat verliehenen Rechte anhand der Privilegientexte zu untersuchen.

Privilegien konnten insofern begrenzt sein, als ihr Gültigkeitsbereich auf bestimmte Produkte eingeschränkt war, wie dies bei der bereits erwähnten Privilegierung eines Handels- und Handwerkszeichens zugunsten von Franz Reutter (Abb. 2) der Fall war, dem das exklusive Recht gewährt wurde, die Nummer 5 auf seine Messer zu schlagen. Dies führte nicht zur Herausbildung eines Monopols, da auch andere Messerer exklusive Rechte auf andere Handwerkszeichen hatten. Derselbe Prozess, d. h. die mehrfache, oft zeitnahe Privilegierung verschiedener Handelszeichen, die zur Vermarktung desselben Produkts benutzt wurden, lässt sich für die Nürnberger Siegellackhersteller im 18. Jahrhundert beobachten. Vor dem Hintergrund der Gefahr einer Monopolbildung heikler ist die Privilegierung von Handels- und Handwerkszeichen im Rahmen eines Zunftprivilegs, wie sich am Beispiel der Nürnberger Gürtler veranschaulichen lässt, deren Zeichen in einem – im übrigen sehr sehenswerten – Markenregister aufgenommen wurden.[59] Genau diese Privilegien, aus denen sich ein Monopol ableiten ließ, waren es, die in den am Reichstag geführten Debatten um die Missbräuche der Handwerker – sei es direkt oder nur andeutungsweise – zur Diskussion standen.

Ein anderer Aspekt der Einschränkung der Gültigkeit von Privilegien ist deren räumliche Begrenzung. Druckprivilegien galten zunächst meist für das Reich, aber seit 1740 nicht mehr für Österreich und die Erbländer, was mit der Sonderstellung dieser Länder im Reich zu tun hat.[60] Die kaiserlichen Betriebsprivilegien bestätigen diese Chronologie, die verwaltungsgeschichtlich auf die Trennung der österreichischen von den Reichshofkanzlei zurückzuführen sein wird.[61] Ausgangspunkt dieser Trennung ist die Gründung der österreichischen Hofkanzlei 1619/20, doch wird man hier von einem allmählichen, langwierigen Prozess auszugehen haben. Streitfälle wie die bereits erwähnten Proteste der Nürnberger Fabrikanten am Wiener Hof zeugen von fortwährenden Kompetenzverflechtungen im 17. Jahrhundert und am Anfang des 18. Jahrhunderts.[62] Jedenfalls kann in die-

---

58 Moser, Von denen kaiserlichen Regierungs-Rechten und Pflichten (wie Anm. 46), Bd. 1, S. 137, 539, 585, 724, 725.

59 StadtAN E1/31 Gürtler Nr. 3, ohne Datum.

60 Koppitz, Die kaiserlichen Druckprivilegien (wie Anm. 31), S. XVI.

61 Lehne, Zur Rechtsgeschichte der kaiserlichen Druckprivilegien (wie Anm. 14), S. 397.

62 Ähnlichen Kompetenzverflechtungen, auch in Gratialsachen, am Beispiel der Standeserhebungen

sem Bereich von einer „Entmachtung der Reichshofkanzlei“ kaum in der zweiten Hälfte des 17. Jahrhunderts, sondern vielmehr erst ab 1740, die Rede sein.[63]

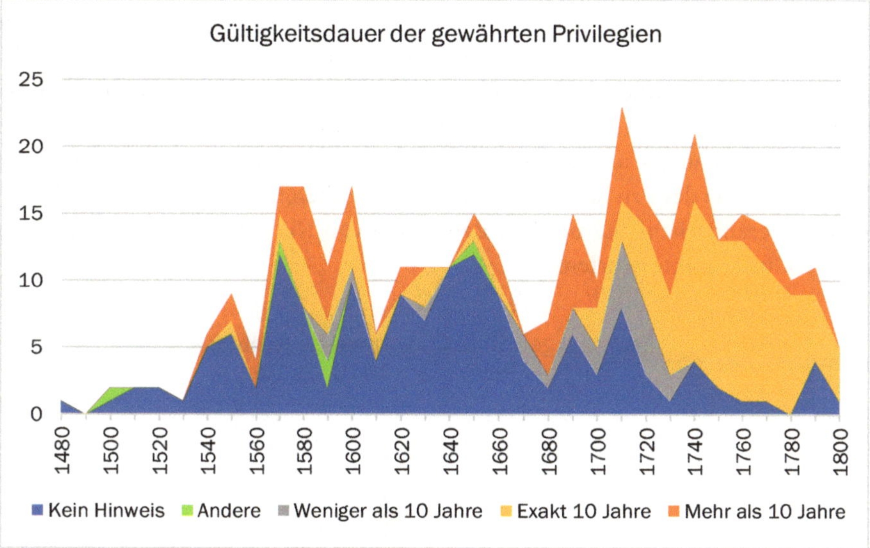

Diagramm 1: Gültigkeitsdauer der gewährten Privilegien

Die zeitliche Begrenzung von Privilegien stellt eine weitere Einschränkung ihrer Gültigkeit dar. Druckprivilegien, so Koppitz, hatten „in der Regel“ eine bestimmte Geltungsdauer, die zwischen drei und zehn Jahren variierte.[64] Die Geltungszeiträume anderer Privilegien konnten von einem Jahr bis zu 50 Jahren reichen, während einige auch *lebenslang* oder unbestimmt für *etliche Zeit* galten.[65] Die chronologische Verteilung der Geltungszeiträume zeigt eine klare Entwicklung auf. Das Fehlen der Angabe der Geltungsdauer kam in der Praxis des

in Gross, Die Geschichte der Deutschen Reichshofkanzlei (wie Anm. 33), S. 42–76; Petr Mata, Der Adel in der Habsburgermonarchie: Standeserhebungen und adelsrechtliche Regelungen, in: Michael Hochedlinger/Ders./Thomas Winkelbauer (Hrsg.), Verwaltungsgeschichte der Habsburger Monarchie in der Frühen Neuzeit (Mitteilungen des Instituts für Österreichische Geschichtsforschung, Ergänzungsband 62, 1), Wien 2019, S. 117–148, hier S. 122.

63 Michael Hochedlinger, „Die Reichshofkanzlei“, in: Ders./Petr Mata/Thomas Winkelbauer (Hrsg.), Verwaltungsgeschichte der Habsburger Monarchie (wie Anm. 62), S. 323–332, hier S. 326.

64 Koppitz, Die kaiserlichen Druckprivilegien (wie Anm. 31), S. XV.

65 Privileg für „etlich Jahr“ für den „Salzsiedlerkunst“ des in der Grafschaft Mansfeld lebenden Georg Kandler, ÖStA HHStA, RHR, Grat Feud, Gewerbe-, Fabrik- und Handlungsprivilegien K. 5, Konv. 3, S. 11–14; Lebenslanges Privileg für den Salpeterhandel des Mainzer Handelsmanns Egmundt Rockach, ÖStA HHStA, RHR, Grat Feud, Gewerbe-, Fabrik- und Handlungsprivilegien, K. 8 Konv. 4, fol. 595–596.

16. Jahrhunderts am häufigsten vor. Zeugt dieses Fehlen von einem Versehen bzw. von Nachlässigkeiten des Kanzleischreibers, wie Koppitz vermutet, oder von der Absicht, durch die offene Formulierung die kaiserlichen Reservatrechte so unbestimmt wie möglich zu lassen? Fest steht auf jeden Fall, dass die variable Praxis des 16. Jahrhunderts im 18. Jahrhundert normiert wurde. Spätestens um die Mitte des 18. Jahrhunderts setzte ein Standardisierungsprozess ein, denn fortan wurden 15 Jahre das Maß für die Geltungsdauer aller Betriebsprivilegien, die von der Reichshofkanzlei ausgestellt worden sind (siehe Diagramm 1). Das alte überlieferte Schema des Privilegientextes mit seiner scheinbaren Unveränderlichkeit – eine Unveränderlichkeit, die allen Beteiligten von Nutzen war – blieb also doch Entwicklungen unterworfen.

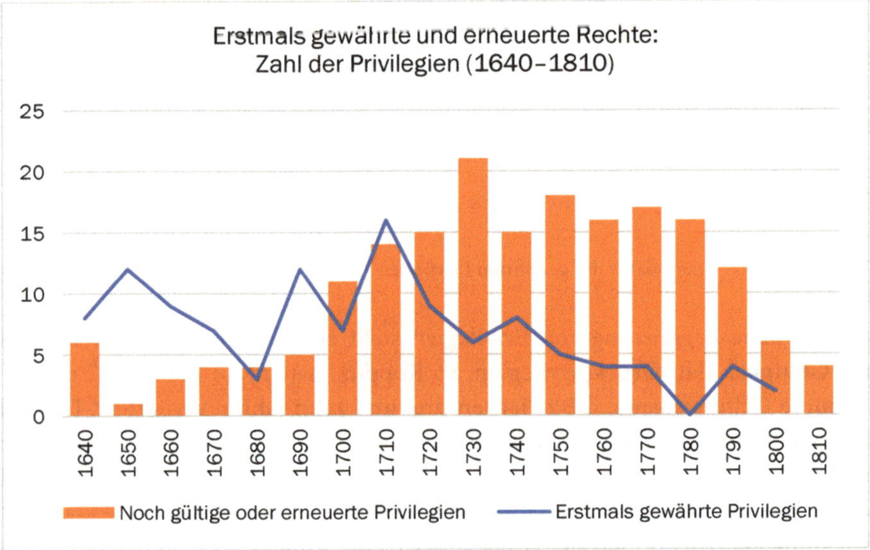

Diagramm 2: Erstmals gewährte und erneuerte Rechte: Zahl der Privilegien

Eine genauere Betrachtung der Betriebsprivilegien ermöglicht es, die Hintergründe dieser Standardisierung zu beleuchten. Bei einer Unterscheidung von Privilegien, die erstmals gewährt wurden, von Privilegien, die erneuert wurden, fällt auf, dass in der zweiten Hälfte des 18. Jahrhunderts die Erneuerungen deutlich überwogen (siehe Diagramm 2). Erneuerungen hatten die Funktion, zuvor vergebene Privilegien zu bestätigen und aufrechtzuerhalten.[66] Damit ging die

66 Wie für die Buchdruckprivilegien ist die Erblichkeit der garantierten Rechten für die „überwiegende Zahl der Privilegien" explizit; LEHNE, Zur Rechtsgeschichte der kaiserlichen Druckprivilegien (wie Anm. 14), S. 385.

Homogenisierung der in Privilegien enthaltenen Bestimmungen mit einer Funktions- und Bedeutungsveränderung einher: Fortan hatten Privilegien in erster Linie die Funktion, bereits aufgrund früherer Privilegien verbriefte Rechte zu sichern. Dieser Befund wirft ein neues Licht auf die Frage nach den Ursprüngen des untersuchten Bestandes, denn die Funktionsverlagerung suggeriert, dass der Bestand als eine Art Gedächtnis angelegt wurde, um die gestiegene Zahl von Anträgen auf Erneuerungen prüfen und bearbeiten zu können.

Verkamen ab den 1740er Jahren die kaiserlichen Privilegien also zu einer Art Fossil, indem sie im besten Fall von der Dynamik des kaiserlichen Privilegienwesens aus vergangenen Zeiten zeugten? Wertete man diese Entwicklung nicht als Bedeutungswandel, sondern als Bedeutungsverlust, dann ließen sich Parallelen zu zeitgleichen Entwicklungen im Lehnswesen aufzeigen. Denn für einen allgemeinen Bedeutungsverlust auch des Lehnswesens unter den Kaisern Karl VII. und Franz I. spricht der Rückgang der Laudemiengelder, die bei einem Wechsel des Inhabers eines Lehens oder des Lehnsherren bei der erneuten Vergabe der mit einem Lehen verbundenen Rechte fällig waren.[67] Die Parallele zwischen Privilegien- und Lehnswesen ist insofern bedeutsam, als die Dokumentation zu beiden Bereichen in den Archiven des Reichshofrats in einem Bestand zusammengefasst ist.

Einschränkend muss jedoch der provisorische Charakter der These des Bedeutungsverlusts von Privilegien im Laufe der Frühen Neuzeit hervorgehoben werden, denn diese Entwicklung scheint nicht auf alle Gnadentypen zuzutreffen. So gibt Lehne zu bedenken, dass „die gar nicht geringe Zahl der noch gegen das Ende des 18. Jahrhunderts erbetenen kaiserlichen Buchschutzbriefe die Worte des königlich-preußischen Agenten von Ganz, wonach das kaiserliche Privileg jede Bedeutung verloren haben und nun mehr ein völlig unnützes und beschwerliches Regal sein soll, widerlegen.“[68] Ob die dynastische Krise 1740 und die daraus resultierenden Kämpfe um den Kaiserthron mit dem Rückgang der kaiserlichen Privilegientätigkeit im speziellen Bereich des Gewerbelebens verbunden waren und inwieweit andere Gnadentypen die chronologische Entwicklung der Betriebsprivilegien teilten, bleibt eine offene Frage. Festzuhalten ist jedenfalls – das zeigt die Untersuchung der Betriebsprivilegien –, dass von der Renaissance bis ins späte 18. Jahrhundert Privilegien zwar annähernd dieselbe diplomatische Form aufweisen, nicht aber dieselbe Bedeutung haben.

---

67 Sellert, Besoldungen und Einkünfte (wie Anm. 57), S. 281–283.

68 Lehne, Zur Rechtsgeschichte der kaiserlichen Druckprivilegien (wie Anm. 14), S. 396.

5. Wertentwicklung und Bedeutungswandel der Privilegien vor Ort

Tab. 1: Lokalisierung der Begünstigten, 1500–1800

	keine Angabe	Nürnberg	Augsburg	Andere Reichsstädte	Andere Territorien	Gesamt
1500-1549	1	5	1	2	3	12
1550-1599	25	9	2	7	12	45
1600-1649	10	24	3	10	5	52
1650-1699	15	10	15	6	10	56
1700-1749	5	33	30	8	5	81
1750-1799	7	29	17	5	5	63

„Vor Ort" heißt vor allem „in der Reichsstadt", denn dort wohnte die große Mehrheit der Begünstigten. Dies gilt vor allem für das 18. Jahrhundert, während die exakte Bedeutung der Reichsstädte im 16. Jahrhundert wegen der vielen unpräzisen Formulierungen in den Quellen kaum nachzuweisen ist. Der Dreißigjährige Krieg scheint in dieser Hinsicht eine Zäsur darzustellen. Nürnberg und Augsburg spielten bei weitem die wichtigste Rolle. Die zentrale Position dieser beiden Reichsstädte spiegelt sich auch bei der geographischen Verteilung der kaiserlichen Standeserhebungen wider, allerdings mit dem wesentlichen Unterschied, dass Standeserhebungen vor allem für das innerstädtische Gesellschaftsgefüge Auswirkungen hatten, während Betriebsprivilegien oft den interlokalen und Fernhandel betrafen.[69] Ist diese Konzentration der Privilegienempfänger auf die Reichsstädte ein Zeichen dafür, dass diese „der kaiserlichen Rechtssphäre zugehörig angesehen waren?"[70] Gibt es, vor allem in den ersten Jahrzehnten des 16. Jahrhunderts, Kontinuitäten im Zusammenhang mit mittelalterlichen Rechten, die vor der Gründung des Reichshofrats gegeben worden waren, also zu einer Zeit, wo sich Unterschiede zwischen reichsnahen und reichsfernen Regionen deutlicher abzeichnen? Gerade wenn wir die Vorgeschichte von Privilegien, deren Vergabe immer einen Vorlauf hatte, mit in den Blick nehmen, erscheint es einleuchtend, dass mehr Privilegiengesuche aus Territorien und Städten kamen, in denen andere privilegierte Unternehmer bereits tätig waren, als aus reichsfer-

69 Erwin Riedenauer, Kaiserliche Standeserhebungen für reichsstädtische Bürger 1519–1740. Ein statistischer Vorbericht zum Thema ‚Kaiser und Patriziat', in: Helmut Rössler (Hrsg.), Deutsches Patriziat 1430–1740 (Schriften zur Problematik der deutschen Führungskräften in der Neuzeit, 3), Limburg an der Lahn 1968, S. 27–98, hier S. 41.

70 Lehne, Zur Rechtsgeschichte der kaiserlichen Druckprivilegien (wie Anm. 14), S. 396.

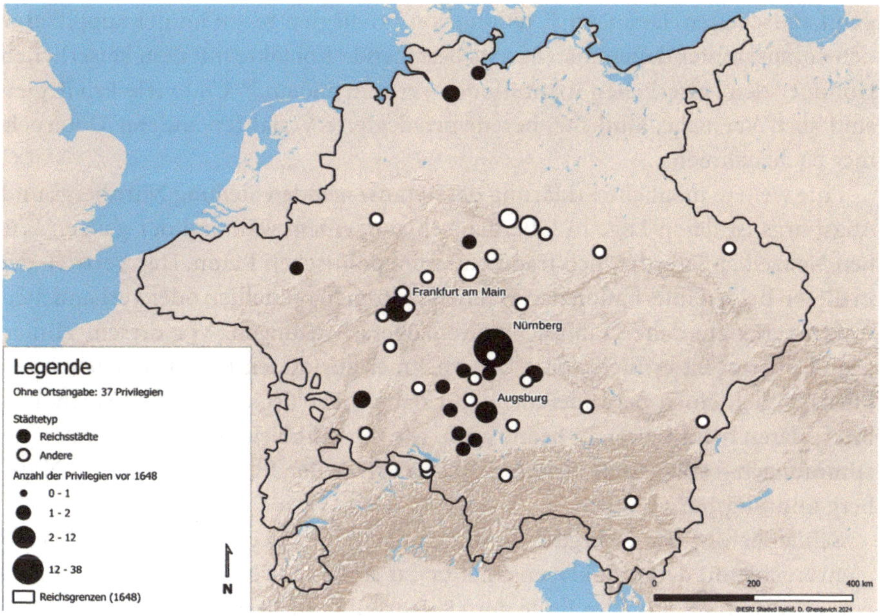

Karte 1: Lokalisierung der Begünstigten vor 1648.

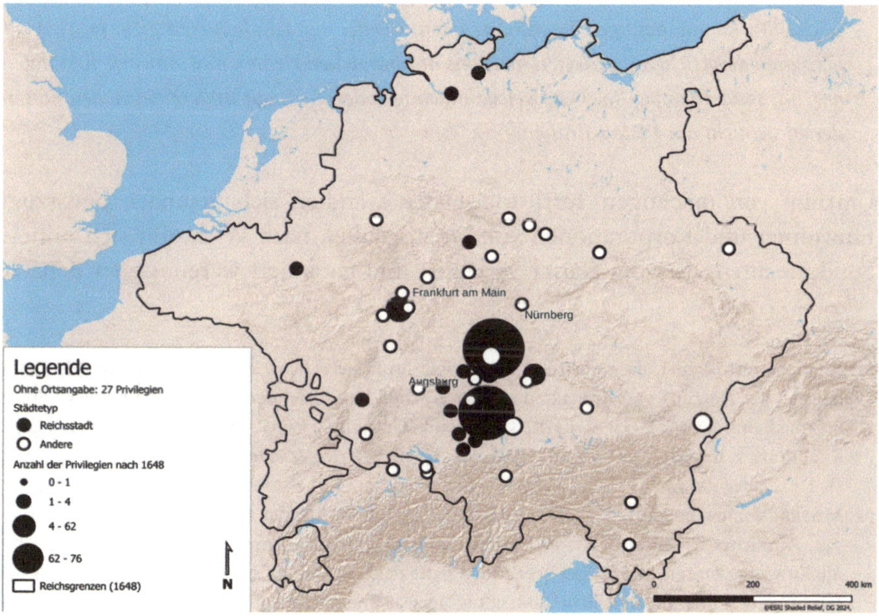

Karte 2: Lokalisierung der Begünstigten nach 1648.

nen Landschaften. Denn der Erteilung von Privilegien gehen immer Supplikationen voraus, hinter denen man bereits bestehende Kontakte mit dem kaiserlichen Hof oder den kaiserlichen Institutionen vermuten kann.[71] Und viele Privilegien sind auch Versuche, ähnliche, bereits privilegierte Verfahren anderer Unternehmer nachzuahmen.

Eine weitere mögliche Erklärung der herausragenden Stellung Nürnbergs und Augsburgs ist deren Lage in Oberdeutschland, einem während der ganzen Frühen Neuzeit außerordentlich fragmentierten politischen Raum. Der Vertrieb der in diesen beiden internationalen Handelszentren hergestellten oder verhandelten Waren verlangte daher zahlreiche Grenzüberschreitungen. Vor diesem Hintergrund überrascht es nicht, dass Unternehmer aus diesen beiden Reichsstädten offensichtlich einen besonderen Bedarf hatten, Privilegien für die Versendung ihrer Waren beim Kaiser zu beantragen, wie die zahlreichen entsprechenden Bestimmungen – etwa Zollfreiheiten – in den Privilegien für Begünstigte aus Nürnberg und Augsburg belegen.

Schließlich ist das Übergewicht der Reichsstädte bei der kaiserlichen Privilegienvergabe mit deren Enklavensituation zu erklären, wie aus der Einschätzung eines Beobachters aus dem Ende des 18. Jahrhunderts hervorgeht:

> *In denen älteren Zeiten [....] findet man eine grosse Menge kayserliche Diplomatum über solche Stücke, die heutiges Tages ohne allen Zweifel zur Landeshoheit gehören [...] dahero man dergleichen Privilegien meistens nur bey denen kleinen und schwachen Ständen antrifft, sonderlich bey solchen, welche mächtige oder auch nur andere Nachbarn hatten, denen sie nicht das beste zutrauen.*[72]

Umringt von mächtigen Territorialstaaten wandten sich demnach bevorzugt Einwohner und Korporationen von Reichsstädten nach Wien, um sich mittels Sonderrechten, die vom Kaiser verliehen und garantiert waren, gegen Benach-

---

71 Nennenswert ist hier, dass mehrere Begünstigte im kaiserlichen Heer gedient haben. Ein gutes Beispiel der Nutzung von Kontakten am kaiserlichen Hof bietet der Fall des Bierbrauers Lorenz Schmiedleins, ÖStA HHStA, RHR, Grat Feud, Gewerbe-, Fabrik- und Handlungsprivilegien, K. 9, Konv. 1, fol. 104–128, ÖStA HHStA, RK, Kleinere Reichsstände, K. 379, Nr. 12, fol. 273–284, 18. Dezember 1714.

72 Moser, Von denen kaiserlichen Regierungs-Rechten und Pflichten (wie Anm. 45), Bd. 1, S. 530–531. Ähnliches bei Burgdorf, Protokonstitutionalismus (wie Anm. 23), S. 13: „Besonders für die Einwohner mindermächtiger Territorien hatte das Reich bis zu seinem Ende auch jenseits der symbolischen Präsenz alltägliche Bedeutung. Es war präsent in den täglichen Gebeten für Kaiser und Reich, den Kaisersälen der Reichsabteien und den Wappen über den Toren der Reichsstädte, im ikonographischen Schmuck ihrer Rathäuser, in den Hoheitszeichen der kaiserlichen Post sowie der Vielzahl vom Reich eingesetzter Kommissionen vor Ort."

teiligungen und Übergriffe durch missgünstige Landesherren zu schützen. Doch Ende des 18. Jahrhunderts, so der zeitgenössische Beobachter, gehörten kaiserliche Privilegien der Vergangenheit an und waren also obsolet geworden, hatten sie doch Themen zum Gegenstand, die „ohne allen Zweifel“ dem Kompetenzbereich der jeweiligen Landesherren zugehörig waren. Dieser Bedeutungsverlust lässt sich auch anhand der Wertentwicklung der Privilegien ablesen.

Der Preis eines Privilegs hing davon ab, wer es ausstellte. Kaiserliche Gnaden kosteten mehr als ihre städtischen Äquivalente. So musste Ende des 17. Jahrhunderts Caspar Gerngross in Nürnberg fünf Gulden für sein städtisches Messerzeichen bezahlen, seine Wiener Kollegen Peter Neretter und Wolfgang Stepper dagegen 18 bzw. 60 Gulden für eine vom Kaiser geschützte Marke.[73] Bei den hier gezahlten Kanzleigebühren ist davon auszugehen, dass sie nur einen Teil der Gesamtkosten ausmachten.[74] Einige Fälle von weiterverkauften Privilegien bieten hier wertvolle, wenn auch nur stichprobenartige Einblicke.

Der Verkauf einer kaiserlichen Gnade dürfte grundsätzlich eine heikle Angelegenheit gewesen sein. Denn Privilegien waren insofern persönlich, als sie stets nur in Verbindung mit einer bestimmten Person Gültigkeit hatten, auf dessen Namen sie ausgestellt waren. Infolgedessen oblag es dem Begünstigten, die Ausfertigung des Privilegs aufzubewahren.[75] Dies schloss eine Übertragung auf eine andere Person eigentlich aus, abgesehen von der Möglichkeit der Weitergabe durch Vererbung, die dann ausdrücklich im Privilegientext geregelt war.[76] Dennoch sind Fälle des Weiterverkaufs eines Privilegs bekannt. Sie bestätigen, dass die Kanzleigebühren nur einen kleinen Teil des Privilegienwerts ausmachten. So wurde das Recht, Granate zu schneiden, 1591 gegen eine Kanzleigebühr von 25 Gulden privilegiert, ein paar Jahre später jedoch für 300 Gulden weiterver-

---

73 StadtAN ES/45 Messerer (Messerschmiede) Nr. 7, 1634–1803, 14. Januar 1686; ÖStA HHStA, RK, Taxbücher, Nr. 215, S. 8, 70, 372.

74 Samuel Stryk, Examen über das Lehn-Recht durch kurtze Fragen und derselben Beantwortung, Frankfurt an der Oder 1713, S. 368–379, listet die Kanzleirechte für verschiedenen Gnadentypen auf. 1791 wurde auf einem Privilegentwurf vermerkt, dass dieser *in dem Taxamt nicht ausgelöst*, und *folglich auch nicht ausgefertiget worden* sei, ÖStA HHStA, RHR, Grat Feud, Gewerbe-, Fabrik- und Handlungsprivilegien, K. 2, Konv. 3, fol. 1–17 (10. Januar 1791). Zur Wichtigkeit dieser Gebühren für das Einkommen der Kanzlisten, siehe Gross, Die Geschichte der deutschen Reichshofkanzlei (wie Anm. 33), S. 27, und Hughes, Law and Politics (wie Anm. 32), S. 52. Zu den realen Kosten eines Privilegienantrags am kaiserlichen Hof siehe den oben in Anm. 18 erwähnten Bericht Hochmanns.

75 Dem Gewerbe der Nürnberger Granatschreiber gelang es erst nach dem Tod des Begünstigten, das Privileg für das Granatschneiden gegen *recompens* und verschiedene *zusprechungen* in ihre Handwerkslade zu bringen; ÖStA HHStA, RHR, Grat Feud, Gewerbe-, Fabrik- und Handlungsprivilegien, K. 9, Konv 2, fol. 294 f., 14. Januar 1654.

76 Dieses bildet einen weiteren Unterschied zu den Hoffreiheiten; Haupt, Das Hof- und hofbefreite Handwerk (wie Anm. 42), S. 18.

kauft.[77] Eine ähnliche Diskrepanz zwischen Kanzleigebühren und tatsächlichem Wert eines Privilegs, die auf versteckte Kosten bei der Antragstellung schließen lässt, bietet das Beispiel des Nürnberger Drahtzieherlehens, das ursprünglich 3.000 Gulden kostete, dann aber 10.000 oder 12.000 Gulden erzielte, obwohl die Gültigkeit des Weiterverkaufs vom Reichshofrat noch gar nicht anerkannt worden war.[78] Bei dem Verkauf einer privilegierten Mühle an einen Unternehmer, der daraus eine Spiegelfabrik zu machen beabsichtigte, sah der Kaufvertrag eine Zahlung des Kaufpreises in mehreren Tranchen vor, wobei die Zahlung einer Tranche von 4000 Gulden erst zu erfolgen hatte, wenn der Käufer als neuer Inhaber des Privilegs anerkannt worden war.[79]

Im Jahr 1788 scheinen sich die Dinge hingegen grundsätzlich geändert zu haben: In dem Verkaufsvertrag einer anderen privilegierten Spiegelfabrik findet das Privileg überhaupt keine Erwähnung mehr.[80] Einige Jahre später bezeugten die privilegierten Spiegelglasfabrikanten der Stadt Nürnberg selber und unmissverständlich, dass die kaiserliche Gnade bedeutungslos geworden sei: *In der Nähe hiesieger Stadt* [befinden sich] *einige unberechtigte und unprivilegierte Glasfabriken; alleine sie liegen in den Landen benachbarter mächtiger Reichsfürsten, wodurch es den hiesigen privilegierten Spiegelglasfabricanten fast unmöglich gemacht wird, ihr habendes jus quaestium geltend zu machen.*[81] Außerhalb der Stadt wirkungslos, sind die kaiserlichen Gnaden im selben Zug auch wertlos geworden.

77 ÖStA HHStA, RK, Taxbücher, Nr. 68, fol. 24; ÖStA HHStA, RHR, Grat Feud, Gewerbe-, Fabriks- und Handlungsprivilegien, K. 9, Konv. 2, fol. 359–364, hier fol. 360, ohne Datum.

78 Beckh, Die Nürnberger Gold- und Silberdrahtindustrie (wie Anm. 11), S. 72.

79 ÖStA HHStA, RHR, Grat Feud, Gewerbe-, Fabriks- und Handlungsprivilegien, K. 3, Konv. 1, fol. 170 f.: „Kauffbrieff der Erbern und Wolführnehmen Herrn Alexander Grote Kauf- und Handelsmann in Nürnberg über den hinter den Neuen Spital zu Heil. Geist alda gehörigen Messinghammer zu Thoss", 10. Dezember 1751.

80 ÖStA HHStA, RHR, Grat Feud, Gewerbe-, Fabriks- und Handlungsprivilegien, K. 7, Konv. 2, fol. 267–270.

81 ÖStA HHStA, RHR, Grat Feud, Gewerbe-, Fabriks- und Handlungsprivilegien, K. 9, Konv. 1, fol. 210–220 (11. Juni 1792). Es wurde auch hinzugefügt: *in einem Revier von 4,5,6 Stunden um die Stadt Nürnberg befinden sich viele, zum theil privilegierte, zum theil unprivilegierte Spiegelglasfabriquen. Die privilegierte unterscheiden sich von jenen nur dadurch, daß die erstere* [?] *ihre Glassbelege in der Stadt Nürnberg in ihren eigen Häussern haben, die Gläser frey einführen und verkauffen, dann keinen Zoll bezahlen dürfen, wo entgegen die unprivilegierten fabricanten die einzuführende Waaren in die Niederlag einfuren, den Zoll hievon entrichten und ihre Glassbelege nicht in ihren häussern, sondern ausser der Stadt auf ihren Fabrique Gebäuden haben müssen: übrigens können die nicht privilegierte Fabricanten mit ihren Waaren eben so wie die privilegierte alle auswärtige Geschäfte ungestört treiben.* Hier ist daran zu erinnern, dass die Fürstentümer von Brandenburg-Ansbach und Brandenburg-Bayreuth seit dem vorhergehenden Jahr in den preußischen Staat eingegliedert worden waren.

6. Aus Altem Neues? Abschließende Betrachtungen

Der Fokus auf die Betriebsprivilegien hat es ermöglicht, der Vielfalt der ‚Gewerbe-, Fabriks- und Handlungsprivilegien' gerecht zu werden und einen Überblick über den gesamten Bestand zu erhalten. Die aus dieser Wahl resultierende breite Quellenbasis ermöglicht eine serielle Erfassung, auf deren Grundlage ein neues, zeitlich differenziertes Bild der kaiserlichen Gnadentätigkeit gezeichnet werden konnte. Erkenntnisinteresse der Untersuchung dieser Tätigkeit war nicht, die Genese bestimmter Rechte – etwa der Erfindungs- oder Urheberrechte – nachzuzeichnen, sondern die Rolle des Reichshofrats als „politisches Instrument des Kaisers" auf wirtschaftlicher Ebene herauszuarbeiten.[82] Fazit ist, dass das Privileg, auch wenn es in der Theorie als absolutes Herrschaftsmittel *par excellence* angesehen wurde, in der Praxis dennoch Routinen und Verfahrensweisen unterworfen war. Diese weisen Entwicklungen auf, deren große Etappen Veränderungen darstellen, die durch ihre Radikalität überraschen. Während die relative Unbestimmtheit kaiserlicher Gnaden im 16. Jahrhundert, die Tiefe der Zäsur des Dreißigjährigen Krieges sowie der zunehmend normierte Charakter im 18. Jahrhundert zu erwarten waren, überraschen die Standardisierung der zeitlichen und räumlichen Einschränkungen ab den 1740er Jahren, die Beschränkung der Tätigkeit des Reichshofrats auf Privilegienerneuerungen, die zu einer Fossilisation althergebrachter Rechte führte, schließlich der gänzliche Bedeutungsverlust am Ende des 18. Jahrhunderts. Diese Entwicklungen erstaunen umso mehr, als der diplomatische Aufbau der Gnaden unverändert blieb. Unter Beibehaltung alter Muster ergeben sich also, je nach Zeitabschnitt, vollkommen andere Bedeutungen.

Die hier vorgestellten Betriebsprivilegien erlauben es abschließend, die Geschichte der „Reichspolitik" des Kaisers in der Zeit nach 1648, die manchmal als „kaiserliche Reaktion" bezeichnet wird, neu zu beleuchten.[83] Durch ihrer Betrachtung lassen sich konkrete Erkenntnisse über das Funktionieren des Reichshofrats als Lehn- und Gnadenverwaltung gewinnen; es wurde gezeigt, wie aus althergebrachten Rechten und Formulierungen neue Verhältnisse geschaffen worden sind: Zwischen dem Dreißigjährigen Krieg und der dynastischen Krise der Habsburger um 1740 sind zahlreiche neue Unternehmungen privilegiert worden, was den in anderen Bereichen beobachteten Rückgang der Tätigkeit des Reichshof-

82 Amend-Traut, Der Reichshofrat und die Kapitalgesellschaften (wie Anm. 35), S. 64.

83 Hughes, Laws and Politics (wie Anm 31), S. 10, 20; Volker Press, Die kaiserliche Stellung im Reich, 1648–1740, in: Ders., Das Alte Reich. Ausgewählte Aufsätze (Historische Forschungen, 59), Berlin 1997, S. 189–222, genauer zur Rolle des Reichshofrats in dieser Politik ebd., S. 209–215.

rats bei der Privilegienerteilung relativiert.[84] Diese Tätigkeit des Reichshofrats ist jedoch keineswegs als eine kohärente Politik zu interpretieren, sondern vielmehr als Anhäufung zum Teil widersprüchlicher Rechte, deren Verwirklichung vor Ort häufig zu einer Kollision zwischen der landesherrlichen „Guten Policey" und dem kaiserlichen Anspruch auf Machtvollkommenheit führte. Aus alten Rechten ist also in dieser Zeit eine neue Rechtsvielfalt entstanden, deren Geschichte die bisher nur lückenhaft erfasste Gnadentätigkeit des Reichshofrats sowohl chronologisch als auch räumlich differenziert widerspiegelt. Dieses Fazit widerspricht nicht unbedingt der These über die rechtsvereinheitliche Wirkung der Reichsgerichte, da sich diese These auf die gerichtliche Funktion des Reichshofrats bezieht, während die beobachtete Rechtsvielfalt im Wesentlichen auf die Privilegienerteilung durch den Reichshofrat zurückzuführen ist. Letztlich geht es darum, vor einer einseitigen Perspektive auf Tätigkeit und Verfahren des Reichshofrats zu warnen, die Ambivalenz dieser Tätigkeit zu betonen und vor allem darauf hinzuweisen, dass es durchaus möglich ist, diese Ambivalenz je nach Zeit und Ort differenziert zu beschreiben und zu verstehen.

84 Zu dieser Frage Wolfgang Behringer, Im Zeichen des Merkur. Reichspost und Kommunikationsrevolution in der Frühen Neuzeit (Veröffentlichungen des Max-Planck-Instituts für Geschichte, 189), Göttingen 2003, S. 236–240.

Ulrich Eisenhardt

Die Doppelfunktionalität des Reichshofrats am Beispiel der Markt- und Druckprivilegien

1. Einleitung

Die Doppelfunktionalität des Reichshofrats als Regierungsorgan bzw. Behörde einerseits und als Gericht andererseits wird besonders deutlich bei der Befassung mit den kaiserlichen Privilegien. Wenn der Reichshofrat in einem zum Teil aufwendigen Verfahren Privilegien erteilte oder bestätigte, wurde er als kaiserliche Behörde tätig. Wenn er wegen Verletzungen von Privilegien oder Streitigkeiten über die daraus erwachsenden Rechte angerufen wurde, entschied er häufig als Gericht, in manchen Fällen in einem gerichtsähnlichen Verfahren. Dabei ist nicht selten das Bestreben erkennbar, eine gütliche Einigung herbeizuführen. Diese Doppelfunktion des Reichshofrats soll beispielhaft an zwei Privilegien erläutert werden, die der Kaiser bzw. sein Reichshofrat bis zum Ende des Reiches an die Reichsstände und andere verliehen hat und die im Wirtschaftsleben des Alten Reiches eine Rolle spielten: den Marktprivilegien und den *Privilegia impressoria* (Druckprivilegien). Anhand der unter Leitung von Wolfgang Sellert edierten Akten des Reichshofrats lässt sich dieser Tätigkeitsbereich mit seiner Doppelfunktionalität gut darstellen.[1]

Mit der Verleihung von Markt- und Druckprivilegien schuf der Kaiser mit Hilfe seines Reichshofrats Rechtsquellen. Der uns heute geläufige Zustand, dass soziale Realität durch gesetzliche Regeln mit Rechtsgeboten gestaltet und verändert wird, ist erst in einem Entwicklungsprozess erreicht worden, der sich über etliche Jahrhunderte, beginnend mit dem Spätmittelalter, erstreckt hat.[2] Königliche bzw. kaiserliche Privilegien, aber auch landesherrliche, gewährten dem Begünstigten Sonderberechtigungen oder Befreiungen, die von den allgemeinen

1 Wolfgang Sellert (Hrsg.), Die Akten des Kaiserlichen Reichshofrats, Serie I: Alte Prager Akten, Bd. 1 bis 5, Berlin 2009–2014 (künftig: RHR-Akten, Serie I); Serie II: Antiqua, Bd. 1 bis 7, Berlin 2010–2023 (künftig: RHR-Akten, Serie II).

2 Bernhard Diestelkamp, Das privilegium fori des Klerus im Gericht des Deutschen Königs während des 13. Jahrhunderts, in: Karl Kroeschell (Hrsg.), Festschrift für Hans Thieme zu seinem 80. Geburtstag, Sigmaringen 1986, S. 109–125, hier S. 110; Ulrich Eisenhardt, Kaiserliche Gerichtsprivilegien. Ihre Bedeutung für die Entwicklung der Rechtspflege im Alten Reich (Quellen und Forschungen zur höchsten Gerichtsbarkeit im Alten Reich, künftig: QFHG, 78), Wien/Köln 2023, S. 15, 388.

Rechtsregeln abwichen. Sie wurden bis zum Ende des Reiches im Jahre 1806 und auch noch in der Zeit danach verwandt und als ein begünstigender Herrschaftsakt für einen Einzelempfänger bezeichnet.[3] Mit einem Privileg wurde dem Begünstigten eine Berechtigung verliehen: entweder wurde der Empfänger in die Lage versetzt, vom Privilegiengeber oder einem Dritten ein bestimmtes Handeln oder Unterlassen zu fordern oder er war zu einer definierten Verweigerung berechtigt.[4] Die Privilegien stellten zwar Einzelakte dar, aber sie entfalteten auch Allgemeinwirkungen. Adressaten waren zunächst Reichsstände bzw. Städte. In den Genuss der Vergünstigung gelangten aber auch die Untertanen und die Bürger. Das zeigte sich z. B. daran, dass in manchen Gerichtsprivilegien angeordnet wurde, dass Gerichtsakte in einem Prozess zwischen Untertanen, die dem Inhalt eines Privilegs entgegenstanden, ungültig sein sollten.[5] Krause spricht deshalb auch von einer Drittwirkung der Privilegienverleihung im Sinne einer Rechtsbindung, die sich aus dem Inhalt des Privilegs ohne weiteres erschlossen habe.[6] Eine weitere Wirkung der Privilegienerteilung bestand darin, dass die zwischen dem Verleiher und dem Begünstigten geschaffene Einzelrechtsbeziehung von jedermann zu achten war und sie damit Bestandteil der Rechtsordnung wurde.[7]

Privilegien waren wichtige Rechtsquellen. Mit dem Aufkommen von Gesetzen entstand ein Nebeneinander von Gesetzen und Privilegien als gleichwertige Rechtsquellen, häufig bei gleichem Regelungsinhalt.[8] Wenn auch der Einfluss der Privilegien auf die Gestaltung der Rechtsordnung im Alten Reich im Laufe der Zeit abnahm, so blieben doch viele Privilegien als Rechtsquellen bis 1806 erhalten. Dazu gehörten die Markt- und Druckprivilegien.

---

3 Dazu Hans-Joachim Hecker, Art. Privileg, mittelalterlich, in: Handwörterbuch zur deutschen Rechtsgeschichte (künftig: HRG), Bd. 4. 2. Aufl., Berlin 2020, Sp. 816–821, hier Sp. 816. Zur Entwicklung des Privilegienwesens im Alten Reich siehe Heinz Mohnhaupt, Die Unendlichkeit des Privilegienwesens, in: Barbara Dölemeyer/ders. (Hrsg.), Das Privileg im europäischen Vergleich, Bd. 1. Frankfurt a. M. 1997, S. 1–12.; Ders., Erteilung und Widerruf von Privilegien nach der gemeinrechtlichen Lehre vom 16. bis 19. Jahrhundert, in: Barbara Dölemeyer/Ders. (Hrsg.), Das Privileg im europäischen Vergleich, Bd. 2. Frankfurt a. M. 1999, S. 93–122.

4 Hecker, Privileg (wie Anm. 3), Sp. 816.

5 Als Beispiele: Urkunde von 1314 September 20, in: Friedrich Battenberg, Die Gerichtsstandsprivilegien der deutschen Kaiser und Könige bis zum Jahre 1451 (QFHG, 12/I und 12/II), Wien/Köln 1983, Nr. 261; Urk. von 1330 Mai 16, ebd., Nr. 353; Urk. von 1357 April 1, ebd., Nr. 637; Urk. von 1366 Dezember 4, ebd., Nr. 741.

6 Herrmann Krause, Königtum und Rechtsordnung in der Zeit der sächsischen und salischen Herrschaft, in: Zeitschrift der Savigny-Stiftung für Rechtsgeschichte, Germanistische Abteilung (künftig: ZRG GA) 82 (1965), S. 1–98, hier S. 24.

7 Eisenhardt, Kaiserliche Gerichtsprivilegien (wie Anm. 2), S. 315 f., 333, 394.

8 Ebd., S. 343–347.

2. Die kaiserlichen Privilegien und die Zuständigkeit des Reichshofrats

Die Befugnis zur Erteilung der Marktprivilegien und der *Privilegia impressoria* (Druckprivilegien) erwuchs dem Kaiser aus seinen Regalien. Schon im fränkischen Reich soll das Recht, Märkte abzuhalten und Zölle zu erheben, ein königliches gewesen sein.[9] Einen nicht erschöpfenden Katalog der mit dem Königtum verbundenen Regalien enthalten die 1158 in Roncaglia erlassenen Gesetze,[10] die auch für das Alte Reich bedeutsam waren.[11] Nach mittelalterlicher Auffassung zählten zu den Regalien als Herrschaftsrechte des Königs (iura regalia): Münze, Zoll, Bergbau, Straßen, Häfen, Salz, Fischerei, Mühlen und Märkte.[12]

Eine genaue Definition der Rechtsnatur der Regalien und eine Beschreibung des Umfangs derselben wurde zu keiner Zeit vorgenommen.[13] Thieme versteht unter der Regalität eines Rechts „die ausschließliche Zuständigkeit des obersten Trägers öffentlicher Herrschaft oder eines von ihm Beliehenen, dieses Recht zu gebrauchen".[14] Im Hoch- und Spätmittelalter wurde immer stärker der materielle Nutzen der Regalien in den Vordergrund gerückt.[15] Als Regalien wurden in der zweiten Hälfte des 18. Jahrhunderts diejenigen Hoheits- und Majestätsrechte bezeichnet, die ein Regent ohne Mitwirkung eines Mitregenten oder von Ständen ausüben konnte.[16]

Wenn auch durch die roncaglischen Gesetze von 1158 dem König/Kaiser die Regalien ausdrücklich zugesprochen worden waren, so ging doch im 12. Jahrhundert die Ausübung derselben, zunächst auf Initiative der italienischen Städte, später auch auf die der deutschen, aufgrund von Gewohnheitsrecht auf die Städte

9 Siegfried RIETSCHEL, Markt und Stadt in ihrem rechtlichen Verhältnis, Leipzig 1897, S. 26–28; Heinrich MITTEIS/Heinz LIEBERICH, Deutsche Rechtsgeschichte, 19. Aufl., München 1992, § 24 VI 4. Siehe auch Wilhelm LIEBHART, Art. Marktrecht (Altbayern), publiziert am 24.02.2020, in: Historisches Lexikon Bayerns, URL: http://www.historisches-lexikon-bayerns.de/Lexikon/Marktrecht_(Altbayern), (abgerufen am 24. Oktober 2023).

10 Text: Karl Zeumer (Hrsg.), Quellensammlung zur Geschichte der Deutschen Reichsverfassung in Mittelalter und Neuzeit, 2. Aufl., Tübingen 1913, S. 15 f.

11 Zur Entwicklung der Regalien siehe Anne-Katrin KUNDE, Art. Regalien, in: HRG, Bd. 4. 2. Aufl., Berlin 2023, Sp. 1398–1403.

12 Hermann CONRAD, Deutsche Rechtsgeschichte. Bd. 1, Karlsruhe 1962, S. 271; MITTEIS/LIEBERICH, Deutsche Rechtsgeschichte (wie Anm. 9), § 24 VI 4.

13 KUNDE, Regalien (wie Anm. 11), Sp. 1402; MITTEIS/LIEBERICH, Deutsche Rechtsgeschichte (wie Anm. 9), § 24 VI 4.

14 Hans THIEME, Die Funktion der Regalien im Mittelalter, in: ZRG GA 62 (1942), S. 57–88, hier S. 61.

15 KUNDE, Regalien (wie Anm. 11), Sp. 1401.

16 Christian Gottlob BIENER, Bestimmung der kaiserlichen Machtvollkommenheit in der teutschen Reichsregierung, Leipzig 1780, S. 29 f.; Heinrich ZOEPFL, Deutsche Staats- und Rechtsgeschichte. Bd. 2, 2. Abt., 2. Aufl., Stuttgart 1847, S. 140

über.[17] Zur Zeit Friedrichs II. wurde die Übertragung der Regalien auf die Territorialfürsten durch Reichsgesetze, u. a. durch das Statutum in favorem principum von 1232, anerkannt.[18] Nachdem die Regalien, jedenfalls teilweise und sukzessive, auf die geistlichen und weltlichen Fürsten übertragen worden waren, wurden sie zu einem wichtigen Instrument für die Ausbildung der Landesherrschaft.[19] So waren die Territorialherren als Stadtherren in der Lage, neu gegründeten Städten das Marktrecht zu verleihen, was in der Regel den Erfolg der Gründung positiv beeinflusste.

Das Marktregal, aus dem die Befugnis, Marktprivilegien zu erteilen abgeleitet wurde, spielte schon im Mittelalter eine bedeutende Rolle. Das Bücherregal konnte erst Bedeutung gewinnen, nachdem die Buchdruckerkunst erfunden worden war. Erst danach konnte sich das Buch- und Pressewesen entfalten, für das dem Kaiser die Aufsicht im Reich zustand.[20] Zunächst konnte nur er Druckprivilegien verleihen, ehe auch die Landesherren dieses Recht für sich in Anspruch nahmen.[21]

Die Zuständigkeit des Reichshofrats für die hier behandelten kaiserlichen Privilegien in der Neuzeit ergibt sich für die Zeit nach 1617 aus den Reichshofratsordnungen. Die Zuständigkeit des Reichshofrats für die kaiserlichen Regalien und für alle mit der Erteilung, dem Widerruf und die Verletzung von Privilegien zusammenhängenden Probleme ergab sich aus den Reichshofratsordnungen von 1617 und 1654.[22] In der Reichshofratsordnung von 1617 heißt es unter Titulus II:[23]

Von sachen in reichshofrath gehörig und erkennung der process.
[1] *In unserm reichshofrath und desselben jurisdiction sollen alle und jede sachen, das heyllige römische reich, desselben hoheit, recht, herrlig- und gerechtigkeiten, pfandtschaff-*

17 Karl Siegfried Bader/Gerhard Dilcher, Deutsche Rechtsgeschichte. Land und Stadt – Bürger und Bauer im Alten Europa, Berlin/Heidelberg 1999, S. 435 f.; Kunde, Regalien (wie Anm. 11), Sp. 1399–1401.

18 Bader/Dilcher, Deutsche Rechtsgeschichte (wie Anm. 17), S. 441; Kunde, Regalien (wie Anm. 11), Sp. 1401. Siehe auch Liebhart, Art. Markt (Altbayern) (wie Anm. 9).

19 Kunde, Regalien (wie Anm. 11), Sp. 1401. Zur Entwicklung in Bayern siehe auch Liebhart, Art. Markt (Altbayern) (wie Anm. 9).

20 Ulrich Eisenhardt, Die kaiserliche Aufsicht über Buchdruck, Buchhandel und Presse im Heiligen Römischen Reich Deutscher Nation (1496–1806). Ein Beitrag zur Geschichte der Bücher- und Pressezensur (Studien und Quellen zur Geschichte des deutschen Verfassungsrechts Reihe A, Bd. 3), Karlsruhe 1970, S. 7–10.

21 Ebd., S. 9, 14 f.

22 Tit. II § 1 Reichshofratsordnung (künftig: RHRO) von 1617 = Wolfgang Sellert (Hrsg.), Die Ordnungen des Reichshofrates 1550–1766 (QFHG, 8/I), Wien/Köln 1980, S. 171 f.; Tit. II § 1 RHRO von 1654 = Neue und vollständigere Sammlung der Reichsabschiede, Bd. 1 bis 4, Frankfurt a. M. 1747 (künftig: NS), Bd. 4, Zugabe, S. 52.

23 Tit. II § 1 RHRO von 1617 = Sellert (Hrsg.), Ordnungen I (wie Anm. 22), S. 171.

ten, lösung, regalien, hohe und niedere lehen, privilegien, indult, confirmation und anders, wie solches nahmen haben mag und in summa, was nach der unfehlbahren justitien dirigiert oder decidiert werden, insonderheit alle und jede partheysachen, die rechtsgewohnheit, connexität und consequenz halber für unser kayserl. gericht gehören oder von den ersten instantien durch mittel der appellationen, supplicationen, dictionis nullitatis, invocationis officii oder in all andere weeg sich dahin wenden, fundirt und gehörig sein, die sollen alda angenohmen, gerechtfertigt, darüber erkhandt und die nothdurfft expedirt werden.

Aus dieser Bestimmung, die in der Reichshofratsordnung von 1654 wiederholt wurde,[24] ergab sich die ausschließliche Zuständigkeit des Reichshofrats für die dort genannten Materien, also für die kaiserlichen Regalien und für die damit zusammenhängende Erteilung der Privilegien und die Aufsicht über die Beachtung derselben. Allerdings hat dieser Aufgabenbereich auch schon vor 1617 zum Kompetenzkatalog des Reichshofrats gehört. Das zeigen die vielen in den Akten dokumentierten Vorgänge aus dem 16. und aus den ersten 17 Jahren des 17 Jahrhunderts.

3. Die Marktprivilegien

3.1 Das Recht, Marktprivilegien zu verleihen

Wenn in der Literatur die Marktprivilegien behandelt werden,[25] ist fast nur von landesherrlichen oder städtischen Privilegien aus dem Mittelalter die Rede. Die königlichen/kaiserlichen Marktprivilegien bleiben meist außerhalb der Betrachtung. Dass die kaiserlichen Privilegien in der Praxis der Neuzeit jedenfalls seit dem 14. Jahrhundert eine bedeutende Rolle gespielt haben, zeigen die in den Reichshofratsakten dokumentierten Vorgänge, nämlich die Erteilungen und Bestätigungen, sowie die vor dem Reichshofrat ausgetragenen Streitigkeiten wegen Verletzung der in den Privilegien garantierten Rechte. Die Reichshofratsakten weisen aus, dass der Kaiser über seinen Reichshofrat seit dem 16. Jahrhundert Marktprivilegien erteilt und bestätigt hat. Bei den Bestätigungen griff er häufig auf im 14. und 16. Jahrhundert erteilte Privilegien zurück. Darüber hinaus gibt es viele Fälle, in denen der Reichshofrat Streitigkeiten über die Ausübung der Marktprivilegien geschlichtet oder solche entschieden hat.

24 Tit. II § 1 RHRO von 1654 = NS, Bd. 4, Zugabe, S. 52.

25 Z. B. Bader/Dilcher, Deutsche Rechtsgeschichte (wie Anm. 17), S. 304, 410, 435, 534, 611; Albrecht Cordes/Alexander Krey, Art. Markt, in: HRG, Bd. 3. 2. Aufl., Berlin 2016, Sp. 1308–1319; Werner Spiess, Das Marktprivileg. Die Entwicklung von Marktprivileg und Marktrecht insbesondere auf Grund der Kaiserurkunden (Deutschrechtliche Beiträge, 11,3), Heidelberg 1916.

Spieß hat anhand von Kaiserurkunden festgestellt, dass es im Alten Reich Marktprivilegien in einer tausendjährigen Periode zwischen 800 und 1800 gegeben hat.[26] Nach Irsigler begann die Geschichte der Marktprivilegien im Reich im Jahre 833 mit einem an das Kloster Corvey verliehenen Münzprivileg, aus dem schließlich das Marktprivileg entstanden sein soll.[27] Rietschel geht davon aus, dass jedenfalls am Ende der karolingischen Periode im gesamten Reich die Neuanlage eines Marktes einer königlichen Genehmigung bedurfte, das Marktrecht also zum Regal geworden ist.[28]

In der älteren Literatur wird die Auffassung vertreten, mit dem Marktprivileg habe der mit hoheitlichen Befugnissen ausgestattete Inhaber des Marktregals in einem bestimmten Gebiet einem anderen an sich Nichtberechtigten das Recht verliehen, an einem genannten Ort einen Markt abzuhalten und die Markteinkünfte zu beziehen.[29] Die anderen mit dem Marktprivileg verbundenen Rechtsverleihungen, wie z. B. Marktfreiheit, Marktfriede und Marktgericht, sollen nach dieser Ansicht für den Begriff Marktprivileg unwesentlich sein.[30] Nach neuerer Ansicht war der Marktbetreiber mit dem Marktrecht privilegiert, welches das Recht auf Warenumschlag mit dem Ziel, Gewinn zu erzielen, sowie die Marktaufsicht und das Marktgericht umfassten.[31] Letztere zeichneten sich durch eine beschleunigte Prozessführung mit einem vereinfachten Beweisrecht aus.[32]

Was die Urkunden angeht, mit denen das Marktprivileg verliehen worden ist, so wird unterschieden zwischen Markturkunden im engeren Sinne und Stadturkunden. Erstere bezweckten nur die Einrichtung eines Wochen- oder Jahrmarktes, während Stadturkunden zur Anlage einer Marktfreiung und einer Stadt führen sollten.[33] Nur die Markturkunden im engeren Sinne sind für die Entwicklung des Marktprivilegs maßgeblich. Allerdings standen die königlichen Marktprivilegierungen im Mittelalter häufig mit Stadtgründungen in einem Zusammenhang.[34]

Jedenfalls im frühen und hohen Mittelalter nahm das Königtum die Verleihung des Marktrechts als ein Regal in Anspruch, welches häufig mit dem Stadt-

---

26 Spiess, Marktprivileg (wie Anm. 25), S. 309, 396.

27 Franz Irsigler, Markt- und Messeprivilegien auf Reichsgebiet im Mittelalter, in: Barbara Dölemeyer/Heinz Mohnhaupt (Hrsg.), Das Privileg im europäischen Vergleich, Bd. 2. Frankfurt a. M. 1999, S. 189–214, hier S. 189.

28 Siegfried Rietschel, Markt und Stadt in ihrem rechtlichen Verhältnis, Leipzig 1897, S. 29 f.

29 Z. B. Spiess, Marktprivileg (wie Anm. 25), S. 309.

30 Ebd.

31 Bader/Dilcher, Deutsche Rechtsgeschichte (wie Anm. 17), S. 334.

32 Cordes/Krey, Art. Markt (wie Anm. 25), Sp. 1317.

33 Spiess, Marktprivileg (wie Anm. 25), S. 339.

34 Cordes/Krey, Art. Markt (wie Anm. 25), Sp. 1312.

recht, jedenfalls aber mit Münze und Zoll verbunden war.[35] Spieß geht davon aus, das Marktprivileg habe „seine Wurzeln im Marktzollprivileg, im Zollprivileg überhaupt."[36] Wolf weist auf den Zusammenhang von Marktrecht und dem Recht, Zölle zu erheben, hin, weil beides an die Grundherrschaft gebunden gewesen sei; der Marktzoll habe die Grundherren überhaupt bewogen, Märkte abzuhalten.[37]

Während die Gründung von Wochenmärkten im Mittelalter wohl auch ohne königliches Privileg zulässig war, bedurfte es zu Abhaltung von in der Regel nur einmal im Jahr stattfindenden Jahrmärkten stets solcher Privilegien.[38] Die Jahrmärkte gehörten im Mittelalter zu den wichtigsten Ereignissen in den sich politisch verselbständigenden Städten.[39] Sie waren wirtschaftlich bedeutsam, weil sie nicht nur von den Bauern der Region mit ihren Produkten besucht wurden, sondern auch von den örtlichen Händlern und den Fernkaufleuten. Auffallend ist, dass an Klöster besonders viele Marktprivilegien verliehen worden sind, und zwar für Märkte am Klosterort selbst und auch für näher oder ferner gelegene Städte.[40]

Wie oben schon erwähnt, leitete der König/Kaiser die Befugnis, Marktprivilegien zu verleihen, aus seinen Regalien ab. Bei der Ausübung dieser Rechte bediente er sich nach dessen Einrichtung des Reichshofrats. Von der Entwicklung, dass die Rechte aus den Regalien jedenfalls teilweise auf Territorialfürsten und Städte übertragen worden sind, waren auch das Marktrecht und das Marktprivileg erfasst. Dennoch behielt der Kaiser/König Regalien, aus denen er Rechte, wie die Erteilung von Marktprivilegien, ableiten konnte. Aus den die Marktprivilegien betreffenden Akten des Reichshofrats geht hervor, dass keine Rede davon sein kann, dass die kaiserlichen Marktprivilegien im Vergleich zu den landesherrlichen nur noch eine unbedeutende Rolle gespielt haben. Die Zahl der Anträge auf Erteilung und Bestätigung von kaiserlichen Marktprivilegien blieb hoch. Groß ist auch die Zahl der Fälle, in denen wegen der Verletzung und Behinderung dieser Privilegien vor dem Reichshofrat gestritten worden ist. Dabei ging es in erster Li-

---

35 Rietschel, Markt und Stadt (wie Anm. 28), S. 26; Bader/Dilcher, Deutsche Rechtsgeschichte (wie Anm. 17), S. 303; Cordes/Krey, Art. Markt (wie Anm. 25), Sp. 1312.

36 Spiess, Marktprivileg (wie Anm. 25), S. 311.

37 Christian Wolf, Grundstrukturen des Marktrechts, Baden-Baden 1988, S. 17 f.

38 Cordes/Krey, Art. Markt (wie Anm. 25), Sp. 1313.

39 Zur Abgrenzung der Begriffe Markt und Messe siehe ebd., Sp. 1309 f. Zu dem bedeutenden Frankfurter Messeprivileg von 1240 und den Bestrebungen um die Errichtung eines gesonderten Messegerichtsstandes für die Stadt siehe Anja Amend-Traut, Wechselverbindlichkeiten vor dem Reichskammergericht. Praktiziertes Zivilrecht in der Frühen Neuzeit (QFHG, 54), Köln/Weimar/Wien 2009, S. 58, Fn. 77, S. 131.

40 Bader/Dilcher, Deutsche Rechtsgeschichte (wie Anm. 17), S. 311.

nie um die Durchsetzung der mit den kaiserlichen Marktprivilegien verliehenen Rechte. Ein Grund für die anhaltende Bedeutung der kaiserlichen Marktprivilegien dürfte darin zu suchen sein, dass nur der Kaiser mit seinem Regierungsinstrumentarium die Wahrung und Vollstreckung der in Frage stehenden Rechte im gesamten Reich garantieren konnte.

Dass die kaiserlichen Marktprivilegien nicht an Bedeutung verloren hatten, zeigt eine Reihe von Beispielen. So sind, wie die folgenden Vorgänge zeigen, etliche Marktprivilegien gegen Ende des Mittelalters verliehen worden. Kaiser Karl IV. bestätigte Gebhard von Rechberg 1361 ein Privileg über den Wochenmarkt zu Aichheim und die dazu gehörigen Gerichtsrechte.[41] Friedrich III. hat in seiner Regierungszeit viele Marktprivilegien verliehen, bestätigt und widerrufen, über deren Durchsetzung in den darauffolgenden Jahrhunderten noch häufig gestritten worden ist. 1443 privilegierte er die Stadt Kempten und verbot, innerhalb eines Kreises von einer Meile „ungefreyte" Märkte abzuhalten, zu beliefern und zu besuchen.[42] 1464 verlieh er der Stadt Ravensburg das Privileg, dass im Umkreis von einer Meile kein anderer Markt eingerichtet werden dürfe, nachdem er zuvor ein dem Flecken Weingarten (vormals Altdorf) erteiltes Marktprivileg widerrufen hatte.[43] 1484 hat Friedrich III. ein Marktprivileg der Stadt Kempten bestätigt und allen Einwohnern innerhalb eines Kreises von einer Meile um die Stadt Kempten herum bei Strafe befohlen, die bisher nicht privilegierten, aber gleichwohl betriebenen Märkte zu schließen.[44] 1491 erteilte Friedrich III. ein Marktprivileg für Schrozberg an Graf Georg Friedrich von Hohenlohe-Neuenstein-Weikersheim.[45] Dieses Marktprivileg war, wie andere Privilegien auch, mit einem Reichslehen verbunden und bei den Belehnungen regelmäßig bestätigt worden. Dass die Belehnung zusammen mit der Erteilung oder Bestätigung von Privilegien einherging, war keine Seltenheit. So hat z. B. Wilhelm von Grumbach 1592 den Kaiser als Erbe um die Belehnung mit dem Lehen des Erblassers gebeten; zu diesem Lehen gehörten auch einige Privilegien, wie z. B. die Hochgerichtsbarkeit und das Recht zur Abhaltung von Jahr- und Wochenmärkten.[46]

---

41 RHR-Akten, Serie I, Bd. 4, Nr. 4015 (1550).

42 RHR-Akten, Serie II, Bd. 3, Nr. 127.

43 RHR-Akten, Serie II, Bd. 7, Nr. 127.

44 RHR-Akten, Serie II, Bd. 3, Nr. 120.

45 RHR-Akten, Serie II, Bd. 2, Nr. 386 (1613).

46 RHR-Akten, Serie I, Bd. 2, Nr. 1627. Ein ähnlicher Fall ereignete sich 1566: Graf Ludwig Kasimir von Hohenlohe-Neuenstein ersuchte den Kaiser, ihn mit Dorf und Schloss Schrozberg zu belehnen und ihm gleichzeitig das Privileg für die dortigen Wochen- und Jahrmärkte zu verleihen (RHR-Akten, Serie II, Bd. 2, Nr. 379).

Die Liste der Gesuche um Erteilung und Bestätigung von kaiserlichen Marktprivilegien für die Zeit nach 1500 ist lang.[47] In der zweiten Hälfte des 17. Jahrhunderts nahm die Zahl der Anträge ab.[48] Der letzte der von den bislang vorliegenden zwölf modernen Inventarbänden (siehe Anm. 1) erfassten Anträge ist 1699 gestellt worden.[49]

3.2 Das Verfahren zur Erteilung und Bestätigung

Wenn ein Antrag auf Erteilung oder Bestätigung eines Marktprivilegs gestellt worden war, führte der Reichshofrat, bevor er eine Entscheidung fällte, ein Vorverfahren durch. In diesem Verfahren wandte er sich in der Regel an alle diejenigen, die durch die Verleihung oder Bestätigung eines Privilegs in ihren Rechten beeinträchtigt sein konnten; er forderte diese auf, zu dem Gesuch Stellung zu nehmen. Dazu seien einige Beispiele genannt:

1570/71 stellte Konrad von Bemelberg den Antrag auf Verleihung eines Privilegs, welches ihn zur Abhaltung von Wochen- und Jahrmärkten berechtigen sollte.[50] Nachdem die Städte Donauwörth und Nördlingen vom Reichshofrat befragt worden waren, verlangten sie, das erbetene Privileg nicht zu erteilen. 1575 bat Graf Wolfgang II. von Hohenlohe-Neuenstein beim Reichshofrat um die Privilegierung eines Wochenmarktes und zweier Jahrmärkte in Langenburg.[51] Der Reichshofrat befahl dem Markgrafen Georg Friedrich I. von Brandenburg-Ansbach, dem Hoch- und Deutschmeister und der Stadt Schwäbisch Hall, zu der erbetenen Marktprivilegierung Stellung zu nehmen. Nachdem der Hoch- und Deutschmeister und die Stadt Schwäbisch Hall sich positiv und der Markgraf sich krankheitsbedingt nicht geäußert hatten, erteilte der Reichshofrat das beantragte Privileg. 1619–1621 erbat Gräfin Katharina Belgica von Hanau-Münzenberg, geb. Prinzessin von Oranien, über ihren Vormund ein kaiserliches Marktprivileg.[52] Sie wies darauf hin, dass ihre Familie bereits früher ein Privileg

---

47 Beispiele: 1582 beantragte die Stadt Endingen die *confirmatio privilegii* für zwei „über menschengedenken abgehaltene Jahrmärkte" (RHR-Akten, Serie I, Bd. 2, Nr. 1127). 1614–1616 beantragte die Stadt Quedlinburg die *confirmatio privilegii* für die Abhaltung von Vieh- und Roßmärkten (RHR-Akten, Serie I, Bd. 4, Nr. 3899).

48 Beispiele für Gesuche um Erteilung und Bestätigung von Marktprivilegien: RHR-Akten, Serie II, Bd. 2, Nr. 379 (1566); RHR-Akten, Serie I, Bd. 5, Nr. 5053 (1570), Nr. 5246 (1582), Nr. 4708 (1582); RHR-Akten, Serie I, Bd. 1, Nr. 510 (1582); RHR-Akten, Serie I, Bd. 4, Nr. 4035 (1583); RHR-Akten, Serie I, Bd. 1, Nr. 970 (1608), Nr. 985 (1638), Nr. 585 (1648); RHR-Akten, Serie II, Bd. 4, Nr. 605 (1677); RHR-Akten, Serie I, Bd. 5, Nr. 6139 (1699).

49 RHR-Akten, Serie I, Bd. 5, Nr. 6139 (1699).

50 RHR-Akten, Serie I, Bd. 4, Nr. 3439 (1570/71).

51 RHR-Akten, Serie II, Bd. 2, Nr. 381 (1575/76).

52 RHR-Akten, Serie II, Bd. 1, Nr. 291.

erhalten habe, welches ihr erlaube, jährlich zu Oculi (dritter Sonntag der Fastenzeit) in Hanau einen Viehmarkt und zu Bartholomäus (24. August) einen allgemeinen Jahrmarkt abzuhalten. Sie bat den Kaiser um Bestätigung bzw. um erneute Erteilung dieses Privilegs. Nachdem Erzbischof und Kurfürst Johann III. von Mainz nach einer entsprechenden Mitteilung des Reichshofrats Vorbehalte gegen diesen Antrag vorgebracht hatte, teilte der Reichshofrat dem Erzbischof mit, der Gräfin solle das Privileg erteilt werden. Wenn er Einwände dagegen habe, weil er Nachteile für seine angrenzenden Gebiete befürchte, möge er dieselben spezifiziert vorbringen; die Ausfertigung des Privilegs werde zurückgestellt, bis der Erzbischof etwaige Einwände vorgebracht habe. 1667/68 bat Graf Friedrich von Nassau-Weilberg um ein Privileg zur Abhaltung dreier Jahrmärkte in Reschelsheim. Der Reichshofrat forderte die Stadt Friedberg und den Landgrafen Wilhelm Christoph von Hessen-Homburg zur Stellungnahme zu diesem Antrag auf.[53] 1682 baten die gräflichen Brüder Hatzfeld und Gleichen um ein Privileg für zwei Jahrmärkte in dem ihnen gehörigen Flecken Wandersleben am Sonntag nach Ostern und Sankt Katharina (25. November).[54] Der Reichshofrat entschied nicht sofort, sondern richtete einen Kommissionsauftrag an den Kurfürsten zu Sachsen, die benachbarten Orte zu befragen und darüber zu berichten.

Die Beispiele zeigen, dass der Reichshofrat die im Anhörungsverfahren geäußerten Bedenken der Befragten ernst nahm und bei seinen Entscheidungen berücksichtigte.

3.3 Die Verfahren wegen Verletzung von Marktprivilegien

Nach Errichtung des Reichshofrates wurde viel und heftig wegen Verletzungen von Marktprivilegien vor diesem gestritten. Diese Streitigkeiten verliefen in geordneten prozessualen Bahnen, nicht selten in einem Mandatsprozess. In einem solchen Verfahren erging in der Regel eine Entscheidung des Gerichts nach summarischer Prüfung des klägerischen Vorbringens ohne Anhörung der Gegenseite mit einer Entscheidung in Gestalt eines Mandats. Letzteres war eine Anordnung des Gerichts, die ein Gebot an die Beklagten enthielt, bestimmte Handlungen vorzunehmen oder zu unterlassen. In einigen der hier dargestellten Verletzungsverfahren erließ der Reichshofrat Mandate sine clausula.[55] Das bedeutete eine starke Einschränkung der Verteidigungsmöglichkeiten der Beklagten. Sie konnten sich lediglich darauf berufen, das Mandat sei durch falsche Tatsachenbehauptungen erschlichen worden; alle anderen Einlassungen waren

53 RHR-Akten, Serie II, Bd. 4, Nr. 1084.
54 RHR-Akten, Serie II, Bd. 2, Nr. 10.
55 Z. B. RHR-Akten, Serie II, Bd. 3, Nr. 127 (1661–1667) und Nr. 567 (1665–1667).

ausgeschlossen.[56] In den Verletzungsverfahren wirkte der Reichshofrat in der Regel als Gericht und nicht als Behörde, bzw. als Regierungsorgan. Auch dazu einige Beispiele:

1550 kam es zu einer Auseinandersetzung um das Marktrecht in Illertissen.[57] Der Kläger, Gebhard von Rechberg, brachte vor, Kaiser Karl IV. habe ihm 1361 die Berechtigung zur Abhaltung des Wochenmarktes zu Aichheim und die dazu gehörigen Gerichtsrechte bestätigt. Seine Familie habe diese Rechte stets wahrgenommen. Dennoch habe der Beklagte, Erhard von Vehlin, neuerdings in dem nur eine halbe Meile entfernten Ort Illertissen einen Wochenmarkt eingerichtet. Der Kläger bat um ein Mandat, welches dem Beklagten die Abhaltung des Wochenmarktes verbieten sollte. 1576 kam es zu einem Streit um die Privilegierung eines Wochenmarktes und zweier Jahrmärkte in Langenburg,[58] von dem oben schon die Rede war. Graf Wolfgang II. von Hohenlohe-Neuenstein hatte 1575 beim Reichshofrat um die Privilegierung der oben genannten Märkte gebeten. Dieser hatte nach Befragung der möglicherweise Beeinträchtigten das gewünschte Privileg erteilt. 1576 klagte der Markgraf von Brandenburg-Ansbach, der sich krankheitsbedingt auf die Anfrage des Reichshofrats nicht geäußert hatte, auf Aufhebung der Privilegien, weil diese Privilegierung die Marktprivilegien seiner Ämter Crailsheim, Gerabronn etc. verletzte. Daraufhin hob der Reichshofrat die Privilegierung für den Grafen von Hohenlohe-Neuenstein aus dem Vorjahr mit Entscheidung vom 11. Oktober 1576 auf.[59]

1613 verklagte Graf Georg Friedrich von Hohenlohe-Neuenstein-Weikersheim den Markgrafen Georg Friedrich I. von Brandenburg-Ansbach wegen Verletzung des Marktprivilegs für Schrozberg.[60] In dem Verfahren wies der Kläger darauf hin, das von Kaiser Friedrich III. 1491 erteilte Marktprivileg sei, wie andere Privilegien auch, mit dem Reichslehen verbunden und bei den Belehnungen regelmäßig bestätigt worden. 1660–1667 kam es zu einem umfangreichen Streit zwischen dem Grafen Ernst von Oettingen-Wallerstein und der Stadt Nördlingen über den Plan zur Einrichtung von Jahr- und Wochenmärkten in Wallerstein.[61] Maximilian I. hatte den Grafen von Oettingen-Flochberg das Recht verliehen, in Wallerstein jährlich zwei Jahrmärkte an bestimmten Tagen abzuhalten. Friedrich III. hatte 1463 die Wochenmärkte der Stadt Nördlingen bestätigt und angeordnet, dass im Umkreis von zwei Meilen keine weiteren Märkte errichtet

56 Peter Oestmann, Art. Mandatsprozesse, in: HRG, Bd. 2. 3. Aufl., Berlin 2016, Sp. 1229–1234, hier Sp. 1229.

57 RHR-Akten, Serie I, Bd. 4, Nr. 4015 (1550).

58 RHR-Akten, Serie II, Bd. 2, Nr. 381 (1575/76).

59 RHR-Akten. Serie II, Bd. 2, Nr. 381.

60 RHR-Akten. Serie II, Bd. 2, Nr. 386 (1613).

61 RHR-Akten, Serie II, Bd. 5, Nr. 356.

werden durften. 1507 verbot Maximilian dem Grafen von Oettingen-Flochberg mit Verweis auf das Nördlinger Privileg, weiterhin die Jahr- und Wochenmärkte zu unterhalten, und erneuerte das Marktprivileg für die Stadt Nördlingen. Der Reichshofrat befahl den Städten Nördlingen, Dinkelsbühl, Ahlen und Ellwangen, deren Marktprivilegien auch betroffen sein konnten, zu den Plänen des Antragstellers Stellung zu nehmen. Wie das Verfahren ausgegangen ist, geht aus den Akten nicht hervor.

Von 1665 bis 1667 lief ein Verfahren, in dem die Stadt Leipzig den Herzog August von Sachsen-Weißenfels und die Stadt Weißenfels verklagt hatte. Streitpunkt war der seit 1660 betriebene Vieh-, Ross- und Jahrmarkt zu Weißenfels.[62] In einer ersten Phase erließ der Reichshofrat 1665 ein Mandat sine clausula an die Beklagten, den Betrieb des Jahrmarktes, der gegen die Privilegien der Stadt Leipzig, verstoße, einzustellen. In einer zweiten Phase befahl der Reichshofrat 1667 dem Kurfürsten Johann Georg von Sachsen, die Stadt Leipzig anzuweisen, innerhalb von vier Wochen eine Einigung mit Herzog August zu erzielen. Gleichzeitig befahl er dem Herzog August, sich innerhalb von vier Wochen mit der Stadt Leipzig gütlich zu einigen. Zur selben Zeit (1665 bis 1667) lag die Stadt Leipzig im Streit mit Herzog Moritz von Sachsen Zeitz und der Stadt Naumburg.[63] Es ging um die Verlegung des Naumburger Jahrmarktes, wodurch die Stadt Leipzig ihre Marktprivilegien verletzt sah. Der Reichshofrat wirkte auch in diesem Fall auf eine gütliche Einigung hin. Der Streit endete schließlich mit einem Vergleich.

1665 bis 1668 war der Reichshofrat mit einem Verletzungsverfahren befasst, zu dem es nach einer langen Vorgeschichte gekommen war. 1464 hatte Friedrich III. ein ehemals für den Flecken Weingarten (vormals Altdorf) erteiltes Marktprivileg widerrufen. Gleichzeitig verlieh er der Stadt Ravensburg das Privileg, dass im Umkreis von einer Meile kein anderer Markt eingerichtet werden dürfe.[64] 1621 verklagte die Stadt Ravensburg den Flecken Weingarten beim Reichshofrat mit dem Begehren, der Wochenmarkt in Weingarten möge geschlossen werden.[65] Der Reichshofrat befahl daraufhin dem Erzherzog Leopold V. von Tirol, für die Schließung des Wochenmarktes in Weingarten zu sorgen. 1665 lebte der Streit erneut auf, weil Weingarten seinen Wochenmarkt wieder betrieb. Die Stadt Ravensburg erhob Klage beim Reichshofrat mit dem Gesuch, den wieder eingerichteten Weingartner Wochenmarkt zu schließen.[66] Der Reichshofrat verfügte 1668,

62 RHR-Akten, Serie II, Bd. 3, Nr. 567.
63 RHR-Akten, Serie II, Bd. 3, Nr. 568.
64 RHR-Akten, Serie II, Bd. 7, Nr. 127.
65 RHR-Akten, Serie II, Bd. 7, Nr. 155.
66 RHR-Akten, Serie II, Bd. 7, Nr. 127.

es solle ein Gutachten der oberösterreichischen Regierung abgewartet werden, ehe eine Entscheidung getroffen würde.

1673 erhob die Stadt Kempten vor dem Reichshofrat Klage gegen das Stift Kempten, weil die Beklagte gegen städtische Markt- und Zollprivilegien verstoßen habe, indem sie in Sulzberg einen Markt abgehalten hätte.[67] 1484 hatte Friedrich III. allen Einwohnern innerhalb eines Kreises von einer Meile um die Stadt Kempten herum bei Strafe befohlen, die bisher nicht privilegierten, aber gleichwohl betriebenen Märkte zu schließen und nur die privilegierten Märkte zu beliefern und zu besuchen. 1496 hatte Maximilian I. einen Schiedsspruch erlassen, dem zufolge das Stift Kempten und dessen Untertanen im Umkreis von einer Meile um die Stadt herum keinen Markt abhalten durften. Zu einer Entscheidung ist es 1673 wohl nicht gekommen. Der Streit flammte aber 1691 wieder auf. Der Reichshofrat entschied mit einem Mandat sine clausula an das Stift Kempten im Sinne der Klage. Er befahl dem Stift, die Stadt hinsichtlich ihrer Klagen über Beeinträchtigungen ihrer Markt- und Zollprivilegien klaglos zu stellen.[68]

Auch die Liste der Streitigkeiten um die Ausübung des Marktprivilegs ist lang.[69] Es kam nicht selten vor, dass der Antrag auf Bestätigung eines Marktprivilegs mit dem Gesuch verbunden wurde, vermeintliche Verletzungen des Privilegs durch Dritte zu unterbinden.[70] Besonders häufig wurde im 17. Jahrhundert wegen der Verletzung von Marktprivilegien gestritten. Für das 18. Jahrhundert lässt sich, wie bei den Anträgen auf Erteilung und Bestätigung dieser Privilegien auch, in den edierten Reichshofratsakten kein Verletzungsverfahren nachweisen. Es fällt auf, dass der Reichshofrat sich oft bemüht hat, in den Verletzungsverfahren eine gütliche Einigung herbeizuführen.

Eine Besonderheit stellt der Streit um das Marktrecht in Seelenberg im Jahre 1653 dar. In dieser Auseinandersetzung wurde ein Gesuch an den Reichshofrat um ein Promotorialschreiben an das Reichskammergericht gestellt, bei dem das

---

67 RHR-Akten, Serie II, Bd. 3, Nr. 120.

68 RHR-Akten, Serie II, Bd. 3, Nr. 127.

69 Weitere Beispiele: 1532 stritt die Stadt Trier mit dem Herzog von Luxemburg um den Markt und die Zölle in Trier (RHR-Akten, Serie I, Bd. 5, Nr. 5682); 1594 kam es zu Auseinandersetzungen zwischen der Stadt Stettin und dem Herzog von Pommern wegen des Zugangs zu den Jahrmärkten (RHR-Akten, Serie I, Bd. 5, Nr. 5421); 1606 hatte sich der Reichshofrat mit einem Streit über das Marktrecht in Stade zu befassen (RHR-Akten, Serie I, Bd. 4, Nr. 3451); zwischen 1651 und 1656 schwebte vor dem Reichshofrat ein Verfahren zwischen den Barettmachern und Hosenstrickern aus Straßburg (Kläger) gegen die Barettmacher und Hosenstricker aus dem Sundgau und dem Breisgau (Beklagte) wegen des Zugangs zu den Jahr- und Wochenmärkten (RHR-Akten, Serie II, Bd. 2, Nr. 646); 1673 gab es eine weitere Klage wegen Verstoßes gegen städtische Markt- und Zollfreiheiten (RHR-Akten, Serie II, Bd. 3, Nr. 120).

70 Z. B. im Fall Rast und Gemeinde Isen Markt vs. den bischöflich-freisingischen Pfleger August Lösch in Burgrain (RHR Akten, Serie I, Bd. 2, Nr. 2145 (1559).

Verfahren anhängig war.[71] Solche Schreiben enthielten eine Aufforderung an das Gericht, in einem laufenden Verfahren bestimmte Maßnahmen zu ergreifen.[72]

Die Menge der auf Antrag durchgeführten Erteilungs- und Bestätigungsverfahren, als auch die nicht unerhebliche Zahl von Verletzungsverfahren lassen den Schluss zu, dass die kaiserlichen Marktprivilegien für das Wirtschaftsleben im Alten Reich von Bedeutung waren.

4. Die *Privilegia impressoria*

4.1 Der Schutzzweck der Druckprivilegien

Der Reichshofrat war auch für die Erteilung und Bestätigung der kaiserlichen *Privilegia impressoria* (Druckprivilegien) zuständig. Darüber hinaus entschied er Streitigkeiten, die wegen Verletzung dieser Privilegien entstanden und an ihn herangetragen worden waren. Der Reichshofrat war also auch im Hinblick auf die Druckprivilegien in doppelter Funktion, d. h. einerseits als Regierungsorgan und andererseits als Gericht, tätig.

Die deutsche Staatsrechtslehre des 18. Jahrhunderts verstand unter der Erteilung von Druckprivilegien das Verbot, „dass gewisse Bücher, innerhalb gewisser Zeit nicht ohne des Privilegierten Willen und zu dessen Schaden sollen nachgedruckt oder die anderwärts nachgedruckten Exemplaren innerhalb des deutschen Reiches verkauft werden."[73] Solche Privilegien wurden über jede Art von Druckwerken, insbesondere über Bücher, Zeitschriften und Zeitungen, aber auch über Noten, Bilder und Kalender erteilt.[74] Die Druckprivilegien sollten den an Produktion und Vertrieb geistiger Werke Beteiligten Schutz vor wirtschaftlichen Schäden gewähren. Im Übrigen ist nicht von der Hand zu weisen, dass man in den Druckprivilegien im Verlaufe der zweiten Hälfte des 18. Jahrhunderts auch die Verkörperung des Rechts am geistigen Eigentum des Verfassers und des aus diesem abgeleiteten Verlagsrechts des Verlegers gesehen hat.[75]

---

71 RHR-Akten, Serie II, Bd. 4, Nr. 1070.

72 Markus Senn, Der Reichshofrat als oberstes Justizorgan unter Karl V. und Ferdinand I. (1519–1564), in: Anja Amend/Annette Baumann/Stephan Wendehorst/Siegrid Westphal (Hrsg.), Gerichtslandschaft Altes Reich. Höchste Gerichtsbarkeit und territoriale Rechtsprechung (QFHG, 52), Wien/Köln 2007, S. 27–39, hier S. 30 f.

73 Z. B. Johann Jakob Moser, Von denen Kayserlichen Regierungs-Rechten und Pflichten, 1. Teil, Frankfurt a. M. 1772, S. 585.

74 Eisenhardt, Die Kaiserliche Aufsicht (wie Anm. 20), S. 10.

75 Dazu Ulrich Eisenhardt, Zur Bedeutung der Druckprivilegien für Entwicklung Geistigen Eigentums, in: Malte Köllner/Patentanwaltskammer München (Hrsg.), Festschrift 50 Jahre Patentsanwaltsordnung, Köln 2017, S. 27–45, hier S. 44.

Die Privilegienurkunden enthalten genaue Beschreibungen des zu schützenden Druckwerks mit der Zusicherung, dass das Recht zum Druck und Vertrieb von Schrifterzeugnissen ungehindert genutzt werden konnte. Auch die Begünstigten wurden genau bezeichnet. Nicht selten wurden auch die Erben aufgeführt, die in den Schutz einbezogen werden sollten.[76] Die Privilegienurkunden enthielten darüber hinaus sog. Pönklauseln mit dem Gebot, den Begünstigten in der Ausübung seines Rechts nicht zu behindern, insbesondere den Nachdruck zu unterlassen; für den Fall der Zuwiderhandlung wurden Strafgelder und Vermögenseinzug angedroht. Untersagt wurden nicht nur die Produktion geschützter Druckwerke, sondern auch der Verkauf nachgedruckter Schriften und die Einfuhr von Nachdrucken in das vom Schutz umfasste Gebiet.[77]

Die Befähigung, Druckprivilegien zu erteilen, leitete der Kaiser aus dem ihm zustehenden Bücherregal ab. Dieses umfasste die kaiserliche Aufsicht über Buchdruck, Buchhandel und Presse. Das Bücherregal gab dem Kaiser die Möglichkeit, Einfluss auf das geistige Leben im Reich zu nehmen.[78] Es ist davon auszugehen, dass das Bücherregal jedenfalls seit dem 17. Jahrhundert dem Kaiser nicht mehr ungeteilt zustand. Der Staatsrechtslehrer Johann Stephan Pütter (1725–1807) verglich das kaiserliche mit dem landesherrlichen Bücherregal und meinte,[79] ersteres stünde zu letzterem im gleichen Verhältnis wie die kaiserliche höchste Gerichtsbarkeit zur landesherrlichen. Jedenfalls wurde den Landesherrn im 18. Jahrhundert das Recht, Druckprivilegien zu erteilen nicht mehr bestritten.[80] Demnach hatten auch die Landesherrn das Recht, Druckprivilegien zu erteilen. Allerdings konnten diese Privilegien einen Schutz nur innerhalb der Grenzen des entsprechenden Territoriums entfalten. Im Gegensatz dazu erstreckte sich der Schutz der kaiserlichen *Privilegia impressoria* auf das gesamte Reichsgebiet. Schon aus diesem Grunde behielten die kaiserlichen Privilegien bis zum Ende des Reiches im Jahre 1806 ihre Attraktivität.[81] Von den landesherrlichen Privilegien erfreuten sich sächsische und brandenburgische besonderer Beliebtheit.[82]

---

76 Eisenhardt, Die Kaiserliche Aufsicht (wie Anm. 20), S. 14.

77 Eisenhardt, Zur Bedeutung der Druckprivilegien (wie Anm. 75), S. 33.

78 Ulrich Eisenhardt, Deutsche Rechtsgeschichte, 7. Aufl., München 2019, S. 47.

79 Johann Stephan Pütter, Der Büchernachdruck nach ächten Grundsätzen des Rechts, Göttingen 1774, S. 168.

80 So die Staatsrechtslehre des 18. Jahrhunderts, u. a. Moser, Von denen Kayserlichen Regierungs-Rechten und Pflichten (wie Anm. 73), S. 587 f., und Pütter, Büchernachdruck (wie Anm. 79), S. 166.

81 Eisenhardt, Die Kaiserliche Aufsicht (wie Anm. 20), S. 15.

82 Eisenhardt, Zur Bedeutung der Druckprivilegien (wie Anm. 75), S. 31

4.2 Erteilung, Bestätigung und Vorverfahren

Auch kaiserliche Druckprivilegien mussten beim Reichshofrat beantragt werden. Dieser prüfte, wie bei der Erteilung und Bestätigung von Marktprivilegien auch, in einem Vorverfahren die rechtlichen Voraussetzungen für die Erteilung des Privilegs und fertigte bei Vorliegen derselben die Urkunde aus. Wirksam wurde das Privileg mit der ihm innewohnenden Schutzfunktion erst dann, wenn die kaiserliche Bücherkommission in Frankfurt davon Kenntnis erlangt hatte. Die Kommission machte das erteilte Druckprivileg auf der zweimal im Jahr in Frankfurt am Main stattfindenden Buchmesse den dort versammelten Buchhändlern und Druckern bekannt.[83]

Die Bücherkommission in Frankfurt am Main war dem Reichshofrat unterstellt und arbeitete ihm zu.[84] Der Kommission oblag die Überwachung des Buchmarktes im Hinblick darauf, ob kaiserliche Druckprivilegien verletzt waren. Stellte sie Verletzungen fest, hatte sie den Reichshofrat zu benachrichtigen und gegebenenfalls von sich aus Maßnahmen, wie z. B. die Beschlagnahme von Nachdrucken zu veranlassen.[85] Darüber hinaus hatte sie die Aufgabe, das Bücher- und Pressewesen im Reich zu überwachen, insbesondere auf die Einhaltung der Zensurvorschriften zu achten.[86]

Kaiserliche Druckprivilegien wurden Druckern, Autoren und Verlegern erteilt. Sie wurden aber nicht nur an Personen, sondern auch an Korporationen, wie z. B. geistliche Orden vergeben. Das hatte zur Folge, dass alle Schriften, die von Mitgliedern der begünstigten Korporation verfasst und gedruckt wurden, im ganzen Reich nicht nachgedruckt werden durften. Ein solches Generalprivileg stand z. B. den Jesuiten zu.[87] Da sich die kaiserlichen *Privilegia impressoria* großer Beliebtheit erfreuten, gingen beim Reichshofrat bis zum Ende des 18. Jahrhunderts viele Anträge auf Erteilung, Ausweitung und Bestätigung dieser Privilegien ein.[88]

Eine Besonderheit bei der Erteilung von Druckprivilegien könnte darin zu sehen sein, dass der Reichshofrat als oberstes Aufsichtsorgan über das Bücher- und Pressewesen im Alten Reich vor der Erteilung des Druckprivilegs eine Vorzensur über das Druckwerk vorgenommen hat, für welches das Privileg beantragt wurde. Eine solche Verbindung zwischen Privilegienerteilung und Zensur lässt sich jedoch weder für das 16. noch für das 17. Jahrhundert nachweisen. Nur vereinzelt

---

83 Ebd., S. 33 f.

84 Eisenhardt, Die Kaiserliche Aufsicht (wie Anm. 20), S. 77.

85 Ebd., S. 75.

86 Ebd. S. 64–77.

87 Eisenhardt, Zur Bedeutung der Druckprivilegien (wie Anm. 75), S. 31 f.

88 Beispiele: RHR-Akten, Serie II, Bd. 5, Nr. 153 (1567); Serie I, Bd. 5, Nr. 5543 (1594) und Nr. 5253 (1669); Serie II, Bd. 5, Nr. 18 (1688–1701). Siehe auch unten Anm. 89–91.

sind für das 17. Jahrhundert Fälle nachweisbar, in denen der Reichshofrat vor der Erteilung des beantragten Druckprivilegs eine Zensurbestätigung der zuständigen Zensurbehörde verlangt hat.[89] Erst in der Zeit zwischen 1760 und 1770 bildete sich eine feste Übung heraus, ein Privileg erst dann zu erteilen, wenn über das Werk, für welches das Privileg beantragt wurde, das Zeugnis der zuständigen Zensurbehörde vorgelegt worden war, aus dem sich ergab, dass das für den Druck vorgesehene Werk nicht gegen die Reichsgesetze verstieß. Eine Erklärung für das Zusammenwirken von Zensur und Privilegienerteilung mag darin zu finden sein, dass das Verfahren der Erteilung perfektioniert worden war.

Was die Zahl der Anträge auf Erteilung, Bestätigung oder Erweiterung von Druckprivilegien angeht, die an den Reichshofrat gerichtet wurden, so fällt auf, dass viele Anträge in der zweiten Hälfte des 16. Jahrhunderts,[90] besonders viele aber im 17. Jahrhundert gestellt worden sind.[91]

4.3 Verletzungsverfahren

4.3.1 Die mit den Verfahren verfolgten Ziele

Bei dem Reichshofrat wurde in der Zeit seines Bestehens über die Jahrhunderte hinweg in vielen Verfahren mit unterschiedlichen Zielsetzungen wegen der Verletzung von Druckprivilegien gestritten.

Eines der mit einem Verfahren vor dem Reichshofrat wegen Verletzung eines Druckprivilegs angestrebten Ziele war die Kassation des Druckprivilegs, das einem eigenen vermeintlich entgegenstand. So verklagte z. B. 1575 der Buchdrucker und Bürger der Stadt Nürnberg Joachim Lochner den Buchdrucker und Bürger der Stadt Nürnberg Valentin Geisler wegen einer Auseinandersetzung

89 Z. B. RHR-Akten, Serie II, Bd. 7, Nr. 760 (1679/80). In diesem Fall lag ein Antrag für die Erteilung eines Druckprivilegs für das Gebetbuch „Güldenes Kleinodt" vor. Der Reichshofrat entschied, der Antragsteller solle eine Zensurbestätigung des württembergischen Konsistoriums einreichen und ein Exemplar des Gebetbuches beilegen.

90 Beispiele: RHR-Akten, Serie II, Bd. 5, Nr. 153 (1567); RHR-Akten, Serie I, Bd. 5, Nr. 4612 (1575); RHR-Akten, Serie I Bd. 1, Nr. 564 (1582), Nr. 664 (1582), Nr. 670 (1582), Nr. 715 (1582), Nr. 154 (1583), Nr. 434 (1591), Nr. 171 (1592), Nr. 1002 (1592), Nr. 507 (1594); RHR-Akten, Serie I, Bd. 5, Nr. 5543 (1594).

91 Beispiele: RHR-Akten, Serie I, Bd. 5 Nr. 5034 (1610); RHR-Akten, Serie I, Bd. 1, Nr. 27 (1612), Nr. 28 (1612), Nr. 601, (1612), Nr. 64 (1614), Nr. 367 (1614), Nr. 24 (1617), Nr. 92 (1617), Nr. 246 (1617), Nr. 602 (1617), Nr. 934 (1617); RHR-Akten, Serie I, Bd. 5, Nr. 5307 (1645); RHR-Akten, Serie I, Bd. 1, Nr. 777 (1655); RHR-Akten, Serie II, Bd. 3, Nr. 633 (1664); RHR-Akten, Serie I, Bd. 5, Nr. 5230 (1669), RHR-Akten, Serie II, Bd. 3, Nr. 937 (1676); RHR-Akten, Serie II, Bd. 3, Nr. 34 (1677); RHR-Akten, Serie II, Bd. 7, Nr. 760 (1680); RHR-Akten, Serie II, Bd. 5, Nr. 18 (1688); RHR-Akten, Serie I, Bd. 5, Nr. 5531 (1692).

über ein Druckprivileg.[92] Dabei stützte sich der Kläger auf ein auf sechs Jahre befristetes kaiserliches Druckprivileg, das ihm gestattete, die Werke von Hans Sachs zu drucken. Er trug vor, der Beklagte habe dennoch ein Druckprivileg für drei der von ihm gedruckten Bücher mit Werken von Hans Sachs beantragt und erhalten. Der Kläger verlangte, das Privileg des Beklagten als dem Privileg des Klägers widersprechend zu kassieren. Der Reichshofrat entschied, die Stadt Nürnberg solle den Beklagten vorladen und die Vorlage von dessen Druckprivileg verlangen; gegebenenfalls sei die Kassation desselben zu vollziehen. In einem 1665 bis 1672 durchgeführten Streit um sich widersprechende Druckprivilegien betreffend den Druck von Periodika, die dem Reichshofrat vorgelegt worden waren, kassierte der Reichshofrat das Privileg des Beklagten.[93] In beiden Fällen entschied der Reichshofrat nach dem Prioritätsprinzip, d.h. er erkannte das zuerst erteilte Privileg als das rechtmäßige an.

Andere wichtige Ziele, welche die Kläger bzw. Antragsteller mit einem Verfahren vor dem Reichshofrat verfolgten, waren die Verhinderung weiteren Nachdrucks und das Verbot des Vertriebs der nachgedruckten Schriften. Verbunden damit war häufig das Begehren, die Nachdruckexemplare zu beschlagnahmen. 1616/17 kam es zu einer Auseinandersetzung wegen der Verletzung eines kaiserlichen Druckprivilegs zwischen dem Buchdrucker und Bürger der Stadt Leipzig Nikolaus Nerlich (Kläger) und dem Buchdrucker und Bürger der Stadt Prag Nikolaus Strauß (Beklagter).[94] Der Kläger verwies auf ein kürzlich um zehn Jahre verlängertes kaiserliches Druckprivileg, nach dem ausschließlich er ermächtigt sei, Kalender und andere Schriften des Theologen und Astronomen Albin Moller zu drucken und im gesamten Reich zu vertreiben. Gegen die Rechte aus diesem Privileg habe der Beklagte verstoßen, indem er Exemplare des Kalenders gedruckt und in den Handel gebracht habe. Der Kläger beantragte, alle Nachdrucke des Beklagten zu beschlagnahmen und die für die Verletzung des Privilegs anfallende Strafe zu verhängen. Der Beklagte berief sich auf ein kaiserliches Druckprivileg Rudolfs II., welches ihm erlaube, Kalender und andere Werke von Moller im Königreich Böhmen zu vertreiben. Der Beklagte beantragte das Privileg des Klägers zu kassieren und ihn zu bestrafen. Eine beglaubigte Abschrift des Privilegs Rudolfs II. und verschiedene Verträge mit Moller über den Druck und Vertrieb seiner Werke hat der Beklagte vorgelegt. Der Reichshofrat hat die Klage abgewiesen. Der Entscheidung lag ein Gutachten der juristischen Fakultät der Universität Leipzig zugrunde.

---

92 RHR-Akten, Serie I, Bd. 3, Nr. 2743.

93 Erben des Buchdruckers Sigismund Latomus aus Frankfurt/Main (Latomische Erben) vs. Kunsthändler Johann Hoffmann aus Nürnberg (RHR-Akten, Serie II, Bd. 3, Nr. 628).

94 RHR-Akten, Serie I, Bd. 3, Nr. 3265.

In einem 1665–1672 geführten Streit um den Druck der Periodika „Registrator von Europa“ und „Europäische Weltchronik“ zwischen den Erben des Buchdruckers Sigismund Latomus aus Frankfurt am Main (Latomische Erben) und dem Kunsthändler Johann Hoffmann aus Nürnberg ging es ebenfalls um das Verbot des weiteren Nachdrucks und des Vertriebs der illegal hergestellten Schriften.[95] Ein Druckprivileg für die Latomischen Erben vom 2. September 1664 und ein solches für Hoffman vom 3. März 1665 lagen dem Reichshofrat vor. Der Reichshofrat entschied, dass Hoffmann den Druck beider Periodika einzustellen habe und keine Exemplare mehr verkaufen dürfe. Gleichzeitig erließ er ein Reskript an die Stadt Nürnberg, die Verbote zu exekutieren und darüber zu berichten.[96] In einem 1690 vor dem Reichshofrat angestrengten Verfahren wegen Verletzung eines Druckprivilegs zwischen dem niederösterreichischen Landschaftsbuchdrucker Johann Jakob Kürner dem Jüngeren, und Johann Jakob Schönig, Buchdrucker zu Augsburg, erging ein Befehl an die Stadt Augsburg, den weiteren Druck und die Verbreitung der bereits fertigen Exemplare einzustellen.[97]

Wegen der Verletzung von Druckprivilegien konnten gegebenenfalls gegen die Täter Strafen verhängt und die Leistung von Schadensersatz angeordnet werden. In den Druckprivilegien wurden den potenziellen Verletzern Strafen angedroht.[98] In dem oben schon genannten Fall Nerlich gegen Strauß verlangte der Kläger, den Beklagten wegen Verletzung des Privilegs zu bestrafen.[99] In dem ebenfalls schon zitierten Prozess der Latomischen Erben gegen Hoffmann befahl der Reichshofrat der Stadt Nürnberg, den unterlegenen Hoffmann wegen Verletzung des Druckprivilegs zum Schadensersatz anzuhalten.[100]

Als weitere Maßnahmen, die der Reichshofrat wegen der bei ihm gerügten Verletzung von Druckprivilegien verhängen konnte, kamen u. a. die Einziehung noch kursierender verbotener Nachdrucke und die Einschränkung bzw. Unterdrückung landesherrlicher Druckprivilegien in Betracht. 1690 kam es zu einem Streit wegen Verletzung eines Druckprivilegs zwischen dem niederösterreichischen Landschaftsbuchdrucker Johann Jakob Kürner dem Jüngeren, und Johann Jakob Schönig, Buchdrucker zu Augsburg.[101] Letzterer hatte das Druckprivileg Kürners für das Gebetbuch „Catholischer Seelenwecker“ verletzt. Das Privileg lag dem Reichshofrat vor. Dieser wies die Bücherkommission in Frankfurt an, die Verbreitung der Nachdrucke zu verhindern und die kursierenden Exemplare

95 RHR-Akten, Serie II, Bd. 3, Nr. 628.
96 RHR-Akten, Serie II, Bd. 3, Nr. 628.
97 RHR-Akten, Serie II, Bd. 3, Nr. 36.
98 Eisenhardt, Die kaiserliche Aufsicht (wie Anm. 20), S. 10.
99 RHR-Akten, Serie I, Bd. 3, Nr. 3265.
100 RHR-Akten, Serie II, Bd. 3, Nr. 628.
101 RHR-Akten, Serie II, Bd. 3, Nr. 36.

einzuziehen. Ein von den üblichen Verfahren abweichender Fall ereignete sich 1676, als der Buchbinder und Bürger der Stadt Wien Johann Konrad Ludwig beim Reichshofrat beantragte, eine Einschränkung eines kaiserlichen Druckprivilegs für den Münchener Buchdrucker Johann Jäcklein vorzunehmen.[102] Das Druckprivileg gestattete es dem Jäcklein, Schulbücher exklusiv im Reich und in den österreichischen Erblanden zu drucken und zu verkaufen. Der Antragsteller bezog sich auf ein Privileg, das es ihm exklusiv erlaube, Schulbücher in der Kirchenprovinz Österreich zu drucken und zu vertreiben, und verlangte vom Reichshofrat, dieser solle den Jäcklein darauf hinweisen, dass er keine Schulbücher in der Kirchenprovinz Österreich drucken und vertreiben dürfe. Eine Entscheidung ist nicht bekannt.

In einem von 1662 bis 1669 dauernden Streit zwischen dem Buchdrucker David Haudt aus Luzern und Emmanuel König und Söhne, Buchhändler aus Basel, als Kläger mit der Buchführerkompagnie zu Frankfurt verzögerte der Reichshofrat eine endgültige Entscheidung und erteilte eine Teilerlaubnis. Es ging um ein Druckprivileg für das mit Anmerkungen versehene Corpus juris canonici.[103] Der Reichshofrat entschied: Wenn die Buchdruckerkompagnie nachweisen könne, dass sie das Corpus juris canonici wirklich drucke, erfolge ein weiterer Bescheid; bis dahin dürfe König das Buch drucken und ins Reich exportieren.

Die Liste der vom Reichshofrat entschiedenen oder gütlich beigelegten Streitigkeiten wegen der Verletzung von Druckprivilegien ist lang.[104] Die meisten Verfahren sind im 17. Jahrhundert begonnen worden. Für das 18. Jahrhundert sind in den edierten Reichshofratsakten keine Verfahren nachweisbar. Auffallend ist in den Verletzungsverfahren die Vielfalt der verfolgten Ziele. Kollidierten zwei Druckprivilegien miteinander, entschied der Reichshofrat nach dem Prioritätsprinzip.

4.3.2 In den Verfahren verhängte Maßnahmen

Um eine Entscheidung in einem Verletzungsverfahren vorzubereiten oder eine bereits getroffene Entscheidung zu exekutieren, konnte der Reichshofrat eine Reihe von Maßnahmen ergreifen.

Wenn es den streitenden Parteien nicht gelang, die von ihnen behaupteten Tatsachen zu beweisen, wandte sich der Reichshofrat vornehmlich an Städte mit der Bitte, mit bestimmten Maßnahmen die Ermittlungen zu unterstützen. In ei-

102 RHR-Akten, Serie I, Bd. 3, Nr. 2821.

103 RHR-Akten, Serie II, Bd. 3, Nr. 281.

104 Beispiele für weitere Verletzungsverfahren: RHR-Akten, Serie I, Bd. 2, Nr. 2145 (1559), Nr. 1316 (1620); RHR-Akten, Serie II, Bd. 3, Nr. 994 (1680–1682), Nr. 575 (1681–1687), Nr. 84 (1683–1685); RHR-Akten, Serie II, Bd. 7, Nr. 886 (1692).

ner oben (4.3.1) schon geschilderten Auseinandersetzung über ein Druckprivileg befahl der Reichshofrat der Stadt Nürnberg, den Beklagten vorzuladen und die Vorlage seines Druckprivilegs zu verlangen; danach sei gegebenenfalls die Kassation desselben zu vollziehen.[105] In dem oben ebenfalls bereits geschilderten Streit wegen Verletzung eines Druckprivilegs zwischen dem niederösterreichischen Landschaftsbuchdrucker Johann Jakob Kürner dem Jüngeren und dem Buchdrucker Johann Jakob Schönig befahl der Reichshofrat der Stadt Augsburg, den Beklagten dazu zu vernehmen, warum er das Buch trotz der leicht zu erwerbenden Kenntnis über das Druckprivileg des Klägers nachgedruckt habe.[106]

Auch die Bücherkommission in Frankfurt, die im Hinblick auf den Schutz der sich aus den Druckprivilegien Rechte bedeutende Funktionen wahrnahm (siehe oben 4.2), wurde vom Reichshofrat bei der Durchführung laufender Verfahren wegen Privilegienverletzung häufig einbezogen. In dem Verfahren Lunitius gegen Schwender befahl der Reichshofrat der Kommission, den Beklagten zu befragen und darüber zu berichten.[107] In dem Verletzungsstreit Kürner gegen Schönig (siehe oben 4.3.1) forderte der Reichshofrat die Bücherkommission auf, die weitere Verbreitung der Nachdrucke zu verhindern und die noch kursierenden Exemplare einzuziehen.[108]

Manche Weisungen ergingen an landesherrliche, vornehmlich österreichische, Behörden. 1664 bat der Buchdrucker und Bürger der Stadt Nürnberg Christoph Lachner um kaiserlichen Schutz in einer Auseinandersetzung wegen eines Druckprivilegs.[109] Er stützte sich auf ein 1659 bestätigtes Druckprivileg, das ihm gestattete, einen Bauernkalender im Reich und in den österreichischen Erblanden zu verkaufen. Er brachte vor, der Linzer Buchdrucker Ulrich Kürner habe mit einer falschen Sachdarstellung für diesen Kalender ein Druckprivileg erhalten, welches von der österreichischen Hofkanzlei ausgestellt worden sei. Da Kürner behauptet habe, das Privileg des Antragstellers gelte nur für das Reich, sei für ihn in den Erblanden ein Verkaufsverbot erlassen worden. Der Reichshofrat wies die österreichische Hofkanzlei an, den Antragsteller in seinen Rechten zu schützen. 1685/86 hing ein Verfahren mit einer Erbschaftsangelegenheit zusammen. Leopold Voigt, Universitätsbuchdrucker zu Wien, verklagte den niederösterreichischen Landschaftsbuchdrucker Johann Jakob Kürner den Jüngeren, weil dessen Vater, Johann Jakob Kürner der Ältere, mit einem Testament, das vorlag, seine drei Kinder zu gleichen Teilen als Erben eingesetzt hatte.[110] Zur Erbmasse gehörte ein

105 RHR-Akten, Serie I, Bd. 3, Nr. 2743.
106 RHR-Akten, Serie II, Bd. 3, Nr. 36.
107 RHR-Akten, Serie II, Bd. 3, Nr. 944.
108 RHR-Akten, Serie II, Bd. 3, Nr. 36.
109 RHR-Akten, Serie I, Bd. 3, Nr. 2540.
110 RHR-Akten, Serie II, Bd. 3, Nr. 35.

Druckprivileg, dessen alleinige Nutzung der Beklagte beanspruchte. Der Kläger verlangte eine entsprechende Teilhabe am Druckprivileg. Der Reichshofrat verwies das Gesuch an die niederösterreichische Hofkanzlei mit der Aufforderung, die Sache so zu entscheiden, dass der Supplikant nicht beschwert werde.

In dem oben (4.3.1.) geschilderten Fall mit den Latomischen Erben traf der Reichshofrat eine politisch heikle Entscheidung.[111] Er befahl dem kaiserlichen Residenten in Dresden, beim Kurfürsten von Sachsen dafür zu sorgen, dass der Beklagte (Hoffmann) auch ein vermeintliches kursächsisches Druckprivileg für das Periodikum „Weltchronik" verliere.

Nicht selten wirkte der Reichshofrat darauf hin, dass eine einvernehmliche Lösung zustande kam. Das war nicht ungewöhnlich, denn neuere Forschungen haben zu einer Neubewertung im Hinblick auf die Funktion der Gerichte in der vormodernen Zeit geführt.[112] Danach haben auch die obersten Reichsgerichte, Reichskammergericht und Reichshofrat, nach Alternativen zu kontroversen Streitentscheidungen gesucht. Die Vermittlung gütlicher Vergleiche wurde zu einem wichtigen Bestandteil richterlicher Tätigkeit.[113] So strebte der Reichshofrat z. B. in einem von 1680 bis 1682 laufenden Verfahren eine gütliche Einigung an. Kaspar Lunitius, Buchbinder und Buchhändler zu Leipzig, hatte den Buchhändler Johann Georg Schwender aus Osnabrück vor dem Reichshofrat verklagt, weil letzterer sein (des Klägers) Druckprivileg für das Werk „Seelen labende Ruhe-Stunden" verletzte habe.[114] Der Reichshofrat entschied, dass unter der Leitung von zwei benannten Reichshofräten Güteverhandlungen stattfinden sollten. In dem oben schon erwähnten Streit Voigt gegen Kürner wies der Reichshofrat die niederösterreichische Hofkanzlei an, darauf hinzuwirken, dass der Supplikant nicht beschwert werde.[115] Auch hier sollte eine harte Entscheidung vermieden und eine gütliche Einigung angestrebt werden.

Die große Zahl der erteilten kaiserlichen Druckprivilegien und auch die vielen Verletzungsverfahren weisen auf die Bedeutung dieser Privilegien für den im Alten Reich florierenden Wirtschaftszweig Buchdruck, Buchhandel und Presse hin.

---

111 RHR-Akten, Serie II, Bd. 3, Nr. 628.

112 Tobias Schenk, Vom Reichshofrat über Cocceji zu PEBB§Y: Epochenübergreifende Überlegungen zu gerichtlichen Urteils- und Vergleichsquoten aus institutionsgeschichtlicher Perspektive, in: ZRG GA 137 (2020), S. 91–233 mit Literaturhinweisen.

113 Albrecht Cordes, Mit Freundschaft oder mit Recht? In: Albrecht Cordes (Hrsg.), Mit Freundschaft oder mit Recht? Inner- und außergerichtliche Alternativen zur kontroversen Streitentscheidung im 15.–19. Jahrhundert (QFHG, 65), Wien/Köln 2015, S. 9–17; Schenk, Vom Reichshofrat (wie Anm. 112), in: ZRG GA 137 (2020), S. 91 –233; Eisenhardt, Kaiserliche Gerichtsprivilegien (wie Anm. 2), S. 211.

114 RHR-Akten, Serie II, Bd. 3, Nr. 944.

115 RHR-Akten, Serie II, Bd. 3, Nr. 35.

5. Zusammenfassung

Der Reichshofrat hat im Hinblick auf die hier beispielhaft genannten Privilegien in doppelter Funktion gehandelt. Indem er kaiserliche Markt- und Druckprivilegien verlieh, bestätigte oder widerrief, wurde er als kaiserliches Regierungsorgan bzw. als Behörde tätig. Traf er in einem Verfahren, in dem die Verletzung von Privilegien geltend gemacht wurde, eine Entscheidung oder führte er einen Vergleich herbei, handelte er als Gericht.

Die Untersuchung zeigt, dass die Erteilung von kaiserlichen Privilegien einem bestimmten Muster folgte. Hatte der Antragsteller die Erteilung oder Bestätigung eines Privilegs erbeten, leitete der Reichshofrat in der Regel ein Vorverfahren ein, in dem er die von einer Gewährung des Privilegs möglicherweise Beeinträchtigten um eine Stellungnahme bat. Erst nach Beendigung dieses Anhörungsverfahrens wurde über den Antrag entschieden. Dieses Verfahren wurde nicht nur bei Markt- und Druckprivilegien angewandt, sondern auch bei anderen Privilegien, die der Kaiser verlieh, wie z. B. bei den wichtigen Gerichtsprivilegien. Hatte ein Reichsstand um ein Gerichtsprivileg, z. B. ein Appellationsprivileg, nachgesucht, wurden in dem daraufhin eingeleiteten Vorverfahren nicht selten schwierige verfassungsrechtliche Vorfragen geprüft.[116] Diese bei der Verleihung von Privilegien übliche Verfahrensweise weist schon rechtsstaatliche Merkmale auf.

Die kaiserlichen Markt- und Druckprivilegien haben in der Neuzeit neben den landesherrlichen eine bedeutende Rolle gespielt. Ausschlaggebend für die Attraktivität der kaiserlichen Privilegien dürfte gewesen sein, dass die in diesen verbrieften Rechte überregional, d. h. über die territorialen Grenzen hinaus, im ganzen Reich durchsetzbar waren, während Landesherrn und Städte das für die Rechte in den von ihnen erteilten Privilegien nur innerhalb ihrer Grenzen garantieren konnten. Wenn es um die Exekution der vom Reichshofrat in einem Verletzungsverfahren verhängten Maßnahmen ging, wies dieser häufig nicht nur Städte, sondern auch Herzöge und sogar Kurfürsten an, bestimmte Handlungen auszuführen oder zu unterlassen, welche die Rechte der Privilegierten beeinträchtigen konnten. Die Menge der verliehenen und bestätigten kaiserlichen Markt- und Druckprivilegien, sowie die damit zusammenhängenden Verletzungsverfahren lassen den Schluss zu, dass diese Privilegien für das Wirtschaftsleben im Alten Reich ein bedeutender Faktor waren.

116 Dazu Eisenhardt, Kaiserliche Gerichtsprivilegien (wie Anm. 2), S. 276–284.

V. WIRKUNG IN REICH UND REGION

Leopold Auer †

Zur geographischen Reichweite der Tätigkeit des Reichshofrats

Es wurde verschiedentlich darauf hingewiesen, dass sich die Tätigkeit des Reichshofrats[1] auf ein weites Gebiet erstreckte, das heute auf sechzehn europäische Staaten aufgeteilt ist.[2] Dieser Umstand, der der Bedeutung des Reichshofrats eine europäische Dimension verleiht, ist naturgemäß eng mit dem europäischen und multinationalen Charakter des Alten Reiches verbunden. Jede Änderung im territorialen Umfang des Reichsganzen musste daher zwangsläufig ihre Auswirkungen auf die Reichweite der reichshofrätlichen Tätigkeit haben. Solche Änderungen konnten sich aber auch durch einen Wandel innerhalb des Reiches ergeben; Überlegungen dazu wurden häufig im Zusammenhang mit der Diskussion über die Reichsferne oder Reichsnähe von Regionen angestellt.[3] Beide Aspekte des

---

1 Vgl. zum Reichshofrat zuletzt den zusammenfassenden Überblick bei Eva Ortlieb, Der Reichshofrat, in: Michael Hochedlinger/Petr Mat'a/Thomas Winkelbauer (Hrsg.), Verwaltungsgeschichte der Habsburgermonarchie in der Frühen Neuzeit, Bd. 1/1: Hof und Dynastie, Kaiser und Reich, Zentralverwaltungen, Kriegswesen und landesfürstliches Finanzwesen, Wien 2019, S. 311–319. Hinweise auf Quellenlage und Forschungsstand ebd., S. 316–319.

2 Leopold Auer, Such- und Erschließungsstrategien für die Prozeßakten des Reichshofrats, in: Wolfgang Sellert (Hrsg.), Reichshofrat und Reichskammergericht. Ein Konkurrenzverhältnis (Quellen und Forschungen zur höchsten Gerichtsbarkeit im Alten Reich, künftig: QFHG, 34), Köln/Weimar/Wien 1999, S. 211–219, hier S. 211; Tobias Freitag/Nils Jörn, Zur Inanspruchnahme der obersten Reichsgerichte im südlichen Ostseeraum 1495–1806, in: Nils Jörn/Michael North (Hrsg.), Die Integration des südlichen Ostseeraumes in das Alte Reich (QFHG, 35), Köln/Weimar/Wien 2000, S. 39–141, hier S. 43; Wolfgang Sellert, Pax Europae durch Recht und Verfahren, in: Leopold Auer/Werner Ogris/Eva Ortlieb (Hrsg.), Höchstgerichte in Europa. Bausteine frühneuzeitlicher Rechtsordnungen (QFHG, 53), Köln/Weimar/Wien 2007, S. 97–114, hier S. 103; ders., Vorwort, in: ders. (Hrsg.), Die Akten des Kaiserlichen Reichshofrats. Serie I: Alte Prager Akten (künftig APA), Bd. 1: A–D, Berlin 2009, S. 7–17, hier S. 7. Tobias Schenk, Ein Erschließungsprojekt für die Akten des kaiserlichen Reichshofrats, in: Der Archivar 63 (2010), S. 285–290, der auch Fälle miteinbezieht, in denen Personen oder Institutionen außerhalb des Reiches betroffen waren, kommt damit ebd. S. 290 auf der Grundlage des damaligen Verzeichnungsstandes auf achtzehn Staaten, denen noch Estland, Lettland und Ungarn hinzugefügt werden müssen. Mit ganz vereinzelten, Handelsangelegenheiten betreffenden Fällen (vgl. unten Anm. 36), greift der Bezugsrahmen des Reichshofrats sogar über Europa hinaus.

3 Die Diskussion wurde durch zwei Beiträge von Peter Moraw angestoßen, in denen er selbst allerdings die nicht völlig deckungsgleichen Begriffe von Königsferne und Königsnähe verwendet, auch wenn diese in dem gleich zu erwähnenden Kieler Tagungsband unter das Motto „Reichsnähe, Reichsferne?“ gestellt sind. Dabei konstatiert Moraw für die Königspolitik gegenüber dem Norden wie für das In-

Wandels können im Folgenden nur umrisshaft in ihrer Dimension an einzelnen Beispielen und naturgemäß ohne jeden Anspruch auf Vollständigkeit vorgeführt werden.[4] Grundlagen dafür sind einerseits einschlägige Veröffentlichungen, andererseits die bisher erarbeiteten Inventare der Alten Prager Akten und der Antiqua sowie das Wolfsche Repertorium. Dabei müssen auch die unterschiedlichen Voraussetzungen für die Tätigkeiten des Reichshofrats als politisches Beratungsgremium, Lehensbehörde, Gnadeninstanz, Höchst- und bis zu einem gewissen Grad Verfassungsgericht berücksichtigt werden.

Am augenfälligsten ist naturgemäß der Zusammenhang zwischen dem territorialen Umfang des Reiches und der Tätigkeit des Reichshofrats als Lehensbehörde. Seit der frühen Neuzeit lässt sich ein Schrumpfungsprozess des Reiches beobachten.[5] Die Eidgenossenschaft und die Niederlande nahmen seit 1499 bzw. 1548 eine Sonderstellung ein und schieden 1648 mit Ausnahme der Spanischen Niederlande auch formal aus dem Reichsverband aus.[6] Die Zugehörigkeit der geistlichen und

---

teresse des Nordens am Königtum während des Spätmittelalters, dass diese „wesentlich verdünnt, diskontinuierlich und zumeist reagierend" gewesen seien; vgl. Peter MORAW, Franken als königsnahe Landschaft im späten Mittelalter, in: Blätter für deutsche Landesgeschichte 112 (1976), S. 123–138, hier S. 124–125, und DERS., Nord und Süd in der Umgebung des deutschen Königtums im späten Mittelalter, in: Werner Paravicini (Hrsg.), Nord und Süd in der deutschen Geschichte des Mittelalters (Kieler historische Studien, 34), Sigmaringen 1990, S. 51–70, hier S. 53. In weiterer Folge wurden dann seine Thesen verschiedentlich kurzschlüssig auf die frühe Neuzeit übertragen, obwohl schon Georg SCHMIDT, Städtehanse und Reich im 16. und 17. Jahrhundert, in: Antjekathrin Grassmann (Hrsg.), Niedergang oder Übergang? Zur Spätzeit der Hanse im 16. und 17. Jahrhundert, Köln 1998, S. 25–46, hier S. 26–27, auf die zunehmende Integration des Nordens in den Reichsverband seit dem 16. Jahrhundert hingewiesen hat. Vgl. auch die differenzierte Beurteilung bei Michael NORTH, Integration im Ostseeraum und im Heiligen Römischen Reich, in: Jörn/North (Hrsg.), Integration des südlichen Ostseeraumes (wie Anm. 2), S. 1–11 und bei Martin KRIEGER, Der südliche Ostseeraum und der Deutsche Reichstag (16.–18. Jh.), ebd., S. 275–309, hier S. 307–309. Vielleicht sollte das Problem überhaupt eher im Hinblick auf das Verhältnis von Zentrum und Peripherie betrachtet werden. Vgl. in diesem Sinn auch Karl Ferdinand WERNER, Schlußwort, in: Paravicini (Hrsg.), Nord und Süd, S. 231–236, hier S. 233.

4 Ein solcher wäre nur anhand einer statistischen Auswertung sämtlicher Protokolle des Reichshofrats zu erfüllen.

5 So Friedrich UHLHORN/Walter SCHLESINGER, Der deutsche Geschichtsraum, in: Herbert Grundmann (Hrsg.), Gebhardt, Handbuch der deutschen Geschichte, Bd. 2, 9. Aufl., Stuttgart 1970, S. 546–558, hier S. 546.

6 Vgl. Fritz DICKMANN, Der Westfälische Frieden, 6. Aufl., Münster 1972, S. 38–42, 432–443, sowie zur Eidgenossenschaft Peter STADLER, Der Westfälische Friede und die Eidgenossenschaft, in: Heinz Duchhardt (Hrsg.), Der Westfälische Friede, München 1998, S. 369–391, hier S. 389 f.; zu den Niederlanden Robert FEENSTRA, A quelle époque les Provinces-Unies sont-elles devenues indépendantes en droit à l'égard du Saint-Empire?, in: Tijdschrift voor Rechtsgeschiedenis 20 (1952), S. 30–63,182–218, sowie Franz PETRI, Der Friede von Münster und die Selbständigkeit der Niederlande, in: DERS., Zur Geschichte und Landeskunde der Rheinlande, Westfalens und ihrer west-

weltlichen Herrschaften Livlands zum Reich war schon im 15. Jahrhundert umstritten,[7] auch wenn sie von Karl V. und Ferdinand I. weiterhin beansprucht und im Stettiner Frieden 1570 nochmals bestätigt wurde.[8] Schied ein Territorium aus dem Reichsverband aus, endete automatisch die diesbezügliche Zuständigkeit des Reichshofrats. Nach dem 16. Jahrhundert gab es daher keine Belehnungen für livländische Empfänger, nach 1648 keine für die lothringischen Bistümer.[9] 1651 verlor die Stadt Besançon ihre Reichsunmittelbarkeit und scheint daher nicht mehr in den Confirmationes privilegiorum auf,[10] 1678/79 schied die Freigrafschaft Bur-

---

europäischen Nachbarländer, Bonn 1973, S. 600–613. Das Ausscheiden der Eidgenossenschaft aus dem Reich ist in den westfälischen Friedensverträgen in einem eigenen Artikel (§ 61 des Münsterer bzw. Art. VI des Osnabrücker Friedens) festgehalten, die völkerrechtliche Anerkennung der Souveränität der Niederlande findet sich nur im Münsterer Friedensvertrag zwischen den Niederlanden und Spanien vom 30. Jänner 1648.

7 Aus dem undatierten, aber auf die Jahre 1477–1479 einzugrenzenden Konzept eines Schreibens Friedrichs III. an den Deutschordensmeister in Livland geht hervor, dass sich Erzbischof Sylvester von Riga weigerte, seine Territorien vom Reich zu Lehen zu nehmen, andererseits wird die Kirchenprovinz Riga 1492 in einem Verzeichnis steuerpflichtiger Reichsstände erwähnt; vgl. Leopold Auer, Die undatierten Fridericiana des Haus-, Hof- und Staatsarchivs, Teil 2, in: Mitteilungen des österreichischen Staatsarchivs (künftig: MÖStA) 29 (1976), S. 411–435, hier S. 422 Nr. 204, und Mihkel Mäesalu, Die Steuerforderungen des Heiligen Römischen Reiches an die Kirchenprovinz Riga im 15. Jahrhundert, in: Anti Selart/Matthias Thumser (Hrsg.), Livland – eine Region am Ende der Welt? (Quellen und Studien zur baltischen Geschichte, 27), Köln/Weimar/Wien 2017, S. 259–282, hier S. 281.

8 Jason Lavery, Germany's Northern Challenge, Boston/Leiden 2002, S. 17, und Madis Maasing, Livland und die Reichstage (1520–1555), in: Selart/Thumser, Livland (wie Anm. 7), S. 284–310. Zu den Bestimmungen des Stettiner Friedens über Livland vgl. Maximilian Lanzinner, Friedenssicherung und politische Einheit des Reiches unter Kaiser Maximilian II. (1564–1576), Göttingen 1993, S. 412–418; Lavery, Northern Challenge, S. 130–132. 1579 wurden die Bestimmungen über die Oberhoheit des Reiches von Schweden aufgekündigt, ebd. S. 140 und Anm. 73.

9 Die letzte nachweisbare Privilegienbestätigung für Riga erfolgte 1576, die letzte nachweisbare Belehnung mit den Regalien für das Erzbistum Riga 1539, für das Bistum Dorpat 1553, für die lothringischen Bistümer 1588 (Metz), 1593 (Toul) und 1627 (Verdun); vgl. Österreichisches Staatsarchiv, Haus-, Hof- und Staatsarchiv (künftig ÖStA HHStA) RK Reichsregister Ferdinand I. 3, fol. 205 (Erzbistum Riga); ÖStA HHStA RK Reichsregister Maximilian II. 18, fol. 409 (Stadt Riga); ÖStA HHStA RK Reichsregister Rudolf II. 6, fol. 538 (Metz); ÖStA HHStA RK Reichsregister Rudolf II. 23, fol. 149 (Toul); ferner die Lehensakten ÖStA HHStA RHR Grat Feud RLA deutsche Exp. 63-2 (Dorpat); ÖStA HHStA RHR Grat Feud RLA lateinische Exp. 65-3 (Toul) und ÖStA HHStA RHR Grat Feud RLA lateinische Exp. 68-3 (Verdun). Zur rechtlichen Stellung der lothringischen Bistümer zwischen 1552 und 1648 vgl. Dickmann, Westfälischer Friede (wie Anm. 6), S. 35–38. 1613/14 kam es zu Klagen über französische Bestrebungen zur Annexion der Bistümer, mit deren Behandlung auch der Reichshofrat befasst war; vgl. Wolfgang Sellert (Hrsg.), Die Akten des Kaiserlichen Reichshofrats. Serie II: Antiqua, Bd. 4: Kart. 278–424, Berlin 2017, S. 300 f., Nr. 629.

10 Auf dieses wenig bekannte Detail verweist zuletzt Antje Oschmann, L'édition des traités de paix

gund aus dem Reichsverband aus. Im Gegensatz dazu blieb Reichsitalien fast unverändert im Lehensverband des Reiches bis zu dessen Ende in Italien durch die Napoleonischen Kriege, auch wenn die Republik Genua sich von der Lehensbindung an das Reich zu lösen versuchte.[11] Umgekehrt wurde die lange kontroversiell beurteilte Zugehörigkeit der Toskana zum Reich noch 1718 durch die Quadrupelallianz bestätigt.[12]

Aber auch innerhalb der Reichsgrenzen lässt sich natürlich ein Wandel feststellen. Dabei darf nicht vergessen werden, dass der Reichshofrat je nach Lehenskategorie auf verschiedene Weise mit Fragen, die sich aus der Lehensstruktur des Reiches ergaben, befasst war. Seine Zuständigkeit erstreckte sich auf Verhandlungen über die Durchführung der Belehnung und die damit verbundenen Gebühren, aber auch auf deren Gegenteil, den Lehensentzug, auf die Zustimmung zu Veräußerung, Teilungen oder zur Veränderung des Rechtsstatus von Lehen,[13]

---

avec la France et la Suède dans les »Acta Pacis Westphalicae«, in: Rainer Babel (Hrsg.), Le diplomate au travail. Entscheidungsprozesse, Information und Kommunikation im Umfeld des Westfälischen Friedenskongresses (Pariser Historische Studien, 65), München 2005, S. 11–41, hier S. 38, Anm. 150. Die letzte nachweisbare Privilegienbestätigung erfolgte 1638; ÖStA HHStA RHR Grat Feud Conf. priv., lateinische Exp. 1-3-1.

11 Diese Bestrebungen sind Gegenstand des Buches von Matthias Schnettger, „Principe sovrano" oder „Civitas imperialis"? Die Republik Genua und das Alte Reich in der Frühen Neuzeit (Veröffentlichungen des Instituts für Europäische Geschichte, 209), Mainz 2006. Vgl. auch die Zusammenfassung bei Ders., Reichsstadt oder souveräne Republik?, Genua und das Reich in der Frühen Neuzeit, in: Matthias Schnettger/MarcelloVerga (Hrsg.), L'Impero e l'Italia nella prima età moderna/Das Reich und Italien in der Frühen Neuzeit, Bologna/Berlin 2006, S. 277–297, sowie die Hinweise bei Leopold Auer, Appellationen an den Reichshofrat aus Reichsitalien, in: Elena Taddei/Matthias Schnettger/Robert Rebitsch (Hrsg.), »Reichsitalien« in Mittelalter und Neuzeit/ »Feudi imperiali italiani« nel Medioevo e nell'Età Moderna (Innsbrucker Historische Studien, 31), Innsbruck 2017, S. 199–218, hier S. 206. Ungeachtet dessen brachte die Republik Genua während des Pfälzer Erbfolgekrieges nach eigenen Berechnungen 1,76 Millionen Lire an Geld- und Sachleistungen für den Kaiser auf; vgl. Thomas Winkelbauer, Grundzüge des habsburgischen Finanz- und Steuerwesens, in: Hochedlinger/Maťa/Winkelbauer (Hrsg.), Verwaltungsgeschichte (wie Anm. 1), S. 767–824, hier S. 816, und die einzelnen Nachweise bei Christopher Storrs, Imperial Authority and the Levy of Contributions in „Reichsitalien" in the Nine Years War (1690–1696), in: Schnettger/Verga (Hrsg.), L'Impero e l'Italia, S. 241–273.

12 Leopold Auer, Reichshofrat und Reichsitalien, in: Schnettger/Verga, L'Impero e l'Italia (wie Anm. 11), S. 27–40, hier S. 30. Vgl. auch Alessandra Contini, La concessione del titolo di granduca e la «coronazione» di Cosimo I fra papato e Impero (1569–1572), in: ebd., S. 417–438, hier S. 422–424, sowie zur Diskussion um die Reichszugehörigkeit der Toskana und die Rolle des Reichshofrats dabei Karl Otmar v. Aretin, Das Alte Reich 1648–1806, Bd. 2: Kaisertradition und österreichische Großmachtpolitik (1684–1745), Stuttgart 1997, S. 354–366.

13 Eine umfassende Erforschung der Rolle des Reichshofrats als Lehenshof steht noch aus; vgl. die zusammenfassenden Bemerkungen bei Leopold Auer, The Role of the Imperial Aulic Council in the Constitutional Structure of the Holy Roman Empire, in: R. J. W. Evans/Michael Schaich/Pe-

wobei diese Zuständigkeiten für große Lehen, insbesondere die sogenannten Thronlehen, und für die vielen kleinen Reichshofratslehen unterschiedlich geregelt waren.[14] Die Bereitschaft der großen Lehensinhaber, sich belehnen zu lassen und damit ihren letztlich nicht souveränen Status anzuerkennen, nimmt besonders nach dem Einschnitt des Kaisertums Karls VII. ab.[15] Auch die Bezahlung der damit verbundenen nicht unerheblichen Gebühren mag dabei eine Rolle gespielt haben. Trotzdem bleibt der feudale Charakter des Reiches bis zu seinem Ende bestehen. Selbst bei den weltlichen Fürsten hören die Thronbelehnungen nicht gänzlich auf, auch wenn es schwieriger wird, sie durchzusetzen; bei den geistlichen Fürsten bleiben sie bis zum Ende des 18. Jahrhunderts die Regel.[16] Sardinien ließ sich noch 1755 belehnen und zahlte dafür die beträchtliche Summe von 85.000 fl.,[17] mit Brandenburg-Preußen wurde 1788 über eine Belehnung verhandelt, die aber nicht zustande kam.[18] Die Kaiser und damit der Reichshofrat als dessen ausführendes Organ hielten unverändert am Lehenscharakter des Reiches fest,[19] was sich an den Konflikten zeigt, die sich bei dem durch politisch-kriegerische Veränderungen verursachten Besitzwechsel von Reichslehen ergeben konnten. Beispiele dafür sind die Auseinandersetzungen um die Belehnung des Kurfürsten von Hannover, der gleichzeitig englischer König war, mit Bremen

---

ter H. Wilson. (Hrsg.), The Holy Roman Empire 1495–1806, Oxford 2011, S. 63–75, hier S. 67–70, und zuletzt bei Tobias Schenk, Reichsgeschichte als Landesgeschichte. Eine Einführung in die Akten des kaiserlichen Reichshofrats, in: Westfalen 90 (2012), S. 107–161, hier S. 141–144.

14 An der Investitur mit den Thronlehen, die durch den Kaiser erfolgte, war der Reichshofrat lediglich am Rande durch die Entsendung eines oder mehrerer Vertreter beteiligt, die Investitur mit den Reichshofratslehen fand im Reichshofrat durch dessen Präsidenten statt. Die Ansuchen um Belehnung (Lehensmutung) mussten unterschiedslos für alle Lehen beim Reichshofrat eingereicht werden. Vgl. Jean-François Noël, Zur Geschichte der Reichsbelehnungen im 18. Jahrhundert, in: MÖStA 21 (1968), S. 106–122, hier S. 107, 111–114.

15 Ebd., S. 114 f.

16 Vgl. die Tabelle ebd. zwischen S. 120, 121.

17 Ebd. S. 110 und Anm. 18. Vgl. auch Auer, Reichshofrat und Reichsitalien (wie Anm. 12), S. 30 mit Anm. 13.

18 Vgl. den Hinweis bei Tobias Schenk, Der Reichshofrat als oberster Lehnshof. Dynastie- und adelsgeschichtliche Implikationen am Beispiel Brandenburg-Preußens, in: Anette Baumann/Alexander Jendorff (Hrsg.), Adel, Recht und Gerichtsbarkeit im frühneuzeitlichen Europa (bibliothek altes Reich, 15), München 2014, S. 255–294, hier S. 287, Anm. 144, sowie zu den brandenburgischen Lehen insgesamt ebd., S. 271. Zum letzten Mal wurde eine Vollmacht für den dann nicht vollzogenen Empfang der Lehen durch König Friedrich Wilhelm III. am 14. Oktober 1798 ausgestellt; vgl. ÖStA HHStA RHR Grat Feud RLA deutsche Exp. 28.

19 In merkwürdigem Kontrast dazu steht der Umstand, dass die Habsburger nach 1728 für die österreichischen Erbländer wie für Böhmen auf Belehnung und Mutung verzichteten, auch wenn Maria Theresia sich 1769 bereit erklärte, ihre Kurinvestitur für Böhmen zu nehmen; Noël, Reichsbelehnungen (wie Anm. 14), S. 107 f. und 116 f.

und Verden und um die Belehnung des preußischen Königs mit Stettin und den neu erworbenen Teilen Hinterpommerns, beide nach dem Ende des Nordischen Krieges,[20] oder das zähe internationale Ringen um den Charakter der Toskana als Reichslehen. Wie Steiger bemerkt hat, gerieten hier Völkerrecht und Lehensrecht miteinander in Konflikt und waren nur mit Mühe und einigen Kunstgriffen zur Deckung zu bringen, was den Kaisern zur Sicherung ihrer formalrechtlichen hierarchischen Stellung an der Spitze der Lehenspyramide wichtig war.[21]

Aus der Rolle des Kaisers als Lehensherr ergab sich die Notwendigkeit seiner Zustimmung zu allen erwähnten möglichen ein Lehen betreffenden Änderungen wie Tausch, Kauf, Teilung oder Änderung des Rechtsstatus.[22] Der Reichshofrat fand hier ein weites Betätigungsfeld, das über die vergleichsweise einfache Durchführung der Investitur hinausging. Besonders die vielen kleinen italienischen Reichslehen mit ihren komplexen und unübersichtlichen Besitz- und Rechtsverhältnissen haben den Reichshofrat die ganze Zeit seines Bestehens beschäftigt.[23] Aber auch nördlich der Alpen lässt sich eine vergleichbare Tätigkeit beobachten, wobei sich die Beispiele vom Süden bis zum Norden des Reiches erstrecken. Hervorzuheben ist die Rolle des Reichshofrats bei Teilungen und Primogeniturregelungen, etwa der Markgrafschaft Baden, der Landgrafschaft Hessen oder der Grafschaft Oldenburg im 17.[24]

20 Zu Bremen und Verden noch immer am besten – trotz zeitbedingter ideologischer Einflüsse – Martin Naumann, Österreich, England und das Reich, Berlin 1936, S. 27, 69 f. und 167–177. Vgl. zuletzt die Hinweise bei Charlotte Backerra, Wien, 1727–1735. Internationale Beziehungen im frühen 18. Jahrhundert (Veröffentlichungen des Instituts für Europäische Geschichte, 253), Göttingen 2018, S. 83 f., 338 f., 373. Entgegen der ebd., S. 84 und Anm. 229, vertretenen Ansicht kam es aber 1731 nicht zur Ausstellung eines Lehensbriefes für Bremen und Verden, sondern nur zur Gewährung eines Aufschubs für die Lehensmutung; vgl. Naumann, Österreich, England und das Reich, S. 172, 176. Zu Stettin und Hinterpommern vgl. Tobias Schenk, Reichsjustiz im Spannungsverhältnis von oberstrichterlichem Amt und österreichischen Hausmachtinteressen. Der Reichshofrat und der Konflikt um die Allodifikation der Lehen in Brandenburg-Preußen (1717–1728), in: Anja Amend-Traut/Albrecht Cordes/Wolfgang Sellert (Hrsg.), Geld, Handel, Wirtschaft. Höchste Gerichte im Alten Reich als Spruchkörper und Institution (Abhandlungen der Akademie der Wissenschaften zu Göttingen, NF 23), Berlin 2013, S. 103–219, hier S. 158 mit Anm. 239 f.

21 Heinhard Steiger, Völkerrecht versus Lehensrecht? Vertragliche Regelungen über reichsitalienische Lehen in der Frühen Neuzeit, in: Schnettger/Verga, L'Impero e l'Italia (wie Anm. 11), S. 115–152, hier S. 135–138.

22 Schenk, Reichshofrat als oberster Lehnshof (wie Anm. 18), S. 273 f.

23 Beispiele bei Leopold Auer, Il Consiglio imperiale aulico e la Savoia nella prima età moderna, in: Marco Bellabarba/Andrea Merlotti (Hrsg.), Stato sabaudo e Sacro Romano Impero (Annali dell'istituto storico italo-germanico, Quaderni 92), Bologna 2014, S. 297–314, hier S. 298–306.

24 Zu Baden vgl. Sellert (Hrsg.), APA, Bd. 1 (wie Anm. 2), Nr. 127, zu Hessen ders. (Hrsg.), Die Akten des kaiserlichen Reichshofrats. Serie II: Antiqua, Bd. 2: Kart. 44–135, Berlin 2014, S. 186–202, Nr. 238; zu Oldenburg ders. (Hrsg.), Die Akten des kaiserlichen Reichshofrats. Serie II: Antiqua,

oder bei der Allodifikation von Lehen durch Brandenburg im 18. Jahrhundert.[25]

Zu den Lehensangelegenheiten kommt die Behandlung von Gratialia oder Gnadensachen im Auftrag des Kaisers als weiterer Aufgabenbereich des Reichshofrats. Sie ergibt sich aus den Reservatrechten des Kaisers und seiner Stellung als Reichsoberhaupt und umfasst einen weiten Bereich von der Erteilung von Privilegien bis zur Bearbeitung von Bittschriften.[26] In geographischer Hinsicht betreffen die Gnadensachen das gesamte Reich einschließlich Reichsitaliens, der Niederlande und der habsburgischen Territorien innerhalb des Reichs, in Einzelfällen, vor allem was die Untertanensuppliken angeht, auch Frankreich, Polen, Spanien oder Ungarn,[27] in sozialer Hinsicht verstärkt Reichsmittelbare.[28] Zeitlich liegt der Schwerpunkt der Beschäftigung des Reichshofrats mit Gnadensachen, die im Übrigen erst ansatzweise untersucht ist,[29] im 16. Jahrhundert, auch wenn die prinzipielle Zuständigkeit bis zum Ende des Reiches andauert.[30]

Weitaus umfangreicher präsentiert sich die Tätigkeit des Reichshofrats als Gericht. Akten zu schätzungsweise 70–80.000 Prozessen haben sich im Archiv des Reichshofrats erhalten,[31] davon annähernd ein Fünftel Appellationen

---

Bd. 5: Kart. 425–516, Berlin 2019, S. 294–297, Nr. 461, S. 309–314, Nr. 487, sowie die Bemerkungen von Sellert ebd., S. 8.

25 Schenk, Reichsjustiz (wie Anm. 20).

26 Eva Ortlieb, Gnadensachen vor dem Reichshofrat (1519–1564), in: Auer/Ogris/Ortlieb (Hrsg.), Höchstgerichte (wie Anm. 2), S. 177–202; dies., Lettere di intercessione imperiale presso il Consiglio aulico, in: Karl Härter/Cecilia Nubola (Hrsg.), Grazia e giustizia. Figure della clemenza fra tardo medioevo ed età contemporanea (Annali dell'istituto italo-germanico, Quaderni 81), Bologna 2011, S. 175–203.

27 Entsprechende Hinweise bei Ortlieb, Gnadensachen (wie Anm. 26), S. 187 sowie Ulrich Hausmann/Thomas Schreiber, Euer Kaiserlichen Majestät in untertänigster Demut zu Füßen. Das Kooperationsprojekt „Untertanensuppliken am Reichshofrat in der Regierungszeit Kaiser Rudolfs II. (1576–1612)", in: Alexander Denzler/Ellen Franke/Britta Schneider (Hrsg.), Prozessakten, Parteien und Partikularinteressen. Höchstgerichtsbarkeit in der Mitte Europas vom 15. bis zum 19. Jahrhundert (bibliothek altes Reich, 17), Berlin/Boston 2015, S. 71–96, hier S. 88.

28 Ortlieb, Gnadensachen (wie Anm. 26), S. 202; Hausmann/Schreiber, Kooperationsprojekt Untertanensuppliken (wie Anm. 27), S. 74.

29 Zum Forschungsstand Ortlieb, Gnadensachen (wie Anm. 26), S. 177 f., und zuletzt Hausmann/Schreiber, Kooperationsprojekt Untertanensuppliken (wie Anm. 27), S. 71–74. Siehe auch den Beitrag von Ulrich Rasche in diesem Band.

30 Ortlieb, Gnadensachen (wie Anm. 26), S. 202.

31 Zu den Zahlen vgl. zuletzt Tobias Schenk, Das Projekt zur Erschließung der Reichshofratsakten. Eine Zwischenbilanz nach acht Jahren, in: Eva Schumann (Hrsg.), Justiz und Verfahren im Wandel der Zeit. Gelehrte Literatur, gerichtliche Praxis und bildliche Symbolik. Festgabe für Wolfgang Sellert (Abhandlungen der Akademie der Wissenschaften zu Göttingen, NF 44), Berlin/Boston 2017, S. 31–51, hier S. 32.

oder Appellationsanträge.[32] Dem Umfang dieser Tätigkeit entspricht auch das Interesse der Forschung, das sich vorzugsweise diesem Tätigkeitsbereich zugewandt hat. Auch zur geographischen Zuständigkeit bzw. Reichweite gibt es in diesem Bereich bislang die meisten Aussagen. Wie bei der Zuständigkeit für die Lehen gibt auch bei der gerichtlichen Funktion die Ausdehnung des Reiches den primären Bezugsrahmen ab. Darüber hinaus konnte sich aber bei Klagen von Personen außerhalb des Reiches die Reichweite der Tätigkeit des Reichshofrats auch über die Grenzen des Reiches erstrecken. Diesem Umstand ist etwa die Überlieferung eines Teils der ungarischen Betreffe in den Akten des Reichshofrats zu verdanken.[33] Noch mehr gilt dieses Ausgreifen über die Reichsgrenzen hinaus für die im Verlauf von Prozessen eingebrachten Ansuchen um Fürbittschreiben oder Promotoriales. Hier konnten Personen oder Institutionen von England bis Russland zu Empfängern solcher Schreiben werden. Ein signifikantes Beispiel bieten etwa die Reaktionen auf Beschwerden hanseatischer Kaufleute über die Konkurrenz der Merchant Adventurers.[34] Auch in anderen Streitfällen lassen sich kaiserliche Fürbittschreiben, für die der Reichshofrat Empfehlungen erarbeitete, nachweisen, so zum Beispiel an die Könige von Spanien, Dänemark, Schweden oder Polen sowie den Großfürsten von Moskau.[35] Bescheide auf Ansuchen in Handelsangelegenheiten konnten sogar Amerika, Westafrika oder Persien in das Blickfeld

32 Zum Prozentsatz der Appellationen vgl. unten Anm. 50.

33 Vgl. z. B. die Anträge bzw. Klagen zweier Ungarn gegen einen Bürger der Stadt Hamburg bzw. gegen Markus Fugger 1612–1614, in: Sellert (Hrsg.), APA, Bd. 1 (wie Anm. 2), S. 118 f., Nr. 186, 187. Allgemein zu ungarischen Betreffen in den Reichsarchiven vgl. die Zusammenstellung von János Buzási, Haus-, Hof- und Staatsarchiv Bécs, Budapest 1979.

34 Umfangreiches Material dazu in Wolfgang Sellert (Hrsg.), Die Akten des kaiserlichen Reichshofrats. Serie II: Antiqua, Bd. 1: Kart. 1–43, Berlin 2010, S. 336–380, 382, 387 f., 396, 409–416, Nr. 384–418, 422, 428, 448, 469, 470, 472–477. Vgl. auch die Hinweise bei Auer, Such- und Erschließungsstrategien (wie Anm. 2), S. 212 Anm. 3. Eine teilweise Auswertung des Materials zuletzt bei Nils Jörn, Die Auseinandersetzungen zwischen der Hanse und England vor den obersten Reichsgerichten am Übergang vom 16. zum 17. Jahrhundert, in: Zeitschrift des Vereins für Lübeckische Geschichte und Altertumskunde 78 (1998), S. 323–348.

35 Beispiele bei Wolfgang Sellert (Hrsg.), Die Akten des kaiserlichen Reichshofrats. Serie I: APA, Bd. 3: K–O, Berlin 2012, S. 62 f., Nr. 2276 (Polen); S. 350–353, Nr. 2812 (Dänemark, Russland); S. 402, Nr. 2910 (Spanien); Sellert (Hrsg.), Antiqua, Bd. 1 (wie Anm. 34), S. 382, Nr. 422 (Polen, Schweden, Russland); S. 400, Nr. 455 (Dänemark); S. 400 f., Nr. 456 (Dänemark); S. 409, Nr. 469 (England); ders. (Hrsg.), Antiqua, Bd. 2 (wie Anm. 24), S. 422 f., Nr. 579 (Polen) sowie unten Anm. 48, 67, 68. Hinweise zu kaiserlichen Vermittlungsschreiben Karls V. und Ferdinands I. an den Papst und den Senat von Venedig bei Ortlieb, Gnadensachen (wie Anm. 26), S. 196 und Anm. 70. Umgekehrt sind auch Fürbittschreiben fremder Souveräne an den Kaiser nachweisbar; vgl. Wolfgang Sellert (Hrsg.), Die Akten des kaiserliche Reichshofrats. Serie II: Antiqua, Bd. 3: Kart. 135–277 f, Berlin 2016, S. 338, Nr. 506 (Christian IV. von Dänemark).

des Reichshofrats bringen.[36] Wieweit solche Initiativen Erfolg hatten, müsste freilich in den meisten Fällen erst untersucht werden.

Die Forschung hat seit je einen Schwerpunkt der gerichtlichen Tätigkeit im Südwesten des Reiches und in Regionen wie Franken oder am Mittelrhein gesehen, und das laufende Erschließungsprojekt hat diesen Sachverhalt, wie Stichproben wahrscheinlich machen, nicht grundsätzlich in Frage gestellt. Die zahlreichen Prozesse aus den geistlichen und weltlichen Territorien Schwabens, Frankens, des ober- und des kurrheinischen Reichskreises, aber auch aus den Reichsstädten Augsburg, Frankfurt und Nürnberg sowie deren Umland können hierfür als Beispiel gelten. Wo bisher genauere quantitative Untersuchungen vorliegen, ergibt sich jedoch ein differenzierteres Bild. So hat Eva Ortlieb für die Zeiträume 1520–1637 und 1637–1657 eine Häufigkeitsanalyse der Kommissionen und Kommissare nach den einzelnen Reichskreisen durchgeführt,[37] die den Schwerpunkt des prozessmäßigen Anteils von Westen und Südwesten des Reichs bestätigt, aber gleichzeitig zeigt, dass der Anteil des Niedersächsischen Reichskreises bis 1637 annähernd jenem des Fränkischen Kreises entspricht. Erst unter Ferdinand III. kommt es – vielleicht kriegsbedingt – diesbezüglich zu einem starken Rückgang. Während 1629 der Anteil des Niedersächsischen Kreises noch über 10 % lag, machte er für die Regierungszeit Ferdinands III. nur noch etwas weniger als die Hälfte aus.[38] Andererseits haben Forschungen wie jene über die Rolle des südlichen Ostseeraums im Alten Reich gezeigt, dass das 18. Jahrhundert

36 Zu einem Beispiel für Amerika und Westafrika vgl. Leopold Auer, Ein Passbrief Kaiser Ferdinands III. für Lübecker Kaufleute, in: Mitteilungen des Instituts für österreichische Geschichtsforschung (künftig: MIÖG) 130 (2022), S. 333–339; für Persien Sellert (Hrsg.), Antiqua, Bd. 2 (wie Anm. 24), S. 363, Nr. 462: Bitte des Herzogs Friedrich III. von Holstein-Gottorf um Promotorialschreiben an den Großfürsten von Moskau und den König (sic!) von Persien für Holsteiner Kaufleute 1633. Mit der Mission, für die diese Promotorialschreiben beantragt wurden, beschäftigte sich zuletzt – ohne Kenntnis des reichshofrätlichen Materials – Indravati Félicité, L'espion visible: construction littéraire ou agent utile de la diplomatie? Réflexions à partir du cas de Johann Albrecht von Mandelsloh (1616–1644), in: Guido Braun/Susanne Lachenicht (Hrsg.), Spies, Espionage and Secret Diplomacy in the Early Modern Period, Stuttgart 2021, S. 225–240. Material zu dieser Mission auch in: ÖStA HHStA StAbt Persien 1, Konv. 1622–1658; vgl. Generaldirektion des Österreichischen Staatsarchivs (Hrsg.), Quellen zur Geschichte Afrikas, Asiens und Ozeaniens im Österreichischen Staatsarchiv bis 1918 (Quellenführer zur Geschichte der Nationen/Guides to the Sources for the History of the Nations, 3/8), München/London/New York/Oxford/Paris 1986, S. 39.

37 Zum Folgenden Eva Ortlieb, Reichspersonal? Die kaiserlichen Kommissare des Reichshofrats und ihre Subdelegierten, in: Anette Baumann/Peter Oestmann/Stephan Wendehorst/Siegrid Westphal (Hrsg.), Reichspersonal. Funktionsträger für Kaiser und Reich (QFHG, 46), Köln/Weimar/Wien 2003, S. 59–87, hier S. 64–76.

38 Ebd., S. 68–71. Ihre Ergebnisse werden durch die Untersuchung Sabine Ullmanns für die Zeit Maximilians II. bestätigt; vgl. Sabine Ullmann, Geschichte auf der langen Bank. Die Kommissionen des Reichshofrats unter Kaiser Maximilian II. (1564–1576), Mainz 2006, S. 53–67.

in dieser Region zu einer starken Zunahme der Inanspruchnahme des Reichshofrats geführt hat und das Bild einer grundsätzlichen Reichsferne dieser Region nicht den in den Quellen überlieferten Sachverhalten entspricht.[39] Auch wenn das Prozessaufkommen des Reichskammergerichts für den gesamten Zeitraum der Tätigkeit beider Gerichte jenes des Reichshofrats um mehr als das Doppelte übertrifft, bleibt die Inanspruchnahme des letzteren mit mehr als 2.600 Fällen durchaus bedeutend, wobei fast die Hälfte davon auf Parteien aus Mecklenburg entfällt, deren Zahl damit weit über jener der Parteien liegt, die sich aus diesem Territorium an das Reichskammergericht gewandt haben.[40] Erstaunlich auch, dass gerade in der zweiten Hälfte des 18. Jahrhunderts eine deutliche Zunahme der Prozesse zu verzeichnen ist. Für das Verhältnis zwischen den beiden Gerichten muss dabei in Rechnung gestellt werden, dass das Reichskammergericht als das geographisch weniger weit entfernte für Prozessparteien im Norden des Reiches leichter zu erreichen und damit auch kostengünstiger war als der im fernen Wien arbeitende Reichshofrat,[41] ohne dass deswegen von dessen grundsätzlicher Ablehnung ausgegangen werden muss. Die Zahl von über 2.600 Fällen, die aus dem südlichen Ostseeraum vor dem Reichshofrat verhandelt wurden, bleibt doch ein gewichtiges Argument. Für die Tätigkeit des Reichshofrats als Gericht kann die These von der Reichsferne des Nordens jedenfalls nicht aufrechterhalten werden,[42] auch wenn andererseits der Schwerpunkt im Westen und Südwesten durchaus durch das Prozessaufkommen bestätigt wird. Reichsferne müsste man

39 Freitag/Jörn, Inanspruchnahme (wie Anm. 2), S. 98, die darauf hinweisen, dass für das 18. Jahrhundert die Inanspruchnahme des Reichshofrats durch Parteien aus dem südlichen Ostseeraum vielfach jene des Reichskammergerichts übersteigt. Für die Beurteilung von Reichsferne oder Reichsnähe im Hinblick auf die Inanspruchnahme der Reichsgerichte müssen selbstverständlich beide Gerichte, Reichskammergericht wie Reichshofrat, berücksichtigt werden. Vgl. dazu die abschließende Schlussfolgerung ebd., S. 141, „dass der Reichsnorden durchaus als normal im Reichsdurchschnitt angesehen werden kann und an seiner Integration in der Frage der Inanspruchnahme der obersten Reichsgerichte kein Zweifel bestehen dürfte". Vgl. auch Ullmann, Geschichte (wie Anm. 38), S. 64 f.

40 Ausführliche Einzelnachweise bei Freitag/Jörn, Inanspruchnahme (wie Anm. 2), S. 44, 51 und 102. Vgl. ferner Tobias Schenk, Wiener Perspektiven für die mecklenburgische Landesgeschichte. Ein Werkstattbericht über die Erschließung der Reichshofratsakten, in: Mecklenburgische Jahrbücher 130 (2015), S. 73–104.

41 Kurze Hinweise dazu ebd., S. 102 sowie bei Ullmann, Geschichte (wie Anm. 38), S. 56.

42 Allerdings sind große Unterschiede zwischen einzelnen Territorien, etwa zwischen Mecklenburg und Pommern, aber auch im Hinblick auf die Prozessgegenstände zu beobachten. In Streitfällen um hoheitsrechtliche und territoriale Ansprüche, aber auch bei Beschwerden gegen Parteien außerhalb des Reiches, wurde der Reichshofrat von den Klägern eindeutig bevorzugt. Insgesamt ist der Anteil des südlichen Ostseeraumes am gesamten Prozessaufkommen des Reichshofrats mit etwa 3,5 % aber weniger als halb so groß als der vergleichbare Wert des Reichskammergerichts. Vgl. Freitag/Jörn, Inanspruchnahme (wie Anm. 2), S. 76, 102, 112 und 137 f.

hier viel eher dem Bayerischen und dem Österreichischen Reichskreis bescheinigen, wobei für Bayern allerdings die häufige Bestellung der Herzöge zu Kommissaren festzuhalten ist.[43] Böhmen und die (nieder-)österreichischen Erbländer waren seit 1620/37 unter Berufung auf die Privilegien des Hauses Österreich von der Gerichtsbarkeit des Reichshofrats ausgenommen,[44] obwohl böhmische und österreichische Betreffe weiterhin vereinzelt in den Protokollen und Akten nachweisbar sind und der Reichshofrat vor allem als Revisionsinstanz auch für die Habsburgermonarchie von Bedeutung war.[45]

Einen gewissen Sonderfall stellt die gerichtliche Tätigkeit des Reichshofrats für Reichsitalien dar.[46] Dem Reichshofrat war es wichtig, auch für diese Region den Anspruch auf die oberstrichterliche Stellung des Kaisers und damit auch seine eigene aufrechtzuerhalten, aber die aus Reichsitalien überlieferten 1.500 Fälle machen nur einen Bruchteil des gesamten an den Reichshofrat gelangten Prozessaufkommens aus. Die Ursache ist hauptsächlich darin zu sehen, dass der Reichshofrat gegenüber italienischen Parteien vor allem in seiner Frühzeit gerne die Verfahren an italienische Gerichte wie den Senat von Mailand oder die genuesische Rota delegierte oder, besonders seit dem Bestehen der Plenipotenz, vielfach eine *amicabilis compositio* empfahl. Gleichfalls als Sonderfall, wenn auch in anderer Weise, sind die in den Prozessakten überlieferten livländischen Betreffe zu betrachten. Wie erwähnt hat der Stettiner Friede von 1570 nochmals die Zugehörigkeit Livlands zum Reich festgestellt. Während aber zur Zeit Karls V. noch Mandate und Kommissionen an livländische Städte und geistliche Herrschaften ergingen,[47] lassen sich nach ihm mit einer Ausnahme lediglich Fürbitt- und Pro-

---

43 Ortlieb, Reichspersonal (wie Anm. 37), S. 68 f. und 75. Vgl. auch Ullmann, Geschichte (wie Anm. 38), S. 62.

44 Freitag/Jörn, Inanspruchnahme (wie Anm. 2), S. 61 unter Berufung auf Friedrich Hertz, Die Rechtsprechung der höchsten Reichsgerichte im römisch-deutschen Reich und ihre politische Bedeutung, in: MIÖG 69 (1961), S. 331–358, hier S. 333, und zuletzt Ortlieb, Reichshofrat (wie Anm. 1), S. 312. Vgl. auch Dies., Der Reichshofrat als Institution der österreichischen Erbländer, in: Beiträge zur Rechtsgeschichte Österreichs 6/2 (2016), S. 239–255, hier S. 242 f.

45 Dies., Der Reichshofrat als Revisionsgericht für Österreich, in: Beiträge zur Rechtsgeschichte Österreichs 3/1 (2013), S. 189–210.

46 Vgl. dazu zuletzt Matthias Schnettger, Kooperation und Konflikt. Der Reichshofrat und die kaiserliche Plenipotenz in Italien, in: Anja Amend/Anette Baumann/Stephan Wendehorst/Siegrid Westphal (Hrsg.), Gerichtslandschaft Altes Reich. Höchste Gerichtsbarkeit und territoriale Rechtsprechung (QFHG, 52), Köln/Weimar/Wien 2007, S. 127–149; Ders., Die kaiserliche Gerichtsbarkeit in Italien in der Frühen Neuzeit, in: Rolf Lieberwirth/Heiner Lück (Hrsg.), Akten des 36. Deutschen Rechtshistorikertages, Baden-Baden 2008, S. 607–625; Auer, Consiglio imperiale aulico (wie Anm. 23), S. 306–310, und Ders., Appellationen (wie Anm. 11), alle mit Hinweisen auf weitere Literatur.

47 Sellert (Hrsg.), APA, Bd. 3 (wie Anm. 35), S. 209, Nr. 2532 (Kommission auf den Erzbischof von Riga und den Bischof von Dorpat 1545); S. 320 f., Nr. 2753 (Kommission auf den Erzbischof von

motorialschreiben nachweisen,[48] ein deutlicher Hinweis für das faktische Ausscheiden aus dem Reichsverband.

Eingeschränkt wurde die Zuständigkeit des Reichshofrats als Gericht auch durch die zunehmende Erteilung von Appellationsprivilegien, die aber häufig an eine bestimmte Summe gebunden waren. Auch im Fall der unlimitierten Privilegien blieb den Parteien im Fall der Rechtsverweigerung oder -verzögerung wie im Fall der Nichtigkeit der Zugang zu den Reichsgerichten aber gewahrt.[49] Der Prozentsatz an Appellationen im Verhältnis zum gesamten Prozessaufkommen variierte nach Zeit und Region. Am höchsten war er mit über 36 % im südlichen Ostseeraum – beim Reichskammergericht sogar mit über 79 %! –, mit über 25 % bei den im Wolfschen Repertorium verzeichneten Prozessen noch immer recht hoch, während er allein auf das 17. Jahrhundert bezogen oder etwa in Reichsitalien weit niedriger ausfiel.[50] Über die Gründe dafür können bloß Vermutungen angestellt werden. Unterschiedliche Qualität der Gerichte erster Instanz kommt

---

Riga und Hochmeister des Deutschen Ordens in Livland 1555); Wolfgang Sellert (Hrsg.), Die Akten des kaiserlichen Reichshofrats. Serie I: APA, Bd. 4: P–R (mit Nachträgen A–O), Berlin 2014, S. 393 f., Nr. 4319 (Kommission auf den Deutschordensmeister in Livland und die Bischöfe von Dorpat und Kurland 1549); ders. (Hrsg.), Die Akten des kaiserlichen Reichshofrats. Serie I: APA, Bd. 5: S–Z, Berlin 2014, S. 561, Nr. 6160 (kaiserliches Mandat gegen Riga, Reval, Dorpat, Pernau und Narwa 1551).

48 Ders. (Hrsg.), APA, Bd. 1 (wie Anm. 2), S. 333, Nr. 617 (kaiserliches Fürbittschreiben an Stadt Riga 1580); ders. (Hrsg.), Die Akten des kaiserlichen Reichshofrats. Serie I: APA, Bd. 2: E–J, Berlin 2011, S. 218, Nr. 1387 (kaiserliche Fürbittschreiben an Stadt Riga 1574); ders. (Hrsg.), APA, Bd. 5, Die Akten des kaiserlichen Reichshofrats. Serie I: S. 255, Nr. 5216 (Promotorialschreiben an das Domkapitel Riga 1569). Zur Ausnahme ders. (Hrsg.), APA Bd. 1 (wie Anm. 2), S. 397, Nr. 744 (Kommission an Stadt Riga 1574). Vgl. auch die Hinweise auf livländische Betreffe bei Auer, Such- und Erschließungsstrategien (wie Anm. 2), S. 213 und Anm. 14.

49 Zu den Appellationsprivilegien und ihren Auswirkungen auf das Prozessaufkommen der Reichsgerichte noch immer grundlegend Ulrich Eisenhardt, Die kaiserlichen Privilegia de non appellando (QFHG, 7), Köln/Wien 1980. Vgl. jetzt zusätzlich Ellen Franke, Die Macht des Faktischen. Prozessuale Wirkung von unbeschränkten Appellationsprivilegien in der reichshofrätlichen Gerichtspraxis der Frühen Neuzeit, in: Beiträge zur Rechtsgeschichte Österreichs 3/2 (2013), S. 386–394. Für den südlichen Ostseeraum vgl. die Hinweise bei Freitag/Jörn, Inanspruchnahme (wie Anm. 2), S. 61–65 und 99, für Brandenburg-Preußen Kurt Perels, Die allgemeinen Appellationsprivilegien für Brandenburg-Preußen, Weimar 1908, und zuletzt Schenk, Reichsjustiz (wie Anm. 20), S. 107 f., 117, 131, 151, 170–185. Ebd. S. 207 mit Anm. 456 und 458 wird unter Berufung auf Eisenhardt und Peter Oestmann zurecht darauf hingewiesen, dass selbst umfassende Appellations- und Evokationsprivilegien keine vollständige Exemption von der Reichsgerichtsbarkeit bedeuteten.

50 Freitag/Jörn, Inanspruchnahme (wie Anm. 2), S. 87 und 101; Auer, Appellationen (wie Anm. 11), S. 201 Anm. 9. Für das 17. Jahrhundert ergeben die bisher vorliegenden Bände der Antiqua einen Wert von knapp über 11 %. Freitag/Jörn, Inanspruchnahme (wie Anm. 2), S. 48 Anm. 14, weisen darauf hin, dass die Ausgabe der reichshofrätlichen Gutachten und Conclusa von Moser für statistische Zwecke nicht brauchbar sei.

dafür ebenso in Frage wie unterschiedliche Streitkulturen oder überdurchschnittlich große Prozessfreudigkeit.[51]

Die Umsetzung der Funktionen des Kaisers als oberstem Lehensherrn und als oberstem Richter verlieh dem Reichshofrat gleichsam die Qualität einer verfassungsgerichtlichen Instanz,[52] was sich an den Eingriffen in die Verfassung von Reichsstädten wie in die Herrschaft von fürstlichen Territorien zeigt. Es ist diese Rolle, die Adolf Laufs dazu veranlasst hat, vom Reichshofrat als dem eigentlichen Regierungskollegium des Heiligen Römischen Reiches zu sprechen.[53] In den Reichsstädten nahm der Reichshofrat die Rechte des Kaisers als Stadtherr wahr. Man hat ihn und die von ihm eingesetzten Kommissionen daher geradezu als Verwaltungsorgan der Reichsstädte bezeichnet.[54] Eingriffe in die Zusammensetzung städtischer Ratskollegien lassen sich bis in die Zeit der Herrschaft Karls V. zurückverfolgen, der nach seinem Sieg im Schmalkaldischen Krieg die inneren Verfassungsverhältnisse Ulms und Augsburgs zu Gunsten des Patriziats und zum Nachteil der Zünfte abänderte. 1551/52 wurden diese Eingriffe durch den kaiserlichen Hofrat Heinrich Hase auf weitere schwäbische Reichsstädte ausgedehnt.[55] Bei innerstädtischen Verfassungskonflikten konnte der Reichshofrat im Auftrag des Kaisers intervenieren; gelegentlich übernahm er sogar die Verwaltung von Reichsstädten. Signifikantestes Beispiel ist Frankfurt, wo 1612 und 1712 eine kaiserliche Verwaltung eingesetzt wurde.[56] Aber auch im angeblich reichsfernen Norden

---

51 Von einer „libido litigandi" spricht der Jüngste Reichsabschied von 1654; vgl. Wolfgang SELLERT, Prozessrechtliche Aspekte zur Appellation an den Reichshofrat, in: Beiträge zur Rechtsgeschichte Österreichs 3/1 (2013), S. 103–119, hier S. 113 und Anm. 115.

52 Karl Otmar v. ARETIN, Das Alte Reich 1648–1806, Bd. 1: Föderalistische oder hierarchische Ordnung (1648–1684), Stuttgart 1993, S. 87 und 89; zustimmend SELLERT, in: ders. (Hrsg.), APA, Bd. 1 (wie Anm. 2), S. 11. Vgl. zuletzt AUER, Imperial Aulic Council (wie Anm. 13).

53 Adolf LAUFS, Die Verfassung und Verwaltung der Stadt Rottweil 1650–1806, Stuttgart 1963, S. 31 Anm. 5, zitiert nach ARETIN, Das Alte Reich, Bd. 1 (wie Anm. 52), S. 378 Anm. 87. Vgl. auch Leopold AUER, Das Archiv des Reichshofrats und seine Bedeutung für die historische Forschung, in: Bernhard Diestelkamp/Ingrid Scheurmann (Hrsg.), Friedenssicherung und Rechtsgewährung. Sechs Beiträge zur Geschichte des Reichskammergerichts und der obersten Gerichtsbarkeit im alten Europa, Bonn/Wetzlar 1997, S. 117–130, hier S. 122.

54 Eva ORTLIEB, Frankfurt vor dem Reichshofrat, in: Anja Amend/Anette Baumann/Stephan Wendehorst/Steffen Wunderlich, Die Reichsstadt Frankfurt als Rechts- und Gerichtslandschaft im Römisch-Deutschen Reich (bibliothek altes Reich, 3), München 2008, S. 57–76, hier S. 58.

55 Daher der Ausdruck Hasenräte für diese Ratsgremien; vgl. Anton SCHINDLING, Kaiserliche Administrationen in freien Reichsstädten im 17. und 18. Jahrhundert, in: Fabian Frommelt (Hrsg.), Zwangsadministrationen. Legitimierte Fremdverwaltung im historischen Vergleich (Historische Forschungen, 100), Berlin 2014, S. 115–141, hier S. 117, und zuletzt Eva ORTLIEB, Kaiserlicher Hofrat und kaiserliche Herrschaft unter Karl V. (1520-1556). Ein Beitrag zur Geschicte des Reichshofrats (QFHG, 79), Wien/Köln 2024, S. 353 f.

56 SCHINDLING, Kaiserliche Administrationen (wie Anm. 55), S. 121–124, mit Hinweisen auf die ältere

war die kaiserliche Einflussnahme von Bedeutung. So kam es zwar in Hamburg bei den zwischen Rat und Bürgerschaft ausbrechenden Auseinandersetzungen zu keiner kaiserlichen Verwaltung der Stadt, aber der Ausgleich zwischen den gegnerischen Interessen wurde – gleichfalls 1712 – durch die Vermittlungstätigkeit des kaiserlichen Kommissars Damian Hugo von Schönborn erreicht. Dieser Ausgleich erwies sich von nachhaltiger Dauerhaftigkeit und blieb bis 1860 die Grundlage der städtischen Verfassung.[57] Zu Eingriffen des Reichshofrats oder reichshofrätlicher Kommissionen bei innerstädtischen Konflikten kam es auch in anderen Reichsstädten wie etwa Augsburg, Mühlhausen (Thüringen) oder Nürnberg.[58]

In den fürstlichen Territorien setzte das Phänomen einer kaiserlichen Zwangsverwaltung gleichfalls im 16. Jahrhundert ein,[59] durch die wirtschaftlichen Folgen des Dreißigjährigen Krieges gewann es an Bedeutung und Verbreitung. Während anfangs staats- und lehnrechtliche Ursachen wie Felonie oder konfessionelle Konflikte ausschlaggebend waren, traten seit dem Dreißigjährigen Krieg wirtschaftliche Faktoren in den Vordergrund.[60] Die allgemeine starke Zunahme der Verschuldung bei unmittelbaren wie mittelbaren Gliedern und Einwohnern des Reiches führte zur Einsetzung kaiserlicher Kommissionen unter der Aufsicht des Reichshofrats, die unter dem Namen Debitkommissionen schließlich zu einer institutionalisierten Einrichtung wurden, die bis zur Übernahme der Verwaltung fürstlicher Territorien führen konnte. Das Wolfsche Repertorium enthält Angaben zu etwa

---

Literatur; Ortlieb, Frankfurt (wie Anm. 54), S. 68–70, mit Hinweisen auf einschlägiges Archivmaterial und Matthias Schnettger, Konfliktlösung in Krisenzeiten. Der Frankfurter Fettmilchaufstand 1612–1614 und die kaiserliche Kommission, in: Irene Dingel/Johannes Paulmann/Matthias Schnettger/Martin Wrede (Hrsg.), Theatrum Belli – Theatrum Pacis. Konflikte und Konfliktregelungen im frühneuzeitlichen Europa. Festschrift für Heinz Duchhardt zu seinem 75. Geburtstag, Göttingen 2018, S. 91–109. Zu weiteren Beispielen zählen Aachen und Weil der Stadt; vgl. Leopold Auer, Zwangsverwaltungen in den Territorien des Alten Reiches: Zu den reichshofrätlichen Debitkommissionen im 18. Jahrhundert, in: Frommelt (Hrsg.), Zwangsadministrationen (wie Anm. 55), S. 45-62, hier S. 46 mit Anm. 6, und Schindling, Kaiserliche Administrationen (wie Anm. 55), S. 127–130.

57 Schindling, Kaiserliche Administrationen (wie Anm. 55), S. 127.

58 Thomas Lau, Bürgerunruhen und Bürgerprozesse in den Reichsstädten Mühlhausen und Schwäbisch Hall in der Frühen Neuzeit, Bern 1999, und ders., Diplomatie und Recht – die Rolle des kaiserlichen Residenten bei innerstädtischen Konflikten in den Reichsstädten der Frühen Neuzeit, in: Amend/Baumann/Wendehorst/Wunderlich (Hrsg.), Reichsstadt Frankfurt (wie Anm. 54), S. 97–106, hier S. 103 (zu Augsburg). Zu den Tumulten in Mühlhausen 1705 und 1733 vgl. auch die Hinweise auf das umfangreiche Material in Sellert (Hrsg.), Antiqua, Bd. 4 (wie Anm. 9), S. 322 f. und 329–355, Nr. 673, 676 und 691–770; zu den Auseinandersetzungen zwischen Rat und Zünften in Nürnberg, Sellert in: ders. (Hrsg.), Antiqua Bd. 5 (wie Anm. 24), S. 7.

59 Vgl. die Beispiele bei Auer, Zwangsverwaltungen (wie Anm. 56), S. 46–48, und den Hinweis auf die kaiserliche Verwaltung Pfalz-Neuburgs unter Karl V. bei Sellert, in: ders. (Hrsg.), APA, Bd. 4 (wie Anm. 47), S. 7.

60 Das Folgende nach Auer, Zwangsverwaltungen (wie Anm. 56), S. 47–52.

200 solcher Kommissionen, Beispiele umfassen die Territorien der Herzöge von Sachsen-Hildburghausen sowie verschiedener Linien der Landgrafen von Hessen, der Fürsten von Isenstein, der Grafen von Nassau, Erbach und Solms. Daneben gibt es aber auch Fälle, wo Kommissionen als Folge eines Verfassungskonflikts eingesetzt wurden, wie die Beispiele Ostfriesland und Mecklenburg aus dem angeblich so reichsfernen Norden zeigen.[61] In Mecklenburg kam es dabei zu einer Absetzung des Landesfürsten, was aber nur durch die Exekution der benachbarten Reichsstände Hannover und Braunschweig-Wolfenbüttel möglich war, während der Reichshofrat, der das Vorgehen eingeleitet hatte, auf die Durchführung nur geringen Einfluss hatte und bemüht war, in einem Drahtseilakt gesetzliche Vorgaben und politische Interessen unter einen Hut zu bringen.[62] Eine ähnliche Spannung zwischen Recht und Politik, wenn auch in kleinerem Ausmaß, zeigt sich auch am Vorgehen des Reichshofrats gegen Brandenburg-Preußen unter Karl VI.[63] Dabei ist auch der Einfluss informeller Kontakte bis hin zur Bestechung zu beachten, mit dem man sich in jüngster Zeit verstärkt beschäftigt hat.[64]

61 Zu Ostfriesland vgl. die Hinweise von Sellert in ders. (Hrsg.), Antiqua, Bd. 5 (wie Anm. 24), S. 8, und Bernd KAPPELHOFF, Absolutistisches Regime oder Ständeherrschaft. Landesherr und Landstände in Ostfriesland im ersten Drittel des 18. Jahrhunderts (Veröffentlichungen der Historischen Kommission für Niedersachsen und Bremen, 24), Hildesheim 1982. Umfangreiches Material zu den Auseinandersetzungen des 17. und 18. Jahrhunderts in Mecklenburg in: Sellert (Hrsg.), Antiqua Bd. 4 (wie Anm. 9), S. 211–248, Nr. 412–493, und ÖStA HHStA, RHR, Obere Registratur, K. 634–667.

62 Aus der umfangreichen Literatur vgl. besonders Walther MEDIGER, Mecklenburg, Rußland und England-Hannover 1706–1721. Ein Beitrag zur Geschichte des Nordischen Krieges (Quellen und Darstellungen zur Geschichte Niedersachsens, 70), 2 Bde., Hildesheim 1967; Michael HUGHES, Law and Politics in Eighteenth Century Germany: the Imperial Aulic Council in the Reign of Charles VI., Woodbridge 1988, S. 180–228; ARETIN, Das Alte Reich, Bd. 1 (wie Anm. 52), S. 95 und Anm. 104; DERS, Das Alte Reich, Bd. 2 (wie Anm. 12), S. 256–260; Sigrid JAHNS, „Mecklenburgisches Wesen" oder absolutistisches Regiment?, Mecklenburgischer Ständekonflikt und neue kaiserliche Reichspolitik (1658–1755), in: Paul-Joachim Heinig/Sigrid Jahns/Rainer Christoph Schwinges/Sabine Wefers (Hrsg.), Reich, Regionen und Europa in Mittelalter und Neuzeit. Festschrift für Peter Moraw (Historische Forschungen, 67), Berlin 2000, S. 323–351.

63 SCHENK, Reichsjustiz (wie Anm. 20), S. 112–120. Vgl. im Übrigen auch Patrick MILTON, Imperial Law versus Geopolitical Interest. The Reichshofrat and the Protection of Smaller Territorial States in the Holy Roman Empire under Charles VI (1711–1740), in: The English Historical Review 130 (2015), S. 831–864.

64 SCHENK, Reichsjustiz (wie Anm. 20), S. 133–144; Thomas DORFNER, Empfehlungen, die man nicht ablehnen kann? Empfehlungsschreiben und Patronage am Reichshofrat (1658–1740), in: Denzler/Franke/Schneider (Hrsg.), Prozessakten (wie Anm. 27), S. 137–153. Diese informelle Einflussnahme konnte nicht nur von Parteien gegenüber dem Reichshofrat, sondern auch in umgekehrter Richtung eingesetzt werden und eröffnete somit dem Reichshofrat auch eine informelle Form der räumlichen Reichweite.

In allen diesen Fällen scheint eine Unterscheidung nach Reichsnähe oder Reichsferne zumindest in geographischer Hinsicht keine wesentliche Rolle gespielt zu haben. Es ist vielleicht bei dieser Diskussion stärker darauf zu achten, dass die Kaiser ihre Autorität leichter gegenüber den Reichsstädten und den kleineren Territorien durchsetzen konnten, von denen beide besonders für den fränkischen und schwäbischen Reichskreis charakteristisch sind. Daher spielen diese Gebiete notwendigerweise zahlenmäßig und nach Häufigkeit ihres Vorkommens bei der Tätigkeit des Reichshofrats eine größere Rolle, die aber nichts mit Reichsnähe oder Reichsferne zu tun hat.[65] In zeitlicher Hinsicht wiederum ist auffallend, dass diese erwähnten sozusagen verfassungsrechtlichen Eingriffe einen eindeutigen Schwerpunkt im 18. Jahrhundert haben, selbst über die Zäsur des Kaisertums Karls VII. hinaus. Auch der insgesamt nicht zu leugnende Autoritätsverlust der letzten Kaiser muss somit differenziert gesehen werden. Das gilt besonders für die im Rahmen der Debitkommissionen zu beobachtende Übernahme der Verwaltung fürstlicher Territorien.

Die Rolle des Reichshofrats als Beratungsgremium des Kaisers kommt für unser Thema allenfalls am Rande in Betracht. Dem Kaiser stand es selbstverständlich frei, die Beratung des Reichshofrats zu jedem beliebigen Thema in Anspruch zu nehmen. Von Interesse ist in diesem Zusammenhang die wenn auch nicht allzu häufige Heranziehung des Reichshofrats für die Begutachtung von Gerichtsordnungen in den Erblanden.[66] Davon abgesehen lässt sich ein Argument für die räumliche Reichweite der Institution höchstens indirekt ableiten, wie im Fall der Fürbitt- und Promotorialschreiben an fremde Souveräne, die wegen ihrer politischen Relevanz oft Gegenstand eingehender Beratungen und ausführlicher Gutachten waren.[67] Auch sonst ist diese Funktion in mehrfacher Hinsicht von Interesse. Signifikante Beispiele dafür liefern etwa die Auseinandersetzungen zwischen den Hansestädten und den Merchant Adventurers,[68] die Bemühungen um ein Handelsbündnis zwischen den Hansestädten und Spanien[69] oder die westfälischen Friedensverhandlungen, in deren Verlauf der Reichshofrat als Gremium wie durch einzelne seiner Mitglieder ver-

65 Vgl. dazu auch die Überlegungen bei Ullmann, Geschichte (wie Anm. 38), S. 56–62, die auf die Bedeutung von Faktoren wie Urbanität, Geldwirtschaft und territoriale Zersplitterung hinweist.

66 Ortlieb, Reichshofrat (wie Anm. 1), S. 313. Vgl. auch dies., Reichshofrat als Institution (wie Anm. 44), S. 245 Anm. 45.

67 Vgl. z. B. die Beratungen und Gutachten des Reichshofrats über Fürbitt- und Promotorialschreiben an die Könige von Dänemark, England und Spanien sowie an die Generalstaaten der Niederlande, in: Sellert (Hrsg.), Antiqua, Bd. 1 (wie Anm. 34), S. 167–169, Nr. 197; S. 401–406, Nr. 457–464 und S. 407–418, Nr. 467–479.

68 Vgl. etwa die Beratungen und Gutachten des Reichshofrats von 1597 und 1607, ebd., S. 348 f. und 351, Nr. 385, sowie S. 376, Nr. 411.

69 Sellert (Hrsg.), Antiqua, Bd. 1 (wie Anm. 34), S. 384–387, Nr. 426.

schiedentlich mit der Erstellung von Gutachten befasst war. Die Erforschung muss dabei in diesem speziellen Fall berücksichtigen, dass zwar die Tatsache der Beratung in den Resolutionsprotokollen des Reichshofrats aufscheint, die dazu gehörigen Gutachten aber in die diplomatischen Akten der Reichskanzlei gelangt sind.[70] Daraus ergibt sich einmal mehr als Schlussfolgerung, dass die Tätigkeit des Reichshofrats über das Material seines Archivs, wie es sich in der jetzigen Ordnung der Archivalien präsentiert, hinaus untersucht werden muss. Dazu kommt die Heranziehung einzelner Reichshofräte zu diplomatischen Missionen, die allerdings nicht notwendigerweise in einem unmittelbaren Zusammenhang mit der Tätigkeit der Institution insgesamt zu sehen sind.[71] Beide Phänomene scheinen einen Schwerpunkt im späten 16. und im 17. Jahrhundert zu besitzen und sind bis heute nur sehr unzureichend erforscht. Was die Rolle bei den Friedensverhandlungen betrifft, scheinen Münster und Osnabrück ein Einzelfall geblieben zu sein, der bei den folgenden Friedenskongressen beginnend mit Nijmegen keine Fortsetzung gefunden hat. Stattdessen scheint diese Rolle von der Geheimen Konferenz übernommen worden zu sein.[72]

Die Reichweite der Tätigkeit des Reichshofrats war keine im Lauf der Zeit gleichbleibende, sondern in mehrfacher Hinsicht Veränderungen ausgesetzt. Wie bereits erwähnt veränderte sie sich mit dem territorialen Umfang des Reiches, aber auch innerhalb des Reichsterritoriums lassen sich Veränderungen beobachten; es sind diese Veränderungen, die in erster Linie zum Eindruck von Reichsnähe oder Reichsferne beigetragen haben. Nils Jörn, Eva Ortlieb und Sabine Ullmann haben sich am Beispiel des Prozessaufkommens und der Kommissionen mit solchen Veränderungen beschäftigt und den Anteil einzelner Reichskreise daran untersucht, wobei innerhalb der Kreise starke zeitliche Schwankungen zu beobachten waren.[73] Veränderungen in zeitlicher Hinsicht konnten sich auch aus anderen Ursachen ergeben, etwa bei den

70 Leopold Auer, Die Ziele der kaiserlichen Politik bei den Westfälischen Friedensverhandlungen und ihre Umsetzung, in: Duchhardt, Der Westfälische Friede (wie Anm. 6), S. 143–173, hier S. 147–149 und 156; Ders., Die Reaktion der kaiserlichen Politik auf die französische Friedenspropositionen vom 11. Juni 1645, in: Babel (Hrsg.), Le diplomate au travail (wie Anm. 10), S. 43–58, hier S. 49–53. Vgl. auch Ortlieb, Reichshofrat als Institution (wie Anm. 44), S. 240, Anm. 3.

71 Das könnte auch für eine Phase des spanisch-niederländischen Krieges in den Jahren 1598/99 gelten, für die Schenk, Reichsgeschichte als Landesgeschichte (wie Anm. 13), S. 124–126, eine Beteiligung des Reichshofrats als politisches Beratungsgremium in Anspruch nimmt. Aus dem Verzeichnis der Akten in: Sellert (Hrsg.), APA, Bd. 4 (wie Anm. 47), S. 82 f., Nr. 3556, ergibt sich mit Sicherheit nur die Beteiligung des Reichshofratspräsidenten Leuchtenberg, bei der es sich auch um eine diplomatische Mission ad personam gehandelt haben könnte. Vgl. auch Auer, Such- und Erschließungsstrategien (wie Anm. 2), S. 212.

72 Leopold Auer, Instruktion und Propositionen der kaiserlichen Gesandten bei den Nijmegener Friedensverhandlungen, in: Dingel/Paulmann/Schnettger/Wrede (Hrsg.), Theatrum Belli – Theatrum Pacis (wie Anm. 56), S. 149–162, hier S. 152.

73 Vgl. oben bei Anm. 37–44.

Appellationen durch die Erteilung von Appellationsprivilegien oder bei Gnadensachen durch den Umstand, dass sich diese nach dem 16. Jahrhundert zunehmend auf die Territorien verlagerten. Für die Zeit vor dem Immerwährenden Reichstag ist auch der Einfluss der Reichstage zu beachten, die zu einer Zunahme von Supplikationen auch an den Reichshofrat führten.[74] Es war nur natürlich, dass ein besonders starkes Antragsaufkommen dazu aus dem Umkreis der Stadt zu beobachten war, in der ein Reichstag abgehalten wurde. Damit war für diese Fälle auch eine bestimmte territoriale Reichweite vorgegeben; da Reichstage praktisch nicht im Norden des Reiches stattfanden, kann in diesen Fällen mit Recht das Argument der Reichsferne für den Norden ins Spiel gebracht werden. Schließlich muss räumliche Reichweite auch im Hinblick auf Quantität und Intensität der Tätigkeit des Reichshofrats betrachtet werden. 1.263 Fälle aus Mecklenburg haben mehr Gewicht als ein Dutzend Fälle aus Livland; die Führung eines Appellationsprozesses durch den Reichshofrat bedeutet eine andere Qualität räumlicher Reichweite als die Übertragung eines Falles an eine Kommission. Und so haben auch die einzelnen Tätigkeiten des Reichshofrats in seinen verschiedenen Funktionen ihre Reichweiten in räumlicher wie in zeitlicher Hinsicht. Einer rückläufigen Bewegung im Bereich der Gnadensachen steht der Aufstieg der Gerichtsfunktion gegenüber. Eingriffe in die Verfassung und Verwaltung von Territorien mit ihrer spezifischen Reichweite machten das 18. Jahrhundert zu einem Jahrhundert des Reichshofrats.[75] Wie eingangs erwähnt wurde das Thema im vorliegenden Beitrag hauptsächlich an Hand einzelner signifikanter Beispiele auf der Grundlage der vorhandenen Literatur und der veröffentlichten Inventare behandelt. Trotzdem hat sich gezeigt, dass sich dabei gewisse Trends feststellen lassen, für die eine allgemeine Gültigkeit vermutet werden kann. Ein stringenter Nachweis ließe sich im Einzelnen aber nur durch eine entsprechende Auswertung der Protokolle des Reichshofrats erbringen.[76] Diese Arbeit ist noch kaum begonnen worden; künftiger Forschung bleibt damit noch ein weites Feld.

---

74 Neben dem Reichstag, der dazu einen eigenen Supplikationsausschuss einrichtete, wandten sich Antragsteller auch direkt an den Kaiser, der diese Anträge dem Reichshofrat zur Bearbeitung weitergab. Vgl. dazu Eva Ortlieb, Reichstag und Reichshofrat als Empfänger von Supplikationen im 16. Jahrhundert, in: Beiträge zur Rechtsgeschichte Österreichs 5/1 (2015), S. 76–90.

75 In diesem Sinne auch Eva Ortlieb/Gert Polster, Die Prozessfrequenz am Reichshofrat, in: Zeitschrift für Neuere Rechtsgeschichte 26 (2004), S. 189–216, hier S. 196 f. und 202–204.

76 Die Bedeutung der Protokolle und ihrer Auswertung betont zuletzt Tobias Schenk, Die Protokollüberlieferung des kaiserlichen Reichshofrats im Haus-, Hof- und Staatsarchiv Wien, in: Wilfried Reininghaus (Hrsg.), Amtsbücher als Quellen der landesgeschichtlichen Forschung (Westfälische Quellen- und Archivpublikationen, 27), Münster 2012, S. 125–145; vgl. auch ders., Projekt (wie Anm. 31), S. 47, Anm. 53. Allerdings ist dabei zu berücksichtigen, dass die Überlieferung für das 16. Jahrhundert lückenhaft ist; vgl. Ullmann, Geschichte (wie Anm. 38), S. 45–48, sowie Ortlieb, Reichshofrat als Institution (wie Anm. 44), S. 243–245, beide mit Hinweisen auf weitere Literatur.

Matthias Schnettger

... col manto della giustitia

Der Reichshofrat und sein Personal aus genuesischer Perspektive

1. Einleitung

In einer Instruktion vom 1. Januar 1759 erteilte die genuesische Regierung ihrem Gesandten am Wiener Hof eine sehr weitreichende Vollmacht, die in einem offenkundigen Gegensatz zu ihrer sonst üblichen Sparsamkeit stand: Um für die Republik die *superiorità territoriale* über die ihr benachbarten kleinen Reichslehen zu erwerben, durfte er die stattliche Summe von bis zu einer Million Gulden ausgeben. Dabei gehe es nicht nur um die Vergrößerung des genuesischen Territoriums, sondern darum, die Republik vor den Belästigungen zu schützen, die ihr der Reichshofrat unter dem Mantel der Gerechtigkeit immer wieder antue.[1]

Dieses Zitat legt prägnant dar, dass die genuesische Regierung in der Mitte des 18. Jahrhunderts den Reichshofrat sehr kritisch bewertete und auch, warum sie dies tat. Sie sah sich von seiner Seite einer ganzen Reihe von „Belästigungen" (*molestie*) ausgesetzt. Unter diesem Begriff, der suggeriert, dass es sich um Übergriffe handle, die gleichwohl nicht besonders ernst zu nehmen seien, werden verschiedene Konflikte zusammengefasst, die teilweise schon seit der Mitte des 17. Jahrhunderts bestanden und in denen sich der Reichshofrat regelmäßig als der entschiedenste Verfechter der Ansprüche von Kaiser und Reich gegen Genua profilierte. Bei diesen Streitigkeiten ging es häufig um die Jurisdiktionsgewalt des Reichshofrats auf dem Gebiet der Republik bzw. ihrer Reichslehen[2] – und auf diese Art von Konflikten spielt das Zitat in erster Linie an. Im Hintergrund stand

1 *... ripararsi dalle molestie che col manto della giustitia di tratto in tratto ci vengano inferite dal consiglio aulico.* Instruktion für Maurizio de Ferrari, Genua, 1. Januar 1759, Archivio di Stato di Genova, Archivio segreto (künftig: AStGe, AS) 2016.

2 In der Mitte des 18. Jahrhunderts waren dies vor allem die Konflikte um die angebliche Reichsstadt San Remo und das Reichslehen Campo freddo (heute: Campo ligure), in das sich die Republik und eine Linie der Familie Spinola als *condomini* teilten. Vgl. Matthias Schnettger, „Principe sovrano" oder „civitas imperialis"? Die Republik Genua und das Alte Reich in der Frühen Neuzeit (1556–1797) (Veröffentlichungen des Instituts für Europäische Geschichte, 209: Abteilung für Universalgeschichte; Beiträge zur Sozial- und Verfassungsgeschichte des Alten Reiches, 17), Mainz 2006, S. 334–411.

aber der sehr viel grundsätzlichere Dissens, ob Genua eine im vollen Wortsinne souveräne Republik oder der Oberhoheit von Kaiser und Reich unterworfen – und damit letztlich nicht mehr als eine Reichsstadt – sei.[3] Die Reibereien zwischen der genuesischen Regierung und dem Reichshofrat gingen mithin auf einen Fundamentalkonflikt über den Status der Republik in bzw. gegenüber dem Reich zurück. Auch wenn die genannte Instruktion vom 1. Januar 1759 die reichshofrätlichen Ansprüche als *molestie* abtat und es seit der Mitte des 17. Jahrhunderts nicht mehr gelang, Genua zur Anerkennung der Oberhoheit von Kaiser und Reich zu zwingen, spricht eben diese Instruktion dafür, dass die Problematik in den genuesischen Regierungsgremien durchaus ernstgenommen wurde.

Der vorliegende Beitrag untersucht, inwieweit der genuesische Blick auf den Reichshofrat und seine Mitglieder durch den skizzierten Konflikt geprägt wurde und welche weiteren Aspekte die genuesische Wahrnehmung des Reichshofrats beeinflussten. Hierzu werden vorrangig die Instruktionen für die genuesischen Gesandten am Kaiserhof seit dem 17. Jahrhundert und die Finalrelationen, die von einigen dieser Gesandten überliefert sind, betrachtet.[4] Denn es ist davon

---

3 Dieser Dissens entzündete sich regelmäßig an der Frage, ob die Republik von einem neuen Kaiser sich nicht nur mit ihren unbestreitbaren Reichslehen investieren, sondern auch ihre Privilegien erneuern lassen müsse. Die Bitte um Privilegienerneuerung vermied die genuesische Regierung seit den 1630er Jahren konsequent, denn ab 1637 erhob sie den Anspruch, Genua habe den königlichen Rang inne und unterliege dementsprechend keinerlei weltlicher Oberherrschaft. Daraus resultierte auch ein Konflikt um Tractament und Titulatur der Republik im diplomatischen Verkehr mit Kaiser und Reich. Vgl. ebd., S. 183–237; Matthias SCHNETTGER, Die Republik als König. Republikanisches Selbstverständnis und Souveränitätsstreben in der genuesischen Publizistik des 17. Jahrhunderts, in: Majestas 8/9 (2000/2001), S. 171–209.

4 Eine sehr gute Übersicht über die genuesischen Gesandten und über die korrespondierenden Bestände im Archivio di Stato di Genova gibt Vito VITALE, Diplomatici e consoli della Repubblica di Genova, (Atti della Società Ligure di Storia Patria, 63), Genova 1934, S. 107–130. Eine Reihe von genuesischen Finalrelationen über den Kaiserhof findet sich in AStGe, AS 2719. Manche dieser Finalrelationen ähneln den venezianischen Finalrelationen, indem sie umfassende Porträts des Hofs und der Herrschaftsgebiete des Kaisers liefern. Andere haben mehr den Charakter von Rechenschaftsberichten, insbesondere dann, wenn die Gesandten das Ziel ihrer Mission nicht erreicht hatten. In der Regel finden sich, in unterschiedlicher Ausprägung und Gewichtung, aber beide Elemente. Eine Reihe von Instruktionen für die genuesischen Gesandten am Kaiserhof ist zu finden in AStGe, AS 2715 und 2716. Dabei handelt es sich nicht ausnahmslos um Hauptinstruktionen, die den Diplomaten vor Antritt ihrer Gesandtschaft übergeben wurden, sondern teilweise auch um ergänzende Instruktionen, wenn erhebliche Modifikationen der ursprünglichen Weisungen erforderlich wurden oder sich ganz neue Aufträge ergaben. Aussteller der Instruktionen und Adressaten der Finalrelationen waren die *Serenissimi Collegi*, also der Doge und die Kollegien der *Governatori* und der *Procuratori*, die gemeinsam die höchste Regierungsebene der Republik Genua bildeten. Eine maßgebliche Rolle bei der Formulierung der Instruktionen spielten der Ausschuss für Außenbeziehungen, die *Giunta de'Confini*, bzw. zeitweise eine eigene *Giunta d'Alemagna*, und die Staatssekretäre, die teilweise sehr lange amtierten und über die wechselnden Besetzungen der

auszugehen, dass in diesen Texten grundlegende Positionen deutlicher formuliert wurden als in der alltäglichen bzw. wöchentlichen Gesandtschaftskorrespondenz. Letztere wäre demgegenüber besser geeignet, um die konkreten Arbeitsbeziehungen zwischen den genuesischen Gesandten und dem Reichshofrat sowie seinen Mitgliedern zu beleuchten, doch um diese soll es im Folgenden mehr am Rande gehen. Vielmehr soll zunächst die Bewertung des Reichshofrats als Institution, seiner Tätigkeit und der dieser zugrundeliegenden Maximen durch die genuesische Regierung und ihre Gesandten im Vordergrund stehen, bevor sich ein zweiter Abschnitt der Beurteilung des Reichshofratspersonals zuwenden wird. Ein knappes Fazit wird die Ergebnisse der Analyse zusammenfassen und dabei auch die übergeordnete Frage erörtern, was die Instruktionen und Finalrelationen sowie die Korrespondenzen italienischer Gesandter am Kaiserhof zur Erforschung des Reichshofrats beitragen könnten.

2. Der genuesische Blick auf den Reichshofrat als Gremium, seine Arbeitsweise und seine rechtlichen Grundsätze

In den genuesischen Finalrelationen des frühen 17. Jahrhunderts wird – wenn überhaupt – sachlich und knapp über den Reichshofrat berichtet. Während aus den Darlegungen Giacomo Saluzzos 1613 dessen Zuständigkeit für Justiz- und Lehensangelegenheiten lediglich implizit hervorgeht,[5] schreibt sieben Jahre später Costantino Pinelli lapidar, dass für Justizfragen der Reichshofrat zuständig sei.[6] Giambattista Negrone geht 1638 wiederum nur implizit auf die Kompetenzen des Reichshofrats ein.[7]

Collegi hinweg ein Element der Kontinuität in der genuesischen Regierung darstellten. Vgl. zusammenfassend Schnettger, „Principe sovrano" (wie Anm. 2), S. 44–46, 48–51 (mit weiteren Literaturhinweisen).

5 Finalrelation Giacomo Saluzzos, Genua, 30. April 1613, AStGe, AS 2719. Saluzzo wurde 1612 als *ambasciatore straordinario* anlässlich des Regierungsantritts von Kaiser Matthias nach Wien geschickt. Vgl. Vitale, Diplomatici (wie Anm. 4), S. 115; zur Finalrelation Saluzzos auch Matthias Schnettger, Das Reich und seine Verfassung aus italienischer Perspektive. Die Finalrelationen zweier genuesischer Gesandter am Wiener Hof, in: Marco Bellabarba/Jan Paul Niederkorn (Hrsg.), Le corti come luogo di comunicazione. Gli Asburgo e l'Italia (secoli XVI–XIX) / Höfe als Orte der Kommunikation. Die Habsburger und Italien (16. bis 19. Jahrhundert), (Annali dell'Istituto storico italo-germanico in Trento, Contributi 24 / Jahrbuch des italienisch-deutschen historischen Instituts in Trient, Beiträge 24), Bologna/Berlin 2010, S. 235–255, hier S. 240–248.

6 *Le cose di giustitia, si trattano nel* [consiglio] *aulico*. Finalrelation Costantino Pinellis, 16. Oktober 1620, AStGe, AS 2719. Pinelli wurde 1620 als *ambasciatore* zum neugewählten Kaiser Ferdinand II. entsandt. Vgl. Vitale, Diplomatici (wie Anm. 4), S. 115 f.

7 Finalrelation Giambattista Negrones, 26. Juli 1638, AStGe, AS 2719. Negrone wurde 1638 anläss-

Dagegen äußert sich der genuesische Resident am Kaiserhof Gerolamo Rodino nach Abschluss seiner zweiten, kürzeren Mission 1654 wie folgt: Da es nach dem Tod Maximilian von Trauttmansdorffs keinen Ersten Minister mehr gebe, der die verschiedenen Beratungsgremien kontrolliere, seien diese freier als früher, und die jeweiligen Präsidenten verfügten über einen größeren Einfluss. Das gelte insbesondere für den Reichshofrat, in dem die Lehens- und Reichsangelegenheiten verhandelt würden und der außer dem Präsidenten aus Adligen und Doktoren bestehe.[8] In der Geldgier seiner Mitglieder[9] sieht Rodino den entscheidenden Grund für die aus seiner Sicht katastrophale Leistungsbilanz des Reichshofrats: Statt die Fälle zum Abschluss zu bringen, eröffne man den Weg für neue Streitigkeiten, indem man die bereits ergangenen Verfügungen entweder durch neue umstoße oder durch Erklärungen Verwirrung stifte, zumal dann, wenn Geld im Spiel sei. Daher sei derjenige sehr zu bedauern, der genötigt sei, an diesem Gericht zu prozessieren.[10] Das vernichtende Urteil Rodinos, der als einer der besten genuesischen Kenner des Kaiserhofs im 17. Jahrhundert gelten kann, dürfte durch das weitgehende Scheitern seiner Mission mitbedingt sein. So gelang es ihm nicht, die angestrebte Zustimmung zur Erwerbung des Reichslehens Fosdinovo durch die Republik Genua zu erwirken.[11]

Von allen genuesischen Gesandten am Kaiserhof holte 1662 Giambattista Raggi bei seinen Ausführungen am weitesten aus: Der Reichshofrat sei nahezu so alt wie das Römische Reich selbst und sei in der Antike als *concilium Principis* oder *consistorium Principis* bezeichnet worden. Er zieht also eine Kontinuitätslinie zwischen dem Altertum und seiner Gegenwart und betrachtet die Erwählten Römischen Kaiser des 17. Jahrhunderts als Nachfolger der antiken römischen *Augusti.*

Heute werde der Reichshofrat auch *concilium Imperiale aulicum* genannt und setze sich aus deutschen Adligen und Gelehrten zusammen; gelegentlich werde

---

lich des Regierungsantritts Ferdinands III. als *ambasciatore straordinario* an den Kaiserhof entsandt. Vgl. VITALE, Diplomatici (wie Anm. 4), S. 117 f.

8 *Il non esservi privato, e direttore delli consigli è causa, che li detti consigli sono in più libertà, e li presidenti di essi più si prevagliono, il che segue maggiorm*[en]*te nel cons*[igli]*o aulico nel quale si trattano le cause de feudi, et affari pertinenti all'Imperio: Il cons*[igli]*o consta d'un presidente, e de più consiglieri parte cavall*[ie]*ri e parte dottori.* Finalrelation Gerolamo Rodinos, 1654, AStGe, AS 2719. Rodino war 1635–1643 und 1652–1654 *ministro residente* am Kaiserhof. Vgl. VITALE, Diplomatici (wie Anm. 4), S. 118.

9 Siehe unten S. 830–836.

10 *Per lo più nel d*[ett]*o cons*[igli]*o non si terminano del tutto le cause ma se vi lascia campo à nuovi litiggi, e con facilità con nuove provisioni revocano, ò con dichiarat*[io]*ni confundono le già fatte, più che vi siano denari in modo che merita di essere grandem*[en]*te compatito, chi è astretto a litigare avanti quello consiglio.* Finalrelation Gerolamo Rodinos, 1654, AStGe, AS 2719.

11 Vgl. SCHNETTGER, „Principe sovrano" (wie Anm. 2), S. 450–459.

aber auch ein *straniero* (Ausländer) zugelassen. Während der Präsident und viele Reichshofräte vom Kaiser erwählt würden, stehe die Auswahl der anderen entsprechend den kaiserlichen Wahlkapitulationen den Reichskreisen zu – offenbar liegt hier eine Verwechslung mit den Reichskammergerichtsassessoren vor.[12] Raggi spricht dem Mainzer Reichserzkanzler bzw. dem Reichsvizekanzler als seinem Vertreter *non poca auttorità* im Reichshofrat zu. Entsprechend den Wahlkapitulationen habe jedes Mitglied des Reichshofrats einen Diensteid zu leisten. Der Reichshofrat besitze dieselben Jurisdiktionsrechte wie der Kaiser, zudem noch solche, die ihm vom Reichstag übertragen worden seien. Ihm komme die Entscheidung in allen Streitigkeiten um die Reichsverfassung und die Reichslehen zu, und alle Reichsunmittelbaren einschließlich der Kurfürsten unterstünden seiner Rechtsprechung.[13]

Die Zahl der Reichshofräte sei nicht festgelegt, es nähmen aber nie mehr als 16 oder 18 an den Sitzungen teil, die täglich – abgesehen von den Feiertagen, den Mittwochen und Samstagen– am frühen Morgen (*di buon mattina*) begönnen und eine Stunde vor dem Mittag endeten. Den Rest des Tages widmeten die Reichshofräte den ihnen übertragenen Aufgaben (*commissioni*) und Konferenzen über diejenigen Angelegenheiten, die eine ausgedehntere Diskussion erforderten.[14] Man könnte sagen, dass Giambattista Raggi eine gute Portion Halbwissen über den Reichshofrat präsentiert. Er versucht sich an einem gelehrten Diskurs über dieses Gremium, scheint aber für dessen Kompetenzen nicht über die besten Informationsquellen zu verfügen. Auf sichererem Boden bewegt er sich dann, wenn er eigene Erfahrungen und Beobachtungen einbringen kann.

1736 versuchte auch Cesare Cattaneo in seiner ausführlichen Finalrelation den genuesischen *Collegi* einige Basisinformationen zum Reichshofrat zu vermitteln.[15] Vor ihm würden unter anderem sämtliche Lehensangelegenheiten verhandelt. Im Übrigen habe er konkurrierende Gerichtsbarkeit mit dem Speye-

---

12 ... *molti di essi trà quali il presidente sono eletti immediatamente dall'Imperatore medesimo, mà de gl'altri ne spetta l'elettione à circoli dell'Alemagna à misura delle prerogative che ne hanno in tempo in tempo conseguite in occasione delle capitolationi accordate trà l'Imperio, e gli Imperatori nelle contingenze delle loro elettioni.* Finalrelation Giambattista Raggis, 18. November 1662, AStGe, AS 2719. Raggi war 1661/62 *inviato straordinario* am Hof Leopolds I. Vgl. Vitale, Diplomatici (wie Anm. 4), S. 119.

13 ... *hà la cognitione di tutte le controversie, che concernono lo stato dell'Imperio; rissolve tutte le differenze, che nascono per occasione de feudi, et è giudice in fine di tutti coloro, che sono immeditatamente sottoposti all'Imperio comprese anche le persone degli elettori medesimi, e di tutti gli altri grandi.* Finalrelation Giambattista Raggis, 18. November 1662, AStGe, AS 2719.

14 Ebd. Ob diese *conferenze* nur reichshofratsintern oder auch zwischen Angehörigen unterschiedlicher Gremien stattfanden, führt Raggi nicht weiter aus.

15 Finalrelation Cesare Cattaneos, o. D. [1736], AStGe, AS 2719. Cesare Cattaneo war 1733–1736 *ministro residente* am Hof Karls VI. Vgl. Vitale, Diplomatici (wie Anm. 4), S. 124.

rer Reichskammergericht (das in den 1730er Jahren längst in Wetzlar beheimatet war) und sei wegen der außerordentlichen Vorrechte, die seine Mitglieder genössen, eine der angesehensten Institutionen (*uno de consessi più riguardevoli*). Außer dem Präsidenten Graf Wurmbrand[16] und dem Vizepräsidenten Freiherrn von Hartig[17] gebe es 18 besoldete Reichshofräte. Cattaneo benennt die beiden Bänke der *Nobili* und der *Dottori* (mit aktuell acht bzw. zehn Mitgliedern), und er weiß auch um die bereits ernannten, aber noch nicht besoldeten *supernumerarii*, die nach dem Anciennitätsprinzip auf freiwerdende Posten im Reichshofrat nachrücken. Cattaneo ist der Meinung, dass die Reichskreise eine Vorauswahl der Reichshofratsmitglieder treffen – auch er vermischt in diesem Punkt also Reichshofrat und Reichskammergericht –, und ihm ist bekannt, dass sechs Reichshofräte der *confessione di Augusta* angehören sollen; gegenwärtig sei allerdings einer *di religione calvinista*. Der Genuese kennt auch die Unterscheidung zwischen den gewöhnlichen Angelegenheiten, in denen der Reichshofrat allein entscheide, und den bedeutenderen, in denen er dem Kaiser sein Votum vorlege. Schließlich weist er noch darauf hin, dass die Investituren über die minderen Reichslehen im Reichshofrat erteilt würden.[18] An anderer Stelle bringt Cattaneo implizit zum Ausdruck, welchen Maximen der Reichshofrat folgt, dass er nämlich das Reich als Nachfolger des universalen *Imperium Romanum* verstehe. Er verweist nämlich ironisch darauf, dass Bodin wegen dem, was er über das Reich schreibe, dem Reichshofrat so verhasst sei wie Luther der katholischen Kirche.[19] – Zwischen den Zeilen ist hier recht deutlich zu lesen, dass es Cattaneo hier mehr mit Bodin hält. Anders als Raggi etwa 75 Jahre früher ist Cattaneo offenbar nicht mehr bereit, das frühneuzeitliche Reich in eine Kontinuität mit dem antiken *Imperium Romanum* zu stellen.

---

16 Graf Johann Wilhelm von Wurmbrand-Stuppach. Zu diesem Konvertiten vgl. Oswald von Gschliesser, Der Reichshofrat. Bedeutung und Verfassung, Schicksal und Besetzung einer obersten Reichsbehörde von 1559 bis 1806, Wien 1942, ND Nendeln (Liechtenstein) 1970 (Veröffentlichungen der Kommission für neuere Geschichte Österreichs, 33), S. 335 f.; Matthias Schnettger, Ist Wien eine Messe wert? Protestantische Funktionseliten am Kaiserhof im 17. und 18. Jahrhundert, in: Christine Roll/Frank Pohle/Matthias Myrczek (Hrsg.), Grenzen und Grenzüberschreitungen. Bilanz und Perspektiven der Frühneuzeitforschung (Frühneuzeit-Impulse, 1), Köln/Weimar/Wien 2010, S. 599–633, hier S. 627, 630 f.

17 Anton Esaias Freiherr von Hartig. Zu ihm vgl. Gschliesser, Der Reichshofrat (wie Anm. 16), S. 370 f.

18 Finalrelation Cesare Cattaneos, o. D. [1736], AStGe, AS 2719. Cattaneo spielt offenbar darauf an, dass Bodin das Reich des 16. Jahrhunderts als Aristokratie abqualifiziert hatte. Jean Bodin, Les six livres de la République, Paris 1576, S. 268–270 (Buch II, Kapitel 6).

19 … *Bodino autore francese abborrito dal consiglio Imperiale aulico in ciò che parla dell'Impero, più che un lutero dalla chiesa rispetto alla religione*. Finalrelation Cesare Cattaneos, o. D. [1736], AStGe, AS 2719.

1775 äußerte sich Giuseppe Doria in einem vergleichbaren Umfang zum Reichshofrat wie 40 Jahre zuvor Cesare Cattaneo. Er berichtet zunächst, dass die Besoldung der Reichshofräte dem Kaiser obliege, und geht anschließend auf die Zusammensetzung des Gremiums ein: Präsident, Vizepräsident und 18 Reichshofräte. Dass sich darunter sechs *luterani* befinden, führt Doria nicht ganz unzutreffend, aber doch etwas ungenau auf den Westfälischen Frieden zurück.[20] Auch er erwähnt die Aufteilung der Reichshofräte auf die Herren- und die Gelehrtenbank und betont dabei, dass sich auf beiden Bänken Protestanten fänden. Die *commissioni* würden unterschiedslos an beide Gruppen von Reichshofräten übertragen, doch die Juristen würden aufgrund ihrer besseren Rechtskenntnis den von ihnen unterstützten Parteien eine *preponderanza* verschaffen. Entschieden werde nach dem Mehrheitsprinzip. Doria geht auch auf die Tagungsfrequenz des Reichshofrats ein, der sich viermal pro Woche für mindestens vier Stunden versammle, eine Bestimmung, die auf den gegenwärtig regierenden Kaiser Joseph II. zurückgehe. Dennoch seien die Fälle üblicherweise sehr langen Verzögerungen (*lunghissime dilazioni*) unterworfen. Schließlich erwähnt Doria noch, dass das Reichskammergericht in Zivilprozessen dieselbe Autorität wie der Reichshofrat besitze und dass unter den beiden Höchstgerichten die *prevenzione di giudizio* gelte.[21]

In den Instruktionen für die genuesischen Gesandten finden sich allgemeine Äußerungen zum Reichshofrat häufig en passant. Aus der Anschauung, Genua habe den Status einer souveränen Republik inne, folgte konsequenterweise, dass die *Serenissimi Collegi* alle Aufforderungen ablehnten, sich in Rechtsstreitigkeiten dem reichshofrätlichen Verfahren zu unterwerfen, jedenfalls dann, wenn diese nicht unzweifelhafte Reichslehen betrafen. Derartigen Zumutungen hielten sie regelmäßig entgegen, solche Konflikte zwischen zwei Souveränen dürften nicht gerichtlich, sondern müssten auf diplomatischem Weg verhandelt werden.[22] Den genuesischen Gesandten wurde dementsprechend eingeschärft, sich keines-

20 Vgl. Schnettger, Ist Wien eine Messe wert? (wie Anm. 16), S. 601–604.

21 Finalrelation Giuseppe Dorias, Genua, 7. April 1775, AStGe, AS 2719. Erwähnt sei, dass Doria die Reichskammergerichtsstadt Wetzlar in Böhmen verortet. Er war 1770–1774 *ministro plenipotenziario* am Wiener Hof. Vgl. Vitale, Diplomatici (wie Anm. 4), S. 127; zur Finalrelation Dorias Schnettger, Das Reich und seine Verfassung (wie Anm. 5), S. 249–254.

22 ... *si trattava di causa trà pr*[inci]*pe, e pr*[inci]*pe, e perciò non poteva dipendere da veruna decisione del cons*[iglio] *aulico, ma dovrebbe unicam*[en]*te trattarsi per la via ministeriale.* Instruktion für Luca de Fornari, Genua, 17. September 1767, AStGe, AS 2716. Siehe auch die Instruktion für dens., Genua, 31. Dezember 1766, AStGe, AS 2716: *Queste sono in ristretto le calonniose doglianze, sopra le quali il cons*[igli]*o aulico hà fondato un concluso, che deve cagionare ammirazione a tutte le corti, giudicando la causa di un sovrano indipendente sopra le dimande di pochi proscritti, e violando i sovrani diritti della Rep*[ubbli]*ca.*

falls zu irgendwelchen Maßnahmen hinreißen zu lassen, die die Anerkennung der Zuständigkeit des Reichshofrats oder eines anderen Reichsgerichts für den souveränen Besitz der Republik implizierten.[23]

Wenn dann der Reichshofrat entsprechend dem eigenen Selbstverständnis und den eigenen Prozessgrundsätzen vorging, erschienen seine Maßnahmen der genuesischen Regierung als irregulär und ungerecht,[24] ja, als befremdlich und übergriffig.[25] Es wurde ihm nicht zugestanden, dass er den reichsrechtlichen Normen folgte – denen sich die Republik nun einmal nicht unterworfen sah –, sondern unterstellt, wenn er sich auf das Recht berufe, so handele es sich um einen bloßen Vorwand.[26]

3. Das Personal des Reichshofrats aus genuesischer Perspektive

Die genuesischen Instruktionen und Finalrelationen gehen in sehr unterschiedlicher Ausführlichkeit auf das Personal des Reichshofrats ein. Dass es sich bei den Reichshofräten um Amtsträger handelte, die für die Republik potentiell große Bedeutung besaßen, kommt in der Instruktion für Giacomo Saluzzo aus dem Jahr 1612 dadurch zum Ausdruck, dass der Gesandte Schreiben der *Collegi* nicht nur für die Geheimen Räte des Kaisers, sondern auch für die Reichshofräte erhielt, derer er sich bedienen sollte, um sie günstig zu stimmen.[27]

Vor allem in den genuesischen Finalrelationen finden sich immer wieder verallgemeinernde Aussagen zu den Reichshofräten wie auch spezifische Charakterisierungen einzelner Reichshofräte. Relativ häufig werden der Präsident und der Vizepräsident erwähnt und hinsichtlich ihrer Fähigkeiten sowie Einstellungen bewertet. Der Reichshofratspräsident Johann Georg von Hohenzollern-Hechingen gehörte ebenso wie der Reichshofkanzleisekretär für die lateinische Expe-

---

23 *Non giova replicarvi nepure la massima adottata di non dar mai per verun tempo verun passo dinanzi al consiglio aulico, nè a qualunque altro tribunale, o dicastero Imperiale, nè per giustificare la giustizia de nostri provedimenti riguardo a S. Remo, nè pur l'esclusione di qualunque diritto dell'Impero sopra questa parte del nostro dominio.* Instruktion für Giuseppe Doria, Genua, 25. Mai 1770, AStGe, AS 2716.

24 … *la manifesta irregolarità e* […] *l'ingiusta turbazione, che proviene dall'atto del cons*[igli]*o aulico.* Instruktion für Luca de Fornari, Genua, 31. Dezember 1766, AStGe, AS 2716. De Fornari fungierte zwischen 1766 und 1770 als *inviato straordinario* und *ministro plenipotenziario* am Wiener Hof. Vgl. Vitale, Diplomatici (wie Anm. 4), S. 126 f.

25 *Veramente il giudicio del cons*[igli]*o aulico è uno degli atti più strani, e più violenti, che siansi fatti giammai.* Instruktion für Luca de Fornari, Genua, 31. Dezember 1766, AStGe, AS 2716.

26 Vgl. Anm. 1.

27 Instruktion für Giacomo Saluzzo, Genua, 26. November 1612, AStGe, AS 2715. Zur Gesandtschaft Saluzoos siehe oben, Anm. 5.

dition Johann Anton Barvitius[28] zu den wenigen, gleichsam handverlesenen Ministern, die Giacomo Saluzzo über seine Ankunft informieren ließ und denen er auf diese Weise eine außerordentliche Bedeutung für die Interessen der Republik zuerkannte.[29] Im weiteren Verlauf der Finalrelation erwähnte er noch Maximilian von Trauttmansdorff,[30] der während der Abwesenheit Hohenzollerns das Präsidium im Reichshofrat führte, und den Reichshofrat Johann Matthäus Wacker von Wackenfels.[31] Nachdem Durazzo den Kontakt durch den genuesischen Residenten Cesare Florio hergestellt hatte, besuchte ihn Wacker und wurde von dem Genuesen sehr ehrenvoll empfangen. Der Reichshofrat beteuerte seine Ergebenheit (*osservanza*) gegenüber der Republik und seine Bereitwilligkeit, ihr zu Diensten zu sein, und Durazzo war nach Kräften bemüht, ihn in dieser Einstellung zu bestärken. Er versprach Wacker bei seinem Gegenbesuch ein für ihn bestimmtes Schreiben der *Serenissimi Collegi* zu übergeben; diese Visite erfolgte zwei Tage vor Durazzos Abreise. Zuvor hatte Wacker noch an einem Gastmahl im Quartier des genuesischen Gesandten teilgenommen.[32]

In ähnlicher Weise wie 1613 Giacomo Durazzo stellte 1620 auch Costantino Pinelli in seiner Finalrelation einige Mitglieder des Reichshofrats heraus. Neben dem Sekretär der lateinischen Expedition Hermann von Questenberg[33] erwähnte er Hieronymus Stefan von Elvern unter denjenigen, die ihm die Ehre der Visite gaben und ordnete ihn so unter diejenigen Minister ein, auf deren Geneigtheit und potentielle Dienste die Republik zählen könne.[34] Tatsächlich informierte Elvern ihn über die Beratungen des Reichshofrats in genuesischen

---

28 Erst später im 17. Jahrhundert wurde ein eigener Reichshofratssekretär für die lateinische Expedition ernannt. Vgl. Lothar Gross, Die Geschichte der deutschen Reichshofkanzlei von 1559 bis 1806, Wien 1933 (Inventare des Wiener Haus-, Hof und Staatsarchivs, 1), S. 101, 104–106, 446–449.

29 Finalrelation Giacomo Saluzzos, Genua, 30. April 1613. AStGe, AS 2719. Der Reichshofratspräsident gehörte auch zu denjenigen kaiserlichen Ministern, denen Saluzzo zuerst seine Aufwartung machte. Allerdings zahlte sich diese Beziehungspflege wenig aus, weil Hohenzollern nur zwei Tage nach dem Antrittsbesuch Saluzzos nach Erfurt aufbrach und nicht einmal Zeit fand, die Visite des Genuesen zu erwidern. Ebd.

30 Zu ihm vgl. Konrad Repgen, Maximilian Graf Trauttmansdorff – Chefunterhändler des Kaisers beim Prager und beim Westfälischen Frieden, in: Guido Braun/Arno Strohmeyer (Hrsg.), Frieden und Friedenssicherung in der Frühen Neuzeit. Das Heilige Römische Reich und Europa. Festschrift für Maximilian Lanzinner zum 65. Geburtstag (Schriftenreihe der Vereinigung zur Erforschung der neueren Geschichte e. V., 36), Münster 2013, S. 211–228.

31 Zu ihm vgl. Gschliesser, Der Reichshofrat (wie Anm. 16), S. 167 f.

32 Ebd.

33 Zu ihm vgl. Gschliesser, Der Reichshofrat (wie Anm. 16), S. 216 f.

34 Finalrelation Costantino Pinellis, 16. Oktober 1620, AStGe, AS 2719. Zur Gesandtschaft Pinellis siehe oben, Anm. 6.

Angelegenheiten.[35] Questenberg und Elvern dienten Pinelli zudem als Berater in Reichsangelegenheiten. Konkret rieten sie dem Genuesen von dem Vorhaben ab, für die Republik statt wie bisher separate Bestätigungen ihrer einzelnen Privilegien und Investituren eine Gesamtbestätigung ihrer Privilegien und eine Investiturerneuerung für alle ihre Lehen anzustreben, da derartige Neuerungen vom Reichshofrat nur schwer zu erreichen seien.[36]

Pinelli behandelt in seiner Finalrelation das Personal des Reichshofrats aber auch in seiner Gesamtheit. Nachdem er bereits zuvor festgehalten hat, dass es statt der eigentlich vorgesehenen 24 aktuell nur elf Reichshofräte gebe, benennt und charakterisiert er diese steckbriefartig, und zwar ganz am Ende seines Berichts. So bezeichnet er den Reichshofratspräsidenten Johann Georg von Hohenzollern als *soggetto molto principale*. Er habe seinen Aufstieg seinen Fähigkeiten zu verdanken, und Pinelli steht nicht an, ihn als mutmaßlichen Nachfolger Hans Ulrich von Eggenbergs als Erster Minister einzustufen, sollte jener vor ihm sterben.[37] Auch der Reichshofratsvizepräsident Peter Heinrich von Stralendorff wird grundsätzlich positiv beurteilt, indem Pinelli ihm *grande intelligenza et bontà* bescheinigt. Zudem stehe er im Ruf der Unbestechlichkeit. Dagegen war seine Freundschaft zum Marchese Gian Ambrogio Doria aus der Perspektive Pinellis und seiner Auftraggeber eher ein Makel, denn Doria war in einem Konflikt um das Reichslehen San Cristoforo in einen Gegensatz zur Republik geraten und galt geradezu als deren Verleumder am Kaiserhof.[38] Wesentlich kritischer bewertet Pinelli den Grafen Otto von Nostitz, dem er ein nur gewöhnliches Talent, aber ein übersteigertes Selbstgefühl zuspricht. Außerdem charakterisiert er ihn als korrupt.[39] Ähnliches gilt für den bereits zuvor erwähnten Elvern. Er trachte danach, dass ihm die Fälle verschiedener Fürsten übertragen würden, deren *protettione* im Reichshofrat er dann übernehme. Er habe sich in dieser Weise ja

35 Parallel und ohne dass der eine vom andern gewusst habe, ließ sich Pinelli auch durch einen jungen Mann aus dem genuesischen Voltri, der in der deutschen Expedition der Reichskanzlei (*cancellaria germanica*) tätig war, informieren. Finalrelation Costantino Pinellis, 16. Oktober 1620, AStGe, AS 2719.

36 Ebd. Pinelli folgte diesem Ratschlag und beließ es bei dem hergebrachten Modus, für jedes Privileg und jedes Lehen die Bestätigung und Erneuerung einzeln zu erhalten. Vgl. Schnettger, „Principe sovrano" (wie Anm. 2), S. 82.

37 Finalrelation Costantino Pinellis, 16. Oktober 1620, AStGe, AS 2719. Zu Hohenzollern vgl. Gschliesser, Der Reichshofrat (wie Anm. 16), S. 182 f.

38 Finalrelation Costantino Pinellis, 16. Oktober 1620, AStGe, AS 2719. Zu Stralendorff vgl. Gschliesser, Der Reichshofrat (wie Anm. 16), S. 176; zu den Konflikten mit Gian Ambrogio Doria Schnettger, „Principe sovrano" (wie Anm. 2), S. 281–291.

39 … *di talento ordinario, ma del umor stravagante, il favor del quale, facilm*[ent]*e s'ottiene*. Finalrelation Costantino Pinellis, 16. Oktober 1620, AstGe, AS 2719. Zu Nostitz vgl. Gschliesser, Der Reichshofrat (wie Anm. 16), S. 204 f.

auch der Republik angedient.[40] Für Geschenke offen sei auch Wolfgang Wilhelm Lamminger von Albenreuth,[41] den Pinelli im Übrigen als einen fähigen jungen Mann charakterisiert. Leonhard Karl von Harrach dagegen wird von Pinelli als *huomo ordinario* abgetan, der seine Berufung in den Reichshofrat seinem Schwiegervater verdanke und dessen künftige Karriere von der Verwandtschaft mit dem Ersten Minister Eggenberg profitieren dürfte; käuflich sei auch er.[42] Johann Jakob Kurtz von Senftenau sei *poco habile* und habe die Reichshofratsstelle nur angetreten, um reich zu werden (*per farsi ricco*).[43] Johann Wentzel sei als ehemaliger Reichshoffiskal *molto informato* in den Reichsangelegenheiten, doch in höchstem Maße käuflich; ja, mit seiner Hilfe könne man alles erhalten, was man wolle. Er kooperiere eng mit Nostitz und von der Reck.[44] Auch Konrad Hildbrandt sei zugänglich für Zuwendungen.[45] Julius Neidthard von Mörsburg verdanke seine Berufung in den Reichshofrat seinem Stiefvater Eggenberg – und zwar vor allem mit der Intention, ihm damit eine Einkommensquelle zu verschaffen.[46] Ambivalent fällt schließlich das Urteil Pinellis über Johann von der Reck aus: Er sei sehr erfahren und habe dem Kaiser in unterschiedlichen Positionen gedient. Er sei aber auch ein enger Freund Gian Ambrogio Dorias und werde in jedem Fall der Freund desjenigen sein, der sich ihm gegenüber am großzügigsten erweise.[47]

---

40 Finalrelation Costantino Pinellis, 16. Oktober 1620, AStGe, AS 2719. Zu Elvern vgl. Gschliesser, Der Reichshofrat (wie Anm. 16), S. 200 f.

41 .... *non ricusa quando gli è donato*. Finalrelation Costantino Pinellis, 16. Oktober 1620, AStGe, AS 2719. Zu Lamminger vgl. Gschliesser, Der Reichshofrat (wie Anm. 16), S. 205.

42 Finalrelation Costantino Pinellis, 16. Oktober 1620, AStGe, AS 2719. Zu Harrach vgl. Gschliesser, Der Reichshofrat (wie Anm. 16), S. 199.

43 Finalrelation Costantino Pinellis, 16. Oktober 1620, AStGe, AS 2719. Zu Kurtz vgl. Gschliesser, Der Reichshofrat (wie Anm. 16), S. 140 f.

44 ... *vende assolutam*[ent]*e la giustitia, et col suo mezzo s'ottiene qualsivoglia cosa intendendosi con Noystiz et Gio. Rec, che caminano tutti ad un istesso passo*. Finalrelation Costantino Pinellis, 16. Oktober 1620, AStGe, AS 2719. Zu Wentzel vgl. Gschliesser, Der Reichshofrat (wie Anm. 16), S. 205 f.; Gernot Peter Obersteiner, Das Reichshoffiskalat 1596 bis 1806. Bausteine zu seiner Geschichte aus Wiener Archiven, Staatsprüfungsarbeit, Wien 1992, bes. S. 74 f.; sowie die gekürzte Fassung der Diplomarbeit in: Anette Baumann u. a. (Hrsg.), Reichspersonal. Funktionsträger für Kaiser und Reich (Quellen und Forschungen zur höchsten Gerichtsbarkeit im Alten Reich, 46), Köln/Weimar/Wien 2003, S. 89–164.

45 ... *gode tutte l'occasioni che le sono rapresentate di utilitarsi*. Finalrelation Costantino Pinellis, 16. Oktober 1620. Zudem besaß er aus genuesischer Perspektive ein weiteres Manko: *non parla Italiano*. Zu Hildbrandt vgl. Gschliesser, Der Reichshofrat (wie Anm. 16), S. 205.

46 Finalrelation Costantino Pinellis, 16. Oktober 1620, AStGe, AS 2719. Zu Mörsburg vgl. Gschliesser, Der Reichshofrat (wie Anm. 16), S. 206.

47 ... *ad ogni modo sarà amico, di chi allargherà più la mano con lui*. Finalrelation Costantino Pinellis, 16. Oktober 1620, AStGe, AS 2719. Zu von der Reck vgl. Gschliesser, Der Reichshofrat (wie

Das Urteil Pinellis über das Personal des Reichshofrats Ferdinands II. ist alles in allem ausgesprochen kritisch: Fünf von elf Reichshofräten spricht er keine oder eine nur mäßige Befähigung für ihre Aufgabe zu, und ganze neun charakterisiert er als bestechlich.[48] Dabei differenziert er allerdings zwischen denjenigen, die wie Nostitz oder Wentzel schlichtweg käuflich sind, denjenigen, die wie Lamminger und Hildbrandt gern Geschenke annehmen, und denjenigen, die sich wie Elvern verschiedenen Fürsten und auch der Republik Genua als Klienten andienen. In Pinellis diesbezüglichen Aussagen schwingt weniger Entrüstung als Verachtung für die korrupten Reichshofräte mit. Vor allem aber sind sie als Handlungsempfehlung für künftige genuesische Gesandte und die *Serenissimi Collegi* zu verstehen.

Das Thema der Bestechlichkeit der Reichshofräte – oder anders formuliert: ihrer Zugänglichkeit für Zuwendungen – spielt auch in der Finalrelation Giambattista Negrones von 1638 eine Rolle. Er berichtet allerdings eine Episode, aus der hervorgeht, dass es in diesem Zusammenhang auch zu Missverständnissen und Verstimmungen kommen konnte. Zielperson der genuesischen Zuwendungen war der schon von Pinelli als hochgradig korrupt bezeichnete Freiherr von der Reck, der unterdessen zum Reichshofratspräsidenten aufgestiegen war.[49] Nach Negrones Bericht hatte der genuesische Resident Gerolamo Rodino, der aufgrund seiner mehrjährigen Präsenz am Kaiserhof gut vernetzt war, ihm mitgeteilt, dass die Baronin von der Reck den Wunsch geäußert habe, einige Geschenke aus Genua zu erhalten. Daraufhin habe Negrone entschieden, ihr über Rodino Konfekt, Handschuhe, Parfüm und andere *novità* zukommen zu lassen.

Anm. 16), S. 185 f.

48 Zum Thema der Bestechlichkeit der Reichshofräte vgl. Stefan Ehrenpreis, Korruption im Verfahren. Bestechung an den höchsten Reichsgerichten zwischen Gerichtsfinanzierung und Rechtsbeugung, in: Nils Grüne/S. Slanička (Hrsg.), Korruption. Historische Annäherungen an eine Grundfigur politischer Kommunikation, Göttingen 2010, S. 283–305; Wolfgang Sellert, Richterbestechung am Reichskammergericht und am Reichshofrat, in: Friedrich Battenberg/Filippo Ranieri (Hrsg.), Geschichte der Zentraljustiz in Mitteleuropa, Festschrift zum 65. Geburtstag von Bernhard Diestelkamp, Weimar/Köln/Wien 1994, S. 329–348; ders., Besoldungen und Einkünfte der Richter am Kaiserlichen Reichshofrat, in: Wolfgang Sellert/Anja Amend-Traut/Albrecht Cordes (Hrsg.), Geld, Handel, Wirtschaft. Höchste Gerichte im Alten Reich als Spruchkörper und Institution (Abhandlungen der Akademie der Wissenschaften zu Göttingen, N. F. 23), Berlin 2013, S. 267–294, hier S. 286–294; Tobias Schenk, Actum et judicium als analytisches Problem der Justizforschung. Interdisziplinäre Perspektiven auf kollegiale Entscheidungskulturen am Beispiel des kaiserlichen Reichshofrats (Schriftenreihe der Gesellschaft für Reichskammergerichtsforschung, 51), Wetzlar 2022, S. 64–67.

49 Negrone erwies von der Reck auch dadurch Aufmerksamkeit, dass er ihm durch seinen Hofmeister seine Ankunft in Wien notifizieren ließ. Finalrelation Giambattista Negrones, 26. Juli 1638, AStGe, AS 2719. Zur Gesandtschaft Negrones siehe oben, Anm. 7.

Der Resident habe die Geschenke durch einen Diener zustellen lassen. Von der Reck aber habe sie mit der Bemerkung zurückgeschickt, dass er derartige Geschenke nicht verdient habe.[50]

Nicht nur diese Verstimmung ließ es Negrone nicht geraten erscheinen, die Frage der Gewährung der königlichen Ehren für die Republik – ein Hauptziel seiner Mission – durch den Reichshofrat verhandeln zu lassen. Vielmehr lehnte er es prinzipiell ab, diese Angelegenheit als Justizfrage zu behandeln.[51] Er berichtet in diesem Zusammenhang aber durchaus über Kontakte zu Mitgliedern des Reichshofrats. Ähnlich wie einst Elvern kam nun der Reichshofrat Francisco Rousson zu dem genuesischen Gesandten, um ihm bzw. der Republik Genua seine Dienste anzubieten. Negrone schenkte aber seinen Berichten keinen Glauben, nur eine knappe Mehrheit der Reichshofräte sei gegen die Bewilligung der genuesischen Forderungen. Vielmehr ging er davon aus, dass nur wenige Reichshofräte auf der Seite der Republik stünden.[52] Auch dass er durch seinen *Gentiluomo* Giacomo Negrone den Reichshofrat und Reichshofratssekretär Johann Walderode von Eckhausen ersuchen ließ, sich bei von der Reck für eine beschleunigte Vornahme und Bewilligung der genuesischen Wünsche einzusetzen, führte nicht zum Erfolg.[53] Verallgemeinernde Aussagen zum Personal des Reichshofrats sucht man in der Finalrelation Negrones vergebens, was auch damit zusammenhängen dürfte, dass er die Verhandlungen mit diesem Gremium im Wesentlichen dem Residenten Rodino überließ.

Rodino selbst äußert sich, wie bereits erwähnt, in der Finalrelation über seine zweite, kürzere Mission an den Kaiserhof (1654) vergleichsweise ausführlich und zwar ausgesprochen kritisch zum Reichshofrat und seinem Personal.[54] Erneut ist es der Präsident, dem besondere Aufmerksamkeit gewidmet wird, umso mehr, als Rodino die Position des Präsidenten als Schlüsselstellung bewertet. Umso gravie-

---

50 Finalrelation Giambattista Negrones, 26. Juli 1638, AStGe, AS 2719.

51 Dies äußerte er auch in einem Gespräch mit dem Ersten Minister Maximilian von Trauttmansdorff: *soggionsi non esser intention mia trattar questo negotio nel consiglio aulico, havendone supplicato S*[ua] *M*[aestà], *con speranza di esser compiacciuto si, mà non per introdurla in forma di giuditio.* Finalrelation Giambattista Negrones, Genua, 26. Juli 1638, AStGe, AS 2719. Vgl. hierzu Schnettger, „Principe sovrano" (wie Anm. 2), S. 204 f.

52 Finalrelation Giambattista Negrones, 26. Juli 1638, AStGe, AS 2719. Rousson, der als Spezialist für italienische Fälle galt und dem auch das Referat in der Frage der genuesischen Ehren übertragen wurde, beriet die Gesandten der Republik auch in anderen Angelegenheiten, z. B. bei der Erwerbung des Reichslehens Fosdinovo. Vgl. Schnettger, „Principe sovrano" (wie Anm. 2), S. 193, 196 f., 441. Zu Rousson vgl. Gschliesser, Der Reichshofrat (wie Anm. 16), S. 228 f.

53 Zu Walderode vgl. Gross, Die Reichshofkanzlei (wie Anm. 28), S. 420-424; Gschliesser, Der Reichshofrat (wie Anm. 16), S. 240 f.

54 Finalrelation Gerolamo Rodinos, 1654, AStGe, AS 2719. Zu den Gesandtschaften Rodinos siehe oben, Anm. 8.

render ist es, dass aus seiner Perspektive Graf Ernst II. von Oettingen-Wallerstein eine krasse Fehlbesetzung ist. Er qualifiziert ihn als den seltsamsten (*il più stravagante*) Menschen, den man sich vorstellen könne, und kritisiert ihn insbesondere dafür, dass es extrem schwierig sei, Zutritt zu ihm zu erhalten, sowie für seine Unhöflichkeit (*scortese modo*). Er betone zwar seine Rechtschaffenheit (*rettitudine*), nehme aber doch Geld, wenn es ihm als Laudemium offeriert werde.[55] Anstoß nimmt Rodino nicht zuletzt auch daran, dass Oettingen auf einem schriftlichen Verhandlungsmodus bestehe – womit er nichts anderes tat, als sich nach dem in der Reichshofratsordnung festgelegten Schriftlichkeitsgrundsatz zu richten – und sich kaum von einer einmal gefassten Meinung abbringen lasse. Zudem habe er stets Feindschaft und größten Hass gegen die Republik an den Tag gelegt.[56]

Die anderen Reichshofräte nennt Rodino hier nicht beim Namen und differenziert auch nicht zwischen ihnen. Vielmehr verurteilt er sie pauschal als in höchstem Maße bestechlich. Es sei schon vorgekommen, dass der Referent einer wichtigen Angelegenheit zunächst offenkundig alles zugunsten einer Partei getan, ein Reichshofratsconclusum verzögert und versucht habe, einen Reichshofratsbeschluss durch den Geheimen Rat umstoßen zu lassen, um dann von der anderen Partei Geld zu fordern.[57]

Dagegen geht die Finalrelation Giambattista Raggis von 1662 wieder auf einzelne Reichshofräte ein.[58] Erneut gilt besondere Aufmerksamkeit dem Präsidenten Ernst von Oettingen-Wallerstein. Wie Rodino kritisiert auch Raggi dessen Unzugänglichkeit. Als er Oettingen darum ersucht habe, ihm die Antrittsvisite abstatten zu dürfen, habe dieser ihm lediglich mitgeteilt, dass er sich über seine Ankunft freue, dass er ihm aber nicht zu Diensten sein könne, bevor ihm der Kaiser das Beglaubigungsschreiben Raggis habe zukommen lassen. Der Genuese räumt zwar ein, Oettingen habe sogar den spanischen Gesandten in gleicher Weise behandelt, bedauert es aber sehr, dass „seine natürliche Härte" (*naturale sua rostezza*) ihm den Weg zu mündlichen Verhandlungen versperre.

---

55 Zu Ernst von Oettingen vgl. Gschliesser, Der Reichshofrat (wie Anm. 16), S. 237; zu den Laudemien Sellert, Besoldungen (wie Anm. 48), S. 281–283.

56 *In tutte le occasioni hà mostrato un'avversione et odio grand*[issi]*mo contro la Ser*[enissi]*ma Rep*[ubbli]*ca*. Finalrelation Gerolamo Rodinos, 1654, AStGe, AS 2719.

57 *… è successo, che il riferente d'una caosa di consideratione doppo di haver fatto assai scopertam*[en]*te quanto hà potuto contro una delle parti sin col trattenere la rissolutione del consiglio, e col tentare di farle revocare da S*[ua] *M*[aestà] *nel suo cons*[igli]*o segreto contra il solito, per le grosse promesse fattegli dall'altra parte, hà poi voluto da quella, che hà tanto disfavorito altri denari, oltre li promessigli col dire, che in causa di tanta qualità haverebbe havuto assai più dall'altra parte, e convenne dargliene per finirla*. Ebd.

58 Finalrelation Giambattista Raggis, 18. November 1662, AStGe, AS 2719. Zur Gesandtschaft Raggis siehe oben, Anm. 12.

Bei der Vorstellung der gewöhnlichen Reichshofräte konzentriert sich Raggi auf diejenigen, die er für besonders einflussreich hält: Graf Wolfgang IV. von Oettingen-Wallerstein, der Sohn des Präsidenten, profitiere nicht nur von der Autorität des Vaters, sondern zeichne sich auch durch seine beständige Integrität (*constant*[issi]*ma integrità*) und durch seinen außerordentlichen Einsatz (*applicatione non ordinaria*) aus. Aus genuesischer Perspektive war er als Ansprechpartner allerdings weniger interessant, weil er sich vornehmlich mit den deutschen Angelegenheiten beschäftige.[59] Dagegen werde der Lutheraner Johannes Sinold, genannt Schütz, der von dem Rückhalt am Präsidenten und von seinem Ruf als hervorragender Rechtsgelehrter profitiere, insbesondere für die Belange der lateinischen Expedition eingesetzt.[60] Großen Einfluss besitze auch Johann Walderode, der nicht nur der älteste Reichshofrat auf der Gelehrtenbank sei, sondern auch als Staatssekretär fungiere. Er habe sich gleichsam unentbehrlich gemacht (*come necessario*). Aufgrund seiner allzu offenkundigen Parteilichkeit (*le sue maniere conosciute apertamente troppo interessate*) habe er jedoch am Hof an Ansehen eingebüßt.[61]

Auch Raggi thematisiert in seiner Finalrelation die Bestechlichkeit der Reichshofräte ausführlich. Er geht aus vom allgemeinen Ruf des Wiener Hofs, käuflich (*venale*) zu sein, und von dem Befund, dass gegenüber anderen Formen des Geschenks (*regallo*) hier das Geld (*denaro*) das Mittel der Wahl sei. Er ruft den genuesischen *Collegi* ins Gedächtnis, dass sie ihn daher bevollmächtigt hätten, bis zu 1.200 Taler dafür auszugeben, dass die Investiturerneuerung mit den Lehen der Republik in der gewünschten Form erfolge.[62] Sehr ausführlich referiert er sodann die Verhandlungen mit Sinold-Schütz, der, wie Raggi bald heraus-

59 Der Einsatz und das Ansehen Wolfgangs von Oettingen zahlten sich aus, als er 1683 seinerseits zum Reichshofratspräsidenten ernannt wurde. Zu ihm vgl. GSCHLIESSER, Der Reichshofrat (wie Anm. 16), S. 268, 310. Übrigens war Wolfgang von Oettingen ebenso für sein ungehobeltes Verhalten bekannt wie sein Vater. Vgl. Volker von VOLCKAMER, Graf Wolfgang IV. zu Oettingen-Wallerstein (1629–1708), in: Peter W. Schienerl (Hrsg.), Diplomaten und Wesire. Krieg und Frieden im Spiegel türkischen Kunsthandwerks, München 1988, S. 9–34, hier S. 12 f.

60 *... l'altro era il dottor Giovanni Schitz lutherano di religione. Era questi portato dall'aura favorevole dello stesso presidente non meno che alla fama, et applauso universale, con cui era celebrato il suo valore singolarmente nelle materie legali, et era communemente impiegato in quelle speditioni, che son chiamate della lingua lattina.* Finalrelation Giambattista Raggis, 18. November 1662, AStGe, AS 2719. Zu Sinold-Schütz vgl. GSCHLIESSER, Der Reichshofrat (wie Anm. 16), S. 272 f.; SCHNETTGER, Ist Wien eine Messe wert? (wie Anm. 16), S. 619 f.

61 Finalrelation Giambattista Raggis, 18. November 1662, AStGe, AS 2719. Zu Walderode siehe oben, Anm. 52.

62 Es ging vor allem darum, die Investiturerneuerung unabhängig von der mittlerweile nicht mehr gewünschten Privilegienerneuerung zu erhalten. Vgl. SCHNETTGER, „Principe sovrano" (wie Anm. 2), S. 94–106.

fand, tatsächlich der Referent in der Angelegenheit der genuesischen Investiturerneuerungen war. Raggi beschreibt den Reichshofrat als höflichen Mann, der seine außerordentliche Ehrerbietung (*suo singolarissimo ossequio*) gegenüber der Republik und jegliche Wertschätzung und Respekt (*ogni stima, e rispetto*) gegenüber dem Gesandten zum Ausdruck gebracht habe. Raggi stellte Sinold-Schütz in Aussicht, dass er sich für seine Unterstützung erkenntlich zeigen werde,[63] und folgte bei seinen weiteren Verhandlungen in der Investiturfrage dessen Empfehlungen. Dies ging so weit, dass er Sinold-Schütz ein Memorial zur Korrektur vorlegte, bevor er es dem Reichshofrat präsentierte.[64] Zum Erfolg führten Raggis Bemühungen aber nicht, sodass er schließlich unverrichteter Dinge aus Wien abreiste.[65] Bei Raggi und seinen Vorgängern ist somit festzuhalten, dass sie sich zwar äußerst kritisch über die Korruption der Reichshofräte äußerten, dass sie aber nicht zögerten, sich die Offenheit der Reichshofräte für Zuwendungen zunutze zu machen, und dass sie diese differenziert bewerteten. Unverzeihlich war sie insbesondere dann, wenn ein Reichshofrat Bestechungen annahm, ohne die in Aussicht gestellten Gegenleistungen zu erbringen.

In den genuesischen Finalrelationen und Instruktionen des 18. Jahrhunderts sucht man derartige ausführliche Darlegungen zum Personal des Reichshofrats vergeblich. Erwähnt und benannt werden die Männer, mit denen man es zu tun hatte, aber durchaus, und einige erfahren in diesem Zusammenhang auch eine knappe Charakterisierung und Einordnung.

Zu denjenigen Reichshofräten, die man in der Mitte des 18. Jahrhunderts als geschworene Feinde der Republik Genua identifizierte, gehörte zweifellos der aus Frankfurt stammende Heinrich Christian (von) Senckenberg, der in seinem Opus *Imperii Germanici Ius ac Possessio in Genua Ligustica* die Reichshoheit über ganz Ligurien beanspruchte und als Referent in dem besonders heiklen Fall San Remo der Republik und ihren Diplomaten auch ganz konkret immer wieder in die Quere kam.[66] In einer Instruktion für Luca de Fornari vom Jahr 1766 beklagten die *Collegi*, dass Senckenberg mit seiner Idee, ganz Italien unterstünde der Herrschaft des Kaisers, den gesamten Reichshofrat gegen die Republik aufhetze.[67]

---

63 … *io riconoscerei dalla di lui favorevole assistenza la speditione*. Finalrelation Giambattista Raggis, 18. November 1662, AStGe, AS 2719.

64 Ebd.

65 Schnettger, „Principe sovrano" (wie Anm. 2), S. 106.

66 Zu Senckenberg vgl. Gschliesser, Der Reichshofrat (wie Anm. 16), S. 432 f.; Matthias Schnettger, Imperii Germanici Ius ac Possessio in Genua Ligustica. Heinrich Christian von Senckenberg und die Reichsrechte in Ligurien, in: Stephan Wendehorst (Hrsg.), Die Anatomie frühneuzeitlicher Imperien. Herrschaftsmanagement jenseits von Staat und Nation: Institutionen, Personal und Techniken (Bibliothek Altes Reich, 5), Berlin/Boston 2015, S. 281–301 (mit weiterer Literatur).

67 *Il Seckembergh, il di cui spirito accende ora, e muove tutto il cons*[igli]*o aulico, non fà più mistero*

Schließlich sei noch erwähnt, dass in den Quellen auch die Reichshofratsagenten berücksichtigt werden, derer sich die Republik Genua im 18. Jahrhundert mit großer Selbstverständlichkeit bediente, und das vor allem aus zwei Gründen: Zum einen konnten sie Aufgaben übernehmen, die der Würde eines genuesischen Gesandten und damit der Republik selbst als abträglich eingestuft wurden, wie die kniend zu absolvierende Eidesleistung vor dem Reichshofrat im Rahmen der Investitur(erneuerung).[68] Zum anderen wusste man um die Erfordernisse des Reichshofratsverfahrens, anerkannte man die Spezialkenntnisse der Agenten und zog ihren Korpsgeist ins Kalkül.[69]

4. Fazit

Der Blick in einige genuesische Instruktionen und Finalrelationen des 17. und 18. Jahrhunderts hat einen Eindruck davon vermittelt, was derartige Quellen und auch allgemein Gesandtschaftskorrespondenzen italienischer Provenienz zur Erforschung des Reichshofrats beitragen können. Die italienischen Ausführungen über den Reichshofrat als Institution und seine Prozessgrundsätze und gerade die Leerstellen, Verzeichnungen und Fehlperzeptionen in diesen Quellen geben Hinweise auf kulturelle Differenzen, Grenzen des Wissenstransfers, gegebenenfalls auch Konturen von Feindbildern – in anderen Fällen könnten es auch Idealvorstellungen sein. Damit können diese Quellen zugleich helfen, das

in tutti i suoi libri dati ultimamente alla luce, di questa imperialità, e chiama in diverse parti di essi l'Imperatore padrone e signore di tutta l'Italia. Instruktion für Luca de Fornari, Genua, 31. Dezember 1766, AStGe, AS 2716. Zur Gesandtschaft de Fornaris siehe oben, Anm. 4.

68 Schon 1612 hielt es Giacomo Saluzzo für unvereinbar mit seiner Würde als *ambasciatore* der Republik, vor dem Reichshofrat das *iuramentum* für die Lehen der Republik abzulegen, und übertrug diese Aufgabe seinem *gentiluomo* Giovanni Battista Saluzzo. Finalrelation Giacomo Saluzzos, Genua, 30. April 1613. AStGe, AS 2719.

69 So sahen die *Collegi* 1770 aufgrund der Darlegungen ihres Gesandten Luca de Fornari nach dem Tod des bisherigen genuesischen Reichshofratsagenten Muneretti entgegen ihren ursprünglichen Plänen davon ab, anstelle eines Reichshofratsagenten den maltesischen Agenten in Dienst zu nehmen: *... le difficoltà, che potevano opporsi a questa nostra deliberazione, e particolarmente quella dell'uso osservato da tutti gli altri principi feudatari di valersi in simili commissioni di qualche soggetto del corpo degli agenti aulici, tanto per la necessità di avere un procuratore informato delle materie feudali, e delle leggi, e formalità di codesti tribunali, quanto ancora per non indisporre tutto il suddetto corpo se si cercasse un pro*[curato]*re fuori di esso, aggiunto l'inconveniente, che in ogni modo lo stesso Maja sarebbe stato obbligato per qualunque atto giuridico di valersi dell'opera di un'agente aolico.* Instruktion für Giuseppe Doria, Genua, 25. Mai 1770. Zur Gesandtschaft Dorias siehe oben, Anm. 21. Zu den Reichshofratsagenten allgemein vgl. Thomas Dorfner, Mittler zwischen Haupt und Gliedern. Die Reichshofratsagenten und ihre Rolle im Verfahren (1658–1740) (Verhandeln, Verfahren, Entscheiden – Historische Perspektiven, 2), Münster 2015.

„Standing" des Reichshofrats in (Reichs-)Italien zu konturieren; dieses wiederum hatte Rückwirkungen auf die reichshofrätlichen Handlungsspielräume in den Lehensgebieten südlich der Alpen.

Ganz abgesehen natürlich von den Informationen, die diese Quellen zu den einzelnen Reichshofratsprozessen liefern, in die die betreffenden Fürsten oder Republiken involviert waren, können sie auch Erkenntnisse zur Geschichte des Reichshofratspersonals bzw. den Patronagebeziehungen in seinem Umfeld liefern. Und sie können praxeologische Zugänge zur Reichshofratsgeschichte ermöglichen. Waren doch die italienischen Diplomaten (ebenso wie Gesandte der deutschen Reichsstände am Kaiserhof) gezwungen, Praktiken, die kaum Eingang in die Reichshofratsakten fanden, in ihren Berichten an die Auftraggeber in Worte zu fassen. Hier ist insbesondere – aber nicht nur – an Praktiken der Einflussnahme auf die Reichshofratsmitglieder zu denken, die in ihrer Vielfalt und auch hinsichtlich ihrer zeitgenössischen Bewertung mit einem nicht weiter differenzierenden Korruptionsbegriff nur unzureichend abzubilden sind, sondern in dem weiten Feld frühneuzeitlicher Mikropolitik verortet werden müssen.[70]

---

70 Vgl. für weitergehende Überlegungen in diesem Zusammenhang Arne KARSTEN/Hillard von THIESSEN (Hrsg.), Nützliche Netzwerke und korrupte Seilschaften, Göttingen 2006; Jens Ivo ENGELS/Andreas FAHRMEIR/Alexander NÜTZENADEL (Hrsg.), Geld – Geschenke – Politik. Korruption im neuzeitlichen Europa (Historische Zeitschrift, Beiheft 48), München 2009; Ronald G. ASCH/Birgit EMICH/Jens Ivo ENGELS (Hrsg.), Integration – Legitimation – Korruption. Politische Patronage in Früher Neuzeit und Moderne, Frankfurt a. M. [u.a.] 2011; Jens Ivo ENGELS, Geschichte der Korruption. Von der Frühen Neuzeit bis ins 20. Jahrhundert (S. Fischer Geschichte), Frankfurt a. M. 2014, S. 37–82.

Anette Baumann

Visuelle Rechtskulturen

Augenscheinkarten am Reichshofrat oder von der Rechtsgeschichte zur visual history

1. Einleitung

1571 wandte sich Gräfin Margarethe von Mansfeld in einer dringenden persönlichen Angelegenheit an den Reichshofrat. Sie bat den Kaiser um ein Promotorialschreiben zur Beschleunigung ihres Prozesses am Reichskammergericht und um die Berufung einer Kommission, damit ihre „sequestrierte Leibzucht“ endlich restituiert werden könne.[1] Die Kommission sollte einen „Augenschein“ vornehmen, da die Gräfin befürchtete, dass „die Irrungen“ sonst nicht aufhören würden.[2] Der Akte liegt ein Kupferstich bei, der von dem Kartographen Tilemann Stella (1525–1589) 1571 gefertigt worden war (Abb. 1).[3]

Es handelt sich um einen Stich mit kombinierter Auf- und Ansicht, der das Mansfelder Territorium mit seinen Randbezirken zeigt. Im Norden wird es durch die Städte Quedlinburg, Aschersleben und Bernburg begrenzt und im Süden durch Thüringen. Im Osten ist die Grafschaft Stollberg zu erkennen und im Westen Halle. In die Karte selbst sind in Form von Chiffren Berge, Seen und Ortschaften eingezeichnet. Felder, Flüsse, Wälder, Städte und Ansiedlungen werden zusätzlich durch Wappen markiert, die so den Raum auch sozial konnotieren und örtliche Herrschaft verdeutlichen sollten.[4] An den beiden Längsseiten befinden sich zwei Schmuckstreifen, die mit einer Renaissancegirlande verziert sind. Eine Kartusche beinhaltet auf der rechten Seite die Typisierung der Ortschaften in Chiffren und zeigt ein Porträt Martin Luthers. Der linke Schmuckstreifen erklärt in lateinischer Sprache die Bedeutung Mansfelds und seiner reichen Bodenschätze, während als Pendant zu Luther das Porträt des Papstes abgebildet ist.

---

1 Allgemein zu Prozessen in Mansfelder Angelegenheiten: Tobias Schenk, Quellen zur Geschichte der Grafschaft und des Hauses Mansfeld aus den Akten des kaiserlichen Reichhofrates, in: Harz-Zeitschrift 66 (2014), S. 124–159.

2 Österreichisches Staatsarchiv, Haus-, Hof- und Staatsarchiv Wien (künftig: ÖStA HHStA) RHR, Antiqua, K. 295, Nr. 1, fol. 39r.

3 ÖStA HHStA Kartensammlung (künftig: Kslg.), Ke 3-5-08, Mansfeld 1571.

4 Susanne Rau, Räume: Konzepte, Wahrnehmung, Nutzungen, Frankfurt a. M. 2013.

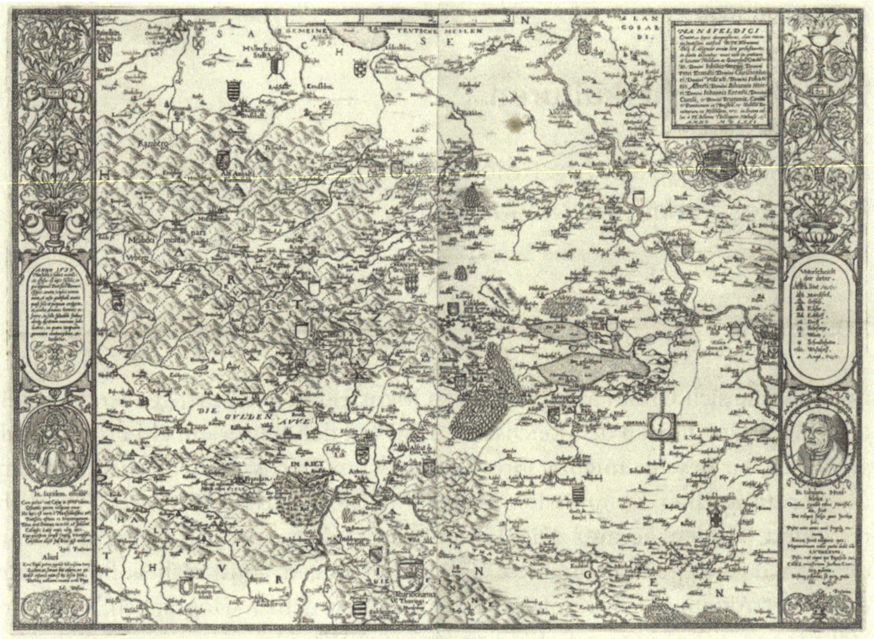

Abb. 1: Gegend um Mansfeld, Tilemann Stella, Kupferstich 1571, H 41 cm, B 60 cm, ÖStA HHStA Kslg., Ke 3-5-08, Mansfeld 1571.

Hinzu kommen weitere Erläuterungen. Ein Kompass verortet den Raum in seiner Umgebung. Am oberen Bildrand ist zudem ein Maßstab eingefügt.[5]

Rund zwanzig Jahre später stritten sich der reichsunmittelbare Hans Georg von Berlichingen und Graf Wolfgang II. von Hohenlohe-Neuenstein um die Herrschaft Schrozberg. Hier ist die Berufung einer Kommission dokumentiert, die die Gegend in Augenschein nahm und den strittigen Raum visualisieren ließ (Abb. 2).[6]

Jetzt entstand eine Nahaufnahme eines kleinen Gebietes in Form einer kolorierten Federzeichnung, die Schrozberg inmitten einer Landschaft mit Straßen, kleinen Teichen, Wassergräben und Krautgärten zeigt. Ein Kompass, der auf einer Wegkreuzung platziert ist, teilt dabei die Darstellung in vier Teile auf. Die unteren beiden Teile zeigen Äcker und mit Kraut bepflanzte Gärten, die durch Büsche und einen Grünstreifen von der Straße abgetrennt sind. Die beiden oberen Teile sind dagegen vielfältiger gestaltet. Ins Auge sticht hier die in einem

5 Der Stich wurde ohne die beiden Schmuckbänder mannigfach produziert. Die hier dargestellte Art ist meines Wissens eher selten.

6 ÖStA HHStA, RHR, Antiqua, K. 98, Nr. 1.

Abb. 2: Gegend um Schrozberg, unbekannter Maler, kolorierte Federzeichnung, 2. H. 16. Jh., H 34 cm, B 80 cm, ÖStA HHStA Kslg., Ke 3-5-08, Schrozberg.

See liegende, mit hohen Mauern befestigte Ansiedlung von Schrozberg, die nur durch eine Brücke mit dem ebenfalls befestigten Ufer verbunden ist. Der Ort ist von einem Zaun umgeben, innerhalb dessen sich ein Gemüsegarten und eine Wiese befinden. Mehrere Wasserläufe durchziehen das Gebiet. Ein Bach fließt über die Straße in die zweite Hälfte der Augenscheinkarte und speist dort einen See, an dessen oberem Ende ein „Schafhaus" steht. Dort finden sich ebenfalls mit Buschhecken umzäunte Krautgärten, Wiesen und Äcker. Handschriftliche Anmerkungen weisen zudem die Besitzer der Gärten und Wiesen aus. So werden das Schafhaus und Teile der Krautgärten als „berlingisch" bezeichnet, die Wiese um den Ort Schrozberg jedoch als „hohenlohisch".[7]

Diese darstellerische Vielfalt – vom farblosen Kupferstich bis zur kolorierten Federzeichnung, vom vermessenen Raum bis zur vielfältigen Darstellung von Landschaft – ähnelt dem Befund, den die zweite höchste Gerichtsinstanz, das Reichskammergericht, bietet. Während jedoch die Forschungen zur Visualisierung von Raum als Beweismittel beim Reichskammergericht und auch bei anderen Höchstgerichten, z. B. dem Parlement in Paris[8], im Moment in vollem Gange sind, ist der Reichshofrat ein eher unbekanntes Terrain, was eng mit der großen Zahl noch nicht tiefenerschlossener Akten zusammenhängt.[9] Die zahl-

7 ÖStA HHStA Kslg., Ke 3-5-08, Schrozberg.

8 Juliette Dumasy-Rabinaeu/Nadine Gastaldi/Camille Serchuk (Hrsg.), Quand les artistes dessinaient les cartes. Vues et figures de l'espace français Moyen Âge et Renaissance, Paris 2019.

9 Leopold Auer, Bildliche Quellen in den Prozessakten des Reichshofrats, in: Frank Daelemans u. a. (Hrsg.), Image et Imagination. Recueil d'articles offert à André Vanrie à l'occasion de son septantieme anniversaire, Bd. 2 (Archives et Bibliothèques de Belgique, Sonderbd. 91), Bruxelles 2010, S. 409–423. Peter Fleischmann (Hrsg.), Der Nürnberger Zeichner, Baumeister und Kartograph Hans Bien (1591–1632). Eine Ausstellung des Staatsarchivs Nürnberg zum 400. Geburtstag des Künstlers, Nürnberg 1991, S. 118–126.

reichen Veröffentlichungen zu den Augenscheinkarten des Reichskammergerichts in jüngster Zeit zeigen dies nur zu offensichtlich und machen eine große Forschungslücke erkennbar.[10] Aufgrund der Verzeichnungssituation ist es nur schwer möglich, die Augenscheinkarten des Reichshofrats in ihrer Gesamtheit zu beurteilen. Fest steht aber schon jetzt, dass die Gesamtzahl nicht zu gering einzuschätzen ist und im Umfang den reichskammergerichtlichen Bestand von rund 2.000 Augenscheinkarten übertreffen könnte. Insgesamt sind im Wiener Haus- Hof- und Staatsarchiv rund 100 Augenscheinkarten (Stand Juni 2023) aus unterschiedlichen, auch noch nicht verzeichneten Beständen bekannt (siehe Liste im Anhang). Im Projekt wurden bislang ca. 12.559 Akten aus den Beständen „Alte Prager Akten“ und „Antiqua“ verzeichnet. Die Gesamtzahl aller Judizialakten am Reichshofrat dürfte sich aber auf ca. 70.000 bis 80.000 belaufen. Im Bayerischen Hauptstaatsarchiv, das einen kleineren Umfang von rund 900 Reichshofratsakten besitzt, gibt es rund 50 Augenscheinkarten, die vorwiegend aus dem 18. Jahrhundert stammen.[11] In diesem Bestand beträgt der Anteil

10 Hier nur eine Auswahl: Anette BAUMANN, Karten vor Gericht. Augenscheinkarten der Vormoderne als Beweismittel, Darmstadt 2022; DIES., Augenscheinkarten aus Lübeck am Reichskammergericht, in: Zeitschrift für Lübeckische Geschichte 100 (2020/21), S. 415–448; DIES., Beweiskommissionen und Augenscheinkarten. Strategien der Visualisierung von Inaugenscheinnahmen am Reichskammergericht (1496–1806), in: Dies./Sabine Schmolinsky/Evelien Timpener (Hrsg.), Raum und Recht. Visualisierung von Rechtsansprüchen in der Vormoderene (bibliothek altes Reich, künftig: baR, 29) Berlin/Boston 2020, S. 83–107; DIES., Augenscheinkarten am Reichskammergericht 1495–1806 (Schriftenreihe der Gesellschaft für Reichskammergerichtsforschung, 47), Wetzlar 2019; DIES., Visuelle Evidenz. Beobachtung zu Inaugenscheinnahme und Augenscheinkarten am Reichskammergericht (1495–1806), in: Rechtsgeschichte – Legal History 27 (2019), S. 458–463. Evelien TIMPENER, In Augenschein genommen. Hessische Lokal- und Regionalkartographie in Text und Bild (1500–1575) (baR, 38), München 2022; DIES., Die Karte als Argument? Bildliche Darstellungen von territorialen Verhältnissen in Reichskammergerichtsprozessen zwischen Frankfurt und Hanau-Münzenberg im 16. Jahrhundert, in: Mathias Kälble/Helge Wittmann (Hrsg.), Reichsstadt als Argument. 6. Tagung des Mühlhäuser Arbeitskreises für Reichsstadtgeschichte Mühlhausen 12.–14.02.2018, Petersberg 2019, S. 195–219; Thomas HORST, Die älteren Manuskriptkarten Altbayerns. Eine kartographiehistorische Studie zum Augenscheinplan unter besonderer Berücksichtigung der Kultur- und Klimageschichte (Schriftenreihe zur bayerischen Landesgeschichte, 161), 2 Bde., München 2009; Gabriele RECKER, Gemalt, gezeichnet und kopiert. Karten in den Akten des Reichskammergerichts (Schriftenreihe der Gesellschaft für Reichskammergerichtsforschung, 30), Wetzlar 2004; DIES., Prozeßkarten in den Reichskammergerichtsakten. Ein methodischer Beitrag zur Erschließung und Auswertung einer Quellengattung, in: Anette Baumann/Stefan Ehrenpreis/Stephan Wendehorst/Siegrid Westphal (Hrsg.), Prozeßakten als Quelle. Neue Ansätze zur Erforschung der Höchsten Gerichtsbarkeit im Alten Reich (Quellen und Forschungen zur höchsten Gerichtsbarkeit im Alten Reich, künftig: QFHG, 37), Köln/Weimar/Wien 2001, S. 165–182.

11 Siehe Friedrich BATTENBERG, Reichshofratsakten in den deutschen Staatsarchiven. Eine vorläufige Bestandsaufnahme, in: Wolfgang Sellert (Hrsg.), Reichshofrat und Reichskammergericht. Ein Konkurrenzverhältnis (QFHG, 34), Köln/Weimar/Wien 1999, S. 221–251, S. 236.

der Akten mit Augenscheinkarten rund 5,5 %. Überträgt man diese Zahl auf alle Reichshofratsakten käme man bei einem angenommenen Gesamtbestand von 70.000 bis 80.000 Judizialakten auf rund 3.850 Augenscheinkarten. Verluste sowie die ungleiche Verteilung der Augenscheinkarten – am Reichskammergericht gab es im 18. Jahrhundert deutlich mehr Augenscheinkarten als im 16. Jahrhundert – können dabei leider nicht beziffert werden.

Auf Grund dieser fragmentarischen Befunde ist es zum jetzigen Zeitpunkt nicht möglich, eine umfassende grundlegende Studie zu den Augenscheinkarten des Reichshofrats zu liefern. Hier müsste ein umfangreiches Forschungsprojekt gestartet werden. Es können aber einige Augenscheinkarten des Reichshofrats mit den neuen Erkenntnissen zur Visualisierung von Raum am Reichskammergericht verglichen, und es kann nach Gemeinsamkeiten und Unterschieden gefragt werden. Dies soll im Folgenden geschehen.

Hierzu werden zuerst die Ergebnisse zur Visualisierung von Raum bezüglich des Reichskammergerichts vorgestellt und dann in einem zweiten Schritt überprüft, welche Parallelen sich zwischen Reichshofrat und Reichskammergericht ziehen lassen.

2. Visualisierung von Raum in Augenscheinkarten des Reichskammergerichts

Augenscheinkarten am Reichskammergericht werden als die Übersetzung der subjektiven Wahrnehmung der Prozessparteien in ein visuelles Medium definiert. Sie sind eine eigene Bild- und Quellengattung und erst in jüngster Zeit ein Gegenstand der Forschung. Da in den Quellen für diese Bildgattung kein einheitlicher Begriff existiert, wird der Analysebegriff „Augenscheinkarten" benutzt. Er leitet sich von dem Quellenbegriff „Augenschein" ab und macht die beiden zeitgenössischen Bedeutungen von „Augenschein" deutlich: zum einen die Inaugenscheinnahme selbst, die meist von einer Kommission vorgenommen wurde, und zum anderen die Fixierung der Handlung auf ein Medium.[12] Weitere Quellenbezeichnungen für die Visualisierung von Raum sind „Abriß", „Riss" oder „Contrafactur".

Am Reichskammergericht wurde der umstrittene Raum durch eine Kommission in Augenschein genommen. Sie entwickelte im Rahmen des sogenannten Artikelverfahrens[13] zusammen mit den Parteien einen Fragenkatalog, der dann den Zeugen vorgelegt wurde. Zur Befragung waren die Parteien und ihre Ver-

12 Baumann, Karten vor Gericht (wie Anm. 10), S. 198.

13 Peter Oestmann, Art. Artikelverfahren, in: HRG 1 (2005), Sp. 313–314.

treter, also Advokaten und Prokuratoren, geladen. Darüber wurde ein Protokoll verfertigt. Im Rahmen dieses Beweiserhebungsverfahrens wurde bei Bedarf auch ein Maler/Geometer oder Ingenieur verpflichtet. Er sollte den Raum im Dialog mit den Parteien, den Zeugen und der Kommission visualisieren. Hierzu musste der Maler/Geometer einen Eid schwören, dass er niemanden benachteiligen oder übervorteilen würde. Der Eid, der nicht standardisiert war, konnte auch eine genaue Gebrauchsanweisung zur Darstellung des Raumes enthalten.[14]

Am Reichskammergericht gab es unterschiedliche Kommissionsformen: Zum einen konnten sich alle Parteien auf eine Kommission einigen. Zweitens gab es die Möglichkeit, dass beide Parteien getrennt eine Kommission einsetzen ließen, allerdings jeweils mit Beteiligung der gegnerischen Partei. In einer dritten Variante konnte sich das Gericht dazu selbst entschließen.[15] Im Laufe der Zeit traten die tatsächlichen Inaugenscheinnahmen in Form einer Kommission in den Hintergrund. Ursachen hierfür sind u. a. die Abschaffung des Artikelverfahrens und wohl auch die Hinwendung vom Zeugen- zum Sachbeweis.[16] Eine direkte Regelung des Ortstermins mit einer Inaugenscheinnahme gab es in der Reichskammergerichtsordnung von 1555 nicht. Grundsätzlich sagt sie wenig darüber aus.[17] Festzuhalten bleibt aber, dass die Prozessparteien und die Richter sich bis in das 18. Jahrhundert an dem Werk von Rutger Ruland „De commissariis et commissionibus" orientierten, das in erster Auflage 1597 erschien und bis zum Jahr 1724 15 Auflagen erfuhr.[18] Seine Ausführungen bildeten auch die Grundlagen für die Darstellungspraktiken der Maler/Feldmesser.

Die Funktion der Augenscheinkarte als Beweismittel erforderte in verschiedenen Jahrhunderten je nach Darstellungsgegenstand unterschiedliche Formen der Visualisierung, die eng mit der jeweiligen Auffassung von Evidenz verbunden waren. Entscheidend war vor allem in den frühen Augenscheinkarten, dass die Augenscheinlichkeit Wirklichkeits- und Darstellungsprinzip gleichsetzte. Das brachte eine spezielle Bildsprache wie den „wandernden" oder „sich drehenden" Blick mit sich.[19] Der Betrachter musste sich dazu gedanklich in die in der Augenscheinkarte visualisierte Landschaft begeben und mit den Blicken durch die

---

14 Baumann, Beweiskommissionen (wie Anm. 10), S. 83–107. Stefan Hermel/Stefan Meister/Gabriele Recker, Ein Streit um Hoheitsrechte in der Gemarkung Kröftel, in: Nassauische Annalen 115 (2004), S. 119–184.

15 Baumann, Beweiskommissionen (wie Anm. 10), S. 89 ff.

16 Baumann, Karten vor Gericht (wie Anm. 10), siehe Kapitel VII. Vom Zeugenbeweis zum Sachbeweis oder die Erweiterung des Bildspektrums, S. 185–198.

17 Bettina Dick, Die Entwicklung des Kameralprozesses nach den Ordnungen von 1495 bis 1555 (QFHG, 10), Köln/Wien 1981, S. 172.

18 Rutger Rulant, De commissariis et commissionibus camerae imperialis [...], Frankfurt a. M. 1597.

19 Siehe hierzu Baumann, Karten vor Gericht (wie Anm. 10), S. 99–129.

Landschaft wandern oder sich um seine eigene Achse drehen. Es entstand eine performative Augenzeugenschaft, in der der Richter an der Kommission und deren Inszenierung imaginär teilhaben konnte.[20]

Die Maler/Kartographen besaßen zudem die Möglichkeit, mithilfe des kartographischen Zeichensystems, also mit Messung und Mathematik, dem Betrachter einen starren, körperlosen Blick aufzuzwingen. Der Betrachter des Bildes befand sich nun außerhalb des Bildes, dessen Entfernungen jederzeit und überall nachprüfbar waren. Ein imaginäres Hineinbegeben in die Augenscheinkarte war hier nicht vorgesehen und auch ausdrücklich nicht gewünscht. Es entstand eine Diskrepanz zwischen Augenzeugenschaft und Messbarkeit des Territoriums.[21]

Im Laufe des 18. Jahrhunderts löste sich dieses Spannungsverhältnis, in dem Augenzeugenschaft in verschiedene Visualisierungsformen aufgespalten wurde. Ereignisse, Räume und Eigenschaften von Dingen wurden jetzt getrennt dargestellt. In der Folge entstanden zahlreiche neue Argumentationstechniken.[22] Wichtig ist auch: Zweit- und Drittexemplare von Augenscheinkarten wurden häufig für die Prozessparteien angefertigt. Sie sind zum Teil heute noch in den Parteiakten überliefert und können so helfen, am Gericht verlorengegangene Exemplare zu rekonstruieren. Manchmal griffen die Prozessparteien auch auf bereits vorhandenes Kartenmaterial zurück und veränderten es im Sinne des Streitgegenstandes. Dies geschah vorwiegend im 18. Jahrhundert.[23]

3. Augenscheinkarten am Reichshofrat – Formale Voraussetzungen und die Arbeit der Kommissionen

In der Reichshofratsordnung wurde der Augenschein als Besichtigung der Richter in einer streitigen Sache definiert. Der Augenscheinbeweis galt als der stärkste Beweis.[24] Am Reichshofrat konnte eine Hof- oder eine Lokalkommission die Besichtigung des Raumes vornehmen. Die Kosten musste der Kläger tragen. Eine Visualisierung des Raumes sollte in Form eines „Abrisses“ durch beeidete Feldmesser vorgenommen werden.[25] Ein Blick in die Reichshofratsakten und damit auf die tatsächlich durchgeführten Praktiken zeigt: Es werden Kommissionen gefordert und durchgeführt, auch Augenscheinkarten liegen bei.

20 Ebd., S. 199.

21 Ebd., S. 129–138.

22 Ebd.

23 Ebd., S. 137 f.

24 Wolfgang Sellert, Prozeßgrundsätze und Stilus Curiae am Reichshofrat (Untersuchungen zur deutschen Staats- und Rechtsgeschichte, NF., 18), Aalen 1973, S. 306.

25 Ebd., S. 307.

Hörster tieff
confluentz beyder tieffe.

Abb. 3: Gegend um Godens, unbekannter Maler, kolorierte Federzeichnung nach 1632, H 48 cm, B 63 cm, ÖStA HHStA RHR Antiqua, 486-1, fol. 75r.

Der Zusammenhang zwischen Kommission und Karte ist aber häufig nicht ganz eindeutig. Es werden Augenscheinkarten ohne Kommissionen eingereicht, oder der Zusammenhang zwischen eingereichter Augenscheinkarte und tatsächlicher Kommission ist nicht ganz klar. Das ist etwa im Eingangsbeispiel zur Gräfin von Mansfeld der Fall.[26] Reichte die vorgenommene Visualisierung durch die Parteien den Reichshofräten nicht aus, wurde eine Kommission ernannt, um das Versäumte nachzuholen. Die weiteren Umstände bleiben häufig undurchsichtig. Der Hintergrund für dieses Phänomen könnte unterschiedliche Ursachen haben: So besagte ein Gemeiner Bescheid des Reichshofrats vom 11. Juni 1674,[27] dass schriftliche Beweisdokumente nur zusammen mit der Klage oder im ersten förmlichen Termin vorgelegt werden sollten. Beklagte mussten sie in der Exzeptionsschrift oder wenigstens in einer ferneren Handlung nachreichen. Das Bestreben nach möglichst knapper Sach- und Streitdarstellung stand dabei im Vordergrund und beeinflusste auch den Ablauf von Kommissionen und Inaugenscheinnahmen und damit auch die Visualisierung von Raum.[28]

Es gab also mehrere Möglichkeiten, um Augenscheinkarten beim Reichshofrat vorzulegen. Vielleicht ist die Ursache der fehlenden Überlieferung auch nur eine chaotische Aktenablage. Fest steht jedenfalls: die Vorlage ohne Kommission wurde am Reichskammergericht erst im Zusammenhang mit der Abschaffung des Artikelverfahrens nach 1654 aktuell, am Reichshofrat war dies offensichtlich schon im 16. Jahrhundert wenigstens teilweise in Gebrauch. Allerdings hatte dieses verkürzte Verfahren den Nachteil, dass von jeder Partei Augenscheinkarten eingereicht wurden, die so unterschiedlich waren, dass der Reichshofrat dann doch eine Kommission zu Rate ziehen musste bzw. es vorzog, selbst tätig zu werden. Dies ist jedenfalls in den beiden Prozessen Graf Franz Anton Günther von Oldenburg gegen Margarethe Frydag zu Gödens[29] 1656–1667 und Graf Anton Günther von Oldenburg gegen Graf Enno III. von Ostfriesland[30] 1621–1649 der Fall. Streitpunkte sind in beiden Fällen durch Naturgewalten, speziell Sturmfluten, veränderte Grenzen.

Im Prozess Graf Anton Günthers von Oldenburg gegen Margarethe Elisabeth von Frydag zu Gödens um einen Vertrag von 1632 und den darüber geschlosse-

---

26 Z. B. ÖStA HHStA, RHR, Antiqua, K. 486, Nr. 1, fol. 75r, oder RHR, Antiqua, K. 619, Nr. 1, fol. 6r, RHR, Antiqua, K. 497, Nr. 1, fol. 113r, oder Kslg., Ke 3-5/8.

27 Peter Oestmann, Gemeine Bescheide, Teil 2: Reichshofrat (QFHG, 63,2), Köln/Weimar/Wien 2017, S. 135 f. und S. 139 f.

28 Ebd., S. 139 f.

29 Siehe ÖStA HHStA, RHR, Antiqua, K. 486, Nr. 1. Auch hier gibt es mehrere Karten. Siehe fol. 75r, 287r und (durch die Kommission) 454r.

30 ÖStA HHStA, RHR, Antiqua, K. 492, Nr. 1, fol. 274r, 317r, 318r, 328r. Hier ließ die Kommission gleich mehrere Augenscheinkarten anfertigen.

nen Vergleich über ein Stück Land kam es deshalb zu einem lebhaften Austausch unterschiedlicher Karten. Die erste Augenscheinkarte besteht aus einzelnen großen braunen und grünen Flächen, die durch ein Wassersystem und Straßen durchzogen sind. Oberhalb der braunen Fläche sind drei unterschiedliche zackige Linien in Gold, Blau und Rot erkennbar. Sie markieren das strittige Gelände, um das sich die Auseinandersetzung vor dem Reichshofrat dreht. An die jeweiligen Linien sind Werte in den in Ostfriesland gebräuchlichen Maßeinheiten geschrieben (Abb. 3).[31]

Diese Karte stammte von dem oldenburgischen Anwalt. Bei der zweiten Augenscheinkarte handelt es sich im Prinzip um die gleiche Darstellung, allerdings weichen die Maßangaben von der oldenburgischen Karte ab. Die goldene Linie ist zudem mit „alter oldenburgischer Grenzgraben de anno 24“ bezeichnet, während über der roten Linie „new-veraccordirte Grentzlinie de anno 1632“ steht. Die blaue Linie trägt keine Überschrift (Abb. 4).[32]

Die dritte und letzte Augenscheinkarte wurde im Auftrag einer „commissio ad ocularem inspectionem“ angefertigt. Der beauftragte Kommissar Graf Hermann Adolf zur Lippe sollte Zeugen vernehmen, Originaldokumente einsehen und die angelegten Gräben besichtigen.[33] Außerdem sollte er versuchen, die Parteien gütlich zu vergleichen. Es handelte sich also um eine Kommission, die über die reine Beweisaufnahme hinaus in Form eines Augenscheins versuchen sollte, die Parteien zu befrieden.[34] In den Akten der Kommission findet sich ein Eid des Landvermessers und Ingenieurs Tammo Falck (1621–1697) aus Emden, der mit seinem Gehilfen Gerd Cornelius Meyer das strittige Gelände vermaß. Falck wurde gewählt, weil er nicht aus dem Oldenburgischen stammte und somit als neutral und unbeeinflussbar galt. Der Landvermesser musste schwören, dass er in der Grenzsache zwischen Oldenburg und Grafenholz die umstrittene Grenze von der „Confluenz bis zum Gödenser Siel“ ausmessen und mit den Angaben von 1624 vergleichen würde. Dabei sollte die Grenze nach jeverschem Maß vermessen werden. Dies sollte zudem für keinen Teil „zu nütz oder zu schaden, zu viel oder zu wenig“ geschehen.[35] Die goldene Linie ist dabei in der Augenscheinkarte die alte oldenburgische Grenze, die rote Linie symbolisiert die neue Grenze und die blaue Linie einen Graben, den die Gödenschen Untertanen nach der geschehenen Abmessung ausgehoben hatten (Abb. 5).

31 ÖStA HHStA, RHR, Antiqua, K. 486, Nr. 1, fol. 75r.

32 Ebd., fol. 287r.

33 Ebd., fol. 89r ff.

34 Zu Kommissionen am Reichshofrat allgemein, allerdings nur für einen begrenzten Zeitraum: Eva Ortlieb, Die kaiserlichen Kommissionen des Reichshofrats und die Regelung von Konflikten im Alten Reich (1637–1657) (QFHG, 38), Köln/Weimar/Wien 2001.

35 ÖStA HHStA, RHR, Antiqua, K. 486, Nr. 1, fol. 445r, Nr. 38.

Confluentz

Abb. 4: Gegend um Godens, unbekannter Maler, kolorierte Federzeichnung nach 1632, H 45 cm, B 58 cm, ÖStA HHStA RHR Antiqua, 486-1, fol. 287r.

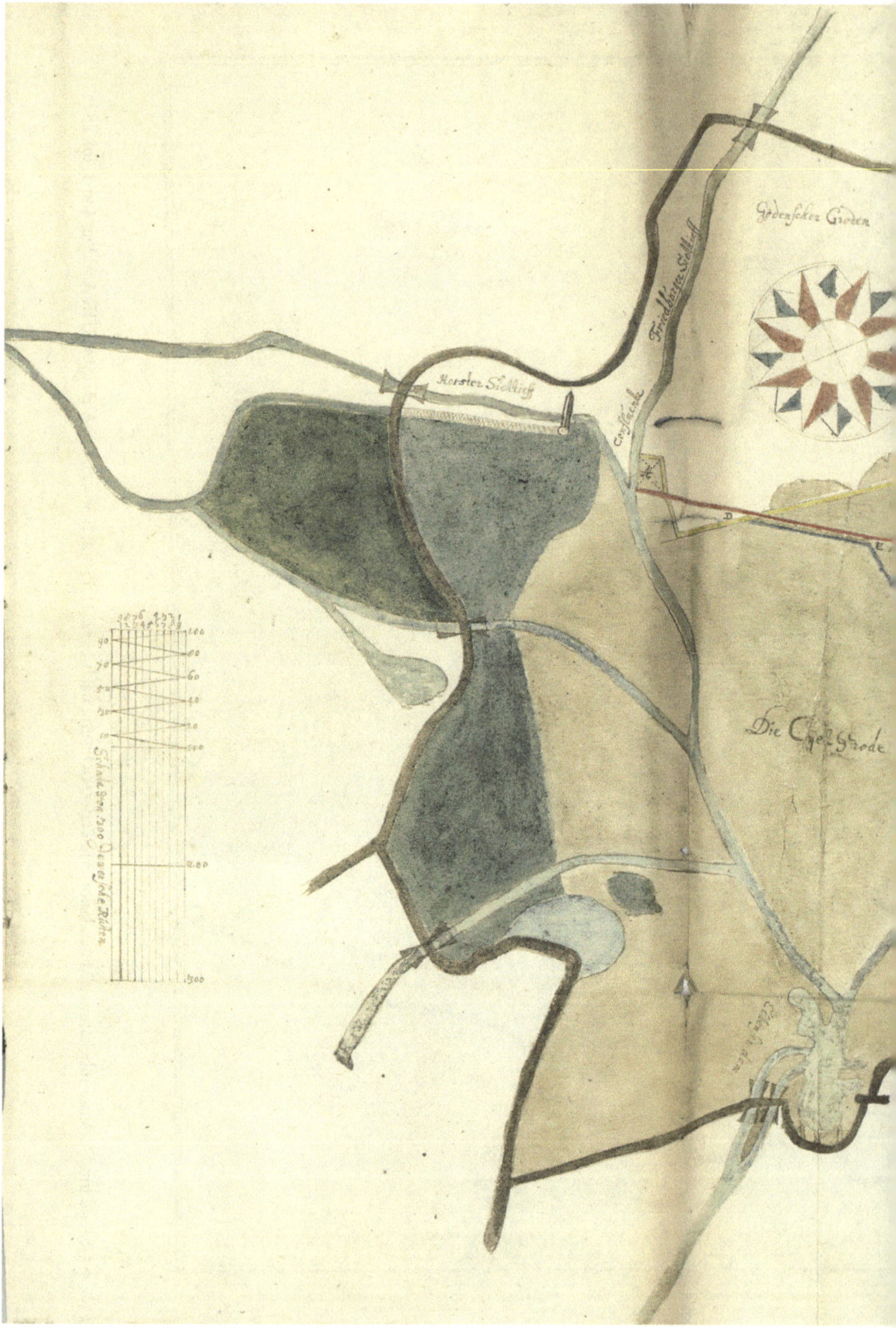

Abb. 5: Gegend um Godens, Tammo Falck, kolorierte Federzeichnung, nach 1624, H 40 cm, B 42 cm, ÖStA HHStA RHR Antiqua, 486-1, fol. 445r, Nr. 38.

Abb. 6: Land Ellens, unbekannter Maler, kolorierte Federzeichnung, ca. 1. H. 17. Jh., H 33 cm, B 42 cm, ÖStA HHStA RHR Antiqua, 492-1, fol. 97r.

Aus dem Kommissionsrotulus geht zudem hervor, dass erst nach der Inaugenscheinnahme und der Verfertigung der Augenscheinkarte die Zeugen befragt wurden. Anwesend war auch Margarethe Frydag zu Gödens, die in einem Zelt über die Ergebnisse der Messung informiert wurde.[36] Auch am Reichskammergericht war es üblich, wenn auch nicht die Regel, dass die Parteien oder ihre Vertreter die Kommission begleiteten.

Betrachtet man die Augenscheinkarte, die durch Falcke erstellt wurde, genauer, so kann man sehen, dass Falcke auf Basis der Triangulation die Geländeteile vermessen hat. Er fügte auch einen Transversalmaßstab bei, der es dem Betrachter der Karte erlaubt, selbst mit Hilfe eines Zirkels die einzelnen Strecken nachzumessen. Es handelt sich hier um eine in der Gesellschaft der Frühen Neuzeit häufig geübte Praxis. Es gibt zahlreiche Gemälde, die den Vorgang des Messens abbilden. Am berühmtesten ist wohl das Bild „Der Kartograph" von Jan Vermeer, der diesen Vorgang eindrücklich festhält. Gleichzeitig ist der heutige Betrachter verwirrt, da die Abbildung der „Newstadt" nicht unseren auf Messung beruhenden Sehkonventionen entspricht. Hier hat sich ein Element des „drehenden Blicks" hineingeschlichen, der versucht, den Blick der Kommission im Moment der Ortsbesichtigung aufzuzeigen. Performative Augenzeugenschaft und der körperlose Blick werden auf dieser Karte gleichzeitig dargestellt. Sie vereinigten so unterschiedliche Sehgewohnheiten und -praktiken und manifestieren damit die Beweiskraft der Augenscheinkarte.

In einem weiteren Prozess aus Ostfriesland stritt sich Graf Anton Günther von Oldenburg mit Graf Enno II. von Ostfriesland. Es ging dabei um das durch den Deichbau des Grafen von Oldenburg neu gewonnene Land, das sog. Ellens, das zwischen dem Friedeburger und dem Gödenser Siel angelegt worden war und gleichzeitig die Grenze zwischen den beiden Grafschaften Oldenburg und Ostfriesland bildete.[37] Insgesamt kann der Prozess mit sechs recht unterschiedlichen Karten aufwarten.[38] Spannend ist dabei, dass die Augenscheinkarten eine sehr unterschiedliche künstlerische Qualität besitzen, die es wohl erlaubte, Sachverhalte zu kaschieren. Auf der ersten Augenscheinkarte werden die Siele um das Haus Gödens dargestellt, das am unteren Bildrand angeschnitten ist. Das Land, das in ockerbraun, grüngelb und türkis ausgeführt ist, wird durch Siele und einzelne Ansammlungen von Häusern und Windmühlen gegliedert. Oberhalb des Hauses Gödens findet sich zudem eine größere Ansammlung von Häusern, die als „Bödenser Neustadt" bezeichnet werden (Abb. 6).[39]

---

36 Ebd., fol. 204v.

37 ÖStA HHStA, RHR, Antiqua, K. 492, Nr. 1.

38 ÖStA HHStA, RHR, Antiqua K. 492, Nr. 1, fol. 97r. Sie wurde durch eine der Parteien eingereicht. Im Kommissionsrotulus befinden sich vier Augenscheinkarten: fol. 274r, 317r, 318r, und 328r. Für eine weitere Karte siehe fol. 521rv.

39 ÖStA HHStA, RHR, Antiqua K. 492, Nr. 1, fol. 97r.

Die weiteren Augenscheinkarten entstanden im Rahmen der Kommission, die von dem Juristen Johann Adam von Hammerstein, Heinrich von Galen und Justus Brüning durchgeführt wurde. Die erste Augenscheinkarte wurde von Frydag zu Gödens vorgelegt. Sie zeigt Dämme und Siele und die Nordsee in Höhe der Insel Wangerooge, die am oberen Ende der Augenscheinkarte zu sehen ist. Die verschiedenen Groden, damit ist angeschwemmtes Deichvorland gemeint, sind dabei ebenfalls unterschiedlich farbig gestaltet. Ein Maßstab fehlt.[40] Die Augenscheinkarte von Oldenburg zeigt die gleiche Geländesituation, erläutert aber mit Buchstaben die Situation in dem strittigen Gebiet. Außerdem handelt es sich hier um eine schwarz-weißfarbige Federzeichnung.[41] Die dritte Augenscheinkarte ist dagegen sehr skizzenhaft, weist aber einen Maßstab auf.[42] Die Augenscheinkarte, die von der Kommission in Auftrag gegeben wurde, ist quasi eine Vergrößerung der beiden Parteikarten, die den Fokus stärker auf das umstrittene Gebiet lenkt (Abb. 7).

Sie ist in braunen, gelben und lila Tönen gehalten und besitzt wie die oldenburgische Augenscheinkarte einen Kompass und zusätzlich einen Maßstab.[43] Die Augenscheinkarte stammt von dem Ingenieur und Maler Johannes von Volterbach, von dem nichts Näheres bekannt ist.

Die in den Akten liegende letzte Augenscheinkarte unterscheidet sich wiederum von den Augenscheinkarten in den Kommissionsakten.[44] Auch hier handelt es sich um eine Landschaft, die von verschiedenen Sielen und Dämmen durchzogen ist und einzelne Ansiedlungen und Windmühlen aufweist. Die dazwischen liegenden Flächen sind in der Mitte braun und an den Rändern grün gefärbt. Ein Abschnitt, der als ostfriesisch bezeichnet wird und sich in der oberen linken Bildhälfte befindet, ist zudem gelb. Es handelt sich um das ostfriesische Amt Friedeburg. In der unteren Bildmitte ist dagegen eine Meeresbucht mit einer Hafenanlage zu sehen, in der Schiffe kreuzen. Am unteren rechten Rand ist ein Kompass, über dem ein Meerungeheuer erscheint, zu sehen (Abb. 8).[45]

Diese Akte mit den verschiedenen Augenscheinkarten von unterschiedlichen Produzenten wirft ein Schlaglicht auf das Funktionieren einer reichshofrätlichen Beweiskommission, die vor Ort die Augenscheinkarten der Parteien entgegennahm und dann eine eigene Karte anfertigen ließ. Dieses Vorgehen ist in der Form am Reichskammergericht bisher nicht bekannt. Denn dort beauftragten die Parteien entweder zwei Kommissionen oder sie einigten sich auf eine gemeinsame.

40 Ebd., fol. 274r.
41 Ebd., fol. 317r.
42 Ebd., fol. 318r.
43 Ebd., fol. 328r.
44 Ebd., fol. 521v.
45 Ebd.

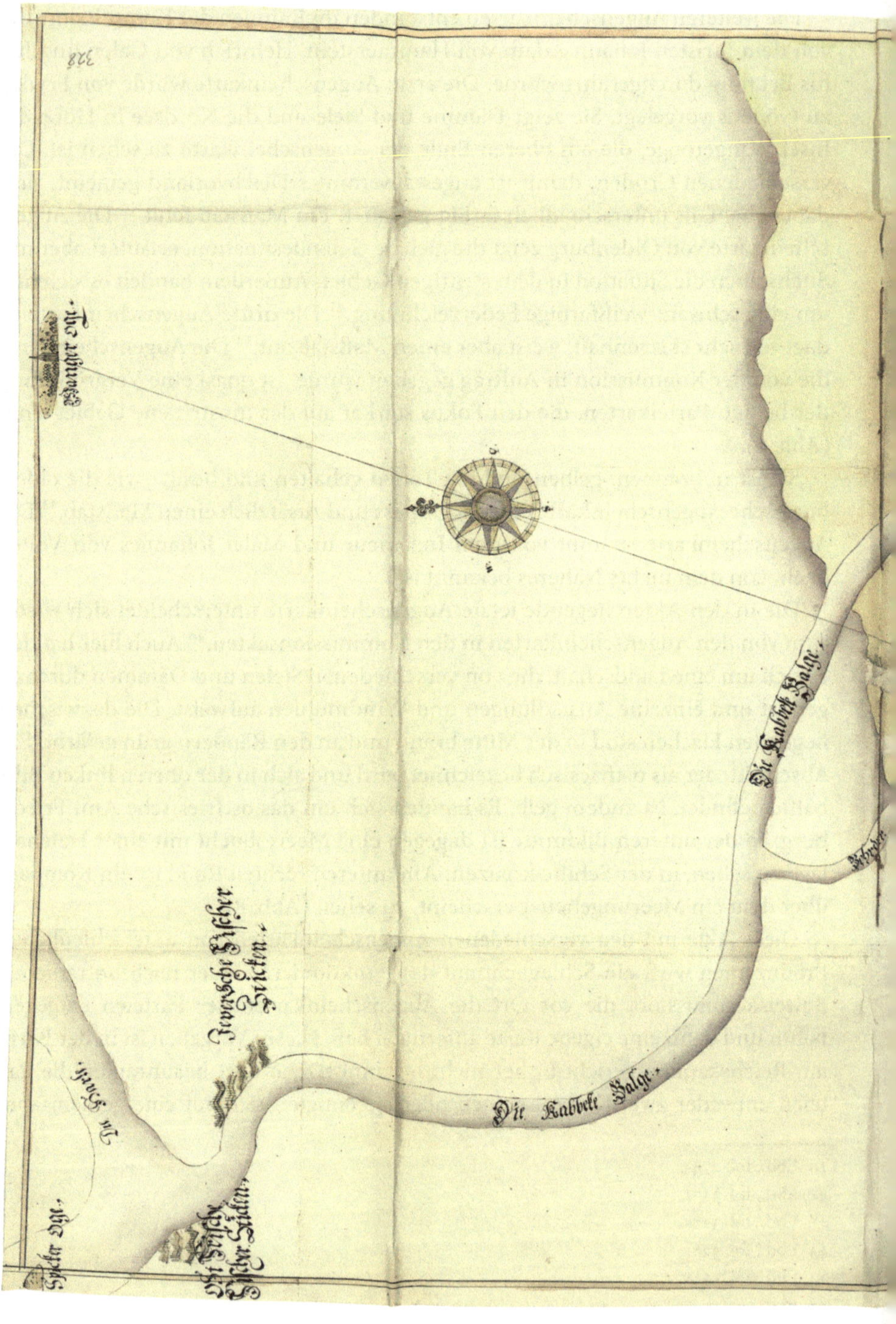
328
Die Kabbele Balge

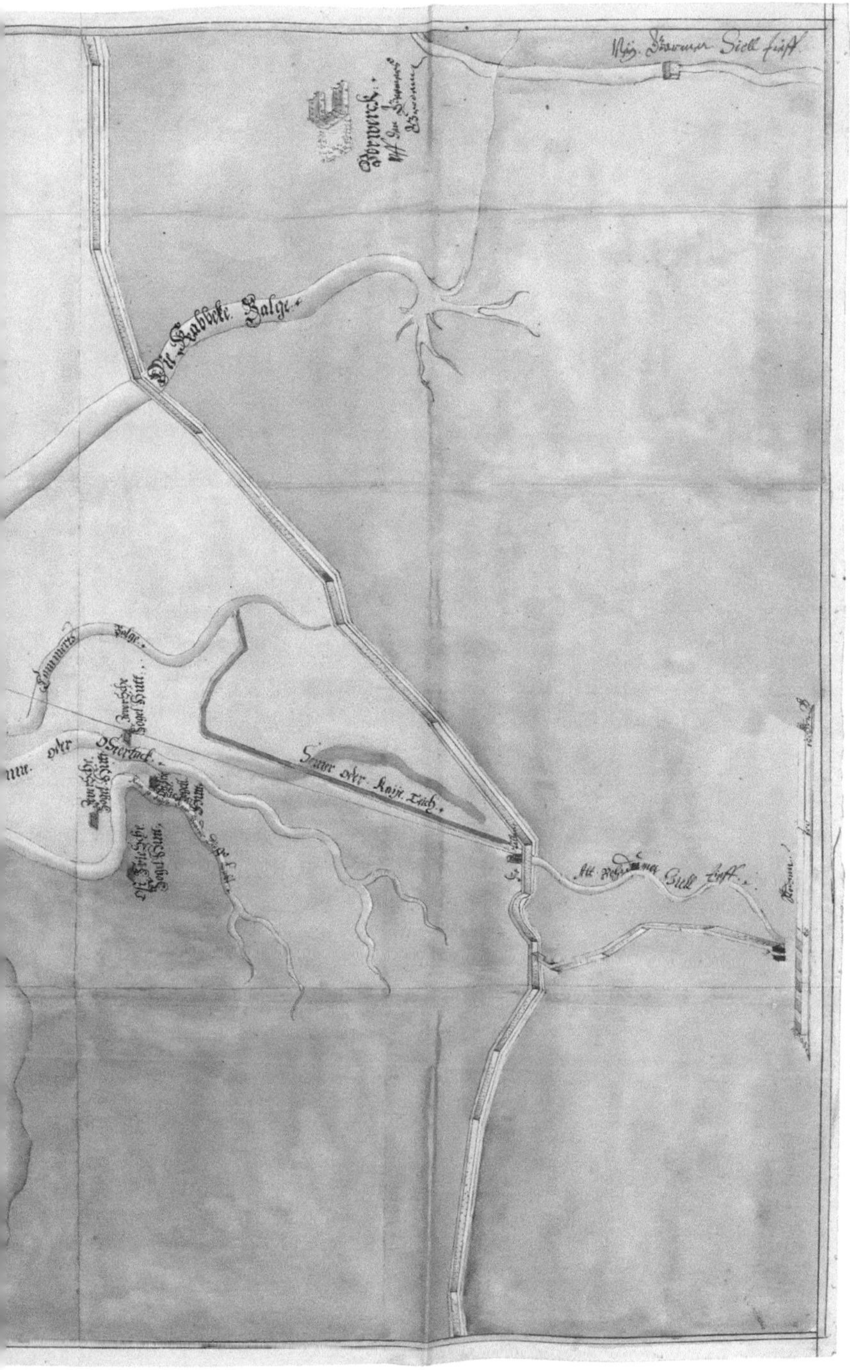

Abb. 7: Das Land Ellens, Johannes von Volterbach (1. H. 17. Jh.), kolorierte Federzeichnung, 1. H. 17. Jh., H 74 cm, B 55 cm, ÖStA HHStA RHR Antiqua, 492-1, fol. 328r.

Daß Ostfriesische
Das
Oldden
burgische
D
C
E
E

Abb. 8: Land um Ellens, unbekannter Maler, kolorierte Federzeichnung, 1. H. 17. Jh., H 49 cm, B 66 cm, ÖStA HHStA RHR Antiqua, 492-1, fol. 521v.

Das Reichskammergericht wurde nur dann aktiv, wenn die Augenscheinkarten der getrennt stattfindenden Kommissionen vor Ort nicht den Erwartungen am Sitz des Gerichts in Speyer oder Wetzlar entsprachen.[46] Interessant ist hier aber auch, dass nur die Augenscheinkarte der Kommission Kompass und Maßstab enthielt. Die Parteien hatten dagegen ganz andere Vorstellungen von einer Augenscheinkarte oder hielten diese Form von Visualisierung einfach nicht für notwendig. Eine weitere Möglichkeit bestand auch darin, dass man sich bewusst der Messung des eigenen Landes widersetzen wollte, letztlich damit aber keinen Erfolg hatte.

4. Der „sich drehende Blick" in Augenscheinkarten des Reichshofrats

Eine komplette und sehr prächtige Darstellung in Form des sich drehenden Blicks findet sich besonders anschaulich in der Akte zum Streit zwischen der Stadt Kempten und dem Stift Kempten.[47] In dem Fall ging es um den Ausbau der reichsstädtischen Befestigungsmauern. Die Stadttore waren als Schutz vor marodierenden Banden durch die Stadt mit Wachhäusern verstärkt worden.[48] Der Abt des Klosters war mit dem Ausbau eines Wachhäusleins nicht einverstanden, da es den Lichteinfall in die Zimmer des Klosters behindere und man von dem Wachhäuslein aus direkt auf die Tafelstube des Prälaten und weitere Zimmer schauen könne.[49] Der Reichshofrat entschloss sich, eine Kommission nach Kempten zu schicken, um die räumliche Situation vor Ort in Augenschein nehmen zu können. Ursprünglich hatte man dafür die kreisausschreibenden Fürsten des Schwäbischen Kreises als Kommissare vorgesehen, dann aber Erzherzog Leopold berufen.[50] Versuchen wir, uns auf der Karte zu orientieren und den Gang der Kommission nachzuvollziehen.

Der Betrachter nimmt die Position der drei Kommissare unterhalb des Tores ein. Ein Drehen um die eigene Achse zeigt uns, was wir von diesem Standort aus sehen. Der Text in der Karte hilft uns dabei. So heißt es oberhalb der stiftischen Gebäude: *Abriß wie daß F. Stefft Kempten mit seinen gebewen, und Zimern gegen der Statt Kempten Weren der No. nach anzuesehen*. Daneben sind die Gebäudeteile mit den dazugehörigen Nummern aufgelistet. Auf der anderen Seite heißt es stattdessen: *Abriss wie die Statt Kempten mit Iren Thürmen, Thorn, und Mauren gegen dem F. Stifft Kempten mit dem Erbawten Newen Wachthauß und Haimbli-*

46 Konkret ist hierzu aber auch nur ein einziger Fall aus den Quellen bekannt. Siehe Bayerisches Hauptstaatsarchiv München (künftig: BayHStA), RKG, 2142/I-II, Plansammlung (künftig: PlSlg) 9204.

47 ÖStA HHStA, RHR, Antiqua, K. 159, Nr. 9, 1620–1660.

48 Ebd., fol. 14rv.

49 Ebd., fol. 18v, 20r.

50 Ebd., fol. 52r.

chen gangs an Jetzo zusehen ist.[51] Zwei weitere Darstellungen zeigen sogar in einer typischen Vorher-Nachher-Situation den ursprünglichen Zustand des Wachhauses und danach die baulichen Veränderungen, die den Abt zur Klage veranlassten (Abb. 9).[52]

Die Kommission gab den Reichshofräten auch die Gelegenheit, die gesamte Anlage der städtischen Befestigung mit den Mauern und den Wachtürmen zu betrachten. Diese Ansicht war notwendig, um zu beweisen, dass die ursprünglichen Türme der Stadtbefestigung höher als das neu gebaute Wachhäuslein waren und zum Teil auch näher an den Stiftgebäuden standen als dieses. Damit war klar, dass die Beschwerden des Abtes nichtig waren, da aus den Türmen schon zuvor ein Einblick in die stiftischen Gebäude möglich gewesen war.

Eine Augenscheinkarte im Streit zwischen der Reichsstadt Nördlingen und den Grafen von Oettingen-Wallerstein zeigt die Stadtmauer in anderer Form und greift damit den sich drehenden Blick in einer originellen Form auf bzw. zeigt den Gang der Kommission durch das Gelände auf originelle Weise (Abb. 10).

Denn durch die Darstellung von einer nach innen fallenden Stadtmauer mit ihren Türmen sollte deutlich gemacht werden, dass sich die Kommission und somit auch der spätere Betrachter außerhalb der Stadtmauer befand. Der Streit, auf Grund dessen die Visualisierung erstellt wurde, entzündete sich an der Pfarrbesetzung in den an Nördlingen und Wallerstein angrenzenden Territorien. In diesem Zusammenhang wurde auch Klage wegen Landfriedensbruch erhoben. Der Betrachter ist gezwungen, sich auf eine weit abstraktere Form der Abbildung einzulassen, als dies im Kemptener Prozess der Fall ist, denn die Stadt Nördlingen wird auf einem undefinierbaren, gelblich braunen Grund mit der Stadtmauer und den verschiedenen Türmen dargestellt. Entscheidend ist die rechtliche Stellung der Stadt, die sich mit dem Wappen des Reichsadlers auf einem Turm der Stadtmauer explizit als Reichsstadt ausweist. Der Ort Wallerstein ist dagegen durch das Schloss und das oettingische Wappen der Herrschaft des Grafen zugewiesen. Markant ins Auge fallen die auf der Augenscheinkarte abgebildeten schwarzen Kreuze, die für Bildsäulen, Grenz- und Zollsteine stehen sollten und damit bestimmte Jurisdiktionsgrenzen festlegten.[53] Gerade dies war aber bei den beiden Parteien heftig umstritten.[54]

Eine ähnliche auf die Darstellung von Rechten im Raum reduzierte Karte stammt aus der gleichen Gegend. Hier weigerte sich das reichsunmittelbare Klos-

51 ÖStA HHStA Kslg., Ke 3-5/Kempten 2.

52 ÖStA HHStA, RHR, Antiqua, K. 159, Nr. 9, fol. 76 und 77.

53 ÖStA HHStA, RHR, Antiqua, K. 478, Nr. 2, fol. 210.

54 Ebd., fol. 231v. Es gibt hierzu auch eine Überlieferung am Reichskammergericht, BayHStA, RKG, Nr. 8258.

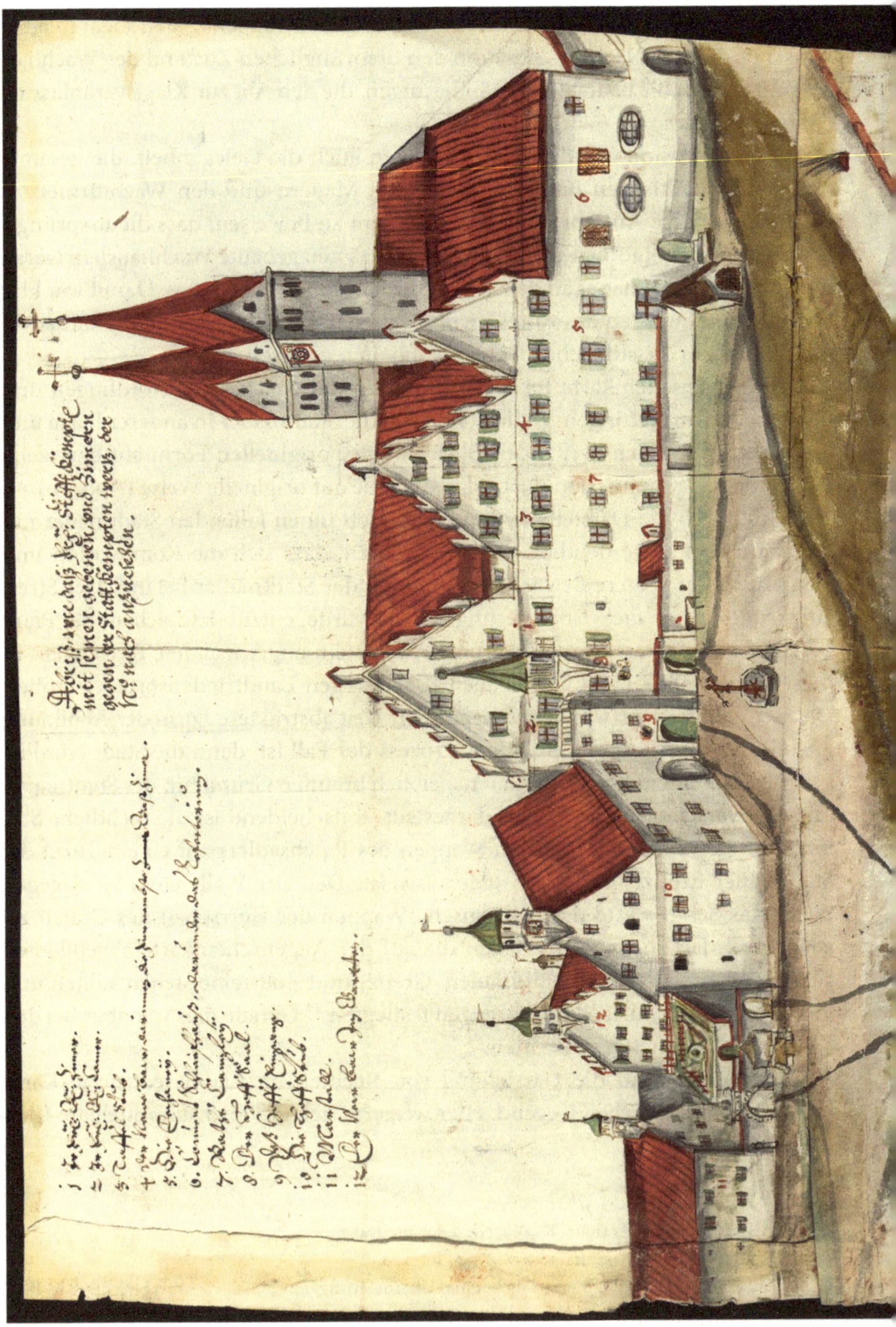

Abb. 9: Die Befestigungsanlagen der Stadt Kempten, unbekannter Maler, kolorierte Federzeichnung, ca. 1621, H 41 cm, B 32 cm, ÖStA HHStA Ksgl., Ke 3-5/ Kempten 2.

Abb. 10: Gegend um Nördlingen, unbekannter Maler, kolorierte Federzeichnung, ca. 1573, H 65 cm, B 59 cm, ÖStA HHStA RHR Antiqua, 478-01, fol. 210v.

Abb. 11: Zollstationen um das Kloster Kaisheim, unbekannter Maler, kolorierte Federzeichnung, ca. 1627, H 33 cm, B 42 cm, ÖStA HHStA RHR Antiqua, 137-1, fol. 56.

Zöll: vnd Glaits be-
zürks der Graffschaft
ottingen.
Die vornembste
1627
Dinkelspil
Feuchtwäg
Larrieden
Schopfloch
Fremding
Danhause
Zipping
Tirwang
Beürberg
Ehingen
Gerlingen
Hausen
Rögging
Wassertrüding
Statt Otting
Arnbam
Guntzenhausen
Hainsfurt
Dittenheim
Lustnau
Sulzach
Bechofen
Schwaningen

ter Kaisheim dem Grafen von Oettingen für den Transport von Waren und Gütern durch das fürstliche Gebiet einen höheren Zoll zu bezahlen.[55] Der Graf von Oettingen argumentierte, dass der Zoll hoch sein müsse, da aufgrund der vielen Wasserläufe der Bau von Straßen und zahlreichen Brücken besonders aufwändig sei (Abb. 11).[56]

Die schwarz umrandete Karte zeigt eine Landschaft, die vor allem durch Straßen in roter Farbe und Flüsse in blauer Farbe strukturiert ist. Die Donau fließt von links unten nach rechts oben und ist mit Namen genannt, ebenso die Altmühl, die von rechts unten nach rechts oben fließt. Die Ortschaften werden durch stereotypische Ansammlungen von Häusern markiert und sind jeweils mit einer gezeichneten beigen Kartusche benannt. Auch ein Teil der Straße erhält so seinen Namen. Es gibt eine Nürnberger Straße sowie eine Frankenstraße. Kleine dunkelrote Punkte auf den hellroten Straßenlinien weisen die Straßen als renovierungsbedürftig aus. Die Augenscheinkarte umreißt das Gebiet von Ellwangen im Norden bis Donauwörth im Süden. Im Westen handelt es sich um das Kloster Neresheim und im Osten wird die Stadt Ansbach sichtbar. Das ganze Gebiet wird mit einer lila Linie umrahmt. Neben der Stadt Ellwangen liegt ein Kompass, der die Orientierung der Karte im Raum angibt. Galgen und Wegekreuze sind ebenfalls eingezeichnet. An der linken Seite befinden sich zwei mit der Farbe Lila umrandete Kartuschen, die leer sind. Eine Kartusche am rechten Rand erklärt, dass die lila Linie den Zoll und Geleitbezirk der Grafschaft Oettingen und die rote Linie die „vornebste Straßen und Weg darinnen" markiert.

Beide Karten zeigen eine Reduktion des visuellen Befundes und eine zeichnerische/malerische Konzentration auf den Streitgegenstand und entsprechen so exakt den Anforderungen des Reichshofrats. Die Schilderung der Landschaft mit den Mitteln der Landschaftsmalerei wird nicht intendiert. Die Augenzeugenschaft tritt hinter die abstrakte und reduzierte Darstellung von Grenzen zurück.

5. Der messende Blick als Kunstwerk in den Augenscheinkarten des Reichshofrats

Ein Meisterwerk der Vermessungskunst sind die kolorierten Federzeichnungen des Anwesens des Deutschen Ordens in Nürnberg. Hier handelt es sich um Augenscheinkarten, die in der Hand der Prozesspartei verblieben bzw. heimlich dem Nürnberger Rat durch den Hersteller Hans Bien (1591–1632) übergeben

55 ÖStA HHStA, RHR, Antiqua K. 137, Nr. 1, fol. 56.

56 Ebd., fol. 34 r. ff.

wurden.[57] Ursprünglich wurden sie im Auftrag des Ordenskomturs Kaspar Moritz von Thierheim 1624/25 angefertigt.[58] Der Hintergrund bildete eine Auseinandersetzung zwischen dem Deutschen Orden und dem Rat der Stadt Nürnberg um die Ausübung des katholischen Gottesdienstes in der Stadt. 1525 bekannte sich der Rat der Stadt Nürnberg zur Reformation. Deshalb sollten alle Klöster in Nürnberg und Umgebung aufgelöst werden. Ausgenommen hiervon war nur die Kommende des Deutschen Ordens, denn durch die Reichsunmittelbarkeit des Ordens hatte der Rat der Stadt Nürnberg dort keine Einflussmöglichkeiten. Die Kommende blieb somit bis zur Mediatisierung des Deutschen Ordens 1809 eine katholische Enklave in der nun evangelisch gewordenen Reichsstadt.[59] Der Deutsche Orden hatte in seinem Anwesen trotz Verbot des Rates auch während des Dreißigjährigen Krieges katholischen Gottesdienst gehalten. Der Kriegsverlauf gab aber berechtigte Hoffnung auf eine nachhaltige Sicherung des exterritorialen Hoheitsgebiets des Ordens und damit auch eine Sicherung des Gottesdienstes. Aus diesen politischen Erwägungen heraus wollte der Ordenskomtur beim Reichshofrat sein vermeintliches Recht auf katholischen Gottesdienst durchsetzen.[60] Kernstück der Argumentation war die Darstellung des Anwesens des Deutschen Ordens in Nürnberg in mehreren Federzeichnungen, die die einzelnen Stockwerke der Gebäude abbilden. Es handelt sich dabei um drei isometrische Federzeichnungen, die von Hans Bien stammen. Der Zeichner wurde in Nürnberg im städtischen Bauhof ausgebildet und vom Rat in den Jahren 1617 bis 1619 nach Italien geschickt. Nach seiner Rückkehr bewarb er sich vergeblich um eine Anstellung als Stadtwerkmeister. Schließlich arbeitete er freischaffend. Bien starb bereits 1632 in Nürnberg.[61]

Bei den von Bien angefertigten Zeichnungen handelt es sich um Raumachsenschrägbilder, bei der die Raumachse senkrecht auf der Bildebene steht und der Körper einen Winkel von 30 Grad zur Grundebene einnimmt. Alle vertikalen Linien verlaufen parallel zum rechten und linken Bildrand. Das bewirkt, dass alle Winkel verändert und alle Flächen verzerrt sind. Allerdings – und das ist entscheidend für einen Prozess am Reichshofrat – werden alle Körperkanten unverkürzt dargestellt, sodass man überall die Maße genau ablesen bzw. abmessen kann. Bien hatte damit ein perfektes Darstellungsmittel gefunden, um gleichzei-

---

57 Fleischmann, Der Nürnberger Zeichner (wie Anm. 9), S. 119. Es muss aber noch eine Serie von Bien für den Deutschen Orden vorhanden gewesen sein.

58 Rainer Schoch, Architektonische Szenographien, in: Germanisches Nationalmuseum Nürnberg (Hrsg.), Ausstellungskatalog „Von oben gesehen“. Die Vogelperspektive, Nürnberg 2014/2015.

59 Fleischmann, Der Nürnberger Zeichner (wie Anm. 9), S. 118.

60 Ebd.

61 Wilhelm Schwemmer, Art. Hans Bien, in: NDB, Bd. 2. Unveränd. Nachdruck der 1. Aufl., Berlin 1971, S. 228.

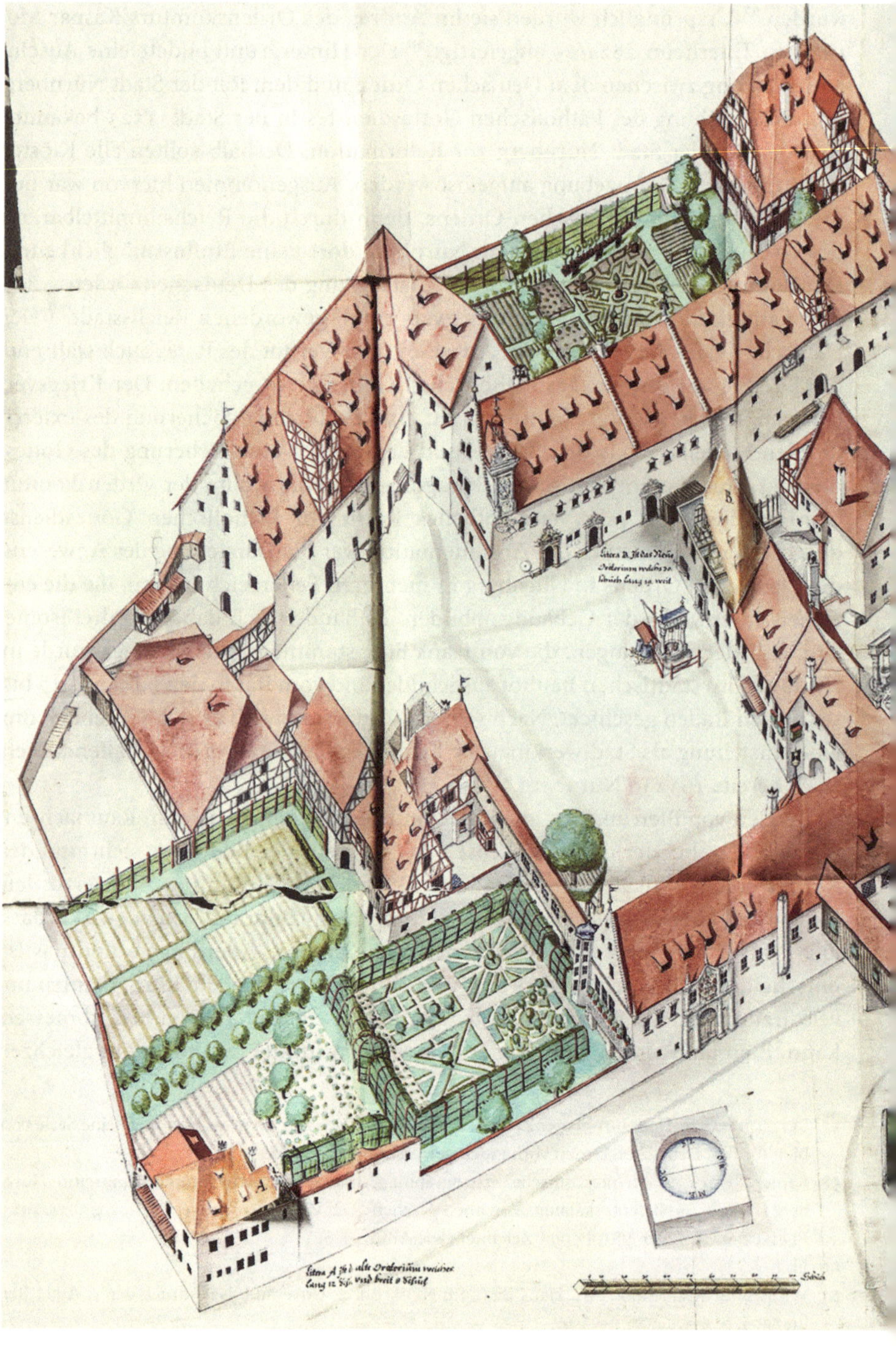

Abb. 12: Deutschordenshaus in Nürnberg, Hans Bien, kolorierte Federzeichnung, 1629, H 33 cm, B 42 cm, ÖStA HHStA RHR Antiqua, 974-2.

tig die Nachprüfbarkeit von Maßen und Augenzeugenschaft dokumentieren zu können (Abb. 12).

In den Zeichnungen wird das Anwesen des Deutschen Ordens Stockwerk für Stockwerk detailgetreu wiedergegeben. Der Garten besticht durch seine italienische Gestaltung und ist damit auch ein wichtiges Dokument über den Gartenbau in Nürnberg im Stile der Renaissance. Daneben werden Versammlungsorte und Schlafstellen der Ordensherren sichtbar. Auch das Getreidelager und die Küche fehlen nicht. Der Kartograph hat sich mit der Bezeichnung Steinmetz auf den einzelnen Blättern verewigt. Während der Deutsche Orden jedoch für jedes Stockwerk eine eigene Augenscheinkarte anfertigen ließ, erhielt der Reichshofrat nur eine Augenscheinkarte des dritten Stockes mit dem Vermerkdatum 1629.[62]

Um trotzdem den gesamten Komplex in seiner konkreten Augenscheinlichkeit zeigen zu können, stellte Bien die Dächer des Deutschordenshauses teilweise in Form von Papierstücken dar, die auf der Karte an entsprechender Stelle aufgeklebt wurden. Sie konnte man bei Bedarf umklappen und so die für den Prozess relevanten Teile erkennen: Es werden das alte und neue Oratorium sowie die Kapelle St. Elisabeth und die Kirche St. Jakob gezeigt. Hier handelt es sich um eine Reduzierung des visualisierten Materials auf das Wesentliche, die so in ganz eigener Weise den Anforderungen des Reichshofrats nach Übersichtlichkeit und Vereinfachung Rechnung trug. Gleichzeitig wirft das Beispiel ein Schlaglicht auf den Herstellungsprozess der Augenscheinkarten im Spannungsfeld zwischen den Anforderungen des Gerichts und den Vorstellungen der Prozessparteien, ohne dass man hier allzu sehr verallgemeinern darf. Klappmechanismen sind im Übrigen auch beim Reichskammergericht bekannt, allerdings dienten sie hier vor allem dazu, gleichzeitig den Zustand des Raumes in der Vergangenheit und in der Gegenwart darstellen zu können.[63]

6. Schandbilder als Beweismittel am Reichshofrat

Leopold Auer hat in seiner Auflistung der visuellen Darstellungen in Prozessakten des Reichshofrats auch so genannte Schandbilder erwähnt.[64] In einem Streit klagten mehrere niedersächsische Adelige gegen Fürst Wolfgang von Anhalt-Bernburg. Sie hatten eine Bürgschaft nicht erfüllt und wurden deshalb mithilfe einer Visualisierung, die in der Öffentlichkeit verbreitet wurde, ange-

62 ÖStA HHStA, RHR, Antiqua, K. 974, Nr. 2.

63 Beispiele: Hessisches Staatsarchiv Marburg, Bestand 255, F 24, Q 43; Landeshauptarchiv Schwerin, Kslg., Sign. 335/2, 1606.

64 Auer, Bildliche Quellen (wie Anm. 9), S. 418 f.

prangert. Dies hatte zum Ziel, die Adeligen öffentlich bloßzustellen und auch sozial auszugrenzen. In dem Bild werden an den Beklagten ehrlose Strafen ausgeführt und ihnen die Führung von Wappen und Siegel abgesprochen.[65] Abbildungen dieser Art sind bis jetzt am Reichskammergericht unbekannt. Entscheidend ist in dem Fall jedoch, dass es sich hier nicht um die Visualisierung von Raum handelt, sondern die Visualisierung vielmehr als Beweismittel für begangene sogenannte „Injurien" dient. Das Spektrum der Visualisierungen am Reichshofrat besaß also noch eine weitere Dimension, die es noch näher zu untersuchen gilt.

7. Zum Verhältnis von Text und Bild in den Reichshofratsakten

Die enge Verzahnung zwischen Bild und Text am Reichskammergericht ist evident. Fehlt dort der Text bzw. der prozessuale Zusammenhang, so kann die Karte nicht in vollem Umfang zu uns sprechen. Beim Reichshofrat ist dies weniger eindeutig: Hier ist es manchmal schwierig, Bild und Text aufeinander sachlich korrekt zu beziehen. Gründe lassen sich nur vermuten. Entscheidend ist hier, dass die Rolle und die Funktionsweise der Beweiskommissionen am Reichshofrat noch nicht gründlich untersucht wurde. Die wenigen in diesem Text aufgeführten Beispiele reichen für ein Gesamtbild nicht aus. Die Ablage der Augenscheinkarten in der Kanzlei und im Archiv müsste ebenfalls noch genauer in den Blick genommen werden. Es ist wohl aber von einer eher chaotischen Aktenablage auszugehen.[66]

Nur so ist – jedenfalls im Augenblick – zu erklären, dass der Akte über den Prozess zur Absetzung des Fürsten von Mirandola durch den Reichshofrat Augenscheinkarten des Flusses Secchia mit seinen Schleusen ohne jede Erklärung oder Bezugnahme beiliegen.[67] Letztlich ist nur klar, dass der Fluss Secchia zum Herrschaftsgebiet der Fürsten von Mirandola gehörte. Die abgebildete Federzeichnung (Abb. 13) sticht besonders hervor: Sie enthält einen Maßstab und Erläuterungen zu einzelnen Punkten. Eine Detailkarte am oberen Rand zeigt zudem den Aufbau einer Schleuse. Eine zweite Karte des gleichen Gebiets ist dagegen farbig.[68] Die einzelnen Schleusen sind eher klein und verschwinden in der Detailfülle. Den Karten liegen weitere Konstruktionszeichnungen von Schleusen

65 Ebd.

66 Hinweise hierzu u. a.: Tobias Schenk, Actum et judicium als analytisches Problem der Justizforschung. Interdisziplinäre Perspektiven auf kollegiale Entscheidungskulturen am Beispiel des kaiserlichen Reichshofrats (Schriftenreihe der Gesellschaft für Reichskammergerichtsforschung, 51), Wetzlar 2022, S. 68 f.

67 ÖStA HHStA, RHR, Grat Feud RLA, lateinische Exp., K. 36, Lit. B.

68 ÖStA HHStA, RHR, Grat Feud RLA, lateinische Exp., K. 36, Lit. F.

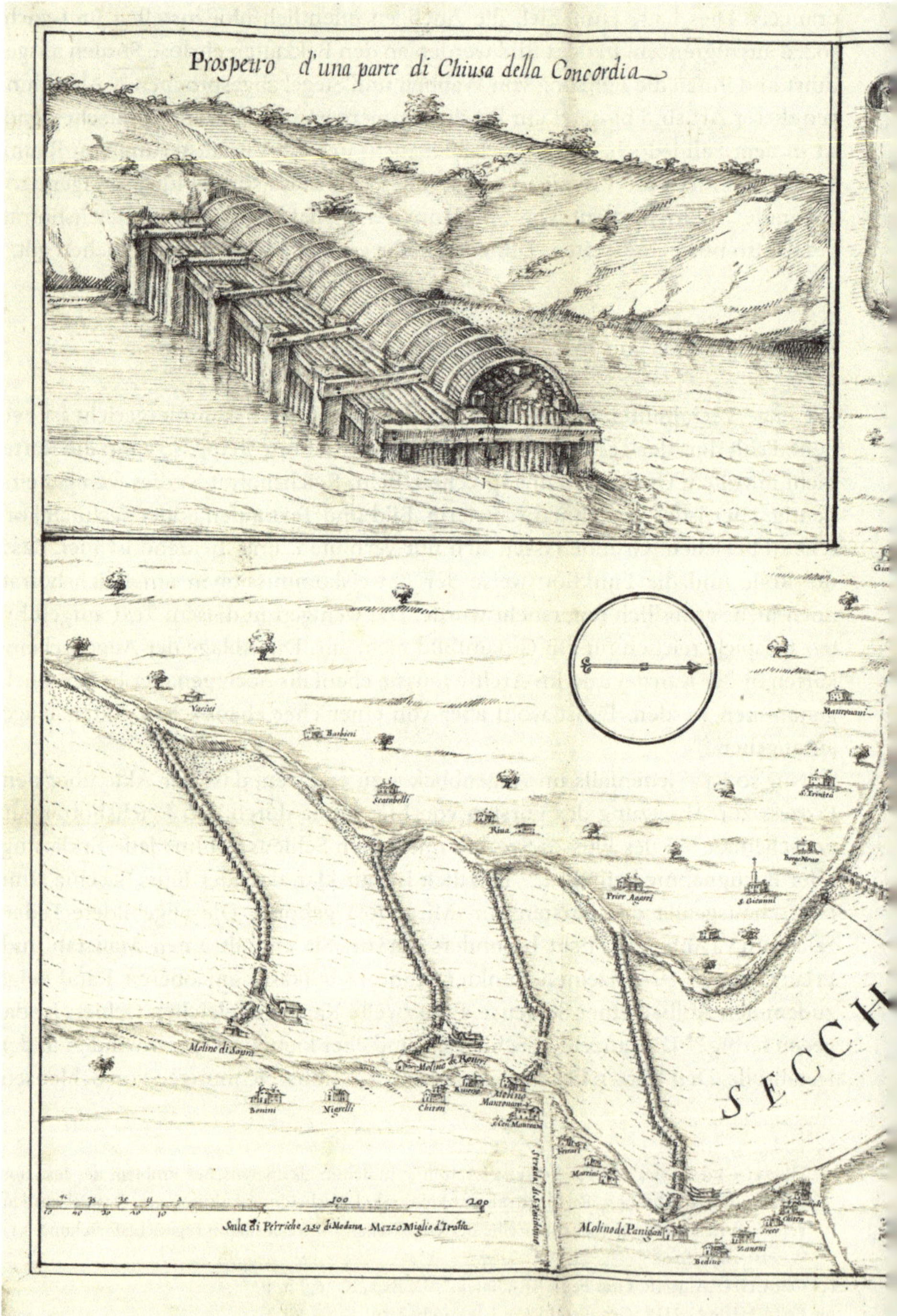
Prospetto d'una parte di Chiusa della Concordia
Varini
Barbieri
Scarabelli
Riva
Mantovani
S. Trinità
Borgo Novo
Prior Agazzi
S. Giovanni
Moline di Sopra
Moline de Rovere
Bonini
Nigrelli
Chiron
Molino Mantovani
Ferrari
Martini
Molino de Panigan
Chiron
Zanoni
Bedino
SECCH
100
200
Scala di Pertiche 150 di Modana. Mezzo Miglio d'Italia

Abb. 13: Gegend um den Fluss Secchia, unbekannter Maler, kolorierte Federzeichnung, 1. H. 18. Jh., H 48 cm, B 62 cm, ÖStA HHStA RHR Grat. Feud RLA lateinische Exp., 36, Lit. B.

mit Texterläuterungen bei. Der Fluss und die Schleusen spielen bei den Schreiben über die Absetzung des Fürsten zwischen Kaiser/Reichshofrat und dem Fürsten von Mirandola bzw. seiner Mutter aber keine Rolle.

8. Zusammenfassung und Fazit

Fassen wir zusammen: Der Einblick in wenige Augenscheinkarten des Reichshofrats zeigt die Qualität des Materials und verspricht außerordentliche Funde, die nicht nur die Rechtsgeschichte, sondern auch die historische Kartographie und die Kunstgeschichte zu neuen Erkenntnissen führen können. Eine Gesamtverzeichnung der Akten allein aus diesem Grund muss deshalb das Gebot der Stunde sein. Hier können aufgrund des bislang ganz unvollständig erhobenen Materials nur einige wenige – zudem vorläufige – Schlüsse gezogen werden:

1) Die Visualisierung von Raum am Reichskammergericht und Reichshofrat folgt im Prinzip den gleichen Gesetzmäßigkeiten. Die Prozessparteien wählten gezielt unter verschiedenen Darstellungsmöglichkeiten des Raumes aus, um ihr konkretes Anliegen deutlich zu machen. Hierzu zählten auch abstrakte bzw. vereinfachte Darstellungen.

2) Die Rolle der Kommissionen beim Reichshofrat kann in diesem Aufsatz nur umrissen werden. Sie ist im Detail nach wie vor unklar.

3) Gleichzeitig wurde deutlich, dass der Zusammenhang Bild-Text beim Reichshofrat weit weniger eindeutig ist als beim Reichskammergericht. Dies hat aber vor allem wohl mit Defiziten der Aktenablage zu tun.

4) Es ist davon auszugehen, dass am Reichshofrat bei der weiteren Erschließung neue noch nicht gekannte Darstellungsarten zu Tage gefördert werden können. Es sei an dieser Stelle vor allem auf die Schandbilder und die Darstellungen von Hans Bien verwiesen.[69] Solche Visualisierungen sind am Reichskammergericht unbekannt. Im Anbetracht der Bedeutung des Reichhofrats ist es schade, dass die Tiefenerschließung der Reichshofratsakten nach dem Ende des 2025 auslaufenden Akademieprojekts nicht fortgesetzt wird und dieses Forschungsdefizit somit auf unbestimmte Zeit bestehen bleibt

69 Siehe hierzu auch den Anhang.

Tabelle der bisher bekannten Augenscheinkarten des Reichshofrats aus dem Bestand des Haus-, Hof- und Staatsarchivs Wien (ÖSTA HHStA) sowie aus dem Bestand des Bayerischen Hauptstaatsarchiv München (BayHStA) (Stand: Juni 2023)

Beschreibung HHStA Wien	Signatur	Findmittel/Hinweise
Kolorierte Zeichnung von Haus Hüffe und Umgebung, undat.	ÖStA HHStA, RHR, APA, K. 37, fol. 158r	Sellert/Ortlieb, APA 1, Nr. 791[70]
Farbzeichnung eines von dem Kläger beantragten Wappens, undat.	ÖStA HHStA, RHR, APA, K. 50, fol. 265r	Sellert/Ortlieb, APA 2, Nr 1139[71]
Weiderecht in der Gemarkung Hildesheim, undat.	ÖStA HHStA, RHR, APA, K. 80, fol. 84r-86v	Sellert/Ortlieb, APA 2 (wie Anm. 71), Nr. 1940
Zeichnung eines Reichshofrats, undat.	ÖStA HHStA, RHR, APA, K. 70, fol. 594r/v	Sellert/Schenk, APA 4, Nr. 3764[72]
Zeichnung zweier Degenkämpfer, undat.	ÖStA HHStA, RHR, APA, K. 187, fol. 694r	Sellert/Schenk, APA 5, Nr. 5502[73]
Karte des Elblaufs von Nikolaus Johann Piscator (Druck), undat.	ÖStA HHStA RHR, Antiqua, K. 13, Nr. 5, fol. 241r	Sellert/Machoczek, Antiqua 1, Nr. 211[74]
Karte der Elbe mit der Befestigung und Zollstation in Glückstadt (Zeichnung), undat.	ÖStA HHStA, RHR, Antiqua, K. 13, Nr. 5, fol. 242r	Sellert/Machoczek, Antiqua 1 (wie Anm. 74), Nr. 211
Karte der Elbe mit den Inseln Stillhorn und Moorwerder (Zeichnung), undat.	ÖStA HHStA, RHR, Antiqua, K. 13, Nr. 5, fol. 1003rv	Sellert/Machoczek, Antiqua 1 (wie Anm. 74), Nr. 211
Karte der Elbe mit den Zuflüssen Stepenitz und Luhe (Zeichnung), undat.	ÖStA HHStA, RHR, Antiqua, K. 13, Nr. 5, fol. 1004r/v	Sellert/Machoczek, Antiqua 1 (wie Anm. 74), Nr. 211

70 Wolfgang Sellert (Hrsg.), Die Akten des kaiserlichen Reichshofrats. Serie I: Alte Prager Akten (künftig: APA), Bd. 1: A-D, bearb. von Eva Ortlieb, Berlin 2009, Nr. 791.

71 Wolfgang Sellert (Hrsg.), Die Akten des kaiserlichen Reichshofrats. Serie I: Alte Prager Akten (künftig: APA), Bd. 2: E-J, bearb. von Eva Ortlieb, Berlin 2011, Nr. 1139.

72 Wolfgang Sellert (Hrsg.), Die Akten des kaiserlichen Reichshofrats. Serie I: Alte Prager Akten (künftig: APA), Bd. 4: P-R (mit Nachträgen A-O), bearb. von Tobias Schenk, Berlin 2014, Nr. 3764.

73 Wolfgang Sellert (Hrsg.), Die Akten des kaiserlichen Reichshofrats. Serie I: Alte Prager Akten (künftig: APA), Bd. 5: S-Z, bearb. von Tobias Schenk, Berlin 2014, Nr. 5502.

74 Wolfgang Sellert (Hrsg.), Die Akten des Kaiserlichen Reichshofrats, Serie II: Antiqua, Bd. 1: Karton 1-43, bearb. von Ursula Machoczek, Berlin 2010, Nr. 211.

Beschreibung HHStA Wien	Signatur	Findmittel/Hinweise
Karte der Elbe zwischen Magdeburg und Hamburg mit den dazwischen liegenden Zollstationen (Zeichnung), undat.	ÖStA HHStA, RHR, Antiqua, K. 13, Nr. 5, fol. 1005r/v	Sellert/Machoczek, Antiqua 1 (wie Anm. 74), Nr. 211
Hinweis auf Karte über Elbverlauf, undat.	ÖStA HHStA, RHR, Antiqua, K. 16, Nr. 5, fol. 12r-13v	Sellert/Machoczek, Antiqua 1 (wie Anm. 74), Nr. 238
Karte des Elbeverlaufs zwischen der Hooper Schanze und den Elbinseln Bilwerder und Ochsenwerder im Osten und Finckenwerder im Westen (kolorierte Zeichnung), undat.	ÖStA HHStA, RHR, Antiqua, K. 18, Nr. 1, fol. 1205r	Sellert/Machoczek, Antiqua 1 (wie Anm. 74), Nr. 263
Zeichnung von Riegeln und Hacken, undat.	ÖStA HHStA, RHR, Antiqua, K. 68, Nr. 1, K. 69, Nr. 1, fol. 738r-744v	Sellert/Rasche, Antiqua 2, Nr. 283[75]
Zoll und Geleitbezirk der Grafschaft Oettingen, Nr. 15, undat.	ÖStA HHStA, RHR, Antiqua, K. 137, Nr. 1, fol. 56	Sellert/Rasche, Antiqua 3, Nr. 15[76]
Platz zwischen Stift und Stadtmauer (jetzt Ke 3-5/8-Kempten 1), undat.	ÖStA HHStA, RHR, Antiqua, K. 159, Nr. 9, fol. 27	Sellert/Rasche, Antiqua 3 (wie Anm. 76), Nr. 97
Prozess zwischen Reichsstadt Kempten und Stift Kempten, Platz zwischen Stift und Stadtmauer (jetzt Ke 3-5/8-Kempten 2), undat.	ÖStA HHStA, RHR, Antiqua, K. 159, Nr. 9, fol. 30	Sellert/Rasche, Antiqua 3 (wie Anm. 76), Nr. 97
Prozess zwischen Reichsstadt Kempten und Stift Kempten, Situation Torturm (jetzt Ke 3-5/8-Kempten 3), undat.	ÖStA HHStA, RHR, Antiqua, K. 159, Nr. 9, fol. 68	Sellert/Rasche, Antiqua 3 (wie Anm. 76), Nr. 97
Prozess zwischen Reichsstadt Kempten und Stift Kempten, Situation Torturm, undat.	ÖStA HHStA, Kslg., Ke 3-5/8-Kempten 4	Sellert/Rasche, Antiqua 3 (wie Anm. 76), Nr. 97
Prozess zwischen Reichsstadt Kempten und Stift Kempten, Variante Nr. 2, undat.	ÖStA HHStA, Kslg., Ke 3-5/8 Kempten 5	Sellert/Rasche, Antiqua 3 (wie Anm. 76), Nr. 97
Prozess zwischen Reichsstadt Kempten und Stift Kempten, Variante Nr. 4, undat.	ÖStA HHStA, Kslg., Ke 3-5/8-Kempten 6	Sellert/Rasche, Antiqua 3 (wie Anm. 76), Nr. 97

75 Wolfgang Sellert (Hrsg.), Die Akten des Kaiserlichen Reichshofrats, Serie II: Antiqua, Bd. 2: Karton 44-135, bearb. von Ulrich Rasche, Berlin 2014, Nr. 283.

76 Wolfgang Sellert (Hrsg.), Die Akten des Kaiserlichen Reichshofrats, Serie II: Antiqua, Bd. 3: Karton 135-277f, bearb. von Ulrich Rasche, Berlin 2016, Nr. 15.

Beschreibung HHStA Wien	Signatur	Findmittel/Hinweise
Prozess zwischen Reichsstadt Kempten und Stift Kempten, Variante Nr. 4 neues Wachhaus, undat.	ÖStA HHStA, Kslg., Ke 3-5/8-Kempten 7	Sellert/Rasche, Antiqua 3 (wie Anm. 76), Nr. 97
Prozess zwischen Reichsstadt Kempten und Stift Kempten, Variante wie Nr. 1, undat.	ÖStA HHStA, Kslg., Ke 3-5/8-Kempten 8	Sellert/Rasche, Antiqua 3 (wie Anm. 76), Nr. 97
Prozess zwischen Reichsstadt Kempten und Stift Kempten, Ansicht neue Residenz I, ca. 1661	ÖStA HHStA, Kslg. Ke 3-5/8-Kempten 9	Sellert/Rasche, Antiqua 3 (wie Anm. 76), Nr. 111
Prozess zwischen Reichsstadt Kempten und Stift Kempten, Grundriss, Grenzen, undat.	ÖStA HHStA, Kslg., Ke 3-5/8-Kempten 10	Sellert/Rasche, Antiqua 3 (wie Anm. 76), Nr. 111
Prozess zwischen Reichsstadt Kempten und Stift Kempten, Grundriss Grenzen II., undat.	ÖStA HHStA, Kslg., Ke 3-5/8-Kempten 11	Sellert/Rasche, Antiqua 3 (wie Anm. 76), Nr. 111
Prozess zwischen Reichsstadt Kempten und Stift Kempten, Grundriss Residenz II, undat.	ÖStA HHStA, Kslg., Ke 3-5/8-Kempten 12	Sellert/Rasche, Antiqua 3 (wie Anm. 76), Nr. 111
Auszug Christoph Hurters LandtCharten, 1619	ÖStA HHStA, RHR, Antiqua, K. 160, Nr. 1, fol. 31v	Sellert/Rasche, Antiqua 3 (wie Anm. 76), Nr. 127
Christoph Hurters Allemaniae sive Sueviae superiros, undat.	ÖStA HHStA RHR Antiqua, 160-1, fol. 91	Sellert/Rasche, Antiqua 3 (wie Anm. 76), Nr. 127
Christoph Hurters, Illerae amnis ..., undat.	ÖStA HHStA, RHR, Antiqua, K. 160, Nr. 1, fol. 92	Sellert/Rasche, Antiqua 3 (wie Anm. 76), Nr. 127
Circulus Suevicus, undat.	ÖStA HHStA, RHR, Antiqua, K. 160, Nr. 1, fol. 233	Sellert/Rasche, Antiqua 3 (wie Anm. 76), Nr. 127
Circulus Suevicus cum incorporates, undat.	ÖStA HHStA, RHR, Antiqua, K. 160, Nr. 1, fol. 233	Sellert/Rasche, Antiqua 3 (wie Anm. 76), Nr. 127
Karte der beiden Gemeinden Knetzgau und Augsfeld und des strittigen Angers, undat.	ÖStA HHStA, RHR, Antiqua, K. 177, Nr. 9, fol. 203v–204r	Sellert/Rasche, Antiqua 3 (wie Anm. 76), Nr. 249
Variante der Karte der beiden Gemeinden Knetzgau und Augsfeld, undat.	ÖStA HHStA, RHR, Antiqua, K. 177, Nr. 9, fol. 213v–214r	Sellert/Rasche, Antiqua 3 (wie Anm. 76), Nr. 249

Beschreibung HHStA Wien	Signatur	Findmittel/Hinweise
Farbiger Plan des Guts Hollenburg bei Wachenheim, undat.	ÖStA HHStA, RHR, Antiqua, K. 210, Nr. 13, fol. 199rv	Sellert/Rasche, Antiqua 3 (wie Anm. 76), Nr. 594
Plan des Tiergartens der Herrschaft Illereichen, undat.	ÖStA HHStA, RHR, Antiqua, K. 232, Nr. 2, K. 233, Nr. 1, fol. 199rv	Sellert/Rasche, Antiqua 3 (wie Anm. 76), Nr. 594
Plan Dorf Oberreitnau, undat.	ÖStA HHStA, RHR, Antiqua, K. 245, Nr. 1, fol. 711	Sellert/Rasche, Antiqua 3 (wie Anm. 76), Nr. 805
Plan Dorf Rickenbach, undat.	ÖStA HHStA, RHR, Antiqua, K. 245, Nr. 1, fol. 712r	Sellert/Rasche, Antiqua 3 (wie Anm. 76), Nr. 805
Plan Dorf Aeschach, undat.	ÖStA HHStA, RHR, Antiqua, K. 243, Nr. 1, fol. 713r	Sellert/Rasche, Antiqua 3 (wie Anm. 76), Nr. 805
Plan Dorf Schönau 245/01, undat.	ÖStA HHStA, RHR, Antiqua, K. 245, Nr. 1, fol. 714r	Sellert/Rasche, Antiqua 3 (wie Anm. 76), Nr. 805
Abriss und Beschreibung des Reckendorfer Gutes, undat.	ÖStA HHStA, RHR, Antiqua, K. 271, Nr. 18, fol. 78v-79r	Sellert/Rasche, Antiqua 3 (wie Anm. 76), Nr. 1069
Schreiben eines Malers über Mecklenburgische Wappen, undat.	ÖStA HHStA, RHR, Antiqua, K. 291, Nr. 5, fol. 104r	Sellert/Schenk, Antiqua 4, Nr. 137[77]
Karte Gegend um Mansfeld, Tilemann Stella, Druck (jetzt KS, D, Ke-5/8), 1571	ÖStA HHStA, RHR, Antiqua, K. 295, Nr. 1, fol. 252	Sellert/Schenk, Antiqua 4 (wie Anm. 77), Nr. 196
Handskizze der Straßen und Wege um Burgkunstadt, undat.	ÖStA HHStA, RHR, Antiqua, K. 309, Nr. 1, fol. 95v-96r	Sellert/Schenk, Antiqua 4 (wie Anm. 77), Nr. 270
Die Freiheit der Stadt Mühlheim, Stich, undat.	ÖStA HHStA, RHR, Antiqua, K. 380, Nr. 2, K. 381, Nr. 1, fol. 91v	Sellert/Schenk, Antiqua 4 (wie Anm. 77), Nr. 781
„Warachtige Afbeedinge" der Stadt Mühlheim, Stich, undat.	ÖStA HHStA, RHR, Antiqua, K. 380, Nr. 2, K. 381, Nr. 1, fol. 133v	Sellert/Schenk, Antiqua 4 (wie Anm. 77), Nr. 781

77 Wolfgang Sellert (Hrsg.), Die Akten des Kaiserlichen Reichshofrats, Serie II: Antiqua, Bd. 4: K. 278–424, bearb. von Tobias Schenk, Berlin 2017, Nr. 137.

Beschreibung HHStA Wien	Signatur	Findmittel/Hinweise
Karte des Rheins und seiner Zuflüsse Bonn und Rheindorf, Handzeichnung, undat.	ÖStA HHStA, RHR, Antiqua, K. 380, Nr. 2, K. 381, Nr. 1, fol. 269v	Sellert/Schenk, Antiqua 4 (wie Anm. 77), Nr. 781
Kopie eines Stiches der Stadt Mühlheim, undat.	ÖStA HHStA, RHR, Antiqua, K. 380, Nr. 2, K. 381, Nr. 1, fol. 374	Sellert/Schenk, Antiqua 4 (wie Anm. 77), Nr. 781
Handzeichnung von Wasserbaumaßnahmen in der Iller bei Buxheim, undat.	ÖStA HHStA, RHR, Antiqua, K. 383, Nr. 11, fol. 4r	Sellert/Schenk, Antiqua 4 (wie Anm. 77), Nr. 80
Gedruckte Karte Ostfrieslands	ÖStA HHStA, RHR, Antiqua, K. 414, Nr. 25, fol. 13r	Sellert/Schenk, Antiqua 4 (wie Anm. 77), Nr. 1088
Farbige Karte des Schlosses Baldern und die Kerkinger Wälder, 1631	ÖStA HHStA, RHR, Antiqua, K. 459, Nr. 1, fol. 443r–444v	Sellert/Rasche, Antiqua 5, Nr. 315[78]
Nördlingen und Umland zur Bezeichnung des Tathergangs und des Tatortes, 1619	ÖStA HHStA, RHR, Antiqua, K. 469, Nr. 1, fol. 149rv	Sellert/Rasche, Antiqua 5 (wie Anm. 78), Nr. 338
Farbige Karte des Gebiets um Nördlingen mit Angabe gemauerter Kreuzzeichen, um 1600	ÖStA HHStA, RHR, Antiqua, K. 478, Nr. 2, fol. 210	Sellert/Rasche, Antiqua 5 (wie Anm. 78), Nr. 379
Umstrittenenes Landstück in Gödens, 1661	ÖStA HHStA, RHR, Antiqua, K. 486, Nr. 1, fol. 75r	Sellert/Rasche, Antiqua 5 (wie Anm. 78), Nr. 462
Umstrittenes Landstück in Gödens, undat.	ÖStA HHStA, RHR, Antiqua, K. 486, Nr. 1, fol. 287rv	Sellert/Rasche, Antiqua 5 (wie Anm. 78), Nr. 462
Umstrittenes Landstück Gödens, angefertigt durch Landvermesser Tammo Falck, 1661	ÖStA HHStA, RHR, Antiqua, K. 486, Nr. 1, fol. 454rv	Sellert/Rasche, Antiqua 5 (wie Anm. 78), Nr. 462
Farbige Karte des Gebiets bei Ellens, Neustadtgödens, Horsten etc. undat.	ÖStA HHStA, RHR, Antiqua, K. 492, Nr. 1, fol. 97	Sellert/Rasche, Antiqua 5 (wie Anm. 78), Nr. 491
Farbige Karte des Gebiets bei Ellens, Neustadgödens, Horsten, undat.	ÖStA HHStA, RHR, Antiqua, K. 492, Nr. 1, fol. 274r	Sellert/Rasche, Antiqua 5 (wie Anm. 78), Nr. 491

78 Wolfgang Sellert (Hrsg.), Die Akten des Kaiserlichen Reichshofrats, Serie II: Antiqua, Bd. 5: Karton 425-516, bearb. von Ulrich Rasche, Berlin 2019, Nr. 315

Beschreibung HHStA Wien	Signatur	Findmittel/Hinweise
Farbige Karte des Gebiets bei Ellens, Neustadgödens, Horsten, undat.	ÖStA HHStA, RHR, Antiqua, K. 492, Nr. 1, fol. 317r	Sellert/Rasche, Antiqua 5 (wie Anm. 78), Nr. 491
Farbige Karte des Gebiets bei Ellens, Neustadgödens, Horsten, undat.	ÖStA HHStA, RHR, Antiqua, K. 492, Nr. 1, fol. 318r	Sellert/Rasche, Antiqua 5 (wie Anm. 78), Nr. 491
Farbige Karte des Gebiets bei Ellens, Neustadgödens, Horsten, undat.	ÖStA HHStA, RHR, Antiqua, K. 492, Nr. 1, fol. 328r	Sellert/Rasche, Antiqua 5 (wie Anm. 78), Nr. 491
Karte der strittigen Grundstücke bei Westersander, 1610	ÖStA HHStA, RHR, Antiqua, K. 495, Nr. 1, fol. 230v	Sellert/Rasche, Antiqua 5 (wie Anm. 78), Nr. 524
Karte der strittigen Grundstücke bei Westersander in Farbe mit Namen der Besitzer, undat.	ÖStA HHStA, RHR, Antiqua, K. 495, Nr. 1, fol. 384rv	Sellert/Rasche, Antiqua 5 (wie Anm. 78), Nr. 524
Farbige Karte des Deich-, Weg- und Abwassersystems bei „Bad Nieuweschans" und „Bunde", 1696	ÖStA HHStA, RHR, Antiqua, K. 497, Nr. 1, fol. 113r	Sellert/Rasche, Antiqua 5 (wie Anm. 78), Nr. 530
Karte der Grafschaft Ostfriesland, Kupferstich von Ubbo Emmius mit zusätzlich handschriftlich eingezeichneten Jagddistrikten, Herrschaftsbereichen etc., undat.	ÖStA HHStA, RHR, Antiqua, K. 512, Nr. 1, fol. 1054	Sellert/Rasche, Antiqua 5 (wie Anm. 78), Nr. 605
Karte der Grafschaft Ostfriesland von Ubbo Emmius, undat.	ÖStA HHStA, RHR, Antiqua, K. 512, Nr. 1, fol. 1081r–1086v	Sellert/Rasche, Antiqua 5 (wie Anm. 78), Nr. 605
Handgezeichnete Karte von Haus Beeke und Umgebung, undat.	ÖStA HHStA, RHR, Antiqua, K. 609, Nr. 3, fol. 129rv	Sellert/Schenk, Antiqua 6, Nr. 1053[79]
Gezeichneter Stammbaum des Geschlechts von Quernheim, undat.	ÖStA HHStA, RHR, Antiqua, K. 609, Nr. 3, fol. 140rv	Sellert/Schenk, Antiqua 6 (wie Anm. 79), Nr. 1053
Handgezeichnete Karte der Weiden und Wälder zwischen Igelsbach und Kalbensteinberg, undat.	ÖStA HHStA, RHR, Antiqua, K. 614, Nr. 5, fol. 14rv	Sellert/Schenk, Antiqua 6 (wie Anm. 79), Nr. 113

79 Wolfgang Sellert (Hrsg.), Die Akten des Kaiserlichen Reichshofrats, Serie II: Antiqua, Bd. 6: Karton 516–616c, bearb. von Tobias Schenk, Berlin 2022, Nr. 1053.

Beschreibung HHStA Wien	Signatur	Findmittel/Hinweise
Ansicht der Deutschordenskommende Nürnberg, 1624, kolorierte Federzeichnung von Hans Bien, 1624/25	ÖStA HHStA, RHR, Antiqua, K. 974, Nr. 2, unfol.	Fleischmann, Der Nürnberger Zeichner Hans Bien (wie Anm. 9), S. 119
Schandbild, undat.	ÖStA HHStA, RHR, Antiquissima, K. 1, unfol.	Auer, Bildliche Quellen, (wie Anm. 9), S. 418, Fußnote (künftig: Fn.) 33
Abbildung des Territoriums der Reichsstadt Biberach, undat.	ÖStA HHStA, RHR, Decisa, K. 30, unfol.	Auer, Bildliche Quellen, (wie Anm. 9), S. 416, Fn. 26
Wappenzeichnungen der Schöffen im Verfahren Aachen c. Aachen wegen der Schöffenwahl, 1700–1703	ÖStA HHStA, RHR, Decisa, K. 10, unfol.	Auer, Bildliche Quellen, (wie Anm. 9), S. 419, Fn. 37
kolorierte Zeichnungen von Stammbäumen im Verfahren Attems c. Specht von Bubenheim, 1722–1739	ÖStA HHStA, RHR, Decisa, K. 47, unfol.	Auer, Bildliche Quellen, (wie Anm. 9), S. 419, Fn. 37
Umgebung von Cartils im Herzogtum Limburg, Anfang 17. Jahrhundert	ÖStA HHStA, RHR, Decisa, K. 54, unfol.	Auer, Bildliche Quellen, S. 413, Fn. 20.
Schandbild mehrerer niedersächsischer Adliger gegen Fürst Wolfgang von Anhalt-Bernburg	ÖStA HHStA, RHR, Decisa, K. 89, unfol.	Auer, Bildliche Quellen, (wie Anm. 9), S. 418, Fn. 33.
Kopie der Fassade des Reichsstifts St. Ulrich und Afra in Augsburg in Öl	ÖStA HHStA, RHR, Decisa, K. 177, unfol.	Auer, Bildliche Quellen, (wie Anm. 9), S. 419, Fn. 177.
Gedruckte Karte der Weser von Johann Jansson im Streit zwischen Bremen und Oldenburg um den „Wasserzoll", ca. 1635	ÖStA HHStA, RHR, Decisa, K. 692, unfol.	Auer, Bildliche Quellen, (wie Anm. 9), S 413, Fn. 23.
Abbildung Territorium des Reichstifts Buchau	ÖStA HHStA, RHR, Decisa, K. 754, unfol.	Auer, Bildliche Quellen, (wie Anm. 9), S. 416, Fn. 26
Zeichnung einer Kreuzigungsszene im Verfahren Fritsch c. Frankfurt 1706–1712	ÖStA HHStA, RHR, Decisa, K. 2584, unfol.	Auer, Bildliche Quellen, (wie Anm. 9), S. 419. Fn. 39.
Abbildung zweier abgehackter Finger im Streit zwischen Hans Diemer und Schwäbisch Gmünd, undat.	ÖStA HHStA, RHR, Decisa, K. 2755, unfol.	Auer, (wie Anm. 9), Bildliche Quellen, S. 419, Fn. 35 und 36.
Straßenkarte Nordhausens in Thüringen, 18. Jahrhundert	ÖStA HHStA, RHR, Denegata recentiora, K. 825, Nr. 2, unfol.	Auer, Bildliche Quellen, (wie Anm. 9), S. 413, Fn. 23

Beschreibung HHStA Wien	Signatur	Findmittel/Hinweise
Straßenkarte Würzburg – Münnerstadt, kolorierte Federzeichnung von Johann Michael Fischer, 1781	ÖStA HHStA, RHR, Denegata recentiora, K. 1181, Nr. 5, unfol.	Auer, Bildliche Quellen, (wie Anm. 9), S. 413, Fn. 23.
Gegend um den Fluss Secchia, unbekannter Maler, kolorierte Federzeichnung, ca. Anfang 18. Jh.	ÖStA HHStA, RHR, Grat Feud, RLA, lateinische Exp., K. 36, Lit. B	Fund der Autorin
Gegend um den Fluss Secchia, mit Details über Schleusenbau, Federzeichnung, ca. Anfang 18. Jh.	ÖStA HHStA, RHR, Grat Feud, RLA, lateinische Exp., K. 36, Lit. F.	Fund der Autorin
Ansicht von Malaspina, undat.	ÖStA HHStA, RHR, Judicialia latina, K. 339, unfol.	Auer, Bildliche Quellen, (wie Anm. 9), S. 416, Fn. 27
Ansicht des Gebiets um Lüttich, ca. 1792–1794	ÖStA HHStA, RHR, Judicialia latina, K. 15, Nr. 3, unfol.	Fund der Autorin
Handgezeichnete Kartenskizze zu einem Lehensstreit, undat.	ÖStA HHStA, RHR, Judicialia miscellanea, K. 90, Nr. 1, unfol.	Auer, Bildliche Quellen, (wie Anm. 9), S. 413, Fn. 19.
Straßenkarte um das Reichsstift Nordhausen, undat.	ÖStA HHStA, RHR, Obere Registratur, K. 825, Nr. 2, unfol.	Auer, Bildliche Quellen, (wie Anm. 9), S. 413, Fn. 23.

Beschreibung BayHStA München[80]	Signatur	Findmittel/Hinweise
Gerolfinger und Aufkirchener Flurmarkungen mit Weideflächen, 1776		
Gebiet beiderseits der Iller von Kempten bis Kronburg, 1650–1700	BayHStA RHR Nr. 614-5, PlSlg 10724	
Fraischbezirk des Nürnberger Amtes Lauf, ca. 1730	BayHStA RHR Nr. 537, PlSlg 10761	
Situationsplan über Trabelsdorf, 1805	BayHStA RHR Nr. 780-1, PlSlg 10747	
Das Jungholz bei dem vormaligen Hof Seesbühl (bei Dankenfeld), 1796	BayHStA RHR Nr. 780-4, PlSlg 10740	
Trabelsdorfer und Feigenstorfer Flur, ca. 1799	BayHStA RHR Nr. 591-2, PlSlg 10730	

80 Die Reichshofratsakten des Bayerischen Hauptstaatsarchivs München sind nicht tiefenerschlossen. Es wurden lediglich die Augenscheinkarten aus den Akten herausgenommen und in die Plansammlung eingeordnet. Dort befinden sich auch die Augenscheinkarten des Reichskammergerichts.

Beschreibung BayHStA München	Signatur	Findmittel/Hinweise
„Delineation“ der Wege und Straßen durch das Dorf Lengenwang, 1728	BayHStA RHR Nr. 746-1, PlSlg 10748	
Grundriss des Erdgeschosses des s. g. Ott-Heinrich von Fugger Hauses auf dem Weinmarkt zu Augsburg, 1718	BayHStA RHR Nr. 756, PlSlg 10770	
Grundriss Erdgeschoss des Hauses von Ott-Heinrich Fugger, Augsburg, 1718	BayHStA RHR Nr. 756, PlSlg 10768	
Grundriss Erdgeschoss des Hauses von Ott-Heinrich Fugger, Augsburg, 1718	BayHStA RHR Nr. 756, PlSlg 10765	
Grundriss erster Stock des Hauses von Ott-Heinrich Fugger, Augsburg, 1718	BayHStA RHR Nr. 756, PlSlg 10766	
Grund- und Aufriss des Ott-Heinrich Fugger Hauses, Augsburg, 1718	BayHStA RHR Nr. 756, PlSlg 10764	
Grundriss des Erdgeschosses des s. g. Ott-Heinrich von Fugger-Hauses auf dem Weinmarkt zu Augsburg, 1718	BayHStA RHR Nr. 756, PlSlg 10769	
Grundriss des 2. Stocks des s. g. Ott-Heinrich von Fugger Hauses auf dem Weinmarkt zu Augsburg, 1718	BayHStA, RHR Nr. 756, PlSlg 10767	
Waldgebiet zwischen Triefenbach und Trabelsdorf, undat.	BayHStA RHR Nr. 591-3, PlSlg 10771	
Erlangen und Umgebung mit der Neuen Mühle der Freiherren von Bibra, um 1775	BayHStA RHR Nr. 852-1-2, PlSlg 10757	
Grundriss des Dorfes Lengenwang, 1728	BayHStA RHR Nr. 746-1, PlSlg 10749	
Grundriss über den Ökonomiehof, die Seen und die Ziegelhütte in Triefenbach, ca. 1798	BayHStA RHR Nr. 592-4, PlSlg 10780	
Erlangen und Umgebung mit der Neuen Mühle der Freiherren von Bibra, um 1775	BayHStA RHR Nr. 852-1-2, PlSlg 10756	
Gebiet zwischen Erlau-Trabelsdorf-Dankenfeld, 1805	BayHStA RHR Nr. 780-1, PlSlg 10746	
Situationskarte über den Hof Triefenbach, ca. 1799	BayHStA RHR Nr. 592-4, PlSlg 10735	

Beschreibung BayHStA München	Signatur	Findmittel/Hinweise
Karte über sämtliche freiherrlich Marschall von Ostheim'schen Allodial-Waldungen bei Trabelsdorf und Dankenfeld, 1794	BayHStA RHR 780-2, PlSlg 10745	
Karte über Fraischrechte des Domkapitels Bamberg in Ort und Amt Staffelstein, 1749	BayHStA RHR 249, PlSlg 10728	
Vermarkungsgrenze zwischen Triefenbach, Trabelsdorf, Lisberg und Feigendorf, ca. 1799	BayHStA RHR 591-1, PlSlg 10732	
Grundriss des Dorfes Trabelsdorf, ca. 1799	BayHStA RHR 592-4, PlSlg 10736	
Ausschnitt des Mittelbachs und Mühlbachs bie Haunstetten, 1736	BayHStA RHR 819, PlSlg 10758	
Das fürstlich Coburg'sche Territorium im Itzgrund und den Dörfern Meschenbach – Niederfüllbach – Triebsdorf, undat.	BayHStA RHR 861-1, PlSlg 10772	
Situations-Karte über den Hof Triefenbach, ca. 1799	BayHStA RHR 591-2, PlSlg 10731	
Ausschnitt Mittebach und Mühlbach bei Haunstetten, 1736	BayHStA RHR 819, PlSlg 10758	
Karte des Hofs Sessbühl bei Dankenfeld, 1797	BayHStA RHR 871-7, PlSlg 10755	
Gebiet zwischen Diepersdorf und Leinburg, 1777	BayHStA RHR Nr. 685-2, PlSlg 10774	
Situationsplan des Gehölzes bei Sessbühl, ca. 1794	BayHStA RHR 780, PlSlg 10793	
Plan des Gebietes um Trabelsdorf, 1799	BayHStA RHR 780, PlSlg 10794	
Gehölz des von Ostheimischen Mannlehens bei Würzburg, undat.	BayHStA RHR 780-4, PlSlg 10741	
Gebiet um Lochhaus und Kauferinger Wildbach, ca. 1715	BayHStA RHR 818, PlSlg 10760	
Grundriss des adeligen Sitzes zu Trabelsdorf, 1798	BayHStA RHR 780, PlSlg 107692	
Grundriss der Stadt Bamberg mit Angaben der Jurisdiktionsverhältnisse, 1749	BayHStA RHR 249, PlSlg 10727	

Beschreibung BayHStA München	Signatur	Findmittel/Hinweise
Jagdkarte des Domkapitels Bamberg im Amt Staffelstein, 1749	BayHStA RHR 249, PlSlg 10729	
Karte der Allodialwaldungen des Freiherren von Ostheim bei Trabelsdorf und Dankenfeld, 1794	BayHStA RHR 780-2, PlSlg 10744	
Karte der Allodialwaldungen des Freiherren von Ostheim	BayHStA RHR 780-2, PlSlg 10742	
Karte der Allodialwaldungen des Freiherren von Ostheim bei Trabelsdorf und Dankenfeld, 1796	BayHStA RHR 780-4, PlSlg 10739	
Karte der Allodialwaldungen des Freiherren von Ostheim bei Trabelsdorf und Dankenfeld und von Waldungen bei Würzburg, 1794	BayHStA RHR 780-2, PlSlg 10743	
Territorium des Hochstifts Eichstätt bei Seglau nach 1523, 1770	BayHStA RHR 721, PlSlg 10725	
Grundriss des Dorfes Lengenwang, um 1730	BayHStA RHR 746-1, PlSlg 10751	
Grundriss des Dorfes Lengenwang, undat.	BayHStA RHR 746-1, PlSlg 10750	
Grundriss des Dorfes Lengenwang mit dem Bellmundischen Haus, ca. 1740	BayHStA RHR 746-1, PlSlg 10753	
Grundriss des Dorfes Lengenwang mit dem Bellmunidschen Haus, ca. 1740	BayHStA RHR 756, PlSlg 10754	
Grundriss der Ortschaft Trabelsdorf, 1799	BayHStA RHR 591-3, PlSlg 10734	
Gebiet zwischen Augsburg und Lechfeld, 1712	BayHStA RHR 818, PlSlg 10763	
Grund- um Umriss des Triesenbacher Hofes, 1799	BayHStA RHR 591-3, PlSlg 10733	

Rainer Klump

Schulden, Recht und Reich

Die Bedeutung des Reichshofrats für die Staatlichkeit des Alten Reichs in einer polit-ökonomischen Perspektive

1. Einleitung

Im Mai 2020 nahm der damalige Bundesfinanzminister Olaf Scholz den deutsch-französischen Plan für eine Kreditaufnahme der EU im Umfang von 500 Mrd. Euro zum Anlass, von einem „Hamilton-Moment" für die Union zu sprechen.[1] Alexander Hamilton, der erste Finanzminister der USA, hatte 1790 kurz nach der Unabhängigkeit der 13 Kolonien die Schulden der Einzelstaaten zu Bundesschulden gemacht. Sie sollten durch Importzölle, später auch durch eine Whiskey-Steuer bedient und getilgt werden. Er prägte damit das Narrativ von der Vergemeinschaftung der Schulden als dem entscheidenden „Zement" für den neuen Staat. Aus dem deutsch-französischen Plan wurde der Europäische Wiederaufbaufonds „Next Generation EU" mit einem Volumen von 750 Milliarden Euro. Er wird seit 2021 durch gemeinschaftliche Anleihen am Kapitalmarkt finanziert, die wiederum von 2027 bis 2058 durch neu einzuführende Einnahmen der Gemeinschaft (im Gespräch sind Digital-, Plastik- oder Finanztransaktionssteuern sowie eine CO2-Grenzabgabe) getilgt werden sollen.

Das aktuelle Beispiel ist in verschiedenster Hinsicht interessant, wenn man den Zusammenhang zwischen hoheitlichen Schulden und der Herausbildung von Staatlichkeit aus einer historischen Perspektive betrachtet.[2] Schon in der frühen Neuzeit war die Verschuldung ein Finanzierungsinstrument, das schneller und flexibler als alternative Instrumente, insbesondere Steuern oder andere Zwangsabgaben, eingesetzt werden konnte und daher für politische Entscheider attraktiv war. Mit der Diskussion über die Haftung für die Schulden bzw. über ihre zukünftige Tilgung setzte aber auch eine Auseinandersetzung um Macht, Recht, politische Legitimation und politische Handlungsspielräume ein, in der die Grenzen von Staatlichkeit immer wieder neu vermessen wurden. Wie ein

1 Christakis Georgiou, Europe's ‚Hamiltonian Moment'? On the Political Uses and Explanatory Usefulness of a Recurrent Historical Comparison, in: Economy and Society 51 (2022), S. 138–159.

2 Vgl. hierzu auch Rainer Klump, Schulden und Staatlichkeit: Überlegungen zur Politischen Ökonomie des Schuldenstaats, IBF Paper Series 06-2022, Frankfurt am Main 2022.

Blick in die Geschichte der europäischen Staaten in der frühen Neuzeit zeigt, war das Ergebnis solcher Auseinandersetzungen offen bzw. konnte ganz unterschiedliche Formen annehmen. Und dies gilt auch und gerade für das Alte Reich, das Heilige Römische Reich deutscher Nation, in der Zeit zwischen dem Westfälischen Frieden und den Napoleonischen Kriegen, die zu seinem Ende führten.

Der vorliegende Beitrag versucht, mit dem Konzept des Schuldenstaats einen analytischen Rahmen zu formulieren, der es erlaubt, die besondere Staatlichkeit des Alten Reichs zu erfassen und dabei die institutionelle Bedeutung des Reichshofrats besonders zu betonen. Er beginnt mit einem kurzen Blick auf die komplexe Debatte, ob und wie man das Alte Reich als Staat charakterisieren kann. Anschließend werden die institutionellen Regelungen zum Umgang mit hoheitlichen Schulden dem Konzept des Steuerstaats entgegengestellt, der seit Schumpeter die Diskussion um das ökonomische Fundament neuzeitlicher Staatlichkeit beherrschte. In einem dritten Schritt werden unterschiedliche Ausprägungen des Schuldenstaats in Westeuropa untersucht und dann im Vergleich die Ausprägung im Alten Reich geschildert. Am Schluss steht die besondere Rolle des Reichshofrats in diesem Institutionengeflecht. In den Schlussfolgerungen werden Anforderungen an die weitere Forschung thematisiert.

2. Die Debatte um die Staatlichkeit des Alten Reichs

Hegel bescheinigte um 1800 in seiner „Kritik der Verfassung Deutschlands" dem Alten Reich kurz vor seiner Auflösung, dass es „kein Staat mehr genannt werden kann".[3] Inwieweit dies zutraf, ist Gegenstand anhaltender Debatten, insbesondere unter Historikern und Juristen. Das Alte Reich scheint – zumindest auf den ersten Blick – nicht in moderne Kategorien von Staatlichkeit zu passen, die üblicherweise an den Kriterien von Staatsgebiet, Staatsvolk und Staatsgewalt ansetzen.[4] Es entzieht sich daher scheinbar auch einem Vergleich mit den westeuropäischen Nationalstaaten der frühen Neuzeit.

Georg Schmidt hat in diese Debatte die Konzeption des Alten Reichs als eines „komplementären Staats" eingeführt, die auch auf zeitgenössische Vorstellungen des 17. und 18. Jahrhunderts rekurriert.[5] Er meint damit das „perma-

3 Georg Wilhelm Friedrich HEGEL, Kritik der Verfassung Deutschlands (1800/01), Aus dem handschriftlichen Nachlasse des Verfassers hrsg. von Georg Mollat, Kassel 1893, S. 9.

4 Georg JELLINEK, Allgemeine Staatslehre (Recht des modernen Staates, 1), Berlin 1900; 2. Aufl. 1905, S. 381–420.

5 Georg SCHMIDT, Geschichte des Alten Reiches: Staat und Nation in der Frühen Neuzeit 1495–1806, München 1999; DERS., Das frühneuzeitliche Reich – komplementärer Staat und föderative Nation, in: Historische Zeitschrift 273 (2001), S. 371–399; DERS., The Old Reich: The State and

nente Aufeinanderangewiesensein und Zusammenwirken der unterschiedlichen staatlichen Ebenen",[6] das sich im Alten Reich durch das Zusammenspiel von Kaiser, Reichstag, Reichskreisen und Reichsgerichten manifestierte. Die so definierte politische Handlungseinheit, zeitgenössisch als „Kaiser und Reich" deklariert, zeichnete sich durch ein klar umgrenztes Gebiet – die deutschen Gebiete des mittelalterlichen Reichs, also ohne Reichsitalien und Burgund – aus. Ebenso besaß sie ein klar abgegrenztes Nationalbewusstsein – die Teilhabe an der „deutschen Freiheit" – , die als eine „speziell deutsche, überstaatliche Eigentums- und Rechtssicherheit thematisiert" werden kann.[7] „Komplementär" ist für Schmidt diese Form der Staatlichkeit dann aber aufgrund der besonderen Ausgestaltung der Staatsgewalt, da „die Vorstellung der an einem Punkt konzentrierten Souveränität (König Ludwig XIV., ‚King in Parliament') für den Reichs-Staat so nicht zutrifft".[8]

Mit dem Hinweis auf den monarchischen Absolutismus im frühneuzeitlichen Frankreich und die legislativ eingebundene englische Staatsgewalt spätestens seit der Glorious Revolution öffnet Schmidt aber einen Weg, um auch der besonderen Organisation der Staatsgewalt im Alten Reich gerecht zu werden. Die heute immer wieder zitierten Staatstheoretiker in den frühneuzeitlichen Nationalstaaten, also John Locke in England oder Charles de Montesquieu in Frankreich, sahen die staatliche Gewalt immer geteilt in die drei Bereiche Exekutive, Legislative und Judikative.[9] Sie reklamierten aber auch den landestypischen Vorrang einer der Teilgewalten vor den anderen. Während Locke den Vorrang der Legislative verteidigt und damit eben das Modell des „King in Parliament" propagierte, findet sich bei Montesquieu der Vorrang der Exekutive und damit des souveränen Monarchen, der die französische Vorstellung von Staatlichkeit prägte, während die Rolle der Judikative weder in der englischen noch in der französischen Tradition eine herausgehobene Stellung erlangte. Wie es schon in der Definition einer deutschen Nation der frühen Neuzeit bei Schmidt anklang, wäre genau dies

---

Nation of the Germans, in: R. J. W. Evans/Michael Schaich/Peter H. Wilson (Hrsg.), The Holy Roman Empire 1495–1806, Oxford 2011, S. 43–62. Eine ausführliche kritische Auseinandersetzung mit den Thesen von Schmidt findet sich etwa bei Heinz Schilling, Reichs-Staat und frühneuzeitliche Nation der Deutschen oder teilmodernisiertes Reichssystem. Überlegungen zu Charakter und Aktualität des Alten Reiches, in: Historische Zeitschrift 272 (2001), S. 377–395 und Wolfgang Reinhard, Frühmoderner Staat und deutsches Monstrum. Die Entstehung des modernen Staates und das Alte Reich, in: Zeitschrift für Historische Forschung 29 (2002), S. 339–357.

6 Schmidt, Das frühneuzeitliche Reich (wie Anm. 5), S. 383.

7 Ebd., S. 391.

8 Ebd., S. 384.

9 Louis Pahlow, Zur Theorie der Gewaltenteilung im 18. Jahrhundert, in: Aufklärung 15 (2003), S. 282–290.

aber der Ansatzpunkt, um die besondere Ausprägung der Staatsgewalt im Alten Reichs, damit den besonderen Charakter seiner Staatlichkeit herauszustreichen und sie in eine sinnvolle Vergleichsperspektive zu den Staatstheorien der beiden westeuropäischen Staaten zu bringen.

Der prinzipielle Zugang zu Rechtsschutz bei den höchsten Reichgerichten, dem Reichskammergericht und dem Reichshofrat, für jede Person im Reich, sofern es sich bei dem Beklagten um einen Reichsunmittelbaren handelte oder bei Appellationen ein Mindeststreitwert erreicht wurde, war eine besondere institutionelle Ausprägung von Staatlichkeit, die den Zeitgenossen auch wohl bewusst war. Das Modell einer Konfliktlösung durch kaiserliche Gerichte wurde spätestens seit dem Ewigen Landfrieden von 1495 verfolgt.[10] Nach der Beilegung der massiven Religions- und Verfassungskonflikte im Westfälischen Frieden von 1648 wurde es weiterentwickelt und ausgebaut. Es stellt aus dieser Sicht die besondere Form der Staatsgewalt und der Staatlichkeit im Alten Reich dar. Siegrid Westphal prägte dafür, in deutlicher Anlehnung an Schmidt, aber ohne weitere Diskussion der staatstheoretischen Implikationen, den Begriff der „komplementären Konfliktregulierung".[11] Auch noch in Hegels eingangs zitierter „Kritik der Verfassung Deutschland" finden sich deutliche Hinweise auf die besondere Rolle, die Recht und Rechtsprechung für die Staatlichkeit des Alten Reichs besaßen. Hegel bezeichnet sie an einer Stelle als ein „System der durchgeführtesten Gerechtigkeit"[12] und führt weiter aus: *Es ist ein wenn nicht vernünftiger, doch gewissermassen edler Zug im deutschen Charakter, daß das Recht überhaupt, sein Grund und seine Folgen mögen auch beschaffen seyn wie sie wollen, ihm so etwas heiliges ist. Wenn Deutschland als eigner unabhängiger Staat, wie es allen Anschein hat, und die deutsche Nation, als Volk, vollends ganz zu Grunde geht, so gewährt es immer noch einen erfreulichen Anblick, unter den zerstörenden Geistern, die Scheue vor dem Recht voran zu erblicken.*[13]

---

10 Frank Kleinehagenbrock, Der Umgang mit Finanzkrisen im Heiligen Römischen Reich – Modell für moderne föderale staatliche Ordnungen? in: Eckhardt Pache/Kyrill-A. Schwarz (Hrsg.), Grundlagen, aktuelle Entwicklungen und Perspektiven der Europäischen Währungsunion (Ius Europaeum, 54), Baden-Baden 2012, S. 67–75.

11 Siegrid Westphal, Kaiserliche Rechtsprechung und herrschaftliche Stabilisierung. Reichsgerichtsbarkeit in den Thüringischen Territorialstaaten 1648–1806 (Quellen und Forschungen zur höchsten Gerichtsbarkeit im Alten Reich, künftig: QFHG, 43), Köln/Weimar/Wien 2002, S. 81. Die zentrale Rolle des Reichshofrats bei der Regelung von Streitfällen zwischen mindermächtigen Reichsständen und ihren mächtigen Nachbarterritorien beleuchtet Patrick Milton, Imperial Law versus Geopolitical Interest: The Reichshofrat and the Protection of Smaller Territorial States in the Holy Roman Empire under Charles VI (1711–1740), in: The English Historical Review 130 (2015), 831-864, anhand mehrerer Beispiele aus der ersten Hälfte des 18. Jahrhunderts.

12 Hegel, Kritik (wie Anm. 3), S. 5.

13 Ebd., S. 6 f.

Der kritische Unterton in Hegels Analyse weist allerdings auch darauf hin, dass am Beginn des 19. Jahrhunderts aus verschiedenen Gründen diese besondere Ausprägung von Staatlichkeit nicht mehr funktionsfähig war, das Reich daher eben „kein Staat mehr" oder nur noch ein machtloser „Gedankenstaat" war.[14] Andere Mechanismen der Organisation von Staatsgewalt – eine starke Exekutive oder eine mächtige Legislative – wollten oder konnten nicht an ihre Stelle treten, zumindest nicht auf der Ebene des Reichs, wohl aber auf Ebene der Territorien, die sich 1806 als souveräne Staaten aus dem Reichsverband lösten und damit das Ende des Reiches einleiteten.

Weitgehend vernachlässigt wurden in der geschichts- und rechtswissenschaftlichen Debatte um die Staatlichkeit des Alten Reichs bisher ihre besonderen ökonomischen Auswirkungen.[15] Dies betrifft, wie im Folgenden noch zu zeigen ist, insbesondere den Umgang mit hoheitlichen Schulden. Denn in den Schulden, die die Fürsten oder auch die Magistrate der reichsfreien Städte gegenüber privaten Gläubigern eingingen, die aus allen Teilen des Reichs und nicht notwendigerweise nur aus den jeweiligen unmittelbaren Herrschaftsgebieten stammten, manifestierte sich eine Rechtsbeziehung, die sich im Konfliktfall unter den Schutz des Kaisers als des obersten Richters begeben konnte.[16] Die besondere Rolle, die Rechte und Rechtswege – und dabei insbesondere der Reichshofrat – für den Umgang mit Schuldenkrisen spielten, lässt sich dann auch vergleichen damit, wie in anderen Staaten der frühen Neuzeit mit anderen Ausprägungen der Organisation von Staatsgewalt solche Krisen bewältigt wurden.

Eine solche polit-ökonomische Analyse lässt erkennen, wie im geregelten Umgang der Herrschenden als Kreditnehmer und -schuldner mit den Beherrschten als Kreditgebern und -gläubigern sich die jeweils besonderen Formen von Staatlichkeit manifestierten, ja sie unter Umständen sogar erst zu Geltung brachten. Sie komplementiert damit die historischen und juristischen Analysen zu den unterschiedlichen Formen von Staatlichkeit in der frühen Neuzeit. Sie lenkt aber auch den Blick auf die noch unerschlossenen Dokumente zur Arbeitsweise des Reichshofrats, durch deren Auswertung die ökonomische Basis der Staatlichkeit des Alten Reichs noch genauer dokumentiert und durchdrungen werden kann.

14 Ebd., S. 48.

15 Eine Ausnahme bildet der Beitrag von Kleinehagenbrock, Finanzkrisen (wie Anm. 10). Den finanziellen Beziehungen zwischen den nicht-habsburgischen Territorien des Reichs und dem Wiener Kaiserhof mit besonderem Fokus auf die Finanzierung der Militärausgaben in Reichskriegen widmet sich Peter Rauscher, The Holy Roman Empire and the Habsburg Fiscal-Military System c. 1606–1806, in: Willam D. Godsey/Petr Matá (Hrsg.), The Habsburg Monarchy as a Fiscal-Military State. Contours and Perspectives 1648–1815, London 2022, S. 211–229.

16 Kleinehagenbrock, Finanzkrisen (wie Anm. 10), S. 75.

3. Das Konzept des Schuldenstaats: Die Begründung von neuzeitlicher Staatlichkeit durch den geregelten Umgang mit Schulden

In wirtschafts- und finanzhistorischen Betrachtungen dominierte lange die Vorstellung, dass die Entstehung moderner Staatlichkeit in der frühen Neuzeit vor allem im Zusammenhang mit der Herausbildung von Steuersystemen zu sehen sei, mit denen die sich kontinuierlich vermehrenden Ausgaben, die aus wachsender Bürokratie, gestiegenen Kriegskosten oder zunehmenden Repräsentationspflichten entstanden, gedeckt werden konnten.[17] Auf Josef Schumpeter geht die prominente Stufentheorie zurück, nach der dem mittelalterlichen und vormodernen Domänenstaat der moderne Steuerstaat folgte.[18] Die Vorstellung von einem Steuerstaat sieht, entsprechend der traditionellen Vorstellungen von Staatlichkeit, die Staatsgewalt primär durch eine starke Exekutive oder Legislative repräsentiert. Gerhard Oestreich und Kersten Krüger erweiterten den zweistufigen Ansatz Schumpeters zu einem dreistufigen, bei dem auf den Domänenstaat zunächst der Finanzstaat und dann der Steuerstaat folgte.[19] Noch eine Stufe mehr fügten Richard Bonney und W. M. Ormrod ein, die auch umfangreiche empirische Untersuchungen über die europäische Finanzgeschichte anstellten.[20] Sie postulierten eine Abfolge von Tributstaat, Domänenstaat, Steuerstaat und Fiskalstaat. Erst kürzlich haben allerdings Alexander Leiphold und Sebastian Huhnholz das Konzept des Steuerstaates als unhistorisch kritisiert, ohne jedoch eine konkrete Alternative zu entwickeln.[21] Eine solche Alternative bietet das Konzept des Schuldenstaats, das dem Steuerstaat gegenüber bzw. an die Seite gestellt werden kann.[22] Es hat den Vorteil, dass damit auch der judikative Teil der Staatsgewalt angemessen berücksichtigt werden kann, was wiederum für das Verständnis der Staatlichkeit des Alten Reichs essenziell ist. Immerhin wurde in

---

17 Werner Buchholz, Geschichte der öffentlichen Finanzen in Europa in Spätmittelalter und Neuzeit. Darstellung – Analyse – Bibliographie, Berlin 1996, S. 47–55.

18 Joseph A. Schumpeter, Die Krise des Steuerstaates (1918), in: Ders., Aufsätze zur Ideologie, Tübingen 1953, S. 1–71.

19 Gerhard Oestreich, Ständetum und Staatsbildung in Deutschland, in: Der Staat 6 (1967), S. 61–73; Kersten Krüger, Finanzstaat Hessen. 1500–1567. Staatsbildung im Übergang vom Domänenstaat zum Steuerstaat, Marburg 1980.

20 Richard Bonney/William M. Ormrod, Introduction: Crisis, Revolutions and Self-Sustained Growth: Towards a Conceptual Model of Change in Fiscal History, in: William M. Ormrod/Margaret Bonney/Richard Bonney (Hrsg.), Crisis, Revolutions and Self-Sustained Growth: Essays in European Fiscal History, 1130–1830, Stanford 1999, S. 1–21.

21 Alexander Leipold/Sebastian Huhnholz, Die Entwicklung des „Steuerstaates": Ursprung, Aufstieg und Ende eines finanzwirtschaftlichen Fortschrittsparadigmas, in: Jahrbuch für Wirtschaftsgeschichte 62 (2021), S. 505–552.

22 Klump, Schulden (wie Anm. 2).

einer Geschichte der öffentlichen Finanzen in Europa schon einmal ganz selbstverständlich formuliert: „Schuld, Steuer und Staat haben dieselben Wurzeln".[23]

Im Zusammenhang mit den Finanz-, Staatsschulden- und Währungskrisen seit 2008 setzte in den Wirtschafts- und Sozialwissenschaften ein Boom von historischen, extrem langfristigen Betrachtungen über das Wesen und die Erscheinungsformen von Schulden, seien sie privat und/oder staatlich, ein. Die Ökonomen Carmen M. Reinhardt und Kenneth S. Rogoff legten 2009 eine langfristige Analyse von Schulden- und Währungskrisen in den vergangenen 800 Jahren vor.[24] David Graeber, Anthropologe und einer der Vordenker der Occupy-Bewegung, holte 2011 noch weiter aus und versuchte, die gesamte Wirtschafts- und Sozialgeschichte der letzten 5000 Jahre als eine Auseinandersetzung mit dem Phänomen der Verschuldung bzw. Überschuldung zu verstehen.[25] Auch für die Organisation von Gesellschaft und Staat spielt nach Graeber Verschuldung eine Schlüsselrolle, da die Auseinandersetzung über die Schulden immer wieder zum Zündfunken für revolutionäre Veränderungen in der Staats-, Rechts- und Eigentumsordnung geworden sei: „Streitigkeiten über Schulden gibt es seit mindestens 5000 Jahren. Den größten Teil der Geschichte der Menschheit – oder wenigstens der Geschichte von Staaten und Imperien – hat man den meisten Menschen erzählt, sie seien Schuldner. […] Seit vielen tausend Jahren wird der Kampf zwischen Reichen und Armen überwiegend in Form von Konflikten zwischen Gläubigern und Schuldnern ausgetragen. […] Ebenso haben in den letzten 5000 Jahren mit bemerkenswerter Regelmäßigkeit Volksaufstände auf gleiche Weise begonnen: mit der rituellen Zerstörung von Schuldverzeichnissen – Tafeln, Papyrusrollen, Kontobüchern, wo immer die Schulden zu einer bestimmten Zeit an einem bestimmten Ort verzeichnet waren."[26]

Für die frühe Neuzeit hatte schon Schumpeter in wachsenden Schulden der Herrschenden einen Weg aus der Problematik der Finanzierung wachsender Ausgaben gesehen. In der Tat kann man unterstellen, dass etwa die wachsenden Militärausgaben in der Erwartung getätigt wurden, sie seien letztlich eine Investition, deren Finanzierung zunächst per Verschuldung erfolgen könne, die aus Abgaben neu unterworfener Untertanen zu tilgen sei. Der lange Kampf der Herrschenden um eine „Fundierung" öffentlicher Schulden durch Gewährung permanenter Steuern um den Preis politischer Mitspracherechte der Untertanen

23 Buchholz, Geschichte (wie Anm. 17), S. 47.

24 Carmen M. Reinhardt/Kenneth S. Rogoff, This Time Is Different: Eight Centuries of Financial Folly, Princeton 2009 (deutsch: Dieses Mal ist alles anders: Acht Jahrhunderte Finanzkrisen, München 2010).

25 David Graeber, Debt. The first 5.000 Years, New York 2011 (deutsch: Schulden. Die ersten 5.000 Jahre, Stuttgart 2012).

26 Graeber, Schulden (wie Anm. 25), S. 14.

bzw. ihrer ständischen oder parlamentarischen Vertretungen macht ebenfalls deutlich, dass der Rekurs auf die Steuerfinanzierung eine „Second best"-Strategie darstellte. Aus Sicht der Herrschenden war sie der Schuldenfinanzierung mit unterschiedlichen Modellen der Schuldentilgung politikökonomisch klar unterlegen. Steuern waren daher ursprünglich auch nur ein Instrument für die Staatsfinanzierung in Krisenzeiten und wurden bei Bedarf von den Ständen bewilligt. Streitigkeiten um Steuern waren oft ein vordergründiger Auslöser von Konflikten um die weitere Entwickung der Staatlichkeit; hinter solchen Konflikten standen aber meistens die offensichtlichen Grenzen weiterer hoheitlicher Schuldenfinanzierung. Bezeichnenderweise stand am Anfang der Unabhängigkeit der amerikanischen Kolonien vom englischen Mutterland ein Disput über die Zuckersteuer, Stempelsteuer und die Zölle auf Tee, also Verbrauchssteuern, mit denen die englische Krone die finanziellen Lasten ihrer Kriege decken und die stark angewachsene Verschuldung begrenzen wollte.

Der frühneuzeitliche Schuldenstaat, der wachsende Ausgaben durch höhere Verschuldung zu finanzieren versuchte, war aber an drei entscheidende Voraussetzungen gebunden: Er setzte erstens voraus, dass es auch ein genügend großes Kapitalangebot gab, das nach lukrativen Anlagemöglichkeiten suchte. Zweitens musste es funktionierende Mechanismen der Koordination von Kapitalnachfrage und Kapitalangebot geben, also im weitesten Sinne einen Kapitalmarkt. Man kann unterstellen, dass beides historisch erst in der nachmittelalterlichen Welt vorhanden war, als zunächst in den städtischen Zentren Italiens, Oberdeutschlands und der Niederlande durch Handel Reichtum akkumuliert wurde und sich dieses Modell dann in der frühen Neuzeit über ganz Europa ausbreitete. Und drittens darf der Schuldner nicht seine Reputation eingebüßt haben durch Zahlungsausfälle und -verweigerungen in der Vergangenheit. Bis heute steht die Frage, wie sich Reputation begründen, bewahren oder wiedergewinnen lässt, im Zentrum der ökonomischen Debatten um den Umgang mit „souvereign debt".

Um Reputationsverlust zu vermeiden und sicherzustellen, dass Zinszahlungs- und Schuldentilgungsverpflichtungen auch von hoheitlichen Schuldnern nicht infrage gestellt werden, wurden schon in der frühen Neuzeit politische, wirtschaftliche und rechtliche Instrumente und Institutionen entwickelt, die wiederum prägenden Charakter für die vormoderne Staatlichkeit in Europa besaßen. Wo solche nachhaltigen Herrschaftsformen zum Umgang mit der Verschuldung sich aber nicht etablieren konnten, so etwa in der Adelsrepublik Polen-Litauen, war letztlich der Bestand der staatlichen Eigenständigkeit gefährdet.[27] Interessanterweise finden sich im frühneuzeitlichen Europa auch Formen von Staatlich-

---

27 Anna Filipczak-Kocur, Poland-Lithuania before Partition, in: Richard Bonney (Hrsg.), The Rise of the Fiscal State in Europe, c. 1200–1815, Oxford 1999, S. 443–479.

keit, die auf budgetären Überschüssen – also dem Gegenteil von Verschuldung und ohne Bezug zu besonderen Besteuerungsformen – basierten. Dies belegt ein Blick auf die Kantone der Schweiz. Der Kanton Bern war ebenso wie andere Schweizer Kantone ein strukturelles finanzielles Überschussgebiet.[28] Eine zentrale Aufgabe und Legitimation der Staatsgewalt bildete dort im 18. Jahrhundert das gute Management des Portfolios der Geldanlagen und nicht der Kampf um die Einführung von Steuern.

Wie der Verweis auf Polen-Litauen oder die Kantone der Schweiz zeigt, bietet das Konzept des Schuldenstaats (das auch den Fall hoheitlicher budgetärer Überschüsse einschließt) einen Rahmen, in den sich eine größere Zahl historischer Akteure sinnvoller einordnen lässt als dies im Konzept des Steuerstaats möglich ist. Auch für die Entwicklung der vielen großen und kleinen Territorien des Alten Reichs und schließlich des Reichs selber, so die Hypothese, kann sich die Verbindung von Mechanismen des Schuldenregimes und Formen von Staatlichkeit als sinnvoller erweisen als ein einseitiger Blick auf die Ausgestaltung einer nachhaltig wirksamen Steuerfinanzierung. Letztere wurde zwar am Ende des 18. Jahrhunderts als Folge der Revolutionskriege und der Auflösung des Reiches ein zentrales Thema in dessen Nachfolgestaaten; in der Zeit davor war die Einführung von Steuern aber nur ein Element in den Strategien zum Umgang mit den öffentlichen Schulden.[29] Dies zeigt nicht zuletzt das Schicksal der 1766 in Brandenburg-Preußen etablierten Régieverwaltung, die nach französischem Vorbild eine Verbesserung der Einnahmen aus der in den Städten erhobenen Akzise, einer indirekten Steuer, erbringen sollte und dieses fiskalische Ziel auch erreichte. Heftige Proteste aus Bürgertum und Kaufmannschaft führten aber dazu, dass 1786 wesentliche Teile des Régiesystems wieder rückgängig gemacht wurden; die institutionelle Reform besaß zu diesem Zeitpunkt also (noch) keine Nachhaltigkeit.[30]

4. Schuldenstaat und Staatlichkeit in der frühen Neuzeit

In der historischen wie auch in der ökonomischen (und insbesondere der historisch- institutionenökonomischen) Analyse nimmt die Beschäftigung mit der

28 Stefan ALTORFER-ONG, Staatsbildung ohne Steuern. Politische Ökonomie und Staatsfinanzen im Bern des 18. Jahrhunderts, Baden 2010; Martin KÖRNER, The Swiss Confederation, in: Bonney, Fiscal State (wie Anm. 27), S. 327–357.

29 Hans-Peter ULLMANN, Öffentliche Finanzen und Steuern in Deutschland zwischen Ancien Régime und Moderne, in: DERS., Staat und Schulden. Öffentliche Finanzen in Deutschland seit dem 18. Jahrhundert, Göttingen 2009, S. 19–26.

30 Florian SCHUI, Taxpayer Opposition and Fiscal Reform in Prussia, c. 1766–1787, in: The Historical Journal 54 (2011), S. 371–399.

Glorious Revolution von 1688 in England eine besondere Rolle ein. Für Douglas North und Barry Weingast war sie das Musterbeispiel für eine institutionelle Reform, durch die die Macht der royalen Exekutive an Entscheidungen eines Parlaments gebunden wurde.[31] Dies betraf, zusammen mit der Bill of Rights von 1689, nicht zuletzt die Staatsverschuldung, die eine geregelte Fundierung durch vom Parlament bewilligte Steuern erhielt. Der Schutz privater Eigentumsrechte vor willkürlichen staatlichen Eingriffen wird gerne als wichtiger Schritt auf dem Weg in einen modernen, demokratischen Verfassungsstaat interpretiert. Mit der Gründung der Bank of England, die 1694 erfolgte, konnten dann die öffentlichen Anleihen auch zur Deckung von Banknoten verwendet werden. Damit trugen die institutionellen Reformen maßgeblich dazu bei, ein geregeltes Verfahren für das Management öffentlicher Schulden zu entwickeln, und schufen die finanziellen Voraussetzungen dafür, dass England im 18. Jahrhundert zur dominierenden Weltmacht aufsteigen konnte.

Als Beleg für diese These wird auf das Zinsniveau in England verwiesen, das dauerhaft unter dem in Frankreich lag, obwohl die englische Staatsschuld stark wuchs. Unter den neuen institutionellen Strukturen mussten die (inländischen und ausländischen) Gläubiger offenbar keine Angst vor einem willkürlich herbeigeführten englischen Staatsbankrott haben. Die These von North und Weingast war inzwischen Gegenstand intensiver Diskussionen und fundierter Kritik.[32] Einerseits wurde hinterfragt, ob die Glorious Revolution tatsächlich ein so bedeutsamer institutioneller Einschnitt war oder ob die institutionelle Entwicklung zur Eingrenzung hoheitlicher Macht und Verschuldung sich nicht langsamer über einen längeren Zeitraum hinweg vollzog. Anderseits wurde auch bemängelt, dass die Interessen der beteiligten Gruppen von Akteuren, und hier insbesondere diejenigen der Gläubiger von staatlichen Schulden und diejenigen, die über Steuern und Abgaben für die Bedienung und Tilgung der Staatsschuld einzustehen hatten, zu wenig Berücksichtigung fanden.

David Stasavage unternahm daraufhin in mehreren Beiträgen den Versuch, den Zusammenhang zwischen Formen politischer Repräsentation und der Herausbildung geregelter staatlicher Verschuldung im frühneuzeitlichen Europa zu analysieren.[33] Es gelang ihm herauszuarbeiten, dass und wieso die Institutio-

31 Douglas North/Barry R. Weingast, Constitutions and Commitment: The Evolution of Institutions Governing Public Choice in Seventeenth-Century England, in: Journal of Economic History 49 (1989), S. 803–832.

32 Steve Pincus/James Robinson, What really Happened during the Glorious Revolution?, NBER Working Paper 17206, Cambridge 2011; Peter Murrell, Design and Evolution in Institutional Development: The Insignificance of the English Bill of Rights, Journal of Comparative Economics 45 (2017), S. 36–55.

33 David Stasavage, Public Debt and the Birth of the Democratic State. France and Great Britain,

nalisierung des öffentlichen Schuldenmanagements im 17. und 18. Jahrhundert ganz unterschiedliche Formen annehmen konnte und daher beispielsweise in England und Frankreich unterschiedliche „states of credit" entstanden. Stasavage sieht den Beginn längerfristiger Kreditaufnahme in den autonomen Städten in Oberitalien, in Oberdeutschland und in den Niederlanden seit dem 13. Jahrhundert. Das Kreditvolumen war über viele Jahrhunderte größer und das Zinsniveau niedriger als bei Anleihen der Herrscher größerer Territorien. Gläubiger waren vor allem Händler, die im Fernhandel Vermögen erworben hatten, für das sie nach profitablen Anlagen suchten. Die Bedienung der Schuldtitel speiste sich aus den typischen Einnahmen der Städte, also Zöllen, Gebühren oder Verbrauchssteuern, über deren Höhe und Ausgestaltung in den städtischen Räten zu entscheiden war. Sofern in diesen Räten die Interessen der Händler dominierten, konnten die Gläubiger auf die Verlässlichkeit der öffentlichen Zahlungsverpflichtungen vertrauen: „In the city-states of Europe, the primary distributional cleavage was instead between merchants owning annuities and other classes of citizens who paid taxes to see that these annuities were serviced. […] Distributional conflict existed within city-states between wealthy merchants who purchased public annuities and the rest of the population who paid the indirect taxes that serviced these annuities."[34]

Stasavage weist empirisch nach, dass eine Dominanz von Kaufleuten in den städtischen Entscheidungsgremien einen signifikant negativen Effekt auf die Zinsen für langfristige Anleihen besaß, offenbar ein Zeichen für eine geringe Risikoprämie, die von den Kreditgebern verlangt wurde. Stasavage findet die gleiche Struktur ab dem 16. Jahrhundert auch in den Niederlanden gegeben, wonach ein Übergewicht der (oft selbst kreditgebenden) Kaufleute in den politischen Gremien zu günstigen Finanzierungsbedingungen für öffentliche Kredite einerseits und andererseits zu einem klaren Übergewicht (regressiver) indirekter Steuern und Abgaben gegenüber direkten Steuern auf Einkommen oder Vermögen führt. Das ist wenig überraschend, da die Generalstaaten aus einem Bund von Provinzen hervorgingen, in denen nicht ländliche Grundbesitzer, sondern städtische Gemeinden dominierten.

Mit Hilfe des polit-ökonomischen Ansatzes von Stasavage lässt sich auch erklären, warum England sehr viel bessere Möglichkeiten hatte, über öffentliche Verschuldung Mittel für die Finanzierung öffentlicher Ausgaben (insbesondere zur Kriegsführung) zu mobilisieren, als dies Frankreich gelang. Im Unterschied

---

1688–1789, Cambridge 2003; Ders., States of Credit: Size, Power, and the Development of European Politics, Princeton 2011; Ders. What We Can Learn from the Early History of Sovereign Debt, in: Explorations in Economic History 59 (2016), S. 1–16.

34 Stasavage, Early History (wie Anm. 33), S. 3, 5.

zum institutionenökonomischen Ansatz von North/Weingast ist dafür weniger eine einzelne institutionelle Veränderung verantwortlich – die mit der Glorious Revolution vollzogene Bindung der Aufnahme von Staatsschulden an ein Votum des Parlaments, sondern die Art und Weise, wie (und wie lange) die Gläubiger von Staatskrediten dominanten Einfluss auf die Parlamentsentscheidungen nehmen konnten. In Frankreich, wo seit Mitte des 16. Jahrhunderts die öffentliche Verschuldung anstieg, deren Gläubiger vor allem in Paris ansässig waren, wurden die ständischen Repräsentationsgremien, die Generalstaaten, von Vertretern aus den Provinzen dominiert, die sich Steuererhöhungen konsequent verweigerten. Die starke exekutive Ausrichtung der Staatlichkeit in Frankreich fand daher ihren ökonomischen Niederschlag in einer wachsenden Verschuldung. Da sich das Risiko von Zahlungsausfällen immer weiter erhöhte und es auch zu mehreren Staatsbankrotten kam, musste die französische Krone für ihre Anleihen, selbst wenn sie geringer ausfielen als die Schulden Englands, durchgehend höhere Risikoprämien bezahlen. Und noch in der revolutionären Stände- und späteren Nationalversammlung, die 1789 angesichts eines weiteren drohenden Staatsbankrotts einberufen worden war, kam es nicht zur Schuldentilung durch eine legislativ fundierte Besteuerung. Vielmehr wurde die Lösung der Verschuldungsprobleme in der Nationalisierung des Kirchenbesitzes gesucht, der zum großen Teil in die Hände der Provinznotabeln überging. Auf die erwarteten Verkaufserlöse wurden mit den Assignaten Schuldscheine ausgestellt, mit denen man die Gläubiger der Staatsschulden auszahlte. Durch hohe Inflation wurden die Assignaten aber schon nach kurzer Zeit fast völlig entwertet. Letztlich hatte damit also durch Inflationierung eine Vermögensumverteilung zugunsten der Provinzvertreter und zulasten der großstädtischen Vermögensbesitzer stattgefunden.

5. Das Alte Reich als Schuldenstaat

In den polit-ökonomischen Analysen von Stasavage wird das Alte Reich, wenn überhaupt, nur am Rande erwähnt. Bis heute bleiben die dort herrschenden Regelungen für den Umgang mit Staatsschulden (bei aller Unschärfe des Begriffs) eine Black Box, die dringend der weiteren Klärung bedarf. Zwei Gründe dürften für diese auffälligen Forschungslücken verantwortlich sein. Zum einen ist die Datenlage im Vergleich zu England, Frankreich oder den Niederlanden immer noch extrem unsicher. In der wichtigsten Datensammlung zu Staatsschulden in vormodernen europäischen Territorien, der European State Finance Database, gibt es zwar Informationen zu den österreichischen und den preußischen Staatsfinanzen im 17. und 18. Jahrhundert, aber keine Angaben zu allen Territorien des Heiligen Römischen Reichs.[35] Allerdings sind solche Informationen durchaus vorhanden. So konnten etwa durch umfangreiche Archivstudien erst jüngst Zinsdaten aus 103 Städten im Alten Reich nördlich und südlich der Alpen für den Zeitraum 1240–1809 zusammengetragen und ausgewertet werden.[36] Zum anderen scheint aber auch die komplexe Verfassungs- und Rechtslage des Alten Reiches die Finanzforschung erschwert zu haben, obwohl sie gerade für polit-ökonomische Betrachtungen ein überaus reiches Forschungsfeld darstellt. Immerhin finden sich unter dem Dach des Alten Reichs ganz unterschiedlich verfasste und regierte Gemeinwesen: fürstliche und gräfliche Herrschaften mit mehr oder weniger stark ausgeprägten Rechten der Stände sowie Stadtrepubliken, in deren Räten die Machtverhältnisse unterschiedlich ausgestaltet waren, geistliche Herrschaften mit ihren besonders strukturierten Entscheidungsgremien und, nicht zu vergessen, die Gebiete der Reichsritterschaft und der Ritterorden.[37]

Mit wenigen Ausnahmen sahen sich alle Reichsstände in der Zeit nach dem Westfälischen Frieden mit Problemen wachsender Verschuldung konfrontiert und mussten dafür Lösungen finden. Folgt man der polit-ökonomischen Analyse, müssen sich aus der Unterschiedlichkeit der Herrschaftsverhältnisse auch unterschiedliche Lösungen für das Schuldenproblem ergeben haben. Neben der horizontalen Diversität der Herrschaftsverhältnisse muss im Falle des Alten Reichs aber auch noch die Bedeutung der vertikalen bzw. hierarchischen Herrschaftsbeziehungen in Betracht gezogen werden, also die Unterordnung der einzelnen Reichsstände unter die institutionellen und rechtlichen Regeln des Reichs. Wie in vielen anderen Bereichen der Reichsforschung stellt sich dabei die Frage, in welchem Ausmaß die Reichsstände in der Zeit nach dem Westfälischen Frieden Souveränität in ihrer Schuldenpolitik besaßen bzw. in welchem Ausmaß sie (auch) noch der kaiserlichen Souveränität unterlagen. Dies betrifft insbesondere die Rolle der zentralen Reichsinstitutionen, also Reichstag, Reichskammergericht und Reichshofrat, im Umgang mit den Schulden der Reichsstände. Im Folgenden sollen dazu für zukünftige (und nach Möglichkeit auch empirisch abgesicherte) Forschungen einige leitende Hypothesen entwickelt werden.

Betrachtet man die einzelnen Gruppen von Reichsständen, so fällt zunächst auf, dass es offenbar in den geistlichen Territorien des Alten Reichs zwar Phasen akuter Schuldprobleme, aber keine Krisen mit dauerhafter Zahlungsunfähigkeit

35 https://www.esfdb.org/ (abgerufen am 30. Dezember 2023).

36 David Chilosi/Max-Stephan Schulze/Oliver Volkart, Benefits of Empire: Capital Market Integration North and South of the Alps, 1350–1800, in: Journal of Economic History 78 (2018), S. 637–672.

37 Oliver Volkart, Politische Zersplitterung und Wirtschaftswachstum im Alten Reich, ca. 1650–1800, in: Vierteljahrschrift für Sozial- und Wirtschaftsgeschichte 86 (1999), S. 1–38.

gab. Unterschiedliche Erklärungen dafür sind denkbar: wie in den Schweizer Kantonen könnte es erstens größere Sparsamkeit in den öffentlichen Ausgaben und/oder eine stärkere Anwendung kaufmännischer Rechnungsprinzipien auch in der territorialen Verwaltung gegeben haben. Es könnte aber auch zweitens wie in England ein System der Herrschaftskontrolle gegeben haben, in dem die kreditgebenden Schichten ihre Interessen an einer Bedienung aller Schulden durchsetzen konnten. Oder es könnte drittens die Besonderheit bestanden haben, dass potenzielle Kreditgeber zögerten, Geld an einen Schuldner zu verleihen, der grundsätzlich keine dynastischen Nachfolger haben konnte. In jedem Fall scheint der Zwang in den geistlichen Territorien zu wirksamen wirtschafts- und finanzpolitischen Reformmaßnahmen hoch gewesen zu sein.[38]

Blickt man auf die Gruppe der Reichsstädte, dann scheint es auf den ersten Blick einen fundamentalen Dissens zu der Beobachtung von Stasavage zu geben, wonach die Stadtrepubliken mit Dominanz der vermögenden Schichten ihre Verschuldung besonders gut meistern konnten. Im Alten Reich hatten in der Zeit nach 1648 viele Reichsstädte mit erheblichen Schulden zu kämpfen, darunter auch viele, in denen vermögende Händler die politische Macht besaßen. Stasavage hat allerdings seine Überlegungen bereits dahingehend modifiziert, dass er eine ökonomische Stagnation der Stadtrepubliken für den Fall prognostizierte, dass die Dominanz der alten Eliten zum Hemmschuh für innovative ökonomische Impulse werden könnte. Genau das scheint sich nun im 17. und 18. Jahrhundert in vielen Reichsstädten vollzogen zu haben.[39] Ansätze industrieller Produktion wurden von Händlern und Handwerkergilden gezielt aus den Städten verdrängt, während sich gleichzeitig die traditionellen Handelsverbin-

38 Thomas Heiler, Die Finanzen des Hochstifts Würzburg im 18. Jahrhundert, Würzburger Diözesangeschichtsblätter 47 (1985), S. 159–190; Christian Dirninger, Staatliche Finanzwirtschaft im Erzstift Salzburg im 18. Jahrhundert, in: Heinz Dopsch/Hans Spatzenegger (Hrsg.), Geschichte Salzburgs, Band 3: Neuzeit und Zeitgeschichte, Teil 1, Salzburg 1988, S. 537–576; Heinrich Lang, Das Fürstbistum Bamberg zwischen Katholischer Aufklärung und aufgeklärten Reformen, in: Mark Häberlein (Hrsg.), Bamberg im Zeitalter der Aufklärung und der Koalitionskriege, Bamberg 2014, S. 11–70; Jan Greitens, Von der Theorie zur Wirtschaftspolitik. J. H. G. Justis „Policey-Wissenschaft" im Fürstbistum Paderborn, in: Westfälische Zeitschrift 168 (2018), S. 129–161.

39 Stasavage, Early History (wie Anm. 32), S. 5–7; Ders., Was Weber Right? The Role of Urban Autonomy in Europe's Rise, in: American Political Science Review 108 (2014), S. 337–354. Der Befund steht auch nicht im Widerspruch zu der Beobachtung, dass viele der Reichsstädte im 17. und 18. Jahrhundert erhebliche finanzielle Lasten aus Einquartierungen und Kontributionen zu tragen hatten, denn in den Fällen, in denen – wie etwa in Augsburg oder Nördlingen – eine Neuordnung und Reform der reichstädtischen Verwaltung gelang, konnten die kriegsbedingten Schulden in der Friedenszeit auch wieder abgebaut werden; vgl. hierzu Reinhard Hildebrandt, Zur Frage der reichsstädtischen Finanzen und Haushaltspolitik seit dem Westfälischen Frieden, in: Erich Maske/Jürgen Sydow (Hrsg.), Städtisches Haushalts- und Rechnungswesen, Sigmaringen 1977, S. 91–107.

dungen auflösten. Auch wenn die Gläubiger immer noch in die grundsätzliche Zahlungsfähigkeit der Reichsstädte vertrauten, bauten sich damit wachsende Schulden auf.

In den weltlichen Territorien des Reichs stellte sich die Situation wiederum anders dar. Der Finanzbedarf war nicht nur aufgrund der Militärausgaben und der Kosten für die Hofhaltung hoch, sondern wurde auch durch die Notwendigkeit zur Versorgung der fürstlichen Agnaten begründet.[40] Anders als in den geistlichen Territorien gab es aufgrund der dynastischen Erbfolge kein grundsätzliches Problem für langfristige hoheitliche Kreditaufnahme. Deren Bedienung musste entweder aus fürstlichen Eigeneinnahmen erfolgen oder aus Abgaben, zu deren Bewilligung die Stände in unterschiedlicher Weise herangezogen wurden. Für die großen Territorien, insbesondere für die weltlichen Kurfürstentümer, die sich ihrer herausgehobenen Stellung gegenüber dem Kaiser besonders bewusst waren, lässt sich vermuten, dass es jeweils sehr individuelle Strategien gab, eine Überschuldung zu verhindern, indem man entweder genügend eigene fürstliche Einnahmen mobilisieren oder die Landstände zur Bewilligung dauerhafter Abgaben zwingen konnte. Zusätzlich konnte man auch in den großen Territorien gezielte Maßnahmen zur Wirtschaftsförderung und zur Verbesserung der Fiskalbürokratie einführen.

Aufgrund der mangelnden Größe vieler kleiner fürstlicher und gräflicher Territorien kann man allerdings davon ausgehen, dass dort ein signifikanter Teil der Kreditgeber nicht zu den Gruppen gehörte, die in den lokalen Ständevertretungen repräsentiert waren. Weder das englische noch das französische Modell des Umgangs mit den Staatsschulden bot sich damit hier zur Anwendung an. Vielmehr ist zu klären, welche Garantien die Gläubiger außerhalb des Territoriums für ihre Kredite bekommen konnten. Gerade in diesen Gebieten war es deshalb besonders wichtig, durch die Zugehörigkeit zum Reichsverband in den Genuss der reichsweit geltenden Rechtsgarantien zu gelangen. Die Bedeutung, die diese Rechtsinstrumente gerade für den Kapitalmarkt des Alten Reichs, und zwar insbesondere für dessen Gebiete nördlich der Alpen, besaßen, wurde inzwischen eindrucksvoll bestätigt.[41] Im Unterschied zu Italien, wo es eigentlich aufgrund der Handelsbeziehungen zwischen den Städten auch einen besonders intensiven Kapitalfluss hätte geben müssen, weisen alle Indikatoren darauf hin, dass die Kapitalmarktintegration nördlich der Alpen größer gewesen sein muss. Dies impliziert, dass die Kapitalgeber wenig spezifische Risikoprämien bei der

40 Rainer KLUMP, Von Seckendorff zu Moser: Finanz- und wirtschaftspolitische Herausforderungen und Reformpläne in Hessen-Darmstadt 1660–1780, in: Volker Caspari (Hrsg.), Studien zur Entwicklung der ökonomischen Theorie XXXIX, Berlin 2022, S. 75–82.

41 CHILOSI ET AL., Benefits of Empire (wie Anm. 36).

Kreditgewährung an private oder hoheitliche Schuldner veranschlagten, sodass man von einem relativ gut organisierten Kapitalmarkt ausgehen kann: „Our findings challenge the argument that transaction costs are necessarily lower within territorial states than between cities in different polities [...] Given a constitutional framework that fostered co-operation between polities and induced them to compete by improving their protection of property rights, political fragmentation does not necessarily have adverse effects on the development and integration of capital markets."[42]

6. Der Reichshofrat und die Staatlichkeit des Reichs

Der kurze Verweis auf die Reichsinstitutionen, der sich in dem obigen Zitat findet, verdient es, in der zukünftigen Forschung weiter vertieft zu werden. Oliver Volkart hatte bereits eine institutionenökonomische Analyse der Reichsinstitutionen vorgenommen, dabei die institutionellen Reformen im 16. und 17. Jahrhundert analysiert und ihre Bedeutung für die Senkung ökonomischer Transaktionskosten hervorgehoben, durch die der wirtschaftliche Aufschwung im Alten Reich während des 18. Jahrhunderts erklärt werden kann.[43] Allerdings waren die Reichsinstitutionen in unterschiedlicher Weise an der Regelung von hoheitlichen Schuldenproblemen beteiligt. In der früheren wirtschaftshistorischen Forschung zum Alten Reich wurde unter dem Stichwort vom „Reichsmerkantilismus"[44] auf die besondere Rolle des Regensburger Reichstags bei der Ausgestaltung einer reichseinheitlichen Zoll- und Gewerbepolitik verwiesen. Allerdings zerschlug sich die schon 1678 von Kaiser Leopold I. und seinem Berater Royas y Spinola verfolgte Idee, am Reichstag die Zustimmung zu einer im ganzen Reich erhobenen Erbschaftssteuer zu erlangen, mit deren Erträgen der Unterhalt einer Reichsarmee hätte finanziert werden können.[45] Die einzige dauerhafte Steuer im Heiligen Römischen Reich blieb damit der Kammerzieler, dessen Erträge dem Unterhalt des Reichskammergerichts dienten. Auch dies macht wiederum deutlich, welche besondere Rolle der judikative Arm der Staatlichkeit im Alten Reich spielte.

Mit Blick auf die besondere Ausprägung des Alten Reichs als Schuldenstaat rückt aber vor allem die Rolle des Reichshofrats in den Mittelpunkt. Als Bera-

---

42 Ebd., S. 666.

43 Volkart, Politische Zersplitterung (wie Anm. 37).

44 Ingomar Bog, Der Reichsmerkantilismus. Studien zur Wirtschaftspolitik des Heiligen Römischen Reiches im 17. und 18. Jahrhundert, Stuttgart 1959.

45 Karl O. von Aretin, Das Alte Reich 1648–1809. Band 1: Föderalistische oder hierarchische Ordnung (1648–1684), 2. Aufl., Stuttgart 1997, S. 340–342.

tungsgremium des Kaisers sowie als eines der beiden obersten Reichsgerichte stand der Reichshofrat im Zentrum der schuldenpolitischen Aktionen der Reichsstände.[46] Schuldner konnten sich an den Hofrat wenden, um durch ein kaiserliches Schuldenmoratorium einen Aufschub der Zahlungsverpflichtung zu erlangen.[47] Private Gläubiger konnten fürstliche Schuldner, die ihren Zahlungsverpflichtungen nicht nachkamen, vor dem Reichshofrat verklagen, der sich dann in der Regel im Rahmen einer Debitkommission um eine Lösung der Schuldenproblematik bemühte. Johann Jacob Moser verzeichnet in seinem Kompendium über das reichsständische Schuldenwesen allein im 18. Jahrhundert 58 solcher Kommissionen in fürstlichen oder gräflichen Territorien, die teilweise über viele Jahre tätig waren.[48] Hinzu kommen zahlreiche Kommissionen, die in den verschuldeten Reichsstädten tätig wurden. Ein Beispiel dafür beschreibt Antje Schloms am Beispiel der Reichsstadt Mühlhausen in Thüringen.[49] Die Kommissionen entwickelten nicht nur Pläne zur Um- und Entschuldung, sondern übernahmen auch selbst hoheitliche Aufgaben in den betroffenen Gebieten, regelten die Rechte der Landstände in den weltlichen Herrschaften oder setzten Modifikationen der überkommenden Herrschaftsverhältnisse in den Reichsstädten durch. William Godsey berichtet über einige Verfahren vor dem Reichshofrat, in denen Vertreter der rheinischen Reichsritterschaft als Schuldner verklagt wurden.[50]

Durch die Einbeziehung der kaiserlichen Institutionen, insbesondere des Reichshofrats, und ihrer Interaktionen mit den Reichsständen wird das polit-ökonomische Modell von Stasavage komplexer, aber auch interessanter. Zusätzlich zu den Interessen von Kreditgebern und Kreditnehmern kommen jetzt nämlich auch noch die Interessen unterschiedlicher Herrschaftsebenen hinzu, die es in dieser Form weder in England noch in Frankreich gab. Christophe Duhamelle hat schon vor längerer Zeit skizziert, wie sich daraus ein besonderes und

---

46 Aretin, Das Alte Reich (wie Anm. 46), S. 86–90.

47 Siehe den Beitrag von Anja Amend-Traut in diesem Band.

48 Johann Jacob Moser, Von dem Reichs-Staendischen Schuldenwesen, 2 Bde., Frankfurt am Main/Leipzig 1774/75. Beispiele für solche Kommissionen finden sich bei Westphal, Kaiserliche Rechtsprechung (wie Anm. 11), bei Klump, Seckendorff (wie Anm. 39) oder bei Jürgen Ackermann, Verschuldung, Reichsdebitverwaltung und Mediatisierung. Eine Studie zu den Finanzproblemen der mindermächtigen Stände im Alten Reich. Das Beispiel der Grafschaft Ysenburg-Büdingen 1687–1806, Marburg 2002.

49 Antje Schloms, Reichsstadt unter kaiserlicher Kommission – reichsständische Schuldentilgung in der Frühen Neuzeit, in: Michael Rothmann/Helge Wittmann (Hrsg.), Reichsstadt und Geld, Petersberg 2018, S. 327–344.

50 William D. Godsey, Wealth and Noble Autonomy: The Free Imperial Knights in Mainz at the Eve of the Revolution, in: Ders. (Hrsg.), Nobles and Nation in Central Europe. Free Imperial Knights in the Age of Revolution, 1750–1850, Cambridge 2004, S. 16–47.

längerfristig stabiles System vom Herrschaftsverhältnissen entwickelte. Er konzentrierte sich dabei auf die kleineren adligen Reichsstände, „tous ceux qu'une vision rapide et abusive qualifie le plus souvent d',États indépendants' dans l'Allemagne des XVIIe et XVIIIe siècles, mais qui restent en fait, en grande majorité, insérés dans un cadre institutionnel impérial limité mais contraignant".[51]

Die Bewahrung der verschuldeten Reichsstände, (mindermächtiger) weltlicher Territorien – und ebenso der Reichsstädte oder Reichsritter – vor der Zahlungsunfähigkeit, die auf jeden Fall auch ihre politische Existenz infrage gestellt hätte, kann als klares Ziel der kaiserlichen Politik unterstellt werden.[52] Aus ihrer Existenz speiste sich nach dem Westfälischen Frieden der Großteil der dem Kaiser verbliebenen Macht. Umgekehrt durfte die kaiserliche Autorität aber auch die Gläubiger der hoheitlichen Schulden nicht enttäuschen, sondern musste einen Interessenausgleich herbeiführen. Zu diesem Zwecke brauchte es erfahrene Beamte in der Arbeit der Kommissionen und in der Vollstreckung der Kommissionsbeschlüsse. Aus dieser Perspektive wäre für das Alte Reich der entscheidende „Hamilton-Moment" dort zu verorten, wo sich aus der institutionellen Regelung von Schuldenverhältnissen nach den Wirren des 30jährigen Kriegs und den unklaren Ausführungen des Westfälischen Friedens über die effektive Machtverteilung im Reich eine auf längere Sicht stabile staatliche Struktur entwickelte. Ein solcher Moment war in der Tat im März/April 1654 gekommen. „Beschlossen wurde damals die Einrichtung von Debitkommissionen. Vom Reichshofrat für den überschuldeten Reichsstand bestellt, wurden die Kommissionen vom Kaiser garantiert und mit der Abwicklung der Schulden beauftragt."[53]

In den §§ 170–175 des Jüngsten Reichsabschieds formulierten Kaiser und Reich im April 1654 Grundsätze für den Umgang mit Schulden im Rahmen einer Reichs-Satzung und Ordnung, *zu der allgemeinen Wohlfahrt, so dann der Gläubiger und Schuldner bessern Versicherung, und damit man beyderseits in Fried, Ruh und Einigkeit bey einanderstehen und bleiben möge*.[54]

Kurz zuvor erging durch Kaiser Ferdinand III. der Erlass einer neuen Ordnung für den Reichshofrat. Darin wurden nicht nur die Verfahrensregeln für

---

51 Christophe Duhamelle, La Noblesse du Saint Empire et le Crédit: Autour du Von den Reichsständischen Schuldenwesen de Johann Jacob Moser (1774), EUI Working Papers HEC No. 98/2, Fiesole 1998, S. 1.

52 Volker Press, Die aufgeschobene Mediatisierung. Finanzkrise der Kleinstaaten und kaiserliche Stabilisierungspolitik. Bericht über die 32. Versammlung deutscher Historiker in Hamburg, Stuttgart 1979, S. 139–141.

53 von Aretin, Das Alte Reich (wie Anm. 46), S. 180.

54 Zitiert nach: Arno Buschmann, Kaiser und Reich. Verfassungsgeschichte des Heiligen Römischen Reiches Deutscher Nation von Beginn des 12. Jahrhunderts bis zum Jahre 1806 in Dokumenten, 2. Aufl., Baden-Baden 1994, S. 255.

den Hofrat und seine Kommissionen festgelegt,[55] sondern auch die Anzahl, Qualifikation und Befugnisse seiner Mitglieder.[56] Es passt zu der hier vorgeschlagenen Terminierung eines „Hamilton-Moments" für die Ausgestaltung des Heiligen Römischen Reichs als Schuldenstaat, dass Eva Ortlieb und Leopold Auer darauf verweisen, dass die bereits 1653 eingesetzte Kommission des Hofrats zur Verwaltung des Fürstentums Hohenzollern-Hechingen zum Modell für viele Schuldenverwaltungskommissionen wurde, die ihren Höhepunkt dann im 18. Jahrhundert erlebten.[57] Hans Hattenhauer, der auf die hohe Bedeutung der Rechtsorganisation für den Zusammenhalt der Reichsstände abstellt und dies am Beispiel der Schuldenregelungen für die Grafschaft Pappenheim im Rahmen einer Debitkommission des Reichshofrats erläutert, spricht deshalb zugespitzt auch vom „Heiligen Römischen Reich als Konkursverwalter".[58]

Die Autorität des Kaisers als neutraler Richter, der allein dem Ziel von Frieden und Wohlstand im Reich verpflichtet war, wurde auch dadurch gestärkt, dass das Reich selbst keine Schulden eingehen konnte, da es keine dauerhaft verfügbaren Finanzmittel zu deren Deckung hätte mobilisieren können.[59] Auch die Gründung einer Staatsbank des Reiches wurde deshalb niemals ernsthaft in Erwägung gezogen, während es zu mehr oder weniger erfolgreichen Gründungen von Kreditbanken in einzelnen fürstlichen Territorien und Reichsstädten wie Hamburg, Nürnberg, Leipzig, Köln und Wien kam.[60] In dem Maße, in dem Österreich als Schuldner auf dem Kapitalmarkt auftrat, könnte die besondere Rolle der Kaiser aus dem Hause Habsburg als unparteiische Richter, so eine mögliche Hypothese, aber gelitten haben. Dies wäre dann vor allem in der letzten Phase der Reichsgeschichte der Fall gewesen. Die Konkurrenz um die vermögenden Gläubiger hätte dann einen Grund dafür geliefert, dass die letzten drei Kaiser des Alten Reichs

55 Westphal, Kaiserliche Rechtsprechung (wie Anm. 11), S. 265–277.

56 Eva Ortlieb, Reichshofrat und kaiserliche Kommissionen in der Regierungszeit Kaiser Ferdinands III. (1637–1657), in: Wolfgang Sellert (Hrsg.), Reichshofrat und Reichskammergericht. Ein Konkurrenzverhältnis, Köln/Weimar/Wien 1999, S. 47–75.

57 Eva Ortlieb, Im Auftrag des Kaisers. Die kaiserlichen Kommissionen des Reichshofrats und die Regelung von Konflikten im Alten Reich (QFHG, 38), Köln/Weimar/Wien 2001, S. 190–192; Leopold Auer, Zwangsverwaltung in den Territorien des Alten Reichs: Zu den reichshofrätlichen Debitkommissionen im 18. Jahrhundert, in: Fabian Frommelt (Hrsg.), Zwangsadministrationen. Legitimierte Fremdverwaltung im historischen Vergleich (17. bis 21. Jahrhundert) (Historische Forschungen, 100), Berlin 2013, S. 45–62, hier S. 50 f.

58 Hans Hattenauer, Das Heilige Römische Reich als Konkursverwalter, Münster 1998.

59 Peter Rauscher, Holy Roman Empire (wie Anm. 15), S. 221. Auch die Kosten für den Reichshofrat waren damit aus dem eigenen Budget des Kaiserhofs zu finanzieren.

60 Markus A. Denzel, Der Nürnberger Banco Publico, seine Kaufleute und ihr Zahlungsverkehr (1621–1827), Stuttgart 2012; Ulrich Bindseil, Central Banking before 1800. A Rehabilitation, Oxford 2019, S. 217–223, 244–251.

das Interesse am Schutz der kleineren Reichsstände verloren und sich primär den finanzpolitischen Interessen Österreichs verpflichtet sahen. In diese Zeit fällt das Debitverfahren gegen die schwäbischen Grafen von Montfort, das 1779 mit dem zuvor sehr seltenen Ergebnis eines dauerhaften Herrschaftsverlusts endete, da der erzielte Vergleich den Verkauf der Grafschaft an Österreich vorsah.[61]

7. Schlussfolgerungen für die zukünftige Forschung

Der Beitrag wollte zunächst verdeutlichen, dass und wie der Umgang mit Problemen hoheitlicher Überschuldung konstitutiv für das Entstehen moderner Staatlichkeit wurde. Betrachtet und vergleicht man die besonderen „Hamilton-Momente", also diejenigen Perioden und Ereignisse, in denen sich nachhaltige institutionelle Lösungen für das Schuldenproblem herausbildeten, so zeigen sich vor allem deutliche Unterschiede in der relativen Bedeutung der einzelnen Teile der (legislativen, exekutiven oder judikativen) Staatsgewalt. Für den Fall des Alten Reichs öffnet dieser Ansatz den Weg, um seine besondere „komplementäre" Staatlichkeit, in der den obersten Reichsgerichten und insbesondere dem Reichshofrat nach 1648 eine zentrale Rolle bei der Regulierung hoheitlicher Schulden zukam, nicht als einen Sonderweg zu verstehen, sondern sie als eine mögliche und sinnvolle Variante des allgemeinen Arrangements staatlicher Strukturen zu begreifen. Die wesentliche staatliche Gewalt im Heiligen Römischen Reich war in dieser Perspektive eben nicht in einem „roi soleil" oder in einem „King in Parliament" verkörpert, sondern im „Kaiser als oberstem Richter", der sich in dieser Funktion vor allem auf den Reichshofrat und seine Kommissionen stützen konnte, für deren Arbeit es seit 1654 klare institutionelle Regeln gab.

Es mag auch an der noch nicht abgeschlossenen und daher rudimentären Erforschung der umfangreichen Aktenbestände des Reichshofrats liegen, dass die besondere Form der Staatlichkeit des Alten Reichs noch immer nicht die Würdigung erfahren hat, die ihr gebührt. Die Überprüfung, welche Bedeutung dem judikativen Arm der Staatsgewalt für die Regulierung hoheitlicher Schulden als Grundlage der „komplementären" Staatlichkeit zukommt, muss daher eine zentrale Aufgabe der zukünftigen Forschungen zum Reichshofrat sein. Vor allem die

---

61 Susanne HERRMANN, Die Durchführung von Schuldenverfahren im Rahmen kaiserlicher Debitkommissionen im 18. Jahrhundert am Beispiel des Debitwesens der Grafen von Montfort, in: Wolfgang Sellert (Hrsg.), Reichshofrat und Reichskammergericht. Ein Konkurrenzverhältnis, Köln/Weimar/Wien 1999, S. 111–127; Elmar L. KUHN, Das Ende der Grafen von Montfort, in: Mark Hengerer/Elmar L. Kuhn (Hrsg.), Adel im Wandel: Oberschwaben von der frühen Neuzeit bis zur Gegenwart, Ostfildern 2006, S. 213–228.

folgenden drei Desiderate genauerer Dokumentation, Analyse und Bewertung zeichnen sich dabei ab:

1. Besonders naheliegend ist eine Verallgemeinerung auf das gesamte Reichsgebiet der von Siegrid Westphal begonnenen quantitativen Analyse der Prozesse am Reichshofrat, die von und gegen die verschiedenen thüringischen Dynastien zwischen 1648 und 1806 geführt wurden.[62] Eine Auswertung der vorliegenden Repertorien nach dem Streitgegenstand sowie dem Status und der Herkunft der Beteiligten könnte bereits jetzt wichtige Informationen über den Stand und die Entwicklung der Finanzbeziehungen zwischen hoheitlichen Schuldnern und ihren Gläubigern geben. Die angestrebte Digitalisierung der Reichshofratsprotokolle würde die Auswertungsmöglichkeiten auch aus der Perspektive polit-ökonomischer Forschungsprojekte noch einmal potenzieren. Westphal hatte für Thüringen bereits eine Dominanz von monetären Streitfragen feststellen können. In einer Betrachtung für das gesamte Reich wäre daher zu fragen, ob sich diese Dominanz überall feststellen lässt, ob es deutliche regionale Unterschiede, z. B. zwischen den geistlichen und den weltlich regierten Territorien, gab und wie sich diese Muster im Zeitablauf veränderten. Eine Analyse der räumlichen Konzentration von Streitfällen könnte schließlich auch dazu dienen zu verdeutlichen, wie stark die Anziehungskraft der judikativen Staatsgewalt für einzelne Glieder des Reiches und wie hoch damit seine besondere Staatlichkeit ausgebildet war.

2. Nicht jede Klage beim Reichshofrat führte zwangsläufig zur Einsetzung einer Debitkommission, aber die Analyse der Akten der eingesetzten Kommissionen verspricht wichtige Einblicke in den Status der hoheitlichen Finanzen in den einzelnen Territorien des Reichs. Das zeigen bereits die wenigen ausgewerteten Kommissionsakten zu den Debitverfahren in Hessen-Darmstadt, in Ysenburg-Büdingen oder in Pappenheim.[63] Anhand der von den Kommissionen erstellten Bilanzen hoheitlicher Passiva und Aktiva ließe sich das Ausmaß der Verschuldung in einzelnen Territorien ermitteln und dann möglicherweise eine Abschätzung der Schuldenlast im Alten Reich insgesamt vornehmen. Dies wäre nicht zuletzt wichtig, um einen begründeten Vergleich zu den von Stasavage ausgiebig beschriebenen Schuldenregimen in England und Frankreich während des 18. Jahrhunderts vornehmen zu können.[64] Den Akten der Debitkommissionen wäre auch genauer zu entnehmen, wie sich die soziale Struktur der Gläubiger hoheitlicher Schulden in den unterschiedlichen Territorien darstellte. Welche

62 WESTPHAL, Kaiserliche Rechtsprechung (wie Anm. 11), S. 41–64.

63 Karl WITZEL, Friedrich Carl von Moser. Ein Beitrag zur hessen-darmstädtischen Finanz- und Wirtschaftsgeschichte am Ausgang des 18. Jahrhunderts, Gießen 1929; ACKERMANN, Verschuldung (wie Anm. 49); HATTENHAUER, Heilige Römische Reich (wie Anm. 58).

64 STASAVAGE, States of Credit (wie Anm. 33).

Bedeutung hatten bürgerliche Geldgeber, ausländische Finanziers oder jüdische Geldverleiher? Und ab wann und in welcher Weise spielt die Kreditgewährung über Banken eine Rolle?

3. Die Arbeit der einzelnen Schuldenkommissionen des Reichshofrats verdiente eine genauere Analyse und Bewertung. Dies betrifft zum Beispiel die Auswahl der jeweiligen Kommissionsmitglieder und deren Stellung gegenüber den Schuldnern, die Finanzierung der Kommissionstätigkeit, aber auch die Art und den Umfang der Einflussnahme der Exekutive, also des Kaisers als Reichsoberhaupt und österreichischer Landesherr, auf die Arbeit der Kommissionen. Es betrifft aber auch die Analyse der erstellten Schuldentilgungspläne, deren Fristigkeit und Verbindlichkeit in der Umsetzung. Immerhin zogen sich viele der betreffenden Verfahren über längere Zeiträume hin, die Kommissionmitglieder und der Vorsitz der Kommission wechselten häufig, aber dennoch scheint es in den meisten Fällen nicht nur zur Vermeidung der Insolvenz der Schuldner, sondern auch zur Befriedigung der Interessen der Gläubiger gekommen zu sein, was auf wirkungsvolle Instrumente der Streitschlichtung und Erfahrung in ihrer Umsetzung schließen lässt.

Die Akten und Protokolle des Reichshofrats im Wiener Haus-, Hof- und Staatsarchiv bieten einen einzigartigen Fundus an Dokumenten und Materialien, um die polit-ökonomische Perspektive auf das Alte Reich mit quantitativen Befunden zu unterlegen. Es bleibt zu hoffen, dass die zukünftige Forschung Mittel und Wege findet, um diesen Schatz auch zu heben.

Charlotte Backerra

Hessen contra Hessen

Reichshofrat und Dynastiewirtschaft im 16. und 17. Jahrhundert

1. Einleitung

Im Jahr 1630 verklagte Landgräfin Juliana von Hessen-Kassel, geborene Gräfin von Nassau-Dillenburg, ihren Ehemann, Landgraf Moritz von Hessen-Kassel, vor dem Reichshofrat. Sie habe das Amt und Schloss Eschwege, das ihr Ehemann verpfändet hatte, gegen Rückzahlung seiner Schulden bei den Gläubigern in Höhe von 12.000 Gulden ausgelöst. Bei der Teilung des Kasseler Erbes zwischen den Söhnen ihres Mannes aus erster und zweiter Ehe sei Eschwege deshalb „der jungen Herrschaft", also ihren leiblichen Kindern und ihr als Regentin, zugesprochen worden, was der Kaiser bestätigt habe. Landgraf Moritz, der 1628 abgedankt hatte, halte jedoch das Schloss besetzt und verbrauche die Vorräte. Sie erwarte jetzt entsprechende kaiserliche Unterstützung, um in der Nutzung nicht weiter eingeschränkt zu werden. Darauf erging ein entsprechendes Reskript an ihren ältesten Sohn Hermann als Landgrafen von Hessen-Rotenburg.[1] Auch wenn von diesem Fall im Bestand des Reichshofrats im Haus-, Hof- und Staatsarchiv nicht mehr als ein knappes Konzept sowie Einträge in den Resolutions- und Exhibitenprotokollen vorhanden sind,[2] gibt der Fall doch interessante Hinweise.

Zum einen werden Geldprobleme bzw. -geschäfte innerhalb einer Fürstenfamilie im Heiligen Römischen Reich in der Frühen Neuzeit deutlich. Zunächst hatte Landgraf Moritz Schulden und deswegen das Schloss und Amt Eschwege verpfändet. Seine Ehefrau hatte aus eigenen Einkünften die Schuld von 12.000 Gulden bezahlt und damit Eschwege in ihren Eigenbesitz überführt. Deswegen bestand sie für sich und ihre Kinder auf dem Nutzungsrecht, das der Landgraf ignorierte. Zum zweiten wird an diesem Fall ein Grundproblem von Dynastien deutlich: die Versorgung von Kindern aus ersten und zweiten bzw. weiteren Ehen.

---

1 Österreichisches Staatsarchiv, Haus-, Hof- und Staatsarchiv (künftig: ÖStA HHStA), Reichshofrat (künftig: RHR), Antiqua, K. 67, Nr. 18, Landgräfin Juliane von Hessen-Kassel contra Landgraf Moritz von Hessen-Kassel: Streit um Schloss und Amt Eschwege, Reskript an Landgraf Hermann IV. von Hessen-Rotenburg, 16. April 1630, fol. 1 f.

2 Vgl. ÖStA HHStA, RHR, Resolutionsprotokolle, saec. XVII, Bd. 91, fol. 71.

Im Fall von Hessen-Kassel wurde aus verschiedenen Gründen, die noch erläutert werden, ein Teil des Territoriums zugunsten der „jungen Herrschaft" als Sekundogenitur abgeteilt. Zum dritten wird hier die Bedeutung des Reichshofrats deutlich. Bei innerdynastischen Streitigkeiten bzw. einem Ehestreit wurde der Kaiser als Vermittler angerufen, wobei die Fürstin in ihrem eigenen Namen und für ihre Kinder als Klägerin auftrat. Die Angelegenheit wurde dann vor dem obersten Reichsgericht verhandelt, was von der Klägerin wohl auch gewünscht wurde. Sie erwartete, vom Kaiser und dem Reichshofrat als juristische Instanz in ihren Anliegen unterstützt zu werden. Dahinter steht also auch die Vorstellung, dass der Rechtstitel, der für Eschwege durch den Kaiser bestätigt werden sollte, auch in der Praxis durchsetzbar war, sich also auch ein Landgraf an die Beschlüsse des Reichshofrates halten würde. Ganz allgemein zeigt das Verfahren die Verflechtung zwischen dynastischer Herrschaft der Reichsfürstentümer und dem Reich, vertreten durch Kaiser und Reichshofrat.

Es ist nicht der einzige Fall, in dem Landgräfin Juliane oder ein anderes Mitglied des Hauses Hessen vor dem Reichshofrat ihr Recht erstritten. Für das 16. und 17. Jahrhundert lassen sich über die verfügbaren Repertorien hunderte Betreffe zu hessischen Landgrafen und Landgräfinnen bzw. der Landgrafschaft finden.[3] Landgräfin Julianes Name taucht in 15 Akten auf, in denen sie zehn Mal als Klägerin aufgeführt wird, ansonsten als (Mit-)Antragstellerin im Rahmen der Anerkennung dynastischer Verträge oder Schutzbriefe.[4] Für andere Reichsfürstentümer ersten Ranges sind ähnliche Zahlen zu verzeichnen.[5] Bisher ist es aber noch nicht möglich, einen validen quantitativen Überblick über die Verfahren am Reichshofrat unter Beteiligung der reichsfürstlichen Familien zu bekommen. Dies könnte zum Beispiel durch Digitalisierung und Auswertung der vorhandenen Protokollbände bzw. deren Indices erreicht werden.

Schon eine erste Durchsicht der Repertorien zeigt, dass ökonomisches Handeln von reichsfürstlichen Akteuren regelmäßig am Reichshofrat thematisiert wurde.[6] Nicht immer ging es um Schulden der Fürsten oder die Verletzung von Eigentumsrechten; die Fälle reichen von der Bestätigung von Wittümern

---

3 Vgl. Wolfgang SELLERT (Hrsg.)/Eva ORTLIEB/Ursula MACHOCZEK/Ulrich RASCHE/Tobias SCHENK (Bearb.): Die Akten des Kaiserlichen Reichshofrats. Serie I: Alte Prager Akten, Bd. 1–5; Serie II: Antiqua, Bd. 1–7, Berlin 2009–2023.

4 Vgl. ebenda.

5 Vgl. zum Beispiel Tobias SCHENK, Die Geschichte Brandenburg-Preußens und der Hohenzollern im Spiegel der Akten des kaiserlichen Reichshofrats. Ein Rundgang durch drei Jahrhunderte, in: Jürgen Luh (Hrsg.), Perspektivwechsel. Ein anderer Blick in die Geschichte Brandenburg-Preußens (Kulturgeschichte Preußens – Colloquien, 1), URL: http://www.perspectivia.net/content/publikationen/kultgep-colloquien/1-2014/schenk_geschichte (abgerufen am 19. Februar 2024).

6 Vgl. den Beitrag von Rainer KLUMP in diesem Band.

über Deputats- und Apanageregelungen bis hin zu Anzeigen wegen Plünderung durch kaiserliche Truppen.

Ausgehend von diesem ersten Überblick stellt sich die Frage, inwieweit die Akten des Reichshofrats für die Erforschung dynastischer Herrschaft und insbesondere des ökonomischen Handelns von Fürsten und Fürstinnen im Heiligen Römischen Reich nutzbar gemacht werden können. Das ökonomische Handeln einer regierenden Familie und ihrer Mitglieder wird im Folgenden als Dynastiewirtschaft bezeichnet.[7]

Die Bestände dieses Zentralgerichts bieten die Möglichkeit, die wirtschaftlichen und finanziellen Bestandteile dynastischer Herrschaft im Reich über die jeweiligen Territorien hinaus zu erforschen. Tatsächlich muss bei der Vielzahl der Verfahren, die sich mit diesen Themen beschäftigten, davon ausgegangen werden, dass zeitgenössisch auch reale Konsequenzen aufgrund der Entscheidungen des Reichshofrats erwartet wurden. Weiterhin könnte die öffentliche Diskussion um solche Verfahren genutzt worden sein, um dynastieintern Druck aufzubauen.[8]

In einem ersten Schritt wird der Forschungsstand zur höchsten Reichsgerichtsbarkeit in Bezug auf diese Fragen von Ökonomie und dynastischer Herrschaft thematisiert. Anschließend werden die bislang bekannten Verfahren kategorisiert, um thematische Einordnungen vornehmen zu können. Abschließend werden an einigen Beispielen die Zusammenhänge zwischen wirtschaftlichen Fragestellungen und dynastischer Herrschaft erläutert. Dabei werden zeitlich insbesondere Fälle der ersten Hälfte der Frühen Neuzeit, also zwischen der Formierung des Reichshofrates und der Umsetzung der Westfälischen Friedensverträge thematisiert. Personell und räumlich fokussiert sich dieser Beitrag auf Fälle, in denen die Landgräfinnen und Landgrafen von Hessen als Kläger, Beklagter oder Beteiligte auftraten.

Die Landgrafschaft war eines der wichtigsten Reichsfürstentümer im Rang unterhalb der Kurfürstentümer. Sie bestand aus der Landgrafschaft als kaiserlichem Lehen sowie weiteren, nachrangigen Lehen mit jeweils zugehörigen Terri-

7 Vgl. hierzu das aktuelle Projekt der Autorin „Dynastiewirtschaft. Ökonomisches Handeln in der Fürstengesellschaft (1560–1660)". Das Projekt untersucht wirtschaftliche und finanzielle Normen und Praktiken regierender Dynastien im Heiligen Römischen Reich am Beispiel des Hauses Hessen.

8 Nicht belegt ist, inwieweit sich die Beteiligten auch an andere Personen am Kaiserhof wandten. Für spätere Jahrhunderte lassen sich Korrespondenzen z. B. in der Frage von Deputaten auch mit Kaiserinnen nachweisen, vgl. Hessisches Staatsarchiv Darmstadt (zukünftig: HStAD), Bestand D 4 Nr. 139/3, Verhandlungen über die Deputate des Landgrafen Friedrich, u. a. die Korrespondenz der Landgräfin Elisabeth Dorothea mit Kaiserin Eleonore.

torien.[9] Das reichsunmittelbare Territorium gehörte hauptsächlich zum Oberrheinischen Kreis. Als Reichsfürsten waren die Landgrafen nur dem Kaiser und dem Reichsrecht untergeordnet. Seit dem 14. Jahrhundert waren die Frauen des Hauses Hessen in Bezug auf Titel und Herrschaft auf die Eventualerbschaft beschränkt – sie wären damit nur dann als Erbinnen von Land und Titeln in Frage gekommen, wenn keine männlichen Erben existiert hätten –, wie regelmäßige Verzichtserklärungen bei Eheschließungen bestätigten.

Unter Landgraf Philipp von Hessen, genannt der Großmütige (1504–1567), wurde Hessen zu einer strukturell einheitlichen Herrschaft auf Basis eines gemeinsamen Steuersystems.[10] Dieser Landgraf musste aber aus innerfamiliären und politischen Gründen in Verhandlungen mit seinen vier Söhnen aus erster Ehe treten, die nach seinem Tod die Verwaltung und Regierung untereinander aufteilten, ohne dass davon das unteilbare Reichslehen betroffen war, welches sie gemeinsam muteten.[11] Einzelne Gebiete der Landgrafschaft waren gemeinsamer Herrschaftsbereich der vier Landgrafen oder Kondominien mit anderen Fürsten; ein kleiner Teil der Territorien wurde als nicht herrschaftsberechtigte Sekundogenitur an die sieben Söhne Philipps aus seiner zweiten, bigamistischen Ehe übertragen, die allerdings alle ohne Erben starben.[12] Zu Beginn des 17. Jahrhunderts waren nach weiteren Todesfällen neben den Kondominien vor allem zwei Hauptlinien übrig, die nach den Residenzstädten Hessen-Kassel bzw. Hessen-Darmstadt genannt wurden und jeweils eigene Sekundogenituren hatten. Gleichzeitig blieb durch verschiedene Institutionen und Strukturmerkmale die Gesamtheit der Landgrafschaft erhalten und das sogenannte „Samthaus Hessen" als dynastische Einheit bestehen.[13]

---

9 Vgl. grundlegend Holger Th. GRÄF/Alexander JENDORFF (Hrsg.), Handbuch der hessischen Geschichte. Bd. 6: Die Landgrafschaften ca. 1100–1803 (Veröffentlichungen der Historischen Kommission für Hessen, 63,6), Marburg 2022.

10 Vgl. Kersten KRÜGER, Finanzstaat Hessen 1500–1567: Staatsbildung im Übergang vom Domänenstaat zum Steuerstaat (Veröffentlichungen der Historischen Kommission für Hessen, 24,5; Quellen und Darstellungen zur Geschichte des Landgrafen Philipp des Großmütigen, 5), Marburg 1980.

11 Vgl. ÖStA HHStA, Antiqua, K. 5a, Nr. 2a, Bitte der vier Landgrafen Wilhelm, Ludwig, Georg und Philipp um Belehnung mit den vom Vater geerbten Lehen, 1568. Siehe auch für das 17. und 18. Jahrhundert Tobias SCHENK, Landgraf Carl aus der Perspektive des kaiserlichen Reichshofrats. Überlegungen zum hierarchischen Element der Reichsverfassung, in: Holger Th. Gräf/Christoph Kampmann/Bernd Küster (Hrsg.), Landgraf Carl (1654–1730). Fürstliches Planen und Handeln zwischen Innovation und Tradition, Marburg 2017, S. 30–41, hier S. 32–35.

12 Vgl. ÖStA HHStA, RHR, Antiqua, K. 5a, Nr. 2b, Antrag der Landgrafen Wilhelm, Ludwig, Georg und Philipp gegen ihre Halbbrüder, die Grafen von Dietz, die sich unrechtmäßigerweise landesfürstlicher Rechte bedienten, 1568.

13 Vgl. die bis zum Ende des Reiches erfolgte Gesamtbelehnung der Landgrafschaft Hessen, wobei nach dem Westfälischen Frieden und den dort ausgehandelten hessischen Verträgen die Thronle-

Im ersten Jahrhundert nach dieser sogenannten hessischen Teilung entwickelten sich dennoch regelmäßig innerdynastische Konflikte, die die zeitgenössischen Kontroversen zu Konfessions- und Verfassungsfragen aufgriffen und reflektieren und letztlich zum sogenannten Hessenkrieg im Rahmen des Dreißigjährigen Krieges führten. Diese Auseinandersetzungen wurden teilweise auch an den höchsten Reichsgerichten ausgefochten.

2. Forschungsstand

Die Zuständigkeit der Reichsgerichte bei Konflikten zwischen den Reichsständen war normativ in entsprechenden Reichsabschieden, mit denen der Reichstag 1485 bzw. 1497 die Einrichtung des Reichskammergerichts beschlossen hatte, sowie in der Hofordnung Kaiser Maximilians 1497/98 zur Einrichtung des Hofrates begründet und wurde durch die Reichskammergerichts- und Reichshofratsordnungen in den folgenden Jahrzehnten bestätigt.[14] Viel grundsätzlicher noch ging es aber um die Rolle des Kaisers als Reichsoberhaupt, oberster Richter und Lehnsherr. Letztere wurde seit der Wahlkapitulation für Kaiser Matthias 1612 regelmäßig hervorgehoben, wenn die Kandidaten schworen, *allen deß Heiligen Reichs Churfürsten, Fürsten und Stenden* [...] *ihre Lehen unnd Lehenbrieff nach dem vorigen Tenor ohnwagerlich widerfahren lassen* zu wollen.[15] Der Kaiser als „höchstes Oberhaupt“ und „Vormundt“ hatte im Innern des Reiches „das Recht, ja geradezu die Pflicht zur Intervention [...], sobald die Ordnung des Reiches gefährdet erschien,“ wie es Eva Ortlieb in ihrer Arbeit zu den kaiserlichen Kommissionen formuliert.[16] Vor allem der Reichshofrat fungierte dabei als Vertretung

---

hen von den Repräsentanten der Hauptlinien jeweils alternierend für alle Landgrafen, auch die der Nebenlinien, gemutet wurden, zum Beispiel HStAD, Bestand E 14 G, Nr. 186/5, Gesamtbelehnung des Hauses Hessen nach dem Tod der Kaiser Franz I. und Joseph II. sowie der Landgrafen Ludwig VIII. und IX. von Hessen-Darmstadt (1766–1769, 1786, 1791–1792).

14 Vgl. allgemein Eva Ortlieb, Reichshofrat, in: Enzyklopädie der Neuzeit Online, http://dx.doi.org/10.1163/2352-0248_edn_COM_336038 (abgerufen am 8. Februar 2024), sowie dies., Reichskammergericht, in: Enzyklopädie der Neuzeit Online, http://dx.doi.org/10.1163/2352-0248_edn_COM_33612 (abgerufen am 8. Februar 2024).

15 Vgl. in der Wahlkapitulation Matthias, Frankfurt am Main, 18. Juni 1612, den neu eingeführten Artikel 48, abgedruckt bei: Wolfgang Burgdorf (Hrsg.), Die Wahlkapitulationen der römisch-deutschen Könige und Kaiser 1519–1792 (Quellen zur Geschichte des Heiligen Römischen Reiches, 1), Göttingen 2015, S. 91–109, hier S. 107 (Edition nach dem Original in ÖStA HHStA, AUR, 18. Juni 1612).

16 Eva Ortlieb, Im Auftrag des Kaisers. Die kaiserlichen Kommissionen des Reichshofrats und die Regelung von Konflikten im Alten Reich (1637–1657) (Quellen und Forschungen zur höchsten Gerichtsbarkeit im Alten Reich, im Folgenden: QFHG, 38), Köln 2001, S. 37.

des Kaisers, wenn er über Lehns- und Herrschaftsfragen, Regalien, dynastische Streitigkeiten und ganz allgemein Auseinandersetzungen zwischen Reichsunmittelbaren beriet und dem Kaiser entsprechende Vorschläge zur Entscheidung unterbreitete.[17] Dabei traten auch Frauen vor Gericht als Klägerinnen, Beklagte oder Prozessbeteiligte auf; in manchen Gegenden des Reiches waren im 18. Jahrhundert an einem Drittel der Prozesse Frauen beteiligt. Wie Fallstudien zeigen konnten, beriet vor allem der Reichshofrat zunächst nach ständischen und konfessionellen Gesichtspunkten, das Geschlecht kam erst an dritter Stelle.[18]

Siegrid Westphal stellte schon 2002 fest, dass zwischen 1648 und 1806 für die thüringischen Dynastien ca. 1.200 Fälle vor den Reichsgerichten verhandelt wurden. Davon behandelten ca. 45 % rein wirtschaftliche Themen, 37 % Geldwirtschaft, ca. 5 % Grund- und Bodenwirtschaft, ca. 1 % Handel und Gewerbe. Streitfälle im Familienverband machten ca. 18 %, Hoheitsrechte ca. 17 % aus. Dabei wurden insgesamt die meisten Fälle vor dem Reichshofrat (94,2 %) und nur ein Bruchteil vor dem Reichskammergericht (5,8 %) verhandelt.[19] Westphal geht für die Zeit nach 1648 von einer stabilisierenden Wirkung der Reichsgerichtsbarkeit auf die Landesherrschaft aus.

Die Tendenz dieser Untersuchung scheint sich sowohl für das 16. und 17. Jahrhundert als auch für die Landgrafschaft Hessen zu bestätigen. Im Folgenden werden allerdings auch Streitfälle im Familienverband, zum Beispiel über Wittümer oder Deputate, zum ökonomischen Handeln gezählt. Darstellung und Untersuchung werden sich auf Verfahren des Reichshofrats beschränken; die durchaus nachweisbaren Prozesse am Reichskammergericht werden nicht berücksichtigt.[20]

3. Bestandsübersicht

Der Reichshofrat verhandelte formal nach Aktenlage, also aufgrund schriftlicher Eingaben und mit schriftlichen Empfehlungen und Entscheidungen.[21] Aller-

---

17 Vgl. allgemein Ortlieb, Reichshofrat.

18 Siegrid Westphal, Frauen vor den höchsten Gerichten des Alten Reiches. Eine Einführung, in: dies. (Hrsg.), In eigener Sache. Frauen vor den höchsten Gerichten des Alten Reiches, Köln 2005, S. 1–20, hier S. 12 f., 17.

19 Siegrid Westphal, Kaiserliche Rechtsprechung und herrschaftliche Stabilisierung. Reichsgerichtsbarkeit in den thüringischen Territorien 1648–1806 (QFHG, 43), Köln 2002, S. 46, Tabellen.

20 Vgl. die Datenbank zu den Verfahren am Reichskammergericht: https://gams.uni-graz.at/context:hgbk. Die Datenbank stellt eine Möglichkeit dar, übergreifend in den bekannten Daten zum Reichskammergericht zu suchen.

21 Bis ins frühe 17. Jahrhundert gab es allerdings auch mündliche Verfahrenselemente, dazu u. a. Eva Ortlieb, Das Prozeßverfahren in der Formierungsphase des Reichshofrats (1519–1564), in: Peter

dings haben verschiedene Untersuchungen gezeigt, dass informelle, mündliche Absprachen ebenfalls sehr wichtig waren.[22] Insbesondere bei Verfahren unter Beteiligung von reichsfürstlichen Familien, die sich wie oben angesprochen direkt an den Kaiser wandten und deren Verfahren deshalb auch außerhalb der formalen Verfahren des Reichshofrats auf verschiedenen Ebenen am Kaiserhof diskutiert wurden, dürfte informelle Mündlichkeit in vielen Verfahren vorgekommen sein. Diese lässt sich allerdings nur sehr bedingt nachweisen,[23] weswegen im Folgenden das Prozessschriftgut im Vordergrund steht. Der Umfang der im Folgenden betrachteten Fallakten im Bestand „Reichshofrat" im Haus-, Hof- und Staatsarchiv beträgt zwischen zwei und 2.000 Seiten.

Das Reichskammergericht und der Reichshofrat waren ab der zweiten Hälfte des 16. Jahrhunderts die höchsten Gerichte und Appellationsgerichte im Reich. Der Reichshofrat war dabei immer am Hof des Kaiser angesiedelt und zuständig für Fragen, die das Lehenswesen betrafen.[24] Das gemeinsame Erbrecht in Fürstentümern – und damit die gemeinsame Sukzession in einem Lehen – oder die Einrichtung einer Primogenitur waren wichtige Fragen, die am Reichshofrat verhandelt wurden. Vor allem im 18. Jahrhundert konnten Lehen, die keine Thronlehen waren, sogar vor dem Reichshofrat empfangen werden.[25]

Oestmann (Hrsg.), Zwischen Formstrenge und Billigkeit. Forschungen zum vormodernen Zivilprozeß (QFHG, 56), Köln/Weimar/Wien 2009, S. 117–138, hier S. 122.

22 Vgl. Tobias Schenk, Actum et judicium als analytisches Problem der Justizforschung. Interdisziplinäre Perspektiven auf kollegiale Entscheidungskulturen am Beispiel des kaiserlichen Reichshofrats (Schriftenreihe der Gesellschaft für Reichskammergerichtsforschung, 51), Wetzlar 2022, S. 56–63, sowie Thomas Schreiber, Hab ich ein schreiben an kayserliche Maystadt selbst übergeben lassen. Anmerkungen zur Mündlichkeit und Schriftlichkeit im Supplikationsverfahren des Reichshofrats um 1600, in: Josef Bongartz/Alexander Denzler/Carolin Katzer/Stefan Andreas Stodolkowitz (Hrsg.): Feder und Recht. Schriftlichkeit und Gerichtswesen in der Vormoderne (bibliothek altes Reich, künftig: baR, 39), Berlin/Boston 2023, S. 365–382.

23 Die Korrespondenzen zwischen hessischen Landgrafen und Reichshofratsagenten sind für das 16. Jahrhundert nicht überliefert. Nur in wenigen Einzelfällen sind (Abschluss-)Berichte vorhanden, vgl. z. B. Hessisches Staatsarchiv Marburg (künftig: HStAM), Bestand 4 e Nr. 709, Berichte des Gabriel Lehmann über Stand der Reichshofratsprozesse, bes. Marburger Erbschaft, 1591, 1606, 1608, 1613, bzw. HStAM Bestand 4 e Nr. 688, Bericht des Reichshofratsagenten Breithaupt über die hessischen Prozesse und sonstige Zeitungen, 1631.

24 Vgl. Tobias Schenk, Der Reichshofrat als oberster Lehnshof. Dynastie- und adelsgeschichtliche Implikationen am Beispiel Brandenburg-Preußens, in: Anette Baumann/Alexander Jendorff (Hrsg.), Adel, Recht und Gerichtsbarkeit im frühneuzeitlichen Europa (baR, 15), München 2014, S. 255–294.

25 Vgl. Jean-François Noel, Zur Geschichte der Reichsbelehnungen im 18. Jahrhundert, in: Mitteilungen des Österreichischen Staatsarchivs 21 (1968), S. 106–122.

In Streitfällen zwischen Fürsten wurden beide Gerichte angerufen, teilweise auch gleichzeitig.[26] Fälle am Reichskammergericht lassen sich weniger leicht nachvollziehen, da bei Auflösung des Reiches das Archiv des Reichskammergerichts aufgeteilt und an die Nachfolgestaaten des Alten Reiches übergeben wurde. In verschiedenen Archiven wurden die Akten zu Reichskammergerichtsprozessen kassiert,[27] in anderen Fällen sind nur Bruchstücke überliefert.[28] Dennoch belegt die Überlieferung eine deutliche Präferenz der reichsfürstlichen Familien für den Reichshofrat und damit das direkt beim Kaiser angesiedelte Gericht.

Die verschiedenen Protokolle und Aktenserien des Reichshofratsbestandes zeugen vom Ablauf der Prozesse bzw. der Verfahrensweise des Gerichts. Über die unterschiedlichen Protokollbände – Exhibiten-, Referenten- und Resolutionsprotokolle – lassen sich die Verfahren im besten Fall vom Eingang beim Reichshofrat über die Zuteilung zu Referenten bis hin zur Entscheidung im Plenum nachzeichnen.[29] Die Resolutionsprotokolle verzeichnen dabei die Sitzungen des Gerichts, wobei sie nach Sitzungstagen geordnet alle behandelten Fälle aufführen: nach dem Datum des Sitzungstages und einer Anwesenheitsliste folgen die behandelten Materien im Stile eines Ergebnisprotokolls. Diese Bände geben damit Aufschluss da-

---

26 Vgl. ÖStA HHStA, RHR, Antiqua, K. 129-1, 1600–1633, Isenburg-Büdingen contra Hessen-Darmstadt und Konsorten; Streit um den 1600 von Graf Heinrich von Isenburg-Ronneburg getätigten Verkauf der Hälfte der Isenburger Güter in der Dreieich, nämlich der Dörfer Langen, Mörfelden, Egelsbach, Nauheim, Ginsheim und Kelsterbach samt Schloss sowie je eines Hofs in Ginsheim und Guntheim (Gundhof, Gemeinde Möhrfelden-Walldorf), an Landgraf Ludwig V. von Hessen-Darmstadt und dessen Brüder für 356.177 Gulden, https://www.archivinformationssystem.at/detail.aspx?ID=3287703 (abgerufen am 19. Februar 2024).

27 Vgl. Datenbank Höchstgerichtsbarkeit, Datensatzkennung DA P-26, Verweis auf einen Prozess Pfalzgraf Friedrichs IV. gegen die hessischen Landgrafen, 1597, https://gams.uni-graz.at/hgbk (abgerufen am 19. Februar 2024).

28 Vgl. HStAD, Bestand E 1 K, Nr. 27/9, 1665, Streitigkeiten mit Landgräfin Margaretha Elisabeth und ihrem Sohn Wilhelm Christoph v. Homburg wegen Vornahme der Reservathuldigung; dabei auch Abschrift eines kaiserlichen Inhibitionsmandates zur Abstellung eines Prozesses am Reichskammergericht in dieser Sache; Hessisches Hauptstaatsarchiv Wiesbaden (zukünftig: HHStAW), Bestand 310, Nr. IV b 7 21 b, Anordnung einer Kommission durch Kaiser Leopold I. auf Ersuchen der drei Landgrafen-Brüder Wilhelm Christoph, Georg Christian und Friedrich von Hessen-Homburg zur Vermittlung in den Streitigkeiten mit Landgraf Ludwig IV. von Hessen-Darmstadt, 1675, 1699; Antrag Hessen-Homburgs beim Reichskammergericht, wegen der darmstädtischen Invasion ein Mandat gegen Hessen-Darmstadt zu erlassen; HStAD, Bestand D 4, Nr. 262/5, Vormundschaft der Landgräfin Elisabeth Dorothea über ihre Stief- und eigenen Kinder (Reichskammergerichtsakte), (1664, 1667) 1678.

29 Vgl. den Beitrag von Tobias Schenk in diesem Band sowie Ders., Unbeobachtet vorübergegangen? Gerichtliches Entscheiden im Spiegel der genetischen Aktenkunde, in: Josef Bongartz/Alexander Denzler/Carolin Katzer/Stefan Andreas Stodolkowitz (Hrsg.), Feder und Recht. Schriftlichkeit und Gerichtswesen in der Vormoderne (baR, 39), Berlin/Boston 2023, S. 313–343.

rüber, welcher Referent sie zur Bearbeitung übernahm, wann und in welcher personellen Zusammensetzung beraten wurde und wie die Entscheidung aussah.[30]

Die in den meisten dieser Bände enthaltenen Indices ermöglichen deshalb einen ersten Einblick in Bezug auf die Verfahrensbeteiligten bzw. die Häufigkeit, mit der bestimmte Akteure als Kläger oder Beklagte genannt wurden. Wie die Übersicht des Betreffs „Heßßen-Caßßel contra Heßßen-Caßßel" für das Jahr 1652 (hier in zwei Resolutionsprotokollbänden verzeichnet) zeigt, fanden während des laufenden Verfahrens relativ häufig Beratungen über Konflikte innerhalb Hessen-Kassels statt:

Heßßen Caßßel contra Heßßen Caßßel 42v–43. 47–47v. 51. 62. 65v–66. 73v. 75v–76. 92v. 97v. 121–121v. 162. 164–166v [166a–166cv]. 177–178. 179v–180v. 183. 202. 223v.[31]

Heßßen Caßßel contra Heßßen Caßßel 45–45v. 49v–50. 52v. 57. 60v. 62v. 66v–67v. 77–78. 82v. 97v. 101. 127v. 178v. 181–187v. 192v. 200v–202. 203v–205. 207v. 233.[32]

Selbstverständlich traten die Landgrafen bzw. Landgräfinnen auch als Kläger oder Beklagte in weiteren Auseinandersetzungen mit Dritten (z. B. Ritterschaft, Landständen, Städten, Finanziers usw.) auf.[33] In anderen Fällen waren Landgrafen von Hessen als kaiserliche Kommissare an Untersuchungs- und Exekutionskommissionen beteiligt;[34] in manchen dieser Fälle ging es um Konflikte in anderen reichsfürstlichen oder gräflichen Familien, mit denen die Hessen verwandtschaftlich[35] oder durch Lehensbindungen verbunden waren.[36] In den nächsten Abschnitten

30 Eva Ortlieb, Schriftlichkeit im Entscheidungsprozess. Die Relationen des Reichshofrats, in: Josef Bongartz/Alexander Denzler/Carolin Katzer/Stefan Andreas Stodolkowitz (Hrsg.), Feder und Recht. Schriftlichkeit und Gerichtswesen in der Vormoderne (baR, 39), S. 345–364.

31 ÖStA HHStA, RHR Resolutionsprotokolle, saec. XVII, Bd. 154, 11. Januar 1652 – 30. September 1652.

32 ÖStA, HHStA, RHR, Resolutionsprotokolle, saec. XVII, Bd. 155, 2. Januar 1652 – 30. Juli 1652.

33 Vgl. z. B. die Konflikte der Landgrafen von Hessen-Darmstadt mit der Stadt Wetzlar, ÖStA HHStA, RHR, Antiqua, K. 64, Nr. 2, Hessen-Darmstadt contra Wetzlar, Stadt; Streit um die Reichserbvogtei in Wetzlar und die damit verbundenen Schutz-, Gerichts- und Geleitsrechte, 1606–1613, und ÖStA HHStA, RHR, Antiqua, K. 65, Nr. 20, Wetzlar, Stadt, Bürgerschaft und Hessen-Darmstadt contra Wetzlar, Stadt, Rat; Auseinandersetzungen zwischen Rat und Bürgerschaft in Wetzlar, 1613–1617.

34 Vgl. zum Beispiel ÖStA HHStA, RHR, Antiqua, K. 277f, Nr. 1, Magdeburg contra Magdeburg; Gesuch um einen Kommissionsauftrag an Landgraf Wilhelm IV. von Hessen-Kassel und Fürst Joachim Ernst von Anhalt zur Schlichtung künftiger Konflikte auf der Grundlage der mit dem verstorbenen Erzbischof Sigismund geschlossenen Verträge, 1570.

35 Vgl. in ÖStA HHStA, RHR, APA, K. 7, Nr. 3, Baden[-Baden], Christoph [II.] Markgraf von contra Baden[-Baden], Philipp [II.] Markgraf von; Auseinandersetzung wegen Erbteilung, der Kommissionsauftrag an Daniel Brendel von Homburg, Kurfürst von Mainz, und Wilhelm IV., Landgraf von Hessen[-Kassel], 1571–1582.

36 So hielten die Grafen von Löwenstein seit dem späten 15. Jahrhundert hessische Lehen, vgl.

werden aber hauptsächlich innerdynastische Fälle besprochen, die an den Reichshofrat herangetragen oder dort verhandelt wurden.

4. Dynastien vor dem Reichshofrat

4.1 Bestätigungen, Schutzbriefe und Versicherungen

Inhaltlich wurden unterschiedlichste Sachverhalte verhandelt, nicht immer handelte es sich wirklich um Streitfälle. Bestimmte Rechtstitel und vertragliche Vereinbarungen benötigten grundsätzlich eine kaiserliche Bestätigung. In der Reichshofratsordnung von 1654 wurde das Aufgabenfeld entsprechend weit gefasst. Zuständig sei das Gericht für

> *alle und jede Sachen, das Heilige Römische Reich, desselben Hochheit, Recht, Herrlichkeit, Gerechtigkeit, Pfandschafft, Lösung, Regalien, hohe und niedere Lehen, Privilegien, Indult, Confirmation und anderes, wie solches Namen haben mag, und in Summa, was nach der unfehlbaren Justitien dirigirt und decidirt werden solle, insonderheit alle und jede Parthey-Sachen, die Rechts, Gewohnheit, Connexität und Consequenz halber für Unser Kayserl. Gericht gehören* […].[37]

Vor allem in dynastischen Verträgen bzw. Hausgesetzen waren häufig Bestandteile oder Regelungen enthalten, die lehensrechtliche Fragen oder sonstiges Reichsrecht betrafen. Wenn Regalien wie etwa Gerichtsbarkeiten oder Steuerrechte zwischen Mitgliedern reichsfürstlicher Familien ausgetauscht, übertragen oder aus ihnen sich ergebende Zahlungen geregelt wurden, bedurfte dies der kaiserlichen Zustimmung. Auch ursprünglich auf Regalien zurückgehende Institutionen und deren Regelungen, wie etwa die Gebührenordnung des Oberappellationsgerichts in Marburg,[38] dessen Einrichtung auf dem *privilegio de non*

ÖStA HHStA, RHR, Antiqua, K. 252, Nr. 14, Löwenstein contra Löwenstein; Gesuch um einen Kommissionsauftrag an Landgraf Ludwig V. von Hessen-Darmstadt zur Scheidung der Ehe und Rückgabe der Morgengabe wegen des mit Valentin Bauer, Vogt zu Staufeneck, begangenen Ehebruchs, 1624, oder ÖStA HHStA, RHR, Antiqua, K. 252, Nr. 17, Löwenstein contra Löwenstein: Gesuch um ein Mandat sine clausula und einen Kommissionsauftrag an Landgraf Georg II. von Hessen-Darmstadt wegen Verletzung der Löwensteiner Erbeinigung von 1597 und des brüderlichen Vergleichs von 1611, 1627.

37 Reichshofratsordnung vom 16. März 1654, Titulus II, § 1 [Zuständigkeit des Reichshofrates], in: Wolfgang Sellert (Hrsg.), Die Ordnungen des Reichshofrats 1550–1766, Bd. 2: 1626 bis 1766 (QFHG, 7/2), Köln/Wien 1990, S. 140.

38 Vgl. Rainer Polley, Das Samthofgericht und das Samtrevisions- oder Oberappellationsgericht im Gefüge weiterer Samtinstitutionen nach der hessischen Landesteilung von 1567, in: Zeitschrift des Vereins für hessische Geschichte und Landeskunde 123 (2018), S. 111–138, hier besonders S. 125–128.

appellando beruhte,[39] wurden dementsprechend vorgelegt, um genehmigt zu werden.[40] Weiterhin war es nicht selten notwendig, Einnahmen bzw. deren Empfänger gegenüber anderen abzusichern, sei es als Teil der Ehe- oder Witwenversorgung,[41] in Testamenten oder bei nachgeborenen, nichtregierenden Söhnen entsprechende Ausgleichszahlungen für einen Verzicht auf Regierungsrechte.[42]

Andere Anträge betrafen die dynastische Regierung insgesamt. Dazu gehörten einerseits Erb- und Teilungsverträge zwischen Mitgliedern eines Hauses, wie sie 1567 und 1568 zwischen den Söhnen Landgraf Philipps des Großmütigen oder nach dem Ende des Dreißigjährigen Krieges zwischen den regierenden Landgrafen und ihren agnatischen Verwandten geschlossen wurden.[43] Auch Erbeinungen wurden bestätigt, die das Eventualerbrecht auf andere Dynastien im Reich übertrugen und damit langfristig für den Fortbestand der dynastischen Regierung sorgen sollten, so dass Reichslehen nicht heimfallen konnten. Andererseits konnte die Ausübung einer Herrschaft durch andere Faktoren gefährdet werden, wie etwa in den 1630er Jahren, als Hessen während des Dreißigjährigen Krieges regelmäßig Kriegsschauplatz war und Hessen-Kassel besetzt wurde. In dieser Situation riet der Reichshofrat, die Verwaltung des Landes dem zweiten regierenden Landgrafen, Georg von Hessen-Darmstadt, zu übertragen, da dies besser sei als einen fremden Administrator einzusetzen.[44] Bei hohen Schulden konnte der kaiserliche Beistand in Form eines Schuldenmoratoriums – oder

39 Vgl. ÖStA HHStA, RHR, Antiqua, K. 65, Nr. 14, Privilegium de non appellando Ferdinands II. [!] für die Brüder und Landgrafen von Hessen, ohne Datum, so auch schon ausgestellt von Maximilians II. am 4. April 1573 und bestätigt durch Rudolf II. am 29. Januar 1578; sowie Ulrich Eisenhardt, Die kaiserlichen Privilegia de non appellando (QFHG, 7), Köln/Wien 1980, S. 86.

40 Vgl. ÖStA HHStA, RHR, Antiqua, K. 67, Nr. 13, Antrag Landgraf Georgs II. von Hessen-Darmstadt auf Genehmigung der Gerichtsordnung sowie der Gerichts- und Kanzleigebühren des Oberappellationsgerichts Marburg, 1635–1636.

41 Vgl. ÖStA HHStA, RHR, Confirmationes privilegiorum deutsche Expedition (künftig: Conf. priv. dt. Exp.), K. 76, Konv. 2, Nr. 3, Bestätigung des Ehevertrags für Landgraf Hermann, 1656, sowie ÖStA HHStA, RHR, Antiqua, K. 67, Nr. 38, Antrag Landgraf Hermanns IV. von Hessen-Rotenburg für einen Schutzbrief für seine Frau Kunigunde Juliana für den Fall seines Todes sowie die Ausstellung des Schutzbriefes, 14. Juli 1653.

42 Vgl. ÖStA HHStA, RHR, Conf. priv. dt. Exp., K. 76, Konv. 2, Nr. 5, Bestätigung des Vertrags wegen des Deputats zwischen Ludwig und Friedrich, Landgrafen von Hessen-Darmstadt, 1664.

43 Vgl. ÖStA HHStA, RHR, Conf. priv. dt. Exp., K. 76, Konv. 2, Nr. 7, Landgrafen von Hessen-Kassel: Sukzessionsvergleich von 1654 und kaiserliche Bestätigung.

44 Vgl. ÖStA HHStA, Reichskanzlei (künftig: RK), Kleinere Reichsstände, K. 154, Nr. 1 (Hessen-Kassel), Accommodation zum Friedensschluss und diesbezüglich gepflogene Unterhandlungen mit dem Landgrafen Wilhelm von Hessen-Kassel, 1635–1636, hier: Gutachten des Reichshofrates zur Administration von Hessen-Kassel, 7. Oktober 1636.

in späteren Jahrhunderten einer formalen Debitkommission – langfristig Titel, Land und Lehen retten.[45]

Zuletzt gehören in diese Kategorie auch Bestätigungen, die kaiserlicherseits für Zahlungen oder Rechte ausgestellt wurden, die aber (noch) nicht vom Kaiser durchgesetzt worden waren. So schuldete das Reich nach 1648 Hessen-Darmstadt hohe Geldsummen aus der Kriegszeit, welche aber trotz einer entsprechenden Bestätigung der Forderungen selbst 1655 noch nicht ausgezahlt worden waren. 15 Jahre später stellte dementsprechend die nächste Generation den Antrag, keine Reichssteuern mehr zahlen zu müssen, sondern stattdessen Reichssteuern anderer Stände als Ausgleich angewiesen zu bekommen, bis die sechsstellige Summe aufgebracht war.[46]

4.2 Streitsachen

Darüber hinaus war der Reichshofrat auch involviert, wenn Mitglieder reichsfürstlicher Familien als Kläger auftraten. Beklagte waren häufig andere Mitglieder desselben Hauses, manchmal sogar derselben Linie, oder andere Reichsfürsten. Seltener fanden sich Städte oder Einzelpersonen in dieser Rolle. In ersteren Fällen wurde der Kaiser als oberster Richter oder als Mediator angerufen, der eben auch dann vermitteln konnte, wenn zwischen Familienmitgliedern von gleich hohem Rang Konflikte zu lösen waren. Es kann vermutet werden, dass Konnubien, Ganerbschaften und gemeinsame Herrschaften mehrerer Fürsten, die im Heiligen Römischen Reich häufig vorkamen, überhaupt erst dadurch ermöglicht wurden, dass der Kaiser als Vermittler in innerdynastischen und sogar innerfamiliären Streitfällen angerufen werden konnte. Die letzte Entscheidung konnte damit aus dem betroffenen sozialen Gefüge ausgelagert werden.[47]

---

45 Vgl. ÖStA HHStA, RHR, Antiqua, K. 65, Nr. 4, Landgraf Wilhelm V. von Hessen-Kassel bittet um Schuldenmoratorium für Hessen-Kassel, 31. Januar 1628, sowie Befehl an den Kurfürsten von Mainz, kommissarisch mit den Gläubigern zu verhandeln, 14. Februar 1628. Zu den Debitkommissionen: Leopold Auer, Zwangsverwaltungen in den Territorien des Alten Reiches: Zu den reichshofrätlichen Debitkommissionen im 18. Jahrhundert, in: Fabian Frommelt (Hrsg.), Zwangsadministrationen. Legitimierte Fremdverwaltung im historischen Vergleich (17. bis 21. Jahrhundert) (Historische Forschungen, 100), Berlin 2014, S. 45–62.

46 Vgl. ÖStA HHStA, RHR, Antiqua, K. 63, Nr. 18, Landgraf Ludwig VI. von Hessen-Darmstadt, Bitte um Rückzahlung der vom Reich geschuldeten Gelder durch Exemtion von Reichssteuern und Assignation der Reichsteuern anderer Stände, 1669–1670.

47 Vgl. u. a. das oben angeführte Forschungsprojekt der Autorin. Interessanterweise lassen sich für den hier betrachteten Zeitraum für die Auseinandersetzung der Landgrafen nur in zwei Fällen Verhandlungen vor dem Austrägalgericht in Marburg, also dem innerdynastischen Schiedsgericht, nachweisen, vgl. HStAM Bestand 1 Nr. 1386, Briefwechsel zwischen Graf Moritz und Markgraf Carl von Baden als Kommissar in dem Austrägalverfahren zwischen Moritz und den hessischen

Bei Streitsachen innerhalb eines Hauses zeigt sich bei den für den vorliegenden Einblick erhobenen Daten, dass in den meisten Streitfällen männliche Kläger vor allem als Folge von Sukzessionsordnungen, die Primogenitur oder den sonstigen Ausschluss von agnatischen Familienmitgliedern gegen Deputate oder Apanagen vorsahen, auftraten. Reichsfürstinnen klagten dagegen hauptsächlich zur Sicherung ihrer Ehe- und Wittumsgüter. Grundsätzlich kann man also davon ausgehen, dass die finanzielle und wirtschaftliche Absicherung eines standesgemäßen Lebens wichtiger Teil der meisten am Reichshofrat beratenen Streitigkeiten zwischen Mitgliedern reichsfürstlicher Familien war.

Exemplarisch für die angesprochenen Konflikte um die Durchsetzung von Primogenitur in den verschiedenen Linien sowie die Beschränkung der landesherrlichen Gewalt auf die jeweilige Hauptlinie sind die Auseinandersetzungen vor dem Reichshofrat nach dem Abschluss des Westfälischen Friedens.[48] Die im *Instrumentum Pacis Osnabrugensis* und im *Instrumentum Pacis Monasteriensis* enthaltenen Regelungen zu hessischen Angelegenheiten bestätigten die Einführung der Primogenitur sowie deren kaiserliche Konfirmation sowohl in Hessen-Kassel als auch in Hessen-Darmstadt.[49] Zum einen stellten die durch diese Regelung benachteiligten Landgrafen die Rechtmäßigkeit der dauerhaften, nicht nur für eine Generation geltenden Einführung der Primogenitur in Bezug auf die die Landesherrschaft ausübenden Fürsten in Frage. Zweitens versuchten die damit nun nachrangigen Landgrafen, trotzdem Herrschaftsrechte in den ihnen zugewiesenen Sekundogenituren auszuüben, wogegen wiederum die jeweiligen Oberhäupter der Linien protestierten. Zuletzt ging es schließlich um die Frage, welche einmaligen beziehungsweise regelmäßigen Ausgleichszahlungen in Form von Deputaten und Apanagen an die nun der Landesherrschaft verlustig gegangenen Landgrafen zu zahlen seien.

Wie sich am Verlauf der sehr umfangreichen Akten im Reichshofratsbestand nachzeichnen lässt, verliefen die Fronten in diesem letztlich gesamthessischen Konflikt nicht eindeutig. Einzelne nichtregierende Landgrafen trafen für sie güns-

---

Landgrafen wegen der Gefangenschaft des Grafen Christoph Ernst und der Vorenthaltung der Dietzschen Ämter, 1571–1575, und HStAD Bestand D 6 Nr. 2/3, Verhandlungen vor dem Austrägalgericht zu Marburg (betr. Marburger Erbe), 1604.

48 Vgl. ÖStA HHStA, RHR, Antiqua, K. 66, Nr. 1 (1649–1654): Hessen-Kassel contra Hessen-Rheinfels; Streit um die Primogenitur der landgräflichen Hauptlinien in Hessen-Darmstadt und Hessen-Kassel, 1649–1654, fol. 1–1313.

49 *Firmum quoque maneat et inviolabiliter custodiatur ius primogeniturae in qualibet domo Hassiae, Cassellana et Darmstadina, introductum et a Caesarea maiestate confirmatum. – Es sol auch fest vnd vnverbrüchlich bewahret bleiben/ das Recht der ersten Geburt: in jederm Hauß/ so dem Hessen=Casselischen/ als dem Darmstädtischen/ welchs nun eingeführt/ vnd von der Röm. Käys. Maj. bestättiget ist.* Zitiert nach: Die Westfälischen Friedensverträge vom 24. Oktober 1648. Texte und Übersetzungen (Acta Pacis Westphalicae. Supplementa electronica, 1), http://www.pax-westphalica.de/ (zuletzt aufgerufen am 8. Februar 2024), Art. XV, 15 IPO – § 60 IPM.

tigere Absprachen und traten dann für die Begrenzung der Landesherrschaft ein. Andere, wie der zum Katholizismus konvertierte Landgraf Ernst von Hessen-Rheinfels, versuchten mit Hilfe ihrer Klientelbeziehung zum Kaiserhof bessere Ergebnisse zu erzielen. Reichshofräte verfassten in solchen Verfahren neben ihrer offiziellen Tätigkeit auch unter der Hand Gutachten und Eingaben, wie Kathrin Rast an diesem Beispiel für den Reichshofrat Johann Heinrich Notthafft Reichsgraf von Wernberg zeigen konnte.[50] Bezogen auf Hessen-Kassel führte der Konflikt übrigens zu einem Dissens innerhalb des Reichshofrats, wie ein von vier Räten verfasstes Minderheitsvotum zeigt.[51] Die letztliche Einigung wurde trotz Fortführung des Verfahrens dann auch nicht beim Reichshofrat, sondern auf dem Reichstag von 1654 unter der Vermittlung des Reichserzkanzlers und Mainzer Kurfürsten Johann Philipp von Schönborn erreicht.[52] Aber auch die nächsten Generationen führten den Streit um die landesherrlichen Rechte weiter fort.[53]

5. Landgräfinnen vor dem Reichshofrat

Neben den männlichen Mitgliedern des Hauses Hessen traten auch die Landgräfinnen als Klägerinnen und Beklagte vor dem Reichshofrat in Erscheinung. Neben den oben angeführten Bestätigungen von Ehe- und Wittumsverträgen nutzten die Reichsfürstinnen die Möglichkeit, ihre Anliegen rechtlich und im besten Fall mit einem vom Kaiser beauftragten Vermittler auch praktisch durchsetzen zu können.

Im Fall von Landgräfin Maria von Hessen-Marburg, geborene Gräfin von Mansfeld und Ehefrau Landgraf Ludwigs von Hessen-Marburg, war dies umso

---

50 Vgl. Kathrin Rast, Nutzung und Inanspruchnahme des Reichshofrats durch adlige Mitglieder der Herrenbank am Beispiel des Vizepräsidenten Johann Heinrich Notthafft Reichsgraf von Wernberg (1604–1665), in: Anette Baumann/Alexander Jendorff (Hrsg.), Adel, Recht und Gerichtsbarkeit im frühneuzeitlichen Europa (baR, 15), München 2014, S. 295–330, hier S. 316 f.

51 Siehe das Votum der Reichshofräte Johann Heinrich Nothafft, Johann Walderode, Johann Kaltschmidt und Johann Krydell für den Reichshofratspräsidenten vom 11. April 1652 in ÖStA HHStA, RHR, Antiqua, K. 66, Nr. 1, fol. 883r–887v. Das Votum plädierte dafür, eine einstimmig beschlossene Gütekommission tatsächlich einzurichten und nicht, wie von einer der Parteien gewünscht, erneut darüber zu beraten.

52 Vgl. Andreas Müller, Der Regensburger Reichstag von 1653/54. Eine Studie zur Entwicklung des Alten Reiches nach dem Westfälischen Frieden (Europäische Hochschulschriften. Reihe III, Geschichte und ihre Hilfswissenschaften, 511), Frankfurt am Main 1992, S. 98.

53 Vgl. ÖStA HHStA, RHR, Antiqua, K. 67, Nr. 43, Hessen-Darmstadt contra Hessen-Homburg; Auseinandersetzung um das Münzrecht in Hessen-Homburg vor dem Hintergrund des Primogeniturstreits, 1669–1670, Landgraf Ludwig VI. von Hessen-Darmstadt gegen seine Brüder, die Landgrafen Wilhelm Christoph, Georg Christian und Friedrich II. von Hessen-Homburg.

wichtiger, da sie aus einer wenig vermögenden Familie von vergleichsweise geringem Rang stammte.[54] Die ca. 500 Folien starke Akte im Reichshofratsbestand zeugt von der teilweise gewaltsam ausgetragenen Auseinandersetzung um ihr Wittum, in deren Zuge es in Hessen zur Inhaftierung der Landgräfin und ihrer Diener sowie zu einem Strafprozess kam.[55] Ihr Bruder, Graf Ernst von Mansfeld, wandte sich in diesem Zusammenhang übrigens nicht nur an den Reichshofratspräsidenten und den Reichshofrat, sondern auch direkt an den Geheimen Rat.[56] Letztlich beendete eine Einigung zwischen Landgräfin Maria und den Landgrafen von Hessen-Darmstadt und Hessen-Kassel als Erben ihres Mannes den Prozess am Reichshofrat zugunsten der Landgräfin.

Ähnliches gilt für die am Anfang genannte Landgräfin Juliane von Hessen-Kassel, die sehr erfolgreich am Reichshofrat in zehn ausführlich dokumentierten Fällen ihre Rechte durchsetzen konnte. Das Verfahren ihrer Erben lief noch Jahrzehnte nach ihrem Tod. Sie hatte zusammen mit ihrem ältesten Stiefsohn, Landgraf Wilhelm, 1627 dafür gesorgt, dass ihr Mann zugunsten seines Sohnes zurücktreten musste. Zu diesem Schritt kam es, weil Moritz einerseits zu hohe Ausgaben für Landesverteidigung, Hofhaltung, Ausbau der Residenzstadt Kassel, Alchemie und seine insgesamt 18 Kinder aus zwei Ehen hatte, andererseits unfähig war, sich mit seinen Gläubigern oder den Landständen zu einigen.[57] Hauptgläubigerin war seine zweite Ehefrau Juliane, mit der er seit 1603 verheiratet war. Schon bald nach der Eheschließung war er nicht mehr in der Lage, seiner Ehefrau die im Ehevertrag festgelegten Ehegelder auszuzahlen,[58] so dass sie stattdessen Land- und Schuldverschreibungen erhielt. Auf dieser Grundlage

54 Vgl. zu diesem Fall insgesamt Holger Thomas Gräf, Von ungleichen Paaren und gierigen Erben. Maria von Mansfeld (1567– vor 1635), die letzte Landgräfin von Hessen-Marburg, und ihre Ehen, in: Zeitschrift des Vereins für Hessische Geschichte und Landeskunde 113 (2008), S. 117–124.

55 Vgl. ÖStA HHStA, RHR, APA, K. 81, Nr. 5, Maria Landgräfin von Hessen contra Hessen. Auseinandersetzung wegen Witwenguts, 1605–1606.

56 Vgl. ÖStA HHStA, RHR, APA, K. 81, Nr. 5, Maria Landgräfin von Hessen contra Hessen. Auseinandersetzung wegen Witwenguts, 1605–1606, darin Weiterleitung einer Eingabe Ernsts [VI.] Graf von Mansfeld vom Geheimen Rat an den Reichshofrat zur Gutachtenerstellung, 23. November 1605 (Vermerk), fol. 550v. Für die folgenden Jahrhunderte konnte Tobias Schenk nachweisen, dass die Grafen von Mansfeld durch enge Vernetzung am Kaiserhof versuchten, die Sequestration ihrer Grafschaft durch Brandenburg-Preußen und Kursachsen abzuschütteln: ders., Quellen zur Geschichte der Grafschaft und des Hauses Mansfeld aus den Akten des kaiserlichen Reichshofrats, in: Harz-Zeitschrift 66 (2014), S. 124–159.

57 Vgl. Tim Neu, Die Erschaffung der landständischen Verfassung: Kreativität, Heuchelei und Repräsentation in Hessen (1509–1655) (Studies presented to the International Commission for the History of Representative and Parliamentary Institutions, 93), Köln 2013, S. 245–264

58 Vgl. HStAM, Bestand Urk. 3, Nr. 253, Ehevertrag zwischen Landgraf Moritz von Hessen-Kassel und Gräfin Juliane von Nassau, 21. Mai 1603.

investierte und vermehrte Landgräfin Juliane ihren Besitz und konnte ihn dann über Kredite wieder der Landgrafschaft und Dynastie zur Verfügung stellen. In den 1620er Jahren erhielt sie sogar von Landgraf Moritz die Aufgabe, die Finanzen der Landgrafschaft zu verwalten und die Schuldenkrise zu beenden, was aufgrund seiner Weigerung, Vorschläge zu akzeptieren, nicht gelang.[59] Nach ca. 20 Jahren waren durch Schuldverschreibungen für noch immer nicht bezahlte Wittums- und Ehegelder, Zinszahlungen und Ablösungen Ausstände in sechsstelliger Höhe zusammengekommen.[60] Nach dem Rücktritt von Landgraf Moritz und der gleichzeitig erfolgten Trennung der Eheleute erhielten Juliane und ihre Kinder aus zweiter Ehe im Gegenzug für die nicht rückzahlbaren Schulden ein Viertel Hessen-Kassels als Sekundogenitur (Hessen-Kassel-Rotenburg).[61]

Landgräfin Juliane strengte in der Folge etliche Prozesse am Reichshofrat an, um ihre Rechte durchzusetzen. Sie klagte auf die Einhaltung der Verträge mit ihrem Ehemann bezüglich der Überlassung von Schlössern, Ämtern und anderem Besitz als Wittum,[62] aber auch gegen Landgraf Wilhelm von Hessen-Kassel (ihren Stiefsohn), da dieser Verträge über die Abtrennung von Besitz[63] und dessen ungestörte Nutzung[64] nicht einhalte. Außerdem erwirkte die Landgräfin Befehle zu ihren Gunsten gegen die Landstände und den Landgrafen, da von ihr geliehene Gelder nicht zurückgezahlt[65] bzw. Deputatsgelder für ihre Töchter und

---

59 Vgl. hierzu auch HStAM, Bestand 4a, 42, Nr. 25, Bl. 42–63, und Universitätsbibliothek Kassel, 4° Ms. Hass. 62, Landgräfin Juliane von Hessen-Kassel, Ein Kurtz Einfältiger Jedoch wahrhaffter und Summarischer Bericht warumb mit dem hochgebohrnen Fürsten undt Herren Moritzen Landgf. zu Heßenn meinem Hertzgeliebtenn Herren undt gemahle, Ich Juliana von Gottes Gnadt Landgraffin zu Heßen gebohrne Gräffin zu Naßau, Catzenellebogen in unverhoffte und unverschulde Mißverständeren Zeithero leydere gerathen, 12. September 1624.

60 Vgl. HStAM, Bestand 70, Nr. 4692, Donationsbuch der Landgräfin Juliane von Hessen, 1613–1628 (Kopie von 1746).

61 Vgl. insgesamt zu Landgräfin Juliane Margret Lemberg, Juliane Landgräfin zu Hessen (1587–1643). Eine Kasseler und Rotenburger Fürstin aus dem Hause Nassau-Dillenburg in ihrer Zeit (Quellen und Forschungen zur hessischen Geschichte, 90), Darmstadt 1994.

62 Vgl. ÖStA HHStA, RHR, Antiqua, K. 67, Nr. 18, Landgräfin Juliane von Hessen-Kassel contra Landgraf Moritz von Hessen-Kassel: Streit um Schloss und Amt Eschwege, 1630.

63 Vgl. ÖStA HHStA, RHR, Antiqua, K. 67, Nr. 15, Landgräfin Juliana von Hessen-Kassel contra Landgraf Wilhelm V. von Hessen-Kassel, Gesuch um Befehl zur Abtretung der Höfe Frauensee und Frohnhof, 1628.

64 Vgl. ÖStA HHStA, RHR, Antiqua, K. 67, Nr. 19, Landgräfin Juliana von Hessen-Kassel contra Landgraf Wilhelm V. von Hessen-Kassel, Gesuch um besonderen Schutz für den Obristhof in Kassel, 1628–1630; ÖStA HHStA, RHR, Antiqua, K. 67, Nr. 23, Landgräfin Juliana von Hessen-Kassel contra Landgraf Wilhelm V. von Hessen-Kassel, Bitte um ein Mandatum sine clausula, die ungestörte Nutzung des der Supplikantin von Landgraf Moritz übertragenen und vom Kaiser bestätigten Besitzes, insbesondere die Rückgabe des Gutes Rohna betreffend, 1629–1630.

65 Vgl. ÖStA HHStA, RHR, Antiqua, K. 67, Nr. 14, Landgräfin Juliana von Hessen-Kassel contra Rit-

sie selbst nicht ausgezahlt worden waren.[66] Außerdem waren im Zuge des Dreißigjährigen Krieges kaiserliche Generäle und Kommissare auf ihre Güter eingedrungen, hatten diese besetzt, Plünderungen zugelassen oder sogar selbst geplündert, wogegen die Landgräfin erfolgreich um kaiserlichen Schutz und Mandate zur Herausgabe ihres Besitzes ersuchte.[67] In den meisten Fällen entschieden Kaiser und Reichshofrat ohne Abschläge zu ihren Gunsten. Nur in einem Fall musste sie sich mit Einschränkungen abfinden.[68] Nach der Einigung zwischen den regierenden Landgrafen, Wilhelm V. von Hessen-Kassel und Georg II. von Hessen-Darmstadt, sowie Landgräfin Juliane im sogenannten Hauptvertrag, der am 24. September bzw. 18. Oktober 1627 von den Beteiligten unterschrieben worden war,[69] bemühte die Landgräfin sich zudem, durch weitere Übernahmen von Schulden für Wilhelm V. den Besitz ihrer Söhne auch gegenüber Georg II. durchzusetzen.[70]

Ihr Beispiel zeigt exemplarisch, wie stark erstens das Reich – vertreten hier durch den Reichshofrat und damit den Kaiser – in innerdynastische Angelegenheiten verflochten war, zweitens, wie häufig finanzielle und wirtschaftliche Fragen vor dem Reichshofrat verhandelt wurden, und drittens die wohl auch im

ter- und Landschaft Hessen-Kassel, Bitte um Unterstützung bei der Forderung nach Rückzahlung einer Schuld, 1628–1631.

66 Vgl. ÖStA HHStA, RHR, Antiqua, K. 67, Nr. 20, Landgräfin Juliana von Hessen-Kassel contra Landgraf Wilhelm V. von Hessen-Kassel, Bitte um Befehl wegen Auszahlung der Deputatgelder ihrer Töchter aus den Einkünften des Salzwerks in Allendorf, 1628–1630; ÖStA HHStA, RHR, Antiqua, K. 67, Nr. 21, Landgräfin Juliana von Hessen-Kassel contra Landgraf Wilhelm V. von Hessen-Kassel, Bitte um Befehl wegen der Deputatgelder aus den Einkünften der Saline in Allendorf und Einräumung des Witwensitzes in Rotenburg, 1628–1630.

67 Vgl. ÖStA HHStA, RHR, Antiqua, K. 67, Nr. 17, Landgräfin Juliana von Hessen-Kassel contra Reichshofrat Johann von Huyen: Gesuche um Mandate wegen unberechtigter Beschlagnahmung wertvoller Mobilien in Minden, 1628–1631, sowie ÖStA HHStA, RHR, Antiqua, K. 67, Nr. 24, Bitten Landgräfin Julianas von Hessen-Kassel um Schutz und Salvaguardia für ihre Güter und die ihrer Söhne gegen kaiserliche Generäle, 1628–1629.

68 Vgl. ÖStA HHStA, RHR, Antiqua, K. 67, Nr. 16, Landgräfin Juliana von Hessen-Kassel contra Landgraf Wilhelm V. von Hessen-Kassel, Gesuch um Bestätigung der Zuwendungen des Landgrafen Moritz auf der Grundlage des kurz zuvor geschlossenen Vergleichs zwischen Landgraf Wilhelm V. von Hessen-Kassel und Landgraf Georg II. von Hessen-Darmstadt und um kaiserlichen Schutz, 1627–1628.

69 Vgl. Haubtvertrag/ Wie solcher zwischen den Durchleuchtigen Hochgebohrnen Fürsten und Herrn/ Herrn Wilhelmen Und Herrn Georgen/ Gevettern/ Landgrafen zu Hessen/ Grafen zu Catzenelnbogen/ Dietz/ Ziegenhain und Nidda/ [et]c. Für sich und beeder Ihrer FF.GG. Hochlöbliche Fürstliche Linien Cassel und Darmstad veranlast/ aufgerichtet/ volnzogen/ leiblich geschworen/ sehr vielfältig bestärckt und bekräftigt worden, Marburg 1633, S. 46–77.

70 Vgl. ÖStA HHStA, RHR, Antiqua, K. 67, Nr. 22, Landgräfin Juliana von Hessen-Kassel, Bitte um Übernahme der auf Schmalkalden lastenden Pfandsumme von 100.000 Gulden, ohne Datum (wahrscheinlich nach der kaiserlichen Konfirmation des Hauptvertrags vom 1. Februar 1628).

Vergleich mit anderen Reichsfürstinnen starke Nutzung des Reichshofrats durch Landgräfin Juliane.

6. Schluss

Die dynastische Herrschaft wurde immer wieder durch finanzielle und wirtschaftliche Möglichkeiten der Mitglieder der regierenden Familie beeinflusst, ausgehandelt und geformt. Die Analyse der „Dynastiewirtschaft" leistet damit einen wesentlichen Beitrag zur Geschichte der dynastischen Herrschaft. Im Konfliktfall, der nicht selten war, wurde der Kaiser als Vermittler notwendig und damit auch der Reichshofrat. Wirtschaftliche Fragen sind deshalb bei den Verfahren am Reichshofrat sehr prominent vertreten.

Für die weitere Erforschung von dynastischer Herrschaft und Ökonomie wäre es notwendig, einen leichteren Zugang zu den Exhibiten-, Referenten- und Resolutionsprotokollen zu ermöglichen. Wünschenswert wäre eine digitale Aufbereitung, etwa in einer online zugänglichen Datenbank mit übergreifender Suchfunktion, um nachzuweisen, ob zu entsprechenden Personen, Dynastien und Themen Bestände im Reichshofratsbestand vorhanden sind. Damit würde der Zugang und der Abgleich mit Beständen in lokalen oder regionalen Archiven erheblich erleichtert. Vor allem die Nutzung von Beständen, die bis auf weiteres nicht tiefenerschlossen werden können, wäre bei einer solchen Recherchemöglichkeit trotzdem machbar.

Alexandra Schäfer-Griebel

Ein Blick aus einem Projekt an der Schnittstelle von Adels- und Stadtgeschichte auf die Reichshofratsforschung

Die Fürsten von Thurn und Taxis und die Reichsstadt Frankfurt

1. Der Blick ‚von außen' auf die Reichshofratsforschung

Am 6. August 1733 wurde beim Reichshofrat eine Klageschrift vonseiten des Fürsten von Thurn und Taxis gegen den Frankfurter Stadtmagistrat präsentiert, in der ausführlich dargelegt war, unter welch schimpflichen Umständen die Verhaftung des Hofkavaliers von Reichling beim Schwalbenschießen vor den Frankfurter Stadttoren aufgrund der Beschwerde eines feindseligen Bürgers erfolgt sei. Dabei ging es weniger um diesen Einzelfall, der vielmehr als Beleg dafür angeführt wurde, wie der Frankfurter Magistrat *in summum despectum* des in Frankfurt lebenden Fürsten von Thurn und Taxis agiere und handle.[1]

Über diesen Reichhofratsprozess, den der Fürst von Thurn und Taxis gegen den Frankfurter Magistrat 1733 anstrengte, nähert sich mein Artikel aus der Perspektive einer Forschenden an der Schnittstelle von Adels- und Stadtgeschichte der Reichshofratsforschung. Ich werde im Folgenden entlang dieses konkreten Falls, der sich als roter Faden durch den Artikel zieht, erstens einige Themenfelder benennen, die mehr Aufmerksamkeit in der Adels- und Stadtgeschichtsforschung verdienen würden. Statt mich auf die Personengruppen als Prozessparteien (Angehörige des Hofs der Thurn und Taxis und Angehörige der Stadtgemeinde der Reichsstadt Frankfurt) und ihr Handeln im Umfeld des Reichshofratsprozesses allein zu konzentrieren,[2] werde ich auf aktuelle Schlüsselthemen der Reichhofratsforschung zu Alltagspraxis und Gerichtspersonal in der Überzeugung eingehen, dass diese Aspekte der Reichsgerichtsbarkeit auch

---

1 Zu dem Zitat vgl. Hessisches Staatsarchiv Darmstadt (künftig: HStAD), F 24 A, Nr. 196/1, Auszug der Kommissionsakten, undat. [vor März 1734]. Zu den Wiener Prozessakten vgl. Österreichisches Staatsarchiv, Haus-, Hof- und Staatsarchiv (künftig: ÖStA HHStA), RHR, Ob. Reg., 1671/1, Nr. 1.

2 Zu den Themen und Perspektiven (Bürgerunruhen, adelige Rechtskultur), die die Stadt- und Adelsgeschichtsforschung zum Reichhofrat geprägt haben, vgl. Mircea Ogrin, Stadt, in: Wim Decock (Hrsg.), Konfliktlösung in der Frühen Neuzeit (Handbuch zur Geschichte der Konfliktlösung in Europa, 3), Berlin 2021, S. 285–293; https://doi.org/10.1007/978-3-662-56102-7 (abgerufen am 26. September 2023); Siegrid Westphal, Adel, in: ebd., S. 249–256.

von höchster Relevanz für diejenigen sind, die sich aus Perspektive der Adels- und Stadtgeschichtsforschung mit dem Reichshofrat und den Reichshofratsakten beschäftigen.

Zweitens werde ich einige ausgewählte Konzepte und Methoden, die nicht nur in der Stadt- und Adelsgeschichtsforschung intensiv diskutiert werden, anhand des Reichshofratsprozesses von 1733 vorstellen. Dies versteht sich als Impuls für eine theoriegeleitete Reichhofratsforschung, die sich verstärkt Diskussionen, Konzepten und Theorien aus Nachbargebieten der Frühneuzeitforschung von Mehrfachzugehörigkeiten über Informalität, Patronage und Netzwerken bis hin zu Mehrebenenanalysen sowie Ambiguitätstoleranz und Normenkonkurrenz öffnet. Notwendig ist die hier getroffene Auswahl an Konzepten und Ansätzen selektiv und richtet sich nach dem jeweiligen Themenkomplex und den an ihn gestellten Fragen.

Schließlich werde ich drittens auf den Umgang mit den Reichhofratsquellen eingehen und aus den hier vorgestellten Aspekten des Reichshofratsprozesses von 1733 Überlegungen zur notwendigen Erweiterung der Quellengrundlage über die Prozessakten hinaus anstellen.

Aus diesem Programm sollte schon deutlich geworden sein, dass dieser Artikel nicht darauf abzielt, einen Überblick über die gesamte Forschungslandschaft zu bieten, sondern vielmehr Einblicke in ein aktuelles Forschungsprojekt bietet und aufzeigen soll, wo Adels- und Stadtgeschichtsforschung und Reichshofratsforschung noch mehr miteinander ins Gespräch kommen und von den jeweiligen Diskussionen im Nachbargebiet profitieren können. Auch in Bezug auf die ‚Interdisziplinarität' – oder vielleicht sollte man eher sagen: in Bezug auf die Zusammenführung der vielfältigen Perspektiven und Themenstellungen aus der Frühneuzeitforschung – hängt die Reichshofratsforschung noch deutlich hinter der Reichskammergerichtsforschung zurück.[3]

Die hier vorgestellte Analyse stammt aus einem größeren Projekt,[4] das sich mit einer spezifischen Konstellation in der Beziehung von Reichsstadt und Reichsfürst am Fall der Thurn und Taxis in Frankfurt am Main (erste Hälfte 18. Jahrhundert) beschäftigt, nämlich mit Adeligen, die dauerhaft innerhalb der Mauern einer Reichsstadt lebten. Wurden die Außenbeziehungen von Reichs-

3 Zur Vernetzung der jüngeren Verfassungs-, Politik-, Sozial- und Rechtsgeschichte bei der Erforschung des Reichskammergerichts vgl. Anette Baumann/Alexander Jendorff, Einleitung: Adelskultur(en) und Rechtskultur(en) in der Frühen Neuzeit als Problemzusammenhang, in: Dies./Ders. (Hrsg.), Adel, Recht und Gerichtsbarkeit im frühneuzeitlichen Europa (bibliothek altes Reich, künftig: baR, 15), München 2014, S. 9–30, hier S. 11.

4 Für eine knappe Vorstellung des Projekts vgl. Alexandra Schäfer-Griebel, Neue wissenschaftliche Mitarbeiterin am IPG: Alexandra Schäfer-Griebel stellt sich vor, in: Mitteilungen 26,I (2003), S. 32–34; https://personengeschichte.de/2023-1 (abgerufen am 6. Oktober 2023).

städten als eine einseitige Orientierung auf die Fürstengesellschaft hin und das reichsstädtisch-fürstliche Verhältnis als asymmetrische Machtbeziehung in politischer und sozialer Hinsicht gedeutet, blieb die Frage offen, wie die historischen Akteure die Beziehungen ausgestalteten, wenn als ein entscheidender Faktor ein Machtgefälle zugunsten der Stadt hinzukam, wie im Fall der Fürsten und Höfe, die dauerhaft innerhalb der Mauern einer Reichsstadt angesiedelt waren. Immerhin kann als ein Spezifikum der Reichsstädte gelten, dass sie das genossenschaftlich-bürgerliche Modell der Städte ohne allzu nahen Landesherrn, aber mit dem Kaiser als oberstem Herrn verkörperten und sich dort zugleich die spezifische Sozialformation des Patriziats ausprägte.

Unter Berücksichtigung von diplomatisch-politischen Verhandlungen, symbolisch-rituellem Handeln und dem Einsatz von Justiz und Recht als Kommunikationsinstrumenten, um sich in ständisch-sozialen Konflikten zu positionieren, Zugehörigkeiten herzustellen, sich abzugrenzen und zu behaupten, nimmt die Studie in den Blick, wie Akteure, die dem fürstlichen Hof und dem bürgerschaftlichen Gemeinwesen angehörten, in wechselnden Konstellationen und Kontexten, Medien und Foren innerhalb der Mauern einer Reichsstadt über ihre Beziehung verhandelten. Die hier verhandelten Mehrfachzugehörigkeiten werden, an der Arbeit der Sozialanthropologin Joanna Pfaff-Czarnecka orientiert,[5] über einen akteurszentrierten, auf kleinräumige „soziale Welten“ fokussierten Zugang vor dem Hintergrund von Lebenshorizonten unterschiedlicher Reichweite analysiert.[6] Dabei bildet zwar die Lokalebene den Ausgangspunkt, doch können nur unter Einbeziehung der Regional- und Reichsebene, die stets als Bezugsrahmen präsent waren, die höfisch-städtischen Beziehungen adäquat kontextualisiert werden, wofür die multiskalare Analyse nach Jacques Revel (*jeux d'èchelles*) herangezogen wird. Damit liegt eine Methodik vor, um systematisch horizontale und vertikale plurale Verflechtungen verschiedener Ebenen zu untersuchen. Mit der multiskalaren Analyse lassen sich ebenenübergreifendes Handeln historischer Akteure fassen, plurale Beobachtungsperspektiven systematisch einbeziehen und überkommene Konzepte und Erklärungsansätze

---

5 Vgl. Joanna Pfaff-Czarnecka, From „identity" to „belonging" in social research. Plurality, social boundaries, and the politics of the self, in: Working Papers in Development Sociology and Social Anthropology 368 (2011), S. 1–18; https://nbn-resolving.org/urn:nbn:de:0168-ssoar-431029 (abgerufen am 25. Oktober 2023); Dies., Zugehörigkeit in der mobilen Welt. Politiken der Verortung (Das Politische als Kommunikation, 3), Göttingen 2012.

6 Zur Adaption des Konzepts von Mehrfachzugehörigkeiten für die historische Forschung vgl. Alexandra Schäfer-Griebel, Das Konzept der (Mehrfach-)Zugehörigkeiten als Anregung für eine kulturgeschichtlich inspirierte Religionsgeschichte der Frühen Neuzeit, in: Cursor_ Zeitschrift für Explorative Theologie (2022); https://cursor.pubpub.org/pub/kulturgeschichte-mehrfachzugehoerigkeiten (abgerufen am 16. Oktober 2023).

kritisch reflektieren.[7] Die zentrale Frage ist also: Wie können die beobachteten Aushandlungen reichsstädtisch-fürstlicher Beziehungen und die multiplen Zugehörigkeiten von Angehörigen des fürstlichen Hofes der Thurn und Taxis und des reichsstädtischen genossenschaftlich organisierten Gemeinwesens von Frankfurt am Main dazu beitragen, unsere Kenntnisse über Dynamiken, Spielräume und Reichweiten der Statusaushandlungen im Rahmen der ständischen Ordnung der Frühen Neuzeit auszudifferenzieren?

Der Rechtsweg als einer von verschiedenen Modi der Konfliktbearbeitung, Recht und Justiz als spezifisches Kommunikationsinstrument, die Prozessakten des Reichshofrats als materieller Niederschlag der Konfliktbearbeitung, der Reichshofrat im höfischen Kontext als Forum und das soziopolitische Netzwerk am Kaiserhof als personelle Konstellation bilden wichtige Aspekte der Gesamtstudie, die zwingend den Blick nach Wien und auf die Bestände des Haus-, Hof- und Staatsarchivs lenken.

2. Themen – Konzepte und Methoden – Quellenbestände

2.1 Konfliktbearbeitungen im Plural – Infrajustiz

Wenige Jahre nachdem sich Fürst Anselm Franz von Thurn und Taxis und der Frankfurter Stadtmagistrat am 25. März 1729 auf die Bedingungen einer Ansiedlung des Fürsten in der Reichsstadt geeinigt hatten, was nicht ohne erheblichen Druck vonseiten des Kaiserhofs zustande kam,[8] kochten die bereits zuvor schwelenden Konflikte im Sommer 1733 hoch. Auseinandersetzungen entzündeten sich u. a. daran, dass und wie Taxissche Kammerdiener und Lakaien Beziehungen zu Frankfurter Bürgertöchtern anbahnten, sowie daran, wo und wie Schießübungen der Hofkavaliere im Stadtraum abgehalten wurden.[9]

---

7 Vgl. Jacques Revel, Micro-analyse et construction du social, in: Jacques Revel (Hrsg.), Jeux d'échelles. La micro-analyse à l'expérience (Hautes études), Paris 1996, S. 15–36. Ergänzend vgl. Jean-Claude Passeron/Ders., Penser par cas. Raisonner à partir de singularités, in: Ders./Ders. (Hrsg.), Penser par cas. Neuaufl. d. Ausgabe Paris 2005; http://books.openedition.org/editionsehess/19901 (abgerufen am 18. Oktober 2023).

8 Vgl. den Ansiedlungsvertrag in Institut für Stadtgeschichte (künftig: ISG) Frankfurt a. M., Privilegien 466, Haupt-Rezess, 25. März 1729.

9 Für einen ersten Überblick über diese Konflikte und den Reichshofratsprozess in der Sache vgl. die gedruckt erschienene Gegenremonstration des städtischen Reichshofratsagenten: Daniel Hieronymus von Praun, An || Ihro Röm. Kåyſerl. || Auch zu Hiſpanien / Hungarn || und Böheim || Kőnigliche Majeſtåt /|| Ad Clementiſſimum Reſcriptum Cæſareum || de 7. Auguſt. 1733.|| Allerunterthånigſte wohlgegrűndete || Gegen-REMONSTRATION || und || RECONVENTIONS-Klage || Impetratiſchen || Stadt Franckfurthiſchen Anwaldts /|| In Sachen || Tit. Herrn || ANSHELM FRANTZ,|| Fűrſten von Thurn und TAXIS || Contra || Den MAGISTRAT zu Franckfurth || und Conſorten.||

In einem Fall der heimlichen Beziehungsanbahnung zwischen einer Bürgerstochter, Anna Maria Fester, und einem fürstlich Taxisschen Hofbedienten, Sylvester Renneau, und der gemeinsamen Flucht nach Kurmainz lässt sich dank einer hohen Quellendichte die unmittelbare Konfliktbearbeitung auf verschiedenen Ebenen durch einen konkreten historischen Akteur, den Vater der Braut Marcus Fester, besonders gut verfolgen: Er wandte sich in Suppliken an die kurmainzische Regierung, dann an den Kurfürsten selbst, holte sich, als er hier erfolglos blieb, von der eigenen Frankfurter Obrigkeit Schützenhilfe und strengte gleichzeitig ein Verfahren gegen den Kurfürsten vor dem Reichskammergericht auf Herausgabe seiner Tochter an. In Frankfurt initiierte er die Strafverfolgung von Sylvester Renneau und eine Gesetzesverschärfung zu Eheschließungen sowie Kuppelei und Brautentführung.[10] Fester veranlasste auch beim Frankfurter Rat, dass der Stadtschreiber Johann Adolf Seelig beim Taxisschen Hofmarschall Franz Michael Florenz von Lilien wegen eines gerüchteweise in Mainz bekannten Taxisschen Rekommendationsschreibens für Sylvester Renneau vorstellig wurde und dabei auf politisch-diplomatischer Ebene das ‚Befremden' des Stadtmagistrats über eine Taxissche Unterstützung für den der Brautentführung schuldigen Hofbedienten zum Ausdruck brachte.[11] Implizit schwang dabei die rechtlich-normative Vereinbarung im Ansiedlungsvertrag mit, im Fall eines Arrestgesuchs städtischer Gerichte entsprechende Personen aus dem Palais auszuliefern, keinem Delinquenten Zuflucht zu gewähren und fürstlicherseits auf Rekommendationen zu verzichten.[12]

Festers Navigieren zwischen den Ebenen lokal – regional – Reich, gerichtlich – außergerichtlich, formell – informell war Ausdruck seines individuellen Umgangs mit bestehenden Machtverhältnissen und reißt die Komplexität dieser auf verschiedenen Ebenen und in unterschiedlichen Konstellationen und Foren sowie in verschiedenen Modi und Medien ausgetragenen Konflikte zwischen Angehörigen des Hofes der Thurn und Taxis und der genossenschaftlich orga-

---

Cum Adjunct. a Num. I. uſque 31. incluſ. Reſcripti, [Frankfurt a. M. 1733], 2°, [5] Bl., 72 S., [1] Bl. (= VD 18 10348972), Sächsische Landesbibliothek – Staats- und Universitätsbibliothek Dresden, Hist.urb.Germ.93,misc.1, http://digital.slub-dresden.de/id333836049/1 (abgerufen am 25. Oktober 2023). In der Forschung ist dieser Konflikt bisher nur mit einer knappen Erwähnung abgehandelt worden, so in Peter Styra, Zum Wiederaufbau des Frankfurter Palais. Das fürstliche Haus Thurn und Taxis in Frankfurt, in: Wilhelm Imkamp/Ders. (Hrsg.), „Vieles dort ist Jahrhunderte alt und doch strahlt alles neu …". Beiträge zu Geschichte und Kunst des Fürstlichen Hauses Thurn und Taxis (Thurn und Taxis Studien. NF., 3), Regensburg 2013, S. 189–228, hier S. 198 f.

10 Die wichtigsten Bestände zu Festers Konfliktbearbeitung auf Lokal- und Regionalebene sind ISG Frankfurt a. M., Criminalia: Akten, 4129; Staatsarchiv Würzburg, künftig: StAWü, MRA Reichsstädte, 1319.

11 Vgl. Praun, An || Ihro Rȏm. Kåyſerl., S. 60, Anlage 27a (wie Anm. 9).

12 Vgl. ISG Frankfurt a. M., Privilegien 466, Haupt-Rezess, 25. März 1729.

nisierten Stadtgemeinde von Frankfurt am Main an. Der Anfang August 1733 vom Fürsten Anselm Franz von Thurn und Taxis angestrengte Prozess vor dem Reichshofrat stellte daher nur einen Strang dar,[13] dessen Bedeutung sich nur als Teil eines größeren Komplexes von Konflikten und Konfliktbearbeitungen bewerten lässt.

Solche Überlegungen zur Pluralität der genutzten Modi (auch über die Dichotomie gerichtlich – außergerichtlich hinaus), Foren und beteiligten Personen, zur Gleichzeitigkeit von mehreren Bearbeitungen eines Konflikts sowie der Perspektivwechsel von Konfliktlösung hin zu Konfliktregulierung, -bearbeitung oder -management unter Einschluss von Scheitern werden seit einigen Jahren mit dem Konzept der Infrajustiz verfolgt.[14]

Unter Infrajustiz werden ein gesellschaftlicher Interaktionsraum und die Übergangszone zwischen einer obrigkeitlichen Justiz und informellen Selbstregulierungen von sozialen Konflikten verstanden. Im gesellschaftlichen Interaktionsraum der Infrajustiz bearbeiteten Privatpersonen soziale Konflikte mithilfe Dritter mit überwiegend informellen, vermittelnden Modi, aber auch im Zusammenspiel mit obrigkeitlichen Gerichten oder in Einbeziehung intermediärer Gewalten. Das Infrajustiz-Konzept erweitert das Feld der Konflikte/Verbrechen, Akteure, Verfahren/Bearbeitungsmodi und der Funktionen/Zwecke über Strafen hinaus und behält dabei die Rückkopplung an das Rechtssystem bei.[15] Allerdings bleibt angesichts der Fülle an Phänomenen, Betrachtungsweisen und Einschätzungen beispielsweise zur Reichweite bislang ein „konsistentes, widerspruchsfreies theoretisches Modell der Infrajustiz [...], das alle Formen und

13 Vgl. ÖStA HHStA, RHR, Exhibitenprotokolle saec. XVIII, 33, Eintrag Thurn und Taxis 6. August 1733; ÖStA HHStA, RHR, OR, K. 1671, Nr. 1, unfol., mit Anlagen 1–3.

14 Aspekte des Infrajustiz-Konzepts finden sich z. B. in Martin Dinges, Der Maurermeister und der Finanzrichter. Ehre, Geld und soziale Kontrolle im Paris des 18. Jahrhunderts, Göttingen 1994; Carl A. Hoffmann, Außergerichtliche Einigung bei Straftaten als vertikale und horizontale soziale Kontrolle im 16. Jahrhundert, in: Andreas Blauert/Gerd Schwerhoff (Hrsg.), Kriminalitätsgeschichte. Beiträge zur Sozial- und Kulturgeschichte der Vormoderne (Konflikte und Kultur – Historische Perspektiven, 1), Konstanz 2000, S. 563–579; Karl Härter, Kriminalität und Praxis der Strafjustiz im geistlichen Territorialstaat des Alten Reiches. Sexuelle Delinquenz und Justiznutzung im frühneuzeitlichen Kurmainz, in: Marco Bellabarba/Gerd Schwerhoff/Andrea Zorzi (Hrsg.), Criminalità e giustizia in Germania e in Italia. Pratiche giudiziarie e linguaggi giuridici tra tardo Medioevo ed età moderna/Kriminalität und Justiz in Deutschland und Italien. Rechtspraktiken und gerichtliche Diskurse in Spätmittelalter und Früher Neuzeit, Bologna/Berlin 2001, S. 101–134.

15 Vgl. Karl Härter, Konfliktregulierung im Umfeld frühneuzeitlicher Strafgerichte. Das Konzept der Infrajustiz in der historischen Kriminalitätsforschung, in: Kritische Vierteljahresschrift für Gesetzgebung und Rechtswissenschaft 95 (2012), S. 130–144; Ders., Infrajustiz und außergerichtliche Formen der Konfliktregulierung, in: Decock (Hrsg.), Konfliktlösung in der Frühen Neuzeit (wie Anm. 2), S. 37–47, hier bes. S. 37.

Praktiken außergerichtlicher und infrajustizieller Konfliktregulierung systematisch erfasst" ein Desiderat.[16] Dieses ursprünglich aus der französischen Forschung stammende,[17] zuerst in der deutschsprachigen Forschung von der historischen Kriminalitäts- und Konfliktforschung verwendete Konzept[18] wurde frühzeitig zur Erforschung der Konflikte innerhalb von Städten[19] und spezifischen Konfliktfeldern wie adelig-innerdynastischen Konflikten[20] genutzt. Auf den Reichshofrat wurde dieses Zusammendenken verschiedenster Konfliktbearbeitungsmodi noch kaum bezogen, woran das bisherige Nebeneinander von Reichhofrats- und Wiener Hofforschung seinen Anteil hat.[21] Dabei wäre eine stärkere Einbeziehung des Infrajustiz-Konzepts auch deshalb zentral, weil dadurch Fragen aufgeworfen werden, inwieweit zentrale Begriffe und Konzepte der rechtsgeschichtlichen Forschung wie beispielsweise Verfahren überhaupt zu erfassen vermögen, wie am Reichhofrat Konflikte bearbeitet wurden und welche Rolle dabei höfisch-politischen Bearbeitungsmodi zukam.[22]

---

16 HÄRTER, Infrajustiz (wie Anm. 15), S. 42.

17 Zuerst Alfred SOMAN, L'infra-justice à Paris d'après les archives notariales, in: Histoire, économie et société 3 (1982), S. 369–375.

18 Zum Infrajustiz-Konzept vgl. vor allem HÄRTER, Konfliktregulierung (wie Anm. 15); DERS., Infrajustiz (wie Anm. 15). Außerdem Francisca LOETZ, L'infrajudicaire. Facetten und Bedeutung eines Konzepts, in: Blauert/Schwerhoff (Hrsg.), Kriminalitätsgeschichte (wie Anm. 14), S. 545–564. Zum verwandten Konzept der Justiznutzung vgl. Martin DINGES, Justiznutzung als soziale Kontrolle in der Frühen Neuzeit, in: ebd., S. 503-544.

19 Mit einem breiten Verständnis von Konfliktregulierung z.B. Joachim EIBACH, Frankfurter Verhöre. Städtische Lebenswelten und Kriminalität im 18. Jahrhundert, Paderborn 2003. Jüngst Jeannette KAMP, Crime, Gender and Social Control in Early Modern Frankfurt am Main (Crime and City in History, 3), Leiden/Boston 2020. Zur Bedeutung des Infrajustiz-Konzepts für die aktuelle Forschung zu Konflikten in der Stadt vgl. OGRIN, Stadt (wie Anm. 2), S. 290.

20 Vgl. Siegrid WESTPHAL, Dynastische Konflikte der Ernestiner im Spiegel von Reichshofrats- und Reichskammergerichtsprozessen, in: Friedrich Battenberg/Bernd Schildt (Hrsg.), Das Reichskammergericht im Spiegel seiner Prozessakten. Bilanz und Perspektiven der Forschung (Quellen und Forschungen zur Höchsten Gerichtsbarkeit im Alten Reich, künftig: QFHG, 57), Köln/Weimar/Wien 2010, S. 225–250; DIES., Austräge als Mittel der Streitbeilegung im frühneuzeitlichen Adel des Alten Reichs, in: Albrecht Cordes (Hrsg.): Mit Freundschaft oder mit Recht? Inner- und außergerichtliche Alternativen zur kontroversen Streitentscheidung im 15.–19. Jahrhundert (QFHG, 65), Köln 2015, S. 159–173; Detlef BERGHORN, Verwandtschaft als Streitzusammenhang. Eine Fall-Geschichte in Beziehungen im hohen Adel des Alten Reiches, 16. bis 19. Jahrhundert (QFHG, 76), Köln 2021.

21 Vgl. Anja AMEND-TRAUT/Nils JÖRN/Tobias SCHENK, Zentralgerichtsbarkeit im Heiligen Römischen Reich Deutscher Nation in transnationaler Perspektive, in: Zeitschrift für Neuere Rechtsgeschichte (künftig: ZNR) 45 (2023), S. 97–126, hier S. 118.

22 Vgl. ebd., S. 118. Zum Verfahrensrecht grundlegend: Wolfgang SELLERT, Prozeßgrundsätze und Stilus curiae am Reichshofrat. Im Vergleich mit den gesetzlichen Grundlagen des reichskammergerichtlichen Verfahrens (Untersuchungen zur deutschen Staats- und Rechts-Geschichte. NF., 18),

Für die Einordnung des vom Taxisschen Fürsten 1733 angestrengten Reichshofratsprozesses in einen Gesamtkomplex an Konfliktbearbeitungen ist die Einbeziehung von Komplementärüberlieferung neben den Prozessakten des Haus-, Hof- und Staatsarchivs notwendig. Dies schließt die unmittelbar prozessbezogenen Bestände in den relevanten Stadt- und Adelsarchiven sowie weitere Überlieferungen wie beispielsweise Korrespondenzen, Gesetzesvorlagen oder Suppliken ein, d h. im konkreten Fall Bestände des Fürst Thurn und Taxis Zentralarchivs in Regensburg ebenso wie des Instituts für Stadtgeschichte Frankfurt. Aufgrund der weiten Kreise, die diese Konflikte zogen, müssen auch die Bestände der benachbarten, als Dritte in die Konflikte und ihre Bearbeitung einbezogenen Territorien wie Kurmainz (heute in Würzburg) berücksichtigt werden.[23] Dabei sollte stets präsent bleiben, dass sich ein größerer Ausschnitt der Konfliktbearbeitungen, die alltäglich, informell, mündlich verliefen, nicht oder nur indirekt aus Quellen, die sich überwiegend der obrigkeitlichen Sphäre zurechnen lassen, fassen lässt.[24] Umso wichtiger erscheint es, Kommunikationsprozesse und die Medialität der frühneuzeitlichen Konflikte systematischer als bislang einzubeziehen.[25] So lässt sich auch über in Kurmainz kursierende Gerüchte[26] oder über die vom Frankfurter Agenten des preußischen Königs, Philipp Reinhold Hecht, kolportierten Nachrichten an den Berliner Hof einiges über Informationsflüsse, Wahrnehmungen des Konflikts zwischen Angehörigen des Hofs der Thurn und Taxis und Angehörigen der Stadtgemeinde Frankfurts durch Dritte und ihre Einordnung in bestehende Denkrahmen sagen.[27]

Aalen 1973. Eine jüngere Studie mit neuen Ansätzen stammt von Tobias Schenk, Die Vota ad Imperatorem des kaiserlichen Reichshofrats. Zur Verfahrensautonomie an einem herrschernahen Höchstgericht der Frühen Neuzeit, in: Anja Amend-Traut/Ignacio Czeguhn/Peter Oestmann (Hrsg.), Urteiler, Richter, Spruchkörper. Entscheidungsfindung und Entscheidungsmechanismen in der Europäischen Rechtskultur (QFHG, 75), Wien/Köln/Weimar 2021, S. 239–348.

23 Insb. StAWü, MRA Reichsstädte, 1319.

24 Vgl. Härter, Infrajustiz (wie Anm. 15), S. 42; Ogrin, Stadt (wie Anm. 2), S. 291.

25 Vorbildhaft ist z. B. David Petry, Konfliktbewältigung als Medienereignis. Reichsstadt und Reichshofrat in der Frühen Neuzeit (Colloquia Augustana, 29), Berlin 2011; Ders., Reichsstädtische Reichshofratsprozesse als mediale Ereignisse, in: Anja Amend-Traut u. a. (Hrsg.), Die höchsten Reichsgerichte als mediales Ereignis (baR, 11), München 2012, S. 113–132; Thomas Dorfner, „Es kommet mit einem Reich=Agenten haubtsächlich darauf an…". Die Reichhofratsagenten und ihre Bedeutung für die Kommunikation mit dem und über den Reichshofrat (1658–1740), in: ebd., S. 97–111.

26 Vgl. StAWü, MRA Reichsstädte, 1319, Johann Jacob von Zwierleins Klageschrift für Marcus Fester beim Reichskammergericht gegen den Mainzer Kurfürsten, 26. Juni 1733.

27 Vgl. Geheimes Staatsarchiv Preußischer Kulturbesitz Berlin, I. HA GR, Rep. 50, Nr. 18 d, Fasz. 22, Philipp Reinhold Hecht an den preußischen König, 25. August 1733; Ebd., Fasz. 25, Philipp Reinhold Hecht an den preußischen König, 23. Februar 1734.

Mit dem Konzept von Infrajustiz kann die Bedeutung und Funktion der Klage vor dem Reichshofrat im größeren Konfliktzusammenhang herausgearbeitet werden. Das Vorgehen des Stadtmagistrats im Zuge der Konfliktbearbeitung vor Ort brachte den Fürsten von Thurn und Taxis, der sich u. a. in Bezug auf seine Jurisdiktionsrechte und ihm zustehende Ehr- und Respekterweisungen angegriffen sah, zur Klageeinreichung in Wien, bei der es nun um Fragen sozialer, ständischer Existenzsicherung ging.

2.2 Die Wahl zwischen Reichskammergericht und Reichshofrat – Mehrfachzugehörigkeiten

Der Fürst und der Stadtmagistrat rangen im Kontext des Reichhofratsprozesses nicht um die Stadt-Hof-übergreifenden Beziehungen oder die höfischen Schießübungen im Stadtraum, sondern um ihre Standesexistenz, die sie durch den jeweils anderen gefährdet sahen.[28] Gegenüber seinem Agenten am Wiener Hof, Alexander Leopold von Bilstein, legte Fürst Anselm Franz von Thurn und Taxis dar, warum ihm der Mangel an Respekt und Achtung vonseiten des Frankfurter Stadtmagistrats als ehrabschneidend erschien. Dies manifestiere sich im Beschneiden von religiösen Freiheiten und Jurisdiktionsrechten sowie mangelnden Sicherheitsmaßnahmen. Hintergrund war, dass seit der Konversion der Taxisschen Erbprinzessin Sophie Christiane Luise zum Katholizismus das fürstliche Haus in Frankfurt Beleidigungen, Mord- und Branddrohungen ausgesetzt war.[29] In diesem Konflikt um den sozialen Status kreuzten sich verschiedene Zugehörigkeiten: die konfessionelle (Minderheiten-)Zugehörigkeit in Frankfurt und familiär-dynastische Bindungen, die enge Einbindung in den sozialen und rechtli-

28 Die Sicht des Fürsten wird im Folgenden ausführlicher dargestellt. Zur Sicht des Stadtmagistrats: Die fürstliche Infragestellung seiner obrigkeitlichen Amtsführung stellte für den Stadtmagistrat einen schwerwiegenden Übergriff eines in ihren Mauern lebenden Fremden dar, was im Kontext des gerade währenden Verfassungskonflikts umso schwerer wog. – Wie der Reichshofrat solche Städteunruhen nutzte, um Aufsichts- und Kontrollfunktionen auszubauen, wurde bereits ausführlich erforscht. Z. B. Gabriele Haug-Moritz, Des „Kaysers rechter Arm". Der Reichshofrat und die Reichspolitik des Kaisers, in: Harm Klueting/Wolfgang Schmale (Hrsg.), Das Reich und seine Territorialstaaten im 17. und 18. Jahrhundert. Aspekte des Mit-, Neben- und Gegeneinander (Historia profana et eccleasiastica. Geschichte und Kirchengeschichte zwischen Mittelalter und Moderne, 10), Münster 2004, S. 23–42; Thomas Lau, Unruhige Städte. Die Stadt, das Reich und die Reichsstadt (1648–1806) (baR, 10), Köln 2012, u. a. S. 38 f.

29 Vgl. Fürst Thurn und Taxis Zentralarchiv (künftig: FTTZA) Regensburg, HFS 1462, Reskript des Fürsten Anselm Franz von Thurn und Taxis an Alexander Leopold von Bilstein, 31. Juli 1733. Hierzu auch die Klageschrift: ÖStA HHStA, RHR, OR, K. 1671, Nr. 1, unfol.: Hugo Xaver von Heunischs fürstliche Klageschrift beim Reichhofrat gegen den Frankfurter Magistrat, undat. [vor 6. August 1733].

chen Rahmen des Reichs, der Status als adelige Minderheit in Frankfurt und die Abhängigkeit bei der Behauptung vor Ort vom Kaiserhof mit dem adelig-ständischen Selbstverständnis. Ohne demonstrativen Protest drohte eine Perpetuierung des Status quo in Frankfurt oder gar ein ehrenrühriger Präzedenzfall für den Umgang mit dem noch recht frisch gefürsteten Haus im Reich, das ohnedies um seine Anerkennung als Reichsfürsten zu ringen hatte.[30]

Für Fürst Anselm Franz von Thurn und Taxis lag die Hinwendung nach Wien nicht nur in den immer wieder gerne in der Forschung wiederholten (pauschalen) Faktoren wie dem kaiserlichen Ansehen, der geografischen Entfernung, der Verfahrensdauer sowie der politischen Situation im Reich begründet,[31] sondern viel unmittelbarer in einer spezifischen Verantwortungs- und Verpflichtungslogik: Die Narratio der fürstlichen Klageschrift leitete den Konflikt 1733 von der von Kaiser Karl VI. gewünschten und zu verantwortenden Anwesenheit des Fürsten in Frankfurt her, wofür der Fürst auch bereits einige Investitionen geleistet hatte (*mit nicht geringen Unkosten*).[32] Die 1733 handlungsrelevante Anbindung des Fürsten an Frankfurt bestand auf mehreren verschiedenen einander überlagernden, bedingenden und verstärkenden Ebenen, war geprägt u. a. durch Grundbesitz vor Ort, einen durch hohe Investitionen an Zeit und Aufwand erreichten Ansiedlungsvertrag, die Etablierung eines neuen Hofes neben Brüssel, die Verlegung der zentralen Postverwaltung, die Fixierung als Wohnort in einem Ehevertrag, war aber – so die Argumentation der Klageschrift – primär bedingt durch Verpflichtungen in einem Lebenshorizont anderer Reichweite, nämlich durch Kaisernähe und Lehnsverpflichtungen. Der Fürst befolgte – dies machte die Narratio klar – mit seiner Anwesenheit in Frankfurt den ausdrücklichen kaiserlichen Wunsch (*dero allergnädigste Intention*) nach einer besseren Ausübung des Reichspostregals, was am Gemeinwohl und keineswegs an Partikularinteressen orientiert war.[33] Als sich nach der Konversion der Erbprinzessin von Thurn und Taxis die Stimmung in Frankfurt gegen den Fürsten und sein Haus wandte,

30 Vgl. Peter Styra, Eine Karriere durch die Post. Die Standeserhebungen des Hauses Thurn und Taxis (Thurn und Taxis Studien. NF., 4), Regensburg 2013, S. 71–73.

31 Zum Problem von Pauschalaussagen über die Gerichtsnutzung vgl. Anette Baumann, Reichskammergericht und Reichshofrat, in: Decock (Hrsg.): Konfliktlösung in der Frühen Neuzeit (wie Anm. 2), S. 209–219, hier S. 213.

32 Vgl. ÖStA HHStA, RHR, OR, K. 1671, Nr. 1, unfol.: Hugo Xaver von Heunischs fürstliche Klageschrift beim Reichhofrat gegen den Frankfurter Magistrat, undat. [vor 6. August 1733].

33 Vgl. ÖStA HHStA, RHR, OR, K. 1671, Nr. 1, unfol.: Hugo Xaver von Heunischs fürstliche Klageschrift beim Reichhofrat gegen den Frankfurter Magistrat, undat. [vor 6. August 1733]. Zu den Konnotationen des Begriffs Eigen- oder Partikularinteressen vgl. Birgit Emich u. a., Stand und Perspektiven der Patronageforschung. Zugleich eine Antwort auf Heiko Droste, in: Zeitschrift für Historische Forschung (künftig: ZHF) 32 (2005), S. 233–265.

lag es der stimmigen Erzählung in der Klageschrift nach nahe, sich Schützenhilfe bei dem zu holen, der die fürstliche Anwesenheit in Frankfurt initiiert und begründet hatte und damit verantwortete, nämlich beim Kaiser.

Die sich vielfach überlagernden und gegenseitig bedingenden und verstärkenden Bindungen des Fürsten von Thurn und Taxis führen „mehrere, nicht selten in Widerspruch zueinander stehende Referenzanker (etwa die Stellung in der Lehnspyramide, territoriale und rechtliche Abhängigkeiten, konfessionelle Zugehörigkeiten, lokale soziale Hierarchien wie Zünfte, Stadt- und Dorfgemeinden usw.), die in ihren multiplen Verknüpfungen nicht nur territoriale Grenzen überschreiten konnten, sondern sich auf überhaupt keinen vektoriell klar ausgerichteten absoluten Bezugspunkt hin orientierten“, vor Augen.[34] Solche Zugehörigkeiten auf verschiedenen horizontalen und vertikalen Ebenen lassen sich über das aus der Sozialanthropologie stammende Konzept von Mehrfachzugehörigkeiten einbeziehen,[35] das in der Frühneuzeitforschung erst langsam mehr Interesse erfährt; vergleichbaren Phänomenen näherte man sich bislang eher über Rollenvielfalt oder Intersektionalität.[36] Das Mehrfachzugehörigkeiten-Konzept wurde bisher im Zusammenhang mit Mobilität in globalen Zusammenhängen[37] und von mir mit einem kulturgeschichtlichen Zugang zur europäischen Religionsgeschichte am Beispiel der Thurn und Taxis in Frankfurt diskutiert.[38] In dem egozentrierten, lebensweltlich orientierten Zugang zu Sozialität ist der Blick darauf gerichtet, wie Akteure sich im ‚biographischen Navigieren‘ zwischen kleinräumigen sozialen Welten wie Nachbarschaft oder Gemeinde, in denen sich auch intersektionale Kategorien kreuzten, bewegten und ihre Zugehörigkeiten aushandelten. Dabei setzten Akteure sich zu den von Kollektiven unterbreiteten Angeboten der Zusammengehörigkeit in Beziehung (über Gemeinsamkeit, Gegenseitigkeit und Anbindung) und gingen auf diese Weise mehrere Zugehörigkeiten gleichzeitig ein, die sich als gleichartig oder aber

---

34 Falk BRETSCHNEIDER/Christophe DUHAMELLE, Fraktalität. Raumgeschichte und soziales Handeln im Alten Reich, in: ZHF 43 (2016), S. 703–746, hier S. 715.

35 Vgl. PFAFF-CZARNECKA, From „identity“ (wie Anm. 5); DIES., Zugehörigkeit (wie Anm. 5).

36 Zur Rollenvielfalt: Hillard von THIESSEN, Das Zeitalter der Ambiguität. Vom Umgang mit Werten und Normen in der Frühen Neuzeit, Köln/Weimar/Wien 2021, *passim*, bes. S. 111–117. Zur Intersektion: Matthias Bähr/Florian Kühnel (Hrsg.), Verschränkte Ungleichheit. Praktiken der Intersektionalität in der Frühen Neuzeit (ZHF. Beiheft, 56), Berlin 2018; Florian KÜHNEL, Chamäleon oder Chimäre? Rollen und Intersektionen des frühneuzeitlichen Gesandten, in: Saeculum 68 (2018), S. 161–190.

37 Vgl. Dagmar FREIST/Sabine KYORA/Melanie UNSELD, Transkulturelle Mehrfachzugehörigkeiten: Räume – Materialitäten – Erinnerungen. Vorwort, in: Dies./Dies./Dies. (Hrsg.), Transkulturelle Mehrfachzugehörigkeit als kulturhistorisches Phänomen. Räume – Materialitäten – Erinnerungen (Praktiken der Subjektivierung, 13), Bielefeld 2019, S. 9–14.

38 Vgl. SCHÄFER-GRIEBEL, Das Konzept (wie Anm. 6).

unterschiedlichen Typen oder Lebenshorizonten verschiedener Reichweite zugehörig auszeichnen konnten.[39]

Die Aufschlüsselung (auch widerstreitender) Zugehörigkeiten, die im Prozessschriftgut deutlich werden, kann durch eine Lektüre gegen den Strich im Sinne des im Zuge des *cultural turn* etablierten Verständnisses der Quellenarbeit herausgearbeitet werden und helfen, Pauschalaussagen der Forschung wie diejenige zur Gerichtsnutzung zu überwinden.[40] Mit einer solchen kulturgeschichtlich geprägten Quellenlektüre ließen sich auf ein erst kürzlich benanntes Problem Antworten finden: „Letztendlich sind die Motive der klagenden Parteien und ihre Entscheidung, sich an das eine oder andere Gericht zu wenden, bis jetzt nicht erforscht."[41]

Zudem erlaubt es diese Form der Quellenlektüre gemeinsam mit dem Konzept der Mehrfachzugehörigkeiten, genauer einzuordnen, mit welchen Motiven und Argumenten Dritte in den Konflikt zwischen dem Fürsten von Thurn und Taxis und dem Frankfurter Stadtmagistrat integriert wurden, nämlich mit Rekurs auf die kaiserliche Verantwortung in der Konfliktsituation aufgrund des persönlichen kaiserlichen Wunschs und der Lehnsverpflichtung als handlungsleitenden Normen und situativ entscheidenden Anbindungen.

2.3 Höfisches Umfeld und Gerichtspersonal – Patronage

Ein Teil der Prozessbegleitung wurde an den fürstlichen Agenten Alexander Leopold von Bilstein delegiert, der u. a. die Präsentation eines fürstlichen Schreibens an den Reichsvizekanzler Friedrich Karl von Schönborn mit der Bitte um Vortrag der Sache beim Kaiser zu übernehmen hatte.[42] Bilstein war dauernder und exklusiver Vertreter des Fürsten am Kaiserhof und hatte alle Arten von Angelegenheiten für seinen Prinzipal zu regeln, von Postlehnsangelegenheiten über die Ansiedlungsfrage in Frankfurt bis zur Sollizitatur im Reichshofratsprozess. So informierte Bilstein den Fürsten im Juni 1733 von einem Gespräch mit Reichhofratspräsident Wurmbrand, in dem Bilstein Wurmbrand bat, dem Referenten Johann Franz Heinrich Carl Graf von Ostein – im Übrigen ein enger Verwandter der Schönborn – wegen eines laufenden Verfahrens Anweisungen

---

39 Vgl. Schäfer-Griebel, Das Konzept (wie Anm. 6).

40 Vgl. das Plädoyer für eine stärkere Nutzung der im Zuge des *cultural turn* etablierten Instrumentarien von Amend-Traut/Jörn/Schenk, Zentralgerichtsbarkeit (wie Anm. 21), S. 116.

41 Baumann, Reichskammergericht und Reichshofrat (wie Anm. 31), S. 213. Zur Nutzung des Reichshofrats kann bisher nur eine grundsätzliche, quantitativ argumentierende Studie herangezogen werden: Eva Ortlieb/Gert Polster, Die Prozessfrequenz am Reichshofrat (1519–1806), in: ZNR 26 (2004), S. 189–216.

42 Vgl. FTTZA Regensburg, HFS 1462, Gesuch des Fürsten Anselm Franz von Thurn und Taxis an Reichsvizekanzler Friedrich Karl von Schönborn, 31. Juli 1733.

zu erteilen. Den Namen des Referenten hätte die fürstliche Partei laut Ordnung des Reichhofrats gar nicht wissen dürfen. Wurmbrand sollte Ostein anweisen, seinen Bericht zum neusten fürstlichen *Memoire* in einem Prozess des Fürsten von Thurn und Taxis gegen die Nassau-Hadamarer Stammesagnaten bei einem Termin *extra ordinem* im Plenum vorzutragen. Im Gegenzug sollte Fürst Anselm Franz von Thurn und Taxis den portofreien Versand von Berichten vom Reichstag in Regensburg von einem gewissen Barth an Wurmbrand ermöglichen.[43] Zur Sekundierung übernahm der Fürstbischof von Bamberg die Präsentation der Sache vor dem Kaiser, und Prinz Eugen wurde mündlich informiert.[44] Eine ähnliche Nutzung der Netzwerke Bilsteins im Umfeld des Kaiserhofs ist auch in Bezug auf das Verfahren gegen den Frankfurter Stadtmagistrat zu erwarten.[45]

Bilstein nutzte offenbar den Weg der Verfahrensbeeinflussung über den Reichshofratspräsidenten, der an verschiedenen Schaltstellen eines Verfahrens (Posteingang, Geschäftsverteilung, Tagesordnung, Beschlussvorlage) in strukturell vorgesehener, institutionalisierter Weise eingreifen konnte,[46] und zugleich den außerverfahrensmäßigen Weg über den Reichsvizekanzler Friedrich Karl von Schönborn. Schönborn war es gelungen, am Reichhofratspräsidenten vorbei die Entscheidungskompetenz in zahlreichen Verfahren des Reichshofrats an sich zu ziehen über ein quasi institutionalisiertes, wenngleich arkanes Gremium, die sog. Geheime Reichsdeputation, wofür er sich auf eine Gruppe von Reichhofräten (‚Staatsmänner') stützte.[47] Trotz des einsetzenden Macht- und Einflussverlusts von Schönborn ab 1732, der mit der Allianz des neuen Mainzer Kurfürsten Philipp Karl von Eltz zu Kempenich mit der antischönbornischen Wiener Hofpartei zusammenhing,[48]

---

43 Vgl. FTTZA Regensburg, HFS 431, Bericht von Alexander Leopold von Bilstein an Fürst Anselm Franz von Thurn und Taxis, 10. Juni 1733. Zu diesem Verfahren vgl. das Wolfsche Repertorium, AB I/1 (= alt AB 48), Bd. 16/ fol. 34v; Eintrags ID: 37108: ÖStA HHStA, RHR, Ob. Reg., K. 1670/ 9 (alt T 1).

44 Vgl. FTTZA Regensburg, HFS 431, Bericht von Alexander Leopold von Bilstein an Fürst Anselm Franz von Thurn und Taxis, 14. November 1733.

45 Bislang konnte ich noch nicht alle Korrespondenz im Umfeld des Verfahrens sichten. Möglicherweise finden sich noch weitere direkte Belege für eine Beeinflussung des Reichshofratsprozesses von 1733 durch fürstliche oder städtische Vertreter.

46 Vgl. SCHENK, Die Vota ad Imperatorem (wie Anm. 22), S. 248, 276.

47 Zur Reichsdeputation vgl. Tobias SCHENK, Isomorphie und entgrenzte Informalität in der frühneuzeitlichen Reichsjustiz. Der Reichshofrat im Interaktionssystem des Kaiserhofes, in: Frühneuzeit-Info 33 (2022), S. 86–113, hier u. a. S. 101, 106 f.; DERS., Die Vota ad Imperatorem (wie Anm. 22), u. a. S. 314, 318.

48 Vgl. Friedhelm JÜRGENSMEIER, Philipp Karl von Eltz zu Kempenich (1665–1743), in: Erwin Gatz (Hrsg.), Die Bischöfe des Heiligen Römischen Reiches. Ein biographisches Lexikon, Bd. 3: 1648 bis 1803, Berlin 1990, S. 91–93. Zum schrittweisen Rückzug Schönborns bis zu seiner Amtsniederlegung 1734 vgl. PETRY, Konfliktbewältigung (wie Anm. 25), S. 38, Anm. 3; auch Harm KLUETING, Das Reich und Österreich 1648–1740 (Historia profana et ecclesiastica, 1), Münster 1999, S. 106 f.

bestand die semi-institutionalisierte Reichsdeputation weiter,[49] und auch die fürstlich-Taxissche Seite scheint sich von der Prozessbegleitung durch Schönborn im August 1733 noch realen Einfluss versprochen zu haben.

Alexander Leopold von Bilstein war zudem die Zwischeninstanz in der Kommunikation zwischen dem Fürsten von Thurn und Taxis und dem Reichhofratsagenten Hugo Xaver von Heunisch, der die formelle, den Reichhofratsvorgaben entsprechende Ausfertigung und Einreichung der Klageschrift übernahm. Daneben erfüllte aber auch Heunisch informelle Aufgaben, die im Prozessschriftgut keinen schriftlichen Niederschlag fanden, indem er seine informellen verwandtschaftlichen und beruflichen Netzwerke ‚auf der Hinterbühne' einsetzte, um als Referenten einen der ‚Spitzenleute' unter den Reichhofräten, Karl Ludwig Hillebrand von Prandau, zu gewinnen (1733 in Position zwei der Gelehrtenbank). Reichhofrat Hillebrand war der Schwager des Reichshofratsagenten Heunisch[50] und wurde in den 1730er Jahren wiederholt in die sogenannte Reichsdeputation berufen, einen informalen Zirkel, der im Hintergrund zahlreicher politisch heikler Verfahren die Fäden zog.[51] Reichshofräte wie Hillebrand handelten in einem Spannungsfeld aus formalen Regeln der Reichhofratsordnung und den sozialen Verpflichtungen als Familienmitglieder und Patrone, die von ihnen verlangte, Verwandte, Klienten und Landsleute zu stützen und zu fördern.[52] Die Ernennung Hillebrands zum Berichterstatter bedeutete eine erste erfolgreiche Mobilisierung der Kontakte in einem einflussreichen Netzwerk am Reichhofrat, das Bilstein u. a. mit Heunisch, Hillebrand und Schönborn verband. Denn: Der Referent konnte durch seine Priorisierung und Geschwindigkeit bei der Fallbearbeitung Einfluss auf Beschleunigung oder Verzögerung des Verfahrens nehmen und hatte für gewöhnlich als Einziger Aktenkenntnis, so dass er mit seinem Vortrag im Plenum das Urteil lenken und beeinflussen konnte.

Heunisch bezog in einem Schreiben an einen potentiellen Klienten explizit Verwandtschaftsbeziehung und beruflich-funktionale Einflussmöglichkeiten beim Reichhofrat aufeinander.[53] Wie auch in anderen Lebensbereichen in der Frühen Neuzeit spielten Patronage und personelle Verflechtungen der Akteure eine selbstverständliche Rolle bei der Prozessführung, die gleichwohl im offiziel-

---

49 Vgl. Schenk, Die Vota ad Imperatorem (wie Anm. 22), S. 309.

50 Vgl. Petry, Konfliktbewältigung (wie Anm. 25), S. 95.

51 Siehe zur Reichsdeputation den Beitrag von Tobias Schenk in diesem Band.

52 Vgl. Thomas Dorfner, Empfehlungen, die man nicht ablehnen kann? Empfehlungsschreiben und Patronage am Reichshofrat (1658–1740), in: Alexander Denzler/Ellen Franke/Britta Schneider (Hrsg.), Prozessakten, Parteien, Partikularinteressen. Höchstgerichtsbarkeit in der Mitte Europas vom 15. bis 19. Jahrhundert (baR, 17), Berlin/Boston 2015, S. 137–153, hier S. 152.

53 Vgl. Petry, Konfliktbewältigung (wie Anm. 25), S. 95.

len Prozessschriftgut abwesend war, das ein stärker formalisiertes, normativ-reguliertes Verfahren suggerierte, als dies der Praxis entsprach.

Um dieser informellen Dimension des Verfahrens Herr zu werden, bietet sich das in der Frühneuzeitforschung bereits seit Jahren etablierte Konzept der Patronageforschung an. Zuerst am Gegenstand der römischen Kurie konzeptionalisiert,[54] wurde das Konzept bald im Kontext von Staatsbildungen, Bürokratie, territorialer Integration und Außenbeziehungen diskutiert.[55] In der Patronageforschung werden personale Netzwerke in Verwandtschaft, Landsmannschaft, Freundschaft und Patronage untergliedert.[56] Patron-Klient-Beziehungen als Form von personaler Herrschaft beruhten auf reziproken und dauerhaften Beziehungen zwischen Personen, die sich als asymmetrische, hierarchisierte Beziehung in einem institutionalisiert bzw. ritualisiert ablaufenden ungleichgewichtigen Tausch von Gabe und Gegengabe sowie im Gefälle der sozialen Rolle von Patron und Klient ausdrückte.[57] Dabei war „die möglichst gekonnte Ausweitung der Sozialbeziehungen, ja von Doppel- und Mehrfachbindungen als Reservoir für die Zukunft" der Normalfall.[58]

---

54 Zuerst Wolfgang REINHARD, Freunde und Kreaturen. ‚Verflechtung' als Konzept zur Erforschung historischer Führungsgruppen. Römische Oligarchie um 1900, München 1979. Auch Wolfgang REINHARD, Amici e creature. Politische Mikrogeschichte der römischen Kurie im 17. Jahrhundert, in: Quellen und Forschungen aus italienischen Archiven und Bibliotheken 76 (1996), S. 308–334. Zur internationalen Diskussion vgl. hier nur Sharon KETTERING, The Historical Development of Political Clientelism, in: Journal of Interdisciplinary History 18 (1988), S. 419–447.

55 Zu Staatsbildungen vgl. Heiko DROSTE, Patronage in der Frühen Neuzeit. Institution und Kulturform, in: ZHF 30 (2003), S. 555–590. Kritisch hierzu: EMICH u. a., Stand und Perspektiven (wie Anm. 33). Zur Bürokratie: Birgit EMICH, Bürokratie und Nepotismus unter Paul V. (1605–1621). Studien zur frühneuzeitlichen Mikropolitik in Rom (Päpste und Papsttum, 30), Stuttgart 2001. Zur territorialen Integration wegweisend: Sharon KETTERING, Patrons, Brokers and Clients in Seventeenth Century France, Oxford 1986. Zu den Außenbeziehungen vgl. Hillard von THIESSEN, Diplomatie und Patronage. Die spanisch-römischen Beziehungen 1605–1621 in akteurszentrierter Perspektive (Frühneuzeit-Forschungen, 16), Epfendorf 2010. An jüngeren Studien vgl. z. B. Tilman Haug/Nadir Weber/Christian Windler (Hrsg.), Protegierte und Protektoren. Asymmetrische politische Beziehungen zwischen Partnerschaft und Dominanz (16. bis frühes 20. Jahrhundert) (Externa, 9), Köln u. a. 2016; Sébastien SCHICK, Des liaisons avantageuses. Ministres, liens de dépendance et diplomatie dans le Saint-Empire romain germanique (1720–1760), Paris 2018.

56 Vgl. REINHARD, Amici e creature (wie Anm. 54), S. 312 f.

57 Vgl. EMICH u. a., Stand und Perspektiven (wie Anm. 33), S. 237. Zu den neueren Diskussionen der Patronageforschung vgl. den Tagungsbericht „Frankfurter Sommerkurs zur Verwaltungsgeschichte: Korruption und Patronage in der Frühen Neuzeit", in: H-Soz-Kult, 21. Januar 2019, http://www.hsozkult.de/conferencereport/id/fdkn-126633 (abgerufen am 19. Oktober 2023).

58 EMICH u. a., Stand und Perspektiven (wie Anm. 33), S. 248. Solche multiplen Zugehörigkeiten ließen sich auch unter Kopplung der Konzepte von Patronage und Mehrfachzugehörigkeiten untersuchen.

Obgleich das Konzept inzwischen breit in der Frühneuzeitforschung diskutiert wird, hält es in die Reichhofratsforschung erst verzögert Einzug. Für das neue Bewusstsein dieser Dimension ist die Äußerung in einem jüngst erschienen Forschungsüberblick symptomatisch: „[B]ei kritischer Sichtung der Parteienüberlieferung würde deutlich, dass sich Prozessführung am Reichshofrat als eine höfische Praxis gestaltete und dass der Entscheidungsprozess des Kollegiums von zahlreichen Akteuren unmittelbar mitbestimmt wurde, die ihm gar nicht angehörten.“[59]

Dass für das Patronage-Konzept der Nachvollzug von Beziehungen, Verflechtungen und Netzwerken auch in ihrer alltagspraktischen Ausgestaltung zentral ist, liegt auf der Hand. Für den Reichhofrat gilt allerdings: Weiß man schon relativ wenig über das Gerichtspersonal der Kollegialgerichte, gilt dies umso mehr für Alltagspraktiken, die Gerichtsorganisation sowie Entscheidungsprozesse, wobei die Reichshofratsforschung nochmal hinter derjenigen zum Reichskammergericht hinterherhinkt.[60] Im Zuge der Verabschiedung von teleologischen Erzählungen und Traditionsbildung zugunsten einer Orientierung an Normativitätswissen[61] können vom Konzept der Patronage her gedacht zwei Wege beschritten werden: zum einen die Annäherung an einzelne Funktionsträger und ihre konkrete Ausgestaltung ihres Amtes, zum anderen der Zugang über strukturelle, amtsgebundene und gremieninterne Hierarchien und Machtverhältnisse, so dass „institutionelle Kulturen kollegialgerichtlichen Entscheidens“ entworfen werden können.[62] Im Zuge einer solchen Neuausrichtung wurde kürzlich auch die Rolle

59 Amend-Traut/Jörn/Schenk, Zentralgerichtsbarkeit (wie Anm. 21), S. 119.

60 Zu dieser Einschätzung und zum Forschungsstand vgl. Amend-Traut/Jörn/Schenk, Zentralgerichtsbarkeit (wie Anm. 21), S. 105 f.; Kathrin Rast, Nutzung und Inanspruchnahme des Reichshofrats durch adlige Mitglieder der Herrenbank am Beispiel des Vizepräsidenten Johann Heinrich Notthafft Reichsgraf von Wernberg (1604–1665), in: Baumann/Jendorff (Hrsg.), Adel, Recht und Gerichtsbarkeit (wie Anm. 3), S. 295–330, hier S. 295–297 mit Anm. 2–4 (weiterführender Literaturüberblick). Jüngere Studien zum Gerichtspersonal neben Rast sind Thomas Dorfner, Mittler zwischen Haupt und Gliedern. Die Reichhofratsagenten und ihre Rolle im Verfahren (1658–1740) (Verhandeln – Verfahren – Entscheiden. Historische Perspektiven, 2), Münster 2015; Tobias Schenk, Vom dominus referens zum Berichterstatter. Überlegungen zur Karriere eines umstrittenen juristischen Experten als Beitrag zu einer akteurszentrierten Fremdbeschreibung kollegialen Entscheidens, in: Baumann, Anette (Hrsg.), Juristen als Experten? Wissensbestände und Diskurse von Juristen im 16. und 17. Jahrhundert (baR, 40), Berlin/Boston 2023, S. 15–101. Das langjährige Standardwerk ist veraltet: Oswald von Gschliesser, Der Reichshofrat. Bedeutung und Verfassung, Schicksal und Besetzung einer obersten Reichsbehörde von 1559 bis 1806 (Veröffentlichungen der Kommission für neuere Geschichte des ehemaligen Österreich, 33), Wien 1942.

61 Vgl. Amend-Traut/Jörn/Schenk, Zentralgerichtsbarkeit (wie Anm. 21), S. 116; auch Rast, Nutzung (wie Anm. 60), S. 298.

62 Tobias Schenk, Unbeobachtet vorübergegangen? Gerichtliches Entscheiden im Spiegel der genetischen Aktenkunde, in: Josef Bongartz u. a. (Hrsg.), Feder und Recht. Schriftlichkeit und Gerichtswesen in der Vormoderne (baR, 39), Berlin/Boston 2023, S. 313–343, hier S. 322.

der Herrenbank grundsätzlich neu bewertet: Standesspezifisch-adelige Leistungen rückten in den Blick wie beispielsweise das Öffnen von Türen bei Hof oder die Stützung und Flankierung reichshofrätlicher Tätigkeit durch reichsweite adelige Netzwerke.[63]

Diese selbstverständliche Form der Nutzung von Patronagenetzwerken und Beziehungen am Kaiserhof in Reichhofratsverfahren kann über die Einbeziehung der Korrespondenzen der Agenten, Gesandten und Sondergesandten am Kaiserhof erfasst werden, wie im vorliegenden Fall von Alexander Leopold von Bilstein. Elemente der informellen Prozessbegleitung durch Kontaktpflege und -nutzung wurden in der Forschung schon vor einiger Zeit erkannt, allerdings lange Zeit primär als Hebel zur Verfahrensbeschleunigung und Informationserlangung gesehen – nicht zur inhaltlichen Beeinflussung des Prozessergebnisses.[64] Darüber hinaus erlaubt die systematische Einbeziehung von weiteren Quellenbeständen zum Gerichtspersonal wie denjenigen der übrigen Hofbehörden im Haus-, Hof- und Staatsarchiv, besonders der Reichshofkanzlei,[65] über Archivbestände der auf der Herrenbank vertretenen österreichischen und böhmischen Adelsgeschlechter[66] bis hin zu Quellenbeständen der Prozessparteien bzw. Auftraggeber der Reichhofratsagenten u. a. in Stadtarchiven[67] weiterreichende Aussagen über das Gerichtspersonal am Reichhofrat, seine Ausbildung, Netzwerke und Praktiken.

Ohne die politische Fürsprache beim Reichsvizekanzler und die Aktivierung der verwandtschaftlichen Beziehungen des Reichhofratsagenten Heunisch ließe sich die Verfahrensgeschwindigkeit – vom Eingang der Klage am 31. Juli 1733 bis zur Beratung im Reichhofratsplenum am 7. August verging nur eine Woche – so-

---

63 Vgl. Schenk, Vom dominus referens (wie Anm. 60). Bisher betonte die Forschung vor allem die juristische Expertise und Defizite der Herrenbank, vgl. Stefan Ehrenpreis, Kaiserliche Gerichtsbarkeit und Konfessionskonflikt. Der Reichshofrat unter Rudolf II. 1576–1612 (Schriftenreihe der Historischen Kommission bei der Bayerischen Akademie der Wissenschaften, 72), Göttingen 2006, S. 111.

64 Vgl. zu dieser Position Ehrenpreis, Kaiserliche Gerichtsbarkeit (wie Anm. 63), S. 72: „Die Tätigkeit der Agenten und Solliziatoren spielte sich also nicht etwa im Bereich der Korruption zur Urteilbeeinflussung ab [...] Vielmehr galt es, persönliche Beziehungen im richtigen Moment auszunutzen, um im schwerfälligen Gang der Verfahrensabläufe schon gefallene oder absehbare Beschlußfassungen auch ausführen oder eintreten zu lassen."

65 So führt die Einbeziehung der Bestände der Reichshofkanzlei zu einer grundlegenden Neubewertung von Abläufen am Reichhofrat, legen diese doch nahe, „dass die Hofburg nach 1648 verstärkt dazu überging, den Entscheidungsprozess in informelle, dem Plenum vorgeschaltete Deputationen zu verlagern, deren Existenz im Prozessschriftgut systematisch invisibilisiert wurde." (Amend-Traut/Jörn/Schenk, Zentralgerichtsbarkeit (wie Anm. 21), S. 106).

66 Vgl. Amend-Traut/Jörn/Schenk, Zentralgerichtsbarkeit (wie Anm. 21), S. 105, 122. Eine vorbildhafte Einbeziehung von Adelsarchiven bei Rast, Nutzung (wie Anm. 60), S. 300 f. mit Anm. 17–19 (zur Archivsituation).

67 Z. B. Dorfner, Empfehlungen (wie Anm. 52).

wie die Wahl von Hillebrand als Referent als Teil einer selbstverständlichen Nutzung von Patron-Klient-Beziehungen am Kaiserhof kaum adäquat einschätzen und darstellen. Diese informelle Einflussnahme verschaffte der fürstlichen Prozesspartei einen kaum zu überschätzenden Vorteil. Aber auch der Stadtmagistrat von Frankfurt und sein Vertreter beim Reichhofrat wussten Einflussmöglichkeiten und Handlungsspielräume zu nutzen, wie wir gleich sehen werden.

2.4 Auf verschiedenen Ebenen – Multiskalare Analyse

Neben dem kaiserlichen Reskript in der Hauptsache, also zu Ehrverletzung, Gefährdung von Religionsfreiheit und Sicherheit des Fürsten, erging im Hinblick auf einen aus der Klageschrift isolierten Einzelkonflikt, die Schießübungen von fürstlich-Taxisschen Hofkavalieren im Stadtraum, ein separates kaiserliches Mandat.[68] Auf letzteres reagierte die städtische Seite mit einer Eingabe, die die fürstliche Darstellung des Sachzusammenhangs grundsätzlich bestritt. Da der Reichshofrat sich kein klares Bild machen konnte, wurde eine Lokalkommission eingesetzt, deren Leitung dem kaiserlichen Residenten in Frankfurt, Freiherr Lothar Franz von Wetzel, übertragen wurde.[69]

Auf die Bekanntgabe der Kommissionsvergabe reagierte der vom Frankfurter Magistrat beauftragte Reichhofratsagent Daniel Hieronymus von Praun, indem er sich vordergründig – u. a. an prominenter Stelle im Rubrum – auf den reichsrechtlichen Referenzrahmen einer konfessionellen Parität bezog, was bei ansonsten freier Hand des Kaisers eine der wenigen formalen Vorgaben bei der Kommissionsvergabe war. Auf den ersten Blick (Rubrum) scheint es sich um ein weiteres Exempel für ein bekanntes Deutungsmuster und eine lineare Verfahrensgeschichte zu handeln: Eine Prozesspartei berief sich auf die normative Festlegung der konfessionellen Parität, was der Reichshofrat umsetzte, indem er einen protestantischen Konkommissar einsetzte. Lässt man sich aber von Prauns Eingabe ‚irritieren', so erhält man einen viel tieferen Einblick in ebenenübergreifende Verflechtungen: Prauns Eingabe konzentrierte sich im Haupttext auf ganz andere Gründe, die im Spannungsfeld der reichsweiten Bedeutung der Ämter und Funktionen Wetzels und seiner persönlichen Ausgestaltung vor Ort lagen, als auf die konfessionelle Parität. Mit diesen begründete Praun die städtische

68 Zum Reichhofratsbeschluss vgl. ÖStA HHStA, RHR, Resolutionsprotokolle saec. XVIII, 82, Sitzung vom 7. August 1733, fol. 85r–86r. Zum kaiserlichen Reskript vgl. ÖStA HHStA, RHR, OR, K. 1671, Nr. 3: Kaiserliches Reskript an den Frankfurter Magistrat, 7. August 1733 (Religionshass); ÖStA HHStA, RHR, OR, K. 1671, Nr. 2: Kaiserliches Mandat an den Frankfurter Magistrat, 7. August 1733 (Reichling).

69 Vgl. ÖStA HHStA, RHR, OR, K. 1671, Nr. 8: Kaiserliche Kommissionsvergabe an Freiherr von Wetzel, 15. September 1733.

Maximalforderung einer Kommissionsübertragung (*transcriptio commissionis*) und nicht nur die Ergänzung der Kommissionsleitung (*adiunctio commissarii*), wie es dem paritätischen Prinzip entsprochen hätte.[70]

Wetzels konkrete lokale Ausgestaltung seines Amts als kaiserlicher Resident, als Vertreter des Reichsoberhaupts vor Ort, war aus Sicht des Stadtmagistrats nicht tragbar (Konflikte um Brandweinhandel; Grundstückskauf; Asyl); er reagierte auf dem institutionalisierten Beschwerdeweg beim Kaiserhof in Wien. Dass Wetzel nun darüber hinaus trotz dieser in Wien bekannten Konfliktbeziehung, in der Lokal- und Reichsebene miteinander verflochten wurden, die Kommissionsleitung übernehmen sollte, wollte der Stadtmagistrat nicht hinnehmen. Explizit berief sich die städtische Eingabe auf Wetzels Überdehnung der – und dies war strategisch zentral in einer Eingabe vor dem Reichhofrat– grundsätzlich keineswegs in Zweifel gezogenen privilegierten Stellung als kaiserlicher Resident; Wetzel hatte seit 1723 wiederholt gegen Stadtrecht verstoßen. Neben den Verfehlungen Wetzels war deren Notorietät auch auf Reichsebene, insbesondere beim Kaiserhof in Wien, ein zentrales Argument, hatte der Stadtmagistrat sich doch bereits über Wetzel beschwert und der Reichshofrat mit der Abweisung einer Klage Wetzels gegen den Frankfurter Magistrat im Vorjahr (eingereicht im Mai 1732)[71] sich zugunsten der städtischen Seite in dieser Konfliktbeziehung positioniert. Schließlich konnte der Magistrat in einer auf der Zeitebene spielenden Argumentation ausführen, dass die Parteilichkeit Wetzels, die man in dem anstehenden Verfahren erwartete und befürchtete, bereits in einem vorgängigen anderen Verfahren, der Kommission zum Güntherschen Kreditwesen, Realität geworden sei.[72]

Diese Argumentation führt vor Augen, wie historische Akteure, vom kaiserlichen Residenten über den Reichshofratsagenten bis zum Frankfurter Magistrat, zwischen verschiedenen Ebenen und deren Verzahnungen und Überlagerungen – lokal und Reich; politisch, rechtlich und wirtschaftlich; persönlich und amtlich – navigierten. Gibt man sich nicht mit der etablierten strukturellen Deutung der konfessionellen Parität als naheliegender Erklärung zufrieden, offenbart eine Mehrebenenanalyse, dass Gründe, die im Spannungsfeld von normativen Erwartungen auf verschiedenen Ebenen – u. a. Erwartungen an die Amtsführung des kaiserlichen Residenten, an die Beachtung städtischer Rechte, an die Unpar-

70 Vgl. ÖStA HHStA, RHR, OR, K. 1671, Nr. 12: Prauns Antrag auf Kommissionstranskription, undat. [vor 26. Oktober 1733].

71 Zu diesem Verfahren vgl. das Wolfsche Repertorium, AB I/1 (= alt AB 48), Bd. 17, fol. 123r; AB I/23/1 (= alt AB 45/1), fol. 370r; Eintrags-ID: 39483: ÖStA HHStA, RHR, Denegata antiqua, K. 1105 (alt W 15).

72 Vgl. ÖStA HHStA, RHR, OR, K. 1671, Nr. 12: Prauns Antrag auf Kommissionstranskription, undat. [vor 26. Oktober 1733].

teilichkeit des kaiserlichen Kommissars – lagen, ausschlaggebend für die Bitte der Kommissionsübertragung waren.

Um die Verflechtungen verschiedener Ebenen, die Akteure handelnd herstellten, zu erfassen, bietet sich der methodische Zugang über eine Mehrebenen- bzw. eine multiskalare Analyse an. Solch eine multiskalare Analyse wurde zur Berücksichtigung horizontaler und vertikaler pluraler Verflechtungen verschiedener Ebenen schon vor Jahren von Jacques Revel als *jeux d'echelles* vorgeschlagen,[73] in der deutschen Frühneuzeitforschung aber erst in den letzten Jahren in der Reichsgeschichte rezipiert.[74] Hier ergeben sich Anknüpfungspunkte zu Ansätzen von Verflechtungsgeschichte bzw. Histoire croisée.[75] Die multiskalare Analyse lenkt zunächst einmal den Blick darauf, wie historische Akteure sich selbst handelnd über als fluide zu betrachtende Ebenen bzw. quer zu diesen in verschiedenen Situationen jeweils positionierten und dadurch, wie die Akteure Beziehungen eingingen, Zusammenhänge zwischen Kontexten etablierten, was als Beobachtung einer außergewöhnlichen Tatsache von Revel beschrieben wird. Auf einer zweiten Ebene meint *jeux d'échelles* einen gezielten Wechsel der Beobachtungsperspektive bzw. ein intentionales Verschieben von Fokuseinstellungen und Maßstäben durch Forschende, ausgehend von der Prämisse, dass die Wahl der Beobachtungsperspektive sich darauf auswirkt, welche Art von Erkenntnissen über historische Phänomene und Prozesse gewonnen wird.[76] Um zu erklären, was aus der außergewöhnlichen Tatsache einen Fall macht, ist die umfassende Kontextualisierung durch ein Beziehungsnetz von Personen, Gegenständen und Orten für den jeweiligen historischen Kontext unter Beachtung von zeitlich-ver-

---

73 Vgl. Revel, Micro-analyse (wie Anm. 7). Wichtige Ergänzungen bieten Maurizio Gribaudi, Echelle, pertinence, configuration, in: Revel (Hrsg.), Jeux d'échelles (wie Anm. 7), S. 113–139; Bernard Lepetit, De l'echelle en histoire, in: ebd., S. 71–95.

74 Vgl. Bretschneider/Duhamelle, Fraktalität (wie Anm. 34), S. 721 f.; auch Falk Bretschneider, Étudier la fractalité. Les espaces du Saint-Empire entre pluralité des échelles et liens transversaux, in: Ders./Christophe Duhamelle (Hrsg.), Le Saint-Empire, histoire sociale (XVIe-XVIIe siècle) (Bibliothèque allemande), Paris 2018, S. 155–173.

75 Vgl. Michael Werner/Bénédicte Zimmermann, Vergleich, Transfer, Verflechtung. Der Ansatz der Histoire croisée und die Herausforderung des Transnationalen, in: Geschichte und Gesellschaft 28 (2002), S. 607–636; Michael Werner/Bénédicte Zimmermann (Hrsg.): De la comparaison à l'histoire croisée (Le Genre humain, 42), Paris 2004, bes. S. 15–49; Michael Werner/Bénédicte Zimmermann, Beyond Comparison. Histoire Croisée and the Challenge of Reflexivity, in: History and Theory 45 (2006), S. 30–50.

76 Vgl. Revel, Micro-analyse (wie Anm. 7). Hilfreich zur Systematisierung der Methode (aus soziologischer Perspektive) ist Nikola Tietze, Jeux d'échelles. Reflexionen über ein methodisches Prinzip und eine analytische Beschreibungskategorie, in: Blog „Mobilität, Migration und räumliche Neuordnung", 16. Oktober 2019, https://rm2.hypotheses.org/1046 (abgerufen am 18. Oktober 2023).

tikalen und korrelativ-horizontalen Einbettungen auf verschiedenen Ebenen notwendig.[77] Schließlich regt die multiskalare Analyse auf einer dritten Ebene dazu an, beim Forschen die Irritation in der gewohnten Wahrnehmungserfahrung zuzulassen und damit auch die eigenen Kontexte und Einbettungen (Standortgebundenheit) beim Forschen zu reflektieren, um damit auf der Metaebene eigene Vorerwartungen, methodische Festlegungen, Beschreibungsraster und theoretische Konfigurationen zu überprüfen, anzupassen und zu revidieren, wodurch es möglich wird, überkommene Deutungen zu überwinden und eine theoretische Neukonfiguration von Konzepten vorzunehmen.[78]

Diese Methode, die bisher nicht dezidiert von Stadt- und Adelsgeschichte aufgenommen und weitergedacht wurde, bringt eine spezifische, systematisierende und weiterführende Perspektive für die bereits angestoßenen Forschungen zu Ebenenverflechtungen, wie sie in regionalgeschichtlichen Studien, die die Ebene der Höchstgerichte einbeziehen,[79] konzeptionellen Überlegungen zum Verhältnis von Landes- und Reichsgeschichte[80] oder auch dem konzeptionellen Entwurf vom Reich als Gerichtslandschaft[81] verfolgt werden. Neben diesen vertikalen Verflechtungen wurden auch horizontale Verflechtungen des Reichshofrats erforscht, der nicht nur oberstes Gericht war, sondern beispielsweise auch oberster Lehnshof,[82] worauf die fürstlich Taxissche Klageschrift von 1733, wie

---

77 Vgl. Passeron/Revel, Penser par cas (wie Anm. 7), Abs. 5, 7, 15, 21.

78 Vgl. ebd., Abs. 12 f., 24, 53–55.

79 Vgl. Andreas Flurschütz da Cruz, Zwischen Füchsen und Wölfen. Konfession, Klientel und Konflikte in der fränkischen Reichsritterschaft nach dem Westfälischen Frieden (Konflikte und Kultur. Historische Perspektiven, 29), Konstanz/München 2014, bes. S. 231–248, ab S. 253; Josef Bongartz, Gericht und Verfahren in der Stadt und im Hochstift Würzburg. Die fürstliche Kanzlei als Zentrum der (Appellations-)Gerichtsbarkeit bis 1618 (QFHG, 74), Köln 2020.

80 Z.B. Tobias Schenk, Reichsgeschichte als Landesgeschichte. Eine Einführung in die Akten des kaiserlichen Reichshofrats, in: Westfalen 90 (2012), S. 107–161. Weiterführend: Gabriele Haug-Moritz, Was heißt „Reichs- und Landesgeschichte verbinden"? Zur fortdauernden Aktualität eines alten Forschungspostulats, in: Dieter R. Bauer/Dieter Mertens/Wilfried Setzler (Hrsg.), Netzwerk Landesgeschichte. Gedenkschrift für Sönke Lorenz (Tübinger Bausteine zur Landesgeschichte, 21), Ostfildern 2013, S. 17–30.

81 Vgl. Anette Baumann/Anja Amend/Stephan Wendehorst, Einleitung, in: Dies./Dies./Ders./ Siegrid Westphal (Hrsg.), Gerichtslandschaft Altes Reich. Höchste Gerichtsbarkeit und territoriale Rechtsprechung (QFHG, 52), Köln/Weimar/Wien 2007 S. 1–5, hier S. 1. Jüngst: Anja Amend-Traut u.a., Gerichtsvielfalt und Gerichtslandschaft. Annäherungen und Perspektiven, in: Dies. u.a. (Hrsg.), Unter der Linde und vor dem Kaiser. Neue Perspektiven auf Gerichtsvielfalt und Gerichtslandschaften im Heiligen Römischen Reich (QFHG, 73), Köln 2020, S. 9–37.

82 Z.B. Tobias Schenk, Der Reichshofrat als oberster Lehnshof. Dynastie- und adelsgeschichtliche Implikationen am Beispiel Brandenburg-Preußens in: Baumann/Jendorff (Hrsg.), Adel, Recht und Gerichtsbarkeit (wie Anm. 3), S. 255–294. Zur Vielfalt der Aufgaben und Anforderungen des Reichhofrats vgl. Leopold Auer, The Role of the Imperial Aulic Council in the Constitutional

oben ausgeführt, anspielte. Auch beim juristischen Personal verflochten sich verschiedene Aufgaben, Interessen und Zugehörigkeiten auf unterschiedlichen Ebenen.[83]

Die mit der Kommissionsvergabe an Wetzel verbundene städtische Befürchtung einer parteilichen Behandlung des Konflikts zwischen dem Fürsten von Thurn und Taxis und dem Frankfurter Stadtmagistrat lässt sich nur verstehen und einordnen, wenn die vielfältigen ebenenübergreifenden Aufladungen der Beziehung von Stadtmagistrat und kaiserlichem Residenten offengelegt werden, wofür der Zugang der multiskalaren Analyse das methodische Instrumentarium bereithält.

2.5 Korruption? – Normenkonkurrenz

In der bereits erwähnten Eingabe des Reichhofratsagenten Daniel Hieronymus Praun für den Frankfurter Stadtmagistrat führte dieser Argumente aus verschiedenen normativen Systemen auf, die sich ergänzten und auch hierarchisch zueinander geordnet wurden. An erster Stelle beschäftigte sich Praun – unter Bezug auf politisch-rechtliche (gemeinwohlorientierte) sowie soziale Normen – ausführlich und mit zahlreichen Belegen versehen mit Wetzels Mangel an moralischer Integrität und seinem Amtsmissbrauch als kaiserlicher Resident und als Kommissar mit potentiellen Auswirkungen auf das kaiserliche Ansehen. Ein gleichermaßen großes Gewicht kam dem belasteten politischen Verhältnis von Prozesspartei und Kommissar zu, da Wetzels Tätigkeiten als Resident und Kommissar die politische Autorität des Stadtmagistrats, die städtisch-obrigkeitliche Jurisdiktion und die finanziellen Einnahmen schädige, was auch den Kaiser als Stadtherrn direkt anging.[84]

Structure of the Holy Roman Empire, in: Robert John Weston Evans/Michael Schaich/Peter H. Wilson (Hrsg.), The Holy Roman Empire 1495–1806 (Studies of the German Historical Institute London), Oxford 2011, S. 63–75.

83 In Bezug auf Kommissare und ihre Subdelegierten vgl. bereits Martin Fimpel, Reichsjustiz und Territorialstaats. Württemberg als Kommissar von Kaiser und Reich im Schwäbischen Kreis (1648–1806) (Frühneuzeit-Forschungen, 6), Tübingen 1999, bes. S. 107–114; Eva Ortlieb, Im Auftrag des Kaisers. Die kaiserlichen Kommissionen des Reichshofrats und die Regelung von Konflikten im Alten Reich (1637–1657), Köln/Weimar/Wien 2001, bes. S. 78–90, 143–146, 202–211, 278–281; auch Sabine Ullmann, Geschichte auf der langen Bank. Die Kommissionen des Reichshofrats unter Kaiser Maximilian II. (1564–1576) (Veröffentlichungen des Instituts für Europäische Geschichte. Abteilung für Universalgeschichte, 214), Mainz 2006, *passim*. Als quantitative Studie zu Kommissaren und Delegierten als ‚Reichspersonal' vgl. Eva Ortlieb, ‚Reichspersonal'? Die kaiserlichen Kommissare des Reichshofrats und ihre Subdelegierten, in: Anette Baumann u. a. (Hrsg.), Reichspersonal. Funktionsträger für Kaiser und Reich (QFHG, 46), Köln/Weimar/Wien 2003, S. 59–87.

84 Vgl. ÖStA HHStA, RHR, OR, K. 1671, Nr. 12, unfol.: Prauns Antrag auf Kommissionstranskription, undat. [vor 26. Oktober 1733].

Neben Zweifel an der Integrität Wetzels und die vorbelastete Beziehung zum Magistrat trat an zweite Stelle das Rechtsargument der Parteilichkeit in der Sache: An den eskalierten Schießübungen, deren Hintergründe die Kommission untersuchen sollte, war der kaiserliche Fähnrich von Löwen beteiligt, der ein Protegée Wetzels war. In dieser Rahmung ließ Praun die Nutzung personaler Beziehungen – die prinzipiell gemäß dem sozialen Normsystem zulässig und sogar erwartet waren – als illegitime Partikularinteressen erscheinen, die gegen die situativ höher gewichtete Gemeinwohlorientierung im Sinne einer Unparteilichkeit des kaiserlichen Kommissars verstießen. Zum Verdacht von Partikularinteressen seitens Wetzels trug noch bei, dass die Familie Wetzels zum Prozessgegner der Stadt, den Thurn und Taxis, in Patron-Klienten-Beziehung stand. Waren die Frauen der Familie (Wetzels Schwester und Stiefmutter) als Beschäftigte und regelmäßige Besucher am fürstlichen Hof in Frankfurt ständig präsent, kam noch hinzu, dass Wetzel seine Kommissionstätigkeit im Sinne eines Gabentauschs instrumentalisieren könnte, um vom Fürst von Thurn und Taxis in seiner Rolle als Reichsgeneralerbpostmeister das lukrative Frankfurter Oberpostamt, *worüber er sonsten Process geführet, mit guter Manier* wieder zu erhalten, das eine Generation zuvor noch in Händen der Familie Wetzel gewesen, seitdem aber an die Familie Berberich übergegangen war.[85] Nicht das Bestehen und die Nutzung der Patronagebeziehungen wurde als problematisch erachtet, sondern der Wetzel unterstellte Exzess.

An dritter Stelle erst führte Praun mit dem Verfahrensrecht am Reichhofrat und der Reichsgesetzgebung juristische Argumente im engeren Sinne an, von Verstößen gegen Verfahrensrecht gemäß der Reichhofratsordnung von 1654 (zu enge Fristsetzung; keine Kommissionsaussetzung trotz anstehenden kaiserlichen Urteils) bis zur Berufung auf das für die Kommissionsvergabe bindende formale Prinzip konfessioneller Parität unter Berufung auf den Westfälischen Frieden und die Reichhofratsordnung von 1654.[86] Dass bei solch schwerwiegenden und gemäß dem Reichhofratsverfahren durch Beweisstücke verifizierten Einwänden die *transcriptio commissionis* möglich sei, belege die Rechtspraxis ebenso wie die Autorität juristischer Expertenliteratur, wie Praun mit Rekurs auf u. a. Rutger Rulands „De Commissionibus" (1597) und Jacob Blums „Processus cameralis" (1665) darlegte.[87]

85 Vgl. ÖStA HHStA, RHR, OR, K. 1671, Nr. 12, unfol.: Prauns Antrag auf Kommissionstranskription, undat. [vor 26. Oktober 1733].

86 Auf katholischer Seite solle das Hochstift Worms oder Fulda und auf evangelischer Seite das fürstliche Haus Nassau-Usingen oder das gräfliche Haus Solms-Braunfels mit der Kommissionsleitung betraut werden.

87 Vgl. ÖStA HHStA, RHR, OR, K. 1671, Nr. 12, unfol.: Prauns Antrag auf Kommissionstranskription, undat. [vor 26. Oktober 1733]. Vgl. zum Werk Rulands den Beitrag von Anette Baumann in diesem Band.

Praun gewichtete die auf das Gemeinwohl hin orientierten Normen wie das Ethos der Führung eines politischen Amtes sowie geltendes Reichsrecht in Bezug auf Prozess- und Sachrechtsfragen höher als soziale Normen wie Verpflichtungen und Anbindungen in familiären und Patron-Klient-Beziehungen, womit er zugunsten einer situativen ‚Disambiguierung' der Normenkonkurrenz entschied. Seinem hierauf aufbauenden Antrag auf Kommissionsübertragung folgte der Reichshofrat aber nicht. Lediglich prozessrechtliche, formale Verfahrenskriterien wie ausreichende Fristen und paritätische Besetzung der Kommission fanden Gehör.[88] Dass man am Reichhofrat grundsätzlich mit der städtischerseits vorgebrachten Hierarchisierung der Normsysteme und der Kritik an Wetzels Amtsführung sympathisierte, zeigt der Umgang mit Wetzels Klage am Reichhofrat im Vorjahr 1732.[89] Wie innerhalb des gemeinwohlorientierten Normsystems die Zielsetzung politischer Stabilität und Ordnung zu erreichen und zu erhalten sei, gewichtete der Reichshofrat mit einer stärkeren Betonung der Reichs- gegenüber der Lokalebene: Eine Düpierung des kaiserlichen Residenten und Rücknahme der Kommissionsentscheidung sowie ein Publikwerden von Korruptionsvorwürfen vor den Augen der Reichsöffentlichkeit hätte als Systemversagen gedeutet werden und damit der kaiserlichen Autorität und dem Ansehen des Reichshofrats schaden und destabilisierend für die politische Ordnung wirken können. Daher war die Vorbringung und Ahndung von Korruptionsverdächtigungen am erfolgversprechendsten in internen Disziplinierungsverfahren.[90] Ungeschickterweise wählte der städtische Reichshofratsagent Praun einen Konfliktbearbeitungsmodus am Wiener Hof, der vor der Reichsöffentlichkeit den Fall publik zu machen drohte. Im Reichshofrat erschienen wohl situativ – als illegitim oder korrupt einschätzbare – Verfahrenseinflüsse auf eine Lokalkommission vor Ort als kleineres Übel.

Die Verfolgung von Partikularinteressen und persönlichem, einseitigem Vorteil und auch die einseitige Nutzung von Beziehungen wurden tendenziell schon in der Frühen Neuzeit als Korruption eingeordnet, wenn auch fließende Übergänge zur Patronage bestanden, die aber als dauerhafte, reziproke Beziehung angelegt war.[91] Angesichts der Akzeptanzbereitschaft für die Pluralität von

88 Vgl. ÖStA HHStA, RHR, OR, K. 1671, Nr. 14, unfol.: Kaiserliche Kommissionsvergabe an Graf von Solms-Rödelheim, 29. Oktober 1733.

89 Zu diesem Verfahren vgl. das Wolfsche Repertorium, AB I/1 (= alt AB 48), Bd. 17, fol. 123r; AB I/23/1 (= alt AB 45/1), fol. 370r; Eintrags-ID: 39483: ÖStA HHStA, RHR, Denegata antiqua, K. 1105 (alt W 15).

90 Vgl. Tobias Schenk, Actum et judicium als analytisches Problem der Justizforschung. Interdisziplinäre Perspektiven auf kollegiale Entscheidungskulturen am Beispiel des kaiserlichen Reichshofrats (Schriftenreihe der Gesellschaft für Reichskammergerichtsforschung, 51), Wetzlar 2022, S. 53.

91 Vgl. Tagungsbericht „Frankfurter Sommerkurs" (wie Anm. 57).

zeitgleich geltenden Normensystemen, was in der Forschung als Ambiguitätstoleranz gefasst wurde, kam nur situativ, im Einzelfall, aber nicht auf die gesellschaftliche Ordnung als solche bezogene Korruptionskritik auf.[92] Auf dieses Feld blicken mit verschiedenen Schwerpunktsetzungen das Konzept der Normenkonkurrenz[93] und die Korruptionsforschung. Von Jens Ivo Engels gingen ab Mitte der 2000er Jahre Impulse für eine Erforschung von Korruption aus,[94] die in der Frühneuzeitforschung intensiv im Verhältnis zur Patronage diskutiert wurde und wird,[95] auch in Stadt- und Adelsforschung.[96]

---

92 Vgl. Niels Grüne, „Und sie wissen nicht, was es ist". Ansätze und Blickpunkte historischer Korruptionsforschung, in: Ders./Simona Slanička (Hrsg.), Korruption. Historische Annäherungen an eine Grundfigur politischer Kommunikation, Göttingen 2010, S. 11–34, hier S. 32. Kritisch Ders., „Gabenschlucker" und „verfreundte rät". Zur patronagekritischen Dimension frühneuzeitlicher Korruptionskommunikation, in: Ronald G. Asch/Birgit Emich/Jens Ivo Engels (Hrsg.), Integration – Legitimation – Korruption. Politische Patronage in Früher Neuzeit und Moderne, Frankfurt a. M. u. a. 2011, S. 215–232.

93 Vgl. Hillard von Thiessen, Normenkonkurrenz. Handlungsspielräume, Rollen, normativer Wandel und normative Kontinuität vom späten Mittelalter bis zum Übergang zur Moderne, in: Arne Karsten/Ders. (Hrsg.), Normenkonkurrenz in historischer Perspektive (ZHF. Beiheft, 50), Berlin 2015, S. 241–286; Ders., Das Zeitalter (wie Anm. 36). Zur jüngst kritischen Diskussion über Normen und Normativität in der Rechtsgeschichte vgl. Thomas Duve, Rechtsgeschichte als Geschichte von Normativitätswissen?, in: Rechtsgeschichte – Legal History 29 (2021), S. 41–68; zu dem von Thomas Duve geleiteten Projekt „Historische Normativitätsregime": https://www.lhlt.mpg.de/abteilung2 (abgerufen am 25. Oktober 2023). Zum verwandten Konzept der organisierten Heuchelei vgl. Barbara Stollberg-Rilinger, Organisierte Heuchelei. Zum Machtverfall des Alten Reiches im 18. Jahrhundert, in: Peter Hoeres/Armin Owzar/Christina Schröer (Hrsg.), Herrschaftsverlust und Machtverfall, München 2013, S. 97–110.

94 Vgl. Jens Ivo Engels, Politische Korruption in der Moderne. Debatten und Praktiken in Großbritannien und Deutschland im 19. Jahrhundert, in: Historische Zeitschrift 282 (2006), S. 313–350; Ders./Andreas Fahrmeir/Alexander Nützenadel, Einleitung, in: Ders./Ders./Ders. (Hrsg.), Geld – Geschenke – Politik. Korruption im neuzeitlichen Europa, München 2009, S. 1–15, bes. S. 12 f. (zu Normenkonkurrenz) – Als Vordenker vgl. Valentin Groebner, Gefährliche Geschenke. Ritual, Politik und Sprache der Korruption in der Eidgenossenschaft im späten Mittelalter und am Beginn der Neuzeit, Konstanz 2000.

95 Z. B. Arne Karsten/Hillard von Thiessen (Hrsg.), Nützliche Netzwerke und korrupte Seilschaften, Göttingen 2006; Hillard von Thiessen, Korruption und Normenkonkurrenz. Zur Funktion und Wirkung von Korruptionsvorwürfen gegen die Günstlingsminister Lerma und Buckingham in Spanien und England im frühen 17. Jahrhundert, in: Engels/Fahrmeier/Nützenadel (Hrsg.): Geld (wie Anm. 94), S. 91–120, hier bes. S. 94–96; Andreas Suter, Korruption oder Patronage? Außenbeziehungen zwischen Frankreich und der Alten Eidgenossenschaft als Beispiel (16. bis 18. Jahrhundert), in: ZHF 37 (2010), S. 187–218.

96 Z. B. auf die städtischen Außenbeziehungen, die sich an der Fürstengesellschaft orientierten, gewandt: André Krischer, Reichsstädte in der Fürstengesellschaft. Politischer Zeichengebrauch in der Frühen Neuzeit (Symbolische Kommunikation in der Vormoderne. Studien zur Geschichte, Literatur und Kunst), Darmstadt 2006, *passim*, u. a. S. 150–152 (Trinkgeld), 165–167 (Überlassung

Mit dem Konzept der Normenkonkurrenz lässt sich untersuchen, wie Akteure sich navigierend zwischen verschiedenen, mitunter einander ergänzenden, mitunter konkurrierenden Normen aus verschiedenen Systemen (religiös, gemeinwohlorientiert, sozial) bewegten. Normenkonkurrenz entstand durch Überschneidungen von Lebensbereichen bzw. sozialen Feldern, in denen verschiedene normative Systeme Autorität einforderten, so dass sich eine Ambiguitätstoleranz ausprägte. Unter Normensystemen sind Bündel von Normen zu verstehen, die sich durch verschiedene Ursprünge, Legitimationen, zentrale Vertreter, Modi der Kommunikation und Sanktionierung von Abweichungen unterschieden. Normenkonkurrenz konnte sowohl dynamisierend als auch stabilisierend wirken und so zu Prozessen von Wandel und Kontinuität beitragen.[97] Mit dem Konzept der Normenkonkurrenz lassen sich Handlungen des Gerichtspersonals und Beziehungen zu Prozessparteien einordnen, wobei neben schon erwähnten Faktoren wie Patronage auch ökonomisch-finanzielle Anreize und Notwendigkeiten (beispielsweise zur Finanzierung der chronisch unterbezahlten Räte) als verfahrensbeeinflussende Faktoren systematisch einbezogen werden müssen. In Bezug auf die Reichshofratsforschung gilt es aber auch ein wirkmächtiges Narrativ – das den richterlichen Selbstbildern in den Quellen aufsitzt – zu überwinden, nämlich dass solche Verfahrensbeeinflussungen durch Verehrungen in Form von Geld oder Wertgegenständen als individuelle Fehlleistungen zu deuten seien; im Gegensatz dazu interpretiert die jüngste Forschung sie als Teil informeller Strukturbildungen.[98]

---

von Reitpferden), 223 f. (Taufgeschenk). Zum Gabentausch bei Hof vgl. z. B. aus der Residenzenforschung kommend Jan Hirschbiegel, Gabentausch als soziales System? Einige theoretische Überlegungen, in: Ulf Christian Ewert/Stephan Selzer (Hrsg.), Ordnungsformen des Hofes (Mitteilungen der Residenzen-Kommission. Sonderheft, 2), Kiel 1997, S. 44–55.

97 Vgl. Hillard von Thiessen, Concurrence and Competition of Norms (*Normenkonkurrenz*) in the Age of Ambiguity. A concept for the analysis of normative orders in early modern Europe in inter-epochal and interdisciplinary perspective [Manuskript, im Rahmen des EViR-Konzeptforums „Normenkonkurrenz und kulturelle Ambiguität" zur Verfügung gestellt], S. 22 f. Ausführlich behandelt in Ders., Normenkonkurrenz (wie Anm. 93); Ders., Das Zeitalter (wie Anm. 36).

98 Vgl. Amend-Traut/Jörn/Schenk, Zentralgerichtsbarkeit (wie Anm. 21), S. 117, 120. Zur neuesten Forschung: Schenk, Actum et judicium (wie Anm. 90), S. 64–67. Schenk (Ebd., S. 65 f., 147 f. mit Anm. 303, 311) kritisiert die unkritische Übernahme von „gerichtlichen Schaufassaden", z. B. bei Wolfgang Sellert, Besoldungen und Einkünfte der Richter am Kaiserlichen Reichshofrat, in: Anja Amend-Traut/Albrecht Cordes/Wolfgang Sellert (Hrsg.), Geld, Handel, Wirtschaft. Höchste Gerichte im Alten Reich als Spruchkörper und Institution (Abhandlungen der Akademie der Wissenschaften zu Göttingen. NF., 23), Berlin 2013, S. 267–294; Stefan Ehrenpreis, Korruption im Verfahren Bestechung an den höchsten Reichsgerichten zwischen Gerichtsfinanzierung und Rechtsbeugung, in: Grüne/Slanicka (Hrsg.), Korruption (wie Anm. 92), S. 283–305.

Um sich verschiedenen Rollen, Zugehörigkeiten und widerstreitenden Normsystemen anzunähern, sollten idealerweise Patronage-, Amts- und Privatkorrespondenz einbezogen werden.[99] Auch die Einbeziehung weiterer Verfahrensakten über den untersuchten Prozess hinaus, wie in diesem Fall die Klage Wetzels beim Reichshofrat vom Mai 1732, ist für die Kontextualisierung zielführend. Dies gilt auch für zeitgenössische Einschätzungen beispielsweise des Justizpersonals zu Handlungsspielräumen, Grenzen und Korruptionscharakteristika.[100]

Wie sich das Verhältnis zum kaiserlichen Residenten in seiner Rolle als kaiserlicher Kommissar vor dem Hintergrund konkurrierender Normsysteme gestaltete, versuchte der Reichhofratsagent Praun durch situative Hierarchisierung der Normensysteme zu vereindeutigen (‚Disambiguierung'). Obgleich der Reichhofrat mit der Einschätzung Prauns sympathisierte, gewichtete er innerhalb des gemeinwohlorientierten Normsystems anders. Die auf Grundlage dieser Abwägungen erfolgte Entscheidung einer Kommissionsergänzung statt -übertragung kann hinsichtlich ihres Einflusses auf die Konfliktbearbeitung zwischen dem Fürsten von Thurn und Taxis und dem Frankfurter Stadtmagistrat nicht hoch genug eingeschätzt werden.

3. Früchte eines gemeinsamen Dialogs

Aus der Untersuchung konkreter, zunächst lokal ausgetragener Konflikte zwischen Angehörigen des Hofs der Thurn und Taxis und der genossenschaftlich organisierten Stadtgemeinde der Reichsstadt von Frankfurt am Main im Sommer 1733 hat der Weg unweigerlich nach Wien geführt und dies nicht nur, weil eine Klage vor dem Reichshofrat angestrengt wurde, sondern auch weil das Reich als Referenzrahmen auch im Lokalen stets präsent war.[101]

Im vorliegenden Artikel wurde der Versuch unternommen, den ausgewählten Reichhofratsprozess über in der Reichshofratsforschung diskutierte, relevante Themenbereiche vorzustellen. Diese reichten von der Einbettung eines Reichshofratsverfahrens in ein breiteres Spektrum an Konfliktbearbeitungen bis hin zu horizontalen und vertikalen Verflechtungen im Rahmen von kaiserlichen Kommissionen, von der Entscheidung für eines der höchsten Reichsgerichte und der Relevanz von Anbindungen für solche Entscheidungen über die Bedeutung

99 Vgl. hierzu Emich u. a., Stand und Perspektiven (wie Anm. 33), S. 243. Bilsteins Korrespondenz 1733/1734 liegt in FTTZA Regensburg, HFS 431.

100 Mit Hinweisen auf Einschätzungen von Gesandten über Korruption am Reichhofrat vgl. Schenk, Actum et judicium (wie Anm. 90), S. 64–67.

101 Vgl. Bretschneider/Duhamelle, Fraktalität (wie Anm. 34), S. 711.

von Beziehungsgeflechten im höfischen Umfeld und zum Gerichtspersonal und schließlich hin zur Diskussion über Korruption an frühneuzeitlichen Gerichten. Der dabei erfolgte stete Wechsel der Perspektive, das Herein- und Herauszoomen, die Überprüfung und Neujustierung des Konzepts für den jeweiligen Themenkomplex und die Reflektion der Methode waren dabei eng an Jacques Revels dritter Ebene der multiskalaren Analyse orientiert.[102]

Weitere wichtige Themenfelder der aktuellen Forschung zu den höchsten Reichsgerichten wie beispielsweise Medialität und Raumkategorien[103] oder auch wirtschaftsgeschichtliche Aspekte[104] konnten hier nicht aufgenommen werden, liefern aber ihrerseits wichtige Impulse für einen interdisziplinären Dialog.

Durch die von der Reichhofratsforschung inspirierten thematischen Schwerpunktsetzungen wurden spezifische Fragen aufgeworfen und Gewichtungen vorgenommen. So konnte beispielsweise für den konkreten Fall ermittelt werden, wie die fürstliche Klageschrift in einer spezifischen Verantwortungs- und Verpflichtungslogik die Rahmenbedingungen, die den Konflikt 1733 erst ermöglicht hatten, auf den Kaiser rückführte, der mit seinem persönlichen Wunsch und seiner Forderung, wie das Postlehen zu versehen sei, die Anwesenheit des Fürsten von Thurn und Taxis in Frankfurt bedingt hatte. Solch ein Befund ist nicht nur im Rahmen des vorliegenden Projekts relevant, um die Einbeziehung Dritter in Konflikte und Konfliktbearbeitung von Angehörigen des Hofs der Thurn und Taxis und der Stadtgemeinde der Reichsstadt Frankfurt zu kontextualisieren, sondern hilft auch der Reichhofratsforschung, Pauschalaussagen zu überprüfen und präzisere Aussagen fällen zu können.

Der Erweiterung der Perspektive der Adels- und Stadtgeschichtsforschung durch die Aufnahme von Themen der Reichhofratsforschung stand die Vorstellung einer Auswahl an Konzepten und Methoden zur Seite, die – nicht nur – in der Adels- und Stadtgeschichtsforschung diskutiert werden, aber bislang in der Reichshofratsforschung noch keine oder kaum Aufnahme gefunden haben: Infrajustiz, Mehrfachzugehörigkeiten, Patronage, multiskalare Analyse und Nor-

---

102 Vgl. Revel, Micro-analyse (wie Anm. 7); Passeron/Revel, Penser par cas (wie Anm. 7), *passim*.

103 Vgl. Anette Baumann, Visitationen am Reichskammergericht. Speyer als politischer und juristischer Aktionsraum des Reichs (1529–1588) (baR, 24), Berlin/Boston 2018, bes. S. 165–186 (zu Speyer als Zentralort des Reichs); Dies./Evelien Timpener/Sabine Schmolinsky (Hrsg.), Raum und Recht. Visualisierung von Rechtsansprüchen in der Vormoderne (baR, 29), Berlin/Boston 2020.

104 Vgl. die Beiträge auf der Tagung „Reich, Recht & Schulden – Das Beispiel des Heiligen Römischen Reichs"; https://rechtsgeschichte.univie.ac.at/fileadmin/user_upload/i_rechtsgeschichte/PDF/220509_Tagung_Reich_Recht_Schulden_Programm.pdf (abgerufen am 27. Oktober 2023); vgl. den Beitrag von Anja Amend-Traut in diesem Band.

menkonkurrenz. Den gewählten Konzepten und Methoden ist gemein, dass sie Ansatzpunkte, Beobachtungsperspektiven, methodische Instrumentarien, Gesellschaftsentwürfe und Begrifflichkeiten anbieten, um sich frühneuzeitlicher Pluralität und Informalität anzunähern, die in sämtlichen der hier umrissenen aktuellen Themenfelder der Reichhofratsforschung und für Recht und Justiz im Reich eine zentrale Rolle spielten.[105] Selbstredend hätten es auch andere Konzepte und Methoden verdient, vorgestellt zu werden; so ließen sich in Bezug auf meinen Quellenkorpus und Projektzuschnitt beispielsweise so unterschiedliche Angebote wie Praktiken des Entscheidens, die Macht des Verfahrens oder Organisationssoziologie fruchtbar machen.[106]

Wie wichtig eine theoriegeleitete Untersuchung ist, konnte der Beitrag vorführen: Erst mithilfe des Infrajustiz-Konzepts wurde durch die Einbettung der fürstlichen Klage in den größeren Komplex der Konfliktbearbeitung deutlich, wie der lokale Umgang des Stadtmagistrats zur Bearbeitung der Einzelkonflikte einen Konflikt auf neuer Ebene triggerte: Der Fürst von Thurn und Taxis deutete das Vorgehen als Beschränkung seiner Jurisdiktionsrechte und Angriff auf seine ständische Ehre, was angesichts der fehlenden Anerkennung für den erst kürzlich Gefürsteten seinen sozialen Status existentiell zu bedrohen schien, insbesondere wenn die ehrrührige Behandlung vor der Reichsöffentlichkeit nicht geahndet wurde. Für die Reichshofratsforschung bietet das Infrajustiz-Konzept eine wichtige Ergänzung, nicht nur um die Vorgeschichte einer Klage zu klären, sondern auch um zu verstehen, inwieweit überkommene Begriffe und Konzepte der rechtsgeschichtlichen Forschung wie das Verfahren überhaupt zu fassen vermögen, wie am Reichhofrat selbst Konflikte bearbeitet wurden. Dies ist in dem Kontext zu sehen, dass jüngere Forschung immer stärker herausstellt, wie Reichhofratsprozesse politisch-diplomatisch begleitet wurden, welche Rolle das höfische Umfeld spielte, wie Verfahren durch Verpflichtungen und Anbindungen in familiären und Patron-Klient-Beziehungen geprägt waren. Patronage als etabliertes Konzept hat sich jüngeren Diskussionen zu Korruption, aber auch Normenkonkurrenz geöffnet. Damit wird auch deutlich, dass die hier vorgeschlage-

105 Zur aktuellen Diskussion über Pluralität in Recht und Justiz vgl. Käte Hamburger Kolleg „Einheit und Vielfalt im Recht"; https://www.uni-muenster.de/evir/ (abgerufen am 27. Oktober 2023). ‚Klassiker': Peter Oestmann, Gemeines Recht und Rechtseinheit. Zum Umgang mit Rechtszersplitterung und Rechtsvielfalt im Mittelalter und Neuzeit, in: Eva Schumann (Hrsg.), Hierarchie, Kooperation und Integration im europäischen Rechtsraum (Abhandlungen der Akademie der Wissenschaften zu Göttingen. NF., 23), Berlin 2015, S. 1–50.

106 Zum Entscheiden: Schenk, Unbeobachtet vorübergegangen? (wie Anm. 62). Zum Verfahren: André Krischer, Die Macht des Verfahrens. Englische Hochverratsprozesse 1554–1848 (Verhandeln – Verfahren – Entscheiden. Historische Perspektiven, 3), Münster 2017. Zur Organisationssoziologie: Schenk, Isomorphie (wie Anm. 47).

nen Konzepte als wechselseitige Ergänzungen zu verstehen sind. Im Sinne eines weiter ausgereiften Konzepts von multiplen Zugehörigkeiten gegenüber den älteren Angeboten von Rollenvielfalt und Intersektionalität ordnet sich das Konzept der Mehrfachzugehörigkeiten in die jüngsten Debatten um vertikale und horizontale, sich ergänzende, beeinflussende, aber auch widerstreitende multiple Verflechtungsbeziehungen auf verschiedenen Ebenen ein.

Um sich der Ebene der personalen Verflechtungen, Alltagspraxis, Gerichtsorganisation und informeller Verfahren anzunähern, bedarf es einerseits der Theorieleitung, andererseits einer Erweiterung der Quellenbasis: Neben den Prozessakten müssen die Bestände der übrigen Hofbehörden im Haus-, Hof- und Staatsarchiv, besonders der Reichshofkanzlei, einbezogen und für das Gerichtspersonal auch Archivbestände der auf der Herrenbank vertretenen österreichischen und böhmischen Adelsgeschlechter erschlossen werden. Adels- und auch Stadtarchive bieten nicht nur Komplementärüberlieferung zum jeweiligen untersuchten Prozess, sondern auch wichtige ergänzende Bestände zum Gerichtspersonal und der politisch-diplomatischen Konfliktbearbeitung im höfischen Umfeld, wofür die Korrespondenzen mit den Reichhofratsagenten sowie Agenten, Gesandten und Sondergesandten am Kaiserhof einschlägig sind. Nur durch die Einbeziehung von Korrespondenzen zur Anbahnung einer Vertretung beim Reichshofrat in einem anderen Fall konnte die Schwagerschaft des Agenten Hugo Xaver von Heunisch mit dem Reichhofrat Karl Ludwig Hillebrand von Prandau aufgedeckt und seine programmatische Äußerung, wie er diese Verbindung im Sinne seines Prinzipals zu nutzen gedenke, als zentrale Information für die Bewertung der fürstlichen Klage, ihres mutmaßlichen Fortgangs und ihrer Aussichten beim Reichhofrat einbezogen werden. Aber nicht nur die Erweiterung der Quellenbestände erscheint unumgänglich, sondern auch die Erprobung neuer Herangehensweisen und Methoden der Quellenlektüre vom hier vorgestellten close reading und der kulturgeschichtlichen Lektüre gegen den Strich bis hin zur kürzlich vorgeschlagenen stärkeren hilfswissenschaftlichen Durchdringung frühneuzeitlichen Prozessschriftguts.[107] Es bleibt zu hoffen, dass die verschiedenen benachbarten Disziplinen verstärkt den Blick über den Tellerrand wagen, um im Sinne von Jacques Revel bisher vermeintlich Gewusstes und Selbstverständlichkeiten zu hinterfragen und so zu neuen Ergebnissen zu kommen.

---

107 Vgl. Schenk, Unbeobachtet vorübergegangen? (wie Anm. 62); Ders., Die Vota ad Imperatorem (wie Anm. 22), S. 248.

Andreas Pečar

Fürst Leopold von Anhalt-Dessau vor dem Reichshofrat

Ein Beitrag zu den Grenzen der „Rechtsstaatlichkeit" des Alten Reiches

1. Einleitung

In den Urteilen der Geschichtswissenschaft über die Funktion und die Leistung des Reichshofrats – als Teil der obersten Reichsgerichtsbarkeit – im Kontext der Herrschaftsbeziehungen und der Gesellschaft des Alten Reiches sind insbesondere zwei Deutungen vorherrschend. Die eine Interpretation betont die Leistung des kaiserlichen Reichsgerichts für die Stabilität des Reiches, für die Wahrung der Rechte mindermächtiger Reichsstände sowie all derjenigen, die durch ungesetzliche Herrschaftsakte in ihren Rechten und Privilegien verletzt wurden. So urteilt Volker Press, der Reichshofrat habe die Verrechtlichung der Reichsverfassung gefördert und für das Alte Reich systemstabilisierend gewirkt.[1] Dietmar Willoweit betont die durch den Reichshofrat gegebenen Möglichkeiten der Konfliktschlichtung, Entscheidung und Exekution von Urteilen und attestiert der kaiserlichen Gerichtsbarkeit einen Beitrag zur Gerechtigkeit, wenn auch „freilich nicht ein bürokratisch lückenloser Rechtsschutz modernen Charakters, war Wien doch weit und die Prozessdauer lang."[2] Georg Schmidt urteilt über Reichskammergericht und Reichshofrat gleichermaßen: „Die Reichsgerichte haben mit ihren eher selten verkündeten Endurteilen das friedliche Ende der meisten Konflikte befördert. Die langen und kostspieligen Verfahren zwangen irgendwann beide Parteien zum Einlenken."[3] Ferner betont er den Rechtsweg als Mittel der Politik, als Möglichkeit, die „Mitwirkung an der politischen Entscheidungsfindung

1 Volker Press, Die kaiserliche Stellung im Reich zwischen 1648 und 1740 – Versuch einer Neubewertung, in: Ders., Das Alte Reich. Ausgewählte Aufsätze, hrsg. von Johannes Kunisch, Berlin 1997, S. 189–222; Ders., Der Reichshofrat im System des frühneuzeitlichen Reiches, in: Friedrich Battenberg/Filippo Ranieri (Hrsg.), Geschichte der Zentraljustiz in Mitteleuropa. Festschrift für Bernhard Distelkamp, Weimar/Köln/Wien 1994, S. 349–362.

2 Dietmar Willoweit, Deutsche Verfassungsgeschichte. Vom Frankenreich bis zur Teilung Deutschlands, 2. Aufl., München 1992, S. 174.

3 Georg Schmidt, Geschichte des Alten Reiches. Staat und Nation in der Frühen Neuzeit 1495–1806, München 1999, S. 244.

zu erzwingen.“ Dafür war die Wahrnehmung zentral, dass es „über der eigenen Herrschaft Institutionen gab, die namens Kaiser und Reich handelten, Recht und Gerechtigkeit versprachen und dafür sorgten, dass der gemeine Mann fürstlicher Willkür und Despotismus nicht rechtlos ausgeliefert war.“ Die Folge dieser Bereitschaft, die obersten Reichsgerichte anzurufen und von ihnen Gerechtigkeit in eigener Sache zu erhoffen, war die „Ausbildung eines rechtstaatlichen Bewusstseins.“[4]

Eine andere Interpretation – nicht unbedingt unvereinbar mit der erstgenannten – betont eher die Rolle des Reichshofrats als Herrschaftsmittel des Kaisers, als ein politisches Instrument, um die kaiserliche Autorität im Alten Reich mitunter gegen die Machtpolitik der Reichsfürsten durchzusetzen und damit deren Drang nach weitreichender territorialer Selbständigkeit mit den Mitteln des Reichsrechts zu begegnen. So heißt es beispielsweise bei Barbara Stollberg-Rilinger: „Das wichtigste Instrument kaiserlicher Einflussnahme im Reich war indessen der Reichshofrat.“[5] Dieses Mittel sei aber vorwiegend gegen mindermächtige Reichsfürsten eingesetzt worden.

Als Musterbeispiel einer solchen Rechtsdurchsetzung des Kaisers mit Hilfe des Reichshofrats ist die Absetzung Carl Leopolds von Mecklenburg in die Literatur zur Verfassungsgeschichte des Alten Reiches eingegangen. Für Sigrid Jahns ist der Fall Mecklenburg Ausdruck einer kaiserlichen Reichspolitik mit dem Ziel, sich mittels des Reichshofrats „auf Dauer in einem Territorium zu etablieren.“[6] Andere Deutungen sehen diesen Fall als Beweis dafür, dass der Eigenmächtigkeit ambitionierter Reichsfürsten mit Hilfe des Reichshofrats Grenzen gesetzt werden konnten und dadurch grobe Verletzungen des Reichsrechts unterbunden wurden. So urteilt Joachim Whaley: „Mecklenburg zeigte, dass Untertanen gegen ihre Fürsten klagen konnten.“ Die kaiserliche Justiz kam „gegen den Des-

---

4 Ebd.

5 Barbara Stollberg-Rilinger, Das Heilige Römische Reich Deutscher Nation. Vom Ende des Mittelalters bis 1806, 2. Aufl., München 2006, S. 94. Vgl. ferner Gabriele Haug-Moritz, Des „Kaysers rechter Arm“: Der Reichshofrat und die Reichspolitik des Kaisers, in: Harm Klueting/ Wolfgang Schmale (Hrsg.), Das Reich und seine Territorialstaaten im 17. und 18. Jahrhundert. Aspekte des Mit-, Neben- und Gegeneinanders, Münster 2004, S. 23–42, bes. S. 31–35.

6 Sigrid Jahns, „Mecklenburgisches Wesen“ oder absolutistisches Regiment? Mecklenburgischer Ständekonflikt und neue kaiserliche Reichspolitik (1658–1755), in: Paul-Joachim Heinig (Hrsg.), Reich, Regionen und Europa in Mittelalter und Neuzeit. Festschrift für Peter Moraw, Berlin 2000, S. 323–351, hier S. 336; vgl. aber Andreas Pečar, Am Rande des Alten Reiches? Mecklenburgs Stellung im Alten Reich am Beispiel landständischer Repräsentation und kaiserlichen Einflusses, in: Matthias Manke/Ernst Münch (Hrsg.), Verfassung und Lebenswirklichkeit. Der Landesgrundgesetzliche Erbvergleich von 1755 in seiner Zeit (Schriften zur mecklenburgischen Geschichte, 1), Lübeck 2006, S. 201–223.

potismus Einzelner" zur Geltung, die „Tyrannei der mecklenburgischen Herzöge wurde beendet."[7]

Eingedenk solcher Urteile lohnt es sich, die Rolle des Reichshofrats als Hüter des Rechts im Alten Reich im Namen des Kaisers sowie als kaiserliches Herrschaftsmittel anhand eines anderen mindermächtigen Reichsfürsten erneut zu bewerten. Leopold von Anhalt-Dessau eignet sich als ein solcher Testfall, da er sich zum einen – zumindest gemessen an den zahlreichen Urteilen seiner Mitwelt – wiederholt einer tyrannischen Regierungsweise und rechtsüberschreitender Herrschaftspraktiken bediente, zum anderen aber bei bedeutenden Herrschern des Alten Reiches auf das Beste vernetzt war – als kaiserlicher Reichsgeneral, seit 1734 sogar als Reichsgeneralfeldmarschall sowie als Generalfeldmarschall in preußischen Diensten.[8] Es ist also zu prüfen, mit welchem Erfolg die Untertanen Leopolds von Anhalt-Dessau bzw. seine Hausverwandten gegen ihn klagen konnten oder inwiefern dem Despotismus Leopolds von Anhalt-Dessau mit den Mitteln der Reichsgerichtsbarkeit Grenzen gesetzt wurden.

Dabei muss einschränkend gesagt werden, dass eine vollständige Rekonstruktion der zu behandelnden Rechtsfälle, wie sie Tobias Schenk in seinem Beitrag zum Programm erhebt, im Rahmen dieser Untersuchung leider nicht zu leisten ist.[9] Aber auch die exemplarische Übersicht über die jeweils verhandelten Streitfälle, den jeweiligen Verfahrensstand bzw. den Ausgang dieser Verfahren sowie die Folgen für die Prozessbeteiligten vermag bereits einige Antworten zu liefern, ob der Reichshofrat dem fürstlichen Despotismus Leopolds von Anhalt-Dessau Grenzen zu setzen vermochte, ob er als kaiserliches Herrschaftsinstrument die Handlungsspielräume dieses Reichsfürsten einschränkte und inwiefern sich daraus auf lange Sicht rechtsstaatliche Mentalitätsprägungen sinnvoll ableiten lassen oder nicht.

2. Leopold von Anhalt-Dessau als Beklagter von dem Reichshofrat

Zieht man für einen Überblick über die gegen Leopold von Anhalt-Dessau angestrengten Prozesse das Wolffsche Repetitorium heran, so sind dort 14 Fälle verzeichnet, die zwischen 1709 und 1733 als Klagen beim Reichshofrat eingegangen sind. Unter den Klägern findet sich allein in acht dieser Fälle Leopold von

7 Joachim Whaley, Das Heilige Römische Reich Deutscher Nation, Bd. 2: Vom Westfälischen Frieden zur Auflösung des Reichs 1648–1806, Darmstadt 2014, S. 177.

8 Vgl. Fürst Leopold I. von Anhalt-Dessau (1676–1747). „Der Alte Dessauer". Ausstellungskatalog zum 250. Todestag, hrsg. v. Museum für Naturkunde und Vorgeschichte Dessau/Museum für Stadtgeschichte Dessau/Museum Schloss Mosigkau Dessau, Dessau 1997.

9 Vgl. hierzu den Beitrag von Tobias Schenk in diesem Band.

Anhalt-Köthen, der seit 1723 mehrfach den Reichshofrat um Hilfe ansuchte, um sich gegen Leopold von Anhalt-Dessau zur Wehr zu setzen.[10] Weitere Kläger sind die Untertanen des Amtes Gröbzig,[11] verschiedene Gläubiger, bei denen Leopold seine Außenstände nicht beglichen hatte,[12] die anhaltischen Stände[13] sowie zwei weitere Beschwerdeführer.[14]

Dabei verteilen sich diese Prozesse nicht gleichmäßig über die Regierungszeit Leopolds, die immerhin von 1698 bis 1747 reichte. Vielmehr kulminiert die Zahl der gegen Leopold vor dem Reichshofrat angestrengten Prozesse im Jahr 1726: Von den 14 genannten Verfahren sind allein zehn in den Jahren 1726 bis 1733 angefallen, sechs davon wurden von Leopold von Anhalt-Köthen bzw. von dessen Nachfolger, August Ludwig von Anhalt-Köthen angestrengt. Die Prozesse, die Leopold von Anhalt-Dessau seinerseits gegen Köthen führte, sind in dieser Rechnung noch gar nicht enthalten.[15] Auf diese in wenigen Jahren gegen Leopold vor das kaiserliche Reichsgericht vorgebrachten Klagen möchte ich mich in diesem Beitrag beschränken. Sie werfen schlaglichtartig einen Blick auf Leopolds Herrschaftspraktiken, auf die Verknüpfung seiner Ämter in preußischen Diensten als Festungskommandeur in Magdeburg wie als Regimentskommandeur in Halle mit seinen Aufgaben als Landesherr in Anhalt-Dessau. Sie erlauben aber

10 Österreichisches Staatsarchiv, Abteilung Haus-, Hof- und Staatsarchiv (im Folgenden: ÖStA HHStA), RHR, Decisa, K. 100, Konv. 2, Nr. 1 (Anhalt-Köthen gg. Anhalt-Dessau, 1723–1728, Comercii); Decisa, K. 100, Konv. 2, Nr. 2 (Leopold von Anhalt-Köthen gg. Leopold, 1723–1724, Schwarzland und Münchbusch); Decisa, K. 99, Konv. 1, Nr. 2 (Leopold von Anhalt-Köthen gg. Leopold, 1727–1728, vorenthaltenes Brennholz, Mandatsprozess); Decisa, K. 99, Konv. 2, Nr. 1 (Leopold von Anhalt-Köthen gg. Leopold, 1727, Würfflau betr.); Decisa, K. 99, Konv. 1, Nr. 3 (Leopold von Anhalt-Köthen gg. Leopold, 1727–1728, contraventionis recessus de 1666); Decisa, K. 101, Konv. 1, Nr. 3 (Anhalt-Köthen gg. Anhalt-Dessau, Untertanen in Großbadegast); Decisa, K. 101, Konv. 1, Nr. 7 (Anhalt-Köthen gg. Preußen, 1733, Werbung in Anhalt); Decisa, K. 101, Konv. 2, Nr. 1 (Anhalt-Köthen gg. Anhalt-Dessau, 1733–1738, „Grasnutzung"). Einer dieser Prozesse wurde gegen den preußischen König Friedrich Wilhelm I. angestrengt, da es um gewaltsame Werbung für die preußischen Truppen ging, die Werbung ist aber von Leopold von Anhalt-Dessau angeordnet und durchgeführt worden.

11 ÖStA HHStA, RHR, Decisa, K. 96–97 (Amt Gröbzig gg. Anhalt-Dessau, 1719–1738).

12 ÖStA HHStA, RHR, Decisa, K. 204, Konv. 1, Nr. 3 (Abraham Levin gg. Anhalt-Dessau, 1733–1745, wg. Kredit); Decisa K 71, Nr. 3 (Albrecht und Piper gg. Leopold, 1732–1733, wg. Geldforderung, 20.000 Taler).

13 ÖStA HHStA, RHR, Obere Registratur, K. 24, Nr. 6, K. 25 (Stände gg. Anhalt-Dessau, 1726, Landtag betreffend).

14 ÖStA HHStA, RHR, Decisa, K. 338, Konv. 2, Nr. 7 (Johann Christian Becher gg. Leopold v. Anhalt-Dessau, 1726); RHR, Decisa, K. 1428 (Eichlers Befreundete gg. Anhalt-Dessau, 1709–1711).

15 Z.B. ÖStA HHStA, RHR, Obere Registratur, K. 26, unfol.: Klage Anhalt-Dessaus gegen Anhalt-Köthen wegen der Verstöße gegen den Mühlenzwang, im Reichshofrat eingetroffen am 15. Dezember 1727.

auch Aussagen darüber, wie die Prozesse verlaufen sind und was sich daraus über die Reichsjustiz und die Rolle des Kaisers im Alten Reich lernen lässt.

Einen ersten Eindruck über Leopolds Art der Justiznutzung des Reichshofrats vermittelt eine *Spezification aller und jeder vor dem Hofgericht Reichs Hof Rath zu Wien hangenden Processen und in was Stande selbige sich befinden.*[16] Diese ist datiert auf den 27. Oktober 1731, fasst in aller Kürze den jeweiligen Stand der Rechtsverfahren für den Fürsten Leopold zusammen und enthält Leopolds Weisungen an die Prozessbevollmächtigten, wie weiter in der jeweiligen Rechtssache vorzugehen sei.[17]

Leopold lässt keinen Zweifel daran, welchen der in Wien anhängigen Prozesse er für den wichtigsten ansieht, nämlich die von ihm gegen Leopold von Anhalt-Köthen im Jahr 1727 vorgebrachte Klage gegen Köthens Missachtung des sogenannten Mühlenzwangs. Damit sind Festlegungen innerhalb des Hauses Anhalt gemeint, dass das in Anhalt vorrätige Getreide auch im Falle von Herrschaftsteilungen für die Weiterverarbeitung allein in die Mühlen Anhalt-Dessaus an Saale und Mulde verbracht werden solle. In der Klageschrift bezieht sich Leopold von Anhalt-Dessau auf eine *von alten und undenklichen Zeithen deshalb herrührenden Observanz* und führt insbesondere die zahlreichen jeweiligen Teilungsverträge des Hauses Anhalt ins Feld, angefangen von der Herrschaftsteilung des Jahres 1471 bis zum Teilungsvertrag des Jahres 1603/06. Köthen habe nun aber einige eigene Mühlen in seinen Amtsdörfern errichtet und damit den Teilungsvertrag gebrochen. Der dadurch für Dessau entstandene Schaden wird in der Klageschrift auf 100.000 Reichstaler beziffert.[18] Auch wenn diese Summe vielleicht von Leopold und seinen Amtsträgern etwas kühn berechnet worden ist, erklärt sie doch, weshalb er diesen Prozess für seine Interessen als den wichtigsten ansieht.

In der *Spezifikation* wird dem Fürsten berichtet, dass noch zur Regierungszeit Leopolds von Anhalt-Köthen eine Entscheidung in dieser Sache zu erwarten stand, mit dessen Tod 1728 und dem Agieren seines Nachfolgers, August Ludwig von Anhalt-Köthen, nun aber weitere Verzögerungen im Prozessverlauf erfolgten und ein Ende nicht absehbar sei. Köthen habe neue Unterlagen und Dokumente eingereicht, mit denen Dessaus Rechtsposition in Frage gestellt werden solle. Die Räte Leopolds betonten zwar, dass man *darwieder zwar gehörige vorstellung mit*

---

16 Landeshauptarchiv Sachsen-Anhalt (im Folgenden: LASA), Abt. Dessau, Z 44, D 1b, Nr. 4.

17 Zu den Prozessbevollmächtigten am Reichshofrat vgl. Thomas Dorfner, Mittler zwischen Haupt und Gliedern. Die Reichshofratsagenten und ihre Rolle im Verfahren (1658–1740) (Verhandeln, Verfahren, Entscheiden. Historische Perspektiven, 2), Münster 2015; Ders., Diener vieler Herren. Die Reichs-Agenten am Kaiserhof (1558–1740), in: POTESTAS. Estudios del Mundo Clásico e Historia del Arte 10 (2017), S. 87–101.

18 ÖStA HHStA, RHR, Obere Registratur, K. 26, Mühlensache Anhalt-Dessau gegen Anhalt-Köthen.

angehenkter contumacierung gethan, aber darauf wieder nicht mehr als ein leeres communicet erhalten worden, als wodurch diese sache wider Recht und billigkeith verzögert, aber darinnen kein spruch erhalten werden kann.[19] Leopold nannte die Auseinandersetzung um den Mühlenzwang *die wichtigste* [...], *so jemals gehabt oder haben können*, und verfügte in einer *Instruction vor die beiden Hofräthe Graven und Schwedler*, die Prozessbevollmächtigten des Fürsten am Reichshofrat, über das weitere Vorgehen:

> *soll Grave hauptsächlich, Schwedler aber nur unter der Hand, alles mögliche anwenden, dass diese gegentheiligen bloß zum Verschrift*[lichen] *und Aufenthalt der Sachen abzielenden Absichten, darundter ihm* [August Ludwig] *bishero ziemlich favorisiret worden, Einhalt geschehen und solches dergestalt redressiret werden, daß dieselbe bald möglichst durch ein favorables, wenn vormahls vor Absterben Fürst Leopolds Liebd. erhaltenes conclusum zu stande und der execution gebracht werden, Wann auch noch einmal soviel, als Cöthen, in laudemial geldern bezahlet, man davon* [auf]*wenden müßte.*[20]

An dieser Instruktion lässt sich ablesen, dass den Prozessbeteiligten das Problem langer Verfahrensdauer vor den Reichsgerichten sehr wohl bekannt war und diese Dauer unmittelbar mit der Strategie der Prozessbeteiligten verbunden wurde, nämlich mit auf den *Aufenthalt der Sachen abzielenden Absichten*. Leopold war aber an einem Urteil des Gerichts interessiert, das sich vor dem Tod des Fürsten Leopold von Anhalt-Köthen bereits abgezeichnet hatte. Er beauftragte daher den Reichshofratsagenten Johann Friedrich Graeve sowie seinen Gesandten Schwedler damit, ihrerseits ihren Einfluss auf das Gericht geltend zu machen, um einen Urteilsspruch zu beschleunigen. Das Mittel der Wahl – sowohl zur Verzögerung des Verfahrens als auch zur Beschleunigung eines Urteilsspruchs – war die Bezahlung von Bestechungsgeldern an die mit der Sache befassten Mitglieder des Reichshofrats.[21] Leopold schien davon auszugehen, dass sich auch Köthen dieser Praxis bediente, womit die endlosen Verzögerungen zu erklären seien, und forderte seine Prozessbevollmächtigten dazu auf, dann eben das Doppelte wie Köthen zu zahlen, wenn man dadurch das Prozessende erzwingen könnte.

Unklar bleibt an dieser Stelle, weshalb Leopold für die von ihm empfohlenen Gelder von *laudemial geldern* spricht. Laudemialgelder waren eine „Gebühr, die

---

19 LASA, Abt. Dessau, Z 44, D 1b Nr. 4, unfol.

20 Ebd.

21 Vgl. hierzu Stefan Ehrenpreis, Korruption im Verfahren. Bestechung an den höchsten Reichsgerichten zwischen Gerichtsfinanzierung und Rechtsbeugung, in: Niels Grüne/Simona Slanicka (Hrsg.), Korruption. Historische Annäherungen an eine Grundfigur politischer Kommunikation, Göttingen 2010, S. 283–305; Dorfner, Mittler (wie Anm. 17), S. 182–202; sowie den Beitrag von Tobias Schenk in diesem Band, Kap. 4.10.

der RHR als oberster Reichslehenshof erhob, wenn ein Reichslehen den Inhaber wechselte oder neu vergeben wurde."[22] Diese Gebühren entwickelten sich zwar unter Kaiser Leopold I. zu einer Einnahmequelle für die Mitglieder des Reichshofrates.[23] Doch gibt es zwischen der Prozessmaterie – die Frage des Mühlenzwanges – und der Vergabe von Reichslehen keinerlei Zusammenhang. Es scheint sich aber am Reichshofrat bereits seit dem 17. Jahrhundert die Praxis etabliert zu haben, Bestechungszahlungen als Laudemialgelder zu tarnen.[24] Diese Praxis war offenkundig auch Fürst Leopold von Anhalt-Dessau geläufig, weshalb er in seiner Anweisung an den Reichshofratsagenten diesen Begriff als Synonym für Bestechungszahlungen verwendete.

Während Leopold bei dem von ihm angestrengten Prozess über den Mühlenzwang ein schnelles Prozessende zu seinen Gunsten wünschte, galt für alle gegen ihn als Beklagten laufenden Prozesse das Gegenteil. So lautet die Anweisung im Prozess gegen Leopolds Maßnahmen, die Huldigung Großbadegasts für den Fürsten von Anhalt-Köthen mit Drohungen zu unterbinden, dieses Verfahren *ist so viel immer möglich aufzuhalten, und zu trainiren, auch davon nichts erwenden* [=zuzulassen] *und außer acht zulassen*, was interessanterweise auch für die wiederum von Leopold gegen Anhalt-Köthen beim Reichshofrat angestrengte Klage gilt, mit der Leopold dagegen protestierte, dass er in der Kirche Großbadegasts nicht bei den Fürbitten für den Landesherrn genannt wurde. Auch hier lautet seine Anweisung, der Prozess sei *bloß zu trainiren und auf die lange Bank* zu schieben.[25]

Bei der von den anhaltischen Landständen gegen die Fürsten von Anhalt vorgebrachten Klage, dass ihnen der qua Landtagsabschied von 1698 zugesagte und einzuberufende Landtag fortgesetzt verweigert werde und Entscheidungen von den Fürsten ohne Zustimmung der Stände gegen die Landesverfassung getroffen würden,[26] für die Leopold als Senior des Hauses stellvertretend der Beklagte war, verfügte Leopold gleichfalls: *Auch diese ist so viel möglich zu trainiren, und nicht zu relation und spruch kommen zu lassen, sollte auch der intervenirenden*

22 Wolfgang SELLERT, Besoldungen und Einkünfte der Richter am Kaiserlichen Reichshofrat, in: Anja Amend-Traut/Albrecht Cordes/Wolfgang Sellert (Hrsg.), Geld, Handel, Wirtschaft. Höchste Gerichte im Alten Reich als Spruchkörper und Institution, Berlin/Boston 2013, S. 267–294, hier S. 282; ferner Oswald von GSCHLIESSER, Der Reichshofrat. Bedeutung und Verfassung, Schicksal und Besetzung einer obersten Reichsbehörde von 1559–1806, Wien 1942, S. 530.

23 SELLERT, Besoldungen (wie Anm. 22), S. 282 f.

24 Vgl. hierzu nur Thomas WINKELBAUER, Fürst und Fürstendiener. Gundaker von Liechtenstein, ein österreichischer Aristokrat des konfessionellen Zeitalters, Wien/München 1999, S. 277–281. Für diesen Hinweis danke ich Tobias Schenk.

25 LASA, Abt. Dessau, Z 44, D 1b, Nr. 4, unfol.

26 ÖStA HHStA, RHR, Obere Registratur, K. 24, unfol.

städte halber, wegen der Schreiben in Quadruplicis gebrauchten beylagen dann wieder die Quintuplic gesucht werden.[27]

Neben all diesen Rechtsstreitigkeiten, die Leopold lieber in die Länge ziehen wollte, statt ein Urteil des Reichshofrates anzustreben – wohl in der Sorge, dass das Urteil jeweils gegen ihn und seine Interessen ausfallen könnte – war ihm ein Verfahren ein besonderer Dorn im Auge: die Klage der Gröbziger Bauern gegen die von ihm betriebene Neuverteilung des Ackerlandes durch Los, was die klagenden Bauern als massiven Eingriff in ihre herkömmlichen Besitzrechte werteten. Die Bauern brachten die Sache bereits 1719 vor den Reichshofrat, das heißt der Prozess konnte bereits auf eine elfjährige Verfahrensdauer zurückblicken, als Leopold in der *Spezifikation* der aktuelle Stand vorgestellt wurde und er dazu Stellung nahm. Zum Gegenstand des Prozesses selbst soll hier weiter nichts gesagt werden; hierzu liegen jüngste Forschungsergebnisse vor.[28] Ich möchte hier allein auf Leopolds Prozesstaktik zu sprechen kommen, das heißt auf seine Instruktion, auch diesen Prozess unbedingt zu verschleppen und einen Urteilsspruch wenn irgend möglich zu verhindern. Dieses Ziel war noch dadurch verkompliziert worden, dass in dieser Streitfrage eine kaiserliche Schiedskommission gebildet wurde, die dem Kurfürsten von Sachsen zufiel und die ihrerseits mit einer gutachterlichen Stellungnahme nach Befragung aller Streitparteien Stellung nehmen sollte.

Zum einen ging Leopolds *gnädigste intention dahin, dass auch diese allen möglichen fleißes aufgehalten werden* solle. Zum anderen sei darzulegen, wem die Schuld zukomme, dass die *comission darunter nicht reussiret*, und es sei ferner dafür Sorge zu tragen, dass *es weder draussen noch hininnen wieder zur Commission kombt*. Ferner sei gegenüber dem Reichshofrat grundsätzlich klarzustellen, dass es den Untertanen nicht zukäme, sich beim Reichshofrat über ihren Landesherrn zu beschweren: *Diese ungrund und unstatthaftigkeith soll nechstens deutlich demonstriret und eingesandt werden.*

Leopold konnte sich in diesem Prozess mit seinen Zielen und seiner Strategie letztlich durchsetzen. Der Prozess schleppte sich noch weitere sieben Jahre dahin und dauerte am Ende neunzehn Jahre, ohne dass es am Ende zu einem Entscheid gekommen ist. Vielmehr ist ein Kläger nach dem anderen aus dem Verfahren ausgestiegen, wohl nicht zuletzt wegen der beträchtlichen Verfahrenskosten, die die Kläger zu begleichen hatten, aber auch, da Leopold den klagenden Bauern ihre

---

27 LASA, Abt. Dessau, Z 44, D 1b Nr. 4, unfol.

28 Andreas Erb/Tobias Schenk, Zweiundzwanzig Gröbziger Bauern, zwei anhaltische Fürsten, eine kursächsische Kommission und der Wiener Reichshofrat – Ein langer Marsch durch die Institutionen des Alten Reichs, in: Mitteilungen des Vereins für Anhaltische Landeskunde 23 (2014), S. 105–129.

Ländereien abgekauft hat. Am Ende dieses Prozesses war Gröbzig ein Amt nicht nur ohne grundbesitzenden Adel, sondern auch ohne gutsbesitzende Bauern – mit sehr hohem Anteil an Landlosen und an Kossäten.[29] Auch eine weitere Kommission konnte abgewendet werden. Die Gerichtsbarkeit des Reichshofrats trug offenkundig wenig dazu bei, den klagenden Untertanen in Gröbzig Rechtsschutz gegen eine übergriffige Obrigkeit zu gewähren. Und die beträchtlichen Kosten des Verfahrens führten nicht bei Klägern und Beklagten gleichermaßen zu einem Einlenken. Vielmehr führten die laufenden Prozesskosten gepaart mit der Verfahrensdauer dazu, unabhängig von der Rechtslage die schwächere Partei zu benachteiligen und letztlich zur Aufgabe zu zwingen. Leopold als Reichsfürst hatte allemal den längeren Atem, um den Prozess in die Länge zu ziehen und die klagenden Bauern im Laufe des Verfahrens zu entmutigen und zum Aufgeben zu zwingen. Die Gerichtsbarkeit des Reichshofrats setzte dieser Strategie keinerlei Hindernisse entgegen.

Im Folgenden soll anhand der Interpretation weiterer Verfahren geprüft werden, inwiefern sich diese Deutung des Prozesses der klagenden Gröbziger Bauern gegen Leopold von Anhalt-Dessau auch auf die übrigen gegen Leopold anhängigen Verfahren verallgemeinern lässt, oder ob – je nach Rang und Stand der Kläger wie der Beklagten – unterschiedliche Chancen bestanden, vor dem Reichshofrat gegen Leopold zu seinem Recht zu kommen.

3. Abraham Levin gegen Leopold von Anhalt-Dessau

Inwiefern der Reichshofrat dafür sorgte, dass „der gemeine Mann fürstlicher Willkür und Gewalt nicht rechtlos ausgeliefert war,“[30] lässt sich exemplarisch prüfen anhand der Klage Abraham Levins gegen den Fürsten Leopold von Anhalt-Dessau. Anhand von Levins Klageschrift vom 26. November 1740, die er beim sächsischen Kurfürsten in dessen Funktion als Reichsvikar eingesandt hatte,[31] gestaltete sich der Fall folgendermaßen: 1724 hatte der Kammerjunker des Fürsten Leopold von Anhalt-Dessau, Friedrich von Leißing, einen fälligen Wechsel über 1.536 Reichstaler bei Abraham Levin nicht einlösen können und wurde daher von diesem bei der Dessauer Regierung verklagt. Um die erforderliche Summe aufzubringen, musste der Kammerjunker sein Gut Wadendorff ver-

29 Ulla Machlitt, Der Ausbau der feudalen Eigenwirtschaften in der Herrschaft Gröbzig in der ersten Hälfte des 18. Jahrhunderts, in: Wissenschaftliche Zeitschrift der Universität Rostock 22 (1973), S. 245–259.

30 Schmidt, Das Heilige Römische Reich (wie Anm. 3), S. 244.

31 ÖStA HHStA, RHR, Decisa, K. 204, Konv. 1, Nr. 3, unfol., hiernach auch die folgenden Angaben und Zitate.

kaufen. Als Käufer dieses Gutes trat die fürstliche Kammer in Erscheinung, die sich zugleich erbot, den Wechsel bei Abraham Levin zu begleichen und dafür die Kaufsumme um diesen Betrag zu senken. In der Tat wurde Levin am 20. Februar 1725 der Kammerschein ausgestellt, dieser dann aber nicht zur Auszahlung angenommen. Für den Juli 1725 wurde die Auszahlung versprochen, aber nicht geleistet.

Nach weiteren Verzögerungen und Ausflüchten sah sich Levin schließlich gezwungen, am 11. Mai 1733 Klage vor dem Reichshofrat einzureichen und den kaiserlichen Befehl zur Zahlungsleistung seitens der fürstlichen Kammer zu erbitten. Am 13. Oktober desselben Jahres wurde ein kaiserliches Reichshofratsreskript erteilt mit der Anweisung, man möge den Gläubiger binnen zwei Monaten klaglos stellen. Dieses Reskript entfaltete aber in Anhalt-Dessau augenscheinlich keinerlei Wirkung. Vielmehr machte die *fürstl. Dessauische Kammer ein und andere Ausflüchte*, dass ein Teil des Geldes bereits bezahlt worden sei und dass der dessauische (Hof)jude Marx von dieser Summe 350 Reichstaler zu fordern habe etc. Am 12. November 1734 wurde dann vom Reichshofrat entschieden: Das Geld möge ausgezahlt werden, und zur Schuldforderung des Juden Marx sei Levin zu hören und zu klären, weshalb diese Summe in Bar einbehalten bleiben müsse. Beides müsse innerhalb von zwei Monaten passieren. Auch diese Weisung führte für Levin zu keinerlei Fortschritten in der Sache.

Am 5. August 1735 wurde dem Bevollmächtigten Levins in Wien allerdings eine Anweisung des Reichshofrats an den Fürsten zur Zahlung binnen zwei Monaten offengelegt und außerdem der Kurfürst August III. von Sachsen um Übernahme einer Kommission ad exequendum in dieser Sache gebeten, gepaart mit einer an Fürst Leopold gerichteten *Verwarnung, damit nicht nötig seyn möge, schärfere Verordnung ergehen zu lassen*. Auch daraufhin passierte nichts weiter. Das Gericht hatte offenbar ganz im Sinne des Klägers entschieden, diese Entscheidung hatte aber für den Kläger keinerlei Effekt, das ihm zustehende Geld wurde ihm vom Fürsten Leopold bzw. von dessen Kammer weiterhin nicht ausgezahlt. Die laut Aussage von Levins Prozessbevollmächtigten angeordnete Exekution durch den sächsischen Kurfürsten hatte gleichfalls keinerlei Wirkung entfaltet.

An eben diesen sächsischen Kurfürsten wandte sich Abraham Levin nun erneut, um mit einer weiteren Klageschrift Ende 1740 an das immer noch nicht abgeschlossene Verfahren zu erinnern und den Kurfürsten in seiner Funktion als Reichsvikar – Kaiser Karl VI. war am 20. Oktober desselben Jahres gestorben – darum zu ersuchen, ihm zu seinem Recht zu verhelfen. Levin machte in dieser Schrift auch eindrücklich klar, welche Kosten für ihn mit dem Rechtsweg zunächst nach Wien, dann nach Dresden verbunden waren – eine insgesamt achtseitige Zusammenstellung der angefallenen Gebühren, die als Anlage C der Klageschrift beigefügt wurde, gibt davon beredt Auskunft. Levin war in dem Sinne Erfolg beschieden, dass der Kurfürst bereits am 11. Januar 1741 in einem Brief an den Fürsten Leopold von Anhalt-Dessau diesen an die Entscheidung des Reichshofrats von 1735 erinnerte, gepaart mit der Aufforderung, nun endlich der Zahlungsverpflichtung nachzukommen. Der Akte liegt sogar ein eidesstattlicher Bericht bei, dass dieser Brief dem Regierungsrat von Raumer, stellvertretend für den Fürsten, in dessen Wohnung zugestellt worden sei.

Was nun folgte, war jedoch nicht die Auszahlung der geschuldeten Summe an den Gläubiger, sondern eine Posse, mit der Fürst Leopold versuchte, den Kläger als Person anzugreifen und den Inhalt der Klage als gegenstandslos zu betrachten. So antwortete Leopold von Anhalt-Dessau am 7. März 1741 dem Kurfürsten von Sachsen und beklagte sich über den *Juden in seiner Anmaßung*. Die Sache sei im Reichshofrat verhandelt worden, womit für Leopold die Sache erledigt sei: *ich also gehoffet hätte, der Jude sich daher seiner Schuldigkeit beschieden haben*. Leopold beschwerte sich über den Kläger Levin, dass dieser dem Kurfürsten nicht die Wahrheit über den Stand des Reichshofratsverfahrens mitgeteilt und es versäumt habe, für das Reichsvikariatsverfahren die Reichshofratsacta beizulegen. Die *Actenmäßige Situation* [sei] *verschieden, und daß er* [=Levin] *vielmehr den Proceß deferiret und arquiesciret, überhaupt aber als ein Vagabond bey der Sache sich betragen habe*.

Leopold verwies hier auf seine Reaktion gegenüber dem Reichshofrat auf das Mandat mit der Zahlungsaufforderung, das er am 24. Februar 1736 mit einer Gegendarstellung des Sachverhalts gekontert habe. Er habe gegenüber dem Reichshofrat glaubhaft dargelegt, *dass die Sache, im Grund, mich nichts angehe, sondern des Klägers hiesige Glaubens-Verwandte, so wohl insbesondere, als insgemeine*. Offenbar hat Leopold nach Erhalt des kaiserlichen Mandats zur Zahlungsverpflichtung Erklärungen von Mitgliedern der jüdischen Gemeinde in Dessau einholen lassen, die ihm Geldgeschäfte mit Levin bestätigten.

Für Leopold ging es ausweislich seines Briefes an den sächsischen Kurfürsten nun nicht mehr darum, mit rechtlichen Argumenten die Forderungen eines Gläubigers zu bestreiten, sondern für sich persönlich als Reichsfürst seine Ehre zu wahren, sich den impertinenten Juden vom Hals zu schaffen und dadurch der Gerechtigkeit im Alten Reich Genüge zu tun:

> *Ich will keineswegs zweiffeln, Eure Königl. Majestät werden mit der hohen Justiz Pflege des Reichs, dessen Stände, dahin zu Soulaguiren, der selbst redenden Billigkeit finden, damit Leute von des Impetrantens Arth, mit Verschweigung Actenmäßiger wahrhafften Situation so wenig Jemand verunglimpfen, alß damit zugleichs des dem Vicariats Gerichte gebührenden Respects sich entziehen.*

Leopold gelang es mit dieser Replik offenkundig, den sächsischen Kurfürsten als Reichsvikar in dieser Angelegenheit von weiteren Maßnahmen gegen ihn als säumigen Schuldner abzuhalten. Dies wird dokumentiert durch drei weitere Schreiben und Appelle Abraham Levins an den Kurfürsten, ihm nun endlich zu seinem Recht zu verhelfen, vom 24. April, vom 7. Juni sowie vom 24. August. In diesen Briefen reagierte Levin auch auf die Gegendarstellung Leopolds, die er als haltlose Verzögerungstaktik verwarf und zu entkräften suchte. Ferner hatte er nun damit zu kämpfen, die Glaubwürdigkeit seiner Person dokumentieren zu müssen. In den ersten beiden Briefen tat Levin Leopolds Invektiven gegen ihn noch mit wenigen Worten ab. So betonte er in seinem Schreiben vom 24. März, dass er *kein Vagabund* sei, und schrieb zu dem Vorwurf, seine Geldforderung stehe in Zusammenhang mit Auseinandersetzungen mit Mitgliedern der jüdischen Gemeinde in Dessau: *Übrigens gehen mich die Dessauischen Juden nichts an, diese sind nicht meine Debitores, viel weniger ich ihr Debitor, Sondern Ihro Durchl. sind mir schuldig.* Als Beweisstücke in dieser Sache dienten nun auch Testate der Judenältesten in Dresden und in Dessau über den Charakter von Abraham Levin, die übrigens zu Gunsten Levins ausfielen, aber gleichwohl von Leopold eingebracht wurden. Im Brief an den sächsischen Kurfürsten vom 7. Juni 1741 betonte Levin, dass er die aktenmäßige Situation keineswegs verfälscht habe, auch wenn er den Kurfürsten nicht über Leopolds Gegendarstellung in Kenntnis gesetzt habe. Schließlich habe der Reichshofrat Leopold auch im Jahr 1738 noch einmal zur Zahlung der ausstehenden Summe aufgefordert, es habe sich also durch Leopolds Einwurf kein neuer Sachstand ergeben. Levin warf ferner die Frage auf, was die Atteste der Judenältesten zu seiner Person mit dem Verfahren zu tun haben sollten. Levin schloss aus Leopolds Ablenkungsstrategie, die jüdische Gemeinde mit in das Schuldnerverfahren zu involvieren, dass der Fürst seine ausstehenden Schulden zur Not auf die Gemeinde abwälzen wolle: *weilen des Herrn Fürstl. Durchl. daraus weiß, wo er seinen Regress, wenn er mich bezahlet hat, zu nehmen habe, und er mit diesen jure tertiorum sich von dem, aus klaren Documento Liquiden mir schuldigen credito nicht befreyen mag.*

Noch dringlicher und verzweifelter klingt dann Levins Brief an den sächsischen Kurfürsten vom 24. August 1741, da dieser wohl die Aussagen Leopolds nicht hinreichend und fristgemäß entkräftet gesehen habe. Levin äußert sich in diesem Schreiben zum ersten Mal über die Mittel, mit denen Leopold zumindest seiner Aussage nach die dessauischen Juden zu Aussagen im anhängigen Schuldprozess gezwungen habe:

> *Es ist auch kein Wunder, daß die Judenschafft das Inductum sub 13, so des Herrn Fürstl. Durchl. mit übergeben, wieder mich ausgestellet, da sie unter des Herrn Fürstens Durchl. Bothmäßigkeit stehen, und von deroselben nicht nur bedrohet worden, sie zu vertreiben,*

wenn sie mich nicht vermöchten, daß ich den Prozeß wieder [sic] *Ihr. Durchl. aufheben solle.*

Diese dem Fürsten vorgeworfene Erpressungspolitik auf Kosten der landsässigen jüdischen Gemeindemitglieder korrespondiert in Levins Schreiben mit der am eigenen Leib erfahrenen Gewaltbereitschaft des Fürsten: So habe dieser den um Bezahlung des ausstehenden Geldes bittenden Levin *zwey mahl, einmahl in Oranienbaum und das andere mahl anno 1727 hier in Dresden mit blutigem Kopf abweisen lassen*. Seine Frau und seine Kinder seien derweil als in Dessau ansässig Leopolds Willkür ausgesetzt: *da sie des Herrn Fürstens Durchl. Gnade fußfällig imploriret, bedrohet sehen müssen, in die Mulde geworffen zu werden.*

Zwar ist Zurückhaltung geboten, die Aussagen einer von zwei Rechtsparteien in einem Rechtsstreit ohne weitere Prüfung des Vorgangs für gegeben anzunehmen. Gleichwohl könnten Levins Klagen über Leopolds Gewalthandeln den Vorgang erklären helfen, wie aus einer einfachen finanziellen Transaktion, über die ein Auszahlungsschein der fürstlichen Kammer vorliegt, im Laufe der Auseinandersetzung ein Konflikt werden konnte, in dem Levins Stellung innerhalb der jüdischen Gemeinde in Dessau eine immer größere Bedeutung zuzukommen schien. Auch korrespondiert das Verhalten Leopolds von Anhalt-Dessau gegenüber Levin sowie der Dessauer Judenschaft mit einem weiteren Fall, in dem der in Hannover ansässige jüdische Kaufmann Isaak Behrens auf seiner Durchreise zur Leipziger Messe in Anhalt auf Geheiß des Fürsten Leopold festgesetzt und von ihm die Zahlung von 2.000 Reichstalern verlangt wurde, ohne dass entsprechende Rechtstitel hierbei deutlich werden. Auch die nachträglichen diplomatischen Proteste gegen diesen Überfall auf seinen jüdischen Oberhoffaktor seitens Georgs I., König von Großbritannien und Kurfürst von Hannover, fruchteten nicht.[32] Juden aus fremden Reichsterritorien schien Leopold von Anhalt-Dessau offenkundig als Personengruppe anzusehen, an der man sich straflos bereichern konnte.[33] Der Reichshofrat war keine Institution, die ihn von diesem Glauben abbringen konnte.

Abraham Levin ist schließlich gestorben, ohne in der Streitsache sein Recht durchsetzen zu können. Seine Erben appellierten am 12. Juni 1745 erneut an den sächsischen Kurfürsten als Reichsvikar, sich der nicht erfolgten Auszahlung der geschuldeten Summe anzunehmen, und bezogen sich in ihrer Bitte wiederum auf

32 Berndt STROBACH, Hofjuden im Abstieg. Der Bankrott der Leffmann-Behrens-Enkel. Mit der vollständigen Edition der „Megillah“ des Isaak Behrens im jiddischen Original, in Transliteration und Übersetzung, Berlin/Boston 2021, Kap. 2. Diesen Hinweis verdanke ich Tobias Schenk (Wien).

33 Sowohl der Fall Behrens als auch der Fall Levin sind bei Werner GROSSERT, Die Juden unter der Regierung des Fürsten Leopold I. von Anhalt-Dessau, in: Fürst Leopold I. (wie Anm. 8), S. 92–99, mit keinem Wort erwähnt.

ein Conclusum des Kurfürsten vom 15. Dezember 1741, nach welchem Leopold *ad huc terminus unius mensis sed finalis* zur Zahlung der geschuldeten Summe aufgefordert wurde. Dieses Conclusum macht zum einen deutlich, dass Leopolds Argumente in dieser Sache nicht für gültig erachtet wurden und er weiterhin als säumiger Schuldner gewertet wurde. Der erneute Appell der Erben Levins zeigt zum anderen aber auch, dass das Mandat des Kurfürsten ebenso wenig bewirkte wie die zuvor vom Reichshofrat ausgestellten Mandate. Dies mag allerdings in diesem Falle auch damit zusammenhängen, dass zum einen des Kurfürsten Reichsvikariat nur wenige Wochen nach dem ausgesprochenen Conclusum endete und zum anderen der damalige Kläger Abraham Levin verstarb. Inwiefern die Erben vom Fürsten Leopold von Anhalt-Dessau die ausstehende Geldsumme erlangen konnten, lässt sich aus den Reichshofratsakten leider nicht ermitteln. Auch die Tatsache, dass der Fall für den Reichshofrat mit der Mandatserteilung als abgeschlossen galt,[34] ist in diesem Fall keine Gewähr dafür, dass die Kläger ihr Geld auch wirklich erlangt haben. An Mandaten hat es in dieser Angelegenheit nicht gefehlt, wohl aber am Willen des Beklagten, diese Mandate als für ihn verbindlich anzusehen. Und da sich niemand der Exekution der Mandate wirklich annahm, blieb das Recht Abraham Levins auf der Strecke.

4. Familienbande: Anhalt-Köthen gegen Anhalt-Dessau

Die 1720er Jahre waren im Haus Anhalt eine Zeitspanne vielfältiger Streitigkeiten zum einen innerhalb der einzelnen Linien, zum anderen zwischen den Fürsten der Teilfürstentümer. Ein Symptom dieser Uneinigkeit war die Tatsache, dass man nicht mehr dazu in der Lage war, die Angelegenheiten der Gesamtung, die alle Fürsten gleichermaßen betrafen, zu klären sowie sich auf einen Senior des Hauses zu einigen. Seit der Teilung Anhalts im Jahr 1606 in die vier Teilfürstentümer Bernburg, Köthen, Zerbst und Dessau galt die Übereinkunft, bestimmte Belange der Landesherrschaft gemeinschaftlich zu regeln sowie für die Vertretung Anhalts gegenüber Kaiser und Reich den jeweils dienstältesten Fürsten zum Senior des Hauses zu bestimmen. Diese Übereinkunft löste sich in den 1720er Jahren in Luft auf. Als Karl Wilhelm von Anhalt-Zerbst 1718 als Senior des Hauses Anhalt verstarb, folgten Streitigkeiten zwischen den regierenden Fürsten darüber, wer künftig diese Stellung einnehmen sollte. Im Jahr 1720 erreichte dieser Konflikt auch den Reichshofrat. Nach dem Tod Karl Friedrichs von Anhalt-Bernburg war auch Leopold von Anhalt-Dessau unmittelbar in den

34 So lautet zumindest der Eintrag im Wolffschen Repertorium.

Konflikt involviert, da er nun seinerseits Anspruch auf das Senioratsamt erhob. Der Reichshofrat bestätigte dies 1722.[35]

Die Auseinandersetzungen um das Seniorat waren nur ein Streitfall unter vielen. Besonders die Streitigkeiten der Fürsten Leopold (1694–1728) und August Ludwig (1697–1755) von Anhalt-Köthen mit Leopold von Anhalt-Dessau sollten in den folgenden Jahren den Reichshofrat wiederholt beschäftigen. Ab dem Jahr 1727 wurden innerhalb von sechs Jahren beim Reichshofrat sechs Klagen seitens der Fürsten von Anhalt-Köthen gegen Leopold von Anhalt-Dessau erhoben. Drei davon seien hier exemplarisch ausgewählt, um sowohl die Art der Konflikte als auch die Praxis der Rechtsnutzung der Streitparteien näher zu beleuchten.

Ein vergleichsweise überschaubares Rechtsverfahren wurde durch Versuche seitens Anhalt-Dessaus ausgelöst, die zwischen den Teilterritorien Anhalt-Dessau und Anhalt-Köthen verlaufende Grenze bei Würflau zugunsten des dessauischen Landesteils zu verschieben.[36] In der dagegen eingereichten Klage heißt es, dass durch diese Maßnahmen *ein ziemlicher strich Landes nebst verrückung der Lands gräntze und umbstürzung der mahlflügel weggenohmen worden, umb ausstellung einer geneuer befestigung gethan.* Leopold von Anhalt-Köthen berief sich auf alte Vereinbarungen über den Grenzverlauf vom 13. Juni 1609, die durch diese Maßnahmen gebrochen worden seien. Der Reichshofrat gab dieser Klage ohne weitere Umschweife statt. In einem kaiserlichen Reskript vom 20. Mai 1727 verfügte Karl VI., dass Leopold von Anhalt-Dessau die alte Grenze wiederherstellen, beschädigte oder verrückte Grenzsteine erneuern und an ihrem alten Ort wieder aufstellen müsse. Leopold beugte sich aber keineswegs diesem kaiserlichen Mandat, sondern führte die Streitigkeiten weiter fort.[37] Erst der vom Kaiser zum Mittler in dieser Angelegenheit benannte Fürst Johann August von Anhalt-Zerbst konnte den Streit beilegen. In der Akte findet sich der Auszug eines Schreibens vom 8. September desselben Jahres aus Dessau, in dem nach Wien berichtet wurde, dass die Grenze wiederhergestellt worden sei. Auch sind zumindest in dieser Sache keine weiteren Beschwerden aus Anhalt-Köthen überliefert, so dass sich vermuten lässt, dass die Grenzstreitigkeiten eine vorübergehende Angelegenheit waren.

---

35 Hierzu verspricht die Doktorarbeit von Stefan Ihle bald neuere Erkenntnisse; Stefan Ihle, Eine Stimme für die Interessen des Gesamthauses? Das Seniorat des Hauses Anhalt und das Direktorium der Ernestinischen Herzöge. Phil. Diss. unveröffentlicht, Halle 2024.

36 ÖStA HHStA, RHR, Decisa, K. 99 (alt: K. 160: Leopold von Anhalt-Köthen gg. Leopold, 1727, Würfflau betr.). Am 15. Mai 1727 wurde dieser Fall dem Reichshofrat Christoph Heinrich Freiherr von Stein (Herrenbank) zur Bearbeitung übergeben; ÖStA HHStA, RHR, Protocolla referentium, Bd. 5, unfol.

37 Vgl. hierzu Hermann Wäschke, Anhaltische Geschichte, 3 Bde., Cöthen 1913, hier Bd. 3, S. 183 f.

Im selben Jahr erreichte den Reichshofrat eine weitere Klage des Fürsten Leopold von Anhalt-Köthen darüber, dass der Dessauer Förster Heinrich Bock sowie der Oberstjägermeister des Fürsten von Anhalt-Dessau Anfang März 1727 der Köthener Kammer den Holzschlag im Schwarzen Walde und im Mönchbusch bei Kühnau verboten hätten, obwohl Köthen hierzu aufgrund einer Reihe von Hausverträgen berechtigt sei.[38] Durch das Verbot des Holzschlags sei der Kammer ein wirtschaftlicher Schaden von täglich 350 Reichstalern entstanden. Ferner müsse Köthen der Abtransport des schon geschlagenen Holzes an den Elbstrom unverzüglich erlaubt werden, bevor es zu faulen beginne. Die infolge des ausgesprochenen Verbots entstandenen Schäden und Zusatzkosten seien Köthen zu erstatten.

In einer der Klageschrift beigefügten Anlage wird näher auf die Holzrechte in den beiden benannten Gebieten eingegangen. Es ging um Güter im Besitz des ehemaligen Klosters Nienburg, das in Folge der Reformation an die Fürsten von Anhalt-Köthen gefallen war. Da die zugehörigen Ländereien im Schwarzen Walde und bei Mönchbusch in Kühnau aber nach der Erbteilung im Jahr 1603/06 im Gebiet des Teilfürstentums Dessau lagen, einigte man sich darauf, dass die Obrigkeitsrechte für diese Ländereien inklusive der Jagd- und Mastrechte bei den Fürsten von Anhalt-Dessau lagen, die Fürsten von Anhalt-Köthen allerdings das Recht der Holznutzung behielten. Das Unterholz habe dabei jederzeit genutzt werden dürfen, für das Schlagen des Oberholzes hingegen, also das Fällen von Bäumen, bedurfte es nach dieser Teilungsvereinbarung jeweils einer vorherigen Genehmigung der Dessauer Behörden bzw. des Fürsten von Anhalt-Dessau.

Um den damit verbundenen regelmäßigen Streitigkeiten ein Ende zu bereiten, vereinbarten Leopold von Anhalt-Köthen und Leopold von Anhalt-Dessau am 24. November 1719 einen Vergleich, der Köthen das Recht zusprach, auch das Oberholz fortan ohne weitere Genehmigungen jederzeit schlagen und nutzen zu können, inklusive des zollfreien Transports der Baumstämme an die Elbe. Diese Zusage ließ sich Leopold von Anhalt-Dessau fürstlich entlohnen: Der Köthener Fürst erklärte sich bereit, bei der Familie von Werder eine Obligation Leopolds über ca. 10.000 Reichstaler sowie einen Kredit auszulösen, den Leopold zur Beschaffung der Kaufsumme für das Dorf Gröbzig aufgenommen hatte. Bereits am 1. Januar 1720 quittierte Leopold von Anhalt-Dessau die Erfüllung aller finanziellen Zusagen. Dessen ungeachtet hielt die Abmachung nur sieben Jahre, bis Dessauer Amtsträger der Köthener Kammer den Holzschlag wieder versagen sollten. Dies wertete Leopold von Anhalt-Köthen in seiner Klage als bewusste Schikane, die der Reichshofrat bitte unterbinden möge. Gemäß der Aussage des Forstamtes von Dessau, die ein kaiserlicher Notar am 16. April 1727 protokollierte, war das

38 ÖStA HHStA, RHR, Decisa, K. 99.

Verbot des Holzschlages hingegen eine Reaktion auf die Tatsache, dass Köthen mit der Pachtzahlung wegen der Jagd in Bederitz in Rückstand gewesen sei. Da diese dann aber zu Ostern beglichen worden sei, sei das von Köthen geschlagene Holz nun wieder freizugeben.

Folgt man dieser Aussage, so hatte sich der Anlass der Klage in dem Moment, als die Räte darüber zu befinden hatten, bereits wieder erledigt, und es hätte keinen Grund zur Beschwerde mehr gegeben. Die weiteren Bestandteile der Akte lassen an dieser Version indes Zweifel aufkommen. So berichtete ein weiteres Schreiben Köthens an den Reichshofrat von einem Vorfall in dieser Sache, der sich jüngst ereignet hatte, nämlich dass Kühnauische Holzhauer, begleitet von Richtern, Schöffen und dem dessauischen Forstverwalter Uhlitz in den Köthener Mönchsbusch eingefallen seien, um dort Holzstapel umzuwerfen und Verwüstung anzurichten. Diese Aktion fügt sich ganz in das Bild ein, dass es bei der ganzen Angelegenheit vor allem um Schikane ging, mit der Leopold von Anhalt-Dessau dem Fürsten in Köthen das Leben schwer machen wollte. Auch diesmal stellte sich der Reichshofrat am Ende auf die Seite des Klägers: Er verfügte in einem Privatmandat vom 15. Juli 1728, unterzeichnet vom Reichsvizekanzler Friedrich Karl von Schönborn, dass die Beeinträchtigungen des Holzschlagens sofort abgestellt werden müssten und der entstandene Schaden von Anhalt-Dessau zu entschädigen sei.

Die beiden beschriebenen Prozesse des Fürsten von Anhalt-Köthen gegen Leopold von Anhalt-Dessau tauchen in dessen *Spezifikation* der gegen ihn anhängigen Prozesse vor den Reichsgerichten nicht auf, d. h. sie waren im Oktober 1731 bereits erledigt. Es handelte sich bei ihnen um bewusst in Kauf genommene Kollateralschäden eines Verhaltens, mit dem Leopold den Fürsten von Köthen durch eine Politik der Nadelstiche provozieren und einschüchtern wollte, ohne dabei die Grenzen des rechtlich Zulässigen allzu genau zu nehmen. Die Entscheidungen des Reichshofrats wurden aber augenscheinlich akzeptiert, da sich genügend Gelegenheiten boten, mit neuen Streitthemen den Konflikt mit Köthen am Laufen zu halten bzw. auf andere Konfliktfelder zu verlagern.

Von anderer Qualität ist die Auseinandersetzung um Großbadegast. 1726 klagte Leopold von Anhalt-Köthen gegen Leopold von Anhalt-Dessau wegen einer ganzen Kette von Rechtsbrüchen im Zusammenhang mit Großbadegast,[39] einem Dorf, das bis 1666 zum Erzstift Magdeburg gehört hatte, dann aber an die Fürsten von Anhalt abgetreten worden war. Die Übergabe der Herrschaftsrechte wurde in einem Rezess des Jahres 1666 vereinbart, die späteren Landesherren des

39 Im Reichshofrat wurde der erste Schriftsatz am 9. April 1727 präsentiert und Karl Ludwig Hilleprand von Prandau (Gelehrtenbank) als Referent festgelegt; ÖStA HHStA, RHR, Protocolla referentium, Bd. 5, unfol.

Herzogtums Magdeburg, also der brandenburgische Kurfürst Friedrich Wilhelm und der preußische König Friedrich Wilhelm I., bestätigten erneut diesen Rezess und die Übergabe von Großbadegast an Anhalt. Die Fürsten von Anhalt-Köthen beanspruchten die Landesherrschaft über Großbadegast für sich. Genau diesen Anspruch stellte Leopold von Anhalt-Dessau mit einer ganzen Reihe einzelner Maßnahmen systematisch in Frage. Dabei berief er sich auf die grundherrlichen Rechte, die am Gut der von Brösigke anhafteten, das Leopold 1723 erworben hatte. Im Jahr zuvor hatte er bereits die Lehns- und Patronatshoheit über Großbadegast von König Friedrich Wilhelm I. erworben.[40] Diese gutsherrlichen Rechte dienten Leopold dazu, den Fürsten von Anhalt-Köthen letztlich ihre landesherrliche Oberhoheit über Großbadegast abzusprechen. Dabei überzogen beide Parteien die Gegenseite mit mehreren Klagen vor dem Reichshofrat, der jeden Streitfall gesondert aufnahm und auch unterschiedlichen Referenten zur Bearbeitung zuteilte.

In einer ausführlichen Begründungsschrift zur Klage gegen die zahlreichen angeprangerten Rechtsverstöße des Fürsten von Anhalt-Dessau listet Köthen sechs unterschiedliche Vorfälle auf, die alle darauf abzielten, die Landesherrschaft Köthens in Großbadegast in Frage zu stellen: Erstens habe Dessau durch einen Pächter Aushänge in den beiden Schenken Großbadegasts anbringen lassen, dass dort ausschließlich Branntwein aus Dessau oder Oranienbaum ausgeschenkt werden dürfe, der Verkauf von Branntwein aus Köthen hingegen mit Geld- oder Gefängnisstrafe belegt werde. Dabei wurde darauf verwiesen, dass die Inhaber der Ober- und Untergerichte von Adel in ihren Dörfern das Recht hätten, ihren selbst gebrannten oder aber angekauften Branntwein auszuschenken. Köthen sah darin einen Eingriff in seine policeylichen Ordnungsrechte und einen Versuch, *dadurch auf eine subtile Weise die Unterthanen zu collectiren*. Zweitens habe der Pächter und Kaufmann Vebeling aus Großbadegast sich unterstanden, eines von drei im Ort angeschlagenen Patenten, die infolge einer Mangelernte ein Ausfuhrverbot von Getreide verfügten, abzuhängen und den Amtsträgern in Dessau bekanntzugeben, als Affront gegen die dortige Nahrungsmittelversorgung. Auch diese Aktion ist als Eingriff in die Köthener Policeyrechte gewertet worden. Drittens habe ein dessauischer Ausrichter seinerseits ein Patent in Großbadegast angeschlagen, in dem den dessauischen Untertanen verkündet wurde, dass Tabak ausschließlich von einem Juden gekauft werden dürfe, der den Tabak in Briefen, die mit dessauischem Wappen versehen seien, zum Verkauf anbiete. Auch diese Aktion galt Köthen als Eingriff in seine obrigkeitlichen Rechte, während Leopold von Anhalt-Dessau auf seine Kriminaljurisdiktion in Großbadegast verwies, die ihm

40 Vgl. hierzu Paul BECKUS, Der Fürst im Kabinett. Supplikations- und Herrschaftspraxis unter Franz von Anhalt-Dessau (1758–1817), Halle (Saale) 2021, S. 283.

auch das Recht verlieh, dieses Patent anzubringen. Viertens sei in einem weiteren aus Dessau stammendem Patent verfügt worden, dass in den Schenken Großbadegasts ab sofort das dessauische und nicht wie bisher das Köthener Biermaß gelten solle. In diesem Fall verwies die dessauische Partei auf eine vermeintliche Übertragung der Braugerechtigkeit von Preußen an die adeligen Grundbesitzer vor Ort, die von Brösigke. Für Köthen handelte es sich auch hier um Eingriffe in seine policeylichen Kompetenzen, ferner verwies man darauf, dass die Braugerechtigkeit seit der Herrschaftsübergabe bei der Stadt Köthen liege. Fünftens ging es wiederum um ein aus Dessau stammendes Patent, in dem in Großbadegast die Vernichtung von Ungeziefer anbefohlen wurde – auch hier machte Köthen einen Eingriff in seine landesherrlichen Rechte geltend. Und sechstens wurde schließlich die Einbestellung des Pfarrers Gülsen von Großbadegast nach Dessau in die Kirchenbehörde moniert, um dort seine Kirchenrechnungen vorzulegen. Außerdem wurde dem Pfarrer in Großbadegast durch den dessauischen Hofrat Hermann eine Formel des Kirchengebets zugestellt mit der Verpflichtung, dieser möge die Formel fortan im Gottesdienst gebrauchen. Da der Pfarrer sich aber nicht darauf einließ, wurde er vom dessauischen Hofrat Müller auf dem Hof von Brösigkes eine Nacht im Arrest behalten. Leopold von Anhalt-Dessau bezog sich bei dieser Maßnahme darauf, ihm sei *von Ihr. Kgl. Majestät von Preußen dero jura cediret worden*, er sei also gleichsam der Vollstrecker magdeburgischer Rechte und Ansprüche. Für Köthen war dieser Vorfall ein eklatanter Verstoß gegen seine Kompetenz in geistlichen Sachen sowie in Amtssachen in Großbadegast.

Leopold von Anhalt-Dessau vertrat auch vor dem Reichshofrat den Anspruch, dass es sich bei Großbadegast um einen Teil Anhalt-Dessaus handele, weshalb er dessen Einwohner immer als dessauische Untertanen titulierte.[41] Ferner berief er sich darauf, dass er in seinen preußischen Ämtern, z. B. als Festungskommandant Magdeburgs, dafür Sorge zu tragen habe, dass magdeburgischen Partikularrechten in Großbadegast auch nach der Gebietsübertragung an Anhalt keinerlei Abbruch geschehe. Er nahm hier sogar Bezug auf explizite Verfügungen des preußischen Königs Friedrich Wilhelms I. Dabei gehe es um all diejenigen Fragen, die nicht ausdrücklich im Rezess von 1666 sowie in den späteren Bestimmungen geregelt worden seien und bei denen Leopold seinen Zweifel anmelde, ob diese in die Kompetenz der Fürsten von Anhalt-Köthen gefallen seien.

Leopold konnte sich mit dieser Rechtsauffassung beim Reichshofrat nicht durchsetzen. Allerdings konnte der Reichshofrat auch nicht so schnell entschei-

41 So auch in seiner Klage gegen die Huldigung des Fürsten Ludwig August von Anhalt-Köthen in Großbadegast, die am 9. Januar 1730 erstmals im Reichshofrat behandelt wurde; als Referent hat man Johann Balthasar von Wernherr von der Gelehrtenbank bestimmt; ÖStA HHStA, RHR, Protocolla referentium, Bd. 5, unfol.

den, wie er mit neuen Klagen beider Seiten zu Vorfällen in Großbadegast eingedeckt wurde. Führte Anhalt-Dessau Klage dagegen, dass Leopolds Name in Gottesdiensten in Großbadegast aus dem Kirchengebet gestrichen worden war,[42] reichte der Nachfolger des 1728 verstorbenen Leopold von Anhalt-Köthen, Ludwig August, seinerseits Klage gegen Dessau ein, weil seine Huldigung in Großbadegast von Dessau planmäßig sabotiert werde.[43] Nachdem der Huldigungstermin in Großbadegast für den 21. Juli 1728 angesetzt worden war, entsandte Leopold von Anhalt-Dessau am Vortag der geplanten Huldigung seinen Geheimen Rat Böhmer nach Großbadegast und ließ Drohungen für den Fall aussprechen, dass die dortigen Untertanen August Ludwig huldigen sollten. Außer dem Pfarrer Hülsen sowie dem Schulmeister waren daher kaum Untertanen bei der Huldigungsfeier zugegen. Als dann für den 16. August ein erneuter Huldigungstermin anberaumt war, ließ Böhmer den Richter Stellmacher aus Großbadegast nach Dessau zitieren und sprach ihm gegenüber die Drohung aus, dass die Huldigung illegal sei und alle Untertanen, die ihr dennoch beiwohnen sollten, auf die Veste nach Magdeburg verbracht werden sollten, bezeugt durch die Schöffen aus Großbadegast, Martin Glanzes und Jacob Schulze. In der gegen diese Drohungen Dessaus gerichteten Klage August Ludwigs von Anhalt-Köthen vor dem Reichshofrat bezog dieser sich zum einen auf den Rezess von 1666, in dem klar bestimmt sei, dass die Huldigung gegenüber den Fürsten von Anhalt-Köthen erfolgen solle, und zum anderen auf das Herkommen, da die Huldigungsfeier für den vorher amtierenden Fürsten Leopold von Anhalt-Köthen am 14. Mai 1716 in Großbadegast ohne Beanstandungen erfolgt sei und alle Einwohner erschienen seien.

Über diese Klage war 1731 noch nicht entschieden worden, weshalb Leopold in seiner *Spezification* dazu Stellung bezog. Ganz offenkundig war es nicht sein primäres Ziel, den Prozess schnell in seinem Sinne zu entscheiden. Stattdessen empfahl er seinen Räten, alles dafür zu tun, ihn auf die lange Bank zu schieben und zu verschleppen. Mit dieser Taktik hatte Leopold letztlich Erfolg. Am Ende willigte Anhalt-Köthen in einen Kompromiss ein, bei dem Leopold und seine Nachfolger als Inhaber des Ritterguts faktisch zu Landesherren in Großbadegast wurden, obwohl die nominelle Oberherrschaft bei Köthen verblieb. In der zweiten Hälfte des 18. Jahrhunderts wurde das Rittergut als fürstliches Amt in die dessauische Landesverwaltung einbezogen, in der Bevölkerungszählung des Jahres 1787 wurde Großbadegast als Bestandteil Anhalt-Dessaus aufgeführt, in Jus-

42 Anhalt-Dessau gegen Anhalt-Köthen und dero Consistorium wegen des Kirchengebets; erstmals im Reichshofrat vorgelegt am 10. September 1726; zum Referenten wurde Friedrich Karl von Danckelmann ernannt; ÖStA HHStA, RHR, Protocolla referentium, Bd. 5, unfol.

43 ÖStA HHStA, Decisa, K. 101, Konv. 1, Nr. 3, unfol. (1730–1736).

tiz-, Policey- und Finanzdingen galten die Verordnungen Anhalt-Dessaus auch in Großbadegast, dessen Einwohner sich auch in Suppliken regelmäßig an den Fürsten von Anhalt-Dessau wandten, als sei er ihr Landesherr.[44] Erst mit dem Ende des Alten Reiches ging diese faktische Landesherrschaft Anhalt-Dessaus über Großbadegast wieder verloren. Die Prozesse über Großbadegast vor dem Reichshofrat waren offenkundig ein geeignetes Druckmittel Leopolds gegen den Fürsten von Anhalt-Köthen, um ihm am Ende diese Zugeständnisse abzuzwingen – der Reichshofrat war aber nicht die Instanz, die diese Lösung herbeiführte.

Betrachtet man die hier vorgestellten Prozesse zwischen Anhalt-Köthen und Anhalt-Dessau insgesamt, so unternahm Leopold von Anhalt-Dessau ab dem Jahr 1727 ein ganzes Bündel unterschiedlicher Maßnahmen, um die Landesherrschaft Köthens an vielen Stellen in Frage zu stellen, die Autorität der Köthener Fürsten bei ihren Untertanen zu untergraben und sie in eine Vielzahl von Händeln zu verwickeln. Dass diese Drohungen und Gewaltakte mitunter vor dem kaiserlichen Reichsgericht landeten und sein Verhalten damit auch in Wien aktenkundig wurde, nahm Leopold offenkundig bereitwillig in Kauf. Ebenso sah er auch gegen ihn verfügten Mandaten des Reichshofrats ohne größeren Schrecken entgegen, auch wenn er durch seine Prozesstaktik alles versuchte, um die Verfahren in die Länge zu ziehen und einen Urteilsspruch wenn möglich zu verhindern, zumindest aber aufzuhalten.

Der Reichshofrat wiederum brachte die Verfahren zu Streitsachen innerhalb des Hauses Anhalt zumeist in angemessener Zeit, d.h. innerhalb von ein bis zwei Jahren Prozessdauer, zum Abschluss und orientierte sich in seinen Mandaten gewöhnlich an greifbaren Verträgen und Abmachungen. Hier schreckte man auch vor Verfügungen gegen Leopold von Anhalt-Dessau nicht zurück, bevorzugte dabei aber die nicht öffentliche Form des Mandats per Brief an den Fürsten mit der Aufforderung, die monierten Dinge innerhalb einer Frist abzustellen und den verursachten Schaden zu begleichen. Die Einbindung von Kommissionen benachbarter Reichsfürsten hat es in diesen Verfahren nicht gegeben. Entweder war die Beweislage jeweils eindeutig genug, dass es dieses Mittels gar nicht weiter bedurfte, oder man zog es auch innerhalb des Reichshofrates vor, dass die verhandelten Konflikte keine weiteren Kreise zogen. Der Fall Großbadegast zeigt zudem, dass eine Beendigung eines Streitfalls nicht selten nicht durch das Reichsgericht erfolgte, sondern durch Verhandlungen der Streitparteien miteinander. Hierbei fungierten Prozesse vor dem Reichsgericht eher wie ein Druckmittel neben anderen, nicht aber als ultimative Entscheidungsinstanz. Für Leopold von Anhalt-Dessau war diese Strategie letztlich erfolgreich, konnte er doch sein Territorium um eine weitere Ortschaft vergrößern, zu Lasten der

---

44 Beckus, Fürst im Kabinett (wie Anm. 40), S. 283 f.

Fürsten von Anhalt-Köthen, denen der Reichshofrat keinen Rechtsschutz bieten konnte.

5. Leopold als Amtsträger des preußischen Königs

In der Streitsache Großbadegast konnte Ludwig August von Anhalt-Köthen bereits die Erfahrung machen, dass mit Leopold von Anhalt-Dessau nicht zu spaßen war. Vor ganz andere Probleme sah sich der Köthener Fürst allerdings gestellt, als er vor dem Reichshofrat Klage gegen den preußischen König Friedrich Wilhelm I. einreichte, um gegen dessen Praktiken gewaltsamer Werbung seiner Untertanen zu protestieren. Am 12. Januar 1734 hat sich der Reichshofrat erstmals der Klage angenommen,[45] dass sich 1732

> *das Anhalt-Dessauische Regiment über 2.000 Mann stark, unter Vorwand eines Reichs-Constitutionsmäßigen durch-Marches, sich in meiner Fürstl. Residenz und dazugehörige Dorffschaften diesseits der Saale einquartiert, und so lange unter eigenmächtiger abforderung überflüssiger und bis in den 5. Tag anhaltender Verpflegung liegen geblieben, bis ich, zu abwendung des instehenden ruins meiner armen Unterthanen mit dem Herrn Fürsten zu Anhalt Dessau als Chef vom Regiment, gleichsam capituliren und einen Revers von mir stellen müssen, binnen einigen Wochen die in meiner Residenz befindliche und von Seiner Kgl. May. in Pohlen meinem ErbPrintz als Capitain anvertraute sogenanndte Frey-Companie wieder an mich zu nehmen oder abmarschieren zu lassen.*[46]

Auch auf Rat des Kaisers war der Fürst von Anhalt-Köthen bemüht, den Stein des Anstoßes, die Beherbergung sächsischer Truppen in Anhalt, schnell zu beseitigen und die sächsischen Truppen zur Rückkehr nach Sachsen aufzufordern. Doch war mit dem Abzug der preußischen Truppen das Problem nicht erledigt. Leopold von Anhalt-Dessau hat die Einquartierung in Köthen auch dazu genutzt, fünf dortige Untertanen in den preußischen Armeedienst zu pressen und diese nach Magdeburg zu verschleppen. In einem Brief an den Kaiser hatte sich Ludwig August bereits am 20. Oktober 1732 um Vermittlung bemüht, um die Rückkehr seiner Untertanen und deren Entlassung aus preußischen Armeediensten zu erreichen. August Ludwig bediente sich in seiner Klageschrift der rhetorischen Mittel, um des Kaisers Aufgabe als Schutzherr des Alten Reiches und von

45 Im Referentenprotokoll taucht die Klage am 10. Dezember 1733 in den Akten auf. Der Fall wird dem Referenten Heinrich Bernhard Wucherer von der Gelehrtenbank zugeteilt; ÖStA HHStA, RHR, Protocolla referentium, Bd. 6, unfol.

46 ÖStA HHStA, RHR, Decisa, K. 101, unfol.

dessen Fürsten gebührend herauszustellen. Er wende sich *nach Maßgab derer Reichs-Grundgesetz und allgemeine Friedens-Schlüsse* an den Kaiser mit Bitte um Abhilfe. Er versäumte aber auch nicht den Hinweis, dass dies eine Sache sei, die *alle Fürsten und Stände des Reichs dabey interessiret.*

Der Reichshofrat leitete diese Klage August Ludwigs an den kaiserlichen Gesandten in Berlin weiter, den Grafen Friedrich Heinrich von Seckendorff, damit dieser *auff alle mögliche Weise durch gute Vorstellungen den König dahin disponire, auf daß er den Fürsten klaglos stelle und dadurch verhindere, daß derselbe sonst nicht die Sache bey dem Reichs Convent anbringe.* In einem weiteren Brief an den Kaiser vom 6. Mai berichtete August Ludwig nach Wien, dass man ihm zwar von der Gesandtschaft Seckendorffs ebenso berichtet habe wie von der Zusicherung des preußischen Königs, die fünf Soldaten freizulassen. Dies sei bisher aber nur bei zwei Soldaten auch wirklich geschehen, und diese hätten für ihre Freilassung *große Geld-Summen bezahlen* müssen. Eine Entschädigung für das erlittene Unrecht und die Kosten der Einquartierung preußischer Truppen sei ebenfalls nicht in Aussicht gestellt worden. August Ludwig bat daher erneut um *kaiserliche Protection und Hülffe* und betonte dabei, dass es nicht nur um die Interessen Köthens ginge, sondern auch um *der höchsten kaiserl. Autoritet und Obrist RichterAmbts* sowie um *Erhaltung der Reichs-Verfassung, Fürsten und Stände bey ihren Gerechtsamen zu schützen.*

Am 10. August klagte August Ludwig in einem weiteren Schreiben, dass sich in der Sache weiterhin nichts getan habe, dafür aber *in Neülichkeit die von der Execution gegen Mühlhausen zurückgekommene Königl. Preuß. Trouppen abermahls ohne die gehörige Requisition in mein Land eingerücket, und eigenmächtig und wegen der so nahen und allenthalben keine halbe Stunde aus tragender Anliegenheit derer Königl. Preuß. Lande gantz unnöthigerweise ein Nachtquartier darinnen genommen.* Preußen tue offenkundig alles, sein kleines Land gewaltsam *zu drucken*, er bitte daher den Kaiser erneut um Intervention und Abhilfe.

Es war dann der kaiserliche Gesandte Seckendorff, der sich in einem Antwortschreiben am 13. Oktober 1733 an den Fürsten von Anhalt-Köthen wandte, gepaart mit der Bitte, von weiteren Forderungen abzusehen und es gut sein zu lassen. Seckendorff legte sowohl einen Brief des Preußenkönigs bei, in dem dieser die sofortige Freilassung der drei noch in Dienst befindlichen Soldaten versprach, als auch die Freilassungspapiere des zuständigen Regimentskommandeurs, des Obersten von Graevenitz, der diese Freilassung umgehend anordnete.[47] Von weiteren Forderungen, beispielsweise nach Entschädigungszahlungen, solle der

47 Beides findet sich auch in den Kabinettsminüten Friedrich Wilhelms I. angeordnet; Geheimes Staatsarchiv Preußischer Kulturbesitz Berlin, I. HA Rep. 96 B, Nr. 9: Kabinettsorders vom 1. August 1733–31. Dezember 1733, fol. 119r.

Fürst von Anhalt-Köthen Abstand nehmen: *Also ersuche ich Euer Höchstwürd. Durchl. Anbey gehorsambst, sich damit voritzo umb so mehr begnügen zu wollen, als die damaligen Zeitläufte dergestalten beschaffen, daß man des Königes Majest. Möglichster dingen zu menagiren hohe ursache hat.*

Während die ehemals verschleppten Köthener Untertanen ausweislich der Aktenlage mehr als ein Jahr nach ihrer Verschleppung wieder freikamen, wurden wenige Tage vor ihrer Freilassung drei andere Köthener Untertanen gewaltsam von Soldaten des dessauischen Regiments über die Landesgrenze nach Dessau verschleppt bzw. in Dessau festgenommen und aufs Schloss geführt, wie aus einem in Köthen aufgenommenen Protokoll vom 5. Oktober 1733 hervorgeht. Am 29. Oktober wusste August Ludwig zu berichten, dass Leopold von Anhalt-Dessau in der Köthener Leibgarde einen brandenburgischen Untertanen ausfindig gemacht habe und dessen Übergabe in preußische Dienste verlange. Zwar stellte der Fürst von Anhalt-Köthen, glaubt man seinen Versicherungen, diesen Soldaten Michelmann umgehend von seinen Diensten in der Leibgarde frei. Da dieser sich aber offenkundig nicht beim dessauischen Regiment gemeldet habe, sei ein preußischer Offizier aus dem Regiment nach Köthen gekommen und habe zusammen mit einem Musketier das dortige Schloss nach dem Soldaten durchsucht und Leute in dieser Sache befragt, alles ohne die Einwilligung des Fürsten von Köthen. Aus all diesen Gründen bat August Ludwig den Kaiser in einem Schreiben vom 14. November 1733 erneut darum, das *teutsche Vaterland* und die *treü patriotischen Fürsten und Stände des Reichs* vor solchen Gewaltakten in Schutz zu nehmen und Leopold von Anhalt-Dessau *von dergleichen Zudringlichkeiten* [...] *auch offenbahren Übertretungen derer Reichs-Constitutionen zu verwarnen.*

Interessanterweise verschob sich im Laufe der Briefe die Person, gegen die August Ludwig beim Kaiser Beschwerde einlegte, vom preußischen König Friedrich Wilhelm I. zu Leopold von Anhalt-Dessau, den man allerdings für etwas zur Rechenschaft gezogen sehen wollte, das dieser in seiner Funktion als preußischer Regimentskommandeur getan hatte. Es bleibt anhand der Aktenüberlieferung völlig unklar, welche der hier angeprangerten Maßnahmen nach direkter Rücksprache mit dem Preußenkönig erfolgte und welche Handlungen eher eigenmächtige Aktionen des Dessauer Fürsten waren, um seine Rolle als preußischer Armeekommandeur mit seinem eigenen Interesse zu verknüpfen, den Fürsten von Köthen kujonieren zu wollen. Im Briefwechsel zwischen Friedrich Wilhelm I. sowie in den Kabinettsminüten sind jedenfalls keine diesbezüglichen Anweisungen des Preußenkönigs nachweisbar. Es ist allerdings von vergleichbaren gewaltsamen Werbefällen, die auf Leopolds unmittelbaren Befehl zurückgingen, bekannt, dass er sich bei derlei Maßnahmen der Rückendeckung seines Dienstherrn sicher sein konnte, auch wenn dieser nicht selbst den entsprechenden Befehl erteilt, ja von diesem erst im Nachhinein erfahren hatte.[48] Es dürfte sich also wohl auch im Fall der weiteren verschleppten Untertanen Anhalt-Köthens um eine Eigenmächtigkeit des Fürsten von Anhalt-Dessau gehandelt haben, der seine hohe Stellung in der preußischen Armee dazu ausnutzte, um den übrigen Fürsten von Anhalt seine Machtposition zu verdeutlichen und sie spüren zu lassen, dass er für seine Gewalthandlungen nicht belangt werden konnte, solange er in der Gnade des preußischen Königs stand und er in dessen Namen handelte.

Wer auch immer für die Gewalthandlungen in Köthen verantwortlich war – in jedem Fall zeigt dieser Fall die Grenzen kaiserlicher Fürsprache und kaiserlichen Schutzes gegen rechtswidrige Werbungspraktiken, die von Preußen ausgehend gang und gäbe waren, die preußischen Nachbarterritorien und deren Untertanen ernstlich in deren Freiheitsrechten verletzten und gleichwohl ohne wirkliche Sanktionierung blieben. Hier zeigte sich zum einen die mangelhafte Durchsetzungsfähigkeit der kaiserlichen Gerichtsbarkeit gegen die mächtigen Reichsfürsten dieser Zeit, zum anderen aber auch der Pragmatismus der politischen Interessenlage. Im Jahr 1733 bestimmte Johann Christoph von Bartenstein die österreichische Reichspolitik und setzte auf ein Entgegenkommen gegenüber dem Preußenkönig, um im Gegenzug dessen Zustimmung zur Pragmatischen Sanktion zu erhalten. Zu den dabei ausgehandelten Bedingungen gehörte die Zusage Wiens, Prozesse gegen den Preußenkönig vor dem Reichshofrat nicht weiter zu verfolgen oder bestenfalls zu verzögern.[49] Diese politischen Rahmenbedingungen machten die Aussichten des Fürsten von Anhalt-Köthen, gegen die gewaltsame Werbungspraxis Preußens vor dem Reichsgericht Gerechtigkeit zu erwirken, von vornherein hoffnungslos. Aber auch als der Reichshofrat noch keine Scheu zeigte, Mandate gegen den König zu erlassen, hatten diese Erfolge vor Gericht für die jeweiligen Kläger im preußischen Herrschaftsbereich keinerlei Nutzen.[50] Gegen die vom Preußenkönig praktizierte gewaltsame Abschreckungspolitik war Wien machtlos, ob das kaiserliche Reichsgericht nun dagegen mit Mandaten vorging oder nicht. Daher war der Weg über den kaiserlichen Gesandten in Berlin die einzige Möglichkeit, die dem Kaiser verblieb, um in Sachen Untertanenverschleppung aus Anhalt-Köthen seine Autorität zumindest auf

48 Stefan IHLE, Die Entführung des Johann Wilhelm Pfau in Halle 1734: eine Studie zur Rivalität zweier anhaltischer Landesfürsten, Halle (Saale) 2021.

49 Vgl. den Beitrag von Tobias SCHENK in diesem Band, insbesondere Kap. 4.7. und 4.8; DERS., Reichsjustiz im Spannungsverhältnis von oberstrichterlichem Amt und österreichischen Hausmachtinteressen: Der Reichshofrat und der Konflikt um die Allodifikation der Lehen in Brandenburg–Preußen (1717–1728), in: Amend-Traut/Cordes/Sellert (Hrsg.), Geld, Handel, Wirtschaft (wie Anm. 22), S. 103–221.

50 Vgl. hierzu den Beitrag von Paul BECKUS in diesem Band.

dem diplomatischen Verhandlungswege geltend zu machen.[51] Wie die Akten des Reichshofrates ausweisen, blieb aber auch dies ohne wirklichen Erfolg.

6. Schlussbetrachtung

Der exemplarische Zugriff auf einzelne Rechtsfälle, in denen Leopold von Anhalt-Dessau in unterschiedlichen Rollen involviert war, erlaubt einige Rückschlüsse darauf, welche Schutzwirkung der Reichshofrat gegen fürstliche Willkür und Despotismus im Alten Reich bot und welcher politische Einfluss dem Kaiser in solchen Fällen beschieden war.

In der Tat war bei den in den Blick genommenen Klägern, die sich hilfesuchend an den Reichshofrat wandten, um Rechtsverstöße Leopolds von Anhalt-Dessau vor Gericht zu bringen, die Hoffnung vorhanden, dass die Autorität des Kaisers und seines Höchstgerichts im Alten Reich ihnen Schutz vor Leopolds Willkür und seinen Gewaltpraktiken bieten konnte. In den Briefen August Ludwigs von Anhalt-Köthen wird die politische Erwartung an den Kaiser als Schutzherr der Rechte mindermächtiger Parteien ebenso ersichtlich wie in Abraham Levins eindrücklichen Schilderungen, mit denen er auf sein Eigentumsrecht pochte und die Bezahlung ausstehender Schulden einforderte. Der Reichshofrat fungierte auch und gerade in den 1720er und 1730er Jahren als Anlaufstation, um Betroffenen echter oder subjektiv empfundener Rechtsüberschreitungen zu deren Recht zu verhelfen.

Zumindest gemessen an den hier untersuchten Streitfällen nahm der Reichshofrat sich dieser Aufgabe auch an. In der Mehrheit der Fälle handelte das kaiserliche Reichsgericht zügig und brachte die Verfahren auch innerhalb einer überschaubaren Zeit – meist unter einem Jahr – zum Abschluss. Am Ende stand entweder ein Mandat gegen den Beklagten, oder ein Mahnschreiben des Kaisers. Im Falle der Klage gegen die preußische Werbungspraxis in Anhalt-Köthen gab es zumindest das Bemühen, statt einer Rechtsentscheidung die diplomatischen Kanäle des Kaisers zu nutzen, um dem Fürsten von Anhalt-Köthen zu seinem Recht zu verhelfen. Und auch Abraham Levin konnte sich nicht darüber beklagen, dass er nach seiner Klage gegen Leopold von Anhalt-Dessau nicht ein Mandat erhalten hätte, mit dem er sein Recht zugesprochen bekam und das den Fürsten von Anhalt-Dessau auf die Rückzahlung des geliehenen Geldes verpflichtete.

51 Dasselbe lässt sich auch für Klagen der Grafen von Mansfeld sagen, für die der kaiserliche Gesandte in Berlin ebenfalls wiederholt bei Hof intervenierte: Tobias SCHENK, Quellen zur Geschichte der Grafschaft und des Hauses Mansfeld aus den Akten des kaiserlichen Reichshofrats, in: Harz-Zeitschrift 66 (2014), S. 124–159, hier S. 138.

Es war in den hier untersuchten Rechtsfällen – für die klagenden Bauern aus Gröbzig sieht die Sache anders aus[52] – nicht die lange Verfahrensdauer, die den Klägern ihren jeweiligen Rechtsanspruch verwehrte, obwohl Leopold von Anhalt-Dessau in zahlreichen Streitfällen das Mittel der Verzögerung und der Obstruktion ausdrücklich einsetzte, wie seine Anweisungen in der *Spezifikation* über die gegen ihn anhängigen Rechtsfälle aus dem Jahr 1731 belegen. Das Problem lag vielmehr darin, dass die Mandate des Reichshofrats ohne Wert waren, wenn der Verurteilte nicht daran dachte, sich dem jeweiligen Urteil zu beugen und wenn seitens des Gerichts keine Exekutoren bestimmt wurden, die das Urteil zur Not mit Gewalt bei Leopold hätten durchsetzen können – und dazu dann auch bereit gewesen wären. Dies musste Abraham Levin leidvoll erfahren, der bis zu seinem Tod sein Geld nicht wiedererlangt hatte, trotz zahlreicher Mandate sowohl aus Wien als auch – während des Reichsvikariats – aus Kursachsen. Dieselbe Erfahrung machte aber auch August Ludwig von Anhalt-Köthen, als er sich gegen die gewaltsame Verschleppung seiner Untertanen auf Anweisung Leopolds von Anhalt-Dessau im Namen des preußischen Königs zur Wehr setzte und am Ende erfahren musste, dass er gegen diese Praxis ebenso wehrlos war wie der Kaiser.

Mit diesem Exekutionsproblem ergangener Mandate des Reichshofrats hängt unmittelbar auch die Frage nach dem kaiserlichen Einfluss in den Territorien zusammen. Wenn der Reichshofrat das wichtigste Instrument kaiserlicher Einflussnahme im Alten Reich war, dann war es – nimmt man hier die mangelnde Durchschlagskraft der Mandate des kaiserlichen Höchstgerichts gegen die Herrschaftspraxis Fürst Leopolds von Anhalt-Dessau in seinen unterschiedlichen Rollen als Maßstab – um den kaiserlichen Einfluss in den 1720er und den 1730er Jahren im mitteldeutschen Raum nicht gut bestellt. Dies mag sich in anderen Regionen des Alten Reiches anders darstellen. Doch für einen mindermächtigen Reichsfürsten wie Leopold von Anhalt-Dessau war der Reichshofrat keine Institution, die ihm seine aus gewaltsamen Grenzüberschreitungen bestehende Herrschaftspraxis wirksam austreiben konnte. Der Fall Mecklenburg war eben doch eine absolute Ausnahme – und nicht die Regel.

Welche Lernprozesse wurden durch solcherlei Erfahrungen mit dem Reichshofrat und der scheinbaren Wirkungslosigkeit zahlreicher seiner Entscheidungen angestoßen?[53] Es ist erstaunlich, dass die Reichsgeschichte aus solchen Erfah-

---

52 Vgl. Erb/Schenk, Gröbziger Bauern (wie Anm. 28).

53 Ulrich Rasche betont, dass auch Mandate, die nicht exekutiert wurden, nicht unbedingt wirkungslos waren. Sie zwangen den Beklagten zumindest zur rechtlichen Einlassung. Vgl. hierzu Ulrich Rasche, Urteil versus Vergleich? Entscheidungspraxis und Konfliktregulierung des Reichshofrats im 17. Jahrhundert im Spiegel neuerer Aktenerschließung, in: Albrecht Cordes (Hrsg.), Mit Freundschaft oder mit Recht? Inner- und außergerichtliche Alternativen zur kontroversen Streitentscheidung im 15.–19. Jahrhundert (QFHG, 65), Köln/Weimar/Wien 2014, S. 199–232.

rungen langfristige Mentalitätsfolgen wie die „Ausbildung eines rechtsstaatlichen Bewusstseins“ ableiten möchte.[54] Kurzfristig jedenfalls dürften die Lernerfahrungen der Betroffenen gänzlich andere gewesen sein. Was sollte August Ludwig von Anhalt-Köthen dazu veranlassen, noch an die Gültigkeit der Reichskonstitution und an die kaiserliche Rolle als Schutzherr bedrängter Reichsstände zu glauben, wenn der elementare Schutz seiner Untertanen vor Verschleppung und einer zwangsweisen Dienstverpflichtung in der preußischen Armee von Kaiser und Reich nicht sichergestellt werden konnte? Welches Vertrauen sollte Abraham Levin in die Rechtsverfassung des Alten Reiches entwickeln, wenn er als Gläubiger der fürstlichen Kammer trotz mehrerer Gerichtsurteile am Ende ohne Geld dastand und darüber hinaus zusehen musste, wie sein Schuldner mit Gewalt und Drohungen die jüdische Gemeinde in Dessau gegen ihn mobilisierte, ohne dafür irgendwelche Folgen befürchten zu müssen? Und was dürfte Leopold von Anhalt-Dessau aus der politischen Folgenlosigkeit seiner wiederholten Rechtsbrüche und Gewaltakte gelernt haben? Vor allem wohl, dass Prozesse gegen ihn vor dem Reichshofrat ihm mitunter Ärger und Kosten bereiten konnten, aber kein Anlass waren, die eigene Verhaltensweise zu ändern. Am Ende hatte Leopold infolge seiner gewaltsamen Aneignungspolitik weit mehr für sich – und für Preußen – gewonnen, als ihm die bestenfalls lästigen Rechtsverfahren anhaben konnten.

54 Siehe oben Anm. 5.

Paul Beckus

Das schärfste Schwert des Kaisers?

Zur Nutzung des Reichshofrats durch die protestantischen und gemischtkonfessionellen Domkapitel

1. Einleitung

Die frühneuzeitlichen Domkapitel des Alten Reiches erfreuen sich seit Jahrzehnten eines beständigen Interesses vor allem landeshistorischer und institutionengeschichtlicher Prägung.[1] Die meisten dieser Arbeiten stellen allerdings Spezialstudien zu einzelnen Domkapiteln dar, die sich um die innere Verfasstheit der geistlichen Kollegien drehen. Sie bleiben deshalb meist bei einer Aufarbeitung der Institution Domkapitel, ihrem Personalbestand und ihren formellen Rechten, bestenfalls bei einer Betrachtung des territorialpolitischen Handlungsfelds der Domkapitel stehen.[2] Nur wenige Arbeiten haben sich darüber hinaus mit dem Reich

1 Vorbildwirkung hatte hier Leo SANTIFALLER, Das Brixner Domkapitel in seiner persönlichen Zusammensetzung im Mittelalter, 2 Bde., Innsbruck 1924–1925. Vor allem seit den 1950er Jahren sind zahlreiche Spezialstudien zu frühneuzeitlichen Domkapiteln erschienen. Siehe dazu exemplarisch: Gerhard ZIMMERMANN, Das Breslauer Domkapitel im Zeitalter der Reformation und Gegenreformation (1500–1600). Verfassungsgeschichtliche Entwicklung und persönliche Zusammensetzung, Weimar 1938; Karl WOLFSGRUBER, Das Brixner Domkapitel in seiner persönlichen Zusammensetzung in der Neuzeit 1500–1803, Innsbruck 1951; Hans Heinrich KURTH, Das Kölnische Domkapitel im 18. Jahrhundert. Verfassung und Verwaltung, Wirtschaft und personelle Zusammensetzung, Diss., Bonn 1953; Peter HERSCHE, Die deutschen Domkapitel im 17. und 18. Jahrhundert, 3 Bde., Bern 1984; Günter CHRIST, Selbstverständnis und Rolle der Domkapitel in den geistlichen Territorien des Alten deutschen Reiches in der Frühneuzeit, in: Zeitschrift für Historische Forschung 16 (1989), S. 257–328; Joachim SEILER, Das Augsburger Domkapitel vom Dreißigjährigen Krieg bis zur Säkularisation (1648–1802). Studien zur Geschichte seiner Verfassung und seiner Mitglieder (Münchner theologische Studien, 1), München 1989; Friedrich KEINEMANN, Das Hochstift Paderborn am Ausgang des 18. Jahrhunderts. Verfassung, Verwaltung, Gerichtsbarkeit und soziale Welt, 3 Bde., Bochum 1996; Johannes von BOESELAGER, Die Osnabrücker Domherren des 18. Jahrhunderts (Osnabrücker Geschichtsquellen und Forschungen, 28), Osnabrück 1990; Hugo A. BRAUN, Das Domkapitel zu Eichstätt. Von der Reformationszeit bis zur Säkularisation (1535–1806). Verfassung und Personalgeschichte, Stuttgart 1991; Alexander DYLONG, Das Hildesheimer Domkapitel im 18. Jahrhundert (Quellen und Studien des Bistums Hildesheim, 4), Hannover 1997; Josef THALER, Die Domkapitel der Reichskirche vom Wiener Konkordat bis zur Säkularisation (1448–1803). Grundzüge ihrer Verfassung im Vergleich, Frankfurt a. M. 2017.

2 Rudolf MEIER, Die Domkapitel zu Goslar und Halberstadt in ihrer persönlichen Zusammen-

als Handlungsfeld der Domkapitel befasst.[3] Dieser Befund gilt umso mehr für die protestantischen und gemischtkonfessionellen Domkapitel[4] im Norden des Reiches, die in der Geschichtswissenschaft für die Zeit nach der Reformation kaum wahrgenommen worden sind.[5] Wo sie doch Erwähnung finden, tauchen sie nur

setzung im Mittelalter. Mit Beiträgen über die Standesverhältnisse der bis zum Jahre 1200 nachweisbaren Hildesheimer Domherren) (Studien zur Germania sacra, 5), Göttingen 1967, S. 13–29, 119 f.; BOESELAGER, Domherren (wie Anm. 1), S. 130–145; DYLONG, Domkapitel (wie Anm. 1), S. 165–266.

3 Friedrich KEINEMANN, Das Domkapitel zu Münster im 18. Jahrhundert. Verfassung, persönliche Zusammensetzung, Parteiverhältnisse (Geschichtliche Arbeiten zur westfälischen Landesforschung, 11), Münster 1967, S. 113–202; Catherine BOSSHART-PFLUGER, Das Basler Domkapitel von seiner Übersiedlung nach Arlesheim bis zur Säkularisation 1687–1803 (Quellen und Forschungen zur Basler Geschichte, 11), Diss., Basel 1983; DYLONG, Domkapitel (wie Anm. 1), S. 267–282.

4 Für die gemischtkonfessionellen Domkapitel bestand im Kontext der Konfessionalisierungsdebatte seit jeher ein Sonderinteresse an der Frage konfessioneller Kooperations- und Konflikterscheinungen, die eine Reihe von Untersuchungen hervorgebracht haben. Der klare Fokus liegt dabei allerdings auf dem mehrheitlich katholischen Osnabrück. Siehe exemplarisch: Hansgeorg MOLITOR, Der Kampf um den konfessionellen Besitzstand in Osnabrück nach 1648. Johann von Hoya, Franz Wilhelm von Wartenberg und die Einführung des Tridentismus, in: Osnabrücker Mitteilungen 93 (1988), S. 69–75; Rudolfine von OER, Konfessionell gemischte Dom- und Stiftskapitel in Nordwestdeutschland, in: Josef Schröder (Hrsg.), Beiträge zu Kirche, Staat und Geistesleben. Festschrift für Günter Christ zum 65. Geburtstag (Beiträge zur Geschichte der Reichskirche in der Neuzeit, 14), Stuttgart 1994, S. 131–142; Karsten FRICK, Konfession und Politik im Hochstift Verden. 16. und 17. Jahrhundert, Staatsexamensarbeit, Göttingen 1995, unveröffentl.; Friedhelm JÜRGENSMEIER, Bikonfessionalität in geistlichen Territorien. Verhältnisse um 1648 mit besonderer Berücksichtigung des Hochstifts Osnabrück, in: Klaus Garber (Hrsg.), Erfahrung und Deutung von Krieg und Frieden, Religion – Geschlechter – Natur und Kultur, München 2001, S. 261–285; Susanne TAUSS /Ulrich WINZER (Hrsg.), Miteinander Leben? Reformation und Konfession im Fürstbistum Osnabrück 1500 bis 1700, Münster/New York 2017.

5 Die bisher erschienenen Bände der Germania Sacra zu diesen Stiften enden fast alle mit der Reformation im 16. Jahrhundert. Erst in den letzten Jahren deutet sich hier eine Veränderung an. Siehe Dietmar SCHIERSNER/Hedwig RÖCKELEIN, Eine neue Sicht auf den Geistlichen Staat der Frühen Neuzeit, in: dies. (Hrsg.), Weltliche Herrschaft in geistlicher Hand. Die Germania Sacra im 17. und 18. Jahrhundert (Germania Sacra, NF 6), Berlin/Boston 2018; Matthias LUDWIG, Die Bistümer der Kirchenprovinz Magdeburg. Das Bistum Naumburg 2: Das Domstift Naumburg (Germania Sacra. 3. Folge 19), 2 Tlbd., Berlin/Boston 2022. – Die übrige Forschung zu den protestantischen und gemischtkonfessionellen Domkapiteln ist angesichts der Vielzahl an Domkapiteln überschaubar und vor allem in der Anfangsphase der Untersuchungen fast ausschließlich rechtshistorischer Natur. Es mangelt hier vor allem an empirischen Untersuchungen monographischen Umfangs: Johannes HECKEL, Die evangelischen Dom- und Kollegiatstifter Preussens insbesondere Brandenburg, Merseburg, Naumburg, Zeitz. Eine rechtsgeschichtliche Untersuchung (Kirchenrechtliche Abhandlungen, 100/101), Stuttgart 1924; Wilhelm KAHL, Rechtsgutachten über Domstift und Domkapitel zu Brandenburg, Brandenburg a. d. Havel 1920; Alfred SCHULTZE, Die Rechtslage der evangelischen Stifter Meißen und Wurzen. Zugleich ein Beitrag zur Reformationsgeschichte

am Rande auf, da sie von weiten Teilen der Forschung als mit der Säkularisierung in der Bedeutungslosigkeit versunkene Versorgungseinrichtung ohne erkennbar fortbestehendes Eigenleben angesehen werden. Das gilt insbesondere für die Zeit nach 1648 und die damit einhergehende Aufhebung der meisten protestantischen Fürstbistümer. Dies befremdet, finden die protestantischen Domkapitel der teils auch nur vermeintlich säkularisierten Hochstifte[6] doch insbesondere in Beiträgen über ständische Konflikte allenthalben Erwähnung – dann jedoch stets als institutionelle Blackbox ohne Einsicht in deren personelle Konstellationen, die Motive und Handlungsspielräume ihrer Mitglieder.[7]

(Leipziger rechtswissenschaftliche Studien, 1), Leipzig 1922; Gustav Apel, Die Güterverhältnisse des Hamburgischen Domkapitels, Diss., Hamburg 1934; Hermann Nottarp, Ein Mindener Dompropst des 18. Jahrhunderts, in: Westfälische Zeitschrift 103/104 (1954), S. 93–163; Franz Otto, Die rechtlichen Verhältnisse des Domstiftes zu Hamburg von 1719–1802 (Arbeit zur Kirchengeschichte Hamburgs, 6), Hamburg 1962; William C. Schrader, Das älteste Aufschwörbuch im Niedersächsischen Staatsarchiv zu Osnabrück, in: Osnabrücker Mitteilungen 94 (1989), S. 77–97; Christian Hoffmann, Die Aufschwörungstafeln des Bremer Domkapitels im Niedersächsischen Staatsarchiv Stade, in: Stader Jahrbuch 91/92 (2001/2002), S. 133–166; Markus Cottin, Quellen zur Geschichte der wettinischen Sekundogenituren Sachsen-Merseburg (1657–1738) in Domstiftsarchiv und -bibliothek Merseburg, in: Vinzenz Czech (Hrsg.), Fürsten ohne Land. Höfische Pracht in den sächsischen Sekundogenituren Weißenfels, Merseburg und Zeitz (Schriften zur Residenzkultur, 5), Wittenberg 2009, S. 273–303; Wolfgang Prange, Bischof und Domkapitel zu Lübeck. Hochstift, Fürstentum und Landesteil 1160–1937, Lübeck 2014; Uwe Schirmer, Die Formierung der evangelisch-lutherischen Domkapitel. Beobachtungen aus dem nordost- und mitteldeutschen Raum, in: Enno Bünz/Werner Greiling/Uwe Schirmer (Hrsg.), Thüringische Klöster und Stifte in vor- und frühreformatorischer Zeit (Quellen und Forschungen zu Thüringen im Zeitalter der Reformation, 6), Köln/Weimar/Wien 2017, S. 397–443; Paul Beckus, Der alte Niederadel und die protestantischen Stifte. Zur strategischen Verbindung von mitteldeutschen Domstiften und Altadel im 18. Jahrhundert, in: Paul Beckus/Thomas Grunewald/Michael Rocher (Hrsg.), Niederadel im Mitteldeutschen Raum (um 1700–1806), Halle 2019, S. 71–97; Ders., Die evangelische Germania sacra im mitteldeutschen Raum. Ein Forschungsüberblick zu den Domkapiteln auf dem Gebiet Sachsen-Anhalts, in: Harz-Zeitschrift 72 (2020), S. 112–127; Ders., Dienen um zu Herrschen? Niederadlige Herrschaftspartizipation im mitteldeutschen Raum während der Frühen Neuzeit, in: Leonhard Helten/Anke Neugebauer/Uwe Schirmer (Hrsg.), Niederadlige Herrschaftskulturen. Legitimationen – Repräsentationen – Strategien, Halle (Saale) 2021, S. 73–92.

6 In der Forschung gilt Lübeck als das einzige nicht säkularisierte protestantische Hochstift, dass nach 1680 fortbestand. Dieser Eindruck ist jedoch falsch, da die unter wettinische Kontrolle gefallenen Hochstifte Merseburg und Naumburg nicht säkularisiert wurden und auch das Hochstift Meißen mit dem Stiftsterritorium um Wurzen zumindest teilweise weiterbestand.

7 Siehe exemplarisch Wolfgang Neugebauer, Die Stände in Magdeburg, Halberstadt und Minden im 17. und 18. Jahrhundert, in: Peter Baumgart (Hrsg.), Ständetum und Staatsbildung in Brandenburg-Preußen. Ergebnisse einer internationalen Fachtagung, Berlin 1993, S. 170–207; Uwe Schirmer, Zwischen Fürstentestament und Freundbrüderlichem Hauptvergleich. Die politische Wirkkraft der kursächsischen Stände auf dem Landtag von 1657, in: Martina Schattkowsky/Manfred Wilde (Hrsg.), Sachsen und seine Sekundogenituren. Die Nebenlinien Weißenfels, Merseburg

Entsprechend ist kaum etwas über ihre Aktivitäten im frühneuzeitlichen Reich bekannt. Ihre Nutzung der Reichsorgane ist weitgehend unerforscht. Diesem Desiderat ist mit einem einzelnen Beitrag nicht Abhilfe zu schaffen. Es kann hier also nur darum gehen, für den Gegenstand zu sensibilisieren und die Bedeutung des Reichshofrats als Instanz für die protestantischen und gemischtkonfessionellen Domkapitel einer ersten, zwangsläufig rudimentären Einschätzung zu unterziehen. Dazu möchte ich zunächst in einem kurzen Aufriss die Situation der protestantischen und gemischtkonfessionellen Domkapitel nach 1648 in ihrer Beziehung zum Alten Reich skizzieren, bevor ich mich auf die 1720er Jahre und die in dieser Phase zu beobachtende bemerkenswerte Kumulation von Reichshofratsprozessen konzentrieren werde. Hier steht sowohl die Frage im Raum, warum es in dieser Phase zu einer Vielzahl von Reichshofratsprozessen der Domkapitel kam als auch wie diese Prozesse, ihre Verläufe und deren Ausgang vor dem Hintergrund der Erforschung der Reichsjustiz in der Frühen Neuzeit zu bewerten sind.

Betont wird in der Erforschung der frühneuzeitlichen Reichsjustiz die Bedeutung des Reichshofrats für die Entwicklung eines gemeinsamen Rechtsraums und die Verfestigung und Stabilisierung der Reichsverfassung.[8] Wenngleich

---

und Zeitz (1657–1746), (Schriften zur sächsischen Geschichte und Volkskunde, 33), Berlin 2010, S. 97–112; Ulrich ROSSEAUX, Vom geistlichen Fürstentum zur wettinischen Sekundogenitur. Zur Dynastisierung der Hochstifte Merseburg und Naumburg in der Frühen Neuzeit, in: Martina Schattkowsky/Manfred Wilde (Hrsg.), Sachsen und seine Sekundogenituren. Die Nebenlinien Weißenfels, Merseburg und Zeitz (1657–1746), (Schriften zur sächsischen Geschichte und Volkskunde, 33), Berlin 2010, S. 73–96; Tobias SCHENK, Reichsjustiz im Spannungsverhältnis von oberstrichterlichem Amt und österreichischen Hausmachtinteressen. Der Reichshofrat und der Konflikt um die Allodifikation der Lehen in Brandenburg-Preußen (1717–1728), in: Anja Amend-Traut/Albrecht Cordes/Wolfgang Sellert (Hrsg.), Geld, Handel, Wirtschaft. Höchste Gerichte im Alten Reich als Spruchkörper und Institution (Abhandlungen der Akademie der Wissenschaften zu Göttingen. Neue Folge, 23), Berlin/New York 2013, S. 103–219; Renate WIELAND, Protestantischer König im Heiligen Reich. Brandenburg-preußische Reichs- und Konfessionspolitik im frühen 18. Jahrhundert (Quellen und Forschungen zur brandenburgischen und preußischen Geschichte, 51), Berlin 2020, S. 226–234.

8 Volker PRESS, Die kaiserliche Stellung im Reich nach 1648. Versuch einer Neubewertung, in: Georg Schmidt (Hrsg.), Stände und Gesellschaft im Alten Reich, Stuttgart 1989, S. 51–80; DERS., Der Reichshofrat im System des frühneuzeitlichen Reiches, in: Friedrich Battenberg/Filippo Ranieri (Hrsg.), Geschichte der Zentraljustiz in Mitteleuropa, Weimar/Köln/Wien 1995, S. 349–364; Siegrid WESTPHAL, Der Reichshofrat – Kaiserliches Machtinstrument oder Mediator? in: Leopold Auer/Werner Ogris/Wolfgang Sellert (Hrsg.), Höchstgerichte im Europa der Frühen Neuzeit, Köln/Weimar/Wien 2007, S. 115–137, hier 132–137; Reichskammergericht, Reichshofrat und Landfrieden als Schutzinstitute der Reichsverfassung, in: Thomas Simon/Johannes Kalwoda (Hrsg.), Schutz der Verfassung: Normen, Institutionen, Höchst- und Verfassungsgerichte (Der Staat, Beiheft 22), Berlin 2014, S. 13–37; Georg SCHMIDT, Geschichte des alten Reiches. Staat und Nation in der Frühen Neuzeit, München 1999, S. 244.

keineswegs bestritten wird, dass diese Verrechtlichung lückenhaft blieb, so betont doch etwa Dietmar Willoweit, dass die *„dort geführten Untertanenprozesse* [...] *eine erste Ahnung zukünftiger Rechtsstaatlichkeit“* vermittelten.[9] Georg Schmidt und Sigrid Westphal unterstreichen die Bedeutung des Reichshofrats als Mittel der Friedenswahrung durch Moderation und Schlichtung im Reichsverband, der nicht in erster Linie durch seine Entscheidungen, sondern durch das Erzielen von Kompromissen gewirkt habe.[10]

Westphal hebt zudem hervor, dass es sich beim Reichshofrat in der Breite der Fälle um ein Instrument der Nutzer gehandelt habe, das für die Verfolgung politischer Ziele durch das Reichsoberhaupt weniger gut geeignet war als die kaiserlichen Gnaden- und Reservatrechte.[11] Diese Perspektive steht in partiellem Widerspruch zu einer weiteren Beobachtung der Reichshofratsforschung. Seit der zweiten Hälfte des 17. Jahrhunderts wird ein Bedeutungsgewinn des Reichshofrats gegenüber der zweiten höchsten Instanz im Reich, dem Reichskammergericht, konstatiert. Diese Wahrnehmung wird mit der Nähe des Reichshofrats zum Kaiser und seiner damit gegebenen Verbindung zur politischen Zentrale in Wien begründet, wobei insbesondere das quantitative Anwachsen der eingehenden Fälle am Reichshofrat tendenziell als positives Signal der Handlungsfähigkeit des Reichsverbands gewertet wird.[12] Dies geht einher mit einer weiteren Bedeutungszuschreibung an den Reichshofrat, die insbesondere von Volker Press geprägt wurde: Die erhöhte Relevanz des oberstrichterlichen Amtes des Kaisers für dessen Machtentfaltung nach dem Dreißigjährigen Krieg, als die gesetzgeberische wie militärische Entscheidungsgewalt stark eingeschränkt worden war.[13] Der Reichshofrat wird in diesem Kontext als das schlagkräftigste Instrument im

9 Dietmar Willoweit, Reich und Staat. Eine kleine deutsche Verfassungsgeschichte, München 2013, S. 59.

10 Schmidt, Geschichte (wie Anm. 8), S. 244; Westphal, Reichshofrat (wie Anm. 8), S. 132–134; Dies., Stabilisierung durch Recht. Reichsgerichte als Schiedsstelle territorialer Konflikte, in: Ronald G. Asch/Dagmar Freist (Hrsg.), Staatsbildung als kultureller Prozess. Strukturwandel und Legitimation von Herrschaft in der Frühen Neuzeit, Köln/Weimar/Wien 2005, S. 235–254.

11 Westphal, Reichshofrat (wie Anm. 8), S. 135–137.

12 Gabriele Haug-Moritz, Württembergischer Ständekonflikt und deutscher Dualismus. Ein Beitrag zur Geschichte des Reichsverbands in der Mitte des 18. Jahrhunderts, Stuttgart 1992, S. 264; Martin Fimpel, Reichsjustiz und Territorialstaat. Württemberg als Kommissar von Kaiser und Reich im Schwäbischen Kreis (1648–1806), Tübingen 1999, S. 15 f.; Sigrid Jahns, Das Reichskammergericht und seine Richter. Verfassung und Sozialstruktur eines höchsten Gerichts im Alten Reich (Quellen und Forschungen zur Höchsten Gerichtsbarkeit im Alten Reich, künftig: QFHG, 26), Köln/Weimar/Wien 2011, Tl. 1, S. 92; Westphal, Reichshofrat (wie Anm. 8), S. 132 f.

13 Press, kaiserliche Stellung (wie Anm. 8), S. 70; Press, Reichshofrat (wie Anm. 8), S. 362; Barbara Stollberg-Rilinger, Das Heilige Römische Reich Deutscher Nation. Vom Ende des Mittelalters bis 1806, 3. Aufl., München 2007, S. 94.

Reich angesehen.[14] Betont wird dabei die maßgebliche Rolle für den Schutz kleiner Reichsstände, aber auch landständischer Institutionen und einfacher Untertanen, die der Kaiser durch dieses Instrument gewährleistet hätte. Diese Perspektive widerspricht dem oben geschilderten Ansatz also keineswegs grundsätzlich, wird doch auch hier die Bedeutung des Reichshofrats für den Erhalt des Reichsverbandes betont. Volker Press bezeichnete den Reichshofrat gar als „Bremse des landesfürstlichen Absolutismus."[15] Dieses häufig geteilte Urteil wird regelmäßig mit der erfolgreichen Umsetzung der Beschlüsse des Gerichts, auch in heiklen Fällen, belegt. Verwiesen wird meist auf die erfolgreiche Einsetzung von Kommissionen zur Schlichtung und Überwachung reichshofrätlicher Beschlüsse,[16] vor allem aber auf die spektakuläre Exekution gegen Mecklenburg-Schwerin 1719 und das energische Vorgehen des Reichshofrats gegen Württemberg von 1764 bis zum Erbvergleich von 1770. Diese Fälle sollten noch im 18. Jahrhundert die Leistungsfähigkeit des Reichshofrats unter Beweis stellen.[17]

War der Reichshofrat also das schärfste Schwert des Kaisers? Zumindest Skepsis scheint hier bereits vorab angebracht, denn nicht nur Tobias Schenk hat auf das Spannungsverhältnis des Reichshofrats zu anderen kaiserlichen Behörden und der europäischen Großmachtpolitik Habsburgs hingewiesen.[18]

---

14 Press, kaiserliche Stellung (wie Anm. 8), S. 70; Westphal, Reichshofrat (wie Anm. 8), S. 117; Barbara Stollberg-Rilinger, Das Heilige Römische Reich Deutscher Nation. Vom Ende des Mittelalters bis 1806, 2. Aufl., München 2006, S. 94.

15 Press, Reichshofrat (wie Anm. 8), S. 357.

16 Eva Ortlieb, Im Auftrag des Kaisers. Die kaiserlichen Kommissionen des Reichshofrats und die Regelung von Konflikten im Alten Reich (1637–1657) (QFHG, 38), Köln/Weimar/Wien 2001; Sigrid Westphal, Kaiserliche Rechtsprechung und herrschaftliche Stabilisierung. Reichsgerichtsbarkeit in den thüringischen Territorialstaaten, 1648–1806 (QFHG, 43), Köln/Weimar/Wien 2002.

17 Karl Otmar von Aretin, Heiliges Römisches Reich 1776–1806. Reichsverfassung und Staatssouveränität (Veröffentlichungen des Instituts für Europäische Geschichte Mainz, 38), Wiesbaden 1967, Tl. 1, S. 31; Haug-Moritz, Württembergischer Ständekonflikt (wie Anm. 12), S. 272–292; Horst Hürten/Reinhard Elze (Hrsg.), Studienbuch Geschichte. Eine europäische Weltgeschichte, 3. überarb. Aufl., Stuttgart 1994, S. 188; Stollberg-Rilinger, Heiliges Römisches Reich (wie Anm. 14), S. 94.

18 Schenk, Reichsjustiz (wie Anm. 7); Ders., Reichspatriotismus? Friedrich Wilhelm I. im Spiegel der Reichshofratsakten, in: Frank Göse/Jürgen Kloosterhuis (Hrsg.), Mehr als nur Soldatenkönig. Neue Schlaglichter auf Lebenswelt und Regierungswerk Friedrich Wilhelms I. (Veröffentlichungen aus den Archiven Preußischer Kulturbesitz, 18), Berlin 2020, S. 113–145; Michael Hughes, Law and Politics in 18th-Century Germany. The Imperial Aulic Council in the Reign of Charles VI (= Royal Historical Society. Studies in History, 55), Woodbridge 1988, S. 206; Haug-Moritz, Württembergischer Ständekonflikt (wie Anm. 12), S. 272–292.

2. Das Verhältnis der protestantischen Domkapitel zum frühneuzeitlichen Alten Reich[19]

Im Normaljahr 1624 hat es im Reich fünfzehn Kathedralkirchen gegeben, deren Domherren vollständig oder zum größten Teil protestantisch waren. Es handelt sich hierbei um gut ein Drittel der Kathedralkirchen des Reiches und somit um einen substantiellen Teil der Germania sacra.[20] Dazu gehörten alle Domkapitel des Obersächsischen Kreises, die bereits vor der Reformation in starker Abhängigkeit von den benachbarten Reichsterritorien standen: Meißen, Merseburg und Naumburg befanden sich unter kursächsischer Administration. Die Hochstifte Brandenburg und Havelberg waren in die Kurmark integriert worden, ihre Domkapitel bestanden jedoch als ständische Kurien fort. Cammin war hingegen vollends unter die Kontrolle der pommerschen Greifen geraten. Im Niedersächsischen Kreis waren bis auf Hildesheim ebenfalls alle Domkapitel – namentlich die erzstiftlichen Domkapitel Magdeburg, Bremen (nebst Hamburg), sowie die bischöflichen Domkapitel Halberstadt, Lübeck, Schwerin und Ratzeburg – mit großer Mehrheit oder gar vollständig protestantisch. Anders als in Obersachsen hatten die Domkapitel hier aber bis 1648 die territoriale Eigenständigkeit der Hochstifte verteidigt, wobei die Welfen, Oldenburger und Lauenburger um die Administration der meisten Bistümer konkurrierten. Nur in Magdeburg hatten sich Hohenzollernprinzen bis zum Dreißigjährigen Krieg weitgehend unumstritten als Administratoren etablieren können. Ausläufer dieser protestantischen Domstifte fanden sich mit Verden und Minden zudem im Osten des Westfälischen Reichskreises, wobei das katholische Element hier noch im 17. Jahrhundert deutlich stärker blieb.[21] Nur am Rande

---

19 Soweit nicht anders angegeben beziehen sich die folgenden Ausführungen auf die bisherigen Ergebnisse des DFG-Projekts „Geistlicher Stand oder Sinekure? Die protestantischen Domherren vom Westfälischen Frieden bis zum Ende der Napoleonischen Ära (1648–1815)". Die Ergebnisse werden voraussichtlich 2026 veröffentlicht.

20 Zur Übersicht siehe jüngst Thaler, Die Domkapitel der Reichskirche (wie Anm. 1).

21 Von den 14 1648 noch nachweisbaren Verdener Domherren waren mindestens vier katholisch. Vgl. Frick, Konfession (wie Anm. 4), S. xiv–xxxiii; Christoph Gottlieb Pfannekuche, Die aeltere Geschichte des vormaligen Bisthums Verden, Verden 1830, S. 128. Die Zahl der Katholiken in Minden war 1624 umstritten. Laut dem Kurfürsten waren es am 1. Januar neun katholische Majores und vier Minores gegenüber 14 protestantischen Majores und zwei Minores; an der katholischen Konfession zweier Minores bestanden dabei Zweifel. Laut Domkapitel waren es hingegen noch drei katholisches Majores mehr bzw. protestantische Majores weniger. 1648 waren im Domkapitel nur noch zwei sicher protestantische Domherren, Caspar Adam von Schele († 1673) und Hilmar Erich von Brinck († 1658) (letzterer fehlt in dem besonders für die frühen und sehr späten Jahren oft fehlerhaften Verzeichnis William Schraders; er war aber nachweislich von spätestens 1624 bis 1658 Domkapitular. Siehe Landesarchiv Nordrhein-Westfalen, Abteilung Westfalen (künftig: LAV NRW W), D 303 (Domkapitel Minden, Akten), Nr. 50, unfol.; LAV NRW W, D 303

zählte dazu auch das benachbarte Osnabrück, wo die Protestanten allerdings eine verschwindend geringe Minderheit bildeten, sowie Straßburg, wo sich der protestantische Teil des Domkapitels abgespalten hatte.[22]

Die Reformation hatte Auswirkungen auf die verfassungsmäßige Stellung der Hochstifte und damit auch der Domkapitel innerhalb des Reichverbandes: Kirchenrechtlich wurden die protestantischen Hochstifte nicht anerkannt. Die Bistümer galten als vakant, was sich auf die politische Stellung innerhalb des Reiches auswirkte, da die Erz- und Hochstifte aufgrund der Nichtanerkennung durch die anderen geistlichen Fürsten ihre Virilstimmen auf dem Reichstag nicht ausüben konnten.[23] Ambivalent war das Verhältnis des Reichsoberhaupts zu den Administratoren, die stets die Belehnung suchten und bisweilen auch erhielten. Hier spielte der Reichshofrat als oberster Lehnshof auch für die Domkapitel, die sich als Mitregenten der Bischöfe verstanden, eine wesentliche Rolle.[24] Was für

(Domkapitel Minden, Akten), Nr. 1086, unfol.). – Als protestantisch bezeichnete sich auch Jobst Dietrich von Dinklage († 1691), der von seinen protestantischen Mitbrüdern während der Streitereien der 1680er Jahre jedoch als Katholik betrachtet wurde, da er die Tonsur erhalten hatte, stets mit den Katholiken stimmte, ihren Gottesdienst besuchte und nur katholisches Hauspersonal unterhielt. Ein noch ungeklärtes Kuriosum ist Jobst Heinrich von Korff († 1687): Der Domherr galt in Minden als Katholik. Er soll aber laut Beckschäfer und Braun in Osnabrück seit 1654 eine der drei protestantischen Majorpräbenden besessen haben. Nach seinem Tod wurde seine Mindener Präbende an einen Protestanten vergeben. Boeselager deutet indes an, dass es sich um eine Verwechslung mit Jobst Dietrich von Korff (1632–1715) handelt. Dies legt auch ein Verzeichnis der Osnabrücker Domherren von 1606 bis 1693 nahe, das den Domherren als Jobst Dietrich von Korff vorstellt, allerdings erst in den 1690ern entstanden sein kann. Sollte dies stimmen wäre Jobst Heinrich von Korff wohl als eindeutig katholisch zu betrachten. Siehe LAV NRW W, D 303 (Domkapitel Minden, Akten), Nr. 50, unfol.; William C. Schrader, The Cathedral Chapter at Minden and its Members, 1650–1803, in: Westfälische Zeitschrift 139 (1989), S. 83–122; Bernard Beckschäfer, Evangelische Domherren im Osnabrücker Domkapitel, in: Osnabrücker Mitteilungen 52 (1930), S. 177–198, hier S. 197, Nr. 3 u. 5; Bettina Braun, Die gemischtkonfessionellen Domkapitel im Reich nach dem Westfälischen Frieden. Gelebte Ökumene oder Teilung durch eine unsichtbare Grenze?, in: Christine Roll/Frank Pohle/Matthias Myrczek (Hrsg.), Grenzen und Grenzüberschreitungen. Bilanz und Perspektiven der Frühneuzeitforschung, Köln/Weimar/Wien 2010, S. 171–184, hier 180; Boeselager, Die Osnabrücker Domherren (wie Anm. 1), S. 281, Anm. 51; NLA OS, Rep 100, Abschnitt 333 Nr. 11, fol. 2v.

22 Beckschäfer, Evangelische Domherren (wie Anm. 21), S. 177–198; Boeselager, Die Osnabrücker Domherren (wie Anm. 1); Christian Gottlieb Gumpelzhaimer, Evangelische Religionsgeschichte des hohen Stifts Straßburg mit vorzüglicher Rücksicht auf die daselbst erblich gegründeten Domherrenstellen des herzoglichen Hauses Mecklenburg, Schwerin 1794, S. 58.

23 Siehe exemplarisch dazu den Magdeburger Sessionsstreit über Sitz und Stimme auf dem Reichstag, der seit 1566 von den protestantischen Administratoren vor dem Reichshofrat verhandelt wurde: Österreichisches Staatsarchiv, Abteilung Haus-, Hof- und Staatsarchiv (künftig: ÖStA HHStA), RHR, Antiqua, K. 273, Nr. 4.

24 Siehe exemplarisch zur Rolle des Domkapitels bei der Belehnung des Lübecker Hochstifts und der

die Bischöfe galt, galt auch für die Domherren: Aus römischer Sicht handelte es sich nicht um legitime Inhaber der geistlichen Würden, was katholisch gebliebene Domherren nicht davon abhielt, mit den vermehrt protestantischen Mitbrüdern eine fragile Kooperation einzugehen.[25] Ihre Stellung war somit kirchen- wie reichsrechtlich unsicher, obwohl sie bisweilen durchaus Anerkennung am Kaiserhof fanden.[26]

Innerhalb der geistlichen protestantischen Territorien stärkte die Nichtanerkennung durch Rom jedoch die Position der Domkapitel, da sie im Wechselspiel zwischen den konkurrierenden Dynastien der Nachbarterritorien relativ unabhängig von päpstlicher Einmischung ihre Administratoren wählen konnten. Zumindest in den nicht eindeutig im Einflussbereich einer Dynastie gelegenen Hochstiften gelang es den Domkapiteln durch die Kapitulationen, weitgehende Mitbestimmungsrechte zu sichern und ein Monopol auf die Nachbesetzung freiwerdender Kanonikate für sich geltend zu machen.[27]

Diese ambivalente Stellung der Bistümer schlug auf die Nutzung der Reichsinstitutionen und damit nicht zuletzt auch den Reichshofrat durch: Ein protestantisches Domkapitel konnte im Streitfall mit dem Bischof eben nicht ohne Weiteres am katholischen Reichshofrat Rechte einklagen, deren Inhaberschaft von Seiten der katholischen Kirche in Zweifel standen. Soweit ich sehe, lassen sich für die Zeit zwischen der Durchsetzung der Reformation in den Domkapiteln – die sich allerdings teils bis in die 1590er Jahre hinzog – und den reichsrechtlichen Änderungen, die sich aus dem Westfälischen Frieden ergaben, daher nur wenige Prozesse der in Frage stehenden Domkapitel am Reichshofrat nachweisen.[28]

Bedeutung dieses Vorgangs für das Domkapitel: ÖStA HHStA, RHR, Reichslehnsakten, deutsche Exp., K. 198, Nr. 1.

25 Ein beredtes Beispiel für die Kooperation der Domkapitulare bilden die ab 1599 gut erhaltenen Kapitelprotokolle des Domkapitels Halberstadt. Für die Zeit vor 1648 siehe LASA, A 14, Nr. 1208–1215.

26 Siehe etwa ÖStA HHStA, RHR, Antiqua, K. 277c, Nr. 4, fol. 5r f.

27 Ein weitgehend unbehindertes Besetzungsrecht besaßen bei Ausbruch des Dreißigjährigen Krieges Bremen, Magdeburg, Halberstadt, Merseburg, Minden, Naumburg, Ratzeburg, Schwerin und Verden. Der Übergang des Turnus papales an den Kurfürsten erfolgte in Minden und Halberstadt 1648 und in Magdeburg 1680. In Naumburg und Merseburg blieb das alleinige Besetzungsrecht bis ins 19. Jahrhundert erhalten. Ausgenommen waren davon nur die kaiserlichen Prezisten und rechtzeitig eingegangene katholische Provisionen, die aber selten waren.

28 Eine Recherche im Haus-, Hof- und Staatsarchiv zeigt, dass zwischen 1590 und 1647 protestantische und gemischtkonfessionelle Domkapitel kaum als Akteure am Reichshofrat in Erscheinung treten. Wenn sind sie meist Beklagter, nur in fünf Fällen Kläger. Der größte Teil der Fälle datiert auf die Zeit des Dreißigjährigen Krieges, in der sich die rechtliche Stellung der von der Rekatholisierung erfassten Domkapitel wiederum verändert hatte. Auffällig ist das völlige Fehlen der obersächsischen Domkapitel und ein Überhang von Domkapiteln, die sich in den tendenziell reichsnahen Städten Bremen, Hamburg und Lübeck befanden. Vgl. dazu folgende Aufstellung (in Klammern

Die Domkapitel waren also tendenziell reichsfern, auch wenn die Rhetorik der Domkapitel noch im 17. Jahrhundert das Selbstverständnis als zentraler Teil von Reichsstiften erkennen lässt.

Mit dem Frieden von Münster und Osnabrück sollten sich die Ausgangsbedingungen für die Domkapitel indes radikal ändern: Einerseits wurde durch die Anerkennung des Normaljahres 1624 die Existenz protestantischer Hochstifte reichsrechtlich anerkannt, was in der Folge auch von den katholischen Ständen nicht mehr grundsätzlich in Zweifel gezogen wurde. Die Domkapitel konnten davon jedoch nur teilweise profitieren, da andererseits die Zahl der protestantisch geführten Hochstifte durch die Umwandlung in weltliche Fürstentümer radikal reduziert wurde. Lediglich Lübeck, das de facto zu einer Sekundogenitur Schleswig-Holstein-Gottorfs wurde, die drei sächsischen Hochstifte Meißen, Merseburg und Naumburg sowie das auf die Lebenszeit des Administrators August von Sachsen (1628/1638–1680) fortbestehende Erzbistum Magdeburg wurden nicht umgehend säkularisiert. Hauptprofiteur dieser Entwicklung war der Kurfürst von Brandenburg, dem Cammin, Halberstadt und Minden als weltliche Fürstentümer sowie die Anwartschaft auf Magdeburg als Herzogtum zufielen. Während die Domkapitel Bremen, Verden, Schwerin und Ratzeburg in den kommenden Jahren teils gewaltsam und auf strittiger rechtlicher Basis durch die schwedische Krone und die Herzöge von Mecklenburg aufgehoben wurden, bestanden die übrigen elf Domkapitel bis ins 19. Jahrhundert fort. Die strukturelle Beteiligung an der Landesherrschaft über Land- und Regierungsratsstellen wurde in der Folge vor allem dort eingeschränkt, wo die Hochstifte durch die Umwandlung in weltliche Fürstentümer nicht mehr in der Lage waren, ihre Landesherren zur Partizipation an der Regierung zu verpflichten. Insbesondere für die wettinischen Stifter und Lübeck bedeutete der Westfälische Frieden allerdings eine politische wie rechtliche Verbesserung der Lage, wobei sich in Sachsen die 1656 auf Basis der Hochstifter gebildeten Sekundogenituren Sachsen-Merseburg und Sachsen-Zeitz für die Domkapitel als begünstigender Faktor erwiesen.

In der zweiten Hälfte des 17. Jahrhunderts lassen die meisten verbliebenen protestantischen und gemischtkonfessionellen Domkapitel durchaus ein reges Interesse an der Wiederbelebung ihrer Partizipationsrechte im Reich erkennen.

Domkapitel und Laufzeit der Akte): Als Kläger: ÖStA HHStA, RHR, APA, K. 98, Nr. 4 (Lübeck, 1592); RHR, Judicialia miscellanea, K. 11, Nr. 1 (Bremen, 1605), K. 22, Nr. 13 (Bremen, 1623); RHR, Praebendae regiae, K. 2, Nr. 33 (Minden, 1630); RHR, Antiqua, K. 118, Nr. 16 (Halberstadt, 1631) – als Beklagter: RHR, APA, K. 186, Nr. 1 (Lübeck, 1609–1616), K. 111, Nr. 10 (Lübeck, 1617); Antiqua, K. 8, Nr. 8 (Halberstadt, 1616–1625); K. 299, Nr. 4 (Magdeburg, 1617–1665); K. 268, Nr. 5 (Verden, 1625–1626); APA, K. 166, Nr. 4 (Verden, 1628–1629), Antiqua, K. 13, Nr. 2c (Hamburg, 1629); APA, K. 191, Nr. 4 (Minden, 1629–1638); K. 9, Nr. 1c (Halberstadt, 1636); K. 367, Nr. 7 (Hamburg, 1641–1643).

Der Schwerpunkt lag dabei indes nicht auf den Reichsgerichten, sondern auf den stärker politischen Organen des Reiches. Waren einige Domkapitel schon auf dem Westfälischen Friedenskongress mit eigenen Gesandtschaften vertreten gewesen, richtete sich das Augenmerk nun vor allem auf den Reichstag. So war etwa das von der Krone Schweden 1650 für aufgelöst erklärte Domkapitel Verden 1653 mit einem Gesandten auf dem Reichstag präsent, um (letztlich erfolglos) seine Gravamina zur Rettung der außerhalb des aufgehobenen Fürstbistums gelegenen Güter und Rechte des Domkapitels zu artikulieren.[29] Auch der Reichshofrat wurde in dieser Zeit angerufen, soweit ersichtlich allerdings nur durch die von der Auflösung betroffenen Domkapitel Ratzeburg und Verden, die versuchten, auf diesem Wege ihre Existenz zu sichern.[30]

Für eine Wiederbelebung im engeren Sinne reichsständischer Rechte engagierten sich in den kommenden Jahrzehnten hingegen vor allem die Domkapitel, deren Existenz nicht in Frage stand. Lübeck, Magdeburg, Merseburg und Naumburg etwa unterstützten ihre Landesherren mit hohen finanziellen Mitteln und durch persönliches Engagement in ihrem Ringen um die Reaktivierung ihrer Reichstagsstimmen.[31] Hier ging es um die Bestätigung und Anerkennung der Reichsstandschaft der Stiftsterritorien und damit letztlich auch um die Absicherung der Stellung der Domkapitel, deren Reichsunmittelbarkeit insbesondere von den Kurfürsten Sachsens und Brandenburgs mit ihren Territorien bereits seit dem Spätmittelalter bestritten wurde. Wie wichtig diese Frage den Domkapiteln gewesen sein dürfte, zeigt exemplarisch die Kapitulation der Lübecker Administratoren, die stets die Klausel enthielt, dass der Bischof als Gesandten zu Reichs- und Kreisversammlungen immer ein Membrum des Kapitels zu verschicken habe, was der Wahrung und Repräsentation seiner Mitregierung im Stift dienen sollte.[32]

Die Domkapitel zeigten also durchaus Interesse an der Beteiligung im Reich. Die Reichsgerichtsbarkeit scheinen sie jedoch nur in Ausnahmesituationen angerufen zu haben. Zwar wurden die protestantischen Domkapitel oder auch einzelne Domkapitulare des Öfteren verklagt.[33] Ausweislich der Reichshofratsakten lässt sich für den Zeitraum zwischen 1660 und 1720 aber nur ein Prozess

29 Johann Jacob Moser, Erläuterung des Westphälischen Fridens aus Reichshofrätlichen Handlungen, Tl. 2, Frankfurt a. M./Leipzig 1776, S. 233 f.; Landeshauptarchiv Schwerin, (2.12-3/1-2) 68.

30 Landeshauptarchiv Schwerin, (2.12-3/1-2) 66; NLA ST Rep. 5a Nr. 516.

31 Das Domkapitel Naumburg bewilligte dem Herzog von Sachsen-Zeitz etwa allein 1698 60.000 Reichstaler für die Reaktivierung des Reichstagsvotums. Später wehrte sich das Kapitel aktiv gegen die Niederlegung des Votums durch den Administrator Moritz Wilhelm. Siehe Domstiftsarchiv Naumburg (im Folgenden DStA Nmb.), Tit. IV, 17; ÖStA HHStA, RHR, Antiqua, K. 724d; K. 724e.

32 Siehe exemplarisch LASH, Abt. 260, Nr. 21, § 8; LASH, Abt. 260, Nr. 23, § 7.

33 Siehe exemplarisch zu Magdeburg ÖStA HHStA, RHR, Antiqua, K. 277, Nr. 1–3; K. 71, Nr. 3.

ausmachen, der von einem Domkapitel vor den Reichshofrat gebracht wurde: Dieser Fall hatte es durchaus in sich, verklagte das Domkapitel Magdeburg 1670 doch den Administrator August von Sachsen-Weißenfels wegen des Versuchs die Kapitulation von 1647 für nichtig zu erklären.[34] Ein ähnlich schwer gelagerter Fall stellte die doppelte Koadjutorwahl in Lübeck dar, die 1701 vor den Reichshofrat gebracht wurde – allerdings nicht von den konkurrierenden Parteien des Kapitels, sondern vom kaiserlichen Residenten.[35]

Die Reichsinstanzen wurden also offenbar nur in absoluten Ausnahmen durch die Domkapitel angerufen. Dies dürfte nicht darauf zurückzuführen sein, dass es an den anderen Domkapiteln an klagewürdigen Ereignissen gemangelt hätte. Auch sollte dieser Befund nicht dazu verleiten davon auszugehen, dass die Domkapitel ihren Landesherren derart botmäßig geworden waren, dass sie eine solche Appellation zum Schutz ihrer Rechte nicht wagten. Allein die zahlreichen Streitigkeiten über die Vergabe von Präbenden an den Stiften, die landesherrliche Gerichtsbarkeit über die Domherren oder die Gravamina zur Wahrung ständischer Rechte an die sie regierenden (Kur-)Fürsten, in die die Domkapitel eingebunden waren, hätten durchaus genügend Anlass zu einer Anrufung des Reichshofrats geben können. Die geringe Zahl von Prozessen in der Zeit vor 1720 zeugt vielmehr von den zahlreichen und engen Vernetzungen, über die die Domkapitel in die territorialen Konfliktregulierungsinstanzen verfügten. Die Prälaten der Domkapitel besaßen eine ausgesprochen hohe soziale Stellung. Innerhalb der Stände bildeten sie allerorts den ersten Stand, stellten hier meist den Vorsitzenden der Ständeversammlungen und einen überproportionalen Anteil der Landräte. Sächsische und brandenburgische Rangreglements belegen zudem, dass die Domherren überall die ranghöchsten Stellungen einnahmen, die man nicht allein durch herrschaftliche Gunst erringen konnte.[36] Die Auswertung der personellen Besetzung der protestantischen Domkapitel von 1648 bis 1815 zeigt daneben, dass die Domkapitulare einen weit überdurchschnittlichen Ausbildungsgrad nachweisen konnten. Bei den protestantischen Domherren des 17. und frühen 18. Jahrhunderts handelte es sich überwiegend um vorrangig juristisch geschulte Altadlige, die im höheren diplomatischen und Verwaltungsdienst tätig

34 ÖStA HHStA, RHR, Antiqua, K. 276, Nr. 2.

35 ÖStA HHStA, RHR, Antiqua, K. 265, Nr. 15.

36 Sieht man von den Gesandten anderer Höfe ab, waren die Dompröpste, Domdechanten und Domherren sowohl am Berliner als auch am Dresdener Hof die ranghöchsten Ämter, die man ohne das Zutun des Landesherrn erreichen konnte. In Berlin zeigt sich dabei eine stärkere Differenzierung zwischen diesen drei Gruppen und hinsichtlich der einzelnen Herrschaftsbereiche. Siehe Rudolf Maria Bernhard von Stillfried-Alcantara, Ceremonial-Buch für den Königlich Preussischen Hof, Berlin 1903; Domstiftsarchiv Meißen, Sec. C I, 9a, unfol.; LAV NRW W, D 303 (Domkapitel Minden, Akten), Nr. 30, fol. 8r–12r, 16r–17r.

wurden. Zumeist entstammten sie territorialen Netzwerken, die in der stiftischen Administration, den Landständen und auch an den jeweiligen Bezugshöfen über gute Kontakte verfügten.

Besonders auffällig ist die große Zahl von Appellations-, Oberhof- und Kammergerichtsräten, die sich insbesondere an den Domkapiteln des Obersächsischen Kreises nachweisen lassen und die belegen, dass die Domkapitel über engste Kontakte zu den höchsten territorialen Gerichtsinstanzen verfügten.[37] Diese Voraussetzungen brachten die Domherren in die Kapitel ein, und sie konnten zur Beilegung entstehender Interessenkonflikte eingesetzt werden, ohne dass die Domkapitel beständig gegenüber den Landesherren nachgeben oder Einschränkungen hinnehmen mussten. Die Domherren beherrschten den Krieg der Federn, waren nicht selten selbst Teil der landesherrlichen Gremien, die sie überwachen sollten, und mussten daher gewöhnlich nicht auf Reichsinstanzen zurückgreifen, um ihre Interessen als Domkapitulare durchzusetzen.

3. Eine konfliktreiche Gemengelage: Die politischen Rahmenbedingungen um 1720

Dass es trotzdem zu einer massiven Häufung von Reichshofratsprozessen unter Beteiligung der protestantischen Domkapitel zu Beginn der 1720er Jahre kam, deutet daher auf eine Störung der etablierten Konfliktlösungsmechanismen zwischen den Domstiften und ihren Landesherren hin. Diesem Umstand lagen multiple politische und religiöse Konfliktlagen zugrunde: In der Endphase des

37 Nur einige Beispiele die im Folgenden noch relevant sein werden: Der auf brandenburgischen Wunsch in den Reichshofrat aufgenommene Carl Friedrich von Danckelmann war vor seiner Zeit in Wien Kammergerichtsrat und zugleich Domherr in Cammin und Havelberg. Der im fraglichen Zeitraum amtierende Domdechant von Magdeburg, Heinrich von Platen, war vor seiner Wahl 1707 ebenfalls Kammergerichtsrat in Berlin und unterhielt beste Kontakte zu dem Kollegium. Der sich den Magdeburger Opponenten anschließende Magdeburger Domkapitular Rudolf Anton von Alvensleben war Oberappellationsrat am kurhannoverschen Obergericht in Celle. Einer der Naumburger Domkapitulare während des Sedisvakanzstreits mit August dem Starken, Caspar Sigismund von Berbisdorf (1683–1753), war Appellationsrat in Dresden und Assessor des Oberhofgerichts in Leipzig. Es ist auffällig, dass sich gerade in dem hier hauptsächlich in den Blick genommenen Zeitfenster (1721–1728) keine Räte der obersten Landesgerichte in Minden und Halberstadt vertreten finden wie der Kontakt an den Hof gerade in dieser Zeit eher schwach ausgeprägt war. Dieser Mangel könnte zu der Konfrontation mit Berlin beigetragen haben. Siehe Oswald von Gschliesser, Der Reichshofrat. Bedeutung und Verfassung, Schicksal und Besetzung einer obersten Reichsbehörde von 1559 bis 1806 (Veröffentlichungen der Kommission für neuere Geschichte des ehemaligen Österreich, 33), Wien 1942, ND Nendeln/Liechtenstein 1970, S. 350; LASA, U 1 XX C Nr. 97; LASA Cop., Nr. 249, fol. 311r; DStA Nmb., Tit. XXVa, Bd. III, Nr. 39.

Großen Nordischen Krieges traten die hausmachtpolitischen Interessenlagen der regierenden Dynastien im Norden des Reiches deutlich hervor. Die Könige Großbritanniens, Polens, Dänemarks und Preußens – zugleich allesamt die wichtigsten Reichsfürsten im Norden – zerschlugen nicht nur die Großmachtstellung Schwedens, sondern bemächtigten sich auch dessen Territorien und bauten dabei ihre ohnehin starke Stellung aus. Mit der Krönung Friedrichs von Hessen-Kassel zum König von Schweden wurden der protestantische Norden und Westen des Reiches vollends zu einem Spielfeld europäischer Monarchen, die keineswegs ohne Weiteres bereit waren, ihre Interessen Kaiser und Reichsverband unterzuordnen.[38] Zugleich hatten die konfessionellen Spannungen sowohl zwischen den protestantischen Konfessionen als auch zu den Katholiken in dieser Phase bedeutenden Auftrieb.[39]

Diese Gemengelage zeigt sich auch in verschiedenen aufbrechenden Konflikten zwischen den Domkapiteln und den sie dominierenden Dynastien. In Naumburg etwa setzte das lutherische Domkapitel im April 1717 den zum Katholizismus konvertierten Moritz Wilhelm von Sachsen-Zeitz (1682–1718) mit der Rückendeckung des ebenfalls katholischen sächsischen Kurfürsten und polnischen Königs August (1694–1733) ab. Als der Zeitzer kurz darauf unter dem Einfluss seiner reformierten Frau Maria Amalia (1670–1739) und des Pietisten August Hermann Francke (1663–1727) zum Luthertum zurückkehrte, verweigerte man ihm aber ebenso den Bischofsstuhl wie dem Kurprinzen Friedrich August von Sachsen, dessen katholische Gesinnung man bereits vor der offiziellen Bekanntmachung im Oktober 1717 antizipierte.[40]

Parallel bahnten sich im Frühjahr 1717 auch in Brandenburg-Preußen gewichtige Entwicklungen an, die die Interessen der Domkapitel massiv tangieren sollten. Der entscheidende Konflikt sollte sich dabei um die Allodifikation der

38 Rex Rexhäuser (Hrsg.), Die Personalunion von Sachsen-Polen 1697–1763 und Hannover-England 1714–1837. Ein Vergleich, Wiesbaden 2005; Joachim Krüger, Der letzte Versuch einer Hegemonialpolitik am Öresund. Dänemark-Norwegen und der Große Nordische Krieg (1700–1721), Berlin 2019.

39 Thomas Grunewald, Politik für das Reich Gottes? Der Reichsgraf Christian Ernst zu Stolberg-Wernigerode zwischen Pietismus, adligem Selbstverständnis und europäischer Politik (Hallesche Forschungen, 58), Wiesbaden 2020; Wieland, Protestantischer König (wie Anm. 7).

40 DStA Nmb., XXII.9a, unfol.; Jochen Vötsch, Moritz Wilhelm von Sachsen-Zeitz, in: Sächsische Biografie, hrsg. V. Institut für Sächsische Geschichte und Volkskunde, URL: https://saebi.isgv.de/biografie/9078 [Zugriff 26. Januar 2024]; Heinrich Jobst Graf von Wintzingerode, Schwierige Prinzen. Die Markgrafen von Brandenburg-Schwedt, Berlin 2011, S. 230; vgl. zur Herrschaftsverfassung im Stift hierzu auch Matthias Ludwig, Das Hochstift Naumburg nach der Reformation, in: Dietmar Schiersner/Hedwig Röckelein (Hrsg.), Eine neue Sicht auf den Geistlichen Staat der Frühen Neuzeit, in: Dies. (Hrsg.), Weltliche Herrschaft in geistlicher Hand. Die Germania Sacra im 17. und 18. Jahrhundert (Germania Sacra, NF 6), Berlin/Boston 2018, S. 179–222.

Lehen und die Einführung des Lehnskanons als einer dauerhaften Steuer drehen, die Friedrich Wilhelm I. am 5. Januar 1717 angeordnet hatte.[41] Die Ablösung der Lehen traf von Seiten der adligen Rittergutsbesitzer des brandenburg-preußischen Herrschaftskonglomerats von allen Seiten zunächst auf größeren Widerstand, wobei sich im Laufe der Verhandlungen vor allem Teile der Ritterschaften der ehemaligen Hochstifte Magdeburg und Halberstadt als besonders widerständig erweisen sollten. In diesen Ritterschaften spielten die Domkapitel indes formell wie informell eine gewichtige Rolle.[42] Der Konflikt um die Allodifikation der Lehen ist als zentrales Element der fiskalpolitischen Maßnahmen Friedrich Wilhelms I. zu sehen, die dieser seit seinem Regierungsantritt verfolgte, vor allem aber seit 1717 zu intensivieren begann. Er zielte damit auf eine erhebliche Verbesserung seiner Einnahmen ab, die insbesondere der Finanzierung des anwachsenden brandenburg-preußischen Militäraufgebots dienen sollte. In diesen Zusammenhang ist auch der zweite wesentliche Auslöser der Klagewelle preußischer Domkapitel zu stellen: Der Verdacht des Königs, das Mindener Domkapitel hätte seinen Großvater 1665 bei der Berechnung der Quart betrogen.[43]

4. Die Mindener Quart und der Weg an den Reichshofrat

Dem Kurfürsten Friedrich Wilhelm von Brandenburg (1640–1688) waren im Westfälischen Frieden als Kompensation für das an Schweden abgetretene Vorpommern die Hochstifte Halberstadt, Minden sowie die Anwartschaft auf das Erzstift Magdeburg zugesprochen worden. Die Domkapitel waren zwar in ihrem Bestand geschützt worden, allerdings hatte der Kurfürst das Recht erlangt, die Quart – den vierten Teil der Domkapitel – nach dem Absterben der jeweiligen Rechteinhaber zu den Tafelgütern einzuziehen. Was genau unter der Quart zu verstehen war, war indes Verhandlungssache. Sowohl darüber, ob damit allein die Zahl der Kanonikate – und wenn ja, welche – gemeint sei oder ob der gesamte Besitz der Domkapitel, inklusive der Archidiakonate, Obedientien, Dignitäten, Zehnten und weiterer Gefälle angesprochen war, musste der Kurfürst in langen Verhandlungen mit den vorerst noch sehr selbstbewusst agierenden Domkapiteln der ehemaligen Reichstifte klären. Hinzu kam, dass innerhalb der gemischtkonfessionellen Domkapitel teils harte Verhandlungen über die Zahl der katholi-

41 Edict, daß alle Adeliche= Schultzen= und Bauer=Lehen vor allodial erkläret, und nexus feudalis aufgehoben werden solle, wenn dafür ein jährlicher Canon gewilliget wird, vom 5. Jan. 1717, in: Corporis Constitutionum Marchicarum, Berlin/Halle 1755, Tl. 2, Abt. 5, Sp. 81–84.

42 Neugebauer, Stände (wie Anm. 7), S. 170–207.

43 ÖStA HHStA, RHR, Judicialia latinae expeditionis, K. 362, Nr. 1, unfol.

schen bzw. protestantischen Präbenden geführt wurden, die etwa in Halberstadt das Normaljahr für die konfessionellen Verhältnisse der Dompfründe letztlich auf 1627 verschoben.[44] Dies tangierte die Quart, da diese die Rechte der Katholiken nicht schmälern durfte. Überhaupt war unklar, wie viele Kanoniker tatsächlich 1624 an den Stiften evangelisch gewesen waren und wie diese Präbenden eingezogen werden sollten.

Diese undurchsichtige Gemengelage führte zu höchst unterschiedlichen Ergebnissen der Quartberechnung und deren Einziehung: Das Magdeburger Domkapitel wendete das Normaljahr wie die Quart lediglich auf die Zahl ihrer zwölf Kapitulare an, weshalb nur drei von 18 Majorpräbenden[45] eingezogen und zugleich alle Präbenden nach und nach evangelisch wurden, da 1624 nur nichtresidierende Domherren katholisch gewesen waren. Auch blieben die sechs Minorpräbenden[46] bei der Quart unberücksichtigt.[47] Das Domkapitel trat allerdings im Quartvertrag von 1687 einen erheblichen, rund ein Viertel seiner Einnahmen ausmachenden Teil seiner Immobilien an den Kurfürsten ab.[48] In

44 Der Konflikt darüber zog sich in Halberstadt noch bis 1662 hin und brach später mehrfach wieder auf. Siehe LASA, A 13, Nr. 1114, unfol.; LASA, A 14, Nr. 1215, fol. 166r f.; LASA, A 14, Nr. 1216, fol. 177r, 182r; LASA, A 14, Nr. 74 I; LASA, A 14, Nr. 74 II.

45 Bei den Majorpräbenden handelt es sich um die großen Präbenden, die in aller Regel allein zur vollen Mitgliedschaft in einem Domkapitel berechtigten. In fast allen Domkapiteln – so auch in Magdeburg, Halberstadt und Minden – berechtigten allein die Majorpräbenden zur Erlangung des Kapitularstatus, der das Stimmrecht und die Berechtigung zur Teilhabe am allergrößten Teil der domkapitularischen Einnahmen gewährte. Sie wurden deshalb an manchen Stiften auch Kapitularpräbenden genannt. Die Bezeichnung diente hauptsächlich der Unterscheidung von den Minorpräbenden, die diese Qualität nicht besaßen. Siehe die folgende Anmerkung.

46 Die Minorpräbenden, auch kleine Präbenden, Kinderpräbenden, canonici absentes oder auch canonici in herbis genannt, waren nicht an allen Domkapiteln üblich und hatten unterschiedliche Funktionen. Der Übergang zu Exspektanten oder Electen als bloßen (untergeordneten) Anwärtern war an manchen Stiften fließend. An den meisten Domkapiteln des östlichen Niedersächsischen und des Obersächsischen Kreises war die Minorpräbende eine herausgehobene Anwartschaft. Die Inhaber wurden in den Kapitelskalendern aufgeführt und als Teil des Domkapitels begriffen und auch als Domherren bezeichnet. Aus ihrer Mitte rekrutierten sich unmittelbar die dort vom Domkapitel eingesetzten Inhaber von Majorpräbenden. Sie hatten in der Regel allerdings keine oder nur sehr geringe Einnahmen und kein Stimmrecht im Domkapitel. Ausnahmen bildeten Cammin, wo die Inhaber noch im frühen 18. Jahrhundert den Kapitularstatus genossen und Brandenburg, wo sie zumindest an der Wahl des Domdechanten mitwirken durften. In Halberstadt konnten sie bei Erfüllung aller kapitularischen Kriterien an Alter und Studium zumindest bereits stallum in choro erlangen und daraus geringe Einnahmen ableiten.

47 Eingezogen wurden lediglich die Präbenden der Kapitulare Erasmus Dietrich von Bennigsen (1680), Christian August von Friesen (1681) und Georg Hiob Marschall von Bieberstein (1682). Vgl. LASA, Cop., Nr. 244–246.

48 LASA, A 3, Nr. 545, unfol. – Auch hierüber sollte es unter Friedrich Wilhelm I. später Streit geben. Siehe LASA, A 3, Nr. 2303.

Halberstadt wurden bis 1660 hingegen lediglich vier von 22 Majorpräbenden, unberücksichtigt der Minorpräbenden, die Dignität des Cellarius und ein Teil der Einnahmen der zwölf vollhebenden Kapitulare[49] eingezogen, sodass deren Zahl auf zehn voll- und einen halbhebenden Kapitular sank.[50] Anzumerken ist dabei auch mit Blick auf die späteren Vorwürfe der Hohenzollern gegenüber den Domkapiteln, dass nicht nur letztere das Normaljahr recht flexibel handhabten, sondern auch die Landesherren: So hatte der brandenburgische Kurfürst bereits 1650 und der Administrator von Magdeburg 1661 entgegen der Normaljahresregelung die Dompropstei in Halberstadt bzw. Magdeburg evangelisiert.[51]

Besonders lang zog sich die Eintreibung der Quart in Minden hin, was zunächst daran lag, dass schlicht kaum jemand starb oder resignierte. Das Domkapitel war zudem während des Dreißigjährigen Krieges gründlich rekatholisiert worden, sodass sich 1648 nur drei von 23 Domkapitularen als Protestanten bezeichneten.[52] Das noch lange katholisch dominierte Kapitel gewährte dem Kurfürsten zudem kaum Einblicke zur Berechnung der Quart: Während man in Halberstadt und Magdeburg schlicht die ersten vakant werdenden Präbenden einzog, verwaltete das Domkapitel die einzelnen vakant gewordenen Präbenden noch lange selbst und führte die Einnahmen an den Kurfürsten ab. Dies trug zum Eindruck einer Verzögerung bei der Quart bei, was das Misstrauen gegen das katholisch dominierte Kapitel förderte. Anders als in den anderen Domkapiteln rechneten die Mindener Domherren zudem die sechs Minorpräbenden in die Quart ein, von denen sie dem Kurfürsten anderthalb Präbenden zurechneten.

---

49 Die vollhebenden Kapitulare hatten im Unterschied zu den rangniedrigeren Kapitularen Anspruch auf die volle Hebung, das heißt die vom jeweiligen Domkapitel festgelegten vollständigen Einnahmen einer großen Pfründe. Wie viele vollhebende Kapitulare es gab, hing von der Größe des jeweiligen Domkapitels ab. Meist waren zwischen acht und zwölf Domherren dazu berechtigt. An fast allen Domkapiteln genossen die Domherren mit der Erlangung des Status als Kapitular nicht unmittelbar die vollen Einnahmen, sondern nur einen Teil. Die Gründe dafür waren von Kapitel zu Kapitel unterschiedlich historisch gewachsen. Wesentliche Faktor waren die Reformation und der Westfälische Frieden, da die Domkapitel in der Folge dieser Ereignisse Einkünfte verloren hatten und diese entsprechend anders verteilen mussten.

50 Aufgehoben wurden die Kapitularpräbenden Arnold Spiegel von Peckelsheims (1651), Christoph von Hünickes (1660), Joachim von Hünickes (1660) und Jobst Ludolph von Stederns (1661). Siehe LASA, A 14, Nr. 1216, fol. 156v. – Wie uneindeutig diese Frage zu beantworten war, zeigen die Verhandlungen des Domkapitels Halberstadt darüber im Jahr 1663. Das Domkapitel entschied für sich, dass mit den bisherigen Einziehungen die Quart kontraktgemäß erfüllt sei, weil es aus seiner Perspektive notwendig war, die Zahl der präsenten Domkapitulare hoch zu halten. Widerspruch dagegen ist von Seiten der Hohenzollern nicht zu ermitteln. Auch hier sah man den Vertrag also als erfüllt an. Siehe LASA, A 14, Nr. 1217, fol. 20r.

51 Auch dagegen wurde von den katholischen Dompröpsten und ihren Erben in den folgenden Jahren am Reichshofrat ergebnislos prozessiert. Siehe ÖStA HHStA, RHR, Antiqua, K. 9; K. 259.

52 Siehe im Text Anm. 21.

Sie zogen jedoch alle sechs für den Gegenwert einer Majorpräbende ein und behielten dafür eine dem Kurfürsten zu ¾ zustehende Majorpräbende im Bestand des Kapitels.[53]

Bei diesen kleinen Präbenden spielte die konfessionelle Bindung indes keine Rolle. Jedenfalls wurden alle sechs eingezogen, obwohl vier Minorpräbenden vom Domkapitel als katholisch angesehen wurden.[54] Schlussendlich wurden in Minden fünf der 23 Majorpräbenden sowie alle Minorpräbenden eingezogen, was nach dieser Rechenart einem Viertel der Kanonikate entsprach.[55] Bereits 1661 hatten die lange Verzögerung und das Misstrauen gegenüber dem Domkapitel allerdings dazu geführt, dass der Kurfürst mit Vehemenz auf eine Lösung der Quartfrage hingewirkt hatte, was nach längeren Auseinandersetzungen zum Rezess von 1665 führte, in dem das Domkapitel dem Kurfürsten statt der Einkünfte der 1664 tatsächlich vakant gewordenen sechs Präbenden die Archidiakonatseinkünfte (für zwei Präbenden) und eine Summe von 27.000 Reichstalern als verzinsliche Anlage (für vier Präbenden) zur Lösung der Quartfrage und der Kurfürst dem Domkapitel die Aufhebung weiterer drei Präbenden zur Verbesserung der kapitularischen Einnahmen zugestand.[56] Als langfristig problematisch erwies sich der Vertrag, da er aufgrund des Fehlens von Lagerbüchern und der 1665 bestehenden Unsicherheit über den Fortbestand auswärtiger Rechte nur auf einer ungefähren Schätzung der Einkünfte der Präbenden und den daraus künftig zu erzielenden Einnahmen beruhte. Dies öffnete einer Anfechtung Tür und Tor, die der Kurfürst auch mit der Bemerkung, dass wenn bei der Beeidigung des Besitzes *etwas, es habe nahme, wie es wolle, vergeßen, undt darin nicht verzeichnet worden, daß uns daran quarta verpleiben* in den Vertrag setzen ließ.[57] Bereits Friedrich Wilhelm von Brandenburg selbst griff den Vertrag unter Berufung auf diesen Passus 1684 mit dem Argument an, er sei vom Domkapitel übervorteilt worden.[58]

---

53 LAV NRW W, D 303 (Domkapitel Minden, Akten), Nr. 1086, unfol.

54 Diese Nichtberücksichtigung der Konfession bei den kleinen Präbenden findet eine Parallele in der Besetzungspraxis der Minorpräbenden in Halberstadt, die bis 1773 nicht nach konfessionellen Kriterien vergeben wurden. Die Minores und Electi katholischer Konfession wurden in Folge des Rangkonflikts zwischen Franz Egon Freiherr von Fürstenberg (1737–1825) und Friedrich Wilhelm Leopold von Elditt (1733–1807) von den protestantischen Domherren separiert. Vgl. LASA, A 14, Nr. 127, fol. 13r f.; LASA, A 14, Nr. 94, Bd. III, fol. 17v; LASA, A 14, Nr. 348; LASA, A 14, Nr. 348 a; LASA, A 14, Nr. 349; LASA, A 14, Nr. 847.

55 Auf dieser Rechenart dürfte auch die in der Literatur regelmäßige Angabe, das Domkapitel Minden habe 24 Präbenden umfasst, fußen. Tatsächlich waren es aber nur 23 Major- und sechs Minorpräbenden. Siehe LAV NRW W, D 303 (Domkapitel Minden, Akten), Nr. 1086, unfol.; vgl. SCHRADER, Cathedral Chapter (wie Anm. 21), S. 83; NOTTARP, Mindener Dompropst (wie Anm. 5), S. 98.

56 LAV NRW W, D 303 (Domkapitel Minden, Akten), Nr. 1086, unfol.

57 LAV NRW W, D 303 (Domkapitel Minden, Akten), Nr. 1091, unfol.

58 LAV NRW W, D 303 (Domkapitel Minden, Akten), Nr. 1075, fol. 68r–69v.

Die Regierung Minden konnte in dem über drei Jahre währenden Prozess jedoch keinerlei Hinweise für ein unlauteres Vorgehen des Domkapitels finden, sodass die Untersuchung mit der Bestätigung des bestehenden Rezesses endete.[59] Der Vorgang verweist auf die politische Instrumentalisierbarkeit des Vertragswerks, hatte der Kurfürst den Prozess doch vor allem deshalb angestoßen, um das Domkapitel unter Druck zu setzen, seine Interpretation der Kanonikatsverteilung im Normaljahr endlich anzuerkennen, was ihm bis 1687 auch tatsächlich gelang.[60] Auch 1711 soll es nochmal eine solche königliche Untersuchung gegeben haben, die aber scheinbar gar nicht zur Vorlage beim Domkapitel gelangte.[61]

Der Vergleich zwischen den Domkapiteln verdeutlicht, dass die Quart ein unbestimmter Anspruch war, der erst durch politische Verhandlungsergebnisse in eine materielle Form gebracht werden musste. Er bestand nicht in konkret fixierbaren Rechtstiteln und musste in seiner Höhe von der Schätzung der Werte und dem zu einem bestimmten Zeitpunkt angenommenen Gewinn abhängig sein. Erst der Vertrag zwischen dem Kurfürsten und den Domkapiteln definierte seine Höhe und Ausformung auf Basis der bekannten Rechte, Eigentumsverhältnisse sowie der Interpretation der Quart unter verschiedenen Verhandlungsbedingun-

59 Vgl. LAV NRW W, D 303 (Domkapitel Minden, Akten), Nr. 1075; LAV NRW W, D 303 (Domkapitel Minden, Akten), Nr. 1076.

60 Der Kurfürst erreichte bis 1687 die Possession und Emanzipation von Albert Clamor von dem Bussche (1683) und Borries von Münchhausen (1687/88) auf zuvor katholische Präbenden und damit die Verschiebung des Verhältnisses zugunsten der Protestanten, nachdem die Präbenden zuvor teils seit 1675 umstritten gewesen waren. Aus Sicht der Katholiken war die Zahl der Protestanten bereits seit 1680 überschritten, als Christoph Ludolph von Münchhausen als Protestant auf Christoph Bernhard von Galen gefolgt war. Die Zahl der physisch präsenten Protestanten im Kapitel stieg weiter als 1684 Heinrich Viktor von Korff emanzipiert wurde (Possession 1673). Außerdem erreichte der Kurfürst 1686 endlich die Wahl eines protestantischen Domdechanten, wobei von einer freien Wahl eigentlich keine Rede sein kann, da der Kurfürst den letztlich einstimmig gewählten Kandidaten diktierte. Erst jetzt wurde das Domkapitel tatsächlich ein gemischtkonfessionelles, da zuvor lediglich Jobst Dietrich von Dinklage als protestantischer Domherr im Kapitel präsent war. Die anderen protestantischen Domherren zweifelten allerdings an seiner Konfessionstreue. Siehe LAV NRW W, W 101 (Aufschwörungstafeln), Nr. 1283,0; LAV NRW W, W 101 (Aufschwörungstafeln), Nr. 1289,0; LAV NRW W, W 101 (Aufschwörungstafeln), Nr. 1290,0; LAV NRW W, D 303 (Domkapitel Minden, Akten), Nr. 35, Bd. a, fol. 46r, 50r, 52r f., 62r; LAV NRW W, D 303 (Domkapitel Minden, Akten), Nr. 44, unfol.; LAV NRW W, D 303 (Domkapitel Minden, Akten), Nr. 44, unfol.; LAV NRW W, D 303 (Domkapitel Minden, Akten), Nr. 50, unfol.; LAV NRW W, D 303 (Domkapitel Minden, Akten), Nr. 28 a, fol. 225r–257v.

61 Karl Spannagel, der sich in seiner Untersuchung der Frage hauptsächlich auf die Überlieferung des Geheimen Staatsarchivs gestützt zu haben scheint, berichtet darüber am Rande. In Minden hat sich bisher kein Hinweis auf eine Untersuchung der domkapitularischen Vermögensverhältnisse aus dem Jahr 1711 finden lassen. Siehe Karl Spannagel, Minden und Ravensberg unter brandenburgisch-preussischer Herrschaft von 1648 bis 1719, Hannover/Leipzig 1894, S. 93.

gen. Dies ist von wesentlicher Bedeutung, da Friedrich Wilhelm I. in Preußen dies deutlich anders sehen sollte.[62]

Obwohl oder gerade weil der Rezess von 1665 bereits einmal durch die kurfürstlichen Behörden überprüft worden war, scheint das Vertragswerk 1719 den Unmut des Königs erregt zu haben. Am 13. Dezember 1719 bedeutete er der Regierung in Minden, das Domkapitel anzuweisen, binnen 14 Tagen ein Verzeichnis der dort befindlichen Präbenden einzureichen und außerdem ihrerseits mitzuteilen, was in der Sache der Quart zwischen 1648 bis 1665, *da der nachtheilig*[e] *Vergleich getroffen worden* sei, geschehen sei und was der Vertrag *wegen Auffhebung des Vergleichs* enthalte.[63] Mit dieser ersten Resolution war der Ton bereits gesetzt. Für Friedrich Wilhelm I. stand außer Frage, dass er und seine Vorfahren benachteiligt worden waren und der Rezess aufgehoben werden musste.

Das Domkapitel versuchte daraufhin, den Vorgang über die etablierten Kommunikationskanäle und Behördengänge abzumoderieren. Man verweigerte sich einer Prüfung der Rechte nicht, stellte sich aber auf den Standpunkt, dass das Domkapitel seinen Verpflichtungen nachgekommen war. Entsprechend ging es zwei Wege parallel: Während am 11. März 1720 ein offizieller Prozess des Adjunctus fisci vor der Regierung eingeleitet wurde und das Domkapitel sich hier regulär durch seinen eigenen Rechtsbeistand vertreten ließ,[64] versuchte man zugleich Kontakt zum Hof aufzunehmen.[65]

Strukturell boten sich dem Domkapitel auf dem regulären Rechtsweg durchaus günstige Bedingungen. Zwar hatte das Kapitel seit der Jahrhundertwende merklich an Einfluss im Fürstentum verloren. Nach dem Mindener Homagialrezess standen dem Kapitel aber weiterhin zwei Landratsstellen zu. Einer der Inhaber musste nach dem Reineberger Rezess vom 1. Februar 1667 zudem als Rat in der Regierung des Fürstentums vertreten sein. Der Landesherr war verpflichtet, dafür einen Domkapitular auszuwählen.[66] Tatsächlich waren 1720 sogar zwei Domherren in der Regierung vertreten, und mit Johann Christoph von Ledebur (1686–1728) gehörte auch noch der ältere Bruder des Mindener Domkapitulars Heinrich von Ledebur (1691–1751) dem Regierungskollegium an.[67] In der Praxis war dieser Vorzug allerdings wohl nur von begrenztem Wert, da der Regierungs- und Landrat Adam Heinrich von Tresckow (1688–1729) – der einzige

---

62 Und mit ihm die borussische Geschichtsschreibung: Spannagel, Minden (wie Anm. 61), S. 92–98.

63 ÖStA HHStA, RHR, Judicialia latinae expeditionis, K. 362, K. 1, unfol.

64 Ebd.

65 Geheimes Staatsarchiv Preußischer Kulturbesitz Berlin (künftig: GStA PK), I. HA GR, Rep. 32, Nr. 571 u. I. HA GR, Rep. 32, Nr. 572.

66 LAV NRW W, D 303 (Domkapitel Minden, Akten), Nr. 1075, fol. 12v–14r, § 5; Spannagel, Minden (wie Anm. 61), S. 87.

67 Anton Fahne, Geschichte der Westphälischen Geschlechter, Köln 1858, S. 268, Taf. V.

nicht aus Westfalen stammende Domherr im Kapitel – sich nicht als engagierter Vertreter der Interessen des Domstifts zeigte.[68] Noch unauffälliger verhielt sich der Geheime Justizrat Hilmer Albrecht von dem Bussche (1689–1726), der ebenfalls Teil der Mindener Regierung und des Domkapitels war, in den Prozessen aber weder als königlicher Bedienter noch als Domherr bemerkenswert in Erscheinung trat. Diese Passivität dürfte auch mit der Sorge vor individuellen Nachteilen in Verbindung gestanden haben. Jedenfalls erließ der König – auf eine von den beiden Regierungsräten zuvor eingegangene Supplik – am 21. Februar 1721 eine Resolution, in der er ihnen eine finanzielle Kompensation im Falle einer Schmälerung ihrer Pfründeneinkünfte in Aussicht stellte, dies aber mit der unmissverständlichen Aufforderung verband, sich in der Quartfrage nicht gegen die königlichen Interessen zu stellen.[69] Als wichtiger erwies sich zu Anfang, dass auch der Domsyndikus Friedrich Günther Culemann (1675–1729)[70] im Regierungskollegium Mindens präsent war und das Domkapitel daher über alles auf dem Laufenden halten konnte.[71] Obwohl die Streitsumme enorm war – im Raum standen mehr als 57.000 Reichstaler[72] – dürften die Mindener Domherren darauf vertraut haben, auf rechtlichem Wege, über die Diskussion der Details, die grundsätzliche Konfirmation des Rezesses von 1665 erreichen zu können.

---

68 Tresckow erscheint insgesamt sehr passiv. Er tritt weder als Vertreter der Regierung in den teils scharfen Befehlen als Unterzeichner auf, noch signierte er die Gegendarstellungen des Domkapitels, an deren Sitzungen er in dieser Sache offenbar von Anfang an kaum, später notgedrungen gar nicht mehr teilnahm. Es scheint, als habe sich Tresckow heraushalten wollen, da er einerseits nicht aus den etablierten Netzwerken am Domkapitel, sondern aus dem Herzogtum Magdeburg stammte und seine weitere Karriere im Brandenburg-Preußen wohl nicht gefährden wollte, andererseits aber auch kein Interesse an der Schmälerung seiner Revenue haben konnte. Diese Strategie scheint erfolgreich gewesen zu sein. Jedenfalls wurde er am 7. April 1728 zum wirklichen Geheimrat und Etatminister ernannt, starb jedoch noch im selben Jahr. Siehe Christian August Ludwig KLAPROTH/Immanuel Karl Wilhelm COSMAR, Der königl. Preußische und Churfürstl. Brandenburgische Wirklich Geheime Staats-Rat an Seinem zweihundertjährigen Stiftungstage den 5ten Januar 1805, Berlin 1805, S. 411 f., Nr. 166; Vollständiges Verzeichnis aller Etat=Minister, welche dem Königlich=Preußischen und Churfürstlich=Brandenburgischen Hause seit dem Jahre 1641 gedienet, in: Zur Kenntnis der gegenwärtigen und vergangenen Zeit 7/2 (1788), S. 162, Nr. 24.

69 LAV NRW W, D 303 (Domkapitel Minden, Akten), Nr. 1075, fol. 138r.

70 Culemann hatte von 1693 bis 1698 in Halle und Frankfurt/Oder studiert, bevor er zunächst in der Stadt Minden, dann am Domkapitel und ab 1719 zuletzt in der Regierung Minden Karriere machte. Er war seit dem 14. März 1712 Domsyndikus. Siehe LAV NRW W, D 303 (Domkapitel Minden, Akten), Nr. 28 a, fol. 319r f. – Zur Person siehe: K. Fr. Leonhardt: Nachrichten über die Familie Culemann bzw. Kulemann, in: amiliengeschichtliche Blätter (1906), Bd. I (Jg. I.–III), S. 108 f., hier S. 108, Nr. V. 3.

71 ÖStA HHStA, RHR, Judicialia latinae expeditionis, K. 362, Nr. 1, unfol.

72 Ebd.

Jedenfalls war mit einem langwierigen Prozess zu rechnen, auf den sich der König allerdings nicht einzulassen gedachte. Wie kurz die Zündschnur Friedrich Wilhelms I. war, zeigt der Umstand, dass er bereits am 22. Juli 1720 nach gerade zwei fassbaren Verhandlungstagen entschied, den Fall an sich zu ziehen. In seiner Resolution ordnete der König die Zwangsverwaltung des Domkapitels auf drei Jahre an. Diese sollte durch die Mindener Kammer übernommen werden und der Feststellung der Erträge des Domkapitels dienen.[73] Seinen Schritt begründete er mit dem wiederholt vorgetragenen Argument des Domkapitels, keine Lager-, Zins- und Ertragsbücher zu besitzen. Zu vermuten steht, dass der König sich auf diesem Wege auch Zugriff auf die Einnahmen verschaffen wollte. Allerdings müssen die in Minden präsenten Domherren gegen die Resolution des Königs erfolgreich vorgegangen sein, da Friedrich Wilhelm sich am 14. April 1721 – fast neun Monate später – beschwerte, dass in dieser Sache noch *fast garnichts* passiert sei, weshalb er diesmal konkret den Kammerrat von Bergen zur Zwangsverwaltung auf zunächst ein Jahr abordnete und zugleich den Adjunctus fisci zur Fortführung seiner Untersuchungen aufforderte.[74]

Es erscheint plausibel, dass das Domkapitel sich die aufschiebende Wirkung des laufenden Prozesses zunutze machte, auch wenn dies nicht explizit erwähnt wird. Auch dürfte die Regierung Minden sich dem Domkapitel wohlwollender gezeigt haben, als es Friedrich Wilhelm recht sein konnte. Diesem an und für sich durchaus üblichen Vorgehen seiner Behörden wollte er sich jedenfalls offenkundig nicht beugen: Am 12. Mai wurde Culemann untersagt, das Votum in Sachen Quart in der Regierung zu führen, zugleich wurde er verpflichtet sich *beym Dohm Capitul aller Consiliorum* [zu] *enthalten; weniger die Fehder* [zu] *führen.*[75] Zwar dürfte der Interessenkonflikt offenkundig gewesen sein, das Domkapitel wurde aber durch diesen Befehl nicht nur seines wichtigsten Fürsprechers im Regierungskollegium beraubt, sondern auch seines Syndikus und damit des entscheidenden Rechtsvertreters des Kapitels. Schon wenige Tage zuvor hatte Friedrich Wilhelm seinen Geheimen Kriegs- und Justizrat Julian Philipp von Pulian (1660–1744), der sich in seinem Auftrag eigentlich auf dem Weg ans Reichskammergericht in Wetzlar befand, nach Minden beordert, um dort den königlichen Interessen endlich Geltung zu verschaffen.[76]

Mit der Kommission bediente sich Friedrich Wilhelm eines durchaus üblichen Instruments frühneuzeitlicher Herrschaftsausübung, das dazu dienen konnte, die

73 Ebd.

74 Ebd.

75 Ebd.

76 Die Befehle an Pulian ergingen am 16. April und 8. Mai, da er sich inhaltlich bereits mit der Quartfrage befasst hatte. Siehe ebd.

in der Peripherie bestehenden Interessenkonflikte mit der Zentrale und die lokalen Patronagebeziehungen – wie sie zwischen Regierung und Domkapitel zweifelsohne bestanden – zu durchbrechen und so dem herrschaftlichen Anspruch mehr Geltung zu verschaffen.[77] Allerdings war der preußische König dabei keineswegs auf eine Überwachung der regulären Rechtswege aus. Die Kommission war von Anfang an als Exekutionsinstrument gedacht, auch wenn sie sich zunächst einen rechtskonformen Anstrich gab: So forderte Pulian kurz nach seiner Ankunft in Minden am 20. Mai das Domkapitel auf, binnen drei Tagen die Lagerbücher herauszugeben, von denen sowohl die königlichen Behörden als auch das Domkapitel in wechselnden personellen Konstellationen über Jahrzehnte hinweg bestätigt hatten, dass es sie nicht gab.[78] Die darauf erfolgte abschlägige Antwort des Domkapitels wurde von Seiten des Kommissars und seines Königs offenbar als willkommener Anlass aufgefasst, nun weitere Register zu ziehen. Jedenfalls ließ der König die Regierung bereits am 7. Juni wissen, dass *Wenn keine poenal= Mandata helffen, andere convenable härtere Mittel, zu gebrauchen* seien. Zugleich zeigte der König dem Domkapitel die Bandbreite der Repressionsmittel auf: Er legte nicht nur eine für die Domherren unannehmbare Eidesformel vor, die der Domdechant Alexander von Hammerstein (1686–1755), der Großvogt Johann Friedrich Georg von Vincke (1682–1756) und zwei der ältesten Domkapitulare ableisten sollten, wenn sie die Lagerbücher nicht herausgeben sollten, sondern er forderte unter 1.000 Dukaten Strafzahlung die Namensnennung des Verfassers und der aktiven Unterstützer der als *Schmähschrift* wahrgenommenen Antwort des Domkapitels an die Kommission ein. Außerdem wies er den kommandieren Offizier in Minden an, *Wache, oder sonsten anderere execution zu assistiren, und dazu die nöthigen Mannschaften zu commandiren.* Wie die Regierung Minden das Domkapitel in ihrer Zustellung vom 23. Juni 1721 wissen ließ, hatte *Sr. Kö-*

---

77 André Holenstein, Bittgesuche, Gesetze und Verwaltung. Zur Praxis „Guter Policey" in Gemeinden und Staat des Ancien Régime am Beispiel der Markgrafschaft Baden(-Durlach), in: Peter Blickle (Hrsg.), Gemeinde und Staat im Alten Europa (Beiheft zur Historischen Zeitschrift, 25), München 1998, S. 325–357; Ders., „Gute Policey" und lokale Gesellschaft im Staat des Ancien Régime. Das Fallbeispiel der Markgrafschaft Baden (Durlach), 2 Bde., Tübingen 2003, S. 282–341; Stefan Brakensiek, Legitimation durch Verfahren? Visitation, Supplikation, Berichte und Enqueten im frühmodernen Fürstenstaat, in: Barbara Stollberg-Rilinger/André Krischer (Hrsg.), Herstellung und Darstellung von Entscheidungen. Verfahren, Verwaltung und Verhandeln in der Vormoderne (Zeitschrift für historische Forschung, Bhft. 44), Berlin 2010, S. 363–377; Paul Bekkus, Der Fürst im Kabinett. Supplikations- und Herrschaftspraxis unter Franz von Anhalt-Dessau (1758–1817) (Quellen und Forschungen zur Geschichte Sachsen-Anhalts, 24), Halle (Saale) 2021, S. 47 f., 108.

78 Vgl. zur Bestandsentwicklung auch Ulrich Rasche, Necrologien, Anniversarien- und Obödienzenverzeichnisse des Mindener Domkapitels aus dem 13. Jahrhundert (Monumenta Germaniae Historica. Libri Memoriales et Necrologia, NS V), Hannover 1998, S. 1–11, v. a. 4 f.

nigl. Mayl. auch allerhöchst Eigenhändig Verordnet, daß der Dohm Dechant von Hammerstein, wenn er sich nicht erklärete, nach der Magdeburgischen Citadelle gebracht werden solle.[79]

Das Domkapitel benannte daraufhin zwar seine an dem Schreiben beteiligten Mitkapitulare, trotzdem war damit endgültig eine Eskalationsspirale losgetreten, die sich nur noch schwerlich bremsen ließ. Nach wechselnden Schriftgefechten mit der Regierung Minden, die nun als Befehlsübermittler Pulians auftrat und auf die Erfüllung der königlichen Resolutionen beharrte, persönlichen finanziellen Forderungen des Kommissars und weiteren Drohungen gegenüber dem Domdechanten von Hammerstein verweigerte man dem Domkapitel seit Anfang Juli jedweden Rechtsweg. Nach der späteren Klageschrift des Domkapitels waren ihm nun *alle Advocaten und Consulenten, soviel deren im Fürstenthumb Minden zu finden, de facto genommen, also auch wir keinen Notarium haben können, der nur eintzige Appellation von Unß annehmen, oder der Regierung oder Commission praesentiren dörffe.*[80]

Damit waren in Minden alle regulären Kompromissfindungsinstrumente gescheitert. Weder konnte das Domkapitel in Brandenburg-Preußen den Rechtsweg weiterverfolgen, noch durfte es auf die Gnade des Königs hoffen, der allein Gehorsam erwartete, was in diesem Fall nichts anderes als die Aufgabe zentraler Eigeninteressen bedeutet hätte. Erst dieses Scheitern der innerterritorialen Konfliktbewältigung rief den Reichshofrat auf den Plan. Das Domkapitel, vertreten durch die drei anwesenden Mitglieder Dompropst Hermann Dietrich von Nehem (1679–1734), Domdechant Alexander von Hammerstein und Jobst Heinrich von Oer (1673–1751), kündigte diesen Schritt wohl auch in der Hoffnung, hiermit Druck ausüben zu können, am 9. Juli der Regierung Minden an. Da das Domkapitel ahnte, dass jedwede weitere Einlassung an Regierung und König

> *übler Interpretation Capitös, Schad= und Nachttheilig seyn werde, so wird die Hochlöbl. Regierung Uns nicht verdancken; wan wir salva obedientia ex submissione serenissimo ac Clementissimo Regi nostro debita von allen diese so harten Proceduren und zunöthigungen an Ihro Kaysl Mayl allerunterthänigst provociren, und gegen alle noch weiter etwa vorzunehmende Thätigkeiten solennissime protestiren; wie wir dann hiermit wie gesagt, provociren, protestando bedingen, du de Nullitate sprächen, welches wir also der Hochlöbl Regierung in aller astime und Veneration eine Übrige zu notificiren gezwungen sind.*[81]

Man war sich über die Konsequenzen, die dieses Vorgehen auslösen konnte, sichtlich bewusst. Am Domkapitel sah man angesichts der massiven Drohun-

79 ÖStA HHStA, RHR, Judicialia latinae expeditionis, K. 362, Nr. 1, unfol.
80 Ebd.
81 Ebd.

gen mit Gewaltmitteln und der bevorstehenden Exekution gar kein anderes Schutzmittel mehr. Die Anrufung des Reichshofrats war also eine Ultima Ratio, die die Domkapitulare gern selbst vermieden hätten. Absolut schockiert schien man auch bei der Regierung Minden zu sein: Oberlanddrost Peter Christoph von der Osten (1658–1730) schickte noch am selben Tag den Regierungsrat Johann Christoph von Ledebur[82] zu Domdechant von Hammerstein, um ihn zu bitten, *sothanes Provocations-Schreiben, weiln es für solches gefährlich, und für Sie* [die Regierung], *daß selbiges von ihr* [dem Domkapitel] *angenommen, unverandtwortlich, zurücknehmen möchte.*[83] Aus dem Schreiben leuchtet die Sorge des Oberlanddrosts hervor, die Klageankündigung an den König weiterleiten zu müssen, da auch er Schlimmstes zu befürchten schien. Hammerstein entgegnete angesichts der bereits aus dem Ruder gelaufenen Situation jedoch, dass *gestalt mehrmahl erwehnetes Capitulum vor dem allerhöchsten Gott, Sr: Kayl Majestät, wie auch Königl. May. von Preussen, seines aller gnädigsten Herrn dieses alles zu verantworten sich getraute*[84] und bekräftigte noch einmal, dass die Einsetzung der Kommission diesen Schritt unvermeidlich gemacht habe. Daraufhin ließ die Regierung dem Domkapitel mitteilen, *daß Sie es guth gemeinet* hätten, *zu mahlen Sr. Königl: Mayl dieses Unternehmen nicht billigen; sondern vielmehr Übel deuten würden, daß man dergleichen Nachsähe.*[85] Das Schreiben wurde nun aber angenommen und an Friedrich Wilhelm überstellt.

Diese Meldung verschaffte dem König einen Zeitvorsprung, den er für einen ungewöhnlichen Schritt nutzte. In aller Eile ließ er seinem Reichshofratsagenten Johann Friedrich Graeve (1688–1751)[86] eine persönlich signierte ausführliche Stellungnahme zukommen, die bereits am 23. Juli im Reichshofrat präsentiert wurde. Das Dokument diente nicht einer Klageerhebung, sondern sollte diese von vornherein im Keim ersticken. Der König meldete dem Kaiser darin, dass *weilen Capitulum sich dabey sehr impertinent, und straffbahr aufführet, auch an fuere Kayl: Mayl: zu recurriren sich verlauten lässet, ja bereits ein Canonicus von dorten sich hier eingefunden*, man darum bitte, *das Capitul da es sich melden sollte, zur schuldigen Bezeugung und Gehorsam, allergnädigst anzuweisen.*[87]

82 Bemerkenswert ist auch hier, wer zum Kapitel geschickt wurde: Ledebur war der Bruder des Kapitulars Heinrich von Ledebur. Siehe Fahne, Geschichte (wie Anm. 67), S. 268, Taf. V.

83 ÖStA HHStA, RHR, Judicialia latinae expeditionis, K. 362, Nr. 1, unfol.

84 Ebd.

85 Ebd.

86 Graeve, der seit 1715 Preußen am Reichshofrat vertrat, wurde später in den Reichsadelsstand erhoben und starb am 7. Januar 1751 als preußischer Geheimer Legationsrat in Wien. Siehe Neue genealogisch-historische Nachrichten, Tl. 13/2 (1751), S. 38.

87 Das Dokument findet sich unmittelbar am Anfang der Akte ÖStA HHStA, RHR, Judicialia latinae expeditionis, K. 362, Nr. 1, unfol.

Das Schreiben zeigt deutlich, dass ein möglicher Prozess des Domkapitels dem König durchaus zu schaffen machte. Auffällig ist die im Vergleich zu den meisten anderen in diesem Kontext ausgewerteten Schreiben höchst devote Form, in der es gehalten ist – ebenso wie der Umstand, dass Friedrich Wilhelm ausdrücklich eine Bitte formulierte, während er in den meisten späteren Schreiben eher Forderungen stellte und Kompetenzen harsch zurückwies. Friedrich Wilhelm machte in diesem Schreiben indes klar, dass er seiner Meinung nach alles für eine *accurate designa*[ti]*on* der Sache mit dem Domkapitel getan, sich also stets rechtskonform verhalten habe. Zugleich negierte er aber, dass es sich bei dem Rezess von 1665 überhaupt um einen Vertrag *den Rechten nach* gehandelt habe. Er versuchte also, den Kompromiss seines Großvaters mit dem Domkapitel als eine reine Gnade zu inszenieren, deren Dauer und Gültigkeit allein in seinem Ermessen stand. Dass er deshalb das Recht zu seinem bisherigen Vorgehen habe, führte er schlussendlich auf das Fehlverhalten der Domkapitulare zurück, die eine Darlegung der tatsächlichen Besitzverhältnisse *jederzeit hinterlistig verweigert, oder doch gantz unvollkommen heraus gegeben* hätten.[88] In einem weiteren den Anlagen zum vorstehenden Schreiben beigefügten Schriftsatz wurde sogar darauf hingewiesen, dass der König nicht nur zur Aufhebung berechtigt, sondern beinahe verpflichtet sei, da die Besitzungen des Domkapitels durch die Geldablöse nicht wie im Westfälischen Frieden festgesetzt in materieller Form zu den Tafelgütern gekommen seien.[89] Bemerkenswert ist, dass die Summe zugleich weiter aufwuchs: So sah Friedrich Wilhelm sich nun zu einer Forderung von 67.000 Reichstalern berechtigt, wobei er sich noch Entschädigung für die zwei dem Domkapitel zugestandenen Präbenden einräumte. Hierfür sollte ein nicht näher bezifferter Betrag aufgerufen werden, der nach den Aufstellungen des Königs wohl nochmals mehrere Tausend Reichstaler umfassen durfte. Später sollte der König die Streitsumme noch mehrfach auf zuletzt über 164.000 Reichstaler erhöhen.[90]

Erst am 5. August wurde die vom Reichshofratsagenten des Domkapitels, Wilhelm von Imbsen, eingereichte Klageschrift des Domkapitels im Reichshofrat erstmals erörtert, nachdem sie bereits am 31. Juli eingegangen war. Die Angelegenheit war dem Reichshofrat auf der Ritter- und Gelehrtenbank, Dr. jur. Christoph Heinrich Edler von Braillard (1670–1729) zur Berichterstattung aufgetragen worden, der den Prozess in den kommenden Jahren allem Anschein nach mit großer Sorgfalt betrieb.[91] Dies zeigte sich bereits in der ersten Sitzung, in

88 Ebd.

89 Ebd.

90 LAV NRW W, D 303 (Domkapitel Minden, Akten), Nr. 16, fol. 6r, 17r.

91 Die Reichshofratsprotokolle zeigen eine sehr regelmäßige Verhandlung der Materie, wobei durchaus substantielle Fragen erörtert wurden.

der er Änderungen an der am 18. Juli verfassten Klageschrift des Domkapitels erörterte. Den Verantwortlichen war aufgefallen, dass die

> *Klageschrift Einige anzüglichkeiten enthalten, Mithin dadurch der ordentliche Acthus processus zerstöret und zu thättlichkeiten anlaß genohmen werden dörffe, alß hat derselbe* [der impetrantische Anwalt] *allergehr: gebetten, daß ad removenda omnem remoram ante expeditionem decreti Clemdni rescripti die besorgliche ohnangenehmbe Passage auß gedachter schrift deliret werden möchten.*[92]

Diese Überarbeitung war bereits vorab durch den Reichshofratssekretär Johann Siegmund Hayeck von Waldstätten (1661–1737)[93] erfolgt. Die empfohlenen Streichungen in der Originalfassung zeigen dabei, dass die inhaltlichen Punkte tatsächlich unberührt blieben. Allerdings sorgte man dafür, dass der namentlich erwähnte Domkapitular Otto Heinrich Ferdinand Ludwig von Nehem (1690–1725), der sich seit 1721 als Vertreter seines Kapitels in Wien aufhielt, nicht namentlich erwähnt wurde und dass man die teils explizit als Gewalttaten gebrandmarkten Aktivitäten des Königs ihrer näheren Kommentierung durch das Domkapitel entkleidete. Die Ziele des Domkapitels erwiesen sich als ziemlich moderat und dadurch wohl auch nicht völlig aussichtslos. Schon der Beklagte war wohl gewählt: Die Klageschrift richtete sich nicht gegen Friedrich Wilhelm persönlich, sondern gegen dessen Regierung, die man selbst allerdings auch nur als Instrument *Unser Gewiß abgesagte*[n] *Feinde* verstand.[94] Das Muster, sich gegen die Kammer- und Regierungsbehörden oder den Advocatus fisci zu richten, sollte sich später noch mehrfach wiederholen, obwohl am Reichshofrat allen klar war, dass sich die Klagen gegen den König selbst wandten.[95] Gefordert wurde zudem kein förmlicher Prozess vor dem Reichshofrat. Alles, was die Domherren erbaten, war, sie bei ihren festgesetzten Rechten und Besitzungen zu belassen. Sie erwarteten auch nicht, dass der König seine Ansprüche gänzlich fallen ließ, allerdings sollte der Kaiser anordnen, dass ihnen der Rechtsweg in Minden wieder geöffnet würde. Im Übrigen erhofften sie sich vor allem eines: Schutz.

---

92 ÖStA HHStA, RHR, Judicialia latinae expeditionis, K. 362, Nr. 1, unfol.

93 Hayeck von Waldstätten war der langjährig für die lateinische Expedition zuständige Reichshofratssekretär. In der lateinischen Expedition wurden auch die meisten Vorgänge der protestantischen Domkapitel verhandelt. Hayeck war in den Prozess also in verschiedenen Funktionen verwickelt und stand zugleich auf der Gehaltsliste des preußischen Königs. Siehe Schenk, Reichsjustiz (wie Anm. 7), S. 138; zur Person siehe auch ÖStA AVA, Adel, Reichsadelsakten, K. 174, Nr. 12.

94 ÖStA HHStA, RHR, Judicialia latinae expeditionis, K. 362, Nr. 1, unfol.

95 ÖStA HHStA, RHR, Judicialia latinae expeditionis, K. 362, Nr. 2; K. 362, Nr. 4; K. 265, Nr. 2; Obere Registratur, K. 597, Nr. 1, fol. 293r.

Dieser war dringend nötig. Denn Friedrich Wilhelm setzte dem Domkapitel parallel zu dem anlaufenden Verfahren in Wien weiterhin physisch nach: Noch im Juni wurde etwa die Kurie des Domkapitulars Simon Heimar von Cappel (1686–1730) inmitten der Domfreiheit militärisch besetzt. Und Dompropst Hermann Dietrich von Nehem wurde bedroht, sich in die Frage der Quart nicht einzumischen.[96] Als die überarbeitete Klageschrift mit zahlreichen Anlagen am 8. August 1721 im Reichshofrat vorgelegt wurde, verwies man deshalb auf *summum in mora periculum* und erflehte sofortige Behandlung.[97]

Tatsächlich erwies sich der Reichshofrat in dieser Situation als ein schnell und gezielt handlungsfähiges Organ der Reichsjustiz. Nur acht Tage später, am 16. August, erging eine Resolution des Kaisers, die ganz im Sinne des Domkapitels wirken sollte: Ein endgültiges Urteil war nicht zu fällen, da der König in Preußen zunächst gehört werden musste. Es erging aber die ausdrückliche Weisung an Friedrich Wilhelm, das Kapitel in dem Stand zu belassen, in dem es vor der Einsetzung der Kommission im Mai 1721 gewesen war. Der König sollte sich *des Richter Ambts* in der Sache enthalten und

> *dargegen die schleunige justiz=mäßige erörtherung darüber geruhig aufwarthe*[n] *des gleichl*[en] *in statu administrationis derer Vom Dhom Capitul biß anhero in besitz und genuß habenden Gütter und Gerechtsame unterdeßen biß zu erfolgter solcher Unserer decission überall nichts innoviren, noch dem selben davon in einige wege eintrag und nachtheil zu ziehen: wie nicht weniger oft besagter Dohm Capitul des Syndici und andere Advocatorum zum Behuf und Vertheydigung seiner Rechte zu gebrauchen nicht verhindern.*

Außerdem sollten das *Dohm Capitul und deßen angehörige membra mit weitern* [...] *ohnnöthigen juramentis* nicht belästigt werden, worunter der Reichshofrat explizit sowohl die Forderungen Pulians, die Besetzung der Kurie als auch die Bedrohung des Domdechanten mit Festungshaft verstanden wissen wollte.[98] Damit hatte das Domkapitel genau das erreicht, was es angestrebt hatte: Der Konflikt um die Quart schien in die Bahnen der Justiz zurückgelenkt, die aufschiebende Wirkung des Prozesses konnte erneut greifen und das Domkapi-

---

96 Nehem war am 23. Juni 1721 mit Verweis auf die erst wenige Monate zuvor erlangte Dompropstei dazu aufgefordert worden, sich nicht dem Protest des Domkapitels anzuschließen, da die Propstei selbst von dem Streit nicht betroffen war. Nehem ließ die Behörden indes wissen, dass er sich als geschworener Kapitular des Domkapitels seinem Eid verpflichtet fühle, auch wenn es ihn *in der Sehle kräncke, daß ich diese Zwistigkeiten wegen der Quart-Sache sehen muß, Unterdeßen so würden mir doch alle gewißenhafften honête und Justitz liebende Leuthe verdenken; wan ich meines Officiy dabey vergäße*. Siehe ÖStA HHStA, RHR, Judicialia latinae expeditionis, K. 362, Nr. 1, unfol.

97 Ebd.

98 Ebd.

tel war in die Lage versetzt, sich seinem König wieder in einem Federgefecht zu stellen – der Paradedisziplin der Domkapitulare.

5. Ausweitung und Eskalation

Der Quartstreit war allerdings nur einer von mehreren Konflikten, die sich zwischen den Domkapiteln und Friedrich Wilhelm I. in diesen Jahren entwickelten. Der wohl schwerwiegendste Konflikt sollte sich aus der vom preußischen König am 5. Januar 1717 angeordneten Allodifikation der Lehen entwickeln.[99] Der Konflikt ist bereits verschiedentlich beleuchtet worden. Zuletzt hat Tobias Schenk das Zustandekommen des Verfahrens am Reichshofrat eingehend untersucht.[100] An dieser Stelle sei deshalb nur in groben Zügen auf den Kern des Problems eingegangen: Mit der Allodifikation hatte der König die Lehnsbindung der Rittergutsbesitzer aufgehoben, was ihm die Möglichkeit eröffnete, die von Adligen zu stellenden Lehnspferde durch eine Steuer, den sogenannten Lehnskanon, abzulösen. Die Rittergüter verloren dadurch ihre privilegierte, insbesondere steuerrechtliche Stellung, wurden allerdings auch zu frei verfügbarem und damit auch frei veräußerbarem Eigentum der adeligen Inhaber. Dieses Vorgehen traf allerdings zunächst entgegen der von Friedrich Wilhelm in seinem Dekret formulierten Hoffnung nicht auf die Begeisterung der Ritterschaften seines vielgliedrigen Reiches. Als Bedrückung wurde insbesondere der Umstand betrachtet, dass der König die Güter dadurch mit einer dauerhaften Steuer belegen wollte, obwohl die Landschaften bisher stets spezielle, an konkrete Ereignisse gebundene Bewilligungen erteilt hatten, die vermeintlich den Charakter freiwilliger Gaben an den Landesherrn wahrten. Auch die Möglichkeit, den Gutsbesitz frei zu veräußern, traf bei weitem nicht überall auf Zustimmung, zumal die Mitbelehnten der Gutsinhaber um ihre Rechte fürchten mussten. Nicht zuletzt sahen die Ritterschaften durch die Aufhebung des Lehnswesens ihren Konnex zum Kaiser gefährdet und damit eine keineswegs nur ideell gedachte Verbindung zum Reich und seinen Institutionen. Trotz großer Widerstände und zahlreicher Eingaben dekretierte Friedrich Wilhelm noch 1717 verschiedene Befehle, die die einzelnen Ritterschaften zur Zahlung eines vorläufig auf fünf Jahre bestimmten Lehnskanons von 40 Reichstalern je Ritterpferd und Quartal verpflichteten.[101]

99 Edict, daß alle Adeliche= Schultzen= und Bauer=Lehen vor allodial erkläret (wie Anm. 41), Tl. 2, Abt. 5, Sp. 81–84.

100 Schenk, Reichsjustiz (wie Anm. 7), S. 103–219.

101 ÖStA HHStA, RHR, Obere Registratur, K. 597, Nr. 1, fol. 49r.

Besonders vehementer Widerstand gegen diese Regelungen regte sich im Herzogtum Magdeburg und im Fürstentum Halberstadt, was nicht zuletzt auch mit den Domkapiteln zu tun hatte. Die Domkapitel waren von dem Vorgehen des Königs in mehrerlei Hinsicht betroffen: Zum einen gehörten sowohl das Domkapitel Magdeburg als auch Halberstadt zu den größten Lehnsnehmern des Königs in den jeweiligen Territorien. Außerdem vergaben sie auch selbst Lehen, die durch das königliche Vorgehen betroffen waren.[102] Vor allem aber besetzten die Domkapitel wichtige Funktionen in der landständischen Verwaltung. Sie waren die obersten Vertreter ihrer Territorien und damit zugleich der erste Stand der Landschaft. In Halberstadt und Minden bildeten sie einen eigenen Stand, waren aber zugleich durch die Propsteien der Kollegiatstifte auf der Prälaten- bzw. Ritterbank vertreten.[103] Der jeweilige Deputierte des Domkapitels, zunächst meist der Domdechant, hatte zudem qua Amt noch immer die Funktion des Direktors der Stände inne.[104] Weiterhin hatten sie Anspruch auf Landratsposten, wodurch die Domkapitel in den jeweiligen engeren und weiteren Ausschüssen der Stände überproportional stark vertreten waren und strukturell begünstigt Einfluss nehmen konnten.[105] Sie waren damit zugleich in der Pflicht, für die Interessen der Landstände an führender Stelle einzustehen.

---

102 Dieser Punkt bedarf einer genaueren Untersuchung. Nur beispielhaft sei hier auf die zahlreichen Lehen der Mindener Dompropstei wie der anderen Dignitäten hingewiesen, die hiervon ebenfalls indirekt betroffen waren. Siehe für Minden zur Übersicht: LAV NRW D 304 / Domkapitel Minden, Lehnssachen, Domkapitel, Nr. 15 u. 16; im Landesarchiv Westfalen finden sich auch zahlreiche Einzelakten zu den Lehen. Ein weiterer derartiger Konflikt ergab sich 1727 am Domkapitel Magdeburg. Das Kapitel hatte 1685 ein heimgefallenes domkapitularisches Lehen (die Güter der 1685 erloschenen Familie von Knipping zu Dreileben) eingezogen. Die königlichen Behörden machten dem Domkapitel dieses lehnsrechtlich begründete Vorgehen seit 1720 unter anderem mit Verweis auf die Quart streitig. 1727–1731 kam es zu einem Prozess vor der Magdeburger Regierung. Gegen das Urteil wendete sich das Domkapitel 1732 an den Reichshofrat, um die Kriegs- und Domänenkammer zu verklagen. Siehe: LASA, A 3, Nr. 2303.

103 Spannagel, Minden (wie Anm. 61), S. 75 f.; LASA, A 13, Nr. 364.

104 LAV NRW W, D 303 (Domkapitel Minden, Akten), Nr. 1075; LASA, A 13, Nr. 364, fol. 14r f, § 9; in Magdeburg stand der Vertreter des Domkapitels dem engeren Ausschuss vor und war damit de facto ebenfalls Direktor der Ständevertretung. Siehe Neugebauer, Stände (wie Anm. 7), S. 187 f.; Siegmund Wilhelm Wohlbrück, Geschichtliche Nachrichten von dem Geschlecht von Alvensleben, Berlin 1829, Tl. 3, S. 312–314.

105 Nach dem Homagialrezess von 1650 standen dem Mindener Domkapitel zwei der drei Landratsposten zu. Einer sollte durch die Ritterschaft bestimmt werden. In Halberstadt verfügte das Domkapitel als erster Stand sowie die Ritterschaft und die Städte je über einen Landrat (keinen Landrat stellte die Prälatenbank). Da der Direktor der Stände ebenfalls im engeren Ausschuss vertreten war, hatte das Domkapitel Halberstadt zwei von vier führenden Stellen in diesem Gremium inne. Siehe LAV NRW W, D 303 (Domkapitel Minden, Akten), Nr. 1075, fol. 12v–14r, § 5; LASA, U 6, I Nr. 2; LASA, A 13, Nr. 364, fol. 13v–14v, § 8.

Die Domkapitel waren dabei keineswegs ein Appendix der Ritterschaft, wie dies die ältere Forschung bisweilen postuliert hat, sondern häufig federführend.[106] Ein wesentlicher Teil der Domherren entstammte den führenden Familien der jeweiligen Ritterschaften, eine Verbindung, die in den 1720er Jahren noch sehr lebendig war.

Zwar hatte dieser Vorgang keinen unmittelbaren Zusammenhang mit den Ereignissen in Minden, es ist aber bekannt, dass sich insbesondere die ehemaligen protestantischen Reichsstifte Magdeburg, Halberstadt und Minden gegenseitig beobachteten und austauschten, wenn nicht ohnehin personelle Überschneidungen durch Mehrfachbepfründung bestanden.[107] Wenngleich in den beiden Fällen nicht von einer Absprache zwischen Mindener Domherren und den führenden Kreisen der Magdeburgischen Adelsopposition auszugehen ist, so dürften Letztere über die Klage des Domkapitels in Wien wohl im Bilde gewesen sein, als sie sich am 30. Mai 1722 bei einer geheimen Versammlung im braunschweigischen Destedt entschieden, ebenfalls offen Klage am Reichshofrat zu erheben. Dies stellte eine neue Qualität dar, nachdem man 1718 noch versucht hatte, ein damals erwirktes – aber auch wirkungslos gebliebenes – Schutzmandat so gut es eben ging nicht als Reaktion auf eine adelsoppositionelle Eingabe erscheinen

106 Besonders eindrücklich hier der Fall Cammins, wo der Große Kurfürst nach 1676 versucht hatte, das Domkapitel durch das Unterlassen der Wiederbesetzung vakanter Präbenden eingehen zu lassen, sodass am Ende seiner Regierung fast alle Kanonikate vakant waren. Es wurde aber 1689 bei der Huldigung für den neuen Kurfürsten Friedrich III. wieder eingesetzt, unter anderem mit dem von der kurfürstlichen Administration vorgetragenen Argument, man könne mit den pommerschen Ständen ohne die Führung des Domkapitels zu keinen Beschlüssen kommen. Siehe GStA PK, I. HA Geheimer Rat, Rep. 30 Pommern, Nr. 107, unfol.

107 Die Domkapitel Minden, Halberstadt und Magdeburg standen in stetem Austausch über Statutenfragen, aber auch über Wahlen und Neujahrsgrüße. Siehe für Austauschbeziehungen nur zwei Beispiele: Die drei Kapitel korrespondierten über das königliche Resignationsverbot (1739) und den Umgang mit den königlichen Forderungen im Zuge des Reichsdeputationshauptschlusses (1804), der bereits 1803 die Auflösung der Domkapitel hätte bedeuten können. In diesem Kontext versuchte man auch die kleinen Domkapitel wie Havelberg miteinzubeziehen: LAV NRW W, D 303 (Domkapitel Minden, Akten), Nr. 72, fol. 48r–52r; LASA, A 3, Nr. 2039; Brandenburgisches Landeshauptarchiv (im Folgenden BLHA), 10A Domkapitel Havelberg 870. Im Untersuchungszeitraum waren mit Clamor Eberhard von dem Bussche und Werner Ludwig Spiegel von Peckelsheim zwei Domherren sowohl in Magdeburg als auch in Halberstadt vertreten. Beide hatten ihren Schwerpunkt in Halberstadt, nahmen die Vorgänge in Magdeburg aber wahr. Sie dürften Einfluss auf ihre Entscheidungen in Halberstadt genommen haben. In Minden waren in den 1720er Jahren keine Magdeburger oder Halberstädter Domherren vertreten. Allerdings bestanden über die katholischen Kapitulare indirekte Kontakte des Mindener und des Halberstädter Domkapitels über die Kapitel in Hildesheim, Münster und Paderborn, wo verschiedentlich Mindener und Halberstädter Domherren vertreten waren. Siehe hierzu die folgenden Ausführungen.

zu lassen.[108] Die Bedingungen waren 1722 in jedem Fall ähnlich wie in Minden: Wie das Domkapitel durften auch die opponierenden Ritter nicht mit der Gnade ihres Landesherrn rechnen, wie ein letzter gescheiterter Versuch, den König im Juni von einem Einlenken zu überzeugen, verdeutlichte.[109] Den Magdeburgern waren ebenfalls alle rechtlichen Schutzmittel genommen, und die damals bereits mehr als fünf Jahre währende, teils militärische Exekution setzte ihnen finanziell massiv zu.[110]

Anders als bei den Beschwerdeschriften des Jahres 1717 nahm das Domkapitel Magdeburg an der Klage allerdings keinen direkten Anteil. Die Gründe dafür dürften in der personellen Konstellation des Domkapitels im Klagezeitraum zu suchen sein: Das Kapitel war geschlossen organisiert, sodass lediglich die zehn ältesten Domherren als Kapitulare die Entscheidungen trafen.[111] Zwar trat das Domkapitel gegenüber dem König in diesem Zeitraum regelmäßig appellationsfreudig auf und vertrat die eigenen Interessen durchaus selbstbewusst. Allerdings konnte man in Magdeburg stärker auf die sehr engen Kontakte in Hof und Verwaltung bauen. Das Domkapitel stand damals unter der Leitung des aus der Kurmark stammenden preußischen Geheimrats und vormaligen brandenburgischen Kammergerichtsrats Heinrich von Platen (1654–1734). Der stets umsichtig agierende Domdechant verfügte über beste Kontakte in die Magdeburger Regierung, in der unter anderem sein Sohn Nikolaus Ernst von Platen (1693–1733), ebenfalls Magdeburger Domherr, vertreten war, und ans Berliner Kammergericht.[112] Der Regierung verbunden war auch der Domkapitular und Subsenior Christian Adam von Posadowsky (1663–1726), dessen Bruder Friedrich Wilhelm (1672–1730) bis 1713 der Regierung angehört hatte. Der Schle-

108 Schenk, Reichsjustiz (wie Anm. 7), S. 144–157.

109 Die Reaktion war eine unverhohlene persönliche Drohung des Königs. Im Übrigen erfolgte die Anweisung, nur noch namentlich unterzeichnete Schreiben der Opponenten anzunehmen. Siehe LASA, A 5 a Generalia, Nr. 21, Bl. 236; Schenk, Reichsjustiz (wie Anm. 7), S. 170.

110 ÖStA HHStA, RHR, Obere Registratur, K. 597, Nr. 1, fol. 55r–73r, 287r–290r, 603r–631r. – Dass auch sie keine Advokaten mehr im Herzogtum beauftragen durften und ihre Appellationen nicht angenommen wurden, bestätigt die Korrespondenz des Geheimrats in Hannover mit den britisch-hannoverschen Gesandten in Berlin. Siehe NLA HA Hann. 92 Nr. 1978, fol. 1r–9v.

111 Im Kapitel waren damals vertreten: 1) Heinrich von Platen, Domdechant, 2) Franz Heinrich von Cramm, 3) Christian Adam von Posadowsky, 4) Georg Wilhelm von Marenholtz, 5) Marquard Ludwig von Printzen, 6) Rudolf Anton von Alvensleben, 7) Hieronymus von Münchhausen, 8) Kurt Hildebrand von Loeben, 9) Eberhard Clamor von dem Bussche, 10) Philipp Adam von Hardenberg. Insgesamt hatte das Domkapitel jedoch 16 Majorpräbenden und 9 Minorpräbenden.

112 Gothaisches Genealogisches Taschenbuch der Adeligen Häuser, A (Uradel). Jg. 4, Justus Perthes, Gotha 1902, S. 673–675; LASA, A 3, Nr. 1960, fol. 1r–6r; LASA, Cop., Nr. 249, fol. 355r; LASA, A 3, Nr. 1976, fol. 1r; LASA, U 1 XX C Nr. 97; LASA, Cop., Nr. 246, fol. 362r f.

sier Friedrich Wilhelm von Posadowsky, der noch immer als Stiftshauptmann in Quedlinburg und Obersteuereinnehmer in Magdeburg tätig war, genoss beim König großes Ansehen und war von diesem des Öfteren mit wichtigen Aufträgen im Herzogtum Magdeburg bedacht worden.[113] Aber auch auf höchster Ebene hatte man in Magdeburg das Gehör Friedrich Wilhelms I., denn mit Marquard Ludwig von Printzen (1675–1725) gehörte dem Kapitel ein entscheidender Minister Friedrich Wilhelms an. Er war ein steter Informant des Domkapitels, der aber auch beständig zur Mäßigung riet.[114] Auch Kurt Hildebrand von Loeben (1661–1730) galt als ein Favorit des Soldatenkönigs. Allerdings engagierte sich der einzige Offizier im Chor kaum für die Belange des Domkapitels.[115]

Der Rest des Kapitels wurde hingegen von niedersächsisch-westfälischen Adligen dominiert, deren Loyalität zu Preußen zweifelhaft erscheinen konnte: Es bestand aus dem bereits alternden Senior Franz Heinrich von Cramm (1663–1724), dem kurbraunschweigischen Kammerherrn Georg Wilhelm Freiherr von Marenholtz (1679–1744), dem Braunschweig-Wolfenbütteler Minister und Kammerpräsidenten Hieronymus Freiherr von Münchhausen (1680–1742), dem jungen Philipp Adam von Hardenberg (1695–1760) sowie Clamor Eberhard von dem Bussche (1683–1753) und Rudolf Anton von Alvensleben (1688–1737). Von diesem Kreis waren allerdings nur wenige persönlich im Herzogtum Magdeburg begütert.[116] Diese Konstellation war jedoch eine Momentaufnahme, da sich

113 Arthur Adolf Graf Posadowsky-Wehner: Geschichte des schlesischen uradeligen Geschlechts der Grafen Posadowsky-Wehner, Freiherrn von Postelwitz […], Breslau 1891, S. 70–72. – Allerdings scheint auch Posadowsky zu den moderaten Opponenten gehört zu haben, die sich zwar der Klage nicht anschlossen, aber den Lehnskanon verweigerten. Vgl. LASA, A 5a, Gen. Nr. 21.

114 LASA, Cop., Nr. 248, fol. 153v–154v; vgl. die Protokolle des Domkapitels: LASA, Cop., Nr. 248–249.

115 Loeben war 1713 als Prezist des Königs in Magdeburg eingesetzt worden. Nachdem der Versuch des Königs, Loeben 1715/16 auf der Erbpräbende der von dem Bussche zu installieren, am Widerstand des Domkapitels (und mit maßgeblicher Unterstützung Printzens) gescheitert war, bestimmte Friedrich Wilhelm I., dass die Einnahmen der Kapitularpräbende des in Ungnade gefallenen Carl August von Brandenburg-Kulmbach an Loeben ausgezahlt werden sollten. Als 1720 die Präbende des Seniors Friedrich Asche von Asseburg vakant wurde, versuchte der König Loeben direkt als Kapitular einsetzten zu lassen, was erneut am Widerstand des Domkapitels scheiterte. Letztlich enthob der König seinen Vetter Carl August von Brandenburg-Kulmbach daraufhin seiner Präbende, um Loeben mit Zustimmung des Kapitels endlich als Kapitular installieren zu können. Siehe LASA, A 3, Nr. 2054; LASA, A 3, Nr. 2059; LASA, Cop., Nr. 249, fol. 154r–158r. – Loeben trat danach kaum in Magdeburg in Erscheinung und zeigte sich bei der Unterstützung domkapitularischer Angelegenheiten reserviert. Siehe exemplarisch LASA, A 3, Nr. 1967, fol. 47r; vgl. LASA, Cop., Nr. 249–250.

116 Zumindest lag ihr Besitzschwerpunkt deutlich außerhalb: Lediglich die Domkapitulare von Alvensleben und von Printzen waren im Herzogtum Magdeburg mit Rittergütern ansässig. Die meisten anderen Domkapitulare waren zwar ebenfalls in Brandenburg-Preußen begütert. Ihre

das Kapitel stetig veränderte, was noch wenige Jahre zuvor eine womöglich ganz andere Reaktion provoziert hätte. In dieser Zusammensetzung erschien es der Mehrheit der Domkapitulare jedenfalls nicht opportun, auf dem Klageweg die Ziele der Ritterschaft zu unterstützen, zumal man durch die ständischen Gravamina 1717/18 bereits Änderungen am Lehnskanon erreicht hatte, die dem Domkapitel in Abwägung anderer Interessen womöglich hinreichend erschienen.[117]

Dies heißt aber keineswegs, dass das Domkapitel in keiner Weise involviert war. Zumindest Rudolf Anton von Alvensleben schloss sich dem Widerstand offen an, nachdem er bereits 1717 aus Protest gegen die Einführung des Lehnskanons seine Funktion als Regierungsrat in Magdeburg niedergelegt hatte und in hannoversche Dienste übergetreten war. Als Deputierter des Domkapitels im weiteren Ausschuss der Magdeburger Stände war in seiner Person auch der Direktor dieses zentralen landständischen Gremiums in den Konflikt involviert.[118] Als ältester Sohn Johann Friedrichs von Alvensleben (1657–1728), einer führenden Persönlichkeit der Adelsopposition, blieb ihm wohl auch kaum eine andere Wahl. Johann Friedrich unterhielt persönlich beste Kontakte ins Kapitel. Er selbst war seit 1659 Domherr gewesen und hatte 1694 zugunsten von Hieronymus von Münchhausen resigniert, was das damalige Domkapitel wegen seiner bis dahin geleisteten Dienste sehr bedauert hatte.[119] Daneben findet sich auf der Liste der Opponenten auch noch deren Vetter Gebhard Johann von Alvensleben (1703–1763), der ebenfalls Domherr in Magdeburg war.[120] Den Opponenten zugeneigt

---

Besitzschwerpunkte lagen aber in anderen Teilen des Herrschaftskonglomerats (Halberstadt, Altmark) oder gar außerhalb Brandenburg-Preußens in Schlesien, Sachsen und den braunschweigischen Territorien. Ein Interesse, das Domkapitel als Korporation in den Konflikt hineinzuführen, bestand deshalb wohl eher nicht, auch wenn das Engagement einzelner Domherren im Allodifikationskonflikt darauf hindeutet, dass sie sich eine solche Unterstützung vermutlich hätten vorstellen können.

117 LASA, A 5 a, Nr. 19–22; siehe auch Schenk, Reichsjustiz (wie Anm. 7), S. 148.

118 Er hatte diese Funktion seit 1713 inne. Siehe Wohlbrück, Geschichtliche Nachrichten (wie Anm. 104), Tl. 3, S. 312–314; Schenk, Reichsjustiz (wie Anm. 7), S. 184.

119 Johann Friedrich von Alvensleben hatte 1659 noch als Kleinkind eine Minorpräbende erhalten und war 1685 auf eine Majorpräbende aufgerückt. Er resignierte 1694 wohl nicht zuletzt, da die Chance, noch eine Kapitularstelle zu erlangen, ihm zu gering erschien. 1696 bot das Domkapitel ihm nicht zuletzt wegen seiner geleisteten Dienste die Möglichkeit, durch den Kauf der domkapitularischen Erbpräbende direkt in den Kreis der Kapitulare aufzusteigen. Alvensleben resignierte die für 7.000 Reichstaler erworbene Anwartschaft jedoch 1696 an seinen Bruder Carl August (1661–1697). 1712 sollte die domkapitularische Erbpräbende dann auf erneutes Betreiben Johann Friedrich von Alvenslebens an seinen ältesten Sohn Rudolf Anton fallen, der sie noch bis 1737 innehatte. Siehe LASA, Cop., Nr. 100, fol. 48r; LASA, U 1 XX C Nr. 138; LASA, A 3, Nr. 549, fol. 73r–63r, 125r–132v.

120 Gebhard Johann von Alvensleben hatte seine Majorpräbende 1713 durch Resignation des Christian Wilhelm von Münchhausen erlangt. Münchhausen gehörte in den 1720ern als Mitglied des

war sicherlich auch Georg Wilhelm von Marenholtz und der nicht residierende Domherr Werner Ludwig Spiegel von Peckelsheim (ca. 1696–1768), die sich als Angehörige der Halberstädter Ritterschaft den Opponenten anschließen sollten.[121] Spiegel agierte hier sogar in einer Mehrfachfunktion, da er neben seiner Präbende in Magdeburg nicht nur Rittergutsbesitzer, sondern auch Domherr in Halberstadt war. Selbiges gilt für Clamor Eberhard von dem Bussche, der als Domdechant von Halberstadt für den Anschluss des Halberstädter Kapitels an die Opponenten verantwortlich zeichnen sollte.[122]

Zu berücksichtigen ist dabei weiter, dass eine erhebliche Zahl der Domherren über enge Beziehungen zu den Welfenhöfen in Braunschweig und Hannover verfügte. Insbesondere Hannover verfolgte unter seinem leitenden Minister Andreas Gottlieb von Bernstorff (1649–1726) im unmittelbaren Vorfeld und zu Beginn des Untersuchungszeitraums eine Politik der Eindämmung Preußens, in deren Fahrwasser sich Anfang der 1720er Jahre auch die Wolfenbütteler Linie bewegte.[123] Nachweislich korrespondierten Bernstorff und seine Nachfolger in Hannover noch Mitte der 1720er Jahre mit den britischen und kurhannoverschen Vertretern in Berlin über den Lehnskanon und die später erfolgte Exekution.[124] Die konkreten Auswirkungen dieser Verflechtung müssen weiteren Untersuchungen vorbehalten bleiben. Dass sie keine Rückwirkung für das oppositionelle Verhalten zahlreicher Domherren zeitigten, erscheint aber unwahrscheinlich, zumal die Adelsopposition die welfischen Territorien als Ausgangsbasis für die Organisation ihres Widerstands gegen den preußischen König nutzte: Im Magdeburger Domkapitel war mit Hieronymus von Münchhausen nicht nur der Kammerpräsident und spätere Premierminister Braunschweig-Wolfenbüt-

---

Domkapitels Halberstadt ebenfalls zu den Opponenten (siehe unten). Gebhard Johann war bei Einreichung der Klage gegen den Lehnskanon erst neunzehn Jahre und stand deshalb noch unter Vormundschaft. Es ist aber davon auszugehen, dass er in die Vorgänge einbezogen war. Jedenfalls dürfte er dafür alt genug gewesen sein. Alvensleben gehörte auch in den 1730ern noch zu den Vertretern ständischer Autonomie im Herzogtum wie im Domkapitel. Siehe LASA, U 1 XX C Nr. 171; LASA, A 3, Nr. 1951, fol. 22r; LASA, A 3, Nr. 1980, passim; LASA, U 1 XX C Nr. 177; LASA, A 3, Nr. 1984, passim.

121 ÖStA HHStA, RHR, Obere Registratur, K. 597, Nr. 1, fol. 297v; Schenk, Reichsjustiz (wie Anm. 7), S. 200 f., Anm. 425.

122 ÖStA HHStA, RHR, Obere Registratur, K. 597, Nr. 1, fol. 293r f.

123 ADB 46, 433–436; Hartwig Graf von Bernstorff, Andreas Gottlieb von Bernstorff 1649–1726. Staatsmann, Junker, Patriarch [...], Bochum 1999, S. 145–147, 166–169; Kerstin Rahn, „Die Weide des weißen Rosses von Braunschweig bis an die Ostsee erweitern...“? Kurhannover und Mecklenburg in der ersten Hälfte des 18. Jahrhunderts, in: Matthias Manke/Ernst Münch (Hrsg.), Verfassung und Lebenswirklichkeit. Der Landesgrundgesetzliche Erbvergleich von 1755 in seiner Zeit, Lübeck 2006, S. 335–349, hier 338–342.

124 NLA HA Hann. 92 Nr. 1978, fol. 1r–9v.

tels und ein enger Vertrauter des Schwiegervaters Kaiser Karls VI., Ludwig Rudolf von Braunschweig-Wolfenbüttel-Blankenburg (1707–1735), vertreten,[125] sondern auch Johann Adam von Stammer (1677–1753), seines Zeichens Oberkammerjunker und Oberst der berittenen Garde du Corps Braunschweig-Wolfenbüttels.[126] Noch enger waren die Verflechtungen zum Kurfürstentum Braunschweig-Lüneburg. Zahlreiche Magdeburger, Mindener und Halberstädter Domherren unterhielten innige Kontakte in die Stände sowie an den Hof in Hannover. Dort reichten ihre Einbindungen bis in die engsten Kreise des weitgehend autonom agierenden kurhannoverschen Geheimrats hinein.[127] Besonders prominent waren auch hier wieder die Alvenslebens: Johann Friedrich von Alvensleben war als Etatminister in Hannover selbst Teil des Geheimen Rates, wo er in diesen Jahren die Integration der neugewonnen Territorien Bremen und Verden verantwortete.[128] Sein Sohn Rudolf Anton gehörte nicht nur dem kurhannoverschen Oberappellationsgericht an, sondern war auch Teil der von Hannover und Braunschweig gemeinsam gebildeten Exekutionskommission, die von Rostock aus die Verwaltung des besetzten Mecklenburg-Schwerin koordinierte und auch hier in Konflikt mit den eigenmächtig eingreifenden Preußen stand.[129]

---

125 ADB 22, S. 728 f.; Christof Römer, Der Kaiser und die welfischen Staaten 1679–1755: Abriß der Konstellationen und der Bedingungsfelder, in: Harm Klueting/Wolfgang Schmale (Hrsg.), Das Reich und seine Territorialstaaten im 17. und 18. Jahrhundert. Aspekte des Mit-, Neben- und Gegeneinander, Münster 2004, S. 43–66, hier 57–59.

126 Heinrich August Lindner, Sammlung adelicher Ahnentafeln (Lindnersche Handschrift I), Bd. 4 a, Nr. 298a; Vierteljahrsschrift für Heraldik, Sphragistik und Genealogie 8 (1880), S. 178.

127 Neben den bereits aufgeführten Personen seien hier nur beispielhaft einige weitere genannt: Georg Ludwig von Bar, Domherr in Minden, war der Sohn des Heinrich Sigismund von Bar (1654–1721), der als Braunschweig-Lüneburger Geheimrat und Landdrost zur Versorgung der geschiedenen Kurprinzessin Sophie Dorothea von Braunschweig-Lüneburg (1666–1726) wirkte. Siehe Herbord Sigismund Ludwig von Bar, Stammtafeln und Nachrichten des Geschlechts der Bar, de Bare, de Baer, von Baar jetzt von Bar im Fürstenthume Osnabrück, Osnabrück 1840, S. 28 f. – Johann Clamor August von dem Bussche (1705–1764), Domherr in Magdeburg, stand seit Ende der 1720er ebenfalls in kurhannoverschen Diensten und stieg hier vom Hofgerichtsassessor zunächst zum Oberappellationsrat, später zum Geheimen Kammerrat und zuletzt zum Gesandten in Dresden und Wien auf. Siehe Moniteur des dates 1 (1866), S. 148; Magazin für Hannoversches Recht 3 (1853), S. 185. – Maximilian Ludwig von Rössing, Senior und Domherr in Magdeburg war Braunschweig-Lüneburger Oberlandeshauptmann und Drost der Ämter Steyerberg und Liebenau. Siehe LASA, A 14, Nr. 75, fol. 49r. – Otto Heinrich von Adelebsen, Domherr in Magdeburg, war zugleich kurbraunschweigischer Offizier. Siehe LASA, A 3, Nr. 1993, fol. 2r.

128 Wohlbrück, Geschichtliche Nachrichten (wie Anm. 104), Tl. 3, S. 248 f.; In seiner Verantwortung für die neugewonnenen Herzogtümer folgte ihm später sein Sohn Rudolf Anton nach, der gemeinsam mit Heinrich Albert von dem Bussche die Huldigung für Georg II. in Bremen und Verden vorbereitete. Siehe NLA HA Hann. 92 Nr. 1934, fol. 1r–26r.

129 LASA Cop., Nr. 249, fol. 311r, 338r; Ausführliche Betrachtungen über verschiedene Stücke der Gemeinschafts- und Contributions-Verfassung derer drey Crayse der Herzogthümer Mecklen-

Die Magdeburger Domherren Philipp Adam von Hardenberg und Johann Clamor August von dem Bussche (1706–1764) waren zudem die Neffen und präsumtiven Erben des ebenfalls dem Hannoverschen Geheimen Rat angehörenden Philipp Adam von Eltz (1665–1727), der selbst bis 1698 Mitglied des Domkapitels gewesen war. Eltz hatte seine Präbende an seinen nach ihm benannten Neffen von Hardenberg resigniert – er selbst hatte also auch persönlichen Kontakt zum Magdeburger Kapitel gehabt.[130] Zu den Vettern Bussches gehörten wiederum Heinrich Albert von dem Bussche (1664–1731), seines Zeichens ebenfalls Mitglied des Geheimrats in Hannover, der Mindener Domherr Hilmer Albrecht von dem Bussche und eben Clamor Eberhard von dem Bussche – Domdechant in Halberstadt.[131]

Auf welcher Grundlage und zu welchem Zeitpunkt das Domkapital von Halberstadt und ein Teil der dortigen Ritterschaft sich der Magdeburger Adelsopposition anschlossen, ist aus den vorliegenden Akten nicht klar zu ersehen. Laut einem Bericht des preußischen Reichshofratsagenten vom 16. Dezember hatten sich die Halberstädter bereits bei Einlaufen der Klage im Reichshofrat am 23. Dezember 1722 den Opponenten angeschlossen.[132] Am 27. Oktober 1724 brachte der Reichshofrat das Vorgehen des Königs in der Residenzfrage mit der Halberstädter Beteiligung an dem Prozess um den Lehnskanon in Verbindung.[133] Wirklich sichtbar werden sie in den Reichshofratsakten jedoch erst am 16. April 1726, als sie mit Bezug auf den Exekutionsbeschluss gegen Preußen vom 1. Februar 1725 eine Anschlussklage erhoben.[134] Die ersten Anlagen dieser Klage deuten jedoch darauf hin, dass das Domkapitel Halberstadt wohl nicht zuletzt in seiner Verantwortung als Vorsteher der Stände bereits im November 1722 gemeinsam mit einer Reihe wichtiger Familien der Klage gegen die Perpetuierung des Lehnskanons beigetreten war.[135] Hier bedürfte es weiterer Untersuchungen der Akten

---

burg […], o. A. 1751, S. 174, Nr. 132 u. S. 184, Nr. 136; Rahn, „Die Weide des weißen Rosses von Braunschweig bis an die Ostsee erweitern…“? (wie Anm. 123), S. 344.

130 LASA, Cop., Nr. 249, fol. 159v f.; LASA, A 3, Nr. 559, fol. 11r–59v; Gothaisches genealogisches Taschenbuch der freiherrlichen Häuser (1892), S. 102; Hans-Carl Krug von Nidda und Falkenstein, Die Organisation des Landwirtschaftsbetriebes auf dem Rittergute Frohburg in den letzten beiden Jahrhunderten, Leipzig 1927, S. 17 f., 30.

131 Siehe zu den Ministern in Hannover Ernst von Meier, Hannoversche Verfassungs- und Verwaltungsgeschichte 1680–1866, Leipzig 1898, Bd. 1, S. 468; Armin Schöne, Vom Westfälischen Frieden bis zum Wiener Kongress. Europäische Machtpolitik um Langwedel und Bremen, Bremen 2016, Bd. 2, S. 307, Anm. 773–779.

132 Schenk, Reichsjustiz (wie Anm. 7), S. 177.

133 Ebd., S. 184, Anm. 352.

134 ÖStA HHStA, RHR, Obere Registratur, K. 597, Nr. 1, fol. 293r–577r.

135 Ebd., 336r–342r.

des Domkapitels.[136] Möglich ist, dass die größere Bereitschaft zum Widerstand eine Folge der geringeren Vernetzung mit dem Berliner Hof und einer stärker gebliebenen Verbindung mit den ständischen Gremien des Fürstentums geschuldet war. Welche Dynamik die weit größere Zahl der potenziell beteiligten Kapitulare im Domkapitel entfaltete, wäre weiter zu prüfen.[137] Jedenfalls bestanden familiäre Kontakte zu anderen Opponenten in Magdeburg und Halberstadt, die ebenfalls begünstigend gewirkt haben dürften.

Mit ihrer Eingabe waren auch die opponierenden Adligen aus Magdeburg und Halberstadt am Reichshofrat zunächst erfolgreich, wenngleich sie erst am 22. Dezember 1722 eine Resolution des Kaisers erhielten, die den *König in Preußen als Herzog zu Magdeburg* anwies, dass den Appellanten wegen der *besonderen qualität* des Falles *mit fernern beträngliehen execution nicht zu gesetzet werden möge.*[138] Auch hier erging wie im Mindener Fall also zunächst kein Urteil, aber doch ein Reskript, das angesichts der Dauer anderer Reichshofratsprozesse bereits als Erfolg der Appellanten gedeutet werden konnte.

Dies galt allerdings nur, wenn der König in Preußen bereit war anzuerkennen, dass den Untertanen seiner Territorien als Herzog von Magdeburg, Fürst von Halberstadt und Fürst von Minden Rechte als Untertanen von Kaiser und Reich zustanden. Dies tat er indes nicht: Nach dem Memorandum, welches am 10. Juni 1723 beim Reichshofrat präsentiert wurde und das die Perspektive Berlins widerspiegeln dürfte, handelte es sich bei der ganzen Sache um *querelen und nach Maaßgebung derer Reichs-Constitutionen höchst straffbahre*[n] *Unfug*, der von *renitirenden Leuthe*[n] verübt werde.[139] Anders als noch im Mindener Fall

---

136 Durch die geringe Tiefe der Erschließung des Bestandes in Magdeburg ist dies nach derzeitigem Stand noch beschwerlich. Weiterführend könnten hier etwa die Kapitelprotokolle Halberstadts aus den Jahren 1720–1730 seriell gesichtet werden. Siehe LASA, A 14, Nr. 1235–1237.

137 Im Domkapitel Halberstadt waren von den 19 Majorpräbendaten im Dezember 1722 16 emanzipierte Kapitulare; darunter vier Katholiken (siehe *). Folgende Persönlichkeiten hatten Stimmrecht: 1) Clamor Eberhard von dem Bussche, Domdechant, 2) Maximilian von Rössing, 3) Rudolph August Edler von der Planitz, 4) Wilhelm Stephan von Westphalen*, 5) Friedrich Wilhelm von Pannwitz, 6) Christian Wilhelm von Münchhausen, 7) Engelhard Ignatius von Bochholtz*, 8) Hans Adam Freiherr von Ende, 9) Christian Wilhelm von Haren, 10) Johann Hugo Franz Freiherr von Leerodt*, 11) Johann Hugo Wolfgang von Kesselstatt*, 12) Werner von Wulffen, 13) Friedrich Wilhelm von Kanneberg, 14) Adam Otto von Viereck, 15) Heinrich Carl Dietrich von Diepenbroick, 16) Werner Ludwig Spiegel von Peckelsheim. Von diesem Kreis standen zwar einige in Kontakt zum königlichen Hof. Nur Friedrich Wilhelm von Kanneberg, der sich jedoch nur selten im Kapitel einbrachte, Friedrich Wilhelm von Pannwitz und Adam Otto von Viereck können aber wirklich als hofnah gelten. Viereck war wegen seiner diplomatischen Tätigkeit jedoch just in dieser Zeit auch nicht im Kapitel präsent. Weit stärker war die Verbindung in die westfälische Adelslandschaft und nach Hannover.

138 ÖStA HHStA, RHR, Obere Registratur, K. 597, Nr. 1, fol. 3r.

139 Ebd., fol. 1r.

war zu diesem Zeitpunkt jedwede Furcht vor den Reichshofratsbeschlüssen aus den Eingaben Brandenburg-Preußens gewichen. Offensiv vertrat der König die Position, dass der Kaiser für derlei Fälle nicht zuständig sei und es dem Reichshofrat lediglich obliege, die *Widerspenstige*[n] zum Gehorsam an ihren König zu verweisen.[140] Entsprechend der eingenommenen Perspektive scheute Friedrich Wilhelm auch nicht vor weiteren Exekutionsschritten zurück, um die Appellanten zur Aufgabe zu zwingen. Trotz aller Eingaben an den Reichshofrat und weiterer Resolutionen zum Schutz der Opponenten setzte Friedrich Wilhelm seine Exekutionen fort, die im Monatstakt als Nadelstiche den Appellanten zusetzten und ihre Widerstandsfähigkeit Stück für Stück abschmelzen ließ.[141]

Dies galt im Übrigen nicht nur in Magdeburg und Halberstadt, sondern ebenso und ganz besonders in Minden, wo das Domkapitel noch immer um die Anerkennung des Quart-Rezesses von 1665 rang und dabei massiv von Friedrich Wilhelm unter Druck gesetzt wurde. Der König hatte noch Mitte 1722 trotz mehrfacher Mahnung[142] keinerlei Anstalten unternommen, dem kaiserlichen Befehl vom 16. August 1721 Folge zu leisten. Ganz im Gegenteil zog er die Daumenschrauben weiter an. Zwar hatte der König am 6. Januar 1722 aus Berlin einen Befehl an das Domkapitel ergehen lassen, nachdem eine Deputation der Domherren *mit genugsamer Vollmacht* am 10. Februar auf der königlichen Ratsstube erscheinen sollte, um *einen raisonablen, und nach proportion der Sr: Königl: Mayl: nach indagirten corpore bonorum gebührenden quartae acceptable offerten* zu präsentieren.[143] Der König verband diese Aufforderung mit dem Angebot, die Mindener Regierungsräte und Domherren von Tresckow und von dem Bussche sowie Syndikus Culemann wieder zum Kapitel zu lassen. Der Vorgang verdeutlicht, dass die Drohkulisse des Reichshofrats bei Friedrich Wilhelm I. durchaus Eindruck hinterließ. Die Mindener Kapitulare erkannten jedoch sogleich, dass der Befehl keine ernstzunehmenden Verhandlungen nach sich ziehen würde, sondern offenbar darauf abzielte, der Delegation die königlichen Bedingungen aufzuzwingen. Nachdem das Domkapitel diese Offerte mit Verweis auf den Schutz des Kaisers und mit Blick auf den laufenden Prozess am 4. Februar 1722 abgelehnt hatte, griff der König daher umgehend wieder zu Repressionsmit-

140 Ebd., fol. 5r.

141 Ebd., fol. 53r–577r.

142 ÖStA HHStA, RHR, Judicialia latinae expeditionis, K. 362, Nr. 1, unfol.; LAV NRW W, D 303 (Domkapitel Minden, Akten), Nr. 1086, unfol.; ÖStA HHStA, RHR, Resolutionsprotokolle, saec. XVIII, Bd. 54, fol. 254r f.

143 Der Befehl erreichte das Domkapitel am 12. Januar. Die Mittel sollten zugunsten des Potsdamer Waisenhauses eingesetzt werden, was zumindest einen karitativen Zweck mit den domkapitularischen Einkünften verband und eventuell als ein Entgegenkommen des Königs zu werten ist. Siehe ÖStA HHStA, RHR, Judicialia latinae expeditionis, K. 362, Nr. 1, unfol.

teln. Am 25. März 1722 befahl er, das Akziseprivilegium des Domkapitels aufzuheben.[144] Der König begründete diesen Schritt, der einem durch Friedrich III. von Brandenburg 1699 zugestandenen und durch Kaiser Leopold I. bestätigten Vergleich von 1699 widersprach, mit Entschädigungsforderungen bezüglich der Quart. Obwohl direkt zur Exekution geschritten wurde, wurde keinerlei Versuch unternommen, diesen Schritt aus sich selbst heraus rechtlich zu begründen. Es mutet indes willkürlich an, dass der König zeitgleich die Besitzungen des Domkapitels okkupierte und parallel Entschädigungen für die Güter über den Entzug des Akziseprivilegs eintrieb. Am 28. Mai 1722 forderte er das Domkapitel dann erneut dazu auf, eine mit Vollmacht zur Klärung versehene Deputation am 23. Juni zu ihm an den Hof zu entsenden und sich der Ladung als seine Untertanen nicht länger zu entziehen.[145] Am 3. Oktober 1722 erklärte Friedrich Wilhelm dann auch ganz offiziell den Einzug der Quart zu den Tafelgütern, was er mit der Weigerung des Domkapitels, an den Hof zu kommen, seinen Forderungen zu entsprechen, sowie der Fortsetzung der Klage am Reichshofrat begründete.[146] Am 16. November kam es zur Exekution. Nun wurden nicht mehr nur die zuvor im Raum stehenden Summen von 57.000 oder 67.000 Reichstalern veranschlagt. Der König nahm Güter im Wert von nicht weniger als 164.708 Reichstalern, 17 Groschen und 1 ½ Pfennigen in Besitz, was mehr als der Hälfte der domkapitularischen Besitzungen entsprach.[147]

Weitere Schritte zur Absicherung dieses einseitigen Vorgangs folgten: Am 7. Mai 1723 warnten der Regierungsrat von Tresckow und der Domsyndikus Culemann das Domkapitel, dass sie laut einem neuen Eid alles, was vom Kaiser beim Domkapitel eingehen sollte, direkt dem König zu melden hatten, weshalb sie indirekt erbaten, nicht weiter informiert zu werden.[148] De facto kam dies einer Suspendierung Tresckows aus dem Domkapitel in Fragen der Reichshofratsprozesse gleich. Nur einen Tag später sah sich Culemann wohl aufgrund dieses Befehls dazu veranlasst, sein Amt als Syndikus niederzulegen, nachdem er zwei Jahre lang wegen des königlichen Befehls nicht mehr beim Kapitel hatte erscheinen können.[149] Am 9. Juli 1723 war dann auch der Dompropst von Ne-

144 Vgl. LAV NRW W, D 303 (Domkapitel Minden, Akten), Nr. 414 b, fol. 124r–125r; LAV NRW W, D 303 (Domkapitel Minden, Akten), Nr. 416, unfol.; Spannagel, Minden (wie Anm. 61), S. 96.

145 ÖStA HHStA, RHR, Judicialia latinae expeditionis, K. 362, Nr. 1, unfol.

146 Ebd.

147 Ebd.; Dem Domkapitel Minden blieben daher am Ende des Prozesses 1736 nur noch 125.921 Reichstaler, 17 Groschen und 4 Pfennige. Sie machten dafür die viel zu optimistischen Berechnungen der königlichen Behörden verantwortlich. Siehe LAV NRW W, D 303 (Domkapitel Minden, Akten), Nr. 16, fol. 6r, 17r.

148 LAV NRW W, D 303 (Domkapitel Minden, Akten), Nr. 294 a, Nr. 133.

149 Offiziell begründeten sie ihren Schritt damit, dass sie mit vielen andern Geschäfften überhäuft

hem gezwungen, zum Schutz kapitularischer Rechte Klage zu erheben, weil der König ihm das althergebrachte und mehrfach konfirmierte Kollationsrecht auf eine Vikarie zu St. Johannis verweigerte.[150] Ein weiteres Verfahren wurde am 30. Dezember 1723 angestoßen, als der König Teile der Einnahmen der aus der Quart laut Westfälischem Frieden explizit ausgenommenen Dompropstei unter dem Vorwand sequestrierte, Nehem sei verpflichtet, einen Teil der Besoldung für die Grenadiere zu tragen, die er 1721 als Teil des Honorariums an den König für die damals erteilte Dompropstei hatte beibringen müssen.[151]

Eine besondere Wucht entwickelte zudem die am 18. Oktober 1722 vom König erstmals angeordnete Verschärfung der Residenzpflicht, die der König an alle drei Domkapitel – Minden, Halberstadt und Magdeburg – ergehen ließ.[152] In dem Befehl ordnete Friedrich Wilhelm an, dass alle Domherren mindestens sechs Monate im Jahr an der jeweiligen Domkirche residieren mussten. Begründet wurde dies durch den König damit, dass die

> *meisten* [...] *Canonicis oft das gantze jahr hindurch sich in frembden Öhrten bestandig aufhalten und nur alßdan, wan die Einkünfte von ihrem prabenden fällig und würcklich abgelasset werden können, ahn dem ohrt der fundation in Persohn sich einfinden und nach einem kurtzen auffenthalt von wenig Thagen und Stunden so fort wieder davon ziehen*, was den *Canonischen Rechten, nach welchen kein Canonicus bey Cathedrall=Stiftern des jahrs über drei Monath von der* Kirche [...] *abwesend seyn darff*

widerspreche.[153] Damit stellte der König die Statuten der drei Domkapitel an einem entscheidenden Punkt in Frage, mussten die Domkapitulare in Magdeburg und Halberstadt doch bisher nur 17 Wochen und vier Tage residieren, in Minden gar lediglich an vier festen Terminen im Jahr zu Generalkapiteln anwesend sein.[154]

---

seien. Angesichts der bereits seit zwei Jahren von anderen geleisteten Arbeit stimmte das Domkapitel zu. Siehe LAV NRW W, D 303 (Domkapitel Minden, Akten), Nr. 294 a, Nr. 132.

150 ÖStA HHStA, RHR, Judicialia latinae expeditionis, K. 362, Nr. 2, unfol.

151 Ebd., K. 362, Nr. 4, unfol.

152 Ebd., K. 362, Nr. 3, unfol.

153 Ebd., K. 362, Nr. 3, unfol.

154 In Halberstadt wurde im 17. Jahrhundert mehrfach über die Länge der Residenzzeit debattiert. Seit spätestens 1661 lag sie bei 17 Wochen und wurde ab Jacobi gehalten, wobei man sich im Prozess auf die Konfirmation der Statuten von 1667 stützte. Laut dem Domkapitel war die Regelung der 17 Wochen schon 1637 etabliert. Sie muss aber zuvor durchaus höher, sogar bei mehr als einem halben Jahr gelegen haben, da 1683 über die Rückkehr zur Residenzzeit von 27 Wochen debattiert wurde. Siehe LASA, A 14, Nr. 1216, fol. 144r; LASA, A 14, Nr. 1217, fol. 58v; LASA, A 13, Nr. 1222, S. 525; ÖStA HHStA, RHR, Judicialia latinae expeditionis, K. 265, Nr. 2, unfol. – In Magdeburg war die Residenz der 17 Wochen schon im 17. Jahrhundert fester Bestandteil der

Der Fall verdeutlicht eindrücklich, wie wichtig die Kontextualisierung einzelner herrschaftlicher Befehle ist. In der Erforschung der Domkapitel ist diese Resolution bisher vorrangig unter zwei Aspekten verhandelt worden: Einerseits gilt die königliche Verordnung als Beleg für das gängige Bild von frühneuzeitlichen, insbesondere protestantischen Domherren, dokumentiert sie doch vermeintlich den Charakter der Dompfründe als aristokratische Sinekure, die allein ihrer Einnahmen wegen von den Adligen angestrebt wurde.[155] Dabei wurde die Tatsache, dass die Domherren etwa in Magdeburg und Halberstadt ja auch ohne den königlichen Befehl bereits fast vier Monate residieren mussten, ignoriert bzw. stillschweigend als nicht praktiziert angenommen. Die Kapitelprotokolle zeigen an den meisten Orten allerdings, dass dies durchaus gängige Praxis war und von einem Teil der Domkapitulare sogar übererfüllt wurde. Zum anderen wird der Befehl Friedrich Wilhelms als Ausdruck des königlichen Willens gedeutet, diesem Missstand – nicht zuletzt aus merkantilen Erwägungen – abzuhelfen und Ordnung in die geistlichen Institutionen zu bringen.[156] Letztere Position sollte Friedrich Wilhelm in dem folgenden Konflikt auch immer wieder selbst einnehmen.

Tatsächlich dürfte es sich hierbei allerdings um einen Vorwand gehandelt haben. Dies ist schon daran zu erkennen, dass der König die Kritik zwar an alle Oberstifte richtete, letztlich aber allein den Kapitularen in Magdeburg, Halberstadt und Minden den Befehl erteilte, ab sofort ein halbes Jahr an der Kathedralkirche zu verweilen. An den Domstiften von Brandenburg a.d. Havel, Havelberg und Cammin, die sich dem König gegenüber loyal verhielten, sah der König dementgegen keinen Handlungsbedarf,[157] und das, obwohl in diesen Stiften

---

Statuten, der im Übertretungsfall auch thematisiert wurde. Siehe LASA, A 3, Nr. 200, fol. 1r–12r; siehe exemplarisch auch LASA, A 3, Nr. 1958, fol. 27r. – In Minden bestand nur die Notwendigkeit zur Präsenz beim Generalkapitel am 6. Mai, an St. Petri und Pauli (29. Juni), Praxedis (21. Juli) und Maria Himmelfahrt (15. August). Allerdings legt die enge Folge der Termine eine zumindest lose Anwesenheit nahe, da weitere Reisen zwischen den Terminen nur schwerlich realisierbar waren. Dass sie hier weniger streng war als etwa in Halberstadt und Magdeburg, gründet wohl partiell in der deutlich geringeren Höhe der Einnahmen. Siehe LAV NRW W, D 303 (Domkapitel Minden, Akten), Nr. 35, Bd. b, fol. 232r.

155 Heckel, Dom- und Kollegiatstifter (wie Anm. 5), S. 160–162; Braun, Die gemischtkonfessionellen Domkapitel (wie Anm. 21), S. 180, Anm. 31.

156 Spannagel, Minden (wie Anm. 61), S. 92; Braun, Die gemischtkonfessionellen Domkapitel (wie Anm. 21), S. 180, Anm. 31; Silke Siebrecht, Friedrich Eberhard von Rochow. Domherr in Halberstadt – praktischer Aufklärer, Schulreformer und Publizist (Presse und Geschichte, 71/ Philanthropismus und Aufklärung. Studien und Dokumente, 6), Bremen 2013, S. 57.

157 Obwohl auch diese Stifte unter der Herrschaft Friedrich Wilhelms I. Einschnitte hinnehmen mussten, wurde an keinem der drei Kapitel ernsthaft gegen die Maßnahmen des Königs opponiert. Die einzelnen Beweggründe dafür können an dieser Stelle nicht ausführlich erörtert

eine im Vergleich zu den ehemaligen Reichsstiften eher geringere Präsenzpflicht herrschte.[158] Befördert wurde dies noch dadurch, dass unter der Regierung Friedrich Wilhelms eine bis dahin beispiellose Dispenspraxis ihren Lauf nahm, die schon zum Ende seiner Regierung dazu führte, dass ein substantieller Teil der Domherren in Preußen ein beneficium a latere innehatte, das ihnen ihre Einnahmen auch unter den Bedingungen der Abwesenheit garantierte.[159] Die Mög-

---

werden. Es ist aber zum Einen festzuhalten, dass die Domkapitel vollständig mit preußischen Untertanen besetzt waren. Insbesondere in Brandenburg, wo die führenden Persönlichkeiten des Domkapitels, Friedrich Wilhelm von Grumbkow (1678–1739) und Domdechant Friedrich Christoph von Goerne (1670–1745), zugleich als königliche Minister fungierten, verlief die Kommunikation auf anderen Pfaden. In Havelberg und Cammin wurde die Unabhängigkeit der Domkapitel, die zuvor stark ständisch geprägt gewesen waren, zwar just im Zeitraum von 1717 bis 1737 systematisch vom König ausgehöhlt. Dies geschah aber peu à peu, ohne dass diese beiden Domkapitel ernsthaften Widerstand dagegen gezeigt hätten. Es handelt sich jedoch auch um die beiden Kapitel, die bereits in der Mitte des 17. Jahrhunderts bei weitem am stärksten vom Landesherrn abhängig gewesen waren. Siehe zu den Ergebnissen das derzeit noch laufende Projekt „Geistlicher Stand oder Sinekure? Die protestantischen Domherren vom Westfälischen Frieden bis zum Ende der Napoleonischen Ära (1648–1815)" (wie Anm. 19).

158 In Brandenburg bestand im 18. Jahrhundert eine Residenzzeit von drei Monaten. Siehe DStA Brandenburg, BDK, 1166/581, fol. 14r f. – In Havelberg wurde die Residenzzeit noch 1723 auf sechs Wochen reduziert. Siehe BLHA, 10A Domkapitel Havelberg 870, fol. 5r; Heckel, Dom- und Kollegiatstifter (wie Anm. 5), S. 161, Anm. 1. – In Cammin, das bereits im 16. Jahrhundert ausdrücklich zu einer Versammlung fürstlicher Zivilbedienter geworden war, gab es für die untersten sieben Kanoniker gar keine Residenzpflicht (bei äußerst geringen Einkünften). Anwesenheit wurde von den Domherren vor allem zu den Generalkapiteln erwartet, wobei die Kanoniker hier zusehends herausgedrängt wurden. Auch der Dompropst war nicht zur Residenz verpflichtet. Allein die drei Prälaten (Dechant, Thesaurus, Scholasticus) und der Vizedominus, dessen Stellung zwischen Prälaten und Kanonikern umstritten war, sollten schon 1670 nur abwechselnd im Drei-Wochen-Rhythmus residieren. 1735 einigte man sich auf einen Drei-Monats-Rhythmus, in dem jeweils einer der drei Prälaten residieren sollte. Praktische Anwendung fand diese Einigung nur noch für wenige Jahre. Die Präsenz der Domherren war hier insbesondere durch Eingriffe Friedrich Wilhelms I. seit 1715 zusehends zurückgegangen. In der zweiten Hälfte des 18. Jahrhunderts residierte in Cammin fast durchgehend nur ein Domherr. Siehe Archiwum Państwowe w Szczecinie (im Folgenden AP), 65/9/0/15/239, S. 556 f.; AP, 65/9/0/15/242, S. 870 f.

159 Nur beispielhaft sei hier auf die drei nicht von der Residenzverordnung betroffenen Domkapitel hingewiesen: In Brandenburg hatten 1740 von sieben Kapitularen vier ein beneficium a latere, namentlich: Dompropst Moritz von Anhalt-Dessau, Hermann von Wartensleben, Carl Bogislav von Schlabrendorff und Asmus Ehrenreich von Bredow. Siehe DStA Brandenburg, BDK, 1151/591, fol. 8r–11r; DStA Brandenburg, BDK, 1137/598, fol. 13r–14r, 29r; DStA Brandenburg, BDK, 1155/592, unfol. – In Havelberg hatten 1740 von acht Kapitularen drei eine Residenzbefreiung, darunter die beiden formellen Vorsteher: Dompropst Samuel von Polenz, Domdechant Samuel von Marschall und Caspar Joachim von Kröcher. Siehe BLHA, 10A Domkapitel Havelberg 874, unfol. – In Cammin sind nach derzeitigem Stand keine derartigen Dispense für die beim Tod des Königs 1740 amtierenden Prälaten nachgewiesen. Allerdings war die Residenzpflicht hier ohnehin gering (siehe Anm. 158). Zum anderen setzte Friedrich Wilhelm I. dem Bestand des

lichkeit, sich dispensieren zu lassen, räumte er übrigens bereits in dem Befehl ausdrücklich ein, zugleich drohte er bei Nichterfüllung jedoch eine Strafe von 1.000 Reichstalern an, die jedoch nicht zugunsten der Domkirchen, sondern der Rekrutenkasse gezahlt werden sollte.[160] Eine exorbitante Summe, die in Magdeburg und Halberstadt die Einnahmen der Präbenden zu Zweidritteln verschlang, in Minden sogar um mehr als das Dreifache überstieg.[161] Eine Einigung mit dem König musste für die meisten Domkapitulare in diesem Zusammenhang jedoch fast zwingend erforderlich erscheinen, da sie entweder an anderen Stiften weitere Präbenden innehatten, an denen die statutengemäße Anwesenheit bei einer halbjährigen Residenzpflicht in Preußen kaum zu erfüllen war, oder aufgrund dienstlicher Verpflichtungen – nicht zuletzt für die Krone Preußens – nicht die Hälfte des Jahres an der Kathedralkirche anwesend sein konnten. Von dem oft ausgedehnten Güterbesitz vieler Domherren, der zumindest gelegentlich ihre Anwesenheit ebenfalls erforderte, sei hier gar nicht die Rede.

Dies weckt Zweifel am Willen des Königs, der Regelung tatsächlich Nachdruck zu verleihen. Vielmehr ging es dem König darum, die zahlreichen, an den Klagen oft federführend beteiligten Domherren, die auch außerhalb Brandenburg-Preußens vernetzt und begütert waren, zur Raison zu bringen. Der Beschluss richtete sich in Magdeburg vor allem gegen die Kapitulare aus den braunschweigischen Territorien, in Minden vor allem gegen die aus anderen Territorien stammenden und begüterten Westfalen. In Halberstadt betraf dies beide Gruppen zugleich. Insbesondere in Minden, aber auch in Halberstadt waren davon überproportio-

---

Domkapitels als Kollegium hier auf anderem Wege zu, indem er die ja allein vom König abhängige Präbendenvergabe nutzte, um die Einkünfte an ihm genehme Personen zu verteilen, ohne dass die von ihm mit einer Kollation versehenen Domherren überhaupt noch die Possession erhielten. Entsprechend legten sie auch keinen Eid auf die Statuten ab und waren nicht zur Anwesenheit verpflichtet. Von den Inhabern der fünf Prälaturen waren der Dompropst Hans Caspar von Hertzberg und der Scholasticus Caspar Otto von Glasenapp nicht installiert, obwohl sie die Einnahmen genossen. Von den sieben Kanonikern, die unter den Prälaten standen, lässt sich für fünf keine Possession nachweisen (Wolf Asmus von Selchow, August Friedrich von Itzenplitz, Joachim Ewald von Massow, Friedrich von Hollwedel und Georg Christoph von Wachholtz).

160 ÖStA HHStA, RHR, Judicialia latinae expeditionis, K. 362, Nr. 3, unfol.

161 In Magdeburg beliefen sich die Präbendeneinkünfte 1740 im sechsjährigen Durchschnitt auf 1.508 Reichstaler und vier Groschen. In Halberstadt war die Summe der Präbendeneinkünfte eines vollhebenden Domherrn auf 1.500 Reichstaler festgesetzt, wobei die Einnahmen tatsächlich ebenfalls schwankten. In Minden lagen die Einkünfte hingegen nur unwesentlich über 300 Reichstalern und sanken in Folge des Quartstreits auf letztlich nur noch 150 Reichstaler herab. Hinzu kamen allerdings noch weitere Einkünfte, die die Domherren aus Dignitäten am Dom, Propsteien an den Kollegiatstiften, Obödienzien etc. erwirtschafteten. Diese lassen sich allerdings nicht verallgemeinern. Siehe LASA, A 3, Nr. 1987, fol. 9r; Siebrecht, Friedrich Eberhard von Rochow (wie Anm. 156), S. 48 f.; ÖStA HHStA, RHR, Judicialia latinae expeditionis, K. 362, Nr. 1, unfol.; LAV NRW W, D 303 (Domkapitel Minden, Akten), Nr. 35, Bd. e, fol. 2r f.

nal die Katholiken betroffen. Wie Renate Wieland treffend festgestellt hat, nutzte der König eine antikatholische Rhetorik aber nur aus, um ständische Rechte zu beschneiden.[162] Allerdings traf es eben nicht nur diese, sondern ebenso die sowohl in Westfalen als auch im Braunschweigischen anzutreffenden Protestanten unter den Opponenten.

Für den Ansatz war entscheidend, dass die Domherren die Gunst des Königs benötigten, um einen Dispens zu erhalten. Genau hier setzte die königliche Resolution den Hebel an: Es ging Friedrich Wilhelm nicht darum, die Kathedralkirchen in gute Ordnung zu versetzen, sondern die widerständigen Domkapitulare der ehemaligen Reichsstifte in die Knie zu zwingen. Dies konnte für Friedrich Wilhelm auf zweierlei Arten geschehen: Entweder lenkten die Domherren individuell ein, baten ihn um Dispens und zeigten sich dann auch offen gegenüber den königlichen Forderungen. Oder sie erschienen in größerer Zahl an der Kathedralkirche, wo sie sich dem Zugriff des Königs nicht länger entziehen konnten. Dass es ihm auf Letzteres ankam, zeigt ein Vorgang in Minden vom 1. Februar 1722, für welchen Tag der König die Anwesenheit des Domkapitels eingefordert hatte, um einen Beschluss zur Aufhebung der verfolgten Klage am Reichshofrat zu erzwingen. Da jedoch,

> *keiner der auswärtigen Capitularen erschienen, sondern sie* [...] *vielmehr an deßen statt, insonderheit die Catholici, welche den größten theil unter uns ausmachen, sich auf das einmalige conclusum generale, vermöge welches die Sache beym Kayserl. Gericht anhängig und ausgemacht werden sollte, beruffen und wider alle neue transactiones protestiren laßen,*[163]

kam ein Beschluss nicht zustande. Dass der König die Residenzpflicht also nur des Engagements der Domkapitel am Reichshofrat wegen instrumentalisierte, mutmaßten schon die Halberstädter Domherren in ihrer späteren Klageschrift.[164] Waren die Domherren weder zum Einlenken noch zur Residenz bereit, eröffnete die Verordnung dem König zudem die Möglichkeit, die Einnahmen der Domherren mit Arrest zu belegen, um sie finanziell zu ruinieren. Davon machte Friedrich Wilhelm tatsächlich schon im Folgejahr Gebrauch.[165]

Auch sonst versuchte der König, der Domherren persönlich habhaft zu werden. Belegt ist etwa, dass sich Hermann Dietrich von Nehem und Alexander von Hammerstein seit 1722 mehrfach dem königlichen Befehl entzogen, aus Min-

---

162 Wieland, Protestantischer König im Heiligen Reich (wie Anm. 7), S. 226–234.

163 LAV NRW W, D 303 (Domkapitel Minden, Akten), Nr. 1088, fol. 7r.

164 Schenk, Reichsjustiz (wie Anm. 7), S. 184, Anm. 352.

165 LAV NRW W, D 303 (Domkapitel Minden, Akten), Nr. 94 a, fol. 139r f.

den zu ihm nach Berlin zu kommen, um ihm persönlich Rede und Antwort zu stehen.[166] Hammerstein – dem die mehrfache Bedrohung mit der Abführung nach Magdeburg vor Augen stand – begründete dies etwa am 19. Dezember 1722 damit, dass er wisse, dass der König schlecht auf ihn zu sprechen sei und ihn *für einen solchen criminiellen* halte, weil er *gethan, was ich wahrhafftig nicht anders können und wozu mich Eyd und gewißen, ob wol mit furcht und Schrecken, gedrungen hat.*[167]

Auch in Sachen der Residenzpflicht sah sich das Domkapitel außer Stande, anders zu reagieren[168] als mit einer Appellation an den Reichshofrat, wo sie am 6. April 1723 präsentiert wurde.[169] Weitere Klagen sollten folgen: Eine zweite Klage in der Sache wurde am 17. Februar 1724 aus Halberstadt an den Reichshofrat überstellt.[170] Aus Magdeburg sollte später zumindest noch der Domkapitular Rudolf Anton von Alvensleben appellierend vorstellig werden.[171]

In Halberstadt hatte sich der Entschluss länger hingezogen, da das Domkapitel den Befehl zunächst als gegenstandslos und statutenwidrig ignoriert und dann gegen die zweite Bekanntmachung vom 5. Oktober 1723 per Gravamina eine gütliche Beilegung in dieser Sache am Berliner Hof forciert hatte. Es schritt daher erst zur Tat, als der König im November 1723 die Exekution der horrenden Strafe gegen fünf Domkapitulare vollstrecken ließ.[172] Wie übergriffig die Häscher des

166 ÖStA HHStA, RHR, Judicialia latinae expeditionis, K. 265, Nr. 2, unfol.

167 LAV NRW W, D 303 (Domkapitel Minden, Akten), Nr. 1088, fol. 5v.

168 Anders reagierte das Domkapitel Magdeburg: Hier verließ man sich auf die guten Kontakte zum Hof. Printzen und Loeben wurden damit betraut, mit dem König in der Sache zu sprechen und auf die Beibehaltung der alten Residenz zu dringen. Im Übrigen legte man allen Domkapitularen nahe, sich um eine individuelle Einigung mit dem König zu bemühen, wenn man nicht in der Lage war, die 26 Wochen Residenz in Magdeburg zu verbringen. Dies fiel hier leichter, da von den zehn Kapitularen zumindest Printzen, Loeben, Münchhausen und Bussche bereits über ein *beneficium a latere* verfügten. Der Domdechant von Platen, sein ab Herbst 1724 als Domkapitular amtierender Sohn Nikolaus Ernst von Platen und Hardenberg waren ohnehin fast ständig am Dom präsent. Posadowsky erreichte noch am 8. September desselben Jahres einen fünfjährigen Residenzerlass beim König. Es waren somit allein die den Opponenten zuzurechnenden Domkapitulare Marenholz und Alvensleben tatsächlich von dem Beschluss betroffen. Beide Domherren sind in den kommenden Jahren auffällig oft in den Kapitelssitzungen nachzuweisen, was darauf hindeutet, dass sie sich um die Einhaltung der sechsmonatigen Residenz bemühten, bis Alvensleben 1726 doch noch zur Klage schritt. Siehe LASA, Cop., Nr. 249, fol. 267r f., 338v.

169 ÖStA HHStA, RHR, Judicialia latinae expeditionis, K. 362, Nr. 3, unfol.

170 Ebd., K. 265, Nr. 2, unfol. Es handelt sich bei der Klage also nicht, wie von Wieland angenommen, um die einzige gegen die Residenzverordnung. Vgl. Wieland, Protestantischer König im Heiligen Reich (wie Anm. 7), S. 226 f.

171 ÖStA HHStA, RHR, Decisa, K. 71, Konv. 1, Nr. 7.

172 Von der Exekution waren im Jahr 1724 drei katholische und zwei protestantische Domkapitulare betroffen: Es handelte sich um 1) den in Braunschweig-Lüneburg und Halberstadt begüterten

Königs dabei vorgingen, verdeutlicht die Eintreibung der Strafe im domkapitularischen Amt Zilly in Halberstadt, wo der königliche Landreiter Nagel mit seiner Exekutionskommission am 3. September 1724 zwischen elf und zwölf Uhr nachts erschien, den Oberamtmann Daniel Bohlerhausen, dessen Amtsschreiber Georg Friedrich Damkers und den Amtsrichter Johann Heinrich Lehmann aus den Betten holen ließ und sie zwang, ihnen die Nacht hindurch 2.100 Reichstaler in der Schreibstube auf Heller und Pfennig für die Liquidation vorzuzählen.[173]

Neben Bedrohen, Arretieren und Exekutieren konnte Friedrich Wilhelm von Preußen aber noch auf ein weiteres Instrument zur Durchsetzung seiner Ziele setzen. Während der laufenden Verfahren blieb es nicht aus, dass Präbenden an den Kapiteln vakant wurden. Diese Chance wollte der König nutzen, um die Zusammensetzung der Domkapitel zu seinen Gunsten zu verändern.

Eine erste Gelegenheit dazu bot sich dem König am Kapitel Halberstadt, das am 16. März 1724 den Tod des Seniors Maximilian von Rössing (ca. 1659/63–1724) zu betrauern hatte.[174] Da in Halberstadt am 8. Juni 1706 der alternierende Turnus eingeführt worden war,[175] stand die Präbende dem Domkapitel zu, das am 23. März 1724 dem ersten evangelischen Minorpräbendaten Johann Friedrich von Münchhausen (1696–1760) die Possession auf die Majorpräbende erteilte und ihn zugleich als Kapitular annahm.[176] Der König nahm dies indes nicht hin, vielleicht auch, weil Johann Friedrich der Bruder des Halberstädter Domscholasters Christian Wilhelm von Münchhausen (1683–1742) war – einem der Renitenten, gegen den Friedrich Wilhelm kurz zuvor die Exekution beschlossen hatte.[177] Stattdessen verfügte er am 2. April 1724, dass dem preußischen Obristen Friedrich Sebastian Graf Truchsses von Waldburg (1677–1745), der wegen seines rabiaten Auftretens bekannt war, vom König aber wegen seiner Größe von mehr als sechs Fuß besonders geschätzt wurde,[178] die Präbende ohne jedes Räsonieren sofort zu erteilen.[179] Wie viel ihm die Residenz seiner Domkapitulare

Domsenior Maximilian von Rössing (luth.), 2) den Paderborner Domherrn Wilhelm Stephan von Westphalen (kath.), 3) den in Braunschweig begüterten Domscholaster Christian Wilhelm von Münchhausen (luth.), 4) den Hildesheimer Domherrn Engelhard Ignatius von Bochholtz (kath.) und 5) den im Rheinland reichbegüterten Johann Hugo Franz Freiherr von Leerodt (kath.). Siehe ÖStA HHStA, RHR, Judicialia latinae expeditionis, K. 265, Nr. 2, unfol.

173 Ebd.

174 LASA, A 14, Nr. 1236, unfol.; LASA, A 14, Nr. 75, fol. 49r f.

175 LASA, A 14, Nr. 261, unfol.; LASA, A 3, Nr. 1967, fol. 33r.

176 Münchhausen hatte das Klosterjahr und die strikte Residenz bereits als Minorpräbendent von 1721–1723 gehalten und sich auch sonst völlig qualifiziert, sodass er umgehend zum Kapitular aufrücken konnte. Siehe LASA, A 14, Nr. 1236, fol. 3r.; LASA, A 14, Nr. 262, unfol.

177 LASA, A 14, Nr. 1233, fol. 76r; LASA, A 14, Nr. 1236, unfol.

178 So zumindest Bernhard von Poten in: ADB 38 (1894), S. 678 f.

179 ÖStA HHStA, RHR, Judicialia latinae expeditionis, K. 265, Nr. 2, unfol.

am Dom wert war, bewies der König im gleichen Zug, indem er das *beneficium a latere* nebst aller anderen nötigen Dispense gleich mitlieferte.[180]

Mit Truchsess hatte der König bewusst einen konfliktbereiten und loyalen Streiter seiner Interessen ausgewählt, um auch das Halberstädter Domkapitel psychologisch wie physisch unter Druck zu setzen: Truchsess forderte noch Mitte Juni 1724 zunächst eine hohe Entschädigungssumme von 7.000 Reichstalern vom Domkapitel für seinen Verzicht. Noch bevor die Sache im Kapitel aber abschließend behandelt werden konnte, erging an die Regierung Halberstadt die königliche Ordre, selbst zur Tat zu schreiten. Wie der Domdechant Clamor Eberhard von dem Bussche seinem Reichshofratsagenten Peter Friedrich von Klerff († 1729) mitteilte, wurde das *Dohm Capitul mit ohnleidentlich pressuren gequellet* [...], *in dem die prabende welche der primus inter domicella res sen minores prabendatos auch in possession genommen, den Hr. Obristen Grafen von Truchsess schlechter Dings conferieret und nach zerschlagener Thür des Capitul hauses de facto possessionem, der König, geben laßen.*[181] Wie die Klageschrift verrät, waren ausgerechnet der Advokatus fisci, Regierungsrat Kuhlenkamp und der ihm beigeordnete Kommissionsrat Schwarz *zur gewalt geschritten und* [hatten] *den Schlößer befohlen, Schloß und Thüren des Capitulshauses zu erbrechen und aufzuschlagen* [...] *und dem Hr: Obristen v. Truchses eine anmaßliche gewalthätige possessio* [zu] *ertheile*[n], nachdem das Domkapitel die Schlüssel nicht herausgegeben hatte.[182] Da mit der Regierung auch hier wieder das höchste Gericht im Fürstentum Halberstadt sowie mit Kuhlenkamp zugleich der oberste königliche Strafverfolger involviert waren und diese auf ausdrückliches königliches Geheiß handelten, blieb dem Domkapitel auch jetzt kaum eine Alternative zur Appellation an den Reichshofrat.

6. Die Prozesse am Reichshofrat

Bisher wurden die Prozesse vor allem aus der Perspektive der Appellanten betrachtet. An dieser Stelle soll nun der Blick gewendet werden, um die Prozesse mit Blick auf den Reichshofrat und die von dessen Mitgliedern entfalteten Aktivitäten zu betrachten und zu überprüfen, ob und wie die Appellationen behandelt wurden.

Die Klagewelle der Domkapitel war Teil einer generellen Entwicklung. So stieg die Zahl der Reichshofratsprozesse zu Beginn der 1720er Jahre rasant an.[183] Einen

180 LASA, A, 14, Nr. 1236, unfol.

181 ÖStA HHStA, RHR, Judicialia latinae expeditionis, K. 265, Nr. 2, unfol.

182 Ebd.

183 Siehe den Beitrag von Tobias Schenk in diesem Band, insb. Diagramm 1.

wesentlichen Beitrag zu dieser Entwicklung leistete Brandenburg-Preußen, das in dieser Phase auf die eine oder andere Weise in nicht weniger als 267 Prozesse (Stand Juli 1727) verwickelt wurde, sodass Prinz Eugen von Savoyen sogar meinte, der Reichshofrat habe mit Preußen so viel zu tun wie mit dem gesamten übrigen Reich zusammen genommen.[184] Die intensive Nutzung des Reichshofrats durch die Untertanen und Stände wird bisweilen als Zeichen seiner Leistungsfähigkeit und Autorität im Reich betrachtet.[185] Die hohe Auslastung könnte indes auch als Krisensymptom gedeutet werden. Jedenfalls stellt sich dies mit Blick auf die Kathedralkapitel so dar. In jedem hier behandelten Prozesse ging es um große, teils enorme Streitsummen oder sehr wertvolle Privilegien. Zugleich gingen sie von Appellanten aus, denen sowohl weitere Rechtsmittel vom preußischen König und seinen Behörden verwehrt wurden, als auch jedweder Schutz vor willkürlichen Übergriffen und Exekutionsmaßnahmen fehlte. Insofern war stets Gefahr im Verzug und ein schnelles Handeln des Reichshofrats von Nöten.

Dass es sich hier um eine krisenhafte Situation handelte, korrespondierte auch damit, dass sich die Beziehungen zwischen Wien und Berlin Anfang der 1720er Jahre in einer steten Abwärtsspirale befanden und sich zu Beginn der Klagewelle der Domkapitel ihrem absoluten Tiefpunkt näherten.[186] Die Bereitschaft, den klagenden Domkanonikern mit dem rechtlichen Schutz des Reiches und der Autorität des Kaisers beizutreten, musste aus Sicht des Reichshofrats formell recht hoch sein, deckte sich ein korrekter Justizgang doch gerade angesichts der Spannungen zwischen Karl VI. und Friedrich Wilhelm I. auch mit dem kaiserlichen Interesse, sich als Oberherr des Kurfürsten von Brandenburg Autorität zu verschaffen. Dem entgegen stand die vom preußischen König seit 1715 unter maßgeblicher Beteiligung seines Reichshofratsagenten Graeve betriebene diplomatische Offensive gegenüber dem Reichshofrat, wobei Friedrich Wilhelm von Preußen nicht vor größeren Investitionen in Bestechungsgelder und materielle Geschenke zurückscheute, um einen Fuß in die Tür des an und für sich geheim und unter Ausschluss der Öffentlichkeit tagenden Reichshofrats zu bekommen.[187]

Tobias Schenk hat bereits überzeugend zeigen können, dass sich die einzelnen Reichshofräte in einem Spannungsverhältnis zwischen der Loyalität zum Kaiser und ihrem Amtseid sowie der gängigen Praxis der Annahme von Geschenken und Obligationen der Kläger und Beklagten bewegten.[188] Wenngleich der König von Preußen in Fragen der Einflussnahme am Reichshofrat sicherlich bessere

184 SCHENK, Reichsjustiz (wie Anm. 7), S. 197, 202.
185 FIMPEL, Reichsjustiz (wie Anm. 12), S. 15 f.; WESTPHAL, Reichshofrat (wie Anm. 8), S. 132 f.
186 SCHENK, Reichsjustiz (wie Anm. 7), S. 112, 161.
187 Ebd., S. 132–138; siehe dazu auch Andreas Pečar in diesem Band, Kap. 2.
188 SCHENK, Reichsjustiz (wie Anm. 7), S. 143 f.

Karten hatte als ein Domkapitel, so darf doch nicht außer Acht bleiben, dass auch die Kathedralstifte in der Lage waren, erhebliche Summen für ihre Interessen zu mobilisieren und vor Ort persönlichen Einfluss auf die Mitglieder des Reichshofrats zu nehmen. Zumindest letzteres belegt ein Bericht des stellvertretenden Anwalts des Domkapitels Minden, Franz Adam Altenthur, den dieser an den Domdechanten von Hammerstein richtete. Am 22. September 1722 teilte er seinem Auftraggeber mit Blick auf den gerade begonnenen Akziseprozess mit:

> *Es haben der alhir anwesenden* [...] *Concapitularen Freiherrn von Nehem hochwürd. sowohl vorhin als jetzo diesfalß all ersinnlichen Eiffer an Tage gelegt und sowohl bey des Hhr. Reichshoffratspräsidenten Excellz als Hl. Ref.*:[erenten] [...] *die Sache solcher gestalten bescheiden vorgestellet, das in gar wennig tagen sohl praesentatas suplicas* [...] *resolutio erfolget.*[189]

Otto von Nehem war es während seines bereits mehr als einem Jahr anhaltenden Aufenthalts in Wien also offenbar gelungen, selbst gute Kontakte zum Reichshofrat aufzubauen und dadurch die Verfahren zu Gunsten des Kapitels voranzubringen. Dies unterstreicht die Bedeutung mündlicher Kommunikation in dem vormaljuristisch rein schriftlichen Verfahren, in dem die Kläger den Referenten nicht kennen oder gar sprechen sollten.[190] Wie Berlin wusste auch das Domkapitel, wer den Fall bearbeitete. Und auch ihm war es in der Person Nehems möglich, in persönliche Interaktion mit den entscheidenden Persönlichkeiten zu treten. Der Fall zeigt, wie wichtig es sein konnte, vor Ort Präsenz zu zeigen, um das Verfahren zu beschleunigen. Wurde eine Eingabe überhaupt vorgetragen, so konnte auch die Verfahrensautonomie greifen. Offensichtlich rechtsbeugende Aktivitäten konnten unter diesen Bedingungen nicht einfach auf die lange Bank geschoben werden, was vor allem dann galt, wenn der Kaiser bereits ein persönliches Interesse an dem Prozess gezeigt hatte, was sowohl im Fall des Quartstreits als auch mit Bezug auf den Lehnskanon bei Eingang des Prozesses offenbar geschehen war.

Vor diesem Hintergrund geben die Resolutionsprotokolle des Reichshofrats einen entscheidenden Einblick in die Behandlung der Fälle.[191] Aus den Sitzungsprotokollen ist sowohl der zuständige Referent als auch der Zeitpunkt des Referats im Kollegium zu ersehen. Da der Referent und die gegebenenfalls eingesetzten Korreferenten die einzigen im Kollegium waren, die die Aktenlage aus eigener An-

---

189 LASA, Abt. Westfalen, D 303 (Domkapitel Minden, Akten), Nr. 416, unfol. [Digitalisat 7 f.]

190 Siehe dazu auch die Ausführungen von Tobias Schenk in diesem Band, hier v. a. Kap. 4.10 sowie den Beitrag von Stefan Stodolkowitz im Band, hier v. a. Kap. 3.

191 Siehe ÖStA HHStA, RHR, Resolutionsprotokolle, saec. XVIII, Bde. 51–69.

schauung kannten, kam ihnen ein besonderes Gewicht zu. Auch wenn die Voten der einzelnen Reichshofräte nicht dokumentiert wurden, sind die Ergebnisse der Beratungen im Plenum ersichtlich, die neben den einzelnen Vorgangsakten weiteren Aufschluss über den Verfahrensverlauf geben können. Ausgewertet wurden die Resolutionsprotokolle der Jahre 1721 bis 1728.

Aus ihnen ist ersichtlich, dass die zusehends auflaufenden Klagen des Domkapitels Minden alle Dr. jur. Christoph Heinrich Edler von Braillard[192] aufgetragen wurden. Braillard, der erst Ende 1720 in den Reichshofrat aufgerückt war, war ein versierter Jurist, der bereits über langjährige Erfahrung am Reichskammergericht verfügte, als er auf Vorschlag der katholischen Stände Schwabens nach Wien wechselte. Dass die Fälle alle Braillard zugeteilt wurden, dürfte nach der Übertragung der Quartfrage vorrangig an der Ähnlichkeit der Materien und seiner einmal gegebenen Einarbeitung gelegen haben. Eventuell spielten auch mikropolitische oder konfessionelle Aspekte bei der Wahl seiner Person eine Rolle. Möglicherweise wurden die Prozesse vom Reichshofrat aber auch als ein Vorgang betrachtet, da aus den Referentenprotokollen bis 1723 keine weitere Zuteilung an Braillard hervorgeht.[193] So wird auch aus den Resolutionsprotokollen des Reichshofrats ersichtlich, dass nicht alle vorgestellten Fälle als einzelne Klagen behandelt wurden, sondern teils als Klagepunkt einem anderen Vorgang zugeordnet waren, teils später als eigener Gegenstand in den Resolutionsprotokollen behandelt wurden. Dies spiegelt sich auch in der Aktenführung wider. So findet sich etwa die Klage des Halberstädter Domkapitels wegen der Einsetzung Truchsess' in der Akte zum Residenzstreit.[194] In den Resolutionsprotokollen kommt sie aber sowohl in den Beratungen zum Residenzstreit als auch später als eigener Vorgang vor.[195] Von einer Bestechlichkeit Braillards ist nichts bekannt. Laut Referentenprotokollen war ihm zumindest in der Quartfrage allerdings der kaiserli-

192 Zur Person: Braillard stammte aus Mainz und war Katholik. Er legte in seiner Heimatstadt ein juristisches Studium und die Promotion ab (Lic. Jur. 1695, Dr. jur. 1696). Am 3. April 1696 wurde er als Reichskammergerichtsadvokat aufgeschworen, bevor er 1698 in den Dienst des Markgrafen von Baden-Baden übertrat, wo er bis zum Geheimrat und Hofratsdirektor avancierte. Am 14. März 1712 wurde er als Reichskammergerichtsassessor aufgeschworen, nachdem ihn die katholischen Stände Schwabens dazu präsentiert hatten. Dieses Amt resignierte er am 5. September 1720, um an den Reichshofrat zu wechseln. Siehe Sigrid Jahns, Das Reichskammergericht und seine Richter. Verfassung und Sozialstruktur eines höchsten Gerichts im Alten Reich (QFHG, 26), 2 Bde., Köln/Weimar/Wien 2003/2011, Bd. 2, S. 709.

193 Für das Jahr 1724 fehlen die Referentenprotokolle, sodass eine separate Zuteilung einzelner Angelegenheiten aus diesem Kontext im Frühjahr 1724 fraglich ist. Siehe ÖStA HHStA, RHR, Protocolla referentium, Bde. 4–5.

194 ÖStA HHStA, RHR, Judicialia latinae expeditionis, K. 265, Nr. 2, unfol.

195 ÖStA HHStA, RHR, Resolutionsprotokolle, saec. XVIII, Bd. 59, fol. 41r–42v, 160r f., 185r f.; Bd. 63, fol. 60v–62v, 108r–109r.

che Kammerherr Christoph Heinrich Graf von Stein zu Lausnitz (1665–1731) als Korreferent zugeteilt, der laut einer Stellungnahme des preußischen Gesandten als käuflich einzuschätzen war.[196] Dasselbe gilt für Johann Heinrich von Berger (1657–1732), der Stein am 18. September wegen dessen Abwesenheit von Wien als Korreferent ersetzen sollte.[197] Die Halberstädter Klage gegen die Residenzpflicht wurde hingegen Anton Esaias Freiherr von Hartig (1681–1754)[198] übertragen, der ebenso wie Stein, der auch die Appellation der Magdeburger Ritterschaft zur Bearbeitung vorgelegt bekam, auf der Gehaltsliste des preußischen Königs stand.[199]

Auch ein geheimes Gutachten ihres Kollegen Nikolaus Christoph Freiherr von Lyncker (1643–1726) aus dem Jahr 1712 weckt Zweifel an der persönlichen Eignung Steins und Hartigs – im Falle des Letzteren auch an dessen juristischer Befähigung.[200] Allerdings sollte diese Einschätzung auch nicht zu hoch veranschlagt werden, da der Gelehrte und ehemalige Jenaer Juraprofessor Lyncker auf die juristische Befähigung der meisten seiner Kollegen herabschaute und dabei bisweilen in seinen Einschätzungen übers Ziel hinausschoss.[201] Hartig jedenfalls wurde

---

196 Schenk, Reichsjustiz (wie Anm. 7), S. 136 f.

197 Laut Referentenprotokoll wurden die beiden am 23. Juli 1721 ernannt. Berger wurde am 18. September 1721 eingesetzt. Siehe ÖStA HHStA, RHR, Protocolla referentium, Bd. 4, unfol.

198 Er stammte aus böhmischem Adel und war seit 1709 Reichshofrat auf der Ritter- und Gelehrtenbank. Er wurde 1734 in den Reichsgrafenstand erhoben, an die Spitze der Herrenbank versetzt und zum Vizepräsidenten ernannt. Siehe Schenk, Reichsjustiz (wie Anm. 7), S. 137 f.; Ders., Die Vota ad Imperatorem des kaiserlichen Reichshofrats. Zur Verfahrensautonomie an einem herrschernahen Höchstgericht der Frühen Neuzeit, in: Anja Amend-Traut/Ignacio Czeguhn/Peter Oestmann (Hrsg.), Urteiler, Richter, Spruchkörper. Entscheidungsfindung und Entscheidungsmechanismen in der Europäischen Rechtskultur (QFHG, 75), Köln/Weimar/Wien 2021, S. 239–348, hier 310. – Hartig sollte später zu den engsten Vertrauten und Parteigängern Bartensteins bei dessen außenpolitischen Bestrebungen zur Anerkennung der pragmatischen Sanktion gehören. Zum Zeitpunkt der Zuteilung des Falls war Bartenstein allerdings noch nicht in der Geheimen Konferenz tätig. Vgl. den Beitrag von Tobias Schenk in diesem Band, Kap. 4. 8.

199 Schenk, Reichsjustiz (wie Anm. 7), S. 136 f.

200 Für den Hinweis danke ich Tobias Schenk. Siehe ÖStA HHStA, Reichshofkanzlei, Verfassungsakten, RHR, K. 3, Konv. 2, Nr. 2.

201 Zwei Beispiele für die, wenn nicht falschen, so doch überzogenen Urteile Lynckers: *1) Galen:* Er nahm etwa an, dass der seiner Meinung nach untaugliche Graf Christoph Heinrich von Galen (1662–1731) nicht studiert hatte und seine Stelle am Reichshofrat seinem Vetter, dem Bischof von Münster, Christoph Bernhard von Galen (1650–1678), verdankte. Der Bischof war aber rund elf Jahre vor der formellen und rund zwanzig Jahre vor der tatsächlichen Aufnahme des Grafen von Galen verstorben, und Christoph Heinrich von Galen hatte nachweislich in Paris das Biennium absolviert. *2) Danckelmann*: Auch ging Lyncker davon aus, dass Carl Friedrich Freiherr von Danckelmann (1670–1738) nicht Jura studiert hatte, sondern lediglich von seinem Vater in der Jurisprudenz leidlich unterrichtet und in sehr jungen Jahren Reichshofrat geworden wäre. Tatsächlich hatte Danckelmann aber durchaus juristische Erfahrung. Er hatte nachweislich seit

1734 eigens in den Reichsgrafenstand erhoben, um ihm zum Reichshofratsvizepräsidenten machen zu können,[202] was durchaus dafür spricht, dass seine Loyalität gegenüber dem Kaiser wie auch seine juristische Befähigung besser eingeschätzt wurden als Lyncker glauben machen will. Auffällig ist, dass die Klagen, die originär einem Domkapitel und damit einer geistlichen Institution mit teils katholischen Mitgliedern zugeordnet werden konnten, mit Braillard und Hartig von zwei katholischen Reichshofräten von der Ritter- und Gelehrtenbank bearbeitet wurden, während man den Fall der ganz überwiegend evangelischen Magdeburger Ritterschaft mit Stein einem lutherischen Reichshofrat von der Grafen- und Herrenbank zuteilte. Möglicherweise spielte dabei auch eine Rolle, dass allein die Magdeburger Adelsopposition offiziell gegen den König klagte, während Halberstadt gegen den Advocatus fisci, Minden vorrangig gegen die Regierung Minden klagte.

Dass der Faktor ‚Korruption' in den untersuchten Fällen nicht zuletzt aufgrund seiner strukturellen Gegebenheit und seiner Allgegenwart in seiner Wirkung auf den Prozessverlauf auch nicht als allein entscheidendes Kriterium gewertet werden sollte, zeigt die Rolle eines wichtigen nachgeordneten Amtsträgers des Gerichts: Johann Sigmund Hayeck von Waldstätten, der als Reichshofratsekretär der lateinischen Expedition die Fälle gegen Halberstadt und Minden bearbeitete, nahm Geld von der preußischen Seite. Laut Tobias Schenks Einschätzung gehörten die an ihn getätigten Gratifikationen des Königs zu den gewinnbringendsten Investitionen Preußens am Reichshofrat.[203] Allerdings unterstützte Hayeck von Waldstätten 1721 zugleich den Prozess wegen der Mindischen Quart durch die rechtssichere Neuformulierung der Klage und die Anonymisierung des in Wien präsenten Domherren, was darauf hindeutet, dass er der preußischen Seite keineswegs alle relevanten Informationen einfach zugehen ließ.[204]

Betrachtet man die Resolutionsprotokolle quantitativ, so fällt auf, dass die Prozesse seit Mitte 1721 in sehr unterschiedlicher Intensität im Plenum thematisiert wurden. Besonders präsent waren die Prozesse unter Beteiligung der preußi-

---

1688 in Frankfurt/Oder studiert. Danach war er mehrere Jahre am Kammergericht in Berlin tätig. Außerdem wurde er zwar bereits 1694 formell Reichshofrat. Seine Introduktion erfolgte aber erst 1703 im durchaus gestandenen Alter von 33 Jahren. Siehe ÖStA, HHStA, Reichshofkanzlei, Verfassungsakten, RHR, K. 3, Konv. 2, Nr. 2; vgl. Boeselager, Die Osnabrücker Domherren (wie Anm. 1), S. 242; Aeltere Universitäts-Matrikeln. I. Universität Frankfurt a. O., Bd. 2 (1649–1811) (Publicationen aus den k. Preußischen Staatsarchiven, 36), Leipzig 1888, S. 207; Gschliesser, Reichshofrat (wie Anm. 37), S. 350.

202 Gschliesser, Der Reichshofrat (wie Anm. 37), S. 370 f.; Schenk, Reichsjustiz (wie Anm. 7), S. 136 f.

203 Schenk, Reichsjustiz (wie Anm. 7), S. 138, Anm. 165.

204 Nicht auszuschließen ist allerdings auch, dass er Otto von Nehem aus der Klageschrift tilgte, um seinen Namen später als wichtige Information an Graeve weitergeben zu können. Siehe ÖStA HHStA, RHR, Judicialia latinae expeditionis, K. 362, Nr. 1, unfol.

schen Domkapitel Anfang 1723 und im Juni 1724, als insgesamt neun Mal über die Appellationen referiert wurde (Abb. 1).

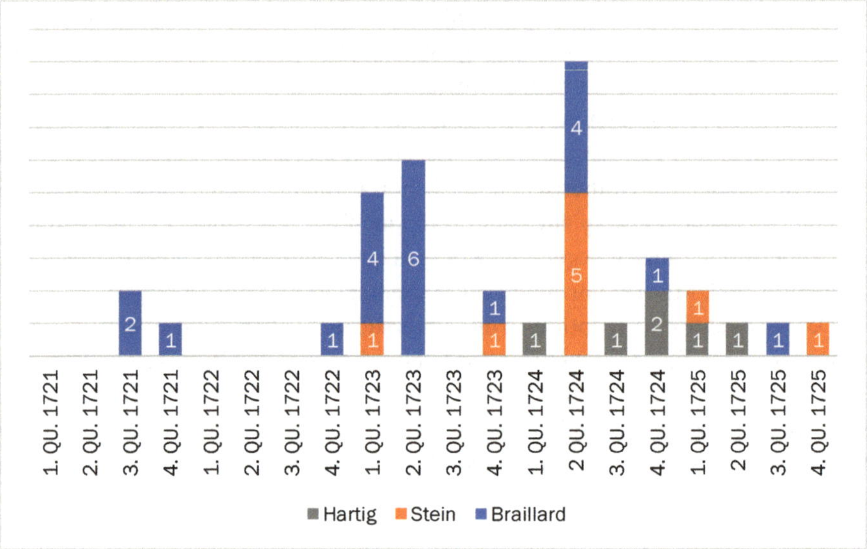

Diagramm 1: Referate zu den Prozessen unter Beteiligung preußischer Domkapitel laut den Resolutionsprotokollen (Qu. = Quartal)

Dass die Mindener Fälle früher behandelt wurden, geht darauf zurück, dass sich das Domkapitel über ein Jahr vor den Magdeburger Rittern und erheblich eher als das Domkapitel Halberstadt an den Reichshofrat wandte. Trotzdem fällt ins Auge, dass die Braillard zugeteilten Fälle häufiger zur Sprache kamen als die anderen Vorgänge. Dies lässt sich im Wesentlichen mit der Vielgestaltigkeit der Vorgänge erklären. Während Stein allein zum Lehnskanon referierte und Hartig fast ausschließlich die Residenzfrage zur Vorlage bringen musste, stellte Braillard die Akzisefrage (7), die Quart (7), die Residenzpflicht (2), die Einbehaltung dompropsteilicher Einnahmen (4) und die Vorenthaltung der Vikarie Johannis (1) separat vor. Mehrfach brachte er dabei die verschiedenen Vorgänge auch an einem Tag ein. So entfallen etwa die vier Nennungen aus dem 2. Quartal 1724 auf den 16. Juni 1724, an dem Braillard den Reichshofrat fast die ganze Sitzung hindurch mit den Mindener Vorgängen beschäftigte.[205] Allerdings wurden die Vorgänge in den einzelnen Besprechungen aufgrund ihrer engen Verquickung immer wieder erwähnt. Insbesondere die Quartfrage blieb als zentraler Streitpunkt omnipräsent.

205 Siehe exemplarisch ÖStA HHStA, RHR, Resolutionsprotokolle, saec. XVIII, Bd. 59, fol. 91r–93v.

Berücksichtigt man dies, so erscheinen die vier Vorlagen Hartigs zur Residenzfrage in Halberstadt als Indiz für eine durchaus intensive Bearbeitung. Lediglich im Falle Steins fällt auf, dass er relativ viel Zeit verstreichen ließ, bevor er die ja von Seiten der beteiligten Adligen durchaus als prekär wahrgenommene Lage im Herzogtum Magdeburg im Juni 1724 energisch zu einem Abschluss zu bringen suchte.[206] Bemerkenswert ist in diesem Kontext, dass die formelle Entscheidung zur Exekution in der Frage des Lehnskanons am 16. Juni fiel. Den Reichshofräten standen also die verschiedenen Mindener Fälle ebenfalls vor Augen, als sie zu dem Schluss kamen, dass gegen Friedrich Wilhelm I. von Preußen schärfere Mittel ergriffen werden mussten.

Dass die Behandlung seit dem dritten Quartal des Jahres 1724 spürbar abfiel, ist ebenfalls wohl eher nicht als ein Zeichen einer Verschleppungsabsicht der Referenten zu werten. Vielmehr waren zu diesem Zeitpunkt in den Fällen bereits Beschlüsse des Reichshofrats getroffen worden, die als kaiserliche Resolutionen an die formell beklagten Instanzen der preußischen Herrschaftsgebiete wie den König selbst gelangt waren.

Bereits am 16. August 1721 hatte der Kaiser die Abstellung der Willkürmaßnahmen gegen das Domkapitel Minden in Fragen der Quart befohlen.[207] Es folgten weitere zügige Beschlüsse des Reichshofrats gegen die Einziehung des Akziseprivilegs (2. Dezember 1723), die Residenzpflichtverlängerung (13. April 1723), die Aufhebung des Gregorianischen Kalenders am Dom (6. April 1724) und die Bedrückung des Dompropstes von Nehem (16. Juni 1724).[208] Bereits bei der Erstreferierung der Klage des Domkapitels Halberstadt gegen die Verlängerung der Residenzpflicht wurde am 21. März 1724 eine Resolution zur Einstellung der Zwangsmaßnahmen gegen das Domkapitel erlassen, in der die Beibehaltung der statuten- und observanzgemäßen Residenzpflicht angeordnet wurde. Diese zeichnete der Kaiser am 24. März ab.[209] Lediglich im Falle des Mindener Propstes von Nehem ließ der Reichshofrat den König wissen, er möge *den appellant in dieser Sache auser beschwärde* setzen, um nicht *einen formblichen process selbst*

206 Formell konnten die Räte zwar keinen Einfluss auf die vorgetragenen Prozesse nehmen, da der Zeitpunkt des Vortrags eigentlich präsidialen Ad-hoc-Befehlen und dem Turnus oblag. De facto war diese Regelung jedoch in den 1720er Jahren weitgehend außer Kraft gesetzt. Die Reichshofräte, die etwas vortragen wollten, konnten dies auch informell durchsetzen. Dies gilt sicherlich auch für Stein. Siehe im Band den Beitrag von Tobias Schenk dazu Kap. 5.4.

207 ÖStA HHStA, RHR, Resolutionsprotokolle, saec. XVIII, Bd. 54, fol. 354–357; RHR, Judicialia latinae expeditionis, K. 362, Nr. 1, unfol.

208 ÖStA HHStA, RHR, Resolutionsprotokolle, saec. XVIII, Bd. 54, fol. 326r–328v, 484v–487r; Bd. 58, fol. 183v; Bd. 59, fol. 93.

209 Ebd., fol. 41r f.; RHR, Judicialia latinae expeditionis, K. 265, Nr. 2, unfol.

zu veranlassen.[210] In allen anderen Fällen formulierte man klare Forderungen an Friedrich Wilhelm: Während in der Kalender- und Residenzfrage sofort und klar die Unrechtmäßigkeit festgestellt und damit bereits die endgültige Meinung des Reichshofrats dazu kund getan wurde, handelte es sich bei den übrigen Resolutionen um Schutzmandate, die zunächst die Wahrung der Rechte des Domkapitels Minden bis zu einer endgültigen Klärung sicherstellen sollten.

Vergleichsweise langsam lief der Prozess der Magdeburger Opponenten an. Zwar war auch hier bereits am 22. Dezember 1722 ein Mandat ergangen, allerdings war dieses weniger zwingend formuliert als die übrigen. So hieß es dort, der Kaiser habe *das Vertrauen*, dass der König *die allerding gebührliche unverlangte Verfügung thun* [werde], *daß so wohl auf den an allerhöchst dieselbe ergriffeneen recursum der schuldigen respect bezeiget als auch denen Supplicanten mit fernern betränglichen execution nicht zu gesetzet werden möge.*[211] Die wohl auf Stein zurückzuführende Formulierung glich hier also eher einer Bitte als einem Befehl. Bemerkenswert ist, dass diese diplomatische Note offenbar nicht im Reichshofrat abgestimmt wurde, sondern im prozessualen Vorfeld an anderer Stelle ausgehandelt worden sein muss. Umso schwerwiegender erschien wohl die verhältnismäßig spät ergangene Entscheidung des Reichsgerichts vom 16. Juni 1724, in der der Reichshofrat nach längerem Hin und Her die Exekution gegen Brandenburg-Preußen wegen der Allodifikation der Lehen anordnete.[212] Allerdings entschloss sich Karl VI. anders als in den anderen Fällen zunächst nicht, diesen Reichshofratsbeschluss zeitnah in Gültigkeit zu setzen. Erst am 1. Februar 1725 erging der Befehl an die Kurfürsten von Trier, von Sachsen und von der Pfalz sowie den König von Schweden als Herzog von Pommern, die Exekution auch wirklich ins Werk zu setzen.[213]

Immer wieder wurde in den Resolutionen die Zuständigkeit des Kaisers und des Reichshofrats betont und die sofortige Beendigung aller Exekutionsmaßnahmen sowie die Rückkehr auf den Rechtsweg gefordert. Sogar die Schadlosstellung der Appellanten – also die Restituierung der bereits eingetriebenen Forderungen und Strafzahlungen – wurde gefordert, bis der Kaiser im Frühjahr 1725 offenbar selbst zu dem Urteil gelangte, dass nur ein gravierender Schritt den König in Preußen als Reichsfürsten wieder in seine Schranken weisen konnte.

Denn Friedrich Wilhelm hatte sich bis dahin an keines der oben ergangenen Mandate gehalten. Dies geht aus den zahlreichen erneuten Klagen und Hilferufen der Appellanten aus Magdeburg, Minden und Halberstadt hervor. Teils wurden die Resolutionen von den zuständigen Behörden gar nicht erst angenom-

210 Ebd., K. 362, Nr. 4, unfol.

211 ÖStA HHStA, RHR, Judicialia latinae expeditionis, K. 597, Nr. 1, fol. 3r f.

212 ÖStA HHStA, RHR, Vota, K. 33 (M 1), unfol.

213 ÖStA HHStA, RHR, Obere Registratur, K. 597, Nr. 1, unfol. (auf den Bögen vor fol. 578r).

men.[214] Der preußische Reichshofratsagent Johann Friedrich Graeve beschäftigte unterdessen den Reichshofrat mit den immer gleichen Argumenten. Im Kern bestritt er auf Grundlage des Westfälischen Friedens generell die Zuständigkeit des Kaisers und dessen Reichshofrat, wobei er sich insbesondere auf die heiklen religionspolitischen Aspekte bezog. Erkennbar war das Interesse an den Fällen dabei unterschiedlich stark ausgeprägt. Während Graeve in Sachen der Adelsopposition und der Mindener Quart regelmäßig mit Gegendarstellungen auf die Beschwerden der Reichshofratsagenten der Appellanten reagierte, ließ er sich auf die Klage des Halberstädter Domkapitels kaum ein, obwohl er mehrfach zu Stellungnahmen aufgefordert worden war.[215]

Doch inwiefern ließen sich Beschlüsse des Reichshofrates überhaupt in Brandenburg-Preußen durchsetzen? Dass die zunächst wohl bedrohlicher wirkende Exekutionsanordnung des Kaisers aus dem Februar 1725 im Herzogtum Magdeburg nicht zur Umsetzung gelangte, ist hinlänglich untersucht.[216] Auch aus den letzten Vorlagen Steins im Jahre 1725 geht hervor, dass diese vielleicht von Anfang an eher als Drohung zu interpretierende Resolution des Kaisers keine Chance auf Umsetzung gegenüber dem König in Preußen besaß.[217] In den anderen Fällen ergingen auf Bitten und Flehen der betroffenen Domkapitel indes weitere kaiserliche Schutzmandate, zuletzt im Prozess des Domkapitels Halberstadt gegen die unrechtmäßige und gewaltsame Besitzergreifung des Grafen Truchsess am 25. Mai 1725. In der Resolution machte der Reichshofrat seinem Unmut über das Verhalten des preußischen Königs Luft. Vor allem kritisierte das Kollegium, dass der König sich, die *Uns in dieser Sache allerdings zustehende Allerhöchste jurisdiction zu bestritten sich anmaßet*.[218] Truchsess' Anspruch wurde rundheraus verworfen, seine Besitzergreifung für illegal erklärt. Damit hatte der Reichshofrat seinen Standpunkt in der Sache final dargelegt.

7. Das Herausbrechen der Teile – der Zusammenbruch des Widerstands

Doch wie so viele zuvor gelangte auch dieser Beschluss nicht zur Wirkung. In Halberstadt war das Domkapitel bereits am 11. Mai 1725 zu der Einsicht gelangt, dass

214 ÖStA HHStA, RHR, Judicialia latinae expeditionis, K. 362, Nr. 1, unfol.; NLA HA Hann. 92 Nr. 1978, fol. 2r–5v.

215 Vgl. ÖStA HHStA, RHR, Judicialia latinae expeditionis, K. 265, Nr. 2, unfol.; K. 362, Nr. 1, unfol.; K. 362, Nr. 2, unfol.; K. 362, Nr. 3, unfol.; K. 362, Nr. 4, unfol.

216 Schenk, Reichsjustiz (wie Anm. 7), S. 185–219; Neugebauer, Stände (wie Anm. 7), S. 184–189.

217 ÖStA HHStA, RHR, Resolutionsprotokolle, saec. XVIII, Bd. 62, fol. 285r f.

218 ÖStA HHStA, RHR, Judicialia latinae expeditionis, K. 265, Nr. 2, unfol.

die Appellation an den Reichshofrat keine Chance auf Erfolg hatte.[219] Friedrich Wilhelm machte die Domkapitulare mit seinen Exekutionen und weiteren Drohungen zusehends mürbe. So hatte er Anfang 1725 Untersuchungen wegen der Vergabe der Prezistenpräbende im Jahr 1672 eingeleitet, die völlig haltlos waren und aus Sicht des Domkapitels allein dazu dienen sollten, dem von Truchsess Geld und der königlichen Kommission Zugang zum Domarchiv zu verschaffen.[220] Die in Halberstadt präsenten Domkapitulare begannen nun die Problematik zusehends als ein Partikularinteresse Johann Friedrich von Münchhausens zu interpretieren, dessen Stellung durch Truchsess' Einsetzung in der Schwebe war.

Hier zeigt sich erstmals die Ambivalenz der strukturellen Gegebenheiten eines Domkapitels. Einerseits bot die Verfassung als Kollegialorgan grundsätzlich einen gewissen Schutz davor, persönlich verantwortlich gemacht zu werden. Auch konnten Beschlüsse mit der fehlenden Zustimmung der Mehrheit verteidigt oder für illegitim erklärt werden. Andererseits verfolgten die einzelnen Domkapitulare auch individuelle Interessen, die nicht in Kongruenz mit den Interessen des Kapitels stehen mussten und andere soziale Kontexte oder materielle Ziele höher bewerteten. Die immensen finanziellen Bürden, die der König einzelnen Domherren abverlangte, und die Sorge, selbst betroffen sein zu können, führten zusehends zu Spannungen im Kapitel. Auch wenn es langfristig im Sinne des Domstifts war, seine Statuten zu verteidigen, so waren die jeweils aktuellen Kapitulare doch nur bis zu einem gewissen Punkt bereit, ihre persönliche Stellung bei Hof, ihr Vermögen und ihre Patronagenetzwerke zu belasten, um die Rechte des Domkapitels durchzufechten.

Trotzdem entschied sich das Halberstädter Kapitel, 2.000 Reichstaler zur Verfügung zu stellen, um aus der Auseinandersetzung mit Truchsess herauszukommen. Dieser forderte 8.000 Reichstaler vom Domkapitel für seinen Verzicht auf die Dompräbende. Man glaubte aber, sich auf 5.000 Reichstaler einigen zu können, wobei Münchhausen als betroffener Domkapitular den Löwenanteil allein aufzubringen hatte.[221] Am 14. Juni kam ein Vergleich zwischen Truchsess und

219 LASA, A 14, Nr. 1236, unfol.

220 Ebd.; Kurfürst Friedrich Wilhelm hatte Ende des Jahres 1672 selbst zweimal gegen den Protest seines eigenen Prezisten David von Hünicke und des Halberstädter Domkapitels dessen Recht auf freigewordene Präbenden übergangen. Zunächst hatte er Carl von Reden und dann Friedrich Wilhelm von Kanneberg auf vakanten Präbenden unter Strafandrohung zwangsweise installieren lassen. Wegen des bald darauf erfolgten Todes Redens und der Possessionserteilung an Hünicke im Januar 1673 wurde der Streit nicht mehr weitergeführt. Die irreguläre Übergehung des Prezisten lastete Friedrich Wilhelm I. 1725 dem Domkapitel an. Siehe zum genauen Hergang vor allem die Kapitelprotokolle vom Jahreswechsel 1672/73 und Mai 1725: LASA, A 14, Nr. 1218, fol. 133v–134v, 142r, 145v, 147v; LASA, A 14, Nr. 1236, unfol.

221 LASA, A, 14, Nr. 1236, unfol.

Münchhausen zustande, der auch die weitere Verfolgung der Frage der Prezistenpräbende von 1672 beinhaltete.[222] Die Kosten stiegen weiter, als der König am 6. Juni 1725 noch 1.000 Reichstaler zur Rekrutenkasse für seine Zustimmung zum Vergleich zwischen Truchsess und Münchhausen forderte, die das Domkapitel und Münchhausen letztlich weitgehend aufbringen mussten, da Truchsess andernfalls mit dem Antritt des Klosterjahres[223] und der Aufkündigung des Vergleichs drohte.[224] Aus den Unterhandlungen des Domkapitels geht auch hervor, dass die Frage der Abfindung des Grafen mittlerweile mit der Residenzfrage finanziell verknüpft worden war. So plädierte der katholische Kapitular Engelhard Ignatius Arnold Freiherr von Bochholtz (1682–1754) vehement für die Zahlung der 1.000 Reichstaler an die Rekrutenkasse, damit das Domkapitel auch endlich die Frage der Residenz abschließen könne.[225] Der König hatte sich mit seinen Erpressungsversuchen also weitgehend durchgesetzt. Der Umstand, dass im Halberstädter Prozess nach dem 25. Mai keine weiteren Eingaben erfolgten, war somit nicht das Ergebnis einer umgesetzten kaiserlichen Resolution, sondern der in Kosten-Nutzen-Perspektive erfolgten Aufgabe der Domkapitulare.

Dass das Kapitel Halberstadt unabhängig von diesem Kompromiss den Lehnskanon noch bis mindestens Mai 1726 verweigerte und am 16. April 1726 gemeinsam mit Teilen der Halberstädter Ritterschaft erneut Klage erhob,[226] zeigt, dass man sich in dieser Frage noch eher Chancen ausrechnete, wobei auch hier die Frage im Raum steht, welches Ziel damit erreicht werden sollte. Der König verlor jedenfalls in den Jahren 1725/26 zusehends die Sorge vor dem Prozess wegen des Lehnskanons, was sowohl auf der völligen Passivität der beauftragten Exekutoren beruhte als auch auf der Wiederannäherung Friedrich Wilhelms I. und Kaiser Karls VI.[227] Diese politische Annäherung wirkte sich offenbar auch unmittelbar auf die Aktivitäten des Reichshofrats aus. Denn keiner der seit 1721 eingelaufenen

222 LASA, U 6, IXb Nr. 6.

223 Die Absolvierung des Klosterjahres war eine Grundbedingung zur Erlangung des Kapitularstatus. Es bestand noch im Untersuchungszeitraum an den meisten Domkapiteln. Die Anwärter auf den Kapitularstatus mussten dafür in der Regel ein Mindestalter von 21 Jahren nachweisen und im Zeitraum des Klosterjahres in Klausur auf der Domfreiheit wohnen oder in völliger Verkehrung des ursprünglichen Prinzips in dieser Zeit der Kathedralstadt fernbleiben. Mit seiner Drohung zielte Truchsess also darauf, den Status eines Kapitulars bzw. in Halberstadt eines Residenten zu erlangen.

224 LASA, A, 14, Nr. 1236, unfol.

225 Ebd.

226 Die Gelder wurden allerdings weiterhin exekutiert. Unter den neuen Klägern finden sich mit Georg Wilhelm von Marenholtz und Werner Ludwig Spiegel von Peckelsheim erneut zwei Magdeburger Domherren. Siehe ÖStA HHStA, RHR, Judicialia latinae expeditionis, K. 597, Nr. 1, fol. 337v.

227 Hierzu ausführlich Schenk, Reichsjustiz (wie Anm. 7), S. 199–205.

Prozesse gelangte ab 1726 nochmals zur Vorlage in den Sitzungen des Gerichts.[228] Der erneute Anlauf in Fragen des Lehnskanons lief ins Leere. Ansonsten kam das Domkapitel Halberstadt indes glimpflich davon. Wie die Residenzfrage gelöst wurde, ist ungeklärt. Es muss aber vor 1728 zu einer Übereinkunft gekommen sein.[229] Jedenfalls ist die sechsmonatige Residenz später weder thematisiert noch eingehalten worden.

Besonders schwer traf die Entwicklung hingegen das Domkapitel Minden, das sich als erstes und bei weitem am stärksten exponiert hatte. Als unglücklicher Umstand kam für das Kapitel zunächst der überraschende Tod ihres erst 35jährigen Mitkapitulars Otto von Nehem in Wien am 20. Februar 1725 hinzu.[230] Obwohl dieser im turnus capituli verstorben war, zog Friedrich Wilhelm die Präbende an sich, was er mit der 1720 erfolgten Einführung des wechselnden Turnus in Minden begründete, nach dem aber ebenfalls das Domkapitel hätte zum Zuge kommen müssen.[231] Insgesamt hielt der König damit 1725 bereits zwei katholische Präbenden seit dem Ausbruch des Konflikts zwischen Domkapitel und Landesherr vakant, da er die katholischen Präbenden an protestantische Offiziere vergab, die angesichts der den Wert der Präbenden massiv schmälernden Konflikte nicht sogleich einen Käufer für die prekäre Würde fanden.[232] Zugleich verlor das Domkapitel mit Nehem seinen Fürsprecher in Wien. Nachdem der kaiserliche Gesandte von Seckendorff gegenüber Friedrich

228 Vgl. dazu ÖStA HHStA, RHR, Resolutionsprotokolle, saec. XVIII, Bd. 64–69.

229 Laut Heckel erreichte das Domkapitel sein Ziel letztlich durch Werbungen für die Riesengarde des Königs. 1727 schickten sie ihm einen hochgewachsenen Mann mit der Bemerkung nach Potsdam, in drei bis vier Monaten einen weiteren Rekruten zu liefern. Im Gegenzug erbaten sie zunächst die Aussetzung der Residenzregelung. Später sollen sie so ihr Ziel erreicht haben. Dafür bleibt die Quellenangabe Heckels allerdings vage. Siehe HECKEL, Dom- und Kollegiatstifter (wie Anm. 5), S. 161, Anm. 5 u. 6.

230 LAV NRW W, D 303 (Domkapitel Minden, Akten), Nr. 1194, fol. 1r; DYLONG, Hildesheimer Domkapitel (wie Anm. 1), S. 335, Nr. 58.

231 Der wechselnde Turnus wurde auch später in Minden nicht regulär angewendet. Letztlich lief diese willkürliche Nutzung beider Turnusvarianten auf eine Besetzung der Präbenden durch den König nach dessen Gutdünken hinaus. Siehe LAV NRW W, D 303 (Domkapitel Minden, Akten), Nr. 1194, unfol. Die Präbende wurde dem protestantischen Obristleutnant von der Marwitz übermacht, der sie 1727 an Anton Ludwig August von Dalwigk veräußerte. Siehe LAV NRW W, D 303 (Domkapitel Minden, Akten), Nr. 35, Bd. a, fol. 384r–385r, 399r.

232 Es handelte sich neben der Präbende Nehems um die des Heinrich Dietrich von Westphalen, die er im März 1720 an seinen Neffen resigniert hatte. Der König vergab beide Präbenden an protestantische Offiziere, die sich einen Käufer dafür suchen sollten. Siehe LAV NRW W, D 303 (Domkapitel Minden, Akten), Nr. 75, unfol.; LAV NRW W, D 303 (Domkapitel Minden, Akten), Nr. 35, Bd. a, fol. 384r–385r, 399r. – Anders als von Schrader behauptet, erhielten die Kollatierten allerdings nicht die laufenden Einnahmen der vakanten Präbenden. Vgl. SCHRADER, Cathedral Chapter (wie Anm. 21), S. 86 f.

Wilhelm I. Nachsicht in den Reichshofratsprozessen als Teil eines größeren Kompromisses in Fragen der Anerkennung der pragmatischen Sanktion und eines Bündnisses mit dem Habsburger angedeutet hatte, kam es hier ab 1726 zu weiteren Repressionen. Von 1726 an sequestrierte der König die Dechants-Einnahmen Alexander von Hammersteins über mehrere Jahre und verweigerte ihm die Auszahlung deponierter Gelder. Außerdem wurde ihm Rechtshilfe bei verschiedenen Streitigkeiten in Jagd- und Hutungsangelegenheiten verwehrt, die er als Pächter des königlichen Amts Petershagen zu führen hatte.[233] Hammerstein selbst unterstellte den Mindener Behörden gar, dass man seine Gegner in verschiedenen Prozessen bewusst unterstützte, um ihm *Verdruß zu machen* und ihn *zu kräncken*.[234] Der persönliche, über Jahre anhaltende Druck, der auf den in Minden präsent gebliebenen Domherren lastete, äußerte sich auch zusehends in inneren Spannungen. So geriet der beständig in Minden weilende katholische Domherr, Scholaster Jobst Heinrich von Oer (1673–1751), 1727 in Konflikt mit dem protestantischen Domdechanten von Hammerstein, weil er dessen Autorität als Vorsteher des Domkapitels nicht länger akzeptieren wollte.[235] Schon zuvor war es nach 1721 zu einem Rangkonflikt des Domdechanten mit dem Mindener Domherren und Regierungsrat von Tresckow gekommen.[236] Die aufgrund der eingezogenen Güter nötig gewordene Senkung der Pfründeneinkünfte veranlasste das Domkapitel ab 1728 zudem, verschärft auf die statutengemäße Emanzipation zu achten, die über die Statutengelder zumindest kurzfristige Zusatzeinnahmen brachte und den jüngeren Domherren das Aufrücken unter die hebenden Herren ermöglichte. Hierüber kam es insbesondere mit den Inhabern der beiden Galenschen Erbpräbenden zum Streit, die ihre Einkünfte bisher meist genossen hatten, ohne emanzipiert zu sein.[237] Auch um die Vergabe der Propstei Levern kam es aufgrund königlicher Eingriffe zum Streit.[238] Selbst zwischen dem ebenfalls in den Prozessen stark engagierten Dompropst Hermann Dietrich von Nehem und Alexander von Hammerstein kam es zusehends zu Spannungen.[239]

---

233 LASA NRW Abt. Westfalen, D 303 (Domkapitel Minden, Akten), Nr. 1088, fol. 15r–18v.

234 Ebd., fol. 18r.

235 LAV NRW W, D 303 (Domkapitel Minden, Akten), Nr. 28 a, fol. 352r f.

236 LAV NRW W, D 303 (Domkapitel Minden, Akten), Nr. 30, fol. 8r–15r.

237 LAV NRW W, D 303 (Domkapitel Minden, Akten), Nr. 94 a, fol. 141r–147r.

238 ÖStA HHStA, RHR, Decisa, K. 296, Konv. 1, Nr. 3.

239 Aus dem letzten in der Sache ergangenen Vorbringen beim Reichshofrat vom 26. Februar 1725, das nicht vom Domkapitel, sondern von Dompropst von Nehem stammte, geht hervor, dass der Dompropst den Domdechanten verdächtigte, seine erneute Berufung nach Berlin selbst veranlasst zu haben, um sich von der Sache des Domkapitels los machen zu können. Siehe ÖStA HHStA, RHR, Judicialia latinae expeditionis, K. 362, Nr. 1, unfol.

Offiziell gab das Kapitel den Prozess wegen der Quart erst 1736 auf, um die Freigabe von teils seit Jahren sequestrierten Einnahmen zu ermöglichen.[240] Zu diesem Zeitpunkt hatte sich die Aussichtlosigkeit allerdings längst gezeigt. Durch Resignationen und Todesfälle hatte sich der Charakter des Kapitels inzwischen grundsätzlich verschoben.[241] Eine Reihe von Domherren blieb der Kathedralkirche zudem seit Mitte der 1720er Jahre fast gänzlich fern. Darunter befanden sich nicht nur Katholiken, sondern auch Lutheraner wie Georg Ludwig von Bar (1701–1767), der sich in dem Konflikt ebenfalls engagiert hatte, dem Domkapitel jedoch seit 1729 fernblieb, da Friedrich Wilhelm ihm die Propstei Levern vorenthielt.[242] Stattdessen war der Protestant als Legationsrat in kurkölnischen Diensten der Regierung des Fürstbistums Osnabrück beigetreten, wo er auch begütert war.[243]

Die inneren Konflikte und die neue personelle Situation dürften die Niederlegung des Prozesses begünstigt haben. De facto konnte sich der König in Minden auf ganzer Linie durchsetzen. Unabhängig von der Frage, ob die damaligen Domkapitulare Friedrich Wilhelm von Brandenburg 1665 übervorteilt hatten, steht außer Frage, dass Friedrich Wilhelm I. dies 1722 seinerseits tat. Der König

---

240 SPANNAGEL, Minden (wie Anm. 61), S. 97 f.; NEUGEBAUER, Stände (wie Anm. 7), S. 184.

241 Von den 1721 beim Anschieben der Klageerhebung im Domkapitel vertretenen Domherren waren 1736 noch acht im Kapitel vertreten: Domdechant Alexander von Hammerstein (ev.), Eberhard Hermann Jobst von Dinklage (ev.), Friedrich Christian Joseph von Galen (kath.), Jobst Heinrich von Oer (kath.), Johann Friedrich Georg von Vincke (ev.), Heinrich von Ledebur (ev.), Friedrich Christian von Ketteler (kath.) und Georg Ludwig von Bar (ev.). Letztere beiden waren erst 1721 eingetreten, Bar sogar erst nach der Klageerhebung. Insbesondere von den katholischen Domherren waren nur noch drei verblieben, darunter der in Minden völlig inaktive von Galen. Galen, Oer und Bar waren zudem in Konflikte mit dem Kapitel geraten. Die neu eingetretenen Domherren waren zum Teil noch nicht emanzipiert und deshalb gar nicht stimmberechtigt. Schon ihre Possessionserteilung hing von der Zustimmung des Königs ab, sodass der Druck, den die abwesenden Domherren durch das Verweigern des Mittragens von Kapitelbeschlüssen ausüben konnten, massiv geschwunden war. Siehe dazu demnächst die Ergebnisse des Projekts „Geistlicher Stand oder Sinekure? Die protestantischen Domherren vom Westfälischen Frieden bis zum Ende der Napoleonischen Ära (1648–1815)" (wie Anm. 19); vgl. auch SCHRADER, Cathedral Chapter (wie Anm. 21), S. 120–123.

242 Bar hatte wegen der Vorenthaltung der Propstei selbst am Reichshofrat erfolglos Klage erhoben. Siehe ÖStA HHStA, RHR, Decisa, K. 296, Konv. 1, Nr. 3. Als Referent bzw. Korreferent waren in seinem Fall am 7. Juni 1735 das jüngste Mitglied des Reichshofrats, der gerade eingetretene Wenzel Anton Graf von Kaunitz (1711–1794) und Georg Christian Knorr von Rosenroth (1691–1762) eingesetzt worden. Die Kombination könnte dafür sprechen, dass der Prozess von Anfang an versanden sollte, war der im Hintergrund beteiligte von Knorr doch einer der engsten Parteigänger Bartensteins und Kaunitz noch höchst unerfahren. Siehe ÖStA HHStA, RHR, Protocolla referentium, Bd. 6.

243 Ludwig SCHIRMEYER, Georg Ludwig v. Bar, „der beste französische Dichter Deutschlands", ein Vorbild Wielands und Freund Mösers, in: Mitteilungen des Vereins für Geschichte und Landeskunde von Osnabrück 32 (1907), S. 1–71 hier 38–43.

war es, der nun die Quart ermittelte. Aufgrund der Berechnungsweise und der zu hohen Bewertung des Königs wurde in Minden letztlich statt eines Viertels über die Hälfte der domkapitularischen Vermögenswerte eingezogen. Ob er die einst vom Domkapitel angelegten 27.000 Reichstaler dabei überhaupt berücksichtigte, bleibt zudem völlig unklar. Die Einnahmen der Domkapitulare sanken in der Folge um mehr als 50 Prozent von ohnehin nur 314 Reichstalern und zwölf Groschen auf 150 Reichstaler pro Jahr,[244] nach einer Beschwerde von Bars für die nicht residierenden Domherren gar auf 120 Reichstaler.[245] Das Domkapitel verarmte, sodass zumindest laut eines Berichts von 1764 keiner der Kanoniker allein von der Mindener Präbende (standesgemäß) subsistieren konnte.[246] Schlimmer noch war für die Domherren jedoch, dass sie aufgrund des jahrelangen Streits weitgehend an Einfluss innerhalb der Mindenschen Ritterschaft verloren hatten, die sich frühzeitig von dem Prozess distanzierte.[247] Die Allodifikation tat ihr Übriges, gaben doch einflussreiche katholische Familien im Fürstentum Minden ihren Gutsbesitz in der Folge in großem Maßstab auf.[248] Das von der Forschung

244 Die ursprüngliche Höhe ergibt sich aus der Höhe der vom König angegebenen jährlichen Einkünfte der zwei eingezogenen Präbenden, die er gemeinsam mit 629 Reichstalern angab. Siehe ÖStA HHStA, RHR, Judicialia latinae expeditionis, K. 362, Nr. 1, unfol.; zu den später üblichen 150 Reichstaler siehe LAV NRW W, D 303 (Domkapitel Minden, Akten), Nr. 35, Bd. e, fol. 2r f.

245 Schirmeyer, Georg Ludwig v. Bar (wie Anm. 243), S. 43.

246 LAV NRW W, D 303 (Domkapitel Minden, Akten), Nr. 35, Bd. d, fol. 132r f.

247 LAV NRW W, D 303 (Domkapitel Minden, Akten), Nr. 1126; Spannagel, Minden (wie Anm. 61), S. 92–98.

248 Überhaupt gab es im Fürstentum Minden nur 24 landtagsfähige Rittergüter. Unter Friedrich Wilhelm von Brandenburg sollen noch zahlreiche adlige Familien katholisch gewesen sein. Zum Ende des 18. Jahrhunderts war es fast unmöglich, inländische katholische Adlige für die Präbenden zu finden. Nach 1736 wurden nur noch zwei katholische Adlige in Minden aufgeschworen, die dem etablierten Umfeld entstammten und wenn schon nicht als mindensche Adlige, so doch zumindest als ravensbergische Adlige betrachtet werden können. Die Grafschaft Ravensberg war mit dem Fürstentum Minden administrativ verbunden und die Adelsmilieus standen sich im frühen 18. Jahrhundert nahe: Es handelt sich um Wilhelm Adolph von Wendt (Possession 1747) und Leopold Ludwig August Freiherr von Hoerde (Possession 1766), wobei nur ersterer emanzipiert wurde (1748). Beide Familien waren in Ravensberg begütert. Alle anderen Katholiken im Stift entstammten auswärtigen Familienkreisen, wobei das westfälische Element bis zum Ende des Jahrhunderts schwächer wurde. Siehe LAV NRW W, D 303 (Domkapitel Minden, Akten), Nr. 35, Bd. b, fol. 254r f., 263r; LAV NRW W, D 303 (Domkapitel Minden, Akten), Nr. 35, Bd. d, fol. 221r–222r; vgl. auch Schrader, Cathedral Chapter (wie Anm. 21), S. 87–119. Dass die Allodifikation ihr Übriges tat, um zu dieser Entwicklung beizutragen, zeigt exemplarisch der Verkauf der Hanxledischen Güter an den protestantischen Zweig der von Vincke 1739. Die Hanxledens stellten noch von 1719 bis 1760 drei katholische Domherren in Minden. Nach 1739 kam jedoch kein neues Familienmitglied hinzu. Siehe Karl Adolf Freiherr von der Horst, Die Rittersitze der Grafschaft Ravensberg und des Fürstentums Minden, Berlin 1894, S. 129; Hans Nordsiek (Bearb.), Die Kirchenvisitationsprotokolle des Fürstentums Minden von 1650. Mit

postulierte Paradox, dass das mehrheitlich katholische Domkapitel Minden sich in der Praxis als ein evangelisches Domkapitel darstellte,[249] entstand erst in dieser Zeit, da es kaum noch engagierte katholische Familien im Fürstentum Minden gab und die Präbenden an sich vergleichsweise unattraktiv wurden. In der zweiten Hälfte des 18. Jahrhunderts stammten die katholischen Domherren Mindens deshalb fast nur noch aus auswärtigen, teils ungewöhnlich weit entlegenen Territorien und waren an der Kathedralkirche kaum noch präsent.

Es ist erstaunlich, dass trotz dieser ruinösen Entwicklung 1739 ausgerechnet die Domkapitel in Minden und Halberstadt darüber korrespondierten, in Rücksprache mit Magdeburg gegen das im Vorjahr von Friedrich Wilhelm erlassene Resignationsverbot erneut eine Klage an die Reichsgerichte zu forcieren.[250] Auf Anraten ihres Deputierten in Berlin sah man in Minden jedoch davon ab. Mit Blick auf den König riet er dazu, sich *biß zu seiner Zeit* [zu] *gedulden*, da *bey dieses Herrn Regierunge* [...] *nicht zu thun* [ist] *als Geduld haben.*[251] Es sollte unter Friedrich II. (1740–1786) nicht besser werden.[252]

8. Epilog: Die Rückkehr in den Schoß der Kirche

Sebastian Friedrich Graf Truchsess muss sich selbst unweigerlich an den Juni 1724 erinnert haben, als er sich am Morgen des 11. September 1734 gegen sieben Uhr vor dem Dom in Magdeburg einfand. Begleitet von einer königlichen Kommission, gebildet aus Mitgliedern der Magdeburger Regierung – dem Geheimen Justiz- und Regierungsrat Dr. Johann Christian von Dürfeld (1667–1737), dem Regierungsrat und Magdeburger Bürgermeister Dr. Johann Tobias Nappius sowie dem Rat, Lehns- und Regierungssekretär Johann Hermann Reußen – betrat Truchsess den Chor und schritt zur Introduktion zum Kapitular des Domstifts Magdeburg, als sie jäh vom Domsyndikus Dr. Heinrich Ernst Flörcke (1660–

---

einer Untersuchung zur Entstehung der mittelalterlichen Pfarrkirchen und zur Entwicklung der Evangelisch-lutherischen Landeskirche Minden (Veröffentlichung der Historischen Kommission für Westfalen, NF 7), Neustadt an der Aisch 2013, S. 23.

249 Nottarp, Mindener Dompropst (wie Anm. 5), S. 140; Schrader, Chatedral Chapter, (wie Anm. 21), S. 86; Heinrich Rüthing, Das Domkapitel Minden als konfessionell gemischtes Stift, in: Franz. J. Felten/Nikolaus Jasper (Hrsg.), Vita Religiosa im Mittelalter (Berliner Historische Studien, 31), Berlin 1999, S. 767–784, hier 777–779; Braun, Die gemischtkonfessionellen Domkapitel (wie Anm. 21), S. 179.

250 LAV NRW W, D 303 (Domkapitel Minden, Akten), Nr. 72, fol. 50r f.; LASA, A 14, Nr. 284, fol. 1r–18r.

251 Ebd., fol. 52r.

252 Siehe dazu „Geistlicher Stand oder Sinekure? Die protestantischen Domherren vom Westfälischen Frieden bis zum Ende der Napoleonischen Ära (1648–1815)“ (wie Anm. 19).

1741) unterbrochen wurden.[253] Flörcke, der in Begleitung zweier Notare erschienen war, erklärte den Protest des Domkapitels gegen das unrechtmäßige Vorgehen der königlichen Regierung, die auf ausdrücklichen Befehl des Königs die Introduktion des Truchsess auf die Präbende eines Lebenden vollzog. Truchsess hatte erst zwei Tage zuvor ein Kollationspatent auf die Majorpräbende keines Geringeren als des fast achtzigjährigen Domdechanten Heinrich von Platen erhalten, dessen Lebensende zu diesem Zeitpunkt absehbar schien.[254] Possession und Introduktion sollten zwar eventualiter erfolgen, trotzdem wurden damit die Rechte des ältesten Major non residentes auf die Einführung als Kapitular übergangen – eben jenes Gebhard Johann von Alvensleben, der bereits 1722 unter den Magdeburger Adelsopponenten aufgetaucht war.[255] Auch wurde der seit 1726 bereits zweimal missachtete Turnus des Domkapitels erneut zurückgestellt.[256]

Die königliche Kommission verrichtete davon unbeeindruckt das geistliche Amt mangels Habhaftwerdung eines einzigen Domkapitulars selbst. Nachdem Truchsess die *hora canonica* gehalten hatte, machte man sich auf in die Schaltzentrale des Domkapitels. Über den Kreuzgang eilte die Kommission zum Kleinen Saal vor die verschlossene Tür der Kapitelstube, wo sich ihnen der Syndikus und die Notare in den Weg stellten. Da man diesmal anders als in Halberstadt offenbar keinen Schlosser zur Hand hatte, eilte Truchsess mit der Kommission aus dem Saal, drang ins Syndikatshaus ein und erreichte über die Wendeltreppe, die das Wohnhaus des Syndikus mit der Kapitelstube verband, den Vorsaal an der kleinen Tür. Syndikus Flörcke war inzwischen durch die Kapitelstube hierhergeeilt, um sich den königlichen Kommissaren erneut in den Weg zu stellen. Da man wiederum keinen Einlass erhalten konnte, begann Lehnssekretär Reussen das Jurament des Grafen Truchsess im Vorsaal abzulesen. Um dieser Farce keinen legitimen Anstrich zu geben, verließ nun wiederum Flörcke den Vorsaal in Richtung Syndikatshaus, woraufhin die Kommission die Tür zur Wendeltreppe

253 LASA, U 1 XX C Nr. 211.

254 LASA, U 1 XX C Nr. 207.

255 Ebd. – Diese Rechtsverweigerung wog umso schwerer, da Alvensleben bereits 1730 zur Absicherung seiner Ansprüche einen Vertrag mit dem König geschlossen und ihm Rechtstitel abgetreten hatte, um die Versicherung auf die Introduktion im nächsten Fall zu erhalten. Ihm wurde nach längerem Zögern des Domkapitels am 3. April 1734 daraufhin selbst die Eventualintroduktion auf den nächsten Fall erteilt, die nun obsolet wurde. Siehe LASA, A 3, Nr. 1973, fol. 1r, 4r–5v; LASA, A 3, Nr. 1980, fol. 1r, 36r f.

256 Anrecht auf die Majorpräbende hatte eigentlich Johann Adam von Stammer, der als kursächsischer Rittergutsbesitzer mit besten Beziehungen an den Hof in Braunschweig nicht unbedingt das Wohlwollen der preußischen Könige genoss, wie man ihn auch später noch spüren ließ. Das Domkapitel erteilte ihm 1735 trotzdem die Possession. Siehe Heinrich August Lindner, Sammlung adelicher Ahnentafeln (Lindnersche Handschrift I), Bd. 4 a (unveröffentl.), Nr. 298a; LASA, A 3, Nr. 1980, fol. 38r; LASA, A 3, Nr. 1984, fol. 53r.

hinter ihm verrammelte, gewaltsam durch die kleine Tür in die Kapitelsstube eindrang und Truchsess *locum in capituli* anwies.[257]

Erst in den 1730er Jahren[258] – rund zehn Jahre nach den Mindener und Halberstädter Kapitularen – suchte nun auch das Domkapitel Magdeburg unter veränderten Bedingungen[259] den Weg an den kaiserlichen Reichshofrat. Nachdem alle Versuche, den Konflikt durch Wendung an den Berliner Hof und die Regierung in Magdeburg zu lösen, gescheitert waren und der König am 25. Februar eine zweite ‚legitime' Possessionserteilung durch das Domkapitel bei 2.000 Dukaten Strafe unter Protest erzwungen hatte,[260] appellierten die nichtresidierenden Domherren Magdeburgs wohl am 21. Juni 1735 an den Kaiser.[261]

---

257 LASA, U 1 XX C Nr. 207.

258 Ein erster Prozess ging 1732 ein. Passenderweise nahm der Konflikt seinen Ausgang bei der lehnsrechtlichen Zulässigkeit der Einziehung der Knippingschen Güter, den sich daraus von Seiten des Königs ergebenden Änderungsforderungen in Fragen des Quartvertrags von 1687 sowie den daraus in den 1720er Jahren abgeleiteten Besitz- und Akziseansprüchen. Der Fall bedürfte einer näheren Untersuchung: ÖStA HHStA, RHR, Obere Registratur, K. 596, Nr. 3; LASA, A 3, Nr. 2303; ÖStA HHStA, RHR, Relationes, K. 98, Nr. 9.

259 Die Zusammensetzung des Domkapitels hatte sich 1735 bereits massiv verändert. Nach dem Tod des von Platen am 18. Dezember 1734 bestand das Domkapitel aus folgenden stimmberechtigten Kapitularen: dem Domdechanten Leopold Maximilian von Anhalt-Dessau (1732 als Platens Koadjutor vom König durchgesetzt), Georg Wilhelm von Marenholtz, Rudolf Anton von Alvensleben, Hieronymus von Münchhausen, Eberhard Clamor von dem Bussche, Philipp Adam von Hardenberg, Hilmar von Münchhausen, Gustav Bogislav von Münchow, Hermann Graf von Wartensleben. Von den vier Neuzugängen entstammten drei dem preußischen Offizierskorps (Anhalt-Dessau, Münchow, Wartensleben). Insbesondere erstere beiden waren eng mit dem König verbunden. Das Domkapitel hatte den Kontakt zur Regierung Magdeburg weitgehend eingebüßt und zugleich keine energischen Fürsprecher mehr am Hof, wie es Printzen noch gewesen war. Die Übernahme des Dechanats durch den meist abwesenden, hofnahen und reformierten Prinzen von Anhalt-Dessau schwächte die Handlungsfähigkeit des Domkapitels. Marenholtz, Alvensleben und von dem Bussche hatten sich zudem in den vorangegangenen Konflikten über Lehnskanon und Residenzpflicht stark exponiert. Aktive Vertreter domkapitularischer Interessen vor Ort waren damals vor allem Hardenberg und Hilmar von Münchhausen.

260 Die Kapitulare zeigten sich über diese erzwungene zweite Übertragung der Pfründe trotz ihres Mitwirkens entsetzt. Der Domsyndikus Flörcke erklärte allein die Ansprüche Alvenslebens im Rahmen der Possessionserteilung an Graf Truchsess für legitim und führte den ganzen Vorgang damit bereits im Vollzug ad absurdum. Der Graf selbst wurde zudem bei der Possession am 25. Februar 1735 gar nicht persönlich vorgelassen, obwohl er sich im Vorsaal der Kapitelstube aufhielt, als sein Stellvertreter die Präbende in Besitz nahm. Bei der Introduktion drei Tage später „nötigte" das Domkapitel ihn zum Erscheinen, nur um ihm mitzuteilen, dass man seine Aufnahme für ungerechtfertigt und erzwungen ansehe. Siehe LASA Cop, Nr. 251, fol. 22r–26v.

261 Jedenfalls geht dies aus einem undatierten Schreiben, wohl aus dem Jahr 1737 hervor, in dem der Agent der Kläger, Andreas Gottlieb von Fabrice nachfragte, wie der Stand des Verfahrens sei, da er weder auf die Beschwerde vom 21. Juni 1735 noch auf eine am 5. Februar [1737] erfolgte Anzeige eine Reaktion erhalten hatte. Dass das Schreiben aus dem Frühjahr 1737 stammen muss,

Doch diesmal blieb der Reichshofrat auffällig tatenlos. Trotz des offenkundigen Rechtsbruchs des Königs hielt man es in Wien kaum für geboten, den Vorgang überhaupt zu besprechen. In den Sitzungsprotokollen taucht der Fall nicht auf. Die nur sechsseitige Reichshofratsakte zeigt kaum Bearbeitungsspuren und auf die erst am 29. April 1737 erfolgte Präsentation wurde allem Anschein nach nicht einmal die Zuteilung an einen Referenten vorgenommen.[262] Hier zeigt sich, wie sehr der Reichshofrat seit dem Ende der 1720er Jahre der politischen Großwetterlage in Wien unterworfen worden war. Es scheint nicht ausgeschlossen, dass der Prozess 1735 erst gar nicht an den Reichshofrat gelangte, sondern vorab in einer durch die von Johann Christoph von Bartenstein (1689–1767) bestimmte Geheime Konferenz eingesetzten Deputation verhandelt wurde. Jedenfalls würde es zu der Ratlosigkeit passen, mit der das Dokument 1737 im Reichshofrat behandelt wurde.[263]

Der Vorgang verdeutlicht, dass das Versprechen einer dilatorischen Behandlung politisch potentiell relevanter Fälle aus dem brandenburg-preußischen Territorien tatsächlich umgesetzt wurde. Bartensteins preußenfreundliche Politik, die vorrangig der Absicherung der pragmatischen Sanktion dienen sollte, ging mit einer Aushebelung des Rechtswegs einher, der zu dem bisweilen postulierten Credo von der Vermittlung eines rechtsstaatlichen Bewusstseins durch die Untertanenprozesse am Reichshofrat nicht recht passen will.[264] Es sollte das letzte Mal sein, dass sich die Domherren einer preußischen Kathedralkirche an den Kaiser wandten. Sebastian Friedrich Graf Truchsess war hingegen in den Schoß der Kirche zurückgekehrt, auch wenn es nicht der Halberstädter Dom war. Die

---

geht daraus hervor, dass Fabrice als Beilage einen Befehl Friedrich Wilhelms I. vom 7. Oktober 1736 vorlegte, dessen Kopie am 26. Februar 1737 angefertigt worden war. Siehe ÖStA HHStA, RHR, Judicialia latinae expeditionis, K. 336, Nr. 4, unfol.

262 Die Referentenprotokolle weisen weder unter M wie ‚Magdeburg, Domkapitel' noch unter B wie ‚Busch/Bussche' zwischen 1735 und 1737 einen Referenten für den Fall aus. Letzteres wäre möglich gewesen, da eine Gruppe von Domherren und nicht das Kapitel als Ganzes die Klage erhoben hatte und diese in der Akte als „Busch und Cons." bzw. „Johann Clamer August von dem Busch et Co. als Canonicorum majorum non residentium des hohen Stifts zu Magdeburg" firmieren. Nur der in hannoverschen Diensten stehende Johann Clamor August von dem Bussche (1706–1764) wird dabei namentlich erwähnt. Siehe ÖStA HHStA, RHR, Protocolla referentium, Bd. 6; ÖStA HHStA, RHR, Judicialia latinae expeditionis, K. 336, Nr. 4, unfol.

263 Vermerkt wurde auf der Akte lediglich „wird wohl in die Lateinische Expet. gehören". Damit verliert sich indes die Spur. Der Fall wurde weder in der deutschen noch der lateinischen Expedition behandelt. Die ursprüngliche Eingabe von 1735 findet sich ebenso wenig wie ein anderer Hinweis auf eine weitere Bearbeitung oder die Zuteilung an einen Referenten. Siehe ÖStA HHStA, RHR, Judicialia latinae expeditionis, K. 336, Nr. 4, unfol.

264 Vgl. Tobias Schenk in diesem Band, Kap. 4.8 sowie den Beitrag von Andreas Pečar im Band, v. a. Kap. 4. u. 6.

Würde als Domkapitular sollte er bis zu seinem gewaltsamen Tod in der Schlacht bei Hohenfriedberg am 4. Juni 1745 innehaben, ohne noch ein einziges Mal die Schwelle des Domkapitels zu übertreten.[265]

9. Resümee

Im Norden des Reiches dominierten spätestens seit den 1720er Jahren Kurfürsten, die sich in erster Linie als europäische Monarchen verstanden. Dies dokumentieren nicht zuletzt die zahlreichen Prozesse am Reichshofrat. Eine intensive Nutzung des Reichsgerichts ist insofern nicht unbedingt als Ausdruck besonderer Leistungsfähigkeit und Akzeptanz des Reichshofrats zu sehen. Ganz im Gegenteil erschien das Richtschwert des Kaisers im Untersuchungszeitraum recht stumpf. Dies gilt zumindest dann, wenn es sich gegen Akteure von politischem Gewicht richtete. Wirkung konnte der Reichshofrat hier nur entfalten, wenn er die großen Herren an seiner Seite wusste. Ob eine Exekution wie die in Mecklenburg-Schwerin, an deren Ende die Kurfürsten von Hannover und Brandenburg über Jahrzehnte große Teile Mecklenburgs besetzt hielten und rund ein Drittel der herzoglichen Einnahmen in ihre Kassen umleiteten, tatsächlich im Sinne der Reichsverfassung war, muss hier ebenfalls dahingestellt bleiben.[266]

Der Reichshofrat zeigte sich dabei an und für sich durchaus als handlungsfähiges Organ. Trotz der fraglos bestehenden Korruption und des systematischen Unterlaufens des Verfahrensweges durch Kläger, Beklagte und die Reichshofräte selbst war das kaiserliche Gericht durchaus in der Lage, in den schwerwiegenden Fällen, die die Domkapitel vortrugen, zügig und an der bekannten Sachlage orientierte Mandate zu erlassen. Probleme zeigten sich indes bei deren Durchsetzung: Obwohl die Verfahren der Domkapitel durch den Reichshofrat in den Jahren von 1722 bis 1725 energisch betrieben wurden, gut ein Dutzend Resolutionen zugunsten der Klagenden erfolgte und im Fall der Magdeburger Ritterschaft sogar die Exekution anberaumt wurde, erreichte der Reichshofrat mit seiner Aktivität letztlich kein zählbares Ergebnis für die Appellanten. Bedeutung erlangte der Reichshofrat in den Verfahren indes als politisches Gericht – als Instrument zur Unterstützung der kaiserlichen Politik gegenüber Brandenburg-Preußen. Denn wenngleich die Gefahr einer Exekution zu keinem Zeitpunkt besonders

---

265 Vgl. dazu die Protokolle des Domkapitels Magdeburg LASA, Cop., Nr. 251 u. 252.

266 Skepsis ist angebracht: Hannover besetzte bis 1768/69 acht herzogliche Ämter im Westen (Boizenburg inkl. des Elbzolls, Wittenburg, Grevesmühlen, Zarrentin, Rehna, Mecklenburg, Bakendorf), Brandenburg bis 1787 vier Ämter (Eldena, Marnitz, Plau, Wredenhagen). Siehe Rahn, „Die Weide des weißen Rosses von Braunschweig bis an die Ostsee erweitern…“? (wie Anm. 123), S. 344 f.

groß gewesen sein dürfte, so war die Sorge davor doch über lange Phasen hinweg ein ständiger Begleiter des preußischen Königs und dadurch im Rahmen der diplomatischen Einigung zwischen Wien und Berlin ein Faustpfand des Kaisers. Hier wurden die Reichshofratsprozesse in der Mitte der 1720er Jahre allerdings zusehends zu einer Verfügungsmasse der Hauspolitik des letzten Habsburgers.

Für die Domkapitel Brandenburg-Preußens war die Entwicklung hingegen katastrophal. Nicht nur, dass sie mit den Prozessen nichts für sich erreichen konnten und teils herbe Einschränkungen durch den König hinzunehmen hatten. Die Domkapitel verloren im Laufe der Entwicklung der 1720er Jahre den Reichshofrat vor allem als Drohkulisse. Die große Zahl der Prozesse und die erkennbare Möglichkeit, die Mandate schlicht zu ignorieren, hatten sichtlich einen Abnutzungseffekt hinsichtlich der Einschätzung dieser Prozesse in Berlin zur Folge. Dass der Wiener Hof dann noch Nachsicht signalisierte, provozierte in den letzten anderthalb Jahrzehnten der Regierung Friedrich Wilhelms I. zahlreiche weitere Eingriffe in die Autonomie und Besetzung der Domstifte, die diese in Preußen mit einigem Erfolg marginalisierte.[267] Die Prozesse der 1720er Jahre stellen insofern einen Höhepunkt der Nutzung der Reichsjustiz durch die gemischtkonfessionellen Domkapitel dar. Für Preußen bedeuteten sie aber zugleich das faktische Ende dieses Rechtswegs. Mögen die Reichsgerichte in weiten Teilen des südlichen und westlichen Reiches auch weiterhin eine relevante Größe gewesen sein. Für einen erheblichen Teil des Nordens stellte das Gericht als Schieds- und Entscheidungsinstanz gerade im Konflikt mit den Landesherren keine tatsächliche Option der Rechtssicherung dar. Zumindest in den hier untersuchten Fällen wirkten die Prozesse eher konfliktverschärfend als deeskalierend.

Zweifellos kann das Agieren der Domherren dabei als Ausdruck der Justiznutzung durch Untertanen gesehen werde. Es ist auch keineswegs abwegig, davon auszugehen, dass die Domkapitel sich von ihren Appellationen eine gütliche Einigung mit dem König versprachen und darauf abzielten. Auch kann angesichts der vielfältigen Verbindungen der Domherren nach Hannover und Braunschweig nicht ausgeschlossen werden, dass sich der ein oder andere ein ähnliches Szenario wie in Mecklenburg erhoffte: Die Prozesse waren zunächst offen, die Reaktion des preußischen Königs nicht mit letzter Gewissheit absehbar, ein Zurückfahren der Repressalien entsprechend möglich. Nichtsdestotrotz erscheint es angesichts der politischen Erfahrenheit zahlreicher Akteure unplausibel, dass sie dies tatsächlich für wahrscheinlich hielten. Den meisten dürfte klar gewesen sein, dass Friedrich Wilhelm über weit mehr Ressourcen verfügte als Karl Leo-

267 Siehe auch dazu die kommenden Ergebnisse des DFG-Projekts „Geistlicher Stand oder Sinekure? Die protestantischen Domherren vom Westfälischen Frieden bis zum Ende der Napoleonischen Ära (1648–1815)" (wie Anm. 19).

pold von Mecklenburg-Schwerin (1678–1747) und dass Kaiser und Reichsfürsten selbst in der Frage der Allodifikation der Lehen für sie keinen Waffengang riskieren würden. Es war letztlich die pure Not und die Verweigerung anderer Regulationsmittel durch den preußischen König, die die Domkapitel in die Prozesse trieb und damit die Machtlosigkeit und das Autoritätsdefizit des Reichshofrates gegenüber den Großen des Reiches offenlegte.

So stellt sich die Frage, ob das Vorgehen der Domkapitulare in Naumburg, das hier nur kurz gestreift wurde, nicht der langfristig zielführendere Ansatz war. Die Naumburger Domherren hatten 1726 nach neunjähriger Vakanz einen günstigen Kompromiss mit dem sächsischen Kurfürsten und katholischen polnischen König gefunden, durch den das Domkapitel im Gegenzug für die Akzeptanz eines katholischen Administrators nach innen sogar größere Autonomie gewann.[268] Diesen Kompromiss hatten sie jedoch trotz militärischen Drucks und Einschüchterungsversuchen Augusts des Starken ohne Anrufung der Reichsinstanzen erreicht. In der letztlich geschlossenen Kapitulation mit dem sächsischen Kurfürsten beharrten die Naumburger Domherren auf dem Recht an den Kaiser appellieren zu dürfen, obwohl August diesen seit 1616 bestehenden Passus, den die sächsischen Kurfürsten schon lange beargwöhnten, gerne gestrichen hätte. In dem vorangegangenen Konflikt mit dem Kurfürsten und Erbschutzherren hatte man hingegen bereits 1719 final entschieden, diesen Schritt trotz der äußerst prekären Lage – das Stift und selbst die Domfreiheit waren mit Ausnahme der Domkirche militärisch besetzt – nicht zu gehen. Vom Kaiser, so war man sich hier sicher, konnte man keine Hilfe erwarten.[269] Die Möglichkeit, die Drohkulisse eines Reichshofratsprozesses aufbauen zu können, schien hier also von größerem Wert als die tatsächliche Anrufung der Reichsgerichtsbarkeit.

268 Das Domkapitel Naumburg erreichte nicht nur die Anerkennung der bisher geltenden Kapitulationsbestimmungen, sondern erhielt darüber hinaus das Recht zur Regierungsführung während der Sedisvakanz im Hochstift bestätigt, was sich in einem eigens gefertigten Sedisvakanzsiegel niederschlug. Überhaupt wurde die Administration vom Administrator weg hin zu den protestantischen Mitgliedern des Geheimen Rates in Dresden verlagert. Außerdem wurde dem Domkapitel das Recht der internen Vergabe aller Dignitäten inklusive der Dompropstei per Optierung zugestanden. Das Domkapitel erreichte darüber hinaus auch das verbindliche Recht, den Stiftspräsidenten in der Regierung zu stellen, wodurch auch die mit dem Präsidentenamt verbundene Propstei des Kollegiatstifts Zeitz unter den Zugriff des Domkapitels geriet. Siehe DStA Nmb., XXII.9a, unfol.; vgl. DStA Nmb., II.19, unfol.; DStA Nmb., II.20, unfol.; DStA Nmb., II.26, unfol.

269 DStA Nmb., XXII.9a, unfol.

Autorinnen und Autoren

Anja Amend-Traut, Prof. Dr. iur., Hochschullehrerin, Julius-Maximilians-Universität Würzburg. Forschungsschwerpunkte: Frühneuzeitliche Reichsgeschichte, mittelalterliche und frühneuzeitliche Handelsrechtsgeschichte. Ausgewählte Publikationen: Monetary and Currency Problems in the Light of Early Modern Litigation, in: David Fox/Wolfgang Ernst (Hrsg.), Money in the Western Legal Tradition. Middle Ages to Bretton Woods, Oxford 2016, S. 295–316; The files and exhibits of the imperial chamber court and aulic council as sources of commercial law, in: Heikki Pihlajamäki/Albrecht Cordes/Serge Dauchy/Dave De Ruysscher (Hrsg.), Understanding the Sources of Early Modern and Modern Commercial Law. Courts, Statutes, Contracts, and Legal Scholarship (Legal History Library, 25, Studies in the History of Private Law, 14), Leiden/Boston 2018, S. 185–220; Reichsverband als Rechtsverband, in: Dieter Gosewinkel/Oliver Lepsius/Peter Oestmann (Hrsg.), Vom Reichsbewusstsein zum Verfassungspatriotismus. Zusammengehörigkeit durch Rechtsregeln (Beihefte zu „der Staat". Zeitschrift für Staatslehre und Verfassungsgeschichte, deutsches und europäisches öffentliches Recht, 27), Berlin 2021, S. 197–241.

Leopold Auer †, Hofrat Hon.-Prof. Dr. phil., 1944–2024, Mitglied des Instituts für Österreichische Geschichtsforschung, Direktor des Haus-, Hof- und Staatsarchivs 1999–2009. Forschungsschwerpunkte: Mittelalterliche Kriegsgeschichte, Historische Hilfswissenschaften, Geschichte des Spanischen Erbfolgekriegs und des Reichshofrats. Ausgewählte Publikationen: The Role of the Imperial Aulic Council in the Constitutional Structure of the Holy Roman Empire, in: R. J. W. Evans/Michael Schaich/Peter H. Wilson (Hrsg.), The Holy Roman Empire 1495–1806, Oxford 2011, S. 63–75; Appellationen an den Reichshofrat aus Reichsitalien, in: Elena Taddei/Matthias Schnettger/Robert Rebitsch (Hrsg.), „Reichsitalien" in Mittelalter und Neuzeit / „Feudi imperiali italiani" nel Medioevo e nell'Età Moderna (Innsbrucker Historische Studien, 31), Innsbruck/Wien/Bozen 2017, S. 199–218; War der Spanische Erbfolgekrieg unvermeidlich? Internationales Konfliktmanagement um 1700, in: Katharina Arnegger/Leopold Auer/Friedrich Edelmayer/Thomas Just (Hrsg.), Der Spanische Erbfolgekrieg (1701–1714) und seine Auswirkungen. In Memoriam Teodora Toleva (Mitteilungen des Österreichischen Staatsarchivs Sonderband, 16), Innsbruck 2018, S. 15–42.

Charlotte Backerra, Dr. phil., geb. 1983 in Mainz, wissenschaftliche Mitarbeiterin am Lehrstuhl für die Geschichte der Frühen Neuzeit unter besonderer Berücksichtigung der Wissensgeschichte an der Georg-August-Universität Göttingen. Forschungsschwerpunkte: Monarchie- und Dynastiegeschichte, frühneuzeitliche Wirtschaftsgeschichte, Diplomatie- und Spionagegeschichte, Geschlechtergeschichte, Historiographiegeschichte. Ausgewählte Publikationen: Wien und London, 1727–1735: Internationale Beziehungen im frühen 18. Jahrhundert (Veröffentlichungen des Leibniz-Instituts für Europäische Geschichte, Abt. Universalgeschichte, 253), Göttingen 2018, DOI: 10.13109/9783666301940; Source Analysis for Cultural History, in: Rethinking History (2024): Textual Sources in Cultural-Historical Perspective, S. 1–23, https://doi.org/10.1080/13642529.2024.2361214; Tolls, Rights, Laws, and Brothers: the Rhine and Hesse at the Intersection of Legal Pluralism in the Sixteenth and Seventeenth Centuries, in: Dante Fedele/Randall Lesaffer/Pierre Savy (Hrsg.), Before the State. International Law and Political and Legal Pluralism in Europe, 12th–17th c./Avant l'Etat. Droit international et pluralisme politico-juridique en Europe, XIIe–XVIIe siècle (Historia et ius Collettanee), Rom 2024 (im Druck).

Anette Baumann, Dr. phil., geb. 1963 in Michelfeld jetzt Angelbachtal, Honorarprofessorin der Justus-Liebig-Universität Gießen und Leiterin der Forschungsstelle zum Reichskammergericht. Forschungsschwerpunkte: Rechts- und Verfassungsgeschichte in Europa, Geschichte des Reichskammergerichts, Jüdische Geschichte der Frühen Neuzeit, Gender Studies und historische Kartographie. Ausgewählte Publikationen: Karten vor Gericht. Augenscheinkarten der Vormoderne als Beweismittel, Darmstadt 2022; Juristen als Experten? Wissensbestände und Diskurse von Juristen im 16. und 17. Jahrhundert (bibliothek altes Reich 40) Berlin/Boston 2023; Die Tatbestände Landfriedens- und Religionsfriedensbruch am Reichskammergericht im 16. Jahrhundert, in: Hendrik Baumbach/Horst Carl (Hrsg.), Landfrieden – epochenübergreifend. Neue Perspektiven der Landfriedensforschung auf Verfassung, Recht, Konflikt (ZHF, Beiheft 54), Berlin 2018, S. 233–254.

Paul Beckus, Dr. phil., geb. 1989 in Erfurt, wissenschaftlicher Mitarbeiter am Lehrstuhl für die Geschichte der Frühen Neuzeit der Martin-Luther-Universität Halle-Wittenberg. Forschungsschwerpunkte: politische Kommunikation in der frühen Neuzeit, Supplikenforschung, frühneuzeitliche Verwaltungs- und Sozialgeschichte, Geschichte der protestantischen Domkapitel in der frühen Neuzeit, Landesgeschichte mit einem Schwerpunkt auf den nord- und mitteldeutschen Raum, Geschichte der Geschichtsschreibung. Ausgewählte Publikationen: Land ohne Herr – Fürst ohne Hof? Friedrich August von Anhalt-Zerbst und sein

Fürstentum (Quellen und Forschungen zur Geschichte Sachsen-Anhalts, 15), Halle (Saale) 2018; Der alte Adel und die protestantischen Stifte. Zur strategischen Verbindung von Altadel und mitteldeutschen Domstiften im 18. Jahrhundert, in: Paul Beckus/Thomas Grunewald/Michael Rocher (Hrsg.), Niederadel im mitteldeutschen Raum (um 1700–1806) (Quellen und Forschungen zur Geschichte Sachsen-Anhalts, 17), Halle (Saale) 2019, S. 71–97; Der Fürst im Kabinett. Supplikations- und Herrschaftspraxis unter Franz von Anhalt-Dessau (1758–1817) (Quellen und Forschungen zur Geschichte Sachsen-Anhalts, 24), Halle (Saale) 2021.

Vincent Demont, Dr., geb. 1976 in Longjumeau (Frankreich), maitre de conférences (*assistant professor*) an der Universität Paris-Nanterre (Institutions et Dynamiques Historiques de l'économie et de la société, IDHES). Forschungsschwerpunkte: frühneuzeitliche Handels- und Handwerksgeschichte, frühneuzeitliche Reichsgeschichte. Ausgewählte Publikationen: Gerichtsvielfalt im Gewerbealltag? Kayserlich-privilegierte Stümper und städtische Apotheker in und um Nürnberg zu Beginn des 18. Jahrhunderts, in: Anja Amend-Traut/Josef Bongartz/Alexander Denzler/Ellen Franke/Stefan Andreas Stodolkowitz (Hrsg.), Unter der Linde und vor dem Kaiser. Neue Perspektiven auf Gerichtsvielfalt und Gerichtslandschaften im Heiligen Römischen Reich (Quellen und Forschungen zur höchsten Gerichtsbarkeit im Alten Reich, 73), Wien/Köln/Weimar 2020, S. 279–300; Ders./Matthieu Schermann/Anne Wegener-Sleeswijk (Hrsg.), Le pouvoir des courtiers. Univers marchand et acteurs du courtage en Europe, XIVe–XVIIIe siècles, Sciences sociales, Paris 2018; Ders./Vincent Meyzie (Hrsg.), Elites urbaines et constructions territoriales, xvie–xviiie siècles, Revue d'Histoire urbaine, 40 (2014), S. 7–129.

Sonja Donabaum, BA BA MA MA, geb. 1993 in Melk, Referentin für die Bestandsgruppe Reichsarchive in der Abteilung Haus-, Hof- und Staatsarchiv des Österreichischen Staatsarchivs. Aktuelle Forschungsschwerpunkte: die Genese der Reichsarchive im Haus-, Hof- und Staatsarchiv, historische Buchforschung. Ausgewählte Publikationen: Büchertransport auf der Donau – Das Potential der Aschacher Mautprotokolle als Quelle der Buchforschung, in: Mitteilungen der Gesellschaft für Buchforschung in Österreich 2 (2022), S. 27–50; Reichsmatrikel, in: HRG, Bd. IV, 2. Aufl., Lfg. 31, Berlin 2024, Sp. 1623–1625.

Ulrich Eisenhardt, Prof. Dr. jur. Dr. jur. h.c., geb. 1937 in Lüdenscheid, emeritierter Professor für Bürgerliches Recht und Unternehmensrecht sowie Deutsche Rechtsgeschichte. Zahlreiche Publikationen zum modernen Recht und zur deutschen Rechtsgeschichte, u.a.: Die kaiserliche Aufsicht über Buchdruck,

Buchhandel und Presse im Heiligen Römischen Reich Deutscher Nation (1496–1806). Ein Beitrag zur Geschichte der Bücher- und Pressezensur, Karlsruhe 1970; Kaiserliche Gerichtsprivilegien. Ihre Bedeutung für die Entwicklung der Rechtspflege im Alten Reich (Quellen und Forschungen zur höchsten Gerichtsbarkeit im Alten Reich, 78), Wien/Köln 2023; Ulrich Eisenhardt/Anja Amend-Traut, Deutsche Rechtsgeschichte. Die Entwicklung einer Rechtsordnung in Europa, 8. Aufl., München 2024.

Ellen Franke, M. A, geb. 1973 in Salzwedel, wissenschaftliche Geschäftsführerin der Historischen Kommission zu Berlin e.V. Forschungsschwerpunkte: Rechts- und Verfassungsgeschichte des Alten Reiches, historische Kriminalitätsforschung der Frühen Neuzeit, berlin-brandenburgische Rechts- und Landesgeschichte, historische Kartografie. Ausgewählte Publikationen: Von Schelmen, Schlägern, Schimpf und Schande. Kriminalität in einer frühneuzeitlichen Kleinstadt. Strasburg in der Uckermark (Konflikt, Verbrechen und Sanktion in der Gesellschaft Alteuropas, Fallstudien, 10), Köln/Weimar/Wien 2013; Bene appellatum et male iudicatum. Appellationen an den Reichshofrat in der Mitte des 17. Jahrhunderts an Beispielen aus dem Niederrheinisch-Westfälischen Reichskreis, in: Leopold Auer/Eva Ortlieb (Hrsg.), Appellation und Revision im Europa des Spätmittelalters und der Frühen Neuzeit (Beiträge zur Rechtsgeschichte Österreichs, 1/2013), Wien 2013, S. 121–145; Wie es gehalten werden soll. Recht und Rechtspflege in Lübben und der Niederlausitz vom 16. Jahrhundert bis zur Gegenwart (Studien zur brandenburgischen und vergleichenden Landesgeschichte, 14), Berlin 2014.

Karl Härter, Prof. Dr., geb. 1956 in Bensheim a.d.B., Assoziierter Wissenschaftler am Max-Planck-Institut für Rechtsgeschichte und Rechtstheorie und apl. Prof. für Neuere und Neueste Geschichte an der Technischen Universität Darmstadt. Forschungsschwerpunkte: Rechts-, Politik- und Verfassungsgeschichte der Neuzeit. Ausgewählte Publikationen: Strafrechts- und Kriminalitätsgeschichte der Frühen Neuzeit (methodica – Einführungen in die rechtshistorische Forschung, 5), Berlin/Boston 2018; Gewalt, Landfriedensbruch, Sekten und Revolten: Das Reichskammergericht und die öffentliche Sicherheit (Schriftenreihe der Gesellschaft für Reichskammergerichtsforschung, 45), Wetzlar 2017; Karl Härter/Michael Stolleis (Hrsg.), Repertorium der Policeyordnungen der Frühen Neuzeit, 12 Bde., Frankfurt/M. 1996–2017.

Rainer Klump, Prof. Dr. rer. pol., geb. 1958 in Darmstadt, Inhaber des Lehrstuhls für Wirtschaftspolitik und Direktor des House of Finance der Goethe-Universität Frankfurt am Main. Aktuelle Forschungsprojekte: Währungstheorie und -politik, Geschichte des wirtschaftspolitischen Denkens, Finanzgeschichte des

Heiligen Römischen Reichs. Ausgewählte Publikationen: Entstehung und Verwendung internationaler Schlüsselwährungen. Theoretische Erklärungen, historische Erfahrungen, wirtschaftspolitische Schlussfolgerungen, Hamburg 1986; (zusammen mit Lars Pilz), The Formation of a ‚Spirit of Capitalism' in Upper Germany: Leonhard Fronsperger's ‚On the Praise of Self-Interest', Journal of the History of Economic Thought 43 (2021), S. 401–419; Von Seckendorff zu Moser: Finanz- und wirtschaftspolitische Herausforderungen und Reformpläne in Hessen-Darmstadt 1660–1780, in: Volker Caspari (Hrsg.), Studien zur Entwicklung der ökonomischen Theorie XXXIX, Berlin 2022, S. 73–111.

Peter Oestmann, Prof. Dr. jur., geb. 1967 in Stolzenau, Professor für Bürgerliches Recht und Deutsche Rechtsgeschichte in Münster. Forschungsschwerpunkte: Deutsche Rechtsgeschichte des Mittelalters und der frühen Neuzeit, vor allem Geschichte von Gerichtsverfassung und Prozessrecht, Edition frühneuzeitlicher Quellen. Ausgewählte Publikationen: Geistliche und weltliche Gerichte im Alten Reich. Zuständigkeitsstreitigkeiten und Instanzenzüge (Quellen und Forschungen zur höchsten Gerichtsbarkeit im Alten Reich, 61), Köln/Weimar/Wien 2012; Wege zur Rechtsgeschichte: Gerichtsbarkeit und Verfahren, 2. Aufl., Köln/Wien 2021; Der Schwabenspiegel als norddeutsches Kaiserrecht, in: Zeitschrift der Savigny-Stiftung für Rechtsgeschichte. Germanistische Abteilung 141 (2024), S. 88–155.

Eva Ortlieb, PD Dr. phil., wissenschaftliche Mitarbeiterin an der Historischen Kommission bei der Bayerischen Akademie der Wissenschaften. Forschungsschwerpunkte: Frühneuzeitliche Reichs- und Rechtsgeschichte, Reichshofrat und Reichstag, (digitale) Edition. Ausgewählte Publikationen: Im Auftrag des Kaisers. Die kaiserlichen Kommissionen und die Regelung von Konflikten im Alten Reich (1637–1657) (Quellen und Forschungen zur höchsten Gerichtsbarkeit im Alten Reich, 38), Köln/Weimar/Wien 2001; Diplomatische Präsenz auf den Reichstagen Karls V. Eine Spurensuche anhand der Deutschen Reichstagsakten, in: Frühneuzeit-Info 34 (2023), S. 19–35; Kaiserlicher Hofrat und kaiserliche Herrschaft unter Karl V. (1520–1556). Ein Beitrag zur Geschichte des Reichshofrats (Quellen und Forschungen zur höchsten Gerichtsbarkeit im Alten Reich, 79), Wien/Köln 2024.

Andreas Pečar, Prof. Dr. phil., geb. 1972 in Freiburg im Breisgau, Lehrstuhlinhaber für die Geschichte der Frühen Neuzeit an der Martin-Luther-Universität Halle-Wittenberg. Forschungsschwerpunkte: Politische Kulturgeschichte der Frühen Neuzeit, vor allem mit Blick auf Adelskultur und Herrschaftsrepräsentation, auf Politische Sprachen und Debatten, auf Aufklärungsforschung. Ausgewählte Publikationen: Die Ökonomie der Ehre. Der höfische Adel am Kaiserhof Karls VI., Darmstadt 2003; Macht der Schrift. Politischer Biblizismus in Schottland und England zwischen Reformation und Bürgerkrieg (1534–1642), München 2011; in englischer Übersetzung: The Power of Scripture. Political Biblicism in the Early Stuart Monarchy between Representation and Subversion, New York/Oxford 2021; Die Masken des Königs. Friedrich II. von Preußen als Schriftsteller, Frankfurt a.M./New York 2016.

Ulrich Rasche, Dr. phil., geb. 1963 in Bückeburg, wissenschaftlicher Mitarbeiter der Niedersächsischen Akademie der Wissenschaften zu Göttingen mit Dienstort Haus-, Hof- und Staatsarchiv Wien. Forschungsschwerpunkte: mittelalterliche Kirchen- und Sozialgeschichte, Universitätsgeschichte des 16. bis 19. Jahrhunderts, frühneuzeitliche Reichsgeschichte, Reichsarchive, Quellenkunde und Archivwissenschaft. Ausgewählte Publikationen: Necrologien, Anniversarien- und Obödienzenverzeichnisse des Mindener Domkapitels aus dem 13. Jahrhundert (Monumenta Germaniae Historica, Libri memoriales et Necrologia, Nova Series, V), Hannover 1998; Zu Finanzierung und Ökonomisierung der deutschen Universitäten in der Frühen Neuzeit: Modelle, Grundmuster, transzendentale Effekte, Universitätstypen und die Ausdifferenzierung der deutschen Universitätslandschaft, in: Elizabeth Harding (Hrsg.), Kalkulierte Gelehrsamkeit. Zur Ökonomisierung der Universitäten im 18. Jahrhundert (Wolfenbütteler Forschungen, 148), Wiesbaden 2016, S. 81–112; Aktenverzeichnung als Methode der Quellenerschließung. Plädoyer für eine Neujustierung der Erschließungspraxis in der Frühneuzeitforschung, in: Jens Klingner/Christian Schuffels (Hrsg.), Edition und Kommentar (Archiv für Diplomatik, Beiheft), Köln/Weimar/Wien 2025 (im Druck).

Alexandra Schäfer-Griebel, Dr. phil., geb. 1984 in Worms, wissenschaftliche Mitarbeiterin am Institut für Personengeschichte Bensheim. Forschungsschwerpunkte: Stadt- und Adelsgeschichte im Heiligen Römischen Reich; Medien- und Kommunikationsgeschichte der Frühen Neuzeit; Religionskriege und Religionsfrieden im frühneuzeitlichen Europa; Historische Bildkunde. Ausgewählte Publikationen: Die Medialität der Französischen Religionskriege. Frankreich und das Heilige Römische Reich 1589 (Beiträge zur Kommunikationsgeschichte, 30), Stuttgart 2018; mit Christopher Voigt-Goy/Andreas Zecherle, Europäische Religionsfrieden der Frühen Neuzeit. Quellen, Bd. 1: Religionsfrieden 1485–1555 (Quellen und Forschungen zur Reformationsgeschichte, 98), Heidelberg 2021; Das Konzept der (Mehrfach-)Zugehörigkeiten als Anregung für eine kulturgeschichtlich inspirierte Religionsgeschichte der Frühen Neuzeit, in: Judith Becker/Andrea Hoffmann/Corinna Ehlers (Hrsg.), Zugänge zur Europäischen Religionsgeschichte im Gespräch, 2022-01-26, https://cursor.pubpub.org/pub/kulturgeschichte-mehrfachzugehoerigkeiten/release/4.

Tobias Schenk, Dr. phil., geb. 1976 in Warburg, wissenschaftlicher Mitarbeiter der Niedersächsischen Akademie der Wissenschaften zu Göttingen mit Dienstort Haus-, Hof- und Staatsarchiv Wien. Aktuelle Forschungsschwerpunkte: der Reichshofrat als vormoderne Organisation, Protokolle als Artefakte kollegialen Entscheidens und Gegenstand der Digital Humanities. Ausgewählte Publikationen: Wegbereiter der Emanzipation? Studien zur Judenpolitik des „Aufgeklärten Absolutismus" in Preußen (1763–1812), Berlin 2010; Actum et judicium als analytisches Problem der Justizforschung. Interdisziplinäre Perspektiven auf kollegiale Entscheidungskulturen am Beispiel des kaiserlichen Reichshofrats, Wetzlar 2022; Knowledge of Production of Normativity at the Imperial Aulic Council. Towards a Procedural Perspective on Early Modern Legal Reasoning, in: Rechtsgeschichte – Legal History Rg 32 (2024), S. 108–143.

Matthias Schnettger, Dr. phil., geb. 1965 in Oer-Erkenschwick, Professor für Geschichte der Frühen Neuzeit an der Johannes-Gutenberg-Universität Mainz. Forschungsschwerpunkte: Geschichte des frühneuzeitlichen Reiches, Reichsitalien, internationale Beziehungen sowie Transfer- und Austauschprozessen im frühneuzeitlichen Europa. Ausgewählte Publikationen: Der Reichsdeputationstag 1655–1663. Kaiser und Stände zwischen Westfälischem Frieden und Immerwährendem Reichstag, Münster 1996; „Principe sovrano" oder „civitas imperialis"? Die Republik Genua und das Alte Reich in der Frühen Neuzeit (1556–1797), Mainz 2006; Kaiser und Reich. Eine Verfassungsgeschichte (1500–1806), Stuttgart 2020.

Wolfgang Sellert, geb. 1935, emeritierter Professor für Deutsche Rechtsgeschichte, Bürgerliches Recht und Zivilprozessrecht an der Universität Göttingen, Leiter des Göttinger Akademieprojekts „Die Erschließung der Akten des Kaiserlichen Reichshofrats". Rechtsgeschichtliche Forschungsschwerpunkte: Reichshofrat, Reichsgerichte und vormodernes Prozessrecht. Ausgewählte Publikationen: Über die Zuständigkeitsabgrenzung von Reichshofrat und Reichskammergericht (Untersuchungen zur deutschen Staats- und Rechtsgeschichte, Neue Folge, 4), Aalen 1965; Prozeßgrundsätze und Stilus Curiae am Reichshofrat im Vergleich mit den gesetzlichen Grundlagen des reichskammergerichtlichen Verfahrens (Untersuchungen zur deutschen Staats- und Rechtsgeschichte, Neue Folge, 18), Aalen 1973; Die Ordnungen des Reichshofrates 1550–1766, 1. Halbband bis 1626 (Quellen und Forschungen zur höchsten Gerichtsbarkeit im Alten

Reich, 8/I), Köln/Wien 1980; 2. Halbband bis 1766 (Quellen und Forschungen zur höchsten Gerichtsbarkeit im Alten Reichs, 8/II), Köln/Wien 1990.

Bianca Stapf, Master of Education, geboren 1993 in Frankfurt am Main, Promovierende der Geschichte der Frühen Neuzeit an der Johannes Gutenberg-Universität Mainz. Forschungsschwerpunkte: frühneuzeitliche Rechtsgeschichte, der Reichshofrat als reichsrechtliche Instanz, Normsetzungsprozesse, informelle Aushandlungsprozesse.

Stefan Andreas Stodolkowitz, Dr. jur., geb. 1983 in Celle, Richter am Oberlandesgericht Celle. Rechtshistorische Forschungsschwerpunkte: Justizgeschichte der Frühen Neuzeit, Geschichte des Oberappellationsgerichts Celle und der Territorialjustiz in Kur-Braunschweig-Lüneburg, Verfahrenspraxis des Reichskammergerichts im 18. Jahrhundert. Ausgewählte Publikationen: Das Oberappellationsgericht Celle und seine Rechtsprechung im 18. Jahrhundert (Quellen und Forschungen zur höchsten Gerichtsbarkeit im Alten Reich, 59), Köln/Weimar/Wien 2011; Rechtsverweigerung und Territorialjustiz. Verfahren wegen iustitia denegata vel protracta am Oberappellationsgericht Celle, in: Zeitschrift der Savigny-Stiftung für Rechtsgeschichte, Germanistische Abteilung 121 (2014), S. 128–181; Auswirkungen der Aktenführung auf das gerichtliche Verfahren. Reichskammergericht und Oberappellationsgericht Celle im Vergleich, in: Josef Bongartz/Alexander Denzler/Carolin Katzer/Stefan Andreas Stodolkowitz (Hrsg.), Feder und Recht. Schriftlichkeit und Gerichtswesen in der Vormoderne (bibliothek altes Reich, 39), Berlin/Boston 2023, S. 267–287.

Georg Vogeler, Dr. Phil., geb. 1969 in Heidelberg, Professor für Digital Humanities an der Universität Graz. Forschungsschwerpunkte: Digitale Edition, Semantic Web Technologien in den Digitalen Geisteswissenschaften, Digitale Prosopographie, Diplomatik. Ausgewählte Publikationen: The ‚Assertive Edition', in: International Journal of Digital Humanities 1, Nr. 2 (2019), S. 309–22, DOI: 10.1007/s42803-019-00025-5; Rechtstitel und Herrschaftssymbol, Studien zum Umgang der Empfänger in Italien mit Verfügungen Friedrichs II. (1194–1250), Berlin/Boston 2019; Proto-editions: Historians and the „Something between digital image and digital scholarly edition", in: DH2023, Proceedings of the ADHO Digital Humanities Conference, Graz 2023, DOI: 10.5281/zenodo.8107922.

Stephan Wendehorst, D.Phil. (Oxon.), geb. 1967, Senior Scientist am Institut für Rechts- und Verfassungsgeschichte der Universität Wien, Leiter der univie: summerschool „Geschichte der Juden im Hl. Röm. Reich und seinen Nachfolgestaaten" sowie der univie:winterschool „Quellenkompetenz in jüdischer, allgemeiner und Rechtsgeschichte", Mitbegründer des Jewish Law Moot Court (gemeinsam mit Arye Edrei) sowie des Ius Commune Moot Court (gemeinsam mit Thomas Simon). Forschungsschwerpunkte: ‚praktisches Völkerrecht' (Jean Dumont, Mathias Dogiel, Johann Jacob Moser), Law & Empire und Geschichte von Juden und Judenheiten in Europa. Ausgewählte Publikationen: British Jewry, Zionism and the Jewish State, 1936–1956, Oxford 2011; Art. Reich, in: Enzyklopädie der Neuzeit, Bd. 10, Stuttgart/Weimar 2009, Sp. 873–888; Der Imperial Turn in Geschichte, Rechtsgeschichte und geltendem Recht, in: Gerald Kohl u. a. (Hrsg.), Festschrift für Thomas Simon zum 65. Geburtstag. Land, Policey, Verfassung, Wien 2020, S. 437–457.